민법강의 ❹

채권총론

김대정 · 최창렬

박영사

이 책을 존경하는 은사이신 김욱곤 선생님께 바칩니다.

머리말

이 책은 민법전 제3편(채권) 제1장(총칙)을 중심으로 한 채권법 총론의 과제들을 채권의 의의와 종류, 채권의 일반적 효력, 채무의 이행, 채무불이행, 다수당사자의 채권관계, 채권양도와 채무인수의 6개 장(章)으로 나누어 체계적으로 정리하고 해설한 교과서이다. 저자는 민법의 재산법 분야를 민법총칙(민법강의1), 물권법(민법강의2), 담보물권법(민법강의3), 채권총론(민법강의4), 채권각론(상): 계약(민법강의5), 채권각론(하): 부당이득·불법행위(민법강의6)으로 나누어 교과서를 집필하고 있다. 2006년부터 2012년에 걸쳐 민법총칙과 채권총론, 그리고 계약법(상)이 도서출판 피데스에서 출간되었으나, 그 출판계약이 만료되어 이번에 새롭게 박영사와 출판계약을 체결하고 우선 이 책을 출간하게 되었다.

민법의 여러 분야 중에서 채권총론은 가장 이론적이면서 동시에 가장 실무적인 문제들로 점철되어 있어서, 법학을 처음 공부하는 초학자는 물론이고 오랫동안 민법을 공부해 온 연구자들이나 판사·변호사 등 법률실무가들조차도 완전한 이해에 도달할 수 없는 난공불락(難攻不落)의 난해한 분야로 알려져 있다.

도시국가였던 로마의 시민법(ius civile)에서 유래된 민법은 그 명칭에서 알 수 있듯이, 시민이라면 누구든지 쉽게 접근할 수 있는 법이어야 함에도 불구하고 우리의 민법은 법을 오랫동안 공부한 법률전문가조차도 잘 알 수 없는 어려운 법인 것이 엄연한 현실이다. 이는 우선 우리 민법에서 사용되고 있는 거의 대부분의 법률용어가 로마법에서 유래되어 이를 계수한 프랑스민법과 독일민법 등 서유럽국가들의 민법에서 사용하고 있는 원래의 법률용어들을 일본인들이 한자 조어(造語)를 가지고 번역한 일종의 외래어이기 때문에, 원어(原語)를 모르면 이해하기가 대단히 어렵다는 점에 기인한다. 또한 실정법으로서 민법을 비롯한 사법(私法)체계 자체가 존재하지 않았던 우리나라를 비롯한 동양의 고유한 법체계와 법사상과 전혀 배경을 달리하는 서양의 법사상과 역사, 그리고 문화적 전통을 이해하지 않고서는 우리 민법에 대한 완전한 이해에 도달하는 것이 불가능하다는 것이 근원적인 이유라고 생각한다. 그 밖에 우리 민법(특히 채권법)은 프랑스민법을 기초로 하여 만들어진 구 의용민법(일본민법)을 거의 그대로 계승한 것임에도 불구하고, 독일민법학의 영향으로 일본민법을 독일식으로 해석하였던 과거의 일본민법학의 그늘에서 여전히 벗어나지 못하고 있다는 점도 우리 민법에 대한 이해를 어렵게 하는 요인이 되고 있다.

저자는 이러한 문제의식 아래 독자들로 하여금 우리 민법을 보다 깊이 이해할 수 있도록 돕기 위하여 이 책을 집필하였다. 이러한 집필의 의도를 달성하기 위하여, 저자는 모든 중요한 쟁점에 관한 제도의 연혁과 입법례, 그리고 가능한 자료를 통하여 우리 민법의 입법자의사를 밝히고자 노력하였다. 또한 민법의 해석론으로서 모든 쟁점에 대한 학설과 판례의 입장을 일목요연하게 정리하고 이에 대한 검토의견을 붙이는 것을 원칙으로 하였다. 그러다보니 이 책의 지면이 상당히 늘어나서 독자들에게는 물론 강의자에게도 부담이 된 점은 무척 송구스럽게 생각한다. 초학자인 법과대학생이나 변호사시험을 준비하는 법학전문대학원생들은 우선 학설과 판례를 중심으로 공부하고 어느 정도 익숙하게 된 연후에 제도의 연혁과 입법례, 입법자의사 등을 공부하는 순서로 이 책을 읽기 바란다.

저자는 민법학자로서 30여 년의 교수생활을 총 결산하는 의미를 담아 이 책을 저술하였다. 그리고 향후 저자를 이어서 이 책을 발전시킬 것을 부탁하는 의미에서 은사이신 김욱곤 교수님으로부터 채권총론 분야의 논문을 지도받고 박사학위를 취득한 후에 동국대학교 법과대학에서 재직하고 있는 최창렬 교수에게 공저를 제의하였다. 이 책의 공저를 기꺼이 수락하고 이 책을 출간하는 과정에서 여러 가지로 유익한 조언과 교정을 비롯하여 많은 수고를 해주신 최창렬 교수에게 깊은 감사를 드린다. 저자는 이 책의 부족한 부분이 최창렬 교수에 의하여 보완될 수 있기를 바라고 또한 그렇게 될 것을 믿어 의심치 않는다.

마지막으로 이 책의 출간을 맡아주신 박영사의 사장님 이하 관계자 여러분 특히 이영조 마케팅 팀장님께 깊은 감사의 말씀을 드린다. 아울러 힘든 편집과 교정을 맡아 수고해 주신 심성보 편집위원님께도 감사를 드린다.

2020. 2. 19.

저자 씀

차 례

제1장 채권의 의의와 종류

제1절 채권의 의의 및 성질

제2절 채권의 목적인 급부

제3절 특정물채권

제4절 종류채권

제5절 금전채권

제6절 이자채권

제7절 선택채권

제2장 채권의 일반적 효력

제1절 채무와 책임

제2절 자연채무

제3절 제3자에 의한 채권침해

제4절 채권자대위권

제5절 채권자취소권

제3장 채무의 이행(변제)

제1절 변제의 의의와 법적 성질

제2절 변제의 제공

제3절 변제자와 변제수령자

제4절 변제의 목적물·장소·시기·비용·증거

제5절 변제충당

제6절 변제에 의한 대위

제7절 변제 이외의 채권의 소멸사유

제4장 채무불이행

제1절 채무불이행의 유형

제2절 채무불이행의 효과

제5장 다수당사자의 채권관계

제1절 분할채권관계

제2절 불가분채권관계

제3절 연대채무

제4절 보증채무

제6장 채권양도와 채무인수

제1절 채권양도

제2절 채무인수

주요 참고문헌 및 인용약어

* 각주에서의 문헌의 인용은 가나다 순으로 기재하되, 연구논문과 주석서 기타 단행본을 교과서보다 우선적으로 인용하는 것을 원칙으로 하였다.

(1) 국내문헌 (가나다순)

〈교과서〉

康奉碩, 債權總論, 第3版, 法英社, 2010 (강봉석)
郭潤直, 債權總論, 第六版, 博英社, 2004 (곽윤직)
郭潤直, 債權總論, 新訂版, 博英社, 1997 (곽윤직(신정판))
金基善, 韓國債權法總論, 第三全訂版, 法文社, 1987 (김기선)
金大貞, 債權總論, 改訂版, 도서출판 피데스, 2007 (김대정)
金相容, 債權總論, 제2판, 화산미디어, 2014 (김상용)
金容漢, 債權法總論, 博英社, 1983 (김용한)
金疇洙, 債權總論, 三英社, 1985 (김주수)
金俊鎬, 債權總則, 法文社, 2007 (김준호)
金曾漢/金學東, 債權總論, 第6版, 博英社, 1998 (김증한/김학동)
金顯泰, 新債權法總論, 一潮閣, 1982 (김현태)
金亨培, 債權總論, 第2版, 博英社, 1998 (김형배)
송덕수, 채권법총론, 제4판, 박영사, 2018 (송덕수)
오시영, 債權總則, 학현사, 2009 (오시영)
尹喆洪, 債權總論, 法元社, 2006 (윤철홍)
李銀榮, 債權總論, 제4판, 博英社, 2001 (이은영)
李太載, 債權總論, 改訂版, 1982 (이태재)
張庚鶴, 債權總論, 教育科學社, 1992 (장경학)
張在賢, 債權法總論, 玄岩社, 1998 (장재현)
鄭淇雄, 債權總論, 法文社, 2009 (정기웅)
玄勝鍾, 債權總論, 日新社, 1975 (현승종)
黃迪仁, 현대민법론Ⅲ [債權總論], 1989 (황적인)

〈민법개설서〉

金亨培/金奎完/金明淑, 민법학강의, 신조사, 제10판, 2011 (김형배/김규완)
양창수, 민법입문, 제6판, 박영사, 2015 (양창수(민법입문))
梁亨宇, 민법의 세계, 제8판, 피앤씨미디어, 2016 (양형우)

池元林, 民法原論, 弘文社, 2017 (지원림(원론))
池元林, 民法講義, 제14판, 弘文社, 2016 (지원림(강의))

〈민법주석서〉

郭潤直(編輯代表), 民法注解[Ⅷ～Ⅺ]/債權(1), 博英社, 1996 (민법주해(8)～(11))
金曾漢(編輯代表), 註釋債權總則(上·下), 司法行政學會, 1984 (주석채권총칙(상), (하))
朴駿緖(編輯代表), 第3版 註釋民法[債權總則(1)～(3)], 韓國司法行政學會, 2000 (주석민법(1)～(3))

〈판례해설서〉

金旭坤(執筆代表), 民法判例解說Ⅲ [債權總論], 經世院, 1995 (민법판례해설Ⅲ(채권총론))
김재형, 민법판례분석, 박영사, 2015 (민법판례분석)
윤진수, 민법기본판례, 弘文社, 2016 (민법기본판례)
송덕수/김병선, 민법핵심판례210선, 박영사, 2019 (민법핵심판례 210선)

〈민법제정·개정자료〉 (일본자료 포함, 출판연대순)

岡松參太郎, 註釋民法理由(下卷), 有斐閣書房, 1897 (註釋民法理由)
朝鮮總督府 編, 慣習調査報告書, 1914 (慣習調査報告書)
國會事務處, 第26回 國會定期會議 速記錄, 1957 (국회속기록)
民議院法制司法委員會民法案審議小委員會, 民法案審議錄 上卷, 1957 (민법안심의록)
民事法硏究會 編, 民法案意見書, 一潮閣, 1957 (민법안의견서)
商事法務硏究會, 日本近代立法資料叢書3 「第六十三會法典調査會民法議事速記錄(三)」, 1984 (民法議事速記錄)
廣中俊雄 編, 民法修正案(前三編)の理由書, 有斐閣, 1987 (民法修正案理由書)
磯部思郞/服部誠一, 民法辭解, 日本立法資料全集 別卷6, 信山社, 1997 (民法辭解)
廣中俊雄/星野英一, 民法典の百年Ⅲ/個別的觀察(2)/債權編, 有斐閣, 1998 (民法典の百年)
前田達明 編, 史料民法典, 成文堂, 2004 (史料民法典)
明淳龜, 실록대한민국민법3, 法文社, 2010 (명순구(실록))
民法中改正法律案(2004.11. 정부안으로 국회에 제출된 것) (2004년 민법개정안)
民法改正案硏究會 編, 民法改正案意見書, 三知院, 2002 (민법개정안의견서)
법무부, 2013년개정민법자료집(상)·(하), 2012 (민법개정총서(1)·(2))
법무부, 2004년법무부민법개정안(채권편·부록), 2012 (민법개정총서(4))
법무부, 2013년법무부민법개정시안(채권편上·下), 2012 (민법개정총서(9)·(10)

〈외국법자료〉 (출간연대순)

崔秉祚, 로마법강의, 博英社, 1999 (최병조(로마법))
玄勝鍾, 로마法, 一潮閣, 1989 (현승종(로마법))

玄勝鍾/曺圭昌, 게르만法, 第3版, 博英社, 2001/3 (현승종/조규창(게르만법))
법제처, 스위스 민법, 법제자료 제64집, 1974
법제처, 스위스 채무법, 법제자료 제79집, 1976
明淳龜 譯, 프랑스민법전, 法文社, 2004
梁彰洙 譯, 독일민법전(총칙·채권·물권), 博英社, 2008
김성수 역, 대만민법전, 법무부, 2012

(2) 일본문헌 (출간연대순)

日本債權法(總論), 增訂改版, 岩波書店, 1932 (鳩山秀夫)
於保不二雄, 債權總論, 法律學全集20, 有斐閣, 1975 (於保不二雄)
我妻榮, 新訂債權總論(民法講義Ⅳ), 岩波書店, 1979 (我妻榮)
平井宜雄, 債權總論, 弘文堂, 1985 (平井宜雄)
遠藤浩, 債權總論, 第三版, 日本評論社, 1988 (遠藤浩)
鈴木祿弥, 債權法講義, 改訂版, 創文社, 1990 (鈴木祿弥)
甲斐道太郎 編, 債權總論, 法律文化社, 1991 (甲斐道太郎)
星野英一, 民法概論Ⅲ(債權總論), 良書普及會, 1992 (星野英一)
中井美雄, 債權總論講義, 有斐閣, 1996 (中井美雄)
內田貴, 民法Ⅲ(債權總論擔保物權), 第2版, 東京大學出版會, 2008 (內田貴)
潮見佳男, 新債權總論Ⅰ·Ⅱ, 信山社, 2017 (潮見佳男(Ⅰ)·(Ⅱ))
星野英一 編輯代表, 民法講座4 債權總論, 有斐閣, 1985 (民法講座4)
奧田昌道 外 編, 注釋民法(10)~(12)/債權(1)~(3), 有斐閣, 1987 (일본주석민법(10)~(12))
奧田昌道 編, 新版注釈民法(10)Ⅰ/債權(1), 有斐閣, 2003 (일본신판주석민법(10)Ⅰ)
加藤一郎/米倉明 編, ジュリスト增刊 民法の爭點, 有斐閣, 1978 (民法の爭點Ⅰ)
內田貴/ 大村敦志 編, Jurist增刊 民法の爭點, 有斐閣, 2007 (民法の爭點Ⅱ)

(3) 프랑스문헌 (출간연대순)

Marty/Raynaud, Droit civil, t.Ⅱ, 1er vol.(Les Obligations), Sirey, 1962 (Marty/Raynaud)
Mazeaud/Chabas, Traité théorique et pratique de la responsqbilité civile (délictuelle et contractuelle), t.Ⅲ, 6e éd., Montchrestien, 1978 (Mazeaud/Chabas(Résponsqbilité))
Ghestin/Goubeaux, Traité de droit civilⅠ, 2e éd., L.G.D.J., 1983 (Ghestin/Goubeaux)
Viney, Traité de droit civil (Les obligations, La responsqbilité : effets), L.G.D.J., 1988 (Viney(effets))
Carbonnier, Droit civil, t.4 (Les Obligations), 16e éd, Presses Université de France, 1992 (Carbonnier)
Viney, Traité de droit civil(Introduction à la responsqbilité) 2eéd., L.G.D.J., 1995 (Viney(Introduction))
Viney/Jourdain, Traité de droit civil (Les conditions de la responsqbilité), 2e éd., L.G.D.J., 1998 (Viney/Jourdain(conditions))
Mazeaud/Chabas, Leçon de droit civil, t.Ⅱ, 1er vol., Obligations théorie générale, 9e éd., Montchrestien, 1998 (Mazeaud/Chabas(Obligations))

(4) 독일문헌 (출간연대순)

Larenz, Lehrbuch des Schuldrechts, Band Ⅰ Allgemeiner Teil, 14.Aufl., Verlag C.H.Beck, 1987 (Larenz)

Brox, Allgemeines Schuldrecht, 26.Aufl., C.H.Beck, 1999 (Brox)

Dieter Medicus, Schuldrecht Ⅰ, 13.Aufl., Verlag C.H.Beck, 2002 (Medicus)

Lorenz/Riehm, Lehrbuch zum neuen Schuldrecht, C.H.Beck, 2002 (Lorenz/Riehm)

Huber/Faust, Schuldrechtsmodernisierung(Einführung in das neue Recht), C.H.Beck, 2002 (Huber/Faust)

Fikentscher/Heinemann, Schuldrecht, 10.Aufl., De Gruyter Recht, 2006 (Fikentscher/Heinemann)

Erman Bürgerliches Gesetzbuch, Band Ⅰ, 11.Aufl., 2004 (Erman Kommenter)

Staudingers Kommentar zum BGB, Buch2(Recht der Sculdverhältnisse), De Gruyter Berlin, 2005 (Staudinger Kommenter)

Münchener Kommentar zum BGB, Band2, 7.Aufl., 2016 (Münchener Kommenter)

(5) 스위스문헌 (출간연대순)

Guhl, Das Schweizerische Obligationenrecht, 9.Aufl., Schulthess, 2000 (Guhl)

Honsell, Schweizerisches Haftpflichtrecht, 3.Aufl., Schulthess, 2000 (Honsell)

Berner Kommenter, Kommentar zum schweizerlichen Privatrecht Stämpfli Verlag AG Bern, 1997 (Berner Kommenter)

Kommentar zum schweizerlichen Privatrecht(Obligationnenrecht Ⅰ), 2.Aufl., Helbing & Lichtenhahn Verlag AG, 1996 (OR Kommentar)

일러두기

1. 판결의 인용

국내판결의 표시는 법원공보의 판결표시례에 따르되, 편의상 선고일자 뒤에 콤마(,)를 붙였다.

(1) 판결의 표시는 선고법원, 선고연월일 및 사건번호, 출전의 순으로 표시하되, 판결선고연도의 표시는 서기년으로 환산하여 표기하였다.
예) 대법원 1962.4.26.선고, 4293민상1542 판결(집10②민248)

(2) 판결의 출전은 아래의 약부호사용례에 따라서 그 판결이 게재된 법원공보, 대법원판례집, 대법원판결요지집, 재판원본등본집 등의 순서에 따라서 한 가지의 출전만을 표시하는 것을 원칙으로 하되, 법원도서관에서 배포하는 법고을DVD에 수록된 판례와 법원종합법률정보, 로앤비 등 인터넷에서 쉽게 검색할 수 있는 판례의 경우에는 출전의 표시를 생략하였다.

(3) 약부호사용례
집11①민22 : 대법원판례집 제11권 제1집 민사편, 22면
공1992·2365 : 법원공보 1992년 발간, 2365면
공596호1234 : 법원공보 제596호, 1234면
요민Ⅰ·667 : 대법원판결요지집 민사·상사편Ⅰ, 667면
민판집52-369 : 대법원민사판결원본철 제52집, 369면
민결집61-114 : 대법원민사결정원본철 제61집, 114면

(4) 일본판례의 경우는 선고법원, 선고연월일, 판결의 출전의 순으로 표기하되, 선고연월일은 서기년으로 환산하여 표기하고 사건번호는 생략한다.
예) 일본대심원 1921.12.15.판결(민록27·2160) : 大審院民事判決錄 27輯 2160면
일본최고재 1959.11.26.판결(민집13·12·152) : 最高裁判所 民事判決集 13卷 12號 152면

2. 법령의 인용 및 약어표

(1) 민법은 법률의 표시 없이 인용하는 것을 원칙으로 한다.

(2) 기타 특별법은 다음과 같은 약칭을 사용하여 인용하되, 원래의 법명을 인용하는 경우에는 띄어쓰기를 사용하였다.
가등기담보법 : 가등기담보 등에 관한 법률(1983.12.30. 법률 제3681호로 제정)
대부업법 : 대부업 등의 등록 및 금융이용자 보호에 관한 법률(2002.8.26. 법률 제6706호로 제정)

(3) 외국법령은 다음과 같은 약부호를 사용하여 인용하였다.

C.c. Art. 1134 : Code civil Article 1134 (프랑스 민법 제1134조)

BGB §286 Ⅳ : Bürgerliches Gesetzbuch §286 Absatz (4) (독일민법 제286조 제4항)

ZPO §913 : Zivilprozeßordnung §913 (독일민사소송법 제913조)

OR Art. 110 : Obligationsrecht Artikel 110 (스위스채무법 제110조)

ZGB Art. 30 : Schweizerisches Zivilgesetzbuch Artikel 30 (스위스민법 제30조)

ABGB §1355 : Allgemeines Bürgerliches Gesetzbuch (오스트리아민법 제1355조)

CISG : United Nations Convention on Contracts for the international sale of Goods(1980) (UN 국제통일매매법)

PECL : The Principles of European Contract Law(1998) (유럽계약법원칙)

PICC : Principles of International Commercial Contracts(1994) (국제상사계약원칙)

(4) 법령약어표

가등기담보법 : 가등기담보 등에 관한 법률(1983.12.30. 법률 제3681호)

국가계약법 : 국가를 당사자로 하는 계약에 관한 법률(1995.1.5. 법률 제4868호)

국토이용계획법 : 국토의 계획 및 이용에 관한 법률(2002.2.4. 법률 제6655호)

금융실명법 : 금융실명거래 및 비밀보장에 관한 법률(1997.12.31. 법률 제5493호)

금융위원회법 : 금융위원회의 설치 등에 관한 법률(1997.12.31. 법률 제5490호)

대부업법 : 대부업 등의 등록 및 금융이용자 보호에 관한 법률(2009.1.21. 법률 제9344호)

독점규제법 : 독점규제 및 공정거래에 관한 법률(1990.1.13. 법률 제4198호)

방문판매법 : 방문판매 등에 관한 법률(2002.3.30. 법률 제6688호)

보증인보호법 : 보증인 보호를 위한 특별법(2008.3.21. 법률 제8918호)

부동산실명법 : 부동산 실권리자명의 등기에 관한 법률(1995.3.30. 법률 제4944호)

부정경쟁방지법 : 부정경쟁방지 및 영업비밀보호에 관한 법률(1986.12.31. 법률 제3897호)

산재보험법 : 산업재해보상보험법(2007.12.14. 법률 제8694호로 전부개정)

상가임대차법 : 상가건물 임대차보호법(2001.12.29. 법률 제6542호)

소송촉진법 : 소송촉진 등에 관한 특례법(1981.1.29. 법률 제3361호)

신용정보법 : 신용정보의 이용 및 보호에 관한 법률(1995.1.5. 법률 제4866호)

실화책임법 : 실화책임에 관한 법률(2009.5.8. 법률 제9648호)

약관규제법 : 약관의 규제에 관한 법률(1986.12.31. 법률 제3922호)

자동차손배법 : 자동차손해배상 보장법(1999.2.5. 법률 제5793호)

자산유동화법 : 자산유동화에 관한 법률(1998.9.16. 법률 제5555호)

전자문서법 : 전자문서 및 전자거래기본법(2012.6.1. 법률 제11461호로 법명변경)

전자상거래법 : 전자상거래 등에서의 소비자보호에 관한 법률(2002.3.30. 법률 제6687호)

전자어음법 : 전자어음의 발행 및 유통에 관한 법률(2004.3.22. 법률 제7197호)

주택임대차법 : 주택임대차보호법(1981.3.5. 법률 제3351호)

정부보관금법 : 정부보관금에 관한 법률(1961.12.13. 법률 제839호)

징발재산법 : 징발재산정리에 관한 특별조치법(1970.1.1. 법률 제2172호)
토지보상법 : 공익사업을 위한 토지 등의 취득 및 보상에 관한 법률(2002.2.4. 법률 제6656호)
채권추심법 : 채권의 공정한 추심에 관한 법률(2009.2.6. 법률 제9418호)
채무자회생법 : 채무자 회생 및 파산에 관한 법률(2005.3.31. 법률 제7428호)
표시광고법 : 표시·광고의 공정화에 관한 법률(1999.2.5. 법률 제5814호)
할부거래법 : 할부거래에 관한 법률(1991.12.31. 법률 제4480호)

제 1 장

채권의 의의와 종류

제 1 절 채권의 의의 및 성질

[1] Ⅰ. 채권의 의의

1. 채권의 개념

「채권」이라 함은 '채권자가 특정한 채무자에 대하여 재화의 공급, 노무의 제공 또는 부작위 등 일정한 행위를 청구할 수 있고, 그 행위의 수령을 법률상 정당화하는 권리'를 말한다. 이를 분설하면 다음과 같다.

첫째, 채권은 '특정인에 대한 상대적 권리'이다. 즉, 채권은 물권과는 달리 모든 자에 대하여 주장할 수 있는 절대적 권리가 아니라, 채권자가 특정한 채무자에 대해서만 주장할 수 있는 상대적 권리이다.

둘째, 채권은 '채무자의 일정한 행위를 목적으로 하는 권리'이다. 즉, 채권은 '재화의 공급이나 노무의 제공, 또는 부작위 등 채무자의 일정한 행위'를 의미하는 「급부」(給付: Leistung)를 목적으로 하는 권리이다.

셋째, 채권은 '급부를 청구할 수 있는 권리'인 청구권을 내용으로 한다. 즉, 채권은 채무자 또는 채무자의 행위에 대한 지배권이 아니라 채무자의 일정한 행위, 즉 급부를 청구할 수 있는 권리인 청구권이다. 이 점에서 채권은 물건에 대한 지배권인 물권과는 그 법적 성질이 전혀 다르다. 즉, 채권은 채무자에 행위에 대한 지배권이 아니라 청구권이므로 채권자의 청구에 응하여 채무자가 임의로 채무의 내용을 이행하여야 비로소 권리가 실현된다는 점에서, 타인의 이행행위가 없어도 권리자가 직접 권리를 실현할 수 있는 지배권인 물권이나 무체재산권(지식재산권)과는 그 법적 성질이 전혀 다르다.

넷째, 채권은 급부청구권이다. 즉, 채권은 '채권자가 채무자에 대하여 급부를 청구하는 것과 채권자가 타인의 행위의 결과인 급부를 수령하고 보유하는 것을 정당화하는 권리'이다.

2. 채권과 청구권의 구별

일반적으로 권리는 그 내용에 따라 「재산권」과 「비재산권」으로 분류되며, 재산권은 다시 물권과 채권, 그리고 무체재산권(無體財産權)으로 분류되는데, 채권은 재산권의 일종이다. 또한 권리는 그 효력 내지 작용의 차이에 따라 지배권·청구권·형성권·항변권으로 분류되는데, 채권은 청구권을 그 주된 내용으로 한다. (☞ 민법총칙 편, 제2장 제1절 「권리의 의의와 종류」)

(1) 청구권 개념의 연혁

1) 역사법학파에 의한 청구권 개념의 수립

로마법에서는 오늘날의 청구권에 해당하는 실체법상의 개념은 존재하지 않았으며, 오늘날의 소권(訴權)과 유사한 개념인 악치오(actio)만이 존재하고 있었다. 이와 같이 '악치오의 집합체'라고 할 수 있는 로마법의 소권법체계로부터 실체법상의 청구권의 개념을 분리해낸 것은 사비니(Savigny)와 빈트샤이트(Windscheid) 등 독일의 역사법학파에 속하는 학자들의 업적이라고 할 수 있다.[1] 특히 빈트샤이트는 소송법적 요소와 실체법적 요소가 혼재되어 있는 악치오의 실체법적 요소가 청구권(Anspruch)이며, 악치오의 소송법적 요소가 소권(Klagerecht)임을 밝힘으로써 청구권의 개념을 수립하였다.[2]

2) 독일민법상의 청구권 개념

독일민법은 빈트샤이트의 이론에 따라 「실체법상의 청구권」의 개념을 「소송상의 청구」의 개념과 구별하여, '타인에 대하여 일정한 작위 또는 부작위를 청구할 수 있는 권리'라고 정의하고(동법 194조 1항),[3] 채권관계에서의 의무(채무)에 대해서는 '채권관계에 기하여 채권자는 채무자에게 급부를 청구할 수 있다. 급부는 부작위일 수도 있다'고 규정하고 있다(동법 241조).[4]

이와 같이, 독일민법은 채권과 그 효력인 채권자의 급부청구권을 개념상 명확하게 구별하고 있지 않은데, 이러한 이유로 독일민법학에서는 「채권」(Foderung)과 「청구권」(Anspruch)을 동일한 개념으로 파악하는 견해가 지배적이다.[5] 즉, 독일의 학설은 '민법총칙에서 규정하고

---

1) 청구권 개념의 연혁에 대하여는 민법주해(8)/호문혁, 36 이하; 곽윤직, 11~12; 奧田昌道, 「請求權概念の生成と展開」(創文社, 1980), 3 이하 참조.

2) 민법주해(8)/호문혁, 41; 곽윤직, 11 참조.

3) 독일민법 제194조(소멸시효의 객체) (1) 타인에 대하여 일정한 작위 또는 부작위를 청구할 수 있는 권리(청구권)는 소멸시효의 지배를 받는다.

4) 독일민법 제241조(채권관계에서 발생하는 의무) (1) 채권관계에 기하여 채권자는 채무자에게 급부를 청구할 수 있다. 급부는 부작위일 수도 있다. (2) 채권관계는 그 내용에 따라 각 당사자에게 상대방의 권리, 법적 이익 및 이익을 배려할 의무를 부담하게 할 수 있다.

5) 예컨대 Larenz, Allgemeiner Teil des Bürgerlichen Rechts, 9 Aufl., 2004, §15 Ⅳ(S. 264); 민법주해(8)/

있는 청구권의 개념이 채권의 개념보다 일반적인 것이고, 채권법의 영역 이외에서도 청구권이 발생하는 것이기는 하지만, 민법이 채권과 청구권의 개념을 명확하게 구별하여 사용하거나 양자를 달리 취급하고 있지 않을 뿐만 아니라, 채권에 관한 규정들은 대체로 청구권에도 유추적용되는 것이므로, 채권과 청구권의 개념을 구별하는 것은 실세상 별 의미가 없으며, 또한 적어도 채권법 분야에서는 청구권이 바로 채권이라고 할 수 있다'고 한다.[6]

(2) 우리 민법상의 청구권 개념

독일민법과 달리, 우리 민법은 채권이나 청구권의 개념에 대한 정의규정을 두고 있지 않으므로, 청구권의 개념 및 채권과 청구권의 관계가 문제된다. 이에 관하여, 국내의 학설은 청구권의 개념을 '특정인이 다른 특정인에 대하여 특정한 행위(작위나 부작위)를 청구할 수 있는 권리'라고 정의함으로써, 독일민법 제194조의 규정 내용과 마찬가지로 파악하고 있다.[7] 또한 국내의 학설은 채권의 개념에 대해서도 '특정인이 다른 특정인에게 일정한 행위를 할 것을 청구할 수 있는 권리'라고 파악하고 있어서 청구권에 대한 개념정의와 큰 차이는 없다. 그럼에도 불구하고 우리나라에서는 청구권은 채권의 핵심적인 요소이기는 하지만 채권의 한 내용에 불과한 것이므로, 채권과 청구권은 개념상 구별하는 것이 타당하다는 데 이설이 없다.

사견으로도 채권과 청구권은 개념상 구별하는 것이 타당하다고 생각한다. 이와 같이 실체법상의 청구권과 채권의 개념을 구별하여야 한다고 보는 이유는 다음과 같다. 우선 청구권은 채권으로부터 나오는 채권의 효력이라는 점에서, 채권 그 자체와는 개념상 구별되어야 한다. 또한 청구권은 채권 이외의 권리로부터도 나온다. 즉, 청구권은 채권뿐만 아니라 물권·친족권·상속권 등의 권리를 기초로 하여, 이들 권리의 내용 또는 효력으로서, 이들 권리에 포함되거나 또는 이들 권리로부터 발생한다. 예컨대, 물권을 기초로 하여 발생하는 물권적 청구권(204~206조, 213조, 214조, 290조, 301조, 319조, 370조), 혼인의 효력으로 발생하는 동거청구권(826조 1항), 상속권을 기초로 하여 발생하는 상속회복청구권(999조) 등의 청구권이 그것이다. 이렇게 보면 청구권은 채권의 내용(효력)으로서 채권을 기초로 하여 발생하는 「채권적 청구권」이라고 할 수 있다. ③ 채권은 청구권 기타 여러 가지 권리를 파생시키는 원천(源泉)이다. 즉, 채권을 기초로 하여 발생하는 청구권은 채권의 한 내용을 이루는 데 지나지 않으며, 채권은 청구권 이외에도 급부를 수령하고 이를 보유할 수 있는 권능과 채권자대위권·채권자취소권·계약해제권 등과 같은 여러 가지 권리를 파생시키는 원천이 된다. 즉, 채권은 급부의 청구권뿐만 아니라 급부의 수령권 등 포괄적인 내용을 가진 권리를 가리키는 용어임에 반하여, 급부청구권은

호문혁, 52~53 참조.

6) 민법주해(8)/호문혁, 52 참조.

7) 상게서, 35; 곽윤직, 11; 현승종, 22 참조.

채권의 개별적 내용 또는 효력의 일부를 가리키는 용어라고 할 수 있다. ④ 청구권은 즉시의 행위를 요구할 수 있는 권리를 의미하므로, 채무의 이행기가 도래하지 않은 경우에는 청구권은 아직 발생하지 않은 것이며, 채무의 이행기가 도래하여야 비로소 청구권이 발생한다.

[2] Ⅱ. 채권의 법적 성질

1. 상대성 : 상대적 권리

채권은 특정한 채무자에 대하여 일정한 급부를 청구할 수 있는 권리이므로, 채권자는 채무자 이외의 제3자에 대하여 어떠한 권리도 주장할 수 없으며, 채무자 이외의 제3자는 채권자에 대하여 아무런 의무도 부담하지 않는 것이 원칙이다. 채무자에게만 권리를 주장할 수 있는 채권의 이러한 성질을 「채권의 상대성」이라고 한다. 채권과 달리, 물권은 물건에 대한 배타적 지배권이므로, 물권자는 모든 자에게 자신의 권리를 주장할 수 있고, 권리자 이외의 모든 자는 물권을 침해하지 않을 의무를 부담한다. 이를 「물권의 절대성(絕對性)」이라고 한다. 즉, 물건에 대한 배타적 지배권인 물권은 절대권(絕對權)임에 반하여 채무자에 대하여 일정한 급부를 청구할 수 있는 권리에 불과한 채권은 상대권(相對權)이다.[8]

이와 같이 채권은 상대권이나, 채무자 이외의 제3자에 의하여 채권이 침해된 경우에도 비록 요건상의 차이는 있으나[9] 물권이 침해된 경우와 마찬가지로 불법행위가 성립할 수 있다는 데 대해서는 이설이 없다. 과거에는 이러한 점에 착안하여 '권리의 절대성은 물권에 특유한 성질이 아니라 모든 권리에 공통된 성질이므로 채권도 절대권이라고 보아야 한다'는 견해가 있었으나,[10] 현재는 이를 지지하는 견해를 찾아보기 어렵다.

생각건대, 채권도 물권과 마찬가지로 절대성을 가진다는 견해는 다음과 같은 비판을 면하기 어렵다 할 것이다. 우선 채무자 이외의 제3자의 채권침해행위가 채권자에 대한 불법행위를 구성할 수도 있음은 사실이나, 그렇다고 해서 '특정인에 대한 권리'인 채권의 본질이 '물건에 대한 배타적 지배권'인 물권과 같다고 볼 수는 없다. 또한 채권의 본질이 절대권이냐 상대권이냐 하는 논쟁은 '생명·신체·자유·소유권 등의 절대권에 대한 침해'를 의미하는 "권리의 침해"가 불법행위의 성립요건으로 요구되고 있었던 구 의용민법[11] 제709조[12]하에서는

---

8) 同旨: 곽윤직, 14~15; 김상용, 15~16; 김형배, 30; 이은영, 59 참조.

9) 후술하는 바와 같이, 제3자의 채권침해가 불법행위를 구성하기 위해서는 물권에 대한 침해의 경우와는 달리 제3자에게 고의가 있는 경우에 한한다는 것이 통설·판례의 입장이다(대법원 1997.6.10.선고, 95다28120 판결).

10) 김기선, 169; 김현태, 5~9; 현승종, 25~27 참조.

11) 일제(日帝)는 불법적으로 조선을 합병한 후 식민통치의 법적 기초를 마련하기 위하여 1911.3.25. 법률 제30호로 「조선에시행할법령에관한법률(朝鮮ニ施行スヘキ法令ニ關スル法律)」을 공포하였는데, 동

나름대로 해석론상의 의미가 있었으나, "권리의 침해"를 불법행위의 성립요건으로 규정하고 있지 아니한 현행민법하에서는 절대권이 아닌 상대권인 채권에 대한 침해가 불법행위를 구성할 수 있다고 해석하는 데 이설이 없으므로, 해석론상 별 실익이 없는 논쟁에 불과하게 되었다. (☞ 제2장 제3절 제3자에 의한 채권침해) 그러므로 현행민법하에서는 채권의 본질과 관련하여 해석론상 의미 있는 논의는, '채권은 물권과 실질적으로 어떻게 다른 권리인가?' 하는 것과, '채권의 경우에도 물권의 본질적 속성인 배타성과 지배권성을 인정할 수 있는가?' 하는 두 가지 문제이다.

이러한 관점에서 채권의 성질을 검토해 보면, 채권은 원칙적으로 특정한 채무자에 대하여서만 주장할 수 있는 상대적인 권리이며 절대권이 아니라는 점은 명백하다. 다만, 등기된 부동산임차권의 경우(621조), 대항요건을 갖춘 주택이나 상가건물의 임차권의 경우(주택임대차법 3조, 상가임대차법 3조) 등에서는 예외적으로 채권인 임차권에 대항력이 인정되고, 대항력을 구비한 임차인의 보증금반환채권에 우선변제적 효력이 인정되고 있으나(주택임대차법 3조의2 2항, 8조, 상가임대차법 5조 2항, 14조), 이는 사회·경제적 약자인 임차인을 보호하기 위하여 채권의 상대적 효력의 원칙에 예외를 인정하여 양수인 등 제3자에 대하여 임차권을 주장할 수 있도록 한 것에 지나지 않으며, 임차권에 대항력이 인정된다고 하여 채권(임차권)의 성질 자체가 채권자(임차인)의 목적물에 대한 독점적·배타적 지배권인 물권으로 변하는 것은 아니므로, 대항력이 인정되는 임차권을 포함한 채권의 본질은 상대권이라고 보아야 할 것이다.

2. 평등성 : 채권자평등의 원칙

채권은 배타적 지배권이 아니므로, 채권자라고 하더라도 채무자의 행위를 배타적으로 지배할 수 없으며, 채권의 목적인 급부의 실현은 오로지 채무자의 자유로운 의사에 의한 이행행위에 달려있다. 또한 채권자가 담보물권에 의하여 우선변제권을 확보하지 않는 한 채권의 발생원인·발생시기의 선후에 관계없이 모든 채권은 평등한 지위에 있는바, 이를 「채권자평등의 원칙」이라고 한다. 다만, 완전한 의미에서의 채권자평등의 원칙은 파산절차 등의 청산절차에서나 실현되며, 일반 강제집행절차에서는 강제집행절차에 참가한 채권자 사이에서만 평등한 배당이 이루어진다는 점에 주의하여야 한다.[13)]

법은 제1조에서 "조선에서는 법률을 요하는 사항은 조선총독의 명령으로써 이를 규정할 수 있다"고 규정하고 있었다. 이에 따라 조선총독부는 1912.3.18. 制令(조선총독부명령) 제7호로 「조선민사령(朝鮮民事令)」을 공포하여 일본민법 등을 조선에 시행하는 것으로 규정하였다(동령 1조 1호). 본서에서 「구 의용민법」이라 함은 '조선민사령에 의하여 조선에 의용된 일본민법'을 가리킨다.

12) 구 의용민법 제709조 : 고의 또는 과실로 인하여 타인의 권리를 침해한 자는 그로 인하여 생긴 손해를 배상할 책임이 있다.

13) 예컨대, 甲이 乙로부터 5,000만원을 빌린 후 다시 丙으로부터 3,000만원을 빌렸는데, 상환기일에 甲의

3. 양도성 : 재산권성

채권은 재산권이므로 그 성질상 양도가 허용되지 않는 경우를 제외하고는 자유롭게 양도·상속할 수 있음이 원칙이다(449조 1항). 다만, 채권의 성질상 양도가 허용되는 경우에도 당사자가 반대의 의사를 표시한 때(양도금지의 특약이 있는 경우)에는 예외적으로 채권의 양도가 금지되며(449조 2항), 계속적 계약관계에서는 당사자 사이의 인적 신뢰관계를 고려하여 채권의 양도성이 제한되는 경우가 있다.

(1) 양도금지의 특약이 있는 경우

채권(지명채권의 경우에 한한다)은 당사자가 반대의 의사를 표시한 경우에는 양도하지 못한다(449조 2항). 즉, 당사자 사이에 양도금지의 특약이 있는 채권의 양도는 무효이다. 그러나 양도금지의 특약의 효력은 채권양수인 등 선의의 제3자에게 대항할 수 없다(449조 2항 단서). 다만, 판례는 '채권양수인이 양도금지특약의 존재를 알지 못한 경우라고 하더라도 양수인이 양도금지특약의 존재를 알지 못한 데 중대한 과실이 있는 경우에는 무효'라는 입장을 취하고 있으며(대법원 1996.6.28.선고, 96다18281 판결 등),[14] '양도금지특약이 있더라도 채무자가 채권양도를 승낙한 경우에는 그 채권양도는 유효하다'고 한다(대법원 2000.4.7.선고, 99다52817 판결 등). (☞ 제6장 제1절 「채권의 양도」)

■ **채권양수인이 양도금지특약의 존재를 알지 못한 데 중과실이 있는 경우, 채권양도의 효력**(소극)
민법 제449조 제2항이 채권양도금지의 특약은 선의의 제3자에게 대항할 수 없다고만 규정하고 있어서 그 문언상 제3자의 과실의 유무를 문제삼고 있지는 아니하지만, 제3자의 중대한 과실은 악의와 같이 취급되어야 하므로, 양도금지 특약의 존재를 알지 못하고 채권을 양수한 경우에 있어서 그 알지 못함에 중대한 과실이 있는 때에는 악의의 양수인과 같이 양도에 의한 채권을 취득할 수 없다고 해석하는 것이 상당하다. (대법원 1996.6.28.선고, 96다18281 판결)[15]

변제능력(책임재산의 가액)이 5,000만원에 불과하고 乙이나 丙의 채권을 담보하기 위한 저당권 등의 담보물권이 존재하지 않는다면, 乙과 丙이 甲으로부터 대여원리금을 상환 받을 수 있는지의 여부는 기본적으로 채무자인 甲의 선택에 달려있다. 그러나 乙이 먼저 소를 제기하여 승소판결을 받아 甲의 재산에 대하여 강제집행을 실시하고 丙이 강제집행절차에 참가하지 않았다면, 乙은 자기의 채권 5,000만원을 전액 변제받을 수 있다. 그러나 만약 丙이 위 강제집행절차에 참가하여 배당을 요구하는 경우, 乙은 5,000만원의 5/8에 해당하는 3,125만원만을 변제받을 수 있을 뿐이다(김홍규, "금전채권집행에 있어서 우선주의, 평등주의, 집단우선주의의 비교연구", 방순원고희기념논문집 「민사법의 제문제」, 1984/4, 537 이하 참조).

14) 여기서 말하는 「중과실」이란 '통상인에게 요구되는 정도의 상당한 주의를 하지 않더라도 약간의 주의를 한다면 손쉽게 그 특약의 존재를 알 수 있음에도 불구하고 그러한 주의조차 기울이지 아니하여 특약의 존재를 알지 못한 것'을 말하며, 제3자의 악의 내지 중과실은 '채권양도금지의 특약으로 양수인에게 대항하려는 자가 이를 주장·증명하여야 한다'는 것이 판례의 입장이다(대법원 2010.5.13.선고, 2010다8310 판결). 김문관, "채권양도금지 특약으로 대항할 수 있는 제3자 및 확정일자 있는 증서의 의미", 대법원판례해설 83호(법원도서관, 2010), 155 이하 참조.

15) 판례평석: 박효관, "채권양도금지특약과 선의의 양수인", 판례연구 8집(부산판례연구회, 1998/1), 219

■ 양도금지특약이 있는 채권을 악의 또는 중과실로 채권양수를 받은 후 채무자가 그 양도에 대하여 승낙을 한 경우, 채무자의 사후승낙에 의하여 무효인 채권양도행위가 유효하게 되는지 여부(적극)
당사자의 양도금지의 의사표시로써 채권은 양도성을 상실하며, 양도금지의 특약에 위반해서 채권을 제3자에게 양도한 경우에 악의 또는 중과실의 채권양수인에 대하여는 채권이전의 효과가 생기지 아니하나, 악의 또는 중과실로 채권양수를 받은 후 채무자가 그 양도에 대하여 승낙을 한 때에는 채무자의 사후승낙에 의하여 무효인 채권양도행위가 추인되어 유효하게 되며, 이 경우 다른 약정이 없는 한 소급효가 인정되지 아니하고 양도의 효과는 승낙 시부터 발생한다고 할 것이다. (대법원 2000.4.7.선고, 99다52817 판결)16)

(2) 계속적 계약관계에 있어서의 채권양도의 제한

사용대차·임대차·고용계약과 같이 당사자 사이의 신뢰관계가 중시되는 계속적 계약관계에서는 계약의 성질상 채권의 양도가 제한된다.

1) 사용대차계약에 있어서 사용차권(使用借權)의 양도 제한

사용대차계약에서 차주는 대주의 승낙이 없으면 제3자에게 차용물을 사용, 수익하게 하지 못하므로(610조 2항), 사용차주로부터 차용물의 사용·수익청구권을 양도받은 자라고 할지라도 그 양도에 관하여 대주의 승낙이 없으면 대주에게 대항할 수 없다. 따라서 대주는 차주와의 사용대차계약을 해지하지 않고도 사용차권을 양수한 제3자에 대하여 목적물의 인도를 청구할 수 있다(대법원 1965.11.16.선고, 65다1748 판결 등).17)

2) 임대차계약에 있어서 임차권의 양도 제한

임차인은 임대인의 동의 없이 그 권리를 양도하지 못하며(629조 1항), 임차인이 이에 위반하여 임대인의 동의 없이 임차권을 양도한 경우에는, 임대인은 계약을 해지할 수 있다(629조 2항). 다만, 판례는 '임대인의 승낙 없이 임차인이 제3자에게 임차물을 사용·수익하도록 하였다 할지라도 임차인의 당해 행위가 임대인에 대한 배신적 행위라고 인정할 수 없는 특별한 사정이 있는 경우에는, 임대인은 자신의 동의 없이 전대차가 이루어졌다는 것만을 이유로 임대차계약을 해지할 수 없으며(대법원 1993.4.27.선고, 92다45308 판결 등), 전차인은 그 전대차나 그에 따른 사용·수익을 임대인에게 주장할 수 있다'는 입장을 확립하고 있다. (☞ 계약법 편, 제3장 제4절 「임차권의 보호」)

■ 임차인이 임대인의 승낙 없이 제3자에게 임차물을 사용·수익하도록 한 행위가 임대인에 대한 배신적 행위라고 인정할 수 없는 특별한 사정이 있는 경우, 임대인에게 임대차계약 해지권이 있는지

이하; 이상욱, "채권양도금지특약의 제3자에 대한 효력", 영남법학 4권 1·2호(영남대출판부, 1998/2), 249 이하. 같은 취지: 대법원 1999.2.12.선고, 98다49937 판결; 대법원 1999.12.28.선고, 99다8834 판결; 대법원 2000.4.25.선고, 99다67482 판결; 대법원 2003.1.24.선고, 2000다5336·5343 판결; 대법원 2010.5.13.선고, 2010다8310 판결.

16) 같은 취지: 대법원 2009.10.29.선고, 2009다47685 판결.

17) 같은 취지: 대법원 1999.5.11.선고, 98다61746 판결.

여부(소극) 민법 제629조는 '임차인은 임대인의 동의 없이 그 권리를 양도하거나 전대하지 못하고, 임차인이 이에 위반한 때에는 임대인은 계약을 해지할 수 있다'고 규정하고 있는바, 이는 민법상의 임대차계약은 원래 당사자의 개인적 신뢰를 기초로 하는 계속적 법률관계임을 고려하여 임대인의 인적 신뢰나 경제적 이익을 보호하여 이를 해치지 않게 하고자 함에 있으며, 임차인이 임대인의 승낙 없이 제3자에게 임차물을 사용·수익시키는 것은 임대인에게 임대차관계를 계속시키기 어려운 배신적 행위가 될 수 있는 것이기 때문에 임대인에게 일방적으로 임대차관계를 종지시킬 수 있도록 하고자 함에 있다고 할 것이다. 따라서 임차인이 임대인으로부터 별도의 승낙을 얻은 바 없이 제3자에게 임차물을 사용·수익하도록 한 경우에 있어서도 임차인의 당해 행위가 임대인에 대한 배신적 행위라고 인정할 수 없는 특별한 사정이 있는 경우에는 위의 법조에 의한 해지권은 발생하지 않는다고 해석함이 상당하다. (대법원 1993.4.27.선고, 92다45308 판결)[18]

3) 고용계약상의 권리의 양도 제한

(가) 사용자의 권리 양도 제한 : 근로자의 전적

고용계약에서 사용자는 노무자의 동의 없이 그 권리를 제3자에게 양도하지 못하며(657조 1항), 사용자가 이에 위반한 경우에는 노무자는 계약을 해지할 수 있다(657조 2항). 이는 근로기준법상의 근로계약에도 적용되는 법리라고 할 것이므로, '사용자가 근로자를 다른 기업으로 적을 옮겨 다른 기업의 업무에 종사하게 하는 이른바 「전적(轉籍)」의 경우에는 근로자의 동의를 얻어야만 유효하다'고 할 것이다. 판례도 '전적은 종래에 종사하던 기업과의 근로계약을 합의해지하고 이적하게 될 기업과 새로운 근로계약을 체결하는 것이거나 근로계약상의 사용자의 지위를 양도하는 것이므로, 사용자가 근로자의 동의를 얻지 아니하고 다른 회사로 전적시키는 관행이 있어서 그 관행이 근로계약의 내용을 이루고 있다는 등의 특별한 사정이 없는 한 근로자의 동의를 얻어야 효력이 생긴다'고 한다(대법원 1996.4.26.선고, 95누1972 판결 등).[19]

문제는 '전적이 유효하게 이루어진 경우에는 근로자와 종전 기업과의 근로관계가 단절되는가?' 하는 것인데, 판례는 '당사자 사이에 특약이 없는 한 전적이 유효한 경우에는 근로자와 종전 기업과의 근로관계는 단절되어 종전 기업에서의 근로관계가 이적하는 다른 기업에 이전되거나 승계되지 않는다'는 입장을 취하고 있다(대법원 1997.7.8.선고, 96다38438 판결 등).[20]

18) 판례평석: 김숙, "건물소유를 목적으로 한 토지임대차의 무단양도에 있어서 계약해지권을 제한하는 이른바 배신행위이론을 적용한 사례", 대법원판례해설 19-1호(법원행정처, 1993/12), 164 이하; 조윤신, "임차권의 무단양도·전대와 해지권의 제한", 재판과 판례 6집(대구판례연구회, 1997/12), 215 이하. 같은 취지: 대법원 2007.11.29.선고, 2005다64255 판결; 대법원 2010.6.10.선고, 2009다101275 판결.

19) 판례평석: 이승욱, "영업양도와 전적의 효력", 노동판례비평 1호(민변, 1997/6), 259 이하; 오문완, "전적처분이 무효인 경우 영업양도의 효력: 유성여객사건", 노동판례평석집 Ⅱ(한국경영자총협회, 1997/12), 107 이하. 같은 취지: 대법원 1996.5.10.선고, 95다42270 판결; 대법원 1996.5.31.선고, 95다33238 판결; 대법원 1997.7.8.선고, 96다38438 판결; 대법원 1997.12.26.선고, 97다17575 판결.

20) 같은 취지: 대법원 1997.12.26.선고, 97다17575 판결; 대법원 1998.12.11.선고, 98다36924 판결; 대법원 1998.12.22.선고, 97누5435 판결.

(나) 임금채권의 양도 제한

현행법상 근로자의 임금채권의 양도를 직접적으로 제한하는 규정은 없으나, 근로자의 임금채권에 대한 압류는 임금채권의 1/2에 해당하는 금액에 한하여 허용되고 있으며(민사집행법 246조 1항 4호), 사용자는 임금을 근로자에게 직접 지급하여야 한다(근로기준법 43조 1항).[21]

문제는 이러한 임금채권에 대한 민사집행법과 근로기준법의 규정 취지에 비추어 '근로자의 임금채권을 양도하는 것은 법률상 금지된다고 할 것인가?' 하는 것인데, 판례는 임금채권의 양도를 금지하는 법률의 규정이 없다는 이유로 임금채권의 양도성을 긍정하면서도, 근로기준법의 「임금직접지급의 원칙」을 중시하여 '사용자는 임금채권의 양수인에게 임금채무를 직접 이행할 수 없다'는 입장을 취하고 있다(대법원 1988.12.13.선고, 87다카2803 전원합의체판결 등).[22] 사견으로는 이러한 판례의 입장은 타당하지 않다고 생각하나, 이에 관한 검토는 채권양도의 장(章)에서 다루기로 한다. (☞ 제6장 제1절 「채권의 양도」)

[3] Ⅲ. 채권의 발생원인

「채권의 발생원인」, 즉 채권발생의 법률효과가 부여되는 법률요건은 크게 '법률행위에 의한 경우'와 '법률의 규정에 의한 경우'의 두 가지로 분류할 수 있다.

1. 법률행위에 의한 채권의 발생

(1) 계 약

「계약」은 '합의에 의하여 성립하는 법률행위'이므로, 계약이 성립하면 그 효력으로서 채권이 발생한다. 계약은 채권발생의 가장 중요하고도 원칙적인 경우라고 할 수 있다.[23]

(2) 단독행위

'행위자의 일방적인 의사표시에 의하여 성립하는 법률행위'인 단독행위는 법률이 명문으

---

21) 근로기준법 제43조(임금지급) ① 임금은 통화로 직접 근로자에게 그 전액을 지급하여야 한다. 다만, 법령 또는 단체협약에 특별한 규정이 있는 경우에는 임금의 일부를 공제하거나 통화 이외의 것으로 지급할 수 있다.

22) 판례평석: 이태재, "근로자의 임금채권의 양도", 판례월보 222호(판례월보사, 1989/3), 26 이하; 한일환, "근로자의 임금채권의 양도가능성", 판례연구 3집(서울지방변호사회, 1990/1), 67 이하; 서민, "퇴직금채권의 양도성", 민사판례연구(12)(민사판례연구회, 1990/5), 67 이하; 박성철, "임금채권의 직접불의 원칙", 판례연구 1집(부산판례연구회, 1991/2), 356 이하; 최형기, "임금채권의 양도성", 법조 38권 2호(법조협회, 1989/2), 127 이하. 같은 취지: 대법원 1984.6.13., 84다카20 결정; 대법원 1996.3.22.선고, 95다2630 판결.

23) 사단법인 설립행위의 법적 성질에 대하여는 이를 계약으로 보는 견해(계약설)와 합동행위로 보는 견해(합동행위설)가 대립하고 있는데, 「합동행위설」에 따르면 합동행위도 채권의 발생원인의 한 유형이 될 수 있다. (☞ 민법총칙 편, 제4장 제3절 「법인의 설립」)

로 인정하는 경우에 한하여 채권의 발생원인이 될 수 있다. 민법이 단독행위를 채권의 발생원인으로 인정한 대표적인 경우는 재단법인 설립행위(48조)와 유증(1060조 이하)이다.[24]

2. 법률의 규정에 의한 채권의 발생

채권은 법률행위에 의해서만 발생하는 것이 아니라, 유실물습득(253조)·사무관리(734조 이하)·부당이득(741조 이하)·불법행위(750조 이하)·부양(974조 이하)의 경우와 같이, 법률의 규정에 의하여서도 발생한다. 이와 같이 '법률의 규정에 의하여 발생하는 채권'을 「법정채권(法定債權)」이라고 한다.

[4] Ⅳ. 채권의 사회적 기능

1. 채권의 본래적 기능

자본주의경제체제하에서의 채권의 본래적 기능은 재화의 이동을 매개하여 물권에 도달하는 수단이 되는 것이라고 할 수 있다.[25] 즉, 채권관계를 통하여 재화의 교환과 이동이 이루어져 궁극적으로 재화에 대한 물권관계가 확립되게 된다.

2. 현대사회에 있어서의 채권의 기능 변화

(1) 인간에 대한 지배적 기능

자본주의경제체제하에서는 소유권이 채권과 결합함으로써 자본화하여 생산수단의 소유자가 이를 소유하지 않는 자에 대한 경제적 우위를 차지하여, 결국은 물건을 지배하여야 할 소유권이 임대차계약이나 고용계약 등의 채권계약을 매개로 하여 사람을 지배하게 되는데(예컨대, 부동산소유권이 임대차계약과 결합하여 소유자가 임차인을 지배하고, 생산수단이 고용계약과 결합하여 사용자가 노동자를 지배하게 된다), 이러한 현상을 일반적으로 「물권의 채권화」라고 한다.

(2) 금융자본의 독점적 지배

자본주의경제가 고도로 발전하면 채권이 물권에 대한 우월한 지위를 갖게 되고, 담보제도가 발전함으로써 금융자본이 산업자본을 지배하는 현상이 나타나게 되는데, 이를 「소유권에 대한 금전채권의 우월성」이라고 한다.

---

24) 민법은 현상광고를 전형계약의 일종으로 규정하고 있으나(675조), 이를 단독행위로 보는 견해도 있는데, 이에 따르면 현상광고도 단독행위에 의한 채권의 발생원인이 된다. (☞ 계약법 편, 제1장 제1절 「계약의 의의와 종류」)

25) 곽윤직, 1~19; 我妻榮, 「近代法에 있어서의 債權의 優越的 地位」(有斐閣, 1953), 5 이하 참조.

(3) 독립한 재산권으로서의 채권

전술한 바와 같이, 채권은 재산권으로서 원칙적으로 양도와 상속의 객체가 된다. 이러한 독립한 재산권으로서의 채권의 성질은 증권적 채권의 발달로 인하여 더욱 두드러지게 나타나고 있으며, 자본주의경제의 병폐라고 할 수 있는 부(富)의 독점현상을 더욱 가속화시키고 있다.

[5] Ⅴ. 채권관계의 의의 및 특성

1. 채권관계의 의의

「채권관계」라 함은 '채권을 둘러싼 법률관계로서, 2인 또는 그 이상의 다수인이 채권자 또는 채무자로서 서로 일정한 행위를 요구할 수 있는 권리(채권)를 가지고, 그에 대응하는 법적 의무(채무)를 부담하여 대립하는 법률관계'를 말한다. 「채권관계」는 '친구와의 우정에 기한 단순한 약속과 같이 당사자 사이에 법적 구속의사가 존재하지 않는 일상생활상의 단순한 의례적인 관계'인 「호의관계(好意關係)」와 구별되어야 한다. 호의관계에 있어서는 당사자의 법적 구속의사가 존재하지 않으므로 채권관계는 성립하지 않는다. 따라서 호의관계에 기한 약속위반의 경우에도 채무불이행은 성립하지 않는 것이 원칙이다. 그 결과 강제이행이나 채무불이행으로 인한 손해배상을 청구할 수는 없다.[26] 다만, 후술하는 바와 같이, 제1차적 급부의무가 없는 「급부의무 이외의 행태의무」도 가능하다고 본다면, 호의관계에서도 「급부의무 이외의 행태의무」가 존재할 수 있으며, 계약의무 위반의 일종으로서 다루어지게 된다.[27] 또한 교통사고를 일으켜 호의동승자를 사망케 한 경우와 같이, 호의관계에서 상대방에게 손해를 발생시키고 그것이 불법행위의 요건을 충족시키는 경우에는 피해자에 대하여 불법행위책임을 질 수 있음은 물론이다.

2. 채권관계의 특성

(1) 특별구속관계

채권은 채권자가 특정한 채무자에 대하여 급부를 청구할 수 있는 권리이므로, 채권관계는 채권자와 채무자라는 특정인 사이에서만 성립하는 특별구속관계이다.

(2) 유기적 관계

1) 부수적 권리·의무를 파생시키는 포괄적 법률관계

채권관계는 당사자 사이에 채권·채무가 단순하게 고립적·대립적으로 존재하는 데 지나

---

26) 채권관계와 호의관계의 구별에 대한 상세는 송덕수, 15~17 참조.
27) 민법주해(8)/송덕수, 100 참조.

지 않는 것이 아니라, 이러한 채권과 채무를 발생시키는 터전이 되는 것이다. 즉, 채권관계는 그 채권관계를 다른 채권관계와 구별케 하는 기본적인 채권·채무를 발생시키는 것은 물론이지만, 단순한 채권·채무의 집합에 그치는 것이 아니라 그로부터 파생되는 각종의 항변권, 계약의 해제·해지권, 대금감액청구권, 매수청구권 등의 당사자의 부수적 권리와 각종의 통지의무, 담보의무 등의 부수적 의무로 구성되는 유기적 복합체라고 할 수 있는 포괄적 법률관계이다. 채권관계의 이러한 성질은 증여·매매·교환·화해 등의 일시적 계약관계에서도 나타나지만, 특히 임대차·고용·도급·위임·조합·종신정기금 등의 계속적 계약관계에서 두드러지게 나타난다.

2) 계약체결 전(前)단계에서의 채권관계의 발생

채권관계에서 채권자나 채무자는 채권을 행사하고 의무를 이행함에 있어서 신의에 좇아 성실하게 행동하여야 할 의무를 진다(2조). 나아가 '이러한 유기적 관계인 채권관계는 채권이 발생하기 전 단계인 계약의 교섭단계에서 이미 발생한다'고 주장하는 것이 종래의 통설적 견해이다. 즉, 계약체결을 위한 교섭을 하는 당사자 사이에는 밀접한 관계가 형성되어, 예컨대 청약자의 승낙연착에 관한 통지의무(528조 2항), 보험계약자 또는 피보험자의 고지의무(상법 651조)와 같은 법률상의 의무가 발생하며, 법률상의 명문규정이 없더라도 신의칙에 기한 보호의무 등의 부수의무(附隨義務)가 발생한다고 보아야 하므로, 이러한 신의칙에 기한 전 계약적 부수의무 위반으로 인하여 상대방에게 손해를 가한 경우에는 계약책임의 일종인 계약체결상의 과실책임을 져야 한다는 것이다. (☞ 계약법 편, 제1장 제2절 「계약의 성립」)

(3) 협동체관계론

채권관계는 단순히 채권자가 채무자에 대하여 급부를 청구하고 이를 수령하는 권능을 가지며 채무자는 이에 대응하여 급부의무를 부담하는 고립적·대립적 관계로만 볼 것은 아니다. 왜냐하면 채권관계는 채권자와 채무자 사이의 신뢰를 기초로 하여 형성되는 법률관계이기 때문이다(이를 「신뢰관계」라고 부르기도 한다). 이러한 취지에서, 종래의 통설적 견해는 채권관계를 '급부의 이행이라는 사회적 목적을 가지는 채권·채무의 유기적 결합관계'로서 다루어야 하며, 또한 채권관계의 본질은 '신의칙에 의하여 지배되는 협동체관계'라고 보아야 한다고 설명하고 있다.[28] 그러나 이러한 견해에 대해서는, '독일의 민족공동체이론에 바탕을 둔 나치법학의 영향을 받은 전체주의적 채권법이론'이라고 비판하거나,[29] '채권관계를 유기적 관계라고 할 수는 있으나, 이는 채권관계가 변동가능성이 있다는 의미에 그치며, 이를 당사자의 협력관계라고 파악할 수는 없다'는 등의 비판론[30]이 제기되고 있다.

---

28) 곽윤직, 18; 현승종, 28 등 참조.
29) 이은영, 406 참조.

[6] Ⅵ. 채권법의 의의와 특질

1. 채권법의 의의

(1) 채권법의 실질적 의의

「채권법」은 '채권관계를 규율하는 실체법'을 총칭한다. 「형식적 의의의 채권법」, 즉 실정법으로서 "채권법"이라는 명칭을 가지고 있는 법규는 존재하지 않는다. 민법전의 제3편(채권)은 실질적 의미에서의 채권법의 기본법이라고 할 수 있으나, 민법전 제1편(총칙)의 규정, 특히 법률행위에 관한 규정 등도 실질적 의미에서의 채권법의 일부를 구성하고 있다. 따라서 「실질적 의미에서의 채권법」은 '민법전 제1편(총칙), 제3편(채권)을 중심으로 하여 채권관계를 규율하는 특별법을 포함하는 실정법의 전(全)체계'를 가리킨다고 할 수 있다.

(2) 채권법의 체계

민법전 제3편(채권)의 체계를 살펴보면, 총칙(제1장), 계약(제2장), 사무관리(제3장), 부당이득(제4장), 불법행위(제5장)의 5개 장(章)으로 구성되어 있다. 이 중 제1장(총칙)은 채권 일반에 관한 통칙규정으로서, 채권의 의의와 종류, 채권의 일반적 효력, 채무의 이행과 불이행, 다수당사자의 채권관계, 채권양도와 채무인수 등에 관하여 규정하고 있다. 이 부분을 강학상 「채권총론」 또는 「채권법총론」이라고 부르는데, 본서는 바로 이 부분에 관한 해설을 주된 내용으로 한다. 채권편 제2장(계약) 내지 제5장(불법행위)의 규정은 채권의 발생원인을 종류별로 규정한 것인데, 이 부분을 강학상 「채권각론」 또는 「채권법각론」이라고 부른다.

2. 채권법의 특질

(1) 임의법규성

「물권」은 '물건에 대한 배타적 지배권'이므로, '물권의 종류와 내용은 강행법규인 법률 또는 관습법에 의하는 외에는 임의로 창설하지 못한다'는 「물권법정주의」가 지배한다(185조). 그러나 채권은 물권과는 달리 특정한 채무자에 대하여 일정한 급부를 청구할 수 있는 상대적 권리에 지나지 않으므로, 그 종류와 내용의 형성을 당사자의 자율적인 의사에 맡겨 놓더라도 제3자에게 피해를 입힐 가능성이 적다. 따라서 대표적인 채권의 발생원인인 계약관계를 규율하는 계약법은 사적 자치가 허용되는 임의법규로서, 당사자의 의사가 명확하지 않거나 흠결이 있는 경우에 당사자의 의사를 해석하는 기준으로서의 역할을 하거나, 의사를 보충하는 역

30) 송덕수, 15 참조.

할을 하는 데 그치는 것이 원칙이다. 그러나 자본주의경제가 발전하면서 계약자유의 원칙은 경제적 약자에 대한 경제적 강자의 불공정거래와 경제적 수탈의 도구로 전락하여, 자본주의 경제의 폐해인 「부(富)의 독점」과 「부익부·빈익빈(富益富貧益貧)」이라는 사회적 병리현상을 초래하고, 노·사의 대립이 격화하여 자본주의경제체제 자체를 위협하기에 이르렀다. 원래 사적 자치의 계약법적 표현이라고 할 수 있는 「계약자유의 원칙」은 계약관계의 양 당사자가 자유롭고 평등하다는 것을 전제로 당사자의 합리적이고 이성적인 판단을 존중하는 것이 법의 이념인 인간으로서의 존엄과 가치를 실현하는 최선의 방법이라는 법철학사상에 기초를 두고 있다. 따라서 당사자 사이에 실질적 자유와 평등이 보장되지 않는 상황에서는 계약자유의 원칙은 이미 그 법철학적 근거를 상실한 것이라고 할 수 있다. 19세기 중반에 이르러 자본주의 경제가 고도로 발달하면서 이러한 법철학적 성찰에 기하여 계약자유의 원칙에 대한 재검토와 반성이 행해지게 되었는데, 이에 따라 계약법의 영역에서도 점차 강행법규가 증가하게 되었다. 특히 근로계약관계를 규율하는 채권법의 영역이 민법으로부터 이탈하여 강행법체계인 「노동법」이라는 독립된 법분야를 형성하기에 이르렀다. 또한 임대차계약이나 도급계약 등에서도 점차 강행법규가 증가하는 추세에 있다.

(2) 세계적 보편성

채권법, 특히 계약법은 재화와 용역의 거래를 규율하는 법으로서 지방적 특색과 민족적 색채를 탈피하여 세계적으로 보편화하는 성질을 가진다. 로마법이 유럽대륙 각국에 계수된 것도 이러한 계약법의 보편성에 기인한 것이라고 할 수 있다. 이러한 계약법의 특성을 반영하여, 계약법의 내용을 통일하여 국제거래를 더욱 활성화하기 위한 노력이 경주되고 있다. 특히 유럽연합(EU)을 중심으로 유럽각국의 채권법을 통일하려는 노력이 결실을 거두어 채권법의 많은 분야에 걸쳐서 통일법이 제정되어 있으며, 유럽의 계약법을 궁극적으로 통일하는 것을 목표로 하는 「유럽계약법원칙(PECL)」과 「유럽계약법참조초안(DCFR)」 등이 발표되어 있다. 또한 국제연합(UN) 등 국제기구를 중심으로 하여 계약법의 국제적 통일을 목표로 하는 운동이 일부 결실을 거두고 있다. 그 대표적인 사례로서는 유엔상거래위원회(UNCITRAL)에 의하여 제정되어 1988년부터 시행되기 시작하였으며 우리나라도 2005년에 비준함으로써 국내의 실정법이 된 동산매매에 관한 통일사법인 「국제통일매매법(CISG)」[31]과 「사법의 통일을 위한 국제협회」가 1994년에 제정한 「UNIDRIOT국제계약법원칙(PICC)」 등을 들 수 있다.

31) 체약국인 우리나라도 2005년에 비준을 완료하여(2005.2.28. 다자조약 제1711호) 현재 CISG는 국내 실정법으로서의 효력을 가지고 있다.

3. 채권법의 지도원리

채권관계, 특히 고용·임대차·하도급 등 계속적 계약에 의하여 발생하는 채권관계에서는 경제적 강자에 의한 약자에 대한 부당한 억압과 경제적 착취가 발생하기 쉽다. 따라서 채권법의 영역에서는 이와 같은 경제적 강자의 부당한 억압과 경제적 착취를 방지하기 위하여 채권적 지배관계의 발생을 억제함으로써 특히 경제적 약자의 보호를 기할 수 있는 해석론과 입법론의 전개가 요청된다.

(1) 민법의 지도원리 : 사적 자치의 원칙

1789년의 프랑스 대혁명에 의하여 성립한 근대시민사회는 모든 인간을 봉건적 구속으로부터 해방시킴으로써 자유롭고 평등한 사회를 이루는 것을 정치적 이념으로 하고(개인주의·자유주의), 자본주의를 그 경제적 배경으로 하고 있다고 할 수 있는데, 민법은 이러한 근대시민사회의 지도이념을 실현할 수 있는 법적 지주(支柱)이다. 즉, 민법은 사법의 일반법으로서 모든 법제도의 지도이념이라고 할 수 있는 「인간으로서의 존엄과 가치(행복)」를 실현하기 위한 구체적인 제도로서, '모든 개인의 국가공권력의 간섭 없이 자유로운 의사에 의하여 자율적으로 자기의 법률관계를 형성할 수 있다'는 「사적 자치(Privatautonomie)의 원칙」을 지도원리로 하고 있다. (☞ 민법총칙 편, 제1장 제4절 「민법의 기본원리」)

(2) 근대민법의 3대원칙

근대민법의 지도원리인 「사적 자치의 원칙」은 물권법과 계약법, 그리고 책임법의 영역에서 각각 「사유재산권존중의 원칙」과 「계약자유의 원칙」, 그리고 「과실책임의 원칙」으로 구체화되고 있는데, 이를 「근대민법의 3대원칙」이라고 부른다.

우선 「사유재산권존중의 원칙」이란 '사유재산에 대한 개인의 절대적 지배를 인정하여 국가나 다른 개인이 이에 간섭하거나 제한을 가할 수 없다'는 원칙을 말한다. 이는 주로 물권법 영역에서의 사적 자치의 원칙을 구현하는 원리로서 기능한다는 점에서, 「소유권절대의 원칙」이라고도 한다.

「계약자유의 원칙」은 계약법의 영역에서 사적 자치의 원칙을 구현하는 원리로서, 계약의 체결 여부, 계약의 상대방 선택, 그리고 계약의 내용을 개인이 자유롭게 결정할 수 있다는 원칙을 말한다.

「과실책임의 원칙」은 책임법의 영역에서의 사적 자치의 원칙을 구현하는 원리로서, 자기의 고의 또는 과실에 의한 위법한 행위로 인하여 타인에게 손해를 가한 경우에 한하여 책임을 진다는 원칙을 말한다. 이를 「자기책임의 원칙」이라고도 한다.

(3) 「사적 자치의 원칙」의 공과(功過)

근대민법의 기본원리인 사적 자치의 원칙과 이를 구현하기 위한 실천원리로서의 3대원칙은 합리적 기업경영을 가능하게 함으로써 자본주의경제의 발전에 큰 공헌을 하였다. 그러나 사적 자치의 원칙은 인간이성에 대한 지나친 신뢰에 바탕을 둔 것일 뿐만 아니라 사법관계의 형식적 평등만을 목표로 한 것이어서 자본주의경제가 발전함에 따라 그 모순이 드러나게 되었다. 즉, ① 자본의 집중(독점자본의 형성)으로 인한 부익부·빈익빈 현상(이른바 「부(富)의 양극화현상」) 내지 경제적 약자에 대한 경제적 강자의 지배와 착취, ② 정경유착, 노사대립으로 인한 정치적·사회적 긴장과 갈등의 확대, ③ 물질만능주의의 만연으로 인한 도덕과 윤리의 타락 등의 자본주의경제체제의 폐해가 나타나게 된 것이다.

(4) 근대민법의 3대원칙의 내재적 제약원리

사적 자치의 원칙을 구현하기 위한 실천원리로서의 근대민법의 3대원칙(사유재산권존중의 원칙·계약자유의 원칙·과실책임의 원칙)도 아무런 제약 없이 인정되던 원칙이 아니라, 원래 강행법규·신의칙·권리남용금지·거래안전 등의 내재적 제약원리에 의하여 제한을 받는 원칙이었다.

1) 강행법규·사회질서에 의한 제한

사적 자치는 강행법규 또는 사회질서에 반하지 않는 범위 내에서만 허용되는 것이다(103조, 104조, 105조). 특히 강행법규에 의한 사적 자치의 제한은 선량한 풍속 기타 사회질서의 유지를 위한 최소한의 제한이라고 할 수 있다.

2) 신의성실의 원칙

민법은 제2조 제1항에서, "권리의 행사와 의무의 이행은 신의에 좇아 성실히 하여야 한다"고 규정함으로써, 민법의 모든 영역에서 상대방의 신뢰를 헛되게 하지 않을 의무를 부과하고 있다. 이를 「신의성실의 원칙」(이하 「신의칙」으로 약칭)이라고 한다. 이러한 신의칙은 특히 계약법의 영역에서 「계약체결상의 과실책임론」·「적극적 채권침해론」 등의 이론적 근거가 되는 등 중요한 작용을 수행하는데, 이 역시 사적 자치를 내재적으로 제한하는 원칙이라고 할 수 있다.

3) 권리남용금지의 원칙

권리의 행사는 원칙적으로 자유롭지만, 신의칙에 위반되는 권리의 행사는 금지된다. 이를 「권리남용 금지의 원칙」이라고 한다. 민법은 이를 명문으로 규정하고 있다(2조 2항). 이는 사적 자치를 내재적으로 제한하는 대표적인 원칙이라고 할 수 있다.

4) 거래안전 보호제도

민법은 법률행위의 무효·취소, 계약 해제의 효력을 선의의 제3자에게 대항할 수 없도록 함으로써(107조 2항, 108조 2항, 109조 2항, 110조 3항, 548조 1항 단서), 법률행위의 상대방의 신뢰를 보호하고 나아가 물권거래의 안전을 보호하고 있는데, 이러한 거래안전 보호제도 역시 사적 자치를 제한하는 제도의 일종이라고 할 수 있다.

(5) 사적 자치와 근대민법의 3대원칙의 수정

20세기에 들어오면서 서유럽 각국은 자본주의 경제체제의 모순과 폐해를 시정하기 위하여 사적 자치의 원칙과 이를 구현하기 위한 근대민법의 3대원칙을 수정하기 시작하였다. 이와 같이 서유럽각국이 자본주의경제체제의 모순과 폐해를 깊이 인식하고 사법의 기본원리를 수정하여 이를 헌법에 반영하게 된 것은 1917년에 일어난 러시아혁명이 결정적인 계기가 되었음은 물론이다. 여기서는 계약자유의 원칙과 과실책임의 원칙에 대한 수정을 살펴보는 데 그치기로 한다. (☞ 민법총칙 편, 제1장 제4절 「민법의 기본원리」)

1) 계약자유의 원칙의 수정

(가) 계약법 영역에서의 강행법규의 증대

계약자유의 원칙을 기초로 하는 계약법의 영역에서도 경제적 약자를 보호하기 위하여, 혹은 계약정의의 실현을 위한 강행법규가 증대하고 있으며(584조, 652조 등), 약관규제법, 주택임대차법, 가등기담보법 등 특별법에 의한 체약강제(締約强制)가 행하여지거나 계약자유의 원칙이 수정되는 사례가 늘고 있다.

(나) 사회법과 경제법의 발전

20세기에 들어오면서 사적 자치에 입각한 자본주의 경제체제의 폐해를 방지하고 경제적 약자를 보호하기 위하여 노동법과 사회보장법 등의 사회법이 발달하고, 경제정의를 확보하기 위한 독점규제법 등의 이른바 경제법이 발전함으로써 계약자유의 원칙이 대폭 수정되고 있다. 일부학자들은 이러한 현상을 「계약법의 위기」라고 부르기도 하지만, 이는 계약법에서의 실질적 정의를 실현하기 위한 「법의 진화」로 보아야 할 것이다.

2) 과실책임의 원칙의 수정

과학기술이 고도로 발달함에 따라 교통·통신·의학 등의 영역에서 사고의 위험이 높아짐과 동시에 종래의 불법행위이론으로는 가해자에게 손해배상책임을 물을 수 없는 경우가 증가하고 있다. 이에 따라 자동차·기차·전차 등 교통기관 및 원자력 등 위험한 설비에 의하여 발생하는 손해에 대하여 「위험책임론」에 의한 무과실책임을 인정하는 특별법이 제정되고, 나아가 손해발생 및 인과관계에 관한 증명책임을 전환하는 등의 노력이 행하여지고 있다. 또한 공해, 제조물책임, 의료사고 등 무과실책임이 인정되는 영역이 점차 확대되고 있다.

4. 채권법의 법원

앞에서 살펴본 바와 같이, 채권법의 법원(法源)으로서 가장 기본적이고도 중요한 것은 민법전 제3편이다. 그러나 실질적 의미에서의 채권법을 형성하는 법원으로서는 채권관계를 규율하는 수많은 특별법과, 채권관계에 관한 관습법과 조리(條理)가 있으며(1조), 사실상의 법원으로서 중요한 역할을 하는 무수한 판례와 법원의 예규가 있다.

제 2 절 채권의 목적인 급부

[7] Ⅰ. 의 의

1. 채권의 목적인 급부

「채권의 목적」이라 함은 '채권자가 채무자에 대하여 청구할 수 있는 일정한 행위'를 말하는데, 이 채무자의 행위를 「급부(給付)」(Leistung; prestations), 또는 「급여(給與)」라고 하므로, 결국 「채권의 목적」은 '채권의 객체인 급부'를 가리킨다. 그러나 학설 중에는 이러한 통설적 견해와는 달리, 채권의 목적인 「급부」는 '채무자의 급부행위뿐만 아니라 급부의 결과라는 이중의 의미를 가지는 개념'이라고 파악하는 견해도 있다.[1)]

2. 채권의 목적인 급부와 구별되어야 할 개념

(1) 채권의 목적물

「채권의 목적」은 '채권의 객체인 채무자의 행위인 급부'를 가리키는 용어이므로, '급부의 객체인 물건'을 가리키는 용어인 「채권의 목적물」과 개념상 구별하여야 한다. 예컨대, 임차권의 목적은 임차인이 목적물을 사용·수익할 수 있도록 해주는 임대인의 행위를 가리키나, 임차권의 목적물은 임차물 그 자체를 가리킨다. 다만, 민법전에서는 "채권의 목적물"이라고 할 것을 단순히 "채권의 목적"이라고 규정하고 있는 경우도 있다(375조, 399조 등).

1) 정기웅, "채권법상의 「급부」 개념에 대한 고찰", 민사법학 7호(한국민사법학회, 1988), 143 이하; 민법주해(8)/송덕수, 62 이하; 주석민법(1)/박재윤, 65; 주석채권총칙(상)/이영준, 47 이하; 이은영, 81 이하 참조.

(2) 채권의 궁극적 목적

「채권의 목적」은 '채권의 객체(Objekt)인 급부'를 의미하며, '채무의 이행 내지 급부의 실현'을 의미하는 「채권의 궁극적 목적」(Zweck)과는 개념상 구별된다. 즉, 여기서 「채권의 목적」이라 함은 '채권의 궁극적 목적인 급부를 실현하는 수단'을 의미하는 개념이다.[2)]

[8] Ⅱ. 채권의 목적인 급부의 요건

불법행위로 인한 손해배상채권(750조)과 같이, 채권이 법률의 규정에 의하여 발생하는 경우에는 채권의 목적인 급부의 내용은 법률의 규정에 의하여 직접 규율되므로, 그 유효요건은 문제가 되지 않는다. 그러나 채권이 법률행위에 의하여 발생하는 경우에는 사적 자치의 원칙상 당사자는 자유롭게 채권의 목적인 급부의 내용을 정할 수 있다. 다만, 사적 자치가 허용된다고 하여 급부의 내용이 무제한 자유롭게 허용되는 것은 아니며, 법률행위의 목적에 관한 요건에 의하여 제약된다. 따라서 채권의 목적인 급부는 법률행위의 목적 범위 내에서만 허용되며, 법률행위의 목적에 관한 일반적 요건(목적의 확정성·실현가능성·적법성·사회적 타당성)을 갖추어야 한다. (☞ 민법총칙 편, 제6장 제3절 「법률행위의 유효요건으로서의 목적」)

그 밖에 '채권은 재산권으로서 금전적 가치가 있는 것이어야 하는가?' 하는 것이 문제되는데, 민법은 제373조에서 명문규정을 두어 이 문제를 해결하고 있다. 이하에서는 채권의 목적인 급부와 관련된 이러한 요건들에 관하여 간략하게 살펴보기로 한다.

1. 급부의 경제적 가치

'채권의 목적인 급부는 금전으로 산정할 수 있는 경제적 가치가 있어야 하는가?' 하는 것은 로마법 이래 오랫동안 논의되어 온 문제인데, 우리 민법은 제373조에서 "금전으로 가액을 산정할 수 없는 것이라도 채권의 목적으로 할 수 있다"는 명문규정을 둠으로써 이 문제를 입법적으로 해결하고 있다.

(1) 제373조의 입법연혁

로마법에서는 원칙적으로 금전으로 환산할 수 있는 급부에 한하여 채권의 목적이 될 수 있었다.[3)] 그러므로 로마법을 계수한 독일보통법에서는 '채권의 목적이 재산적 가치를 가지는

2) 2018.2.28.자로 입법예고된 법무부 민법개정안(이는 민법의 실질적 내용을 개정하는 것이 아니라 민법전의 어려운 법률용어를 일반인이 알기쉽게 수정하는 것을 목표로 하여 만들어진 이른바 「알기 쉬운 민법개정안」이다)에서는 채권의 "목적"을 채권의 "내용"(373조 등) 또는 "대상"으로 개정할 것을 제안하고 있다.

3) 현승종(로마법), 133 참조.

것이어야 하는가?' 하는 문제가 학설상 큰 논란이 되었다. 이러한 학설상의 논란을 해소하기 위하여 민법의 제정 과정에서 이를 인정하는 명문규정을 두자는 논의가 있었으나, 독일민법은 결국 이 문제에 관한 명문규정을 두지 않았다. 따라서 독일민법학에서는 여전히 이 문제를 둘러싸고 학설상 논의가 있다.[4)]

독일민법과는 달리, 일본민법(구 의용민법)은 이 문제에 관한 명문규정을 둠으로써, 로마법 이래의 학설상의 다툼을 입법으로 해소하였는데(동법 399조),[5)] 우리 민법 제373조는 구 의용민법의 규정을 계승한 것이다. 구 의용민법이 이 문제에 관하여 명문규정을 둔 이유는, '일본구민법(브와쏘나드 민법)은 채권의 목적은 금전으로 산정할 수 있는 것으로 한정하는 것은 로마법 이래 당연한 법리이므로 이를 명문으로 규정하지 않았으나, 이러한 입법주의는 무익하게 거래의 불편을 줄 뿐만 아니라 그 경계가 매우 애매하여 오히려 다툼과 쟁송을 일으키는 매개가 되는 경우가 많으며, 거래의 실제에 있어서는 물질적 이익을 가지지 않는 것도 억지로 금전상의 가치를 붙여서 채권의 목적으로 간주하는 경우도 적지 아니하다는 점을 감안하여, 채권의 목적은 금전으로 산정할 수 있는 것임을 요하지 않는다는 점을 명확하게 규정한 것'이라고 한다.[6)] 그러므로 우리 민법 제373조도 '거래의 편의와 분쟁을 방지하기 위하여 금전으로 가액을 산정할 수 없는 것도 채권의 목적으로 한 것'이라고 할 수 있을 것이나.

(2) 제373조의 해석

채권은 재산권의 일종으로서 채권자의 재산적 이익의 보호를 목적으로 하는 권리이므로, 채권자가 이를 자유롭게 양도·상속할 수 있음이 원칙임은 전술한 바와 같다(449조). 그러므로 채권은 재산적 가치가 있는(즉, 금전으로 산정할 수 있는) 급부를 내용으로 하는 것이 보통이다. 그러나 예컨대, 죽은 이의 명복을 빌어주기 위하여 천주교신자가 성당에 돈을 내고 연미사를 부탁하거나, 불교신자가 같은 목적으로 절에 시주를 하는 것처럼, 그 재산적 가치를 따지기 어려운 급부라 할지라도 이를 목적으로 하는 채권관계가 성립할 수 없는 것은 아니며, 재산적 가치가 없는 급부를 목적으로 한다고 해서 채권의 재산권으로서의 성질이 달라지는 것도 아니다. 그러므로 민법이 제373조에서 "금전으로 가액을 산정할 수 없는 것이라도 채권의 목적으로 할 수 있다"고 규정함으로써 재산적 가치가 없는 급부를 목적으로 하는 채권관계의 성립을 인정한 것은 입법정책상 타당한 결단이라고 할 것이다. 다만, 제373조는 금전적 가치가 없는 급부에 대해서도 구속력 있는 채권관계가 성립할 수 있다는 원칙을 선언한 것에 지나지 않으므로, '금전적 가치가 없는 급부의 약속이 과연 채권관계로서 법률적 구속을 받는

4) 이에 관한 상세는 송덕수, "채권의 목적과 재산적 가치", 고시연구 20권 7호, 1993/7, 59 이하 참조.
5) 구 의용민법 제399조 : 채권은 금전으로 산정할 수 없는 것이라도 그 목적으로 할 수 있다.
6) 「民法修正案理由書」, 390~391 참조.

것인가' 하는 것은 구체적인 경우에 당사자의 의사 기타 사정을 고려하여 개별적으로 결정하여야 할 문제임에 유의하여야 한다.[7] 즉, 법적 구속력이 없는 도의(道義)관계 내지 호의관계와 법률적 구속력이 있는 채권관계를 단순히 급부의 경제적 가치의 유무에 의하여 구별할 수는 없는 것이다.

2. 급부의 적법성

채권의 목적인 급부는 강행법규에 반하지 아니하는 적법한 것이어야 한다. 예컨대, 법률상 양도 또는 소지가 금지되어 있는 마약의 급부를 목적으로 하는 채권과 같은 것은 인정될 수 없다(105조). (☞ 민법총칙 편, 제6장 제3절「법률행위의 유효요건으로서의 목적」)

3. 급부의 사회적 타당성

채권의 목적인 급부는 사회적 타당성이 있는 것이어야 한다. 즉, 뇌물의 공여나 매춘행위와 같이, 채권의 목적인 급부의 내용이 선량한 풍속 기타 사회질서에 반하는 것이어서는 안된다(103조). (☞ 민법총칙 편, 제6장 제3절「법률행위의 유효요건으로서의 목적」)

4. 급부의 실현가능성

채권의 목적인 급부는 그 실현이 가능하여야 한다. 즉, 현행민법의 해석상 실현 불가능한 급부를 목적으로 하는 법률행위는 무효이므로(535조), 채권은 발생하지 않는다.

(1) 급부의 실현가능성의 판단기준

2002년에 개정되기 전의 독일민법에서는 급부의 불능을「주관적 불능」과「객관적 불능」으로 구별하고, '원시적 불능을 이유로 법률행위를 무효로 하는 것은 객관적 불능의 경우에 한한다'고 해석하고 있었다. 이러한 독일민법학의 영향으로 국내에서도 '우리 민법의 해석상 급부의 불능은 주관적 불능과 객관적 불능으로 구별하여야 한다'고 주장하는 견해가 있다. 그러나 '급부의 실현가능성 여부는 사회통념에 의하여 객관적으로 판단되어야 하며, 급부의 불능을 주관적 불능과 객관적 불능으로 구별할 필요는 없다'는 것이 통설·판례의 입장이다. 이에 관한 상세는 채무불이행과 관련하여 후술하기로 한다. (☞ 제4장 제1절「채무불이행의 유형」)

(2) 급부의 실현가능성의 판단기준시기

급부의 실현가능성을 판단하는 기준시기는 채권 성립시(채권발생시)라고 함이 통설적 견해인데, 법률행위에 의한 채권은 법률행위 성립시에 발생하므로, 채권발생의 장애사유로서의

7) 同旨: 곽윤직, 23; 김상용, 35; 김증한/김학동, 19 참조.

불능은 법률행위 성립시에 채무의 이행이 확정적으로 불가능한 경우(이를 「원시적 불능」이라고 한다)만을 의미한다. 즉, 채권 성립시에는 급부의 실현이 불가능하더라도 이행기에 이행이 가능하다면 이를 가리켜 「급부의 불능」이라고 할 수는 없으므로, 법률행위를 무효로 만드는 이행불능은 채권 성립시에 불능일 뿐만 아니라 이행기에도 불능인 경우(이를 「확정적 불능」이라고 한다)만을 의미한다. (☞ 제4장 제1절 「채무불이행의 유형」)

5. 급부의 확정성

채권의 목적인 급부의 내용은 확정되어 있어야 한다. 그러나 급부의 내용이 반드시 채권 성립 시에 확정되어 있어야 할 필요는 없으며, 이행기까지 확정할 수 있는 표준만 있으면 된다. 그러나 이행기에도 급부를 확정할 수 있는 표준이 전혀 없는 경우에는 법률행위는 무효이며, 따라서 채권도 발생하지 않는다. 여기서 급부의 내용을 확정하는 표준이 문제되는데, 이는 우선 당사자의 의사에 의하여 정해지며, 그 다음에는 법률의 규정이 표준이 된다. (☞ 민법총칙 편, 제6장 제3절 「법률행위의 유효요건으로서의 목적」)

(1) 당사자의 의사에 의한 급부의 확정

당사자의 의사에 의한 급부의 확정은 당사자의 합의에 의하여 급부를 직접 확정하는 방법과, 당사자의 합의에 의하여 급부를 확정하는 기준을 정해두는 두 가지 방법이 있는데, 후자는 다시 '객관적 기준에 의하여 자동적으로 급부가 확정되는 경우'와 '당사자 일방 또는 제3자에게 급부의 확정권을 부여하는 경우'로 나눌 수 있다.

문제는 '당사자의 합의에 의하여 당사자 일방 또는 제3자에게 급부의 확정권을 부여한 경우에 그 확정권의 구체적인 행사 방법이 무엇인가?' 하는 것인데, 독일민법은 이에 관한 상세한 규정을 두고 있으나, 우리 민법에는 아무런 규정이 없다. 학설 중에는 '우리 민법의 해석론으로서도 독일민법의 규정에 따라서 급부확정의 표준을 결정하여야 한다'고 주장하는 견해도 있으나,[8] 독일민법의 규정을 그대로 우리 민법의 해석론으로 채택하는 것은 타당하지 않다고 생각된다. 그러므로 의사표시의 해석에 관한 일반원칙에 의하여 급부의 내용을 확정하는 표준을 찾을 수밖에 없다고 할 것이다.[9] 다만, 향후 입법에 의하여 이 문제에 대한 타당한 해결책을 찾을 필요가 있다.

참고로 독일민법은 당사자의 합의에 의한 급부확정의 기준을 다음과 같이 규정하고 있다. 즉, ① 급부의 확정권이 당사자 일방 또는 제3자에게 부여된 경우에, 급부의 확정은 원칙적으로 공평한 판단에 의하여야 하며(BGB §315 I,[10] §317 I[11]), ② 급부의 확정이 공평한 판단

---

8) 주석민법(1)/박재윤, 69; 민법주해(8)/송덕수, 72 참조.
9) 同旨: 곽윤직, 22; 김형배, 45 참조.

에 의하여 행하여져야 하는 경우에 확정된 급부의 내용이 명백히 공평하지 못한 때에는 계약의 구속력은 인정되지 않는다(BGB §315Ⅲ, §319Ⅰ[12]). ③ 확정권자에 의한 급부의 확정은 상대방 또는 당사자 일방에 대한 의사표시로써 하여야 하며, 이 의사표시는 사기 또는 강박에 의한 경우 이외에는 철회할 수 없다(BGB §315Ⅱ, §318Ⅰ). ④ 여러 명의 제3자에 의하여 확정권이 행사되는 경우에는 전원일치의 합의에 의하여야 하며, 액수의 확정에 있어서는 그 평균액을 기준으로 한다(BGB §317Ⅱ).

(2) 법률의 규정에 의한 급부의 확정

민법상 급부의 확정에 관한 일반적 규정은 없으며, 확정의 표준에 관한 개별적인 규정들만이 존재한다. 예컨대, 종류채권의 특정에 관한 제375조, 금전채권에 관한 제376조, 외화채권에 관한 제377조, 선택채권에 관한 제380조, 손해배상채권에 관한 제393조·제394조·제763조 등이 그 예이다.

6. 급부의 공정성 : 급부의 균형

급부가 당사자의 궁박, 경솔 또는 무경험으로 인하여 현저하게 공정을 잃은 경우에는 법률행위는 무효이므로(104조), 채권은 발생하지 않는다. 제104조의 법적 성질에 대해서는 견해가 대립되고 있으나, 통설·판례는 동조가 규정하고 있는 「급부의 공정성」을 제103조의 「사회적 타당성」의 일종으로 보고 있다. 다만, 학설 중에는 '제104조를 「급부의 균형」에 관한 규정으로 보고, 급부의 균형이 유지되는 범위에서는 법률행위의 효력이 발생한다'고 해석하는 견해도 있다.[13] 또한 민법은 소비대차에 있어서의 대물변제에 관하여, "소비대차에서 대물대차에 관한 제606조 및 대물반환의 예약에 관한 제607조의 규정에 반하는 약정으로서 차주에게 불리한 것은 무효"라고 규정함으로써(608조) 경제적 약자인 차주(借主)를 보호하고 있다. 다만,

---

10) 독일민법 제315조(당사자 일방에 의한 급부의 확정) (1) 급부가 계약당사자의 일방에 의하여 확정되어야 하는 경우에, 확정은 의심스러운 때에는 공평한 판단에 좇아 행하여져야 한다. (2) 확정은 상대방에 대한 의사표시에 의하여 한다. (3) 확정이 공평한 판단에 좇아 행하여져야 하는 경우, 행하여진 확정은 그것이 공평에 맞는 경우에만 상대방에 대하여 구속력이 있다. 그것이 공평에 맞지 아니하는 때에는, 확정은 판결에 의하여 행하여진다. 확정이 지연되는 경우에도 같다.

11) 독일민법 제317조(제3자에 의한 급부의 확정) (1) 급부의 확정이 제3자에게 위탁된 경우에, 확정은 의심스러운 때에는 공평한 판단에 좇아 행하여져야 한다. (2) 다수의 제3자가 확정을 하여야 하는 경우에, 의심스러운 때에는 전원의 일치를 요한다. 액수가 정하여져야 하는 경우에, 확정된 액수가 일치하지 아니하면 의심스러운 때에는 평균액에 의한다.

12) 독일민법 제319조(확정의 무효; 보충) (1) 제3자가 확정을 공평한 판단에 좇아 행하여야 하는 경우, 행하여진 확정은 그것이 명백히 공평하지 아니한 때에는 계약당사자에 대하여 구속력이 없다. 이 경우에 확정은 판결에 의하여 행해진다; 제3자가 확정을 할 수 없거나 확정한 의사가 없는 때 또는 그것을 지연하는 때에도 또한 같다.

13) 고상룡, 민법총칙, 제3판(법문사, 2005), 358~359 참조.

판례는 제608조의 규정에도 불구하고 대물변제의 효력을 제한적으로 인정하고 있다는 점에 유의하여야 한다(대법원 1999.2.9.선고, 98다51220 판결 등). (☞ 제3장 제7절 「변제 이외의 채권의 소멸사유」, [66] 대물변제)

[9] Ⅲ. 채무의 종류

1. 급부의 내용에 따른 채무의 분류

(1) 작위채무와 부작위채무

이는 급부의 내용이 작위(作爲)인가 부작위(不作爲)인가에 의한 구별인데, '작위급부를 채권(채무)의 목적으로 하는 채무'를 「작위채무」라 하고, '부작위급부를 채권(채무)의 목적으로 하는 채무'를 「부작위채무」라고 한다. 민법은 제389조 제3항에서, "그 채무가 부작위를 목적으로 한 경우에 채무자가 이에 위반한 때에는 채무자의 비용으로써 그 위반한 것을 제각(除却)하고 장래에 대한 적당한 처분을 법원에 청구할 수 있다"고 규정함으로써, 부작위급부도 채무의 목적이 될 수 있음을 명백히 함과 동시에 부작위채무의 강제이행의 방법을 작위채무와 달리 규정하고 있다.

(2) 「주는 채무」와 「하는 채무」

작위채무는 작위급부의 내용에 따라 다시 '물건의 인도를 급부의 내용으로 하는 채무'인 「주는 채무」와 '물건의 인도 이외의 급부(하는 급부)를 내용으로 하는 채무'인 「하는 채무」로 구분할 수 있다. 주는 채무와 하는 채무를 구별하는 실익은, 주는 채무에서는 채무자의 인도행위는 중요하지 않고 오로지 급부의 결과인 물건의 인도만이 중요하므로, 채무자가 아무리 물건의 인도를 위하여 노력하였다 할지라도 인도의 결과가 없으면 채무불이행책임을 면할 수 없는 이른바 「결과채무」에 속한다는 점과, 그 강제이행의 방법이 양자 사이에 차이가 있다는 점에 있다. 즉, 주는 채무의 강제이행은 직접강제의 방법만이 허용되지만(389조 1항 본문, 민사집행법 257~259조), 하는 채무의 강제이행은 직접강제가 허용되지 않고 대체집행이나 간접강제만이 허용되며(389조 1항 단서, 민사집행법 260~263조), 특히 하는 채무 중에서 법률행위를 목적으로 하는 채무의 경우에는, 판결에 의하여 채무자의 의사표시에 갈음할 재판이 허용된다는 차이가 있다(389조 2항 본문, 민사집행법 263조). (☞ 제4장 제2절 「채무불이행의 효과」, [78] 강제이행)

(3) 특정물채무와 종류채무

물건의 인도를 목적으로 하는 주는 채무는 다시 '특정물의 인도를 급부의 내용으로 하는 채무'인 「특정물채무」와, '불특정물(종류물)의 인도를 급부의 내용으로 하는 채무'인 「불특정물채무」(이를 「종류(물)채무」라고도 한다)로 구분된다. 양자를 구별하는 실익은, ① 특정물채무의 경우에는 특정물도그마[14]의 인정 여부가 문제된다는 점, ② 특정물채무에 있어서는 채무자가 목적물에 대한 선관주의의무(374조)를 부담한다는 점, ③ 특정물채무에 있어서는 선관주의의무를 다한 채무자가 목적물을 이행기의 현상대로 인도하면 면책되는 「현상인도의무」(462조)를 부담한다는 점, ④ 특정물채무에 있어서는 변제장소에 관한 「지참채무의 원칙」에 대한 예외가 인정되어, 채무의 성질 또는 당사자의 의사표시로 변제장소를 정하지 아니한 때에는 채권 성립 당시에 그 물건이 있던 장소에서 목적물을 인도하여야 한다는 점(467조 1항), ⑤ 특정물채무에 있어서 목적물이 멸실한 경우에는 상황에 따라 계약체결상의 과실책임(535조), 담보책임(574조) 또는 위험부담의 문제(537조)가 발생한다는 점,[15] ⑥ 특정물매도인의 하자담보책임의 요건과 효과는 종류채무의 그것과 다르다는 점(580조, 581조) 등에 구별의 실익이 있다. (☞ 제3절 「특정물채권」, 제4절 「종류채권」)

(4) 가분채무와 불가분채무

'채무의 목적인 급부가 양적으로 분할되어 이행될 수 있는 경우'를 「가분채무(可分債務)」라고 하고, '채무의 목적인 급부가 양적으로 분할될 수 없거나 분할하여 급부하는 것 자체는 불가능하지 않으나 분할하여 급부하면 급부로서의 의미를 상실하는 경우'를 「불가분채무(不可分債務)」라고 한다. 가분채무에 있어서는 「일부이행」의 법률문제가 발생하며, 여러 명이 하나의 가분채무를 부담하는 경우에는 당사자의 의사 또는 법률의 규정에 따라서 연대채무(413조 이하)가 성립할 수 있다는 점에서, 불가분채무와 구별의 실익이 있다. 주의할 것은 여기서 말하는 채무의 분류개념으로서의 「불가분채무」는 '채무자가 1인인 경우의 불가분급부를 목적으로 하는 채무'를 가리키며, '다수의 채무자가 불가분급부를 부담하는 경우에 성립하는 다수당사자의 채무'를 가리키는 「불가분채무」(409조)와는 개념상 구별되어야 한다는 점이다.

(5) 결과채무와 수단채무

「결과채무(結果債務)」(obligation de résultat)라 함은 '채무의 목적인 급부의 내용이 일정한

---

14) 「특정물도그마」는 독일민법학에서 발전된 법이론인데, '치유할 수 없는 원시적 하자가 있는 부대체물인 특정물의 인도채무에 있어서는 하자 없는 물건의 인도는 원시적 불능에 해당한다고 할 것이나, 민법은 원시적 하자가 있는 특정물매매계약도 유효하다는 전제하에 하자담보책임을 인정하고 있으므로, 하자 있는 특정물의 인도는 채무의 완전한 이행'이라고 주장하는 법이론이다. (☞ [12] 특정물채권의 효력)

15) 목적물이 계약체결 당시 전부 멸실한 경우(원시적 전부멸실)에는 계약은 무효이며, 목적물의 멸실에 대하여 과실이 있는 자에게 신뢰이익의 배상을 내용으로 하는 「계약체결상의 과실책임」이 문제될 뿐이다(535조). 그러나 목적물이 계약체결 당시 일부만 멸실한 경우(원시적 일부멸실)에는 계약은 유효하며, 매도인의 담보책임이 문제될 있을 뿐이다(574조). 목적물이 계약체결 후에 멸실한 경우에는 채무자의 귀책사유 유무에 따라 이행불능으로 인한 손해배상(390조) 또는 위험부담(537조)의 문제가 발생하며, 경우에 따라 대상청구권이 문제될 수 있다. (☞ 제4장 제2절 「채무불이행의 효과」)

결과를 실현하는 데 있는 채무'를 말한다. 이에 반하여 「수단채무(手段債務)」(obligation de moyens)라 함은 '일정한 결과의 실현 그 자체를 채무의 목적인 급부의 내용으로 하는 것이 아니라, 채무자가 결과의 실현을 위하여 최선을 다하는 것을 급부의 내용으로 하는 채무'를 말한다. 예컨대, 전형적인 수단채무라고 할 수 있는 진료계약상의 의사의 채무는 '질병의 완치'가 아니라 '질병의 완치를 위하여 의사가 최선을 다하는 것'을 목적으로 하는 것이다.

결과채무와 수단채무의 구별은 프랑스 민법학에서 발전된 것으로서, 양자를 구별하는 실익에 대해서는 견해가 대립되고 있으나, 대체로 '유형적인 급부의 결과가 필요 없는 수단채무에서는 채무자의 귀책사유의 존부를 판단함에 있어서 채무자의 행위의 모습을 구체적으로 평가할 필요가 있다는 점에서 결과채무와 구별의 실익이 있다'고 한다.[16] 우리나라에서도 대법원이 「세브란스병원 사건」에 관한 판결에서, '의사의 진료채무는 수단채무에 해당한다'고 판시한 이래 수단채무의 개념을 인정하는 입장을 확립하고 있다(대법원 1988.12.13.선고, 85다카1491 판결 등).[17] (☞ 제4장 제1절 「채무불이행의 유형」, [75] 불완전이행)

2. 급부의 태양에 의한 채무의 분류

(1) 일시적 채무와 계속적 채무

'물건의 인도나 매매대금의 지급과 같이, 1회의 작위 또는 부작위급부를 내용으로 하는 채무'를 「일시적 채무」라고 하고, '계속적이거나 반복적인 작위 또는 부작위급부(예컨대, 전기·수도·가스 등의 공급이나 노무의 제공 등)를 내용으로 하는 채무'를 「계속적 채무」라고 한다. 그리고 '일시적 채무와 계속적 채무가 결합하여 일정한 시간적 간격을 두고 작위 또는 부작위급부를 반복하는 것(예컨대, 매달 이자를 지급하거나, 매일 아침마다 우유나 신문을 배달하기로 하는 경우)을 내용으로 하는 채무'를 「회귀적 채무」라고 한다. 일정한 시간적 간격을 두고 이행기마다 이자를 지급하여야 하는 이자채무가 회귀적 채무의 전형적인 경우인데, 회귀적 채무에 있어서는 회귀적 급부 그 자체를 내용으로 하는 「기본채무」가 존재하고, 이와는 별도로 기본채무에 기하여 파생되는 「지분채무(支分債務)」가 존재한다는 점에서, 일시적 채무나 계속적 채무와 구별된다. 또한 회귀적 채무와 계속적 채무는 다 같이 당사자 사이에 계속적 채권관계가 존재하기 때문에, 일시적 채무에 비하여 당사자의 신뢰를 보호할 필요성이 상

---

16) 김욱곤, "수단채무와 결과채무", 민법판례해설Ⅲ(채권총론), 1 이하; 남효순, "프랑스민법에서의 행위채무와 결과채무 -계약상 채무불이행책임의 체계-", 민사법학 13·14호(한국민사법학회, 1996), 135 이하; 森田宏樹, "結果債務·手段債務の區別の意義について -債務不履行における「歸責事由」-", 鈴木祿彌古稀記念 「民事法學の新展開」(有斐閣, 1993), 109 이하 참조.

17) 판례평석: 김욱곤, 상게논문, 1 이하; 김민중, "의료계약", 「로스쿨계약법」(청림출판, 2006/3), 604 이하. 같은 취지: 대법원 1993.7.27.선고, 92다15031 판결; 대법원 2001.11.9.선고, 2001다52568 판결.

대적으로 크다는 점에서 공통점이 있으며, 일시적 채무와 구별할 실익이 있다.

(2) 「제1차적 급부의무」와 「제2차적 급부의무」

법률행위에 의하여 발생한 채무는 다시 '채권이 발생할 당시에 성립한 본래의 급부의무'인 「제1차적 급부의무」와 '제1차적 급부의무에 장애가 생긴 경우에 그것을 대신하거나 그것과 병존하여 발생하는 급부의무'인 「제2차적 급부의무」로 구분할 수 있다.[18)]

1) 제1차적 급부의무

「제1차적 급부의무」(primäre Leistungspflicht)라 함은 '법률행위가 예정하는 본래적 급부의무'를 말하는데, 이는 주된 급부의무만이 아니라 종된 급부의무(부수적 급부의무)까지 포함하는 개념이다.[19)] 즉, 제1차적 급부의무는 다시 주된 급부의무와 종된 급부의무로 구분할 수 있다. 예컨대, 기계매매계약에서 매도인은 주된 급부의무로서 기계의 소유권 및 점유를 이전해 줄 의무를 부담하며, 종된 급부의무로서 기계의 설명서·보증서 등을 인도해 줄 의무를 부담한다.

제1차적 급부의무를 주된 급부의무와 종된 급부의무로 구별하는 가장 큰 실익은 '쌍무계약에서 동시이행항변권이나 위험부담의 효과를 초래하는 대가관계(상호의존적 견련관계)는 원칙적으로 주된 급부의무 상호간에만 인정된다'는 점에 있다. 또한 '주된 급부의무는 그 불이행의 효과로서 손해배상과 함께 계약해제가 인정되지만, 종된 급부의무의 경우에는 그 불이행의 효과로서 손해배상은 인정되나, 계약해제권은 인정되지 않는다'는 점도 양자를 구별하는 실익이라고 할 수 있다(대법원 1987.9.8. 선고, 87다카655 판결).[20)]

2) 제2차적 급부의무

「제2차적 급부의무」(sekundäre Leistungspflicht)라 함은 '채무불이행으로 인하여 발생하는 손해배상의무와 같이, 제1차적 급부의무에 장애가 생긴 경우에 그것을 대신하거나 그것과 병존하여 발생하는 급부의무'를 말한다. 그러나 손해배상의무가 모두 제2차적 급부의무는 아니며, 불법행위로 인한 손해배상의무는 제2차적 급부의무가 아니라 제1차적 급부의무에 해당한다.[21)] 또한 제2차적 급부의무는 채무불이행의 경우에 발생하는 손해배상의무만을 의미하는 것이 아니라, 임대차 등 계속적 채권관계가 소멸한 경우에 발생하는 청산의무(626조, 646~650조, 654조, 615~617조)나 계약해제시에 발생하는 원상회복의무(548조)와 같은 것을 포함하는 개념이다. 제1차적 급부의무는 원칙적으로 이행기가 도래하면 즉시로 이행을 청구할 수 있

18) 김형배, 33; 송덕수, 54 참조.
19) 민법주해(8)/송덕수, 80 참조.
20) 판례평석 : 박태호, "부수적 채무의 불이행과 해제", 대법원판례해설 8호(법원행정처, 1987), 57 이하.
21) 민법주해(8)/송덕수, 80 참조.

는 반면에, 제2차적 급부의무는 제1차적 급부의무에 장애가 생기거나 계속적 채권관계가 소멸하는 등의 요건을 갖추어야 비로소 급부의 이행을 청구할 수 있다는 점에 양자의 구별실익이 있다.

(3) 「본래의 급부의무」와 「급부의무 이외의 행태의무」

채권관계에서 채무자는 본래의 급부의무만을 부담하는 것은 아니며, '채무의 이행과정에서 법령이나 신의칙에 기하여 부과되는 여러 가지의 행태의무'를 부담하는데, 독일민법학에서는 이를 총칭하여 「부수의무」(Nebenpflicht)라고 부른다.[22] 다만, 학자에 따라서는 이를 '기본채무 이외의 용태의무', '급부의무 이외의 행위의무', '부수적 주의의무', '보호의무' 또는 '용태의무', '기타의 행위의무' 등 여러 가지 용어로 부르고 있다.[23]

이러한 「급부의무 이외의 행태의무」는 채권의 목적인 급부의 이행을 적극적으로 촉진하는 의무(성실의무, 배려의무, 고지의무 등)를 내용으로 할 수 있음은 물론이나, 채권자의 신체적·재산적 손해의 방지만을 목적으로 하는 「보호의무」를 내용으로 할 수도 있는 등 다양한 내용을 가진다. 그러나 급부의무와 구별되는 급부의무 이외의 행태의무의 본질적 특성은 특정물채무자의 선관주의의무(374조)와 같이, 그 위반에 대한 제재수단으로서 강제이행이 허용되지 않고 단지 손해배상청구권만이 주어진다는 데 있다. 또한 급부의무 이외의 행태의무는 다음과 같은 점에서도 급부의무와 구별된다.[24] 즉, ① 급부의무(특히 주된 급부의무)는 채권관계의 종류를 결정하지만, 급부의무 이외의 행태의무는 모든 채권관계에서 발생할 수 있다. 다만, 그 의무의 강도와 깊이는 채권관계가 장기(長期)에 걸쳐 있거나 당사자의 협력이 많이 요구되면 될수록 증가한다(예컨대, 급부의무 이외의 행태의무는 매매보다는 임대차에서 더 크고, 일시적 계약인 매매보다는 계속적 공급계약인 매매에서 더 크다). ② 급부의무는 원칙적으로 이행의 소를 제기할 수 있을 정도로 처음부터 확정되어 있다(급부의 확정성). 그러나 급부의무 이외의 행태의무는 채권성립시에는 확정되어 있지 않으며, 시간의 경과에 따른 당시의 상황에 따라 발생한다. 그 결과 급부의무 이외의 행태의무의 이행은 사전에 소구될 수 없으며, 의무의 위반이 있는 경우에 비로소 제2차적 급부의무로서 소구될 수 있을 뿐이다. ③ 특히 결과채무에 있어서의 급부의무는 급부결과가 발생하지 않으면 급부행위를 하였음에도 불구하고 이행이 없었던 것으로 되나, 급부의무 이외의 행태의무의 경우에는 의무자로서 할 수 있는 행위를

---

22) 「부수의무」에 관한 상세는 윤형렬, "채권법상 부수의무의 체계적 지위", 민사법학 13·14호(한국민사법학회, 1996), 165 이하 참조. 또한 부수의무 중 특히 「보호의무」에 관하여서는 서광민, "채권법상의 보호의무", 김형배교수정년퇴임기념논문집 「사회변동과 사법질서」(2000/6), 70 이하 참조.

23) 독일민법학에서도 학자에 따라 「보호의무」(Schutzpflicht), 「배려의무」(Sorgfaltspflicht), 「급부의무 이외의 행태의무」(weitere Verhaltenspflicht)라고 부르는 등 용어가 통일되어 있지 않은데(김형배, 34 참조), 본서에서는 이를 「급부의무 이외의 행태의무」라고 부르기로 한다.

24) 민법주해(8)/송덕수, 82~83 참조.

다하였다면 비록 저지하여야 할 결과가 발생하였다 할지라도 그는 의무를 완전히 이행한 것이 된다. ④ 이론에 따라서는 제1차적 급부의무가 없는 경우에도 급부의무 이외의 행태의무를 인정하게 된다.[25] 예컨대, 「계약체결상의 과실책임론」이나 「제3자보호효이론」에서는 제1차적 급부의무가 없더라도 급부의무 이외의 행태의무 위반에 기한 책임을 인정하게 된다. (☞ 계약법 편, 제1장 제2절 「계약의 성립」, 제3절 「계약의 효력」)

25) 임건면, "계약체결상의 정보제공의무와 매매목적물의 하자에 대한 설명의무 -독일민법상의 하자에 대한 매도인의 정보제공의무를 중심으로", 성균관법학 27권 2호(성균관대법학연구소, 2015/6), 145 이하 참조.

제 3 절 특정물채권

[10] Ⅰ. 특정물채권의 의의

「특정물채권」이라 함은 '특정물의 인도를 목적으로 하는 채권'을 말한다. 다시 말하면, '구체적으로 특정되어 있는 물건의 점유를 이전하는 것을 급부의 내용으로 하는 채권'을 말한다. 이는 점유와 함께 소유권까지도 이전하는 경우를 포함하는 개념임은 물론이다.

1. 특정물을 목적으로 하는 채권

특정물채권은 '급부의 목적이 특정물의 인도인 채권'이다. 여기서 「특정물」이라 함은 '당사자의 의사에 의하여 특정된 물건'을 말하는 것으로서, 물건의 대체성(代替性) 여부와는 상관이 없는 개념이다. 즉, 구체적 거래에서 당사자가 특정한 물건을 인도하는 것을 급부의 내용으로 하는 경우에는 물건의 대체성 여부와 관계없이 특정물채권이 성립하는 것이다. 따라서 토지나 건물 등 부대체물(不代替物)이 특정물채권의 목적물이 될 수 있음은 물론이지만, '이 책 한 권' 또는 '이 한 가마의 쌀'과 같이, 당사자가 대체물인 급부의 객체를 특정하여 특정물채권을 성립시킬 수도 있다. 또한 목적물이 채권의 발생 당시부터 특정되어야만 특정물채권이 성립하는 것은 아니며, 채권의 발생 당시에는 목적물이 특정되어 있지 않더라도 나중에 특정되면 그 때부터 특정물채권이 성립한다. 판례에서 특정물채권의 성립 여부가 문제된 사례를 살펴보면, 대법원은 ① '위임계약의 이행으로서 수입된 비료는 그것이 비록 대체물이라고 하더라도 이행의 목적물로 특정되었다고 할 수 있다'고 판시한 바 있고(대법원 1969.12.16. 선고, 67다1525 판결),[1] ② '특정건물이 철거되었을 때 생길 자재를 미리 예정하여 이를 매매하는

1) 판례평석: 이덕승, "종류채권 -특정물채권과 종류채권의 구별-", 민법판례해설Ⅲ(채권총론), 11 이하.

계약이 체결되었으나 예정기일이 지나도록 그 건물이 철거되지 아니한 상태에 있는 경우, 매수인은 철거되었을 때 생길 자재를 특정하여 그 자재의 인도를 청구할 수 있다'고 판시함으로써(대법원 1973.10.31.선고, 73다208 판결), 장래의 특정물채권의 성립을 인정한 바 있다. 그러나 ③ '기명식 보통주식의 양도계약에서 양도할 주권의 종류·액면·주권번호 등 구체적인 특정을 하지 아니하고 주식의 수량만을 정하여 양도받기로 한 경우에는 특정된 주식을 양도받았다고 할 수 없다'고 판시한 바 있으며(대법원 1976.4.13.선고, 75다2252 판결 등),[2] ④ '채무자가 보유한 주식 중의 일정량을 담보로 제공하기로 한 약정에 기한 채권은 제한종류채권의 일종에 불과하다'고 판시함으로써(대법원 1994.8.26.선고, 93다20191 판결 등),[3] 특정물채권의 성립을 부정한 바도 있다.

2. 특정물의 인도를 목적으로 하는 채권

특정물채권은 특정물의 인도, 즉 '특정물에 대한 점유의 이전'을 급부의 내용으로 하는 채권이다. 그런데 민법상 '물건에 대한 사실적 지배인 점유의 이전'을 의미하는 「인도」에는 현실인도뿐만 아니라 간이인도(188조 2항)·목적물반환청구권의 양도에 의한 인도(190조)·점유개정(189조) 등의 이른바 「관념적 인도방법」도 포함되는데, '이러한 관념적 인도방법도 특정물의 인도라고 할 수 있는가?' 하는 것이 문제된다. 학설 중에는 관념적 인도방법 중 '간이인도와 목적물반환청구권의 양도에 의한 인도는 당사자의 의사표시만으로 목적물이 인도된 것으로 의제하는 것이므로, 채무자의 선관주의의무를 인정할 여지가 없는 등 이행의 문제를 남기지 않으므로, 특정물채권에서의 "인도"는 현실인도와 점유개정의 양자만을 의미한다'고 해석하는 견해가 있다.[4] 그러나 관념적 인도방법 중에서 채무자의 선관주의의무가 인정되는 점유개정에 의한 인도만을 포함시키는 경우에는 관념적 인도방법을 통일적으로 규율하지 못한다는 문제가 있으며, 특정물채권은 채무자의 선관주의의무가 인정된다는 점 이외에도 하자담보책임의 내용·과실수취권·변제장소 등에서 종류채권과는 다른 효과가 인정된다는 점에 의미가 있는 채권이므로, 선관주의의무의 존부만을 기준으로 하여 특정물채권인지 여부를 결정하는 것은 타당하지 않다고 할 것이다. 결국 '목적물의 인도방법이 현실인도이든 관념적 인도방법(간이인도·목적물반환청구권의 양도·점유개정)이든 상관없이 특정물의 인도를 채권의 내용으로 하는 경우에는 특정물채권이 성립한다'고 해석하여야 할 것이다.

---

2) 같은 취지: 대법원 1994.8.26.선고, 93다20191 판결.
3) 같은 취지: 대법원 1976.4.13.선고, 75다2252 판결.
4) 김현태, 40 참조.

[11] Ⅱ. 특정물채권의 발생

1. 계약에 의한 특정물채권

계약에 의하여 당사자의 일방 또는 쌍방이 특정물인도채무를 부담하는 경우에는 그 인도의무가 계약의 본질적 구성부분을 이루는 것인지 여부, 그리고 목적물의 소유권이전의무가 있는지 여부와 관계없이 특정물채권이 발생한다. 또한 유상계약인가 무상계약인가의 여부도 특정물채권의 성립과는 관계가 없다. 예컨대, 유상계약인 특정물의 매매·교환·임대차·유상임치의 경우는 물론 무상계약인 특정물의 증여·사용대차·무상임치 등의 경우에도 특정물채권은 발생한다.

2. 법률의 규정에 의한 특정물채권

법률의 규정에 의하여 특정물채권이 발생하는 경우로서는, ① 사무관리로 인하여 받은 물건 및 그 과실을 수취한 경우에 인정되는 사무관리자의 반환채무(738조, 684조), ② 부당이득자가 금전 이외의 물건을 보유하고 있는 경우에 인정되는 부당이득자의 반환채무(747조 1항) 등을 그 예로 들 수 있다. 또한 계약관계에서도 특정물채권의 발생을 법률이 직접 규정하고 있는 경우가 있는데, 위임계약에서 수임인이 위임사무의 처리로 인하여 받은 금전 기타의 물건 및 그 수취한 과실의 인도의무(684조) 등이 그 좋은 예이다.

[12] Ⅲ. 특정물채권의 효력

1. 특정물채무자의 선관주의의무

민법은 제374조에서, "특정물의 인도가 채권의 목적인 때에는 채무자는 그 물건을 인도하기까지 선량한 관리자의 주의로 보존하여야 한다"고 규정함으로써, 특정물인도채무자에 대하여 「선량한 관리자의 주의의무」(이하 「선관주의의무」로 약칭)를 부과하고 있다. 다만, 민법은 무상행위(無償行爲)에 기하여 발생한 특정물채권의 경우에는 예외를 인정하여 채무자의 주의의무를 '채무자의 구체적·주관적 능력에 따른 주의의무'로 감경하는 경우가 있다. 즉, 민법은 무상수치인(695조)·친권자(922조)·상속인(1022조, 1044조)의 경우에는 채무자의 구체적·주관적 능력에 따른 주의의무만을 요구하는 데 그치고 있다. 이와 같이 '민법이 무상행위에서는 채무자의 주의의무를 감경하는 제도적 근거가 무엇인가?' 하는 문제에 대해서는 학설상 논란이 있으나, 이에 관한 구체적·개별적 논의는 계약법각론에서 다루기로 하고, 여기서는 특정물채무자의 선관주의의무에 한정하여 살펴보기로 한다.

(1) 선관주의의무의 의의

「선관주의의무(善管注意義務)」라 함은 '거래상 일반적으로 요구되는 주의의무, 즉 채무자와 같은 직업·사회적 지위에 속하는 평균인에게 일반적으로 요구되는 정도의 주의의무'를 말하는데, 이를 「추상적 주의의무」라고도 한다. 선관주의의무는 원래 로마법의 「선량한 가부장(家父長)의 주의」(diligentia boni patris familias)에서 유래한 제도인데, 프랑스민법(2016.2.10. 오르도낭스 제2016-131호로 개정되기 전의 것: 이하 「개정 전 프랑스민법」으로 약칭)은 이를 그대로 계수하여 '물건의 인도채무자는 선량한 가부장의 주의(les soins d'un bon père de famille)를 기울일 의무가 있다'고 규정하고 있었고(개정 전 C.c. Art. 1137,[5] 1374[6]),[7] 독일민법은 물건의 인도채무에 한정하지 않고 포괄적으로 귀책사유와 관련하여 '거래상 요구되는 주의(die im Verkehr erforderliche Sorgfalt)를 기울이지 아니한 자는 과실로 행위하는 것'이라고 규정하고 있을 뿐이나(BGB §276Ⅱ),[8] 이 역시 로마법에서 유래된 원칙이라고 할 수 있다.

일반적으로 「과실(過失)」이라 함은 '주의의무의 위반'을 가리키므로, 채무자의 구체적·주관적 능력과 관계없이 인정되는 일반적·추상적 주의의무의 위반을 의미하는 선관주의의무의 위반을 「추상적 과실」(Culpa in abstracto)이라고 한다. 또한 선관주의의무의 위반은 '주의의무의 중대한 위반'을 의미하는 「중과실」(重過失; culpa lata)과 대비하여 「경과실」(輕過失; culpa levis)이라고도 한다. 또한 이러한 의미에서 선관주의의무의 위반을 「추상적 경과실」이라고도 한다. 특정물채권에서 채무자의 선관주의의무는 채권의 목적인 급부의 내용을 이룬다. 따라서 특정물채무자의 선관주의의무의 위반은 바로 채무불이행을 의미한다. 즉, 특정물인도채무에서 채무자가 선관주의의무를 다하였는지 여부는 채무불이행책임의 성립 여부를 결정하는

---

5) 개정 전 프랑스민법 제1137조 : (1) 목적물의 보존에 주의하여야 할 의무는 그 합의가 당사자 일방의 이익만을 목적으로 하는 것이든 당사자 쌍방 모두의 이익을 목적으로 하는 것이든 상관없이, 그 의무자로 하여금 당해 목적물에 관하여 모든 선량한 가부장의 주의를 기울일 의무를 지운다. (2) 전항의 의무는 특정한 계약에 따라서 확장되거나 축소되며, 그 효과에 대해서는 당해 계약을 규율하는 규정에 따른다.

6) 개정 전 프랑스민법 제1374조 : (1) 사무관리자는 사무를 관리함에 있어서 선량한 가부장의 주의를 다하여야 한다.

7) 2016년에 개정된 현행 프랑스민법은 '선량한 가부장의 주의'라는 표현을 폐지하고 '합리적인 사람의 주의(les soins d'une personne raisonnable)'라는 표현으로 개정되었다. 남효순, "프랑스채권법의 개정과정과 계약의 통칙 및 당사자 사이의 효력에 관하여", 민사법학 75호(한국민사법학회, 2016/6), 137~138 참조.

8) 독일민법 제276조(채무자의 유책성) (1) 채무자는 보다 엄격하거나 완화된 책임에 대하여 정함이 없고, 또한 그것이 채권관계의 다른 내용, 특히 보증의 인수 또는 조달위험의 인수로부터 추론되지도 아니하는 때에는, 고의와 과실에 대하여 책임이 있다. 이에는 제827조와 제828조의 규정을 준용한다. (2) 거래상 요구되는 주의를 기울이지 아니한 자는 과실로 행위하는 것이다.

데 있어서 결정적인 의미를 가진다고 할 수 있다.

(2) 선관주의의무의 내용 : 목적물보존의무

특정물의 인도가 채권의 목적인 때에는 채무자는 그 물건을 인도하기까지 선량한 관리자의 주의로 보존하여야 한다(374조). 여기서 「물건의 보존」이라 함은 예컨대, 비가 새는 건물의 지붕을 수리한다든지, 보관하고 있는 물건을 도난당하지 않도록 잘 관리하는 것 등 '자연적이거나 인위적인 멸실·훼손으로부터 목적물을 보호하여 그 경제적 가치를 유지하는 것'을 말한다.[9] 이러한 목적물보존의무는 특정물채무자의 의무이므로 목적물의 보존에 필요한 비용은 특약이 없는 한 특정물채무자가 부담하여야 한다. 그러나 채권자의 수령지체로 인하여 보존비용이 증가한 경우에는 그 증가액은 채권자의 부담으로 한다(403조).

이와 관련하여 판례는, ① '공중접객업자가 이용객들이 차량을 주차할 수 있는 주차장을 설치하면서 그 주차장에 차량출입을 통제할 시설이나 인원을 따로 두지 않았다면, 그 주차장은 단지 이용객의 편의를 위한 주차장소로 제공된 것에 불과하고, 공중접객업자와 이용객 사이에 통상 그 주차차량에 대한 관리를 공중접객업자에게 맡긴다는 의사까지는 없다고 봄이 상당하므로, 공중접객업자에게 차량시동열쇠를 보관시키는 등의 명시적이거나 묵시적인 방법으로 주차차량의 관리를 맡겼다는 등의 특수한 사정이 없는 한, 공중접객업자에게 선량한 관리자의 주의로써 주차차량을 관리할 책임이 있다고 할 수 없다'고 한다(대법원 1992.2.11.선고, 91다21800 판결 등).[10] 또한 ② '일반적으로 주차장을 관리·운영하는 자가 주차차량의 멸실·훼손 등에 관하여 손해배상책임이 있다고 하기 위해서는 주차장이용계약에서 주차차량의 보관이나 그에 대한 감시의무를 명시적으로 약정하거나, 혹은 주차장의 관리·운영자가 이용객을 위하여 제공하거나 이용객이 거래통념상 전형적으로 기대할 수 있었던 안전조치의 정도와 주차요금의 액수, 차량의 주차상황 및 점유상태 등에 비추어 그러한 보관 혹은 감시의무를 묵시적으로 인수하였다고 볼 수 있는 경우라야 하고, 그렇지 아니한 경우에는 그 주차장이 주차장법의 적용대상이어서 주차장법의 규정[11]에 따라 주차차량에 대한 선량한 관리자의 주의의무가 법률상 당연히 인정되는 경우에 한정된다'고 한다(대법원 1998.10.23.선고, 98다31479 판결 등).[12] 나아가 대법원판결 중에는 '주차장 이용시간이 오전 9시부터 오후 9시까지로 제한된

---

9) 「보존」 대신에 「보관(保管)」이라는 용어도 많이 사용되고 있다.

10) 판례평석: 김택주, "공중접객업자의 책임", 상사판례연구 10집(한국상사판례학회, 1999/12), 282 이하. 같은 취지: 대법원 1992.2.11.선고, 91다21800 판결.

11) 이는 "주차장관리자는 당해 주차장에 주차하는 자동차에 관하여 선량한 관리자의 주의의무를 태만히 하지 아니하였음을 증명한 경우를 제외하고는 그 자동차의 멸실 또는 훼손으로 인한 손해배상의 책임을 면하지 못한다"는 「주차장법」 제10조의2 제2항, 제17조 제3항, 제19조의3 제2항의 규정을 말한다.

12) 판례평석: 임성근, "주차장 관리·운영자의 손해배상책임", 판례연구 11집(부산판례연구회, 2000/1), 287 이하.

주차계약을 체결하면서 차량주인이 주차장 관리인에게 주차관리상의 편의를 위하여 예비열쇠를 보관시켰는데 이용시간이 지난 야간에 자물쇠를 절단하고 사무실에 침입한 도둑이 책상서랍에 넣어 둔 피해자의 열쇠로 열쇠보관함을 열고 예비열쇠를 훔쳐 승용차를 타고 간 경우에는 주차계약에 부수하여 예비열쇠에 관한 보관계약이 체결되었다고 볼 수 있으나, 주차장 관리인이 예비열쇠 보관에 대한 선관주의의무를 해태하였다고 볼 수는 없다'고 판시한 사례도 있다(대법원 2000.5.12.선고, 2000다591 판결).

(3) 선관주의의무의 존속기간

민법은 채무자가 특정물을 인도하기까지 특정물채무자의 선관주의의무가 존속하는 것으로 규정하고 있는데(374조), 여기서 "인도하기까지"라 함은 '채무자가 목적물을 실제로 인도할 때까지'라고 해석하는 것이 통설적 견해이다.[13] 또한 판례도 같은 입장을 취하고 있다(대법원 1981.5.26.선고, 80다211 판결 등). 만약 특정물채무자의 선관주의의무가 이행기까지만 존재한다면 이행기 이후 실제로 인도할 때까지는 선관주의의무가 인정되지 않아 채권자 보호에 문제가 생기게 되므로, 특정물채무자의 선관주의의무는 이행기까지가 아니라 목적물을 실제로 인도할 때까지 존속한다고 해석하여야 할 것이다. 다만, 이행지체 성립 이후에는 채무자는 무과실책임을 부담하며(392조), 반대로 변제의 제공에도 불구하고 채권자가 수령할 수 없거나 수령을 거절함으로써 채권자지체가 성립한 경우에는 채무자는 고의 또는 중대한 과실이 있는 경우에 한하여 채무불이행책임을 지는 것이므로(401조), 이행기 이후 채무자의 선관주의의무가 문제되는 것은 채무자가 동시이행항변권이나 유치권을 행사하는 경우이거나, 채무자가 귀책사유에 의하지 않고 이행지체에 빠진 경우와 같이 채무자가 채무불이행책임을 지지 않고 또한 채권자도 수령지체책임을 지지 않는 경우에 한한다는 점에 유의하여야 한다.

이와 관련하여, 판례는 ① '특정물매매에서 매수인이 대금지급채무의 이행을 지체하고 있는 경우에도 매도인은 매매목적물이 매수인에게 인도될 때까지는 목적물의 관리보존의 비용을 부담하여야 할 것이므로(후술하는 바와 같이, 이 경우에 매도인은 매매목적물에서 생기는 과실을 수취할 수 있고, 매수인은 매매대금의 이자를 지급할 필요가 없다), 매도인은 매수인의 대금지급의무의 이행지체를 이유로 그 목적물의 인도가 이루어지기 이전의 기간 동안의 목적물에 대한 관리보존비용의 상환이나 매매대금의 이자 상당액의 손해배상을 청구할 수 없다'고 한다(대법원 1981.5.26.선고, 80다211 판결 등).[14] 또한 ② '임대차계약이 종료되어 임차인이 임대보증금을 반환받기 위하여 동시이행항변권을 행사하여 임대인에 대한 자신의 목적물반환채무의 이

---

13) 남효순, "특정물의 보존의무에 관한 소고", 고시계 461호, 1995/7, 116 이하; 곽윤직, 26; 김상용, 39; 김주수, 47; 김증한/김학동, 28; 김현태, 42; 김형배, 55; 이은영, 95; 장경학, 39; 현승종, 49 참조.
14) 같은 취지: 대법원 1995.6.30.선고, 95다14190 판결; 대법원 2004.4.23.선고, 2004다8210 판결.

행을 거절하는 경우에도 임차인은 임차목적물을 반환할 때까지는 선량한 관리자의 주의로 이를 보존할 의무가 있으므로, 임차인이 이러한 주의의무를 위반하여 임대목적물이 멸실·훼손된 경우에는 그로 인한 손해배상책임이 있으며, 스스로 그 임차건물의 보존에 관하여 선관주의의무를 다하였음을 입증하여야 한다'는 입장을 취하고 있다(대법원 1991.10.25.선고, 91다22605·22612 판결 등).[15]

(4) 선관주의의무의 이행 여부에 대한 증명책임

원래 '채무불이행의 성립요건인 채무자의 귀책사유(고의·과실)에 대한 증명책임은 채무자에게 있다'는 데는 이설이 없다. 그러므로 '특정물채무자의 선관주의의무의 이행 여부에 대한 증명책임은 채무자에게 있다'고 할 것이다. 따라서 특정물채무자가 채무불이행으로 인한 손해배상책임을 면하기 위해서는 자신이 목적물보존에 관하여 선관주의의무를 다하였음을 증명하여야 한다. 예컨대, 임대차계약에서 임차인의 임차물반환채무가 이행불능이 된 경우, 임차인이 그 이행불능으로 인한 손해배상책임을 면하려면 그 이행불능이 자신의 귀책사유에 의하지 아니한 것임을 증명하여야 할 것이다. 이러한 취지에서, 판례는 ① '임차건물이 화재로 소실되었으나 그 화재발생 원인이 불명인 경우에도 임차인이 그 책임을 면하려면 그 임차건물의 보존에 관하여 선관주의의무를 다하였음을 스스로 입증하여야 한다'는 입장을 확립하고 있다(대법원 1982.8.24.선고, 82다카254 판결 등).[16] 다만, 그 이행불능이 임대차목적물을 임차인이 사용·수익하기에 필요한 상태로 유지하여야 할 임대인의 의무위반에 원인이 있음이 밝혀진 경우에까지 임차인이 별도로 목적물보존의무를 다하였음을 주장·입증하여야만 그 책임을 면할 수 있는 것은 아니라고 한다(대법원 2009.5.28.선고, 2009다13170 판결 등).[17] 그러므로 ② '건물의 임차인이 임대인으로부터 목적물을 인도받아 점유·용익하고 있는 동안에 목적물이 화재로 멸실된 경우, 그 화재가 건물소유자 측이 설치하여 건물 구조의 일부를 이루는 전기배선과 같이 임대인이 지배·관리하는 영역에 존재하는 하자로 인하여 발생한 것으로 추단된다면, 그 하자를 보수·제거하는 것은 임대차 목적물을 사용·수익하기에 필요한 상태로 유지할 의무를 부담하는 임대인의 의무에 속하는 것이므로, 그 화재로 인한 목적물반환의무의 이행불능 등에 관한 손해배상책임을 임차인에게 물을 수 없다'고 한다(대법원 2009.5.28.선고, 2009다13170 판결 등). 또한 ③ '임차인이 임대인 소유건물의 일부를 임차하여 사용·수익하던 중 임차건물부분

15) 같은 취지: 대법원 1999.9.21.선고, 99다36273 판결; 대법원 2001.1.19.선고, 2000다57351 판결; 대법원 2006.1.13.선고, 2005다51013·51020 판결; 대법원 2009.5.28.선고, 2009다13170 판결; 대법원 2017.5.18.선고, 2012다86895·86901 전원합의체판결 등.

16) 같은 취지: 대법원 1985.4.9.선고, 84다카2416 판결; 대법원 1987.11.24.선고, 87다카1575 판결; 대법원 1991.10.25.선고, 91다22605·22612; 대법원 1992.9.22.선고, 92다16652 판결; 대법원 2009.5.28.선고, 2009다13170 판결; 대법원 2017.5.18.선고, 2012다86895·86901 전원합의체판결.

17) 같은 취지: 대법원 2000.7.4.선고, 99다64384 판결.

에서 화재가 발생하여 임차외건물 부분까지 불에 타 그로 인해 임대인에게 재산상손해가 발생한 경우에 그 임차외건물 부분이 임차건물 부분과 구조상 불가분의 일체를 이루는 관계에 있다고 하더라도, 그 부분에 발생한 손해에 대하여 임대인이 임차인을 상대로 채무불이행을 원인으로 하는 배상을 구하려면, 임차인이 보존·관리의무를 위반하여 화재가 발생한 원인을 제공하는 등 화재발생과 관련된 임차인의 계약상의무위반이 있었고, 그러한 의무위반과 임차외건물 부분의 손해 사이에 상당인과관계가 있으며, 임차외건물 부분의 손해가 의무위반에 따라 민법 제393조에 의하여 배상하여야 할 손해의 범위 내에 있다는 점에 대하여 임대인이 주장·증명하여야 한다'고 한다(대법원 2017.5.18.선고, 2012다86895·86901 전원합의체판결 등).

■ **임차인이 임대차 목적물을 점유·사용하는 동안 임대인의 지배·관리 영역에 존재하는 하자로 인한 화재로 목적물이 멸실되었음이 추단되는 경우에도 임차인에게 목적물반환의무의 이행불능으로 인한 손해배상책임을 물을 수 있는지 여부**(소극) 주택 기타 건물 또는 그 일부의 임차인이 임대인으로부터 목적물을 인도받아 점유·용익하고 있는 동안에 목적물이 화재로 멸실된 경우, 그 화재가 건물소유자 측이 설치하여 건물구조의 일부를 이루는 전기배선과 같이 임대인이 지배·관리하는 영역에 존재하는 하자로 인하여 발생한 것으로 추단된다면, 그 하자를 보수·제거하는 것은 임대차 목적물을 사용·수익하기에 필요한 상태로 유지할 의무를 부담하는 임대인의 의무에 속하는 것이므로, 그 화재로 인한 목적물반환의무의 이행불능 등에 관한 손해배상책임을 임차인에게 물을 수 없다. (대법원 2009.5.28.선고, 2009다13170 판결)[18]

■ **임대차 목적물이 화재 등으로 소멸됨으로써 목적물반환의무가 이행불능이 된 경우, 임차인이 이행불능이 자기가 책임질 수 없는 사유로 인한 것이라는 증명을 다하지 못하면 목적물반환의무의 이행불능으로 인한 손해를 배상할 책임을 지는지 여부**(적극) [1] 임대차 목적물이 화재 등으로 인하여 소멸됨으로써 임차인의 목적물 반환의무가 이행불능이 된 경우에, 임차인은 이행불능이 자기가 책임질 수 없는 사유로 인한 것이라는 증명을 다하지 못하면 목적물반환의무의 이행불능으로 인한 손해를 배상할 책임을 지며, 화재 등의 구체적인 발생원인이 밝혀지지 아니한 때에도 마찬가지이다. 또한 이러한 법리는 임대차 종료 당시 임대차목적물 반환의무가 이행불능 상태는 아니지만 반환된 임차건물이 화재로 인하여 훼손되었음을 이유로 손해배상을 구하는 경우에도 동일하게 적용된다. [2] 임차인이 임대인 소유건물의 일부를 임차하여 사용·수익하던 중 임차건물부분에서 화재가 발생하여 임차건물부분이 아닌 건물부분(이하 '임차외건물부분'이라 한다)까지 불에 타 그로 인해 임대인에게 재산상손해가 발생한 경우에, 임차인이 보존·관리의무를 위반하여 화재가 발생한 원인을 제공하는 등 화재발생과 관련된 임차인의 계약상 의무위반이 있었음이 증명되고, 그러한 의무위반과 임차외건물부분의 손해 사이에 상당인과관계가 있으며, 임차외건물부분의 손해가 그러한 의무위반에 따른 통상의 손해에 해당하거나, 임차인이 그 사정을 알았거나 알 수 있었을 특별한 사정으로 인한 손해에 해당한다고 볼 수 있는 경우라면, 임차인은 임차외건물부분의 손해에 대해서도 민법 제390조, 제393조에 따라 임대인에게 손해배상책임을 부담하게 된다. 종래 대법원은 임차인이 임대인 소유 건물의 일부를 임차하여 사용·수익하던 중 임차건물부분에서 화재가 발생하여 임차외건물부분까지 불에 타 그로 인해 임대인에게 재산상 손해가 발생한 경우에, 건물의 규모와 구조로 볼 때 건물 중 임차건물부분과 그 밖의 부분이 상호 유지·존립함에 있어서 구조상 불가분의 일체를 이루는 관계에 있다면, 임차인은 임차건물의 보존에 관하여 선량한 관리자의 주의의무를 다하였음을 증명하지 못하는 이상 임차 건물 부분에 한하지 아니하고 건물의 유지·존립과 불가분의

---

18) 같은 취지: 대법원 2000.7.4.선고, 99다64384 판결; 대법원 2019.4.11.선고, 2018다291347 판결.

일체 관계에 있는 임차외건물부분이 소훼되어 임대인이 입게 된 손해도 채무불이행으로 인한 손해로 배상할 의무가 있다고 판단하여 왔다. 그러나 임차외건물부분이 구조상 불가분의 일체를 이루는 관계에 있는 부분이라 하더라도, 그 부분에 발생한 손해에 대하여 임대인이 임차인을 상대로 채무불이행을 원인으로 하는 배상을 구하려면, 임차인이 보존·관리의무를 위반하여 화재가 발생한 원인을 제공하는 등 화재발생과 관련된 임차인의 계약상 의무위반이 있었고, 그러한 의무위반과 임차외건물부분의 손해 사이에 상당인과관계가 있으며, 임차외건물부분의 손해가 의무위반에 따라 민법 제393조에 의하여 배상하여야 할 손해의 범위 내에 있다는 점에 대하여 임대인이 주장·증명하여야 한다. 이와 달리 위와 같은 임대인의 주장·증명이 없는 경우에도 임차인이 임차건물의 보존에 관하여 선량한 관리자의 주의의무를 다하였음을 증명하지 못하는 이상 임차외건물부분에 대해서까지 채무불이행에 따른 손해배상책임을 지게 된다고 판단한 종래의 대법원판결들은 이 판결의 견해에 배치되는 범위 내에서 이를 모두 변경하기로 한다. (대법원 2017.5.18.선고, 2012다86895·86901 전원합의체판결)[19]

(5) 선관주의의무 위반의 효과

특정물채무자가 선관주의의무를 위반하여 목적물이 멸실·훼손된 경우에는 채무불이행책임이 발생한다(390조). 다만, 특정물인도채무의 특성상 목적물이 멸실·훼손된 경우에도 채무자가 다른 물건으로 급부할 의무는 인정될 수 없다. 그런데 민법은 제462조에서 "특정물의 인도가 채권의 목적인 때에는 채무자는 이행기의 현상대로 그 물건을 인도하여야 한다"고 규정하고 있으므로, 목적물이 멸실된 때에는 채무자는 인도의무를 면하고, 목적물이 훼손된 경우에는 훼손된 상태대로 그 목적물을 인도하면 채무를 이행한 것으로 보아야 한다. 이를 특정물채무자의 「현상인도의무(現狀引渡義務)」라고 한다. 주의할 것은 특정물인도채무자가 현상인도의무를 부담한다고 하여 선관주의의무를 위반한 채무자가 목적물의 멸실·훼손으로 인한 손해배상의무를 면하는 것은 아니라는 점이다. 예컨대, 임대차계약 종료 후 임대차보증금반환채권을 확보하기 위하여 동시이행항변권을 행사하여 목적물반환채무의 이행을 거절한 임차인은 목적물을 임대인에게 반환할 때까지는 임차물에 대하여 선관주의의무를 부담하므로, 임차인이 이러한 선관주의의무를 위반함으로써 목적물이 멸실·훼손된 경우에는 그로 인한 손해를 배상할 의무가 있음은 전술한 바와 같다(대법원 1991.10.25.선고, 91다22605·22612 판결 등).

2. 특정물채무자의 현상인도의무

(1) 문제의 소재

민법은 제462조에서, "특정물의 인도가 채권의 목적인 때에는 채무자는 이행기의 현상대로 그 물건을 인도하여야 한다"고 규정하고 있다. 동조는 1804년의 프랑스민법(이하 「개정 전

19) 판례평석: 이현수, "임차건물에 화재가 발생한 경우 임대차 목적물이 아닌 부분에 관한 손해배상의 법리", 민사판례연구(40)(민사판례연구회, 2018), 255 이하; 박보영, "원인불명의 화재로 임차 외 건물 부분에 발생한 손해에 대한 임차인의 채무불이행책임", 법조 734호(법조협회, 2019), 508 이하. 같은 취지: 대법원 2018.10.25.선고, 2015다219030 판결.

프랑스민법」으로 약칭) 제1245조[20]에서 유래된 규정인데,[21] '특정물채무자는 목적물을 이행기의 현상대로 인도하여야 한다'는 극히 추상적인 내용만을 규정하고 있을 뿐, 동조의 적용범위나 현상인도의무의 구체적 내용 및 의무이행의 효과 등에 대해서는 명확하게 규정하지 않고 있기 때문에, 동조의 해석론을 둘러싸고 극도로 혼란스러운 학설의 대립이 있어 왔다. 그런데 우리 민법 제462조의 모법인 개정 전 프랑스민법 제1245조는 현상인도의무의 내용과 효과에 관하여 비교적 상세하게 규정하고 있다.[22] 즉, 동법은 ① '특정물인도채무자는 인도 당시의 현상대로 그 물건을 인도하면 면책된다'는 점과, ② '채무자가 목적물을 인도시의 현상대로 인도하였다 하더라도, 물건의 훼손이 채무자 자신 또는 이행보조자와 같이 채무자가 책임져야 할 사람의 행위나 과책으로 말미암아 발생하였거나, 채무자가 이행을 지체하는 동안 물건이 훼손된 경우에는 책임을 면할 수 없다'는 점을 명확하게 규정하고 있다. 그러므로 현상인도의무의 요건과 효과를 전적으로 학설·판례에 위임하고 있는 우리 민법 제462조의 합리적이고 타당한 해석론을 수립하기 위해서는 그 모법인 프랑스 민법 제1245조의 입법취지와 프랑스민법에서 유래되어 일본구민법과 일본민법(구 의용민법)을 통하여 우리 민법 제462조에 계수된 동조의 입법연혁과 입법취지를 살펴볼 필요가 있다.

(2) 제462조의 입법연혁 및 입법취지

우리 민법 제462조는 개정 전 프랑스 민법 제1245조를 모범으로 하여 제정된 일본구민법 재산편 제462조[23]와 이를 수정한 조문인 일본민법(구 의용민법) 제483조[24]의 규정을 거의 그대로 계승한 것이다. 그러므로 우리 민법 제462조의 입법취지를 밝히기 위해서는 동조의 기원을 이루고 있는 프랑스민법 제1245조와 이를 계승한 일본구민법 재산편 제462조, 그리고 이를 수정한 일본민법(구 의용민법)[25] 제483조의 입법자의사를 면밀하게 고찰할 필요가 있다.

---

20) 개정 전 프랑스민법 제1245조 : 특정물인도채무자는 물건의 훼손(détériorations)이 그 자신 또는 그가 책임져야 할 사람 자신의 행위(fait)이거나 과책(faute)으로 말미암아 발생하였거나, 물건이 훼손되기 전에 그가 이행을 지체한 경우가 아닌 한, 인도 당시의(lors de la livraison) 상태대로 그 물건을 인도함으로써 면책된다.

21) 우리 민법 제462조의 입법연혁에 관하여는 김대정, "특정물채무자의 현상인도의무에 관한 연구 -민법 제462조의 입법연혁을 중심으로-", 중앙법학 15집 4호(중앙법학회, 2013/12), 89 이하 참조.

22) 2016년에 개정된 현행 프랑스민법도 '특정물을 인도하여야 하는 채무자는 그 물건이 그의 행위로 인하거나 또는 그가 책임져야 하는 사람들의 행위에 의하여 훼손된 경우가 아니라는 사실이 증명되는 한 그 물건을 훼손된 상태대로 인도함으로써 면책된다'고 규정함으로써(동법 1342-5조), 개정 전 프랑스민법 제1245조와 같은 취지의 규정을 두고 있다.

23) 일본구민법 재산편 제462조 : ① 특정물의 채무자는 인도할 수 있는 때의 현상으로 그 물건을 인도함으로써 의무를 면한다. 다만, 조건부의무의 위험에 관한 제419조의 규정을 방해하지 않는다. ② 채무자의 비용으로써 물건을 보존 또는 개량하거나 또는 그 과실 또는 해태로 인하여 이를 훼손한 때에는 손해배상액은 위의 제1장 제2절 제3절에 따라서 당사자가 상호 이를 부담한다.

24) 일본민법(구 의용민법) 제483조 : 채권의 목적이 특정물의 인도인 때에는 변제자는 그 인도를 하여야 할 때의 현상으로 그 물건을 인도할 것을 요한다.

1) 개정 전 프랑스민법 제1245조의 입법취지

개정 전 프랑스 민법 제1245조는 우리 민법 제462조의 기원을 이루는 모법임에는 틀림이 없으나,[26] 그 내용에 있어서는 다음과 같은 네 가지 점에서 우리 민법과 차이가 있다. 즉, ① 개정 전 프랑스민법 제1245조는 '물건이 훼손된 경우에 한하여 적용된다'고 규정하고 있으므로, 하자담보책임이 문제되는 '목적물에 숨은 하자가 발생한 경우'에는 적용될 수 없다.[27] 그러나 우리 민법 제462조는 동조가 적용되는 '특정물의 현상변경'에 대하여 특별한 제한을 두고 있지 않기 때문에, '하자담보책임이 문제되는 목적물에 숨은 하자가 있는 경우에도 동조가 적용된다'고 해석될 여지가 있다. ② 개정 전 프랑스민법 제1245조는 현상인도의무의 기준시점을 '인도시'로 규정함으로써 채권자의 수령거절권을 전면적으로 배제하고 있다. 그러나 우리 민법 제462조는 현상인도의무의 기준시점을 '이행기'로 규정함으로써, '이행기 이후부터 인도할 때까지 사이에 목적물의 훼손 등 현상변경이 생긴 경우에는 채권자의 수령거절권이 인정된다'고 해석될 여지가 있다. ③ 개정 전 프랑스민법 제1245조는 '채무자 자신 또는 그가 책임져야 할 사람의 행위 또는 과책으로 말미암아 발생하였거나, 물건이 훼손되기 전에 그가 이행을 지체한 경우에는 채무자가 현상대로 인도하더라도 면책되지 않고 책임을 진다'고 규정함으로써, 현상인도의무를 이행한 채무자가 예외적으로 목적물의 훼손에 대하여 책임을 져야 하는 경우를 구체적으로 규정하고 있다. 그러나 우리 민법은 이에 관한 규정을 따로 두고 있지 않다. ④ 개정 전 프랑스민법 제1245조는 현상인도의무 이행의 효과에 대하여 '채무자는 그 물건을 인도함으로써 면책된다'는 점을 명확하게 규정하고 있으나, 우리 민법은 아무런 규정을 두고 있지 않다.

개정 전 프랑스민법 제1245조의 기초자의사가 어떤 것이었는지는 명확하지 않으나,[28] 프랑스민법학에서는 '동조는 특별한 의미를 가진 독자적인 법리를 규정한 것이 아니라, 특정물채무자의 목적물보존의무를 규정한 제1136조,[29] 선관주의의무를 규정한 제1137조,[30] 그리고

25) 여기서 「일본민법」이라 함은 1896.4.27. 법률 제89호로 제정되어, 조선민사령에 의하여 1959.12.31.까지 우리나라에 시행되었던 「명치(明治)일본민법」을 가리킨다.

26) 개정 전 프랑스민법 제1245조의 제도적 기원은 명확하게 알려져 있지 않으나, 동조가 일본구민법 재산편 제462조에 계수되고, 이를 수정한 일본민법(구 의용민법) 제483조를 거의 그대로 계승한 우리 민법 제462조의 기원이 되었다는 점에는 이론이 없다(김대정, 전게논문(주 21), 89 이하 참조).

27) 프랑스민법상 매도인의 하자담보책임은 매매의 목적물에 숨은 하자(défauts cachés)가 있는 경우로 제한되고 있으므로(C.c. Art. 1641), 「드러난 하자」라고 할 수 있는 물건이 훼손된 경우에는 하자담보책임이 문제되지 않는다(김대정, "매도인의 담보책임에 관한 연구", 박사학위논문, 성균관대학교대학원, 1991, 48~49 참조).

28) 프랑스민법 제정 당시 민법초안에 대한 민법제정위원들의 토의 내용을 기록한 프네(Fenet)의 「민법전 준비작업전서(1827)」에도 제1245조에 대한 특별한 기록은 남아있지 않고, 다만 "원안대로 합의되었다"는 기록이 남아있을 뿐이다(P.A. Fenet, Recueil complet des Travaux préparatoire du code civil, tome 13, 1827, p.78).

29) 개정 전 프랑스민법 제1136조 : 주는 채무는 물건의 인도의무와 그 물건을 인도할 때까지 보존할 의

특정물의 멸실에 의한 채무의 소멸에 관하여 규정한 제1302조[31]에 규정된 제(諸)원칙의 단순한 결과이자 적용에 불과하다'고 한다.[32] 즉, '제1245조는 변제자는 자신이 부담하고 있는 급부를 정확하게 변제수령자에게 제공하여야 한다는 변제의 목적물의 품질결정에 관한 원칙을 표현하고 있는 규범의 하나로서, 변제의 목적물이 특정물인 경우를 규정한 것이며,[33] 우연한 사정으로 인하여 목적물이 훼손된 경우에는 인도하는 날의 현상대로 인도하면 면책된다는 변제에 관한 당연한 원칙을 규정한 것에 불과하다'고 한다.[34]

한편 개정 전 프랑스민법 제1245조는 의사주의 물권법제하에서 선관주의의무를 다한 특정물채무자의 소유권침해로 인한 불법행위책임을 면제해 주는 기능을 수행한다. 즉, 물권변동에 관하여 의사주의를 취하고 있는 프랑스민법하에서는 특정물인도채무를 발생시키는 계약이 체결된 때에 이미 목적물의 소유권이 채권자에게 이전되므로(C.c. Art. 1138),[35] '채무자가 그 자신의 행위 또는 과책에 의하여 목적물을 훼손한 경우'에는 그 물건을 인도하기 전이더라도 매수인의 소유권을 침해한 불법행위가 성립하며, 반대로 '우연한 사정으로 인하여 목적물이 훼손됨으로써 채권자의 소유권을 침해한 경우'에도 선관주의의무를 다한 채무자는 불법행위책임을 지지 않는 것은 당연한 법리라고 할 수 있다. 그러므로 프랑스민법에서는 '선관주의의무를 다한 채무자는 훼손된 상태 그대로 목적물을 채권자에게 인도하면 면책된다'는 현상인도의무는 이와 같이 당연한 법리를 규정한 것에 불과하다고 할 수 있다.

2) 일본구민법 재산편 제462조의 입법취지

1890년에 공포된 일본구민법은 특정물채무자의 현상인도의무에 관하여 개정 전 프랑스민법 제1245조와 유사한 규정을 두고 있었는데(동법 재산편 462조),[36] 동조는 당시 일본정부의

무, 그리고 위반 시에는 채권자에게 손해배상을 할 의무를 포함한다.

30) 전게 주 5 참조.

31) 개정 전 프랑스민법 제1302조 : (1) 채무의 목적이었던 특정물이 채무자의 과책 없이 그리고 이행지체 전에 멸실되거나, 거래적격을 상실하거나, 또는 그 소재를 알 수 없는 방법으로 유실된 때에는, 채무는 소멸한다. (2) 채무자가 이행을 지체하고 있는 중에 목적물이 멸실한 경우에도 채무자가 우연한 사고에 대한 책임을 져야 하는 경우가 아닌 때에는, 그 물건이 채권자에게 인도되었다 하더라도 채권자의 소재지에서도 역시 그 물건이 멸실되었을 경우에는, 채무는 소멸한다. (3) 채무자는 그가 주장하는 우연한 사고에 대하여 증명할 책임이 있다. (4) 절취된 물건이 멸실되거나 유실된 경우, 그 멸실·유실의 방법이 어떠한 것이든 상관없이 그것을 절취한 자는 멸실을 이유로 가액반환의무를 면하지 못한다.

32) Aubry et Rau, COURS DE DROIT CIVIL FRANÇAIS, Vol.Ⅳ, 6th Edition by Étienne Bartin, 1965, An English Translation by the Louisiana State Law Institute, p. 165(footnote n.4).

33) Marty/Raynaud, n° 561.

34) Marty/Raynaud, op. cit., p.604.

35) 개정 전 프랑스민법 제1138조 : (1) 물건의 인도채무는 계약당사자의 단순한 합의만으로써 완성된다. (2) 합의는 채권자를 소유자로 만들며, 아직 인도되지 아니한 경우라고 하더라도 목적물이 인도되어야 할 때로부터 물건을 그의 위험에 속하게 한다. 다만, 채무자가 인도를 지체하는 경우에는 그러하지 아니하다; 이 경우에 물건은 채무자의 위험에 있다.

36) 전게 주 23 참조.

법률고문이었던 브와쏘나드(G. Boissonade)가 작성한 민법초안(이하 「브와쏘나드 민법초안」으로 약칭) 재산편 제483조[37]를 기초로 하여 만들어진 것이었다. 브와쏘나드는 동조의 입법취지에 대하여, '① 민법초안 재산편 제483조는 특정물채무자가 물건에 대하여 가져야 하는 주의의무에 관하여 규정한 민법초안 재산편 제354조[38]와, 우연한 사고 또는 불가항력으로 인한 물건의 멸실에 대하여 채권자가 위험을 부담하도록 규정한 민법초안 재산편 제355조[39]의 일반원칙을 적용한 결과일 뿐 특별한 독자적인 법리를 규정한 것은 아니다. ② 동 초안 재산편 제483조 제2항의 규정도 특정물채무자가 목적물에 필요비나 유익비를 지출한 경우에는 사무관리에 관한 일반규정에 따라서 비용상환청구권이 인정되며, 반대로 채무자가 주의의무를 다하지 아니한 과책에 의하여 물건이 훼손된 경우에는 불법행위에 관한 일반규정에 의하여 채권자에 대하여 손해배상의무가 있음을 밝힌 규정에 불과하다. ③ 민법초안이 현상인도의 기준시점을 프랑스 민법 제1245조와 달리, "인도하여야 할 때"라고 규정한 이유는 인도하여야 할 때(이행기)를 현상인도의 기준시점으로 하는 것이 당사자의 의사에 부합하기 때문이다.' 라고 기술하고 있다.[40]

3) 일본민법(구 의용민법) 제483조의 입법취지

일본구민법은 1890년에 공포되어 1893.1.1.부터 시행될 예정이었으나 정치적 반대에 부딪쳐 시행되기 직전인 1892.12.31. 그 시행이 보류되었다. 그 후 다시 구민법을 수정하는 형식을 취한 새로운 민법이 제정되어 1896.4.27. 공포되었고 1898.7.16.부터 시행되었으니, 이것이 우리나라에 의용된 일본민법(구 의용민법)이다.

---

37) 브와쏘나드 민법초안 재산편 제483조(특정물채무) (1) 조건부의무의 위험에 관한 제439조의 규정을 제외하고 특정물채무자는 인도하여야 할 때의 현상대로 그 물건을 인도함으로써 면책된다. (2) 만약 그 물건이 채무자의 비용으로 보존되었거나 개량된 경우, 또는 그의 과책이나 과실에 의하여 훼손된 경우에는 배상액은 위의 제1장 제2절과 제3절에 따라서 당사자 각자의 의무에 속한다.

38) 브와쏘나드 민법초안 재산편 제354조(주의의무와 과책) (1) 특정물을 인도할 때까지 약속자(채무자)는 그 물건을 선량한 관리자의 주의로써 보존하여야 한다. 과실 또는 악의로써 이에 위반한 경우, 손해를 배상하여야 한다. (2) 그렇지만 무상의 양도인 경우에는 채무자는 자기 물건에 대하여 기울이는 주의와 동일한 주의로써 물건을 살필 의무만을 부담한다. (3) 그 밖에 채무자가 전항과 동일한 주의만을 부담하는 예외적인 경우에는 이를 허용하는 각 계약과 관련하여 이를 규정한다.

39) 브와쏘나드 민법초안 재산편 제355조(위험부담: 우연한 사고, 불가항력) (1) 주는 합의의 목적인 물건이 특정물인 모든 경우에는 우연한 사건 또는 불가항력에 기한 그 물건의 멸실 또는 훼손은 낙약자(채무자)가 위험을 부담한 경우 및 정지조건에 관한 규정을 제외하고는 요약자(채권자)의 손실에 귀속한다; 마찬가지로, 그 물건의 가치증가는 요약자(채권자)의 이익에 귀속한다. (2) 그렇지만 낙약자(채무자)가 물건의 인도를 지체한 때에는 그것이 인도되었다 할지라도 필연적으로 멸실하거나 훼손을 면할 수 없는 경우가 아니라면, 그 멸실은 낙약자(채무자)의 손해로 귀속된다.

40) Gustave Boissonade, Projet de code civil pour l'empire du Japon, deuxième édition, tome 2, 1883, pp.518~519.

(가) 기초자 의사

일본구민법은 특정물채무자의 목적물보존의무(재산편 334조)[41]와 현상인도의무(재산편 462조)[42]를 별도로 규정하고 있었으나, 일본민법초안은 제398조에서 목적물보존의무와 현상인도의무를 합쳐서 규정하였다.[43] 동조는 논란 끝에 특정물채무자의 선관주의의무를 규정한 제400조와 현상인도의무를 규정한 제483조의 두 개 조문으로 분리되었는데, 그중 현상인도의무에 관한 기초이유는 다음과 같다.[44] 즉, '① 일본민법초안 제398조는 프랑스민법 제1245조를 모범으로 한 일본구민법 재산편 제462조에 수정을 가한 것이다. ② "인도를 하여야 할 때의 현상으로 이를 인도할 것을 요한다"고 규정한 취지는 '목적물의 현상이 어떠하든지 있는 그대로 인도하면 된다'는 것을 의미하는 것이 아니라, '선량한 관리자의 주의로써 보존한 모습으로 인도하라'는 취지의 규정으로서, 여기서의 "현상(現狀)"이라는 단어의 의미는 '있는 그대로의(sein) 현상'을 의미하는 것이 아니라 '있어야 할 당위로서의(sollen) 현상'을 의미한다. ③ 현상인도의무는 '채무자가 주의를 결하였기 때문에 그 목적물의 현상이 변경된 경우에는 채권자는 이를 수령할 의무가 없다(채권자의 수령거절권이 인정된다)는 법리를 전제로 한다'는 것이었다.

(나) 규정취지

일본민법 제483조는 특정물채무자의 선관주의의무를 규정한 동법 제400조, 특정물에 관한 물권의 설정 또는 이전을 목적으로 하는 쌍무계약에서의 위험부담에 관한 채권자주의의 원칙을 규정한 동법 제534조,[45] 물권변동에 관하여 의사주의의 원칙을 채택하고 있는 동법 제176조[46] 등을 전제로 하여, 이들 규정의 당연한 적용결과를 규정한 것이다. 즉, 일본민법 하에서는 특정물인도채무자는 인도를 할 때까지 선량한 관리자의 주의로써 그 물건을 보존하여야 하고(동법 400조), 선관주의의무를 다하지 못한 과실이 있는 특정물채무자는 채권자의 소

---

41) 일본구민법 재산편 제334조 : ① 낙약자는 특정물을 인도하기까지 선량한 관리인의 주의로써 그 물건을 보존할 것을 요하며, 해태 또는 악의가 있는 때에는 손해배상의 책임을 진다. ② 무상으로 양도한 물건의 보존에 대하여는 낙약자는 자기의 물건에 가하는 것과 동일한 주의를 가할 책임만을 진다. ③ 이외의 낙약자가 제2항과 동일한 주의만을 부담하는 경우는 그 각 사항에 있어서 이를 규정한다.

42) 전게 주 23 참조.

43) 일본민법초안 제398조 : 채권의 목적이 특정물의 인도인 때에는 채무자는 선량한 관리자의 주의로써 그 물건을 보존하고 또 그 인도를 하여야 할 때의 현상으로 이를 인도할 것을 요한다.

44) 일본민법초안 제398조의 기초자 호즈미 노부시게(穗積陳重)가 법전조사회에서 밝힌 내용이다(商事法務硏究會編, 「法典調査會民法議事速記錄(二)」(日本近代立法資料叢書2), 1984, 975~979 참조).

45) 일본민법(구 의용민법) 제534조 : ① 특정물에 관한 물권의 설정 또는 이전으로써 쌍무계약의 목적으로 한 경우에 있어서 그 물건이 채무자의 책임에 귀속하지 아니하는 사유로 인하여 멸실 또는 훼손된 때에는 그 멸실 또는 훼손은 채권자의 부담에 귀속한다. ② 불특정물에 관한 계약에 대하여는 제401조 제2항의 규정에 의하여 그 물건이 확정된 때부터 전항의 규정을 적용한다.

46) 일본민법(구 의용민법) 제176조 : 물권의 설정 및 이전은 당사자의 의사표시만으로써 그 효력이 생긴다.

유권을 침해한 불법행위책임을 면할 수 없으며(동법 709조),[47] 채무자가 인도의 목적물에 필요비와 유익비를 투입한 경우에는 점유자의 비용상환청구권에 관한 일반규정(동법 196조)[48]에 따라서 비용을 상환 받을 수 있고, 목적물이 쌍방불귀책사유로 인하여 멸실·훼손된 경우에는 채권자가 그 위험을 부담하는 것이 원칙인바(동법 534조 1항), 일본민법 제483조는 이러한 규정들을 전제로 하여 '목적물이 우연한 사정으로(채무자에게 귀책될 수 없는 사유로 인하여) 후발적으로 훼손되거나 증가된 경우, 채무자는 이행기에 훼손되거나 증가된 상태대로 목적물을 인도하면 채무를 완전히 이행한 것으로 간주되어 반대급부를 청구할 수 있다'는 법리를 규정한 것이다. 이와 같이 일본민법 제483조는 특정물채무자가 선관주의의무를 다하여 과실이 없음을 전제로 하여, '특정물이 훼손되어 채권자에게 불이익하게 변경되었거나, 물건이 증가하거나 과실이 산출되어 채권자에게 이익이 되는지 여부를 불문하고 그 특정물이 이행기에 존재하는 현상 그대로 채권자에게 인도되면 변제로서의 완전한 효력이 인정된다'는 법리를 밝힌 것이다. 즉, 일본민법 제483조는 계약체결 이후 이행기 전까지 사이에 후발적으로 목적물이 훼손되거나 증가된 경우에 변제의 요건(이행기의 현상대로 인도)을 규정한 것에 불과하며, 입법연혁상으로는 물론이고 그 내용에 있어서도 '치유불능의 원시적 하자가 있는 특정물의 인도는 하자 없는 완전한 이행'이라는 이른바 「특정물도그마」와는 전혀 관계가 없는 규정인 것이다.

(다) 현상인도의무의 기준시기를 이행기로 규정한 이유

일본민법 제483조는 현상인도의무의 기준시기를 이행기를 의미하는 "인도를 하여야 할 때"로 규정하고 있다. 이는 일본구민법 재산편 제462조의 규정을 계승한 것인데, 프랑스민법이 '인도시'를 현상(現狀)의 기준시기로 규정한 것과 달리, 일본민법이 현상인도의무의 기준시기를 이행기로 규정한 이유는, 일본구민법의 기초자(브와쏘나드)가 '이행기의 현상을 기준으로 하는 것이 당사자의 의사에 부합한다'고 생각하였기 때문이며, 이에 더하여 일본민법 제483조의 기초자(호즈미 노부시게)가 '이행기 이후에 목적물의 훼손이 생긴 경우에는 수령을 거절할 수 있도록 하는 것이 적당하다'고 생각하였기 때문이라는 점은 전술한 바와 같다.

(라) 하자담보책임과의 관계 : 목적물에 숨은 하자가 있는 경우의 처리

개정 전 프랑스민법 제1245조는 그 적용범위를 '물건이 훼손된 경우'로 한정하고 있고,

---

47) 일본민법(구 의용민법) 제709조 : 고의 또는 과실로 인하여 타인의 권리를 침해한 자는 이로 인하여 발생한 손해를 배상할 책임이 있다.

48) 일본민법(구 의용민법) 제196조 : ① 점유자가 점유물을 반환하는 경우에는 그 물건을 보존하기 위하여 지출한 금액 기타의 필요비를 회복자로부터 상환받을 수 있다. 다만, 점유자가 과실을 취득한 경우에는 통상의 필요비는 그에게 속한다. ② 점유자가 점유물의 개량을 위하여 지출한 금액 기타 유익비에 대해서는 그 가격의 증가가 현존하는 경우에 한하여 회복자의 선택에 좇아 그 지출한 금액 또는 증가액을 상환받을 수 있다. 다만, 악의의 점유자에 대해서는 재판소는 회복자의 청구에 의하여 이에 상당한 기간을 허여할 수 있다.

매도인의 하자담보책임은 목적물에 숨은 하자가 있는 경우에 한하여 인정되는 것이므로(C.c. Art. 1641,[49] 1642[50])), 프랑스민법학에서는 하자담보책임이 문제되는 '목적물에 숨은 하자가 있는 경우'에는 현상인도의무에 관한 제1245조는 적용되지 않는 것으로 해석되고 있음은 전술한 바와 같다. 그러나 일본민법 제483조는 이러한 제한을 두지 않고 단순히 "채권의 목적이 특정물의 인도인 때"라고만 규정함으로써 물건이 훼손된 경우 이외의 현상변경의 경우, 특히 특정물의 하자담보책임이 문제되는 「목적물에 숨은 하자가 있는 때」(동법 570조)[51]에도 동조가 적용되는지 여부가 문제된다. 이에 대한 일본민법의 기초자의사는 명확하지 않다. 다만, 사견으로는 '특정물에 숨은 하자가 있는 경우에는 제483조는 적용되지 않는다'는 것이 입법자의 사였다고 생각한다. 그 이유는, ① 일본민법 제483조는 현상인도의무의 기준시기를 이행기로 변경한 것을 제외하고는 기본적으로 개정 전 프랑스민법 제1245조의 규정을 그대로 계수한 것이고, ② 매도인의 하자담보책임에 관한 일본민법 제570조는 프랑스민법과 마찬가지로 '목적물에 숨은 하자가 있는 때'에 한하여 하자담보책임을 인정하고 있으므로, '목적물이 훼손된 경우와 같이 목적물에 「드러난 하자」가 있는 경우에는 하자담보책임이 인정되지 않는다'고 해석하여야 할 것이기 때문이다.[52]

(마) 현상인도의무 이행의 효과

(A) 채무자가 과실 없이 현상인도의무를 이행한 경우 개정 전 프랑스민법 제1245조는 '특정물채무자는 인도 당시의 상태대로 특정물을 인도하면 면책된다'는 점을 명확하게 규정하고 있었으며, 이를 계수한 일본구민법 재산편 제462조 제1항도 "그 물건을 인도함으로써 의무를 면한다"고 규정하고 있었다. 그러나 일본민법은 제483조에서 단지 "그 물건을 인도할 것을 요한다"라고 규정하고 있을 뿐, 현상인도의무를 이행한 경우의 효과에 대해서는 침묵하고 있다(이 점은 2017년에 개정된 일본민법도 현행법과 마찬가지이다).[53] 이와 같이 일본민법이 현상인

49) 프랑스민법 제1641조 : 매도인은 매도된 물건의 숨은 하자로 인하여 그 물건이 정해진 용도에 따라 사용하기에 부적합하거나, 매수인이 하자를 알았더라면 매수하지 않았거나 보다 적은 대금만을 지불하였을 정도로 그 효용을 감소시키는 그러한 숨은 하자에 대하여 담보책임을 진다.

50) 프랑스민법 제1642조 : 매도인은 명백한 하자 및 매수인 자신이 확인할 수 있었던 하자에 대해서는 책임을 지지 않는다.

51) 일본민법(구 의용민법) 제570조 : 매매의 목적물에 숨은 하자가 있는 때에는 제566조의 규정을 준용한다. 다만, 강제경매의 경우에는 그러하지 아니하다.

52) 일본의 학설 중에는 '일본민법 제483조는 특정물의 동일성을 해하는 정도의 변화가 생긴 경우에 한하여 적용되어야 한다'는 견해가 있는바(北川善太郎, 일본주석민법(12), 167 이하 참조), 이는 '하자담보책임이 문제되는 목적물에 숨은 하자가 있는 경우에는 현상인도의무에 관한 동법 제483조는 적용되지 않는다'는 취지의 견해라고 생각된다.

53) 일본민법(2017.6.2. 법률 제44호로 개정된 것) 제483조(특정물의 현상에 의한 인도) 채권의 목적이 특정물의 인도인 경우에 있어서 계약 기타 채권의 발생원인 및 거래상의 사회통념에 비추어 그 인도를 하여야 할 시의 품질을 정하는 것이 불가능한 때에는, 변제를 하는 자는 그 인도를 하여야 할 때의 현상으로 물건을 인도하지 않으면 안 된다.

도의무 이행의 효과에 대하여 규정하지 아니한 이유는 명확하지 않으나, 이러한 수정에도 불구하고 동조의 기초자를 비롯한 입법자들이 '특정물인도채무자는 현상인도의무를 이행함으로써 면책된다'고 생각하고 있었음은 확실하다. 그러므로 명시적인 규정을 두고 있지는 않으나 일본민법 제483조의 입법취지는 '채무자가 선관주의의무를 다하여 이행기의 현상대로 목적물을 채권자에게 인도한 경우에는 면책되며(목적물이 훼손된 경우에도 채무자는 채무불이행책임이나 소유권침해로 인한 불법행위책임을 지지 않는다는 의미),[54] 목적물에 비용을 투입한 경우에는 일반규정에 따라서 필요비나 유익비의 상환을 청구할 수 있다'고 해석하는 것이 입법자의사에 부합하는 해석이라고 생각된다.

(B) 채무자 측의 과실에 의하여 목적물이 훼손된 경우 개정 전 프랑스민법 제1245조는 '특정물채무자 자신 또는 이행보조자 등 그가 책임져야 할 사람 자신의 행위 또는 과책으로 말미암아 물건이 훼손된 경우, 또는 이행지체책임이 발생한 이후에 물건이 훼손된 경우에는 현상인도에 의한 면책을 인정하지 않는다'는 점을 명확하게 규정하고 있었으며, 이를 모범으로 하여 제정된 일본구민법도 프랑스민법과 같은 취지의 규정을 두고 있었다(동법 462조 2항). 그러나 그 후 제정된 일본민법은 '이러한 법리는 부당이득·불법행위의 일반원칙에 의하여 당연히 인정되는 법리'라는 이유에서 이를 사제하였다. 이러한 점을 고려할 때 일본민법 제483조의 규정취지는 다음과 같이 해석하여야 할 것이다. 즉, ① 이행기의 현상대로 훼손된 목적물을 인도하였으나 채무자의 과실이 인정되는 경우에는 소유권침해로 인한 불법행위책임을 면할 수 없다. ② 다만, 채무자에게 귀책사유가 있더라도 채무자가 훼손된 목적물을 이행기의 현상대로 인도한 때에는, 채권자는 불법행위책임을 묻는 것은 별론으로 하고 채무불이행을 이유로 목적물의 수령을 거절할 수 없다. ③ 그러나 이행기 이후에 채무자의 귀책사유로 인하여 목적물이 훼손된 경우에는, 채권자는 채무불이행의 일반원칙에 따라 채무불이행을 이유로 훼손된 목적물의 수령을 거절하고 계약을 해제할 수 있다. 다만, 채권자가 일단 훼손된 목적물을 수령한 경우에는 채무자에 대하여 불법행위로 인한 손해배상을 청구할 수 있을 뿐이며, 이행기 이후에 채무자의 귀책사유 없이 목적물이 훼손된 경우에는 위험부담의 문제로 처리된다.

4) 우리 민법 제462조의 입법취지

특정물채무자의 현상인도의무를 규정한 민법초안 제453조[55]는 국회심의과정에서 특별한 토론이나 수정 없이 원안 그대로 통과되어 현행민법 제462조가 되었다.[56] 현행민법 제462조

54) 다만, '목적물에 「숨은 하자」가 있는 경우에는 선관주의의무를 다한 경우에도 채무자는 무과실책임인 하자담보책임을 부담한다'고 해석된다.

55) 민법초안 제453조 : 특정물의 인도가 채권의 목적인 때에는 채무자는 이행기의 현상대로 그 물건을 인도하여야 한다.

56) 우리 민법 제462조의 입법과정 및 국회에서의 민법안 심의경과에 대한 상세는 「민법안심의록」, 272; 명순구(실록), 189~191; 김대정, 전게논문(주 21), 120 이하 참조.

는 구 의용민법(일본민법) 제483조의 표현을 다소 수정하였으나("변제자"를 "채무자"로, "인도를 하여야 할 때"를 "이행기"로), 그 내용에 있어서는 구 의용민법 제483조와 완전히 동일하다. 결국 우리 민법 제462조는 구 의용민법 제483조를 그대로 계승한 것이라고 할 수 있다. 유감스럽게도 우리 민법의 입법자의사를 확인할 수 있는 자료는 찾을 수 없다. 그러므로 우리 민법 제462조의 입법취지를 입법자의사를 기초로 하여 정확하게 밝히는 것은 현재로서는 불가능하며, 이는 구 의용민법 제483조의 입법자의사에 비추어 유추할 수밖에 없다. 또한 구 의용민법 제483조는 개정 전 프랑스민법 제1245조를 모범으로 하여 제정된 일본구민법 재산편 제462조를 수정한 것이므로, 프랑스민법으로부터 일본구민법을 거쳐 일본민법에 이르는 일련의 입법과정에서 나타난 입법자의사들을 분석함으로써 우리 민법 제462조의 입법자의사를 추론하는 수밖에 없다. 그러나 우리 민법은 구 의용민법과는 달리 물권변동에 관하여 형식주의를 취하고 있으며(186조, 188조 1항), 위험부담에 관하여도 구 의용민법이 특정물이 목적물인 경우에는 채권자주의를 취하고 있음에 반하여,[57] 목적물이 특정물인지 여부와 관계없이 채무자주의의 원칙을 관철하고 있는 등(537조), 여러 가지 점에서 구 의용민법과는 현상인도의무의 전제가 되는 법원칙을 달리하고 있다는 점에 유의할 필요가 있다. 즉, 우리 민법 제462조의 입법취지는 개정 전 프랑스민법 제1245조나 구 의용민법 제483조와 같다고 할 수가 없는 것이다. 이러한 점에 유의하면서 우리 민법 제462조의 입법자의사를 추론해보면 다음과 같다.

(가) 선관주의의무에 관한 제374조를 전제로 하는 규정

우리 민법 제462조도 개정 전 프랑스민법 제1245조와 이를 계수한 일본민법(구 의용민법) 제483조와 마찬가지로, 특정물인도채무자의 선관주의의무에 관한 제374조를 전제로 하는 규정으로 보아야 할 것이다.[58] 즉, 우리 민법 제462조는 '채무자가 선관주의의무를 다하여 과실이 없다는 것을 전제로 하여 특정물채무자가 이행하여야 할 변제의 내용을 규정한 것으로서, 인도채무의 목적물인 특정물이 훼손되어 채권자에게 불이익하게 변경되었거나 반대로 물건이 증가하거나 과실이 산출되어 채권자에게 이익이 되는 경우를 불문하고 그 특정물이 이행기에 존재하는 현상 그대로 채권자에게 인도하면 변제로서 완전한 효력이 인정된다'는 취지의 규정인 것이다. 그렇다면 '목적물이 천재지변 등 채무자의 불귀책사유로 인하여 훼손된 경우에는 이행기에 훼손된 상태 그대로 인도하면 채무를 면한다'는 결과가 되는데, 이는 '쌍방불귀책사유로 인한 이행불능의 경우에는 채무자가 위험을 부담한다'는 위험부담의 원칙(537

57) 구 의용민법(일본민법)은 특정물에 관한 물권의 설정 또는 이전을 목적으로 하는 쌍무계약에 있어서의 위험부담에 관하여는 「채권자주의」를 원칙으로 하고 있었다(동법 534조).

58) 同旨: 남효순, 전게논문(주 13), 133 참조. 학설 중에는 '제462조는 특정물채무자가 현상인도의무를 선관주의의무의 이행 여부로부터 완전히 분리하여 목적물인도의무에 관하여서만 규정한 것으로 보아야 한다'는 견해도 있으나(송덕수, 63 참조), 이는 동조의 입법연혁을 무시한 견해로서 찬성할 수 없다.

조) 및 '특정물매도인은 인도된 목적물에 하자가 있는 경우에는 과실 여부를 불문하고 하자담보책임을 부담한다'는 법리(580조)와 충돌하는 등 해석상 많은 문제를 야기한다.

(나) 물권변동에 관한 의사주의를 전제로 하는 규정

물권변동에 관하여 의사주의를 취하고 있는 프랑스민법이나 일본민법하에서는 특정물이 양도계약이 성립하면 즉시 소유권이 양수인에게 이전된다. 따라서 양수인에게 소유권이 이전된 이후에 채무자인 양도인의 선관주의의무 위반의 과실로 인하여 목적물이 훼손된 경우에는 채권자인 양수인의 소유권을 침해한 것으로서 불법행위책임을 면할 수 없다. 특정물채무자의 현상인도의무는 이러한 법리를 전제로 하여, '선관주의의무를 다한 채무자는 불가항력 등 불귀책사유로 인하여 훼손된 목적물을 현상 그대로 채권자에게 인도하면 불법행위책임이 면책된다'는 당연한 법리를 규정한 것임은 전술한 바와 같다. 이와 같이 특정물채무자의 현상인도의무는 물권변동에 관한 의사주의를 전제로 하는 법리라고 할 수 있는데, 물권변동에 관하여 형식주의의 원칙을 취하고 있는 우리 민법에 있어서는 채무자의 귀책사유로 인하여 목적물이 훼손된 경우에도(이는 자기 소유의 물건을 훼손한 것에 불과하므로) 이를 채무자의 불법행위라고 단정할 수 없다. 그러므로 우리 민법 제462조는 '선관주의의무를 다한 채무자는 채권자에게 불가항력으로 훼손된 목적물을 훼손된 상태 그대로 인도하면 불법행위책임이 면책된다'는 취지의 극히 당연한 법리를 확인한 것 이상의 의미는 없다. 그렇다면 제462조는 물권변동에 관하여 형식주의를 취하고 있는 우리 민법하에서는 사실상 '무의미한 규정'이라고 평가하지 않을 수 없다.

(다) 위험부담에 관한 채권자주의를 전제로 하는 규정

개정 전 프랑스민법은 의사주의를 취하여 채권계약의 효력으로 소유권이 채권자에게 이전될 뿐만 아니라, 목적물을 인도하기로 한 때부터 채권자가 위험을 부담하는 것으로 규정하고 있었다(C.c. Art. 1138).[59] 또한 일본민법도 특정물에 관한 물권의 설정 또는 이전을 목적으로 하는 쌍무계약에서 쌍방불귀책사유로 인하여 목적물이 훼손된 경우에는 채권자가 그 위험을 부담하는 것으로 규정하고 있다(동법 534조 1항).[60] 이와 같이 특정물채무자의 현상인도의무를 규정한 개정 전 프랑스민법 제1245조와 이를 계수한 일본민법 제483조는 위험부담에 관한 채권자주의를 전제로 한 규정이라는 점에 유의할 필요가 있다. 즉, 위험부담에 관한 채권자주의하에서 현상인도의무를 인정하면, '선관주의의무를 다한 채무자가 이행기에 훼손된 상태대

59) 전게 주 35 참조. 프랑스민법의 이러한 입법주의를 위험부담에 관한 「채권자주의」라고 하는 견해가 많으나, 이는 채권자주의를 채택하였다기보다는 물권변동에 관한 의사주의의 당연한 귀결이라고 보아야 할 것이다. (☞ 계약법 편, 제1장 제3절 「계약의 효력」)

60) 전게 주 45 참조. 다만, 2017년에 개정된 일본민법은 위험부담에 관하여 채권자주의를 취하고 있었던 제534조를 삭제하고 완전한 채무자주의로 전환하였다.

로 목적물을 인도하면 채무를 완전히 이행한 것으로 간주되므로, 채무자는 채권자의 반대급부를 청구할 수 있다'는 결론이 도출된다. 그러므로 특정물채무자의 현상인도의무는 위험부담에 관하여 채권자주의를 취하고 있는 프랑스민법이나 일본민법하에서는 나름대로 의미 있는 규정이다.[61] 그러나 우리 민법은 위험부담에 관하여 채무자주의의 원칙을 취하고(537조), 예외적으로 채권자에게 귀책사유가 있는 경우 또는 채권자지체가 성립한 경우에 한하여 채권자가 위험을 부담하는 것으로 규정하고 있다(538조). 그러므로 우리 민법하에서 특정물채무자의 현상인도의무를 인정한다는 것은 위험부담과 관련하여 아무런 의미도 없는 공허한 법리에 지나지 않는다. 왜냐하면 채무자위험부담주의하에서는 채무자가 선관주의의무를 다했더라도 천재지변 등 쌍방불귀책사유로 인하여 목적물이 멸실·훼손되어 이행불능이 된 경우에는 채권자의 반대급부의무도 같이 소멸하는 것이 원칙이므로(537조), '선관주의의무를 다한 채무자가 이행기의 현상대로 인도하면 면책된다'는 현상인도의무는 아무런 의미가 없기 때문이다. 그러므로 우리 민법 제462조가 개정 전 프랑스민법이나 일본민법처럼 '특정물채권에 있어서는 쌍방불귀책사유로 인하여 목적물이 훼손된 경우에도 채권자의 반대급부의무는 존속한다'는 법리를 전제로 한 것이라면, 이는 관철될 수 없는 입법의도에 기인한 '입법상의 오류'라고 평가하지 않을 수 없다.

(라) 점유자의 비용상환청구권을 전제로 하는 규정

구 의용민법 제483조의 입법취지는 '채무자가 목적물에 유익비를 지출함으로써 가치가 증가된 경우에도 채무자는 목적물을 현상대로 인도하여야 하되 점유자의 비용상환청구권에 관한 일반규정에 따라서 필요비 또는 유익비의 상환을 청구할 수 있다'는 것이 입법자의사였음은 전술한 바와 같다. 그러나 이러한 법리 역시 물권변동에 관한 의사주의를 전제로 하는 경우에만 성립할 수 있는 것으로서, 채권자가 등기나 인도를 하여야 비로소 목적물의 소유권을 취득하는 형식주의하에서는 '소유자인 채무자가 계약체결 시에 비하여 가치가 증가한 목적물을 이행기의 현상대로 채권자에게 인도하였다고 하더라도 점유자의 비용상환청구권에 관한 제203조는 적용될 수 없다'고 할 것이다. 그러므로 특정물채무자의 현상인도의무에 관한 우리 민법 제462조가 점유자의 비용상환청구권에 관한 규정(203조)이 적용될 수 있음을 전제로 규정된 것이라면, 이 역시 관철될 수 없는 잘못된 입법의도에 기한 '입법상의 오류'에 지나지 않는 것이라고 평가하지 않을 수 없다.

(3) 제462조의 해석론

앞에서 살펴본 바와 같이, 특정물채무자의 현상인도의무를 규정한 제462조는 물권변동에

61) 쌍무계약에 있어서의 위험부담에 관한 비교법적 고찰은 김대정, "위험부담에 관한 민법규정의 해석", 모원김욱곤교수정년퇴임기념논문집 「계약법의 과제와 전망」(삼지원, 2005), 112~121 참조.

관한 의사주의를 전제로 하여 위험부담에 관한 채권자주의의 원칙을 취하고 있고 또한 현상대로 특정물을 인도한 채무자에게 일반규정에 따라 비용상환청구권을 인정할 수 있는 프랑스 민법이나 일본민법하에서는 나름대로 그 의미를 찾을 수 있는 규정이나, 물권변동에 관하여 형식주의를 취하고 있고 위험부담에 관하여 채무자주의의 원칙을 취하고 있는 우리 민법하에서는 무의미한 규정에 불과하다. 즉, 제462조는 현행민법 제정 당시 물권변동의 원칙을 형식주의로 전환하였다는 점과 위험부담의 원칙을 채무자주의로 전환하였다는 점을 고려하지 않고 부주의하게 구 의용민법의 규정을 답습한 '입법상의 오류'에 기한 규정으로서 현행민법하에서는 삭제되었어야 마땅한 규정이다. 그러나 동조가 삭제되기 전까지는 이를 완전히 무시할 수 없으므로, 동조의 입법취지를 고려한 합리적인 해석론을 수립할 필요가 있다. 이하에서는 하자담보책임에 대해서도 제462조가 적용된다는 것을 전제로 한 종래의 학설·판례의 입장을 간략하게 소개한 후 동조의 해석론에 대한 저자의 사견을 밝히기로 한다.

1) 종래의 학설·판례의 입장

(가) 법정책임설의 입장

하자담보책임의 본질에 관하여 법정책임설[62]을 취하는 학자들은 특정물채무자의 선관주의의무(374조)를 현상인도의무의 전제로 보고, 선관주의의무를 다한 특정물채무자는 목적물에 하자가 있거나 훼손된 경우에도 하자가 있거나 훼손된 현상 그대로 인도하면 채무를 완전히 이행한 것으로 해석한다.[63] 특히 이들 중에는 '특정물채무자의 현상인도의무를 규정한 제462조는 특정물도그마를 입법화한 것'이라고 주장하는 견해도 적지 않다.[64]

〈참고〉 특정물도그마와 법정책임설

「특정물도그마」는 '하자 있는 특정물의 급부는 하자 없는 완전한 이행'이라는 이론을 말하는데, 이는 1905년 독일의 프리드리히 숄마이어(Friedrich Schollmeyer)가 매도인의 하자담보책임에 관한 개정 전 독일민법(2002년 「채권법현대화법」에 의하여 개정되기 전의 것 : 이하 「개정 전 독일민법」으로 약칭) 제459조[65]

---

62) 「법정책임설」은 '하자 있는 특정물의 급부는 하자 없는 완전한 이행'이라는 특정물도그마를 기초로 '특정물매도인의 하자담보책임은 채무자가 채무를 완전히 이행하였음에도 불구하고 유상계약에 있어서 당사자의 형평을 위하여 법률이 특별히 인정한 법정책임'이라고 보는 견해이다. (☞ 계약법 편, 제2장 제2절 「매매계약」)

63) 곽윤직, 27; 김기신, 64; 김용한, 45; 김증한/김학동, 29; 상성학, 40; 황적인, 7 참조.

64) 어인의, "하자담보책임의 본질", 판례월보 226호(판례월보사, 1989/7), 19 이하; 이영환, "종류매매와 하자담보책임 -불완전이행과의 관계를 중심으로-", 법정 7권 6호, 1977/6, 116; 同, "하자담보책임의 본질에 관한 이론의 재검토", 고시연구 16권 12호, 1989/12, 109 이하; 주석채권각칙(Ⅰ), 534 이하(김현채); 김증한/김학동(채권각론), 235 등 참조.

65) 개정 전 독일민법 제459조(물건의 하자에 대한 책임) (1) 물건의 매도인은 매수인에 대하여, 물건이 그 위험이 매수인에게 이전하는 때의 가치 또는 통상의 용도 또는 계약상 예정된 용도에 대한 적합성을 소멸시키거나 감소시키는 결함을 가지지 아니할 것에 대하여 책임을 부담한다. 가치 또는 적합성의 중요하지 아니한 감소는 고려되지 아니한다. (2) 매도인은 또한 물건이 위험이전 시에 보증된 성질을 갖는다는 것에 대하여서도 책임을 부담한다.

의 해석론으로서 처음 주장한 이론이라고 알려져 있다.[66)]

숄마이어는 '원시적 불능을 목적으로 하는 계약은 무효'라는 「원시적 불능론」[67)]을 전제로, ① 특정물매매에서 목적물에 치유불능의 원시적 하자가 있는 경우에는 하자 없는 물건의 인도는 원시적 불능이라고 할 수 있는데, 만약 치유 불능의 원시적 하자가 있는 특정물매도인에게 하자 없는 완전한 물건의 인도의무가 있다면 그 매매계약은 무효라고 하여야 할 것임에도 불구하고, 민법은 이러한 매매계약이 유효임을 전제로 매도인의 하자담보책임을 규정하고 있는바, 이는 '치유불능의 원시적 하자가 있는 특정물매매의 경우에는 매도인의 완전물급부의무가 배제된다'는 것을 의미한다. 따라서 ② 치유불능의 원시적 하자가 있는 특정물매매의 경우, '하자 있는 특정물의 인도는 하자 없는 완전한 이행'이라는 명제가 성립하며, 특정물매도인에게는 계약체결시의 상태대로 그 물건을 공급할 의무만이 인정되며, 하자 있는 물건을 급부하여도 이행의무는 다하는 것이다. ③ 매도인의 이행의무와 담보급부의무는 엄격히 구별되어야 하는바, 「이행의무」는 채무자가 '급부를 변제할 의도를 가지고 실현하는 의무'임에 반하여, 「담보급부의무」는 '일정한 종류의 물건이 하자가 없을 것과 보증된 성질의 존재에 대하여 책임을 질 의무'이므로 이행의무가 완료된 경우에도 존속될 수 있다고 주장하였다.

이와 같이 치유불능의 원시적 하자가 존재하는 특정물에 한하여 특정물도그마를 인정하는 숄마이어의 견해는 2002년에 독일민법이 개정되기 전까지 독일민법학에서 통설적 지위를 차지하고 있었으며, 일본을 통하여 우리 민법학에 많은 영향을 미쳤다.[68)]

(나) 채무불이행책임설의 입장

하자담보책임의 본질에 관한 「채무불이행책임설」의 입장[69)]에서는 하자담보책임이 문제되는 숨은 하자가 있는 경우에도 제462조가 적용된다면, '현상인도의무와 채무불이행책임의 관계를 해석함에 있어서 매우 어려운 문제가 발생한다. 그러므로 이 문제에 대해서는 다시 견해가 갈린다.

(A) 제1설(완전이행설) 이는 '채권자는 하자 있는 특정물을 수령할 의무가 있으며, 목적물이 훼손된 때에는 목적물이 이행기 전에 훼손되었든 이행기 후에 훼손되었든, 목적물을 채무의 이행기에 인도하든 이행기 후에 인도하든, 채무자는 경우에 따라 손해배상과 함께 또는 손해배상을 함이 없이 목적물을 인도시의 현상대로 인도하면 된다'고 해석하는 견해이다.[70)]

(B) 제2설(제한적 완전이행설) 이는 기본적으로는 제1설과 마찬가지로 '제462조의 해석

---

66) Friedrich Schollmeyer, Erfüllungspflicht und Gewährleistung für Fehler beim Kauf, JherJb 49, 1905, S.93 f. (北川善太郎, 「契約責任の研究」, 有斐閣, 1963, 142에서 인용).

67) 개정 전 독일민법 제306조는 이에 관한 명문규정을 두어 '불능한 급부를 목적으로 하는 계약은 무효'라고 규정하고 있었다. 우리 민법도 이러한 「원시적 불능무효론」을 전제로 하여 불능을 목적으로 하는 계약을 체결하는 데 책임 있는 자에게 「계약체결상의 과실책임」을 인정하고 있다(535조). (☞ 계약법 편, 제1장 제2절 「계약의 성립」)

68) 특정물도그마와 하자담보책임의 관계에 관한 학설의 상세는 김대정, "매도인의 하자담보책임의 본질", 법학연구 19집(전북대법학연구소, 1992), 181 이하 참조.

69) 「채무불이행책임설」은 특정물매도인의 하자담보책임의 법적 성질에 관하여, '매매의 목적인 특정물에 치유불능의 원시적 하자가 있는 경우에도 매도인은 하자 없는 완전한 물건을 인도할 의무를 부담한다고 보아야 할 것이므로, 특정물매도인의 하자담보책임은 채무불이행책임의 일종으로 보아야 한다'는 견해이다. (☞ 계약법 편, 제2장 제2절 「매매계약」)

70) 서광민, "특정물채권", 법정고시 3권 1호(1997/1), 37 참조.

상 목적물에 하자가 있더라도 하자 있는 상태 그대로 인도하면 충분하고 더 이상 채무불이행책임은 성립하지 아니한다'고 해석하면서도, 다른 한편으로는 제462조의 적용범위를 제한하여, '제462조는 목적물이 동일성을 유지하는 한도 내에서만 적용되어야 하며, 목적물의 현상이 채무자이 귀책사유에 의하여 악화된 것이라면 채무불이행책임을 면할 수 없다'는 견해이다.[71] 또한 이 견해는 '이행기 이후의 현상악화에 대하여 채무자의 귀책사유가 없다면 채무자는 현상대로 인도함으로써 채무를 이행한 것이 되고 채권은 소멸하는 것이지만, 이는 제462조가 적용된 효과가 아니라 채무자에게 귀책사유가 없는 이행불능으로 말미암아 채무의 내용 자체가 급부가능한 나머지, 즉 현상대로 인도하는 것으로 축소되었기 때문'이라고 해석한다.[72]

(다) 판례의 입장

하자담보책임과 현상인도의무의 관계에 대하여 명확한 입장을 밝힌 판례는 아직 나오지 않고 있다. 다만, 대법원판결 중에는 제462조의 적용범위에 대한 판례의 사고방식을 추론해 볼 수 있는 다음과 같은 판결이 있다.

(A) 「폐기물매립토지수용사건」에 대한 판결 대법원은 '강제수용된 토지에 제3자가 불법적으로 매립한 폐기물이 묻혀있는 경우, 기업자는 수용목적물인 토지소유자의 하자담보책임을 물을 수 없으며, 토지소유자는 토지보상법의 규정[73]에 따라 기업자에게 토지를 인도할 의무를 부담하는데, 이 경우의 토지소유자의 인도의무는 폐기물을 제거한 완전한 상태로 토지를 인도하는 것을 의미하는 것이 아니라 민법 제462조에 따라서 이행기의 현상대로(폐기물이 매립된 채로) 인도하는 것을 의미한다'고 판시한 바 있다(대법원 2001.1.16.선고, 98다58511 판결).

▪ 토지수용법 제63조에 의한 토지소유자의 토지 등 인도의무에 목적물에 대한 하자담보책임이 포함되는지 여부(소극) 토지수용법에 의한 수용재결의 효과로서 수용에 의한 기업자의 토지소유권취득은 토지소유자와 수용자와의 법률행위에 의하여 승계취득하는 것이 아니라, 법률의 규정에 의하여 원시취득하는 것이므로, <u>토지소유자가 토지수용법 제63조의 규정에 의하여 부담하는 토지의 인도의무에는 수용목적물에 숨은 하자가 있는 경우에도 하자담보책임이 포함되지 아니하여, 토지소유자는 수용시기까지 수용 대상 토지를 현존상태 그대로 기업자에게 인도할 의무가 있을 뿐이다.</u> (대법원 2001.1.16.선고, 98다58511 판결)

위 대법원판결이 '강제수용은 민법상의 매매가 아니므로 하자담보책임을 인정할 수 없다'고 하면서도, 정작 그 인도의무의 내용은 민법 제462조를 원용하여 폐기물이 매립된 현상

---

71) 양창수(민법입문), 301 참조.
72) 상게서, 302 참조.
73) 구 토지수용법(1999.2.8. 법률 제5909호로 개정된 것) 제63조(토지 또는 물건의 인도와 물건의 이전) 토지소유자 및 관계인 기타 수용 또는 사용할 토지나 그 토지에 있는 물건에 관하여 권리를 가진 자는 수용 또는 사용의 시기까지 기업자에게 토지나 물건을 인도하거나 이전하여야 한다.

대로 인도하는 것이라고 판단한 이유는, '강제수용은 토지소유자의 자유의사에 의한 것도 아닌데, 제3자가 불법적으로 매립한 폐기물을 토지소유자가 비용을 들여 제거하여 완전한 상태로 만들어 인도할 의무를 부담하도록 하는 것은 형평에 어긋난다'고 판단한 데 기인한 것이라고 추측된다. 사안의 해결을 위한 이러한 대법원판결의 사고방식은 일단 수긍할 수 있으나, 그 이론구성과 결론에 대해서는 찬성하기 어렵다. 우선 이론상 강제수용도 정당한 가격의 수용보상금의 지급과 교환적으로 이루어지는 것이라는 점에서(헌법 23조 3항, 토지보상법 40조), 그 실질적 성격은 사법상의 매매인 협의수용과 다를 바 없다. 따라서 법률에 특별한 규정이 없는 한 강제수용의 사법상의 효과는 매매에 관한 규정을 유추적용하는 것이 타당하다고 생각된다. 즉, '실질적으로 매도인의 지위에 있는 토지소유자는 기업자에 대하여 하자 없는 완전한 물건의 인도의무를 부담한다'고 할 것이므로, '토지소유자가 하자 있는 물건을 인도한 경우에는 민법의 규정에 따라서 매수인인 기업자에 대하여 하자담보책임을 부담한다'고 해석하여야 할 것이다. 다음으로는 '실질적으로 매도인의 지위에 있는 토지소유자가 하자담보책임을 부담하여야 한다면, 그 효과로서 민법 제580조의 규정이 그대로 적용되어야 하는가?' 하는 것이 문제되는데, 공공사업을 수행하기 위하여 시행되는 강제수용의 특성상 하자담보의 효과로서 계약해제를 인정하기는 어렵지만, 적어도 하자에 상응하는 대금감액(손해배상)은 허용되어야 할 것이다(580조). 결국 위 사건은 '토지소유자는 수용목적물인 토지의 수용보상금에 상응한 완전한 물건의 인도의무를 부담하며, 그 의무위반의 효과로서 하자에 상응하는 대금감액(폐기물처리비용 상당액)이 인정된다'고 판시하였어야 할 사건이었다고 생각된다. (☞ 계약법 편, 제2장 제2절 「매매계약」)

(B) 「주차차량도난사건」에 대한 판결 대법원은 도난당한 주차차량을 되찾은 사건[74]에 대한 판결에서, '자동차회사는 주차장관리인이 인도하는 도난차량을 수령할 의무가 없다'고 판시한 바 있다(대법원 1990.12.11.선고, 90다카27129 판결). 사안의 성질상 이 사건은 수치인의 차량인도채무가 이행불능이 되었다고 단정하기 어려운 경우이었음에도 불구하고,[75] 대법원은 인도

74) 사안은 H자동차회사가 새로 출고된 자동차를 운송 도중에 주차장에 맡겼는데, 주차장관리인의 귀책사유로 인하여 임치 중이던 그 자동차를 도난당하여 어쩔 수 없이 동종의 다른 자동차를 구매자에게 인도한 후 도둑이 검거되어 주차장관리인이 되찾은 도난차량을 자동차회사에 인도하려고 하였으나 자동차회사가 그 수령을 거절한 사건이었다.

75) 이 사건은 이행기 이후에 특정물(주차된 차량)이 훼손된 현재의 상태대로 인도될 수 있는지 여부, 즉 채무자의 현상인도의무를 규정한 제462조의 적용 여부가 문제될 만한 사건이었다고 생각되는데, 「법정책임설」에 따른다면, '수치인은 훼손된 차량을 현상대로 인도하면 채무를 완전히 이행하는 것이므로, 임치인은 수치인이 인도한 훼손된 상태의 차량의 수령을 거절할 수 없으며, 단지 수치인에 대하여 선관주의의무 위반에 기한 손해배상(이 경우 손해배상액은 신차와 중고차의 가격의 차액에 차량수리비, 대체물로서 다른 신차를 인도하는 데 들어간 비용 등을 더한 금액이 될 것이다)을 청구할 수 있을 뿐'이라고 해석하게 될 것이다.

의무의 이행불능에 기한 임치인의 수령거절권이 인정됨을 전제로 수치인의 이행불능에 기한 전보배상책임을 인정하였는바, 이는 간접적으로 현상인도의무에 관한 제462조의 적용을 배제한 결과가 되었다. 학설 중에는 '이 사건은 수치인의 이행불능의 문제가 아니라, 이행지체의 경우에 전보배상을 인정하고 있는 제395조를 적용할 수 있는지 여부의 문제로 보아야 한다'는 비판적 견해도 있으나,[76] 사견으로는 문짝이 부서지는 등 훼손된 상태의 차량을 수치인이 수리하여 인도할 수 없는 것은 아니지만, 이 사건의 차량이 신차(新車)매매의 목적물이었음을 고려할 때 사회통념상 수리된 중고차의 인도를 채무의 내용에 따른 이행인 「신차의 인도」라고 볼 수는 없으므로, 이를 이행불능으로 보아 채권자(임치인)의 수령거절권과 수치인의 전보배상을 명한 이 판결의 결론은 타당하다고 생각한다. 또한 제462조는 제한적으로 해석할 필요가 있다는 점에서도, 채권자(임치인)의 수령거절권을 인정하고 수치인의 전보배상을 인정한 이 판결의 결론은 타당하다고 생각한다. 물론 위 대법원판결의 취지를 제462조의 적용범위를 제한하는 것이라고 말할 수는 없으나, 이행기 이후에 특정물(주차된 차량)이 훼손된 현재의 상태대로 인도될 수 있는지 여부가 문제된 이 사건의 경우, 종래의 통설적 견해(완전이행설)에 따른다면 제462조를 적용하여 '임치인은 인도된 차량을 수령할 의무가 있으며, 채무자인 수치인에 대하여 선관주의의무 위반에 기한 손해배상을 청구할 수 있을 뿐'이라고 판시하였어야 함에도 불구하고, 대법원이 임치인의 수령거절권이 인정됨을 전제로 수치인의 「이행불능에 기한 전보배상」을 인정한 것은 결과적으로 제462조의 적용을 배제한 것이라고 볼 수 있는 것이다.

(라) 학설의 검토

(A) 제462조가 「특정물도그마」를 입법화한 것이라는 주장에 대하여 ① 전술한 바와 같이, 우리 민법 제462조는 개정 전 프랑스민법 제1245조에서 유래된 규정으로서 구 의용민법(일본민법) 제483조를 계승한 조문이라는 입법연혁을 고려할 때 동조가 독일민법 제정 이후에 제기된 이론인 「특정물도그마」를 입법화한 것이라고 보는 견해에는 찬성하기 어렵다. ② 제462조는 내용상으로도 특정물도그마와 전혀 관계가 없는 조문이다. 즉, 특정물도그마는 계약체결시에 목적물에 치유불능의 원시적 하자가 존재하는 경우를 문제 삼고 있음에 반하여, 제462조는 이행기의 현상을 문제 삼고 있다는 점에서 규율의 대상 자체가 다르다.[77] ③ 제462조의 기초자의사에 따르면, 동조의 입법취지는 '채무자가 선관주의의무를 다하였으나 목적물이 훼

76) 판례평석: 최병조, "주차장이용계약과 주차차량도난으로 인한 손해배상책임", 민사판례연구(14)(민사판례연구회, 1992/5), 165 이하.

77) 「특정물도그마」의 개념을 확장하여 '후발적 하자의 경우에도 특정물도그마는 인정될 수 있다'고 보는 소수설에 의하면, 동조는 특정물도그마의 근거조문이라고 할 수도 있을 것이다. 그러나 그와 같은 이론은 위험부담의 법리와 충돌되므로, 독일에서도 받아들여지고 있지 않다(김대정, 전게논문(주 21), 69~70 참조).

손된 경우에 채무자가 이행기의 현상(훼손된 상태)대로 인도하면 면책되며, 이 경우에 채권자의 수령거절권은 인정되지 않으나, 이행기 이후에 훼손된 목적물을 인도하는 경우에는 채권자가 수령을 거절할 수 있다'는 법리를 규정한 것이다. 그러므로 제462조는 특정물도그마와 전혀 관련이 없을 뿐만 아니라, 오히려 특정물도그마와 정반대의 법리를 규정한 것이라고 할 수 있다.

(B) 「완전이행설」과 「제한적 완전이행설」의 주장에 대하여 종래의 통설적인 견해는 제462조를 근거로 '원시적 하자가 있는 경우를 포함하여 계약체결 이후 이행기 이전에 목적물에 하자가 발생하였거나 훼손된 경우에는 이행기의 현상(하자나 훼손된 상태)대로 인도하면 채무를 완전히 이행한 것으로 보아야 한다'는 입장(완전이행설)을 취하고 있다. 그런데 이러한 견해에 따르면 '목적물에 하자가 있거나 훼손된 경우에는 채권자가 수령을 거절할 수 있다'는 채무불이행의 일반법리와 모순과 충돌이 발생하게 된다. 그러므로 「채무불이행책임설」의 입장에서는 제462조를 제한적으로 해석할 필요성이 생기는데, 제2설(제한적 완전이행설)이 '본래의 특정물과 법적 동일성을 잃지 않는 범위 내에서 현상이 변경된 경우에 한하여 제462조가 적용될 수 있다'고 해석하는 것은 이러한 이유에 기인하는 것이다.[78] 이 견해에서 말하는 '이행기까지의 목적물의 현상변경(훼손)이 특정물의 법적 동일성을 상실케 하는 경우'가 어떤 경우를 의미하는 것인지는 분명하지 않으나, 만약 '이행불능과 동일시되는 현상변경'으로 이해하고 있다면,[79] '제462조는 본래의 특정물과 동일성을 잃지 않는 범위 내에서 현상이 변경된 경우에 한하여 적용되며, 이는 채무불이행책임의 일반규정인 제390조의 특칙으로서 본래의 특정물과 동일성을 잃은 중대한 현상변경이 발생한 경우에는 그 적용이 배제된다'는 결론이 된다. 그러나 입법자의사를 비롯하여 어떤 자료에 의하더라도 목적물의 훼손의 정도에 따라서 제462조의 적용 여부를 달리한다고 해석할 수 있는 객관적 근거는 찾을 수 없다. 또한 이러한 주장은 제462조는 특정물인도채무에 있어서 쌍방불귀책으로 인한 이행불능시의 위험부담에 관하여 채권자주의를 취하고 있는 프랑스민법 제1245조에서 유래된 규정이라는 입법연혁과도 부합하지 않는 무리한 해석론이라고 생각된다.

2) 새로운 해석론의 제시

(가) 제462조의 적용범위

우선 '제462조는 목적물에 숨은 하자가 있는 경우에도 적용될 수 있는가?' 하는 것이 문제되는데, 학설 중에는 '동조는 특정물매도인의 하자담보책임이 문제되는 경우에도 적용된다'고 해석하는 견해가 많다.[80] 이는 우리 민법이 프랑스민법과 달리 제462조의 적용범위에 대하여

---

78) 김용한, 508; 김형배, 56; 양창수(민법입문), 301 참조.

79) 김형배, 56 참조.

80) 곽윤직, 98; 김증한/김학동, 111; 윤철홍, 148; 오시영, 184 등 참조.

특별한 제한을 두고 있지 않기 때문인데, 특히 법정책임설을 지지하는 학자들 중에는 '제462조는 특정물도그마를 입법화한 것'이라고 주장하는 견해가 많다는 것은 전술한 바와 같다.[81] 그러나 제462조의 입법연혁을 고려할 때 위와 같은 주장은 설득력이 없을 뿐만 아니라, 특정물도그마가 제기된 배경인 독일민법에는 특정물채무자의 현상인도의무에 관한 규정 자체가 없다는 점에서도 이는 근거 없는 주장이라고 생각된다. 또한 2002년에 개정된 독일민법은 특정물도그마의 전제인 「원시적 불능론」을 폐기하고(BGB §311a I)[82] 매도인의 완전물급부의무를 인정하는 명문규정을 신설함으로써(BGB §433 I),[83] 특정물도그마를 전제로 하는 법정책임설은 독일민법의 해석론으로서는 더 이상 주장될 수 없게 되었다는 점도 고려할 필요가 있다.[84] 이러한 독일민법학의 동향은 우리나라에도 영향을 미쳐 채무불이행책임설이 국내에서도 이미 지배적 견해가 되었다.[85] 그런데 채무불이행책임설의 입장에서는 특정물채무자의 현상인도의무를 규정한 제462조가 하자담보책임이 문제되는 경우에도 적용된다고 해석하면, 양자의 관계를 합리적으로 설명하기가 어렵게 된다. 왜냐하면 하자담보책임이 문제되는 경우에 제462조를 적용하면 '이행기에 목적물에 하자가 있는 경우에는 하자 있는 상태대로 인도하면 면책된다'는 결과가 되므로, '하자있는 물건을 인도하는 것은 채무불이행에 해당한다'는 채무불이행책임설의 기본적 입장과 모순되기 때문이다. 그러므로 '하자담보책임이 문제되는 「숨은 하자」가 있는 경우에도 제462조가 적용될 수 있는가?' 하는 것이 문제된다.

이에 대한 입법자의사는 명확하지 않으나, ① 우리 민법 제462조의 모법인 구 의용민법 제483조는 현상인도의무의 기준시기를 이행기로 변경한 것 이외에는 기본적으로 개정 전 프

---

81) 전게 주 64 참조.

82) 독일민법 제311a조(계약체결시의 급부장애) (1) 채무자가 제275조 제1항 내지 제3항의 규정에 의하여 급부할 필요가 없고, 급부장애가 계약체결 당시 이미 존재하고 있었다는 사정은 계약의 효력에 영향을 미치지 아니한다.

83) 독일민법 제433조(매매계약에 있어서의 전형적 의무) (1) 매매계약에 의하여 물건의 매도인은 매수인에게 그 물건을 인도하고 또한 그 물건에 대한 소유권을 이전할 의무를 부담한다. 매도인은 매수인에게 물건의 하자 및 권리의 하자가 없는 물건을 공여하여야 한다.

84) 독일민법은 영미계약법의 원칙에 따라 매도인의 담보책임과 계약책임을 하나로 통합한 UN국제통일매매법(CISG)과 유럽계약법원칙(PECL) 등 담보책임법의 세계적인 입법추세에 따라 특정물도그마를 입법적으로 폐기하여 '특정물매도인의 하자담보책임은 본질상 매도인의 하자 없는 완전한 물건의 급부의무 위반에 기한 채무불이행책임'이라는 점을 명확히 함으로써, 독일에서는 이 문제에 관한 한 더 이상 학설대립의 여지가 없어졌다(김대정, 전게논문(주 21), 90~91 참조).

85) 남효순, "담보책임의 본질론(Ⅰ)·(Ⅱ)", 서울대법학 34권 3·4호(서울대법학연구소, 1993/12), 207 이하(Ⅰ), 35권 2호(1994/5), 221 이하(Ⅱ); 同, 민법주해(14), 210 이하; 서민, "매도인의 담보책임의 본질", 인권과 정의 279호(대한변호사협회, 1999/11), 141 이하; 안법영, "매매목적물의 하자로 인한 손해배상 -후속손해의 배상과 책임귀속의 규준을 중심으로-", 민사법학 11·12호(한국민사법학회, 1995), 194 이하; 안춘수, "하자담보법상의 문제점 -채무불이행책임설의 입장에서 특정물매매를 중심으로-", 민사법학 11·12호(한국민사법학회, 1995), 419 이하; 조규창, "물건의 하자담보책임 -현행법규정의 비판적 고찰-" 법학논집 21집(고려대법학연구소, 1983), 221 이하 등 참조.

랑스민법 제1245조의 규정을 계수한 것이라는 점, ② 구 의용민법도 프랑스민법과 마찬가지로 목적물에 숨은 하자가 있는 때에 한하여 하자담보책임을 인정하고 있으므로, '드러난(명백한) 하자라고 할 수 있는 목적물이 훼손된 경우에는 하자담보책임이 인정되지 않는다'는 점을 고려하면, '특정물에 숨은 하자가 있는 경우에는 현상인도의무에 관한 규정은 적용되지 않는다'는 것이 입법자의사였다고 보아야 할 것이다. 그리고 ③ 특정물의 현상인도의무에 관한 구 의용민법 제483조와 특정물매도인의 하자담보책임에 관한 제570조[86]를 거의 그대로 계승한 현행민법 제462조 및 제580조의 입법자의사는 일본민법의 그것과 동일하다고 보아야 할 것이다.[87] 그러므로 우리 민법에 있어서도 '특정물에 숨은 하자가 있는 경우(과실 없이 하자가 있는 것을 모른 경우)에는 현상인도의무에 관한 제462조의 적용은 배제되며, 하자담보책임에 관한 제580조만이 적용된다'고 해석하여야 할 것이다. 요컨대, 제462조는 하자담보책임이 문제되는 목적물에 숨은 하자가 있는 경우에는 적용될 수 없으며, 계약체결 이후 이행기 전에 후발적으로 목적물이 훼손된 경우에 한하여 적용될 수 있는 규정이다.

(나) 채무자가 선관주의의무를 이행한 경우의 법률관계

우리 민법 제462조가 구 의용민법 제483조의 규정을 그대로 계승한 것은 물권변동에 관한 입법주의를 형식주의로 전환하였을 뿐만 아니라, 위험부담의 원칙을 채무자주의로 전환한 점을 고려하지 않은 '입법상의 오류'이므로, 일본민법 제483조의 입법자의사를 우리 민법 제462조의 입법자의사로 추정하는 것도 무의미하거나 부적절한 것임은 전술한 바와 같다. 그렇다고 하더라도 우리 민법 제462조는 '채무자가 선관주의의무를 다하였음에도 불구하고 이행기 전에 목적물이 훼손된 경우에는, 채무자는 훼손된 상태대로 목적물을 채권자에게 인도하면 면책될 뿐만 아니라, 채권자는 채무불이행을 이유로 이행제공된 목적물의 수령을 거절할 수 없다'는 취지의 규정이라고 볼 수밖에 없다. 그러나 이는 목적물의 훼손 정도에 따라서는 위험부담에 관하여 채무자주의를 취하고 있는 제537조의 규정과 충돌된다. 왜냐하면 목적물의 훼손의 정도가 심각하여 사회통념상 "채무의 내용에 따른 이행"이라고 볼 수 없는 경우에

---

86) 전게 주 51 참조.

87) 현행민법은 구 의용민법에서 "숨은 하자"라고 규정하고 있었던 것을 "숨은"을 삭제하여 단순히 "하자"라고만 규정하였으나(580조 1항), 그 대신 구 의용민법에는 없었던 단서를 신설하여 "매수인이 하자있는 것을 알았거나 과실로 인하여 이를 알지 못한 때"에는 하자담보책임을 인정하지 않는 것으로 하였는데, 이는 '정부의 민법안대로 "숨은"을 삭제하면 매수인이 하자를 알았거나 또는 과실로 인하여 알지 못한 경우(드러난 하자가 있는 경우)에도 매도인의 하자담보책임이 인정된다고 잘못 해석될 우려가 있으므로, 이를 없애기 위하여' 국회의 심의과정에서 추가된 것이라고 한다(「민법안심의록」, 338; 김대정, "매도인의 담보책임에 관한 민법규정의 개정을 위한 일제언", 민사법학 49-1호, 한국민사법학회, 2010/6, 291~293 참조). 그러므로 우리 민법 제580조 단서의 규정은 하자담보책임에 관한 프랑스민법 제1641조와 제1642조를 계수한 구 의용민법 제570조의 해석론을 충실히 따른 것이라고 할 수 있다(同旨: 민법주해(14)/남효순, 512 참조).

는 채무는 이행불능 상태에 빠졌다고 보아야 할 것이고, 이 경우에는 제537조가 적용되어 상대방의 반대급부의무도 같이 소멸한다고 보아야 할 것이기 때문이다. 즉, 이 경우에는 특정물채무자의 이행의무가 존속됨을 전제로 하는 제462조[88]와 이행의무의 소멸을 전제로 하는 제537조의 규정은 서로 모순·충돌된다.

(다) 채무자가 선관주의의무를 위반한 경우의 법률관계

우리 민법은 물권변동에 관하여 형식주의를 취하고 있으며(186조, 188조 1항), 위험부담에 관하여도 채무자주의를 원칙으로 하고 있으므로(537조), 우리 민법 제462조를 일본민법과 마찬가지로 해석할 수는 없으며, 다음과 같이 해석하여야 할 것이다. 즉, ① 부동산의 경우는 등기할 때까지, 동산의 경우는 인도하기 전까지는 채권자에게 소유권이 이전되지 않기 때문에(186조, 188조 1항), 채무자가 선관주의의무를 위반한 경우에도 이행기의 현상대로 훼손된 목적물을 인도한 때에는 소유권침해로 인한 불법행위는 성립하지 않는다. ② 채무자가 선관주의의무를 위반한 경우에는 채무자의 선관주의의무의 준수를 전제로 하는 제462조는 적용되지 않는다. 그러므로 일반원칙으로 돌아가서 '채권자는 채무불이행을 이유로 목적물의 수령을 거절할 수 있다'고 해석하여야 할 것이다.

(라) 이행기 이후에 목적물이 훼손된 경우의 법률관계

프랑스민법은 인도시(引渡時)를 현상인도의무의 기준시기로 규정하고 있으므로, 목적물의 훼손이 이행기 이전에 발생하였는가, 아니면 이행기 이후에 발생하였는가 하는 것은 문제되지 않는다. 그러나 우리 민법 제462조는 이행기를 현상인도의무의 기준시기로 규정하고 있으므로, '이행기 이후에 목적물이 훼손된 경우에는 이를 어떻게 처리할 것인가?' 하는 것이 문제된다. 이 문제를 채무자가 선관주의의무를 이행한 경우와 그렇지 않은 경우로 나누어 살펴볼 필요가 있다.

(A) 채무자가 선관주의의무를 이행한 경우

a) 채권자의 수령거절권 : 이행기 이후에 채무자가 선관주의의무를 다하였음에도 불구하고 목적물이 훼손된 경우에는 손해배상 등 채무불이행책임이 발생하지는 않지만, 이를 채무의 내용에 따른 완전한 이행이라고 볼 수는 없으므로 채권자는 목적물의 수령을 거절할 수 있다.

b) 위험부담의 원칙(채무자주의)**의 적용** : 이행기 이후에 쌍방불귀책사유로 인하여 목적물이 훼손됨으로써 이행불능이 된 경우(중대한 훼손의 경우)에는 위험부담에 관한 채무자주의의 원칙이 적용되어 채무자의 인도의무와 채권자의 반대급부의무가 모두 소멸하므로(537조), 채

88) 제462조는 '특정물의 경우, 훼손된 목적물을 이행기의 상태대로 인도하면 상대방의 반대급부를 청구할 수 있다'는 것을 전제로 하고 있다.

무자는 반대급부를 청구할 수 없다. 물론 채권자의 수령지체 중에 당사자 쌍방의 책임 없는 사유로 이행할 수 없게 된 때(중대한 훼손의 경우)에는 채무자는 상대방의 이행을 청구할 수 있다(538조 1항 2문).

C) 채권자가 목적물을 수령한 경우 : 이행기 이후에 목적물이 훼손됨으로써 채권자가 목적물의 수령을 거절할 수 있었음에도 불구하고 훼손된 목적물을 변제로서 수령한 경우에는 채권은 목적을 달성하여 소멸하며 법률관계는 그것으로 종료된다. 즉, 이 경우에는 그 훼손이 목적물의 숨은 하자에 해당하지 않는 한 채권자는 하자담보책임도 물을 수 없다. 다만, 그 훼손이 위험부담의 원칙이 적용되어야 할 이행불능이라고 할 수 있을 정도의 중대한 훼손에 해당하는 경우에는, 채권자는 부당이득을 이유로 이미 이행한 반대급부의 반환을 청구할 수 있다(538조 2항).

(B) 채무자의 귀책사유(선관주의의무 위반)로 인하여 목적물이 훼손된 경우

a) 채권자의 수령거절권과 채무불이행책임의 발생 : 제462조는 현상인도의 기준시기를 '이행기'로 규정하고 있으므로, 이행기 이후에 채무자의 귀책사유로 인하여 목적물이 훼손된 경우에는 채무불이행의 일반적인 법리에 따라서 훼손된 목적물의 수령을 거절할 수 있다. 또한 채권자는 훼손된 목적물의 추완(보수)이 가능한 경우에는 추완을 최고한 후 이행지체를 이유로 계약을 해제할 수 있으며(544조), 훼손된 목적물의 추완이 불가능한 경우에는 추완의 최고 없이 이행불능을 이유로 계약을 해제할 수 있다(546조). 이 경우, 목적물의 훼손으로 인하여 채권자에게 손해가 발생한 경우에는 채무자에 대하여 손해배상을 청구할 수 있다(551조).[89]

b) 채권자가 목적물을 수령한 경우 : 채무자의 귀책사유로 인하여 훼손된 목적물을 채권자가 변제로서 수령한 경우에는 채무불이행(불완전이행)의 일반적인 법리에 따라 추완청구권이나 손해배상청구권(390조)을 행사할 수 있을 뿐 하자담보책임을 묻거나 계약을 해제할 수는 없다. (☞ 제4장 제1절 「채무불이행의 유형」)

3. 변제장소의 특칙

(1) 채권 성립 당시에 그 물건이 있던 장소

채무의 변제장소는 채권자의 현주소 또는 현영업소에서 하여야 하는 것이 원칙이다(467조 2항). 이를 「지참채무(持參債務)의 원칙」이라고 한다. 그러나 특정물채권의 경우에는 이러한 원칙에 대한 예외가 인정되어, 채무의 성질 또는 당사자의 의사표시로 변제장소를 정하지 아니한 때에는 특정물의 인도는 채권 성립 당시에 그 물건이 있던 장소에서 하여야 한다(467조 1항). (☞ 제3장 제4절 「변제의 목적·장소·시기·비용·증거」)

---

89) 同旨: 남효순, 전게논문(주 13), 136 참조.

(2) 임치물을 보관한 장소

임치계약에서 수치인의 임치물반환의무은 특정물채무이나, 특정물채무의 변제장소에 관한 일반원칙인 제467조 제1항의 특별규정이라고 할 수 있는 제700조가 적용된다. 즉, 수치인은 '임치물을 보관한 장소'에서 임치물을 반환하여야 하며, 수치인이 정당한 사유로 그 물건을 전치(轉置)한 때에는 예외적으로 '임치물이 현존하는 장소'에서 변제할 수 있다(700조).

(3) 당사자 사이에 약정한 장소

변제장소에 관한 제467조의 규정 및 제700조의 규정은 임의규정에 불과하므로(467조 1항 전단), 당사자 사이에 변제장소에 관하여 특별한 약정이 있는 경우에는 그 장소가 변제장소가 된다(대법원 1993.5.25.선고, 92다49430 판결).[90]

4. 특정물에서 산출된 과실의 수취권자

민법은 과실의 소유권 귀속(과실의 수취권자)에 대하여 총칙 편에서, "① 천연과실은 그 원물로부터 분리하는 때에 이를 수취할 권리자에게 속한다. ② 법정과실은 수취할 권리의 존속기간일수의 비율로 취득한다"라고 규정하고 있을 뿐(102조 1항), 구체적인 경우에 과실의 수취권자가 누구인가에 대해서는 규정을 두지 않고 개별적인 규정에 맡기고 있다. 그러나 민법은 '매매계약이 있은 후에도 인도하지 아니한 목적물로부터 생긴 과실은 매도인에게 속한다'고 규정하고 있을 뿐, 매매 이외에 특정물채무의 목적물로부터 산출되는 과실의 수취권자가 누구인가 하는 것에 대해서는 규정을 두고 있지 않다. 그러므로 특정물에서 산출된 과실의 수취권자에 대한 일반론에 대해서는 견해가 갈린다.

(1) 학 설

종래의 통설적 견해는 '이행기를 기준으로 하여, 이행기 전에 인도의 목적물로부터 과실이 분리된 경우에는 과실수취권은 채무자에게 귀속하며, 이행기 이후에 과실이 분리된 경우에는 채권자에게 귀속하는 것이 원칙이나, 제587조에 의하여 매매계약의 경우에는 예외적으로 이행기 이후에 목적물로부터 산출된 과실이라고 하더라도 실제로 인도할 때까지는 채무자인 매도인에게 귀속한다'고 해석하고 있다.[91] 다만, 학설 중에는 '특정물채권의 목적물로부터 발생한 천연과실의 귀속 문제는 물권적 차원의 문제로서 채무의 이행기는 천연과실의 소유권 귀속에 관하여 직접적인 영향을 미칠 수 없다'는 전제 아래, '제587조는 매매계약에서 매도인의 목적물인도의무와 매수인의 대금지급의무의 쌍무성에 기초한 규정으로서, 매매계약의 당

90) 판례평석: 김호윤, "이행지체를 이유로 한 계약해제의 전제요건인 이행의 최고에 있어 일정한 기간이 명시된 경우 채무자의 이행제공의 방법", 대법원판례해설 19-1호(법원행정처, 1993/12), 134 참조.
91) 곽윤직, 27; 김상용, 48; 김형배, 66; 이은영, 56 참조.

사자 간의 형평을 위하여 특정물채권의 목적물로부터 발생한 천연과실의 귀속에 관하여 규정한 특칙이 아니라 당연한 규정'이라는 견해도 있다.92)

(2) 판례의 입장

판례는 '특정물채무의 목적물로부터 산출된 과실의 수취권자가 누구인가?' 하는 문제에 대한 일반이론을 제시한 적은 없으나, 매매계약의 목적물로부터 산출된 과실의 수취권자에 관하여 규정하고 있는 제587조의 해석과 관련하여 다음과 같은 입장을 확립하고 있다. 즉, 판례는 ① '매매목적물의 인도 시를 기준으로 하여 매매목적물로부터 산출된 과실은 목적물을 인도하기 전에는 매도인에게 귀속하고 인도한 후에는 매수인에게 귀속한다'고 해석하되, '인도하기 전이라도 이미 매매대금이 지급된 경우에는 과실은 매수인에게 귀속된다'고 한다(대법원 1993.11.9.선고, 93다28928 판결 등).93) 또한 ② '이러한 법리는 부동산매매의 경우에도 마찬가지로 적용되어야 하므로, 매수인이 매매목적물인 부동산을 인도받지 아니한 상태에서 소유권이전등기를 경료 받았다고 하더라도 아직 매매대금을 완급하지 않은 이상 그 부동산으로부터 발생하는 과실은 매수인이 아니라 매도인에게 귀속된다'고 한다(대법원 1992.4.28.선고, 91다32527 판결 등).94) 그리고 ③ '매매계약에서의 과실수취권의 귀속에 관한 제587조의 규정은 매매당사자 사이의 형평을 꾀하기 위한 것이므로, 매매목적물이 인도되지 아니하고 매수인도 대금을 완납하지 아니한 때에는 설사 매도인의 이행지체가 있더라도 과실수취권은 매도인에게 귀속된다고 해석하여야 하므로, 매수인은 매도인에게 이행지체로 인한 손해배상을 청구할 수 없다'고 한다(대법원 2004.4.23.선고, 2004다8210 판결 등).95) ④ '가등기담보목적물에 대한 과실수취권 등을 포함한 사용·수익권도 부동산매매의 경우와 마찬가지로 청산절차의 종료와 함께 채권자에게 귀속된다'고 한다(대법원 2001.2.27.선고, 2000다20465 판결).

(3) 학설·판례의 검토

'과실수취권은 원물의 소유권 귀속에 관한 물권법질서에 따라야 한다'는 통설적 견해에 대한 비판에 대해서는 '비교법상 그 논리필연성이 인정될 수 없다'는 반론이 있으므로,96) 이러한 반론을 포함하여 비판론의 타당성 여부를 검토해 보기로 한다.

---

92) 명순구, "특정물채권의 목적물로부터 발생한 천연과실의 귀속", 법정고시 2권 8호, 1996/9, 67 참조.
93) 같은 취지: 대법원 1992.4.28.선고, 91다32527 판결; 대법원 2004.4.23.선고, 2004다8210 판결.
94) 판례평석: 김호윤, "부동산매매에 있어 목적물의 인도전에 미리 매수인 명의로 소유권이전등기가 경료된 경우 과실의 수취권자" 대법원판례해설 17호(법원행정처, 1992/12) 369 이하; 명순구, "부동산매매목적물로부터 발생한 과실: 그 수취권의 판단", 민사법학 20호(한국민사법학회, 2001/7), 433 이하. 같은 취지: 대법원 1993.11.9.선고, 93다28928 판결; 대법원 2004.4.23.선고, 2004다8210 판결.
95) 판례평석: 제철웅, "손해산정을 통한 채무불이행에서의 이해관계의 합리적 조정", 법조 54권 9호(법조협회, 2005/9), 197 이하.
96) 남효순, "매매에 있어서 목적물의 과실과 대금의 이자의 관계", 법정고시(1997/5), 71 이하 참조.

우선 비교법상 매매목적물의 과실수취권을 결정하는 기준에 관한 각국의 입법례는 일치하지 않는다. 즉, 프랑스민법은 물권변동에 관하여 의사주의를 채택하여, '매매목적물의 소유권은 매매계약의 효력으로 이전되며(C.c. Art. 1583),[97] 소유권이 이전되는 매매계약이 체결된 날로부터 과실수취권은 매수인에게 귀속된다'고 규정하고 있으므로(C.c. Art. 1614),[98] 물권법질서에 의하여(물권변동의 시점을 기준으로) 과실수취권의 귀속이 결정된다고 할 수 있다. 그러나 독일민법은 물권변동에 관하여 형식주의를 취하여 부동산의 경우에는 등기, 동산의 경우에는 인도시에 목적물의 소유권이 이전된다고 규정하고 있으나(BGB §873 I),[99] '과실의 소유권은 원물의 소유권 귀속과는 관계없이 인도시를 기준으로 결정된다'고 규정하고 있다(BGB §446).[100] 또한 스위스민법은 물권변동에 관하여 형식주의를 취하고 있으나(ZGB Art. 656 I),[101] 스위스채무법은 '원물의 소유권 귀속과 관계없이 계약체결시에 물건의 위험과 과실수취권이 매수인에게 이전한다'고 규정하고 있다(OR Art. 185).[102] 그러므로 '과실수취권(소유권)의 귀속은 원물의 소유권 귀속에 관한 물권법질서에 따라서 자동적으로 결정된다'는 비판론의 주장은 비교법상 근거가 없다.[103]

둘째, 제587조는 매매계약에서 목적물의 인도를 기준으로 과실수취권의 귀속을 정한 것이라고 해석할 수밖에 없는데, 이는 물권법질서와는 원칙적으로 관계가 없다. 물론 동산의 경우에는 인도에 의하여 물권변동의 효력이 발생하므로 형식주의를 취한 물권법질서와 일치한다고 할 수 있으나, 부동산의 경우에는 목적물의 인도만으로는 물권변동의 효력이 발생하지 않으므로, 매매목적물의 인도에 의하여 과실수취권의 귀속이 변경되도록 규정하고 있는 제587조는 기본적으로 물권법질서와는 관계가 없는 규정이라고 할 것이다.

요컨대, 민법이 매매계약에서 목적물을 인도할 때까지 매도인으로 하여금 과실을 수취할

97) 프랑스민법 제1583조 : 매매계약은 목적물이 아직 인도되지 않았거나 매매대금이 지급되지 않았더라도 당사자 간에는 목적물과 대금에 대한 약정이 있는 때에 완성되며, 소유권은 매도인과의 관계에서 매수인에게 이전된다.

98) 프랑스민법 제1614조 : (1) 목적물은 매매 당시에 존재하고 있던 상태대로 인도되어야 한다. 이 날(매매계약일) 이후에 발생한 모든 과실은 매수인에게 귀속된다.

99) 독일민법 제873조(물권적 합의와 등기에 의한 취득) (1) 토지에 대한 소유권을 양도하거나 토지에 권리를 설정하거나 그 토지상의 권리를 양도하거나 그 권리에 부담을 설정하기 위해서는 법률에 다른 규정이 없는 한 권리변동에 관하여 권리자와 상대방 사이의 합의 및 토지등기부에의 권리변경의 등기를 요한다.

100) 독일민법 제446조(위험 및 부담의 이전) 매각된 물건의 인도와 동시에 우연한 멸실 및 우연한 훼손의 위험은 매수인에게 이전한다. 인도한 때로부터 용익은 매수인에게 귀속하며, 또한 그가 물건의 부담을 책임진다. 매수인이 수령지체에 빠진 경우에는 인도에 준한다.

101) 스위스민법 제655조(취득, 등기) 토지소유권의 취득을 위하여서는 토지등기부에의 등기가 필요하다.

102) 스위스채무법 제185조(이익과 위험) (1) 물건의 이익과 위험은 특별한 사정이나 약정에 기인한 예외를 제외하고 계약체결 시부터 매수인에게 이전한다.

103) 남효순, 전게논문(주 96), 75 참조.

수 있도록 규정한 것은 매도인과 매수인 사이에서 과실과 이자에 관한 복잡한 법률관계가 발생하는 것을 방지하고, 매수인은 매도인이 목적물을 인도하기까지는 대금의 이자를 지급할 필요가 없는 점을 고려하여, 양 당사자의 이익의 균형을 유지하기 위하여 둔 예외규정이라고 보아야 할 것이다. 이러한 관점에서, 판례가 제587조의 규정취지를 매매당사자 사이의 형평을 꾀하기 위한 것으로 파악하고, '매매목적물의 인도시를 기준으로 하여 목적물을 인도하기 전에는 매도인에게 과실수취권이 귀속하고, 매매대금이 완납된 이후에는 매수인에게 과실수취권이 귀속된다'는 입장을 취하고 있는 것은 타당하다고 생각된다.

[13] Ⅳ. 목적물의 멸실·하자에 대한 책임

1. 목적물의 멸실에 대한 책임

(1) 계약체결시에 목적물이 멸실한 경우 : 원시적 멸실

1) 전부멸실의 경우

민법은 제535조 제1항에서, "목적이 불능한 계약을 체결할 때에는 그 불능을 알았거나 알 수 있었을 자는 상대방이 그 계약의 유효를 믿었음으로 인하여 받은 손해를 배상하여야 한다"고 규정하고 있다. 그러므로 계약체결시에 목적물이 이미 멸실한 경우(원시적 멸실)에는 목적물의 인도는 원시적 불능에 해당하므로, 제535조 제1항에 의하여 무효라고 해석된다. 즉, 계약체결시에 목적물이 전부 멸실한 경우에는 목적물의 인도채무는 발생하지 않고, 단지 제535조 소정의 「계약체결상의 과실책임」이 문제될 뿐이다. (☞ 계약법 편, 제1장 제2절 「계약의 성립」)

2) 일부멸실의 경우

계약체결시에 목적물의 일부가 이미 멸실한 경우에도 이론상 「일부무효의 법리」가 적용되어 원시적 전부멸실의 경우와 마찬가지로 다루어야 할 것이나(137조), 유상계약의 경우에는 담보책임에 관한 특칙이 적용되어 계약은 유효하게 성립한다. 즉, 유상계약에서 목적물의 일부가 계약 당시에 이미 멸실된 경우에 상대방이 그 멸실을 알지 못한 때에는 상대방은 그 부분의 비율로 대금감액을 청구할 수 있고, 잔존부분만이면 계약을 체결하지 아니하였을 때에는 선의의 상대방은 계약 전부를 해제하고 매매대금 및 계약비용의 반환을 청구할 수 있다. 또한 선의의 상대방은 감액청구 또는 계약해제 외에 손해배상을 청구할 수 있다(567조, 574조, 572조). (☞ 계약법 편, 제2장 제2절 「매매계약」)

(2) 후발적 멸실 : 계약체결 이후에 목적물이 멸실한 경우

1) 채무자의 귀책사유로 인하여 목적물이 멸실한 경우

계약체결 이후에 채무자의 귀책사유로 인하여 목적물이 멸실한 경우에는 채무자는 이행불능으로 인한 채무불이행책임을 진다(390조). 즉, 채권자는 채무자에 대하여 손해배상을 청구할 수 있고(390조), 채무를 발생시킨 계약을 해제하고 원상회복을 청구할 수도 있다(548조). 여기서 「채무자의 귀책사유」라 함은 제374조의 선관주의의무 위반을 의미하며, 그 내용은 선관주의의무에 관하여 전술한 설명이 그대로 타당하다. (☞ [12] 특정물채권의 효력)

2) 채무자의 귀책사유 없이 목적물이 멸실한 경우

(가) 쌍방불귀책사유로 인한 멸실의 경우

쌍무계약에서 채무자의 귀책사유 없이 목적물이 멸실한 경우, 예컨대 천재지변 등 당사자 쌍방의 귀책사유가 아닌 사유(이를 「쌍방불귀책사유」라고 한다)로 인하여 목적물이 멸실한 경우에는 「위험부담」의 문제가 발생한다. 여기서 「위험」이라 함은 '이행불능이 된 채무의 반대급부청구권의 존속에 대한 위험'(이를 「대가위험」이라고 한다)을 말하는데, 우리 민법은 채무자위험부담주의를 원칙으로 하고 있어서(537조), 대가위험은 원칙적으로 채무자가 부담한다. 즉, 쌍무계약에 의하여 발생한 특정물인도채무의 목적물이 채무자의 귀책사유 없이 후발적으로 멸실되어 그 이행이 불가능하게 된 경우에는, 목적물인도채무가 소멸함과 동시에 채권자에 대한 채무자의 반대급부청구권도 함께 소멸하는 것이 원칙이다. 또한 이 경우에는 채무불이행책임도 발생하지 않으므로, 채권자의 손해배상청구권도 발생하지 않는다(390조 단서).

(나) 채권자의 귀책사유로 인한 멸실의 경우

채권자의 귀책사유로 인하여 목적물이 후발적으로 멸실한 경우, 채무자의 인도채무는 소멸하나 채권자의 반대급부의무는 소멸하지 않는다. 즉, 이 경우에는 채권자가 대가위험을 부담한다(538조 1항 1문). 채권자지체가 성립한 이후에 양당사자의 책임 없는 사유로 인하여 목적물이 멸실한 경우에도 채권자가 위험을 부담한다(538조 1항 2문). (☞ 계약법 편, 제1장 제3절 「계약의 효력」)

2. 목적물의 하자에 대한 책임

'특정물채무자가 하자 있는 목적물을 인도한 경우에 채무자는 어떠한 책임을 지는가?' 하는 것은 민법의 해석상 가장 어려운 난제 중의 하나이다. 이에 대한 상세한 설명은 계약법 편에서 다루기로 하고, 본서에서는 설명을 생략하기로 한다. (☞ 계약법 편, 제2장 제2절 「매매계약」)

(1) 목적물에 원시적 하자가 있는 경우

유상계약에 의하여 발생한 특정물인도채무에서 목적물에 원시적 하자가 있는 경우에 채무자에게 하자담보책임이 발생한다는 데에는 학설이 일치한다(580조, 567조). 다만, 이 경우에 발생하는 채무자의 하자담보책임의 법적 성질에 대하여는 「법정책임설」과 「채무불이행책임설」이 대립하고 있으며, 어느 설을 취하느냐에 따라 하자담보책임의 요건·효과가 달라진다.

(2) 목적물에 후발적 하자가 발생한 경우

'목적물에 계약체결 당시에는 없던 하자(예컨대, 계약체결 이후의 부적절한 포장이나 운송으로 인하여 목적물이 파손된 경우)가 발생한 경우에도 하자담보책임을 인정할 수 있는가?' 하는 것이 문제되는데, 이에 대해서는 학설이 대립하고 있다. 「법정책임설」에 의하면, 이러한 경우에는 하자담보책임은 문제되지 않고 일반적 채무불이행책임만이 문제된다. 그러나 「특정물도그마」를 부인하고 하자담보책임을 채무불이행책임의 일종인 불완전이행으로 파악하는 「채무불이행책임설」에 의하면, 이 경우에도 하자담보책임이 문제된다.

제4절 종류채권

[14] Ⅰ. 의 의

「종류채권」이라 함은 '종류물의 인도를 목적으로 하는 채권, 즉 급부의 목적물이 종류와 수량에 의하여 정해진 채권'을 말한다. 즉, '이천 쌀' 100가마, 현대자동차의 '2020년형 제네시스 G90 승용차' 10대, LG전자의 최신형스마트폰 V50 100대 등과 같이, '인도하여야 할 물건의 종류와 수량은 정하여져 있으나 그 종류에 속하는 물건 중에서 구체적으로 어느 것을 인도할 것인지가 아직 특정되어 있지 아니한 경우'가 이에 해당한다. 이러한 의미에서 종류채권을 「불특정물채권」이라고도 한다.

고도로 공업화되고 대량생산·대량거래라는 특징을 가지고 있는 현대산업사회에서는 종류채권이 특정물채권보다 사회·경제적으로 더욱 큰 의미를 가진다고 할 수 있다. 따라서 종류채권에서는 물자의 원활한 유통이 이루어질 수 있도록 채권의 실효성을 확보할 수 있는 해석론과 입법론의 수립이 필요하다. 이러한 요청에 따라 현행민법은 구 의용민법과는 달리 종류물매도인의 하자담보책임을 인정하는 명문규정을 두고 있다(581조). (☞ 계약법 편, 제2장 제2절 「매매계약」)

1. 「종류물」의 인도가 급부의 목적인 채권

종류채권은 종류물의 인도를 목적으로 하는 채권이다. 여기서 「종류물」이라 함은 '종류만으로 지정된 물건', 즉 '다른 물건과 구별되는 공통의 종류표지(種類標識)를 가지는 물건들의 총체'를 의미한다.[1] 이러한 종류표지는 당사자가 자유롭게 결정할 수 있으나, 대량생산되는 공업제품의 경우에는 표준화된 공업규격(예컨대, 한국공업규격 KS, 「국제표준화기구」(ISO)의

1) 송덕수, "종류채권(상)", 고시연구 16권 7호, 1989/7, 112 참조.

ISO 등) 또는 모델명(예컨대, 현대자동차의 소나타승용차, 삼성전자의 갤럭시S10 스마트폰 등)이나 상표명(예컨대, '아디다스운동복'이라든지 '나이키스포츠화' 등)에 의하여 표시되는 경우가 많다. 종류채권의 목적물인 「종류물」(불특정물)은 특정물과 대비되는 개념으로서 물건의 대체성(代替性) 여부와는 원칙적으로 관계가 없음은 특정물채권과 관련하여 전술한 바와 같다. 즉, 대체물과 부대체물(不代替物)의 구별은 물건의 객관적 성질 내지 거래의 일반적 관념을 기준으로 하여 다른 동종의 물건으로 대체될 수 있는 대체성을 가지고 있는지의 여부에 따라서 결정되는 데 반하여, 특정물과 불특정물의 구별은 당사자의 주관적 의사를 기준으로 하여 구체적인 거래에서 당사자가 특정된 물건의 개성을 중시하고 있는지 여부에 의하여 결정된다. 따라서 대체물은 종류물이 되고 부대체물은 특정물이 되는 것이 일반적이지만 반드시 그렇게 되어야 하는 것은 아니다. 예컨대, 수박을 파는 청과물상점에서 같은 종류의 많은 수박 중에서 특별히 한 수박을 지정하여 '이 수박을 사겠다'고 하면 그 수박에 대한 특정물매매가 성립하는 것이고, '이 중에서 아무 수박이나 10개를 사겠다'고 하면 종류매매가 성립하는 것이다. 이와 같이 대체물도 당사자의 의사에 따라서는 특정물이 될 수 있고, 반대로 부대체물도 당사자의 의사에 따라서는 종류물로 거래될 수 있다(예컨대, 유명화가의 어떤 작품이든 관계없이 10점을 인도하기로 하는 경우). 다만, 대체물을 목적으로 하는 특정물채권의 성립은 계약의 목적 등에 의하여 다른 물건으로 이행할 수 없다는 당사자의 의사가 확실한 때에 한하여 인정할 수 있으며, 계약의 목적과 거래의 관행 등에 의하여 외관상 물건의 특정에도 불구하고 특정물채권의 성립을 부인하고 완전물급부청구권 등 종류채권의 법리를 적용하여야 할 경우도 있을 수 있다(예컨대, 마트에서 손님이 고른 물건을 계산대에 올려놓고 계산하는 도중에 물건의 하자를 발견한 경우).[2] 실제사례에서 종류채권의 성립 여부가 문제된 경우는 흔치 않으나, 판례는 '보유주식 중 일정량을 담보로 제공하기로 한 약정에 기한 채권은 특정물채권이 아니라 제한종류채권의 일종에 불과하며(대법원 1994.8.26.선고, 93다20191 판결), 명의수탁자가 명의신탁약정에 기하여 보관하고 있던 특정회사의 주식을 제3자에게 매도한 경우에 명의신탁자에 대한 명의수탁자의 주식반환채무는 종류채무에 해당한다'고 한다(대법원 2015.2.26.선고, 2014다37040 판결 등). 다만, 대법원은 '위임계약에서 수임인이 위임사무를 처리하면서 받은 물건으로서 위임인에게 인도할 목적물은 대체물이더라도 당사자 사이에서는 특정물로 보아야 한다'고 판시한 바 있다(대법원 1969.12.16.선고, 67다1525 판결). (☞ 제3절 「특정물채권」)

▪ 명의신탁약정에 따라 명의수탁자가 특정회사의 주식 2,000주를 보관하고 있다가 그 주식을 제3자에게 매도한 경우, 명의신탁자에 대한 명의수탁자의 주식반환채무의 성질(=종류채무) <u>주식은 주주가 출자자로서 회사에 대하여 가지는 지분으로서 동일 회사의 동일 종류 주식 상호 간에는 그 개성이</u>

2) 同旨: 송덕수, 상게논문, 115~116 참조.

중요하지 아니한 점, 이 사건 주식보관증에는 피고가 하이마트 주식 2,000주를 보관하고 있다고 기재되어 있을 뿐 피고가 보관하는 주권이 특정되어 있지 아니한 점을 고려하여 보면, 피고의 원고에 대한 주식반환의무는 특정물채무가 아니라 종류채무에 해당한다. 따라서 피고가 하이마트 주식을 취득하여 반환할 수 없는 등의 특별한 사정이 없는 한, 피고 보유 주식이 제3자에게 매도되어 피고가 이를 보유하고 있지 않다는 사정만으로는 피고의 주식반환의무가 이행불능이 되었다고 할 수 없다. (대법원 2015.2.26.선고, 2014다37040 판결)[3)]

2. 종류물의 「인도」를 목적으로 하는 채권

종류채권은 '종류물의 인도', 즉 종류로 지정된 물건에 대한 점유의 이전을 급부의 내용으로 하는 채권이다. 그러므로 '종류물의 「인도」에 간이인도(188조 2항)·목적물반환청구권의 양도에 의한 인도(190조)·점유개정(189조) 등의 이른바 「관념적 인도방법」도 포함되는가?' 하는 것이 문제된다. 다만, 종류채무에 있어서는 목적물이 특정되지 않고 종류와 수량으로만 지정되는 것이므로, 구체적인 인도방법은 종류물이 특정된 이후에 비로소 문제되는 것이며, 그 결론에 있어서도 특정물채권에서 논한 바와 같이 '현실인도이든 관념적 인도방법(간이인도·목적물반환청구권의 양도·점유개정)이든 상관이 없다'고 할 것이다. (☞ 제3절 「특정물채권」)

[15] Ⅱ. 종류채권의 법률관계

1. 채무자의 조달의무

종류채권에서 채무자는 채권의 목적인 종류물의 급부를 위하여 자신이 준비한 모든 물건이 그의 귀책사유 없이 멸실하였다고 하더라도 급부의무를 면하지 못하며, '급부의 목적인 종류물을 외부에서라도 조달하여 채권자에게 제공할 의무'를 부담한다. 이를 종류채무자의 「조달의무(調達義務)」라고 한다. 즉, 종류채무에서 이행불능은 원칙적으로 존재하지 않으며, 급부위험은 같은 종류의 물건이 거래계에 존재하며 그의 조달이 사회통념상 불능하다고 인정되지 않는 한 항상 채무자가 부담한다. 따라서 종류채권에서는 「위험부담」의 문제는 발생하지 않는 것이 원칙이다. 다만, 종류채권의 목적물인 물건의 인도가 불가능한 경우가 있을 수 있는데(예컨대, 그 종류의 물건 전부가 멸실된 경우, 수입이 금지되거나 시장에서의 일반적 유통이 금지된 경우, 생산이 금지된 경우 등), 이 경우에는 채무는 이행불능이 되어 손해배상 또는 위험부담의 문제가 발생한다. (☞ 계약법 편, 제1장 제3절 「계약의 효력」)

---

3) 같은 취지: 대법원 1976.4.13.선고, 75다2252 판결.

2. 목적물의 품질

(1) 품질결정의 표준

종류채권에 있어서는 '목적물에 상·중·하의 품질의 차이가 있는 경우에, 채무자는 어떠한 품질의 물건을 급부하여야 하는가?' 하는 것이 문제된다. 이에 대하여, 민법은 "채권의 목적을 종류로만 지정한 경우에 법률행위의 성질이나 당사자의 의사에 의하여 품질을 정할 수 없는 때에는 채무자는 중등품질의 물건으로 이행하여야 한다"고 규정함으로써(375조 1항), 다음과 같은 세 가지의 표준을 제시하고 있다.

1) 법률행위의 성질

우선 법률행위의 성질에 의하여 목적물의 품질이 결정되는 경우가 있다. 예컨대, 소비대차에 있어서 차주는 그가 받은 물건과 같은 종류, 품질 및 수량의 물건으로 반환하여야 하며(598조), 소비대차에 관한 규정이 준용되는 소비임치의 경우에도 수치인은 그가 받은 물건과 같은 종류, 품질 및 수량의 물건으로 반환하여야 한다(702조).

2) 당사자의 의사

두 번째로 품질결정의 기준이 되는 것은 당사자의 의사이다. 여기서 말하는 "당사자의 의사"에는 당사자의 사실적 의사는 물론 사실인 관습(106조)에 의하여 인정되는 규범적 의사도 포함된다. 이러한 관점에서, 판례는 '석탄과 같은 물건은 일일이 그 전부에 대하여 중량을 측정하여 인도하는 것이 아니고 당사자 사이에 합의된 중량률에 따라 일정한 부피의 물건을 인도함이 일반관례이므로, 일정 부피의 석탄을 인도할 채무자는 그 합의된 내용에 따른 부피만 인도하면 충분하다'고 판시한 바 있다(대법원 1969.12.30.선고, 69도1874 판결).

3) 중등품

종류채무에 있어서 법률행위의 성질이나 당사자의 의사에 의하여 품질을 정할 수 없는 때에는 채무자는 중등품질의 물건으로 이행하여야 한다(375조 1항). 그러므로 당사자의 의사해석이나 거래의 관습에 의하여서도 목적물의 품질이 정해지지 않는 경우에는, 채무자는 그 종류에 속하는 물건 중 중등품(中等品)을 인도하여야 한다. 제375조 제1항은 '종류물에는 항상 품질의 차이가 존재한다'는 것을 전제로 한 규정이라고 할 수 있는데, 이는 19세기 후반의 농업경제를 토대로 한 규정으로서 동일한 품질의 제품이 기계화·자동화된 설비를 갖춘 공장에서 대량으로 생산되고 유통되는 현대산업사회의 종류채무를 규율하는 데는 부적합한 측면이 있다. 그러므로 동조의 "중등품"을 해석함에 있어서는 공업생산품의 거래에서 전제되는 품질기준(공업규격)을 고려한 규범적 판단이 필요하다.[4)]

---

4) 同旨: 안법영, "종류물의 특정과 채권자지체, 그리고 하자담보책임 - 특정과 급부위험의 재인식을 위

(2) 품질미달의 물건이 인도된 경우의 법률관계

채무자가 품질결정의 표준에 미달한 물건을 인도하는 경우는 채무의 내용에 좇은 이행이라고 할 수 없으므로 채권자는 이를 수령할 의무가 없으며, 목적물의 특정의 효과도 발생하지 않는다. 즉, 채무자가 품질미달의 물건을 인도한 경우에는 강제이행(389조 1항)·계약해제(544조 이하)·손해배상(390조) 등의 채무불이행책임을 면할 수 없다. 다만, '품질미달의 물건은 항상 하자 있는 물건'이라고 보아야 하므로,[5] 매매계약의 경우 종류물매도인의 하자담보책임에 관한 제581조의 규정이 우선적으로 적용되며, 채무불이행책임에 관한 일반규정은 보충적으로만 적용된다.[6] 그러므로 종류매매에서 매도인이 품질미달의 물건을 변제로서 제공한 경우에는, 매수인은 제공된 물건의 수령을 거절하고 하자 없는 완전한 물건의 인도를 청구할 수 있다. 다만, 품질미달의 물건이 제공되었음에도 불구하고 매수인이 이를 수령한 후에는 채무불이행책임의 특칙인 제581조가 적용되어 매수인은 매도인에게 손해배상을 청구하거나 매매계약을 해제하고 원상회복을 청구하거나 하자 없는 완전한 물건을 청구할 수 있다. 한편 매도인에게 귀책사유가 있는 경우(목적물이 품질미달임을 알았거나 알 수 있었을 경우)에는 채무불이행책임의 일반규정이 적용되어, 매수인은 채무불이행을 이유로 이행이익의 배상을 청구하거나(390조), 확대손해의 배상을 내용으로 하는 손해배상을 청구할 수 있다(750조). (☞ 계약법 편, 제2장 제2절 「매매계약」)

3. 목적물의 특정

종류채권에서 급부가 실현되기 위해서는 종류물 중에서 일정한 수량의 물건이 구체적으로 선정되어야 하는데, 이를 종류채권의 「특정」이라고 한다.

(1) 특정의 방법

민법은 제375조 제2항에서 종류물의 특정방법으로서 채무자의 '이행에 필요한 행위의 완료'와 '지정행위'의 두 가지를 제시하고 있다. 그러나 동조는 임의규정에 불과하므로, 당사자는 합의에 의하여 구체적으로 목적물을 특정하거나 특정의 방법을 동조와 달리 정할 수 있다.[7]

1) 합의에 의한 특정

(가) 합의에 의하여 목적물을 구체적으로 선정한 경우

제375조 제2항은 임의규정이므로 당사자는 이의 적용을 배제하고 합의에 의하여 목적물

한 소고-", 김형배교수정년퇴임기념논문집 「사회변동과 사법질서」(박영사, 2000/6), 136 이하 참조.

5) 同旨: 송덕수, "종류채권(하)", 고시연구 16권 8호(1989/8), 71 참조.

6) 다만, 이 경우에 채무불이행책임에 관한 일반규정의 적용이 배제되는지, 아니면 경합적으로 적용되는지 여부에 대해서는 견해가 대립되고 있다. (☞ 계약법 편, 제2장 제2절 「매매계약」)

7) 同旨: 주석민법(1)/안법영, 114 참조.

을 구체적으로 선정할 수 있다. 이 경우(당사자가 합의에 의하여 구체적으로 인도의 목적물을 선정한 경우), 인도의 목적물은 합의에 의하여 선정된 그 물건으로 특정된다.

(나) 당사자 일방 또는 제3자가 선정권(지정권)을 행사한 경우

당사자의 합의에 의하여 당사자 일방 또는 제3자에게 목적물을 선정할 권한(선정권)을 부여한 경우에는, 선정권자가 목적물을 구체적으로 선정함으로써 목적물이 특정된다. 그러므로 이 경우의 선정권자의 선정권은 형성권이라고 할 수 있다.

(A) 선정권의 행사방법 선정권자인 당사자 일방 또는 제3자가 선정권을 행사하는 방법에 대해서는 명문규정이 없으므로, 선택채권에 관한 제382조 제1항 및 제383조 제1항를 유추적용하여야 한다. 즉, ① 당사자 일방이 선정권자인 경우에는 상대방에 대한 의사표시로써 선정권을 행사하며(382조 1항), 제3자가 선정권자인 경우에는 채권자와 채무자에 대한 의사표시로써 선정권을 행사하여야 한다(383조 1항). ② 당사자 일방이 선정권을 행사한 경우에는 상대방의 동의가 없으면 선정의 의사표시를 철회할 수 없으며(382조 2항), 제3자가 선정권을 행사한 경우에는 채권자와 채무자의 동의가 없으면 철회할 수 없다(383조 2항).

(B) 선정권의 이전을 허용할 것인지 여부 선정권자인 당사자 일방 또는 제3자가 선정권을 행사하지 아니하는 경우에는, '선택권의 이전에 관한 제381조와 제384조를 유추적용하여 「선정권의 이전」을 허용할 수 있다'고 해석하는 견해도 있으나,[8] 이를 부정하는 견해가 지배적이다.[9] 그러나 학설과는 달리 판례는 이를 긍정하는 입장을 취하여, '종류채권에서 선정권자인 당사자 일방이 선정권을 행사하지 아니하는 경우에는, 선택채권의 선택권이전에 관한 제381조를 준용하여 선정권 없는 당사자 일방은 이행기 도래 후 상당한 기간을 정하여 선정권자인 당사자 일방에게 선정을 최고할 수 있고, 최고에도 불구하고 선정권자가 이행할 물건을 선정하지 아니하면 선정권은 상대방에게 이전한다'고 한다(대법원 2003.3.28.선고, 2000다24856 판결 등).[10]

선택채권의 경우와는 달리 급부목적물의 개성이 중요한 의미를 가지지 않는 종류채권에서 선정권자가 선정권을 행사하는 것은 단순히 급부의 목적물을 확정한다는 의미밖에 없으므로, 종류채권에 있어서의 선정권 행사에 선택권이전에 관한 규정을 유추적용할 필요는 없다고 할 것이다. 그러므로 '선정권자가 선정권을 행사하지 아니하는 경우에는, 최고할 필요 없이 채무자가 이행에 필요한 행위를 완료하거나 채권자의 동의를 얻어 이행할 물건을 지정한 때에 목적물이 특정된다'고 해석하여야 할 것이다.

---

8) 김기선, 69; 이태재, 63 참조.

9) 김상용, 48; 김형배, 61; 송덕수, 71; 장경학, 46; 정기웅, 42; 현승종, 54 참조.

10) 판례평석: 오수원, "부대체물을 목적으로 하는 종류채권의 특정", 법학논총 15집 2호(조선대법학연구소, 2008/10), 329 이하. 같은 취지: 대법원 2009.1.30., 2006마930 결정; 대법원 2009.1.30.선고, 2006다37465 판결 참조.

2) 당사자 사이에 특정의 방법에 관한 합의가 없는 경우

당사자 사이에 선정권자를 정하지 아니한 경우를 포함하여 특정의 방법에 관한 합의가 없는 경우에는, 제375조 제2항에 따라서 '채무자가 이행에 필요한 행위를 완료하거나 또는 채권자의 동의를 얻어 이행할 물건을 지정한 때'에 목적물이 특정된다(대법원 2007.12.13.선고, 2005다52214 판결).

(가) 채무자가 이행에 필요한 행위를 완료한 때

여기서 "이행에 필요한 행위를 완료한 때"라 함은 제460조 소정의 '채무자가 채무의 내용에 좇은 변제의 제공을 한 때'를 의미한다는 것이 통설적 견해이다. 다만, 통설에 따라 채무자가 변제의 제공을 한 때를 목적물의 특정 시로 보더라도 변제제공의 시기는 변제의 장소와 관련한 채무의 종류(지참채무·추심채무·송부채무)에 따라 각각 다른 것이므로, 목적물 특정 시기는 채무의 종류에 따라 개별적으로 검토할 필요가 있다. (☞ 제3장 제2절「변제의 제공」)

(A)「지참채무의 원칙」이 적용되는 경우 변제는 채무내용에 좇은 현실제공으로 이를 하여야 하며(460조), 특정물인도 이외의 채무의 변제는 채권자의 현주소(영업에 관한 채무의 변제는 채권자의 현영업소)에서 하여야 함이 원칙이다(이를「지참채무의 원칙」이라고 한다)(467조 2항). 그러므로 종류채무의 특정도 채무자가 채권자의 현주소 또는 현영업소에서 채무에 내용에 좇아서 현실적으로 변제의 제공을 한 때, 즉 '목적물이 채권자의 현주소에 도달하고 채권자가 언제든지 이를 수령할 수 있는 상태가 된 때'에 이루어진다고 해석하여야 한다. 따라서 채무자가 종류물 중에서 급부할 물건을 분리하고 이를 채권자에게 송부하기 위하여 운송인에게 교부한 것만으로는 아직 목적물이 특정되었다고 할 수 없으며, 또한 아직 특정되지 아니한 목적물의 운송 중에 생긴 급부위험은 조달의무를 지는 채무자가 부담하여야 하므로, 그 목적물이 운송 중에 멸실한 경우에는 채무자는 다른 동종의 물건으로 이행하여야 한다. 즉, 종류채무자의 조달의무는 목적물이 특정되기 전에는 소멸하지 아니한다. 다만, 지리적으로 멀리 떨어져 있는 격지자 사이의 실제거래에 있어서는 송하인(매도인)이 송부의 목적물을 운송인에게 인도하고 운송인이 발행한 운송증권(화물상환증, 선하증권)을 담보로 하고 수하인(매수인)을 지급인으로 하는 환어음을 발행한 후 거래은행으로부터 어음을 할인받아 대금을 미리 결제 받는 이른바「화환(貨換)어음」(이를「하환(荷換)어음」이라고도 한다)에 의하여 거래가 이루어지는 경우가 대부분인데, 이 경우 어음의 지급인으로 지정된 수하인은 어음의 소지인(거래은행)에게 그 어음금을 지급하지 아니하면 화물상환증을 수취하여 목적물을 수령할 수 없게 된다. 이는 동시이행항변권을 가지는 매수인(수하인)에게 선이행을 강요하는 결과가 되므로, 구 의용민법하에서의 판례는 '화환어음에 의하여 이루어지는 격지자 사이의 거래는 채무의 내용에 좇은 현실제공이라고 할 수 없다'는 입장을 취하고 있었다(조선고등법원 1920.12.10. 판결, 민집7권

461). 그러나 이러한 해석론은 거래의 현실을 무시하는 결과가 되므로, '매도인(송하인)이 거래은행에 화환어음과 함께 운송증권을 제시한 경우에는, 대금의 결제 여부와 관계없이 매도인이 채무이행에 필요한 행위를 완료한 것으로 보아 목적물이 특정되고 물건의 급부위험은 매수인에게 이전된다'고 해석하여야 할 것이다.[11)]

(B) 추심채무 또는 송부채무의 경우 채권자가 채무자의 주소지에서 변제를 수령하여야 하는 추심채무의 경우에도 '채무자가 이행에 필요한 행위를 완료한다'는 것은 변제의 제공을 의미한다. 다만, 추심채무에 있어서의 변제의 제공은 구두제공으로 충분하며, 구두제공은 채무자가 변제준비의 완료를 통지하고 그 수령을 최고하면 변제제공의 효과가 발생하므로(460조 단서), '채무자가 인도할 목적물을 분리·지정하여 언제든지 채권자가 추심하러 오는 즉시로 인도할 수 있는 상태에 두고 채권자에게 그 수령을 통지하는 때(수령의 통지가 채무자에게 도달한 때)에 목적물이 특정된다'고 해석하여야 할 것이다.

한편 '당사자의 합의 또는 거래의 관행에 의하여 채권자 또는 채무자의 현주소(또는 현영업소) 이외의 제3의 장소에 목적물을 송부하여야 하는 채무'를 「송부채무」라고 하는데, 이 경우에는 지참채무나 추심채무에 준하여 특정의 시기를 판단하면 충분하다. 즉, '제3의 장소가 본래의 이행장소인 경우에는 지참채무의 경우처럼 그 제3의 장소에 물건이 현실적으로 송부(도달)된 때에 목적물이 특정되었다'고 할 것이며, '제3의 장소가 본래의 이행장소는 아니지만 채무자의 호의로 이를 송부한 때에는 제3의 장소로 목적물을 발송한 때에 목적물이 특정된다'고 해석하여야 할 것이다.

(나) 채무자가 채권자의 동의를 얻어 이행할 물건을 지정한 때

채무자가 채권자의 동의를 얻어 이행할 물건을 지정한 때에는 그 때부터 그 물건이 채권의 목적물이 된다(375조 2항). 학설 중에는 '제375조 제2항의 규정은 당사자의 계약으로 채무자에게 지정권을 부여하고, 그에 따라 채무자가 지정권을 행사하여 지정하는 경우를 의미한다'는 견해가 많다.[12)] 그러나 '이 규정은 당사자 사이에 지정권에 대한 합의가 없는 경우에 채권자의 동의를 요건으로 채무자의 지정권을 인정한 것'이라고 해석하여야 할 것이다. 다만, 이 규정의 취지를 어떻게 해석하든지 '채무자가 이행할 물건을 구체적으로 지정한 때'에 그 물건이 인도의 목적물로 특정된다는 점은 마찬가지이다.

(다) 종류물의 강제집행의 경우

민사집행법은 채무자가 대체물의 일정한 수량을 인도하여야 하는 동산인도채무의 강제집행방법에 대하여, "집행관은 이를 채무자로부터 빼앗아 채권자에게 인도하여야 한다"고 규

11) 同旨: 주석민법(1)/안법영, 119 참조.
12) 송덕수, 전게논문(주 5), 75; 주석민법(1)/안법영, 114; 김형배, 61; 현승종, 54 참조.

정하고 있다(동법 257조). 따라서 종류물을 강제집행에 의하여 인도하는 경우에는 '집행관이 채무자 소유의 종류물 중에서 특정한 물건을 빼앗은 때'에 목적물이 특정된다고 해석된다.

(2) 특정의 효과

1) 특정물채권으로의 전환

(가) 특정 전의 급부의무

종류물채무자는 조달의무를 부담하므로, 목적물이 특정되기 전에는 채무자가 소유하는 그 종류의 물건이 모두 멸실한 경우에도 채무자는 거래계에 그 종류의 물건이 존재하는 한 급부의무를 면하지 못한다(다만, 제한종류채권에서 그 한정된 범위 내의 종류물이 전부 멸실한 때에는 급부의무가 소멸한다). 따라서 종류물의 인도청구소송에서 원고의 청구가 이유가 있는 경우, 법원은 채무자에게 종류물의 인도를 명하여야 한다.[13] 대법원도 목적물을 특정하지 아니한 대체물인 벼의 지급을 구하는 소송에서, '원고의 청구가 이유 있을 때에는 종류로서의 벼의 지급을 피고에게 명하여야 한다'고 판시한 바 있다(대법원 1948.8.26. 선고, 4281민상86 판결).

(나) 특정된 이후의 채무자의 급부의무

목적물이 특정되면 종류채권은 특정물채권으로 전환되어 특정물채권의 법리가 적용된다. 따라서 채무자는 반드시 그 특정된 물건을 인도할 의무가 있으며 인도하기까지 선관주의의무를 진다(374조). 채권자도 같은 종류에 속하는 채무자의 다른 물건의 인도를 청구할 수 없으며, 다른 물건에 대한 강제집행도 허용되지 않는다. 또한 특정 이후에 목적물이 멸실되거나 훼손된 경우에는 특정물채권의 경우와 마찬가지로 채무자의 귀책사유가 존재하는지 여부에 따라 채무불이행, 위험부담 내지 하자담보책임의 문제가 발생한다(다만, 종류채권의 성질상 「원시적 멸실」의 문제는 발생하지 않는다). 이 문제는 경우를 나누어 살펴보기로 한다.

(A) 특정 후에 목적물이 멸실된 경우

a) 채무자의 귀책사유가 없는 경우 : 목적물이 특정된 후에 채무자의 귀책사유(선관주의의무 위반)에 의하지 아니하고 목적물이 멸실한 경우에는 그 특정된 물건에 대한 채무자의 인도의무는 소멸하며, 손해배상의무도 발생하지 않는다. 다만, 쌍무계약의 경우에는 위험부담의 문제가 발생하는데, 채무자주의의 원칙에 따라 채권자의 반대급부의무도 같이 소멸한다(537조). (☞ 계약법 편, 제1장 제3절 「계약의 효력」)

b) 채무자의 귀책사유에 의하여 목적물이 멸실한 경우 : 목적물이 특정된 후에 채무자의 귀책사유로 인하여 목적물이 멸실한 경우에도 채무자의 급부의무는 이행불능이 되어 소멸한다.

13) 이 경우의 강제집행은 종류물의 인도를 명한 확정판결을 집행권원으로 하여 집행관이 채무자 소유의 종류물 중에서 특정한 물건을 빼앗아 채권자에게 인도하는 방법에 의하여 이루어진다(민사집행법 257조).

다만, 채무자는 채무불이행책임을 면할 수 없다. 즉, 채무자는 채무불이행으로 인한 손해배상(390조), 또는 계약해제로 인한 원상회복의 책임(546조, 548조)을 지게 된다. (☞ 제4장 제2절「채무불이행의 효과」, 계약법 편, 제1장 제4절「계약의 해제」)

(B) **특정된 물건이 훼손된 경우** 종류물이 특정된 이후에는 특정물채권의 법리가 적용되므로, 특정된 물건이 훼손된 경우에는 특정물채무자의 현상인도의무에 관한 제462조가 적용되어야 한다. 따라서 ① 이행기 전에 목적물이 특정되고 채무자가 선관주의의무를 다하였으나 목적물이 훼손된 경우, ② 이행기 전에 목적물이 특정되었으나 채무자가 선관주의의무를 위반하여 목적물이 훼손된 경우, ③ 이행기 이후에 목적물이 특정되고 채무자가 선관주의의무를 다하였으나 목적물이 훼손된 경우, ④ 이행기 이후에 목적물이 특정되었을 뿐만 아니라 채무자가 선관주의의무를 위반하여 목적물이 훼손된 경우의 네 가지로 나누어 각각의 경우에 제462조의 적용 여부를 검토하여야 할 것이다. 이 문제는 특정물채권에서 상세히 다루었으므로, 여기서는 설명을 생략한다. (☞ 제3절「특정물채권」)

(C) **특정된 물건에 하자가 있는 경우**

a) **채무자의 귀책사유가 없는 경우** : 종류매매에서 인도된 목적물에 숨은 하자가 있는 경우에는, 매수인은 목적물의 하자로 인하여 계약의 목적을 달성할 수 없는 경우에 한하여 계약을 해제하고 매매대금 및 계약비용의 반환을 청구할 수 있으며, 하자가 경미하여 하자에도 불구하고 계약의 목적을 달성할 수 있는 경우에는 대금감액을 의미하는 손해배상만을 청구할 수 있다(581조 1항).[14] 또한 매수인은 계약을 해제하거나 대금감액을 의미하는 손해배상을 청구하는 대신에 하자 없는 물건을 청구할 수도 있다(581조 2항). 물론 이 경우에 위험부담의 문제는 발생하지 않는다. 그리고 종류물매도인의 하자담보책임에 관한 이러한 법리[15]는 유상계약에 의하여 발생한 종류채무에 대해서도 일반적으로 준용된다(567조). (☞ 계약법 편, 제2장 제2절「매매계약」)

b) **채무자의 귀책사유에 의하여 하자가 발생한 경우** : 하자담보책임은 무과실책임이므로, 하자의 발생에 대하여 매도인에게 귀책사유가 있는 경우에 하자담보책임이 발생함은 당연하다

---

14) 우리 민법의 해석상 제580조와 이를 준용하는 제581조의 "손해배상"의 의미에 대하여는 학설이 복잡하게 갈리고 있으나, 이는「대금감액」(Minderung)을 의미하는 것으로 해석하여야 한다는 점에 대해서는 김대정, "채무불이행책임설에 의한 하자담보책임의 재구성", 민사법학 9·10호(한국민사법학회, 1993), 242 이하 참조.

15) 구 의용민법은 종류물매도인의 하자담보책임을 인정하는 명문규정이 없었으므로, '종류매매에서 매도인이 인도한 목적물에 숨은 하자가 있는 경우에도 매도인의 하자담보책임을 물을 수 있는가?' 하는 것이 학설상 크게 문제되었다. 이에 관하여 학설은「법정책임설」의 입장에서 하자담보책임의 성립을 부정하는 견해가 통설적 견해이었으나, 판례는 종류물매도인의 하자담보책임을 인정하는 입장을 취하고 있었다. 현행민법은 종류물매도인의 하자담보책임을 인정하는 명문규정(581조)을 신설함으로써 이 문제를 입법적으로 해결하였다.

(581조). 즉, 하자의 발생에 채무자의 귀책사유가 없는 경우와 마찬가지로, ① 하자가 중요하여 계약의 목적을 달성할 수 없는 경우에는 매수인은 계약을 해제하여 매매대금 및 계약비용의 반환을 청구할 수 있고, ② 하자가 경미하여 계약의 목적을 달성할 수 있는 때에는 대금감액을 의미하는 손해배상을 청구할 수 있다(581조 1항, 580조 1항, 575조 1항). 또한 ③ 매수인은 계약해제 또는 대금감액을 의미하는 손해배상을 청구하는 대신에 하자 없는 물건을 청구할 수도 있다(581조 2항). 그리고 ④ 매수인은 채무불이행책임에 관한 제390조 이하의 일반규정에 의하거나 불법행위에 관한 제750조 이하의 규정에 의하여 확대손해의 배상을 내용으로 하는 손해배상을 청구할 수도 있다. (☞ 계약법 편, 제2장 제2절 「매매계약」)

2) 변경권

종류채권은 목적물이 특정된 때에 특정물채권으로 전환되는 것이므로, 특정된 물건 이외의 물건이 인도된 경우에는 비록 그 물건이 동종의 물건이라고 하더라도 채권자는 이를 수령할 의무가 없는 것이 원칙이다. 그러나 종류채권은 목적물의 개성에 중점을 두지 않는 채권이며, 목적물의 특정도 종류채무의 이행을 위한 수단에 불과한 것이므로, 채무자가 특정된 물건이 아닌 다른 동종·동량의 물건을 인도하였더라도 이를 채무불이행이라고 단정할 수는 없다. 즉, '명문규정은 없으나, 종류채권에서는 목적물이 특정되었다 하더라도 채무자가 특정된 물건이 아닌 다른 동종·동량의 물건으로 이행할 수 있는 권한을 가지고 있다'고 보아야 할 것이다(이를 채무자의 「변경권」이라고 한다).[16] 다만, 채권자의 반대의사가 있거나 불이익을 주는 경우에는 변경권이 인정되지 않는다고 할 것이다.[17]

4. 제한종류채권

(1) 의 의

「제한종류채권(制限種類債權)」이라 함은 예컨대, '이 창고 속의 이천쌀 100가마'라고 하는 경우와 같이, '종류 이외에 다시 일정한 제한을 가하여 한정된 범위의 종류물 중의 일정량의 급부를 내용으로 하는 채권'을 말한다. 이는 주로 채무자가 보유하는 재고품 중 일정량을 인도하기로 하는 것을 내용으로 하게 된다는 의미에서 「재고채권」이라고도 한다.[18]

---

16) 종류물채무자의 「변경권」에 관한 상세는 안법영, 전게논문(주 4), 123 이하 참조.

17) 同旨: 곽윤직, 32; 오시영, 56; 윤철홍, 46; 장경학, 50; 현승종, 57 참조. 다만, 학설 중에는 '채권자가 아무런 이익도 없이 채무자의 변경권을 제한하는 것은 신의칙상 허용되지 않는다'고 해석하는 견해도 있다(김증한/김학동, 37 참조).

18) 안법영, "토지양도계약과 제한종류채권", 민사법학 20호(한국민사법학회, 2001/7), 366 이하; 송덕수, 67 참조.

(2) 제한종류채권의 성립

1) 제한된 범위 내의 종류물의 인도를 목적으로 하는 경우

제한종류채권도 종류채권의 일종이므로 종류물의 인도를 급부의 내용으로 한다. 다만, 제한종류채권에서는 급부하여야 할 종류물의 범위가 채무자가 보유하고 있는 물건의 일부로 제한된다는 점이 일반적인 종류채권과 다른 점이다. 대법원판결 중에는 '보유주식의 일정량을 담보로 제공하기로 한 담보제공약정은 약정된 수의 기명주식을 표창하는 주권만 인도하면 되는 일종의 제한종류채권에 해당한다'고 판시한 사례가 있음은 전술한 바와 같다(대법원 1994.8.26.선고, 93다20191 판결).

2) 특정한 토지 등 부대체물의 일부를 인도하기로 한 경우

채무자가 특정한 토지의 일부인 일정면적의 토지를 채권자에게 인도하기로 한 경우와 같이 부대체물의 일부를 인도하기로 약정한 경우에는, 당사자의 의사에 따라서 제한종류채권이 성립할 수도 있고 선택채권이 성립할 수도 있다. 문제는 '양자의 구체적 구별기준이 무엇인가?' 하는 것인데, 이에 대해서는 '당사자의 의사가 급부의 목적물을 선택(확정)함에 있어서 목적물의 개성에 중점을 두고 있는 경우에는 선택채권이 성립하나, 개별적인 물건의 개성은 중시하지 않는 경우에는 제한종류채권이 성립한다'는 것이 통설적 견해이다. 즉, '당사자의 의사가 일정범위만을 중시하고 개별적인 물건의 개성은 중시하지 않는 경우에는 제한종류채권이 성립하지만, 당사자의 의사가 급부의 목적물을 선택(확정)함에 있어서 목적물의 개성에 중점을 두고 있는 경우(예컨대, 채무자가 보유한 특정 토지 중 일정면적의 일부를 인도하기로 약정한 경우라든지, 마구간에 있는 3필의 말 중 1필의 말을 인도하기로 하는 경우)에는 선택채권이 성립한다'는 것이다.[19] 이러한 통설적 견해에 대해서는, '당사자의 의사가 목적물의 개성에 중점을 두고 있는지 여부를 기준으로 제한종류채권과 선택채권을 구별하는 것은 양자의 개념상의 구별에 혼란을 초래하므로 타당하지 않다'고 비판하고, '선택채권의 성립에는 서로 다른 개성을 지닌 급부이면 족하며, 어떤 급부들이 선택적으로 채권의 목적이 되어 있는가는 의미가 없다'는 비판론이 제기되고 있다.[20]

이에 관한 판례의 입장은 명확하지 않다. 즉, 민법시행 초기에 대법원은 ① 특정한 토지의 일부면적을 인도할 채무는 선택채권이라고 전제한 후(편의상 이를 「선택채권설」이라고 칭하기로 한다), '원고가 피고로부터 임야 18,450평 중에서 500평을 매수하되 그 구체적 목적물은 후일 원고의 지정선택에 의하여 특정하기로 약정한 취지는 본건 임야의 500/18,450의 지분권을 매매한 것이 아니라 오히려 본건 임야 중 500평을 매매하되 그 구체적 목적물은 후일 원

19) 곽윤직, 28~29; 김기선, 66; 김증한/김학동, 32; 김현태, 45; 김형배, 59; 송덕수, 66; 장경학, 44; 정기웅, 41; 현승종, 52 등 참조.

20) 안법영, 전게논문(주 18), 379~382 참조.

고의 지정선택에 의하여 특정하기로 약정한 것으로 해석함이 타당하다'고 판시한 바 있으나(대법원 1965.3.16.선고, 64다1216 판결).[21] 그 후 ② '특정한 토지의 일부면적을 인도할 채무는 제한종류채권'이라고 전제한 후(편의상 이를 「제한종류채권설」이라고 칭하기로 한다), '제한종류채권에서의 목적물의 특정은 원칙적으로 제375조 제2항이 적용되어 채무자가 이행에 필요한 행위를 완료하거나 채권자의 동의를 얻어 이행할 물건을 지정한 때에 그 물건이 채권의 목적물이 되는 것이나, 당사자 사이에 지정권의 부여 및 지정의 방법에 관한 합의가 없고 채무자가 이행에 필요한 행위를 하지 아니하거나 지정권자로 된 채무자가 이행할 물건을 지정하지 아니하는 경우에는 선택채권의 선택권 이전에 관한 민법 제381조를 준용하여 채권의 기한이 도래한 후 채권자가 상당한 기간을 정하여 지정권이 있는 채무자에게 그 지정을 최고하여도 채무자가 이행할 물건을 지정하지 아니하면 지정권이 채권자에게 이전한다'고 판시함으로써(대법원 2003.3.28.선고, 2000다24856 판결 등),[22] '특정토지의 일부를 인도하기로 한 약정이 있는 경우에는 원칙적으로 제한종류채권이 성립한다'는 입장으로 전환한 듯한 태도를 보이기도 하였다. 그러다가 최근에는 다시 ③ '토지소유자가 1필 또는 수필의 토지 중 일정 면적의 소유권을 상대방에게 양도하기로 하는 계약을 체결한 경우, 상대방이 토지소유자에 대하여 구체적으로 어떠한 내용의 권리를 가지는지는 원칙적으로 당해 계약의 해석문제로 귀착되는 것이지만, 위치와 형상이 중요시되는 토지의 특성 등을 감안하여 볼 때 특별한 사정이 없는 한 위치가 특정된 일정 면적의 토지 소유권을 양도받을 수 있는 권리를 가지는 것으로 보아야 하고, 따라서 위와 같은 계약에서 양도받을 토지 위치가 확정되지 아니하였다면 상대방이 토지소유자에게 가지는 채권은 선택채권에 해당하는 것으로 보아야 한다'는 입장으로 선회하였다(대법원 2011.6.30.선고, 2010다16090 판결 등).[23] 결국 현재의 판례는 '이 문제는 당사자의 의사해석의 문제이나, 원칙적으로는 선택채권이 성립한다고 보아야 한다'는 입장(편의상 이를 「원칙적 선택채권설」이라고 칭하기로 한다)이라고 할 것이다.

종류채권은 일정한 수량의 종류물을 인도하는 것을 내용으로 하는 채권이므로 대체물이 그 객체가 되는 것이 통상적이나, 부대체물도 당사자의 의사에 따라서는 종류물이 될 수 있음은 전술한 바와 같다. 즉, 당사자가 일정 범위의 부대체물 중에 어떤 물건이든 상관없이 일정 수량을 급부하기로 한 경우에는 제한종류채권이 성립할 수 있는 것이다. 이러한 법리는 채무자가 특정한 토지 중 어떤 위치이든 상관없이 일정면적을 채권자에게 인도하기로 한 경우에도 마찬가지로 인정되어야 할 것이다.[24] 다만, 토지는 같은 면적이라고 하더라도 그 위

---

21) 같은 취지: 대법원 1972.7.11.선고, 70다877 판결.

22) 판례평석: 오수원, 전게논문(주 10), 329 이하. 같은 취지: 대법원 2009.1.30., 2006마930 결정; 대법원 2009.1.30.선고, 2006다37465 판결 참조.

23) 같은 취지: 대법원 2000.5.12.선고, 98다23195 판결; 대법원 2004.2.13.선고, 2003다10612 판결.

치와 주위환경과의 관계에 따라 그 가치나 용도가 매우 다른 특성을 가지고 있으므로, 어떤 위치의 토지이냐에 따라 동일한 종류물의 급부가 아니라 전혀 다른 내용의 급부라고 보아야 할 경우도 있을 수 있다. 그리고 특정토지 중 일정면적의 토지매매는 원칙적으로 이러한 경우에 해당한다고 보아야 할 것이다. 요컨대, '특정토지 중 일정면적의 토지를 인도하기로 약정한 경우에는 원칙적으로 선택채권이 성립한다'고 보아야 할 것이라는 「원칙적 선택채권설」이 타당하다고 생각된다. (☞ 제7절 「선택채권」)

(3) 제한종류채권의 효력

1) 조달의무의 범위 제한

제한종류채권도 종류채권의 일종이므로, 채무자는 합의된 대로의 품질과 성능을 갖춘 종류물의 일정량을 채권자에게 인도할 의무를 진다. 그러나 제한종류채권에서는 급부의 목적물이 한정된 범위 내로 제한된다는 점에서 보통의 종류채권과는 내용을 달리한다. 즉, 제한종류채권에서는 채무자의 조달의무는 제한된 범위로 한정되므로, 도난 또는 화재 등으로 인하여 약정된 범위 내의 종류물(재고) 모두가 급부할 수 없게 된 경우에는 채무는 소멸한다.

2) 급부 목적물의 특정

제한종류채권도 종류채권의 일종이므로 채무의 이행을 위해서는 구체적인 목적물의 특정이 필요한데, '이에 대해서는 원칙적으로 종류채권의 급부목적물의 특정에 관한 제375조 제2항이 적용되어, 채무자가 이행에 필요한 행위를 완료하거나 채권자의 동의를 얻어 이행할 물건을 지정한 때에는 그 물건이 채권의 목적물이 되는 것이나, 당사자 사이에 지정권의 부여 및 지정의 방법에 관한 합의가 없고, 채무자가 이행에 필요한 행위를 하지 아니하거나 지정권자로 된 채무자가 이행할 물건을 지정하지 아니하는 경우에는 선택채권의 선택권 이전에 관한 제381조를 유추적용하여 채권의 기한이 도래한 후 채권자가 상당한 기간을 정하여 지정권이 있는 채무자에게 그 지정을 최고하여도 채무자가 이행할 물건을 지정하지 않으면 지정권이 채권자에게 이전한다'는 것이 판례의 입장임은 전술한 바와 같다(대법원 2003.3.28. 선고, 2000다24856 판결 등). (☞ 제7절 「선택채권」)

24) 同旨: 안법영, 전게논문(주 18), 379 이하 참조.

제5절 금전채권

[16] Ⅰ. 서 설

1. 금전채권의 의의

넓은 의미에서 「금전채권」이라 함은 '종류채권의 일종으로서 널리 금전의 인도를 급부의 목적으로 하는 채권'을 말한다. 그러나 민법 제376조 이하에서 규정하고 있는 「금전채권」은 '일정액의 금전의 인도를 급부의 목적으로 하는 금액채권'만을 말한다. 이와 같이 '일정액의 금전의 인도를 목적으로 하는 채권'을 의미하는 「좁은 의미의 금전채권」은 금전을 동산의 일종인 물건으로 관념하는 것이므로, 금액채권도 종류채권의 일종에 속한다고 할 수 있다. 그러나 이러한 전통적인 견해에 따르면 법률상 물건이라고 할 수 없는 「지로금전」[1]이나 교통카드 등의 전자화폐는 "금전"이라고 할 수 없으므로, 전자적 수단에 의하여 금전채무의 이행[2]이 광범위하게 이루어지는 거래현실에 부합하는 금전채무의 법적 개념을 수립할 수 없게 된다. 그러므로 현대사회의 경제적 수요를 충족시킬 수 있는 새로운 금전의 개념이 요구되는데, 이는 가치척도·교환수단·가치저장수단이라는 금전의 기능적 측면에 중점을 두어 지로금전이나 전자화폐 등 현금통화 이외의 금전채무의 이행방법을 모두 포괄할 수 있어야 할 것이

---

1) 「지로금전」(Giralgeld)이라 함은 '예금주가 보유하는 금융기관 거래계좌의 대변자산으로서 유가증권으로 화체되어 있지 아니하여 예금주가 언제든지 지불목적으로 처분하기에 적합한 채권'을 말한다(안법영, "금전사법의 법리에 관한 소고 -권리대상으로서 금전의 탈유체화에 관해서-", 법학논집 34집, 고려대법학연구소, 1998/12, 228 참조). 이를 「예금금전」(Buchgeld) 또는 「기장금전(記帳金錢)」이라고도 한다(백태승, "금전채권", 고시연구 23권 10호, 1996/10, 108 참조).

2) 금전채무자가 금융전산망을 이용하여 지로금전을 계좌이체 등의 방법으로 송금하는 경우에는 이를 금전채무의 대물변제라고 볼 것이 아니라, 채무의 이행(변제)라고 보아야 할 것이다(同旨: 주석민법(1)/안법영, 210 참조).

다(이를 「기능적 금전개념」이라고 한다). 즉, 「금전」을 '가치척도·교환수단·가치저장수단인 추상적인 재산력'이라고 정의하고,[3] 「금전채권」의 개념도 '기능적 측면에서 파악한 금전의 이전을 목적으로 하는 채권'이라고 정의하여야 할 것이다.

2. 금전채권의 법적 성질

「금전」의 개념을 '강제통용력 있는 통화'라고 정의하고, 「협의의 금전채권」을 '일정액의 금전의 인도를 목적으로 하는 채권'을 의미한다고 정의하는 종래의 통설적 견해에 따르면, 금전채권도 종류채권의 일종이라고 보아야 할 것이다. 그러나 이는 현대사회의 경제적 수요에 응하기 어려운 낡은 견해이므로, 거래현실에 부합하는 새로운 금전의 개념에 입각하여 금전채권의 법리를 새롭게 수립하여야 할 것임은 전술한 바와 같다. 다만, 현재의 학설은 '금전채권의 개념을 어떻게 파악하든지 금전채권은 물건으로서의 금전의 인도에 중점이 있는 것이 아니라 그 금전이 표창하는 가치의 이전에 중점이 있는 금액채권이므로 일반적 종류채권과는 그 법적 성질이 크게 다르며, 종류채권에 관한 제375조의 규정은 금전채권에는 적용되지 않는다'고 해석하는 데는 이설이 없다. 이와 같이 금전의 개념을 기능적 금전개념에 의하여 새롭게 파악하는 경우, 금전채권은 「금전」이라는 물건을 인도할 채무를 내용으로 하는 것이 아니라 금전이 표창하고 있는 일정액의 금전적 가치의 이전을 내용으로 하는 채권으로서, 종류채권과는 그 법적 성질이 전혀 다른 채권이 된다. 이러한 취지에서, 기능적 금전개념에 의하여 금전의 개념을 파악하는 견해는 금전채권을 '일정한 재산적 가치의 급부를 목적으로 하는 가치채권'이라고 파악한다.[4] 다만, '「가치채권(價値債權)」이라는 용어는 화폐가치의 폭락사태에 대비하기 위한 수단으로 이용되는 금가치약관(金價値約款)처럼 장래의 일정한 시점에서 금전 이외의 재화나 급부의 가치나 가격 등에 의하여 인도할 금전의 수량이 정해져 있는 경우를 의미하는 「금전가치채권」과 혼동을 일으킬 우려가 있으므로, 「가치채권」이라는 용어를 금전채권을 가리키는 용어로 사용하는 것은 부적절하다'는 비판이 제기되고 있다.[5] 그러므로 「가치채권」이라는 용어는 신중하게 사용할 필요가 있다.[6]

3. 금전채권의 발생

금전채권은 매매·임대차·고용·도급·이자부금전소비대차 등의 유상계약에서 발생하는

3) 백태승, 전게논문(주 1), 104 참조.
4) 민법주해(8)/이공현, 165; 주석민법(1)/안법영, 156; 주석채권총칙(상)/최공웅, 85; 김상용, 50; 김현태, 52; 김형배, 67; 황적인, 16 참조.
5) 백태승, 전게논문(주 1), 103~104 참조.
6) 同旨: 최수정, "민법상 금전의 개념과 금전채권의 특질", 비교사법 10권 1호(한국비교사법학회, 2003/3), 16 참조.

것이 보통이다. 그러나 금전채권은 금전의 증여·무이자금전소비대차·금전의 무상임치·유증 등의 무상계약에서도 발생할 수 있으며, 채무불이행·부당이득·불법행위 등의 법률의 규정에 의한 채권관계에서도 발생한다.

4. 금전채권의 사회적 작용과 해석의 방향

(1) 금전채권의 사회적 작용

자유시장경제체제하에서는 모든 재화와 용역의 교환이 금전을 매개로 하여 이루어지는 것이 원칙이므로, 금전과 금전채권은 재화와 용역의 교환수단이 될 뿐만 아니라 가장 기본적인 자본의 존재형태로서 모든 경제기구를 움직이는 대동맥이라고 할 수 있다.

(2) 금전채권의 해석 방향

1) 금전채권의 확실화·유통화

자유시장경제체제 하에서 자본의 조달은 기업의 존립과 발전을 위한 사활적 관건이라고 할 수 있는데, 이러한 자본의 조달이 원활하게 이루어지기 위해서는 금전채권의 실효성과 유통성이 확보될 수 있는 합리적인 해석론과 입법론의 수립이 요망된다. 또한 금전채권의 실효성과 유통성의 확보는 합리적인 담보제도에 의하여 뒷받침되어야 한다. 그러나 '우리나라에서는 현재 담보물권의 부종성이 엄격하게 유지되고 있을 뿐만 아니라 등기의 공신력도 인정되고 있지 않으므로, 금전채권의 실효성과 유통성을 확보할 수 있는 합리적인 저당제도의 수립이 어렵다'는 문제가 있다. (☞ 담보물권 편, 제1장「담보물권총론」)

2) 금전채권의 중압으로부터의 채무자 보호

자유시장경제의 교환수단인 금전의 매개적 기능을 원활하게 하기 위하여 금전채권의 효력을 강화하는 경우에는 그 부작용으로서 금전채무자의 지위에 설 수밖에 없는 산업자본과 일반서민들은 금전채권의 압박에 의하여 금융자본에의 종속과 생존권의 위협을 피할 수 없게 된다. 따라서 금전채권에서는 그 효력의 강화와 아울러 경제적 약자인 금전채무자의 보호를 동시에 기할 수 있는 해석론과 입법론의 수립이 요망된다. 특히 우리나라는 1997년 말에 발생한 외환위기를 극복하기 위하여 국제통화기금(IMF)에 구제금융을 신청하는 과정에서 IMF의 요구에 따라 당시 금전채무자를 보호하기 위하여 이자율의 상한선을 연 25%로 제한하고 있었던 이자제한법을 폐지(1998.1.13. 법률 제5507호)하는 등 강도 높은 고금리정책을 실시한 바 있는데. 그 결과 연 1,000%를 넘는 초고금리가 횡행하고「부의 양극화현상」이 심화되어 계층간의 사회적 갈등이 격화되는 등의 심각한 부작용을 경험한 바 있다.[7]

---

7) 이자제한법은 우여곡절 끝에 폐지된 지 거의 10년이 지난 2007년에 다시 부활되었다(2007.3.29. 법률 제8322호). (☞ 제6절「이자채권」)

5. 금전채권의 환경변화와 새로운 과제

(1) 금융전산화

오늘날에는 금융전산망이 급속히 확대되고 전자자금이체제도가 확립됨에 따라 지로금전에 의한 금전채무의 이행이 일반화되고 있다. 또한 디지털암호로 전자화된 전자화폐(electronic money)가 등장하는 등 경제적 환경이 변화함에 따라,[8] 금전채권을 종류채권의 일종으로 관념하는 종래의 전통적 이론에 의해서는 금전채권의 법률문제를 설명하기 어렵게 되었다. 그러므로 디지털시대에 적합한 금전채권의 새로운 이론을 수립할 것이 요구되고 있다.

(2) 금융실명제의 실시

1) 금융실명제의 실시 경과

(가) 대통령긴급명령 제16호

1993.8.12. 「금융실명거래 및 비밀보장에 관한 긴급재정경제명령」(대통령긴급명령 16호: 이하 「긴급명령」으로 약칭)에 의하여, ① 대부분의 금융기관에 대하여 거래자의 실명에 의해서만 금융거래를 할 공법상의 의무를 부과하고, ② 긴급명령이 시행되기 전에 금융거래계좌가 개설된 기존의 금융자산의 명의인에 대하여는 긴급명령 시행 후 최초의 금융거래 시에 그 명의가 실명인지의 여부를 확인할 공법상의 의무를 부과함과 동시에, ③ 실명확인을 하지 아니하였거나 실명이 아닌 것으로 확인된 기존금융자산의 지급·상환·환급·환매 등을 원칙적으로 금지하는 것을 골자로 하는 이른바 「금융실명제(金融實名制)」가 실시되기 시작하였다(긴급명령 3조).[9] 그리고 긴급명령 제3조의 규정을 위반한 금융기관의 임원 및 직원에 대하여는 500만원 이하의 과태료가 부과되었다(긴급명령 13조).

---

8) 이러한 현상을 「금전의 탈유체화(脫有體化)」라고도 한다(안법영, 전게논문(주 1), 177 이하 참조).

9) 긴급명령 제3조(금융실명거래) ① 금융기관은 거래자의 실지명의(이하 "實名"이라 한다)에 의하여 금융거래를 하여야 한다. ② 금융기관은 제1항의 규정에 불구하고 다음 각 호의 1에 해당하는 경우에는 실명의 확인을 하지 아니할 수 있다. 1. 실명이 확인된 계좌에 의한 계속거래와 공과금수납·100만원 이하의 송금 등의 거래로서 대통령령이 정하는 거래 2. 외국통화의 매입, 외국통화로 표시된 예금의 수입 또는 외국통화로 표시된 채권의 매도 등의 거래로서 대통령령이 정하는 기간 동안의 거래 3. 다음 각 목의 1에 해당하는 채권(이하 "특정채권"이라 한다)으로서 이 법 시행일 이후 1998년 12월 31일 사이에 재정경제부장관이 정하는 발행기간·이자율 및 만기 등의 발행조건으로 발행된 채권의 거래 가. 고용안정과 근로자의 직업능력향상 및 생활안정등을 위하여 발행되는 대통령령이 정하는 채권 나. 외국환관리법 제14조의 규정에 의한 외국환평형기금채권으로서 외국통화로 표시된 채권 다. 중소기업의 구조조정지원 등을 위하여 발행되는 대통령령이 정하는 채권 라. 「자본시장과 금융투자업에 관한 법률」 제329조에 따라 증권금융회사가 발행한 사채 마. 기타 국민생활안정과 국민경제의 건전한 발전을 위하여 발행되는 대통령령이 정하는 채권 ③ 실명거래의 확인방법 및 절차 기타 필요한 사항은 총리령으로 정한다.

(나) 「금융실명법」의 제정

금융실명제는 외환위기가 발생한 1997.12.31. 「금융실명거래 및 비밀보장에 관한 법률」(법률 제5493호: 이하 「금융실명법」으로 약칭)에 의하여 긴급명령이 폐지되고, 금융실명법에 의한 새로운 내용이 금융실명제가 대체되는 등 전환점을 맞이하였다. 다만, 금융실명법은 금융기관이 실명확인을 하지 않아도 되는 경우가 긴급명령보다 광범위하게 인정된다는 점(금융실명법 3조 2항)[10]을 제외하고는 그 내용상 긴급명령과 큰 차이는 없다.

2) 금융실명제하에서의 예금계약의 당사자

「금융실명제」의 시행에 따라 금융기관과 체결한 예금계약의 명의자인 형식상의 예금주와 실제예금주인 출연자가 다른 차명거래(借名去來)는 법률상 금지되고 있다. 그럼에도 불구하고 차명거래는 여전히 성행하고 있다. 문제는 민법상 '차명예금거래에서 계약상의 권리·의무의 귀속주체를 누구로 볼 것인가?' 하는 것인데, 이에 대해서는 금융실명법에 명문규정이 없으므로, '차명거래의 효력을 인정하고 예금주도 실제의 출연자라고 보아야 한다'는 견해부터 '차명거래의 효력을 부인하고 형식상의 예금명의자를 예금주로 보아야 한다'는 견해에 이르기까지 다양한 학설이 제기되고 있다.[11] 이에 관한 판례의 입장도 두 차례에 걸쳐 크게 변경된 바 있다. 여기서는 대법원판례의 입장변화와 그 타당성 여부를 간략하게 살펴보는데 그치기로 한다.

(가) 금융실명제 시행 초기의 판례

금융실명제 시행 초기 대법원은, '① 금융실명제하에서 금융기관에 예금을 하고자 하는 자는 원칙적으로 직접 주민등록증과 인감을 지참하고 금융기관에 나가 자기 이름으로 예금을 하여야 하는 것이 원칙이나, 대리인이 본인의 주민등록증과 인감을 가지고 가서 본인의 이름

10) 금융실명법 제3조(금융실명거래) ① 금융회사등은 거래자의 실지명의(이하 "실명"이라 한다)로 금융거래를 하여야 한다. ② 금융회사등은 제1항에도 불구하고 다음 각 호의 어느 하나에 해당하는 경우에는 실명을 확인하지 아니할 수 있다. 1. 실명이 확인된 계좌에 의한 계속거래, 공과금 수납 및 100만원 이하의 송금 등의 거래로서 대통령령으로 정하는 거래 2. 외국통화의 매입, 외국통화로 표시된 예금의 수입(受入) 또는 외국통화로 표시된 채권의 매도 등의 거래로서 대통령령으로 정하는 기간 동안의 거래 3. 다음 각 목의 어느 하나에 해당하는 채권(이하 "특정채권"이라 한다)으로서 법률 제5493호 금융실명거래및비밀보장에관한법률 시행일(1997년 12월 31일) 이후 1998년 12월 31일 사이에 재정경제부장관이 정하는 발행기간·이자율 및 만기 등의 발행조건으로 발행된 채권의 거래 가. 고용 안정과 근로자의 직업능력 향상 및 생활 안정 등을 위하여 발행되는 대통령령으로 정하는 채권 나. 외국환거래법 제13조에 따른 외국환평형기금 채권으로서 외국통화로 표시된 채권 다. 중소기업의 구조조정 지원 등을 위하여 발행되는 대통령령으로 정하는 채권 라. 「자본시장과 금융투자업에 관한 법률」 제329조에 따라 증권금융회사가 발행한 사채 마. 그 밖에 국민생활 안정과 국민경제의 건전한 발전을 위하여 발행되는 대통령령으로 정하는 채권 ③ 실명거래의 확인 방법 및 절차와 그 밖에 필요한 사항은 총리령으로 정한다.

11) 학설의 상세는 김재형, "금융거래의 당사자에 관한 판단기준", 저스티스 93호(한국법학원, 2006/8), 5 이하 참조.

으로 예금하는 것은 허용된다. ② 이 경우(대리인에 의하여 예금계약을 체결하는 경우), 금융기관은 주민등록증을 통하여 실명확인을 한 예금명의자와 예금계약을 체결할 의도를 가지고 있었다고 보아야 할 것이므로, 금융기관이 주민등록증을 통하여 예금명의자의 실명을 확인하고 그 명의의 예금계좌를 개설한 때에는 그 예금명의자를 예금주로 보아야 한다. ③ 예금계약상의 명의자가 아니고 예금통장도 소지하지 않은 예금행위자(실제의 예금주)는 예금채권의 준점유자로 보기 어렵다'는 입장을 천명하였으며(대법원 1996.4.23.선고, 95다55986 판결 등),[12] 이러한 판례의 기본적 입장은 현재까지 계속 유지되고 있다(대법원 1998.1.23.선고, 97다35658 판결 등).[13] 그러나 초기의 판례는 위와 같은 기본적 입장과는 달리, ④ '출연자와 금융기관 사이에 예금명의인이 아닌 출연자에게 예금반환채권을 귀속시키기로 하는 명시적 약정이 있거나 또는 예금계약의 체결을 전후한 주관적·객관적 제반사정을 종합하여 그와 같은 내용의 묵시적 약정이 있다고 인정되는 등 특별한 사정이 있다고 인정되는 경우에는 출연자를 예금주로 하는 금융거래계약이 성립된 것으로 볼 수 있다'는 입장을 취하고(대법원 1998.11.13.선고, 97다53359 판결 등),[14] 이를 전제로, ⑤ '예금계약의 출연자와 예금명의자가 서로 다르고 양자 모두 예금채권에 관한 권리를 적극 주장하고 있는 경우로서 금융기관이 그 예금의 지급 시는 물론 예금계약 성립 시의 사정까지 모두 고려하여 선량한 관리자로서의 주의의무를 다하여도 어느 쪽이 진정한 예금주인지에 관하여 사실상 혹은 법률상 의문이 제기될 여지가 충분히 있다고 인정되는 때에는, 금융기관으로서는 민법 제487조 후단의 채권자 불확지(不確知)를 원인으로 하여 변제공탁을 할 수 있다'는 입장을 취하였다(대법원 2004.11.11.선고, 2004다37737 판결).[15]

(나) 2009.3.19.의 대법원 전원합의체판결 이후

판례는 '금융실명제에 관한 긴급명령이나 금융실명법의 규정은 사법상의 효력을 부인하는 강행규정이 아닌 행정목적을 달성하기 위한 단속규정에 불과하므로, 비실명금융거래계약의 사법상 효력에는 영향이 없다'는 입장을 확립하고 있었으며(대법원 2001.12.28.선고, 2001다17565 판결 등), 예금주확정에 관한 종래의 판례에 따르면, '예금명의인이 아닌 출연자에게 예금반환

12) 판례평석: 정재규, "금융실명제하에서의 예금채권의 준점유자에 대한 변제의 인정 여부", 재판실무연구 1996(광주지방법원, 1997/1), 204 이하.

13) 같은 취지: 대법원 2002.6.14.선고, 2000다38992 판결; 대법원 2006.12.21.선고, 2004다41194 판결; 대법원 2007.6.14.선고, 2004다45530 판결.

14) 판례평석: 김유진, "금융실명제하에서의 예금주의 인정", 민사판례연구(22)(민사판례연구회, 2000/2), 215 이하; 윤진수, "금융실명제 실시 후에 예금의 출연자를 예금주로 본 사례", 상사판례연구(4)(박영사, 2000/4), 99 이하. 같은 취지: 대법원 2000.3.10.선고, 99다67031 판결; 대법원 2004.11.11.선고, 2004다37737 판결; 대법원 2005.6.24.선고, 2005다17877 판결; 대법원 2006. 2.9.선고, 2005다63634 판결. 이들 판결들은 후술하는 대법원 2009.3.19.선고, 2008다45828 전원합의체판결에 의하여 변경되었다.

15) 판례는 '이러한 법리는 위 긴급명령 시행 전에 개설된 금융거래계좌에 관하여 위 명령 시행 후에 이를 실질적으로 지배하는 자가 변경된 경우에도 마찬가지로 적용된다'고 한다(대법원 2002.2.26.선고, 99다68096 판결).

채권을 귀속시키기로 하는 묵시적 약정이 있다고 인정할 수 있는 제반사정이란 과연 어떠한 경우를 말하는가?' 하는 것이 문제되고, 판례가 이러한 「제반사정」을 넓게 인정한다면 결국 (금융기관에 대한 과태료의 부과에 의한 제재를 논외로 한다면) 금융실명제는 유명무실한 제도로 전락하게 된다.[16] 이러한 점을 고려하여, 대법원은 2009.3.19.선고, 2008다45828 전원합의체 판결에 의하여 이 문제에 대한 보다 진전된 입장을 표명하였다. 즉, 출연자가 배우자를 대리하여 배우자의 실명확인절차를 거쳐 금융기관과 배우자 명의의 예금계약을 체결한 사안에서, '금융기관과 출연자 사이에 예금명의자가 아닌 출연자를 예금계약의 당사자로 하기로 하는 묵시적 약정이 체결되었다'고 보아 출연자를 예금계약의 당사자라고 판단한 원심판결을 파기하면서, '금융실명제하에서는 본인인 예금명의자의 의사에 따라 예금명의자의 실명확인 절차가 이루어지고 예금명의자를 예금주로 하여 예금계약서를 작성하였음에도 불구하고, 예금명의자가 아닌 출연자 등을 예금계약의 당사자라고 볼 수 있으려면, 금융기관과 출연자 등과 사이에서 실명확인 절차를 거쳐 서면으로 이루어진 예금명의자와의 예금계약을 부정하여 예금명의자의 예금반환청구권을 배제하고 출연자 등과 예금계약을 체결하여 출연자 등에게 예금반환청구권을 귀속시키겠다는 명확한 의사의 합치가 있는 극히 예외적인 경우로 제한되어야 하며, 이러한 의사의 합치는 금융실명법에 따라 실명확인절차를 거쳐 작성된 예금계약서 등의 증명력을 번복하기에 충분할 정도의 명확한 증명력을 가진 구체적이고 객관적인 증거에 의하여 매우 엄격하게 인정하여야 한다'고 판시하고, 새롭게 제시된 법리에 반하는 종전의 판례를 그 한도에서 폐기하였다(대법원 2009.3.19.선고, 2008다45828 전원합의체판결 등).[17] 또한 대법원은 위 전원합의체판결의 새로운 법리를 전제로 하여, '금융기관은 예금명의자와 출연자 등 사이에 예금반환청구권의 귀속을 둘러싼 분쟁이 발생한 경우에 그들 사이의 내부적 법률관계

---

16) 김재형, 전게논문(주 11), 5 이하; 정인숙, "금융실명제 시행 이후 예금계약상의 예금주", 실무연구Ⅳ(서울지법남부지원, 2005/12), 97 이하; 김유진, 전게논문(주 14), 215 이하; 윤진수, 전게논문(주 14), 99 이하; 송덕수, "금융실명제하에 있어서 예금계약의 당사자 내지 예금채권자의 결정", 판례실무연구(Ⅱ)(박영사, 1998), 344 이하; 전경근, "예금계약에 관한 연구", 법학박사학위논문(서울대학교대학원, 1999), 162 이하 참조.

17) 판례평석: 오영준, "금융실명제하에서 예금계약의 당사자 확정 방법", 사법 8호(사법연구지원재단, 2009/6), 218 이하; 이문호, "금융, 부동산실명법(제) 소고", 인권과 정의 395호(대한변호사협회, 2009/7), 122 이하; 신호영, "다인명의 예금계좌에 입금된 금액에 대한 증여여부 판단에 관하여", 금융법연구 6권 1호(한국금융법학회, 2009), 3 이하; 전욱, "차명계좌의 경우 금융기관과의 사이에 예금계약의 당사자는 누구인가", 법학연구 12집 2호(인하대법학연구소, 2009/8), 323 이하; 홍봉주, "금융실명제하에서의 예금주의 확정", 민사법학 46호(한국민사법학회, 2009/9), 403 이하; 고재민, "예금계약의 당사자 확정", 판례연구 21집(부산판례연구회, 2010/ 2), 689 이하; 이차웅, "예금명의자 아닌 제3자를 예금계약의 당사자로 볼 수 있는 예외적인 경우와 그 인정방법", 재판과 판례 19집(대구판례연구회, 2010/12), 205 이하; 심동영, "금융실명제와 차명예금계약의 당사자 확정", 재판과 판례 19집(대구판례연구회, 2010/12), 267 이하. 같은 취지: 대법원 2010.11.11.선고, 2010다41263·41270 판결; 대법원 2011.5.13.선고, 2009도5386 판결; 대법원 2011.9.29.선고, 2011다47169 판결; 대법원 2013.9.26.선고, 2013다2504 판결.

를 알았는지 여부와 관계없이 일단 예금명의자를 예금주로 전제하여 예금거래를 처리하면 되고, 이러한 금융기관의 행위는 특별한 사정이 없는 한 적법한 것으로서 보호되어야 한다'는 입장을 전환하였다(대법원 2013.9.26.선고, 2013다2504 판결).

(다) 판례법리의 당부

금융실명제는 정치자금이나 뇌물 등의 부정한 자금의 돈세탁을 위하여 활용되어 온 차명거래를 차단하고 투명한 금융거래를 통한 신뢰사회를 건설하기 위한 목적에서 실시된 제도로서, 그 제도적 취지와 목적이 정당하다는 점은 의문의 여지가 없다. 다만, 금융실명제의 취지와 목적이 정당하다고 하더라도 사적 자치의 원칙이 지배하는 자유시장경제체제하에서 차명거래의 가능성을 완전히 차단하고 나아가 사법상의 효력까지도 부인하는 등의 극단적인 방법을 동원하는 것은 바람직하지 않다고 할 것이다. 위 대법원 전원합의체판결에 의하여 제시된 새로운 판례의 입장은 이러한 관점에서 중용을 채택한 것으로서 타당하다고 생각된다. 다만, 외국의 입법례와 거래의 실제를 보다 면밀히 조사·연구하여 차명예금의 법률문제에 대한 적절한 제도적 보완책을 마련할 필요는 있다고 생각한다.

[17] Ⅱ. 금전채권의 종류

금전채권은 원칙적으로 금액채권임은 전술한 바와 같다. 그러나 금전채권은 경우에 따라 종류채권의 일종인 「금종채권」 또는 특정물채권의 일종인 「특정금전채권」으로서 성립할 수도 있음에 유의할 필요가 있다. 즉, 구체적인 경우에 금전채권이 어떠한 성질의 채권인가 하는 것을 결정하는 것은 당사자의 의사해석의 문제이다.

1. 금액채권

「금액채권(金額債權)」이라 함은 '기능적 측면에서 파악한 일정액의 금전의 이전을 목적으로 하는 채권'을 말하며, 좁은 의미의 금전채권은 금액채권을 가리킨다는 것은 전술한 바와 같다. 금액채권에서의 「금전」은 일반적인 종류물과는 달리 '가치측정의 기준이 되는 물건 내지는 재화교환의 매개체'에 지나지 않는다. 따라서 금액채권인 금전채권에는 종류채권의 법리는 적용되지 않으며, 금액채권의 특수한 법리가 적용된다. 즉, ① 화폐가 강제통용력을 가지는 한 채무자는 급부의 목적인 일정액을 자기가 선택한 각 종류의 통화로 변제할 수 있으며(377조 1항 유추), 인도된 화폐의 종류에 관계없이 그 명목가치 또는 계좌이체된 금액의 합계액이 약정된 금액과 일치하면 채무는 완전히 이행한 것이 된다.[18] ② 금액채권인 금전채권은

18) 다만, 당사자 사이에서 금종채권의 약정이 없는 경우라도 사용자가 악의를 가지고 근로자의 퇴직금을

그 성질상 목적물의 특정이라는 문제는 발생하지 않으므로, 종류채권의 특정에 관한 제375조 제2항은 적용될 여지가 없다. ③ 거래의 실제에서는 금전은 아니지만 금전과 유사한 기능을 하는 어음이나 수표 등의 지급수단을 금전 대신 지급하는 경우가 있는데, '이러한 지급수단을 제공한 경우에 이를 채무의 내용에 좇은 금전채무의 변제의 제공으로 볼 수 있는가?' 하는 것이 문제된다. 이에 관한 상세는 후술하기로 한다. (☞ 제3장 제2절 「변제의 제공」)

2. 금종채권

(1) 의 의

「금종채권(金種債權)」이라 함은 예컨대, 500만원의 채무를 신사임당의 초상화가 그려져 있는 5만원권 100장으로 지급받기로 약정한 경우와 같이, '당사자 사이의 특약으로 일정한 종류에 속하는 통화의 일정량을 급부의 목적으로 하는 채권'을 말한다. 금종채권은 다시 통상적인 금종채권인 「상대적 금종채권」과 「절대적 금종채권」의 두 가지로 분류할 수 있다.

(2) 금종채권의 특칙

금전채권의 당사자 사이에 금종채권의 특약이 있는 경우에는 채무자는 그 약정에 따라 일정한 종류에 속하는 통화의 일정량을 급부할 의무를 진다. 그러므로 위 사례(신사임당의 초상화가 그려져 있는 5만원권 100장을 지급하기로 약정한 경우)에서 채무자가 약정과 달리 1만원권 지폐 500장을 지급하려고 하는 경우, 채권자는 채무불이행을 이유로 수령을 거절할 수 있다.

문제는 '급부의 목적인 일정한 종류에 속하는 통화가 이행기에 강제통용력을 잃은 경우에도 채무자가 그 종류의 통화를 급부하여 채무를 면할 수 있는가?' 하는 것인데, 민법은 '화폐개혁 등으로 인하여 약정한 종류의 통화가 강제통용력을 잃은 경우에 금종채권의 채무자는 강제통용력 있는 다른 화폐로 변제하지 않으면 채무불이행책임을 면할 수 없다'는 점을 명문으로 규정하고 있다(376조). 금종채권의 특칙을 규정한 제376조는 구 의용민법 제402조 제2항[19]의 규정을 그대로 계승한 것인데, 동조는 '화폐개혁 등으로 인하여 약정된 종류의 금전이 강제통용력을 잃은 경우에 당사자의 의사를 존중하고,[20] 채무자가 금종채권의 특약이 있

10원짜리 주화로만 지급하는 경우처럼, '금전채무의 이행방법이 거래상 부적절하여 신의칙에 반한다고 인정되는 경우에는 채권자는 그 수령을 거절할 수 있다'고 해석되는 예외적인 경우도 있을 수 있다(同旨: 안법영, 전게논문(주 1), 222 참조).

19) 구 의용민법 제402조 : ① 채권의 목적물이 금전인 때에는 채무자는 그 선택에 좇아 각종의 통화로써 변제를 할 수 있다. 다만, 특종의 통화의 급부로써 채권의 목적으로 한 때에는 그러하지 아니하다. ② 채권의 목적인 특종의 통화가 변제기에 있어서 강제통용력을 잃은 때에는 채무자는 다른 통화로써 변제를 할 것을 요한다. ③ 전 2항의 규정은 외국의 통화의 급부로써 채권의 목적으로 한 경우에 이를 준용한다.

20) 금종채권도 금전채권의 일종으로서 기본적으로 금액채권인 성질을 가지고 있는 것이므로(同旨: 곽윤직, 33; 김상용, 56 참조), 당사자 사이에 금종채권의 약정이 있더라도 이는 '약정한 종류의 통화가 이

음을 이유로 금전채무의 이행불능을 주장할 수 없도록 함으로써[21] 당사자 사이에 형평을 기하기 위한 것'이라고 할 수 있다. 또한 '금액채권에 있어서도 화폐개혁 등으로 인하여 현재 유통되고 있는 통화가 강제통용력을 잃은 경우에는 제376조의 규정을 유추적용하여 채무자는 강제통용력이 있는 새로운 화폐로 이행하여야 한다'고 해석하여야 할 것임은 물론이다.

(3) 절대적 금종채권

제376조의 규정은 임의규정에 불과하므로, 당사자의 합의로 제376조의 적용을 배제하고 일정한 종류의 화폐가 강제통용력을 가지는지 여부에 상관없이 그 종류에 속하는 금전의 일정량(예컨대, 초대대통령 이승만의 초상화가 그려져 있는 10,000환짜리 한국은행권 100장)의 인도를 목적으로 하는 채권을 발생시킬 수도 있는데, 이를 「절대적 금종채권」이라고 한다.

「절대적 금종채권」에서는 급부의 목적물인 금전은 단순한 종류물의 의미를 가지는 데 지나지 않는다. 즉, 절대적 금종채권은 순수한 종류채권으로서 종류채권의 법리(특히 종류채무자의 조달의무)가 그대로 적용된다. 즉, 채무자는 급부의 목적물인 금전이 강제통용력을 잃은 경우에도 반드시 그 종류에 속하는 금전을 인도하지 않으면 안 된다. (☞ 제4절 「종류채권」)

3. 특정금전채권

「특정금전채권(特定金錢債權)」이라 함은 고화(古貨)의 임치·운송·진열과 같이, '이미 특정되어 있는 금전을 급부의 목적으로 하는 채권'을 말한다. 특정금전채권의 법적 성질은 특정물채권에 해당하므로, 채무자의 선관주의의무 등 특정물채권의 법리가 적용됨은 물론이다. (☞ 제3절 「특정물채권」)

4. 외국금전채권 : 외화채권

(1) 의 의

「외국금전채권」이라 함은 '외국화폐의 지급을 목적으로 하는 채권'을 말한다. 이를 「외화채권(外貨債權)」이라고도 한다(377조).

행기에 강제통용력을 가지는 경우에 한하여 그 종류의 통화로써 변제되어야 한다'는 의미로 해석할 것이지, 강제통용력을 잃은 그 종류의 통화로써만 변제되어야 한다는 의미로 해석할 것은 아니라 할 것이다(註釋民法理由, 30 참조).

21) 구 의용민법의 입법자의사에 따르면, '금종채권의 특약이 있는 경우에 그 종류의 금전으로 이행할 수 없는 때에도 이를 금전채무의 이행불능의 사유라고 할 수는 없으나, 의문을 없애기 위하여 채무자가 강제통용력 있는 다른 통화로써 변제를 하여야 한다는 명문규정을 둔 것'이라고 한다(民法修正案理由書, 394 참조).

(2) 내국금전채권의 법리 적용

내국(內國)금전채권과 마찬가지로, '외국금전채권에도 금액채권·금종채권·특정금전채권의 세 가지 유형이 있을 수 있고, 원칙적으로 금액채권이 성립한다'는 점은 내국금전채권과 마찬가지이다. 민법은 제377조에서 이러한 법리를 명문으로 규정하고 있다.

(3) 외화채무자의 대용급부권

민법은 제378조에서, "채권액이 다른 나라 통화로 지정된 때에는 채무자는 지급할 때에 있어서의 이행지의 환금시가에 의하여 우리나라 통화로 변제할 수 있다"고 규정함으로써, 외화채무자의 내국통화로의 대용급부권(代用給付權)을 인정하고 있다. '여기서 "지급할 때"라 함은 이행기를 의미하는가(이행기설), 아니면 현실로 지급한 때를 의미하는가(현실지급시설)?' 하는 것이 문제된다. 이에 관하여는 「현실지급시설」이 타당하다는 데 학설의 견해가 일치한다.[22] 판례는 대법원이 1991.3.12.선고, 90다2147 전원합의체판결에 의하여 이행기설을 취하고 있었던 종래의 판례들(대법원 1978.5.23.선고, 73다1347 판결 등)[23]을 폐기한 이래 「현실지급시설」의 입장을 확립하고 있다. 또한 판례는 외화채무에 관하여 다음과 같은 입장을 확립하고 있다. 즉, ① 민법은 제378조에서 외화채무자의 대용급부권만을 규정하고 있으나, 국내에서의 강제집행의 편의를 위하여 외화채권자에게도 대용급부청구권이 인정된다. ② 채권자가 대용급부청구권을 행사하여 내국통화로 환산하여 청구하는 경우, 법원은 채무자가 현실로 이행할 때에 가장 가까운 사실심 변론종결시의 외국환시세에 의하여 환산한 우리나라 통화로 변제할 것을 명하여야 한다.[24] ③ 외화채무자에 대하여 사실심 변론종결시의 외국환시세에 의하여 환산한 우리나라 통화로 변제할 것을 명한 제1심 이행판결에 대하여 채무자만이 불복·항소한 경우, 법원은 항소심 변론종결 당시의 외국환시세를 기준으로 채권액을 다시 환산해 본 후 「불이익변경금지의 원칙」에 반하지 않는 한 채무자의 항소를 일부 인용하여야 한다(대법원 2007.4.12.선고, 2006다72765 판결).

---

22) 최공웅, "외화채권의 변제와 환산시기", 민사판례연구(5)(민사판례연구회, 1983), 129 참조.

23) 판례평석: 최공웅, 상게논문, 108 이하. 같은 취지: 대법원 1968.11.26.선고, 68다1293·1294 판결; 대법원 1987.6.23.선고, 86다카2107 판결.

24) 이러한 취지에서, 판례는 ① '채권금융기관이 주채무인 외화대출금을 우리나라 통화로 환산한 금액을 지급하는 방법으로 신용보증계약을 이행하기로 하는 특약에 기하여 보증인(신용보증기금)을 상대로 우리나라 통화로 환산한 금액을 청구함에 따라 법원이 그 이행을 명하는 경우에도, 사실심 변론종결시의 외국환시세를 기준으로 우리나라 통화로 환산하여야 한다'고 하며(대법원 2008.7.10.선고, 2008다9891 판결), ② '우리나라 통화를 외화채권에 변제충당할 때도 특별한 사정이 없는 한 현실로 변제충당할 당시(사실심 변론종결시)의 외국환시세에 의하여 환산하여야 한다'는 입장을 취하고 있다(대법원 2000.6.9.선고, 99다56512 판결). 또한 ③ '경매절차를 통하여 외화채권을 변제 받는 경우에도, 집행법원은 특별한 사정이 없는 한 배당기일 당시의 외국환시세를 기준으로 우리나라 통화로 환산하여 외화채권자에 대하여 배당을 하여야 한다'고 한다(대법원 2011.4.14.선고, 2010다103642 판결).

▪ 외화채권을 채권자가 우리나라 통화로 환산하여 청구하는 경우의 환산기준시기 채권액이 외국통화로 지정된 금전채권인 외화채권을 채무자가 우리나라 통화로 변제함에 있어서는 민법 제378조가 그 환산시기에 관하여 외화채권에 관한 같은 법 제376조, 제377조 제2항의 "변제기"라는 표현과는 다르게 "지급할 때"라고 규정한 취지에서 새겨 볼 때 그 환산시기는 이행기가 아니라 현실로 이행하는 때, 즉 현실이행시의 외국환시세에 의하여 환산한 우리나라 통화로 변제하여야 한다고 풀이함이 상당하므로, 채권자가 위와 같은 외화채권을 대용급부의 권리를 행사하여 우리나라 통화로 환산하여 청구하는 경우에도 법원이 채무자에게 그 이행을 명함에 있어서는 채무자가 현실로 이행할 때에 가장 가까운 사실심 변론종결 당시의 외국환 시세를 우리나라 통화로 환산하는 기준시로 삼아야 한다. (대법원 1991.3.12.선고, 90다2147 전원합의체판결)[25]

[18] Ⅲ. 금전채권의 특수한 문제

1. 채무불이행책임에 관한 특칙

금전채무의 불이행은 다른 일반적 채무불이행과는 달리 이행불능이 인정되지 않고 이행지체만이 성립할 수 있다는 점과, 금전채무의 이행지체는 당연히 채권자에게 이자상당액의 손해를 발생시키며, 금전채무자의 손해배상책임은 무과실책임이라는 특징을 가지고 있다. 민법은 제397조에서 이러한 법리를 명문으로 규정하고 있다.

(1) 손해발생에 대한 증명책임의 면제

채권자가 채무불이행으로 인한 손해배상을 청구하기 위해서는 손해의 발생사실 및 그 손해액을 구체적으로 증명하여야 함이 원칙이다(390조). 그러나 금전채무의 불이행으로 인한 손해배상을 청구함에 있어서는 채무불이행으로 인한 손해의 발생 및 그 손해액을 입증할 필요가 없다(397조). 이는 금전채무의 불이행은 채권자에게 당연히 이자상당액의 손해를 발생시킨다는 것이 법률상 전제되어 있음을 의미한다. 다만, 금전채무의 불이행으로 인한 손해배상을 청구하는 경우에 채권자가 손해발생 사실에 대하여 증명할 필요는 없으나, 그 주장책임까지 면제되는 것은 아니라는 점에 유의하여야 한다(대법원 2000.2.11.선고, 99다49644 판결). (☞ 제4장 제2절 「채무불이행의 효과」)

(2) 무과실책임

채무불이행책임은 원칙적으로 채무자의 귀책사유(고의·과실)를 요건으로 한다(과실책임의

25) 판례평석: 민일영, "외화채권의 환산", 인권과 정의 179호(대한변호사협회, 1991/7), 90 이하; 장수길, "외화채무급부판결", 한일변호사협의회지 10호(한일변호사회, 1991/10), 18 이하; 이공현, "외화채권의 변제", 민사판례연구(14)(민사판례연구회, 1992/5), 112 이하. 같은 취지: 대법원 2000.6.9.선고, 99다56512 판결; 대법원 2007.4.12.선고, 2006다72765 판결; 대법원 2007.7.12.선고, 2007다13640 판결; 대법원 2008.7.10.선고, 2008다9891 판결; 대법원 2011.4.14.선고, 2010다103642 판결; 대법원 2012. 10.25.선고, 2009다77754 판결.

원칙). 그러나 금전채무의 이행지체로 인한 채무불이행책임은 무과실책임이다. 즉, 금전채무자는 이행지체에 대하여 무과실의 항변을 할 수 없다(397조 2항). 다만, 전쟁이나 천재지변 또는 경제공황 등의 사유로 대통령의 긴급명령(헌법 76조 1항) 또는 국회의 입법조치에 의하여 지급유예조치(Moratorium)가 행하여지는 경우 등 극히 예외적인 경우에 한하여 채무자의 면책이 인정될 수 있을 뿐이다. 문제는 '「불가항력」의 경우와 채권이 가압류된 경우에도 채무자는 이행지체책임을 면할 수 없는가?' 하는 것이다.

1) 불가항력의 경우

과거 구 의용민법은 '금전채무의 이행지체의 경우, 채무자는 불가항력(不可抗力)으로써 항변하지 못한다'고 규정함으로써(동법 419조 2항 후단),[26] 금전채무자에게 불가항력을 포함한 무과실의 항변을 허용하지 않는 절대적 책임을 인정하고 있었다(대법원 1956.2.25.선고, 4288민상455 판결 등). 그런데 현행민법은 위 조항에서 "불가항력"이라는 표현을 삭제하고 단순히 "채무자는 과실 없음을 항변하지 못한다"고 개정함으로써(397조 2항), 해석상 '일반적 무과실의 경우와 불가항력의 경우를 달리 취급하여야 한다'고 주장할 여지가 생겼다.

학설 중에는 '전쟁·태풍·홍수·지진 등과 같은 천재지변에 의한 이행지체의 경우는 일반적인 무과실에 의한 이행지체의 경우와는 달리, 채무자는 불가항력을 이유로 항변할 수 있다'고 해석하는 견해가 없지 않다.[27] 이 견해는 그 근거로서, ① 이론상 불가항력은 일종의 위법성조각사유로 보아야 한다는 점, ② 외국의 입법례 중에는 불가항력에 의한 면책을 인정하는 경우가 많다는 점, ③ 불가항력에 의한 면책을 주장하지 못하도록 규정하고 있었던 구 의용민법의 규정이 현행민법에서는 단순히 무과실의 항변을 금지하는 내용으로 개정된 점 등을 들고 있다. 그러나 「불가항력」은 무과실의 한 종류에 불과한 것이므로, 별도로 불가항력을 면책사유로 규정하고 있지 아니한 현행민법하에서 이러한 주장은 무리한 해석론이라고 생각된다.[28] 따라서 현행민법하에서도 '천재지변 등 불가항력에 의한 금전채무의 불이행의 경우에도 대통령의 긴급명령 등에 의한 지급유예조치가 행하여지지 않는 한 채무자는 손해배상책임을 면할 수 없다'고 해석하여야 할 것이다.

판례 중에는 '금전채무인 선물환(先物換)계약(장래의 일정기일 또는 기간 내에 일정금액, 일정종류의 외환을 일정환율로써 교부할 것을 약성하는 계약)의 이행이 불가항력에 해당하는 러시아의 지급유예(모라토리엄) 조치로 인하여 이행불능이 되었으므로 면책되어야 한다'는 채무자 측의

26) 구 의용민법 제419조 : ① 금전을 목적으로 하는 채무의 불이행에 대하여는 그 손해배상의 액은 법정이율에 의하여 이를 정한다. 다만, 약정이율이 법정이율을 초과하는 때에는 약정이율에 의한다. ② 전항의 손해배상에 대하여는 채권자는 손해의 증명을 할 것을 요하지 아니하며, 또한 채무자는 불가항력으로써 항변하지 못한다.

27) 곽윤직, 35; 이은영, 122 참조.

28) 同旨: 백태승, 전게논문(주 1), 109 참조.

상고를 기각하면서, '이 사건 선물환계약에 기한 피고들의 채무가 위 지급유예에 의하여 이행불능이 되었다고 할 수 없으며, 선물환계약에 기한 채권은 금전채권이므로, 그 당사자들은 계약불이행에 대하여 과실 없음을 들어 항변할 수 없다'고 판시한 사례가 있을 뿐(대법원 2003.4.8.선고, 2001다38593 판결), 불가항력에 기한 금전채무의 이행불능을 인정하고 그의 면책을 인정한 사례는 발견되지 않는다. 다만, 외국의 입법례를 살펴보면, 우선 독일민법은 '이행지체가 성립하기 위해서는 채무자의 귀책사유가 요구된다'는 채무불이행책임 성립의 일반원칙을 금전채무의 경우에도 적용하고 있으며(BGB §286Ⅳ),[29] 프랑스민법도 불가항력으로 인한 채무불이행의 경우에는 채무자의 면책을 인정하고 있다(C.c. Art. 1231-1).[30][31] 따라서 입법론으로서는 금전채무의 경우에도 불가항력 기타 채무자의 불귀책사유로 인한 이행지체의 경우에는 면책을 인정하는 것을 검토해 볼 필요는 있다.

2) 채권이 가압류된 경우

채권이 가압류된 경우에는 채무자(가압류된 채권의 채무자인 「제3채무자」를 가리킴)는 본안판결이 있기 전까지는 가압류채권자와 본래의 채권자 중 누구에게 변제하여야 하는지 알 수 없을 뿐만 아니라 임의의 변제 자체가 법률상 금지되어 있다. 따라서 '가압류된 채무의 이행기가 도래하였다고 하여 채무자(제3채무자)의 이행지체책임이 발생한다고 할 수는 없는 것이 아닌가?' 하는 의문이 발생한다.

이에 대하여, 판례는 '가압류는 채무자로 하여금 채권자에게 변제하는 것을 금지하는 효력이 있을 뿐이지 채무 자체를 면하게 하는 것은 아니므로, 그 채무의 이행기가 도래한 경우에는 채무자의 이행지체책임이 발생한다. 다만, 채권의 가압류에도 불구하고 제3채무자가 채무자에게 변제를 한 때에는 나중에 채권자에게 이중으로 변제하여야 할 위험을 부담하게 되므로, 제3채무자는 제487조의 규정에 의하여 공탁을 함으로써 이중변제의 위험에서 벗어나고 이행지체의 책임도 면할 수 있다'는 입장을 확립하고 있다(대법원 1994.12.13.선고, 93다951 전원합의체판결 등).[32] (☞ 제3장 제7절 「변제 이외의 채권의 소멸사유」)

---

29) 독일민법 제286조(채무자의 지체) (4) 자기에게 귀책될 수 없는 사유에 의하여 급부를 하지 아니한 경우에는, 채무자는 지체에 빠지지 아니한다.

30) 프랑스민법 제1231-1조 : 채무자는 불가항력(force majeure)에 의하여 이행이 방해된 경우를 제외하고는 채무불이행 또는 이행지체로 인한 손해를 배상하여야 한다.

31) 개정 전 프랑스민법은 '「우발적 사고」(cas fortuit)로 인한 채무불이행'의 경우에도 채무자의 면책을 인정하고 있었으나(C.c. Art. 1148), 현행 프랑스민법은 채무자의 면책을 불가항력으로 인한 경우로 제한하고 있다.

32) 판례평석: 이동명, "단일의 채권 가압류의 경우 제3채무자의 지위 -이행지체 및 공탁 가능 여부-", 민사판례연구(18)(민사판례연구회, 1996/5), 204 이하. 같은 취지: 대법원 1981.9.22.선고, 81다253 판결; 대법원 2004.7.9.선고, 2004다16181 판결.

〈참고〉 가압류

「가압류」라 함은 '금전채권이나 금전으로 환산할 수 있는 채권의 강제집행을 보전하기 위하여 강제집행의 대상이 되는 채무자의 일반재산을 현상대로 유지하여 두는 것을 목적으로 하는 보전처분'을 말한다. 가압류의 집행에 대하여는 강제집행에 관한 규정이 준용되는데(민사집행법 291조), 법원은 금전채권을 압류할 때에는 제3채무자에게 채무자에 대한 지급을 금지하고 채무자에게 채권의 처분과 영수를 금지하여야 하므로(민사집행법 227조), 가압류는 가압류채권이나 목적물에 대한 채무자의 일체의 처분을 금지하는 효력을 생기게 한다. 이를 「가압류의 처분금지적 효력」이라고 한다.[33]

가압류는 집행기관이 장차 가압류목적물을 환가하여 가압류채권자에게 만족을 주기 위한 본집행을 보전하기 위한 절차에 불과한 것으로서, 그 목적의 범위를 초과하여 가압류채무자의 목적물 처분의 자유를 제한할 필요는 없는 것이다. 따라서 가압류 집행 후에도 채무자의 처분행위는 절대적 무효가 아니라 가압류채권자 또는 당해 집행절차에 참가한 채권자들과의 관계에서만 무효가 되며, 처분행위의 당사자 사이에서는 유효한 상대적 효력만을 가진다. 그러므로 가압류의 효력이 소멸되면 가압류 집행 후에 이루어진 채무자의 처분행위는 소급하여 유효한 것으로 확정된다.

(3) 손해배상액 산정의 특칙

1) 원칙 : 법정이율에 의한 손해배상액의 산정

금전채무의 불이행으로 인한 손해배상(지연배상)액은 원칙적으로 법정이율에 의하여 산정한다(397조 1항 본문). 그러므로 '금전소비대차에서 차주의 반환채무에 관하여 제소전화해절차를 통하여 화해조서가 작성되었으나 지연손해금에 대해서는 아무런 화해사항이 없었던 경우에는, 변제기 이후의 채무원리금은 화해조서상에 기재된 금원과 이에 대한 변제기 이후의 법정이율에 의한 지연손해금의 합산액이 된다'는 것이 판례의 입장이다(대법원 1983.7.12.선고, 82다카1015 판결 등 참조).[34]

현재 민사상의 법정이율은 연 5%(379조), 상사법정이율은 연 6%(상법 54조)로 규정되어 있다. 그러나 현행 법정이율이 낮은 것을 악용하여[35] 금전채무의 이행을 지체하거나 소송을 지연하는 것을 방지하기 위하여, 소송촉진법은 금전채무의 전부 또는 일부의 이행을 명하는 판결(심판 포함)을 선고할 경우에 금전채무불이행으로 인한 손해배상액산정의 기준이 되는 법정이율은 장래의 이행을 청구하는 소를 제외하고는 그 금전채무의 이행을 구하는 소장 또는 이에 준하는 서면이 채무자에게 송달된 날의 다음날부터는 연 100분의 40 이내의 범위에서 은행법에 의한 금융기관이 적용하는 연체금리 등 경제여건을 감안하여 대통령령으로 정하는 이율(현재 연 15%)[36]에 의하도록 하고 있다(소송촉진법 3조 1항).[37] 다만, 판례는 '금전채권자가 채

33) 권영문, "토지수용에 있어 기존 가압류에 기한 처분금지적 효력과 물상대위의 가부", 판례연구 16집(부산판례연구회, 2005/2), 733 참조.

34) 같은 취지: 대법원 1986.9.9.선고, 84다464·1951 판결 참조.

35) 다만, 2019.3.1. 현재 한국은행의 기준금리는 연 1.75%의 낮은 수준을 유지하고 있으므로, 연 5%인 현재의 민법상의 법정이율을 '거래현실에 비하여 매우 낮은 수준'이라고는 말하기는 어렵다.

36) 현재 그 이율은 「소송촉진 등에 관한 특례법 제3조 제1항 본문의 법정이율에 관한 규정」(2015.9.25. 대통령령 제26553호)에 의하여 연 100분의 15이다.

무자를 상대로 채무의 이행을 청구하는 소를 제기한 후에 채무자가 자신의 채무를 이행함으로써 원래의 금전채무는 소멸하고 그 채무의 이행지체로 인한 지연손해의 배상만이 남게 된 경우에는 채무자에게 불이익을 가할 이유가 없으므로, 그 지연손해금 산정의 기준이 되는 법정이율에 대하여는 소송촉진법 제3조 소정의 이율은 적용되지 않는다'는 입장을 취하고 있다(대법원 2010.9.30.선고, 2010다50922 판결).

2) 예외 : 약정이율에 의한 손해배상액의 산정

금전채무의 불이행으로 인한 손해배상의 경우에도 당사자는 제398조의 규정에 따라서 손해배상액을 예정할 수 있다(대법원 1977.3.8.선고, 75다80 판결). 그러나 당사자 사이에 손해배상액의 예정이 없더라도 법령의 제한(현재 연 24%)에 위반하지 아니한 약정이율이 있는 경우에는 금전채무의 불이행으로 인한 손해배상액은 그 약정이율에 의하여 산정하여야 한다(397조 1항 단서). 그러므로 이자약정이 있는 금전소비대차에 있어서 그 변제기가 지난 후에 지연배상의 산정기준에 관한 약정이 없는 경우에는, 그 지연배상액은 당초의 약정이자율에 의하여 산정하여야 한다(대법원 1970.3.10.선고, 69다2269 판결 등).[38]

이와 같이 우리 민법은 지연배상에 관하여 연 5%의 법정이율을 적용하거나 이자제한법의 최고이자율(연 24%)의 범위 내에서 약정이자율을 적용할 수 있다고 해석되고 있는데, 이는 금전채무자에게 지나치게 과중한 부담이 될 수 있다. 그러므로 독일민법과 같이 금융위원회가 정하는 기본이율에 일정한 이율을 가산한 이율[39]을 적용하는 방식으로 지연배상제도를 개선할 필요가 있다고 생각한다. 참고로 독일민법은 금전채무의 지연배상에 대하여 유럽중앙은행(ECB)이 정하는 기본이율(Basiszinsatz)[40]에 5%를 가산한 이율을 적용하고 있다(BGB §288 I).[41]

(가) 약정이율이 법령상의 제한최고이율보다 높은 경우

약정이율이 법령상의 제한최고이율을 초과하는 경우에는 제한최고이율의 범위 내에서만 약정이율의 효력이 인정되므로, 지연배상액은 법령상의 제한최고이율에 의하여 산정된다.

---

37) 소송촉진법 제3조(법정이율) ① 금전채무의 전부 또는 일부의 이행을 명하는 판결(심판을 포함한다. 이하 같다)을 선고할 경우, 금전채무 불이행으로 인한 손해배상액 산정의 기준이 되는 법정이율은 그 금전채무의 이행을 구하는 소장 또는 이에 준하는 서면이 채무자에게 송달된 날의 다음 날부터는 연 100분의 40 이내의 범위에서 은행법에 따른 은행이 적용하는 연체금리 등 경제 여건을 고려하여 대통령령으로 정하는 이율에 따른다. 다만, 민사소송법 제251조에 규정된 소에 해당하는 경우에는 그러하지 아니하다. ② 채무자에게 그 이행의무가 있음을 선언하는 사실심 판결이 선고되기 전까지 채무자가 그 이행의무의 존재 여부나 범위에 관하여 항쟁하는 것이 타당하다고 인정되는 경우에는 그 타당한 범위에서 제1항을 적용하지 아니한다.

38) 같은 취지: 대법원 1987.10.28.선고, 87다카1409 판결 참조.

39) 논의의 여지는 있으나, 가산이율은 연 2.5% 정도가 적당하다고 생각된다.

40) 독일의 기본이율이 되는 유럽중앙은행(ECB)의 기준이율은 현재(2016.3.16. 이후) 연 0.00%를 유지하고 있다.

41) 독일민법 제288조(지연이자와 그 밖의 지연손해) (1) 금전채무의 지체에 대해서는 이자가 붙는다. 지연이자율은 기본이율에 연 5%를 가산한 것으로 한다.

즉, 당사자 사이의 약정이율이 제한최고이율을 초과하는 때에는 제한최고이율을 초과하지 않는 범위 내에서 약정이율에 의한 손해배상액의 산정이 이루어진다(대법원 1961.10.12.선고, 4293민상333 판결 등).[42] 그러므로 경매에서도 제한최고이율을 초과하는 약정이율이 있는 대부금채권자에게 경락대금을 배당하는 경우에는 제한최고이율에 의하여 이자액을 계산하여야 한다(대법원 1968.7.23.선고, 68다896 판결).

현행법상 약정이율을 제한하는 법령은 여러 가지가 있으나 가장 중요한 것은 이자제한법과 대부업법인데, 이자제한법의 적용을 받는 금전대차에 관한 계약상의 최고이자율은 현재 연 24%이며(동법 2조 1항, 최고이자율규정), 대부업법의 적용을 받는 금전대부도 최고이자율은 연 24%로 제한되고 있다(대부업법 8조 1항, 동법시행령 5조 2항). (☞ 제6절 「이자채권」)

(나) 약정이율이 법정이율보다 낮은 경우

약정이율이 법정이율보다 낮은 경우에도 금전채무의 지연배상액은 약정이율에 의하여야 하는가? 이를 긍정하는 것이 제397조 제1항 단서의 규정취지에 부합하는 해석이라고 할 것이다. 판례도 원칙적으로 이러한 입장을 취하고 있다고 할 수 있다(대법원 2013.4.26.선고, 2011다50509 판결). 다만, 이 문제에 관한 판례의 입장이 명확하다고 볼 수는 없다. 왜냐하면, 판례 중에는 '제397조 제1항 단서의 규정은 약정이율이 법정이율 이상인 경우에만 적용되고, 약정이율이 법정이율보다 낮은 경우에는 그 본문으로 돌아가 법정이율에 의하여 지연손해금을 정할 것'이라고 판시한 사례도 있고(대법원 2009.12.24.선고, 2009다85342 판결),[43] '법정이율보다 낮은 약정이율에 의한 지연손해금을 인정하기 위하여서는 법정이율보다 낮은 이자율 또는 지연손해금율의 약정이 있다는 점에 관하여 당사자 사이에 다툼이 없거나 증거에 의하여 적극적으로 인정되는 사정이 존재하여야 한다'고 판시한 사례도 있기 때문이다(대법원 1995.10.12.선고, 95다26797 판결).

(4) 이행지체책임의 발생시기

금전채무에 있어서는 원칙적으로 이행불능이 인정되지 않고 이행지체가 성립할 수 있을 뿐임은 전술한 바와 같다. 문제는 금전채무의 이행지체책임의 성립시기인데, 이는 이행기가 확정되어 있는 경우에는 기한이 도래한 때로부터, 이행기가 확정되어 있지 아니한 경우에는 채무자가 기한이 도래하였음을 안 때로부터, 이행기가 없는 경우에는 채권자가 이행청구를

---

42) 같은 취지: 대법원 1964.12.29.선고, 64다1083 판결; 대법원 1971.3.23.선고, 70다2950 판결 참조.

43) 대법원은 이러한 결론의 논거로서, '금전채무에 관하여 아예 이자약정이 없어서 이자청구를 전혀 할 수 없는 경우에도 채무자의 이행지체로 인한 지연손해금은 법정이율에 의하여 청구할 수 있는 것이므로, 이자를 조금이라도 청구할 수 있었던 경우에는 약정이율보다 높은 법정이율에 의한 지연손해금을 청구할 수 있다고 하여야 한다'는 논리를 내세우고 있으나, 이러한 논리가 과연 타당한 것인지는 매우 의문스럽다.

한 때로부터 각각 지체책임이 발생한다(387조). 다만, 판례는 '이미 확정된 금전채무의 지연손해금채무는 금전채무의 이행지체로 인한 손해배상채무로서 이행기의 정함이 없는 채무에 해당하므로, 채무자는 채권자로부터 이행청구를 받은 때로부터 지체책임을 부담하게 된다'는 입장을 취하고 있다(대법원 2004.7.9.선고, 2004다11582 판결 등).[44] (☞ 제4장 제1절 「채무불이행의 유형」)

2. 화폐가치가 폭락한 경우 : 사정변경의 원칙의 적용 여부

'전쟁이나 천재지변 등 계약 당시에 당사자가 예견할 수 없었던 경제사정의 급변으로 극심한 인플레가 발생하여 화폐가치가 폭락한 경우에 사정변경을 이유로 금전채권의 증액평가를 인정할 수 있는가?' 하는 것이 문제된다. 이에 대하여, 학설은 신의칙의 파생원칙으로서 「사정변경의 원칙」을 민법의 일반원칙으로 인정하는 입장에서 '화폐가치가 폭락한 경우에도 사정변경의 원칙을 적용할 수 있다'는 견해와 이를 부정하는 견해가 대립하고 있다.

판례 중에는 아직 화폐가치폭락의 경우에 대하여 사정변경의 원칙을 적용한 사례가 없다. 즉, 구 의용민법하에서 판례는 '화폐가치가 폭락한 경우에도 사정변경의 원칙에 의한 금전채권의 증액평가는 인정할 수 없다'는 입장을 확립하고 있었으며(대법원 1955.4.14.선고, 4286민상231 판결 등),[45] '화폐개혁이 되어 법률로 구 원화에 의한 일체의 거래를 신 원화의 100분지 1로 계산할 것이 명령된 경우에는, 소비대차계약에서 동 법규에 의해 환산된 금액으로 변제를 함으로써 충분하다'는 입장을 취하기도 하였다(대법원 1959.5.28.선고, 4287민상459 판결). 현행민법이 시행된 이후에도 판례는 '화폐가치의 폭락을 이유로 한 사정변경의 원칙은 민법의 해석상 인정할 수 없다'는 입장을 그대로 유지하고 있다. 즉, 대법원은 ① '매매계약을 맺은 때와 그 잔대금을 지급할 때와의 사이에 장구한 시일이 지나서 그동안에 화폐가치의 변동이 극심하였던 탓으로 매수인이 애초에 계약할 당시의 금액표시대로 잔대금을 제공한다면 그동안에 앙등한 매매목적물의 가격에 비하여 그것이 현저하게 균형을 잃은 경우라 할지라도, 민법상 매도인으로 하여금 사정변경의 원리를 내세워서 그 매매계약을 해제할 수 있는 권리는 생기지 않는다'고 판시한 바 있으며(대법원 1963.9.12.선고, 63다452 판결),[46] ② '매매계약 체결 후 부동산의 시가가 등귀하였고, 매수인이 매매대금 중 7분의 6에 해당하는 금원을 지급하지 아니한

44) 사안은 보험금지급청구권을 가진 채권자가 채무자인 보험회사가 보험금지급채무의 이행을 지체하자 약정된 보험금 지급기일부터 실제 보험금 지급일까지 사이에 이미 발생한 지연손해금의 지급을 청구한 사건이었다. 같은 취지: 대법원 2010.12.9.선고, 2009다59237 판결.

45) 판례평석: 윤대성, "사정변경의 원칙 -사정변경으로 인한 계약해제는 인정되는가?-", 민법판례해설 I (민법총칙), 25 이하. 같은 취지: 대법원 1955.12.8.선고, 4288민상423 판결.

46) 판례평석: 김명길, "부동산매매계약에 있어서의 사정변경을 원인으로 한 계약해제의 허부", 대법원판례해설 5호(법원행정처, 1986/11), 45 이하; 한동수, "사정변경으로 인한 계약해제권의 발생 여부", 판례연구1998(전주지법, 1999/1), 35 이하; 김민중, "사정변경으로 인한 계약해제권의 발생", 「로스쿨민법총칙」(청림출판, 2006/2), 105 이하.

채 매매계약 후 19년이 지난 지금에서야 소유권이전등기청구의 소를 제기하였다 하더라도, 이러한 사유만으로 그 청구가 신의칙에 반하고 권리남용에 해당한다고 볼 수 없다'고 판시한 사례도 있다(대법원 1992.6.12.선고, 92다12384·912391 판결).[47] 다만, '판례가 화폐가치의 폭락의 경우에는 사정변경의 원칙을 부인하는 입장을 취하고 있다'고 단정하기는 어렵다. (☞ 계약법 편, 제1장 제3절 「계약의 효력」)

3. 지급유예조치(Moratorium)

채무자는 금전채무의 불이행에 대하여 과실 없음을 항변할 수 없으므로(397조 2항), 경제사정의 급격한 변혁으로 금전채무의 이행이 현실적으로 불가능하게 되는 사태가 발생한 경우에는 채무자를 보호하기 위하여 정부가 긴급명령의 일종으로서의 「지급유예조치」를 취하는 경우가 있다. 우리나라에서도 1972.8.2. 금전채무의 지급유예조치를 내용으로 하는 「경제의안정과성장에관한긴급명령」(대통령긴급명령 15호)이 발령된 바 있다.[48][49]

[19] Ⅳ. 금전채무자의 보호

1. 민법상의 금전채무자 보호제도

금전채권의 중압으로부터 채무자를 보호하기 위한 민법상의 제도로서는, ① 폭리행위를 무효로 규정하고 있는 제104조를 비롯하여, ② 금전소비대차에서 "차주가 금전에 갈음하여 유가증권 기타 물건의 인도를 받은 때에는 그 인도시의 가액으로써 차용액으로 한다"고 규정하고 있는 제606조, ③ 대물반환(대물변제)의 예약에 있어서 반환목적물의 예약당시의 가액을 넘는 당사자의 약정을 무효로 규정하고 있는 제607조와 제608조를 들 수 있다. (☞ 제3장 제7절 「변제 이외의 채권의 소멸사유」)

2. 특별법상의 금전채무자 보호제도

민법은 사적 자치의 원칙을 기본이념으로 하므로 민법의 규정만으로는 경제적 약자인 금

47) 판례평석: 김상용, "공평의 원칙의 파괴와 실효의 법리 적용 여부", 사법행정 33권 10호(한국사법행정학회, 1992/10), 89 이하.

48) 위 긴급명령은 기업의 모든 사채의 변제를 정지시키고(동긴급명령 13조), 채권자가 시행일로부터 1주일 내에 신고하지 아니한 사채는 그 효력이 소멸하도록 하였을 뿐만 아니라(동령 15~18조), 신고한 사채도 3년간 원금의 변제의무를 유예시키는 등의 조치를 그 내용으로 하고 있었다(동령 19조).

49) 일본에서는 「관동대지진」이 발생한 1923년, 세계경제대공황이 발생한 1927년, 그리고 제2차대전 패전 직후의 혼란기인 1946년, 세 차례에 걸쳐 「긴급칙령」으로 지급유예조치를 발동된 바 있었다(我妻榮, 35 참조).

전채무자를 보호하기 어렵다. 이러한 사정을 고려하여 경제적 약자인 금전채무자를 보호하기 위한 많은 특별법이 제정·시행되고 있다. 예컨대, 과거 농어민인 금전채무자를 보호하기 위한 특별법으로서 「농어촌고리채정리법(폐지)」(1961.6.10. 법률 제620호로 제정; 2005.7.21. 법률 제7609호로 폐지), 「농어촌고리채정리법중변제의무에관한특별조치법」(1969.8.4. 법률 제2134호로 제정: 2005.7.21. 법률 제7610호로 폐지)이 제정·시행된 바 있으며, 금전채권자가 가등기담보의 목적물로부터 폭리를 취하는 것을 막기 위하여 가등기담보법이 제정·시행되고 있으며, 또한 이자채권의 중압으로부터 금전채무자의 보호하기 위하여 제정·시행되었던 구 이자제한법(1962.1.15. 법률 제971호)이 1997년에 발생한 외환위기 시에 IMF(국제통화기금)가 구제금융 제공의 전제조건으로 요구한 고금리정책의 일환[50]으로 폐지되었다가 최근 부활되었음은 전술한 바와 같다. (☞ 제6절 「이자채권」)

50) 이 당시 영세서민인 전당물주를 보호하기 위한 「전당포영업법」(1961.11.1. 법률 제763호)도 이자제한법과 같이 폐지되었다(1999.3.31. 법률 제5936호).

제 6 절 이자채권

[20] Ⅰ. 서 설

「이자채권」이라 함은 '이자의 지급을 목적으로 하는 채권'을 말한다. 그러므로 이자채권을 논하려면 「이자」의 개념부터 정확하게 파악할 필요가 있다. 또한 이자채권은 일정기간 동안 정기적으로 이자의 지급을 청구할 수 있는 계속적 채권으로서 채권자가 지속적인 이자의 징수를 통하여 경제적 약자인 채무자에게 부당한 압박을 가할 가능성이 크기 때문에, 경제적 약자인 이자채무자의 보호라는 관점에서 복리(複利)의 허용 여부, 선이자 약정의 효력, 최고이자율의 제한 등이 중요한 쟁점으로 논의된다. 특히 우리나라는 1997년에 발생한 외환위기를 극복하기 위하여 국제통화기금(IMF)의 구제금융을 받는 과정에서 IMF가 요구한 고금리정책의 일환으로 이자제한법을 폐지함으로써,[1] 연간 1,000%를 상회하는 살인적 고금리가 횡행하고 양극화현상이 심화되는 등 많은 사회·경제적 문제가 야기된 바 있다.

외환위기가 해소된 후 '이자제한법의 폐지로 야기된 사회·경제적 문제들을 해결하기 위해서는 이자제한법의 부활이 시급하다'는 학계와 시민단체들의 의견[2]은 '금융경색이 우려된다'는 일부 관변(官邊)학자들과 경제관료들의 반대에 부딪쳐[3] 계속 묵살되어왔다.[4] 그러다가

---

1) 외환위기 당시 우리 정부와 IMF는 구제금융 지원의 조건으로 이자제한법 등 최고이자율을 제한하는 법령을 폐지하는 등 강도 높은 고금리정책을 취하기로 합의하였다고 한다. 이자제한법 폐지의 배경과 문제점에 대하여는 백태승, "이자제한법폐지에 따른 문제점과 대책", 인권과 정의 298호(대한변호사협회, 2001/6), 8 이하; 同, "이자제한법 폐지에 따른 법률상의 문제점", 민사법학 17호(한국민사법학회, 1999/4), 13 이하; 주석민법(1), 302 이하(안법영); 김형배, 74 이하 참조.

2) 백태승, 상게논문(이자제한법폐지에 따른 문제점과 대책), 8 이하; 同, "이자제한법을 강화된 내용으로 조속히 부활시켜야", 국회보 415호(국회사무처, 2001/5), 71 이하; 곽윤직, 46 참조.

3) 이자제한법의 부활을 반대했던 경제관료들의 논리를 대변한 대표적인 글로서는 김경수, "이자제한법, 무엇이 문제인가?", 인권과 정의 298호(대한변호사협회, 2001/6), 24 이하 참조.

4) 이자제한법이 폐지된 이후에 법무부 민법개정위원회에서 이자제한에 관한 규정을 민법전에 두는 방안

2002.8.26. 금전의 대부(貸付)를 업으로 하는 대부업자를 시·도지사에게 등록하도록 하고, 대부업자가 행한 대부에 대하여 이자율을 연 70% 범위 이내로 제한하는 한편, 대부업자 및 여신금융기관의 불법적 채권추심행위를 금지하는 내용을 골자로 하는 「대부업의등록및금융이용자보호에관한법률」(법률 제6706호: 이하 「대부업법」으로 약칭)이 제정·시행(2002.10.27.)되기에 이르렀다(동법 부칙 1조). 그러나 대부업법은 지하에서 음성적으로 활동하는 '고리대금업을 양성화' 하기 위하여 제정된 행정법규로서, 이러한 태생적 한계를 가진 법률에 의하여 경제적 약자인 이자채무자를 실질적으로 보호한다는 것은 애당초 기대할 수 없는 것이었다.

대부업법의 시행에도 불구하고 고리(高利)의 대부로 인한 사회적 갈등이 해소되지 않자, 정부는 결국 새로운 이자제한법(2007.3.29. 법률 제8322호)을 제정·공포하기에 이르렀다.[5] 그러나 새로운 이자제한법이 제정되었음에도 불구하고 사채(私債)업자들의 대부행위를 허용하는 대부업법의 이자제한에 관한 규정은 그대로 존치됨으로써, 현재 우리나라는 순수한 사법인 이자제한법과 행정법규인 대부업법에 의하여 이원적으로 이자를 제한하는[6] 대단히 기형적인 모습의 이자제한제도가 운영되고 있다.

이하에서는 현대사회에서 이자채권이 차지하는 경제적 중요성을 감안하여 이자와 이자채권의 일반이론은 물론 이자제한법과 대부업법을 중심으로 한 이자제한의 법률문제를 상세히 살펴보기로 한다.

[21] Ⅱ. 이자와 이자채권

1. 이 자

(1) 이자의 개념

「이자」라 함은 '원본인 금전 기타의 대체물의 사용의 대가로서 원본액과 사용기간에 비례하여 지급되는 금전 기타의 대체물'을 말한다.[7]

1) 원본의 사용대가

이자는 '원본의 사용대가'로서 일종의 법정과실이다(101조 2항).[8] 따라서 원본의 사용대가

등이 논의되었으나, '재경부에서 사채업자등록 및 이자율제한과 관련 특별법의 제정이 추진되고 있으므로 민법에 관련규정을 둘 필요성이 없다'는 이유로 부결되었다고 한다(법무부, 민법개정총서(4), 31 참조).

5) 이를 「이자제한법의 부활」이라고 칭하기도 하나, 현행 이자제한법은 폐지된 구 이자제한법과는 내용상 많은 차이가 있으므로 "부활"이라는 표현은 적절하지 않다고 생각된다.

6) 이자제한법은 「법무부 상사법무과」에서, 대부업법은 「금융위원회 서민금융과」에서 관장하고 있다.

7) 송덕수, "이자채권(상)", 사법행정 34권 8호(한국사법행정학회, 1993/8), 31 이하; 백태승, 전게논문(주 1: 이자제한법폐지에 따른 문제점과 대책), 9 참조.

8) 정확히 말하면, 이자는 원본을 실제로 사용한 데 대한 대가라기보다는 '원본의 사용가능성에 대한 대

라고 할 수 없는 원본의 소각금(燒却金), 주식배당금, 할부거래에서의 할부금 등은 이자가 아니다. 또한 일반적으로 '금전채무의 이행지체로 인한 손해배상'을 「지연이자」라고 부르고 있으나, 이는 원본의 사용대가가 아니므로 이자라고 할 수 없다. 따라서 지연배상금의 지급채무는 3년의 단기소멸시효(163조 1호)에 걸리지 않는다.

2) 원본채권의 존재

이자는 원본채권(원본의 반환채무)의 존재를 전제로 하는 개념이다. 따라서 종신정기금(725조 이하)은 이자와 비슷하나, 원본채권의 존재를 전제로 하지 않으므로 이자가 아니다. 이자가 발생하는 전형적인 경우는 소비대차계약에서 차주가 원본사용의 대가로서 이자의 지급을 약속한 경우이다(598조).

3) 소비물인 금전 기타 대체물의 사용대가

이자는 '소비물인 금전 기타의 대체물의 사용대가'이다. 즉, 이자는 '원본의 반환채무자가 일정기간 동안 금전 기타 대체물인 원본을 소비하는 방법으로 사용한 대가로서 발생하는 것'만을 의미한다. 따라서 차주가 빌린 물건 그 자체를 반환할 의무를 부담하는 임대차계약이나 지상권 또는 전세권설정계약에 있어서 목적물의 사용대가인 지료나 차임은 이자가 아니다. 다만, 이자제한법의 제한이율을 회피하기 위하여 이자채권자가 다른 명칭을 붙여 실질적인 이자를 징수하는 것을 방지하기 위하여, 이자제한법은 '예금, 할인금, 수수료, 공제금, 체당금 등 명칭 여하에 상관없이 금전의 대차와 관련하여 채권자가 받은 것'은 모두 이자로 간주하고(동법 4조 1항), 금전대차와 관련하여 원래 채권자가 부담하여야 할 성질의 금전지급의무는 채무자가 부담하기로 약정하였더라도 이자로 간주하는 제도를 규정하고 있다(동조 2항).[9)]

4) 이자율에 의하여 산정

「이자」는 '원본의 수량과 사용기간에 비례하여 일정한 이자율에 의하여 산정되는 것'을 말한다. 따라서 원본사용의 대가라고 할지라도 이자율에 의하지 않는 사례금과 같은 것은 이자가 아니다. 다만, 개념상 이자라고 할 수는 없으나, 이자제한법에 의하여 이자로 간주되는 것(이를 「간주이자」라고 한다)이 있음은 전술한 바와 같다. 「이자율」이라 함은 '원본에 대한 이자의 비율'을 말하며, 원본을 이용하는 일정한 기간을 단위로 하여 정해진다(월 2%, 연 5% 등).[10)] 이자율은 당사자의 약정에 의하여 정하여지는 「약정이율」과 법률의 규정에 의하여 정

가'이다(송덕수, 상게논문, 32 참조).

9) 이자제한법 제4조(간주이자) ① 예금, 할인금, 수수료, 공제금, 체당금, 그 밖의 명칭에도 불구하고 금전의 대차와 관련하여 채권자가 받은 것은 이를 이자로 본다. ② 채무자가 금전대차와 관련하여 금전지급의무를 부담하기로 약정하는 경우 의무 발생의 원인 및 근거법령, 의무의 내용, 거래상 일반원칙 등에 비추어 그 의무가 원래 채권자가 부담하여야 할 성질인 때에는 이를 이자로 본다.

10) 연리(年利)와 월리(月利)는 백분율에 의하여 정해지지만, 일변(日邊)은 '100원에 대하여 하루에 몇 전(錢)'이라는 형식으로 정해진다(백태승, 전게논문(주 1: 이자제한법폐지에 따른 문제점과 대책), 9; 양

해지는 「법정이율」로 구분된다.

(가) 약정이율

「약정이율」은 폭리행위(104조)가 되지 않는 범위 내에서 당사자의 합의로 자유롭게 정할 수 있는 것이 원칙이다. 그러나 이자제한법(2014.1.14. 법률 제12227호로 개정된 것)이 적용되는 금전대차에 관한 계약상의 최고이자율은 연 25퍼센트를 초과하지 아니하는 범위 안에서 대통령령으로 정하도록 되어 있고(동법 2조 1항), 이에 따른 대통령령인 「최고이자율규정」은 금전대차에 관한 계약상의 최고이자율을 연 24%로 규정하고 있다.[11] 또한 대부업자가 개인이나 중소기업기본법 제2조 제2항에 따른 소기업에 해당하는 법인에 대부를 하는 경우에 적용되는 대부업법은 최고이자율을 연 27.9% 이하의 범위에서 대통령령으로 정하도록 규정하고 있으나(동법 8조 1항),[12] 2018.2.8.부터 연 24%로 인하되었다(동법시행령 5조 2항). 이에 따라 현재는 이자제한법상의 제한이자율과 대부업법상의 제한이자율은 연 24%로 동일하게 되어, 특별법인 대부업법의 제한이율이 일반법인 이자제한법의 제한이자율보다 높은 구조적 모순은 해소되었다.

(나) 법정이율

이자약정이 있는 채권의 이자율은 대개 그 이자약정에 의하여 정하여지는 것이 보통이지만, 당사자 사이에 이자율에 관한 약정이 없는 경우에는 다른 법률의 특별한 규정이 없는 한 연 5%의 법정이율에 의한다(379조). 다만, 상행위로 인한 채무의 법정이율은 연 6%이다(상법 54조). 그러나 현행 법정이율이 시중금리보다 낮은 것을 악용하여 금전채무의 이행을 지체하거나 소송을 일부러 지연하는 것을 방지하기 위하여, 소송촉진법은 금전채무의 전부 또는 일부의 이행을 명하는 판결을 선고할 경우에 금전채무불이행으로 인한 손해배상액산정의 기준이 되는 법정이율은 장래의 이행을 청구하는 소를 제외하고는 그 금전채무의 이행을 구하는 소장 또는 이에 준하는 서면이 채무자에게 송달된 날의 다음 날부터는 연 100분의 40 이내의

창수, "이자채권", 고시연구, 1992/5, 89 참조). 그러므로 예컨대 '일변 10전'이면 '월 3%'의 이자율에 해당한다.

11) 「이자제한법 제2조 제1항의 최고이자율에 관한 규정」(2007.6.28. 대통령령 제20118호)이 제정된 당시의 최고이자율은 연 30%였으나, 2014.7.15.부터 연 25%로 인하되었고(2014.6.11. 대통령령 제25376호), 2018.2.8.부터 다시 연 24%로 인하되었다(2017.11.7. 대통령령 제28413호).

12) 대부업법 제8조 제1항의 제한최고이자율은 2002년 제정 당시에는 '연 70%의 범위 이내'였으나(실제 제한이율은 연 66%), 2007.12.21. 법률 제8700호에 의하여 '연 60%의 범위 이내'로 개정되었다가(실제 제한이율은 연 49%), 2010.1.25. 법률 제9970호에 의하여 다시 '연 50%의 범위 이내'로 개정되었는데(실제제한이율은 연 44%이었다가 2011.6.27.부터 연 39%로 개정됨), 2014.1.1. 법률 제12156호에 의하여 또다시 '연 40%의 범위 이내'로 개정되었으며(실제제한이율은 2014.4.2.부터 연 34.9%로 개정됨), 다시 2016.3.3.부터 법률 제14072호에 의하여 연 27.9% 이하의 범위에서 대통령령으로 정하는 율로 개정되었다(실제제한이율은 연 27.9%이었다가 2018.2.8.부터 연 24%로 개정됨). 즉, 대부업법상의 제한이율은 연 70%(실제이율 연 66%)→ 연 60%(실제이율 연 49%)→ 연 50%(실제이율 연 44%→ 연 39%)→ 연 40%(실제이율 연 34.9%)→ 연 27.9%(실제이율 연 27.9%→ 연 24%)로 계속 인하되어 왔다.

범위에서 은행법에 의한 금융기관이 적용하는 연체금리 등 경제여건을 감안하여 대통령령으로 정하는 이율(현재 연 15%)[13]에 의하도록 하고 있음은 전술한 바와 같다(소송촉진법 3조 1항). 다만, 최근에는 '경제여건의 변동으로 현행 소송촉진법상의 법정이율은 지나치게 높은 상태로서 여러 가지 부작용이 발생하고 있으므로 폐지되어야 한다'는 주장이 제기되고 있다.[14] (☞ 제5절「금전채권」)

한편 공탁법(2015.12.15. 법률 제13565호로 개정된 것)은 공탁금에 대법원규칙이 정하는 이자를 붙일 수 있도록 규정하고 있는바(동법 6조), 이에 따라 제정된「공탁금의 이자에 관한 규칙」(2015.3.30. 대법원규칙 제2595호로 개정된 것)은 현재 공탁금의 이자율을 연 0.1%로 규정하고 있다(동규칙 2조).[15] 또한 한국은행의 금융기관에 대한 재할인 기타 여신업무의 기준이 되는 이자율,[16] '금융기관의 각종 예금에 대한 이자 기타 지급금의 최고율', 그리고 '금융기관의 각종 대출 등 여신업무에 대한 이자 기타 요금의 최고율'은 이자제한법이나 대부업법의 제한이율이 적용되지 않고, 한국은행의 통화신용정책의 의결기관인 금융통화위원회가 심의·의결하는 바에 따르도록 되어 있다(한국은행법 28조 3호, 13호, 14호).[17]

5) 금전 기타 대체물

이자는 그 자체가 '금전 기타 대체물'이어야 한다. 그러나 원본과 이자의 양자가 모두 대체물이기만 하면 이율에 의한 이자의 계산은 가능하므로, 예컨대 금전을 대차하고 그 이자는 수확기에 일정한 양의 쌀로 지급하기로 하는 경우와 같이, 원본과 이자가 동종의 대체물이 아니더라도 이자채권이 성립하는 데는 지장이 없다.

(2) 이자의 종류

1) 약정이자와 법정이자

이자는 그 발생원인에 따라 약정이자와 법정이자의 두 가지로 분류된다.「약정이자」는 '당사자의 법률행위에 의하여 발생되는 이자'를 말하며,「법정이자」는 '법률의 규정에 의하여 발생되는 이자'를 말한다. 약정이자는 약정이율에 의하여 산정되며, 법정이자는 앞에서 설명한「법정이율」에 의하여 산정된다.[18]

13) 현재(2015.10.1.부터) 그 이율은「소송촉진 등에 관한 특례법 제3조 제1항 본문의 법정이율에 관한 규정」(2015.9.25. 대통령령 제26553호)에 의하여 연 100분의 15이다.

14) 이시윤, "비싼 소송이자와 싼 공탁금이자", 대한변협신문 610호(대한변호사협회, 2016/10), 9 참조.

15)「공탁금의 이자에 관한 규칙」제2조(이자) 공탁금의 이자는 연 1천분의 1로 한다.

16) 이를「한국은행 기준금리」라고 하는데, 현재(2019.7.18. 이후) 연 1.50%이다.

17) '현행 한국은행법 제28조 제12호 및 제13호에 해당하는 개정 전 한국은행법(1997.12.31. 법률 제5491호로 전면개정되기 전의 것) 제64조 제1항과 제65조 제1항은 규정형식상 임의규정인 것처럼 규정되어 있으나, 강행규정으로 해석하여야 한다'는 것이 판례의 입장이다(대법원 1973.10.10.선고, 73다1022 판결).

18) 법정이자에 대하여서도 당사자가 그 이자율에 관한 합의를 할 수 있지만, 그러한 합의가 이루어지는 경우는 드물 것이다(양창수, 전게논문(주 10), 89 참조).

2) 단리와 복리

이자는 발생한 이자가 원본에 산입되는지의 여부에 따라서 「단리(單利)」와 「복리(複利)」로 나눌 수 있다. 이자는 단리가 원칙이며, 복리는 법률의 규정이나 당사자의 합의(복리의 약정)가 있는 경우에 한하여 발생한다. 후술하는 바와 같이, 복리는 채무자에게 지나친 부담이 될 수 있기 때문에 복리약정의 효력을 부인하는 입법례가 많으나, 우리 민법은 복리에 관한 명문규정을 두고 있지 않다. 그러나 이자제한법은 복리약정의 효력을 제한하는 규정을 두고 있다(동법 5조).[19]

2. 이자채권

(1) 이자채권의 발생

「이자채권」은 '채무자에게 이자의 지급을 청구할 수 있는 채권'을 말한다. 이자채권은 이자약정이 있는 소비대차(600조)나 이자약정이 있는 소비임치(702조)와 같이, 원본반환채무의 발생원인인 계약에 부수한 이자약정에 의하여 발생하는 경우가 대부분이다. '당사자의 합의에 의한 이자약정에 의하여 발생하는 이자'를 「약정이자」라고 한다. 그러나 이자약정이 없더라도 법률의 규정의 의하여 이자채무가 발생하는 경우도 있는데, 이에 따른 이자를 「법정이자」라고 한다.[20] 예컨대, ① 상인 간의 금전소비대차에 있어서는 당사자 사이에 이자약정이 없더라도 대주(貸主)는 법정이자를 청구할 수 있으며(상법 55조 1항),[21] ② 해제의 효과로서 금전의 반환의무를 부담하는 당사자는 상대방에 대하여 그 금전을 받은 날로부터의 이자를 가하여 지급할 의무를 부담한다(548조 2항). 또한 ③ 위임계약에서 수임인이 위임인에게 인도할 금전이나 위임인의 이익을 위하여 사용할 금전을 자기를 위하여 소비한 때에는 소비한 날 이후의 이자를 지급하여야 하는데(685조), 이 경우의 이자도 법정이자에 해당한다. 법정이자는 법정이자율(민사법정이자율 연 5%, 상사법정이자율 6%)에 의하여 산정됨은 물론이다(379조).

(2) 이자채권과 원본채권의 관계

1) 원본채권과는 별개의 채권

이자채권은 원본채권의 존재를 전제로 하여 일정기간 동안 정기적으로 이자의 지급을 청구할 수 있는 계속적 채권이라는 특성을 가지고 있으나, 원본채권과는 별개의 채권이다. 따

19) 이자제한법 제5조(복리약정제한) 이자에 대하여 다시 이자를 지급하기로 하는 복리약정은 제2조 제1항에서 정한 최고이자율을 초과하는 부분에 해당하는 금액에 대하여는 무효로 한다.

20) 법정이자채권의 발생사유에 관하여는 양창수, 전게논문(주 10), 88을 참조 바람.

21) 상법 제55조(법정이자청구권) ① 상인이 그 영업에 관하여 금전을 대여한 경우에는 법정이자를 청구할 수 있다. ② 상인이 그 영업범위 내에서 타인을 위하여 금전을 체당(替當)하였을 때에는 체당한 날 이후의 법정이자를 청구할 수 있다.

라서 원본채권과 이자채권은 같은 종류채권임이 보통이지만, 당사자의 약정에 의하여 서로 다른 종류채권으로 할 수도 있으며(예컨대, 원본채권은 곡물의 소비대차에 의한 곡물의 반환채권이나 이자채권은 금전의 지급을 내용으로 하는 경우), 변제충당에 있어서도 이자채권은 원본채권에 우선한다(479조).

2) 원본채권에 종된 채권

이자채권은 '채권자가 채무자에 대하여 매 기마다 이자를 청구할 수 있는 포괄적·추상적 권리'인 「기본적 이자채권」과 '변제기가 도래하여 구체화된 이자채권'인 「지분적 이자채권」으로 구분된다. 양자 모두 원본채권과는 별개의 이자채권으로서 원본채권에 종속적인 성질을 가진 종된 채권이라는 점에서는 공통점을 가지지만, 원본채권에의 종속성의 정도에는 큰 차이가 있다.

(가) 「기본적 이자채권」의 종속성

이자채권은 「회귀적 급부」를 목적으로 하는 채권으로서, 일정기간 동안 정기적으로 이자의 지급을 청구할 수 있는 계속적 채권이다. 이와 같이 '채권자가 채무자에 대하여 매 기마다 이자를 청구할 수 있는 추상적 권리'를 「기본적 이자채권」이라고 한다.

(A) **부종성**(附從性) 「기본적 이자채권」은 원본채권에의 종속성이 강하여 원본채권과 법률적 운명을 같이한다. 이를 기본적 이자채권의 「부종성」이라고 한다. 따라서 원본채권이 없으면 기본적 이자채권도 발생하지 않으며, 원본채권이 변제나 상계 등으로 인하여 소멸하면 기본적 이자채권도 장래에 향하여 소멸한다. 또한 원본채권이 시효의 완성으로 인하여 소멸한 경우에는 기본적 이자채권도 법률상 당연히 소멸한다. 이는 변제나 상계 등으로 인하여 원본채권이 소멸한 경우에도 마찬가지이다. 다만, 소멸시효는 그 기산일에 소급하여 효력이 발생하며(167조), 주된 권리의 소멸시효가 완성하면 종된 권리에 그 효력이 미치기 때문에(183조), 원본채권이 소멸시효의 완성으로 소멸하면 기본적 이자채권도 원본채권의 소멸시효의 기산일에 소급하여 소멸한다는 점에서, 변제나 상계 등 다른 채권의 소멸사유가 발생한 경우와는 차이가 있다.

(B) **수반성**(隨伴性) 기본적 이자채권은 원칙적으로 원본채권의 처분에 수반한다. 즉, 원본채권의 양도 등 처분의 효력은 당사자의 특별한 합의가 없는 한 원칙적으로 기본적 이자채권에 미친다. 이를 기본적 이자채권의 「수반성」이라고 한다. 따라서 원본채권에 관하여 전부명령(轉付命令)이 있으면 기본적 이자채권은 원본채권과 함께 압류채권자에게 이전된다(민사집행법 229조 3항).[22]

---

22) 민사집행법 제229조(금전채권의 현금화방법) ① 압류한 금전채권에 대하여 압류채권자는 추심명령이나 전부명령을 신청할 수 있다. ② 추심명령이 있는 때에는 압류채권자는 대위절차 없이 압류채권을 추심할 수 있다. ③ 전부명령이 있는 때에는 압류된 채권은 지급에 갈음하여 압류채권자에게 이전된다.

(나) 「지분적 이자채권」의 종속성

「지분적 이자채권」은 '변제기에 도달하였거나 도달할 각 개의 이자의 지급을 목적으로 하는 구체적인 채권'을 말한다. 지분적 이자채권은 기본적 이자채권의 효력으로 발생하는 것이므로, 기본적 이자채권이 없으면 지분적 이자채권은 발생하지 않는다. 즉, 지분적 이자채권의 성립(발생)은 기본적 이자채권에 종속되며, 이는 결국 지분적 이자채권이 원본채권의 존부에 달려있다는 것을 의미한다. 원본채권에 대한 담보의 효력은 지분적 이자채권에도 미치며(334조, 360조, 429조), 변제기에 도달한 지분적 이자채무를 이행제공하지 않고 원본채무만을 이행제공하는 것은 채무의 내용에 좇은 변제의 제공이 되지 못하는 것도 이러한 지분적 이자채권의 원본채권에의 종속성 때문이다. 다만, 일단 변제기에 도달하여 구체화·현실화한 지분적 이자채권은 원본채권에 대한 부종성이 약하고 강한 독립성을 가지는 것이어서, 원본채권과는 별도로 변제되고 양도된다(대법원 1989.3.28.선고, 88다카12803 판결). 즉, 원본채권이 양도되거나 전부명령에 의하여 이전된 경우에도 특별한 의사표시가 없는 한 변제기에 도달하여 구체화된 지분적 이자채권은 이전되지 않으며, 원본채권이 변제·상계 등으로 인하여 소멸하더라도 변제기에 도달하여 현실화된 지분적 이자채권은 소멸하지 않는다. 또한 변제기에 도달하여 현실화된 지분적 이자채권의 소멸시효기간은 원본채권과 독립하여 진행한다. 예컨대, 10년의 소멸시효에 걸리는 원본채권은 아직 시효로 소멸하지 않은 경우에도 변제기에 도달하여 구체화된 지분적 이자채권은 3년이 경과하면 시효로 소멸한다(163조 1호).

학설 중에는 '변제기에 도달한 지분적 이자채권은 그 독립성으로 인하여 그 자체의 소멸시효가 완성되지 않는 한 소멸하지 않는다'고 해석하는 견해도 있으나,[23] '원본채권 자체가 시효로 소멸한 경우에는 변제기에 도달하여 구체화·현실화된 지분적 이자채권이 아직 3년의 소멸시효가 완성되지 아니한 경우에도 원본채권과 함께 소멸한다'고 해석하여야 할 것이다.[24] 시효완성의 효력은 기산일에 소급하는 것이므로(167조) 원본채권의 소멸시효가 완성된 경우에는 원본채권은 물론 기본적 이자채권도 기산일에 소급하여 소멸한다고 해석하지 않을 수 없을 뿐만 아니라, 지분적 이자채권은 성립에 있어서는 원본채권에 종속하는 것이므로 지분적 이자채권도 발생하지 않은 것으로 해석하여야 할 것이기 때문이다.

(제4항 이하 생략)

23) 곽윤직, 40 참조.

24) 同旨: 이호정, "원본채권의 시효소멸과 이자채권", 고시계 29권 9호, 1984/9, 50; 양창수, 전게논문(주 10), 91; 김형배, 89 참조.

[22] Ⅲ. 이자의 제한

일반서민이나 중소기업이 생활자금이나 기업 운영자금을 금융기관에서 조달하기 위해서는 주택이나 건물 등의 부동산을 담보로 제공하여야 하는 것이 보통이다. 왜냐하면 은행 등 금융기관에서 담보 없이 신용대출을 받을 수 있는 계층은 매우 제한되어 있을 뿐만 아니라, 그 금액 또한 제한되어 있기 때문이다. 그러므로 부동산 등의 물적 담보나 신용이 부족한 일반서민들이나 중소기업은 부득이 비교적 용이하게 자금을 조달할 수 있는 사채업자(이하 「대부업자」라고 칭하기로 함)를 이용하는 경우가 많다. 그런데 일반서민들이나 중소기업이 대부업자로부터 대부를 받을 경우, 차주(일반서민들이나 중소기업)는 지나치게 높은 이자를 감당하기 어려워 채무불이행에 빠지게 되고, 대주(대부업자)는 지속적으로 이자를 징수하기 위하여 경제적 약자인 채무자에게 불법·부당한 압박을 가하는 등의 많은 부작용이 발생하게 된다. 물론 일반서민들이나 중소기업이 저리(低利)의 이자로 쉽게 생활자금이나 기업자금을 대출 받을 수 있는 금융제도가 완비되어 있다면, 대부업자에 의한 고리사채(高利私債)의 부작용을 걱정하지 않아도 될 것이다. 그러나 우리나라에서 서민을 위한 금융제도가 완비되는 것을 기대하는 것은 아직까지는 요원한 형편이라는 점을 감안하면, 생활자금이나 기업자금의 조달을 위하여 부득이 고리사채를 빌려 쓴 일반서민들과 중소기업을 대부업자들의 횡포로부터 보호하기 위해서는 이자제한이라는 법적 수단을 동원할 필요가 있다.

1. 이자제한의 연혁과 입법례

중세 교회법은 '이자의 징수는 기독교의 교의(敎義)에 반한다'는 이유로 이자의 징수를 금지하였으며, 이자에 대하여 적대적인 태도를 취한 입법례는 많다.[25] 그러나 근대에 들어오면서 자유시장경제체제가 확립되고 계약자유의 사상이 일반화하면서 「이자약정의 자유」가 일반적으로 인정되었다. 그러나 계약자유의 원칙이 지배하는 현대에 있어서도 이자제한에 관한 문제는 여전히 중요한 법률적 쟁점이 되고 있다. 왜냐하면 기업자금에 대한 고율의 이자는 생산원가를 높여 소비자물가를 상승시키고 상품의 국제경쟁력을 저하시키는 등 국가경제에 미치는 부작용이 매우 크므로 국가의 종합적인 금융정책에 따른 조정이 필요하며, 고리의 생활자금 내지 영업자금에 의존하지 않을 수 없는 대다수의 서민생활을 안정시키기 위해서는 이자의 제한이 필수적이기 때문이다. 이런 이유로 거의 모든 국가가 이자채무의 중압으로부터 채무자를 보호하기 위한 특별법을 제정하거나 이자에 대한 엄격한 규제를 내용으로 하는

25) 이자제한의 역사적 고찰에 대하여는 어인의, "이자규제의 변천과 이자제한법", 민법전시행30주년기념 논문집 「민법학의 회고와 전망」(한국민사법학회, 1993/12), 465 이하 참조.

제도를 민법전에 두고 있다.[26)]

(1) 일본의 이자제한제도

일본은 우리나라의 이자제한제도에 가장 큰 영향을 끼친 국가인데, 민법전에 이자제한에 관한 규정을 두지 않고 「이식제한법(利息制限法)」이라는 특별법에 의하여 이자를 규제하고 있다. 다만, 우리의 이자제한법과는 달리 일본의 이식제한법은 최고이자율을 대여원금의 액수에 따라 달리 정하고 있는 등(동법 1조,[27)] 5조[28)]), 이자제한의 구체적 내용은 차이가 있다.

한편 일본의 「대금업법(貸金業法)」(1983.5.13. 법률 제32호)은 우리나라의 대부업법의 모델이 된 법률이라고 할 수 있는데, 원래 대부업자의 등록과 감독을 내용으로 하는 순수한 행정법규로서 이자율에 관한 규제조항은 두고 있지 않았으나, 2006년에 금리를 규제하는 조항을 신설하여, 현재는 대부업자가 「이식제한법」 제1조에서 정한 금액을 초과하여 이자를 수령하는 행위를 금지하고(동법 12조의8),[29)] 이를 위반하는 경우에는 중형(10년 이하의 징역 또는 3,000만 엔 이하의 벌금에 처하거나 이를 병과)에 처하도록 규정하고 있다(동법 47조).

(2) 독일의 이자제한제도

독일은 양속위반의 법률행위와 폭리행위를 무효로 규정하고 있는 민법의 일반조항에 의하여 「지나친 이자의 약정」(Überhöhe Verzinsung)이 규율되고 있는데(BGB §138),[30)] 통설과 판례

---

26) 이자제한에 관한 각국의 입법례에 관하여는 백태승, 전게논문(주 1: 이자제한법폐지에 따른 문제점과 대책), 12 이하; 금융감독원 편, "사금융종합자료 모음", 인권과 정의 298호(대한변호사협회, 2001/6), 54 이하 참조.

27) 일본 이식제한법 제1조(이자의 제한) 금전을 목적으로 하는 소비대차에 있어서 이자의 약정은 그 이자가 다음 각 호에 적은 경우에 따라서 당해 각 호에 정한 이율에 의하여 계산한 금액을 초과하는 때에는 그 초과부분에 대하여 무효로 한다. 1. 원본액이 10만 엔 미만인 경우 연 2할 2. 원본액이 10만 엔 이상 100만 엔 미만인 경우 연 1할8푼 3. 원본액이 100만 엔 이상인 경우 연 1할5푼

28) 일본 이식제한법 제5조(원본액의 특칙) 다음 각 호에 적은 이자에 관한 제1조의 규정의 적용에 대하여는 당해 각 호에 정한 금액을 동조에 규정하는 원본의 금액으로 간주한다. 1. 영업적 금전소비대차(채권자가 업으로 행하는 금전을 목적으로 하는 소비대차를 말한다. 이하 같다)상의 채무를 이미 부담하고 있는 채무자가 동일한 채권자로부터 거듭하여 영업적 금전소비대차에 의한 대부를 받은 경우에 있어서 당해 대부에 관계되는 영업적 금전소비대차상의 이자 당해 이미 부담하고 있는 채무의 남은 원본액과 당해 대부를 받은 원본액의 합계액 2. 채무자가 동일한 채권자로부터 동시에 둘 이상의 영업적 금전소비대차에 의한 대부를 받은 경우에 있어서 각각의 대부에 관계되는 영업적 금전소비대차상의 이자 당해 둘 이상의 대부를 받은 원본액의 합계액

29) 일본 대금업법 제12조의8(이자, 보증료 등에 관한 제한 등) ① 대금업자는 그 이자(간주이자를 포함한다. 제3항 및 제4항에서도 같다)가 이식제한법 제1조에 규정하는 금액을 초과하는 이자약정을 체결할 수 없다.

30) 독일민법 제138조(양속위반의 법률행위; 폭리) (1) 선량한 풍속을 위반하는 법률행위는 무효이다. (2) 특히 타인의 절박한 상황, 경험부족, 판단능력의 결여 또는 현저한 의지박약을 이용하여 어떠한 급부의 대가로 자신에게 또는 제3자에게 그 급부와 현저히 불균형한 재산적 이익을 약속하게 하거나 공여하도록 하는 법률행위는 무효이다.

는 '이자약정이 폭리행위라고 할 수 있을 정도로 과도한 것인지의 여부는 특히 자본시장의 상황과 위험분배의 관점에 의거하여 개별적·구체적으로 판단되어야 한다'는 입장을 취하고 있다.[31] 또한 독일민법은 일정한 금융기관을 제외하고는 사전의 복리약정을 무효로 규정하고 있으며(BGB §248), 법정이자율을 연 4%로 규정하고 있다(BGB §246).[32]

한편 2002년에 개정된 독일민법은 매년 두 차례에 걸쳐서 유럽중앙은행(European Central Bank)이 정하는 「기준이율」(Bezugsgröße)에 연동되는 「기본이율」(Basiszinssatz)제도를 신설하였는데(BGB §247),[33] 이는 동시에 신설된 「지연이자율」(Verzugszins)의 상한을 정한 독일민법 제288조[34]와 「소송계속이자율」(Rechtshängigkeitszins)을 정한 동법 제291조[35]의 기초가 되는 이율로서 이자율을 규제하는 작용을 한다.[36] 참고로 유럽중앙은행의 기준이율은 2014년 9월에 연 0.05%로 인하한 이후 이를 계속 유지하다가,[37] 2016.3.10. 기준금리를 연 0%, 예금금리를 연 −0.4%, 한계대출금리를 연 0.25%로 인하하였다. 이에 따라 독일의 지연이자율도 연 5.0%로, 비소비자의 유상채권의 이율은 연 9.0%로 인하되었다(BGB §247).

(3) 프랑스의 이자제한제도

개정 전 프랑스민법에서는 금전채무의 이행기가 도래한 후 1년이 지난 경우에 한하여 복리약정의 효력이 발생하는 것으로 규정하고 있었는데(C.c. Art. 1154),[38] 후술하는 바와 같이 개

31) 백태승, 전게논문(주 1: 이자제한법폐지에 따른 문제점과 대책), 13 참조.

32) 독일민법은 과거 6%를 초과하는 이자약정의 경우, 계약체결 후 6개월이 경과한 후에 다시 6개월의 예고기간을 두고 해지할 수 있도록 하는 규정을 두고 있었으나(삭제 전 독일민법 247조), 거래의 실제에서 6% 이상의 고금리가 일반화되고 이 규정으로 인하여 안정적인 금융을 원하는 채무자의 이익을 오히려 해할 수 있는 등의 이유로 1987년에 폐지되었다고 한다(백태승, 상게논문, 13 참조).

33) 독일민법 제247조(기본이율) (1) 기본이율은 3.62%로 한다. 그것은 매년 1월 1일과 7월 1일에 최종적으로 기본이율이 변경된 이후에 기준이율이 몇 퍼센트 포인트 상승 또는 하락하였는가에 따라서 변경된다. 기준이율(Bezugsgröße)은 당해 반년의 첫날 이전에 유럽중앙은행의 가장 최근의 주된 리파이넌스 실행을 위한 이자율이다. (2) 독일연방은행은 제1항 제2문에서 언급된 시점에 현행 기본이율을 연방관보에 공표한다.

34) 독일민법 제288조(지연이자) (1) 금전채무는 지체되면 이자가 붙는다. 지연이자의 이율은 그 해의 기준이율에 연 5%를 더한 이율로 한다. (2) 소비자가 당사자가 아닌 법률행위의 경우에는, 유상채권의 이자율은 기준이율에 연 9%를 더한 이율로 한다. (3) 채권자는 다른 법률상의 원인에 기하여 이보다 높은 이자를 청구할 수 있다. (4) 그 이외의 손해를 주장하는 것은 방해되지 아니한다.

35) 독일민법 제291조(소송계속이자) 금전채무에 대하여 채무자는 지체되지 않은 경우에도 소송이 계속된 때로부터 이자를 지급하여야 한다; 채무의 이행기가 그 후에 비로소 도래하는 경우에는 이행기로부터 이자를 지급하여야 한다. 이 경우에 제288조 제1항, 제2항, 제3항과 제289조 제1항이 준용된다.

36) Medicus, Rn.164, S.93.

37) 유럽중앙은행은 2008.10.에 발생한 세계금융위기를 기점으로 기준금리를 내리기 시작하여 2014.9.10.부터는 기준금리를 연 0.05%(예금금리 연 −0.2%, 한계대출금리 연 0.3%)로 인하하였는데, 2016.3.16.부터는 다시 기준금리를 연 0.00%(예금금리 연 −0.4%, 한계대출금리 연 0.25%)로 하는 등 초저금리를 유지하고 있다. http://www.ecb.europa.eu/stats/policy_and_exchange_rates/key_ecb_interest_rates/html/index.en.html(방문일: 2019.8.27.)

38) 개정 전 프랑스민법 제1154조 : 이행기가 도래한 원본의 이자는 재판상의 청구에 의하거나 혹은 특별

정 프랑스민법도 이와 유사한 규정을 두고 있다(C.c. Art. 1343-2). 또한 프랑스에서는 최고이자율의 제한은 민사특별법인 「소비자법」(Code de la consommation)에 의하여 규율되고 있다. 이에 따르면, ① 재정자문위원회(Comité consultatif du secteur financier)의 자문을 거쳐 프랑스중앙은행이 분기별로 고시하는 당해 대차계약에 적용된 「금융기관의 평균이자율」[39]보다 1/3을 더 초과하는 이자의 약정을 「고리대차(高利貸借)」(un prêt usuraire)로 규정하여 이를 금지하고(동법 Art. L313-3(1)),[40] ② 이러한 제한을 초과하는 이자약정을 수반하는 계약상의 대차의 경우, 초과징수이자는 자동적으로 정상적인 이자 또는 원금에 충당하도록 하되, 이미 초과이자가 지급된 경우에는 부당하게 징수된 금액은 지급된 날로부터 법정이자를 붙여서 반환하도록 규정하고 있다(동법 Art. L313-4).[41] 나아가 ③ 이유 여하를 막론하고, 어떠한 방법에 의하였든, 직접 또는 간접을 불문하고, 타인에게 고리대부를 행하거나 고리대부에 기여한 자에 대하여 3년 이하의 징역 또는 45,000유로의 벌금형 또는 양자를 병과할 수 있도록 규정하고 있다(동법 Art. L313-5(1)).[42]

(4) 미국의 이자제한제도

미국은 사법(私法)의 제정권이 각 주(州)에 위임되어 있는 관계로 연방 차원에서 이자율을 규제하는 제도는 존재하지 않으며, 이자제한에 관한 규제의 내용과 정도는 주에 따라 다르다. 그러나 대부분의 주에서는 최고이자율을 규제하는 「이자제한법」(Usury Laws)을 두고 있는데,[43] 미국 각 주의 최고이자율은 연 6%에서 연 24%까지 다양하다.[44] 뉴욕주법과 함께 미국

한 합의에 의하여 이자를 발생시킬 수 있다. 다만, 청구에 의한 경우나 합의에 의한 경우이거나 공히 그 이자가 최소한 1년분에 달한 것일 것을 요한다.

39) 2019.7.1.부터 적용되는 고리기준이율(taux d'usure)은 3,000유로 이하는 연 21.08%, 3,000~6,000유로까지는 연 12.49%, 6,000유로 이상은 연 5.92%이다. https://www.banque-france.fr/statistiques/taux-et-cours/taux-dusure(방문일: 2019.3.3.)

40) 프랑스소비자법 제313-3조 : (1) 계약 당시의 연간 이자율이 직전 분기동안 금융기관에 의하여 유사한 위험요소를 가지는 같은 유형의 대차에 대하여 적용되었다고 재정자문위원회의 자문을 거쳐서 행정당국에 의하여 고시된 평균이자율보다 1/3을 더 초과하는 계약상의 대차는 폭리인 고리대차를 구성한다.

41) 프랑스소비자법 제313-4조 : 계약상의 대부가 폭리인 고리대차인 경우, 초과징수액은 법률 제313-1조 내지 제313-3조에 따라서 법률상 당연히 통상이자의 지불에 충당되며, 보충적으로는 대여채권의 원금에 충당된다. 만약 원금과 이자가 이미 지급된 경우에는, 부당하게 징수된 초과금액은 그것이 지급된 날로부터 법정이자를 가산하여 반환되어야 한다.

42) 프랑스소비자법 제313-5조 : (1) 타인에게 폭리인 고리대차를 해주거나 어떠한 이유에 의하였든, 그리고 어떠한 방법에 의하였든, 직접이든 간접이든 고의에 의하여 법률 제313-3조의 의미에서 고리대차이거나 고리대차가 될 수 있는 대차를 획득하거나 대차를 하는 데 기여한 자는, 그 기여에 대하여 2년 이하의 징역 또는 45,000유로 이하의 벌금에 처한다. 두 가지 처벌은 병과할 수 있다.

43) 미국의 이자제한제도에 관하여는 윤부찬, "미국의 이자제한법과 우리에의 시사점", 비교사법 13권 3호(한국비교사법학회, 2006/9), 251 이하 참조.

44) 예컨대, 2019년 현재 메릴랜드주: 연 6~8%, 뉴욕주: 연 16%, 조지아주: 연 7~16%($ 3,000 이하), 캔사스주: 연 10~15%, 워싱턴주: 연 12%, 오클라호마주: 연 6%, 앨러배머주: 연 6% 등이다. https://state

사법을 대표한다고 할 수 있는 캘리포니아주의 최고이자율은 현재 연 12%인데, 이를 초과하는 이자약정은 무효이며(Civil Code §1916-2), 채무자는 지급한 이자의 3배를 반환받을 수 있다. 또한 고의로 고리대부(loan-sharking)를 한 자는 중범죄(felony)로서 1년 이상 5년 이하의 징역에 처해진다(Civil Code §1916-3).[45]

2. 우리나라 이자제한제도의 변천

(1) 조선시대

조선총독부가 1914년에 발간한 「관습조사보고서」에 따르면, '계약에 의하여 이자를 지급하여야 하는 경우에는 대체로 이자율도 약정하는 것이 보통이었으며, 관습상의 법정이자가 있었는지는 확실치 않으나, 당사자 사이에 이자의 지급의무만을 정한 채 이자율을 정하지 아니한 경우에는 지급기의 통상의 이자율에 의함이 관례였다'고 한다.[46] 또한 조선시대에는 명률(明律)에 따라 '아무리 대차기간이 길더라도 이자는 원본의 액을 초과할 수 없다'는 이른바 「일본일리(一本一利)」의 규제가 행하여졌으며, 이를 위반하는 자는 엄한 형벌에 처하는 제도가 시행되었다고 한다.[47]

(2) 일제시대 이후 외환위기 이전 : 1912~1997년

일제치하인 1912년부터 일본의 「이식제한령(利息制限令)」을 모방한 「조선이식제한령」(1911.11.1. 제령 제13호)이 시행됨으로써 최고이자율에 대한 근대적인 법적 규제가 시작되었다. 1945년 일제치하에서 해방된 후에도 이러한 상태가 계속되다가 1962.1.15.에 이르러서야 이자제한법이 제정되었다(법률 제971호). 그러나 그 내용은 「조선이식제한령」과 대동소이한 것이었다. 다만, 거래의 현실은 이자제한법의 규제(제정 당시의 이자제한법상의 최고이자율은 연 2할이었음)에도 불구하고 불충분한 서민금융제도 때문에 제한이율을 초과하는 고리의 소비대차계약이 성행하였다.

(3) 외환위기 이후 대부업법 제정 전 : 1998~2002년

1997년 말 정부의 경제정책실패로 인하여 외환위기가 초래되었다. 정부는 외환위기로 인한 국가부도사태를 막고 경제위기를 극복하기 위하여 국제통화기금(IMF)에 구제금융을 요청하였는데, 국제통화기금(IMF)은 구제금융의 전제조건으로 고금리정책의 시행을 요구하였다. 그 결과 1998.1.13. 이자제한법과 동법시행령 등 이자제한에 관한 주요 법령이 전부 폐지되었

---

laws.findlaw.com(방문일: 2019.8.28.)

45) http://statelaws.findlaw.com/california-law/california-interest-rates-laws.html(방문일: 2019.8.28.)

46) 慣習調査報告書, 171 이하 참조.

47) 經國大典 禁制條, 續大典 戶典 徵債條 참조.

다. 그리하여 1912년부터 85년간 지속되어 오던 이자제한제도는 사라지고 폭리행위금지에 관한 민법 제104조의 규정을 제외하고는 사법상의 이자에 관한 규제가 전혀 없는 상태가 되었다.

이자제한법이 폐지되자 금융기관통폐합 등으로 경색된 금융시장에서 퇴출된 서민들과 중소기업은 고리사채시장으로 내몰리게 됨으로써 사채시장을 중심으로 연간 1,000%를 상회하는 믿을 수 없는 살인적 고금리가 횡행하게 되고, 조직폭력배와 결탁한 사채업자들은 이자징수과정에서 채무자를 폭행·협박하고 심지어는 인신매매까지 자행하는 등 온갖 사회적 병폐가 만연하였다. 반면에 이자소득계층의 불로소득은 크게 확대되어 사회적·경제적 양극화 현상이 심화되는 부작용이 초래되었다. 이자제한법의 폐지로 야기된 이러한 문제를 해결하기 위해서는 '이자제한법의 부활이 절실하다'는 주장이 학계와 시민단체를 중심으로 줄기차게 제기되었으나,[48] '이자를 제한하면 금융의 경색이 우려된다'는 논리를 들어 이자제한 그 자체에 대하여 반대하여 온 경제관료들과 사적 자치의 원칙만을 강조하는 일부 관변학자들, 그리고 주로 이자소득계층의 이익을 옹호하는 보수정치세력의 야합에 의하여 이자제한법의 부활은 미루어져 왔으며, 5년 가까이 사법상 아무런 이자제한제도가 없는 「무법상태」가 계속되었다.

(4) 대부업법 제정 이후 이자제한법 부활 전 : 2002~2007년

이자제한법의 부활을 요구하는 여론에 침묵으로 일관하던 정부는 '역사상 유례없는 범죄적 초고금리를 방치하고 있다'는 사회적 비난이 거세어지자, 제16대 대통령선거를 앞둔 2002.8.26. 돌연 일본의 「대금업법」을 모방한 「대부업법」(법률 제6706호)을 제정·시행함으로써 이자율을 규제하기 시작하였다.[49] 그런데 대부업법은 제정 당시 지하경제에서 음성적으로 활동하고 있는 일부 대형 고리대금업자(사채업자)들을 등록시켜 양성화하고,[50] 이들이 행하는 일정규모(3,000만원) 이하의 대부행위의 약정이자율을 법시행일(2002.10.27.)부터 3년간 한시적으로 규제(최고이율 연 66%)하는 것을 내용으로 하는 것이었다(동법 부칙 2조).[51] 그러므로 대부

48) 백태승, 전게논문(주 1: 이자제한법폐지에 따른 문제점과 대책), 8 이하; 곽윤직, 46 등 참조.

49) 대부업법은 일본의 「대금업법(貸金業法)」의 주요내용을 모방한 것으로서, 비록 금융계에서 관행적으로 사용되고 있다고는 하지만 "貸付(가시쓰께)"라는 일본식 용어를 그대로 채용하는 등 입법기술상 문제가 많은 것이었다(일본 대금업법 2조 등 참조).

50) 대부업법시행령(2002.10.28. 대통령령 17765호로 제정된 것) 제2조(대부업에서 제외되는 범위) 대부업의등록및금융이용자보호에관한법률(이하 "법"이라 한다) 제2조 제1호 단서에서 "대통령령이 정하는 경우"라 함은 다음 각 호의 1에 해당하는 경우를 말한다. 1. 매월말을 기준으로 월평균 대부금액의 잔액이 5천만원 이하이고 거래상대방이 20인 이하로서, 표시·광고의공정화에관한법률 제2조 제2호의 규정에 의한 광고를 하지 아니하는 자가 대부하는 경우. 이 경우 대부금액의 잔액·거래상대방·광고 여부는 명의에 관계없이 실질적으로 대부하는 자를 기준으로 판단한다.

51) 최고이자율을 3년간 한시적으로 제한한 대부업법 제8조의 규정은 ① 2005.3.31. 법률 제7523호로 개정되어 2008.12.31.까지로 3년간 유효기간이 연장되었으며(동법 부칙 2조 1항), ② 2009.1.21. 법률 제9344호로 다시 개정되어 2013.12.31.까지 5년간 유효기간이 연장되었고(동법 부칙 2조 1항), ③ 2014.1.1. 법

업법은 이자율을 제한하여 채무자를 보호하기 위한 법률이라기보다는 '역사상 유례없는 초고금리를 허용함으로써 고리사채업을 장려하기 위한 법률'이라는 비난을 면할 수 없었다.

(5) 이자제한법의 부활 이후 : 2007년~현재

이자제한에 관한 대부업법의 규정은 대통령선거를 앞두고 고리사채에 시달리고 있는 서민들의 표심을 얻기 위한 정략적인 목적으로 만들어진 법률로서, 최고이자율에 관한 동법 제8조의 규정은 '채무자보호에 미흡한 법'이라는 비판으로는 부족하고, '연 66%라는 범죄적 수준의 고금리를 사채업자들에게 허용함으로써 국가적으로 고리대금업을 장려하는 법'이라는 비판을 면하기 어려운 것이었다. 즉, 대부업법은 사채업자들에게 연 66%라는 역사상 유례가 없는 범죄적 수준의 초고금리를 보장해 주는 것이어서, 이자채무의 중압에 시달리는 서민과 소기업을 보호하겠다는 입법취지의 달성은 애당초 기대하기 어려웠다. 그 당연한 결과로서 대부업법의 시행에도 불구하고 고리사채로 인한 사회적 갈등과 불만은 더욱 고조되었다. 이에 따라 '하루속히 대부업법에서 최고이자율에 관한 규정을 삭제하고 일반사법으로서 최고이자율을 제한하는 것을 내용으로 하는 이자제한법을 부활시켜야 한다'는 여론이 고조되었다. 또다시 정부와 정치권은 17대 대통령선거를 앞두고 이러한 부정적 여론을 잠재우고 서민들의 표를 얻기 위하여 2007.3.29. 의원입법의 형식을 빌어 이자제한법(법률 제8322호)을 제정·시행하기에 이르렀다.[52)]

새로 제정된 이자제한법(이하에서 "이자제한법"이라 함은 이 법을 지칭한다)은 최고이자율의 제한을 그 핵심적인 내용으로 하고 있다는 점에서 1998년에 폐지된 구 이자제한법과 같으나, 제한초과이자의 원본충당의 효력을 인정하고(2조 4항), 복리약정의 효력(5조) 및 선이자공제의 효력에 관한 명문규정(3조)을 두는 등 구 이자제한법보다 개선된 내용을 담고 있었다. 그러나 미등록대부업자를 포함한 대부업에는 적용되지 않도록 스스로 적용범위를 제한함으로써(동법 7조), 일반적인 이자약정에 대해서는 이자제한법이 적용되고, 대부업자가 하는 대부계약상의 이자약정에 관하여는 대부업법이 적용되게 됨으로써, 채권자의 신분에 따라 같은 법적 성질을 가지는 사법상의 이자채권에 대하여 전혀 다른 법률이 적용된다는 납득하기 어려운 모순

률 제12156호로 또다시 개정되어 2015.12.31.까지 2년간 유효기간이 연장되었다(동법 부칙 2조 1항), ④ 2016.3.3.부터 법률 제14072호로 또다시 개정되어 2018.12.31.까지 2년 9개월간 유효기간이 연장되었다가 2018.12.24. 법률 제16089호로 부칙 제2조가 폐지됨으로써 대부업법은 한시법의 성격을 벗게 되었다.

52) 2006.9.14. 이종걸 외 21인은 의원입법으로서 「이자제한법안」을 발의하였는데, 2006.9.25. 민주노동당 심상정 외 10인은 이와는 별도의 「이자제한법안」을 발의하였다. 위 양 법안은 국회 법제사법위원회에 상정되어 법안심의소위원회의 심사를 거친 결과, 2007.3.2. 각 법률안의 내용을 수렴하여 대안으로 「법제사법위원회안」이 본회의에 제안되었으며, 2007.3.6. 「법제사법위원회안」이 국회본회의에서 의결되었다. 정부에 이송된 이자제한법은 2007.3.29. 법률 제8322호로 공포되었으며, 부칙 제1항에 따라 공포한 날로부터 3개월이 경과한 2007.6.30.부터 시행되었다.

된 법체계를 창출하였다.

3. 현행법상의 이자제한

위에서 살펴본 바와 같이, 사법상의 이자제한에 관한 현행법의 규정체계는 일반법인 이자제한법과 특별법인 대부업법에 의하여 이원적으로 규율되고 있다. 그러나 고리대금업을 국가적으로 장려하기 위한 것이 대부업법의 입법목적이 아니라면 이는 도무지 수긍하기 어려운 모순된 입법체계라는 비판을 면하기 어렵다. 왜냐하면 법적 성질이 동일한 사법상의 법률행위인 이자약정에 따른 최고이자율을 채권자의 신분에 따라 차별을 두어야 할 법리적 근거는 전혀 없기 때문이다.[53] 그러므로 대부업법에서 이자제한에 관한 규정을 삭제하여 이자제한법으로 통합하거나, 대부업법상의 이자율을 이자제한법의 제한이율보다 훨씬 낮은 제한이율(연 20% 미만)로 전환함으로써 규정체계상의 모순과 불합리를 하루속히 제거하여야 할 것이다.[54]

아무튼 현행법상 이자의 제한은 이자제한법과 대부업법에 의하여 이원화되어 있으므로, 이자제한에 관한 현행법의 해석론도 이원적으로 구성하는 수밖에 없다.

(1) 이자제한법 및 대부업법의 적용범위

1) 주체 면에서의 적용범위의 제한

이자제한법은 '다른 법률에 따라 인가·허가·등록을 마친 금융업 및 대부업과 대부업법 제9조의4에 따른 미등록대부업자(대부업의 등록을 하지 아니하고 사실상 대부업을 영위하는 자)에 대하여는 적용되지 아니한다'고 규정함으로써(동법 7조), 대부업자가 하는 대부뿐만 아니라 미등록대부업자가 하는 대부에 대하여서도 그 적용을 배제하고 있다. 또한 대부업법은 이자제한법과는 별도로 대부업자가 하는 대부에 대하여 이자율의 최고한도를 규제하고 있으므로(동법 8조 1항), 대부업법의 이자제한에 관한 규정은 대부업자가 하는 대부에 한하여 적용되어야 함은 당연하다 할 것이다. 그런데 대부업법은 "미등록대부업자가 대부를 하는 경우의 이자율

53) 2018.2.8.부터 시행된 「대부업법시행령」과 이자제한법의 「최고이자율규정」에 의하여 최고이자율이 연 24%로 개정되기 전에는 대부업자에게 적용되는 대부업법상의 최고이자율(연 27.9%)이 일반인에게 적용되는 이자제한법상의 최고이자율(연 25%)보다 높아서, 최고이자율 면에서 대부업자를 우대하는 규정체계상의 심각한 모순을 보이고 있었다.

54) 저자는 대부업자가 아닌 일반인의 폭리적 대부행위에 대하여 엄한 형사처벌규정을 신설할 것을 여러 차례 촉구한 바 있는데(김대정, "이자채권과 대부업법에 의한 이자의 제한", 중앙법학 6집 4호, 중앙법학회, 2004/12, 237; 同, "현행법상 이자제한에 관한 연구", 중앙법학 9집 2호, 중앙법학회, 2007/6, 356 참조), 다행스럽게 2011.7.25. 법률 제10925호로 이자제한법이 개정되어 최고이자율을 초과하여 이자를 받은 자는 1년 이하의 징역 또는 1천만원 이하의 벌금에 처할 수 있게 되었으며(동법 8조), 대부업법 제8조 또는 제11조 제1항에 따른 이자율을 초과하여 이자를 받은 자는 3년 이하의 징역 또는 3천만원 이하의 벌금에 처할 수 있게 되었다(대부업법 19조 2항 3호). 그러나 현행법은 그 죄질에 비하여 처벌의 수준은 너무 낮으므로, 형량을 대폭 상향조정할 필요가 있다고 생각한다.

에 관하여는 이자제한법 제2조 제1항 및 이 법 제8조 제2항부터 제5항까지의 규정을 준용한다"고 규정하고 있으므로(대부업법 11조 1항), 이자제한법의 제한이율(현재 연 24%)은 당연히 미등록대부업자에게도 적용된다. 판례도 '미등록대부업자가 하는 대부의 제한최고이율은 이자제한법상의 제한이율이 적용된다'고 판시하고 있다(대법원 2009.6.11. 선고, 2009다12399 판결). 이러한 판례의 입장은 당연한 것이지만, 적용범위에 관한 이자제한법과 대부업법의 규정은 일종의 '순환적 모순에 빠진 졸렬한 입법의 전형'이라는 비판을 면하기 어렵다.[55] 여기서 「대부업」이라 함은 '금전의 대부(어음할인·양도담보, 그 밖에 이와 비슷한 방법을 통한 금전의 교부를 포함한다)를 업으로 하거나 대부업자(대부업법 제3조의 규정에 따라 대부업의 등록을 한 자) 또는 여신금융기관(대통령령으로 정하는 법령에 따라 인가 또는 허가 등을 받아 대부업을 하는 금융기관)으로부터 대부계약에 따른 채권을 양도받아 이를 추심하는 것을 업으로 하는 것'을 말한다(대부업법 2조 1호 본문, 4호). 여기서 "업(業)으로 한다"는 것은 '같은 행위를 계속하여 반복하는 것'을 의미하는데, 판례는 '금전의 대부를 업으로 하는지 여부는 단순히 그에 필요한 인적 또는 물적 시설을 구비하였는지 여부와는 관계없이 금전의 대부 또는 중개의 반복·계속성 여부, 영업성의 유무, 그 행위의 목적이나 규모·횟수·기간·태양 등의 여러 사정을 종합적으로 고려하여 사회통념에 따라 판단하여야 할 것'이라는 입장을 확립하고 있다(대법원 2008.2.29.선고, 2007도11068 판결 등).[56] 다만, 대부의 성격 등을 고려하여 대통령령으로 정하는 경우는 대부업에서 제외되므로(대부업법 2조 1호 단서), 대부업법의 적용을 받지 아니한다(동법시행령 2조).[57] 그러나 이자제한법은 사법상의 이자약정에 관한 일반법이고, 대부업법은 대부업자 등이 행하는 대부의 이자약정에 관하여 한시적으로 적용되는 특별법이므로, '대통령령으로 대부업에서 제외되는 경우를 포함하여, 일반인 사이의 금전대차의 경우는 물론 대부업법의 적용대상이 아닌 금전의 대부에 대해서는 특별규정이 없는 한 이자제한법이 적용된다'고 해석하여야 할 것이다. 다만, 대부업법은 '여신금융기관의 대부에 대해서는 이자제한법의 적용이 배제된다'는 특별규정을 두고 있다(대부업법 15조).[58]

---

55) 다행히 「대부업법시행령」과 이자제한법의 「최고이자율규정」이 개정됨으로써 2018.2.8.부터 대부업법상의 최고이자율과 이자제한법상의 최고이자율이 연 24%로 개정됨으로써 이러한 순환적 모순은 해소되었으나, '왜 똑같은 최고이자율을 별개의 법으로 규율하여야 하는가?' 하는 근본적 의문은 여전히 남아있다.

56) 같은 취지: 대법원 2012.3.29.선고, 2011도1985 판결; 대법원 2012.7.12.선고, 2012도4390 판결; 대법원 2013.9.27.선고, 2013도8449 판결.

57) 대부업법시행령에 따르면, ① 사업자가 그 종업원에 대하여 대부하는 경우, ② 「노동조합 및 노동관계조정법」에 따라 설립된 노동조합이 그 구성원에게 대부하는 경우, ③ 국가 또는 지방자치단체가 대부하는 경우, ④ 민법이나 그 밖의 법률에 따라 설립된 비영리법인이 정관에서 정한 목적의 범위에서 대부하는 경우의 어느 하나에 해당하는 경우는 대부업에서 제외된다(동시행령 2조).

58) 대부업법 제15조(여신금융기관의 이자율의 제한) ① 여신금융기관은 연 100분의 27.9 이하의 범위에서 대통령령으로 정하는 율을 초과하여 대부금에 대한 이자를 받을 수 없다. ② 제1항에 따른 이자율을 산정

이와 같이 이자제한에 관한 현행법체계는 대부업자와 여신금융기관의 대부에 대해서는 이자제한법의 적용을 배제하면서도, 정작 이자약정에 관한 특별법인 대부업법의 최고이자율(현재 연 24%)[59]과 일반법인 이자제한법의 최고이자율(연 24%)을 동일하게 규율하는 모순을 노정하고 있다.[60] 이는 매우 잘못된 것으로서 시급히 시정되어야 할 것이다. 원래 대부업법은 대부업과 대부업자에 대한 행정적 규제를 목적으로 하는 순수한 행정법규이므로, 이자제한법상의 최고이자율보다 훨씬 엄격한 규제조항을 두지 않는 이상 대부업법에 대부계약에 의한 최고이자율을 제한하는 규정을 두는 것 자체가 잘못된 것이다. 또한 전술한 바와 같이, 대부업법 제11조 제1항은 '미등록대부업자가 대부를 하는 경우의 이자율에 관하여는 대부업법의 이자제한에 관한 규정이 적용되지 않고 이자제한법의 규정을 준용한다'는 내용으로 개정되었으나,[61] 이와 동시에 이자제한법 제7조의 규정도 "다른 법률에 따라 인가·허가·등록을 마친 금융업 및 대부업과 대부업법 제9조의4에 따른 미등록대부업자에는 이 법을 적용하지 아니한다"고 개정됨으로써, 미등록대부업자가 하는 대부의 최고이자율에 관하여 이자제한법은 대부업법에 의하도록 규정하고(이자제한법 7조), 대부업법은 이자제한법에 의하도록 규정하는(대부업법 11조) 모순과 충돌은 아직 해소되지 않고 있다.[62]

2) 객체 면에서의 적용범위의 제한

(가) 이자부 금전소비대차 : 대부

대부업법이나 이자제한법상의 이자제한에 관한 규정은 모두 이자부금전소비대차에 한하

할 때에는 제8조 제2항을 준용한다. ③ 여신금융기관은 대부자금의 조달비용, 연체금의 관리비용, 연체금액, 연체기간, 금융업의 특성 등을 고려하여 대통령령으로 정하는 율을 초과하여 대부금에 대한 연체이자를 받을 수 없다. ④ 금융위원회는 제1항 및 제3항을 위반하여 이자 및 연체이자를 받는 여신금융기관에 대하여 그 시정을 명할 수 있다. ⑤ 여신금융기관이 제1항 및 제3항에 따른 기준을 초과하여 이자 또는 연체이자를 받은 경우 그 이자계약의 효력 등에 관하여는 제8조 제4항부터 제6항까지의 규정을 준용한다.

59) 「대부업법」에 의한 최고이자율은 제정 당시 연 66%이었으나, 2007.10.4.부터 연 49%로 인하되었으며, 2010.7.21.부터 다시 연 44%로 인하되었고, 2011.6.27.부터 다시 연 39%로 인하되었는데, 2014.4.2.부터 다시 34.9%로 인하되었고(동법시행령 5조 2항), 2016.3.3.부터는 연 27.9% 이하의 범위로 최고이자율의 제한이 강화되었다(동법 8조 1항).

60) 현재 이자제한법과 대부업법의 실제 제한이율은 연 24%로 동일하지만, 가능한 최고이자율은 더욱 엄격해야 할 특별법인 대부업법의 최고이자율(현재 연 27.9%)이 일반법인 이자제한법의 최고이자율(연 25%)보다 낮다는 '제한이자율의 역전현상'이라는 제도적 모순은 여전하다.

61) 2009.1.21. 법률 제9344호로 개정되기 전에는 대부업법 제8조의 규정이 미등록대부업자에게도 준용되었기 때문에(동법 11조 1항), 대부업의 등록 여부와는 관계없이 모든 대부업자가 행하는 금전대부에는 대부업법만이 적용된다고 해석되었어야 하지만, 이는 "다른 법률에 따라 인가·허가·등록을 마친 금융업 및 대부업에는 이 법을 적용하지 아니한다"고 규정하고 있는 2009.1.21. 법률 제9344호로 개정되기 전의 이자제한법 제7조의 규정과 충돌되는 것이었다(동조를 반대해석하면, 등록을 받지 아니한 대부업에는 이자제한법이 적용되어야 하기 때문이다).

62) 이러한 규범의 모순과 충돌은 이자제한법과 대부업법을 관장하는 주무부처가 법무부와 금융위원회로 이원화되어 있기 때문이 아닌가 생각된다.

여 적용된다는 점에서 공통된다(이자제한법 2조 1항, 대부업법 8조, 11조, 15조). 다만, 최고이자율을 연 25%를 초과하지 아니하는 범위 안에서 대통령령으로 정하도록 규정하고 있는 이자제한법 제2조 제1항의 규정은 대차원금이 10만원 미만인 경우에는 적용되지 아니한다(동법 2조 5항).

최고이자율이 제한에 관한 대부업법 제8조의 규정은 '대부업자가 직접 대부를 하는 경우에 한하여 적용되며, 대부업자가 다른 대부업자나 여신금융기관으로부터 대부계약에 따른 채권을 양도받아 이를 추심하는 경우에는 적용되지 아니한다'고 해석된다. 「대부업」이라 함은 '금전의 대부(어음할인·양도담보 그 밖에 이와 비슷한 방법을 통한 금전의 교부를 포함한다)를 업으로 하거나 다른 대부업자나 여신금융기관으로부터 대부계약에 따른 채권을 양도받아 이를 추심하는 것을 업으로 하는 것'을 지칭하지만(대부업법 2조 1호 본문), 다른 대부업자나 여신금융기관으로부터 대부계약에 따른 채권을 양도받아 이를 추심하는 경우는 이를 "대부"라고 할 수는 없으므로, 대부업법 제8조의 제한이율에 관한 규정은 이 경우에 직접 적용되지 않는다고 해석하여야 할 것이다(대부업자가 양도받은 채권을 발생시킨 다른 대부업자의 대부계약에 대해서는 대부업법이 적용됨은 물론이다). 「대부업법」은 "대부"에 대한 정의규정을 두고 있지 않으나, 「금전의 대부」라 함은 '계약의 당사자 일방이 금전 기타의 물건이나 유가증권을 상대방에게 교부하고, 나중에 동종의 것을 반환받는 유상계약'을 말하는 것으로서, 민법상의 「이자부금전소비대차」(600조)와 같은 의미라고 해석된다.[63] 그러므로 금전의 대부는 이자부금전소비대차를 가리키며, 「대부금」은 그 원금을 말하며, 「대부업자」는 '이자부금전소비대차를 업으로 하는 자'를 말하는 것이다. 따라서 '대부업법에 의한 이자율의 제한은 대부업자(미등록대부업자·여신금융기관을 포함한다)가 하는 이자부금전소비대차에 한하여 적용된다'고 해석하여야 할 것이다. 대부업법은 '어음 등 유가증권의 할인을 업으로 하는 자'를 대부업자로 규정하고 있으나(동법 2조 1호), 유가증권의 할인을 이자부금전소비대차를 의미하는 "대부"라고 할 수는 없는 것이므로,[64] '대부업법 제8조의 이자제한에 관한 규정은 당사자 사이에 유가증권을 할인하는 형식을 취하고 있으나 실질적으로는 금전소비대차계약이 체결되었다고 볼 수 있는 경우에 한하여 적용된다'고 할 것이다.

(나) 금전 이외의 대체물의 이자부소비대차

이자제한법은 동법의 적용범위를 「금전대차」, 즉 '금전의 이자부소비대차'로 규정하고 있다(동법 2조 1항). 그러므로 금전 이외의 대체물(예컨대, 쌀·보리 등의 곡류)을 목적으로 하는 소비대차계약의 경우에는 동법이 적용되지 않는다. 그러나 대주(貸主)가 이자제한에 관한 강행규정을 회피하기 위하여 차주와 금전 이외의 대체물의 소비대차계약을 체결하고 실제로는 현금

63) 同旨: 곽윤직, 43 참조.
64) 판례는 '유가증권의 할인은 민법상의 매매에 해당한다'는 입장을 취하고 있다(대법원 2015.9.10.선고, 2015다27545 판결 등 참조).

을 교부한 경우에는, 그 이자약정에 대하여는 이자제한법 또는 대부업법의 이자제한에 관한 규정이 적용되어야 할 것이다. 구 이자제한법하에서의 판례는 '쌀(白米)의 소비대차계약을 체결하였으나 실제로는 백미를 시가로 환산한 현금을 대여하고 이자도 현금으로 수령한 경우는 대여미의 형식을 빌린 금전대차라고 보아야 한다'는 입장을 취하고 있었는데(대법원 1984.5.22.선고, 83다카195 판결 등),[65] 이는 현행법하에서도 타당한 법리라고 생각된다.

(다) 소비대차에 의하지 아니한 금전채권의 경우

이자제한법과 대부업법의 최고이자율에 관한 규정은 '이자부금전소비대차'에 한하여 적용되는 것이므로, 소비대차계약상의 이자약정에 의하여 발생한 것이 아니라 금전채권에 이자를 붙인 데 불과한 경우에는 적용되지 않는다. 예컨대, 매매대금이나 물건의 사용료 등에 대하여 약정한 이자에 대해서는 이자제한에 관한 규정이 적용되지 않는다. 또한 이자제한법과 대부업법은 계약으로 인하여 발생하는 이자에만 적용되는 것이므로, 이자라고 할 수 없는 「지연이자」(이행지체로 인한 손해배상액)의 예정에 대해서는 적용되지 않는다(대법원 1980.10.27.선고, 80다703 판결).

(라) 이자가 금전이 아닌 경우

이자는 반드시 원본과 동일한 것이 아니더라도 원본 사용의 대가로서 이자율에 의하여 계산이 가능한 대체물이기만 하면 되므로, 금전이 아닌 대체물을 이자로서 지급하기로 한 경우에도 이자제한법이나 대부업법의 이자제한에 관한 규정이 적용된다.

(마) 간주이자 : 사례금 등의 이자 간주

(A) 이자제한법의 규정 예금, 할인금, 수수료, 공제금, 체당금, 그 밖의 명칭에도 불구하고 금전의 대차와 관련하여 채권자가 받은 것은 이자로 본다(동법 4조). 구 이자제한법에도 이와 동일한 내용의 규정이 있었는데(동법 3조), 이와 관련하여 대법원은, ① '금전대차의 대가로 볼 수 있는 것이라면 이자로 간주되어야 할 것이므로, 채권자가 「소개비」라는 명목으로 대여금에서 미리 공제하는 것은 선이자의 공제에 해당한다'고 판시한 바 있으며(대법원 1997.9.30.선고, 97다24023 판결), ② '채권자가 금전대여시 채무자로부터 받은 「수수료」는 소득세법상의 비영업대금의 이익으로서 이자소득에 포함된다'고 판시한 바 있다(대법원 1989.10.24.선고, 89누2554 판결). 또한 ③ '채권자가 현실적으로 채무자로부터 받는 것은 아니라 하더라도 원래 채권자가 부담하여야 할 성질의 금전지급의무를 채무자가 부담하기로 약정한 경우에, 이러한 약정이 금전대차와 관련된 것으로서 금전대차의 대가로 볼 수 있는 것이라면 이자로 간주된다'고 판시한 바 있다(대법원 1992.10.13.선고, 91다37270 판결).

---

65) 판례평석: 최세영, "백미의 대차와 이자제한법", 법조 33권 8호(법조협회, 1984/8), 104 이하. 같은 취지: 대법원 1984.3.13.선고, 82다카434 판결.

(B) 대부업법의 규정 대부업자가 하는 대부에 관한 최고이자율을 산정할 때 사례금, 할인금, 수수료, 공제금, 연체이자, 체당금 등 그 명칭이 무엇이든 대부와 관련하여 대부업자가 받는 것은 모두 이자로 본다(동법 8조 2항 본문). 다만, 이 규정의 취지는 대부업자가 이자 이외의 명칭을 사용함으로써 최고이자율에 관한 대부업법이 규제를 회피하려는 것을 방지하기 위한 것이므로, 예컨대 담보권설정비용이나 신용조회비용과 같이 실질적으로도 이자에 해당하지 아니하여 그러한 회피의 수단이라고 볼 수 없는 '해당 거래의 체결과 변제에 관한 부대비용으로서 대통령령으로 정한 사항'은 이자로 간주되지 아니한다(동조 2항 단서).[66]

대법원은 대부업자가 차주에게 300만원을 대여하기로 하면서 이자율 자체는 적법한 범위 안에서 약정하였으나(대부 당시 연 49%), 대여원본에서 중개수수료 명목으로 30만원, 공증료 명목으로 30만원을 각 공제하여 실제로는 240만원만을 대여금으로 지급한 사건에 대한 형사판결에서, '대부업법 제8조 제2항은 이자율을 산정함에 있어 명칭에 불구하고 대부와 관련하여 대부업자가 받는 것은 이를 이자로 본다고 규정하고 있으므로, 대부업자는 대부업법 제8조 제1항 소정의 제한이자율을 초과하는 간주이자를 공제한 것으로 보아야 하며, 초과이자를 선이자 형태로 사전에 공제하는 경우와 사후에 초과이자를 지급받는 경우 사이에 실질적 차이가 없는 점, 대부업법의 입법취지에 비추어 보더라도 제한초과이자의 수수행위를 엄격하게 단속할 필요가 있는 점 등을 종합하면, 대부업자가 제한이자율을 초과하는 간주이자를 사전에 공제한 행위는 대부업법 제19조 제2항 소정의 이자율의 제한을 위반하여 이자를 수수한 경우에 해당한다'고 판시함으로써, 대부업자에게 무죄를 선고한 원심을 파기·환송한 바 있다(대법원 2010.5.13.선고, 2009도11576 판결 등).[67] 이와 같이 '이자로 간주되는 수수료·공증료 등을 약정대여원금에서 공제한 경우를 제한초과이자를 실제로 받은 경우와 마찬가지로 취급하여 이자제한법 제3조 또는 대부업법 제8조 위반으로 형사처벌하는 것이 「죄형법정주의」의 원칙상 과연 타당한가?' 하는 의문이 제기될 수는 있겠으나, 제한초과이자를 선이자 형태로 사전에 공제하는 것은 사후에 지급받는 경우와 실질적으로 차이가 없으며, 이자제한법과 대부업법의 입법목적을 달성하기 위해서는 제한초과이자의 수수행위를 엄격하게 단속할 필요가 있다는 점에서, '간주이자를 사전에 공제한 행위도 제한이자율을 초과하여 이자를 수수한 경우에 해당한다'고 본 판례의 입장은 타당하다고 생각한다.

3) 상대방 면에서의 적용범위의 제한

이자제한법은 그 적용대상인 금전대차의 상대방을 제한하고 있지 않으나, 대부업법은 최

66) 여기서 "대통령령으로 정한 사항"이란 담보권 설정비용과 신용조회비용(신용정보법 제4조 제1항 제1호의 업무를 허가받은 자에게 거래상대방의 신용을 조회하는 경우만 해당한다)을 말한다(대부업법시행령 5조 4항).

67) 같은 취지: 대법원 2014.11.13.선고, 2014다24785·24792·24808 판결.

고이자율에 관한 동법 제8조의 규정은 대부업자가 '개인이나 중소기업기본법 제2조 제2항에 따른 소기업에 해당하는 법인에 대부를 하는 경우'에 한하여 적용된다(동법 8조 1항). 여기서 「중소기업기본법 제2조 제2항에 따른 소기업」이라 함은 '중소기업 중 해당 기업이 영위하는 주된 업종별 평균매출액등이 중소기업기본법시행령 「별표 3」의 기준(주된 업종별 평균매출액등의 소기업 규모 기준)에 맞는 기업'을 말한다(중소기업기본법시행령 8조). 이와 같이 대부업법이 개인 또는 소기업에 대한 대부에 한하여 이자율을 제한한 취지는 '중규모 이상의 법인의 경우에는 담보능력이 충분하고 제도권 금융기관에 의한 대출이 가능하므로 굳이 대부업법에 의한 이자율의 제한이 필요 없다'는 취지라고 생각된다. 그러나 중규모 이상의 기업이라고 해서 어떤 상황에서도 대부업자를 이용할 필요가 없다고 단정할 수 없을 뿐만 아니라, 원활한 경영을 위하여 많은 자금이 필요한 대기업이 일시적 경영자금의 부족으로 인하여 도산하거나 부실화되는 경우에는 국가경제에 큰 타격을 가하게 된다는 점에서,[68] 중규모 이상 기업에 대한 대부에 대해서는 이자율을 제한하지 않는 대부업법의 규정은 반드시 개정될 필요가 있다.

4) 적용범위에 관한 입법론상의 문제점

대부업법은 이자제한법이 폐지된 상황에서 고리사채업자들의 횡포를 방지하기 위한 고육지책에서 나온 제도로서, 새로운 이자제한법이 제정됨과 동시에 대부업법의 이자제한에 관한 규정은 삭제되어야 마땅한 것이었으며, 금융의 현실을 고려하여 부득이 존치하더라도 그 최고이자율에 대한 규제는 최소한 이자제한법과 동일하거나 보다 강화하였어야 할 것이었다. 그러나 이자제한법의 제정에도 불구하고 대부업법의 최고이자율에 관한 규정을 그대로 존치함으로써 이자제한법의 제한이율보다 훨씬 강화된 제한이율이 적용되어야 할 특별법인 대부업법의 제한이율이 오히려 이자제한법상의 제한이율보다 높은 모순이 발생하였다. 이러한 모순을 극복하기 위하여 대부업법의 제한이율을 낮추는 것을 내용으로 하는 시행령의 개정이 여러 차례 개정되어(동법시행령 5조 2항),[69] 현재는 이자제한법과 대부업법의 제한이율이 연 24%로 통일됨으로써 「제한이율의 역전현상」은 일단 해소되었다.

한편 2002년에 제정될 당시 대부업법은 연 66％라는 지나치게 높은 최고이자율을 허용

---

68) 1997년 외환위기를 불러와 이자제한법이 폐지됨으로써 많은 국민들에게 극심한 고통을 안겨준 직접적인 원인이 「한보그룹」이나 「대우그룹」과 같은 거대기업군(이른바 재벌기업)의 부실화로 인한 것이었음을 잊어서는 안 될 것이다.

69) 대부업법의 제한최고이자율은 최초 연 66％라는 초고금리를 허용하는 것이었는데, 이자제한법이 부활된 직후인 2007.10.4.에 연 49%로 인하되었고(대통령령 20313호), 2010.7.21. 연 44%로(대통령령 22298호), 2011.6.27. 39%로(대통령령 22991호), 2014.4.2. 34.9%(대통령령 25293호), 2016.3.3. 연 27.9%로(대부업법 8조, 부칙 4조) 각각 인하되었으나, 이자제한법상의 제한이자율이 2014.7.15.자로 연 25%로 인하됨으로써 최고이자율의 역전현상은 계속되었다. 2018.2.8.부터 개정된 이자제한법시행령(최고이자율 규정)과 대부업법시행령이 시행됨으로써 현재는 이자제한법과 대부업법상의 최고이자율이 연 24%로 통일되었다.

하고 있었을 뿐만 아니라, 그나마 '일정규모 이상의 대부업자에 의하여 행해지는 개인 또는 소기업에 대한 금전대부 중 3,000만원 이내의 금액까지'에 대한 이자율을 제한하는 극히 한정된 적용범위 내에서만 그것도 시행일로부터 3년 동안 한시적으로 행해지는 것이어서, 이자의 중압에서 서민과 소기업을 보호하겠다는 입법목적은 애당초 기대하기 어려운 것이었다(동법 8조 1항).[70] 이는 행정적 규제를 통하여 고리사채업이라는 지하경제를 양성화하는 것을 주된 목적으로 하는 대부업법을 제정하면서 '극히 제한된 범위에서 최고이자율에 관한 규정을 슬쩍 끼워 넣음으로써 이자제한법을 부활시키라는 사회적 요구를 외면하고 이자율을 제한한다는 생색내기를 한 것이 아니었을까?' 하는 의구심이 들 정도로 그 입법취지를 이해하기 힘든 제도였다.[71] 다행스럽게도 2005.5.31.에 개정된 대부업법(법률 제7523호)에서는 소규모대부업자가 하는 금전대부의 경우에도 최고이자율에 관한 규정이 적용되고, 금액에 대한 제한도 없어지는 등 상당한 개선이 이루어졌다(동법 8조 1항).[72] 또한 연 66%라는 비교법상 유례를 찾기 힘든 초고금리를 대부업자들에게 허용한 최고이자율도 계속 인하되어 2018.2.8.부터는 연 24%로 개정되어 대부업법의 제한이율이 이자제한법의 제한이율보다 높은 「이자율의 역전현상」은 해소되었다.

(2) 복리약정에 대한 제한

1) 복리(複利)의 개념

「복리」라 함은 '변제기가 도래한 이자를 원본에 산입하여 이를 원본의 일부로 하여 붙인 이자, 즉 이자의 이자'를 말한다. 따라서 '이자를 원본에 산입하지 아니하고 독립한 원본으로 하여 이자를 낳게 하는 경우'를 의미하는 이른바 「독립이자」는 복리가 아니다.

2) 복리약정의 효력

복리는 그 발생근거를 기준으로 당사자의 약정에 의하여 발생하는 「약정복리」와 법률의 규정에 의하여 발생하는 「법정복리」로 구분할 수 있는데,[73] 약정복리의 경우 채무자보호와 관련하여 그 효력이 문제된다.

---

70) 대부업법(2002.8.26. 법률 제6706호로 제정된 것) 제8조(이자율의 제한) 대부업자가 개인 또는 대통령령이 정하는 소규모 법인에게 대부를 하는 경우 대부금중 3천만원 이내에서 대통령령이 정하는 금액(1회 대부원금액을 기준으로 한다)까지에 대한 이자율은 연 100분의 70의 범위 이내에서 대통령령이 정하는 율을 초과할 수 없다.

71) 김대정, 전게논문(주 54: 이자채권과 대부업법에 의한 이자의 제한), 217 참조.

72) 대부업법(2005.5.31. 법률 제7523호로 개정된 것) 제8조(이자율의 제한) 대부업자가 개인 또는 대통령령이 정하는 소규모 법인에게 대부를 하는 경우 이자율은 연 100분의 70의 범위 이내에서 대통령령이 정하는 율을 초과할 수 없다.

73) 「법정복리」의 예로서는 상호계산의 잔액채권에 대한 이자에 관하여 규정하고 있는 상법 제76조의 규정을 들 수 있다.

(가) 입법례

복리약정은 채무자에게 지나친 부담이 되는 경우가 많으므로, 로마법[74] 이래로 이를 금지하거나 제한하는 명문규정을 두는 나라가 많다. 예컨대, 독일민법(BGB §248)[75]과 스위스채무법(OR Art. 314(3))[76]은 일정한 금융기관에 의하여 이루어지는 복리약정을 제외하고는 이행기 전의 복리약정을 무효로 규정하고 있으며, 프랑스민법은 이행기가 도래한 후 최소한 1년이 지난 후에 한하여, 또한 사전에 그에 대한 당사자의 합의가 있거나 법원의 명확한 결정이 있는 경우에 한하여 복리를 인정하고 있다(C.c. Art. 1343-2).[77] 또한 일본민법도 복리에 관하여 프랑스민법과 같은 취지의 규정을 두고 있다(동법 405조).[78]

이러한 대륙법계 국가들의 일반적 입법례와는 달리, 우리 민법은 복리약정을 금하는 특별한 규정을 두고 있지 않다. 다만, 새로 제정된 이자제한법은 "이자에 대하여 다시 이자를 지급하기로 하는 복리약정은 제2조 제1항에서 정한 최고이자율을 초과하는 부분에 해당하는 금액에 대하여는 무효로 한다"고 규정함으로써(동법 5조), 동법이 적용되는 금전대차에서 연 24%를 초과하는 부분에 한하여 제한적으로 복리약정의 효력을 무효화하고 있다. 그러나 '이자제한법 제5조 소정의 "최고이자율을 초과하는 부분"이 구체적으로 무엇을 의미하는가? 하는 것은 불명확하므로 해석론이 대립할 여지가 있다.

(나) 이자제한법이 적용되는 경우, 복리약정의 효력

(A) 구 이자제한법하에서의 논의 1998년에 폐지된 구 이자제한법은 복리약정의 효력에 관한 규정을 두고 있지 않았으므로, 동법 제1조의 제한이자율과의 관계에서 복리약정의 효력이 문제되었다. 특히 복리약정에 의하여 발생한 이자액과 원래의 이자액을 합산한 금액이 원본액에 대하여 제한이율을 초과하는 경우의 효력이 문제되었다. 이에 대해서는, '복리약정이 이자채무의 변제기 이전에 이루어졌는지의 여부에 따라 그 효력을 달리한다'고 해석하는 견해가 당시의 통설적인 견해였다. 즉, '① 이자가 발생한 후에 이를 원본에 산입하기로 약정하는

74) 로마법에서는 '복리가 원본액을 웃돌면 청구할 수 없었다'고 한다(현승종(로마법), 135 참조).

75) 독일민법 제248조(복리) (1) 이행기가 도래한 이자에 대하여 다시 이자를 지급하여야 하는 사전의 약정은 무효이다. (2) 저축은행, 신용기관 및 은행영업주는 예입금에 대한 미지급의 이자를 다시 예입금으로 하여 이자를 지급하기로 하는 사전의 약정을 할 수 있다. 자신의 대여액에 대하여 이자부소지인출급식 채권증서를 발행할 권한을 가지는 신용기관은 소비대차를 행함에 있어서 연체된 이자에 대하여 이자를 지급할 것을 미리 약정할 수 있다.

76) 스위스채무법 제314조(이자규정) (3) 원금에 이자를 가산하고 다시 이것에 이자를 붙여야 하는 것으로 하는 사전의 합의는 저축은행에서 기명으로 하는 것처럼 복리의 계산이 관행적인 상호계산과 이와 유사한 거래유형에서 상인의 이자계산을 제외하고는 무효이다.

77) 프랑스민법 제1343-2조 : 이행기가 도래한 후 최소한 1년분에 달한 이자는 계약상 그것이 예정되어 있거나 그에 대한 법원의 명확한 결정이 있는 경우에 한하여 이자를 낳는다.

78) 일본민법 제405조(이자의 원본에의 편입) 이자의 지급이 1년분 이상 연체된 경우에, 채권자가 최고를 하여도 채무자가 그 이자를 지급하지 아니한 때에는, 채권자는 이를 원본에 편입할 수 있다.

경우(사후약정), 또는 변제기가 도래하기 전에 미리 복리약정을 하는 경우(사전약정)라고 하더라도 이자지급의 지체를 조건으로 하는 복리약정은 그 이율 자체가 제한 내의 것이라면 유효하지만, ② 이자의 발생과 동시에 당연히 원본에 산입되도록 미리 약정하는 사전약정은 원래의 이자액과 복리약정에 의하여 발생한 이자의 합산액이 본래의 원본액에 대한 관계에서 제한이율을 초과하는 때에는 초과부분은 무효'라고 해석하는 견해가 통설이었다.[79] 판례도 통설과 마찬가지로, '변제기 이후에 체결된 복리약정의 효력은 그 이율 자체가 제한이율의 범위 내라면 유효하다'는 입장을 취하고 있었다(대법원 1978.8.22.선고, 77다1392·1393 판결).

(B) 현행 이자제한법하에서의 복리약정의 효력 현행 이자제한법은 최고이자율을 초과하는 부분에 해당하는 금액에 대하여 복리약정의 효력을 부분적으로 무효로 규정하고 있을 뿐, 복리약정이 이자의 변제기 전에 이루어진 것인지(사전약정), 변제기 이후에 이루어진 것인지(사후약정)에 따라 그 효력을 달리 규정하고 있지 않다. 그러므로 현행 이자제한법하에서는 '사전약정이든 사후약정이든 상관없이 복리의 약정은 원래의 이자액과 복리약정에 의하여 발생한 이자의 합산액이 원본액에 최고이자율를 적용한 금액을 초과하는 금액에 대해서는 무효'라고 해석하여야 할 것이다. 판례도 복리약정이 사전약정인가 사후약정인가를 구분하지 않는 것을 전제로 하여, '이자제한법 시행 전 체결한 금전소비대차계약상의 복리약정이 같은 법 제한최고이율인 연 30%를 초과하는 경우에는 동법 시행일인 2007.6.30.부터 그 초과부분이 무효가 되므로, 위 복리약정에 따라 계산한 이자가 위 시행일 전에 연 30%를 초과하고 있다면 그 시행일부터, 위 시행일 후에 연 30%를 초과하고 있다면 그때부터 그 초과이자 부분은 무효가 된다'고 판시한 바 있다(대법원 2008.10.23.선고, 2008다37742 판결). 그러나 외국의 입법례에서 보듯이, '이자 발생 이후에 하는 복리약정(사후약정)의 경우는 그 이자율이 최고이자율을 초과하는지 여부만을 문제 삼으면 충분하다'고 할 것이므로, 사후약정의 경우와 사전약정의 경우를 구분하여 복리약정의 효력을 규정하는 것으로 이자제한법을 개정할 필요가 있다고 생각된다.

(다) 대부계약에 있어서의 복리약정의 효력

이자제한법과는 달리, 대부업법은 복리약정의 효력에 대하여 명문규정을 두고 있지 않다. 따라서 대법입법이 적용되는 대부계약에서의 복리약정의 효력에 대해서는 구 이자제한법하에서와 마찬가지로 해석론이 대립될 여지가 있다. 그러나 구 이자제한법하에서의 통설·판례의 입장과 마찬가지로, '이자의 변제기가 도래한 후에 이를 원본에 산입하기로 약정하는

79) 김증한/김학동, 46; 김형배, 82; 현승종, 67 참조. 다만, 학설 중에는 '복리약정은 원칙적으로 유효하지만, 원래의 이자액과 복리약정에 의하여 발생한 이자의 합산액이 원본액에 대하여 제한이율을 적용한 금액을 초과하는 경우에는 복리약정이 이루어진 시기가 변제기 전후인지를 불문하고 제한초과부분은 무효'라는 견해도 있었다(양창수, 전게논문(주 10), 87 참조).

사후약정의 경우는 물론, 변제기가 도래하기 전에 미리 복리의 약정을 하는 사전약정의 경우에도 이자지급의 지체를 조건으로 하는 복리약정은 그 이율 자체가 제한이율 이내라면 유효하나, 이자의 발생과 동시에 이를 당연히 원본에 산입하는 것으로 미리 약정하는 사전약정의 경우는 원래의 이자액과 복리약정에 의하여 발생한 이자의 합산액이 본래의 원본액에 대한 관계에서 제한이율을 초과하는 때에는 그 초과부분은 무효'라고 해석하여야 할 것이다.[80)]

입법론으로서는 복리약정의 효력을 제한하는 이자제한법 제5조의 규정은 물론 이자제한법의 규정 전체를 민법전에 통합하여 규정하는 것이 바람직하다고 생각한다. 만약 그러한 입법조치가 이루어진다면, 민법상의 이자제한제도가 대부계약에도 당연히 효력이 미치도록 대부업법 제8조의 규정을 개정하여야 할 것이다. 다만, 대부계약에서는 민법상의 최고이율제한보다 더욱 강력한 규제가 필요하다고 인정하여 대부업법에 최고이자율에 대한 규제를 존치하는 경우에는 복리약정의 효력을 제한하는 규정을 따로 신설하여야 할 것임은 물론이다.

(3) 최고이자율의 제한

이자제한법과 대부업법은 각 법이 적용되는 영역에 있어서의 금전소비대차계약상의 최고이자율을 이자제한법의 경우에는 연 25%, 대부업법의 경우에는 연 27.9%를 초과하지 아니하는 범위 안에서 대통령령으로 정하도록 규정하고 있는데(이자제한법 2조 1항, 대부업법 8조 1항), 이자제한법의 시행령에 해당하는 「최고이자율규정」과 대부업법시행령은 2018.2.8.부터 공히 연 24%의 최고이자율이 적용되는 것으로 규정하고 있다는 것은 전술한 바와 같다(대부업법시행령 5조 1항).

이러한 최고이자율을 실제사례에 적용함에 있어서는 다음과 같은 몇 가지 어려운 해석론상의 문제가 있다. 즉, '① 최고이자율이 변경된 경우에는 신·구 이자율 중 어떤 이자율을 적용할 것인가? ② 최고이자율을 위반한 무효인 제한초과이자의 반환청구를 허용할 것인가, 아니면 원본충당의 효력을 인정하는 데 그칠 것인가? ③ 당사자 사이에 선이자의 약정이 있는 경우에는 최고이자율과 관련하여 적법한 대여원금을 어떻게 산정할 것인가?' 하는 문제가 그것이다.

1) 최고이자율이 변경된 경우

법령상의 최고이자율이 변경된 경우, 신·구의 이자율 중 어떤 이자율을 적용할 것인지에 대해서는 부칙에 명문규정을 두는 경우가 많다.[81)] 그러나 부칙에 명문규정을 두고 있지 아니

---

80) 이 부분에 대한 저자의 종전의 해석론(김대정, 개정판, 92 참조)은 위와 같이 개설하기로 한다.
81) 2018.2.8.에 시행된 현행 최고이자율규정은 '동 대통령령이 규정한 최고이자율(연 24%)은 동 영이 시행된 이후에 체결되거나 갱신된 계약부터 적용한다'고 규정하고 있으며(동령 부칙 2조), 같은 일자에 시행된 대부업법시행령도 최고이자율을 제한하고 있는 동시행령 '제5조 및 제9조의 개정규정은 이 영 시행 이후 계약을 체결 또는 갱신하거나 연장하는 분부터 적용한다'고 규정함으로써(동시행령 부칙 2

한 경우에는 해석상 곤란한 문제가 발생한다.

(가) 기존의 이자약정에 대한 이자제한법의 적용

2007년 제정 당시의 이자제한법은 상당기간 동안 최고이자율 자체가 존재하지 않았던 상황을 고려하여, 부칙에서 "이 법 시행 전에 성립한 대차관계에 관한 계약상의 이자율에 관하여도 이 법 시행일 이후부터는 이 법에 따라 이자율을 계산한다"고 규정하였다(동법 부칙 2항).[82] 따라서 동법의 시행일인 2007.6.30. 이전에 성립한 이자약정에 대해서도 2007.6.30. 이후의 이자에 대해서는 이자제한법상의 최고이자율이 적용된다. 예컨대, 2007.6.30. 이전에 체결된 약정이자율 연 40%의 금전소비대차의 경우, 2007.6.30.까지는 연 40%의 이자약정이 유효하지만, 2007.6.30. 이후의 이자에 대해서는 이자제한법상의 최고이자율(2018.2.8.까지 연 30%)이 적용되어 최고이자율을 초과하는 부분은 무효가 된다.

(나) 이자제한법 시행 이후 최고이자율의 변경이 있는 경우

'이자약정이 체결된 이후에 이자제한법이 개정되어 최고이자율이 변경된 경우[83]에는 신·구의 제한이율 중 어떠한 이율에 의하여 이자를 규율할 것인가?' 하는 것이 문제된다. 또한 대부업법의 최고이자율이 개정된 경우에도 마찬가지이다.

우선 개정된 법률 또는 시행령의 부칙에 이에 관한 명문규정이 있는 경우에는 그에 따라야 함은 당연하다. 예컨대, ① 2014.7.15.부터 시행된 현행 이자제한법(2014.1.14. 법률 제12217호)은 연 30% 범위 내에서 대통령령으로 정하도록 규정하고 있었던[84] 최고이자율을 연 25% 범위 내로 인하하였는데(동법 2조 1항),[85] 동법 부칙 제2조에서 "제2조 제1항의 개정규정은 이 법 시행 후 최초로 계약을 체결하거나 갱신하는 분부터 적용한다"고 규정함으로써 인하(강화)된 최고이자율의 소급효를 부인하고 있다. 그러므로 현행 이자제한법이 시행된 2014.7.15. 이전에 체결된 이자약정에 대해서는 계약이 갱신되지 않는 이상 종전의 최고이자율(연 30%)이 적용된다. 또한 2018.2.8.부터 시행된 현행 최고이자율규정도 연 25%이었던 최고이자율을 연 24%로 인하하면서, "이 영은 이 영 시행 이후 계약을 체결하거나 갱신하는 분부터 적용한다"

조), 연 24%로 강화된 최고이자율이 기존의 이자약정에 소급하여 적용되지 않도록 하고 있다.

82) 이와 반대로, 대부업법은 2002년 제정 당시 "이 법은 이 법 시행 후 체결하는 대부계약부터 적용한다"고 규정함으로써(동법 부칙 3조), 기존의 대부계약에 대한 대부업법의 소급적용을 부인하였다.

83) 폐지된 구 이자제한법은 연 4할을 초과하지 않는 범위 안에서 대통령령으로 최고이자율을 정하도록 하고 있었는데(동법 1조 1항), 이 규정에 따라 제정된 구 최고이자율규정에 의한 최고이자율은 여러 차례 개정되어 1972.8.2. 이전까지는 연 36.5%, 1972.8.2.~1980.1.11.까지는 연 25%, 1980.1.12.~1983.12.15.까지는 연 40%였으며, 1983.12.16.부터 폐지되기 전까지는 연 25%였다.

84) 이에 따라 2007.6.28. 대통령령 제20118호로 제정된 최고이자율규정도 최고이자율을 연 30%로 규정하였다.

85) 이에 따라 개정된 최고이자율규정(2014.6.11. 대통령령 제25376호)도 최고이자율을 연 25%로 규정하고, 그 부칙 제2조에서 "이 영은 이 영 시행 후 최초로 체결하거나 갱신하는 분부터 적용한다"고 규정함으로써, 최고이자율의 소급효를 부인하였다.

고 규정함으로써 소급효를 부정하고 있다. ② 2016.3.3.부터 시행된 대부업법(법률 제14072호)은 연 34.9%였던 종전의 최고이자율을 연 27.9%로 인하하였는데(동법 8조 1항),[86] 그 부칙 제4조 제1항에서 강화된 최고이자율의 소급적용을 부인하는 규정을 두고 있었으며, 2018.2.8.부터 시행된 현행 대부업법시행령도 연 27.9%였던 종전의 최고이자율을 연 24%로 인하하면서(동시행령 5조 2항), 부칙에 소급효를 부인하는 규정을 두고 있다(동령 부칙 2조).

문제는 '법률 또는 시행령 부칙에 경과규정을 두지 않은 경우에 변경된 최고이자율을 소급적용할 수 있는가?' 하는 것인데, 이에 대해서는 견해가 갈린다. 최고이자율이 인하된 경우와 인상된 경우로 나누어 살펴본다.

(A) 최고이자율이 인하된 경우 가령 '연 24%인 이자제한법상의 최고이율이 연 20%로 인하되었는데 부칙에 특별한 경과규정을 두고 있지 않다면, 기존의 이자약정에 대하여는 종전의 최고이자율(연 24%)을 적용하여야 하는가, 아니면 인하된(강화된) 최고이자율(연 20%)을 적용하여야 하는가?' 하는 것이 문제된다.

이에 대하여, 구 이자제한법하에서의 대법원판결 중에는 '최고이자율규정이 개정되기 전까지의 이자는 종전의 제한이율에 의하되, 개정 이후의 이자에 대하여는 인하된 제한이율을 적용하여 지급을 명하여야 한다'고 판시한 사례가 있다(대법원 1984.4.10.선고, 82다512·82다카1284 판결). 또한 학설 중에도 '최고이자율의 인하는 폭리의 기준이 더욱 엄격해진 것을 의미한다'는 점을 논거로 하여, 인하된(강화된) 최고이자율에 의하여 산정한 이자의 지급의무만이 인정된다'고 해석하는 견해가 있다(편의상 이를 「개정이율적용설」이라고 칭하기로 한다),[87] 그러나 부칙에 특별한 규정이 없음에도 불구하고 제한이 강화된(인하된) 최고이자율을 적용하는 것은 채권자의 이익은 물론 금융거래의 신용을 해치는 결과를 초래할 수 있으므로 바람직하지 않다. 그러므로 '최고이자율이 인하된 경우에도 특별한 규정이 없는 한 종전의 최고이자율의 범위내에서 당사자가 합의한 계약상의 이율이 계속 적용되어야 한다'고 할 것이다.[88]

(B) 최고이자율이 인상된 경우 '최고이자율이 인상된 경우에는 이자율에 대한 제한이 완화된 것을 의미하므로, 이 경우 기존의 이자약정에 개해서도 완화된 최고이자율을 적용하여야 할 것이 아닌가?' 하는 의문이 있을 수 있다. 학설 중에도 '이 경우에는 인상된(완화된) 최고이자율이 적용된다'고 해석하는 견해가 없지 않다.[89] 그러나 이자제한법상의 최고이자율은 "약정한 때"의 최고이자율을 의미하므로(동법 2조 2항), '최고이자율이 인상되더라도 종전의 제

86) 2016.3.3. 법률 제14072호에 의하여 개정된 대부업법은 부칙 제5조 제2항에서, '제8조 제1항의 개정규정에서 "대통령령으로 정하는 율"이란 연 100분의 27.9를 말하며, 월 이자율 및 일 이자율은 연 100분의 27.9를 단리로 환산한다'고 규정하고 있다.

87) 송덕수, 전게논문(주 7), 35; 양창수, 전게논문(주 10), 94; 김형배, 86 참조.

88) 同旨: 임정평, 92 참조.

89) 송덕수, 전게논문(주 7), 35 이하 참조.

한이율을 넘어 무효이었던 부분이 유효가 되지는 않는다'고 해석하여야 할 것이다.[90] 대부업법에는 이자제한법 제2조 제2항과 같은 명문규정은 없으나, 이자제한법에서와 마찬가지로 해석하여야 할 것이다. 따라서 대부업법 제8조에 의한 최고이자율이 법률의 개정에 의하여 인상된 경우에도 대부계약상 종전의 최고이자율을 넘어 무효이었던 부분이 유효가 되지는 않는다. 구 이자제한법하에서의 판례도 '금전대차 당시의 약정한 이자율이 이자제한법 소정의 최고이자율을 초과하여 무효인 경우에는 나중에 최고이자율이 인상되었다 하여 유효로 될 이유가 없다'는 입장을 취하고 있었다(대법원 1983.8.23.선고, 82다카1115 판결 등).[91]

2) 제한최고이율을 위반한 이자약정의 효력

(가) 일부무효

계약상의 이자로서 이자제한법 제2조 제1항에서 정한 최고이자율(현재 연 25%)를 초과하는 부분은 무효이다(이자제한법 2조 3항). 또한 대부업자가 대부업법 제8조 제1항을 위반하여 최고이자율(현재 연 24%)을 초과한 대부계약을 체결한 경우, 최고이자율을 초과하는 부분에 대한 이자계약은 무효이다(동법 8조 3항). 따라서 채무자는 최고이자율을 초과하는 부분의 이자를 지급할 의무가 없으며, 채권자인 대주도 이를 청구할 수 없다. 또한 채권자는 변제로 제공된 금전을 초과이자 부분에 충당할 수 없으며, 채무자와 사이에 지체된 초과이자 상당액을 원본에 편입하기로 하는 복리약정, 준소비대차계약(605조) 또는 경개계약(500조)을 체결하더라도 이러한 약정은 무효이며, 당사자 사이에 제한초과의 이자채권을 자동채권으로 하는 상계의 합의(상계계약)를 하더라도, 제한이율을 초과하는 부분에 관한 한 그 상계계약은 무효이다.

(나) 제한이율을 초과한 이자약정과 폭리행위와의 관계

최고이자율을 초과하는 이자약정이 폭리행위로서 민법 제104조의 요건을 충족하는 경우에는 일부무효의 효과를 인정한 이자제한법 제2조 제3항이나 대부업법 제8조 제3항의 적용이 배제되고 민법의 원칙(전부무효)이 적용되는지의 여부가 문제된다.

민법 제104조는 폭리행위에 관한 일반법이고 이자제한법 및 대부업법은 이에 관한 특별법이라고 할 수 있으므로, 이자제한법 또는 대부업법의 규정이 민법 제104조에 우선하여 적용된다고 해석하여야 할 것이다. 따라서 이자의 약정이 폭리행위에 해당하는 경우에도 그 전부가 무효가 되는 것이 아니라 제한이율을 초과하는 부분에 한하여 무효라고 할 것이다.[92]

그런데 현행 이자제한법이 제정되기 직전에 대법원은, '금전소비대차계약의 당사자 사이

---

90) 同旨: 김형배, 86 참조.

91) 같은 취지: 대법원 1967.1.25., 66마1250 결정; 대법원 1991.7.26.선고, 90다15488 판결.

92) 구 이자제한법하에서의 지배적인 견해도 '이자제한법의 규정은 폭리행위에 관한 민법 제104조의 적용을 배제하므로, 제한초과이자의 약정이 폭리행위로서 민법 제104조의 요건을 충족하였다 할지라도 법률행위 전부가 무효가 되는 것이 아니라, 이자제한법의 제한을 초과하는 부분에 한하여 무효가 된다'고 해석하였다.

의 경제력 차이로 인하여 약정이자율이 사회통념상 허용되는 한도를 초과하여 현저하게 고율로 정해진 경우, 사회통념상 허용할 수 있는 한도를 초과하는 부분의 이자 약정은 대주가 그의 우월한 지위를 이용하여 부당한 이득을 얻고 차주에게는 과도한 반대급부 또는 기타의 부당한 부담을 지우는 것이므로, 선량한 풍속 기타 사회질서에 위반한 사항을 내용으로 하는 법률행위로서 무효'라고 판시한 바 있다(대법원 2007.2.15.선고, 2004다50426 전원합의체판결 등). 이는 최고이자율에 대한 제한이 없더라도 사회통념상 허용할 수 있는 한도를 초과하는 부분의 이자약정은 민법 제103조의 「반사회적 법률행위」에 해당하여 그 한도에서 일부무효라고 본 것이다. 이 판결을 포함하여 같은 취지의 일련의 대법원판결은 이자제한법의 시행으로 인하여 판례로서의 효력은 상실되었다고 할 것이나, 후술하는 바와 같이 제한초과이자의 반환청구권을 인정한 이자제한법 제2조 제4항 및 대부업법 제8조 제4항의 이론적 근거를 제공하였다는 점에 그 의미가 적지 않다.

■ **금전소비대차계약의 당사자 사이의 경제력 차이로 인하여 이율이 사회통념상 허용되는 한도를 초과하여 현저하게 고율로 정해진 경우, 그 부분 이자 약정의 효력**(무효) [1] 금전소비대차계약과 함께 이자의 약정을 하는 경우, 양쪽 당사자 사이의 경제력의 차이로 인하여 그 이율이 당시의 경제적·사회적 여건에 비추어 사회통념상 허용되는 한도를 초과하여 현저하게 고율로 정하여졌다면, 그와 같이 허용할 수 있는 한도를 초과하는 부분의 이자약정은 대주가 그의 우월한 지위를 이용하여 부당한 이득을 얻고 차주에게는 과도한 반대급부 또는 기타의 부당한 부담을 지우는 것이므로, 선량한 풍속 기타 사회질서에 위반한 사항을 내용으로 하는 법률행위로서 무효이다. [2] 선량한 풍속 기타 사회질서에 위반하여 무효인 부분의 이자약정을 원인으로 차주가 대주에게 임의로 이자를 지급하는 것은 통상 불법의 원인으로 인한 재산급여라고 볼 수 있을 것이나, 불법원인급여에 있어서도 그 불법원인이 수익자에게만 있는 경우이거나 수익자의 불법성이 급여자의 그것보다 현저히 커서 급여자의 반환청구를 허용하지 않는 것이 오히려 공평과 신의칙에 반하게 되는 경우에는 급여자의 반환청구가 허용되므로, 대주가 사회통념상 허용되는 한도를 초과하는 이율의 이자를 약정하여 지급받은 것은 그의 우월한 지위를 이용하여 부당한 이득을 얻고 차주에게는 과도한 반대급부 또는 기타의 부당한 부담을 지우는 것으로서 그 불법의 원인이 수익자인 대주에게만 있거나 또는 적어도 대주의 불법성이 차주의 불법성에 비하여 현저히 크다고 할 것이어서 차주는 그 이자의 반환을 청구할 수 있다. (대법원 2007.2.15.선고, 2004다50426 전원합의체판결)[93]

(다) 제한초과이자의 원본충당 및 반환청구권

채무자가 이자제한법상의 최고이자율을 초과하는 이자를 임의로 지급한 경우에, 채무자

---

93) 사안은 이자제한법 폐지 후 대부업법이 제정되기 전까지의 기간 동안 대부업자 아닌 개인 사이에 1,000만원을 대여하고 15일간의 이자로 대여원금의 100%(연이율로 환산하면 연 2,430%에 해당)인 1,000만원을 받기로 약정한 사건이었다. 판례평석: 서민석, "선량한 풍속 기타 사회질서에 반하여 현저하게 고율로 정해진 이자약정의 효력 및 이미 지급된 초과이자의 반환청구권", 민사재판의 제문제 16권(한국사법행정학회, 2007/12), 142 이하; 정재민, "고율의 이자약정의 효력", 재판과 판례 17집(대구판례연구회, 2008/12), 249 이하; 양창수, "공서양속에 반하는 이자약정에서 임의로 지급된 과잉이자의 반환청구", 민법연구 9권(박영사, 2009), 269 이하. 같은 취지; 대법원 2008.5.15.선고, 2007다23807 판결; 대법원 2009.6.11.선고, 2009다12399 판결.

는 초과이자를 원본에 충당할 것을 청구하거나 부당이득을 이유로 반환을 청구할 수 있는지 여부가 문제된다.

(A) 구 이자제한법하에서의 해석론

a) 임의로 지급한 제한초과이자의 반환청구권의 인정 여부 : 구 이자제한법은 이 문제에 대한 명문규정을 두고 있지 않았기 때문에 견해가 대립하고 있었다. 학설은 제한초과이자의 반환청구를 긍정하는 견해(반환청구긍정설)가 지배적이었으나, 제한초과이자의 반환청구를 부정하는 견해(반환청구부정설)[94]도 적지 않았다. 우선 지배적 학설이었던 「반환청구긍정설」은 '이자제한법의 취지를 관철하고 그 실효성을 유지하기 위하여서는 초과이자의 반환청구를 인정하여야 한다'고 주장하였는데,[95] 그 이론적 근거에 대해서는 ① '제한초과이자의 지급은 이론상 불법원인급여에 해당하지만, 불법원인이 채권자에게만 있는 경우이므로 제746조 단서에 의하여 반환청구가 가능하다'는 견해와[96] ② '초과이자의 지급은 불법원인급여에 해당하는 것이 아니라 강행법규를 위반하여 무효인 이자약정을 이행한 단순한 비채변제에 불과하다'는 견해가 대립하고 있었다.[97] 「반환청구부정설」은 '제한초과이자의 반환청구를 인정하면 금융이 경색될 우려가 있으므로 이자제한법의 실효성을 유지하기 위해서는 반환청구권을 인정하지 않는 것이 타당하다'고 주장하였는데, 그 이론구성에 대해서는 ① 제한초과이자의 지급은 불법원인급여(746조)에 해당하므로 반환청구가 부정된다는 견해와[98] ② '제한초과이자의 임의지급은 「채무 없음을 알고 한 비채변제」(742조)에 해당되므로 반환청구는 부정된다'는 견해,[99] 그리고 ③ '채무자가 제한초과의 사실을 안 때에는 「채무 없음을 알고 한 비채변제」(742조)에 해당하고, 이를 모른 때에는 「도의관념에 적합한 비채변제」(744조)에 해당하므로 반환청구가 부인된다'는 견해[100] 등으로 나뉘어 있었다.

판례는 일관하여 제한초과이자의 반환을 부정하는 입장을 취하고 있었다(대법원 1994.8.26. 선고, 94다20952 판결 등).[101] 그러다가 새로운 이자제한법이 제정되기 직전인 2007.2.15. 대법원은 '선량한 풍속 기타 사회질서에 위반하여 무효인 이자약정을 원인으로 차주가 대주에게 임

94) 김기선, 85; 김용한, 74; 장경학, 69; 현승종, 74~75 참조.
95) 송덕수, 전게논문(주 7), 37; 양창수, 전게논문(주 10), 96~97; 곽윤직(신정판), 81; 김형배, 89; 김증한/김학동, 49; 이은영, 138; 임정평, 93; 이태재, 74~75 참조.
96) 송덕수, 상게논문, 37; 곽윤직(신정판), 81; 김형배, 89 참조.
97) 양창수, 전게논문(주 10), 96; 이태재, 75 참조.
98) 김용한, 74; 현승종, 74~75 참조.
99) 장경학, 69 참조.
100) 김기선, 85 참조.
101) 판례평석: 명순구, "임의로 지급한 제한초과이자의 반환청구", 고려대판례연구 9집(고려대법학연구소, 1998/2), 107 이하. 같은 취지: 대법원 1948.11.9.선고, 4281민상251 판결; 대법원 1959.12.31.선고, 4291민상802 판결; 대법원 1961.7.20.선고, 4290민상617 판결; 대법원 1988.9.27.선고, 87다카422·423 판결.

의로 이자를 지급한 경우를 제746조의 불법원인급여에 해당한다고 보면서도 불법원인급여에 있어서의 「불법성비교이론(不法性比較理論)」을 원용하여 '이 경우에 불법원인은 수익자인 대주에게만 있거나 대주의 불법성이 차주의 불법성에 비하여 현저히 크다고 할 것이므로, 차주의 초과이자상당액의 부당이득반환청구를 인정해야 한다'고 그 입장을 전환하였음은 전술한 바와 같다(대법원 2007.2.15.선고, 2004다50426 전원합의체판결).

b) 임의로 지급한 제한초과이자의 원본충당 여부 : '채무자가 제한이율을 초과하여 이자를 지급하였으나 아직 원본이 남아있는 경우에, 채무자가 초과이자의 반환을 청구하는 대신 원본에 충당할 것을 주장할 수 있는가?' 하는 문제에 대해서도 구 이자제한법에는 명문규정이 없었기 때문에 학설이 대립하고 있었다. 이에 대하여, 제한초과이자의 반환청구를 긍정하는 견해는 원본충당의 효력도 인정하여야 한다는 입장을 취하고 있었으며,[102] 초과이자의 반환청구를 부정하는 견해는 원본충당의 효력도 부인하는 입장을 취하고 있었다.[103]

(B) 현행 이자제한법 및 대부업법의 입장 : 원본충당의 우선적 효력 새로 제정된 현행 이자제한법은 "채무자가 최고이자율을 초과하는 이자를 임의로 지급한 경우에는 초과지급된 이자 상당금액은 원본에 충당되고, 원본이 소멸한 때에는 그 반환을 청구할 수 있다"고 규정하고 있으며(동법 2조 4항), 대부업법도 "채무자가 대부업자에게 제1항에 따른 이자율을 초과하는 이자를 지급한 경우 그 초과 지급된 이자 상당금액은 원본에 충당되고, 원본에 충당되고 남은 금액이 있으면 그 반환을 청구할 수 있다"고 규정함으로써(동법 8조 4항), '이미 지급된 제한초과이자는 우선적으로 원본에 충당된다'는 점을 명문으로 규정하고 있다.[104] 그러므로 현행 이자제한법 및 대부업법하에서는 '대여원본이 잔존한 경우에는 임의로 지급한 초과이자는 반환청구권은 인정되지 않고 단지 원본에 충당될 수 있을 뿐이며, 채무자의 대여원본이 소멸한 경우에 한하여 비로소 초과이자에 대한 채무자의 반환청구권이 인정될 수 있다'고 해석하여야 할 것이다(원본충당의 우선적 효력).

(4) 선이자약정의 효력

1) 문제의 소재

이자는 '원본의 사용대가'이므로, 통상은 원본의 사용기간이 지난 후에 지급된다. 즉, 이자는 후불(後拂)이 원칙이다(이자 후불의 원칙). 그런데 거래의 실제에서는 대주가 약정한 대여

102) 곽윤직(신정판), 82; 김형배, 90~91 참조.

103) 장경학, 70 참조.

104) 2009.1.21. 법률 제9344호로 개정되기 전의 대부업법은 "채무자가 그 초과부분에 대한 이자를 변제하였을 경우에는 그 반환을 청구할 수 있다"고 규정함으로써(동법 8조 3항), 채무자의 반환청구권만을 규정하고 제한초과이자의 원본충당의 효력에 대해서는 규정을 두고 있지 않았다. 따라서 '채무자는 초과이자의 반환청구권을 행사하든지 원본충당의 효력을 주장하든지 선택의 여지가 있다'고 해석되었다(김대정, 채권총론, 개정판, 97 참조).

원금에서 미리 이자 상당액을 공제하고 나머지 금액만을 차주에게 지급한 후 변제기에 약정한 대여원금을 반환받기로 하는 이른바 「선이자(先利子)약정」이 행해지는 경우가 많다. 거래의 실제에서 선이자약정이 행해지는 이유는 채권자의 입장에서는 선이자를 받는 것이 후불로 이자를 수령하는 것에 비하여 금전적으로 이익일 뿐만 아니라, 채권자가 매 기마다 채무자로부터 이자를 징수해야 하는 번거로움에서 벗어날 수 있기 때문이다.

〈설례〉 대주 甲은 차주 乙과 사이에 대여원금 100만원을 월 2%(연 24%)의 이자부로 乙에게 1년간 대여하기로 약정하였다. 甲은 3개월분의 이자 6만원을 선이자로 미리 공제하기로 합의한 乙과의 약정에 따라 甲은 3개월분의 이자 6만원을 공제한 잔액 94만원을 乙에게 지급하고, 乙은 3개월 후부터 매월 약정이자 2만원씩 이자를 甲에게 지급하고 1년 후에 약정 대부원금 100만원을 반환하였다(乙이 甲에게 지급한 이자는 선이자를 포함하여 총 24만원이었다). 甲과 乙 사이의 선이자약정은 유효한가?

「선이자」는 '차주가 대여원본을 인도 받을 때에 대주에게 미리 지급하는 이자, 즉 이자의 선불(先拂)'이라고 할 수 있는데, 금전대차의 당사자 사이에 선이자를 공제하기로 하는 약정이 있는 경우에는 차주는 약정원금에서 선이자를 공제한 잔액만을 지급받게 되므로, 위 <설례>에서와 같이, 약정이율 자체는 제한이율의 범위 내이고 공제된 선이자를 포함하여 지급된 이자의 합산액도 약정원금을 기준으로 하면 제한이율(연 24%)을 초과하지 않지만, 선이자를 공제하고 남은 실제수령액을 기준으로 하는 경우에는 제한이율을 초과하게 되는 경우가 발생한다. 예컨대, 위 <설례>에서 선이자약정의 효력을 유효하다고 전제하고, 이자로 지급한 총액 24만원은 약정 대여원금 100만원을 기준으로 하면 제한최고이율과 관련하여 아무런 문제도 발생하지 않는다. 그러나 이자로 지급한 총액 24만원을 차주가 실제로 수령한 대여원금 94만원을 기준으로 계산하면 대략 연 25.5%(24만/94만=0.2553…) 이상으로서 제한최고이율인 연 24%를 초과하게 된다. 따라서 약정대여원금을 기준으로 하여 제한이율의 위반 여부를 따지는 것은 약정원금(100만원)이 실제로 교부된 경우와 비교할 때 형평을 잃은 결과가 될 뿐만 아니라, 채권자로 하여금 최고이자율을 제한한 강행법규인 이자제한법과 대부업법을 실질적으로 회피할 수 있게 함으로써 채무자를 보호하기 위하여 마련된 동법의 제도적 취지에 반하는 부당한 결과를 초래한다.

일본의 「이식제한법」은 선이자공제에 관한 오랜 논쟁의 결과를 동법의 개정을 통하여 입법적으로 해결하였다(동법 2조).[105] 그러나 우리의 구 이자제한법은 선이자약정의 효력에 관한 명문규정을 두지 않고 이 문제를 학설·판례에 위임한 결과 큰 혼란을 초래한 바 있다. 다행히 새로 제정된 현행 이자제한법은 제3조에서, "선이자를 사전 공제한 경우에는 그 공제액이

105) 일본 이식제한법 제2조(선이자의 공제) 이자를 미리 공제한 경우에, 공제한 금액이 채무자의 수령액을 원본으로 하여 전조 제1항에서 규정하는 이율에 의하여 계산한 금액을 초과하는 때에는, 그 초과부분은 원본의 지불에 충당한 것으로 간주한다.

채무자가 실제 수령한 금액을 원본으로 하여 제2조 제1항에서 정한 최고이자율에 따라 계산한 금액을 초과하는 때에는 그 초과부분은 원본에 충당한 것으로 본다"고 규정함으로써 이 문제를 입법적으로 해결하였다. 현행 이자제한법 제3조의 규정은 선이자약정의 효력에 관한 일본「이식제한법」제2조의 규정을 그대로 도입한 것이므로, 이자제한법 제3조의 해석론을 전개하는 데 참고가 되는 범위 내에서 일본의「이식제한법」제2조에 관한 학설·판례를 살펴보기로 한다.

2) 선이자약정의 효력에 관한 일본의 학설·판례

일본에서도 선이자공제에 관한 명문규정이 신설되기 전에는 학설과 판례가 복잡하게 대립하고 있었는데, 1954년「이식제한법」을 개정하여 선이자공제에 관한 규정을 신설함으로써(동법 2조), 일단 이 문제는 입법적으로 해결되었다. 다만, 우리 민법과 달리 일본민법은 소비대차를 요물계약으로 규정하고 있으므로(동법 587조),[106] 선이자공제에 관한 명문규정이 신설되었음에도 불구하고 '대여원금에서 선이자를 공제하고 남은 금액만을 제공한 경우에도 과연 소비대차계약의 요물성(要物性)을 충족시킬 수 있는가?' 하는 이론상의 문제는 여전히 남는다.[107] 또한 선이자공제에 관하여 이식제한법의 명문규정이 신설되었음에도 불구하고 일본에서는 이러한 논쟁이 여전히 계속되고 있다.

선이자공제에 관한 명문규정이 신설되기 전의 일본판례는 '선이자를 공제하는 경우에도 소비대차의 요물성을 충족시키므로, 소비대차는 현실로 교부하지 아니한 부분에 대하여서도 성립할 수 있다'는 입장을 취하면서도(일본대심원 1913.1.22.판결, 민록19집4), '이식제한법상의 제한이율을 초과하는 선이자를 공제하는 것은 초과부분에 대해서는 채무자에게 현금교부와 동일한 경제상의 이익을 주는 것은 아니라는 이유에서, 또는 제한이율을 초과하는 선이자를 공제하는 것은 소비대차의 요건인 요물성을 흠결하기 때문에 무효'라고 해석하였다(일본대심원 1930.1.28.판결, 민집9권49 등).[108] 또한 일본대심원은 원금 5백 엔을 연 1할의 이자를 붙여 빌려주면서 4년 6개월분의 선이자 225엔을 공제한 잔액 275엔만을 대여한 사건에 관한 판결에서 '선이자의 이율 그 자체는 이식제한법의 제한이율을 초과하지 않더라도 지나치게 장기간에 걸친 다액의 이자를 공제하는 때에는 소비대차의 요물성을 충족시키지 않는다'는 입장을 취한 바 있다(일본대심원 1935.5.8.판결, 민집14권1211). 그러나 이러한 판례이론에 대하여는 다음과 같은 비판이 제기되었다.[109]

---

106) 일본민법 제587조(소비대차) 소비대차는 당사자의 일방이 종류, 품질 및 수량이 동일한 물건으로써 반환할 것을 약속하고 상대방으로부터 금전 기타의 물건을 수취함으로써 그 효력이 생긴다.

107) 선이자공제에 관한 일본의 학설·판례에 대해서는 어인의, "선이자공제", 재산법연구 7권 1호(한국재산법학회, 1990/11), 82 이하 참조.

108) 같은 취지: 일본대심원 1931.12.3.판결, 민집10권1159; 일본최고재판소 1954.4.13.판결, 민집8권840.

109) 我妻榮, 55 참조.

요물성이론에서 볼 때, 제한초과의 이자를 공제하는 경우에만 이것을 흠결한다고 하는 것은 정당하지 않다. 또한 이자의 선불을 특히 부인하여야 할 이유도 없다. 적어도 계약자유의 원칙상 선이자공제 계약 자체를 무효로 하여야 할 근거는 있을 수 없다. 필요한 것은 이식제한법의 취지를 관철하는 것이다. 그렇다면 선이자공제계약에서는 계약대로 전액에 대하여 소비대차가 성립하는 것으로 하고, 선이자공제는 이자의 선불이라고 인정하고, 다만 이자제한법을 적용하는 데 있어서는 현실로 교부된 금액에 대하여 이자제한법이 허용하는 최고이자액을 산출하여 이것을 초과하는 선이자공제 부분은 원본에 충당되는 것으로 보는 것이 지당하다.

결국 이러한 비판론이 받아들여져 실제수령액을 기준으로 제한이율과의 관계에서 적법한 선이자공제액을 산출하도록 하는 내용의 규정이 이식제한법에 신설됨으로써, 이 문제는 입법적으로 해결되었다.

3) 선이자약정에 관한 이자제한법 제3조의 해석

현행 이자제한법 제3조는 일본의 이식제한법 제2조의 규정을 그대로 모방하여, "선이자를 사전 공제한 경우에는 그 공제액이 채무자가 실제 수령한 금액을 원본으로 하여 제2조 제1항에서 정한 최고이자율에 따라 계산한 금액을 초과하는 때에는 그 초과부분은 원본에 충당한 것으로 본다"고 규정하고 있다. 사견으로는, 이자제한법 제3조의 규정과 그 모법인 일본 이식제한법 제2조의 법이론적 타당성은 극히 의문스럽다고 생각한다. 다만, 본서에서는 동조에 대한 입법론적 관점에서의 검토는 생략하기로 한다.[110]

선이자공제에 관한 현행 이자제한법 제3조의 규정을 앞의 <설례>에 적용하면 다음과 같은 내용이 된다. 우선 ① 선이자공제의 약정은 유효하므로, 약정에 따라 선이자를 공제하더라도 소비대차계약은 약정대여원금 전액에 대하여 유효하게 성립한다(甲과 乙 사이의 소비대차계약은 대여원금을 100만원 전액에 대하여 유효하게 성립한다). ② 공제된 선이자는 일단 이자의 선불로서 적법하다고 인정된다. 여기서 공제된 선이자에는 명칭 여하에 불구하고 금전의 대차와 관련하여 채권자가 받은 것은 모두 포함됨은 물론이다(이자제한법 4조). ③ 이자제한법 제2조 제1항의 최고이자율과의 관계에서 채권자가 적법하게 공제할 수 있는 선이자의 최대한은 채무자가 실제 수령한 금액을 원본으로 하여 최고이자율에 따라 산정한 금액인 56,400원이다(실제수령액 94만원 × 제한이율 0.24 × 3/12 = 56,400원). 그러므로 ④ 약정에 따라 실제로 공제된 선이자(6만원)와 적법하게 공제할 수 있는 선이자의 최대금액인 56,400원과의 차액인 3,600원은 이자제한법의 제한이율을 위반하여 초과수령한 금액이므로, 이자제한법 제3조의 규정에 따라 약정대여원본에 우선적으로 충당한다. ⑤ 결국 채무자가 이행기에 반환하여야 할 대여원금은 약정대여원본 100만원에서 초과수령한 3,600원을 뺀 나머지 금액인 997,400원이다.

110) 이에 관한 법이론적 검토는 김대정, 전게논문(주 54: 현행법상 이자제한에 관한 연구), 343 이하 참조.

4) 대부업법상의 선이자약정의 효력

원래 대부업법에는 선이자약정의 효력에 관한 명문규정이 없었으나,[111] 2009.1.21. 법률 제9344호로 개정됨으로써 선이자에 관한 규정이 신설되었다. 그런데 신설된 대부업법 제8조 제5항은 "대부업자가 선이자를 사전에 공제하는 경우에는 그 공제액을 제외하고 채무자가 실제로 받은 금액을 원본으로 하여 제1항에 따른 이자율을 산정한다"고 규정하고 있다. 동항에서 "제1항에 따른 이자율을 산정한다"는 법문의 의미는 도무지 이해하기 곤란한데, '제1항에 따른 (적법한) 이자액을 산정한다'는 취지의 규정을 잘못 표기한 것이 아닌가 생각된다. 대법원도 동조항의 규정취지에 대하여, '대부업자가 사전에 공제한 선이자가 대부업법에서 정하는 제한이자율을 초과하는지의 여부를 채무자가 실제로 받은 금액을 기초로 하여 제한이자율에 따른 이자를 기준으로 산정하여 그 초과 여부를 판단하여야 한다는 제한이자율 초과 여부의 판단방법에 관한 법리를 입법화한 것에 불과하다'고 판시한 바 있다(대법원 2013.5.9.선고, 2012다56245·56252 판결 등).

■ **대부업자가 사전에 공제한 선이자가 구 대부업법에서 정한 제한이자율을 초과하는지 판단하는 방법 및 그 결과 선이자의 이자율이 제한이자율을 초과하지 않는 경우, 채무자가 변제기에 갚아야 할 대부원금** [1] 대부업자가 사전에 공제한 선이자가 구 대부업법(2005.3.31. 법률 제7428호로 개정되기 전의 것)에서 정하는 제한이자율을 초과하는지는 그 선이자 공제액을 제외하고 채무자가 실제로 받은 금액을 기초로 하여 대부일부터 변제기까지의 기간에 대한 제한이자율에 따른 이자를 기준으로 그 초과여부를 판단하여야 한다. 나아가 그와 같은 판단의 결과 선이자의 이자율이 제한이자율을 초과하지 아니하는 경우에는 제한이자율 초과부분에 대한 이자계약을 무효로 하는 구 대부업법 제8조 제3항이 적용되지 아니하므로, 다른 강행법규 위반의 무효사유가 없는 한 그 선이자공제는 당사자가 약정한 이자의지급으로서 유효하고, 선이자공제 전의 당사자 사이에서 약정된 대부원금이 채무자가 변제기에 갚아야 할 대부원금이 된다. [2] 구 대부업법(2009.1.21. 법률 제9344호로 개정된 것)은 제8조 제5항을 신설하여 "대부업자가 선이자를 사전에 공제하는 경우에는 그 공제액을 제외하고 채무자가 실제로 받은 금액을 원본으로 하여 제1항에 따른 이자율을 산정한다"고 규정하였다. 이는 제한이자율 초과 여부의 판단방법에 관한 앞서 본 법리를 입법화한 것에 불과하고, 변제기에 갚아야 하는 대부원금에 대하여 정한 것이 아니므로, 위와 같은 해석에 영향이 없다. (대법원 2013.5.9.선고, 2012다56245·56252 판결)[112]

대부업법 제8조 제5항의 규정취지를 이렇게 파악하면, 채무자가 실제 수령한 금액을 원본으로 하여 동법에서 정한 최고이자율(현재 연 24%)에 따라 계산한 적법한 공제액의 최대금액은 이자제한법에서와 마찬가지로 '약정대여원본 × 0.24(대부업법의 최고이자율) × 공제월수/12'

111) 다만, 2009.1.21. 법률 제9344호로 개정되기 전의 대부업법에는 대부업자가 선이자를 받은 경우 이를 이자로 간주하는 규정을 두고 있었기 때문에(동법 8조 2항), 선이자약정의 효력을 무효라고 해석할 수는 없었다.

112) 판례평석: 유진현, "사전 공제한 선이자가 제한이자율을 초과하지 아니하는 경우 변제기에 갚아야 할 대부원금", 대법원판례해설 95호(법원도서관, 2013), 365 이하. 같은 취지: 대법원 2014.11.13.선고, 2014다24785·24792·24808 판결.

가 될 것이다. 따라서 앞의 <설례>에서 대부업자 甲이 100만원을 대여원본으로 하여 연 24%에 해당하는 월 2만원의 이자 3개월분 6만원을 공제한 잔액 94만원을 乙에게 지급하였다면, 적법한 선이자공제의 최대금액은 56,400원(실제수령액 94만원 × 0.24 × 3/12 = 56,400원)이 되므로, 공제된 선이자 중 제한이율이 초과부분은 3,600원이다.

대부업법은 미리 공제한 선이자 중 제한이율을 초과한 부분의 처리방법에 대해서는 규정하지 않고 있으나, "채무자가 대부업자에게 제1항에 따른 이자율을 초과하는 이자를 지급한 경우 그 초과지급된 이자 상당금액은 원본에 충당되고, 원본에 충당되고 남은 금액이 있으면 그 반환을 청구할 수 있다"고 규정하고 있는 동법 제8조 제4항의 규정을 적용하여, 실제수령액을 기준으로 산정된 실제로 공제된 선이자와 적법한 선이자와의 차액은 대여원금에 충당된다고 해석하여야 할 것이다.

제 7 절 선택채권

[23] Ⅰ. 총 설

1. 선택채권의 의의

「선택채권」이라 함은 '여러 개의 서로 다른 급부 중에서 선택에 의하여 확정되는 하나의 급부를 목적으로 하는 채권'을 말한다. 즉, 甲이 상대방 乙의 선택에 좇아 이천 쌀 100가마를 인도하거나 자기 소유의 승용차 1대를 양도하기로 약정하는 경우와 같이, '급부의 선택이 있을 때까지는 선택의 대상이 되는 여러 개의 다른 급부가 선택적으로 하나의 채권의 목적이 되며, 선택에 의하여 어느 하나의 급부가 채권의 목적으로 확정되는 채권'을 말한다.

(1) 여러 개의 다른 급부가 선택의 대상

선택채권은 여러 개의 다른 급부가 선택적으로 급부의 목적이 되는 경우이므로, '일정한 종류에 속하는 일정량의 물건의 급부'라는 하나의 급부를 목적으로 하는 「종류채권」과 구별된다. 또한 선택채권이 되기 위해서는 여러 개의 급부가 서로 다른 개성과 독립적인 가치를 가진 것'이어야 하며, 여러 개의 급부 중에서 어느 급부가 선택되느냐 하는 것이 당사자에게 중요한 이해관계가 있어야 한다. 이 점에서 선택채권은 일정한 종류에 속하는 물건이라면 어느 것이라도 상관이 없는 종류채권과 구별된다. 또한 하나의 급부를 목적으로 하면서도 그 이행의 시기·방법·장소 등이 선택적으로 정해져 있는 것에 불과한 경우도 선택채권이 될 수 없다.[1] 다만, 선택채권은 선택의 대상이 서로 다른 여러 개의 급부이면 되고, 그 여러 개의

1) 다만, 이 경우에도 급부의무를 이행하기 위해서는 그 이행의 시기·방법·장소 등을 선택하여야 하므로, 필요한 범위 내에서 선택채권에 관한 규정을 유추적용할 필요가 있다(同旨: 곽윤직(신정판), 87; 임정평, 98; 현승종, 75 참조).

급부가 어떠한 급부인가는 문제되지 않는다. 예컨대, 특정물급부와 특정물급부, 특정물급부와 불특정물급부, 불특정물급부와 불특정물급부, 주는 급부와 하는 급부, 작위급부와 부작위급부 등 어떠한 급부의 조합도 선택채권의 목적이 될 수 있다.

(2) 선택에 의하여 급부가 확정

선택채권은 '선택의 대상인 여러 개의 급부 중 선택에 의하여 급부가 확정되는 채권'을 말하므로, 선택채권에 있어서는 선택에 의하여 급부가 확정되는 것이 원칙이다.[2)]

'선택 등에 의하여 급부가 확정되는 것'을 총칭하여 「선택채권의 특정」이라고 하는데, 선택채권은 선택 등에 의하여 급부가 확정될 때까지는 채무자가 이행할 수 없고, 채권자도 강제집행을 하지 못한다. 다만, 선택채권은 여러 개의 급부가 선택적으로 채권의 목적이 되는 것이기는 하나, 선택적 급부를 목적으로 하는 한 개의 완전한 채권이므로,[3)] 이를 위하여 담보를 설정하거나 채무불이행으로 인한 손해배상액을 미리 예정할 수도 있다.

2. 선택채권과 유사한 개념

(1) 종류채권

선택채권과 종류채권은 모두 급부의 실현을 위하여 「특정」이 필요하다는 공통점을 가지고 있다. 그러나 양자는 그 특정의 대상이 다르다. 즉, 종류채권에서는 급부의 내용이 일정한 종류에 속하는 물건의 일정량을 인도하는 것으로 특정되어 있으므로, 급부의 내용을 다시 특정할 필요는 없고 급부의 목적물을 특정하면 되나, 선택채권에서는 급부의 내용 자체가 특정되어 있지 않으므로 어떠한 내용의 급부를 할 것인가를 특정할 필요가 있다. 즉, 선택채권에서의 특정의 대상은 급부 그 자체인 반면에 종류채권에서의 특정의 대상은 급부가 아니라 목적물이라는 점에 차이가 있다. 또한 선택채권에서는 선택의 대상이 되는 각 급부의 개성이 중요시되는 반면에, 종류채권에서는 급부의 객체인 목적물의 개성은 전혀 문제가 되지 않는다. 따라서 선택채권과는 달리, 종류채권에서는 이행불능에 의한 급부의 특정(385조)이라든지 특정의 소급효(386조)와 같은 문제는 발생할 여지가 없다. 다만, '특정한 마구간에 있는 말 3마리 중 1마리의 인도', 또는 '100평의 토지 중 채권자의 선택에 의한 30평의 토지의 인도'와 같이, 당해 채권이 제한종류채권인지 선택채권인지를 구별하기 어려운 경우가 있는데, 이러한 경우에는 당사자의 의사가 급부(목적물)의 개성을 중시한 것이라고 해석되는 경우에는 선택채

---

2) 후술하는 바와 같이, 선택채권에 있어서도 선택의 대상인 여러 개의 급부 중 일부가 이행불능인 경우에는 예외적으로 선택이 없더라도 잔존한 급부가 채권의 목적으로 확정된다(385조).

3) 과거에는 선택채권이 1개의 채권인가 여러 개의 채권인가 하는 것이 논의되었으나, 현재는 '선택적 급부를 목적으로 하는 1개의 채권'으로 이해하는 것이 통설적 견해이다(민법주해(8)/이공현, 218 참조).

권이 되고, 목적물의 개성을 무시하고 일정한 품질과 수량만으로 급부를 지정한 것이라고 해석되는 경우에는 제한종류채권이 된다고 보아야 할 것임은 전술한 바와 같다. (☞ 제4절 「종류채권」)

(2) 조건부채권

'채권의 발생 또는 소멸이 조건의 성취 여부에 달려있는 경우'를 「조건부(條件附)채권」이라고 하는데, 계약자유의 원칙상 '선택을 조건으로 하는 법률행위'(선택조건부법률행위)에 의하여 선택채권과 유사한 채권(선택조건부채권)을 발생시킬 수 있다. 또한 선택을 조건으로 하는 것이 아니라, 조건의 성취에 의하여 선택적인 여러 개의 급부 중 하나의 급부로 특정되는 조건부채권이 성립할 수도 있다.

1) 조건의 성취에 의하여 하나의 급부로 특정되는 경우

여러 개의 급부 중에서 조건의 성취에 의하여 어느 하나의 급부로 특정되는 한 개의 채권을 발생케 하는 경우(예컨대, 비가 오면 우산을 빌려주기로 하고, 눈이 오면 모자를 빌려주기로 약정한 경우)에는 조건사실(비가 오거나 눈이 온다는 사실)의 성취에 의하여 급부가 특정된다. 이는 선택에 의하여 급부가 특정되는 것이 아니라 조건의 성취에 의하여 급부가 특정된다는 점에서 선택채권과 구별된다.

2) 선택을 조건으로 하는 채권

'선택을 조건으로 하는 채권'을 「선택조건부채권」이라고 하는데, 이는 다시 '선택을 해제조건으로 하는 선택조건부채권'과, '선택을 정지조건으로 하는 선택조건부채권'으로 나눌 수 있다.

(가) 선택을 해제조건으로 하는 선택조건부채권

계약 성립시에 여러 개의 채권을 발생케 하고, 선택권자가 그중 하나의 채권을 선택하면 다른 채권은 당연히 소멸하는 것으로 약정하는 경우, 즉 계약 성립시에 여러 개의 해제조건부채권이 발생하도록 하고 그 여러 개의 채권 중에 하나의 채권을 선택하는 것을 나머지 채권의 해제조건으로 약정하면, 선택되지 아니한 채권은 선택에 의하여 당연히 소멸하게 된다. 이는 계약 성립시에 여러 개의 채권이 발생한다는 점에서, 처음부터 하나의 채권만이 발생하는 선택채권과 개념상 구별된다.

(나) 선택을 정지조건으로 하는 조건부채권

당사자가 여러 개의 급부 중에서 하나를 선택하는 것을 정지조건으로 하여 그때부터 그 급부에 관한 단순채권이 발생하는 것으로 약정하는 경우에는, 채권의 발생이 선택이라는 정지조건의 성취에 의하여 좌우된다. 이는 여러 개의 급부가 선택의 대상이 되고 선택에 의하여 급부가 확정된다는 점에서 선택채권과 매우 유사하나, 선택이라는 정지조건의 성취에 의하여 채권이 비로소 확정된다는 점에서, 계약의 성립에 의하여 처음부터 채권이 확정적으로 발생하는 선택채권과 개념상 구별된다.

(3) 임의채권

1) 임의채권의 개념

「임의채권(任意債權)」이라 함은 '채권의 목적은 하나의 급부로 특정되어 있으나 채권자 또는 채무자가 다른 급부로써 본래의 급부에 갈음할 수 있는 권리(이를 「대용권(代用權)」 또는 「보충권」이라고 한다)를 가지는 채권'을 말한다.[4] 어느 경우에나 본래의 급부에 갈음하는 다른 급부(이를 「대용급부(代用給付)」라고 한다)의 내용은 확정되어 있어야 한다.[5]

2) 선택채권과의 구별

임의채권은 다음과 같은 점에서 선택채권과 구별된다.

(가) 본래 급부의 단일성

선택채권은 선택에 의하여 급부가 특정되기 전에는 여러 개의 급부가 선택적으로(즉, 동등한 자격으로) 채권의 목적이 되는 것이므로, 선택에 의하여 급부가 확정될 때까지는 채무자가 이행할 수 없고 채권자도 이행청구 내지 강제집행을 할 수 없다. 이에 반하여, 임의채권의 목적인 본래의 급부는 단일한 급부이며, 대용급부는 단지 보충적인 의미를 가지는 데 지나지 않는다. 그러므로 채무자가 대용급부권을 가지는 경우에도 채권자는 본래의 급부의 이행을 청구할 수 있고 강제집행도 할 수 있다. 다만, 채권자가 대용권(대용급부청구권)을 가지는 임의채권에서는 채권자가 채무자에 대하여 본래급부의 이행을 청구하는 대신에 대용급부를 청구할 수 있으며, 채무자가 대용권(대용급부권)을 가지는 임의채권에서는 채권자의 본래급부의 이행청구에 대하여 채무자가 '대용급부의 항변'을 제기할 수 있다.

(나) 본래 급부의 유효성과 임의채권

선택채권에서는 여러 개의 급부가 동등하게 채권의 목적이 되므로, 그중 일부의 채무가 원시적 불능이거나 후발적 불능이 된 때(다만, 선택권 있는 당사자의 귀책사유에 의하거나 쌍방불귀책사유로 인한 경우에 한함)에는 채권의 목적은 이행 가능한 잔존채무로 특정된다(385조). 그러나 임의채권에서 채권의 목적은 본래의 단일한 급부이므로, 임의채권의 발생을 내용으로 하는 계약이 체결되었으나 본래의 급부가 원시적 불능인 경우에는 계약은 무효이므로(535조), 채권 자체가 발생하지 않는다. 또한 임의채권에서 본래의 급부가 계약 성립 이후에 채무자의 귀책사유 없이 불능이 된 경우(후발적 불능)에는 채권 자체가 소멸하므로 대용급부의 문제도 발생하지 않는다. 다만, 임의채권에서 본래의 급부가 채무자의 귀책사유로 인하여 후발적 불능이 된

---

4) '채권자가 대용권을 가지는 경우'를 「임의채권」이라 하고, '채무자가 대용권을 가지는 경우'를 「임의채무」라고 하여 양자를 용어상 구별하기도 한다(장경학, 78 참조).

5) 민법주해(8)/이공현, 220; 주석민법(1)/박재윤, 308; 장경학, 78 참조.

때에는 본래의 급부를 내용으로 하는 채무는 동일성을 유지한 채 손해배상채무로 내용을 변경하여 존속하는 것이므로(390조), 채무자의 대용급부권 또는 채권자의 대용급부청구권도 종전대로 존속한다. (☞ 제4장 제2절「채무불이행의 효과」)

(다) 대용권 행사의 효력발생

선택채권에서는 선택권자의 일방적 의사표시인 선택권의 행사에 의하여 급부가 특정되는 효력이 발생한다(382조, 383조). 즉, 선택권은 형성권이다. 또한 이러한 선택의 효력은 채권이 발생한 때로 소급한다(386조). 그러나 임의채권에서는 대용권자의 의사표시만으로는 본래의 급부의무가 소멸하는 효력이 발생하지 않으며, 대용급부가 현실로 이루어진 때에 비로소 본래의 급부가 소멸하게 된다. 즉, 임의채권에서의 대용권은 형성권이 아니다.

(라) 본래급부와 대용급부와의 가치의 동일성

선택채권에서 선택의 대상이 되는 여러 개의 급부는 추상적으로는 동일한 가치가 있다고 전제되나, 그 여러 개의 급부는 각각의 개성과 독립성을 가진 것으로서 그 실제적 가치가 동일할 필요는 없다. 그러나 임의채권에서는 본래의 급부와 대용급부가 동일한 가치를 가진다는 것이 전제되므로, '본래의 급부가 일부불능 기타의 사유로 축소되면 대용급부도 같은 비율로 감축된다'고 해석된다[6]는 점에서도 선택채권과 차이가 있다.

3) 임의채권의 발생

당사자가 합의에 의하여 임의채권을 발생시킬 수 있음은 물론이나, 법률의 규정에 의하여 임의채권이 발생하는 경우도 있다. 예컨대, ① 외화채무를 부담하는 채무자는 지급할 때의 이행지의 환금시가(환율)에 의하여 내국통화로 지급할 수 있는 대용급부권이 있으므로(378조), 외화채권은 채무자가 대용급부권을 갖는 임의채권이다. (☞ 제5절「금전채권」) ② 보증채무에서 주채무자는 수탁보증인이 사전구상권을 행사하는 경우에 이에 응할 의무가 있으나(442조), 그 대신에 채권자에게 배상할 금액을 공탁하거나 담보를 제공하거나 보증인을 면책하게 함으로써 그 배상의무를 면할 수 있는 대용급부권이 있다(443조). 즉, 수탁보증인의 사전구상권은 채무자(주채무자)가 대용급부권을 갖는 임의채권이다. ③ 명예훼손의 피해자는 가해자에게 손해배상을 청구하는 대신 이에 갈음하여 가해자에 대하여 명예회복에 적당한 처분을 명하도록 법원에 청구할 수 있다(764조). 즉, 명예훼손 피해자의 손해배상청구권은 채권자(피해자)가 대용급부권을 가지는 임의채권이라고 할 수 있다.

4) 임의채권의 효력

(가) 대용권의 귀속

임의채권에서 대용권의 귀속은 임의채권의 발생원인인 법률행위 또는 법률의 규정에 의

---

6) 민법주해(8)/이공현, 221; 주석민법(1)/박재윤, 309; 장경학, 79 참조.

하여 정해지는 것이 일반적이나, 당사자의 의사가 명확하지 않은 경우에는 '누가 대용권을 가지는가?' 하는 것이 문제된다. 이에 대하여, 학설은 '원칙적으로 채무자가 대용급부권을 갖는다'는 견해가 지배적이다.[7] 그 이유에 대하여, '임의채권에서는 원칙적으로 본래의 급부와 대용급부가 동일한 가치를 가지는 것이므로, 어느 급부를 이행하는가 하는 것은 채권자에게 그다지 이해관계가 없기 때문'이라고 설명하는 견해가 있다.[8] 그러나 '본래의 급부와 대용급부는 원칙적으로 동일한 가치를 가진다'고 하더라도, '채권자는 본래의 급부와 대용급부 중 어느 급부가 이행되는지에 대하여 이해관계가 없다'고 단정하기는 어렵다. 또한 대용급부는 어디까지나 본래의 급부에 대한 보충적인 의미를 가지는 데 불과한 것이므로, 대용급부권의 행사 여부에 대해서는 채무자보다는 오히려 채권자가 더 큰 이해관계를 가진다고 해석하여야 하는 경우도 적지 않을 것이다. 그러므로 '당사자의 의사가 명확하지 않은 경우에는 대용급부권은 채권자에게 귀속된다'고 해석하는 것이 타당하다고 생각된다. 판례는 외화채무자에게 내국통화로 급부할 대용급부권을 인정하고 있는 제378조를 확대해석하여 외화채권자에게도 대용급부청구권을 인정하고 있을 뿐만 아니라, '채권자가 대용급부청구권을 행사하여 내국통화로 환산하여 청구하는 경우에 법원은 채무자가 현실로 이행할 때에 가장 가까운 사실심 변론종결 당시의 외국환시세에 의하여 환산한 우리나라 통화로 변제할 것을 명하여야 한다'는 법리를 확립하고 있음은 전술한 바와 같은데(대법원 1991.3.12. 선고, 90다2147 전원합의체판결 등), 외화채무자에게만 대용급부권을 인정한 제378조의 규정에도 불구하고 외화채권자에게도 대용급부권을 인정하고 있는 판례의 입장은 이러한 관점에서 수긍할 수 있다. (☞ 제5절 「금전채무」)

(나) 대용권의 행사와 그 효력

(A) 채무자가 대용권을 가지는 경우 채무자가 대용권을 가지는 경우에는 채권자는 본래의 급부를 청구할 수 있을 뿐이다. 다만, 대용권 행사의 효력이 발생하기 위해서는 채무자가 현실로 대용급부를 제공하여야 하며, 대용급부를 하겠다는 의사표시만으로는 아무런 효력이 발생하지 않는다. 따라서 채무자가 대용급부의 의사표시를 하였으나 현실로 대용급부를 제공하지 못하였다면, 채무자는 대용급부가 이행불능이 된 경우에도 본래의 급부의무를 면하지 못한다. 그러나 채무자가 대용급부의 현실제공을 하여 채권자가 수령지체에 빠진 후에 채무자에게 책임 없는 사유로 인하여 대용급부가 불능이 된 때에는 본래의 급부의무도 소멸하며, 반대로 채권자의 귀책사유로 인하여 대용급부가 불능이 된 경우에는 채무자는 대용급부로서 본래의 급부에 갈음한다는 의사표시를 함으로써 본래의 급부의무를 면할 수 있다.[9]

---

7) 민법주해(8)/이공현, 222; 주석민법(1)/박재윤, 310; 김기선, 98; 김용한, 85; 이태재, 83; 장경학, 80 참조.
8) 민법주해(8)/이공현, 222; 김기선, 98 참조.
9) 同旨: 민법주해(8)/이공현, 222; 주석민법(1)/박재윤, 310~311; 현승종, 81 참조.

(B) 채권자가 대용권(대용급부청구권)을 가지는 경우 채권자가 대용권(대용급부청구권)을 가지는 경우에는 채무자에 대한 의사표시로써 대용권을 행사하여야 한다. 채권자가 대용권을 행사하지 않는 한 채무자는 본래의 급부를 제공하여야 한다. 또한 대용권이 없는 채무자는 대용급부를 제공하더라도 채권자를 지체에 빠뜨리지 못하며, 채권자에 대한 자신의 채권과 대용급부의무를 상계할 수 없다. 다만, 채권자가 대용권을 행사하지 않고 있는 동안에 채무자가 본래의 급부를 제공하면 채권자는 이를 수령하여야 하며, 만약 채권자가 급부를 수령하지 않으면 수령지체에 빠진다. 또한 채무자에게 책임 없는 사유로 인하여 본래의 급부가 이행불능이 되면 채무가 소멸하므로 채권자의 임의채권 자체가 소멸하고 이에 따라 채권자의 대용권도 소멸한다. 그리고 채권자가 대용권을 행사한 이후에 채무자에게 책임이 없는 사유로 인하여 대용급부가 이행불능이 된 때에는 채무자의 대용급부의무는 물론 본래의 급부의무도 소멸한다.[10)]

(4) 청구권의 경합

임차인이 그 귀책사유로 인하여 임차건물을 소실시킴으로써 채무불이행(목적물반환채무의 이행불능)으로 인한 손해배상청구권과 임대인의 소유권을 침해한 불법행위로 인한 손해배상청구권의 요건을 동시에 충족시킨 경우와 같이, '동일한 당사자 사이에서 동일한 사실이 여러 가지 청구권의 발생요건을 동시에 충족시키는 경우에, 채권자는 그 여러 개의 청구권을 경합적으로 행사할 수 있는가?' 하는 것이 문제된다. 이에 대하여 학설은 「청구권의 경합」을 인정하는 견해가 지배적이며, 판례도 「구(舊)소송물이론」에 따라서 '청구권의 경합을 인정하여야 한다'는 입장을 확립하고 있다(대법원 2002.6.14.선고, 2001다2112 판결 등).

이러한 통설·판례의 입장에 따르면, 채권자는 하나의 사실로부터 발생한 여러 개의 청구권을 경합적으로 행사할 수 있게 되므로, 채권자는 경합하는 여러 개의 청구권 중의 하나를 선택적으로 행사하게 된다는 점에서 선택채권과 유사한 현상이 발생한다. 그러나 선택채권은 '선택적 급부를 목적으로 하는 하나의 단일한 채권'인 데 반하여, 「청구권의 경합」에 있어서는 각 청구권을 목적으로 하는 여러 개의 채권이 존재한다는 점에서 서로 다르다(위의 사례에서 임차인의 채무불이행으로 인한 손해배상채권과 불법행위로 인한 손해배상채권은 별개의 채권이다). 또한 선택채권에서는 선택권의 행사로 어느 하나의 급부가 채권의 목적으로 확정되지만, 청구권경합의 경우에는 어느 하나의 청구권 행사에 의하여 다른 청구권이 당연히 소멸하는 것은 아니며, 급부의 이행에 의하여 채권의 목적이 달성된 경우에 한하여 비로소 다른 청구권도 소멸하게 된다는 점에서도 양자는 서로 다르다.[11)] (☞ 제4장 제2절 「채무불이행의 효과」)

10) 同旨: 민법주해(8)/이공현, 222; 주석민법(1)/박재윤, 311 참조.
11) 민법주해(8)/이공현, 223; 주석민법(1)/박재윤, 311 참조.

■ 선박의 불감항성(不堪航性)을 이유로 한 손해배상청구소송과 선원법상의 재해보상청구소송의 소송물의 동일 여부(소극) 선원법상의 재해보상청구권과 민법상의 불법행위로 인한 손해배상청구권은 청구권경합의 관계에 있는 것으로서 소송물을 달리한다 할 것이며, 선박이 안전한 항해를 할 수 있는 능력을 구비하지 못하였다는 이른바 불감항성을 이유로 한 손해배상청구소송도 손해배상청구소송이라는 점에서 불법행위로 인한 손해배상청구소송과 동일한 성격을 가진다 할 것이므로, 그 소송과 선원법상의 재해보상청구소송은 소송물을 달리 하는 것으로 보아야 한다. (대법원 2002.6.14.선고, 2001다2112 판결)12)

[24] Ⅱ. 선택채권의 발생

선택채권은 당사자의 계약에 의하여 발생하는 것이 보통이지만, 유증과 같은 단독행위 또는 법률의 규정에 의해서도 발생한다. 그러나 구체적인 경우에 과연 선택채권이 발생하였다고 할 것인지의 여부가 문제되는 경우가 많다.

1. 법률행위에 의한 선택채권의 발생

선택채권은 '甲이 그 소유의 A부동산과 B부동산 중 乙이 선택한 부동산을 乙에게 매도하기로 약정한 경우'와 같이 계약에 의하여 발생하는 것이 보통이나, 유증과 같은 단독행위에 의하여서도 발생한다. 문제는 '특정한 토지의 일부인 일정면적을 매매하면서 구체적 목적물은 후에 매수인이 지정하여 특정하기로 한 경우에는 선택채권이 성립한 것으로 보아야 할 것인가, 아니면 제한종류채권이 성립한 것으로 보아야 할 것인가?' 하는 것이다. 이는 기본적으로 당사자의 의사해석의 문제이므로, 당사자의 의사가 특정한 토지 중 어떤 위치이든 상관없이 일정면적을 인도하기로 한 것이라고 인정되는 경우에는, 그 매매계약에 의하여 발생한 일정수량의 토지의 인도채무는 「제한종류채권」이라고 할 것이다. 그러나 토지는 같은 면적이라고 하더라도 그 위치와 주위환경과의 관계에 따라 그 가치나 용도가 매우 다른 특성을 가지고 있고, 어떤 위치의 토지이냐에 따라 동일한 종류물의 급부가 아니라 전혀 다른 내용의 급부라고 보아야 할 경우도 있을 수 있다. 그러므로 특정토지 중 일부인 일정면적의 토지매매는 원칙적으로 선택채권이라고 하여야 할 것임은 전술한 바와 같다. (☞ 제4절 「종류채권」)

2. 법률의 규정에 의한 선택채권의 발생

법률의 규정에 의하여 선택채권이 발생하는 경우는 크게 민법의 규정에 의한 경우와 그

12) 판례평석: 이주현, 대법원판례해설 40호(법원도서관, 2002/12), 320 이하; 권창영, "해외취업선원의 재해보상", 저스티스 74호(한국법학원, 2003/8), 201 이하. 같은 취지: 대법원 1959.2.19.선고, 4290민상571 판결; 대법원 1967.12.5.선고, 67다2251 판결; 대법원 1971.3.30.선고, 70다2294 판결; 대법원 1987.6.23.선고, 86다카2228 판결.

밖에 특별법의 규정에 의한 경우로 나눌 수 있다.

(1) 민법의 규정에 의한 선택채권의 발생

1) 무권대리인의 상대방의 청구권

'대리권 없는 대리인의 대리행위'인 「무권대리(無權代理)행위」는 본인에게 그 효과가 귀속되지 않으며, 효과의사가 없는 대리인에게 그 행위의 효과를 귀속시킬 수도 없다. 그러나 무권대리인과 거래한 상대방을 보호하기 위하여, 민법은 제135조 제1항에서 무권대리인의 책임을 인정하는 명문규정을 두고 있는데, 이에 따라 무권대리인의 상대방은 무권대리인에 대한 이행청구권 또는 손해배상청구권을 객체로 하는 선택채권을 취득한다. (☞ 민법총칙 편, 제6장 제12절 「법률행위의 대리」)

2) 점유자의 유익비상환청구권

민법은 제203조 제2항에서, '점유할 권한이 없는 점유자가 그 점유물을 권리자(회복자)에게 반환하는 경우에는, 점유물을 개량하기 위하여 지출한 금액 기타 유익비에 관하여는 그 가액의 증가가 현존한 경우에 한하여 회복자의 선택에 좇아 그 지출금액이나 증가액의 상환을 청구할 수 있다'고 규정하고 있다. 그러므로 점유자는 회복자의 선택에 좇아 지출비용이나 증가액의 상환을 청구할 수 있는 선택채권을 취득한다(다만, 이 경우에 선택권은 점유자가 아닌 회복자에게 있다). 또한 민법은 본권이 없는 점유자는 아니지만 점유자의 유익비상환청구권의 경우와 유사한 법률문제가 발생하는 유치권자의 유익비상환청구권(325조 2항), 임차인의 유익비상환청구권(626조 2항)의 경우에도 점유자의 유익비상환청구권과 유사한 규정을 두고 있는데, 이러한 경우에도 법률의 규정에 의한 선택채권이 발생함은 물론이다. (☞ 물권법 편, 제3장 제2절 「점유의 효력(점유권)」)

3) 수탁보증인의 사전구상에 응하여 배상하는 주채무자의 면책청구권

주채무자의 부탁으로 보증인이 된 「수탁보증인」은 제442조 제1항 각 호의 경우(① 보증인이 과실 없이 채권자에게 변제할 재판을 받은 때, ② 주채무자가 파산선고를 받은 경우에 채권자가 파산재단에 가입하지 아니한 때, ③ 채무의 이행기가 확정되지 아니하고 그 최장기도 확정할 수 없는 경우에 보증계약 후 5년을 경과한 때, ④ 채무의 이행기가 도래한 때)에는 주채무자에 대하여 미리 구상권을 행사할 수 있다. 다만, 제442조의 규정에 의하여 주채무자가 보증인의 사전구상(事前求償)에 응하여 배상하는 경우에는, 주채무자는 보증인에 대하여 자기를 면책하게 하거나 자기에게 담보를 제공할 것을 청구할 수 있다(443조 전단). 즉, 수탁보증인의 사전구상권 행사에 응하여 배상한 주채무자는 보증인에 대한 면책청구권 또는 담보제공청구권을 선택적으로 행사할 수 있는 선택채권을 가진다. (☞ 제5장 제4절 「보증채무」)

(2) 특별법의 규정에 의한 선택채권의 발생

특별법의 규정에 의하여 선택채권이 발생할 수도 있음은 물론인데, 판례는 '구 주택건설촉진법(1997.12.13. 법률 제5451호로 개정되기 전의 것)[13] 제47조의6에 의하여 설립된 「주택사업공제조합」[14]이 조합원인 건설회사와 사이에 주택분양보증계약을 체결한 경우, 수분양자들은 주택사업공제조합에 대하여 이미 납입한 계약금과 중도금을 환급할 것을 청구하거나, 그 아파트의 완공을 대신 이행하여 수분양자들에게 주택공급의무를 이행할 것을 선택적으로 청구할 수 있다'고 한다(대법원 2000.2.25.선고, 99다52831 판결). 즉, 판례에 따르면 수분양자는 주택사업공제조합에 대하여 계약금 및 중도금 환급청구권 또는 주택공급청구권 중 하나의 권리를 선택적으로 행사할 수 있는 선택채권을 취득한다. 그러나 대법원은 '구 토지보상법[15] 제8조[16]의 규정에 의하여 재개발사업의 시행에 따라 철거된 건물의 세입세대주들에게 임대아파트에의 입주확인권이 부여된 경우에도, 위 세입세대주들의 선택에 의하여 특정한 임대아파트의 방 1개에 대한 임차를 사업시행자에게 직접적이고 구체적으로 이행할 것을 요구할 수 있는 증여계약 또는 이와 유사한 채권채무관계가 성립된 것이라고 할 수는 없다'고 판시함으로써(대법원 1991.12.27.선고, 91다17108 판결), 철거된 건물의 세입세대주의 선택채권의 성립을 부정한 바 있다.

[25] Ⅲ. 선택채권에 있어서의 급부의 특정

1. 선택에 의한 급부의 특정

선택채권은 원칙적으로 선택에 의하여 급부가 확정되는 채권이므로 「선택」이 중요한 의미를 가진다. 민법은 제380조 이하에서 선택의 방법과 효력에 관하여 상세하게 규정하고 있다.

(1) 합의에 의한 급부의 선택

민법은 선택의 방법으로 선택권의 행사에 의한 선택에 대해서만 규정하고 있으나, 계약자유의 원칙상 당사자의 합의(계약)에 의하여 선택채권의 목적인 급부를 선택할 수 있음은

13) 구 주택건설촉진법(1977.12.31. 법률 제3075호)은 2003.5.29. 법률 제6916호로 전부개정되면서 「주택법」으로 그 명칭이 변경되었다.

14) 현재는 「주택도시기금법」(2015.1.6. 법률 제12989호)에 의하여 설립된 「주택도시보증공사」가 분양보증의 업무를 담당하고 있다(주택도시기금법 26조 1항 2호).

15) 2003.1.1.부터 구 토지보상법(1975.12.31. 법률 제2847호로 제정)이 폐지되고 그 대체입법인 「공익사업을 위한 토지 등의 취득 및 보상에 관한 법률」(2002.2.4. 법률 제6656호로 제정: 이하 「토지보상법」으로 약칭)이 시행되고 있다(동법 부칙 1조).

16) 구 토지보상법 제8조(이주대책) ① 사업시행자는 공공사업의 시행에 필요한 토지등을 제공함으로 인하여 생활근거를 상실하게 되는 자(이하 "이주자"라 한다)를 위하여 대통령령이 정하는 바에 따라 이주대책을 수립·실시한다.

물론이다. 또한 실제거래에서는 당사자의 합의에 의하여 급부를 선택하는 것이 오히려 일반적인 방법이다.

(2) 선택권의 행사에 의한 급부의 특정

1) 선택권의 의의 및 법적 성질

선택채권에 있어서 급부를 특정하는 가장 중요한 방법은 선택권자가 선택권을 행사함으로써 급부를 선택하는 것이다. 이 경우 선택권의 행사는 선택권자의 일방적인 의사표시에 의하여 하는 것이므로(382조, 383조), 선택권은 일종의 형성권이라고 할 수 있다.

2) 선택권자

문제는 '선택권이 누구에게 있는가' 하는 것인데, 이는 선택채권의 발생원인인 계약 또는 법률의 규정에 의하여 정해지는 것이 원칙이다. 예컨대, 민법은 무권대리인의 책임에 관하여 규정하고 있는 제135조에서 채권자인 상대방에게 선택권을 부여하고 있으며, 점유자의 유익비상환청구권에 관하여 규정하고 있는 제203조 제2항에서는 채무자인 회복자(본권자)에게 선택권을 부여하고 있음은 전술한 바와 같다.

한편 민법은 '다른 법률의 규정이나 당사자의 약정이 없는 경우, 선택권은 채무자에게 있다'고 규정하고 있다(380조). 이는 구 의용민법 제406조[17]의 규정을 계승한 것이라고 할 수 있다. 다만, '선택권은 채무자에게 속한다'는 원칙은 독일민법(BGB §262)[18]이나 스위스채무법(OR Art. 72)[19] 등 대륙법계 국가들이 일반적으로 채택하고 있는 원칙이므로, 우리 민법이 구 의용민법의 규정을 계승하였다는 것이 큰 의미를 가지는 것은 아니다. 아무튼 민법이 '선택권은 채무자에게 속한다'는 원칙을 채택한 취지는 선택채권에서 선택의 대상인 여러 개의 급부는 각각 개성과 독립성을 지니는 것이지만 이념적으로는 대등한 가치를 가지는 급부라고 보고, 선택의 이해관계는 채권자보다는 채무자가 더 크다고 본 것이라고 할 수 있다. 그러나 민법은 당사자의 약정에 의하여 채권자에게 선택권을 부여할 수 있음을 명문으로 규정하고 있고(380조), 이러한 약정은 묵시적 합의에 의해서도 가능하다고 해석하여야 할 것이다. 또한 '거래의 실제에서는 채권자가 선택권을 가진다고 해석하여야 하는 경우도 많다'는 점에 유의할 필요가 있다. 또한 판례 중에는 '구 주택건설촉진법상 주택사업공제조합이 조합원인 건설회사

---

17) 구 의용민법 제406조 : 채권의 목적이 수 개의 급부 중에서 선택에 의하여 정하여야 할 때에는 그 선택권은 채무자에게 속한다.

18) 독일민법 제262조(선택채무; 선택권) 여러 개의 급부 중 어느 하나만이 이행되어야 하는 방식으로 채무를 부담한 경우, 의문스러운 때에는 선택권은 채무자에게 속한다.

19) 스위스채무법 제72조(선택채무) 채무의 목적이 여러 개의 급부 중에서 어느 하나의 급부만이 이행되어야 하는 방식으로 정하여진 경우, 법률관계로부터 달리 해석되지 않는 이상 선택권은 채무자에게 속한다.

와의 분양보증계약에 의하여 수분양자들에게 지는 선택적 급부의무(수분양자들이 납입한 계약금과 중도금을 환급하거나 그 아파트의 완공을 대신 이행하여 수분양자들에게 주택공급의무를 이행할 의무)에 있어서 선택권은 채권자인 수분양자에게 있다'고 판시함으로써(대법원 2000.2.25.선고, 99다52831 판결), '법률의 규정이나 당사자의 약정이 없으면 선택권은 채무자에게 있다'고 규정한 제380조의 적용을 배제한 사례도 있다는 점에 유의할 필요가 있다.

3) 선택권의 행사 방법

(가) 선택권자의 일방적 의사표시

채권자나 채무자 중 일방이 선택권을 가지는 경우, 그 선택권의 행사는 상대방에 대한 의사표시로써 하여야 하며(382조 1항), 제3자가 선택권을 가지고 있는 경우에는 채무자 및 채권자에 대한 의사표시로 하여야 한다(383조 1항). 이는 '선택권자의 일방적 의사표시인 선택권의 행사에 의하여 급부가 특정되는 선택의 효력이 발생한다'는 것을 의미한다. 그러므로 선택권의 행사는 일종의 형성권이라고 할 수 있다.

(나) 선택권 행사의 철회 등 금지

선택권자의 일방적 의사표시인 선택권의 행사에 의하여 채권의 목적인 급부가 선택되는 경우에는 의사표시에 관한 일반원리가 적용된다. 예컨대, 선택의 의사표시가 착오에 기한 것이거나, 사기·강박에 의한 것인 때에는 선택권자는 그 선택의 의사표시를 취소할 수 있다고 할 것이다(109조, 110조).[20] 다만, '선택권의 행사에는 원칙적으로 조건이나 기한을 붙이지 못하며, 선택권의 행사는 원칙적으로 철회할 수 없다'고 할 것이다. 민법은 이에 대하여 명문규정을 두고 있다. 즉, 선택권이 채권자나 채무자에게 있는 경우에 선택권자인 당사자 일방의 선택의 의사표시는 상대방의 동의가 없으면 철회할 수 없으며(382조 2항), 선택권이 제3자에게 있는 경우에는 선택권자인 제3자의 선택의 의사표시는 채권자 및 채무자의 동의가 없으면 철회할 수 없다(383조 2항). 다만, 대법원판결 중에는 '선택권자가 선택의 의사표시를 한 뒤라도 상대방의 방해행위 등으로 인하여 선택의 목적을 달성할 수 없는 경우와 같이 특별한 사정이 있는 경우에는 상대방의 동의가 없더라도 선택권자는 선택의 의사표시를 철회하고 새로운 선택을 할 수 있다'고 판시한 사례가 있다(대법원 1972.7.11.선고, 70다877 판결).

▪ **상대방의 동의 없이도 선택의 의사표시를 철회하고 다시 선택권을 행사할 수 있는 특별한 사정이 인정된 사례** 한 덩어리의 토지 중에서 494평 부분의 위치를 선택할 수 있는 권리자인 원고가 그 판시와 같이 특정된 위치의 토지를 선택하였으나 그때마다 상대방인 피고의 원판시와 같은 방해나 타인에의 양도 등의 행위로 인하여 선택의 목적을 달성할 수 없을 경우와 같이 특별한 사정이 있는 경우에는, 상대방의 동의 없이도 다시 다른 위치부분의 토지를 선택할 수 있다고 봄이 상당하다. (대법원 1972.7.11.선고, 70다877 판결)[21]

---

20) 同旨: 민법주해(8)/이공현, 229; 주석민법(1)/박재윤, 320 참조.

4) 선택권의 이전

선택권은 형성권이므로 선택권의 행사 여부는 원칙적으로 선택권자의 자유에 속한다. 그러나 선택권 행사의 자유를 무제한 허용하면 선택권이 없는 상대방에게 불이익을 초래할 가능성이 있으므로, 민법은 일정한 요건 아래 선택권이 이전되는 것으로 규정하고 있다.

(가) 당사자 일방이 선택권을 가지고 있는 경우

당사자 일방이 선택권을 가지고 있는 경우, 선택권 행사의 기간이 있는 때에는 선택권 있는 당사자가 그 기간 내에 선택권을 행사하지 아니하면 상대방은 상당한 기간을 정하여 그 선택을 최고할 수 있고, 선택권 있는 당사자가 그 기간 내에 선택하지 아니하면 선택권은 상대방에게 이전한다(381조 1항). 그러나 선택권 행사의 기간이 없는 때에는 채권의 이행기가 도래한 후 상대방이 상당한 기간을 정하여 그 선택을 최고하여도 선택권 있는 당사자가 그 기간 내에 선택하지 아니하면 선택권은 상대방에게 이전한다(동조 2항).

(나) 제3자가 선택권을 가지고 있는 경우

제3자가 선택권을 가지고 있는 경우, 선택권자인 제3자가 선택할 수 없는 때에는 선택권은 채무자에게 이전한다(384조 1항). 선택권자인 제3자가 선택할 수 있음에도 불구하고 선택권을 행사하지 않는 때에는 채권자나 채무자는 상당한 기간을 정하여 그 선택을 최고할 수 있고, 선택권자인 제3자가 그 기간 내에 선택하지 아니하면 선택권은 채무자에게 이전한다(동조 2항).

5) 선택권 행사의 효과

(가) 단순채권으로의 전환

선택권자가 선택권을 행사하면 선택채권은 한 개의 단일한 급부를 목적으로 하는 단순채권으로 전환된다. 즉, 선택된 급부가 특정물의 인도인 경우에는 특정물채권이 되고, 종류물의 인도인 경우에는 종류채권이 되는 것이다. 따라서 특정물의 인도와 종류물의 인도가 선택적으로 급부의 목적이 되어 있는 선택채권에서 종류물의 급부가 선택된 경우에는 또다시 「종류물의 특정」의 문제가 발생한다.

(나) 선택의 소급효

선택의 효력은 그 채권이 발생한 때에 소급한다(386조 본문). 즉, 선택이 있으면 채권이 발생한 때(계약성립시 또는 법률에 규정된 때)로 소급하여 선택된 급부만을 목적으로 하는 채권이 발생한 것으로 간주된다. 그런데 민법은 제386조 단서에서 "제3자의 권리를 해하지 못한다"고 규정함으로써 선택의 소급효를 제한하고 있다. 이는 거래의 안전을 위하여 선택채권이 발

---

21) 판례평석: 이덕승, "선택채권 -선택의 의사표시를 상대방의 동의 없이 철회할 수 있는 경우-", 민법판례해설Ⅲ(채권총론), 23 이하.

생한 때부터 선택까지 사이에 선택된 목적물에 관하여 권리를 취득한 자를 보호하기 위하여 두어진 규정이라고 할 수 있으나, 물권변동에 관하여 형식주의를 취하고 있는 현행민법하에서는 선택의 소급효가 인정되어 채권발생시부터 선택에 의하여 확정된 급부가 채권의 목적으로 되었다고 하더라도 그 효력은 상대방에게만 주장할 수 있을 뿐(채권의 상대적 효력), 그 사이에 선택에 의하여 확정된 급부의 목적물을 취득한 제3자의 물권취득의 효력을 부정할 수는 없는 것이므로(186조, 188조), 현행민법에서는 선택의 소급효로 인하여 제3자의 권리가 침해되는 경우는 발생할 수 없다. 그러므로 제386조 단서는 물권변동에 관하여 의사주의를 취하고 있었던 구 의용민법 제411조[22] 단서의 규정을 부주의하게 답습한 것으로서, 물권변동에 관하여 형식주의를 취하고 있는 현행민법에서는 당연한 법리를 규정한 무의미한 규정에 불과하다.

2. 이행불능에 의한 급부의 특정

(1) 급부 중 일부가 원시적 불능인 경우

선택의 대상인 여러 개의 급부 중 원시적 불능인 급부가 존재하는 경우, 채권은 이행이 가능한 나머지 급부로 특정된다(385조 1항).

(2) 급부 중 일부가 후발적 불능인 경우

선택의 대상인 여러 개의 급부 중 일부가 후발적 불능인 경우에는 채권이 이행가능한 나머지 급부로 당연히 특정되지는 않는다(385조 2항). 이 경우 급부의 특정 여부는 그 불능이 선택권 없는 당사자의 귀책사유에 의하여 발생한 것인지 여부에 따라서 달라진다.

1) 선택권 없는 당사자의 귀책사유에 의하여 이행불능이 된 경우

(가) 채권자가 선택권자인 경우

채권자가 선택권자인데 선택권 없는 채무자의 귀책사유로 인하여 일부의 급부가 계약 성립 후 불능이 된 경우, 채권자는 이행불능이 된 급부를 선택하여 채무불이행으로 인한 손해배상을 청구할 수 있다(385조 2항). 채권자가 이행 가능한 급부를 선택할 수도 있음은 물론인데, 이 경우에는 이행 가능한 급부의 이행에 의하여 채권은 소멸한다.

(나) 채무자가 선택권자인 경우

채무자가 선택권자인데 선택권 없는 채권자의 귀책사유로 일부의 급부가 계약 성립 후 이행불능이 된 경우, 채무자는 이행불능이 된 급부를 선택하여 채무를 면할 수 있다(385조 2항). 이 경우, 쌍무계약에 의하여 선택채권이 발생한 때에는 채권자가 반대급부의 위험을 부담하게 되어, 자신의 채무를 면한 채무자는 상대방인 채권자에 대하여 반대급부의 이행을 청

22) 구 의용민법 제411조 : 선택은 채권발생 시에 소급하여 그 효력을 발생한다. 다만, 제3자의 권리를 해하지 못한다.

구할 수 있다(538조 1항 본문). (☞ 계약법 편, 제1장 제3절「계약의 효력」)

2) 선택권 있는 당사자의 귀책사유에 의하거나, 쌍방불귀책사유에 의하여 이행불능이 된 경우

선택권 있는 당사자의 귀책사유에 의하거나 당사자 쌍방의 귀책사유에 의하지 아니하고 불능이 된 경우(이른바「쌍방불귀책」의 경우), 채권의 목적은 이행 가능한 나머지 급부로 특정된다(385조 1항).

3. 특정의 효과

(1) 단순채권으로의 전환

선택에 의하여 급부가 특정된 경우에는 선택의 소급효에 의하여 선택채권은 채권발생 당시부터 선택된 급부를 목적으로 하는 단순채권으로 전환된다(386조). 그러나 이행불능으로 인하여 이행이 가능한 나머지 급부로 특정된 경우 등 선택에 의하지 아니하고 급부가 특정된 경우에는 소급효를 인정하는 규정이 없으므로, '급부는 선택의 효력이 발생한 때부터 이행 가능한 급부를 목적으로 하는 단순채권으로 전환된다'고 할 것이다.

(2) 특정 전까지의 채무자의 선관주의의무

선택채권에서는 선택의 대상인 급부 중의 일부가 '특정물의 인도'인 경우라고 하더라도 선택에 의하여 급부가 특정되기 전까지는 채무자에게 제374조의 선관주의의무가 인정되지 않는 것이 원칙이다. 그러나 '선택의 대상인 여러 개의 급부가 모두 특정물의 인도인 경우는 예외적으로 선택에 의하여 급부가 특정되기 이전에도 채무자는 급부의 목적물이 될 수 있는 각 특정물에 대하여 선관주의의무를 부담한다'고 해석하는 것이 타당하다고 생각된다.[23] 다만, 선택에 의하여 특정된 급부가 채무자가 선관주의의무를 다하지 못한 특정물의 인도인 경우에 한하여 선관주의의무 위반이 문제됨은 물론이다.

(3) 소멸시효의 기산점

선택채권에서 선택의 효력은 그 채권이 발생한 때에 소급하지만(386조 본문), 선택에 의하여 급부가 특정될 때까지는 채무자가 이행할 수 없을 뿐만 아니라 채권자도 이행을 청구할 수 없다. 그러므로 '선택채권의 소멸시효는 선택에 의하여 급부가 특정된 때부터 진행되며, 특히 선택권의 행사에 의하여 급부가 특정된 경우에는 선택권을 행사할 수 있을 때부터 소멸시효가 진행된다'고 해석하여야 할 것이다.

이러한 취지에서, 대법원은 ① '무권대리인의 상대방인 채권자가 무권대리인에 대하여

---

23) 同旨: 김형배, 95; 이은영, 145 참조. 다만, 학설 중에는 이를 부정하는 견해도 있다(민법주해(8)/이공현, 218; 주석민법(1)/박재윤, 306; 김기선, 88; 임정평, 98 참조).

가지는 계약이행 또는 손해배상청구권의 소멸시효는 그 선택권을 행사할 수 있는 때, 즉 무권대리인이 대리권의 증명 또는 본인의 추인을 얻지 못한 때부터 진행한다'고 판시한 바 있으며(대법원 1965.8.24.선고, 64다1156 판결), ② 매립사업자가 43,532㎡의 매립지 중 100평의 토지를 양도하기로 약정하였으나 선택권의 소재에 관하여는 약정이 없었던 사안에서, 채무자(매립사업자)가 선택권을 행사하지 아니하여 제381조 제1항의 규정에 의하여 채권자(양수인)가 선택한 경우에 채권자의 선택에 의하여 특정된 채권의 소멸시효는 '채권자가 선택권을 행사할 수 있었던 때인 매립지에 대한 매립사업자 명의의 소유권보존등기가 경료되고 도시계획결정 및 지적고시가 이루어져 그 소유토지의 위치와 면적이 확정된 때로부터 매립사업자의 선택권 행사에 필요한 상당한 기간이 경과한 때로부터 진행된다'고 판시한 바 있다(대법원 2000.5.12.선고, 98다23195 판결 등).[24]

24) 판례평석: 고영석, "매립지의 일부를 양도받기로 한 경우에 있어서 소유권이전등기청구권의 소멸시효의 기산점", 대법원판례해설 34호(법원도서관, 2000/11), 31 이하; 안법영, "토지양도계약과 제한종류채권", 민사법학 20호(한국민사법학회, 2001/7), 366 이하.

제 2 장

채권의 일반적 효력

제 1 절 채무와 책임

[26] Ⅰ. 채무와 책임의 의의

1. 채무의 의의

「채무」(obligatio; Schuld; obligation)라 함은 '채권의 목적인 급부를 이행하여야 할 법률상의 의무, 즉 구속력 있는 법적 의무'를 말한다. '「채무」의 개념 속에는 채무자의 재산에 대한 강제집행가능성을 의미하는 「책임」(Haftung; responsabilité)의 개념은 포함되어 있지 않으며, 「채무」는 급부의무를 이행하여야 한다는 채무자에 대한 법질서의 명령인 법적 당위(當爲)만을 의미한다'는 것이 통설적 견해이다.[1] 다만, 통설에 따르더라도 자연채무와 책임 없는 채무와 같은 극히 이례적인 경우를 제외하고는 채무는 항상 책임을 수반하므로, 채무와 책임의 구분은 개념상의 분리에 그치는 것이 보통이다.

〈참고〉 민법상 「책임」의 여러 가지 의미

「책임」이라는 법률용어는 민법전에서 또는 강학상 다음과 같은 다양한 의미로 사용된다.[2]

1. 채무불이행 또는 불법행위의 효과로서의 손해배상의무

① 「과실책임」 또는 「위험책임」이라고 할 때의 "책임"은 손해배상의무를 행위자에 대한 비난가능성의 여부에 따라 분류하는 경우에 사용하는 용어이다.

② 「채무불이행으로 인한 손해배상책임」(393조 2항, 396조, 401조) 또는 「불법행위로 인한 손해배상책임」(750조, 751조 1항, 752조)이라고 할 때의 "책임"은 '채무불이행 또는 불법행위로 인한 손해배상의무 기타

1) 양창수, "자연채무, 채무와 책임", 월간고시, 1992/5, 68; 곽윤직, 59; 현승종, 92 참조. 그러나 학설 중에는 채무와 책임의 구별을 부정하고 '채무의 개념 속에는 책임의 개념이 포함되어 있다'고 보는 견해도 없지 않다(김규완, "채무와 책임", 서강법학연구 5권, 서강대법학연구소, 2003/5, 205; 김상용, 83; 김형배, 128 참조).

2) 민법주해(9)/송덕수, 41; 주석민법(1)/김형배, 357 참조.

의 의무 그 자체'를 의미한다. 특히 「채무불이행책임」이라고 할 때의 "책임"은 전술한 「제2차적 급부의무」를 가리킨다. (☞ 제1장 제2절 「채권의 목적인 급부」)

물론 「채무불이행 또는 불법행위로 인한 손해배상의무」는 채권자의 공취력에 복종하여야 한다는 의미에서의 책임의 개념을 수반하는 것이 일반적이라고 할 수 있으나, 집행가능성이 없는 손해배상의무도 존재할 수 있으므로, 엄밀한 의미에서 채무자의 재산이 채권자의 공취력에 복종하는 상태를 의미하는 본래의 「책임」(Haftung)의 개념과는 구분되어야 할 것이다.

2. 「손해배상의무의 귀속」을 의미

① 책임능력(753~755조): 「책임능력」이란 '불법행위로 인한 손해배상의무의 귀속주체가 될 수 있는 법적 지위 내지 자격'을 의미하므로, 이때의 "책임"은 '불법행위자에 대한 손해배상의무의 귀속'을 의미한다.

② 귀책사유 또는 「책임 있는 사유」(546조): 「귀책사유」라 함은 '채무자 또는 이행보조자의 고의 또는 과실'을 의미하는 것이므로, 이때의 "책임"은 채무자에 대한 손해배상의무의 귀속을 의미한다.

3. 「채무」와 대비되는 개념

이 경우의 "책임"은 법적 강제력이 포함되어 있지 아니한 단순한 법적 의무를 가리키는 「채무」와 대비되는 개념으로서, 법적 강제력(강제집행)의 객체가 되는 지위를 말한다. 이하에서 설명하는 「책임」의 개념은 이러한 의미에서의 「책임」을 가리킨다.

2. 책임의 의의

(1) 채무자의 재산적 책임

넓은 의미에서 「책임」(Verantwortlichkeit)이라 함은 '위법행위에 대한 제재'로서 인격적 책임(예컨대, 형벌을 받는다든지 채권자의 노예로 전락하는 등)과 재산적 책임의 양자를 포괄하는 개념이다. 그러나 '인간으로서의 존엄과 가치'를 최고의 법이념으로 삼고 있는 근대민법에서는 채권의 실현을 강제하기 위하여 채무자의 인격을 침해하는 것은 허용되지 않으므로, 사법에 있어서의 책임(Haftung; responsabilité)은 '채무자의 재산적 책임'만을 의미한다. 다만, 이러한 원칙에 대해서는 근로기준법상 예외가 인정되고 있다. 즉, 근로기준법은 근로자에 대한 임금지급의무(동법 43조)[3]를 이행하지 아니한 사용자는 3년 이하의 징역 또는 2천만원 이하의 벌금에 처하며(동법 109조), 상습적으로 임금을 체불하는 사업주에 대해서는 고용노동부장관이 체불사업주의 명단을 공개하거나(동법 43조의2)[4]·임금 등 체불자료를 종합신용정보집중기관에 제공

3) 근로기준법 제43조(임금 지급) ① 임금은 통화로 직접 근로자에게 그 전액을 지급하여야 한다. 다만, 법령 또는 단체협약에 특별한 규정이 있는 경우에는 임금의 일부를 공제하거나 통화 이외의 것으로 지급할 수 있다. ② 임금은 매월 1회 이상 일정한 날짜를 정하여 지급하여야 한다. 다만, 임시로 지급하는 임금, 수당, 그 밖에 이에 준하는 것 또는 대통령령으로 정하는 임금에 대하여는 그러하지 아니하다.

4) 근로기준법 제43조의2(체불사업주 명단 공개) ① 고용노동부장관은 제36조, 제43조, 제56조에 따른 임금, 보상금, 수당, 그 밖에 일체의 금품(이하 "임금등"이라 한다)을 지급하지 아니한 사업주(법인인 경우에는 그 대표자를 포함한다. 이하 "체불사업주"라 한다)가 명단 공개 기준일 이전 3년 이내 임금등을 체불하여 2회 이상 유죄가 확정된 자로서 명단 공개 기준일 이전 1년 이내 임금등의 체불총액이 3천만원 이상인 경우에는 그 인적사항 등을 공개할 수 있다. 다만, 체불사업주의 사망·폐업으로 명단 공개의 실효성이 없는 경우 등 대통령령으로 정하는 사유가 있는 경우에는 그러하지 아니하다. ② 고용노동부장관은 제1항에 따라 명단 공개를 할 경우에 체불사업주에게 3개월 이상의 기간을 정하여 소명 기회를

할 수 있도록 하고 있다(같은 법 43조의3).[5)]

(2) 채무자의 재산이 채권자의 공취(攻取)에 복종하는 상태

「채무」는 '법적 당위로서의 급부의무'를 의미하지만, 강제집행을 하지 않기로 하는 특약이 있는 경우처럼 극히 예외적인 경우를 제외하고는 항상 책임을 수반한다. 다만, 채무가 임의로 이행된 경우에는 현실적으로 책임이 문제되지 않으며, 채무가 임의로 이행되지 아니한 경우에 한하여 채무의 강제적 실현, 즉 책임의 문제가 현실화될 뿐이다. 채권자에 의한 자력집행이 금지된 현행법체계에서 '채무의 강제적 실현'을 의미하는 「책임」의 개념이 국가공권력에 의한 강제집행과 관련된 것임은 의문의 여지가 없다. 다만, 책임의 개념을 학문적으로 어떻게 정의할 것인가 하는 것은 쉬운 문제가 아니다. 학설은 '채무와 책임은 개념상 구별하여야 한다'고 전제하고, 「책임」을 '채무자의 재산이 채권자의 공취력(攻取力)[6)]에 복종하는 상태'이며, 「책임관계」는 '채무자는 책임을 지고 채권자는 그에 대응하는 권능으로서 공취력을 가지는 법률관계'라고 정의함으로써 「채무관계」와 개념상 구별하는 것이 통설적 견해이다. 또한 대법원판결 중에도 채권자가 '책임재산에 대하여 공취할 권리를 가진다'는 표현을 사용한 사례가 적지 않다(대법원 2010.1.28.선고, 2009다90047 판결 등).[7)] 그러나 학설 중에는 '「책임」이라 함은 '채무자의 재산이 채권자의 강제집행에 복종하는 상태'라고 정의하면 충분하며, 구태여 「공취력」이라는 생소한 용어를 도입하여 책임의 개념을 정의할 필요는 없다'는 비판적 견해도 있다.[8)] 이는 타당한 비판이라고 생각되나 용어의 문제에 불과하므로, 본서에서는 종래의

주어야 한다. ③ 제1항에 따른 체불사업주의 인적사항 등에 대한 공개 여부를 심의하기 위하여 고용노동부에 임금체불정보심의위원회(이하 이 조에서 "위원회"라 한다)를 둔다. 이 경우 위원회의 구성·운영 등 필요한 사항은 고용노동부령으로 정한다. ④ 제1항에 따른 명단 공개의 구체적인 내용, 기간 및 방법 등 명단 공개에 필요한 사항은 대통령령으로 정한다.

5) 근로기준법 제43조의3(임금등 체불자료의 제공) ① 고용노동부장관은 「신용정보의 이용 및 보호에 관한 법률」 제25조 제2항 제1호에 따른 종합신용정보집중기관이 임금등 체불자료 제공일 이전 3년 이내 임금등을 체불하여 2회 이상 유죄가 확정된 자로서 임금등 체불자료 제공일 이전 1년 이내 임금등의 체불총액이 2천만원 이상인 체불사업주의 인적사항과 체불액 등에 관한 자료(이하 "임금등 체불자료"라 한다)를 요구할 때에는 임금등의 체불을 예방하기 위하여 필요하다고 인정하는 경우에 그 자료를 제공할 수 있다. 다만, 체불사업주의 사망·폐업으로 임금등 체불자료 제공의 실효성이 없는 경우 등 대통령령으로 정하는 사유가 있는 경우에는 그러하지 아니하다. ② 제1항에 따라 임금등 체불자료를 받은 자는 이를 체불사업주의 신용도·신용거래능력 판단과 관련한 업무 외의 목적으로 이용하거나 누설하여서는 아니 된다. ③ 제1항에 따른 임금등 체불자료의 제공 절차 및 방법 등 임금등 체불자료의 제공에 필요한 사항은 대통령령으로 정한다.

6) 「공취력」이라 함은 '채무불이행시 급부의 강제적 실현을 위하여 채권자에게 부여된 법적 강제력'을 의미하는 독일어 "Zugriffsmacht"의 번역어이다.

7) 이 밖에도 책임재산에 대한 「채권자의 공취」라는 표현을 사용한 판결로서는 대법원 2011.1.27.선고, 2010다25698 판결; 대법원 2012.2.16.선고, 2011다45521 전원합의체판결 등이 있다.

8) 민법주해(9)/송덕수, 42 참조. 그 밖에 통설에 대한 비판적 견해로서 김규완, 전게논문(주 1), 198 이하 참조. 또한 적극적으로 비판론을 전개하고 있지는 않으나, "공취력"이라는 용어를 사용하지 않고 책임

통설적 견해에 따라서 해설하기로 한다.

(3) 공취력의 내용

책임의 개념을 '채권자의 공취력'이라는 개념을 사용하여 정의하는 통설적 견해를 취하는 경우에는 '「공취력」의 내용이 무엇인가?' 하는 것이 문제되는데, 근대법에서는 일반적으로 채권의 실현을 위하여 채권자에게 소권과 강제집행청구권을 부여하고 있고, 채권의 공취력은 소권과 강제집행청구권에 의하여 실현되는 것이므로, 공취력은 원칙적으로 채권의 소구력(訴求力)과 집행력(執行力)의 양자를 포괄하는 개념이라고 할 수 있다. 다만, '소권(소구력)을 수반하지 않는 채무'를 「자연채무」라고 하고, '소권(소구력)은 있으나 강제집행청구권(집행력)이 인정되지 않는 채무'를 「책임 없는 채무」라고 하여 양자를 구별하는 것이 통설인데, 이와 같이 「책임 없는 채무」와 「자연채무」를 개념상 별개의 것으로 파악하는 통설에 따르면 채권의 공취력은 집행력과 관련되는 개념이라는 결론이 된다.[9] 결국 통설은 「책임」을 '채무자의 재산이 채권자의 강제집행에 의한 공취에 복종하는 상태'라고 정의하게 된다.[10]

공취력 ┬ 소구력(소권) → 자연채무(소구력이 없는 채무)
　　　 └ 집행력(강제집행청구권) → 책임 없는 채무(집행력이 없는 채무)

[27] Ⅱ. 채무와 책임의 관계

「채무」라 함은 '구속력 있는 법적 의무로서의 급부의무'를 말하며, '채무의 개념 속에는 채무자의 재산에 대한 강제집행가능성을 의미하는 「책임」의 개념은 포함되어 있지 않다'는 것이 통설적 견해임은 전술한 바와 같다. 또한 「책임」은 「채무」와는 별개의 개념으로서, '채무불이행시 급부의 실현을 위하여 채권자에게 부여된 법적 강제력(공취력)에 채무자의 재산이 복종하는 상태'를 말한다. 그리고 채권의 효력인 '급부의 실현을 위하여 채권자에게 부여된 법적 강제력'인 「공취력」은 원칙적으로 소구력과 집행력의 양자를 포괄하는 개념이라고 할 수 있으나, 우리나라에서는 일반적으로 책임을 집행력과 관련되는 개념으로 파악하여, '소권(소구력)을 수반하지 않는 채무'를 「자연채무」라고 하고, '소구력은 있으나 집행력이 인정되지 않는 채무'를 「책임 없는 채무」라고 하여 양자를 구별하고 있다.

의 개념을 정의하는 견해도 있다(김증한/김학동, 65 참조).

9) 곽윤직, 59; 현승종, 93 참조.

10) 곽윤직, 59. 독일민법학에서도 채권의 집행력만으로 「공취력」의 개념을 구성하는 것이 통설적 견해이다(민법주해(9)/송덕수, 43 참조).

1. 채무와 책임의 분리

채무와 책임의 분리는 고대법에서의 일반적인 현상으로서, 게르만 고법(古法)에서뿐만 아니라 고대 로마법에서도 채무는 책임과 분리되어 있었다고 한다. 그러나 로마법에서는 일찍부터 채무와 책임의 개념이 결합되었고, 로마법을 계수한 독일보통법에서도 양자의 분리·대립은 문제되지 않았다. 그리고 이러한 채권 개념은 근대법에 그대로 계수되었다.[11] 그러나 19세기 말 독일의 게르만 법학자들은 게르만 고법에서는 법적 당위로서의 「채무」와 채권자의 공취력에의 복종을 의미하는 「책임」이 제도적으로 분리되어 있었다는 역사적 사실을 밝혀내고,[12] 이러한 채무와 책임의 분리현상을 단순한 법사학적인 관점에서 파악하는 데 그치지 아니하고 이를 근대법에서도 타당한 채권관계의 보편적인 원칙이라고 주장함으로써, 오늘날에 이르기까지 독일민법학에서 이 문제에 대한 논의가 거듭되는 계기를 제공하였다.[13] 위에서 살펴본 채무와 책임의 개념 구별에 대한 국내의 학설 대립도 이러한 독일민법학의 영향을 받은 것임은 물론이다.[14]

2. 근대법에서의 채무와 책임의 결합

근대법에서는 채권자의 급부의 실현이 국가의 공권력에 의하여 보장되게 되고, 이에 따라 모든 채무는 채무자의 일반재산에 의하여 담보되게 되어, 채무자의 일반재산(책임재산)에 의한 책임은 언제나 채무와 융합하여 채권의 효력을 구성하는 것으로 간주되었다. 즉, 근대법에 있어서는 책임 개념 속에 포함되어 있던 인격적 책임이 소멸하고 재산적 책임만이 남게 되었는데, 재산적 책임 중에서 「특별책임」은 담보물권이나 보증과 같은 독립한 제도로 분리되어, 채무자의 일반재산(책임재산)에 의한 책임은 모든 채무에 당연히 따르는 것이 되어 채무와 책임(일반책임)은 원칙적으로 결합하게 된 것이다. 다만, 법체계상으로 채무는 실체법의 영역에 속하고, 일반책임은 강제집행절차의 문제로서 소송법의 영역에 속하며,[15] 채권의 효력에 흡수되지 않는 특별책임은 담보물권 또는 보증과 같은 독립적인 제도를 형성하고 있다.

11) 민법주해(9)/송덕수, 44; 곽윤직(신정판), 107~108 참조.
12) 게르만 고법(古法)에서는 '채무는 그 자체로서는 아무런 법적 강제도 수반하지 않는 단순한 법적 당위에 그치는 것이었으며, 그 이행의 강제를 위하여서는 책임의 설정이 별도로 요구되었다'고 한다(곽윤직, 60 참조).
13) 민법주해(9)/송덕수, 44; 곽윤직, 60 참조.
14) 채무와 책임의 관계에 관한 학설의 상세는 민법주해(9)/송덕수, 44 참조.
15) 학설 중에는 채권의 실체법적 효력으로서의 집행력(집행가능성)과 소송법상의 집행권(강제집행청구권)을 구별하는 견해도 있다(김형배, "채무와 책임의 체계적 재구성", 고시계 28권 11호, 1983/11, 90 이하 참조).

〈참고〉 일반책임과 특별책임

채권자를 만족시키는 데 충당되는 채무자의 재산을 「일반재산」 또는 「책임재산」이라고 하는데, 이러한 의미의 '채무자의 일반재산(책임재산)이 채권자의 공취력에 복종하는 상태'를 「일반책임」이라고 한다. 이에 반하여, 일정한 채무의 이행을 담보하기 위하여 특정한 재산(이를 「특별재산」이라고 한다)에 담보물권을 설정하는 경우와 같이, '특별재산이 특정한 채권의 만족에 우선적으로 충당되는 것'을 「특별책임」이라고 한다.[16)]

[28] Ⅲ. 채무와 책임이 분리되는 경우

채무와 책임은 개념상으로는 분리될 수 있으나, 제도적으로는 서로 융합되어 있음은 전술한 바와 같다. 그러나 예외적으로 채무와 책임이 제도적으로 분리되어 있는 경우도 있다.

1. 부집행특약(不執行特約)이 있는 경우 : 책임 없는 채무

'채권자가 강제집행을 하지 않기로 하는 합의'를 「부집행특약」이라고 하는데, 부집행특약이 채권의 포기를 의미하는 것은 아니며, 공권인 강제집행청구권의 포기를 의미하는 것도 아니다. 다만, 당사자 사이에 부집행특약이 있는 경우에는 채권의 집행력이 상실된다.

(1) 부집행특약의 법적 성질

1) 학 설

부집행특약의 법적 성질에 대해서는 이를 소송계약으로 보는 견해(소송계약설)와 사법상의 계약으로 보는 견해(사법계약설)가 대립하고 있다.

(가) 소송계약설

이는 '부집행특약은 사법상의 계약이 아니라 소송법상의 합의에 불과하다'고 파악하는 견해이다. 이 견해는 '채권자가 약정에 반하여 강제집행을 하는 경우에는 채무자는 집행법원의 집행에 관한 처분에 대한 불복방법으로서 집행의 형식적인 절차상의 하자가 있는 경우에 제기할 수 있는 「집행에 관한 이의신청」(민사집행법 16조)[17)]을 제기할 수 있으며, 채권이 제3자에게 양도된 경우에도 채무자는 부집행특약의 효력을 제3자인 채권양수인에게 주장할 수 있

---

16) 양창수, 전게논문(주 1), 68 참조.

17) 민사집행법 제16조(집행에 관한 이의신청) ① 집행법원의 집행절차에 관한 재판으로서 즉시항고를 할 수 없는 것과, 집행관의 집행처분, 그 밖에 집행관이 지킬 집행절차에 대하여서는 법원에 이의를 신청할 수 있다. ② 법원은 제1항의 이의신청에 대한 재판에 앞서, 채무자에게 담보를 제공하게 하거나 제공하게 하지 아니하고 집행을 일시정지하도록 명하거나, 채권자에게 담보를 제공하게 하고 그 집행을 계속하도록 명하는 등 잠정처분을 할 수 있다. ③ 집행관이 집행을 위임받기를 거부하거나 집행행위를 지체하는 경우 또는 집행관이 계산한 수수료에 대하여 다툼이 있는 경우에는 법원에 이의를 신청할 수 있다.

다'고 해석한다.[18)]

(나) 사법계약설

이는 '부집행특약은 채무자에 대하여 강제집행을 하지 아니할 부작위채무를 채권자에게 발생시키는 사법상의 계약'이라고 파악하는 견해이다. 이 견해는 '당사자 사이에 부집행특약이 있었음에도 불구하고 채권자가 약정에 반하여 강제집행을 하는 경우에는, 집행권원이 가지는 집행력의 배제를 구하는 소인 「청구에 관한 이의의 소」(민사집행법 44조)[19)]를 제기하여야 한다'고 해석한다.[20)]

2) 판례의 입장

판례는 부집행특약의 성질을 사법상의 계약으로 파악하는 「사법계약설」을 취하고 있음은 분명하나(대법원 1993.12.10.선고, 93다42979 판결 등), 채권자가 약정에 반하여 강제집행을 하는 경우의 불복방법에 관하여는 '채권자가 이에 위반하여 강제집행을 할 경우 채무자가 집행을 저지할 수 있는 사유로 내세울 수 있음에 불과하고, 소송절차에서 이를 주장하여 판결의 집행력을 배제할 사유는 되지 못한다'고 판시함으로써, 「청구에 관한 이의의 소」가 아닌 「집행에 관한 이의신청」에 의하여야 한다는 입장을 취한 판결이 있는가 하면(대법원 1993.12.10.선고, 93다42979 판결), '이것에 위반하는 집행은 실체상 부당한 집행이라고 할 수 있으므로, 청구이의의 사유가 된다'고 판시한 사례도 있어서(대법원 1996.7.26.선고, 95다19072 판결), 일관된 입장을 취하고 있다고 보기는 어렵다.

3) 학설·판례의 검토

학설 중에는 '부집행특약의 법적 성질을 사법상의 계약으로 보고, 특약에 반하여 행하여진 강제집행에 대해서는 반드시 「청구에 관한 이의의 소」로써 집행을 저지하여야 한다'고 주장하는 견해가 있으나, 판례의 입장에서 보듯이 양자의 관계가 반드시 필연적인 것인지는 의문이다. 또한 책임의 관념을 집행력과 관련하여 이해하여야 한다면, 부집행특약의 본질은 사법상의 계약이 아니라 소송법(집행법)상의 합의로 보는 것이 타당하다고 생각된다. 그러므로 '집행하지 않기로 하는 합의에 반하여 실시된 강제집행에 대해서는 「집행에 관한 이의신청」 절차(민사집행법 16조)에 따라서 불복하여야 한다'고 해석하는 것이 논리적이라고 생각된다.

---

18) 곽윤직, 60; 김기선, 38; 김증한/김학동, 65; 김형배, 129 참조.

19) 민사집행법 제44조(청구에 관한 이의의 소) ① 채무자가 판결에 따라 확정된 청구에 관하여 이의하려면 제1심 판결법원에 청구에 관한 이의의 소를 제기하여야 한다. ② 제1항의 이의는 그 이유가 변론이 종결된 뒤(변론 없이 한 판결의 경우에는 판결이 선고된 뒤)에 생긴 것이어야 한다. ③ 이의이유가 여러 가지인 때에는 동시에 주장하여야 한다.

20) 이은영, 57; 이시윤(민사집행법), 163; 전병서(민사집행법), 143 참조.

(2) 채무와 책임의 분리

학설은 채무와 책임의 분리를 인정하고, 부집행특약이 있는 경우를 책임 없는 채무가 발생하는 사례의 하나로 보아 당사자가 책임 없는 채무의 발생을 합의한 것으로 해석하는 견해가 유력하다.[21] 그러나 이러한 견해에 대해서는, '부집행특약이 있는 경우는 책임 없는 채무가 존재하는 것이 아니라, 채권의 절차법적 효력 중 집행권능이 흠결되어 있는 불완전한 경우에 지나지 않는 것으로 보아야 한다'는 비판이 있다.[22] 이러한 비판은 경청할 만하나 '집행권능이 흠결되어 있는 불완전한 채무'를 「책임 없는 채무」라고 칭한다고 하여 이론상 문제될 것은 없다고 생각한다.

2. 책임이 한정되는 채무 : 유한책임

(1) 물적 유한책임(物的有限責任)

「물적 유한책임」이라 함은 구 전당포영업법(1999.3.31. 법률 제5936호로 폐지되기 전의 것)에 의한 전당물주(典當物主)의 책임(동법 1조,[23] 21조[24])이나 물상보증인의 책임(341조, 370조)과 같이, '책임이 채무자의 일정한 재산으로 한정되는 경우'를 말한다. 물적 유한책임이 인정되는 경우에는 채권자는 채무자의 특정한 책임재산에 한해서만 강제집행을 할 수 있을 뿐이므로, 그 책임재산으로부터 채권의 만족을 얻지 못하더라도 채무자의 다른 재산에 대하여는 강제집행을 할 수 없다. 만약 이에 위반하여 강제집행이 이루어진 경우에는, 채무자는 「집행에 관한 이의신청」(민사집행법 16조)을 제기할 수 있다.

(2) 인적 유한책임(人的 有限責任)

「인적 유한책임」이라 함은 '책임이 일정금액으로 한정되어 있는 경우'를 말한다. 인적 유한책임은 채무자의 전 재산이 책임재산이 된다는 점에서 「물적 유한책임」과 구별되지만, 그 책임이 일정금액으로 제한된다는 점에서는 일반적 책임과도 구별된다. 이러한 의미에서 인적 유한책임을 「금액유한책임」이라고도 한다. 인적 유한책임은 합자회사의 유한책임사원의

---

21) 민법주해(9)/송덕수, 45; 곽윤직, 60 참조.

22) 김규완, 전게논문(주 1), 201 참조.

23) 구 전당포영업법 제1조(정의) ① 이 법에서 전당포영업이라 함은 물품, 유가증권(전당물이라 한다. 이하 같다) 위에 민법에 규정된 질권을 취득하여 유질기간까지 당해 전당물로써 채권을 담보하고 채권의 변제를 받지 못할 때에는 당해 전당물로써 그 변제에 충당하는 약관을 붙이어 금전을 대부하는 영업을 말한다.

24) 구 전당포영업법 제21조(유전물의 취득과 처분) ① 전당포주는 유전기한이 경과한 때에 그 전당물의 소유권을 취득한다. 다만, 전당포주는 당해 유전물을 처분하기까지에 전당물주가 원금과 유전기한까지의 이자 및 유전기한이 경과하여 전당계약을 갱신한 경우에 지불하여야 할 이자에 상당한 금액을 지불한 때에는 이를 반환할 의무가 있다. ② 전당포주는 제1항 본문의 규정에 의하여 전당물의 소유권을 취득한 경우에는 그 유전물을 매각할 수 있다.

책임(상법 279조), 유한책임회사의 사원의 책임(동법 287조의7), 주식회사의 주주의 책임(동법 331조), 유한회사의 사원의 책임(동법 553조), 선박소유자의 일정한 채무에 대한 책임(동법 747조) 등을 그 예로 들 수 있다.

3. 채무 없는 책임

일반적으로 물상보증인이나 저당부동산의 제3취득자가 채권자의 강제집행으로 소유권을 잃게 되는 현상을 '채무 없이 책임만을 부담하는 경우'로 파악하는 견해가 지배적이다.[25] 그러나 이러한 경우는 엄밀히 말하면 채무 없이 책임만이 성립하는 것이 아니라, 단지 채무와 책임의 귀속주체가 분리되고 있을 뿐임에 유의하여야 한다.

25) 곽윤직, 62; 김증한/김학동, 66; 김형배, 131 참조.

제 2 절 자연채무

[29] Ⅰ. 서 설

1. 자연채무의 의의

「자연채무」(Naturalobligation; obligations naturelles)라 함은 '그 이행을 소구할 수는 없으나, 채무자가 임의로 이행한 경우에는 비채변제를 이유로 이행된 급부의 반환을 청구할 수 없으며, 경우에 따라서는 채무자가 이를 기초로 상계하거나 이를 위하여 담보를 설정할 수 있는 등 일정한 법률상의 효력이 부여되는 채무'를 총칭하는 개념이다.1) 이와 같이 자연채무는 채권자에게 소권이 인정되지는 않으나 단순한 도덕상의 의무가 아니라 법률상의 의무이다. 또한 자연채무는 소구할 수 없는 채무이므로, '소구할 수는 있으나 강제집행을 할 수 없는 채무'인 「책임 없는 채무」와 개념상 구별된다.2)

2. 문제의 소재

자연채무는 실체법과 절차법을 구별하지 않는 소권법(訴權法) 체계를 취하고 있던 로마법에서 발생한 obligatio naturalis에서 유래된 개념이다. 그러므로 실체법과 절차법을 분리하여 소권을 실체법상의 권리를 보호하기 위한 수단적 권리로 파악하는 근대민법에서는 불필요한 개념이라고 할 수도 있다. 그러나 실체법과 절차법이 체계상 엄격하게 분리되어 있는 근대민법에 있어서도 여전히 이행을 소구할 수는 없으나 수령한 급부를 반환할 필요가 없는 채권이 존재하므로, 대륙법계국가들은 대부분 민법전에 자연채무의 개념을 명문으로 규정하거나(C.c.

1) 石田喜久夫, 「自然債務論序說」(成文堂, 1981), 3 참조.
2) 자연채무와 책임 없는 채무를 총칭하여 「불완전채무」(Unvollkomene Verbindlichkeit)라고 한다.

Art. 1302(2)),[3] 명문규정을 두고 있지는 않지만 학설과 판례에 의하여 자연채무의 개념을 인정하고 있다.

우리 민법은 자연채무의 관념을 명문으로 규정하고 있지는 않지만, 통설·판례는 '민법의 해석상 자연채무의 관념을 인정하여야 한다'는 입장을 취하고 있다. 그런데 원래 「채무」라 함은 채권의 목적인 급부를 이행하여야 할 법률상의 의무, 즉 '구속력 있는 법적 의무'를 말하는 것이므로, '이행을 소구할 수 없는 자연채무를 과연 채무라고 할 수 있는가?' 하는 의문이 제기될 수 있다. 이러한 관점에서, 학설 중에는 자연채무의 관념 자체를 부인하는 견해도 없지 않다.[4]

「자연채무론」은 '채무란 무엇인가?'라는 문제를 통하여 '법이란 무엇인가?'라는 법의 근본적 문제를 다루는 법철학적 주제의 하나라고 할 수 있다.[5] 다만, 이하에서는 자연채무의 본질에 관한 법철학적 논의는 생략하고, 현행민법의 해석상 자연채무의 인정 여부와 그 의미를 밝히는 데 그치기로 한다.

[30] Ⅱ. 연혁 및 입법례

1. 연 혁

자연채무는 로마법에서 유래된 제도이다.[6] 즉, 로마법은 일정한 방식을 거친 계약만이 소권의 보호를 받는 이른바 「소권법(訴權法)체계」를 취하고 있었기 때문에 소권이 없는 채무가 발생하는 경우가 많았는데, 로마법에서는 '소권이 없는 채무라도 채무자가 임의로 이행하면 유효한 변제가 되며, 채권자의 반환청구는 인정되지 않는다'고 관념하고, 이를 「자연채무」(naturalis obligatio)라고 칭하였던 것이다.[7] 예컨대, ① 노예가 당사자인 채무,[8] ② 가장(家長)과 자녀 사이의 채무 또는 자녀들 상호간의 채무, ③ 후견인의 조력 없이 부담한 피후견인의 채무, ④ 인격소멸로 인하여 소멸한 채무, ⑤ 무방식의 합의(pactum)에 기한 소비대차에 의한

---

3) 프랑스민법 제1302조 : (1) 모든 변제는 채무를 전제로 한다: 채무 없이 변제된 것은 반환의 대상이 된다. (2) 임의로 변제된 자연채무에 대하여는 그의 반환청구가 인정되지 않는다.

4) 양창수, "자연채무, 채무와 책임", 월간고시 19권 5호(1992/5), 67; 윤철홍, "자연채무", 월간고시 21권 3호(1994/3), 40~41 참조.

5) 石田喜久夫, 전게서(주 1), 1 참조.

6) 민법주해(9)/송덕수, 21; 곽윤직, 66 참조.

7) 로마법에 있어서의 자연채무에 관하여는 현승종, "민법상 자연채무에 관한 소고", 법률행정논집 10집(고려대학교, 1972), 300 이하; 정종휴, "naturalis obligatio의 성격", 사회과학논총(전남대학교, 1981), 23 이하; 서순택/정상현, "로마법상의 자연채무에 관한 소고", 성균관법학 19권 1호(성균관대비교법연구소, 2007/6), 271 이하 참조.

8) 예를 들면, 유언에 의하여 노예가 해방된 경우에는 노예에 대하여 부담하는 주인의 채무는 노예의 특유재산에 부가되지만 해방된 노예는 주인을 상대로 하여 이를 소구할 수 없었다고 한다.

이자채무 등이 자연채무로 인정되었다.[9)]

2. 입법례

근대민법은 교회법과 합리주의적 자연법론의 영향으로 '모든 합의는 특별한 방식을 요하지 않고 당연히 법적 구속력이 있다'는 「낙성계약의 원칙」을 취함과 동시에 '권리 있는 곳에 소권이 있다'는 원칙을 확립하였다. 따라서 '권리는 있으나 소권은 없다'는 자연채무의 관념을 인정한다는 것은 낙성계약의 원칙과 실체법체계를 취하고 있는 근대민법과 조화되기 어려운 것이므로, 민법상 자연채무를 어떻게 다룰 것인가 하는 것이 문제되었다.

(1) 프랑스민법

프랑스민법은 자연채무의 개념을 명문으로 규정하고 있다(C.c. Art. 1302(2)).[10)11)] 프랑스민법학에서는 자연채무의 종류를, ① 소멸시효가 완성된 채무, 성년에 가까운 미성년자 또는 심신회복 중의 피성년후견인과 같은 제한행위능력자가 실질적으로는 행위능력이 있는 상태에서 부담한 채무와 같이 「효력이 약화되거나 무효인 법률상의 의무에 기한 것」, ② 법률상 배상의무가 없는 손해를 배상한 경우, 형제자매 등 법률상 부양의무가 없는 근친자가 부양으로 급부한 경우와 같이 「양심에 기한 의무로서 자연채무로 간주되는 것」, ③ 도박채무와 같은 「명예에 기한 의무」의 세 가지로 분류하고 있다.[12)]

자연채무와 도덕상 의무와의 관계에 대하여, 프랑스의 고전적 이론은 '자연채무는 「약화된 법적 의무」(obligations civiles dégénérées)이며 입법자가 윤리적 또는 사회적 이유에 기하여 강제가능성을 부여하지 아니한 채무'라고 이해하였으나,[13)] 최근에는 양자의 구별을 부정하여, '자연채무는 도덕적 의무에 기한 채무이며 강제가능성은 없어도 채무자가 이를 이행한 때에는 법질서는 이것을 본래적 의의에 있어서 채무로서 승인하는 것'이라고 설명한다.[14)]

자연채무의 효력에 관하여, 프랑스의 학설·판례는 ① '자연채무는 그 이행을 청구하는 소를 제기할 수 없으며,[15)] 강제이행도 허용되지 않으나, 채무자가 자연채무임을 알면서 임의

---

9) 최병조(로마법), 440; 현승종(로마법), 133; 石田喜久夫, 전게서(주 1), 7 이하 참조.
10) 전게 주 3 참조.
11) 프랑스민법상의 자연채무에 관하여는 김성수, "프랑스 민법상의 자연채무", 민사법학 67호(한국민사법학회, 2014/6), 221 이하; 원상철, "프랑스법상 자연채무론", 비교사법 12권 2호(한국비교사법학회, 2005/6), 279 이하; 민법주해(9)/송덕수, 23~25; Ghestin et Goubeaux, n° 667 et suv.; Carbonnier, n° 2; 大久保邦彦, "自然債務否定論", 奧田昌道先生還曆記念 「民事法理論の諸問題(上卷)」, 288 이하; 奧田昌道/潮見佳男, 일본신판주석민법(10) I, 418~419를 참조 바람.
12) Carbonnier, p.17; 김성수, 상게논문, 240 이하; 원상철, 상게논문, 287; 민법주해(9)/송덕수, 24 참조.
13) 김성수, 상게논문, 234 이하 참조.
14) 김성수, 상게논문, 237 이하; 원상철, 전게논문(주 11), 293 이하; 奧田昌道/潮見佳男, 일본신판주석민법(10) I, 418 참조.
15) 자연채무에 대한 이행청구소송이 제기되면 소를 각하하여야 한다(김성수, 상게논문, 251 참조).

로 이행한 경우에는 그 반환을 청구하지 못한다'고 한다(C.c. Art. 1302(2)).[16] ② 채무자가 자연채무에 대한 변제를 약속한 경우에는 이 약정에 의하여 자연채무는 법적 채무로 전환되는데, 이를 경개(更改)계약으로 보아야 할 것인지 여부에 대해서는 견해가 대립되고 있다.[17] ③ 프랑스민법상 보증은 주채무를 수구할 수 있는 경우에만 설정될 수 있으므로(C.c. Art. 2289),[18] 자연채무에 대해서는 원칙적으로 보증의 설정은 허용되지 않는다.[19]

(2) 이탈리아민법

프랑스민법을 모범으로 하여 제정된 이탈리아민법도 자연채무에 관한 명문규정을 두고 있다. 즉, 이탈리아민법은 제2034조에서, "(1) 도덕상 또는 사회적 채무의 이행으로서 자발적으로 급부된 것의 반환은 인정되지 않는다. 다만, 그 급부가 무능력자에 의하여 이행된 것인 때에는 그러하지 아니하다. (2) 전항에서 제시된 채무 및 법률에 의하여 소권이 부여되어 있지는 않지만 자발적으로 이행된 것의 반환을 배제하고 있는 그 밖의 모든 것은 다른 효과를 발생시키지 않는다"고 규정하고 있다(Codice Civile Art. 2034).[20]

(3) 독일민법

독일민법은 자연채무에 관한 명문규정을 두고 있지는 않으나, 비채변제와 관련하여 '윤리적 의무에 적합하거나 의례적인 고려에 기하여 이루어진 비채변제'에 자연채무적 효력을 인정하고 있으며(BGB §814),[21] 그 밖에도 자연채무적인 여러 규정들을 두고 있다(BGB §656, §762, §764). 그러므로 학설은 이러한 규정들을 통일적으로 설명하기 위하여 자연채무의 관념을 인정하고 있다.[22] 다만, 어떠한 채무가 자연채무에 속하는가에 대해서는 견해가 대립하고 있다.[23]

---

16) 다만, '소멸시효가 완성된 채무의 경우에는 채무자가 시효가 완성된 사실을 모르고 변제한 경우에도 반환청구는 인정되지 않는다'고 해석된다(민법주해(9)/송덕수, 24 참조).

17) 김성수, 전게논문(주 11), 254 이하 참조.

18) 프랑스민법 제2012조 : (1) 보증은 유효한 채무에 대해서만 설정될 수 있다. (2) 그러나 예컨대 미성년의 경우와 같이, 채무자의 순수한 인적 항변에 의하여 무효로 될 수 있는 경우라 하더라도 그 채무에 대하여 보증을 할 수 있다.

19) 김성수, 전게논문(주 11), 256~257; 민법주해(9)/송덕수, 25 참조.

20) 奧田昌道/潮見佳男, 일본신판주석민법(10) I, 420 참조. 그 밖에 프랑스민법계에 속하는 캐나다의 퀘벡주 민법(1554조), 미국 루이지애나주 민법(1760~1762조) 등도 자연채무에 관한 명문규정을 두고 있다(이에 관한 상세는 김성수, 상게논문, 264 이하 참조).

21) 독일민법 제814조(채무 없음의 인식) 채무이행의 목적으로 급부된 것은 급부자가 의무 없음을 알면서 급부한 경우, 또는 급부가 윤리적 의무에 적합하거나 의례적인 고려에 기하여 이루어진 경우에는 그 반환을 청구할 수 없다.

22) Medicus, Rn.24 ff. 현승종, 전게논문(주 7), 306~307. 독일민법상의 자연채무에 관한 상세는 민법주해(9)/송덕수, 25~26 참조.

23) 소멸시효가 완성된 채무(BGB §222 II), 약혼에 의하여 혼인할 의무, 강제화의에 의하여 면책된 채무(KO §193) 등의 법률상의 채무에 한하지 않고, 노름이나 내기 또는 인가받지 아니한 복표에 의한 채무

(4) 스위스채무법

스위스채무법도 독일민법과 마찬가지로 자연채무에 관한 명문규정을 두고 있지는 않으나, 학설은 소멸시효에 걸린 채무를 임의로 이행하거나 도의상의 의무이행으로서 급부한 경우에 반환청구권을 배제하고 있는 동법 제63조 제2항의 규정[24]을 비롯하여, 그 밖에 소권이 부여되지 않는 도박채무 등을 자연채무 혹은 불완전채무의 관념으로 설명하고 있다.[25]

(5) 일본민법

일본구민법은 자연채무에 관하여 무려 11개조에 달하는 상세한 규정을 두고 있었는데(동법 재산편 562~572조), 일본민법은 '자연채무는 민법전에 규정할 필요가 없다'는 이유로 이를 모두 삭제하였다.[26] 이러한 기초자의사의 영향으로 민법전 제정 초기의 지배적인 견해는 자연채무의 관념을 부인하거나 심지어는 적대적인 태도를 보이고 있었다.[27] 그러나 그 후 독일민법학의 영향을 강하게 받기 시작하면서 일본민법학에서는 자연채무의 관념을 긍정하는 견해가 통설적 견해가 되었다.[28] 그러다가 제2차 세계대전 후 다시 자연채무에 대한 비판적 견해가 등장하여,[29] 자연채무 관념을 긍정하는 종래의 통설을 지지하는 견해[30]와 대립하였는데, 자연채무에 관한 이러한 학설의 대립은 지금까지 계속 이어지고 있다.[31]

민법제정 초기의 일본의 판례는 자연채무의 관념을 부인하는 입장을 취하였으나(일본대심원 1921.6.13.판결), 1935.4.25.의 대심원판결 이후 자연채무의 관념을 인정하는 입장이 확립되었다(일본대심원 1941.9.26.판결, 법률신문 4743호·15 등).

(BGB §§762~764), 혼인중개료채무(BGB §656) 등 급부의 법률상 원인으로 승인된 도덕상의 의무까지도 자연채무에 포함시키는 견해가 다수설이다(민법주해(9)/송덕수, 25~26 참조).

24) 스위스채무법 제63조 : (2) 소멸시효에 걸린 채무를 위하여 급부하거나 도의상의 의무를 완수하는 과정에서 급부가 이루어진 경우에는 반환청구가 배제된다.

25) Guhl, §3, S.15 ff.; OR Kommentar, Art.63, Rn.5 ff.

26) 奧田昌道/潮見佳男, 일본신판주석민법(10) I, 422~423 참조.

27) 일본민법 제정 초기의 자연채무론에 대하여는 奧田昌道/潮見佳男, 상게서, 423 참조.

28) 我妻榮, 67~68; 奧田昌道/潮見佳男, 일본신판주석민법(10) I, 424~427 참조.

29) 대표적인 학자로서는 川島武宜, 石田文次郎, 磯村哲, 柚木馨 등을 들 수 있다(奧田昌道/潮見佳男, 일본신판주석민법(10) I, 427 참조).

30) 대표적인 학자로서는 於保不二雄, 石田喜久夫 등을 들 수 있다(奧田昌道/潮見佳男, 상게서, 427~428 참조).

31) 「자연채무론」에 관한 일본민법학의 최근 동향은 奧田昌道/潮見佳男, 상게서, 428~430; 大久保邦彦, 전게논문(주 11), 288 이하 참조.

[31] Ⅲ. 우리 민법상의 자연채무

1. 자연채무의 인정 여부

(1) 학 설

1) 자연채무 부정설

이는 자연채무의 관념에 대하여 회의적이거나 부인하는 견해이다.[32] 이 견해는 '자연채무의 개념은 법기술적으로 무의미하며 오히려 불필요하게 사고의 혼란을 가져올 뿐'이라고 하거나,[33] '이질적인 제도들을 모아 자연채무라는 하나의 통일된 포괄적인 개념으로 파악하는 것은 무의미한 개념의 혼란만 가중시키게 된다'는 점을 근거로 들고 있다.[34]

2) 자연채무 긍정설

이는 '우리 민법이 자연채무에 관한 명문규정을 두고 있지 않더라도 그 해석상 자연채무의 관념을 긍정하여야 한다'는 견해이다. 우리 민법학에서의 통설적 견해라고 할 수 있으나, '어떠한 채무를 자연채무라고 할 것인가?' 하는 문제를 둘러싸고 다시 세 가지 견해로 갈린다.

(가) 법률상채무설 : 협의설

이는 '자연채무라고 하기 위해서는 급부의 반환청구가 금지된다는 것만으로는 부족하며, 그 채무가 경개(500조)나 준소비대차(605조)의 기초가 될 수 있거나, 그 이행을 위한 담보가 설정될 수 있는 등 법률상의 의의를 가지는 것이어야 하며, 단순한 도덕상의 의무나 반사회적 법률행위에 기한 급부는 자연채무라고 할 수 없다'는 견해이다.[35] 자연채무의 개념을 가장 좁게 해석하는 견해라는 의미에서 「협의설(狹義說)」이라고도 불린다. 이 견해에 따르면, 자연채무가 인정되는 경우는 ① 당사자 간에 부제소(不提訴)의 합의가 있는 경우와, ② 승소의 종국판결 후 채권자가 소를 취하한 경우(민사소송법 267조 2항), ③ 파산절차에서 채무자가 면책되거나(채무자회생법 566조),[36] 회생절차에서 회생계획인가의 결정이 있는 경우(채무자회생법 251조)[37]

---

32) 양창수, 전게논문(주 4), 67; 윤철홍, 전게논문(주 4), 40~41 참조.

33) 양창수, 상게논문, 67 참조.

34) 윤철홍, 전게논문(주 4), 40~41 참조.

35) 민법주해(9)/송덕수, 30; 곽윤직, 55; 김증한/김학동, 65; 김형배, 119; 이은영, 49 참조.

36) 채무자회생법 제566조(면책의 효력) 면책을 받은 채무자는 파산절차에 의한 배당을 제외하고는 파산채권자에 대한 채무의 전부에 관하여 그 책임이 면제된다. 다만, 다음 각 호의 청구권에 대하여는 책임이 면제되지 아니한다. 1. 조세 2. 벌금·과료·형사소송비용·추징금 및 과태료 3. 채무자가 고의로 가한 불법행위로 인한 손해배상 4. 채무자가 중대한 과실로 타인의 생명 또는 신체를 침해한 불법행위로 인하여 발생한 손해배상 5. 채무자의 근로자의 임금·퇴직금 및 재해보상금 6. 채무자의 근로자의 임치금 및 신원보증금 7. 채무자가 악의로 채권자목록에 기재하지 아니한 청구권. 다만, 채권자가 파산선고가 있음을 안 때에는 그러하지 아니하다. 8. 채무자가 양육자 또는 부양의무자로서 부담하여야 하는 비용 9. 「취업 후 학자금 상환 특별법」에 따른 취업 후 상환 학자금대출 원리금

와 같이, 소송법상 제소가 금지되는 채무에 한정되게 된다.

(나) 광의설 : 도덕상채무설

이는 '도덕상의 의무에 불과하여 법률상의 채무가 아니라고 하더라도 법률이 임의의 변제를 유효한 것으로 인정하여 그 반환청구를 인정하지 않는 경우도 자연채무에 포함된다'는 견해이다.[38] 이 견해에 따르면, 소멸시효가 완성된 채무 등 널리 「도의관념에 적합한 비채변제」(744조)도 자연채무에 해당된다.

(다) 최광의설 : 반환금지급부설

이는 '법률상으로는 물론 도덕상으로도 채무는 성립하지 않으나 임의의 급부가 이루어진 경우에 그 반환청구를 법률이 허용하지 않는 경우는 모두 자연채무의 범주에 포함시켜야 한다'는 견해이다.[39] 이 견해에 따르면, 「법률상채무설」이나 「도덕상채무설」에서 자연채무로 인정하는 경우는 물론이고, 불법원인급여(746조 본문)의 경우까지도 자연채무의 개념에 포함되게 된다.

(2) 판례의 입장

판례는 자연채무의 관념을 정면으로 인정하고 있다. 예컨대, 대법원은 '약속어음 소지인이 회사정리법에 따른 정리채권신고를 하지 아니하여 실권된 경우, 어음금채권은 정리회사에 대한 관계에서 자연채무 상태로 남게 된다'고 판시하는 등 자연채무의 관념을 정면으로 인정하고 있으며(대법원 2001.7.24.선고, 2001다3122 판결 등),[40] 하급심판결 중에도 자연채무의 관념을 인정한 사례가 많다. 예컨대, ① 교회신자가 교회이전을 위한 대지구입을 위하여 교회에 약정한 헌금채무(서울민사지법 1993.12.9.선고, 93나8923 판결),[41] ② 파산자에 대한 법원의 면책허가결정이 확정된 경우의 파산채무(서울중앙지법 2008.12.5.선고, 2008나30108 판결 등),[42] ③ 회사정리절차에서 정리채권으로서 신고하지 아니한 조세채권(수원지법 2004.10.5.선고, 2003가합15849 판결) 등이 그 예

---

37) 채무자회생법 제251조(회생채권 등의 면책 등) 회생계획인가의 결정이 있는 때에는 회생계획이나 이 법의 규정에 의하여 인정된 권리를 제외하고는 채무자는 모든 회생채권과 회생담보권에 관하여 그 책임을 면하며, 주주·지분권자의 권리와 채무자의 재산상에 있던 모든 담보권은 소멸한다. 다만, 제140조 제1항의 청구권은 그러하지 아니하다.

38) 김기선, 52; 이태재, 48 참조.

39) 현승종, 87 참조.

40) 판례평석: 최상렬, 대법원판례해설 38호(법원도서관, 2002/6), 538 이하; 이진만, "정리채권인 약속어음금채권의 면책과 사고신고담보금", 민사판례연구(25)(민사판례연구회, 2003/2), 324 이하; 김교창, "사고신고담보금과 회사정리 개시결정", 판례연구 18집(1)(서울지방변호사회, 2004/8), 82 이하; 임채웅, "정리전회사가 사고신고담보금을 예탁한 후 회사정리절차가 개시된 경우 어음소지인의 지위에 관한 연구", 상사판례연구(6)(한국상사판례학회, 2006/ 3), 203 이하. 같은 취지: 대법원 2003.5.30.선고, 2003다18685 판결.

41) 판례평석: 조규창, "교회헌금채무의 법적 성질", 고시계 40권 2호(1995/1), 78 이하.

42) 같은 취지: 서울북부지법 2008.3.19.선고, 2007나5043 판결.

다. 다만, 판례가 「도덕상채무설」과 「법률상채무설」 중 어느 입장을 취하고 있는지는 명확하지 않다.

(3) 학설·판례의 검토

「법률상채무설」은 자연채무를 법률상 채무가 존재하는 경우로 한정하고, 법률상의 채무는 존재하지 않지만 급부수령자에게 급부보유력이 인정되어 그 반환청구가 부정되는 경우에 대해서는 자연채무성을 부정하고 개별적으로 고유한 입법이유를 들어 빈환청구가 부정되는 이유를 설명한다. 이는 법과 도덕을 준별하여 '도덕상의 의무에는 법률이 관여할 수 없다'는 법실증주의적 사고방식에 기초한 견해라고 할 수 있다. 그러나 법과 도덕은 그 내용상 합치되는 부분이 많은 사회생활규범으로서 공통된 성격과 사명을 가진 규범이라고 할 수 있으므로, 양자를 엄격히 구별하는 것이 언제나 타당하다고 볼 수는 없다. 특히 민법은 '법률행위의 목적이 사회의 선량한 풍속 기타 사회질서에 반하는 경우에는 그 법률행위는 무효'라고 규정하고 있는바(103조), 이 경우의 "선량한 풍속"은 결국 '우리 사회를 지탱하는 도덕·윤리'를 의미하는 것이다. 또한 급부를 수령한 자의 급부보유력이 법률상 인정되는 경우의 그 '고유한 입법이유'라는 것도 결국은 법률이 이를 도덕 기타의 사회규범의 규율에 맡기고자 하여 소(訴)로써 급부를 청구하거나 국가공권력에 의하여 이행을 강제하는 것을 허용하지 않는 이유에 지나지 않는 것이다. 그렇다면 도덕상의 의무를 포함하여 법률상 수령자의 급부보유력이 인정되고 있는 경우를 「자연채무」라는 개념에 의하여 통일적으로 파악하는 것이 불필요하다고 말할 수는 없으며, 오히려 이러한 법제도를 체계적으로 이해하고 정리하기 위하여 필요한 개념이라고 보아야 할 것이다. 다만, 불법원인급여(746조)와 같이 법률상으로는 물론 도덕상의 채무도 성립할 수 없는 경우까지 포괄하여 자연채무의 개념을 구성하여야 한다는 일부 학설의 주장은 「채무」의 개념 자체의 혼란을 초래하게 되므로 찬성하기 어렵다. 요컨대, 명문규정이 없는 우리 민법의 해석상으로도 자연채무의 개념을 인정하는 것이 타당하며, 「자연채무」라 함은 '소로써 청구할 수는 없으나 법률상 급부보유력이 인정되는 의무'를 총칭하는 개념으로서, 자연채무라고 할 수 있는 의무는 법률상의 의무에 국한되는 것이 아니라, 급부보유력이 인정되는 도덕상의 의무를 포함하는 광범위한 개념이라고 보아야 할 것이다(도덕상채무설).

2. 자연채무가 발생하는 경우

자연채무의 개념에 관한 「도덕상채무설」의 입장에서 자연채무가 발생하는 경우를 구체적으로 살펴보면 다음과 같다.

(1) 계약에 의한 자연채무의 발생

1) 부제소합의(不提訴合意)가 있는 경우

「부제소합의」라 함은 '채권관계의 당사자 사이에 합의에 의하여 제소하지 않기로 하는 약정'을 말한다. 예컨대, 채권자가 계약상의 채무의 이행을 청구하는 소를 제기하지 않겠다고 약정한 경우, 교통사고의 피해자가 가해자와 사이에 일정한 액수의 금전을 받는 조건으로 '향후 가해자에 대한 일체의 민·형사상의 책임을 묻지 않겠다'는 취지의 합의각서를 작성한 경우, '근로자가 징계해고 후 회사로부터 퇴직금과 위로금 명목의 돈을 받으면서 퇴직과 관련하여 어떠한 이의도 제기하지 않기로 한다'는 내용의 각서와 영수증을 제출한 경우(대법원 1991.4.26.선고, 91다4799 판결 등)[43] 등이 계약에 의하여 자연채무가 발생하는 부제소합의의 전형적인 사례라고 할 수 있다. 판례에 따르면, 당사자 사이에 부제소합의가 있는 경우 채권자는 채무자를 상대로 이행을 청구할 수 없으며(대법원 2013.11.28.선고, 2011다80449 판결 등),[44] 채권자와 채무자 사이에 부제소합의가 있음에도 불구하고 이에 위반하여 소가 제기된 경우, 법원은 직권으로 소의 적법 여부를 판단하여 소송요건흠결을 이유로 소를 각하하여야 한다(대법원 2013.11.28.선고, 2011다80449 판결 등). 다만, 판례는 ① 매매계약과 같은 쌍무계약이 급부와 반대급부와의 불균형으로 말미암아 제104조의 불공정한 법률행위에 해당하여 무효인 경우에는, 그 계약으로 인하여 불이익을 입는 당사자로 하여금 위와 같은 불공정성을 소송 등 사법적 구제수단을 통하여 주장하지 못하도록 하는 부제소합의 역시 무효이며(대법원 2010.7.15.선고, 2009다50308 판결 등),[45] ② 근로자가 최종 퇴직시 발생하는 퇴직금청구권을 사전에 포기하거나 사전에 그에 관한 민사소송을 제기하지 않겠다는 부제소특약을 하는 것은 강행법규인 근로기준법에 위반되어 무효라고 한다(대법원 1998.3.27.선고, 97다49732 판결).[46] 또한 ③ '교통사고나 의료사고 등의 불법행위사건에서 피해자가 모든 손해가 확실하게 파악되지 않는 상황하에서 적은 금액만을 받고 가해자와 사이에 민·형사상 일체의 청구권을 포기하기로 하는 내용의 부제소합의를 한 경우에는 합의 당시에 피해자가 포기한 손해배상청구권은 그 당시에 예측이 가능했던 손해에 대한 것뿐이며, 합의 당시에 예상할 수 없었던 치료비나 후유증이 그 후에 생긴 경우의 손해에 대하여서까지 배상청구권을 포기한 것으로 해석할 수 없다'고 한다(대법원 1988.4.27.선고, 87다카74 판결 등).[47]

---

43) 같은 취지: 대법원 1997.11.28.선고, 97다11133 판결.

44) 같은 취지: 대법원 1992.3.10.선고, 92다589 판결; 대법원 1993.5.14.선고, 92다21760 판결.

45) 같은 취지: 대법원 2011.4.28.선고, 2010다106702 판결.

46) 판례평석: 문일봉, "강행법규에 반하는 부제소특약의 효력", 판례월보 335호(판례월보사, 1998/8), 24 이하.

47) 같은 취지: 대법원 1980.11.25.선고, 80다1568 판결; 대법원 1989.7.25.선고, 89다카968 판결; 대법원 1991.4.9.선고, 90다16078 판결; 대법원 1991.11.26.선고, 90다12403 판결; 대법원 1991.12.13.선고, 91다

■ **부제소합의에 위배된 소의 적법 여부가 법원의 직권조사사항인지 여부**(적극) [1] 특정한 권리나 법률관계에 관하여 분쟁이 있어도 제소하지 아니하기로 합의(이하 '부제소합의'라고 한다)한 경우, 이에 위배되어 제기된 소는 권리보호의 이익이 없고, 또한 당사자와 소송관계인은 신의에 따라 성실하게 소송을 수행하여야 한다는 신의성실의 원칙(민사소송법 1조 2항)에도 어긋나는 것이므로, 소가 부제소합의에 위배되어 제기된 경우 법원은 직권으로 소의 적법 여부를 판단할 수 있다. [2] 부제소합의는 소송당사자에게 헌법상 보장된 재판청구권의 포기와 같은 중대한 소송법상의 효과를 발생시키는 것으로서 그 합의 시에 예상할 수 있는 상황에 관한 것이어야 유효하고, 그 효력의 유무나 범위를 둘러싸고 이견이 있을 수 있는 경우에는 당사자의 의사를 합리적으로 해석한 후 이를 판단하여야 한다. 따라서 당사자들이 부제소합의의 효력이나 그 범위에 관하여 쟁점으로 삼아 소의 적법 여부를 다투지 아니하는데도 법원이 직권으로 부제소합의에 위배되었다는 이유로 소가 부적법하다고 판단하기 위해서는 그와 같은 법률적 관점에 대하여 당사자에게 의견을 진술할 기회를 주어야 하고, 부제소합의를 하게 된 동기 및 경위, 그 합의에 의하여 달성하려는 목적, 당사자의 진정한 의사 등에 관하여도 충분히 심리할 필요가 있다. 법원이 그와 같이 하지 않고 직권으로 부제소합의를 인정하여 소를 각하하는 것은 예상외의 재판으로 당사자 일방에게 불의의 타격을 가하는 것으로서 석명의무를 위반하여 필요한 심리를 제대로 하지 아니하는 것이다. (대법원 2013.11.28.선고, 2011다80449 판결)[48]

2) 중재계약이 체결된 경우

당사자 사이에 중재법 제8조[49]의 규정에 의한 중재계약이 체결된 경우에는 소의 제기가 금지되므로, 채권자는 소로써 급부의 이행을 청구할 수 없고 소를 제기하는 경우에는 부적법한 소로서 각하된다(동법 9조 1항).[50] 다만, 중재계약에도 불구하고 채무자가 채무를 임의로 이행한 경우에는 비채변제를 이유로 급부의 반환을 청구할 수 없다. 따라서 중재의 대상인 채무는 자연채무라고 할 수 있다.

30057 판결; 대법원 1997.4.11.선고, 97다423 판결; 대법원 1997.8.29.선고, 96다46903 판결; 대법원 2001.9.4.선고, 2001다9496 판결; 대법원 2001.9.14.선고, 99다42797 판결.

48) 같은 취지: 대법원 1993.5.14.선고, 92다21760 판결; 대법원 1999.3.26.선고, 98다63988 판결.

49) 중재법 제8조(중재합의의 방식) ① 중재합의는 독립된 합의 또는 계약에 중재조항을 포함하는 형식으로 할 수 있다. ② 중재합의는 서면으로 하여야 한다. ③ 다음 각 호의 어느 하나에 해당하는 경우는 서면에 의한 중재합의로 본다. 1. 구두나 행위, 그 밖의 어떠한 수단에 의하여 이루어진 것인지 여부와 관계없이 중재합의의 내용이 기록된 경우 2. 전보, 전신, 팩스, 전자우편 또는 그 밖의 통신수단에 의하여 교환된 전자적 의사표시에 중재합의가 포함된 경우. 다만, 그 중재합의의 내용을 확인할 수 없는 경우는 제외한다. 3. 어느 한쪽 당사자가 당사자 간에 교환된 신청서 또는 답변서의 내용에 중재합의가 있는 것을 주장하고 상대방 당사자가 이에 대하여 다투지 아니하는 경우 ④ 계약이 중재조항을 포함한 문서를 인용하고 있는 경우에는 중재합의가 있는 것으로 본다. 다만, 중재조항을 그 계약의 일부로 하고 있는 경우로 한정한다.

50) 중재법 제9조(중재합의와 법원에의 제소) ① 중재합의의 대상인 분쟁에 관하여 소가 제기된 경우에 피고가 중재합의가 있다는 항변을 하였을 때에는 법원은 그 소를 각하하여야 한다. 다만, 중재합의가 없거나 무효이거나 효력을 상실하였거나 그 이행이 불가능한 경우에는 그러하지 아니하다. ② 피고는 제1항의 항변을 본안에 관한 최초의 변론을 할 때까지 하여야 한다. ③ 제1항의 소가 법원에 계속 중인 경우에도 중재판정부는 중재절차를 개시 또는 진행하거나 중재판정을 내릴 수 있다.

(2) 승소의 종국판결을 받은 채권자가 소를 취하한 경우

채권자라고 하더라도 본안에 대한 종국판결이 있은 뒤에 소를 취하하면 그 후로는 다시는 소를 제기할 수 없게 된다(민소법 267조 2항). 다만, 소를 취하한 후에 채무자가 임의로 이행한 경우에는, 채권자는 급부를 반환할 필요가 없다. 따라서 자연채무의 개념에 관하여 어떤 견해를 취하더라도 이 경우에는 자연채무가 성립하게 된다.

(3) 채권자의 패소판결이 확정된 경우

채권은 존재하지만 채권자가 소송수행을 잘못하여 패소한 후 그 패소판결이 확정된 경우에는 재심의 소가 허용되는 경우(민소법 451조)를 제외하고는 판결의 기판력으로 인하여 다시 소를 제기할 수 없다(민소법 216조, 218조). 그러나 패소의 확정판결에도 불구하고 채권이 소멸한다고 볼 수는 없으며, 패소판결의 기판력에 의하여 채권자가 다시 소를 제기할 수 없는 상태가 되는 것에 불과하다. 그러므로 이 경우 자연채무의 개념에 관하여 어떤 견해를 취하더라도 채무는 자연채무의 상태로 여전히 존속한다고 해석하여야 한다.

(4) 파산절차 또는 회생절차에서 면책된 채무

1) 파산절차에서 면책된 채무

파산절차에서 파산자의 면책결정이 확정된 경우, 면책을 받은 파산자는 파산절차에 의한 배당을 제외하고는 파산채권자에 대한 채무의 전부에 관하여 그 책임이 면제된다(채무자회생법 566조).[51] 그러나 파산법원에 의한 면책결정이 확정되더라도 채권이 완전히 소멸하는 것은 아니다. 즉, 이 경우에 비록 소로써 채권을 행사하는 것은 불가능하지만, 채권이 완전히 소멸된 것은 아니며, 채무는 자연채무의 형태로 존속한다고 해석하여야 할 것이다.[52]

2) 회생절차에서 면책된 채무

회생절차에서 「회생계획인가의 결정」이 있는 때에는 원칙적으로 채무자는 모든 회생채권과 회생담보권에 관하여 그 책임을 면한다(채무자회생법 251조).[53] 따라서 파산의 경우와 마찬가지로 이 경우에도 소로써 채권을 행사하는 것은 불가능하지만, 이 경우에도 채권이 완전히 소멸된 것은 아니며, 채무는 자연채무의 형태로 존속한다고 해석된다.

(5) 소멸시효가 완성된 채무

'소멸시효가 완성된 채무를 자연채무라고 할 것인가, 또 이를 자연채무라고 한다면 소멸시효가 완성된 사실을 모르고 변제한 경우에는 반환청구가 허용되는가?' 하는 것이 문제되는

---

51) 전게 주 36 참조.
52) 同旨: 곽윤직, 71; 김형배, 125; 이은영, 54 참조.
53) 전게 주 37 참조.

데, 이에 대해서는 소멸시효 완성의 효력과 관련하여 학설이 대립되고 있다.

1) 시효완성채무의 자연채무성 여부

우선 '소멸시효가 완성된 채무를 자연채무라고 할 수 있는가?' 하는 것이 문제되는데, 이는 소멸시효완성의 효력에 관하여 「절대적 소멸설」을 취하는가, 「상대적 소멸설」을 취하는가에 따라서 결론이 달라질 수 있다. (☞ 민법총칙 편, 제7장 제4절 「소멸시효 완성의 효력」)

(가) 학 설

(A) 「상대적 소멸설」을 취하는 경우 「상대적 소멸설」에 따르면, 채권은 채무자가 소멸시효 완성의 효력을 원용(援用)하여야 비로소 소멸한다. 그러므로 채무자의 원용이 없는 한 자연채무가 성립할 여지가 없다. 다만, 「상대적 소멸설」에 따르더라도 채무자가 소멸시효 완성의 효력을 원용하면 채권이 소멸하므로, 채무자의 원용에 의하여 소멸한 채무를 자연채무로 보는 견해가 있을 수 있다.[54)]

(B) 「절대적 소멸설」을 취하는 경우 「절대적 소멸설」에 따르면, 소멸시효가 완성되면 채무자가 원용하지 않더라도 채권은 그 즉시 절대적으로 소멸한다. 그러나 '채무자가 임의로 시효완성채무를 변제한 경우에는 급부의 반환을 청구할 수 없다'고 해석하는 데는 이설이 없다. 그러므로 소멸시효가 완성된 채무를 자연채무라고 볼 여지가 있는데, 학설은 자연채무성을 긍정하는 견해[55)]와 부정하는 견해[56)]로 갈린다.

(나) 학설의 검토

소멸시효 완성의 효력에 관하여 「절대적 소멸설」을 취하는 경우에는 시효완성에 의하여, 그리고 「상대적 소멸설」을 취하는 경우에는 시효완성의 원용에 의하여 각각 채무는 법률상 소멸한다. 따라서 어느 학설에 의하더라도 소멸시효가 완성된 채무는 결국 법률상 소멸하게 되므로, 이를 자연채무라고 할 수 있는지 여부가 문제될 수 있는데, 이는 자연채무의 개념에 관하여 어떠한 입장을 취하는가에 따라서 결론이 달라진다. 우선 ① 「법률상채무설」을 취하면, 소멸시효의 완성(또는 시효완성의 원용)에 의하여 채무는 법률상 소멸하므로, 소멸시효가 완성된 채무는 자연채무가 아니라고 하게 된다. 다만, 「법률상채무설」에 따르더라도 '채무자가 시효완성으로 법률상 소멸한 채무를 임의로 변제한 경우에는 「채무 없음을 알고 한 비채변제(非債辨濟)」(742조) 또는 「도의관념에 적합한 비채변제」(744조)에 해당하므로, 그 반환을 청구할 수는 없다'고 해석하게 된다. ② 「도덕상채무설」이나 「반환금지급부설」을 취하면, 소멸시효가 완성된 채무는 법률상 소멸하지만 '도덕상의 채무'로서 존속하는 것이므로, 이를 자연채무라고 할 수 있게 된다. 그리고 채무자가 소멸시효가 완성된 채무를 임의로 변제한 경우에는 그

---

54) 김증한/김학동, 63; 이태재, 48 참조.
55) 현승종, 88 참조.
56) 곽윤직, 69; 김기선, 49; 김현태, 20; 김형배, 123 참조.

반환을 청구할 수 없음은 당연한 결론이 된다. 자연채무의 개념에 관한 「도덕상채무설」을 지지하는 사견으로서는 시효완성채무의 자연채무성은 인정되어야 할 것이라고 생각한다.

2) 임의변제의 효력

(가) 채무자가 시효완성 사실을 알면서 변제한 경우

(A) 「법률상채무설」의 입장 자연채무의 개념에 관하여 「법률상채무설」을 취하면, 소멸시효가 완성된 채무는 '법률상의 채무'가 아니므로 자연채무가 될 수 없다. 그러나 「법률상채무설」을 취하는 학자들도 '채무자가 시효완성 사실을 알면서 변제한 경우에는 「채무 없음을 알고 한 비채변제」(742조)에 해당하기 때문에 그 반환을 청구하지 못한다'고 해석한다.

(B) 「도덕상채무설」 또는 「반환금지급부설」의 입장 자연채무의 개념에 관하여 도덕상채무설」 또는 「반환금지급부설」을 취하면, 소멸시효가 완성된 채무는 '법률상의 채무'는 아니지만 '도덕상의 채무'로서 자연채무에 해당한다. 그러므로 이 견해에 따르면, '채무자가 소멸시효가 완성된 사실을 알면서 임의로 변제한 경우에는 그 반환을 청구하지 못한다'고 해석하는 것은 당연한 결론이 된다.

(나) 채무자가 시효완성 사실을 모르고 변제한 경우

(A) 「법률상채무설」의 입장 자연채무의 개념에 관하여 「법률상채무설」을 취하면, '소멸시효가 완성된 채무는 법률상의 채무가 아니므로, 채무자가 소멸시효가 완성된 사실을 모르고 변제한 경우는 「도의관념에 적합한 비채변제」(744조)에 해당하므로 그 반환을 청구하지 못한다'고 해석한다.

(B) 「도덕상채무설」 또는 「반환금지급부설」의 입장 자연채무의 개념에 관하여 「도덕상채무설」 또는 「반환금지급부설」을 취하면, 소멸시효가 완성된 채무는 '법률상의 채무'는 아니지만 '도덕상의 채무'로서 자연채무에 해당한다. 그러므로 소멸시효가 완성된 사실을 모르고 변제하였다 하더라도 이를 비채변제(742조)라는 이유로 그 반환을 청구할 수 없다.

(6) 사무관리자의 보수청구권

민법은 '법률상 의무 없이 타인의 사무를 관리하는 자'인 「사무관리자」가 '본인을 위하여 필요비 또는 유익비를 지출한 경우에는 본인에 대하여 그 상환을 청구할 수 있다'고 규정함으로써(739조) 비용상환청구권을 인정하고 있을 뿐 보수청구권은 인정하고 있지 않다. 그러나 학설은 '도의상 사무관리자에게 보수를 지급한 경우에는 「도의관념에 적합한 비채변제」(744조)로서 본인은 그 반환을 청구하지 못한다'고 해석하고 있다.[57] 이와 같이 '사무관리자에 대한 본인의 보수지급은 「도의관념에 적합한 비채변제」로서 그 반환청구는 금지된다'고 해석

57) 이은영(채권각론), 675 참조.

하여야 한다면, '사무관리자에 대한 본인의 보수지급의무를 자연채무라고 하여야 하는가?' 하는 것이 문제된다. 「도덕상채무설」이나 「반환금지급부설」의 입장에서는 사무관리자에 대한 본인의 보수지급의무를 일종의 자연채무라고 볼 수 있을 것이나, 「법률상채무설」의 입장에서는 이를 자연채무라고 볼 수 없을 것이다.[58]

(7) 불법원인급여

민법은 제746조에서, "불법의 원인으로 인하여 재산을 급여하거나 노무를 제공한 때에는 그 이익의 반환을 청구하지 못한다"고 규정함으로써, 불법원인급여자의 부당이득반환청구권을 부정하고 있다. 그런데 「자연채무」는 '채무자가 임의로 변제한 급부의 반환을 청구할 수 없는 경우'를 가리키는 개념이므로, '법률상 반환청구가 금지되는 불법원인급여도 자연채무에 해당하는가?' 하는 의문이 생긴다. 이 문제도 자연채무의 개념에 관하여 어떠한 입장을 취하는가에 따라서 그 결론이 달라질 수 있다. 즉, 불법원인급여는 '법률상의 채무'가 아님은 물론 '도덕상의 채무'라고도 할 수 없으므로, 자연채무를 법률상의 채무가 인정되는 경우로 한정하는 「법률상채무설」이나 도덕상의 채무가 인정되는 경우로 한정하는 「도덕상채무설」을 취하면, '불법원인급여에 있어서는 법률상은 물론 도덕상으로도 채무가 성립하지 않으므로, 불법원인급여는 자연채무에 해당하지 않는다'고 해석하게 된다.[59] 그러나 자연채무에 있어서의 채무의 개념을 가장 넓게 해석하는 「반환금지급부설」을 취하면, 불법원인으로 인하여 발생한 채무도 자연채무의 일종이라고 볼 수 있게 된다.[60] 「도덕상채무설」을 지지하는 사견으로서는, '불법원인급여에 있어서 급부의 원인이 된 "채무"는 자연채무가 될 수 없다'고 해석한다.

3. 자연채무의 효력

(1) 최소한의 공통적 효력

1) 부당이득반환청구의 금지

자연채무의 최소한의 공통적인 효력은 '채권자가 급부를 소로써 청구할 수는 없지만, 채무자가 행한 임의의 급부는 유효하며, 채권자는 이를 적법하게 수령할 수 있고 보유할 수 있다'는 것이다. 즉, '자연채무에 있어서는 채무자가 부당이득을 이유로 채권자가 수령한 급부의 반환을 청구할 수 없다'는 것이 최소한의 효력이다.

---

58) 다만, 「법률상채무설」의 입장에서 사무관리자에 대한 본인의 보수지급을 '금전의 증여'로 해석하는 견해가 있다(곽윤직, 70 참조).

59) 곽윤직, 70; 김기선, 43; 김현태, 20; 김용한, 96; 김증한/김학동, 63; 김형배, 124; 이은영, 52 참조.

60) 이태재, 47; 현승종, 90; 황적인, 39 참조.

전술한 바와 같이, 하급심판결 중에는 '국세청이 회사정리절차(현행 「회생절차」에 해당)의 정리채권이 된 조세채권을 정리채권으로서 신고하지 않았기 때문에 조세채권이 소멸함으로써 자연채무가 된 조세채무를 정리회사가 납부한 경우, 정리회사는 조세채무를 임의로 변제한 것이라고 할 수 없으므로 국가를 상대로 부당이득의 반환을 청구할 수 있다'고 판시한 것이 있다(수원지법 2004.10.5.선고, 2003가합15849 판결). 그러나 대법원은 '조세채권에 관하여 정리계획인가결정 후에 한 부과처분은 부과권이 소멸한 뒤에 한 위법한 과세처분으로서 그 하자가 중대하고도 명백하여 당연무효'라고 판시함으로써, 자연채무의 성립 자체를 인정하지 않고 있다(대법원 2007.9.6.선고, 2005다43883 판결 등).[61]

2) 부당이득반환의무가 부정되는 등의 법적 효력의 근거

'자연채무에 대하여 부당이득반환의무가 부정되는 등의 법적 효력이 부여되는 근거는 자연채무가 법률상의 채무이기 때문인가, 아니면 도덕상의 채무 내지 사회질서위반의 채무에 대하여 법률상 효력이 부여되기 때문인가?' 하는 것이 문제된다.

이는 '자연채무의 개념을 어떻게 이해할 것이냐'에 따라서 달리 설명될 수밖에 없는데, 우선 「법률상채무설」에 의하면 자연채무는 반환의무가 부정되는 법률상의 채무로 한정되기 때문에, 그 법이론적 근거는 문제가 되지 않는다. 한편 「반환금지급부설」 중에는, '자연채무는 그것이 급부됨으로써 법률상의 채무가 되는 동시에 소멸한다'고 설명하는 견해가 있다.[62] 그러나 '무효인 반사회적 법률행위에 기한 급부가 법률상의 채무로 전환된다'는 것은 법이론상 성립할 수 없다고 할 것이므로, 이러한 주장에는 찬성하기 어렵다.

생각건대, 자연채무는 불법원인급여와 같이 급부의 반환이 법률상 금지되는 모든 경우를 포괄하는 개념이 아니라, '채권자가 소로써 급부를 청구할 수는 없으나 임의급부의 반환을 부인함으로써 채권자의 급부보유력을 인정하는 등 채권의 일부 효력을 인정하는 것이 도덕과 윤리에 부합한다고 인정되는 경우를 설명하기 위한 법개념에 불과하다'고 할 것이다(도덕상채무설).[63] 즉, 자연채무는 법률상으로는 인정되지 않는 급부의무라고 하더라도 그 의무의 이행이 우리 사회의 도덕과 윤리에 적합한 경우에는 채무자의 반환청구권을 부정하고 반환을 위한 강제력이 동원을 거부함으로써 법의 도덕성과 정당성을 유지하고자 하는 제도로서 그 기본적인 취지는 불법원인급여제도와 마찬가지라고 할 것이다.[64]

---

61) 같은 취지: 대법원 2013.6.27.선고, 2013두5159 판결.
62) 현승종, 92 참조.
63) 시효로 소멸한 채무는 '법률상 채무'라고 볼 수 없는 자연채무(도덕상채무)의 전형적인 경우에 해당한다.
64) 이와 같이 자연채무의 제도적 취지는 '도덕상의 채무에 기한 임의급부의 반환을 금지한다'는 데 있다고 할 것이므로, 채무자가 원고로서 부당이득반환청구의 소를 제기하고 피고가 자연채무의 이행임을 항변하여 이를 이유로 법원이 원고의 청구를 기각하는 것이 일반적인 형태가 되어야 할 것이나, 앞에서 살펴본 실제사례에서는 채권자가 원고로서 이행을 청구한 소송에서 채무자가 제기한 자연채무의 항변

(2) 그 밖의 자연채무의 일반적인 효력

'자연채무에 대하여 위의 효력(채권자의 급부보유력) 이외에 어떠한 효력이 인정될 수 있는가?' 하는 것은 각 개의 자연채무에 대하여 개별적으로 검토되어야 할 문제이다.

자연채무의 일반적인 효력으로서는 다음과 같은 것이 거론되고 있다. 즉, ① 자연채무를 상계·경개·준소비대차의 기초로 할 수 있으며,[65] ② 자연채무에 대한 보증 내지 물적 담보도 유효하게 성립할 수 있다.[66] 그리고 ③ 자연채무는 선의의 제3자에게 양도된 경우에도 자연채무성을 잃지 않는다.

을 법원이 받아들여 원고의 청구가 기각된 경우가 대부분임을 유의할 필요가 있다. 이는 법의 도덕성을 실현하기 위한 제도인 자연채무가 실제로는 채권자의 급부청구를 저지하는 기능을 수행함으로써, 본래의 제도적 취지와 정반대의 역기능을 수행하고 있음을 보여준다는 점에서 매우 흥미롭다.

65) 다만, '반사회적 법률행위에 기한 채무의 자연채무성을 긍정하는 「반환금지급부설」을 취하더라도, 이를 상계·경개·준소비대차의 기초로 할 수는 없다'고 해석하여야 할 것이다.

66) 프랑스 민법학에서는 자연채무에 대한 보증의 성립을 부정하고 있음은 전술한 바와 같다(김성수, 전게논문(주 11), 256 참조).

제 3 절 제3자에 의한 채권침해

[32] Ⅰ. 서 설

1. 「제3자의 채권침해」의 의의

넓은 의미에서 「채권침해」라 함은 '채권의 목적인 급부의 실현이 방해되는 것'을 말한다. 이러한 의미에서의 채권침해는 급부의 실현을 방해하는 침해자가 누구냐에 따라서 다시 '채무자에 의한 채권침해'를 의미하는 「채무불이행」과 「제3자에 의한 채권침해」로 구분할 수 있다. 다만, 채권의 일반적 효력으로서의 채권침해의 문제를 논함에 있어서는 제3자에 의한 채권침해의 문제만을 다루고 채무불이행의 문제는 별도로 다루는 것이 보통이다. 본서에서도 채무불이행의 문제는 제4장에서 별도로 논하기로 하고, 여기서는 제3자에 의한 채권침해만을 다루기로 한다.

2. 문제의 소재

제3자에 의한 채권침해의 법률적 쟁점은 크게 두 가지로 나눌 수 있는데, 그 첫째는 '제3자에 의한 채권침해가 채권자에 대하여 불법행위를 구성하는가?' 하는 문제이며, 둘째는 '제3자의 채권침해행위가 불법행위를 구성하는 경우에는 그 구제수단으로서 채권의 효력에 기한 방해배제청구권을 인정할 수 있는가?' 하는 문제이다.

[33] Ⅱ. 제3자의 채권침해와 불법행위의 성립

구 의용민법은 불법행위의 성립요건으로 '고의 또는 과실로 인하여 타인의 권리를 침해하였을 것'을 규정하고 있었는데(동법 709조),[1] 일본의 학설은 '이 경우의 "권리"는 소유권을 비롯한 물권과 생명·신체·건강·자유 등의 절대적 권리를 의미한다'고 해석하고 있었다.[2] 이는 '독일민법 제823조 제1항[3]의 해석상 불법행위가 성립하기 위해서는 절대권의 침해가 필요하다'고 해석하는 독일민법학의 영향을 받은 것이라고 할 수 있다. 이와 같이 구 의용민법하에서는 '불법행위의 성립요건으로 절대권의 침해가 필요하다'고 해석하는 견해가 통설이었으므로, '제3자에 의한 채권침해도 불법행위가 될 수 있다'고 해석하기 위해서는 '채권도 절대권에 속한다'고 이론구성할 필요가 있었다. 그러나 그 후 일본에서는 불법행위의 성립요건인 「권리침해」를 '보호의 가치가 있는 타인의 이익을 위법하게 침해한 위법성을 의미하는 것'이라고 해석하고, '불법행위의 성립요건으로서의 위법성 여부는 피침해이익의 종류·성질과 침해행위의 태양을 관련지어 판단하여야 한다'고 해석하는 견해가 통설적 견해가 되었으며,[4] 2004년에는 이러한 학설에 따라 「권리」를 침해한 경우뿐만 아니라 「법률상 보호되는 이익」을 침해한 경우도 불법행위를 구성하는 것으로 민법이 개정되었다(동법 709조).[5]

우리 민법은 구 의용민법과는 달리, 불법행위의 성립요건으로서 「권리침해」가 아닌 「위법성」만을 그 요건으로 규정하고 있다(750조). 그럼에도 불구하고 학설 중에는 여전히 구 의용민법하에서의 통설적 견해를 그대로 답습하여, 「채권의 절대성」이 인정된다는 것을 전제로 제3자에 의한 채권침해의 불법행위성을 인정하는 견해가 있다. 그러나 채권은 어디까지나 '특정한 채무자에 대한 급부청구권으로서 상대적 권리'라고 보아야 할 것임은 전술한 바와 같은데, 이와 같이 '채권의 본질을 특정한 채무자에 대하여서만 주장할 수 있는 상대적 권리라고 보아야 한다면, 채권에 대한 제3자의 침해행위에 대하여 불법행위의 구성요건인 위법성을 인정하는 이론적 근거와 요건, 그리고 불법행위를 구성하는 채권침해행위의 구체적인 태양은 무엇인가?' 하는 것이 문제된다.

1. 불법행위 성립의 이론적 근거

구 의용민법하에서는 '제3자에 의한 채권침해는 불법행위를 구성하지 않는다'는 해석론

1) 구 의용민법 제709조 : 고의 또는 과실로 인하여 타인의 권리를 침해한 자는 이로 인하여 생긴 손해를 배상할 책임이 있다.

2) 鳩山秀夫, 日本債權法各論(下卷)(岩波書店, 1932), 858 이하 참조.

3) 독일민법 제823조(손해배상의무) (1) 고의 또는 과실로 인하여 타인의 생명·신체·건강·자유·소유권 기타의 권리를 위법하게 침해한 사람은 이로 인하여 발생한 손해를 타인에게 배상할 의무를 진다.

4) 加藤一郎, 「不法行爲」, 法律學全集22 II(有斐閣, 1984), 106; 內田貴, 「民法 II·債權各論」, 第二版(東京大學出版會, 2006), 335 이하 참조. 일본의 학설·판례에 대한 상세는 윤진수, "제3자의 채권침해와 부동산의 이중양도", 사법논집 16집(법원행정처, 1985), 104 이하 참조.

5) 일본민법(2004년 법률 제147호로 개정된 것) 제709조(불법행위에 따른 손해배상) : 고의 또는 과실에 의하여 타인의 권리 또는 법률상 보호되는 이익을 침해한 자는 그에 따라서 생긴 손해를 배상하여야 한다.

도 있었으나,[6] 현행민법하에서는 제3자에 의한 채권침해에 의하여 불법행위가 성립할 수 있다고 해석하는 데 이설이 없다. 다만, 제3자의 채권침해에 의하여 불법행위가 성립하는 이론적 근거에 대하여는 견해가 대립하고 있다.

(1) 학 설

1) 권리불가침성설(權利不可侵性說)

이는 '물권과 마찬가지로 채권도 채무자뿐만 아니라 모든 자에 의하여 침해당하지 아니하여야 한다는 의미에서 「절대성」을 지니므로 제3자에 의한 채권침해도 절대권의 침해행위로서 불법행위가 될 수 있다'는 견해이다. 이 견해는 '제3자의 채권침해행위는 위법성조각사유가 없는 한 위법행위로서 불법행위가 된다'고 해석한다.[7]

2) 상대권설(相對權說)

이는 '채권은 상대권이므로 제3자에 의하여 침해당할 수 없다는 「침해불가침성」이 논리필연적인 귀결이라고 할 수는 없으나, 예외적으로 일정한 경우에는 제3자에 의한 채권침해가 불법행위를 구성할 수도 있다'는 견해이다.[8] 이 견해는 다시 제3자의 채권침해행위의 위법성을 인정하는 데 소극적인 견해(편의상 「소극설」이라고 칭하기로 함)와 위법성을 인정하는 데 적극적인 견해(편의상 「적극설」이라고 칭하기로 함)로 구분된다.

(가) 소극설 : 입법정책설

이는 '상대권인 채권의 성질상 제3자에 의한 침해에 대하여 어느 정도의 보호를 할 것인가 하는 것은 입법정책의 문제에 지나지 않는다'는 견해이다.[9] 이 견해는 제3자의 채권침해행위의 위법성을 인정하는 데 소극적인 입장을 취하여, '현행민법은 채권의 불가침성 여부에 대하여 아무런 규정도 두고 있지 않으므로, 제3자에 의한 채권침해는 채권의 불가침성이 예외적으로 인정되는 경우에 한하여 위법행위로서 불법행위가 될 수 있다'고 한다. 그리고 '채권의 불가침성이 예외적으로 인정됨으로써 제3자의 채권침해행위의 위법성을 인정할 수 있는 경우는 대체로 보호법규에 위반하거나 사회질서 위반 또는 사기·강박 등의 부정수단을 사용한 경우에 한하여 인정되어야 한다'고 한다.[10]

(나) 적극설

이는 '채권이 제3자의 침해로부터 보호되어야 한다는 것은 입법정책의 문제가 아니라 법

---

6) 鳩山秀夫, 6 참조.

7) 김기선, 169; 현승종, 97 참조. 다만, 「권리불가침성설」을 취하면서도 '제3자의 채권침해행위의 위법성을 인정하기 위해서는 침해자인 제3자가 침해의 대상인 권리를 인식하거나 또는 인식할 수 있었음을 요한다'고 해석하는 견해도 있다(김현태, 9~10 참조).

8) 곽윤직, 64; 김상용, 88; 김형배, 318 참조.

9) 곽윤직, 64 참조.

10) 김용한, 112 참조.

질서의 당연한 요청'이라는 견해이다.[11] 이 견해는 「권리불가침성설」에 대하여, '채권은 어디까지나 상대권이라고 보아야 하지만, 채권이 상대권이라고 하여 제3자의 위법한 침해로부터 보호를 받을 수 없다는 논리는 성립할 수 없다'고 비판한다. 또한 이 설은 「소극설」(입법정책설)에 대해서도, '법질서 자체가 상대적 권리인 채권을 승인하며, 그 실현을 위하여 저법한 협력을 하고 있다는 것(예컨대 변제제도, 이행강제, 채무불이행에 대한 손해배상의 구제 등)은 이와 같은 상대권의 실현이 제3자의 위법한 침해행위에 의하여 불가능하게 되거나 방해를 받을 때에는 채권자에게 적절한 법적 보호가 주어지는 것이 당연한 법의 요청임을 말해주는 것'이라고 전제하고, '채권의 객관적 성질상 제3자에 의한 침해가 가능한 때에는 그러한 채권에 대한 권한 없는 침해는 위법한 것이 된다고 판단해야 할 것이므로 제3자에 의한 채권침해는 적극적으로 긍정하는 것이 타당하다'고 비판한다.[12] 다만, '모든 경우에 제3자의 채권침해에 의한 불법행위의 성립을 인정하는 것은 아니며, 위법한 침해행위로 인하여 채권의 본래의 내용을 실현하는 것이 불가능해지거나 또는 그 채권에 의하여 실현하려는 계약의 목적을 달성할 수 없는 경우로 한정하는 것이 합리적'이라고 한다.[13]

(2) 판례의 입장

판례는 '제3자의 채권침해가 반드시 언제나 불법행위가 되는 것은 아니고 채권침해의 태양에 따라 그 성립 여부를 구체적으로 검토하여 정하여야 할 문제이며(대법원 1975.5.13.선고, 73다1244 판결 등),[14] 채권침해의 위법성은 침해되는 채권의 내용, 침해행위의 태양, 침해자의 고의 내지 해의의 유무 등을 참작하여 구체적, 개별적으로 판단하되, 거래자유 보장의 필요성, 경제·사회정책적 요인을 포함한 공공의 이익, 당사자 사이의 이익균형 등을 종합적으로 고려하여 신중히 판단하여야 한다'고 판시함으로써(대법원 2003.3.14.선고, 2000다32437 판결 등),[15] 「상대권설」의 입장을 취하고 있다. 다만, 판례가 「상대권설」 중 어느 견해에 따르고 있는 것인지는 명확하지 않다.[16]

---

11) 윤진수, 전게논문(주 4), 108; 김형배, 318; 장경학, 106 참조.

12) 김형배, 318~321 참조.

13) 김형배, 320 참조.

14) 같은 취지: 대법원 2001.5.8.선고, 99다38699 판결; 대법원 2007.9.6.선고, 2005다25021 판결; 대법원 2009.6.11.선고, 2007다68862 판결.

15) 판례평석: 박홍대, "제3자의 계약침해와 불법행위", 판례연구 15집(부산판례연구회, 2004/2), 447 이하. 같은 취지: 대법원 2006.9.8.선고, 2004다55230 판결; 대법원 2006.12.7.선고 2005다21029 판결; 대법원 2007.5.11.선고, 2004다11162 판결; 대법원 2007.9.6.선고, 2005다25021 판결; 대법원 2007.9.21.선고, 2006다9446 판결; 대법원 2009.6.11.선고, 2007다68862 판결; 대법원 2009.10.29.선고, 2008다82582 판결; 대법원 2009.11.26.선고, 2008다24494 판결; 대법원 2011.6.9.선고, 2009다52304·52311 판결; 대법원 2012.9.13.선고, 2010다77538 판결.

16) 판례의 입장은 「상대권설」 중 「소극설」(입법정책설)에 가까운 것이라고 생각된다. 그러나 학설 중에는 판례의 입장을 '「적극설」도 「소극설」도 아닌 별개의 이론'으로 인정하고, 이에 따르는 견해도 있다

(3) 학설 · 판례의 검토

1) 「권리불가침성설」에 대한 검토

① 민법은 재산권을 물건에 대한 배타적 지배권인 물권과 특정인(채무자)에 대한 급부청구권에 불과한 상대권인 채권으로 준별하고 있는데, 자유경쟁의 원리가 인정되는 채권관계에서 채권자의 지위는 물권자만큼 확고하지 못하며, 우선적 효력이 인정되는 물권과는 달리 강제집행절차에서도 채권자평등의 원칙이 인정된다는 점에서, 채권의 절대성을 인정하고 이를 근거로 제3자의 채권침해의 불법행위성을 인정하는 「권리불가침성설」의 이론구성은 설득력이 없다. ② 현행민법은 「권리침해」를 불법행위의 성립요건으로 규정하고 있던 구 의용민법과는 달리, 불법행위의 성립요건으로서 위법성만을 요구하고 있으므로(750조), 채권을 '침해불가성(侵害不可性)이라는 의미에서의 절대권'이라고 이론구성할 필요도 없다. 요컨대, 「권리불가침성설」은 현행민법의 해석론으로서 적절하지 않다.

2) 「상대권설」에 대한 검토

(가) 「소극설」(입법정책설)에 대하여

「소극설」(입법정책설)은 '제3자의 채권침해는 현행법의 해석을 통하여 채권의 불가침성이 예외적으로 인정되는 경우에 한하여, 불법행위법상 요구되는 위법성을 요건으로 하여 비로소 불법행위가 될 수 있다'고 주장하고 있다. 이는 「권리불가침성설」에 비하여 일보 진전된 이론으로서 일면 타당성이 있다고 생각된다. 그러나 외국의 입법례를 보더라도 제3자의 채권침해의 불법행위 성립가능성을 부인하는 경우는 찾아볼 수 없을 뿐만 아니라,[17] 제3자의 채권침해에 대하여 어느 정도의 보호를 해야 할 것이냐 하는 것을 과연 입법정책의 문제로만 돌릴 수 있는지는 의문이다.

(나) 「적극설」에 대하여

「적극설」은 「소극설」의 제3자의 채권침해의 위법성 인정에 대한 소극성을 비판하여, '제3자의 침해로부터 채권이 보호되어야 한다는 것은 법질서의 당연한 요청이므로, 제3자의 채권침해의 위법성을 적극적으로 긍정하는 것이 타당하다'고 주장한다. 다만, 「적극설」이 제3자의 채권침해가 항상 불법행위를 구성한다고 주장하는 것은 아니며, 위법한 침해행위로 인하여 채권의 본래의 내용을 실현하는 것이 불가능해지거나 또는 그 채권에 의하여 실현하려는 계약의 목적을 달성할 수 없는 경우에 한정하여 불법행위의 성립을 인정하고 있다는 점에서, 「소극설」과 실제적 차이는 없으며 단지 이론구성상의 차이에 불과하다고 생각된다.[18]

(민법주해(9)/송덕수, 56 참조).

17) 윤진수, 전게논문(주 4), 108 참조.

18) 다만, 학설 중에는 '양 설은 불법행위의 성립에 관한 증명책임의 소재에 차이가 있을 수 있다'는 견해

3) 판례의 검토

판례는 불법행위의 성립을 제한적으로만 인정하는 입장을 취하고 있다(대법원 2003.3.14.선고, 2000다32437 판결 등). 특히 판례는 '독립한 경제주체 간의 경쟁적 계약관계에 있어서는 제3자가 채무자와 적극 공모하였다거나 또는 제3자가 기망·협박 등 사회상규에 반하는 수단을 사용하거나 채권자를 해할 의사로 채무자와 계약을 체결하였다는 등의 특별한 사정이 있는 경우에 한하여 제3자의 고의·과실 및 위법성을 인정하여야 한다'는 입장을 취하고 있다(대법원 2001.5.8.선고, 99다38699 판결 등). 이는 「소극설(입법정책설)」의 입장에 가까운 것이라는 점에서, 「적극설」의 입장에서는 판례에 대한 비판을 가할 수도 있겠으나, 「소극설」과 「적극설」이 실제적으로 큰 차이가 없는 견해라는 점을 고려할 필요가 있다.

채권은 채무자에 대한 상대적 효력만을 가지는 것이 원칙이므로(상대권설), 제3자의 채권침해행위가 반드시 채권자에 대한 불법행위를 구성한다고 할 수는 없다. 또한 현행민법은 불법행위의 성립요건으로 "위법행위"를 규정하고 있을 뿐이므로, 제3자의 채권침해행위의 위법성 여부만이 문제될 뿐이다. 즉, 제3자의 채권침해가 위법한 경우에는 불법행위가 될 수 있으며, 그렇지 못한 경우에는 불법행위가 성립할 수 없는 것이다. 따라서 구체적인 사건에서 제3자의 채권침해행위가 과연 위법행위에 해당하는가 하는 것만이 문제되며, 이는 침해행위의 태양을 구체적으로 검토하여 결정하는 수밖에 없을 것이다. 이는 예컨대, '경쟁적 계약관계에서는 제3자가 채무자와 적극 공모하였다거나 또는 제3자가 기망·협박 등 사회상규에 반하는 수단을 사용하거나 채권자를 해할 의사로 채무자와 계약을 체결하였다는 등의 특별한 사정이 있는 경우에 한하여 위법성을 인정하여야 한다'는 식으로, 침해행위의 태양에 따라 위법성의 인정요건을 유형화할 필요가 있다.

2. 불법행위의 성립요건

제3자의 채권침해가 불법행위를 구성하기 위해서는 가해자(채권침해자)의 책임능력 및 가해행위와 손해와의 사이에 인과관계가 있을 것, 고의·과실에 기한 위법한 행위일 것 등 불법행위의 일반적 성립요건을 갖추어야 함은 물론이다. 여기에서는 불법행위의 일반적 요건 중 제3자의 채권침해에서 특히 문제되는 침해자의 고의·과실과 위법성을 중심으로 하여 이 문제를 살펴보기로 한다. (☞ 불법행위 편, 제2장 「불법행위의 일반적 요건」)

(1) 주관적 요건 : 고의·과실

채권은 물권과 달리 그 존재가 공시되지 않는 경우가 대부분이므로, 채권의 존재를 모르

가 있다(윤진수, 상게논문, 108 참조).

고 침해행위를 한 제3자에게 과실이 있다고 할 수는 없다. 또한 제3자의 과실을 인정하기 위해서는 사회생활상 요구되는 주의의무 위반이 있어야 하는데, 특정인(채무자)에 대한 권리에 불과한 채권에 대하여 제3자에게 주의의무가 부과되는 경우는 드물기 때문에, '제3자가 고의로 채권을 침해한 경우(채권의 존재를 알면서 침해한 경우)에 한하여 불법행위를 구성한다'고 해석되고 있다.[19] 또한 여기에서의 「고의」는 단순히 제3자가 채권의 존재를 알면서 침해행위를 하는 소극적 의미에서의 고의가 아니라, 채무자를 교사하거나 적어도 채무자와의 통모를 요하는 「적극적 의미에서의 고의」라고 해석된다. 특히 판례는 '독립한 경제주체 간의 경쟁적 계약관계에 있어서는 단순히 제3자가 계약내용을 알면서 채무자와 채권자 간에 체결된 계약에 위반되는 내용의 계약을 체결한 것만으로는 제3자의 고의·과실 및 위법성을 인정하기에 부족하고, 제3자가 채무자와 적극 공모하였다거나 또는 제3자가 기망·협박 등 사회상규에 반하는 수단을 사용하거나 채권자를 해할 의사로 채무자와 계약을 체결하였다는 등의 특별한 사정이 있는 경우에 한하여 제3자의 고의·과실 및 위법성을 인정하여야 한다'는 입장을 확립하고 있다(대법원 2001.5.8.선고, 99다38699 판결 등).[20]

(2) 객관적 요건 : 위법성

위법성의 본질에 대해서는 「객관적 위법성론」과 「주관적 위법성론」의 학설대립이 있다.[21] 그러나 「위법행위」는 '법이 그 가치를 부정하여 허용하지 않는 행위'를 가리키는 개념이므로, 결국 위법성은 행위에 대한 사회적 평가의 문제라고 할 수 있다. 다만, 행위의 위법성 여부를 판단하는 기준은 형식적 의미의 법규에 한하는 것이 아니라, 제103조의 "선량한 풍속 기타 사회질서"와 같은 우리 사회의 도덕·윤리도 포함된다는 점에 유의하여야 한다.

채권은 채무자에 대한 상대적 권리이므로, 제3자의 채권침해행위가 항상 채권자에 대하여 불법행위를 구성하는 것은 아니며, 제3자의 채권침해행위가 위법성을 띠는 예외적인 경우에 한하여 불법행위를 구성한다고 해석하여야 한다. 그러므로 문제는 '어떠한 채권침해행위가 위법행위로서 불법행위가 될 수 있는가?' 하는 것인데, 이에 대하여 판례는 '침해되는 채권의 내용, 침해행위의 태양, 침해자의 고의 내지 해의의 유무 등을 참작하여 구체적·개별적으로 판단하되, 거래자유 보장의 필요성, 경제·사회정책적 요인을 포함한 공공의 이익, 당사

---

19) 민법주해(9)/송덕수, 59; 곽윤직, 83; 김상용, 92; 김형배, 332; 이은영, 68 참조.

20) 판례평석: 박홍대, "제3자의 계약침해와 불법행위", 판례연구 15집(부산판례연구회, 2004/2), 447 이하. 같은 취지: 대법원 1997.6.10.선고, 95다28120 판결; 대법원 2003.3.14.선고, 2000다32437 판결; 대법원 2007.9.6.선고, 2005다25021 판결; 대법원 2009.6.11.선고, 2007다68862 판결; 대법원 2009.10.29.선고, 2008다82582 판결; 대법원 2009.11.26.선고, 2008다24494 판결; 대법원 2013.3.14.선고, 2011다91876 판결.

21) 위법성의 본질에 관한 학설의 상세는 윤형렬, "불법행위책임의 기본구조", 민사법학 18호(한국민사법학회, 2000/5), 669 이하 참조.

자 사이의 이익균형 등을 종합적으로 고려하여 위법행위인지 여부를 판단하여야 할 것'이라는 입장을 확립하고 있음은 전술한 바와 같다(대법원 2003.3.14.선고, 2000다32437 판결 등).

생각건대, 제3자의 채권침해의 위법성 여부의 판단기준에 대하여 명문규정이 없는 민법의 해석론을 수립함에 있어서는 판례에서 문제된 구체적 사례들을 통하여 위법성의 인정요건을 침해행위의 태양에 따라 유형화함으로써 법적 안정성을 추구하는 것이 무엇보다 필요하다고 할 것이다. 그러므로 제3자의 채권침해행위의 위법성 여부를 판단함에 있어서 유의하여야 할 것은, 채권은 배타적 지배권이 아닐 뿐만 아니라 자유시장경제체제 하에서 공정한 경쟁은 허용되어야 하므로, 채권침해행위의 위법성을 인정하는 데 신중을 기할 필요가 있다는 점이다. 따라서 제3자가 채무자에 대하여 기존의 채권과 동일한 내용의 채권을 취득하는 것은 공정한 경쟁의 원리에 반하지 않는 이상 허용되어야 할 것이다. 예컨대, 부동산이중매매에서 제3자(제2매수인)가 소유권을 취득함으로써 제1매수인의 소유권이전채권을 침해한 경우에도 이를 위법하다고 단정할 수는 없으며,[22] '부정한 경업행위(競業行爲)와 같이 강행법규 또는 사회질서에 위반되거나 유괴·구금 등과 같이 부정한 방법에 의하여 채권의 만족을 얻는 경우에 한하여 예외적으로 위법행위로 평가되어야 할 것이다.

3. 불법행위가 성립하는 침해행위의 태양

(1) 침해행위로 인하여 채권자가 채권을 상실하는 경우

제3자의 채권침해행위로 인하여 채권자가 채권을 상실하는 경우에는, 채권자가 침해자에 대하여 부당이득반환청구권을 행사할 수 있는지의 여부와 관계없이 불법행위가 성립한다. 이와 관련하여 문제되는 경우를 유형별로 살펴보기로 한다.

1) 제3자의 변제수령

채권의 준점유자 또는 영수증소지자에 대한 변제는 변제자가 선의·무과실인 경우에는 변제의 효력이 있으므로(470조, 471조), '제3자가 채권을 준점유하고 있거나 영수증을 소지하고 있음을 기화로 하여 채무자로부터 변제를 수령하여 채권을 소멸시킨 경우에는 채권자에 대하여 불법행위가 성립한다'는 데 견해가 일치한다. (☞ 제3장 제3절「변제자와 변제수령자」)

---

22) 판례는 '이중매매는 원칙적으로 유효하며 불법행위를 구성하지 않으나, 이중매매가 매도인의 배임행위에 매수인이 적극 가담하여 이루어진 경우에 한하여 예외적으로 사회정의관념에 위배되는 반사회적 법률행위로서 무효'라는 입장을 취하고 있다(대법원 1970.10.23.선고, 70다2038 판결 등). 그러나 학설 중에는 판례의 입장과는 달리, '제2양수인의 이중양수행위는 제1양수인에 대하여 계약관계의 침해로 인한 불법행위가 될 수 있으며, 이를 근거로 제1양수인은 선의의 전득자에게는 대항할 수 없으나 제2양수인에게는 직접 등기의 말소를 청구할 수 있다'고 해석하는 견해도 있다(윤진수, 전게논문(주 4), 154 이하; 同, "부동산의 이중양도에 관한 연구 -제일양수인의 원상회복청구를 중심으로-" 법학박사학위논문, 서울대학교대학원, 1993/8, 1 이하 참조).

2) 처분권 없는 제3자에 의한 채권의 처분행위

처분권 없는 제3자가 채권자의 대리인으로서 행한 채권의 양도·입질 등의 처분행위가 표현대리행위로서 유효한 경우, 채권자는 채권을 상실한다(125조, 126조, 129조). 이 경우 제3자의 처분행위가 채권자에 대하여 불법행위가 된다는 점에 대하여서는 이설이 없다. 문제는 '채권자가 채권을 이중으로 양도하고 제2양수인에게 대항요건을 갖추게 함으로써 제1양수인이 취득한 채권을 상실한 경우, 제2양수인의 불법행위가 성립하는가?' 하는 것이다.

학설 중에는 '채권자는 채권의 이중양도 당시 이미 처분권 없는 제3자이므로, 제1양수인에 대하여 불법행위책임을 진다'고 해석하는 견해가 있다.[23] 그러나 채권자가 처분권 없는 자라고 한다면 이중양도행위 자체도 무효라고 하여야 할 것인데, 민법은 채권의 이중양도를 유효한 것으로 전제하고 있기 때문에(450조 2항), 채권을 양도한 채권자를 '처분권 없는 자'라고 해석할 수는 없다고 할 것이다. 그러므로 '채권의 이중양도에도 불구하고 채권자(채권의 이중양도인)의 불법행위는 원칙적으로 성립하지 않으며, 제1양수인에 대한 채권자의 채무불이행책임만이 성립한다'고 해석하여야 할 것이다.[24] 또한 '채권의 이중양도를 채권자의 제1양수인에 대한 배임행위라고 볼 수 있는가?' 하는 문제가 있으나, 부동산소유권의 이중양도와는 달리, '채권을 이중으로 양도하고 제2양수인에게 대항요건을 갖춰준 경우를 제1양수인에 대한 배임행위라고 볼 수는 없다'고 할 것이다. 결국 채권의 이중양도에 있어서는 대항요건을 갖춘 제2양수인이 채권을 취득하게 되어(450조), 대항요건을 갖추지 못한 채권의 제1양수인은 취득한 채권을 상실하게 되나, 제2양수인이 채권자의 이중양도에 적극 가담하였다 하더라도 이를 제1양수인에 대한 제2양수인의 위법한 불법행위라고 보기는 어렵다고 할 것이다.

3) 증권적 채권에서 채권증서를 훼손하거나 절취하는 행위

어음·수표 등의 지시채권이나 상품권과 같은 무기명채권의 경우, 채권자가 권리를 행사하기 위해서는 반드시 채권증서를 제시하여야 하며(517조, 524조), 지시채권의 경우에는 채권자는 배서의 연속에 의하여 진정한 권리자임을 증명하여야 하는데(513조, 514조), 채권증서가 멸실·훼손된 경우에는 증서제시에 의한 간편한 지급청구를 하지 못하게 된다. 학설 중에는 '지시채권이나 무기명채권의 채권증서가 멸실·훼손되었다고 해서 채권이 소멸하는 것은 아니며, 공시최고절차(521조, 522조, 민사소송법 475조 이하)에 의하여 권리를 행사할 수 있는 길은 열려 있다'는 이유를 들어 불법행위의 성립을 부정하는 견해도 있다.[25] 그러나 '타인의 증권적 채권증서를 멸실·훼손시키는 행위는 채권자의 권리행사를 곤란하게 하는 위법한 행위로서 채권자에 대한 불법행위가 성립한다'고 해석하여야 할 것이다.

---

23) 곽윤직, 80 참조.
24) 同旨: 김증한/김학동, 72; 송덕수, 37; 이은영, 71 참조.
25) 민법주해(9)/송덕수, 57 참조.

4) 집행채권자의 추심금청구에 불응하여 지급을 거절하는 행위

'법원의 추심명령에 기하여 집행채권자가 추심금의 이행을 청구하였음에도 불구하고 제3채무자가 집행채무자에 대한 회사정리절차의 개시가 임박하였음을 인식하면서 집행채권자의 추심금청구에 불응하여 추심금을 지급하지 아니하고 있던 중에 회사정리절차가 개시되어 위 추심명령이 취소되고 집행채권이 정리계획에 따라 감액되었다고 하더라도, 이러한 제3채무자의 추심금 지급거절을 가리켜 위법한 행위에 해당한다고 볼 수 없다'고 할 것이다(대법원 2007.9.21.선고, 2006다9446 판결).

(2) 채무자의 급부불능상태가 야기된 경우

1) 특정물인도채무에서 제3자가 급부불능상태를 야기하는 행위

특정물인도채무에서 제3자의 침해행위로 인하여 목적물이 멸실됨으로써 채무자가 목적물을 인도하는 것이 불가능하게 된 경우, 채무는 급부불능으로 인하여 소멸하며, 채무자의 귀책사유가 없으므로 채무불이행책임도 성립하지 않는다(390조 단서). '이 경우 채권자는 급부불능의 상태를 야기한 제3자에 대하여 불법행위책임을 물을 수 있는가?' 하는 것이 문제된다.

학설 중에는 '특정물의 인도채무를 발생시키는 쌍무계약에서 채무자의 귀책사유 없는 급부불능의 경우는 위험부담의 법리에 의하여 해결되어야 할 것이므로, 채권자에 대한 제3자의 불법행위책임은 부정하여야 한다'는 견해가 있다.[26] 물론 채권자는 위험부담의 법리에 의하여 채무자에 대한 반대급부의무를 면하거나(537조), 채무자에 대한 대상청구권을 행사함으로써 불이익을 면할 수 있는 경우가 대부분일 것이다. 그러나 위험부담의 법리는 단순히 채권자가 채무자에 대한 반대급부의무를 면하는 효과를 인정하는 데 그치는 것이므로 이에 의하여 제3자의 채권침해행위에 의하여 채권자가 입은 손해가 전보될 수는 없으며, 채무자가 목적물에 관하여 화재보험에 가입하지 않은 경우와 같이 채권자가 대상청구권을 행사할 수 없는 경우도 있을 수 있으므로, 대상청구권에 의하여 채권자가 입은 손해가 항상 전보된다고 볼 수는 없다. 그러므로 '채권자는 위험부담이나 대상청구권의 법리와는 별개로 특정물인도채무에서 급부불능의 상태를 야기한 제3자에 대하여 불법행위책임을 물을 수 있다'고 해석하는 것이 타당하다고 할 것이다. (☞ 제4장 제2절 「이행불능」)

2) 「하는 채무」의 이행에 대한 제3자의 침해행위

연주자·교수 등 「하는 채무」를 부담하고 있는 채무자를 제3자가 납치하거나 감금·협박 등의 방법에 의하여 채무 이행을 방해하거나 채무자를 사망·중상에 이르게 함으로써 하는 채무의 이행을 불가능하게 만든 경우, 채무는 이행불능으로 인하여 소멸하지만, 채무자의 귀

---

26) 민법주해(9)/송덕수, 58; 이은영, 72 참조.

책사유가 없으므로 채무불이행책임은 발생하지 않는다. 물론 이 경우에도 계약의 당사자 사이에서는 위험부담의 법리가 적용될 여지가 있으나, 위험부담의 문제와는 별개로 채권자에 대한 제3자의 불법행위가 성립한다고 해석하여야 할 것이다. 즉, '채권자는 채무자의 제3자에 대한 불법행위로 인한 손해배상청구권과는 별개로 자기의 고유의 권리로서 제3자에 대하여 손해배상을 청구할 수 있다'고 할 것이다.[27)]

이러한 취지에서, 대법원은 「마이클잭슨공연 사건」에 대한 판결에서, '공연기획사가 관계 당국으로부터 합법적으로 공연개최허가를 받고 은행과 적법하게 입장권판매대행계약을 체결한데 대하여 시민단체의 간부들이 위 은행에게 공연협력의 즉각 중지(공연기획사와 이미 체결한 입장권판매대행계약의 즉각적인 불이행)를 요구하고 이에 응하지 아니할 경우에는 은행의 전 상품에 대한 불매운동을 벌이겠다는 경제적 압박수단을 고지하여 이로 말미암아 은행으로 하여금 불매운동으로 인한 경제적 손실을 우려하여 부득이 본의 아니게 공연기획사와 체결한 입장권판매대행계약을 파기케 하는 결과를 가져왔다면, 이는 공연기획사가 은행과 체결한 입장권판매대행계약에 기한 공연기획사의 채권 등을 침해하는 것으로서 위법하다'고 판시함으로써, 공연기획사에 대한 시민단체의 불법행위의 성립을 인정한 바 있다(대법원 2001.7.13. 선고, 98다51091 판결 등).[28)]

3) 제3자가 채무자와 공동하여 채권을 침해한 경우

제3자가 채무자와 공동하여 채권을 침해한 경우에도 제3자의 불법행위가 성립할 수 있음은 물론이다. 다만, 이 경우에는 채무자의 채무불이행책임이 성립하므로, 제3자의 불법행위책임을 인정함에는 신중한 고려가 있어야 한다. 특히 '제3자가 채무자와 이중매매계약을 체결하는 행위는 자유경쟁이 허용되는 범위 내의 것인 한 위법성이 없다고 하여야 할 것이라는 점은 전술한 바와 같다. 다만, '이중매매에 의한 제3자의 채권취득행위가 부정한 경업을 영위할 것을 목적으로 하거나, 제3자가 채무자를 협박·교사하여 이중매매계약을 체결한 경우에는 건전한 거래질서를 해하는 위법행위로서 제1매수인에 대해서도 불법행위를 구성한다'고 할 것이다.[29)] 이와 관련하여, 판례는 '독립한 경제주체 간의 경쟁적 계약관계에서는 단순히

---

27) 同旨: 곽윤직, 81; 윤철홍, 100 참조.

28) 판례평석: 박홍대, "제3자의 계약침해와 불법행위", 판례연구 15집(부산판례연구회, 2004/2), 447 이하; 권대우, "시민단체 불매운동의 한계 -독일법상 보이콧에 기한 손해배상청구권-", 판례실무연구Ⅴ(박영사, 2001), 327 이하; 정태윤, "시민단체 불매운동의 한계 -프랑스에서의 불매운동boycottage의 적법성에 관한 학설·판례-", 판례실무연구Ⅴ(박영사, 2001), 342 이하; 이규호, "시민단체 불매운동의 한계 -미국에 있어서 소비자보이콧에 관한 판례·학설-", 판례실무연구Ⅴ(박영사, 2001), 352 이하; 이경춘, "시민단체 불매운동의 한계 -마이클잭슨 내한공연 반대운동과 관련하여-", 판례실무연구Ⅴ(박영사, 2001), 383 이하; 김태선/유충호, "소비자불매운동과 채권침해의 위법성", 중앙법학 16집 1호(중앙법학회, 2014/3), 97 이하; 윤진수, "불매운동과 제3자의 채권침해", 「민법기본판례」(홍문사, 2016/3), 250 이하.

제3자가 채무자와 채권자 사이의 계약내용을 알면서 기존의 채권자와 채무자 사이의 계약관계와 모순되는 내용의 계약을 체결한 것만으로는 제3자의 고의·과실 및 위법성을 인정하기에 부족하며, 제3자의 침해행위가 채권자의 채권을 침해하기 위해 채무자와의 적극적인 공모에 의해 이루어지거나 그 수단이나 목적이 사회상규에 반하는 경우에 한하여 위법성을 인정할 수 있다'는 입장을 확립하고 있음은 전술한 바와 같다(대법원 2001.5.8.선고, 99다38699 판결 등).[30)]

4) 채권자의 독점판매권 등 영업상의 이익이 침해된 경우

자유경쟁의 원칙도 법질서가 허용하는 범위 내에서의 공정하고 건전한 경쟁을 전제로 하는 것이므로, '제3자가 채권자를 해한다는 사정을 알면서도 법규를 위반하거나 선량한 풍속 또는 사회질서를 위반하는 등 위법한 행위를 함으로써 채권자의 이익을 침해하였다면 채권자에 대한 불법행위가 성립할 수 있다'고 할 것이다. 이러한 취지에서, 판례는 '제3자가 채무자와의 계약에 위반하여 채권자의 독점판매권 등 영업상의 이익을 침해한 경우에도 채무자와의 계약위반으로 인한 채무불이행책임과는 별도로 채권자에 대한 관계에서 불법행위가 될 수 있으며(대법원 2003.3.14.선고, 2000다32437 판결 등),[31)] 제3자가 위법한 행위를 함으로써 피해자와 다른 사람 사이의 계약체결을 방해하거나 유효하게 존속하던 계약의 갱신을 하지 못하게 하여 피해자의 정당한 법률상 이익이 침해되기에 이른 경우에도 불법행위가 성립한다'는 입장을 취하고 있다(대법원 2007.5.11.선고, 2004다11162 판결).[32)]

(3) 채무자의 책임재산을 감소시키는 행위

'채권을 소멸시킨 것이 아니라, 제3자가 채무자의 책임재산을 감소시킨 데 불과한 경우에도 이를 채권자에 대한 불법행위라고 할 수 있는가?' 하는 것이 문제된다. 이에 대하여, 학설은 '제3자가 채무자와 공모하여 허위의 채권을 만들거나 허위의 채권을 기초로 하여 채무자의 재산을 압류함으로써 진정한 채권자의 채권실행을 방해하는 경우와 같이, 정당한 거래행위에 의하지 아니하고 채무자의 책임재산을 감소시키는 행위는 채권의 실질적 가치를 감소시키는 위법한 채권침해행위로서 불법행위를 구성한다'고 보는 견해가 유력하다.[33)]

판례는 '제3자가 채무자의 책임재산을 감소시키는 행위를 함으로써 채권자로 하여금 채권의 실행과 만족을 불가능 내지 곤란하게 한 경우에는 이를 채권침해에 해당한다고 할 수는 있겠지만, 그 제3자의 행위가 채권자에 대하여 불법행위를 구성한다고 하기 위하여는 단순히

29) 同旨: 곽윤직, 83; 김증한/김학동, 69; 김형배, 332 참조.
30) 같은 취지: 대법원 2009.10.29.선고, 2008다82582 판결 참조.
31) 같은 취지: 대법원 2006.9.8.선고, 2004다55230 판결; 대법원 2007.5.11.선고, 2004다11162 판결.
32) 판례평석: 윤근수, "제3자에 의한 채권침해", 판례연구 20집(부산판례연구회, 2009/2), 423 이하; 김재형, "제3자에 의한 계약방해 -현재 또는 장래의 계약관계를 방해하는 경우를 포함하여-", 민법론Ⅳ(박영사, 2011/8), 345 이하.
33) 곽윤직, 82; 김형배, 328 참조.

채무자 재산의 감소행위에 관여하였다는 것만으로는 부족하고, 제3자가 채무자에 대한 채권자의 존재 및 그 채권의 침해사실을 알면서 채무자와 적극 공모하였다거나 채권행사를 방해할 의도로 사회상규에 반하는 부정한 수단을 사용하였다는 등 채권침해의 고의·과실 및 위법성이 인정되는 경우라야만 한다'는 입장을 취하고 있다(대법원 2007.9.6.선고, 2005다25021 판결 등).[34)]

[34] Ⅲ. 채권자의 침해배제청구권

1. 문제의 소재

'제3자가 채권을 침해한 경우, 채권자는 채권의 효력으로서 제3자에 대하여 침해의 배제를 청구할 수 있는가?' 하는 것이 문제된다. 이는 주로 '임대차계약에서 임차인이 직접 제3자에 대하여 침해배제청구권을 행사할 수 있는가?' 하는 형태로 논의되고 있다.

이에 대하여 채권의 본질을 채무자에 대한 상대적 권리에 지나지 않는다고 보는「상대권설」의 입장에서는 소극적인 입장을 취하게 되고, 권리의 불가침성을 근거로 채권을 절대권으로 파악하는「절대권설」은 적극적인 입장을 취하는 것이 논리적이라고 할 수 있다. 그러나 이에 관한 학설·판례의 동향은 조금 복잡한 양상을 보이고 있다.

2. 학 설

(1) 침해배제긍정설

이는 채권자의 제3자에 대한 침해배제청구권을 인정하는 견해로서, 대체로 채권의 성질에 관한「절대권설」을 취하는 학자들에 의하여 지지되고 있다(편의상 이를「침해배제긍정설」이라고 부르기로 한다).[35)] 권리의 불가침성을 근거로 채권의 법적 성질을 절대권으로 파악하는 절대권설의 입장에서 제3자에 대한 침해배제청구권을 인정하는 것은 당연하다고 할 수 있다. 다만,「침해배제긍정설」의 입장에서도 '채권자가 제3자에 대하여 침해배제청구권을 행사하기 위해서는 채권침해자의 귀책사유가 필요한지' 여부에 대해서는, '불법행위의 성립요건인 위법성과 귀책사유가 모두 필요하다'고 해석하는 견해[36)]와, '침해행위의 위법성만이 요건이며 귀책사유는 필요 없다'고 해석하는 견해[37)]가 대립하고 있다.

34) 사안은 채무자가 강제집행을 면탈하기 위하여 제3자와 명의신탁약정을 맺고 제3자 앞으로 소유권이전등기를 경료한 사건이었다. 같은 취지: 대법원 2009.6.11.선고, 2007다68862 판결; 대법원 2009.7.23.선고, 2008다81534 판결.

35) 김주수, 86; 이태재, 41; 현승종, 103; 황적인, 53 참조.

36) 김주수, 86; 현승종, 104 참조.

37) 이태재, 42 참조.

한편 학설 중에는 '불법행위의 효력으로서 침해배제청구권을 인정하여야 한다'는 입장을 취하고, 그 연장으로서 '부동산이중매매에서 매도인과 제2매수인 사이의 매매가 반사회적 법률행위로서 무효인 경우, 제2매매는 제1매수인에 대한 채권침해행위로서 불법행위가 되고, 그 불법행위의 효과로서 제1매수인은 직접 제2매수인에 대하여 목적물의 반환을 청구할 수 있다'고 해석하는 견해도 있다.[38]

(2) 침해배제부정설 : 예외적 인정설

「상대권설」을 취하는 학자들은 대체로 채권의 일반적 효력으로서 침해배제청구권을 인정하는 데 반대하고 있으나(편의상 이를 「침해배제부정설」이라고 부르기로 한다),[39] 이들도 대부분 '임차권등기를 갖추는 등 대항력이 인정되는 부동산임차권의 경우에는 예외적으로 침해배제청구권을 인정하여야 한다'는 입장을 취하고 있다.[40] 다만, 이들은 '침해배제청구는 방해제거 및 방해예방의 범위에 한하여 인정되며, 목적물의 반환청구는 인정되지 않는다'고 해석한다.[41]

3. 판례의 입장

구 의용민법하에서의 판례 중에는 「권리불가침성설」의 입장에서 '채권의 효력으로 침해배제청구권을 인정할 수 있다'고 판시한 사례가 있었으나(대법원 1953.2.21.선고, 4285민상129 판결), 현행민법 시행 이후의 대법원판례는 「상대권설」의 입장으로 전환하였으며, 그 이후 '채권의 효력으로서 제3자에 대한 침해배제청구권은 인정될 수 없다'는 입장을 확립하고 있다. 즉, 대법원은 ① '채권적 권리에 불과한 일시경작권을 매수한 자는 제3자에게 직접 그 토지의 인도를 청구할 수 없다'고 판시한 바 있으며(대법원 1981.6.23.선고, 80다1362 판결),[42] ② '정유업체가 고속도로휴게소의 소유자인 한국도로공사와의 계약에 따라 고속도로휴게소 내에 있는 특정 주유소에 자사(自社)의 상표를 표시하고 자사의 석유제품을 독점적으로 공급할 권리를 취득하였다 하더라도 이는 채권적 권리에 불과하여 대세적인 효력이 없으므로, 채무자인 한국도로공사와 위 주유소에 관한 운영계약을 체결한 제3자가 위 주유소에 다른 정유업체의 상호와

38) 윤진수, 전게논문(주 4), 156 참조.
39) 민법주해(9)/송덕수, 63; 곽윤직, 84 참조.
40) 민법주해(9)/송덕수, 63; 곽윤직, 84; 김상용, 99; 김용한, 117; 김형배, 340 참조. 다만, 김형배 교수는 '임차권을 등기함으로써 대항력은 갖추었으나 점유를 취득하지 못한 임차인의 경우에는 침해배제청구권을 인정하지 말아야 한다'고 해석한다(同, 340 참조).
41) 민법주해(9)/송덕수, 64; 곽윤직, 84; 김기선, 174; 김형배, 340 참조. 그러나 '채권자가 제3자에 대하여 자기에게 목적물을 반환하라고 청구할 수는 없으나, 채무자에게 반환하라고 청구할 수는 있다'고 해석하는 견해도 있다(김용한, 119; 김주수, 174; 장경학, 117 참조).
42) 같은 취지: 대법원 2001.5.8.선고, 99다38699 판결.

상표를 표시하고 그 석유제품을 공급받음으로써 채권자의 권리를 사실상 침해하였다는 사정만으로는 제3자인 주유소 운영권자에게 다른 정유업체와 관련된 시설의 철거나 상호·상표 등의 말소 및 석유제품의 판매금지 등을 청구할 수는 없다'고 판시한 바 있다(대법원 2001.5.8.선고, 99다38699 판결).

한편 대법원판결 중에는 '임차권설정등기가 원인 없이 말소된 경우, 임차인은 임대인이나 그 승계인에 대하여 방해배제청구권을 행사할 수 있다'고 판시한 사례가 있으나(대법원 2002.2.26.선고, 99다67079 판결), 이는 채권자(임차인)와 채무자(임대인) 사이에서 등기된 임차권에 기한 방해배제청구권을 인정한 것이지, 채권의 효력으로서 제3자에 대한 침해배제청구권을 인정한 사례는 아니다. 또한 대법원판결 중에는 '건축회사가 상가를 건축하여 각 점포별로 업종을 정하여 분양한 후에 점포에 관한 수분양자의 지위를 양수한 자 등이 분양계약 등에 정하여진 업종제한약정을 위반할 경우, 이로 인하여 영업상의 이익을 침해당할 처지에 있는 자는 침해배제를 위하여 동종업종의 영업금지를 청구할 권리가 있다'고 판시함으로써, 수분양자로부터 지위를 양수한 자가 상가분양계약상의 업종제한약정을 위반함으로써 영업상의 이익을 침해당할 우려가 있는 다른 수분양자는 침해의 배제를 청구할 수 있음을 인정한 사례가 있으나(대법원 2004.9.24.선고, 2004다20081 판결 등), 이 역시 상호간의 업종제한에 관한 약정을 준수할 의무가 있는 수분양자들 사이에서 침해배제청구권이 문제된 계약당사자 사이의 분쟁에 불과한 사건이므로, 채권의 효력으로써 제3자에 대한 침해배제청구권을 인정한 사례라고 볼 수는 없다.

■ **점포별로 업종을 지정하여 분양한 상가 내 점포에 관한 수분양자의 지위를 양수한 자 등이 분양계약에서 정한 업종제한약정을 위반할 경우, 영업상의 이익을 침해당할 처지에 있는 자가 동종업종의 영업금지를 청구할 수 있는지 여부**(적극) [1] 건축회사가 상가를 건축하여 각 점포별로 업종을 정하여 분양한 후에 점포에 관한 수분양자의 지위를 양수한 자 또는 그 점포를 임차한 자는 특별한 사정이 없는 한 상가의 점포 입점자들에 대한 관계에서 상호 묵시적으로 분양계약에서 약정한 업종제한 등의 의무를 수인하기로 동의하였다고 봄이 상당하므로 상호간의 업종제한에 관한 약정을 준수할 의무가 있다고 보아야 하고, 따라서 점포 수분양자의 지위를 양수한 자 등이 분양계약 등에 정하여진 업종제한약정을 위반할 경우, 이로 인하여 영업상의 이익을 침해당할 처지에 있는 자는 침해배제를 위하여 동종업종의 영업금지를 청구할 권리가 있다. [2] 수분양자나 그 지위를 양수한 자 또는 그 점포를 임차한 자는 상호간 분양계약에서 약정한 업종제한의무를 수인하기로 하는 묵시적 동의에 따라 그 약정을 준수하여 동종영업을 하지 아니할 의무가 발생하고, 이에 대응하여 상호간에 동종영업의 영업금지청구권이 인정되는 것일 뿐이며, 분양계약의 당사자가 아닌 다른 수분양자 등에 대하여 주장할 수 있는 영업독점권이 인정될 수 없는 것이므로, 기존 업종의 영업자인 수분양자나 구분소유자의 다른 수분양자 등에 대한 동종영업에 대한 승낙은 자신의 영업금지청구권을 상대방에게 행사하지 않겠다는 의사표시로서 업종제한의무의 상대적 면제에 해당한다 할 것이고, 이는 특정 점포에서의 영업에 대한 것이므로 승낙의 상대방은 물론 그 승계인이 특정 점포에서 동종영업을 하는 것도 묵시적으로 승낙한 것으로 보는 것이 당사자들의 합리적 의사에 합치한다. (대법원 2004.9.24.선고, 2004다20081 판결)[43]

4. 학설·판례의 검토

현행민법의 해석상 '채권자는 부동산임차권과 같은 특정채권의 보전을 위한 채권자대위권의 행사도 가능하다'는 것이 통설·판례의 입장인데, 이에 따르면 제3자에 의한 채권침해가 있는 경우 채권자는 자신의 채권을 피보전채권으로 하여 제3자에 대한 채무자의 침해배제청구권을 대위행사할 수 있다. 그러므로 채권 자체의 효력으로서 침해배제청구권을 인정할 실익은 크지 않다. (☞ 제4절 「채권자대위권」)

한편 임차권이 등기 등 공시방법을 갖추어 대항력을 취득한 경우라고 하더라도 이는 경제적 약자인 임차인을 보호하기 위한 입법목적에서 임차인이 임대차목적물의 양수인에 대하여 임차권을 주장할 수 있는 효력(대항력)을 인정한 것에 불과하며 결코 임차권이 물권으로 전환되는 것은 아니다. 그러므로 '대항력 있는 임차권의 경우에는 임차권 자체의 효력으로서 침해배제청구권이 인정된다'는 주장은 논리의 비약이라는 비판을 면하기 어렵다. 또한 실제적 측면에 있어서도 「침해배제긍정설」이 주장하는 바와 같이 '채권자(임차권자)의 침해배제청구권에 목적물반환청구권은 포함되지 않는다'고 해석하여야 한다면, '채권의 효력으로서 침해배제청구권을 인정할 실익도 없다. 요컨대, 채권은 채무자에 대한 상대적 권리에 불과하므로, 이론상 채권 자체의 효력으로서 제3자에 대한 침해배제청구권을 인정할 수 있는 근거가 없을 뿐만 아니라, 특정채권의 보전을 위한 채권자대위권의 행사를 광범위하게 인정하고 있는 통설·판례의 입장을 전제로 한다면 이를 인정할 실제적 필요성과 실익도 없다.

43) 판례평석: 신용석, "업종이 지정된 상가 내 점포를 분양받아 기존 업종을 영업하는 수분양자나 구분소유자가 다른 수분양자 등에게 한 동종영업에 대한 승낙의 법적 성질 및 그 효력 범위", 대법원판례해설 51호(법원도서관, 2005/6), 49 이하. 같은 취지: 대법원 1997.12.26.선고, 97다42540 판결; 대법원 2002.8.23.선고, 2001다46044 판결; 대법원 2002.8.27.선고, 2001다37934 판결; 대법원 2002.12.27.선고, 2002다45284 판결; 대법원 2006.7.4., 2006마164·165 결정; 대법원 2009.12.24.선고, 2009다61179 판결.

제 4 절 채권자대위권

[35] Ⅰ. 총 설

채권은 채무자에 대하여 일정한 급부를 청구할 수 있는 권리이지 채무자에 대한 인격적 지배권이 아니다. 따라서 비록 채권자라 하더라도 채무자의 권리를 대신 행사할 수는 없는 것이 원칙이다. 즉, 채권자에게 손해가 발생하지 않는 이상 채무자가 자기의 권리를 행사하든 말든 그것은 전적으로 채무자의 자유로운 판단에 맡겨져야 함이 원칙이다(권리행사 자유의 원칙). 그러나 물권과는 달리 채권은 채무자의 책임재산에 의하여 그 최종적인 효력이 담보되는 것이므로, 채권의 실효성을 확보하기 위해서는 채무자의 책임재산을 보전하는 제도가 필요하게 된다. 민법은 채권자를 보호하기 위하여 민사집행법 등의 집행절차법상의 책임재산보전제도와는 별도로 채권자대위권과 채권자취소권이라는 두 가지 책임재산보전제도를 두고 있다.

1. 채권자대위권의 의의

「채권자대위권」(action subrogatoire)이라 함은 '채권자가 자기의 채권을 보전하기 위하여 자기명의로 채무자를 대신하여 채무자의 권리를 행사할 수 있는 권리'를 말한다.[1)]

---

1) 「채권자대위권」은 프랑스 민법상의 「간접소권」(action indirecte)의 다른 용어인 "action subrogatoire (대신소권)"를 번역한 용어이다. 원래 「대위(代位)」라 함은 '권리자의 의사에 기하지 아니하고 법률의 규정에 의하여 권리가 당연히 이전되는 것'을 가리키는 법률용어로서, '권리자의 의사에 기하여 권리가 이전되는 것'을 가리키는 용어인 「양도(讓渡)」와 대립되는 개념이다. 따라서 채무자의 권리가 채권자에게 이전되는 것이 아니라 단지 채무자의 권리를 채권자가 대신 행사할 수 있는 권리에 불과한 「간접소권」을 "채권자대위권"이라고 번역한 것은 오역(誤譯)이라고 할 수 있다. 사견으로는, 「채권자대위권」은 그 의미에 적합한 법률용어가 될 수 없으므로, 「채권자대신권(債權者代身權)」으로 바꿀 필요가 있다고

채권자대위권은 채무자의 책임재산인 일반재산을 보전하기 위하여 채무자의 행위에 대한 간섭을 인정하는 사적 자치의 원칙에 대한 예외적인 제도라는 점에서, 후술하는 채권자취소권과 공통점이 있다. 다만, 채권자취소권은 책임재산을 감소시키는 채무자의 적극적인 행위를 저지하기 위한 권리인 반면에, 채권자대위권은 책임재산에 대한 채무자의 소극적인 방치행위에 개입할 수 있는 권리라는 점에서, 양자는 정반대의 성질을 가지고 있다. 즉, 채권자취소권은 채무자가 해서는 안 될 행위를 한 경우에 그 행위를 취소하는 적극적인 성질을 가지고 있는 권리로서 채무자의 자율권에 대한 간섭의 정도가 심한 권리인 반면에, 채권자대위권은 채무자가 해야 할 행위를 하지 않고 있는 경우에 그 행위를 대신 해 주는 소극적인 성질을 가지고 있는 권리이므로, 채권자취소권에 비하여 채무자의 자율권에 대한 간섭의 정도가 상대적으로 덜한 권리라고 할 수 있다.

2. 연혁 및 입법례

(1) 프랑스의 간접소권제도

우리 민법의 채권자대위권제도는 프랑스민법의 「간접소권」(action indirecte)제도를 계수한 구 의용민법의 채권자대위권제도를 그대로 계승한 것이다.[2)]

「간접소권」의 제도적 기원에 대해서는, '프랑스민법의 기초자들이 로마법의 간접소권(actio non directus)에서 그 착상을 빌려온 것'이라는 견해[3)]와, '프랑스 고법(古法)에서는 로마법의 민사파산제도가 소멸되었기 때문에 채무자의 일반재산을 보전시킬 수 있는 별도의 권리를 채권자에게 인정할 필요가 있었기 때문에 발생한 것이 채권자대위권제도이며, 간접소권에 관하여 규정하고 있었던 개정 전 프랑스민법 제1166조[4)]는 이미 확립된 이러한 원칙을 규정한 것에 불과하다'는 견해[5)]가 대립하고 있다.

프랑스민법상의 「간접소권」(action indirecte; action oblique)은 '채권자가 장래 자기의 채권을 행사할 수 있기 위하여 채무자의 이름과 계산으로 채무자에 속한 물건이나 가치를 현실적으로 채무자의 재산 속으로 돌아오도록 채무자의 권리를 행사할 수 있는 권리'를 말하는데, 프랑스민법은 제1341-1조에서 간접소권에 관한 명문규정을 두고 있다(C.c. Art. 1341-1).[6)]

본다.

2) 「민법안심의록」, 241~242; 김욱곤, "불란서민법에 있어서의 채권자대위권제도(상)", 사법행정 14권 1호(한국사법행정학회, 1973/1), 52~53; 주석채권총칙(상)/이태재, 362; 여하윤, 「채권자대위권연구」(경인문화사, 2007/8), 7 이하 참조.

3) 주석채권총칙(상)/이태재, 365 참조.

4) 개정 전 프랑스민법 제1166조 : 채권자는 채무자의 일신에 전속된 권리를 제외하고 채무자의 모든 권리와 소권을 행사할 수 있다.

5) 김욱곤, 전게논문(주 2), 53 참조.

6) 프랑스민법 제1341-1조 : 재산적 성질을 가지는 권리와 소권을 행사함에 있어서 채무자의 무자력이

넓은 의미에서 「채권자대위권」(action subrogatoire)이라 함은 「직접소권」(action directe)을 포함하여 '채권자가 채무자의 권리를 대신 행사할 수 있는 권리'를 총칭하는 개념이나, 채권의 일반적 효력으로서 인정되는 좁은 의미의 채권자대위권은 간접소권만을 가리킨다. 또한 프랑스민법상의 채권자대위권은 「간접소권」이라고 불리고 있으나, 이는 소송법상의 권리가 아니라 채권의 일반담보권을 보전하기 위하여 채권자가 채무자의 권리를 대신 행사할 수 있는 실체법상의 권리이다.

우리 민법의 채권자대위권의 제도적 기원이라고 할 수 있는 프랑스민법의 간접소권은, ① 채무자의 이름으로 행사하여야 한다는 점, ② 이행기가 도래하지 아니한 채권을 위해서는 행사할 수 없다는 점, ③ 채권자가 간접소권의 행사에 착수한 후에도 채무자는 자기의 이름으로 권리를 행사할 수 있다는 점, ④ 간접소권의 행사에 따른 소송에는 채무자가 소송참가를 하는 것이 보통이라는 점에서, 우리 민법상의 채권자대위권과는 차이가 있다.[7)]

〈참고〉 프랑스의 직접소권제도

프랑스민법에서 「직접소권」이라 함은 '법률이 인정하는 일정한 경우에 채권자가 자기 채권을 변제받기 위하여 제3채무자에 대하여 자기의 이름으로 채무자의 권리를 직접 행사할 수 있는 권리'를 말한다. 프랑스민법에는 직접소권에 관한 일반규정이 없었으나, 2016년에 개정된 현행 프랑스민법은 직접소권에 관한 일반규정을 두고 있다(C.c. Art. 1341-3).[8)]

직접소권은 채권자가 채무자의 권리를 행사할 수 있는 권리라는 점에서는 간접소권과 유사하나, 다음과 같은 점에서 간접소권과 차이가 있다. 즉, ① 간접소권은 모든 채권자에게 일반적으로 인정되는 권리인데 반하여, 직접소권은 법률에 특별한 규정이 있는 경우에 한하여 인정되는 권리이다.[9)][10)] ② 간접소권은 채무자의 이름으로 권리를 행사하여야 하나, 직접소권은 채권자가 자신의 이름으로 제3채무자에 대한 채무자의 권리를 직접 행사하는 권리이다. ③ 간접소권은 채무자의 무자력을 필수적 요건으로 하고 있으나, 직접소권은 그 권리행사의 요건으로서 채무자의 무자력이 요구되지 않는다. ④ 간접소권은 권리행사의 효과가 채무자의 일반재산(책임재산)에 귀속하나, 직접소권은 권리행사의 효과가 채권자에게 직접 귀속되어 자신의 변제에 충당된다.[11)]

채권자의 권리를 위태롭게 하는 경우에는, 채권자는 채무자의 일신에 전속한 권리를 제외하고는 채무자를 위하여 그 채무자의 권리와 소권을 행사할 수 있다.

7) 平井一雄, "債權者代位權", 「民法講座4 債權總論」(有斐閣, 1985), 108~109 참조.

8) 프랑스민법 제1341-3조 : 법률에 특별한 규정이 있는 경우에는, 채권자는 그의 채무자의 채무자에 대하여 채권의 변제를 직접 청구할 수 있다.

9) 예컨대, ① 임대인은 전차인에 대하여 전대차임의 가액 범위 내에서 전차금을 직접 청구할 수 있으며(C.c. Art. 1753), ② 건물의 건축이나 그 밖에 공사를 위하여 고용된 노무자는 소 제기 당시에 도급인이 수급인에게 부담하고 있는 채무액의 범위 내에서 도급인에 대하여 직접 노임을 청구할 수 있다(C.c. Art. 1798). 또한 ③ 위임계약에서 위임인은 수임인을 대신하여 위임사무를 처리한 자에 대하여 직접 소를 제기할 수 있다(C.c. Art. 1994(2)).

10) 김욱곤, 전게논문(주 2), 53; 山口俊夫, 「フランス債權法」(東京大學出版會, 1985), 260 참조.

11) 명순구, "프랑스 민법 연구의 성과 및 향후의 전망 -채권자대위제도의 운용을 중심으로-", 비교사법 12권 1호(한국비교사법학회, 2005/3), 69 참조.

(2) 일본의 채권자대위권제도

채권자대위권에 관한 우리 민법 제404조는 구 의용민법 제423조[12]를 그대로 계승한 것임은 전술한 바와 같다.[13] 우리 민법 제404조의 입법취지를 명확히 알 수 있는 문헌은 찾을 수 없으므로, 동조의 입법취지는 구 의용민법 제423조의 입법자의사에서 유추하는 수밖에 없다. 「민법수정안이유서」는 그 입법이유를 다음과 같이 기술하고 있다(밑줄은 필자주).[14]

> (이유) 본조는 이른바 간접소권에 관한 규정으로서, 기성법전 재산편 제339조[15]를 수정한 것이다. 기성법전 동조 제1항에 의하면, 채권자는 언제라도 임의로 채무자에 속하는 권리를 행사할 수 있는 것처럼 약간 지나치게 광의로 해석될 염려가 있으므로, 본안은 본조 제1항에서 채권자는 자기의 채권을 보전하기 위함이 아니면 채무자에 속한 권리를 행사할 수 없다는 뜻을 명시하였다. 또한 본조 제2항의 규정에 의하여 채권자는 그 채권의 기한이 도래하지 아니하면 제1항의 권리를 행사할 수 없다는 지극히 당연한 제한을 두었다. 그러나 채권자는 민사소송법의 규정에 따라서 재판상의 대위권을 얻은 때에는 기한 전이라고 하더라도 채무자를 대신하여 그 권리를 행사할 수 있음은 물론이다. 그 밖에 채무자에 속한 권리를 등기하는 것과 같은 보존행위는 동시에 채무자의 이익이 되며, 또한 자기의 채권의 기한과 관계가 없는 것이라면 채권자는 언제든지 이를 할 수 있는 것이므로, 본조 제2항에 있어서 이 두 가지의 예외를 인정하였다.
>
> 다음으로 기성법전 동조 제2항의 규정은 채무자에 속하는 권리를 행사하는 방법을 보여주는 데 그치며, 오히려 민사소송법의 규정에 속하는 것이므로 이를 삭제하였다. 또한 동조 제3항 전단의 규정은 본조 제1항의 규정에 의하여 명백하며, 그 후단의 규정은 명문을 요하지 아니하므로 이를 삭제하였다.

3. 채권자대위권의 제도적 취지 및 기능

우리 민법상의 채권자대위권은 프랑스민법의 간접소권제도를 계수한 구 의용민법의 채권자대위권제도를 계승한 것임은 전술한 바와 같다. 학설 중에는 원래 '채권자대위권은 금전채권의 추심명령제도가 없는 등 프랑스의 강제집행제도의 불완전함을 보완하기 위하여 인정된 제도이며,[16] 따라서 제3채무자에 대한 채권의 강제집행절차[17]가 완비되어 있는 우리나라

---

12) 구 의용민법 제423조 : ① 채권자는 자기의 채권을 보전하기 위하여 그 채무자에게 속한 권리를 행사할 수 있다. 다만, 채무자의 일신에 전속한 권리는 그러하지 아니하다. ② 채권자는 그 채권의 기한이 도래하지 아니한 동안에는 재판상의 대위에 의하지 아니하고는 전항의 권리를 행사할 수 없다. 다만, 보존행위는 그러하지 아니하다.

13) 명순구(실록), 78~80 참조.

14) 「民法修正案理由書」, 412~413 참조. 일본민법 제423조의 기초자인 호즈미 노부시게(穗積陳重)의 기초이유에 대해서는 平井一雄, 전게논문(주 7), 111 참조.

15) 일본구민법 재산편 제339조 : ① 채권자는 그 채무자에게 속하는 권리를 주장하고 그 소권을 행사할 수 있다. ② 채권자는 이를 위하여 압류의 방법에 의하거나, 채무자가 원고 또는 피고인 소송에 참가하는 것에 의하거나, 민사소송법에 따라서 얻은 재판상의 대위로써 제3자에 대한 간접의 소에 의한다. ③ 그러나 채권자는 채무자에 속하는 순수한 권능 또는 채무자의 일신에 전속한 권리를 행사할 수 없으며, 또한 법률 또는 합의의 명문으로써 압류를 금지한 재산을 압류할 수 없다.

16) 학설 중에는 '프랑스 민사소송법에 채권압류(saisie arrêt)의 제도가 정비된 이후에는 채권자대위권제도는 거의 활용되지 않고 있다'는 주장도 있으나, '프랑스에서는 1980년대 이후 다시 채권자대위권제도가

에서는 실체법상의 권리로서 채권자대위권을 인정할 실익이 프랑스에 비하여 크지 않다'고 주장하는 견해가 있다.[18] 그러나 비교적 완비된 독일식 강제집행제도를 가지고 있는 우리나라에서도 채권자대위권은 매우 중요한 기능을 수행하고 있으며, 따라서 채권자대위권을 인정할 실익은 매우 크다고 생각된다.[19] 그 이유는 다음과 같다. 즉, ① 강제집행은 집행권원을 요하는 등 그 요건이 엄격하고 절차가 복잡하므로, 신속을 요하는 경우에는 강제집행의 준비로서 요건과 절차가 간단한 실체법상의 권리인 채권자대위권에 의하여 채무자의 책임재산을 보전할 필요가 있다. 물론 강제집행을 준비하기 위한 민사집행법상의 보전절차로서 가압류·가처분제도가 있으나(민사집행법 276조 이하), 이러한 민사집행법상의 보전절차가 실체법상의 채권자대위권을 완전히 대체할 수는 없는 것이 현실이다. ② 강제집행은 집행권원에 의하여 확정된 청구권을 실현하기 위해서만 행사될 수 있으며, 특히 유체물의 인도나 권리이전의 청구권에 대하여는 전부명령(轉付命令)을 할 수 없다(민사집행법 245조). 그러나 채권자대위권은 유체물의 인도나 권리이전의 청구권은 물론 그 밖에 취소권·해제권·환매권 등의 형성권에 대해서도 행사될 수 있는 것으로서 매우 유용한 제도이다. 또한 ③ 판례는 비록 "채권자대위권의 전용(轉用)"이라는 비판을 받고 있기는 하나, '등기청구권이나 방해배제청구권과 같은 특정채권의 보전을 위해서도 채권자대위권을 행사할 수 있다'는 입장을 확립하고 있는바(예컨대, 임차인은 그의 임차권을 보전하기 위하여 임차목적물의 무단점유자에 대한 임대인의 방해배제청구권을 대신 행사할 수 있으며, 부동산의 매수인은 매도인의 전(前)매도인에 대한 소유권이전등기청구권을 대신 행사할 수 있다), 이러한 판례의 입장에 따르면 채권자대위권은 채권을 보전하기 위한 매우 유용한 권리라고 할 수 있다.

[36] Ⅱ. 채권자대위권의 법적 성질

1. 책임재산의 보전을 위한 권리

채무자의 재산은 모든 채권자를 위한 공통의 담보를 형성한다. 이러한 의미에서 채무자의 일반재산을 「책임재산(責任財産)」이라고 한다. 채권자대위권은 '채무자가 변제자력이 부족

적극적으로 활용되고 있다'고 한다(오수원, "프랑스의 채권자대위권에 있어서 채권자의 채권과 특정물채권자", 법조 49권 9호, 법조협회, 2000/9, 50 이하 참조).

17) 채무자의 금전채권을 압류한 채권자는 법원에 추심명령이나 전부명령을 신청할 수 있는데, 추심명령이 있는 때에는 압류채권자는 대위절차 없이 압류채권을 직접 추심할 수 있으며, 전부명령이 있는 때에는 압류된 채권은 지급에 갈음하여 압류채권자에게 이전된다(민사집행법 229조). 또한 유체물의 인도나 권리이전의 청구권에 대한 강제집행(압류 및 환가방법)에 대해서는 민사집행법 제242~245조 참조.

18) 민법주해(9)/김능환, 744; 곽윤직, 169; 김증한/김학동, 180; 김형배, 344; 이은영, 421 등 참조.

19) 同旨: 주석채권총칙(상)/이태재, 366 참조.

함에도 불구하고 제3채무자에 대한 권리의 행사를 게을리 하는 경우에 채무자의 책임재산을 보전하기 위하여 채권자가 채무자의 권리를 대신 행사할 수 있는 권리'로서, 채권자취소권과 함께 채무자의 책임재산을 보전하기 위한 권리로서 책임재산보전제도의 한 축을 이루고 있다 이와 같이 채권자대위권을 '채무자의 책임재산을 보전하기 위한 권리'라고 보는 전통적인 견해에 따르면, 채권자대위권의 행사를 위한 필수적인 요건으로서 '채무자의 무자력'이 요구된다. 그러나 후술하는 바와 같이, 판례는 '특정채권을 피보전채권으로 하는 채권자대위권의 행사도 가능하며, 이 경우에는 채무자의 무자력을 요건으로 하지 않는다'는 법리를 확립하고 있다. 그러므로 판례의 법리에 따르면, '우리 민법상의 채권자대위권은 단순한 책임재산보전을 위한 권리에 그치는 것이 아니라, 채권의 보전을 위하여 채무자의 권리를 대신 행사할 수 있는 일반적인 권리로 승격되어 있다'고 말할 수 있다. 학설은 이러한 판례의 입장을 「채권자대위권의 전용(轉用)」이라고 비판하면서도 이를 대체로 수용하고 있다.

2. 채권자의 권리

(1) 채권자 자신의 권리

채권자대위권은 채무자를 위한 대리권이 아니라 채권자 자신의 권리이다. 따라서 채권자는 자기 자신의 명의로 채권자대위권을 행사하여야 한다. 이 점에서 우리 민법상의 채권자대위권은 '채무자의 이름과 계산으로 채무자의 권리와 소권을 행사하는 권리'인 프랑스민법상의 간접소권과 다르며, 오히려 직접소권과 유사하다. 또한 채권자대위권은 각 채권자에게 속하는 개별적 권리라는 점에서, 파산재단의 관리인으로서 선관주의의무를 부담하는 파산관재인의 권리와 구별된다(채무자회생법 361조).[20]

(2) 채권에 종된 권리

채권자대위권은 채권의 실효성을 담보하는 채무자의 책임재산을 확보하기 위하여 인정된 권리로서 채권에 종(從)된 권리이다. 따라서 채권이 양도되면 채권자대위권은 법률상 당연히 채권양수인에게 이전된다.

(3) 실체법인 민법상의 권리

채권자대위권은 채무자의 책임재산을 보전하기 위하여 채무자의 수권행위가 없더라도 채무자의 재산관리행위에 개입할 수 있는 채권자의 권리로서, 소송법상의 권리가 아니라 실

20) 채무자회생법 제361조(파산관재인의 의무 등) ① 파산관재인은 선량한 관리자의 주의로써 그 직무를 행하여야 한다. ② 파산관재인이 제1항의 규정에 의한 주의를 게을리 한 때에는 이해관계인에게 손해를 배상할 책임이 있다. 이 경우 주의를 게을리 한 파산관재인이 여럿 있는 때에는 연대하여 손해를 배상할 책임이 있다.

체법인 민법상의 권리이다. 또한 채권자대위권은 채권자의 일방적 의사표시에 의하여 그 효과가 발생하므로 일종의 형성권이라고 할 수 있다.

3. 채무자의 재산관리행위에 개입할 수 있는 권리

채권자대위권은 채무자의 재산관리행위에 개입할 수 있는 실체법상의 권리라고 보는 것이 통설·판례의 입장이다. 이를 「재산관리권설」이라고 하는데, 학설 중에는 이러한 통설적 견해를 비판하고, '채권자대위권은 소송법상의 권리로서의 성질도 함께 가지고 있는 포괄적 담보권'이라고 주장하는 견해가 있다.[21] 이는 채권자대위권의 본질을 파악하는 데 유익한 논쟁이라고 생각되므로, 소수설의 당부를 검토해 보기로 한다.

(1) 학 설

1) 재산관리권설

프랑스민법학에서는 '채권자대위권의 행사는 집행행위는 아니지만 단순한 보전행위를 넘는 그 중간에 속하는 행위로서 강제집행을 준비하는 행위'라고 한다.[22] 그러나 국내의 통설은 프랑스민법학의 통설적 견해와는 달리, '채권자대위권은 채권을 보전하기 위하여 채권자가 채무자의 책임재산을 관리할 수 있는 권한을 의미하는 일종의 재산관리권'이라고 파악하고 있다. 이를 「재산관리권설」이라고 한다. 다만, 국내의 통설은 '채권자대위권은 기본적으로 타인의 재산을 관리할 수 있는 권한에 불과하나, 관리에 필요한 범위 내에서는 채무자의 재산에 대한 소극적인 보존행위를 할 권능뿐만 아니라 적극적으로 처분행위를 할 권능도 포함하고 있다'고 한다. 또한 국내의 통설은 '채권자대위권 행사에 따른 제3채무자의 급부는 채무자의 일반재산에 귀속되어 채권자 전체를 위한 공동담보가 되는 것이므로, 채권자대위권을 행사하는 채권자는 제3채무자에 대하여 자신에게 이행할 것을 청구할 수 없으며 채무자에게 급부할 것을 청구할 수 있을 뿐'이라고 한다. 다만, '제3채무자로부터 변제로서 수령한 급부의 목적물이 자신의 채무자에 대한 채권의 목적물과 같은 종류의 것이고 채권이 변제기에 있는 경우에는 채권자는 채무자에 대한 자기의 채권을 자동채권으로 하여 채무자에 대한 목적물인도채무와 상계함으로써 실질적으로 우선변제를 받는 결과가 된다'고 한다.[23]

이러한 종래의 통설적 견해에 대해서는 다음과 같은 비판이 제기되고 있다.[24] 즉, '① 통설에 따르면, 채권자가 금전채권을 보전하기 위하여 제3채무자에 대한 채무자의 금전채권을

21) 김형배, 349 참조.
22) Marty et Raynaud, n°684; 김욱곤, 전게논문(주 2), 54; 여하윤, 전게서(주 2), 29~31; 山口俊夫, 전게서(주 10), 260 참조.
23) 곽윤직, 137; 현승종, 196 등 참조.
24) 김형배, 345 이하 참조.

대위행사하는 경우에, 채권자는 제3채무자에 대하여 직접 금전을 인도할 것을 청구할 수 있고, 제3채무자로부터 수령한 금전을 채무자에게 반환하지 않고 자기의 채권과 상계함으로써 결과적으로 우선변제를 받는 것을 인정하고 있는바, 이는 채권자대위권이 단순히 채무자의 책임재산을 관리할 수 있는 권한을 부여하는 제도에 그치는 것이 아니라 집행권원을 요하지 않는 간이한 채권추심제도로서 독자적 존재이유를 가진 제도라고 볼 수 있게 한다. ② 통설은 금전채권의 경우에는 채무자가 충분한 변제자력이 있는 경우에는 채권자대위권을 행사하는 것이 허용되지 않는다고 하는데, 이는 채권자에게 노력과 비용이 많이 드는 강제집행의 방법을 강요하게 되는 결과가 되어 채권자에게 부당한 손실을 주는 반면에 채무자와 제3채무자를 과잉보호하는 결과가 된다. ③ 채무자도 강제집행으로 다른 재산을 잃는 것보다는 채권자가 제3채무자로부터 변제받기를 원할 것이기 때문에, 금전채권의 보전을 위한 채권자대위권에 있어서도 채무자의 무자력은 필수적인 요건이라고 할 수 없다. ④ 등기실무상 채권자가 채무자의 등기신청권을 대위행사하는 경우에는 채무자의 무자력은 요구되지 않는 것이 현실인바(부동산등기법 28조),[25] 이 경우 채권자대위권은 채무자의 일반재산을 보전하기 위한 제도가 아니라 채권의 확보를 위한 동태적(動態的) 기능을 담당하는 제도라고 파악하여야 한다. ⑤ 통설·판례에 따르면, 등기청구권이나 임차권과 같은 특정채권의 보전을 위하여 채무자의 제3채무자에 대한 등기청구권 또는 침해배제청구권을 대위행사할 수 있으며, 이 경우에는 채무자의 무자력은 요구되지 않는바, 이는 채권자대위권이 채무자의 책임재산의 보전만을 위한 제도가 아니라는 것을 의미한다'는 비판이 그것이다.

2) 포괄적 담보권설

이는 '채권자대위권은 채권을 보전하기 위하여 채권자가 채무자의 재산에 대하여 가지는 법률상의 포괄적 담보권이라고 파악하는 견해이다.[26] 이 견해는 '채권자대위권은 채무자의 책임재산을 보전하기 위한 강제집행의 보조적 수단에 불과한 것이 아니라 집행권원을 요하지 않는 독자적인 담보제도이며, 채권자대위권에 관하여 규정하고 있는 민법 제404조는 채권의 보전을 위하여 채권자가 채무자의 책임재산 전체에 대하여 가지는 일종의 법정포괄담보권과 그 실행방법을 규정한 것'이라고 한다.[27]

이 견해는 통설(재산관리권설)에 대한 전술한 비판을 바탕으로, 채권자대위권은 다음과 같은 제도적 의의와 특질을 가지고 있다고 주장한다.[28] 즉, '① 채권자대위권은 채권자가 자기

---

25) 부동산등기법 제28조(채권자대위권에 의한 등기신청) ① 채권자는 민법 제404조에 따라 채무자를 대위하여 등기를 신청할 수 있다. ② 등기관이 제1항 또는 다른 법령에 따른 대위신청에 의하여 등기를 할 때에는 대위자의 성명 또는 명칭, 주소 또는 사무소 소재지 및 대위원인을 기록하여야 한다.

26) 김형배, 345~352 참조.

27) 상게서, 346 이하 참조.

28) 김형배, 349 이하 참조.

의 채권보전을 위하여 채무자의 책임재산 전체에 대하여 가지는 포괄적 담보권이며,[29] 채권자대위권에 관한 제404조 이하의 규정은 그 내용과 실행방법을 규정한 것이다. ② 채권자대위권은 포괄적 담보권과 사적 실행방법의 복합적 성질을 가진 것이며, 재판상의 대위 및 그것과 연결된 특별한 효과가 인정되는 것으로 소권적 색채도 보유하고 있다. ③ 채권자는 채무자를 대위하여 제3채무자의 금전채무의 변제를 수령한 후 그 인도채무와 자신의 채권을 상계함으로써 사실상 집행권원 없이 강제집행하는 것이 허용되고 있는바, 이는 채권자대위권이 강제집행의 보조수단이 아니라 독자적 존재이유를 가지는 제도라고 볼 수 있는 근거가 된다. ④ 채권자대위권 행사의 필수적 요건으로 채무자의 무자력을 요구할 필요가 없으며, 금전채권의 보전을 위한 채권자대위권의 경우에도 대위의 객체인 채무자의 권리가 피보전채권에 대하여 담보로서의 관련성이 강하거나 밀접불가분의 관계에 있는 경우에는 채무자의 무자력이 요구되지 않는다고 할 것이므로, 채권자대위권의 기능은 단순히 책임재산의 보전이 아니라 채권의 확보를 위한 집행적 기능을 수행하는 것으로 보는 것이 타당하다'고 주장한다.

(2) 판례의 입장

판례는 채권자대위권의 본질을 일종의 재산관리권으로 파악하고 있다. 우선 ① 판례는 '채권자대위권을 행사하는 경우에는 채권자와 채무자 사이에 일종의 법정위임의 관계가 성립하므로, 채권자는 채무자에게 그 비용의 상환을 청구할 수 있는바(688조), 이때의 비용상환청구권은 강제집행을 직접 목적으로 하여 지출된 집행비용(민사집행법 53조 1항)[30]이라고 볼 수는 없으므로 지급명령신청에 의하여 지급을 구할 수 있다'는 입장을 취하고 있는바(대법원 1996. 8.21., 96그8 결정), 이는 채권자대위권의 행사를 강제집행 그 자체로 파악하는「포괄적 담보권설」의 입장과는 차이가 있다.[31] 또한 판례는 ② '채권자대위권은 채무자가 제3채무자에게 대하여 가지고 있는 권리를 채권자가 대위하여 행사하는 것에 불과하므로, 제3채무자에게 대하여 채무자에게 일정한 급부행위를 하라고 청구하는 것이 원칙(다만, 채무자가 제3채무자의 인도를 수령하지 않은 경우에 한하여 채권자 자신에게 인도하라고 청구할 수 있을 뿐)'이라고 한다(대법원 1966.9.27.선고, 66다1149 판결). 이러한 판례의 입장은 채권자대위제도를 독자적 존재이유를 가지

---

29) 다만,「포괄적 담보권」이라는 용어는 실정법상의 규정에 근거를 둔 것이 아니고, 채권자대위권의 성질을 비유적으로 표현한 것이라고 한다(김형배, 349 참조).

30) 민사집행법 제53조(집행비용의 부담) ① 강제집행에 필요한 비용은 채무자가 부담하고 그 집행에 의하여 우선적으로 변상을 받는다. ② 강제집행의 기초가 된 판결이 파기된 때에는 채권자는 제1항의 비용을 채무자에게 변상하여야 한다.

31) 판례는 채권자취소권에 대해서도 '사해행위취소 소송을 위하여 지출한 소송비용, 사해행위취소를 원인으로 한 말소등기청구권 보전을 위한 부동산처분금지가처분 비용, 사해행위로 마쳐진 소유권이전등기의 말소등기비용은 위 집행에 의하여 우선적으로 변상 받을 수 있는 "강제집행에 필요한 비용"에 해당하지 않는다'는 입장을 취하고 있다(대법원 2011.2.10.선고, 2010다79565 판결).

는 강제집행제도의 일종으로 보는 「포괄적 담보권설」의 주장과는 거리가 멀다고 할 것이다.

(3) 학설 · 판례의 검토

「포괄적 담보권설」에 대해서는 다음과 같은 비판이 제기되고 있다.[32] 즉, '① 채권자대위권의 본질적 기능을 채권의 만족기능으로 보는 것은 민법의 규정취지와 현재의 민사소송 및 강제집행의 구조와 부합되지 않는다. 즉, 포괄적 담보권이라면 채권자대위권을 행사함으로써 채권자가 직접 만족을 얻을 수 있어야 하는데, 현행법상 법원이 채권자대위권 행사에 채권압류의 효과를 부여하거나 제3채무자로 하여금 채권자에게 직접 변제할 것을 명하거나 대위채권자에게 우선변제권을 부여할 수는 없으므로, 채권자가 만족을 얻기 위해서는 다시 채무자에 대한 이행의 소를 제기하여야 한다. ② 채권자대위권의 기능을 채권압류 및 추심명령의 목적으로 확대하는 것은 민사소송법 내지 민사집행법상 근거도 없고 바람직하지도 않다. ③ 채권자대위권을 행사한 채권자에게 우선변제권을 부여하는 것은 강제집행의 원칙인 채권자평등주의와 상충되기 때문에, 금전채권을 대신 행사할 때 발생하는 사실상의 우선변제를 근거로 채권자대위권의 본질을 우선변제권을 내용으로 하는 포괄적 담보권으로 파악하는 것은 부당하다. ④ 「포괄적 담보권설」은 재판 외에서 채권자대위권을 행사하는 경우에 채권자의 자력집행에 의한 채권추심행위를 당연한 것으로 전제하고 있는데, 이는 자칫하면 채권자의 횡포를 방조하거나 거래질서의 교란을 초래할 우려가 크다'는 비판이 그것이다.

위와 같은 비판에 대하여, 「포괄적 담보권설」 측에서는 다음과 같은 반론을 제기하고 있다. 즉, ① '프랑스에서도 채권자대위권제도는 채권의 실현을 위한 일종의 집행제도로서 이해되고 있다'고 주장한다.[33] 그러나 프랑스민법학에서는 '대위권의 행사는 그 직접적 효과로서 재산을 채권자에게 돌아오게 하는 데 있지만 이는 압류의 가능성을 담보하는 강제집행을 준비하는 행위로서 단순한 보전행위를 넘는 것이나, 집행행위는 아닌 그 중간에 속하는 행위'라고 보는 것이 통설과 판례의 입장이므로,[34] 이러한 반론은 타당하지 않다. ② '채무자의 무자력을 채권자대위권 행사의 요건으로 보게 되면 채무자가 충분한 변제자력이 있는 경우에는 채권자대위권의 행사가 허용되지 않는데, 이는 채권자에게 노력과 비용이 많이 드는 강제집행의 방법을 강요하게 되어 채권자에게 부당한 손실을 주는 반면에 채무자와 제3채무자는 과잉보호하는 결과가 되며, 채무자도 자기의 다른 재산을 강제집행으로 잃는 것보다는 채권자가 제3채무자로부터 변제받기를 원할 것이기 때문에, 금전채권의 보전을 위한 채권자대위권

---

32) 주석민법(1)/이상경, 715; 이은영, 426 참조.
33) 김형배, 352 참조.
34) Mazeaud, n° 973; Marty et Raynaud, n° 684; Planiol et Ripert n° 898. 김욱곤, 전게논문(주 2), 54; 여하윤, 전게서(주 2), 30; 山口俊夫, 전게서(주 10), 260 참조.

의 행사에 있어서도 무자력 요건을 반드시 고수할 필요가 없다'고 주장한다.[35] 그러나 채권자대위권을 강제집행에 의한 우선변제권을 내용으로 하는 담보권의 일종으로 본다면 '채권자대위권을 두고 강제집행을 하는 것이 채권자에게 부당한 손실을 주고 채무자와 제3채무자를 과보호하는 결과가 된다'고 말할 수 있겠으나, 채권자대위권의 성질을 강제집행의 준비단계에서 행사할 수 있는 책임재산보전을 위한 재산관리권에 불과한 것으로 본다면 대위행사의 요건(채무자의 무자력)을 갖추지 못하여 이를 허용하지 않는 것은 하등 부당할 것이 없고 제3채무자를 과잉보호하는 것이라고도 할 수 없다. 그리고 이러한 주장은 '강제집행이 완비된 우리 법제에서는 채권자대위제도가 불필요하다'는 전제에서 출발한 「포괄적 담보권설」의 기본적 입장과도 모순된다. ③ '채권자대위권을 행사하여 등기신청을 하는 경우에는 서면으로 채무자의 무자력을 증명하는 것이 현실적으로 어려울 뿐만 아니라,[36] 등기실무상 대위등기의 신청이 무자력요건을 전제로 하여 행하여지고 있지도 않으므로,[37] 채권자대위권에 의한 등기신청에 있어서는 채무자의 무자력이 요구되지 않는다고 해석하여야 할 것'이라고 주장하고, 이를 논거로 하여 '채권자대위권은 채무자의 책임재산의 보전을 위한 제도가 아니라 채권의 확보를 위한 제도로 파악하는 것이 타당하다'는 결론을 이끌어내고 있다.[38] 이러한 「포괄적 담보권설」의 주장은 최근의 판례가 취하고 있는 '채무자의 무자력 여부와 관계없이 「채권보전의 필요성」을 인정할 수 있다'는 입장(대법원 2001.5.8.선고, 99다38699 판결 등)과 일맥상통하는 측면이 있다. 그러나 설령 '채권자대위권을 행사하여 등기신청을 함에 있어서는 채무자의 무자력요건은 불필요하다'고 해석할 수 있다고 하더라도, 이를 일반화하여 '채권자대위권은 채무자의 책임재산을 보전하기 위한 권리가 아니라 채무자의 무자력 여부와는 관계없이 행사할 수 있는 채권의 확보를 위한 제도'라고 주장하는 것은 지나친 논리의 비약이라는 비

35) 김형배, 348 참조. '채권자대위권의 행사요건으로서 무자력요건은 불필요하다'는 「포괄적 담보권설」의 주장은 결과적으로 우리 판례에 의하여 수용되었다고 말할 수 있으나, 이러한 판례의 입장이 채권자대위권의 법적 성질을 「포괄적 담보권」으로 파악하였기 때문은 아니라는 것은 후술하는 바와 같다.

36) 등기신청권의 대위행사에 대한 상세는 송흥섭, "대위등기", 재판자료 43집 「등기에 관한 제문제(상)」(법원행정처, 1988/12), 429 이하 참조.

37) 대법원의 등기예규인 「채권자대위에 의한 등기절차에 관한 사무처리지침」(2001.4.13. 대법원등기예규 제1019호로 제정되고 2011.10.12 등기예규 제1432호로 개정된 것)은 채권자(특정의 등기청구권을 가진 채권자 및 금전채권자 포함)가 민법 제404조 및 부동산등기법 제52조(현행 부동산등기법 제28조)의 규정에 의하여 채무자에 대위하여 등기를 신청하는 경우에는 신청서에 「대위권의 발생원인」으로서 보전하여야 하는 채권이 발생된 법률관계를 간략히 기재하도록 하고 있으며(대위원인의 기재의 예시: 매매인 경우에는 "○년 ○월 ○일 매매에 의한 소유권이전등기청구권", 대여금채권인 경우에는 "○년 ○월 ○일 소비대차의 대여금반환청구권" 등), 「대위원인을 증명하는 서면」으로서 대위의 기초인 권리가 특정채권인 때에는 당해 권리의 발생원인인 법률관계의 존재를 증명하는 서면(예: 매매계약서 등)을, 금전채권인 때에는 당해 금전채권증서(예: 금전소비대차계약서 등)를 첨부하도록 규정하고 있다(이 때의 매매계약서 등은 공정증서가 아닌 사서증서라도 무방하다고 한다).

38) 김형배, 348 참조.

판을 면하기 어렵다고 생각된다. ④「포괄적 담보권설」 측에서는 '통설·판례가 채권자대위권을 채무자의 책임재산을 보전하기 위하여 채권의 효력으로서 채권자에게 부여되는 일종의 재산관리권이라고 파악하면서도, 채권자의 등기청구권 또는 임차권과 같은 특정채권의 보전을 위한 채권자대위권의 행사를 허용하고 있고, 이 경우에는 채무자의 무자력이 요구되지 않는다고 해석하고 있으므로, 결국 채무자의 무자력은 채권자대위권의 필수적 행사요건이 아니며, 이는 채권자대위권의 기능이 채무자의 책임재산의 보전을 그 핵심으로 하지 않는다는 것을 의미한다'고 비판한다.[39] 통설에 대한 이러한 비판은 '채권자대위권은 특정채권을 보전하기 위하여서도 행사할 수 있고, 이 경우에는 채무자의 무자력을 필요로 하지 않는다'는 판례의 법리를 당연한 것으로 전제한다면 타당한 비판이라고 할 수 있다. 그러나 '판례의 입장은 채권자대위권제도의 전용이며, 채권자대위권을 오용 내지 남용하고 있는 것'이라고 비판하는 입장[40]에서는 이러한 비판은 수용하기 어렵다.

모든 면에서 이론적으로 완벽하게 맞아떨어지는 법제도는 존재하지 않으며, 실제로 발생한 분쟁을 합리적으로 해결하여야 하는 법원의 입장에서는 거래의 실제적 요구를 외면하기 어렵다. 이러한 관점에서 채권자대위권의 무자력요건을 무시하는 것처럼 보이는 최근의 판례 법리는 '거래의 실제적 수요를 충족시키기 위하여 채권자대위권제도를 전용하여 부동산임차인에게 실질적으로는 물권적 청구권이라고 할 수 있는 침해배제청구권을 인정한 것이며, 부동산매매에서 매수인의 전(前)매도인에 대한 등기청구권을 인정한 것'이라고 보아야 할 것이다. 그리고 채권자대위권을 전용하여 채권자대위권의 적용범위를 확대하여 가는 판례법리에 대하여 비판적인 입장[41]을 취할 수 있음은 물론, 판례가 거래의 수요에 응하여 채권자대위권의 전용을 일부 영역에서 허용했다고 해서 전체로서 채권자대위권제도의 본질이 달라진다고 볼 수도 없다고 할 것이다. 따라서 판례가 일부영역에서 채권자대위권의 전용을 허용하고 있음을 근거로 하여, '채권자대위권제도가 본질상 책임재산의 보전을 위한 제도가 아니라 채권 자체의 보전을 위한 포괄적 담보권으로서 강제집행제도의 성질도 갖추고 있다'고 주장하는 것은 '본말이 전도된 이론'이라는 비판을 면하기 어렵다고 생각된다.

이상에서 살펴본 바와 같이, 「포괄적 담보권설」은 설득력이 부족할 뿐만 아니라, 민법 및 민사소송법, 그리고 강제집행법의 체계에도 부합되지 않는 무리한 이론으로서, 현행법의 해석론으로 채택하기 어려운 학설이라고 생각된다. 요컨대, 채권자대위권은 강제집행절차상의 권리가 아니라 채무자의 책임재산을 보전하기 위한 전(前)단계에서 채권의 일반적 효력에 기하여 인정된 일종의 재산관리권으로서, 법률상 및 사실상의 행위에 의하여 채무자의 재산을

39) 상게서, 346 참조.
40) 예컨대, 명순구, 전게논문(주 11), 74 참조.
41) 예컨대, 현승종, 186 참조.

관리할 수 있는 채권자의 실체법상의 권리라고 보아야 할 것이다.

[37] Ⅲ. 채권자대위권의 행사요건

1. 피보전채권에 관한 요건

(1) 피보전채권의 존재

채권자대위권은 채권의 일반적 효력으로 인정되는 권리이므로, '채권자대위권에 의하여 그 권리의 실현이 보호되는 채권', 즉 「피보전채권」[42]이 존재하고 있어야 함은 물론이고, 채권자가 그 채권을 행사할 수 있는 상태에 있어야 한다. 다만, 피보전채권이 채권자대위권의 객체인 채무자의 권리보다 먼저 성립되었을 필요는 없으며,[43] 채권자대위권의 행사가 채권을 보호하기 위한 유일한 수단일 필요도 없다.

1) 금전채권 : 청구권 일반

채권자대위권의 본질을 채무자의 책임재산을 보전하기 위한 재산관리권이라고 한다면, 이론상 피보전채권은 금전채권에 한정되어야 할 것이다. 왜냐하면 채권자대위권이 채무자의 책임재산을 보전하기 위하여 채권자에게 인정되는 권리라고 한다면, 그 피보전채권도 채무자의 책임재산과 관계있는 것이어야 하는데, 채무자의 책임재산과 직접적으로 관계있는 채권은 금전채권뿐이기 때문이다. 다만, 원래의 피보전채권이 물건의 인도채권이든 그 밖의 행위채권이든 관계없이 강제집행시에 피보전채권이 금전채권의 형태로 존재하고 있으면 채권자대위권의 행사에는 지장이 없다. 왜냐하면 모든 채권은 채무불이행에 의하여 결국 금전채권으로 변하기 때문이다(394조).

(가) 피보전채권의 현존

채권자대위권을 행사하기 위해서는 피보전채권이 현존하고 있어야 하며, 장차 채권을 취득하게 될 것이라는 단순한 기대만으로는 피보전채권이 있다고 할 수 없다. 이러한 취지에서, 대법원은 '관할관청으로부터 사용허가를 받아 국유재산을 점유하고 있는 연고권자로서 장차 그 국유재산을 수의계약에 의하여 매수할 수 있는 지위에 있다는 기대를 가지고 있다고 하더라도, 그것만으로는 피보전채권이 존재한다고 볼 수 없다'고 판시한 바 있다(대법원 1991.7.26.선고, 91다16624 판결).

---

42) 일반적으로 채권자대위권에 의하여 보호되는 채권을 제404조의 규정에 따라서 「피보전채권」이라고 부르고 있으나, 채권자대위권은 채무자의 책임재산을 보전하기 위한 권리이지 채권 자체를 보전하기 위한 권리는 아니므로, 이는 적당한 용어라고 하기 어렵다는 비판이 있다(곽윤직, 129 참조). 타당한 비판이라고 생각되나, 본서에서는 종래의 용어법에 따라 「피보전채권」이라는 용어를 그대로 사용하기로 한다(사견으로는, 「피보전채권」이라는 용어보다는 「피보호채권」이라는 용어가 적당하다고 생각한다).

43) 同旨: 주석민법(1)/이상경, 716; 김형배, 353 참조.

(나) 채권보전의 필요성과 이행기의 도래

판례에 따르면, ① '피보전채권은 그 발생원인이 어떠한 것이든 보전의 필요성이 인정되고 이행기가 도래한 것이면 충분하며, 제3채무자에게 대항할 수 있는 것임을 요하지는 않는다. 그러므로 채권자대위소송에서 채권자는 피보전채권의 존재 사실 및 보전의 필요성, 기한의 도래 등을 증명하면 충분하며, 피보전채권의 발생원인 사실 또는 그 채권이 제3채무자인 피고에게 대항할 수 있는 채권이라는 사실까지 증명할 필요는 없다'고 한다(대법원 1988.2.23.선고, 87다카961 판결 등).[44] 따라서 ② 피보전채권에 기한 이행청구소송에서 채권자가 승소한 경우에는 채권자대위소송에서 제3채무자가 피보전채권의 존재를 다투는 것은 허용되지 않는다(대법원 2000.6.9.선고, 98다18155 판결 등). 이와 반대로, 실체법상 피보전채권이 존재하더라도 그 채무의 이행을 청구하는 소송에서 패소하여 판결이 확정된 경우, 채권자는 그 판결의 기판력으로 인하여 다시 그 채권을 피보전채권으로 하는 채권자대위의 소를 제기할 수 없게 된다(대법원 1986.2.11.선고, 85다534 판결 등).[45]

■ **채권자대위권의 행사요건 및 채권자가 채무자를 상대로 채권자대위권의 피보전채권에 기한 이행청구의 소를 제기하여 승소판결이 확정된 경우, 제3채무자가 그 청구권의 존재를 다툴 수 있는지 여부(소극)** 민법 제404조에서 규정하고 있는 채권자대위권은 채권자가 채무자에 대한 자기의 채권을 보전하기 위하여 필요한 경우에 채무자의 제3자에 대한 권리를 대위행사할 수 있는 권리를 말하는 것으로서, 이 때 보전되는 채권은 보전의 필요성이 인정되고 이행기가 도래한 것이면 족하고, 그 채권의 발생원인이 어떠하든 대위권을 행사함에는 아무런 방해가 되지 아니하며, 또한 채무자에 대한 채권이 제3채무자에게까지 대항할 수 있는 것임을 요하는 것도 아니라고 할 것이므로, 채권자대위권을 재판상 행사하는 경우에 있어서도 채권자인 원고는 그 채권의 존재사실 및 보전의 필요성, 기한의 도래 등을 입증하면 족한 것이지, 채권의 발생원인사실 또는 그 채권이 제3채무자인 피고에게 대항할 수 있는 채권이라는 사실까지 입증할 필요는 없으며, 따라서 채권자가 채무자를 상대로 하여 그 보전되는 청구권에 기한 이행청구의 소를 제기하여 승소판결이 확정되면 제3채무자는 그 청구권의 존재를 다툴 수 없다. (대법원 2000.6.9.선고, 98다18155 판결)[46]

2) 특정채권의 보전을 위한 채권자대위권의 인정

(가) 채권자대위권제도의 전용

원래 채권자대위권은 채무자의 책임재산을 보전하기 위하여 채무자의 권리를 채권자가

44) 같은 취지: 대법원 1995.2.10.선고, 94다39369 판결; 대법원 1995.9.5.선고, 95다22917 판결; 대법원 2000.6.9.선고, 98다18155 판결; 대법원 2003.4.11.선고, 2003다1250 판결; 대법원 2000.6.9.선고, 98다18155 판결; 대법원 2010.11.11.선고, 2010다43597 판결.

45) 같은 취지: 대법원 1993.2.12.선고, 92다25151 판결; 대법원 2002.5.10.선고, 2000다55171 판결; 대법원 2003.5.13.선고, 2002다64148 판결.

46) 같은 취지: 대법원 1988.2.23.선고, 87다카961 판결; 대법원 1995.2.10.선고 94다39369 판결; 대법원 1998.3.27.선고, 96다10522 판결; 대법원 2003.4.11.선고, 2003다1250 판결; 대법원 2007.5.10.선고, 2006다82700·82717 판결; 대법원 2010.11.11.선고, 2010다43597 판결; 대법원 2019.1.31.선고, 2017다228618 판결.

대신 행사하여 그 결과를 채무자에게 귀속시키는 것을 내용으로 하는 권리이다. 그러나 판례는 '채무자의 책임재산을 보전하기 위한 본래의 채권자대위권을 인정할 뿐만 아니라, 임차권(대법원 1957.1.24.선고, 4289민상351 판결 등)이나 소유권이전등기청구권(대법원 1957.6.27.선고, 4289민상485·486 판결 등), 또는 물권적 청구권(대법원 2007.5.10.선고, 2006다82700·82717 판결 등)[47]과 같은 특정채권[48]을 보전하기 위한 채권자대위권의 행사도 허용되며, 나아가 특정채권을 보전하기 위하여 채권자대위권을 행사하는 경우에는 채무자의 무자력은 요구되지 않는다'는 법리를 확립하고 있다(대법원 1992.10.27.선고, 91다483 판결 등). 그러나 학설 중에는 이러한 판례의 태도를 '채권자대위권 제도의 전용(轉用)'이라고 비판하는 견해가 많음은 전술한 바와 같다.

(나) 특정채권을 피보전채권으로 하는 경우

(A) 무자력 요건의 요부(要否) 후술하는 바와 같이, 판례는 '채권자가 보전하려는 권리와 대위하여 행사하려는 채무자의 권리가 밀접하게 관련되어 있고 채권자가 채무자의 권리를 대위하여 행사하지 않으면 자기 채권의 완전한 만족을 얻을 수 없게 될 위험이 있어 채무자의 권리를 대위하여 행사하는 것이 자기 채권의 현실적 이행을 유효·적절하게 확보하기 위하여 필요한 경우에는 채권자대위권의 행사가 채무자의 자유로운 재산관리행위에 대한 부당한 간섭이 된다는 등의 특별한 사정이 없는 한 채권자는 채무자의 권리를 대위하여 행사할 수 있다'고 하여, '채권자대위권의 행사요건인 「채권보전의 필요성」은 채무자의 무자력과는 관계가 없다'는 입장을 확립하고 있다(대법원 2001.5.8.선고, 99다38699 판결 등).

(B) 피대위권리의 축소·제한 특정채권의 보전을 위한 채권자대위권의 행사도 허용되어야 한다면, 이 경우의 채권자대위권의 피대위권리는 '책임재산을 보전하기 위하여 필요한 범위'가 아니라 '특정채권의 보전을 위하여 필요한 범위'로 축소·제한될 필요가 있다 할 것이다. 이러한 취지에서, 판례는 '특정물에 관한 채권자는 채무자의 제3채무자에 대한 그 특정물에 관한 권리만을 대위행사할 수 있다'고 한다(대법원 1993.4.23.선고, 93다289 판결).

결국 채권자대위권의 피보전채권에 관한 판례의 입장을 종합하면, '① 채권자대위권은 채무자의 책임재산을 보전하기 위하여 필요한 경우(즉, 피보전채권이 금전채권인 경우)에 한하여 인정되는 권리가 아니며, ② 피보전채권이 특정채권인 경우에도 피보전채권과 피대위권리

47) 판례평석: 송평근, "물권적 청구권인 철거청구권을 피보전권리로 하는 채권자대위권이 인정되는지 여부 및 임대인의 임대차계약 해지권이 채권자대위권 행사의 대상이 될 수 있는지 여부 등", 대법원판례해설 67호(법원도서관, 2007/12), 240 이하; 정병호, "물권적 청구권이 채권자대위권의 피보전권리가 될 수 있는지 여부", 법조 57권 10호(법조협회, 2008/10), 303 이하; 이재찬, "물권적 청구권이 채권자대위권의 피보전권리가 될 수 있는지 여부" 저스티스 113호(한국법학원, 2008/10), 246 이하.

48) 여기서 사용되는 "특정채권"이라는 용어는 「특정물채권」과는 전혀 그 의미를 달리하는 것으로서, 단순히 피보전채권이 금전채권이 아니라는 정도의 의미를 가진 용어에 불과하다. 따라서 부동산소유권이전등기청구권과 같은 특정물채권도 여기서 말하는 특정채권에 해당될 수 있음은 물론이지만, 「특정채권」이 곧 '특정물에 관한 채권'을 의미하는 것은 아니라는 점에 유의하여야 한다.

가 밀접하게 관련되어 있고, 채권자가 채무자의 권리를 대위하여 행사하지 않으면 자기 권리의 완전한 만족을 얻을 수 없게 될 위험이 있어 채무자의 권리를 대위하여 행사하는 것이 자기 권리의 현실적 이행을 유효·적절하게 확보하기 위하여 필요한 경우에는 채권자대위권을 행사할 수 있으며, ③ 이러한 법리는 그 피보전채권이 어떠한 권리이든 상관없이 널리 적용될 수 있는 것이며, 설사 그 피보전권리가 물권적 청구권인 경우에도 마찬가지로 적용될 수 있다'는 것으로 요약할 수 있다. 그러나 이러한 판례의 입장에 대해서는 '채권자대위권의 피보전권리를 물권적 청구권에까지 확장하여 인정할 수 있다고 한다면, 채권자대위권을 과연 「채권을 보전하기 위한 권리」라고 할 수 있는가?' 하는 근본적 의문을 제기하지 않을 수 없다. 채권자대위권의 제도적 취지는 어디까지나 채권의 효력을 담보하는 최후의 보루인 채무자의 책임재산을 보전하기 위하여 상대권인 채권의 효력을 확장하여 채무자의 권리를 대신 행사할 수 있도록 한 것이므로, 판례가 채권이 아닌 물권적 청구권을 채권자대위권의 피보전권리로 인정한 것은 '아무런 근거도 없이 채권자대위권의 적용범위를 확장한 것'이라는 비판을 면하기 어렵다고 할 것이다.

3) 피보전채권이 존재하지 않는 경우의 법원의 조치

'채권자대위소송에서 피보전채권이 존재하지 않거나 채권의 존재가 증명되지 아니한 경우, 법원은 어떠한 조치를 취하여야 하는가?' 하는 것이 문제되는데, 피보전채권의 존재가 채권자대위소송의 소송요건이라면 법원은 부적법한 소로서 본안심리에 들어가지 않고 소를 각하하여야 할 것이고, 피보전채권의 존재가 소송요건이 아닌 실체법상의 법률요건이라면 본안심리를 거쳐 청구를 기각하여야 할 것이다.

이에 대하여, 학설은 소송요건 흠결을 이유로 소를 각하하여야 한다는 견해(소각하설)[49]와, 본안심리 후 청구를 기각하여야 한다는 견해(청구기각설)[50]이 대립하고 있다. 판례는 「소각하설」을 취하여, '피보전채권이 존재하지 않는 경우에는 채권자대위의 소는 소송요건인 당사자적격을 흠결한 부적법한 소이므로 법원은 직권으로 소를 각하하여야 한다'는 입장을 확립하고 있다(대법원 1990.12.11.선고, 88다카4727 판결 등).[51] 나아가 '채권보전의 필요성이 없는 경우에도 채권자대위의 소는 부적법한 소송으로서 각하하여야 한다'는 입장을 취하고 있다(대법원

49) 윤진수, "채권자가 채무자에 대하여 받은 패소판결이 채권자대위소송에 미치는 법률요건적 효력", 판례월보 274호(판례월보사, 1993/7), 13; 주석민법(1)/이상경, 717 참조.

50) 호문혁, "채권자대위소송에 있어서의 피보전채권과 당사자적격", 민사판례연구(12)(민사판례연구회, 1990/4), 22 이하; 박철우, "채권자대위권", 판례연구 5집(서울지방변호사회, 1992/1), 203 이하 참조.

51) 판례평석: 박철우, 상게논문, 203 이하. 같은 취지: 대법원 1988.6.14.선고, 87다카2753 판결; 대법원 1991.6.11.선고, 91다10008 판결; 대법원 1991.8.27.선고, 91다13243 판결; 대법원 1992.7.28.선고, 92다8996 판결; 대법원 1993.7.13.선고, 92다48857 판결; 대법원 1994.6.24.선고, 94다14339 판결; 대법원 1994.11.8.선고, 94다31549 판결; 대법원 2005.9.29.선고, 2005다27188 판결; 대법원 2008.10.23.선고, 2008다37223 판결.

1993.2.12.선고, 92다25151 판결 등).[52)]

이 문제는 '채권자대위소송에 있어서의 소송물을 피보전채권으로 볼 것인가, 아니면 제3채무자에 대한 채무자의 권리, 즉 피대위권리로 볼 것인가에 달려있다'고 할 것인바,[53)] 채권자대위소송의 소송물은 피보전채권이 아니라 채무자의 피대위권리라고 보아야 할 것이므로, 피보전채권의 존부는 원고적격의 문제로서 소송요건으로 보아야 할 것이다. 그러므로 피보전채권이 존재하지 않거나 보전의 필요성이 인정되지 않는 경우에는 법원은 소송요건의 흠결을 이유로 소를 각하하여야 할 것이다(소각하설).

(2) 재산상의 청구권

1) 구체적으로 특정된 재산상의 권리

채권자대위권의 피보전채권은 채권자가 개인적으로 행사할 수 있는 재산상의 청구권을 내용으로 하는 것이어야 한다. 그러므로 예컨대, '대표이사의 업무집행권 등은 대표이사의 개인적인 재산상의 권리가 아니므로 채권자대위권의 피보전채권이 될 수 없으며, 주주권은 특정된 구체적인 청구권을 내용으로 하는 것이 아니므로 채권자대위권의 피보전채권이 될 수 없다'고 할 것이다(대법원 1978.4.25.선고, 78다90 판결 등).[54)]

2) 이혼배우자에 대한 재산분할청구권

'이혼배우자의 재산분할청구권(839조의2)은 배우자라는 신분에 기하여 인정되는 가족법상의 권리이나 동시에 재산상의 권리인 성질도 함께 가지고 있으므로, 이를 피보전채권으로 하는 채권자대위권의 행사가 허용되는가?' 하는 것이 문제된다.

이에 대하여, 판례는 '이혼배우자에 대한 재산분할청구권은 재산상의 청구권이라고 할 수 있으나, 이는 이혼이 성립한 때에 그 법적 효과로서 비로소 발생하는 것이며(839조의2, 843조), 당사자가 이혼이 성립하기 전에 이혼소송과 병합하여 재산분할의 청구를 한 경우에도 법원이 이혼과 동시에 재산분할로서 금전의 지급을 명하는 판결을 하여 그 판결이 확정되기까지는 구체적으로 권리가 발생하였다고 할 수 없는 것으로서, 협의 또는 심판에 의하여 그 구체적 내용이 형성되기까지는 그 범위 및 내용이 불명확·불확정하기 때문에 이를 피보전채권으로 하는 채권자대위권의 행사는 인정되지 않는다'는 입장을 취하고 있다(대법원 1999.4.9.선고, 98다58016 판결 등).[55)] 같은 취지에서, 판례는 '협의 또는 심판에 의하여 구체화되지 않은 재산분

---

52) 판례평석: 윤진수, 전게논문(주 50), 7 이하. 같은 취지: 대법원 2002.5.10.선고, 2000다55171 판결; 대법원 2012.8.30.선고, 2010다39918 판결.

53) 同旨: 주석민법(1)/이상경, 716 참조.

54) 판례평석: 정만조, "주주나 대표이사라는 사실만으로 주식회사를 대위하여 동회사의 제3자에 대한 재산상의 권리를 행사할 수 있는지의 여부", 사법행정 19권 10호(한국사법행정학회, 1978), 74 이하. 같은 취지: 대법원 1998.3.24.선고, 95다6885 판결; 대법원 2001.2.28., 2000마7839 결정.

55) 판례평석: 전경근, "재산분할청구권의 피보전채권성", 가족법연구 17권 1호(한국가족법학회, 2003/9),

할청구권은 채무자의 책임재산에 해당하지 아니하고, 이를 포기하는 행위 또한 채권자취소권의 대상이 될 수 없다'고 한다(대법원 2013.10.11.선고, 2013다7936 판결).

채권자대위권은 채무자의 책임재산을 보전하기 위한 목적에서 예외적으로 채권자로 하여금 채무자의 재산관리행위에의 개입을 허용하는 제도이므로, 피보전채권은 구체적으로 특정된 재산권이어야 하는데, 제839조의2 제1항은 재산분할청구권을 "이혼한 자"에게만 인정하고 있으므로, 이혼의 효력이 발생하기 전에는 이혼당사자에게 재산분할청구권이 있다고 말할 수는 없다. 그러므로 이혼하기 전에 이혼 후에 발생할 재산분할청구권을 피보전채권으로 하는 채권자대위권의 행사를 허용할 수 없다고 할 것이다. 그러나 이혼할 것이 확실하지만 아직 이혼의 효력이 발생하지 아니하였다는 이유만으로 상대방 배우자의 책임재산을 보전하기 위한 채권자대위권의 행사를 전혀 허용할 수 없다는 것은 불합리하므로, 이 문제를 합리적으로 해결할 수 있는 입법조치가 필요하다고 생각된다.[56)]

3) 담보물권에 의하여 우선변제권이 확보된 채권

학설 중에는 '담보물권이 설정되어 있는 채권은 이를 피보전채권으로 하여 채권자대위권을 행사할 수 없다'고 해석하는 견해가 있다.[57)] 그러나 민법은 '담보물권의 부존재'를 채권자대위권의 행사요건으로 규정하고 있지 않을 뿐만 아니라, 채권자대위권은 모든 채권자를 위하여 채무자의 책임재산을 확보하는 제도로서 담보물권을 보유한 채권자가 채권자대위권을 행사한다고 하여 다른 채권자에게 특별히 불이익한 결과가 초래되는 것도 아니기 때문에, '담보물권에 의하여 우선변제권이 확보된 채권자라고 하더라도 채권자대위권을 행사할 수 있다'고 해석하여야 할 것이다.

4) 동시이행항변권이 부착된 쌍무계약상의 권리

쌍무계약의 일방 당자사가 자신의 채무는 이행하지 않으면서 상대방 채무의 이행만을 청구하는 경우, 상대방은 채무의 이행을 거절할 수 있는 「동시이행의 항변권」을 가진다(536조). 문제는 '쌍무계약의 일방 당자사가 동시이행항변권의 대항을 받는 자신의 채권을 피보전채권으로 하여 채권자대위권을 행사할 수 있는가' 하는 것인데, 동시이행항변권은 채권의 존재 자체를 부인할 수 있는 항변권이 아니라 이행을 거절할 수 있는 「연기적 항변권」에 불과하므로, '동시이행항변권의 대항을 받는 채권이라고 하다라도 이를 피보전채권으로 할 수 있다'고 할 것이다(대법원 1976.10.12.선고, 76다1591·1592 판결).

---

101 이하; 박종권, "재산분할청구권을 보전하기 위한 채권자대위권의 행사여부" 「로스쿨가족법」(청림출판, 2007), 329 이하. 같은 취지: 대법원 2013.10.11.선고, 2013다7936 판결; 대법원 2016.1.25., 2015스451 결정.

56) 재산분할청구권을 보전하기 위한 채권자취소권에 대해서는 2007.12.21. 법률 제8720호로 제839조의3이 신설됨으로써 입법적으로 해결되었다.

57) 김기선, 179; 김상용, 281; 이은영, 352 참조.

(3) 변제기의 도래

채권자대위권은 변제기가 도래한 채권의 보전을 위하여서만 행사할 수 있는 것이 원칙이다. 다만, 법원의 허가가 있는 경우와 보존행위의 경우에는 예외적으로 변제기가 도래하지 아니한 채권의 보전을 위해서도 채권자대위권을 행사할 수 있다(404조 2항).

1) 법원의 허가가 있는 경우

비송사건절차법은 '피보전채권의 이행기가 도래하기 전에 법원의 허가를 얻어서 하는 채권자대위권'을 「재판상의 대위」라고 칭하고, 대위신청과 그 허가절차에 대하여 상세한 규정을 두고 있다(동법 45~52조). 즉, 채권자는 자기 채권의 기한 전에 채무자의 권리를 행사하지 아니하면 그 채권을 보전할 수 없거나 보전하는 데에 곤란이 생길 우려가 있을 때에는 재판상의 대위를 신청할 수 있는데(동법 45조), 법원은 대위의 신청을 이유 있다고 인정한 때에는 담보를 제공하게 하거나 제공하게 하지 아니하고 허가할 수 있다(동법 48조). 그리고 대위의 신청을 허가한 재판은 직권으로 이를 채무자에게 고지하여야 하며, 대위의 고지를 받은 채무자는 그 권리의 처분을 할 수 없다(동법 49조).[58]

2) 보전행위

채권자는 피보전채권의 변제기가 도래하기 전에도 보전행위는 법원의 허가를 받지 아니하고 할 수 있다(404조 2항). 여기서 「보전행위」라 함은 '채무자의 재산감소를 방지하기 위하여 긴급히 필요한 조치'를 말한다. 예컨대, 미등기부동산의 보존등기를 신청한다든지, 허위표시에 의한 소유권이전등기가 행해진 경우에 제108조 제2항에 의한 대항력 있는 선의의 제3자가 발생하는 것을 막기 위하여 소유권이전등기의 말소등기를 청구하는 것, 제3채무자의 파산 시에 채권의 신고를 하는 것(채무자회생법 447조) 등이 이에 해당한다.

2. 피대위권리에 관한 요건

(1) 기존의 권리

채권자대위권은 채권자가 자신의 채권을 보전하기 위하여 채무자의 제3채무자에 대한 권리를 대신 행사할 수 있는 권리이므로, 그 권리의 발생요건으로서 '채무자의 제3채무자에 대한 권리'인 「피대위권리」가 존재하여야 할 뿐만 아니라, 채무자가 그 권리를 행사할 수 있는 상태에 있어야 한다(대법원 1982.8.24.선고, 82다283 판결 등).[59] 즉, 채권자대위권 행사의 객체인 채무자의 권리(피대위권리)는 채권자가 대위권을 행사하는 당시에 이미 발생되어 있어야 하며, 채권자의 대위권행사에 의하여 비로소 취득되는 것이어서는 안 된다. 그러나 피보전채권이

---

58) 일반적으로 변제기가 도래한 채권의 보전을 위하여 재판상의 청구로써 행사하는 채권자대위권의 경우에도 「재판상의 대위」라고 부르고 있으므로, 용어상 혼란을 일으킬 여지가 있다.

59) 같은 취지: 대법원 1980.6.10.선고, 80다891 판결.

피대위권리보다 먼저 발생한 것일 필요는 없다.

(2) 대위행사에의 적합성

채권자대위권은 채권자가 채무자의 권리를 대신 행사하는 것이므로, 채무자의 피대위권리는 채권자에 의하여 대신 행사되기에 적합한 권리이어야 한다. 따라서 채무자만이 행사할 수 있는 행사상의 일신전속권이라든지 행정행위나 소송행위와 같이, 채권자에 의하여 대신 행사되기에 적합하지 아니한 채무자의 권리는 채권자대위권 행사의 객체가 될 수 없다.

1) 청구권

가장 전형적인 피대위권리는 제3채무자에 대한 채무자의 청구권이다. 등기청구권과 같은 채권적 청구권은 물론이고, 방해배제청구권·말소등기청구권 등의 물권적 청구권, 행정청에 대한 채무자의 허가신청권, 등기신청권 등의 공법상의 청구권도 대위행사에 적합한 피대위권리에 포함된다. 피대위적격성이 문제되는 청구권은 다음과 같다.

(가) 등기청구권

등기청구권은 채권자대위권의 객체(피대위권리)가 될 수 있다고 할 것이다. 채권자가 등기청구권을 대위 행사하여 미등기상태에 있는 채무자의 권리가 물권으로 전환되면 강제집행이 용이하게 되어 책임재산이 충실해질 뿐만 아니라, 등기청구권을 채무자의 행사상의 일신전속권이라고 볼 수도 없기 때문이다. 판례도 등기청구권의 피대위적격성을 인정하고 있다. 다만, 판례는 특정채권을 보전하기 위한 채권자대위권의 행사를 허용하고 있기 때문에, ① '부동산 매수인은 매도인에 대한 자신의 특정채권인 소유권이전등기청구권을 보전하기 위하여 매도인의 전(前)매도인에 대한 소유권이전등기청구권을 대위행사할 수 있다'는 입장을 확립하고 있으며(대법원 1976.10.12.선고, 76다1591·1592 판결 등),[60] ② '법정지상권이 있는 건물의 양수인은 양도인을 순차 대위하여 토지소유자에 대하여 최초의 법정지상권자에의 법정지상권설정등기절차의 이행을 청구할 수 있다'고 한다(대법원 1981.9.8.선고, 80다2873 판결 등).[61] 또한 ③ '채권자는 채무자가 상속의 한정승인 또는 포기를 할 수 있는 기간 내에도 채무자의 상속등기청구권을 대위행사할 수 있다'고 한다(대법원 1964.4.3., 63마54 결정). ④ '타인의 명의로 부동산을 매수한 명의신탁자는 그 타인과의 명의신탁약정을 해제한 후 명의수탁자를 대위하여 매도인을 상대로 처분금지가처분과 명의수탁자 앞으로의 소유권이전등기절차이행을 청구할 수 있다'고 한다(대법원 1971.9.28.선고, 71다1485 판결).[62]

---

60) 같은 취지: 대법원 1956.12.1.선고, 4289민상343·344 판결; 대법원 2001.5.8.선고, 99다38699 판결.

61) 같은 취지: 대법원 1988.9.27.선고, 87다카279 판결; 대법원 1992.7.14.선고, 92다527 판결.

62) 부동산실명법의 시행에도 불구하고 동법 제4조의 규정이 적용되지 않는 경우에는 이 판결은 여전히 판례로서의 효력이 있다고 할 것이다.

(나) 물권적 청구권

채권자는 채무자의 제3자에 대한 방해배제청구권·말소등기청구권 등의 물권적 청구권을 대위행사할 수 있다(대법원 1966.9.27.선고, 66다1334 판결). 실무상 채권자대위권이 가장 활발하게 이용되는 경우의 하나라고 할 수 있는데, 해당사례를 유형별로 살펴보면 다음과 같다.

(A) 제3자에 대한 채무자의 방해배제청구권 판례는, ① '매매의 목적물인 대지를 제3자가 불법으로 점거하여 매수인의 사용·수익을 방해하는 경우, 매수인은 매도인에 대한 대지의 사용·수익청구권을 보전하기 위하여 매도인의 제3자에 대한 방해배제청구권을 대위 행사할 수 있다'고 한다(대법원 1959.7.2.선고, 4291민상440 판결). ② '미등기건물의 매수인은 매도인에 대한 소유권이전청구권을 보전하기 위하여 건물의 불법점유자에 대한 매도인의 건물인도청구권을 대위 행사할 수 있으며, 이 경우 매수인은 불법점유자에 대하여 직접 자기에게 명도할 것을 청구할 수도 있다'고 한다(대법원 1980.7.8.선고, 79다1928 판결 등).[63] 같은 취지에서, 대법원은 '지하상가의 운영을 목적으로 시(市)로부터 도로점용허가를 받고 그 상가의 소유자 겸 관리주체인 시에 대하여 그 상가 내 각 점포의 사용을 청구할 수 있는 권리를 가지는 자는 시가 불법점유자들에 대하여 가지는 명도청구권을 대위 행사할 수 있음은 물론이고, 불법점유자들에 대하여 직접 자기에게 그 점포들을 명도할 것을 청구할 수도 있다'고 판시한 바 있다(대법원 1995.5.12.선고, 93다59502 판결).

(B) 제3자에 대한 채무자의 말소등기청구권 판례는 '채권자는 채무자의 말소등기청구권을 대위 행사할 수 있다'는 입장을 확립하고 있는데, 이를 다시 세분하면 다음과 같다.

a) 부동산매도인의 제3자에 대한 말소등기청구권의 대위행사 : 판례는 '부동산 매수인은 매도인에 대한 등기청구권을 피보전채권으로 하여 매도인을 대위하여 매매목적부동산에 관한 원인무효등기의 말소등기를 청구할 수 있다'는 입장을 확립하고 있다(대법원 1965.2.16.선고, 64다1630 판결 등).[64] 판례는 이러한 입장을 전제로, '① 중간생략등기가 무효인 경우에 중간매수인으로부터 부동산을 매수한 자는 매도인을 대위하여 중간생략등기의 말소등기를 청구할 수 있으며(대법원 1955.1.13.선고, 4286민상19 판결), ② 농지의 수분배자는 매도인인 국가를 대위하여 무효인 제3자의 상속등기의 말소를 청구할 수 있고(대법원 1970.4.14.선고, 70다183 판결), ③ 부동산매도인이 제3자에게 담보목적의 소유권이전등기를 경료한 경우에 매수인은 매도인의 채무를 변제하고 매도인을 대위하여 제3자 명의의 소유권이전등기의 말소를 청구할 수 있으며(대법원 1971.10.22.선고, 71다1888 판결), ④ 부동산이중매매에서 제2매수인이 매도인의 배임행위에 적극 가담하여 제2매매가 반사회적 법률행위가 되어 무효인 경우에는, 제1매수인은 제2매수인을

---

63) 같은 취지: 대법원 1995.5.12.선고, 93다59502 판결.

64) 같은 취지: 대법원 1970.4.14.선고, 70다183 판결; 대법원 1971.10.22.선고, 71다1888 판결; 대법원 1995.4.14.선고, 94다58148 판결; 대법원 1996.2.9.선고, 95다27998 판결.

상대로 매도인의 소유권이전등기말소청구권을 대위 행사할 수 있다'고 한다(대법원 1980.5.27.선고, 80다565 판결).[65] 나아가 판례는 '부동산의 전전(轉傳) 매수인은 순차적으로 채무자를 대위하여 채권자대위권을 행사함으로써 원인무효등기의 말소를 청구할 수 있을 뿐만 아니라(대법원 1966.6.21.선고, 66다417 판결 등), 채권자가 제3채무자를 상대로 채권자대위권을 행사하여 소유권이전등기의 말소등기절차를 직접 자기에게 이행할 것을 청구한 경우, 법원이 이를 인용하여 채권자에게 직접 말소등기절차를 이행할 것을 명하더라도 그 판결에 위법이 있다고 할 수 없다'고 한다(대법원 1995.4.14.선고, 94다58148 판결 등).[66]

b) 중간생략등기형 명의신탁에 있어서 명의신탁자인 매수인이 가지는 명의수탁자에 대한 말소등기청구권의 대위행사 : 판례는 '명의신탁약정에 기하여 매도인으로부터 직접 명의수탁자인 제3자 명의로 중간생략등기를 하였으나 그 후 매매계약이 해제된 경우, 매도인은 그 등기명의를 회복하기 위하여 매수인을 대위하여 매수인과 명의수탁자 사이의 신탁계약을 해제하고(해제권의 대위행사), 나아가 매수인이 명의수탁자에 대하여 가지는 신탁계약해제를 원인으로 하는 소유권이전등기의 말소등기청구권을 대위 행사할 수 있다'고 한다(대법원 1963.1.24.선고, 62다825 판결).

c) 제3자에 대한 명의수탁자의 말소등기청구권의 대위행사 : 대법원은 부동산실명법 시행 전 명의수탁자로부터 소유권을 넘겨받아 이전등기를 경료한 제3자에 대하여 명의신탁자가 소유권이전등기의 말소를 청구한 사안에서, '재산을 타인에게 신탁한 경우에는 대외적인 관계에 있어서는 수탁자만이 소유권자로서 그 재산에 대한 제3자의 침해에 대하여 그의 배제를 구할 수 있으며, 신탁자는 수탁자에 대한 권리를 보존하기 위하여 필요하다면 수탁자를 대위해서 수탁자의 권리를 행사할 수 있는 것이므로, 신탁자가 수탁자를 대위함이 없이 제3자에 대하여 직접 신탁재산에 대한 그 침해의 배제를 구하는 것은 허용될 수 없다'고 판시함으로써, 명의신탁자가 제3자에 대한 명의수탁자의 말소등기청구권을 대위행사할 수 있음을 시사한 이래(대법원 1979.9.25.선고, 77다1079 전원합의체판결 등),[67] '명의신탁자는 명의신탁약정을 해지하지 않

65) 같은 취지: 대법원 1983.4.26.선고, 83다카57 판결.

66) 같은 취지: 대법원 1996.2.9.선고, 95다27998 판결. 판례의 논리는 '채권자대위권을 행사함에 있어서 채권자가 제3채무자에 대하여 자기에게 직접 급부를 요구하여도 이차피 그 효과는 채무자에게 귀속되는 것이므로, 채권자대위권을 행사하여 채권자가 제3채무자에게 그 소유권이전등기의 말소절차를 직접 자기에게 이행할 것을 청구하여 승소하였다고 하여도 그 판결에 기한 말소등기에 따른 등기상태는 채무자 명의로 돌아가는 것이므로, 법원이 채권자에게 직접 말소등기절차를 이행할 것을 명하더라도 그 소유권은 대위채권자에게 귀속되는 것은 아니라 채무자에게 귀속되는 것이어서 채권자대위권의 제도적 취지에 반하지 않는다'는 취지라고 생각된다.

67) 판례평석: 안상돈, "명의신탁자가 수탁자를 대위함이 없이 직접 신탁재산의 침해배제를 청구할 수 있는지 여부", 법조 29권 7호(법조협회, 1980/7), 96 이하; 황적인, "명의신탁자가 수탁자를 대위함이 없이 직접 신탁재산의 침해배제를 청구할 수 있는지의 여부", 서울대법학(판례회고) 8호(서울대법학연구소, 1980/12), 33 이하. 같은 취지: 대법원 1989.7.25.선고, 88다카7207 판결; 대법원 1992.3.10.선고, 91

더라도 명의수탁자에 대한 신탁계약상의 채권을 보전하기 위하여 명의수탁자의 제3자에 대한 말소등기청구권을 대위행사할 수 있다'는 입장을 취하였다(대법원 1989.3.14.선고, 88다카10890 판결). 다만, '명의신탁약정과 이에 기한 물권변동의 효력은 무효로 한다'고 규정하고 있는 부동산실명법 제4조 제1항의 해석상 위와 같은 판례의 입장은 부동산실명법이 적용되는 명의신탁에 있어서는 유지될 수 없게 되었다.

(C) 양도담보에 기하여 제3자에게 경료해 준 무효인 소유권이전등기의 말소등기청구권의 대위행사 채권담보를 목적으로 소유권이전등기를 경료한 부동산양도담보의 경우, 변제에 의하여 소멸된 양도담보권에 기하여 채권자가 제3자에게 경료해 준 소유권이전등기는 무효라고 할 것인데, 판례는 '이 경우에 양도담보 채무자는 채권자에 대한 소유권이전등기말소청구권에 기하여 채권자를 대위하여 채권자가 양도담보권에 기하여 제3자에게 경료해 준 무효인 소유권이전등기의 말소등기를 청구할 수 있다'고 한다(대법원 1970.7.24.선고, 70다805 판결 등).[68)]

(D) 취득시효가 완성된 이후에 경료된 무효인 제3자 명의의 소유권이전등기의 말소등기청구권의 대위행사 판례에 따르면, '취득시효가 완성된 이후 시효취득자가 소유권이전등기를 하기 전에 제3자가 먼저 소유권이전등기를 경료한 경우에는 시효취득자는 부동산소유권을 취득한 제3자에 대하여 시효취득을 주장할 수 없지만, 만약 그 제3자 명의의 등기가 원인무효의 등기라면 시효취득자는 취득시효완성 당시의 소유자에 대하여 가지는 소유권이전등기청구권을 피보전채권으로 하여 소유자를 대위하여 제3자 앞으로 경료된 원인무효인 등기의 말소를 청구할 수 있다'고 한다(대법원 1989.1.31.선고, 87다카2561 판결 등).[69)]

(다) 공법상의 청구권

행정청에 대한 허가신청권, 등기신청권 등 개인의 공법상의 청구권도 채권자대위권의 객체가 될 수 있다는 것이 판례의 입장이다.

(A) 행정청에 대한 허가신청권의 대위행사 채권자는 채권의 보전을 위하여 필요한 경우에는 채무자의 행정청에 대한 허가신청권을 대위 행사할 수 있다. 예컨대, 사찰재산의 양수인은 사찰재산 처분의 허가를 받기 위하여 채무자인 사찰을 대위하여 관할청에 그 재산처분에 관한 허가신청을 할 수 있다(대법원 1987.10.28.선고, 87누640 판결).

(B) 등기신청권의 대위행사 채권자가 채무자를 대위하여 등기를 신청할 수 있음은 부동산등기법에 명문규정이 있으며(부동산등기법 28조),[70)] 부동산등기규칙은 대위등기를 신청하는 경우에 채권자가 등기소에 제공하여야 할 신청정보와 첨부정보를 상세히 규정하고 있다(동규칙 50조).[71)]

다36550 판결; 대법원 1992.12.11.선고, 92다35523 판결; 대법원 2001.8.21.선고, 2000다36484 판결.

68) 같은 취지: 대법원 1988.1.19.선고, 85다카1792 판결.

69) 같은 취지: 대법원 1990.11.27.선고, 90다6651 판결.

70) 전게 주 25 참조.

2) 형성권

(가) 형성권의 대위행사의 허용 여부

학설 중에는 '형성권의 대위행사는 채무자의 자기결정의 자유를 침해하는 것으로서 원칙적으로 허용될 수 없다고 보아야 하며, 형성권의 대위행사가 단순한 재산관리로서의 성격을 갖는 경우에 한하여 예외적으로만 허용될 수 있다'는 견해가 있다.[72] 그러나 학설의 지배적인 견해는 '법률행위의 취소권·추인권, 선택채권에서의 선택권, 상계권, 계약의 해지권·해제권, 매수인의 대금감액청구권, 공유물분할청구권 등 권리자의 일방적 의사표시에 의하여 법률관계가 변경될 수 있는 형성권도 채권자대위권의 객체가 될 수 있다'고 해석하고 있으며, 판례도 '신탁계약 해제의 의사표시(대법원 1960.4.21.선고, 4292민상483 판결 등),[73] 전화가입계약(대법원 1976.2.24.선고, 76다52 판결)·임대차계약(대법원 2007.5.10.선고, 2006다82700·82717 판결)[74]·골프클럽 회원가입계약(대법원 1989.11.10.선고, 88다카19606 판결)의 해지권, 조합탈퇴권(대법원 2007.11.30., 2005마1130 결정)은 행사상의 일신전속권이라고 볼 수 없으므로 채권자가 대위 행사할 수 있다'는 입장을 취하고 있다.

생각건대, 채권자대위권은 채무자의 책임재산을 보전하기 위하여 채무자의 권리를 채권자가 대신하는 것을 허용하는 제도이므로, 제도의 본질상 채무자의 자기결정의 자유가 침해된다는 것이 전제되어 있다. 따라서 채권자가 채무자의 형성권을 대위 행사하는 경우에만 유독 채무자의 자기결정의 자유에 대한 침해가 문제된다는 논리는 성립할 수 없다. 또한 형성권의 대위행사를 인정한다고 하여 청구권의 대위행사에 비하여 채무자에게 특별히 불리한 결과를 초래하는 것도 아니다. 그러므로 형성권의 대위행사도 가능하다고 할 것이다.

(나) 시효이익 원용권

소멸시효 완성의 효력에 대해서는 '채무자의 원용이 없더라도 시효기간이 완성되는 즉시 권리소멸의 효력이 발생한다'고 보는 「절대적 소멸설」과 '채무자의 원용이 필요하다'고 보는 「상대적 소멸설」이 대립하고 있다. 이에 대하여, 판례는 기본적으로 「절대적 소멸설」을 취하고 있으나, '변론주의의 원칙상 채무자가 소멸시효를 소송에서 주장하지 않으면 법원이 직권으로 채권 소멸의 법률효과를 인정할 수는 없다'는 입장을 취함으로써(대법원 1980.1.29.선고, 79다1863 판결 등), 「상대적 소멸설」을 취한 것과 결과적으로 차이가 없다. 그러므로 소멸시효완성의 효력

---

71) 부동산등기규칙 제50조(대위에 의한 등기신청) 법 제28조에 따라 등기를 신청하는 경우에는 다음 각 호의 사항을 신청정보의 내용으로 등기소에 제공하고, 대위원인을 증명하는 정보를 첨부정보로서 등기소에 제공하여야 한다. 1. 피대위자의 성명(또는 명칭), 주소(또는 사무소 소재지) 및 주민등록번호(또는 부동산등기용등록번호) 2. 신청인이 대위자라는 뜻 3. 대위자의 성명(또는 명칭)과 주소(또는 사무소 소재지) 4. 대위원인.

72) 이은영, 433 참조.

73) 같은 취지: 대법원 1963.1.24.선고, 62다825 판결; 대법원 1989.11.10.선고, 88다카19606 판결.

74) 판례평석: 송평근, 전게논문(주 47), 240 이하.

에 관하여 어떤 견해를 취하든 채권자가 채무자의 시효이익 원용권을 대위 행사할 여지가 있다. 이러한 취지에서, 판례는 '소멸시효가 완성된 경우에 이를 주장할 수 있는 사람은 채무가 시효로 소멸되는 결과 직접적인 이익을 받는 사람에 한정되므로, 채권자가 독자적으로 소멸시효를 주장하는 것은 허용되지 않으나 그 채권을 보전하기 위하여 필요한 범위 내에서는 채무자의 시효이익 원용권을 대위 행사할 수는 있다'는 입장을 취하고 있다(대법원 1979.6.26.선고, 79다407 판결 등).[75] 나아가 이러한 법리를 전제로 하여, 판례는 ① '채무자가 채무를 승인하는 등 이미 그 권리를 처분함으로 인하여 대위권 행사의 객체가 존재하지 아니하는 경우에는 시효이익 원용권의 대위행사는 불가능하며(대법원 1979.6.26.선고, 79다407 판결), ② 채무자에 대한 피보전채권이 없는 자가 채무자를 대위하여 시효이익 원용권을 행사하는 것도 허용되지 않으므로, '토지수용절차상 기업자가 손실보상금을 공탁하였으나 피공탁자의 공탁금출급청구권의 소멸시효가 완성되었다 하더라도, 기업자는 그 공탁금을 회수할 수 없을 뿐만 아니라 채무자인 국가에 대하여 아무런 채권도 가지지 아니하므로 독자적인 지위에서나 국가를 대위하여 공탁금출급청구권에 대한 소멸시효를 원용할 수 없다'고 한다(대법원 2007.3.30.선고, 2005다11312 판결). 그러나 ③ '채권담보의 목적으로 매매예약의 형식을 빌어 소유권이전청구권 보전을 위한 가등기가 경료된 부동산을 양수하여 소유권이전등기를 마친 제3자는 당해 가등기담보권의 피담보채권의 소멸에 의하여 직접 이익을 받는 자라 할 것이므로, 채무자의 소멸시효 원용권에 기초하여 채무자를 대위하여서만 시효이익을 원용할 수 있는 것이 아니라 독자적으로 그 피담보채권의 소멸시효가 완성되었음을 원용할 수 있다'고 한다(대법원 1995.7.11.선고, 95다12446 판결).[76] 전술한 형성권의 대위행사의 법리에 비추어 이러한 판례의 입장은 타당하다고 생각된다. (☞ 민법총칙 편, 제7장 제4절 「소멸시효 완성의 효력」)

문제는 위의 경우와는 반대로 '채권자가 제3채무자에 대한 채무자의 채권을 대위행사하는 소송에서 제3채무자가 채무자에 대한 채권자의 채권이 시효로 소멸되었음을 항변할 수 있는가?' 하는 것이다. 이에 대하여, 판례는 '채권자대위소송에서 상대방은 피보전채권에 관한 항변을 제기할 수 없다'는 법리의 연장선상에서 '이 경우에도 제3채무자는 소멸시효 완성의 항변을 대위채권자에게 주장할 수 없다'고 한다(대법원 1992.11.10.선고, 92다35899 판결 등).[77]

3) 채권자대위권과 채권자취소권

'채권자대위권, 채권자취소권 등 채권의 보전을 위하여 인정된 제3채무자에 대한 채무자

---

75) 같은 취지: 대법원 1991.3.27.선고, 90다17552 판결; 대법원 1997.12.26.선고, 97다22676 판결; 대법원 2012.5.10.선고, 2011다109500 판결.

76) 판례평석: 안영률, "소멸시효의 원용권자의 범위", 대법원판례해설 24호(법원도서관, 1996/5), 18 이하. 같은 취지: 대법원 1991.3.12.선고, 90다카27570 판결.

77) 같은 취지: 대법원 1993.3.26.선고, 92다25472 판결; 대법원 1995.5.12.선고, 93다59502 판결; 대법원 1997.7.22.선고, 97다5749 판결; 대법원 1998.12.8.선고, 97다31472 판결; 대법원 2004.2.12.선고, 2001다10151 판결; 대법원 2008.1.31.선고, 2007다64471 판결; 대법원 2009.9.10.선고, 2009다34160 판결.

의 파생적 권리도 채권자대위권의 객체가 될 수 있다'는 데는 이설이 없다. 판례도 ① '甲이 타인의 권리에 속하는 토지를 乙에게 매도하고, 乙은 다시 丙에게, 丙은 다시 丁에게 순차로 매도한 경우, 최종매수인 丁은 중간채무자인 乙·丙을 대위하여 甲에 대하여 매도인의 담보책임으로서의 손해배상청구권을 행사할 수 있는 것처럼, 여러 채무자를 건너뛰어서 채권자대위권을 행사할 수 있으며(대법원 1968.1.23.선고, 67다2440 판결), ② 채무자를 대위하여 채권자취소권을 행사하는 것도 가능하다'고 한다(대법원 2001.12.27.선고, 2000다73049 판결).[78)]

4) 소송법상의 권리

(가) 채무자의 개별적인 소송절차상의 권리

채무자와 제3채무자 사이에서 진행 중인 소송에서 채무자의 개별적인 소송절차상의 권리(예컨대, 증거제출·항변·변론·항고·이의신청·상소를 제기할 권리 등)를 채권자가 대위 행사하는 것은 허용되지 않는다. 예컨대, 가압류결정에 대하여 이의신청을 제기한다는지(대법원 1967.5.2.선고, 67다267 판결 등),[79)] 경락허가결정에 대하여 항고를 하는 등의 권리는 개별적인 소송법상의 권리행사로서 소송당사자에게만 부여된 권리이므로 대위행사가 허용될 수 없다(대법원 1961.10.26., 4294민재항559 결정). 또한 판례는 '상소의 제기와 마찬가지로, 종전 재심대상판결에 대하여 불복하여 종전 소송절차의 재개, 속행 및 재심판을 구하는 재심의 소를 제기하는 것은 채권자대위권의 목적이 될 수 없다'고 한다(대법원 2012.12.27.선고, 2012다75239 판결).

(나) 독립된 소송절차를 개시하게 하는 권리

채무자의 소송법상의 권리라고 할지라도 독립된 소송절차를 개시하게 하는 권리를 재판상 행사하는 경우에는 예외적으로 채권자가 이를 대위 행사할 수 있다. 예컨대, ① 채권자가 채무자의 청구권에 관한 강제집행의 보전을 위하여 채무자를 대위하여 가압류·가처분명령을 신청하는 경우(대법원 1958.5.29.선고, 4290민상735 판결), ② 법원의 가압류·가처분결정에 대하여 채무자를 대위하여 본안제소명령을 신청한다든지, 제소기간의 도과를 이유로 채무자를 대위하여 가압류·가처분의 취소를 신청한다든지 하는 경우(대법원 1993.12.27., 93마1655 결정 등)[80)] 등은 채권자가 채무자를 대위하여 신청할 수 있다. 또한 판례는 '채무자의 권리가 제3자로부터 방해를 받아 그에 관하여 분쟁이 생겨 그에 대한 확정을 보지 못하고 있는 경우에는, 채권자의 채무자에 대한 채권도 그 내용에 실질적인 영향을 받아 불안정한 상태에 놓이게 되므로, 채권자는 그 권리관계의 확인을 위하여 채무자를 대위하여 제3자를 상대로 「권리관계확인의 소」

---

78) 다만, 이 경우 그 제소기간은 대위의 목적인 채권자취소권의 채권자(피대위채무자)를 기준으로 하여 그 준수 여부를 가려야 할 것이므로, 채권자취소권을 대위행사하는 채권자가 취소원인을 안 지 1년이 지났다 하더라도 채무자가 취소원인을 안 날로부터 1년, 법률행위가 있은 날로부터 5년 내라면 채권자취소의 소를 제기할 수 있다'고 한다(대법원 2001.12.27.선고, 2000다73049 판결).

79) 같은 취지: 대법원 1970.4.28.선고, 69다2108 판결.

80) 같은 취지: 대법원 2011.9.21., 2011마1258 결정.

를 제기할 수 있다'고 한다(대법원 1976.4.27.선고, 73다1306 판결 등).

5) 행정행위

행정행위는 행정청이 통치권에 기하여 하는 일방적 단독행위이므로, 그 성질상 행정청에 대한 채권자라 할지라도 채권을 보전하기 위하여 행정청의 행정행위를 대위 행사하는 것은 허용될 수 없다(대법원 1956.5.26.선고, 4288민상393 판결).

6) 일신전속권

(가) 행사상의 일신전속권

채권자대위권은 채무자의 책임재산을 보전하기 위하여 채무자의 권리를 채권자가 대신 행사할 수 있는 권리를 말하므로, 채무자의 일신에 전속한 권리는 그 객체가 될 수 없음은 당연하다(404조 1항 단서). 다만, 「일신전속권(一身專屬權)」은 다시 '단순히 그 권리의 양도·상속이 금지되는 데 그치는 일신전속권'(이를 「귀속상의 일신전속권」이라고 한다)과 '특정인에 의한 권리의 행사만이 허용되는 일신전속권'(이를 「행사상의 일신전속권」이라고 한다)의 두 가지로 나누어지는데, 채권자대위권의 제도적 취지에 비추어 채권자에 의한 대위행사가 금지되는 일신전속권은 행사상의 일신전속권에 한정된다. 즉, 귀속상의 일신전속권은 채권자대위권의 객체가 될 수 있다. 문제는 '어떠한 권리가 어떠한 권리가 채권자대위권의 객체가 될 수 없는 행사상의 일신전속권에 해당하는가?' 하는 것이다.

(A) 재산적 신분권 양도·상속의 대상이 되는 상속분(1011조)·상속재산분할청구권(1013조 2항, 269조 1항) 등의 재산적 신분권은 전형적인 귀속상의 일신전속권에 속한다고 할 수 있다. 그러나 모든 재산적 신분권이 채권자대위권의 객체가 될 수 있다고 할 수는 없다. 판례는 '상속등기청구권은 그 대위행사가 허용되나(대법원 1964.4.3.선고, 63마54 판결), 유류분반환청구권은 유류분권리자에게 그 권리행사의 확정적 의사가 있다고 인정되는 경우가 아닌 한 채권자대위권의 객체가 될 수 없다'는 입장을 취하고 있다(대법원 2010.5.27.선고, 2009다93992 판결).

▪ **유류분반환청구권이 채권자대위권의 목적이 될 수 있는지 여부**(원칙적 소극) 민법은 유류분을 침해하는 피상속인의 유증 또는 증여에 대하여 일단 그 의사대로 효력을 발생시킴으로써 피상속인의 재산처분에 관한 자유를 우선적으로 존중해 주는 한편 유류분반환청구권을 행사하여 그 침해된 유류분을 회복할 것인지 여부를 유류분권리자의 선택에 맡기고 있고, 이 경우 유류분권리자는 피상속인의 의사나 피상속인과의 관계는 물론 수증자나 다른 상속인과의 관계 등도 종합적으로 고려하여 유류분반환청구권의 행사 여부를 결정하게 된다. 그렇다면, 유류분반환청구권은 그 행사 여부가 유류분권리자의 인격적 이익을 위하여 그의 자유로운 의사결정에 전적으로 맡겨진 권리로서 행사상의 일신전속성을 가진다고 보아야 하므로, 유류분권리자에게 그 권리행사의 확정적 의사가 있다고 인정되는 경우가 아니라면 채권자대위권의 목적이 될 수 없다. (대법원 2010.5.27.선고, 2009다93992 판결)[81]

---

81) 판례평석: 오지연, "유류분반환청구권의 상속 여부에 관한 소고", 판례연구 26집 2권(서울지방변호사회, 2012), 110 이하.

(B) 당사자 간의 특별한 신뢰관계를 기초로 하는 일신전속적 권리 양도·상속이 제한되는 종신정기금채권(725조) 기타 당사자의 사망을 종기(終期) 또는 해제조건으로 하는 채권 및 사용대차·고용·위임·조합 등 당사자 간의 특별한 신뢰관계를 기초로 하는 계속적 계약관계에 기하여 발생한 채권은 일신전속적 재산권에 해당하나, 이를 일률적으로 채권자대위권의 객체가 될 수 없는 행사상의 일신전속권에 해당한다고 단정할 수는 없다.

판례는 '임대차계약이나 전화가입계약과 같은 계속적 계약에서의 해지권은 행사상의 일신전속권에 속한다고 할 수 없으므로 채권자대위권의 객체가 될 수 있다'고 보고 있으나(대법원 2007.5.10.선고, 2006다82700·82717 판결),[82] '피후견인 또는 친족회(현행민법에서는 후견감독인)가 그 후견인의 행위를 취소할 수 있는 권리(950조 3항)는 행사상의 일신전속권으로서 채권자대위권의 목적이 될 수 없다'는 입장을 취하고 있다(대법원 1996.5.31.선고, 94다35985 판결).

(C) 계약의 청약이나 승낙을 할 권리 계약의 청약이나 승낙을 할 권리를 행사상의 일신전속권이라고 볼 수는 없으나, 판례는 '계약의 당사자가 이를 행사하면 그로써 새로운 권리의무관계가 발생하게 되므로(청약의 구속력, 계약의 성립 등), 권리자 본인이 그로 인한 법률관계 형성의 결정 권한을 가지도록 할 필요가 있다고 할 것이며, 따라서 채무자에게 이미 그 권리행사의 확정적 의사가 있다고 인정되는 등 특별한 사정이 없는 한 계약의 청약이나 승낙을 할 권리는 채권자대위권의 목적이 될 수 없다'고 한다(대법원 2012.3.29.선고, 2011다100527 판결).

3. 채권보전의 필요성

민법은 제404조 제1항에서 채권자대위권의 행사요건으로 '채권보전의 필요성'을 요구하고 있다. 문제는 여기서 말하는 '「채권보전의 필요성」이란 구체적으로 무엇을 의미하는가?' 하는 것이다. 이에 대하여, 종래의 통설은 채권자대위권의 본질을 채무자의 책임재산을 확보하기 위하여 법률이 채무자의 재산관리에 개입할 수 있는 권한을 채권자에게 부여한 것으로 보는 「재산관리권설」의 입장에서, '「채권보전의 필요성」은 채무자의 무자력(無資力)을 의미한다'고 해석하여 왔다. 그러나 판례는 채권자대위권의 본질을 통설과 마찬가지로 재산관리권이라고 파악하면서도 '채권자대위권은 채무자의 책임재산인 일반재산을 보전하기 위해서뿐만 아니라, 채권자의 등기청구권이나 침해배제청구권과 같은 특정채권의 보전을 위하여서도 행사할 수 있고, 이 경우에는 반드시 채무자의 무자력이 요구되는 것은 아니'라는 입장을 확립하고 있음은 전술한 바와 같다(대법원 1992.10.27.선고, 91다483 판결 등). 더욱이 대법원은 2001.5.8.선고, 99다38699 판결에서 '피보전채권과 피대위권리가 밀접하게 관련되어 있고, 채권자가 채무자의 권리를 대위하여 행사하지 않으면 자기 채권의 완전한 만족을 얻을 수 없게

82) 판례평석: 송평근, 전게논문(주 47), 240 이하.

될 위험이 있어 채무자의 권리를 대위하여 행사하는 것이 자기 채권의 현실적 이행을 유효·적절하게 확보하기 위하여 필요한 경우에는, 채권자대위권의 행사가 채무자의 자유로운 재산관리행위에 대한 부당한 간섭이 된다는 등의 특별한 사정이 없는 한 채권자는 채무자의 권리를 대위하여 행사할 수 있다'고 판시한 이래, '채무자의 무자력 여부와는 관계없는 별개의 기준에 의하여 채권보전의 필요성을 인정할 수 있다'는 입장을 확립하고 있다(대법원 2007.5.10.선고, 2006다82700·82717 판결 등).

채권자대위권의 본질을 강제집행의 실효성을 확보하기 위한 책임재산보전제도라고 파악하는 통설적 견해에 따르면, '피보전채권은 금전채권에 한정된다'고 해석하는 것이 논리적이며, '채권보전의 필요성은 채무자의 무자력을 의미한다'고 해석하는 것이 이론상 타당하다고 할 것이다. 그렇다면 채무자의 무자력 여부와는 관계없이 별개의 기준에 의하여 채권보전의 필요성을 판단할 수 있다는 판례의 법리는 과연 타당한가?' 하는 것은 의문이 아닐 수 없다.

(1) 판례의 입장

1) 피보전채권이 금전채권인 경우

판례는 구 의용민법 이래로 '피보전채권이 금전채권인 경우에는 원칙적으로 채무자가 무자력인 경우에 한하여 채권자대위권을 행사할 수 있으며, 채무자의 무자력에 대한 증명책임은 채권자에게 있다'는 입장을 취하여 왔으며(대법원 1963.4.25.선고, 63다122 판결 등),[83] '채권자대위권의 행사요건인 채무자의 무자력 여부는 채권자대위소송의 변론종결시를 기준으로 하여 판단하여야 한다'는 입장을 취하여 왔다(대법원 1966.6.21.선고, 66다587 판결 등).[84] 그 후 대법원은 채무자인 국가의 무자력 여부에 관계 없이 병원이 환자에 대한 치료비채권을 피보전채권으로 하여 환자의 국가에 대한 배상청구권을 대위 행사하는 것을 인용한 바 있는데(대법원 1981.6.23.선고, 80다1351 판결),[85] 이는 '금전채권을 피보전채권으로 하는 경우라도 피보전채권인 금전채권(치료비채권)과 피대위채권(국가배상청구권)이 직접적 관련이 있는 경우에는 채무자의 무자력이 요구되지 않는다'는 취지의 판결이라고 해석되었다.[86] 또한 대법원은 보증금반환채권의 양수인이 그 보증금반환채권을 피보전채권으로 하여 임차인에 대한 임대인의 가옥명도청구권을 대위 행사하는 것을 허용하면서, '채권의 보전과 채무자의 변제자력 유무가 관계가 없는 경우에는 피보전채권이 금전채권이라고 하더라도 채권자대위권의 행사요건으로서 채무자의 무

83) 같은 취지: 대법원 1963.2.14.선고, 62다884 판결; 대법원 1969.7.29.선고, 69다835 판결; 대법원 1969.11.25.선고, 69다1665 판결; 대법원 1972.4.28.선고, 72다187·188 판결.
84) 같은 취지: 대법원 1972.11.28.선고, 72다1466 판결; 대법원 1976.7.13.선고, 75다1086 판결 참조.
85) 판례평석: 최문기, "채권자대위권의 행사요건 I", 민법판례해설Ⅲ(채권총론), 38 이하.
86) 김상용, "채권자대위권", 고시계 38권 7호, 1993/7, 93 이하 참조.

자력은 요구되지 않는다'는 새로운 법리를 제시한 바 있다(대법원 1989.4.25.선고, 88다카4253·4260 판결).[87]

2) 피보전채권이 특정채권인 경우

구 의용민법하에서 대법원은 '피보전채권이 특정물에 관한 채권인 경우에 「채권보전의 필요성」이란 채무자의 무자력을 의미하는 것이 아니라, 채무자가 그 채권을 행사하지 아니하는 것을 의미한다'고 판시한 바 있었다(대법원 1952.11.4.선고, 4285민상89 판결). 다만, '판례가 특정채권을 피보전채권으로 하는 채권자대위권의 행사를 일반적으로 허용하고 있었다'고 할 수는 없었는데, 1990년대에 들어서자 판례는 부동산의 순차매도에 있어서 매수인의 등기청구권과 임차권을 중심으로 금전채권이 아닌 특정채권을 피보전채권으로 하는 채권자대위권의 행사를 허용하면서, '이러한 경우에는 채무자의 무자력은 요구되지 않는다'는 입장을 취하기 시작하였다(대법원 1992.10.27.선고, 91다483 판결 등).[88] 이러한 판례의 태도변화는 1980년대 이후 금전채권을 피보전채권으로 하는 채권자대위권에 있어서 무자력 요건을 완화하기 시작한 것과 그 궤를 같이하는 것이었다.

3) 「채권보전의 필요성」에 관한 일반이론의 확립

대법원은 「기흥주유소 사건」에 관한 판결에서, '채권보전의 필요성이란 피보전채권과 피대위채권이 밀접하게 관련되어 있고, 채권자가 채무자의 권리를 대위하여 행사하지 않으면 자기 채권의 완전한 만족을 얻을 수 없게 될 위험이 있어 채무자의 권리를 대위하여 행사하는 것이 자기 채권의 현실적 이행을 유효·적절하게 확보하기 위하여 필요한 경우를 의미한다'고 판시하고, 나아가 '순차매도에 있어서 소유권이전등기청구권이나 임차권의 보전을 위한 경우에 한정하여 특정채권을 피보전채권으로 하는 채권자대위권이 인정되는 것은 아니'라고 판시하였다(대법원 2001.5.8.선고, 99다38699 판결 등).[89] 이는 '채권보전의 필요성은 원칙적으로 채무자의 무자력을 의미하며, 특정채권을 피보전채권으로 하는 경우에 한하여 예외적으로 채무자의 무자력을 요건으로 하지 않는다'는 기존의 입장을 변경하여 채권보전의 필요성에 관한 새로운 일반이론을 수립한 것이라고 평가할 수 있는데, 「채권보전의 필요성」에 관한 이러

---

87) 판례평석: 한기택, "임차보증금반환청구채권을 양수한 자의 임대인의 임차인에 대한 목적물명도청구권의 대위행사", 민사판례연구(12)(민사판례연구회, 1990/4), 33 이하; 최문기, "채권자대위권의 행사요건Ⅱ", 민법판례해설Ⅲ(채권총론), 44 이하.

88) 다만, 판례는 '특정물채권을 보전하기 위하여 채권자대위권을 행사하는 경우에는 채권자는 채무자의 제3채무자에 대한 그 특정물에 관한 권리만을 대위행사할 수 있다'는 입장을 취하고 있음은 전술한 바와 같다(대법원 1993.4.23.선고, 93다289 판결).

89) 판례평석: 박강회, "채권자대위권제도와 채무자의 무자력", 민사법연구 9집(대한민사법학회, 2001/12), 277 이하; 강봉석, "채권자대위권에 있어서 채권보전의 필요성", 민사판례연구(24)(민사판례연구회, 2002/1), 164 이하; 명순구, 전게논문(주 11), 66 이하. 같은 취지: 대법원 2007.5.10.선고, 2006다82700·82717 판결; 대법원 2013.5.23.선고, 2010다50014 판결; 대법원 2014.12.11.선고, 2013다71784 판결.

한 판례의 새로운 입장은 그 후 계속된 대법원판결에 의하여 확립된 것으로 평가할 수 있다(대법원 2007.5.10.선고, 2006다82700·82717 판결 등).[90]

(2) 학 설

과거의 학설 중에는 채무자의 무자력 요건과 관계없이 채권보전의 필요성을 인정하는 판례의 입장에 적극 찬성하는 견해도 있었으나,[91] 현재는 판례의 태도를 수용하면서도 '판례의 입장은 채권자대위권의 제도적 취지를 벗어난 일종의 전용(轉用)'이라고 비판하는 견해가 주류를 이루고 있다.[92] 또한 판례에 대한 비판론 중에는 '판례가 채권자대위권을 전용한 사례들은 프랑스민법상의 직접소권에 해당하는 것이며, 우리 민법의 해석론으로서도 채권자의 직접청구권을 인정할 필요가 있다'는 견해도 있으며,[93] 판례의 입장을 긍정적으로 평가하는 입장에서 '채권자대위권은 채무자의 책임재산을 보전하기 위한 제도가 아니라 채권의 실현을 위한 강제집행의 의미를 포함하는 일종의 포괄적 담보권'이라고 보는 견해(포괄적 담보권설)도 있음은 전술한 바와 같다.[94]

(3) 학설·판례의 검토

판례는 책임재산을 보전하기 위하여 예외적으로 채무자의 재산관리행위에 간섭할 수 있는 권한을 부여한 채권자대위권의 제도적 취지를 무시하고, 채무자의 변제자력과는 무관하게 채권자의 특정채권을 보전하기 위하여 채무자의 권리를 대신 행사할 수 있는 제도로 채권자대위권을 전용하고 있으나, 이는 이론상 문제가 있다. 그러나 그렇다고 해서 '채권자대위권제도 자체를 용도폐기하여야 한다'는 일부 학설의 주장은 지나친 것이라고 생각된다. 이러한 관점에서, 우리 민법의 해석론으로서 프랑스민법의 직접청구권제도를 인정함으로써 판례의 전용사례의 해결을 꾀하자는 주장도 경청할 만하다고 생각되나, 직접청구권은 명문규정이 있는 경우에 한하여 예외적으로 인정되어야 할 것이므로, 채권의 일반적 효력으로 인정되는 채권자대위권을 채무자의 권리를 직접 제3채무자에게 행사할 수 있는 것으로 보는 것은 해석의 범위를 넘는 무리한 주장이라는 비판을 면하기 어렵다고 할 것이다.

채권자대위권제도는 그 입법연혁상 '채무자의 책임재산을 보전하기 위하여 채무자의 재

---

90) 같은 취지: 대법원 2013.5.23.선고, 2010다50014 판결.

91) 김현태, 157 참조.

92) 조성민, "채권자대위권과 그 전용", 고시계 22권 4호, 1995/4, 44 이하; 곽윤직, 175; 김기선, 177; 김증한/김학동, 188; 현승종, 186 참조. 이와는 정반대로 '채권보전의 필요성은 채무자의 무자력을 의미하는 것으로 엄격하게 제한하여야 한다'는 견해도 적지 않다(강봉석, 전게논문(주 89), 195; 김상용, 237; 윤철홍, 240 참조).

93) 명순구, 전게논문(주 11), 74 참조.

94) 김형배, 360 참조.

산관리에 간섭하는 권한을 부여하는 제도'라고 보아야 한다면(재산관리권설), '특정채권의 보전을 위하여 채무자의 무자력 여부에 관계없이 채권자대위권의 행사를 허용하는 판례의 태도는 제도의 본래의 취지를 벗어나는 「전용」에 해당한다'는 학설의 비판은 타당하다. 다만, 채권자대위권의 행사는 채무자의 재산관리의 자유를 침해하는 측면이 있으나, 일반적으로 채무자에게 유익한 결과를 가져오는 것일 뿐만 아니라 제3채무자의 이익을 부당히 해하는 것도 아니므로, 실무적 관점에서 무자력 요건을 완화하여 운용하고 있는 판례의 입장을 반드시 부당하다고 할 수는 없다고 생각된다.

사견으로는, 금전채권을 피보전채권으로 하여 채권대위권을 행사하는 경우에는 채무자의 무자력을 요건으로 함이 원칙이나, 채무자의 변제자력과 관련이 없는 채권의 보전을 위하여 채무자의 권리를 대신 행사할 필요가 있는 경우(판례의 표현을 빌면, 피보전채권과 피대위채권이 밀접하게 관련되어 있고 채권자가 채무자의 권리를 대위하여 행사하지 않으면 자기 채권의 완전한 만족을 얻을 수 없게 될 위험이 있어 채무자의 권리를 대위하여 행사하는 것이 자기 채권의 현실적 이행을 유효·적절하게 확보하기 위하여 필요한 경우)에는 채무자의 무자력은 반드시 필요하지 않다고 해석할 수 있다고 생각한다.

4. 채무자의 권리 불행사

채권자대위권의 행사는 채무자가 그 권리를 행사하지 아니할 때에 비로소 허용되는 것이며, 채무자가 스스로 그의 권리를 행사하는 경우에는 그 결과가 아무리 채권자에게 불리하더라도 채권자대위권의 행사는 허용되지 않는다(대법원 1979.3.27.선고, 78다2342 판결 등).[95] 이는 채무자가 스스로 권리를 행사하고 있음에도 불구하고 채권자대위권의 행사를 허용하는 경우에는 채무자에 대하여 부당한 간섭이 되기 때문이다. 즉, 「채무자의 권리불행사」는 채권자대위권의 필수적인 행사요건이다. 따라서 채권자대위권을 행사할 당시 이미 채무자가 그 권리를 재판상 행사한 경우에는, 설사 채무자가 패소의 확정판결을 받았더라도 채권자는 채무자를 대위하여 채무자의 권리를 행사할 당사자적격이 없으므로 소를 각하하여야 한다(대법원 1993.3.26.선고, 92다32876 판결 등).[96]

이와 같이 채권대위권은 채무자가 자기의 권리를 행사하지 않는 경우에 한하여 비로소 행사할 수 있는 권리이나, 채무자가 자기의 권리를 행사하지 않는 이유는 묻지 않으며, 채권자가 채무자에게 권리행사의 최고를 할 필요도 없다. 또한 채권자는 채무자의 의사에 반하더

95) 같은 취지: 대법원 1969.2.25.선고, 68다2352·2353 판결; 대법원 1970.4.28.선고, 69다1311 판결; 대법원 1975.7.8.선고, 75다529·530 판결; 대법원 1978.7.11.선고, 78다815 판결; 대법원 1980.5.27.선고, 80다735 판결; 대법원 2018.10.25.선고, 2018다210539 판결.

96) 같은 취지: 대법원 1992.11.10.선고, 92다30016 판결.

라도 채권자대위권을 행사할 수 있다(대법원 1963.11.21.선고, 63다634 판결).

[38] Ⅳ. 채권자대위권의 행사

1. 대위행사의 방법

채권자대위권은 채권자가 자기의 명의로, 즉 자기의 권리로서 행사하는 것이기는 하나 그 행사의 객체인 권리는 어디까지나 채무자의 권리이므로, 채권자와 채무자 사이에 법정위임(法定委任)관계가 성립한다(대법원 1996.8.21., 96그8 결정). 따라서 채권자는 채무자에게 채권자대위권을 행사하는 데 들어간 비용의 상환을 청구할 수 있다(688조).[97] 반면에 채무자의 권리를 대신 행사하는 채권자는 선관주의의무를 부담하며(681조), 이를 게을리 한 경우에는 이로 인하여 발생한 채무자의 손해를 배상하여야 한다.

(1) 재판 외의 행사

소의 제기에 의해서만 행사할 수 있는 채권자취소권과 달리, 채권자대위권은 재판외에서도 이를 행사할 수 있다. 문제는 '채권자가 제3채무자에 대하여 자기에게 직접 이행할 것을 청구할 수 있는가?' 하는 것이다.

이에 관하여, 판례는 '채권자대위권을 행사하는 채권자는 제3채무자로 하여금 채무자에게 이행하라고 청구하는 것이 원칙이나(대법원 1966.9.27.선고, 66다1149 판결 등),[98] 피대위권리가 물건의 인도를 그 내용으로 하는 경우에는 채권자는 제3채무자에 대하여 채무자에게 인도할 것을 청구할 수 있음은 물론 직접 자기에게 인도할 것을 청구할 수도 있다'는 입장을 취하고 있음은 전술한 바와 같다(대법원 1980.7.8.선고, 79다1928 판결 등).[99] 특히 '채권자가 자기의 금전채권을 보전하기 위하여 채무자의 금전채권을 대위행사하는 경우에는, 제3채무자로 하여금 채무자에게 지급의무를 이행하도록 청구할 수도 있지만, 직접 대위채권자 자신에게 이행하도록 청구할 수도 있다'고 한다(대법원 2016.8.29.선고, 2015다236547 판결 등).[100] 또한 판례는 '채권자대위권을 행사하는 채권자에게 변제수령의 권한을 인정하더라도 그것이 채권자평등의 원칙에 어긋난다거나 제3채무자를 이중변제의 위험에 빠뜨리게 하는 것이라고 할 수 없다'고 한다(대법원 2005.4.15.선고, 2004다70024 판결). 이러한 판례의 입장에 따르면, 채권자는 제3채무자로부터 인

---

97) 다만, '채권자대위권 행사로 인한 비용상환청구권은 강제집행을 직접 목적으로 하여 지출된 집행비용이라고는 볼 수 없다'는 것이 판례의 입장임은 전술한 바와 같다(대법원 1996.8.21., 96그8 결정).

98) 같은 취지: 1962.1.11.선고, 4294민상195 판결; 대법원 1967.10.31.선고, 66다2614·2615 판결; 대법원 1995.5.12.선고, 93다59502 판결.

99) 같은 취지: 대법원 1960.6.30.선고, 4292민상838 판결(요민Ⅰ·699).

100) 같은 취지: 대법원 2005.4.15.선고, 2004다70024 판결.

도받은 물건을 채무자에게 인도할 의무가 있으나, 만약 피보전채권이 금전채권 등의 종류채권이고 제3채무자로부터 인도받은 물건이 금전 등 같은 종류물인 경우에는 자신의 금전채권과 상계함으로써 우선변제를 받는 결과가 된다.

(2) 변제기 도래 전의 재판상대위

1) 피보전채권의 변제기 도래 전의 「재판상대위」의 허가신청

채권자는 자기의 채권의 변제기가 도래하기 전에 채무자의 권리를 대위행사하지 아니하면 그 채권을 보전할 수 없거나 이를 보전함에 곤란이 생길 우려가 있을 때에는 법원에 「재판상의 대위」의 허가를 신청할 수 있음은 전술한 바와 같다(비송사건절차법 45조).

2) 「채권자대위의 소」 제기

채권자대위권은 재판 외에서도 이를 행사할 수 있으나, 채권자대위의 소를 제기하는 방법으로도 이를 행사할 수 있음은 물론이다.

2. 채권자대위권 행사의 범위

(1) 채무자의 재산관리행위에 해당하는 행위

채권자대위권은 채권의 보전을 위하여 채무자의 권리를 대신 행사하는 것이므로, 채권을 보전하기 위하여 필요한 범위 내에서만 허용되어야 한다. 따라서 채권자가 대위 행사할 수 있는 권리는 원칙적으로 채무자의 재산관리행위라고 볼 수 있는 행위(예컨대, 채권의 추심·등기신청·담보권실행·소의 제기·강제집행의 신청 등)에 한정되며, 채무자의 재산관리행위를 초과하여 권리를 처분하는 행위(예컨대, 채무면제·채권포기·기한유예 등)를 대위 행사하는 것은 허용되지 않는다. 다만, 법률행위의 취소권이나 계약해제권 등 채무자의 형성권을 대신 행사하는 경우와 같이, 채무자의 재산관리행위와 동일시될 수 있는 예외적인 경우(예컨대, 제한능력자인 채무자가 법정대리인의 동의 없이 체결한 계약의 취소권을 채권자가 대신 행사하는 경우)에는 처분행위도 허용될 수 있음은 전술한 바와 같다.

(2) 피보전채권의 금액범위 내로 한정

금전채권을 피보전채권으로 하는 채권자대위권의 행사에 있어서 채권자가 대위행사할 수 있는 피대위권리의 범위는 채권자의 피보전채권의 금액범위 내로 한정된다. 학설 중에는 '다른 채권자의 채권액을 모두 합한 총채권액을 기준으로 대위행사의 범위를 정하여야 한다'는 견해도 있으나,[101] '채무자의 책임재산을 보전하기 위하여 필요한 경우 이외에는 채권자는 자신의 채권액 이상으로 채무자의 권리를 대신 행사할 수 없다'고 해석하는 것이 타당하다.

---

101) 곽윤직, 136; 김증한/김학동, 190; 현승종, 195~196 참조.

(3) 특정채권이 피보전채권인 경우

판례는 '채권자대위권은 특정채권을 피보전채권으로 하여 행사할 수 있을 뿐만 아니라, 이 경우에는 채무자의 무자력 여부와 관계없이 채권자대위권을 행사할 수 있다'는 입장을 취하고 있음은 전술한 바와 같다. 그러나 이 경우에도 채권 보전에 필요한 범위를 초과하여 채무자의 권리를 대위 행사하는 것은 허용되지 않으므로, 판례는 '부동산매수인이 매도인에 대한 소유권이전등기청구권을 보전하기 위하여 매도인의 말소등기청구권을 대위 행사하는 경우, 매매목적물이 아닌 토지 부분에 대하여는 채권보전의 필요가 없으므로 말소등기청구권을 대위 행사할 수 없다'고 한다(대법원 1975.5.27.선고, 74다1657 판결).

3. 채무자에 대한 대위행사의 통지

(1) 채권자의 통지의무

채권자는 자기의 명의로, 즉 자기의 권리로서 채권자대위권을 행사하는 것이므로 채권자대위권의 행사에 대하여 채무자의 동의를 얻을 필요는 없으나, 채무자에 대하여 대위행사의 통지를 할 의무가 있다(405조 1항). 다만, 시효의 중단과 같은 보존행위를 대위 행사하는 경우에는 통지 없이 할 수 있다.

(2) 대위행사 통지의 효력

1) 통지 후의 처분행위 : 상대적 무효

채무자는 채권자로부터 채권자대위권 행사의 통지를 받은 후에는 그 권리의 처분을 채권자에게 대항하지 못한다(405조 2항). 여기서 "권리의 처분을 채권자에게 대항하지 못한다"는 것은 '채권자대위권 행사의 통지를 받은 후에 한 채무자의 처분행위는 당사자 간에는 유효하나, 채권자에게는 대항할 수 없는 상대적 무효인 행위가 된다'는 의미이다. 민법이 채권자대위권 행사 통지에 이러한 강력한 효과를 인정한 취지는 '채권자가 채무자에게 채권자대위권을 행사한다는 사실을 통지한 이후에 채무자에게 대위행사의 목적인 권리의 양도나 포기 등 처분행위를 허용한다면, 이는 고의로 채권자대위권의 행사를 방해하는 채무자의 행위를 용인하는 결과가 되므로 이를 금지하는 것이 타당하다'는 데 있다(대법원 2012.5.17.선고, 2011다87235 전원합의체판결).

문제는 「처분행위의 상대적 무효」를 규정한 제405조 제2항의 적용범위인데, '채권자대위권 행사의 통지가 있은 후에 이루어진 권리의 포기·채무면제 등 채무자의 일방적인 처분행위(대법원 1989.3.14.선고, 88다카112 판결)는 물론이고, 계약의 합의해제 등 제3채무자와의 합의에 의한 처분행위(대법원 1996.4.12.선고, 95다54167 판결 등)[102]의 경우에는 제405조 제2항의 규정이 적용되어 채무자는 그 권리처분행위의 효력을 채권자에게 주장할 수 없게 된다'는 점에 대해서는 학설·판례가 일치한다. 그러나 이러한 경우(채무자의 일방적인 처분행위 또는 제3채무자와의 합의에 의한 처분행위) 이외에는 제405조 제2항 소정의 「채무자의 처분행위」에 해당한다고 볼 수 없을 것이다.

이러한 취지에서, 대법원은 ① '채권자가 채무자와 제3자 사이의 근저당권설정계약이 통정허위표시임을 이유로 채무자를 대위하여 위 근저당권설정등기의 말소를 청구하는 소를 제기하였는데, 그 후 채무자가 제3자가 신청한 지급명령에 이의를 제기하지 않아 강제경매절차에서 부동산이 매각됨으로써 근저당권설정등기가 말소된 경우, 채무자가 지급명령에 이의를 제기하지 않은 것을 「권리의 처분」이라고 할 수는 없으므로, 지급명령을 신청한 제3자는 채권자에게 근저당권설정등기의 말소를 주장할 수 있다'고 판시하였으며(대법원 2007.9.6.선고, 2007다34135 판결), ② '채권자대위권 행사의 통지가 있은 후 제3채무자가 채무자의 채무불이행을 이유로 매매계약을 일방적으로 해제함으로써 결과적으로 채권자가 채무자의 권리를 대위 행사할 수 없게 된 경우, 채무자가 자신의 채무불이행을 이유로 매매계약이 해제되도록 한 것을 두고 민법 제405조 제2항에서 말하는 '처분'에 해당한다고 할 수 없으므로 제405조 제2항의 규정은 적용되지 아니하며, 제3채무자는 그 계약해제로써 채권자에게 대항할 수 있다'고 판시한 바 있다(대법원 2012.5.17.선고, 2011다87235 전원합의체판결). 다만, 대법원은 위 전원합의체판결 이전에, '채무자가 채권자대위권 행사의 통지를 받은 후 제3채무자인 매도인이 일방적으로 매매계약을 해제한 후 원상회복의 방법으로 매매대금을 공탁하였는데, 채무자인 매수인이 그 공탁금을 수령함으로써 매매계약이 합의해제되는 효과가 발생한 경우에 대해서도 제405조 제2항의 규정이 적용되어 채무자는 채권자에게 해제의 효력을 주장할 수 없다'고 판시한 바 있다(대법원 1993.4.27.선고, 92다44350 판결). 이는 '채무자가 제3채무자가 공탁한 금전을 수령하는 것은 마치 채무자가 제3채무자와의 합의에 의하여 계약을 해제한 것처럼 피대위채권인 제3채무자에 대한 소유권이전등기청구권을 처분하는 행위에 해당한다'는 논리에 기한 것이나, '채무자가 공탁금을 수령하는 행위를 매매계약의 합의해제에 의하여 등기청구권을 소멸시키는 처분행위로 간주한다'는 것은 지나친 논리의 비약일 뿐만 아니라, '자유로워야 할 제3채무자의 형성권의 행사를 무력화시키는 결과를 초래하게 되며, 채권자대위권은 채무자의 책임재산을 보선하기 위하여 채권자가 채무자의 권리를 대신 행사하는 소극적인 권리에 지나지 않는 것으로서, 채권자대위권의 행사에 의하여 제3채무자의 법적 지위가 채무자 본인이 권리를 행사하는 경우보다 불리하게 되는 것은 제도의 취지에 부합하지 않는다'는 비판이 제기되고 있다.[103]

102) 같은 취지: 대법원 2007.6.28.선고, 2006다85921 판결.

103) 同旨: 양창수, "채권자대위에 의한 처분금지효가 제3채무자가 채무자의 채무불이행을 이유로 매매계약을 해제하는 것에도 미치는가?", 민법연구 7권(박영사, 2003/11), 357 이하; 오시영, "채권자대위권행

■ **대위권 행사 통지 후에 채무불이행을 이유로 계약이 자동해제되거나 제3채무자가 계약을 해제한 경우, 제3채무자가 계약해제로써 채권자에게 대항할 수 있는지 여부**(원칙적 적극) 민법 제405조 제2항은 '채무자가 채권자대위권행사의 통지를 받은 후에는 그 권리를 처분하여도 이로써 채권자에게 대항하지 못한다'고 규정하고 있다. 위 조항의 취지는 채권자가 채무자에게 대위권 행사 사실을 통지하거나 채무자가 채권자의 대위권 행사 사실을 안 후에 채무자에게 대위의 목적인 권리의 양도나 포기 등 처분행위를 허용할 경우 채권자에 의한 대위권 행사를 방해하는 것이 되므로 이를 금지하는 데에 있다고 할 것이다. 그런데 채무자의 채무불이행 사실 자체만으로는 권리변동의 효력이 발생하지 않아 이를 채무자가 제3채무자에 대하여 가지는 채권을 소멸시키는 적극적인 행위로 파악할 수 없는 점, 더구나 법정해제는 채무자의 객관적 채무불이행에 대한 제3채무자의 정당한 법적 대응인 점, 채권이 압류·가압류된 경우에도 압류 또는 가압류된 채권의 발생 원인이 된 기본계약의 해제가 인정되는 것과 균형을 이룰 필요가 있는 점 등을 고려할 때, 채무자가 자신의 채무불이행을 이유로 매매계약이 해제되도록 한 것을 두고 민법 제405조 제2항에서 말하는 '처분'에 해당한다고 할 수 없다. 따라서 채무자가 채권자대위권 행사의 통지를 받은 후에 채무를 불이행함으로써 통지 전에 체결된 약정에 따라 매매계약이 자동적으로 해제되거나, 채권자대위권 행사의 통지를 받은 후에 채무자의 채무불이행을 이유로 제3채무자가 매매계약을 해제한 경우, 제3채무자는 그 계약해제로써 대위권을 행사하는 채권자에게 대항할 수 있다고 할 것이다. 다만, 형식적으로는 채무자의 채무불이행을 이유로 한 계약해제인 것처럼 보이지만 실질적으로는 채무자와 제3채무자 사이의 합의에 따라 계약을 해제한 것으로 볼 수 있거나, 채무자와 제3채무자가 단지 대위채권자에게 대항할 수 있도록 채무자의 채무불이행을 이유로 하는 계약해제인 것처럼 외관을 갖춘 것이라는 등의 특별한 사정이 있는 경우에는 채무자가 그 피대위채권을 처분한 것으로 보아 제3채무자는 그 계약해제로써 대위권을 행사하는 채권자에게 대항할 수 없다고 할 것이다. (대법원 2012.5.17.선고, 2011다87235 전원합의체판결)[104]

2) 대위행사의 통지는 없었으나 채무자가 대위행사의 사실을 안 경우

판례는 ① '대위행사의 통지는 없었으나 채무자가 그 사실을 알고 있었다면, 채무자는 피대위권리의 처분을 채권자에게 대항할 수 없다'는 입장을 확립하고 있다(대법원 1988.1.19.선고, 85다카1792 판결 등).[105] 또한 ② '채권자가 채무자를 대위하여 제3채무자의 부동산에 대한 처분금지가처분결정을 신청하여 법원으로부터 가처분결정을 받았는데, 채무자가 이러한 사실을 알게 된 이후에 제3채무자와의 합의에 의하여 그 부동산에 대한 매매계약을 해제함으로써 대위의 객체인 제3채무자에 대한 채무자의 소유권이전등기청구권을 소멸시켰다 하더라도 이로

사시 채무자의 처분권 제한을 중심으로", 법률신문 3188호(법률신문사, 2003/7), 14 참조.

104) 대법원은 2003.1.10.선고, 2000다27343 판결에서, '채무자가 채권자대위권 행사 사실을 통지받은 후에 채무자의 채무불이행을 이유로 매매계약이 해제되도록 한 것은 언제나 채무자가 그 피대위채권을 처분하는 것에 해당하므로 이를 가지고 대위권을 행사하는 채권자에게 대항할 수 없고, 그 결과 제3채무자 또한 그 계약해제로써 채권자에게 대항할 수 없다'고 판시한 바 있으나, 이 판결은 본 전원합의체판결의 견해와 저촉되는 한도에서 변경되었다. 판례평석: 권영혜, "채권자대위권의 행사와 채무자의 처분권 제한", 재판실무연구2012(광주지방법원, 2013/1), 163 이하; 심승우, "채권자대위권 행사로 제한되는 채무자의 처분행위", 민사판례연구(36)(민사판례연구회, 2015), 365 이하.

105) 판례평석: 이재성, "채권자대위권의 행사와 채무자의 처분권 제한", 이재성판례평석집 10권(1989/7), 445 이하. 같은 취지: 대법원 1962.5.24.선고, 4294민상251·252 판결; 대법원 1962.12.27.선고, 62사17 판결; 대법원 1993.4.27.선고, 92다44350 판결; 대법원 2003.1.10.선고, 2000다27343 판결.

써 채권자에게 대항할 수 없다'고 한다(대법원 1996.4.12.선고, 95다54167 판결 등).[106] 나아가 ③ '채권자대위소송이 제기되고 대위채권자가 채무자에게 대위권 행사사실을 통지하거나 채무자가 이를 알게 된 이후에는 민사집행법 제229조 제5항[107]이 유추적용되어 제3자에 의한 피대위채권에 대한 전부명령은 원칙적으로 무효'라고 한다(대법원 2016.8.29.선고, 2015다236547 판결).[108]

(3) 대위행사 통지 후 제3채무자의 지위

채권자대위권은 제3채무자에게 불이익을 안겨주는 것을 목적으로 하는 제도가 아니라 책임재산을 보전하는 것을 목적으로 하는 제도이므로, 채권자대위권의 행사에 의하여 제3채무자의 법적 지위가 채무자가 직접 권리를 행사하는 경우보다 불이익하게 될 수 없음은 당연하다. 이는 제3채무자는 채무자에 대한 항변사유로써 대위채권자에게 대항할 수 있음을 의미한다. 즉, 제3채무자는 대위권 행사의 통지가 있은 후에도 채무자에게 변제하거나 반대채권으로 상계하는 등의 처분행위를 할 수 있음은 물론 그 처분행위의 효력을 대위채권자에게 주장할 수 있다. 또한 그 반면의 효과로서 대위권행사의 통지에 의하여 처분권을 상실한 채무자라고 하더라도 제3채무자의 변제를 수령할 수 있다. 판례는 이러한 법리를 전제로, '부동산의 전득자(甲)가 그의 채무자인 전매인(양수인) 乙에 대한 소유권이전등기청구권을 보전하기 위하여 양도인인 제3채무자(丙)를 상대로 양수인(乙)의 처분금지가처분신청권을 대위행사한 경우, 그 가처분신청의 피보전권리는 양수인(乙)의 양도인(丙)에 대한 소유권이전등기청구권일 뿐 전득자(甲)의 전매인(乙)에 대한 소유권이전등기청구권까지 포함되는 것은 아니고, 그 가처분결정에서 제3자에 대한 처분을 금지하였다고 하더라도 그 제3자 중에는 양수인(乙)은 포함되지 않는다고 할 것이므로, 양수인(乙)이 양도인(丙)으로부터 소유권이전등기를 넘겨받았다 하더라도 이는 위 가처분의 효력에 위배되지 아니하여 유효하다'고 한다(대법원 1991.4.12.선고, 90다9407 판결 등).[109]

---

106) 같은 취지: 대법원 2007.6.28.선고, 2006다85921 판결.

107) 민사집행법 제229조(금전채권의 현금화방법) ① 압류한 금전채권에 대하여 압류채권자는 추심명령이나 전부명령(轉付命令)을 신청할 수 있다. ② 추심명령이 있는 때에는 압류채권자는 대위절차 없이 압류채권을 추심할 수 있다. ③ 전부명령이 있는 때에는 압류된 채권은 지급에 갈음하여 압류채권자에게 이전된다. ④ 추심명령에 대하여는 제227조 제2항 및 제3항의 규정을, 전부명령에 대하여는 제227조 제2항의 규정을 각각 준용한다. ⑤ 전부명령이 제3채무자에게 송달될 때까지 그 금전채권에 관하여 다른 채권자가 압류·가압류 또는 배당요구를 한 경우에는 전부명령은 효력을 가지지 아니한다. ⑥항 이하 생략

108) 판례평석: 범선윤, "채권자대위권의 행사와 채권압류·전부명령의 경합 채권자대위권의 효용과 한계", 민사판례연구(40)(민사판례연구회, 2018), 291 이하; 이계정, "채권자대위권의 행사와 전부명령의 효력", 법조 728호(법조협회, 2018/4), 581 이하.

109) 판례평석: 김광태, "전득자의 대위에 의한 처분금지가처분의 효력", 민사판례연구(14)(민사판례연구회, 1992 /5), 359 이하. 같은 취지: 대법원 1983.3.22.선고, 80다1416 판결; 대법원 1986.11.25.선고, 86다397 판결; 대법원 1988.9.27.선고, 84다카2267 판결; 대법원 1989.5.9.선고, 88다카6488 판결; 대법원

[39] Ⅴ. 채권자대위권 행사의 효과

1. 채무자에의 효과귀속

채권자대위권이 행사되면 그 효과는 채권자 개인에게 귀속하는 것이 아니라 모든 채권자를 위한 공동담보가 되는 채무자의 책임재산(일반재산)에 귀속된다. 따라서 채권자가 자기채권의 만족을 얻기 위해서는 다시 위 책임재산에 대한 강제집행절차를 밟아야 한다. 다만, '채권자는 제3채무자에 대하여 자기에게 직접 급부할 것을 청구할 수 있고, 채권자가 제3채무자로부터 직접 수령한 급부의 목적물이 그의 채권과 동종 또는 동일한 물건(금전 기타의 대체물)인 경우에는 채무자에 대한 인도채무와 상계함으로써 우선변제를 받은 것과 마찬가지의 결과를 얻을 수 있다'는 것이 통설·판례의 입장임은 전술한 바와 같다. 즉, 판례는 ① '채권자인 상가사용권자가 채무자인 소유자의 불법점유자에 대한 명도청구권을 대위행사하는 경우에는 불법점유자에 대하여 직접 자기에게 그 점포들을 명도할 것을 청구할 수 있으며(대법원 1995.5.12.선고, 93다59502 판결), ② 법원도 제3채무자에 대하여 직접 대위채권자에게 급부를 이행할 것을 명할 수 있다'고 한다(대법원 1995.4.14.선고, 94다58148 판결 등).110)

▪ **채권자대위소송에서 제3채무자로 하여금 직접 대위채권자에게 금전의 지급을 명하는 판결이 확정된 경우, 피대위채권이 변제 등으로 소멸하기 전에 채무자의 다른 채권자가 이를 압류·가압류할 수 있는지 여부**(적극) [1] 채권자가 자기의 금전채권을 보전하기 위하여 채무자의 금전채권을 대위행사하는 경우, 제3채무자로 하여금 채무자에게 지급의무를 이행하도록 청구할 수도 있지만, 직접 대위채권자 자신에게 이행하도록 청구할 수도 있다. 그러나 채권자대위소송에서 제3채무자로 하여금 직접 대위채권자에게 금전의 지급을 명하는 판결이 확정되더라도, 대위의 목적인 권리, 즉 채무자의 제3채무자에 대한 피대위채권이 판결의 집행채권으로서 존재하고 대위채권자는 채무자를 대위하여 피대위채권에 대한 변제를 수령하게 될 뿐 자신의 채권에 대한 변제로서 수령하게 되는 것이 아니므로, 피대위채권이 변제 등으로 소멸하기 전이라면 채무자의 다른 채권자는 이를 압류·가압류할 수 있다. [2] 자기의 금전채권을 보전하기 위하여 채무자의 금전채권을 대위행사하는 대위채권자는 제3채무자로 하여금 직접 대위채권자 자신에게 지급의무를 이행하도록 청구할 수 있고, 제3채무자로부터 변제를 수령할 수도 있으나, 이로 인하여 채무자의 제3채무자에 대한 피대위채권이 대위채권자에게 이전되거나 귀속되는 것이 아니므로, 대위채권자의 제3채무자에 대한 추심권능 내지 변제수령권능은 자체로서 독립적으로 처분하여 환가할 수 있는 것이 아니어서 압류할 수 없는 성질의 것이고, 따라서 추심권능 내지 변제수령권능에 대한 압류명령 등은 무효이다. 그리고 채권자대위소송에서 제3채무자로 하여금 직접 대위채권자에게

1994.3.8.선고, 93다42665 판결; 대법원 1998.2.13.선고, 97다47897 판결.

110) 같은 취지: 대법원 1996.2.9.선고, 95다27998 판결. 다만, 판례는 '채권자가 채무자를 대위하여 제3채무자를 상대로 자기에게 직접 소유권이전등기절차를 이행하라고 청구하여 승소판결이 확정되었더라도 제3채무자가 이미 다른 제3자에게 그 소유권을 넘겨버려 이행불능이 된 경우에는, 채무자를 대위하지 않고 직접 제3채무자에게 위 부동산의 시가상당액의 손해배상을 청구하는 것은 허용되지 않는다'고 한다(대법원 1971.4.30.선고, 71다411·412 판결).

금전의 지급을 명하는 판결이 확정되었더라도 판결에 기초하여 금전을 지급받는 것 역시 대위채권자의 제3채무자에 대한 추심권능 내지 변제수령권능에 속하므로, 채권자대위소송에서 확정된 판결에 따라 대위채권자가 제3채무자로부터 지급받을 채권에 대한 압류명령 등도 무효이다. (대법원 2016.8.29.선고, 2015다236547 판결)

2. 대위채권자의 비용상환청구권 및 유치권

(1) 비용상환청구권

채권자대위권을 행사하는 채권자와 채무자 사이에는 법정위임관계가 성립되므로, 채권자대위권의 행사를 위하여 비용을 지출한 채권자는 위임에 관한 규정에 의하여 그 비용의 상환을 청구할 수 있다(688조 1항).

(2) 유치권

채권자대위권을 행사한 채권자가 채무자 대신에 수령한 목적물을 보관하기 위하여 비용을 지출한 경우에는 위임에 관한 규정에 따라서 비용의 상환을 청구할 수 있는바, 그 비용상환청구권은 '그 물건에 관하여 생긴 채권'이라고 할 수 있으므로, 채권자는 이를 담보하기 위하여 보관하고 있는 목적물을 유치할 권리가 있다(320조 1항).

3. 채권자대위소송의 기판력

(1) 기판력의 주관적 범위

채권자가 채무자를 대위하여 소를 제기한 경우에도 채무자는 스스로 당사자로서 소송에 참가할 수 있고(민사소송법 79조),[111] 설령 당사자로서 소송에 참가하지 않았더라도 대위소송의 당사자인 채권자로부터 소송고지(동법 84조 1항)[112]를 받은 때에는 그 판결의 효력(참가적 효력)이 채무자에게도 미치게 되므로(동법 77조,[113] 86조[114]), 채권자가 채무자를 대위하여 소송을 수행하더라도 별다른 문제는 발생하지 않는다. 그러나 '채무자가 소송고지를 받지 아니한 경우에는 판결의 효력은 대위소송의 당사자인 채권자에게만 미치고, 당사자가 아닌 채무자에게는

111) 민사소송법 제79조(독립당사자참가) ① 소송목적의 전부나 일부가 자기의 권리라고 주장하거나, 소송결과에 따라 권리가 침해된다고 주장하는 제3자는 당사자의 양쪽 또는 한쪽을 상대방으로 하여 당사자로서 소송에 참가할 수 있다. ② 제1항의 경우에는 제67조 및 제72조의 규정을 준용한다.

112) 민사소송법 제84조(소송고지의 요건) ① 소송이 법원에 계속된 때에는 당사자는 참가할 수 있는 제3자에게 소송고지를 할 수 있다.

113) 민사소송법 제77조(참가인에 대한 재판의 효력) 재판은 다음 각 호 가운데 어느 하나에 해당하지 아니하면 참가인에게도 그 효력이 미친다. 1. 제76조의 규정에 따라 참가인이 소송행위를 할 수 없거나, 그 소송행위가 효력을 가지지 아니하는 때 2. 피참가인이 참가인의 소송행위를 방해한 때 3. 피참가인이 참가인이 할 수 없는 소송행위를 고의나 과실로 하지 아니한 때

114) 민사소송법 제86조(소송고지의 효과) 소송고지를 받은 사람이 참가하지 아니한 경우라도 제77조의 규정을 적용할 때에는 참가할 수 있었을 때에 참가한 것으로 본다.

미치지 않는다'는 기판력의 주관적 범위에 관한 민사소송법의 원칙(동법 218조 1항)[115]을 관철하는 경우에는, 대위소송의 판결이 확정되었음에도 불구하고 채무자는 다시 당사자로서 동일한 내용의 소를 제기할 수 있으므로, 전후의 판결에 모순이 발생할 가능성이 있다. 따라서 '채권자대위소송에 있어서 확정판결의 효력은 무조건 채무자에게도 미친다'고 해석할 필요가 있게 된다. 다만, 당사자로서 소송을 수행하지 않았고 소송에 참가할 기회조차 얻지 못한 채무자에게 무조건 판결의 기판력이 미친다고 한다면 채무자에게 지나치게 가혹한 결과가 될 수 있으므로, 판례는 이러한 현실적인 문제를 고려하여 절충적인 해결책을 취하고 있다.

1) 판례의 입장

판례는 대법원 1975.5.13.선고, 74다1664 전원합의체판결[116] 이래 '채무자가 제405조 제1항의 규정에 의한 대위권 행사의 통지, 민사소송법 제84조 이하의 규정에 의한 소송고지, 비송사건절차법 제49조 제1항에 의한 재판상대위 허가의 고지 등 어떠한 사유에 의하였든 적어도 채권자대위권에 의한 소송이 제기된 사실을 알았을 경우에는 그 판결의 효력이 채무자에게도 미친다'는 입장을 확립하고 있다. 또한 판례는 이러한 법리를 전제로, '채무자와 제3자 사이에 채권자대위소송과 동일한 내용의 확정판결이 존재한다면, 그 확정판결의 효력은 후소(後訴)인 채권자대위소송에 미치며(대법원 1979.3.13.선고, 76다688 판결 등),[117] 채권자대위소송에서 피대위자인 채무자에게도 재소(再訴)금지에 관한 민사소송법 제267조 제2항[118]의 규정이 적용되므로, 채권자대위소송이 제기된 사실을 피대위자가 알게 된 이상 그 종국판결 선고 후 소가 취하된 때에는 피대위자도 위 대위소송과 동일한 소를 제기할 수 없다'는 입장을 취하

115) 민사소송법 제218조(기판력의 주관적 범위) ① 확정판결은 당사자, 변론을 종결한 뒤의 승계인(변론 없이 한 판결의 경우에는 판결을 선고한 뒤의 승계인) 또는 그를 위하여 청구의 목적물을 소지한 사람에 대하여 효력이 미친다. ② 제1항의 경우에 당사자가 변론을 종결할 때(변론 없이 한 판결의 경우에는 판결을 선고할 때)까지 승계사실을 진술하지 아니한 때에는 변론을 종결한 뒤(변론 없이 한 판결의 경우에는 판결을 선고한 뒤)에 승계한 것으로 추정한다. ③ 다른 사람을 위하여 원고나 피고가 된 사람에 대한 확정판결은 그 다른 사람에 대하여도 효력이 미친다. ④ 가집행의 선고에는 제1항 내지 제3항의 규정을 준용한다.

116) 이 전원합의체판결에 의하여 '채권자가 채권자대위권을 행사하여 제3채무자를 상대로 소송을 제기하고 판결을 받은 경우, 그 확정판결의 효력은 당사자 아닌 채무자에게는 미치지 않는다'는 종전의 판례(대법원 1967. 3.28.선고, 67다212 판결 등)는 폐기되었다. 판례평석: 이용훈, "채권자 대위소송 판결의 효력범위", 법조 27권 10호(법조협회, 1978/10), 104 이하; 이시윤, "채권자대위소송의 기판력의 범위", 서울대법학(판례회고) 4호(서울대법학연구소, 1976/9), 202 이하; 정규상, "채권자대위소송의 기판력", 민법판례해설Ⅲ[채권총론], 50 이하. 같은 취지: 대법원 1978.10.10.선고, 78다473 판결; 대법원 1988.2.23.선고, 87다카1108 판결; 대법원 1991.12.27.선고, 91다23486 판결; 대법원 1993.4.27.선고, 93다4519 판결; 대법원 1994.8.12.선고, 93다52808 판결; 대법원 2014.1.23.선고, 2011다108095 판결.

117) 판례평석: 서성, "기판력이 미치는 사건의 판결주문", 대법원판례해설 1권 1호(법원행정처, 1979/8), 267 이하. 같은 취지: 대법원 1981.7.7.선고, 80다2751 판결; 대법원 1988.9.27.선고, 87다카1618 판결; 대법원 1992.11.10.선고, 92다30016 판결; 대법원 1993.3.26.선고, 92다32876 판결.

118) 민사소송법 제267조(소취하의 효과) ① 취하된 부분에 대하여는 소가 처음부터 계속되지 아니한 것으로 본다. ② 본안에 대한 종국판결이 있은 뒤에 소를 취하한 사람은 같은 소를 제기하지 못한다.

고 있다(대법원 1981.1.27.선고, 79다1618·1619 판결 등).[119)]

2) 학 설

학설은 '채권자대위소송의 판결이 확정된 경우, 그 기판력은 채무자의 주관적 사정 여하에 상관없이 채무자에게 미친다'고 해석하는 견해가 지배적이다.[120)] 통설은 그 논거로서, ① '채권자대위권은 법정재산관리권으로 보아야 하므로(재산관리권설), 이러한 권한에 기한 대위소송은 민사소송법 제218조 제3항[121)] 소정의 「제3자의 소송담당」에 해당한다'고 할 수 있다는 점,[122)] ② '만약 채권자대위소송의 판결의 효력이 채무자에게는 미치지 않는다면, 채무자가 동일한 소송을 제기하는 경우에는 제3채무자는 2중으로 응소하여야 하는 부담이 있을 뿐만 아니라, 그 판결의 결과가 서로 다를 경우 분쟁의 해결이 불가능해질 우려가 있다'는 점, ③ '채권자대위소송에서 채권자나 제3채무자가 형성권 등을 행사하는 때에는 그 실체법상의 효력이 채무자에게 미친다고 보아야 할 것인데, 그로 인한 소송법상의 효과인 판결의 효력은 채무자에게 미치지 않는다는 것은 균형이 맞지 않는다'는 점, ④ '채권자의 불성실한 소송수행으로 인하여 패소한 경우에는 채권자에 대하여 선관주의의무 위반으로 인한 손해배상책임을 물을 수 있다'는 점 등을 들고 있다.[123)]

3) 학설·판례의 검토

판례는 '채무자가 어떠한 사유에 의하였든 채권자대위권에 의한 소송이 제기된 사실을 알았을 경우에는 그 판결의 효력이 채무자에게도 미친다'는 입장을 취하고 있으나, 채무자의 주관적인 사정에 의하여 기판력의 범위를 좌우한다는 것은 법적 안정성을 목적으로 하는 기판력제도의 취지에 부합되지 않으며, 재판 외의 대위권의 행사는 채무자가 이를 알았건 몰랐건 상관없이 채무자를 구속하는 것과 균형이 맞지 않고, 소송에 적극적으로 참가한 보조참가인에게도 「참가적 효력」이 미칠 뿐인데, 소송이 제기된 사실을 알았다는 사유만으로 채무자에게 기판력이 미친다고 해석하는 것은 균형이 맞지 않으므로, 선뜻 찬성하기 어렵다. 그렇다고 하여 '채권자대위소송의 기판력은 채무자에게 미치지 않는다고 해석하는 경우에는 문제가 더욱 복잡하게 될 우려가 있다. 결국 '채무자의 주관적 사정과는 관계없이 채권자대위소송의 기판력은 채무자에게 미친다고 보아야 한다'는 통설의 견해가 타당하다고 할 것이다. 다만, 채무자를 대위하여 소를 제기하는 것을 민사소송법 제218조 제3항의 「제3자의 소송담당」으로 보아야 한다는 통설의 주장은 무리한 이론구성이라고 생각된다. 왜냐하면 채권자는

119) 같은 취지: 대법원 1995.7.28.선고, 95다18406 판결; 대법원 1996.9.20.선고, 93다20177·20184 판결.
120) 곽윤직, 138; 김상용, 246; 김주수, 197; 김증한/김학동, 192; 김형배, 373; 현승종, 197 참조.
121) 민사소송법 제218조(기판력의 주관적 범위) ③ 다른 사람을 위하여 원고나 피고가 된 사람에 대한 확정판결은 그 다른 사람에 대하여도 효력이 미친다.
122) 곽윤직, 138 참조.
123) 주석민법(1)/이상경, 761 참조.

책임재산을 확보하기 위하여 채무자를 대위하여 소를 제기한 것이므로 결과적으로 '모든 채권자를 위하여 소를 제기하였다'고 할 수는 있으나, 직접적으로는 "다른 사람을 위하여 원고나 피고가 된 자"가 아니라 '자기를 위하여 소를 제기한 자'라고 보아야 할 것이기 때문이다. 결국 대위소송의 기판력이 채무자에게도 미친다고 보아야 하는 근거는, 이를 인정하지 않을 경우에 법률관계가 극도로 복잡해질 뿐만 아니라, 대위소송의 기판력이 채무자에게 미치지 않는다고 할 경우에는 제3채무자는 채무자가 제기한 같은 내용의 소송에 중복하여 응소하지 않을 수 없게 되는 불합리한 결과가 된다는 현실적인 이유에서 찾아야 할 것이다.

(2) 기판력의 객관적 범위

확정판결은 주문에 포함된 것에 한하여 기판력을 가지며(민소법 216조), 채권자대위소송의 소송물은 피대위채권이라고 할 것임은 전술한 바와 같다. 그러므로 '채권자대위소송의 기판력은 채무자에게도 미친다'는 것은 '채권자대위소송에 있어서 소송물인 피대위채권의 존부에 관한 확정판결의 기판력이 채무자에게도 미친다'는 것을 의미하는 것이지, 채권자대위소송의 소송요건인 피보전채권의 존부에 관하여 당해 소송의 당사자가 아닌 채무자에게 기판력이 인정된다는 것은 아니다. 따라서 채권자가 채무자를 대위하여 제3채무자를 상대로 소송을 제기하였으나 피보전채권이 인정되지 않는다는 이유로 소가 각하되어 확정되었다 하더라도 소를 각하한 판결의 기판력은 채권자가 채무자를 상대로 제기한 피보전채권의 이행을 구하는 소송에 미치지 않는다(대법원 2014.1.23.선고, 2011다108095 판결).

제 5 절 채권자취소권

[40] Ⅰ. 총 설

1. 채권자취소권의 의의

「채권자취소권」(Gläubigeranfechtung, action révocatoire)이라 함은 '채무자가 채권자를 해함을 알면서 책임재산을 감소시키는 법률행위를 한 경우에 그 법률행위의 효력을 취소함으로써 책임재산에서 유출된 재산을 회복시키는 채권자의 권리'를 말한다. 이를 「사해행위취소권(詐害行爲取消權)」이라고도 한다.

채권자취소권은 채권의 실효성을 담보하는 최후의 보루인 채무자의 책임재산을 유지하기 위하여 채권자가 채무자의 재산권처분에 대한 간섭을 허용하는 제도로서, 채권자대위권과 함께 민법상의 책임재산보전제도의 양 축(軸)을 형성하고 있다.[1] 다만, 채권자대위권의 법적 성질을 책임재산의 보전을 위하여 채권자에게 부여된 재산관리권의 일종으로 보는 통설·판례의 입장과는 달리, 채권자대위권을 채권자를 위한 일종의 「포괄적 담보권」으로 보는 소수설[2]에 따르면 채권자대위권과 채권자취소권은 그 법적 성질이 전혀 다른 것이 된다. (☞ 제4절 「채권자대위권」)

채권자취소권은 채무자의 책임재산을 보전하기 위하여 채권자에게 부여된 실체법상의 권리라는 점에서 채권자대위권과 목적을 같이하는 제도라고 할 수 있으나, 그 수단이 채무자와 제3자(수익자) 사이에 적법·유효하게 성립한 법률행위를 취소하여 재산권을 원상으로 회복시키는 것이므로, 취소소송의 상대방인 제3자(수익자 또는 전득자)의 이익을 침해하고 나아

1) 同旨: 곽윤직, 139; 김증한/김학동, 193; 이은영, 456; 현승종, 198 참조.
2) 김형배, 345 이하 참조.

가 거래의 안전을 해할 가능성이 크다. 따라서 채권자대위권과는 달리 그 성립요건이나 권리행사 방법에 대하여 엄격한 제한이 필요하다. 이러한 이유로 민법은 채권자취소권을 재판상으로만 행사할 수 있도록 하고 있으며(406조), 판례도 채권자대위권과는 달리 특정채권의 보전을 위한 채권자취소권의 행사(전용)를 허용하지 않고 있다.

채권자취소권 이외에도 채무자의 책임재산을 보전하기 위한 제도로서 상속재산의 분리(1045~1052조), 민사집행법상의 보전처분(가압류·가처분)(동법 276~312조), 채무자회생법상의 부인권(채무자회생법 100조) 등의 제도가 있다. 다만, 특별집행절차인 채무자회생법상의 부인권(否認權)제도는 책임재산의 보전을 위한 것이라는 점에서 민법상의 채권자취소권과 그 목적이 같다고 할 수 있으나, 법원의 파산선고가 있거나 회생절차개시결정이 있은 후에만 행사할 수 있다는 점에서 민법상의 채권자취소권과 절차상 큰 차이가 있다. 특히 파산절차는 기업의 회생이 불가능하다고 판단되는 경우에 한하여 신중한 정책적 판단에 따라서 행하여지는 것이 현실이므로,[3] 파산절차상의 부인권제도를 활용하는 것은 채무자의 책임재산을 신속하게 보전하는 데 적절하지 않다. 민법상의 채권자취소권은 집행권원이 없는 상태에서 신속하게 채무자의 사해행위를 취소하여 유출된 책임재산을 되돌림으로써 추후에 있을 강제집행을 실효성 있는 것으로 만들 수 있다는 점에서, 파산절차나 회생절차상의 부인권제도에 비하여 매우 효과적인 책임재산보전제도라고 할 수 있다.

〈참고〉 특별집행절차상의 부인권제도

1. 파산절차상의 부인권제도

파산자가 파산선고 후 파산재단에 속하는 재산에 관하여 한 법률행위는 파산채권자에게 대항할 수 없으므로(채무자회생법 329조), 부인권의 문제는 발생하지 않는다. 즉, 파산절차상의 부인권이 문제되는 경우는 파산선고 전의 채무자의 사해행위에 한하는데, 채무자회생법은 파산선고 전의 채무자의 행위 중, ① 채무자가 파산채권자를 해하는 것을 알고 한 행위, ② 채무자가 지급정지 또는 파산신청이 있은 후에 한 파산채권자를 해하는 행위와 담보의 제공 또는 채무소멸에 관한 행위, ③ 채무자가 지급정지나 파산신청이 있은 후 또는 그 전 60일 이내에 한 담보의 제공 또는 채무소멸에 관한 행위로서 채무자의 의무에 속하지 아니하거나 그 방법 또는 시기가 채무자의 의무에 속하지 아니하는 것, ④ 채무자가 지급정지나 파산신청이 있은 후 또는 그 전 6월 이내에 한 무상행위 및 이와 동일시할 수 있는 유상행위에 대해서는 파산관재인이 파산재단을 위하여 그 효력을 부인할 수 있도록 하고 있다(동법 391조). 부인권은 소, 부인의 청구 또는 항변의 방법으로 파산관재인이 행사하는 것이 원칙이나, 파산채권자의 신청에 의하거나 직권으로 법원이 파산관재인에게 부인권의 행사를 명할 수도 있다(동법 396조).[4] 부인권의 행사에 의하여

3) 우리나라에서는 기업이 도산하더라도 사법부의 정책적 배려에 의하여 회생절차에 의하는 것이 일반적이며, 파산절차를 밟는 경우는 매우 드문 경우에 속한다. 그러나 1997년의 외환위기 이후 파산절차의 필요성이 증대되고 개인신용불량자가 속출하자, 개인파산선고제도가 도입되었을 뿐만 아니라 기업의 파산사건도 급증하고 있다(2016년의 「한진해운파산사건」이 기업파산의 대표적인 사례이다).

4) 채무자회생법 제396조(부인권의 행사방법) ① 부인권은 소, 부인의 청구 또는 항변의 방법으로 파산관재인이 행사한다. ② 법원은 파산채권자의 신청에 의하거나 직권으로 파산관재인에게 부인권의 행사를 명할 수 있다. ③ 제1항의 소와 부인의 청구사건은 파산계속법원의 관할에 전속한다. ④ 제106조 및 제

파산재단은 원상으로 회복된다(동법 397조).[5)]

2. 회생절차상의 부인권

「회생절차」라 함은 문자 그대로 채무자의 회생을 꾀하는 절차인데, 이른바 「통합도산법」이라고 불리우는 현행 채무자회생법에서는 구 회사정리법에 의한 「회사정리절차」와 구 화의법에 의한 「화의절차」가 통합되어 「회생절차」로 그 명칭이 변경되었다.

채무자가 회생절차개시 이후 채무자의 재산에 관하여 법률행위를 한 때에는 회생절차와의 관계에 있어서는 그 효력을 주장하지 못하며(채무자회생법 64조), 관리인은 회생절차개시 이후 채무자의 재산을 위하여 다음과 같은 채무자의 행위를 부인할 수 있다. 즉, ① 채무자가 회생채권자 또는 회생담보권자를 해하는 것을 알고 한 행위, ② 채무자가 지급의 정지, 회생절차개시의 신청 또는 파산의 신청이 있은 후에 한 회생채권자 또는 회생담보권자를 해하는 행위와 담보의 제공 또는 채무의 소멸에 관한 행위, ③ 채무자가 지급의 정지 등이 있은 후 또는 그 전 60일 이내에 한 담보의 제공 또는 채무의 소멸에 관한 행위로서 채무자의 의무에 속하지 아니하거나 그 방법이나 시기가 채무자의 의무에 속하지 아니한 것, ④ 채무자가 지급의 정지 등이 있은 후 또는 그 전 6월 이내에 한 무상행위 및 이와 동일시할 수 있는 유상행위의 효력을 부인할 수 있다(채무자회생법 100조).

회생절차상의 부인권은 회생절차개시결정을 요건으로 한다는 점에서, 실체법상의 권리인 민법상의 채권자취소권과 다르며, 파산절차상의 부인권과 실질적으로 동일하다고 할 수 있다.[6)]

2. 문제의 소재

우리 민법은 채권자취소권에 관하여 매우 간략한 2개 조문만을 두고 그 해석상의 여러 가지 복잡한 문제들을 대부분 학설과 판례에 위임하고 있다. 특히 우리 민법은 채권자취소권 행사의 효력을 사해행위의 "취소 및 원상회복"이라고 규정하고 있으나(406조), '강제집행의 준비단계에서 책임재산을 보전할 목적으로 행사되는 채권자취소권이 과연 채무자와 수익자 사이에 행해진 유효한 법률행위인 사해행위의 효력을 소급적·절대적으로 무효화하는 민법총칙상의 취소권과 그 효력이 같다고 할 수 있는가?' 하는 의문이 제기된다.

이에 대하여 종래의 통설과 판례는, '채권자취소권은 통상의 취소권과는 달리 소의 당사자인 채권자와 수익자 사이, 또는 채권자와 전득자 사이에서만 상대적으로 사해행위를 무효화하는 효력을 가지며(상대적 무효설), 그 법적 성질도 단지 사해행위를 취소하는 형성권에 그치는 것이 아니라 유출된 재산권의 반환을 청구할 수 있는 청구권의 성질도 함께 가지고 있

107조의 규정은 제1항의 규정에 의한 부인의 청구에 관하여 준용한다.

5) 파산절차상의 부인권에 관하여는 박성철, "파산법상의 부인권", 재판자료 83집 「파산법의 제문제[하]」(법원행정처, 1999/6), 225 이하; 김진현, "우리 도산법상의 부인권에 관한 연구", 강원법학 11권(강원대법학연구소, 1999/10), 1 이하; 강대성, "부인권의 법리", 이시윤박사화갑기념 「민사재판의 제문제(하)」, 1995/10, 576 이하; 김주학, "파산절차상의 부인권 -유형별 분석을 중심으로-", 부산대학교대학원, 2007, 1 이하 참조.

6) 회생절차상의 부인권에 관하여는 홍성준, "회생절차상 부인권과 회생절차의 종결", 민사판례연구(29)(민사판례연구회, 2007/3), 443 이하; 원호신, "회생절차의 종결과 부인권 관련 소송의 운명", 재판과 판례 16집(대구판례연구회, 2007/12), 499 이하; 김기진, "회생절차에서의 부인권", 동아법학 42호(동아대법학연구소, 2008/8), 355 이하 참조.

다(절충설)'고 보고 있다. 그러나 이러한 통설과 판례의 입장에 대해서는, '채권자취소권은 채무자와 수익자 사이의 법률행위의 실체법적 효력에 대해서는 영향을 미치지 않으며, 단지 채무자의 사해행위에 의하여 책임재산이 유출되는 책임법적 반사효(責任法的 反射效)를 차단하는 책임법상의 효력을 발생하는 형성권'이라고 파악하는 「책임설」 등의 비판론이 제기되고 있다. 채권자취소권의 법적 성질에 관한 논의는 그 결과에 따라서 채권자취소권의 행사요건과 효과에 관한 해석론에 큰 차이를 가져올 수 있다는 점에서 중요한 의미를 가진다.

한편 우리 민법은 채권자취소권 행사의 효력인 사해행위의 취소와 원상회복은 "모든 채권자의 이익을 위하여 그 효력이 있다"고 규정하고 있는데(407조), 이는 일본민법(구 의용민법)을 제외한 다른 입법례에서는 찾아볼 수 없는 규정으로서, 그 입법론적 타당성 여부를 둘러싸고 논란이 있다.

[41] Ⅱ. 연혁 및 입법례

1. 채권자취소권제도의 연혁

(1) 로마법의 「파울리아나 소권」

로마법에서는 채권자의 추급을 피하기 위하여 채무자가 제3자와 통모하여 재산을 유출시킴으로써 무자력이 되거나 무자력상태를 증가시키는 사해행위(fraus creditorum)를 형사적 불법행위로 규정하여 금지하고, 이에 대한 제재로서 채권자에게 그 행위의 취소와 일탈재산의 반환을 내용으로 하는 소권인 「파울리아나 소권」(actio pauliana)을 인정하였는데, 이것이 근대민법의 채권자취소권의 제도적 기원이다.[7] 다만, 로마법상의 파울리아나 소권은 근대민법상의 채권자취소권과는 달리 파산절차의 부대소송(附帶訴訟)으로서 사해행위의 피해자인 채권자에 의하여 행해지는 것이 아니라 파산재단관리인에 의하여 행사되는 권리였다. 따라서 파울리아나 소권을 행사하기 위해서는 엄격한 객관적 요건과 주관적 요건이 요구되었으며, 또한 사해행위 취소의 효력은 모든 자에게 대항할 수 있는 절대적인 것이었다. 또한 그 소권 행사의 효과는 모든 파산채권자를 위하여 발생하였다.[8]

(2) 중세 이탈리아 도시법

중세 이탈리아 도시법에서도 파울리아나 소권이 인정되었는데, 로마법과는 달리 채무자

7) 「파울리아나 소권」의 성립배경과 그 과정에 관하여는 강영호, "특정물채권자는 채권자취소권을 행사할 수 없는가", 사법논집 34집(법원행정처, 2002/12), 320; 주석채권총칙(상)/김욱곤, 384~385; 현승종(로마법), 174~175 참조.

8) 주석채권총칙(상), 385(김욱곤) 참조.

가 일정한 친족관계에 있는 자 또는 동거하고 있는 자와의 사이에서 파산 전(前) 일정기간 내에 행한 행위에 대하여는 채무자의 사해의사를 추정하였으며, 특히 무상행위의 경우에는 채무자의 사해의사는 불필요한 것으로 규정함으로써 파울리나나 소권의 주관적 요건이 크게 완화되었다는 점이 그 특징이었다.[9]

2. 입법례

로마법의 「파울리아나 소권」은 파산법상의 부인권제도와 파산외의 채권자취소권제도의 두 가지 형태로 발전하여 대륙법계 국가들에 계수되었는데, 우리나라의 채권자취소권제도는 로마법의 「파울리아나 소권」에 기원을 둔 프랑스민법의 채권자취소권제도를 계수한 구 의용민법(일본민법)의 제도를 거의 그대로 계승한 것이다.

(1) 프랑스의 채권자취소권제도

프랑스 고법(古法)에서는 모든 법률행위가 공증인의 면전에서 행해졌으며, 공증된 법률행위에는 법률상 당연히 채무자의 일반재산에 저당권이 설정된 것과 마찬가지의 효력이 인정되었기 때문에 파울리아나 소권은 그다지 유용한 것이 되지 못하였으나,[10] 1804년에 제정된 프랑스민법(이하 「개정 전 프랑스민법」으로 약칭)은 공증된 법률행위에 당연히 저당권이 수반하는 것을 인정하지 않았기 때문에, 다시 파울리아나 소권의 유용성이 인정되어 민법전에 채권자취소권에 관한 명문규정을 두게 되었다고 한다. 다만, 개정 전 프랑스민법은 '채권자는 채무자의 사해행위를 소추할 수 있다'는 원칙만을 선언하였을 뿐, 채권자취소권의 요건과 효과에 대해서는 구체적으로 규정하지는 않았었다(C.c. Art. 1167).[11] 그러나 2016년에 개정된 현행 프랑스민법(2016.2.10. 오르도낭스 제2016-131호로 개정된 것)은 채권자취소권의 요건(유상계약인 경우에는 사해행위의 상대방의 악의를 요한다는 점)과 효과(대항력이 없다는 「상대적 효력설」의 입장)를 비교적 명확하게 규정하고 있다(C.c. Art. 1341-2).[12]

(2) 독일의 채권자취소권제도

독일보통법도 로마법의 파울리아나 소권을 계수하였으나 지방에 따라 그 구체적 내용이

---

9) 중세 이탈리아 도시법에서의 파울리아나 소권에 관하여는 주석채권총칙(상), 386(김욱곤); 김형배, 419 참조.

10) 프랑스 고법(古法)상의 파울리아나 소권에 대하여는 김욱곤, "불란서민법에 있어서의 채권자취소권제도", 숭전대학교논문집 11집(1982), 351; 주석채권총칙(상)/김욱곤, 386 참조.

11) 개정 전 프랑스민법 제1167조 : (1) 채권자는 채무자가 그들의 권리를 해함을 알면서 행한 행위를 그 자신의 이름으로 소추(attaquer)할 수 있다.

12) 프랑스민법 제1341-2조 : 또한 채권자는 그의 이름으로 채무자가 한 그의 권리를 해하는 사해행위에 관하여, 만약 그 사해행위가 유상행위인 경우에는 계약의 상대방인 제3자가 그것이 사해행위임을 안 경우에 한하여, 그 효력을 주장할 수 없음을 선언하도록 할 수 있다.

달랐으며,[13] 파산절차에 있어서의 채권자취소권과 파산절차 이외에서의 채권자취소권이 구별되기 시작한 것도 1855년에 제정된 프로이센의 「파산법 및 채권자취소권법」이 그 시초였다고 한다.[14] 프로이센의 입법체계를 계승한 독일은 「파산절차상의 부인권」과 「파산절차 이외에서의 채권자취소권」에 관하여 각각 파산법(Konkursordnung(KO), 1877)과 「파산절차 이외에서의 사해행위취소에 관한 법률」[15](이하 「독일 구 채권자취소법」으로 약칭)에 상세한 규정을 두었다.[16] 독일은 1994년에 「통합도산법」(Insolvenzordnung(InsO), 1994)을 제정하여, 그 일부로서 「도산절차 외에서의 사해행위취소에 관한 법률」(이하 「독일 채권자취소법」(AnfG)으로 약칭)[17]이 시행되고 있다.[18]

이와 같이 독일의 채권자취소권제도는 프랑스나 일본과는 달리 특별법상의 제도로 발전한 것이 특징인데, 그 내용에 있어서도 「중세 이탈리아 도시법」과 마찬가지로 객관주의적 특색을 지니고 있다. 즉, 「독일 채권자취소법(AnfG)」에 따르면, ① 채권자가 취소권을 행사하기 위해서는 채무자와 상대방의 사해의사가 요구되지만, 일정한 경우에 이들의 사해의사는 추정되므로 채권자는 사해의사를 증명할 필요가 없으며(AnfG §3 I),[19] ② 채무자가 그의 배우자 등 일정한 근친관계에 있는 자와 사이에 체결한 계약은 유상계약인 경우라 할지라도 채권자가 그 계약을 통하여 직접적으로 해를 입는 경우에는 취소할 수 있으며(AnfG §3 II), ③ 무상계약의 경우에는 그것이 통상의 의례적 선물이 아닌 한 채무자의 사해의사 여부를 묻지 아니하고 취소할 수 있다(AnfG §4).[20]

---

13) 독일의 채권자취소권제도의 연혁에 관하여는 민일영, "독일의 채권자취소제도", 재판자료 48집(법원행정처, 1989), 9; 주석채권총칙(상)/김욱곤, 387 참조.

14) 민일영, 상게논문, 9 참조.

15) Gesezt betreffend die Anfechtung von Rechtshandlungen eines Schuldners außerhalb des Konkursverfahrens(AnfG), 1879.

16) 독일의 구 채권자취소권법에 있어서의 채권자취소권의 요건과 효과에 관하여는 민일영, 전게논문(주 13), 12 이하 참조.

17) Gesezt über die Anfechtung von Rechtshandlungen eines Schuldners außerhalb des Insolvenzverfahrens (AnfG), 1999.

18) 강영호, 전게논문(주 7), 321; 김재형, "채권자취소권의 본질과 효과에 관한 연구", 민법론 II(박영사, 2004/9), 8; Michael Huber, Anfechtungsgesetz(AnfG), 9 Aufl., C.H.Beck, 2000.

19) 독일 채권자취소법 제3조(사해의사) (1) 취소할 수 있는 것은 취소 전 10년 동안 행하여진 악의로써 채권자를 해하는 채무자의 법률적 행위이며, 상대방이 그 행위 당시에 채무자의 사해의사를 알고 있었던 경우에 한한다. 상대방이 채무자의 지급불능이 임박해 있다는 사실과 그 행위가 채권자를 해한다는 사실을 안 때에는 이러한 악의는 추정된다. (2) 채무자가 도산법 제138조에서 규정하는 그와 친근한 자와 사이에 체결한 것으로서, 그것을 통하여 그의 채권자가 직접적으로 해를 입는 유상계약은 취소할 수 있다. 그 계약이 취소되기 2년 이전에 체결된 경우, 혹은 계약체결 당시에 상대방이 채무자가 채권자를 해하려는 고의가 있다는 사실을 모른 경우에는 취소권은 배제된다.

20) 독일 채권자취소법 제4조(무상의 급부) (1) 채무자의 무상의 급부는 취소되기 4년 이전에 이루어진 것이 아닌 한 취소될 수 있다. (2) 관례적으로 행해지는 의례적 선물로서 한 사소한 가치의 급부는 취소할 수 없다.

〈참고〉 채권자취소권의 법적 성질에 관한 독일민법학의 논의

독일민법학에 있어서 채권자취소권의 법적 성질에 관한 논의는 보통법시대부터 계속되어 왔으나,[21] 현재의 통설·판례의 입장은 「채권설」이며, 「책임설」은 소수설에 지나지 않는다고 한다.[22]

(1) 채권설(Schuldrechtliche Theorie)

이는 '채권자의 취소는 채무자와 수익자 사이의 법률행위의 효력에는 아무런 영향을 미치지 아니하나, 채권자가 그의 채무자에 대하여 갖는 권리의 실행에 필요한 한도에서 취득자(수익자 또는 전득자)를 상대로 사해행위에 의하여 취득한 것을 반환할 것을 청구할 수 있는 채권관계를 발생시키는 데 그친다'는 견해이다. 다만 여기서의 「반환」은 취득자가 그 취득재산을 채무자 또는 채권자에게 되돌려 주는 것을 의미하는 것이 아니라, 채권자가 그 재산에 대하여 강제집행하는 것을 취득자가 수인(受忍)하는 것을 의미하므로, 채권자취소의 소는 실질적으로 「강제집행인용의 소」가 된다고 한다.

(2) 책임설(Haftungsrechtslehre)

이는 '채권자취소권의 본질은 취소권의 행사에 의하여 사해행위 그 자체를 무효화하거나 반환채무관계를 창설하는 등 실체법상의 법률관계의 변동을 초래하는 데 있는 것이 아니라, 채무자의 책임재산으로부터 일탈한 재산이 가지고 있는 책임을 회복하는 데 있다'는 견해이다.[23] 즉, 채무자의 재산으로부터 충분한 만족을 얻지 못한 채권자는 사해행위를 취소함으로써 채무자로부터 취득자(수익자 또는 전득자)에게 귀속된 재산을 마치 채무자의 재산인 것처럼 강제집행할 수 있고, 그에 따라 취득자는 채권자에 대하여 아무런 채무를 부담하고 있지 아니하면서도 자기의 재산으로 책임을 지게 된다는 데 채권자취소권의 본질이 있다는 것이다.

(3) 일본의 채권자취소권제도

2017년에 개정되기 전의 일본민법(구 의용민법)은 채권자취소권에 관하여 간결한 3개의 조문만을 두고 있었다(동법 424~426조). 이는 프랑스민법을 모범으로 한 것이었으나, 채권자취소권의 행사요건으로 수익자 또는 전득자의 악의가 요구된다는 점을 명문으로 규정하고 있었다는 점에서(동법 424조),[24] 프랑스민법과는 다른 특징이 있었다. 또한 구 의용민법은 '채권자취소권 행사의 효과는 총채권자의 이익을 위하여 발생한다'고 규정함으로써(동법 425조),[25] 채권자취소소송에 참가하지 아니한 다른 채권자도 강제집행에 참여할 수 있도록 하였는데, 이 점은 프랑스민법의 입장과 다른 것은 물론이고 다른 대륙법계 입법례에서는 전혀 찾아볼 수 없는 일본민법만의 특이한 규정이었으며, 그 입법론적 타당성에 대해서는 종래 의문이 제기되고 있었다.[26] 일본은 2017.6.2. 법률 제44호로 채권법의 전면개정을 내용으로 하는 새로운

21) 이에 관하여는 김재형, 전게논문(주 18), 8 이하; 민일영, 전게논문(주 13), 10 이하 참조.

22) 민일영, 상게논문, 11; 김재형, 상게논문, 17 참조.

23) G. Paulus, Sinn und Formen der Gläubigeranfechtung, AcP 155, 1956, S.277 ff.

24) 일본민법(구 의용민법) 제424조 : ① 채권자는 채무자가 그 채권자를 해한다는 것을 알면서 한 법률행위의 취소를 법원에 청구할 수 있다. 다만, 그 행위로 인하여 이익을 받는 자 또는 전득자가 그 행위 또는 전득의 당시 채권자를 행하게 된다는 사실을 알지 못한 때에는 그러하지 아니하다. ② 전항의 규정은 재산권을 목적으로 하지 아니하는 법률행위에는 이를 적용하지 아니한다.

25) 일본민법(구 의용민법) 제425조 : 전조의 규정에 따라서 한 취소는 모든 채권자의 이익을 위하여 그 효력이 생긴다.

26) 강영호, 전게논문(주 7), 322 이하; 주석채권총칙(상)/김욱곤, 447 이하 참조.

민법(이하 「개정 일본민법」으로 약칭)은 공포하였는데, 개정 일본민법은 사해행위취소권에 관하여 총 11개 조문을 신설하여 채권자취소권을 상세하게 규율하고 있다.[27]

(4) 우리나라의 채권자취소권제도

우리나라는 파산절차상의 부인권에 관하여는 채무자회생법에 규정을 두고 있으며(동법 391조 이하),[28] 파산절차 이외에서의 채권자취소권에 관해서는 민법전에 간략한 2개의 조문만을 두고 있다는 점에서, 2017년에 민법을 개정하기 전의 일본 채권자취소권제도와 거의 같다. 다만, 우리 민법상의 채권자취소권은 다음과 같은 두 가지 점에서 구 의용민법(개정 전 일본민법)상의 그것과 차이가 있다. 즉, ① 구 의용민법은 채권자취소권의 효력을 단지 '취소를 청구할 수 있다'고 규정하고 있었으나(동법 424조 1항),[29] 우리 민법은 '취소 및 원상회복을 청구할 수 있다'고 규정함으로써, 구 의용민법하에서 채권자취소권의 본질에 관한 통설·판례의 입장이었던 「절충설」을 입법화하였으며, ② 구 의용민법은 채권자취소권이 소멸시효에 걸리는 것처럼 규정하고 있었으나(동법 426조),[30] 우리 민법은 "채권자가 취소원인을 안 날로부터 1년, 법률행위 있은 날로부터 5년 내에 소를 제기하여야 한다"고 규정함으로써, 제소기간임을 분명히 함과 동시에 그 기간을 대폭 단축하였다(406조 2항).

[42] Ⅲ. 채권자취소권의 법적 성질

채권자취소권은 책임재산을 보전하기 위하여 채무자의 사해행위를 취소함으로써 유출된 책임재산을 원상으로 회복시키는 것을 내용으로 하는 권리이다. 따라서 채권자취소권은 강제집행절차와 밀접한 관계를 가지고 있다. 또한 채권자취소권의 행사는 반드시 소의 제기에 의

---

27) 이에 관한 상세는 정태윤, "일본 개정민법(채권관계) 중 주요 부분에 관한 개관" 민사법학 82호(한국민사법학회, 2018/2), 281~314를 참조 바람.

28) 채무자회생법 제391조(부인할 수 있는 행위) 파산관재인은 파산재단을 위하여 다음 각 호의 어느 하나에 해당하는 행위를 부인할 수 있다. 1. 채무자가 파산채권자를 해하는 것을 알고 한 행위. 다만, 이로 인하여 이익을 받은 자가 그 행위 당시 파산채권자를 해하게 되는 사실을 알지 못한 경우에는 그러하지 아니하다. 2. 채무자가 지급정지 또는 파산신청이 있은 후에 한 파산채권자를 해하는 행위와 담보의 제공 또는 채무소멸에 관한 행위. 다만, 이로 인하여 이익을 받은 자가 그 행위 당시 지급정지 또는 파산신청이 있은 것을 알고 있은 때에 한한다. 3. 채무자가 지급정지나 파산신청이 있은 후 또는 그 전 60일 이내에 한 담보의 제공 또는 채무소멸에 관한 행위로서 채무자의 의무에 속하지 아니하거나 그 방법 또는 시기가 채무자의 의무에 속하지 아니하는 것. 다만, 채권자가 그 행위 당시 지급정지나 파산신청이 있은 것 또는 파산채권자를 해하게 되는 사실을 알지 못한 경우를 제외한다. 4. 채무자가 지급정지 또는 파산신청이 있은 후 또는 그 전 6월 이내에 한 무상행위 및 이와 동일시할 수 있는 유상행위

29) 전게 주 24 참조.

30) 일본민법(구 의용민법) 제426조 : 제424조의 취소권은 채무자가 취소의 원인을 안 때로부터 2년간 이를 행사하지 아니한 때에는 시효로 인하여 소멸한다. 행위시로부터 20년을 경과한 때에도 역시 같다.

하여 행사되어야 하지만, 이는 권리행사의 방법에 지나지 않는 것이며, 채권자취소권은 어디까지나 실체법상의 권리라고 보아야 한다.[31] 즉, 채권자취소권은 채권의 효력으로서 채권자에게 부여되는 실체법상의 권리로서 채권에 종된 권리이다. 그러므로 채권이 양도되면 채권자취소권도 법률상 당연히 채권의 양수인에게 이전된다. 다만, 우리 민법은 채권자취소권 행사의 효력인 "취소 및 원상회복"의 구체적 내용에 대해서는 명확한 규정을 두고 있지 않기 때문에, 채권자취소권의 법적 성질 및 효력에 대해서는 견해가 대립하고 있다.

1. 학 설

현행민법상의 채권자취소권에 관한 규정은 구 의용민법의 그것을 거의 그대로 계승한 것임은 전술한 바와 같다. 다만, 구 의용민법은 채권자취소권을 '사해행위의 취소를 법원에 청구할 수 있는 권리'라고만 규정함으로써 취소채권자의 반환청구권(원상회복)의 인정 여부를 둘러싸고 학설이 「형성권설」,[32] 「청구권설」,[33] 「절충설」[34]의 세 가지로 대립하고 있었으나, 현행민법은 채권자취소권을 '사해행위의 취소 및 원상회복을 법원에 청구할 수 있는 권리'로 규정함으로써(406조 1항), 구 의용민법하에서 통설·판례가 취하였던 「절충설」의 입장을 입법화

31) 일본에서는 소의 제기에 의하여서만 행사될 수 있음을 이유로 채권자취소권의 본질을 소권으로 보는 견해가 있다(佐藤岩昭, "詐害行爲取消權法に關する一試論(一)~(四)", 法學協會雜誌 104권 10호·12호(1987), 105권 1호·3호(1988), 286; 平井宜雄, 213 이하 참조).

32) 이는 '채권자취소권은 채무자가 행한 사해행위를 취소하여 그 효력을 절대적·소급적으로 무효화하는 데 그 목적이 있는 형성권이며, 채권자취소소송은 사해행위의 취소만을 구하는 형성소송이며, 목적물의 반환은 취소의 결과로 발생한 채무자의 수익자 또는 전득자에 대한 부당이득반환청구권을 채권자가 대위행사함으로써 실현된다'는 견해로서, 일본민법 제정 초기에 활약했던 학자들(石坂音四郎, 仁井田益太郎, 岡松參太郎, 梅兼次郎 등)에 의하여 주장된 견해였다(학설의 상세는 일본주석민법(10)/下森定, 786 이하 참조).

33) 이를 「채권설」이라고 부르기도 하는데, '채권자취소권의 본질은 사해행위에 의하여 유출된 재산의 반환청구권이며, 채권자취소권은 법률의 규정에 의하여 직접 발생하는 순수한 채권적 청구권으로서, 채권자취소소송은 사해행위에 의하여 채무자의 일반재산으로부터 일출된 재산을 되돌리는 것(원상회복)을 목적으로 하는 것이며, 사해행위의 취소는 그 전제에 지나지 않는다'는 견해로서, 川島武宜가 대표적인 학자였다(일본주석민법(10), 787(下森定); 김재형, 전게논문(주 18), 17 참조).

34) 이는 「형성권설」과 「청구권설」을 절충하여, '채권자취소권은 사해행위를 취소하고 유출된 재산의 반환을 청구하는 것의 양자를 본체로 한다'는 견해인데, 이는 다시 취소의 절대적 효력을 인정하는 「절대적 무효설」과 '취소의 효력은 채권자와 반환채무를 부담하는 수익자 또는 전득자 사이에서만 상대적으로 발생한다'고 해석하는 「상대적 무효설」로 나누어진다. 「절대적 무효설」은 '채권자취소권은 취소만이 아니고 항상 반환청구를 동반하는 것이지만, 사해행위의 취소는 어디까지나 사해행위를 당사자 사이에 무효로 만드는 데 있으므로 취소의 효력은 절대적인 것이어야 하며, 사해행위의 당사자인 채무자는 항상 취소소송의 피고가 되어야 한다'는 견해로서, 鳩山秀夫, 勝本正晃 등이 대표자였다(일본주석민법(10)/下森定, 787 참조). 「상대적 무효설」은 '채권자취소권은 취소만이 아니라 항상 반환청구를 동반하는 것이지만(절충설), 취소의 효력은 채권자와 수익자 또는 채권자와 전득자 사이에서만 상대적으로 발생한다'는 견해로서, 통설·판례의 입장이었다. 이 견해는 다시 취소의 물권적 효력을 인정하는 「물권적 상대무효설」과 수익자 또는 전득자에 대한 채권적 효력(반환청구권)만을 가진다고 해석하는 「채권적 상대무효설」로 갈리고 있었다.

하여 학설대립의 해소를 꾀하였다.[35] 그러나 현행민법도 구 의용민법의 규정에 '원상회복을 청구할 수 있다'는 규정을 추가하였을 뿐 취소권행사의 효력에 관하여 구체적으로 규정하고 있지 않을 뿐만 아니라, 통설·판례의 입장인 「상대적 효력설」의 입장과는 모순된다고 할 수 있는 제407조[36]의 규정을 그대로 존치하고 있기 때문에, 현행민법하에서도 구 의용민법하에서의 학설대립이 재현되고 있다. 나아가 「책임설」 등 전후(戰後) 독일과 일본에서 새롭게 대두된 학설에 영향을 받아 더욱 복잡한 양상을 보이고 있다.

(1) 상대적 효력설

이는 '채권자취소권의 본질은 사해행위를 취소하고 유출된 책임재산의 원상회복을 내용으로 하는 권리로서(절충설), 사해행위 취소의 효력은 채권자와 수익자 또는 채권자와 전득자 사이에서만 상대적으로만 발생한다'는 견해로서, 현재의 통설·판례의 입장이다.[37]

〈설례〉 채권자 甲에게 5,000만원의 금전채무를 부담하고 있는 채무자 乙은 강제집행을 면탈할 목적으로 그의 유일한 책임재산인 시가 1억원 상당의 X부동산을 가까운 친척 丙(수익자)에게 증여하고 丙명의로 소유권이전등기를 경료하여 주었는데, 丙은 증여받은 X부동산을 다시 이러한 사실을 잘 알고 있는 丁(전득자)에게 매도하였다.

「상대적 효력설」에 따르면, 위 <설례>에서 채권자 甲이 채무자 乙의 책임재산을 원상으로 회복하기 위하여 채권자취소권을 행사하는 방법은 다음과 같다.[38]

① 취소판결 : 우선 채권자 甲은 수익자 丙 또는 전득자 丁을 상대방으로 하여 이들에 대한 관계에서만 취소 및 원상회복의 효과가 발생하는 채권자취소소송을 제기한다. 이 채권자취소소송은 「형성(취소)의 소」와 「이행(반환)의 소」가 병합된 것이다. 즉, 원고 甲은 수익자 丙을 상대로 乙과 丙 사이의 증여계약을 취소하고 X부동산(소유권)의 반환에 갈음하는 가액반환을 청구하든지, 또는 악의의 전득자 丁을 상대로 乙과 丙 사이의 증여계약을 취소하고 X부동산소유권의 반환을 청구할 수 있다.
② 강제집행 : 甲은 위 취소판결을 집행권원으로 하여 채무자 乙에게 원상회복된 책임재산인 X부동산에 대한 강제집행을 신청한다. 이 때 다른 채권자들도 배당에 가입하여 채권의 만족을 얻을 수 있다(407조). 채무자 乙에게 원상회복된 책임재산의 환가대금으로부터 채권자들이 변제받고 나머지가 있다면 수익자 丙 또는 전득자 丁에게 반환된다. 만약 甲이 丙을 상대로 가액반환을 받아 이를 직접 수령한 경우에는 자기의 채권을 자동채권으로 하여 乙에 대한 가액의 인도의무와 상계함으로써 우선변제를 받는 효과를 거둘 수도 있다.

---

35) 개정 일본민법도 제424조의6을 신설하여 「절충설」에 따라 취소채권자가 반환청구를 할 수 있음을 명문으로 규정하고 있다.
36) 이는 구 의용민법 제425조의 규정(전게 주 25)을 그대로 답습한 것이다.
37) 주석채권총칙(상)/김욱곤, 399~400; 민법주해(9)/김능환, 808 이하; 곽윤직, 186; 김기선, 184; 김상용, 240; 김증한/김학동, 194; 장경학, 296; 현승종, 200~201 등 참조.
38) 서광민, "채권자취소권의 법적 구성", 고시계 38권 4호(1993/4), 68 참조.

(2) 절대적 효력설

이는 '채권자취소권의 행사에 의한 취소의 효력은 일반적 취소(141조)와 마찬가지로 절대적 무효'라는 견해이다.[39] 이 견해는 채권자취소권을 취소(형성권)와 원상회복(청구권)이 결합된 복합적인 성질의 권리로 보고 있다는 점에서 「절충설」에 속한다고 할 수 있는데, '채권자취소권이 행사되면 취소의 일반적 법리에 따라 채무자와 수익자 사이의 법률관계는 소급적으로 무효가 된다'고 해석하고,[40] '채권자취소소송은 항상 채무자를 공동피고로 하는 「필수적 공동소송」(민사소송법 67~69조)이 되어야 한다'고 주장한다.[41] 이 견해에 따른 채권자취소권의 행사방법과 그 효과는 다음과 같다.[42]

① 취소판결 : 채무자 乙의 사해행위에 의하여 유출된 책임재산을 악의의 수익자 丙이 보유하고 있다면, 채권자 甲은 채무자 乙과 수익자 丙을 공동피고로 하여(필수적 공동소송) 乙·丙 사이의 사해행위를 취소하고 丙에 대하여 X부동산의 반환을 청구할 수 있다. 이 경우 취소의 효과는 절대적이므로, 乙·丙 사이의 법률행위는 처음부터 무효이었던 것으로 된다. 따라서 乙도 丙에 대하여 부당이득을 이유로 X부동산의 반환을 청구할 수 있다(만약 乙·丙 사이의 사해행위가 헐값매매 등 증여가 아닌 경우에는, 상대방인 丙도 乙에 대하여 부당이득을 이유로 반대급부의 반환을 청구할 수 있다). 그러나 책임재산이 악의의 전득자 丁에게 넘어간 경우에는 채권자 甲은 乙·丙을 상대로 乙·丙 사이의 법률행위를 취소하고 가액배상을 청구하는 취소소송(형성의 소 + 이행의 소)을 제기하거나, 또는 乙·丙·丁을 공동피고로 하여 乙·丙 사이의 사해행위를 취소하고 丁에 대하여 책임재산의 반환을 청구하는 취소소송을 제기할 수 있다. 이때 乙도 丁에 대하여 부당이득을 이유로 X부동산의 반환청구를 할 수 있다. 그러나 수익자 丙이 선의이고 전득자 丁이 악의인 경우에는, 「상대적 무효설」과는 달리 채권자취소권은 행사할 수 없다. 왜냐하면 취소의 대상인 乙·丙 사이의 법률행위가 취소권 행사의 주관적 요건을 갖추고 있지 못하기 때문이다.[43]

② 강제집행 : 채권자 甲은 위 취소판결을 집행권원으로 하여 채무자 乙에게 원상회복된 책임재산인 X부동산에 대하여 강제집행을 실시한다. 이 때 다른 채권자들도 배당에 가입하여 채권의 만족을 얻을 수 있으며(407조), 채권자가 원상회복된 책임재산으로부터 변제받은 나머지는 수익자 丙 또는 전득자 丁에게 반환된다.

(3) 책임설

「책임설(責任說)」은 '채무자의 사해행위에 의하여 유출된 재산은 책임재산으로부터 배제되어 그 한도에서 책임이 소멸되는 이른바 「책임법적 반사효」가 발생한다'고 전제하고, '채권자취소권은 이러한 「책임법적 반사효」를 차단하는 「책임법적 무효」를 그 효과로 하는 제도'라는 견해이다. 이에 따르면 '채권자취소권을 행사한 결과 취소판결이 확정되면 채무자로부터 유출된 재산은 실체법상 수익자 또는 전득자의 소유인 상태에서 채무자의 소유인 때와 마

39) 서광민, 상게논문, 70; 이은영, 383; 이태재, 170 참조.
40) 서광민, 상게논문, 76; 이은영, 482; 이태재, 171 참조.
41) 이은영, 483 참조.
42) 서광민, 전게논문(주 38), 77; 이은영, 482 참조.
43) 서광민, 상게논문, 77 참조.

찬가지로 채권자의 강제집행에 복종하는 채무자의 책임재산이 되며, 결과적으로 취소소송의 피고인 수익자·전득자는 자신의 소유재산으로 타인의 채무에 대한 책임을 지게 되는 일종의 물상보증인적 지위에 서게 된다. 그리고 채권자는 취소소송과 더불어 「집행인용의 소」를 제기하여 그 집행권원인 책임판결(집행인용판결)을 얻어 취소소송의 상대방인 수익자·전득자의 소유재산에 대하여 강제집행을 할 수 있다'고 한다. 이는 원래 독일민법학에서 「채권자취소법」(AnfG)의 해석론으로 제기된 이론인데, 국내에서도 '상대적 효력설에 따르면 사해행위에 의하여 유출된 재산이 채무자의 책임재산으로 원상회복되어 강제집행의 대상이 된다는 사실을 이론적으로 설명할 수 없다'고 비판하고, '「책임설」을 우리 민법의 해석론으로 받아들여야 한다'고 주장하는 견해가 없지 않다.[44)]

「책임설」은 채권자취소권제도의 목적이 사해행위를 물권적으로 취소하여 책임재산을 현실적으로 원상회복시키려는 데 있는 것이 아니라 채권의 공동담보인 책임재산의 지위를 확보하고 유지하려는 데 있다는 점을 중시하여 사해행위의 취소가 거래안전에 미치는 영향을 최소화하려는 이론이라는 점에서 설득력이 있다고 생각된다. 그러나 '독일과는 달리 채권자취소권의 행사에 집행권원을 요하지 아니하고 「집행인용의 소」라는 책임소송의 유형도 존재하지 않는 우리 법제 하에서 민법상의 채권자취소권의 해석론으로서 「책임설」을 채택하는 것은 불가능하다'는 비판[45)]을 면하기 어렵다. 참고로 앞의 <설례>에서 「책임설」에 의한 채권자취소권의 행사방법과 그 효과는 다음과 같다.[46)]

① 취소판결 : 만약 乙의 사해행위에 의하여 유출된 책임재산을 수익자 丙이 보유하고 있다면, 채권자 甲은 수익자 丙을 상대로 乙과 丙 사이의 사해행위(증여)를 취소하여 책임법상의 무효의 효과를 발생시키는 취소소송(형성의 소)을 제기한다. 그러나 책임재산이 전득자 丁에게 넘어간 경우에는, 수익자 丙을 상대로 乙과 丙 사이의 사해행위(증여)를 취소하고 가액배상을 청구하는 취소소송(형성의 소+이행의 소)을 제기하거나,[47)] 또는 전득자 丁을 상대방으로 하여 책임법상의 무효의 효과(책임관계)를 발생케 하는 취소소송(형성의 소)을 제기한다.
② 강제집행 : 취소소송에서 승소한 채권자 甲은 현재 책임재산을 소유하고 있는 수익자 丙 또는 전득자 丁을 상대방으로 하여 「집행인용의 소」(책임소송)를 제기하여 丙 또는 丁에 대한 강제집행을 허용하는 「책임판결」(집행인용판결)을 얻어, 이를 집행권원으로 하여 丙 또는 丁 소유의 재산에 대하여 강제집행을 실시한다. 이 때 다른 채권자들도 배당에 가입하여 채권의 만족을 얻을 수 있다(407조).

---

44) 고상룡, "사해행위취소", 판례월보 130호(판례월보사, 1981/7), 141; 김형배, "채권자취소권제도의 재구성", 고시계 31권 9호(1986/9), 41; 김홍규, "채권자취소권의 행사의 효과", 김기선박사고희기념 「현대재산법의 제문제」(1987), 203 이하; 유병현, "채권자취소소송에 관한 연구 -강제집행과 관련하여-", 박사학위논문(고려대학교대학원, 1993), 176 이하 참조.
45) 김재형, 전게논문(주 18), 16 참조.
46) 서광민, 전게논문(주 38), 73; 김형배, 389; 内田貴, 290 참조.
47) 이 경우의 소송은 전득자를 상대로 하는 경우와는 달리, 「책임법적 무효」를 구하는 취소소송이 아니라, 채무자와 수익자 사이의 사해행위를 취소하는 형성의 소와 가액배상을 청구하는 이행의 소가 결합된 것으로 보아야 할 것이다(서광민, 상게논문, 73 참조).

(4) 채권설

이는 독일 채권자취소법(AnfG)의 해석론으로서 제기된 이론을 우리 민법의 해석론으로 도입할 것을 주장하는 견해이다.[48] 이 견해는, ① 채권자취소권 행사에 따른 "취소"의 효력은 사해행위를 무효로 만드는 것이 아니라, 원상회복청구권이라는 실체법상의 법정채권을 발생시킬 뿐이라고 한다.[49] 즉, 채권자취소권의 행사에 의하여 사해행위가 취소되더라도 그 행위가 무효가 되는 것은 아니며(사해행위가 절대적 무효가 되는 것이 아님은 물론, 「상대적 무효」도 「책임법적 무효」도 되지 않는다), 사해행위의 "취소"는 수익자 또는 전득자 앞으로 이전된 재산에 대하여 강제집행을 할 수 있는 상태로 만들기 위한 전제에 불과하다는 것이다. ② 절대적이든 상대적이든 사해행위 자체를 취소하여 무효화하는 것은 채권자취소권의 목적을 벗어나는 것이므로, 채권자취소권을 행사하는 경우에 청구취지에 '사해행위를 취소한다'는 내용을 기재할 필요는 없으며, '재산의 반환'을 청구하는 것으로 충분하다고 한다. 다만, 「상대적 무효설」과 마찬가지로 채권자취소소송의 피고적격은 수익자 또는 전득자에게만 있다고 한다. ③ 채권자취소권의 행사에 의하여 원상회복되는 것은 채무자의 재산 자체가 아니라 책임재산뿐이며, 채권자취소권 행사의 효력인 「원상회복」은 법률행위의 무효화를 전제로 책임재산을 원상대로 회복한다는 의미가 아니라, 채권자가 공취력(攻取力)을 행사할 수 있는 상태로 책임재산을 회복시키는 것을 의미한다고 한다. 다만, 「강제집행인용의 소」가 인정되지 않는 우리 법제 하에서는 채권자취소소송 자체를 「강제집행인용의 소」로 이해할 수 없기 때문에, 수익자 또는 전득자에게 이전된 재산을 채무자 앞으로 다시 이전할 것을 청구할 수밖에 없다고 한다. ④ 책임재산을 회복시키기 위한 방법으로서의 원상회복의 다양한 방법이 강구되어야 하며, 원물반환의 경우에도 채권자는 수익자와 전득자 명의의 모든 등기를 말소할 것을 청구하는 대신 최종 전득자를 상대로 채무자 앞으로 직접 소유권이전등기절차를 이행할 것을 청구할 수 있다고 한다.

2. 판례의 입장 : 「상대적 무효설」

판례는 통설인 「상대적 무효설」에 따르고 있다. 즉, ① 채권자취소권은 채무자의 책임재산을 보전하기 위한 제도로서 '사해행위의 취소'와 '원상회복'의 양자를 내용으로 하는 권리이며, 취소의 효력은 채권자와 수익자 또는 채권자와 전득자 사이에서만 상대적으로 발생한다(대법원 1961.11.9. 선고, 4293민상263 판결 등). 즉, 사해행위 취소의 효과는 원고(채권자)와 피고(수익자 또는 전득자) 사이에서만 상대적으로 발생하는 데 그치는 것이므로, 수익자 또는 전득자

---

48) 김재형, 전게논문(주 18), 17~29 참조.

49) 이 점에서 「채권설」은 취소가 사해행위의 실체법상의 효력에는 영향이 없고 단지 책임법상의 무효의 효과만을 발생시킨다고 파악하는 「책임설」과 근본적인 이론구성상의 차이가 있다.

가 사해행위의 취소로 인한 원상회복 또는 이에 갈음하는 가액배상을 하여야 할 의무를 부담한다고 하더라도 이는 채권자에 대한 관계에서 생기는 법률효과에 불과하고, 채무자와 사이에서 그 취소로 인한 법률관계가 형성되는 것은 아니며, 그 취소의 효력이 소급하여 채무자의 책임재산으로 회복되는 것은 아니다(대법원 2006.8.24.선고, 2004다23110 판결 등).[50] 그러므로 ② 사해행위취소의 소는 수익자 또는 전득자를 피고로 해서만 제기할 수 있으며, 채무자를 단독피고로 하거나 채무자와 수익자 또는 채무자와 전득자를 공동피고로 하여 제기한 소는 부적법하다(대법원 1962.2.15.선고, 4294민상378 판결 등).[51] ③ 채권자가 전득자를 상대로 하여 사해행위의 취소와 함께 책임재산의 원상회복을 청구하는 소를 제기한 경우에도 취소의 대상이 되는 사해행위는 채무자와 수익자 사이에서 행하여진 법률행위이며, 수익자와 전득자 사이의 법률행위가 취소의 대상이 되는 것은 아니다(대법원 2004.8.30.선고, 2004다21923 판결).

■ **채권자취소권제도의 목적 및 취소권 행사의 효력과 취소소송의 피고적격** 채권자취소권은 채무자가 채권의 공동담보가 부족함을 알면서 재산감소행위를 하였을 때에 그 감소행위의 효력을 부인하여 채권의 공동담보를 회복함을 목적으로 채권자에게 부여된 권리인바, 동 권리의 본질적 내용은 사해행위의 효력의 취소에 있다고 볼 것인가 또는 사해행위로 인하여 일탈한 책임재산의 반환에 있다고 볼 것인가에 관하여는 논의의 여지가 없지 아니할 것이나, 전자 즉 형성권이 채권자취소권의 본질이라고 본다면 책임재산의 반환을 위하여는 다시 채권자대위권을 빌리지 아니하면 아니 된다는 결론을 보게 되므로, 공동담보를 회복함을 목적으로 하는 제도에 합치한다고 볼 수 없는 것이다. 그리고 사해행위의 취소는 상대적으로밖에는 효력을 발생하는 것이 아니므로, 피고적격은 언제나 이익반환청구의 상대방 즉 수익자 또는 전득자에게만 있다고 보아 채무자만을 피고로 하거나 또는 채무자를 동 취소권 행사의 상대방으로 추가하여 공동피고로 할 수 없다고 보는 것이 타당하다. 「단국대학 사건」 (대법원 1961.11.9.선고, 4293민상263 판결)[52]

판례는 위와 같은 법리를 전제로 하여, ① '사해행위취소의 소와 원상회복청구의 소는 서로 소송물과 쟁점을 달리하는 별개의 소이므로, 양자가 동시에 제기될 필요는 없으며 별개로 제기될 수 있다'고 한다(대법원 2012.12.26.선고, 2011다60421 판결 등). 따라서 ② '사해행위취소의 소에서 승소하더라도 원상회복청구의 소에서는 당사자가 제출한 공격·방어 방법 여하에 따라 패소할 수 있는데, 채권자가 사해행위취소의 소를 제기하여 승소한 경우에 사해행위취소의

---

50) 같은 취지: 대법원 2001.5.29.선고, 99다9011 판결; 대법원 2002.5.10., 2002마1156 결정; 대법원 2003.7.11.선고, 2003다19558 판결; 대법원 2007.4.12.선고, 2005다1407 판결; 대법원 2012.8.17.선고, 2010다87672 판결; 대법원 2014.6.12.선고, 2012다47548 판결.

51) 같은 취지: 대법원 1988.2.23.선고, 87다카1989 판결; 대법원 1991.8.13.선고, 91다13717 판결; 대법원 2004.8.30.선고, 2004다21923 판결.

52) 판례평석: 김욱곤, "채권자취소권의 법적 성질", 민법판례해설 Ⅲ(채권총론), 57 이하. 같은 취지: 대법원 1963.8.22.선고, 63다299 판결; 대법원 1962.2.15.선고, 4294민상378 판결; 대법원 1965.9.7.선고, 65다1481 판결; 대법원 1988.2.23.선고, 87다카1586 판결; 대법원 1991.8.13.선고, 91다13717 판결; 대법원 2004.8.30.선고, 2004다21923 판결; 대법원 2006.8.24.선고, 2004다23110 판결.

효력은 제407조에 의하여 모든 채권자의 이익을 위하여 미치고 이로써 그 소의 목적은 달성된 것이므로, 채권자가 원상회복청구의 소에서 패소할 것이 예상된다는 이유로 그와 별개인 사해행위취소의 소에 대하여 소송요건을 갖추지 못한 것으로 보아 소의 이익을 부정할 수는 없다'고 한다(대법원 2012.12.26.선고, 2011다60421 판결 등).[53] 또한 ③ '수익자를 상대로 한 취소소송의 판결의 효력은 전득자에게는 미치지 아니하며, 반대로 전득자를 상대로 한 취소소송의 판결의 효력은 채무자 또는 수익자에게는 미치지 아니하므로(대법원 1988.2.23.선고, 87다카1989 판결 등),[54] 어느 채권자가 수익자를 상대로 사해행위의 취소 및 원상회복으로 소유권이전등기의 말소를 명하는 판결을 받았으나 아직 말소등기를 마치지 아니한 경우에는 소송의 당사자가 아닌 다른 채권자는 위 판결에 기하여 채무자를 대위하여 말소등기를 신청할 수 없는 것임에도 불구하고 다른 채권자의 등기신청으로 말소등기가 마쳐졌다면, 그 말소등기는 절차상의 흠은 존재하나 실체관계에 부합하는 등기로서 유효하다'고 한다(대법원 2015.11.17.선고, 2013다84995 판결). ④ '사해행위의 취소는 소를 제기하는 방법으로써만 청구할 수 있을 뿐 소송상 공격방어방법으로는 주장할 수 없으며(대법원 1993.1.26.선고, 92다11008 판결 등),[55] 사해행위는 그 취소를 선언하는 형성적 성질을 내포한 판결에 의하여서만 취소를 구할 수 있고, 그 취소가 없이는 수익자나 전득자에 대하여 원상회복을 청구할 수 없으므로(대법원 1962.2.8.선고, 61다722 판결), 채권자가 이미 수익자를 상대로 채무자와 수익자 사이의 사해행위의 취소를 청구하는 소를 제기하여 취소판결이 확정된 경우에도 그 취소판결의 효력은 전득자에게 미치지 않는 것이므로, 채권자가 그 소송과는 별도로 전득자에 대하여 채권자취소권을 행사하여 원상회복을 구하기 위해서는 제406조 제2항에서 정한 기간(취소원인을 안 날로부터 1년, 법률행위 있은 날로부터 5년) 안에 전득자에 대한 관계에 있어서 채무자와 수익자 사이의 사해행위를 취소하는 청구를 하지 않으면 안 된다'는 입장을 취하고 있다(대법원 2005.6.9.선고, 2004다17535 판결 등).

■ **채권자가 수익자를 상대로 사해행위 취소 및 원상회복으로 소유권이전등기의 말소를 명하는 판결을 받았으나 말소등기를 마치지 않은 경우, 소송 당사자가 아닌 다른 채권자가 채무자를 대위하여 말소등기를 신청할 수 있는지 여부**(소극) [1] 사해행위 취소의 효력은 채무자와 수익자의 법률관계에 영향을 미치지 아니하고, 사해행위 취소로 인한 원상회복 판결의 효력도 소송의 당사자인 채권자와 수익자 또는 전득자에게만 미칠 뿐 채무자나 다른 채권자에게 미치지 아니하므로, 어느 채권자가 수익자를 상대로 사해행위 취소 및 원상회복으로 소유권이전등기의 말소를 명하는 판결을 받았으나 말소등기를 마치지 아니한 상태라면 소송의 당사자가 아닌 다른 채권자는 위 판결에 기하여 채무자를 대위하여 말소등기를 신청할 수 없다. [2] 그럼에도 불구하고 위 판결에 기하여 다른 채권자의 등기신청으로 말

53) 같은 취지: 대법원 2013.4.26.선고, 2011다37001 판결.

54) 같은 취지: 대법원 2001.5.29.선고, 99다9011 판결; 대법원 2006.8.24.선고, 2004다23110 판결.

55) 판례평석: 이재성, "채권자취소권의 행사방법", 균재양승두교수화갑기념(II) 「현대사회와 법의 발달」(홍문사, 1994/12), 536 이하. 같은 취지: 대법원 1978.6.13.선고, 78다404 판결; 대법원 1995.7.25.선고, 95다8393 판결; 대법원 1998.3.13.선고, 95다48599·48605 판결.

소등기가 마쳐졌다면 그 말소등기에는 절차상의 흠이 존재한다. 그러나 채권자가 사해행위 취소의 소를 제기하여 승소한 경우 취소의 효력은 민법 제407조에 따라 모든 채권자의 이익을 위하여 미치므로, 수익자는 채무자의 다른 채권자에 대하여도 사해행위의 취소로 인한 소유권이전등기의 말소등기의무를 부담하는 점, 등기절차상의 흠을 이유로 말소된 소유권이전등기가 회복되더라도 다른 채권자가 사해행위 취소판결에 따라 사해행위가 취소되었다는 사정을 들어 수익자를 상대로 다시 소유권이전등기의 말소를 청구하면 수익자는 말소등기를 해 줄 수밖에 없어서 결국 말소된 소유권이전등기가 회복되기 전의 상태로 돌아가는데 이와 같은 불필요한 절차를 거치게 할 필요가 없는 점 등에 비추어 보면, 사해행위 취소 및 원상회복으로 소유권이전등기의 말소를 명한 판결의 소송당사자가 아닌 다른 채권자가 위 판결에 기하여 채무자를 대위하여 마친 말소등기는 등기절차상의 흠에도 불구하고 실체관계에 부합하는 등기로서 유효하다. (대법원 2015.11.17.선고, 2013다84995 판결)[56]

▪ **채권자가 수익자에 대한 사해행위 취소소송과는 별도로 전득자에 대하여 채권자취소권을 행사하여 원상회복을 구하는 경우, 위 소송과는 별도로 제406조 제2항에서 정한 기간 안에 전득자에 대한 관계에 있어서 채무자와 수익자 사이의 사해행위 취소를 청구해야 하는지 여부**(적극) 채권자가 전득자를 상대로 제406조 제1항에 의한 채권자취소권을 행사하기 위해서는, 동조 제2항에서 정한 기간 안에 채무자와 수익자 사이의 사해행위의 취소를 소송상 공격방법의 주장이 아닌 법원에 소를 제기하는 방법으로 청구하여야 하는 것이고, 비록 채권자가 수익자를 상대로 사해행위의 취소를 구하는 소를 이미 제기하여 채무자와 수익자 사이의 법률행위를 취소하는 내용의 판결을 선고받아 확정되었더라도 그 판결의 효력은 그 소송의 피고가 아닌 전득자에게는 미칠 수 없는 것이므로, 채권자가 그 소송과는 별도로 전득자에 대하여 채권자취소권을 행사하여 원상회복을 구하기 위해서는 위에서 본 법리에 따라 민법 제406조 제2항에서 정한 기간 안에 전득자에 대한 관계에 있어서 채무자와 수익자 사이의 사해행위를 취소하는 청구를 하지 않으면 아니 된다. (대법원 2005.6.9.선고, 2004다17535 판결)[57]

3. 학설·판례의 검토

민법이 채권자에게 채무자가 유효하게 행한 법률행위(사해행위)의 효력을 부인함으로써 일탈된 책임재산을 원상회복시킬 수 있는 강력한 권리를 부여한 이유는 악의로 책임재산을 감소케 하는 채무자의 행위는 재산처분자유의 한계를 벗어나는 것으로서 법률상 허용될 수 없기 때문이다. 그러나 채권자취소권은 법률행위의 당사자인 채무자와 수익자는 물론 전득자의 이해관계에 미치는 영향이 대단히 크며, 거래의 안전을 위협할 여지가 있다. 그러므로 채권자취소권의 해석과 그 운용에 있어서는 책임재산보전의 필요성과 채무자의 재산처분의 자유, 그리고 거래당사자의 이익 및 거래안전의 보호라는 서로 대립되는 규범원리 사이에 적당한 조화를 기할 수 있는 해석론의 수립이 필요하다.[58]

56) 판례평석: 김송, "사해행위취소의 효력과 민법 제407조의 법적 성격", 법학논문집 41집 1호(중앙대법학연구원, 2017/4), 107 이하.
57) 같은 취지: 대법원 2014.2.13.선고, 2012다204013 판결.
58) 주석채권총칙(상)/김욱곤, 384 참조.

(1) 책임설에 대한 검토

「책임설」은 채권자취소권제도의 목적이 채권의 공동담보인 책임재산을 확보하고 유지하려는 데 있다는 점을 중시하여 사해행위의 취소가 거래안전에 미치는 영향을 최소화할 수 있는 이론이라는 점에서 타당성과 설득력이 인정된다. 그러나 「책임설」의 이론적 전제인 「집행인용의 소」는 우리 민사소송법상 인정되지 않으며, 채권자취소권의 행사에 집행권원을 요건으로 하는 독일 채권자취소법(AnfG)과는 달리, 우리 민법은 채권자취소권의 행사요건으로서 집행권원을 요하지 않으므로, 독일민법학의 「책임설」을 우리 민법의 해석론으로 채택하는 것은 불가능하다.

(2) 「절대적 무효설」에 대한 검토

① 「절대적 무효설」은 채권자취소권의 행사에 따른 사해행위의 취소를 민법총칙상의 일반적 취소(141조)와 같은 성질의 것으로 파악하고, 「상대적 무효설」에 대하여 '채권자취소권 행사의 효과로서 상대적 효력만을 인정할 실정법적 근거가 없다'고 비판한다.[59] 그러나 이러한 비판은 채권자취소권제도의 독자적 기능을 무시한 형식논리에 불과하다. 즉, 채권자취소권의 행사에 따른 사해행위의 취소는 일반적 취소와는 달리 사해행위를 상대적으로 무효화하는 방법으로 채무자의 재산처분의 자유에 대한 간섭을 최소화하고 당사자의 이해관계 및 거래안전을 크게 해치지 않으면서도 채권자를 확실하게 보호할 수 있는 독자적인 제도라고 보아야 할 것이다.[60] 또한 '법률행위의 취소는 그 구성요소인 의사표시에 본질적 결함이 있는 경우에 한하여 인정되는 것임에 반하여,[61] 사해행위는 정상적인 의사표시에 의한 유효한 법률행위로서 취소 사유가 없는 행위이다. 또한 사해행위는 책임재산을 감소시킴으로써 채권자의 이익을 해하고자 하는 채무자의 사해의사가 개입되어 있을 뿐 선량한 풍속 기타 사회질서와는 관계없는 책임재산의 확보를 위한 채권자의 사적 이해에 관계되는 것에 불과하다.[62]

우리 민법상의 채권자취소권은 로마법의 「파울리아나소권」에 기원을 둔 프랑스민법의 제도를 일본을 통하여 간접적으로 계수한 것이다. 즉, 개정 전 프랑스민법은 '사해행위를 취소한다(annulation)'고 규정하지 않고 '사해행위를 소추할(attaquer) 수 있다'고 규정하고 있었으며,[63] 일본구민법은 이를 「폐파소권(廢罷訴權)」이라고 번역하여 「법률행위의 취소」와 용어상 구별하고 있었다는 입법연혁을 중시할 필요가 있다. 즉, 우리 민법은 제406조에서 사해행위

---

59) 서광민, 전게논문(주 38), 71 참조.
60) 同旨: 주석채권총칙(상)/김욱곤, 399 참조.
61) 법률행위의 취소는 제한능력자의 법률행위(5조 이하), 착오에 의한 의사표시(109조), 사기·강박에 의한 의사표시(110조)를 구성요소로 하는 법률행위에 한하여 인정되고 있다.
62) 주석채권총칙(상)/김욱곤, 399 참조.
63) 현행 프랑스민법 제1341-2조는 '(사해행위의) 효력을 주장할 수 없음을 선언하도록 할 수 있다(faire déclarer inopposables)'고 규정하고 있다(전게 주 12 참조).

를 "취소"할 수 있는 것으로 규정하고 있으나, 이는 법률행위의 효력을 소급적으로 무효화하는 일반적인 취소와는 다른 독자적인 제도로서, 채권자에 대한 관계에서만 상대적으로 사해행위의 효력이 부인되는 것으로 해석하는 것이 타당하다.

② '「상대적 무효설」에 의하면 반환의 대상인 재산은 채무자와의 관계에서는 여전히 수익자 또는 전득자의 재산이므로 채권자가 채무자의 재산으로서 압류하여 강제집행하는 것 자체가 이론상 불가능하다'고 비판하는 견해가 있다.[64] 그러나 「상대적 무효설」에 따르면, 취소와 원상회복에 의하여 채무자가 수익자 또는 전득자로부터 반환 받은 재산은 채권자와의 관계에서는 채무자의 책임재산으로 보아야 하는 것이므로, 채권자가 원상회복된 책임재산을 압류하여 강제집행하는 데 이론상 별 문제가 없다고 할 것이다.

③ '「상대적 무효설」에 따르면, 취소채권자와 수익자 또는 전득자 사이에서만 취소의 효력이 미치므로, 취소채권자 이외의 다른 채권자는 반환된 재산으로부터 배당을 받을 근거가 없게 되는데, 이는 "취소와 원상회복은 모든 채권자의 이익을 위하여 그 효력이 있다"고 규정하고 있는 제407조의 규정과 모순된다'는 비판이 있다.[65] 또한 통설 측에서도 채권자취소권의 연혁과 특히 프랑스민법을 중심으로 한 비교법적 고찰을 바탕으로, '채권자취소권제도의 취지와 기능을 고려할 때 제407조의 규정은 그 타당성을 결한 것이므로 동조를 삭제하여야 한다'는 견해가 있다.[66] 이러한 주장의 당부를 판단하기 위해서는 제407조의 입법연혁을 살펴볼 필요가 있는데, 우리 민법 제407조는 구 의용민법하에서의 통설·판례의 입장에 좇아서 "원상회복"을 채권자취소권의 효과로서 추가한 점을 제외하면 구 의용민법(일본민법) 제425조의 규정을 거의 그대로 계승한 것임은 전술한 바와 같다. 그런데 구 의용민법(일본민법) 제425조[67]는 일본구민법 초안 제363조[68]에 따른 일본구민법 재산편 제343조[69] 제2문의 규정을 채용한 것으로서, 기초자 브와쏘나드(Boissonade)가 프랑스의 소수설인 「절대적 효력설」의 영향을 받아 기초한 것으로 알려져 있다.[70] 결국 우리민법 제407조는 프랑스 민법학의 소수설에서 유래된 규정이라고 할 수 있다. 한편 일본민법 제425조의 기초자인 호즈미 노부시

64) 서광민, 전게논문(주 38), 71 참조.
65) 서광민, 상게논문, 71 참조.
66) 주석채권총칙(상)/김욱곤, 448; 강영호, 전게논문(주 7), 319 이하 참조.
67) 전게 주 25 참조.
68) 일본구민법 초안 제363조 : 취소(폐파)는 그의 권리가 사해행위 이전에 취득된 채권자에 의하여서만 청구될 수 있다; 그러나 그것이 취득되면 구별 없이 모든 채권자를 위하여 이익이 된다. 다만 그들 중에 선취의 법률상 원인이 존재하는 경우에는 그러하지 아니하다.
69) 일본구민법 재산편 제343조 : 폐파(폐파)는 사해행위에 앞서서 권리를 취득한 채권자가 아니면 이를 청구할 수 없다. 그러나 폐파를 얻은 때에는 총채권자를 위한 것으로 한다. 다만, 각 채권자 사이에 적법한 선취원인이 있는 때에는 그러하지 아니하다.
70) 브와쏘나드가 프랑스의 소수설에 불과한 「절대적 효력설」에 따른 초안을 작성한 이유는 그의 스승(Colmet de Santeree)의 학설을 따른 것이라고 한다(佐藤岩昭, 전게논문(주 31), 72 이하 참조).

계(穗積陳重)는 동조의 입법취지에 대하여, '취소의 효과는 취소채권자 개인을 위한 것이 아니라 총채권자를 위한 것임은 당연한 것이지만 의문을 없애기 위하여 일부러 규정하였다'고 밝히고 있다.[71)]

우리 민법 제407조가 '채권자취소권 행사의 효력인 취소와 원상회복은 모든 채권자의 이익을 위하여 그 효력이 있다'고 규정한 것은 「상대적 무효설」의 논리와 모순되는 것처럼 보이는 것은 사실이다. 그러나 이러한 점을 인정하고 또한 제407조의 기초자의사를 존중한다고 하더라도, '취소에 의하여 사해행위의 효력이 모든 이에 대하여 절대적으로 무효가 된다'는 「절대적 무효설」의 주장은 책임재산의 보전이라는 채권자취소권의 목적과 제도적 취지에 비추어 지나친 것이라는 점에는 변함이 없다.

한편 채권자취소권은 책임재산을 보전하기 위하여 사해행위를 취소하고 유출된 책임재산을 원상회복시키는 것을 목적으로 하는 실체법상의 권리이므로, 취소에 의하여 책임재산이 원상으로 회복되면 채권자취소권은 그 역할을 다하여 소멸한다고 보아야 할 것이다. 따라서 채권자취소권 행사에 의한 사해행위 취소 및 원상회복의 효력은 취소채권자와 수익자 또는 전득자 사이에서만 상대적으로 발생하는 데 그치는 것이지만, 이는 실체법상의 효력을 제한하는 데 그치는 것이며 강제집행절차에 있어서까지 다른 채권자의 권리를 제한하는 효력이 있다고 볼 수는 없다고 할 것이다. 다만, 「상대적 효력설」에 의하면 채권자취소권이 행사되더라도 실체법상 취소와 원상회복의 효력은 취소채권자와 수익자 또는 전득자 사이에서만 상대적으로 발생하는 것이므로 다른 채권자들에 대한 관계에서는 사해해위는 여전히 유효하며, 책임재산도 수익자 또는 전득자 소유인 것으로 다루어져야 하는 것이므로, '과연 채무자명의로 회복된 책임재산의 강제집행절차에 다른 채권자들도 참가할 수 있는지' 여부에 대해서는 이론상 의문이 있을 수 있다. 제407조의 규정은 바로 이러한 의문을 없애기 위하여 둔 규정이라고 해석하여야 할 것이다.

입법자의사에 따르면 우리 민법 제407조는 「절대적 효력설」의 관점에서 만들어진 규정이라고 할 수 있다. 그러나 동조는 「상대적 효력설」의 입장에서도 충분히 설명될 수 있는 규정이므로, 책임재산보전이라는 채권자취소권제도의 취지에 부합하도록 사해행위 취소의 효력

---

71) 법전조사회에서 기초자 호즈미 노부시게는 "취소의 결과는 원래 채무자가 원지위에 복귀하는 것입니다. 그런 까닭에 그 취소청구자의 이익만을 위한 것이 아니라고 하는 것은 어디라도 이것을 꼭 두지 않는다고 하여 의문이 생기지는 않는다고 생각합니다. 자신의 이익을 위하여 이를 청구하였기 때문에, 그 판결은 자기에게만 미친다고 하는 의문은 충분히 생길 수 있는 것이라고 생각합니다. … 그래서 처음에는 이것을 가하여 두지 않았던 것입니다만, 곰곰이 생각한 끝에 마침내 집어넣기에 이른 것입니다"라고 밝혔다(「第59回 法典調査會 議事速記錄」(일본주석민법(10)/下森定, 857 이하 참조). 또한 다른 기초위원인 도미이 마사아키라(富井政章)는 취소판결의 효력에 관하여 초안이 취한 평등주의를 비판하고, 또한 프랑스의 지배적인 견해인 「우선주의적 견해」를 취할 것을 주장하였으나, 결국 표결에 의하여 기초자 호즈미 노부시게의 원안이 채택되었다고 한다(일본주석민법(10)/下森定, 857 참조).

을 제한적으로 해석할 필요가 있다고 할 것이다. 물론 입법론으로서는 제407조의 규정을 삭제하고 취소채권자에 한하여 강제집행권을 부여하는 방안도 있을 수 있으나, 그것이 반드시 현행민법보다 우수한 것이라고는 생각되지 않는다.

④ 판례는 「상대적 무효설」의 입장을 취하면서도, '전득자 명의로 이전등기가 경료된 부동산을 원상회복시키기 위하여 취소채권자가 수익자와 전득자를 공동피고로 하여 수익자 및 전득자에게로 이전된 등기의 말소등기를 청구하는 것도 가능하다'는 입장을 취하고 있는데(대법원 1962.1.25.선고, 4294민상529 판결 등), '이러한 판례의 태도는 실질적으로 취소에 절대적 효력을 인정하는 것과 마찬가지'라는 비판이 있다.[72] 그러나 판례가 수익자 및 전득자 명의의 이전등기의 말소를 인정하는 것은 취소의 효력이 절대적인 것임을 인정하였기 때문이 아니라, 취소채권자와의 사이에서 상대적으로나마 무효가 되어 원상회복의무가 발생하였기 때문이다. 다만, 이 경우에 원상회복의 법적 성질을 채권적인 것으로 이해할 것인가(채권설), 아니면 물권적인 것으로 이해할 것인가(물권설)에 대하여는, 독일에서와는 달리 우리 민법학에서는 아직 본격적인 논의가 이루어지고 있지 않다. 학설 중에는 판례가 전득자에 대한 말소등기의 청구를 허용하는 것을 가지고 '우리 판례가 독일의 「물권설」(Dinglichkeitslehre)과 유사한 입장을 취하고 있다'고 해석하는 견해도 있으나,[73] 전득자에 대한 말소등기를 허용하는 것을 가지고 판례가 「물권설」의 입장을 취하고 있다고 단언하기는 어렵다고 생각된다. 사견으로는, 판례가 전득자에 대한 취소채권자의 말소등기청구를 허용하는 것은 원상회복의 법적 성질을 반드시 물권적인 것으로 파악하였기 때문이라기보다는 단지 등기절차상의 편의를 고려한 것으로 보아야 할 것이라고 생각한다. 아무튼 판례가 취소의 절대적 무효를 인정하고 있기 때문에 전득자에 대한 말소등기의 청구를 허용하는 것이 아님은 분명하다.

⑤ 학설 중에는 '「상대적 효력설」에 의하면 수익자 또는 전득자가 파산한 경우에는 취소채권자에게 환취권(還取權)을 인정할 수 없게 되는데, 이는 취소채권자의 보호에 미흡한 결과가 된다'고 비판하는 견해가 있다.[74] 그러나 「상대적 효력설」은 사해행위의 객체인 수익자 또는 전득자의 재산은 취소채권자에 대한 관계에서는 채무자의 재산으로 간주하는 제도라고 파악하는 것이므로, 수익자 또는 전득자가 파산한 경우에도 취소채권자가 그 재산을 환취할 수 있음은 이론상 당연한 것이므로(채무자회생법 407조),[75] 이러한 비판은 타당치 않다. 판례도 '수익자 또는 전득자에 대하여 회생절차가 개시되더라도 관리인을 상대로 사해행위의 취소 및 원물

72) 서광민, 전게논문(주 38), 71 참조.
73) 김재형, 전게논문(주 18), 28 참조.
74) 서광민, 전게논문(주 38), 71 참조.
75) 채무자회생법 제407조(채무자에게 속하지 아니한 재산의 환취) 파산선고는 채무자에 속하지 아니하는 재산을 파산재단으로부터 환취하는 권리에 영향을 미치지 아니한다.

반환을 청구하는 사해행위취소의 소를 제기할 수 있다'는 입장을 취하고 있다(대법원 2014.9.4. 선고, 2014다36771 판결).

⑥ 학설 중에는 '「상대적 효력설」에 의하면 수익자가 반대급부를 행하여 급부가 현존하는 경우에도 그 급부행위는 채무자와 수익자의 관계에서는 유효하므로, 채권자는 수익자의 반대급부와 반환재산의 양자로부터 변제를 받게 되어, 파산절차상의 부인권이 행사된 경우(채무자회생법 398조)[76]와 비교할 때 형평을 잃게 된다'고 비판하는 견해도 있다.[77] 그러나 '급부행위의 유효 여부와는 관계없이 사해행위가 취소되어 수익자의 재산이 채무자의 책임재산으로 귀속되어 강제집행의 객체가 된 경우에는 수익자는 채무자를 상대로 부당이득을 이유로 반대급부의 반환을 청구할 수 있다'는 것은 이론상 당연한 법리이므로, 이러한 주장은 근거 없는 비판이다(참고로 개정 일본민법은 제425조의2 이하에서 이러한 법리를 명문으로 규정하고 있다).[78]

⑦ 학설 중에는 '「상대적 무효설」에 의하면 재산을 반환한 수익자는 채무자를 상대로, 전득자는 수익자를 상대로 매도인의 담보책임을 물을 수 있게 되므로, 결과적으로 취소의 절대적 효력을 인정한 것과 마찬가지가 된다'고 비판하는 견해도 있다.[79] 그러나 사해행위가 취소되어 책임재산이 원상으로 회복되었다고 하여 악의인 수익자가 악의의 채무자를 상대로 또는 악의의 전득자가 악의의 수익자를 상대로 담보책임을 물을 수 없음은 제570조의 해석상 당연한 것이므로(제570조의 매도인의 담보책임은 타인의 권리를 매도한 경우에 한하여 인정되는 것인데, 매매계약이 사해행위라는 이유로 취소되었다고 하여 매도인이 타인의 권리를 매도한 것이라고 볼 수는 없기 때문이다), 이러한 비판은 타당하지 않다. (☞ 계약법 편, 제1장 제2절 「매매계약」)

이상으로 「상대적 무효설」에 대한 「절대적 무효설」 측의 비판을 검토하여 보았으나 그 어느 것도 타당하지 않거나 설득력이 부족하다고 하지 않을 수 없다. 반면에 「절대적 무효설」은 "취소"라는 용어를 중시하는 형식논리에 사로잡혀 '책임재산보전'이라는 채권자취소권의 제도적 목적을 일탈한 지나친 효과를 인정하는 것이라는 비판을 면하기 어렵다고 생각된다.[80]

---

76) 채무자회생법 제398조(상대방의 지위) ① 채무자의 행위가 부인된 경우 그가 받은 반대급부가 파산재단 중에 현존하는 때에는 상대방은 그 반환을 청구할 수 있으며, 반대급부로 인하여 생긴 이익이 현존하는 때에는 그 이익의 한도 안에서 재단채권자로서 그 권리를 행사할 수 있다. ② 채무자의 행위가 부인된 경우 반대급부로 인하여 생긴 이익이 현존하지 아니하는 때에는 상대방은 그 가액의 상환에 관하여 파산채권자로서 권리를 행사할 수 있다. 반대급부의 가액이 현존하는 이익보다 큰 경우 그 차액에 관하여도 또한 같다.

77) 서광민, 전게논문(주 38), 71 참조.

78) 개정 일본민법 제425조의2(채무자가 받은 반대급부에 관한 수익자의 권리) 채무자가 한 재산의 처분에 관한 행위(채무의 소멸에 관한 행위를 제외한다)가 취소된 때에는, 수익자는 채무자에 대하여 그 재산을 취득하기 위하여 한 반대급부의 반환을 청구할 수 있다. 채무자가 그 반대급부의 반환을 하는 것이 곤란한 때에는, 수익자는 그 가액의 상환을 청구할 수 있다.

79) 서광민, 전게논문(주 38), 72 참조.

80) 同旨: 일본주석민법(10)/下森定, 794 참조.

(3) 「채권설」에 대한 검토

이 견해는 '채권자취소권의 법적 성질에 관한 국내의 이론들이 독일의 이론에 연원을 두고 있다'고 주장하면서, 독일의 학설·판례를 우리 민법의 해석론으로 도입할 것을 주장하고 있다.[81] 그러나 국내의 학설 중 「책임설」과 「채권설」을 제외한 모든 이론은 프랑스의 학설·판례에 그 기원을 두고 있는 것으로서, 직접적으로는 일본의 학설·판례가 계수된 것임은 의문의 여지가 없다. 또한 위에서 살펴본 바와 마찬가지로, 우리 민법상의 채권자취소권제도는 프랑스민법상의 제도가 계수된 것이지 독일의 채권자취소법상의 제도가 계수된 것도 아니라는 점에서, 이 견해는 이론구성의 기초에 문제가 있다고 생각된다.

한편 이 견해는 '사해행위가 취소되더라도 그 행위가 무효가 되는 것은 아니며, "취소"는 단지 수익자 또는 전득자 앞으로 이전된 재산에 대하여 강제집행을 할 수 있는 상태로 만들기 위한 전제에 불과하다'고 주장한다. 즉, '채권자취소권 행사의 효력은 사해행위의 무효가 아니라 원상회복청구권이라는 법정채권을 발생시키는 데 있는 것이므로, 채권자취소권을 행사하는 경우에 청구취지에 사해행위를 취소한다는 내용을 기재할 필요는 없으며 재산의 반환을 청구하는 것으로 충분하다'고 주장한다.[82] 물론 이 견해가 주장하는 바와 마찬가지로 사해행위취소의 효력은 실체법상의 원상회복청구권을 발생시키는 데 그 목적이 있다고 할 수 있다. 따라서 「채권설」과 같은 이론구성도 불가능한 것은 아니라고 생각된다. 그러나 이 견해가 우리 민법의 해석론으로서 주장될 수 있기 위해서는 몇 가지 해결되어야 할 문제가 있다. 그 첫째는 '과연 취소 없는 원상회복이 법이론상 가능한 것인가?' 하는 문제이며, 둘째는 '설령 취소 없는 원상회복이 법이론상 가능하다고 하더라도, "취소 및 원상회복"을 법원에 청구할 수 있다고 규정한 제406조 제1항의 규정을 무시할 수 있는가?' 하는 해석방법론상의 문제이다.

(4) 결 론

구 의용민법하에서는 채권자취소권의 본질을 사해행위를 취소하는 데 있다고 보는 「형성권설」과 책임재산으로부터 일출된 재산을 원상회복시키는 데 있다고 보는 「청구권설」의 학설대립이 있었으나, 취소와 원상회복의 양자를 그 본질로 한다는 「절충설」이 통설·판례의 입장이었다. 현행민법은 구 의용민법하에서의 통설·판례인 「절충설」에 따라 "취소 및 원상회복"을 청구할 수 있는 권리로 규정한 것이다.

한편 같은 「절충설」의 입장에서도 채권자취소권의 효력을 절대적인 것으로 파악할 것인

---

81) 김재형, 전게논문(주 18), 8 참조.
82) 상게논문, 21 참조.

가, 아니면 상대적인 것으로 파악할 것인가의 여부에 대해서는 학설이 대립되고 있으나, 통설·판례는 구 의용민법 이래로 '취소의 효과는 취소채권자와 수익자 또는 전득자에 대한 관계에서만 상대적으로 무효'라는 「상대적 무효설」의 입장을 취하여 왔다. 다만, 「상대적 무효설」에 대해서는 채권자취소권의 효력을 절대적인 것으로 파악하는 「절대적 무효설」의 비판이 있으며, 독일 채권자취소법(AnfG)의 해석론으로 제기된 「책임설」을 우리 민법의 해석론으로 도입하여 '취소의 효력은 「책임법적 무효」를 야기하는 것'이라고 해석하는 견해와, 독일의 통설·판례의 입장인 「채권설」을 도입하여 '채권자취소권의 행사는 취소 없는 원상회복청구권의 발생'이라고 해석하는 견해가 있으나, 모두 우리의 현행민법의 해석론으로 채택되기에는 무리가 있음을 살펴보았다.

결론적으로 우리 민법상 채권자취소권은 사해행위를 취소채권자와 수익자 또는 전득자에 대한 관계에서만 상대적으로 무효화하여 유출된 재산을 원상회복시킴으로써 채무자의 공동담보로서의 책임재산을 보전하는 제도라고 보아야 할 것이다(상대적 무효설). 또한 채권자취소권제도는 형평과 도덕적 고려에 기한 것으로서, 채무자의 재산처분의 자유에 대한 간섭을 최소화하고 당사자의 이해관계 및 거래안전을 크게 해치지 않으면서도 채권자를 가장 확실하게 보호할 수 있는 고유한 제도라고 보아야 할 것이다. 이러한 결론에 따라서 채권자 취소권의 법적 성질을 정리해 보면, ① 채권자취소권은 반드시 재판상으로만 행사될 수 있는 것이지만, 이는 권리행사의 방법에 지나지 않는 것이며, 그 본질은 어디까지나 실체법상의 권리이다. ② 채권자취소권은 채권의 효력으로서 채권자에게 부여되는 권리로서 채권에 종된 권리이다. 그러므로 채권이 양도되면 채권자취소권도 법률상 당연히 양수인에게 이전된다. 따라서 사해행위 이후에 채권을 양수한 자라 할지라도 채권자취소권을 행사할 수 있다. ③ 채권자취소권은 형성권(사해행위취소권)과 청구권(원상회복청구권)이 결합된 권리로서(「절충설」의 입장), 사해행위의 취소는 채권자가 수익자 또는 전득자로부터 원상회복(재산의 반환)을 청구하는 데 필요한 범위 내에서, 또한 그들에 대한 관계에서만 상대적으로 효력이 발생한다(「상대적 효력설」의 입장). 따라서 채권자취소권의 행사에도 불구하고 채무자와 수익자 또는 수익자와 전득자 사이의 법률행위의 효력은 유효하게 존속한다고 보아야 한다. ④ 취소와 원상회복의 실체법상의 효력은 취소채권자와 수익자 또는 전득자와 사이에서만 상대적으로 발생하는 것이나, 제407조의 규정에 의하여 다른 채권자들도 원상회복된 책임재산에 대한 강제집행절차에 참가하여 배당을 받을 수 있다.

[43] Ⅳ. 채권자취소권의 행사요건

1. 피보전채권의 존재

채권자취소권은 채무자의 책임재산을 보전하기 위하여 채권자에게 주어진 권리이므로, 피보전채권의 존재를 필수적 요건으로 한다. 채권자취소권은 유효하게 성립한 채무자와 수익자 사이의 법률행위(사해행위)를 취소하여 책임재산을 원상회복시키는 권리로서, 채무자의 권리를 대신 행사하는 권리에 불과한 채권자대위권과는 비교할 수 없을 정도로 상대방(수익자 또는 전득자)의 이익을 침해하게 된다. 그러므로 채권자취소권의 행사요건인 '피보전채권의 존재'에 대해서도 채권자대위권의 경우보다 엄격하게 해석할 필요가 있다. 이러한 취지에서, 판례는 '채권자대위소송에서 제3채무자는 채권자의 채무자에 대한 항변으로 대항할 수 없는 것이 원칙이므로 대위채권자의 채권의 소멸시효가 완성된 경우에도 이를 원용할 수 없는 것이 원칙이나(대법원 1998.12.8.선고, 97다31472 판결 등),[83] 채권자취소소송의 피고인 수익자는 피보전채권의 소멸에 의하여 직접 이익을 받는 자에 해당하므로 피보전채권의 시효소멸을 주장할 수 있다'는 입장을 취하고 있다(대법원 2007.11.29.선고, 2007다54849 판결).

■ **사해행위취소소송에서 수익자가 취소채권자의 채권에 대하여 시효소멸을 주장할 수 있는지 여부**

(적극) 소멸시효를 원용할 수 있는 사람은 권리의 소멸에 의하여 직접 이익을 받는 자에 한정되는데, 사해행위취소소송의 상대방이 된 사해행위의 수익자는 사해행위가 취소되면 사해행위에 의하여 얻은 이익을 상실하게 되나, 사해행위취소권을 행사하는 채권자의 채권이 소멸되면 그와 같은 이익의 상실을 면할 수 있는 지위에 있으므로, 그 채권의 소멸에 의하여 직접 이익을 받는 자에 해당하는 것으로 보아야 한다. 따라서 사해행위의 수익자를 일반채권자와 동일하게 보아 수익자는 독자적으로 피보전채권이 소멸시효 완성으로 소멸되었다는 주장을 할 수 없다는 원심의 판단은 잘못이다. 그러나 원고의 피보전채권을 제외하더라도 채무자가 채무초과 상태인 경우에는, 원고의 채무자에 대한 채권의 존재 여부는 사실상 피보전채권의 존부에만 영향을 미칠 수 있는 것으로 보아야 할 것이므로, 원고가 채무자를 상대로 채무이행청구의 소를 제기하여 승소판결을 선고받아 그 판결이 확정된 이상 수익자인 피고는 더 이상 소멸시효의 주장 등으로 원고의 채권의 존재를 다툴 수 없다고 할 것이다. (대법원 2007.11.29.선고, 2007다54849 판결)[84]

한편 '피보전채권이 존재하지 않는 경우에는 소송요건의 흠결을 이유로 소를 각하하여야

83) 같은 취지: 대법원 2004.2.12.선고, 2001다10151 판결; 대법원 2009.9.10.선고, 2009다34160 판결. 다만, 판례는 '채권자가 채무자를 상대로 피보전채권에 기한 이행청구의 소를 제기하였는데, 채무자가 그 소송절차에서 소멸시효를 원용하는 항변을 하고, 그러한 사유가 현출된 채권자대위소송에서 심리를 한 결과 실제로 피보전채권의 소멸시효가 적법하게 완성된 것으로 판단되면 채권자는 더 이상 채무자를 대위할 권한이 없으므로, 법원은 당사자적격이 없다는 이유로 원고의 채권자대위소송을 부적법하여 각하하여야 한다'고 한다(대법원 2008.1.31.선고, 2007다64471 판결).

84) 판례평석: 박운삼, "사해행위의 수익자와 취소채권자의 채권의 소멸시효의 원용", 판례연구 21집(부산판례연구회, 2010/2), 241 이하.

하는가, 아니면 본안심리 후 청구를 기각할 것인가?' 하는 것이 문제된다. 학설 중에는 '피보전채권의 존재는 채권자취소소송의 실체법상의 법률요건으로 보아야 할 것이기 때문에 「청구기각설」이 옳다'는 견해[85]와, 채권자대위권의 경우와 마찬가지로 피보전채권이 존재하지 않는 경우 법원은 소송요건을 흠결한 부적법한 소송으로서 소를 각하하여야 한다는 견해(소각하설)[86]가 대립하고 있다.

대법원판결 중에는 '원고의 주위적 청구인 채권자대위소송은 피보전채권인 소유권이전등기청구권이 별소의 기판력으로 인하여 행사할 수 없게 되어 보전의 필요성이 인정되지 않으므로 직권으로 이를 각하하여야 한다'고 판시한 반면에, 소유권이전등기청구권을 피보전채권으로 하는 사해행위의 취소를 청구한 원고의 예비적 청구에 관하여는 '채권자의 채무자에 대한 소유권이전등기청구소송이나 손해배상청구소송이 패소확정되어 행사할 수 없게 되었다면 소유권이전등기청구권이나 손해배상청구권을 행사하기 위하여 채무자의 제3자에 대한 소유권이전등기의 말소를 구하는 사해행위취소청구도 인용될 수 없다'는 이유로 원고의 상고를 기각한 사례가 있다(대법원 1993.2.12.선고, 92다25151 판결). 학설 중에는 이 판결을 들어 '판례가 「청구기각설」을 취하고 있다'고 보는 견해가 있다.[87] 그러나 이 판결은 「청구기각설」의 입장에서 '피보전채권이 존재하지 않는 경우에 법원은 청구를 기각하여야 한다'는 취지의 판결이 아니라, 원고의 예비적 청구인 채권자취소청구를 배척한 원심을 '결과적으로 정당하다'는 이유로 상고를 기각한 것에 불과하다. 그러므로 이 문제에 관한 판례의 입장은 명확하지 않다고 보는 것이 타당하다고 할 것이다. 사견으로는 피보전채권의 존재는 사해행위의 취소를 소송물로 하는 채권자취소소송의 소송요건으로 보는 「소각하설」이 옳다고 생각한다.

(1) 피보전채권의 성립시기

채권자대위권의 경우에는 피보전채권의 성립시기는 문제되지 않고, 피보전채권의 이행기 도래의 여부만이 문제된다. 그러나 채권자취소권에서는 피보전채권이 사해행위 이전에 성립되었어야 하는 것이 원칙이다. 다만, 판례는 '채권성립 당시에 이미 채권 성립의 기초가 되는 법률관계가 발생되어 있는 경우에는 예외적으로 사해행위 이후에 성립한 채권을 피보전채권으로 하여 채권자취소권을 행사할 수 있다'는 입장을 취하고 있다(대법원 1995.11.28.선고, 95다27905 판결 등).

85) 김대원, "사해행위취소소송에서 피보전채권을 변경하는 것이 소의 변경에 해당하는지 여부", 대법원 판례해설 44호(법원도서관, 2004/1), 179~180; 주석민법(2)/이상경, 49 참조.
86) 민법주해(9)/김능환, 833 참조.
87) 김대원, 전게논문(주 85), 180 참조.

1) 원칙 : 사해행위 이전에 발생한 채권일 것

채권자취소권의 피보전채권은 사해행위가 있기 전에 발생된 것이어야 함이 원칙이다(대법원 1962.2.15.선고, 4294민상378 판결 등).[88] 채권이 사해행위 이전에 발생한 것이라면 사해행위 이후에 채권이 양도된 경우라고 하더라도 채권의 동일성에는 변함이 없기 때문에, 양수인이 이를 피보전채권으로 하여 채권자취소권을 행사함에는 아무런 지장이 없다(대법원 2012.2.9.선고, 2011다77146 판결). 이와 같이 '채권자취소권의 피보전채권은 원칙적으로 사해행위 이전에 발생한 것이어야 한다'는 데는 견해가 일치하고 있으나, 이러한 원칙의 이론적 근거에 대하여는 견해의 대립이 있다.

(가) 객관설 : 손해(침해)기준설

이는 '피보전채권이 사해행위 이전에 발생한 것이어야 하는 이유는 채권이 사해행위 당시에 존재하지 않았다면 사해행위에 의하여 채권이 침해되었다고 볼 수 없기 때문'이라는 견해로서, 종래의 통설[89]·판례의 입장이다(대법원 1978.11.28.선고, 77다2467 판결 등).[90]

(나) 주관설 : 사해의사기준설

이는 '채권자취소권은 채권자에 대한 채무자의 사해의사에 대하여 제재를 가하는 제도인데, 채권이 발생하기 이전에 행하여진 채무자의 재산감소행위에 있어서는 원칙적으로 사해의사가 있을 수 없기 때문에, 피보전채권은 사해행위 이전에 발생한 것이어야 한다'고 설명하는 견해이다.[91]

(다) 학설·판례의 검토

「객관설」(손해기준설)은 '피보전채권은 사해행위 이전에 발생한 것이어야 한다'고 해석하는 근거를 '채권에 대한 침해발생 가능성'이라는 객관적 요소를 중심으로 설명하고 있으나, 이는 피보전채권이 발생하기 이전에 행해진 법률행위도 예외적으로 사해행위가 될 수 있다는 점을 이론적으로 설명하기 어렵다. 즉, ① 객관설의 논리는 '사해행위 이후에 발생한 채권은 원칙적으로 사해행위에 의하여 침해될 수 없기 때문에 피보전채권이 될 수 없으나, 일정한

---

88) 같은 취지: 대법원 1962.11.15.선고, 62다634 판결; 대법원 1963.12.12.선고, 63다661 판결; 대법원 1978.11.28.선고, 77다2467 판결; 대법원 1995.2.10.선고, 94다2534 판결.

89) 양창수, "채권자취소권의 피보전채권과 사해행위", 고시계 36권 4호(1991/4), 25; 민법주해(9)/김능환, 811; 곽윤직, 194; 김기선, 184; 김상용, 303; 김주수, 212; 김형배, 398; 이은영, 462; 이태재, 163; 장경학, 309; 현승종, 208 참조.

90) 같은 취지: 대법원 1995.2.10.선고, 94다2534 판결.

91) 김대정, "채권자취소권의 피보전채권의 성립시기", 민사법학 17호(한국민사법학회, 1999/4), 374 이하; 김욱곤, "채권자취소권의 요건론 재고", 저스티스 33권 4호(한국법학원, 2000/12), 89; 최창렬, "민법상의 채권자취소권과 세법상의 사해행위취소권과의 비교", 조세연구 1권(세경사, 2001/8), 153도 같은 취지이다. 「객관설」과 「주관설」을 종합하여, '채권자의 손해와 사해의사의 양자를 근거로 피보전채권은 사해행위 이전에 발생하여야 한다'고 설명하는 견해도 있다(김증한/김학동, 201 참조).

경우에는 예외적으로 사해행위 이전에 발생한 채권이 사해행위에 의하여 침해될 수도 있으므로 피보전채권이 될 수 있다'는 것이나, 채무자의 사해행위는 채권의 성립시기와 관계없이 결국 모든 채권자를 해하는 것이므로, 객관설의 논리는 그 전제에 오류가 있을 뿐만 아니라 그에 따른 원칙과 예외의 상호 모순된 결론을 일관된 논리로 설명할 수 없다. ② 객관설에 따라서 피보전채권이 사해행위 이전에 발생하여야 한다는 원칙의 이론적 근거를 '채권에 대한 침해발생가능성의 유무'에서 찾아야 한다면, '채무자의 사해적 예견(詐害的 豫見)이 증명되는 경우(예컨대, 살인을 결심한 자가 살인이라는 불법행위로 인한 손해배상채무의 발생을 예상하여 미리 재산을 도피시키는 사해행위를 하는 경우)에는 예외적으로 피보전채권의 발생 전의 재산감소행위도 사해행위가 될 수 있다'는 점을 이론적으로 설명할 수 없다. 그러므로 '채무자의 사해의사의 유무를 기준으로 하여 채권발생 이전에 행하여진 재산감소행위의 경우에는 원칙적으로 사해의사가 있다고 할 수 없으므로 취소의 대상이 될 수 없으나, 채권발생 이전에 행하여진 재산감소행위라고 하더라도 그 행위 시에 사해의사를 인정할 수 있는 예외적인 경우에는 취소의 대상이 될 수 있다'고 이론구성하는 것이 타당하다고 할 것이다.[92)]

2) 예 외

(가) 판례의 입장 : 기초적 법률관계론

판례는 「객관설」(손해기준설)에 입각하여, '사해행위 이후에 발생한 채권은 채권자취소권의 피보전채권이 될 수 없음이 원칙이나, 예외적으로 사해행위 당시에 이미 채권 성립의 기초가 되는 법률관계가 발생되어 있고(「기초적 법률관계」의 존재), 가까운 장래에 그 법률관계에 터잡아 채권이 성립되리라는 점에 대한 고도의 개연성이 있으며(채권성립의 개연성), 실제로 가까운 장래에 그 개연성이 현실화되어 채권이 성립된 경우(개연성의 현실화)에는 채권자를 위하여 책임재산을 보전할 필요가 있고, 채무자에게 채권자를 해한다는 점에 대한 인식이 있었다고 볼 수 있기 때문에, 그 채권도 채권자취소권의 피보전채권이 될 수 있다'는 입장을 확립하고 있다(대법원 1995.11.28.선고, 95다27905 판결 등). 판례가 확립한 이러한 법리를 「기초적 법률관계론」이라고 부른다.[93)]

■ **사해행위 당시 아직 성립되지 아니한 채권이 예외적으로 채권자취소권의 피보전채권이 될 수 있는 경우** 채권자취소권에 의하여 보호될 수 있는 채권은 원칙적으로 사해행위라고 볼 수 있는 행위가 행하여지기 전에 발생된 것임을 요하지만, 그 사해행위 당시에 이미 채권 성립의 기초가 되는 법률관계가 발생되어 있고, 가까운 장래에 그 법률관계에 기하여 채권이 성립되리라는 점에 대한 고도의 개연성이 있으며, 실제로 가까운 장래에 그 개연성이 현실화되어 채권이 성립된 경우에는, 그 채권도 채권자취소권의 피보전채권이 될 수 있다고 할 것이다. 왜냐하면, 위와 같은 경우에도 채권자를 위하여 책임재산

92) 同旨: 주석채권총칙(상)/김욱곤, 402 참조.
93) 윤경, "보증인의 추상적 구상권이 채권자취소권의 피보전채권이 될 수 있는지 여부 -사전구상권과 사후구상권의 차이-", 대법원판례해설 42호(법원도서관, 2003/7), 476 참조.

을 보전할 필요가 있고, 채무자에게 채권자를 해한다는 점에 대한 인식이 있었다고 볼 수 있기 때문이다. 그러므로, 보증인이 주채무자에 대하여 사전구상권을 행사할 수 있는 상태에서 주채무자가 사해행위로 볼 만한 행위를 하였을 경우에 나중에 보증인이 보증채무를 이행함으로써 주채무자에게 구상권을 갖게 되면 보증인도 자기의 구상금채권을 피보전채권으로 하여 채권자취소권을 행사할 수 있는 경우가 있을 수 있다는 취지의 원심판결의 이유는 일단은 정당하다고 할 것이다. (대법원 1995.11.28.선고, 95다27905 판결)[94]

(나) 학 설

학설은 과거 '사해행위 이전에 피보전채권이 발생하였어야 한다는 원칙에 예외를 인정할 수 없다'고 하여, 판례의 입장에 비판적인 견해가 우세하였으나,[95] 최근에는 판례의 입장에 동조하는 견해가 점차 늘고 있다.[96]

(다) 학설·판례의 검토

판례는 '기초적 법률관계의 존재, 채권성립의 개연성, 그리고 개연성의 현실화(채권의 발생)의 세 가지 요건을 갖춘 경우에는 예외적으로 피보전채권이 발생하기 이전의 사해행위의 성립을 인정할 수 있다'는 입장을 취하고 있으나, 이는 「객관설」의 연장선상에서 사실상 '사해행위 당시에 피보전채권이 발생할 개연성이 있을 것'이라는 단일한 기준을 요구하는 것이라고 할 수 있다. 그러므로 판례의 논리는 '채권발생의 고도의 개연성이 있는 경우에는 손해발생의 가능성이 크고 사해의사를 인정할 수도 있으므로, 예외적으로 아직 발생하지 아니한 채권을 피보전채권으로 하는 취소권의 행사도 가능하다'는 것이다. 그러나 판례이론에 따르면 피보전채권의 성립시기에 관한 원칙과 예외를 일관된 논리로 설명할 수 없을 뿐만 아니라, 특히 기초적 법률관계가 전혀 존재하지 않는 경우에는 취소권을 행사할 수 없게 되므로, 채무자의 사해적 예견에 따른 재산감소행위가 있더라도 채권자취소권을 인정할 수 없는 경우가 발생한다. 그러므로 피보전채권의 성립시기에 관한 원칙과 예외는 모두 채무자의 사해의사(사해결과의 예견가능성)를 기준으로 설명하는 것이 타당하다. 즉, '피보전채권이 사해행위 이전에 이미 발생하고 있어야 한다'는 원칙은 법률행위가 있은 이후에 발생한 채권의 경우에

94) 같은 취지: 대법원 1996.2.9.선고, 95다14503 판결; 대법원 1997.5.23.선고, 96다38612 판결; 대법원 1997.10.10.선고, 97다8687 판결; 대법원 1997.10.28.선고, 97다34334 판결; 대법원 1999.4.27.선고, 98다56690 판결; 대법원 2000.2.25.선고, 99다53704 판결; 대법원 2000.6.27.선고, 2000다17346 판결; 대법원 2001.3. 23.선고, 2000다37821 판결; 대법원 2002.3.29.선고, 2001다81870 판결; 대법원 2002.4.12.선고, 2000다43352 판결; 대법원 2002.11.8.선고, 2002다42957 판결; 대법원 2002.11.26.선고, 2000다64038 판결; 대법원 2003.12.12.선고, 2003다30616 판결; 대법원 2004.7.9.선고, 2004다12004 판결; 대법원 2004.11.12.선고, 2004다40955 판결; 대법원 2005.8.19.선고, 2004다53173 판결; 대법원 2010.7.15.선고, 2007다21245 판결; 대법원 2012.1.12.선고, 2010다64792 판결; 대법원 2012.2.23.선고, 2011다76426 판결.

95) 양창수, 전게논문(주 89), 25; 곽윤직, 194; 김기선, 184; 김상용, 303; 김주수, 212; 김형배, 398; 이은영, 462; 장경학, 308; 현승종, 208 참조.

96) 제철웅, "구상보증채무자의 사해행위", 판례월보 311호(판례월보사, 1996/8), 8 이하; 주석채권총칙(상)/김욱곤, 402; 민법주해(9)/김능환, 813; 김증한/김학동, 201; 장재현, 155 참조.

는 채무자에게 사해의사가 있다고 할 수 없기 때문이라고 할 것이며, 같은 논리에 따라 '채권 발생 이전의 법률행위라고 하더라도 채무자의 사해적 예견이 인정되는 경우에는 채무자의 사해의사를 인정할 수 있기 때문에 사해행위가 될 수 있다'고 할 것이다. 사실 판례가 들고 있는 세 가지 요건은 피보전채권의 성립시기에 관한 예외를 인정하기 위한 직접적인 요건이라기보다는 행위 당시의 채무자의 사해의사를 인정하기 위한 간접적인 요건에 불과하다. 즉, 피보전채권이 발생하기 이전에 행하여진 채무자의 법률행위를 사해행위라고 주장하여 취소하고자 하는 채권자는 취소소송에서 채무자의 사해의사가 있었음을 직접적으로 증명하는 대신에 위 세 가지 사항을 증명함으로써 행위 당시에 채무자에게 사해의사(사해적 예견)가 있었음을 간접적으로 증명할 수 있는 것이다.

(?) 금전채권 : 특정채권을 피보전채권으로 할 수 있는지 여부

채권자취소권은 채무자의 책임재산을 보전하는 제도이므로, 채권자의 피보전채권은 금전채권이어야 함이 원칙이다. 그러나 손해배상의 방법에 관하여 「금전배상주의」(394조)를 취하고 있는 우리 민법의 해석상 금전채권 이외의 채권도 채무불이행에 의하여 금전채권으로 전환되는 것이므로, 피보전채권이 본래 금전채권이냐 아니냐를 묻지 않고 채권자취소권을 행사할 당시에 금전채권인 손해배상채권으로 전환되어 있으면 된다고 해석하는 데 이설이 없다.

한편 채권자대위권과는 달리, '채권자취소권은 특정물인도청구권이나 소유권이전등기청구권과 같은 특정채권을 보전하기 위하여 행사할 수 없다'는 데 대해서는 견해가 일치한다.[97] 다만, '이중매매의 경우에 제1매수인이 매도인에 대한 소유권이전등기청구권을 피보전채권으로 하여 제2매매를 사해행위를 이유로 취소할 수 있는가?' 하는 문제에 대해서는 견해가 갈린다.

1) 판례의 입장

판례는 ① '채권자취소권은 채권자들의 공동담보인 책임재산을 보전하기 위하여 인정된 권리이므로 채권자취소권의 피보전채권은 금전채권이어야 하며, 특정물에 대한 이전등기청구권과 같은 특정채권을 보전하기 위하여 채권자취소권을 행사하는 것은 허용될 수 없다'는 입장을 확립하고 있다(대법원 1974.7.26.선고, 73다1954 판결 등).[98] 다만, '피보전채권이 금전채권이 아니라 물건의 인도채권이라고 하더라도 채권자취소권을 행사할 당시에 그 채권이 금전채

97) 다만, 일본민법학에서는 특정채권을 피보전채권으로 하는 채권자취소권을 긍정하는 견해가 통설·판례의 입장이다(이에 대해서는 강영호, 전게논문(주 7), 316 이하 참조).

98) 같은 취지: 대법원 1961.8.10.선고, 4293민상436 판결; 대법원 1965.1.26.선고, 64다848 판결; 대법원 1965.3.30.선고, 64다1483 판결; 대법원 1988.2.23.선고, 87다카1586 판결; 대법원 1991.7.23.선고, 91다6757 판결; 대법원 1996.9.20.선고, 95다1965 판결; 대법원 1999.4.27.선고, 98다56690 판결; 대법원 2001.12.27.선고, 2001다32236 판결.

권인 손해배상채권으로 전환되어 있으면 책임재산, 즉 채무자의 변제자력의 유무는 피보전채권과 밀접한 관계가 있다고 할 것이므로, 채권자취소권을 행사할 수 있다'고 한다(대법원 1965.6.29.선고, 65다477 판결 등).[99] 그러나 ② '부동산매도인이 목적물을 제3자에게 이중으로 매도한 경우에는 그로 인하여 채무자(매도인)가 무자력 상태가 된 경우라고 하더라도 매수인은 매도인의 이중매매행위를 사해행위로서 취소할 수 없다'는 입장을 확립하고 있다(대법원 1999.4.27.선고, 98다56690 판결 등). 그 이유는, '채권자취소권은 채무자가 총채권자의 공동담보를 해하는 법률행위를 하여 그 변제자력을 감소시킨 경우에 채권자를 구제하려는 데 있는 것인데, 특정물에 대한 소유권이전등기청구권을 피보전채권으로 하는 사해행위 취소청구는 그 요건을 구비하지 못하였다 할 것이고, 원고인 매수인의 피보전채권을 이중매매로 인하여 발생한 손해배상청구권이라고 가정하더라도 이는 사해행위가 있기 이전에 발생된 채권이 아니므로 채권자취소권 행사의 요건을 구비하지 못하였다고 할 것이기 때문'이라고 한다. 또한 ③ 취득시효의 목적물인 부동산의 소유자가 취득시효 완성 후에 이를 처분한 경우에도 이중매매와 같은 논리에 의하여 '시효취득자가 소유권이전등기청구권을 피보전채권으로 하여 소유자의 처분행위를 취소하는 것은 허용되지 않는다'고 한다(대법원 1992.11.24.선고, 92다33855·33862 판결). 다만, ④ '채무자가 금전채권의 담보를 목적으로 특정물인 선박의 소유권이전등기를 하여 주기로 약정한 후 다시 목적물인 선박의 소유권을 제3자에게 양도하고 소유권이전등기를 경료한 경우(양도담보의 목적물을 이중으로 양도한 경우)에는 일반적인 이중매매와 달리, 채권자는 본래의 금전채권을 피보전채권으로 하여 제2양도행위를 사해행위로서 취소할 수 있다'고 한다(대법원 1977.6.28.선고, 77다105 판결). 이는 부동산이중매매의 경우와는 달리, 선박의 양도담보에 있어서는 채권자의 양도담보권의 피담보채권(금전채권)이 사해행위(이중양도행위) 이전에 성립하고 있었을 뿐만 아니라, 선박소유권에 대해서는 동산물권변동의 법리가 적용된다(상법 743조)는 점이 고려된 것이라고 생각된다.

■ **부동산의 제1양수인은 자신의 소유권이전등기청구권 보전을 위하여 양도인과 제3자 사이에서 이루어진 이중양도행위에 대하여 채권자취소권을 행사할 수 있는지 여부(소극)** 채권자취소권에 의하여 보호될 수 있는 채권은 원칙적으로 사해행위라고 볼 수 있는 행위가 행하여지기 전에 발생된 것임을 요하나, 그 사해행위 당시에 이미 채권성립의 기초가 되는 법률관계가 발생되어 있고, 가까운 장래에 그 법률관계에 기하여 채권이 성립되리라는 점에 대한 고도의 개연성이 있으며, 실제로 가까운 장래에 그 개연성이 현실화되어 채권이 성립된 경우에는, 그 채권도 채권자취소권의 피보전채권이 될 수 있다고 할 것이지만, 부동산을 양도받아 소유권이전등기청구권을 가지고 있는 자가 양도인이 제3자에게 이를 이중으로 양도하여 소유권이전등기를 경료하여 줌으로써 취득하는 부동산 가액 상당의 손해배상채권은 이중양도행위에 대한 사해행위취소권을 행사할 수 있는 위와 같은 피보전채권에 해당한다고 할 수 없다고 할 것이다. 또한 채권자취소권을 특정물에 대한 소유권이전등기청구권을 보전하기 위하여 행사하는 것

99) 같은 취지: 대법원 1957.9.26.선고, 4290민상243 판결.

은 허용되지 않으므로, 부동산의 제1양수인은 자신의 소유권이전등기청구권 보전을 위하여 양도인과 제3자 사이에서 이루어진 이중양도행위에 대하여 채권자취소권을 행사할 수 없다고 할 것이다. (대법원 1999.4.27.선고, 98다56690 판결)[100)]

2) 학 설

'채권자취소권은 책임재산을 보전하기 위한 제도이므로, 그 피보전채권은 손해배상채권을 포함한 금전채권이어야 하며, 특정물의 인도청구권이나 소유권이전등기청구권과 같은 특정채권을 피보전채권으로 하는 채권자취소권의 행사는 인정될 수 없다'는 점에 대해서는 학설이 일치한다. 다만, '이중매매에서 매도인에 대한 매수인의 소유권이전청구권을 피보전채권으로 하는 채권자취소권은 인정될 수 없다'는 판례의 입장에 대해서는, 이를 지지하는 견해[101)]와 이에 비판적인 견해[102)]로 학설이 대립하고 있다. 현재로서는 후자의 견해가 다수설이라고 할 수 있는데, 이들은 '특정물의 이중매매에 있어서 채권자가 특정채권의 효력을 해한다는 이유만으로 채권자취소권을 행사하는 것은 허용될 수 없으나, 이중매매행위가 사해행위의 다른 요건(매도인의 사해의사와 무자력)을 갖춘 경우에는 공동담보의 보전을 위하여 채권자취소권을 행사할 수 있다'고 해석하고 있다.

3) 학설·판례의 검토

채권자취소권은 책임재산의 보전을 위하여 채무자의 무자력을 요건으로 채무자의 행위에 대한 간섭(사해행위의 취소)을 허용하는 제도이므로, 채무자의 변제자력과 관계없는 특정채권의 이행을 담보하기 위한 용도로 남용되어서는 안 된다. 다만, 채무불이행으로 인하여 특정채권이 손해배상채권으로 전환된 이후에 발생한 사해행위는 금전채권인 손해배상채권을 피보전채권으로 하여 취소할 수 있음은 이론상 당연하다. 문제는 '부동산이중매매에서 제1매수인은 특정채권인 매도인에 대한 등기청구권을 피보전채권으로 하여 매도인의 제2매매행위를 사해행위로서 취소할 수 있는가?' 하는 것이다.

이에 대하여, 판례는 '제1매수인의 등기청구권은 제2매매행위에 의하여 이행불능 상태가 되고 이로 인하여 비로소 손해배상채권으로 전환된 것이므로, 피보전채권은 사해행위 이전에 성립한 것이어야 한다는 원칙에 비추어, 이를 피보전채권으로 하는 채권자취소권은 허용될

100) 같은 취지: 대법원 1959.10.8.선고, 4291민상432 판결; 대법원 1967.11.14.선고, 66다2007 판결; 대법원 1969.1.28.선고, 68다2022 판결; 대법원 1995.2.10.선고, 94다2534 판결; 대법원 1996.9.20.선고, 95다1965 판결.

101) 조남대, "채권자취소권의 대상으로서의 사해행위에 관한 고찰", 사법논집 28집(법원행정처, 1997/12), 576; 민법주해(9), 810(김능환); 곽윤직, 145; 김상용, 255; 이은영, 463 참조.

102) 양창수, 전게논문(주 89), 27; 윤진수, "부동산의 이중양도에 관한 연구 -제일양수인의 원상회복청구를 중심으로-", 법학박사학위논문(서울대학교대학원, 1993), 197; 고경우, "채권자취소권에 있어서의 피보전권리", 판례연구 9집(부산판례연구회, 1998/12), 110; 강영호, 전게논문(주 7), 307 이하; 주석채권총칙(상)/김욱곤, 408 이하; 김형배, 400; 이태재, 164; 장경학, 309; 현승종, 209 참조.

수 없다'는 입장을 취하고 있는데, 이러한 판례의 이론구성은 수긍할 수 있는 측면이 있다. 그러나 전술한 바와 같이, 채권 발생 이전에 이미 채무자가 채권의 발생을 예견하고 미리 사해행위를 하는 이른바 「사해적 예견」이 있는 경우에는 아직 발생하지 아니한 채권이라고 하더라도 이를 피보전채권으로 인정할 수 있는 것이므로, 매도인이 이중매매 당시에 이로 인하여 장래 성립할 매수인의 손해배상채권을 해하게 된다는 「사해적 예견」을 가지고 있었다고 할 수 있는 「사해적 이중매매」의 경우에는 매도인의 무자력을 요건으로 채권자취소권을 행사할 수 있다고 해석하는 것이 타당하다고 생각된다. 또한 이 문제에 관한 판례의 확립된 입장인 「기초적 법률관계론」에 비추어 보더라도, 「사해적 이중매매」는 판례가 요구하는 세 가지 요건(① 기초적 법률관계의 존재, ② 채권성립의 고도의 개연성, ③ 채권의 발생)을 모두 충족시킬 수 있는 경우에 해당하므로, 제1매수인의 채권자취소권의 행사를 허용하는 데 장애가 없다고 할 것이다. 요컨대, '매도인의 사해적 예견이 인정되는 이중매매의 경우에는 매수인은 장래 발생할 손해배상청구권을 피보전채권으로 하여 매도인의 제2매매행위를 취소할 수 있다'고 할 것이다.

(3) 우선변제가 확보된 채권

'담보물권에 의하여 우선변제가 확보되어 있는 채권을 피보전채권으로 하여 채권자취소권을 행사할 수 있는가?' 하는 것이 문제된다. 학설 중에는 담보물권이 언제나 채권자의 우선변제를 보장해 주는 것은 아니라는 이유로, '담보물권에 의하여 우선변제가 확보되어 있더라도 이를 피보전채권으로 하여 채권자취소권을 행사할 수 있다'고 해석하는 견해가 많다.[103] 그러나 판례는 '채권자의 우선변제권이 확보된 범위 내에서는 채무자의 재산처분행위가 채권자를 해한다고 할 수 없으므로, 그 담보물로부터 우선변제 받을 액(담보물의 평가액)을 공제한 나머지 채권액에 대하여만 채권자취소권이 인정된다'는 입장을 확립하고 있다(대법원 2002.4. 12. 선고, 2000다63912 판결 등).[104] 나아가 판례는 이러한 법리를 전제로, ① '근저당권에 의하여 채권자에게 우선변제권이 확보되어 있다면, 연대보증인이 유일한 재산을 처분하는 법률행위를 하더라도 채권자에 대한 사해행위는 성립하지 않으며(대법원 2000.12.8.선고, 2000다21017 판결 등),[105] ② 근저당권이 설정된 채무자 소유의 주택에 대하여 근저당권실행에 의한 임의경매절차가 개시되기 직전에 보증금이 최우선적으로 변제되는 임대차계약이 체결되었다 하더라도, 근저당

103) 고경우, 상게논문, 124; 주석채권총칙(상)/김욱곤, 410 참조.

104) 판례평석: 윤경, "사해행위취소소송에서 물적 담보를 가진 채권자의 피보전채권의 범위", 대법원판례해설 40호(법원도서관, 2002/12), 102 참조. 같은 취지: 대법원 2007.1.11.선고, 2006다59182 판결; 대법원 2010.1.28.선고, 2009다30823 판결; 대법원 2014.9.4.선고, 2013다60661 판결.

105) 같은 취지: 대법원 2001.7.27.선고, 2000다73377 판결; 대법원 2002.11.8.선고, 2002다41589 판결; 대법원 2003.7.8.선고, 2003다13246 판결.

권자에 대한 채무액과 임대차보증금반환채무액이 위 경매절차에서 이루어진 주택의 감정평가액을 초과하지 않는 등 채무자가 임대차계약의 체결로 인해 채무초과에 빠졌다고 볼 수 없을 뿐만 아니라 소액보증금 우선변제권을 감안하더라도 근저당권자의 채권 전액에 대하여 우선변제권이 확보되어 있는 경우에는, 위 임대차계약 체결행위를 사해행위로 볼 수 없다'고 한다(대법원 2009.10.29.선고, 2009다47852 판결 등).[106] 또한 ③ '채권자가 채무자 소유 부동산에 근저당권을 설정받아 채권 전액에 대한 우선변제권을 확보하고 있는 경우에는, 보증인은 변제자대위에 의하여 구상권의 범위 내에서 채권 및 그 담보에 관한 권리를 행사할 수 있는 것이므로, 채무자가 제3자에 대하여 증여행위 등 재산감소행위를 하더라도 보증인은 채무자에 대한 사전구상권을 피보전채권으로 하여 채무자의 재산감소행위를 사해행위라고 주장하여 취소할 수 없다'고 한다(대법원 2009.6.23.선고, 2009다549 판결).

나아가 판례는 위와 같은 법리를 전제로 하여, ① '우선변제권이 확보되어 있음에도 불구하고 채권자취소권을 행사하기 위해서는 채권자는 자신이 주장하는 피보전채권이 그 우선변제권 범위 밖에 있다는 점을 주장·입증하여야 하며(대법원 2002.11.8.선고, 2002다41589 판결 등),[107] ② 이때 우선변제 받을 금액은 처분행위(사해행위) 당시의 담보목적물의 시가를 기준으로 산정하여야 한다'고 한다(대법원 2014.9.4.선고, 2013다60661 판결). 또한 ③ '사해행위 당시에는 담보물권에 의하여 우선변제권이 확보되어 있지 않았으나, 사해행위 이후 채권자가 채무자 또는 제3자 소유의 부동산을 담보로 제공받아 사해행위 취소소송의 사실심 변론종결 시에는 담보부동산의 가액 및 채권최고액이 당해 채무액을 초과하여 채무 전액에 대하여 채권자에게 우선변제권이 확보되어 있는 경우에는 채권자취소권이 소멸한다'고 한다(대법원 2014.7.10.선고, 2013다50763 판결).[108] 특히 ④ '수 개의 부동산에 공동저당권이 설정되어 있는 경우, 책임재산을 산정함에 있어 각 부동산이 부담하는 피담보채권액은 특별한 사정이 없는 한 제368조의 규정 취지에 비추어 공동저당권의 목적으로 된 각 부동산의 가액에 비례하여 공동저당권의 피담보채권액을 안분한 금액이라고 보아야 하나, 그 수 개의 부동산 중 일부는 채무자의 소유이고 다른 일부는 물상보증인의 소유인 경우에는 물상보증인이 변제자대위에 의하여 채무자 소유의 부동산에 대하여 저당권을 행사할 수 있는 지위에 있는 점 등을 고려할 때, 그 물상보증인이 채무자에 대하여 구상권을 행사할 수 없는 특별한 사정이 없는 한 채무자 소유의 부동산에 관한 피담보채권액은 공동저당권의 피담보채권액 전액으로 봄이 상당하다'고 한다(대법원 2013.7.18.선고, 2012다5643 전원합의체판결 등).

---

106) 같은 취지: 대법원 2015.11.26.선고, 2015다48825 판결.
107) 같은 취지: 대법원 2008.5.15.선고, 2005다60338 판결; 대법원 2010.1.28.선고, 2009다30823 판결.
108) 판례평석: 김제완, "우선변제권이 채권자취소권에 미치는 영향", 대한변협신문 532호(대한변호사협회, 2015/3), 12.

■ **채무자와 물상보증인의 공유인 부동산에 관하여 저당권이 설정된 후 채무자가 자신의 지분을 양도한 경우, 그 양도가 사해행위에 해당하는지를 판단할 때 채무자 소유의 지분이 부담하는 피담보채권액** 사해행위취소의 소에서 채무자가 수익자에게 양도한 목적물에 저당권이 설정되어 있는 경우라면 그 목적물 중에서 일반채권자들의 공동담보에 제공되는 책임재산은 피담보채권액을 공제한 나머지 부분만이라고 할 것이고, 그 피담보채권액이 목적물의 가액을 초과할 때는 당해 목적물의 양도는 사해행위에 해당한다고 할 수 없다. 그런데 수 개의 부동산에 공동저당권이 설정되어 있는 경우 책임재산을 산정함에 있어 각 부동산이 부담하는 피담보채권액은 특별한 사정이 없는 한 민법 제368조의 규정 취지에 비추어 공동저당권의 목적으로 된 각 부동산의 가액에 비례하여 공동저당권의 피담보채권액을 안분한 금액이라고 보아야 한다. 그러나 그 수 개의 부동산 중 일부는 채무자의 소유이고 다른 일부는 물상보증인의 소유인 경우에는, 물상보증인이 민법 제481조, 제482조의 규정에 따른 변제자대위에 의하여 채무자 소유의 부동산에 대하여 저당권을 행사할 수 있는 지위에 있는 점 등을 고려할 때, 그 물상보증인이 채무자에 대하여 구상권을 행사할 수 없는 특별한 사정이 없는 한 채무자 소유의 부동산에 관한 피담보채권액은 공동저당권의 피담보채권액 전액으로 봄이 상당하다. 이러한 법리는 하나의 공유부동산 중 일부 지분이 채무자의 소유이고, 다른 일부 지분이 물상보증인의 소유인 경우에도 마찬가지로 적용된다. (대법원 2013.7.18.선고, 2012다5643 전원합의체판결)[109)]

(4) 보증 등 인적 담보를 수반하는 채권

인적 담보의 특성상 채권이 보증인 또는 연대채무자 등에 의하여 담보되어 있더라도 채권자가 반드시 보증인이나 연대채무자로부터 우선변제를 받는다는 보장은 없다. 따라서 채권이 인적 담보를 수반하는 경우에도 채권자는 이를 피보전채권으로 하여 채권자취소권을 행사할 수 있다고 해석하여야 한다. 반대로 연대보증인의 처분행위의 사해행위성 여부를 판단함에 있어서는 주채무에 관하여 근저당권이 설정되어 있는 등 물적 담보에 의하여 우선변제권이 확보되어 있는 경우가 아닌 한, 주채무자의 변제자력은 고려할 필요가 없다(대법원 2003.7.8.선고, 2003다13246 판결 등).[110)]

(5) 조건부채권과 기한부채권

'정지조건부채권이나 시기부(始期附)채권처럼 아직 이행기가 도래하지 않았거나 채권이 정지조건적으로 발생한 경우에도 이들 채권을 피보전채권으로 하여 채권자취소권을 행사할 수 있는가?' 하는 것이 문제된다. 독일의 채권자취소법은 이에 관한 명문규정을 두어, 집행권원의 획득과 함께 '피보전채권의 이행기 도래'를 채권자취소권의 행사요건으로 규정하고 있으며(AnfG §2),[111)] 이에 관한 명문규정이 없는 프랑스민법의 학설·판례도 '채권자취소권의 행

109) 판례평석: 김재형, "공동저당과 채권자취소권", 「민법판례분석」, 199 이하. 같은 취지: 대법원 2016.8.18.선고, 2013다90402 판결; 대법원 2017.10.12.선고, 2017다232594 판결.

110) 같은 취지: 대법원 2000.12.8.선고, 2000다21017 판결; 대법원 2001.7.27.선고, 2001다31011 판결; 대법원 2002.11.8.선고, 2002다41589 판결.

111) 독일 채권자취소법 제2조(취소권) 채무자의 재산에 대한 강제집행이 채권자의 완전한 만족을 초래하지 아니하거나 그러할 것이 예견되는 때에는, 집행권원을 획득하고 그의 채권의 이행기가 도래한 모든 채권자는 취소의 권리가 있다.

사는 단순한 보전행위가 아니라 강제집행을 준비하는 집행행위의 전조(前兆)로서 피보전채권은 확실하고 확정되어 있어야 하며 즉시로 이행을 청구할 수 있는 것이어야 하므로, 채무자가 파산하거나 도산하여 기한의 이익을 상실한 경우를 제외하고는 이행기가 도래한 경우에 한하여 채권자취소권을 행사할 수 있으며, 정지조건부채권인 경우에는 채권자취소권을 행사할 수 없다'고 해석하고 있다.112)

우리 민법은 이에 관하여 명문규정을 두고 있지 않으므로 견해가 대립하고 있다. 통설은 민법이 채권자취소권의 행사요건으로 피보전채권의 이행기 도래를 요건으로 규정하고 있지 않다는 점과, 조건부·기한부채권자의 기대권도 보호되고 있다는 점(148~150조, 154조)을 근거로 들어 '이행기가 도래하지 않은 채권을 보전하기 위한 채권자취소권의 행사도 인정하여야 한다'고 해석하고 있다.113) 판례도 통설적 견해에 따라 정지조건부채권을 피보전채권으로 하는 채권자취소권의 행사를 인정하고 있다(대법원 2011.12.8.선고, 2011다55542 판결). 이러한 통설·판례의 입장에 대해서는, '채권자취소권은 채권자대위권에 비하여 채무자의 행위에 대한 간섭의 정도가 심하고 제3자의 이익 및 거래의 안전을 침해할 가능성이 크므로, 피보전채권의 이행기가 도래한 경우에 한하여 채권자취소권을 행사할 수 있다고 해석하여야 한다'는 비판론이 제기되고 있다.114)

■ **정지조건부채권을 피보전채권으로 하여 채권자취소권을 행사할 수 있는지 여부**(원칙적 적극) [1] 채권자취소권 행사는 채무 이행을 구하는 것이 아니라 총채권자를 위하여 이행기에 채무 이행을 위태롭게 하는 채무자의 자력 감소를 방지하는 데 목적이 있는 점과, 민법이 제148조, 제149조에서 조건부권리의 보호에 관한 규정을 두고 있는 점을 종합해 볼 때, 취소채권자의 채권이 정지조건부채권이라 하더라도 장래에 정지조건이 성취되기 어려울 것으로 보이는 등 특별한 사정이 없는 한, 이를 피보전채권으로 하여 채권자취소권을 행사할 수 있다. [2] 공사도급계약의 수급인인 甲주식회사가 공사가 완공되지 못하고 중도에 계약이 해제될 경우 乙에게 일정액의 돈을 지급하여야 하는 정지조건부채무를 부담하고 있는데, 정지조건 성취 전 자신의 유일한 재산인 토지와 건물에 관하여 丙과 근저당권설정계약을 체결한 후 근저당권설정등기를 마쳐준 경우, 사해행위 당시에 정지조건이 성취되지 않았다고 하더라도 정지조건부채권을 피보전권리로 하여 채권자취소권을 행사할 수 있으므로, 위 근저당권설정계약은 채권자인 乙에게 사해행위가 된다. (대법원 2011.12.8.선고, 2011다55542 판결)

생각건대, 채권자취소권의 행사는 집행행위라고 할 수는 없으나 단순한 보전행위가 아니라 집행행위를 준비하는 행위로서, 채무자의 재산관리의 자유를 침해하는 정도가 매우 클 뿐만 아니라 제3자의 이익과 거래의 안전을 해할 위험이 높다는 점을 고려할 때, 채권자취소권의 행사요건은 엄격하게 해석하는 것이 타당하다. 또한 '정지조건부 권리의 경우에는 그 침

112) 주석채권총칙(상)/김욱곤, 404 참조.
113) 양창수, 전게논문(주 89), 26; 곽윤직, 146; 김증한/김학동, 202; 이은영, 463; 현승종, 210 참조.
114) 주석채권총칙(상)/김욱곤, 405; 김형배, 399 참조. 다만, 김욱곤 교수는 '채무자의 무자력을 기한이익의 상실의 사유로 확대해석함으로써 이행기 전이라도 채권자취소권을 행사할 수 있다'고 해석하고 있다.

해금지의 효력도 정지조건부로 발생한다'고 해석하여야 할 것이므로, '정지조건부 채권의 경우에는 이를 피보전채권으로 하여 채권자취소권을 행사할 수 없다'고 해석하여야 할 것이다(그러므로 '해제조건부채권은 해제조건부로 채권자취소권의 피보전채권이 될 수 있다'고 해석된다).[115] 다만, 예외적으로 채무자의 사해적 예견이 있는 경우에는 정지조건부 채권을 피보전채권으로 하는 채권자취소권의 행사도 허용되어야 할 것이다.

(6) 이혼배우자에 대한 재산분할청구권

전술한 바와 같이, '이혼배우자에 대한 재산분할청구권은 협의 또는 심판에 의하여 그 구체적 내용이 형성되기까지는 그 범위 및 내용이 불명확·불확정하기 때문에(839조의2, 843조), 이를 피보전채권으로 하는 채권자대위권의 행사는 인정되지 않는다'는 것이 판례의 입장이다(대법원 1999.4.9.선고, 98다58016 판결 등).[116] (☞ 제4절「채권자대위권」)

이러한 판례의 논리를 관철하면, '이혼배우자에 대한 재산분할청구권을 피보전채권으로 하는 채권자취소권의 행사도 허용될 수 없다'는 결론에 도달하게 된다. 그러나 채권자취소권의 경우에는 배우자 일방의 사해적 예견이 있음에도 불구하고 타방 배우자가 장차 취득하게 될 재산분할청구권을 피보전채권으로 하는 채권자취소권의 행사를 할 수 없다는 것은 형평에 어긋나는 부당한 결론이라고 아니할 수 없다. 이러한 점을 고려하여, 2007.12.21. 법률 제8720호에 의하여 제406조를 준용하여 이혼배우자에 대한 재산분할청구권을 피보전채권으로 하는 채권자취소권의 행사를 인정하는 내용의 규정(839조의3, 843조)이 신설됨으로써 이 문제는 입법적으로 해결되었다.

2. 채무자의 사해행위

채권자취소권의 객체는 채무자의 사해행위(詐害行爲)이다. 즉, 채권자가 채권자취소권을 행사하기 위해서는 채무자의 사해행위가 있어야 한다. 여기서「사해행위」라 함은 '재산권을 목적으로 하는 법률행위로서 책임재산을 감소시킴으로써 채권자의 이익을 해하는 채무자의 법률행위'를 말한다.

(1) 채무자의 법률행위

채권자취소권의 객체인 사해행위는 채무자의 법률행위를 가리키며, 채무자 이외의 자가 행한 사해행위는 취소의 객체가 될 수 없다(406조 1항). 물론 채무자의 대리인에 의한 법률행위도 취소의 객체가 될 수 있다(114조 1항).

---

115) 同旨: 주석채권총칙(상)/김욱곤, 405 참조.

116) 같은 취지: 대법원 2001.9.25.선고, 2001므725·732 판결.

1) 법률행위

채권자취소권의 객체가 될 수 있는 사해행위는 채무자의 법률행위에 한하며, 법률행위가 아닌 채무자의 단순한 부작위, 사실행위, 순수한 소송행위 등은 취소할 수 없다. 또한 법률행위이기만 그것이 계약이든 단독행위이든 물권행위이든 채권행위이든 그 종류와 성질은 상관이 없다. 다만, '채권자취소권의 객체인 법률행위는 엄격한 의미의 법률행위(Rechtsgeschäft)에 한정되는 것이 아니라 보다 넓게 해석되어야 한다'는 데 견해가 일치한다. 취소의 객체가 될 수 있는 행위의 구체적 범위에 대해서는 견해가 갈린다.

이에 관하여, 독일 채권자취소법은 사해행위를 법률행위에 한정하지 않고, 채무자의 「법적 행위」(Rechtshandlungen)라고 넓게 정의하고 있으며, 부작위도 사해행위가 될 수 있음을 명문으로 규정하고 있다(AnfG §1).[117] 프랑스민법도 사해행위를 '채권자의 권리를 해할 의사로써 행한 채무자의 행위(les actes faits par leur débiteur en fraude)'라고 규정함으로써(C.c. Art. 1341-2),[118] 취소의 대상을 엄격한 의미의 법률행위에 한정시키고 있지 않다. 개정 일본민법도 취소의 객체를 법률행위에 한정하지 않고 「행위」라고 넓혀서 규정하고 있다(동법 424조 1항).[119]

우리 민법은 취소의 객체를 "법률행위"라고 규정하고 있으나, 이를 엄밀한 의미에서의 법률행위로 한정할 필요는 없으며, '책임재산을 감소시킨다는 사실을 알면서 행한 채무자의 행위라면 반드시 법률행위가 아니더라도 취소의 객체인 사해행위에 해당한다'고 해석하여야 할 것이다. 그러므로 관념의 통지나 의사의 통지와 같은 준법률행위도 취소의 객체인 법률행위에 포함되며, 취소할 수 있는 법률행위에 의하여 발생한 채무의 이행[120] 기타 법정추인의 사유가 되는 행위(145조)와 같이, 법률행위는 아니지만 법률행위를 한 것과 동일한 법적 효과가 부여되는 경우도 취소의 대상이 된다고 할 것이다.[121] 그러나 채무자의 의사에 기하지 아니한 행위는 사해행위라고 할 수 없으므로, 취소의 객체는 엄격한 의미의 법률행위에 한정되

---

117) 독일 채권자취소법 제1조(원칙) (1) 채권자를 해하는 채무자의 법적 행위는 이하의 규정에 따라서 파산절차 외에서 취소될 수 있다. (2) 부작위도 법적 행위와 마찬가지로 다루어진다.

118) 전게 주 12 참조.

119) 개정 일본민법 제424조(사해행위취소청구) ① 채권자는 채무자가 채권자를 해함을 알고 한 행위의 취소를 법원에 청구할 수 있다. 다만, 그 행위에 의하여 이익을 얻은 자(이하 이 관(款)에 있어서 「수익자」라고 한다)가 그 행위시에 채권자를 해함을 알지 못한 때에는 그러하지 아니하다. ② 전항의 규정은 재산권을 목적으로 하지 않는 법률행위에 대하여는 적용하지 아니한다. ③ 채권자는 그 채권이 제1항에서 규정하는 행위 전의 원인에 기하여 생긴 것인 경우에 한하여, 동항의 규정에 따른 청구(이하 「사해행위취소청구」라고 한다)를 할 수 있다. ④ 채권자는 그 채권이 강제집행에 의하여 실현할 수 없는 것인 때에는 사해행위취소청구를 할 수 없다.

120) 채무의 이행, 즉 변제의 법적 성질을 「준법률행위」로 보는 견해가 국내의 통설이나, 이는 잘못된 견해라고 할 것이다. 이에 관하여는 김대정, "변제의 법적 성질 및 구성요건에 관한 입법론적 고찰", 민사법학 52호(한국민사법학회, 2010/12), 419 이하 참조. (☞ 제3장 제1절 「변제의 의의와 법적 성질」)

121) 곽윤직, 141; 김증한/김학동, 195; 김형배, 401; 송덕수, 245; 현승종, 202 참조.

는 것은 아니지만 재산감소를 가져오는 채무자의 '의사에 기한 행위'로 한정하여야 할 것이다.[122)]

한편 순수한 소송행위는 법률행위가 아니므로 취소할 수 없으나, 소송에서 상계의 의사표시를 하거나 재판상의 화해(민사소송법 385조 이하), 청구의 포기·인낙을 하는 등의 「재판상의 법률행위」는 취소의 객체가 될 수 있는 법률행위에 해당한다고 할 것이다.[123)]

2) 유효한 법률행위

채권자취소권의 객체인 채무자의 법률행위는 유효한 것이어야 하며, 무효인 법률행위는 취소할 실익이 없기 때문에 취소의 객체가 될 수 없는 것이 원칙이다. 이와 관련하여 문제되는 것은 통정허위표시와 신탁행위의 두 가지 경우이다.

(가) 통정허위표시

도산의 위기에 처한 채무자가 재산을 빼돌려 강제집행을 피할 목적으로 제3자와 통모하여 가장매매계약을 체결하고, 이를 등기원인으로 하여 그 제3자 앞으로 소유권이전등기를 하는 행위는 가장 흔하게 사용되는 재산은닉수단이라고 할 수 있다. 물론 채무자의 이러한 행위는 형법상 「강제집행면탈죄」에 해당하여 형사처벌의 대상이 될 뿐만 아니라(형법 327조), 민법상으로도 소유권이전등기의 원인행위인 가장매매계약 자체가 통정허위표시로서 무효이므로(108조 1항), 채권자는 채무자를 대위하여 제3자 명의의 소유권이전등기의 무효를 주장하여 말소를 청구할 수 있다. 그럼에도 불구하고 '무효인 통정허위표시를 사해행위로서 취소할 수 있는가?' 하는 것인데, 이에 대해서는 긍정설과 부정설이 대립하고 있다.

「부정설」은 '무효인 통정허위표시를 취소한다는 것은 법이론상 불가능할 뿐만 아니라 취소의 실익도 없다'는 점을 근거로 들어 통정허위표시를 사해행위로 취소하는 것은 허용될 수 없다고 주장한다.[124)] 다만, '통정허위표시는 선의의 제3자에 대한 관계에서는 유효한 행위로 간주되므로(108조 2항), 사해의사가 있는 전득자에 대한 관계에서는 통정허위표시를 취소할 수 있다'고 한다.[125)]

---

122) 同旨: 주석채권총칙(상)/김욱곤, 413 참조. 판례 중에는 '채권양도행위가 사해행위에 해당하지 않는 경우에는 그 양도통지가 따로 채권자취소의 대상이 될 수는 없다'고 판시한 사례가 있으나(대법원 2012.8.30.선고, 2011다32785·32792 판결), 이 판결이 '채권양도의 통지는 사해행위가 될 수 없다'는 입장을 취한 것이라고 보기는 어렵다고 할 것이다.

123) 同旨: 양창수, 전게논문(주 89), 32; 현승종, 202 참조. 그러나 학설 중에는 '재판상의 화해, 청구의 포기·인낙은 소송행위에 해당하여 취소할 수 없다'고 해석하거나(곽윤직, 141 참조), '순수한 소송행위나 재판상의 법률행위를 가리지 않고 독립당사자로서 소송에 참가하거나, 「사해소송에 대한 재심의 소」(상법 406조)를 이용하여 사해행위를 방지하는 방법 이외에는 허용할 수 없다'고 해석하는 견해도 있다(주석채권총칙(상)/김욱곤, 413 참조).

124) 김기선, 185; 김주수, 206; 이태재, 165; 현승종, 203 참조.

125) 김주수, 206; 현승종, 203 참조.

이에 반하여, 「긍정설」은 '이른바 「무효와 취소의 이중효(二重效)」를 인정할 수 있다면 무효인 허위표시를 취소하는 것도 이론상 문제가 없다'고 하거나,[126] '채권자취소권을 인정하여 원상회복을 인정하는 것이 법률관계를 간편하게 처리할 수 있는 유용한 방법'이라고 하거나,[127] 실질적으로 '통정허위표시를 무효로 하는 것이나 채권자취소권을 행사하는 것은 모두 채무자의 책임재산을 보전하는 같은 기능을 하고 있다'고 하거나,[128] '채권자취소권은 채무자의 재산관리행위의 자유에 대한 간섭을 최소화하고 거래의 안전을 크게 해치지 않으면서도 채권자를 가장 확실하고 신속하게 보호할 수 있는 제도라는 점을 고려하여야 한다'[129]는 등의 논거를 들어 '통정허위표시도 사해행위의 요건을 갖추고 있는 한 취소할 수 있다'고 해석한다.[130]

판례는 '통정허위표시도 사해행위의 요건을 갖춘 경우에는 취소할 수 있다'는 입장을 확립하고 있다(대법원 1998.2.27.선고, 97다50985 판결 등).[131]

「무효와 취소의 이중효」 이론의 타당성 여부는 별론으로 하더라도, '무효인 통정허위표시의 취소를 인정할 실익이 없다'는 주장에는 찬성할 수 없다. 왜냐하면, 소송에서 채무자의 통정허위표시가 무효임을 주장하는 것이 통정허위표시가 사해행위임을 주장하여 이를 취소하는 것보다 언제나 채권자에게 용이하거나 유리하다고 단정할 수 없으며, 채권자가 통정허위표시의 무효를 주장하든 채권자취소권을 행사하든 채무자의 책임재산을 확보하기 위해서는 채무자를 대위하여 말소등기를 청구하여야 한다는 점에서는 차이가 없기 때문이다. 또한 통설·판례의 입장인 「상대적 무효설」에 따르면, 통정허위표시를 사해행위로서 취소하는 편이 통정허위표시를 무효로 하는 것보다 거래의 안전을 해치는 정도가 덜하다는 점에서도 이를 인정할 실익이 없지 않다. 그러므로 '채권자는 통정허위표시의 무효를 주장하여 채무자가 수익자 또는 전득자에 대하여 가지는 책임재산의 반환청구권을 대위 행사하거나, 직접 수익자 또는 전득자를 상대로 사해행위의 취소 및 원상회복을 청구할 수 있는 선택권을 가지고 있다'고 해석하는 것이 타당하다고 생각된다.

(나) 사해신탁(詐害信託)

신탁행위는 유효한 법률행위이므로, '신탁행위가 사해행위의 요건을 충족한 경우에는 채

126) 이은영, 467 참조.
127) 장경학, 303 참조.
128) 곽윤직, 142; 김증한/김학동, 195 참조.
129) 주석채권총칙(상)/김욱곤, 416 참조.
130) 양창수, 전게논문(주 89), 33; 최창렬, 전게논문(주 91), 136; 주석채권총칙(상)/김욱곤, 416; 곽윤직, 143; 김상용, 258; 김형배, 402; 김증한/김학동, 195; 이은영, 467; 장경학, 303 참조.
131) 같은 취지: 대법원 1961.11.9.선고, 4293민상263 판결; 대법원 1963.11.28.선고, 63다493 판결; 대법원 1975.2.25.선고, 74다2114 판결; 대법원 1977.2.8.선고, 76다2659 판결; 대법원 1984.7.24.선고, 84다카68 판결; 대법원 1991.11.8.선고, 91다14079 판결.

권자는 채무자가 신탁을 설정한 행위를 사해행위로서 취소할 수 있다'고 해석하는 데 이론상의 문제는 없다. 특히 신탁법은 사해신탁에 관한 특별규정을 두어, '수탁자가 선의인 경우에도 채권자는 신탁행위를 취소할 수 있다'고 규정하는 등 채권자취소권의 행사요건과 효과에 관한 민법 제406조의 원칙에 대한 예외를 규정하고 있다(동법 8조).[132)]

(2) 재산권을 직접 목적으로 하는 법률행위

채무자의 사해행위로서 채권자취소권의 객체가 되기 위해서는 채권의 공동담보인 채무자의 책임재산을 구성하는 재산권을 직접적인 목적으로 하는 법률행위이어야 한다. 그러므로 채권의 공동담보가 될 수 없는 압류가 금지되는 재산권(민사집행법 195조, 246조)을 목적으로 하는 법률행위는 채권자취소권의 대상이 되지 않는다. 또한 '부동산실명법을 위반하여 무효인 채무자 명의의 명의신탁등기가 되어 있는 경우에는 이를 명의수탁자인 채무자에 대한 채권자들의 공동담보에 제공되는 책임재산이라고 볼 수 없으므로(부동산실명법 4조 2항 본문),[133)] 명의수탁자인 채무자가 명의신탁부동산에 관하여 제3자와 근저당권설정계약을 체결하고 그에게 근저당권설정등기를 마쳐주었다 하더라도 이를 채무자의 일반 채권자들을 해하는 사해행위라고 할 수 없다'고 할 것이다(대법원 2012.8.23.선고, 2012다45184 판결 등).[134)]

1) 채무자의 완전한 자유에 맡겨진 행위

채무자의 완전한 자유에 맡겨진 재산행위는 채권자취소권의 대상이 되지 않는다. 예컨대, 상대적으로 불리한 조건으로 고용계약을 체결하는 행위, 증여의 청약 또는 유증을 거절하는 행위 등은 간접적으로 채무자의 책임재산을 구성하는 재산상태에 영향을 미치는 행위라고 할 수 있으나, 채무자의 완전한 자유에 맡겨진 재산행위로서 채권자취소권의 대상이 되지

---

132) 신탁법 제8조(사해신탁) ① 채무자가 채권자를 해함을 알면서 신탁을 설정한 경우 채권자는 수탁자가 선의일지라도 수탁자나 수익자에게 민법 제406조 제1항의 취소 및 원상회복을 청구할 수 있다. 다만, 수익자가 수익권을 취득할 당시 채권자를 해함을 알지 못한 경우에는 그러하지 아니하다. ② 제1항 단서의 경우에 여러 명의 수익자 중 일부가 수익권을 취득할 당시 채권자를 해함을 알지 못한 경우에는 악의의 수익자만을 상대로 제1항 본문의 취소 및 원상회복을 청구할 수 있다. ③ 제1항 본문의 경우에 채권자는 선의의 수탁자에게 현존하는 신탁재산의 범위 내에서 원상회복을 청구할 수 있다. ④ 신탁이 취소되어 신탁재산이 원상회복된 경우 위탁자는 취소된 신탁과 관련하여 그 신탁의 수탁자와 거래한 선의의 제3자에 대하여 원상회복된 신탁재산의 한도 내에서 책임을 진다. ⑤ 채권자는 악의의 수익자에게 그가 취득한 수익권을 위탁자에게 양도할 것을 청구할 수 있다. 이때 민법 제406조 제2항을 준용한다. ⑥ 제1항의 경우 위탁자와 사해신탁의 설정을 공모하거나 위탁자에게 사해신탁의 설정을 교사·방조한 수익자 또는 수탁자는 위탁자와 연대하여 이로 인하여 채권자가 받은 손해를 배상할 책임을 진다.

133) 이 판결의 취지는 '명의신탁약정과 이에 따른 등기로 이루어진 부동산에 관한 물권변동은 무효이나(부동산실명법 4조 1항, 2항 본문), 이를 제3자에게 대항할 수 없으므로 제3자에 대한 관계에서는 유효할 뿐만 아니라(동법 4조 3항), 이를 사해행위로 인정하여 취소할 수 있다고 하더라도 원상회복된 책임재산은 명의신탁자에게 귀속한다고 보아야 할 것이므로, 이를 명의수탁자인 채무자의 책임재산으로 볼 수 없다'는 점을 근거로 한다고 생각된다.

134) 같은 취지: 대법원 2000.3.10.선고, 99다55069 판결; 대법원 2008.9.25.선고, 2008다41635 판결.

않는다.

2) 신분상의 법률행위

혼인·입양 등의 신분행위는 간접적으로 채무자의 책임재산에 영향을 미치는 법률행위이나, 직접적으로 재산권 자체를 목적으로 하는 법률행위라고 할 수 없으므로 채권자취소권의 객체인 사해행위가 될 수 없는 것이 원칙이다. 또한 이러한 신분행위에 의하여 간접적으로 채무자의 책임재산이 감소될 수 있다는 이유로 취소할 수 있다면, 채무자의 신분행위의 자유를 부당하게 침해하는 결과가 될 수 있다. 다만, 신분행위라고 해서 언제나 사해행위가 될 수 없는 것은 아니며, 다음과 같은 경우에는 다음과 같다.

(가) 협의이혼 시의 재산분할행위

(A) 원 칙　협의상 이혼한 자의 일방은 다른 일방에 대하여 재산분할을 청구할 수 있다(839조의2 1항). 이 경우 '이혼배우자의 일방이 행사하는 재산분할청구권에 응하여 이루어지는 다른 일방의 재산분여행위(分與行爲)는 원칙적으로 사해행위가 될 수 없다'고 해석하는 데는 학설의 견해가 일치한다. 만약 이를 취소할 수 있는 사해행위라고 한다면 재산분할청구권제도는 무력화될 것이기 때문이다. 판례도 '채무자가 이혼시에 배우자에게 재산분할로 일정한 재산을 무상으로 양도함으로써 결과적으로 책임재산을 감소시키는 결과를 초래하였다 하더라도, 그 재산분할이 제839조의2 제2항의 취지에 따른 상당한 정도를 벗어나는 과대한 것이라고 인정할 만한 특별한 사정이 없는 한 사해행위로서 채권자취소권의 객체가 될 수 없다'는 입장을 확립하고 있다(대법원 2000.9.29.선고, 2000다25569 판결 등).

(B) 예 외　위에서 살펴본 바와 같이, 판례는 '이혼배우자의 재산분여행위가 제839조의2 제2항의 취지에 따른 상당한 정도를 벗어나는 과대한 것이라고 인정할 만한 특별한 사정이 있는 경우에는 그 상당한 정도를 벗어나는 초과부분에 한하여 채권자취소권의 대상이 될 수 있다'고 하여, 「상당한 정도」라는 객관적인 기준을 재산분여행위의 사해행위성을 인정하는 판단기준으로 제시하고 있다. 또한 판례는 이러한 입장을 전제로 하여, '법원이 이혼배우자의 재산분여행위를 사해행위로 보려면 그 재산분여행위가 상당한 정도를 넘는 과도한 것인지, 그리고 채무자의 잔류재산과 채권자의 채권액을 비교하여 채권자취소권의 범위를 확정하여야 할 것이며(대법원 1984.7.24.선고, 84다카68 판결 등),[135] 상당한 정도를 벗어나는 과대한 재산분할이라고 볼 만한 특별한 사정이 있다는 점에 관한 입증책임은 채권자에게 있다'고 한다(대법원 2000.9.29.선고, 2000다25569 판결 등).

학설 중에도 '이혼배우자의 재산분여행위의 사해행위성은 예외적으로만 인정하되, 그 판단기준은 객관적인 상당성을 기준으로 하여야 한다'는 입장을 취하는 견해가 적지 않다.[136]

---

135) 같은 취지: 대법원 2000.7.28.선고, 2000다14101 판결; 대법원 2000.9.29.선고, 2000다25569 판결.

그러나 강제집행에 직면한 채무자가 협의이혼을 빙자하여 책임재산을 빼돌리는 부도덕한 행위가 만연해있는 사회적 상황을 고려하면, 객관적인 기준이라고는 하나 「상당성」이라는 애매한 개념을 기준으로 하여 사해행위성 여부를 판단할 것이 아니라 채무자의 사해의사를 기준으로 하여 사해행위성 여부를 판단하는 것이 타당하다고 생각된다. 판례 중에도 사해의사의 인정 여부를 기준으로 사해행위성 여부를 판단한 사례가 없지 않음은 전술한 바와 같다(대법원 1990.11.23.선고, 90다카24762 판결).

대법원판결 중에는 '채무자 소유의 부동산에 대하여 가압류결정이 이루어지기 하루 전에 채무자가 합의이혼을 하고 처에 대한 위자료 및 자녀의 양육비조로 그의 유일한 재산인 위 부동산을 처에게 무상으로 양도한 행위는 채권자에 대한 사해행위에 해당한다'고 판시한 사례가 있는데(대법원 1990.11.23.선고, 90다카24762 판결),137) 이 경우는 '객관적 상당성에 비추어 볼 때 사해행위성이 인정된다'고 하기보다는 '명백히 사해의사가 인정되므로 사해행위성이 인정된다'고 이론구성하는 것이 타당하다고 생각한다.

▪ **이혼에 따른 재산분할청구권에 의하여 재산을 취득하는 것이 사해행위로서 취소의 대상이 되기 위한 요건 및 그 입증책임의 소재(=채권자)** 이혼에 따른 재산분할은 혼인 중 쌍방의 협력으로 형성된 공동재산의 청산이라는 성격에 상대방에 대한 부양적 성격이 가미된 제도임에 비추어, 이미 채무초과 상태에 있는 채무자가 이혼을 하면서 배우자에게 재산분할로 일정한 재산을 양도함으로써 결과적으로 일반 채권자에 대한 공동담보를 감소시키는 결과로 되어도, 그 재산분할이 민법 제839조의2 제2항의 규정취지에 따른 상당한 정도를 벗어나는 과대한 것이라고 인정할 만한 특별한 사정이 없는 한 사해행위로서 취소되어야 할 것은 아니고, 다만 상당한 정도를 벗어나는 초과부분에 대하여는 적법한 재산분할이라고 할 수 없기 때문에 이는 사해행위에 해당하여 취소의 대상으로 될 수 있을 것이나, 이 경우에도 취소되는 범위는 그 상당한 정도를 초과하는 부분에 한정하여야 하고, 위와 같이 상당한 정도를 벗어나는 과대한 재산분할이라고 볼 만한 특별한 사정이 있다는 점에 관한 입증책임은 채권자에게 있다. (대법원 2000.9.29.선고, 2000다25569 판결)138)

(나) 상속·유증의 포기

학설 중에는 '상속·유증의 포기도 사해행위가 될 수 있다'고 보는 견해도 없지 않으

136) 김숙자, "친족간의 재산행위와 채권자취소권", 소봉김용한교수화갑기념 「민사법학의 제문제」, 1990, 77; 최창렬, "채권자취소권의 대상이 되는 법률행위에 관한 고찰", 성신법학 1호(성신여자대학교, 2001/2), 143 이하 참조.

137) 판례평석: 전경근, "이혼에 따른 재산분할과 사해행위 취소", 가족법연구 13호(한국가족법학회, 1999/12), 233 이하; 소재선, "혼인관계 해소에 따른 재산분할과 사해행위 취소", 「로스쿨가족법」(청림출판, 2007), 158 이하.

138) 판례평석: 이상민, "재산분할이 사해행위취소의 대상이 되는지 여부", 민사판례연구(24)(민사판례연구회, 2002/1), 199 이하; 박종권, "재산분할청구권에 의한 재산취득과 채권자취소", 「로스쿨가족법」(청림출판, 2007), 308 이하. 같은 취지: 대법원 1984.7.24.선고, 84다카68 판결; 대법원 2000.7.28.선고, 2000다14101 판결; 대법원 2000.9.29.선고, 2000다25569 판결; 대법원 2001.2.9.선고, 2000다63516 판결; 대법원 2001.5.8.선고, 2000다58804 판결; 대법원 2005.1.28.선고, 2004다58963 판결; 대법원 2006.6.29.선고, 2005다73105 판결; 대법원 2006.9.14.선고, 2006다33258 판결.

나,[139] '상속이나 유증을 포기하는 행위는 채무자의 자유로운 신분상의 법률행위이므로 사해행위가 될 수 없다'고 해석하는 것이 통설[140]·판례의 입장이다(대법원 2011.6.9.선고, 2011다29307 판결).

■ 상속포기가 사해행위취소의 대상인지 여부(소극) 상속의 포기는 비록 포기자의 재산에 영향을 미치는 바가 없지 아니하나 상속인으로서의 지위 자체를 소멸하게 하는 행위로서 순전한 재산법적 행위와 같이 볼 것이 아니다. 오히려 상속의 포기는 1차적으로 피상속인 또는 후순위상속인을 포함하여 다른 상속인 등과의 인격적 관계를 전체적으로 판단하여 행하여지는 '인적 결단'으로서의 성질을 가진다. 그러한 행위에 대하여 비록 상속인인 채무자가 무자력상태에 있다고 하여서 그로 하여금 상속포기를 하지 못하게 하는 결과가 될 수 있는 채권자의 사해행위취소를 쉽사리 인정할 것이 아니다. 그리고 상속은 피상속인이 사망 당시에 가지던 모든 재산적 권리 및 의무·부담을 포함하는 총체재산이 한꺼번에 포괄적으로 승계되는 것으로서 다수의 관련자가 이해관계를 가지는데, 위와 같이 상속인으로서의 자격 자체를 좌우하는 상속포기의 의사표시에 사해행위에 해당하는 법률행위에 대하여 채권자 자신과 수익자 또는 전득자 사이에서만 상대적으로 그 효력이 없는 것으로 하는 채권자취소권의 적용이 있다고 하면, 상속을 둘러싼 법률관계는 그 법적 처리의 출발점이 되는 상속인 확정의 단계에서부터 복잡하게 얽히게 되는 것을 면할 수 없다. 또한 상속인의 채권자의 입장에서는 상속의 포기가 그의 기대를 저버리는 측면이 있다고 하더라도 채무자인 상속인의 재산을 현재의 상태보다 악화시키지 아니한다. 이러한 점들을 종합적으로 고려하여 보면, 상속의 포기는 민법 제406조 제1항에서 정하는 "재산권에 관한 법률행위"에 해당하지 아니하여 사해행위취소의 대상이 되지 못한다. (대법원 2011.6.9.선고, 2011다29307 판결)[141]

생각건대, 채무자의 상속포기를 사해행위로 인정하여 그 취소를 인정하면 「상대적 무효설」을 취하고 있는 통설·판례의 입장에서는 공동상속의 법률관계가 극도로 복잡해질 수밖에 없다는 현실적인 어려움이 있다. 또한 이론상으로도 상속의 포기는 재산상의 법률행위라고 할 수 있으나, 책임재산을 증가시킬 기회를 포기하는 행위에 불과한 것이지 책임재산을 감소시키는 행위라고 보기는 어렵다 할 것이다. 유증의 포기도 마찬가지이다. 그러므로 상속이나 유증의 포기는 채권자취소권의 객체인 사해행위라고 볼 수 없다고 해석하는 것이 타당하다고 할 것이다.

(다) 상속재산분할협의

'공동상속인 중 1인인 채무자가 상속분에 미치지 못하는 상속을 받거나 전혀 상속을 받지 못하게 내용의 상속재산분할협의를 하는 것이 사해행위에 해당하는가?' 하는 것이 문제된다. 이에 대하여, 판례는 '상속재산의 분할협의는 상속이 개시되어 공동상속인 사이에 잠정적

139) 윤진수, "상속법상의 법률행위와 채권자취소권", 민법논고(5)(박영사, 2011/6), 279 이하; 조인영, "상속포기와 채권자취소권", 민사판례연구(35)(민사판례연구회, 2013/2), 609 이하 참조

140) 양창수, "최근 중요 민사판례 동향", 민법연구(7)(박영사, 2005), 392; 최성경, "상속법상의 법률행위와 채권자취소권 -상속의 승인·포기와 포괄적 유증의 승인·포기를 중심으로", 법조 56권 9호(법조협회, 2007/9), 223 이하; 곽윤직, 149; 김형배, 403; 김증한/김학동, 196; 송덕수, 246 참조.

141) 판례평석: 조인영, 전게논문(주 139), 609 이하; 김재형, "상속의 포기가 사해행위취소의 대상인지 여부", 「민법판례분석」, 449 이하.

공유가 된 상속재산에 대하여 그 전부 또는 일부를 각 상속인의 단독소유로 하거나 새로운 공유관계로 이행시킴으로써 상속재산의 귀속을 확정시키는 것으로 그 성질상 재산권을 목적으로 하는 법률행위이므로 사해행위취소의 대상이 될 수 있다'는 입장을 취하고 있다(대법원 2007.7.26.선고, 2007다29119 판결 등).[142] 즉, '이미 채무초과 상태에 있는 채무자가 상속재산의 분할협의를 하면서 자신의 상속분에 관한 권리를 포기함으로써 책임재산을 감소시키는 행위는 채권자에 대한 사해행위에 해당한다'는 것이다. 다만, '채무초과 상태에 있는 채무자가 상속재산의 분할협의를 하면서 상속재산에 관한 권리를 포기함으로써 결과적으로 일반 채권자에 대한 공동담보가 감소되었다 하더라도, 그 재산분할결과가 채무자의 구체적 상속분에 상당하는 정도에 미달하는 과소한 것이라고 인정되지 않는 한 사해행위로서 취소되어야 할 것은 아니고, 구체적 상속분에 상당하는 정도에 미달하는 과소한 경우에도 사해행위로서 취소되는 범위는 그 미달하는 부분에 한정하여야 한다'고 한다(대법원 2001.2.9.선고, 2000다51797 판결 등).[143]

3) 무한책임사원의 대표행위

발기인이 되어 회사를 설립하는 행위는 출자의무를 발생시키는 직접적인 원인이 되므로(상법 295조),[144] 사해행위가 될 수 있음은 당연하다. 그러나 일단 회사가 성립된 이후에는 유한책임의 법리가 지배하므로, 채무자가 회사의 사원 또는 대표기관으로서 행한 업무집행행위는 채무자의 책임재산에 영향을 미치지 않으므로 사해행위가 될 수 없는 것이 원칙이다. 다만, 주식회사·유한회사·유한책임회사의 경우와는 달리, 합명회사의 사원이나 합자회사의 무한책임사원은 회사채무에 대하여 무한책임을 지므로(상법 212조, 269조), 이들이 회사를 대표하여 행한 법률행위(예컨대, 회사재산을 헐값으로 매각하거나 증여하는 등의 행위)[145]는 사해행위가 될 수 있다. 다만, 합명회사의 사원 또는 합자회사의 무한책임사원의 대표행위를 사해행위라고 하기 위해서는 사원 고유의 채무 총액과 회사의 부채 총액을 합한 액이 사원 고유의 재산 총액을 초과하여야 한다(대법원 2012.4.12.선고, 2010다27847 판결).

---

142) 같은 취지: 대법원 2001.2.9.선고, 2000다51797 판결; 대법원 2008.3.13.선고, 2007다73765 판결.

143) 판례평석: 전경근, "상속재산의 분할과 채권자취소권", 가족법연구 15권 1호(한국가족법학회, 2001/6), 517 이하; 황경웅, "상속재산분할이 채권자취소권의 대상이 되는가", 「로스쿨가족법」(청림출판, 2007), 406 이하. 같은 취지: 대법원 2007.7.26.선고, 2007다29119 판결; 대법원 2008.3.13.선고, 2007다73765 판결.

144) 상법 제295조(발기설립의 경우의 납입과 현물출자의 이행) ① 발기인이 회사의 설립 시에 발행하는 주식의 총수를 인수한 때에는 지체 없이 각 주식에 대하여 그 인수가액의 전액을 납입하여야 한다. 이 경우 발기인은 납입을 맡을 은행 기타 금융기관과 납입장소를 지정하여야 한다. ② 현물출자를 하는 발기인은 납입기일에 지체 없이 출자의 목적인 재산을 인도하고 등기, 등록 기타 권리의 설정 또는 이전을 요할 경우에는 이에 관한 서류를 완비하여 교부하여야 한다.

145) 합명회사의 사원 또는 합자회사의 무한책임사원은 정관에 다른 규정이 없는 경우에는 각자 회사의 업무를 집행할 권리와 의무가 있으며(상법 200조, 273조), 정관으로 업무집행사원을 정하지 아니하거나 정관 또는 총사원의 동의로 업무집행사원 중 특히 회사를 대표할 자를 정하지 아니한 때에는 각자 회사를 대표한다(상법 207조, 269조).

(3) 채무자의 무자력상태를 야기하거나 악화시키는 법률행위

채권자취소권의 객체는 채무자의 「사해행위」, 즉 '책임재산을 감소시킴으로써 무자력상태(채무자의 적극재산이 소극재산보다 적은 상태)를 야기하거나 기존의 무자력상태를 악화시키는 채무자의 법률행위'이다(대법원 2002.8.27.선고, 2002다27903 판결 등).[146]

1) 책임재산의 감소를 야기하는 행위

채무자가 책임재산에 속하는 재산권을 타인에게 증여하거나 헐값으로 매각하는 등의 적극재산을 감소시키는 행위는 물론이고, 채무자가 무상으로 제3자의 채무를 인수하거나 약속어음을 발행하는 등 새로운 채무를 부담함으로써 소극재산을 증가시키는 행위도 사해행위가 될 수 있다(대법원 2002.10.25.선고, 2000다64441 판결).[147] 판례는 '채무자가 소멸시효 완성 후에 시효이익을 포기하는 행위는 소멸하였던 채무가 소멸하지 않았던 것으로 되어 결과적으로 채무자가 부담하지 않아도 되는 채무를 새롭게 부담하게 되는 것이므로 채권자취소권의 대상인 사해행위가 될 수 있다'고 한다(대법원 2013.5.31., 2012마712 결정).[148]

2) 채무자의 무자력상태를 야기하거나 무자력상태를 악화시키는 행위

채무자의 행위가 책임재산을 감소시키더라도 그로 인하여 채무자가 무자력상태(소극재산의 총액이 적극재산의 총액을 초과하는 경우)가 되거나 기존의 무자력(無資力) 상태를 악화시키는 경우가 아니면 이를 채무자의 사해행위라고 할 수 없다(대법원 1976.11.23.선고, 75다1686 판결 등).[149] 예컨대, 채무자가 기존채무의 변제를 위하여 약속어음을 발행한 경우에는 그에 의하여 채무자의 소극재산이 증가된다고 볼 수 없으므로, 이를 책임재산을 감소시키는 사해행위라고 볼 수 없다. 이러한 취지에서, 판례는 ① '채무자가 기존채무의 변제를 위하여 어음을 발행한 뒤 5개월 후에 그 어음금청구에 관하여 강제집행을 승낙하는 취지의 공정증서를 작성하여 주었는데, 채권자가 이를 이용하여 채무자의 제3채무자에 대한 채권에 관하여 압류 및 전부명령을 받은 경우에는, 이러한 채무자의 행위(어음발행 및 그 어음금청구에 관하여 채권자의 강제집행을 승낙하는 취지의 공정증서를 작성하여 준 행위)를 다른 채권자에 대한 채무자의 사해행위에 해당한다고 볼 수 없다'고 한다(대법원 2002.8.27.선고, 2002다27903 판결). 그러나 ② '채무자가 약속어음을 발행하여 새로운 채무를 부담하게 됨으로써 채무초과상태에 빠지거나 기존의 채무초과상태가 더욱 악화되는 경우에는 약속어음의 발행도 사해행위가 된다'고 한다(대법원 2002.10. 25.선고, 2000

146) 같은 취지: 대법원 2002.10.25.선고, 2000다64441 판결.

147) 판례평석: 고재민, "어음발행행위의 사해행위 인정 여부 및 채권자취소에 따라 회복될 채권이 장래의 미확정채권인 경우 원상회복의 방법과 범위에 있어서의 특수성", 판례연구 15집(부산판례연구회, 2004/2), 261 이하.

148) 판례평석: 박범석, "채무자가 소멸시효 완성 후에 한 소멸시효이익의 포기행위가 채권자취소권의 대상인 사해행위가 될 수 있는지 여부", 대법원판례해설 95호(법원도서관, 2013), 29 이하.

149) 같은 취지: 대법원 1962.11.25.선고, 62다634 판결.

다64441 판결). 또한 ③ '채무자가 채무초과상태에서 근저당권이 설정된 자신의 부동산을 제3자에게 양도하고 그 양도대금은 양수인이 근저당권의 피담보채무를 인수함으로써 그 지급에 갈음하기로 약정한 경우에는, 채무자는 실제로 매매대금을 한 푼도 지급받지 아니한 채 일반채권자들의 공동담보에 공하여져 있던 부동산을 부당하게 저렴한 가액으로 제3자에게 양도한 것이 되므로, 그와 같은 양도행위는 채권자를 해하는 사해행위에 해당된다'고 한다(대법원 1996.5.14.선고, 95다50875 판결).

3) 채무자의 무자력 여부의 판단기준

사해행위의 성립요건인 채무자의 「무자력상태」라 함은 '채무자의 소극재산이 적극재산보다 많은 상태'를 의미하므로, 채무자의 법률행위를 사해행위라고 하기 위해서는 채무자의 소극재산과 적극재산을 산정하여 소극재산의 총액이 적극재산의 총액을 초과하는지 여부를 확정하여야 한다(대법원 1976.11.23.선고, 75다1686 판결). 이 경우 채무자의 소극재산과 적극재산의 산정은 다음과 같은 기준에 의하여야 한다.150)

(가) 소극재산의 산정

① 채무는 취소채권자에 대한 것뿐만 아니라, 모든 채권자에 대한 채무를 전부 합산하여 이를 소극재산으로 계상하여야 한다(대법원 1970.9.17.선고, 70다1324 판결). ② 우선변제권이 있는 물적 담보가 설정되어 있는 채무는 우선변제가 가능한 담보설정액의 한도에서 소극재산에서 공제함과 동시에 적극재산에서도 이를 공제하여야 한다. ③ 보증채무는 주채무에 대한 보충적인 채무에 지나지 않으므로(428조 1항), 주채무자가 충분한 변제자력이 있는 경우에는 소극재산에 산입할 필요가 없다. 다만, 연대보증은 주종의 구별이 없으므로 연대채무에 준하여 주채무자의 변제자력 유무에 관계없이 그 전액을 소극재산에 산입하여야 한다. ④ 연대채무는 다른 연대채무자의 변제자력 유무에 관계없이 그 전액을 소극재산에 산입하여야 한다.

(나) 적극재산의 산정

채무자 소유의 부동산과 동산, 제3자에 대한 채권은 물론 채무자의 신용이나 영업상의 비밀(노하우) 등의 무형자산도 적극재산에 산입하여야 할 것이다. 따라서 사해행위 당시 존속하고 있는 임대차관계에 있어서의 임차인의 보증금반환채권은 장차 임대차관계가 종료되는 등으로 그 권리가 실제로 성립하는 때에 선순위권리의 존재 또는 임차인의 차임지급의무의 불이행 등으로 임차인이 이를 현실적으로 반환받을 가능성이 없거나 제한되는 것으로 합리적으로 예측되는 등의 특별한 사정이 없는 한 애초의 보증금 상당액을 적극재산에 포함시켜야 한다(대법원 2013.4.26.선고, 2012다118334 판결). 다만, 판례는 '상법 제212조 제1항의 "회사의 재산으로 회사의 채무를 완제할 수 없는 때"라 함은 회사의 부채총액이 회사의 자산총액을 초과

---

150) 주석채권총칙(상)/김욱곤, 419 참조.

하는 상태, 즉 채무초과 상태를 의미하는데, 이는 회사가 실제 부담하는 채무총액과 실제가치로 평가한 자산총액을 기준으로 판단하여야 하고 대차대조표 등 재무제표에 기재된 명목상 부채 및 자산총액을 기준으로 판단할 것은 아니며, 회사의 신용·노력·기능(기술)·장래 수입 등은 원칙적으로 회사의 자산총액을 산정할 때 고려할 대상이 아니라고 한다(대법원 2012.4.12. 선고, 2010다27847 판결).

채권자가 쉽게 찾아내어 강제집행할 수 없는 은닉재산도 적극재산에 포함시켜야 하는 것이 원칙이나(대법원 1976.2.24.선고, 74다1947 판결), '채무자 소유의 부동산이라고 하더라도 실질적으로 재산적 가치가 없어 채권의 공동담보로서의 역할을 할 수 없는 재산은 적극재산에서 이를 제외하여야 할 것이고, 그 재산이 채권인 경우에는 그것이 용이하게 변제를 받을 수 있는 확실성이 있는 것인지 여부를 합리적으로 판정하여 그것이 긍정되는 경우에 한하여 적극재산에 포함시켜야 한다'는 것이 판례의 입장이나(대법원 2005.1.28.선고, 2004다58963 판결).[151] 그러므로 압류가 금지된 재산은 공동담보가 될 수 없으므로 이를 적극재산에 포함시켜서는 아니 되며(대법원 2005.1.28.선고, 2004다58963 판결), '채무자 명의의 정기예금에 관하여 무기명 양도성예금증서(CD)가 발행되었고, 그 양도성예금증서를 채무자가 아닌 제3자가 소지하다가 다른 사람에게 처분한 경우, 그 정기예금은 양도성예금증서의 소지인에게 지급될 것이므로 채무자의 적극재산으로 보기 어렵고, 채권자들이 그 양도성예금증서의 존재를 쉽게 파악하고 이를 집행의 대상으로 삼을 수 있었다는 특별한 사정이 있는 경우에 한하여 그 양도성예금증서가 표창하는 예금채권 상당액을 위 채무자의 적극재산으로 볼 수 있다'고 한다(대법원 2006.2.10.선고, 2004다2564 판결).

4) 채무자의 무자력 여부의 판단기준시기

채무자의 무자력 여부는 사해행위 당시를 기준으로 판단하여야 한다. 그러므로 채무자의 적극재산에 포함되는 부동산이 사해행위가 있은 후에 경매절차에서 경락된 경우에도 그 부동산가액의 평가는 경락된 가액을 기준으로 할 것이 아니라 사해행위 당시의 시가를 기준으로 하여야 하며(대법원 2001.4.27.선고, 2000다69026 판결 등),[152] 정지조건부·기한부채권의 경우(재산처분행위가 정지조건부 법률행위인 경우)에도 특별한 사정이 없는 한 처분행위 당시의 가격을 기준으로 평가하여 이를 적극재산에 산입하여야 한다(대법원 2013.6.28.선고, 2013다8564 판결). 또한 채무자가 연속하여 수 개의 재산처분행위를 한 경우에도 그 행위들을 하나의 행위로 보아야 할 특별한 사정이 없는 한,[153] 일련의 행위를 일괄하여 그 전체의 사해성 여부를 판단할 것

151) 같은 취지: 대법원 2001.10.12.선고, 2001다32533 판결; 대법원 2006.2.10.선고, 2004다2564 판결; 대법원 2006.10.26.선고, 2005다76753 판결.

152) 같은 취지: 대법원 2001.7.27.선고, 2000다73377 판결; 대법원 2001.10.12.선고, 2001다32533 판결.

153) 판례는 '채무자가 연속하여 수 개의 재산처분행위를 한 경우에는 각 행위별로 그로 인하여 무자력이

이 아니라 각 행위마다 개별적으로 그로 인하여 무자력이 초래되었는지 여부를 판단하여야 한다(대법원 2001.4.27.선고, 2000다69026 판결 등).[154]

채무자의 무자력은 법률행위시는 물론이고, 채권자취소권의 행사시(사실심의 구두변론종결시)에도 요구된다. 따라서 법률행위 당시에 채무자에게 변제자력이 있었던 경우에는 나중에 무자력이 되었다 할지라도 사해행위라고 할 수 없으며, 법률행위 당시에 무자력인 경우에도 채권자취소권 행사시에 변제자력이 있는 경우에는 취소할 수 없다.

5) 채무자의 무자력에 대한 증명책임

채무자의 무자력에 대한 증명책임은 채권자가 부담한다. 즉, 채무자의 법률행위 등이 사해행위임을 주장하여 그 취소를 청구하고자 하는 채권자는 그 피보전채권과 채무자의 법률행위 등의 존재 사실은 물론, 채무자가 그 법률행위 등으로 인하여 무자력이 초래되었다는 사실, 채무자의 사해의사 등 사해행위 성립의 요건사실을 구체적으로 주장·입증하여야 한다(대법원 2007.5.31.선고, 2005다28686 판결 등).[155] 다만, 판례는 '채권자는 채무자의 수익자에 대한 금원 지급행위를 증여라고 주장하는 데 반하여, 수익자는 이를 기존채무에 대한 변제로서 받은 것이라고 다투는 경우에는, 채무자의 금전지급행위가 사해행위로 인정되기 위해서는 그 금전지급행위가 증여에 해당한다는 사실이 입증되거나, 변제에 해당하지만 채권자를 해할 의사 등 특별한 사정이 있음이 입증되어야 할 것이고, 그에 대한 입증책임은 사해행위를 주장하는 채권자 측에 있다'고 한다(대법원 2007.5.31.선고, 2005다28686 판결 등).[156]

(4) 사해행위 여부가 문제되는 경우

위에서 살펴본 바와 같이, 채무자의 행위가 사해행위로서 취소의 객체가 되기 위해서는 그 행위에 의하여 채무자가 무자력상태가 되거나 기존의 무자력상태가 악화되어야 한다. 그러한 관점에서 채무자의 사해행위라고 할 수 있는지 여부가 문제되는 경우들에 관하여 살펴보기로 한다.

1) 채무의 변제

채무자가 자신의 채무를 변제하는 행위는 적극재산을 감소시킴과 동시에 소극재산도 감소시키게 되므로, 채무자의 재산상태의 변동을 가져오는 행위라고 할 수 없다. 뿐만 아니라

초래되었는지 여부에 따라 사해성 여부를 판단하는 것이 원칙이지만, 그 일련의 행위를 하나의 행위로 볼 특별한 사정이 있는 때에는 이를 일괄하여 전체로서 사해성이 있는지 판단하게 되고, 이 때 그러한 특별사정이 있는지 여부를 판단함에 있어서는 처분의 상대방이 동일한지, 처분이 시간적으로 근접한지, 상대방과 채무자가 특별한 관계가 있는지, 처분의 동기 내지 기회가 동일한지 등이 구체적 기준이 되어야 할 것'이라고 한다(대법원 2006.9. 14.선고, 2005다74900 판결 등).

154) 같은 취지: 대법원 2014.10.27.선고, 2014다41575 판결.

155) 같은 취지: 대법원 2007.5.31.선고, 2005다28686 판결.

156) 같은 취지: 대법원 2014.10.27.선고, 2014다41575 판결.

채권자평등의 원칙도 채무자의 자유로운 의사에 따른 변제의 자유까지 제한하는 원칙은 아니므로, '기존채무를 이행하기 위하여 특정한 채권자에게 이전등기를 해 주거나(대법원 1962.11.15.선고, 62다634 판결), 수탁자가 신탁행위에 기한 반환채무의 이행으로서 신탁토지의 등기명의를 신탁자가 지정한 제3자 명의로 이전해 주는 등(대법원 1981.2.24.선고, 80다1963 판결) 채무자가 특정한 채권자에 대한 채무를 변제함으로 인하여 다른 채권자에 대한 변제자력이 없어진 경우에도 이는 이론상 사해행위라고 할 수 없다'고 할 것이다(대법원 2005.3.25.선고, 2004다10985·10992 판결 등). 판례도 '다른 채권자가 있다는 이유로 채무자가 그 채무이행을 거절할 수는 없는 것이므로, 채무자가 채무초과의 상태에서 특정채권자에게 변제를 함으로써 다른 채권자의 공동담보가 감소하는 결과가 되더라도, 그 변제는 채무자가 특히 일부의 채권자와 통모하여 다른 채권자를 해할 의사를 가지고 변제를 한 경우가 아닌 한 원칙적으로 사해행위가 되지 않는다'는 입장을 확립하고 있다(대법원 2001.4.10.선고, 2000다66034 판결 등).[157] 이는 '채무자가 특히 일부의 채권자와 통모하여 다른 채권자를 해할 의사를 가지고 변제를 한 때에는 예외적으로 채무의 변제도 사해행위가 될 수 있다'는 것을 의미하는데, 판례는 '채무자가 특히 일부의 채권자와 통모하여 다른 채권자를 해할 의사를 가지고 변제를 하였는지 여부는 사해행위임을 주장하는 채권자가 입증하여야 하며, 법원으로서는 수익자의 채무자에 대한 채권이 실제로 존재하는지 여부, 수익자가 채무자로부터 변제를 받은 액수, 채무자와 수익자와의 관계, 채무자의 변제능력 및 이에 대한 수익자의 인식, 변제 전후의 수익자의 행위, 그 당시의 채무자 및 수익자의 사정 및 변제의 경위 등 제반사정을 종합적으로 참작하여 판단하여야 한다'고 한다(대법원 2004.5.28.선고, 2003다60822 판결 등).[158]

학설 중에는 이러한 판례의 입장에 대하여, ① '사실상 파산상태에 빠진 채무자에 대하여 파산절차가 개시되지 않았다는 이유만으로 그가 변제를 자유롭게 하는 것을 그대로 허용하여서는 안 될 것이므로, 판례보다 더 넓게 사해행위성을 인정하여야 한다'고 비판하는 견해가 있는 반면에,[159] ② '변제가 진실되고 합법적인 것이라면, 채권자는 자기 고유의 이익을 위하여 변제를 받는 것이므로 다른 채권자를 해하기 위하여 변제를 받는 경우란 있을 수 없고, 만약 변제가 진실되지 못하고 합법적인 것이 아니라면 이는 통정허위표시로서 사해행위가 될 것이기 때문에, 변제에 있어서 채무자의 의사나 목적을 고려하는 것은 변제 본래의 성질을 무시하는 것'이라는 비판적 견해도 있다.[160]

---

157) 판례평석: 성중탁, "민법 제406조 제1항 단서 '수익자의 사해의사'에 관한 검토", 법률신문 3435호(법률신문사, 2006/2), 15. 같은 취지: 대법원 2003.6.24.선고, 2003다1205 판결; 대법원 2004.5.28.선고, 2003다60822 판결; 대법원 2005.3.25.선고, 2004다10985·10992 판결.

158) 같은 취지: 대법원 2005.3.25.선고, 2004다10985·10992 판결; 대법원 2007.5.31.선고, 2005다28686 판결.

159) 양창수, 전게논문(주 89), 36 참조

160) 주석채권총칙(상)/김욱곤, 423 참조.

생각건대, 채무자는 변제의무를 지고 있으므로 일부 채권자에 대한 변제를 사해행위라고 인정하는 경우에는 채무자의 행위자유에 대한 간섭이 된다는 점에서, 원칙적으로 변제의 사해행위성은 인정하지 않는 것이 타당하다. 다만, 판례의 입장과 마찬가지로 '제반사정을 종합적으로 참작하여 판단할 때 채무자가 일부의 채권자와 통모하여 다른 채권자를 해할 의사를 가지고 변제를 한 경우에는 예외적으로 변제의 사해행위성을 인정할 수 있다'고 해석하여야 할 것이다. 참고로 개정 일본민법은 '채무자와 수익자가 통모하여 다른 채권자를 해할 의도를 가지고 행하여진 변제 등의 채무소멸행위를 사해행위로서 취소할 수 있다'는 취지의 규정을 신설하였다(동법 424조의3).[161)]

2) 대물변제

대물변제는 채무의 이행에 갈음하여 채권을 소멸시키는 효력이 있으므로(466조), 변제의 경우와 마찬가지로 대물변제의 사해행위성 여부가 문제된다. 이에 대하여, 학설은 '적정한 가격으로 행하여진 대물변제는 변제와 다름없으므로 사해행위가 되지 아니하나, 채무자가 특정 채권자와 통모하여 행한 대물변제는 예외적으로 적정가격의 대물변제라도 사해행위가 된다'고 해석하는 견해가 지배적이다.[162)]

판례는 과거 '기존채무의 이행을 위하여 상당한 가격으로 행한 대물변제는 사해행위가 되지 않는 것이 원칙이나(대법원 1967.4.25.선고, 67다75 판결 등),[163)] '채무자가 채무초과인 상태에서 특정한 채권자와 통모하여 대물변제를 행한 경우에는 그 대물변제가 상당한 가격으로 행하여졌다 하더라도 사해행위가 된다'는 입장을 취하고 있었다(대법원 1966.10.18.선고, 66다1447 판결 등).[164)] 그러나 최근에는 종래의 입장을 변경하여, '채무초과의 상태에 있는 채무자가 적극재산을 채권자 중 일부에게 대물변제조로 양도하는 행위는 원칙적으로 다른 채권자들에 대한

---

161) 개정 일본민법 제424조의3(특정한 채권자에 대한 담보제공 등의 특칙) ① 채무자가 한 기존채무에 대한 담보의 제공 또는 채무의 소멸에 관한 행위에 대하여 채권자는 다음에 적은 요건의 어느 하나에 해당하는 경우에 한하여 사해행위취소청구를 할 수 있다. 1. 그 행위가 채무자가 지급불능(채무자가 지급능력이 없기 때문에 그 채무 중 변제기에 있는 것에 대하여 일반적이고 계속적으로 변제하는 것이 불가능한 상태를 말한다. 제2항 제1호에 있어서도 같다)의 시에 행하여졌을 것 2. 그 행위가 채무자와 수익자가 통모하여 다른 채권자를 해할 의도를 가지고 행하여진 것일 것. ② 전항에서 규정한 행위가 채무자의 의무에 속하지 아니하거나 그 시기가 채무자의 의무에 속하지 않는 것인 경우에 있어서 다음에 적은 요건의 어느 하나에 해당하는 때에는, 채무자는 동항의 규정에도 불구하고 그 행위에 대하여 사해행위취소청구를 할 수 있다. 1. 그 행위가 채무자가 지급불능이 되기 전 30일 이내에 행하여진 것일 것 2. 그 행위가 채무자와 수익자가 통모하여 다른 채권자를 해할 의도를 가지고 행하여진 것일 것.

162) 양창수, 전게논문(주 89), 36~37; 김미리, "사해행위의 판단기준과 대물변제의 사해성 판단", 대법원 판례해설 85호(법원도서관, 2010), 127 참조.

163) 같은 취지: 대법원 1981.7.7.선고, 80다2613 판결; 대법원 2003.6.24.선고, 2003다1205 판결; 대법원 2004.5.28.선고, 2003다60822 판결.

164) 같은 취지: 대법원 1990.11.23.선고, 90다카27198 판결; 대법원 1996.10.29.선고, 96다23207 판결; 대법원 1997.6.27.선고, 96다36627 판결; 대법원 1998.5.12.선고, 97다57320 판결; 대법원 1999.11. 12.선고, 99다29916 판결.

관계에서 사해행위가 될 수 있으나, 이러한 경우에도 사해성의 일반적인 판단기준에 비추어 그 행위가 궁극적으로 일반채권자를 해하는 행위로 볼 수 없는 경우에는 사해행위의 성립이 부정될 수 있다'는 입장으로 전환하였다(대법원 2010.9.30.선고, 2007다2718 판결 등).

특히 문제가 되는 것은 채무자가 대물변제로서 제3자에 대한 채권을 양도한 행위의 사해행위성 여부인데, 대법원은 그 사해행위성을 긍정하는 입장에서, '채무자가 일부 채권자와 통모하여 다른 채권자를 해할 의사를 가지고 대물변제를 하였는지 여부는 사해행위임을 주장하는 사람이 입증하여야 할 것인데, 이는 수익자의 채무자에 대한 채권이 실제로 존재하는지 여부, 수익자가 채무자로부터 변제 내지 채권양도를 받은 액수 및 양도받은 채권 중 실제로 추심한 액수, 채무자와 수익자와의 관계, 채무자의 변제능력 및 이에 대한 수익자의 인식, 변제 내지 채권양도 전후의 수익자의 행위, 그 당시의 채무자 및 수익자의 사정 및 변제 내지 채권양도의 경위 등 제반사정을 종합적으로 참작하여 판단하여야 한다'고 판시한 바 있다(대법원 2004.5.28.선고, 2003다60822 판결).

■ **채무초과 상태에 있는 채무자가 적극재산을 채권자 중 일부에게 대물변제조로 양도하는 행위가 사해행위에 해당하는지 여부**(원칙적 적극) [1] 채무자가 책임재산을 감소시키는 행위를 함으로써 일반채권자들을 위한 공동담보의 부족상태를 유발 또는 심화시킨 경우에 그 행위가 채권자취소의 대상인 사해행위에 해당하는지 여부는, 행위목적물이 채무자의 전체 책임재산 가운데에서 차지하는 비중, 무자력의 정도, 법률행위의 경제적 목적이 갖는 정당성 및 그 실현수단인 당해 행위의 상당성, 행위의 의무성 또는 상황의 불가피성, 채무자와 수익자 간 통모의 유무와 같은 공동담보의 부족 위험에 대한 당사자의 인식의 정도 등 그 행위에 나타난 여러 사정을 종합적으로 고려하여, 그 행위를 궁극적으로 일반채권자를 해하는 행위로 볼 수 있는지 여부에 따라 최종 판단하여야 한다. [2] 채무초과의 상태에 있는 채무자가 적극재산을 채권자 중 일부에게 대물변제조로 양도하는 행위는 채무자가 특정 채권자에게 채무 본지에 따른 변제를 하는 경우와는 달리 원칙적으로 다른 채권자들에 대한 관계에서 사해행위가 될 수 있으나, 이러한 경우에도 사해성의 일반적인 판단기준에 비추어 그 행위가 궁극적으로 일반채권자를 해하는 행위로 볼 수 없는 경우에는 사해행위의 성립이 부정될 수 있다. [3] 채무초과 상태의 채무자가 유일한 재산인 전세권과 전세금반환채권을 특정 채권자에게 그 채무 일부에 대한 대물변제조로 양도한 행위가 최고액 채권자와의 거래관계를 유지하면서 채무초과 상태에 있던 회사의 갱생을 도모하기 위한 유일한 방안이었던 점 등을 감안하면, 위 양도행위가 다른 채권자를 해하는 사해행위라고 단정하기 어렵다. (대법원 2010.9.30.선고, 2007다2718 판결)[165]

대물변제의 법적 성질에 대해서는 논란이 있으나, 대물변제는 변제의 일종으로 보아야 한다는 사견에 따르면 채권자취소권에 있어서도 변제와 대물변제를 달리 취급할 이유는 없다

165) 판례평석: 김재형, "대물변제가 사해행위에 해당하는지에 관한 판단기준", 「민법판례분석」, 194 이하; 김미리, 전게논문(주 162), 100 이하. 같은 취지: 대법원 2011.3.10.선고, 2010다52416 판결; 대법원 2011.10.13.선고, 2011다28045 판결; 대법원 2012.9.13.선고, 2012다43546 판결; 대법원 2014.3.27.선고, 2011다107818 판결; 대법원 2014.1.16.선고, 2012다110521 판결; 대법원 2014.1.16.선고, 2013다52110 판결.

고 할 것이다. (☞ 제3장 제7절「변제 이외의 채권의 소멸사유」)

이 점에서 '변제와 대물변제를 가리지 않고 사해해위성 여부를 통일적으로 판단하여야 한다'는 판례의 입장은 타당하다고 생각된다. 그러나 채권자취소권은 책임재산의 보전을 위하여 사적 자치의 원칙에 중대한 예외를 인정하여 채무자의 유효한 법률행위를 취소할 수 있도록 한 제도이므로 「사해행위」의 개념은 엄격하게 해석할 필요가 있다고 할 것이다. 이러한 관점에서, '변제와 달리 대물변제는 원칙적으로 사해행위에 해당하지만, 채무자의 의사나 목적 등 제반사정을 종합적으로 고려하여 사해행위성을 부인할 수 있다'는 최근 판례의 입장에는 찬성하기 어렵다. 요컨대, '대물변제는 책임재산의 감소를 초래하는 행위라고 볼 수 없으므로 원칙적으로 사해행위라고 할 수 없고, 예외적으로 특정한 채권자와 통모하여 대물변제를 행한 경우에는 대물변제의 목적이나 채무자의 의사 등 제반사정을 종합적으로 고려하여 사해행위성을 인정할 수 있을 뿐'이라고 해석하여야 할 것이다.

참고로 개정 일본민법은 '대물변제는 원칙적으로 사해행위가 될 수 없다는 전제하에 예외적으로 수익자가 받은 급부의 가액이 소멸한 채무액보다 과대한 경우에 과대 부분에 한하여 취소할 수 있다'는 취지의 규정을 신설하였다(동법 424조의4).[166]

3) 상 계

상계는 '채무자가 채권자에 대하여 같은 종류의 채권을 가지고 있는 경우에 채무자가 일방적 의사표시에 의하여 자신의 채권과 채무를 대등액에 관하여 소멸시키는 것'이므로(492조), 변제나 대물변제와 마찬가지로 채무자의 재산상태에 변경을 초래하지 않는다. 채무자와 채권자 사이의 합의에 의하여 채권과 채무를 대등액에 관하여 소멸시키는 「상계계약」의 경우도 채무자의 재산상태에 변경을 초래하지 않는 것은 상계와 마찬가지이다. 따라서 채무자가 일부 채권자와 상계를 하더라도 이는 사해행위를 구성하지 않는 것이 원칙이라고 할 것이다.

판례는 '채무자가 채무초과 상태에서 채권자 중의 1인과 통모하여 그 채권자만 우선적으로 채권의 만족을 얻도록 할 의도로 그에게 부동산을 매도하고 매매대금채권을 그 채권자의 채권과 상계한 행위는 사해행위에 해당한다'는 입장을 취하고 있다(대법원 1994.6.14.선고, 94다2961·2978 판결). 그러나 상계는 책임재산의 감소를 초래하는 행위라고 볼 수 없으므로 원칙적으로 사해행위라고 할 수 없고, 예외적으로 특정한 채권자와 통모하여 상계를 행한 경우에 한하여 상계의 목적이나 채무자의 의사 등 제반사정을 종합적으로 고려하여 사해행위성을 인정할 수 있을 뿐'이라고 해석하여야 할 것이다.

---

166) 개정 일본민법 제424조의4(과대한 대물변제 등의 특칙) 채무자가 한 채무소멸에 관한 행위로서 수익자가 받은 급부의 가액이 그 행위에 의하여 소멸한 액보다 과대한 것에 대하여 제424조에 규정하는 요건에 해당하는 때에는, 채권자는 전조 제1항의 규정에도 불구하고 그 소멸한 채무액에 상당하는 부분 이외의 부분에 대해서는 사해행위취소청구를 할 수 있다.

4) 특정한 채권자에게 물적 담보를 제공하는 행위

채무자가 특정한 채권자에게 저당권 기타 물적 담보를 제공하는 행위는 다른 채권자에게 사해행위가 되는가?' 하는 문제에 대해서는, 학설은 일률적으로 사해행위성을 인정하는 견해,[167] 전면적으로 사해행위성을 부정하는 견해,[168] 물적 담보를 제공한 동기의 적법성 여하에 따라서 사해행위의 성립 여부를 판단하여야 한다는 견해[169]로 갈리고 있다.

채무자가 특정한 채권자에게 저당권 등 물적 담보를 설정해 주더라도 책임재산의 귀속이 변경되지 않음은 물론 책임재산이 감소되지도 않는다. 그러나 저당권 등의 물적 담보권을 취득한 채권자는 다른 채권자에 우선하여 변제를 받게 되므로, 특정한 채권자에게 물적 담보권을 설정해 주는 채무자의 행위는 실질적으로는 그 채권자가 우선변제를 받을 수 있는 특권을 부여하는 것이므로, 변제나 대물변제와 마찬가지로 그 목적이나 의사에 따라서는 사해행위가 될 수 있다고 해석하여야 할 것이다.

이에 관하여, 판례는 ① '채무초과의 상태에 빠져있는 채무자가 그의 유일한 재산인 부동산을 채권자 중 어느 한 사람에게 저당권설정등기를 경료해 주거나, 담보가등기를 경료해 주는 등 담보로 제공하는 행위를 한 경우에는, 그 채권자는 다른 채권자보다 우선하여 피담보채권을 변제받을 수 있게 되므로 그 범위 내에서 채권자의 공동담보는 감소되고 이로 인하여 다른 채권자는 종전보다 더 불리한 지위에 서게 되는바, 이는 곧 다른 채권자의 이익을 해하는 것이라 할 것이므로, 다른 특별한 사정이 없는 한 다른 채권자들에 대한 관계에서 사해행위가 된다'는 입장을 확립하고 있다(대법원 1986.9.23.선고, 86다카83 판결 등).[170] 다만, ② '자금난으로 사업을 계속 추진하기 어려운 상황에 처한 채무자가 자금을 융통하여 사업을 계속 추진하는 것이 변제력을 갖게 되는 최선의 방법이라고 생각하여 사업자금의 융통을 위하여 부득이 부동산을 특정채권자에게 담보로 제공하고 그로부터 신규자금을 추가로 융통받은 경우에는 그 담보제공행위를 사해행위라고 할 수 없으며(대법원 2001.5.8.선고, 2000다50015 판결 등),[171] ③ '가압류등기가 되어 있는 부동산을 다른 채권자의 채권을 담보하기 위한 근저당권설정등기를

---

167) 양창수, 전게논문(주 89), 37; 김기선, 188; 김상용, 247; 김현태, 167; 이태재, 167 참조.

168) 곽윤직, 144; 김증한/김학동, 199; 현승종, 206 참조.

169) 조남대, 전게논문(주 101), 613; 주식재권총칙(싱)/김욱곤, 424; 송덕수, 253 참조.

170) 판례평석: 박효열, "무자력상태에서의 담보제공행위와 사해행위", 대법원판례해설 6호(법원행정처, 1986), 39 이하. 같은 취지: 대법원 1956.10.27.선고, 4289민상208 판결; 대법원 1989.9.12.선고, 88다카23186 판결; 대법원 2002.4.12.선고, 2000다43352 판결; 대법원 2006.4.14.선고, 2006다5710 판결; 대법원 2007.2.23.선고, 2006다47301 판결; 대법원 2007.7.12.선고, 2007다18218 판결; 대법원 2009.9.10.선고, 2008다85161 판결.

171) 같은 취지: 대법원 2001.5.8.선고, 2000다66089 판결; 대법원 2001.10.26.선고, 2001다19134 판결; 대법원 2002.3.29.선고, 2000다25842 판결; 대법원 2008.10.23.선고, 2008다49578 판결; 대법원 2009.5.14.선고, 2008다70701 판결; 대법원 2011.1.13.선고, 2010다68084 판결; 대법원 2012.2.23.선고, 2011다88832 판결; 대법원 2014.3.27.선고, 2013다93746·93753 판결.

경료해 주었다고 하더라도 경매절차에서 근저당권자와 평등배당을 받을 수 있는 가압류채권자는 채무자의 근저당권설정행위로 인하여 아무런 불이익도 입지 않는다 할 것이므로, 채무자의 근저당권설정행위를 가압류채권자에 대한 사해행위라고 할 수 없다'고 한다(대법원 2008.2.28.선고, 2007다77446 판결 등). ④ 그러나 '채무자가 가압류부동산을 제3자가 부담하는 채무의 담보로 제공하여 근저당권을 설정하여 줌으로써 물상보증을 한 경우는 일반채권자들이 만족을 얻는 물적 기초가 되는 책임재산이 새로이 감소되게 되므로, 가압류채권자에 대한 사해행위가 된다'고 한다(대법원 2010.1.28.선고, 2009다90047 판결).

▪ **부동산에 대하여 가압류등기 후에 근저당권설정등기가 경료된 경우, 가압류채권자가 채무자의 근저당권설정행위에 대하여 채권자취소권을 행사할 수 있는지 여부**(한정적극) 부동산에 대하여 가압류등기가 먼저 되고 나서 근저당권설정등기가 마쳐진 경우에는 경매절차의 배당관계에서 근저당권자는 선순위 가압류채권자에 대하여는 우선변제권을 주장할 수 없으므로,172) 그 가압류채권자는 근저당권자와 일반채권자의 자격에서 평등배당을 받을 수 있고, 따라서 가압류채권자는 채무자의 근저당권설정행위로 인하여 아무런 불이익을 입지 않으므로 채권자취소권을 행사할 수 없다. 그러나 채권자의 실제채권액이 가압류채권금액보다 많은 경우, 그 초과하는 부분에 관하여는 가압류의 효력이 미치지 아니하여 그 범위 내에서는 채무자의 처분행위가 채권자들의 공동담보를 감소시키는 사해행위가 되므로 그 부분 채권을 피보전채권으로 삼아 채권자취소권을 행사할 수 있다. (대법원 2008.2.28.선고, 2007다77446 판결)

▪ **채권자가 가압류한 부동산에 대하여 채무자가 제3자의 채무를 담보하기 위하여 근저당권을 설정하여 책임재산이 부족하게 되거나 그 상태가 악화된 경우, 가압류채권자가 그 근저당권설정행위에 대해 채권자취소권을 행사할 수 있는지 여부**(적극) 채권자가 이미 자기 채권의 보전을 위하여 가압류를 한 바 있는 부동산을 채무자가 제3자가 부담하는 채무의 담보로 제공하여 근저당권을 설정하여 줌으로써 물상보증을 한 경우에는 일반채권자들이 만족을 얻는 물적 기초가 되는 책임재산이 새로이 감소된다. 따라서 비록 당해 부동산의 환가대금으로부터는 가압류채권자가 위와 같이 근저당권을 설정받은 근저당권자와 평등하게 배당을 받을 수 있다고 하더라도, 일반적으로 그 배당으로부터 가압류채권의 충분한 만족을 얻는다는 보장이 없고 가압류채권자는 여전히 다른 책임재산을 공취할 권리를 가지는 이상, 원래 위 가압류채권을 포함한 일반채권들의 만족을 담보하는 책임재산 전체를 놓고 보면 위와 같은 물상보증으로 책임재산이 부족하게 되거나 그 상태가 악화되는 경우에는 역시 가압류채권자도 자기 채권의 충분한 만족을 얻지 못하게 되는 불이익을 받는다. 그러므로 위와 같은 가압류채권자라고 하여도 채무자의 물상보증으로 인한 근저당권 설정행위에 대하여 채권자취소권을 행사할 수 있다. (대법원 2010.1.28.선고, 2009다90047 판결)

5) 보증채무나 연대채무 등 인적 담보를 부담하는 행위

채무자가 보증채무나 연대채무를 부담하는 것은 채무자의 소극재산을 증가시키는 행위이므로 원칙적으로 사해행위에 해당한다. 다만, '주채무자에게 충분한 변제자력이 있는 경우에는 채무자에게 최고·검색의 항변권(437조)이 있는 보증채무를 소극재산에 산입할 필요가 없

172) '부동산경매절차에서 근저당권자는 선순위 가압류채권자에 대하여는 우선변제권을 주장할 수 없으므로, 그 가압류채권자는 근저당권자와 일반채권자의 자격에서 평등배당을 받을 수 있다'는 것이 판례의 입장이다(대법원 1994.11.29., 94마417 결정 등 참조).

으며, 최고·검색의 항변권이 인정되지 않는 연대보증의 경우 채무자가 채무를 이행한 경우에는 주채무자에 대한 구상권이 인정되며(441조), 연대채무에 있어서도 채무자가 그 부담부분을 넘는 채무의 이행을 한 경우에는 그 부분에 관하여 다른 연대채무자에게 구상권을 행사할 수 있으므로(425조), 구상의무를 부담하는 주채무자나 다른 연대채무자의 변제자력이 충분하여 구상권의 행사가 확실한 경우에는 이를 소극재산에 산입할 필요가 없다'고 할 것이다.[173]

6) 적정한 가격으로 한 부동산매각행위

채무자의 책임재산에 속하는 부동산 기타의 재산권을 무상으로 증여하거나 헐값으로 매각하는 행위가 사해행위를 구성한다는 것은 의문의 여지가 없다(대법원 1996.5.14.선고, 95다50875 판결 등). 그러나 '채무자의 유일한 책임재산인 부동산을 적정가격으로 매각하는 행위가 사해행위를 구성하는가?' 하는 문제에 대해서는 견해가 대립하고 있다.

이에 대하여, 학설은 '상당한 가격으로 재산을 매각하는 행위는 단지 책임재산의 구성요소를 변동시키는 데 불과할 뿐 채무자의 재산총액의 증감을 초래하는 것은 아니므로, 이를 「재산감소행위」라고 할 수 없을 뿐만 아니라, 상대방이 알 수 없는 채무자의 매각 목적 여하에 의하여 사해행위의 여부를 결정하는 것은 거래의 안전을 해할 가능성이 크다'는 점을 들어 사해행위성을 부인하는 견해가 지배적이다.[174] 그러나 판례는 '채무자가 자기의 유일한 재산을 매각하여 소비하기 쉬운 금전으로 바꾸는 행위는 그 매각이 일부 채권자에 대한 정당한 변제에 충당하기 위하여 상당한 가격으로 이루어졌다든가 하는 특별한 사정이 없는 한 항상 채권자에 대하여 사해행위가 되며, 이 경우에 채무자의 사해의사는 추정되므로 이를 매수한 수익자가 자신의 악의 없음을 입증하여야 한다'는 입장을 확립하고 있다(대법원 1966. 10.4. 선고, 66다1535 판결 등).[175]

생각건대, '상당한 가격으로 재산을 매각하는 행위는 책임재산의 감소를 가져오지 않는다'는 주장은 형식논리에 불과하며, 부동산을 은닉·소비하기 쉬운 금전으로 바꾸는 행위는 실질적으로 채무자의 책임재산을 감소시키는 사해행위에 해당한다고 할 것이다.[176] 또한 채권자취소권을 행사하기 위하여서는 채무자의 사해행위뿐만 아니라 채무자와 수익자 또는 전득자의 사해의사도 함께 요구되는 것이므로, 채무자의 부동산매각행위를 사해행위로 본다고

---

173) 同旨: 주석채권총칙(상)/김욱곤, 425; 이은영, 472 참조.

174) 곽윤직, 145; 김증한/김학동, 200; 김형배, 404; 이은영, 469; 이태재, 166; 현승종, 208 참조.

175) 판례평석: 김욱곤, "채권자취소권의 행사요건Ⅰ -유일한 부동산의 매각과 사해행위-" 민법판례해설Ⅲ(채권총론), 66 이하. 같은 취지: 대법원 1994.6.14.선고, 94다2961·2978 판결; 대법원 1997.5.9.선고, 96다2606·2613 판결; 대법원 1998.4.14.선고, 97다54420 판결; 대법원 1999.4.9.선고, 99다2515 판결; 대법원 2005.6.24.선고, 2005다19859 판결; 대법원 2005.7.22.선고, 2004다43909 판결; 대법원 2005.10.14.선고, 2003다60891 판결.

176) 同旨: 주석채권총칙(상)/김욱곤, 426; 송덕수, 267 참조.

하여 반드시 채무자의 행위결정의 자유를 침해한다거나 거래의 안전을 해한다고 단정할 수는 없다. 따라서 '적정가격의 부동산매각행위라도 사해행위로 보아야 한다'는 판례의 입장은 기본적으로 타당하다고 생각된다. 다만, 부동산거래의 실제를 고려할 때 '적정한 가격으로 책임재산인 부동산을 매각한 경우에는 매수인의 사해의사는 존재하지 않는다'고 추정되어야 할 것이므로, '채무자의 사해의사는 추정되고, 이를 매수한 수익자에게 악의가 없었다는 사실에 대한 증명책임은 그 수익자 자신에게 있다'는 판례의 입장은 부당하다고 생각된다. 요컨대, '채무자의 유일한 책임재산인 부동산을 매각하는 행위는 사해행위에 해당한다고 할 것이나, 채무자 및 수익자(또는 전득자)의 사해의사에 대한 증명책임은 채권자취소권을 행사하고자 하는 채권자가 부담한다'고 할 것이다.[177)]

3. 수익자 또는 전득자의 사해의사

채권자취소권의 행사는 채무자의 자유로운 재산관리행위에 대한 간섭으로서 제3자에게 예측하지 못한 손해를 주고 나아가 거래의 안전을 해할 가능성이 크므로, 민법은 사해행위라는 객관적 요건 이외에 「사해의사(詐害意思)」라는 주관적 요건을 요구함으로써 채권자취소권의 행사를 제한하고 있다.

(1) 채무자의 사해의사

1) 사해의사의 구체적 의미

채권자가 채무자의 사해행위를 취소하기 위해서는 채무자와 수익자(또는 전득자)의 양자 모두에게 사해의사가 있을 것이 요구된다. 여기서 「사해의사」라 함은 '채무자가 재산감소를 야기하는 행위 당시에 그 행위로 인하여 채권자를 해함을 알고도 이를 행하는 심리적 상태'를 말하는 것이나, 그 구체적 의미에 관하여는 견해가 갈린다.

이에 대하여, '사해의사는 사해의 결과(공동담보에 부족이 생기는 것)에 대한 단순한 인식으로 충분하며, 사해의 결과에 대한 적극적인 의욕까지는 불필요하다'고 해석하는 것이 통설적 견해이다(이를 「인식설」이라고 한다). 다만, 학설 중에는 '사해의사를 사해의 결과에 대한 단순한 인식으로 해석하는 것은 도덕과 형평을 고려한 채권자취소권제도의 본질적 요소를 무시하는 것이라고 비판하고, '사해의사는 사해의 결과에 대한 단순한 인식을 의미하는 것이 아니라 적극적으로 채권자를 해할 의도 내지는 의욕을 의미하는 것'이라고 해석하는 견해(이를 「의욕설」이라고 한다)도 있다.[178)]

판례는 통설에 따라 「인식설」을 취하고 있다. 즉, 판례는 '사해의사란 채무자가 법률행위

177) 同旨: 주석채권총칙(상)/김욱곤, 427 참조.
178) 주석채권총칙(상)/김욱곤, 430 참조.

를 함에 있어서 채권자를 해함을 안다는 것인데, 여기서 "안다"고 함은 의도나 의욕을 의미하는 것이 아니라 단순한 인식으로 충분하다'고 하며(대법원 2009.3.26.선고, 2007다63102 판결 등),[179] 사해의사는 일반채권자에 대한 관계에서 있으면 충분하고, 특정의 채권자를 해한다는 인식이 있어야 하는 것은 아니라고 한다(대법원 1998.5.12.선고, 97다57320 판결 등).[180] 나아가 판례는 '연대보증인이 부동산을 매도할 당시 사해의사가 있었는지 여부는 자신의 자산상태가 채권자에 대한 연대보증채무를 담보하는 데 부족이 생기게 되리라는 것을 인식하였는가 하는 점에 의하여 판단하면 되는 것이지, 주채무자의 자산상태가 채무를 담보하는 데 부족이 생기게 되리라는 것까지 인식하였어야 하는 것은 아니'라고 한다(대법원 1998.4.14.선고, 97다54420 판결 등).[181] 또한 채권자취소권의 제척기간과 관련하여, '채무자가 유일한 재산인 부동산을 매각하여 소비하기 쉬운 금전으로 바꾸는 경우에는 채무자의 사해의사는 추정되는 것이므로, 채무자가 유일한 재산인 부동산을 매도한 사실을 채권자가 알게 된 때에 채무자에게 당해 부동산 이외에는 별다른 재산이 없다는 사실을 알고 있었다면, 그 때 채권자는 채무자가 채권자를 해함을 알면서 사해행위를 한 사실을 알게 되었다'고 한다(대법원 1997.5.9.선고, 96다2606·2613 판결 등).[182]

채권자취소권제도는 채무자가 채권자를 해함을 알면서도 사해행위를 감행한 경우에 채무자에 대한 강제집행을 실효성 있는 것으로 만들기 위하여 사해행위를 취소함으로써 유출된 책임재산을 회복시키는 제도인바, 이와 같이 채무자의 재산관리행위의 자유에 대한 중대한 제한을 가하는 채권자취소권제도의 인정근거는 바로 「사해의 의도(詐害意圖)」라는 채무자의 악성에 있다고 할 것이다. 즉, 채권자취소권의 제도적 취지에 비추어 볼 때 '사해의사는 책임재산을 감소시킴으로써 채권자를 해할 채무자의 의도 내지 의욕을 의미한다'고 해석하는 「의욕설」이 타당하다고 할 것이다. 통설은 민법이 제406조 제1항에서 「사해의사」의 의미를 명확하게 규정하지 않고 단순히 "채무자가 채권자를 해함을 알고"라고만 규정하고 있는 점을 근거로 하여 우리 민법이 「인식설」을 취한 것이라고 해석하고 있으나, "알고"라는 법문의 취지가 반드시 「의욕설」의 입장을 배제한 것이라고 단정하기는 어렵다고 할 것이다. 다만, 사해의사를 이와 같이 엄격하게 해석할 경우, '사해행위의 취소 및 원상회복을 통한 강제집행의 준비라는 채권자취소권제도의 입법목적을 달성하기 어렵다'는 현실적인 문제가 발생하는데, 「의욕설」은 이러한 현실적인 문제를 해결하기 위하여, '다른 정당한 동기의 입증에 의하여 전복되지 않는 한 사해의 인식에 대한 입증에 의하여 사해의 의도 내지 의욕은 추정된다'고 해석

179) 같은 취지: 대법원 1998.5.12.선고, 97다57320 판결; 대법원 1999.11.12.선고, 99다29916 판결.
180) 같은 취지: 대법원 2004.7.9.선고, 2004다12004 판결; 대법원 2009.3.26.선고, 2007다63102 판결.
181) 판례평석: 한명수, "연대보증채무자의 사해행위에 있어서 사해의 의사가 있었는지 여부의 판단기준", 대법원판례해설 30호(법원도서관, 1998/11), 68 이하. 같은 취지: 대법원 2010.6.10.선고, 2010다12067 판결; 대법원 2012.4.12.선고, 2011다110579 판결.
182) 같은 취지: 대법원 1999.4.9.선고, 99다2515 판결; 대법원 2000.9.29.선고, 2000다3262 판결.

한다.[183] 그러므로 실제에 있어서 「의욕설」과 「의사설」이 큰 차이가 있는 것은 아니다.

2) 사해의사의 존재시기

법률행위 당시에 사해의사를 결한 경우를 「사해행위」라고 할 수는 없으므로, 사해의사는 사해행위 여부가 문제되는 당해 재산감소행위 당시에 있어야 한다. 따라서 '법률행위 당시에 사해의사를 결한 경우에는 그 후에 채무자가 사해의 결과에 대한 인식을 하였다 할지라도 채권자취소권을 행사할 수 없다'고 해석하여야 할 것이다.

3) 사해의사에 대한 증명책임

사해의사에 대한 증명책임은 취소권을 행사하는 채권자에게 있다고 할 것이다. 판례도 '사해행위의 취소를 구하는 채권자가 채무자의 수익자에 대한 금원지급행위를 증여라고 주장함에 대하여 수익자는 이를 기존채무에 대한 변제로서 받은 것이라고 다투고 있는 경우에, 위 금원지급행위가 사해행위로 인정되기 위하여는 그 금전지급행위가 증여에 해당한다는 사실이 입증되거나, 변제에 해당하지만 채권자를 해할 의사 등 특별한 사정이 있음이 입증되어야 할 것인바, 그에 대한 입증책임은 사해행위를 주장하는 측에 있다'고 판시한 바 있음은 전술한 바와 같다(대법원 2007.5.31.선고, 2005다28686 판결 등).[184]

사해의사는 채무자의 주관적 사정에 속하는 것이기는 하나, 채무자의 자산상태, 재산감소행위의 종류 및 그 대가, 재산감소행위의 상대방과의 관계 등 제반사정을 증명함으로써, 간접적으로 채무자가 행위 당시에 채권자를 해함을 인식하고 있었다는 사실을 증명할 수 있다. 또한 판례는 채무자가 채무초과상태에서 유일한 부동산을 매각하거나 대물변제 또는 물적 담보로 제공한 때에는 사해의사를 사실상 추정하는 입장을 취하고 있으므로(대법원 1989.9.12.선고, 88다카23186 판결), 채권자가 사해의사의 증명책임을 부담한다는 것이 실제소송에서 크게 문제되고 있지는 않다. 그러나 책임재산의 매각이 상당한 가격으로 행하여진 경우, 채무자의 사해의사는 존재하지 않는 것으로 추정되어야 할 것이므로, 그 증명책임은 채권자가 부담한다고 해석하여야 할 것임은 전술한 바와 같다.

(2) 수익자·전득자의 사해의사(惡意)

민법은 제406조 제1항 단서에서 사해행위취소의 요건으로서 수익자 또는 전득자의 사해의사를 요구하고 있다. 즉, 사해행위로 인하여 직접 이익을 받은 수익자나 수익자로부터 이익을 넘겨받은 전득자가 사해행위 또는 전득 당시에 채권자를 해함을 알지 못한 경우에는 채권자는 사해행위를 취소할 수 없다. 그러나 독일의 채권자취소법은 우리 민법과 달리, '일정한 근친자 사이의 법률행위와 무상행위의 경우에는 수익자가 채무자의 사해의사를 모른 경우

183) 주석채권총칙(상)/김욱곤, 431 참조.
184) 같은 취지: 대법원 1969.1.28.선고, 68다2022 판결.

에도 사해행위를 취소할 수 있다'고 규정하고 있음은 전술한 바와 같다(AnfG §3 II,[185] §4[186])). 입법론으로서는 이러한 입법주의가 타당하다고 생각된다. 그러므로 일정한 범위의 근친자 사이의 법률행위 또는 무상행위에 경우에는 수익자나 전득자의 사해의사를 요하지 않도록 하거나 사해의사를 추정하는 규정을 민법전에 신설할 필요가 있다고 할 것이다(채무자회생법 391조 4호, 392조 참조).

법무부의 「2014년 민법개정시안」은 현행민법 제406조를 개정하여,[187] ① 수익자와 전득자를 분리하여 전득자에 대한 채권자취소권에 관한 규정을 신설하고(동 개정안 407조의6).[188] ② '수익자의 사해의사에 대한 증명책임은 채권자가 부담한다'는 것을 전제로 하여, '수익자가 채무자와 친족이나 그 밖의 특별한 관계에 있는 자인 때에는 수익자의 사해의사를 추정한다'는 규정을 신설함으로써, 채권자의 입증의 부담을 덜어주고(동 개정안 406조 2항),[189] ③ '채무자의 무상행위 또는 이와 동일시할 수 있는 유상행위가 채권자를 해하는 때에는 채무자나 수익자가 그 행위 당시에 채권자를 해함을 알지 못한 경우에도 그 취소를 청구할 수 있다'는 내용의 제406조의2를 신설할 것을 제안한 바 있다(동 개정시안 406조의2).[190]

1) 수익자 또는 전득자의 사해의사의 내용

판례는 '채무자의 사해의사와 마찬가지로, 수익자 또는 전득자의 사해의사도 사해 사실에 대한 인식(사해행위의 객관적 요건을 구비하였다는 것에 대한 인식)만 있으면 충분하다'는 입장(인식설)을 취하고 있다(대법원 2006.7.4.선고, 2004다61280 판결 등).[191] 또한 '전득자의 악의를 판단

185) 전게 주 19 참조.

186) 전게 주 20 참조.

187) 채권자취소권에 관한 「2014년 민법개정시안」에 대하여는 윤진수/권영준, "채권자취소권에 관한 민법개정안 연구", 민사법학 66호(한국민사법학회, 2014/3), 503 이하; 김재형, "채권자취소권에 관한 민법개정안 -개정안에 관한 기본구상과 민법개정위원회의 논의과정을 중심으로-", 민사법학 68호(한국민사법학회, 2014/9), 43 이하; 양형우, "채권자취소권에 관한 민법개정안의 검토" 민사법학 69호(한국민사법학회, 2014/12), 471 이하 참조.

188) 2014년 민법개정시안 제407조의6(전득자에 대한 채권자취소권) ① 다음 각 호의 어느 하나에 해당하는 경우에는 채권자는 전득자에 대해서도 채권자취소권을 행사할 수 있다. 1. 전득자의 모든 전자(前者)에게 취소의 원인이 있고, 전득자가 전득 당시에 이를 안 때. 다만, 전득자가 채무자와 친족이나 그 밖의 특별한 관계에 있는 자인 경우에는 전득 당시에 모든 전자에 대하여 취소의 원인이 있음을 안 것으로 추정한다. 2. 전득자가 무상행위 또는 그와 동일시할 수 있는 유상행위로 인하여 전득한 경우에 모든 전자에 대하여 취소의 원인이 있는 때 ② 제1항의 경우에 제407조의5를 준용한다.

189) 2014년 민법개정시안 제406조(채권자취소권) ① 채무자가 채권자를 해함을 알면서 재산권을 목적으로 한 법률행위를 하고, 그 행위로 이익을 받은 자가 그 행위 당시에 채권자를 해함을 안 경우에는 채권자는 그 취소를 법원에 청구할 수 있다. ② 수익자가 채무자와 친족이나 그 밖의 특별한 관계에 있는 자인 때에는 그 행위 당시에 채권자를 해함을 안 것으로 추정한다.

190) 2014년 민법개정시안 제406조의2(무상행위에 대한 특례) 채무자의 무상행위 또는 이와 동일시할 수 있는 유상행위가 채권자를 해하는 때에는 채무자나 수익자가 그 행위 당시에 채권자를 해함을 알지 못한 경우에도 그 취소를 청구할 수 있다.

191) 같은 취지: 대법원 2015.6.11.선고, 2014다237192 판결.

함에 있어서는 전득자가 전득행위(수익자와 전득자 사이의 법률행위) 당시 채무자와 수익자 사이의 법률행위의 사해성을 인식하였는지 여부만이 문제되며, 수익자의 사해의사는 원칙적으로 문제가 되지 않는다'고 한다(대법원 2012.8.17.선고, 2010다87672 판결).[192] 즉, 전득자를 상대로 채무자의 사해행위를 취소하기 위하여 전득자의 사해의사가 요구될 뿐 수익자의 사해의사 여부는 따질 필요가 없으며, 또한 전득행위가 별도로 사해행위의 요건을 갖추어야 하는 것은 아니라는 것이다.

2) 수익자 또는 전득자의 사해의사에 대한 증명책임

판례는 '채무자가 사해행위임을 알고 한 법률행위는 수익자 또는 전득자도 이를 알고 한 것으로 추정되므로, 수익자 또는 전득자에게 사해의사가 없었다는 사실에 대한 증명책임이 있다'는 입장을 확립하고 있음은 전술한 바와 같다(대법원 1969.1.28.선고, 68다2022 판결 등).[193] 나아가 판례는 '사해행위 당시 수익자가 선의였음을 인정함에 있어서는 객관적이고도 납득할 만한 증거자료 등에 의하여야 하고, 채무자의 일방적인 진술이나 제3자의 추측에 불과한 진술 등에만 터 잡아 그 사해행위 당시 수익자가 선의였다고 단정해서는 안 된다'고 한다(대법원 2006.7.4.선고, 2004다61280 판결 등).[194] 다만, 대법원은 '주택임대차법 제8조의 보증금 중의 일정액에 대한 최우선변제권의 보호대상인 임차권을 설정해 준 행위가 사해행위인 경우에도 채무자의 악의는 추정되는 것이고, 수익자인 임차인의 악의 또한 추정된다고 할 것이나, 위 법조 소정의 임차권을 취득하는 자는 자신의 보증금회수에 대하여 상당한 신뢰를 갖게 되고, 따라서 임대인의 채무초과상태 여부를 비롯하여 자신의 임대차계약이 사해행위가 되는지에 대하여 통상적인 거래행위 때보다는 주의를 덜 기울이게 될 것이므로, 수익자인 임차인의 선의를 판단함에 있어서는 실제로 보증금이 지급되었는지, 그 보증금의 액수는 적정한지, 등기부상 다수의 권리제한관계가 있어서 임대인의 채무초과상태를 의심할 만한 사정이 있었는데도 굳이 임대차계약을 체결할 사정이 있었는지, 임대인과 친인척관계 등 특별한 관계는 없는지 등을 종합적으로 고려하여 논리와 경험칙을 통하여 합리적으로 판단하여야 한다'고 판시함으로써, '수익자 또는 전득자가 사해행위 당시에 선의였다는 사실에 대한 증명책임을 진다'는 원칙에 대

192) 판례평석: 이언학, "사해행위취소 소송에서 취소의 효과가 미치는 범위 및 전득자의 악의 판단에 수익자가 법률행위의 사해성을 인식하였는지가 문제되는지 여부", 대법원판례해설 93호(법원도서관, 2012), 70 이하.

193) 판례평석: 정규상, "채권자취소권의 행사요건Ⅱ -사해행위취소소송에 있어서 수익자·전득자의 악의의 입증책임-", 민법판례해설Ⅲ(채권총론), 75 이하. 같은 취지: 대법원 1960.7.7.선고, 4292민상786·787 판결; 대법원 1960.8.18.선고, 4293민상86 판결; 대법원 1962.1.25.선고, 4294민상529 판결; 대법원 1962.2.8.선고, 4294민상722 판결; 대법원 1962.4.12.선고, 4294민상1138 판결; 대법원 1988.4.25.선고, 87다카1380 판결; 대법원 1997.5.23.선고, 95다51908 판결; 대법원 2001.4.24.선고, 2000다41875 판결; 대법원 2005.10.14.선고, 2003다60891 판결.

194) 같은 취지: 대법원 2009.5.28.선고, 2009다11617 판결; 대법원 2010.7.22.선고, 2009다60466 판결.

하여 중대한 예외를 인정한 바 있으며(대법원 2005.5.13.선고, 2003다50771 판결),[195] 또한 '사해행위의 수익자가 채무자와 일면식이 없이 이웃의 소개로 급히 금전이 필요한 채무자로부터 다소 저렴한 가격으로 토지를 매수하였을 뿐인 경우에는, 단기간에 매매대금이 지급되고 그 직후 소유권이전등기가 경료되는 등 부동산거래관행과 다소 다르게 매매가 이루어진 사정이 있다고 하더라도 채무자로부터의 토지매수가 채권자를 해하는 사해행위임을 알지 못한 선의의 수익자에 해당한다'고 판시함으로써(대법원 2003.3.25.선고, 2002다62036 판결), 수익자의 사해의사를 적극적으로 추정하지 아니한 사례도 없지 않다.

학설은 '수익자 또는 전득자가 자신의 선의에 대한 증명책임을 부담한다'는 판례의 입장을 지지하는 견해[196]와 판례에 대하여 비판적인 견해[197]가 대립하고 있다.

사견으로는, '수익자 또는 전득자의 사해의사는 법률요건의 발생사실이므로, 그 존재를 주장하는 채권자에게 증명책임이 있다'고 해석하는 것이 타당하다고 생각한다. 판례와 다수설은 증명책임 분배에 관한 「법률요건분류설」에 따라 수익자 또는 전득자의 사해의사가 단서의 형태로 규정되어 있다는 이유를 들어 수익자 또는 전득자의 사해의사가 추정되는 것으로 해석하고 있으나, 이는 형평에 어긋나는 불합리한 해석일 뿐만 아니라 거래의 실정에도 부합하지 않는 비현실적인 해석이며, 나아가 거래의 안전에 심각한 위협이 되는 부당한 해석이라는 비판을 면하기 어렵다 할 것이다. 이러한 점에서, 대법원이 '주택임대차보호법상의 대항력을 갖추고 보증금 중 일정액에 대하여 최우선변제권이 인정되는 임차권을 설정하는 행위에 대해서는 사해의사의 추정을 인정하지 않고 여러 가지 사정을 종합하여 사해행위성 여부를 판단하여야 한다'고 판시함으로써(대법원 2005.5.13.선고, 2003다50771 판결), 사해의사의 증명책임에 관한 새로운 입장을 제시한 것은 매우 타당한 입장전환이라고 생각된다.

3) 수익자의 사해의사와 전득자의 사해의사와의 관계

'사해행위의 목적물의 전득자가 있는 경우, 수익자와 전득자 모두에게 사해의사가 있어야 하는가, 아니면 그중 어느 일방에게만 사해의사가 있으면 되는가?' 하는 것이 문제되는데, 이는 채권자취소권의 본질과 효력을 어떻게 볼 것인가에 따라서 그 결론이 달라진다. 즉, 채권자취소권의 본질을 사해행위의 효력을 부인하고 책임재산으로부터 유출된 재산의 반환을 청구하는 것이며, 채권자와 수익자 또는 채권자와 전득자 사이에 있어서만 상대적으로 무효의 효과를 발생케 하는 것이라고 보는 「상대적 효력설」의 입장에서는, 수익자와 전득자 중

195) 판례평석: 신진화, "채무자가 채무초과 상태에서 주택임대차보호법 제8조의 소액보증금 최우선변제권 보호대상인 임차권을 설정해 준 행위가 사해행위취소의 대상이 되는지 여부", 재판과 판례 15집(대구판례연구회, 2007/1), 225 참조.

196) 정규상, 전게논문(주 193), 75; 곽윤직, 147; 김상용, 262; 김증한/김학동, 203; 김형배, 409; 김주수, 250; 이태재, 167; 장경학, 312; 현승종, 211 참조.

197) 조남대, 전게논문(주 101), 582; 주석채권총칙(상)/김욱곤, 434; 이은영, 474 참조.

어느 일방이 악의이면 그 자에 대하여 채권자취소권을 행사할 수 있게 된다. 그러나 채권자취소권의 본질을 사해행위의 효력을 절대적으로 부인하는 데 있다고 보는 「절대적 효력설」의 입장에서는, 수익자와 전득자 모두에게 사해의사가 있는 경우에 한하여 채권자취소권을 행사할 수 있다고 해석하게 된다. 「상대적 효력설」이 타당하다는 점은 앞에서 이미 상세히 검토한 바 있으므로, 이 문제를 재론할 필요는 없을 것이다. 요컨대, 수익자와 전득자 중 어느 일방이 악의인 경우에도 악의인 자를 상대로 채권자취소권을 행사할 수 있게 된다.

그러나 법무부 민법개정위원회의 「2014년 민법개정시안」은 '전득자의 모든 전자에게 취소의 원인이 있는 경우'에 한하여 전득자에 대하여 채권자취소권을 행사할 수 있는 것으로 개정할 것을 제안한 바 있다(동 개정시안 407조의6 1항). 또한 2017년에 개정된 일본민법은 '수익자를 상대로 취소소송을 제기할 수 있는 경우에 한하여 전득자를 상대로 취소소송을 제기할 수 있다'는 명문규정을 신설함으로써(동법 424조의5),[198] 종래의 판례법리를 폐기하였다.[199]

[44] Ⅴ. 채권자취소권의 행사

1. 채권자취소권 행사의 당사자

(1) 취소권자

채무자의 사해행위로 인하여 완전한 변제를 받을 수 없게 된 채권자는 누구나 사해행위를 취소할 수 있다. 채권자취소권의 피보전채권에 대해서는 앞에서 기술한 바와 같다.

(2) 취소권 행사의 상대방

통설·판례에 따르면, 취소권 행사의 효력은 채권자와 수익자 또는 채권자와 전득자 사이에서만 상대적으로 발생하는 것이므로(상대적 효력설), 취소권 행사의 상대방, 즉 채권자취소소송의 피고는 항상 수익자 또는 전득자이며, 채무자를 피고로 할 수 없다(대법원 1962.2.15.선고, 4294민상378 판결 등).[200]

---

198) 일본민법(2017.6.2. 법률 제44호로 개정된 것) 제424조의5(전득자에 대한 사해행위취소청구) 채권자는, 수익자에 대하여 사해행위취소청구를 할 수 있는 경우에, 수익자에게 이전한 재산을 전득한 자가 있는 때에는, 다음 각 호에 기재한 구분에 따라서 각각 당해 각 호에 정한 경우에 한하여 그 전득자에 대하여서도 사해행위취소청구를 할 수 있다. 1. 그 전득자가 수익자로부터 전득한 자인 경우 그 전득자가 전득의 당시에 채무자가 한 행위가 채권자를 해함을 알고 있었을 때 2. 그 전득자가 다른 전득자로부터 전득한 자인 경우 그 전득자 및 그 전에 전득한 모든 전득자가 각각의 전득 당시 채무자가 한 행위가 채권자를 해함을 알고 있었던 때

199) 정태윤, 전게논문(주 27), 292 이하 참조.

200) 같은 취지: 대법원 1961.11.9.선고, 4293민상263 판결; 대법원 1962.1.25.선고, 4294민상529 판결; 대법원 1962.2.15.선고, 4294민상378 판결; 대법원 1965.9.7.선고, 65다1481 판결; 대법원 1967.12.26.선고, 67다1839 판결; 대법원 1988.2.23.선고, 87다카1586 판결; 대법원 1991.8.13.선고, 91다13717 판결; 대법

1) 수익자와 전득자가 전부 악의인 경우

통설·판례는 「상대적 효력설」의 입장에서, '수익자와 전득자가 전부 악의인 경우에는 채권자는 전득자를 피고로 하여 채무자와 수익자 사이의 사해행위를 취소하고 재산을 채무자에게 반환할 것을 청구할 수도 있고, 수익자를 피고로 하여 채무자와 수익자 사이의 사해행위를 취소하고 재산의 반환에 갈음한 손해배상을 청구할 수도 있다'고 해석하고 있다. 또한 판례는 '채권자가 전득자를 상대로 채권자취소소송을 제기하여 승소한 경우에는 법원은 수익자와 전득자 사이의 소유권이전등기는 물론 채무자와 수익자 사이의 소유권이전등기를 전부 말소할 것을 명함으로써, 채무자 앞으로 원상회복을 실현시켜야 한다'는 입장을 취하고 있다(대법원 1962.1.25.선고, 4294민상529 판결). 다만, 학설 중에는 「채권설」의 입장에서, '취소채권자는 수익자와 전득자 명의의 소유권이전등기를 말소하지 않고 바로 최종 전득자를 상대로 직접 채무자 앞으로 소유권이전등기를 청구할 수 있다'고 해석하는 견해가 있음은 선술한 바와 같다.[201]

■ **채권자취소권의 행사로 인한 원상회복에 있어서 수익자와 전득자 사이의 소유권이전등기의 말소를 명하는 것이 채권자취소권의 성질에 배치되는 것인지 여부**(소극) 채권자취소권의 내용은 채무자·수익자 간의 법률행위를 취소하고 수익자 또는 전득자로부터 이탈된 재산의 회복을 목적으로 하는 것이나, 그 회복이 부동산에 관한 것으로서 수익자 명의로만 그치고 있을 때에는 등기명의자인 수익자 하나만을 피고로 하여도 그 목적을 달할 수 있을 것이나, 명의이전이 수익자로부터 전득자로 전전하였을 때에는, 그 취득에 있어 선의가 입증되지 못하고 악의로 인정되는 때에는 수익자로부터 전전하여 최후의 명의자까지 그 전부를 피고로 하여 수익자로부터 최후의 전득자에 이르기까지의 소유권이전등기를 전부 말소하지 아니하면 재산의 회복을 가져오는 데 완전을 이루지 못할 것이다. 본건에 있어서 최후의 전득자가 본건 부동산 취득 당시 사해의 사실을 알지 못하였다는 것이 피고들로부터 입증이 없는 이상 우선 악의로 인정하여 먼저 양 피고간의 소유권이전등기를 말소하고, 원고는 후일 다시 최후의 전득자를 상대로 하여 이전등기의 말소등기를 청구할 수 있을 것이고, 그 때 그 사람의 선의가 입증된다면 원고는 실지로 재산회복의 목적을 달성하지 못하는 결과에 이를 것이다. (대법원 1962.1.25.선고, 4294민상529 판결)[202]

2) 수익자만이 악의이고, 전득자는 선의인 경우

통설·판례의 입장인 「상대적 효력설」에 따르면, '수익자만이 악의이고 전득자는 선의인 경우(사해의사가 없는 경우)에는 채권자는 수익자를 피고로 하여 사해행위를 취소하고 재산의 반환에 갈음한 손해배상을 청구할 수 있을 뿐 전득자를 상대로 취소소송을 제기할 수는 없다'고 한다.

원 2004.8.30.선고, 2004다21923 판결.

201) 김재형, 전게논문(주 18), 29 참조.

202) 판결의 원문은 김능환, "채권자취소권의 행사방법 -부동산이 전전양도된 경우를 중심으로-", 민사재판의 제문제 6권(한국사법행정학회, 1991/11), 41; 김재형, 전게논문(주 18), 28 참조.

3) 수익자는 선의인데 전득자가 악의인 경우

통설·판례의 입장인 「상대적 효력설」에 따르면, '수익자는 선의인데 전득자가 악의인 경우에는 수익자를 상대로 취소소송을 제기할 수는 없으나, 전득자를 피고로 하여 사해행위를 취소하고 재산의 반환을 청구할 수 있다'고 한다.

2. 채권자취소권의 행사방법

(1) 채권자의 이름으로 행사

채권자취소권은 채권자 고유의 권리이므로 채권자 스스로 자기의 명의로 행사하여야 한다. 또한 채권자취소권은 채권자대위권과는 달리 채무자의 권리를 대신 행사하는 것이 아니므로, '채권자는 수익자 또는 전득자에 대하여 반환의 목적인 재산을 자기에게 직접 인도할 것을 청구할 수 있다'고 할 것이다. 물론 채권자는 반환받은 재산을 채무자의 책임재산에 귀속시킬 의무가 있다(407조).

(2) 재판상으로만 행사

채권자취소권은 수익자와 전득자 등 제3자의 이익에 중대한 영향을 미치게 되므로, 민법은 법원으로 하여금 그 요건에 대한 심사를 거치도록 하기 위하여 재판상으로만 이를 행사할 수 있도록 하고 있다(406조 1항). 여기서 '채권자취소권을 재판상으로만 행사할 수 있다'는 것은 채권자가 수익자 또는 전득자를 상대로 「채권자취소의 소」를 제기하는 것을 의미한다(대법원 1978.6.13.선고, 78다404 판결). 즉, 사해행위의 취소는 취소를 선언하는 형성적 성질을 내포한 판결에 의하여서만 할 수 있을 뿐(대법원 1962.2.8.선고, 61다722 판결), 소송상의 공격방어방법으로 주장할 수는 없다(대법원 1993.1.26.선고, 92다11008 판결 등).[203]

채권자취소소송은 사해행위의 취소(형성권)와 사해행위에 의하여 유출된 재산의 원상회복(청구권)을 내용으로 하는 것이므로, 형성의 소와 이행의 소가 결합된 형태의 소라고 할 수 있다. 또한 채권자취소소송은 피보전채권의 이행기 전에 채권자대위권 행사의 허가를 법원에 신청하는 경우와는 달리, 비송사건이 아니라 소송사건이다.

3. 취소권 행사의 범위

채권자취소권은 사해행위에 의하여 발생한 책임재산의 감소를 방지하여 채권의 만족을

---

203) 판례평석: 이재성, "채권자취소권의 행사방법", 균제양승두교수화갑기념(2) 「현대사회와 법의 발달」(홍문사, 1994/12), 536 이하. 같은 취지: 대법원 1978.6.13.선고, 78다404 판결; 대법원 1995.7.25.선고, 95다8393 판결; 대법원 1998.3.13.선고, 95다48599·48605 판결; 대법원 2005.6.9.선고, 2004다17535 판결.

얻는 데 그 목적이 있으므로, 취소권의 행사도 이에 필요한 범위 내에서만 인정된다. 즉, 사해행위가 가분적 급부를 내용으로 하는 경우에는 취소채권자의 채권액의 범위 내에서의 일부 취소만이 허용되며, 대지와 건물이 동일인의 소유로서 경제적으로 불가분의 관계에 있는 경우와 같이, 불가분급부를 내용으로 하는 사해행위의 경우에 한하여 그 전부의 취소가 허용된다(대법원 1975.2.25.선고, 74다2114 판결).[204] 따라서 취소채권자의 채권액을 산정할 필요가 있는데, '취소채권자의 채권액은 사해행위 당시의 채권액을 표준으로 산정하여야 하며, 사해행위 이후에 발생한 채권액은 이에 가산할 수 없는 것이 원칙이나, 사해행위 이후 사실심의 변론종결시까지 발생한 이자나 지연손해금은 채권액에 포함된다'는 것이 판례의 입장이다(대법원 2002.4.12.선고, 2000다63912 판결 등).[205] 그러나 '다른 채권자가 배당가입을 신청할 것이 명백한 경우처럼, 취소채권자가 자기의 채권을 보전하기 위하여 필요하다고 인정되는 특별한 사정이 있는 경우에는, 채권자가 자기의 채권액을 초과하여 취소권을 행사할 수 있다고 해석하여야 할 것이다. 판례도 같은 입장을 취하고 있다(대법원 1997.9.9.선고, 97다10864 판결 등).[206]

참고로 법무부의 「2014년 민법개정시안」은 채권자가 자신의 피보전채권액을 넘어서도 사해행위의 전부 또는 일부를 취소할 수 있음을 명문으로 규정할 것을 제안한 바 있다(동개정안 406조의3).[207]

4. 취소권의 행사기간의 제한

(1) 제척기간의 법적 성질

사해행위의 취소 및 원상회복의 소는 채권자가 취소원인을 안 날로부터 1년, 법률행위 있은 날로부터 5년 내에 제기하여야 한다(406조 2항). 채권자취소권의 행사는 반드시 소로써만 하여야 하므로, 제406조 제2항의 제척기간은 제소기간으로 보아야 할 것임은 물론이다(대법원 1980.7.22.선고, 80다795 판결 등).[208] 그러므로 법원은 채권자가 제소기간을 준수하였는지 여부를 직권으로 조사하여 그 기간이 도과된 후에 제기된 채권자취소의 소는 부적법한 것으로 각하하여야 한다(대법원 1996.5.14.선고, 95다50875 판결 등).[209] 다만, 판례는 '제소기간의 준수 여부에 대

204) 판례평석: 김현태, "채권자취소권행사의 범위", 서울대법학(판례회고 4호)(서울대법학연구소, 1976/9), 85 이하.

205) 같은 취지: 대법원 2001.9.4.선고, 2000다66416 판결; 대법원 2001.12.11.선고, 2001다64547 판결; 대법원 2003.7.11.선고, 2003다19572 판결.

206) 같은 취지: 대법원 1975.2.25.선고, 74다2114 판결; 대법원 1975.6.24.선고, 75다625 판결.

207) 「2014년 민법개정시안」 제406조의3(취소의 범위) 채권자는 채무자의 재산으로 채무를 완전히 변제할 수 있게 하기 위하여 자기의 채권액을 넘어서도 채무자의 법률행위의 전부 또는 일부를 취소할 수 있다.

208) 판례평석: 이상무, "채권자취소권(하)" 법무사 435호(대한법무사협회, 2003/9), 27 이하. 같은 취지: 대법원 1975.4.8.선고, 74다1700 판결.

209) 같은 취지: 대법원 1975.4.8.선고, 74다1700 판결; 대법원 2001.2.27.선고, 2000다44348 판결; 대법원

하여 의심이 있는 경우에는 법원이 필요한 정도에 따라 직권으로 증거조사를 할 수 있으나, 법원에 현출된 모든 소송자료를 통하여 살펴보았을 때 그 기간이 도과되었다고 의심할 만한 사정이 발견되지 않는 경우까지 법원이 직권으로 추가적인 증거조사를 하여 기간 준수 여부를 확인하여야 할 의무는 없다'고 한다(대법원 1996.5.14.선고, 95다50875 판결 등).

(2) 제척기간의 기산점

제소기간의 기산점은 사해행위가 있은 날 또는 채권자가 취소원인을 안 날이다(406조 2항). 문제는 '"채권자가 취소원인을 안 날"이라 함은 구체적으로 무엇을 의미하는가?' 하는 것이다. 이에 대하여, 판례는 ① '채권자취소소송의 제소기간의 기산점인 "채권자가 취소원인을 안 날"이라 함은 채권자가 채권자취소권의 요건을 안 날, 즉 채무자가 채권자를 해함을 알면서 사해행위를 하였다는 사실을 알게 된 날을 의미하며, ② '채권자취소권의 제척기간의 기산점이 되는 "채권자가 취소원인을 안 날"을 정하기 위하여 '채권자가 취소원인을 알았다'고 하기 위해서는 단순히 채무자가 재산의 처분행위를 하였다는 사실을 아는 것만으로는 부족하고, 구체적인 사해행위의 존재를 알고 나아가 채무자에게 사해의 의사가 있었다는 사실까지 알 것을 요한다'고 한다(대법원 2000.9.29.선고, 2000다3262 판결 등). 다만, '채권자가 수익자나 전득자의 악의까지 알아야 하는 것은 아니며(대법원 2000.9.29.선고, 2000다3262 판결 등), 채권자가 사해의 객관적 사실을 알았다고 하여 취소의 원인을 알았다고 추정할 수는 없다'고 한다(대법원 2002.9.24.선고, 2002다23857 판결 등).[210] 또한 '제척기간의 도과에 관한 증명책임은 채권자취소소송의 상대방에게 있다'고 한다(대법원 2009.3.26.선고, 2007다63102 판결 등).

실제사례에서는 '채권자가 취소의 원인을 알았다고 볼 것인지' 여부가 문제되는 경우가 많다. 이에 대하여, 판례는 ① '채무자가 자기의 유일한 재산인 부동산을 매각하여 소비하기 쉬운 금전으로 바꾸는 행위는 특별한 사정이 없는 한 채권자에 대하여 사해행위가 되어 채무자의 사해의 의사가 추정되는 것이므로, 이와 같이 채무자가 유일한 재산인 부동산을 처분하였다는 사실을 채권자가 알았다면 특별한 사정이 없는 한 채무자의 사해의사도 채권자가 알았다고 봄이 상당하다'고 한다(대법원 2000.9.29.선고, 2000다3262 판결 등). 그러나 ② '채권자가 채무자의 유일한 재산에 대하여 가등기가 경료된 사실을 알고 채무자의 재산상태를 조사한 결과 다른 재산이 없음을 확인한 후 채무자의 재산에 대하여 가압류를 한 경우에는 채권자는 그 가압류 무렵에는 채무자가 채권자를 해함을 알면서 사해행위를 한 사실을 알았다고 봄이 상당하지만, 채권자가 채무자 소유의 부동산에 대한 가압류신청시 첨부한 등기부등본에 수익자

2002.7.26.선고, 2001다73138·73145 판결; 대법원 2005.4.28.선고, 2004다71201 판결; 대법원 2012.4.12.선고, 2011다110579 판결.

210) 같은 취지: 대법원 2006.7.4.선고, 2004다61280 판결.

명의의 근저당권설정등기가 경료되어 있었다는 사실만으로는 채권자가 가압류신청 당시 취소원인을 알았다고 인정할 수 없다'고 한다(대법원 2001.2.27.선고, 2000다44348 판결 등).[211] 또한 ③ '채권자가 채무자의 제3자에 대한 금전의 증여행위가 사해행위에 해당한다는 것을 확실히 알지 못한 채 그 금전으로 취득한 제3자 명의의 부동산이 실은 채무자의 소유인데 제3자에게 명의신탁한 것으로 잘못 알고 그 부동산을 대상으로 처분금지가처분신청을 하여 그 처분금지가처분등기가 경료되었다는 사정만으로는, 채권자가 그때부터 채무자가 채권자를 해함을 알면서 사해행위인 금전의 증여행위를 하였다는 사실을 알게 되었다고 볼 수 없다'고 한다(대법원 2009.4.9.선고, 2008다81398 판결). ④ '채권자가 대물변제계약에 기한 소유권이전등기청구권을 피보전권리로 하는 처분금지가처분등기가 경료된 사실을 알았다는 사정만으로 위 대물변제계약이 사해행위에 해당하는지 여부에 관하여 알 수 있었다고 보기는 어렵다'고 한다(대법원 2011.1.13.선고, 2010다71684 판결). ⑤ '법인이 대표자의 불법행위로 인한 법인의 손해배상청구권을 피보전권리로 하여 채권자취소권을 행사하는 경우의 제척기간의 기산점인 "취소원인을 안 날"이라 함은 통상 대표자가 이를 안 날을 뜻하지만, 법인의 대표자가 법인에 대하여 불법행위를 한 경우에는 법인과 대표자의 이익은 상반되므로 법인의 대표자가 그로 인한 손해배상청구권을 행사하리라고 기대하기 어려울 뿐만 아니라 일반적으로 대표권도 부인된다고 할 것이어서, 법인의 대표자가 취소원인을 아는 것만으로는 부족하다. 따라서 이러한 경우에는 적어도 법인의 이익을 정당하게 보전할 권한을 가진 다른 대표자, 임원 또는 사원이나 직원 등이 채권자취소권을 행사할 수 있을 정도로 이를 안 때에 비로소 제척기간이 개시되며, 만약 다른 대표자나 임원 등이 법인의 대표자와 공동불법행위를 한 경우에는 그 다른 대표자나 임원 등을 배제하고 제척기간의 기산점을 판단하여야 한다'고 한다(대법원 2015.1.15.선고, 2013다50435 판결).

■ **채권자취소권 행사의 제척기간의 기산점인 채권자가 '취소원인을 안 날'의 의미** [1] 채권자취소권 행사에 있어서 제척기간의 기산점인 채권자가 '취소원인을 안 날'이라 함은 채권자가 채권자취소권의 요건을 안 날, 즉 채무자가 채권자를 해함을 알면서 사해행위를 하였다는 사실을 알게 된 날을 의미한다. [2] 채권자취소권 행사에 있어서 채권자가 취소원인을 알았다고 하기 위하여서는 단순히 채무자가 재산의 처분행위를 하였다는 사실을 아는 것만으로는 부족하고 구체적인 사해행위의 존재를 알고 나아가 채무자에게 사해의 의사가 있었다는 사실까지 알 것을 요하나, 나아가 채권자가 수익자나 전득자의 악의까지 알아야 하는 것은 아니다. [3] 이미 채무초과의 상태에 빠져 있는 채무자가 그의 유일한 재산인 부동산을 채권자들 가운데 어느 한 사람에게 대물변제로 제공하는 행위는 다른 특별한 사정이 없는 한 다른 채권자들에 대한 관계에서 사해행위가 되고, 특히 채무자가 자기의 유일한 재산인 부동산을 매각하여 소비하기 쉬운 금전으로 바꾸는 행위는 특별한 사정이 없는 한 채권자에 대하여 사해행위가 되어 채무자의 사해의 의사가 추정되는 것이므로, 이와 같이 채무자가 유일한 재산인 부동산을 처분하였

211) 같은 취지: 대법원 1999.4.9.선고, 99다2515 판결.

다는 사실을 채권자가 알았다면 특별한 사정이 없는 한 채무자의 사해의사도 채권자가 알았다고 봄이 상당하다. (대법원 2000.9.29.선고, 2000다3262 판결)[212]

[45] Ⅵ. 채권자취소권 행사의 효과

1. 원상회복 : 사해행위 목적물의 반환청구

(1) 취소와 원상회복의 분리청구

채권자취소권은 채무자의 사해행위를 취소하여 채무자의 책임재산을 원상으로 회복시키는 것을 목적으로 하는 권리이므로, 사해행위에 의하여 책임재산에서 유출된 재산의 반환을 청구하는 원상회복이 제도의 핵심을 이루며, 사해행위의 취소는 원상회복의 전제조건에 지나지 않는다.

문제는 '채권자가 원상회복을 청구하지 않고 사해행위의 취소만을 청구하거나 사해행위의 취소를 청구하지 않고 원상회복만을 청구할 수 있는가?' 하는 것인데, 판례는 '사해행위의 취소와 원상회복을 같이 청구하는 것이 원칙이지만, 먼저 사해행위의 취소만을 청구하고 원상회복은 나중에 청구할 수 있다'고 한다. 또한 '이 경우 사해행위의 취소청구가 제406조 제2항의 기간 내에 제기되었다면 원상회복의 청구는 그 기간이 지난 뒤에도 청구할 수 있다'고 한다(대법원 2001.9.4.선고, 2001다14108 판결). 다만, 학설 중에는 「채권설」의 입장에서 '사해행위의 취소를 청구하지 않고 원상회복만을 청구할 수 있다'고 주장하는 견해도 있다는 점과, '원상회복만을 청구하는 것은 허용되지 않는다'는 것이 통설·판례의 입장이라는 것은 전술한 바와 같다(대법원 1962.2.8.선고, 61다722 판결 등).

(2) 원상회복의 내용

1) 원상회복의 의미

통설·판례의 입장에 따르면, 채권자취소소송은 사해행위의 취소를 내용으로 하는 형성의 소와 사해행위의 취소를 전제로 한 원상회복의 이행을 내용으로 하는 이행의 소가 결합된 것이며(절충설), 취소의 효력은 원고인 취소채권자와 피고인 수익자 또는 전득자 사이에서만

212) 판례평석: 안철상, "사해행위취소의 소에 있어서 제척기간의 기산점인 '채권자가 취소원인을 안 날'의 의미", 대법원판례해설 35호(법원도서관, 2001/6), 74 이하. 같은 취지: 대법원 1997.5.9.선고, 96다2606·2613 판결; 대법원 1999.4.9.선고, 99다2515 판결; 대법원 2001.2.27.선고, 2000다44348 판결; 대법원 2002.9.24.선고, 2002다23857 판결; 대법원 2002.11.26.선고, 2001다11239 판결; 대법원 2003.7.11.선고, 2003다19435 판결; 대법원 2005.3.25.선고, 2004다66490 판결; 대법원 2005.6.9.선고, 2004다17535 판결; 대법원 2005.6.24.선고, 2005다19859 판결; 대법원 2006.7.4.선고, 2004다61280 판결; 대법원 2009.3.26.선고, 2007다63102 판결; 대법원 2009.10.29.선고, 2009다47852 판결; 대법원 2011.1.13.선고, 2010다71684 판결.

상대적으로 발생하는 것이므로(상대적 무효설), '사해행위의 취소를 명한 판결이 확정된 경우에는 피고인 수익자 또는 전득자는 취소채권자에 대하여 책임재산(사해행위의 목적물)을 원상으로 회복시킬 의무를 부담한다'고 해석된다(406조 1항).

한편 민법은 채무불이행으로 인한 계약해제의 효력으로서 '각 당사자는 그 상대방에 대하여 원상회복의 의무가 있다'고 규정하고 있는바(548조 1항), 판례는 물권행위의 독자성과 무인성을 부정하는 「유인성설」의 입장과 해제의 소급효를 인정하는 「직접효과설」의 입장에서, '계약이 해제되면 그 계약의 이행으로 변동이 생겼던 물권은 당연히 그 계약이 없었던 원상태로 복귀한다'고 해석함으로써(대법원 1977.5.24.선고, 75다1394 판결 등),[213] 해제의 물권적 효력을 인정하고 있다(물권적 효력설). (☞ 계약법 편, 제1장 제4절 「계약의 해제와 해지」)

여기서 '사해행위취소의 효력으로서의 원상회복(406조 1항)과 계약해제의 효력인 원상회복(548조 1항)이 같은 의미를 가지는 것인가?' 하는 의문이 생기는데, 이에 대해서는 견해가 갈린다.

(가) 학 설

(A) 제1설 이는 채권자취소권의 본질에 관한 통설·판례의 입장인 「상대적 무효설」에 충실한 견해로서, '채권자취소의 효력으로서의 「원상회복」은 사해행위에 의하여 일탈된 재산을 채무자소유 명의로 환원케 한다는 정도의 상대적 의미를 지니는 것이므로, 계약해제의 효력인 원상회복과 같은 의미로 해석할 수 없다'는 견해이다.[214]

(B) 제2설 이는 '채권자취소권 행사의 효력으로서의 「원상회복」은 계약해제의 효력인 원상회복과 같은 의미로 해석하여야 하므로, 사해행위가 있기 이전의 상태로 복귀시키는 것을 의미한다'고 해석하는 견해이다.[215] 이 견해는 '동일 법령 가운데 포함되어 있는 동일어는 특별한 이유가 없는 한 동일 의미로 해석하여야 한다는 성문법해석의 기초인 문리해석에도 부합할 뿐만 아니라, 채권자취소권제도의 취지를 고려한 논리해석에도 부합한다'는 점을 근거로 들고 있다.[216]

(C) 제3설 이는 '채권자취소의 효력인 「원상회복」은 법률행위의 무효화를 전제로 재화의 이전을 원상태로 회복한다는 의미가 아니라, 채권자가 공취력을 행사할 수 있는 상태로 책임재산을 회복시킨다는 의미로 파악해야 한다'는 견해로서,[217] 채권자취소권의 본질에 관

---

213) 같은 취지: 대법원 1995.5.12.선고, 94다18881·18898·18904 판결.
214) 김능환, "채권자취소에 있어서 원상회복의 내용과 방법(하)", 법률신문 1676호(1987/3) 참조.
215) 이상경, "채권자취소소송에 있어서 원상회복방법 및 채권의 만족방법", 인권과 정의 246호(대한변호사협회, 1997/2), 529; 서인겸, "채권자취소권에 관한 몇 가지 쟁점", 인권과 정의 395호(대한변호사협회, 2009/7), 170 이하 참조.
216) 서인겸, 상게논문, 173 참조.
217) 김재형, 전게논문(주 18), 29 참조.

한 「채권설」의 입장을 관철하고자 하는 견해라고 할 수 있다.

(나) 판례의 입장

사해행위취소의 효력인 "원상회복"의 의미에 관한 판례의 입장은 명확하지 않다. 판례가 이에 관하여 구체적으로 설시하거나 계약해제의 효력인 원상회복과의 관계를 언급한 사례를 찾을 수 없기 때문이다. 다만, 판례는 「상대적 효력설」의 입장을 취하고 있음을 전제로, '사해행위 취소에 따른 원상회복은 원칙적으로 그 목적물 자체의 반환에 의하여야 하고(원물반환의 원칙), 원물반환이 불가능하거나 현저히 곤란한 경우[218]에 한하여 예외적으로 가액배상에 의하여야 한다'는 입장을 취하고 있으며(대법원 2006.12.7.선고, 2006다43620 판결),[219] 또한 '채권자가 전득자를 상대로 채권자취소소송을 제기하여 승소한 경우, 법원은 수익자와 전득자 사이의 소유권이전등기는 물론이고 채무자와 수익자 사이의 소유권이전등기까지 전부 말소할 것을 명함으로써, 채무자 앞으로 원상회복을 실현시켜야 한다'는 입장을 취하고 있음은 전술한 바와 같다(대법원 1962.1.25.선고, 4294민상529 판결).

(다) 학설·판례의 검토

우선 '채권자취소권 행사의 효력으로서의 "원상회복"을 계약해제의 효력인 "원상회복"(548조)과 같은 의미로 해석하여야 한다'고 주장하는 견해(제2설)는, 책임재산의 보전을 목적으로 하는 채권자취소권의 제도적 취지에 반하는 무리한 주장으로서 찬성하기 어렵다. 채권자취소권은 책임재산의 보전을 위하여 채무자의 자유로운 재산관리행위에 간섭하는 것을 인정하는 제도로서 그 적용요건과 효력에 신중을 기할 필요가 있을 뿐만 아니라, 쌍무계약의 일방 당사자의 채무불이행에 대한 제재로서 실질적으로 손해배상의 역할을 하는 해제와는 본질적으로 취지를 달리하는 제도이기 때문이다. (☞ 계약법 편, 제1장 제4절 「계약의 해제와 해지」)

「제3설」은 채권자취소권의 본질에 관한 「채권설」의 입장에서 '취소 없는 원상회복이 가능하다'는 이론을 전제로 하여, '채권자취소의 효력인 원상회복은 법률행위의 무효화를 전제로 재화의 이전을 원상태로 회복한다는 의미가 아니라, 채권자가 공취력을 행사할 수 있는 상태로 책임재산을 회복시킨다는 의미로 파악해야 한다'고 주장하고 있으나, 이러한 견해는 「강제집행인용의 소」를 전제로 하여 집행권원의 존재를 요건으로 하는 독일의 채권자취소법의 해석론으로서는 가능하나, 독일과 전혀 사정이 다른 우리 민법의 해석론으로 채택하는 것은 불가능하다고 생각된다.

---

218) 판례는 '여기에서 원물반환이 불가능하거나 현저히 곤란한 경우라 함은 원물반환이 단순히 절대적·물리적으로 불능인 경우가 아니라, 사회생활상의 경험법칙 또는 거래상의 관념에 비추어 그 이행의 실현을 기대할 수 없는 경우를 말한다'고 한다(대법원 2007.7.12.선고, 2007다18218 판결 등).

219) 판례평석: 김용관, "사해행위로서 근저당권설정등기가 마쳐지고 그 근저당권설정계약 중 일부만이 사해행위에 해당하는 경우 그 원상회복방법", 대법원판례해설 63호(법원도서관, 2006/7), 109 이하. 같은 취지: 대법원 2007.7.12.선고, 2007다18218 판결.

전술한 바와 같이, '채권자취소권의 행사에 따른 취소판결의 효력은 소송당사자인 원고(채권자)와 피고(수익자 또는 전득자) 사이에서만 사해행위를 무효로 만드는 것이며, 소송당사자가 아닌 채무자와 수익자 또는 수익자와 전득자 사이의 법률행위의 효력에는 영향이 없다'는 「상대적 효력설」이 타당하다고 할 것이다. 다만, 「상대적 무효설」의 입장에서는 사해행위의 취소에도 불구하고 채무자와 수익자 사이에서는 여전히 그 법률행위는 유효하며, 사해행위의 취소는 수익자와 전득자 사이의 법률행위의 효력에는 영향을 미치지 않는 것일 뿐만 아니라, 책임재산보전이라는 채권자취소권제도의 목적이 반드시 수익자 또는 전득자로부터의 '원물반환'에 의해서만 달성될 수 있는 것도 아니기 때문에, '사해행위취소의 효력인 원상회복이 반드시 '원물반환'을 의미한다'는 논리는 성립하지 않는다고 할 것이다.

이러한 관점에서, '사해행위의 취소에 따른 원상회복은 원칙적으로 그 목적물 자체의 반환에 의하여야 하고, 그것이 불가능하거나 현저히 곤란한 경우에 한하여 예외적으로 가액배상에 의하여야 하며(대법원 2006.12.7.선고, 2006다43620 판결 등), '사해행위를 취소한 경우, 법원은 수익자와 전득자 사이의 소유권이전등기는 물론이고 채무자와 수익자 사이의 소유권이전등기까지 전부 말소할 것을 명함으로써, 채무자 앞으로 원상회복을 실현시켜야 한다'는 판례법리의 타당성에 대해서는 의문이 제기될 수 있다.[220] 다만, 이하에서는 「원상회복」에 관한 현재의 판례의 입장을 정리하여 소개하는 데 그치기로 한다.

2) 원상회복의 방법

(가) 원물반환의 원칙

전술한 바와 같이, 판례는 '사해행위의 취소에 따른 원상회복은 그 목적물 자체를 반환하는 원물반환이 원칙이며, 가액반환(사해행위의 목적재산에 대한 평가액의 반환)은 원물반환이 불가능하거나 현저히 곤란한 경우에 한하여 예외적으로만 허용된다'는 입장을 취하고 있다(대법원 2006.12.7.선고, 2006다43620 판결 등).

(A) 목적물의 사용이익이나 임료상당액도 반환하여야 하는지 여부 '원물반환의 경우에 수익자나 전득자가 목적물의 사용이익이나 임료상당액도 반환해야 하는가?' 하는 것이 문제되는데, 학설 중에는 '수익자나 전득자는 반환목적물의 사용이익이나 임료상당액도 반환하여야 한다'는 견해가 많다.[221] 그러나 판례는 '사해행위의 취소 및 원상회복은 책임재산의 보전을 위하여 필요한 범위 내로 한정되어야 하므로, 원래의 책임재산을 초과하는 부분은 원상회복의 범

220) 同旨: 김능환, 전게논문(주 202), 43~44 참조. 물론 '말소등기를 명함으로써 원상회복을 실현시켜야 한다'는 판례의 입장은 '채권자와의 관계에서는 상대적으로나마 사해행위가 취소됨으로써 수익자 명의의 이전등기가 원인무효가 되므로, 전득자는 무권리자(수익자)로부터 등기명의를 취득한 것이 된다'는 논리에 기한 것이라고 할 것이다.

221) 서인겸, 전게논문(주 215), 183; 민법주해(9)/김능환, 845; 주석민법(2)/이상경, 110 참조.

위에 포함된다고 볼 수 없고, 따라서 수익자 또는 전득자가 사해행위 이후 그 부동산을 직접 사용하거나 제3자에게 임대하였다고 하더라도, 당초 채권자의 공동담보를 이루는 채무자의 책임재산은 당해 부동산이었을 뿐 수익자 또는 전득자가 그 부동산을 사용함으로써 얻은 사용이익이나 임차인으로부터 받은 임료상당액은 채무자의 책임재산이었다고 볼 수 없으므로, 수익자 등이 원상회복으로서 당해 부동산을 반환하는 이외에 그 사용이익이나 임료상당액을 반환해야 하는 것은 아니라고 한다(대법원 2008.12.11.선고, 2007다69162 판결).[222)]

학설 중에는 수익자나 전득자가 목적물의 사용이익이나 임료상당액까지 반환해야 한다는 주장의 논거로서, '사해행위 취소의 효과인 원상회복에 대해서는 제548조의 계약해제의 효과로서의 원상회복에 관한 법리를 유추적용하여야 한다'고 주장하는 견해도 있으나,[223)] 이는 수긍하기 어려운 주장이라 할 것임은 전술한 바와 같다.

생각건대, 판례가 전제하고 있는 '사해행위의 취소에 따른 원상회복은 책임재산의 보전을 위하여 필요한 범위 내로 한정되어야 하므로, 원래의 책임재산을 초과하는 부분은 원상회복의 범위에 포함된다고 볼 수 없다'는 부분에 대해서는 찬성하나, 수익자나 전득자가 취득한 목적물의 사용이익이나 임료상당액을 반드시 원래의 책임재산에 속하지 않는다고 판단하여야만 하는지는 의문이다. 왜냐하면 만약 사해행위가 없었다면 그 목적물의 사용이익이나 임료상당액은 당연히 채무자의 책임재산에 귀속되었을 것이기 때문이다.

(B) 원물반환으로 금전의 지급을 청구하는 경우, 지연배상금도 청구할 수 있는지 여부 이에 대하여, 판례는 '금전의 증여를 사해행위로서 취소하고 원상회복으로 금전의 지급을 청구하는 경우에는 원금 이외에 연 5% 비율에 의한 지연배상금의 지급도 청구할 수 있으며, 이 경우 지연배상금 산정의 기산점은 상대방(수익자)이 실제로 금전을 지급받은 때로 보아야 할 것'이라고 한다(대법원 2006.10.26.선고, 2005다76753 판결).[224)]

(나) 가액반환이 인정되는 경우 및 그 범위

전술한 바와 같이, '사해행위의 취소에 따른 원상회복은 책임재산에서 유출된 물건 자체를 반환하여야 하는 원물반환이 원칙이나, 원물반환이 불가능하거나 현저히 곤란한 경우에는 예외적으로 가액반환(사해행위의 목적재산에 대한 평가액의 반환)이 허용된다'는 것이 판례의 입장이다(대법원 2006.12.7.선고, 2006다43620 판결 등). 이러한 판례의 입장을 전제로 하는 경우, 문제는 '구체적으로 어떠한 경우에 가액반환이 인정되며, 가액반환이 허용되는 경우에는 무엇을 기준으로 하여 반환범위(액수)를 산정할 것인가?' 하는 것이다.

---

222) 판례평석: 서인겸, 상게논문, 170 이하.
223) 상게논문, 183 참조.
224) 판례평석: 상게논문, 170 이하.

실제사례에서 가액반환의 허용 여부가 문제되는 것은 채무자가 저당권이 설정된 부동산을 매각한 것을 채권자가 사해행위라고 주장하고 이를 취소하고 원물반환을 청구한 경우가 대부분인데, 판례는 '저당권이 설정되어 있는 채무자의 유일한 책임재산인 부동산의 매매계약이 저당권자 이외의 자와의 사이에 이루어지고 그 후 변제 등에 의하여 저당권설정등기가 말소된 경우에, 채권자가 매매계약 전부를 취소하여 그 부동산 자체의 회복을 명하는 것은 원래 책임재산이 아닌 부분까지 원상회복시키는 것이 되어 공평에 반하는 결과가 되므로, 그 부동산의 가액에서 저당권의 피담보채권액을 공제한 잔액의 한도에서 그 매매계약의 일부 취소와 그 가액의 배상을 구할 수 있을 뿐 부동산 자체의 회복을 구할 수는 없다'는 입장을 확립하고 있다(대법원 1996.10.29.선고, 96다23207 판결 등).[225] 나아가 판례는 이러한 법리를 전제로 하여, ① '근저당권이 설정되어 있는 부동산에 관하여 사해행위가 이루어진 후 근저당권이 말소되어 그 부동산의 가액에서 근저당권의 피담보채무액을 공제한 나머지 금액의 한도에서 사해행위를 취소하고 가액의 배상(반환)을 명하여야 하는 경우, 그 반환가액의 산정은 사해행위 취소시인 사실심 변론종결시를 기준으로 하여야 하며(대법원 2001.9.4.선고, 2000다66416 판결 등),[226] ② 이는 사해행위의 목적인 부동산에 수 개의 저당권이 설정되어 있다가 사해행위 후 그중 일부의 저당권만이 말소된 경우에도 마찬가지여서, 사해행위의 취소에 따른 원상회복은 가액반환의 방법에 의할 수밖에 없으므로, 이 경우 반환하여야 할 가액은 사해행위 취소시인 사실심 변론종결시를 기준으로 하여 그 부동산의 가액에서 말소된 저당권의 피담보채권액과 말소되지 아니한 저당권의 피담보채권액을 모두 공제한 잔액이 된다'고 한다(대법원 1998.2.13.선고, 97다6711 판결 등).[227] 또한 ③ '기존의 근저당권이 말소된 후 사해행위에 의하여 그 부동산에 관한 권리를 취득한 전득자에 대하여도 사실심 변론종결시의 부동산 가액에서 말소된 근저당

---

225) 판례평석: 이균룡, "근저당권의 목적이 된 부동산의 대물변제계약이 사해행위에 해당하는 경우에 있어서 근저당권이 소멸된 때에 취소의 범위 및 원상회복의 방법", 판례와 실무 1997년(1997/9), 1 이하; 김창종, "저당부동산의 대물변제가 사해행위인 경우, 그 사해행위 취소의 범위와 원상회복방법", 형평과 정의 12집(대구지방변호사회, 1997/11), 66 이하; 노수환, "대물변제가 사해행위로 인정되는 경우와 근저당권이 설정된 부동산이 사해행위로 양도된 후 그 근저당권이 변제 등으로 말소된 경우에 그 취소의 범위와 방법", 판례연구Ⅴ. 1997(서울지법동부지원, 1997/12), 21 이하; 이수기, "사해행위취소의 범위와 원상회복의 방법", 판례연구 8집(부산판례연구회, 1998/1), 191 이하; 송홍섭, "저당권이 설정된 부동산을 채무자가 제3자에게 양도한 행위가 사해행위가 되는 경우 사해행위취소의 범위와 방법", 민사판례연구(20)(민사판례연구회, 1998), 143 이하. 같은 취지: 대법원 2001.9.4.선고, 2000다66416 판결; 대법원 2001.12.11.선고, 2001다64547 판결; 대법원 2002.4.12.선고, 2000다63912 판결; 대법원 2008.8.21.선고, 2008다26360 판결.

226) 판례평석: 강일원, "사해행위취소와 가액배상의 범위", 대법원판례해설 38호(법원도서관, 2001/6), 174 이하. 같은 취지: 대법원 2001.12.11.선고, 2001다64547 판결; 대법원 2002.4.12.선고, 2000다63912 판결.

227) 같은 취지: 대법원 2007.7.12.선고, 2005다65197 판결; 대법원 2002.10.25.선고, 2000다64441 판결; 대법원 2002.10.25.선고, 2002다42711 판결; 대법원 2002.11.8.선고, 2002다41589 판결; 대법원 2003.7.11.선고, 2003다19572 판결; 대법원 2007.6.29.선고, 2006다66753 판결.

권 피담보채무액을 공제한 금액의 한도에서 그가 취득한 이익에 대한 가액반환을 명할 수 있다'고 한다(대법원 2001.9.4.선고, 2000다66416 판결). ④ '사해행위인 계약 전부의 취소와 부동산 자체의 반환을 구하는 청구취지 속에는 위와 같이 일부취소를 하여야 할 경우에 그 일부취소와 가액배상을 구하는 취지도 포함되어 있다고 볼 수 있으므로, 청구취지의 변경이 없더라도 바로 가액반환을 명할 수 있다'고 한다(대법원 2001.6.12.선고, 99다20612 판결 등).[228] ⑤ '사해행위인 매매예약에 기하여 수익자 앞으로 가등기를 마친 후 전득자 앞으로 가등기 이전의 부기등기를 마쳤으며 나아가 가등기에 기한 본등기까지 마친 경우에는, 채권자는 수익자를 상대로 사해행위인 매매예약의 취소를 청구할 수 있고, 특별한 사정이 없는 한 수익자는 가등기 및 본등기에 의하여 발생된 채권자들의 공동담보 부족에 관하여 원상회복의무로서 가액을 배상할 의무를 진다'고 한다(대법원 2015.5.21.선고, 2012다952 전원합의체판결 등).

■ **사해행위인 매매예약에 기하여 수익자 앞으로 가등기를 마친 후 전득자 앞으로 가등기 이전의 부기등기를 마치고 가등기에 기한 본등기까지 마친 경우, 수익자는 가등기 및 본등기에 의하여 발생된 채권자들의 공동담보 부족에 관하여 원상회복의무로서 가액배상의무를 부담하는지 여부**(원칙적 적극)

사해행위인 매매예약에 기하여 수익자 앞으로 가등기를 마친 후 전득자 앞으로 가등기 이전의 부기등기를 마치고 나아가 가등기에 기한 본등기까지 마쳤다 하더라도, 위 부기등기는 사해행위인 매매예약에 기초한 수익자의 권리의 이전을 나타내는 것으로서 부기등기에 의하여 수익자로서의 지위가 소멸하지는 아니하며, 채권자는 수익자를 상대로 사해행위인 매매예약의 취소를 청구할 수 있다. 그리고 설령 부기등기의 결과 가등기 및 본등기에 대한 말소청구소송에서 수익자의 피고적격이 부정되는 등의 사유로 인하여 수익자의 원물반환의무인 가등기말소의무의 이행이 불가능하게 된다 하더라도 달리 볼 수 없으며, 특별한 사정이 없는 한 수익자는 가등기 및 본등기에 의하여 발생된 채권자들의 공동담보 부족에 관하여 원상회복의무로서 가액을 배상할 의무를 진다. (대법원 2015.5.21.선고, 2012다952 전원합의체판결)[229]

전술한 바와 같이, 원상회복의 방법 및 그 범위에 관한 이러한 판례법리가 타당한지의 여부에 대해서는 논란이 있을 수 있으므로,[230] 「2014년 민법개정시안」은 '원물반환이 불가능하거나 현저히 곤란한 때에는 가액반환을 청구할 수 있다'는 점을 명문화한 규정을 신설할 것을 제안한 바 있다(동 개정시안 407조의2).[231][232]

---

228) 판례평석: 윤경, 대법원판례해설 36호(법원도서관, 2001/12), 152 이하; 박치봉, "원물반환을 청구취지로 하는 사해행위취소소송에서 가액배상판결을 할 수 있는가?" 재판과 판례 11집(대구판례연구회, 2002/ 12), 59 이하. 같은 취지: 대법원 2001.9.4.선고, 2000다66416 판결.

229) 판례평석: 최승호, "가등기 사해행위취소사건", 대한변협신문 547호(대한변호사협회, 2015/6), 12; 김상헌, "채권자취소권의 수익자 지위에 관한 비판적 고찰", 서울법학 24권 2호(서울시립대학교, 2016), 31 이하; 정태학/박현아, "사해행위취소소송에서 수익자인 종전 가등기권리자에 대한 가액배상 청구의 가부", 율촌판례연구(박영사, 2017), 212 이하; 오영두, "사해행위로 마쳐진 가등기가 이전된 경우 수익자에게 가액배상을 명할 수 있는지 여부", 판례연구 28집(부산판례연구회, 2017), 191 이하.

230) 김재형, 전게논문(주 18), 29 참조.

231) 「2014년 민법개정시안」 제407조의2(원물반환과 가액반환 등) ① 채권자가 채권자취소권을 행사하는

2. 채무자의 일반재산에의 귀속

(1) 민법 제407조의 규정취지

민법은 채권자취소권 행사의 효과인 취소 및 원상회복은 "모든 채권자의 이익을 위하여 그 효력이 있다"고 규정하고 있다(407조). 이는 '취소판결의 기판력은 소송에 참가하지 않은 채권자들에게는 미치지 않지만, 취소판결에 의하여 회복된 채무자의 재산은 모든 채권자를 위한 공동담보로서 채무자의 일반재산에 귀속된다'는 취지의 규정이다. 따라서 채권자취소권을 행사한 채권자라 하더라도 원상회복된 채무자의 재산에서 우선변제를 받을 수 있는 것은 아니며, 취소채권자도 변제를 받기 위해서는 다른 일반채권자와 마찬가지로 집행권원에 의한 강제집행절차를 거쳐야 한다. 이는 채권자가 수익자 또는 전득자로부터 직접 재산의 인도를 받은 경우에도 마찬가지라고 할 것이다.

법무부의 「2014년 민법개정시안」은 이러한 법리를 명확하게 밝히기 위하여 명문규정을 신설할 것을 제안하고 있다(동 개정시안 407조의3).[233]

이와 관련하여, '사해행위 이후에 채권을 취득한 채권자도 원상회복된 재산의 강제집행에 참가할 수 있는가?' 하는 것이 문제된다. 이에 대하여, 판례는 '사해행위 이후에 채권을 취득한 채권자는 채권의 취득 당시에 사해행위 취소에 의하여 회복되는 재산을 채권자의 공동담보로 파악하지 아니한 자로서 제407조에 정한 사해행위취소와 원상회복의 효력을 받는 채권자에 포함되지 않는다'고 한다(대법원 2009.6.23.선고, 2009다18502 판결 등).[234] 예컨대, '채무자의 부동산에 관한 매매계약이 사해행위라는 이유로 취소되고 원상회복이 이루어짐으로써 수익자인 매수인에 대하여 부당이득반환채무를 부담하게 된 채무자가 부당이득반환채무의 변제를 위하여 수익자와 소비대차계약을 체결하고 강제집행을 승낙하는 취지가 기재된 공정증서를 작성하여 준 경우에도, 그와 같은 행위로 책임재산을 수익자에게 실질적으로 양도한 것과 다를 바 없는 것으로 볼 수 있는 특별한 사정이 있는 경우에 해당하지 아니하는 한, 다른 채권자를 해하는 새로운 사해행위가 된다고 볼 수 없으며, 이러한 수익자의 채무자에 대한 채권은 당초의 사해행위 이후에 취득한 채권에 불과하므로 수익자는 원상회복된 재산에 대한

경우에 수익자를 상대로 채무자로부터 취득한 재산을 채무자에게 반환할 것을 청구할 수 있다. 그러나 그 재산의 반환이 불가능하거나 현저히 곤란한 때에는 채권자는 그 가액을 채무자에게 반환할 것을 청구할 수 있다. ② 제1항의 경우에 반환범위에 관해서는 제748조, 제749조를 준용한다.

232) 2017년에 개정된 일본민법 제426조의6도 같은 취지의 규정이다.

233) 「2014년 민법개정시안」 제407조의3(반환된 재산에 대한 집행) 모든 채권자는 제407조의2에 의하여 채무자에게 반환된 재산에 대하여 민사집행법에 따라 집행할 수 있다.

234) 판례평석: 조재건, "민법 제407조의 사해행위취소의 효력을 받는 '모든 채권자'의 범위", 대법원판례해설 79호(법원도서관, 2009), 159 이하. 같은 취지: 대법원 2015.10.29.선고, 2012다14975 판결.

강제경매절차에서 배당을 요구할 권리가 없다'고 한다(대법원 2015.10.29.선고, 2012다14975 판결).

(2) 가액반환의 경우, 상계에 의한 사실상의 우선변제

채권자대위권의 경우와 마찬가지로, '채무자의 책임재산으로 원상회복된 재산이 취소채권자의 채권의 목적인 급부와 동일 또는 동종의 것인 경우에는 채무자에 대한 인도채무와 자기의 채권을 상계함으로써 우선변제를 받는 결과가 되는 것을 허용하여야 한다'고 해석하는 것이 지배적인 견해이다.[235] 그러나 판례는 취소채권자의 상계를 허용할 수 없다는 입장을 취하고 있다. 즉, 판례는 ① '취소채권자라고 하더라도 원상회복된 재산에 대하여 우선권을 가지는 것은 아니므로, 수익자 소유의 부동산에 대한 경매절차에서 취소채권자가 수익자에 대한 가액배상판결에 기하여 배당을 요구하여 배당을 받은 경우, 그 배당액은 배당요구를 한 취소채권자에게 그대로 귀속되는 것이 아니라 채무자의 책임재산으로 회복되는 것이며, 이에 대하여 채무자에 대한 채권자들은 채권만족에 관한 일반원칙에 따라 채권 내용을 실현할 수 있다'고 한다(대법원 2005.8.25.선고, 2005다14595 판결). 또한 ② '수익자를 상대로 한 채권자취소소송에서 수익자가 가액배상을 하여야 하는 경우에, 수익자인 채권자로 하여금 안분액의 반환을 거절할 수 있도록 한다면, 이는 채권의 변제를 받은 수익자만을 보호하고 다른 채권자의 이익을 무시하는 결과가 되어 채권자취소권제도의 취지에 반하게 되므로, 수익자가 채권자인 경우에도 가액배상을 할 때에 수익자 자신도 사해행위취소의 효력을 받는 채권자 중의 1인이라는 이유로 취소채권자에 대하여 총채권액 중 자기의 채권에 대한 안분액의 분배를 청구하거나, 수익자가 취소채권자의 원상회복에 대하여 총채권액 중 자기의 채권에 해당하는 안분액의 배당요구권으로써 원상회복청구와의 상계를 주장하여 그 안분액의 지급을 거절할 수는 없다'는 입장을 취하고 있다(대법원 2001.2.27.선고, 2000다44348 판결).[236] 이러한 판례의 입장은 학설의 일반적 견해와는 반대로, 제407조의 해석상 상계에 의한 사실상의 우선변제를 허용하지 않겠다는 취지라고 생각된다.

입법론으로서는 '상계에 의한 우선변제가 허용된다는 것을 전제로 하여 다른 채권자가 공탁을 청구할 수 있도록 하여야 한다'고 주장하거나,[237] '제407조의 규정 자체를 삭제하여야 한다'는 주장[238] 등이 제기되고 있다. 그러나 법무부의 「2014년 민법개정시안」은 원칙적으로 취소채권자의 상계를 허용하되, 그 시기를 제한하여 3개월 이내에는 상계할 수 없도록 하는 내용의 규정을

235) 곽윤직, 149; 김상용, 251; 김증한/김학동, 206; 송덕수. 287; 현승종, 216 참조. 다만, 학설 중에는 이러한 통설적 견해와 달리 상계를 인정할 수 없다는 견해도 있다(김형배, 421 참조).

236) 판례평석: 박정호, "사해행위 취소로 인한 가액반환에 있어서의 수익자인 채권자의 분배청구권 또는 안분액지급거절권의 인정 여부", 재판과 판례 11집(대구판례연구회, 2002/12), 451 이하. 같은 취지: 대법원 2001. 6.1.선고, 99다63183 판결; 대법원 2003.11.28.선고, 2003다50061 판결.

237) 김재형, 전게논문(주 18), 33 참조.

238) 주석채권총칙(상)/김욱곤, 448 참조.

신설하고(동 개정시안 407조의4),[239] 동시에 민사집행법에 채권자취소권에 의하여 채권자가 수령한 금전에 대한 압류명령이 있는 것으로 간주하는 규정(민사집행법 개정시안 248조의2)[240]을 신설할 것을 제안한 바 있다.

3. 취소의 상대적 효력

'사해행위를 취소하는 판결은 소송당사자인 채권자와 수익자 또는 채권자와 전득자 사이에서만 상대적으로 효력이 발생할 뿐 소송의 상대방이 아닌 채무자 또는 제3자에게는 아무런 효력을 미치지 아니한다'는 것이 통설·판례의 입장이다(대법원 2001.5.29.선고, 99다9011 판결 등).[241] 즉, 사해행위 취소의 효력은 소송당사자인 원고(채권자)와 피고(수익자 또는 전득자) 사이에서만 법률행위를 무효로 할 뿐이다. 따라서 취소에 따른 책임재산의 원상회복도 소송당사자인 채권자와 수익자 또는 채권자와 전득자 사이에서만 발생하며, 채무자는 그로 인하여 아무런 권리도 취득하지 않는다(대법원 2001.6.1.선고, 99다63183 판결 등).[242] 따라서 채권자가 원상회복된 재산으로부터 변제를 받고 남은 재산이 있는 경우에는 이를 채무자에게 인도할 것이 아니라 수익자 또는 전득자에게 반환하여야 한다.

이러한 법리를 전제로, 판례는 ① '수익자가 채무자에게 가액배상금 명목으로 금원을 지급하였다는 점을 이유로 들어 채권자취소권을 행사하는 채권자에 대하여 가액배상에서 위 금원을 공제하여 줄 것을 주장할 수는 없다'고 하며(대법원 2001.6.1.선고, 99다63183 판결), ② '특별한

---

239) 「2014년 민법개정시안」 제407조의4(금전 그 밖의 동산에 대한 특례) ① 제407조의2에 의하여 금전 그 밖의 동산을 반환하여야 하는 경우에 채권자는 수익자에 대하여 자신에게 반환할 것을 청구할 수 있다. ② 채권자가 제1항에 의하여 금전을 수령한 경우에는 채권자취소판결이 확정된 때와 금전을 수령한 때 중 늦은 때부터 3개월이 경과하기 전에는 자기의 채권으로 채무자에 대한 반환채무와 상계하지 못한다.

240) 「민사집행법 개정시안」 제248조의2(채권자취소권에 의하여 수령한 금전에 대한 압류 등) ① 민법 제407조의4 제1항에 의하여 금전을 수령한 채권자는 채무자의 반환채권에 관하여 압류명령을 받은 것으로 본다. 그러나 수령한 때에 강제집행 개시의 요건을 갖추지 못한 경우에는 가압류명령을 받은 것으로 본다. ② 모든 채권자는 채무자의 제1항에 의한 반환채권에 대하여 채권자취소판결이 확정된 때와 금전을 수령한 때 중 늦은 때부터 3개월이 경과하기 전에는 추심명령이나 전부명령을 신청할 수 없다. ③ 다른 채권자가 제2항의 기간이 경과하기 전에 채무자의 반환채권을 압류 또는 가압류하거나 이에 관하여 배당요구를 한 경우에는 채권자는 지체없이 그 금전을 공탁하여야 한다. 이때에는 채권자가 제248조 제2항 또는 제3항에 따른 공탁을 한 것으로 본다. ④ 제3항에 따른 공탁이 있는 경우 제247조 제1항의 채권자는 같은 항 제1호 또는 제2호에도 불구하고, 위 제2항의 기간이 경과하기 전에는 배당요구를 할 수 없다.

241) 판례평석: 오영준, "사해행위취소의 효력이 미치는 채권자의 범위", 민사판례연구(26)(민사판례연구회, 2004/2), 151 이하. 같은 취지: 대법원 2005.11.10.선고, 2004다49532 판결; 대법원 2006.8.24.선고, 2004다23110 판결; 대법원 2007.4.12.선고, 2005다1407 판결; 대법원 2014.6.12.선고, 2012다47548·47555 판결.

242) 판례평석: 김정도, "사해행위취소에 있어서 가액배상의 범위", 재판과 판례 13집(대구판례연구회, 2005/1), 299 이하. 같은 취지: 대법원 2002.5.10., 2002마1156 결정; 대법원 2006.8.24.선고, 2004다23110 판결.

사정이 없는 한 채권자취소권이 행사되기 전에 수익자의 채권자가 한 가압류의 효력이 당연히 소멸되지는 아니하므로, 채무자로부터 위 부동산을 전전하여 양도받은 자는 가압류의 부담이 있는 소유권을 취득한 것'이라고 한다(대법원 1990.10.30.선고, 89다카35421 판결 등).[243)]

판례 중에는 '사해행위인 자동차운송사업 양도·양수계약을 취소하는 판결이 확정되었음에도 불구하고 인가처분을 한 행정청이 인가처분을 시정하지 아니하고 시정요구에도 불응하는 경우에는, 양도인은 처분청을 상대로 그 인가처분의 무효확인을 구할 이익이 있다'고 판시한 사례가 있다(대법원 1979.2.13.선고, 78누428 전원합의체판결).[244)] 이는 채권자취소권 행사의 효력이 행정행위에도 미친다는 취지의 판결이라고 할 것인데, '행정행위의 무효와 실효(失效)의 차이를 간과한 문제가 있다'는 지적이 있다.[245)]

4. 수익자와 전득자의 법적 지위

통설·판례의 입장인 「상대적 무효설」에 따르면, 채무자와 수익자 사이의 법률행위가 사해행위로서 취소되더라도 그 법률행위의 효력은 채권자에 대한 관계에서만 무효가 될 뿐, 채무자와 수익자 사이, 수익자와 전득자 사이에서는 여전히 유효하게 존속한다. 따라서 '취소판결의 효력으로 재산을 반환하거나 이에 갈음하는 손해배상을 한 수익자 또는 전득자는 원상회복에 의하여 이득을 얻은 채무자에 대하여 부당이득의 반환을 청구할 수 있다'고 해석된다.

판례는 이러한 법리를 전제로 하여, '채무자가 다수의 채권자들 중 1인인 수익자에게 담보를 제공하거나 대물변제를 한 것이 다른 채권자들에 대한 사해행위가 되어 채권자들 중 1인의 사해행위 취소소송 제기에 의하여 그 취소와 원상회복이 확정된 경우, 수익자는 본래의 채권자로서의 지위를 회복하게 되므로, 다른 채권자들과 함께 취소 및 원상회복의 효력을 받게 되는 채권자에 포함된다고 할 것이고, 따라서 취소소송을 제기한 채권자 등이 원상회복된 채무자의 재산에 대한 강제집행을 신청하여 그 절차가 개시되면 수익자인 채권자도 그 집행권원을 갖추어 강제집행절차에서 배당을 요구할 권리가 있다'고 한다(대법원 2003.6.27.선고, 2003다15907 판결).[246)]

---

243) 판례평석: 김능환, 전게논문(주 202), 63 이하. 같은 취지: 대법원 2001.5.29.선고, 99다9011 판결; 대법원 2005.6.9.선고, 2004다17535 판결; 대법원 2005.11.10.선고, 2004다49532 판결; 대법원 2009.6.11.선고, 2008다7109 판결.

244) 판례평석: 이상규, "기본행위의 취소와 인가의 효력: 행정행위의 무효와 실효", 공법연구 7집(한국공법학회, 1979/6), 143 이하. 같은 취지: 대법원 1977.8.23.선고, 77누38 판결 참조.

245) 이상규, 상게논문, 143 이하 참조.

246) 판례평석: 김종필, "사해행위 취소와 원상회복의 효력을 받게 되는 채권자의 범위", 대법원판례해설 44호(법원도서관, 2004/1), 492 이하; 정승규, "사해행위 취소와 채권자평등주의", 서울북부지방법원 승격기념논문집 「민형사실무연구」(서울북부지방법원, 2004/12), 43 참조.

법무부의 「2014년 민법개정시안」은 이러한 수익자·전득자의 법적 지위에 관한 명문규정을 신설할 것을 제안하고 있다(동 개정시안 407조의5,[247] 407조의6 2항[248]).[249]

247) 「2014년 민법개정시안」 제407조의5(수익자의 지위) ① 채무자의 법률행위가 취소되어 수익자가 받은 급여 또는 그 가액을 반환한 경우에는 수익자는 자기가 이행한 반대급여 또는 그 가액의 반환을 청구할 수 있다. ② 채무자의 법률행위로 인하여 수익자의 채권이 소멸한 경우에 그 행위가 취소되어 수익자가 받은 급여 또는 그 가액을 반환한 때에는 수익자의 채권은 원상으로 회복된다.

248) 「2014년 민법개정시안」 제407조의6(전득자에 대한 채권자취소권) ① 다음 각 호의 어느 하나에 해당하는 경우에는 채권자는 전득자에 대해서도 채권자취소권을 행사할 수 있다. 1. 전득자의 모든 전자(前者)에게 취소의 원인이 있고, 전득자가 전득 당시에 이를 안 때. 다만, 전득자가 채무자와 친족이나 그 밖의 특별한 관계에 있는 자인 경우에는 전득 당시에 모든 전자에 대하여 취소의 원인이 있음을 안 것으로 추정한다. 2. 전득자가 무상행위 또는 그와 동일시할 수 있는 유상행위로 인하여 전득한 경우에 모든 전자에 대하여 취소의 원인이 있는 때 ② 제1항의 경우에 제407조의 5를 준용한다.

249) 2017년에 개정된 일본민법도 이러한 취지의 규정을 신설하고 있다(동법 425조의2~4).

제 3 장

채무의 이행(변제)

제 1 절 변제의 의의와 법적 성질

[46] Ⅰ. 변제의 의의

1. 변제의 개념

「변제」라 함은 '채권의 목적인 급부를 실현하는 채무자 측의 이행행위와 채권자 측의 급부의 수령을 요소로 하여 채권소멸의 효과를 발생시키는 법률요건'을 말한다.

(1) 채권소멸의 효과를 발생시키는 법률요건

변제는 '채권소멸'의 법률효과를 발생시키는 법률요건이다. 즉, 채권은 변제에 의하여 급부의 실현이라는 목적을 달성함으로써 소멸한다. 바꾸어 말하자면 채권소멸의 효과를 발생시키는 것만이 변제가 될 수 있는 것인데, 이와 관련하여 '채권자가 미확정판결에 의한 가집행선고(민사소송법 213~215조)에 의하여 채권을 추심한 경우에도 이를 변제로 보아 채권소멸의 효과를 인정할 수 있는가?' 하는 것이 문제된다.

이 문제에 관하여, 판례는 '상소심에서 그 가집행선고 또는 본안판결이 취소되는 것을 해제조건으로 하여 가집행선고에 기한 채권추심에 변제의 효력이 인정된다'는 입장(해제조건부변제설)을 취하고 있다(대법원 1993.10.8.선고, 93다26175·26182 판결 등).[1] 그러나 변제의 효력이 인정되는 것과는 별개로, '제1심법원의 가집행선고부판결에 기하여 채무자가 그 가집행선고금액

---

1) 판례는 '가집행으로 인한 집행의 효과는 종국적으로 변제의 효과를 발생하는 것은 아니므로, 가집행으로 금원을 추심하였다 하여도 변제의 효과는 발생하지 않는다'고 하여, 가집행선고에 기한 채권추심에 변제의 효력을 인정하지 않는 입장을 취하고 있었으나(대법원 1982.12.14.선고, 80다1101·1102 판결 등), '가집행선고에 의한 채권의 추심은 해제조건부변제로 보아야 한다'는 학설의 비판을 받고 그 입장을 바꾸었다(이재성, "가집행에 의한 변제의 효력", 대한변호사협회지 86호, 대한변호사협회, 1983/4, 51 이하 참조).

을 지급하였다고 하더라도 항소심법원으로서는 이를 참작함이 없이 당해 청구의 당부를 판단하여야 한다'는 것이 판례의 확립된 입장이다(대법원 1993.10.8.선고, 93다26175·26182 판결 등).[2] 다만, '항소심법원이 채무자가 가집행선고금액의 지급 여부를 참작함이 없이 당해 청구의 당부를 판단하여야 하는 것은 당해 소송절차에서 취소·변경의 대상이 되는 본안판결이 존재하는 경우에 만약 가집행에 기한 이행상태를 판결자료로 채용한다면 가집행선고에 기한 집행 때문에 그 본안청구에 관하여 승소의 종국판결을 얻을 길이 막히게 되는 이상한 결과가 되어 실제상 불합리하기 때문이지, 가집행선고부 판결에 기한 집행이 종국적인 것임을 부인하는 것은 아니'라고 한다(대법원 1995.4.21.선고, 94다58490·58506 판결).

(2) 이행행위와 수령행위의 양자를 구성요소로 하는 법률요건

1) 채무자 측의 이행행위

변제는 채무자 측의 이행행위와 채권자 측의 급부수령행위의 양자를 구성요소로 하여 채권소멸의 효과를 발생시키는 법률요건이다. 여기서 「채무자 측의 이행행위」라 함은 '채무의 내용에 좇은 이행행위'만을 의미한다. 그러므로 대물변제(466조), 상계(492조 이하), 경개(500조 이하), 면제(506조), 혼동(507조)은 채권소멸의 효과를 발생시키는 점에서는 변제와 같으나, 채무의 내용에 좇은 이행행위가 아니라는 점에서 변제와 구별된다.

2) 채권자 측의 수령행위

변제는 채권자 측의 급부 수령행위를 필수적 구성요소로 하는 것이다. 따라서 변제공탁(487조 이하)은 '채무의 내용에 좇은 이행'이라는 점에서는 변제와 같지만, 채권자 측의 수령행위에 의하여 채권소멸의 효과를 발생시키는 것이 아니라는 점에서 변제와 구별된다.

3) 변제의 제공

변제의 구성요소 중 결정적으로 중요한 의미를 지니는 것은 채무자의 급부, 즉 채무자의 이행행위이며, 채권자의 수령행위는 변제를 완성시키기 위한 필수적인 과정에 불과한 것이 보통이다. 그러나 채무자가 채무의 내용에 좇은 이행을 제공하였으나 채권자가 급부의 수령을 거절하거나, 이행에 채권자의 협력이 필수적인 경우(예컨대, 채무자가 이행하기 위해서는 채권자가 제공하는 설계도나 시방서(示方書)에 따라서 작업을 하여야 하거나, 채권자가 제공하는 재료를 사용하여야 하거나, 채권자의 작업지시 또는 공동작업이 필요한 경우 등)에 채권자가 협력하지 않는 때에는 변제에 의한 채권소멸의 효과는 기대할 수 없게 된다. 이와 같이 채무자가 이행을 위

---

2) 같은 취지: 대법원 1994.11.11.선고, 94다22446 판결; 대법원 1995.4.21.선고, 94다58490·94다58506 판결; 대법원 1995.6.30.선고, 95다15827 판결; 대법원 1995.12.12.선고, 95다38127 판결; 대법원 2000.7.6.선고, 2000다560 판결; 대법원 2000.12.22.선고, 2000다56259 판결; 대법원 2009.3.26.선고, 2008다95953·95960 판결; 대법원 2011.9.8.선고, 2011다35722 판결.

하여 자신이 할 수 있는 행위를 다하였음에도 불구하고 채무자에게 채무불이행책임을 묻는 것은 불합리하므로, 민법은 「변제의 제공」이라는 제도를 두어 이행을 위하여 최선을 다한 채무자를 보호하고 있다. 즉, 「변제의 제공」은 그때로부터 채무자로 하여금 채무불이행책임을 면하게 하며(461조), 채권자를 채권자지체(400조 이하)에 빠뜨리게 할 수 있으며, 변제공탁(487조 이하)을 함으로써 채무로부터 완전히 벗어날 수 있게 할 수 있는 등의 효력이 발생하여 채무의 이행을 위하여 최선을 다한 채무자를 보호하는 기능을 수행한다. (☞ 제2절 「변제의 제공」)

2. 채무의 변제와 채무의 이행

채권은 채무의 이행, 즉 급부의 실현에 의하여 그 목적을 달성함으로써 소멸한다. 「변제」는 이와 같이 이행에 의하여 채권이 소멸하는 법적 현상을 채권소멸이라는 법률효과를 법률요건의 측면에서 파악한 개념이다.[3] 결국 「채무의 이행」과 「채무의 변제」는 동일한 실체를 다른 각도에서 파악한 개념이라고 할 수 있다.

법적 현상 : 채권의 발생 → 채무의 이행 → 채권의 소멸
법적 구성 : 채권의 발생 → 변제(법률요건) → 채권의 소멸(법률효과)

3. 채무의 변제와 변제행위(이행행위)

변제의 구성요소인 변제행위(이행행위)는 '채무의 내용에 좇아 이를 실현하는 채무자의 행위'를 말한다. 채무자의 행위가 변제행위(이행행위)가 되기 위해서는 이행행위의 주체[4]·내용·상대방·장소·시기 등이 모두 채무의 내용에 부합하여야 한다. 채무의 내용이 불명확한 경우에는 법률행위의 해석을 통하여 그 내용을 확정하여야 함은 물론이다(106조). (☞ 민법총칙편, 제6장 제5절 「법률행위의 해석」)

변제의 구성요소인 변제행위(이행행위)는 금전의 지급과 같은 사실행위인 경우가 많지만, 위임계약에서 수임인이 제3자와 법률행위(위임인 소유의 부동산매매)를 할 것을 위임받은 경우처럼 법률행위인 경우도 있다. 또한 '물권변동을 위해서는 당사자 사이에 물권행위가 필요하다'고 해석하는 통설·판례의 입장에 따르면, 물권의 이전을 목적으로 하는 법률행위(물권의 증여·매매·교환)에 있어서의 변제행위(이행행위)는 사실행위(등기 또는 인도)와 법률행위(물권행

3) 「변제(辨濟)」는 '지불'이라는 뜻의 프랑스민법의 'paiement'이라는 단어를 번역한 법률용어인데(民法辭解, 197 참조), 독일민법학에서는 「이행」을 의미하는 'Erfüllung'이라는 단어가 「변제」를 의미하는 용어로도 사용되고 있다.

4) 다만, 채무자의 법정대리인 또는 피용자가 채무자를 위하여 이행행위를 하는 경우(이를 「이행보조자」라고 한다)에는 그 법정대리인 또는 피용자의 행위를 채무자의 이행행위로 간주한다(391조). (☞ 제4장 제1절 채무불이행의 유형)

위)의 양자를 포함한다. 왜냐하면 이 경우에 채무자는 물권이전채무의 이행을 위하여 물권행위를 하여야 할 뿐만 아니라, 물권이전의 공시방법인 등기(186조) 또는 인도(188~190조)를 모두 실행하여야 하기 때문이다. (☞ 물권법 편, 제2장 제2절 「물권행위론」)

[47] Ⅱ. 변제의 법적 성질

1. 서 설

「변제」라 함은 '채무자의 이행행위와 채권자의 급부수령의 양자를 구성요소로 하여 채권소멸의 효과를 발생시키는 법률요건'을 가리키는 법률용어이다. 다만, 변제의 개념에 대해서는 학자에 따라 다양한 정의가 행해지고 있는데,[5) 이는 변제의 법적 성질 내지 구성요건에 관한 견해의 차이를 반영하는 것이라고 할 수 있다. 그러나 변제의 개념을 어떻게 정의하든, '채권은 변제에 의하여 급부의 실현이라는 목적을 달성하여 소멸한다'는 데는 학설상 이견이 없다. 그런데 종래 변제의 법리구성에 관하여, '변제에 의한 채권소멸의 효과를 변제자의 변제의사에 의한 것이라고 볼 것인가, 아니면 변제자의 변제의사와는 관계없이 객관적으로 채무의 내용에 좇은 급부행위(이행행위)에 의하여 채권의 목적이 달성된 데 대하여 법률이 부여한 효과에 지나지 않는다고 이해할 것인가?' 하는 문제가 「변제의 법적 성질」이라는 주제로 논의되어 왔다.

이 문제에 대하여는 민법에 명확한 규정이 없기 때문에 견해가 갈리는데, 종래의 통설은 변제의 법적 성질을 '일종의 준법률행위'라고 보고 있다(준법률행위설). 이는 독일민법학의 통설적 견해인 「사실적 급부실현설」의 영향을 받은 일본의 통설적 견해를 그대로 따른 것임은 후술하는 바와 같다.[6) 그런데 종래의 통설인 「준법률행위설」은 '변제의 법적 성질이 법률행위가 아니라는 점과, 변제에 대하여는 법률행위에 관한 규정을 준용할 수 있다'는 점을 제외하고는 그 주장 내용이 극히 모호하다. 따라서 독일민법학의 「사실적 급부실현설」과 우리나라의 「준법률행위설」의 학설사적 연관성을 구체적으로 밝힐 필요가 있다. 더욱이 우리 민법의 변제에 관한 규정은 대부분 변제의 법적 성질을 계약으로 보는 데 거의 이설이 없는 프랑

5) 즉, 변제의 개념에 대해서는, ① '채무의 내용인 급부를 실현하는 채무자 또는 기타의 자의 행위'라고 정의하는 견해(곽윤직, 243; 김주수, 365; 김현태, 292; 이태재, 263; 현승종, 350), ② '채무자 또는 제3자가 채무의 내용인 급부를 실현하는 것'이라고 정의하는 견해(송덕수, 421; 이호정, 155), ③ '채무자 또는 제3자의 급부행위에 의하여 채권이 만족을 얻는 것(목적이 달성되는 것)'이라고 정의하는 견해(김형배, 644; 김상용, 433), ④ '채무의 내용인 급부가 실현되어 채권이 그 목적을 달성하여 소멸하는 것'이라고 정의하는 견해(민법주해(11)/김대휘, 15; 주석민법(3)/박영식, 33; 김증한/김학동, 337; 장경학, 479) 등 다양한 견해가 있다.

6) 이는 독일민법학의 학설을 일본민법학을 통하여 간접적으로 계수(우리 민법의 해석론으로 차용)한 「간접적 학설계수(學說繼受)」의 전형적 사례 중 하나이다.

스민법에서 유래된 것이라는 점에서, '독일민법학의 이론을 일본을 통하여 간접계수한 「준법률행위설」이 과연 우리 민법의 변제에 관한 규정을 합리적으로 해석할 수 있는 기초이론이 될 수 있는가?' 하는 데 대해서는 의문을 제기하지 않을 수 없다. 이러한 의문을 해소하기 위해서는 우선 「준법률행위설」을 비롯하여 국내학설의 기원이 된 독일민법학에서의 변제의 법적 성질에 관한 논의를 살펴본 후, 독일민법학의 영향을 받아 형성된 일본민법학의 「준법률행위설」의 배경과 과정을 살펴볼 필요가 있다.

2. 독일민법학에서의 논의

독일민법학에서는 보통법 이래로 '변제의 효과는 변제자의 채권소멸의 의사표시, 즉 변제의사의 효력으로 보아야 한다'는 견해(이를 「법률행위설」이라고 한다)와, '채무의 소멸은 채무자의 급부에 의한 채권의 목적달성이라는 객관적 사실에 대하여 법률이 인정한 효력이라고 보아야 하며, 변제의 성립에 변제의사는 불필요하다'는 견해(이를 「비법률행위설」이라고 한다)가 대립하여 왔다.[7] 그러나 독일민법은 "채무의 목적인 급부가 채권자에 대하여 실현된 때에는 채무관계는 소멸한다"고 규정하고 있을 뿐(BGB §362 I),[8] 변제의 구성요건으로 당사자의 변제의사가 필요한지의 여부에 대해서는 규정하고 있지 않으므로 변제의 법적 성질(본질)을 둘러싸고 학설이 대립하고 있다.[9]

(1) 법률행위설

'변제에 의한 채권소멸의 효과는 변제자의 채권소멸의 의사표시(변제의사)의 효력으로 보아야 한다'는 견해를 총칭하여 「법률행위설」이라고 한다. 즉, 「법률행위설」은 '변제가 성립하기 위해서는 당사자의 변제의사가 반드시 필요하다'는 견해이다. 이 설은 다시 다음과 같은 네 가지 견해로 나뉜다.

1) 일반적 계약설(Die allgemeine Vertragstheorie)

이는 '변제가 성립하기 위해서는 제공된 급부가 특정한 채권을 소멸시킨다는 당사자의 합의, 즉 「이행계약」(Erfüllungsvertrag)이 필요하다'는 견해이다. 즉, '변제가 성립하기 위해서는 채무자에 의하여 제공되어 채권자에 의하여 수령된 급부가 특정한 채권을 소멸시킨다는 목적에 봉사하는 것이라는 당사자의 합의가 필요하다'는 견해인데, 독일보통법시대와 독일민법 제정 초기의 지배적인 학설이었으나,[10] 현재는 아무도 이 설을 지지하지 않는다고 한다.[11]

---

7) Medicus, Rn.237.
8) 독일민법 제362조(급부에 의한 소멸) (1) 채무의 목적인 급부가 채권자에 대하여 실현된 때에는 채무관계는 소멸한다.
9) 변제의 법적 성질에 관한 독일학설의 상세는 민법주해(11)/김대휘, 20 이하; 주석민법(3)/박영식, 43 이하; 일본주석민법(12)/奥田昌道, 44 이하 참조.

그 이유는 '변제의 법적 성질을 계약으로 파악하는 것은 변제에 관한 현행독일민법의 규정과 전혀 부합되지 않기 때문'이라고 한다.[12] 예컨대, 독일민법은 채무자의 일방적인 지정에 의하여 변제충당의 효력이 발생하도록 규정하고 있으며(BGB §366 I),[13] 변제의 요건으로 변제계약을 요구하고 있지 않기 때문에(BGB §362),[14] 변제의 법적 성질을 계약으로 파악할 이유가 없다는 것이다.

2) **제한적 계약설**(Die beschränkte Vertragstheorie)

이는 급부의 종류에 따라 변제의 법적 성질을 달리 파악하여, '급부가 소유권이전이나 채권양도와 같이 법률행위를 내용으로 하는 경우에는 그 법률행위를 하는 것 이외에 이행계약(변제계약)이 필요하지만, 급부가 부작위나 용역의 제공과 같이 비(非)법률행위적 급부행위를 내용으로 하는 경우에는 급부가 사실상 실현됨으로써 변제가 성립한다'는 견해로서, 독일의 소수설이다.[15] 일본에서는 이 견해를 「절충설」이라고 부르는데,[16] 국내에서도 일본학설의 영향으로 독일의 「제한적 계약설」을 「절충설」이라고 부르는 학자들이 많다.[17]

3) **목적합의설**(Zweckvereinbarungstheorie)

이는 「제한적 계약설」과 마찬가지로, '급부가 부작위나 사실행위를 내용으로 하는 경우에는 급부가 사실상 이행됨으로써 변제가 성립하지만, 급부가 법률행위를 내용으로 하는 경우에는 그 법률행위를 하는 것 이외에 이행계약까지는 필요 없으나 적어도 당사자 사이에 「급부의 목적에 대한 계약적 합의」[18]를 필요로 한다'는 견해로서, 독일의 소수설이다.[19]

4) **단독행위설**(Theorien des einseitigen Erfüllungsgeschäft)

이는 '변제는 채무소멸의 합의에 의해서가 아니라 채무자의 일방적인 단독행위의 효과로서 발생하는 것이므로, 채권자의 수령의사는 필요 없다'는 견해인데, 비교적 많은 독일학자들에 의하여 지지되고 있으나, 아직은 소수설이다.[20]

---

10) Münchener Kommentar/Wenzel, Rn.6, zu §362.
11) Joachim Gernhuber, Die Erfüllung und ihre Surrogatte, Handbuch des Schuldrechts Band 3, J.C.B.Mohr(Paul Siebeck) Tübingen, 1983, §5 II, S.102.
12) Medicus, Rn.237.
13) 독일민법 제366조(여러 개의 채권에 대한 급부의 충당) (1) 채무자가 채권자에 대하여 여러 개의 채권관계에 기하여 같은 종류의 급부의무를 지는 경우, 채무자가 급부한 것이 모든 채무를 소멸시키기에 부족한 때에는 채무자가 지정한 채무가 소멸한다.
14) 전게 주 8 참조.
15) Münchener Kommentar/Wenzel, Rn. 7, zu §362; Joachim Gernhuber, a.a.O., S.102.
16) 於保不二雄, 350; 遠藤浩, 133 참조.
17) 곽윤직, 239; 김주수, 366; 김형배, 646; 이태재, 264; 장경학, 481; 현승종, 351 참조.
18) 여기서 「계약적 합의」(eine vertragliche Willenseinigung)라 함은 '채무소멸계약(schuldaufhebender Vertrag)을 의미하는 것이 아니라, 급부목적에 대한 법률행위적 합의(rechtsgeschäftliche Einigung)를 의미한다'고 한다(Münchener Kommentar/Wenzel, Rn.8 zu §362; Larenz, §18 I, S.237).
19) Münchener Kommentar/Wenzel, Rn.8 zu §362.

(2) 사실행위설

1) 목적적 급부실현설(Theorie der finalen Leistungsbewirkung)

이는 '변제를 위하여 변제의사는 필요하지 않으나, 변제의 성립을 위하여서는 사실적 급부실현이라는 객관적 사실만으로는 부족하며, 급부자가 자신의 급부를 채무와 결부시키려는 사실상의 의사가 필요하다'는 견해로서, 독일의 유력한 소수설이다.[21] 이 설은 '변제는 객관적 요건인 「사실적 급부실현」과 급부의 목적을 결정짓는 주관적 요건인 「급부목적 지정행위」의 두 가지 요건으로 이루어져 있으며, 「급부목적 지정행위」는 계약은 아니지만 부분적으로는 역시 법률행위라고 할 수 있는 거래유사행위이므로,[22] 행위능력과 착오 등 의사표시의 해석에 관한 규정이 적용된다'고 한다.[23] 또한 '변제충당에서 채무자에게 부여된 일차적인 지정권은 이러한 급부와 채무를 관련짓는 「목적지정」을 의미한다'고 한다.

2) 사실적 급부실현설(Die Theorie der realen Leistungsbewirkung)

이는 '변제에 의한 채권소멸의 법률효과는 변제자의 채권소멸의 효과의사(변제의사)에 의하여 발생하는 것이 아니라, 객관적으로 채무의 내용에 좇은 급부행위(이행행위)에 의하여 채권의 목적인 급부가 사실상 실현된 데 대하여 법률이 부여한 효력'이라는 견해로서, 독일의 지배적 견해이자 판례의 입장이다.[24] 이 설은 '변제가 성립하기 위해서는 변제자가 채무의 내용에 따른 급부행위에 의하여 급부결과를 야기하는 것만으로 충분하며, 「매매계약에 의하여 발생한 소유권이전의 합의(Auflassung)를 하여야 할 채무」와 같이, 급부결과가 별개의 법률행위에 의하여서만 야기될 수 있는 경우에도 이 법률행위(물권행위)는 급부행위의 부분에 불과할 뿐 급부행위에 부가된 특별한 변제계약은 아니'라고 한다. 즉, '채권자는 그에게 제공된 물건의 소유권을 취득할 생각으로 그 물건을 수령하면 충분하며, 변제로서 수령할 것까지는 필요하지 않다'는 것이다.[25] 또한 '채권자는 그것이 「채무의 변제」라는 사실을 몰라도 상관이 없다'고 한다.[26] 또한 변제충당에 있어서도 변제자가 특정한 채권의 소멸을 지정하는 것은 가능하지만, 변제를 위하여 채권소멸의 의사표시(변제의사)를 하는 것은 불필요하며, 채무

---

20) Joachim Gernhuber, a.a.O., S.103 Anm.42.
21) Münchener Kommentar/Wenzel, Rn.9 zu §362; Larenz, a.a.O., S.238. 또한 민법주해(11)/김대휘, 21 이하 참조.
22) Münchener Kommentar/Wenzel, Rn.9 zu §362.
23) Joachim Gernhuber, a.a.O., S.108 ff.
24) Münchener Kommentar/Wenzel, Rn.10 zu §362. 또한 vgl. BGH NJW 1991, 1294, 1295; BGH 1992, 2698, 2699).
25) 예컨대, 채권자가 목적물을 인도받고(점유의 수령) 채무자의 소유권이전의 청약에 대하여 승낙함으로써 채무자의 급부행위에 대하여 협력을 한 경우에도, 채무자의 급부행위에 부가된 이러한 채권자의 협력은 급부의 결과를 만들어내기 위하여 필요한 것에 지나지 않는다고 한다.
26) Larenz, S.239 f.; 일본주석민법(12)/奧田昌道, 45 참조.

자가 객관적으로 채무에 상응하는 급부를 증여의 의사로써 행한 경우에는 「채무의 변제」로 인정될 수 없지만, 이는 변제를 위하여 변제의사가 필요하기 때문이 아니라 급부제공자에게 증여의 의사가 있었기 때문이라고 설명한다. 이 설은 ① 독일민법 제362조 제1항[27]은 변제의 요건에 관하여 '급부의 실현' 이외에 다른 아무것도 규정하고 있지 않다는 점, ② 독일민법은 제363조[28]에서 채권자의 "변제로서의 수령(Annahme als Erfüllung)"이라는 표현을 사용하고 있으나, 이는 단지 증명책임상의 의미를 부여한 것에 지나지 않는다는 점, ③ 독일민법은 변제충당에 있어서도 채무자에게 지정권을 부여하고 있으며(BGB §366 I),[29] 채무자의 지정이 없는 경우에는 법정충당의 규정에 의하여 해결되므로, 변제계약은 문제가 되지 않는다는 점 등을 근거로 들고 있다.[30]

3. 프랑스민법학에서의 논의

후술하는 바와 같이, 2016.2.10. 오르도낭스 제2016-131호로 개정되기 전의 프랑스민법(이하 「개정 전 프랑스민법」으로 약칭)은 변제가 유효하기 위해서는 '급부자에게 양도능력이 있을 것'(C.c. Art. 1238)[31]과 '급부수령자에게는 수령능력이 있을 것(C.c. Art. 1241)'[32]을 요구하고 있었기 때문에, 변제의 법적 성질을 계약으로 파악하는 데 견해가 거의 일치하였다.[33] 다만, 프랑스민법학에서도 '변제의 법적 성질을 법률행위가 아닌 채권자의 만족을 필수적인 요소로 하는 법률사실로 파악하여야 한다'는 반론이 전혀 없는 것은 아니라고 한다.[34]

4. 일본민법학에서의 논의

(1) 민법 제정 초기의 학설

변제에 관한 일본민법(구 의용민법)의 규정은 프랑스민법에서 유래된 것임에도 불구하고,

27) 전게 주 8 참조.
28) 독일민법 제363조(변제로서의 수령에 있어서의 증명책임) 채권자가 그에게 변제로서 제공된 급부를 변제로서 수령한 경우, 채권자가 제공된 급부가 채무의 목적인 급부와 다르거나 불완전하기 때문에 변제로서의 급부로 인정하지 않으려고 하는 때에는, 증명책임은 그에게 있다.
29) 전게 주 13 참조.
30) Joachim Gernhuber, a.a.O., S.104 f.; 주석민법(3)/박영식, 45 참조.
31) 개정 전 프랑스민법 제1238조 : (1) 변제가 유효하기 위하여서는 변제자가 변제를 위하여 급부한 물건의 소유자일 것과 그 물건을 양도할 능력이 있을 것을 요한다. (2) 그럼에도 불구하고 일정액의 금전 기타 소비물의 변제는 비록 그 변제가 소유자가 아닌 자 또는 양도능력이 없는 자에 의하여 행하여진 경우라 하더라도 선의로 그 물건을 소비한 채권자에 대하여 반환이 청구될 수 없다.
32) 개정 전 프랑스민법 제1241조 : 채권자가 변제의 수령능력이 없는 경우에는 채권자에 대한 변제는 결코 유효할 수 없다. 다만, 급부된 물건이 채권자에게 이익이 되었다는 것을 채무자가 증명한 때에는 그러하지 아니하다.
33) Marty/Raynaud, n° 553.
34) Ibid.

학설은 독일민법학의 영향을 받아 변제의 법적 성질을 독일이론에 의하여 설명하기 시작하였다.[35] 즉, ① 변제는 채무를 소멸시키고자 하는 효과의사인 변제의사를 요하는 법률행위라고 파악하는 「법률행위설」,[36] ② 변제의 성립에 변제의사는 요구되지 않으므로 법률행위가 아니라고 하는 「비법률행위설」,[37] ③ 「법률행위설」과 「비법률행위설」을 절충한 견해인 「절충설」,[38] 등의 견해가 제기되었다.

(2) 통설적 견해의 확립

독일학설에 의하여 일본민법을 해석하는 이른바 「학설계수」를 주도하여 일본의 통설적 견해를 수립하는 데 결정적인 역할을 한 하도야마 히데오(鳩山秀夫)는 변제의 법적 성질에 관한 독일의 학설과 이에 추종하는 일본학자들의 견해를 상세하게 소개하였다.[39] 이에 따르면, '그 당시(1916년경)에 이미 일본에서는 독일민법학의 법률행위설 중 일반적 계약설과 단독행위설을 추종하는 견해는 소멸하였고,[40] 절충설과 비법률행위설에 찬동하는 견해만 존재하고 있으며, 다수설은 여전히 절충설이지만 학설의 추세는 비법률행위설에 기울어져 있었다'고 한다.[41] 또한 '비법률행위설은 변제의사를 요하지 않으므로 항상 법률행위가 아니라는 설을 의미하며, '절충설은 급부행위와 변제 그 자체를 구별하지 않는 점에 문제가 있다'고 비판한 후, 다음과 같은 이유를 들어 '비법률행위설이 타당하다'고 주장하였다(밑줄은 저자 주).[42]

> (1) <u>급부행위와 변제 그 자체는 명확하게 구별할 필요가 있다. 절충설은 이 구별을 인정하지 아니하는 점에 오류가 있다.</u> 예컨대, 변제로서 물권계약을 하는 경우에 물권계약이 계약이라는 점

35) 이하에서의 일본학설의 소개는 주로 일본주석민법(12)/奧田昌道, 47 이하를 참조한 것이다.

36) 이는 다시 ① '채권자와 채무자 사이의 계약(변제의사의 합의)을 요한다'는 「계약설」(다만, 일본에서는 「계약설」을 지지하는 견해는 처음부터 존재하지 않았다고 한다), ② '채무자의 변제의사만 필요하다'고 하는 「단독행위설」, ③ '채권자의 급부수령행위가 필요한 경우에는 계약이지만, 부작위채무·단순노무·물건운송채무의 변제와 같이 채권자의 급부수령이 필요 없는 경우에는 단독행위'라고 하는 견해 등으로 갈린다.

37) 「비법률행위설」은 石坂音四郎에 의하여 처음으로 주장된 것인데, 후에 鳩山秀夫가 이를 계승하여 전개한 것이라고 한다.

38) 「절충설」은 다시, ① 급부행위가 법률행위인 경우에는 변제도 법률행위이지만, 급부행위가 사실행위인 경우에는 변제도 사실행위라고 하는 견해(仁井田益太郎), ② 급부를 실행하는 데 채권자의 승낙이 필요한 경우에는 채무자의 변제의사를 요하는 단독행위이지만, 그렇지 아니한 경우에는 사실행위라는 견해(川名兼四郎), ③ 변제수령의 권한이 있는 자에 대하여 채무자가 하는 변제는 항상 비법률행위이지만, 제3자가 하는 변제는 불특정급부를 내용을 하는 채무의 변제는 항상 법률행위이고 특정급부를 내용으로 하는 채무의 변제는 비법률행위이며, 채권의 준점유자에 대하여 하는 변제는 항상 법률행위라고 하는 견해(岡村玄治)로 갈린다.

39) 鳩山秀夫, 388 이하.

40) 다만, '급부가 상대방의 수령을 요하는 경우에는 변제는 단독행위'라고 해석하는 견해(橫田秀雄)가 있을 뿐이라고 한다(상게서, 388 참조).

41) 상게서, 390 참조.

42) 상게서, 390~394 참조.

에는 의문이 있을 수 없으나, 이에 더하여 변제의사를 요하는가, 그 의사는 법률행위적 의사인가, 이 의사의 표시를 요하는가에 따라서 변제 그 자체가 법률행위인가 아닌가 하는 문제가 결정되게 된다. 만약 변제의사의 표시를 요하는 것이라고 한다면 급부행위는 사실행위라고 하더라도 변제 그 자체는 법률행위일 수 있다. 따라서 논의의 초점은 변제의사의 요부(要否)에 있다고 하지 않을 수 없다.

(2) 채무자에게 변제의사가 요구되는가, 그렇지 않은가? (a) 부작위채무에 대하여 이 의사를 요하지 않음은 명확하므로 항상 변제의사를 요한다고 하여야 하는 것이 아님은 명확하다. (b) 급부의 실행에 채권자의 행위를 필요로 하는 경우, 특히 물권, 채권 등을 이전하여야 하는 채무의 변제에 대하여서는 급부행위가 이 채무에 대하여 이루어질 것을 요하기 때문에, 약간의 의문이 있을 수 있다. 즉, 변제자가 채무의 존재를 알지 못하고 증여를 할 의사로써 채무의 목적물을 인도한 때에는 채무자가 이를 한 것인지 제3자가 이를 한 것인지를 묻지 아니하고 그 급부행위에 의하여 변제는 성립하지 아니한다. 그렇다면 이 경우에 변제의 성립을 위하여 변제자에게 채무를 소멸시키고자 하는 의사를 표시할 것을 요하는 것이 되는가? 川名박사는 이러한 의사표시를 필요로 하기 때문에, 이 경우에 한하여 변제는 법률행위라고 한다. 이에 반하여 외르트만(Oertmann)은 이러한 의사표시를 필요로 하지 않기 때문에 변제는 항상 법률행위가 아니라고 한다. 나는 후설을 채택하기로 한다. 생각건대, 위 경우에 있어서 증여의 의사로써 한 급부행위가 변제가 되지 않는 것은 변제의사가 없기 때문이 아니라 다른 의사표시, 즉 증여의 의사표시가 있기 때문이다. 다른 의사표시가 있는 경우에는 변제가 되지 않는다고 하더라도 바로 적극적으로 변제의사를 요한다는 이유가 되지 않는다. 이를 적극적으로 논하면, 채권은 일정한 목적을 위하여 채무자의 행위를 요구할 권리이므로, 그 목적을 실현하는 채무자의 행위가 있으면 즉 채무의 이행이 있고 그 변제가 있다고 말하지 않을 수 없다. 그리고 채무자의 행위가 채권의 목적을 실현하는 행위라고 말할 수 있으려면 특히 다른 목적을 위하여 한 행위여서는 안 되는 것이지만, 적극적으로 채권소멸을 목적으로 하여 한 행위일 것을 요하는 것은 아니며, 적어도 그 채권에 대하여 채권의 내용을 실현하는 행위라면 그 채권과 그 행위와의 관계가 의사표시에 의하여 연락되지 않는 경우에도 역시 이를 채권의 목적을 실현하는 행위라고 말하지 않을 수 없을 것이다. 이러한 관계는 혹은 주위의 사정에 의하여 당연히 존재하는 것일 수도 있고, 혹은 당사자의 의사에 의하여 만들어지는 것일 수도 있으며, 혹은 법률의 규정에 의하여 존재하는 것일 수도 있는데(변제의 충당 참조), 그 어떠한 경우에도 적어도 다음과 같은 관계가 존재하고 있다면 급부행위는 곧 변제가 되는 것이다.

(3) 채권자에게 수령의 의사표시가 필요한가 여부에 대해서도 또한 논의가 있다. 어떤 이는 변제는 채권의 처분이기 때문에 채권자의 의사를 요하는 것으로 한다(Hellwig, Lehrb. I. S.283). 그러나 변제가 처분이든지 혹은 처분이 아니라고 하여 채권의 목적을 실현하는 행위가 될 수 없다는 것은 문제이다. 채권소멸의 효과가 발생하기 때문인즉 처분이라고 하는 것은 가능하지 않다. 지금 각종의 변제에 대하여 이를 살펴보면, 어떤 종류의 채무에 대하여는 채권자의 협력을 기다리지 아니하고 급부행위를 성립시킬 수 있기 때문에, 항상 수령의사를 필요로 한다는 설이 오류임은 명확하다. 채권자의 협력을 요하는 경우에 대하여는 수령의 의사표시를 요하기 때문에, 언뜻 보기에 변제수령의 의사표시를 요하는 것처럼 보이지만, 이 경우에도 변제수령의 의사표시를 요한다는 설은 오류이다. 생각건대, 수령의 의사표시는 급부행위의 성립요건인 의사표시로서, 변제의 성립요건인 의사표시에 해당하지 않는다. 예컨대, 변제로서 물권이전계약을 하는 경우에는 물권이전을 받을 의사표시가 있으면 충분한 것이지, 다시 이에 더하여 채권을 소멸시킬 의사표시를 요하지 않으며, 우연하게 증여를 받은 것으로 오인하여 물권이전을 받은 경우에도 역시 변제임에 틀림없다. 혹자는 채권자는 변제수령의 의무를 가지지 아니하므로, 변제를 수령할 것인가 아닌가를 자유롭게 결정할 수 있다고 하지 않을 수 없은즉, 급부를 변제로서 수령할 것인

가 아닌가 하는 것도 역시 채권자의 자유라고 논한다. 그러나 채권자지체론에서 채권자에게 채권행사의 의무가 없다고 하는 것은 급부를 수령할 것인가 아닌가의 자유를 가진다고 하는 의미로서, 수령한 것의 성질을 결정할 자유를 가진다고 하는 것은 아니다.

이와 같이 변제를 법률행위라고 하기에는 그 효과의사가 결여될 뿐만 아니라 그 표시도 결여되기 때문에, 변제는 법률행위가 아니다. 그렇지만 사법상의 효과를 발생하는 적법행위로서 이를 소위 법률적 행위 내지 준법률행위(Rechtshandlung im engeren Sinne)라고 하지 않을 수 없을 것이다. 따라서 법률행위에 관한 규정은 당연히 변제에 적용될 수 있는 것은 아니며, 오로지 그 성질이 허용하는 범위에서 법률행위에 관한 규정을 이에 준용할 수 있을 뿐이다. 지금 그 결과를 예시하면, (1) 행위능력에 관한 규정은 당연히 변제에 적용이 있다고 할 수 없으며, 오직 급부를 실행하기 위하여 법률행위를 필요로 하는 경우에 한하여 그 적용이 있을 뿐이다. 예컨대, 급부행위가 사실행위인 경우에는 무능력자도 역시 완전하게 변제를 성립시킬 수 있다. (2) 대리에 관한 규정도 역시 당연히 변제에 적용될 수 있는 것이 아니다. 오직 급부행위가 법률행위인 경우에는 대리인에 의하여 급부를 실행할 수 있기 때문에 또한 대리인에 의하여 변제를 할 수 있을 뿐이다. 예컨대, 물권을 이전하고 설정하는 채무는 대리인에 의하여 변제할 수 있지만, 대리인은 오직 물권의 이전 또는 설정의 의사표시를 할 것을 요할 뿐으로서, 채무가 존재한다는 것, 채무의 이행으로서 그 행위를 한다는 사실을 알 필요가 없다. 즉, 변제의 의사표시의 대리는 필요하지 않다. 또한 부작위, 사실행위(그림을 그리는 채무, 노래를 부를 채무 등)에 대해서는 대리가 허용되지 않음이 명백하다. 법률행위에 관한 기타의 규정에 대해서도 역시 급부행위의 내용에 따라 위에서 기술한 바에 준하여 해석할 수 있을 것이다.

변제의 법적 성질에 관한 하도야마 히데오의 이러한 주장은 그의 제자인 와가즈마 사카에(我妻榮)에 의하여 「준법률행위설」이라고 명명된 이래[43] 일본의 통설적 견해가 되었다.[44]

준법률행위설의 핵심은 '변제는 법률행위가 아니므로 변제의 성립에 당사자의 변제의사는 불필요하다(의사의 표시는 물론 내부심리적 의사조차도 필요 없다)'는 데 있음은 물론이다.[45] 그러나 '일본의 준법률행위설은 법률행위설과 절충설을 배척하기 위하여 제기된 이론으로서, '변제행위는 곧 준법률행위'라는 적극적 이유에 기한 것이 아니라 '변제에 대해서는 법률행위에 관한 규정을 준용한다'는 이론구성이 가장 적절하다는 이유에서 주장된 것에 불과하며, 기술적인 이론구성상의 차이를 제외하면 실제상 절충설과 차이가 없으며, 변제를 급부행위와 구별하여 일률적으로 법률상의 행위라고 해석하는 것이라면, 이는 바로 변제를 사실행위라고 해석하는 것이므로, 급부행위가 법률행위인 때에는 그 급부행위에는 법률행위에 관한 규정이 적용된다고 해석하는 사실행위설과는 이론구성상의 차이가 있는 것에 지나지 않는다'고 평가되고 있다.[46]

한편 최근에는 일본에서도 독일의 「목적적 급부실현설」에 추종하는 견해도 유력하게 제

43) 我妻榮, 216 참조.
44) 內田貴, 102 참조.
45) 일본주석민법(12)/奧田昌道, 51; 於保不二雄, 350 참조.
46) 일본주석민법(12)/奧田昌道, 51; 於保不二雄, 351 참조.

기되고 있다.[47)]

(3) 일본판례의 입장

일본의 판례는 민법 제정 초기에는 '변제의 법적 성질은 법률행위'라는 입장을 취하고 있었으나(일본대심원 1913.11.24.판결, 민록19집986 등),[48)] 그 후 입장을 바꾸어 '변제의 효과가 발생하기 위하여 변제의사의 표시는 필요하지 않다'는 것으로 전환되었다(일본대심원 1920.6.2.판결, 민록26집854). 다만, 일본의 판례가 변제의 법적 성질에 관하여 어떤 입장을 취하고 있는 것인지는 확실하지 않다.[49)]

5. 국내에서의 논의

변제의 법적 성질에 관한 국내에서의 논의는 일본의 통설적 견해인 준법률행위설을 그대로 추종하는 견해가 대부분이었으나, 최근에는 독일의 「목적적 급부실현설」에 따른 견해도 제기되고 있다.

(1) 학 설

1) 준법률행위설

이는 종래의 통설로서, '변제는 변제자의 변제의사의 존부에 관계없이 채무자의 변제행위와 채권자의 수령행위라는 객관적 사실에 대하여 법률이 채권소멸의 법률효과를 인정하는 일종의 「준법률행위」'라고 파악하는 견해이다.[50)] 이 견해는, '「일반적 계약설」에 의하면 부작위채무의 변제에도 변제의사를 요구하게 되며, 행위무능력자가 사실행위인 급부의 내용을 실현하는 데에도 법정대리인의 동의를 요하는 등 불합리한 결과가 발생한다'는 문제가 있으며,[51)] '「제한적 계약설」에 의할 경우에는 변제의 법적 성질을 통일적으로 파악할 수 없으며, 법률요건인 변제의 구성요소에 지나지 않는 급부행위와 변제 그 자체를 혼동하고 있다는 이론상의 문제가 있다'고 비판한 후,[52)] '변제는 준법률행위로서 법률행위가 아니므로, 변제의 성립을 위하여 급부자에게 변제의사가 있거나 그것을 표시할 것이 요구되지 않으며, 채권자

---

47) 일본의 최근 학설의 동향에 대해서는 潮見佳男, 150~152 참조.
48) 같은 취지: 일본대심원 1915.6.24.판결(법률신문 1038호, 28).
49) 일본민법학에서는 '판례가 「사실적 급부실현설」을 취하고 있다'고 평가하는 견해도 있으나(일본주석민법(12)/奥田昌道, 52; 山下末人/甲斐道太郎, 現代民法講義4 「債權總論」, 法律文化社, 1991, 126 참조), '일본의 판례가 변제의 법적 성질에 관하여 어떤 입장을 취하고 있는 것인지는 확실하지 않다'고 보는 견해도 있는 등 일본판례의 입장에 대한 학설의 평가는 엇갈리고 있다(我妻榮, 216; 於保不二雄, 350 참조).
50) 곽윤직, 239; 김증한/김학동, 338; 현승종, 351 참조.
51) 곽윤직, 239 참조.
52) 곽윤직, 239; 김주수, 366; 현승종, 351 참조.

에게 변제수령의 의사가 있을 것이 요구되지도 않는다'고 한다. 또한 '급부행위가 사실행위인 한 무능력자라도 단독으로 그것을 유효하게 할 수 있다'고 한다.[53] 그리고 '변제가 준법률행위라고 하는 것은, 변제는 혼동과 같은 단순한 사건에 지나지 않는 것이 아니라 법률상의 행위라는 것을 의미하는 것이므로, 급부행위가 법률행위인 때에는 변제에 대하여 법률행위에 관한 규정을 적용할 수 있다'고 한다.[54]

2) 목적적 급부실현설

최근에는 '독일의 「목적적 급부실현설」에 따라서 변제의 법적 성질을 이해하여야 한다'고 주장하는 견해가 늘고 있다.[55] 이들은 통설인 준법률행위설을 비판하고,[56] '변제는 변제를 목적으로 한 목적적 급부의 실현으로서 법률행위가 아니므로, 채권의 소멸을 의욕하는 효과의사가 아닌 변제를 목적으로 하는 사실상의 자연적 의사로 충분하다'고 주장한다.[57]

(2) 판례의 입장

변제의 법적 성질의 문제를 정면으로 다룬 판결은 찾을 수 없다. 다만, 구 의용민법하의 대법원판결 중에는 '채권자가 채무자로부터 금원을 융통받은 경우에 채무자가 기존채무의 변제의사로써 교부한 것이 아닌 이상 이를 기존채무의 변제로 볼 수 없다'고 판시한 사례가 있다(대법원 1956.11.15.선고, 4289민상404 판결).[58] 이는 '채무자가 채권자에게 금전을 융통하여 준 행위를 기존채무의 변제라고 보기 위해서는 채무자에게 기존채무를 변제한다는 의사가 필요하다'는 취지이므로, 판례가 변제를 순수한 사실행위로 보지 않은 사례라고 할 수는 있으나, 일부 학설이 주장하는 것처럼 이 판결을 독일의 「목적적 급부실현설」에 따른 것으로 볼 수 있는지는 의문이다.[59] 또한 현행민법하에서의 판례가 위와 같은 입장을 취하고 있는지는 알 수 없다.

(3) 학설의 검토

이상으로 변제의 법적 성질에 관한 독일, 프랑스, 일본, 그리고 우리나라의 학설의 현황을 살펴보았는데, '과연 어떠한 이론이 변제에 관한 우리 민법 해석의 기초이론으로서 타당한가?' 하는 문제는 법이론적 측면에서의 검토만으로는 타당한 결론을 얻기 어려우며, 해석

---

53) 현승종, 351.
54) 곽윤직, 240.
55) 민법주해(11)/김대휘, 22; 김상용, 436; 김형배, 647 참조.
56) 이 견해는 '국내의 통설적 견해인 「준법률행위설」은 독일의 「사실적 급부실현설」에 해당하는 것'이라고 파악하고 있다(김상용, 436; 김형배, 647 참조).
57) 김상용, 415; 김형배, 647 참조.
58) 민법주해(11)/김대휘, 25에서 인용.
59) 민법주해(11)/김대휘, 25 참조.

론적 측면과 입법론적 측면을 종합적으로 검토할 필요가 있다고 생각된다.

1) 법이론적 측면에서의 검토

(가) 법률행위설에 대한 검토

우선 ① 변제에 의한 채권소멸의 효과는 어디까지나 당사자의 변제의사의 효력이라고 파악하는 법률행위설에 대해서는, '변제에 의한 채권소멸의 효과를 당사자의 합의(변제의사의 합치)의 효력으로 파악하는 「일반적 계약설」에 의하는 경우에는 무능력자인 채무자가 사실행위인 급부의 내용을 실현하는 경우에도 법정대리인의 동의를 요하게 되며(변제계약이 유효하기 위해서는 채무자의 행위능력이 필요하므로), 부작위채무의 변제에도 변제의사의 합치가 요구되는 등 실제상 불합리한 결과가 발생하게 된다'는 비판이 타당하다고 생각된다. ② '변제의 법적 성질은 급부가 사실행위인가 법률행위인가에 따라 다르다'고 파악하는 「제한적 계약설」(절충설)은 법률요건인 변제의 구성요소에 지나지 않는 급부행위와 변제 그 자체를 혼동하고 있을 뿐만 아니라, 변제의 법적 성질을 통일적으로 파악할 수 없다는 점에서 이론상 문제가 있다'는 비판[60]이 타당하다고 생각된다. ③ '당사자 사이에 「급부목적설정」이라는 계약적 합의에 의하여 채권소멸의 효과가 발생한다'고 주장하는 「목적합의설」은 변제의 법적 성질 일반에 대한 이론이라기보다는 변제충당에 있어서의 급부지정의 법적 성질을 설명한 이론에 불과하다고 할 것이며, 「일반적 계약설」이 가지는 문제점도 그대로 가지고 있다는 점에서 「일반적 계약설」에 대한 비판이 그대로 타당하다고 생각된다. ④ '채무자의 일방적인 단독행위의 효과로서 변제의 효과가 발생한다'고 이론구성하는 단독행위설에 대해서도 '변제의 법적 성질 일반에 대한 이론이라기보다는 변제충당에 있어서의 급부지정의 법적 성질을 설명한 이론에 불과하다'는 「목적합의설」에 대한 비판이 그대로 타당하다고 생각된다. 결국 변제의 법적 성질을 법률행위로 파악하여 '채무자의 변제의사의 효력으로 채무가 소멸한다'고 이론구성하는 법률행위설은 법이론상 문제가 있다고 할 것이다.

(나) 준법률행위설에 대한 검토

현재 국내에서는 변제의 법적 성질에 관하여 종래의 통설인 준법률행위설[61]과, 이를 비판하고 독일의 새로운 이론인 「목적적 급부실현설」에 따를 것을 주장하는 두 가지 견해가 주장되고 있을 뿐이다.

전술한 바와 같이, 국내의 준법률행위설은 일본의 통설적 견해인 준법률행위설을 그대로 채용한 이론인데, 일본의 준법률행위설이 독일의 「사실적 급부실현설」에 가까운 이론임에는

60) 곽윤직, 239; 김주수, 366; 현승종, 351 참조.

61) 국내의 「준법률행위설」은 독일의 「사실적 급부실현설」에 해당하는 이론이라고 보는 견해(김상용, 436; 김형배, 647)와 독일의 「목적적 급부실현설」에 가까운 이론이라고 보는 견해(민법주해(11)/김대휘, 24)가 대립하고 있다.

틀림없으나, '그 성질에 반하지 않는 한 법률행위에 관한 규정을 준용할 수 있다'고 주장하는 점에서 「사실적 급부실현설」과는 그 내용을 달리하며, 또한 '변제가 성립하기 위해서는 급부목적지정행위가 필요하다'는 「목적적 급부실현설」과도 내용상 큰 차이가 있다. 따라서 일본의 준법률행위설은 독일학설의 영향을 받았으나 '일본의 독자적인 이론'이라고 평가하여야 할 것이다. 아무튼 국내의 준법률행위설에 따르면, '변제는 변제자의 변제의사의 존부에 관계없이 채무자의 변제행위와 채권자의 수령행위라는 객관적 사실에 대하여 법률이 채권소멸의 법률효과를 인정하는 일종의 준법률행위'라고 한다.[62] 다만, '변제를 준법률행위라고 하는 의미는 변제는 혼동과 같은 단순한 사건에 지나지 않는 것이 아니라 법률상의 행위라는 것을 의미하는 것이므로, 급부행위가 법률행위인 때에는 변제에 대하여 법률행위에 관한 규정을 적용할 수 있다는 데 학설의 의의가 있다'고 한다.[63]

이와 같이 국내의 통설적 견해인 준법률행위설은 '적극적인 의미에서 변제가 준법률행위이기 때문에 변제의 법적 성질을 준법률행위로 본다는 것이 아니라, 변제는 법률행위가 아닌 사실행위이지만 급부행위가 법률행위인 때에는 변제에 대해서도 법률행위에 관한 규정을 적용할 수 있다는 소극적인 의미에서 이를 준법률행위로 본다'는 이론이다. 그러나 급부행위가 법률행위인 때에는 그 급부행위에 대하여 법률행위에 관한 규정이 적용되는 것은 이론상 당연하다 할 것이므로, 준법률행위설은 변제의 법적 성질에 대하여 아무것도 대답해주는 것이 없는 무의미한 이론에 지나지 않으며, '포장을 달리한 절충설에 지나지 않는다'는 비판을 면하기 어렵다고 생각된다.

(다) 「목적적 급부실현설」에 대한 검토

급부를 이행하는 채무자는 통상 변제의 의사를 가지고 하는 것이지만, 급부의 이행에 의한 채권소멸의 효과를 채무자와 급부의 수령자와의 채권소멸의 합의 또는 채무자의 일방적인 의사표시 내지 「급부목적설정의 계약적 합의」라고 하는 의사의 효력이라고 보는 것은 이론상으로나 실제상으로 모두 적절하지 않음은 위에서 살펴본 바와 같다. 그러므로 '변제에 의한 채권소멸의 효과는 당사자의 의사와는 관계없이 객관적으로 채무의 내용에 합치하는 급부를 채무자가 현실로 이행하였다는 사실의 효과로서 발생한다'고 이론구성하지 않을 수 없다(이러한 이론을 「사실행위설」이라고 통칭하기도 한다).[64]

이러한 이론(사실행위설) 중에서 「목적적 급부실현설」은 '변제가 성립하기 위해서는 「사실적 급부실현」이라는 객관적 요건만으로는 부족하고, 급부의 목적을 결정짓는 주관적 요건인 「급부목적지정행위」가 필요하다'고 주장하나, 이는 지나치게 기교적인 설명일 뿐만 아니

62) 곽윤직, 239; 김증한/김학동, 338; 현승종, 351 참조.
63) 곽윤직, 240 참조.
64) 김형배, 646 참조.

라, '변제의 요건(급부목적지정행위)과 변제충당의 요건(채무지정행위)을 혼동한 것'이라는 비판이 가능하다. 또한 이 설은 '변제의 주관적 요건인 「급부목적지정행위」는 계약은 아니지만 부분적으로는 법률행위라고 할 수 있는 거래유사행위이므로, 행위능력과 착오 등 의사표시의 해석에 관한 규정이 적용된다'고 주장하고 있는바, 이는 부작위채무의 변제에 관한 설명으로는 적절하지 않다.[65)]

요컨대, '변제에 의한 채무소멸의 효과는 당사자의 변제의사에 의한 것이라고 이론구성하는 것은 적절하지 않으며(법률행위설의 배제), 「급부목적지정행위」와 같은 사실적 의사도 불필요하다'고 할 것이다(「목적적 급부실현설」의 배제). 그러므로 이론상으로는 '변제의 효력은 변제자의 법률행위적 의사(변제의사)에 의하여 발생하는 것이 아니며, 변제자의 사실적 의사인 「급부목적지정행위」도 필요 없고, 오로지 객관적인 급부의 실현에 의하여 발생하는 것'이라는 「사실적 급부실현설」이 가장 타당하다고 생각된다.

2) 해석론적 측면에서의 검토

문제는 '우리 민법상의 변제에 관한 규정을 「사실적 급부실현설」에 의하여 모순 없이 해석할 수 있는가?' 하는 것인데, 불행하게도 「사실적 급부실현설」은 물론이고 준법률행위설이나 「목적적 급부실현설」과 같은 사실행위설은 우리 민법상의 변제에 관한 규정을 모순 없이 해석할 수 있는 이론이 될 수 없다. 그 이유는 우리 민법에는 변제의 법적 성질을 계약으로 보지 않을 수 없는 규정이 있기 때문이다. 즉, 우리 민법 제464조는 "양도할 능력 없는 소유자가 채무의 변제로 물건을 인도한 경우에는 그 변제가 취소된 때에도 다시 유효한 변제를 하지 아니하면 그 물건의 반환을 청구하지 못한다"고 규정함으로써, 종류물의 인도채무에 있어서 변제의 유효요건으로서 변제자의 양도능력(이는 변제행위능력을 의미한다)을 요구함과 동시에 변제의 "취소"를 인정하고 있는바, 이는 변제의 법적 성질을 계약 또는 법률행위로 전제한 것이라고 보지 않고서는 설명될 수 없는 규정이다.[66)] 그러므로 변제의 법적 성질을 계약으로 전제하고 있는 현행민법 제464조의 규정이 있음에도 불구하고 독일민법의 해석론으로 제기된 「사실적 급부실현설」이나 「목적적 급부실현설」을 도입하여 변제의 법적 성질을 사실행위로 파악하는 견해나 준법률행위설은 우리의 '실정법을 무시하는 해석론'이라는 비판을 면하기 어렵다.

(가) 제464조의 입법연혁 및 입법자의사

우리 민법 제464조는 구 의용민법 제476조[67)]를 거의 그대로 계승한 것인데, 구 의용민법

---

65) 「목적적 급부실현설」에 찬성하는 국내의 학자들도 스스로 이 점을 시인하고 있다(김형배, 647 참조).
66) 「목적적 급부실현설」을 취하는 김상용 교수도 '민법의 제정자들은 변제를 법률행위로 이해하고 민법을 제정하였다고 볼 수 있는 몇몇 규정이 있다'고 한다(同, 415 참조).
67) 구 의용민법 제476조 : 양도의 능력이 없는 소유자가 변제로서 물건을 인도한 경우에 있어서 그 변제

제476조는 개정 전 프랑스민법 제1238조 제2항의 규정[68]을 모범으로 하여 제정된 일본구민법 재산편 제455조 제3항 및 제4항의 규정[69]을 합한 규정인 일본민법초안 제484조[70]를 수정한 것이다.[71] 따라서 구 의용민법 제476조의 규정을 그대로 계승한 우리 민법 제464조는 개정 전 프랑스민법 제1238조에서 유래된 것이라고 할 수 있다.[72] 참고로 독일민법에는 이러한 조문 자체가 없다. 참고로 「민법수정안이유서」는 구 의용민법 제476조의 입법이유를 다음과 같이 기술하고 있다(밑줄은 저자 주).[73]

> (이유) 본조는 기성법전(既成法典) 재산편 제455조 제3항 및 제4항의 규정에 의한 것으로서, 기성법전은 '변제의 무효를 청구할 수 있다'고 규정하고 있으나, 본조는 무능력자가 한 일종의 법률행위에 관한 규정으로서 행위 그 자체는 무효가 아니라 단지 취소할 수 있는 데 그치는 것이므로, 본조는 양도의 능력이 없는 소유자가 그 변제를 취소한 때라고 하여 이 경우에 있어서 소유자는 다시 유효한 변제를 하지 아니하면 인도한 물건을 도로 되찾아 올 수 없다는 본조의 요지에 이른 것으로서, 이에 의하여 기성법전과 달라진 것은 없다.

즉, 구 의용민법 제476조의 입법취지는, ① 변제의 법적 성질을 법률행위라고 파악하고 있었으며, ② 변제는 법률행위이므로, 무능력자의 변제는 무효가 아니라 취소할 수 있는 법률행위이고, ③ 변제의 취소에 관하여 무능력자의 법률행위 취소에 관한 일반규정에 의하지 않고 특별규정을 둔 이유는, 이미 변제를 수령한 채권자를 보호하기 위하여 취소의 효과(원상회복 또는 부당이득반환)에 관한 일반규정의 적용을 배제하기 위한 것이었다고 할 수 있다.[74]

우리 민법 제464조의 입법취지를 명확하게 알 수 있는 문헌은 찾을 수 없다.[75] 다만, 동조는 개정 전 프랑스민법 제1238조에서 유래되어 일본구민법 재산편 제455조 제3항 및 제4

를 취소한 때에는, 그 소유자는 다시 유효한 변제를 하지 아니하면 그 물건을 되찾아 올 수 없다.

68) 전게 주 31 참조.

69) 일본구민법 재산편 제455조 : ③ 양도할 능력이 없는 소유자가 물건을 인도한 때에는 그 소유자만이 변제의 무효를 청구할 수 있다. ④ 위 어느 경우에도 채무자는 다시 유효한 변제를 하지 아니하면 인도한 물건을 되찾아 올 수 없다.

70) 일본민법초안 제484조 : 양도의 능력이 없는 소유자가 변제로서 물건의 인도를 한 때에는 그 소유자만이 그 변제를 취소할 수 있다. 다만, 그 소유자는 다시 유효한 변제를 하지 아니하면 그 인도한 물건을 되찾아 올 수 없다.

71) 일본민법초안 제484조의 기초자 호즈미 노부시게(穗積陳重)는 그 제안이유를 '본조는 재산편 제455조 제3항 및 제4항을 합하여 문자를 바꾼 것에 불과합니다. 그 바꾼 점은 「물건을 인도한 때에는 그 소유자만이 변제의 무효를 청구할 수 있다」라고 되어 있습니다만, 이것은 무능력자의 행위이기 때문에 무효가 아니라 취소이며, 기성법전도 아마 그러한 의도였을 것이라고 생각합니다. 이런 까닭에 이 무효를 취소로 바꾸었지만 문자의 수정에 불과하다'고 설명한 바 있다(「民法議事速記錄」, 256; 일본주석민법(12)/奧田昌道, 70 참조).

72) 同旨: 일본주석민법(12)/奧田昌道, 70 참조.

73) 「民法修正案理由書」, 457 참조.

74) 일본주석민법(12)/奧田昌道, 70~71 참조.

75) 국회의 민법안심의 과정에서도 제464조에 대해서는 아무런 논의 없이 '원안에 합의하였다'는 기록이 있을 뿐이다(「민법안심의록」, 273 참조).

항의 규정을 통합한 구 의용민법 제476조를 계승한 것이므로, 우리 민법 제464조의 입법취지는 구 의용민법 제476조의 입법자의사에서 유추할 수 있다고 할 것이다.

(나) 변제에 관한 우리 민법규정의 입법계보

아래의 <참고>의 표는 변제에 관한 현행민법 규정의 입법계보를 파악하기 위하여 현행 민법규정과 프랑스민법·일본구민법·일본민법·독일민법의 해당규정을 비교한 것인데, 이를 살펴보면 우리 민법의 변제에 관한 규정은 독일민법의 그것과 체제와 내용 면에서 큰 차이가 있음을 알 수 있다. 그러므로 국내의 학설이 우리 민법 제464조의 입법연혁은 물론 그 존재조차 완전히 무시한 채 변제의 법적 성질을 준법률행위 내지 사실행위로 파악하는 것은 '과거 독일민법학을 무조건적으로 추종한 일본민법학의 잔재에 지나지 않는다'고 할 것이다.

요컨대, 우리 민법의 해석상 변제의 법적 성질은 계약으로 보아야 할 것이다. 다만, 프랑스민법과 달리 우리 민법은 채권자의 변제수령능력까지 요구하고 있지는 않으므로, 변제를 단독행위로 이론구성하는 것도 가능하다고 생각된다. 그러므로 우리 민법하에서는 '변제가 유효하게 성립하기 위해서는 변제자의 행위능력이 요구되며, 변제자와 변제수령자 사이에 변제의 합의(단독행위로 보는 경우에는 「변제의 의사」)가 필요하다'고 해석하지 않을 수 없다.

〈참고〉 변제에 관한 민법규정의 비교

	프랑스민법 (개정 전)	일본 구민법	일본민법	우리 민법	독일민법 (개정 전)
변제의 요건·효과	§1234	§450	**규정 없음**	**규정 없음**	§362
변제제공의 방법	§1257, 1258	§474, 475	§493	§460	§294, 295, 296
변제제공의 효과	§1257	§476	§492	§461	§293, 297
특정물채무자의 선관주의의무	§1245	**규정 없음**	§400	§374	**규정 없음**
특정물의 현상인도의무	§1245	§462	§483	§462	**규정 없음**
종류채권	§1246	§460	§401	§375	§243, 279
*변제로서의 타인물건의 인도	**규정 없음**	§455②	§475	§463	**규정 없음**
*양도능력 없는 소유자의 인도	§1238①	§455③, ④	§476	§464	**규정 없음**
*수령능력 없는 채권자에의 변제	§1241	§458	**규정 없음**	**규정 없음**	**규정 없음**
*채권자의 선의소비, 양도와 구상권	§1238②	§455⑤, ⑥	§477	§465	**규정 없음**
대물변제	§1243	§461	§482	§466	§364, 365
변제의 장소	§1258, 1264	§468	§484	§467	§269, 270
변제기 전의 변제	§1258	**규정 없음**	**규정 없음**	§468	§271
제3자의 변제	§1236, 1237	§452, 453, 479	§474	§469	§267, 268
채권의 준점유자에 대한 변제	§1240	§470	§478	§470	**규정 없음**
영수증소지자에 대한 변제	**규정 없음**	**규정 없음**	§480	§471	§370
권한 없는 자에 대한 변제	§1239	§456	§479	§472	**규정 없음**
압류채권의 변제	§1242	§459	**규정 없음**	**규정 없음**	**규정 없음**
변제비용의 부담	§1248	**규정 없음**	§485	§473	§270
영수증청구권	**규정 없음**	**규정 없음**	§486	§474	§368

채권증서반환청구권	**규정 없음**	**규정 없음**	§487	§475	§371
지정변제충당	§1253, 1255	§470, 471	§488	§476	§366 I
법정변제충당	§1256	§472	§489	§477	§366 II
부족변제의 충당	**규정 없음**	**규정 없음**	§490	§478	**규정 없음**
비용·이자·원본에 대한 변제충당 순서	§1254	§472	§491	§479	§367
변제자의 임의대위	§1250	§479, 480	§499	§480	**규정 없음**
변제자의 법정대위	§1251	§479, 481 482	§500	§481	§268(3)
변제자대위의 효과, 대위자 간의 관계	**규정 없음**	§483, 484	§501	§482	§774, §1143 §1173, §1174①
일부의 대위	§1252	§485, 486	§502	§483	§1145, §1174②
대위변제와 채권증서, 담보물	**규정 없음**	§487	§503	§484	§1144
채권자의 담보상실, 감소행위와 법정대위자의 면책	**규정 없음**	**규정 없음**	§504	§485	**규정 없음**
변제 이외의 방법에 의한 채무소멸과 대위	**규정 없음**	§486	**규정 없음**	§486	**규정 없음**

* 표시는 변제의 법적 성질과 관련이 있는 규정

[48] Ⅲ. 변제의 구성요건 -「계약설」에 의한 해석론의 재구성-

1. 변제의 합의

변제에 관한 우리 민법의 규정은 대부분 변제의 법적 성질을 계약으로 보는 데 이설이 없는 프랑스민법에서 유래된 것이라는 점을 고려할 때, 우리 민법의 해석상 변제의 법적 성질은 '변제의사의 합치에 의하여 성립하는 계약'이라고 보아야 할 것이라고 생각한다.[76] 다만, 우리 민법은 프랑스민법과는 달리 변제수령자의 수령행위능력을 요구하고 있지는 않으므로, 변제를 단독행위라고 해석하는 것도 가능하다고 생각된다.

(1) 변제의사의 필요성

변제의 법적 성질은 계약으로 보아야 할 것이므로, 변제가 성립하기 위해서는 반드시 양당사자의 변제의 의사의 합치가 필요하다고 할 것이다. 즉, 변제의 효과(채권·채무의 소멸)는 당사자의 변제의사의 합치에 의하여 성립하는 계약의 효과로서 발생하는 것이므로, 아무리 객관적으로 채무의 내용에 좇은 이행이라고 인정되는 변제행위가 있더라도 당사자의 변제의 합의가 없는 이상 변제의 효력은 인정될 수 없다. 민법은 이러한 전제하에, ① 당사자 사이에 유효한 변제의 합의는 없으나(따라서 변제는 무효임) 객관적으로 채무의 내용에 좇은 이행이라

76) 이 책의 구판에서는 변제의 법적 성질에 관한 해석론상의 문제들을 통설인「준법률행위설」에 입각하여 기술하였으나, 그동안의 연구성과를 반영하여「계약설」에 입각한 내용으로 개설하기로 한다(김대정, "변제의 법적 성질 및 구성요건에 관한 입법론적 고찰", 민사법학 52호, 한국민사법학회, 2010/12, 419 이하 참조).

고 인정되는 변제행위가 있는 경우에는 이를 수령한 채권자(변제수령자)를 보호하기 위하여, 제463조(변제로서의 타인의 물건의 인도) 및 제464조(양도능력 없는 소유자의 물건인도)를 두어, '변제자가 다시 유효한 변제를 하지 아니하면 그 물건의 반환을 청구하지 못한다'고 규정하고, 나아가 ② '채권자가 변제로 받은 물건을 선의로 소비하거나 타인에게 양도한 때에는 그 변제를 유효하다'고 규정하고 있으며(465조 1항), ③ '이 경우에 채권자가 변제로 수령한 물건을 소비하거나 타인에게 양도함으로써 소유자에 대하여 손해배상을 한 경우에는 채무자에 대하여 구상권을 행사할 수 있다'고 규정하고 있다(465조 2항).

(2) 변제의사의 존재에 대한 증명책임

변제의 법적 성질을 계약으로 파악하고 변제의 성립요건으로 변제의사의 합치가 필요하다고 해석하는 경우에는, '변제의사의 존재에 대한 증명책임은 누가 부담하는가?' 하는 문제가 발생한다.

학설 중에는 「목적적 급부실현설」의 입장에서 이 경우의 증명책임은 변제자 측에 있다고 해석하는 견해도 있으나,[77] 그 타당성은 의문이다. 왜냐하면 객관적으로 채무의 내용에 따른 이행행위는 변제로서 행한 것이라고 추정되어야 할 것이기 때문이다. 따라서 '변제의 효과를 부인하는 자(통상은 변제수령자)가 변제의사가 없었다는 사실에 대한 증명책임을 부담한다'고 해석하여야 할 것이다. 즉, 변제의 효과를 부인하는 변제수령자는 변제 당시 변제자에게 변제의사가 없었음을 증명하여야 할 것이다.[78] 예컨대, 채무자가 채권자에게 증여의 의사로 채무에 상응하는 급부행위를 한 경우에는 변제가 아니라 증여가 되는 것이지만, 소송에서 증여의사의 유무에 대하여 다툼이 있는 경우에는 채무자가 변제의사가 있었다는 사실을 증명할 필요는 없으며, 증여의 효과를 주장하는 채권자(변제수령자)가 채무자에게 증여의 의사가 있었음을 증명하여야 할 것이다.

2. 변제행위능력과 변제의 무효·취소

변제의 법적 성질을 변제의사의 합치에 의하여 성립하는 계약이라고 본다면(계약설), 변제가 유효하기 위해서는 변제자의 행위능력은 물론 변제수령자의 행위능력도 요구된다 할 것이다. 만약 변제자나 변제수령자가 의사능력이 없거나 제한능력자인 경우에는 행위능력에 관한 일반규정(5~17조)에 의하여 변제는 무효이거나 취소될 수 있다(464조).

이러한 법리는 변제의 구성요소인 이행행위가 사실행위인 경우에도 마찬가지라고 해석하여야 할 것이다. 통설에 속하는 학설 중에는 '변제의 구성요소인 이행행위가 사실행위인

77) 김형배, 648 참조.
78) 同旨: 곽현수, "변제에 관한 증명책임", 재판자료 26집(법원행정처, 1985), 201 참조.

경우에는 채무자가 무능력자인 경우에도 단독으로 유효한 변제행위를 할 수 있으며, 무능력·착오·사기·강박을 이유로 변제를 취소할 수 없다'고 해석하는 견해가 있으나,[79] 우리 민법상 그렇게 해석하여야 할 근거는 전혀 없다. 또한 변제의사가 진의 아닌 의사표시 또는 허위표시인 경우에는 변제의 무효가 문제되며(107조, 108조), 변제의 의사표시가 착오 또는 사기·강박에 의한 경우에는 변제의 취소가 문제될 수 있음은 물론이다(109조, 110조).

「준법률행위설」을 취하는 종래의 통설적 견해는 '예컨대, 위임계약에서 수임인이 제3자와 법률행위를 할 채무를 부담한 경우와 같이, 변제의 구성요소인 변제행위(이행행위)가 법률행위인 경우에는 변제 자체가 무효·취소되는 것이 아니라 그 구성요소인 변제행위가 무효·취소되는 것'이라고 해석하고 있으나,[80] 우리 민법의 해석으로는 '변제의 구성요소인 변제행위의 무효·취소가 가능할 뿐만 아니라 변제 자체의 무효·취소도 가능하다'고 해석하는 것이 타당하다고 생각된다.

3. 변제의 대리

변제는 변제자와 변제수령자 사이의 변제의사의 합치에 의하여 성립하는 법률행위이므로, 변제의 대리도 가능하다. 물론 변제의 대리에 있어서 대리인은 변제의사가 있어야 할 것이다.[81]

(1) 이행행위가 법률행위인 경우

변제의 구성요소인 이행행위(변제의 구성요소인 급부행위)가 법률행위인 경우에도 이론상 대리인은 그 변제행위를 대리하는 것이 아니라 변제를 대리하는 것이나, 실제로는 변제행위도 대리인의 대리행위에 의하여 이루어지게 될 것이다.

(2) 이행행위가 사실행위인 경우

금전의 급부, 연주나 강연 등 이행행위(변제의 구성요소인 급부행위)가 사실행위인 경우에도 변제의 법적 성질은 법률행위이므로, 이론상 변제의 대리는 가능하다. 그러나 이 경우에는 변제의 구성요소인 이행행위의 대리는 불가능하므로, 사실행위인 이행행위 자체는 대리인에 의하여 행해질 수 없으며, 그 이행행위의 성질에 따라 이행대행자 또는 이행보조자에 의하여 변제행위가 대행되거나 보조될 수 있을 뿐이다(391조). (☞ 제4장 제1절 「채무불이행의 유형」)

---

79) 김상용, 415 참조.
80) 곽윤직, 246; 김상용, 415; 김증한/김학동, 338; 현승종, 352 참조.
81) 통설적 견해는 '이 경우에 대리인이 변제를 대리하는 것이 아니므로, 변제의 의사를 가질 필요가 없으며 급부행위를 할 의사를 가지는 것으로 충분하다'고 해석한다(곽윤직, 246 참조).

제 2 절 변제의 제공

[49] Ⅰ. 의 의

「변제의 제공」(Leistungsangebot; offres de paiement)이라 함은 '채무의 이행에 채권자의 협력을 필요로 하는 경우에 채무자가 변제를 위하여 자기가 할 수 있는 모든 행위를 다한 후 채권자의 협력을 요구하는 것'을 말한다.

1. 채무이행에 채권자의 협력이 필요한 경우

변제는 채무자 측의 이행행위와 채권자 측의 급부수령행위의 양자를 요소로 하는 것이므로, 채권자가 제공하는 재료를 사용하여 물건을 제작하여야 하는 채무나 추심채무 또는 채권자의 변제수령을 요하는 채무의 경우에는 채권자 측의 재료제공이나 변제수령 등 일정한 협력이 없으면 채무자는 단독으로 유효한 변제를 할 수 없다. 그러나 채권자의 협력이 없기 때문에 아직 변제가 이루어지지는 않았으나, 변제를 위하여 자기가 할 수 있는 모든 행위를 완료한 성실한 채무자에게 채무불이행책임을 묻는 것은 형평의 원칙에 부합하지 않는다. 「변제의 제공」은 채무의 이행에 채권자의 협력을 필요로 하는 경우에 자기가 할 수 있는 모든 행위를 완료한 성실한 채무자를 보호하기 위하여 채무불이행책임을 면해주고 나아가 공탁에 의하여 궁극적으로 채무를 면할 수 있게 하는 제도이다. 따라서 단순한 부작위채무와 같이 채무의 이행에 채권자의 협력을 필요로 하지 않는 경우에는 변제의 제공은 문제되지 않는다.

2. 채무의 내용에 좇은 제공

변제의 제공은 채무의 내용에 좇은 것이어야 한다(460조 본문). 변제의 제공이 채무의 내용에 좇은 것이라고 할 수 있기 위해서는 변제제공의 주체·객체·장소·시간 등이 모두 채무의 내용에 적합한 것이어야 하지만, 이는 채권의 목적과 거래의 관행을 고려하여 신의칙에 따라서 판단하여야 한다. 이러한 판단의 결과 채무자가 채무의 내용에 좇은 변제의 제공을 한 경우에는 채무불이행책임을 면하는 등 변제제공의 효력이 발생하지만(461조), 그렇지 아니한 경우에는 변제제공의 효력이 발생하지 않는다.

실제사례에서 채무의 내용에 좇은 변제의 제공에 해당하는지의 여부가 문제된 경우는 많지 않으나, 대법원판결 중에는 ① '택시요금의 인상으로 사납금의 인상요인이 발생하였다고 하더라도 아직 노사 간에 사납금 인상에 관한 합의가 이루어지지 아니한 이상, 운전기사들이 사납금 인상에 동의하지 않은 채로 승무한 것을 채무의 내용에 따른 변제의 제공에 해당하지 않는다고 할 수 없다'고 한 사례가 있으며(대법원 1993.7.27.선고, 92다42743 판결), ② '일정한 금원을 상대방의 이름으로 금융기관에 예금하는 채무는 단독으로 이행할 수 있는 것이어서 그 이행에 상대방의 현실적인 협력이 필요한 것이라고는 볼 수 없으므로, 상대방이 그 주소지에 살고 있지 않고 여러 곳을 알아보아도 그 살고 있는 곳을 찾아낼 수 없었다 하여 타인의 명의로 예금한 것은 채무의 내용에 따른 금전채무의 변제의 제공이라고 볼 수 없다'고 한 사례도 있다(대법원 1966.4.6.선고, 66다311·312 판결). 또한 ③ '특정한 토지를 매매하면서 매도인이 지분이전등기에 필요한 서류를 매수인에게 제공한 경우에는 이를 매도인이 채무의 내용에 따른 변제의 제공을 한 것으로 볼 수 없다'고 하거나(대법원 1980.6.24.선고, 80다425 판결), ④ '대여금채무를 담보하기 위하여 채권자 명의로 담보가등기 및 그 가등기에 기한 본등기가 경료된 경우, 대위변제자가 변제공탁을 하면서 채권자의 가등기 및 본등기의 말소를 반대급부의 내용(조건)으로 한 것은 채무의 내용에 따른 것이라 할 수 없다'고 한 사례도 있다(대법원 1982.12.14.선고, 82다카1321·1322 판결 등).

▪ **채무담보조로 경료된 가등기 및 본등기의 말소를 조건으로 한 변제공탁의 효력** 채무의 담보를 위하여 가등기 및 그 가등기에 기한 본등기가 경료된 경우에 채권자는 그 채무변제를 받기 전 또는 받음과 교환으로 그 담보로 된 가등기 및 그 가등기에 기한 본등기를 말소하여야 할 의무는 없다고 할 것이므로, 채권자인 원고가 선급부 또는 동시이행의 의무가 없는데도 채무의 대위변제자가 변제공탁을 함에 있어서 가등기 및 본등기의 말소를 반대급부의 내용으로 하였음은 채무의 본지에 따른 것이라 할 수 없고, 원고가 이를 수령하지 않는 한 변제공탁은 채무변제의 효력이 없다 할 것이다. (대법원 1982.12.14.선고, 82다카1321·1322 판결)[1]

---

1) 같은 취지; 대법원 1984.4.10.선고, 84다77 판결; 대법원 1984.9.11.선고, 84다카781 판결; 대법원 1991.4.12.선고, 90다9872 판결.

[50] Ⅱ. 변제제공의 방법

변제제공의 방법에 관하여 민법은 "변제는 채무내용에 좇은 현실제공으로 이를 하여야 한다. 그러나 채권자가 미리 변제받기를 거절하거나 채무의 이행에 채권자의 행위를 요하는 경우에는 변제준비의 완료를 통지하고 그 수령을 최고하면 된다"고 규정하고 있다(460조).

학설은 이 규정의 취지를 변제제공의 방법으로서 「현실제공」과 「구두제공」(변제준비의 완료를 통지하고 그 수령을 최고함으로써 하는 변제의 제공)의 두 가지 종류를 인정한 것이라고 해석하고 있다. 그러나 현실제공과 구두제공의 구별은 변제에 필요한 채권자의 협력의 정도에 따라서 채무자가 할 수 있는 변제행위 또는 변제를 위한 준비행위의 정도의 차이에 따른 변제제공의 방법을 형식적으로 구별한 것에 지나지 않으며, 구체적인 경우에 요구되는 변제제공의 정도 및 그에 상응한 채권자의 협력의 정도는 거래의 관행과 신의칙에 입각하여 결정될 수밖에 없는 것이므로,[2] 이러한 해석에는 오해의 소지가 있다.

1. 현실제공

(1) 의 의

「현실제공」(tatsächliches Angebot; offres réelles)이라 함은 '채권자의 협력이 없더라도 채무자가 급부의 주요부분을 이행할 수 있기 때문에 채권자의 단순한 수령만으로 변제가 완료되는 경우이거나, 채무자의 이행행위와 동시에 채권자의 협력이 있으면 변제가 완료될 수 있는 경우에 채무자가 변제를 위하여 할 수 있는 모든 행위를 완료하는 것'을 말한다.

(2) 입법례

1) 프랑스민법

「변제의 현실제공」은 원래 프랑스민법에서 유래된 개념이다. 즉, 2016.2.10. 오르도낭스 제2016-131호로 개정되기 전의 프랑스민법은 '채권자가 변제의 수령을 거절한 때에는 현실제공을 할 수 있으며, 채권자가 채무자의 현실제공을 거절한 경우에는 공탁을 할 수 있다'고 규정한 후(C.c. Art. 1257(1)),[3] 현실제공의 유효요건에 관하여 상세히 규정하고 있었다(C.c. Art. 1258).[4] 즉, 개정 전 프랑스민법에 따르면, 채권자가 변제의 수령을 거절하면 채무자는 「현실

---

2) 同旨: 곽윤직, 252; 김상용, 442 참조.

3) 개정 전 프랑스민법 제1257조: (1) 채권자가 변제의 수령을 거절한 때에는 채무자는 현실제공을 할 수 있으며, 채권자가 현실제공의 수령을 거절하는 경우에는 그 금액 또는 물건을 공탁할 수 있다. (2) 현실제공에 이은 공탁은 채무자를 해방시킨다; 공탁은 유효하게 행하여진 때에는 변제를 대신하며, 그처럼 공탁된 물건의 위험은 채권자가 부담한다.

4) 개정 전 프랑스 민법 제1258조: 현실제공이 유효하기 위하여서는 다음 각 호의 요건을 갖추어야 한다: 1. 현실제공이 수령능력이 있는 채권자에게 행하여지거나, 수령의 권한이 있는 자에게 행하여질 것 2.

제공」(offres réelles)을 할 수 있고, 채권자가 다시 채무자의 현실제공을 거절한 경우에 채무자는 채무의 목적인 금전 또는 물건을 공탁할 수 있게 된다(채권자의 변제수령 거절 → 채무자의 현실제공 → 채권자의 현실제공 거절 → 채무자의 변제공탁 → 채권소멸). 즉, 프랑스 민법상의 「현실제공」은 우리 민법 제460조의 「현실제공」의 기원이 된 제도이나, '채권자가 변제의 수령을 거절한 경우에 채무자가 채무를 면하기 위하여 하는 변제공탁의 요건으로서의 변제의 제공'을 의미하는 개념이라는 점에서, 우리 민법의 「현실제공」과는 그 내용과 체계가 상당히 다른 제도이다.

2) 독일민법

독일민법은 채권자지체의 요건으로서 변제의 현실제공과 구두제공에 관한 규정을 두고 있다. 즉, 독일민법은 제293조에서 '채권자는 채무자가 제공한 급부를 수령하지 않으면 채권자지제에 빠지게 된다'고 규정한 후(BGB §293),[5] 제294조 이하에서 채권자지체의 요건인 「변제의 제공」(Leistungsangebot)에 관하여 상세한 규정을 두고 있다. 특히 독일민법은 제294조에서 '급부는 채무의 내용에 좇은 현실제공으로 제공되어야 한다'고 규정함으로써, '변제의 제공은 현실제공(tatsächliches Angebot)이 원칙'이라는 점을 명문으로 규정하고 있다(BGB §294).[6] 후술하는 바와 같이, 우리 민법 제460조의 「현실제공」은 바로 이 독일민법 제294조의 개념을 채택한 것이다.

3) 일본민법

일본민법(구 의용민법)은 변제제공의 방법에 관하여 '변제의 제공은 채무의 본지(本旨)에 따라서 현실로 이를 할 것을 요한다. 다만, 채권자가 미리 수령을 거절하거나 채무의 이행에 대하여 채권자의 행위를 요하는 때에는 변제의 준비를 하였음을 통지하여 그 수령을 최고함으로써 충분하다'고 규정함으로써, 변제제공은 채무의 내용에 따른 「현실제공」이 원칙이라는 점을 명문으로 밝히고 있다(동법 493조).[7] 이는 개정 전 프랑스민법 제1257조[8])를 모범으로 하

현실제공이 변제능력이 있는 자에 의하여 행하여질 것 3. 현실제공이 이행기에 도달한 금액, 연체되거나 지불되어야 하는 이자, 청산비용, 그리고 청산이 종결된 경우를 제외하고 청산되지 아니한 비용의 전액에 대하여 행하여질 것 4. 기한이 채권자의 이익을 위하여 설정된 경우, 그 기한이 도래하였을 것 5. 채무가 조건부로 체결된 경우에는 그 조건이 성취되었을 것 6. 현실제공이 변제하기로 합의한 장소에서 행하여져야 하며, 변제의 장소에 관한 특별한 합의가 없는 경우에는 채권자의 주소지 또는 거소지 또는 합의의 이행을 위하여 선정된 장소에서 행하여질 것 7. 현실제공이 이러한 종류의 행위를 할 능력이 있는 관할관청의 공무원에 의하여 행하여질 것.

5) 독일민법 제293조(수령지체) 채권자는 그에게 제공된 급부를 수령하지 아니한 때에는 지체에 빠진다.

6) 독일민법 제294조(현실적 제공) 채권자에 대한 급부는 그것이 실현되기로 한 그대로 현실적으로 제공되어야 한다.

7) 일본민법(구 의용민법) 제493조 : 변제의 제공은 채무의 본지에 따라서 현실로 이를 할 것을 요한다. 다만, 채권자가 미리 수령을 거절하거나 채무의 이행에 대하여 채권자의 행위를 요하는 때에는 변제의 준비를 하였음을 통지하여 그 수령을 최고함으로써 충분하다.

8) 전게 주 3 참조.

여 제정된 일본구민법 재산편 제474조[9]를 수정한 것인데, 일본민법이 현실제공에 관하여 프랑스민법과 달리 규정한 이유에 대하여 「민법수정안이유서」는 다음과 같이 기술하고 있다(밑줄은 저자 주).[10]

> (이유) 본조는 제공의 방법을 규정한 것으로서, 기성법전 재산편 제474조에 수정을 가한 것이다. 즉, 기성법전은 '채권자가 변제의 수령을 원하지 않거나 이를 수령하는 것이 불가능한 때 운운'이라고 규정하였으나, 이는 주로 제공과 공탁을 한 곳에서 규정하려고 한 데 기인한 것으로서, 변제의 제공은 채권자가 변제의 수령을 거절하거나 이를 수령할 수 없는 때에 한하는 것이 아니므로, 본안은 단지 본조를 변제제공의 경우에 한정하여 기성법전 동조 전단의 자귀를 삭제하였다. 또한 기성법전은 제공의 방법에 관하여 여러 가지의 경우를 나누어 상세한 규정을 두었으나, 요컨대 본안과 같이 채무의 본지에 따라 현실로 제공할 것을 요한다고 하는 때에는 모든 경우를 총괄하여 탈루의 염려가 없다고 말하지 않을 수 없다. 그러나 본조의 규정상의 요점은 본문에 있는 것이 아니라 오히려 단서의 규정에 있다. 즉, 본문은 이른바 사실상의 제공을 가리키는 것으로서, 어쩌면 특별히 명문을 요하지 않는다고 할 수 있을지도 모르지만, 단서의 규정은 이른바 언어상의 제공으로서 법률의 규정을 기다려 비로소 그 효력이 발생하는 것이다. 그리하여 본안도 역시 기성법전 제474조 본문과 같이 채권자가 변제의 수령을 거절하거나 동조 제4호와 같이 채무의 이행에 관하여 채권자의 입회 또는 참동(參同)과 같은 행위를 요하는 때에는 언어상의 제공, 즉 변제의 준비를 하였다는 뜻을 통지하고 그 수령을 최고하는 것만으로써 충분하다 함은 원래 지당한 규정이라고 할 것이지만, 기성법전 동조 제3호와 같이 운송이 비용이 많이 들거나 곤란하거나 위험한 경우에도 언어상의 제공을 할 수 있음을 인정하는 것은 친절하다고 할 수는 있겠으나 그 필요가 없을 뿐만 아니라 오히려 실제의 적용상 다툼을 발생시키는 경우가 많다. 또한 제국(諸國)의 법전에 있어서도 이와 같은 입법례가 존재하지 않으므로, 본안은 이를 삭제하였다. 기타 기성법전 재산편 제475조[11]는 특별히 명문을 요하지 아니한다. 특히 본조에서 변제의 제공은 채무의 본지에 따를 것을 요한다는 취지를 명확히 한 이상 더욱 그 필요가 없으므로 이를 삭제한다.

입법자의사에 따르면, 일본민법(구 의용민법) 제493조는 변제제공의 방법과 공탁의 요건을 같이 규정하고 있던 일본구민법 재산편 제474조를 수정하여 공탁의 요건과는 별개로 변제제공의 방법만을 규정한 것인데, 사견으로는 일본민법 제493조는 입법체계상으로는 개정 전 프랑스민법 제1257조 및 제1258조, 그리고 이를 모범으로 한 일본구민법 재산편 제474조를

9) 일본구민법 재산편 제474조: 채권자가 변제의 수령을 원하지 않거나 이를 수령할 수 없는 때에는 채무자는 아래의 구별에 따라서 제공 또는 공탁을 하여 의무를 면할 수 있다. 1. 채무가 금전을 목적으로 하는 때에는 제공은 화폐를 제시하여 이를 할 것을 요한다. 2. 채무가 특정물을 목적으로 하여 그 존재하는 장소에서 인도하여야 하는 때에는, 채무자는 그 물건을 인취(引取)하기 위하여 채권자에게 최고를 하여야 한다. 3. 특정물을 채권자의 주소 기타의 장소에서 인도하여야 할 것으로서 그 운송에 비용이 많이 들거나 운송이 곤란하거나 위험한 때에는, 채무자는 합의에 따라서 인도를 즉시로 실행할 준비를 하였다는 사실을 제공 중에 구술한다. 정량물(定量物)에 관하여서도 역시 동일하다. 4. 채권자의 입회 또는 참동(參同)을 요하는 작위의무에 관하여는 채무자가 의무이행의 준비를 하였음을 구술하는 것으로 족하다.

10) 「民法修正案理由書」, 406~407 참조.

11) 일본구민법 재산편 제475조: 제공은 전조 이외에 위에서 정한 변제에 필요한 조건을 구비하고 또한 특별법에서 정한 방식에 따르지 아니하면 유효하지 아니하다.

계승한 것이라고 할 수 있으나, 내용상으로는 급부의 현실제공(tatsächliches Angebot)에 관한 독일민법 제294조[12)]와 구두제공(wörtliches Angebot)에 관한 제295조[13)]를 통합하여 규정한 것이라고 생각한다.

4) 우리 민법

변제제공의 방법에 관한 우리 민법 제460조는 일본민법 제493조를 모범으로 하여 제정된 만주민법 제447조의 규정을 그대로 계수한 것이라고 할 수 있다.[14)] 그러므로 일본민법(구 의용민법) 제493조의 입법자의사를 통하여 우리 민법 제460조의 입법자의사를 유추할 수 있는데, 우리 민법 제460조의 「현실제공」의 개념은 입법연혁상으로는 개정 전 프랑스민법 제1257조 및 제1258조의 규정에서 유래된 것이나, 내용상으로는 독일민법상의 「현실제공」의 개념(BGB §294, §295)에서 유래된 것이라고 보아야 할 것이다.

(3) 채무의 현실제공 여부가 문제되는 경우

「현실제공」은 '채무자로서 하여야 할 모든 행위를 실제로 완료하는 것'을 의미하므로, 채무자가 현실제공이 되는 행위 이외에 별도로 채권자에 대하여 변제수령 또는 협력을 최고하는 것은 불필요하다. 문제는 '채무자가 구체적으로 어떤 행위를 한 경우에 「현실제공」이 있다고 볼 것인가?' 하는 것이다. 이에 대하여, 판례는 '쌍무계약에서 채무의 현실제공을 지나치게 엄격하게 요구하면 불성실한 상대방에게 동시이행항변권을 행사할 구실을 주게 될 수 있으므로, 현실제공이라고 할 수 있는 변제제공의 정도는 그 시기와 구체적 상황에 따라 신의칙에 어긋나지 않게 합리적으로 결정되어야 한다'는 입장을 확립하고 있다(대법원 1995.12.22.선고, 95다40397 판결 등). 그리하여 예컨대, '매도인이 법무사사무소에 소유권이전등기에 필요한 대부분의 서류를 작성하여 주었고 미비된 일부 서류들은 잔금지급시에 교부하기로 하였으며 이들 서류는 매도인이 언제라도 발급받아 교부할 수 있다면, 매도인으로서는 비록 일부 미비된 서류가 있다 하더라도 소유권이전등기의무에 대한 충분한 이행의 제공을 마쳤다고 보아야 할 것'이라고 한다(대법원 2001.12.11.선고, 2001다36511 판결 등).[15)]

이하에서는 현실제공의 여부가 문제되는 경우를 채무이행의 유형별로 살펴보기로 한다.

---

12) 전게 주 6 참조.

13) 독일민법 제295조(구두의 제공) 채권자가 채무자에게 급부를 수령하지 아니할 것을 표시하거나, 급부의 실현을 위하여 채권자의 행위가 요구되는 때, 특히 채권자가 채무의 목적물을 추심하지 않으면 안 되는 때에는, 채무자의 구두의 제공으로 충분하다. 채권자에 대하여 필요한 행위를 시도할 것을 요청하는 것은 급부의 제공과 동일한 것으로 인정된다.

14) 「민법안심의록」, 271 참조.

15) 같은 취지: 대법원 1995.12.22.선고, 95다40397 판결; 대법원 2005.4.29.선고, 2005다8637 판결; 대법원 2011.4.28.선고, 2010다94953 판결.

1) 금전채무의 현실제공

채권자가 변제의 장소나 기일 등을 따로 지정하기로 약정한 경우가 아니라면 금전채무는 채권자의 단순한 수령에 의하여 변제가 완료될 수 있는 것이므로, 금전채무의 변제는 금전의 현실제공을 원칙으로 한다. 그러나 다음과 같은 경우에는 '과연 「금전채무의 현실제공」이라고 할 수 있는가?' 하는 것이 문제된다. (☞ 제1장 제5절 「금전채권」)

(가) 금전채무의 일부제공

금전채무의 경우에는 채무 전액의 제공이 있어야 현실제공이라고 할 수 있으므로, 금전채무의 일부제공은 이를 유효한 변제의 제공이라고 인정할 수 있는 특별한 사정이 있는 경우를 제외하고는 채권자가 이를 수락하지 아니하는 한 유효한 변제의 제공이라고 할 수 없다(대법원 1983.11.22.선고, 83다카161 판결 등).[16] 또한 채무자가 금전채무의 일부제공을 하였으나 나머지 잔액채무의 변제를 위하여 이행기를 경과한 경우에는 본래의 채무에 지연배상금 또는 위약금까지 제공하여야 유효한 변제의 제공이 된다. 다만, 판례는 '제공된 금액이 채무액과 비교하여 근소한 차이가 있음에 불과한 때에는 신의칙에 비추어 이를 유효한 현실제공으로 인정하여야 하는 경우가 있을 수 있으며(대법원 1988.3.22.선고, 86다카909 판결 등),[17] 채무의 일부공탁은 원칙적으로 무효이나(대법원 1984.9.11.선고, 84다카781 판결 등),[18] 채권자가 공탁금을 채권의 일부에 충당한다는 유보의 의사표시를 하고 이를 수령한 때에는 그 공탁금은 채권의 일부변제에 충당된다'고 한다(대법원 2009.10.29.선고, 2008다51359 판결 등).[19]

(나) 금전을 제시할 필요가 있는지 여부 등

금전채무는 원칙적으로 지참채무이므로(467조 2항), 채무자가 금전을 휴대하고 채권자의 현주소 또는 현영업소에 가서 그 수령을 채권자에게 촉구하여야 하며, 또 그것으로 충분하다. 즉, 채무자가 휴대한 금전을 채권자의 면전에 제시할 필요는 없으며, 채권자가 부재중이어서 휴대한 금전을 제시하지 못한 경우에도 금전채무의 현실제공이 있은 것으로 간주된다. 이러한 취지에서, 판례는 '건물매수인이 이행기일에 잔대금을 준비하고 이행장소에서 매도인을 기다렸으나 매도인이 나타나지 않은 경우, 채무자는 이행제공(현실제공)을 하였으나 채권자가 이를 수령하지 않았다고 해석할 수밖에 없다'고 한다(대법원 1947.10.28.선고, 4280민상99 판결, 요민 I·809). 학설 중에는 '매매계약 시 매수인 자신은 금전을 휴대하지 않았다 할지라도 금전을 휴대한 전매수인(轉買受人)을 동반한 경우에는 이를 금전채무의 현실제공으로 보아야 한

---

16) 같은 취지: 대법원 1984.9.11.선고, 84다카781 판결; 대법원 1988.1.19.선고, 85다카1792 판결; 대법원 1992.7.28.선고, 91다13380 판결; 대법원 1998.10.13.선고, 98다17046 판결; 대법원 2002.5.10.선고, 2002다12871·12888 판결; 대법원 2005.10.13.선고, 2005다37208 판결.

17) 같은 취지: 대법원 2002.5.10.선고, 2002다12871·12888 판결.

18) 같은 취지: 대법원 1988.1.19.선고, 85다카1792 판결; 대법원 1992.7.28.선고, 91다13380 판결.

19) 같은 취지: 대법원 1996.7.26.선고, 96다14616 판결; 대법원 2012.3.15.선고, 2011다83776 판결.

다'는 견해가 많으나,[20] 이 경우에도 '전매수인의 매수의사가 확정적이어서 어떠한 경우에도 휴대한 금전을 지급한다는 보장이 없는 이상 금전을 휴대한 전매수인을 동반하였다는 사실만으로 금전채무의 현실제공이 있었다고 볼 수는 없다'고 할 것이다.[21]

(다) 금전과 동일시되는 지급수단이 제공된 경우

금전채무의 변제는 강제통용력이 있는 화폐로 지급하여야 함이 원칙이지만(376조), 거래관념상 통화와 마찬가지로 다루어지는 지급수단을 제공한 경우에는 금전채무의 현실제공이 있다고 해석하여야 할 것이다. 이하에서는 금전채무의 현실제공 여부와 관련하여 거래관념상 통화와 마찬가지로 다루어지는 지급수단인지 여부가 문제되는 경우를 살펴보기로 한다. (☞ 제1장 제5절 「금전채권」)

(A) 우편환의 송부 '우체국에서 발행하는 우편환증서에 의하여 행해지는 격지자 간의 송금수단'인 「우편환」은 국가기관인 '우체국이 발행한 무조건적 지급약속을 내용으로 하는 일종의 유가증권'으로서(우편환법 2조),[22] 거래상 현금과 동일한 것으로 다루어지므로, '채무자가 채권자를 수취인으로 하여 우편환을 송부하는 것은 금전채무의 현실제공으로 보아야 한다'는데 이설이 없다.[23]

(B) 수표의 교부 수표는 대표적인 지급수단으로서 '소지인이 제시한 때에 발행인이 처분할 수 있는 자금이 있는 은행을 지급인으로 하는 무조건적인 지급위탁을 내용으로 하는 유가증권'이다(수표법 1조 2호, 3조 본문). 그러나 일반인이 발행하는 당좌수표는 부도의 위험이 있으므로(수표법 3조 단서),[24] 당사자 사이에 '당좌수표의 교부를 기존채무의 변제에 갈음한다'는 특별한 합의가 없는 한 당좌수표의 교부는 금전채무에 대한 유효한 변제의 제공으로 볼 수는 없다.

판례도 '채무자가 기존채무에 관하여 수표를 교부하였을 때에는 이를 금전채무의 현실제공으로 볼 것이 아니라 그 채무의 지급을 위한 것이라고 추정하여야 할 것이며(대법원 1960.11.24.선고, 4293민상286 판결 등),[25] 수표는 기존채무의 변제를 확보하는 수단이거나 변제의 방법에

---

20) 민법주해(11)/김대휘, 34; 주석민법(3)/박영식, 59; 곽윤직, 254; 현승종, 354 참조.

21) 同旨: 김상용, 444 참조.

22) 우편환법 제2조(정의) 이 법에서 "우편환"이란 우체국에서 발행하는 우편환증서에 의하여 행하여지는 격지자 간의 송금수단을 말한다.

23) 우편환에는 통상환과 온라인환, 국제환의 세 가지 종류가 있는데, 「통상환」의 경우 송금인이 송금의뢰서를 작성하여 현금과 함께 우체국에 제출하면 이를 제출받은 우체국은 통상환증서 및 통상환영수증을 발행하여 송금인에게 교부하며, 통상환증서의 수취인이 통상환의 지급을 청구하면 우체국은 통상환증서와 교환하여 통상환의 지급을 한다(우편환법시행규칙 3조).

24) 수표법 제3조(수표자금, 수표계약의 필요) 수표는 제시한 때에 발행인이 처분할 수 있는 자금이 있는 은행을 지급인으로 하고, 발행인이 그 자금을 수표에 의하여 처분할 수 있는 명시적 또는 묵시적 계약에 따라서만 발행할 수 있다. 그러나 이 규정을 위반하는 경우에도 수표로서의 효력에 영향을 미치지 아니한다.

지나지 않는다'는 입장을 취하고 있다(대법원 1997.3.25.선고, 96다51271 판결 등).[26] 다만, 신용 있는 은행이 발행하거나 배서한 수표 또는 그 지급을 보증한 수표도 거래상 금전과 동일하게 다루어야 할 것이며, 특히 은행이 수표의 발행인과 지급인을 겸하는 「자기앞수표」는 대표적인 보증수표로서 현금과 마찬가지로 거래되고 있으므로(수표법 6조 3항),[27] 채무자가 현금 대신 이러한 보증수표를 교부한 경우에는 특별한 사정이 없는 한 금전채무의 현실제공으로 보아야 할 것이다(대법원 1960.5.19.선고, 4292민상784 판결 등).[28]

(C) 어음의 교부 어음은 화폐와 같이 강제통용력을 가지는 지급수단이 아니라, '일정한 금액을 지급할 뜻의 무조건의 약속 또는 위탁이 증서에 화체된 유가증권'으로서(어음법 1조 2호,[29] 75조 2호), 거래의 편의상 이용되는 채무변제의 수단에 불과하다. 그러므로 당사자 사이에 '변제에 갈음하여 어음을 수수한다'는 특별한 약정이 없는 이상 어음의 제공은 금전채무의 현실제공이 될 수 없으며,[30] 지급기일에 적법하게 어음금의 지급이 있는 경우에 한하여 비로소 채무의 변제가 있는 것으로 보아야 할 것이다(대법원 1969.2.4.선고, 68다567 판결 등). 판례도 '당사자 사이에 특별한 의사표시가 없는 한 기존채무의 변제와 관련하여 어음이 발행·교부된 경우에는 기존채무의 이행을 확보하기 위하여 또는 그 지급방법으로 발행된 것으로 추정된다'는 입장을 확립하고 있다(대법원 1996.11.8.선고, 95다25060 판결 등).[31] 또한 판례는 '① 기존채무의 변제를 위하여 채무자나 제3자가 발행한 어음을 교부받고 채권자가 금전을 수령하였다는 뜻의 영수증을 작성한 경우(대법원 1990.5.22.선고, 89다카13322 판결 등),[32] ② 어음의 소지

25) 같은 취지: 대법원 1962.8.30.선고, 62다311 판결; 대법원 1964.11.24.선고, 64다618 판결; 대법원 1976.6.22.선고, 75다1600 판결.

26) 같은 취지: 대법원 1960.7.14.선고, 4292민상893 판결; 대법원 1964.6.23.선고, 63다1162 판결; 대법원 1974.7.9.선고, 74다668 판결.

27) 수표법 제6조(자기지시수표, 위탁수표, 자기앞수표) ① 수표는 발행인 자신을 지급받을 자로 하여 발행할 수 있다. ② 수표는 제3자의 계산으로 발행할 수 있다. ③ 수표는 발행인 자신을 지급인으로 하여 발행할 수 있다.

28) 같은 취지: 대법원 1956.7.12.선고, 4289민상220 판결.

29) 어음법 제1조(어음의 요건) 환어음에는 다음 각 호의 사항을 적어야 한다. 1. 증권의 본문 중에 그 증권을 작성할 때 사용하는 국어로 환어음임을 표시하는 글자 2. 조건 없이 일정한 금액을 지급할 것을 위탁하는 뜻 3. 지급인의 명칭 4. 만기 5. 지급지 6. 지급받을 자 또는 지급받을 자를 지시할 자의 명칭 7. 발행일과 발행지 8. 발행인의 기명날인 또는 서명

30) 당사자 사이에 '「원인채무의 변제에 갈음하여(기존채무를 소멸시키기 위하여) 어음을 수수한다」는 합의가 있고, 이러한 합의에 따라서 어음이 발행·교부된 경우에는, 어음에 의한 대물변제가 이루어져 기존채무(어음발행의 원인채무)는 소멸한다'고 해석하는 것이 통설적 견해이다(양승규, "원인채권과 어음채권과의 관계", 중재 3권 2호, 대한상사중재원, 1979/2, 29 참조).

31) 다만, 판례는 '지급에 갈음하여 교부된 것으로 볼 만한 특별한 사정이 있는 경우에는 그러한 추정은 깨진다'고 한다(대법원 2010.12.23.선고, 2010다44019 판결 등).

32) 판례평석: 강위두, "금전채권에 대한 약속어음 교부의 성질", 상사판례연구 4집(한국상사판례학회, 1991/6), 302 이하; 설승문, "금전채권에 대한 약속어음교부와 대금지급완결", 법학논집 1권(부산대학교, 1991/2), 110 이하; 배광국, "기존채무의 이행에 관하여 어음·수표가 교부된 경우의 문제", 상사판

인인 은행이 「어음되막기」 방법에 의하여 그 약속어음을 결제된 것으로 처리한 경우(대법원 1992.2.25.선고, 91다14192 판결 등),[33] ③ 교부된 약속어음에 관하여 강제집행 수락의 공정증서가 작성되거나 어음금지급판결이 확정된 경우(대법원 1990.3.27., 89다카14110 결정), ④ 채권자가 교부받은 어음을 제3자에게 양도한 경우(대법원 1960.10.31.선고, 4291민상390 판결, 8민Ⅰ·774 등)[34]라고 하더라도, 어음의 수수만으로 기존의 금전채무의 현실제공이 이루어졌다든지, 대금지급이 완결되어 기존채무가 소멸된 것으로 볼 수 없다'고 한다. 그러므로 '금전대차 등 이미 존재하는 채권채무에 관하여 그 채무자가 발행한 약속어음은 특별한 사정이 없는 한 그 채무의 확보 또는 그 지급을 위하여 발행한 것이라고 할 수 있고, 그 경우 채권자는 어음상의 권리와 일반채권의 그 어느 것이나 행사할 수 있는 것이라 할 것인바, 어음상의 권리가 시효 따위로 인하여 소멸하였다 하여 다른 일반채권도 당연히 소멸하지는 않는다'고 한다(대법원 1976.11.23.선고, 76다1391 판결 등).[35]

■ **기존채무의 이행을 위하여 약속어음이 발행된 경우의 법률관계** 기존채무의 이행에 관하여 채무자가 채권자에게 어음을 교부할 때의 당사자의 의사는 기존 원인채무의 '지급에 갈음하여', 즉 기존 원인채무를 소멸시키고 새로운 어음채무만을 존속시키려고 하는 경우와, 기존 원인채무를 존속시키면서 그에 대한 지급방법으로서 이른바 '지급을 위하여' 교부하는 경우 및 단지 기존채무의 지급담보의 목적으로 이루어지는 이른바 '담보를 위하여' 교부하는 경우로 나누어 볼 수 있는데, 당사자 사이에 특별한 의사표시가 없으면 어음의 교부가 있다고 하더라도 이는 기존 원인채무는 여전히 존속하고 단지 그 '지급을 위하여' 또는 그 '담보를 위하여' 교부된 것으로 추정할 것이며, 따라서 특별한 사정이 없는 한 기존의 원인채무는 소멸하지 아니하고 어음상의 채무와 병존한다고 보아야 할 것이고, 이 경우 어음상의 주채무자가 원인관계상의 채무자와 동일하지 아니한 때에는 제3자인 어음상의 주채무자에 의한 지급이 예정되고 있으므로, 이는 '지급을 위하여' 교부된 것으로 추정하여야 한다. (대법원 1996.11.8.선고, 95다25060 판결)[36]

례연구 3집(박영사, 1996), 97 이하. 같은 취지: 대법원 1995.10.13.선고, 93다12213 판결; 대법원 1997.3.28.선고, 97다126·133 판결; 대법원 1995.10.13.선고, 93다12213 판결; 대법원 1997.3.28.선고, 97다126 판결.

33) 같은 취지: 대법원 1999.9.7.선고, 98다47283 판결.

34) 같은 취지: 대법원 1962.4.12.선고, 4294민상1190 판결.

35) 판례평석: 양승규, 전게논문(주 30), 28 이하. 같은 취지: 대법원 1996.12.20.선고, 96다41588 판결.

36) 판례평석: 박영재, "기존채무와 관련하여 어음이 수수된 경우의 법률관계", 판례연구(Ⅴ)(서울지방법원동부지원, 1997/12), 59 이하; 박병대, "소구권 등 어음상 권리 보전의무의 불이행과 원인채권의 행사", 상사판례연구V(박영사, 2000/7), 104 이하. 같은 취지: 대법원 1956.9.22.선고, 4289민상363 판결; 대법원 1960.4.28.선고, 4292민상197 판결; 대법원 1962.2.8.선고, 4294민상816 판결; 대법원 1964.11.24.선고, 64다1120 판결; 대법원 1965.4.20.선고, 65다206 판결; 대법원 1965.5.25.선고, 65다321 판결; 대법원 1967.2.21.선고, 66다2355 판결; 대법원 1970.6.30.선고, 70다517 판결; 대법원 1990.3.27., 89다카14110 결정; 대법원 1995.10.13.선고, 93다12213 판결; 대법원 1996.12.20.선고, 96다41588 판결; 대법원 1997.3.28.선고, 97다126 판결.

(D) 지로금전 '예금주가 보유하는 금융기관에 대한 청구권으로서, 유가증권으로 화체되어 있지 아니하여 권리자가 언제든지 금융기관으로부터 출금할 수 있는 예금계좌에 예입되어 있는 금액'을 「지로금전」(Giralgeld) 또는 「예금금전」(Buchgeld)이라고 하는데, 금융전산망에 의한 금융거래가 일반화되어 있는 현실을 고려할 때, 채권자가 지로금전에 의한 변제에 동의하여 자기의 계좌번호를 채무자에게 알려주고 채무자가 그 지시에 따라 계좌이체 혹은 무통장입금 등의 방법에 의하여 지로금전을 제공한 경우에는 금전채무의 현실제공이 이루어진 것으로 해석하여야 할 것임은 전술한 바와 같다. (☞ 제1장 제5절 「금전채권」)

(E) 예금통장과 인장의 교부 학설 중에는 '예금통장 그 자체를 지급수단이라고 할 수는 없으므로, 당사자 사이에 특별한 의사표시가 없는 한 예금통장과 인장을 채권자에게 교부하는 것만으로는 유효한 변제가 될 수는 없다'고 해석하는 견해가 있다.[37] 그러나 예금통장과 인장을 채권자에게 교부할 당시의 구체적 상황에 따라서는 신의칙상 금전채무의 현실제공으로 해석하여야 하는 경우도 있을 수 있음은 전술한 바와 같다. (☞ 제1장 제5절 「금전채권」)

2) 금전 이외의 물건인도채무의 현실제공

(가) 특정물인도채무의 경우

특정물도그마를 인정하여 특정물매도인의 하자담보책임의 법적 성질을 '채무의 완전한 이행에도 불구하고 법률이 인정한 특별한 책임'이라고 보는 「법정책임설」에 따르면 '특정물인도채무에 있어서 하자 있는 특정물의 인도는 하자 없는 완전한 채무의 이행이라고 보아야 하므로, 계약체결시의 하자 있는 상태대로 인도하는 것이 특정물인도채무의 현실제공'이라고 해석한다.[38] 그러나 특정물도그마를 부인하고 하자담보책임의 본질을 채무불이행책임의 일종으로 파악하는 「채무불이행책임설」에 따르면, 하자 있는 특정물의 인도는 채무(하자 없는 완전한 물건의 인도의무)의 내용에 좇은 현실제공으로 볼 수 없다. 따라서 채권자는 하자 있는 특정물의 수령을 거절할 수 있으며,[39] 채권자가 하자 있는 특정물을 변제로서 수령한 경우에 한하여 하자담보책임에 관한 제580조 이하의 규정이 적용되게 된다. (☞ 제1장 제3절 「특정물채권」)

(나) 화물상환증 또는 선하증권의 송부

일반적으로 격지자 사이의 상품매매에서 매수인이 자유롭게 처분할 수 있는 형식의 화물상환증(상법 128조 이하)을 매수인에게 송부하는 것은 물건인도채무의 현실제공으로 해석되고

---

37) 곽윤직, 254; 김상용, 444 참조.

38) 다만, 「법정책임설」이 '하자 있는 물건의 인도는 채무의 완전이행'이라고 본다고 해서 채무자가 아무런 책임도 지지 않는다는 것은 아니며, '제580조에 의한 법정책임인 하자담보책임을 부담하게 된다'고 한다(곽윤직, 254; 현승종, 356 참조).

39) 다만, 「채무불이행책임설」을 취하면서도 '하자가 계약목적의 달성을 불가능하게 할 정도로 중대한 경우에 한하여 제한적으로 채권자의 수령거절권을 인정하여야 한다'는 견해도 있다(민법주해(14)/남효순, 536 참조).

있다.[40] 운송인은 송하인의 청구가 있는 경우에는 화물상환증을 교부할 의무가 있는데(상법 128조 1항), 화물상환증이 작성된 경우에는 운송물에 관한 처분은 화물상환증으로써 하여야 하며(상법 132조), 화물상환증에 의하여 운송물을 받을 수 있는 자에게 화물상환증을 교부한 때에는 운송물 위에 행사하는 권리의 취득에 관하여 운송물을 인도한 것과 동일한 효력이 있기 때문이다(상법 133조).

국제간의 무역거래에서는 신용장부선하증권을 담보로 하여 매도인이 화환(貨換)어음(「하환(荷換)어음」이라고도 한다)을 발행하여 상품대금을 회수하는 것이 관행인데, '화환어음의 발행은 상대방인 매수인으로 하여금 대금채무의 선이행을 강요함으로써 매수인의 동시이행항변권의 행사를 불가능하게 한다'는 이유를 들어, '화환어음의 발행에 의한 상품의 송부는 채무의 내용에 좇은 현실제공이 되지 못한다'는 해석론도 있을 수 있으나,[41] 무역거래의 현실에 비추어 화환어음의 발행에 의한 상품의 송부는 채무의 내용에 좇은 현실제공이라고 해석하여야 할 것이다.[42] 대법원판례도 이러한 입장을 확립하고 있음은 전술한 바와 같다(대법원 1998.9.4.선고, 96다6240 판결 등). (☞ 제1장 제4절「종류채권」)

■ 선하증권 교부의 법적 효력 및 신용장 발행은행이 신용장대금의 지급을 거절하면서 자신이 수하인으로 기재된 선하증권을 신용장 매입은행에게 반환한 경우, 그 매입은행이 선하증권의 정당한 소지인인지 여부(적극) [1] 선하증권은 해상운송인이 운송물을 수령한 것을 증명하고 양륙항에서 정당한 소지인에게 운송물을 인도할 채무를 부담하는 유가증권으로서, 운송인과 그 증권소지인 간에는 증권 기재에 따라 운송계약상의 채권관계가 성립하는 채권적 효력이 발생하고, 운송물을 처분하는 당사자 간에는 운송물에 관한 처분은 증권으로서 하여야 하며, 운송물을 받을 수 있는 자에게 증권을 교부한 때에는 운송물 위에 행사하는 권리의 취득에 관하여 운송물을 인도한 것과 동일한 물권적 효력이 발생하므로, 운송물의 권리를 양수한 수하인 또는 그 이후의 자는 선하증권을 교부받음으로써 그 채권적 효력으로 운송계약상의 권리를 취득함과 동시에 그 물권적 효력으로 양도목적물의 점유를 인도받은 것이 되어 그 운송물의 소유권을 취득한다. [2] 수출자가 선하증권을 첨부한 화환어음을 발행하여 국내 거래은행으로부터 할인을 받거나 또는 추심위임을 하고 그 국내은행이 신용장 개설은행에 추심하는 방법에 의하여 수출대금이 결제되는 방식의 무역거래에 있어서는, 다른 특별한 사정이 없는 한, 수입자가 그 수출대금을 결제할 때까지는 운송증권에 의하여 표창된 운송중인 수출품이 위 화환어음의 담보가 되는 것이고, 수출자가 신용장 발행은행을 수하인으로 한 운송증권을 첨부하여 환어음을 발행한 경우에는 신용장 발행은행이 운송 목적지에서의 수출품의 반환청구권을 가지게 되고 수입자가 신용장 발행은행에 수출대금을 결제하고 그로부터 이러한 반환청구권을 양수받지 않는 한 수출품을 인도받을 수 없게 되고, 신용장 발행은행이 수출대금의 결제를 거절하는 경우에는 수출대금 추심을 위하여 수출자가 발행한 환어음과 함께 운송증권 등 선적서류를 반환함으로써 위 반환청구권이 국내 거래은행 또는 수출자에게 이전되어 결과적으로 위 반환청구권이 수출대금을 담보하는 기능을 하게 되므로, 신용장 발행은행이 수출대금의 결제를 거부하고 자신이 수취인으로 기재된 운송증권을 다른 서류와 함께 반환한 경우, 이를 반환받

40) 곽윤직, 255; 김상용, 445; 현승종, 355 참조.

41) 구 의용민법하에서의 판례는 이러한 입장을 취하고 있었다(조선고등법원 1920.12.10.판결, 민집7권481; 일본대심원 1920.3.29.판결, 민록411).

42) 同旨: 주석민법(1)/안법영, 119; 곽윤직, 255; 현승종, 356 등 참조.

은 국내 거래은행 또는 수출자는 운송증권을 그 수하인으로부터 적법하게 교부받은 정당한 소지인으로서 그 증권이 표창하는 운송물에 대한 권리를 취득한다. (대법원 1998.9.4.선고, 96다6240 판결)[43]

(다) 추심채무의 경우

채권자가 일정한 기일 또는 일정한 기간 내에 일정한 장소에 와서 변제를 수령하여야 하는 「추심채무」의 경우에는, 채무자가 그 기일 또는 기간 동안 그 장소에 목적물을 보관하고 언제든지 채권자에게 인도할 수 있는 상태를 유지하는 것이 채무의 현실제공이 된다.[44]

(라) 부동산매도인의 등기이전채무의 경우

통설·판례에 따르면, 법률행위에 의한 부동산소유권의 양도는 당사자 사이의 물권적 합의와 등기에 의하여 이루어진다(186조). 즉, 부동산매매계약에서 매도인의 소유권이전채무는 매도인과 매수인이 소유권이전의 물권적 합의를 한 후 이에 따른 소유권이전등기를 완료하여야 비로소 이행(변제)되는 것이다.[45] 그런데 소유권이전등기는 원칙적으로 등기권리자와 등기의무자의 공동신청에 의하여서만 행하여질 수 있으므로(부동산등기법 23조 1항),[46] 혼자서는 소유권이전등기의무를 이행할 수 없는 매도인으로서는 단지 변제의 제공을 할 수 있을 뿐이다. 문제는 '매도인의 부동산소유권이전채무의 변제제공(현실제공)은 어떻게 하여야 하는가?' 하는 것이다.

이에 대하여, 학설은 '등기의무자인 매도인은 등기신청에 필요한 서류를 갖추어서 등기소에 출두함으로써, 그리고 소유권이전등기와 상환으로 대금지급의무를 부담하는 매수인은 등기권리자로서 매매대금 및 등기에 필요한 서류를 준비하여 등기소에 출두함으로써 각각 채무의 현실제공을 한 것이 된다'고 설명하는 것이 일반적이다.[47] 그러나 실제거래에 있어서는 잔금지급기일에 매도인과 매수인이 부동산중개업소에서 만나서 매도인은 법무사나 변호사에게 등기신청에 필요한 서류 일체를 교부하고 매수인은 잔대금을 지급한 후 양 당사자로부터 등기신청을 위임받은 법무사나 변호사가 쌍방대리의 형태로 등기신청을 하는 것이 보통이다. 그러므로 '매도인의 등기이전의무의 현실제공은 당사자가 부동산중개업소 등 정해진 장소에서 법무사나 변호사에게 등기신청에 필요한 서류 일체를 교부하는 것으로 충분하다'고 해석

---

43) 판례평석: 민중기, 대법원판례해설 31호(법원도서관, 1999/5), 199 이하. 같은 취지: 대법원 2003.1.10.선고, 2000다70064 판결.

44) 同旨: 곽윤직, 255; 김상용, 445; 현승종, 356 참조.

45) 다만, 부동산매매계약에서 매도인은 소유권이전의무 이외에도 목적물인도의무를 부담하고 있으며, 목적물인도의무 역시 매수인의 대금지급의무와 동시이행관계에 있는 매도인의 주된 급부의무라고 할 것이므로, 부동산매도인은 등기이전의무의 이외에도 목적물인도의무의 현실제공까지 하지 않으면 채무불이행책임을 면할 수 없다. (☞ 계약법 편, 제2장 제2절 「매매계약」)

46) 부동산등기법 제23조(등기신청인) ① 등기는 법률에 다른 규정이 없는 경우에는 등기권리자와 등기의무자가 공동으로 신청한다.

47) 곽윤직, 255; 김상용, 445; 송덕수, 452; 현승종, 356 등 참조.

하여야 하는 경우가 대부분일 것이다. 부동산등기법도 이러한 거래의 실제를 고려하여, '등기신청의 대리인이 변호사 또는 법무사 등인 경우에는 대법원규칙이 정하는 사무원을 등기소에 출석하게 하여 이를 신청할 수 있다'고 규정하고 있다(동법 24조).[48]

이와 관련하여, 판례는 '부동산매도인이 매수인을 이행지체에 빠뜨리기 위하여 해야 할 등기이전의무의 이행제공의 정도는 소유권이전등기에 필요한 서류[49] 등을 준비하여 두고(이 서류 등을 현실적으로 제공할 필요는 없다), 매수인에게 그 뜻을 통지하여 잔금지급과 아울러 이를 수령하여 갈 것을 최고하는 것으로 충분하다'고 한다(대법원 1992.9.22.선고, 91다25703 판결 등).[50] 다만, '특별한 사정이 없으면 이행장소로 정한 법무사 사무실에 등기서류 등을 계속 보관시키면서 언제든지 잔대금과 상환으로 그 서류들을 수령할 수 있음을 통지하고 신의칙상 요구되는 상당한 시간 간격을 두고 거듭 수령을 최고하면 이행의 제공을 다한 것이 되며, 그러한 상태가 계속된 기간 동안은 매수인이 이행지체로 된다'고 한다(대법원 2001.5.8.선고, 2001다6053·6060·6077 판결 등).[51] 그러나 '귀속재산이던 부동산을 매도인 명의로 이전하여 그 이행준비를 완료하고 이를 통고한 사실만으로는 부동산매도인의 소유권이전등기의무의 현실제공이라고 할 수 없다'고 한다(대법원 1963.10.31.선고, 63다598 판결). 또한 '매수인의 잔금지급의무와 매도인의 소유권이전등기서류의 교부의무는 동시이행관계에 있으므로, 부동산매도인이 매수인의 이행지체를 이유로 매매계약을 해제하려면 매수인이 이행기에 잔대금을 지급하지 아니한 사실만으로는 부족하고, 소유권이전등기신청에 필요한 일체의 서류를 수리할 수 있을 정도로 준비하여 그 뜻을 상대방에게 통지하여 수령을 최고함으로써 이를 제공하여야 할 뿐만 아니라 상당한 기간을 정하여 상대방의 잔대금채무이행을 최고한 후 매수인이 이에 응하지 아니한 사실이 있어야 한다'고 한다(대법원 1987.9.8.선고, 86다카1379 판결 등).[52] 다만, '매수인이 계약의 이행

48) 부동산등기법 제24조(등기신청의 방법) ① 등기는 다음 각 호의 어느 하나에 해당하는 방법으로 신청한다. 1. 신청인 또는 그 대리인이 등기소에 출석하여 신청정보 및 첨부정보를 적은 서면을 제출하는 방법. 다만, 대리인이 변호사[법무법인, 법무법인(유한) 및 법무조합을 포함한다. 이하 같다]나 법무사[법무사법인 및 법무사법인(유한)을 포함한다. 이하 같다]인 경우에는 대법원규칙으로 정하는 사무원을 등기소에 출석하게 하여 그 서면을 제출할 수 있다. 2. 대법원규칙으로 정하는 바에 따라 전산정보처리조직을 이용하여 신청정보 및 첨부정보를 보내는 방법(법원행정처장이 지정하는 등기유형으로 한정한다) ② 신청인이 제공하여야 하는 신청정보 및 첨부정보는 대법원규칙으로 정한다.

49) 매도인이 제공하여야 할 「소유권이전등기신청에 필요한 일체의 서류」라 함은 등기권리증, 위임장 및 부동산매도용인감증명서 등 등기신청에 필요한 모든 구비서류를 말한다(대법원 1987.9.8.선고, 86다카1379 판결 등 참조).

50) 같은 취지: 대법원 1970.4.14.선고, 69다1223·1224 판결; 대법원 1987.1.20.선고, 85다카2197 판결; 대법원 1987.9.8.선고, 86다카1379 판결; 대법원 1990.11.13.선고, 90다카23882 판결; 대법원 1992.7. 14.선고, 92다5713 판결; 대법원 1992.7.24.선고, 91다38723·38730 판결; 대법원 1993.12.28.선고, 93다777 판결; 대법원 1996.7.30.선고, 96다17738 판결.

51) 같은 취지: 대법원 2002.2.26.선고, 2001다77697 판결; 대법원 2005.4.29.선고, 2005다8637 판결; 대법원 2009.3.26.선고, 2008다94646·94653 판결.

52) 같은 취지: 대법원 1991.7.12.선고, 90다8343 판결; 대법원 1992.7.14.선고, 92다5713 판결.

에 비협조적인 태도를 취하면서 잔금의 지급을 미루는 등 소유권이전등기서류를 수령할 준비를 하지 아니하는 경우에는, 매도인이 부동산매도용 인감증명서를 발급받아 놓고 인감도장과 등기권리증 등을 준비하여 잔금의 수령과 동시에 법무사 등에게 위임하여 소유권이전등기신청행위에 필요한 서류를 작성할 수 있도록 준비하였다면, 이행의 제공은 이로써 충분하다'고 한다(대법원 2007.6.15.선고, 2007다4196 판결).[53]

한편 판례는, ① '근저당권설정등기가 있는 부동산매매계약에서는 매도인의 근저당권설정등기 말소의무도 매수인의 대금지급의무와 동시이행관계에 있다고 할 것이므로, 근저당권설정등기말소의무의 현실제공은 그 근저당채무가 변제되었다는 것만으로는 부족하고 근저당권설정등기의 말소에 필요한 서류까지도 준비함이 필요하다'고 한다(대법원 1979.11.13.선고, 79다1562 판결).[54] 또한 ② '매도인 소유의 토지를 분할하여 매도하기로 한 경우, 매매목적 토지가 토지대장상에 분할등재된 것만으로는 매도인의 분할등기의무의 현실제공이라고 볼 수 없으며(대법원 1980.6.24.선고, 80다789 판결), 등기의무자의 주소 등의 표시가 등기 후에 변경된 경우에는 그에 따른 등기명의인의 표시변경등기가 이루어지지 아니하는 한 새로운 소유권이전등기를 할 수 없고, 등기명의인의 표시변경등기는 등기명의인의 신청에 의하여 이루어지는 것이므로, 등기 후 주소를 변경한 부동산의 소유자가 이를 매도하면서 소유권이전등기절차의 이행과 상환으로 매매잔대금을 지급받기로 매수인과 약정한 경우에 매도인이 잔대금지급을 최고함에 있어 그의 주소변경등기에 필요한 서류를 제공하지 않고 소유권이전등기에 관한 서류만을 매수인에게 제공하였다면, 이는 위 약정에 따른 적법한 이행의 제공이라고 할 수 없다'고 한다(대법원 1987.4.14.선고, 86다카2605 판결).[55] ③ '부동산매도인이 준비하여야 하는 서류 중 인감증명서는 그 주소가 등기부상의 그것과 동일한 것이어야 하므로, 만일 그들 사이에 다른 점이 있다면 비록 그것이 매도인의 귀책사유에 기인한 것이 아니라고 하더라도 그 이행의 제공은 적법한 것이 될 수 없다'고 한다(대법원 1980.1.29.선고, 79다1910 판결).[56] 또한 '관할행정관청에서 25일간의 처리기간이 필요함에도 불구하고 잔금지급기일에 다른 서류와 더불어 유효기간이 7일 남은 인감증명을 제공한 것으로는 유효한 반대급부의 이행제공을 하였다고 볼 수 없다'고 한다(대법원 1991.2.22.선고, 90다16498 판결). 그러나 '법인등기부등본은 등기사무를 위임받

53) 같은 취지: 대법원 1992.7.14.선고, 92다5713 판결; 대법원 1992.11.10.선고, 92다36373 판결.
54) 판례평석: 조열래, "근저당권설정등기 있는 부동산매매에 있어서 매매당사자의 각 동시이행의무와 그 이행제공의 정도", 대법원판례해설 1권 2호(법원행정처, 1979/1), 261 이하. 같은 취지: 대법원 1991.9.10.선고, 91다6368 판결; 대법원 1991.11.26.선고, 91다23103 판결.
55) 같은 취지: 대법원 1978.1.31.선고, 77다2254 판결; 대법원 1980.1.29.선고, 79다1910 판결.
56) 판례평석: 장경학, "매도인의 등기이행의무", 법률신문 1339호(법률신문사, 1980/3), 11; 서성, "부동산매도인의 소유권이전등기의무 이행제공의 정도", 대법원판례해설 2권 1호(법원행정처, 1980/8), 87 이하.

는 법무사 등이 용이하게 신청·교부받을 수 있고 등기의무자의 특별한 협력이 필요하지 아니하므로, 법인등기부등본의 제공이 없다고 하여 매수인 측이 잔금의 지급을 거절함은 신의칙에 반한다'고 한다(대법원 1991.8.23.선고, 91다13120 판결).

2. 구두제공

(1) 의 의

「구두제공(口頭提供)」(wörtliches Angebot)이라 함은 '채무자가 변제의 준비를 완료하고 이를 채권자에게 통지하여 그 수령을 최고하는 것'을 말한다. 이는 채권자가 미리 변제의 수령을 거절하거나 또는 급부의 주요부분을 완성하기 위해서는 먼저 채권자의 협력이 필요하여 채권자의 협력 없이는 이행의 완료에 이를 수 없는 경우와 같이, 채무자에게 현실제공을 요구하는 것이 불가능하거나 이를 요구하는 것이 공평의 관념에 어긋나는 경우에 인정되는 변제제공의 방법을 지칭한다. 주의할 것은 구두제공도 채무자가 변제를 위하여 나름대로 최선을 다한 상태를 의미하는 것이므로, 현실제공과 본질적인 차이는 없다는 점이다(구두제공은 채무자가 단독으로 현실제공에 도달할 수 없다는 점에서 변제의 여건상 현실제공과 차이가 있을 뿐이다).

(2) 구두제공으로 충분한 경우

1) 채권자가 미리 수령거절의 의사표시를 한 때

채권자가 미리 수령거절의 의사표시를 하였음에도 불구하고 채무자에게 현실제공을 요구하는 것은 무의미할 뿐만 아니라 공평의 관념에도 어긋난다. 따라서 민법은 이러한 경우에는 채무자가 변제준비의 완료를 통지하고 그 수령을 최고함으로써 변제제공의 효력이 발생하는 것으로 규정하고 있다(460조 단서). 여기서 채권자의 「수령거절의 의사표시」는 반드시 명시적인 것일 필요는 없으며 묵시적인 것이어도 무방하다(대법원 1956.2.9.선고, 4288민상332 판결). 예컨대, 채권자가 이유 없이 수령기일의 연기를 요구하거나, 자기가 부담하는 반대급부의 이행을 거절하거나, 계약해제의 의사표시를 하는 경우에는 변제수령을 거절하는 묵시적 의사표시라고 해석할 수 있을 것이다.

2) 채무의 이행에 채권자의 행위를 요하는 경우

'채무의 이행에 채권자의 행위를 요하는 경우'에도 채무자는 구두제공에 의한 변제의 제공을 할 수 있다(460조 단서). 여기서 「채무의 이행에 채권자의 행위를 요하는 경우」라 함은 '급부의 주요부분을 완성하기 위해서는 먼저 채권자의 협력이 필요하여 채권자의 협력 없이는 이행의 완료에 이를 수 없기 때문에 채무자에게 현실제공을 요구하는 것이 불가능한 경우'를 말한다. 예컨대, 채권자가 공급하는 재료를 가지고 제작한 물건을 인도할 채무라든지, 채권자가 채무자의 주소 또는 지정한 장소에 와서 급부를 수령하여야 하는 추심채무의 경우, 등기를 하여야 할 채무(대법원 1970.4.14.선고, 69다1223·1224 판결 등),[57] 채권자가 지정하는 장소 또는 기일에 이행하여야 할 채무 등이 이에 속한다.

(3) 구두제공의 방법

변제의 제공이 구두제공으로 충분한 경우, 채무자는 변제준비가 완료되었음을 채권자에게 통지하고 그 수령을 최고하면 된다(460조 단서). 그러나 구두제공의 경우에도 채무자가 변제를 위한 준비를 완료하여야 하므로, 채무자가 이행의 준비 없이 수령의 최고만을 한 경우에는 변제의 제공을 한 것으로 인정되지 않는다(대법원 1987.1.20.선고, 85다카2197 판결 등).[58]

1) 변제준비 완료의 통지

여기서 「변제준비의 완료」라 함은 구두제공의 통지를 한 때에 곧 이행할 수 있을 만큼 완벽한 준비상태를 갖추는 것을 의미하는 것이 아니라, 향후 채권자가 필요한 협력을 하는 경우 상당한 기일 내에 이행할 수 있는 준비상태를 갖추는 것을 말한다. 채무자가 어느 정도로 준비하여야 「변제준비의 완료」라고 할 수 있느냐 하는 것은 구체적 사정에 따라서 신의칙에 의하여 결정하는 수밖에 없다. 예컨대, '금전채무의 변제준비는 자금을 현실로 조달하여 휴대하고 있음을 의미하는 것이 아니라, 대출예약을 하는 등 금융업자로부터 확실한 자금조달의 약속을 받아두는 정도로써 충분하다'고 할 것이나,[59] 대법원은 '공사도급계약에서 준공과 동시에 그 공사의 보수금을 지급할 의무가 있는 도급인이 그 공사 진행 중 지급할 보수금액 이상의 은행당좌예금잔고가 있는 사람으로부터 보수금 상당액을 빌리기로 하고 수급인에게 그 사실을 말하면서 공사의 준공을 독촉한 경우, 이를 수급인에 대한 보수금채무의 구두제공이라고 볼 수는 없다'고 판시한 바 있다(대법원 1965.9.21.선고, 65다1444 판결). 또한 대법원판결 중에는 '매도인이 당초의 토지매매계약에서 아무런 유보 없이 매매목적토지에 건축허가를 받아 준다고 특약하였으나, 그 특약내용과는 달리 매도인이 제3자로부터 건물이축권을 매수하여 그 사람 이름으로 건축허가를 받고 그것으로 매수인으로 하여금 건축을 하게하고 후일 소유권이전등기는 그 제3자가 매수인에게 이행하는 것으로 바꾸려고 계획하여 매수인과 상의 없이 그 제3자와 매매계약을 맺고 위와 같은 계획을 추진하고 있었다면, 매도인이 매수인과의 매매계약에 따른 의무이행을 준비하고 있었다고 할 수 없다'고 판시한 사례도 있다(대법원 1990.4.13.선고, 89다카25134 판결).

---

57) 같은 취지: 대법원 1987.1.20.선고, 85다카2197 판결; 대법원 1992.7.24.선고, 91다38723·38730 판결; 대법원 1992.9.22.선고, 91다25703 판결.

58) 같은 취지: 대법원 1992.7.24.선고, 91다38723·38730 판결.

59) 同旨: 곽윤직, 256; 현승종, 360 참조.

2) 변제수령의 촉구

구두제공은 채무자가 변제 준비가 완료되었음을 채권자에게 통지하고 그 수령을 촉구하는 방법으로 하여야 하는데(460조 단서), 구두제공의 요건인 '변제수령의 촉구는 수령기일을 정하지 않고 하더라도 유효하며, 변제할 장소 이외의 장소에서 채권자를 만나 수령을 촉구한 경우에도 유효하다'고 해석된다.[60]

(4) 구두제공도 필요 없는 경우

1) 상대방이 이행하지 아니할 의사가 명백한 경우

변제제공의 제도적 취지에 비추어 볼 때, 채무자의 이행의사가 진실하다면 상대방이 번복할 가능성이 전혀 없을 정도로 완고하게 이행거절의 의사를 표시한 경우에까지 구두제공이 필요하다고 하는 것은 신의칙에 반할 뿐만 아니라 채무자에게 불필요한 절차를 강요하는 결과가 된다.[61] 이러한 점을 고려하여, 판례는 '쌍무계약에서 당사자 일방이 변제의 제공을 하더라도 상대방이 그 이행을 하지 아니할 의사가 명백한 경우에는 구두제공도 필요 없다'는 입장을 확립하고 있다(대법원 1976.11.9.선고, 76다2218 판결 등).[62] 이에 따르면, 상대방의 확고한 의사표시에 의하여 이행을 거절당한 당사자는 채무의 현실제공은 물론 구두제공을 하지 않더라도 채무불이행책임을 지지 않음은 물론이고, 상대방의 채무이행을 최고할 수 있고(상대방의 동시이행항변권은 인정되지 않는다), 상대방의 이행지체를 이유로 하여 계약을 해제할 수도 있다(대법원 1981.11.24.선고, 81다633 판결 등).[63] 다만, 상대방이 이행거절의 의사표시를 적법하게 철회한 경우에는, 당사자 일방은 자기 채무의 이행을 제공하고 상당한 기간을 정하여 이행을 최고한 후가 아니면 채무불이행을 이유로 계약을 해제할 수 없다(대법원 2003.2.26.선고, 2000다40995 판결).[64]

2) 분할적·회귀적 급부에서 채권자지체가 있는 경우

지료·차임·월부금 등의 분할적 또는 회귀적 급부에서 채무자가 1회분의 변제제공을 하였으나 채권자가 수령을 거절함으로써 채권자지체가 성립된 경우에는, 채권자가 그 수령지체를 해소하지 않는 이상 채무자가 다음 회 이후의 이행을 제공하지 않더라도 채무불이행책임은 발생하지 않는다.

---

60) 현승종, 369 참조.

61) 민법주해(11)/김대휘, 45; 현승종, 358 참조.

62) 판례평석: 김증한, "언어상의 변제제공", 법학(판례회고) 5호(서울대법학연구소, 1978/2), 117 이하. 같은 취지: 대법원 1981.11.24.선고, 81다633 판결; 대법원 1984.7.24.선고, 82다340·82다카796 판결; 대법원 2012.10.25.선고, 2010다89050 판결.

63) 같은 취지: 대법원 1984.7.24.선고, 82다340·82다카796 판결; 대법원 2005.8.19.선고, 2004다53173 판결; 대법원 1984.12.26.선고, 84다카1763 판결; 대법원 1991.11.26.선고, 91다23103 판결.

64) 판례평석: 김동훈, "이행거절과 계약해제", 고시연구 30권 9호(고시연구사, 2003/9), 108 이하.

(5) 구두제공의 효과

구두제공의 효과는 우선 채권자가 채무자의 구두제공에 응하여 협력을 한 경우에는 채무자가 다시 현실제공을 하여야 비로소 변제제공의 효력이 발생하며, 채권자가 구두제공에 응하여 필요한 협력을 하지 않은 경우에 한하여 구두제공만으로 변제제공이 된다는 점에 있다.

[51] Ⅲ. 변제제공의 효과

1. 채무불이행책임의 면제

변제의 제공은 그 때부터 채무자로 하여금 채무불이행의 책임을 면하게 한다(461조). 즉, 변제의 제공을 한 채무자는 상대방이 수령을 거절하여 궁극적으로 변제가 이루어지지 못한 경우에도 채무불이행으로 인한 손해배상·지연이자·위약금 등의 지급의무를 지지 않으며, 계약해제·담보권실행·강제집행 등의 불이익을 당하지 아니한다. 그러나 변제의 제공을 하였다고 하여 채무 자체를 면하는 것이 아님은 물론이다. 연대채무의 경우에는 연대채무자의 1인에 의한 변제의 제공은 모든 채무자를 위하여 효력이 있다고 해석되므로(422조), 연대채무자의 1인이 변제의 제공을 한 경우에는 모든 연대채무자가 채무불이행책임을 면한다. (☞ 제5장 제3절「연대채무」)

2. 약정이자의 발생정지

민법은 “채권자지체 중에는 이자 있는 채권이라도 채무자는 이자를 지급할 의무가 없다” 고 규정하고 있으나(402조), ‘변제의 제공이 있으면 채권자지체책임의 성립 여부와 관계없이 그때부터 약정이자의 발생은 정지된다’고 해석하여야 할 것이다.[65)]

3. 채권자지체책임의 발생

채권자지체책임의 본질(법적 성질)에 대하여는「채무불이행책임설」과 「법정책임설」 등으로 견해가 대립되고 있음은 후술하는 바와 같다. 그러나 사견으로는 채권자지체책임의 본질을 어떻게 파악하든 ‘채권자지체책임의 성립요건으로서 채권자의 귀책사유는 요구되지 않는다’고 해석하는 것이 타당하다고 생각한다. 그러므로 ‘변제의 제공은 채권자의 귀책사유 여부와 관계없이 채권자지체책임을 발생시키는 효력이 있다’고 할 것이다. (☞ 제4장 제4절 「채권자지체」)

---

65) 同旨: 곽윤직, 256; 현승종, 361 참조.

4. 채무자의 공탁권의 발생

변제의 제공에 의하여 채무불이행책임을 면하고 채권자로 하여금 채권자지체책임에서 벗어나지 못하게 하려면 채무자는 변제의 제공을 계속하여야 한다. 이러한 번거로움을 피하여 채무자로 하여금 변제의 제공을 계속하지 않고도 채무불이행책임을 면하고 채권자에게 채권자지체책임을 지울 수 있는 제도가 「공탁」이다. 즉, 변제의 제공에도 불구하고 채권자가 그 수령을 거절하거나 수령할 수 없는 경우에는 채무자는 채권자를 위하여 변제의 목적물을 공탁하여 그 채무를 면할 수 있다(487조 이하). (☞ 제7절 「변제 이외의 채권의 소멸사유」)

5. 상대방의 동시이행항변권 소멸

쌍무계약의 당사자 일방은 상대방이 그 채무이행을 제공할 때까지 자기의 채무이행을 거절할 수 있는 「동시이행의 항변권」을 가진다(536조 1항 본문). 그러므로 쌍무계약의 양 당사자는 상대방이 변제의 제공을 할 때까지는 자기채무를 이행하지 않더라도 이행지체의 책임을 지지 않을 뿐만 아니라, 자기는 변제의 제공을 하였음에도 불구하고 상대방이 변제의 제공을 하지 않는 경우에는 상대방에게 채무불이행(이행지체)책임은 물론 수령지체의 책임까지도 물을 수 있는 것이다. 그러므로 쌍무계약에서 당사자 일방의 변제의 제공은 상대방의 동시이행항변권을 소멸시키는 효력을 가진다. 즉, 쌍무계약에서 변제의 제공을 한 당사자 일방은 자기의 채무불이행책임을 면하고 상대방을 채권자지체에 빠뜨리는 일반적 효과 이외에도 상대방의 채무불이행책임을 발생시키는 일석이조의 효과를 얻을 수 있다.[66] 다만, '상대방의 동시이행항변권을 완전히 소멸시키기 위해서는 변제의 제공이 한 번 있었다는 것만으로는 불충분하며, 동시이행항변권을 소멸시키기 위해서는 변제의 제공이 계속되어야 한다'는 점에 주의할 필요가 있다(대법원 1995.3.14.선고, 94다26646 판결 등).[67] (☞ 계약법 편, 제1장 제3절 「계약의 효력」)

---

66) 이은영, 683 참조.

67) 판례평석: 남효순, "동시이행관계와 지체책임", 민사판례연구(18)(민사판례연구회, 1996/5), 219 이하; 김상용, "쌍무계약에서 변제의 제공을 한 후 이를 중지한 당사자의 상대방에 대한 이행지체를 원인으로 한 손배청구의 가부(상)·(하)" 법률신문 2419호(법률신문사, 1995/7), 15. 같은 취지: 대법원 1966.9.20.선고, 66다1174 판결; 대법원 1972.11.14.선고, 72다1513·1514 판결; 대법원 1993.8.24.선고, 92다56490 판결; 대법원 1999.7.9.선고, 98다13754·13761 판결.

제 3 절 변제자와 변제수령자

[52] Ⅰ. 변제자

1. 서 설

(1) 「제3자의 변제」의 의의

채무자는 변제의무자인 동시에 변제의 권한을 가지고 있는 자이므로, 변제는 채무자에 의하여 이루어지는 것이 원칙이다. 그러나 변제는 법률의 규정 또는 급부의 성질상 반드시 채무자 본인에 의하여 이행되어야만 하는 일신전속적 급부를 제외하고는 반드시 채무자 본인에 의하여 이루어질 필요가 없으므로, 「제3자에 의한 변제」도 가능하다.

민법은 제469조에서, '채무의 성질 또는 당사자의 의사표시로 제3자의 변제를 허용하지 아니하는 경우를 제외하고는 제3자의 변제가 허용된다'고 규정하고 있다. 여기서 「제3자의 변제」(Leistung durch Dritte; acquittement par un tiers)라 함은 '채무자 이외의 제3자가 자기의 이름으로 그러나 타인(채무자)의 채무로서 변제하는 경우'를 말한다.[1] 물론 법률의 규정 또는 급부의 성질상 허용될 수 없는 경우를 제외하고는 채무자는 이행보조자 또는 이행대행자를 사용하여 변제할 수 있으며(391조), 급부가 법률행위인 경우에는 대리인에 의하여 변제행위가 대리될 수 있다. 또한 우리 민법상 변제의 법적 성질은 계약으로 보아야 할 것이므로(계약설), 변제의 구성요소인 급부행위가 사실행위인 경우에도 변제는 본질상 계약이라고 할 것이므로

1) 곽윤직(신정판), 463; 김상용, 417; 김증한/김학동, 347; 김현태, 298 참조. 이러한 의미에서 제3자의 변제가 되기 위해서는 '변제자는 타인채무를 변제한다는 의사(Fremdtilgungswille)를 제469조에 따른 제3자의 변제임을 나타내는 변제지정(Tilgungsbestimmung)을 통하여 표시하여야 한다'고 주장하는 견해도 있다(김형석, "제3자의 변제·구상·부당이득", 서울대법학 46권 1호, 서울대법학연구소, 2005/3, 340 참조).

그 대리가 가능하다 함은 전술한 바와 같다.[2] (☞ 제1절「변제의 의의와 법적 성질」) 그러나 이들 이행보조자나 이행대행자 또는 대리인에 의한 변제는 어디까지나 채무자의 변제이지 제469조 소정의 제3자의 변제는 아니다.[3] 그러므로 제3자가 타인의 채무를 자기의 채무로 오인하여 변제한 경우에는 제3자의 변제가 아니라 비채변제(742조)가 되어 제480조 이하의 규정에 의한 변제자대위의 문제는 발생하지 않는다.

한편 보증인이나 연대채무자가 채무를 변제하더라도 이는 자기 자신의 채무를 변제하는 것이므로 제469조 소정의「제3자의 변제」에 해당하지 않는다. 다만, 채무자와의 내부관계에 있어서 실질적으로 타인의 채무를 변제한 경우(보증인이 변제한 경우와 연대채무자가 자신의 부담부분을 초과하여 변제한 경우)에는, 주채무자 또는 다른 연대채무자와의 관계에서 구상권이 발생하므로, 제3자가 변제한 경우와 마찬가지로 변제자대위에 관한 제481조 이하의 규정이 적용됨은 후술하는 바와 같다. (☞ 제6절「변제에 의한 대위」)

(2) 제3자의 변제에 대한 제한

이와 같이 민법이 제3자의 변제를 원칙적으로 허용하는 이유는 '제3자에 의하여 급부가 실현될 수 있는 경우에는 채권자가 채권의 목적을 달성하는 데 아무런 지장이 없기 때문'이라고 할 수 있다. 그러나 민법은 채무자의 입장을 고려하여 다음과 같은 세 가지 경우에는 제3자의 변제를 금지하거나 제한하고 있다.

1) 채무의 성질이 제3자의 변제를 허용하지 않는 경우

우선 채무의 성질이 제3자의 변제를 허용하지 않는 경우, 즉 채권이 채무자의 일신전속적 급부를 목적으로 하는 경우에는 제3자의 변제는 허용되지 않는다(469조 1항). 여기서 제3자의 변제가 허용되지 않는 채무자의「일신전속적 급부」는 다시 ① 유명한 예술가의 창작 또는 유명한 음악가의 연주 등과 같이, '채무의 성질상 채무자 자신이 급부행위를 하지 않으면 의미가 없는 급부'인「절대적 일신전속적 급부」와, ② 고용계약에 의한 노무자의 노무제공(657조 2항)·위임계약에 의한 수임인의 위임사무처리(682조)·임치계약에 의한 수치인의 목적물보관(701조, 682조) 등과 같이, '채무의 성질상 제3자에 의한 급부가 불가능한 것은 아니지만 채권자의 동의 없이는 제3자가 변제할 수 없는 급부'인「상대적 일신전속적 급부」로 분류할 수 있는데, 「절대적 일신전속적 급부」를 제3자가 행한 경우에는 채권자의 동의가 있더라도 유효한 변제로 인정될 수 없으나,「상대적 일신전속적 급부」를 제3자가 행한 경우에는 채권자의 동의가 있으면 유효한 변제가 된다.[4]

---

2) 변제의 법적 성질에 관한 상세는 김대정, "변제의 법적 성질 및 구성요건에 관한 입법론적 고찰", 민사법학 52호(한국민사법학회, 2010/12), 419 이하 참조.

3) 김형석, 전게논문(주 1), 342; 我妻榮, 242; Medicus, Rn.140.

2) 당사자의 의사표시로 제3자의 변제를 허용하지 아니한 때

채무의 성질상으로는 제3자의 변제가 허용되지만 당사자의 의사표시로 제3자의 변제를 허용하지 아니한 때에도 제3자의 변제는 금지된다(469조 1항 단서). 다만, 이 경우에 '제3자의 변제를 허용하지 않겠다'는 당사자의 의사표시는 반드시 제3자의 변제가 있기 전에 하여야 한다.[5] 이와 같이 민법이 당사자의 합의에 의하여 제3자의 변제를 금지할 수 있도록 한 것은 당사자의 의사를 존중하려는 취지라고 할 수 있으나, 이는 프랑스·독일·스위스 등 다른 대륙법계국가에서는 찾아볼 수 없는 제도로서 그 입법론적 타당성에 대해서는 의문이 제기되고 있다.[6]

3) 이해관계 없는 제3자의 변제

이해관계 없는 제3자는 채무자의 의사에 반하여 변제하지 못한다(469조 2항). 이와 같이 이해관계 없는 제3자의 변제를 금지하는 제도는 채무자의 감정을 고려한 것이라고 할 수 있으나, 민법이 다른 한 편에서 채권자의 단독행위로 채무면제를 할 수 있도록 하고 있으며(506조), 채무자의 의사에 반하는 보증채무의 성립도 인정하고 있다는 점(444조) 등을 고려할 때 일관성이 없으며, 일본민법을 제외하고는 비교법상 유례를 찾기 어렵다는 점에서 '지나친 제한'이라는 입법론적 비판이 제기되고 있다.[7]

아무튼 '제469조에 의하여 제3자의 변제가 금지되는 경우에는 채권자가 제3자의 변제의 수령을 거절할 수 있을 뿐만 아니라, 설사 채권자가 제3자의 변제를 수령하였더라도 변제의 효력은 발생하지 않는다'고 해석하지 않을 수 없다.[8] 다만, 제3자의 변제를 지나치게 광범위하게 금지하고 있다는 제469조에 대한 입법론적 비판을 고려하여, 판례는 '이해관계 없는 제3자의 변제가 채무자의 의사에 반하는지의 여부를 가림에 있어서 채무자의 의사는 제3자가 변제할 당시의 객관적인 제반사정에 비추어 명확하게 인식될 수 있는 것이어야 하며, 함부로 채무자의 반대의사를 추정함으로써 제3자의 변제효과를 무효화시키는 일은 피하여야 한다'는 입장을 취하고 있다(대법원 1988.10.24.선고, 87다카1644 판결).

---

4) 同旨: 주석민법(3)/유현, 169; 곽윤직(신정판), 464; 김상용, 418; 김주수, 387; 김증한/김학동, 348; 김형배, 666; 장경학, 503~504; 현승종, 362.

5) 同旨: 민법주해(11)/김대휘, 111; 주석민법(3)/유현, 170; 곽윤직(신정판), 464; 김상용, 418; 김주수, 387; 김증한/김학동, 348; 장경학, 504; 현승종, 362.

6) 곽윤직(신정판), 464; 김주수, 387; 김증한/김학동, 348; 장경학, 504; 현승종, 362 참조. 그러나 학설 중에는 '당사자의 의사표시에 의한 제3자 변제의 금지는 입법론상 부당하다고 할 수 없다'는 견해도 있다(송덕수, 426 참조).

7) 곽윤직(신정판), 465면; 김상용, 419; 김주수, 388; 김증한/김학동, 348; 김현태, 298; 김형배, 667; 송덕수, 426; 양창수/김재형(계약법), 309; 장경학, 505; 현승종, 363 참조.

8) 同旨: 주석민법(3)/유현, 177; 김주수, 388; 김형배, 666; 장경학, 505.

2. 연혁 및 입법례

(1) 연 혁

「제3자의 변제」는 로마법에서 그 제도적 기원을 찾을 수 있다. 즉, 로마법에서는 '제3자도 변제에 의하여 채권을 소멸시킬 수 있으며, 제3자의 변제는 채무자의 의사에 반하더라도 무방하다'고 하였다(D. Ⅲ.5.38).[9] 다만, 급부의 성질 또는 채권자의 의사에 반하는 경우에는 제3자의 변제가 허용되지 않았다고 한다.[10]

(2) 입법례

1) 독일민법

독일민법은 '채무자의 일신전속적 급부가 아닌 경우에는 제3자는 채무자의 승낙이 없더라도(채무자가 이의를 제기한 경우를 포함) 급부를 이행할 수 있으나, 채무자가 제3자의 급부에 대하여 이의를 제기한 경우에는 채권자가 급부의 수령을 거절할 수 있다'고 규정함으로써(BGB §267),[11] 우리 민법에 비하여 제3자의 변제를 보다 적극적으로 허용하고 있다. 또한 독일민법은 제268조에서 「변제의 권리」(Ablösungsrecht)가 부여되는 제3자[12]를 '강제집행에 의하여 목적물에 대한 권리 또는 점유를 상실할 위험에 직면한 자'로 제한하고 있으나(BGB §268 Ⅰ),[13] 동조에 의하여 변제할 권리가 없는 제3자의 변제가 무효가 되는 것은 아니다. 즉, 독일민법의 해석상 채권자는 채무자의 이의가 있더라도 제3자의 급부를 수령할 수 있으며, 채권자가 제3자의 급부를 수령함으로써 채무는 소멸하며,[14] 채권은 채권자를 만족시키는 범위에서 제3자

---

9) Digesta Ⅲ.5.38 : 가이우스는 제3권에서 채권관계에 관하여 이렇게 말하였다. '누군가가 타인을 위하여 변제하는 때에는 후자의 의사에 반하거나 알지 못한 경우에도 이를 해방시킨다. 그렇지만 어떤 자에게 부담을 지우는 바를 타인이 그 자의 의사에 의하지 아니하고 법률효과를 요구하는 것은 불가능하다. 왜냐하면 우리가 타인의 지위를 그가 알지 못하거나 의욕하지 아니하더라도 법률상의 지위를 더 유리하게 만드는 것은 가능하지만 더 불리하게 만들 수 없는 것은 자연의 이치임과 동시에 시민법의 이치에 부합하기 때문이다.'

10) 현승종(로마법), 178; 船田享二, ローマ法 第3巻(岩波書店, 1970), 557～559 참조.

11) 독일민법 제267조(제3자에 의한 급부) (1) 채무자의 일신에 전속한 급부가 아닌 경우에는 제3자도 급부할 수 있다. 채무자의 승낙은 불필요하다. (2) 채무자가 반대의 의사를 표시한 경우, 채권자는 급부를 거절할 수 있다.

12) 이는 우리 민법 제481조의 법정대위가 인정되는 「변제할 정당한 이익이 있는 자」에 해당한다.

13) 독일민법 제268조(제3자의 변제의 권리) (1) 채권자가 채무자에 속하는 목적물에 대하여 강제집행을 실시하는 경우, 누구든지 그 강제집행에 의하여 목적물에 대한 권리를 상실할 위험에 직면한 자는 채권자를 만족시킬 권리가 있다. 강제집행에 의하여 물건의 점유를 상실할 위험에 직면한 물건의 점유자에게도 같은 권리가 있다. (2) 만족은 공탁이나 상계에 의하여서도 이루어질 수 있다. (3) 제3자가 채권자를 만족시키는 범위에서 채권은 제3자에게 이전된다. 그 이전(대위)은 채권자에게 불이익하게 주장될 수 없다.

14) Staudinger, Rn.48 zu §267.

에게 이전한다(BGB §268Ⅲ).[15] 다만, 변제의 권리가 있는 제3자가 변제한 경우에는 채무자가 이의를 제기하더라도 채권자는 급부의 수령을 거절할 수 없으므로, 제3자는 채무자의 의사와는 관계없이 변제(공탁이나 상계를 포함)에 의하여 채무를 소멸시킬 수 있다는 점에서, 변제의 권리가 없는 제3자의 변제와 차이가 있을 뿐이다. 요컨대, 독일민법에서는 변제의 권리가 없는 제3자의 변제에 한하여 채무자가 이의를 제기할 수 있고, 채무자가 이의를 제기한 경우에는 채권자가 변제의 수령을 거절할 수 있으나(BGB §267Ⅱ), 이러한 경우는 거의 발생하지 않는다고 한다.[16]

2) 프랑스민법

2016.2.10. 오르도낭스 제2016-131호로 개정되기 전의 프랑스민법은 '이해관계 없는 제3자도 채무자의 의사와 상관없이 자유롭게 변제할 수 있으나, 변제에 의한 대위는 인정되지 않는다'고 규정하고 있었다(C.c. Art. 1236(2)).[17] 다만, 개정 전 프랑스민법은 '하는 채무의 경우에도 원칙적으로 제3자의 변제가 가능하나, 채권자가 채무자 자신에 의하여 이행되는 데 이익이 있는 경우에는 채권자의 의사에 반하여 예외적으로 제3자의 변제가 금지된다'고 규정하고 있었다(C.c. Art. 1237).[18] 이 점에서 이해관계 없는 제3자가 변제한 경우에도 채권자의 승낙을 얻어 채권자를 대위(이를 「임의대위」라고 한다)할 수 있도록 규정한 우리 민법의 규정(480조)과 프랑스민법은 차이가 있었다. 2016년에 개정된 현행 프랑스민법은 제3자의 변제에 관한 이러한 규정을 삭제하고, 이를 「변제에 의한 대위」(Le paiement avec subrogation)에 관한 규정(C.c. Art. 1346~1346-5)에 통합하여 규정하는 것으로 제도를 개혁하였는데, 이에 관한 상세는 후술하기로 한다. (☞ 제6절 「변제에 의한 대위」)

3) 스위스채무법

「제3자의 변제」에 관하여 가장 광범위한 자유를 인정하고 있는 입법례는 스위스채무법이다. 즉, 스위스채무법은 '채무자는 급부가 일신에 전속한 경우에 한하여 스스로 이행할 의무를 진다'고 규정하고 있을 뿐(OR Art. 68),[19] 이해관계 없는 제3자의 변제에 대해서 아무런 제

---

15) 이에 대해서는 「채권의 법정(法定)양도」(Gesetzlicher Forderungsübergang)에 관한 독일민법 제412조가 적용되는데(Münchener Kommentar/Wolfgang Krüger, Rn.12 zu §267), 이는 우리 민법 제481조의 「법정대위」에 해당하는 제도라고 할 수 있다.

16) Medicus, S.82(Rn.141).

17) 개정 전 프랑스민법 제1236조 : (1) 채무는 공동채무자 또는 보증인과 같이 이해관계 있는 모든 자에 의하여 이행될 수 있다. (2) 채무는 제3자가 채무자의 명의로 채무자를 대신하여 변제하거나 채무자의 권리를 대위하지 않는다는 조건하에 자신의 명의로 변제하는 경우에는 이해관계가 전혀 없는 제3자에 의해서도 이행될 수 있다.

18) 개정 전 프랑스민법 제1237조 : 하는 채무는 채권자가 채무자 자신에 의하여 이행되는 데 이익이 있는 경우에는 채권자의 의사에 반하여 제3자에 의하여 이행될 수 없다.

19) 스위스채무법 제68조(A. 일반원칙 I. 일신전속적 급부) 채무자는 급부가 일신에 전속한 경우에 한하여 스스로 이행할 의무를 진다.

한을 두고 있지 않기 때문에, 채무가 일신전속적 급부(Persönliche Leistung)를 목적으로 하지 않는 한 제3자는 채무자의 의사 여하에 관계없이 적법한 변제권을 가진다.[20] 다만, 제3자의 변제제공에 대한 채무자 또는 채권자가 거절의 의사를 가지는지 여부에 따라서 변제에 있어서의 제3자 개입의 효과가 달라진다. 즉, 변제에 대해서는 채권자이 이익이 우선하므로, 채무자가 제3자의 변제를 거절하더라도 채권자는 제3자의 변제를 수령할 수 있으며, 채무자는 거절하지 않는데 채권자가 제3자의 변제를 거절하는 경우에는 채권자는 수령지체에 빠진다. 그러나 '채권자와 채무자가 모두 제3자의 변제를 거절하는 경우에는 제3자의 변제는 인정되지 않으므로, 채권자가 제3자의 변제를 거절하더라도 채권자지체에 빠지지 않는다'고 한다.[21]

3. 제469조의 입법취지 및 해석론

(1) 제469조의 입법취지

제3자의 변제에 관한 제469조는 구 의용민법 제474조[22]의 규정을 거의 그대로 계승한 것인데, 구 의용민법 제474조는 개정 전 프랑스민법 제1236조[23]와 제1237조[24]를 모범으로 하여 제정된 일본구민법 재산편 제452조,[25] 제453조,[26] 제479조[27]를 수정한 것이다. 그러므로 「제3자의 변제」에 관한 우리 민법 제469조는 개정 전 프랑스민법 제1236조와 제1237조에서 유래된 것이라고 할 수 있다. 그런데 전술한 바와 같이, 프랑스민법에 기원을 두고 있는 일본민법 제474조와 이를 계승한 우리 민법 제469조는 당사자의 의사표시에 의하여 제3자의 변제를 금지할 수 있도록 한 점과, 채무자의 의사에 반하는 제3자의 변제를 금지하고 있다는 두

20) OR Kommentar, Rn.4 zu Art.68, S.481.

21) Ibid.

22) 구 의용민법 제474조 : ① 채무의 변제는 제3자가 이를 할 수 있다. 다만, 그 채무의 성질이 이를 허용하지 아니하거나 당사자가 반대의 의사를 표시한 때에는 그러하지 아니하다. ② 이해관계를 가지지 아니한 제3자는 채무자의 의사에 반하여 변제를 할 수 없다.

23) 전게 주 17 참조.

24) 전게 주 18 참조.

25) 일본구민법 재산편 제452조 : (1) 변제는 채무자 또는 공동채무자의 1인에 의하여 유효하게 할 수 있으며, 그 밖에 보증인 또는 저당재산을 소지하는 제3자와 같이 부수적 의무자에 의하여 유효하게 할 수 있다. (2) 또한 변제는 이해관계 없는 제3자에 의하여 채무자의 이름으로써 혹은 자신의 이름으로 이를 할 수 있다.

26) 일본구민법 재산편 제453조 : (1) 이해관계가 있는지 여부를 묻지 아니하고 제3자가 하는 변제가 유효하기 위하여서는 채권자의 승낙을 필요로 하지 않는다. 다만, 작위의무에 관하여 채권자가 특히 채무자의 일신에 주목한 때에는 그러하지 아니하다. (2) 또한 채무자의 승낙도 이를 필요로 하지 아니한다. 다만, 이해관계를 가지지 아니하는 제3자의 변제에 대해서는 채무자 또는 채권자의 승낙이 있을 것을 요한다.

27) 일본구민법 재산편 제479조 : (1) 제3자가 대신하여 한 변제는 채권자에 대하여 채무자의 의무를 면하게 하며, 그 채권 및 이에 부착된 담보의 효력을 제3자에게 이전시킨다. 다만, 경우에 따라서 제3자가 가지는 사무관리 또는 대리의 소권을 방해하지 않는다. (2) 대위는 아래의 구별에 따라서 채권자 또는 채무자에 의하여 이를 허여하거나 법률의 규정에 의하여 이를 부여한다.

가지 점에서 프랑스민법과 내용상 큰 차이가 있다. 이와 같이 '제3자의 변제에 관한 우리 민법 제469조가 프랑스민법 등 다른 대륙법계의 일반적인 입법례와는 달리 당사자의 의사표시에 의하여 제3자의 변제를 금지할 수 있도록 규정한 이유는 무엇인가?' 하는 것이 문제된다. 아쉽게도 현재로서는 우리 민법 제469조의 입법취지를 명확하게 밝힐 수 있는 자료는 찾을 수 없다.[28] 그러므로 우리 민법 제469조의 입법취지는 그 모법이라고 할 수 있는 일본민법(구 의용민법) 제474조의 입법자의사[29]를 통하여 유추하는 수밖에 없다고 할 것이다.

일본민법의 입법자의사에 따르면, ① '일본민법이 제474조에서 채무의 성질이 제3자에 의한 변제를 허용하지 아니하는 때 또는 당사자가 반대의 의사를 표시한 때에는 제3자는 채무를 변제할 수 없는 것으로 제3자의 변제에 대한 제한을 넓힌 이유는, 일본구민법 재산편 제453조 제1항 단서가 "작위의무에 관하여 채권자가 특히 채무자의 일신에 주목한 때에는 그러하지 아니하다"고 규정하는 데 그침으로써 채무자가 제3자에 의하여 채무가 변제되는 것을 의욕하지 아니한다는 취지를 표시한 경우를 예정하지 아니한 것을 입법상의 흠결이라고 생각하였기 때문이라고 한다.[30] 또한 ② 일본민법이 제474조 제2항에서 '이해관계 없는 제3자는 채무자의 의사에 반하여 변제를 할 수 없다'고 규정한 이유는, '이해관계 없는 제3자가 변제하기 위해서는 채무자 또는 채권자의 승낙이 필요하다'고 규정한 일본구민법 재산편 제453조 제2항 단서의 규정은 불편하므로, '이해관계 없는 제3자라도 채권자의 승낙은 물론 채무자의 승낙도 불필요하다고 할 것이나, 이해관계 없는 제3자는 채무자의 의사에 반하여 변제할 수 없도록 하는 것이 적당하다'고 생각하였기 때문이라고 한다.[31]

(2) 제469조의 해석론

1) 「제3자의 변제」의 유효요건

(가) 변제의 일반적 요건을 갖출 것

「제3자의 변제」라 함은 '채무자 이외의 제3자가 자기의 이름으로 그러나 타인(채무자)의 채무로서 변제한 경우'만을 의미하므로, 이행보조자나 이행대행자 또는 대리인에 의한 변제는 제3자의 변제가 아니라 채무자 본인의 변제에 해당하며, 타인의 채무를 자기의 채무로 오신하여 변제한 때에는 제3자의 변제가 아니라 제742조의 「비채변제(非債辨濟)」에 해당한다.

변제의 법적 성질에 대해서는 학설상 다툼이 있으나, 우리 민법의 해석상 변제는 변제자

28) 「민법안심의록」, 275~276 참조.
29) 일본민법 제474조는 호즈미 노부시게(穗積陳重)가 기초한 민법초안 제481조가 법전조사회의 심의과정에서 수정된 것인데, 일본민법초안 제481조는 채무의 성질에 의한 제한을 규정하지 않았고, 이해관계 없는 제3자가 변제하기 위하여서는 채무자뿐만 아니라 채권자의 동의를 요하는 것으로 규정하고 있었다(상게서, 233 참조).
30) 「民法議事速記錄」, 232 이하 참조.
31) 「民法修正案理由書」, 455~456 참조.

와 변제수령자(채권자) 사이의 계약으로 보아야 할 것임은 전술한 바와 같다. 따라서 제3자의 변제의 경우에도 변제를 하는 제3자와 변제수령자(채권자) 사이에 변제의 합의가 필요함은 물론이다. (☞ 제1절 「변제의 의의와 법적 성질」)

변제의 법적 성질을 '준법률행위의 일종'으로 보는 통설적 견해는 이 문제에 대하여 특별한 언급을 하지 않고 있으나, 독일민법학의 영향을 받아 「목적적 급부실현설」을 취하는 학설 중에는 '변제의 성립을 위하여 변제의사는 필요하지 않으나, 사실적 급부실현이라는 객관적 사실만으로는 부족하며, 급부자가 자신의 급부를 채무와 결부시키려는 사실상의 의사인 「급부목적 지정행위」가 필요하다'고 해석하는 견해가 있다.[32] 한편 「목적적 급부실현설」을 전제로 하지 않으면서도, '제3자의 변제는 변제자가 타인채무를 변제할 의사를 가지고 있었음을 요건으로 하며, 제3자의 변제의사는 자신의 변제가 제469조에 따른 제3자의 변제임을 나타내는 변제지정을 통하여 표시되어야 한다'고 주장하는 견해도 있는데,[33] 이 견해는 "변제충당은 상대방에 대한 의사표시로써 한다"고 규정하고 있는 제476조 제3항의 규정을 근거로 '제3자의 변제지정행위는 상대방 있는 단독행위'라고 해석하고 있다.[34] 이러한 견해에 따르면, '제3자의 변제가 성립하기 위해서는 제3자의 사실적 급부행위와 급부목적지정행위에 따른 타인채무의 변제, 그리고 채권자의 만족의 세 가지 요건이 필요하다'는 결론이 된다.

(나) 변제의 방법: 상계의 허용 여부

제3자의 변제는 고유의 의의의 변제는 물론이고 대물변제나 공탁에 의해서도 이루어질 수 있다는 점에 대해서는 이설이 없다. 문제는 '제3자의 상계를 허용할 것인가, 즉 제3자가 채권자에 대한 자기의 반대채권으로써 상계하는 것도 변제방법의 하나로 인정할 것인가?' 하는 것이다. 이에 대해서는 독일민법처럼 명문으로 제3자의 상계에 의한 채권소멸의 효력을 인정하는 입법례도 있으나(BGB §268 Ⅱ),[35] 우리 민법은 명문규정을 두고 있지 않으므로 견해가 갈린다.

(A) 학 설 우선 '제3자의 상계를 허용하여야 한다'는 견해(긍정설)는 '상계에 의한 제3자의 변제를 부정할 만한 실질적 이유가 없다'는 점을 근거로 들고 있다. 다만, '채권자가 파산상태에 있는 경우에는 다른 채권자와의 공평성을 고려하여 제3자의 상계를 허용할 수 없다'

32) 민법주해(11)/김대휘, 22; 김상용, 415; 김형배, 647 참조.
33) 이 견해가 「사실적 급부실현설」의 입장을 취하는 것인지는 분명하지 않으나, '독일민법학에서는 「사실적 급부실현설」을 취하는 경우에도 제3자의 변제에 있어서는 변제지정이 필요함을 인정하고 있으며, 「목적적 급부실현설」과 「사실적 급부실현설」의 차이는 변제목적지정이 있는 급부를 원칙으로 볼 것인지 아니면 예외로 볼 것인지의 여부에 있는 데 불과하며, 결론에 있어서는 차이가 없다'고 주장한다(김형석, 전게논문(주 1), 342 참조).
34) 상게논문, 342 참조.
35) 전게 주 13 참조.

는 예외를 인정한다.[36] 이에 반하여, '명문규정이 없는 한 제3자의 상계에 의한 변제는 허용될 수 없다'는 견해(부정설)[37]는 '채권자와 제3자 사이에는 상호 대립하는 채권 자체가 존재하지 않으므로 이론상 제3자의 변제를 가능하게 하는 상계적상이 있을 수 없다'는 점과,[38] '상계에 의한 제3자의 변제를 허용한다면 제3자가 이를 통하여 실질적으로 집행권원 없이 전부명령을 얻은 것과 마찬가지의 우선변제를 받는 결과가 되는데, 이는 강제집행법의 절차를 무력화하는 것이므로 이를 인정하는 것은 바람직하지 않다'는 점[39] 등을 근거로 들고 있다.

(B) 판례의 입장 대법원판례 중에는 제3자의 상계에 의한 변제의 성립 여부를 정면으로 다룬 것은 아니지만, '원심이 제3자가 채무자를 위하여 변제할 법률상 정당한 이익이 있는 자인지 여부 또는 제480조의 임의대위라면 제3자가 채권자의 승낙을 얻었는지 여부에 관하여 아무런 심리·판단함이 없이, 이 사건 근저당권이 제3자를 위하여 존속한다고 판단하였음은 변제에 의한 대위에 관한 법리를 오해한 위법이 아니면 이유불비의 위법이 있다'는 이유로 원심을 파기·환송한 사례가 있다(대법원 1963.7.11.선고, 63다251 판결).[40] 그러나 이 판결이 '제3자의 상계가 허용된다'는 것을 전제로 한 판결인지의 여부는 분명하지 않다.

▪ **원심이 채권자가 제3자의 상계에 의하여 변제를 받은 사실을 인정하면서도 제3자가 「변제할 정당한 이익이 있는 자」라고 할 수 있는지의 여부 등에 대한 심리를 하지 아니한 것을 이유로 원심을 파기·환송한 사례** 제481조의 규정에 의하면 "변제할 정당한 이익이 있는 자는 변제로 당연히 채권자를 대위한다"고 되어 있어서 「변제할 정당한 이익이 있는 자」라 함은 '법률상 정당한 이익이 있는 자를 의미하는 것'이라고 해석함이 타당하며, 한편 제480조의 규정에 의하면 채무자를 위하여 변제한 자는 변제와 동시에 채권자의 승낙을 얻어 채권자를 대위할 수 있도록 되어 있는바, 원심이 소외인이 자기의 피고에 대한 채권으로 원고의 피고에 대한 채무를 대등액으로 상계함으로써 피고에 대한 원고의 이 사건 근저당권의 원인된 채무를 변제하였다고 인정하면서, 소외인이 원고를 위하여 변제할 법률상 정당한 이익이 있는 자인지의 여부 또는 제480조의 임의대위라면 소외인이 채권자인 피고의 승낙을 얻은 여부에 관하여 아무런 심리판단이 없이 이 사건 근저당권이 소외인을 위하여 존속한다고 판단하였음은 변제자의 대위에 관한 법리를 오해한 위법이 아니면 이유불비의 위법이 있다. (대법원 1963.7.11.선고, 63다251 판결)

(C) 학설·판례의 검토 제3자의 상계에 의한 채권소멸을 부정하는 견해(부정설)는 '채권자

---

36) 김용한, 516; 김주수, 386; 김형배, 665; 이은영, 712; 장경학, 503 참조.
37) 김형석, 전게논문(주 1), 344~346; 양형우, "채무자파산에 있어서 상계권", 비교사법 10권 3호(한국비교사법학회, 2003/9), 57 이하; 민법주해(11)/김대휘, 113; 곽윤직, 463; 김상용, 417; 김증한/김학동, 347; 김현태, 299; 현승종, 362 참조.
38) 민법주해(11)/김대휘, 113; 곽윤직, 463; 김증한/김학동, 347 참조.
39) 김형석, 전게논문(주 1), 344~346 참조.
40) 사안은 제3자(소외인)가 채권자(피고)의 채무자(원고)에 대한 20만원의 채권과 채권자에 대한 자신의 채권(이 사건 근저당권의 원인된 채권)과 상계한 사건인데, 원심(서울고법 1963.4.11.선고, 62나678 판결)은 제3자의 상계에 의한 채무의 변제를 인정하여 '이 사건 근저당권은 채무를 대위변제한 제3자에게 양도될 성질의 것이고, 따라서 이 사건 근저당권은 위 소외인을 위하여 존속된다'고 판단하였다.

와 제3자 사이에는 상호 대립하는 채권 자체가 존재하지 않으므로 상계적상이 있을 수 없다'고 비판하고 있으나, 이러한 논리는 「제3자의 변제」라는 제도가 있는 한 성립할 수 없다고 생각된다. 한편 '채권자가 파산한 경우에는 상계에 의한 제3자의 변제를 허용하면 제3자에게 별제권을 인정한 것과 실질적으로 동일한 결과가 되므로,[41] 파산채권자 사이의 형평상 이를 허용할 수는 없다'는 데 대해서는 이설이 없는바, 이와 같이 '상계에 의한 제3자의 변제는 채권자가 파산한 경우에는 인정될 수 없다'는 법리가 파산채권자 사이의 형평을 고려한 부득이 한 것이라면, 이러한 논리는 채권자가 파산한 경우 이외의 일반적인 경우에도 관철되어야 할 것이다. 왜냐하면 제3자의 상계에 의한 채권소멸(변제)을 허용하는 경우에는 이를 통하여 제3자가 실질적으로 다른 채권자보다 우선변제를 받는 결과가 되는 것은 채권자가 파산하지 아니한 경우에도 마찬가지이기 때문이다.[42] 또한 상계는 채무의 이행에 따른 변제가 아니라 법률의 규정에 의하여 변제와 마찬가지의 효력이 부여되는 단독행위이므로(492조 이하), 독일민법과 달리 명문규정이 없는 우리 민법의 해석상 제3자의 상계에 의한 채권소멸의 효력을 인정할 수 있는지는 의문이다.[43] 결국, '우리 민법의 해석상 제3자의 상계에 의한 변제의 효력을 인정할 수는 없다'고 해석하여야 할 것이다.

(다) 제3자의 변제가 금지되지 아니할 것

(A) 채무의 성질상 제3자의 변제가 허용되지 않는 경우 채무의 성질상 제3자의 변제가 허용되지 않는 경우에는 제3자는 채무를 변제할 수 없다(469조 1항 단서). 여기서 「채무의 성질상 제3자의 변제가 허용되지 않는 경우」라 함은 '채권이 채무자의 일신전속적 급부를 목적으로 하는 경우'를 의미하는데, 제3자의 변제가 허용되지 않는 채무자의 일신전속적 급부는 예술가의 창작의무와 같이 채무자 자신이 급부행위를 하지 않으면 급부로서의 의미가 없는 「절대적 일신전속적 급부」와 고용계약상의 노무제공의무·수임인의 위임사무처리의무 등과 같이, 제3자에 의한 급부가 채무의 성질상 불가능한 것은 아니지만 채권자의 동의 없이는 제3자가 변제할 수 없는 「상대적 일신전속적 급부」로 나누어지는데, 「절대적 일신전속적 급부」는 채권자의 동의가 있더라도 제3자의 변제를 유효한 것으로 인정할 수 없으나, 「상대적 일신전속적 급부」는 채권자의 동의가 있으면 제3자의 변제도 유효한 변제가 된다는 점은 전술한 바와 같다.

(B) 제3자의 변제를 금지하는 당사자의 의사표시가 있는 경우 채무의 성질상 제3자의 변제가 허용되는 경우(그 채무가 일신전속적 급부가 아닌 경우)라도 당사자의 의사표시로 이를 허용하지

41) 파산절차에서의 상계에 대한 상세는 양형우, 전게논문(주 37), 57 이하 참조.
42) '상계에 의한 제3자의 변제를 허용하면 제3자가 집행권원도 없이 전부명령을 얻은 것과 마찬가지의 결과가 되는데, 이러한 결과를 인정하는 것은 강제집행법의 절차를 무력화하는 것이므로 바람직하지 않다'는 비판(김형석, 전게논문(주 1), 344~346)도 같은 취지의 주장이라고 생각된다.
43) 同旨: 민법주해(11)/김대휘, 113 참조.

아니한 때에는, 제3자의 변제는 금지된다(469조 1항 단서). 이는 당사자의 의사를 존중하려는 취지라고 할 수 있음은 물론이나, 다른 대륙법계국가에서는 찾아볼 수 없는 제도로서 그 입법론적 타당성에 대한 의문이 제기되고 있다는 점과, '제3자의 변제를 허용하지 않겠다는 당사자의 의사표시는 제3자의 변제가 있기 전에 하여야 한다'고 해석된다는 점은 전술한 바와 같다.

(C) 제3자의 변제를 금지하는 당사자의 의사표시가 없는 경우

a) 이해관계 있는 제3자가 변제한 경우의 법률관계

(ⅰ) 변제에 대하여 이해관계 있는 제3자 제469조 제2항의 반대해석상 이해관계 있는 제3자는 채무자의 의사에 반하더라도 변제할 수 있다. 그리고 이해관계 있는 제3자가 변제한 경우에는 채무자에 대한 구상권의 범위 내에서 채권자의 권리(채권과 담보권)는 소멸하는 것이 아니라 법률상 당연히 제3자에게 이전하는데(481조, 482조 1항), 이를 「법정대위」라고 한다. 여기서 「변제에 관하여 이해관계 있는 제3자」라 함은 친구나 동업자와 같은 사실상의 이해관계를 가진 자를 가리키는 것이 아니라, '물상보증인이나 담보목적물의 제3취득자와 같이, 변제를 하지 않으면 채권자로부터 강제집행을 받게 되거나 또는 채무자에 대한 자기의 권리를 잃게 되는 지위에 있기 때문에 변제함으로써 당연히 대위의 보호를 받아야 할 법률상 이익을 가지는 자, 즉 변제를 하는 데 대하여 법률상의 이해관계를 가지는 자만을 의미한다'는 데 견해가 일치한다(대법원 2009.5.28., 2008마109 결정 등).[44]

문제는 '타인의 채무를 변제하는 데 법률상 이해관계 있는 제3자의 변제란 구체적으로 어떤 경우를 말하는가?' 하는 것이다. 이에 대하여, 판례는 ① 부동산매수인이 그 권리실현에 장애가 되는 담보권을 소멸시키기 위하여 매도인의 채무를 대신 변제한 경우(대법원 1995.3.24.선고, 94다44620 판결), ② 미등기건물의 매수인 겸 임차인이 그 권리실현에 장애가 되는 유치권을 소멸시키기 위하여 매도인의 공사금채무를 대신 변제한 경우(대법원 1993.10.12.선고, 93다9903·9910 판결), ③ 자기 소유의 부동산을 양도담보의 목적물로 제공한 채무자가 변제한 경우(대법원 1980.4.22.선고, 79다1980 판결), ④ 가등기담보권의 목적부동산을 시효취득한 자가 변제한 경우(대법원 1991.7.12.선고, 90다17774·17781 판결), ⑤ 저당권이 설정된 부동산을 매도담보로 취득한 자가 피담보채무를 변제한 경우(대법원 1974.12.10.선고, 74다1419 판결), ⑥ 이행인수인이 채무자와의 이행인수약정에 따라 채무를 변제한 경우(대법원 2012.7.16., 2009마462 결정) 등은 타인의 채무를 변제할 정당한 법률상의 이익이 있는 자에 해당한다'고 한다. 그러나 '제3채무자가 경합압류채권자에게 이중으로 변제한 경우(대법원 1980.9.30.선고, 78다1292 판결),[45] 공동저당의 목적인 물상보

44) 같은 취지: 대법원 1963.7.11.선고, 63다251 판결; 대법원 1990.4.10.선고, 89다카24834 판결; 대법원 1991.7.12.선고, 90다17774·17781 판결.

45) '채권압류가 경합되었음에도 불구하고 그 압류채권자 중의 한 사람이 전부명령을 얻은 경우에는 그 전부명령은 무효이나, 제3채무자가 선의·무과실로 그 전부채권자에게 전부금을 변제하였다면, 이는

증인 소유 부동산에 후순위로 소유권이전청구권 보전을 위한 가등기를 경료한 가등기권리자(대법원 2009.5.28., 2008마109 결정 등)[46] 등은 타인의 채무를 변제하는 데 법률상 이해관계 있는 제3자라고 할 수 없다'고 한다.

한편 연대채무자나 보증인과 같이 채권자에 대하여 법률상 변제의무를 부담하고 있는 공동채무자는 채무를 변제하더라도 자기의 채무를 이행한 것에 지나지 않으므로(413조, 428조), 이를 제469조 소정의 「제3자의 변제」라고 할 수는 없다. 다만, 연대채무자가 자기의 부담부분을 초과하여 변제하거나 보증인이 주채무자의 채무를 변제한 경우에는 실질적으로는 타인의 채무를 변제한 것으로서 구상권이 발생하므로,[47] 이들은 제481조의 「변제할 정당한 이익이 있는 자」로서 채무자에 대한 구상권의 범위 내에서 법률상 당연히 채권자를 대위한다.

(ii) **제481조의 「변제할 정당한 이익」과의 관계** 민법은 제469조 제2항에서는 "이해관계 없는 제3자는 채무자의 의사에 반하여 변제하지 못한다"고 규정하는 한편, 제481조에서는 "변제할 정당한 이익이 있는 자는 변제로 당연히 채권자를 대위한다"고 규정하고 있다. 여기서 '제469조 제2항의 「이해관계」와 제481조의 「변제할 정당한 이익」의 의미가 다른 것인가?' 하는 의문이 발생한다. 이에 대해서는 견해가 대립하고 있는데, 우선 판례는 제469조 제2항의 "이해관계"와 제481조의 법정대위의 요건인 "변제할 정당한 이익"을 같은 의미로 해석하여, '위 조항에서 말하는 「이해관계 내지 변제할 정당한 이익이 있는 자」라 함은 변제를 하지 않

「채권의 준점유자에 대한 변제」로서 유효하므로 제3채무자의 채무자에 대한 채무는 소멸되고(470조), 제3채무자는 압류채권자에 대하여 2중변제의 의무를 부담하지 아니하며, 전부채권자에 대하여 전부명령의 무효를 주장하여 부당이득반환청구도 할 수 없다'는 것이 판례의 입장이다(대법원 1987.12.22.선고, 87다카2015 판결 등).

46) 판례는 '채무자 소유의 부동산과 물상보증인 소유의 부동산 위에 선순위의 공동저당이 설정되어 있고, 물상보증인 소유의 부동산 위에는 후순위저당권이 설정되어 있었는데, 물상보증인 소유의 부동산에 대하여 먼저 경매가 이루어져 그 경매대금의 교부에 의하여 선순위의 공동저당권자가 변제를 받은 때에는 물상보증인은 채무자에 대하여 구상권을 취득함과 동시에 변제자대위를 규정한 제481조, 제482조에 의하여 채무자 소유의 부동산에 대한 선순위저당권을 대위취득하고, 위 물상보증인 소유의 부동산의 후순위저당권자는 위 선순위저당권에 대하여 물상대위를 할 수 있다. 그러므로 그 선순위저당권설정등기는 말소등기가 경료될 것이 아니라 위 물상보증인 앞으로 대위에 의한 저당권이전의 부기등기가 경료되어야 할 성질의 것이며, 따라서 아직 경매되지 아니한 공동저당물의 소유자로서는 위 선순위저당권자에 대한 피담보채무가 소멸하였다는 사정만으로는 그 말소등기를 청구할 수 없으며, 위 후순위저당권자는 자신의 채권을 보전하기 위하여 물상보증인을 대위하여 선순위저당권자에게 그 부기등기를 할 것을 청구할 수 있다'는 입장을 취하고 있다(대법원 2009.5.28., 2008마109 결정 등). (☞ 담보물권편, 제2장 제4절 「저당권」)

47) 어느 연대채무자의 출재로 공동면책이 된 때에는 다른 연대채무자의 부담부분에 대하여 구상권을 행사할 수 있으며(425조), 주채무자의 부탁으로 보증인이 된 자가 과실 없이 변제 기타의 출재로 주채무를 소멸하게 한 때에는 주채무자에 대한 구상권이 있고(441조), 주채무자의 부탁 없이 보증인이 된 자가 변제 기타 자기의 출재로 주채무를 소멸하게 한 때에는 주채무자는 그 당시에 이익을 받은 한도에서 구상권을 행사할 수 있고, 주채무자의 의사에 반하여 보증인이 된 경우에는 현존이익의 한도에서 구상권을 행사할 수 있다(444조).

으면 채권자로부터 강제집행을 받게 되거나 또는 채무자에 대한 자기의 권리를 잃게 되는 지위에 있기 때문에 변제함으로써 당연히 대위의 보호를 받아야 할 법률상 이익을 가지는 자만을 말하고, 단지 사실상의 이해관계를 가진 자는 제외된다'는 입장을 취하고 있다(대법원 2009.5.28., 2008마109 결정). 그러나 학설은 판례의 입장을 지지하는 견해[48]와, 전술한 제469조 제2항의 입법론상의 문제점을 감안하여 '제469조 제2항의 「이해관계」를 법정대위의 요건인 제481조의 「변제할 정당한 이익」보다 넓게 해석하여, 법률상의 이해관계뿐만 아니라 사실상 또는 경제상의 이해관계를 가진 자도 포함한다'고 해석하는 견해[49]가 대립하고 있다.

생각건대, 제481조와 제469조 제2항은 그 표현을 달리하고 있으나, 제481조의 법정대위는 제469조 제2항의 '이해관계 있는 제3자의 변제'를 전제로 하여 인정되는 것이므로, 양자의 의미를 달리보아야 할 논리적 필연성은 인정되지 않는다. 다만, 제481조의 "변제할 정당한 이익이 있는 자"에는 제469조의 「변제에 대하여 이해관계 있는 제3자」뿐만 아니라, 보증인이나 연대채무자와 같이 실질적으로는 타인의 채무라고 할 수 있으나 법률상의 변제의무를 부담하고 있어서 변제에 의하여 주채무자나 다른 연대채무자에 대한 구상권을 취득하는 자도 포함된다는 점에서, 오히려 제481조의 적용범위가 더 넓다는 점에 차이가 있을 뿐이다. 따라서 '제469조 제2항의 "이해관계"와 법정대위의 요건인 제481조의 "변제할 정당한 이익"을 같은 의미'라고 파악하고 있는 판례의 입장이 타당하다고 생각된다.

일부 학설은 제469조 제2항의 입법론상의 문제점을 고려하여, '제469조 제2항의 "이해관계"의 의미를 넓게 해석하여 사실상·경제상의 이해관계를 가진 자도 포함하는 것으로 해석하여야 한다'고 주장하고 있으나, 제469조 제2항의 입법론상의 문제점은 해석론과는 별개로 다루는 것이 타당하다고 할 것이다.

b) 이해관계 없는 제3자가 변제한 경우의 법률관계

(ⅰ) 이해관계 없는 제3자의 변제가 채무자의 의사에 반하지 아니하는 경우 법률상의 이해관계 없는 제3자도 채무자의 의사에 반하지 않는 한 유효한 변제를 할 수 있다(469조 2항의 반대해석). 다만, 이 경우에는 제481조의 법정대위는 인정되지 않고, 제480조의 임의대위만이 허용된다. 따라서 법률상 이해관계 없는 제3자는 변제와 동시에 채권자의 승낙을 얻어 채권자의 채권 및 그 담보에 관한 권리를 행사할 수 있다(480조 1항, 482조 1항). 후술하는 바와 같이, 여기서 법정대위이든 임의대위이든 「대위(代位)」라 함은 '당사자의 의사에 기한 권리의 이전'을 의미하는 「양도」의 반대개념으로서, '법률의 규정에 의한 권리(채권과 담보권)의 이전'을 의미한다는

---

48) 현승종, 363 참조.

49) 곽윤직, 465; 김상용, 441; 김증한/김학동, 348 참조. '이를 비교적 넓게 해석하여 제3자가 변제한 경우에는 이해관계의 존재를 사실상 추정하는 것이 타당하다'고 주장하는 견해도 같은 취지라고 할 수 있다(김형배, 666 참조).

점에서 같은 성질을 가지는 것이지만, 민법은 임의대위의 경우에는 채무자가 대위 사실을 알지 못하는 경우도 있을 수 있다는 점을 고려하여, 채무자의 이익 및 거래의 안전을 보호하기 위하여 채권양도의 대항요건에 관한 제450조 내지 제452조의 규정을 임의대위에 준용하고 있다(480조 2항). (☞ 제6절 「변제에 의한 대위」)

(ii) **이해관계 없는 제3자의 변제가 채무자의 의사에 반하는 경우** 제469조 제2항의 해석상 법률상 이해관계 없는 제3자가 채무자의 의사에 반하여 변제하는 경우, 채권자는 변제의 수령을 거절할 수 있다. 즉, 채권자가 변제의 수령을 거절하더라도 채권자지체는 성립하지 않는다. 또한 채권자가 법률상 이해관계 없는 제3자의 변제를 수령하더라도 변제로서의 효력은 발생하지 않는다. 즉, 채무자의 의사에 반하는 이해관계 없는 제3자의 변제는 무효이다. 다만, 판례는 '이해관계 없는 제3자의 변제라고 하더라도 변제는 채무자를 위하여 유익한 것이므로 반증이 없는 한 그 변제는 채무자의 의사에 반하지 아니한 것으로 추정하여야 하며(대법원 1988.10.24.선고, 87다카1644 판결),[50] 이 경우에 이해관계 없는 제3자의 변제는 일종의 사무관리에 해당한다'는 입장을 취하고 있다(대법원 1961.11.9.선고, 4293민상729 판결, 요민 I ·788). 채무자의 의사에 반하는 이해관계 없는 제3자의 변제를 금지하고 있는 제469조 제2항은 그 입법론적 타당성이 매우 의문시되는 규정이라는 점을 고려할 때, 판례의 이러한 해석은 타당하다고 생각된다.[51]

2) 제3자의 변제의 효과

(가) 채권의 소멸

제3자의 변제도 채권자와 채무자 사이에서는 변제로서의 모든 효과가 발생한다. 즉, 제3자의 변제에 의하여 채권은 그 목적을 달성하여 채권자와 채무자 사이에서는 소멸한다. 또한 제3자의 변제제공에 대하여 채권자가 수령을 지체하는 경우, 채권자는 채권자지체의 책임을 면하지 못한다(400조, 403조).

(나) 제3자와 채무자 사이의 법률관계

제3자의 변제로 인하여 채권자와 채무자 사이에서는 채권이 소멸하는데, 이 경우 제3자와 채무자 사이에는 그 의사에 따라 증여(554조), 위임(680조) 또는 사무관리(734조) 등의 법률관계가 성립할 수 있다. 특히 제3자의 변제에 의하여 채무자에 대하여 제3자가 위임 또는 사무관리에 기한 구상권(위임사무처리비용·사무관리비용의 상환청구권)을 가지는 경우에는(688조, 739조), 그 구상권의 범위 내에서 변제로 인하여 소멸할 채권 및 이에 따르는 담보권은 법률상 당연히 제3자에게 이전되는데(482조 1항), 이를 「변제에 의한 대위」라고 한다. 이에 대한 상세

50) 판례평석: 김형석, 전게논문(주 1), 340 이하.
51) 同旨: 상게논문, 348~350 참조.

한 설명은 후술하기로 한다. (☞ 제6절「변제에 의한 대위」)

[53] Ⅱ. 변제수령자

1. 의 의

「변제수령자」라 함은 '그 자의 변제수령에 의하여 채권이 소멸하게 되는 자'를 말한다. 변제수령자는 채권자인 것이 원칙이지만, 채권자라 할지라도 변제수령의 권한이 없는 경우가 있는 반면에, 채권자 이외의 자가 변제를 수령하더라도 채권소멸의 효과가 발생하는 경우도 있다.

2. 채권자에게 변제수령의 권한이 없는 경우

(1) 채권이 압류 또는 가압류된 경우

1) 채권이 압류된 경우

채권에 대한 강제집행은 집행법원의 압류명령에 의하여 개시된다(민사집행법 223조).[52] 일반적으로 「압류명령」이란 '법원에 의한 처분금지명령'을 말하지만, 채권의 종류에 따라 압류의 방법과 그 효력은 각각 다르다.[53] 여기서는 금전채권이 압류된 경우를 중심으로 설명하기로 한다.

〈설례〉 甲은 乙에 대하여 1억원의 대여금채권을 가지고 있었는데 乙이 채무를 이행하지 않자 그 채권의 강제집행을 위하여 乙의 제3채무자 丙에 대한 1억원의 매매대금채권에 대한 압류명령을 신청하였다. 위 신청에 기하여 법원은 丙에 대한 乙의 매매대금채권을 압류하고 그 압류명령을 乙과 丙에게 송달하였다. 甲은 압류채권자로서 법원에 丙에 대한 乙의 매매대금채권에 대한 전부명령을 신청하였는데, 丙은 위 전부명령이 송달되기 전에 乙에게 채무를 변제하였다.

금전채권이 압류된 경우에는 채무자에 대한 제3채무자의 지급이 금지되며, 채무자는 제3채무자에 대한 채권의 처분과 영수가 금지된다(민사집행법 227조 1항).[54] 그러므로 금전채권이 압

52) 민사집행법 제223조(채권의 압류명령) 제3자에 대한 채무자의 금전채권 또는 유가증권, 그 밖의 유체물의 권리이전이나 인도를 목적으로 한 채권에 대한 강제집행은 집행법원의 압류명령에 의하여 개시한다.

53) 예컨대, 금전채권의 압류에 대해서는 민사집행법 227조 이하의 규정이 적용되며, 유체동산에 관한 청구권의 압류에 대해서는 동법 243조가, 부동산에 관한 인도청구권의 압류에 대해서는 동법 244조가 각각 적용된다.

54) 민사집행법 제227조(금전채권의 압류) ① 금전채권을 압류할 때에는 법원은 제3채무자에게 채무자에 대한 지급을 금지하고 채무자에게 채권의 처분과 영수를 금지하여야 한다. ② 압류명령은 제3채무자와 채무자에게 송달하여야 한다. ③ 압류명령이 제3채무자에게 송달되면 압류의 효력이 생긴다. ④ 압류명령의 신청에 관한 재판에 대하여는 즉시항고를 할 수 있다.

류된 경우에는 채권자에게 변제수령의 권한이 없으며, 채무자는 추심명령이나 전부명령을 받은 압류채권자에게 변제하여야 한다(민사집행법 229조).[55] 위 <설례>에서 채무자 乙은 압류명령의 송달 이후에는 자신의 채무자(이를 「제3채무자」라고 한다) 丙으로부터의 변제수령의 권한을 상실하며, 제3채무자 丙도 자신의 채권자인 乙에 대한 지급이 법률상 금지되므로, 丙의 乙에 대한 변제는 완전한 효력을 가지지 못한다. 즉, 압류명령이 송달된 이후에 한 제3채무자 丙의 채권자(압류채무자) 乙에 대한 변제는 乙에 대한 관계에서는 변제의 효력이 있으나, 압류채권자 甲에 대한 관계에서는 효력이 없다(대법원 1994.12.9.선고, 93다61611 판결 등).[56] 그러므로 압류채권자 甲은 채무자 乙로부터 변제를 받지 못한 범위 내에서 집행법원으로부터 압류채권에 관한 추심명령 또는 전부명령을 받아 제3채무자 丙에 대한 변제를 청구할 수 있다(민사집행법 229조 2항, 3항).

2) 채권이 가압류된 경우

'채권 가압류의 효력은 제3채무자에 대하여 채무자에게 지급하는 것을 금지하는 데 그칠 뿐 채무 그 자체를 면하게 하는 것이 아니므로, 채권의 가압류에도 불구하고 그 채권의 이행기가 도래한 때에는 제3채무자는 이행지체책임을 면할 수 없다'는 것이 판례의 확립된 입장임은 전술한 바와 같다(대법원 1994.12.13.선고, 93다951 전원합의체판결 등). 이러한 판례의 입장에 따르면, '채무자가 이행지체책임을 피하기 위해서는 변제가 금지된 가압류된 채무를 변제하여야 한다'는 모순이 발생한다. 그러므로 이러한 모순을 피하고, 채무불이행책임을 면하기 위해서는 제3채무자가 변제의 목적물을 공탁하는 수밖에 없다. 판례도 '채권이 가압류된 경우, 제3채무자는 나중에 채권자에게 이중으로 변제하여야 할 위험을 피하기 위하여 공탁을 함으로써 채무를 면할 수 있다'는 입장을 취하고 있다(대법원 1994.12.13.선고, 93다951 전원합의체판결 등). (☞ [66] 공탁)

55) 민사집행법 제229조(금전채권의 현금화방법) ① 압류한 금전채권에 대하여 압류채권자는 추심명령(推尋命令)이나 전부명령(轉付命令)을 신청할 수 있다. ② 추심명령이 있는 때에는 압류채권자는 대위절차(代位節次) 없이 압류채권을 추심할 수 있다. ③ 전부명령이 있는 때에는 압류된 채권은 지급에 갈음하여 압류채권자에게 이전된다. ④ 추심명령에 대하여는 제227조 제2항 및 제3항의 규정을, 전부명령에 대하여는 제227조 제2항의 규정을 각각 준용한다. ⑤ 전부명령이 제3채무자에게 송달될 때까지 그 금전채권에 관하여 다른 채권자가 압류·가압류 또는 배당요구를 한 경우에는 전부명령은 효력을 가지지 아니한다. ⑥ 제1항의 신청에 관한 재판에 대하여는 즉시항고를 할 수 있다. ⑦ 전부명령은 확정되어야 효력을 가진다. ⑧ 전부명령이 있은 뒤에 제49조 제2호 또는 제4호의 서류를 제출한 것을 이유로 전부명령에 대한 즉시항고가 제기된 경우에는 항고법원은 다른 이유로 전부명령을 취소하는 경우를 제외하고는 항고에 관한 재판을 정지하여야 한다.

56) 같은 취지: 대법원 1989.5.23.선고, 88다카15734 판결.

(2) 채권자가 파산선고를 받은 때

1) 채권자의 채권추심권한의 상실

채권자가 파산선고를 받으면 파산선고 당시에 가진 채권자의 모든 재산 및 파산선고 전에 생긴 원인으로 장래에 행사할 청구권은 파산재단에 속하게 된다(채무자회생법 382조).[57] 또한 파산재단을 관리 및 처분하는 권한은 파산관재인에게 속하게 되므로(채무자회생법 384조),[58] 파산한 채권자는 채권추심의 권한을 상실한다.

2) 파산관재인의 채권추심권한

파산선고를 받은 채무자가 파산선고 후 파산재단에 속하는 재산에 관하여 한 법률행위는 파산채권자에게 대항할 수 없으므로(채무자회생법 329조 1항), 파산선고를 받은 채권자에게 한 변제는 파산채권자에게 대항할 수 없다. 그러므로 채권자가 파산선고를 받은 후에는 채무자는 파산관재인[59]에게 변제를 하여야 파산채권자에게 변제의 효력을 주장할 수 있다. 다만, 채무자가 파산선고 후에 그 사실을 알지 못하고 파산자에게 한 변제(선의변제)는 파산채권자에게 대항할 수 있으며, 파산선고 후에 그 사실을 알고 파산자에게 한 변제(악의변제)라고 하더라도 파산재단이 받은 이익의 한도 안에서는 파산채권자에게 대항할 수 있다(채무자회생법 332조). 이 경우, 파산선고의 공고 전에는 채무자가 파산선고가 있은 사실을 알지 못한 것으로 추정되고, 공고 후에는 그 사실을 안 것으로 추정된다(채무자회생법 334조).

(3) 채권이 질권의 목적이 된 때

「질권」은 '목적물의 점유를 이전하는 방법에 의하여 설정하는 약정담보물권'이나(329조, 330조), 채권 등 재산권을 목적으로 하는 질권(권리질권)의 설정도 가능하다(345조 이하).[60] 채권질권이 설정되면 질권의 목적인 채권의 변제수령의 권한은 질권자에게 속하게 되므로(353조), 제3채무자가 그 채권자인 질권설정자에게 변제하더라도 그 변제로써 질권자에게 대항하지 못한다(352조, 354조).

---

57) 채무자회생법 제382조(파산재단) ① 채무자가 파산선고 당시에 가진 모든 재산은 파산재단에 속한다. ② 채무자가 파산선고 전에 생긴 원인으로 장래에 행사할 청구권은 파산재단에 속한다.

58) 채무자회생법 제384조(관리 및 처분권) 파산재단을 관리 및 처분하는 권한은 파산관재인에게 속한다.

59) 파산관재인은 관리위원회의 의견을 들어 법원이 선임하며, 법인도 파산관재인이 될 수 있다(채무자회생법 355조), 파산관재인은 법원의 감독을 받아(동법 358조) 선량한 관리자의 주의로써 그 직무(파산재단의 관리·처분)를 행하여야 하며, 이를 게을리 한 때에는 이해관계인에게 손해를 배상할 책임이 있다(동법 361조).

60) 권리질권의 설정은 법률에 다른 규정이 없으면 그 권리의 양도에 관한 방법에 의하여야 하므로, 채권질권을 설정하기 위해서는 채권질권의 설정자와 질권자(채권자의 채권자) 사이의 채권양도(채권질권설정)의 합의와 아울러 지명채권의 경우에는 채권양도의 대항요건을 구비하여야 하며(349조, 450조), 지시채권 또는 무기명채권의 경우에는 그 효력발생요건인 배서·교부(350조) 또는 교부(351조)를 할 것을 요한다.

3. 채권자 이외의 변제수령자

채권자와 채권자의 대리인·채권질권자·파산관재인 등 변제수령의 권한이 부여된 자 이외의 자에 대한 변제는 원칙적으로 무효이다. 그러나 민법은 변제자의 신뢰를 보호하고 나아가 거래의 안전을 보호하기 위하여 일정한 요건하에 변제수령의 권한이 없는 자에 대한 변제도 유효한 것으로 규정하고 있는데, 「채권의 준점유자에 대한 변제」와 「영수증소지자에 대한 변제」가 그것이다.

(1) 채권의 준점유자에 대한 변제

1) 「채권의 준점유자(準占有者)」의 의의

「채권의 준점유자」(le possesseur de la créance)라 함은, '채권의 표현양수인(채권양도가 무효·취소된 경우의 채권양수인)·채권의 표현상속인과 같이, 변제수령의 적법한 권한은 없으나, 변제자의 입장에서 볼 때 일반의 거래관념상 채권을 행사할 정당한 권한을 가진 것으로 믿을 만한 외관을 가지는 자'를 말한다(대법원 2003.7.22.선고, 2003다24598 판결 등).[61] 민법은 제470조에서, "채권의 준점유자에 대한 변제는 변제자가 선의이며 과실 없는 때에 한하여 효력이 있다"고 규정함으로써 일정한 요건하에 채권의 준점유자에 대한 변제의 효력을 인정하고 있다.

「채권의 준점유자에 대한 변제」는 프랑스민법에서 유래된 제도로서, 개정 전 프랑스민법 제1240조[62]를 모범으로 하여 제정된 일본구민법 재산편 제457조[63]를 수정한 일본민법(구 의용민법) 제478조[64]의 규정을 계승한 것이다.[65] 다만, 프랑스민법[66]과 일본민법은 채권의 준점유자에 대한 변제의 유효요건으로서 변제자의 선의만을 요구하고 있으나, 우리 민법은 변제자의 선의뿐만 아니라 무과실까지 요구하고 있다는 점에서 요건상의 차이가 있다.

프랑스민법과 달리, 독일민법은 「영수증 소지자에 대한 변제(Leistung an den Überbringer der Quittung)」를 보호하는 규정은 있으나(BGB §370),[67] 채권의 준점유자에 대한 변제의 효력을

61) 같은 취지: 대법원 1963.10.10.선고, 63다384 판결; 대법원 2004.4.23.선고, 2004다5389 판결.

62) 개정 전 프랑스민법 제1240조: 채권의 점유자에 대하여 선의로 행하여진 변제는 그 후 점유자가 소에 의하여 추탈당한 경우에도 효력이 있다.

63) 일본구민법 재산편 제457조: (1) 진정한 채권자가 아니어도 채권을 점유한 자에게 한 변제는 채무자의 선의에서 나온 때에는 유효하다. (2) 표현상속인, 그 밖의 포괄승계인, 기명채권의 표현양수인 및 무기명증권의 점유자는 이를 채권의 점유자로 간주한다.

64) 일본민법(구 의용민법) 제478조: 채권의 준점유자에게 한 변제는 변제자가 선의인 때에 한하여 그 효력이 있다.

65) 일본민법 제478조의 입법연혁 및 입법자의사에 대해서는 中舍寬樹, "表見的債權者と弁済", 「民法講座4」(有斐閣, 1985), 305 이하 참조.

66) 2016.2.10. 오르도낭스 제2016-131호로 개정된 현행 프랑스민법도 같은 취지의 규정을 두고 있다(C.c. Art. 1342-3). 다만, 개정 프랑스민법은 「채권의 점유자」(le possesseur de la créance)라는 용어 대신에 「외형상의 채권자」(un créancier apparent)라는 표현을 사용하고 있다.

인정하는 규정은 존재하지 않는다. 다만, 독일민법에도 일정한 요건(변제수령권자의 처분권수여) 하에 「변제수령의 권한이 없는 제3자에 대한 변제」의 효력을 인정하는 제도가 있기는 하지만(BGB §362 Ⅱ),[68] 이는 우리 민법상의 「채권의 준점유자」와는 그 제도적 취지가 전혀 다르다.[69]

(가) 채권의 준점유자에 해당하는 경우

「채권의 준점유자」라 함은 '거래관념상 채권을 행사할 정당한 권한을 가진 것으로 믿을 만한 외관을 가지는 자'를 의미하므로, 반드시 채권증서를 소지하여야만 하는 것은 아니다. 판례는, ① 채권의 표현상속인(대법원 1995.3.17.선고, 93다32996 판결 등),[70] ② 제권판결을 받은 자(대법원 1999.3.12.선고, 97다44966 판결),[71] ③ 가압류를 취소하는 가집행선고부 판결을 선고받아 채권을 제한 없이 행사할 수 있을 듯한 외관을 가지게 된 채권자(대법원 2003.7.22.선고, 2003다24598 판결), ④ 무효인 전부명령을 얻은 압류채권자(대법원 1980.9.30.선고, 78다1292 판결 등), ⑤ 절취한 예금통장과 인장을 소지하고 비밀번호를 알고 있는 자(대법원 2007.10.25.선고, 2006다44791 판결)[72] 등은 채권의 준점유자에 해당한다고 한다. 그러나 '단순히 채권자와 동업관계에 있다는 사실만으로는 채권의 준점유자라고 할 수는 없으며(대법원 1982.11.9.선고, 80다3135 판결), '금융실명제하에서는 예금명의자가 아니고 예금통장도 소지하지 않은 예금행위자는 예금채권자로 볼 수 없음은 물론 예금채권의 준점유자로도 보기 어렵다'고 한다(대법원 1996.4.23.선고, 95다55986 판결 등).[73]

▪ 무효인 전부명령을 얻은 압류채권자가 채권의 준점유자에 해당하는지 여부(적극) 채권압류가 경합된 경우에 그 압류채권자 중의 한 사람이 전부명령을 얻은 경우 그 전부명령은 무효이지만, 제3채무자가 선의·무과실로 그 전부채권자에게 전부금을 변제하였다면 이는 채권의 준점유자에 대한 변제로서

67) 독일민법 제370조(영수증 소지자에 대한 변제) 영수증의 소지자는 그 급부를 수령할 권한이 있는 것으로 간주된다. 다만, 급부자가 알았던 수령의 사정에 따르면 그러한 수권이 있다고 믿을 수 없었던 경우에는 그러하지 아니하다.

68) 독일민법 제362조(급부에 의한 소멸) (1) 채무의 목적인 급부가 채권자에 대하여 실행된 때에는 채권관계는 소멸한다. (2) 변제의 목적으로 제3자에 대하여 급부가 행하여진 경우에는 제185조가 적용된다.

69) Mümchener Kommentar, Rn.17 zu §362; Medicus, Rn.226.

70) 판례평석: 강용현, "피해자의 호적부상 표현상속인과 한 손해배상채권 포기합의의 효력", 법조 45권 1호(법조협회, 1996/1), 102 이하; 조정래, "채권의 준점유자에 대한 변제", 판례연구 6집(부산판례연구회, 1996/1), 131 이하. 같은 취지: 대법원 1995.1.24.선고, 93다32200 판결; 대법원 1995.3.17.선고, 93다32996 판결.

71) 판례평석: 이충상, "지급은행이 제권판결을 받은 자에게 사고신고담보금을 지급한 경우 지급은행의 면책 요건", 대법원판례해설 32호(법원도서관, 1999/10), 74 이하; 김문재, "사고신고담보금에 대한 지급은행의 면책요건과 반환요건", 상사판례연구 11집(한국상사판례학회, 2000/12), 339 이하.

72) 같은 취지: 대법원 2013.1.24.선고, 2012다91224 판결.

73) 판례평석: 정재규, "금융실명제하에서의 예금채권의 준점유자에 대한 변제의 인정 여부", 재판실무연구 1996(광주지법, 1997/1), 204 이하. 같은 취지: 대법원 1998.1.23.선고, 97다35658 판결; 대법원 2002.6.14.선고, 2000다38992 판결.

유효하므로 제3채무자의 채무자에 대한 채무는 소멸되고, 제3채무자는 압류채권자에 대하여 이중변제의 의무를 부담하지 아니하며, 전부채권자에 대하여 전부명령의 무효를 주장하여 부당이득반환청구도 할 수 없다. (대법원 1980.9.30.선고, 78다1292 판결)[74]

(나) 채권자의 대리인을 사칭한 경우

학설 중에는 '채권자의 대리인을 사칭한 경우에는 사칭대리인의 대리외관에 채권자의 귀책사유가 있는 경우에 한하여 채권의 준점유자로 인정하여야 한다'는 견해가 있다.[75] 그러나 변제수령자가 채권자 본인이라고 사칭하는가, 채권자의 대리인이라고 사칭하는가에 따라 변제자의 보호를 달리하여야 한다면 형평에 맞지 않으므로, 채권자의 대리인을 사칭하여 채권을 행사하는 자도 채권의 준점유자로 보는 것이 제도의 취지에 부합한다고 할 것이다.[76] 판례도 '준점유자가 스스로 채권자라고 칭하여 채권을 행사하는 경우뿐만 아니라 채권자의 대리인이라고 하면서 채권을 행사하는 때에도 채권의 준점유자에 해당한다'는 입장을 취하고 있다(대법원 2004.4.23.선고, 2004다5389 판결).[77]

(다) 위조된 영수증 등의 소지자

「영수증」은 '변제의 사실을 증명하는 서면'을 말하는데, 민법은 "영수증을 소지한 자에 대한 변제는 그 소지자가 변제를 받을 권한이 없는 경우에도 효력이 있다"고 규정함으로써(471조), 거래의 편의와 선의의 변제자를 보호하기 위하여 영수증소지자가 채권의 준점유자에 해당하는지 여부에 상관없이 변제의 효력을 인정하고 있다. 이는 프랑스민법에는 없는 제도인데, 독일민법 제370조[78]를 모범으로 한[79] 일본민법(구 의용민법) 제480조[80]를 계승한 조문이다.

여기서 「영수증」이라 함은 '권한 있는 자에 의하여 발행된 진정한 영수증'을 가리키는 것이므로, 위조한 영수증을 소지한 자에게 변제한 경우는 「영수증소지자에 대한 변제」라고 할 수 없다. 그러나 위조된 영수증을 소지한 자가 일반적 거래관념에 비추어 진정한 채권자라고 인정하기에 충분한 외관을 갖춘 경우에는 제470조의 「채권의 준점유자」에 해당한다고 해석함으로써 변제자를 보호하여야 할 것이다.[81] 또한 이러한 법리는 채권자의 인장 및 채권증서

---

74) 같은 취지: 대법원 1987.12.22.선고, 87다카2015 판결; 대법원 1988.8.23.선고, 87다카546 판결; 대법원 1997.3.11.선고, 96다44747 판결.

75) 김상용, 423; 김형배, 675 참조.

76) 同旨: 곽윤직, 244; 이은영, 693; 현승종, 367 참조.

77) 판례평석: 이균룡, "채권자의 대리인이라고 사칭하면서 채권을 행사하는 사람과 채권의 준점유자", 대법원판례해설 49호(법원도서관, 2004/12), 99 이하.

78) 전게 주 68 참조.

79) 「民法修正案理由書」, 458 참조.

80) 일본민법(구 의용민법) 제480조 : 수취증서(受取證書)의 지참인은 변제수령의 권한이 있는 것으로 간주한다. 다만, 변제자가 그 권한이 없음을 안 때 또는 과실로 인하여 이를 알지 못한 때에는 그러하지 아니하다.

를 위조하여 채권자라고 사칭한 자에 대하여 변제한 경우에도 마찬가지로 적용되어야 할 것이다(대법원 1963.10.10.선고, 63다384 판결 등).

2) 채권의 준점유자에 대한 변제의 유효요건

현행민법은 채권의 준점유자에 대한 변제의 유효요건으로 변제자의 선의만을 요구하고 있었던 구 의용민법 및 개정 전 프랑스민법과 달리 '변제자의 선의·무과실'을 요구하고 있다(470조).

(가) 변제자의 선의

「채권의 준점유」라 함은 '외관상 변제수령의 권한이 있는 것처럼 보이는 것'을 의미하므로, 채권의 준점유자에 대한 변제는 특별한 사정이 없는 한 「선의의 변제」일 수밖에 없다. 그럼에도 불구하고 '제470조가 채권의 준점유자에 대한 변제의 유효요건으로 변제자의 선의를 요구하는 이유는 무엇인가?' 하는 의문이 제기될 수 있다. 이에 대해서는, '채권의 준점유자에 대한 변제를 유효한 것으로 인정하는 것은 변제수령권자로서의 외관을 신뢰한 자를 보호하려는 취지에서 인정된 제도이므로, 여기서 말하는 변제자의 "선의"라 함은 변제자가 준점유자에게 변제수령의 권한이 없음을 알지 못한다는 소극적인 의미가 아니라, 적극적으로 준점유자에게 변제수령의 권한이 있다고 믿은 경우를 의미한다'고 해석하는 견해가 지배적이다.[82)]

(나) 변제자의 무과실

구 의용민법과 달리, 현행민법은 제470조에서 채권의 준점유자에 대한 변제의 유효요건으로서 변제자의 선의뿐만 아니라 무과실까지도 요구하고 있는데, 그 입법취지와 '구체적으로 어떤 경우에 변제자에게 선의임에 과실이 있다고 할 것인가?' 하는 것이 문제된다.

(A) 무과실의 의의 여기서 변제자의 「무과실」이라 함은 '변제자가 채권의 준점유자를 변제수령권한이 있는 자로 믿은 데 과실이 없는 것'을 의미한다.[83)]

(B) 제470조의 입법취지 학설 중에는 '채권의 준점유자에 대한 변제가 유효하기 위해서는 변제자의 선의·무과실을 요한다'고 규정하고 있는 제470조는 이른바 「외관책임(外觀責任)의 법리」에 기한 것이라는 점과, 아무런 잘못도 없는 채권자가 채권을 상실한다는 것은 타당하지 않다는 점을 근거로 들어, '채권의 준점유자에 대한 변제가 유효하기 위해서는 채무자의 선의·무과실 이외에도 채권자의 귀책사유가 필요하다고 해석하여야 한다'고 주장하는 견

---

81) 同旨: 곽윤직, 245; 김상용, 422; 현승종, 368 참조. 다만, 이러한 통설적 견해에 대해서는 '위조된 영수증을 소지한 자를 채권의 준점유자로 인정하게 되면 아무런 귀책사유가 없는 채권자에게 불이익을 귀속시키는 결과가 되어 불합리하다'는 비판적 견해도 있다(김형배, 683; 이은영, 693 참조).
82) 곽윤직, 244; 김상용, 423; 김증한/김학동, 351; 송덕수, 433; 현승종, 367 참조.
83) 곽윤직, 244; 김상용, 423; 김증한/김학동, 351; 송덕수, 433; 현승종, 367 참조.

해가 있다.[84] 이 견해는 '일반적으로 거래안전보호제도에 있어서는 이익을 받는 자의 보호필요성과 불이익을 받는 자의 귀책사유가 함께 고려되어야 하는 것이므로, 채권의 준점유자에 대한 변제를 유효하다고 하기 위해서는 변제자의 보호필요성과 채권자의 귀책사유를 함께 고려하여야 하며, 다만 권리외관의 모습과 강도에 따라서 채권자의 귀책사유와 변제자의 과실이 요구되는 정도를 달리 파악하여야 할 것'이라고 한다(예컨대, 증권화된 채권증서의 소지인에 대한 변제와 같이 권리외관의 정도가 강한 경우에는, 채권자의 귀책사유가 차지하는 비중은 약해지고, 이에 따라 변제자의 무과실요건도 상대적으로 완화될 것이라고 한다).[85] 따라서 '은행예금의 지급과 같이 권리외관의 정도가 약한 경우에는 무과실요건을 엄격하게 적용함으로써 변제자와 채권자 사이의 이익의 형평을 기하는 것이 타당하다'고 한다.[86] 이러한 주장에 대해서는, '채권의 준점유자에 대한 변제를 유효한 것으로 하는 것은 선의의 채무자를 보호하기 위한 제도이므로, 채권자의 귀책사유를 고려하는 것은 타당하지 않다'는 비판이 제기되고 있다.[87]

생각건대, 일본민법이나 프랑스민법과는 달리, 우리 민법에서는 채권의 준점유자에 대한 변제가 유효하기 위해서는 변제자의 선의뿐만 아니라 무과실도 요구되고 있으므로, 이 제도를 단순히 선의의 변제자만을 보호하기 위한 것이라고 볼 수는 없으며, 이는 일종의 「외관책임의 법리」에 의하여 변제수령의 권한을 가지고 있는 외관을 과실 없이 신뢰한 변제자를 보호함으로써 거래안전보호와 채권자의 이익보호 사이의 균형을 꾀하고자 하는 제도라고 파악하여야 할 것이다. 그렇다면 변제자의 과실 여부를 판단함에 있어서 채권자의 귀책사유(준점유자로 하여금 변제수령권의 외관을 작출한 데 대한 책임)를 고려하는 것도 이러한 제도의 취지를 살릴 수 있는 좋은 방안이 될 수 있다고 생각된다. 이러한 관점에서, 예금지급시의 변제자의 과실 여부를 판단함에 있어서 은행 측의 면책을 엄격하게 제한하는 경향을 보이고 있는 판례의 입장은 타당하다고 평가할 수 있다.

(C) 변제자의 과실이 인정된 사례 실제사례에서 변제자의 과실 여부는 대부분 은행의 예금지급과 관련하여 은행직원이 과실로 예금인출의 권한 없는 사람에게 예금을 지급한 경우에 은행 측의 과실 여부가 문제된 사건들이었다. 이 경우 은행 측의 과실이 인정되는 경우에는, 예금의 지급은 예금주에 대하여 변제로서의 효력이 없음은 물론인데(대법원 1975.5.27. 선고, 74다2083 판결 등), 판례는 변제자의 과실 여부를 판별함에 있어서 은행 측의 면책(무과실)을 엄격하게 제한하는 경향을 보이고 있다: 즉, 판례는 ① '예금주가 아닌 자가 예금통장도 없이 예금청구서만으로 예금의 환불을 요구하였으나, 전화 등을 통해 예금주에게 그 진상을 확인하지

---

84) 김증한/김학동, 350; 김형배, 677 참조.
85) 김형배, 677 참조.
86) 상게서, 678 참조.
87) 김상용, 423; 송덕수, 433 참조.

도 않고 예금을 지급한 경우에는 은행 측에 과실이 있다고 할 것이며(대법원 1971.12.28.선고, 71다2229 판결), ② '예금청구서에 압날한 인영(印影)과 은행에 신고하여 예금통장에 찍힌 인감을 대조 확인할 때에는, 은행은 인감 대조에 숙련된 은행원으로 하여금 그 직무수행상 필요로 하는 충분한 주의를 다하여 인감을 대조하도록 하여야 할 의무가 있는바,[88] 그러한 주의의무를 다하지 못하여 예금수령의 권한이 없는 자에게 예금을 지급하였다면 은행으로서는 채권의 준점유자에 대한 변제로서의 면책을 주장할 수 없다'고 한다(대법원 1992.2.14.선고, 91다9244 판결 등),[89] 또한 ③ '이른바 폰뱅킹에 의한 자금이체는 기계에 의하여 순간적으로 이루어지지만, 그것이 채권의 준점유자에 대한 변제로서 은행에 대하여 요구되는 주의의무를 다하였는지 여부를 판단함에 있어서는, 자금이체시의 사정만을 고려할 것이 아니라 그 이전에 행하여진 폰뱅킹의 등록을 비롯한 제반사정을 총체적으로 고려하여야 할 것이며, 은행이 거래상대방의 본인 여부를 확인할 필요가 있는 경우에 담당직원으로 하여금 그 상대방이 거래명의인의 주민등록증을 소지하고 있는지 여부를 확인하는 것만으로는 부족하고, 그 직무수행상 필요로 하는 충분한 주의를 다하여 주민등록증의 진정 여부 등을 확인함과 아울러 그에 부착된 사진과 실물을 대조하여야 할 것인바, 만일 실제로 거래행위를 한 상대방이 주민등록상의 본인과 다른 사람이었음이 사후에 밝혀졌다고 한다면, 특별한 사정이 없는 한 은행으로서는 위와 같은 본인확인의무를 다하지 못한 과실이 있는 것으로 사실상 추정된다'고 한다(대법원 1998.11.10.선고, 98다20059 판결 등).[90] 다만, ④ 위조 또는 변조된 수표를 소지한 자에 대한 은행의 변제에 대해서는, '통상적인 판별로써 액면 부분이 위조 또는 변조된 수표임을 알 수 있음에도 불구하고 은행이 액면금을 지급한 경우에는 은행 측에 과실이 있다고 할 것이나(대법원 1969.10.14.선고, 69다1237 판결), 특별법규, 면책약관 또는 상관습이 있는 경우에는 무효인 위조수표에 대한 은행의 변제는 유효하다'는 입장을 취함으로써(대법원 1971.3.9.선고, 70다2895 판결), 제470조의 적용을 배제한 사례도 있다.

한편 판례는 '채권압류가 경합된 경우에는 압류채권자 중 1인에게 내려진 전부명령은 무효이나, 제3채무자가 무효인 전부명령에 기한 전부채권자에게 변제한 때에는 선의·무과실이라고 보아야 한다'는 입장을 취하고 있음은 전술한 바와 같다(대법원 1980.9.30.선고, 78다1292 판결 등).[91] 그러나 '채권양도를 승낙한 채무자가 채권양수인이 그 후에 확정일자를 받았는지의 여

---

88) 손태우, "은행원의 인감대조에 있어서의 주의의무", 상사판례연구 5집(상사판례연구회, 1992/11), 388 이하 참조.

89) 판례평석: 박희수, "채권의 준점유자에 대한 변제와 은행원의 주의의무 정도", 대법원판례해설 17호(법원행정처, 1991/11), 161 이하. 같은 취지: 대법원 2001.6.12.선고, 2000다70989 판결.

90) 판례평석: 한웅길, "폰뱅킹(텔레뱅킹)에 관련한 법적 문제", 민사법학 18호(한국민사법학회, 2000/5), 325 이하; 정경영, "전자금융거래에서 은행의 주의의무", 상사판례연구(Ⅶ)(박영사, 2007/5), 531 이하. 같은 취지: 대법원 2006.12.21.선고, 2004다41194 판결.

부를 살펴보지 않은 채 채권양도 후 채권을 압류하고 전부명령을 받은 제3자에게 위 채무를 변제한 경우에는 비록 채권의 준점유자에 대한 변제라 하더라도 채무자에게 과실이 있다'고 한다(대법원 1965.12.21.선고, 65다1990 판결). 또한 '강행법규위반으로 무효인 계약을 체결한 자가 그 약정에 따라 변제수령권을 갖는 것처럼 외관을 갖게 된 자에게 채권의 준점유자로서 변제수령권이 있는 것으로 오해하여 변제한 경우에는, 법률적 검토를 제대로 하지 않은 과실에 기인한 것이므로 채권의 준점유자에 대한 변제로서의 효력이 인정될 수 없다'고 한다(대법원 2004.6.11.선고, 2003다1601 판결).

3) 채권의 준점유자에 대한 변제의 효과

채권의 준점유자에 대한 변제가 변제자의 선의·무과실에 의한 것이어서 유효한 경우에는 채권은 소멸한다. 따라서 변제자는 채권의 준점유자가 변제수령의 권한이 없음을 이유로 급부의 반환을 청구하지 못한다. 이 경우에 진정한 채권자는 변제를 수령한 채권의 준점유자에 대하여 부당이득반환청구권을 행사할 수 있음은 물론이다(741조).

(2) 영수증 소지자에 대한 변제

1) 의 의

「영수증(領收證)」은 '변제수령의 사실을 증명하는 서면'에 불과한 것이므로, 영수증 소지자가 반드시 변제수령의 권한을 가진다고 할 수는 없다. 그러나 민법은 변제자의 신뢰를 보호하고 나아가 거래의 안전을 보호하기 위하여, 제471조에서 변제수령의 권한이 없는 영수증 소지자에 대한 변제도 유효한 것으로 규정하고 있다. 즉, 영수증을 소지한 자에 대한 변제는 그 소지자가 변제를 받을 권한이 없는 경우에도 변제자가 선의·무과실인 경우에는 효력이 있다. 영수증소지자에 대한 변제를 유효한 것으로 규정하고 있는 제471조의 규정은 독일민법 제370조를 모범으로 한 구 의용민법 제480조를 계승한 것임은 전술한 바와 같다.

2) 영수증 소지자에 대한 변제의 유효요건

(가) 영수증의 진정성립

변제수령의 권한이 없는 영수증 소지자에 대한 변제가 유효하기 위해서는 그 영수증이 진정하게 작성된 것이어야 한다는 데 이설이 없다. 위조된 영수증을 소지한 자에 대한 변제까지도 유효하다고 한다면 진정한 채권자의 이익을 부당하게 해하게 되기 때문이다. 여기서 「진정하게 작성된 영수증」이라 함은 '영수증을 작성할 정당한 권한이 있는 자에 의하여 작성된 영수증'을 말한다. 따라서 영수증 작성의 대리권 있는 자에 의하여 작성된 영수증은 물론 표현대리인에 의하여 작성된 영수증도 표현대리의 요건을 구비한 경우에는(125조, 126조, 129조)

91) 같은 취지: 대법원 1987.12.22.선고, 87다카2015 판결; 대법원 1995.4.7.선고, 94다59868 판결; 대법원 1997.3.11.선고, 96다44747 판결.

진정하게 작성된 영수증이라고 하여야 한다. 또한 진정하게 작성된 영수증이기만 하면 그것을 입수한 경위는 문제되지 않으므로, 영수증이 도품이나 유실물이라 할지라도 제471조가 적용된다.[92] 여기서 '영수증이 진정한 것임을 증명할 책임은 변제자에게 있다'고 해석된다.[93]

한편 '위조된 영수증소지자에 대한 변제는 제471조의 영수증소지자에 대한 변제에는 해당하지 않으나, 제470조의 채권의 준점유자에 대한 변제로서 유효하게 되는 경우가 있다'고 해석하는 것이 통설적 견해임은 전술한 바와 같다.

(나) 변제자의 선의·무과실

영수증소지자에 대한 변제가 유효하기 위해서는 변제자가 그 영수증소지자가 변제수령의 권한 없음을 알지 못하였으며, 또한 알지 못한 데 과실이 없어야 한다(471조 단서). 이 경우에도 변제자의 과실 여부를 판단함에 있어서 채권자의 귀책사유가 고려되어야 할 것인지가 문제될 수 있음은 채권의 준점유자에 대한 변제의 경우와 같다.

변제자에 의하여 영수증의 진정함이 증명된 경우에는 변제자의 선의·무과실이 사실상 추정되므로, 변제자가 악의이거나 과실이 있었음은 변제가 무효임을 주장하는 채권자가 증명책임을 진다.[94]

3) 영수증소지자에 대한 변제의 효과

영수증소지자에 대한 변제가 유효한 경우, 채권은 소멸하고 채무자는 채무를 면한다. 따라서 채권자는 채무자에 대한 채권을 상실하게 되나, 그 대신 변제를 수령한 영수증소지자에 대하여 부당이득의 반환을 청구할 수 있게 됨은 채권의 준점유자에 대한 변제의 경우와 마찬가지이다.

(3) 증권적 채권증서의 소지인에 대한 변제

민법은 지시채권(518조), 무기명채권(524조), 지명소지인출급채권(525조)과 같은 증권적 채권이 원활하게 유통될 수 있게 하기 위하여, 이들 증권적 채권의 소지인에 대한 변제는 비록 그 소지인이 진정한 권리자가 아닌 경우에도, 변제자에게 악의 또는 중대한 과실이 없는 한 유효한 것으로 하고 있다. 즉, 증권적 채권의 경우에는 채권의 준점유자에 대한 변제에 관한 제470조의 원칙에 대한 예외를 인정하여, 변제자에게 과실이 있는 경우에도 변제를 유효한 것으로 인정하고 있다.

(4) 권한 없는 자에 대한 변제의 효과

위에서 설명한 채권의 준점유자(470조) 및 영수증소지자에 대한 변제(471조)의 경우를 제외

92) 同旨: 곽윤직, 245; 김상용, 426; 송덕수, 435; 현승종, 368 참조.
93) 同旨: 민법주해(11)/김대휘, 148 참조.
94) 同旨: 김상용, 426; 송덕수, 436 참조.

하고는, 변제수령의 권한이 없는 자에 대한 변제는 변제로서의 효력이 없으므로 채무는 소멸하지 않는다(대법원 1983.12.13.선고, 83다카1847 판결 등). 그러므로 채권자가 변제수령의 권한이 없는 자에 대한 변제에 의하여 사실상 이익을 받은 경우(예컨대, 무권대리인이 변제로서 수령한 급부의 전부 또는 일부를 채권자에게 인도한 경우)에도 이론상 채권자는 변제의 목적물을 부당이득으로서 채무자에게 반환한 뒤 채무자가 다시 변제하여야 할 것이다. 그러나 이는 불필요하고 번거로운 절차에 불과하므로, 민법은 "변제받을 권한 없는 자에 대한 변제는 채권자가 이익을 받은 한도에서 효력이 있다"고 규정함으로써(472조), 이러한 연쇄적인 부당이득반환관계의 발생을 생략할 수 있도록 하고 있다.

문제는 '여기서 "채권자가 이익을 받은 경우"란 구체적으로 어떤 경우를 가리키는가?' 하는 것인데, 판례는 '① 권한 없는 변제수령자가 변제자로부터 받은 급부를 채권자에게 전달한 경우, ② 권한 없는 변제수령자가 변제자로부터 받은 급부를 채권자의 자신에 대한 채무의 변제에 충당하여 채권자의 채무를 소멸시킨 경우, ③ 채권자의 제3자에 대한 채무를 대신 변제함으로써 채권자의 기존 채무를 소멸시킨 경우 등 채권자에게 실질적인 이익이 생긴 경우에는 제472조의 "채권자가 이익을 받은 경우"에 포함되나, '권한 없는 변제수령자가 변제자로부터 받은 급부를 채권자에 대한 자신이나 제3자의 채무를 변제함으로써 채권자의 기존 채권을 소멸시킨 경우에는 채권자에게 실질적인 이익이 생겼다고 할 수 없으므로, 제472조에 의한 변제의 효력은 발생하지 않는다'고 한다(대법원 2014.10.15.선고, 2013다17117 판결).

제4절 변제의 목적물·장소·시기·비용·증거

[54] Ⅰ. 변제의 목적물

변제의 목적물에 관하여는 채권의 종류에서 이미 상세히 설명하였으므로, 여기에서는 중복되지 않는 범위 내에서 변제와 관련된 몇 가지 특칙에 대하여 살펴보는 데 그치기로 한다. (☞ 제1장 제1절「채권의 의의와 종류)

1. 특정물채무자의 현상인도의무

특정물인도채무에 있어서는 급부의 목적물에 채권 발생 당시에는 없었던 하자가 발생하거나 목적물이 훼손되는 등 물건의 현상이 변경되더라도 채무자는 다른 물건으로 인도할 수 없다. 그러므로 '특정물채무에서는 채무자가 그 특정물을 현상이 변경된 채로(하자가 있거나 훼손된 상태대로) 인도하면 채무를 완전히 이행한 것이 되어 채무는 변제에 의하여 소멸하는가?' 하는 의문이 발생한다. 이에 대하여, 민법은 제462조에서 특정물채무자가 채무의 목적물을 인도하기까지 선량한 관리자의 주의의무를 다하였다는 것을 전제로(374조), '채무자는 이행기의 현상대로 그 물건을 인도하면 면책된다'는 취지의「현상인도의무」를 규정하고 있다. 특정물채무자의 현상인도의무에 관한 제462조의 규정취지와 그 해석론에 대해서는 학설이 극심하게 대립되고 있으나, 이에 관해서는 앞에서 이미 상세하게 설명하였으므로, 여기서는 그 결론만을 간략하게 요약하여 설명하기로 한다. (☞ 제1장 제3절 「특정물채권」)

(1) 제462조의 적용범위

특정물매도인의 현상인도의무를 규정한 제462조는 그 입법연혁을 고려할 때,[1] 매도인의

---

1) 제462조의 입법연혁에 대해서는 김대정, "특정물채무자의 현상인도의무에 관한 연구 -민법 제462조의

하자담보책임이 문제되는 목적물에 숨은 하자가 있는 경우에는 적용될 수 없으며, 계약체결 이후 이행기 이전에 후발적으로 목적물이 훼손된 경우에 한하여 적용될 수 있는 규정이다. 즉, 매도인의 하자담보책임이 문제되는 매매목적물에 숨은 하자가 있는 경우(과실 없이 하자가 있는 것을 모른 경우)에는 제462조의 적용은 배제되며, 하자담보책임에 관한 제580조만이 적용된다.

(2) 이행기 이전에 목적물이 훼손된 경우

1) 선관주의의무를 다하였음에도 불구하고 목적물이 훼손된 경우

선관주의의무를 다한 특정물채무자는 현상인도의무를 이행함으로써 면책된다. 다만, 하자담보책임은 무과실책임이므로 채무자가 선관주의의무를 다하였더라도 목적물에 숨은 하자가 있는 경우에는 채무자는 제580조 소정의 하자담보책임을 부담한다. 즉, 제462조의 해석상 '계약체결 후 이행기 이전에 채무자가 선관주의의무를 다하였음에도 불구하고 목적물이 훼손된 경우에는 채무자는 훼손된 상태대로 목적물을 채권자에게 인도하면 면책이 될 뿐만 아니라, 채권자는 채무불이행을 이유로 이행제공된 목적물의 수령을 거절할 수 없다'는 결론에 도달한다. 그러나 이러한 제462조의 해석론은 목적물의 훼손의 정도에 따라서는 위험부담에 관하여 「채무자주의의 원칙」을 취하고 있는 제537조의 규정과 정면으로 충돌할 가능성이 있다. 왜냐하면 '목적물의 훼손의 정도가 심각하여 사회통념상 채무의 내용에 따른 이행이라고 볼 수 없는 경우에는 채무는 이행불능 상태에 빠졌다고 보아야 할 것이며(390조), 이 경우에는 위험부담에 관한 채무자주의의 원칙상 상대방의 반대급부의무도 같이 소멸한다'고 보아야 할 것인데(537조), 이는 '선관주의의무를 다한 채무자는 훼손된 목적물을 이행기의 상태대로 인도하면 상대방의 반대급부를 청구할 수 있다'는 것을 전제로 하는 제462조의 규정과 모순·충돌되기 때문이다. 원래 「현상인도의무」는 위험부담에 관한 「채권자주의」를 전제로 하여, '선관주의의무를 다한 특정물채무자는 목적물을 훼손된 상태대로 인도하면 채권자의 반대급부의무의 이행을 청구할 수 있다'는 법리라고 할 수 있다. 그런데 우리 민법은 위험부담에 관하여 프랑스민법이나 이를 계수한 일본민법과 달리 「채무자주의의 원칙」을 관철하고 있을 뿐만 아니라 위험이전을 인정하고 있지도 않으므로, 위험부담에 관한 「채권자주의」를 전제로 특정물채무자의 현상인도의무를 인정한 구 의용민법 제483조의 규정을 그대로 계승한 우리 민법 제462조는 우리 민법의 규정체계와 부합하지 않는 규정임은 전술한 바와 같다. (☞ 제1장 제3절 「특정물채권」)

입법연혁을 중심으로-", 중앙법학 15집 4호(중앙법학회, 2013/12), 89 이하 참조.

2) 채무자가 선관주의의무를 위반하여 목적물이 훼손된 경우

특정물채무자의 현상인도의무는 위험부담에 관한 채권자주의를 전제로 하는 제도일 뿐만 아니라, 물권변동에 관한 의사주의를 전제로 하여 채무자의 불법행위책임의 면책을 인정하는 제도로서의 의미를 가지고 있다. 그런데 우리 민법은 물권변동에 관하여 형식주의(등기·인도주의)를 취하고 있으며, 위험부담에 관하여도 채무자주의를 취하고 있으므로, 특정물채무자의 현상인도의무를 규정한 제462조를 프랑스민법이나 일본민법처럼 해석할 수는 없다.

중복을 피하여 제462조의 해석에 관한 결론만을 요약하면 다음과 같다. 즉, ① 원래 현상인도의무를 규정한 개정 전 프랑스민법 제1245조는 물권변동에 관한 의사주의 하에서 선관주의의무를 다한 채무자의 불법행위책임을 면해주기 위한 목적에서 만들어진 조문이라고 할 수 있는데, 물권변동에 관하여 형식주의를 취하고 있는 우리 민법하에서는 특정물의 경우에도 등기 또는 인도하기 전까지는 채권자에게 목적물의 소유권이 이전되지 않으므로(186조, 188조 1항), 채무자의 선관주의의무 위반 여부와 관계없이(채무자의 과실이 인정되더라도) 채권자의 소유권침해로 인한 채무자의 불법행위는 성립하지 않는다. 즉, 우리 민법하에서는 '선관주의의무를 다한 특정물채무자의 불법행위책임의 면제'라는 제462조의 입법목적은 이미 물권변동에 관한 형식주의에 의하여 달성되고 있으므로, 현상인도의무를 규정한 제462조는 이 점에 관한 한 무의미한 규정이다. ② 이행기 이전에 채무자가 선관주의의무를 위반하여 목적물이 훼손된 경우에는 제462조가 적용되지 않는다. 따라서 채무불이행의 일반원칙이 적용되어 '채권자는 채무불이행을 이유로 훼손된 물건의 수령을 거절할 수 있다'고 해석하여야 한다. 판례도 채권자의 수령거절권을 인정하고 있다고 생각된다(대법원 1990.12.11.선고, 90다카27129 판결). 다만, 학설 중에는 '제462조는 본래의 특정물과 법적 동일성을 잃지 않는 범위 내에서 현상이 변경된 경우에 한하여 적용될 수 있다'고 해석하는 견해가 있음은 전술한 바와 같다. (☞ 제1장 제3절 「특정물채권」)

(3) 이행기 이후에 목적물이 훼손된 경우

1) 채무자가 선관주의의무를 다한 경우

(가) 채권자의 수령거절권과 위험부담 원칙의 적용

채무자가 선관주의의무를 다하였음에도 불구하고 계약체결 이후 이행기까지 사이에 목적물이 훼손된 경우에는 채무자가 훼손된 현상대로 목적물을 인도하더라도 채권자는 수령을 거절할 수 없으나(462조), 이행기 이후에 채무자가 선관주의의무를 다하였더라도 목적물이 훼손된 경우를 채무의 내용에 따른 완전이행(변제)이라고 볼 수 없으므로, 채권자는 목적물의 수령을 거절할 수 있다(390조).

한편 '이행기 이후에 채무자의 귀책사유 없이(쌍방불귀책사유로 인하여) 목적물이 훼손됨으로써 이행불능이 된 경우(중대한 훼손의 경우)에는 위험부담에 관한 제537조가 적용되어 채무자의 목적물인도의무와 채권자의 반대급부의무가 모두 소멸하므로, 채무자는 반대급부를 청구할 수 없다'고 해석하여야 할 것이다. 다만, '채권자의 수령지체 중에 당사자 쌍방의 책임 없는 사유로 이행할 수 없게 된 때(중대한 훼손의 경우)에는 채무자는 상대방의 반대급부의 이행을 청구할 수 있다'고 할 것이다(538조 1항 2문).

(나) 채권자가 목적물을 수령한 경우

'이행기 이후에 목적물이 훼손됨으로써 목적물의 수령을 거절할 수 있었음에도 불구하고 채권자가 훼손된 목적물을 변제로서 수령한 경우에는 채권은 목적을 달성하여 소멸하며, 그 훼손이 목적물의 「숨은 하자」에 해당하지 않는 한 채권자는 하자담보책임도 물을 수 없고, 당사자 사이의 법률관계는 그것으로 종료된다'고 해석하여야 할 것이다. 다만, '쌍무계약에서 목적물의 훼손이 위험부담의 원칙이 적용되는 이행불능이라고 할 수 있을 정도의 중대한 경우에는, 채권자는 부당이득을 이유로 이미 이행한 반대급부의 반환을 청구할 수 있다'고 할 것이다(538조 2항).

2) 채무자의 귀책사유로 인하여 목적물이 훼손된 경우

(가) 채권자의 수령거절권과 채무불이행책임의 발생

제462조는 현상인도의무의 기준시기를 '이행기'로 규정하고 있으므로, '이행기 이후에 채무자의 귀책사유로 인하여 목적물이 훼손된 경우에는 제462조의 적용은 배제되고, 채무불이행의 일반법리에 따라서 훼손된 목적물의 수령을 거절할 수 있다'고 해석된다. 또한 채권자는 ① 훼손된 목적물의 추완(보수)이 가능한 경우에는 추완을 최고한 후 이행지체를 이유로 계약을 해제할 수 있으며(544조), ② 훼손된 목적물의 추완이 불가능한 경우에는 추완의 최고 없이 이행불능을 이유로 계약을 해제할 수 있다(546조). ③ 이 경우 목적물의 훼손으로 인하여 채권자에게 손해가 발생한 경우에 채무자에 대하여 손해배상을 청구할 수 있음은 물론이다(551조). (☞ 제4장 제1절 「채무불이행의 유형」)

(나) 채권자가 목적물을 수령한 경우

채무자의 귀책사유로 인하여 훼손된 목적물을 채권자가 변제로서 수령한 경우에는 채무불이행의 일반법리에 따라 추완청구권이나 손해배상청구권(390조)을 행사할 수 있을 뿐, 하자담보책임을 묻거나 계약을 해제할 수는 없다. (☞ 제4장 제3절 「채무불이행의 유형」)

2. 종류채무에서의 목적물에 관한 특칙

(1) 타인의 물건을 인도한 경우

1) 제463조 및 제465조의 해석

채무자가 변제로서 타인의 물건을 인도한 경우에는 채무자가 그 물건의 소유권을 양도할 수 없으므로, 채권자의 선의취득이 성립하는지 여부의 문제와는 별개로 이를 유효한 변제라고 할 수 없다. 또한 채무자는 인도한 물건의 소유자가 아니므로 채권자를 상대로 소유권에 기한 물권적 청구권을 행사할 수 없음은 물론 부당이득반환청구권을 행사할 수도 없다. 그런데 민법은 제463조에서 채무자의 반환청구권이 인정된다는 것을 전제로 하여, "채무자는 다시 유효한 변제를 하지 아니하면 그 물건의 반환을 청구하지 못한다"고 규정하고 있다. 따라서 제463조를 반대해석하면, '채무자가 자기의 소유물로써 다시 유효한 변제를 한 경우에는 이미 인도한 타인의 물건을 반환할 것을 채권자에게 청구할 수 있다'는 것을 의미한다. 다만, 채권자가 변제로 받은 물건을 선의로 소비하거나 타인에게 양도한 때에는 그 변제는 유효한 것이 되므로, 채무자의 반환청구권은 소멸한다(465조 1항). 주의할 것은, ① 특정물인도채무에 있어서는 채무자가 다시 다른 물건으로 유효한 변제를 한다는 것 자체가 불가능하므로, 제463조 내지 제465조의 규정은 채무가 종류물의 인도를 목적으로 하는 경우에 한하여 적용된다는 점과,[2] ② 제463조와 제465조 제1항의 규정은 채권자와 채무자 사이의 법률관계를 간편하게 결제하려는 취지에서 인정된 제도에 불과하므로, 채권자가 반환을 청구하는 채무자에게 대항할 수 있다고 하여 소유자에 대한 관계에서도 목적물의 소유권을 취득하는 것은 아니며, 따라서 채권자가 선의취득(249조)이나 시효취득(246조)에 의하여 인도된 물건의 소유권을 취득하지 않는 한,[3] 채권자는 소유자의 소유물반환청구권(213조), 부당이득반환청구권(741조 이하), 또는 불법행위로 인한 손해배상청구권(750조)에 대항할 수 없다는 점이다(대법원 1993.6.8.선고, 93다14998·15007 판결). 그러므로 채권자가 소유자인 제3자의 이러한 청구에 응하여 목적물을 소유자에게 반환하거나 손해배상을 한 경우, 채권자는 채무자에 대하여 구상권을 행사할 수 있다(465조 2항). 여기서 말하는 '채무자에 대한 채권자의 구상권'은 사무관리자의 비용상환청구권(739조) 내지 부당이득반환청구권(741조)을 의미함은 물론이다.

---

2) 同旨: 송덕수, 438; 현승종, 371 참조.

3) '채권자가 선의취득(249조)이나 취득시효의 완성(246조)에 의하여 인도된 물건의 소유권을 취득한 경우에는 채무자의 타인물의 인도는 유효한 변제가 되므로, 이에 따라 채권은 소멸한다'고 해석하여야 할 것이다(同旨: 곽윤직, 246; 송덕수, 438; 현승종, 371 참조).

2) 제463조에 대한 입법론상의 의문

(가) 현행민법 제463조의 입법연혁

「타인물인도에 의한 변제」에 관하여 규정하고 있는 제463조는 개정 전 프랑스민법 제1238조[4]에서 유래된 것으로서,[5] 프랑스민법을 모범으로 하여 제정된 일본구민법 재산편 제455조[6]의 규정을 수정한 일본민법(구 의용민법) 제475조[7]의 규정을 거의 그대로 계승한 것이다.

(나) 입법론상의 문제점

우리 민법 제463조는 종류채무에서 타인 소유의 물건을 인도받은 채권자를 보호하기 위하여 특별히 두어진 규정이다. 그러나 동조는 입법론상 타당성이 없는 규정이므로 삭제하는 것이 바람직하다고 생각한다. 그 이유는 다음과 같다. 우선 ① 제463조는 채무의 변제로 타인의 물건을 인도한 채무자에게 그 물건에 대한 반환청구권이 있음을 전제로 '다시 유효한 변제를 하지 아니하면 그 물건의 반환을 청구하지 못한다'고 규정하고 있으나, 목적물의 소유자가 아닌 변제자는 채권자에게 인도한 목적물에 대하여 소유권에 기한 반환청구권을 행사할 수 없음은 물론(213조), 채권자에 의하여 「점유의 침탈」을 당한 것도 아니므로 점유권에 기한 반환청구권도 행사할 수 없다(204조). 따라서 애당초 '변제자는 변제로서 인도한 타인의 물건에 대한 반환청구권을 행사할 수 있다'는 제463조의 전제 자체가 법이론상 성립할 수 없다.[8] 따라서 제463조는 법이론적 근거를 찾을 수 없는 '입법상의 오류'에 기한 규정이다. ② 제463조는 '타인의 물건을 인도한 변제자는 채권자를 상대로 그 물건의 반환을 청구할 수 있다'는 것을 전제로 하고 있으나, 이는 타인물매매 자체를 무효로 규정하고 있는 프랑스민법(C.c. Art. 1599)[9]에서나 가능한 법리이며, 타인권리매매를 유효한 계약으로 규정하고 이를 유상계약 일

---

4) 개정 전 프랑스민법 제1238조 : (1) 변제가 유효하기 위해서는 변제자가 변제를 위하여 급부한 물건의 소유자일 것과 그 물건을 양도할 능력이 있을 것을 요한다. (2) 그럼에도 불구하고 일정액의 금전 기타 소비물의 변제는 비록 그 변제가 소유자가 아닌 자 또는 양도능력이 없는 자에 의하여 행하여진 경우라 하더라도 선의로 그 물건을 소비한 채권자에 대하여 반환이 청구될 수 없다.

5) 일본주석민법(12)/奧田昌道, 66 참조.

6) 일본구민법 재산편 제455조 : (1) 의무가 종류물의 소유권 이전을 목적으로 하는 때에는 그 물건의 소유자로서 또한 이를 양도할 능력이 있는 자가 아니면 인도 기타의 방법으로써 변제를 할 수 없다. (2) 타인의 물건을 인도한 때에는 당사자 각자에게 그 변제의 무효를 주장할 수 있다. (3) 양도할 능력이 없는 소유자가 물건을 인도한 때에는 그 소유자만이 변제의 무효를 청구할 수 있다. (4) 위 어느 경우에도 채무자는 다시 유효한 변제를 하지 아니하면 인도한 물건을 되찾아 올 수 없다.

7) 일본민법(구 의용민법) 제475조 : 변제자가 타인의 물건을 인도한 때에는 다시 유효한 변제를 하지 아니하면 그 물건을 되돌려받을 수 없다.

8) 일본에서는 이러한 문제를 설명하기 위하여 '변제자는 「점유의 부당이득」을 이유로 반환을 청구할 수 있다'고 하거나, '법률에 의하여 특별히 주어진 반환청구권'이라는 논리가 동원되고 있으나(일본주석민법(12)/奧田昌道, 68 참조), 이 경우에 채권자가 채무자에 대한 관계에서 '법률상의 원인 없이 점유를 취득하였다'고 말할 수 있는지는 극히 의문스럽다.

9) 프랑스민법 제1599조 : 타인의 물건에 대한 매매는 무효이다 : 매수인이 그 물건이 타인에게 속함을

반에 준용하고 있는 우리 민법의 규정체제(569조 이하, 567조)와 모순되거나 부합하지 않는다.[10] 즉, 우리 민법하에서는 타인권리매매가 유효하게 성립하므로(569조), 매수인이 타인권리매매를 이유로 매매계약을 해제하지 않는 이상[11] 매도인이 매수인에게 목적물의 반환을 청구할 법적 근거는 전혀 없다. 이 점에서 제463조는 우리 민법과 프랑스민법 사이의 규정체계의 차이점을 고려하지 않은 '입법상의 오류'에 기한 규정이다. ③ '다시 유효한 변제를 하지 아니하면 그 물건의 반환을 청구하지 못한다'고 규정하고 있는 제463조는 매도인이 점포에서 다른 사람이 이미 사서 맡겨놓고 간 물건을 잘못해서 매수인에게 인도한 경우에나 적용될 수 있는 규정인데, 동조에 따르면 이 경우에 매도인은 동종·동량의 자기 소유의 다른 물건으로 인도한 후 처음에 인도하였던 물건의 반환을 청구할 수 있다는 것이다. 그러나 거래의 실제에서는 이러한 경우에 매도인은 자기 소유의 동종·동량의 물건을 매수인에게 인도하고 원래의 소유자가 맡겨 놓은 물건을 매수인으로부터 반환받기보다는 변경권을 행사하여 소유자에게 자기 소유의 동종·동량의 물건을 인도함으로써 거래관계를 종료하는 것이 일반적이므로, 현실거래에서 제463조가 문제되는 경우는 거의 없다고 할 것이다. 그러므로 제463조의 규정은 비현실적이며 불필요한 규정이다.

(2) 양도무능력자에 의한 종류물의 인도

제464조에 따르면, 양도할 능력 없는 소유자가 채무의 변제로 물건을 인도한 경우에는 그 변제가 취소된 때에도 다시 유효한 변제를 하지 아니하면 그 물건의 반환을 청구하지 못한다. 또한 이 경우에 채권자가 변제로 받은 물건을 선의로 소비하거나 타인에게 양도한 때에는 그 변제는 유효한 것이 되어 채무자인 제한능력자의 반환청구권은 소멸한다(465조 1항).

원래 양도능력이 없는(제한능력자인) 소유자가 채무자로서 법정대리인의 동의 없이 변제를 위한 급부행위(통설·판례에 의하면 물권행위와 인도)를 한 경우에는 제한능력자 본인 또는 법정대리인은 그 급부행위(물권행위)를 취소하고(5조 2항, 10조 1항, 13조 4항), 그 물건의 반환을 청구할 수 있음이 원칙이다(213조). 그러나 민법은 채권자를 보호하기 위하여 미성년자 등 제한능력자의 반환청구권을 제한한 것이다. 이러한 의미에서 제464조와 제465조는 법정대리인의 동의 없는 제한능력자의 법률행위를 취소할 수 있도록 한 제5조 제2항 등의 효력을 제한한 특별규정이라고 할 수 있다. 그런데 변제의 법적 성질에 관한 통설적 견해인 「준법률행위

알지 못한 경우에는 타인물매매는 손해배상책임을 발생시킨다.

10) 우리 민법과 마찬가지로 타인권리매매가 유효함을 전제로 타인권리매도인의 담보책임을 규정하고 있는 일본에서는 '타인권리매도인의 담보책임에 관한 제561조의 해석상 매도인의 반환청구권을 인정할 것인가?'를 둘러싸고 학설의 대립이 있다(일본주석민법(12)/奧田昌道, 69 참조).

11) 매도인이 타인의 권리를 매도한 경우, 매수인은 매도인이 그 타인으로부터 권리를 취득하여 권리를 이전해 줄 수 없는 경우에 한하여 매매계약을 해제할 수 있다(570조).

설」의 입장에서는 제464조의 "변제가 취소된 때"의 의미를 설명하는 데 어려움이 있다. 또한 이 경우의 "변제"를 변제의 구성요소인 법률행위로 보더라도 물권행위에 관하여 어떠한 입장을 취하느냐에 따라서 해석론의 대립이 있을 수 있다.

하설 중에는 '우리 민법이 해서상 물권변동의 효력이 발생하기 위해서는 채권행위 이외에 물권행위도 필요하지만(물권행위필요성설), 물권행위의 무인성은 인정되지 않는다'는 것을 전제로, '제464조에서 "변제가 취소된 때"라 함은 급부(변제)의 원인행위인 채권행위가 취소된 경우를 의미하는 것이 아니라, 이행행위인 물권행위가 취소된 것을 의미한다'는 견해가 있다.[12] 이 견해는 '급부(변제)의 원인행위인 채권행위 자체가 취소된 경우에는 채무 자체가 발생하지 않으므로 제464조는 적용되지 않으며, 단순한 비채변제의 문제가 될 뿐'이라고 한다.[13] 이러한 주장은 일리가 있다고 생각되나, '변제의 법적 성질을 「준법률행위」라고 파악하는 입장에서 제464조의 취소의 객체를 법률행위인 물권행위라고 주장하는 것은 논리적 모순'이라는 비판을 면하기 어렵다.

전술한 바와 같이, 제464조는 변제의 법적 성질을 계약으로 보는 데 이설이 없는 개정 전 프랑스민법 제1238조[14]를 모범으로 하여 제정된 일본구민법 재산편 제455조[15]를 수정한 일본민법(구 의용민법) 제476조[16]를 그대로 계승한 것이다. 이러한 우리 민법 제464조의 입법연혁을 고려하면, 우리 민법의 해석론으로서는 '변제는 당사자의 변제의사를 요건으로 하는 계약'이라고 보는 것이 타당하며, '변제의 취소는 그 구성요소인 법률행위를 취소하는 것을 의미하는 것이 아니라 변제 그 자체를 취소하는 것을 의미한다'고 보아야 할 것이다.[17] 다만, 제464조가 실제거래에서 문제될 여지는 거의 없으며,[18] 적어도 국내에서는 아직까지 이와 관련된 판결이 보고된 적이 없다. (☞ 제1절 「변제의 의의와 법적 성질」)

주의할 것은 특정물인도채무의 경우에는 양도무능력자가 다시 유효한 변제를 할 수 없으므로 제464조가 적용될 수 없으며, 위의 논의는 특정물인 부동산물권변동에는 적용이 없고 단지 종류물의 인도채무의 이행에 한하여 적용될 수 있다는 점이다.

---

12) 곽윤직, 247; 김형배, 689 참조.
13) 곽윤직, 247; 송덕수, 438 참조.
14) 전게 주 4 참조.
15) 전게 주 6 참조.
16) 일본민법(구 의용민법) 제476조 : 양도의 능력이 없는 소유자가 변제로서 물건의 인도를 한 경우에 있어서 그 변제를 취소한 때에는 그 소유자는 다시 유효한 변제를 하지 아니하면 그 물건을 돌려받을 수 없다.
17) 同旨: 김상용, 430 참조.
18) 同旨: 김상용, 430; 김형배, 689 참조.

[55] Ⅱ. 변제의 장소

1. 의 의

「변제의 장소」라 함은 '채무를 이행하여야 할 장소'를 말한다. 「변제의 장소」는 '변제의 장소를 관할하는 최소단위의 행정구역'을 의미하는 「변제지(辨濟地)」 또는 「이행지」와 개념상 구분하여야 한다.[19] 변제의 제공은 변제의 장소에서 하여야 채무의 내용에 좇은 것이 된다. 따라서 채권자는 변제의 장소가 아닌 장소에서의 변제의 제공에 대하여는 그 수령을 거절할 수 있다. 다만, '변제장소 이외에서의 변제의 제공이 채권자에게 특별한 불이익을 주지 않는 경우에는 신의칙상 그 수령을 거절할 수 없다'고 해석하여야 할 것이다.[20]

변제의 장소는 원칙적으로 채무의 성질 또는 당사자의 의사표시에 의하여 정해진다(467조 1항 전단). 그러나 채무의 성질 또는 당사자의 의사표시로 변제의 장소를 정하지 아니한 때에는 특정물의 인도는 채권 성립 당시에 그 물건이 있던 장소에서 하여야 하며(467조 1항 후단), 매매계약에서 매매의 목적물의 인도와 동시에 대금을 지급하는 현실매매의 경우에는 목적물의 인도장소에서 매매대금을 지급하여야 하며(586조), 또한 지점거래로 인한 채무의 이행은 원칙적으로 그 지점을 이행장소로 본다(상법 56조).

2. 입법례

(1) 독일민법

독일민법은 변제장소에 관하여 추심채무를 원칙으로 하고 있다(BGB §269).[21] 즉, 독일민법은 '급부를 위한 장소가 명확하지 않은 경우, 급부는 채무관계의 발생 당시 채무자가 주소를 가지고 있던 장소에서 이행되어야 하는 것을 원칙으로 하며, 채무자의 영업에서 발생하는 채무의 급부도 채무자의 영업소 소재지에서 이행되어야 한다'고 규정하고 있다. 다만, 금전채무의 경우에는 예외적으로 채무자의 비용과 위험부담 아래 채권자에게 송달하여야 하는 송부채무의 일종으로 규정하고 있다(BGB §270).[22]

---

19) 김상용, 430 참조.

20) 同旨: 곽윤직, 247; 김상용, 431; 현승종, 372 참조.

21) 독일민법 제269조(급부지) (1) 급부를 위한 장소가 명확하지 않고 제반사정으로부터, 특히 채무관계의 성질로부터도 알 수 없는 경우에는, 급부는 채무관계의 발생 당시 채무자가 주소를 가지고 있던 장소에서 이행되어야 한다. (2) 채무자의 영업에서 발생하는 채무의 경우, 채무자가 영업소를 다른 곳에 두고 있는 때에는, 그 영업소 소재지가 주소지를 대신한다. (3) 채무자가 송부의 비용을 인수하였다는 사정만으로는 송부의 이행목적지가 급부지로 추단되지 아니한다.

22) 독일민법 제270조(지급지) (1) 채무자는 의심스러운 경우에는 자신의 위험과 비용으로 금전을 채권자의 주소에서 그에게 전달하여야 한다. (2) 채권이 채권자의 영업에서 발생한 경우, 채권자가 다른 곳에

(2) 프랑스민법

프랑스민법은 '변제는 채무자의 주소에서 하여야 하는 추심채무를 원칙으로 하되(C.c. Art. 1342-6),[23] 금전채무의 경우에는 채권자의 주소지를 변제의 장소로 하는 「지참채무의 원칙」을 취하고 있다(C.c. Art. 1342-6).[24] 다만, 법률이나 계약 또는 법관에 의한 지정이 있는 경우에는 변제장소의 원칙에 대한 예외가 인정될 수 있다.

(3) 스위스채무법

스위스채무법도 변제의 장소에 대하여 추심채무를 원칙으로 하여, '변제의 장소는 일반적으로 채무발생 당시에 채무자의 주소가 있던 곳에서 이행되어야 한다'고 규정하고 있다(OR Art. 74).[25] 다만, 금전채무와 특정물인도채무의 경우에는 예외를 인정하여, '금전채무의 경우에는 변제시에 채권자의 주소가 있는 곳에서 지급되어야 하며, 특정물인도채무의 경우에는 계약체결시에 그 물건이 있었던 장소에서 인도되어야 한다'고 규정하고 있다.

(4) 일본민법(구 의용민법)

일본민법(구 의용민법)은 변제장소에 관하여, '당사자의 합의가 없는 경우에는 채권자의 현주소에서 변제하여야 한다'는 「지참채무의 원칙」을 취하고 있으며, 예외적으로 '특정물의 인도는 채권발생 당시 그 물건이 존재하던 장소에서 하여야 한다'고 규정하고 있었다(동법 484조).[26] 이는 2016.2.10. 오르도낭스 제2016-131호로 개정되기 전의 프랑스민법(이하 「개정 전 프랑스민법」으로 약칭) 제1247조[27]를 모범으로 한 일본구민법 재산편 제333조 제7항[28] 및 제

영업소를 두고 있는 때에는, 그 영업소 소재지가 주소지를 대신한다. (3) 채무관계의 발생 이후에 일어난 채권자의 주소 또는 영업소의 변경으로 인하여 전달의 비용 또는 위험이 증가된 경우, 채권자는 전자의 경우에는 추가비용을, 후자의 경우에는 위험을 부담한다. (4) 급부지에 관한 규정은 영향이 없다.

23) 프랑스민법 제1342-6조 : 법률, 계약 또는 법관에 의한 지정이 없으면, 변제는 채무자의 주소에서 행해져야 한다.

24) 프랑스민법 제1343-4조 : 법률, 계약 또는 법관의 지정이 없으면, 금전채무의 변제장소는 채권자의 주소지이다.

25) 스위스채무법 제74조(변제의 장소) (1) 변제의 장소는 당사자의 명시적인 또는 제반사정으로부터 추론된 의사에 의하여 결정되어야 한다. (2) 반대의 약정이 없는 한, 다음 각 호의 원칙이 적용된다: 1) 금전채무는 변제시에 채권자의 주소가 있는 곳에서 지급되어야 한다; 2) 채무가 특정물인 경우에는 계약체결시에 그 물건이 있었던 장소에서 인도되어야 한다; 3) 기타의 채무는 그 채무발생 당시에 채무자의 주소가 있던 곳에서 이행되어야 한다. (3) 채권자의 주소지에서 이행되어야 할 채무가 그 채무발생 이후에 채권자가 주소지를 이전함으로 인하여 채무자에게 현저한 불편을 끼친 때에는, 채무자는 원래의 채권자의 주소지에서 이행할 수 있다.

26) 일본민법(구 의용민법) 제484조 : 변제를 하여야 할 장소에 대하여 특별한 의사표시가 없는 때에는 특정물의 인도는 채권발생 당시 그 물건이 존재하던 장소에서 이를 한다. 그 밖의 변제는 채권자의 현재의 주소에서 이를 할 것을 요한다.

27) 개정 전 프랑스민법 제1247조 : (1) 변제는 합의에 의하여 정하여진 장소에서 이행되어야 한다. 만약 그 장소가 정하여지지 아니한 경우에는, 당해 목적물이 특정물인 때에는 변제는 채무성립시에 그 물건이 있던 장소에서 행해져야 한다. (2) 그 이외의 경우에는, 변제는 채무자의 주소지에서 행해져야 한다.

468조 제1항[29]의 규정을 합하여 이에 수정을 가한 것인데, 일본민법이 변제장소에 관하여 추심채무를 원칙으로 하고 있었던 프랑스민법이나 일본구민법과 정반대로 「지참채무의 원칙」을 채택한 것은 일본의 관습에 따른 것이라고 한다.[30]

(5) 우리 민법

우리 민법 제467조는 변제장소에 관하여 「지참채무의 원칙」을 채택하여, '채무변제는 채권자의 현주소(영업에 관한 채무의 변제는 채권자의 현영업소)에서 하여야 하는 것이 원칙이며, 채무의 성질 또는 당사자의 의사표시로 변제장소를 정하지 아니한 때에는 특정물의 인도는 채권성립 당시에 그 물건이 있던 장소에서 하여야 한다'고 규정하고 있다. 이는 '영업에 관한 채무의 변제는 채권자의 현영업소에서 하여야 한다'는 규정이 추가된 점을 제외하면, 구 의용민법 제484조의 규정을 계승한 것이라고 할 수 있다.

3. 변제장소에 관한 제467조의 해석

제467조의 해석상 변제장소는 원칙적으로 '채무의 성질 또는 당사자의 의사표시로 정한 장소'이다. 다만, 당사자의 특별한 합의가 없는 경우, 특정물인도채무는 '채권성립 당시에 그 특정물이 있던 장소에서 이행되어야 하며, 특정물인도 이외의 채무는 채권자의 현주소 또는 현영업소에서 변제하여야 한다.

(1) 채무의 성질 또는 당사자의 의사표시로 정한 장소

변제의 장소는 원칙적으로 '채무의 성질 또는 당사자의 의사표시로 정해진 곳'이다(467조 1항). 즉, 당사자의 의사표시(합의)에 의하여 변제장소가 정해진 경우에는 당연히 그 곳이 변제장소가 되며, 당사자의 약정이 없더라도 채무의 성질상 일정한 장소에서 변제할 수밖에 없는 경우에는 그 곳이 변제의 장소가 된다. 채무의 성질상 변제의 장소로 정해지는 경우는 예컨대, 부동산매도인의 인도의무(=부동산소재지)(568조), 수치인의 임치물반환의무(=물건의 보관장소)(700조), 목적물의 인도와 동시에 이행하여야 하는 매매대금지급의무(=인도장소)(586조) 등을 들 수 있다.

(2) 특정물인 동산이 있던 장소

민법은 제467조 제1항에서, '채무의 성질 또는 당사자의 의사표시로 변제장소를 정하지

---

28) 일본구민법 재산편 제333조 : ⑦ 인도의 장소를 정하지 아니한 때에는 특정물에 대하여는 합의 당시 그 물건이 존재하던 장소, 대체물에 대해서는 그 물건의 지정을 한 장소, 그 밖의 경우에 있어서는 낙약자의 주소에서 인도하여야 한다.

29) 일본구민법 재산편 제468조 : ① 변제장소의 정함이 없는 때에는 변제는 채무자의 주소에서 이를 하여야 한다. 다만, 후게(後揭)하거나 계약의 경우 및 제333조에 게기(揭記)한 규정은 그러하지 아니하다.

30) 「民法修正案理由書」, 460～461 참조.

아니한 때에는 특정물의 인도는 채권성립 당시에 그 물건이 있던 장소에서 하여야 한다'고 규정하고 있다. 이는 프랑스민법에서 유래된 제도로서(개정 전 프랑스민법 1247조 1항),[31] 특정물인 동산(예컨대, 애완동물)의 인도채무에 한하여 적용될 수 있는 원칙이다.

(3) 채권자의 현주소 또는 현영업소

1) 지참채무(持參債務)의 원칙

채무의 성질 또는 당사자의 의사표시로 변제의 장소를 정하지 아니한 때에는, 특정물인도 이외의 채무변제는 채권자의 현주소 또는 현영업소에서 하여야 한다(467조 2항). 즉, 특정물의 인도 이외의 채무(비특정물채무)[32]의 변제장소는 원칙적으로 변제시의 채권자의 주소 또는 영업소이다. 이를 「지참채무의 원칙」이라고 한다. 따라서 변제 전에 채권자가 주소를 이전한 경우에는 새로운 주소지가 변제의 장소가 되며, 채권이 양도된 경우에는 채권양수인의 주소지가 변제의 장소가 된다.[33] 다만, 채무의 성질상 채권양도인의 주소지를 변제의 장소로 특정한 것이라고 인정하여야 할 경우에는 채권양도가 있더라도 변제의 장소는 변경되지 않는다고 할 것이다.[34] 채권자의 주소이전 기타의 행위로 인하여 변제비용이 증가된 때에는 그 증가액은 채권자의 부담으로 한다(473조 단서).

2) 추심채무의 원칙이 적용되는 경우 : 증권적 채권의 경우

지시채권(508조)이나 무기명채권(523조)과 같은 증권적 채권이나 면책증서(526조)에 있어서는 「추심채무의 원칙」이 적용된다. 즉, 이들 증권적 채권에 있어서는 증서에 변제장소를 정하지 아니한 때에는 채무자의 현영업소를 변제장소로 하며, 현영업소가 없는 때에는 채무자의 현주소를 변제장소로 한다(516조, 524조, 526조).

[56] Ⅲ. 변제의 시기

1. 변제기의 결정

채무의 변제기(이행기)는 이행지체 여부를 결정하는 기준시기로서 채무의 성질이나 당사자의 의사표시, 혹은 법률의 규정에 의하여 정해진다. 이 중 법률규정에 의하여 변제기가 결정되는 경우는, ① 매매의 당사자 일방에 대한 의무이행의 기한이 있는 때에는 상대방의 의무이행에 대하여도 동일한 기한이 있는 것으로 추정되며(585조), ② 소비대차에서 차용물의 반

---

31) 전게 주 27 참조.
32) 「불특정물(종류물)채무」와 「하는 채무」를 총괄하여 「비특정물채무(非特定物債務)」라고도 한다.
33) 同旨: 곽윤직, 247; 김상용, 433 참조.
34) 同旨: 현승종, 373 참조.

환시기에 관하여 약정이 없는 때에는 대주는 상당한 기간을 정하여 반환을 최고하여야 하므로(603조 2항 본문), 차용물반환의 이행기는 위 최고기간을 경과한 때이다.[35] ③ 사용대차에서 목적물의 반환시기에 관하여 약정이 없는 때에는 차주는 계약 또는 목적물의 성질에 의한 사용·수익이 종료한 때에 반환하여야 하므로(613조), 사용차주의 반환의무의 이행기는 '계약 또는 목적물의 성질에 의한 사용·수익이 종료한 때' 등이다.

이러한 표준(채무의 성질, 당사자의 의사표시, 법률의 규정)에 의하여 채무의 변제기를 정할 수 없는 경우에는, ① '채권발생과 동시에 변제기에 있다'는 견해와,[36] ② '이행청구시에 비로소 변제기가 도래한다'는 견해[37]가 대립되고 있는데, '채무이행의 기한이 없는 경우에는 채무자는 이행청구를 받은 때로부터 지체책임이 있다'고 규정하고 있는 제387조 제2항과의 균형상 '이행청구시에 변제기가 도래한다'고 해석하는 것이 타당하다고 생각된다. 다만, '부작위채무와 같이, 이행청구가 필요 없는 채권의 경우에는 그 발생과 동시에 이행기가 도래한다'고 할 것이다.[38]

한편 변제기일에 변제하기만 하면 변제의 시간은 상관이 없는 것이 원칙이지만, 거래의 관행과 신의칙에 의하여 변제의 시간이 제한된다고 해석하여야 할 경우도 있을 수 있다. 특히 상사채무의 경우, 법령 또는 관습에 의하여 영업시간이 정하여져 있는 때에는 채무의 이행 또는 이행의 청구는 그 시간 내에 하여야 한다(상법 63조).

참고로 2017년에 개정된 일본민법(2017.6.2. 법률 제44호로 개정된 것)은 변제시간에 관한 명문규정을 신설하였다(동법 484조 2항).[39]

2. 변제기의 효력

(1) 원 칙

변제기(이행기)의 법률적 의미(효력)는 '채권자는 변제기가 도래하여야 비로소 채무의 이행을 청구할 수 있고, 채무자는 변제기가 도래하면 채무를 이행할 의무가 생긴다'는 데 있다. 즉, 변제기의 법률적 의의는 변제기에 채무자가 변제하지 않으면 채무불이행책임이 발생할 수 있으며, 반대로 채권자는 변제기가 도래하기 전에는 채무자의 이행을 청구할 수 없고, 변

35) 다만, 이 경우에도 차주는 언제든지 반환할 수 있다(603조 2항 단서).
36) 곽윤직, 247; 송덕수, 439~440 참조.
37) 김상용, 433; 김형배, 692; 현승종, 373 참조.
38) 同旨: 김상용, 433 참조.
39) 2017년 개정 일본민법 제484조(변제의 장소 및 시간) ① 변제를 하여야 할 장소에 대하여 특별한 의사표시가 없는 때에는, 특정물의 인도는 채권발생시에 그 물건이 존재한 장소에서, 기타의 변제는 채권자의 현재의 주소에서 각각 하지 않으면 안 된다. ② 법령 또는 관습에 의하여 거래시간의 정함이 있는 때에는, 그 거래시간 내에 한하여 변제를 하거나 혹은 변제를 청구할 수 있다.

제기에 채무의 내용에 좇은 변제의 제공을 수령하지 않으면 채권자지체책임이 발생한다는 데 있다. (☞ 제4장 제1절「채무불이행의 유형」, [75] 채권자지체)

(2) 예 외

1) 변제기 전에 이행청구를 할 수 있는 경우

채무자가 기한의 이익을 포기하거나(153조) 기한의 이익을 상실한 경우에는(388조), 채권자는 변제기 전이라도 채무의 이행을 청구할 수 있다. (☞ 제4장 제1절「채무불이행의 유형」, [72] 이행지체)

2) 변제기 전의 변제

변제는 변제기에 이루어져야 함이 원칙이지만, 당사자의 특별한 의사표시가 없으면 변제기 전이라도 채무자는 변제할 수 있다(468조 전단). 기한의 이익은 채무자를 위하여 존재하는 것으로 추정되고, 채무자는 이를 포기할 수 있기 때문이다(153조). 그러나 기한이 채권자의 이익이 되는 경우에는 변제기 전에 변제한 채무자는 상대방의 손해를 배상하여야 한다(153조 2항 단서, 468조 단서).

3) 변제기 후의 이행이 적법한 경우

당사자의 합의에 의하여 변제기가 유예된 경우, 또는 쌍무계약에서 채무자가 동시이행의 항변권(536조)을 행사할 수 있는 경우에는, 채무자가 변제기 후에 이행하더라도 채무불이행책임을 지지 않는다. (☞ 계약법 편, 제1장 제3절「계약의 효력」)

[57] Ⅳ. 변제의 비용

1. 의 의

「변제의 비용」이라 함은 '목적물의 포장비나 운송비와 같이, 변제를 하는 데 소요되는 비용'을 말한다. 이는 변제 그 자체에 들어가는 비용만을 의미하므로, '목적물의 감정이나 계약서의 작성 등 계약체결을 위하여 소요되는 비용'을 의미하는「계약비용」과는 구별하여야 한다.

2. 변제비용의 부담

(1) 원 칙

변제비용의 부담은 당사자의 합의가 있는 경우에는 그 합의에 의하게 됨은 물론이나, 당사자의 합의가 없는 경우에는 거래의 관습과 신의칙에 의하여 이를 정하여야 한다. 예컨대, 부동산매매에서 소유권이전등기비용은 변제비용에 속하지만 채권자인 매수인이 부담하는 것이 거래의 관습이라고 할 수 있다.[40] 변제비용의 부담에 관한 당사자의 합의나 거래의 관습이 존재하지 않는 경우에는 채무자가 이를 부담하여야 한다(473조 본문). 변제비용의 부담은 채무자의 급부의무의 일부라고 할 수 있기 때문이다.

후술하는 바와 같이, 채권자가 채권의 담보를 확보하기 위하여 들인 비용은 변제비용이라고 할 수 없으므로 담보권자가 부담하여야 하는 것이 원칙이나(대법원 1987.6.9.선고, 86다카2435 판결 등), 채무불이행으로 인하여 담보권을 실행하는 데 들어간 비용(담보권실행비용)은 변제비용에 속하므로 채무자가 부담하여야 한다(대법원 1967.12.14.선고, 76다957 판결).[41]

(2) 채권자의 행위로 인하여 변제비용이 증가된 경우

변제비용은 채무자가 부담하는 것이 원칙이나, 채권자의 주소이전 기타의 행위로 인하여 변제비용이 증가된 때에는 그 증가액은 채권자가 부담하여야 한다(473조 단서). 다만, 채권자가 변제비용의 증가액을 부담하여야 하는 경우에도 채무자는 그 증가액의 지급이 없다는 이유로 변제를 거절하지는 못하며, 변제액에서 이를 공제하거나 변제 후 구상권을 행사할 수 있을 뿐이다.[42]

(3) 담보권의 확보를 위한 비용의 부담

'저당권이나 양도담보권 등 채권자가 부동산에 대한 담보권을 확보하는 데 소요되는 등기비용, 취득세, 수수료 등의 비용은 변제비용이 아니라 권리자가 스스로의 권리확보를 위하여 들여야 하는 비용에 해당하므로, 특별한 약정이 없는 한 채권자가 부담하여야 한다'는 것이 판례의 입장이다(대법원 1981.7.28.선고, 81다257 판결 등).[43]

[58] Ⅴ. 변제의 증거

변제는 채권소멸의 요건사실이므로, 채권의 소멸을 주장하는 채무자는 변제사실에 대한 증명책임을 부담한다. 따라서 영수증 등에 의하여 변제사실을 증명하지 못한 채무자는 이중으로 변제할 위험을 부담하게 된다. 이러한 점을 고려하여, 민법은 변제자에게 영수증청구권과 채권증서반환청구권을 인정하고 있다.

---

40) 김상용, 434 참조.

41) 판례평석: 김용진, "약한 의미의 양도담보계약 하에 금전을 차용한 자가 부담할 담보권실행 비용의 범위", 법조 29권 12호(법조협회, 1980/12), 81 이하.

42) 同旨: 곽윤직, 248; 현승종, 374 참조.

43) 같은 취지: 대법원 1982.4.13.선고, 81다531 판결; 대법원 1987.6.9.선고, 86다카2435 판결. 이에 대한 비판적 견해에 대하여는 최병규, "근저당권설정비의 부담주체에 대한 연구", 상사판례연구 22집 1권(한국상사판례학회, 2009/3), 195를 참조 바람.

1. 영수증청구권

(1) 의 의

「영수증(領收證)」(Quittung; quittance)이라 함은 '변제수령의 사실을 증명하는 문서'를 말한다. 민법은 제474조에서 "변제자는 변제를 받는 자에게 영수증을 청구할 수 있다"고 규정함으로써, 변제자의 영수증청구권을 명문으로 규정하고 있다. 영수증의 형식에는 아무런 제한이 없으므로, 사회통념상 변제의 사실을 증명할 수 있는 것이면 충분하다. 또한 영수증청구권은 변제의 경우뿐만 아니라, 일부변제나 대물변제의 경우에도 인정된다.

(2) 영수증 작성비용의 부담

'영수증의 작성에 소요되는 인지세(印紙稅) 등의 비용은 누가 부담하여야 하는가?' 하는 것이 문제된다. 이에 대하여 독일민법처럼 '원칙적으로 채무자가 비용을 부담한다'고 규정하는 입법례도 있으나(BGB §369),[44] 영수증의 작성·교부는 채권자의 의무이므로, 명문규정이 없는 우리 민법하에서는 '채권자 측이 비용을 부담하여야 한다'고 해석하여야 할 것이다.[45]

(3) 변제와 영수증교부의 동시이행관계

영수증은 변제수령의 사실을 증명하는 서면이므로, 이론상 변제 후에 청구할 수 있다고 하여야 할 것이나, 채무자 보호를 위하여 '변제와 영수증의 교부는 동시이행의 관계에 있다'고 해석하는 것이 통설적 견해이다.[46] (☞ 계약법 편, 제1장 제3절 「계약의 효력」)

2. 채권증서 반환청구권

(1) 의 의

「채권증서(債權證書)」라 함은 예컨대, 소비대차계약에 있어서의 차용증서(借用證書)와 같이, '채권의 존재를 증명하는 서면'을 말한다.

증권적 채권에서는 채권의 발생을 위하여 증서의 작성 및 교부가 필수적이지만, 지명채권에서는 「낙성계약의 원칙」상 채권의 발생을 위하여 채권증서의 작성·교부가 반드시 필요한 요건이 아니며, 채권증서는 단지 채권의 존재를 증명하는 수단에 불과하다. 따라서 채권자는 채권과 분리하여 채권증서만을 양도할 수는 없다. 그러나 전술한 바와 같이, 채권증서

---

44) 독일민법 제369조(영수증의 비용) (1) 영수증의 비용은 채무자와 채권자 사이에 존재하고 있는 법률관계로부터 달리 해석되지 않는 한, 채무자가 이를 부담하여야 하며 선불되어야 한다. (2) 채권양도 또는 상속에 의하여 더 많은 채권자가 본래의 채권자를 대신한 경우에는, 추가비용은 채권자가 부담한다.

45) 同旨: 곽윤직, 249; 김상용, 435; 송덕수, 441; 현승종, 377 참조.

46) 곽윤직, 249; 김상용, 436; 김형배, 694; 송덕수, 441; 현승종, 378 참조.

가 채권자의 수중에 있으면 채권의 존재가 추정되는 효력을 가지므로, 민법은 '채권증서가 있는 경우에 변제자가 채무 전부를 변제한 때 또는 채권이 변제 이외의 사유로 전부 소멸한 때에는, 변제자는 채권자에 대하여 채권증서의 반환을 청구할 수 있다'고 규정하고 있다(475조).

이와 관련하여, 판례는 ① '채권자가 채무자로부터 대여금채무를 변제받았음에도 불구하고 그 변제사실을 증명하는 영수증을 발행·교부하지 아니하고 차용증서 등 그 채권의 원인증서를 그대로 소지하고 있다는 것은 극히 이례적인 것이므로, 그런 사정하에서 변제사실을 인정하려면 채권자가 그 차용증서 등을 회수하지 못할만한 특별한 사정이나 영수증을 발행하지 아니한 연유 등에 관하여 심리·판단하여야 한다'는 입장을 취하고 있다(대법원 1985.7.9.선고, 85다카297 판결 등).[47] 또한 ② '채무자가 500만원 또는 1,000만원 단위의 큰돈을 여러 차례에 걸쳐 변제하면서 영수증을 받거나 채권증서인 어음을 회수 또는 개서하지 아니하였을 뿐 아니라 변제되지 않은 것으로 착각하여 2년여 간이나 이자를 계속 지급하였다는 것은 일반인으로서는 상상하기 어려운 일이므로, 영수증을 받거나 채권증서를 회수 또는 개서하지 못한 채 변제를 할 수밖에 없었음과 이미 변제하고도 변제되지 않은 것으로 착각할 수밖에 없었음을 수긍할 만한 특별한 사정이 인정되지 않는 한, 그 변제사실을 인정하는 것은 경험칙에 반하며(대법원 1990.2.27.선고, 88다카11916 판결), ③ 채무자가 채권증서에 갈음하거나 채무의 이행확보를 위하여 채권자에게 약속어음을 교부한 경우에 채무를 이행하고도 그 약속어음의 반환을 받지 않는다는 것은 극히 이례에 속하는 일이므로, 그 약속어음을 채권자가 소지하고 있다면 채무이행을 하고도 반환하지 않은 데에 대한 수긍할 만한 설명이 없는 한 아직도 채무이행은 안 된 것으로 봄이 타당하다'고 한다(대법원 1992.6.23.선고, 92다886 판결).

(2) 반환청구권자

1) 변제 기타의 방법으로 채권 전부를 소멸시킨 자

채권증서의 반환을 청구할 수 있는 자는 채무의 전부를 변제한 자이다. 전부변제자에게 채권증서의 반환청구권을 인정하는 이유는 변제에 의하여 채권이 소멸하였기 때문이며, 같은 이유로 대물변제·공탁·상계·경개·면제 등 변제 이외의 방법으로 채권 전부를 소멸시킨 자에게도 채권증서의 반환청구권이 인정된다(475조 후단). 따라서 채권의 일부만을 변제한 자에게는 채권증서의 반환청구권이 인정되지 않는다. 다만, 이 경우에는 채권일부의 대위변제를 규정한 제484조 제2항을 유추적용하여, '일부변제자는 채권자에 대하여 일부변제가 있었다는 사실을 채권증서에 기재하여 줄 것을 청구할 수 있다'고 할 것이다.[48]

채권자가 채권증서를 분실한 경우에는 채권증서의 반환은 불가능하지만 채권자의 반환

47) 같은 취지: 대법원 1985.11.12.선고, 85다카1213 판결.
48) 同旨: 곽윤직, 249; 김상용, 436; 송덕수, 441; 현승종, 378 참조.

채무불이행의 문제는 발생하지 않는다. 이 경우에는 채권증서의 반환이 없더라도 영수증청구권에 의하여 이중변제의 위험이 없기 때문이다. 따라서 이 경우에 변제자는 채권자에 대하여 채권증서를 분실하였다는 취지와 채권이 소멸하였음을 기재한 서면을 청구하거나, 영수증에 이러한 사실을 기재할 것을 청구할 수 있을 뿐이다.[49)]

2) 변제와 채권증서의 반환이 동시이행관계에 있는지 여부

채무자 보호를 위하여서는 변제자의 영수증청구권(변제와 영수증의 교부와의 동시이행관계)을 인정하는 것으로 충분하므로, 굳이 채권증서의 반환과 변제가 동시이행관계에 있다고 해석할 필요는 없다고 할 것이다. 그러나 '어음이나 수표 등 증권적 채권의 행사는 증권의 제시에 의하여야 하므로, 변제와 증권의 반환은 동시이행관계에 있다'는 것이 통설·판례의 입장이다(대법원 1970.10.23.선고, 70다2042 판결 등).[50)]

49) 同旨: 곽윤직, 249; 김상용, 436; 현승종, 379 참조.
50) 같은 취지: 대법원 1969.4.22.선고, 69다144 판결; 대법원 1969.12.30.선고, 69다1934 판결; 대법원 1992.12.22.선고, 92다8712 판결.

제 5 절 변제충당

[59] Ⅰ. 변제충당의 의의와 법적 성질

1. 변제충당의 의의

「변제충당」(Anrechnung der Leistung; l'imputation des paiements)이라 함은 '채무자가 동일한 채권자에 대하여 같은 종류에 속하는 여러 개의 채무를 부담하고 있고, 변제로서 제공된 급부가 그 여러 개의 채무 전부를 소멸시키기에 부족한 경우에, 제공된 급부를 그 여러 개의 채무 중 어느 채무의 변제에 충당시킬 것인지를 결정하는 것'을 말한다.

(1) 동일한 채권자에 대한 동일한 종류의 다수채무

「변제충당」의 문제는 채무자가 동일한 채권자에게 동일한 종류에 속하는 다수의 채무를 부담하고 있는 경우에 한하여 발생한다(476조 1항). 채무자가 동일종류에 속하는 다수의 채무를 부담하고 있더라도 채무마다 채권자가 다른 경우에는 제공된 급부가 어떤 채무의 변제에 충당될 것인지가 명백하므로 변제충당의 문제는 발생하지 않는다. 다만, 어느 채권자에 대한 급부가 동시에 다른 채권자에 대한 변제가 될 수도 있는 경우(예컨대, 급부를 수령한 채권자가 동시에 다른 채권자의 대리인으로서 동일한 종류의 급부를 수령할 권한이 있는 경우)에는 어느 채권자의 채권이 변제된 것인지를 가릴 필요가 있으므로 「변제충당」과 유사한 문제가 발생하는데, 이 경우에는 변제충당에 관한 규정을 유추적용하여야 할 것이다.[1)]

〈설례 1〉 乙은 채권자 甲에 대하여 A를 물상보증인으로 하는 1억원의 금전채무(채무①)를 부담하고 있으며, 이와 별도로 B와 연대하여 1억원의 금전채무(채무②)를 甲에 대하여 부담하고 있다. 乙이 甲에게 채무의 변제로서 1억원의 금전을 제공한 경우, 어떤 채무가 변제에 의하여 소멸하는가?

---

1) 同旨: 민법주해(11)/이인재, 166 참조.

위 설례에서 '채무자 乙이 채권자 甲에게 변제로서 제공한 1억원의 금전채무의 이행은 A를 물상보증인으로 하는 1억원의 금전채무(채무①)에 대한 변제인가, 아니면 B와 연대하여 부담한 1억원의 금전채무(채무②)에 대한 변제인가'를 결정할 필요가 있다. 이와 같이 「변제충당」은 '변제로서 제공된 급부가 동일한 채권자에 대한 동일한 성질의 여러 채무 중 어느 채무를 소멸시키는가를 정하는 것'을 말한다.

(2) 동일한 종류의 다수채무

「변제충당」은 채무자가 동일한 종류에 속하는 다수의 채무를 동일한 채권자에 대하여 부담하고 있는 경우에 한하여 문제된다(476조 1항). 다수의 채무가 금전채무인 경우가 주로 문제되나, 반드시 금전채무에 한정되는 것은 아니며, 급부의 내용이 같은 종류에 속하는 경우라면 행위채무이든 종류물의 인도채무이든 변제충당이 문제될 수 있다.

(3) 다수의 채무

동일한 채권자에 대하여 채무자가 동일한 종류에 속하는 다수의 채무를 부담하고 있는 경우에 한하여 변제충당이 문제되므로(476조 1항), 채무의 개수를 정하는 기준이 문제된다. 한편 '1개의 채무에 수 개의 급여를 요할 경우에 변제자가 그 채무 전부를 소멸하게 하지 못한 급여를 한 때'에는 그 급여를 어떤 급여에 충당할 것인가를 정할 필요가 있는바, 이를 「부족변제의 충당」이라고 한다(478조). 학설 중에는 '민법이 「부족변제의 충당」에 대하여 변제충당에 관한 규정을 준용하고 있다는 점을 고려할 때, 채무의 개수는 급부의 수에 의하여 정하여지는 것이 아니라 채무의 발생원인을 기준으로 정하여야 한다'고 주장하는 견해가 있으나,[2] 채무의 개수는 채무의 발생원인(계약)뿐만 아니라 당사자의 의사, 급부의 개수 등을 종합적으로 고려하여 결정하여야 할 것이다.

2. 변제충당의 법적 성질

전술한 바와 같이, 우리 민법의 해석상으로는 변제의 법적 성질을 계약으로 볼 수밖에 없다고 할 것인데, 학설 중에는 변제의 법적 성질을 「비법률행위」로 보는 견지에서 변제충당에 관한 민법의 규정을 '의사표시의 해석원칙을 정한 것이 아니라 충당기준을 보충적으로 법정한 것'이라고 파악하는 견해도 있다.[3] 그러나 변제충당은 제공된 급부가 어느 채권을 소멸시킬 것인가를 결정하는 기준을 정하는 문제이므로, '변제의 법적 성질을 어떻게 볼 것인가?' 하는 문제와는 관련이 없다고 할 것이다.

---

2) 민법주해(11)/이인재, 167 참조.
3) 상게서, 166 참조.

[60] Ⅱ. 변제충당의 방법

변제충당에서 가장 중요한 문제는 '어떠한 방법에 의하여 변제충당을 할 것인가, 즉 제공된 급부와 그 급부의 수령에 의하여 소멸(변제)될 채권을 정하는 기준(연결고리)이 무엇인가?' 하는 것이다. 이에 대하여 민법은 지정변제충당(476조)과 법정변제충당(477조)의 두 가지 방법을 규정하고 있으나, 사적 자치의 원칙상 「당사자의 합의에 의한 변제충당」도 가능함은 물론이며, 오히려 이것이 원칙적인 변제충당의 방법이라고 할 것이다.

1. 당사자의 합의에 의한 변제충당

당사자 사이의 약정으로 변제충당의 방법을 정할 수 있음은 계약자유의 원칙상 당연하다. 즉, 변제충당에 관한 민법의 규정(476~479조)은 임의규정이다. 다만, 판례는 채무자가 임의로 변제하는 경우와 경매에 의하여 변제가 인정되는 경우를 달리 취급하고 있다.

(1) 채무자가 임의로 변제하는 경우

판례는 '채무자가 임의로 변제하는 경우, 변제충당에 관한 규정은 임의규정으로 보아야 한다'는 전제 하에 다음과 같은 입장을 취하고 있다. 즉, ① 변제충당에 관한 제476조 내지 제479조의 규정은 임의규정이므로, 변제자와 변제수령자는 계약에 의하여 위 각 규정을 배제하고 제공된 급부를 어느 채무에 어떤 방법으로 충당할 것인가를 결정할 수 있으며(대법원 1987.3.24.선고, 84다카1324 판결 등).[4] ② 채권자와 채무자 사이에 미리 변제충당에 관한 약정이 있고, 그 약정 내용이 '변제가 채권자에 대한 모든 채무를 소멸시키기에 부족한 때에는 채권자가 적당하다고 인정하는 순서와 방법에 의하여 충당하기로 한다'는 것이었다면, 변제수령권자가 위 약정에 터잡아 스스로 적당하다고 인정하는 순서와 방법에 좇아 변제충당을 한 이상, 변제자에 대한 의사표시와 관계없이 그 충당의 효력이 있다(대법원 1991.7.23.선고, 90다18678 판결 등).[5] 또한 이러한 법리는 제499조에 의하여 변제충당에 관한 규정이 준용되는 상계의 경우(이른바 「상계충당」의 경우)에도 마찬가지로 적용된다(대법원 2015.6.11.선고, 2012다10386 판결). ③ 변제충당에 관한 당사자 사이의 합의가 있음에도 불구하고 채무자가 그 합의내용과 달리 변제충당의 지정을 하더라도 그에 대하여 채권자가 동의하지 않는 한 그 지정은 효력이 없다(대

---

4) 같은 취지: 대법원 1978.12.26.선고, 78다1785 판결; 대법원 1991.7.23.선고, 90다18678 판결; 대법원 1991.12.10.선고, 91다17092 판결; 대법원 1999.11.26.선고, 98다27517 판결; 대법원 2004.3.25.선고, 2001다53349 판결; 대법원 2010.3.10., 2009마1942 결정; 대법원 2015.6.11.선고, 2012다10386 판결; 대법원 2015.11.26.선고, 2014다71712 판결.

5) 같은 취지: 대법원 1987.3.24.선고, 84다카1324 판결; 대법원 1991.7.23.선고, 90다18678 판결; 대법원 1999.11.26.선고, 98다27517 판결; 대법원 2004.3.25.선고, 2001다53349 판결; 대법원 2012.4.13.선고, 2010다1180 판결; 대법원 2012.4.26.선고, 2010다11415 판결; 대법원 2015.6.11.선고, 2012다10386 판결.

법원 1999.11.26.선고, 98다27517 판결 등).[6] ④ 변제자(채무자)와 변제수령자(채권자)는 변제로 소멸한 채무에 관한 보증인 등 이해관계 있는 제3자의 이익을 해하지 않는 이상 이미 급부를 마친 뒤에도 기존의 충당방법을 배제하고 제공된 급부를 어느 채무에 어떤 방법으로 다시 충당할 것인가를 약정할 수 있다(대법원 2013.9.12.선고, 2012다118044·118051 판결).

(2) 경매에 의한 변제충당의 경우

경매는 법원에 의하여 강제적으로 이루어지는 것이나, 그 법적 성질은 사법상의 매매라고 보는 것이 확립된 판례의 입장이다. 그러나 '담보권의 실행 등을 위한 경매에 있어서도 배당금이 동일 담보권자가 가지는 수 개의 피담보채권의 전부를 소멸시키기에 부족한 경우에는 채권자와 채무자 사이에 변제충당에 관한 합의가 있었다고 하더라도 그 합의에 의한 변제충당은 허용될 수 없고, 이 경우에는 획일적으로 가장 공평·타당한 충당방법인 제477조의 규정에 의한 법정변제충당의 방법에 따라 충당을 하여야 한다'는 것이 판례의 입장이다(대법원 1996.5.10.선고, 95다55504 판결 등).[7][8] 즉, 판례는 '동일한 당사자가 동일목적물에 관하여 동일거래관계로 인하여 발생되는 다수의 채무를 담보하기 위하여 순위가 다른 여러 개의 근저당권을 설정한 경우에도, 그 담보물의 경매대금이 채무 전액을 만족시키지 못할 때에는 그 경매대금을 선순위근저당권설정 시에 발생된 채무에 우선적으로 충당할 것이 아니라, 변제충당의 방법으로 그 경매대금수령으로 인하여 소멸할 채무를 정하여야 하며, 소송당사자가 경매대금에 관하여 변제충당의 법률효과를 주장하고 있고 경매대금이 피담보채무 전액을 만족시키기에 부족한 것이라면, 법원으로서는 그 당사자가 변제충당의 내용, 방법에 관하여 구체적으로 주장·입증하지 아니하고 있다 하더라도 석명권을 행사하여 소송관계를 명료히 한 다음 그에 대한 당부를 판단하여야 한다'는 입장을 취하고 있다(대법원 1987.5.26.선고, 86다카2950 판결 등).[9]

---

6) 판례평석: 김충섭, "채권자와 채무자 사이에 변제충당의 약정이 있는 경우, 채무자가 그 약정과 달리 지정변제충당을 할 수 있는지 여부", 대법원판례해설 33호(법원도서관, 2000/5), 138 이하. 같은 취지: 대법원 2004.3.25.선고, 2001다53349 판결.

7) 판례평석; 김교창, "임의경매 배당금의 변제충당", 판례연구 12집(서울지방변호사회, 1999/1), 193 이하. 같은 취지: 대법원 1997.7.25.선고, 96다52649 판결; 대법원 1998.7.10.선고, 98다6763 판결; 대법원 1999.8.24.선고, 99다22281·22298 판결; 대법원 2000.12.8.선고, 2000다51339 판결.

8) 판례는 한때 강제경매(구 민사소송법에 의한 경매)의 경우와 임의경매(구 경매법에 의한 경매)의 경우를 구분하여, '강제경매절차에 있어서는 변제자가 임의로 변제하는 경우의 변제자와 수령자 사이에 합의에 의한 변제충당의 지정이나 제476조의 규정에 의한 지정변제충당은 허용될 수 없으나, 임의경매의 경우에는 당사자 사이에 변제충당에 관한 별도의 합의가 있었다면 그 합의를 무효로 보아야 할 다른 특별한 사유가 없는 한 그 합의에 의한 충당을 무효로 볼 수 없다'는 입장을 취하기도 하였으나(대법원 1991.7.23.선고, 90다18678 판결 등), 그 후 현재와 같이 입장을 전환하였다.

9) 판례평석: 강종쾌, "경매대금의 변제충당과 변제충당의 주장·입증책임", 대법원판례해설 8호(법원행정처, 1988/12), 7 이하. 같은 취지: 대법원 1990.11.27.선고, 89다카30112 판결; 대법원 1991.7.23.선고, 90다18678 판결; 대법원 1996.5.10.선고, 95다55504 판결; 대법원 2002.12.10.선고, 2002다51579 판결.

2. 지정변제충당

「지정변제충당」이라 함은 '변제자 또는 변제수령자의 일방적 의사표시에 의하여 변제충당의 효력이 발생하는 것'을 말한다. 전술한 바와 같이, 변제충당에 관한 제476조 내지 제479조는 임의규정이므로, 변제자와 변제수령자 사이에 다른 약정이 있다면 그 약정에 따라 변제충당의 효력이 발생한다. 그러나 당사자 사이에 변제충당의 방법에 관하여 특별한 합의가 없는 경우에는 「지정변제충당」에 관한 제476조의 규정이 우선적으로 적용되어 변제자 또는 변제수령자의 일방적 의사표시에 의한 변제충당의 효력이 발생한다(대법원 2010.3.10., 2009마1942 결정 등).[10]

(1) 변제자의 지정변제충당

당사자 사이에 변제의 방법에 관한 특별한 약정이 없는 경우, 제1순위의 지정변제충당권자는 변제자이다. 즉, 채무자가 동일한 채권자에 대하여 같은 종류를 목적으로 한 수 개의 채무를 부담한 경우에 변제의 제공이 그 채무 전부를 소멸하게 하지 못하는 때에는 변제자는 그 당시 어느 채무를 지정하여 그 변제에 충당할 수 있다(476조 1항). 변제는 변제자의 행위일 뿐만 아니라, 변제자는 변제충당에 관하여 가장 이해관계가 크기 때문에 우선적으로 변제자로 하여금 변제충당의 지정을 할 수 있도록 규정한 것이다.

변제자의 지정변제충당권의 행사는 상대방인 변제자에 대한 의사표시로써 하여야 하는데(476조 3항), 그 의사표시의 방법에는 제한이 없다. 또한 변제자의 지정변제충당권의 행사는 변제수령자의 동의를 요하지 않을 뿐만 아니라, 변제자의 지정변제충당권의 행사에 대하여 변제수령자가 이의를 제기할 수도 없다.[11] 이와 같이 변제자의 지정변제충당은 변제자의 일방적인 의사표시(변제지정)에 의하여 변제충당의 효력이 발생하는 것이므로(476조 3항), 변제자의 지정변제충당권은 일종의 형성권이다. 그러므로 '채무자가 특정한 채무의 변제조로 금원 등을 지급한 사실을 주장하였으나 채권자가 이를 수령한 사실을 인정하면서도 다른 채무의 변제에 충당하였다고 주장하는 경우에는, 채권자는 다른 채권이 존재하는 사실과 다른 채권에 대한 변제충당의 합의가 있었다거나 다른 채권이 법정충당의 우선순위에 있다는 사실을 주장·입증하여야 한다(대법원 1999.12.10.선고, 99다14433 판결 등).[12]

10) 같은 취지: 대법원 1987.3.24.선고, 84다카1324 판결; 대법원 2015.11.26.선고, 2014다71712 판결.
11) 同旨: 곽윤직, 250; 김상용, 438; 송덕수, 429; 현승종, 375 참조. 독일민법은 '채무자가 급부한 것이 모든 채무를 소멸시키기에 부족한 경우에는, 채무자가 지정한 채무가 소멸한다'고 규정하고 있는데(BGB §366 I), 독일에서는 이를 근거로 변제의 법적 성질을 단독행위로 보는 견해가 있다는 점에 대해서는 전술한 바 있다. (☞ 제1절 「변제의 의의와 법적 성질」)
12) 같은 취지: 대법원 2014.1.23.선고, 2011다108095 판결.

(2) 변제수령자의 지정변제충당

제2순위의 지정변제충당권자는 변제수령자이다. 즉, 변제자가 변제제공시에 지정변제충당권을 행사하지 않는 경우에는 변제수령자는 그 당시 어느 채무를 지정하여 변제에 충당할 수 있다(476조 2항). 그러나 변제자의 지정에 의한 변제충당과는 달리, 변제수령자의 지정변제충당은 변제자가 그 충당에 대하여 즉시 이의를 제기한 때에는 그 효력을 잃는 불완전한 권리라는 점에 주의하여야 한다(476조 2항 단서). 다만, 변제자가 변제수령자의 변제충당의 지정에 대하여 즉시 이의를 제기하였다고 하여 변제자가 다시 지정변제충당권을 행사할 수 있는 상태로 복귀하는 것은 아니고, 이 경우에는 제477조의 법정변제충당만이 허용된다고 할 것이다.

변제수령자의 지정변제충당권의 행사는 상대방(변제자)에 대한 의사표시로써 하여야 하며(476조 3항), 그 의사표시의 방법에는 제한이 없다는 점은 변제자의 지정변제충당의 경우와 같다. 판례에 따르면, ① 채권자의 소송대리인이 소장정정신청서에서 그 기재내용과 같이 원금과 이자를 지급받았다고 진술하였다면, 채권자가 지정변제충당의 의사표시를 한 것으로 보아야 하며(대법원 1984.1.31.선고, 83다카1560 판결), ② 법정변제충당에 의하여 부여되는 법률효과 이상으로 자신에게 유리한 변제충당의 지정이 있다고 주장하는 자는 그 사실을 주장·입증할 책임을 부담한다(대법원 1994.2.22.선고, 93다49338 판결 등).[13] 이와 같은 지정변제충당에 관한 법리는 「부족변제의 충당」의 경우에도 마찬가지로 적용된다(478조).

3. 법정변제충당

(1) 제477조에 의한 법정변제충당의 순서

변제충당에 관한 당사자의 합의가 없고 제476조에 의한 당사자 일방의 지정변제충당권이 행사되지 아니한 경우에는 제477조에서 규정한 순서에 따라서 변제충당이 이루어지는데, 이를 「법정변제충당」이라고 한다. 판례는 '제477조에 따른 법정변제충당의 순서는 변제제공시를 기준으로 결정하여야 할 것'이라고 한다(대법원 2015.11.26.선고, 2014다71712 판결).

1) 이행기가 도래한 채무의 변제에 충당

여러 개의 채무 중에서 이행기가 도래한 것과 아직 이행기가 도래하지 않은 것이 있는 경우에는 이행기가 도래한 채무의 변제에 충당된다(477조 1호). 부족변제의 경우에도 여러 개의 급부 중에서 먼저 이행기가 도래한 급부의 변제에 충당된다(478조).

2) 변제이익이 많은 채무의 변제에 충당

여러 개의 채무 전부의 이행기가 도래하였거나 또는 도래하지 않은 때에는, 채무자에게 변제이익이 많은 채무의 변제에 먼저 충당된다(477조 2호). 부족변제의 경우에도 여러 개의 급

---

13) 같은 취지: 대법원 2004.2.27.선고, 2001다38067 판결.

부 중 채무자에게 변제이익이 많은 급부의 변제에 먼저 충당된다(478조). 이 경우에 변제이익의 많고 적음은 변제자를 기준으로 판단하여야 하며, 변제자가 여러 명인인 경우에는 각 변제자 별로 따로 변제이익을 판단하여야 한다(대법원 1999.8.24.선고, 99다22281·22298 판결).

일반적으로, ① 이자부채무가 무이자부채무보다 변제이익이 많으며(대법원 1971.11.23.선고, 71다1560 판결), ② 고이자율의 채무가 저이자율의 채무보다 변제이익이 많고, ③ 위약벌의 약정이 있는 채무가 위약벌의 약정이 없는 채무보다 변제이익이 많다'는 데는 이설이 없다. 또한 판례는 '채무자 자신이 주채무자인 채무가 보증인(연대보증 포함)으로서의 채무보다 변제이익이 많다'고 한다(대법원 2002.7.12.선고, 99다68652 판결).[14]

문제는 '담보부채무가 무담보부채무보다 변제이익이 많은가?' 하는 것인데, 이 문제에 대한 판례의 입장을 담보의 종류에 따른 유형별로 정리하면 다음과 같다.

(가) 어음에 의하여 담보되는 채무와 그렇지 아니한 채무

'어음에 의하여 담보되는 채무가 그렇지 아니한 채무 보다 변제이익이 많은가?' 하는 문제에 대하여, 판례는 '주채무자 이외의 자가 변제자인 경우에는 변제자가 발행 또는 배서한 어음에 의하여 담보되는 채무가 다른 채무보다 변제이익이 많다고 보아야 할 것이나, 주채무자가 변제자인 경우에는 제3자가 담보목적으로 발행 또는 배서한 약속어음이 교부된 채무와 다른 채무 사이에 변제이익의 점에서 차이가 없다고 보아야 할 것'이라고 한다. 다만, '주채무자 자신이 담보목적으로 발행 또는 배서한 어음이 교부된 채무는 다른 채무보다 변제이익이 많다고 보아야 할 것'이라고 한다(대법원 1999.8.24.선고, 99다22281·22298 판결).[15]

(나) 보증인이 없는 채무와 보증인이 있는 채무

판례는 '변제자가 주채무자인 경우에는 보증인이 있는 채무와 보증인이 없는 채무 사이에 변제이익의 차이가 없다'는 입장을 확립하고 있다(대법원 1985.3.12.선고, 84다카2093 판결 등).[16] '변제자가 주채무자가 아닌 경우에는 보증인이 없는 채무가 보증인이 있는 채무보다 변제이익이 많다'고 할 것이나, 이에 대한 판례의 입장은 아직 명확하지 않다.

(다) 물적 담보가 있는 채무와 물적 담보가 없는 채무

판례는 인적 담보인 보증인이 있는 경우와 마찬가지로, '변제자가 채무자인 경우, 물상보증인이 제공한 물적 담보가 있는 채무와 그러한 담보가 없는 채무 사이에는 변제이익의 차이가 없다'는 입장을 취하고 있다(대법원 2014.4.30.선고, 2013다8250 판결).

---

14) 같은 취지: 대법원 1999.7.9.선고, 98다55543 판결.

15) 이러한 판례의 입장은 담보목적으로 어음을 발행(또는 배서)한 주채무자는 원인채무와 아울러 어음채무도 부담한다는 점을 고려한 것이라고 생각된다(어음법 43조 이하).

16) 같은 취지: 대법원 1997.7.25.선고, 96다52649 판결; 대법원 1999.8.24.선고, 99다26481 판결; 대법원 2013.7.11.선고, 2013다22454 판결; 대법원 2014.4.30.선고, 2013다8250 판결.

(라) 근저당권의 채권최고액 범위 내의 채권과 그 범위를 초과하는 채권

근저당권은 '일정한 계속적 거래관계에서 발생하는 장래의 증감·변동하는 불특정다수의 채권을 채권최고액을 한도로 하여 담보하는 저당권'이므로(357조), '근저당권의 채권최고액을 초과한 피담보채권이 발생하였으나 채무자가 채권 전액에 미달하는 금액만을 변제로서 제공한 경우, 채권전액의 일부에 불과한 그 변제금액을 채권최고액 범위 내의 채권의 변제에 우선적으로 충당하여야 하는가, 아니면 채권최고액 범위를 초과하는 채권의 변제에 우선적으로 충당하여야 하는가?' 하는 것이 문제된다.

〈설례 2〉 전자제품을 제조·판매하는 P주식회사는 그 제품을 판매하는 대리점을 경영하는 S와 사이에 장래 P와 S 사이에 발생하는 외상매출금채권을 담보하기 위하여 S가 소유하는 X부동산 위에 채권최고금액 5억원의 근저당권을 설정하였다. 그 후 S의 대리점 경영이 악화하여 외상매출금이 8억원에 달하게 되자 P주식회사는 대리점계약을 해지하고 외상매출금의 변제를 청구하였다. 그러자 S는 채권최고금액 5억원만을 변제로서 제공하고 X부동산 위에 설정된 근저당권의 말소를 청구하였다. 법원은 S의 청구를 인용하여야 하는가?

이는 근저당권의 효력에 관한 제357조 제2항의 해석과 관련되는 문제로서 이에 대해서는 학설이 대립되고 있으나, 여기서는 이 문제에 관한 판례의 입장을 소개하는 데 그치기로 한다. 즉, 판례에 따르면, ① 민법이 제357조 제2항에서 "채무의 이자는 최고액 중에 산입한 것으로 본다"고 규정한 것은, '근저당의 채권최고액에는 원본은 물론 그 이자까지도 산입되어 있는 것으로 본다'는 취지의 규정에 불과하고, '원본과 이자를 포함하여 채무최고액을 초과할 수 없다'는 취지의 규정으로 볼 수 없다(대법원 1972.1.26., 71마1151 결정). ② 근저당권의 피담보채권에는 원칙적으로 아무런 제한이 없으며, 채무원본·이자·위약금·채무불이행으로 인한 손해배상 및 근저당권의 실행비용 등은 모두 채권최고액의 범위 내에서 근저당권의 피담보채권이 된다. 특히 근저당권에 있어서는 지연이자도 이행기 경과 후 1년분에 한하는 것이 아니라 전액 피담보채권이 될 수 있다(대법원 1981.11.10.선고, 80다2712 판결 등).[17] 그러나 ③ 근저당의 피담보채권의 범위는 결산기에 이르러 확정되는 채권 중 근저당설정계약에 정하여진 채권최고액을 한도로 하는 것이지 채권최고액을 초과하는 부분까지 담보하는 것은 아니므로, 근저당부동산을 매수한 제3취득자는 채권최고액과 경매비용만을 변제하면 근저당권의 소멸을 청구할 수 있다(대법원 1971.4.6.선고, 71다26 판결 등).[18] 다만, ④ 근저당권의 피담보채권의 범위에 관한 이러한 논의는 후순위 담보권자 또는 제3취득자에 대한 관계에서만 거론될 수 있으며(대법원 1972.5.23.선고, 72다485·486 판결 등),[19] 채무자 겸 근저당권설정자와의 관계에서는 채권액이 채

17) 같은 취지: 대법원 2010.5.13.선고, 2010다3681 판결.
18) 판례평석: 권성, "제삼취득자의 저당권소멸청구권", 민사판례연구(3)(민사판례연구회, 1981/4), 28 이하. 같은 취지: 대법원 1971.5.15., 71마251 결정; 대법원 2011.7.28.선고, 2010다88507 판결.
19) 같은 취지: 대법원 1981.11.10.선고, 80다2712 판결; 대법원 1992.5.12.선고, 90다8855 판결; 대법원

권최고액을 초과하더라도 근저당권자가 채무의 일부만을 변제받고 근저당권을 말소시켜야 할 이유가 없을 뿐만 아니라, 채무의 일부만이 변제된 경우에도 이를 채권최고액 범위의 채권에 우선적으로 충당하여야 할 이유도 없는 것이므로, 채권 전액의 변제가 있을 때까지는 근저당권은 잔존채무에 대하여 효력이 미친다(대법원 1981.11.10.선고, 80다2712 판결 등).[20] (☞ 담보물권 편, 제2장 제3절「저당권」)

3) 이행기가 먼저 도래한 채무 또는 먼저 도래할 채무의 변제에 충당

채무 전부의 이행기가 도래하였거나 도래하지 않은 경우에 채무자에게 변제이익이 같으면, 이행기가 먼저 도래한 채무 또는 먼저 도래할 채무의 변제에 먼저 충당된다(477조 3호). 부족변제의 경우에도 급부 전부의 이행기가 도래하였거나 도래하지 않은 경우에 채무자에게 변제이익이 같으면, 이행기가 먼저 도래한 급부 또는 먼저 도래할 급부의 변제에 먼저 충당된다(478조).

채무의 이행기는 채무의 성질이나 당사자의 의사표시, 혹은 법률의 규정에 의하여 정하여 진다. 그러나 '이러한 표준에 의하여 이행기를 정할 수 없는 채권의 경우에는 채권발생과 동시에 이행기에 있다'고 해석하는 견해와,[21] '이행청구시에 비로소 변제기가 도래한다'고 해석하는 견해가 대립되고 있다.[22] 전자의 견해에 따르면, 이행기를 정하지 아니한 채무 상호간에는 먼저 성립한 채권의 이행기가 먼저 도래한 것으로 보아 이에 충당된다는 결론이 된다.[23] 그러나 "채무이행의 기한이 없는 경우에는 이행청구를 받은 때로부터 지체책임이 있다"고 규정하고 있는 제387조 제2항과의 균형상 '이행기가 없는 채무는 이행청구시에 변제기가 도래한다고 해석하는 것이 타당하므로, 그 채무발생시와는 관계없이 먼저 이행청구를 함으로써 이행기가 도래한 채무의 변제에 우선적으로 충당된다'고 해석하여야 할 것이다. 다만, '이행청구가 필요 없는 채무의 경우에는 채무의 발생과 동시에 그 이행기가 도래한다고 할 것이므로, 이 경우에는 먼저 성립한 채무의 변제에 우선적으로 충당된다'고 할 것이다. (☞ 제4절「변제의 목적물·장소·시기·비용·증거」)

4) 각 채무액에 비례하여 충당

변제이익 또는 이행기의 면에서 서로 같은 채무 상호간에는 각 채무의 액수에 비례하여

1992.5.26.선고, 92다1896 판결; 대법원 2001.10.12.선고, 2000다59081 판결; 대법원 2010.5.13.선고, 2010다3681 판결; 대법원 2011.7.28.선고, 2010다88507 판결.

20) 같은 취지: 대법원 1972.1.26., 71마1151 결정; 대법원 1972.5.23.선고, 72다485·486 판결; 대법원 1976.11.23.선고, 76다2160 판결; 대법원 1981.11.10.선고, 80다2712 판결; 대법원 2001.10.12.선고, 2000다59081 판결; 대법원 2010.5.13.선고, 2010다3681 판결.

21) 곽윤직, 247; 송덕수, 440 참조.

22) 김형배, 692; 현승종, 373 참조.

23) 곽윤직, 251 참조.

충당한다(477조 4호). 부족변제의 경우에도 마찬가지로 각 급부의 액수에 비례하여 충당하여야 한다(478조). 이와 관련하여, 판례는 '소송에서 제477조 제4호 소정의 안분비례에 의한 법정변제충당에 의하여 부여되는 법률효과 이상으로 자신에게 유리한 변제충당의 지정, 당사자 사이의 변제충당의 합의가 있다거나 또는 당해 채무가 법정변제충당의 우선순위에 있어서 당해 채무에 전액 변제충당되었다고 주장하는 자는 그 사실을 주장·증명하여야 하며(대법원 1994.2.22.선고, 93다49338 판결 등),[24] 당사자가 이러한 사실을 증명하지 못한 경우에는 당연히 각 채무액에 안분비례하여 법정충당이 행하여진다'고 한다(대법원 2009.2.12.선고, 2007다77712 판결).

(2) 비용·이자·원본의 순서에 의한 변제충당

채무자가 1개 또는 수 개의 채무의 비용 및 이자를 지급할 경우에 변제자가 그 전부를 소멸하게 하지 못한 급여를 한 때에는 비용, 이자, 원본의 순서로 변제에 충당하여야 한다(479조 1항). 또한 비용 상호간, 이자 상호간, 원본 상호간에는 제477조의 법정변제충당의 순서에 따라야 한다(동조 2항). 그러므로 '당사자 사이에 그와 다른 특별한 합의가 있었다거나 일방의 지정에 대하여 상대방이 지체 없이 이의를 제기하지 아니함으로써 묵시적 합의가 되었다고 보여지는 경우 등 특단의 사정이 없는 한, 제479조에 법정되어 있는 비용, 이자, 원본의 순서에 의하여 변제충당이 이루어져야 하며, 채무자는 물론 채권자라 할지라도 그와 다르게 일방적으로 충당의 순서를 지정할 수 없다'고 할 것이다(대법원 1990.11.9.선고, 90다카7262 판결 등).[25]

민법이 비용, 이자, 원본에 대한 변제충당의 순서를 정해 둔 까닭은 비용과 이자는 그 성질상 원본보다 먼저 지급되어야 하며, 비용 상호간, 이자 상호간, 원본 상호간에는 제477조의 법정변제충당의 순서에 따라 채무자에게 가장 유리한 채무의 변제에 충당하는 것이 합리적일 뿐만 아니라 당사자의 의사에도 부합할 것이라고 인정되기 때문이다.

이러한 제479조의 규정취지에 비추어 보면, '제479조는 강행규정이라고 볼 필요가 없으므로 당사자의 합의에 의하여 이와 다른 순서에 의하여 충당할 수 있다'고 해석된다(대법원 1981.5.26.선고, 80다3009 판결 등).[26]

(3) 경매에 있어서의 배당금의 변제충당

'강제경매는 물론이고, 담보권실행을 위한 경매에 있어서도 배당금이 담보권자가 가지는 수 개의 피담보채권 전부를 소멸시키기에 부족한 경우에는 당사자의 합의에 의한 변제충당이

---

24) 같은 취지: 대법원 2004.2.27.선고, 2001다38067 판결; 대법원 2009.2.12.선고, 2007다77712 판결.

25) 판례평석: 김대정, "변제충당", 민법판례해설Ⅲ(채권총론), 95 이하. 같은 취지: 대법원 1981.5.26.선고, 80다3009 판결; 대법원 1990.11.9.선고, 90다카7262 판결; 대법원 2002.1.11.선고, 2001다60767 판결; 대법원 2009.6.11.선고, 2009다12399 판결.

26) 같은 취지: 대법원 1990.11.9.선고, 90다카7262 판결.

나 제476조에 의한 지정변제충당은 허용되지 않고, 제477조 및 제479조의 규정에 의한 법정변제충당만이 허용된다'는 것이 판례의 입장임은 전술한 바와 같다(대법원 1996.5.10.선고, 95다55504 판결 등).[27] 따라서 이 경우에 이자와 원본 간에는 이자, 원본의 순으로 충당되고, 원본 상호간에는 그 이행기의 도래 여부와 도래 시기, 그리고 이자율의 고저와 같은 변제이익의 다과에 따라 순차적으로 이루어지며, 그 이행기나 변제이익의 다과에 아무런 차등이 없는 경우에는 각 원본채무액에 비례하여 안분하여 충당이 이루어진다(대법원 2000.12.8.선고, 2000다51339 판결 등).[28]

(4) 제한이율초과이자의 변제충당

채무자는 이자제한법상의 제한이율을 초과하는 부분의 이자를 지급할 의무가 없다. 그러나 '채무자가 제한이율을 초과한 이자 상당액을 지급한 경우에는, 그 제한이율을 초과한 이자상당액은 이자에 충당되는가, 원본에 충당되는가?' 하는 것이 문제된다. 이에 대하여, 폐지 전의 구 이자제한법하에서의 판례는, '① 이자제한법상의 제한이율을 초과하여 이미 지급된 초과이자상당액은 초과이자 부분에 충당될 수는 없으나(대법원 1956.5.24.선고, 4289민상123 판결), ② 채무자가 제한초과이자에 충당할 것을 지정하거나 그것을 승인하거나 묵인한 경우에는 초과이자에 대한 변제충당은 유효하며(대법원 1966.10.25.선고, 66다1058 판결 등), ③ 이 경우에 제한초과이자에 대한 변제충당의 지정이 있거나 승인 또는 묵인이 있었다는 사실에 대한 증명책임은 채권자에게 있다'는 입장을 취하고 있었다(대법원 1960.9.29.선고, 4292민상959 판결 등). 그러나 이러한 입장은 '제한초과이자의 반환청구권은 인정될 수 없다'는 법리를 전제로 하는 것이므로, 채무자의 초과이자에 대한 반환청구권을 명문으로 규정하고 있는 현행 이자제한법 및 대부업법 하에서는 유지될 수 없는 것이다. 그러므로 현행 이자제한법은 "채무자가 최고이자율을 초과하는 이자를 임의로 지급한 경우에는 초과 지급된 이자 상당금액은 원본에 충당되고, 원본이 소멸한 때에는 그 반환을 청구할 수 있다"고 규정함으로써(동법 2조 4항), 초과이자의 원본충당의 효력을 인정하고 있다. 또한 대부업법도 "채무자가 대부업자에게 제1항에 따른 이자율을 초과하는 이자를 지급한 경우 그 초과 지급된 이자 상당금액은 원본에 충당되고, 원본에 충당되고 남은 금액이 있으면 그 반환을 청구할 수 있다"고 규정함으로써(동법 8조 4항), 이미 지급된 초과이자상당액은 우선적으로 원본에 충당된다는 점을 명문으로 규정하고 있다. 따라서 현행 이자제한법 및 대부업법 하에서는 '대여원본이 잔존한 경우에는 이미 지급한 초과이자에 대한 반환청구권은 인정되지 않고 단지 원본에 충당될 수 있을 뿐이며, 채무자의

---

27) 같은 취지: 대법원 2000.12.8.선고, 2000다51339 판결.

28) 판례평석: 구남수, "담보권 실행을 위한 경매 배당금의 변제충당과 채권자의 담보보존의무", 판례연구 13집(부산판례연구회, 2002/2), 413 이하.

대여원본이 소멸한 경우에 한하여 비로소 초과이자에 대한 채무자의 반환청구권이 인정될 수 있다'고 해석된다. (☞ 제1장 제6절 「이자채권」)

(5) 임대차보증금과 임차인 채무의 상계충당

임대차계약이 종료되면 임대인은 임차인이 목적물을 인도할 때까지 발생한 차임과 그 밖에 임차인의 손해배상채무와 연체차임채무 등 일체의 채무를 공제하고 남은 임대차보증금을 임차인에게 반환하여야 한다. 따라서 임차인의 채무액이 임대차보증금보다 많은 경우에는, 임대인이 보증금반환채무와 임차인의 손해배상채무와 연체차임채무 등 일체의 채무를 합한 금액을 상계하고 남은 금액을 임차인에게 청구하게 되는데, '이 경우 상계에 의하여 소멸되는 임차인의 보증금반환채권이 임대인의 채권(임차인에 대한 손해배상채권과 연체차임채권 등) 중 어느 채권의 소멸에 충당될 것인가?' 하는 문제가 발생한다. 이는 변제충당과 유사한 문제라고 할 수 있는데, 판례는 '이 경우의 상계충당은 제477조의 법정변제충당의 순서에 따라야 한다'는 입장을 취하고 있다(대법원 2007.8.23.선고, 2007다21856·21863 판결).

제6절 변제에 의한 대위

[61] Ⅰ. 서 설

1. 의 의

채무의 성질 또는 당사자의 의사표시로 제3자의 변제를 허용하지 아니한 경우를 제외하면 채무의 변제는 제3자도 할 수 있다(469조 1항). 그리고 제3자가 채무를 변제한 경우에는 채무자와 제3자 사이에 증여, 위임(채무자의 부탁에 의하여 변제한 경우) 또는 사무관리(채무자의 부탁 없이 변제한 경우) 등의 법률관계가 성립하는데, 제3자의 변제가 채무자에 대한 증여가 되는 경우를 제외하면 변제자는 채무자에 대하여 위임사무처리의 비용상환청구권(688조) 또는 사무관리의 비용상환청구권(739조)으로서의 구상권을 취득한다. (☞ 제3절 「변제자와 변제수령자」)

한편 불가분채무자(411조)·연대채무자(413조)·보증인(428조)과 같은 공동채무자는 법률상 변제의무가 있으므로, 이들이 채무를 변제하더라도 채권자에 대한 관계에서는 자기 자신의 채무를 변제한 것에 지나지 않는다. 그러나 보증인의 변제는 주채무자에 대한 관계에서는 실질적으로 타인의 채무를 변제한 것이므로, 보증인에게는 주채무자에 대한 구상권이 주어진다(441~448조). 또한 불가분채무자와 연대채무자의 변제는 타인의 채무를 변제한 것은 아니지만 채무자 상호간의 내부관계에 있어서는 부담부분이 있을 수 있고(411조, 424조), 이들 중 1인이 자신의 부담부분을 초과하여 변제한 경우에는 실질적으로 타인의 채무를 변제한 것이라고 할 수 있으므로, 변제자에게는 다른 불가분채무자나 연대채무자의 부담부분에 대한 구상권이 인정된다(411조, 425조). (☞ 제5장 「다수당사자의 채권관계」)

민법은 타인의 채무를 변제한 제3자 또는 공동채무자(보증인·불가분채무자·연대채무자)가 채무자에 대하여 가지는 구상권의 실효성을 확보해 주기 위하여 이들 변제자가 채무자에 대하여 가지는 구상권의 범위 내에서 채무자에 대한 채권자의 권리(채권 및 담보권)가 법률상 당연히 변제자에게 이전되는 것으로 규정하고 있는바(480조 이하), 이를 「변제에 의한 대위」라고 한다.[1] 즉, 「변제에 의한 대위」(Einsetzung; paiement avec subrogation)라 함은 '채무자 이외의 제3자 또는 채무자와 함께 채무를 부담하는 공동채무자가 채무자를 위하여 변제함으로써 채무자에 대하여 구상권을 취득하는 경우에 그 구상권의 범위 내에서 종전에 채권자가 가지고 있던 채권 및 담보에 관한 권리가 법률상 당연히 변제자에게 이전하는 것'을 말한다.

2. 입법례

(1) 독일민법과 스위스채무법

독일민법은 변제에 의한 대위에 관하여, '제3자의 변제에 의하여 채권이 변제자에게 이전된다'고 규정하고 있으며(BGB §268Ⅲ),[2] 스위스채무법도 독일민법과 같은 취지의 규정을 두고 있다(OR Art. 110).[3] 즉, 독일민법과 스위스채무법은 제3자의 변제에 의하여 발생하는 대위가 법률의 규정에 의하여 권리가 이전하는 것임을 명확하게 규정하고 있다. (☞ 제3절 「변제자와 변제수령자」)

(2) 프랑스민법

2016.2.10. 오르도낭스 제2016-131호로 개정되기 전의 프랑스민법은 변제에 의한 대위를 「합의에 의한 대위」(subrogation conventionnelle)와 「법률에 의한 대위」(subrogation légale)의 두 가지로 분류한 후(동법 1249조),[4] 변제에 의한 대위의 요건과 효과에 관하여 비교적 상세하게 규정하고 있었다(동법 1250~1252조). 2016년에 개정된 현행 프랑스민법도 종전과 마찬가지로 변제에 의한 대위를 「합의에 의한 대위」와 「법률상의 대위」의 두 가지로 분류하고 있으나, ① 개정 전 프랑스민법이 법률상의 대위가 발생하는 경우를 구체적으로 열거하고 있었던 것을(동법 1251조)[5] 추상적·일반적인 규정으로 대체하였으며(C.c. Art. 1346),[6] ② 변제에 의한 대위의

---

1) 이를 「변제자대위」 또는 「대위변제」라고도 부르는데, 「대위변제」라는 용어는 제3자가 채무자를 대신하여 변제하는 것을 의미하는 것으로 오인되기 쉬우므로, '제3자 또는 공동채무자의 변제의 효력으로 발생하는 대위'를 가리키는 적절한 용어는 아니라고 생각된다(同旨: 김형배, 703 참조). 따라서 「변제에 의한 대위」가 가장 적절한 용어라고 생각된다.

2) 독일민법 제268조(제3자의 변제권) (3) 제3자가 채권자를 만족시키는 한 채권은 그에게 이전한다. 위 채권의 이전은 채권자에게 불이익하게 주장될 수 없다.

3) 스위스채무법 제110조(제3자의 개입) 다음 각 호의 경우에 제3자가 채권자를 만족시키는 한 채권자의 권리는 법률에 의하여 그에게 이전된다. 1. 제3자가 타인의 채무를 위하여 담보로 제공된 물건의 소유권 또는 제한물권을 보존한 때 2. 채무자가 채권자에게 변제자가 채권자를 대위할 것임을 통지한 때

4) 개정 전 프랑스민법 제1249조 : 변제한 제3자를 위한 채권자의 권리의 대위는 합의에 의한 대위 또는 법률상의 대위이다.

5) 개정 전 프랑스민법 제1251조 : 다음 각 호의 경우에는 법률상 당연히 대위가 일어난다. 1) 자기 자신도 채권자인 자가 선취특권 또는 저당권에 기한 우선변제권을 가지고 있는 다른 채권자에게 변제한 경

효력을 전혀 규정하고 있지 않았던 개정 전 프랑스민법과는 달리, 대위의 효력을 구체적으로 규정하고 있다. 즉, 현행 프랑스민법은 제3자의 변제에 의하여 발생하는 대위는 채권 및 그에 부속한 권리가 법률상 당연히 변제자에게 이전하는 것이라는 점과(C.c. Art. 1346-4)[7] 대위의 효력인 대항력에 대하여 구체적으로 규정하고 있다(C.c. Art. 1346-5).[8]

(3) 일본민법

2017년 법률 제44호로 개정되기 전의 일본민법(구 의용민법)은 변제에 의한 대위에 관하여 6개 조의 상세한 규정을 두고 있었는데(동법 499~504조),[9] 이는 주로 개정 전 프랑스민법을 모범으로 하여 제정된 일본구민법 재산편의 규정(동법 479~488조)[10]을 간결하게 수정한 것이라고 한다.[11]

(4) 우리 민법

우리 민법의 변제에 의한 대위에 관한 규정(480~486조)은 개정 전 프랑스민법을 모범으로 하여 제정된 일본구민법 재산편의 규정(동법 479~488조)을 수정한 구 의용민법의 규정을 계승한 것이다. 그러므로 변제에 의한 대위에 관한 우리 민법의 규정은 프랑스민법에서 유래된 것이라고 할 수 있다.

우, 그 자의 이익을 위하여 2) 부동산매수인이 그의 취득자금을 당해 부동산에 대하여 저당권을 가지고 있는 채권자에 대한 변제에 사용한 경우, 그 부동산매수인의 이익을 위하여 3) 타인과 공동으로 또는 타인을 위하여 채무를 변제할 의무가 있는 자가 변제할 이익을 가지고 있는 경우, 그 자의 이익을 위하여 4) 자기 돈으로 상속채무를 변제한 한정상속인의 이익을 위하여.

6) 프랑스민법 제1346조 : 대위는 채무의 전부 또는 일부에 대하여 결정적인 부담을 져야 하는 자에 의한 변제가 채권자를 해방시키는 때로부터 변제에 대하여 법률상의 이해관계 있는 자의 이익을 위하여 오로지 법률의 효력에 의하여 발생한다.

7) 프랑스민법 제1346-4조 : (1) 대위는 변제자에게 그가 지급한 한도 내에서 채권자의 일신에 전속한 권리를 제외하고 채권 및 그에 부속한 권리를 이전한다. (2) 그럼에도 불구하고 대위자는 채무자와 사이에 새로이 발생한 이자에 대한 합의가 없는 한, 이행지체 이후의 법정이자에 대한 권리만을 가진다. 이 이자들은 채권에 부착된 담보권에 의하여 담보된다. 다만, 그 담보권이 제3자에 의하여 이루어진 것인 경우에는, 그것을 초과하여 구속된다고 합의된 것이 아닌 한 그 최초의 합의 범위 내에서 효력이 있다.

8) 프랑스민법 제1346-5조 : (1) 채무자는 그것을 안 때부터 대위를 원용할 수 있으나, 그에게 대위가 통지되거나 그가 대위를 승낙한 때에 한하여 대위로써 그에게 대항할 수 있다. (2) 대위는 변제시부터 제3자에게 대항할 수 있다. (3) 채무자는 피대위채권자에 대하여 무효, 불이행의 항변, 해제 또는 관련채무의 상계와 같은 채무에 내재된 항변으로써 대항할 수 있다. 채무자는 피대위채권자에 대하여 기한부여, 채무의 면제 또는 관련 없는 채무의 상계와 같이, 대위가 피대위채권자에게 대항력을 부여하기 전에 대위와 관련하여 발생한 항변권으로써 대항할 수 있다.

9) 변제에 의한 대위에 관한 일본민법(구 의용민법)의 규정은 우리 민법 제480조 내지 제485조와 내용상 거의 일치하므로, 그 조문의 소개는 생략하기로 한다.

10) 다만, 일부변제의 경우에 「채권자·변제자평등주의」를 규정한 일본구민법 재산편 제486조(일본민법 502조)의 규정은 이탈리아민법을 참조한 것이라고 한다(船越隆司, "辨濟者の代位", 民法講座4 債權總論, 有斐閣, 1985, 337 이하 참조).

11) 船越隆司, 상게논문, 338 참조.

[62] Ⅱ. 변제에 의한 대위의 법적 성질

우리 민법은 변제에 의한 대위를 임의대위(480조)와 법정대위(481조)의 양자로 구분하여, 「임의대위」의 경우에는 변제자가 "변제와 동시에 채권자의 승낙을 얻어 채권자를 대위할 수 있다"고 규정하고(480조 1항), 「법정대위」의 경우에는 "변제로 당연히 채권자를 대위한다"고 규정하고 있다(481조). 그런데 독일민법이나 스위스채무법, 그리고 2016년에 개정된 프랑스민법 등 대륙법계에 속하는 민법은 일반적으로 대위의 법적 성질과 효과에 대하여, '변제에 의하여 채권자의 권리가 변제자에게 이전한다'고 명확하게 규정하고 있으나, 우리 민법은 단지 "대위할 수 있다"고 규정하고 있을 뿐이어서 견해가 대립하고 있다.

1. 학 설

(1) 채권이전설

이는 통설적 견해로서, '제3자의 변제에 의하여 채권자와 채무자 사이에서는 채권이 소멸하지만, 변제자와 채무자 사이에서는 소멸하지 않고 변제자에게 이전된다'고 보는 견해이다.[12] 이에 따르면, 변제에 의한 대위는 '변제에 의하여 소멸한 채권과 담보권 등 채권에 종된 권리를 변제자에 대한 관계에서는 아직 존속하는 것으로서 다루어 법률상 당연히 변제자에게 이전시키는 제도'가 된다. 또한 변제에 의한 대위는 '법률상 당연히 채권과 담보권이 변제자에게 이전된다'는 점에서, '당사자의 의사에 의한 채권의 이전'인 「채권양도」와 개념상 구별된다. 또한 대위의 결과 변제자는 자기 고유의 권리인 구상권과 대위에 의하여 새로이 취득한 채권자의 권리를 경합적으로 가지게 된다. 따라서 변제자는 그중 어느 권리를 행사하든 자유이며, 변제자가 어느 하나의 권리를 행사함으로써 목적을 달성한 때에는 다른 권리도 소멸하는 「권리의 경합」이 발생한다.

(2) 대위행사설

이는 '변제에 의한 대위는 변제자가 채권자의 권리를 이전받는 것이 아니라, 채권자의 권리는 채권자에게 그대로 둔 채 변제자가 자신의 명의로 그 권리를 행사할 수 있게 되는 것'이라고 파악하는 견해이다.[13] 이 설은 '제3자의 변제에도 불구하고 채권은 소멸하지 않고 대위목적의 범위 내에서 존속하며, 변제자는 존속하는 채권자의 채권을 대위하여 행사할 뿐'이라고 한다. 다만, '채권의 존속은 제3자의 대위를 가능케 하기 위한 것임에 불과하므로, 채권자가 이중의 만족을 얻기 위하여 스스로 채권을 행사하는 것은 금지된다'고 한다. 또한 이 설은

12) 곽윤직, 257; 김상용, 451; 김증한/김학동, 365; 송덕수, 457; 이태재, 281; 현승종, 380 등 참조.
13) 이은영, 716 참조.

'변제자가 채무자에 대한 구상권과 채권자로부터 이전받은 이행청구권의 두 청구권을 가짐으로써 양자가 청구권경합의 관계에 놓이는 일은 없다'고 한다.[14]

2. 판례의 입장

판례는 '변제에 의한 대위는 그 구상권의 범위 내에서 종래 채권자가 가지고 있던 채권 및 그 담보에 관한 권리가 법률상 당연히 그 변제자에게 이전되는 것'이라고 함으로써, 통설인 「채권이전설」을 따르고 있다(대법원 1993.7.13.선고, 92다33251 판결 등). 또한 판례는 '대위에 의하여 변제자에게 이전되는 담보에 관한 권리는 질권, 저당권이나 보증인에 대한 권리 등과 같이 전형적인 물적·인적 담보권뿐만 아니라, 양도담보와 같이 채권자와 채무자 사이에 채무의 이행을 확보하기 위한 특약이 있는 경우에 그 특약에 기하여 채권자가 가지게 되는 권리도 포함된다'고 한다(대법원 1997.11.14.선고, 95다11009 판결 등).[15] 나아가 판례는 이러한 법리를 전제로 하여, ① '대위에 의하여 변제자에게 이전된 권리는 채무자에 대한 변제자의 구상권과는 그 원본, 변제기, 이자, 지연손해금의 유무 등에 있어서 내용이 다른 별개의 권리이므로, 변제자는 고유의 구상권을 행사하든 대위에 의하여 이전된 채권자의 권리를 행사하든 자유이나, 변제자대위권은 고유의 구상권의 효력을 확보하는 역할을 하는 것이므로 변제자는 구상권의 범위 내에서 대위에 의하여 이전된 채권 및 그 담보에 관한 권리를 행사할 수 있을 뿐'이라고 한다(대법원 1997.5.30.선고, 97다1556 판결 등).[16] 또한 ② '변제할 정당한 이익이 있는 자가 변제한 경우에는 채무자에 대하여 구상권을 가짐과 동시에 제481조에 의하여 당연히 채권자를 대위하나, 위 구상권과 변제자대위권은 그 원본, 변제기, 이자, 지연손해금의 유무 등에 있어서 그 내용이 다른 별개의 권리이므로, 대위자와 채무자 사이에 구상금에 관한 지연손해금 약정이 있더라도 이 약정은 구상금을 청구하는 경우에 적용될 뿐, 변제자대위권을 행사하는 경우에는 적용될 수 없다'고 한다(대법원 2009.2.26.선고, 2005다32418 판결).[17]

■ **자기의 부담부분을 넘은 변제를 한 보증인이 다른 보증인에 대하여 구상권을 행사하는 경우, 그 보증인이 채권자가 한 가압류의 효력을 주장할 수 있는지 여부**(적극) 수인의 보증인이 있는 경우에 어느 보증인이 자기의 부담부분을 넘은 변제를 한 때에는 다른 보증인에 대하여 구상권을 행사할 수 있고, 그 구상권의 범위 내에서 종래 채권자가 가지고 있던 채권 및 그 담보에 관한 권리는 법률상 당연히 그 변제자에게 이전되는 것이므로, 채권자가 어느 공동보증인의 재산에 대하여 가압류결정을 받은 경우에 그 피보전권리에 관하여 채권자를 대위하는 변제자는 채권자의 승계인으로서 가압류의 집행이 되

14) 이은영, 717 참조.
15) 같은 취지: 대법원 2007.3.16.선고, 2005다10760 판결.
16) 판례평석: 김동윤, "근저당권설정계약서상의 이른바 대위권불행사의 특약이 물상보증인의 구상권에 기한 청구에도 적용되는지 여부", 대법원판례해설 28호(법원도서관, 1997/12), 56 이하. 같은 취지: 대법원 2009.2.26.선고, 2005다32418 판결; 대법원 2015.11.12.선고, 2013다214970 판결.
17) 같은 취지: 대법원 1997.5.30.선고, 97다1556 판결.

기 전이라면 구 민사소송법 제708조 제1항[18]에 따라 승계집행문을 부여받아 가압류의 집행을 할 수 있고, 가압류의 집행이 된 후에는 위와 같은 승계집행문을 부여받지 않더라도 가압류에 의한 보전의 이익을 자신을 위하여 주장할 수 있다. (대법원 1993.7.13.선고, 92다33251 판결)[19]

3. 학실·판례의 검토

「대위행사설」은 통설·판례의 입장인 「채권이전설」에 대하여 다음과 같은 비판이 제기한다.[20] 즉, '① 「채권이전설」은 대위에 의하여 채권이 변제자에게 이전된다고 하나, 변제자가 행사할 수 있는 권리는 채권자의 권리와는 달리 구상권의 범위로 한정되며, 물상보증인이나 제3취득자 등 다른 담보제공자에 대한 권리행사의 제한이 있으므로 동일한 채권이 그대로 이전된다고 볼 수 없다. ② 대위에 의하여 채권이 변제자에게 이전된다면 변제자는 구상권과 이행청구권의 두 개의 청구권을 갖게 되어 불필요한 청구권경합이 문제가 야기된다. ③ 「채권이전설」은 우리 민법이 독일과 같은 채권이전의 입법주의를 취하지 않고 프랑스식의 대위제도를 취하였다는 점을 간과하고 있다. 즉, 우리 민법은 '대위자는 채권 및 그 담보에 관한 권리를 행사할 수 있다'고 규정하고 있을 뿐(482조) '대위자에게 채권이 이전한다'고 규정하고 있지는 않으므로 채권이 이전한다고 해석할 근거가 없다. ④ 채권양도의 합의와 임의대위에 있어서의 채권자의 대위의 승낙은 개념상 엄격히 구별되어야 하지만, 「채권이전설」에 의하면 채권양도와 변제자대위가 구별되지 않는다는 난점이 있다. ⑤ 원래 대위란 타인의 권리를 자기의 이름으로 자기목적을 위하여 대신 행사하는 것을 의미하는바, 이 점에서 변제에 의한 대위는 채권자대위권과 비슷하다'는 비판이 그것이다.

그러나 「채권이전설」에 대한 이러한 「대위행사설」 측의 비판은 타당하지 않다. 그 이유는 다음과 같다. 즉, (ⅰ) 「대위행사설」은 '「채권이전설」에 따르면 변제자는 구상권과 이행청구권의 두 개의 청구권을 갖게 되어 불필요한 청구권경합의 문제를 야기시킨다'고 비판하고 있으나, 원래 변제에 의한 대위는 구상권의 실효성을 확보하기 위하여 법률이 특별히 인정한 제도이므로, 이로 인하여 청구권의 경합이 생긴다고 하여 이를 '불필요한 경합'이라고 할 수는 없다. 또한 「대위행사설」에 의하더라도 변제자는 구상권과 대위권을 경합적으로 가지게 된다. (ⅱ) 「대위행사설」에 따르면, '변제자가 채무자에 대하여 구상권을 행사하는 경우에도 변제로 소멸된 채권은 여전히 채권자에게 존속하고 있다'고 이론구성하여야 할 것인데, 이는 성립할 수 없는 이론이다. 또한 「대위행사설」에 따르면 '변제자가 채권자의 권리를 대위행사하는

18) 구 민사소송법(2002.1.26. 법률 제6626호로 전부개정되기 전의 것) 제708조(집행개시의 요건) ① 가압류에 대한 재판이 있은 후 채권자나 채무자의 승계 있는 경우에는 그 명령에 집행문을 부기하여야 한다.
19) 판례평석: 권광중, "피보전권리의 이전과 가압류절차의 승계", 재판실무연구 1998(광주지방법원, 1999/1), 298 이하. 같은 취지: 대법원 2007.3.16.선고, 2005다10760 판결.
20) 이은영, 716; 장경학, 522 참조.

경우에도 그 효과는 일단 채권자에게 귀속한다'고 보아야 할 것인데, 이는 변제에 의한 대위의 제도적 취지에 반한다.[21] (iii) 「대위행사설」은 '우리 민법이 독일과 같은 채권이전의 입법주의를 취하지 않고 프랑스식의 대위제도를 취하였다는 점을 간과하고 있다'고 비판하고 있으나, 우리 민법이 프랑스식의 대위제도를 취하고 있다는 사실에서 바로 '우리 민법의 해석상 「채권이전설」은 취할 수 없다'는 결론이 도출될 수는 없다. 또한 프랑스민법학에서는 '변제에 의한 대위는 채권이전의 성질을 가진다'고 보는 데 이설이 없을 뿐만 아니라,[22] 개정 프랑스민법은 「채권이전설」의 입장을 명문화하고 있다(C.c. Art. 1346-4(1)),[23] (iv) 「대위행사설」은 '대위란 원래 타인의 권리를 자기의 이름으로 자기목적을 위하여 대신 행사하는 것을 의미한다'고 주장하고 있으나, 이는 명백히 잘못된 주장이다. 원래 「대위(代位)」는 '의사표시에 의한 권리의 이전'을 의미하는 「양도(讓渡)」와 대립되는 개념으로서, '법률상 당연히 권리가 이전하는 현상'을 가리키는 법률용어이기 때문이다. 요컨대, '변제에도 불구하고 채권은 채권자에게 그대로 존속된다'는 이론구성은 변제의 본질상 허용될 수 없으며, '변제에 의하여 채권은 소멸하지만 변제자의 구상권을 보호하기 위하여 변제자와 채무자 사이에서는 구상권의 범위 내에서 채권과 담보권이 법률상 당연히 변제자에게 이전되고 또한 존속하는 것으로 다루어지는 것'이라고 보아야 할 것이다. 즉, 변제에 의한 대위는 법률의 규정에 의하여 변제에 의하여 소멸한 채권자의 권리가 채무자와의 관계에서는 변제자의 구상권의 범위 내에서 존속하는 것으로 다루어져 변제자에게 이전되는 것이라고 보는 통설·판례의 입장(채권이전설)이 타당하다고 할 것이다.

[63] Ⅲ. 변제에 의한 대위의 요건

1. 변제자의 출재(出財)로 인한 채권자의 만족

대위가 발생하기 위해서는 변제자가 자기의 출재로 채권자에게 만족을 주어 채무자를 면책시켰어야 한다.

(1) 제3자의 출재로 채무자가 면책된 경우

제3자가 변제·공탁 등 자기의 출재로 채무자의 채무를 면하게 한 경우에는 대위가 발생한다(480~486조). 즉, 채무의 내용인 급부를 이행함으로써 채권자에게 만족을 주는 고유의 의

21) 同旨: 김상용, 451 참조.
22) Marty et Raynaud, n° 620 et suv. 또한 명순구, "변제자대위에 있어서 이해관계인간의 이익조정", 법학논집 34집(고려대법학연구소, 1998/12), 254 참조.
23) 전게 주 7 참조.

미의 변제는 물론이고, 공탁 기타 자기의 출재로 채무자의 채무를 면하게 함으로써 채권자에게 만족을 주는 경우에도 「변제에 의한 대위」가 발생한다(486조). 여기서 채무자의 채무를 면하게 함으로써 채권자에게 만족을 주는 제3자의 "출재(出財)"에 대물변제(466조)와 변제공탁(487조 이하)이 포함된다는 점에 대해서는 이설이 없으나, '상계를 채권자에게 만족을 주는 제3자의 출재라고 할 수 있는가?' 하는 문제에 대해서는 견해가 대립하고 있음은 전술한 바와 같다. (☞ 제3절 「변제자와 변제수령자」)

물상보증인 또는 저당부동산의 제3취득자는 「변제할 정당한 이익이 있는 제3자」라고 할 것이므로, 저당권의 실행으로 소유권을 잃은 경우를 포함하여 변제 기타 자기의 출재로 인하여 채무자의 채무를 면하게 한 때에는 채권자를 대위한다(481조, 486조).

(2) 공동채무자의 출재로 채무자가 면책된 경우

1) 연대채무자 또는 불가분채무자의 출재에 의하여 공동면책된 경우

연대채무자는 제469조의 "제3자"라고 할 수는 없으나, 「변제할 정당한 이익이 있는 자」로서 변제에 의하여 법률상 당연히 채권자를 대위한다(481조). 또한 연대채무자의 1인이 자기의 반대채권으로 상계한 때에는 채권은 모든 연대채무자의 이익을 위하여 소멸하는 절대적 효력이 인정되므로(418조), 제3자의 변제의 경우와 달리 연대채무자의 1인이 상계한 경우에는 그 자의 출재로 공동면책이 된 것으로 해석하여야 할 것이다. 그러므로 어느 연대채무자가 변제 기타의 출재(대물변제·공탁·상계)로 공동면책이 된 때에는 다른 연대채무자의 부담부분에 한하여 구상권을 행사할 수 있으며(425조), 그 범위 내에서 채권자를 대위할 수 있다고 해석된다(대법원 1982.1.19.선고, 80다3075 판결). 불가분채무자의 1인이 변제 기타 출재에 의하여 공동면책이 된 경우에도 연대채무자의 출재에 의하여 채무자가 면책된 경우와 마찬가지로 해석하여야 할 것이다(411조).

한편 연대채무자가 채권을 양수하거나 채권자를 상속함으로 인하여 혼동이 발생한 경우에는 그 연대채무자의 부담부분에 한하여 다른 연대채무자도 채무를 면하게 된다(420조). 문제는 '혼동에 의하여 채권을 소멸케 한 연대채무자가 다른 연대채무자의 부담부분에 대하여 구상권을 행사할 수 있는가?' 하는 것이다(425조). 이에 대하여, '혼동은 면제나 시효의 완성과 달리 변제와 동일시할 수 있으므로 구상권을 인정하여야 하고, 혼동에 의하여 발생한 구상권의 범위 내에서는 대위가 발생한다'고 해석하는 것이 통설적 견해이다.[24] 그러나 혼동을 변제와 같은 「출재행위」라고 볼 수 없을 뿐만 아니라, 현행민법은 '연대채무자의 1인과 채권자와의 사이에 혼동이 있는 때에는 그 채무자는 변제를 한 것으로 간주한다'고 규정하고 있었

---

24) 곽윤직, 257; 김상용, 293; 김증한/김학동, 365; 현승종, 381 참조.

던 구 의용민법 제438조를 삭제하고, 그 대신에 혼동이 있는 채무자의 부담부분에 한하여 절대적 효력이 발생하는 것으로 바꾸어 규정하고 있으므로(420조), '혼동에 의한 구상권은 인정될 수 없다'고 해석하는 것이 타당하다고 할 것이다. 결국 '혼동에 의한 대위는 인정되지 않는다'고 해석하여야 할 것이다.

2) 보증인의 출재에 의하여 주채무자가 면책된 경우

보증인은 제481조의 「변제할 정당한 이익이 있는 자」로서 변제 기타 자기의 출재로 주채무를 소멸하게 한 때에는 주채무자에 대하여 구상권을 행사할 수 있으므로(441조, 444조), 그 구상권의 범위 내에서 법률상 당연히 채권자를 대위한다(481조). 보증인의 상계도 법정대위의 요건인 "출재"에 포함되는지 여부에 대해서는 견해가 갈리며, 이 문제에 관한 판례의 입장은 명확하지 않음은 전술한 바와 같다. (☞ 제3절 「변제자와 변제수령자」)

2. 변제자의 구상권

변제에 의한 대위는 채무자에 대한 변제자의 구상권을 확보하기 위하여 인정된 제도이므로, 변제자에게 구상권이 없으면 대위는 발생하지 않는다(대법원 1967.1.24.선고, 66다2255 판결 등).[25]

변제자의 구상권은 불가분채무자(411조)·연대채무자(425조 이하)·보증인(441조 이하)·물상보증인(341조, 355조, 370조)과 같이, 각각의 개별적인 규정에 의하여 인정되는 경우와, 위임계약에서 수임인의 위임사무처리비용의 상환청구권(688조), 사무관리자의 비용상환청구권(739조), 부당이득반환청구권(745조)과 같이 일반적인 규정에 의하여 인정되는 경우가 있다.

3. 변제할 정당한 이익 : 법정대위의 경우

변제할 정당한 이익이 있는 자가 채무자를 위하여 변제한 경우에는 채권자의 승낙이 없더라도 법률상 당연히 대위의 효력이 발생한다(481조). 이를 변제자의 「법정대위」라고 한다.

(1) 변제할 정당한 이익이 있는 자

1) 의 의

법정대위는 변제자가 변제할 정당한 이익이 있는 경우에 한하여 발생한다(481조). 여기서 「변제할 정당한 이익이 있는 자」라 함은 '변제를 하지 않으면 채권자로부터 강제집행을 받게 되거나 채무자에 대한 자기의 권리를 잃게 되는 지위에 있기 때문에 변제함으로써 당연히 대위의 보호를 받아야 할 법률상의 이익을 가지는 자'를 말한다(대법원 1990.4.10.선고, 89다카24834 판

25) 같은 취지: 대법원 1989.11.14.선고, 88다카28204 판결.

결 등).[26)]

2) 「변제할 정당한 이익이 있는 자」라고 인정되는 경우

(가) 보증인적 지위에 있거나 독립적인 채무를 부담하는 자

보증인(대법원 1996.12.6.선고, 96다35774 판결 등)·연대보증인(대법원 1961.11.9.선고, 4293민상729 판결 등)[27)]·보증보험의 보험자(대법원 2000.1.21.선고, 97다1013 판결)[28)]·물상보증인(대법원 1997.5.30.선고, 97다1556 판결 등)과 같이 채무에 대한 보증인적 지위에 있거나, 연대채무자·불가분채무자와 같이 독립적인 채무를 부담하는 자는 「변제할 정당한 이익이 있는 자」에 해당한다.

문제는 '채무자와 사이에 채무의 이행을 인수하기로 약정한 자에 불과한 이행인수인도 변제할 정당한 이익이 있는 자로서 법정대위가 인정되는가?' 하는 것인데, 판례는 이를 긍정하여, '이행인수인은 채무자와의 이행인수약정에 따라 채권자에게 채무를 이행할 의무가 있으므로, 이를 이행하지 아니하는 경우에는 채무자에 대하여 채무불이행의 책임을 지게 되어 특별한 법적 불이익을 입게 될 지위에 있다고 할 것이므로, 이행인수인도 변제를 할 정당한 이익이 있다'고 한다(대법원 2012.7.16., 2009마461 결정 등). 그러나 이행인수인은 변제를 하지 않더라도 '채권자로부터 강제집행을 받게 되거나 채무자에 대한 자기의 권리를 잃게 되는 지위에 있다'고 할 수는 없으므로, 이론상 변제를 할 정당한 이익이 있는 자에 해당한다고 볼 수는 없다고 생각된다. 다만, 이행인수는 이행인수인과 채무자와 사이의 이행인수계약의 효력으로 발생하는 것이고, 이행인수인이 채무를 변제하는 것은 이행인수계약상의 의무를 이행한 것이므로, 채무자는 이행인수계약 시에 이미 임의대위를 승낙한 것이라고 보아야 할 것이다. 따라서 '임의대위의 요건인 채권자의 승낙이 있다면 채무자에게 대위의 통지나 승낙을 할 필요는 없다'고 할 것이다. 결국 이행인수인은 변제할 정당한 이익이 있는 자라고 할 수는 없으나, 채권자의 대위의 승낙만 있으면 채무자에 대한 대위의 통지나 승낙이 없더라도 제480조의 임의대위는 언제나 인정된다는 점에서, 실제상의 차이는 크지 않다. (☞ 제6장 제2절「채무인수」)

■ **제481조에 의하여 법정대위를 할 수 있는 '변제할 정당한 이익이 있는 자'의 의미 및 이행인수인이 '변제할 정당한 이익이 있는 자'에 해당하는지 여부**(적극) [1] 선박대리점이 선박소유자 등을 대리하여 선박의 항해에 필요한 계약을 체결하는 것은 통상 상법 제87조 소정의 대리상의 지위에서 하는 것이다. 그러나 선박대리점은 선박소유자 등의 상업사용인이 아니라 독자적으로 영리를 추구하는 독립한 상인으로서 자신의 명의로 영업을 영위하는 것으로서, 선박대리점이 선박소유자 등과 사이에 그러한 계약으로부터 발생한 채무를 선박소유자 등을 대신하여 자신의 재산을 출연하여 변제하기로 한 경우,

---

26) 같은 취지: 대법원 2009.5.28., 2008마109 결정; 대법원 2012.7.16., 2009마461 결정.
27) 같은 취지: 대법원 2009.10.29.선고, 2009다60527 판결.
28) 판례평석: 박만호, "리스보증보험의 법률적 검토", 재판과 판례 11집(대구판례연구회, 2002/12), 95 이하. 같은 취지: 대법원 2009.10.29.선고, 2009다60527 판결.

그 법적 성질은 특별한 사정이 없는 한 이행인수약정으로 보아야 한다. 그리고 선박대리점이 이러한 이행인수약정에 따라 자신의 재산을 출연하여 한 변제는 선박소유자 등의 대리인으로서 한다는 점을 밝히는 등 본인의 변제라고 평가되어야 할 만한 사정이 없는 한 제469조에서 정하는 '제3자의 변제'에 해당한다고 봄이 상당하다. [2] 제481조에 의하여 법정대위를 할 수 있는 '변제할 정당한 이익이 있는 자'라고 함은 변제함으로써 당연히 대위의 보호를 받아야 할 법률상의 이익을 가지는 자를 의미한다. 그런데 이행인수인이 채무자와의 이행인수약정에 따라 채권자에게 채무를 이행하기로 약정하였음에도 불구하고 이를 이행하지 아니하는 경우에는 채무자에 대하여 채무불이행의 책임을 지게 되어 특별한 법적 불이익을 입게 될 지위에 있다고 할 것이므로, 이행인수인은 그 변제를 할 정당한 이익이 있다고 할 것이다. [3] 국내에서 선박대리점업을 영위하는 甲주식회사가 선박용선자인 미국법인 乙회사와 체결한 선박대리점계약에서 선박의 입·출항시 발생하는 항비 등의 비용을 乙회사가 부담하되 甲회사가 乙회사를 대신하여 채권자에게 우선 지급하기로 약정한 경우, 위 약정은 이행인수약정으로 보아야 하고, 나아가 甲회사가 이러한 이행인수약정에 따라 자신의 출연으로 항비 등을 변제한 것은 특별한 사정이 없는 한 제481조에서 정한 '변제할 정당한 이익이 있는 자'의 변제에 해당하여 항비 등 채권을 당연히 대위할 수 있다. (대법원 2012.7.16., 2009마461 결정)[29)]

(나) 현재 담보물의 소유자(제3취득자)이거나 소유자에 준하는 지위에 있는 자

판례에 따르면, 담보물의 제3취득자(대법원 1974.12.10.선고, 74다1419 판결), 담보가등기가 경료되어 있는 부동산을 시효취득하였으나 시효취득을 원인으로 한 소유권이전등기를 경료하지 못하고 있던 자(대법원 1991.7.12.선고, 90다17774 · 17781 판결), 담보제공자의 체납국세를 대납한 양도담보권자(대법원 1981.7.28.선고, 80다1579 판결) 등 현재 담보물의 소유자이거나 소유자에 준하는 지위에 있는 자는 변제를 하지 않으면 채권자로부터 강제집행을 받게 되거나 채무자에 대한 자기의 권리를 잃게 되므로, 변제할 정당한 이익이 있는 자에 해당한다. (☞ 제3절 「변제자와 변제수령자」)

(다) 변제하지 않으면 채무자에 대한 권리를 행사하기 곤란하게 되는 자

판례에 따르면, 부동산매수인(대법원 1971.10.22.선고, 71다1888·1889 판결 등),[30)] 입주를 저지하는 건축공사수급인에게 매매대금의 일부를 공사금채무 변제조로 지급한 건물매수인 겸 임차인(대법원 1993.10.12.선고, 93다9903 판결), 후순위담보권자(대법원 2002.12.6.선고, 2001다2846 판결 등)[31)]는 법정대위가 인정되는 「채무를 변제할 정당한 이익이 있는 제3자」에 해당한다.

(2) 「변제할 정당한 이익이 있는 자」라고 볼 수 없는 경우

전술한 바와 같이, 「변제할 정당한 이익이 있는 자」라 함은 '변제를 하지 않으면 채권자로부터 강제집행을 받게 되거나 채무자에 대한 자기의 권리를 잃게 되는 지위에 있기 때문에 변제함으로써 대위의 보호를 받아야 할 법률상의 이익을 가지는 자'를 가리킨다.

---

29) 같은 취지: 대법원 2012.7.16., 2009마462 결정.
30) 같은 취지: 대법원 1995.3.24.선고, 94다44620 판결.
31) 같은 취지: 대법원 1990.12.26.선고, 90다4686 판결.

변제자가 「법률상 변제할 정당한 이익이 있는 자」에 해당하는지 여부가 문제된 사례에서 판례는, ① '소속공무원의 불법행위로 인한 손해배상채무를 국가배상법의 규정에 따라 대위변제한 국가기관은 변제할 정당한 이익이 있는 제3자라고 볼 수 없다'고 하며(대법원 1982.1. 19. 선고, 80다3075 판결), ② '채무자가 수사기관에서 조사를 받음으로 인하여 채무자와 같이 하고 있는 연립주택 건설사업에 지장을 받을 우려가 있는 사실상의 이해관계를 가지는 자는 변제할 정당한 이익이 있는 자라고 할 수 없다'고 한다(대법원 1990.4.10.선고, 89다카24834 판결). 또한 ③ '채권압류가 경합되어 전부명령이 무효임에도 불구하고 제3채무자가 전부(轉付)채권자에게 변제한 경우에도 제3채무자가 선의·무과실인 경우에는 채권의 준점유자에 대한 변제로서 유효하여 채권이 소멸하였음에도 불구하고 제3채무자가 다시 경합압류채권자에게 이중으로 변제하였다면, 이는 이해관계 없는 제3자의 변제로서 법정대위가 인정되지 않는다'고 한다(대법원 1980.9.30.선고, 78다1292 판결 등).[32]

4. 임의대위의 경우, 채권자의 승낙

(1) 임의대위의 법적 성질

변제할 정당한 이익이 없는 제3자라도 채무자를 위하여 변제한 경우에는 변제와 동시에 채권자의 승낙을 얻어 채권자를 대위할 수 있다. 이를 「임의대위」라고 한다(480조 1항). 다만, 그 명칭이 「임의대위」일 뿐 '변제자가 임의로 대위할 수 있다'는 의미는 결코 아니며, 임의대위도 '법률의 규정에 의한 권리의 이전'인 대위(代位)라는 점에서 법정대위와 그 법적 성질은 동일하다(채권이전설).

(2) 채권자의 승낙

임의대위도 '법률의 규정에 의한 권리의 이전'이라는 점에서는 본질상 법정대위와 마찬가지이나, 임의대위는 법률상 이해관계 없는 제3자(469조 2항), 즉 변제할 정당한 이익이 없는 자가 변제한 때에 인정되는 대위(481조)라는 점을 고려하여, 민법은 '변제와 동시에 채권자의 승낙을 얻어 채권자를 대위할 수 있다'고 규정하고 있다(480조 1항).

민법이 임의대위의 요건으로 규정하고 있는 채권자의 "승낙"이라 함은 채권양도의 의사표시가 아니라, 채권 및 담보의 이전에 대한 '사실로서의 동의(同意)'를 의미한다고 할 것이다.[33] 판례도 '임의대위의 요건인 채권자의 승낙은 반드시 명시적 의사표시일 필요가 없으며, 변제의 동기 내지 이유와 그 과정, 변제받음에 있어 채권자가 보인 태도, 변제 후의 사정 등 여러 사정을 두루 참작하여 그 승낙이 있은 것으로 추단될 수 있으면 된다'는 입장을 취하고

32) 같은 취지: 대법원 1970.3.24 선고 70다129 판결.
33) 同旨: 곽윤직, 264; 김증한/김학동, 366; 현승종, 381 참조.

있다(대법원 2011.4.15., 2010마1447 결정).

(3) 임의대위의 대항요건

임의대위는 채권자의 승낙(사실적 동의)을 얻어야 효력이 발생하는 것이기는 하나, 변제할 정당한 이익이 없는 제3자, 즉 법률상 이해관계 없는 제3자의 변제가 있으면 법률상 당연히 그 효력이 발생하는 것이므로(480조 1항), 임의대위가 발생한 경우에도 채무자로서는 대위자가 누구인지, 채권자의 대위의 승낙이 있었는지의 여부를 전혀 알 수 없는 경우가 있을 수 있다. 이러한 점을 고려하여, 민법은 채무자 보호를 위하여 임의대위에 채권양도의 대항요건에 관한 규정을 준용하도록 하고 있다(480조 2항). 그러므로 ① 변제자가 채무자 기타 제3자에게 대위의 효력을 주장하기 위해서는 변제를 수령한 채권자가 대위의 사실을 채무자에게 통지하거나 채무자가 대위를 승낙하여야 하며, 채권자가 변제에 의한 대위가 있은 사실을 채무자에게 통지하거나 채무자가 이를 승낙한 경우가 아니면 대위로써 채무자 기타 제3자에게 대항하지 못한다(480조 2항, 450조 1항). ② 임의대위가 있은 사실을 채무자 이외의 제3자에게 대항하기 위해서는 대위사실의 통지 또는 승낙이 확정일자 있는 증서에 의하여 이루어져야 한다(450조 2항). ③ 여기서 '임의대위의 대항요건의 흠결을 변제자에게 주장할 수 있는 제3자, 즉 확정일자 있는 증서에 의하지 아니하면 변제자가 대위의 사실을 주장할 수 없는 제3자는 대위의 목적인 그 채권 자체에 관하여 변제에 의한 대위자와 양립할 수 없는 법률상의 지위에 있는 자만을 의미한다'는 것이 판례의 입장이다(대법원 1996.2.23.선고, 94다21160 판결 등).34) 그러므로 '담보부동산의 제3취득자는 당해 채권의 이전에 관하여 간접적인 영향을 받는 데 불과하므로, 변제자의 대항요건의 흠결을 주장할 수 있는 제3자에 해당되지 않으며(대법원 1989.1.17.선고, 87다카1814 판결), 임금채권과 직접적인 관련이 없는 사용자의 채권자는 임금채권의 대위변제자가 확정일자에 의한 대항요건을 갖추어야 할 제3자에 해당되지 않는다'고 한다(대법원 1996.2.23.선고, 94다21160 판결). 또한 '채무자의 사전승인에 의하여 한 제3자의 변제의 경우에는 대위의 통지가 없다고 하더라도 대위의 효력을 채권자에게 주장할 수 있다'고 한다(대법원 1962.10.18.선고, 62다371 판결). ④ 채권양도의 승낙·통지의 효과에 관한 제451조의 규정과 양도통지에 따른 금반언(禁反言)의 효과에 관한 제452조의 규정은 임의대위의 통지·승낙의 경우에도 준용된다.

■ 임의대위를 위하여 대항요건을 갖추어야 하는 제3자의 의미 [1] 임의대위에 있어서 변제자가 제3자에게 대항하기 위하여는 확정일자 있는 증서에 의한 대위의 통지나 승낙이 필요한 것이지만, 이 경우 제3자라 함은 대위변제의 목적인 그 채권 자체에 관하여 대위변제자와 양립할 수 없는 법률상 지위에 있는 자만을 의미한다. [2] 타인의 채무를 변제하고 채권자를 대위하는 대위변제의 경우 채권자의 채

34) 같은 취지: 대법원 1989.1.17.선고, 87다카1814 판결; 대법원 2005.6.23.선고, 2004다29279 판결; 대법원 2011.4.15., 2010마1447 결정; 대법원 2012.4.12.선고, 2011다109357 판결.

권은 동일성을 유지한 채 법률상 당연히 변제자에게 이전하고, 이러한 법리는 채권이 근로기준법상의 임금채권이라 하더라도 그대로 적용되므로, 근로기준법 제30조의2 제2항에 규정된 우선변제권이 있는 임금채권을 변제한 자는 채무자인 사용자에 대한 임금채권자로서 사용자의 총재산에 대한 강제집행절차나 임의경매절차가 개시된 경우에 경락기일까지 배당요구를 하여 그 배당절차에서 저당권의 피담보채권이나 일반채권보다 우선하여 변제받을 수 있으며, 이와 같이 근로자가 아닌 대위변제자에게 임금의 우선변제권을 인정하더라도 근로자에 대하여 임금이 직접 지급된 점에 비추어 이를 근로기준법 제36조 제1항 소정의 직접불의 원칙에 위배된다고 할 수 없다. [3] 사용자에 대한 근저당권부 채권자는 임금채권에 대하여 아무런 관련이 없어 임금채무의 대위변제자가 대항요건을 갖추어야 할 제3자에 해당된다고 할 수 없으므로, 근로자들의 사용자에 대한 대위의 통지가 적법하게 된 이상, 근저당채권자가 신청한 경매절차에서 경매개시결정으로 인한 압류의 효력이 발생한 날보다 그 대위통지 일자가 늦다고 하더라도 대위에는 영향이 없다. (대법원 1996.2.23.선고, 94다21160 판결)[35]

[64] Ⅳ. 대위의 효과 : 대위의 법률관계

1. 변제자의 권리

(1) 구상권의 범위 내에서 대위로 이전된 권리를 행사

대위에 의하여 채권자의 권리를 이전받은 변제자는 채무자에 대한 구상권의 범위 내에서 이전받은 채권 및 그 담보에 관한 권리를 행사할 수 있다(481조, 482조 1항). 즉, 대위의 요건을 갖추면 채권(이행청구권·손해배상청구권) 및 채권에 부수한 권리(채권자대위권·채권자취소권 등)와 그 채권을 담보하는 담보물권 또는 보증인에 대한 권리는 구상권의 범위 내에서 변제자에게 법률상 당연히 이전하므로(채권이전설), 변제자는 채무자에 대하여 이전받은 이들 권리를 행사할 수 있다. 또한 대위 발생 당시 이미 채권자가 집행권원을 획득한 경우에는 대위자는 집행법원으로부터 승계집행문을 부여받아 채무자의 책임재산에 대하여 직접 강제집행을 할 수 있다(민사집행법 31조).[36]

1) 구상권의 범위 내에서의 권리 행사

변제자는 대위에 의하여 이전된 채권과 이를 담보하기 위한 권리를 행사할 수 있으나, 대위에 의하여 취득한 권리의 행사는 구상권의 범위 내로 제한된다(대법원 2012.2.23.선고, 2011다96178 판결 등). 변제에 의한 대위는 변제자가 채무자에 대하여 가지는 구상권을 확보해 주기 위한 제도에 불과한 것이기 때문이다(대법원 1997.5.30.선고, 97다1556 판결 등).[37]

---

35) 판례평석: 김교창, "최우선임금채권을 대위변제한 자의 지위", 법률신문 2494호(법률신문사, 1996/4), 14~15.

36) 민사집행법 제31조(승계집행문) ① 집행문은 판결에 표시된 채권자의 승계인을 위하여 내어 주거나 판결에 표시된 채무자의 승계인에 대한 집행을 위하여 내어 줄 수 있다. 다만, 그 승계가 법원에 명백한 사실이거나, 증명서로 승계를 증명한 때에 한한다. ② 제1항의 승계가 법원에 명백한 사실인 때에는 이를 집행문에 적어야 한다.

37) 같은 취지: 대법원 2012.2.23.선고, 2011다96178 판결; 대법원 2015.11.12.선고, 2013다214970 판결.

2) 대위의 객체인 「담보에 관한 권리」

변제자는 대위에 의하여 이전된 채권 및 그 담보에 관한 권리를 행사할 수 있는데(482조 1항), 대위에 의하여 이전된 채권자의 '담보에 관한 권리'에는 질권이나 저당권 또는 보증인에 대한 권리 등과 같이 전형적인 물적·인적 담보뿐만 아니라, 양도담보와 같이 채권자와 채무자 사이에 채무의 이행을 확보하기 위한 특약이 있는 경우에 그 특약에 기하여 채권자가 가지게 되는 권리도 포함된다(대법원 2000.1.21.선고, 97다1013 판결 등). 다만, 대위에 의하여 변제자에게 이전되는 채권자의 권리는 '채무자에 대한 권리'에 한정된다(대법원 2010.4.8.선고, 2009다80460 판결 등).[38)]

3) 변제자의 구상권과 대위에 의하여 이전된 권리의 관계

변제에 의한 대위는 구상권의 실효성을 확보하기 위하여 인정된 수단적 존재에 지나지 않으므로, 변제자의 채무자에 대한 구상권과 대위에 의하여 취득한 권리는 그 법적 성질과 내용이 다른 별개의 권리임은 전술한 바와 같다. 즉, 변제자의 채무자에 대한 구상권과 대위에 의하여 이전받은 권리는 그 원본, 변제기, 이자, 지연손해금의 유무 등에 있어서 그 내용이 다른 별개의 권리이므로(대법원 1997.5.30.선고, 97다1556 판결 등), 변제자와 채무자 사이에 구상금에 관한 지연손해금 약정이 있더라도 이 약정은 구상금을 청구하는 경우에만 적용될 뿐 변제자가 대위에 의하여 취득한 권리를 행사하는 경우에는 적용될 수 없다(대법원 2009.2.26.선고, 2005다32418 판결 등). 또한 채무자에 대한 회생절차가 개시되었음에도 불구하고 변제자가 자신의 구상권을 회생채권으로 신고하지 아니하여 채무자가 면책된 경우라고 하더라도(채무자회생법 251조), 변제자는 채무자에 대하여 구상채권을 이행을 소송으로 청구할 수 없을 뿐 구상권 자체는 자연채무의 상태로 존속하는 것이므로, 변제자는 대위에 의하여 취득한 채권 및 담보에 관한 권리를 행사할 수 있다(대법원 2015.11.12.선고, 2013다214970 판결).[39)] (☞ 제2장 제2절 「자연채무」)

4) 채무자의 채권자에 대한 항변권 행사

채무자는 대위가 발생하기 전에 채권자에 대하여 가지고 있던 항변권으로써 대위에 의하여 권리를 취득한 변제자에게 대항할 수 있다.[40)]

(2) 일부변제에 의한 대위의 법률관계

1) 문제의 소재

변제자가 채권의 일부만을 변제한 경우에도 대위는 변제된 일부채권의 범위에서 발생한

---

38) 같은 취지: 대법원 2000.1.21.선고, 97다1013 판결; 대법원 2007.3.16.선고, 2005다10760 판결; 대법원 2011.6.10.선고, 2011다9013 판결.

39) 판례평석: 신길호, "연대채무자가 자기의 출재로 공동면책이 된 때에 가지게 되는 민법상 구상권과 변제자대위권이 별개의 권리라고 판단한 사례", 대한변협신문 580호(대한변호사협회, 2016/2), 8.

40) 同旨: 곽윤직, 259; 김증한/김학동, 367; 현승종, 383 참조.

다. 이를 「일부대위」라고 한다. 문제는 '일부변제에 의한 일부대위가 발생한 경우 변제자는 채권자와 함께 대위에 의하여 취득한 권리를 행사하여야 하는데, 이 경우에 일부변제자는 채권자와 대등한 법적 지위를 가지는가, 아니면 채권자에게 일부변제자보다 우월한 지위를 인정할 것인가?' 하는 것이다. 이에 대하여, 민법은 "채권의 일부에 대하여 대위변제가 있는 때에는 대위자는 그 변제한 가액에 비례하여 채권자와 함께 그 권리를 행사한다"고 규정하고 있다(483조 1항). 이는 일부변제의 경우에는 변제가액에 비례하여 일부대위가 발생하며, 일부대위자는 채권자와 대등한 법적 지위에서 대위에 의하여 이전된 권리를 행사할 수 있음을 규정한 것이라고 할 수 있다.

〈설례 1〉 乙에게 1억원을 대여한 채권자 甲은 그 대여금채권을 담보하기 위하여 채무자 乙소유의 X부동산 위에 저당권을 설정하고 보증인 丙과 보증계약을 체결하였다. 乙이 대여금채무를 이행하지 않자 보증인 丙은 위 乙의 대여금채무 중 5,000만원을 甲에게 변제하였다. 乙이 남은 대여금채무 5,000만원을 이행하지 않자 甲은 X부동산에 대한 경매를 신청하였는데, 경매결과 X부동산은 8,000만원에 丁에게 매각되었다. 경매대금 8,000만원은 원래의 채권자 甲과 일부대위자 丙에게 각각 얼마씩 배당되어야 하는가?

〈설례 2〉 A은행은 B회사에 12억원을 대여하고 그 대여금채권을 담보하기 위하여 B회사 소유의 X부동산 위에 채권최고액 12억원의 근저당권을 설정하고, 이와 별도로 보증을 요구하여 신용보증기금 C가 B회사의 위 대여금채무를 2억원 한도에서 보증하였다. 그 후 B회사가 위 대여금채무를 변제하지 못하자 C는 보증채무를 이행하여 위 대여금채무의 일부인 2억원을 변제하고 A로부터 대위를 원인으로 X부동산에 대한 근저당권 일부지분이전의 부기등기를 경료하였다. 그 후 다른 보증인 D는 B회사의 위 대여금채무의 잔액 전부인 10억원을 변제하고 A로부터 대위를 원인으로 X부동산에 대한 나머지 근저당권지분이전의 부기등기를 경료하였다. 그 후 D가 신청한 경매에서 이 사건 부동산은 10억원에 매각되었다면, 위 경매대금 10억원은 C와 D 사이에 어떻게 배당되어야 하는가?

위 <설례 1>에서 채무자 乙에 대한 甲의 채권 및 저당권은 변제가액에 비례하여 5,000만원의 범위 내에서 보증인 丙에게 이전한다(483조 1항). 즉, 보증인 丙의 일부변제로 인하여 甲의 채권과 저당권은 분할되어 甲과 丙에게 각각 그 1/2씩 귀속한다. 문제는 '이 경우에 일부대위자 丙은 그 대위의 범위 내에서 채권자 甲과 평등한 지위에서 단독으로 그 권리를 행사할 수 있는가?' 하는 것이다. 즉, '丙은 대위에 의하여 이전된 채권의 범위(5,000만원) 내에서 이전받은 저당권을 甲의 의사와 관계없이 단독으로 행사할 수 있는가?' 하는 문제와, '경매대금이 피담보채권의 총액에 미치지 못하는 경우에도 일부대위자는 채권자와 채권액에 비례하여 매각대금을 평등하게(위 <설례 1>의 경우, 甲과 丙이 각각 4,000만원씩) 분배받을 수 있는가?' 하는 것이 문제된다.

이에 관한 입법례를 살펴보면, 대부분 채권자의 우월적 지위를 인정하는 명문규정을 두고 있다. 예컨대, 독일민법은 '일부변제로 인한 일부대위의 경우에도 채권자의 우선변제권은 인정된다'는 취지의 규정을 두고 있으며(BGB §268 Ⅲ),[41] 연대채무자와 보증인의 구상권을 확보하기 위한 대위에 관하여도 같은 취지의 규정을 두고 있다(BGB §426 Ⅱ,[42] §774 Ⅰ[43]). 또한 프랑스 민법도 채권자의 일부대위자에 대한 우선적 권리를 명문으로 규정하고 있다(C.c. Art. 1346-3).[44] 그러나 우리 민법은 일부대위에 있어서의 채권자의 우월적 지위를 명확하게 규정하지 않음으로써 해석론의 대립을 초래하고 있다.[45] 또한 제483조 제1항의 규정은 일부대위자와 채권자 사이의 관계만을 규정하고 있으나, 일부변제자가 여러 명 있는 경우에도 적용될 수 있음은 물론이다. 다만, <설례 2>의 경우와 같이, '시기를 달리하는 여러 명의 일부변제에 의하여 채무가 전액 변제됨으로써 채권이 소멸한 경우에, 그 여러 명의 일부대위자 사이의 관계에 대해서도 제483조 제1항의 규정이 적용될 수 있는가?' 하는 것은 문제이다.

2) 채권자와 일부대위자 사이의 법률관계

(가) 학 설

(A) 대등적 지위설 이는 제483조 제1항의 규정을 문리해석한 견해라고 할 수 있는데, '일부대위자는 권리의 행사는 물론 경매로 인한 배당에 있어서도 대위채권액에 비례하여 채권자와 대등하게 분배받을 수 있다'는 견해이다(편의상 「대등적 지위설」이라고 칭하기로 한다).[46] 이 견해에 따르면, 위 <설례 1>에서 일부대위자 丙은 단독으로 대위에 의하여 취득한 저당권의 일부지분을 행사할 수 있을 뿐만 아니라, 경매에 있어서도 원래의 저당채권자 甲과 대등한 자격이 부여된다. 그러므로 저당목적물의 경매대금 8,000만원은 원래의 채권자 甲과 일부대위자 丙이 동등하게 4,000만원씩 배당받게 된다.

(B) 채권자우위설 이는 '권리의 행사 및 매각대금의 배당에 있어서 채권자의 우위를 인정하여야 한다는 견해'로서 통설이라고 할 수 있다.[47] 이 견해는 제483조 제1항을 제한적으로 해석하여, '일부대위자는 대위할 권리가 가분적인 경우에도 이를 단독으로 행사하지 못하

41) 전게 주 2 참조.

42) 독일민법 제426조(구상의무, 채권의 이전) (2) 연대채무자 중 1인이 채권자를 만족시키고 그가 다른 채무자에 대하여 구상할 수 있는 경우에는, 채권자의 그 다른 채무자에 대한 채권은 그 범위 내에서 그에게 이전한다. 이 이전은 채권자의 불이익으로 주장될 수 없다.

43) 독일민법 제774조(법률에 의한 채권의 이전) (1) 보증인이 채권을 만족시킨 범위 내에서 주채무자에 대한 채권자의 채권은 보증인에게 이전한다. 이 이전은 채권자의 불이익으로 주장될 수 없다. 주채무자와 보증인 사이의 법률관계로부터 발생하는 주채무자의 항변권은 영향을 받지 않는다.

44) 프랑스민법 제1346-3조 : 채권자가 채무의 일부만을 변제받은 경우에, 대위는 채권자를 해할 수 없으며, 채권자는 잔액채무를 위하여 일부변제자에 우선하여 그 권리를 행사할 수 있다.

45) 참고로 상법은 "보험자가 보상할 보험금의 일부를 지급한 경우에는 피보험자의 권리를 침해하지 아니하는 범위에서 그 권리를 행사할 수 있다"고 규정함으로써, 일부보험자대위에 있어서 채권자인 피보험자의 권리가 일부대위자인 보험자의 대위권에 우선한다는 점을 명확하게 규정하고 있다(동법 682조 1항 단서).

46) 김현태, 304 참조.

47) 김우진, "보증인에 의한 근저당권 피담보채무의 일부변제와 근저당권의 실행에 의한 배당금의 귀속", 민사판례연구(25)(민사판례연구회, 2003/2), 138; 곽윤직, 259; 김상용, 456; 김증한/김학동, 367; 이태재, 384; 현승종, 384 참조.

며, 채권자가 그 권리를 행사하는 경우에 한하여 그 채권자와 함께 대위할 권리를 행사할 수 있을 뿐이며, 경매에 의한 매각대금의 배당에서도 채권자에게 우선권을 인정하여야 한다'고 해석한다. 이에 따르면, 위 <설례 1>에서 일부대위자 丙은 대위에 의하여 취득한 저당권의 지분을 독립적으로(단독으로) 행사하지 못하고, 원래의 채권자 甲이 경매를 신청한 경우에 이에 참가하여 배당을 받을 수 있을 뿐이다. 또한 경매대금의 배당에 있어서도 원래의 저당채권자(甲)에게 우선권이 인정되므로, 甲이 매각대금 8,000만원 중 5,000만원을 우선적으로 배당받고, 乙은 그 나머지 3,000만원만을 배당받을 수 있을 뿐이다.

(C) 절충설 이는 「대등적 지위설」과 「채권자우위설」의 절충적인 견해로서, '일부대위자는 대위에 의하여 취득한 권리를 행사함에 있어서는 단독으로 할 수 없고 반드시 채권자와 공동으로 하여야 하지만, 경매대금의 분배에 있어서는 변제한 가액에 비례하여 배당을 받을 수 있다'고 해석하는 견해이다.[48] 이 견해에 따르면, 위 <설례 1>에서 일부변제자 丙은 대위에 의하여 취득한 저당권을 단독으로 행사할 수는 없고 원래의 채권자 甲과 공동으로 경매를 신청하거나 甲이 신청한 경매에 참가할 수 있을 뿐이나, 경매대금의 배당에 있어서는 甲과 대등한 자격이 부여되므로, 경매대금 8,000만원은 甲과 丙에게 각각 4,000만원씩 균등하게 배당되게 된다.

(나) 판례의 입장

판례는 '일부변제에 의한 일부대위가 발생한 경우, 경매대금의 배당에 있어서 채권자의 우선변제권을 인정하여야 한다'는 입장을 확립하고 있다(대법원 2011.1.27.선고, 2008다13623 판결 등). 다만, 이러한 판례의 입장이 '경매신청에 있어서도 채권자의 우위를 인정하여야 한다'고 주장하는 「채권자우위설」을 따르고 있는 것인지, '경매대금의 배당에 있어서만 채권자의 우위를 인정하여야 한다'고 주장하는 「절충설」의 입장을 따르고 있는 것인지는 확실치 않다.

■ **근로복지공단이 근로자에게 최우선변제권이 있는 최종 3개월분의 임금과 최종 3년분의 퇴직금 중 일부를 체당금으로 지급하고 그에 해당하는 근로자의 임금 등 채권을 배당절차에서 대위행사하는 경우, 최우선변제권이 있는 근로자의 나머지 임금 등 채권과 근로복지공단이 대위하는 채권 사이의 배당순위** <u>변제할 정당한 이익이 있는 자가 채무자를 위하여 근저당권의 피담보채무의 일부를 대위변제한 경우, 대위변제자는 변제한 가액의 범위 내에서 종래 채권자가 가지고 있던 채권 및 담보에 관한 권리를 법률상 당연히 취득하게 되지만 이때에도 채권자는 대위변제자에 대하여 우선변제권을 가진다. 이러한 법리는 근로복지공단이 최우선변제권이 있는 최종 3개월분의 임금과 최종 3년분의 퇴직금 중 일부를 체당금으로 지급하고 그에 해당하는 근로자의 임금 등 채권을 대위하여 행사하는 경우에도 그대로 적용되어 최우선변제권이 있는 근로자의 나머지 임금 등 채권이 공단이 대위하는 채권에 대하여 우선변제권을 갖는다고 보아야 한다.</u> 만일 이와 달리 근로자의 나머지 임금 등 채권과 공단이 대위하는 채권이 그 법률적 성질이 동일하다는 이유로 같은 순위로 배당받아야 한다고 해석한다면, 근로자가 공단으

---

48) 김형배, 788; 이은영, 144 참조.

로부터 최우선변제권이 있는 임금 등 채권의 일부를 체당금으로 먼저 지급받은 후 배당금을 지급받는 경우에는 공단도 같은 순위로 배당받는 결과 공단이 근로자에게 지급한 체당금의 일부를 근로자로부터 다시 회수하는 셈이 되어 배당금을 먼저 지급받은 후 공단으로부터 체당금을 지급받는 경우에 비하여 근로자가 수령하는 총금액이 적게 되어 체당금의 지급시기에 따라 근로자에 대한 보호의 범위가 달라지는 불합리가 발생할 뿐만 아니라 근로자로 하여금 신속한 체당금 수령을 기피하게 하여 체당금의 지급을 통하여 근로자의 생활안정에 이바지하고자 하는 임금채권보장법의 취지를 몰각시키게 된다. (대법원 2011.1.27.선고, 2008다13623 판결)[49]

(A) 일부대위의 객체가 일반저당권인 경우 판례는 일부대위의 문제를 대위의 목적이 저당권인 경우와 근저당권인 경우를 구별하여 다루고 있다. 즉, 판례는 '저당권에서 저당채무의 일부변제로 인하여 저당권의 일부지분이 일부변제자에게 이전된 경우, 채권자는 일부변제자에게 저당권일부이전의 부기등기를 마쳐주어야 할 의무가 있으나, 이 경우에도 채권자는 일부대위자에 대하여 우선변제권을 가진다'고 한다(대법원 1988.9.27.선고, 88다카1797 판결 등).[50] 다만, '일부대위자와 채권자 사이에 변제의 순위에 관한 특약이 있는 경우에는 그 약정에 따라 변제의 순위가 정해진다'고 한다(대법원 2010.4.8.선고, 2009다80460 판결 등).

(B) 근저당권의 피담보채권의 일부가 변제된 경우 근저당권은 계속적 거래관계에서 발생하는 장래의 증감·변동하는 불특정다수의 채권을 채권최고액의 범위 내에서 담보하는 저당권이므로(357조), 일부대위의 법리도 일반저당권의 경우와는 다를 수밖에 없다. 근저당권의 이러한 특수성을 고려하여, 판례는 '근저당권의 피담보채권이 확정되기 전에는 그 채권의 일부가 제3자에 의하여 변제된 경우에도 근저당권의 일부대위는 인정될 여지가 없다'고 한다(대법원 2000.12.26.선고, 2000다54451 판결 등).[51] 그러나 경매신청 등으로 인하여 피담보채권이 확정되면 근저당권은 일반저당권으로 전환되므로, 그 이후에는 일부대위자에 대한 근저당채권자의 우월적 지위를 인정하여야 할 것이다. 판례도 이러한 법리를 인정하여, '근저당권의 실행으로 인한 경매대금의 배당절차에 있어서도 일반저당권의 경우와 마찬가지로 채권자는 근저당권의 일부대위자에 대하여 우선변제권을 가지며, 이 경우에 채권자의 우선변제권은 피담보채권액의 범위 내에서 잔존채권액 전액에 미친다'고 한다(대법원 2004.6.25.선고, 2001다2426 판결 등).[52]

---

49) 같은 취지: 대법원 2015.11.27.선고, 2014다208378 판결.

50) 같은 취지: 대법원 1995.3.3.선고, 94다33514 판결; 대법원 1996.12.6.선고, 96다35774 판결; 대법원 2004.6.25.선고, 2001다2426 판결; 대법원 2009.11.26.선고, 2009다57545·57552 판결; 대법원 2010.4.8.선고, 2009다80460 판결; 대법원 2011.1.27.선고, 2008다13623 판결.

51) 판례평석: 윤인태, "대위변제로 인한 근저당권의 이전", 판례연구 14집(부산판례연구회, 2003/2), 125 이하; 변환철, "근저당권의 피담보채권의 확정 전 일부변제시 근저당권의 이전 여부", 「로스쿨물권법」(청림출판, 2006/ 2), 561 이하. 같은 취지: 대법원 1996.6.14.선고, 95다53812 판결; 대법원 2002.7.26.선고, 2001다53929 판결.

52) 판례평석: 이우재, "근저당권의 피담보채무 확정 후 보증인의 일부 대위변제에 의하여 근저당권일부이전등기가 경료된 경우, 근저당권자의 우선변제권의 범위", 대법원판례해설 49호(법원도서관, 2004/12), 110 이하. 같은 취지: 대법원 2002.7.26.선고, 2001다53929 판결; 대법원 2006.2.10.선고, 2004다2762 판

또한 판례는 이러한 법리를 전제로 하여, '채권자가 어느 일부대위변제자와 변제순위나 배당금충당에 관하여 따로 약정을 한 경우에는 그 약정에 따라 배당방법을 정하여야 하나, 특별한 사정이 없는 한 약정당사자가 아닌 다른 일부대위변제자의 안분배당을 받을 권리를 침해할 수는 없는 것이므로, 채권자와 일부대위변제자들 전부 사이에 변제순위나 배당금충당에 관하여 동일한 내용의 약정이 있으면 약정 내용에 따라 배당하고, 채권자와 어느 일부대위변제자 사이에만 그와 같은 약정이 있는 경우에는 먼저 원칙적인 배당방법에 따라 채권자의 근저당권의 채권최고액 범위 내에서 채권자에게 그의 잔존채권액을 우선배당하고, 나머지 한도액을 일부대위변제자들에게 각 대위변제액에 비례하여 안분배당하는 방법으로 배당할 금액을 정한 다음, 약정당사자인 채권자와 일부대위변제자 사이에서 약정내용을 반영하여 배당액을 조정하여야 한다'는 입장을 취하고 있다(대법원 2011.6.10.선고, 2011다9013 판결 등).[53]

한편 판례는 '근저당권의 일부대위자는 대위할 범위에 관하여 종래 채권자가 이미 배당요구를 하였거나 배당요구 없이도 당연히 배당받을 수 있었던 경우에는 따로 배당요구를 하지 않아도 배당을 받을 수 있다'고 한다(대법원 2006.2.10.선고, 2004다2762 판결 등).[54]

■ **근저당권의 피담보채권이 확정되기 전에 채무의 일부를 대위변제한 자가 그 근저당권의 피담보채권 확정 후 그 근저당권 내지 그 실행으로 인한 경락대금에 대하여 취득하는 권리의 범위** 변제할 정당한 이익이 있는 자가 채무자를 위하여 채권의 일부를 대위변제할 경우에 대위변제자는 변제한 가액의 범위 내에서 종래 채권자가 가지고 있던 채권 및 담보에 관한 권리를 법률상 당연히 취득하게 되는 것이므로, <u>채권자가 부동산에 대하여 근저당권을 가지고 있는 경우에는 채권자는 대위변제자에게 일부대위변제에 따른 저당권의 일부이전의 부기등기를 경료해 주어야 할 의무가 있다 할 것이나, 이 경우에도 채권자는 일부변제자에 대하여 우선변제권을 가지고 있다</u> 할 것이고, <u>근저당권이라고 함은 계속적인 거래관계로부터 발생하고 소멸하는 불특정다수의 장래채권을 결산기에 계산하여 잔존하는 채무를 일정한 한도액의 범위 내에서 담보하는 저당권이어서, 거래가 종료하기까지 채권은 계속적으로 증감변동하는 것이므로, 근저당 거래관계가 계속중인 경우 즉, 근저당권의 피담보채권이 확정되기 전에 그 채권의 일부를 양도하거나 대위변제한 경우에도 근저당권이 양수인이나 대위변제자에게 이전할 여지는 없다 할 것이나, 그 근저당권에 의하여 담보되는 피담보채권이 확정되게 되면, 그 피담보채권액이 그 근저당권의 채권최고액을 초과하지 않는 한 그 근저당권 내지 그 실행으로 인한 경락대금에 대한 권리 중 그 피담보채권액을 담보하고 남는 부분은 저당권의 일부이전의 부기등기의 경료 여부와 관계없이 대위변제자에게 법률상 당연히 이전된다</u>. (대법원 2002.7.26.선고, 2001다53929 판결)[55]

(다) 학설·판례의 검토

「대등적 지위설」은 '일부변제자는 원래의 채권자와 대등한 지위에서 단독으로 대위에 의

결; 대법원 2009.11.26.선고, 2009다57545·57552 판결.

53) 같은 취지: 대법원 2014.5.16.선고, 2013다202755 판결.

54) 판례평석: 서해용, "수인이 채권의 일부씩을 대위변제한 경우에 있어서의 배당순위", 민사법학 35호(한국민사법학회, 2007/3), 161 이하.

55) 판례평석: 김우진, 전게논문(주 47), 111 이하. 같은 취지: 대법원 2004.6.25.선고, 2001다2426 판결.

하여 취득한 담보권을 실행할 수 있을 뿐만 아니라 경매대금의 배당에 있어서도 채권자와 대등한 지위에서 비율변제를 받아야 한다'고 주장하고 있으나, 이는 채권자의 우선변제권을 부당하게 침해하는 결과를 초래할 뿐만 아니라, 담보물권의 불가분성(不可分性)에도 반한다. 또한 「절충설」을 취하는 경우에는 채권자의 우선변제권을 침해하지는 않으나, 담보물권의 불가분성에 반하는 결과를 초래한다. 그러므로 일부대위자와 채권자와의 관계에 있어서는 「채권자우위설」이 타당하다고 생각된다. 다만, 우리 민법 제483조 제1항의 해석론으로서는 '경매대금의 배당에 있어서 채권자에게 일부대위자에 대한 우선변제권을 인정하여야 한다'는 견해(채권자우위설과 절충설)와 판례의 입장에는 찬성할 수 없다. 왜냐하면 이들 견해는 '일부대위자는 그 변제한 가액에 비례하여 채권자와 함께 그 권리를 행사한다'는 현행민법의 규정을 무시하는 결과가 되기 때문이다. 또한 '일부대위자는 대위의 객체인 권리를 단독으로 행사할 수 있다'고 주장하는 「대등적 지위설」도 '채권자와 함께' 권리를 행사하도록 규정하고 있는 제483조 제1항의 해석론으로 적절하지 않다고 생각된다. 그러므로 현행민법하에서는 '일부대위자는 대위의 객체인 권리(특히 저당권)를 단독으로 행사할 수 없고, 채권자가 권리를 행사하는 경우에 한하여 채권자와 함께 권리를 행사할 수 있을 뿐이나, 경매대금의 배당에 있어서는 변제한 가액에 비례하여 채권자와 함께 배당받을 수 있다'고 해석하는 것이 타당하다고 생각한다. 다만, 이러한 해석론은 일부대위에 의하여 채권자의 권리가 침해되는 부당한 결과를 초래하므로, 시급히 제483조 제1항을 개정할 필요가 있다.

3) 일부대위자 상호간의 법률관계

제483조 제1항의 규정은 일부대위자와 채권자와의 관계를 규정한 것이지 일부대위자 상호간의 관계를 규정한 것은 아니다. 또한 앞에서 살펴본 바와 같이, 통설과 판례는 제483조 제1항의 규정에도 불구하고 일부대위자에 대한 채권자의 우월적 지위를 인정하고 있는데, 이는 동 규정의 적용을 일부 배제한 것이라고 할 수 있다. 여기서 '여러 명이 시간을 달리하여 일부변제를 함으로써 순위를 달리하는 저당권의 일부대위자가 여러 명 발생한 경우에 그들 상호간의 법률관계에 대해서도 제483조 제1항의 적용을 배제하여야 하는가?' 하는 의문이 발생한다.

이에 대하여, 판례는 '제483조 제1항의 규정은 일부대위자 상호간의 관계에 대해서도 적용된다'는 전제 아래, '여러 명이 시기를 달리하여 채권의 일부씩을 대위변제하고 근저당권 일부이전의 부기등기를 각 경료한 경우, 그들은 각 일부대위자로서 그 변제한 가액에 비례하여 근저당권을 준공유(準共有)하고 있다'고 보아야 할 것이며, '그 근저당권을 실행하여 배당함에 있어서도 다른 특별한 사정이 없는 한 각 변제채권액에 비례하여 안분배당하여야 한다'는 입장을 확립하고 있다(대법원 2001.1.19.선고, 2000다37319 판결 등).[56] 또한 판례는 '이 경우에 종전의 근저당권자(채권자)와 채무자 사이에 지연손해금 약정이 있었다면, 이러한 약정에 기한 지연손해금 또한 근저당권의 피담보채권에 포함되어 종전의 근저당권자가 배당받을 수 있는 금액으로서 대위변제자들이 안분배당받을 금액에 포함되어야 한다'는 입장을 취하고 있다(대법원 2014.5.16.선고, 2013다202755 판결).

이 문제에 대한 학설의 논의는 아직 본격적으로 이루어지지 않고 있으므로,[57] 여기서는 판례의 입장에 대한 저자의 견해를 제시하는 데 그치기로 한다. 먼저 판례가 '여러 명이 시기를 달리하여 채무의 일부씩을 변제한 경우, 이들 일부대위자들은 대등한 지위에서 근저당권을 준공유한다'고 해석하는 법적 근거는 명확하지 않으나, 같은 법리를 취한 세 개의 대법원 판결들이 모두 그 참조조문으로 제483조 제1항의 규정을 들고 있다는 점을 감안하면, 위 판례법리는 다음과 같은 3단논법에 입각하고 있다고 추론된다. 즉, ① '일부대위자는 그 변제한 가액에 비례하여 채권자의 권리를 행사할 수 있다'고 규정하고 있는 민법 제483조 제1항은 '여러 명의 일부대위자가 있는 경우에 그들 상호간의 관계에 대해서도 적용된다. ② 제483조 제1항에 따르면, '일부대위자들은 대등한 지위에서 그 변제한 가액에 비례하여 채권자의 권리를 행사할 수 있다'고 해석하여야 한다. ③ 그렇다면 이들 일부대위자 상호간의 법률관계는 「저당권의 준공유」라고 해석할 수밖에 없다. 그러나 위와 같은 판례의 논리구조는 그 타당성이 매우 의심된다. 우선 판례는 '일부대위의 성립시기에 관계없이 일부대위자들은 대등한 지위에서 근저당권을 준공유한다'고 해석하고 있으나, 이는 '같은 종류의 물권(특히 저당권)의 경우, 시간적으로 먼저 성립한 물권이 효력에 있어서도 우선한다'는 물권법의 대원칙을 무시하는 해석이다. 둘째, 판례는 제483조 제1항의 규정을 확대해석하여, '일부대위자들은 대등한 지위에서 그 변제한 가액에 비례하여 채권자의 권리를 행사할 수 있다'고 해석하고 있으나, 이는 제483조 제1항이 일부대위자와 채권자 사이의 관계를 규정한 것이지 일부대위자 상호간의 관계를 규정한 것은 아니라는 점을 간과한 것이다. 셋째, 설령 제483조 제1항이 일부대위자 상호간의 관계에 대해서도 적용될 수 있거나 유추적용될 수 있는 성질의 것이라고 보아, '일부대위자들은 대등한 지위에서 그 변제한 가액에 비례하여 채권자의 권리를 행사할 수 있다'고 해석할 수 있다고 하더라도, 이러한 해석으로부터 '일부대위자들은 근저당권을 준공유하고 있다'는 결론이 도출될 수는 없다. 왜냐하면 '일부대위자들이 근저당권을 준공유한다고 해석할 수 있는 경우는 오직 여러 명이 동시에 일부변제를 한 경우에 한한다'고 할 것이기 때문이다. 넷째, 판례는 일부대위자와 채권자의 관계에 대해서는 제483조 제1항의 규정을 제한적으로 해석하여 채권자의 우위를 인정하는 입장을 취하고 있으면서, 일부대위자 상호간

56) 같은 취지: 대법원 2006.2.10.선고, 2004다2762 판결; 대법원 2011.6.10.선고, 2011다9013 판결; 대법원 2014.5.16.선고, 2013다202755 판결.

57) 판례의 입장에 찬성하는 견해가 전혀 없지는 않다(서해용, 전게논문(주 54), 184~186 참조).

의 관계에 대해서는 이와 반대로 제483조 제1항의 규정을 확대해석하여 일부대위자들의 대등한 지위를 인정하는 이율배반적인 입장을 취하고 있는바, 이는 해석의 일관성을 상실한 모순적인 태도이다. 요컨대, 판례가 제483조 제1항의 규정을 근거로 일부대위자들이 근저당권을 준공유한다고 해석하는 것은 지나친 논리의 비약일 뿐만 아니라 물권법의 대원칙을 무시하는 부당한 해석이다. 그러므로 일부대위자 상호간의 관계에 대해서는 '채무의 일부를 변제함으로써 대위에 의하여 근저당권의 일부를 취득한 순서에 따라서 경매대금을 배당받는다'고 해석하여야 할 것이다.

(3) 계약의 취소권·해제권 등의 대위행사

변제에 의한 대위는 채권 및 그 담보에 관한 권리가 법률상 당연히 변제자에게 이전되는 것이지, 계약당사자로서의 지위가 이전되는 것은 아니다. 따라서 계약당사자의 지위에서만 행사할 수 있는 계약의 취소권이나 해제·해지권은 채권자만이 행사할 수 있으며, 변제자(대위자)는 이를 행사할 수 없다. 민법은 일부대위의 경우에 대하여서만 이를 규정하고 있으나(483조 2항), 이는 명문규정이 없더라도 인정되어야 할 당연한 법리이므로, '쌍무계약의 일방당사자의 채권 전부가 제3자 또는 공동채무자의 변제에 의하여 대위된 경우에도 변제자는 상대방의 채무불이행을 이유로 계약을 해제·해지할 수 없다'고 할 것이다.[58]

해제의 효과에 관한 통설·판례의 입장인 「직접효과설」에 따르면, 제3자의 일부변제가 있은 후에 채권자가 잔존채무의 불이행을 원인으로 하여 계약을 해제한 경우에는 계약은 소급적으로 소멸하고 채권은 처음부터 발생하지 않았던 것으로 간주되므로(548조 1항), 제3자의 일부변제는 비채변제(741조)가 된다. 따라서 채권자는 일부대위자에게 그 변제한 가액과 이자를 상환하여야 한다(483조 2항). (☞ 계약법 편, 제1장 제4절 「계약의 해제·해지」)

2. 법정대위자 사이의 법률관계

동일한 채권에 관하여 변제할 정당한 이익이 있는 보증인·담보물의 제3취득자·물상보증인·연대채무자(또는 불가분채무자) 중 어느 한 사람이 변제를 한 경우에는 법정대위가 발생하여 채권과 그 담보에 관한 권리가 법률상 당연히 변제자에게 이전되며, 변제자는 채무자에 대한 구상권의 범위 내에서 이전된 권리를 행사할 수 있다(482조 1항). 원래 채권자는 보증인·담보물의 제3취득자·물상보증인·연대채무자(또는 불가분채무자)에게 채무의 이행을 청구하거나 담보권을 행사할 수 있었으므로, 대위에 의하여 채권자의 이러한 권리를 이전받은 변제자는 다른 보증인·담보물의 제3취득자·물상보증인·연대채무자(불가분채무자)에 대하여 채무자에

58) 同旨: 곽윤직, 260; 김상용, 465; 송덕수, 465; 현승종, 384 참조.

대한 구상권의 범위 내에서 채권 및 담보권을 행사할 수 있음은 법이론상 당연하다. 문제는 '변제할 정당한 이익이 있는 자 가운데 1인이 변제함으로써 법정대위가 발생한 경우에 변제자와 다른 변제할 정당한 이익이 있는 자들 사이의 법률관계를 여하히 공평하게 규율할 수 있는가' 하는 것이다. 민법은 변제할 정당한 이익이 있는 자들 사이의 대위의 법률관계를 공평하게 규율하기 위하여 제482조 제2항에서 법정대위의 요건과 순서, 그리고 비율을 상세히 규정하고 있다.

(1) 보증인과 제3취득자의 관계

보증인은 변제할 정당한 이익이 있는 자에 해당하므로(대법원 1996.12.6.선고, 96다35774 판결 등), 보증인이 저당채무를 변제한 경우에는 채무자에 대한 구상권의 범위 내에서 법정대위가 발생하여 채권과 저당권은 법률상 당연히 보증인에게 이전된다(481조). 그러므로 특히 저당권은 대위의 부기등기(대위를 원인으로 하는 저당권이전등기)[59]를 하지 않더라도 법률상 당연히 보증인에게 이전된다(187조). 따라서 채무를 변제한 보증인은 대위에 의하여 취득한 저당권을 행사하여 제3취득자 소유의 저당목적물의 경매대금으로부터 우선변제를 받을 수 있다.

한편 저당목적물의 제3취득자(저당권의 객체인 부동산소유권 등의 권리를 취득한 제3자)[60]도 변제하지 않으면 권리를 잃게 되는 지위에 있으므로 '변제할 정당한 이익이 있는 제3자'에 해당한다(대법원 1974.12.10.선고, 74다1419 판결 등). 그러므로 제3취득자가 저당채무를 변제하면 법정대위가 발생하여 채무자에 대한 구상권[61]의 범위 내에서 채권과 저당권은 법률상 당연히 제3취득자에게 이전된다(481조, 187조). 따라서 저당목적물의 제3취득자가 대위에 의하여 취득한 채권과 저당권을 보증인에게 행사할 수 있음은 이론상 당연하다고 할 수 있다. 그런데 우리 민법은 '보증인은 대위의 부기등기(저당권이전등기)를 미리 하는 것을 요건으로 하여 제3취득자에 대하여 대위할 수 있으나(482조 2항 1호), '제3취득자는 보증인에 대하여 대위할 수 없다'고 규정하고 있다(482조 2항 2호). 이는 일본민법(구 의용민법) 제501조[62]의 규정을 그대로 계승한

59) 「부기등기」라 함은 '독자적인 순위번호를 가지지 않는 등기'를 말하는데, 전세권이나 저당권 등 소유권 이외의 권리의 이전등기는 부기등기로써 하여야 한다(부동산등기법 52조 2호). 부기등기를 할 때에는 그 부기등기가 어느 등기에 기초한 것인지 알 수 있도록 주등기 또는 부기등기의 순위번호에 가지번호를 붙여서 하여야 한다(부동산등기규칙 2조).

60) 여기서 「담보물권의 객체인 권리」는 대부분 부동산소유권을 의미하지만, 지상권 또는 전세권을 목적으로 하는 저당권이 설정된 경우에는(371조) 저당권의 객체인 지상권이나 전세권이 담보물권의 객체가 된다.

61) 이 경우의 제3취득자의 구상권은 사무관리자의 비용상환청구권의 성질을 가진다는 점은 전술한 바와 같다. (☞ 제3절 「변제자와 변제수령자」, [52] 변제자)

62) 일본민법(구 의용민법) 제501조 : 전 2조의 규정에 의하여 채권자에 대위한 자는 자기의 권리에 기하여 구상할 수 있는 범위 내에서 채권의 효력 및 담보로서 그 채권자가 가지는 일체의 권리를 행사할 수 있다. 다만, 좌(左)의 규정에 따를 것을 요한다. 1. 보증인은 미리 선취특권, 부동산질권 또는 저당권의 등기에 그 대위를 부기하지 아니한 경우에는 그 선취특권, 부동산질권 또는 저당권의 목적인 부동산의

것인데, '보증인과 제3취득자는 서로 변제에 의한 대위를 주장할 수 있다'고 해석되는 독일민법과는 그 내용을 전혀 달리한다.[63] 우리 민법 제482조 제2항 제1호와 제2호의 입법취지는 명확하게 알 수 없으나,[64] 동조의 모법인 구 의용민법 제501조의 입법이유를 통하여 그 입법자 의사를 추측할 수 있을 뿐이다.[65] 다만, 「민법수정안이유서」도 우리 민법 제482조 제2항에 해당하는 구 의용민법 제501조 제1호와 제2호가 일본구민법 재산편 제483조 제2호와 제3호의 규정을 그대로 계승한 것이라는 점 이외에는 그 입법취지를 명확하게 기술하고 있지는 않다.

> (이유) 본조는 재산편 제483조[66] 및 제484조[67]에 해당하는 것으로서, 대위변제의 성질 및 효력을 규정한 것이다. 우선 제1항의 본문은 재산편 제483조 제1항 및 제484조의 정신을 밝혀 대위자는 자기의 권리에 기한 구상권의 범위 내에서 채권을 양수한 것과 동일한 것임을 정함으로써, 대위변제의 성질 및 효력에 관한 학자 사이의 논의를 하나로 정한 것이다. 다음으로 제1호 내지 제3호는 재산편 제483조 제2호 내지 제4호와 그 주의를 같이한다. 제4호 이하는 부담을 공평하게 할 것을 의욕하여 둔 것으로서, 만약 이러한 제한이 없는 때에는 극히 불공평한 결과를 발생시키기에 이를 수 있기 때문에, 기성법전의 결점을 보완하여 이를 두었다(밑줄은 필자 주). 또한 원문 제5호의 규정은 본조 제1항의 규정에 의하여 스스로 명확하므로 이를 삭제하였다. 원문 제1호는 초안의 설명에 따르면, 변제 시에 있어서 당사자가 계약에 의하여 대위를 배제할 수 있음을 규정한 것과 마찬가지인데, 과연 그렇다면 전혀 그 필요가 없으므로 이를 삭제하였다.

1) 제482조 제2항 제1호 및 제2호의 규정취지

'제3취득자는 보증인에 대하여 대위를 주장할 수 없으나, 보증인은 일정한 요건(대위의 부

제3취득자에 대하여 채권자를 대위하지 못한다. 2. 제3취득자는 보증인에 대하여 채권자를 대위하지 못한다. 3. 제3취득자의 1인은 각부동산의 가격에 응하지 아니하면 다른 제3취득자에 대하여 채권자를 대위하지 못한다. 4. 전호의 규정은 자기의 재산으로써 타인 채무의 담보에 제공한 자 사이에 이를 준용한다. 5. 보증인과 자기의 재산으로써 타인 채무의 담보에 제공한 자와의 사이에는 그 머리수에 따르지 않고서는 채권자에 대위하지 못한다. 다만, 자기의 재산으로써 타인 채무의 담보에 제공한 자가 수인이 있는 때에는 보증인의 부담부분을 제하고 그 잔액에 대하여 각 재산의 가격에 응하지 아니하면 이에 대하여 대위를 할 수 없다. 위 경우에 있어서 그 재산이 부동산인 때에는 제1호의 규정을 준용한다.

63) 독일민법에 있어서 법정대위자 사이의 법률관계에 관하여는 백경일, "보증인과 후순위저당권자 간의 변제자대위", 민사법학 64호(한국민사법학회, 2013/9), 231 이하; 同, "물상보증인과 제3취득자 간의 변제자대위", 민사법학 72호(한국민사법학회, 2015/9), 49 이하 참조.

64) 명순구(실록), 225~227 참조.

65) 「民法修正案理由書」, 414~415 참조.

66) 일본구민법 재산편 제483조 : ① 전 3조에 의하여 대위한 자는 채권의 효력 또는 담보로서 채권자에게 속한 모든 대인 및 물상의 권리 및 소권을 행사할 수 있다. 다만, 좌에 게기한 경우를 예외로 한다. 제1: 당사자가 대위자에게 이전할 권리 및 소권을 제한한 때에는 그 제한에 따른다. 제2: 보증인은 채무를 변제하고 채권담보편 제36조의 규정에 따르지 아니한 때에는 제3소지자에 대하여 대위할 수 없다. 제3: 제3소지자가 채무를 변제한 때에는 보증인에 대하여 대위할 수 없다. 제4: 1개의 채무의 저당으로 한 수 개의 부동산이 각별로 수 개의 제3소지자의 손에 있는 경우에, 그 1인이 채무를 변제한 때에는 각 부동산의 가액에 비례하지 아니하면 다른 제3소지자에 대하여 대위의 권리를 행사할 수 없다. 제5: 서로 담보인인 공동채무자의 1인이 채무를 변제한 때에는 변제자는 다른 채무자가 분담할 수 있는 채무의 한도에 응하지 아니하면 그 각자에 대하여 대위할 수 없다.

67) 일본구민법 재산편 제484조 : 대위자는 자기가 지불한 금액을 초과하여 채권자의 소권을 행사할 수 없다.

기등기를 미리 할 것)하에 제3취득자에 대하여 대위를 주장할 수 있다'고 규정하고 있는 우리 민법 제482조 제2항 제1호 및 제2호의 규정은 구 의용민법 제501조의 규정을 그대로 계승한 것인데, 이는 결국 일본구민법 재산편 제483조 제2호와 제3호의 규정에 따른 것임은 위에서 살펴본 바와 같다. 그러므로 우리 민법 제482조 제2항 제1호와 제2호의 입법취지를 알기 위해서는 일본구민법 재산편 제483조 제2호와 제3호로 거슬러 올라가 그 입법자의사를 밝힐 필요가 있다고 할 것이다.[68] 그러나 국내에서는 아직 이에 관한 연구는 이루어지고 있지 않은 채 제482조 제2항의 입법취지와 해석론에 대한 피상적인 견해가 제시되고 있을 뿐이다.

(가) 학 설

통설은 민법이 제3취득자의 보증인에 대한 대위는 불허하는 반면에 제3취득자에 대한 보증인의 대위는 허용하는 이유에 대하여, '제3취득자는 목적물 위에 설정되어 있는 담보물권이 실행됨으로써 자신이 취득한 권리를 상실할 것을 각오하고 권리를 취득한 자이므로, 보증인이 대위에 의하여 취득한 권리를 제3취득자에게 행사하더라도 이를 불측의 손해라고 할 수는 없으나, 보충적 채무자에 불과한 보증인에 대하여 제3취득자가 대위에 의하여 취득한 권리를 행사하는 것은 형평에 맞지 않기 때문'이라고 설명한다.[69] 또한 민법이 보증인이 제3취득자에 대하여 대위에 의하여 취득한 권리를 행사하기 위해서는 대위의 부기등기를 "미리" 할 것을 요건으로 규정한 이유에 대해서는, '보증인이 대위를 원인으로 한 저당권이전의 부기등기를 마치기 전까지는 여전히 채권자 명의의 저당권설정등기가 남아있어 실체관계와 등기부상의 기재 사이에 불일치가 발생하게 되는데, 이러한 사실을 알 수 없는 제3취득자가 채무자의 변제에 의하여 저당권이 절대적으로 소멸한 것(대위가 발생하지 않은 것)으로 믿고 저당부동산의 소유권을 취득하게 되면 예상치 못한 손해를 볼 수 있으므로, 이러한 제3취득자의 불측의 손해를 방지하고, 손해를 피하기 위하여 제3취득자가 취하여야 할 거래상의 부담을 덜어주기 위한 것'이라고 설명한다.[70]

위와 같은 통설의 주장에 대해서는 다음과 같은 비판론이 제기되고 있다.[71] 즉, ① 통설은 민법이 '미리 부기등기할 것'을 보증인의 대위요건으로 규정한 것은 '제3취득자로 하여금 그 취득 시에 이미 변제를 한 보증인이 과연 대위권을 행사할 것인지 여부를 확지(確知)시키기 위한 것'이라고 설명하고 있으나, 어떠한 권리가 존재하면 이는 당연히 행사될 것을 선제로 하는 것이지, 그것이 행사될 것인지 여부를 확지시키기 위한 방법을 갖추었는지 여부에

68) 이에 대한 상세한 연구는 추후의 과제로 남길 수밖에 없으나, 우선 船越隆司, 전게논문(주 10), 337 이하 참조.

69) 민법주해(11)/이인재, 202; 곽윤직(신정판), 497; 김상용, 458; 김주수, 406; 김형배, 711; 송덕수, 467; 장경학, 530; 현승종, 385 참조.

70) 김증한/김학동, 368; 김형배, 711; 장경학, 529~530 참조.

71) 양창수, "물상보증인의 변제자대위와 부기등기의 요부", 민법연구 2권(박영사, 1991/9), 168 이하 참조.

그 권리의 존부 자체를 걸리도록 한다는 것은 본말이 전도된 것이다. ② 보증인이 변제하였음에도 불구하고 채무자의 변제에 의하여 저당권이 소멸하였다고 믿은 제3취득자의 신뢰는 보호할 필요가 없으므로, 보증인의 대위요건으로 미리 부기등기를 요한 제482조 제2항 제1호의 제도적 취지를 '제3취득자의 착오에 기한 신뢰를 보호하기 위한 것'이라고 보는 것은 잘못이다. 또한 ③ 제3취득자의 잘못된 신뢰를 보호할 필요가 없다는 것은 제482조 제2항 제2호의 규정에서도 나타나고 있는데, 동호의 입법취지는 '제3취득자는 제364조의 저당권말소청구권 등에 의하여 따로 그 지위가 보호되고 있으므로, 보증인의 유무와 관계없이 대위에 의하여 담보권이 실행되는 것을 각오하여야 한다'는 데 있다. 그리고 ④ '보증인이 변제한 경우에는 미리 대위의 부기등기를 요하는 것은 임의대위의 경우에는 따로 대위의 부기등기를 하지 않더라도 대위 사실에 대한 채권자의 통지 또는 채무자의 승낙만 있으면 대위를 주장할 수 있다는 것과 비교할 때 균형이 맞지 않는다'고 비판한다.72) 이 견해는 위와 같은 비판론에 기하여, '제3취득자에 대한 보증인의 대위요건으로 미리 대위의 부기등기를 할 것을 요구하고 있는 제482조 제2항 제1호의 규정은 제3취득자가 물상보증인으로부터 소유권을 취득한 경우에 한하여 적용될 수 있다'고 주장하고 있는데,73) 이러한 주장에 따르면, '보증인이 물상보증인으로부터 저당부동산의 소유권을 취득한 제3취득자에 대하여 대위에 의하여 취득한 권리를 행사하는 경우에는 미리 대위의 부기등기를 하여야 하지만(482조 2항 1호), 채무자로부터 권리를 취득한 제3취득자는 동항 제1호 소정의 "제3취득자"에 포함되지 않기 때문에, 보증인은 채무자로부터 저당부동산의 소유권을 취득한 제3취득자에 대해서는 부기등기를 하지 않아도 대위할 수 있다'는 결론에 이르게 된다.74) 위 비판론은 이러한 해석론의 근거에 대한 명확한 설명을 하고 있지는 않으나, 제482조 제2항 제5호의 해석상 변제에 의한 대위에 있어서는 물상보증인으로부터 저당부동산의 소유권을 취득한 제3취득자는 물상보증인과 같은 지위에 있다고 보아야 할 것인바, 그렇다면 '채무자로부터 저당부동산의 소유권을 취득한 제3취득자는 채무자와 같은 지위에 있다'고도 볼 수 있고, 보증인은 대위에 의하여 취득한 저당권을 구상권의 범위 내에서 부기등기 없이 채무자에 대하여 행사할 수 있는 것이므로, 결국 '제482조 제2항 제1호의 규정에도 불구하고 보증인은 채무자로부터 저당부동산의 소유권을 취득한 제3취득자에 대해서는 부기등기 없이 저당권을 행사할 수 있다'고 해석할 수 있다는 취지의 주장이라고 생각된다.

(나) 판례의 입장

판례는 '제482조 제2항 제1호와 제2호는 법정대위자 중 보증인과 제3취득자의 이해관계

72) 상게논문, 171~172 참조.
73) 상게논문, 171~172 참조.
74) 상게논문, 168 이하 참조.

를 합리적이고 공평하게 조절하기 위하여 두어진 규정으로서, 민법이 동조에서 보증인에게는 제3취득자에 대한 대위권을 인정하면서 제3취득자에게는 보증인에 대한 대위권을 부인한 까닭은, 제3취득자는 등기부상 담보권의 부담이 있음을 알고 권리를 취득한 자로서 그 담보권의 실행으로 인하여 예기치 못한 손해를 입을 염려가 없고, 또한 저당부동산이 제3취득자는 저당권자에게 그 부동산으로 담보된 채권을 변제하고 저당권의 소멸을 청구할 수 있으며(364조),[75] 저당물의 제3취득자가 그 부동산의 보존, 개량을 위하여 필요비 또는 유익비를 지출한 때에는 점유자의 비용상환청구권에 관한 제203조의 규정에 따라 저당물의 경매대가에서 우선상환을 받을 수 있도록 규정하고 있는 등(367조) 그 이익을 보호하는 규정도 마련되어 있으므로, 변제자대위와 관련해서는 제3취득자보다는 보증인을 보호할 필요가 있기 때문'이라고 한다(대법원 2013.2.15.선고, 2012다48855 판결 등). 이는 통설적 견해와는 달리, 제482조 제2항 제1호와 제2호는 '제3취득자의 불측의 손해를 방지하기 위한 규정'이 아니라, '제3취득자보다 보증인을 더 보호할 필요가 있다'는 보호의 필요성의 차이를 고려한 규정이라고 파악한 것이라고 할 수 있다.

이러한 관점에서, 판례는 '후순위 근저당권자는 제364조에서 정한 저당권소멸청구권을 행사할 수 있는 제3취득자에 해당하지 아니할 뿐만 아니라(대법원 2006.1.26.선고, 2005다17341 판결 등),[76] 달리 선순위근저당권의 실행으로부터 그의 이익을 보호하는 규정이 없으므로 변제자대위와 관련해서 후순위근저당권자보다 보증인을 더 보호할 이유가 없으며, 보증인과 달리 선순위근저당권의 피담보채무를 변제할 책임도 없는 후순위근저당권자는 보증인에 대하여 채권자를 대위할 수 있다고 봄이 타당하므로, 제482조 제2항 제1호와 제2호의 "제3취득자"에 후순위 근저당권자는 포함되지 않는다'고 한다(대법원 2013.2. 15.선고, 2012다48855 판결). 나아가 판례는 '후순위근저당권자는 제482조 제2항 제2호의 "제3취득자"에 포함되지 않음에도 불구하고 같은 항 제1호의 "제3자"에는 후순위근저당권자가 포함된다고 하면, 후순위근저당권자는 보증인에 대하여 항상 채권자를 대위할 수 있지만 보증인은 미리 대위의 부기등기를 하여야 후순위근저당권자에 대하여 채권자를 대위할 수 있게 되므로 보증인보다 후순위근저당권자를 더 보호하는 결과가 되는데, 이러한 결과는 법정대위자인 보증인과 후순위근저당권자 간의 이해관계를 공평하고 합리적으로 조절하기 위한 같은 조 제2항의 입법취지에 부합하지 않

75) 「제3취득자의 저당권소멸청구권」을 인정한 제364조는 현행민법이 구 의용민법의 「대가변제」와 「척제」 제도를 폐지하면서 그 대안으로 도입한 우리 민법의 독자적인 제도라고 할 수 있는데, 이에 대해서는 입법론적 비판이 제기되고 있다. 이에 대한 상세는 이준현, "후순위근저당권자는 민법 제364조의 제3취득자가 될 수 있는가?", 비교사법 17권 3호(한국비교사법학회, 2010/9), 161 이하 참조.

76) 판례평석: 김용상, "민법 제364조의 저당권소멸청구를 할 수 있는 제3취득자에 후순위저당권자가 포함되는지 여부", 민사판례연구(31)(민사판례연구회, 2009/2), 211 이하; 이준현, 상게논문, 149 이하. 같은 취지: 대법원 2013.2.15.선고, 2012다48855 판결.

을 뿐만 아니라, 통상 선순위근저당권의 담보가치를 공제한 나머지 담보가치만을 파악하여 담보권을 취득한 자에 불과한 후순위근저당권자를 보증인보다 더 보호할 이유도 없다는 점 등을 종합하여 보면, 보증인은 미리 대위의 부기등기를 하지 않더라도 저당물에 후순위근저당권을 취득한 제3자에 대하여 채권자를 대위할 수 있다고 할 것이므로, 제482조 제2항 제1호의 "제3자"에 후순위근저당권자는 포함되지 않는다'고 한다(대법원 2013.2.15.선고, 2012다48855 판결 등).77)

(다) 학설·판례의 검토

독일민법과 달리, 우리 민법이 제3취득자는 보증인에게 대위하지 못하도록 하고, 반대로 보증인은 제3취득자에게 대위할 수 있도록 규정한 것은 제3취득자보다 보증인을 더 보호하고자 하는 데 그 입법취지가 있음은 명백하다.

(A) 제3취득자는 보증인에 대하여 대위를 주장할 수 없도록 한 이유에 대하여 민법이 보증인에 대한 제3취득자의 대위를 허용하지 아니한 이유에 대해서는, '제3취득자는 담보물권이 실행됨으로써 자신의 권리가 상실될 것을 각오하고 권리를 취득한 자이므로, 보증인이 대위에 의하여 취득한 권리를 행사하더라도 이를 불측의 손해라고 할 수는 없고, 반대로 제3취득자가 보충적 채무자에 불과한 보증인에 대하여 대위에 의하여 취득한 권리의 행사를 인정하는 것은 형평에 맞지 않기 때문'이라고 설명하는 것이 통설과 판례의 입장이다.78) 다만, 판례는 이에 더하여 '제3취득자(저당부동산에 대하여 소유권, 지상권 또는 전세권을 취득한 제3자를 의미)는 저당권자에게 그 부동산으로 담보된 채권을 변제하고 저당권의 소멸을 청구할 수 있으며(364조), 저당물의 제3취득자가 그 부동산의 보존, 개량을 위하여 필요비 또는 유익비를 지출한 때에는 저당물의 경매대가에서 우선상환을 받을 수 있도록 하는 등(367조) 그 이익을 보호하는 규정도 마련되어 있으므로, 구태여 보증인에 대한 대위까지 인정할 필요가 없다'는 설명을 추가하고 있다(대법원 2013.2.15.선고, 2012다48855 판결).

위와 같은 학설(비판론 포함)·판례의 설명은 보증인에 대한 제3취득자의 대위를 부정하고 있는 제482조 제2항 제2호의 규정이 합리적이며 입법론상 타당하다는 것을 전제로 하고 있다. 그러나 사견으로는 제482조의 입법취지에 대한 학설(비판론 포함)·판례의 위와 같은 설명은 타당하지 않다고 생각한다. 왜냐하면, ① 원래 보증인은 채무의 이행에 대하여 자신의 전재산으로 무한책임을 부담하는 자이므로(428조, 429조 1항), 변제할 정당한 이익이 있는 제3취득

77) 판례평석: 백경일, 전게논문(주 64: 보증인과 후순위저당권자 간의 변제자대위), 231 이하. 같은 취지: 대법원 2006.1.26.선고, 2005다17341 판결.

78) 보증인은 주채무자의 전재산을 구상권의 책임재산을 고려하여 보증채무를 부담하는 반면에, 제3취득자는 저당부동산으로 그 책임이 한정될 뿐만 아니라, 이미 매매매계약 시에 저당권의 피담보채무를 이행인수함으로써 매매대금에서 피담보채무액만큼 감액하여 매매대금을 산정하는 것이 부동산거래의 현실이라고 할 수 있다.

자가 대위에 의하여 채권자로부터 이전받은 권리를 보증인에게 행사하는 것은 이론상 당연함에도 불구하고(481조), 보증인이 「보충적 채무자」라는 사실만으로 제3취득자의 보증인에 대한 대위를 부정하여야 한다는 결론(이는 보증제도와 변제에 의한 대위제도의 존재가치 자체를 부정하는 것이다)은 도출될 수 없다. 또한 우리나라에서는 보증은 그의 대부분 보충성이 없는 연대보증의 형태로 이루어지고 있다는 거래의 현실을 감안하면, '보증채무는 보충적인 채무의 성질을 가진다'는 점만을 들어 '제3취득자의 대위를 부정하는 것이 정당하다'는 논리는 전혀 설득력이 없다. ② 민법이 제3취득자의 저당권소멸청구권(364조)과 비용상환청구권(367조) 등 저당채권자에 대한 변제책임을 경감하는 제도를 두고 있다는 사실과 제3취득자의 변제에 의한 대위(481조, 482조 1항) 사이에는 아무런 논리적 연관성도 존재하지 않는다. 즉, 우리 민법상 저당채권자에 대한 제3취득자의 변제책임을 감경하는 제도가 존재한다는 점을 근거로 들어, '제3취득자의 보증인에 대한 대위를 인정할 필요가 없다'고 규정한 제482조 제2항 제2호를 입법론상 타당하다고 평가할 수는 없는 것이다. 사견으로는, 제3취득자의 보증인에 대한 대위를 허용하지 아니하는 제482조 제2항의 규정은 '무상으로 타인의 채무에 대하여 무한책임을 질 수밖에 없는 보증인을 보호할 필요가 있다'는 극히 비법률적·감성적인 이유 이외에는 합리적인 근거를 찾기 어려우며, 보증인제도를 폐지하지 않는 이상 이러한 비합리적인 이유로 제3취득자의 보증인에 대한 대위를 부정하는 것은 타당하지 않다고 생각한다. 입법론으로서는 독일민법과 마찬가지로 제3취득자의 보증인에 대한 대위를 인정하는 것으로 제482조 제2항의 규정을 개정하는 것이 타당하다고 생각한다.

(B) 보증인의 대위에 '미리' 부기등기를 요하도록 한 이유에 대하여 통설은 민법이 보증인의 제3취득자에 대한 대위의 요건으로서 대위의 부기등기를 미리 하도록 요구한 이유를 '제3취득자의 불측의 손해를 방지하고(보증인 명의의 저당권이전의 부기등기가 경료되기 전까지는 대위사실이 등기부에 공시되지 않으므로, 채무자의 변제에 의하여 저당권이 소멸한 것으로 신뢰하여 소유권을 취득한 제3취득자가 예상치 못한 손해를 볼 수 있다), 손해를 피하기 위하여 제3취득자가 지는 부담을 덜어주기 위한 것'이라고 설명한다. 그러나 '목적물에 저당권 등 담보물권의 부담이 있음을 알고 권리를 취득한 자인 제3취득자가 대위에 의하여 보증인에게 이전된 담보물권이 실행되었다고 하여 예기치 못한 손해를 입었다고 할 수는 없다'는 점은 판례와 비판론이 지적하는 바와 같다.

판례는 민법이 제482조 제2항 제1호에서 '보증인이 제3취득자에게 대위를 주장하기 위해서는 미리 대위의 부기등기를 하여야 한다'고 규정한 이유를, '보증인에 대한 제3취득자의 대위를 부정할 필요가 있다'는 동항 제2호의 입법취지의 연장선상에서 '법정대위자인 보증인과 제3취득자 사이의 이해관계를 공평하고 합리적으로 조절하기 위하여 보증인의 대위권을 제한한 것'이라고 파악하고 있다. 제482조 제2항 제1호의 입법취지에 대한 이러한 설명은 '보증인은 제3취득자에게 대위할 수 있으나 제3취득자는 보증인에게 대위하지 못한다'는 동항 제2호의 규정을 합리적이고 타당한 제도라고 이해하고 있는 판례의 입장에서는 당연한 것이라고 할 수 있다. 그러나 '제3취득자는 보증인에게 대위하지 못한다'는 동항 제2호의 규정이 입법론상 문제가 있는 불합리한 제도라고 한다면, 동항 제1호의 입법취지도 그 타당성을 인정받을 수 없게 된다.

한편 통설에 대한 비판론은 이러한 판례의 입장을 전제로 하여, '보증인의 제3취득자에 대한 대위의 요건으로 미리 대위의 부기등기를 경료할 것을 요구하고 있는 제482조 제2항 제1호의 규정은 제3취득자가 물상보증인으로부터 저당부동산의 소유권을 취득한 경우에 한하여 적용되어야 하며, 채무자로부터 저당부동산의 소유권을 취득한 제3취득자의 경우에는 적용되지 않는다'고 주장하고 있으나, 이러한 해석론을 정당화할 수 있는 설득력 있는 법적 근거를 제시하지는 못하고 있다.

사견으로서는 제482조 제2항 제1호와 제2호의 규정은 불합리한 규정이므로 삭제하는 것이 타당하다고 생각한다.

2) 제482조 제2항 제1호·제5호의 "미리"의 해석

위에서 살펴본 바와 같이, 보증인의 제3취득자에 대하여 대위에 의하여 취득한 저당권의 행사요건으로 '미리 대위의 부기등기를 할 것'을 규정하고 있는 제482조 제2항 제1호의 규정은 그 합리성이 인정되기 어려운 부당한 제도라고 할 것이며, 이를 준용하고 있는 동항 제5호의 규정도 마찬가지의 비판을 면하기 어렵다. 다만, 이하에서는 동 규정들에 대한 해석론을 검토하는 데 그치기로 한다.

(가) 학 설

우선 ① '보증인은 제3취득자의 권리취득의 전후를 불문하고 항상 변제 전에 대위의 부기등기를 하여야 한다'는 견해(변제 전 부기등기설)가 있을 수 있으나, 현재 이 설을 지지하는 학자는 없다. 이 견해에 따른다면, 보증인의 대위등기는 항상 가등기의 형태로 행해져야 할 것이다. ② 구 의용민법하에서의 다수설 및 판례는 '보증인은 변제의 전후를 불문하고 제3취득자의 권리취득 전에 대위의 부기등기를 하여야 한다'는 입장을 취하고 있었다(일본대심원 1931.10.6. 판결). 현행민법하에서도 이를 지지하는 견해가 있다(제3취득자의 권리취득 전 부기등기설).[79] 이 견해에 따르면, 보증인은 반드시 제3취득자가 소유권을 취득하기 전에 대위의 부기등기를 하여야 하는데, 대위의 부기등기는 변제 전에는 가등기로써 하고, 변제 후에는 본등기로써 하여야 한다는 결론이 된다. ③ 현재의 다수설은 '대위의 부기등기는 보증인의 변제

79) 이태재, 285; 김현태, 306 참조.

후에 제3취득자가 목적물의 소유권을 취득한 경우에 한하며, 보증인이 변제하기 전(즉, 대위가 발생하기 전)에 목적물의 소유권을 취득한 제3자에 대해서는 미리 대위의 부기등기를 하지 않은 경우에도 대위를 주장할 수 있다'고 해석한다(변제 후 부기등기설).[80]

(나) 판례의 입장

판례는 「변제 후 부기등기설」을 취하고 있다(대법원 1990.11.9.선고, 90다카10305 판결). 즉, 판례는 여러 명의 물상보증인 중의 일부가 채무를 변제함으로써 다른 물상보증인들에 대하여 채권자를 대위하게 된 경우에도 제482조 제2항 제5호 단서의 규정이 적용될 수 있다는 전제하에, '민법이 제482조 제2항 제5호 단서에서 대위의 부기등기에 관한 제1호의 규정을 준용하도록 규정한 취지는 물상보증인 중 일부가 채무를 변제함으로써 다른 물상보증인에 대하여 채권자를 대위하게 될 경우에, 미리 대위의 부기등기를 하여 두지 아니하면 채무를 변제한 뒤에 그 저당물을 취득한 제3취득자에 대하여 채권자를 대위할 수 없도록 하려는 것이므로, 물상보증인들이 채무를 변제한 뒤 다른 물상보증인 소유부동산에 설정된 근저당권설정등기에 관하여 대위의 부기등기를 하여 두지 아니하고 있는 동안에 제3취득자가 위 부동산을 취득하였다면, 대위변제한 물상보증인들은 제3취득자에 대하여 채권자를 대위할 수 없다'고 한다(대법원 1990.11.9.선고, 90다카10305 판결 등).[81] 다만, 판례는 '제368조 제2항에 의한 공동저당의 일부목적물에 대한 후순위저당권자의 대위에 있어서는 먼저 경매된 부동산의 후순위저당권자가 다른 부동산에 공동저당의 대위등기를 하지 아니하고 있는 사이에 선순위저당권자 등에 의해 그 부동산에 관한 저당권등기가 말소되고, 그와 같이 저당권등기가 말소되어 등기부상 저당권의 존재를 확인할 수 없는 상태에서 그 부동산에 관하여 소유권이나 저당권 등 새로 이해관계를 취득한 사람에 대해서는, 후순위저당권자가 민법 제368조 제2항에 의한 대위를 주장할 수 없다'고 한다(대법원 2015.3.20.선고, 2012다99341 판결).

■ 공동저당의 목적부동산 중 먼저 경매된 부동산의 후순위저당권자가 다른 부동산에 공동저당의 대위등기를 하지 아니하고 있는 사이에 그 부동산에 관한 저당권등기가 말소된 경우, 후순위저당권자가 그 부동산에 관하여 새로 소유권이나 저당권 등을 취득한 제3취득자에 대하여 제368조 제2항에 따른 대위를 주장할 수 있는지 여부(소극) 제482조 제2항 제1호, 제5호는 변제자대위의 효과로 채권자가 가지고 있던 채권 및 그 담보에 관한 권리가 법률상 당연히 변제자에게 이전하는 경우에도, 변제로 인하여 저당권 등이 소멸한 것으로 믿고 목적부동산을 취득한 제3취득자를 불측의 손해로부터 보호하기 위하여 미리 저당권 등에 대위의 부기등기를 하지 아니하면 제3취득자에 대하여 채권자를 대위하지 못하도록 정하고 있다. 이에 따라 자기의 재산을 타인의 채무의 담보로 제공한 물상보증인이 수인일

80) 곽윤직, 261; 김기선, 332; 김상용, 458; 김증한/김학동, 369; 송덕수, 466; 현승종, 385 참조.

81) 판례평석: 양창수, 전게논문(주 71), 77 이하; 명순구, "물상보증인의 변제자대위 요건으로서의 부기등기", 김용준헌법재판소장화갑기념 「재판의 한 길」(1998/11), 404 이하; 임치용, "변제에 의한 대위 -물상보증인 상호간의 관계-", 민법판례해설Ⅲ(채권총론), 103 이하. 같은 취지: 대법원 2015.3.20.선고, 2012다99341 판결.

때 그중 일부의 물상보증인이 채무를 변제한 뒤 다른 물상보증인 소유 부동산에 설정된 근저당권설정등기에 관하여 대위의 부기등기를 하여 두지 아니하고 있는 동안에 제3취득자가 위 부동산을 취득하였다면, 대위변제한 물상보증인들은 제3취득자에 대하여 채권자를 대위할 수 없다. 그런데 이와 같이 법률상 당연히 이전되는 저당권과 관련하여 그 후에 해당 부동산에 대하여 권리를 취득한 제3취득자를 보호할 필요성은 후순위저당권자의 대위의 경우에도 마찬가지로 존재한다. 그리고 후순위저당권자의 대위의 경우에도 부동산등기법 제80조에서 정한 공동저당의 대위등기를 통하여 제3취득자에게 공시할 수 있으므로, 변제자대위와 마찬가지로 일정한 경우에 대위등기를 선행하도록 요구한다고 하더라도 후순위저당권자에게 크게 불리하지 아니하다. 더욱이 변제자대위의 경우에는 저당권뿐 아니라 채권까지 이전됨에 비하여 후순위저당권자의 대위의 경우에는 채권이 이전되지 아니한다는 점까지 고려하면, 후순위저당권자를 변제자보다 항상 더 보호하여야 할 필요성이 있다고 보기는 어렵다. 한편 후순위저당권자의 대위에의하여 선순위저당권자가 가지고 있던 다른 부동산에 관한 저당권이 후순위저당권자에게 이전된 후에 아직 저당권이 말소되지 아니하고 부동산등기부에 존속하는 경우라면, 비록 공동저당의 대위등기를 하지 아니하더라도 제3취득자로서는 저당권이 유효하게 존재함을 알거나 적어도 저당권이 공동저당권으로서 공시되어 있는 상태에서 이를 알면서 해당 부동산을 취득할 것이므로 저당권의 이전과 관련하여 제3취득자를 보호할 필요성은 적다. 이러한 사정들을 종합하여 보면, 먼저 경매된 부동산의 후순위저당권자가 다른 부동산에 공동저당의 대위등기를 하지 아니하고 있는 사이에 선순위저당권자 등에 의해 그 부동산에 관한 저당권등기가 말소되고, 그와 같이 저당권등기가 말소되어 등기부상 저당권의 존재를 확인할 수 없는 상태에서 그 부동산에 관하여 소유권이나 저당권 등 새로 이해관계를 취득한 사람에 대해서는, 후순위저당권자가 민법 제368조 제2항에 의한 대위를 주장할 수 없다. (대법원 2015.3.20.선고, 2012다99341 판결)

(다) 학설·판례의 검토

우선 '제3취득자는 보증인에게 대위할 수 없다'고 규정하고 있는 민법의 취지는 변제에 의한 대위에 있어서는 제3취득자보다 보증인을 우선하여 보호하는 것이 합리적이며 형평의 원칙에 부합한다는 데 있으며, 보증인이 제3취득자에게 변제에 의한 대위를 주장하기 위해서는 미리 대위의 부기등기를 요하도록 규정한 이유도 법정대위자인 보증인과 제3취득자 간의 이해관계를 공평하고 합리적으로 조절하기 위한 것이라고 보아야 할 것이므로, '보증인은 제3취득자의 소유권취득시기와 관계없이 항상 변제 전에 대위의 부기등기를 하여야 한다'고 해석하는 「변제 전 부기등기설」은 공평하고 합리적인 이해관계의 조정을 위한 제482조 제2항의 제도적 취지에 부합하지 않는다.

보증인이 변제하기 전에는 채권자의 담보물권이 유효하게 존재하고 있으며, 담보물권의 존재가 등기에 의하여 공시되고 있으므로, 권리의 상실을 각오하고 권리를 취득한 제3취득자가 보증인의 대위에 의하여 예측하지 못한 손해를 입을 가능성은 전혀 없다. 그러므로 제3자가 담보목적인 권리를 취득하기 전에도 보증인에게 대위의 부기등기를 요구하는 (특히 보증인이 변제하기 전에 대위의 가등기를 하도록 요구하는) 「제3취득자의 권리취득 전 부기등기설」은 공평하고 합리적인 이해관계의 조정을 위한 제482조 제2항의 제도적 취지에 부합하지 않는다.

민법이 제483조 제2항 제1호 및 제5호에서 '보증인이 담보목적물의 제3취득자에 대하여 대위를 주장하기 위해서는 미리 변제에 의한 저당권이전의 부기등기를 하여야 한다'고 규정한 취지는, '보증인과 제3취득자 사이의 이해관계를 공평하고 합리적으로 조절하기 위한 것'이라고 보아야 할 것이므로, '제482조 제2항 제1호의 "미리"라고 함은 보증인의 변제 후 제3취득자가 소유권을 취득하기 전까지를 의미한다'고 해석하는 것이 그 제도적 취지에 부합하는 타당한 해석이라고 할 것이다. 그러므로 「변제 후 부기등기설」에 따라, '보증인은 변제 전에 담보목적물의 소유권을 취득한 제3자에 대하여는 대위의 부기등기(가등기)를 하지 않더라도 대위할 수 있으나, 변제 후에 담보목적물의 소유권을 취득한 제3자에 대하여 대위를 주장하기 위해서는 반드시 변제 후 대위의 부기등기(본등기)를 하여야 한다'고 해석하는 것이 타당하다고 할 것이다.[82)]

3) 물상보증인과 제3취득자 사이의 대위관계

「물상보증인」이라 함은 '채무자가 아니면서 자기 소유의 물건에 채무자를 위하여 담보물권을 설정해 준 자'를 말하는데, 물상보증인은 변제하지 않으면 소유권을 상실하게 되는 자이므로 '변제할 정당한 이익'이 있고, 물상보증인이 변제하거나 저당권 등 담보물권의 실행으로 인하여 소유권을 잃은 때에는 보증채무에 관한 규정에 의하여 채무자에 대한 구상권이 있으므로(370조, 341조), 변제에 의한 법정대위가 인정된다(481조). 그러나 법정대위자 상호간의 관계에 관하여 규정하고 있는 제482조 제2항은 보증인과 제3취득자와의 관계(동항 1호·2호), 제3취득자와 다른 제3취득자와의 관계(동항 3호), 물상보증인과 다른 물상보증인과의 관계(동항 4호), 그리고 보증인과 물상보증인과의 관계(동항 5호)를 규정하고 있을 뿐 물상보증인과 제3취득자 사이의 관계에 대해서는 침묵하고 있다. 따라서 민법의 해석상 물상보증인과 제3취득자 사이의 대위관계가 문제된다.

이에 대하여, 판례는 '변제자대위에 관한 한 물상보증인과 보증인의 지위는 같다'는 전제 하에, '물상보증인과 제3취득자 사이의 대위관계에 있어서 물상보증인은 제3취득자보다 우위에 있다'는 입장을 취하고 있다(대법원 2014.12.18.선고, 2011다50233 전원합의체판결).[83)] 나아가 이러한 입장을 기초로 하여, ① '물상보증인으로부터 소유권을 취득한 제3자는 채권자에 의하여 저

82) 다만, 판례는 위 판결에서 '여러 명의 물상보증인 중의 일부가 채무를 변제함으로써 다른 물상보증인들에 대하여 채권자의 권리를 대위할 수 있게 된 경우에도, 물상보증인의 제3취득자에 대한 대위권행사의 요건으로서 대위의 부기등기가 필요하다'고 판시함으로써, 이 경우에도 제482조 제2항 제1호의 규정을 준용하는 제5호의 규정이 적용될 수 있다는 입장을 취하였으나, '제482조 제2항 제5호의 규정은 물상보증인으로부터 소유권을 취득한 제3취득자에 대하여 보증인이 대위하는 경우를 규정한 것에 불과하므로, 판례의 타당성은 의문'이라는 비판적 견해가 있음은 전술한 바와 같다(양창수, 전게논문(주71), 177~178 참조).

83) 종전의 판례는 '물상보증인의 지위는 보증인과 다르다 할 것이므로, 물상보증인과 채무자로부터 담보부동산을 취득한 제3자 상호 간에는 각 부동산의 가액에 비례하여 채권자를 대위할 수 있다'는 입장을 취하고 있었다(대법원 1974.12.10.선고, 74다1419 판결).

당권이 실행되게 되면 저당부동산에 대한 소유권을 상실한다는 점에서 물상보증인과 유사한 지위에 있다고 할 것이므로, 채무를 변제하거나 저당권의 실행으로 저당물의 소유권을 잃은 때에는 물상보증인의 구상권에 관한 370조, 341조의 규정을 유추적용하여 보증채무에 관한 441조 이하의 규정에 의하여 채무자에 대한 구상권이 있다'고 한다(대법원 2014.12.24.선고, 2012다49285 판결 등).[84] 또한 ② '물상보증인이 채무를 변제하거나 담보권의 실행으로 소유권을 잃은 때에는, 보증채무를 이행한 보증인과 마찬가지로 채무자로부터 담보부동산을 취득한 제3자에 대하여 구상권의 범위 내에서 출재한 전액에 관하여 채권자를 대위할 수 있는 반면, 채무자로부터 담보부동산을 취득한 제3자는 채무를 변제하거나 담보권의 실행으로 소유권을 잃더라도 물상보증인에 대하여 채권자를 대위할 수 없다'고 한다(대법원 2014.12.18.선고, 2011다50233 전원합의체판결).

■ **채무자로부터 담보부동산을 취득한 제3자가 채무를 변제하거나 담보권의 실행으로 소유권을 잃은 경우, 물상보증인에 대하여 채권자를 대위할 수 있는지 여부**(소극) 제481조는 "변제할 정당한 이익이 있는 자는 변제로 당연히 채권자를 대위한다"라고 규정하고, 제482조 제1항은 "전2조의 규정에 의하여 채권자를 대위한 자는 자기의 권리에 의하여 구상할 수 있는 범위에서 채권 및 그 담보에 관한 권리를 행사할 수 있다"라고 규정하며, 같은 조 제2항은 "전항의 권리행사는 다음 각 호의 규정에 의하여야 한다"라고 규정하고 있으나, 그중 물상보증인과 제3취득자 사이의 변제자대위에 관하여는 명확한 규정이 없다. 그런데 보증인과 제3취득자 사이의 변제자대위에 관하여 제482조 제2항 제1호는 "보증인은 미리 전세권이나 저당권의 등기에 그 대위를 부기하지 아니하면 전세물이나 저당물에 권리를 취득한 제3자에 대하여 채권자를 대위하지 못한다"라고 규정하고, 같은 항 제2호는 "제3취득자는 보증인에 대하여 채권자를 대위하지 못한다"라고 규정하고 있다. 한편 제370조, 제341조에 의하면 물상보증인이 채무를 변제하거나 담보권의 실행으로 소유권을 잃은 때에는 '보증채무'에 관한 규정에 의하여 채무자에 대한 구상권을 가지고, 제482조 제2항 제5호에 따르면 물상보증인과 보증인 상호 간에는 그 인원수에 비례하여 채권자를 대위하게 되어 있을 뿐 이들 사이의 우열은 인정하고 있지 아니하다. 위와 같은 규정 내용을 종합하여 보면, 물상보증인이 채무를 변제하거나 담보권의 실행으로 소유권을 잃은 때에는 보증채무를 이행한 보증인과 마찬가지로 채무자로부터 담보부동산을 취득한 제3자에 대하여 구상권의 범위 내에서 출재한 전액에 관하여 채권자를 대위할 수 있는 반면, 채무자로부터 담보부동산을 취득한 제3자는 채무를 변제하거나 담보권의 실행으로 소유권을 잃더라도 물상보증인에 대하여 채권자를 대위할 수 없다고 보아야 한다. 만일 물상보증인의 지위를 보증인과 다르게 보아서 물상보증인과 채무자로부터 담보부동산을 취득한 제3자 상호 간에는 각 부동산의 가액에 비례하여 채권자를 대위할 수 있다고 한다면, 본래 채무자에 대하여 출재한 전액에 관하여 대위할 수 있었던 물상보증인은 채무자가 담보부동산의 소유권을 제3자에게 이전하였다는 우연한 사정으로 이제는 각 부동산의 가액에 비례하여서만 대위하게 되는 반면, 당초 채무 전액에 대한 담보권의 부담을 각오하고 채무자로부터 담보부동산을 취득한 제3자는 그 범위에서 뜻하지 않은 이득을 얻게 되어 부당하다. (대법원 2014.12.18.선고, 2011다50233 전원합의체판결)[85]

84) 판례평석: 정재우, "물상보증인으로부터 담보부동산을 취득한 제3취득자의 구상권", 민사판례연구(39)(민사판례연구회, 2017), 589 이하; 송한사, "물상보증인과 제3취득자 간의 권리관계", 대한변협신문 525호(대한변호사협회, 2015/1), 12 참조. 같은 취지: 대법원 1997.7.25.선고, 97다8403 판결.

85) 이 전원합의체판결에 의하여 '담보부동산을 매수한 제3취득자는 물상보증인에 대하여 각 부동산의 가

(2) 제3취득자 상호간 또는 물상보증인 상호간의 관계

담보목적물이 두 개 이상 존재하고 그 제3취득자도 2인 이상이 있는 경우, 그 제3취득자 중 1인이 변제한 때에는 변제한 제3취득자는 담보물의 가액에 비례하여 다른 제3취득자에 대하여 대위에 의하여 취득한 담보권을 행사할 수 있으며(482조 2항 3호), 2인 이상의 물상보증인이 있는 경우에 그중 1인이 변제한 때에도 변제한 물상보증인은 담보물의 가액에 비례하여 다른 물상보증인에 대하여 대위에 의하여 취득한 담보권을 행사할 수 있다(482조 2항 4호). 즉, 제3취득자 상호간 또는 물상보증인 상호간에는 변제에 의한 대위를 허용하되, 그 대위의 범위는 각 부동산의 가액에 비례하여 할당된 채권액의 범위 내에서만 대위할 수 있는 것이다.

〈설례 3〉 채권자 甲은 채무자 乙에 대한 800만원의 채권을 담보하기 위하여 乙소유의 X부동산(시가 600만원)과 Y부동산(시가 400만원)에 저당권을 설정하였다. 그 후 X부동산의 소유권은 제3취득자 丙에게, Y부동산의 소유권은 다른 제3취득자 丁에게 각각 양도되었다.

〈설례 4〉 채권자 甲은 채무자 乙에 대한 800만원의 채권을 담보하기 위하여 丙소유의 X부동산(시가 600만원)과 丁소유의 Y부동산(시가 400만원)에 저당권을 설정하였다. 그 후 X부동산의 소유자인 물상보증인 丙은 乙의 채무 전액(800만원)을 변제하였다.

위 <설례 3>에서, X부동산의 제3취득자 丙이 乙의 채무 800만원 전액을 변제한 경우, 丙은 다른 담보부동산(Y부동산)의 제3취득자인 丁에 대하여 320만원의 범위 내에서(800만원×400/1,000=320만원) 대위에 의하여 취득한 권리를 행사할 수 있고, 반대로 Y부동산의 제3취득자 丁이 乙의 채무 800만원 전액을 변제하면 丁은 X부동산의 제3취득자 丙에 대하여 480만원의 범위 내에서(800만원×600/1,000=480만원) 대위에 의하여 취득한 권리를 행사할 수 있다(482조 2항 3호).

한편 위 <설례 4>에서 X부동산의 소유자인 물상보증인 丙은 변제한 800만원 중 320만원(800만원×400/1,000=320만원) 범위 내에서 丁에 대하여 대위에 의하여 취득한 권리를 행사할 수 있고, 반대로 Y부동산의 소유자인 물상보증인 丁이 乙의 채무 800만원 전액을 변제하면 丁은 X부동산의 소유자인 물상보증인 丙에 대하여 480만원의 범위 내에서(800만원×600/1,000=480만원) 대위에 의하여 취득한 권리를 행사할 수 있다(482조 2항 4호).

그런데 민법은 공동저당의 경우(동일한 채권이 담보로 수 개의 부동산에 저당권을 설정한 경우), 그 부동산의 경매대가를 동시에 배당하는 때에는 각 부동산의 경매대가에 비례하여 그 채권의 분담을 정하는 것을 원칙으로 하되(368조 1항), 저당부동산 중 일부의 경매대가를 먼저

액에 비례하여 채권자를 대위할 수 있다'고 한 대법원 1974.12.10.선고, 74다1419 판결은 이 판결의 견해에 배치되는 범위 내에서 변경되었다. 판례평석: 이성진, "물상보증인과 제3취득자 간의 변제자대위", 법학논집 19권 3호(이화여대법학연구소, 2015/3), 73 이하; 김덕중, "제3취득자와 물상보증인 상호간의 변제자대위", 법학논고 51집(경북대출판부, 2015/8), 9 이하: 백경일, 전게논문(주 63: 물상보증인과 제3취득자 간의 변제자대위), 9 이하.

배당하는 경우에는 그 대가에서 그 채권 전부의 변제를 받을 수 있도록 하고 있다(368조 2항 1문). 다만, 이 경우에 배당이 실시된 저당부동산의 후순위 저당권자는 선순위 저당권자가 제368조 제1항의 규정에 의하여 다른 부동산의 경매대가에서 변제를 받을 수 있었던 금액의 한도에서 선순위자를 대위하여 저당권을 행사할 수 있다(368조 2항 1문). 이를 「공동저당에 있어서 이시배당 시의 후순위저당권자의 대위」라고 한다.

문제는 '공동저당의 일부목적물에 대한 경매로 인한 이시배당이 행하여진 때에는, 제368조 제2항의 후순위저당권자의 대위와 제482조의 물상보증인의 변제에 의한 대위가 충돌하는 경우가 발생하는데, 이 경우에 후순위저당권자의 대위와 변제에 의한 대위 중 어느 것이 우선하는가?' 하는 것이다.

〈설례 5〉 채권자 甲은 채무자 乙에 대한 채권을 담보하기 위하여 채무자 乙소유의 X부동산과 물상보증인 丙소유의 Y부동산에 각각 제1순위의 공동저당권을 설정하였다. 그런데 甲의 공동저당권의 목적물인 X부동산 위에는 乙의 다른 채권자 丁의 제2순위저당권이 설정되어 있고, 물상보증인 丙소유의 Y부동산 위에는 丙의 또 다른 채권자 戊의 제2순위저당권이 설정되어 있다. 그 후 乙의 채무불이행으로 인하여 甲이 저당권을 실행하였는데, 물상보증인 丙소유의 Y부동산이 먼저 매각되어 그 매매대금으로부터 甲이 채권 전액을 배당받았다.

위 <설례 5>에서, 물상보증인 丙소유의 Y부동산이 경매되어 그 매각대금이 채권자 甲에게 1순위로 배당되어 甲이 채권 전액을 변제받았으므로, 乙에 대한 甲의 채권과 제1순위저당권은 제481조의 규정에 의하여 乙에 대한 구상권의 범위 내에서 물상보증인 丙에게 이전된다(변제에 의한 대위). 따라서 丙은 채무자 乙에 대한 구상권의 범위 내에서 대위에 의하여 이전받은 甲의 채권과 저당권을 행사할 수 있다(482조 1항). 즉, 丙은 乙소유의 X부동산의 경매대가에서 제1순위저당권자로서 우선변제를 받을 수 있다. 그런데 공동저당의 목적물 중 일부의 경매대가를 먼저 배당하는 이시배당의 경우에는 경매부동산의 후순위저당권자도 동시배당을 하였다면 선순위저당권자가 다른 부동산의 경매대가에서 변제받을 수 있는 금액의 한도에서 선순위자를 대위하여 저당권을 행사할 수 있으므로(368조 2항 2문), 위 <설례 5>에서 만약 채무자 乙소유의 X부동산이 먼저 경매되어 제1순위저당권자인 甲이 X부동산으로부터 채권 전액을 변제받았다면, X부동산의 후순위저당권자인 戊도 선순위저당권자 甲이 동시배당의 경우 Y부동산의 경매대가에서 변제를 받을 수 있는 금액의 한도에서 선순위자인 甲을 대위하여 저당권을 행사할 수 있게 된다. 따라서 공동저당에서 이시배당의 경우 후순위저당권자의 대위를 규정한 제368조 제2항 제2문의 규정과 물상보증인의 대위를 규정한 제482조 제1항의 규정이 정면으로 충돌하는 문제가 발생한다.

이 문제에 관하여, 판례는 '물상보증인의 대위가 우선한다'는 입장을 확립하고 있다(대법원 1994.5.10.선고, 93다25417 판결 등).[86] 즉, 판례는 위 <설례 5>의 경우와 같이, '공동저당의 목적물인 채무자(乙) 소유의 X부동산과 물상보증인(丙) 소유의 Y부동산에 각각 채권자(丁, 戊)를 달리하는 후순위저당권이 설정되어 있는 경우, 물상보증인(丙) 소유의 Y부동산에 대하여 먼저 경매가 이루어져 그 경매대금의 교부에 의하여 제1순위저당권자인 채권자(甲)가 변제를 받은 때에는, Y부동산의 소유자인 물상보증인(丙)은 채무자(乙)에 대하여 구상권을 취득함과 동시에 제481조, 제482조의 규정에 의한 변제자대위에 의하여 채무자(乙) 소유의 X부동산에 대한 제1순위저당권을 취득한다고 봄이 타당하다'고 한다. 이렇게 해석하여야 하는 이유에 대하여, 판례는 '공동저당의 목적물인 Y부동산의 소유자인 물상보증인(丙)은 다른 공동담보물인 채무자 소유의 X부동산의 담보력을 기대하고 자기의 Y부동산을 담보로 제공한 것이므로, 그 후에 채무자(乙) 소유의 X부동산에 丁의 후순위저당권이 설정되었다는 사정에 의하여 그 기대이익을 박탈할 수 없기 때문'이라고 설명한다. 또한 '이러한 경우 물상보증인(丙) 소유의 Y부동산에 대한 후순위저당권자(戊)는 물상보증인(丙)에게 이전한 X부동산에 대한 제1순위저당권에 기하여 X부동산의 후순위저당권자(丁)에 우선하여 변제를 받을 수 있다'고 한다. 이는 '물상보증인(丙) 소유의 부동산에 대한 후순위저당권자(戊)로서는 공동저당의 목적물 중 채무자(乙) 소유의 X부동산의 담보가치뿐만 아니라, 물상보증인(丙) 소유의 Y부동산의 담보가치도 고려하여 저당권을 설정하였고, 물상보증인(丙)으로서는 자기 소유의 Y부동산에 설정된 후순위저당권에 의한 부담을 후순위저당권의 설정 당초부터 이를 감수하고 있었다고 할 수 있으며, 공동저당의 목적물 중 채무자(乙) 소유의 X부동산이 먼저 경매된 경우 또는 공동저당의 목적물의 전부가 일괄경매된 경우와의 균형상, 물상보증인(丙) 소유의 Y부동산이 먼저 경매되었다는 우연한 사정에 의하여 물상보증인(丙)이 그 구상권에 기하여 채무자(乙) 소유의 X부동산으로부터 X부동산의 후순위저당권자(丁) 보다 우선하여 변제를 받을 수 있고, 본래 예정되어 있던 Y부동산의 후순위저당권(戊)에 의한 부담까지도 면할 수 있다는 것은 불합리하므로, 물상보증인(丙) 소유의 Y부동산이 먼저 경매된 경우에는 제368조 제2항 후단이 후순위저당권자(戊)의 보호를 기하고 있는 취지를 고려하여, 물상보증인(丙)에게 이전한 제1순위저당권은 후순위저당권자(戊)의 피담보채권을 담보하는 것으로 되어, 위 후순위저당권자(戊)는 마치 위 제1순위저당권 위에 제370조, 제342조의 규정에 의하여 물상대위를 하는 것과

86) 판례평석: 서기석, "공동저당에 있어서 후순위근저당권자의 대위와 물상보증인의 변제자대위의 충돌", 대법원판례해설 21호(법원행정처, 1994/11), 52 이하; 김제식, "공동저당에 있어서 후순위저당권자의 대위와 물상보증인의 변제자대위와의 관계 및 물상보증인 소유부동산의 후순위저당권자의 지위", 재판과 판례 4집(대구판례연구회, 1995/8), 43 이하; 양창수, "후순위저당권자 있는 공동저당부동산에 대한 경매와 물상보증인의 지위 -우리 민법 안의 일본민법(Ⅰ)-" 민사판례연구(18)(민사판례연구회, 1996/5), 163 이하; 이동준, "공동저당에 있어서 물상보증인 제공 부동산의 후순위저당권자의 법적 지위", 부산판례연구 6집(부산판례연구회, 1996/1), 47 이하; 명순구, "공동저당에 있어서 후순위저당권자와 물상보증인의 대위권", 고려대판례연구 8집(고려대법학연구소, 1996/9), 250 이하. 같은 취지: 대법원 2001.6.1.선고, 2001다21854 판결.

같이 그 순위에 따라 물상보증인(丙)이 취득한 제1순위저당권으로부터 우선하여 변제를 받을 수 있다고 보아야 하기 때문'이라고 설명한다. 나아가 '이러한 법리는 물상보증인이 여러 명인 경우에도 마찬가지이므로, 물상보증인 소유의 Y부동산이 먼저 경매되어 제1순위공동저당권자(甲)가 우선변제를 받은 경우에는, 물상보증인(丙)은 변제를 한 것과 마찬가지로 구상권을 취득하므로(370조, 341조), 구상권의 범위 내에서 대위에 의하여 위 제1순위저당권을 취득하고, 그 소유의 Y부동산의 후순위저당권자(戊)는 물상보증인(丙)이 취득한 위 제1순위저당권에 대하여 물상대위를 할 수 있다 할 것이므로(370조, 342조), 그 제1순위저당권설정등기는 말소되어야 할 것이 아니라, 위 물상보증인(丙) 앞으로 대위에 의한 저당권이전의 부기등기가 경료되어야 할 것이며, 따라서 아직 경매되지 아니한 공동저당물의 소유자로서는 위 제1순위저당권자(甲)에 대한 피담보채무가 소멸하였다는 사정만으로는 그 말소등기를 청구할 수 없다'고 한다.

이러한 취지에서, '공동저당의 목적물인 채무자(乙) 소유의 X부동산과 물상보증인(丙) 소유의 Y부동산 중 채무자(乙) 소유의 X부동산에 대하여 먼저 경매가 이루어져 그 경매대금의 교부에 의하여 제1순위공동저당권자인 채권자(甲)가 변제를 받더라도, 채무자(乙) 소유의 X부동산에 대한 후순위저당권자(丁)는 제368조 제2항 제2문에 의하여 제1순위공동저당권자인 채권자(甲)를 대위하여 물상보증인(丙) 소유의 Y부동산에 대하여 저당권을 행사할 수 없다'고 한다(대법원 1995.6.13., 95마500 결정 등).[87] 이러한 판례법리의 당부에 대해서는 학설상 견해가 갈리는데, 이에 관한 상세는 담보물권법 편에서 논하기로 한다. (☞ 담보물권법 편, 제2장 제3절「저당권」)

(3) 물상보증인과 보증인 사이의 관계 : 대위금액의 할당

물상보증인과 보증인 사이에서는 그 인원수에 비례하여 채권자를 대위한다(482조 2항 5호 본문). 따라서 만약 보증인이 물상보증인을 겸하는 경우에는 1인으로 계산하여야 한다. 물상보증인이 여러 명인 경우에는 보증인의 부담부분을 제외하고 그 잔액에 대하여 각 담보물의 가액에 비례하여 대위한다(482조 2항 5호 단서).

〈설례 6〉 甲은 乙에 대한 1억원의 매매대금채권을 담보하기 위하여 乙에게 보증인을 세울 것을 요구하였다. 乙의 부탁으로 A와 B가 위 乙의 채무를 이행을 연대보증하였다. 甲이 다시 물적 담보의 제공을 요구하자 乙의 부탁을 받은 물상보증인 C가 그 소유의 X부동산(시가 6,000만원 상당) 위에 저당권을 설정해 주었으며, 다른 물상보증인 D는 Y부동산(시가 4,000만원 상당) 위에 저당권을 설정해 주었다.

위 <설례 6>의 경우, 2인의 보증인 A와 B의 부담부분은 채권 전액 1억원을 보증인과

---

87) 같은 취지: 대법원 1996.3.8.선고, 95다36596 판결.

물상보증인의 총 인원수(4인)로 나눈 금액인 2,500만원(1억원÷4명=2,500만원)씩 합계 5,000만원이고(2,500만원×2=5,000만원), 이를 제외한 나머지 5,000만원의 채권 중, 물상보증인 C에 대하여 3,000만원(5,000만원×6,000만/1억=3,000만원), D에 대하여는 2,000만원(5,000만원×4,000/1억=2,000만원)이 대위할 수 있는 금액으로 할당된다.

1억원
채권자 甲 ——→ 채무자 乙
보증인 A : 2,500만원 (1억÷4=2,500만)
보증인 B : 2,500만원 (1억÷4=2,500만)
물상보증인 C(시가 60만원 상당의 부동산) : 3,000만원 (5,000만×6,000만/1억=3,000만)
물상보증인 D(시가 40만원 상당의 부동산) : 2,000만원 (5,000만×4,000만/1억=2,000만)

이 경우에 보증인이 물상보증인에 대하여 대위에 의하여 취득한 권리를 행사하기 위해서는 미리 담보목적물에 대위의 부기등기를 하여야 한다(482조 2항 5호 단서, 2항 1호). 예컨대, 위 <설례 6>에서 보증인 A가 1억원의 채무 전액을 변제한 경우에는 보증인 B에게는 2,500만원, 물상보증인 C에 대해서는 3,000만원, 물상보증인 D에 대해서는 2,000만원의 범위 내에서 대위에 의하여 취득한 권리를 행사할 수 있는데, 물상보증인 C, D로부터 담보목적물의 소유권을 취득한 제3취득자에게 대위에 의하여 취득한 저당권을 행사하기 위해서는 미리 부기등기를 하여야 하는 것이다. 이 경우에 보증인이 "미리" 부기등기를 하여야 한다는 의미도 보증인과 제3취득자와의 관계에서 설명한 것과 같이, 보증인이 변제한 후 대위에 의하여 취득한 물상보증인으로부터 소유권을 취득한 제3취득자의 부동산에 대하여 부기등기를 함으로써 채권자를 대위할 수 있다는 의미로 해석하여야 할 것임은 물론이다.[88] 그런데 판례는 '물상보증인으로부터 물상보증의 목적물인 저당부동산의 소유권을 취득한 제3취득자는 저당권이 실행되면 저당부동산에 대한 소유권을 잃는다는 점에서 물상보증인과 유사한 지위에 있으므로, 채무를 변제하거나 저당권의 실행으로 저당부동산의 소유권을 잃은 경우에는 채무자에 대한 구상권이 있다'는 입장을 취함으로써(대법원 2014.12.24.선고, 2012다49285 판결), 물상보증인으로부터 저당부동산의 소유권을 취득한 제3취득자는 물상보증인과 유사한 지위에 있음을 인정하고 있음은 전술한 바와 같다. 그렇다면 '물상보증인으로부터 저당부동산의 소유권을 취득한 제3취득자는 물상보증인과 마찬가지로 보증인에 대해서도 대위에 의하여 취득한 권리를 행사할 수 있는가?' 하는 것이 문제된다.

학설 중에는 '제482조 제2항 제2호의 "제3취득자"라 함은 채무자로부터 담보부동산의 소유권을 취득한 자만을 의미하며, 물상보증인으로부터 담보부동산의 소유권을 취득한 제3취득

88) 同旨: 곽윤직, 261 참조.

자는 포함되지 않는다'고 해석하여야 한다는 견해가 있다.[89] 이 견해는 '채무자로부터 담보부동산의 소유권을 취득한 제3취득자와는 달리, 물상보증인으로부터 담보부동산의 소유권을 취득한 제3취득자가 채무를 변제하거나 저당권의 실행으로 소유권을 잃은 때에는 특별한 사정이 없는 한 물상보증인의 구상권에 관한 제370조, 제341조의 규정이 유추적용되어 보증인과 마찬가지로 채무자 또는 채무자로부터 담보부동산의 소유권을 취득한 제3자에 대하여 구상권이 있으며(따라서 구상권의 범위 내에서 출재한 전액에 대하여 채권자를 대위할 수 있다), 나아가 물상보증인으로부터 담보부동산의 소유권을 취득한 제3취득자와 보증인 사이의 관계에 대해서는 민법에 명문규정이 없으나, 이에 대해서는 물상보증인과 보증인 사이의 대위관계를 규정한 제482조 제2항 제5호의 규정을 유추적용하여 보증인에 대하여 인원수에 비례하여 채권자를 대위할 수 있다고 해석하여야 한다'고 주장하고 있다.

판례는 종래 '물상보증인으로부터 저당부동산의 소유권을 취득한 제3취득자가 저당부동산으로 담보된 채무를 변제한 때에는 보증인에 대하여는 대위할 수 없으나, 다른 물상보증인들과는 각 담보재산의 가액에 비례하여 채권자를 대위할 수 있다'고 판시한 사례가 있으며(대법원 1974.12.10.선고, 74다1419 판결),[90] '물상보증인으로부터 저당부동산의 소유권을 양수한 제3취득자는 저당권이 실행되면 저당부동산에 대한 소유권을 상실한다는 점에서 물상보증인과 유사한 지위에 있다고 할 것이므로, 제3취득자가 채무를 변제하거나 저당권의 실행으로 저당물의 소유권을 잃은 때에는 물상보증인의 구상권에 관한 제370조, 제341조의 규정을 유추적용하여 보증채무에 관한 규정에 의하여 채무자에 대한 구상권이 있다'는 입장을 취하여 왔다(대법원 1997.7.25.선고, 97다8403 판결 등). 그러나 사안의 쟁점인 '물상보증인으로부터 저당부동산의 소유권을 취득한 제3취득자가 채무를 변제하거나 저당권의 실행으로 저당물의 소유권을 잃은 때에는 보증인에 대해서도 구상권을 행사할 수 있는가?' 하는 문제에 대해서는 아직 명확한 입장을 밝힌 판례가 없다. 다만, 판례는 '물상보증인으로부터 저당부동산의 소유권을 취득한 제3취득자는 저당권이 실행되면 저당부동산에 대한 소유권을 상실한다는 점에서 물상보증인과 유사한 지위에 있다고 할 것이므로, 그가 채무를 변제하거나 저당권의 실행으로 저당물의 소유권을 잃은 때에는 물상보증인의 구상권에 관한 제370조, 제341조의 규정을 유추적용하여 보증채무에 관한 규정에 의하여 채무자에 대한 구상권이 있다'는 입장을 취하고 있는바

---

89) 양창수, 전게논문(주 72), 171 참조.

90) 이 판결은 대법원 2014.12.18.선고, 2011다50233 전원합의체판결에 의하여 변경되었는데, 대법원은 이 전원합의체판결에서 '법정대위자 상호간의 관계를 규정한 민법 제482조 제2항을 해석함에 있어서는 보증인과 물상보증인을 동일하게 다루어야 한다'는 법리를 전제로 하여, '물상보증인이 채무를 변제하거나 담보권의 실행으로 소유권을 잃은 때에는 보증채무를 이행한 보증인과 마찬가지로 **채무자로부터 담보부동산을 취득한 제3자에 대하여** 구상권의 범위 내에서 출재한 전액에 관하여 채권자를 대위할 수 있다'는 것으로 변경되었다.

(대법원 1997.7.25.선고, 97다8403 판결 등), 이는 변제에 의한 대위에 있어서는 물상보증인으로부터 저당부동산의 소유권을 취득한 제3취득자도 물상보증인과 동등하게 다루어야 한다는 취지이므로, 이러한 판례의 법리를 종합하면, '물상보증인으로부터 저당부동산의 소유권을 취득한 제3취득자가 채무를 변제하거나 담보권이 실행으로 소유권을 잃은 때에는 물상보증인의 구상권에 관한 제370조, 제341조의 규정을 유추적용하여 채무자에게 구상권을 행사할 수 있으며, 법정대위자로서 물상보증인과 마찬가지로 보증인에 대해서도 인원수에 비례하여 채권자를 대위할 수 있다'는 것이 판례의 법리라고 할 수 있을 것이다(482조 2항 5호). 즉, 판례의 법리에 따르면, '「제3취득자는 보증인에 대하여 채권자를 대위하지 못한다」는 제482조 제2항 제2호의 규정은 채무자로부터 담보부동산의 소유권을 취득한 제3취득자와 보증인 사이의 법정대위관계를 규정한 것에 불과하므로, 물상보증인으로부터 저당부동산의 소유권을 취득한 제3취득자와 보증인 사이의 관계에 대해서는 적용될 수 없다'고 해석되어야 할 것이다.

(4) 연대채무자 상호간 및 보증인 상호간의 관계

연대채무자 상호간(425조), 보증인 상호간(448조) 또는 연대채무자나 불가분채무자나 보증인 사이(447조)에 대하여는 각각의 특별규정에 의하여 구상권의 범위가 정해지므로, 대위의 범위도 그에 따라서 정해진다(대법원 1999.10.22.선고, 98다22451 판결 등).[91]

연대채무자 모두를 위한 연대보증인이 보증채무를 이행한 경우에는, 그 출연액 전부에 대하여 어느 연대채무자에게나 그 부담부분에 한하여 구상권을 가지며(447조), 구상권의 범위 내에서 채권자를 대위할 수 있다. 그러나 반대로 연대채무자들 중 어느 1인이 자신의 부담부분을 넘어 채무를 변제함으로써 다른 연대채무자에 대하여 구상권의 범위에서 대위할 수 있다 할지라도, 그 자신의 연대보증인도 겸하고 있는 다른 연대채무자의 연대보증인에 대하여서는 대위할 수 없다(대법원 1992.5.12.선고, 91다3062 판결).[92] 주채무자인 연대채무자가 보충적 채무자인 연대보증인에 대하여 대위할 수 없음은 이론상 당연하다 할 것이다.

3. 변제자와 채권자 사이의 법률관계

(1) 채권자의 변제자에 대한 협력의무

채권자는 변제자가 대위에 의하여 취득한 채권의 행사를 용이하게 할 수 있도록 임의대위의 경우는 채무자에 대한 대위의 통지의무를 부담하며(480조 2항), 담보물이 부동산인 경우에는 대위의 부기등기에 협력하여야 할 의무를 부담한다(482조 2항 1호, 5호)(대법원 1990.12.26.선고, 90

91) 같은 취지: 대법원 2005.10.13.선고, 2003다24147 판결.

92) 판례평석: 송진현, "연대채무자가 자기를 위한 연대보증인을 겸한, 다른 연대채무자의 연대보증인에게 대위할 수 있는지 여부", 대법원판례해설 18호(법원행정처, 1993/6), 29 이하.

다4686 판결 등).[93]

(2) 채권자의 채권증서 및 담보물의 교부의무

채권 전부의 변제를 받은 채권자는 채권증서 및 담보물교부의무를 부담하며(484조 1항), 채권의 일부에 대한 변제를 받은 채권자는 채권증서에 그 대위를 기입하고 자기가 점유한 담보물의 보존에 관하여 대위자의 감독을 받아야 한다(484조 2항).

(3) 채권자의 담보보존의무

민법은 법정대위자의 권리확보를 위하여 제485조에서, '제481조의 규정에 의하여 대위할 자가 있는 경우에 채권자의 고의나 과실로 담보가 상실되거나 감소된 때에는 대위할 자는 그 상실 또는 감소로 인하여 상환을 받을 수 없는 한도에서 그 책임을 면한다'고 규정함으로써, 채권자에게 대위의 객체인 담보의 보존의무를 부담시키고 있다. 다만, 판례는 제485조를 임의규정으로 해석하여, 법정대위자는 채권자와의 특약으로 위 규정에 의한 면책이익을 포기하거나 면책의 사유와 범위를 제한 내지 축소할 수 있다고 한다(대법원 1987.4.14.선고, 86다카520 판결 등).[94]

1) 채권자의 고의·과실

여기서 "채권자의 고의 · 과실"이라 함은 '담보의 감소 또는 상실에 관한 채권자의 고의·과실'을 의미하며, 대위자의 존재 여부에 대한 고의·과실을 의미하는 것은 아니다.[95]

문제는 '구체적으로 어느 경우에 채권자의 고의·과실이 있었다고 할 것인가?' 하는 것인데, 판례는 ① 법정대위자인 연대보증인이 있음에도 불구하고 채권자가 채무자로부터 제공받은 양도담보물을 채무자에게 반환하고 채무자가 이를 매각하여 그 대금을 소비하여 버린 경우(대법원 1962.3.8.선고, 4294민상637 판결), ② 정당한 채권질권의 실행으로 회수된 돈을 채무자에게 돌려주고 채권질권의 대상을 위조된 제3자 명의의 채권질권으로 대체한 경우(대법원 1973.10.23.선고, 73다1315 판결), ③ 신용보증기금이 보증한 채무의 채권자인 은행이 고의나 과실로 담보를 상실하게 하거나 감소되게 한 때(대법원 1987.4.14.선고, 85다카1851 판결) 등의 경우에는 담보의 감소 또는 상실에 관한 채권자의 고의·과실이 있음은 인정한다. 특히 '변제기가 도래하여 저당권을 실행할 수 있었음에도 불구하고 채권자가 그 실행을 주저하는 동안에 저당부동산의 가격이 하락한 경우에 담보의 감소·상실에 관한 채권자의 고의·과실이 있다고 할 수 있는가?' 하는 것이 문제되는데, 학설은 '당시의 사정에 비추어 선량한 관리자의 주의를 결하였다고 인정될 수 있는 경우에는 과실을 인정하여야 한다'고 한다.[96] 그러나 판례는 '대위변

93) 같은 취지: 대법원 2002.12.6.선고, 2001다2846 판결.
94) 같은 취지: 대법원 1987.3.24.선고, 84다카1324 판결.
95) 同旨: 곽윤직, 262; 김상용, 460; 현승종, 387 참조.

제의 정당한 이익을 갖는 자가 있다는 사정만으로 채권자가 자신의 채권이나 담보권을 성실히 행사하여야 할 의무를 부담한다고는 할 수 없다'고 한다(대법원 2001.12.24.선고, 2001다42677 판결 등).[97]

2) 담보의 상실 또는 감소

제485조 소정의 "담보"라 함은 '주된 채무를 담보하기 위한 인적 담보 또는 물적 담보'를 말하며, 채권자가 인적 담보인 보증인의 채무를 면제해 주거나 물적 담보인 담보물권을 포기하거나 순위를 불리하게 변경하거나 담보물을 훼손하거나 반환하는 행위 등이 담보의 상실 또는 감소의 전형적 예에 속한다(대법원 2000.12.12.선고, 99다13669 판결). 그러나 '채권자인 은행이 담보물인 부동산의 감정가격을 시가보다 높게 평가한 것을 제485조 소정의 담보물의 상실 또는 감소에 해당한다고 볼 수 없다'고 할 것이다(대법원 1974.7.23.선고, 74다257 판결).

3) 법정대위를 할 자의 면책범위 및 면책의 기준시기

(가) 면책의 범위

법정대위를 할 자는 담보의 상실 또는 감소로 인하여 상환을 받을 수 없는 한도에서 그 책임을 완전히 면하며, 단지 면책의 항변을 할 수 있음에 그치는 것은 아니다.

(나) 면책의 기준시기

'법정대위권자의 면책의 범위를 어느 시기를 표준으로 하여 정할 것인가?' 하는 문제에 대하여, 판례는 '담보의 상실 또는 감소시를 표준으로 하여야 한다'는 입장을 취하고 있으나(대법원 2001.12.24.선고, 2001다42677 판결 등),[98] 담보의 상실 또는 감소로 인한 법정대위자의 면책은 법정대위자를 보호하기 위한 제도라는 점과, 담보의 감소 또는 상실이 없었더라면 법정대위자는 담보권을 실행한 때 또는 실행할 수 있었던 시기의 담보물의 시가상당액을 대위할 수 있었을 것이라는 점에서, 담보권을 실행하거나 실행할 수 있었던 때를 표준으로 하는 것이 타당하다고 생각된다.[99]

---

96) 곽윤직, 262; 현승종, 387 참조.

97) 판례평석: 김충섭, "채권자의 담보상실·감소로 인한 법정대위자의 면책의 범위", 민사재판의 제문제 11권(한국사법행정학회, 2002/12), 368 이하. 같은 취지: 대법원 2005.11.25.선고, 2004다66834·66841 판결.

98) 같은 취지: 대법원 2008.12.11.선고, 2007다66590 판결.

99) 同旨: 김증한/김학동, 372; 김상용, 461; 송덕수, 473; 현승종, 388 참조.

제7절 변제 이외의 채권의 소멸사유

[65] Ⅰ. 대물변제

1. 대물변제의 의의 및 사회적 작용

(1) 대물변제(代物辨濟)의 의의

「대물변제」(Leistung an Erfüllungs Statt; dation en paiement)라 함은 '채권자와 채무자의 합의에 의하여 본래의 급부에 갈음한 다른 급부를 함으로써 채권을 소멸시키는 것'을 말한다. 민법은 제466조에서, "채무자가 채권자의 승낙을 얻어 본래의 채무이행에 갈음하여 다른 급여를 한 때에는 변제와 같은 효력이 있다"고 규정함으로써, '대물변제가 성립하기 위해서는 채권자의 승낙이 필요하며, 대물변제에 의하여 채권소멸의 효력이 발생하기 위해서는 본래의 채무이행에 갈음하는 다른 급여가 현실적으로 실행되어야 한다는 점을 명확하게 규정하고 있다.

〈설례 1〉 甲은 乙에게 1억원의 금전을 1년간 빌려주기로 하는 내용의 소비대차계약을 체결하면서, 만약 乙이 계약기간 종료 후 원금반환의무를 이행하지 않는 경우에는 변제에 갈음하여 乙소유의 X부동산(시가 2억원) 소유권을 甲에게 이전하기로 약정하고, 그 약정상의 권리를 보전하기 위하여 甲명의로 X부동산에 대한 소유권이전등기청구권을 피보전채권으로 하는 가등기를 경료하였다. 그 후 이행기에 乙이 원금반환의무를 이행하지 않자 甲은 X부동산에 대한 위 가등기에 기하여 소유권이전등기를 경료하였다. 위 X부동산의 소유권이전등기에 의하여 대물변제는 유효하게 성립하는가? 즉, 甲은 대물변제로 인하여 X부동산의 소유권을 유효하게 취득하는가?

1) 대물변제에 대한 당사자의 합의

채권자는 채무의 내용에 따르지 아니한 급부를 수령할 의무가 없다. 그러므로 대물변제에 의하여 채권이 소멸하기 위해서는 반드시 채권자의 승낙이 있어야 한다. 대물변제에 관한 제466조는 이 점을 명확하게 규정하고 있다. 후술하는 바와 같이, 통설과 판례는 이 점에 주목하여 대물변제의 법적 성질을 당사자의 합의, 즉 계약이라고 파악하고 있으나(이를 「계약설」이라고 한다), 최근에는 '당사자의 합의는 대물변제의 요건에 불과하며, 대물변제의 본질은 변제라고 보아야 한다'는 비판적 견해(이를 「변제설」이라고 한다)가 제기되고 있다.

2) 대물급부의 실현에 의하여 성립하는 계약

대물변제의 법적 성질을 당사자의 합의에 의하여 성립하는 계약이라고 파악하는 통설·판례의 입장에 따르면, 대물변제는 대물급부(代物給付)의 실현에 의하여 비로소 성립하는 요물계약(要物契約)이 되고, '향후 대물변제할 것을 약속하는 당사자의 합의'는 「대물변제의 예약」이 된다. 즉, 통설·판례의 입장에 따르면, 위 <설례 1>에서 甲과 乙은 소비대차계약을 체결함과 동시에 「대물변제의 예약」을 한 것이다. 그리고 채권자 甲은 위 대물변제예약상의 권리(대물급부의 목적물인 X부동산에 관한 소유권이전청구권)를 보전하기 위하여 가등기를 한 것이고(부동산등기법 88조),[1] 그 후 채무자 乙의 소비대차계약상의 반환채무 불이행을 이유로 가등기에 기한 본등기를 마침으로써 X부동산의 소유권을 취득한 것이다(부동산등기법 91조, 92조). 물론 甲의 소유권 취득이 가등기담보법 소정의 청산절차를 거친 유효한 것인가 하는 문제는 남지만(동법 3조,[2] 4조[3]), 유효한 청산절차를 거쳤다고 한다면 결국 甲의 소비대차계약상의 반환채권은 乙의 대물변제로 인하여 소멸한다(466조).

(2) 대물변제의 사회적 작용

대물변제는 당사자의 편의를 위하여 이행의 대용(代用)수단으로 사용되는 것이 그 본래적

---

1) 부동산등기법 제88조(가등기의 대상) 가등기는 제3조 각 호의 어느 하나에 해당하는 권리의 설정, 이전, 변경 또는 소멸의 청구권을 보전하려는 때에 한다. 그 청구권이 시기부(始期附) 또는 정지조건부일 경우나 그 밖에 장래에 확정될 것인 경우에도 같다.

2) 가등기담보법 제3조(담보권 실행의 통지와 청산기간) ① 채권자가 담보계약에 따른 담보권을 실행하여 그 담보목적부동산의 소유권을 취득하기 위하여는 그 채권의 변제기 후에 제4조의 청산금의 평가액을 채무자등에게 통지하고, 그 통지가 채무자등에게 도달한 날부터 2개월(이하 "청산기간"이라 한다)이 지나야 한다. 이 경우 청산금이 없다고 인정되는 경우에는 그 뜻을 통지하여야 한다. ② 제1항에 따른 통지에는 통지 당시의 담보목적부동산의 평가액과 민법 제360조에 규정된 채권액을 밝혀야 한다. 이 경우 부동산이 둘 이상인 경우에는 각 부동산의 소유권이전에 의하여 소멸시키려는 채권과 그 비용을 밝혀야 한다.

3) 가등기담보법 제4조(청산금의 지급과 소유권의 취득) ① 채권자는 제3조 제1항에 따른 통지 당시의 담보목적부동산의 가액에서 그 채권액을 뺀 금액(이하 "청산금"이라 한다)을 채무자등에게 지급하여야 한다. 이 경우 담보목적부동산에 선순위담보권 등의 권리가 있을 때에는 그 채권액을 계산할 때에 선순위담보 등에 의하여 담보된 채권액을 포함한다. ② 채권자는 담보목적부동산에 관하여 이미 소유권이전등기를 마친 경우에는 청산기간이 지난 후 청산금을 채무자등에게 지급한 때에 담보목적부동산의 소유권을 취득하며, 담보가등기를 마친 경우에는 청산기간이 지나야 그 가등기에 따른 본등기를 청구할 수 있다. ③ 청산금의 지급채무와 부동산의 소유권이전등기 및 인도채무의 이행에 관하여는 동시이행의 항변권에 관한 민법 제536조를 준용한다. ④ 제1항부터 제3항까지의 규정에 어긋나는 특약으로서 채무자등에게 불리한 것은 그 효력이 없다. 다만, 청산기간이 지난 후에 행하여진 특약으로서 제3자의 권리를 침해하지 아니하는 것은 그러하지 아니하다.

기능이라고 할 수 있으나, 거래의 실제에서는 예약제도와 결합하여 「대물변제의 예약」[4]이라는 형태로 물적 담보제도로서 이용되는 경우가 많다. 즉, 금융거래의 실제에서는 금전소비대차계약의 당사자 사이에 차주가 금전반환채무를 불이행하는 경우에는 차주 또는 제3자 소유 부동산의 소유권을 대주에게 이전하기로 하는 내용의 대물변제의 예약을 함과 동시에,[5] 대주의 대물변제 예약상의 권리(소유권이전등기청구권)를 보전하기 위한 가등기를 하는 형태의 가등기담보제도와 결합한 대물변제의 예약이 널리 이용되고 있다. 그런데 채권자의 대물변제예약상의 권리를 가등기하는 형태의 담보제도인 가등기담보에 있어서는 채권자가 채권액을 초과하는 담보가치를 취득하여 폭리를 취할 가능성이 크다. 민법은 이를 방지하고 채무자를 보호하기 위하여 소비대차계약에서 대물변제의 예약이 있는 경우에는 그 재산의 예약 당시의 가액이 차용액 및 이에 붙인 이자의 합산액을 넘지 못하며(607조), 나아가 '이에 위반한 차주에게 불리한 약정은 무효'라고 규정하고 있다(608조). 즉, 민법은 금융거래의 실제에서 가등기제도와 결합한 대물변제의 예약이 채권자의 폭리를 가능케 하는 담보제도로서 기능하고 있음을 중시하여 그 효력을 제한하는 강행규정을 둔 것이다. 그러나 소비대차계약에 있어서 차주에게 불리한 대물변제예약의 효력을 무효로 규정한 제607조와 제608조는 거래의 현실을 무시한 비현실적인 규정일 뿐만 아니라, 이러한 간략한 규정만으로써는 가등기담보에 있어서 채권자의 폭리를 방지하는 데 한계가 있었다. 그러므로 가등기담보를 규율하는 특별법을 제정할 필요가 있다는 학계와 실무계의 요청에 따라, 1983.12.30. 민법 제607조와 제608조의 규정에 대한 특별법이라고 할 수 있는 「가등기담보법」(법률 제3681호)이 제정되었다. (☞ 물권법 편, 제6장 제8절 「가등기담보」)

2. 연혁 및 입법례

(1) 연 혁

대물변제는 로마법의 「datio in solutum」이라는 제도에서 유래된 것이다.[6] 즉, 로마의 법학자 울피아누스(Ulpianus)는 '본래의 급부가 일정한 액수의 금전을 교부하는 것인 경우에 대물변제는 매매와 매우 유사하여, 대물변제의 수령자는 매수인과 유사한 지위에 있으며, 채무자는 수령자에게 본래의 채무인 금전을 지불하는 대신에 그에게 대물변제의 목적물을 파는 것이 된다'고 하였다.[7] 예컨대, 100만원의 금전채권자가 변제로 보석을 수령하였다면 이는

4) 대물변제의 본질에 대해서는 견해가 대립되고 있으나, 대물변제의 본질을 계약의 일종이라고 보는 통설·판례의 입장에 따르면 '당사자 사이에 장차 대물변제하기로 하는 합의'는 대물변제의 예약이 된다. (☞ 계약법 편, 제1장 제2절 「계약의 성립」)

5) 대물변제의 예약은 채권자에게 예약완결권이 있는 일방예약의 형태로 이루어지는 것이 일반적이다. (☞ 계약법 편, 제1장 제1절 「계약의 의의와 종류」)

6) 현승종(로마법), 180 참조.

채무자가 그에게 보석을 100만원에 판 것과 마찬가지라는 것이다. 이러한 울피아누스의 견해에 따라서 로마법에서는 대물변제를 수령한 채권자에게 「매수인소권」(actio ex empto)을 부여하였다.

(2) 입법례

1) 프랑스민법

2016.2.10. 오르도낭스 제2016-131호로 개정되기 전의 프랑스민법(이하 「개정 전 프랑스민법」으로 약칭)은 '채권자는 채무의 내용에 따른 본래의 목적물 이외의 물건을 변제로서 수령할 의무가 없다'는 취지의 규정을 두고 있었는데(C.c. Art. 1243),[8] 학설은 이를 예외적인 변제방법으로서의 대물변제를 규정한 것으로 해석하고 있었다.[9] 현행 프랑스민법은 이러한 학설의 입장을 반영하여 대물변제를 인정하는 내용의 명문규정을 신설하였다(C.c. Art. 1342-4(2)).[10]

2) 독일민법

독일민법은 '채권자가 변제에 갈음하여 다른 급부를 채무의 목적인 급부로서 수령한 때에는 채권관계는 소멸한다'고 규정함으로써(BGB §364 I),[11] 대물변제의 유효성을 인정하는 명문규정을 두고 있다.

3) 일본민법(구 의용민법)

일본구민법 재산편 제461조[12]는 대물변제의 목적물을 한정하여 금전을 포함한 물건과 물건 사이에서만 대물변제가 가능한 것으로 규정하고, 그 효력도 '원래의 의무가 경개(更改)된 것'으로 규정하고 있었다. 그러나 일본민법(구 의용민법)은 대물변제에 관한 일본구민법의 원칙을 버리고 독일민법의 입법주의를 채택하여, 대물변제의 적용범위를 다른 급부 일반으로 확장하고, 대물변제의 효력도 의무의 경개에 그치는 것이 아니라 변제와 같은 효력을 가지는 것으로 변경하였다(동법 482조).[13] 「민법수정안이유서」는 이와 같이 수정한 이유를 다음과 같이 설명하고 있다.[14]

---

7) Mazeaud/Chabas, n° 893.

8) 개정 전 프랑스민법 제1243조 : 채권자는 비록 제공된 물건이 가치가 같거나 오히려 그 이상이라고 하더라도 본래의 물건 이외의 물건을 수령할 것을 강요당할 수 없다.

9) Mazeaud/Chabas, n° 894.

10) 프랑스민법 제1342-4조 : (2) 채권자는 그가 수령하여야 할 물건 이외의 물건을 변제로서 수령하는 것을 승낙할 수 있다. (Il peut accepter de recevoir en paiement autre chose que ce qui lui est dû.)

11) 독일민법 제364조(변제에 갈음하는 수령) (1) 채권자가 변제에 갈음하여 다른 급부를 채무의 목적인 급부로서 수령한 때에는 채권관계는 소멸한다.

12) 일본구민법 재산편 제461조 : 쌍방이 일치하여 물건을 금전에, 금전을 물건에 또는 어떤 물건을 다른 물건 대신에 변제하거나 또는 변제할 것을 낙약한 때에는 원래의 의무를 경개한 것으로 간주하고, 그 행위는 경우에 따라서 매매 또는 교환의 규칙에 따른다.

13) 일본민법(구의용민법) 제482조 : 채무자가 채권자의 승낙으로써 그 부담하는 급부에 갈음하여 다른 급부를 한 때에는 그 급부는 변제와 동일한 효력을 가진다.

(이유) 기성법전 재산편 461조는 물건 또는 금전에 의한 순수한 대물변제의 경우에 한정하고 있으나, 다른 작위로써 대물변제의 목적으로 할 수 있다는 것은 일반적으로 인정되는 바이므로, 기성법전 동조의 규정은 약간 지나치게 좁다고 하지 않을 수 없다. 그러므로 본안은 그 범위를 확장하여 '하나의 급부로써 다른 급부에 대신한 때'라고 하여 실제의 필요에 적응시켰다. 또한 기성법전과 같이 대물변제를 승낙한 때에는 원래의 의무를 경개한 것이라고 간주하는 것도 결코 불가능한 것은 아니지만, 본안과 같이 넓게 다른 급부를 한 경우를 포함시키는 때에는 경개의 의사가 명백하지 아니한 경우가 왕왕 존재하므로, 본안은 단지 본조의 규정에 있어서의 급부는 변제의 효력을 가진다고 하는 데 그친 것이다.

4) 우리 민법

대물변제에 관한 우리 민법 제466조는 구 의용민법(일본민법) 제482조의 규정을 거의 그대로 계승한 것이고,[15] 구 의용민법 제482조는 독일민법의 입법주의를 따른 것이므로, 대물변제에 관한 우리 민법 제466조는 간접적으로 독일민법의 입법주의를 따른 것이라고 할 수 있다.

3. 대물변제의 법적 성질

(1) 문제의 소재

대물변제는 채무의 내용에 따른 이행이 아니라는 점에서, 변제와는 그 본질을 전혀 달리한다. 다만, 채권자는 대물변제에 의하여 변제와 마찬가지의 만족을 얻게 되어 채권의 목적을 달성하게 될 뿐만 아니라, 당사자가 대물변제에 의하여 채권을 소멸시킬 것을 원한 것이므로, 민법은 대물변제에 변제와 마찬가지로 채권소멸의 효과를 인정하고 있다.[16] 문제는 '대물변제의 법적 성질과 관련하여 채권소멸의 효과를 발생시키는 대물변제의 법리를 어떻게 구성할 것인가?' 하는 것인데, 이에 대해서는 「계약설」과 「변제설」의 두 가지 견해가 대립하고 있다.

(2) 학 설

1) 계약설

이는 '대물변제는 채무의 내용에 따른 본래의 채무이행에 갈음하여 다른 급부를 함으로써 채무를 소멸시키기로 하는 채권자와 채무자 사이의 합의에 기초한 계약이며, 계약으로서의 법적 성질은 요물계약이며 동시에 유상계약'이라고 파악하는 견해이다.[17] 이 견해는, ① 대물변제가 성립하기 위해서는 반드시 채권자의 승낙이 있어야 한다는 점에서 대물변제는 계

---

14) 「民法修正案理由書」, 459~460 참조.
15) 곽윤직, "대물변제의 요물계약성", 서울대법학 20권 2호(서울대법학연구소, 1980), 413 참조.
16) 同旨: 곽윤직, 264 참조.
17) 주석민법(3)/박영식, 109; 곽윤직, 264; 김기선, 336; 김증한/김학동, 373; 김주수, 412; 김현태, 328; 송덕수, 476; 이태재, 290; 현승종, 389 참조.

약으로 보아야 하며, ② 대물변제는 채무자가 본래의 채무에 갈음하여 다른 급부를 현실적으로 하는 때에 성립하는 요물계약의 일종이라고 주장한다.[18] 또한 ③ '대물변제에서 대물급부는 상대방의 반대급부에 대한 대가로서의 의미를 가지는 것이므로, 대물변제는 유상계약의 일종으로 보아야 하며, 따라서 대물변제에 관하여는 제567조에 의하여 유상계약에 일반적으로 준용되는 매매에 관한 규정, 특히 매도인의 담보책임에 관한 규정이 준용된다'고 주장한다. 다만, 학설 중에는 「계약설」을 취하면서도 '변제에 관한 규정이나 이론은 그 성질이 허용하는 한 대물변제에 적용되어야 하므로, 대물변제는 「준변제(準辨濟)」에 해당한다'는 견해도 있다.[19]

2) 변제설(辨濟說)

이는 '대물변제의 법적 성질은 당사자의 합의를 요하는 계약이 아니라 변제 그 자체로 보아야 한다'는 견해이다.[20] 즉, '대물변제가 성립하기 위해서는 당사자의 합의가 반드시 필요한 것이기는 하지만, 이는 부수적인 것에 지나지 않으며, 대물변제는 대물급부의 실현에 의하여 기존채무가 소멸한다는 데 그 중점이 있는 것이므로, 그 본질은 어디까지나 변제 그 자체라고 보아야 할 것'이라고 한다.[21] 다만, 이 견해는 대물변제가 계약이 아니라고 보는 데 있어서는 견해가 일치하지만, 대물변제의 법적 성질을 설명함에 있어서는 각기 다른 주장을 하고 있다.

(가) 제1설 : 변제계약설

이는 '대물변제가 성립하기 위해서는 반드시 당사자의 합의가 필요한 것이기는 하지만, 이는 기존급부의 포기의 대가로서 다른 급부를 받아들인다는 합의를 의미하는 것이 아니라, 채무자가 대물급부를 제공하고 채권자가 이를 수령함으로써 본래의 채무가 이행된 것으로 한다는 합의, 즉 일종의 「변제계약」(Erfüllungsvertrag)이라는 견해'이다.[22]

(나) 제2설 : 자연적 의사설

이는 변제의 본질에 관한 「목적적 급부실현설」의 기본입장에 충실한 견해로서, '변제에 의한 채권의 소멸은 변제자의 사실적 의사에 기한 목적적 급부의 실현이라는 객관적 사실의 효과라고 파악하여야 할 것이므로, 대물변제의 본질도 대물변제자의 사실적 의사에 기한 목적적 급부의 실현이라는 객관적 사실의 효과로 파악하여야 한다'는 입장에서, '특별한 사정이 없는 한 대물변제는 대물변제자가 사실상의 자연적 의사로써 본래의 급부에 갈음하여 현실적

18) 곽윤직, 265; 송덕수, 476; 현승종, 389 참조.
19) 곽윤직, 265 참조.
20) 민법주해(11)/김대휘, 69; 김상용, 467; 김형배, 718; 이은영, 730 등 참조.
21) 김형배, 718 참조.
22) 상게서, 724 참조.

으로 다른 급부를 하고 채권자가 이를 승낙하여 그 급부를 수령하면 성립하고, 이로써 채권은 소멸하게 된다'는 견해이다.[23]

(다) 제3설 : 특수제도설

이는 '대물변제는 변칙적 변제방법 내지 채무이행을 위한 특수한 법제도'라는 견해이다.[24] 이 견해는 '대물변제는 어디까지나 이행의 한 방법으로서, 변제자가 본래의 급부에 갈음하여 현실적인 급부를 하고, 채권자가 이를 수령하면 채권이 종국적으로 소멸되는 효과가 발생하여 이행의 문제를 남기지 않는 것이므로, 이를 채권을 발생시키는 당사자의 합의인 채권계약으로 볼 수는 없다'고 한다.

(3) 판례의 입장

대물변제의 법적 성질에 대한 대법원판례의 입장은 여러 차례 변경되었는데,[25] 현재의 판례의 입장은 「계약설」에 따라서 대물변제의 법적 성질을 요물계약이며 유상계약의 일종으로 보고 있다.

1) 민법 제정 초기의 판례의 입장 : 요물계약설

민법 제정 초기의 판례는 '대물변제계약은 그 성립에 현실적 이행이 필요한 요물계약이므로, 대물변제를 하기로 하는 당사자의 단순한 합의는 대물변제의 예약에 불과하며, 대물급부가 완료되지 않은 한 대물변제계약은 아직 성립하지 아니한 것'이라고 판시함으로써(대법원 1960.3.3.선고, 4292민상693 판결 등),[26] 대물변제의 본질을 요물계약으로 파악하는 입장을 취하였다

2) 대법원 1972.5.23.선고, 72다414 판결 : 「변제설」로의 전환

대법원은 1972.5.23.선고, 72다414 판결에서, '대물변제계약이 성립된 이상, 아직 이에 수반한 소유권이전등기가 원고 앞으로 이루어지지 아니하였다 할지라도 원고로서는 대물변제계약의 채권적 효력으로서 피고에 대하여 대물변제계약을 원인으로 하는 소유권이전등기절차 이행을 청구할 수 있다'고 판시함으로써, '대물변제를 하기로 하는 당사자의 합의는 대물변제의 예약이 아닌 대물변제의 본계약으로 보아야 한다'는 입장을 취하였다. 즉, '대물변제계약은 당사자의 대물변제의 합의만으로써 성립하는 낙성계약이나, 대물변제에 의한 채권소멸의 효력은 대물급부의 현실적 이행이 있어야 비로소 발생한다'는 입장을 취한 것이다. 이

23) 김상용, 467 참조.
24) 민법주해(11)/김대휘, 69 참조.
25) 구 의용민법하에서의 대법원판결 중에는 '대물변제가 성립하기 위해서는 대물급부의 현실적 이행이 필요하다'고 판시한 사례가 많은데(대법원 1957.10.31.선고, 4290민상301 판결 등), 학설 중에는 '구 의용민법하에서의 대법원판례는 「변제설」을 취하고 있었다고 평가하는 견해도 있다(김상용, 466 참조). 그러나 당시의 판례가 대물변제의 본질을 변제로 보고 있었다고 단정할 수는 없으며, 요물계약의 일종으로 보고 있었는지의 여부도 확실치 않다.
26) 같은 취지: 대법원 1962.2.8.선고, 4294민상499 판결; 대법원 1963.10.22.선고, 63다168 판결.

는 대물변제의 본질을 변제의 일종으로 보는「변제설」의 입장을 채택한 것이라고 할 수 있는데, 이러한 새로운 판례의 법리는 그 후 대법원 1974.6.25.선고, 73다1819 판결[27]에서 다시 한 번 확인됨으로써 확립되는 듯하였다.

3) 대법원 1978.8.22.선고, 77다1940 판결 :「요물계약설」로의 재전환

대법원은 1978.8.22.선고, 77다1940 판결[28]에서, '본래의 금전채권의 변제에 갈음하여 매립지를 양도하기로 하는 계약만이 체결되고, 그 매립지에 대한 소유권이전등기가 경료되지 아니한 상태라면 그 금전채권이 요물계약인 대물변제에 의하여 소멸되었다 할 수 없다'고 판시함으로써, 대물변제를 요물계약이라고 파악하는「요물계약설」의 입장으로 되돌아갔는데, 원심을 파기·환송한 위 대법원판결의 환송심(서울고법 1979.1.25.선고 78나2535 판결)의 상고심판결인 대법원 1979.9.11.선고, 79다381 판결에서는, '대물변제란 본래의 채무에 갈음하여 다른 급부를 현실적으로 하는 때에 성립하는 요물계약이므로, 그 급부가 소유권이전일 때에는 그 이전등기가 마쳐져야 본래의 채무가 소멸된다 할 것이고, 그 이전등기가 경료되지 아니한 한 대물변제의 예약에 불과하여 본래채무가 소멸하지 아니한다'고 판시함으로써,「계약설」의 입장을 명확히 천명하였다. 그리고 이러한 판례의 입장은 오늘날까지 변함없이 유지되고 있다(대법원 1987.10.26.선고, 86다카1755 판결 등).[29]

(4) 학설·판례의 검토

1)「계약설」에 대한 검토

우선 ①「계약설」은 대물변제가 변제로서의 효력을 발생하기 위해서는 반드시 채권자와 채무자의 합의가 필요하다는 점을 근거로 들고 있다. 그러나 '이는 대물변제의 기초로서의 당사자의 합의와 대물변제의 법적 성질 그 자체를 구별하지 못한 것'이며,[30] '대물변제에 의한 채권소멸의 효과는 대물변제계약의 효력으로 발생하는 것이 아니라 변제자가 채권자의 승낙을 얻어(대물변제의 합의에 기초하여) 다른 급부를 하였다는 사실 그 자체에서 발생하는 것임을 간과하고 있다'는 비판이 가능하다.[31] 또한 ②「계약설」을 취하는 학자들은 '대물변제는 일종의 요물계약으로서, 채무자가 대물급부를 현실로 한 때 계약이 성립하고, 효력이 발생하며, 동시에 이행되어 소멸한다'고 이론구성하고 있으나, 이는 '지나친 의제'라는 비판이 가능하다. ③「계약설」을 취하는 학자들 중에는 '제466조는 대물변제가 요물계약임을 전제로 하

27) 판례평석: 곽윤직, 전게논문(주 15), 410 이하. 같은 취지: 대법원 1972.5.23.선고, 72다414 판결.
28) 판례평석: 윤대성, "대물변제의 법적 성질(대물변제는 요물계약인가?)-", 민법판례해설Ⅲ(채권총론), 253 이하.
29) 같은 취지: 대법원 1997.4.25.선고, 96다32133 판결.
30) 민법주해(11)/김대휘, 69; 김형배, 718; 이은영, 730 참조.
31) 同旨: 김형배, 718 참조.

여, 채무자가 본래의 급부에 갈음하여 다른 급부를 현실적으로 한 때에 대물변제계약이 성립하고 동시에 본래 채무가 소멸한다는 효력이 발생하는 것을 규정한 것'이라고 주장하는 견해도 있으나,[32] 제466조는 '채권자의 승낙을 얻어 대물급부가 행해지면 변제와 같은 효력이 있다'고 규정하고 있을 뿐, '대물변제가 계약이며 또 대물급부에 의하여 비로소 대물변제계약이 성립한다'고 규정하고 있지는 않다. 그러므로 '제466조는 「계약설」을 전제로 하는 규정'이라는 주장은 근거가 없다. ④ 「계약설」을 취하는 학자들은 '대물변제에서 대물급부는 소멸하는 본래의 급부의 대가로서의 의미를 가지므로 대물변제는 유상계약의 일종이며, 매매에 관한 규정, 특히 매도인의 담보책임에 관한 규정은 대물변제에 준용되어야 한다'고 주장하고 있다. 그러나 대물급부의 목적물에 하자가 있는 경우에 대물변제자가 하자담보책임을 지는 것은 대물변제가 유상계약이어서가 아니라, 유상계약인 대물변제계약(통설이 말하는 「대물변제예약」)의 이행으로서 인도된 목적물에 하자가 있기 때문에 하자담보책임이 발생하는 것이다(580조, 567조). 즉, 「변제설」에 의하더라도 대물변제자가 하자담보책임을 지는 것을 이론적으로 설명하는 데 아무런 지장이 없다. (☞ 계약법 편, 제2장 「매매계약」)

사견으로는 '대물변제는 채무소멸의 원인인 법률요건으로서 변제와 본질상 차이가 없다'고 보는 것이 타당하다고 생각한다. 즉, '대물변제는 대물변제자와 수령자 사이의 대물변제의 합의(대물변제계약)의 이행인 「현실적 대물급부」라는 사실 그 자체에 대하여 법률이 채권소멸의 효과를 부여한 것'이라고 보아야 할 것이다(사실적 급부실현설).[33] 물론 우리 민법의 해석상으로는 변제의 법적 성질을 계약으로 보아야 할 것이므로, 「변제설」과 「계약설」은 결과에 있어서는 차이가 없다고 할 수 있으나, 이론상으로는 '대물변제하기로 하는 당사자의 합의'인 「대물변제계약」과 '대물변제계약의 이행으로서의 현실적 대물급부에 의하여 채권소멸의 효과가 발생하는 법률요건'인 「대물변제」는 차원을 달리하는 개념이라고 할 것이다. (☞ 제1절 「변제의 의의와 법적 성질」)

2) 「변제설」에 의한 대물변제의 법리구성

대물변제의 본질을 변제와 마찬가지로 계약이 아닌 사실행위라고 보는 「변제설」의 입장에서는 '채권자의 승낙의 법률적 성질과 이른바 「대물변제의 예약」의 법리를 어떻게 구성할 것인가?' 하는 것이 문제된다.

생각건대, 「변제설」의 입장에서는 이른바 「대물변제의 예약」은 '채권자와 채무자 사이의

---

32) 곽윤직, 전게논문(주 15), 416 참조.

33) 저자는 과거 '대물변제는 변제를 목적으로 하는 사실상의 자연적 의사로써 행하는 변제자의 「목적적 대물급부의 실현」과 채권자의 사실적 의사로서의 「승낙」(Genehmigung)과 대물급부의 수령에 의하여 채권소멸의 효과가 발생하는 「준법률행위」의 일종'이라는 견해를 취하였으나, 본서에서는 변제의 법적 성질에 관하여 「사실적 급부실현설」로 개설하였으므로, 여기에서도 대물변제의 법적 성질에 관한 저자의 견해를 수정한다.

순수한 채권계약으로서, 대물변제에 의하여 채권을 소멸시키기로 하는 당사자의 합의(대물변제계약)를 의미한다'고 보아야 할 것이다. 그러므로 제466조의 "채권자의 승낙"은 '채권계약인 대물변제계약의 성립요건인 합의의 구성요소인 승낙(Annahme)의 의사표시를 가리킨다'고 할 것이다.[34] 따라서 이른바 「대물변제의 예약」이라는 법률용어는 「계약설」의 입장에서는 적당한 용어라고 할 수 있으나, 「변제설」의 입장에서는 적절한 용어라고 할 수 없다.[35] 그러므로 향후에는 「대물변제의 예약」이라는 용어는 폐기하고 이를 「대물변제계약」이라고 바꾸어 부를 것을 제안한다. 다만, 현재로서는 판례가 「계약설」의 입장에서 대물변제의 약정을 「대물변제의 예약」으로 파악하고 있고, 민법과 가등기담보법도 판례와 마찬가지로 대물변제의 약정을 「대물변제의 예약」이라고 부르고 있으므로, 본서에서도 편의상 대물변제의 약정(대물변제계약)을 「대물변제예약」이라고 칭하기로 한다.

참고로 2017년에 개정된 일본민법은 대물변제의 약정을 변제자와 채권자 사이의 계약으로 규정하고 있는데(동법 482조),[36] 이는 「변제설」의 입장에 따른 것이라고 생각된다.

4. 대물변제의 요건

(1) 채권의 존재

대물변제는 기존채무의 소멸을 목적으로 행하여지는 것이므로, 대물변제가 유효하기 위해서는 채권이 존재하여야 한다. 즉, 채권이 존재하지 않는 경우에는 대물변제는 무효이며, 대물변제로서 수령한 급부는 부당이득이 된다(741조). 따라서 이 경우 수령자는 대물급부를 반환하여야 한다. 다만, 변제자가 악의인 때에는 그 반환을 청구할 수 없다(742조). 그러나 판례는 물권행위의 무인성을 부인하는 「유인성설」의 입장에서 '채권행위가 실효되면 물권행위의 효력도 무효가 되어 소유권이전의 효과는 발생하지 않는다'는 법리(대법원 1977.5.24.선고, 75다1394 판결)를 전제로, '대물변제로 부동산소유권을 이전하였더라도 본래의 채무가 존재하지 않는 경우에는 대물변제의 효력(부동산소유권이전)은 발생하지 않는다'는 입장을 취하고 있다(대법원 1991.11.12.선고, 91다9503 판결).[37] 이러한 판례의 입장에 따르면, '채권이 존재하지 않는 경우

34) 이 부분도 종전에는 '대물변제에 대한 채권자의 승낙은 계약의 성립요건인 합의의 구성요소인 승낙의 의사표시와는 법적 성질을 달리하는 것으로서, 제454조 제1항이 규정하고 있는 채무자와 인수인 사이의 계약에 의한 채무인수의 요건인 승낙과 유사한 것'이라고 해설하였으나, 본서에서는 본문의 내용과 같이 개설한다.

35) 同旨: 김상용, 469 참조.

36) 일본민법(2017.6.2. 법률 제44호로 개정된 것) 제482조(대물변제) 변제를 할 수 있는 자(이하 「변제자」라고 한다)가 채권자와 사이에 채무자가 부담한 급부에 갈음하여 다른 급부를 함으로써 채무를 소멸시키는 취지의 계약을 한 경우에, 그 변제자가 당해 다른 급부를 한 때에는, 그 급부는 변제와 동일한 효력을 가진다.

37) 판례평석: 최춘근, "본래의 채무이행에 갈음하여 부동산으로 대물변제를 하였으나 본래의 채무가 존

에는 대물변제자는 소유권에 기한 물권적 청구권을 행사함으로써 목적물의 반환을 청구할 수 있다'고 할 것이다.[38)]

(2) 대물급부의 현실이행

1) 대물급부(代物給付)

(가) 본래의 급부와 다른 급부

대물변제가 성립하기 위해서는 채무자가 채권자의 승낙을 얻어 본래의 채무이행에 갈음하여 다른 급부를 하여야 한다(466조). 즉, 금전의 급부에 갈음하여 동산이나 부동산의 소유권을 이전하는 것과 같이, 본래의 급부에 갈음하는 다른 급부(이를 「대물급부」라고 한다)를 하여야 한다. 대물급부의 내용이나 종류에는 원칙적으로 아무런 제한이 없으나, 양도가 금지되는 물건의 급부에 의한 대물변제는 무효이다(대법원 1965.7.6.선고, 65다563 판결).

(나) 본래의 급부와의 등가성(等價性) 요부

대물변제의 효력발생을 위하여 대물급부와 본래의 급부와의 등가성이 요구되는지 여부가 문제된다. 이는 대물변제의 약정이 가등기제도와 결부하여 채권담보의 수단으로 이용되는 경우가 많기 때문인데, 대물변제계약(이하에서는 편의상 「대물변제예약」으로 칭함)상의 권리를 가등기한 경우에, 대물급부와 본래의 급부와의 등가성이 요구되지 않는다면 대물변제는 채권자에게 본래급부와의 등가성을 초과하는 부분의 이익(초과이익)을 보장하는 폭리의 수단으로 전락할 가능성이 있기 때문이다.

(A) 소비대차계약에 있어서의 대물변제의 경우 민법은 '소비대차계약에서 대물반환의 예약이 있는 경우(차용물의 반환에 갈음하여 다른 재산권을 이전할 것을 예약한 경우)에는 그 다른 재산의 예약 당시의 가액이 차용액 및 이에 붙인 이자의 합산액을 넘지 못하며(607조), 이에 위반한 약정으로서 차주에 불리한 것은 환매 기타 여하한 명목이라도 그 효력이 없다'고 규정함으로써(608조), 소비대차계약에 있어서는 대물변제의 유효요건으로서 대물급부와 본래의 급부와의 등가성을 요구하고 있다.

(B) 소비대차 이외의 계약에 있어서의 대물변제의 경우 민법은 대물변제에 관한 일반규정인 제466조에서는 대물변제의 유효요건으로서 대물급부와 본래의 급부와의 등가성이 요구되는지 여부에 관하여는 규정을 두고 있지 않으므로, '소비대차 이외의 계약에 있어서의 대물변제의 경우에도 제607조·제608조의 규정이 유추적용될 수 있는가?' 하는 것이 문제된다. 학설 중에는 '소비대차 이외의 대물변제의 경우에도 제607조·제608조의 취지를 유추적용하여 대

재하지 않았던 경우, 그 부동산의 소유권이 이전되는지 여부(물권행위의 독자성, 무인성과 관련하여)", 대법원판례해설 16호(법원행정처, 1992/10), 221 이하.

38) 同旨: 곽윤직, 267 참조.

물급부와 본래의 급부와의 등가성을 요구하는 것이 타당하다'고 해석하는 견해가 있다.[39] 그러나 사적 자치의 원칙을 제한하는 강행규정은 엄격하게 해석하여야 하므로, 소비대차계약에 있어서의 대물반환의 예약에 관하여 본래의 급부와의 등가성을 요구하고 있는 제607조·제608조의 규정을 확대 내지 유추해석하여 다른 계약에까지 적용하는 것은 타당하지 않다(입법론으로서는 대물급부와 본래의 급부와의 등가성을 요구하는 규정을 신설할 필요성이 있다고 생각한다). 따라서 '소비대차계약 이외의 대물변제의 경우에는 대물급부와 본래의 급부와의 등가성은 요구되지 않는다'고 해석하여야 할 것이다.[40] 즉, 대물급부의 가치가 본래의 급부의 가치보다 적은 경우에도 부족액에 대하여 별도로 채무의 일부면제·포기 등의 의사표시를 할 필요 없이 대물변제에 의하여 채무는 전액 소멸하며, 반대로 대물급부의 가치가 본래의 급부의 가치보다 큰 경우에도 채권자가 그 초과액을 반환할 의무는 없다고 할 것이다. 다만, 그 가치의 차이가 현저하게 균형을 잃은 것으로서, 채무자의 궁박·경솔·무경험을 악용하여 이루어진 경우에는 제104조의 폭리행위가 될 수 있음은 물론이다(대법원 1959.9.24.선고, 4291민상762 판결).

판례도 '제607조·제608조의 규정은 소비대차에 있어서의 대물변제예약의 효력을 제한하는 규정이므로, 다른 계약상의 채무에 대한 대물변제에는 적용되지 않는다'는 입장을 취하고 있으며(대법원 1992.2.28.선고, 91다25574 판결 등),[41] '가등기담보법은 금전소비대차에서 대주가 대물반환의 예약상의 권리를 가등기하거나 양도담보에 의하여 권리를 이전받음으로써 담보물에 의한 지나친 초과이익이 발생하는 것을 방지하기 위한 것이므로, 소비대차계약이 아닌 매매대금채권·공사대금채권 등을 담보하기 위하여 가등기가 경료된 경우에는 적용되지 아니한다'는 입장을 확립하고 있다(대법원 1990.6.26.선고, 88다카20392 판결 등).[42][43] 이에 관한 상세한 검토는 가등기담보와 관련하여 담보물권 편에서 검토하기로 한다. (☞ 담보물권법 편, 제3장 제2절 「가등기담보」)

2) 대물급부의 현실이행

당사자 사이에 대물변제의 합의가 있더라도 대물급부의 현실이행이 이루어지지 않는 한 '기존채권의 소멸'이라는 대물변제의 효력은 발생하지 않는다. 즉, 대물변제에 의한 채권소멸

39) 김상용, 471 참조.
40) 同旨: 곽윤직, 268; 김상용, 470; 현승종, 394 참조.
41) 같은 취지: 대법원 1968.1.31.선고, 67다2227 판결.
42) 판례평석: 김상용, "매매대금채권담보를 위한 가등기의 법적 성질과 적용법률", 판례월보 258호(판례월보사, 1992/3), 26 이하; 장재현, "담보가등기 등의 효력: 가담법의 적용영역", 민법판례해설Ⅱ[물권법], 240 이하. 같은 취지: 대법원 1991.9.24.선고, 90다13765 판결; 대법원 1992.10.27.선고, 92다22879 판결; 대법원 2001.1.5.선고, 2000다47682 판결; 대법원 2001.3.23.선고, 2000다29356·29363 판결; 대법원 2002.12.24.선고, 2002다50484 판결.
43) 공사대금채권을 담보할 목적으로 가등기가 경료된 경우에 관하여는 대법원 1992.4.10.선고, 91다45356·다45363 판결 등 참조.

의 효력은 대물급부의 현실이행에 의하여 발생한다. 예컨대, 대물급부가 부동산소유권의 이전인 경우에는 채권자 명의로 목적물의 소유권이전등기가 경료되어야 본래의 채무가 소멸한다(대법원 1963.10.22.선고, 63다168 판결 등).[44] 다만, 「변제설」의 입장에서는 '채권자는 대물변제계약(예약)의 채권적 효력으로서 대물변제계약(예약)을 원인으로 하는 소유권이전등기절차의 이행 등 현실의 급부를 청구할 수 있으며(대법원 1972.5.23.선고, 72다414 판결 등),[45] 이러한 청구에 응하여 채무자가 현실의 대물급부를 한 경우에 비로소 대물변제의 효력이 발생하여 채권이 소멸한다'고 해석하여야 할 것이다.[46]

(가) 새로운 채무를 부담하는 행위

채권자와의 합의에 의하여 채무자가 새로운 채무를 부담하는 것만으로는 대물급부의 현실이행이 있다고 볼 수는 없으므로 대물변제는 성립하지 않으며, 당사자의 의사 여하에 따라 경개계약(更改契約)이 성립할 수 있을 뿐이다.[47] 다만, 새로운 채무가 어음·수표채무와 같이 원인관계의 항변이 절단되는 무인채무(無因債務)인 경우에는 당사자의 의사 여하에 따라 대물변제가 성립한다고 해석하여야 하는 경우가 있을 수 있음은 전술한 바와 같은데,[48] 이에 관한 검토는 후술하기로 한다.

(나) 채권양도에 의한 대물변제

'채권양도에 의한 대물변제가 성립할 수 있는가, 즉 제3채무자에 대한 채권을 채권자에게 양도하는 것을 대물급부의 현실이행이라고 할 수 있는가?' 하는 것이 문제된다.

이에 대해서는, 채권양도에 의한 대물변제의 성립을 부정하는 견해[49]와 대항요건을 갖출 것을 요건으로 하여 이를 긍정하는 견해[50]가 대립하고 있다. 판례는 부정설을 취하여, '채권자에 대한 채무변제를 위하여 다른 채권을 채권자에게 양도한 경우에는, 특단의 사정이 없는 한 그 채권양도는 채무변제를 위한 담보 또는 변제의 방법으로 양도되는 것으로 볼 것이고 채무변제에 갈음하여 양도되는 것으로 볼 것은 아니므로, 원래의 채권은 소멸되지 않는다'고 한다(대법원 1990.2.13.선고, 89다카10385 판결 등).[51] 이러한 판례의 입장에 따르면 '특별한 사정이

---

44) 학설 중에는 '부동산매매계약에서 매도인의 의무는 목적물의 인도까지 완료되어야 하는 것이지만, 대물급부의 현실이행으로서 등기 이외에 부동산의 인도까지 이행되어야 대물급부의 현실이행이 있는 것이라고 해석할 필요는 없다'는 견해가 있다(곽윤직, 267 참조). 그러나 당사자의 의사 여하에 따라서는 '등기 이외에 부동산의 인도까지 이행되어야 대물급부의 현실이행이 있다'고 해석하여야 하는 경우도 있을 수 있다고 할 것이다.

45) 같은 취지: 대법원 1974.6.25.선고, 73다1819 판결.

46) 同旨: 현승종, 394 참조.

47) 同旨: 현승종, 394 참조.

48) 同旨: 곽윤직, 267; 현승종, 394 참조.

49) 김증한/김학동, 377; 송덕수, 479 참조.

50) 곽윤직, 267; 김상용, 470 참조.

51) 같은 취지: 대법원 1981.10.13.선고, 81다354 판결; 대법원 1988.2.9.선고, 87다카2266 판결; 대법원

있는 경우에는 예외적으로 채권양도에 의한 대물변제가 성립할 수도 있다'고 할 것인데, '채권양도에 의한 대물변제가 성립함으로써 채무가 소멸하였다고 주장하는 자는 그 특별한 사정에 관한 합리적 이유를 주장·입증할 책임이 있다'고 한다(대법원 1991.4.9.선고, 91다2526 판결 등).

▪ 기존채무에 관하여 다른 채권을 양도한 경우, 기존채무의 변제를 위하여 또는 그 담보조로 양도한 것으로 추정되는지 여부(적극) 및 양수채권의 변제 여부 등에 관한 주장, 입증책임의 소재와 석명의 요부(소극) [1] 채무자가 제3자에 대하여 가지고 있는 채권을 기존채무의 채권자에게 양도한 경우, 그들 사이에 다른 특별한 의사표시가 없었다면 기존채무의 변제를 위하여 또는 그 담보조로 양도한 것이라고 추정하여야 한다. 이 경우, 채권자가 채권양수를 승낙하고, 양수채권의 채무자가 채권자에게 양수금의 지급을 확약한다는 취지의 각서를 작성, 공증하여 교부한 바 있다고 하여도, 이것만 가지고 기존채무의 변제에 갈음하여 한다는 의사표시가 있었다고 할 수는 없다. [2] 채권자가 양수채권을 변제받음으로써 그 범위 안에서 면책될 수 있다는 점에 관하여는 채무자에게 주장·입증책임이 있으므로, 원심이 채권자인 원고가 양수금을 지급받았는지 만일 지급받지 못하였다면 그 원인과 이유가 무엇이고 그 원인이 원고의 귀책사유에 인한 것인지 여부를 석명하지 아니하였다고 하여 위법이라고 할 수 없다. (대법원 1991.4.9.선고, 91다2526 판결)[52)]

(3) 변제에 갈음한 대물급부

대물변제에 의한 채권소멸의 효력은 채무자가 본래의 급부에 갈음하여 다른 급부를 현실로 한 때에 발생한다. 여기서 「본래의 급부에 갈음한다」는 것은 '채무자가 본래의 채무를 소멸시키기 위하여, 즉 변제에 갈음하여(erfüllungsstatt) 대물급부를 하는 것'을 의미한다. 따라서 본래의 채무이행을 위하여, 즉 변제를 위하여(erfüllungshalber) 급부를 하는 경우는 대물변제가 될 수 없다. 이와 같이 대물변제는 채무변제의 수단으로서 변제를 위하여 하는 것이 아니라, 본래의 채무를 소멸케 하기 위하여 「변제에 갈음하여」 대물급부를 함으로써 효력이 발생하는 것이다.

1) 예금증서, 어음·수표의 교부에 의한 대물변제

대물급부가 변제에 갈음하여 행하여짐으로써 대물변제가 성립한 경우에는 기존채무 및 기존채무를 위하여 설정된 담보권도 전부 소멸하므로, 대물변제로서 어음·수표가 교부된 경우에는, 나중에 그 어음·수표가 부도처리되더라도 본래의 채무가 다시 부활하지는 않는다.[53)] 문제는 '금전채무의 이행에 갈음하여 채무자가 예금증서를 교부하거나 어음·수표를 교부한 경우에 그것이 대물변제가 될 수 있는지'의 여부인데, 이는 원칙적으로 당사자의 의사해석의 문제이나, 은행의 자기앞수표와 같은 보증수표가 교부된 경우에는 금전채무의 이행 그 자체

1991.4.9.선고, 91다2526 판결; 대법원 1994.2.8.선고, 93다50291·50307 판결; 대법원 1995.9.15.선고, 95다13371 판결; 대법원 1995.12.22.선고, 95다16660 판결; 대법원 2003.9.5.선고, 2002다40456 판결.

52) 같은 취지: 대법원 1960.2.25.선고, 4292민상61 판결; 대법원 1994.2.8.선고, 93다50291·50307 판결; 대법원 1995.12.22.선고, 95다16660 판결.

53) 同旨: 곽윤직, 270; 김상용, 472; 김형배, 731; 현승종, 396 참조.

가 될 것이고,[54] 기타의 경우에는 대물변제의 성립은 인정되지 않는 것이 원칙임은 전술한 바와 같다. (☞ 제2절「변제의 제공」, 제1장 제5절「금전채권」)

2) 대물급부가 '변제를 위하여' 행하여진 경우의 법률관계

예컨대, 금전채무의 변제를 위하여 어음이나 수표가 교부된 경우와 같이, 채무자가 '변제를 위하여' 새로운 채무를 부담한 경우에는 대물변제가 성립하지 않으므로, 채권자는 본래의 채권 이외에 변제를 위하여 채무자가 새로 부담한 채권(예컨대, 어음·수표상의 채권)을 갖게 되는데, '이 경우에 채권자는 두 개의 채권 중 어느 채권을 먼저 행사하여도 상관이 없는 것인지, 아니면 변제를 위하여 행하여진 급부행위에 의하여 발생한 새로운 채권부터 먼저 행사하여야 하는 것인가?' 하는 것이 문제된다.

이에 대하여, 판례는 '어음이 지급을 위하여 교부된 경우에는 채권자는 어음채권과 원인채권 중 어음채권을 먼저 행사하여 만족을 얻을 것을 당사자가 예정하였다고 할 것이므로, 채권자로서는 어음채권을 우선 행사하고 그에 의하여서는 만족을 얻을 수 없을 때 비로소 채무자에 대하여 기존의 원인채권을 행사할 수 있다'고 판시함으로써, 변제를 위하여 행해진 새로운 채권을 먼저 행사하여야 한다는 입장을 취하고 있다(대법원 1996.11.8.선고, 95다25060 판결).

학설 중에도 판례의 입장을 지지하여 '변제를 위하여 행하여진 신 채권을 먼저 행사하여야 한다'는 견해[55]가 있으나, '양 채권의 선택적 행사가 가능하다'고 해석하여야 할 것이다. 왜냐하면 채무자가 '변제를 위하여' 새로운 채무를 부담한 경우에는 대물변제가 성립하지 않으며, 따라서 본래의 채무는 그대로 존속하므로 당사자 사이에 특별한 합의가 없는 한 채권자가 새로운 채권을 먼저 행사하여야 할 의무가 있다고 해석할 근거가 없기 때문이다.[56]

(4) 채권자의 승낙

채권자는 대물급부를 수령할 의무가 없으므로, 대물변제가 변제로서의 효력이 있기 위해서는 반드시 채권자의 승낙이 있어야 한다(466조). 전술한 바와 같이, 이 경우의 "승낙"의 법적 의미에 대해서는 견해가 갈리는데, 대물변제의 법적 성질을 계약으로 보는 통설·판례의 입장(계약설)에 따르면, 이 경우의 채권자의 "승낙"은 계약인 대물변제의 성립요건인 합의의 구성요소(의사표시)로 이해한다. 그러나 대물변제를 변제와 마찬가지로 계약이 아닌 사실행위라고 보는「변제설」에 따르면, 이 경우의 채권자의 "승낙"은 대물변제를 하기로 하는 합의, 즉 대

54) 학설 중에는 '은행의 자기앞수표와 같은 보증수표는 거래상 현금과 동일시되고 또한 현금과 같이 거래되므로, 금전채무의 이행 대신 이러한 보증수표가 교부된 경우에는「변제에 갈음하여」 행해진 것으로 추정하여야 한다'는 견해가 많다(곽윤직, 269; 김상용, 472; 김증한/김학동, 376; 김형배, 730 참조). 그러나 거래의 현실을 고려하면 이러한 경우는 대물변제가 아니라 금전채무의 현실제공 그 자체로 보아야 할 것이다.

55) 김증한/김학동, 376; 김현태, 333; 송덕수, 481 참조.

56) 同旨: 곽윤직, 269; 김상용, 472; 김형배, 730; 현승종, 395 참조.

물변제계약(대물변제예약)의 구성요소인 의사표시라고 보아야 할 것이다.

(5) 채권자의 대물급부 수령

대물변제가 변제와 같은 효력(채권의 소멸)이 있기 위해서는, 채권자가 변제에 갈음하여 제공한 대물급부를 변제로서 수령하여야 한다.

5. 대물변제의 효과

(1) 변제와 같은 효력 : 채권의 소멸

대물변제는 변제와 같은 효력이 있다(466조). 따라서 대물변제에 의하여 채권·채무는 소멸하며, 그 채권을 담보하기 위한 담보권도 모두 소멸한다. 또한 변제에 관한 제460조 이하의 규정은 그 성질이 허용하는 범위에서 모두 대물변제에도 적용되어야 한다.

(2) 담보책임의 발생

독일민법은 '물건이나 채권을 대물로서 급부한 채무자는 매도인과 동일한 담보책임을 부담한다'는 취지의 명문규정을 두고 있다(BGB §365).[57] '이러한 명문규정이 없는 우리 민법의 해석으로도 독일민법과 동일한 해석이 가능한가?' 하는 것이 문제되는데, 이에 대해서는 견해가 갈린다.

우선 「계약설」의 입장에서는 '대물변제는 유상계약의 일종이므로 제567조에 의하여 당연히 매도인의 담보책임에 관한 제570조 이하의 규정이 적용된다'고 해석한다.[58] 그러나 대물변제의 본질을 변제와 같은 사실행위로 보는 입장(변제설)에서는 사실행위인 대물변제에 대하여 매도인의 담보책임에 관한 규정이 당연히 적용된다고 할 수는 없으므로, '담보책임에 관한 규정이 유추적용된다'고 해석하거나,[59] '모든 대물변제자에게 담보책임을 인정하는 것은 부당하며, 채무의 발생원인이 매매 등 유상계약인 경우에 한하여 매도인의 담보책임에 관한 규정이 준용된다'고 해석한다.[60]

생각건대, 대물변제의 본질을 어떻게 파악하든 대물변제에 의하여 변제의 효력이 인정되는 것이므로, 대물변제자의 담보책임의 문제는 대물변제의 본질에 관한 학설대립과는 직접적인 관련이 없다고 할 것이다. 담보책임은 유상계약에서의 당사자의 형평을 위하여 인정되는 무과실책임이므로, 본래의 채권을 발생시킨 계약의 유상성 유무를 고려하여 대물변제자의 담

---

57) 독일민법 제365조(이행에 갈음하는 양도에 있어서의 담보급부) 물건이나 제3자에 대한 채권 기타의 권리가 이행에 갈음하여 공여된 경우에는, 채무자는 권리의 하자 또는 물건의 하자에 대하여 매도인과 동일한 담보급부의무가 있다.

58) 곽윤직, 270; 김증한/김학동, 377; 현승종, 397 참조.

59) 김상용, 474 참조.

60) 이은영, 736 참조.

보책임의 인정 여부를 결정하는 것이 담보책임의 제도적 취지에 부합하는 해석이라고 할 것이다. 즉, 본래의 채무가 유상계약에 기하여 발생한 것인 경우에 대물급부의 이행으로 인도된 물건 또는 권리에 하자가 있는 때에는 매도인의 담보책임에 관한 규정을 유추적용하여 대물급부의 반환(해제), 대금감액, 손해배상 등의 효과를 인정하여야 할 것이다. (☞ 계약법 편, 제2장 제2절「매매계약」)

6. 대물변제의 예약 : 대물변제계약

(1) 의의 및 법적 성질

「대물변제예약(대물변제계약)」이라 함은 '채무자가 변제기에 채무를 이행하지 아니할 때에는 본래의 급부에 갈음하여 다른 급부를 할 것을 미리 약정하는 계약'을 말한다.[61] 즉, 「대물변제예약」은 '장차 본래의 급부와 다른 급부(대물급부)를 할 것을 내용으로 하는 낙성계약으로서, 대물급부의 이행에 의하여 대물급부의무와 함께 본래의 채무도 소멸하게 된다는 것을 내용으로 하는 계약'이다.[62] 학설 중에는 독일의 통설적 견해에 따라 대물변제예약의 본질을 본래의 채무 내용을 변경하는 「채무변경계약」(Schuldänderungsvertrag)으로 파악하는 견해도 있다.[63] 이 견해도 대물변제의 합의를 예약이 아닌 본계약으로 보는 입장이라고 할 수 있는데,[64] '대물변제예약은 원래 채무의 내용을 당사자 일방 또는 쌍방에게 대용권(代用權)이 부여되는 임의채권관계로 변경하는 것을 내용으로 하는 계약'이라고 주장하고 있다. 이 견해에 따르면, 대물변제예약에 따른 대물급부의 이행은 '채무변경계약의 이행'으로서의 의미를 가지는 것이므로, 채무는 대물변제에 의하여 소멸하는 것이 아니라 계약의 이행(변제)에 의하여 소멸하는 것이 될 것이다.

(2) 대물변제예약의 기능과 법적 과제

대물변제예약은 본래의 채무의 이행을 담보할 목적으로 행하여지는 일종의 담보제도로서의 기능을 수행하게 된다. 즉, 대물급부의 목적물이 부동산인 경우에 채권자가 대물변제예약상의 청구권을 보전하기 위하여 부동산등기법 제88조의 규정에 따라 가등기를 하게 되면 실

61) 전술한 바와 같이, 대물변제의 본질을 계약의 일종으로 보는 입장(계약설)에서는 이를 「대물변제의 예약」이라고 부르고 있으나, 대물변제의 본질을 변제와 유사한 채권의 소멸원인으로서 사실행위로 보는 입장(변제설)에서는 이를 대물변제의 예약이 아니라 대물변제의 본계약에 해당한다고 본다(김상용, 474 참조).

62) 김상용, 474 참조.

63) 양창수, "타인의 물건에 관한 대물변제계약상의 책임", 민법연구 2권(박영사, 1991/9), 268; 권성, "대물변제의 법률적 성질 -의사표시의 분석을 통한 접근-", 후암곽윤직선생고희기념「민법학논총 · 제2」(박영사, 1995), 234 참조.

64) 양창수, 상게논문, 272 참조.

질적으로 대물급부의 목적물에 담보물권을 설정한 것과 마찬가지의 효과를 거둘 수 있게 된다.[65] 다만, 대물변제예약에서는 대물급부의 가치가 본래의 채무의 가액에 비하여 훨씬 큰 경우가 대부분이므로, 채권자가 이를 통하여 폭리를 취할 가능성이 크다. 특히 금융거래의 실제에서는 대물변제계약상의 권리를 가등기함과 동시에, 제소전화해절차(민사소송법 385조 이하)를 이용하여 '만약 채무자가 채무를 불이행하는 경우에는 대물변제 목적물의 소유권은 즉시 채권자에게 이전된다'는 내용의 「제소전화해조서」를 작성함으로써(민사소송법 386조)[66] 채무불이행시에 채권자가 확정판결과 마찬가지로 기판력이 인정되는 제소전화해조서[67]를 이용하여 단독으로 가등기에 기한 본등기를 신청함으로써 목적물의 소유권을 손쉽게 취득하는 것이 관행적으로 행해지고 있다. 그러므로 대물변제예약에 있어서는 채권자의 폭리를 방지하는 한편 담보제도로서의 기능을 원활하게 수행할 수 있는 입법론과 해석론을 수립하는 것이 가장 중요한 과제이다.

(3) 대물변제예약의 효력

1) 대물변제예약의 법률관계

대물변제예약은 '채무자가 변제기에 채무를 이행하지 아니하는 경우, 본래의 급부에 갈음하여 다른 급부를 할 것을 약정하는 계약'이므로, 채권자의 대물급부청구권(채무자의 대물급부의무)은 채무자가 이행기에 채무를 이행하지 않는 경우에 비로소 행사할 수 있다. 이 점을 고려하여, 판례는 '채무자가 대물변제예약에 따라 부동산에 관한 소유권을 이전해 줄 의무는 예약 당시에 확정적으로 발생하는 것이 아니라 채무자가 차용금을 제때에 반환하지 못하여 채권자가 예약완결권을 행사한 후에야 비로소 문제가 되고, 채무자는 채권자가 예약완결권을 행사한 이후에도 채무를 변제하여 대물급부의 목적물인 부동산소유권이전채무를 소멸시킬 수 있다'고 한다(대법원 2014.8.21.선고, 2014도3363 전원합의체판결).[68]

2) 채권자의 폭리를 방지하기 위한 법적 규제

(가) 민법의 규정

채권자가 대물변제예약을 하는 목적은 초과이익을 실현하는 데 있는 경우(일종의 폭리행

---

65) 목적물의 소유권이 자동차·항공기·선박·건설기계 등 등록에 의하여 공시되는 특정동산의 경우에는 가등기가 아니라 「가등록」을 하게 된다(김상용, 474 참조).

66) 민사소송법 제386조(화해가 성립된 경우) 화해가 성립된 때에는 법원사무관등은 조서에 당사자, 법정대리인, 청구의 취지와 원인, 화해조항, 날짜와 법원을 표시하고 판사와 법원사무관등이 기명날인한다.

67) '제소전 화해는 재판상 화해로서 확정판결과 동일한 효력이 있다'는 것이 판례의 입장이다(대법원 1997.1.24.선고, 95다32273 판결 등 참조).

68) 판례평석: 이현석, "채권담보를 목적으로 대물변제예약을 체결한 채무자가 대물로 제공하기로 한 부동산을 제3자에게 처분한 행위가 배임죄에 해당하는지 여부", 「민사재판의 제문제」 23권(한국사법행정학회, 2015/8), 1102 이하.

위)가 많은데, 이를 방지하기 위한 민법의 규정은 불공정한 법률행위를 무효로 규정함으로써 폭리행위를 금지하고 있는 제104조와 소비대차계약에서 차주에게 불리한 대물반환약정의 금지를 규정하고 있는 제607조·제608조의 두 가지이다.

〈설례 2〉 甲은 乙에게 5,000만원을 1년간 대여하고 乙은 1년 후에 원금과 이자(1,000만원)를 합한 6,000만원을 甲에게 변제하기로 하되, 만약 乙이 위 금액을 변제하지 못할 때에는 乙소유의 X부동산(계약 당시 시가 1억원)의 소유권을 甲에게 이전하기로 약정하였다. 甲은 위 계약상의 소유권이전등기청구권을 보전을 위한 가등기를 경료하고, 제소전화해절차를 통하여 위와 같은 대물변제약정을 내용으로 하는 제소전화해조서를 작성하여 보관하고 있다.

위 <설례 2>는 실제 금융거래에서 행해지는 대물변제예약의 전형적인 모습이라고 할 수 있는데, 대물변제예약이 성립한 것만으로는 본래의 채권이 소멸하지는 않으므로, 채권자(甲)는 이행기가 도래한 후에도 여전히 본래의 채권의 목적인 급부(대여원리금 6,000만원)의 이행을 청구할 수 있으며, 채무자(乙)도 채권자가 대물변제예약상의 권리를 행사하기 전까지는 본래의 급부를 이행하고 본래의 채권을 소멸시킴으로써 대물변제예약의 효력을 상실시킬 수 있다(대법원 2014.8.21.선고, 2014도3363 전원합의체판결). 그러나 일단 채권자(甲)가 대물변제예약상의 권리인 대물급부청구권(X부동산의 소유권이전등기청구권)을 행사하여 제소전화해조서를 이용하여 가등기에 기한 본등기를 경료하면, 채권자는 대물급부의 목적물인 X부동산의 소유권을 취득하고 대물변제예약은 그 목적을 달성하여 소멸하게 된다. 따라서 위 <설례 2>의 경우, 채권자 甲이 취득한 대물급부(X부동산의 소유권)의 가치(시가 1억원)가 본래의 채무의 가액(6,000만원)보다 훨씬 크므로, 甲은 대물변제를 통하여 지나친 초과이익(폭리)을 취하게 된다.

(A) 불공정한 법률행위를 금지한 제104조 전술한 바와 같이, 본래의 채무가 소비대차계약에 기하여 발생한 것이 아닌 경우에는 대물변제예약이 일반규정인 제104조의 불공정한 법률행위(폭리행위)에 해당되는가의 여부만이 문제될 뿐이다. 즉, 채권자가 취득한 대물급부의 가액과 본래의 채권의 가액의 차이가 현저하게 균형을 잃은 것일 뿐만 아니라, 그 불균형이 주관적으로 채무자의 궁박·경솔·무경험에 기인하는 것일 때에는, 대물변제예약은 「불공정한 법률행위」로서 무효가 된다. 다만, 판례는 제104조의 「불공정한 법률행위」를 극히 제한적으로만 인정하는 경향이 있으므로, 대물변제예약이 제104조에 의하여 무효가 될 가능성은 희박하다고 할 수 있다. (☞ 민법총칙 편, 제6장 제4절 「불공정한 법률행위」)

(B) 차주에게 불리한 대물반환의 예약을 금지한 제607조와 608조 소비대차계약에 기한 차용물의 반환에 갈음하여 차주가 다른 재산권을 이전할 것을 예약한 경우, 즉 차주와 대주 사이에 차용물반환채무의 이행에 갈음하여 대물변제예약이 있는 경우에는 폭리행위에 관한 일반규정인 제104조의 규정을 적용은 배제되고, 제607조·제608조의 규정이 우선 적용된다. 왜냐

하면 제607조와 제608조의 규정은 소비대차에서 대물변제를 통한 대주의 경제적 착취와 폭리를 금지함으로써 차주를 보호하기 위하여 두어진 특별규정이기 때문이다.

소비대차계약에 기한 차용물의 반환에 갈음하여 다른 재산권을 이전할 것을 예약한 경우에는 그 재산의 예약 당시의 가액이 차용액 및 이에 붙인 이자의 합산액을 넘지 못한다(607조). 만약 이에 위반한 당사자의 약정으로서 차주에 불리한 것은 환매 기타 여하한 명목이라도 그 효력이 없다(608조). 즉, 제607조·제608조를 문리해석하면, 소비대차에 기한 대물변제예약 당시의 대물급부의 객관적 가치가 차용액과 변제기까지의 이자의 합산액을 넘는 경우에는 채무자의 궁박·경솔·무경험 등 제104조의 주관적 요건의 충족 여부에 관계없이 대물변제계약은 무효가 된다. 민법 제정 초기의 판례는 제607조·제608조를 이와 같이 해석하였었다(대법원 1962.10.11.선고, 62다290 판결 등).[69] 그러나 선의의 제3자를 보호하는 규정이 없는 제608조의 법문대로 '제607조에 위반하는 대물변제예약은 무효'라고 해석하는 경우, 무효인 대물변제예약에 의하여 행하여진 등기는 물론 그 무효인 등기를 바탕으로 하여 이루어진 제3자의 등기 역시 무효로 되기 때문에, 선의의 제3자 보호 내지 거래의 안전에 중대한 문제가 발생한다. 이런 이유로 판례는 그 후 입장을 다음과 같이 변경하였다. 즉, ① 대물변제예약 당시의 목적물의 가격이 채무원리금의 합산액을 초과한 경우에는 대물변제예약 자체는 제607조에 위반하여 제608조에 의하여 무효이나, 원리금채무를 담보하는 범위 내에서는 양도담보의 효력이 인정되므로, 대물변제의 수령자인 채권자는 양도담보권자로서 대외적 관계에 있어서 완전히 소유권을 취득하여, 양도담보권자로부터 그 목적물을 매수하여 그 명의로 소유권이전등기를 한 자는 소유권을 취득한다(대법원 1967.3.28.선고, 67다61 판결 등).[70] ② 대물변제의 예약이 제607조와 제608조에 의하여 무효인 경우에도 특별한 사정이 없는 한 그 예약당사자 사이에는 원리금의 정산이 필요한 「약한 의미의 양도담보계약」을 함께 맺은 것으로 보아야 한다(대법원 1968.10.22.선고, 68다1654 판결 등).[71] 그러므로 ③ 채권자는 변제기 이후에 양도담보권을 실행하기 위하여 그 목적물을 처분할 수 있고, 채무자는 위 처분가격에서 차용금의 원리금과 비용을 공제한 잔액의 반환만을 청구할 수 있을 뿐이다(대법원 1972.11.14.선고, 72다1633 판결 등).[72]

이와 같이 판례가 '제607조·제608조의 해석상 채권자의 초과이익을 목적으로 하는 대물변제예약에 기하여 이루어진 소유권이전은 완전히 무효가 되는 것이 아니라 채권자의 정산의

69) 같은 취지: 대법원 1962.10.18.선고, 62다291 판결.

70) 판례평석: 박경량, "가등기담보 등에 관한 판례의 동향", 민사법학 15호(한국민사법학회, 1997/4), 240 이하. 같은 취지: 대법원 1966.4.6.선고, 66다218 판결; 대법원 1968.4.2.선고, 68다238 판결; 대법원 1991.12.24.선고, 91다11223 판결; 대법원 1998.4.10.선고, 97다4005 판결.

71) 같은 취지: 대법원 1972.11.14.선고, 72다1633 판결; 대법원 1991.12.24.선고, 91다11223 판결.

72) 판례평석: 장경학, "부당이득금의 반환청구", 법률신문 1024호(법률신문사, 1973/8), 8. 같은 취지: 대법원 1980.7.22.선고, 80다998 판결.

무가 인정되는 「약한 의미의 양도담보」로 해석하여야 한다'는 법리를 확립함으로써, 대물변제예약 내지 가등기담보를 어느 정도 효과적으로 규제할 수 있게 되었으나, 제607조·제608조는 소비대차계약에 있어서의 대물변제예약에 관한 규정에 불과하여, 매매의 형식을 통한 양도담보나 매도담보에 대해서는 적용될 수 없었으므로, 제607조·제608조의 강행규정이 존재함에도 불구하고 채권자는 여전히 매매계약의 형식에 의한 양도담보나 가등기담보를 이용하여 폭리를 꾀할 수 있다는 문제가 남게 되었다.[73] 그리하여 판례는 결국 '모든 비전형담보에 관하여 청산이 요구된다'는 판례법리를 확립하였다. (☞ 담보물권법 편, 제3장 제2절 「가등기담보」)

(나) 가등기담보법의 규제

위에서 살펴본 바와 같이, 제607조·제608조는 소비대차계약상의 채무를 위하여 대물변제예약이 체결된 경우에 예약 당시의 대물급부의 가액이 차용액 및 이에 붙인 이자의 합산액을 넘는 경우에는 대물변제예약을 무효로 규정하고 있으나, 이는 금융거래의 실제와 부합하지 않는 지나친 강행법규로서 거래안전에 중대한 문제를 야기할 가능성이 크므로, 판례는 '제607조 위반으로 무효인 대물변제예약도 청산절차를 요하는 「약한 의미의 양도담보」로서는 그 효력이 인정된다'는 법리를 확립하여 문제를 해결하고자 하였다. 그러나 대물변제의 구체적 청산절차에 관한 규정이 흠결된 상태에서 판례법리만으로써는 대물변제예약에 관한 문제들을 해결하는 것은 매우 어려웠을 뿐만 아니라, 금융거래의 실무상 가등기담보권자가 소송절차를 거치지 아니하고 곧바로 본등기를 할 수 있는 방편으로 「제소전화해절차」를 밟는 것이 일반화되어 채무자는 비록 청산을 요구할 수는 있어도 목적물을 회수할 수 없다는 문제가 있었다.[74] 이러한 상황에서 일본에서 1978년에 「가등기담보계약에 관한 법률」이 제정되자 국내에서도 '가등기담보 등의 비전형담보를 규제하는 특별법을 제정하여야 한다'는 요구가 강하게 제기되었다. 이러한 사정을 배경으로 1983.12.30. 가등기담보에 관한 민법규정의 흠결을 보완하고, 민법의 특례를 인정하기 위한 특별법인 「가등기담보 등에 관한 법률」(법률 제3681호: 이하 「가등기담보법」으로 약칭)이 제정되었다(동법 1조).[75] 즉, 가등기담보법은 민법 제607조와 제608조에 대한 특례를 인정하는 특별법으로서, 소비대차계약상의 채무이행에 갈음하여 대물변제예약이 체결된 경우에 그 대물변제예약상의 채무(부동산소유권이전채무)를 보전하기

---

73) 김상용, "민법 제607조, 제608조 및 가등기담보법의 운용상의 문제점과 그 해결", 무암이영준박사화갑기념 I (총칙·물권편) 「한국민법이론의 발전」(박영사, 1999/1), 453 이하.

74) 곽윤직/김재형(물권법), 545 참조.

75) 가등기담보법 제1조(목적) 이 법은 차용물의 반환에 관하여 차주가 차용물을 갈음하여 다른 재산권을 이전할 것을 예약할 때 그 재산의 예약 당시 가액이 차용액과 이에 붙인 이자를 합산한 액수를 초과하는 경우에 이에 따른 담보계약과 그 담보의 목적으로 마친 가등기 또는 소유권이전등기의 효력을 정함을 목적으로 한다.

위하여 경료된 담보가등기 또는 소유권이전등기(부동산양도담보권설정등기)의 법률관계를 규율하기 위한 특별법이다.

전술한 바와 같이, 민법은 제607조·제608조에서 차주에게 불리한 대물변제예약이 무효임을 규정하고 있으나, 판례는 「무효행위 전환」의 법리(138조)를 적용하여, '제607조 위반으로 무효인 대물변제계약에 기하여 경료된 소유권이전등기라고 하더라도 채권자의 청산의무가 인정되는 「약한 의미의 양도담보」로서의 효력은 인정된다'는 법리를 확립하고 있었다. 그러나 가등기담보법은 민법 제608조나 판례의 법리와는 달리, '대물변제예약에 포함되거나 병존하는 채권담보계약이 별도로 존재한다'는 것을 전제로 하여, 그 담보계약에 기한 담보가등기에 의하여 발생하는 담보권(가등기담보권)을 저당권과 유사한 권리로 인정함으로써 가등기담보권의 실행절차를 규정하고 있다. 이에 따른 가등기담보권의 행사는 「사적 실행절차」(가등기담보법 3~11조)에 의한 경우를 제외하고는, 저당권실행을 위한 경매절차와 완전히 같은데(가등기담보법 12조), 이에 관한 상세한 설명은 담보물권법으로 미루기로 한다. (☞ 담보물권법 편, 제3장 제3절 「가등기담보」)

[66] Ⅱ. 공 탁

1. 공탁의 의의 및 종류

(1) 공탁의 일반적 의의

일반적으로 「공탁(供託)」(Hinterlegung; consignation)이라 함은 '법령에 규정된 일정한 원인에 의하여 공탁자가 금전·유가증권 기타의 물건을 국가기관인 공탁소에 임치하고, 피공탁자로 하여금 그 공탁소를 통하여 공탁물을 수령케 함으로써 법령에 규정된 일정한 법률적 효과 또는 목적을 달성케 하는 제도'를 말한다. 이러한 일반적 의미에서의 「공탁」은 매우 광범위한 개념이나, 민법이 제487조 이하에서 채권의 소멸사유로서 규정하고 있는 "공탁"은 '채권자가 변제를 받지 아니하거나 변제를 받을 수 없는 경우, 또는 과실 없이 채권자가 누구인지 알 수 없는 경우에, 변제자가 채무이행에 갈음하여 변제의 목적물을 공탁소에 임치하여 그 채무를 면할 수 있는 공탁', 즉 변제의 대용(代用)으로 하는 「변제공탁(辨濟供託)」만을 의미한다.

(2) 공탁의 종류

1) 목적에 의한 분류

공탁은 그 목적에 따라, 변제의 대용으로 하는 「변제공탁」(487~491조, 상법 142~145조), 채권의 담보를 위하여 하는 「담보공탁」(353조 3항, 담보부사채신탁법 83조[76]), 재판상 손해를 담보하기 위하여 행하는 「재판상보증공탁」,[77] 일정한 권리행사를 하는 데 필요한 사채(社債) 등의 단순한 보관을 위한 「보관공탁」(상법 491조 4항, 492조 2항, 담보부사채신탁법 50조 3항), 강제집행절차의 일환으로 행해지는 「집행공탁」(민사집행법 222조, 248조, 채무자회생법 528조),[78] 일정한 사유가 발생하는 것을 방지할 목적으로 행해지는 「몰취공탁」(민사소송법 299조 2항, 300조[79]) 등으로 분류할 수 있다. 또한 판례는 '제487조 후단의 채권자불확지(債權者不確知) 변제공탁 사유와 민사집행법 제248조 제1항의 집행공탁 사유가 함께 발생한 경우에는, 채무자는 변제공탁과 집행공탁을 아울러 하는 「혼합공탁」을 할 수도 있다'는 입장을 취하고 있다(대법원 2008.1.17.선고, 2006다56015 판결 등).[80]

2) 공탁물에 의한 분류

공탁은 공탁물의 종류를 기준으로, 금전공탁·유가증권공탁·물품공탁으로 분류할 수 있다.[81]

3) 공탁의 시간적 단계에 따른 분류

공탁은 그 시간적 단계를 기준으로, 최초에 하는 「기본공탁」, 기본공탁의 계속 중에 그 공탁의 동일성을 유지하면서 공탁물을 변환시키기 위하여 하는 「대공탁(代供託)」, 공탁물의 법정과실을 기본공탁물과 함께 공탁하는 「부속공탁」으로 분류된다(공탁규칙 31조).[82]

---

76) 담보부사채신탁법 제83조(공탁금) ① 신탁업자가 고의 또는 과실로 물상담보를 소멸하게 하였거나 그 가격을 감소하게 하였을 때에는 금융위원회는 위탁회사 또는 집회의 신청에 의하여 신탁업자로 하여금 상당한 금액을 공탁하게 할 수 있다. 이 경우 위탁회사가 공탁금에 질권을 설정한 것으로 본다. ② 제1항의 질권은 신탁계약에 의한 물상담보로 된다.

77) 이는 실무상 가장 많이 행해지는 공탁으로서 「손해담보공탁」이라고도 하는데, 재판절차에서 특정의 상대방이 받을 수 있는 손해를 담보하기 위하여 행하는 공탁을 말한다. 「보증공탁」은 다시 그 공탁원인 사실에 따라, 가압류보증·가처분보증·가압류취소보증·가처분취소보증·강제집행정지의 보증·강제집행취소의 보증·강제집행속행의 보증·소송비용담보·가집행담보·가집행을 면하기 위한 담보 등으로 분류할 수 있다.

78) 「집행공탁」이라 함은 '강제집행절차에서 집행의 목적물을 집행기관이나 집행당사자 또는 제3채무자가 그 목적물의 관리와 집행당사자에의 교부를 공탁절차에 따라 행하는 공탁'을 말한다. 집행공탁의 출급은 원칙적으로 집행법원의 지급위탁서에 의하여 지급한다.

79) 민사소송법 제300조(보증금의 몰취) 제299조 제2항의 규정에 따라 보증금을 공탁한 당사자 또는 법정대리인이 거짓 진술을 한 때에 법원은 결정으로 보증금을 몰취(沒取)한다.

80) 같은 취지: 대법원 2001.2.9.선고, 2000다10079 판결; 대법원 2005.5.26.선고, 2003다12311 판결.

81) 김상용, 478 참조.

82) 공탁규칙 제31조(대공탁 또는 부속공탁 청구) ① 공탁유가증권의 상환금의 대공탁이나 이자 또는 배당금의 부속공탁을 청구하려는 사람은 대공탁·부속공탁청구서 2통을 제출하여야 한다. ② 유가증권공탁에 관하여 대공탁과 부속공탁을 동시에 청구하는 경우에는 하나의 청구서로 할 수 있다. 이 경우 공탁관은 대공탁과 부속공탁을 별건으로 접수·등록하되 1개의 기록을 만든다. ③ 공탁관이 제1항의 청구를 수리할 때에는 대공탁·부속공탁청구서에 그 뜻과 공탁번호를 적고 기명날인한 다음, 그중 1통을 유가증권·이표출급의뢰서와 함께 청구인에게 내주어야 한다. ④ 제21조 제1항 및 제2항과 제22조는 제1항의 경우에 준용한다. ⑤ 공탁유가증권이 기명식인 때에는 청구인은 제1항의 청구서에 공탁물보관자 앞으로 작성한 상환금 추심 위임장을 첨부하여야 한다.

4) 실질적 목적의 유무에 따른 분류

공탁은 실질적 목적의 유무를 기준으로, 순수한 보관만을 목적으로 행해지는 보관공탁과 같은 「형식적 공탁」과, 변제·담보 등의 실질적 목적의 달성을 위해 행해지는 「실질적 공탁」으로 분류할 수 있다.[83]

5) 공탁소에 따른 분류

공탁은 공탁소를 기준으로, 공탁법 제2조 제1항의 규정에 따라 공탁사무를 처리하는 공탁공무원에게 하는 「보통공탁」과 민법 제488조 제2항 및 비송사건절차법 제53조에 의하여 법원이 지정하는 공탁소에 하는 「지정공탁」으로 분류된다.[84]

이상에서 여러 가지 기준에 따라서 분류될 수 있는 공탁 일반의 의의와 종류를 살펴보았다. 그러나 민법이 채권의 소멸사유로서 제487조 이하에서 규정하고 있는 "공탁"은 이 중에서 「변제공탁」만을 의미하는 것이므로, 이하에서는 변제공탁에 관한 것에 한정하여 설명하기로 한다.

2. 공탁의 법적 성질

공탁의 원인과 효과는 민법을 비롯하여, 상법·민사소송법 등 여러 법률에 규정을 두고 있으나, 공탁의 법적 성질을 통일적으로 파악할 수 있는 근거규정은 존재하지 않으므로, 공탁의 법률관계에 대해서는 견해가 대립하고 있다. 즉, 학설은 공탁의 법률관계를 공법관계로 보는 견해(공법관계설)와, 순수한 사법관계로 보는 견해(사법관계설), 그리고 공법관계와 사법관계의 성질을 함께 갖고 있다는 견해(양면관계설)의 세 가지 견해가 대립하고 있다.

공탁의 법률관계를 어떻게 보느냐에 따라서, 채권자의 공탁물출급청구가 공탁공무원에 의하여 거절된 경우에 그 구제수단이 민사소송인가 행정소송인가, 그리고 공탁물출급청구권의 소멸시효기간이 10년인가(162조 1항) 아니면 5년인가(정부보관금법 1조)[85] 하는 문제에 대한 결론이 달라질 수 있다.

(1) 학 설

1) 공법관계설

이는 '공탁은 공탁법의 규정에 의하여 국가기관인 공탁소를 중심으로 그 절차가 실현되

83) 김상용, 479 참조.

84) 상게서, 479 참조.

85) 정부보관금법 제1조(국고에의 귀속) 법령에 따라 정부가 보관하는 공유금(公有金)이나 사유금(私有金)(이하 "보관금"이라 한다)은 법률로 따로 규정한 경우를 제외하고는 다음 각 호의 구분에 따라 해당하는 날부터 계산하여 5년이 지나도 환불 청구가 없을 때에는 국고에 귀속한다. 1. 보관의무 해제 기한이 있는 보관금: 보관의무가 해제된 다음 날 2. 보관의무 해제 기한이 없는 보관금: 보관한 다음 날 3. 소송사건으로 인하여 환불 청구를 할 수 없는 보관금: 재판이 확정된 다음 날.

는 것이며, 공탁의 효과는 공탁소와 공탁자의 계약에 의하여 생기는 것이 아니므로, 공탁을 순수한 공법관계로 보아야 한다'는 견해이다.[86] 이 견해에 따르면, 공탁관계에 관한 소송은 행정소송이 되고, 소멸시효도 5년의 단기시효가 적용된다.

2) 사법관계설

이는 '공탁법상의 공탁은 별론으로 하고, 민법상의 변제공탁은 공탁자와 공탁소 사이에 채권자로 하여금 계약상의 권리를 취득시키기 위하여 체결하는 '제3자를 위한 임치계약'이라고 보아야 하므로, 민법상 공탁의 법률관계는 사법관계라고 보아야 한다'는 견해이다.[87] 이 설에 따르면, 공탁관계에 관한 소송은 민사소송이 되고, 소멸시효도 10년의 소멸시효기간이 적용된다.

3) 양면관계설(兩面關係說)

이는 공탁에는 사법관계로서의 측면과 공법관계로서의 측면이 모두 있으며, 전자를 규율하는 것이 민법이고, 후자를 규율하는 것이 공탁법이라는 견해이다.[88] 이 견해는 「사법관계설」은 공탁의 사법적 측면만을 본 견해이고, 「공법관계설」은 반대로 공법적 측면만을 본 견해여서 모두 문제가 있다고 비판한다.[89]

이 견해는 사법관계의 측면에서 본 공탁의 법적 성질은 「제3자를 위한 임치계약」이며,[90] 실체적 측면에서의 공탁의 효과는 사법관계로 파악한다는 것이어서,[91] 「사법관계설」과 별 차이가 없는 견해라고 생각된다.

(2) 판례의 입장

판례는 '공탁에 의한 변제의 효력은 공탁이 유효하게 이루어진 때에 발생하는데(대법원 1987.4.14.선고, 85다카2313 판결 등),[92] 변제공탁은 공탁공무원의 수탁처분과 공탁물보관자의 공탁물수령으로 그 효력(채권소멸)이 발생하는 것이지, 채권자에 대한 공탁통지나 채권자의 수익의 의사표시가 있는 때에 공탁의 효력이 생기는 것은 아니'라는 입장을 취하고 있다(대법원 1972.5.15., 72마401 결정 등).[93] 이는 '변제공탁에는 제3자를 위한 계약에 관한 민법의 규정이 적용될 수 없다'는 점을 분명히 한 것이므로, 판례가 「사법관계설」이나 「양면관계설」을 취하고 있지 않음은 분명하다. 다만, 판례가 「공법관계설」의 주장과 같이, '공탁의 법적 성질을 공법

86) 김주수, 424; 김형배, 743 참조.
87) 김기선, 341; 김현태, 336; 이태재, 297; 현승종, 399 참조.
88) 곽윤직, 271; 김상용, 480; 김증한/김학동, 382; 송덕수, 486; 이은영, 741 참조.
89) 곽윤직, 271 참조.
90) 곽윤직, 272; 김증한/김학동, 382 참조.
91) 김상용, 507; 이은영, 741 참조.
92) 같은 취지: 대법원 1972.5.15., 72마401 결정; 대법원 2002.12.6.선고, 2001다2846 판결.
93) 같은 취지: 대법원 1987.4.14.선고, 85다카2313 판결; 대법원 2002.12.6.선고, 2001다2846 판결.

관계로 보고 이에 행정소송·단기소멸시효의 적용 등을 인정하여야 한다'는 입장을 취하고 있는지는 명확하지 않다.

(3) 학설·판례의 검토

제487조의 해석상 변제공탁에 의하여 변제의 효력이 발생하는 것은 명백하지만, 공탁의 법률관계(공탁소와 공탁자 및 피공탁자와의 법률관계)는 어디까지나 공법상의 법률관계(공법상의 계약관계)라고 보아야 할 것이기 때문에, 공탁의 법률관계를 순수한 사법상의 법률관계라고 파악하거나(사법관계설) 또는 공법관계와 사법관계의 성질을 다 같이 가지고 있다고 파악하는 견해(양면관계설)는 이론상 문제가 있다고 생각된다. 즉, 공탁을 제3자를 위한 사법상의 임치계약(693조 이하)으로 파악하여, '제3자를 위한 계약에 관한 제539조 이하의 규정에 따라 공탁소가 낙약자의 지위에서 채권자에게 채무를 부담한다거나, 채권자가 수익의 의사표시를 함으로써 공탁소에 대하여 직접 채권을 취득한다'고 해석하는 것은 타당하지 않다.

생각건대, 변제공탁은 '공탁법과 공탁규칙에 의하여 규율되는 공법상의 법률관계'인 공탁관계, 즉 '채무자의 공탁소에 대한 공탁신청과 공탁공무원의 수탁처분과 공탁물보관자의 공탁물수령에 의하여 성립하는 공법상의 법률관계인 공탁에 의하여 채무소멸이라는 사법상의 법률효과가 부여되는 법률요건'이라고 파악하여야 할 것이다. 즉, 공탁의 법률관계는 공법상의 법률관계라고 보아야 할 것이다(공법관계설). 다만, 공탁이 공법상의 법률관계라고 하여 「공법관계설」을 취하는 일부 학자들의 주장처럼 공탁에 관한 모든 분쟁이 반드시 행정소송에 의하여 처리되어야 하는 것은 아니다.[94] 왜냐하면 공탁에 관한 분쟁은 행정소송법이 아니라 공탁법(12~14조)과 공탁규칙(30조, 47~49조), 그리고 비송사건절차법(20~23조)에 정해진 이의신청절차 및 항고절차에 따라서 해결되어야 하는 반면에, '공탁에 의한 채무의 소멸'이라는 사법상의 법률효과를 둘러싼 분쟁은 민사소송에 의하여 해결되어야 할 것이기 때문이다.

3. 변제공탁의 요건

(1) 변제공탁의 원인

「변제공탁」은 '채무자가 변제의 제공을 하였으나 채권자가 변제를 받지 아니하거나 받을 수 없는 경우, 또는 변제자가 과실 없이 채권자를 알 수 없는 경우에 채무자가 변제의 목적물을 공탁소에 공탁함으로써 채권관계의 구속으로부터 벗어날 수 있도록 하는 제도'이다(487조). 따라서 변제공탁이 유효하기 위해서는 제487조가 규정하고 있는 세 가지 공탁원인 중 어느 하나가 있어야 한다. 만약 위 세 가지 공탁원인 중 어느 하나의 공탁원인도 없는 경우에는 비

94) 同旨: 이은영, 741 참조.

록 채무자가 목적물을 공탁하였다고 하더라도 채무소멸이라는 변제의 효력은 발생하지 않는다. 다만, 판례는 ① '공탁자가 공탁원인으로 들고 있는 사유가 법률상 효력이 없는 것이어서 공탁이 부적법하다고 하더라도, 피공탁자가 그 공탁물을 수령하면서 아무런 이의도 유보하지 아니하였다면, 특별한 사정이 없는 한 공탁자가 주장한 공탁원인을 수락한 것으로 보아 공탁자가 공탁원인으로 주장한 대로 법률효과가 발생한다'고 하며(대법원 1992.5.12.선고, 91다44698 판결 등),[95] ② '토지소유자가 아무런 이의를 유보함이 없이 기업자가 공탁한 토지수용보상금을 수령하였다면, 토지소유자는 토지수용위원회의 재결에 승복하여 그 공탁의 취지에 따라 보상금을 수령한 것이라고 봄이 상당하므로, 이로써 기업자의 보상금지급의무가 확정적으로 소멸하는 것이고, 토지소유자가 위 재결에 대하여 이의신청을 제기하거나 소송을 제기하고 있는 중이라고 할지라도 그 쟁송 중에 보상금 일부의 수령이라는 등 유보의 의사표시를 함이 없이 공탁금을 수령한 이상, 이는 종전의 수령거절 의사를 철회하고 재결에 승복하여 공탁한 취지대로 보상금 전액을 수령한 것이라고 볼 수밖에 없다'고 한다(대법원 1982.11.9.선고, 82누197 전원합의체판결 등).[96]

한편 '변제공탁의 원인 등 공탁의 유효요건에 대한 증명책임은 채권소멸의 효과를 주장하는 공탁자에게 있다'는 것이 판례의 입장이다(대법원 1964.6.9., 63마53 결정).

1) 채권자의 수령거절

변제의 제공에도 불구하고 채권자가 변제를 받지 아니한 경우에는(수령거절), 변제자는 변제의 목적물을 공탁하여 채무를 면할 수 있다(487조). 그러나 채권자가 미리 변제의 수령을 거절한 경우 또는 수령거절의 의사가 명백한 경우에는 변제자는 변제의 제공을 할 필요가 없이 바로 공탁할 수 있다(대법원 1981.9.8.선고, 80다2851 판결 등).[97] 채권자가 미리 수령거절의 의사를 밝힌 경우에는 변제의 제공이 무의미할 뿐만 아니라, 공탁의 요건으로 채권자지체의 성립을 필요로 한다고 해석할 필요는 없고, 공탁은 채권자에게 부당한 불이익을 미치는 것도 아니기 때문이다.[98] (☞ 제2절 「변제의 제공」)

2) 채권자의 수령불능

채권자가 변제를 받을 수 없는 경우에도 변제자는 공탁을 함으로써 채무를 면할 수 있다(487조). 즉, '채권자의 수령불능의 경우에도 수령거절의 경우와 마찬가지로, 변제자는 변제의

---

95) 같은 취지: 대법원 1982.11.9.선고, 82누197 전원합의체판결; 대법원 1990.10.23.선고, 90누6125 판결; 대법원 1991.8.27.선고, 90누7081 판결.

96) 같은 취지: 대법원 1991.6.11.선고, 90누7203 판결; 대법원 1991.8.27.선고, 90누7081 판결; 대법원 1992.5.12.선고, 91다44698 판결.

97) 같은 취지: 대법원 1969.2.18.선고, 66다1244 판결; 대법원 1994.8.26.선고, 93다42276 판결; 대법원 1998.10.20.선고, 98다30537 판결.

98) 同旨: 곽윤직, 272; 현승종, 400 참조.

제공을 하지 아니하고 공탁을 함으로써 채무를 면하거나, 변제의 제공을 함으로써 상대방을 채권자지체에 빠뜨릴 수 있다'고 해석하여야 한다.[99] 문제는 '변제공탁을 할 수 있는 채권자의 수령이 불능한 경우란 구체적으로 어떤 경우인가?' 하는 것이다.

이에 관하여, 판례는 ① '채권이 가압류된 경우와 같이, 형식적으로는 채권자가 변제를 받을 수 있는 경우라고 하더라도 채무자에게 여전히 2중변제의 위험부담이 남는 경우에는 채권자가 변제를 받을 수 없는 때에 해당한다'고 한다. 즉, '변제공탁의 요건인 "채권자가 변제를 받을 수 없는 때"의 변제라 함은 채무자로 하여금 종국적으로 채무를 면하게 하는 효과를 가져다주는 변제를 의미하는 것인데, 채권의 가압류는 제3채무자에 대하여 채무자에게 지급하는 것을 금지하는 데 그칠 뿐 채무 그 자체를 면하게 하는 것이 아니므로, 가압류가 있다고 하더라도 그 채권의 이행기가 도래한 때에는 제3채무자는 그 지체책임을 면할 수 없다고 보아야 할 것이나(대법원 1981.9.22.선고, 81다253 판결), 채권이 가압류되었음에도 불구하고 제3채무자가 채무자에게 변제를 한 때에는 나중에 채권자에게 2중으로 변제하여야 할 위험을 부담하게 되는 것이므로, 채권이 가압류된 경우에는 제3채무자는 제487조에 의한 변제공탁을 함으로써 이중변제의 위험에서 벗어나고 이행지체의 책임도 면할 수 있는 방법을 택하지 않을 수 없다'는 것이다(대법원 1994.12.13.선고, 93다951 전원합의체판결 등). 또한 ② '이행보증계약에 기한 보증인의 보증금지급의무에 관하여 지급금지가처분결정이 있더라도 보증인에게 지급거절의 권능이 발생한다고 할 수는 없고, 보증금지급의무가 실제로 발생하여 그 이행기가 도래하면 보증인은 채권자에게 이를 이행하여야 하며, 이를 이행하지 아니하는 경우에는 지체책임 발생의 다른 요건이 갖추어지는 한 그 이행지체로 인한 손해배상 등 법적 책임을 져야 하는 것이므로, 보증인은 채권자의 수령불능을 이유로 보증금을 변제공탁함으로써 자신의 보증금지급채무로부터 벗어날 수 있고, 그에 따라 지체책임도 면할 수 있게 된다'고 한다(대법원 2010.2.25.선고, 2009다22778 판결). (☞ [53] 변제수령자)

■ **채권의 가압류가 있는 경우를 '채권자의 수령이 불능한 경우로서 제3채무자가 변제공탁을 할 수 있는 경우'라고 할 수 있는지 여부(적극) 및 이 경우, 채권 가압류의 효력** [1] 채권의 가압류는 제3채무자에 대하여 채무자에게 지급하는 것을 금지하는 데 그칠 뿐 채무 그 자체를 면하게 하는 것이 아니고, 가압류가 있다 하여도 그 채권의 이행기가 도래한 때에는 제3채무자는 그 지체책임을 면할 수 없다고 보아야 할 것이다. 이러한 경우, 가압류에 불구하고 제3채무자가 채무자에게 변제를 한 때에는 나중에 채권자에게 2중으로 변제하여야 할 위험을 부담하게 되므로, 제3채무자로서는 제487조의 규정에 의하여 공탁을 함으로써 2중변제의 위험에서 벗어나고 이행지체의 책임도 면할 수 있다고 보아야 할 것이다. 왜냐하면 민법상의 변제공탁은 채무를 변제할 의사와 능력이 있는 채무자로 하여금 채권자의 사정으로 채무관계에서 벗어나지 못하는 경우를 대비할 수 있도록 마련된 제도로서 그 제487조 소정의 변제공탁의 요건인 "채권자가 변제를 받을 수 없는 때"의 변제라 함은 채무자로 하여금 종국적으로 채무를

99) 김상용, 481 참조.

면하게 하는 효과를 가져다주는 변제를 의미하는 것이므로, 채권이 가압류된 경우와 같이 형식적으로는 채권자가 변제를 받을 수 있다고 하더라도 채무자에게 여전히 2중변제의 위험부담이 남는 경우에는 마찬가지로 "채권자가 변제를 받을 수 없는 때"에 해당한다고 보아야 할 것이기 때문이다. [2] 제3채무자가 이와 같이 채권의 가압류를 이유로 변제공탁을 한 때에는 그 가압류의 효력은 채무자의 공탁금출급청구권에 대하여 존속한다고 할 것이므로, 그로 인하여 가압류 채권자에게 어떤 불이익이 있다고도 할 수 없다. 이처럼 제3채무자가 변제공탁에 의하여 그 채무를 면할 길이 있는 점에 비추어 보면, 공탁을 하지 아니한 제3채무자에게 이행지체의 책임을 지게 하더라도 그것이 반드시 불합리하다고는 할 수 없다. 이러한 법리는 부당이득반환채권이 가압류된 후에 제3채무자가 악의로 되어 그 받은 이익에 덧붙여 반환하여야 할 이자지급책임을 면하기 위한 경우에도 마찬가지라 할 것이고, 또 채권자의 소재가 불명한 경우에도 채무자로서는 변제공탁을 하지 않는 한 그 이행지체의 책임 내지 부당이득에 대한 이자의 배상책임을 면할 수 없다. (대법원 1994.12.13.선고, 93다951 전원합의체판결)100)

3) 채권자를 알 수 없는 경우 : 채권자 불명 또는 채권자 불확지

변제자가 과실 없이 채권자를 알 수 없는 경우에도 변제자는 변제의 목적물을 공탁하여 채무를 면할 수 있다(487조 2문). 여기서 「과실 없이 채권자를 알 수 없는 경우」라 함은 '채권자 또는 변제수령권자가 객관적으로 존재하고 있기는 하지만, 누가 진정한 채권자인지를 채무자가 선량한 관리자의 주의를 다하여도 알 수 없는 경우' 즉, 「채권자 불명(不明)」 또는 「채권자 불확지(不確知)」의 경우를 말한다(대법원 1988.12.20.선고, 87다카3118 판결 등).101) 예컨대, 상속 또는 채권양도의 유무나 효력 등에 관하여 사실상의 의문이 있는 경우, 혹은 채권자라고 일컫고 있는 자가 수인인 경우 등이 이에 속한다 할 것이다.102) 이와 같이 채권자를 확실히 알 수 없는 경우 변제자는 변제의 목적물을 공탁함으로써 채무를 면할 수 있으나, 변제자의 과실에 의하여 채권자를 알 수 없는 때에는 변제공탁의 효력이 인정되지 않는다(487조 2문).

문제는 '채권자를 알지 못한 데 대하여 변제자에게 과실이 있다고 할 수 있는 경우는 구체적으로 어떠한 경우를 말하는가?' 하는 것인데, 판례는 '동일한 채권에 대하여 채권양도와 전부명령이 경합되었으나 그 채권양도행위 자체를 확정일자 있는 증서로 하지 아니하고 단지 양도통지서에 공증인가 합동법률사무소의 확정일자를 받아 이를 등기우편으로 발송한 경우라면, 과연 그 통지가 전부채권자에 대항할 수 있는 통지에 해당하는가 하는 점에 대하여 법률상 의문이 제기될 여지가 있는 것이므로, 채무자로서는 누가 위 채권의 진정한 채권자인지를 과실 없이 알 수 없는 경우에 해당한다'고 한다(대법원 1988.12.20.선고, 87다카3118 판결). 그러나 대법원은 국가가 채무자로서 채권압류 및 전부명령이 경합하여 어느 것이 우선하는지를 알

100) 판례평석: 이동명, "단일의 채권 가압류의 경우 제3채무자의 지위: 이행지체 및 공탁가능 여부", 민사판례연구(18)(민사판례연구회, 1996/5), 204 이하. 같은 취지: 대법원 2004.7.9.선고, 2004다16181 판결; 대법원 2010.2.25.선고, 2009다22778 판결.

101) 같은 취지: 대법원 1996.4.26.선고, 96다2583 판결; 대법원 2000.12.22.선고, 2000다55904 판결; 대법원 2004.11.11.선고, 2004다37737 판결.

102) 곽윤직, 272; 송덕수, 488; 현승종, 401 참조.

수 없다는 이유로 변제의 목적물을 공탁한 사안에서, '국가는 자기가 제정한 법률은 잘 알고 있다고 할 것이므로, 채권압류 및 전부명령이 경합한 경우 어느 것이 우선하는가를 알지 못하였다면 이는 과실이라 아니할 수 없고, 따라서 우선 지급받을 채권자를 확지할 수 없다는 사유로 변제공탁한 것은 위법한 것으로 공탁의 효력이 없다'고 판시한 바 있다(대법원 1963.2.7. 선고, 62다790 판결).

(2) 변제공탁의 성립

변제공탁은 채무자의 공탁소에 대한 공탁신청과 공탁공무원의 수탁처분과 공탁물보관자의 공탁물수령에 의하여 성립하는 공법상의 제3자를 위한 임치계약인 공탁에 의하여 채무소멸의 법률효과가 발생하는 법률요건이라고 보아야 할 것임은 전술한 바와 같다. 그러므로 변제공탁에 대하여 「제3자를 위한 계약」에 관한 제539조 이하의 규정이 당연히 적용된다고 볼 수는 없으나, 공탁계약의 성질에 반하지 않는 범위에서 「제3자를 위한 계약」에 관한 민법의 규정이 유추적용될 수는 있다고 할 것이다.

1) 공탁계약의 당사자

(가) 공탁자 : 변제자

변제공탁은 제3자도 할 수 있다. 변제는 제3자도 할 수 있는 것이 원칙이기 때문이다. 즉, 공탁계약의 청약자에 해당하는 공탁자는 채무자에 한하지 않으며, 널리 채무자를 포함한 변제자이다. (☞ 제3절 「변제자와 변제수령자」)

(A) 공탁의 신청 변제공탁이 성립하기 위해서는 우선 변제자가 공탁법과 공탁규칙에서 정하는 바에 따라 공탁서 2통을 작성하고 공탁통지를 하여야 할 피공탁자의 수만큼 공탁통지서를 첨부하여 이를 공탁관에게 제출하여 공탁을 신청하여야 한다(공탁법 4조, 공탁규칙 20~23조).

(B) 공탁관의 공탁신청의 처리 공탁관이 공탁서류를 접수한 때는 상당한 이유가 없는 한 지체 없이 모든 사항을 조사하여 신속하게 처리하여야 하며(공탁규칙 25조), 공탁관이 공탁신청을 수리할 때에는 공탁서에 공탁을 수리한다는 뜻, 공탁번호, 공탁물납입기일, 납입기일까지 공탁물을 납입하지 않을 경우에는 수리결정의 효력이 상실된다는 뜻을 적고 기명날인한 다음, 공탁서 1통을 공탁자에게 내주어 공탁물을 공탁물보관자에게 납입하게 하여야 한다(공탁규칙 26조 1항). 공탁관이 공탁규칙 제26조 제1항에 따라 공탁신청을 수리한 때에는 주요사항을 전산등록하고, 공탁물보관자에게 그 내용을 전송하여야 한다. 다만, 물품공탁의 경우에는 공탁물보관자에게 전송하는 대신 공탁자에게 공탁물품납입서 1통을 주어야 한다(동조 2항).

(C) 공탁물의 납입 공탁물보관자가 공탁물을 납입 받은 때에는 공탁서에 공탁물을 납입받았다는 뜻을 적어 공탁자에게 내주고, 그 납입 사실을 공탁관에게 전송하여야 한다. 다만, 물품을 납입 받은 경우에는 「공탁물품납입통지서」를 보내야 한다(공탁규칙 27조). 전술한 바와

같이, 변제공탁에 의한 채무소멸의 효력은 공탁공무원의 수탁처분(공탁수리결정)과 공탁물보관자의 공탁물의 수령으로 그 효력이 발생하는 것이나(대법원 1972.5.15., 72마401 결정), 공탁자가 공탁물 납입기일까지 공탁물을 납입하지 않을 때는 그 수리결정은 효력을 상실한다(공탁규칙 26조 3항).

(나) 공탁소

공탁은 채무이행지의 공탁소에 하여야 하므로(488조 1항), 공탁계약의 상대방은 채무이행지의 공탁소이다. 여기서 「채무이행지」라 함은 '공탁소(지방법원 또는 지방법원지원)가 존재하는 최소행정구획단위로서 채무이행의 장소가 속한 곳'을 말한다.

(A) 공탁소의 지정 민법은 "공탁소에 관하여 법률에 특별한 규정이 없으면 법원은 변제자의 청구에 의하여 공탁소를 지정하고 공탁물보관자를 선임하여야 한다"고 규정하고 있으나(488조 2항), 공탁법은 "법령에 따라 행하는 공탁사무는 지방법원장이나 지방법원지원장이 소속 법원서기관 또는 법원사무관 중에서 지정하는 자가 처리한다. 다만, 시·군법원은 지방법원장이나 지방법원지원장이 소속 법원주사 또는 법원주사보 중에서 지정하는 자가 처리할 수 있다"고 규정하고 있으므로(공탁법 2조 1항),[103] 공탁소의 지정에 관한 민법 제488조 제2항의 규정이 적용될 여지는 거의 없다.

한편 지방법원장이나 지방법원지원장에 의하여 공탁사무를 처리하도록 지정받은 공무원을 「공탁관」이라고 하는데, '공탁소를 각 지방법원 또는 지방법원지원으로 볼 것인가, 아니면 각 지방법원장 또는 지방법원지원장에 의하여 공탁사무를 처리하도록 지정받은 공탁관으로 볼 것인가?'에 대해서는 견해의 대립이 있으나, '공탁소는 관할 지방법원이나 지방법원지원이고, 공탁공무원(공탁관)은 이를 단독제기관으로 보더라도 지방법원장이나 지방법원지원장의 지휘·감독하에 공탁사무를 실제로 처리하는 자에 불과하다'고 보아야 할 것이다.[104]

(B) 공탁물보관자 법원은 공탁물보관시설을 갖추고 있지 못하므로, 대법원장은 법령에 따라 공탁하는 금전·유가증권·그 밖의 물품을 보관하는 은행이나 창고업자를 공탁물보관자로 지정하여야 한다(공탁법 3조 1항).[105] 이러한 공탁법의 규정에 따라 대법원장에 의하여 공탁물보관자로 지정된 은행이나 창고업자는 그가 경영하는 영업 부류에 속하는 것으로서 보관할 수 있는 수량에 한정하여 보관하며, 선량한 관리자의 주의로써 보관하여야 하는데(공탁법 3조

103) 변제공탁에 관한 시·군법원 공탁관의 직무범위는 해당 시·군법원에 계속 중이거나 시·군법원에서 처리한 소액사건심판법의 적용을 받는 민사사건과 화해·독촉·조정사건에 대한 채무의 이행으로서 하는 민법 제487조, 제488조에 따른 변제공탁의 사건과 관련된 업무에 한한다(공탁규칙 2조).

104) 同旨: 현승종, 401 참조.

105) 공탁법 제3조 제1항에 따라 공탁금 보관은행을 지정할 때에는, 대법원장은 공익성과 지역사회 기여도 등 해당 지역의 특수성이 반영될 수 있도록 해당 지방법원장의 의견을 듣고, 제15조에 따른 공탁금관리위원회의 심사를 거쳐야 한다(동조 2항).

3항), 공탁물보관자로 지정된 은행이나 창고업자의 법적 지위는 공탁계약의 당사자인 공탁소의 이행보조자라고 보아야 할 것이다.[106]

(다) 피공탁자 : 채권자

변제공탁은 변제자가 변제의 목적물을 공탁소에 공탁함으로써 채무를 면할 수 있도록 하는 제도로서(487조), 제도의 목적을 달성하기 위하여 국가가 후견적으로 관여하고는 있으나, 본질적으로는 사인 간의 법률관계를 조정하기 위한 것이므로, 공탁공무원은 공탁자가 제출한 공탁서에 대한 형식적 심사권만을 갖고 채무자가 지정해 준 채권자에게만 공탁금을 출급하도록 하고 있다(대법원 1997.10.16.선고, 96다11747 전원합의체판결 등). 이러한 입장을 전제로 하여, 판례는 '공탁제도는 공탁공무원의 형식적 심사권, 공탁사무의 기계적·형식적인 처리를 전제로 하여 운영되는 것이어서, 피공탁자가 특정되어야 함이 원칙이고, 또한 피공탁자가 특정되었다고 하려면 피공탁자의 동일성에 대하여 공탁공무원의 판단이 개입할 여지가 없고 그 공탁통지서의 송달에 지장이 없는 정도에 이르러야 한다'는 입장을 취하고 있다. 이런 취지에서 공탁규칙은 「채권자불확지」를 사유로 하는 공탁의 경우를 제외하고는 공탁자는 공탁관에게 피공탁자를 지정하여 공탁서에 피공탁자의 성명(상호, 명칭)·주소(본점, 주사무소)·주민등록번호(법인등록번호)를 적고 기명날인한 공탁서 2통을 제출하도록 규정하고 있다(공탁규칙 20조).[107] 다만, 판례는 '피공탁자의 주소 표시가 제대로 되지 아니하여 공탁통지서를 송달할 수 없는 등 피공탁자가 특정되지 않았다고 하여 공탁이 바로 무효로 되는 것은 아니고, 이러한 경우라도 객관적으로 진정한 공탁원인이 존재하면 그 공탁을 유효로 해석하여야 한다'는 입장을 취하고 있다(대법원 1997.10.16.선고, 96다11747 전원합의체판결 등).[108]

---

106) 同旨: 김상용, 483 참조.

107) 공탁규칙 제20조(공탁서) ① 공탁을 하려는 사람은 공탁관에게 공탁서 2통을 제출하여야 한다. ② 제1항의 공탁서에는 다음 각 호의 사항을 적고 공탁자가 기명날인하여야 한다. 그러나 대표자나 관리인 또는 대리인이 공탁하는 때에는 그 사람의 주소를 적고 기명날인하여야 하며, 공무원이 그 직무상 공탁하는 경우에는 소속 관서명과 그 직을 적고 기명날인하여야 한다. 1. 공탁자의 성명(상호, 명칭)·주소(본점, 주사무소)·주민등록번호(법인등록번호) 2. 공탁금액, 공탁유가증권의 명칭·장수·총 액면금(액면금이 없을 때에는 그 뜻)·기호·번호·부속이표·최종상환기, 공탁물품의 명칭·종류·수량 3. 공탁원인사실 4. 공탁을 하게 된 관계법령의 조항 5. 공탁물의 수령인(이하 "피공탁자"라 한다)을 지정해야 할 때에는 피공탁자의 성명(상호, 명칭)·주소(본점, 주사무소)·주민등록번호(법인등록번호) 6. 공탁으로 인하여 질권, 전세권, 저당권이 소멸하는 때는 그 질권, 전세권, 저당권의 표시 7. 반대급부를 받아야 할 경우에는 그 반대급부의 내용 8. 공탁물의 출급·회수에 관하여 관공서의 승인, 확인 또는 증명 등을 필요로 하는 경우에는 해당 관공서의 명칭 9. 재판상의 절차에 따른 공탁의 경우에는 해당 법원의 명칭과 사건명 10. 공탁법원의 표시 11. 공탁신청 연월일

108) 판례평석: 김태우, "공탁금출급청구권 확인소송의 상대방", 판례연구 9집(부산판례연구회, 1998/12), 411 이하; 강용현, "절대적 불확지공탁의 경우 공탁금출급청구권확인소송의 상대방", 윤관대법원장퇴임기념 「국민과 사법」(박영사, 1999/1), 554 이하. 같은 취지: 대법원 2001.6.26.선고, 2001다19776 판결.

2) 공탁의 목적물

변제공탁은 그 성질상 물건의 인도채무(주는 채무)에 대해서만 가능하며, 「하는 채무」의 공탁은 불가능하다.[109]

(가) 목적물

학설 중에는 '부동산의 경우에는 공탁을 인정할만한 사회경제상의 필요성도 별로 없을 뿐만 아니라, 법기술적 측면에서 여러 가지로 어려운 점이 많으므로 부정하여야 한다'는 견해도 있으나,[110] '공탁의 목적물에 대해서는 특별한 제한이 없으므로 변제의 목적물이기만 하면 되고 동산·부동산을 불문한다'는 견해가 지배적이다.[111]

생각건대, '부동산공탁의 필요성이 없다'고 단정하기는 어려우며, 반대설이 들고 있는 기술적인 어려움도 신탁업자나 부동산업자 등을 공탁물보관자로 선임하여 공탁업무를 처리하도록 하는 방법 등 최근의 부동산관리기법의 발전으로 충분히 극복될 수 있으므로, 부동산공탁의 가능성을 인정하는 것이 타당하다 할 것이다. 다만, 현행 공탁법에는 부동산공탁에 관한 규정이 흠결되어 있으므로, 부동산을 공탁하는 경우에는 법원은 공탁소를 지정하고 공탁물보관자를 선임하여야 할 것이다(488조 2항).[112]

(나) 자조매각금의 공탁

변제공탁은 변제의 목적물 그 자체로써 함이 원칙이다. 그러나 변제의 목적물이 공탁에 적당하지 아니하거나, 멸실 또는 훼손될 염려가 있거나, 공탁에 과다한 비용을 요하는 경우에는, 변제자는 법원의 허가를 얻어 그 물건을 경매하거나 시가로 방매하여 대금을 공탁할 수 있다(490조). 이를 「자조매각금(自助賣却金)의 공탁」이라고 한다.

3) 일부공탁과 조건부공탁의 유효성

공탁에 의하여 채무소멸의 효력이 발생하는 것은 변제와 동일한 이익을 채권자에게 주기 때문이므로, 공탁은 채무의 내용에 따른 완전한 것이어야 한다. 이와 관련하여 문제되는 것은 일부공탁과 조건부공탁이다.

(가) 일부공탁

일부공탁은 채무의 내용에 좇은 변제공탁이 될 수 없으므로 무효임이 원칙이나, 일부변제가 허용되는 경우에는 일부공탁도 일부변제의 효력을 발생하는 공탁으로서 유효하다고 할 것이다. 그러나 판례는 '일부공탁은 채권자가 이를 수락하지 아니하는 한 일부변제의 효력을 인정할 수 없다'는 입장을 취하고 있다(대법원 1977.9.13.선고, 76다1866 판결 등).[113] 다만, '채무금액

---

109) 同旨: 김상용, 483 참조.
110) 김증한/김학동, 385 참조.
111) 곽윤직, 273; 김상용, 484; 김형배, 746; 송덕수, 490; 이은영, 743; 이태재, 299; 현승종, 402 참조.
112) 同旨: 김상용, 484 참조.

에 다툼이 있는 채권에 관하여 채무자가 채무 전액의 변제임을 공탁원인 중에 밝히고 공탁한 경우에는, 채권자가 그 공탁금을 수령할 때 채권의 일부로서 수령한다는 등 특별한 유보의 의사표시를 하지 않은 이상, 그 수령이 채권의 전액에 대한 변제공탁의 효력을 인정한 것으로 해석함이 상당하다'고 한다(대법원 1983.6.28.선고, 83다카88·89 판결 등).[114]

한편 '공탁금액의 근소한 부족이 있는 경우에는 일부공탁이라고 하더라도 신의칙상 유효하다'고 해석하여야 할 경우가 있을 수 있으며(대법원 1988.3.22.선고, 86다카909 판결 등),[115] '일부공탁 후에 부족분을 추가로 공탁한 경우에는 채무 전액에 대한 유효한 공탁이 성립한다'고 할 것이다(대법원 1991.12.27.선고, 91다35670 판결).[116]

(나) 조건부공탁

동시이행 또는 선이행의 항변권이 있는 쌍무계약의 일방 당사자가 자기 채무에 대한 변제공탁을 하는 경우에는 채권자의 반대채무의 이행을 공탁물수령의 조건으로 할 수 있다(491조). 그러나 원래부터 존재하지 않은 조건을 붙여서 한 공탁은 채권자가 이를 수락하지 않는 한 조건뿐만 아니라 공탁 그 자체의 효력도 인정되지 않는다(대법원 2002.12.6.선고, 2001다2846 판결 등).[117] 예컨대, '건물명도와 동시이행관계에 있는 임차보증금의 변제공탁을 함에 있어서 건물을 명도하였다는 확인서를 첨부할 것을 반대급부조건으로 붙였다면, 위 변제공탁은 명도의 선이행을 조건으로 한 것이라고 볼 수밖에 없으므로, 변제의 효력이 없다'고 보아야 할 것이다(대법원 1991.12.10.선고, 91다27594 판결).

4) 공탁의 통지

민법은 공탁자가 공탁을 한 후 지체 없이 채권자에게 공탁통지를 하여야 하는 것으로 규정하고 있으나(488조 3항), 공탁의 실무는 공탁물보관자로부터 공탁물납입의 통지를 받은 공탁관이 공탁자가 공탁신청시에 제출한 공탁통지서를 피공탁자(채권자)에게 발송하도록 되어 있으므로(공탁규칙 29조),[118] 공탁자가 직접 채권자에게 공탁통지를 할 필요는 없다고 할 것이다.

---

113) 같은 취지: 대법원 1983.11.22.선고, 83다카161 판결; 대법원 1984.9.11.선고, 84다카781 판결; 대법원 1988.1.19.선고, 85다카1792 판결; 대법원 1992.7.28.선고, 91다13380 판결; 대법원 1996.7.26.선고, 96다14616 판결; 대법원 1998.10.13.선고, 98다17046 판결.

114) 같은 취지: 대법원 1982.11.9.선고, 82누197 전원합의체판결; 대법원 1990.1.25.선고, 89누4109 판결; 대법원 1990.10.23.선고, 90누6125 판결; 대법원 1992.9.22.선고, 92누3229 판결; 대법원 1992.10.13.선고, 91누13342 판결. 다만, 판례는 '공탁금 수령시 채무자에 대하여 이의를 유보한다는 의사표시는 반드시 명시적으로 하여야 하는 것은 아니'라고 한다(대법원 1997.11.11.선고, 97다37784 판결).

115) 같은 취지: 대법원 2002.5.10.선고, 2002다12871·12888 판결.

116) 同旨: 김상용, 484; 송덕수, 490 참조.

117) 같은 취지: 대법원 1970.9.22.선고, 70다1061 판결; 대법원 1984.4.10.선고, 84다77 판결.

118) 공탁규칙 제29조(공탁통지서의 발송) ① 공탁관은 제27조의 전송이나 공탁물품납입통지서를 받은 때에는 제23조의 공탁통지서를 피공탁자에게 발송하여야 한다. ② 제1항의 통지서에는 공탁번호, 발송연월일과 공탁관의 성명을 적고 직인을 찍어야 한다. ③ 공탁통지서를 발송한 경우 그 송달정보는 전산정보처리조직에 의하여 관리하여야 한다. ④ 공탁통지서가 반송된 경우에는 이를 공탁기록에 편철하여야 한다.

4. 공탁의 효과

(1) 채무의 소멸

변제공탁이 성립하면 채무는 소멸하며, 채무자는 채무를 면한다(487조). 전술한 바와 같이, 변제공탁은 공탁공무원의 수탁처분과 공탁물보관자의 공탁물수령 시에 그 효력이 발생하므로(대법원 1972.5.15., 72마401 결정), 채무는 채권자에게 공탁의 통지가 도달하지 않았더라도 공탁물보관자가 공탁물을 수령한 때에 소멸한다. 그리고 공탁의 효력이 발생하여 채무가 소멸하면 채권자는 더 이상 채무의 이행을 청구하지 못하며, 단지 공탁소에 공탁물의 지급을 청구할 수 있을 뿐이다. 문제는 민법이 공탁자에게 「공탁물회수권」을 인정하여, '채권자가 공탁을 승인하거나 공탁소에 대하여 공탁물을 받기를 통고하거나 공탁유효의 판결이 확정되기까지는 변제자가 공탁물을 회수할 수 있으며, 이 경우에는 공탁하지 아니한 것으로 본다'고 규정하고 있는 제489조 제1항의 해석이다. 공탁자에게 공탁물회수권을 인정한다는 것은 '공탁물보관자가 공탁물을 수령하여 변제공탁이 성립하면 채무는 소멸한다'는 원칙과 모순되기 때문이다.

1) 학 설

(가) 해제조건설(解除條件說)

이는 '채무는 변제자의 공탁물회수를 해제조건으로 하여 공탁의 효력이 발생한 때에 소멸한다'는 견해이다.[119] 이 견해에 따르면, 공탁의 효력이 발생한 때에 채무는 소멸하지만, 변제자가 공탁물을 회수하면 채무는 소급하여 소멸하지 않은 것이 된다.

이 설에 대해서는 후술하는 「정지조건설」 측으로부터 다음과 같은 비판이 제기되고 있다.[120] 즉, ① 공탁과 동시에 채무가 소멸한다고 하면서 공탁물회수권을 인정하게 되면, 공탁물회수권의 법적 근거를 설명할 수 없게 된다. ② 「해제조건설」에 의하면 '공탁자가 공탁물회수권을 행사하면 소멸된 채권이 부활한다'고 해석하지 않을 수 없는데, 이는 법률관계를 복잡하게 하고 거래의 안전을 해칠 우려가 있다. ③ 공탁에 의하여 질권이나 저당권으로 담보된 채권이 이미 소멸한 경우에는 공탁물회수권의 행사에 제한을 가하지 않을 수 없다.

(나) 정지조건설(停止條件說)

이는 '공탁의 효력은 공탁물회수권의 소멸을 정지조건으로 하여 발생하나, 정지조건이 성취되면(공탁물회수권이 소멸하면) 공탁의 효력(채무소멸)은 공탁을 한 때에 소급하여 발생한다'는 견해이다.[121] 이 견해는 독일민법의 영향을 받은 견해라고 할 수 있는데,[122] 독일민법

119) 곽윤직, 275; 김기선, 344; 김증한/김학동, 387; 현승종, 403 참조.
120) 김형배, 749 참조.
121) 김상용, 486; 김주수, 430; 김형배, 749 이하.
122) 김형배, 750 참조.

은 '공탁자의 공탁물회수권이 존재하는 동안에는 채무자는 채권자의 이행청구에 대하여 공탁물로부터 변제를 받으라는 항변권을 행사할 수 있을 뿐 채무는 소멸하지 않으며(BGB §379 Ⅰ),[123] 공탁물회수권이 소멸한 때에는 채무는 변제자가 공탁시에 변제한 것처럼 소급해서 소멸한다'고 규정하고 있다(BGB §378).[124] 이 견해는 '입법론으로서는 타당하니, 질권 또는 저당권이 공탁으로 인하여 소멸한 때에는 공탁물회수권을 인정하지 아니한다는 제489조 제2항의 규정을 무의미한 것으로 만들기 때문에, 우리 민법의 해석론으로서는 채택할 수 없다'는 비판이 있다.[125]

2) 판례의 입장

판례는 「해제조건설」의 입장을 취하여, '변제공탁에 의하여 채권이 소멸되는 효과가 발생되나, 공탁자가 공탁물회수권을 행사하여 공탁물을 회수한 경우에는 채권소멸의 효력은 소급하여 없어진다'는 입장을 취하고 있다(대법원 1981.2.10.선고, 80다77 판결 등).[126] 또한 판례는 '채권소멸의 효력을 소급적으로 소멸시키는 공탁물의 회수에는 공탁자에 의하여 이루어진 경우뿐만 아니라, 제3자는 물론 피공탁자가 공탁자에게 대하여 가지는 별도 채권의 채무 명의로써 공탁자의 공탁물회수청구권을 압류 및 전부 받아 그 집행으로 공탁물을 회수한 경우도 포함된다'고 한다(대법원 1981.2.10.선고, 80다77 판결 등).

3) 학설·판례의 검토

「해제조건설」에 의하면, 공탁에 의하여 채무가 소멸한 이후에도 변제자에게 회수권을 인정하여야 한다는 법이론상의 문제가 발생하며, 공탁물회수권의 행사에 의하여 소멸된 채권이 부활하게 되므로 거래의 안전을 해칠 우려가 있다. 또한 담보물권의 부종성으로 인하여 공탁에 의하여 담보물권(질권·저당권)도 소멸하게 되므로, 공탁물회수권의 행사에 제한을 가하지 않을 수 없다는 문제도 있다. 「정지조건설」에 의하면 이러한 문제는 발생하지 않는다. 그러나 공탁물회수권의 법리를 「정지조건설」에 의하여 설명하는 것은 우리 민법의 해석론으로서는 무리한 견해이다. 그 이유는 우리 민법은 제489조 제2항에서 '질권 또는 저당권이 공탁으로 인하여 소멸한다'는 것을 전제로 하고 있는데, 이는 우리 민법이 입법적으로 「정지조건설」을 배제하고 「해제조건설」을 채택한 것이라고 해석하지 않을 수 없기 때문이다. 그러므로 공탁

---

123) 독일민법 제379조(회수권이 배제되지 아니한 경우의 공탁의 효력) (1) 공탁물의 회수권이 배제되지 아니한 경우에는, 채무자는 채권자에게 공탁물로부터 변제를 받으라고 항변할 수 있다.

124) 독일민법 제378조(회수권이 배제된 경우의 공탁의 효력) 공탁물의 회수권이 배제된 경우에는, 채무자는 그가 공탁한 때에 채권자에게 급부를 행한 것과 마찬가지로, 공탁에 의하여 채무를 면한다.

125) 장재현, "공탁에 관한 소고", 법학논고 26집(경북대출판부, 2007/6), 296; 현승종, 403 참조.

126) 판례평석: 양창수, "변제공탁에 있어서의 공탁금회수권에 대한 압류 및 전부명령의 허부", 민법연구 2권(박영사, 1991/9), 181 이하. 같은 취지: 대법원 1967.11.28.선고, 67다2120 판결; 대법원 2014.5.29.선고, 2013다212295 판결.

자의 공탁물회수청구권에 관한 제489조는 「해제조건설」에 의하여 '공탁이 성립한 때 일단 공탁의 효력이 발생하여 채무는 소멸하지만, 변제자가 공탁물회수청구권을 행사하여 해제조건이 성취하면 채무는 소급하여 소멸하지 않은 것으로 다루어진다'고 해석하여야 할 것이다.

(2) 채권자의 공탁물출급청구권

공탁의 효력이 발생하여 채권·채무가 소멸하면 채권자(피공탁자)의 공탁물출급청구권이 발생하는데, 채권자는 공탁소에 대하여 공탁물출급청구권을 행사함으로써 공탁물을 수령할 수 있다. 또한 공탁물출급청구권은 채권자(피공탁자)의 재산권으로서 채권자는 공탁물출급청구권을 자유롭게 양도할 수 있으며, 공탁물출급청구권은 압류와 전부명령의 객체가 된다.[127]

공탁의 본질에 관하여는 학설이 대립하고 있음은 전술한 바와 같으나, 어느 학설에 의하더라도 '채권자가 공탁물출급청구권을 취득하기 위하여 수익의 의사표시(539조 2항)를 할 필요는 없다'고 해석하는 데에는 견해가 일치한다.[128] 또한 공탁물을 수령하고자 하는 채권자(피공탁자)는 대법원규칙으로 정하는 바에 따라 그 권리를 증명하여야 하며(공탁법 9조 1항),[129] 공탁물출급청구서 2통을 제출하여야 한다(공탁규칙 32조 1항).[130] 이 때 공탁관이 발송한 공탁통지서와 출급청구권이 있음을 증명하는 서면 등을 첨부하여야 한다(공탁규칙 33조).[131]

---

127) 同旨: 김상용, 486 참조.

128) 곽윤직, 275; 송덕수, 494; 현승종, 404 참조.

129) 공탁법 제9조(공탁물의 수령·회수) ① 공탁물을 수령하려는 자는 대법원규칙으로 정하는 바에 따라 그 권리를 증명하여야 한다. ③ 제1항 및 제2항의 공탁물이 금전인 경우(제7조에 따른 유가증권상환금, 배당금과 제11조에 따른 물품을 매각하여 그 대금을 공탁한 경우를 포함한다) 그 원금 또는 이자의 수령, 회수에 대한 권리는 그 권리를 행사할 수 있는 때부터 10년간 행사하지 아니할 때에는 시효로 인하여 소멸한다. ④ 법원행정처장은 제3항에 따른 시효가 완성되기 전에 대법원규칙으로 정하는 바에 따라 제1항 및 제2항의 공탁금 수령·회수권자에게 공탁금을 수령하거나 회수할 수 있는 권리가 있음을 알릴 수 있다.

130) 공탁규칙 제32조(공탁물 출급·회수청구서) ① 공탁물을 출급·회수하려는 사람은 공탁관에게 공탁물 출급·회수청구서 2통을 제출하여야 한다. ② 제1항의 청구서에는 다음 각 호의 사항을 적고 청구인이 기명날인하여야 한다. 다만, 대표자나 관리인 또는 대리인이 청구하는 때에는 그 사람의 주소를 적고 기명날인하여야 하며, 공무원이 직무상 청구할 때에는 소속 관서명과 그 직을 적고 기명날인하여야 한다. 1. 공탁번호 2. 출급·회수하려는 공탁금액, 유가증권의 명칭·장수·총 액면금·액면금(액면금이 없을 때는 그 뜻)·기호·번호, 공탁물품의 명칭·종류·수량 3. 출급·회수청구사유 4. 이자의 지급을 동시에 받으려는 경우 그 뜻 5. 청구인의 성명(상호, 명칭)·주소(본점, 주사무소)·주민등록번호(사업자등록번호) 6. 청구인이 공탁자나 피공탁자의 권리승계인인 경우 그 뜻 7. 제41조 제1항이나 제2항에 따른 출급·회수청구의 경우 그 서류를 첨부한 뜻 8. 공탁법원의 표시 9. 출급·회수청구 연월일

131) 공탁규칙 제33조(공탁물 출급청구서의 첨부서류) 공탁물을 출급하려는 사람은 공탁물 출급청구서에 다음 각 호의 서류를 첨부하여야 한다. 1. 제29조에 따라 공탁관이 발송한 공탁통지서 다만, 다음 중 어느 하나의 사유가 있는 경우에는 그러하지 아니하다. 가. 출급청구하는 공탁금액이 5,000만원 이하인 경우(유가증권의 총 액면금액이 5,000만원 이하인 경우를 포함한다) 다만, 청구인이 관공서이거나 법인 아닌 사단이나 재단인 때에는 그 금액이 1,000만원 이하인 경우 나. 공탁서나 이해관계인의 승낙서를 첨부한 경우 다. 강제집행이나 체납처분에 따라 공탁물 출급청구를 하는 경우 라. 공탁통지서를 발송하지 않았음이 인정되는 경우 2. 출급청구권이 있음을 증명하는 서면 다만, 공탁서의 내용으로 그 사실이

공탁물출급청구권은 본래의 채권에 갈음하는 권리이므로, 그 권리의 성질 및 범위는 본래의 채권과 동일한 것이다. 따라서 동시이행 또는 선이행의 항변권이 있는 쌍무계약의 일방당사자가 자기 채무에 대한 변제공탁을 하는 경우에는, 채권자의 반대채무의 이행을 공탁물 수령의 조건으로 할 수 있다(491조). 그러나 '채권자가 아무런 반대급부, 기타의 조건이 이행을 할 필요 없이 곧 채무자에게서 변제의 목적물을 수령할 수 있는 권리를 가지고 있었음에도 불구하고, 채무자가 그 목적물을 공탁할 때에 채권자가 어떤 조건을 이행하여야만 공탁물을 수령할 수 있다는 취지로 공탁을 한 경우에는, 그 공탁은 채권자가 그 조건을 수락하지 않는 한 조건뿐만 아니라 공탁 그 자체의 효력도 인정되지 않는다'는 점은 전술한 바와 같다(대법원 2002.12.6.선고, 2001다2846 판결 등). 다만, '부당한 조건을 붙여서 한 변제공탁이라 할지라도 채권자의 수령거절의 의사가 명백하고 또 그 조건이 이미 성취되어 공탁물 수령에 아무런 지장이 없는 경우에는 그 공탁은 채무변제의 효과가 생긴다'는 점도 전술한 바와 같다(대법원 1969.2.18. 선고, 66다1244 판결).

(3) 공탁물 소유권의 이전

공탁물의 소유권이 공탁소에 귀속되는지의 여부와 채권자에게 이전되는 시기는 공탁물의 종류에 따라서 다르다.

1) 금전 기타의 소비물

공탁물이 금전 기타의 소비물인 경우에는 공탁자와 공탁소 사이에 소비임치계약이 성립하므로, 소비대차에 관한 규정이 준용된다(702조). 따라서 공탁물의 소유권은 일단 공탁소에 귀속되었다가 채권자가 공탁소로부터 공탁물과 같은 종류·품질·수량의 물건을 수령한 때 그 소유권을 취득한다.[132]

2) 특정물

특정물이 공탁의 목적물인 경우에는 공탁소가 공탁물의 소유권을 취득하지 않으므로, 그 소유권은 공탁자로부터 직접 채권자에게 이전한다. 공탁물의 소유권이전시기는 물권변동의 일반원칙에 따라, '공탁물이 동산인 경우에는 채권자가 공탁소로부터 그 동산을 수령한 때에 공탁물의 소유권도 채권자에게 이전되며,[133] 공탁물이 부동산인 경우에는 채권자 명의로 소유권이전등기가 행해진 때 공탁물의 소유권이 이전된다'고 해석하여야 할 것이다(186조, 188조 1항).[134]

명백한 경우에는 그러하지 아니하다. 3. 공탁물 출급을 위하여 반대급부를 하여야 할 때는 법 제10조에 따른 증명서류

132) 同旨: 곽윤직, 275; 김상용, 487; 김증한/김학동, 369; 김형배, 752; 현승종, 405 참조.

133) 학설 중에는 공탁의 법적 성질을 「제3자를 위한 임치계약」으로 보는 입장에서, '채권자가 공탁물의 인도청구를 한 때에 목적물반환청구권의 양도에 의한 인도가 있다고 새겨야 할 것이므로, 동산인 공탁물의 소유권은 인도청구시에 채권자에게 이전된다'고 해석하는 견해도 있다(송덕수, 479 참조).

134) 물권변동의 이론구성과 관련하여 물권행위의 필요성을 인정하는 통설적 견해는, '변제자의 공탁신청에

5. 공탁물의 회수

(1) 민법상의 공탁물 회수

공탁은 변제의 제공을 한 성실한 채무자를 보호하기 위한 제도이므로, 민법은 일단 공탁의 효력이 발생한 경우에도 타인에게 불이익을 주지 않는 범위에서 변제자는 공탁을 취소하고 공탁물을 회수할 수 있는 것으로 하고 있다(489조). 다만, 공탁물회수권의 법적 성질에 대해서는 견해가 갈린다.

1) 공탁물회수권의 법적 성질

(가) 학 설

(A) **제1설**(임치계약의 해지에 따른 권리라는 견해) 이는 '공탁물 회수는 채권자에 대한 관계에서는 제3자약관의 취소이고, 공탁소에 대한 관계에서는 임치계약의 해지(698조 단서)로서의 성질을 가진다'는 견해이다.[135] 이 견해에 따르면, 공탁물회수권은 임치계약의 해지에 따른 권리라는 결론이 된다.

(B) **제2설**(공탁소에 대한 공법상의 반환청구권이라는 견해) 이는 공탁을 공법관계로 파악하는 입장에서, '공탁물회수 청구는 공탁규칙 소정의 공탁물회수청구서를 공탁소에 제출함으로써 이루어지므로(공탁규칙 32조), 공탁소에 대한 공법상의 권리인 반환청구권이라고 해석하여야 한다'는 견해이다.[136] 이 견해에 따르면, 공탁물회수권은 공탁소에 대한 공법상의 반환청구권이라는 결론이 된다.

(C) **제3설**(공탁소에 대한 일종의 형성권이라는 견해) 이는 공탁을 공법관계로 파악하는 입장에서, '공탁물을 회수할 수 있는 변제자의 권리는 공탁소에 대한 공탁물반환청구권이 아니라, 제489조 제1항의 규정에 의하여 공탁관계를 철회할 수 있는 일종의 형성권(철회권)'이라는 견해이다.[137] 즉, 공탁자의 형성권의 행사에 의하여 공법적 공탁관계는 청산관계로 변하고 변제자는 공법상의 공탁물반환청구권을 취득하는 것이라는 이론구성이다. 이 견해는 해제의 효과에 관한 「청산관계설」의 입장을 전제로 하는 것으로 보인다.

(나) 학설의 검토

앞에서 검토한 바와 같이, 공탁관계는 '공법상의 제3자를 위한 계약관계'로서 임치계약의

의하여 소유권이전을 목적으로 하는 물권계약의 청약이 이루어지고, 채권자가 공탁소에 대하여 공탁물출급청구권을 행사한 때에 위 청약에 대한 승낙을 한 것이 되어, 변제자와 채권자 사이에 물권행위가 성립한다'고 해석하고 있다(곽윤직, 276; 김상용, 487; 김증한/김학동, 389; 김형배, 752; 현승종, 405 참조).

135) 곽윤직, 276; 김증한/김학동, 390; 송덕수, 497 참조.

136) 김주수, 432 참조.

137) 김형배, 754 참조. 학설 중에는 「양면관계설」의 입장을 취하면서도 이 견해에 찬성하는 견해도 있다(김상용, 488 참조).

일종이라고 보아야 할 것이다. 따라서 공탁물의 회수는 실질적으로 공법상의 임치계약의 해지로서의 성질을 가지며, 공탁자의 공탁소에 대한 공탁물회수청구권은 임치계약의 해지에 따른 권리라고 보는 「제1설」의 입장이 타당하다고 생각된다. (☞ 계약법 편, 제1장 제4절 「계약의 해제와 해지」)

2) 공탁물의 회수가 인정되지 않는 경우

(가) 제498조 제1항에 규정된 사유가 있는 경우

변제자는 채권자가 공탁을 승인하거나, 채권자가 공탁소에 대하여 공탁물을 받기를 통고하거나, 공탁유효의 판결이 확정되기 전까지는 공탁물을 회수할 수 있다(489조 1항). 여기서 「공탁유효의 판결」이라 함은 '공탁유효의 확인을 구하는 판결만을 의미하는 것이 아니라, 채권자가 채무의 이행을 청구하는 소를 제기한 경우에 채무자가 공탁의 항변을 하고 이에 기하여 소를 기각한 판결 등도 포함된다'고 할 것이다.[138] 또한 판례는 '토지수용에 있어서 기업자가 손실보상금을 공탁한 경우와 같이, 공탁이 법률의 규정에 의하여 비자발적으로 이루어진 경우에는 제489조의 적용은 배제되어 피공탁자가 공탁자에게 공탁금을 수령하지 아니한다는 의사를 표시하였다 할지라도 기업자는 그 공탁금을 회수할 수 없다'고 한다(대법원 1997.9.26.선고, 97다24290 판결 등).[139]

(나) 질권 또는 저당권이 공탁으로 인하여 소멸한 경우

질권 또는 저당권이 공탁으로 인하여 소멸한 경우에는 공탁자는 공탁물을 회수할 수 없다(489조 2항). 공탁이 성립하면 채무는 소멸하며, 그에 따라서 담보물권의 부종성으로 인하여 그 채무를 담보하던 질권과 저당권은 법률상 당연히 소멸한다. 그런데 그 후 변제자가 공탁물을 회수하면 공탁은 없었던 것으로 되며(489조 1항 후단), 이에 따라 질권과 저당권도 처음부터 소멸하지 않았던 것이 된다. 그러나 이렇게 되면 공탁 후 공탁물을 회수하기 전에 새롭게 저당권을 취득한 자는 회수로 인하여 후순위저당권자로 전락하게 되는 등, 제3자에게 뜻밖의 손해를 입힐 염려가 있게 된다. 민법이 공탁으로 인하여 질권 또는 저당권이 소멸한 때에는 공탁물회수권이 발생하지 않는 것으로 규정한 이유는 여기에 있다.[140] 마찬가지 이유에서, '가등기담보권이나 양도담보권이 공탁으로 소멸한 경우에도 공탁자는 공탁물을 회수할 수 없다'고 해석하여야 할 것이다.[141] 가등기담보권이나 양도담보권은 실질적으로 저당권과 같은 성질의 담보물권이라고 보아야 하기 때문이다. 가등기담보법이 제정되기 전의 대법원판결 중에는 '변제공탁으로 인하여 가등기담보권이나 양도담보권이 소멸한 경우에는 공탁자가 공탁

---

138) 현승종, 406 참조.
139) 같은 취지: 대법원 1992.2.11.선고, 91다18972 판결; 대법원 1998.9.22.선고, 98다12812 판결.
140) 곽윤직, 277; 현승종, 407 참조.
141) 同旨: 김상용, 488; 송덕수, 498 참조.

물을 회수할 수 있다'고 판시한 사례가 있으나(대법원 1982.7.27.선고, 81다495 판결),[142] 가등기담보법이 시행되고 있는 현행법하에서도 판례로서 유효한지는 의문이다.

연대채무자·불가분채무자 등의 공동채무자 또는 보증인의 채무에서도 비슷한 문제가 발생하지만, 이들은 채무자와 책임을 같이 하는 자로서 공탁물의 회수에 의하여 채무가 부활하더라도 뜻밖의 손해를 입는다고 말할 수 없으므로, '연대채무자·불가분채무자 등의 공동채무자 또는 보증인의 채무가 공탁으로 소멸한 경우에도 변제자는 공탁물을 회수할 수 있고, 변제자가 회수하면 이들의 채무는 부활한다'고 해석하여야 할 것이다.[143]

3) 공탁물 회수의 효과

변제자가 공탁물을 회수하면 처음부터 공탁을 하지 않았던 것으로 간주된다(489조 1항 후단). 즉, 공탁에 의한 채무소멸의 효력이 소급적으로 소멸하므로 채무는 부활한다.

(2) 공탁법상의 공탁물회수

공탁법은 민법 제489조의 규정에 의하는 경우 이외에도, '착오로 공탁을 한 때' 그리고 '공탁의 원인이 소멸한 때'의 두 가지 경우에도 공탁물을 회수할 수 있는 것으로 규정하고 있다(공탁법 9조 2항).[144] 다만, 이 경우는 민법 제489조에 의하여 공탁물을 회수하는 경우와는 달리, 임치계약의 일방적 해지가 아니라 의사표시의 착오를 이유로 한 공탁계약의 취소 또는 부당이득을 이유로 한 공탁물반환청구권의 행사에 해당한다 할 것이다.[145]

[67] Ⅲ. 상 계

1. 상계의 의의 및 제도적 기능

(1) 상계의 의의

「상계(相計)」(Aufrechnung; compensation)라 함은 '채무자가 채권자에 대하여 같은 종류의 채권을 가지는 경우에 그 채권과 채무를 대등액에서 소멸시키는 채무자의 일방적 의사표시,

---

142) 판례평석: 이재성, "변제공탁물의 회수와 담보권의 효력", 「민사재판의 제문제」 3권(한국사법행정학회, 1985/5), 7 이하.

143) 同旨: 곽윤직, 277; 김형배, 755; 송덕수, 498; 현승종, 407 참조.

144) 공탁법 제9조(공탁물의 수령·회수) ② 공탁자는 다음 각 호의 어느 하나에 해당하면 그 사실을 증명하여 공탁물을 회수할 수 있다. 1. 민법 제489조에 따르는 경우 2. 착오로 공탁을 한 경우 3. 공탁의 원인이 소멸한 경우 ③ 제1항 및 제2항의 공탁물이 금전인 경우(제7조에 따른 유가증권상환금, 배당금과 제11조에 따른 물품을 매각하여 그 대금을 공탁한 경우를 포함한다) 그 원금 또는 이자의 수령, 회수에 대한 권리는 그 권리를 행사할 수 있는 때부터 10년간 행사하지 아니할 때에는 시효로 인하여 소멸한다. ④ 법원행정처장은 제3항에 따른 시효가 완성되기 전에 대법원규칙으로 정하는 바에 따라 제1항 및 제2항의 공탁금 수령·회수권자에게 공탁금을 수령하거나 회수할 수 있는 권리가 있음을 알릴 수 있다.

145) 同旨: 곽윤직, 277; 현승종, 407 참조.

또는 그 의사표시에 의하여 채무소멸의 효과를 발생시키는 법률행위'를 말한다(492조).[146)]

1) 단독행위

상계는 채무자의 일방적 의사표시에 의하여 채권소멸의 효과가 발생하는 단독행위이며, 변제·대물변제·공탁 등의 다른 채권소멸원인과는 그 법적 성질을 달리하는 독자적인 채권소멸원인이다.[147)]

〈설례 3〉 甲은 乙에 대하여 1,000만원의 대여금채권을 가지고 있는데, 乙은 甲에 대하여 500만원의 매매대금채권을 가지고 있다. 乙은 甲에 대한 1,000만원의 대여금반환채무를 이행하는 대신 甲에 대한 자기의 매매대금채권 500만을 자동채권으로 하여 대등액에서 상계하고 나머지 500만원을 변제로 제공하였다. 甲은 乙이 변제로 제공한 500만원의 수령을 일부변제에 지나지 않는다는 이유로 거절할 수 있는가?

위 <설례 3>에서, 乙의 상계의 의사표시에 의하여 甲의 대여금채권은 500만원의 범위에서 소멸하므로(493조 2항), 甲의 乙에 대한 대여금채권은 500만원만 남게 된다. 즉, 乙이 변제로서 잔액채무인 500만원을 甲에게 제공한 것은 채무의 내용에 좇은 적법한 변제의 제공이 되므로, 甲은 그 수령을 거절할 수 없다.

2) 상계계약과의 구별

「상계계약(相計契約)」이라 함은 '당사자의 합의에 의하여 상계하기로 하는 계약'을 말한다. 상계계약은 합의에 의하여 성립하는 계약이라는 점에서 채무자의 일방적 의사표시에 의하여 채권·채무가 소멸하는 단독행위인 「상계」와 구별된다. 계약자유의 원칙상 상계계약이 성립할 수 있음은 당연하다.

(가) 상계계약의 법적 성질

상계계약은 당사자 사이에 채권·채무를 대등액에서 소멸시키기로 하는 합의에 의하여 성립하는 유상·쌍무·낙성·불요식의 계약이다. '상인 사이 또는 상인과 비상인 사이에 상시 거래관계가 있는 경우에, 일정한 기간의 거래로 인한 채권채무의 총액에 관하여 상계하고 그 잔액을 지급할 것을 약정함으로써 그 효력이 발생하는 법률행위'인 「상호계산(相互計算)」(상법 72조)은 상계계약의 전형적인 경우라고 할 수 있다.

(나) 상계계약의 요건 : 민법규정의 적용 배제

상계계약에는 상계의 요건이나 상계의 금지에 관한 민법의 규정이 적용되지 않는다. 그러므로 ① 상계계약에 의하여 소멸될 채권은 반드시 같은 종류이어야 할 필요가 없고, 같은 가치를 가지고 있어야 하는 것도 아니다.[148)] ② 상계계약은 민법상 상계가 금지되는 고의의

146) 일본민법(구 의용민법)에서는 이를 「相殺」(상쇄)라고 칭하였으나(동법 505조 이하), '「상쇄」라는 용어는 일본어이므로, 민법 제정 당시 이에 해당하는 우리말인 「상계」로 용어를 수정한 것이다(명순구(실록), 247 참조).
147) 곽윤직, 279; 송덕수, 500; 현승종, 410 참조.

불법행위로 인한 손해배상채권(496조)·압류금지채권(497조)에 관하여서도 체결될 수 있다. 다만, 상계금지에 관한 강행규정을 계약에 의하여 회피하는 것은 허용되지 않으므로, 이를 위반하는 상계계약은 무효이다. 예컨대, 임금채권에 관하여 사용자와 근로자가 전차금(前借金)이나 전대채권(前貸債權)과 임금채권을 상계하기로 약정하는 것은 임금채권과 전차금의 상계를 금지한 근로기준법상의 강행규정을 회피하는 상계계약으로서 무효이다(근로기준법 21조).[149] ③ 당사자 쌍방 및 제3자 사이의 3면계약 내지 다면계약에 의하여 당사자 일방이 제3자에 대하여 가지는 채권으로써 상대방 채권과 상계하는 것을 내용으로 하는 상계계약도 가능하다. 「어음교환제도」는 이러한 다면계약에 의한 상계계약의 유효성을 이론적 기초로 하여 수립된 것이다. ④ 상계의 의사표시는 단독행위이므로 조건 또는 기한을 붙일 수 없으나(493조 1항 단서), 상계계약에는 조건을 붙일 수 있다. 즉, '장차 일정한 조건이 충족된 경우에 상계의 효력을 발생시킨다'는 정지조건부 상계계약도 유효하게 성립한다. 이를 「상계예약」이라고 할 수도 있는데, 예금채무를 부담하는 은행이 예금채권자에게 금전을 대출하고, '대출채권의 원리금과 예금채무의 원리금이 같아진 때에는 상계한다'고 약정하는 경우가 그 대표적인 사례이다. 다만, 판례는 '"보험금이나 해약환급금에서 대출원리금을 공제하고 지급한다"고 규정한 보험약관에 따른 보험회사의 보험계약자에 대한 대출금의 경제적 실질은 보험회사가 장차 지급하여야 할 보험금이나 해약환급금을 미리 지급하는 선급금과 같은 성격이라고 보아야 하므로, 일반적인 대출과는 달리 소비대차로서의 법적 성격을 가지는 것은 아니며, 민법상의 상계와는 성격이 다른 것이므로, 생명보험계약의 해지로 인한 해약환급금과 보험약관대출금 사이에서는 상계의 법리가 적용되지 않는다'는 입장을 취하고 있다(대법원 2007.9.28.선고, 2005다15598 전원합의체판결).[150]

(다) 상계계약의 효력

상계계약은 당사자의 합의에 의하여 상계의 효력이 인정되는 것이므로, 소급효의 인정 여부 등 상계계약의 효력도 합의에 의하여 정해진다. 다만, '상계계약의 효력으로 소멸하는 두 채권은 서로 인과관계가 있으므로, 일방의 채권이 존재하지 않았던 때에는 타방의 채권도 소멸하지 않는다'고 해석하여야 할 것이다.[151]

---

148) 곽윤직, 279 참조.

149) 근로기준법 제21조(전차금 상계의 금지) 사용자는 전차금(前借金)이나 그 밖에 근로할 것을 조건으로 하는 전대(前貸)채권과 임금을 상계하지 못한다.

150) 판례평석: 김형두, "생명보험약관에 기한 보험약관대출의 법적 성격", 사법 2호(사법연구지원재단, 2007/ 12), 207 이하; 한기정, "보험약관대출의 법적 성격에 관한 연구", 서울대법학 49권 4호(서울대법학연구소, 2008), 574 이하.

151) 同旨: 곽윤직, 279; 김상용, 492; 김증한/김학동 393; 김형배, 761; 현승종, 410 참조.

(2) 상계의 제도적 기능

상계의 제도적 기능 중 중요한 것은 변제의 간이화 기능과 담보적 기능의 두 가지를 들 수 있다.[152)]

1) 변제의 간이화 기능

상계는 당사자 쌍방이 같은 종류의 채권·채무를 서로 현실적으로 청구하고 이행하며 집행하는 번거롭고 불필요한 절차를 생략함으로써 노력과 비용을 절약할 수 있는 편리한 수단이다.

2) 담보적 기능

상계는 당사자 일방의 변제자력이 악화된 경우에 각 당사자가 별개로 변제함으로써 생기는 불공평을 제거하여 당사자 사이의 신뢰를 유지하는 작용을 함과 동시에, 이를 통하여 결과적으로 채권을 담보하는 기능을 수행한다. 예를 들어 앞의 <설례 3>에서 甲이 파산하였다고 가정하면, 만약 상계제도가 없다면 乙은 甲의 파산관재인으로부터 1,000만원의 채무 전액을 청구 당하게 되는 반면에, 자기의 채권 500만원을 가지고 파산채권자로서 파산절차에 참가하여 극히 적은 금액밖에 배당받을 수 없게 된다.[153)] 그러나 乙이 자기의 채권 500만원을 가지고 甲의 채권과 상계할 수 있다면, 결과적으로 乙은 채권 전액을 변제받는 결과가 되는데, 채무자회생법은 '파산채권자가 파산선고 당시 채무자에 대하여 채무를 부담하는 때에는 파산절차에 의하지 아니하고 상계할 수 있다'고 규정함으로써(동법 416조), 상계의 담보적 기능을 보장하고 있다.

상계의 담보적 기능은 같은 종류의 채권을 가지고 있는 당사자 사이의 불공평을 제거함으로써 형평과 신뢰를 유지하는 작용을 수행하는 반면에, 역기능을 초래하는 경우도 있음에 유의하여야 한다. 예컨대, 위의 사례에서 乙이 파산에 직면한 甲이 발행한 액면금 500만원의 어음을 금융시장에서 헐값(50만원)으로 매입하여 甲의 채권과 상계하는 경우에는 450만원의 이익을 보게 되는데, 이는 파산채권자를 해하는 결과가 된다. 채무자회생법은 이러한 불공평한 사태가 발생하는 등 상계의 부작용을 방지하기 위하여, '파산선고를 받은 채무자의 채무자가 지급정지 또는 파산신청이 있었음을 알고 파산채권을 취득한 때에는 상계할 수 없다'고 규정하고 있다(동법 422조 4호).[154)]

---

152) 곽윤직, 278; 김상용, 490; 현승종, 408 참조.

153) 예컨대, 파산채권에 대한 배당비율이 '채권액의 10%'로 결정되었다면, 乙은 50만원밖에 배당받을 수 없게 된다.

154) 채무자회생법 제422조(상계의 금지) 다음 각 호의 어느 하나에 해당하는 때에는 상계를 할 수 없다. 1. 파산채권자가 파산선고 후에 파산재단에 대하여 채무를 부담한 때 2. 파산채권자가 지급정지 또는 파산신청이 있었음을 알고 채무자에 대하여 채무를 부담한 때. 다만, 다음 각목의 어느 하나에 해당하는 때를 제외한다. 가. 그 부담이 법정의 원인에 의한 때 나. 파산채권자가 지급정지나 파산신청이 있었

2. 상계의 연혁과 입법례

(1) 연 혁

고전 로마법에서는 단독행위에 의한 상계는 인정되지 않았으며, 「합의에 의한 상계」와 「법률상의 상계」가 인정될 뿐이었으나, 유스티니아누스 황제시대에 이르러 비로소 「법률상 당연한 상계」(ipso iure compensatur)가 허용되었다고 한다. 근대민법의 상계제도는 이러한 유스티니아누스 황제시대의 「법률상 당연한 상계」에서 유래된 것이라고 한다.[155] 다만, 로마법상의 상계의 법적 성질에 대해서는 보통법시대의 학자들 사이에 견해가 갈렸는데, 이 때문에 로마법을 계수한 대륙법계의 상계제도가 입법상의 통일을 이루지 못하고 상이한 모습을 하게 되었다고 한다.[156]

(2) 입법례

1) 프랑스민법

개정 전 프랑스민법은 '법률의 규정에 의한 상계'인 「법정상계」(compensation légale)만을 규정하고 있었으나(C.c. Art. 1290),[157] 현행 프랑스민법은 법정상계에 관한 규정과는 별개로 상계에 관한 일반규정을 신설하여, '채무자의 일방적 의사표시에 의하여 상계적상이 있는 날에 적정액으로 원용(invoquer)된다는 것을 조건으로 상계의 효력이 발생한다'고 규정하고 있다(C.c. Art. 1347).[158]

2) 독일민법과 스위스채무법

프랑스민법과 달리, 독일민법은 법정상계는 인정하지 않고 상계를 채무자의 단독행위로 규정하고 있다(BGB §388).[159] 스위스채무법도 독일민법과 마찬가지로 상계를 단독행위로 규정하고 있다(OR Art. 124 Ⅰ).[160]

음을 알기 전에 생긴 원인에 의한 때 다. 파산선고가 있은 날부터 1년 전에 생긴 원인에 의한 때 3. 파산선고를 받은 채무자의 채무자가 파산선고 후에 타인의 파산채권을 취득한 때 4. 파산선고를 받은 채무자의 채무자가 지급정지 또는 파산신청이 있었음을 알고 파산채권을 취득한 때. 다만, 제2호 각목의 어느 하나에 해당하는 때를 제외한다.

155) 현승종, 409; 현승종(로마법), 184 참조.

156) 현승종, 409 참조.

157) 개정 전 프랑스민법 제1290조 : 상계는 채무자가 이를 알지 못한 경우라 할지라도 법률의 효력만으로 당연히 발생한다; 두 개의 채무는 그것이 동시에 존재하는 시점에서 상호 대등액을 한도로 하여 동시에 모두 소멸한다.

158) 프랑스민법 제1347조 : (1) 상계는 두 사람 사이의 반대채무의 동시적 소멸이다. (2) 상계는 그 요건들이 모두 갖추어진 날에 적정액으로 원용된다는 것을 조건으로 발생한다.

159) 독일민법 제388조(상계의 의사표시) 상계는 상대방에 대한 의사표시로써 한다. 조건이나 기한을 붙인 상계의 의사표시는 무효이다.

160) 스위스채무법 제124조(상계의 효력발생) (1) 상계는 채무자가 자기의 상계의 권리를 행사하겠다는 것

3) 일본민법

일본구민법은 개정 전 프랑스민법의 법정상계제도를 계수하여, '상계의 요건을 구비한 때에는 당사자가 알지 못한 경우에도 법률상 당연히 상계가 성립한다'고 규정하고 있었으나(동법 재산편 519조,[161] 520조[162]), 일본민법(구 의용민법)은 독일민법과 스위스채무법의 입법주의에 좇아 상계를 단독행위로 규정하였다(동법 506조).[163] 이와 같이 일본민법(구 의용민법)이 상계에 관한 입법주의를 전환하여 상계의 요건을 갖춘 경우에는 당사자 쌍방이 상계할 수 있는 권리가 발생하는 데 그치는 단독행위로 규정한 이유에 대하여, 「민법수정안이유서」는 다음과 같이 설명하고 있다(밑줄은 저자 주).[164]

> (이유) … 상계의 권리행사방법에 관한 입법주의에는 상계를 행하거나 혹은 기성법전과 같이 법률상 당연히 행하여진다고 하는 것이 있으며, 혹은 재판상 대항하여 비로소 행하는 것이 있지만, 제1의 입법주의가 우리나라(일본)의 오늘날의 실제에 불편한 것은 이미 전조(前條)에서 설명한 바와 같이 이로 인하여 아직 법률상의 거래에 익숙하지 아니한 국민들로 하여금 왕왕 의외의 불이익을 입게 할 뿐만 아니라, 우리나라의 종래의 관습에 반하는 경우가 많을 것이다. 또한 제2의 입법주의가 불편하고 또한 부당하다는 것은 처음부터 명백하여, 소송이 제기된 때에는 상계할 수 있고 소송이 제기되지 아니한 때에는 상계할 수 없다는 것은 오히려 상계의 방법을 인정하지 아니하는 것만 못하다. 그렇지만 쌍방의 채무가 가령 상계의요건을 구비하여 대립하더라도 당사자가 상계를 의용하지 아니하는데 법률은 이에 간섭하여 억지로 채무를 소멸시킬 필요는 없으므로, 본안은 본조의 명문을 두어 상계는 당사자의 의사표시에 의하여 행하는 것으로 하였다. 가령 제504조의 규정에 의하여 당사자가 상계의 권리를 얻었더라도 본조의 규정에 따라서 이를 행사하지 아니하면 상계의 효력은 발생하지 않는 것으로 하였다. 즉, 기성법전의 주의를 배척하여 당사자의 안전을 보호하고 종래의 관습에 부합하도록 한 것이다. 그러나 상계의 의사표시가 조건부또는 기한부인 때에는 아직 이로써 즉시 채무를 소멸시킬 의사를 표시한 것이라고 할 수 없고, 채권자는조건부 또는 기한부의 지불을 거절할 수 있는 것과 같이, 상계의 의사표시는 쌍방의 채무를 간편하게 소멸시킨다고 하는 상계의 주된 취지에 반하는 것이라면, 본안은 본조 단서의 규정을 두어 상계의 의사표시는 조건부 또는 기한부의 것일 수 없다는 뜻을 명시하였다. …

4) 우리 민법

상계를 단독행위로 규정하고 있는 우리 민법 제493조 제1항의 규정은 구 의용민법 제506조의 규정을 그대로 계승한 것이다.[165] 그러므로 우리 민법의 상계제도는 독일민법에서 유래

을 채권자에게 알 수 있도록 한 경우에 한하여 발생한다.

161) 일본구민법 재산편 제519조 : ① 2인이 서로 채권자이며 채무자인 때에는 아래의 조건 및 구별에 따라서 법률상, 임의상 또는 재판상 상계가 성립한다. ② 상계는 2개의 채무로 하여금 그 과소한 채무의 액수에 이르기까지 소멸시킨다.

162) 일본구민법 재산편 제520조 : 2개의 채무가 주된 것일 것, 서로 대체할 수 있을 것, 명확할 것, 그리고 청구 가능할 것으로서, 또한 법률의 규정 또는 당사자의 명시 또는 묵시의 의사로써 그 상계를 금지하지 아니한 때에는 당사자가 알지 못하더라도 법률상의 상계는 당연히 행하여진다.

163) 일본민법(구 의용민법) 제506조 : ① 상계는 당사자의 일방으로부터 상대방에 대한 의사표시에 의하여 이를 한다. 다만, 그 의사표시에는 조건 또는 기한을 붙일 수 없다. ② 전항의 의사표시는 쌍방의 채무가 서로 상계를 하기에 적당한 처음으로 소급하여 그 효력이 생긴다.

164) 「民法修正案理由書」, 477~480 참조.

된 것이라고 할 수 있다.

3. 상계의 요건

(1) 쌍방의 채권이 상계적상에 있을 것

상계가 유효하기 위해서는 쌍방의 채권이 상계적상에 있어야 한다(492조). 여기서 「상계적상(相計適狀)」이라 함은 '쌍방의 채권이 상계하기에 적합한 다음과 같은 일정한 요건을 갖춘 대립상태에 있는 것'을 말한다.

1) 자동채권과 수동채권이 대립하고 있을 것

상계에 의하여 채권을 소멸시키기 위해서는 채무자가 채권자의 채권과 대립하는 자신의 채권을 가지고 있어야 한다. '상계를 하는 채무자의 채권'을 「자동채권」 또는 「능동채권」(Aktivfoderung)이라고 하고, 반대로 '상계에 의하여 소멸하는 상대방의 채권'을 「수동채권」(Passivforderung)이라고 한다.[166] 그러므로 「상계」는 '채무자가 채권자의 수동채권을 변제하기 위하여(변제를 목적으로) 자신의 자동채권(반대채권)과 채권자의 수동채권을 대등액에서 소멸시키는 행위'라고도 할 수 있다.

(가) 자동채권(自動債權) : 반대채권

자동채권(반대채권)은 원칙적으로 상계를 하는 채무자 자신이 피상계자인 채권자에 대하여 가지는 채권이어야 한다. 즉, 타인의 채권을 자동채권으로 하여 상계할 수 없는 것이 원칙이다. 그러나 예외적으로 타인의 채권을 자동채권으로 하여 상계할 수 있는 경우도 있다. 예컨대, 연대채무에서 상계할 채권이 있는 연대채무자가 상계하지 아니한 때에는 그 채무자의 부담부분에 한하여 그 채무자의 채권을 자동채권으로 하여 다른 연대채무자가 상계할 수 있으며(418조 2항), 보증채무에서 보증인은 주채무자의 채권을 자동채권으로 하여 상계할 수 있다(434조).

(나) 수동채권(受動債權)

수동채권은 피상계자인 채권자가 상계를 하는 채무자에 대하여 가지는 채권이어야 한다. 즉, 피상계자(채권자)가 제3자에 대하여 가지는 채권을 수동채권으로 하고 채무자가 자신의 채권을 자동채권(반대채권)으로 하여 상계하는 것은 허용되지 않는다.

문제는 제3자는 채무자를 위하여 변제할 수 있는 것이 원칙인데(469조), '제3자가 자신의 채권자에 대한 채권을 자동채권으로 하여 채무자를 위하여 상계할 수 있는가?' 하는 것이다. 이에 대해서는, '채권자가 파산상태에 있는 경우를 제외하고는 이를 긍정하여야 한다'고 해석

---

165) 명순구(실록), 248~250 참조.

166) 「자동채권」은 '상계에 의하여 소멸하는 채권의 반대편의 채권'이라는 의미에서 「반대채권」이라고 부르기도 한다(대법원 1973.11.13.선고, 73다518 전원합의체판결 등).

하는 견해(제한적 긍정설)[167]와 이를 부정하는 견해(부정설)[168]가 대립하고 있으며, 판례는 이를 긍정하는 입장을 취하고 있다는 점(대법원 1963.7.11.선고, 63다251 판결), 그리고 사견으로는 '상계에 의한 제3자의 변제를 허용하는 경우에는 이를 통하여 제3자가 실질적으로 다른 채권자보다 우선하여 변제를 받는 결과가 될 뿐만 아니라, 상계는 채무의 이행에 따른 변제가 아니라 법률의 규정에 의하여 변제와 마찬가지의 효력이 부여되는 단독행위이므로, 독일민법과 같이 제3자의 상계를 허용하는 명문규정이 없는 우리 민법의 해석상으로는 이를 인정하는 것은 타당하지 않다'는 점은 전술한 바와 같다.[169] 그러므로 '저당부동산의 제3취득자가 저당권자에 대하여 채권을 가지는 경우에도 그 채권을 자동채권으로 하여 저당권자의 채무자에 대한 채권과 상계하는 것은 허용되지 않는다'고 해석하여야 할 것이다.[170] (☞ 제3절 「변제자와 변제수령자」)

2) 쌍방의 채무가 같은 종류의 급부를 목적으로 할 것

상계가 유효하기 위해서는 자동채권과 수동채권이 같은 종류의 채권이어야 한다. 즉, 당사자 쌍방이 서로 같은 종류의 급부를 목적으로 한 채무를 부담하고 있어야 한다(492조 1항 본문). 그러므로 상계는 주로 금전 기타의 대체물의 급부를 내용으로 하는 채권 사이에서만 이루어질 수 있다. 다만, 금전채권 상호간에 상계를 하는 경우에도 쌍방의 채권이 동일한 금액이어야 하는 것은 아니며, 상계에 의하여 각 채무는 대등액(자동채권액과 수동채권액 중 적은 금액)에서 소멸한다(493조 2항). 또한 자동채권과 수동채권의 이행지가 같아야 하는 것도 아니다(494조 본문). 다만, 이행지가 다른 채권으로 상계하는 경우에는 상계자는 상대방에게 상계로 인한 손해를 배상하여야 한다(494조 단서).

3) 쌍방 채무의 이행기가 도래하였을 것

(가) 상계적상의 발생시기 : 쌍방 채무의 이행기가 모두 도래한 때

상계는 쌍방의 채무의 이행기가 모두 도래한 때에 한하여 할 수 있는 것이 원칙이다(492조 1항 본문). 즉, 상계의 유효요건인 상계적상은 쌍방 채무의 이행기가 전부 도래한 때에 발생한다. 다시 말해서 쌍방의 채무가 이행기를 달리하는 경우에는 나중의 이행기가 도래한 때에 상계적상이 발생한다. 이러한 취지에서, 판례는 '이행기의 정함이 없는 금전채무는 성립과 동시에 이행기에 있으므로, 이행기를 정하지 아니한 금전채권 사이의 상계적상은 나중에 성립한

---

167) 김용한, 516; 김주수, 386; 김형배, 665; 이은영, 712; 장경학, 503 참조.

168) 김형석, "제3자의 변제·구상·부당이득", 서울대법학 46권 1호(서울대법학연구소, 2005/3), 344~346; 양형우, "채무자파산에 있어서 상계권", 비교사법 10권 3호(한국비교사법학회, 2003/9), 57 이하; 민법주해(11)/김대휘, 113; 곽윤직, 463; 김상용, 494; 김증한/김학동, 347; 김현태, 299; 현승종, 362 참조.

169) 同旨: 민법주해(11)/김대휘, 113 참조.

170) 同旨: 현승종, 412 참조. 「제3자의 상계」에 대하여 부정설을 취하면서도, '제3취득자의 저당권에 대한 상계는 허용되어야 한다'는 견해도 있다(김상용, 494 참조).

채권의 성립시에 발생한다'고 한다(대법원 1968.8.30.선고, 67다1166 판결).

(나) 상계자의 기한이익 포기

자동채권의 채무(피상계자인 채권자의 채무)는 반드시 이행기가 도래한 것이어야 한다. 만약 채무의 이행기가 도래하지 아니한 채권을 자동채권으로 하여 상계할 수 있다면, 채무자인 상계자의 일방적 의사표시에 의하여 상대방(피상계자인 채권자)의 기한의 이익을 박탈하는 결과가 되기 때문이다. 이에 반하여 채권자의 수동채권의 채무(상계자의 채무)는 반드시 이행기가 도래하고 있지 않아도 된다. 상계자는 자신의 채무의 기한이익을 포기하고 상계할 수 있기 때문이다(대법원 1979.6.12.선고, 79다662 판결 등). 채무자가 이행기가 도래하지 아니한 채권(상계자 자신의 채무)를 수동채권으로 하여 상계한다는 것은 상계자가 자신의 기한의 이익을 포기하는 것을 의미하는데, 기한의 이익은 채무자를 위한 것으로 추정되고, 채무자는 이를 포기할 수 있기 때문이다(153조).

▪ 국세징수법에 의한 채권압류에서 제3채무자가 상계로써 압류채권자에게 대항할 수 있는 경우

'채권압류 및 전부명령에 있어 제3채무자는 그 명령이 송달되기 이전에 채무자에 대하여 상계적상에 있었던 반대채권을 가지고 있었다면, 그 명령이 송달된 이후에도 상계로써 전부채권자에게 대항할 수 있다'고 함이 당원의 판례이고,[171] '그 상계적상에는 양 채권이 모두 그 변제기가 도래한 경우는 물론, 수동채권에 관한 변제기가 도래하지 않았다 하더라도 그 기한의 이익을 포기할 수 있는 때이면 이 경우도 포함된다'고 해석함이 상당하다 할 것인바, 국세징수법에 의한 채권압류는 강제집행에 의한 경우와 같이 그 압류의 결과 피압류채권의 채권자 및 채무자는 그 채권에 관하여 변제, 추심 등 일체의 처분행위를 금지하는 효력이 있기는 하나, 체납자에 대신하여 추심권을 취득함에 불과하다 할 것으로서, '국세에 의한 채권압류가 있었다고 하여 제3채무자의 상계권까지 이를 무조건 제한하는 것은 아니라 할 것이니, 위 국세징수법에 의한 채권압류에 있어서도 제3채무자는 그 압류명령이 송달되기 이전에 채무자에 대하여 상계적상에 있었던 반대채권(자동채권)을 가지고 있었다면 그 명령이 송달된 이후에도 상계로서 압류채권자에게 대항할 수 있다'고 해석함이 상당하다. (대법원 1979.6.12.선고, 79다662 판결)[172]

(2) 상계가 금지된 채권이 아닐 것

1) 채무의 성질에 의하여 상계가 허용되지 아니하는 경우

채무의 성질이 상계를 허용하지 아니하는 경우에는 상계할 수 없다(492조 1항 단서). 예컨대, 부작위채무나 「하는 채무」와 같이, 채무자가 현실로 채무를 이행하지 않으면 채권의 목적을 달성할 수 없는 경우는 채무의 성질상 상계가 허용되지 않는 경우라고 할 수 있다.

2) 상대방에게 항변권이 있는 채권

채권자인 상대방이 동시이행항변권이나 최고·검색의 항변권 등 항변권을 행사할 수 있

---

171) 대법원 1973.11.13.선고, 73다518 판결 참조.

172) 판례평석: 김규복, "국세체납에 의한 채권압류와 제3채무자의 상계", 대법원판례해설 2권 1호(법원행정처, 1980/8), 93; 이희태, "국세징수법상의 체납처분에 의한 채권압류와 제3채권자의 상계" 형평과 정의 2집(대구지방변호사회, 1986/11), 183 이하. 같은 취지: 대법원 1985.4.9.선고, 82다카449 판결.

는 채무에 대한 자신의 채권을 자동채권으로 하는 상계는 허용되지 않는다(대법원 2014.4.30.선고, 2010다11323 판결 등). 이러한 경우에 상계를 허용하면 상대방이 항변권을 행사할 기회를 부당하게 상실하게 되기 때문이다(대법원 1969.10.28.선고, 69다1084 판결 등).[173] 그러므로 수탁보증인이 주채무자에 대하여 가지는 사전구상권(442조)을 자동채권으로 하는 상계는 허용되지 않는다(대법원 2001.11.13.선고, 2001다55222 판결 등).[174] 수탁보증인의 구상금채권의 경우에는 주채무자에게 면책청구권·담보제공청구권과 같은 항변권이 부착되어 있기 때문이다(443조). 다만, 예외적으로 '① 보증인이 주채무자에 대한 사전구상권을 자동채권으로 하여 단독행위인 민법상의 상계를 하는 것은 허용되지 않지만, 상계계약에 기한 상계는 허용되며(대법원 1982. 5.25.선고, 81다595 판결), ② 주채무자가 사전에 면책·담보제공의 항변권을 포기한 경우에는, 보증인은 주채무자에 대한 사전구상권을 자동채권으로 하여 자신에 대한 주채무자의 다른 채권과 상계할 수 있다(대법원 2004.5.28.선고, 2001다81245 판결 등)'는 것이 판례의 입장이다.[175]

한편 이자제한법상의 제한이율(현재 연 24%)을 초과한 이자약정은 무효이므로(이자제한법 2조 3항), '채권자가 제한이율 위반의 이자약정에 기한 이자채권을 자동채권으로 하여 상계를 하는 것은 허용되지 않는다(대법원 1963.11.21.선고, 63다429 판결 등)' 함은 전술한 바와 같다.

3) 당사자의 의사표시에 의하여 상계가 금지된 경우

당사자는 상계를 금지하는 특약을 할 수 있다(492조 2항 본문). 즉, 계약에 의하여 발생한 채권에 관하여는 계약으로, 그리고 단독행위에 의하여 발생한 채권에 관하여는 그 단독행위에 의하여 각각 상계를 금지할 수 있다. 그러나 이러한 상계금지의 의사표시는 선의의 제3자에게 대항하지 못한다(492조 2항 단서). 예컨대, 甲이 乙에게 1,000만원을 대여하면서 상계금지의 합의를 한 경우, 乙은 甲에 대한 500만원의 반대채권이 있더라도 이를 자동채권으로 하여 甲의 채권과 상계할 수 없으나, 乙로부터 甲에 대한 500만원의 채권을 양수한 선의의 제3자 丙은 양수한 甲에 대한 乙의 채권을 자동채권으로 하여 자신에 대한 甲의 채권과 상계할 수 있다.

4) 법률에 의하여 상계가 금지된 경우

채권자로 하여금 현실로 채무를 이행 받게 하는 것이 타당하다고 인정되는 다음과 같은 채권은 채무자가 그것을 수동채권으로 하여 상계하는 것이 법률상 금지된다.

---

173) 같은 취지: 대법원 2001.11.13.선고, 2001다55222 판결; 대법원 2004.2.13.선고, 2003다14362 판결; 대법원 2004.5.28.선고, 2001다81245 판결; 대법원 2014.4.30.선고, 2010다11323 판결.

174) 같은 취지: 대법원 1969.10.28.선고, 69다1084 판결; 대법원 1982.5.25.선고, 81다595 판결; 대법원 2004.2.13.선고, 2003다14362 판결; 대법원 2004.5.28.선고, 2001다81245 판결; 대법원 2014.4.30.선고, 2010다11323 판결.

175) 판례평석: 문영화, "수탁보증인의 주채무자에 대한 사전구상권을 자동채권으로 하는 상계가 허용되는 경우", 대법원판례해설 49호(법원도서관, 2004/12), 77 이하.

(가) 고의의 불법행위로 인한 손해배상채권을 수동채권으로 하는 상계금지

고의의 불법행위자는 자신의 피해자에 대한 채권을 자동채권으로 하여 그 불법행위로 인한 피해자의 손해배상채권과 상계하지 못한다(496조). 즉, 가해자의 손해배상채무가 고의의 불법행위로 인한 것인 경우, 가해자는 상계로써 피해자에게 대항하지 못한다. 이와 같이 고의의 불법행위로 인하여 발생한 피해자의 손해배상채권을 수동채권으로 하는 가해자의 상계를 금지하는 제496조의 취지는, 불법행위의 피해자로 하여금 현실로 손해배상을 받을 수 있도록 함과 동시에 채권자가 고의로 채무자에 대하여 불법행위를 가하는 것을 막기 위한 것이다. 다만, 여기서 가해자의 상계가 금지되는 피해자의 수동채권은 '고의에 의한 불법행위로 인한 손해배상채권'에 한하므로, 가해자의 과실에 의한 불법행위로 인한 손해배상채권은 가해자가 이를 수동채권으로 하여 상계할 수 있다. 또한 상계금지는 불법행위로 인한 손해배상채권이 수동채권이 되는 경우에 한하므로, 고의에 의한 불법행위의 피해자 자신이 그 손해배상채권을 자동채권으로 하여 상계하는 것은 가능하다(대법원 1975.6.24.선고, 75다103 판결).

한편 '쌍방의 고의에 의한 불법행위로 인하여 발생한 손해배상채권의 경우에도 상계금지를 규정한 제496조가 적용되는가?' 하는 것이 문제된다.

〈설례 4〉 甲회사의 직원인 근로자 乙이 甲회사의 자금을 횡령하여 甲회사에 대하여 손해배상채무를 부담하고 있는데, 乙이 甲회사의 대표이사 丙에게 구타를 당하여 甲회사에 대한 손해배상채권을 취득하였다. 이 경우, 乙은 甲회사에 대한 손해배상채권을 자동채권으로 하여 자신에 대한 甲회사의 손해배상채권과 상계할 수 있는가?

이에 대해서는 '가해자의 자동채권과 피해자의 수동채권이 모두 고의에 의한 불법행위로 인한 손해배상채권인 경우에는 제496조가 적용되어 상계는 금지된다'고 해석하는 것이 통설적 견해이다.[176] 판례도 '서로 싸우다가 다친 경우와 같이, 동일한 사안에서 발생한 고의의 불법행위로 인한 손해배상채권의 경우에는 상계가 허용되지 않는다'는 입장을 취하고 있다(대법원 1994.2.25.선고, 93다38444 판결). 그러므로 위 <설례 4>에서 '근로자 乙은 甲회사에 대한 손해배상채권을 자동채권으로 하여 자신에 대한 乙회사의 손해배상채권과 상계할 수 없다'고 할 것이다. 다만, 서로 싸우다가 다친 경우와 같이, 동일한 고의의 불법행위로 인하여 발생한 손해배상채권의 경우에는 굳이 상계를 금지할 이유가 없으며, 오히려 상계에 의하여 손해배상채무를 간편하게 결제하도록 하는 것이 타당하다고 생각한다.[177]

(나) 압류금지채권을 수동채권으로 하는 상계의 금지

민사집행법상 압류가 금지된 채권은, ① 법령에 규정된 부양료 및 유족부조료, ② 채무자

176) 곽윤직, 283; 김상용, 497; 현승종, 414 참조.
177) 同旨: 김상용, 498; 김주수, 442; 김형배, 767 참조.

가 구호사업이나 제3자의 도움으로 계속 받는 수입, ③ 병사의 급료, ④ 급료·연금·봉급·상여금·퇴직연금, 그 밖에 이와 비슷한 성질을 가진 급여채권의 1/2에 해당하는 금액 등이다(민사집행법 246조 1항).[178] 이러한 압류금지채권을 수동채권으로 하는 상계는 허용되지 않는다(497조). 이는 압류금지채권의 채무자가 현실적 이행을 받을 수 있도록 함으로써 채무자를 보호하기 위한 압류금지제도의 취지를 관철하기 위한 것이다. 따라서 압류금지채권의 채권자가 그 채권을 자동채권으로 하여 상계하는 것은 무방하다.

그런데 민사집행법에서는 압류금지의 범위를 근로자의 퇴직금 등 임금채권의 1/2로 제한하고 있음에 반하여(동법 246조 1항 4호), 근로기준법에서는 「임금채권의 상계금지의 원칙」에 따라 사용자가 근로자에 대한 전차금채권을 자동채권으로 하여 근로자의 임금채권과 상계하는 것을 전면적으로 금지하는 동시에(동법 21조), 「임금전액지급의 원칙」에 따라 사용자는 임금 전액을 근로자에게 직접 지급하도록 규정하고 있기 때문에(동법 43조),[179] '압류가 금지된 채권을 수동채권으로 하는 상계를 금지하고 있는 제497조의 적용범위가 임금채권의 전액에 미치는가, 아니면 임금채권의 1/2로 제한되는가?' 하는 것이 문제된다.

(A) 학 설 이에 대하여, 학설은 '압류금지채권을 수동채권으로 하는 상계를 금지하고 있는 제497조의 적용범위는 임금채권의 전액에 미친다'고 해석하는 데 견해가 일치한다.[180] 다만, 학설 중에는 예외적으로 '근로자의 생활안정을 위협하지 않는 경우에는 상계를 허용된다'고 해석하거나,[181] '근로자의 불법행위로 인한 손해배상채권을 자동채권으로 하는 상계는 허용되어야 한다'고 해석하는 견해[182]도 있다.

---

178) 민사집행법 제246조(압류금지채권) ① 다음 각 호의 채권은 압류하지 못한다. 1. 법령에 규정된 부양료 및 유족부조료 2. 채무자가 구호사업이나 제3자의 도움으로 계속 받는 수입 3. 병사의 급료 4. 급료·연금·봉급·상여금·퇴직연금, 그 밖에 이와 비슷한 성질을 가진 급여채권의 2분의 1에 해당하는 금액. 다만, 그 금액이 「국민기초생활보장법」에 의한 최저생계비를 감안하여 대통령령이 정하는 금액에 미치지 못하는 경우 또는 표준적인 가구의 생계비를 감안하여 대통령령이 정하는 금액을 초과하는 경우에는 각각 당해 대통령령이 정하는 금액으로 한다. 5. 퇴직금 그 밖에 이와 비슷한 성질을 가진 급여채권의 2분의 1에 해당하는 금액 6. 주택임대차보호법 제8조, 같은 법 시행령의 규정에 따라 우선변제를 받을 수 있는 금액 7. 생명, 상해, 질병, 사고 등을 원인으로 채무자가 지급받는 보장성보험의 보험금(해약환급 및 만기환급금을 포함한다). 다만, 압류금지의 범위는 생계유지, 치료 및 장애 회복에 소요될 것으로 예상되는 비용 등을 고려하여 대통령령으로 정한다. 8. 채무자의 1월간 생계유지에 필요한 예금(적금·부금·예탁금과 우편대체를 포함한다). 다만, 그 금액은 「국민기초생활보장법」에 따른 최저생계비, 제195조 제3호에서 정한 금액 등을 고려하여 대통령령으로 정한다.

179) 근로기준법 제43조(임금 지급) ① 임금은 통화로 직접 근로자에게 그 전액을 지급하여야 한다. 다만, 법령 또는 단체협약에 특별한 규정이 있는 경우에는 임금의 일부를 공제하거나 통화 이외의 것으로 지급할 수 있다. ② 임금은 매월 1회 이상 일정한 날짜를 정하여 지급하여야 한다. 다만, 임시로 지급하는 임금, 수당, 그 밖에 이에 준하는 것 또는 대통령령으로 정하는 임금에 대하여는 그러하지 아니하다.

180) 김형배, 768; 곽윤직, 283; 김상용, 498; 송덕수, 511 참조.

181) 곽윤직, 283 참조.

182) 김상용, 498 참조.

(B) 판례의 입장

a) 원 칙 : 판례는 종래 '사용자가 근로자의 불법행위를 원인으로 하는 근로자에 대한 손해배상채권을 자동채권으로 하여 근로자의 임금채권과 상계하는 것은 허용되지 않는다'고 판시함으로써(대법원 1976.9.28.선고, 75다1768 판결),[183] '임금채권을 수동채권으로 하는 상계는 전면 금지된다'는 입장을 취하여 왔다. 또한 '퇴직금채권에 대해서도 상계가 허용되지 않는다'는 입장을 취하고 있었다(대법원 1990.5.8.선고, 88다카26413 판결).

b) 예 외 : 최근 대법원은 '임금채권을 수동채권으로 하는 상계도 다음과 같은 엄격한 조건하에서 예외적으로 허용할 수 있다'는 것으로 종래의 입장을 전환하였다(대법원 2010.5.20.선고, 2007다90760 전원합의체판결 등). 즉, '① 계산의 착오 등으로 임금을 초과지급한 경우, 근로자가 퇴직 후 그 재직 중 받지 못한 임금이나 퇴직금을 청구하거나, 근로자가 비록 재직 중에 임금을 청구하더라도 위 초과지급한 시기와 상계권 행사의 시기가 임금의 정산·조정의 실질을 잃지 않을 만큼 근접하여 있고, 나아가 사용자가 상계의 금액과 방법을 미리 예고하는 등으로 근로자의 경제생활의 안정을 해할 염려가 없는 때에는, 사용자는 위 초과지급한 임금의 반환청구권을 자동채권으로 하여 근로자의 임금채권이나 퇴직금채권과 상계할 수 있으며, ② 이러한 법리는 사용자가 근로자에게 이미 퇴직금 명목의 금원을 지급하였으나 그것이 퇴직금 지급으로서의 효력이 없어 사용자가 같은 금원 상당의 부당이득반환채권을 갖게 된 경우에 이를 자동채권으로 하여 근로자의 퇴직금채권과 상계하는 때에도 적용된다. 또한 ③ 사용자가 근로자에게 퇴직금 명목으로 지급한 금원 상당의 부당이득반환채권을 자동채권으로 하여 근로자의 퇴직금채권과 상계하는 것은 퇴직금채권의 2분의 1을 초과하는 부분에 해당하는 금액에 관하여만 허용된다'고 한다.[184]

(C) 학설·판례의 검토　근로자의 임금채권을 수동채권으로 하고 근로자에 대한 전차금채권을 자동채권으로 하는 사용자의 상계를 금지하고 있는 근로기준법의 규정은 근로자의 생존과 직결되어 있는 임금채권을 보장하기 위한 것임은 물론이다. 그러나 다른 한편 임금채권의 1/2의 범위 내에서는 압류를 허용하고 있는 민사집행법의 규정을 고려하면, '상계가 전면적으로 금지된 근로자에 대한 전차금채권을 제외한 다른 일반채권(예컨대, 부당이득반환채권, 불법행위로 인한 손해배상채권 등)의 경우에는 임금채권의 1/2 범위 내에서는 상계가 허용된다'고 해석하는 것이 법이론상 타당하다고 생각된다.[185] 그러므로 '임금채권과의 상계는 그 반대채

183) 판례평석: 김치선, "퇴직금채권에 대한 상계와 임금전액불의 원칙", 서울대법학(판례회고) 5호(서울대 법학연구소, 1978/2), 251. 같은 취지: 대법원 1989.11.24.선고, 88다카25038 판결.

184) 판례평석: 김재형, "퇴직금 분할지급 약정의 효력과 상계문제", 「민법판례분석」, 220 이하. 같은 취지: 대법원 2011.9.8.선고, 2011다22061 판결; 대법원 2012.12.13.선고, 2012다77006 판결.

185) 물론 입법론으로 근로기준법을 개정하여 임금채권과의 상계를 전면적으로 금지할 것인지의 여부를 논의할 필요는 있다고 생각되나, 이는 별개의 문제라고 할 것이다.

권이 무엇이든 전면 금지된다'는 학설과 판례의 기본적 입장은 '해석론의 한계를 초과한 것' 이라는 비판을 면하기 어렵다고 생각된다. 이러한 관점에서, '사용자가 근로자에게 퇴직금 명목의 금원을 지급하였으나 그것이 퇴직금지급으로서의 효력이 없어 사용자가 같은 금원 상당의 부당이득반환채권을 갖게 된 경우, 사용자는 이를 자동채권으로 하여 근로자의 퇴직금채권의 2분의 1을 초과하는 부분에 해당하는 금액에 한하여 상계할 수 있다'는 판례의 입장전환은 타당하다고 생각된다.

(다) 지급금지채권을 수동채권으로 하는 상계의 금지

(A) 제3채무자가 압류·가압류 후에 취득한 채권을 자동채권으로 하는 상계 지급을 금지하는 명령을 받은 제3채무자는 그 후에 취득한 채권에 의한 상계로 그 명령을 신청한 채권자(압류채권자)에게 대항하지 못한다(498조). 여기서 「지급금지명령을 받은 채권」이라 함은 '압류 또는 가압류된 채권'을 말한다. 즉, 압류 또는 가압류된 채권의 제3채무자는 법원의 지급금지명령(압류·가압류) 이후에 취득한 채권을 자동채권으로 하고 지급이 금지된 채권을 수동채권으로 하여 상계하더라도 그 상계의 효력을 지급금지명령을 신청한 압류·가압류채권자에게 대항할 수 없다.

이와 같이 법원의 지급금지명령(압류·가압류)이 있은 이후에 압류·가압류된 채권을 수동채권으로 하는 상계를 금지하는 것은 압류·가압류의 효력을 유지하기 위한 것이다. 왜냐하면 지급금지명령(압류·가압류)이 있은 이후에도 상계를 허용하면, 제3채무자가 실질적으로 변제를 받는 결과가 되므로, 압류·가압류의 효력에 장애가 생기기 때문이다. 그러므로 제498조의 반대해석상, 압류·가압류채권의 제3채무자가 법원의 지급금지명령이 있기 이전에 취득한 채권을 자동채권으로 하여 지급금지된 압류·가압류채권과 상계하는 것은 허용된다.

문제는 '이 경우에 지급금지된 채권(피압류·가압류채권)과 상계할 제3채무자의 반대채권(자동채권)은 지급금지명령(압류·가압류)이 있기 이전에 취득한 채권이어야 할 뿐만 아니라, 지급금지명령(압류·가압류) 당시에 이미 변제기가 도래한 것이어야 하는가?' 하는 것이다.

이에 대하여, 학설은 '압류의 효력 발생 당시(압류·가압류명령 송달 시)에 양 채권이 상계적상에 있거나, 그 당시 반대채권(자동채권)의 변제기가 도래하지 아니한 경우에는 그것이 피압류채권인 수동채권의 변제기와 동시에 또는 보다 먼저 변제기에 도달하는 경우에 한하여 상계할 수 있다'고 해석하는 견해가 지배적이다.[186)]

판례의 입장은 복잡한 변천과정을 겪었으나,[187)] 현재는 학설과 마찬가지로 '지급금지명

186) 양창수, "상계적상", 월간고시 19권 7호(1992/6), 82; 김상용, 501; 김형배, 772; 이은영, 762 참조. 학설 중에는 '제3채무자의 압류채무자에 대한 반대채권이 압류명령 이전에 발생한 것이면, 수동채권과의 관계에서 변제기의 선후에 관계없이 상계로써 압류채권자에게 대항할 수 있다'고 해석하는 견해도 있다(이재성, "전부명령과 상계의 항변", 이재성판례평석집 7권, 한국사법행정학회, 1988/4, 353 이하).

령이 있기 이전에 취득한 제3채무자의 반대채권이 압류·가압류 당시 아직 변제기에 이르지 않았다 하더라도, 피압류채권인 수동채권의 변제기와 동시에 또는 보다 먼저 변제기에 도달하는 경우에는 제3채무자는 그 반대채권으로써 피압류채권과 상계할 수 있다'는 입장을 확립하고 있다(대법원 2012.2.16.선고, 2011다45521 전원합의체판결 등).[188] 나아가 판례는 이러한 법리를 전제로, '전세권저당권이 설정된 때에 이미 전세권설정자가 전세권자에 대하여 반대채권을 가지고 있고, 그 반대채권의 변제기가 장래 발생할 전세금반환채권의 변제기와 동시에 또는 그보다 먼저 도래하는 경우와 같이, 전세권설정자에게 합리적 기대이익을 인정할 수 있는 경우에는, 특별한 사정이 없는 한 전세권설정자는 그 반대채권을 자동채권으로 하여 전세금반환채권과 상계함으로서 전세권저당권자에게 대항할 수 있다'고 한다(대법원 2014.10.27.선고, 2013다91762 판결).[189]

(B) 피압류채권에 대하여 추심명령이나 전부명령이 있는 경우 지급금지채권을 수동채권으로 하는 상계 금지의 법리를 규정한 제498조는 피압류채권에 대하여 추심명령이나 전부명령이 있는 경우에도 적용되어야 할 것이다.[190] 즉, 압류된 금전채권에 대하여 추심명령이나 전부명령이 있는 경우에도 제3채무자는 압류명령이 있은 후에 취득한 채권을 자동채권으로 하여 피압류채권과 상계할 수 없다고 할 것이다. 다만, '전부명령이 있는 때에는 피압류채권은 동일성을 유지한 채로 압류채권자에게 이전되고(민사집행법 229조 3항), 제3채무자는 채권이 압류되기 전에 압류채무자에게 대항할 수 있는 사유로써 압류채권자에게 대항할 수 있으므로, 제3채무자는 채권압류 전에 취득한 압류채무자에 대한 채권을 자동채권으로 하여 피압류채권과 상계하였음을 압류채권자에 대하여 주장할 수 있다'고 해석하여야 할 것이다. 판례도 이러한 법리를 기초로, '피압류채권에 대하여 전부명령을 받은 제3채무자의 압류채무자에 대한 자동채권이 수동채권인 피압류채권과 동시이행관계에 있는 경우에는, 그 자동채권이 압류 후에 발생한 것이더라도 피압류채권과 상계할 수 있다'는 입장을 확립하고 있다(대법원 1993.9.28.선고, 92다55794 판결 등).[191] 또한 판례는 '가압류로부터 본압류로 전이하는 압류 및 추심명령을 받은

187) 이에 대한 판례의 변천과정에 대해서는 김상용, 500~501; 김형배, 770; 송덕수, 493~495 참조.

188) 판례평석: 김재형, "압류된 채권의 상계", 「민법판례분석」, 224. 같은 취지: 대법원 1982.6.22.선고, 82다카200 판결; 대법원 1987.7.7.선고, 86다카2762 판결; 대법원 1988.2.23.선고, 87다카472 판결; 대법원 1989.9.12.선고, 88다카25120 판결; 대법원 2003.6.27.선고, 2003다7623 판결; 대법원 2015.1.29.선고, 2012다108764 판결.

189) 판례평석: 김선혜, "전세권저당권과 전세권설정자의 전세권자에 대한 상계의 우열관계" 대한변협신문 528호(대한변호사협회, 2015/1), 12.

190) 同旨: 김상용, 499; 김형배, 769 참조.

191) 판례평석: 이범주, "전부명령과 상계항변 : 압류 후에 발생한 자동채권이 동시이행의 관계에 있는 경우", 김용준화갑기념 「재판의 한 길」(박영사, 1998/11), 651 이하; 양창수, "1993년 민법판례 개관", 민법연구 3권(박영사, 1995/2), 494 이하. 같은 취지: 대법원 2001.3.27.선고, 2000다43819 판결; 대법원 2010.3.25.선고, 2007다35152 판결.

제3채무자의 압류채무자에 대한 자동채권이 수동채권인 피압류채권과 동시이행의 관계에 있는 경우에도, 그 자동채권이 가압류 후에 발생한 것이더라도 피압류채권과 상계할 수 있다'고 한다(대법원 2001.3.27.선고, 2000다43819 판결).

(라) 질권·채권담보권이 객체인 채권

질권의 객체인 채권(채권질권의 목적인 채권) 또는 채권담보권의 객체인 채권은 지급금지의 효력이 발생하므로(352조, 353조 1항, 동산·채권담보법 36조 1항, 37조), 지급금지명령을 받은 채권과 마찬가지이다. 따라서 ① '제3채무자는 채권에 질권이 설정되었다는 통지를 받은 이후에 취득한 채권을 자동채권으로 하여, 질권의 목적이 된 채권을 수동채권으로 하는 상계의 의사표시를 하더라도 이로써 질권자에게 대항할 수 없으며,[192] ② 담보등기에 의하여 채권담보권이 설정된 채권의 경우, 채권담보권자 또는 채권담보권설정자가 등기사항증명서를 건네주는 방법으로 그 사실을 통지하면, 제3채무자는 그 이후에 취득한 채권을 자동채권으로 하여, 채권담보권의 목적이 된 채권을 수동채권으로 하는 상계의 의사표시를 하더라도 이로써 채권담보권자에게 대항할 수 없다'고 할 것이다(동산·채권담보법 35조 2항).

(3) 상계적상의 현존(現存)

상계가 유효하려면 위와 같은 요건을 갖춘 상계적상의 상태가 상계의 의사표시를 할 당시에 현존하여야 한다. 즉, 상계의 의사표시를 할 당시에 자동채권과 수동채권이 모두 존재하여야 한다. 따라서 어느 일방의 채권이 부존재 또는 무효인 경우에는 상계도 무효이며, 쌍방의 채권이 상계적상에 있었던 경우라 할지라도 아직 상계를 하지 않고 있는 동안에 일방의 채무가 변제·계약의 해제 기타의 사유로 소멸한 경우에도 상계는 무효이다. 다만, 민법은 자동채권이 시효의 완성으로 소멸한 경우에는 예외를 인정하여, '채권이 소멸시효가 완성되기 전에 이미 상계할 수 있는 상태에 있었다면 채권자는 이를 자동채권으로 하여 상계할 수 있다'고 규정하고 있다(495조). 이는 쌍방의 채권이 상계적상에 있는 때에는 채권자는 이미 그 채권관계를 결제하였다고 생각하는 것이 보통이므로 그러한 신뢰를 보호할 필요가 있다는 점을 고려하여 두어진 규정이다.[193] 다만, '임대차계약의 존속 중에 차임채권의 소멸시효가 완성된 경우에는, 그 소멸시효가 완성되기 전에 임대인이 임대차보증금 반환채무에 관한 기한의 이익을 실제로 포기하였다는 등의 특별한 사정이 없는 한, 임대인의 차임채권과 임대차계약이 종료된 때에 비로소 이행기에 도달하는 임차인의 보증금반환채권이 상계적상에 있었다고 할 수 없으므로, 임대차계약 종료 후 임대인이 이미 소멸시효가 완성된 차임채권을 자동채권으로 삼아 임대차보증금 반환채무와 상계하는 것은 인정될 수 없다'고 할 것이다. 이러

192) 곽윤직, 283; 김상용, 502; 송덕수, 513; 현승종, 415 참조.
193) 곽윤직, 281; 김상용, 495; 김형배, 765; 현승종, 415 참조.

한 취지에서, 판례는 '임대차계약 존속 중에 차임채권의 소멸시효가 완성된 후 임대인이 소멸시효가 완성된 차임채권을 자동채권으로 삼아 임대차보증금반환채무와 상계할 수는 없으나, 임대차계약 종료 후에는 제495조를 유추적용함으로써 임대차보증금에서 연체차임을 공제할 수 있다'고 한다(대법원 2016.11.25.선고, 2016다211309 판결 등).194)

한편 '수동채권의 소멸시효가 완성된 경우에도 채무자는 시효이익을 포기할 수 있는 것이므로, 자신의 반대채권을 자동채권으로 하여 상계할 수 있다'고 할 것이며(대법원 2017.3.15.선고, 2015다252501 판결). 제495조의 입법취지를 고려할 때, '이미 시효가 완성되어 소멸한 채권을 양수하여 이것을 자동채권으로 하여 상계를 하는 경우에는, 채무자의 신뢰를 보호할 필요가 없으므로 상계는 허용되지 않는다'고 해석하여야 할 것이다.195)

■ **임대인이 임대차계약 존속 중 기한의 이익을 포기하고 임대차보증금반환채권을 수동채권으로 하여 상계할 수 있는지 여부**(적극) 부동산임대차에서 수수된 임대차보증금은 차임채무, 목적물의 멸실·훼손 등으로 인한 손해배상채무 등 임대차에 따른 임차인의 모든 채무를 담보하는 것이고, 특별한 사정이 없는 한, 임대인의 임대차보증금반환채무는 장래에 실현되거나 도래할 것이 확실한 임대차계약의 종료시점에 이행기에 도달한다. 그리고 임대인으로서는 임대차보증금 없이도 부동산 임대차계약을 유지할 수 있으므로, 임대차계약이 존속 중이라도 임대차보증금반환채무에 관한 기한의 이익을 포기하고 임차인의 임대차보증금반환채권을 수동채권으로 하여 상계할 수 있고, 임대차 존속 중에 그와 같은 상계의 의사표시를 한 경우에는 임대차보증금반환채무에 관한 기한의 이익을 포기한 것으로 볼 수 있다. (대법원 2017.3.15.선고, 2015다252501 판결)

■ **임대차 존속 중 차임채권의 소멸시효가 완성된 후 임대인이 소멸시효가 완성된 차임채권을 자동채권으로 삼아 임대차보증금 반환채무와 상계할 수 있는지 여부**(원칙적 소극) [1] 임대차보증금은 차임의 미지급, 목적물의 멸실이나 훼손 등 임대차 관계에서 발생할 수 있는 임차인의 모든 채무를 담보하는 것이므로, 차임의 지급이 연체되면 장차 임대차 관계가 종료되었을 때 임대차보증금으로 충당될 것으로 생각하는 것이 당사자의 일반적인 의사이다. 이는 차임채권의 변제기가 따로 정해져 있어 임대차 존속 중 소멸시효가 진행되고 있는데도 임대인이 임대차보증금에서 연체차임을 충당하여 공제하겠다는 의사표시를 하지 않고 있었던 경우에도 마찬가지이다. 더욱이 임대차보증금의 액수가 차임에 비해 상당히 큰 금액인 경우가 많은 우리 사회의 실정에 비추어 보면, 차임지급채무가 상당기간 연체되고 있음에도, 임대인이 임대차계약을 해지하지 아니하고 임차인도 연체차임에 대한 담보가 충분하다는 것에 의지하여 임대차관계를 지속하는 경우에는, 임대인과 임차인 모두 차임채권이 소멸시효와 상관없이 임대차보증금에 의하여 담보되는 것으로 신뢰하고, 나아가 장차 임대차보증금에서 충당 공제되는 것을 용인하겠다는 묵시적 의사를 가지고 있는 것이 일반적이다. [2] 한편 제495조는 "소멸시효가 완성된 채권이 그 완성전에 상계할 수 있었던 것이면 그 채권자는 상계할 수 있다"라고 규정하고 있다. 이는 당사자 쌍방의 채권이 상계적상에 있었던 경우에 당사자들은 채권·채무관계가 이미 정산되어 소멸하였다고 생각하는 것이 일반적이라는 점을 고려하여 당사자들의 신뢰를 보호하기 위한 것이다. 다만 이는 '자동채권의 소멸시효 완성 전에 양 채권이 상계적상에 이르렀을 것'을 요건으로 하는데, 임대인의 임대차보증금 반환채무

194) 소멸시효완성의 효력에 관한 「상대적 소멸설」에 따르면, '아직 소멸시효의 완성이 채무자에 의하여 원용되지 아니한 동안에는 정상적으로 상계할 수 있는 것이므로, 제495조는 적용될 여지가 없다'고 할 것이다(同旨: 김상용, 496 참조).

195) 同旨: 곽윤직, 281; 김형배, 765; 현승종, 416 참조.

는 임대차계약이 종료된 때에 비로소 이행기에 도달하므로, 임대차 존속 중 차임채권의 소멸시효가 완성된 경우에는 소멸시효 완성 전에 임대인이 임대차보증금 반환채무에 관한 기한의 이익을 실제로 포기하였다는 등의 특별한 사정이 없는 한 양 채권이 상계할 수 있는 상태에 있었다고 할 수 없다. 그러므로 그 이후에 임대인이 이미 소멸시효가 완성된 차임채권을 자동채권으로 삼아 임대차보증금 반환채무와 상계하는 것은 제495조에 의하더라도 인정될 수 없지만, 임대차 존속 중 차임이 연체되고 있음에도 임대차보증금에서 연체차임을 충당하지 않고 있었던 임대인의 신뢰와 차임연체 상태에서 임대차관계를 지속해 온 임차인의 묵시적 의사를 감안하면 연체차임은 민법 제495조의 유추적용에 의하여 임대차보증금에서 공제할 수는 있다. (대법원 2016.11.25.선고, 2016다211309 판결)[196]

(4) 상계의 의사표시

1) 상대방에 대한 의사표시

쌍방의 채권이 상계적상에 있다고 해서 법률상 당연히 상계의 효력이 발생하는 것은 아니며, 상대방에 대한 상계의 의사표시가 있어야 그 효력이 발생한다(493조 1항).

(가) 상계의 의사표시의 내용

상계의 의사표시는 재판상으로는 물론 재판 외에서 하여도 상관이 없다. 상계의 의사표시는 자동채권과 수동채권을 명백히 하여야 하지만, 상계의 객체인 채권의 동일성을 인식할 수 있는 정도로 표시하면 되는 것이고, 반드시 그 채권의 발생일시·발생원인·액수까지 정확하게 표시하여야 하는 것은 아니다.

(나) 소송상의 상계항변

재판상의 상계의 의사표시는 주로 피고의 소송상 방어방법으로서 일종의 예비적 항변의 성질을 가지는 것인데(이를 「소송상의 상계항변」이라고 한다), 당해 소송에서 수동채권의 존재 등 상계의 요건에 관한 법원의 실질적 판단을 거쳐 피고 측의 상계항변이 인용되는 경우에 한하여 비로소 실체법상 상계의 효력이 발생한다. 그러므로 소송상 방어방법으로서 피고 측의 상계항변이 있었으나 소송절차 진행 중 조정이 성립됨으로써 수동채권의 존재에 관한 법원의 실질적인 판단이 이루어지지 않은 경우에는 상계항변의 사법상 효과도 발생하지 않는다(대법원 2013.3.28.선고, 2011다3329 판결 등).[197] 또한 '피고의 소송상 상계항변에 대하여 원고가 다시 피고의 자동채권을 소멸시키기 위하여 소송상 상계의 재항변을 하는 것은 다른 특별한 사정이 없는 한 허용되지 않는다'는 것이 판례의 입장이다(대법원 2014.6.12.선고, 2013다95964 판결 등).[198]

(다) 상계권의 남용

판례에 따르면, '당사자가 상계의 대상이 되는 채권이나 채무를 취득하게 된 목적과 경위,

---

196) 같은 취지: 대법원 2017.3.15.선고, 2015다252501 판결.

197) 같은 취지: 대법원 2014.6.12.선고, 2013다95964 판결.

198) 판례평석: 전병서, "소송상 상계항변에 대하여 상대방이 소송상 상계의 재항변을 하는 것이 허용되는지 여부", 대한변협신문 542호(대한변호사협회, 2015/5), 12. 같은 취지: 대법원 2015.3.20.선고, 2012다107662 판결.

상계권을 행사함에 이른 구체적·개별적 사정에 비추어 그것이 위와 같은 상계제도의 목적이나 기능을 일탈하고, 법적으로 보호받을 만한 가치가 없는 경우에는, 그 상계권의 행사는 신의칙에 반하거나 상계에 관한 권리를 남용하는 것으로서 허용되지 않는다고 함이 상당하며, 이 경우에는 일반적인 권리남용의 경우에 요구되는 주관적 요건을 필요로 하지 않는다'고 한다(대법원 2003.4.11.선고, 2002다59481 판결 등).[199] 특히 판례는 '금융기관은 예금채권자에 대한 반대채권으로 예금채무와 상계할 수 있는 정당한 권리가 있고, 향후 그 권리를 행사하여 채권을 원활하게 회수할 수 있으리라는 합리적인 기대도 할 수 있으므로, 그 상계권 행사를 권리남용 또는 신의칙 위반이라고 하기 위해서는, 금융기관에게 자신의 정당한 권리를 제한하면서까지 상대방 또는 제3자에게 협력하거나 그의 이익을 보호할 의무가 있는데도 불구하고 그에 반하여 상계권을 행사하였음이 인정되는 등 상계권의 행사에 이른 구체적·개별적 사정에 비추어 그 행사에 법적 보호를 해 줄 가치가 없다고 볼 특별한 사유가 있어야 한다'는 입장을 취하고 있다(대법원 2015.4.23.선고, 2012다79750 판결 등).[200] 이러한 관점에서, 대법원은 '고객의 예금을 수취한 은행이 수취인에 대한 대출채권 등을 자동채권으로 하여 수취인의 계좌에 입금된 금원 상당의 예금채권과 상계하는 것은 신의칙 위반이나 권리남용에 해당한다는 등의 특별한 사정이 없는 한 유효하다고 할 것이나, 송금의뢰인이 착오송금임을 이유로 거래은행을 통하여 혹은 수취은행에 직접 송금액의 반환을 요청하고 수취인도 송금의뢰인의 착오송금에 의하여 수취인의 계좌에 금원이 입금된 사실을 인정하고 수취은행에 그 반환을 승낙하고 있는 경우, 수취은행이 수취인에 대한 대출채권 등을 자동채권으로 하여 수취인의 계좌에 착오로 입금된 금원 상당의 예금채권과 상계하는 것은, 수취은행이 선의인 상태에서 수취인의 예금채권을 담보로 대출을 하여 그 자동채권을 취득한 것이라거나 그 예금채권이 이미 제3자에 의하여 압류되었다는 등의 특별한 사정이 없는 한, 공공성을 지닌 자금이체시스템의 운영자가 그 이용자인 송금의뢰인의 실수를 기화로 그의 희생하에 당초 기대하지 않았던 채권회수의 이익을 취하는 행위로서 상계제도의 목적이나 기능을 일탈하고 법적으로 보호받을 만한 가치가 없으므로, 송금의뢰인에 대한 관계에서 신의칙에 반하거나 상계에 관한 권리를 남용한 것'이라고 판시한 바 있다(대법원 2010.5.27.선고 2007다66088 판결).[201]

2) 조건부·기한부 상계의 불허

상계의 의사표시에는 조건이나 기한을 붙이지 못한다(493조 1항 후단). 상계는 일방적 의사

199) 판례평석: 오금석, "상계권의 행사가 신의칙에 반하거나 상계에 관한 권리남용에 해당하기 위한 요건" 대법원판례해설 44호(법원도서관, 2004/1), 93 이하; 김재형, "상계권의 남용", 「민법판례분석」, 229 이하. 같은 취지: 대법원 2005.9.9.선고, 2003다28 판결; 대법원 2015.4.23.선고, 2012다79750 판결.

200) 같은 취지: 대법원 2005.9.9.선고, 2003다28 판결.

201) 판례평석: 김재형, "착오송금과 상계", 「민법판례분석」, 231.

표시에 의하여 성립하는 단독행위이므로, 상계의 의사표시에 조건이나 기한을 붙일 수 있다면 채권소멸의 효과가 불확실하게 되어, 상대방의 이익을 부당하게 해칠 가능성이 있기 때문이다.

4. 상계의 효과

(1) 채권의 소멸

상계의 의사표시에 의하여 상계적상에 있는 쌍방의 채권은 대등액에 관하여 소멸한다(493조 2항). 즉, 쌍방의 채권액이 동일하지 않은 경우에는 적은 금액의 채권은 전부 소멸하고, 많은 금액의 채권은 적은 금액을 감한 차액만이 남게 된다. 그러므로 '금전채무의 이행청구소송에서 원고가 피고에 대한 금전채권의 일부만을 청구하였는데 상계를 주장한 피고의 항변을 받아들여 피고의 반대채권으로써 상계를 하는 경우에는, 원고의 금전채권 전액에서 상계를 하고 그 잔액이 일부청구액을 초과하지 아니할 경우에는 그 잔액을 인용할 것이고, 그 잔액이 청구액을 초과할 경우에는 청구의 전액을 인용하여야 할 것'이다(대법원 1984.3.27. 선고, 83다323·83다카1037 판결).[202)]

(2) 상계충당

1) 의 의

피상계자가 상계적상에 있는 여러 개의 수동채권을 가지고 있는데 자동채권이 그 전부를 소멸시키기에 부족한 경우에는 '상계할 자동채권을 어느 수동채권의 소멸에 충당할 것인가?' 하는 문제가 발생하며, 반대로 상계자가 피상계자에 대한 여러 개의 자동채권을 가지고 있는데 수동채권이 자동채권에 미치지 못하는 경우에는 '어느 자동채권으로 수동채권의 소멸에 충당할 것인가?' 하는 변제충당의 문제와 비슷한 문제가 발생하는데, 이를 「상계충당」의 문제라고 한다. 상계충당에 대해서는 변제충당에 관한 규정(476~479조)이 준용되므로(499조), 그 법률관계는 다음과 같이 해석하여야 할 것이다. (☞ 제5절 「변제충당」)

2) 상계충당의 방법

상계자의 일방적 의사표시에 의하여 행해지는 상계충당의 성질상 「계약에 의한 상계충당」은 있을 수 없고, 「지정상계충당」(499조, 476조)과 「법정상계충당」(499조, 477조)의 두 가지 방법만이 허용된다.

(가) 지정상계충당

「지정상계충당」은 '지정권자의 일방적 의사표시(소멸할 채무의 지정)에 의하여 하는 상계

202) 판례평석: 한범수, "금전채권의 일부청구와 상계항변", 재판과 판례 10집(대구판례연구회, 2001/ 12), 369 이하.

충당'을 말하는데, ① 제1순위의 지정상계충당권자는 상계를 하는 채무자(상계자), 즉 자동채권의 채권자이다(476조 1항)(대법원 2011.8.25.선고, 2011다24814 판결). 이 상계자의 지정상계충당권은 상계자의 일방적인 의사표시에 의하여 상계충당의 효력이 발생하는 일종의 형성권으로서, 상대방(수동채권자)의 동의를 요하지 않을 뿐만 아니라 상대방은 상계자의 지정상계충당권의 행사에 대하여 이의를 제기할 수 없다고 해석하여야 한다. ② 제2순위의 지정상계충당권자는 상계의 상대방(수동채권의 채권자)이다. 즉, 상계자가 상계시에 지정상계충당권을 행사하지 않는 경우에는 상대방은 그 당시 어느 채무를 지정하여 상계에 충당할 수 있다(499조, 476조 2항). 다만, 상대방의 지정상계충당은 상계자의 지정에 의한 상계충당과는 달리, 상계자가 그 충당에 대하여 즉시 이의를 제기한 때에는 그 효력을 잃는 불완전한 권리이다(499조, 476조 2항 단서). 이 경우에는 다시 상계자가 지정상계충당권을 행사할 수 있는 것이 아니라, 법정상계충당만이 허용된다. ③ 지정상계충당에 관한 이러한 법리는 부족상계충당의 경우에도 마찬가지로 적용된다(499조, 478조). ④ 상계항변이 이유 있는 경우에는 최소한 상계충당이 지정충당에 의하게 되는지 법정충당에 의하게 되는지 여부를 밝히고, 지정충당이 되는 경우라면 어느 자동채권이 우선 충당되는지를 특정하여야 할 것이며, 자동채권으로 이자나 지연손해금채권이 함께 주장되는 경우에는 그 기산일이나 이율 등도 구체적으로 특정해 주어야 한다(대법원 2011.8.25.선고, 2011다24814 판결).[203)]

(나) 법정상계충당

당사자 일방이 지정상계충당권을 행사하지 않은 경우에는 법정상계충당이 이루어진다(499조, 477조).

(A) 이행기가 도래한 채무의 상계에 충당　여러 개의 채무 중에서 이행기가 도래한 것과 아직 이행기가 도래하지 않은 것이 있는 경우에는 이행기가 도래한 채무의 상계에 충당된다(499조, 477조 1호). 부족상계의 경우에도 여러 개의 급부 중에서 먼저 이행기가 도래한 급부의 상계에 충당된다(499조, 478조).

(B) 변제이익이 많은 채무의 상계에 충당　여러 개의 채무 전부의 이행기가 도래하였거나 또는 도래하지 않은 때에는, 채무자에게 상계이익이 많은 채무의 상계에 먼저 충당된다(499조, 477조 2호). 부족상계의 경우에도 여러 개의 급부 중 채무자에게 상계이익이 많은 급부의 상계에 먼저 충당된다(478조). 이 경우 상계이익의 많고 적음은 상계자를 기준으로 판단하여야 하며, 상계자가 여러 명인 경우에는 각 상계자별로 따로 상계이익을 판단하여야 할 것이다.

'여러 개의 채무 중 어떤 채무가 상계자에게 상계이익이 더 많다고 할 것인가?' 하는 것이 문제되는데, ① 무이자부채무보다는 이자부채무가 상계이익이 많으며(대법원 1971.11.23.선고,

203) 같은 취지: 대법원 2013.2.28.선고, 2012다94155 판결.

71다1560 판결), ② 저이자율의 채무보다는 고이자율의 채무가 상계이익이 많고, ③ 무담보채무보다는 담보부채무가 상계이익이 많으며(대법원 1999.8.24.선고, 99다22281·22298 판결), ④ 보증채무나 연대채무보다는 채무자 자신의 채무가 상계이익이 많고(대법원 2002.7.12.선고, 99다68652 판결 등), ⑤ 위약벌의 약정이 없는 채무보다는 위약벌의 약정이 있는 채무가 각각 상계이익이 많은 채무라고 할 것이다. 그러나 '보증인이 없는 채무가 보증인이 있는 채무보다 주채무자에게 상계이익이 더 많다고 할 수는 없다'고 할 것이다(대법원 1985.3.12.선고, 84다카2093 판결 등).

(C) 이행기가 먼저 도래한 채무 또는 먼저 도래할 채무의 상계에 충당 채무 전부의 이행기가 도래하였거나 도래하지 않은 경우에 채무자에게 상계이익이 같으면, 이행기가 먼저 도래한 채무 또는 먼저 도래할 채무의 상계에 먼저 충당된다(499조, 477조 3호). 부족상계의 경우에도 마찬가지로, 급부 전부의 이행기가 도래하였거나 도래하지 않은 경우에 채무자에게 상계이익이 같으면, 이행기가 먼저 도래한 급부 또는 먼저 도래할 급부의 상계에 먼저 충당된다(478조).

채무의 이행기는 채무의 성질이나 당사자의 의사표시, 혹은 법률의 규정에 의하여 정하여진다. 그러나 이러한 표준에 의하여 이행기를 정할 수 없는 채권의 경우에는 제387조 제2항과의 균형상 '이행기가 없는 채무는 이행청구 시에 변제기가 도래한다고 해석하는 것이 타당하다고 할 것이므로, 그 채무발생 시와는 관계없이 먼저 이행청구를 함으로써 이행기가 도래한 채무의 상계에 우선적으로 충당된다'고 해석하여야 할 것이다. 다만, '이행청구가 필요 없는 채무의 경우에는 채무의 발생과 동시에 그 이행기가 도래한다고 해석하여야 할 것이므로, 이 경우에는 먼저 성립한 채무의 상계에 우선적으로 충당된다'고 해석하여야 한다.

(D) 각 채무액에 비례하여 충당 변제이익 또는 이행기의 면에서 서로 같은 채무 상호 간에는 각 채무의 액수에 비례하여 충당한다(499조, 477조 4호). 부족상계의 경우에도 마찬가지로 각 급부의 액수에 비례하여 충당하여야 한다(499조, 478조).

(다) 비용·이자·원본의 순서에 의한 상계충당

채무자가 상계에 의하여 1개 또는 여러 개의 채무의 비용 및 이자에 충당할 경우에 상계자가 그 전부를 소멸하게 하지 못한 상계를 한 때에는 비용, 이자, 원본의 순서로 상계에 충당하여야 한다(499조, 479조 1항). 또한 비용 상호간, 이자 상호간, 원본 상호간에는 제477조의 법정변제충당의 순서에 따라 충당하여야 한다(499조, 479조 2항). 따라서 당사자 일방의 지정에 의하여 이와 다른 상계충당의 순서를 지정하는 것은 효력이 없다(대법원 1981.5.26.선고, 80다3009 판결 등). 민법이 비용, 이자, 원본에 대한 상계충당의 순서를 정해 둔 까닭은 비용과 이자는 그 성질상 원본보다 먼저 지급되어야 하며, 비용 상호간, 이자 상호간, 원본 상호간에는 제477조의 법정변제충당의 순서에 따라 채무자에게 가장 유리한 채무의 상계에 충당하는 것이 합리적일 뿐만 아니라 당사자의 의사에도 부합할 것이라고 인정되기 때문이다. 따라서 '당사자의 합의에 의하여 이와 다른 순서에 의하여 충당할 수 있다'고 해석된다(대법원 1981.5.26.선고, 80다3009 판결).

(3) 상계의 소급효

상계에 의한 채권소멸의 효력은 각 채무가 상계할 수 있는 때, 즉 상계적상이 생긴 때에 소급하여 발생한다(493조 2항). 즉, 상계에는 소급효가 인정된다.[204] 따라서 상계적상이 생긴 때부터 이자의 발생은 정지되며, 이행지체책임도 소멸한다. 이와 같이 상계의 효력은 상계적상시로 소급하여 발생하므로, ① 자동채권은 변제기에 도달하였으나 수동채권은 아직 변제기가 도래하지 않은 경우에는 상계자가 기한의 이익을 포기한 것으로 보아야 하므로, 자동채권의 변제기가 도래한 시점에서 상계적상이 발생한 것이고, 채권은 그 시점에서 소멸한다.[205] ② 반대로 자동채권보다 수동채권의 이행기가 먼저 도래한 경우에는, 자동채권의 이행기에 상계적상이 생기지만, 수동채권에 대하여는 그 이행기부터 상계적상시에 이르기까지 지연손해금이 붙는 것이므로, 그것을 감안하여 상계로 소멸할 채권의 범위를 결정하여야 한다(대법원 2011.8.25.선고, 2011다24814 판결 등).[206]

상계의 소급효가 인정된다고 하더라도 상계의 의사표시가 있기 전에 적법하게 이루어진 행위의 효력은 소멸되지 않는다. 즉, '상계적상이 생긴 후 일방의 채권이 변제되거나 일방의 채권에 관하여 경개계약이 이루어진 경우, 또는 일방 당사자의 채무불이행을 이유로 하여 계약이 해제·해지된 경우에는 변제·경개계약·계약의 해제 또는 해지의 효력은 확정적으로 유효하다'고 해석하여야 한다. 따라서 이러한 경우에는 상계의 효력은 발생하지 않는다.[207]

(4) 이행지를 달리하는 채무의 상계와 손해배상

각 채무의 이행지가 다른 경우에도 상계할 수 있다(494조 본문). 그러나 이 경우에는 상계하는 당사자는 상대방에게 상계로 인한 손해를 배상하여야 한다(494조 단서). 여기서 "상계로 인한 손해"라 함은, '시세·환율 등의 차이로 인하여 원래의 이행지에서 이행하는 것과 비교하여 입은 불이익'을 말한다.[208]

---

204) 이와 같이 상계의 소급효가 인정되는 이유에 대하여, 학설은 '쌍방의 채무가 상계적상에 있는 때에는 당사자는 그 채권관계가 상계에 의하여 결제가 완료된 것으로 다루는 것이 보통이므로, 비록 그 이후에 상계의 의사표시를 한 경우에도 상계의 효과는 상계적상이 생긴 때에 소급하여 발생토록 하는 것이 당사자의 의사 및 거래의 실제에 부합하기 때문'이라고 설명하고 있다(곽윤직, 284; 김형배, 777; 현승종, 417 참조).

205) 김형배, 777 참조.

206) 같은 취지: 대법원 1962.8.2.선고, 4294민상1305 판결; 대법원 2005.7.8.선고, 2005다8125 판결.

207) 곽윤직, 285; 김상용, 504; 현승종, 418 참조.

208) 김상용, 504; 김형배, 777 참조.

[68] Ⅳ. 경 개

1. 경개의 의의 및 법적 성질

(1) 경개의 의의

「경개(更改)」(Novation; novation)라 함은 '채무의 중요한 부분을 변경함으로써 신 채무를 성립시킴과 동시에 구 채무를 소멸시키는 것을 내용으로 하는 채권자와 채무자 사이의 계약'을 말한다. 민법은 제500조에서 '당사자가 채무의 중요한 부분을 변경하는 계약을 한 때에는 구 채무는 경개로 인하여 소멸한다'고 규정함으로써 경개계약을 채권의 소멸원인으로 인정하고 있다.

경개는 급부목적을 변경하는 것을 내용으로 한다는 점에서 대물변제와 유사하지만, 다른 급부를 하는 것을 내용으로 하는 신 채무를 발생시키는 계약에 불과하다는 점에서, 본래의 급부와 다른 급부를 현실로 함으로써 그 효력이 발생하는 대물변제와 다르다.

(2) 경개의 법적 성질

1) 유상계약

경개는 '채권자와 채무자 사이의 합의에 의하여 성립하는 계약'이라는 점에 대해서는 이설이 없다. 그러나 경개가 유상계약인지의 여부에 대해서는 견해가 갈린다. 다수설은 경개의 효력으로 구 채무는 소멸하고 그 대가로서 신 채무가 성립하는 것이므로, 경개는 유상계약이라고 한다.[209] 그러나 이러한 다수설에 대해서는, ① 경개는 합의의 내용에 따라 「급부변경의 경개」(500조), 「채무자변경의 경개」(501조), 「채권자변경의 경개」(502조)의 세 가지로 나누어지는데, 이 중 '채권자 또는 채무자의 변경으로 인한 경개의 경우에는 신 채무를 구 채무 소멸의 대가로 보기 어려우므로 유상계약이라고 할 수 없다'는 견해,[210] ② '유상계약은 양 당사자가 대가적 출연을 하는 계약을 말하는데, 경개는 채무자만이 의무를 부담하는 방법으로 출연을 하는 것이므로, 경개의 대상이 되는 원래의 채권이 유상계약으로부터 생긴 것이라고 하더라도 경개 자체는 언제나 무상계약'이라는 견해[211] 등의 비판론이 제기되고 있다.

「유상계약」이라 함은 '계약의 양 당사자가 서로 대가적 의미를 가지는 출연을 하는 계약'을 의미하며, 유상계약과 무상계약의 구별실익은 유상계약에 대해서는 매매에 관한 규정, 특히 담보책임에 관한 규정이 준용되는 것인데(567조, 570조 이하), 경개를 유상계약이라고 보아 담보책임에 관한 규정이 준용된다고 보기는 어렵다고 생각된다.

---

209) 곽윤직, 285; 김상용, 506; 현승종, 418 참조.
210) 김형배, 779 참조.
211) 송덕수, 499~500 참조.

2) 유인계약(有因契約)

경개계약에 의한 구 채무의 소멸과 신 채무의 성립은 서로 인과관계를 가지며, 구 채무가 소멸하지 않는 경우에는 신 채무가 성립하지 않고, 반대로 신 채무가 성립하지 않으면 구 채무는 소멸하지 않는 유인관계(有因關係)에 있으므로(504조), 경개는 「유인계약」이라는 것이 통설적 견해이다.[212] 그러나 「유인계약」이라 함은 '원인의 흠결이 계약의 효력에 직접 영향을 미치는 계약'을 말하는 것인데, 경개는 이러한 의미에서의 유인계약이라고 볼 수는 없다고 할 것이다.

3) 처분행위

경개는 채무자와 채권자 사이에서 구 채권을 소멸시키고 신 채권을 발생시키는 처분행위이다. 판례는 '경개계약의 성립에 의하여 당사자 사이에 새로운 채권·채무가 발생하면 경개계약의 효과는 완결되고 경개계약의 이행의 문제는 더 이상 발생할 여지가 없으므로, 경개에 의하여 성립된 신채무의 불이행을 이유로 경개계약을 해제할 수는 없다'고 한다(대법원 1980.11.11.선고, 80다2050 판결 등).[213] 다만, '계약자유의 원칙상 경개계약 성립 후에 당사자가 경개계약을 합의해제하여 구 채권을 부활시키는 것은 적어도 당사자 사이에서는 가능하다'고 한다(대법원 2003.2.11.선고, 2002다62333 판결 등).[214]

(3) 경개의 제도적 기능

채권관계의 인적 요소를 중시하여 채권양도와 채무인수를 허용하지 않았던 로마법에서는 경개는 채권양도 및 채무인수를 갈음하는 매우 중요한 제도적 기능을 담당하였다. 그러나 근대민법에서는 채권관계의 인적 요소가 완화되고 독립한 재산권으로서 채권의 양도·상속이 허용됨에 따라 경개는 그 제도적 기능을 거의 상실하였다. 즉, 채권자의 변경을 내용으로 하는 경개는 채권양도에 의하여, 채무자의 변경을 내용으로 하는 경개는 채무인수에 의하여, 그리고 채권의 목적변경을 내용으로 하는 경개는 「내용변경계약」(Abänderungsvertrag)에 의하여 각각 그 목적을 달성할 수 있게 됨으로써, 경개는 별 의미가 없는 제도가 되고 말았다.

이와 같이 경개가 제도적 기능을 상실함에 따라, 독일민법과 같이 경개에 관한 규정을 아예 두고 있지 아니한 입법례도 있는 등, 근대민법에서의 경개에 대한 입법례는 일치하지 않고 있다.

우리 민법은 경개에 관하여 비교적 상세한 규정을 두고 있는데(500~505조), 이는 개정 전 프랑스민법(1271~1281조)의 입법주의[215]를 모범으로 하여 제정된 구 의용민법(일본민법)을 계승

---

212) 곽윤직, 285; 김상용, 505; 현승종, 418 참조.
213) 같은 취지: 대법원 2003.2.11.선고, 2002다62333 판결.
214) 같은 취지: 대법원 2010.7.29.선고, 2010다699 판결.

한 것이라고 할 수 있다(513~518조),

2. 경개의 성립요건

(1) 소멸의 대상인 구 채무이 존재

경개는 채무소멸의 원인이므로, 경개가 성립하기 위해서는 구 채무가 유효하게 존재하여야 한다. 즉, 구 채무가 존재하지 않는 경우에 경개계약은 무효이며, 따라서 신 채무도 발생하지 않는다.

구 채무의 발생원인인 계약이 취소할 수 있는 것임에도 불구하고 이의를 보류하지 않고 경개를 한 때에는 법정추인이 되어, 그 경개는 유효가 된다(145조 3호). 물론 이의를 보류하고 경개를 한 경우에는 법정추인의 효력이 인정되지 않으므로, 나중에 계약이 취소되면 경개는 소급하여 무효가 된다.[216)]

「채권자변경의 경개」에는 지명채권양도에서 이의를 보류하지 아니한 승낙의 효력에 관한 제451조 제1항의 규정이 준용되므로(503조), 채권이 변제 등으로 인하여 이미 소멸하였음에도 불구하고 채무자가 이의를 보류하지 아니하고 경개를 승낙한 경우에는 채권소멸의 항변권을 잃게 되는 결과(451조 1항 본문), 신 채권이 발생하게 된다.[217)]

(2) 신 채무의 발생

신 채무가 발생하지 않은 경우에는 경개는 무효이며, 원칙적으로 구 채무도 소멸하지 않는다. 이에 관하여 민법은 제504조에서, "경개로 인한 신 채무가 원인의 불법 또는 당사자가 알지 못한 사유로 인하여 성립되지 아니하거나 취소된 때에는 구 채무는 소멸되지 아니한다"고 규정하고 있다. 그러므로 ① 사회질서를 해하는 급부를 목적으로 하는 경우와 같이, 원인의 불법으로 인하여 신 채무가 발생하지 아니한 때, ② 불능인 급부를 목적으로 하는 경우와 같이, 신 채무가 원인의 불법 이외의 사유로 인하여 발생하지 아니한 때, ③ 무능력·착오·사기·강박으로 인하여 신 채무를 발생시킨 경개계약이 취소된 때에는, 구 채무는 소멸하지 않는다.[218)]

전술한 바와 같이, '경개계약은 구 채권을 소멸시키고 신 채권을 발생시키는 처분행위이므로, 신 채권이 성립되면 경개계약의 효과는 완결되는 것이므로, 경개계약 자체의 이행의 문제는 발생할 여지가 없다'는 것이 판례의 입장이다(대법원 1980.11.11.선고, 80다2050 판결 등).

---

215) 현행 프랑스민법도 경개에 관하여 7개 조문을 두어 상세하게 규정하고 있다(C.c. Art. 1329~1335).
216) 곽윤직, 286; 김상용, 508; 송덕수, 519 참조.
217) 곽윤직, 286; 김상용, 507; 송덕수, 519; 현승종, 420 참조.
218) 곽윤직, 286; 김상용, 508; 김형배, 782; 송덕수, 520; 현승종, 420 참조.

(3) 채무의 중요한 부분의 변경

경개계약이 유효하게 성립하려면 채무의 중요한 부분의 변경이 있어야 한다. 「채무의 중요한 부분」이라 함은 '채무의 동일성을 결정짓는 중요한 부분'을 말하는데, 채무의 발생원인·채권자·채무자·채권의 목적 등의 객관적 요소가 이에 속한다.[219)]

1) 채무자 변경에 의한 경개

이는 채무인수와 유사하지만, 본래의 채무가 동일성을 유지하는 것이 아니라 완전히 소멸한다는 점에서, 채무인수와 근본적으로 차이가 있다. 이 경우는 채권자와 신채무자 사이의 계약으로 이를 할 수 있다(501조 본문). 구 채무자를 당사자로 할 필요는 없으나, 구 채무자의 의사에 반하여 이를 하지 못한다(501조 단서).

2) 채권자변경의 경개

이는 채권양도와 유사하지만, 본래의 채권이 동일성을 유지하면서 양수인에게 이전되는 것이 아니라 완전히 소멸한다는 점에서, 「채권양도」와 구별된다.

「채권자변경의 경개」의 당사자에 대해서는 명문규정이 없으나, '신·구 채권자와 구 채무자 사이의 3면계약에 의하여야 한다'고 해석하는 데 학설의 견해가 일치한다. 구 채무자도 당연히 경개계약의 당사자가 되어야 하는 이유는, 구 채무자는 경개계약에 의하여 신 채무자가 되는 것이므로, 구 채무자가 당사자가 되지 않는 경우에는 신 채무 자체가 성립하지 않기 때문이다.[220)] 이 점에서, 경개는 채권양도와 차이가 있다.

채권자 변경에 의한 경개에 특별한 방식을 요하는 것은 아니지만, 확정일자 있는 증서로써 계약을 체결하지 않으면 경개로써 제3자에게 대항할 수 없다(502조). 또한 채무자가 이의를 유보하지 않고 경개계약을 체결한 때에는, 구 채무의 부존재나 무효 등 구 채권자에게 대항할 수 있는 사유가 있더라도, 그것을 가지고 신 채무자에게 대항할 수 없으며(503조), 경개계약은 유효하게 성립한다.

3) 급부내용변경의 경개

「급부내용변경의 경개」라 함은 '채권자와 채무자 사이의 합의로 채무의 목적인 급부의 중요부분을 변경하는 것을 내용으로 하는 경개'를 말한다. 그러나 원래 계약의 내용은 당사자의 합의로 자유롭게 변경할 수 있음이 원칙이므로, 「급부내용변경의 경개」는 현대계약법에서는 큰 의미가 없으며, 단지 구 채무가 소멸한다는 데 의미가 있을 뿐이다.

---

219) 곽윤직, 286; 김상용, 509; 김형배, 782; 송덕수, 520; 현승종, 420 참조.
220) 김상용, 507 참조.

(4) 경개의 의사

민법은 채권양도와 채무인수를 인정함으로써 채권의 중요부분을 변경할 수 있도록 하고 있으므로, 당사자의 경개의사가 명확하지 않은 경우에는 경개로 해석해서는 안 된다.[221] 즉, 경개계약은 당사자에게 신 채무이 성립으로 구 채무를 소멸시키고자 하는 「경개의사」가 분명한 경우에 한하여 인정된다.

3. 경개의 효과

(1) 구 채무의 소멸

경개에 의하여 구 채무는 소멸한다(500조). 따라서 구 채무를 위하여 존재하였던 담보권·보증채무·위약금 기타의 종된 권리는 모두 소멸한다. 그러나 당사자 사이의 특약에 의하여 구 채무의 담보를 그 목적의 한도에서 신 채무의 담보로 할 수 있다(505조 본문). 그러나 제3자가 제공한 담보는 그 승낙을 얻어야 한다(505조 단서). 이는 경개에 의하여 소멸한 구 채무를 담보하기 위하여 존재하였던 질권이나 저당권의 순위를 그대로 신 채무를 담보하기 위한 것으로 변경할 수 있도록 한 것인데, 이는 일단 소멸한 담보권을 당사자가 신 채무를 위하여 동일한 담보물 위에 새로 설정한 경우에도 종전의 순위를 보전할 수 있도록 한 것이다.[222]

(2) 신 채무의 성립

경개에 의하여 신 채무가 발생한다. 신 채무는 구 채무와는 전혀 동일성이 없는 새로운 채무이므로, 구 채무를 위하여 존재하였던 항변권은 신 채무에 수반하여 이전되지 않고 소멸한다. 그러나 채무자는 이의를 보류함으로써 구 채무에 관한 항변권을 보류할 수 있다(503조, 451조 1항).

문제는 '경개계약의 효과로서 발생한 신 채무의 불이행을 이유로 채권자가 경개계약 자체를 해제할 수 있는가?' 하는 것인데, 학설의 지배적인 견해[223]와 판례는 '경개계약은 신채권을 성립시키고 구채권을 소멸시키는 처분행위로서 신채권이 성립되면 그 효과는 완결되고 경개계약 자체의 이행의 문제는 발생할 여지가 없으므로, 경개에 의하여 성립된 신채무의 불이행을 이유로 경개계약을 해제할 수는 없으나, 계약자유의 원칙상 경개계약을 합의해제하여 구 채권을 부활시키는 것은 당사자 사이에서는 가능하다'는 입장을 확립하고 있다(대법원 2003.2.11.선고, 2002다62333 판결 등).[224] 나아가 판례는 '다수당사자 사이에서 경개계약이 체결된

---

221) 곽윤직, 286; 김상용, 509; 김형배, 783; 현승종, 420 참조.
222) 현승종, 423 참조.
223) 곽윤직, 287; 김상용, 510; 김증한/김학동, 404; 김형배, 785; 송덕수, 523 참조.
224) 같은 취지: 대법원 2006.4.13.선고, 2003다45700 판결; 대법원 2010.7.29.선고, 2010다699 판결.

경우에, 일부 당사자만이 경개계약을 합의해제하더라도 이를 무효라고 볼 수는 없고, 다만 그 효과가 경개계약을 해제하기로 합의한 당사자들에게만 미치는 것에 불과하다'고 한다(대법원 2010.7.29.선고, 2010다699 판결).

[69] Ⅴ. 면 제

1. 면제의 의의와 법적 성질

(1) 면제의 의의

「면제(免除)」(Erlaß; remise de la dette)라 함은 '채권자의 일방적 의사표시에 의하여 무상으로 채무자의 채무를 소멸시키는 것'을 말한다. 민법은 제506조에서, "채권자가 채무자에게 채권을 면제하는 의사를 표시한 때에는 채권은 소멸한다"고 규정함으로써, 면제를 단독행위에 의한 채권의 소멸사유로 인정하고 있다.

(2) 면제의 법적 성질

1) 단독행위

면제를 계약으로 규정하는 것은 로마법의 영향을 받은 대륙법계국가들의 일반적인 입법주의이다(C.c. Art. 1350,[225] BGB §397,[226] OR Art. 115[227]). 그러나 일본민법(구 의용민법)은 이러한 대륙법계의 일반적인 입법례와는 달리, 면제를 채무자의 승낙이 필요 없는 단독행위로 규정하였다(동법 519조).[228] 우리 민법도 제506조에서 면제를 채무자의 승낙이 필요 없는 단독행위로 규정하고 있는데, 이는 구 의용민법의 규정을 계승한 것임은 물론이다. 다만, 현행민법은 구 의용민법과는 달리, '면제로써 정당한 이익을 가진 제3자에게 대항하지 못한다'는 단서를 두고 있다. 학설 중에는 면제를 단독행위로 규정한 우리 민법의 입법주의에 대해서 의문을 제기하는 견해가 있다.[229]

이와 같이 우리 민법상의 면제는 단독행위이나, 계약자유의 원칙상 채권자와 채무자 사이의 합의에 의한 면제계약(Erlassvertrag)에 의하여 채권을 소멸시킬 수 있으며(대법원 1998.10.

---

225) 프랑스민법 제1350조 : 채무의 면제는 그에 의하여 채권자가 채무자를 채무에서 해방시키는 계약이다.

226) 독일민법 제397조(면제계약, 소극적 채무승인) (1) 채권자가 채무자에 대하여 계약으로 채무를 면제한 때에는, 채무관계는 소멸한다. (2) 채권자가 채무자와의 계약을 통하여 채무관계가 더 이상 존속하지 아니함을 승인한 때에도 마찬가지이다.

227) 스위스채무법 제115조(합의에 의한 소멸) 채권의 발생에 방식을 요하거나 계약체결자가 방식을 선택한 경우에도, 채권은 합의에 의하여 전부 또는 일부 무방식으로 소멸될 수 있다.

228) 일본민법(구 의용민법) 제519조 : 채권자가 채무자에게 채무를 면제하는 의사를 표시한 때에는 그 채권은 소멸한다.

229) 현승종, 424 참조.

13.선고, 98다17046 판결), 제3자를 위한 계약의 형태로 면제계약을 체결할 수도 있다.[230]

2) 처분행위

면제는 단독행위로서 채권소멸의 효과가 발생하는 것이므로, 처분행위에 해당한다. 따라서 화해 또는 증여의 계약에서 채무를 면제하여야 할 의무를 부담하는 것과는 개념상 구별되어야 한다. 그러나 채무면제에는 특별한 방식이 필요 없으므로, 화해나 증여계약에서의 채권자의 의사표시 중에 면제의 의사표시가 포함되어 있다고 보아야 할 경우가 있을 수 있다.[231]

2. 면제의 요건

(1) 면제의 의사표시

면제는 채무자에 대한 의사표시로써 하여야 한다(506조 본문). 그러나 면제의 의사표시는 특별한 방식을 필요로 하지 않으며, 묵시적인 의사표시에 의한 경우도 가능하다고 해석된다(대법원 1979.7.10.선고, 79다705 판결). 다만, 대법원판결 중에는 '면제의 묵시적 의사표시를 인정하기 위해서는 당해 권리관계의 내용에 따라 이에 대한 채권자의 행위 내지 의사표시의 해석을 엄격히 하여 그 적용 여부를 결정하여야 하며, 상대방에 대한 반대채권이 있음에도 불구하고 자신의 채무이행을 약정하였다는 사실만으로는 반대채권을 포기한 것으로 볼 수는 없으므로, 건물매도인이 매수인의 매매계약불이행으로 인한 손해배상채권에 충당할 수 있는 계약금을 매수인에게 반환하기로 약정한 사실만으로는 그 손해배상채권을 포기하였다고 단정할 수 없다'고 한 사례가 있다(대법원 1987.3.24.선고, 86다카1907·1908 판결).[232]

한편 면제는 단독행위지만, 면제의 의사표시에는 조건을 붙일 수 있다고 해석된다. 조건을 붙여도 채무자에게 불이익을 준다고 할 수 없기 때문이다.[233]

(2) 처분권의 존재

면제는 채권의 처분행위이므로, 채권의 처분권이 있는 자만이 이를 행할 수 있다. 따라서 처분권이 없는 자의 면제행위는 무효이다. 채권이 압류된 경우나 질권의 목적이 된 경우에는 채권자의 처분권이 제한되므로, 면제로써 압류채권자 또는 질권자에게 대항하지 못한다.

3. 면제의 효과

면제에 의하여 채권은 소멸한다(506조 본문). 따라서 그 채권에 수반하는 담보물권·보증채

---

230) 곽윤직, 288; 현승종, 424 참조.
231) 주석민법(3)/유승정, 534; 곽윤직, 288; 현승종, 424 참조.
232) 판례평석: 변동걸, "채무의 면제", 대법원판례해설 8호(법원행정처, 1988/12), 15 이하.
233) 곽윤직, 288; 현승종, 425 참조.

무 등의 종된 권리도 모두 소멸한다. 일부면제의 경우에는 유효한 면제의 범위에서 채권이 소멸한다. 다만, 면제로써 정당한 이익을 갖는 제3자에게 대항하지 못한다(506조 단서).

[70] Ⅵ. 혼 동

1. 혼동의 의의 및 제도적 기능

(1) 혼동의 의의

「혼동(混同)」(Konfusion; confusion)이라 함은 '채권과 채무가 동일한 주체에 귀속되는 것'을 말한다. 혼동은 물권과 채권의 공통적인 소멸원인이지만, 채권의 소멸사유로서의 혼동은 채권과 채무라는 정반대의 대립적인 법적 지위가 동일인에게 귀속되는 것임에 반하여(507조), 물권의 소멸원인으로서의 혼동은 동일한 물건에 대한 소유권과 제한물권 또는 제한물권과 이에 기한 제한물권이 동일인에게 귀속하는 것이므로(191조), 양자는 그 성질을 전혀 달리한다. 그러므로 본서에서는 채권의 소멸사유인 혼동에 대해서만 설명하기로 한다. (☞ 물권법 편, 제2장 제5절 「물권의 소멸」)

채권의 소멸을 그 효과로 하는 법률요건인 혼동의 법적 성질은 행위(법률행위 또는 준법률행위)가 아니라 「객관적 사실」이다. 이와 같이 하나의 객관적 사실에 불과한 혼동이 채권의 소멸사유가 되는 이유는, '채권자가 자기 자신에 대하여 채무의 이행을 청구한다는 것은 일반적으로 무의미하기 때문'이라고 설명하는 것이 일반적인 견해이다.[234] 판례도 '제507조가 혼동을 채권의 소멸사유로 인정하고 있는 것은, 채권과 채무가 동일한 주체에 귀속한 때에 채권과 채무의 존속을 인정하여서는 안 될 적극적인 이유가 있어서가 아니고, 그러한 경우에 채권과 채무의 존속을 인정하는 것이 별다른 의미를 가지지 않기 때문에 채권·채무의 소멸을 인정함으로써 그 후의 권리의무 관계를 간소화하려는 데 그 목적이 있으므로, 채권과 채무가 동일인에게 귀속된 경우에도 그 채권의 존재가 채권자 겸 채무자로 된 사람의 제3자에 대한 권리행사의 전제가 되는 관계로 채권의 존속을 인정하여야 할 정당한 이익이 있을 때에는, 그 채권은 혼동에 의하여 소멸하는 것이 아니라고 봄이 상당하다'고 한다(대법원 1995.5.12. 선고, 93다48373 판결 등).[235]

(2) 혼동의 제도적 기능

현대사회에서 채권은 독립된 재화로서 자유롭게 유통되고 있으며, 증권적 채권의 경우에는 고도의 유통성의 확보가 요구됨에 따라 혼동에 의한 채권소멸의 원칙은 후퇴하지 않을 수

---

234) 주석민법(3)/유승정, 545; 곽윤직, 289; 현승종, 426 참조.

235) 같은 취지: 대법원 1995.7.14.선고, 94다36698 판결; 대법원 2005.1.14.선고, 2003다38573·38580 판결.

없다. 또한 대규모기업이 발달함에 따라 기업조직이 복잡하게 되어 법률상 동일한 주체에 속하는 재산도 기업활동의 분화에 따라 별개의 재산으로 관리되고, 내부조직 사이에서의 변제를 유효한 것으로 인정할 필요가 생긴다.[236] 이러한 사정을 감안할 때, 제507조 단서에서 규정하고 있는 혼동의 예외는 그 범위가 지나치게 좁다는 입법론상의 비판이 제기되며, 그 예외의 범위를 넓히려는 새로운 해석론의 시도가 행해지고 있다.[237]

2. 연혁 및 입법례

(1) 연 혁

혼동은 로마법에서 유래된 제도이다.[238] 즉, 로마법상 채권자와 채무자의 지위가 동일인에게 합일한 경우에는 채권은 혼동(confusio)으로 소멸하였다. 다만, 채권자와 보증인의 지위가 합일된 경우에는 주채무는 소멸하지 않으며, 주채무자와 보증인의 지위가 합일된 경우에도 보증채무만 소멸하였다.

(2) 입법례

프랑스민법(C.c. Art. 1349)[239]과 스위스채무법(OR Art. 118)[240]은 로마법을 계승하여, 혼동을 채권의 소멸원인으로 하는 규정하고 있다. 그러나 독일민법 제1초안은 혼동에 관한 규정을 두고 있었으나, '혼동은 너무나 명백한 원리를 규정하는 것에 불과하다'는 이유로 이를 삭제하였다.[241]

우리 민법은 제507조 본문에서 혼동을 채권·채무의 소멸사유로 인정하는 명문규정을 두고 있는데, 이는 개정 전 프랑스민법의 규정을 모범으로 하여 제정된 일본민법(구 의용민법) 제520조[242]의 규정을 거의 그대로 계승한 것이다.

---

236) 주석민법(3)/유승정, 546 참조.
237) 상게서, 547 참조.
238) 상게서, 546; 현승종(로마법), 182 참조.
239) 프랑스민법 제1349조 : 혼동은 동일한 채무의 채권자의 지위와 채무자의 지위가 동일인에게 귀속됨으로써 발생한다. 혼동은 채권과 그 부수적인 권리를 소멸시킨다. 다만, 제3자에 의하거나 제3자에 대하여 취득한 권리는 그러하지 아니하다.
240) 스위스채무법 제118조(혼동) (1) 채권자와 채무자의 지위가 1인에게 귀일된 경우에는, 혼동으로 인하여 소멸한 것으로 간주된다. (2) 혼동이 해소되면, 채권은 다시 부활한다. (3) 부동산담보권과 유가증권에 관하여는 특별규정에 의한다.
241) 주석민법(3)/유승정, 546 참조.
242) 일본민법(구 의용민법) 제520조 : 채권과 채무가 동일인에게 귀속한 때에는 그 채권은 소멸한다. 다만, 그 채권이 제3자의 권리의 목적인 때에는 그러하지 아니하다.

3. 혼동의 성립요건

혼동은 예컨대, 채권자가 채무자를 상속한 경우, 채권자인 회사가 채무자인 회사를 합병한 경우, 채무자가 자기에 대한 채권을 양수한 경우와 같이, 채권과 채무가 동일인에게 귀속한 경우에 발생한다. 그러므로 어느 특정물에 관한 채권을 가지는 자가 그 물건의 소유자가 되었다는 사정만으로는 채권과 채무가 동일한 주체에 귀속한 경우에 해당한다고 할 수 없다(대법원 1995.12.26.선고, 95다29888 판결). 또한 채권자가 보증인의 상속인이 된 경우에는, 보증채무에 대해서만 혼동이 발생하여 보증채무만 소멸하는 것이지, 주채무까지 소멸하는 것은 아니다.

■ **명의신탁자가 장차 소유권이전등기청구권 보전을 위한 가등기를 경료한 후 가등기와는 상관없이 소유권이전등기를 넘겨받은 경우, 가등기에 기한 본등기청구권이 혼동으로 소멸되는지 여부**(소극) 채권은 채권과 채무가 동일한 주체에 귀속한 때에 한하여 혼동으로 소멸하는 것이 원칙이므로, 어느 특정의 물건에 관한 채권을 가지는 자가 그 물건의 소유자가 되었다는 사정만으로는 채권과 채무가 동일한 주체에 귀속한 경우에 해당한다고 할 수 없어, 그 물건에 관한 채권이 혼동으로 소멸하는 것은 아닌바, 토지를 乙에게 명의신탁하고 장차의 소유권이전의 청구권 보전을 위하여 자신의 명의로 가등기를 경료한 甲이 乙에 대하여 가지는 가등기에 기한 본등기청구권은 채권으로서, 甲이 乙을 상속하거나 乙의 가등기에 기한 본등기절차 이행의 의무를 인수하지 아니하는 이상, 甲이 가등기에 기한 본등기절차에 의하지 아니하고 乙로부터 별도의 소유권이전등기를 경료받았다고 하여, 혼동의 법리에 의하여 甲의 가등기에 기한 본등기청구권이 소멸하는 것은 아니다. (대법원 1995.12.26.선고, 95다29888 판결)[243)]

4. 혼동의 예외

(1) 채권이 제3자의 권리의 목적인 때

채권과 채무가 동일인에게 귀속한 때에는 채권은 소멸하는 것이 원칙이나, 그 채권이 제3자의 권리의 목적인 때에는, 혼동에도 불구하고 채권은 그대로 존속한다(507조 단서). 예컨대, 乙에 대한 甲의 채권이 제3자 丙의 채권질권의 목적이 되어 있는 경우에는 甲이 乙을 상속하여 혼동이 발생하였다 하더라도 甲의 채권은 소멸하지 않고 丙의 채권질권의 객체로서 존속한다. 또한 乙에 대한 甲의 채권을 제3자 丙이 압류하거나, 정지조건부로 양수하거나, 양도를 청구할 수 있는 권리를 가지고 있는 경우에도, 채권은 소멸하지 않는다고 해석된다.[244)]

(2) 혼동에도 불구하고 채권을 존속시켜야 할 필요가 있는 경우

민법은 제507조 단서에서 물건의 혼동에 있어서와 마찬가지로, '그 채권이 제3자의 권리의 목적인 때에는 소멸하지 않는다'고 규정하고 있다. 그러나 학설은 이를 넓게 해석하여,

243) 판례평석: 김수형, "가등기에 기한 본등기절차에 의하지 아니하고 별도로 가등기권리자 명의의 소유권이전등기가 경료된 경우, 가등기에 기한 본등기청구권이 소멸하는지 여부", 대법원판례해설 24호(법원도서관, 1996/5), 93 이하.

244) 주석민법(3)/유승정, 548 참조.

'혼동에도 불구하고 채권을 존속시켜야 할 필요가 있는 경우에는 예외적으로 채권이 소멸하지 않는다'고 해석하고 있다.

판례도 '채권과 채무가 동일한 주체에 귀속하게 되더라도 그 채권의 존속을 인정하여야 할 특별한 이유가 있는 때에는 그 채권은 혼동에 의하여 소멸되지 아니하고 그대로 존속한다'고 보는 것이 상당하며, '채권과 채무가 동일인에게 귀속되는 경우라도 그 채권의 존재가 채권자 겸 채무자로 된 사람의 제3자에 대한 권리행사의 전제가 되는 관계로 채권의 존속을 인정하여야 할 정당한 이익이 있을 때에는 그 채권은 혼동에 의하여 소멸하지 않는다'고 한다. 특히 교통사고피해자가 보험회사에 대하여 책임보험금의 직접청구권이 있는 경우에는, 교통사고로 운행자와 동승한 그의 친족이 사망하여 손해배상채권과 채무가 상속으로 동일인에게 귀속되더라도 피해자의 운행자에 대한 손해배상청구권이 혼동으로 소멸되지 않는다'는 입장을 취하고 있다(대법원 1995.5.12.선고, 93다48373 판결 등). 다만, '예외적으로 가해자가 피해자의 상속인이 되는 등 특별한 경우에는 손해배상청구권과 손해배상의무가 혼동으로 소멸하고 그 결과 피해자의 보험자에 대한 직접청구권도 소멸할 수 있다'고 한다(대법원 2005.1.14.선고, 2003다38573·38580 판결).[245)]

▪ **피해자의 보험회사에 대한 직접청구권이 있는 경우, 교통사고로 운행자와 동승한 그의 친족이 사망하여 손해배상채권과 채무가 상속으로 동일인에게 귀속되는 때, 피해자의 운행자에 대한 손해배상청구권이 혼동으로 소멸되지 아니하는지 여부**(소극) 자동차 운행 중 교통사고가 일어나 자동차의 운행자나 동승한 그의 친족이 사망하여 자동차손해배상보장법 제3조에 의한 손해배상채권과 채무가 상속으로 동일인에게 귀속하게 되는 때에, 교통사고를 일으킨 차량의 운행자가 자동차손해배상책임보험에 가입하였다면, 가해자가 피해자의 상속인이 되는 등의 특별한 경우를 제외하고는 생존한 교통사고 피해자나 사망자의 상속인에게 책임보험에 의한 보험의 혜택을 부여하여 이들을 보호할 사회적 필요성이 있는 점은 다른 교통사고와 다를 바 없고, 다른 한편 원래 자동차손해배상책임보험의 보험자는 상속에 의한 채권·채무의 혼동 그 자체와는 무관한 제3자일 뿐 아니라, 이미 자신의 보상의무에 대한 대가인 보험료까지 받고 있는 처지여서, 교통사고의 가해자와 피해자 사이에 상속에 의한 혼동이 생긴다는 우연한 사정에 의하여 자기의 보상책임을 면할 만한 합리적인 이유가 없으므로, 자동차책임보험의 약관에 의하여 피해자가 보험회사에 대하여 직접 보험금의 지급청구를 할 수 있는 이른바 직접청구권이 수반되는 경우에는 그 직접청구권의 전제가 되는 자동차손해배상보장법 제3조에 의한 피해자의 운행자에 대한손해배상청구권은 상속에 의한 혼동에 의하여 소멸되지 아니한다고 보아야 한다. (대법원 1995.5.12.선고, 93다48373 판결)[246)]

---

245) 판례평석: 오시영, "손해배상청구권을 중심으로 한 혼동과 상속포기의 우열", 판례연구 19집 1권(서울지방변호사회, 2005/9), 226 이하; 양승규, "가해자의 상속포기와 자동차사고 피해자의 손해배상청구권의 귀속", 손해보험 455호(대한손해보험협회, 2006/10), 67 이하; 윤장원, "교통사고로 인한 자동차손해배상보장법 제3조의 손해배상청구권의 혼동과 상속포기", 판례연구 18집(부산판례연구회, 2007/2) 279 이하; 구민승, "가해자가 피해자의 자동차손해배상보장법상 손해배상청구권을 상속한 후 상속포기한 경우의 법률관계", 재판과 판례 16집(대구판례연구회, 2007/12), 623 이하.

246) 판례평석: 윤진수, "자동차손해배상보장법 제3조의 손해배상채권과 채무가 동일인에게 귀속되는 경우 혼동에 의한 직접청구권의 소멸 여부", 판례월보 302호(판례월보사, 1995/11), 38 이하. 같은 취지: 대법원 1995.7.14.선고, 94다36698 판결; 대법원 2003.1.10.선고, 2000다41653·41660 판결; 대법원 2005.1.14.선

(3) 채권·채무를 분리하여 관리할 필요가 있는 경우

동일인에게 귀속한 채권·채무를 혼동에 의하여 소멸시키지 않고 분리하여 관리할 필요성이 인정되는 경우에는, 그 재산이 법률상 동일인에게 귀속되어 있어도 채권은 소멸되지 않는다. 예컨대, ① 민법은 상속인이 한정승인을 한 때(1031조)와 상속재산의 분리명령이 있는 때(1050조)에도, 피상속인에 대한 상속인의 재산상 권리의무는 혼동에도 불구하고 소멸하지 아니하는 것으로 규정하고 있다. 또한 ② 신탁법은 제23조에서, "신탁재산이 소유권 이외의 권리인 경우에 수탁자가 그 목적인 재산을 취득하여도 그 권리는 혼동으로 인하여 소멸하지 아니한다"고 규정하고 있다.

(4) 증권적 채권의 경우

지시채권·어음·수표 등 증권적 채권에 있어서는 증권적 채권의 유통성을 증진시키고 거래의 안전을 보호하기 위하여, 그 증권적 채권이 채무자에게 배서·양도되어도 혼동에 의하여 소멸되지 않으며, 채무자가 이를 다시 배서·양도할 수 있도록 하고 있다(509조, 어음법 11조 3항, 수표법 77조 1항).

(5) 임차인과 임대인 사이의 혼동

임대차계약에서는 임차인이 목적물을 양수하여 혼동이 발생한 경우에도, 임차권이 당연히 소멸하지 않는다. 다만, 대항력 있는 주택임차인이 당해 주택을 양수한 경우에는 주택임대차법에 의하여 양수인은 임대인의 지위를 승계하고 양도인은 임대인으로서의 지위를 상실하므로(동법 3조 4항), 주택임차인의 보증금반환채권은 혼동으로 인하여 소멸한다(대법원 1996.11.22.선고, 96다38216 판결 등).[247]

고, 2003다38573·38580 판결.

247) 같은 취지: 대법원 1995.5.23.선고, 93다47318 판결; 대법원 1998.9.25.선고, 97다28650 판결.

제 4 장

채무불이행

제 1 절 채무불이행의 유형

[71] Ⅰ. 총 설

1. 채무불이행의 의의

「채무불이행」이라 함은 '채무자가 채무의 내용에 좇은 이행을 하지 아니하는 것'을 말한다(390조). 채무불이행은 위법행위로서 채무자에 대한 강제이행청구권, 손해배상청구권, 계약해제권이 채권자에게 부여되며, 채무자의 책임재산이 채권자의 이러한 권리행사에 따른 공취력에 복종하여야 하는 법률효과인 채무불이행책임이 발생한다. (☞ 제2장 제1절 「채무와 책임」)

2. 채무불이행의 유형

민법은 채권편 제1장(총칙) 제2절(채권의 효력)에서 채무불이행의 성립요건과 그 효과인 강제이행과 손해배상에 관하여 규정하고, 채무불이행의 또 다른 효과인 계약의 해제·해지에 대해서는 계약의 장(章)에서 별도로 규정하고 있다(543~553조). 이를 좀 더 자세히 분석해보면, 민법은 채무불이행의 유형을 이행지체와 이행불능의 두 가지 유형으로 분류하고, 그중 이행지체의 성립요건에 대해서는 제387조와 제388조에서, 그 효과인 강제이행에 대해서는 제389조에서, 손해배상에 대해서는 제390조 내지 제399조에서, 계약해제권의 발생에 대해서는 제544조와 제545조에서 별도로 규정하고 있다. 또한 이행불능의 성립요건에 대해서는 제390조 본문에서 다른 유형의 채무불이행과 함께 포괄적으로 규정한 것 이외에는 별도의 규정을 두고 있지 않으며, 그 효과인 손해배상에 대해서는 제390조 내지 제399조에서 부분적으로 규정하고, 계약해제권에 대해서는 제546조에서 별도로 규정하고 있다.

이러한 채무불이행책임에 관한 우리 민법의 규정체계에도 불구하고 학설은 '이행지체와 이행불능 이외에도 「불완전이행」(Schlechterfüllung)을 제3의 채무불이행의 유형으로 인정하여야 한다'는 것이 통설적인 견해이다. 이는 독일민법학이 일본민법학을 통하여 간접적으로 우리 민법학에 계수된 「간접적 학설계수」의 전형적인 사례라고 할 수 있다.[1)]

이와 같이 우리 민법학의 통설적 견해가 독일민법학이 발전시킨 「불완전이행론」 내지 「적극적 채권침해론」을 계수하여 채무불이행책임을 이행지체·이행불능·불완전이행의 세 가지로 유형화함으로써, 이행지체와 이행불능의 두 가지 유형의 채무불이행책임만을 규정하고 있는 민법의 규정과 해석론이 유리되는 결과가 초래되었다. 특히 불완전이행을 제3의 채무불이행의 유형으로 인정하는 통설적 견해 중에는 "채무자가 채무의 내용에 좇은 이행을 하지 아니한 때에는 채권자는 손해배상을 청구할 수 있다"고 규정하고 있는 '우리 민법 제390조 본문의 규정은 불완전이행의 유형까지 포섭하는 포괄적 규정'이라고 보는 견해가 많다. 그러나 이에 대해서는 통설적 견해를 취하는 학자들 중에도 비판적 견해가 적지 않다.[2)]

3. 채무불이행법의 서술체계

채무불이행법을 서술하는 방법에는 여러 가지가 있을 수 있으나, 본서에서는 일반적인 서술방법에 따라 채무불이행의 유형론(요건론)과 효과론으로 나누어 서술하기로 한다.

전술한 바와 같이, 채무불이행의 유형에 관하여는 견해가 갈리나, 본서에서는 통설적 견해에 따라서 채무불이행을 이행지체, 이행불능, 불완전이행의 세 가지 유형으로 분류하여 각 유형의 성립요건을 중심으로 기술하기로 한다. 또한 채권자지체책임을 채권자의 채무불이행책임의 일종으로 파악하는 통설적 견해에 따라서 채권자지체도 채무불이행의 유형론에서 다루기로 한다.

한편 채무불이행의 효과는 강제이행, 손해배상, 계약의 일방적 해소(해제·해지)의 세 가지라고 할 수 있으나, 계약의 해제·해지는 쌍무계약의 특수한 효력이라고 할 수 있고, 민법전에서도 이를 채무불이행의 일반적 효과로서 규정하지 않고 계약법총론에서 규정하고 있으

1) 2002.1.1. 「채무법현대화법」에 의하여 개정되기 전의 독일민법(이하 「개정 전 독일민법」으로 약칭)이 채무불이행의 유형을 「이행지체」와 「이행불능」의 두 가지 유형으로 한정하여 규정한 것은, '불완전이행의 경우에는 불완전한 이행 부분이 사후에 추완될 수 있는지 여부에 따라 이행지체(추완이 가능한 경우)와 이행불능(추완이 불가능한 경우)으로 분해될 수 있으므로 독자적인 채무불이행의 유형으로 볼 수 없으며, 불완전이행으로 인하여 이행이익을 초과하거나 이행이익과 관련이 없는 적극적인 손해가 발생한 경우(이를 「적극적 채권침해」라고 한다)는 채무불이행책임이 아니라 불법행위책임의 문제가 될 뿐'이라는 이유에 기한 것이었다. 그러나 1902년에 헤르만 슈타우프(Hermann Staub)가 제창한 「적극적 계약침해론」이 나중에 독일민법학의 통설·판례의 입장이 된 것인데, 이것이 일본민법학을 통하여 우리 민법학에 계수된 것이다.

2) 이에 관한 상세는 김대정, "채무불이행법체계의 재점검", 민사법학 36호(한국민사법학회, 2007/5), 351 이하 참조.

므로, 이에 대해서는 계약법총론에서 다루기로 하고, 본서에서는 강제이행과 손해배상의 두 가지 효과에 대해서만 기술하기로 한다. (☞ 계약법 편, 제1장 제4절 「계약의 해제와 해지」)

[72] Ⅱ. 이행지체

1. 의 의

「이행지체(履行遲滯)」(Schuldnerverzug)라 함은 '채무가 이행기에 있고 그 이행이 가능함에도 불구하고 채무자가 그의 책임 있는 사유로 인하여 채무의 내용에 좇은 이행을 하지 않는 것'을 말한다.[3] 그러므로 이행지체는 이행기를 도과하여 채무불이행이 성립하였음에도 불구하고 여전히 채무의 이행이 가능하다는 점에서 이행이 불가능한 경우인 「이행불능」과 개념상 구별된다. 또한 이행지체는 이행을 하지 않은 채 이행기를 도과한 것이라는 점에서, 이행기에 이행을 하였으나 이행이 불완전한 「불완전이행」과도 개념상 구별된다.

이행지체가 성립하면 채무불이행책임이 발생하는데, 이를 「이행지체책임」이라고도 부른다. 이와 같이 채권자가 채무자의 이행지체책임을 묻기 위해서는(채무자가 채무를 이행하지 않고 있는 상태를 제387조 이하의 「이행지체」라고 할 수 있기 위해서는), 이행지체의 성립요건을 갖추어야 한다. 「이행지체」는 '이행기에 이행이 가능함에도 불구하고 채무자가 이행을 하지 않은 채 이행기를 도과하는 것'을 의미하므로, 그 성립요건은 '이행기에 이행이 가능할 것(이행가능)'과 '이행기가 도래하였을 것(이행기 도과)'의 두 가지로 요약할 수 있다.

2. 이행지체의 성립요건

(1) 채무의 이행가능

1) 채무의 이행가능 여부의 판단기준

이행지체가 성립하기 위해서는 이행기에 채무의 이행이 가능하여야 한다. 즉, 채무의 이행 자체가 불가능한 경우에는 이행불능이 문제될 수 있을 뿐 이행지체는 성립하지 않는다. 따라서 채무의 이행이 가능한지 여부가 중요한데, 그 판단기준에 대해서는 명문규정이 없을 뿐만 아니라 학설상 견해도 일치하지 않는다.

(가) 판례의 입장

판례는 '이행불능이라 함은 단순히 절대적·물리적 불능을 의미하는 것이 아니라 사회생활에서의 경험법칙 또는 거래상의 관념에 비추어 볼 때 채권자가 채무자의 이행의 실현을 기

---

3) 「채권자지체」와 대비하여 이행지체를 「채무자지체」(Verzug des Schuldners; retard de débiteure)라고 부르기도 한다.

대할 수 없는 경우를 말한다'고 한다(대법원 1995.2.28.선고, 94다42020 판결 등). 즉, '채무의 이행이 불능인지의 여부는 사회통념 내지 거래관념이라는 단일한 기준에 의하여 결정하여야 한다'는 것이다(대법원 1974.5.28.선고, 73다1133 판결 등).[4)]

이러한 기준에 따라, 판례는 ① '부동산매도인이 매매의 목적물을 제3자에게 이중으로 양도하고 소유권이전등기를 경료해준 경우에는, 매도인이 그 목적물의 소유권을 회복하여 이를 매수인에게 이전할 수 있는 특별한 사유가 없는 한 그 소유권이전채무는 이행불능의 상태에 있다'고 한다(대법원 1961.7.27., 4293민상810 결정 등).[5)] 다만, '매도인이 제3자에게 이중매매에 기하여 소유권이전등기를 완료하였거나 제3자에 의하여 매매목적물이 철거되어 멸실하였다는 등의 사유가 발생하지 않은 이상, 매매목적물에 관하여 이중으로 제3자와 매매계약을 체결하였다는 사실만 가지고는 매매계약의 목적인 권리이전의무가 법률상 이행불능이 되었다고 할 수 없다'고 한다(대법원 1996.7.26.선고, 96다14616 판결 등).[6)] ② '부동산소유권이전등기 의무자가 그 부동산 위에 제3자 앞으로 가등기를 경료해 준 경우에도 가등기는 본등기의 순위보전의 효력을 가지는 것에 불과하고 그 소유권이전등기 의무자의 처분권한이 상실되지도 아니하므로, 그 가등기만으로는 소유권이전등기의무가 이행불능이 된다고 할 수 없다'고 한다. 다만, 부동산매도인이 제3자에게 양도담보권을 설정해 주었으나 그 피담보채무를 변제할 자력이 없는 경우에는 매수인에 대한 소유권이전등기의무는 이행불능이 되며(대법원 1991.7.26.선고, 91다8104 판결 등),[7)] 부동산매도인이 목적물에 제3자를 위한 지상권을 설정해 주거나 저당권을 설정해 준 경우에도 소유권이전채무는 이행불능에 빠졌다고 한다(대법원 1974.5.28.선고, 73다1133 판결 등).[8)] (☞ [73] 이행불능)

(나) 학 설

학설은 '사회통념 또는 거래관념이라는 단일한 기준에 의하여 채무의 이행불능 여부를 판단하여야 한다'는 판례의 입장을 지지하는 견해가 지배적이다.[9)] 다만, 학설 중에는 '통설에

---

4) 같은 취지: 대법원 1974.5.28.선고, 73다1133 판결; 대법원 1996.7.26.선고, 96다14616 판결; 대법원 2003.1.24.선고, 2000다22850 판결; 대법원 2010.12.9.선고, 2009다75321 판결; 대법원 2015.8.27.선고, 2013다28247 판결.

5) 같은 취지: 대법원 1960.3.17.선고, 4292민상241 판결; 대법원 1965.7.27.선고, 65다947 판결; 대법원 1966.6.21.선고, 66다589 판결; 대법원 1966.9.27.선고, 66다182 판결; 대법원 1968.6.18.선고, 68다683·684; 대법원 1968.11.5.선고, 68다1447 판결; 대법원 1971.10.19.선고, 71다1749 판결; 대법원 1975.5.13.선고, 75다55·56 판결; 대법원 1978.5.23.선고, 78다680 판결; 대법원 1981.6.23.선고, 81다225 판결; 대법원 1982.12.28.선고, 82다카984 판결; 대법원 1983.3.22.선고, 80다1416 판결.

6) 같은 취지: 대법원 1959.9.24.선고, 58다423 판결; 대법원 1995.6.30.선고, 94다32207 판결.

7) 같은 취지: 대법원 1993.9.14.선고, 93다12268 판결.

8) 판례평석: 장경학, "매도인의 이행불능의 기준", 법률신문 1106호(법률신문사, 1975/5), 8 참조. 같은 취지: 대법원 1991.7.26.선고, 91다8104 판결.

9) 곽윤직, 84; 김기선, 154; 김상용, 127; 현승종, 122 참조.

의한 불능의 개념은 급부의 불능이 문제된다기보다는 그러한 채무의 이행이 채무자에게 과도한 희생을 요구하는 것이 되어 채무이행이 기대불가능한 경우를 포함한다'고 분석하고, '일반적으로 「거래관념상 불능」은 거래관행에 의해서 도저히 어쩔 수 없는 「사실적 불능」의 경우와 「기대불가능성이론」 또는 「사정변경 내지 행위기초론」에 의하여 계약내용을 수정하여 채무가 이행되어야 할 경우로 구분하여야 한다'는 견해도 있다.[10)]

(다) 학설·판례의 검토

학설 중에는 사정변경의 원칙을 불능의 법리에 포섭하여 '이행불능에는 급부가 사실상 가능하지만 계약 내용을 수정하여 이행하는 것이 타당한 경우도 포함된다'는 견해도 있으나, 이러한 이론에 따르면 천재지변이나 경제사정의 급변과 같은 극히 예외적인 상황에서만 허용되어야 할 「사정변경의 법리」를 일반화하는 오류를 범하게 될 가능성이 클 뿐만 아니라, 이행불능의 법리를 '거래의 관행을 고려하여 신의성실의 원칙에 따라 계약에의 구속을 수정하는 특수한 법리'로 전락시켜 「계약의 구속력의 원칙」을 파괴할 가능성이 있으므로, 채무불이행의 일반이론으로 수용하기 어렵다 할 것이다.

「이행불능」이라 함은 문자 그대로 '이행이 불가능한 것'을 의미한다고 보아야 할 것이다. 다만, 「이행불능」은 자연과학적 개념이 아니라 법률상의 개념이므로, 불능 여부의 판단기준을 사실적이거나 물리적 불능에 한정시키지 않고 사회통념 내지 거래관념을 기준으로 하는 것은 이론상 당연하다. 따라서 '이행불능의 여부는 거래관념 내지는 사회통념에 따라서 판단하여야 한다'는 통설·판례의 입장이 타당하다고 생각한다.

2) 이행지체 후 불능의 경우

'이행기에는 이행이 가능하여 이행지체가 성립하였으나 이행지체의 상태에 있는 동안에 이행이 불능하게 된 경우에는 이를 이행불능으로 다루어야 하는가, 아니면 이행지체로 다루어야 하는가?' 하는 것이 문제된다.

이행지체의 성립요건으로서 '이행 가능'의 여부는 어디까지나 이행기를 표준으로 결정하여야 하는 것이므로, 이론상으로는 이행기를 도과한 후에 이행이 불능하게 된 경우라 할지라도 이를 「이행지체」로 다루는 것이 타당하다고 할 수 있다. 이러한 관점에서, '이 경우에도 불능으로 된 때부터 이행불능으로 다루고, 채무자는 그 때까지의 지체와 그 이후의 불능의 경합적 책임을 진다'고 해석하는 견해가 많다.[11)] 그러나 '지체 후의 불능의 경우에는 이행지체의 고유한 효과인 강제이행(389조)·지연배상(390조)이 허용될 여지가 없을 뿐만 아니라, 계약상의 채무의 경우에 해제의 요건으로서 이행의 최고(395조, 544조)를 요하지 않는다'고 해석하

10) 김형배, 191 참조.
11) 김상용, 115; 김증한/김학동, 99; 송덕수, 128 참조.

여야 하므로, 이를 이행지체로 다룰 실익은 전혀 없다. 따라서 '이행지체 후 불능의 경우에는 이를 이행불능으로 다루는 것이 타당하다'고 할 것이다.[12] 다만, 지체 후의 불능을 이행불능으로 다룬다고 하더라도 이행불능으로 인한 손해배상책임에 관한 제390조 단서의 규정이 적용되는 것이 아니고, 이행지체 중의 손해배상책임에 관한 제392조가 적용되어 채무자에게 귀책사유가 없더라도 손해배상책임이 발생하며, 채권자는 이행의 최고 없이 계약을 해제할 수 있다고 해석하여야 할 것이므로(546조), 해석론의 대립에 따른 실제상의 차이는 발생하지 않는다.[13]

(2) 이행기의 도래 : 이행지체의 성립시기

1) 확정기한부(確定期限附) 채무의 경우

(가) 원 칙

민법은 '채무이행의 확정한 기한이 있는 경우에는 채무자는 기한이 도래한 때로부터 지체책임이 있다'고 규정하고 있다(387조 1항 1문). 이는 일본민법(구 의용민법) 제412조 제1항[14]의 규정을 계승한 것인데, 일본민법은 프랑스민법(2016.2.10. 오르도낭스 제2016-131호로 개정되기 전의 것) 제1139조[15]를 모방하여 이행지체책임의 성립요건으로 「부지체」(付遲滯: mise en de-meure)라는 특별한 절차[16]를 요구하고 있었던 일본구민법 재산편 제336조[17]를 개정하여, '이는 채무자보호에 적당하지 않을 뿐만 아니라 원활한 거래를 방해할 우려가 있다'는 이유를 들어 「부지체절차」를 폐지하였다.[18] 그러므로 일본민법 제412조 제1항의 규정을 계수한 우리 민법 제387조 제1항 제1문의 규정은 프랑스민법의 「부지체절차」와 같은 특별한 절차를 거치지 않더라도 이행기가 도래하면 즉시 이행지체책임이 발생한다는 데 그 의미가 있다고 할 것이다.

---

12) 同旨: 곽윤직, 83; 김현태, 107; 김형배, 176; 이태재, 105 참조.

13) 同旨: 김주수, 103 참조.

14) 일본민법(구 의용민법) 제412조 : ① 채무의 이행에 대하여 확정기한이 있는 때에는 채무자는 그 기한이 도래한 때로부터 지체의 책임을 진다. ② 채무의 이행에 대하여 불확정기한이 있는 때에는 채무자는 그 기한이 도래한 것을 안 때로부터 지체의 책임을 진다. ③ 채무의 이행에 대하여 기한을 정하지 아니한 때에는 채무자는 이행의 청구를 받은 때로부터 지체의 책임을 진다.

15) 개정 전 프랑스민법 제1139조 : 채무자는 최고 또는 이행을 촉구하기에 충분한 내용을 담고있는 편지와 같이 이에 준하는 행위에 의하거나, 합의가 행위를 필요로 하지 않고 단지 기간의 만료에 의하여 채무자가 지체에 빠지는 것으로 정한 때에는 그 합의의 효력에 의하여 지체에 빠지게 된다.

16) 프랑스민법상의 「부지체(付遲滯)제도」에 대하여는 일본주석민법(10)/奧田昌道, 217 이하 참조.

17) 일본구민법 재산편 336조 : 다음 경우에는 낙약자 기타의 채무자는 지체에 붙여진 것으로 한다. 1. 기한이 도래한 후에 재판소에 청구를 하거나 방식을 갖춘 최고서를 송달하거나 집행문을 제시한 때 2. 기한의 도래만으로써 지체에 붙인 것을 법률 또는 합의로써 정한 경우에 있어서 그 기한이 도래한 때 3. 낙약자가 어떤 시기 후에 이행하는 것은 요약자에게 소용이 없다는 사실을 알고도 그 기한을 경과한 때.

18) 「民法修正案理由書」, 399~402 참조.

제387조 제1항의 해석상 '이행의 확정기한이 있는 채무(확정기한부채무)의 경우에는 채권자의 최고가 없더라도 기한이 도래한 즉시 채무자의 지체책임이 발생한다'고 할 것이나, 판례는 '채무이행의 확정기한이 있는 경우에도 기한이 도래한 즉시 지체책임이 발생하는 것이 아니라, 기한이 도래한 다음 날부터 비로소 이행지체책임이 발생한다'고 해석하고 있다(대법원 1976.5.11.선고, 73다616 판결 등).[19] 판례의 입장은 거래의 현실을 고려한 타당한 해석이라고 생각된다.

한편 매매거래에서는 매도인과 매수인 사이의 합의로 매매대금채무의 이행방법으로 제3자 발행의 어음을 교부하는 경우가 많은데, 판례는 '어음이 금전채무의 이행방법으로, 즉 「지급을 위하여」 교부된 것으로 추정되는 경우에는, 채권자가 어음채권과 원인채권 중 어음채권을 먼저 행사하여 만족을 얻을 것을 당사자가 예정한 것으로 보아야 할 것이므로, 채권자로서는 어음채권을 우선 행사하고 그에 의하여 만족을 얻을 수 없는 때에 비로소 채무자에 대하여 기존의 원인채권을 행사할 수 있는 것이므로, 채권자가 기존채무의 변제기보다 후의 일자가 만기로 된 어음을 교부받은 때에는 특별한 사정이 없는 한 당사자 사이에 기존채무의 지급을 유예하는 의사가 있었다고 보아야 할 것'이라고 해석하고 있다(대법원 2001.2.13.선고, 2000다5961 판결 등).[20] 또한 '이 경우 매매대금채무의 이행기는 교부된 어음의 지급기라고 보아야 할 것이므로(대법원 1982.12.14.선고, 82다카861 판결 등),[21] 지급기일 이전에 지급제시된 어음이 부도처리된 경우에도 아직 대금지급채무가 이행기에 도달한 것은 아니'라고 한다(대법원 2000.9.5.선고, 2000다26333 판결 등).[22]

(나) 예 외

(A) 추심채무 기타 이행에 관하여 채권자의 협력이 필요한 경우 추심채무 등 채무의 이행을 위하여 채권자의 협력이 필요한 경우에는 이행기가 도래한 것만으로는 지체책임이 발생하지 않으며, 채권자가 먼저 채무의 이행에 필요한 협력 내지 제공을 하고 채무의 이행을 최고한 때에 비로소 지체책임이 발생한다.[23] (☞ 제3장 제2절 「변제의 제공」)

---

19) 같은 취지: 대법원 1988.11.8.선고, 88다3253 판결.

20) 판례평석: 정진세, "주계약의 이행기를 보증기간 이후로 연기한 보증계약의 효력 및 만기일을 기존채무 변제기 이후로 한 어음발행의 기존채무변제기에 대한 영향", 정진세교수정년기념 「상사법연구」(2001/9), 643 이하. 같은 취지: 대법원 1995.10.13.선고, 93다12213 판결; 대법원 1999.8.24.선고, 99다24508 판결; 대법원 2000.9.5.선고, 2000다26333 판결; 대법원 2001.7.13.선고, 2000다57771 판결.

21) 같은 취지: 대법원 2000.9.5.선고, 2000다26333 판결.

22) 판례평석: 정진세, "발행인이 지급을 정지한 어음의 원인채무의 이행기", 정진세교수정년기념 「상사법연구」(2001/9), 641 이하. 같은 취지: 대법원 1982.12.14.선고, 82다카861 판결; 대법원 2014.6.26.선고, 2011다101599 판결.

23) 同旨: 민법주해(9)/양창수, 110; 곽윤직, 80; 김상용, 118; 김주수, 99; 김증한/김학동, 95; 김형배, 117; 장경학, 153; 현승종, 107 참조.

(B) 쌍무계약에서 채무자에게 동시이행항변권이 인정되는 경우

a) **동시이행항변권의 지체저지효** : 쌍무계약의 양 당사자의 채무는 상호의존적 견련관계(대가관계)에 있으므로, 당사자 일방이 자기 채무는 이행하지 않으면서 상대방의 채무의 이행을 청구하는 경우에는 상대방도 자기의 채무이행을 거절할 수 있는 동시이행항변권을 행사할 수 있다(536조). 이와 같이 계약의 양 당사자에게 동시이행항변권이 부여되고 있는 쌍무계약에서는 당사자 일방이 자신의 채무를 이행하거나 이행(변제)의 제공을 하지 않는 한 이행기 도래만으로는 상대방의 이행지체책임이 발생하지 않는다.[24] 이를 동시이행항변권의 「지체저지효(遲滯沮止效)」라고 한다.

문제는 '쌍무계약의 당사자 쌍방의 채무가 모두 이행기일을 도과한 경우, 양 채무 모두 이행지체에 빠지게 되는가?' 하는 것인데, 이 경우에는 양 당사자가 여전히 동시이행항변권을 행사할 수 있다고 할 것이므로, 이행지체책임은 발생하지 않는다고 해석된다. 판례도 '이 경우에는 양 당사자에게 이행지체책임이 발생하지 않으므로 쌍방의 채무는 기한의 정함이 없는 동시이행의 관계에 있는 채무로서 존속하는 것이므로(대법원 1980.8.26.선고, 80다1037 판결 등),[25] 당사자 일방이 자기 채무의 이행을 제공하고 상대방에 대하여 그 채무의 이행을 최고하여야만 비로소 상대방이 이행지체에 빠지게 된다'고 한다(대법원 2001.7.10.선고, 2001다3764 판결 등). 주의할 것은 '채무자의 이행지체책임의 발생을 저지하는 동시이행항변권의 효력은 채무자가 동시이행항변권을 행사하여야만 발생하는 것이 아니라, 그 존재 자체로서 이행지체책임의 발생을 저지하는 효력이 있다'는 점이다(대법원 1998.3.13.선고, 97다54604·54611 판결 등).[26][27] (☞ 계약법 편, 제1장 제3절 「계약의 효력」)

이와 같이 쌍무계약에 있어서의 동시이행항변권은 그 존재 자체로서 이행지체책임의 발생을 저지하는 효력이 있으므로(이를 「존재효과설(存在效果說)」이라고 한다), 쌍무계약에 있어서는 채무이행의 확정기한이 있더라도 그 이행기가 도과한 사실만으로는 지체책임이 발생하지 아니하며, 당사자 일방이 자기 채무의 이행을 제공하고 상대방의 채무이행을 최고하여야 비로소 이행지체책임이 발생하게 된다(대법원 2010.10.14.선고, 2010다47438 판결 등). 또한 쌍무계약에 있어서 동시이행관계에 있는 양 채무의 변제제공의 방법도 일반원칙에 따라야 할 것이므로,

---

24) 곽윤직, 74; 김상용, 118; 김증한/김학동, 96; 김형배, 177; 현승종, 108 참조.

25) 같은 취지: 대법원 1972.3.28., 71마155 결정.

26) 판례평석: 임성권, "동시이행관계와 이행지체에 관한 판례평석", 법학연구 1집(인하대법학연구소, 1999/12), 199 이하. 같은 취지: 대법원 1997.8.22.선고, 96다40851·40868 판결; 대법원 1999.2.23.선고, 97다53588 판결; 대법원 1999.7.9.선고, 98다13754·13761 판결; 대법원 2001.7.10.선고, 2001다3764 판결; 대법원 2010.10.14.선고, 2010다47438 판결.

27) 남효순, "이행거절권능의 법률관계 -이행거절권능이 인정되는 법률관계의 비교 및 이행지체책임 불성립의 법리를 중심으로-" 서울대법학 42권 4호(서울대법학연구소, 2001/12), 113 참조.

그 채무를 이행함에 있어 상대방의 행위를 필요로 할 때에는 언제든지 현실로 이행을 할 수 있는 준비를 완료하고 그 뜻을 상대방에게 통지하여 그 수령을 최고하여야만 상대방으로 하여금 이행지체에 빠지게 할 수 있다(대법원 2001.7.10.선고, 2001다3764 판결 등).[28] (☞ 제3장 제2절 「변제의 제공」)

한편 쌍무계약의 당사자 일방이 변제의 제공을 한 경우에는 상대방은 동시이행항변권을 행사할 수 없음은 물론, 제공된 변제를 수령하지 않으면 수령지체책임을 지게 되는데(400조), '당사자 일방이 먼저 채무의 이행을 제공하여 상대방이 수령지체에 빠진 후에는 다시 그 이행제공을 계속하지 않더라도 상대방은 이행지체책임을 지는가?' 하는 것이 문제된다. 이에 대해서는, '당사자 일방이 이행제공을 계속하지 않는 한 수령지체에 빠진 상대방이라고 하더라도 동시이행항변권은 인정되어야 한다'고 해석하는 견해가 지배적이다. 판례도 '과거에 한 번 이행의 제공이 있었다는 사실만으로 상대방이 가지는 동시이행항변권이 소멸하는 것은 아니므로, 당사자 일방의 이행제공이 있었으나 그 이행제공이 중지되어 더 이상 그 제공이 계속되지 아니하는 기간 동안에는 상대방의 의무가 이행지체 상태에 빠졌다고 할 수는 없다'고 하여, '상대방의 동시이행항변권을 인정하는 동시에 이행지체책임의 성립도 부정하여야 한다'는 입장을 취하고 있다(대법원 1995.3.14.선고, 94다26646 판결 등).[29]

b) 일방 당사자가 선이행의무를 부담하는 경우 : 쌍무계약의 당사자 일방이 선이행의무를 부담하는 경우에는 동시이행항변권이 인정되지 않으므로(536조 1항 단서), 확정기한부 선이행의무의 이행기가 도래한 때에는 선이행의무자의 이행지체책임이 발생한다. 다만, 이러한 원칙에는 다음과 같은 두 가지 예외가 인정된다.

(i) 선이행의무자에게 「불안의 항변권」이 인정되는 경우 쌍무계약의 일방 당사자가 선이행의무를 부담하는 경우라고 하더라도 아직 이행기에 이르지 아니한 상대방의 채무이행이 현저히 불투명하게 된 경우에는, 채무자는 제536조 제2항 및 신의칙에 의하여 반대급부의 이행이 확실하여질 때까지 선이행의무의 이행을 거절할 수 있는 이른바 「불안의 항변권」(Unsischerheitseinrede)이 인정되므로, 당사자 일방의 선이행의무가 확정기한부채무라고 하여 기한의 도래로 반드시 지체책임이 발생하는 것은 아니다(대법원 1997.7.25.선고, 97다5541 판결 등).[30]

---

28) 같은 취지: 대법원 2010.10.14.선고, 2010다47438 판결.

29) 판례평석: 김상용, "쌍무계약에서 변제의 제공을 한 후 이를 중지한 당사자의 상대방에 대한 이행지체를 원인으로 한 손배청구의 가부(상)·(하)", 법률신문 2419호(상)·2420호(하)(법률신문사, 1995/7), 15; 남효순, "동시이행관계와 지체책임", 민사판례연구(18)(민사판례연구회, 1996/5), 219 이하; 강일원, "동시이행의 항변과 이행지체로 인한 손해배상", 민사재판의 제문제 9권(한국사법행정학회, 1997/3), 291 이하 참조. 같은 취지: 대법원 1999.7.9.선고, 98다13754·13761 판결; 대법원 2014.4.30.선고, 2010다11323 판결.

30) 판례평석: 곽종훈, "선이행의무에 대한 이행거절권능과 이행지체책임", 대법원판례해설 29호(법원도서관, 1998/6), 116 이하; 김동훈, "불안의 항변권의 의의", 민사법학 17호(한국민사법학회, 1999/4), 333

(ⅱ) **매수인이 중도금을 지급하지 않은 상태에서 잔금지급기일이 도래한 경우** 부동산매매계약에서는 매수인이 매매대금을 계약금과 중도금, 잔금으로 나누어 지급하되, 매도인은 잔금과 상환하여 소유권이전등기에 필요한 일체의 서류를 교부하는 것으로 약정하는 것이 일반적인 거래의 관행인데, '매수인이 중도금을 지급하지 않은 상태에서 잔금지급기일이 도래한 경우에도 매수인은 중도금지급의무의 이행지체책임을 져야 하는가?' 하는 것이 문제된다. 이에 대하여, 판례는 '매수인이 선이행의무인 중도금을 지급하지 않은 상태에서 잔금지급기일이 도래한 경우에는 중도금 및 잔대금을 합한 금액을 지급할 매수인의 의무와 매도인의 소유권이전등기에 필요한 서류 일체를 제공할 의무는 동시이행관계에 있으므로, 매수인은 중도금을 지급하지 아니한 데 대한 이행지체의 책임을 지지 않는다'고 한다(대법원 2002.3.29.선고, 2000다577 판결 등).31)

(C) 지시채권·무기명채권·기타 유가증권·면책증서의 경우 지시채권(517조)·무기명채권(524조)과 같은 증권적 채권이나 기타의 유가증권(상법 65조)과 면책증서가 발행된 채무(526조)의 경우에는, 채무의 확정기한이 있더라도 기한도래 후에 그 증서의 소지인이 증서를 제시하여 이행을 청구하여야 비로소 그 때부터 지체책임이 발생한다(대법원 1972.6.13.선고, 72다613 판결 등).32)

2) 불확정기한부(不確定期限附) 채무의 경우

채무이행의 불확정한 기한이 있는 경우에는, 채무자는 기한이 도래함을 안 때부터 비로소 지체책임을 진다(387조 1항 2문). 이론상으로는 '불확정기한의 경우에도 이행기가 도래하면 채무는 이행지체상태에 빠진다'고 할 수도 있으나, 민법은 이행기의 도래를 알지 못한 채무자에게 지체책임을 지우는 것은 가혹한 결과가 된다는 점을 고려하여 채무자가 기한의 도래를 안 때로부터 지체책임을 지도록 규정한 것이다.33)

한편 불확정기한부채무의 경우에도 확정기한부채무의 경우와 마찬가지로, '이행지체책임은 채무자가 기한의 도래를 안 날의 다음 날부터 발생한다'고 새겨야 할 것이다.34)

실제사건에서는 '당사자가 과연 「불확정기한부채무」의 성립을 약정한 것인가'의 여부가 문제되는 경우가 많으므로, 이하에서는 판례를 중심으로 이 문제를 살펴보기로 한다.

이하. 같은 취지: 대법원 1999.7.9.선고, 98다13754·13761 판결; 대법원 2003.5.16.선고, 2002다2423 판결.

31) 같은 취지: 대법원 1980.4.22.선고, 80다268 판결; 대법원 1988.9.27.선고, 87다카1029 판결; 대법원 1991.3.27.선고, 90다19930 판결; 대법원 1992.4.14.선고, 91다43107 판결; 대법원 1998.3.13.선고, 97다54604·54611 판결; 대법원 1999.7.9.선고, 98다13754·13761 판결; 대법원 2001.7.27.선고, 2001다27784·27791 판결.

32) 같은 취지: 대법원 1976.5.11.선고, 73다616 판결.

33) 곽윤직, 74; 김증한/김학동, 96; 김형배, 177; 현승종, 108 참조.

34) 同旨: 민법주해(9)/양창수, 110; 김상용, 119 참조.

(가) 장래의 불확실한 사실이 발생한 때를 이행기로 정한 경우

판례에 따르면, 당사자가 장래의 불확실한 사실이 발생한 때를 이행기로 정한 경우(예컨대, 도급계약에서 도급인이 '건축허가가 나면 공사대금의 일부를 지급하겠다'고 약정한 경우)에는 계약이나 대금지급채무의 효력을 장래의 불확실한 사실의 발생 여부에 의존하도록 할 의사로 약정한 것(조건부 채무성립의 약정)으로 볼 것이 아니라, 단지 채무의 이행을 장래 도래할 시기가 확정되지 아니한 때로 유예한 불확정기한을 정한 것이라고 보아야 할 것이므로, 당사자가 약정한 그 사실이 발생한 때는 물론 그 사실의 발생이 불가능하게 된 때에도 이행기가 도래한 것으로 보아야 한다(대법원 1989.6.27.선고, 88다카10579 판결 등).[35] 이러한 취지에서, 대법원은 ① '건축설계계약을 체결하면서 잔금은 공사착공시에 지급하되, 공사착공이 건축허가일로부터 6개월을 초과하는 경우에는 허가일로부터 6개월 내에 지급하기로 약정한 경우에는, 계약 체결 당시 계약이나 잔금지급채무의 효력을 공사착공 또는 건축허가 여부에 의존케 할 의사로 위와 같이 약정하였다고 볼 수는 없고, 단지 잔금지급채무를 장래 도래할 시기가 확정되지 아니한 때로 유예 또는 연기한 것으로서 잔금지급채무의 시기에 관하여 불확정기한을 정한 것이라고 보아야 할 것'이며(대법원 1999.7.27.선고, 98다23447 판결), ② '지방자치단체와 분쟁이 있던 은행이 분쟁해결을 위하여 지방자치단체가 청구권을 행사하지 않는 대신 지방자치단체의 문화시설 건립비용을 부담하기로 하되, 그 비용의 지급방법은 상호 협의에 의하여 정하기로 한 경우에는, 은행이 그 건립비용을 지방자치단체에 무조건 지급하되 그 이행시기를 지방자치단체와 협의가 성립한 때로 정한다는 의미로서, 그 약정은 불확정기한부 화해계약이라고 보아야 한다'고 판시한 바 있다(대법원 2002.3.29.선고, 2001다41766 판결). 또한 ③ '재건축사업을 추진하던 자들과 사업 진행에 필요한 운전자금을 출자하고 사업상의 이익에 참여하기로 하는 등의 공동사업계약을 체결하고 그들에게 운전자금을 지급한 자가, 그 후 사업진행이 순조롭지 않자 공동사업관계에서 탈퇴하면서 "스폰서가 영입되거나 사업권을 넘길 경우나 사업을 진행할 때"에는 위 출자금을 반환받기로 하는 청산약정을 체결한 경우에는, 위 부관의 법적 성질은 위 약정에서 정해진 사유가 발생하지 않으면 언제까지라도 투자금을 반환할 의무가 성립하지 않는 정지조건이라기보다는 불확정기한으로 보아, 출자금반환의무는 위 약정사유가 발생하는 때는 물론이고 상당한 기간 내에 위 약정사유가 발생하지 않는 때에도 성립한다'고 판시한 바 있다(대법원 2009.5.14.선고, 2009다16643 판결).

35) 판례평석: 김정술, "기한사실의 발생불능에 의한 불확정기한의 도래", 대법원판례해설 11호(법원행정처, 1990), 131 이하. 같은 취지: 대법원 2002.3.29.선고, 2001다41766 판결; 대법원 2006.9.28.선고, 2006다24353 판결; 대법원 2007.5.10.선고, 2005다67353 판결; 대법원 2009.5.14.선고, 2009다16643 판결.

(나) 채무자가 이행기의 도래를 모른 경우에도 지체책임이 발생하는 경우

채무이행의 불확정한 기한이 있는 경우에는 채무자가 기한이 도래하였음을 안 때부터 지체책임을 지는 것이 원칙이나, 채무자가 기한이 도래하였음을 알지 못하였다고 하더라도 채권자가 이행을 최고하였거나 채무자가 기한의 도래를 알지 못한 데 과실이 있는 때에는 채권자의 이행의 최고가 있은 때부터 지체책임이 발생한다고 해석하여야 한다. 이행기의 도래를 알지 못한 채무자에게 이행지체책임을 묻는 것은 가혹하다는 점을 고려하여 민법이 채무자가 불확정기한의 도래를 알지 못한 경우에는 이행지체책임을 물을 수 없도록 한 것이라는 제도의 취지를 고려하면, 채무자가 기한의 도래를 알 수 있었던 경우(모른 데 과실이 있는 경우)에 채무자의 이행지체책임을 묻는 것을 가혹하다고 할 수 없기 때문이다.

3) 이행기가 없는 채무의 경우

(가) 원칙 : 채무자가 이행의 청구를 받은 때

채무이행의 기한이 없는 경우에는 채무자는 이행청구를 받은 때로부터 지체책임이 있다(387조 2항). 원래 이행기가 없는 채무는 그 발생과 동시에 이행기에 있다고 할 수 있으므로, 채권자는 언제든지 이행의 청구를 할 수 있다. 그러나 채권자가 언제든지 이행의 청구를 할 수 있다는 것과 채권자의 이행청구가 없어도 채무자가 지체책임을 진다는 것은 이론상 별개일 뿐만 아니라, 채무의 발생과 동시에 채무자가 지체책임을 진다는 것은 채무자에게 가혹한 결과가 되기 때문에, 민법은 채권자의 이행 최고를 기한 없는 채무에 있어서의 지체책임의 발생요건으로 규정한 것이다. 여기서 「이행청구」, 즉 「이행의 최고」라 함은 '채무의 이행을 촉구하는 채권자의 의사의 통지'를 말한다. 따라서 최고는 당해 채무에 관하여 하여야 하나, 반드시 수량·금액 등을 정확하게 표시하지 않더라도 그 채무의 동일성을 인식할 수 있는 정도로 특정하면 충분하다. 또한 최고의 방법에 대한 특별한 제한은 없으므로, 최고는 이행청구의 의사가 채무자에게 도달하기만 하면 된다. 따라서 소장의 송달에 의한 최고도 가능하다(대법원 1963.5.9.선고, 63다131 판결 등).[36] 이와 관련하여 '이행최고의 금액이 실제 채무액보다 과대한 경우'인 「과대최고」의 효력이 문제되는데, 판례는 '과대최고는 부적법한 최고이므로 원칙적으로 그 법적 효력을 인정할 수 없으며, 특히 채무자가 본래의 채무액만을 제공하더라도 채권자가 이를 수령하지 않을 것이 명백한 경우라면 과대최고에 기한 계약해제는 효력이 없다'고 한다(대법원 1990.6.26.선고, 89다카34022 판결 등).[37] 그러나 '과대최고도 최고로서 일단 유효하나, 그 최고의 효력은 실제 채무액의 한도에서 발생한다'고 해석하는 것이 타당하다고 할 것이다.[38]

---

36) 같은 취지: 대법원 1966.5.31.선고, 66다663 판결; 대법원 1969.1.28.선고, 68다2313 판결.

37) 같은 취지: 대법원 1994.5.10.선고, 93다47615 판결; 대법원 1994.10.11.선고, 94다24565 판결; 대법원 1994.11.25.선고, 94다35930 판결; 대법원 1995.9.5.선고, 95다19898 판결; 대법원 1995.9.15.선고, 94다54894 판결.

민법은 「이행기가 없는 채무」에서 채무자의 이행지체책임은 '채무자가 이행청구를 받은 때'에 발생하는 것으로 규정하고 있으나(387조 2항), 이 경우에도 '이행지체책임은 채권자의 최고의 의사표시가 채무자에게 도달한 다음 날부터 발생한다'고 해석하여야 할 것이다(대법원 1988.11.8.선고, 88다3253 판결 등).[39] 왜냐하면 만일 이행기가 없는 채무에서 채무자가 이행청구를 받은 때에 즉시 지체책임이 발생한다고 한다면, 채무자는 언제든지 이행의 준비를 갖추고 이행청구를 기다려야 한다는 결과가 되는데, 이는 채무자에게 가혹한 결과가 되기 때문이다(대법원 1972.8.22.선고, 72다1066 판결 등).[40] 따라서 이 경우의 지연이자도 이행청구가 도달한 날의 다음 날부터 기산하여야 할 것이다.

(나) 예 외

위에서 살펴본 바와 같이, 이행기가 없는 채무에 있어서의 채무자의 이행지체책임은 채무자가 이행청구를 받은 날의 다음 날부터 발생하는 것이 원칙이나, 이러한 원칙에는 다음 두 가지 예외가 있다.

(A) 반환시기의 약정이 없는 소비대차에서의 반환채무 차용물의 반환시기의 약정이 없는 소비대차의 경우, 대주는 상당한 기간을 정하여 차주에게 반환을 최고하여야 하므로(603조 2항), 그 상당한 기간이 경과한 후에야 비로소 차주의 지체책임이 발생한다. 이행최고의 방법에 관하여, 판례는 '소장의 송달로써 이행의 최고를 할 수 있으며, 소장 송달 후 변론종결에 이르는 동안에 지급준비에 필요한 상당한 기간이 경과하였다면 차주는 최고의 항변권을 상실한다'는 입장을 취하고 있다(대법원 1966.5.31.선고, 66다663 판결 등).[41]

(B) 불법행위로 인한 손해배상채무 불법행위로 인한 손해배상채무는 당사자의 약정에 의한 이행기가 있을 수 없으므로, 제387조 제2항의 원칙을 적용하면 '피해자가 이행을 청구한 때부터 지체책임이 발생한다'고 해석하여야 할 것이다. 그러나 통설과 판례는 '불법행위로 인한 손해배상채무는 손해의 발생과 동시에 이행기가 도래하므로, 채권자(피해자)의 이행청구가 없더라도 즉시 지체책임이 발생한다'고 해석하고 있다(대법원 1975.1.28.선고, 74다2021 판결 등).[42] 그러므로 통설·판례의 입장에 따르면, 불법행위로 인한 손해배상채무의 지연배상의무는 불법행위가 있은 다음날부터 기산하여야 한다(대법원 1975.1.28.선고, 74다2021 판결). 또한 '타인의 불법행위로 인하여 상해를 입고 그 때문에 사망한 자는 상해를 입음과 동시에 가해자에 대하여

38) 同旨: 현승종, 109 참조.
39) 같은 취지: 1972.8.22.선고, 72다1066 판결; 대법원 1976.5.11.선고, 73다616 판결.
40) 판례평석; 황적인, "제387조 제2항의 기한의 정함이 없는 채무의 이행지체시기", 서울대법학(판례회고) 1호(서울대법학연구소, 1973/9), 31 이하. 같은 취지: 대법원 2014.4.10.선고, 2012다29557 판결.
41) 같은 취지: 대법원 1963.5.9.선고, 63다131 판결; 대법원 1969.1.28.선고, 68다2313 판결.
42) 같은 취지: 대법원 1966.10.21.선고, 64다1102 판결; 대법원 1975.5.27.선고, 74다1393 판결; 대법원 1993.3.9.선고, 92다48413 판결; 대법원 2010.7.22.선고, 2010다18829 판결.

장래 생존하여 얻을 이익의 상실에 따른 손해배상청구권을 취득하는 것이고, 그 손해는 사망 이전에 발생하는 것이지 사망을 원인으로 하여 발생하는 것이 아니므로, 불법행위일부터 재산상 손해와 위자료를 합산한 금액 전부에 대하여 지연손해금의 지급의무가 발생한다'는 것이 판례의 입장이다(대법원 1993.3.9.선고, 92다48413 판결 등).[43)]

한편 대법원은 '공무원들에 의하여 불법구금이 개시된 1969.1.28.경으로부터 원심의 변론종결일인 2009.11.11.까지 40년 이상의 오랜 세월이 경과하여 그 사이에 우리나라의 물가와 국민소득수준 등이 몇 곱절 상승함으로 말미암아 이를 반영하여 증액된 위자료에 대하여 이 사건 불법행위가 저질러진 시기와 가까운 때인 1969년 무렵부터 지연이자가 발생한다고 보는 경우에는, 합리적인 이유 없이 현저하게 과잉된 지연배상을 허용하는 결과가 되는바, 이처럼 불법행위시와 사실심 변론종결시 사이에 장기간의 세월이 경과되어 위자료를 산정함에 있어서 반드시 참작하여야 할 변론종결시의 통화가치 등에 불법행위시와 비교하여 상당한 변동이 생긴 때에는, 예외적으로 불법행위로 인한 위자료배상채무의 지연손해금은 그 위자료산정의 기준시인 사실심 변론종결시에 발생한다'고 판시한 바 있다(대법원 2011.1.27.선고, 2010다6680 판결 등).[44)45)] 다만, 대법원은 ① '이 사건 재심대상판결은 종래의 대법원판결들이 선언한 법리의 적용범위와 한계를 분명히 하고, 그 법리가 적용되지 않는 경우에 적용할 새로운 법리를 표시한 것일 뿐 종래 대법원이 표시한 의견을 변경한 경우에는 해당하지 않는다'고 판시한 후 이를 전제로, ② '불법행위로 인한 손해배상에 있어 재산상 손해에 대한 배상액은 그 손해가 발생한 불법행위 당시를 기준으로 하여 액수를 산정하여야 하고, 공평의 관념상 별도의 이행최고가 없더라도 그 불법행위 당시부터 지연손해금이 발생하는 것이 원칙이나, 정신상 손해에 대한 배상인 위자료는 불법행위 그 자체로 인하여 피해자가 입은 고통의 정도, 가해자가 보인 태도, 가해자와 피해자의 연령, 사회적 지위, 재산상태는 물론, 국민소득수준 및 통화가치 등 여러 사정을 종합적으로 고려하여 사실심 변론종결시를 기준으로 그 수액이 결정되어야 하는 것이므로, 불법행위시와 사실심 변론종결시가 통화가치 등의 변동을 무시해도 좋을 정도로 근접해 있는 경우에는 위자료에 대하여도 재산상 손해에 대한 배상액과 마찬가

---

43) 같은 취지: 대법원 1966.10.21.선고, 64다1102 판결; 대법원 1975.1.28.선고, 74다2021 판결; 대법원 1975.5.27.선고, 74다1393 판결; 대법원 2010.7.22.선고, 2010다18829 판결; 대법원 2011.7.21.선고, 2011재다199 전원합의체 판결; 대법원 2012.2.23.선고, 2010다97426 판결.

44) 이 사건은 '불법행위로 인한 손해배상채무에 대하여는 원칙적으로 그 성립과 동시에 불법행위시부터 지연손해금이 발생한다고 할 것이지만, 불법행위시와 사실심변론종결시 사이에 40년 이상의 오랜 세월이 경과되어 위자료를 산정함에 반드시 참작해야 할 변론종결시의 통화가치 또는 국민소득수준 등에 불법행위시와 비교하여 상당한 변동이 생긴 때에는, 합리적인 이유 없이 과잉손해배상이 이루어지는 것을 방지하기 위하여, 예외적으로 그 위자료 산정의 기준시인 사실심 변론종결일부터 지연손해금이 발생한다'고 판단한 원판결(서울고등법원 2009. 12.23.선고, 2009나65340 판결)에 대한 재심사건이었다.

45) 같은 취지: 대법원 2012.3.29.선고, 2011다38325 판결; 대법원 2014.1.16.선고, 2013다205341 판결.

지로 불법행위 당시부터 지연손해금의 지급을 명하더라도 특별히 문제될 것은 없고 그렇게 하는 것이 원칙이나, ③ 불법행위시부터 사실심 변론종결시까지 사이에 장기간이 경과하고 통화가치 등에 상당한 변동이 생긴 경우에는, 그와 같이 변동된 사정까지를 참작하여 사실심 변론종결시를 기준으로 한 위자료의 수액이 결정되어야 하는 것이므로, 그 위자료에 대하여는 앞서 본 원칙적인 경우와는 달리, 사실심 변론종결일 이후의 기간에 대하여 지연손해금을 지급하도록 하여야 하고, 불법행위시로 소급하여 그때부터 지연손해금을 지급할 아무런 합리적인 이유나 근거가 없다'고 판시하였다(대법원 2011.7.21.선고, 2011재다199 전원합의체판결).

4) 기한의 이익을 상실한 채무의 경우

계약이 성립하면 그 효력으로 즉시 채권·채무가 발생하는 것이 원칙이나, 채무의 이행기는 기한을 두어 약정하는 것이 보통인데, '기한이 두어져 있는 이익'을 「기한의 이익」이라고 하며, 기한의 이익은 채무자를 위한 것으로 추정된다(153조 1항). 따라서 채무자는 원칙적으로 자신의 기한의 이익을 포기하고 기한 전에 변제할 수 있다. 다만, 기한의 이익의 포기로 채권자의 이익을 해하지 못할 뿐이다(153조 2항). 채권자가 채무자에게 기한의 이익을 부여하는 이유는 채무자가 기한이 도래한 때에 틀림없이 채무를 이행할 것이라고 신뢰하였기 때문이라고 할 수 있다. 따라서 채무자가 그러한 신용을 잃은 경우에도 계속하여 기한의 이익을 부여할 수는 없는 것이다. 이러한 이유로 법률은 채무자의 신용이 상실되었다고 볼 만한 일정한 경우에 채무자의 기한의 이익이 상실됨을 규정함으로써 당사자 사이의 분쟁의 소지를 없애고 있다.

(가) 기한이익 상실의 사유

(A) 민법상의 기한이익 상실의 사유

a) 채무자가 담보를 손상, 감소 또는 멸실하게 한 때 : 채무자가 담보를 손상, 감소 또는 멸실하게 한 때에는 기한의 이익을 주장하지 못한다(388조 1호). 여기서 "담보"라 함은, 저당권이나 질권 등의 물적 담보는 물론이고, 보증인·연대채무자 등의 인적 담보도 포함하는 개념이다. 이러한 의미에서의 담보를 손상·감소·멸실하게 하는 것은 법률행위이든 사실행위이든 상관이 없다. 예컨대, 채무자가 보증인을 무자력하게 만들거나 살해하는 등의 행위는 인적 담보를 손상·감소·멸실하게 하는 행위에 해당한다. 또한 채무자가 담보를 손상·감소·멸실하게 하는 행위만 있으면 담보가 부족하게 되는 결과가 발생하지 않더라도 기한이익 상실의 효과는 발생한다.[46]

문제는 '담보의 손상·감소·멸실에 채무자의 귀책사유가 필요한가?' 하는 것인데, 이에 대해서는 '담보의 손상·감소·멸실의 결과가 채무자의 행위에 기한 것이면 충분하며, 반드시

---

46) 민법주해(9)/양창수, 139 참조.

채무자의 고의·과실에 의한 것일 필요는 없다'는 것이 통설이다.[47] 그러나 이러한 통설적 견해에 대해서는, '채무자의 귀책사유 없이 단지 채무자의 행위에 의하여 담보가 손상·감소·멸실되었다고 하여 기한이익의 상실이라는 중대한 불이익을 채무자에게 귀속시킨다는 것은 근거가 희박하다'는 비판론이 제기되고 있다.[48] 이론상으로는 비판론이 타당하나, 채무자의 적극적인 행위에 의하여 담보가 손상된 경우 등 대부분의 경우에는 채무자의 귀책사유가 인정될 수 있을 것이므로 학설대립의 실익은 크지 않다고 생각된다.

b) 채무자가 담보제공의 의무를 이행하지 아니한 때 : 당사자의 약정 또는 법률의 규정에 의하여 채무자가 담보제공의무를 부담하는 경우에는, 담보제공의무를 이행하지 아니한 채무자는 기한의 이익을 주장하지 못한다(388조 2호). 위임계약에서 수임인의 비용상환청구권을 담보하기 위하여 위임인이 담보제공의무를 부담하는 경우(688조 2항)와 같이, 법률의 규정에 의하여 담보제공의무가 발생하는 경우에는 기한이익의 상실이 사실상 문제되지 않으므로,[49] 담보제공의무의 불이행으로 인한 기한이익의 상실은 사실상 당사자의 약정에 의하여 담보제공의 의무가 있는 경우에 한하여 문제된다. 그리고 이 경우에는 채무자가 주관적으로 상당하다고 생각하는 담보의 제공을 채권자에게 통지하여야 하며, 채권자가 상당한 담보의 내용을 통지하여 줄 것을 최고하였음에도 불구하고 채무자가 이를 통지하지 않은 경우에는 채무자는 기한의 이익을 상실한다.[50]

(B) 특별법상의 기한이익 상실의 사유

a) 채무자가 파산선고를 받은 때 : 채무자가 파산선고를 받은 경우에는 기한부채권은 파산선고시에 변제기에 이른 것으로 본다(채무자회생법 425조). 즉, 채무자는 파산선고에 의하여 기한이익을 상실한다. 채무자가 파산선고를 받은 경우에는 채무자에게 신용이 없다는 사실을 국가기관인 법원이 공식적으로 확인한 것이므로, 채무자에게 기한의 이익을 계속 부여할 이유가 없기 때문이다.

b) 그 밖에 법률규정에 의하여 기한의 이익이 상실되는 경우 : 담보부사채신탁에 있어서 위탁회사가 정기로 사채의 일부를 상환할 경우에 2개월을 지연하거나, 이자를 지급할 경우에 3개월을 지연하였을 때에는 신탁업자는 집회의 결의에 의하여 일정기간 내에 상환 또는 지급을 하여야 한다는 뜻과 그 기간 내에 상환 또는 지급을 하지 아니할 때에는 사채의 총액에 대하여 기한의 이익을 상실한다는 뜻을 위탁회사에 최고할 수 있고(담보부사채신탁법 69조 1항), 위탁회사가 위 기간 내에 상환 또는 지급을 하지 아니할 때에는 사채의 총액에 대하여 기한의 이

47) 곽윤직, 76; 김상용, 114; 김증한/김학동, 98; 김형배, 180; 현승종, 111 참조.
48) 민법주해(9)/양창수, 138; 송덕수, 124 참조.
49) 민법주해(9)/양창수, 142 참조.
50) 同旨: 상게서, 144; 곽윤직, 82; 김상용, 120; 김형배, 197; 현승종, 111 참조.

익을 상실한다(동조 2항).

(C) 기한이익 상실에 관한 당사자의 특약이 있는 경우 '채무자가 다른 채권자로부터 강제집행을 받는 경우에는 기한이익을 상실한다'는 약정을 한 경우와 같이, 당사자의 특약에 의하여 일정한 경우에 기한의 이익을 상실하게 할 수 있다. 다만, 특약에 의한 기한이익 상실의 사유가 막연하여 객관적으로 확정할 수 없는 경우와 같이, 기한이익의 상실이 채무자에게 부당하게 불이익을 강요하는 결과가 되는 경우에는 사회질서에 반하는 약정으로 무효가 될 수도 있다(103조).[51]

판례는 「기한이익 상실의 특약」을 ① 특약으로 정한 일정한 사유가 발생하면 채권자의 청구가 없어도 당연히 기한의 이익이 상실되어 이행기가 도래한 것으로 간주되는 효과가 발생하는 「정지조건부 기한이익상실의 특약」과, 특약으로 정한 일정한 사유가 발생하더라도 채권자의 통지나 청구 등이 있어야 비로소 이행기가 도래한 것으로 간주되는 「형성권적 기한이익상실의 특약」의 두 가지로 분류하고, '기한이익 상실의 특약이 위 양자 중 어느 것에 해당하느냐는 기본적으로 당사자의 의사해석의 문제이나, 당사자의 의사가 명확하지 않은 경우에는 채권자의 이행청구에 의하여 지체책임이 발생하는 「형성권적 기한이익상실의 특약」으로 추정하는 것이 타당하다'는 입장을 취하고 있다(대법원 2002.9.4.선고, 2002다28340 판결 등).[52] 또한 ② '「정지조건부 기한이익상실의 특약」의 경우에는 기한이익의 상실사유가 발생함과 동시에 이행기 도래의 효과가 발생하므로 채무자는 그 때부터 이행지체의 상태에 놓이게 되나(대법원 1989.9.29.선고, 88다카14663 판결),[53] 「형성권적 기한이익 상실의 특약」의 경우에는 기한이익 상실의 사유가 발생하여 기한이익이 상실된 경우에도 즉시 지체책임이 발생하는 것이 아니라 채권자의 이행청구가 있은 때에 비로소 이행기가 도래하여 지체책임이 발생하는 것이므로, 이와 같은 「형성권적 기한이익 상실의 특약」이 있는 할부채무에 있어서는 기한이익 상실의 사유가 발생하였더라도 채권자가 나머지 전액을 일시에 청구할 것인가 또는 종래대로 할부변제를 청구할 것인가를 자유로이 선택할 수 있으므로, 1회의 불이행이 있더라도 각 할부금에 대해 그 각 변제기의 도래시마다 그 때부터 순차로 소멸시효가 진행하고, 채권자가 특히 잔존채무 전액의 변제를 구하는 취지의 의사를 표시한 경우에 한하여 전액에 대하여 그때부터 소멸시효가 진행한다'고 한다(대법원 1997.8.29.선고, 97다12990 판결 등).[54]

---

51) 민법주해(9)/양창수, 145 이하 참조.
52) 같은 취지: 대법원 2010.8.26.선고, 2008다42416·42423 판결.
53) 같은 취지: 대법원 1999.7.9.선고, 99다15184 판결.
54) 판례평석: 엄동섭, "기한이익상실약관과 소멸시효의 기산점" 법률신문 2697호(법률신문사, 1998/5), 14 이하; 김상배, "기한이익상실의 특약 있는 할부채무에서 소멸시효의 진행시기", 재판과 판례 8집(대구판례연구회, 1999/12), 91 이하; 최진갑, "기한이익상실특약이 있는 할부지급채무의 소멸시효 기산점", 판례연구 11집(부산판례연구회, 2000/1), 1 이하; 구병수, "기한이익상실약관과 소멸시효의 기산점

(나) 기한이익 상실의 효과

기한이익 상실의 사유가 발생하면 채무자는 기한의 이익을 주장하지 못한다(388조). 그러나 파산선고가 있거나 정지조건부 기한이익상실의 특약이 있는 경우를 제외하고는 기한이익 상실이 곧 기한의 도래를 의제하는 효력이 있는 것은 아니다. 그러므로 채권자는 채무자가 기한의 이익을 상실하는 즉시 이행을 청구할 수도 있으나, 이행청구를 하지 아니하고 기한이 도래할 때까지 기다릴 수도 있다. 즉, 채무자의 기한이익 상실로 이행기가 도래한 것으로 되어 즉시 지체책임이 발생하는 것은 아니며, 채권자의 이행청구가 있은 때에 비로소 지체책임이 발생하는 것이다. 따라서 이자부 금전채무에 있어서 채무자가 기한이익을 상실한 경우에도 채권자가 원본채무의 이행을 청구하기 전까지는 약정이자를 청구할 수 있으나, 일단 채권자가 원본채무의 이행을 청구하면 이행지체책임이 발생하므로 약정이자를 청구할 수는 없지만 약정이자율에 따른 손해배상(지연이자)은 청구할 수 있다(397조 1항 단서). 그러나 채무자가 파산한 경우에는 기한부채권은 파산선고시에 변제기에 이른 것으로 간주되므로 파산선고시에 이행지체책임이 발생한다(채무자회생법 425조). 또한 '당사자 사이에 「정지조건부 기한이익 상실의 특약」이 있는 경우에는 기한이익 상실의 사유가 발생함과 동시에 이행기 도래의 효과가 발생하므로, 채무자는 기한이익 상실의 사유가 발생한 때로부터 이행지체책임을 지게 된다'는 것은 전술한 바와 같다(대법원 1989.9.29.선고, 88다카14663 판결 등).

(3) 채무자의 귀책사유 : 고의·과실

독일민법은 채무불이행의 일반적 요건으로서 채무자의 귀책사유가 요구된다는 점과(BGB §276),[55] 이행지체책임의 성립을 위해서도 채무자의 귀책사유가 필요하다는 점을 명문으로 규정하고 있다(BGB §286Ⅳ).[56] 그러나 우리 민법은 이행불능으로 인한 채무불이행책임의 성립요건으로서 채무자의 귀책사유(고의 또는 과실)가 필요하다는 점은 명확하게 규정하고 있으나(390조 단서, 546조), 이행지체로 인한 채무불이행책임의 성립요건으로서 채무자의 귀책사유가 요구되는지 여부에 대해서는 명확한 규정을 두고 있지 않다(387조, 390조, 544조). 여기서 '우리 민법의 해석상 이행지체로 인한 채무불이행책임은 채무자의 귀책사유가 없어도 성립하는가,

---

에 관한 연구", 법학연구 7집(한국법학회, 2001/6), 247 이하; 박재현, "기한이익상실의 특약과 소멸시효의 기산점", 재판과 판례 11집(대구판례연구회, 2002/12), 289 이하. 같은 취지: 대법원 2002.9.4.선고, 2002다28340 판결.

55) 독일민법 제276조(채무자의 책임) (1) 채무자는 보다 엄격하거나 완화된 책임에 대하여 정함이 없고, 또한 그것이 채권관계의 다른 내용, 특히 보증의 인수 또는 조달위험의 인수로부터 추론되지도 아니하는 때에는, 고의와 과실에 대하여 책임이 있다. 이에는 제827조와 제828조의 규정을 준용한다. (2) 거래상 요구되는 주의를 기울이지 아니한 자는 과실로 행위하는 것이다. (3) 채무자의 고의로 인한 책임은 사전에 면책될 수 없다.

56) 독일민법 제286조(채무자의 이행지체) (4) 급부가 채무자에게 귀책될 수 없는 사유로 인하여 실행되지 않은 경우에는 채무자는 지체에 빠지지 아니한다.

즉 이행지체책임은 무과실책임인가?' 하는 의문이 발생한다.[57]

이에 대해서는 '이행지체로 인한 채무불이행책임도 채무자의 귀책사유를 요건으로 하는 과실책임'이라고 해석하는 것이 타당하며, 이러한 견해가 통설이다. 그 근거는, ① 민법은 이행지체 중의 손해배상책임에 관한 제392조에서, "채무자는 자기에게 과실이 없는 경우에도 그 이행지체 중에 생긴 손해를 배상하여야 한다"고 규정하고 있는바, 이는 '이행지체로 인한 손해배상책임의 성립에는 원칙적으로 채무자의 귀책사유가 필요하다'는 것을 전제로 하는 것이라는 점, ② 민법은 성질상 이행지체에 해당하는 금전채무의 불이행으로 인한 손해배상책임의 특칙을 규정한 제397조 제2항에서, '금전채무의 불이행으로 인한 손해배상에 관하여는 채무자가 과실 없음을 항변하지 못한다'고 규정하고 있는바, 이는 금전채무 이외의 일반적 이행지체의 경우에는 채무불이행책임의 귀책요건으로서 과실이 요구된다는 것이 전제되어 있다고 보아야 할 것이라는 점, ③ 민법은 이행불능뿐만 아니라 이행지체에도 적용되어야 할 규정인 이행보조자책임에 관한 제391조에서 이행보조자 등의 고의·과실을 채무자의 고의·과실로 간주하고 있는바, 이는 '이행지체로 인한 채무불이행책임에서도 채무자의 고의·과실이 필요하다'는 것이 전제되어 있다는 점 등을 들 수 있다.[58]

1) 귀책사유의 개념

(가) 채무자 자신의 귀책사유

채무불이행책임이 성립하기 위해서는 채무자에게 귀책사유가 있어야 한다는 점에 대해서는 이설이 없다. 그런데 「귀책사유」의 개념에 대해서는 학설상 약간의 논란이 있다. 우선 종래의 통설은 채무불이행책임에서의 「귀책사유」라 함은 '채무자에게 채무불이행에 관한 고의 또는 과실이 있거나 신의칙상 이와 동일시할 수 사유가 있는 경우'를 의미한다고 정의하고 있다.[59] 그러나 이러한 통설적 견해에 대해서는, '귀책사유의 개념 속에 고의 또는 과실 이외에도 신의칙상 이와 동일시할 수 있는 사유도 포함된다는 설명은 무익한 것'이라는 비판론이 제기되고 있다.[60] 즉, '① 귀책사유의 개념에 관한 통설의 정의는 이행보조자책임에 관한 명문규정이 없었던 구 의용민법하에서 그러한 책임을 긍정하기 위한 해석론적 조작으로 행하여진 것인데, 현행민법은 구 의용민법과는 달리 이행보조자책임에 관한 명문규정을 두고 있으므로 귀책사유의 개념에 신의칙을 끌어들일 이유가 없으며, 단지 제391조의 규정을 지적하는 것으로 충분하다. ② 채무자가 이행보조자의 과책에 대하여 책임을 지는 것은 제391조에 의하여 채무자에게 과책이 있는 것으로 간주되기 때문이지, 이행보조자의 과책이 신의칙

57) 김동훈, "계약법에서 과실책임주의의 의의", 「계약법의 주요문제」(국민대출판부, 2000/9), 204 참조.
58) 同旨: 민법주해(9)/양창수, 351~352 참조.
59) 곽윤직, 83; 이태재, 108; 장경학, 136; 현승종, 112 참조.
60) 민법주해(9)/양창수, 355 참조.

에 의하여 채무자의 과책과 동일시되기 때문은 아니다. ③ 이행보조자책임에 관한 우리 민법 제391조와 같은 규정을 두고 있는 독일이나 스위스에서는 귀책사유에 관하여 통설과 같은 설명이 전혀 행하여지고 있지 않다'는 비판이 그것이다. 사견으로도 이는 타당한 비판이라고 생각한다. 그러므로 우리 민법의 해석상 채무불이행책임의 성립요건인 「채무자의 귀책사유」라 함은 '이행보조자를 포함한 채무자 측의 고의 또는 과실을 의미한다'고 할 것이다.[61] 즉, 채무자의 법정대리인이나 이행보조자의 고의·과실이 있는 경우에는 채무자 자신의 고의·과실이 없더라도 채무자의 채무불이행책임이 성립하는데, 이는 신의칙에 의한 것이 아니라 제391조의 규정에 의한 것이다.

(A) 채무자의 고의 일반적으로 「고의(故意)」(Vorsatz)라 함은 '자기 자신의 행위의 결과를 인식하면서도 감히 그 행위로 나아가는 행위자의 심리상태'를 말한다. 그러므로 채무불이행에 있어서 「채무자의 고의」라 함은 '채무불이행의 결과가 발생한다는 사실을 인식하면서도 감히 불이행의 결과를 야기하는 적극적인 행위로 나아가거나 불이행의 결과발생을 방지할 의무가 있음에도 불구하고 이를 방치하는 채무자의 심리상태'를 의미하게 된다. 이러한 의미에서, 고의는 '사실에 대한 인식'으로 충분한 「악의(惡意)」와 개념상 구분된다. 결국 「이행지체에 있어서의 고의」라 함은 '이행기가 도래하였다는 사실과 이행이 가능하다는 사실을 알면서도 이행하지 아니한 채 그대로 이행기를 도과하려고 하는 채무자의 심리상태'를 의미하며, 「이행불능에 있어서의 고의」는 '이행불능을 초래하게 된다는 사실을 알면서도 이행불능의 결과를 야기하는 적극적인 행위로 나아가거나 이행불능의 결과발생을 방지할 의무가 있음에도 불구하고 이를 방치하는 채무자의 심리상태'를 의미한다고 할 것이다.

(B) 채무자의 과실 채무불이행에 있어서 채무자의 「과실(過失)」(Fahrlässigkeit)이라 함은 '채무자가 자신의 행위로 인하여 채무불이행의 결과가 발생한다는 사실을 인식 또는 예견하고(결과예견의무) 나아가 그 결과를 회피하였어야 함에도 불구하고(결과회피의무), 거래관계에서 일반적으로 요구되는 주의의무를 다하지 못함으로써 채무불이행의 결과가 발생한 경우'를 말한다.[62] 즉, 「과실」이란 '거래상 요구되는 주의를 기울이지 아니한 것'을 의미하는 것이다(BGB §276 Ⅱ).[63] 그런데 과실의 존재 여부를 결정하는 기준이 되는 「주의의무(注意義務)」[64]는 채무자의 개인적 능력이나 지식 등의 사정을 기준으로 정해지는 것이 아니라, 객관적으로 평균적 일반인을 기준으로 하여 추상적으로 정해지는 것이므로, 이러한 주의의무 위반으로 인한 일반적 과실을 「추상적 경과실」 또는 「객관적 과실」이라고 한다. 다만, 채무자가 일정한

61) 상게서, 355 참조.
62) 조성민, "채무불이행상 과실의 법적 구조", 고시계, 1996/7, 138; 상게서, 357 참조.
63) 전게 주 55 참조.
64) 「결과예견의무」와 「결과회피의무」를 합하여 「주의의무」라고 부른다(민법주해(9)/양창수, 357 참조).

업무의 수행으로서 채무를 이행하는 때(예컨대, 의사가 진료를 하거나 운전기사가 차량을 운전하는 등)에는 '당해 업무에 종사하는 평균인'을 기준으로 주의의무의 위반 여부를 결정하여야 한다. 따라서 채무불이행을 야기한 사유가 채무자의 지배영역 내에 존재하는 것이라고 해서 항상 채무자의 귀책사유가 인정되는 것은 아니라는 점에 유의하여야 한다.

(C) 고의와 과실을 구별하는 실익 고의책임이 원칙인 형사법과는 달리, 과실책임이 원칙인 민법상의 채무불이행책임의 경우에는 고의와 과실을 구별하는 실익은 크지 않다. 그러나 민법상의 채무불이행책임에서도 다음과 같은 점에서 그 귀책요건으로서의 고의와 과실을 구별할 실익이 없지 않다.[65] 즉, ① 당사자 사이에서 과실에 의한 손해배상책임을 면제하기로 하는 약정(면책약관)은 허용되지만, 고의에 의한 손해배상책임을 면제하기로 하는 사전의 약정은 허용되지 않으며, ② 채무불이행으로 인한 정신적 손해배상(위자료)은 고의로 인한 경우에 한정되는 것으로 해석되고, ③ 제3자의 채권침해는 고의에 의한 경우만이 채권자에 대한 불법행위를 구성한다고 해석된다. (☞ 제2장 제3절 「제3자의 채권침해」)

(D) 채무자의 과실 여부가 문제된 사례 우리 민법상으로도 '이행지체책임이 발생하기 위해서는 반드시 채무자의 귀책사유(고의·과실)가 요구된다'고 해석되나, 실제사례에서 이행지체에 대한 채무자의 과실의 존부가 정면으로 문제된 경우는 거의 찾아볼 수 없다.[66] 다만, 판례는 '지연배상금의 약정이 있는 건축도급계약에서 이행이 지연되었으나 채무자에게 귀책사유가 없는 경우에는 예정배상액의 감액을 인정하여야 한다'는 입장을 취하고 있는데(대법원 1989.7.25.선고, 88다카6273·88다카6280 판결 등), 이를 근거로 판례가 '이행지체의 성립요건으로 채무자의 귀책사유가 요구된다'고 해석할 수 있는지는 다소 의문스럽다.

■ **공사도급계약에서 지체상금에 관한 약정이 있는 경우, 지체상금의 발생시기와 그 종기 및 액수 산정방법** 건물신축도급계약에서 지체상금에 관한 약정이 있는 경우, 지체상금 발생의 시기는 특별한 사정이 없는 한 약정준공일이나, 그 종기는 수급인이나 도급인이 건물을 준공할 때까지 무한히 계속되는 것이라고 할 수 없고, 수급인이 공사를 중단하거나 기타 해제사유가 있어 도급인이 이를 해제할 수 있었을 때(실제로 해제한 때가 아니고)부터 도급인이 다른 업자에게 의뢰하여 같은 건물을 완성할 수 있었던 시점까지로 제한되어야 하고, 또 수급인이 책임질 수 없는 사유로 인하여 공사가 지연된 경우에는 그 기간만큼 공제되어야 하며, 그렇게 하여 산정된 지체상금액이 부당히 과다하다고 인정되는 경우에는 법원이 제398조 제2항에 의하여 적당히 감액할 수 있다. (대법원 1989.7.25.선고, 88다카6273·88다카6280 판결)[67]

---

65) 상게서, 356 참조.

66) 학설 중에는 그 이유에 대하여, '우리나라에서 채무불이행책임은 실제에 있어서는 대부분 당연히 채무자에게 귀책사유가 인정되는 경우에만 법적으로 추급되고, 채무자에게 채무불이행에 대하여 상당한 변명의 여지가 있는 경우에는, 비록 그것이 엄격하게는 법적 면책사유에 해당하는 것이 아니라고 하여도, 채권자의 인정(관대함) 또는 우리의 일정한 법의식에 의하여 법적인 추급에까지 이르지는 않는 것이 아닌가 추측된다'는 견해가 있다(상게서, 354 참조).

67) 판례평석: 최병조, "건물신축도급계약의 약정해제와 지체상금약정의 효과", 민사판례연구(12)(민사판

(나) 법정대리인 또는 이행보조자의 귀책사유

(A) 「이행보조자책임」의 의의 채무자의 일신전속적 급부와 같이, 채무의 성질상 이행보조자를 사용하는 것이 허용되지 않는 경우이거나, 당사자 사이에 이행보조자를 사용하지 않기로 약정한 경우를 제외하고는 채무자가 채무의 이행을 위하여 보조자를 사용하는 것은 원칙적으로 자유롭다. 왜냐하면 제3자의 변제가 허용되는 것과 마찬가지로, 채권자의 입장에서는 채권의 목적인 급부의 객관적 가치의 실현이 이행보조자에 의해서도 가능한 경우에도 반드시 채무자 자신이 직접 이행할 것을 요구할 필요가 없기 때문이다. (☞ 제3장 제3절 「변제자와 변제수령자」)

(B) 연혁 및 입법례 이행보조자책임은 로마법에서 유래된 제도라고 할 수 있으나,[68] 이에 관한 입법례는 로마법을 계수한 대륙법계 국가들 사이에서도 일치하지 않는다. 즉, 독일민법(BGB §278)[69]과 스위스채무법(OR Art. 101)[70]은 이행보조자책임에 관하여 명문의 규정을 두고 있으나, 프랑스민법과 일본민법(구 의용민법)은 이에 관한 명문규정을 두고 있지 않다. 다만, 명문규정이 없던 구 의용민법하에서도 통설·판례는 '채무자는 귀책사유가 없더라도 이행보조자의 고의·과실에 대하여 채무불이행책임을 져야 한다'고 해석하고 있었는데,[71] 우리 민법 제391조는 독일민법 제278조와 스위스채무법 제101조의 규정을 모범으로 하여, 구 의용민법하에서의 통설·판례의 입장을 입법화한 것이라고 할 것이다.[72]

(C) 제391조의 취지 및 기능 이행보조자책임에 관한 제391조는 채무자가 법정대리인 또는 이행보조자를 사용하여 채무를 이행할 수 있다는 점과, 채무자가 법정대리인 또는 이행보조자를 사용한 경우에는 법정대리인 또는 이행보조자의 고의·과실을 채무자 자신의 고의·과실로 간주한다는 점을 명문으로 규정하였다는 데 의미가 있다. 따라서 제391조는 실질적으로

례연구회, 1990/4), 13 이하. 같은 취지: 대법원 1995.9.5.선고, 95다18376 판결.

68) 다만, 로마법은 근대민법과는 달리 '채무자가 이행보조자의 선임·감독에 과실이 있는 경우에 한하여 책임을 부담하였다'고 한다(我妻榮, 106 참조).

69) 독일민법 제278조(제3자의 행위에 대한 채무자의 책임) 채무자는 그의 법정대리인 및 그의 채무이행을 위하여 사용하는 사람의 과책에 대하여 자기 자신의 과책과 마찬가지로 동일한 범위에서 책임을 진다. 제276조 제3항의 규정은 이에 적용되지 아니한다.

70) 스위스채무법 제101조(보조자로 인한 책임) (1) 채무의 이행 또는 채무관계에서 발생하는 권리를 가사사용인 또는 노동자와 같은 보조자로 하여금 행사시키는 자는, 그 보조자가 그 권한을 갖는 경우에도 그의 임무를 수행하는 과정에서 상대방에게 발생시킨 손해를 배상하여야 한다. (2) 이 책임은 사전의 합의에 의하여 감축되거나 배제될 수 있다. (3) 채권자가 채무자의 피용자이거나, 또는 그 책임이 당국에 의하여 인가된 기업을 운영한 결과로서 야기된 때에는, 채무자는 단지 경과실로 인하여 야기된 책임을 합의에 의하여 면제받을 수 있을 뿐이다.

71) 일본대심원 1929.3.30.판결, 민록363 등 참조.

72) 우리 민법 제391조의 입법연혁에 관하여는 한웅길, "이행보조자책임과 사용자책임에 관한 연구", 박사학위논문(성균관대학교대학원, 1990), 7 이하; 최성경, "이행보조자에 관한 연구", 박사학위논문(이화여대대학원, 2004/7), 6 이하; 민법주해(9)/양창수, 389 이하 참조.

는 제756조의 사용자책임과 같은 작용을 하는 조항이라고 할 수 있다. 그러나 제391조에 의한 이행보조자책임은 채무자의 면책사유를 전혀 인정하지 않고 있다는 점에서, 사용자의 면책사유를 규정하고 있는 제756조의 사용자책임과는 규범체계를 달리한다. (☞ 불법행위법 편, 제4장 「특수불법행위」)

(D) 이행보조자책임의 이론적 근거 이행보조자책임에서 가장 큰 쟁점은 '민법이 제391조에서 법정대리인 또는 이행보조자의 고의·과실을 채무자의 고의·과실로 간주함으로써 채무자의 무과실책임을 인정하는 이론적 근거가 무엇인가?' 하는 것이다.

이에 대해서는 견해의 대립이 있으나, 통설은 '이행보조자책임은 법정대리인 또는 이행보조자를 사용하여 이행함으로써 얻어지는 이익은 채무자가 향유하는 것이므로 거기서 발생하는 불이익도 채무자 본인이 감수하는 것이 공평하다는 일종의 「보상책임(補償責任)의 원리」에 근거한 것이며,[73] 이행보조자는 무자력인 경우가 많다는 점과 채무자가 대기업자인 경우에는 용이하게 무과실을 증명하여 그 책임을 면할 수 있으므로, 채권자를 보호하기 위하여서는 이행보조자의 고의·과실이 있는 경우에는 채무자의 무과실책임을 인정하여야 한다는 실제적인 이유에 기한 것'이라고 설명하고 있다.[74] 이러한 통설적 견해에 대해서는, '채무자가 이행보조자의 행위에 대하여 책임을 지는 근거는 채무자 자신의 의사에 의하여 보조자를 사용·개입케 함으로써 그의 위험영역으로서의 책임영역을 확대하였다는 데서 찾아야 한다'는 견해도 있는데,[75] 이를 「위험영역확대이론」이라고 한다.[76] 이 견해에 따르면, '채무자의 의사결정 또는 승낙 없이 제3자가 이행행위를 한 경우에는 제391조가 적용될 수 없다'는 결과가 될 뿐만 아니라, 채권자의 「간섭가능성」이라는 요건도 불필요한 것이 된다.[77]

(E) 이행보조자책임의 발생요건

a) 채무자의 법정대리인이 채무자를 위하여 이행하는 경우 : 채무자의 법정대리인이 채무자를 위하여 이행하는 경우에는 법정대리인의 고의나 과실은 채무자의 고의나 과실로 본다(391조). 여기서 말하는 "법정대리인"에는 '좁은 의미의 법정대리인인 친권자·후견인·법원에 의하여 선임된 부재자의 재산관리인 뿐만 아니라, 파산관재인(채무자회생법 355조 이하), 유언집행자(1093조 이하), 일상가사대리권이 인정되는 부부(827조) 등 특별임무를 가지는 대리인도 포함된다'고 해석되고 있다.[78]

73) 곽윤직(신정판), 144 참조.
74) 현승종, 114~115 참조.
75) 김형배, 160 참조. '약간의 보충이 필요하다'는 전제가 붙어 있으나, 민법주해(9)/양창수, 394 이하도 같은 입장이다.
76) 이에 관한 상세는 이상광, 「사용자책임론」(양영각, 1992), 37 이하 참조.
77) 김형배, 161 참조.
78) 곽윤직, 78; 김형배, 160; 현승종, 113 참조.

문제는 '법인의 대표기관을 법인의 법정대리인이라고 할 수 있는가?' 하는 것이다. 이에 대해서는 법인의 본질에 관한 견해의 차이에 따라 결론이 달라질 수 있는데, 독일민법이나 구 의용민법과 같이, 「법인의제설」의 입장에서 법인의 대표기관을 일종의 법정대리인이라고 보는 입법례에 따르면, 법인의 대표기관이 법인을 위하여 이행하는 경우에도 제391조가 적용되어 대표기관의 고의·과실을 법인의 고의·과실로 간주하게 된다. 그러나 「법인실재설」의 입장에서는, 법인의 대표기관은 법인의 법정대리인이 아니라 법인의 기관(Organ)에 불과하다. 우리 민법은 대표와 대리의 개념을 엄격하게 구별하고 있으며(59조 2항), 대표기관의 행위를 법인 자신의 행위로 간주하는 「법인실재설」의 입장을 취하고 있으므로, '이행보조자책임에 관한 제391조의 규정은 법인의 대표기관의 이행행위에는 적용될 수 없으며, 대표기관의 귀책사유로 인한 채무불이행은 법인 자신의 귀책사유에 의한 채무불이행이 된다'고 해석하여야 할 것이다. (☞ 민법총칙 편, 제4장 제5절 「법인의 기관(조직)」)

b) 이행보조자의 고의·과실이 있는 경우 : 채무자가 타인을 사용하여 이행하는 경우에는 피용자의 고의·과실은 채무자의 고의·과실로 본다(391조). 민법은 "피용자(被用者)의 고의·과실"이라는 용어를 사용함으로써, 마치 채무자와 이행보조자 사이에 고용계약관계(655조 이하)가 있는 경우에 한하여 동조가 적용되는 것처럼 규정하고 있으나, 후술하는 바와 같이 '제391조의 적용을 위해서는 채무자와 이행보조자 사이에 고용계약관계가 없더라도 보조자가 채무자의 이행을 사실상 보조하는 관계만 있으면 충분하다'고 해석하여야 할 것이다. 판례도 '제391조의 이행보조자로서의 피용자라 함은 일반적으로 채무자의 의사관여 아래 그 채무의 이행행위에 속하는 활동을 하는 사람이면 족하고, 반드시 채무자의 지시 또는 감독을 받는 관계에 있어야 하는 것은 아니므로, 채무자에 대하여 종속적인가 또는 독립적인 지위에 있는가는 문제되지 않는다'고 한다(대법원 2002.7.12.선고, 2001다44338 판결 등). 다만, 대법원은 「예술의전당 화재사건」[79]에 대한 판결에서, '채권자에 대한 이행행위에 속한다고 볼 수 없는 활동을 하는 사람은 제391조의 이행보조자로 볼 수 없다'고 전제하고, '국립오페라단이 화재 당시 오페라극장을 점유·사용한 행위는 예술의전당의 甲회사에 대한 채무이행활동과는 아무런 관계가 없으므로, 국립오페라단을 甲회사에 대한 관계에서 오페라극장 대관계약에 관한 예술의전당의 이행보조자라고 볼 수는 없다'고 판시한 바 있다(대법원 2013.8.23.선고, 2011다2142 판결).

■ 제391조 소정의 이행보조자로서의 피용자의 의미 [1] 제391조에서의 이행보조자로서의 피용자라 함은 일반적으로 채무자의 의사관여 아래 그 채무의 이행행위에 속하는 활동을 하는 사람이면 족하고,

79) 사안은 예술의전당과 甲회사 사이에 예술의전당이 관리·운영하는 오페라극장에 관한 대관계약이 체결된 후 오페라극장에서 국립오페라단이 공연하는 도중에 발생한 화재로 무대와 조명 등이 소실되어 예술의전당이 甲회사와 체결한 위 대관계약의 이행이 불능하게 되자, 甲회사가 국립오페라단이 위 대관계약에 관한 예술의전당의 이행보조자 지위에 있다고 주장하여 예술의전당을 상대로 위 대관계약의 이행불능으로 인하여 甲회사가 입은 손해의 배상을 청구한 사건이다.

반드시 채무자의 지시 또는 감독을 받는 관계에 있어야 하는 것은 아니므로, 채무자에 대하여 종속적인가 독립적인 지위에 있는가는 문제되지 않는다. [2] 임대인이 임차인과의 임대차계약상의 약정에 따라 제3자에게 도급을 주어 임대차목적 시설물을 수선한 경우에는 그 수급인도 임대인에 대하여 종속적인지 여부를 불문하고 이행보조자로서의 피용자라고 보아야 할 것이고, 이러한 수급인이 시설물 수선 공사 등을 하던 중 수급인의 과실로 인하여 화재가 발생한 경우에는 임대인은 제391조에 따라 위 화재발생에 귀책사유가 있다 할 것이어서 임차인에 대한 채무불이행상의 손해배상책임이 있다. (대법원 2002.7.12.선고, 2001다44338 판결)[80]

(i) **협의의 이행보조자** 이는 '채무자가 채무를 이행함에 있어서 손·발과 같이 이용하는 자'를 의미한다. 채무자와 이행보조자 사이의 이러한 관계를 「이행보조관계」라고 하는데, 제391조가 적용되는 전형적인 경우이다. 이행보조관계는 보조자가 고용계약관계와 같이 채무자에게 법률적·경제적·사회적으로 종속된 지위에 있어야 하는 것은 아니며, 부모가 운영하는 가게에서 자녀들이 일을 도와주는 것처럼, 보조자가 사실상 채무자의 이행을 보조하는 관계에 있으면 충분하다(대법원 1999.4.13.선고, 98다51077·51084 판결 등).[81] 그러나 '채무자와 보조자 사이에 이행보조자책임이 인정되는 「이행보조관계」가 있다고 하기 위해서는 사실상 이행을 보조하는 관계뿐만 아니라, 채무자가 이행보조자를 선임·지휘·감독할 수 있는 「간섭가능성」도 있어야 한다'는 것이 통설이다.[82] 다만, 이행보조자책임의 제도적 근거를 채무자가 보조자를 사용·개입케 함으로써 그의 위험영역을 확대하였다는 데서 찾아야 한다는 「위험영역확대이론」에 의하면, 채무자의 사용의사가 있을 것(보조자가 채무의 이행을 보조하는 데 채무자의 일정한 의사관여가 있을 것)이 이행보조자책임의 필수적 요건이 되며, 반대로 이행보조자에 대한 채무자의 간섭가능성은 필수적 요건이라고 할 수 없게 된다.[83]

(ii) **이행대행자** 「이행대행자(履行代行者)」라 함은 '단순히 채무자의 이행을 보조하는 데 그치지 않고, 독립하여 채무의 전부 또는 일부를 채무자에 갈음하여 이행하는 자'를 말한다. 이를 「이행대용자(履行代用者)」라고도 한다. 예컨대, 임치계약에서 수치인이 직접 목적물을 보관하지 않고 제3수치인에게 위탁하는 경우에 제3수치인, 건축도급계약에서 수급인이 직접 공사하지 않고 하수급인에게 건축공사를 맡기는 경우에 하수급인 등이 이에 해당한다.

이행대행자는 채무자에 대한 관계에서는 협의의 이행보조자와 마찬가지로 다루어진다. 그러나 채권자에 대한 관계에서는, ① 이행대행자의 사용이 허용되지 않는 채무자의 일신전

80) 판례평석: 권영문, "이행보조자의 과실책임", 판례연구 15집(부산판례연구회, 2004/2), 177 이하. 같은 취지: 대법원 1999.4.13.선고, 98다51077·51084 판결; 대법원 2007.12.27.선고, 2005다73914 판결; 대법원 2008.2.15.선고, 2005다69458 판결; 대법원 2011.5.26.선고, 2011다1330 판결.

81) 같은 취지: 대법원 2002.7.12.선고, 2001다44338 판결; 대법원 2008.2.15.선고, 2005다69458 판결; 대법원 2011.5.26.선고, 2011다1330 판결.

82) 민법주해(9)/양창수, 404~409 참조.

83) 양창수, "이행보조자의 의미와 구분에 관한 약간의 문제", 민법연구 4권(박영사, 1997/1), 171 이하; 민법주해(9)/양창수, 409 이하; 김형배, 161 참조.

속적 급부에 있어서는 채무자가 이행대행자를 사용한 사실만으로도 채무불이행책임이 발생하므로, 제391조의 적용 여부는 문제되지 않는다. ② 본인의 승낙이 있거나 부득이한 사유가 있는 때에는 복대리인을 선임할 수 있는 임의대리인(120조)의 경우와 같이, 명문규정에 의하여 적극적으로 이행대행자의 사용이 허용되는 경우, 「상대적 일신전속적 급부」를 채무의 내용으로 하는 고용계약에서 사용자의 동의가 있거나(657조 2항), 위임계약·임치계약에서 채권자의 승낙이나 부득이한 사유가 있는 경우에는(682조 1항, 701조), 채무자는 이행대행자의 선임·감독에 관하여서만 책임이 있고, 선임된 이행대행자의 이행행위 그 자체에 대하여는 책임을 지지 않는 것이 원칙이다(121조).[84] 따라서 이 경우에도 제391조의 적용문제는 원칙적으로 발생하지 않는다. ③ 이행대행자의 사용에 관하여 명문규정이나 당사자의 특약에 의한 제한이 없는 경우로서 급부의 성질상 이행대행자를 사용하여도 무방하다고 해석되는 경우에는 제391조가 적용되어 이행대행자의 고의·과실이 있는 때에는 채무자가 책임을 진다.

(ⅲ) **이용보조자**(利用補助者) 사용차주 또는 임차인과 같이 물건의 사용·수익권을 가지는 자가 목적물을 이용하는 데 관하여 보조자를 사용하는 경우에는, 목적물의 사용·수익권의 반면으로서 목적물의 보관 또는 보존의 의무를 부담하므로, 그 의무의 이행에 관하여 보조자의 과실에 관하여 책임을 져야 한다. 이 경우 채무자는 동시에 채권자이며, 이행보조자는 채권자가 자기에 속하는 권능을 행사하기 위하여 사용하는 자이므로, 이를 단순한 채무의 이행을 보조하기 위하여 사용하는 이행보조자와 구별하기 위하여 「이용보조자」라고 부른다. 문제는 '이용보조자의 고의·과실의 경우에 대하여서도 이행보조자책임에 관한 제391조를 적용할 수 있는가?' 하는 것인데, 판례는 '임대차계약에 있어서 임차인 또는 임대인의 이용보조자에게 고의·과실이 있는 경우에는, 제391조가 적용되어 임차인 또는 임대인의 채무불이행책임을 인정할 수 있다'는 입장을 취하고 있다(대법원 1966.9.20.선고, 66다758·759 판결 등).[85] 또한 판례는 '임대인의 이행보조자의 고의·과실로 인하여 임차인이 임차목적물을 사용·수익하지 못함으로써 임대인이 임차인에 대하여 채무불이행책임을 지고 이행보조자는 불법행위책임을 지는 경우에, 임대인의 채무불이행책임과 이행보조자의 불법행위책임은 부진정연대채무관계에 있다'고 한다(대법원 1994.11.11.선고, 94다22446 판결).

한편 '임차인이 제629조의 규정에 따라 임대인의 동의를 얻어 적법하게 임차물을 전대한 경우, 전차인을 임차인의 이용보조자로 보아 제391조를 적용할 수 있는가?' 하는 것도 문제인데, 이에 대하여 우리 민법은 '임차인이 임대인의 동의를 얻어 임차물을 전대한 때에는 전차인은 직접 임대인에 대하여 의무를 부담한다」고 규정하고 있을 뿐(630조), 독일민법처럼 전

---

84) 민법주해(9)/양창수, 416~417 참조.

85) 판례평석: 고상룡, "이행보조자의 고의·과실", 민법판례해설Ⅲ(채권총론), 111 이하. 같은 취지: 대법원 1999.4.13.선고, 98다51077·51084 판결.

차인의 고의·과실에 대하여 임차인의 책임을 인정하는 명문규정(BGB §540 Ⅱ)[86]을 두고 있지 않으므로 견해가 대립하고 있다. 즉, 학설은 ① 제391조의 적용을 긍정하여, '전대차의 경우에도 제630조의 규정에 의하여 임차인은 임대인에 대하여 여전히 목적물보관의무를 부담하므로, 전차인이 목적물을 보관하는 것은 동시에 임차인을 위하여 임차인의 보관의무를 이행하는 것이며, 따라서 전차인도 이용보조자로서 제391조가 적용된다'는 견해[87]와, ② 제391조의 적용을 부정하여, '전차인은 임차인과는 전혀 다른 입장에서 임차인에 대하여 독립적인 의무를 부담하는 것이므로, 이를 이용보조자라고 하는 타당하지 않다'는 견해[88]가 대립하고 있다.

임대인의 동의를 얻어 적법하게 이루어진 전대차(629조)의 경우에도 전차인과 임대인 사이에는 아무런 계약상의 관계가 생기는 것은 아니지만, 민법은 임대인의 이익을 보호하기 위하여 전차인은 직접 임대인에 대하여 목적물의 보관의무를 지는 것으로 규정하고 있다(630조 1항). 즉, 임대인의 동의를 얻은 적법한 전대차의 경우, 전차인은 임차인과는 별도로 임대인에 대하여 독립적인 보관의무를 지는 자이므로, 전차인에 대한 임차인의 일반적인 간섭의 권한은 인정되지 않는다. 또한 임대인은 전차인에 대하여 차임 등의 직접청구권이 인정되고 있으므로(630조 1항), 임대인을 보호하기 위하여 굳이 전차인을 임차인의 이용보조자라고 해석할 필요도 없다. 그러므로 '임대인의 동의를 얻은 적법한 전차인을 임차인의 이용보조자(이행보조자)로 간주하여 제391조를 적용하여야 한다'는 주장은 이론상 부당할 뿐만 아니라 별 실익도 없다고 할 것이다. 다만, 임차인이 임대인의 동의 없이 전대를 한 무단전대(無斷轉貸)의 경우에는, 임대인은 이를 이유로 임대차계약을 해지할 수 있으며(629조 2항),[89] 전차인은 자기의 임차권을 가지고 임대인에게 대항할 수 없으므로, '무단전대의 경우에는 전차인의 고의·과실에 의하여 임차목적물이 멸실·훼손된 경우에는 이행보조자에 관한 제391조를 적용하여 이를 임차인 자신의 고의·과실로 간주하여 채무불이행책임을 물을 수 있다'고 해석하는 것이 타당하다고 할 것이다.

2) 책임능력

채무불이행책임은 채무자의 귀책사유를 요하므로, 채무자의 책임능력이 당연히 전제된

86) 독일민법 제540조(제3자에의 사용이전) (2) 임차인이 제3자에게 사용을 이전한 때에는 임대인이 그 사용이전을 승낙한 경우에도 제3자가 그 사용에 있어서 범한 과책에 대하여 책임을 부담한다.

87) 민법주해(9)/양창수, 419~421; 곽윤직(신정판), 146; 김형배, 163 참조.

88) 고상룡, "이행보조자의 과실에 의한 채무자책임의 재구성", 고시연구 10권 5호, 1983/4, 93 이하; 현승종, 116 참조.

89) 다만, 판례는 '임대인의 동의 없는 전대가 임대인에 대한 배신적 행위라고 볼 수 없는 경우에는, 임대인은 임대차계약을 해지할 수 없다'는 입장을 취하고 있다(대법원 1993.4.27.선고, 92다45308 판결 등). (☞ 계약법 편, 제3장 제4절 「임차권의 보호」)

다.[90] 그러나 학설 중에는 이러한 통설적 견해에 대하여, '① 추상적 과실은 평균인에게 요구되는 주의를 게을리 하는 것을 의미하므로 행위자의 구체적 판단능력은 기준이 될 수 없음에도 불구하고, 채무자의 책임능력을 요구하는 것은 책임귀속의 근거를 채무자의 의사에서 구하는 것을 의미하는 것으로서 모순이며, ② 채무자가 이행보조자의 고의·과실에 대해서 책임을 부담하는 것은 귀책의 근거를 채무자의 의사에서 구하는 것이 아님에도 불구하고, 채무자의 책임능력을 요구하는 것은 책임귀속의 근거를 채무자의 의사에서 구하는 것이기 때문에 모순'이라고 비판한 후, '무상임치(695조)·증여·소비대차·사용대차 등과 같은 무상계약에 있어서의 채무불이행을 의미하는 이른바 「의사책임적 채무불이행」에서는 고의 또는 구체적 과실의 전제로서의 판단능력을 의미하는 책임능력이 전제되어 있다고 할 수 있으나, 추상적 과실을 기준으로 하는 「행위책임적 채무불이행」에서는 책임능력이 전제될 필요가 없다'고 주장하는 견해가 있다.[91] 또 통설적 견해를 취하면서도 '무과실책임에서는 예외를 인정하여 책임능력이 요구되지 않는다고 해석하여야 한다'는 견해도 있다.[92]

채무불이행책임에서는 행위능력이나 귀책사유의 단계에서 대부분의 책임능력의 문제가 해결되기 때문에, 법률행위가 성립한 이후에 책임무능력자가 된 극히 예외적인 경우에 한하여 책임능력이 문제될 수 있을 뿐이다.[93] 그러므로 '채무자가 법률행위 성립 이후에 책임무능력자가 된 예외적인 경우에는 채무불이행책임의 성립요건으로 책임능력이 필요하다'고 해석하는 것이 타당하다고 할 것이다.[94] 또한 후술하는 바와 같이, 불완전이행으로 인한 적극적 채권침해를 독립적인 채무불이행의 유형으로 인정하는 경우에는, 미성년자의 책임능력에 관한 제753조와 심신상실자의 책임능력에 관한 제754조의 규정을 유추적용할 필요가 있다.

3) 면책약관의 효력

「면책약관」이라 함은 '채무자에게 귀책사유가 있는 경우에도 채무불이행책임을 지지 않는다는 취지의 약정'을 말한다. '사적 자치의 원칙상 당사자 사이의 면책약관은 유효하나, 고의에 대해서도 책임을 지지 않는다는 내용의 면책약관은 사회질서에 반하므로 무효'라고 해석하는 데 견해가 일치한다. 또한 '중과실은 고의와 마찬가지로 다루어지는 것이 원칙이므로, 중과실에 대한 면책약관의 효력도 고의의 경우와 마찬가지로 무효라고 해석하여야 한다'는 것이 통설·판례의 입장이다(대법원 1995.12.12.선고, 95다11344 판결 등).[95]

---

90) 同旨: 민법주해(9)/양창수, 369; 곽윤직, 80; 김상용, 115; 김증한/김학동, 88; 송덕수, 133; 현승종, 117 참조.
91) 김형배, 172 참조.
92) 곽윤직, 86 참조.
93) 민법주해(9)/양창수, 370 참조.
94) 同旨: 상게서, 370 참조.
95) 같은 취지: 대법원 1996.5.14.선고, 94다2169 판결; 대법원 1997.2.25.선고, 96다37589 판결; 대법원

면책약관의 효력과 관련하여, 민법은 매도인의 담보책임을 면제하는 당사자의 특약의 효력을 제한하여, "매도인은 전 15조에 의한 담보책임을 면하는 특약을 한 경우에도 매도인이 알고 고지하지 아니한 사실 및 제3자에게 권리를 설정 또는 양도한 행위에 대하여는 책임을 면하지 못한다"고 규정하고 있으며(584조), 약관규제법도 약관 중의 일정범위의 면책조항을 무효로 규정하고 있다(동법 7조). (☞ 계약법 편, 제1장 제2절 「계약의 성립」)

4) 귀책사유의 증명책임

불법행위책임의 경우와는 반대로, '이행지체로 인한 채무불이행책임에 있어서 채무자의 귀책사유(고의·과실)에 대한 증명책임은 채무자에게 있으므로, 채무자는 이행지체가 그의 귀책사유에 의한 것이 아니라는 사실을 증명하지 못하는 한 채무불이행책임을 면할 수 없다'는 것이 통설[96]·판례의 입장이다(대법원 1984.11.27.선고, 80다177 판결 등).[97]

5) 이행지체 중 채무자의 불귀책사유로 인하여 이행불능이 된 경우

'이행지체의 상태에 있는 동안에 채무자의 귀책사유에 의하지 아니한 사유로 이행이 불능이 된 경우, 채무자는 어떠한 책임을 져야 하는가?' 하는 것이 문제된다. 이에 대하여, 독일민법은 '이행지체 중에 발생한 모든 손해에 대하여 채무자가 무과실책임을 부담한다'는 취지의 명문규정을 두고 있으며(BGB §287),[98] 스위스채무법도 독일민법과 거의 유사한 취지의 규정을 두고 있다(OR Art. 103).[99] 구 의용민법에는 이러한 명문규정이 없었으나 '채무자의 무과실책임을 인정하여야 한다'고 해석하는 것이 통설·판례의 입장이었다.[100] 현행민법은 이러한 구 의용민법하에서의 통설·판례의 입장에 따라 '채무자는 자기에게 과실이 없는 경우에도 그 이행지체 중에 생긴 손해를 배상하여야 한다'는 내용의 규정인 제392조를 신설하였다.

제392조 본문의 해석상 채무자는 자기에게 과실이 없는 경우에도 그 이행지체 중에 생긴 손해를 배상하여야 한다. 즉, 이행지체가 성립한 후 이행불능이 된 경우에는 채무자는 무과

2002.4.12.선고, 98다57099 판결.

96) 채무불이행의 귀책사유에 대한 증명책임에 관하여는 김선석, "이행지체에 기한 손해배상청구권의 증명책임", 사법논집 21집(법원행정처, 1990), 73 이하; 정성균, "채무불이행에 관한 증명책임", 재판자료 26집 「민사증거법(하)」(법원행정처, 1985), 161 이하 참조.

97) 같은 취지: 대법원 1982.8.24.선고, 82다카254 판결; 대법원 1985.4.9.선고, 84다카2416 판결; 대법원 1987.11.24.선고, 87다카1575 판결; 대법원 1991.10.25.선고, 91다22605·22612 판결; 대법원 1992.9.22.선고, 92다16652 판결; 대법원 2010.4.29.선고, 2009다96984 판결.

98) 독일민법 제287조(지체 중의 책임) 채무자는 지체 중에는 모든 과실에 대하여 책임이 있다. 그는 우연에 대해서도 급부에 관하여 책임을 진다. 다만, 급부가 적시에 행해졌다 하더라도 역시 손해가 발생했을 경우에는 그러하지 아니하다.

99) 스위스채무법 제103조(우연에 대한 책임) (1) 채무자가 지체 중에 있는 때에는 이행지체로 인한 손해를 배상할 책임이 있으며, 우연에 대해서도 책임이 있다. (2) 채무자는 그 지체가 자신의 어떠한 과책도 없이 발생하였다는 사실 또는 급부의 목적물을 적시에 이행하였더라도 우연에 의하여 마찬가지로 채권자의 불이익으로 되었으리라는 사실을 입증함으로서 면책될 수 있다.

100) 일본대심원 1906.10.29.판결, 민록1358.

실책임을 지는 것이다. 다만, 이행지체 성립 후에 이행불능이 된 경우라고 하더라도 채무자가 이행기에 이행하더라도 손해를 면할 수 없는 때에는 채무자는 손해배상책임을 부담하지 않는다(392조 단서). 예컨대, 특정물인도채무의 이행지체 중에 목적물을 보관하던 창고에 화재가 발생하여 목적물이 소실된 경우에는, 그 화재가 천재지변이나 제3자의 방화 등 채무자에게 귀책될 수 없는 사유에 의한 것이라고 하더라도 채무자는 목적물 가액 상당의 손해배상책임을 져야한다(392조 본문). 그러나 그 물건을 운반할 예정이던 선박도 항해 도중 침몰한 경우처럼 채무자가 이행기에 이행하였더라도 어차피 손해의 발생을 피할 수 없었던 경우에는 채무불이행책임을 물을 수 없다는 것이다(392조 단서). 따라서 채무자가 이행지체 후 불능으로 인한 손해배상책임을 면하기 위해서는 이행지체 중 발생한 손해에 대해서 자기에게 귀책사유가 없었다는 점과, 이행기에 채무를 이행하였다 하더라도 채권자가 손해를 면할 수 없었을 것이라는 두 가지 사실을 증명하여야 한다(대법원 1962.5.24.선고, 62다175 판결 등).[101] 또한 채무자가 특히 고의 또는 중과실에 대해서만 책임을 지는 경우에도 이행지체가 성립한 이후에는 경과실에 대하여도 책임을 지게 된다.[102]

(4) 위법성

1) 학 설

(가) 통설적 견해

「위법성」이라 함은 '행위의 가치가 법규범에 의하여 부정되고 허용되지 않는 것, 즉 행위에 대한 법규범의 부정적 평가'를 말한다. 따라서 법의 명령이나 금지에 위반하는 작위 또는 부작위는 위법행위로 평가된다. 그런데 채무는 법적 구속력 있는 의무이므로, 이에 위반하는 채무불이행이 위법행위로 평가됨은 이론상 당연한 것이다. 그럼에도 불구하고 학설은 '채무불이행책임의 성립요건으로서 위법성이 요구된다'고 해석하는 견해가 지배적이다.[103] 다만, '채무불이행책임의 요건으로서의 위법성은 적극적 요건이 아닌 소극적 요건으로서 특별한 위법성조각사유가 존재하지 않는 한 위법성은 추정되므로, 채무자가 위법성조각사유의 존재를 증명하지 못하는 한 채무불이행책임을 면할 수 없다'고 한다.

이러한 통설적 견해에 따르면, '통상의 경우 이행지체의 위법성은 문제되지 않으나, 채무자가 급부의 목적물에 대하여 유치권을 행사한다든지(320조), 동시이행항변권을 행사하는 경우(536조) 등 채무자에게 이행지체를 정당화하는 사유가 있는 경우에는 이행지체의 위법성이 조

101) 같은 취지: 대법원 1959.10.15.선고, 4291민상803 판결.
102) 同旨: 곽윤직, 83; 김형배, 184 참조.
103) 곽윤직, 78; 김상용, 123; 김주수, 108; 김증한/김학동, 91; 김현태, 102; 송덕수, 116; 장경학, 158~161; 현승종, 118 참조.

각된다'는 결론이 된다.[104)]

(나) 통설에 대한 비판론

'채무불이행책임의 성립요건으로서 위법성이 필요하다'는 통설적 견해에 대해서는, '채무불이행책임의 성립요건으로서 위법성의 요건은 불필요하며, 동시이행의 항변권·유치권은 통설과 같이 위법성조각사유에 해당하는 것이 아니라 귀책사유 자체가 없는 경우에 해당한다'는 비판론이 제기되고 있다.[105)]

비판론자들은 채권관계에서의 「위법」을 '그 당사자의 행위가 행위자 자신의 의무 또는 상대방의 권리와 모순되는 행위를 하는 것'이라고 정의하고, '채무자의 행위가 위법하다는 것은 곧 채권관계의 내용을 이루는 채무와 채무자의 행위가 부합되지 않고 있다는 것, 즉 「의무위반」(Pflichtwidrichkeit)을 의미하므로, 채무불이행의 경우에는 채무자의 행위는 이미 위법한 것으로 평가되어야 한다'고 주장하거나,[106)] '채무자의 귀책사유로서의 고의·과실이 문제될 때에는 이미 채무의 내용에 좇지 아니한 의무위반행위, 즉 위법성이 전제되어 있으므로, 채무자가 동시이행항변권이나 유치권을 행사하는 경우는 채무자에게 귀책사유가 없는 경우라고 하면 충분하고, 이를 위법성을 조각하는 경우로 파악할 필요는 없다'고 한다.[107)]

2) 판례의 입장

판례는 '채무불이행에서 확정된 채무의 내용에 좇은 이행이 행하여지지 아니하였다면 그 자체가 바로 위법한 것으로 평가되는 것이고, 다만 그 이행하지 아니한 것이 위법성을 조각할 만한 행위에 해당하게 되는 특별한 사정이 있는 때에는 채무불이행이 성립하지 않는 경우도 있을 수 있다'고 판시한 바 있는데(대법원 2002.12.27.선고, 2000다47361 판결), 이는 '위법성을 채무불이행의 소극적 성립요건으로 보는 견지에서, 동시이행항변권 등 위법성조각사유가 있는 경우에는 예외적으로 위법성이 조각된다'고 보는 통설적 견해에 따른 것이라고 생각된다.

3) 학설·판례의 검토

통설과 비판론의 대립은 쌍무계약에서 채무자가 동시이행항변권이나 유치권을 행사하는 경우에 이를 채무불이행의 성립요건인 위법성이 조각된다고 볼 것인가, 이러한 경우도 일단 위법한 행위로 평가되지만 귀책사유를 인정할 수 없기 때문에 책임을 물을 수 없는 경우라고 볼 것인가 하는 이론구성상의 차이에서 야기된다. 따라서 어느 견해에 따르더라도 '채무자가 동시이행항변권이나 유치권을 행사하는 경우에 채무불이행책임이 발생하지 않는다'는 결과에 있어서는 차이가 없다. 문제의 핵심은 '쌍무계약에서 양 당사자가 이행기가 도래하였음에

104) 곽윤직, 72; 김증한/김학동, 91; 김상용, 123; 현승종, 118 참조.
105) 민법주해(9)/양창수, 112~113, 228~229; 김형배, 173; 이은영, 246 참조.
106) 김형배, 173~174 참조. 민법주해(9)/양창수, 112~113, 228~229도 같은 취지이다.
107) 김형배, 173~174 참조. 이은영, 246도 같은 취지이다.

도 불구하고 둘 다 이행하지 않는 상태를 위법한 것으로 평가할 것인가, 아니면 적법한 것으로 평가할 것인가?' 하는 데 있다고 할 것인데, 비판론은 위법성을 전제하므로 전자에 속하는 반면에, 통설에 의하면 위법성이 조각되어 결과적으로 적법행위로 평가되므로 후자에 속한다고 할 수 있을 것이다.

생각건대, '쌍무계약에서 당사자 일방이 동시이행항변권을 행사하여 채무의 이행을 거절한 경우에는 이행지체로 인한 채무불이행책임이 발생하지 않음은 당연하지만, 그렇다고 하여 이러한 상태를 동시이행항변권의 존재에 의하여 위법성이 조각된다는(결과적으로는 적법하다고 평가하여야 한다는) 통설·판례의 이론구성에는 문제가 있다'는 비판론의 지적에는 일리가 있다고 생각한다. 다만, '고의·과실의 개념 속에는 위법성이 내재되어 있는 것이므로, 동시이행항변권의 존재에 의하여 위법성이 조각되는 것이 아니라 고의·과실 그 자체가 조각된다'는 견해에는 찬성할 수 없다. 또한 '쌍무계약에서는 채무자가 동시이행항변권을 행사하지 않더라도 동시이행항변권의 존재 그 자체의 효력으로서 이행지체책임은 발생하지 않는다는 이른바 「당연효(當然效)」가 인정된다는 점을 근거로 채무자의 이행의무 그 자체를 부정하여야 한다'는 일부 학설의 주장[108]도 납득하기 어렵다.

사견으로는, 계약의 구속력의 원칙상 쌍무계약에서는 동시이행항변권의 행사 여부와는 관계없이 항변권의 존재 그 자체의 효력으로서 이행지체로 인한 채무불이행책임(강제이행, 손해배상, 계약해제)은 발생하지 않지만(이른바 「당연효」의 긍정), 그렇다고 하여 '채무를 이행하지 않는 당사자의 행위를 적법한 것이라거나 고의·과실이 없는 경우라고 평가할 수는 없다'고 생각한다. 결국 '쌍무계약에서 동시이행항변권을 행사할 수 있는 당사자가 채무를 이행하지 않고 있는 상태는 위법한 것이라고 평가되지만, 법률의 규정에 의하여 채권자가 상대방에게 채무불이행책임을 물을 수는 없는 상태에 있다'고 보아야 할 것이 아닌가 생각된다.

3. 이행지체의 효과

(1) 강제이행청구권의 발생

이행지체로 인한 채무불이행책임이 발생하더라도 채권자의 이행청구권은 소멸하지 않는다. 즉, 채무자의 이행의무는 이행지체로 소멸하지 않는다. 따라서 채권자는 채무자에 대하여 채무불이행책임(손해배상, 해제)을 묻는 것과는 별개로 본래의 채무이행을 청구할 수 있음은 물론, 채무자의 임의이행이 없는 경우에는 법원에 강제이행을 청구할 수 있다(389조). 학설 중에는 '채무의 현실적 이행강제(강제이행)의 경우에는 채무자의 귀책사유가 요구되지 않는다'는 견해도 있으나,[109] 이행강제는 이행지체로 인한 채무불이행책임의 내용을 구성하는 것이

108) 민법주해(9)/양창수, 115 참조.

므로, 채무자의 귀책사유가 없는 이행강제책임은 발생할 수 없다고 할 것이다. (☞ 제2절 「채무불이행의 효과」)

(2) 담보권의 실행 가능

채무의 이행을 담보하기 위하여 담보권이 설정되어 있는 경우에는, 채권자는 담보물의 경매신청·보증인에 대한 이행청구 등 담보권을 실행할 수 있다. (☞ 제5장 제5절 「보증채무」)

(3) 위약금의 효력발생

당사자 사이에 위약금의 약정이 있는 경우에는 이행지체의 성립에 의하여 위약금계약의 효력이 발생한다(398조). (☞ 제2절 「채무불이행의 효과」)

(4) 손해배상청구권의 발생

1) 지연배상

「지연배상(遲延賠償)」이라 함은 '이행지체로 인하여 생긴 손해의 배상'을 말한다. 특히 금전채무의 이행지체로 인한 손해배상을 「지연이자」라고 부르기도 하는데, 이는 원본의 사용대가가 아니므로 「이자」라고 할 수 없음은 전술한 바와 같다. (☞ 제1장 제6절 「이자채권」)

이행지체의 경우에는 본래의 채무의 이행이 가능하며 본래의 채무가 소멸하지 않으므로, 채권자는 채무자에 대하여 지연배상과 아울러 본래의 급부를 청구할 수 있다. 즉, 이행지체가 성립하면 채무의 내용이 본래의 급부에다 지연배상을 합한 범위로 확대된다. 따라서 채무자는 본래의 급부와 아울러 지연배상까지 제공하여야 채무의 내용에 좇은 이행의 제공을 한 것이 된다. (☞ 제3장 제2절 「변제의 제공」)

2) 전보배상

(가) 의 의

「전보배상(塡補賠償)」이라 함은 '이행에 갈음한 배상, 즉 이행이익을 전보하여 주는 손해배상'을 말한다. 이행지체로 인한 손해배상은 원칙적으로 지연배상에 그치며, 전보배상은 이행불능의 효과로서의 손해배상에 한하여 인정되는 것이 원칙이다. 그러나 민법은 '채권자가 상당한 기간을 정하여 이행을 최고하여도 그 기간 내에 이행하지 아니하거나 지체 후의 이행이 채권자에게 이익이 없는 때에는, 채권자는 수령을 거절하고 이행에 갈음한 손해배상을 청구할 수 있다'고 규정함으로써(395조), 예외적으로 이행지체의 경우에도 전보배상을 청구할 수 있음을 인정하고 있다.

---

109) 김형배, 200 참조.

(나) 이행지체에 있어서의 전보배상의 요건

채권자가 이행지체를 이유로 전보배상을 청구하기 위해서는, 채권자가 상당한 기간을 정하여 이행을 최고하여도 채무자가 그 기간 내에 이행하지 아니하거나, 지체 후의 이행이 채권자에게 이익이 없는 경우이어야 한다(395조). 또한 명문규정은 없으나, 채무자가 이행거절의 의사를 명백히 표시하여 채권자가 최고 없이 계약의 해제나 손해배상을 청구할 수 있는 경우(대법원 2007.9.20.선고, 2005다63337 판결 등), 그리고 불완전이행에 대한 채권자의 추완청구에도 불구하고 채무자가 추완의무를 이행하지 아니한 때에도 전보배상을 청구할 수 있다고 할 것이다.

참고로 「2013년 민법개정시안」은 이행지체시의 전보배상에 관하여 규정하고 있는 현행 민법 제395조를 개정하여 '이행거절과 불완전이행의 경우에도 전보배상을 청구할 수 있음'을 명시할 것을 제안한 바 있다.[110][111]

(다) 전보배상액의 산정기준 및 시기

(A) 이행지체의 경우 민법 제정 초기의 판결 중에는 '사실심 변론종결시의 가격을 표준으로 하여 전보배상액을 산정하여야 한다'는 입장을 취한 것도 있었으나(대법원 1969.5.13.선고, 68다1726 판결), 현재에는 이행불능의 경우와 마찬가지로 「책임원인발생시설」을 취하고 있다. 즉, 판례는 '이행지체에 있어서의 전보배상액은 본래의 의무이행을 최고한 때로부터 상당한 기간이 경과한 당시의 시가를 표준으로 하여야 한다'는 입장을 취하고 있다(대법원 1967.6.13.선고, 66다1842 판결 등).[112]

(B) 이행거절의 경우 이행지체의 일종이라고 할 수 있으나, 이와 구별되는 「이행거절」의 경우에는 전보배상을 청구할 수 있다고 할 것인데, '채무자가 이행거절의 의사를 명백히 표시하여 최고 없이 계약의 해제나 손해배상을 청구할 수 있는 경우에는, 이행거절 당시의 급부목적물의 시가를 표준으로 전보배상액을 산정하여야 한다'는 것이 판례의 입장이다(대법원 2007.9.20.선고, 2005다63337 판결 등). (☞ 제2절 「채무불이행의 효과」)

---

110) 「2013년 민법개정시안」 제395조(전보배상) ① 채무자가 채무의 이행을 지체한 경우에 채권자는 다음 각 호의 사유가 있는 때에는 수령을 거절하고 이행에 갈음하는 손해배상을 청구할 수 있다. 1. 채권자가 상당한 기간을 정하여 이행을 최고하였으나 채무자가 그 기간 내에 이행하지 아니하는 경우 2. 채권자가 상당한 기간을 정하여 이행을 최고하더라도 그 기간 내에 이행되지 아니할 것이 명백한 경우 3. 지체 후 이행이 채권자에게 이익이 없거나 불합리한 부담을 주는 경우 ② 채무자가 미리 이행하지 아니할 의사를 표시한 경우에는 채권자는 이행기 전에도 이행에 갈음하는 손해배상을 청구할 수 있다. ③ 채무자의 불완전이행에 대하여 채권자가 추완을 청구할 수 있는 경우에 제1항을 준용한다.

111) 이에 관한 상세는 김재형, "채무불이행으로 인한 손해배상에 관한 민법개정안", 민사법학 65호(한국민사법학회, 2013/12), 602~611을 참조 바람.

112) 같은 취지: 대법원 1997.12.26.선고, 97다24542 판결; 대법원 2007.9.20.선고, 2005다63337 판결.

■ **채무자의 이행거절로 인한 채무불이행에서의 손해액 산정의 기준시점** [1] 이행지체에 의한 전보배상에 있어서의 손해액 산정은 본래의 의무이행을 최고한 후 상당한 기간이 경과한 당시의 시가를 표준으로 하고, 이행불능으로 인한 전보배상액은 이행불능 당시의 시가 상당액을 표준으로 할 것인바, 채무자의 이행거절로 인한 채무불이행에서의 손해액 산정은 채무자가 이행거절의 의사를 명백히 표시하여 최고 없이 계약의 해제나 손해배상을 청구할 수 있는 경우에는 이행거절 당시의 급부목적물의 시가를 표준으로 해야 한다. [2] 상품권의 발행인은 상품권을 제시하며 상품권에 기재된 내용에 따라 제품의 공급을 요구하는 소지인에게 그 액면금 상당의 제품을 공급할 의무가 있으므로, 발행인이 상품권을 구입한 실수요자들로부터 상품권을 제시받고도 그 의무이행을 거절한 경우에는 상품권의 최종 소지인은 발행인에 대하여 제품제공의무에 대한 이행의 최고 없이 곧바로 그 이행에 갈음한 손해배상을 청구할 수 있고, 나아가 상품권 발행인이 위 의무를 이행하지 아니함으로써 그 소지인이 입은 손해는 통상의 경우 상품권의 액면금 상당이라고 할 것이다. (대법원 2007.9.20.선고, 2005다63337 판결)[113]

(5) 책임의 가중 : 무과실책임으로의 전환

전술한 바와 같이, 채무자는 이행지체가 성립한 이후에 발생한 손해에 대해서도 책임을 져야 함은 물론 천재지변과 같은 불가항력에 의한 면책도 허용되지 않는 무과실책임을 부담한다(392조 본문).[114] 다만, 채무자가 이행기에 이행하여도 채권자가 손해를 면할 수 없는 경우, 채무자는 채무불이행책임을 면한다(392조 단서). 이 경우에 채무자는 자기에게 귀책사유가 없었다는 점과, 이행기에 채무를 이행하였더라도 채권자가 손해를 면할 수 없었을 것이라는 두 가지 사실을 증명하여야 한다는 점은 전술한 바와 같다(대법원 1962.5.24.선고, 62다175 판결 등).

(6) 계약해제권의 발생

쌍무계약에서 당사자 일방이 그 채무를 이행하지 아니하는 때에는, 상대방은 상당한 기간을 정하여 그 이행을 최고하고, 그 기간 내에 채무자가 이행하지 아니한 때에는 계약을 해제할 수 있다. 그러나 채무자가 미리 이행하지 아니할 의사를 표시한 경우(이른바 「이행거절」의 경우)에는 최고를 요하지 아니한다(544조).

해제의 요건으로서의 「이행의 최고」와 관련하여, 판례는 '이행의 최고를 반드시 기간을 명시하여 할 필요는 없으며, 기간을 명시하지 않더라도 상당한 기간이 경과하면 해제권이 발생한다'고 한다(대법원 1979.9.25.선고, 79다1135·1136 판결 등).[115] 또한 '채권자가 기간을 명시하여 이행을 최고한 경우, 이행지체를 이유로 계약을 해제하기 위해서는 기간의 최종일에 약정된 변제의 장소에서 변제를 수령할 준비를 갖추어야 한다'고 한다(대법원 1993.5.25.선고, 92다49430 판결).[116] 이행지체로 인한 계약의 해제·해지에 대해서는 계약법 편에서 상세하게 다루기로 한

113) 같은 취지: 대법원 2008.5.15.선고, 2007다37721 판결.
114) 同旨: 곽윤직, 82; 김형배, 185 참조.
115) 판례평석: 김창석, "이행지체를 원인으로 한 계약해제의 요건으로서의 이행의 최고", 저스티스 33권 3호(한국법학원, 2000/9), 157 이하. 같은 취지: 대법원 1965.3.23.선고, 64다1224 판결; 대법원 1970.9.29.선고, 70다1508 판결; 대법원 1990.3.27., 89다카14110 결정.

다. (☞ 계약법 편, 제1장 제4절「계약의 해제와 해지」)

4. 이행지체의 종료

(1) 채권의 소멸

어떠한 이유에서든지 채권 자체가 소멸하면 이행지체는 종료한다.

(2) 채권자의 지체면제

거래의 실제에서는 이행지체가 성립한 이후에 채권자가 채무자에게 유예기간을 부여하는 경우가 많다. 이 경우 이행지체는 종료되며, 그 유예기간 중에는 이행지체로 인한 채무불이행책임이 발생하지 않는다고 해석하여야 하는 것은 당연하지만, 당사자의 특별한 합의가 없는 한 이미 발생한 이행지체로 인한 채무불이행책임까지 면제된다고 해석할 수는 없다.117)

(3) 이행의 제공

채권자가 해제권을 행사하기 전에 채무자가 지연배상과 함께 채무의 내용에 좇은 이행의 제공을 한 때에는 이행지체는 종료된다. (☞ 제3장 제2절「변제의 제공」)

(4) 지체 후의 이행불능

이행지체가 성립한 후에 불능이 된 경우에 이를 이행불능으로 볼 것이냐, 아니면 이행지체로 볼 것이냐에 대해서는 견해의 대립이 있으나, 어느 견해에 의하더라도 불능이 발생하면 이행지체는 종료된다고 할 것임은 전술한 바와 같다. 이행지체는 이행이 가능하다는 것을 전제로 하는 것이기 때문이다.118)

[73] Ⅲ. 이행불능

1. 의 의

「이행불능(履行不能)」(Unmöglichkeit; impossibilité)이라 함은 '채권이 발생한 후에 채무자의 귀책사유로 인하여 이행이 불가능하게 된 경우'를 말한다. 이행불능은 이행지체와 마찬가지로 채무의 내용에 좇은 이행이 아니므로 채무불이행의 일종이지만, 채무의 이행이 불가능하다는 점에서 이행이 가능한「이행지체」와 구별된다. 또한 이행불능은 불완전하지만 이행행위

116) 판례평석: 김호윤, "이행지체를 이유로 한 계약해제의 전제요건인 이행의 최고에 있어 일정한 기간이 명시된 경우 채무자의 이행제공의 방법", 대법원판례해설 19-1호(법원행정처, 1993/12), 134 이하.
117) 同旨: 민법주해(9)/양창수, 124; 곽윤직, 83; 현승종, 121 참조.
118) 同旨: 민법주해(9)/양창수, 120 참조.

가 있는 경우인 「불완전이행」과도 개념상 구별된다.

민법은 이행불능의 성립요건에 대해서는 별도의 규정을 두지 않고 제390조에서 다른 유형의 채무불이행과 함께 "채무의 내용에 좇은 이행을 하지 아니한 때"라고 포괄적으로 규정하고 있다. 반면에 이행불능의 효과인 손해배상에 대해서는 제390조 단서에서, 그리고 계약해제권에 대해서는 제546조에서 규정하고 있다.

이러한 이행불능에 관한 민법의 해석론에 있어서 가장 큰 쟁점은 이행불능의 성립요건, 즉 '불능의 개념을 어떻게 파악할 것인가?' 하는 문제이다. 다만, 이에 대해서는 판례가 이미 '불능 여부는 거래관념 내지 사회통념을 기준으로 판단하여야 한다'는 입장을 확립해 놓고 있는 상황이므로, 학문적으로는 판례를 중심으로 구체적 사례를 통하여 드러난 불능의 개념을 유형화하는 것이 과제가 되고 있다. 한편 이행불능에 관한 민법학계의 최근의 관심은 대상청구권(代償請求權)에 집중되고 있는데, 대상청구권에 관한 논의는 이미 그 인정 여부의 문제를 떠나 그 요건과 효과의 구체화에 집중되고 있으며, 이에 관한 판례도 많이 쌓여가고 있다. 다만, 대상청구권이 문제된 실제사례를 살펴보면 채무자의 귀책사유가 인정될 수 없어서 채무불이행책임이 문제되지 않는 경우가 대부분이므로, '대상청구권의 문제를 이행불능과 관련하여 채무불이행의 유형론에서 다루는 것이 과연 적절한가?' 하는 의문이 있을 수 있다. 그러나 본서에서는 서술의 편의를 위하여 이행불능과 관련하여 대상청구권의 문제를 다루기로 한다.

2. 이행불능의 성립요건

이행불능으로 인한 채무자의 채무불이행책임은 손해배상과 계약해제의 두 가지인데, 채무불이행책임이 발생하기 위해서는, ① 채무의 이행불능, ② 채무자의 귀책사유(고의 또는 과실), ③ 위법성의 세 가지 요건이 필요하다. 이에 대해서는 이미 이행지체에서 상세히 설명하였으므로, 이하에서는 앞서 설명한 내용과 중복되지 않는 범위 내에서 간략하게 설명하기로 한다.

(1) 채무의 이행불능

1) 불능의 의의

(가) 불능 여부의 판단기준

이행불능으로 인한 채무불이행책임의 성립요건인 '채무의 이행불능' 여부에 대한 판단기준은 이미 이행지체의 요건인 「이행가능」을 설명하면서 기술한 바 있다. 그러므로 여기서는 중복되지 않는 범위 내에서 설명하기로 한다. (☞ [72] 「이행지체」)

(A) 판례의 입장 판례는 '채무의 이행불능 여부는 사회통념 내지 거래관념이라는 단일한 기준에 의하여 결정하여야 한다'는 입장에서(대법원 1974.5.28. 선고, 73다1133 판결), '불능이라 함은

단순히 절대적·물리적 불능을 의미하는 것이 아니라 사회생활에서의 경험법칙 또는 거래상의 관념에 비추어 볼 때 채권자가 채무자의 이행의 실현을 기대할 수 없는 경우를 말한다'고 한다(대법원 1995.2.28.선고, 94다42020 판결 등).[119] 이러한 관점에서, 판례는 '부동산매도인이 매매의 목적물을 제3자에게 이중으로 양도하고 소유권이전등기를 경료해준 때에는, 매도인이 그 목적물의 소유권을 회복하여 이를 매수인에게 이전할 수 있는 특별한 사유가 없는 한, 그 소유권이전채무는 이행불능의 상태에 빠진다'고 한다(대법원 1961.7.27.선고, 4293민상810 판결 등).[120] 또한 '제3자에 대한 채무를 변제할 자력이 없는 부동산매도인이 그 채무의 담보를 위하여 그 제3자에게 매매부동산의 소유권이전등기를 경료해 준 경우에도 특별한 사정이 없는 한 매도인의 소유권이전등기의무는 이행불능이 되며(대법원 1991.7.26.선고, 91다8104 판결), 부동산매도인이 제3자에게 목적부동산의 일부를 양도하고 나머지 부분에는 지상권과 저당권을 설정해준 경우에도 매도인의 소유권이전채무는 이행불능이 된다'고 한다(대법원 1974.5.28.선고, 73다1133 판결). 다만, 판례는 매매목적물에 관하여 이중으로 제3자와 매매계약을 체결하였다는 사실만 가지고는 매도인의 소유권이전의무가 이행불능이 되었다고 속단할 수 없고(대법원 1996.7.26.선고, 96다14616 판결 등),[121] '매도인이 제3자에게 그 부동산 위에 가등기를 경료해 준 것만으로는 소유권이전등기의무가 이행불능이 된다고 할 수 없으며(대법원 1991.7.26.선고, 91다8104 판결 등),[122] 매매부동산에 관하여 제3자의 처분금지가처분등기가 되었거나 예고등기가 되었다는 사실만으로는 매도인의 소유권이전의무가 이행불능이 되었다고 할 수 없다'고 한다(대법원 1999.7.9.선고, 98다13754·13761 판결 등).[123]

(B) 학 설 학설 중에는 '불능의 개념 속에 기대불가능성(期待不可能性) 또는 사정변경 내지 행위기초론에 의하여 계약내용을 수정하여 채무가 이행되어야 할 경우도 포함되어야 한다'는 견해도 있으나,[124] '사회통념 또는 거래관념이라는 단일한 기준에 의하여 불능인지 여부를 판단하여야 한다'는 판례의 입장을 지지하는 견해가 지배적이다.[125]

(C) 학설·판례의 검토 사정변경이나 행위기초의 흠결은 채무소멸의 효력을 발생하는 것

---

119) 같은 취지: 대법원 1996.7.26.선고, 96다14616 판결; 대법원 2003.1.24.선고, 2000다22850 판결.
120) 같은 취지: 대법원 1960.3.17.선고, 4292민상241 판결; 대법원 1965.7.27.선고, 65다947 판결; 대법원 1966.6.21.선고, 66다589 판결; 대법원 1966.9.27.선고, 66다182 판결; 대법원 1968.6.18.선고, 68다683·684; 대법원 1968.11.5.선고, 68다1447 판결; 대법원 1971.10.19.선고, 71다1749 판결; 대법원 1975.5.13.선고, 75다55·56 판결; 대법원 1978.5.23.선고, 78다680 판결; 대법원 1981.6.23.선고, 81다225 판결; 대법원 1982.12.28.선고, 82다카984 판결; 대법원 1983.3.22.선고, 80다1416 판결.
121) 같은 취지: 대법원 1959.9.24.선고, 58다423 판결; 대법원 2003.1.24.선고, 2000다22850 판결.
122) 같은 취지: 대법원 1993.9.14.선고, 93다12268 판결.
123) 같은 취지: 대법원 1993.5.27.선고, 92다20163 판결.
124) 김형배, 191 참조.
125) 곽윤직, 84; 김기선, 154; 김상용, 127; 현승종, 122 참조.

이 아니므로, '사정변경이나 행위기초의 흠결의 경우를 채무소멸의 효력을 발생시키는 이행불능의 개념에 포함시키자'는 일부학설의 주장은 자칫 「사정변경의 원칙」 또는 「행위기초론」의 취지를 왜곡시킬 가능성이 있을 뿐만 아니라, 천재지변이나 경제사정의 급변과 같은 극히 예외적인 상황에서만 허용되어야 할 「사정변경의 원칙」을 일반화하는 오류를 범하게 될 가능성이 크다는 점에서 찬성할 수 없다는 점은 전술한 바와 같다.[126] (☞ 계약법 편, 제1장 제3절 「계약의 효력」)

한편 학설 중에는 '「기대불가능성이론」에 따라서 「주관적 불능」을 불능의 개념에 포함시키는 것이 타당하다'는 취지의 주장을 하는 견해도 있으나, 이는 특별히 새로운 주장이라고 하기 어려울 뿐만 아니라, 후술하는 바와 같이 우리 민법의 해석으로는 「주관적 불능」과 「객관적 불능」을 특별히 구별할 필요가 없다고 할 것이므로, 이러한 주장에는 찬성할 수 없다.

「이행불능」이라 함은 문자 그대로 '채무의 이행이 불가능한 상태'를 의미하는 것으로서 자연과학적인 개념이 아니라 법률상의 개념이므로, 불능 여부의 판단기준을 사실적·물리적 불능에 한정시키지 않고 사회통념 내지 거래관념을 기준으로 하는 것은 당연한 것이다. 따라서 사회통념 또는 거래관념이라는 단일한 기준에 의하여 불능의 여부를 판단하면 충분하다는 통설·판례의 입장이 타당하다고 생각된다.

(나) 「객관적 불능」과 「주관적 불능」의 개념을 구별할 필요가 있는지 여부

(A) 문제의 소재 「객관적 불능」이라 함은 '채무자뿐만 아니라 일반인에게도 불능인 경우'를 말하며, 「주관적 불능」은 '일반인에게는 가능하나 채무자로서는 이행이 불가능한 경우'를 말한다.[127] 독일민법에서는 명문규정을 두어 객관적 불능과 주관적 불능의 개념을 구별하고 있으나(BGB §275),[128] 우리 민법에는 이에 관한 명문규정이 없으므로 「객관적 불능」과 「주관적 불능」의 개념을 구별할 필요가 있는지 여부에 대하여 견해가 대립되고 있다.

〈참고〉 독일민법에 있어서 「객관적 불능」과 「주관적 불능」의 개념 구별

2002년 「채무법현대화법」에 의하여 개정되기 전의 독일민법은 「객관적 불능」(Unmöglichkeit)과 「주관적

---

126) 同旨: 김상용, 128 참조.

127) 김상용, 127; 김증한/김학동, 105; 김형배, 191; 현승종, 123 참조. 그러나 이러한 통설적인 개념 정의와는 달리, '주관적 불능은 채무자 자신의 일신상의 사정에 기한 경우를 말하며, 그 이외에는 전부 객관적 불능'이라는 견해도 있다(곽윤직, 84; 김기선, 156 참조).

128) 독일민법 제275조(급부의무의 배제) (1) 급부가 채무자에게 혹은 누구에게나 객관적으로 불능인 경우에는 급부청구권은 배제된다. (2) 채무자는 급부가 채권관계의 내용과 성실과 신의의 요청에 비추어 채권자의 급부이익과 비교하여 현저히 균형을 잃은 비용을 요하는 경우에는 그 급부를 거절할 수 있다. 채무자에게 기대될 수 있는 노력을 결정함에 있어서는 채무자가 그 이행장애에 대하여 책임이 있는지의 여부도 고려되어야 한다. (3) 채무자는 그 자신이 급부를 스스로 제공하여야 하는 경우에, 그리고 급부를 방해하는 이행장애와 채권자의 급부이익을 형량할 때 그에게 급부를 기대하기 어려운 경우에는 그 급부를 거절할 수 있다. (4) 채권자의 권리는 제280조, 제283조 내지 제285조, 제311조a, 그리고 제326조에 의하여 결정된다.

불능」(Unvermögen)을 구별하여 원시적·객관적 불능을 목적으로 하는 계약에 한하여 이를 무효로 규정하고(동법 306조),[129] 후발적 불능의 경우에는 객관적 불능이든 주관적 불능이든 상관없이 채무자의 귀책사유의 유무에 따라서 급부의무의 존속 여부를 결정하도록 규정하고 있었다(동법 275조).[130] 따라서 '「원시적·주관적 불능」의 경우에는 후발적 불능과 마찬가지로 계약의 효력에는 영향이 없으나, 귀책사유가 없는 경우에도 손해배상책임이 발생한다'고 해석하는 것이 판례와 다수설의 입장이었다.[131] 또한 개정 전 독일민법은 종류채무에 있어서의 주관적 불능에 대해서는 채무자는 귀책사유가 없는 경우에도 책임을 지도록 규정하고 있었다(동법 279조).[132] 따라서 개정 전 독일민법의 해석상 객관적 불능과 주관적 불능의 구별은 필수적인 것이었다.

그런데 2002년에 개정된 현행 독일민법은 원시적 불능의 경우를 제외한 후발적 불능, 이행지체, 불완전이행 등 여러 가지 채무불이행의 유형들을 「의무위반」(Pflichtverletzung)이라는 일반적 급부장애의 개념 속에 하나로 통합하여 규정함으로써(독일민법 280조),[133] 급부장애법(채무불이행책임법)을 크게 개혁하였다.[134] 이에 따라 개정 독일민법에서는 ① 원시적 불능과 후발적 불능의 개념상의 구별은 유지되고 있으나, 제311a조[135]가 신설됨으로써 원시적 불능의 경우에도 계약이 유효할 뿐만 아니라 이행이익의 배상이 인정되는 것으로 전환됨으로써 양자의 구별은 사실상 폐지되었으며, ② 그 결과 주관적 불능과 객관적 불능의 개념구별은 유지하되 양자는 급부의무를 배제하는 사유로서 동등하게 취급되는 것으로 변경되었다(독일민법 275조).[136]

(B) 학 설

a) 구별부인설 : 이는 '우리 민법의 해석상 객관적 불능과 주관적 불능은 구별의 실익이 없으며, 사회통념 또는 거래관념이라는 단일한 기준에 의하여 불능의 여부를 판단하면 충분하

---

129) 개정 전 독일민법 제306조(객관적 불능인 급부) 객관적 불능인 급부를 목적으로 하는 계약은 무효이다.

130) 개정 전 독일민법 제275조(귀책사유 없는 객관적 불능) (1) 채무자는 채무관계의 성립 이후에 발생한 그에게 귀책될 수 없는 사유로 인하여 급부가 객관적으로 불능하게 된 때에는 급부의무로부터 해방된다. (2) 채무관계의 성립 이후에 발생한 객관적 불능과 급부에 대한 채무자의 후발적·주관적 불능은 마찬가지로 다루어진다.

131) 박영복, "독일에서의 「원시적 불능제도」에 관한 논의", 사법행정 429호(한국사법행정학회, 1996/9), 9 이하; 김증한/김학동, 106; 김형배, 192 참조.

132) 개정 전 독일민법 제279조(종류채무에서의 주관적 불능) 채무의 목적물이 종류로만 정해진 경우에는 채무자는 그 종류의 급부가 객관적으로 가능한 이상, 그에게 귀책사유가 없는 경우에도 급부의 주관적 불능에 대하여 책임이 있다.

133) 독일민법 제280조(의무위반으로 인한 손해배상) (1) 채무자가 채권관계에서 발생하는 의무를 위반한 경우에는 채권자는 이로 인하여 발생한 손해의 배상을 청구할 수 있다. 다만, 위무위반이 채무자에게 귀책될 수 없는 경우에는 그러하지 아니한다. (2) 채권자는 제286조의 추가적 요건을 충족시키는 경우에 한하여 급부의 지연으로 인한 손해의 배상을 청구할 수 있다. (3) 채권자는 제281조, 제282조 또는 제283조의 요건을 충족시키는 경우에 한하여 급부에 갈음하는 손해의 배상을 청구할 수 있다.

134) 현행 독일민법의 채무불이행법(급부장애법)의 체계에 대해서는 김형배, "일반급부장애법의 체계와 내용", 「독일채권법의 현대화」(법문사, 2003/1), 1 이하 참조.

135) 독일민법 제311a조(계약체결시의 급부장애) (1) 채무자가 제275조 제1항 내지 제3항에 따라서 급부를 할 필요가 없으며, 또한 급부장애가 계약체결시에 이미 존재하는 것은 계약의 유효성과 저촉되지 않는다. (2) 채권자는 그 선택에 따라서 급부에 갈음하는 손해배상 또는 제284조가 정하는 범위의 비용의 배상을 청구할 수 있다. 이것은 채무자가 계약체결시의 급부장애를 알지 못하였고 또한 알지 못한 데 대하여 귀책사유가 없는 경우에는 적용하지 아니한다. 제281조 제1항 제2문 및 제3문, 그리고 제5항은 이 경우에 준용한다.

136) 전게 주 128 참조.

다'는 견해이다.[137] 이 견해는, ① 우리 민법은 독일민법과는 달리 객관적 불능과 주관적 불능을 구별하고 있지 않다는 점, ② 채무자의 일신전속적 급부에서는 주관적 불능이 곧 객관적 불능이 되는 것이므로 주관적 불능은 무의미한 개념이라는 점, ③ 금전채무나 종류채무에서는 주관적 불능은 고려되지 않는다는 점(금전채무의 경우는 원칙적으로 지체만 있을 뿐 불능이 개념은 허용되지 않으며, 종류채무에서는 채무자의 조달의무가 인정되므로 주관적 불능은 문제되지 않는다), ④ 이중매매와 같이 주관적 불능에 해당하는 경우에도 이를 불능의 범주에서 제외할 필요가 없다는 점 등을 근거로 들고 있다.

b) **구별필요설** : 이는 '우리 민법의 해석상으로도 객관적 불능과 주관적 불능의 구별은 필요하다'는 견해이다.[138] 이 견해는 '제535조는 원시적 불능을 목적으로 하는 계약을 체결하는 데 과실이 있는 자에게 신뢰이익의 배상을 인정하고 있는바, 동조는 원시적·객관적 불능을 목적으로 하는 계약을 무효로 규정한 개정 전 독일민법 제306조를 계수한 규정이므로, 우리 민법도 객관적 불능과 주관적 불능의 구별을 인정하고 있다고 해석하여야 한다'고 주장한다.[139] 그리하여 '우리 민법에서도 주관적 불능과 객관적 불능을 구별하여 원시적 불능을 이유로 계약이 무효가 되는 것은 객관적 불능의 경우에 한하며, 원시적·주관적 불능의 경우에는 계약이 유효할 뿐만 아니라 채무자의 귀책사유가 없는 경우에도 이행이익의 배상책임이 인정된다고 해석하여야 한다'고 주장한다.[140]

(C) **판례의 입장** : 전술한 바와 같이, 판례는 '주관적 불능에 해당한다고 할 수 있는 경우에도 이를 객관적 불능의 경우와 구별하지 않고 사회통념 내지 거래관념이라는 단일한 기준에 의하여 불능의 여부를 판단하여야 한다'는 입장을 취하고 있다(대법원 1990.5.8.선고, 88다카4574·4581 판결).

■ **골재채취를 하여야 할 장소에 학교건물신축 및 운동장부지 조성작업이 진행되어 원상회복이 용이하지 않게 된 경우, 골재채취계약에 기한 골재채취에 협력할 의무가 이행불능이 되었다고 보아야 하는지 여부**(적극) 원고와 피고회사가 골재채취계약을 체결한 후 도시계획사업이 변경, 시행됨에 따라 원고가 원래 골재채취를 하기로 한 곳에 피고회사의 대주주 겸 실질적 경영자가 설립한 학교법인이 운영할 학교의 교사건물 신축 및 운동장부지 조성작업이 어느 정도 진척되어 사회통념상 그 철거 등 원상회복이 용이하지 않다고 판단될 시점에 이르렀다면, 피고회사가 원고에 대하여 위 골재채취를 위한 허가기간을 연장하고, 그 연장된 허가기간까지 위 약정한 면적에 관하여 원고가 골재를 채취할 수 있도록 협력할 의무는 불가능하게 되었다고 봄이 상당할 것이므로, 피고 회사는 위 이행불능이 자기에게 귀책사유가 없음을 입증하지 않는 한 그 책임을 면할 수 없다. (대법원 1990.5.8.선고, 88다카4574·4581 판결)

137) 곽윤직, 84; 김형배, 192; 현승종, 123 참조.
138) 민법주해(9)/양창수, 246 이하; 주석민법(1)/이은영, 459~461; 김기선, 156; 김상용, 127; 김증한/김학동, 107 참조.
139) 민법주해(9)/양창수, 247 이하 참조.
140) 상게서, 247(다만, 독일민법 개정 전의 주장임에 유의할 것); 김증한/김학동, 107 참조.

(D) **학설·판례의 검토** : ① 「구별필요설」은 '원시적 불능을 목적으로 하는 계약에 관한 제535조는 개정 전 독일민법 제306조를 계수한 것이므로, 우리 민법도 내재적으로는 객관적 불능과 주관적 불능을 인정하고 있다'고 주장한다.[141] 이는 일면 타당한 주장이라고 생각된다.[142] 그러나 원시적 불능을 무효로 전제하고 계약체결상의 과실이 있는 자에게 신뢰이익의 배상을 인정하고 있는 제535조는 「원시적 불능무효론」을 규정한 2002년에 개정되기 전 독일민법 제306조를 계수한 것이기는 하지만, 우리 민법의 전체적인 규범체계(예컨대, 제569조 및 제574조)와 부합되지 않는 규정이며, 독일에서 「원시적 불능무효론」이 폐지된 마당에 시대에 뒤떨어진 낡은 규범인 '제535조의 입법연혁을 근거로 하여 「주관적 불능」의 개념을 우리 민법의 해석론으로서 반드시 인정하여야 한다'는 주장에는 찬성하기 어렵다. ② 「구별필요설」은 '원시적·객관적 불능의 경우와는 달리 원시적·주관적 불능의 경우에는 제535조가 적용되지 않으므로, 계약이 유효할 뿐만 아니라 채무자의 귀책사유가 없는 경우에도 이행이익의 배상책임이 인정된다'고 해석하면서, '도급계약에서 채무자가 일을 완성하기 위해서는 특수한 기술을 갖출 것이 요구되는데 채무자가 원래 그런 기술이 전혀 없으면서도 그 일을 맡은 경우'를 그 예로서 들고 있다.[143] 그러나 '이러한 경우는 채무의 「원시적·주관적 불능」의 문제로 볼 것이 아니라, 채무자의 일신전속적 급부에 해당하는지 여부의 문제로 보아야 할 것으로서, 당사자의 의사해석상 일신전속적 급부로 해석되는 경우에는 이행불능의 문제로 처리하고, 일신전속적 급부가 아니라고 해석되는 때에는 이행지체의 문제로 처리하는 것이 타당하다'고 할 것이다.[144] 따라서 객관적 불능과 주관적 불능의 개념을 구별하여 원시적·주관적 불능의 경우에는 무과실의 이행이익배상책임을 인정하여야 한다는 「구별필요설」의 입장이 「구별부인설」의 결론과 큰 차이가 있는 것도 아니다. 그러므로 우리 민법의 해석상 굳이 「객관적 불능」과 「주관적 불능」을 구별할 필요는 없으며, 사회통념 내지 거래관념을 기준으로 이행의 불능 여부를 판단하면 충분하다고 할 것이다.

이러한 관점에서 「이행불능」의 개념을 정리하면, ① 이행 자체가 물리적으로 불가능한 것은 불능이며(이를 「절대적 불능」이라고 한다), 물리적으로는 이행이 가능하다고 할 수 있으나

---

141) 민법주해(9)/양창수, 247 참조.

142) 제535조의 입법연혁에 대해서는 김대정, "신뢰이익개념에 대한 재검토 소고 -특히 계약체결상의 과실책임에 관한 민법 제535조를 중심으로-", 경허김홍규박사화갑기념Ⅱ 「사법의 제문제」(삼영사, 1992/12), 340 이하 참조.

143) 민법주해(9)/양창수, 247; 김증한/김학동, 106 참조.

144) 이 경우에 채무불이행책임을 인정하기 위해서는 채무자의 귀책사유가 요구된다 할 것이나, 채무자의 귀책사유를 인정하는 데는 별 문제가 없을 것이다. 「구별필요설」의 입장에서도 '원시적·주관적 불능의 경우에는 실제로는 채무자의 담보약정을 인정하여 그에게 귀책사유가 없는 경우에도 채무불이행책임을 인정하여야 할 경우가 많을 것'이라고 한다(민법주해(9)/양창수, 250 참조).

(예컨대, 달을 왕복하는 것을 내용으로 하는 여행계약) 사회통념 내지 거래관념상 채무자의 급부를 기대하기 어려운 경우에는 불능으로 보아야 한다(이를 「상대적 불능」이라고 한다). ② 계약 성립 당시에는 이행이 불가능하지만, 이행기까지 채무자가 계약의 목적인 물건이나 권리를 취득하여 이행할 수 있는 경우에는 불능이라고 할 수 없다(569조 참조). ③ 주관적 불능과 객관적 불능은 개념상 구별할 필요가 없으며, 일반인에게는 가능하지만 채무자에게는 불능한 경우에도 사회통념 내지 거래관념에 의하여 불능 여부를 판단하면 충분하다. 즉, 채무자의 일신전속적 급부의 경우에는 이른바 「주관적 불능」은 이행이 불능한 것으로 판단되어 이행불능의 문제가 되고, 채무자의 일신전속적 급부라고 할 수 없는 경우에는 이행이 가능한 것으로 판단되어 이행지체의 문제가 된다고 할 것이다.

2) 후발적 불능

현행민법의 해석상 원시적 불능을 목적으로 하는 법률행위는 무효이며, 채무가 원시적 불능인 경우에는 계약체결상의 과실책임으로서 신뢰이익(소극적 계약이익)의 배상이 문제될 수 있을 뿐 이행이익의 배상을 내용으로 하는 채무불이행책임은 발생하지 않는다(535조). 즉, 이행불능으로 인한 채무불이행책임의 문제는 법률행위의 성립 당시에는 이행이 가능하였으니 이행기에 이르러 이행이 불능하게 된 경우인 「후발적(後發的) 불능」의 경우에만 발생한다.

「원시적 불능」이라 함은 '법률행위 성립 당시에 이미 그 목적달성이 확정적으로 불가능한 경우'를 말하므로, 정지조건부 또는 시기부(始期附) 법률행위의 경우에도 원시적 불능 여부를 판단하는 기준시기는 정지조건이 성취된 때 또는 시기(始期)가 도래한 때가 아니라, 법률행위가 성립한 계약체결시라고 보아야 한다.[145] 왜냐하면 원시적 불능 여부는 법률행위가 정지조건부 또는 시기부인 경우에도 법률행위성립시(계약체결시)를 기준으로 하여야 할 것이기 때문이다. 따라서 계약체결 이후 정지조건의 성취 또는 기한의 도래에 의하여 채권(청구권)이 발생하기 전에 이행이 불능하게 된 때에는, 이를 후발적 불능의 문제로 다루어 채무자의 귀책사유의 유무에 따라 채무불이행(390조) 또는 위험부담(537조)의 문제로 처리하여야 할 것이다.

3) 이행불능과 이행기

이행불능의 여부는 이행기를 기준으로 하여 판단하여야 하므로, 예컨대 장래에 발생할 물건 또는 권리의 매매와 같이, 계약체결시에는 이행이 불가능하지만 이행기에는 가능한 경우에는 이를 이행불능이라고 할 수 없다. 문제는 타인의 권리를 매매한 경우인데, 프랑스민법은 물권변동에 관하여 의사주의를 취하여 '소유권은 매매계약의 효력으로 이전한다'고 규정하고 있으므로(C.c. Art. 1196)[146] 타인권리의 매매는 불능을 목적으로 하는 계약으로서 무효

---

145) 곽윤직, 85; 김상용, 128; 김증한/김학동, 108; 김형배, 194 참조.

라고 할 수 있으나(C.c. Art. 1599),[147][148] 물권변동에 관하여 형식주의를 취하고 있는 우리 민법에서는 타인권리의 매매를 불능을 목적으로 하는 법률행위라고 할 필요가 없다. 그러므로 우리 민법은 타인권리의 매매를 매도인의 권리취득·이전의무가 발생하는 유효한 매매계약으로 규정하고(569조), 매도인의 권리취득·이전의무가 이행불능이 된 경우에 한하여 무과실의 채무불이행책임인 매도인의 담보책임이 발생하는 것으로 다루고 있다(570조 이하). (☞ 계약법 편, 제2장 제3절 「매도인의 담보책임」)

이행불능은 이행기를 기준으로 하는 개념이지만, '이행기 전에 이행불능이 확실하게 된 경우에는 이행기의 도래를 기다릴 필요 없이 곧 이행불능의 효과가 발생한다'고 해석하여야 할 것이다.[149] 또한 이행기에 이행이 불가능한 경우라고 하더라도 그 불능이 일시적인 것에 그치는 경우(이행기 후의 이행에 의하여서도 채권의 목적을 달성할 수 있는 경우)라면, 이는 이행불능이 아니라 이행지체로 다루어야 할 것이다.[150] 또한 '이행지체 후에 이행불능이 된 경우에는 이론상으로는 이행지체로 보아야 할 것이지만, 이행지체의 특유의 효과인 강제이행·지연배상·이행의 최고 등이 인정될 여지가 없으므로 이를 이행지체로 다룰 실익이 없다. 그러므로 「이행지체 후의 불능」은 이를 이행불능으로 다루는 것이 타당하며, '이를 이행불능으로 다루더라도 이행불능에 관한 제390조 단서의 규정이 적용되는 것이 아니라, 그 특별규정인 제392조의 규정이 적용되어 채무자에게 귀책사유가 없더라도 손해배상책임이 발생하며, 채권자는 이행의 최고 없이 해제권을 행사할 수 있다는 점에서, 어느 견해를 취하든 실제상의 차이는 없다'는 점에 대해서는 전술한 바와 같다. (☞ [72] 「이행지체」)

4) 이행불능의 구체적 사례

이행불능의 구체적 사례를 유형별로 정리할 필요가 있는데, 그 방법으로는 전형계약의 종류별로 이행불능을 유형화하는 방법도 가능하나,[151] 본서에서는 이행불능을 물리적 불능, 법적 불능, 사실적 불능의 세 가지 유형으로 분류하는 방법[152]에 따르기로 한다.

---

146) 프랑스민법 제1196조 : (1) 소유권 기타 권리의 양도를 목적으로 하는 계약에 있어서 권리의 이전은 계약체결시에 이루어진다. (2) 제1항의 권리의 이전은 당사자의 의사, 물건의 성질 또는 법률의 효력에 의하여 달리 정해질 수 있다. (3) 소유권의 이전은 물건의 위험을 이전하는 효력을 가져온다. 그러나 물건의 인도채무자는 1344-1조에 따라서, 그리고 1351-1조에 규정된 법리에 따라서 이행을 최고한 때부터 다시 그 위험을 부담한다.

147) 프랑스민법 제1599조 : 타인의 물건에 대한 매매는 무효이다: 매수인이 그 물건이 타인에게 속함을 알지 못한 경우에는 타인물매매는 손해배상책임을 발생시킨다.

148) 다만, 프랑스민법과 마찬가지로 물권변동에 관하여 의사주의를 취하고 있는 일본민법은 타인권리매매를 유효로 규정하고 있으므로(동법 560~564조), 의사주의와 타인권리매매의 무효가 논리필연적인 관계에 있다고 할 수는 없다.

149) 同旨: 곽윤직, 85 참조.

150) 同旨: 민법주해(9)/양창수, 253 참조.

151) 주석민법(1)/이은영, 457 이하 참조.

152) 민법주해(9)/양창수, 254 이하 참조.

(가) 물리적 불능

「물리적 불능」이라 함은 '급부의 이행이 물리적으로 불가능한 경우'를 말한다. 이 경우에 이행불능이 성립하는 것은 당연한데, 그 전형적인 사례는 특정물인도채무의 목적물이 멸실한 경우이다. 판례에 따르면, '① 양곡가공 도급계약의 당사자인 수급인이 보관 중이던 도급인 소유의 양곡이 수급인이 경영하는 도정공장의 화재로 인하여 소실되어 도급인에게 인도할 수 없게 된 경우, 수급인의 양곡가공의무(대법원 1964.4.28.선고, 63다617 판결), ② 임차목적물이 화재로 소실되어 목적물을 반환할 수 없게 된 경우, 임차인의 목적물반환의무(대법원 1980. 11.25.선고, 80다508 판결 등)[153]는 그 이행은 물리적으로 불가능하게 된 경우'라고 한다. 다만, ③ '댐건설로 인한 수몰지역에서 보상계약의 목적물인 입목이 홍수로 멸실된 경우에는 이미 보상의 목적이 달성되었다 할 것이므로, 홍수로 인한 입목의 멸실을 매매계약 또는 보상특약의 일부 또는 전부의 이행불능이라고도 할 수 없다'고 한다(대법원 1977.12.27.선고, 76다1472 판결).

(나) 법적 불능

「법적 불능」(juristische Unmöglichkeit)이라 함은 '물리적으로는 이행이 가능하나, 법률에 의하여 이행이 금지되거나 법리적으로 이행이 불가능한 경우'를 말한다. 물건의 매매계약을 체결한 이후에 법률에 의하여 그 물건의 거래가 전면적으로 금지되거나, 권리의 양도에 등록이 요구되는 경우에 그 등록이 말소된 경우, 권리의 설정·이전에 관청 등의 허가를 요하는 경우에 그 허가를 얻지 못한 경우 등이 이에 속한다. 예컨대, 벌채허가를 얻을 수 없게 된 경우, 입목의 인도의무는 이행불능상태에 있다고 할 것이다(대법원 1975.8.29.선고, 75다765 판결).

(다) 사실적 불능 : 사회통념상 불능

「사실적 불능」이라 함은 '물리적으로나 법적으로 이행이 불능한 경우는 아니지만, 사회통념상 채무자에게 그 이행을 기대할 수 없는 경우'를 말한다. 사실적 불능의 구체적 사례는 다음과 같이 유형화할 수 있다.

(A) 이중양도로 인한 소유권이전채무의 이행불능 : 이중양도형 이행불능

a) 「이중양도형 이행불능」에 관한 판례법리 : 가장 대표적인 사실적 불능의 유형은 이중양도의 경우인데, 판례는 '부동산매매계약에서 매도인이 목적물을 이중으로 매도하고 제2매수인에게 소유권이전등기를 경료한 경우에는 특별한 사정이 없는 한 제1매수인에 대한 매도인의 소유권이전등기의무는 사실상 이행불능 상태에 있다'는 입장을 확립하고 있다(대법원 1983.3.22.선고, 80다1416 판결 등).[154] 이러한 「이중양도형 이행불능」에 관한 판례의 법리를 정리하

153) 같은 취지: 대법원 1969.3.18.선고, 69다56 판결; 대법원 1982.8.24.선고, 82다카254 판결; 대법원 1985.4.9.선고, 84다카2416 판결; 대법원 1987.11.24.선고, 87다카1575 판결; 대법원 1992.9.22.선고, 92다16652 판결; 대법원 1994.2.8.선고, 93다22227 판결; 대법원 1994.10.14.선고, 94다38182 판결; 대법원 1999.9.21.선고, 99다36273 판결; 대법원 2000.7.4.선고, 99다64384 판결.

면 다음과 같다.

(i) **「이중양도형 이행불능」에 관한 판례법리의 적용범위** 이중양도에 의한 소유권이전채무의 이행불능의 법리는 매매계약의 경우에 한정되지 않고, 증여나 교환(대법원 1968.6.18.선고, 68다683 판결)·명의신탁약정의 해지(대법원 1966.10.4.선고, 66다1080·1081 판결 등)[155] 등으로 인하여 발생한 소유권이전채무의 경우에도 적용된다. 또한 부동산양도의 경우뿐만 아니라, 동산이나 주식 등의 양도의 경우에도 적용된다(대법원 1969.3.25.선고, 66다340 판결).

(ii) **시효취득자에 대한 등기명의자의 소유권이전등기의무의 이행불능** 취득시효 완성 후 시효취득자가 소유권이전등기를 경료하기 전에 등기명의자가 제3자에게 목적물을 매도하고 소유권이전등기를 넘겨준 경우에는 시효취득자는 시효취득의 효력을 제3자에게 대항할 수 없으므로, 등기명의자의 시효취득자에 대한 소유권이전등기의무는 이행불능이 된다(대법원 1991.6.25.선고, 90다14225 판결 등).[156]

(iii) **「이중양도형 이행불능」에 관한 판례법리의 적용요건** 이중양도로 인하여 양도인의 소유권이전채무가 이행불능이 되기 위해서는 매매 등 양도의 원인행위가 행하여진 것만으로는 부족하고, 제3자에 대한 소유권이전등기 등 유효한 처분행위가 확정적으로 이루어졌어야 한다. 그러므로 ① 아직 제3자 명의로 소유권이전등기가 경료되지 않은 경우(대법원 1960.7.7.선고, 4292민상819 판결 등),[157] ② 제3자 명의로 가등기가 경료된 것에 불과한 경우(대법원 1993.9.14.선고, 93다12268 판결 등),[158] ③ 매매목적부동산에 제3자의 처분금지가처분등기가 기입된 것에 불과한 경우(대법원 1993.5.27.선고, 92다20163 판결 등),[159] ④ 제3자 앞으로의 이전등기가 원인이 흠결된 불법한 등기인 경우(대법원 1975.7.22.선고, 75다450 판결 등)[160]와 같이, 제3자에게 확정적으로 소유권이 이전되었다고 할 수 없는 경우에는 아직 이행불능이 확정되었다고 할 수 없다. 또한 채무자가 제3자로부터 다시 소유권을 회복할 수 있는 특별한 사정이 있는 경우에도 이행불능은 확정된 것이 아니다. 예컨대, ① 매도인과 제3자 사이에 명의신탁관계가 있는 경우(대법원 1982.4.27.선고, 80다1921 판결 등),[161] ② 제3자가 매도인의 처인 경우(대법원 1992.10.13.선고, 91다34394 판결 등),[162] ③

---

154) 같은 취지: 대법원 1961.7.27.선고, 4293민상810 판결; 대법원 1964.12.15.선고, 63다1071 판결; 대법원 1965.7.27.선고, 65다947 판결; 대법원 1971.10.19.선고, 71다1749 판결; 대법원 1981.6.23.선고, 81다225 판결.

155) 같은 취지: 대법원 1982.12.28.선고, 82다카984 판결; 대법원 1985.9.10.선고, 85다카507 판결.

156) 판례평석: 지원림, "시효완성으로 인한 등기청구권의 이행불능", 인권과 정의 190호(대한변호사협회, 1992/6), 107~121; 김주원, "부동산점유취득시효제도와 부동산매매", 판례연구 6집(서울지방변호사회, 1993/1), 215 이하. 같은 취지: 대법원 1999.2.12.선고, 98다40688 판결.

157) 같은 취지: 대법원 1959.9.24.선고, 4291민상423 판결.

158) 같은 취지: 대법원 1991.7.26.선고, 91다8104 판결.

159) 같은 취지: 대법원 1999.7.9.선고, 98다13754·13761 판결.

160) 같은 취지: 대법원 1957.1.12.선고, 4289민상490 판결.

161) 같은 취지: 대법원 1989.9.12.선고, 88다카33176 판결. 다만, 이러한 법리가 적용될 수 있는 경우는 '부

담보가등기에 기한 경매절차에서 매도인의 아들이 경락받은 경우(대법원 1994.12.22.선고, 94다40789 판결), ④ 이중매매의 제2양수인이 소유권이전등기의무를 상속한 경우(대법원 1984.4.10.선고, 83다카1222 판결)에는 아직 매도인의 소유권이전채무가 확정적으로 이행불능 상태가 되었다고 할 수 없다.

b) 「이중양도형 이행불능」에 관한 판례법리의 확대 : 판례는 이중양도형 이행불능의 법리를 이중양도 이외의 경우에도 확대적용하여, ① '국가가 징발재산을 타에 처분한 경우에 징발재산의 환매권자에 대한 국가의 소유권이전채무는 이행불능이 된다'고 하며(대법원 1990.2.13.선고, 89다카12435 판결 등),[163] ② '매매목적물이 국가에 의하여 수용된 경우에도 매도인의 소유권이전채무는 이행불능이 된다'고 한다(대법원 1972.2.22.선고, 71다2115 판결). 또한 ③ '매도인으로부터 소유권이전등기를 받은 매수인이 제3자에게 적법·유효한 소유권이전등기를 경료해 준 경우에는, 매수인이 그 제3자로부터 등기명의를 회복할 수 있는 특단의 사유가 없는 한, 매매계약의 해제로 인한 매수인의 소유권이전등기말소의무는 이행불능의 상태에 있다'고 한다(대법원 1969.9.30.선고, 69다939 판결).

(B) 그 밖의 사유로 인한 채무의 「사실적 불능」 그 밖에 판례는 ① '개인 소유의 토지를 국가가 불법점유하여 공군비행장으로 사용하고 있는 경우, 국가의 원상회복의무는 법률상 불능이라고 볼 수 있다'고 하며(대법원 1971.5.24.선고, 71다361 판결), ② '강박에 의한 증여의 의사표시를 취소하고 전득자를 상대로 제기한 소유권이전등기의 말소를 청구하였으나 패소한 경우, 강박행위자의 소유권이전등기 말소등기의무는 사실상 이행불능 상태에 이른다'고 한다(대법원 2005.9.15.선고, 2005다29474 판결 등).[164] 다만, '가처분의 피보전채권이 제3자에 의하여 압류되고 그 추심판결이 확정된 사정만으로는 그것에 대한 압류해제가 불가능하여 이행불능이 되었다고 할 수 없다'고 한다(대법원 1995.8.25.선고, 94다42211 판결).

(2) 채무자의 귀책사유 : 고의·과실

이행불능으로 인한 채무불이행책임이 성립하기 위해서는 그 불능이 채무자의 귀책사유로 인하여 발생한 것이어야 한다(390조 단서). 통설적 견해에 따르면, 「채무자의 귀책사유로 인

동산실명법 시행에도 불구하고 매도인이 제3자와의 사이의 명의신탁약정을 해제하고 신탁부동산에 대한 물권적 반환청구권을 행사할 수 있는 경우에 한한다' 할 것이다. (☞ 물권법 편, 제2장 제3절 「부동산물권의 변동」)

162) 같은 취지: 대법원 1994.12.22.선고, 94다40789 판결.

163) 같은 취지: 대법원 1997.7.25.선고, 97다19144 판결.

164) 판례평석: 김제완, "계약취소시 소유권이전등기 말소의무의 이행불능으로 인한 전보배상청구권의 소멸시효 기산점", 민사재판의 제문제 15권(한국사법행정학회, 2006/12), 92 이하. 같은 취지: 대법원 2006.1.27.선고, 2005다39013 판결; 대법원 2006.3.10.선고, 2005다55411 판결; 대법원 2009.1.15.선고, 2007다51703 판결.

한 이행불능」이라 함은 '채무자가 고의로 이행불능의 사태를 야기하거나, 채무자의 주의의무 위반으로 인하여 이행불능의 사태가 야기된 경우'를 말한다.

1) 귀책사유의 내용

이행불능에 대한 채무자의 귀책사유에는 채무자 본인의 고의·과실은 물론 신의칙상 그것과 동일시되는 법정대리인 또는 이행보조자의 고의·과실도 포함하는 넓은 개념이라는 것은 이행지체의 경우와 마찬가지이다(391조). 또한 면책특약의 효력과 책임능력에 관한 문제도 이행지체에서 설명한 바와 같다.

실제사례에서 이행불능에 대한 채무자의 과실 여부가 문제된 경우는 주로 토지수용과 같은 공법상의 처분에 의하여 채무의 이행불능이 야기된 경우이다. 즉, 판례는 ① '당국의 불허가 등의 공법상의 처분으로 인하여 채무가 이행불능이 된 경우에는 채무자의 귀책사유를 인정할 수 없으나(대법원 1975.8.29.선고, 75다765 판결 등),[165] 토지수용법상의 협의매수는 강제수용의 경우와 달리 사법상의 법률행위에 지나지 아니하여 토지소유자가 협의매수 제의에 반드시 응하여야 할 의무가 없으므로, 교환의 목적물인 양 토지가 공공사업의 시행자에게 협의취득 되었다면, 교환계약의 양 당사자에게 귀책사유가 없다고 단정할 수 없다'고 한다(대법원 1996.6.25.선고, 95다6601 판결 등).[166] 또한 ② '타인의 물건을 보관하고 있는 수치인이 잘못된 가압류집행을 거부할 수 있었음에도 불구하고 그 집행을 거부하지 않고 집행을 당하여 보관하고 있던 물건을 소유자에게 반환하지 못한 경우에는 채무자인 수치인에게 귀책사유가 있다'고 한다(대법원 1962.11.29.선고, 62다627 판결).

2) 귀책사유에 대한 채무자의 증명책임

이행불능의 귀책사유에 대한 증명책임은 채무자에게 있다는 점에 대해서는 이설이 없다.[167] 즉, 채권자는 이행불능의 사실만 증명하면 되고 채무자의 귀책사유를 증명할 필요는 없다. 반대로 채무자가 채무불이행책임을 면하기 위해서는 자신에게 이행불능에 대한 귀책사유가 없었음을 증명하여야 한다. 예컨대, ① 매도인은 매매계약에 의한 소유권이전채무의 이행불능이 자기의 귀책사유에 의한 것이 아니라는 주장과 증명을 하지 않는 한 그로 인하여 발생한 매수인의 손해를 배상하여야 하며(대법원 1972.11.28.선고, 72다982 판결), ② 양곡가공 도급계약에 의하여 수급인이 보관중인 도급인 소유의 양곡이 수급인이 경영하는 도정공장의 화재로 인하여 소실되어 도급인에게 인도할 수 없게 되었다면, 수급인은 채무불이행에 대한 귀책

---

165) 같은 취지: 대법원 2002.2.8.선고, 99다23901 판결.

166) 판례평석: 유남석, "쌍무계약 당사자 쌍방의 대가적 채무가 모두 이행불능이 된 경우 대상청구권 행사의 가부", 대법원판례해설 26호(법원도서관, 1996/12), 111 이하. 같은 취지: 대법원 1995.10.13.선고, 95다25497 판결.

167) 이행불능의 증명책임에 대한 상세는 김선석, "이행불능의 증명책임", 사법논집 20집(법원행정처, 1989), 149 이하 참조.

사유가 자기에게 없었다는 증명을 다하지 못하는 한 손해배상의 책임을 면치 못한다(대법원 1964.4.28.선고, 63다617 판결). 또한 ③ 임차인은 임차목적물이 화재로 소실되어 임차물반환의무를 이행할 수 없게 된 경우에는 그 이행불능이 자기의 귀책사유에 의한 것이 아니라는 점을 증명하지 못하는 한 손해배상의 책임을 면할 수 없다(대법원 1969.3.18.선고, 69다56 판결 등).[168]

3) 쌍무계약에서의 위험부담

채무자의 귀책사유에 의하지 아니하고 채무의 이행이 불능하게 된 경우에는 채무불이행 책임은 성립하지 않으므로, 채무는 소멸하고 채무자는 채무를 면한다(390조 단서). 다만, 쌍무계약에 있어서는 당사자 일방의 채무가 양 당사자의 책임 없는 사유(쌍방불귀책사유)로 인하여 이행불능이 됨으로써 소멸한 경우에는 상대방의 반대급부도 같이 소멸하는 것이 원칙인데(537조), 이를 「채무자위험부담의 원칙」이라고 한다. 이에 관한 상세한 설명은 계약법에서 다루기로 한다. (☞ 계약법 편, 제1장 제3절 「계약의 효력」)

4) 사정변경의 원칙

「사정변경의 원칙」이라 함은 '채무의 이행이 불가능한 것은 아니지만 채무자에게 귀책사유라고 할 수 없는 계약 당시에는 예견할 수 없었던 경제의 변혁 등의 중대한 사정변경이 발생함으로써 채무의 이행을 강세하는 것이 형평에 반하는 경우에는 신의칙상 계약의 구속력의 원칙에 대한 예외를 인정하여 채무자의 일방적인 계약내용 변경 또는 계약해제권 등을 인정하여야 한다'는 법리를 말한다. 우리 민법은 이에 관한 일반규정은 없으나, '신의칙의 파생원칙으로서 사정변경의 원칙을 인정하여야 한다'는 것이 통설적 견해이며, 판례도 보증채무 등 일부 영역에서 이를 인정하고 있음은 후술하는 바와 같다(대법원 1994.12.13.선고, 94다31839 판결 등).[169] (☞ 제5장 제5절 「보증채무」; 계약법 편, 제1장 제3절 「계약의 효력」)

(3) 위법성

이행불능으로 인한 채무불이행책임이 성립하기 위해서는 이행불능이 위법한 것이어야 한다. 그러나 채무자의 고의·과실에 의한 이행불능은 예컨대, 임차인이 목적물을 긴급피난에 의하여 멸실·훼손하는 경우와 같이, 위법성조각사유가 인정되는 경우를 제외하고는 원칙적으로 위법성이 인정되는 것이므로, 이행불능으로 인한 채무불이행의 성립에서 위법성이 특별

168) 같은 취지: 대법원 1977.3.8.선고, 76다2611 판결; 대법원 1980.11.25.선고, 80다508 판결; 대법원 1982.8.24.선고, 82다카254 판결; 대법원 1985.4.9.선고, 85다카507 판결; 대법원 1987.11.24.선고, 87다카1575 판결; 대법원 1992.9.22.선고, 92다16652 판결; 대법원 1994.2.8.선고, 93다22227 판결; 대법원 1994.10.14.선고, 94다38182 판결; 대법원 1999.9.21.선고, 99다36273 판결; 대법원 2001.1.19.선고, 2000다57351 판결; 대법원 2006.1.13.선고, 2005다51013·51020 판결; 대법원 2009.5.28.선고, 2009다13170 판결.

169) 「사정변경의 원칙」에 대하여는 상세는 주환석, "사정변경으로 인한 이행불능", 사법논집 6집(법원행정처, 1975/12), 75 이하; 주석채권각칙(Ⅰ)/김욱곤, 251 이하 참조.

히 문제되는 경우는 없다고 할 수 있다. (☞ [72]「이행지체」)

3. 이행불능의 효과 : 이행불능책임

(1) 채무의 소멸

채무자의 귀책사유로 인하여 급부의 이행이 불가능하게 된 경우, 채무는 소멸하고 채권자는 본래의 급부를 청구할 수 없게 된다. 그러므로 이중매매로 인하여 매도인의 소유권이전채무가 이행불능이 된 경우에는 매도인의 소유권이전채무와 이에 상응하는 매수인의 소유권이전청구권도 소멸하는 것이므로(다만, 채권이 완전히 소멸하는 것은 아니며 손해배상청구권으로 그 형태를 바꾸어 존속한다), 채권자인 매수인이 소유권이전등기를 청구한 경우에 법원은 이행불능을 이유로 청구를 기각하여야 한다. 그러나 판례는 변론주의의 원칙을 들어 '채무자가 이행불능이라고 항변하지 않는 한 법원으로서는 이행불능 사실을 인정할 수 없으므로, 채권자의 이행청구를 인용하는 수밖에 없다'는 입장을 취하고 있다(대법원 1967.2.7.선고, 66다2206 판결 등).[170] 그러나 아무리 변론주의가 지배하는 민사소송이라고 하지만, 존재하지도 않는 원고의 청구권을 법원이 인용하여야 하는 것인지는 의문스럽다. 왜냐하면 집행불능이 될 수밖에 없는 이행판결은 결국 아무런 존재가치도 없는 무의미한 판결에 지나지 않기 때문이다.

이행불능으로 인하여 채무가 소멸하더라도 채무자가 모든 의무로부터 해방되는 것은 아니며, 새롭게 발생한「제2차적 급부의무」인 채무불이행책임을 지게 된다. 즉, 채무자는 채권자에 대하여 이행에 갈음하는 손해배상(전보배상)을 하여야 할 의무를 부담하며(390조 이하), 쌍무계약의 경우에는 채권자에게 부여되는 계약의 해제권·해지권의 행사에 따라 원상회복의무(548조) 또는 청산의무(550조)를 부담하게 된다.

(2) 계약해제권의 발생

쌍무계약에서 채무자의 귀책사유로 인하여 이행이 불능하게 된 때에는 채권자는 계약을 해제할 수 있으며(546조), 계약이 해제된 경우에는 각 당사자에게 원상회복의무가 발생한다(548조 1항). 다만, 타인권리의 매매와 같이 유상계약에 의하여 발생한 채무의 이행불능의 경우에는 채무불이행책임의 일반규정인 제390조와 제546조 및 제548조의 특별규정이라고 할 수 있는 매도인의 담보책임에 관한 규정(570~584조, 567조)이 적용된다는 점에 유의하여야 한다. 또한 계약의 해지 또는 해제는 손해배상의 청구에 영향을 미치지 아니한다(551조). (☞ 계약법 편, 제1장 제4절「계약의 해제와 해지」)

---

170) 같은 취지: 대법원 1987.2.24.선고, 86다215·86다카1071 판결.

(3) 손해배상청구권의 발생

채무자의 고의 또는 과실로 인하여 채무를 이행할 수 없게 된 때에는, 채권자는 손해배상을 청구할 수 있다(390조). 이 경우의 손해배상은 전보배상(塡補賠償), 즉 '이행에 갈음하는 손해배상'이다(395조 참조). 그러나 이행불능이 급부의 전부에 걸쳐 발생한 것인지(전부불능), 급부의 일부에만 발생한 것인지(일부불능)에 따라 전보배상의 내용이 달라진다는 점에 유의할 필요가 있다.

1) 전부불능의 경우

급부의 전부가 이행불능인 경우에는 채무의 내용이 변경되어 본래의 급부를 목적으로 하는 청구권은 소멸하고, 본래의 급부에 갈음하는 손해배상인 「전보배상청구권」이 발생한다. 다만, 이행불능의 효과로서 발생하는 전보배상청구권은 이론상 본래의 채권이 그 내용을 바꾸어 존속되는 것으로서, 본래의 채권과의 동일성은 그대로 유지되는 것이다. 따라서 본래의 채무를 위한 담보권은 전보배상청구권의 담보를 위하여 존속한다(334조, 360조, 429조 1항).

문제는 '물권적 청구권의 성질을 가진 말소등기청구권의 이행불능의 경우에도 전보배상청구권이 인정되는가?' 하는 것인데, 종래의 판례는 이를 인정하는 입장을 취하여 왔다(대법원 2005.9.15.선고, 2005다29474 판결 등). 그러나 대법원은 2012.5.17.선고, 2010다28604 전원합의체판결에 의하여 '소유자가 자신의 소유권에 기하여 실체관계에 부합하지 아니하는 등기의 명의인을 상대로 그 등기말소나 진정명의회복 등을 청구하는 경우, 그 권리는 물권적 청구권으로서의 방해배제청구권의 성질을 가지는 것이므로, 소유자가 그 후에 소유권을 상실함으로써 이제 등기말소 등을 청구할 수 없게 되었다면, 이를 위와 같은 청구권의 실현이 객관적으로 불능이 되었다고 파악하여 등기말소 등 의무자에 대하여 그 권리의 이행불능을 이유로 제390조의 손해배상청구권을 가진다고 말할 수 없다'고 판시함으로써 전보배상청구권을 부인하는 것으로 그 입장을 전환하였다.[171] 위 전원합의체판결은 소유자인 '원고가 불법행위를 이유로 소유권 상실로 인한 손해배상을 청구할 수 있음은 별론으로 하고, 애초 피고의 등기말소의무의 이행불능으로 인한 채무불이행책임을 논할 여지는 없다'고 판시하면서, 그 이유를 '제390조에서 정하는 채무불이행을 이유로 하는 손해배상청구권은 계약 또는 법률에 기하여 이미 성립하여 있는 채권관계에서 본래의 채권이 동일성을 유지하면서 그 내용이 확장되거나 변경된 것으로서 발생하는 것이나, 등기말소청구권 등의 물권적 청구권은 그 권리자인 소유자가 소유권을 상실하면 이제 그 발생의 기반이 아예 없게 되어 더 이상 그 존재 자체가 인정되지 않으므로 물권적 청구권에 기한 말소등기의무의 이행불능이 문제될 여지가 없기 때문'이라고

---

171) 이 전원합의체판결에 의하여 '말소등기청구권의 이행불능으로 인한 손해배상청구권이 인정된다'는 것을 전제로 한 대법원 2008.8.21.선고, 2007다17161 판결, 대법원 2009.6.11.선고, 2008다53638 판결 등은 이 판결의 견해와 저촉되는 한도에서 변경되었다.

설명하고 있다.[172)]

(가) 물건의 인도채무에서 전보배상액 산정의 기준시기

물건의 인도채무에서 이행에 갈음한 전보배상은 그 물건의 시가(時價) 상당액을 의미하는데, 물건의 시가는 시기에 따라 변동하는 것이므로, '구체적인 전보배상액을 산정하기 위한 기준시기를 언제로 할 것인가?' 하는 것이 문제된다. 이에 대하여, 판례는 ① '전보배상액의 산정기준시기는 이행불능 사유가 발생한 당시의 목적물의 시가상당액'이라는 입장을 확립하고 있다(대법원 1990.12.7.선고, 90다5672 판결 등).[173)] 또한 ② '이행불능 사유가 발생한 이후에 목적물의 시가가 등귀한 경우에는 그로 인한 손해는 특별한 사정으로 인한 것으로서, 제393조에 의하여 채무자가 이행불능 당시 그와 같은 특별한 사정을 알았거나 알 수 있었을 경우에 한하여 그 등귀한 가격에 의한 손해배상을 청구할 수 있다'고 한다(대법원 1995.10.13.선고, 95다22337 판결 등).[174)] 그리고 ③ '이러한 법리는 이전할 토지가 환지 예정이나 환지확정 후의 특정 토지라고 하여도 다를 바가 없다'고 한다(대법원 1996.6.14.선고, 94다61359·61366 판결).

(나) 전보배상의 범위

이행불능으로 인한 손해배상인 「전보배상」이란 '이행에 갈음한 손해배상'으로서(395조), '불능에 의하여 획득할 기회를 상실한 채권자의 이행이익을 실현시켜 주는 것'을 의미한다. 이행불능을 원인으로 한 이행이익의 범위는 무한히 확대될 수 있는 것이지만, 우리 민법은 "통상의 손해"를 한도로 하여 이행이익의 배상을 인정하고, "특별한 사정으로 인한 손해"의 경우에는 채무자가 그 사정을 알았거나 알 수 있었을 경우에 한하여 배상하도록 하고 있다(393조). 따라서 이행불능으로 인하여 입은 이익의 상실, 즉 이행이 되었다면 발생하지 않았을 손해가 통상적으로 발생하는 손해인지(통상손해), 아니면 특별한 경우에 속하는 것인지(특별손해)를 판단하는 것이 손해배상책임의 유무 및 범위를 결정함에 있어서 매우 중요한 의미를 가진다. 예컨대, ① 매수인이 매수 토지 위에 건물을 신축하였으나 매도인이 매매의 목적물인

---

172) 윤진수, "소유물 반환의무 위반으로 인한 손해배상책임의 법적 성질", 법률신문 4055호(법률신문사, 2012), 13; 정문경, "물권적 청구권의 이행불능으로 인한 전보배상청구권", 민사판례연구(35)(민사판례연구회, 2013), 119 이하; 엄동섭, "점유물의 양도로 인한 반환불능과 점유자의 책임 -민법 제202조의 적용과 관련하여-", 저스티스 144호(한국법학원, 2014), 390 이하; 임경섭, "물권적 청구권의 이행불능으로 인한 전보배상청구권이 인정되는지 여부", 판례연구 25집(부산판례연구회, 2014), 155 이하; 송민화, "물권적 청구권의 이행불능으로 인한 전보배상청구권의 인정 여부", 재판과 판례 23집(대구판례연구회, 2015), 69 이하; 김상곤, "물권적 청구권의 이행불능으로 인한 전보배상청구권에 대한 검토", 전북판례연구 1호(전북판례연구회, 2017), 99 이하; 김병선, "물권적 청구권의 이행불능의 효과", 일감법학 33호(건국대법학연구소, 2016), 579 이하.

173) 같은 취지: 대법원 1987.6.23.선고, 86다카2549 판결; 대법원 1993.5.27.선고, 92다20163 판결; 대법원 1995.10.13.선고, 95다22337 판결; 대법원 1996.6.14.선고, 94다61359·61366 판결; 대법원 2005.9.15.선고, 2005다29474 판결.

174) 같은 취지: 대법원 1996.6.14.선고, 94다61359·61366 판결.

토지를 제3자에게 이중으로 양도하고 제3자에게 소유권이전등기를 해 줌으로써 매수인에 대한 소유권이전채무가 이행불능이 되어 그 건물을 철거하지 않을 수 없는 경우에, 매도인이 목적물인 토지의 시가상당액의 손해를 배상하여야 함은 당연하지만, 그 이외에 건물의 시가상당액까지도 배상하여야 하는지는 매도인이 매매계약 당시에 건물이 신축될 예정이라는 사실을 알고 있었는지의 여부에 달려있으며(대법원 1992.8.14.선고, 92다2028 판결 등),[175] ② 매매대금을 완불하지 않은 토지의 매수인이 그 토지 위에 건물을 신축하기 위하여 설계비 또는 공사계약금을 지출하였다가 계약이 해제됨으로 말미암아 이를 회수하지 못하는 손해를 입게 되었다 하더라도, 이는 이례적인 사정에 속하는 것이므로 토지의 매도인으로서는 소유권이전의무의 이행기까지 최소한 매수인이 설계계약 또는 공사도급계약을 체결하였다는 점을 알았거나 알 수 있었을 때에 한하여 그 배상책임을 부담한다(대법원 1996.2.13.선고, 95다47619 판결).

2) 일부불능의 경우

(가) 일반원칙

채무자의 가분적 급부의무 중 일부만이 이행불능인 경우에 대해서는, '채권자는 이행 가능한 부분의 이행과 불능인 부분의 전보배상을 함께 청구할 수 있음이 원칙이나, 이행 가능한 부분만의 이행이 채권자에게 실익이 없거나, 일부이행이 신의칙에 반하거나 채권의 목적을 달성할 수 없다고 인정되는 경우에는 채권자는 이행이 가능한 나머지 부분의 수령을 거절하고 전부의 이행에 갈음하는 전보배상을 청구할 수 있다'고 해석하는 것이 통설적 견해이다.[176] 판례도 통설과 같은 입장을 취하고 있다(대법원 1995.7.25.선고, 95다5929 판결 등).

■ **채무의 일부 이행불능으로 인하여 전부가 이행불능으로 되는 경우** 쌍무계약에 있어 당사자 일방이 부담하는 채무의 일부만이 채무자의 책임 있는 사유로 이행할 수 없게 된 때에는, 그 이행이 불가능한 부분을 제외한 나머지 부분만의 이행으로는 계약의 목적을 달성할 수 없다면 채무의 이행은 전부가 불능이라고 보아야 할 것이므로, 채권자로서는 채무자에 대하여 계약 전부를 해제하거나 또는 채무 전부의 이행에 갈음하는 전보배상을 청구할 수 있을 뿐이지 이행이 가능한 부분만의 급부를 청구할 수는 없다. (대법원 1995.7.25.선고, 95다5929 판결)[177]

학설 중에는 이러한 통설·판례의 입장을 비판하고, '일부불능에 대해서는 제137조의 「일부무효의 법리」를 적용하여 원칙적으로 전부불능으로 다루어야 한다'는 견해도 있으나,[178] 채권의 목적인 급부의 일부가 이행불능이 되었다고 하여 그 채권의 발생원인인 법률행위가

175) 판례평석: 김교창, "이행불능으로 인한 토지매도인의 손해배상책임", 판례월보 270호(판례월보사, 1993), 7 이하; 이성룡, 대법원판례해설 18호(법원행정처, 1993/6), 267 이하. 같은 취지: 대법원 1996.2.13.선고, 95다47619 판결.

176) 同旨: 곽윤직, 86; 김상용, 129; 현승종, 125 참조.

177) 같은 취지: 대법원 1996.2.9.선고, 94다57817 판결.

178) 송덕수, 142 참조.

무효가 되는 것은 결코 아니므로, 급부의 일부불능에 대하여 법률행위의 일무무효의 법리를 규정한 제137조를 '적용'하는 것은 타당하지 않다. 이러한 이유로 독일민법은 명문규정을 두어, '채권자가 일부급부에 대하여 이익이 없는 때에 한하여 급부 전부에 갈음하는 전보배상을 청구할 수 있다'고 규정하고 있다(BGB §281 I Satz 2).[179]

(나) 담보책임의 특칙

매매목적물의 일부가 타인권리인 경우(572조, 573조), 수량부족·일부멸실의 경우(574조), 매매목적물에 제한물권이 있는 경우(575조), 목적물에 보수가 불가능한 하자가 있는 경우(580조)와 같이, 유상계약에 의하여 발생한 채무가 일부불능인 경우에는 위에서 설명한 일부불능의 경우에 적용되는 일반원칙은 그 적용이 배제되고, 매도인의 담보책임에 관한 특칙이 적용된다(567조). 이에 관한 상세한 설명은 계약법으로 미룬다. (☞ 계약법 편, 제2장 제2절 「매매계약」)

4. 대상청구권

(1) 문제의 소재

「대상청구권(代償請求權)」(Herausgabe der Ersatzvorteile)이라 함은 '이행불능을 발생케 한 원인에 의하여 동시에 채무자가 이행의 목적물의 대상(代償)인 이익을 취득하는 경우에 채권자가 채무자에 대하여 그 대상이익의 상환을 청구할 수 있는 권리'를 말한다.[180] 예컨대, 매매목적물인 토지가 수용됨으로써 매도인이 수용보상금청구권을 취득하는 경우, 또는 급부의 목적물을 제3자가 멸실시킴으로써 채무자가 그 제3자에 대하여 불법행위로 인한 손해배상청구권을 취득하고 보험회사에 대해서는 보험금청구권을 취득하는 경우 등이 대상청구권이 발생하는 대표적인 경우이다. 쌍무계약의 당사자 일방의 채무가 이행불능이 됨과 동시에 그로 인하여 채무자에게 대상이익이 발생한 경우에는 채권자에게 대상청구권을 인정하는 것이 계약의 구속력의 원칙에 부합할 뿐만 아니라 형평의 원칙에도 부합한다. 이러한 이유로 독일민법이나 프랑스민법 등은 채권자의 대상청구권을 인정하는 명문규정을 두고 있다. 우리 민법은 대상청구권에 관한 명문규정을 두고 있지 않으나, 우리 민법의 해석론으로서도 채권자의 대상청구권을 인정할 수 있다는 것이 통설·판례의 입장이다. 그러나 민법에 명문규정이 없는

179) 독일민법 제281조(이행이 없거나 채무의 내용과 다른 급부로 인한 급부에 갈음하는 손해배상) (1) 채무자가 이행기가 도래한 채무를 이행하지 않거나 채무의 내용과 다른 급부를 한 경우에 채무자에게 급부 또는 추완이행을 위하여 부여한 상당한 기간이 도과한 때에는, 채권자는 제280조 제1항의 요건하에서 급부에 갈음하는 손해의 배상을 청구할 수 있다. 채무자가 일부급부를 실현한 경우에 채권자는 그 일부급부가 그에게 아무런 이익이 없는 때에 한하여 전부급부에 갈음하는 손해배상을 청구할 수 있다. 채무자가 채무의 내용과 다른 급부를 한 경우에 그 의무위반이 중요하지 아니한 때에는, 채권자는 전부급부에 갈음하는 손해배상을 청구할 수 없다.

180) 곽윤직, 87; 김증한/김학동, 169; 현승종, 125 참조.

관계로 대상청구권의 인정근거와 구체적 내용 및 적용범위, 위험부담 등 다른 법리와의 관계 등 해석상 문제되는 점이 적지 않다.

(2) 대상청구권의 인정 여부 및 근거

1) 입법례

(가) 독일민법

독일민법은 '이행불능으로 인하여 채무자의 급부의무가 소멸된 경우, 채무자가 급부목적물의 대상(代償) 또는 대상청구권을 취득한 경우에는, 채권자는 채무자가 급부목적물의 대상으로서 수령한 것을 인도할 것을 청구하거나 대상청구권을 양도할 것을 청구할 수 있다'고 규정함으로써(BGB §285),[181] 대상청구권의 요건과 효과에 관한 명문규정을 두고 있다.[182]

(나) 프랑스민법

프랑스민법은 '이행불능이 물건의 멸실로 야기된 때에는, 지체에 붙여진 채무자라고 하더라도 채무가 이행되었더라도 그 멸실은 발생하였을 것이라는 사실을 증명한 경우에는 면책되나, 채무자는 그 물건과 관련된 권리와 소권을 채권자에게 양도할 의무가 있다'고 규정함으로써(C.c. Art. 1351-1),[183] 채권자의 대상청구권을 인정하고 있다.[184]

(다) 일본민법

일본민법은 대상청구권에 관한 규정이 없었으나, 2017.6.7. 법률 제44호로 민법을 개정하여 대상청구권의 요건과 효과를 명문으로 규정한 제422조의2를 신설하였다.[185]

2) 대상청구권의 인정 여부

'명문규정이 없는 우리 민법의 해석상으로도 대상청구권이 인정될 수 있는가?' 하는 것이 문제된다. 이에 대해서는 견해가 갈리고 있으나, 통설·판례는 '우리 민법의 해석상으로도

---

181) 독일민법 제285조(대상의 인도) (1) 채무자가 제275조 제1항 내지 제3항에 따라서 급부를 이행할 필요가 없는 사유에 의하여 채무의 목적물에 관하여 대상물이나 대상청구권을 취득한 경우에는, 채권자는 대상으로서 수령한 것의 인도 또는 대상청구권의 양도를 청구할 수 있다. (2) 채권자가 급부에 갈음하는 손해배상을 청구할 수 있는 경우, 그가 제1항에서 규정한 권리를 행사한 때에는 그 손해배상은 그가 취득한 대상물 또는 대상청구권의 가치만큼 감소한다.

182) 독일민법상의 대상청구권에 관하여는 안법영, "채권적 대상청구권", 김형배교수화갑기념논문집 「채권법에 있어서 자유와 책임」(박영사, 1994/10), 238 이하 참조.

183) 프랑스민법 제1351-1조 : (1) 이행불능이 물건의 멸실로 야기된 때에는, 지체에 붙여진 채무자라고 하더라도 그가 채무가 이행되었더라도 그 멸실은 발생하였을 것이라는 사실을 증명한 경우에는 면책된다. (2) 채무자는 그 물건과 관련된 권리와 소권을 채권자에게 양도할 의무가 있다.

184) 프랑스민법상의 대상청구권에 관하여는 남효순, "프랑스민법상의 대상청구권", 판례실무연구 I (박영사, 1997/9), 447 이하 참조.

185) 개정 일본민법 제422조의2(대상청구권) 채무자가 그 채무의 이행이 불능하게 된 것과 동일한 원인에 의하여 채무의 목적물의 대상인 권리 또는 이익을 취득한 때에는, 채권자는 그가 받은 손해액의 한도에서 채무자에 대하여 그 권리의 이전 또는 그 이익의 상환을 청구할 수 있다.

대상청구권을 인정하는 것이 타당하다'는 입장을 취하고 있다.

(가) 학 설

(A) **적극설** 이는 '우리 민법의 해석상으로도 대상청구권을 인정할 수 있다'는 견해이다.[186] 이 견해는 그 논거로서, ① '채무자의 귀책사유 없이 이행불능이 된 경우에 채권자는 채무자에 대하여 손해배상을 청구할 수 없는 반면에, 채무자는 대상이익을 보유할 수 있다는 것은 형평에 어긋난다'는 점, ② '민법이 명문으로 대상청구권을 규정하지 않았다고 해서 이를 대상청구권을 부인하는 취지로 해석할 수는 없다'는 점, ③ '채무자에게 대상이익이 발생한 경우에 채권자가 그것과 교환으로 자신의 반대급부를 이행할 의사를 가지고 있다면, 구태여 이를 막을 이유가 없다(대상청구권은 원래의 채권관계의 「연장효(延長效)」(Fortwirkung)라고 한다)'는 점 등을 들고 있다.[187]

(B) **소극설**(제한적 긍정설) 이는 기본적으로 대상청구권을 부정하면서도, '불법행위·채권자대위권·위험부담 등 민법상 명문화된 제도에 의하여 우선적으로 문제를 해결하되, 이러한 기존의 법리에 의하여 해결할 수 없는 예외적인 경우에 한하여 대상청구권을 인정하여야 한다'는 견해이다.[188] 이 견해는 그 논거로서, '대상(代償)의 가치가 본래의 급부이익보다 높은 경우에 채권자에게 대상청구권과 위험부담의 법리에 따른 채권관계의 소멸 중에서 자유로운 선택권을 부여하는 것은 형평에 어긋난다'는 점을 들고 있다.[189] 이 견해에 따르면, '급부의 목적인 물건이나 권리가 제3자에 의하여 훼멸된 경우에는 제3자의 채권침해로 인한 불법행위책임을 물어야 하며(750조), 목적물이 수용되는 등 제3자의 적법행위로 인하여 이행불능이 발생한 경우에는 제3자에 대한 채권자대위권을 행사하여야 하며(404조), 쌍무계약에서 쌍방불귀책사유에 의하여 이행불능이 된 경우에는 위험부담의 법리(537조)를 적용하여야 한다'는 결론이 된다.

(나) 판례의 입장

판례는 「적극설」을 취하여, '우리 민법에는 이행불능의 효과로서 채권자의 전보배상청구권과 계약해제권 외에 별도로 대상청구권을 규정하고 있지 않으나, 해석상 대상청구권을 부정할 이유가 없다'는 입장을 확립하고 있다(대법원 1992.5.12.선고, 92다4581·4598 판결 등).

▪ **이행불능의 효과로서 대상청구권의 인정 여부**(적극) [1] 원고는 주위적으로 이행불능 당시의 시가상당액에 의한 전보배상을 구하고 예비적으로 이 사건 토지가 수용됨으로써 그 보상금을 피고가 수령

---

186) 민법주해(9)/양창수, 290; 곽윤직, 87; 김상용, 130; 김증한/김학동, 170; 김형배, 197; 송덕수, 146; 현승종, 126 참조.

187) 민법주해(9)/양창수, 292 참조.

188) 이은영, 228 이하 참조.

189) 이 견해는 '대상청구권의 문제는 1990년대에 토지수용에 의한 보상가액이 실거래가보다 현저히 높은 현상이 나타남으로 인하여 빚어진 일종의 병리현상'이라고 파악한다(이은영, 229 참조).

하였음을 이유로 그 금원의 지급을 구하고 있는바, 위 예비적 청구는 피고가 이 사건 토지에 대한 소유권이전등기의무의 이행불능을 발생케 한 원인인 토지수용으로 인하여 이 사건 토지의 대상인 보상금을 취득하였음을 이유로 그 보상금의 지급을 구하는 것으로서 이른바 대상청구권을 행사하는 취지라고 볼 수 있으므로, 같은 취지로 판단한 원심판결은 정당하고 소론과 같이 처분권주의에 위반한 위법이 없다. [2] 우리 민법에는 이행불능의 효과로서 채권자의 전보배상청구권과 계약해제권 외에 별도로 대상청구권을 규정하고 있지 않으나 해석상 대상청구권을 부정할 이유가 없으며, 대상청구권을 인정하는 것이 「공공용지의취득및손실보상에관한특례법」(법률 제6656호로 2003.1.1.자로 폐지)에 저촉되고 당사자의 의사해석에도 반한다는 소론은 독자적 견해에 불과하여 받아들일 수 없다. (대법원 1992.5.12.선고, 92다4581·4598 판결)[190]

(다) 학설·판례의 검토

「소극설(제한적 긍정설)」이 주장하는 바와 같이, '채무자의 귀책사유에 의하지 아니한 이행불능을 야기한 사유에 의하여 채무자에게 대상이익이 발생한 경우에는 대상청구권을 인정할 것이 아니라, 민법이 명문규정을 두고 있는 제3자의 채권침해로 인한 불법행위책임, 채권자대위권, 위험부담 등 다른 제도에 의하여 처리하여야 하며, 증여 등 편무계약상의 채무가 이행불능이 된 경우와 같이 부득이한 경우에 한하여 대상청구권을 인정하여야 한다'는 견해는 법이론상 타당한 측면이 없지 않다. 그러나 「소극설(제한적 긍정설)」의 주장에는 다음과 같은 문제가 있다. 우선 ① 「소극설(제한적 긍정설)」은 '대상이익 귀속에 관한 문제는 불법행위(제3자의 채권침해의 경우), 채권자대위권, 위험부담 등의 기존법리에 의하여 해결될 수 있다'는 것을 전제로 하고 있으나, 이들 기존법리에 의해서는 대상이익의 귀속과 관련된 모든 문제가 해결될 수는 없다는 점을 간과하고 있다. 즉, 제3자의 채권침해가 채무자에 대하여 불법행위를 구성하는 경우라고 하더라도 그 행위가 반드시 채권자에 대해서도 불법행위가 되는 것은 아니라는 점(☞ 제2장 제3절 「제3자의 채권침해」), 채권자가 채무자의 대상이익청구권을 대위행사하기 위해서는 채권자대위권의 행사요건인 「채권보전의 필요성」이 요구되므로(404조 1항) 채권자보호에 흠결이 생기게 마련이라는 점(☞ 제2장 제4절 「채권자대위권」), 위험부담의 법리는 기본적으로 계약관계를 없었던 상태로 청산하는 것을 목표로 하는 제도이므로(537조), 대상이익의 귀속문제를 위험부담의 법리로 처리하자는 것은 결국 대상이익의 귀속 문제에 대해 아무런 해결책도 제시해주지 못한다는 점이 그것이다. ② 「소극설(제한적 긍정설)」은 '우리 민법이 대상청구권에 관한 명문규정을 두지 않은 것은 이를 인정하지 않겠다는 취지로 해석하여

190) 판례평석: 김준호, "이행불능의 효과로서의 대상청구권", 사법행정 34권 6호(한국사법행정학회, 1993/6), 79 이하; 송덕수, "대상청구권", 민사판례연구(16)(민사판례연구회, 1994/5), 19 이하; 양창수, "매매목적토지의 수용과 보상금에 대한 대상청구권", 민법연구 3권(박영사, 1995/2), 385 이하; 이상경, "대상청구권", 송천이시윤박사화갑기념논문집 「민사재판의 제문제(상)」, 1995/10, 240 이하; 정상현, "토지수용에 의한 매매목적토지의 급부불능과 수용보상금청구권의 양도", 인권과 정의 383호(대한변호사협회, 2008/7), 173 이하. 같은 취지: 대법원 1995.2.3.선고, 94다27113 판결; 대법원1995.12.22.선고, 95다38080 판결; 대법원 2012.6.28.선고, 2010다71431 판결.

야 한다'는 견해라고 할 것인데, '우리 민법이 대상청구권을 명문으로 규정하지 않고 있으므로 그 해석상 대상청구권을 인정할 수 없다'고 해석하는 것은 논리의 비약이라는 비판을 면하기 어렵다.[191] ③ 「소극설(제한적 긍정설)」에 따르면 '천재지변, 제3자의 가해행위, 국가의 수용행위 등 계약의 당사자의 의사와 관계없는 우연한 사정에 의하여 발생한 대상이익은 무조건 채무자에게 귀속시켜야 한다'는 것이 되는데, 이는 형평에 어긋나는 결과를 초래한다. ④ 「소극설(제한적 긍정설)」은 '채권자에게 대상청구권과 위험부담의 법리 중 선택권을 부여하는 것이 오히려 형평에 어긋난다'고 주장하나,[192] 천재지변, 제3자의 가해행위, 국가의 수용행위 등이 계약의 이행이 완료된 이후에 발생하였다면 그 대상이익은 당연히 채권자에게 귀속되었을 것이며, 또한 원래 목적물의 소유권을 넘겨주기로 한 채무자로서는 그 대상이익이 채권자에게 귀속된다 하더라도 하등 불이익을 입는 것이 아니므로, 채권자에게 대상청구권과 위험부담의 법리 중 선택권을 부여하더라도 이를 형평에 어긋난다고 할 수는 없다. ⑤ 「소극설(제한적 긍정설)」에 따르면, 유상계약에서는 위험부담의 법리가 적용되어 채권자의 대상청구권이 인정될 수 없는 반면에, 편무·무상계약인 증여계약에서는 위험부담의 법리가 배제되므로 채권자인 수증자는 대상청구권을 행사할 수 있게 되는데, 이는 명백히 형평에 어긋난다.

3) 대상청구권의 인정근거

위에서 살펴본 바와 같이, 제3자에 대한 불법행위책임, 채권자대위권, 위험부담의 법리 등 다른 민법상의 제도에 의하여 이행불능으로 인하여 발생한 대상이익 귀속의 문제를 해결하는 방법도 생각할 수 있으나, 채권자에게 대상청구권을 부여하는 것이 보다 합리적인 해결책이라고 할 수 있다. 다만, '대상청구권을 인정할 수 있는 실정법상의 근거가 무엇인가?' 하는 것은 문제이다. 이에 대해서는 '채무불이행책임에 관한 제390조와 신의칙에 관한 일반조항인 제2조에서 대상청구권의 실정법적 근거를 찾아야 한다'고 주장하는 견해(제1설[193])와 '물상대위에 관한 제342조·제370조, 손해배상자의 대위를 인정한 제399조 등의 규정에서 대상청구권을 인정할 수 있는 일반적인 법리를 유추해 낼 수 있다'는 견해(제2설[194])가 대립하고 있다. 그러나 「제1설」과 같이 '신의칙을 근거로 위험부담에 관한 민법의 명문규정을 배제할 수 있다'고 해석하는 것은 법이론상 문제가 있으며, '물상대위와 손해배상자대위에 관한 민법규정으로부터 대상청구권의 법리를 유추할 수 있다'는 「제2설」의 주장도 논리의 비약이

---

191) 우리 민법과 마찬가지로 대상청구권에 관한 명문규정이 없는 스위스채무법이나 오스트리아민법의 해석상으로도 대상청구권을 인정하는 견해가 지배적인 학설·판례의 입장이다(안법영, "스위스·오스트리아의 대상청구권", 판례실무연구 I, 박영사, 1997/9, 455 이하 참조).

192) 이은영, 229 참조.

193) 안법영, 전게논문(주 182), 252 참조.

194) 송덕수, "취득시효와 대상청구권", 경찰대논문집 4집(경찰대학, 1985/1), 239; 同, 146; 민법주해(9)/양창수, 290; 이태재, 115 참조.

있다. 「대위」는 법률의 규정에 의하여 권리가 당연히 이전되는 효과를 발생하는 경우를 가리키는데, 대상청구권은 법률의 규정에 의한 권리의 이전이라고 할 수 없기 때문이다.

사견으로는, 대상청구권의 인정근거는 계약당사자의 형평을 고려하고 계약관계의 효력발생을 의욕한 애초의 당사자의 의사, 즉 「계약의 구속력」이라는 계약법의 일반원칙에서 찾아야 할 것이라고 생각한다. 대상청구권은 이행불능으로 인하여 발생한 대상이익은 애당초 당사자의 합의(계약)에 의하여 목적물을 취득할 수 있는 법률상의 권리를 가지고 있었던 채권자에게 귀속시키는 것이 형평의 원칙상 타당하다는 데 기하여 인정되는 권리로서, 대상이익을 채권자에게 귀속시킨다고 해서 채무자를 특별히 불이익하게 만드는 것이 아니라는 당사자 사이의 이익형량에 대한 고려와, 만약 계약이 이행되었더라면 채권자에게 귀속되었을 대상이익은 채권자에게 귀속시키는 것이 계약의 구속력을 원의(願意)한 당사자의 의사에 부합된다는 점을 고려하여 인정되는 제도이기 때문이다.

(3) 대상청구권의 성립요건

1) 물건급부의무의 후발적 이행불능

대상청구권은 물건의 급부의무가 이행불능이 된 경우에 한하여 인정되며, 고용 및 도급계약과 같이 채무자의 행위를 급부의 목적으로 하는 경우에는 인정될 수 없다.[195] 또한 대상청구권은 채무의 존속을 전제로 한 제도이므로, 채무의 이행이 원시적 불능이어서 계약이 무효인 경우에는 허용될 수 없고(535조), 후발적 불능인 경우에 한하여 인정된다.[196] 따라서 목적물이 아직 특정되지 아니한 종류채권의 경우에 채무자가 보유한 종류물이 전부 멸실하더라도 조달의무를 부담하는 채무자의 급부의무는 아직 이행불능이 된 것이 아니므로, 채권자의 대상청구권은 발생하지 않는다.

2) 채권자의 반대급부의무의 이행가능

대상청구권은 채무의 존속을 전제로 할 뿐만 아니라 계약당사자의 형평을 위하여 인정되는 제도이므로, 계약의 양 당사자가 상호의존적 견련관계에 있는 급부의무를 부담하는 쌍무계약에서 채권자가 대상청구권을 행사하기 위해서는 자기의 반대급부의무도 이행하여야 한다. 즉, 쌍무계약에서 채권자의 반대급부의무도 이행불능이 된 경우에는 대상청구권은 인정되지 않는다(대법원 1996.6.25.선고, 95다6601 판결).[197]

---

195) 안법영, "대상청구권의 발전적 형성을 위한 소고", 무암이영준박사화갑기념논문집 「한국민법이론의 발전」(박영사, 1999/1), 535 참조.
196) 안법영, 상게논문, 535; 민법주해(9)/양창수, 292 참조.
197) 판례평석: 유남석, 전게논문(주 166), 111 이하.

3) 대상이익의 발생

대상청구권이 인정되기 위해서는 급부의 이행불능을 야기한 사유로 인하여 채무자에게 대상이익(代償利益), 즉 급부에 갈음하는 이익이 발생하여야 한다. 대상청구권의 객체인 대상이익은 채무자가 제3자에게 목적물을 양도하고 취득한 대금청구권과 같이 채무자의 법률행위에 의하여 취득한 것일 수도 있고, 급부의 목적물이 제3자에 의하여 훼멸되거나 수용된 경우에 채무자가 취득하게 되는 제3자에 대한 손해배상청구권이나 보험회사에 대한 보험금지급청구권, 또는 공공기관에 대한 손실보상금지급청구권(대법원 2002.2.8.선고, 99다23901 판결 등) 등 채무자의 법률행위에 의하지 아니한 것일 수도 있다.

4) 채무자의 귀책사유

(가) 채무자의 귀책사유 없이 이행불능이 된 경우

채무자의 귀책사유 없이 이행불능이 된 경우, 채무는 소멸하고 채권자의 손해배상청구권은 인정되지 않는다. 그러나 이 경우에도 채권자의 대상청구권은 인정된다. 판례도 채무자의 귀책사유를 인정할 수 없는 토지수용의 경우에 대상청구권을 인정하고 있다(대법원 1994.12.9.선고, 94다25025 판결 등). 이 점에서 대상청구권은 채무불이행책임과는 그 법적 성질과 근거를 달리하는 제도이다. 또한 쌍무계약에서 채권자가 대상청구권을 행사하는 경우에는 위험부담에 관한 제537조의 규정은 그 적용이 배제되므로, 채무자는 채권자에게 반대급부의 이행을 청구할 수 있다.

▪ **토지가 수용됨으로써 취득시효완성을 원인으로 하는 소유권이전등기의무가 이행불능이 된 경우, 대상청구권의 행사로 토지소유자가 지급받은 수용보상금의 반환을 청구할 수 있는지 여부**(적극) 취득시효가 완성된 토지가 수용됨으로써 취득시효 완성을 원인으로 하는 소유권이전등기의무가 이행불능이 된 경우에는, 그 소유권이전등기청구권자는 소위 대상청구권의 행사로서, 그 토지의 소유자가 그 토지의 대가로서 지급받은 수용보상금의 반환을 청구할 수 있다고 보아야 할 것이다. (대법원 1994.12.9.선고, 94다25025 판결)[198]

(나) 채무자의 귀책사유로 인하여 이행불능이 된 경우

채무자의 귀책사유로 인하여 이행불능이 된 경우, 채권자는 채무자에게 손해배상을 청구할 수도 있고 대상청구권을 행사할 수도 있으므로 손해배상청구권과 대상청구권의 관계가 문제된다. 이에 관하여, 독일민법은 '채권자가 급부에 갈음하는 손해배상을 청구하는 경우, 그 손해배상은 그가 취득한 대상물 또는 대상청구권의 가치만큼 감소한다'는 명문규정을 두고

198) 판례평석: 황익, "취득시효로 인한 소유권이전등기의무의 이행불능과 대상청구권", 판례연구 6집(부산판례연구회, 1996/1), 117 이하; 지원림, "점유취득시효 완성 이후의 사정변경과 대상청구권", 민사판례연구(18)(민사판례연구회, 1996/5), 128 이하. 같은 취지: 대법원 1995.2.3.선고, 94다27113 판결; 대법원 1995.7.28.선고, 95다2074 판결; 대법원 1995.8.11.선고, 94다21559 판결; 대법원 1995.12.5.선고, 95다4209 판결; 대법원 1995.12.22.선고, 95다38080 판결; 대법원 1996.10.29.선고, 95다56910 판결.

있다(BGB §285 Ⅱ).[199] 우리 민법에는 이러한 규정은 없으나, '채권자는 손해배상청구권과 대상청구권의 양자 중 하나를 선택적으로 행사할 수 있으며, 채권자가 대상청구권을 행사하여 대상이익을 수령한 경우에는 대상이익의 가액을 공제한 금액만을 손해배상으로 청구할 수 있다'고 해석하여야 할 것이다.[200]

5) 이행불능의 원인과 대상이익의 취득 사이의 인과관계

대상청구권이 인정되기 위해서는 이행불능을 야기한 원인과 채무자의 대상이익의 취득 사이에 인과관계가 있어야 한다. 즉, 채무자가 공용수용이나 제3자의 불법행위 등 이행불능을 야기한 사유로 인하여 그 대상(보상청구권 또는 배상청구권)을 취득하였어야 한다. 다만, '이 경우의 인과관계는 이행불능을 야기한 원인과 대상이익의 취득 사이에 「사실적 조건관계」만 있으면 충분하며, 상당인과관계까지는 요구되지 않는다'고 해석되고 있다.[201] 또한 이행불능을 야기한 원인이 대상이익의 발생에 대한 유일한 원인일 필요는 없으며, 대상이익이 본래의 급부목적물과 동일한 종류이거나 동일한 경제적 기능을 가져야 할 필요는 없다.

(가) 화재 등으로 인한 보험금지급청구권

이행불능과 대상이익의 발생 사이의 인과관계와 관련하여 '화재 등으로 매매의 목적물이 멸실한 경우, 매도인이 취득한 보험금지급청구권에 대하여 대상청구권을 행사할 수 있는가?' 하는 것이 문제된다.

이에 대해서는, '보험금지급청구권은 매매계약과는 별개의 보험계약에 기한 것이고 보험계약에의 가입이 법률상 강제되는 것도 아니므로, 채무자의 보험금지급청구권은 대상이익이라고 할 수 없다'는 견해[202]와 '보험계약상의 보험금청구권은 화재 등 이행불능을 야기한 사건과 동일한 보험사고에 의하여 발생하는 것으로서 인과관계를 부정할 수 없으므로, 대상청구권의 객체인 대상이익으로 보아야 한다'는 견해[203]가 대립하고 있다. 판례는 화재보험금을 대상이익으로 보아 '매수인은 화재보험금에 대하여 대상청구권을 행사할 수 있다'는 입장을 취하고 있다(대법원 2016.10.27.선고, 2013다7769 판결).[204]

보험금지급청구권은 화재 등 이행불능을 야기한 사건과 동일한 보험사고에 의하여 발생하는 것이기는 하나, 채무자가 매매계약과는 별개로 체결한 유상계약인 보험계약의 효력으로 발생하는 것이므로, 이를 대상이익으로 보는 것은 이론상 타당하지 않다고 생각된다.

---

199) 전게 주 181 참조.
200) 同旨: 민법주해(9)/양창수, 294; 곽윤직, 87; 김상용, 130; 김증한/김학동, 171; 현승종, 126 참조.
201) 안법영, 전게논문(주 195), 537 참조.
202) 이태재, 116 참조.
203) 同旨: 민법주해(9)/양창수, 292 참조.
204) 판례평석: 안법영, "보험금의 대상성과 상환범위", 판례실무연구XII(박영사, 2017), 800 이하; 김상중, "대상청구권의 적용범위와 반환내용", 민사판례연구(40)(민사판례연구회, 2018), 211 이하.

(나) 이중매매에 의하여 매도인이 취득한 매매대금 또는 대금지급청구권

인과관계와 관련하여 '이중매매에 의하여 매도인이 취득한 매매대금 또는 대금지급청구권을 대상이익으로 볼 수 있는가?' 하는 것도 문제되는데, 이에 대해서는 견해가 갈린다.

'채무자가 매매의 목적물을 제3자에게 매도하여 얻은 매매대금 또는 대금지급청구권을 거래행위에 기한 대상(代償)으로서 대상청구권의 객체가 된다'고 인정하는 것이 독일의 통설·판례인데,[205] 그 영향으로 국내에서도 '제2매매에 의한 매매대금을 대상이익으로 보아야 한다'는 견해가 많다.[206] 판례 중에도 같은 입장을 취한 것이 있다(대법원 2018.11.15.선고, 2018다248244 판결). 다만, 이러한 견해에 대하여는, '물권의 효력에 기한 물상대위에서도 매매대금에 추급할 수 없는데, 채권의 효력에 기한 대상청구권으로 매매대금에 추급할 수 있다는 것은 균형이 맞지 않으며, 대상청구권을 부인하더라도 채무자의 귀책사유로 인한 채무불이행책임을 물을 수 있으므로 채권자의 이익을 보호하는 데에도 별다른 문제가 없다'는 점을 근거로 들어, '대상청구권에 관한 명문규정이 없는 우리 민법의 해석상 제2매매에 의한 대금지급청구권에 대해서까지 대상청구권의 범위를 확장하는 것은 바람직하지 않다'는 비판이 제기되고 있다.[207] 타당한 비판이라고 생각된다.

6) 취득시효 완성자의 특별요건

'취득시효가 완성된 후 그 토지가 수용되거나 제3자에게 양도됨으로써 시효취득자에 대한 토지소유자의 소유권이전등기의무가 이행불능이 된 경우, 시효취득자는 토지소유자에 대하여 대상청구권을 행사할 수 있다'는 것이 확립된 판례의 입장이다(대법원 1994.12.9.선고, 94다25025 판결 등).[208] 다만, 판례는 '시효취득자가 대상청구권을 행사하기 위해서는 그 이행불능의 사유(제3자에의 양도, 토지수용 등)가 발생하기 전에 시효취득자가 등기명의자에 대하여 점유취득시효완성에 기한 권리를 주장하였거나, 그 취득기간 만료를 원인으로 한 등기청구권을 행사하였어야 한다'는 입장을 취하고 있다(대법원 1996.12.10.선고, 94다43825 판결).[209] 그러나 '이러한

205) 안법영, 전게논문(주 195), 538 참조.
206) 同旨: 안법영, 상게논문, 538; 민법주해(9)/양창수, 293; 김증한/김학동, 170; 송덕수, 146 참조.
207) 이재환, "취득시효 완성자의 대상청구권 -시효취득 후 등기청구권을 주장, 행사하지 않은 사이 목적물이 양도된 경우에도 시효취득자에게 대상청구권이 인정되는지 여부-", 판례실무연구 I (박영사, 1997/9), 548 참조.
208) 전게 주 198 참조.
209) 판례평석: 송덕수, "취득시효와 대상청구권", 저스티스 30권 2호(한국법학원, 1997/6), 234 이하; 이재환, "시효취득 후 등기청구권을 주장, 행사하지 않은 사이 목적물이 양도된 경우에도, 시효취득자에게 대상청구권이 인정되는지 여부", 대법원판례해설 27호(법원도서관, 1997/7), 86 이하; 엄동섭, "대상청구권의 제한", 법률신문 2603호(법률신문사, 1997/6), 14~15; 서경희, "부동산 점유취득시효 완성자의 대상청구권행사요건", 재판과 판례 6집(대구판례연구회, 1997/12), 89 이하; 윤근수, "부동산 점유취득시효 완성으로 인한 등기청구권이 이행불능된 경우 대상청구권의 성부 및 요건", 판례연구 8집(부산판례연구회, 1998/1), 145 이하; 곽용섭, "대상청구권", 재판실무연구1997(광주지방법원, 1998/1), 183 이하; 심준보, "취득시효와 대상청구권", 민사판례연구(20)(민사판례연구회, 1998/6), 90 이하.

판례의 입장은 대상청구권의 행사요건으로 귀책사유를 요구하는 결과가 되므로 타당하지 않다'는 비판이 제기되고 있다.[210]

7) 대상청구권의 소멸시효

대상청구권은 채권적 청구권이므로, 그 소멸시효의 기산점에 대해서도 제166조 제1항의 일반원칙이 적용되어 '채권자가 대상청구권을 행사할 수 있는 때'라고 해석하여야 할 것이다.[211] 판례의 입장도 같다(대법원 2018.11.15.선고, 2018다248244 판결 등). 다만, 대법원은 '대상청구권자가 보상금을 청구할 길이 없는 상태에서 추상적인 대상청구권이 발생하였다는 사유만으로 소멸시효가 진행한다고 해석하는 것은 대상청구권자에게 너무 가혹하여 사회정의와 형평의 이념에 반할 뿐만 아니라 소멸시효제도의 존재이유에 부합된다고 볼 수 없으므로, 이러한 경우에는 보상금을 청구할 수 있는 방법이 마련된 시점부터 대상청구권에 대한 소멸시효가 진행하는 것으로 봄이 상당하다'고 판시한 바 있다(대법원 2002.2.8.선고, 99다23901 판결).[212]

■ 매매목적물의 수용 또는 국유화로 매도인의 소유권이전등기의무가 이행불능이 된 경우에 인정되는 매수인의 대상청구권은 매도인의 소유권이전등기의무가 이행불능이 된 때부터 소멸시효가 진행하는지 여부(원칙적 적극) 매매목적물의 수용 또는 국유화로 인하여 매도인의 소유권이전등기의무가 이행불능된 경우 매수인에게 인정되는 대상청구권에 대하여는 특별한 사정이 없는 한 매수인이 그 대상청구권을 행사할 수 있는 시점인 매도인의 소유권이전등기의무가 이행불능되었을 때부터 소멸시효가 진행하는 것이 원칙이다. 그리고 이러한 대상청구권의 소멸시효 기산점에 관한 법리는 매매목적물의 이중매매로 인하여 매도인의 소유권이전등기의무가 이행불능된 경우와 같이, 그 대상청구권이 채무자의 귀책사유로 발생한 때에도 마찬가지로 적용된다. (대법원 2018.11.15.선고, 2018다248244 판결)

(4) 대상청구권의 효과 : 대상청구권 행사의 법률관계

1) 채권관계의 존속

채권자에게 대상청구권이 인정된다는 것은 채권관계의 존속을 전제로 하는 것이므로, 본래의 채권관계를 기초로 하는 채무불이행책임 및 담보의 효력 등은 그대로 존속된다.

(가) 대상청구권과 손해배상청구권의 선택적 행사

채무자의 귀책사유로 인한 이행불능의 경우에는 채무자에 대한 손해배상청구권과 대상청구권이 경합적으로 발생한다. 따라서 이 경우에는 손해배상청구권과 대상청구권의 관계가 문제된다.

---

210) 송덕수, 상게논문, 256~258; 엄동섭, "대상청구권의 제한", 법률신문 2603호(법률신문사, 1997/6), 14; 심준보, "취득시효와 대상청구권", 민사판례연구(20)(민사판례연구회, 1998/6), 107~108 참조.

211) 同旨: 안법영, 전게논문(주 195), 539 참조.

212) 판례평석: 안창환, "경매 목적물인 토지가 경락허가결정 이후 하천구역에 편입된 경우, 그 손실보상금에 대한 경락자의 대상청구권 및 그 소멸시효의 기산점", 판례연구 15집(부산판례연구회, 2004/2), 217 이하.

전술한 바와 같이, 독일민법은 채권자가 손해배상청구권과 대상청구권을 선택적으로 행사할 수 있다는 것을 전제로 하여, '채권자가 대상청구권을 행사한 경우에는 그에 상응하여 손해배상청구권이 감액된다'는 명문규정을 두고 있다(BGB §285 Ⅱ).[213] 우리 민법에는 이러한 명문규정은 없으나, '이행불능에 관하여 채무자에게 귀책사유가 있는 경우에는 채권자는 손해배상청구권과 대상청구권 중 어느 하나의 권리를 선택적으로 행사할 수 있으며, 채권자가 대상청구권을 행사하여 대상이익을 수령한 후 다시 손해배상을 청구하는 경우에는 이미 수령한 대상이익의 가액을 손해배상액에서 공제하여야 한다'고 해석하여야 할 것이다.[214]

참고로 법무부의 「2013년 민법개정시안」은 대상청구권에 관한 이러한 법리를 명문으로 규정할 것을 제안한 바 있다(동 개정시안 399조의2).[215]

(나) 담보권의 존속

채권자가 대상청구권을 행사하였으나 채무자가 대상이익을 인도할 의무를 불이행한 경우, 채권자는 본래의 채무의 이행을 담보한 보증인 또는 물상보증인에 대하여 보증책임을 물을 수 있고, 저당권 등 담보물권을 실행할 수 있다.

2) 대상이익의 인도청구권

(가) 채권적 청구권

대상청구권은 대상이익에 대한 물권적 지배권이 아니라 채무자에 대하여 대상이익의 인도를 청구할 수 있는 채권적 청구권에 불과하다. 즉, 대상청구권을 행사한 경우에도 채권자는 대상이익에 대한 물권적 지배권을 취득하는 것이 아니라 채무자에게 발생한 대상이익(예컨대 손해보험금·수용보상금·제3자로부터 받은 손해배상금 또는 보험금지급청구권·수용보상금지급청구권·제3자에 대한 손해배상청구권 등)의 인도청구권을 취득하는 데 불과하다. 이 점에서 대상청구권은 담보물권자의 물상대위권(342조, 370조)과 본질적으로 다르다.

이러한 취지에서, 판례는 ① '소유권이전등기의무의 목적부동산이 수용되어 그 소유권이전등기의무가 이행불능이 된 경우, 등기청구권자는 등기의무자에게 대상청구권의 행사로써 등기의무자가 지급받은 수용보상금의 반환을 구하거나 또는 등기의무자가 취득한 수용보상금청구권의 양도를 구할 수 있을 뿐 그 수용보상금청구권 자체가 등기청구권자에게 귀속되는 것은 아니므로, 등기청구권자라고 주장하는 자가 목적부동산이 수용되었음을 이유로 수용 당

213) 전게 주 181 참조.

214) 同旨: 민법주해(9)/양창수, 294; 곽윤직, 87; 김상용, 130; 김증한/김학동, 171; 송덕수, 151; 현승종, 126 참조.

215) 「2013년 민법개정시안」 제399조의2(대상청구권) ① 채무의 이행을 불가능하게 한 사유로 채무자가 채권의 목적인 물건이나 권리를 갈음하는 이익을 얻은 경우에는 그 이익의 상환을 청구할 수 있다. ② 채권자가 채무불이행을 이유로 손해배상을 청구하는 경우에, 제1항에 따라 이익의 상환을 받는 때에는 손해배상은 그 이익의 가액만큼 감액된다.

시의 소유명의자를 상대로 수용보상금청구권이 자기에게 속한다는 채권의 귀속에 관한 확인을 구하는 것은 허용되지 않는다'고 한다(대법원 1996.10.29.선고, 95다56910 판결). 또한 ② '취득시효가 완성된 토지가 수용됨으로써 취득시효 완성에 기한 소유권이전등기의무가 이행불능이 된 경우에는 대상청구권을 행사하여 수용보상금의 반환을 청구할 수는 있지만, 시효취득자가 공탁된 토지수용보상금의 수령권자가 자신이라는 확인을 구할 수는 없다'고 한다(대법원 1995.7.28.선고, 95다2074 판결 등).[216)]

(나) 잠재적 청구권

대상청구권은 '채권자가 이를 행사한 경우에 한하여 채무자가 대상이익을 상환할 의무를 지게 되는 수동적 권리'인 이른바 「잠재적 청구권」(verhaltener Anspruch)에 불과하므로, '채권자의 청구가 없는 한 채무자가 먼저 대상이익을 인도함으로써 이행에 갈음하거나 손해배상을 거절하는 것은 허용되지 않는다'고 해석된다.[217)]

한편 '쌍무계약의 당사자 일방의 채무가 귀책사유로 인하여 이행불능이 된 경우에는 상대방인 채권자는 대상청구권과 손해배상청구권 중 어느 하나를 선택하여 행사할 수 있다'는 것은 전술한 바와 같다. 그러므로 만약 채권자가 대상청구권을 선택하여 이를 행사하는 경우에는 자신의 반대급부의무도 이행하여야 한다. 즉, 채무자의 대상이익인도의무와 채권자의 대상청구권의 행사는 동시이행관계에 있다.

(다) 인도청구의 객체인 대상이익

채무자는 이행불능에 의하여 발생한 대상이익 전부를 채권자에게 인도하여야 한다. 따라서 인도청구의 객체인 목적물로부터 발생한 과실도 인도하여야 한다. 다만, 채무자가 대상이익을 취득하기 위하여 지출한 비용은 대상이익에서 공제하여야 한다.[218)] 문제는 '대상이익이 이행불능으로 인하여 발생한 손해액(전보배상액)을 초과하는 경우에도 대상이익 전부를 인도하여야 하는가?' 하는 것인데, 이에 대해서는 견해가 대립되고 있다.

(A) 학 설

a) 제한설 : 이는 '대상청구권자는 이행불능으로 인한 손해액의 한도 내에서만 대상이익의 인도를 청구할 수 있다'는 견해이다.[219)] 이 견해는 '대상이익이 손해배상액을 초과하는 경우에 그 초과분까지도 채권자에게 반환하여야 한다면, 이는 오히려 채권자에게 부당이득을 취하도록 하는 결과가 된다'는 점을 근거로 들고 있다.[220)]

---

216) 같은 취지: 대법원 1995.8.11.선고, 94다21559 판결; 대법원 1995.12.5.선고, 95다4209 판결.
217) 同旨: 송덕수, 전게논문(주 190), 46; 안법영, 전게논문(주 195), 540 참조.
218) 同旨: 안법영, 상게논문, 541 참조.
219) 양창수, 전게논문(주 190), 401; 지원림, "대상청구권", 후암곽윤직선생고희기념 「민법학논총·제2」(박영사, 1995/12), 217 참조.
220) 민법주해(9)/양창수, 294 참조.

b) **무제한설** : 이는 '대상청구권이 인정되는 경우에는 손해배상액과 관계없이 대상이익 전부를 청구할 수 있다'는 견해이다.[221] 이 견해는, ① 대상청구권은 손해배상과는 전혀 별개의 권리라는 점, ② 손해배상액을 초과하는 대상이익을 수령하더라도 이를 법률상 원인 없는 부당이득이라고 할 수 없다는 점, ③ 만약 초과가치는 인도하지 않아도 무방하다고 한다면, 채무자는 계약위반에 관하여 아무런 위험도 부담하지 않게 되어 형평에 어긋난다는 점 등을 근거로 들고 있다. 또한 '대상청구권자에게 손해배상액을 초과하는 대상이익을 수령하는 것을 인정하는 이면에는, 위법한 채무자의 행위로 인한 이익은 채무자에게 남아있지 않고 채권자에게 돌아가야 한다는 사상이 존재한다'고도 한다.[222]

(B) 판례의 입장 하급심판결 중에는 「제한설」을 취한 것이 있으나(서울고법 1991.12.10.선고, 91나26555 판결), 대법원은 매매목적물이 화재로 소실된 사안에서, '대상이익인 화재보험금 전부를 청구할 수 있다'고 판시한 바 있다(대법원 2016.10.27.선고, 2013다7769 판결).

> ■ **매매의 목적물이 화재로 소실됨으로써 매도인이 화재보험금, 화재공제금을 지급받게 되는 경우, 매수인이 화재보험금, 화재공제금 전부에 대하여 대상청구권을 행사할 수 있는지 여부**(원칙적 적극)
> 손해보험은 본래 보험사고로 인하여 생길 피보험자의 재산상 손해의 보상을 목적으로 하는 것으로, 보험자가 보상할 손해액은 당사자 간에 다른 약정이 없는 이상 손해가 발생한 때와 곳의 가액에 의하여 산정하고, 이 점은 손해공제의 경우도 마찬가지이므로, 매매의 목적물이 화재로 소실됨으로써 매도인이 지급받게 되는 화재보험금, 화재공제금에 대하여 매수인의 대상청구권이 인정되는 이상, 매수인은 특별한 사정이 없는 한 목적물에 대하여 지급되는 화재보험금, 화재공제금 전부에 대하여 대상청구권을 행사할 수 있고, 인도의무의 이행불능 당시 매수인이 지급하였거나 지급하기로 약정한 매매대금 상당액의 한도 내로 범위가 제한된다고 할 수 없다. (대법원 2016.10.27.선고, 2013다7769 판결)[223]

(C) 학설 · 판례의 검토 사견으로는 「무제한설」이 타당하다고 생각한다. 그 이유는, ① 부당이득반환청구권과 채권자의 대상청구권은 그 제도적 기초를 달리하는 것일 뿐만 아니라, 대상청구권을 인정하는 마당에 손해배상의 범위를 초과하는 대상이익이 채권자에게 귀속되는 것을 부당이득이라고 볼 수는 없다는 점, ② 대상청구권의 제도적 근거는 계약관계의 존속을 원하는 당사자의 의사에서 찾아야 할 것인바, 이러한 대상청구권의 인정근거 내지 제도적 기초에 비추어 볼 때 '손해배상의 범위를 초과하는 대상이익도 채권자에게 귀속되어야 한다'는 것은 당연한 논리적 귀결이라는 점, ③ 「제한설」이 주장하는 바와 같이, '대상청구권의 객체가 될 수 있는 대상이익은 이행불능으로 인한 손해배상액의 범위 내로 제한된다'고 해석하는 경우에는, '손해배상과 경합적으로 대상청구권을 인정하는 실익이 도대체 무엇인가?'

---

221) 송덕수, 전게논문(주 190), 44; 김형배, 198 참조.
222) 송덕수, 상게논문, 44 참조.
223) 판례평석: 안법영, 전게논문(주 204), 800 이하; 김상중, 전게논문(주 204), 211 이하; 同, "대상청구권의 반환내용" 법조 725호(법조협회, 2017/10), 616 이하; 배성호, "초과이익에 대한 대상청구의 반환여부", 동아법학 79호(동아대학교출판부, 2018), 151이하.

하는 의문이 발생한다는 점 등이다.[224] 그러므로 '채권자의 대상청구권이 인정되는 경우에는 채권자는 이행이익의 범위(이행불능으로 인한 손해배상의 범위)와 관계없이 모든 대상이익의 인도를 청구할 수 있다'고 해석하여야 할 것이다.

3) 위험부담의 법리와의 관계

민법은 쌍무계약에서 양 당사자의 채무는 서로 매우 밀접한 관계(이를 「상호의존적 견련관계」 또는 「대가관계」라고 한다)를 가진다는 점을 고려하여, 당사자 일방의 채무가 양 당사자의 책임 없는 사유로 인하여 이행불능이 되어 소멸한 경우에는 상대방의 급부의무도 함께 소멸하는 것을 원칙으로 하고 있다(537조). 이를 「채무자위험부담주의」라고 한다. (☞ 계약법 편, 제1장 제3절 「계약의 효력」) 그런데 쌍무계약에서 당사자 일방의 급부의무가 쌍방불귀책사유로 인하여 이행불능이 되어 소멸함과 동시에 그에게 대상이익이 발생한 경우에, 반대급부의무의 존속을 전제로 하는 대상청구권을 인정하게 되면 반대급부의무의 소멸을 원칙으로 하는 「위험부담의 법리」와 모순과 충돌이 발생한다.

독일민법은 '채권자가 대상청구권을 행사한 때에는 그 범위에서 위험부담의 법리의 적용은 배제된다'는 것을 전제로, '채권자가 대상청구권을 행사한 때에는 위험부담의 법리는 그 적용이 배제되어 채권자는 반대급부의무를 이행하여야 하며, 대상이익의 가치가 본래의 급부의 가액보다 적은 경우에는 채권자의 반대급부의무는 대금감액청구권에 관한 규정(BGB §441 Ⅲ)[225]에 따라 감축된다'고 규정하고 있다(BGB §326 Ⅲ).[226]

독일민법과 같은 명문규정은 없으나, 우리 민법하에서도 대상청구권을 인정하는 이상 독일민법과 마찬가지로 해석하여야 할 것이다. 즉, '대상청구권이 행사된 경우에는 위험부담에 관한 제537조의 적용은 배제되며, 채권자의 반대급부의무는 존속한다. 다만, 대상이익이 본래의 급부의 가액에 미치지 못하는 경우에는 이에 비례하여 채권자의 반대급부의무도 감축된다'고 해석하여야 할 것이다(572조 1항의 유추적용).[227] 예컨대, '甲이 乙로부터 시가 10억원인 가옥을 9억원에 매수하였는데, 화재로 가옥이 소실되어 화재보험금이 5억원만 지급된 경우, 채권자 甲은 채무자 乙을 상대로 대상이익 5억원의 인도를 청구함과 동시에 자신의 반대채무도 이행하여야 하나, 그 반대채무 9억원은 1/2로 감축되어 채무자에게 4억5천만원(원래의 반대급

224) 同旨: 송덕수, 전게논문(주 190), 45; 同, 151 참조.
225) 독일민법 제441조(대금감액) (3) 대금감액의 경우, 매매대금은 계약체결시의 하자 없는 상태의 물건의 가치와 실제가치를 비교하여 감액된다. 대금감액은 필요한 때에는 감정인의 평가에 의하여 산정한다.
226) 독일민법 제326조(급부의무의 배제에 있어서 반대급부로부터의 해방 및 해제) (3) 채권자가 제285조에 의거하여 채무의 목적물에 관하여 취득한 대상의 인도 또는 배상청구권의 양도를 청구한 때에는, 그는 여전히 반대급부의무를 부담한다. 그러나 대상 또는 배상청구권의 가치가 채무의 목적인 급부의 가액보다 적은 경우에는, 반대급부는 제441조 제3항의 정함에 따라 감축된다.
227) 同旨: 송덕수, 전게논문(주 190), 47; 민법주해(9)/양창수, 295 참조.

부액 9억원 × 대상이익액 5억원/목적물의 시가 10억원)만 지급하면 된다'고 해석하여야 할 것이다.

[74] Ⅳ. 불완전이행

1. 서 설

「불완전이행」(Schlechterfüllung)이라 함은 '채무자가 이행행위를 하였으나 그것이 채무의 내용에 좇은 완전한 이행이 되지 못하는 경우'를 총칭한다. 불완전이행은 채무자가 불완전하나마 일정한 이행행위를 하였다는 점에서 이행행위가 전혀 존재하지 않는 「이행지체」나 「이행불능」과 개념상 구별된다.

민법의 해석상 채무불이행을 이행지체·이행불능·불완전이행의 세 가지 유형으로 분류하는 것이 통설적 견해이며, 판례도 이러한 견해에 따르고 있음은 전술한 바와 같다. 그런데 민법은 위 채무불이행의 세 가지 유형 중에서 이행지체(387조, 544조)와 이행불능(390조, 546조)에 대해서는 그 요건과 효과에 대한 명문규정을 두고 있으나, 불완전이행에 대해서는 별도의 규정을 두고 있지 않다. 따라서 '과연 민법이 불완전이행을 채무불이행의 독립적인 유형으로 인정하고 있다고 할 수 있는가?' 하는 것이 문제되는데, 이에 대해서는 학설상 다툼이 있다. 즉, 다수설은 '제390조 본문은 모든 채무불이행의 유형을 포괄적으로 규정하고 있으므로, 우리 민법도 불완전이행을 채무불이행의 한 유형으로 인정하고 있다'고 해석한다.[228] 그러나 소수설은 불완전이행을 채무불이행의 독립적 유형으로 인정하면서도 '우리 민법도 독일민법과 마찬가지로 채무불이행의 모습으로서 이행지체와 이행불능의 두 가지를 예정하고, 이행이 불완전한 경우는 이를 하자담보책임의 문제로 해결하려는 입장을 취한 것'이라고 주장하고 있다.[229] 이와 같이 '우리 민법 제390조가 불완전이행의 유형까지 포함한 채무불이행책임을 포괄적으로 규정한 것으로 볼 수 있는가?' 하는 문제에 대해서는, 동조의 입법사적 배경에 대한 견해의 차이에 따라서 이를 긍정하는 견해와 부정하는 견해가 대립하고 있으나,[230] '불완전이행을 제3의 채무불이행의 유형으로 인정하여야 한다'는 데 대해서는 학설이 거의 일치한다. 다만, 학설 중에는 '독일민법과 달리 우리 민법에서는 권리침해행위뿐만 아니라 모든 위법행위로 인한 경우에 불법행위가 성립되고, 또 종류물매도인의 하자담보책임을 인정하고 있으므로, 따로 불완전이행이라는 새로운 채무불이행의 유형을 문제 삼지 않더라도 적극적 채

228) 이은영, "우리 민법에 맞는 채무불이행책임의 체계", 법조 411호(법조협회, 1990/12), 13; 민법주해(9)/양창수, 300; 김증한/김학동, 74; 현승종, 127 참조.

229) 곽윤직, 91; 김상용, 128; 김형배, 220 참조.

230) 우리 민법 제390조의 입법사적 배경에 관하여서는 김형배, "우리 민법의 채무불이행법체계", 「민법학연구」(박영사, 1989), 114 이하; 고상룡, "민법 제390조의 채무불이행의 의미", 「민법학특강」(법문사, 1995), 469; 민법주해(9)/양창수, 209 이하 참조.

권침해를 불법행위로 인한 손해배상의 문제로서 해결할 수 있으므로, 불완전이행을 채무불이행의 제3의 유형으로서 특별히 문제 삼을 필요가 없다'는 견해가 제기된 바 있으며,[231] 불완전이행을 제3의 채무불이행의 유형으로 인정하는 통설을 지지하는 학자들 사이에서도 불완전이행의 이론적 근거와 적극적 채권침해와의 관계 및 불완전이행의 요건과 효과 등에 관하여서는 견해가 대립하고 있다. 이하에서는 불완전이행론의 연혁과 입법례, 불완전이행의 요건과 효과에 대한 통설·판례의 입장을 소개하고, 그 이론적 타당성 여부에 대하여 검토하기로 한다.

2. 불완전이행론의 연혁 및 입법례

(1) 불완전이행론의 연혁

'불완전이행론의 기원은 로마법에서 찾을 수 있다'는 것이 일반적 견해이다. 이는 현대민법의 불완전이행론에서 문제되는 유형의 사례들이 로마법에서도 계약법의 영역에서 계약책임으로 다루어졌기 때문이다. 예컨대, 로마법에서는 ① 매도인이 전염병에 걸린 가축을 매도함으로써 매수인의 다른 가축에게 그 병을 전염시킨 경우, 혹은 하자 있는 대들보를 매도함으로써 그것을 사용하여 건축한 가옥이 붕괴된 경우에는, 매수인은 매도인을 상대로 「매수인소권」(actio empti)을 행사하여 책임을 물을 수 있었으며, ② 상속재산 및 자산상태의 조사를 위임받은 자의 보고가 정확하지 않은 경우에는 수임인은 「위임소송」(actio mandati)에 의하여 책임을 부담하였으며, 토지의 측량기사가 악의로 속인 토지의 면적을 고지한 때에는 「사실소송」(actio adversus mensorem qui falsum modum dixerit)에 의하여 책임을 부담하였다고 한다.[232] 학설 중에는 이러한 역사적 사실을 토대로 '로마법에서도 불완전이행에 기한 손해배상책임이 인정되었다'고 주장하는 견해도 있다.[233]

(2) 비교법적 고찰

1) 독일민법

(가) 2002년 개정 전

독일보통법은 로마법을 계수하여 성립하였으나, 로마법과는 달리 불완전이행의 개념은 인정되지 아니하였으며, 「적극적 채권침해」(positive Foderungsverletzung)에 의한 확대손해의 배상은 불법행위소권의 문제로 처리되었다. 2002년 개정 전의 독일민법은 이러한 보통법시대의 통설·판례에 따라서 채무불이행을 이행불능(BGB §§275~283)과 이행지체(BGB §§284~292)의 두 가

231) 이태재, 120 참조.
232) 船田享二, 「ローマ法」 第3卷(岩波書店, 1970), 475 참조.
233) 현승종(로마법), 126 참조.

지 유형으로 구분하여 채권총론에서 규정하고, 불완전이행의 유형에 속하는 채무불이행에 대하여는 매매(BGB §459 이하)·임대차(BGB §537 이하)·도급(BGB §633 이하) 등의 전형계약에서 하자담보책임에 관한 개별적인 규정을 두는 데 그치고 있었다.

이와 같이 불완전이행을 채무불이행의 독립된 유형으로 규정하지 아니한 독일민법의 취지는 불완전이행의 유형에 속하는 사례들을 하자담보책임의 문제로 처리하려는 것이었으나,[234] 하자담보책임의 본질을 '채무의 완전한 이행에도 불구하고 당사자의 형평을 위하여 법률이 특별히 인정한 법정책임'이라고 파악하는 「법정책임설」이 통설적 지위를 차지하게 됨에 따라, 하자 있는 특정물의 급부로 인한 확대손해배상의 문제는 하자담보책임으로서는 해결이 불가능한 영역으로 남게 되었다. (☞ 계약법 편, 제2장 제3절 「매매계약」)

(A) 「적극적 계약침해론」의 대두 독일민법이 시행된 직후인 1902년에 「헤르만 슈타우프」(Hermann Staub)는 독일법조인대회에서 「적극적 계약침해 및 그 법률효과에 관하여」라는 논문을 발표하였는데,[235] 그는 이 논문에서 '사과의 매도인이 벌레 먹은 사과를 인도함으로써 매수인의 다른 깨끗한 사과에 벌레가 옮아 손해가 발생한 경우와 같이, 이행지체나 이행불능과 같이 이행을 하지 않음으로써 발생하는 소극적 손해가 아니라, 채무자가 적극적으로 불완전한 이행행위를 함으로써 채권을 침해하는 경우'를 「적극적 계약침해」(positive Vertragsverletzung)라고 명명하고, '이러한 경우에도 이행지체에 관한 규정(BGB §286)[236]을 유추적용하여 손해배상책임을 인정하고, 계약해제에 관한 규정(BGB §326)[237]을 유추적용하여 채권자의 계약해제권을 인정하여야 한다'고 주장하였다.

(B) 「적극적 계약침해론」의 확립 슈타우프에 의하여 제기된 「적극적 계약침해론」은 학설과 판례의 지지를 얻어 독일민법학에서 통설적 지위를 차지하였으며, 나아가 '관습법으로서의

---

234) 다만, 이러한 급부장애에 관한 개정 전 독일민법의 입법취지에 대한 일반적 이해에 대해서는 비판적 견해가 있다. 성승현, "부적절한 이행 -개정 독일 급부장애법을 중심으로-", 민사법학 27호(한국민사법학회, 2005/3), 46~49; 민법주해(9)/양창수, 199 이하 참조.

235) Hermann Staub, Über Die positiven Vertragsverletzungen und ihre Rechtsfolgen, Festschrift für den 26. deutschen Juristentag, 1902; derselbe, Die positiven Vertragsverletzungen, 1904, 2 Aufl., 1913.

236) 개정 전 독일민법 제286조(지체손해) (1) 채무자는 채권자에 대하여 지체로 인하여 발생한 손해를 배상하여야 한다. (2) 급부가 지체로 인하여 채권자에게 아무런 이익도 주지 아니하는 때에는, 채권자는 급부를 거절하고 불이행에 기한 손해배상을 청구할 수 있다. 이 경우에는 약정해제권에 관한 제346조 내지 356조의 규정을 준용한다.

237) 개정 전 독일민법 제326조(지체; 거절예고부기간의 설정) (1) 쌍무계약에서 당사자 일방이 그의 급부의무를 지체하고 있는 경우에, 상대방은 그에 대하여 의사표시로써 급부의 실현을 위한 상당한 기간을 지정하고, 그 기간이 경과한 후에는 급부의 수령을 거절할 것임을 표시할 수 있다. 채권자는 급부가 적기에 이행되지 아니한 때에는, 그 기간 경과 후에 불이행으로 인한 손해배상을 청구하거나 계약을 해제할 수 있다; 이행청구권은 배제된다. 그 기간의 경과 전에 급부가 부분적으로 실현되지 아니한 때에는 제325조 제1항 제2문이 준용된다. (2) 지체 후의 계약의 이행이 상대방에게 아무런 이익이 없는 경우에는, 그는 기간을 지정할 필요 없이 제1항에 정하여진 권리를 가진다.

지위'를 획득한 것으로 인정되었다.[238] 다만, 「적극적 계약침해론」의 구체적 내용은 학자에 따라 견해가 갈리고 있었다. 예컨대, ① 라렌츠(Karl Larenz)는 상위개념으로 「적극적 의무위반」(positive Pflichtverletzung)을 상정하고, 이를 다시 채권관계를 특징짓는 고유한 급부의무에 위반한 「불완전급부」(Schlechtleistung)와 기본의무 이외의 용태의무를 위반한 「그 밖의 의무위반」(sontige Pflichtverletzung)으로 구분한 후, '적극적 의무위반에 대해서는 민법의 규정이 흠결되어 있으나 이행불능과 이행지체에 관한 규정을 유추적용함으로써 규율할 수 있다'는 입장을 취하였다.[239] 이와는 달리, ② 엠머리히(Emmerlich)는 상위개념으로 「적극적 계약침해」를 상정하고, 이를 다시 「불완전이행」(Schlechterfüllung)과 「그 밖의 의무침해」로 구분한 후, 후자를 다시 「급부신의의무」(Leistungstreuepflicht)의 위반, 「부수의무」(Nebenpflicht)의 위반, 그리고 「채권자의 책무」(Gläubigerobliegenheiten) 위반의 세 가지로 구분하였다. 또한 그는 '적극적 계약침해는 다양한 유형의 급부장애의 총체로 보아야 하기 때문에, 그 법률효과를 일률적으로 말할 수는 없다'는 입장을 취하였다.[240]

(나) 현행 독일민법하에서의 「적극적 계약침해론」

2002년에 개정된 현행 독일민법은 「급부장애법」(채무불이행법)에 관하여 종전과는 전혀 다른 규율방법을 채택하였다. 즉, 현행 독일민법은 채무불이행을 이행지체와 이행불능의 양자로 구분하여 각각의 요건과 효과를 별개로 규정한 종래의 입법주의(이른바 「열거주의」)를 전환하여, 모든 급부장애를 포괄하는 상위개념인 「의무위반」(Pflichtverletzung)을 통일적 요건으로 하는 일반규정(BGB §280)[241]을 신설하고, 구체화된 각종 장애행위 내지 장애상태에 대하여 상응하는 채권자의 구제수단을 개별적으로 규정하는 새로운 체계를 채택하였다.[242] 즉, 개정 전에는 「불완전이행론」 내지 「적극적 계약침해론」에 의하여 다루어지던 「불완전한 이행」(BGB §281 I),[243] 또는 「보호의무 등 부수위반으로 인한 손해배상」(BGB §282),[244] 「하자있는 물건의

---

238) Brox, §22, S.169.

239) Karl Larenz, §24, S.363 ff.

240) Emmerich, Das Recht der Leistungsstörungen, 3 Aufl., 1991, §2 S.11 ff.

241) 독일민법 제280조(의무위반으로 인한 손해배상) (1) 채무자가 채권관계에서 발생하는 의무를 위반한 경우에는, 채권자는 이로 인하여 발생한 손해의 배상을 청구할 수 있다. 채무자가 의무위반에 대하여 책임이 없는 때에는 그러하지 아니하다. (2) 채권자는 제286조의 추가적 요건을 충족시키는 경우에 한하여 급부의 지연으로 인한 손해의 배상을 청구할 수 있다. (3) 채권자는 제281조, 제282조 또는 제283조의 요건을 충족시키는 경우에 한하여 급부에 갈음하는 손해의 배상을 청구할 수 있다.

242) 현행 독일민법상의 급부장애법의 체계와 그 내용에 대해서는 김형배, "일반급부장애법의 체계와 내용", 「독일채권법의 현대화」(법문사, 2003/1), 1 이하; 성승현, 전게논문(주 234), 41 이하 참조.

243) 독일민법 제281조(이행이 없거나 또는 채무의 내용과 다른 급부로 인한 급부에 갈음하는 손해배상) (1) 채무자가 이행기가 도래한 채무를 이행하지 않거나 채무의 내용과 다른 급부를 한 경우에, 채무자에게 급부 또는 추완이행을 위하여 부여한 상당한 기간이 도과한 때에는, 채권자는 제280조 제1항의 요건하에서 급부에 갈음하는 손해의 배상을 청구할 수 있다. 채무자가 일부급부를 실현한 경우에, 채권자는 그 일부급부가 그에게 아무런 이익이 없는 때에 한하여 전부급부에 갈음하는 손해배상을 청구할 수

급부로 인한 확대손해의 배상」(BGB §437 Ⅲ)[245] 등의 채무불이행의 유형을 명문으로 규정하고 있다. 즉, 현행 독일민법에서는 「불완전이행론」 내지 「적극적 계약침해론」은 실정법상의 제도로 전환되었다.[246]

2) 프랑스민법

2016.2.10. 오르도낭스 제2016-131호로 개정되기 전의 프랑스민법은 '불이행이 그의 귀책사유에 의하지 아니하였다는 사실을 채무자가 증명할 수 없는 때에는, 채무자는 채무의 불이행 혹은 이행지체로 인하여 발생한 손해를 배상할 책임이 있다'고 규정하고 있었다(C.c. Art. 1147).[247] 2016년에 개정된 현행 프랑스민법도 표현이 수정되기는 하였으나, 채무불이행을 「불이행」(l'inexécution)과 「이행지체」(retard dans l'exécution)의 두 가지로 분류하고 있다는 점에서 개정 전과 큰 차이는 없다(C.c. Art. 1231-1).[248] 국내의 통설적 견해는 '개정 전 프랑스민법 제1147조는 채무불이행으로 인한 손해배상책임의 발생근거를 「불이행」(l'inexécution)이라는 포괄적인 개념으로 규정하고 있는바, 이는 독일민법학에서 논의되는 불완전이행(Schlechterfüllung)과 부수적 의무위반으로 인한 적극적 계약침해, 부당한 이행거절, 계속적 급부의 하자 있는 이행 등을 모두 포괄하는 광범위한 개념'이라고 이해하고 있다.[249]

3) 일본민법(구 의용민법)

일본민법(구 의용민법)은 채무불이행에 관하여 제415조에서, "채무자가 그 채무의 본지(本旨)에 따른 이행을 하지 아니하는 때에는 채권자는 그 손해의 배상을 청구할 수 있다. 채무자의 귀책사유로 인하여 이행을 할 수 없게 된 때에도 역시 같다"고 규정하고 있었다. 이는 기본적으로 개정 전 프랑스민법 제1147조를 기초로 하여 채무불이행의 유형을 이행거절, 이행지체 및 이행불능으로 열거하고 있었던 일본구민법 재산편 제383조[250]를 수정하여 이를 포

있다. 채무자가 채무의 내용과 다른 급부를 한 경우에, 그 의무위반이 중요하지 아니한 때에는, 채권자는 전부급부에 갈음하는 손해배상을 청구할 수 없다.

244) 독일민법 제282조(제241조 제2항에 따른 의무의 위반으로 인한 급부에 갈음하는 손해배상) 채무자가 제241조 제2항에 따른 의무를 위반한 경우에, 채권자가 채무자를 통한 급부를 더 이상 기대할 수 없는 때에는, 채권자는 제280조 제1항의 요건하에서 급부에 갈음하는 손해의 배상을 청구할 수 있다.

245) 독일민법 제437조(하자가 있는 경우에 매수인의 권리) 물건에 하자가 있는 경우에, 매수인은 다음 각 호의 요건을 충족하고 다른 정함이 없는 한, 1. 제430조에 따라 추완을 청구할 수 있으며, 2. 제440조, 제323조 및 제326조 제5항에 따라 계약을 해제하거나 제441조에 따라 대금을 감액할 수 있고, 3. 제440조, 제280조, 제281조, 제283조 및 제311조a에 따라 손해배상을 청구하거나 제284조에 따라 무익하게 지출된 비용의 상환을 청구할 수 있다.

246) 개정 독일민법상의 불완전이행에 대해서는 성승현, 전게논문(주 234), 41 이하 참조.

247) 개정 전 프랑스 민법 제1147조 : 채무자는 불이행이 그에게 귀책될 수 없는 외래의 원인으로 인하여 발생하였다는 것을 증명할 수 없는 모든 경우에 있어서, 그에게 아무런 악의가 없는 경우라고 하더라도, 필요한 경우에는 채무의 불이행 혹은 이행의 지체로 인한 손해를 배상하여야 한다.

248) 프랑스민법 제1231-1조 : 채무자는 불가항력에 의하여 이행이 방해된 경우를 제외하고는 채무의 불이행 또는 이행의 지체로 인한 손해를 배상하여야 한다.

249) 김형배, 전게논문(주 242), 127; 민법주해(9), 196(양창수) 참조.

괄적으로 규정한 것이다. 일본민법이 채무불이행의 유형을 열거하여 규정하고 있었던 일본구민법 재산편의 규정방식을 수정하여 포괄적인 규정을 두기로 입법주의를 전환한 이유는 그 기초과정에서 참고한 독일민법 제1초안(219조, 247조)과 제2초안(213조, 242조)·오스트리아민법(1295조, 1306조)·구 스위스채무법(110조) 등 다른 대륙법계 국가들의 민법전을 참조한 결과라고 한다. 그중에서도 구 스위스채무법 제110조(현행 스위스채무법 97조)의 규정[251]이 일본민법 제415조의 초안 작성에 가장 큰 영향을 끼쳤다고 한다.[252]

이와 같이 복잡한 입법계보상의 연혁을 가지고 있는 구 의용민법 제415조의 규정취지를 명확하게 밝혀낸다는 것은 매우 어려운 일이어서, 일본에서는 '일본민법 제415조 본문의 규정이 과연 독일민법학에서 논의하고 있는 「불완전이행」을 포함하는 규정이라고 할 수 있는가?' 하는 문제를 둘러싸고 학설이 대립되고 있다. 즉, 일본민법 제415조 본문은 불완전이행을 포함하는 규정이라기보다는 「이행지체」의 경우만을 규정한 것으로 보아야 한다는 견해와, 「불완전이행」의 경우도 포함하고 있는 것으로 보아야 한다는 견해가 대립하고 있다.[253] 참고로 2017년에 개정된 일본민법 제415조는 채무불이행을 「이행거절」의 경우를 포함하는 개념인 「불이행」과 이행불능의 경우를 구별하여 규정하고 있다.[254]

4) 우리 민법

우리 민법은 제390조에서, "채무자가 채무의 내용에 좇은 이행을 하지 아니한 때에는 채권자는 손해배상을 청구할 수 있다. 그러나 채무자의 고의나 과실 없이 이행할 수 없게 된 때에는 그러하지 아니하다"고 규정하고 있다. 이는 채무자의 귀책사유에 관한 단서의 표현방식

---

250) 일본구민법 재산편 제383조 : (1) 채무자가 의무이행을 거절한 경우에 채권자가 강제집행을 청구하지 않거나 또는 의무의 성질상 강제집행을 할 수 없는 때에는, 채권자는 손해배상을 하도록 (청구)할 수 있다. 채무자에게 귀책할 수 있는 이행불능의 경우에도 역시 마찬가지이다. (2) 또한 채권자는 이행지연만을 이유로 손해배상을 하도록 (청구)할 수 있다. (3) 법률로써 손해배상의 액을 정한 경우 이외에 당사자가 이를 정한 때에는 아래의 구별 및 조건에 따라서 재판소가 이를 정한다.

251) 스위스채무법 제97조(일반적인 경우에 있어서 채무불이행으로 인한 배상의무) (1) 채무의 이행이 전혀 실행될 수 없거나 적절하게 행하여질 수 없는 경우에는, 채무자는 그에게 아무런 귀책사유가 없음을 입증하지 못하는 한, 그로부터 발생하는 손해를 배상하여야 한다.

252) 김형배, 전게논문(주 242), 141 참조. 일본민법 제415조의 입법과정에 대하여는 민법주해(9)/양창수, 208 이하; 早川眞一郎, "不完全履行, 積極的 債權侵害"「民法講座4」(有斐閣, 1985), 49; 中田裕康, "民法四一五條·四一六條(債務不履行による損害賠償)", 「民法典の百年Ⅲ」, 1 이하 참조.

253) 일본주석민법(10)/北川善太郎, §415, 319 참조.

254) 개정 일본민법 제415조(채무불이행에 의한 손해배상) ① 채무자가 그 채무의 본지에 따른 이행을 하지 아니한 때 또는 채무의 이행이 불능인 때에는, 채권자는 그에 따라 발생한 손해의 배상을 청구할 수 있다. 다만, 그 채무의 불이행이 계약 기타의 채무의 발생원인 및 거래상의 사회통념에 비추어 채무자에게 귀책될 수 없는 사유에 따른 것인 때에는 그러하지 아니하다. ② 전항의 규정에 따른 손해배상의 청구를 하는 경우에 있어서, 채권자는 다음 각 호의 경우에는 채무의 이행에 갈음하는 손해배상의 청구를 할 수 있다. 1. 이행이 불능인 때 2. 그 채무의 이행을 거절할 의사를 명확하게 표시한 때 3. 채무가 계약에 의하여 생긴 것인 경우에, 그 계약이 해제되거나 채무의 불이행에 따라 해제권이 발생한 때

을 제외하면 구 의용민법(일본민법) 제415조[255]의 규정과 거의 같은 내용의 조문이라고 할 수 있다.[256] 그러므로 '우리 민법 제390조는 채무불이행에 관한 포괄적 규정을 두고 있는 개정 전 프랑스민법 제1147조와 구 스위스채무법 제110조의 영향 아래 입법된 구 의용민법 제415조의 규정을 계승한 것'이라고 할 수 있다.[257][258]

(3) 국내의 불완전이행론

위에서 살펴본 바와 같이, 우리 민법 제390조는 개정 전 프랑스민법 제1147조[259]와 구 스위스채무법 제110조[260]의 영향을 받아 채무불이행에 관한 포괄적인 규정을 두고 있었던 구 의용민법(일본민법) 제415조를 거의 그대로 계승한 것이라고 할 수 있다. 이와 같이 우리 민법 제390조는 독일민법과는 그 입법계보를 달리하는 것임에도 불구하고, 국내의 통설적 견해는 독일민법학의 「불완전이행론」 내지 「적극적 채권침해론」을 우리 민법의 해석론으로 도입하여 '불완전이행을 이행지체, 이행불능과는 별개의 독립적인 제3의 채무불이행의 유형으로 보아야 한다'고 주장하고 있다(편의상 이를 「도입긍정설」이라고 칭하기로 한다). 다만, 학설 중에는 '독일민법학의 「불완전이행론」 내지 「적극적 채권침해론」을 우리 민법의 해석론으로 수용할 필요가 없다'는 비판적 견해(편의상 이를 「도입부정설」이라고 칭하기로 한다)도 존재한다. 또한 통설적 견해(도입긍정설)도 그 실정법적 근거를 둘러싸고 다시 '불완전이행론 내지 적극적 채권침해론의 실정법적 근거를 제390조 본문의 규정에서 찾을 수 있다'는 견해(편의상 이를 「적극설」이라고 칭하기로 한다)와 이에 비판적인 견해(편의상 이를 「소극설」이라고 칭하기로 한다)로 갈리고 있다.

---

255) 일본민법(구 의용민법) 제415조 : 채무자가 그 채무의 본지에 따른 이행을 하지 아니하는 때에는 채권자는 그 손해의 배상을 청구할 수 있다. 채무자의 귀책사유로 인하여 이행을 할 수 없게 된 때에도 역시 같다.

256) 현행민법 제390조에 해당하는 민법초안 제381조는 "채무자가 채무의 내용에 적합한 이행을 하지 아니하면 채권자는 손해배상을 청구할 수 있다. 그러나 채무자의 고의나 과실 없이 이행할 수 없게 된 때에는 그러하지 아니하다"고 규정하고 있었으나, 국회 심의과정에서 본문의 내용이 "채무자가 채무의 내용에 좇은 이행을 하지 아니한 때에는"으로 수정되었다(「민법안심의록」, 233 참조). 그러나 초안 제381조의 제안이유는 물론 국회 심의과정에서 본문의 문구가 수정된 이유도 명확하게 알려져 있지 않다.

257) 조규창, "민법 제390조와 적극적 채권침해 -통설에 대한 비판적 고찰", 후암곽윤직교수화갑기념 「민법학논총」(박영사, 1985), 346; 김형배, 전게논문(주 242), 152 이하; 민법주해(9)/양창수, 210; 이은영, 237; 현승종, 127 참조.

258) 우리 민법에 큰 영향을 미친 만주민법은 제377조(우리 민법 제390조에 해당)에서, "채무자가 채무의 본지에 따른 이행을 하지 아니하거나 또는 이를 할 수 없는 때에는 채권자는 그 손해의 배상을 청구할 수 있다. 다만, 그 불이행이 채무자의 고의 또는 과실에 기인한 것이 아닌 때에는 그러하지 아니하다"고 규정함으로써, 구 의용민법과는 달리 채무불이행의 유형을 「불이행」(이행지체를 의미)과 이행불능의 두 가지로 구분하고 있었다.

259) 전게 주 246 참조.

260) 전게 주 250 참조.

1) 학 설

(가) 도입긍정설

(A) 적극설 이는 '독일민법학의 「불완전이행론」 내지 「적극적 계약침해론」을 우리 민법의 해석론으로 도입할 필요가 있으며, 우리 민법 제390조는 채무불이행에 관한 포괄적인 규정을 두고 있으므로 제390조를 불완전이행 내지 적극적 채권침해를 포괄하는 규정으로 해석할 수 있다'는 견해이다. 이 견해에 따르면 우리 민법 제390조는 불완전이행 내지 적극적 채권침해의 유형까지 포괄하여 규정하고 있으므로, 「불완전이행론」 내지 「적극적 채권침해론」은 우리나라에서는 실정법상의 제도라는 결과가 된다.261) 이 견해는 '「불완전이행론」 내지 「적극적 채권침해론」은 우리 민법 제정 당시 이미 구 의용민법의 해석론으로서 통설적 지위에 있었던 학설로서 충분히 알려져 있었기 때문에,262) 법문의 자귀는 크게 변하지 않았으나 실질적인 내용은 이들 이론을 포함하는 것으로 변용되었다'고 보아야 한다'고 주장하거나,263) '민법제정과정에서 초안 작성의 지침이 된 「민법전편찬요강」이 명백히 「불완전이행」을 언급하고 있다는 점을 이러한 해석의 근거로 들고 있다.264)

(B) 소극설 이는 '독일민법학의 불완전이행론 내지 적극적 채권침해론을 우리 민법의 해석론으로 도입할 필요성은 긍정되지만, 우리 민법 제390조가 불완전이행 내지 적극적 채권침해의 유형까지 포괄하고 있는 규정이라고 보기는 어려우며,265) 따라서 동조 본문의 규정을 「불완전이행론」 내지 「적극적 채권침해론」의 실정법적 근거로 보기는 어렵다'는 견해이다(편의상 이를 「소극설」이라고 칭하기로 한다).266) 이 견해에 따르면, '불완전이행 내지 적극적 채권침해로 인한 손해배상의 실정법적 근거를 어디에서 찾아야 하는가?' 하는 것이 문제되는데, 이에 대해서는 독일민법학의 이론을 수용하여, '불완전이행 내지 적극적 채권침해의 본질을 신의칙에 근거하여 인정되는 채무자의 부수의무 내지 기본채무 이외의 용태의무의 위반으로 파악하고, 그로 인한 손해는 제390조에 의하여 배상되어야 한다'고 해석하는 견해가 학설의 주류(主流)를 형성하고 있다.267) 즉, 우리 민법학의 주류적인 견해(소극설)는 '제390조는 독일민

---

261) 민법주해(9)/양창수, 211; 이은영, 237; 현승종, 127 참조.

262) 구 의용민법(일본민법)은 개정 전 프랑스민법 제1147조에서 유래한 것이지만, 일본의 학설은 프랑스의 학설·판례와는 달리 독일민법학의 「불완전이행론」을 계수하는 동시에 구 의용민법 제415조를 불완전이행 내지 적극적 채권침해의 근거규정이라고 보고 있었다(我妻榮, 99 참조).

263) 이 견해는 '현행민법이 제정될 당시에 이미 그 조항이 불완전이행을 포함한다고 해석함이 통설이었음을 알면서 그대로 이어받은 것은 입법자가 그것을 승인한 것'이라고 주장한다(이은영, 237 참조).

264) 민법주해(9)/양창수, 300 참조.

265) 이 견해는 '우리 민법에는 불완전이행에 대한 입법자의 법률의도가 흠결되어 있다'고 한다(김형배, 221 참조).

266) 현재로서는 우리 민법의 해석론으로서 다수설이라고 할 수 있다(곽윤직, 91; 김상용, 136; 김증한/김학동, 74; 김형배, 220 등 참조).

267) 곽윤직, 91; 김형배, 221 참조.

법학의 불완전이행론을 입법화한 것이라고 볼 수 없으므로 불완전이행 내지 적극적 채권침해로 인한 손해배상책임의 실정법적 근거는 신의칙에서 찾을 수밖에 없으나, 채무불이행책임을 포괄적으로 규정하고 있는 제390조 본문의 규정도 불완전이행으로 인한 손해배상책임의 실정법적 근거가 될 수 있다'고 주장한다.[268] 다만, 「소극설」 중에는 '불완전이행의 법률적 근거를 제390조 본문의 규정에서 구하는 것은 비록 입법자의 주관적 의도에는 맞지 않으나, 동 규정의 객관적 입법취지 또는 내재적 목적에는 부합한다'는 견해도 있다.[269]

(나) 도입부정설 : 통설에 대한 비판론

이는 '독일민법학의 불완전이행론 내지 적극적 채권침해론을 우리 민법의 해석론으로 수용할 필요가 없다'는 견해로서, 우리 민법학에서는 소수설이라고 할 수 있다.[270] 이 견해는 '우리 민법 제390조는 채무불이행에 관한 포괄적 규정임에는 틀림이 없으나, 개별적 사안 중심의 판례와 학설로 형성된 독일의 적극적 계약침해와는 연혁상으로는 물론 그 내용에 있어서도 아무런 유기적 관련성이 없는 규정으로서,[271] 독일민법학에서 관습법적으로 확립된 적극적 계약침해까지 포괄한다고 볼 수는 없으며,[272] 제750조에서 불법행위에 관한 포괄주의를 취하고 있는 우리 민법하에서는 불완전이행을 논의할 실익도 없다'고 주장한다.

이 견해는 그 근거로서, ① '독일민법학의 「적극적 채권침해론」은 하나의 채권을 전체적·포괄적으로 파악하지 않고 급부의무를 중심으로 다수의 부수의무 또는 용태의무, 보호의무 등의 중층(重層) 구조의 유기적 관계로 구성하고 있는데, 이는 독일법학의 병폐인 과도한 분리·절단의 고립적 사고의 소산'이라는 점,[273] ② '채무에는 채무자가 채무의 내용에 좇아 거래관행과 신의와 성실을 다해 급부를 이행하여야 할 이행의무가 있을 뿐 부수적 주의의무나 기타의 용태의무(Verhaltungspflicht)란 존재하지 않는다'고 할 것이라는 점,[274] ③ '「적극적 채권침해론」은 독일불법행위법의 결함을 보완하기 위하여 독일민법학이 창안한 이론으로서, 채무불이행으로 인하여 발생한 부가적 손해를 가능한 한 모두 계약법으로 구제하려는 계약법 우위의 기본태도에서 나온 것으로서 불법행위법의 기능을 수행하는 것인데, 우리나라의 소송제도는 청구권의 무제한경합을 인정하고 나아가 구소송물이론을 채택하고 있으므로, 불법행위로 인한 손해배상을 계약법에서 실현할 법적 장치는 불필요하다'는 점, ③ '독일민법학의

268) 곽윤직, 91; 김증한/김학동, 75; 김형배, 221 참조.
269) 김형배, 221 참조.
270) 조규창, 전게논문(주 257), 349; 이태재, 120 참조.
271) 조규창, 상게논문, 346~347 참조.
272) 상게논문, 349; 이태재, 120 참조.
273) 조규창, 상게논문, 363~364 참조.
274) 비판론은 '「적극적 계약침해론」에서 말하는 이러한 모든 의무는 채무자가 채무의 내용에 좇아 급부를 이행하여야 할 이행의무 속에 내재된 포괄적 의무의 구체적 표현이지, 이행의무에 대응하거나 이에 부수한 별개의 의무가 아니'라고 한다(상게논문, 363 참조).

「적극적 계약침해론」은 그 개별적 특수성으로 인하여 계수적상(繼受適狀)에 있지 아니한 관습법상의 제도에 불과한 것'이라는 점[275] 등을 들고 있다. 나아가 이 견해는 '프랑스민법에서는 「적극적 채권침해론」에 의존하지 않고서도 개정 전 프랑스민법 제1147조[276]에 대한 해석과 판례활동을 통하여 모든 법적 수요를 충족시키고 있는바, 개정 전 프랑스민법 제1147조와 규범의 목적과 내용을 본질적으로 같이하는 우리 민법 제390조 하에서는 독일민법학의 「적극적 계약침해론」을 원용하지 않고서도 학설과 판례에 의하여 채무불이행으로 인한 손해배상에 관한 모든 문제를 해결할 수 있다'고 주장하고 있다.[277]

2) 판례의 입장

대법원은 여관주인의 숙박계약상의 보호의무 위반으로 인하여 투숙객이 사망한 사건(이른바 「여관사건」)[278]에서 최초로 「불완전이행론」을 원용하여 여관주인에게 투숙객의 사망으로 인한 손해배상책임을 인정한 바 있다(대법원 1994.1.28.선고, 93다43590 판결). 이 판결에서 대법원은 '숙박업자는 고객에게 위험이 없는 안전하고 편안한 객실 및 관련시설을 제공함으로써 고객의 안전을 배려하여야 할 보호의무를 부담하며, 이러한 의무는 숙박계약의 특수성을 고려하여 신의칙상 인정되는 부수적인 의무로서 숙박업자가 이를 위반하여 고객의 생명·신체를 침해하여 손해를 입힌 경우 불완전이행으로 인한 채무불이행책임을 부담한다'고 판시함으로써, 불완전이행 내지 적극적 채권침해를 채무불이행의 일종으로 파악하고 있음을 분명히 하였다. 또한 이와 유사한 사건(온양온천 사건)에 대한 판결에서도 대법원은, ① '숙박업자가 숙박계약상의 고객보호의무을 다하지 못하여 투숙객이 사망한 경우, 숙박계약의 당사자가 아닌 그 투숙객의 근친자가 그 사고로 인하여 정신적 고통을 받았다 하더라도 숙박업자의 그 망인에 대한 숙박계약상의 채무불이행을 이유로 위자료를 청구할 수는 없으며, ② 숙박업자의 구체적 보호의무의 존재와 그 위반 사실에 대한 주장·입증책임은 피해자에게 있으나, 숙박업자가 보호의무 위반에 기한 채무불이행에 관하여 자기에게 과실이 없음을 주장·입증하지 못하는 한 채무불이행책임을 면할 수 없다'고 판시한 바 있다(대법원 2000.11.24.선고, 2000다38718·38725 판결). 이러한 대법원판결에 비추어, '판례는 독일민법학의 불완전이행론 내지 적극적 채권침해론을 우리 민법의 해석론으로 수용하고 있다'고 말할 수 있을 것이다.[279] 다만, 판례가 불완전이행 내지 적극적 채권침해로 인한 손해배상책임을 인정한 사례는 매우 희귀한데, 이는 판례가 구

275) 상게논문, 349 참조.
276) 전게 주 247 참조.
277) 조규창, 전게논문(주 257), 360 참조.
278) 사안은 여관에서 잠을 자다 투숙객이 화재로 인하여 사망하자 그의 유족이 여관주인을 상대로 주청구로서 불법행위로 인한 손해배상을, 예비적 청구로서 채무불이행으로 인한 손해배상을 청구한 사건이었다.
279) 同旨: 주석민법(1)/최흥섭, 506 이하 참조.

소송물이론을 취하면서 청구권경합을 인정하고 있기 때문에, 적극적 채권침해에 해당되는 사례들이 대부분 불법행위책임의 영역에서 해결되고 있기 때문이다.[280]

▪ **숙박업자의 투숙객에 대한 보호의무의 내용과 이를 위반한 경우의 책임** 공중접객업인 숙박업을 경영하는 자가 투숙객과 체결하는 숙박계약은 숙박업자가 고객에게 숙박을 할 수 있는 객실을 제공하여 고객으로 하여금 이를 사용할 수 있도록 하고 고객으로부터 그 대가를 받는 일종의 일시사용을 위한 임대차계약으로서, 여관의 객실 및 관련시설, 공간은 오로지 숙박업자의 지배 아래 놓여 있는 것이므로 숙박업자는 통상의 임대차와 같이 단순히 여관의 객실 및 관련시설을 제공하여 고객으로 하여금 이를 사용수익하게 할 의무를 부담하는 것에서 한 걸음 더 나아가 고객에게 위험이 없는 안전하고 편안한 객실 및 관련시설을 제공함으로써 고객의 안전을 배려하여야 할 보호의무를 부담하며, 이러한 의무는 앞서 본 숙박계약의 특수성을 고려하여 신의칙상 인정되는 부수적인 의무로서 숙박업자가 이를 위반하여 고객의 생명, 신체를 침해하여 동인에게 손해를 입힌 경우 불완전이행으로 인한 채무불이행책임을 부담한다 할 것이다. (대법원 1994.1.28.선고, 93다43590 판결)[281]

3) 학설 · 판례의 검토

(가) 「적극설」에 대한 검토

「적극설」은 '불완전이행론은 민법 제정 당시에 이미 통설적 지위에 있었으므로 제390조의 실질적인 내용은 불완전이행을 포함하는 것으로 변용되었다고 보아야 하고, 따라서 불완전이행론은 우리나라에서도 실정법상의 제도'라고 주장한다.[282] 그러나 우리 민법초안 제381조(현행민법 390조에 해당)의 기초자가 당시의 통설적 견해인 불완전이행론을 실정법화하려는 의도를 가지고 있었는지의 여부는 명확하지 않다. 또한 「민법전편찬요강」이 '불완전이행'을 언급하고 있었던 것은 사실이지만, 민법초안 제381조 본문의 규정이 「민법전편찬요강」에 따라서 작성되었다고 볼 수 있는지 여부도 불확실하다.[283] 확실한 것은, 현행민법 제390조에 해당하는 민법초안 제381조는 "채무자가 채무의 내용에 적합한 이행을 하지 아니하면 채권자는 손해배상을 청구할 수 있다"고 규정하고 있었으나,[284] 현재로서는 알 수 없는 이유로[285]

---

280) 同旨: 조규창, 전게논문(주 257), 349 참조.

281) 판례평석: 고상룡, "불완전이행", 민법판례해설Ⅲ(채권총론), 120 이하; 김상용, "채무자의 보호의무위반으로 인한 불완전이행의 성립", 사법행정 35권 7호(한국사법행정학회, 1994/7), 39 이하; 이순동, "안전배려의무", 재판과 판례 4집(대구판례연구회, 1995/8), 161 이하; 이진성, "숙박업자의 안전배려의무", 실무연구자료 1권(대전지방법원, 1997/3), 129 이하. 같은 취지: 대법원 1997.10.10.선고, 96다47302 판결; 대법원 2000.11.24.선고, 2000다38718·38725 판결.

282) 이은영, 237 참조. 같은 취지에서, '민법 제정 당시 「민법전편찬요강」이 불완전이행을 언급하고 있었다'는 점을 근거로 드는 견해도 있다(민법주해(9)/양창수, 300 참조).

283) 「민법전편찬요강」 중 22개항에 달하는 「채권법개정요강(총칙)」의 내용은 그 상당부분이 민법초안에 반영되었으나, 3개항(10, 15, 18)은 초안에 전혀 반영되지 않았고, 특히 "불완전이행"이 명시된 11항은 부분적으로만 반영되었다고 보거나, 전혀 반영되지 않았다고 생각된다(同旨: 양창수, "민법안의 성립과정에 관한 소고", 민사법학 8호, 한국민사법학회, 1990, 43 참조).

284) 현행민법 제390조에 해당하는 민법초안 제381조 본문은 "채무자가 채무의 내용에 적합한 이행을 하지 아니하면 채권자는 손해배상을 청구할 수 있다"는 것이었는데, 여기서 민법초안의 「채무의 내용에 적합한 이행을 하지 아니한」이라는 표현이 구 의용민법의 「채무의 본지에 따른 이행을 아니 한(債務ノ

"채무자가 채무의 내용에 좇은 이행을 하지 아니한 때에는 …"으로 자귀수정이 이루어졌으며, 현행민법 제390조는 구 의용민법 제415조의 조문을 거의 그대로 답습하고 있다는 사실뿐이다. 그러므로 우리 민법이 제390조에서 채무불이행에 관한 포괄적인 규정을 두고 있다는 사실로부터 '동조가 독일민법학의 불완전이행론 내지 적극적 계약침해론을 수용한 조문'이라는 결론을 도출하는 것은 논리의 비약이라는 비판을 면하기 어렵다고 할 것이다. 사견으로는 기초자의 의사는 '불완전이행론의 수용 여부를 학설과 판례에 맡기고자 한 것'이라고 생각한다.

(나) 「소극설」에 대한 검토

불완전이행 내지 적극적 채권침해를 이행지체나 이행불능과 별개의 독립적인 제3의 채무불이행의 유형이라고 파악하는 통설적 견해의 타당성 여부는 '우리 민법의 해석상 독일민법학의 불완전이행론 내지 적극적 계약침해론을 도입하지 않고서는 손해배상의 문제를 해결할 수 없는 영역이 존재하는가, 그리고 불완전이행론 내지 적극적 계약침해론에 의하면 손해배상의 문제를 불법행위법에 의하는 것보다 훨씬 더 잘 해결할 수 있는가?'의 여부에 달려있다고 할 것이다.

이러한 관점에서 살펴보면, 우선 '채무자가 이행은 하였으나 그 이행이 완전하지 않은 경우'를 의미하는 「광의의 불완전이행」은 그 불완전한(하자 있는) 이행 부분의 추완(追完)이나 하자보수가 가능한지 여부에 따라서 이행지체(추완이 가능한 경우) 또는 이행불능(추완이 불능한 경우)에 포섭될 수 있는 것이므로, 이를 이행지체와 이행불능과 구별되는 독자적인 채무불이행의 유형으로 다룰 실익은 존재하지 않는다. 이는 '이행지체와 이행불능과 구별되는 독자적 채무불이행의 유형으로 다룰 실익이 있는 불완전이행은 오로지 확대손해를 발생시키는 적극적 채권침해의 경우에 한정되어 있다'는 것을 의미한다. 그런데 이른바 「적극적 채권침해」는 '채무자의 불완전이행으로 인하여 채권자에게 이행이익을 초과하거나 이행이익과는 상관없는 법익을 침해함으로써 확대손해를 발생시키는 행위'를 가리키는바, 이는 그 본질상 불법행위에 해당하는 것이다. 독일민법은 불법행위의 성립요건으로서 생명·신체·자유 등 절대권의 침해를 요구하고 있으므로(BGB §823 I),[286] 적극적 채권침해가 불법행위의 구성요건을 충족시키기

本旨ニ從ヒタル履行ヲ爲ササル)」이라는 표현을 그대로 수용한 것으로 보아야 할 것인지, 아니면 「민법전편찬요강」에 따라서 「불완전이행」을 그렇게 표현한 것인지는 알 수 없다. 그리고 초안의 문구가 왜 현행과 같이("내용에 적합한" → "내용에 좇은", "이행을 하지 아니하면" → "이행을 하지 아니한 때에는") 수정되었는지도 알 수 없다.

285) 국회의 법제사법위원회 민법안심의소위원회의 심의과정이나 국회본회의에서의 심의과정에서 '민법초안 제381조에 대한 수정안이 있다'는 기록은 전혀 없다(「민법안심의록(상권)」, 233~234; 「제26회 국회속기록」 48호, 10 참조). 그러므로 민법초안 제381조에 대한 자귀수정은 법제처의 심의과정에서 이루어진 것으로 추정된다.

286) 독일민법 제823조(손해배상의무) (1) 고의 또는 과실로 인하여 타인의 생명, 신체, 건강, 자유, 소유권 또는 기타의 권리를 위법하게 침해한 자는 그 타인에 대하여 그로 인하여 발생한 손해를 배상할 의무가

어려운 경우가 자주 발생하며, 독일의 판례는 사용자책임(Haftung für den Verrichtungsgehilfen)에 있어서도 사용자의 면책(BGB §831 I, Satz 2)[287]을 광범위하게 인정하는 경향이 있기 때문에, 피해자의 손해를 불법행위책임에 의하여 전보하는 데 어려움이 많다. 또한 채무불이행책임에 있어서도 개정 전 독일민법은 이행지체와 이행불능의 두 가지 유형만을 규정하고 있었고, 기초자가 불완전이행으로 인한 손해배상의 문제를 해결해줄 것으로 기대한 하자담보책임도 종래의 통설·판례의 입장인 「법정책임설」에 따르면 채무자의 불완전이행으로 인하여 발생한 확대손해는 해결이 불가능한 영역으로 남는 구조적인 문제가 있었다. 독일민법학은 이러한 독일민법전의 구조적 한계를 극복하기 위하여 「불완전이행론」 내지 「적극적 계약침해론」을 발전시킨 것이다. 그러나 우리 민법은 독일민법과는 달리, ① 고의·과실(귀책사유)이라는 주관적 요건과 손해의 발생과 위법성이라는 객관적 요건을 갖춘 경우에는 불법행위의 성립을 인정하는 개방적·포괄적인 불법행위법을 가지고 있으므로(750조), 적극적 채권침해에 의하여 확대손해가 발생한 경우를 전부 불법행위에 포섭할 수 있다. 또한 ② 우리 민법은 불법행위로 인한 손해배상의 범위에 대하여서도 채무불이행으로 인한 손해배상의 범위에 관한 제393조를 그대로 준용하고 있으므로(763조),[288] 적어도 손해배상의 범위를 결정함에 있어서는 적극적 채권침해에 의한 확대손해의 배상을 불법행위의 문제로 다루든 채무불이행의 문제로 다루든 간에 아무런 차이가 없다. ③ 독일의 경우와는 달리, 우리의 판례는 사용자책임에 관한 제756조의 해석·운용에 있어서 사용자의 면책을 거의 인정하지 않고 있다.[289] ④ 우리 판례는 구 소송물이론에 따라 계약책임과 불법행위책임의 경합을 인정하고 있기 때문에, 독일민법학의 「적극적 채권침해론」을 빌려오지 않더라도 불법행위법에 의하여 불완전이행으로 인한 확대손해의 배상을 인정하는 데 아무런 문제가 없다. ⑤ 적극적 채권침해에 의하여 확대손해가 발생한 경우에는 불법행위책임을 인정하는 것이 태아의 손해배상청구권(762조), 위자료청구권의 인정(751조, 752조) 등에 있어서 채무불이행책임에 의하는 것보다 피해자에게 더 유리하다.[290] 그러므로 우리 민법하에서는 적극적 채권침해에 의하여 확대손해가 발생한 경우에 불

있다.

287) 독일민법 제831조(사용자책임) (1) 타인을 어떤 사무에 사용한 자는 그 타인이 사무의 집행에 관하여 제3자에게 위법하게 가한 손해를 배상할 의무를 진다. 사용자가 피용자를 선임하는 데 있어서, 또한 기계 또는 기구를 장치하거나 또는 사무의 집행을 지휘함에 있어서 거래상 필요한 주의를 다한 때 혹은 이러한 주의를 하였어도 역시 손해가 생겼을 것인 때에는 배상의무는 발생하지 않는다. (2) 계약에 의하여 사용자를 위하여 제1항 제2문에 게기된 행위의 처리를 인수한 자도 동일한 책임을 진다.

288) 다만, 제763조의 입법론적 타당성 여부에 대하여는 의문이 제기되고 있으나, 이는 별개의 문제이다.

289) 다만, 판례는 '피용자의 불법행위에 대한 피해자의 악의 또는 중과실이 인정되는 경우에는 사용자책임을 인정하지 않는다'는 입장을 취하고 있을 뿐이다(대법원 1998.3.27.선고, 97다19687 판결 등 참조).

290) 판례는 숙박업자의 불완전이행을 인정한 「온양온천사건」에 관한 대법원 2000.11.24.선고, 2000다38718·38725 판결에서 채권자의 위자료청구권을 부인하고 있다는 사실을 주목할 필요가 있다.

법행위책임을 인정하는 것 이외에 따로 「불완전이행」이라는 독립한 유형의 채무불이행책임을 인정할 실익이 없다. 요컨대, 「적극적 채권침해론」은 독일불법행위법의 불비와 흠결을 보완하기 위해서 독일민법학이 발전시킨 이론으로서 실질적으로 불법행위법의 기능을 수행하는 것이므로, 비교적 완비된 불법행위법체계를 가지고 있는 우리 민법이 해석론으로 도입할 필요는 없다고 할 것이다.

(다) 판례의 입장에 대한 검토

적극적 채권침해로 인한 확대손해의 배상 문제를 불법행위 영역에서 처리하여 온 과거 판례의 입장은 당연하고 타당한 것이었다. 다만, 판례가 「여관사건」에서 독일민법학의 불완전이행론 내지 적극적 채권침해론을 원용하여 채무자의 보호의무 위반에 기한 확대손해의 배상책임을 인정한 이유는, 숙박업자의 과실로 인하여 투숙객이 사망한 데 대한 숙박업자의 손해배상책임을 인정하지 않을 수 없는 사건에서 '실화자에게 중과실이 인정되지 않는 한 불법행위로 인한 손해배상책임을 지울 수 없다'고 규정하고 있었던 구 실화책임법(1961.4.28. 법률 제607호)의 불합리한 제도적 한계를 극복하기 위한[291] 실무적 관점에서의 고육지책이었으리라는 합리적 추론이 가능하다(대법원 1987.12.8.선고, 87다카898 판결 등).[292] 이렇게 보면, 실화책임법이 적용되지 않을 수 없는 사건에서 불완전이행론을 원용하여 숙박업자의 손해배상책임을 인정한 판례의 입장은 실무적 관점에서는 충분히 납득할 수 있다.

한편 헌법재판소는 「여관사건」 등에 관한 대법원판결이 나온 후인 2007.8.30.에 '실화책임법이 화재피해자에 대한 보호수단이 전혀 마련되어 있지 아니한 상태에서, 화재가 경과실로 발생한 경우에 화재와 연소의 규모와 원인 등 손해의 공평한 분담에 관한 여러 가지 사항을 전혀 고려하지 아니한 채 일률적으로 실화자의 손해배상책임과 피해자의 손해배상청구권을 부정하는 것은, 일방적으로 실화자만 보호하고 실화피해자의 보호를 외면한 것으로서 실화자 보호의 필요성과 실화피해자 보호의 필요성을 균형있게 조화시킨 것이라고 보기 어렵다'는 이유로 헌법불합치결정을 내린바 있다(헌법재판소 2007.8.30.선고, 2004헌가25 전원재판부결정).[293] 이와 같이 헌법재판소가 구 실화책임법에 대하여 헌법불합치결정을 내림에 따라 실화책임법은 2009.5.8. 법률 제9648호로 다음과 같이 개정되었다. 즉, ① 실화책임법은 실화(失

291) '실화책임법은 채무불이행책임에는 적용되지 않는다'는 것이 판례의 입장이었다(대법원 1987.12.8.선고, 87다카898 판결 등 참조).

292) 같은 취지: 대법원 1999.4.13.선고, 98다51077·51084 판결.

293) 판례평석: 심경수, "과실책임주의에 대한 헌법적 검토" 헌법학연구 14권 1호(한국헌법학회, 2008/3), 327 이하; 정연주, "과실책임주의와 재산권보장 -헌재결 2007.8.30, 2004헌가25 실화책임에 관한법률 위헌제청사건을 중심으로-" 서강법학연구 11권 2호(서강대법학연구소, 2009/12), 73 이하; 사봉관, "실화책임에 관한 법률 위헌제청 -경과실로 인한 실화의 경우 실화피해자의 손해배상청구권-" 헌법재판소 결정해설집 2007(헌법재판소, 2008/11), 289 이하.

火)의 특수성을 고려하여 실화자에게 중대한 과실이 없는 경우에 그 손해배상액의 경감에 관한 민법 제765조의 특례를 정함을 목적으로 하며(동법 1조), ② 동법은 실화로 인하여 화재가 발생한 경우, 연소(延燒)로 인한 부분에 대한 손해배상청구에 한하여 적용된다(동법 2조), ③ 실화가 중대한 과실로 인한 것이 아닌 경우, 그로 인한 손해배상의무자는 법원에 손해배상액의 경감을 청구할 수 있으며, 법원은 화재의 원인과 규모, 피해의 대상과 정도, 연소 및 피해 확대의 원인, 피해 확대를 방지하기 위한 실화자의 노력, 배상의무자 및 피해자의 경제상태, 그 밖에 손해배상액을 결정할 때 고려할 사정을 고려하여 그 손해배상액을 경감할 수 있다(동법 3조). 즉, 현행 실화책임법은 실화자의 불법행위책임에 대한 면책을 인정하는 것이 아니라, 중대한 과실이 없는 실화자의 연소로 인한 손해배상청구에 한하여(연소된 건물이 아닌 실화로 인하여 화재가 발생한 건물 자체의 손해에 대해서는 배상액의 감경을 인정하지 않음) 실화자의 손해배상액을 감경할 수 있도록 하고 있는 것이다(이러한 실화책임법의 개정은 지극히 당연하고 타당한 것이었다고 생각한다). 그러므로 만약 현행 실화책임법 하에서 「여관사건」에 대한 재판이 행해졌다면 굳이 불완전이행론 내지 적극적 채권침해론에 의거하지 않더라도 불법행위에 관한 일반규정인 제750조에 의한 피해자의 손해배상이 가능하였을 것이다.

3. 불완전이행의 근거 및 적극적 채권침해와의 관계

우리 민법의 해석상으로는 불완전이행을 이행지체와 이행불능과 별개의 독립적 채무불이행의 유형으로 인정할 실익이 전혀 없으며, 보호의무 등 계약당사자의 부수의무의 위반에 기한 채무자의 손해배상책임의 문제는 불법행위책임의 문제로서 다루면 충분하다고 할 것임은 위에서 살펴본 바와 같다. 그러므로 이 문제를 더 이상 논할 필요는 없다고 할 것이다. 다만, 불완전이행을 독립된 채무불이행의 유형으로 인정하는 통설·판례의 입장에 따르면, 그 요건과 효과를 어떻게 구성할 것인가 하는 것이 문제되는데, 독자들의 편의를 위해 이 문제에 대한 통설적 견해를 정리해 두기로 한다.

(1) 불완전이행론의 인정근거

1) 이론적 근거

통설적 견해에 따르면, '채무자는 적극적으로 채무의 내용을 실현할 급부의무를 부담하고 있을 뿐만 아니라, 소극적으로 급부의무에 부수하는 부수적 주의의무 내지는 보호의무에 위반하는 급부를 하지 아니할 의무도 부담하고 있다'고 한다.[294] 따라서 불완전이행을 채무

294) 채권관계에 있어서 채무자가 채권자에게 부담하는 의무의 분류에 대해서는 지원림, "채무구조론 -계약상의 의무를 중심으로-", 민사법학 21호(한국민사법학회, 2002/3), 557 이하; 주석민법(1)/최흥섭, 501 이하 참조.

불이행의 독립적 유형으로 파악할 수 있는 근거는 채무자가 이러한 부수적 주의의무 내지는 보호의무를 채권자에 대하여 부담하고 있다는 데서 찾을 수 있다고 한다. 즉, 불완전이행의 본질은 바로 '신의칙상 인정되는 채무자의 부수적 주의의무 내지 보호의무 위반'이라고 한다.[295] 그리고 '채권관계에서의 신의칙에 의하여 인정되는 채무자의 부수적 주의의무 내지 보호의무는 예컨대, 주택의 수리를 내용으로 하는 도급계약에서 수급인은 수리공사 중 주택의 손괴를 피하여야 할 의무를 부담하는 것과 같이, 주로 부작위의무를 내용으로 하는 것이지만, 수치인이 임치물의 하자에 관하여 통지할 의무와 같이 적극적 행위를 내용으로 하는 경우도 있을 수 있다'고 한다. 그러나 불완전이행을 야기하는 「신의칙상 인정되는 채무자의 부수적 주의의무」에 대해서는, 그 개념과 용어부터 시작하여 그 분류와 효과에 이르는 모든 부분에서 독일에서는 물론 국내에서도 학자들의 견해가 일치하지 않는다.[296]

2) 실정법적 근거

독일민법학의 「불완전이행론」 내지 「적극적 계약침해론」을 도입하여 확대손해의 배상책임의 문제를 해결할 것을 주장하는 학자들 사이에서도 '제390조는 이행지체와 이행불능뿐만 아니라 불완전이행까지도 포함하는 포괄적인 규정이라고 보아야 한다'는 견해(적극설)와, '제390조가 포괄적 규정임에는 틀림이 없지만 불완전이행까지 포괄한 규정이라고 보기는 어려우며, 우리 민법도 독일민법과 마찬가지로 채무불이행의 유형을 이행지체와 이행불능의 양자로 예정하고, 이행이 불완전한 경우에는 이를 하자담보책임의 문제로 해결하려는 태도를 취하고 있다고 보아야 한다'는 견해(소극설)가 대립하고 있음은 전술한 바와 같다.

'이러한 학설의 대립을 해소하고, 우리 민법전에 불완전이행론의 실정법적 근거를 마련하기 위하여 제390조를 개정하여야 한다'는 주장이 힘을 얻어 법무부 민법개정위원회가 작성한 「2013년 민법개정시안」은 제390조 단서를 개정하여 불완전이행의 근거를 신설하는 동시에, '불완전이행시에 채권자의 추완청구권을 인정하는 제388조의2를 신설할 것'을 제안한 바 있다(동 개정시안 388조의2).[297] 그러나 「2013년 민법개정시안」 제388조의2는 ① 추완청구권에 관한 명문의 근거를 신설하였다는 점 이외에는 별다른 의미를 찾을 수 없고, ② '과도한 비용이 소요된다는 이유로 채권자의 추완청구권을 배제한 것은 부당한 제한'이라는 비판을 면하

---

295) 현승종, 128 참조. '불완전이행 내지 적극적 채권침해의 본질은 본래의 급부의무에 따르는 부수적 의무 내지 「기본채무 이외의 용태의무」의 위반'이라고 설명하는 견해(곽윤직, 91 참조)도 같은 취지라고 볼 수 있다.

296) 신의칙상의 「부수의무」에 관한 상세는 윤형렬, "채권법상 부수의무의 체계적 지위", 민사법학 13·14 합병호(한국민사법학회, 1996), 165 이하; 주석민법(1)/최흥섭, 523 이하 참조.

297) 「2013년 민법개정시안」 **제388조의2(추완청구권) 채무자가 채무를 불완전하게 이행한 때에는 채권자는 채무이행의 추완을 청구할 수 있다. 그러나 추완에 과다한 비용을 요하거나 그 밖에 추완을 합리적으로 기대할 수 없는 경우에는 그러하지 아니하다.**

기 어려우며, ③ 불완전이행을 독립적인 채무불이행으로 인정할 실익이 가장 큰 「적극적 채권침해」에 대해서는 명문규정을 두지 않고 이를 학설·판례에 위임함으로써 논란의 여지를 그대로 남겨두고 있다는 점 등 문제가 많다고 생각된다.[298)]

(2) 불완전이행과 적극적 채권침해의 관계

국내의 「불완전이행론」은 일본을 통하여 독일의 「적극적 계약(채권)침해론」을 도입한 것으로서, 학설사적으로는 「적극적 계약(채권)침해」가 불완전이행을 포괄하는 상위개념이었으나,[299)] 현재는 양자를 동일한 개념으로 파악하거나 오히려 불완전이행이 적극적 채권침해를 포괄하는 상위개념이라고 파악하는 견해가 지배적이다.

1) 학 설

(가) 제1설 : 구별설

이는 '불완전이행의 유형을 이행행위가 이루어지기는 하였으나 그것이 불완전하여 본래의 이행이 되지 못하는 일반적인 경우'와 '불완전한 이행행위로 인하여 채권자의 생명·신체·재산 등에 적극적인 손해(이를 「확대손해」 또는 「후속손해」라고 한다)를 가한 경우'의 두 가지 유형으로 구분하여, 후자의 경우를 일반적 불완전이행과 구별하여 「적극적 채권침해」라고 파악하는 견해이다.[300)]

(나) 제2설 : 구별부인설

이는 '불완전이행과 적극적 채권침해를 구별하지 않고 동일한 개념으로 파악하는 견해'인데, 국내의 학설로서는 다수설이라고 할 수 있다.[301)]

(다) 제3설 : 절충설

이는 '적극적 채권침해는 불완전이행 중에서 확대손해가 발생한 경우를 말하는 것이지만, 이는 불완전이행의 특수한 유형이 아니라 단지 손해배상의 특수한 형태에 불과한 것이므로, 이를 「특별한 사정으로 인한 손해」(393조 2항)로 보아 상당인과관계를 적용할 때 고려하면 충분하다'는 견해이다.[302)] 이는 「제1설」과 「제2설」을 절충한 견해라고 할 수 있다.

2) 학설의 검토

불완전이행과 적극적 채권침해를 구별하는 「제1설」(구별설)에 대해서는 '양자를 구별하는 견해는 불완전이행과 다른 유형의 채무불이행(이행지체·이행불능)을 구별할 때는 행위의 형태

---

298) 불완전이행에 관한 명문규정을 신설한 「2013년 민법개정시안」에 대한 비판적 검토는 김대정, "2013년 「채무불이행법 개정안」에 관한 약간의 검토", 중앙법학 17집 4호(중앙법학회, 2015/12), 261 이하 참조.
299) 권오승, "불완전이행의 구조", 고시연구 14권 5호(고시연구사, 1987/5), 38 참조.
300) 김용한, 159; 김주수, 120; 현승종, 129 참조.
301) 권오승, 전게논문(주 299), 40; 곽윤직, 91; 김상용, 135; 김현태, 118; 김형배, 222; 황적인, 110 참조.
302) 김기선, 162; 김증한/김학동, 110 참조.

(적극적인 불이행인가, 소극적인 불이행인가)를 기준으로 하고, 적극적 채권침해와의 구별에 있어서는 행위의 결과(이행이익의 손해를 야기하는가, 이행이익을 초과하는 확대손해를 야기하는가)를 기준으로 하는 등, 구별기준의 일관성이 없다'는 비판이 있다.[303] 또한 '손해배상의 관점에서 보면 적극적 채권침해에 있어서의 확대손해도 특수한 것이 아니라 제393조의 손해배상의 범위에 관한 문제로서 다른 손해와 구별할 실익이 없다는 점을 간과하고 있다'는 비판도 있다.[304] 그러나 불완전이행을 적극적 채권침해의 상위개념으로 보는 「제1설」의 입장에서는, 「적극적 채권침해」는 '행위의 유형으로는 불완전이행의 일종이나, 일반적인 경우와는 달리 이행이익을 초과하거나 이행이익과 관계없는 생명·신체 등을 침해하는 이른바 「확대손해」를 야기하는 경우'를 가리키는 개념이므로, 불완전이행과 다른 유형의 채무불이행(이행지체·이행불능)을 구별하는 기준과 불완전이행에 내재되어 있는 두 가지 개념(일반적 불완전이행과 적극적 채권침해)을 구별하는 기준이 다른 것은 이론상 당연하므로, 이러한 비판은 타당하지 않다. 또한 양자의 구별을 부인하는 견해인 「제2설」과 「제3설」은 공히 '적극적 채권침해로 인한 확대손해도 제393조의 손해배상의 범위에 관한 문제로서 다른 손해와 구별할 필요가 없다'고 주장하고 있으나, 이행지체나 이행불능의 범주에 포섭되거나 분해될 수 있는 일반적 불완전이행의 경우에는 「확대손해의 배상」이라는 문제는 발생하지 않으며, 채무불이행으로 인한 손해배상은 이행이익의 범위 내에서 지연배상(이행지체의 경우) 혹은 전보배상(이행불능의 경우)을 내용으로 하는 것이므로, '채무자의 불완전이행으로 인하여 이행이익과 관련이 없는 채권자의 생명·신체 등을 침해하는 확대손해가 발생한 경우(적극적 채권침해)에, 과연 이를 제390조의 채무불이행으로 인한 손해배상책임의 문제로 볼 수 있는가?' 하는 의문이 제기될 수 있다.

사견으로는, 적극적 채권침해로 인한 확대손해의 배상의 문제는 제390조의 적용을 전제로 한 제393조의 해석상의 문제가 아니라 제390조의 적용 여부 그 자체의 문제라고 생각한다. 다시 말하면, 이는 '불완전이행으로 인하여 발생한 확대손해의 배상을 불법행위책임에 관한 제750조 이하의 규정에 의하여 처리할 것인가, 아니면 채무불이행책임에 관한 제390조 이하의 규정에 의하여 처리할 것인가'의 문제인 것이다. 그러므로 불완전이행(적극적 채권침해)을 독립적인 채무불이행의 유형으로 보아야 한다는 통설의 입장은 '확대손해의 배상 문제를 불법행위책임이 아닌 채무불이행책임의 문제로 보아 제390조 이하의 규정에 의하여 처리하여야 한다'는 견해에 다름 아닌 것이다. 이렇게 보면, '적극적 채권침해로 인한 확대손해도 손해배상의 범위에 관한 제393조의 문제이므로 다른 손해와 구별할 필요가 없다'는 견해(제3설)는 그 전제에 관한 논의가 생략된 일면적 타당성만을 가지는 이론에 불과하다.

303) 권오승, 전게논문(주 299), 40; 김형배, 218 참조.
304) 권오승, 상게논문, 40 참조.

요컨대, 「적극적 채권침해」라 함은 '불완전이행으로 인하여 채권자에게 이행이익의 범위를 초과하거나 이행이익과 관련이 없는 법익을 침해한 확대손해를 야기한 경우'를 말하며, 적극적 채권침해로 인한 확대손해의 배상 문제는 손해배상의 범위에 관한 제393조의 해석 문제가 아니라, 채무불이행책임의 성립요건에 관한 제390조의 적용범위를 획정하는 문제라고 보아야 할 것이다. 그리고 우리 민법하에서는 적극적 채권침해로 인한 확대손해가 발생하더라도 이는 본질적으로 불법행위의 문제로서 그 손해배상의 문제도 불법행위책임의 영역에서 다루면 충분하므로, 이 문제를 해결하기 위하여 구태여 독일민법학의 적극적 채권침해론을 도입할 필요는 없다고 할 것이라는 점은 전술한 바와 같다.

4. 불완전이행의 성립요건

(1) 불완전한 이행 : 불완전이행의 모습

불완전이행이 성립하기 위해서는 채무의 내용에 좇은 이행이라고 할 수 없는 불완전한 이행행위가 있어야 한다. 따라서 채무자가 아무런 이행행위도 하지 않은 경우에는 불완전이행의 문제는 발생하지 않으며, 이행의 가능 여부에 따라 이행지체 또는 이행불능이 문제될 따름이다. 여기서 「불완전한 이행」, 즉 '채무자의 이행행위가 채무의 내용에 좇은 완전한 이행행위라고 할 수 없는 경우'라 함은 '급부의 목적물에 하자가 있는 경우와 급부의 장소·방법·시기 등이 채무의 내용에 좇은 것이라고 할 수 없는 경우'를 총칭한다. 구체적인 경우의 이행행위의 완전성 여부는 채권의 목적과 거래의 관행을 고려하여 신의칙에 비추어 개별적으로 판단하여야 할 것이므로, 여기서는 학설상 불완전이행의 여부가 문제되는 경우만을 살펴보기로 한다. (☞ 제3장 제4절 「변제의 목적물·장소·시기·비용·증거」)

1) 본래의 급부와 다른 급부를 한 경우

예컨대, 쌀의 인도를 급부의 내용으로 하는 채무의 이행으로서 보리를 인도한 경우와 같이, '채무자가 본래의 급부와 전혀 다른 급부를 한 경우'를 「부진정이행」(Aliud)이라고 하는데, 본래의 급부를 기준으로 한다면 이 경우는 전혀 급부가 이루어지지 않은 것이라고 할 수 있다. 그러므로 이론상으로는 「부진정이행」은 이행지체가 성립하는 경우라고 할 수 있다. 그러나 이 경우에도 실행된 다른 급부로 인한 적극적 채권침해의 문제가 발생할 수 있으므로, 이 경우도 불완전이행의 문제로 다루어야 한다는 견해가 많다.[305] 참고로 독일민법은 종류매매에서 매도인이 다른 종류의 물건을 인도한 경우 또는 적은 수량의 물건만을 인도한 경우를 물건의 하자로 간주하여 하자담보책임이 발생하는 것으로 규정하고 있다(BGB §434Ⅲ).[306] 명문

305) 김증한/김학동, 111; 현승종, 130 참조.

306) 독일민법 제434조(물건의 하자) (3) 매도인이 다른 물건을 인도하거나, 너무 적은 수량의 물건만을 인도한 때에도 물건의 하자와 마찬가지이다.

규정이 없는 우리 민법하에서 독일민법과 마찬가지로 해석할 수는 없다고 생각된다. 즉, 다른 물건을 인도한 것 자체를 「물건의 하자」로 보아 하자담보책임에 관한 규정을 적용하는 것은 곤란하므로, 채권자는 지연배상과 함께 본래의 급부를 청구하여야 할 것이다. 이 경우에 인도된 다른 물건은 채무자에게 반환하여야 할 것임은 물론이다. 다만, 인도된 물건이 하자로 인하여 매수인에게 생명·신체 등의 침해가 발생하는 등 확대손해가 발생한 경우에는 적극적 채권침해로 인한 손해배상이 문제되는데, 불법행위책임의 문제로 해결하는 것이 이론상 타당하다고 할 것이다. (☞ 계약법 편, 제2장 제2절 「매매계약」)

2) 채무의 일부를 불이행한 경우 : 일부지체 또는 일부불능의 경우

채무자가 채무의 일부만을 이행한 경우(예컨대, 100톤의 석탄을 인도하여야 할 채무의 이행으로 90톤의 석탄밖에 인도하지 않은 경우)에도 「부진정이행」(Aliud)의 경우와 마찬가지로 이행된 일부가 불완전하여 채권자에게 확대손해를 야기할 수 있다. 그러므로 적극적 채권침해를 채무불이행의 일종으로 다루어야 한다는 통설적 견해에 따르면 이 경우도 불완전이행의 문제가 발생한다.[307] 그러나 '적극적 채권침해로 인한 확대손해의 배상은 채무불이행이 아니라 불법행위의 문제로 다루어야 한다'는 사견에 따르면, 이러한 경우는 일부이행지체 또는 일부이행불능만이 문제되며, 이행된 일부급부로 인하여 발생한 확대손해는 불법행위책임의 문제로 다루어야 할 것이다. 다만, 면적을 기준으로 매매대금을 정한 토지매매 또는 아파트 등 공동주택의 분양계약과 같은 「수량지정매매」에서 목적물의 수량이 부족한 경우에는 매도인의 담보책임에 관한 특칙(574조)이 적용된다는 점에 유의하여야 할 것이다. (☞ 계약법 편, 제2장 제2절 「매매계약」)

3) 급부의 전부이행이 있었으나 그 이행이 불완전한 경우

(가) 주는 채무(물건의 인도채무)의 경우

(A) 특정물인도채무의 불완전이행

a) 「법정책임설」의 입장 : 특정물인도채무에서 계약체결 당시에 이미 목적물에 치유가 불가능한 하자(치유불능의 원시적 하자)가 있는 경우에는 하자 없는 완전한 물건의 인도는 사실상 불가능하다. 또한 특정물인도채무의 특성상 채무자가 하자 없는 다른 물건으로 인도하는 것도 허용되지 않는다. 그러므로 만약 채무자에게 '하자 없는 완전한 물건의 인도의무(완전물급부의무)'가 있다면 이러한 채무를 내용으로 하는 계약은 원시적 불능을 목적으로 하는 계약으로 무효라고 하여야 할 것이다(535조). 그러나 민법은 치유불능의 원시적 하자가 있는 특정물매매의 경우에도 그 계약이 유효하다는 것을 전제로 하여 매도인이 하자담보책임을 지는 것

---

307) 다만, 통설에 속하는 견해 중에는 '이 경우는 불완전이행이 아니라 일부지체 또는 일부불능의 문제로 다루면 충분하다'는 견해도 있다(곽윤직, 92; 현승종, 181 참조).

으로 규정하고 있다(580조).

이러한 특정물인도채무의 특성을 고려하여, '특정물매도인의 하자담보책임의 본질을 유상계약의 특질을 고려하여 법률이 특별히 인정한 무과실의 법정책임'이라고 파악하는 견해가 있는데, 이를 「법정책임설」이라고 한다.[308] 이 견해에 따르면, '치유불능의 원시적 하자가 있는 특정물인도채무에 있어서는 채무자가 하자 있는 상태대로 그 특정물을 인도하면 이를 완전한 이행이라고 보아야 하므로 불완전이행의 문제는 발생하지 않으며, 단지 무과실의 신뢰이익의 배상을 내용으로 하는 하자담보책임만이 문제될 수 있을 뿐'이라고 한다.[309] 그러나 이러한 견해에 따르면 가령 말의 인도채무자가 병든 말을 인도하였기 때문에 채권자의 다른 말에 전염되어 확대손해가 발생한 경우와 같이, 특정물의 하자로 인하여 채권자에게 확대손해가 발생한 경우에는 그 손해를 전보할 수 없게 된다. 그러므로 학설 중에는 「법정책임설」을 취하면서도 '확대손해의 배상을 내용으로 하는 불완전이행책임의 경합'을 인정하는 견해도 있다.[310] 그러나 「원시적 불능 무효론」을 전제로 「특정물도그마」를 인정하는 「법정책임설」의 입장에서 목적물의 원시적 하자로 인하여 확대손해가 발생하였다고 해서 불완전이행의 일종인 적극적 채권침해로 인한 확대손해의 배상을 인정한다는 것은 이론상 모순이라는 비판을 면하기 어렵다. 다만, 이 문제에 대한 상세한 검토는 계약법에서 다루기로 한다. (☞ 계약법 편, 제2장 제2절 「매매계약」)

b) 「채무불이행책임설」의 입장 : 「채무불이행책임설」은 특정물도그마를 부인하고 하자담보책임의 본질을 채무불이행책임으로 파악하는 견해인데, 이에 따르면 '특정물채무에 있어서도 하자 있는 물건의 인도는 하자 없는 완전물급부의무의 위반에 기한 채무불이행이며, 특정물매도인의 하자담보책임에 관한 제580조는 일반적 채무불이행책임에 관한 제390조의 특칙으로서, 매도인의 귀책사유를 요건으로 하지 않는 특수한 채무불이행책임인 계약해제(대금반환) 또는 손해배상(대금감액)[311]의 법률관계가 발생한다'고 해석하게 된다. 그리고 인도된 특

---

308) 「법정책임설」은 '원시적 불능을 목적으로 하는 계약은 무효'라는 「원시적 불능 무효론」을 전제로, '하자 있는 특정물의 인도는 하자 없는 완전한 이행이라고 하여야 할 것이므로, 특정물인도채무에서 채무자의 완전물급부의무는 부정되어야 하며(이를 「특정물도그마」라고 한다), 특정물매도인의 하자담보책임은 매도인이 채무를 완전히 이행하였음에도 불구하고 유상계약의 특성을 고려하여 민법이 특별히 인정한 법정책임'이라고 주장하는 견해이다. (☞ 계약법 편, 제2장 제2절 「매매계약」)

309) 다만, 「법정책임설」을 취하더라도 '채무자의 보관방법이나 운송방법이 나빴기 때문에 목적물에 하자가 발생한 경우와 같이, 계약체결 이후에 후발적 하자가 발생한 경우에는 예외적으로 불완전이행이 문제될 수 있다'고 해석한다(곽윤직, 92; 현승종, 131 참조).

310) 곽윤직, 93 참조.

311) 제580조에서 규정하고 있는 하자담보책임의 효과인 "손해배상"의 의미에 대해서는 학설이 갈리나, 사견으로는 이 경우의 "손해배상"은 일반적인 의미의 손해배상(이행이익 또는 신뢰이익의 배상)을 의미하는 것이 아니라, 하자담보책임 특유의 효력인 「대금감액」(Minderung)을 의미한다고 해석하여야 할 것이라고 본다. (☞ 계약법 편, 제2장 제2절 「매매계약」)

정물의 하자로 인하여 발생한 확대손해의 배상은 불법행위의 문제로 처리하면 충분하므로, 하자 있는 특정물의 인도는 경우에 따라서 이행지체(하자보수가 가능한 경우) 또는 이행불능(하자보수가 불가능한 경우)으로 다루면 되고, 이를 별개의 채무불이행의 유형인 불완전이행으로 다루어야 할 실익은 별로 없다. 다만, 일부학설과 판례는 특정물매도인의 하자담보책임이 본질을 채무불이행책임으로 보면서도 하자담보책임의 내용으로서 확대손해의 배상을 인정하고,[312] 나아가 채무불이행책임과의 경합을 인정하여야 한다는 입장을 취하고 있다(대법원 2004.7.22.선고, 2002다51586 판결). 그러나 하자담보책임에 관한 제580조 이하의 규정은 채무불이행책임의 특칙으로서, 단기의 제척기간을 규정하고 있다는 점에 그 제도의 의의가 있는 것이므로, 채무불이행책임과의 경합을 인정하는 것은 하자담보책임제도를 무의미한 것으로 만든다는 점에서 찬성할 수 없다.[313] 다만, 이 문제에 대한 상세한 검토 역시 계약법에서 다루기로 한다. (☞ 계약법 편, 제2장 제2절 「매매계약」)

■ 채무불이행책임과 하자담보책임이 경합적으로 인정되는지 여부(적극) 토지매도인이 성토작업을 기화로 다량의 폐기물을 은밀히 매립하고 그 위에 토사를 덮은 다음 도시계획사업을 시행하는 공공사업 시행자와 사이에서 정상적인 토지임을 전제로 협의취득절차를 진행하여 이를 매도함으로써 매수자로 하여금 그 토지의 폐기물처리비용 상당의 손해를 입게 하였다면, 매도인은 이른바 불완전이행으로서 채무불이행으로 인한 손해배상책임을 부담하고, 이는 하자 있는 토지의 매매로 인한 민법 제580조 소정의 하자담보책임과 경합적으로 인정된다. (대법원 2004.7.22.선고, 2002다51586 판결)[314]

(B) 종류물인도채무의 불완전이행 「특정물도그마」는 '원시적 불능을 목적으로 하는 계약은 무효'라는 「원시적 불능 무효론」을 이론적 전제로 하므로, '부대체물인 특정물에 치유될 수 없는 원시적 하자가 있는 경우'에 한하여 적용될 수 있는 이론이다. 따라서 종류물의 인도를 목적으로 하는 종류물인도채무의 경우에는 특정물도그마가 적용될 여지가 없다. 따라서 특정물도그마를 인정하고 특정물매도인의 하자담보책임을 '채무를 완전히 이행하였음에도 불구하고 법률이 특별히 인정한 법정책임'이라고 주장하는 「법정책임설」의 입장에서는 '종류물매

312) 다만, 이 경우에는 매도인의 귀책사유가 필요한지 여부에 대해서는 견해가 갈리는데, 학설은 '인도된 물건의 하자로 인한 손해배상(이행이익 또는 확대손해의 배상)을 인정하기 위해서는 매도인의 귀책사유를 요한다'고 해석하는 견해가 지배적이다(이 문제에 관한 판례의 입장은 명확하지 않으나, 귀책사유를 요하지 않는 무과실책임을 인정하고 있다고 생각된다).

313) 이에 관한 상세는 김대정, "하자담보책임과 채무불이행책임의 경합", 민사법학 28호(한국민사법학회, 2005/6), 153 이하 참조. 同旨: 송인권, "매도인의 담보책임과 채무불이행책임의 경합", 법조 55권 4호(법조협회, 2006/4), 235.

314) 판례평석: 남효순, "하자담보책임상 귀책사유 있는 매도인의 손해배상책임: 손해배상의 범위와 채무불이행책임의 경합", 판례실무연구Ⅶ(박영사, 2004/12), 434 이하; 김대정, 상게논문, 153 이하; 송인권, 상게논문, 203 이하; 임건면, "하자담보책임과 채무불이행책임과의 관계", 「로스쿨계약법」(청림출판, 2006/3), 352 이하; 조홍식, "안산신도시 사건: 조치명령과 손해배상책임 채무불이행책임과 하자담보책임", 판례환경법(박영사, 2012), 440 이하.

매에서는 인도된 종류물[315]에 하자가 있더라도 하자담보책임은 인정되지 않으며, 포장이나 운송방법 등에 문제가 있거나 신의칙상 인정되는 부수의무 위반에 기한 불완전이행책임만이 성립할 수 있다'고 해석한다. 이는 종류물매도인의 하자담보책임을 인정하는 명문규정이 없었던 구 의용민법하에서의 일본의 통설적 견해에 영향을 받은 이론이라고 할 수 있다. 그러나 학설과는 달리, 일본의 판례는 종류물매도인의 하자담보책임을 인정하고 있었는데(일본대심원 1925.3.13.판결, 민집4권217), 현행민법이 구 의용민법과 달리 종류물매도인의 하자담보책임을 인정하는 명문규정인 제581조를 신설한 것은 바로 이러한 구 의용민법하에서의 판례의 입장을 입법화한 것이다. 그러므로 특정물도그마를 이론적 기초로 하는 「법정책임설」은 종류물매도인의 하자담보책임을 인정하고 있는 우리 민법상의 하자담보책임의 법리를 통일적으로 설명할 수 없다. 이에 반하여 하자담보책임의 본질을 채무불이행책임의 일종으로 파악하는 「채무불이행책임설」은 종류물매도인의 하자담보책임을 인정하고 있는 제581조의 규정을 이론적으로 설명하는 데 문제가 없다. 즉, 「채무불이행책임설」의 입장에서는 '종류물매매에서 계약의 이행으로 인도된 물건에 하자가 있는 경우에는 이론상 채무불이행이 성립할 수 있으나, 민법은 매매관계의 신속한 확정을 위하여 채무불이행책임의 일반규정(390조 이하)의 적용을 배제하고 특칙으로서 하자담보책임을 인정한 것'이라고 해석한다.

한편 '적극적 채권침해로 인하여 확대손해가 발생한 경우에는 이를 불법행위책임의 문제로 다루어야 한다'고 보는 사견에 따르면, 종류매매에서 인도된 물건의 하자로 인하여 확대손해가 발생한 경우에는 채무불이행책임의 특별규정인 제581조에 의할 것이 아니라, 제750조 이하의 불법행위책임의 문제로 다루어야 할 것이다. 또한 종류매매에서 인도된 물건에 단순한 하자가 있는 경우에는 이를 굳이 별개의 채무불이행의 유형인 '불완전이행'이라고 해석할 필요가 없으며, 하자의 추완이 가능한지 여부에 따라서 추완이 가능한 경우에는 「이행지체」로 파악하고(이 경우에는 제581조는 이행지체에 관한 특별규정의 성질을 가진다), 하자의 추완이 불가능한 경우에는 그 본질을 「이행불능」으로 보면 충분하다(이 경우에는 제581조는 이행불능에 관한 특별규정의 성질을 가진다).

(나) 하는 채무(행위채무)의 경우 : 수단채무와 결과채무

(A) 결과채무의 경우 「결과채무」(l'obligation de résultat)라 함은 「수단채무」의 대립적 개념으로서 '채무자가 급부의무의 내용으로서 일정한 결과의 실현을 확실하게 약속한 경우의 채무'를 말한다. 결과채무에서는 채무자가 급부의무의 내용인 결과를 불완전하게 실현한 경우

315) 종류채무도 목적물이 특정된 이후에는 특정물채무로 전환되는 것이므로, 이론상 "인도된 종류물"이라는 개념은 성립할 수 없다고 할 것이나, 「법정책임설」을 주장하는 학자들은 이러한 표현을 사용하고 있다. 사견으로는, 이는 '특정되어 인도된 종류채무의 목적물'이라고 표현하여야 할 것이라고 생각한다. (☞ 제1장 제4절 「종류채권」)

에 채무자의 행위태양을 검토할 필요 없이 바로 채무불이행이 성립된다. 예컨대, 사용대차 또는 임대차에서 사용차주 또는 임차인이 목적물보관의무를 이행하면서 목적물을 훼손시킨 경우, 물건 또는 여객의 운송계약에서 운송인이 운송을 잘못하여 여객이나 운송물에 손해를 끼친 경우, 도급계약에서 수급인이 완성한 일에 하자가 있는 경우 등이 이러한 유형에 속한다. 전술한 「여관사건」에서 문제되었던 숙박계약에 따른 숙박업자의 투숙객에 대한 보호의무는 일종의 결과채무에 해당한다고 볼 수도 있는데, 만약 숙박업자의 투숙객에 대한 보호의무를 결과채무로 본다면 숙박업자가 보호의무를 위반하여 투숙객을 사망에 이르게 한 것은 채무를 불완전하게 이행한 「불완전이행」이 아니라 '채무의 완전한 불이행', 즉 이행불능이 성립하는 것이다.

(B) 수단채무의 경우 병원·의사와 환자 사이의 진료계약과 같이, 일정한 결과(예컨대, 진료계약에 있어서 질병의 치료)의 실현 그 자체를 급부의 내용으로 하는 것이 아니라, '채무자가 결과의 실현을 위하여 최선을 다하는 것을 급부의 내용으로 하는 채무'를 「수단채무」(l'obligation de moyens)라고 한다. 수단채무에서는 유형적인 급부의 결과를 채무의 목적으로 하는 것이 아니므로, 계약이 지향하는 결과가 달성되지 못하였다고 하여 바로 채무불이행이 성립하는 것은 아니라는 점에서 결과채무와 차이가 있다.

a) 프랑스민법학에서의 수단채무론

(i) 수단채무와 결과채무의 구별 수단채무와 결과채무의 구별은 1928년 프랑스의 르네 드모그(René Demogue)에 의하여 최초로 그 필요성이 주창된 이래 학설과 판례에 의하여 받아들여져 현재는 프랑스민법학의 통설적 견해를 이루고 있다.[316] 이에 따르면, 수단채무는 '일정한 결과의 실현 그 자체를 급부의 내용으로 하는 것이 아니라, 채무자가 결과의 실현을 위하여 최선을 다하는 것을 급부의 내용으로 하는 채무'를 말한다. 다만, 수단채무에서의 「수단」이 채무자가 지향하여야 할 결과를 전적으로 배제하는 것은 아니며, 수단채무에서도 법적으로 의미 있는 일정한 결과 내지 목적(예컨대, 치료채무에서의 질병의 완치)이 상정되어 있다는 점에 유의하여야 한다. 따라서 수단채무를 부담하는 채무자도 일정한 결과의 실현이라는 채무의 목적을 벗어나는 행동을 취해서는 안 되며(예컨대, 의사는 「환자의 치유」라는 결과를 실현하기 위하여 행동할 것이 법적으로 요구된다), 채권자는 그러한 결과의 실현가능성이 있는 이상 채무자에 대하여 결과의 실현을 위하여 노력할 것을 청구할 수 있다. 예컨대, 진료채무에서 당사

---

316) 프랑스의 수단채무론에 관한 이하의 기술은 森田宏樹, "結果債務·手段債務の區別の意義について -債務不履行における「歸責事由」-" 鈴木祿彌先生古稀記念 「民事法學の新展開」(有斐閣, 1993), 109 이하를 주로 참조하였다. 수단채무에 관한 프랑스의 학설·판례에 관한 국내의 문헌으로서는 남효순, "프랑스 민법에서의 행위채무와 결과채무 -계약상 채무의 불이행책임의 체계-", 민사법학 13·14합병호(한국민사법학회, 1996), 135 이하 참조.

자가 '질병의 완치'라는 결과를 예기하고 있는 것은 확실하지만, 환자가 의사에게 법적으로 청구할 수 있는 것은 질병의 완치라는 결과가 아니라 현재의 의학수준에 비추어 환자의 상태에 가장 적합한 처치를 정확하게 이행하는 것이다. 그러므로 채무자의 노력에 의하여 도달하여야 할 결과가 모두 결과채무에서 말하는 결과가 되는 것은 아니며, '채무자가 명확하게 정한 결과(résultat déterminé précis)의 실현을 약속한 경우의 결과' 만이 결과채무의 「결과」가 된다. 따라서 계약당사자의 의사에서 그 실현이 확실하게 상정되지 아니한 개연적인 결과는 결과채무의 「결과」라고 말할 수 없다. 결과채무에서는 이러한 의미에서 「결과」의 불실현이 있으면 그것이 불가항력에 의한 것이 아닌 한, 채무자의 행위태양의 평가를 요하지 아니하고 채무자의 귀책사유(faute)가 있다고 평가된다. 결국 결과채무와 수단채무의 구별은 '당사자가 명확하게 정하여진 결과의 실현이 확실하다고 약속한 것인가, 그렇지 않으면 채무자가 결과의 실현을 위하여 노력할 것을 합의한 데 지나지 않은가' 하는 합의의 강도(强度)에 의한 구별이다. 다만, 프랑스의 판례는 당사자의 의사 이외에도 급부의 성질(금전 기타 물건의 인도채무, 부작위채무는 급부의 성질상 결과채무이다) 기타 여러 기준을 종합하여 수단채무의 여부를 판단하고 있다. 구체적으로 살펴보면, 판례는 전통적으로 의사의 진료채무를 수단채무로 인정하고 있으며(그러나 치과의사의 의치교부의무는 결과채무로 본다), 채권자의 신체를 일정한 위험으로부터 보호하는 것을 내용으로 하는 안전의무(여객운송인, 스키장 리프트의 운영자, 회전목마 등 오락시설 운영자의 고객에 대한 안전의무)는 결과채무로 다루고 있다.

(ii) **구별의 상대성** 위와 같이 프랑스의 학설과 판례는 일반적으로 수단채무와 결과채무의 구별 그 자체에 일정한 의의를 인정하고 있으나, 양자의 구별은 상대적이라는 점에 유의할 필요가 있다. 여기서 양 채무의 구별이 「상대적」이라는 것은, ① 채무의 내용에 관한 두개의 범주는 각각의 내부에서도 균일하지는 않으며, 채무의 강도에도 농담(濃淡)·단계가 있으므로, 그 한계영역에서는 양 채무의 구별은 상대적인 것이 되지 않을 수 없다는 것과(수단채무의 범주 내에서도 채무자에게 엄격한 고도의 주의의무가 과하여진 이른바 「가중된 수단채무」와 비상하게 감경된 의무만이 채무자에게 과하여진 「완화된 수단채무」가 있을 수 있고, 결과채무의 범주 내에서도 주관적 귀책사유의 부존재를 입증하면 면책되는 「완화된 결과채무」와 예컨대, 금전채무와 특정 전의 종류채무와 같이 불가항력에 의한 것임을 입증하더라도 면책되지 않는 「가중된 결과채무」가 있을 수 있다), ② 양 채무가 서로 교착·융합하는 영역도 존재한다는 것을 의미한다(예컨대, 재산손해와 인신손해라는 손해의 종류에 따라서 다른 성질의 안전의무를 부담하는 경우는 양 채무가 교착하는 경우이고, 임대차·사용대차·임치에 있어서 채무자인 임차인·사용차주·수치인이 수단채무인 목적물의 보관의무와 결과채무인 목적물의 반환의무를 부담하는 경우는 양 채무가 융합하고 있는 예이다).

(iii) **구별의 의의** 수단채무와 결과채무의 구별은 계약상 채무의 내용 또는 사정(射程:

porté)과 그 강도(强度: intensité)에 의한 분류라고 할 수 있는데, '이는 계약책임의 발생요건인 귀책사유(faute)[317]의 파악방법과 그 증명에 대하여 두 가지 시스템이 존재하고 있다는 것을 모순 없이 설명하고 체계화할 수 있다는 점에 그 의의가 있다'고 평가된다. 즉, 결과채무에서는 채권자가 '결과의 불실현'이라는 사실을 증명하면 채무자가 그것이 불가항력에 의한 것이라는 사실을 증명하지 못하는 한 채무불이행책임을 면하지 못하는 데 반하여, 수단채무에서의 채무불이행의 기초는 채무자의 행위태양을 평가하여 채무자가 신중하게 주의의무를 다하였는지 여부에 의하여 판단되는 주관적 귀책사유이므로, 채권자가 '결과의 불발생'이라는 사실을 증명하는 것만으로는 부족하고 채무자가 채무이행에 필요한 주의의무를 다하지 아니하였음을 증명하여야 채무불이행책임을 물을 수 있다는 것이다. 다시 말하면, 결과채무에 있어서는 결과가 실현되지 아니하면 불가항력에 의한 것이 아닌 한 채무자의 귀책사유가 인정되는 데 비하여, 수단채무에 있어서는 채무자의 구체적인 행위태양에 대한 평가를 거친 후에야 비로소 귀책사유가 인정될 수 있다는 것이다.[318]

(iv) **양 채무의 구별이 가지는 소송상의 기능** 「수단채무론」은 양 채무의 구별의 상대성에도 불구하고 채무불이행책임에 관한 실정법상의 여러 가지 해결책들을 이론적으로 체계화하고 정당화한다는 방법론상의 의의를 가지는 이외에도 소송에서 주장책임과 증명책임을 결정하는 데 일정한 기능을 한다는 소송실무적인 유용성을 가지고 있다는 점에서 프랑스민법학에서 통설적 지위를 인정받고 있다. 그렇다면 구체적으로 양 채무의 구별이 당사자의 주장책임과 증명책임을 결정하는 데 있어서 어떠한 기능을 수행하는가?

우선 결과채무에서는 채권자가 '결과의 불실현'이라는 사실을 증명하기만 하면 채무자는 그것이 불가항력에 의한 것이라는 것을 증명하지 못하는 한 채무불이행책임을 면할 수 없다(C.c. Art. 1231-1).[319] 즉, 채무자의 귀책사유는 채무불이행 사실 속에 포함되어 있다고 해석되므로(귀책사유의 추정), 채권자는 채무자의 귀책사유에 대한 증명책임을 부담하지 않는다. 이에 반하여 수단채무에서는 「결과의 불실현」이라는 사실의 증명만으로는 부족하며, 채권자는 채무자의 귀책사유의 존재를 증명하여야 한다. 이는 일견 어떤 채무가 수단채무인가 결과채무인가에 따라서 증명책임의 소재가 달라지는 것처럼 보인다. 그러나 「가중된 수단채무」와 같이, 채무자가 귀책사유의 부존재를 입증하여야 하는 유형의 수단채무도 인정되므로, 어떤 채

---

317) faute는 독일민법상의 주관적 귀책사유로서의 고의·과실과 객관적 귀책사유인 위법성을 합한 개념이라고 할 수 있다. 이하에서는 편의상 「귀책사유」이라고 번역하기로 한다.

318) 다만, 이러한 통설적 견해에 대하여는, ① 양 채무를 구별하는 실익은 계약상의 faute의 증명책임의 분배라는 소송법 차원에서만 존재한다는 견해와(André Tunc), ② 양 채무의 구별은 증명책임의 분배 문제를 해결하는 것이 아니라, 오로지 실체법 차원에서만 실익이 있다는 견해(J. Frossard) 등 소수설이 존재한다.

319) 전게 주 248 참조.

무가 수단채무라고 하여 반드시 채무자의 귀책사유의 증명책임이 반드시 채권자에게 있다고 단정할 수는 없다. 따라서 '수단채무와 결과채무의 구별은 소송상 증명책임의 소재에 차이를 가져오는 것이 아니라, 채무자의 계약상의 귀책사유를 인정·판단함에 있어서 '채무자가 신중하게 계약상의 일정한 주의의무를 다하였는가?'라고 하는 「채무자의 행위태양의 평가」를 요하는가의 여부에 양 채무의 차이가 있는 것이므로, 증명의 대상을 확정함에 있어서 차이를 가져오는 데 불과하다'고 한다.

b) 「수단채무론」의 우리 민법에의 수용 여부 : 「수단채무론」은 프랑스민법을 배경으로 하여 전개된 프랑스민법학 고유의 이론이므로, 이를 프랑스민법과는 다른 채무불이행법체계를 가지고 있는 우리 민법의 해석론으로 도입할 수 있는지의 여부 및 이를 우리 민법의 해석론으로 도입한다고 했을 때 그 이론구성을 어떻게 수립할 것인가 하는 것에 대해서는 아직 연구가 부족한 실정이다.

(ⅰ) **학설의 현황** 국내의 학설상으로도 '진료계약에서의 의사의 진료채무, 소송위임계약에 있어서의 변호사의 의무 등을 수단채무라고 보아야 한다'는 점에 대해서는 대체로 견해가 일치한다. 다만, 수단채무에 있어서의 증명책임의 소재 등에 대한 학설의 논의는 아직 본격적으로 이루어지고 있다고 보기는 어렵다.

(ⅱ) **판례의 입장** 판례는 당뇨병환자가 치료를 위하여 혈관의 폐색 여부에 대한 검사를 받다가 사망하자 유족들이 병원 측을 상대로 채무불이행책임을 물은 사건에서, '수단채무인 진료채무에서는 사망이라는 진료의 결과만을 가지고 바로 진료채무 불이행 사실을 추정할 수 없다'고 판시함으로써 프랑스민법학의 「수단채무론」을 우리 민법의 해석론으로 도입하는 판결을 선고한 이래(대법원 1988.12.13.선고, 85다카1491 판결),[320] 그 적용범위를 점차 확대하고 있다.[321] 즉, 판례는 ① '의사가 환자에게 부담하는 진료채무는 환자의 치유를 위하여 선량한 관리자의 주의의무를 가지고 현재의 의학 수준에 비추어 필요하고 적절한 진료조치를 다해야 할 수단채무이므로, 의사가 이러한 주의의무를 다하였는데도 그 진료 결과 질병이 치료되지 아니하였다면 치료비를 청구할 수 있으나, 의사가 이러한 선량한 관리자의 주의의무를 다하지 아니한 탓으로 오히려 환자의 신체기능이 회복불가능하게 손상되었고, 또 위 손상 이후에는 그 후유증세의 치유 또는 더 이상의 악화를 방지하는 정도의 치료만이 계속되어 온 것뿐이라면, 의사의 치료행위는 진료채무의 본지에 따른 것이 되지 못하거나 손해전보의 일환으로 행하여진 것에 불과하여, 병원 측으로서는 환자에 대하여 그 수술비 내지 치료비의 지급을 청구

320) 판례평석: 김욱곤, "수단채무와 결과채무", 민법판례해설Ⅲ(채권총론), 1 이하.

321) 다만, '이러한 판례의 입장은 프랑스민법학의 「수단채무론」을 도입한 것이라기보다, 채권자에게 위법성의 입증책임이 있다는 일반원칙을 표현하고 있는 것에 불과하다'고 보는 견해도 있다(주석민법(1), 539(최흥섭) 참조).

할 수 없다'고 판시한 바 있으며(대법원 1993.7.27.선고, 92다15031 판결 등),[322] ② '의사가 환자의 치유를 위하여 선량한 관리자의 주의의무를 가지고 현재의 의학수준에 비추어 필요하고 적절한 진료조치를 다한 이상, 이는 진료채무의 본지에 따른 것으로 수술 결과 환자의 질병이 치료되지 아니하고 후유증이 남게 되었다 하더라도 수술에 따른 치료비를 청구할 수 있다 할 것이고, 그 후유증이 의사의 치료상의 과실로 인한 것이라고 볼 수 없는 이상 의사에게 그로 인한 손해전보의 책임이 있다고 볼 수 없으므로, 후유증이 나타난 이후에 증세의 회복 내지 악화 예방을 위하여 이루어진 진료에 관한 비용도 청구할 수 있다'고 판시한 바 있다(대법원 2001.11.9.선고, 2001다52568 판결).

(iii) **학설·판례의 검토** 「수단채무론」은 채무불이행책임의 발생요건인 과책(faute)의 인정 여부와 관련하여, 채무자의 과책을 인정하기 위해서는 반드시 채무자의 구체적 행위태양에 대한 평가를 요하는 채무(수단채무)와 채무자의 구체적 행위태양에 대한 평가를 요함이 없이 '결과의 불발생'이라는 사실만으로 바로 채무자의 귀책사유를 인정할 수 있는 채무(결과채무)가 존재한다는 점을 설명하고, 양자를 구별하는 기준을 설정하기 위하여 프랑스민법학이 발전시킨 이론이다. 그러므로 「수단채무론」을 우리 민법학에 도입하기 위해서는 우리 민법과 프랑스민법상의 채무불이행책임의 구조적 차이에 관한 근본적인 검토를 거쳐야 할 것인바, 이에 관한 국내의 연구가 부족한 실정이므로 이에 관한 결론을 내리는 것은 아직 시기상조라고 생각된다. 다만, 「수단채무론」은 채무불이행책임의 귀책근거를 채무자가 스스로의 의사에 의하여 설정한 계약규범을 준수하지 않았다는 계약의 구속력에서 찾는 프랑스민법학의 채무불이행책임의 귀책구조를 전제로 하고 있다는 점에서, 우리에게도 중요한 시사점을 제공해 주고 있다. 왜냐하면 채무불이행책임의 귀책근거를 계약의 구속력에서 찾아야 한다면, 채무자의 귀책사유 유무의 판단은 계약상의 채무의 내용·사정(射程)에 대한 해석에 귀착하게 되므로, 채무자가 부담한 채무의 사정 내지 엄격함의 강도에 의하여 귀책사유의 내용과 판단의 방법도 달라질 수밖에 없기 때문이다.

이와 같이 채무불이행책임의 귀책근거를 계약의 구속력에서 구하여야 할 것이라는 견지에서, 프랑스민법학의 「수단채무론」을 우리 민법의 해석론으로 도입하여 제390조의 채무불이행책임의 요건(채무불이행사실과 귀책사유)을 재구성하면 다음과 같은 내용이 될 것이다.[323]

첫째, 채무불이행책임에 있어서의 귀책사유[324]는 채무자가 계약에 의하여 약속한 것을

322) 판례평석: 배병일, "의료계약상의 진료의무와 진료비채무와의 관계", 사법행정 35권 2호(한국사법행정학회, 1994/2), 44 이하; 신은주, "수술후 하반신마비에 있어서 의사의 과실 여부", 판례월보 284호(판례월보사, 1994/5), 15 이하; 임통일, "의료과오의 인과관계와 입증책임", 판례연구 8집(서울지방변호사회, 1995/1), 221 이하. 같은 취지: 대법원 2001.11.9.선고, 2001다52568 판결.

323) 이하의 내용은 森田宏樹, 전게논문(주 316), 155 이하에서 시사를 얻은 것이다.

324) 현행민법은 이를 고의·과실이라고 규정하고 있으나, 이는 '신의칙상 고의·과실과 동일시할 수 있는

불가항력에 의하지 아니하고 이행하지 아니하는 채무불이행 사실 중에 포함되어 있다. 즉, 귀책사유의 존부는 채무자에게 의무 지워진 채무의 내용·사정을 매개로 하여 판단되기 때문에, 채권자는 채무불이행의 사실을 증명하면 충분하며 채무자의 귀책사유를 직접적으로 증명할 필요는 없다. 따라서 채권자에 의하여 채무불이행 사실이 증명된 때에는 채무자는 그것이 자기의 귀책사유에 의한 것이 아님을 증명하지 않으면 면책되지 않는다.

둘째, 채무불이행의 존부를 판단함에 있어서는 계약상의 채무의 내용·사정에 따라서 결과채무와 수단채무로 구별하여, 채무자가 결과의 실현을 확실하게 약속한 「결과채무」에 있어서는 불가항력에 의하지 아니한 '결과의 불실현'이 있으면 바로 채무자에게 귀책사유가 있다고 판단하고,[325] 결과의 실현을 위하여 신중한 주의의무를 부담하기로 약속한 데 지나지 아니한 「수단채무」에 있어서는 채무자의 구체적인 행위태양의 평가가 필요하게 된다. 즉, 결과채무와 수단채무의 차이점은 채무자의 귀책사유의 존부를 판단하는 데 있어서 채무자의 행위태양에 대한 평가가 반드시 필요한지 여부의 차이에 있는 것이다. 다만, 양 채무의 이러한 차이가 수단채무에 있어서 채무자가 일정한 신중하게 행위를 하여야 하는 주의의무를 다하지 아니하였다는 것에 대한 증명책임을 반드시 채권자가 부담한다는 것을 의미하는 것은 아니라는 점에 주의할 필요가 있다. 즉, 양 채무를 구별하는 의의는 당사자의 증명책임의 귀속이 달라진다는 데 있는 것이 아니라, 그 증명의 대상이 달라진다는 데 있는 것이다. 왜냐하면 「수단채무론」은 실체법 차원에서 채무자의 귀책사유의 존부를 결정하기 위하여 계약의 해석을 통하여 채무자의 구체적인 행위태양의 평가가 필요한지 여부를 판단하는 기준에 관한 이론인바, 이는 귀책사유의 존부를 누가 증명하여야 하는가 하는 「증명책임의 분배」의 문제와는 이론상 별개의 문제이기 때문이다. 즉, 어떤 채무가 수단채무라고 하여 반드시 채권자가 채무자의 귀책사유를 증명하여야 한다고 단정할 수 없으며, 수단채무에 있어서도 채권자가 '결과의 불실현'이라는 외형적 사실을 증명하면 채무자의 구체적 행위태양을 평가함에 있어서 경험칙과 공평 등의 고려에 기하여 일정한 범위에서의 추정이 작용할 수 있는 것이다. 다만, 이러한 문제는 증명책임의 규범에 의하여 결정되어야 하는 것이므로, 실체법상 수단채무와 결과채무의 구별이 반드시 귀책사유에 대한 증명책임의 소재를 결정하는 데 실익이 있다고 단정할 수는 없는 것이다.

경우'를 포함한 개념으로 해석되고 있었던 구 의용민법상의 귀책사유와 같은 의미를 가진 것이라는 것이 민법제정 당시의 입법자의 의사였음은 전술한 바와 같다. (☞ 제1절 「이행지체」)

325) 그러므로 「수단채무론」의 관점에서는, 결과채무라고 보아야 할 숙박업자의 보호의무의 존재와 그 위반사실을 채권자인 투숙객이 주장·입증하여야 한다고 판시한 「여관사건」에 대한 대법원판례의 입장은 수긍하기 어렵다 할 것이다.

4) 이행기와 불완전이행과의 관계

학설 중에는 '이행기 전의 이행이 상대방의 이익을 해하는 경우에는 이를 불완전이행으로 보아야 한다'는 견해도 있다.[326] 그러나 채무자는 기한의 이익을 포기할 수 있으므로(153조), 채무자가 이행기 전에 이행하더라도 그 자체만으로는 불완전이행이 성립한다고 할 수는 없다.

(가) 이행기 전의 불완전이행

채무자가 기한의 이익을 포기하고 이행기 전에 불완전한 이행을 한 경우에도 불완전이행이 성립할 수 있음은 물론이다. 그러나 '이 경우에는 채무자가 이행기까지 그 하자를 치유하여 불완전한 이행 부분을 추완하면 완전한 이행이 되며, 추완을 위하여 이행기를 도과한 경우에는 채무자에게 이행지체책임이 발생한다'고 해석하여야 할 것이다.

(나) 이행기 이후의 불완전이행

학설 중에는 '채무자가 이행기에 불완전한 이행을 한 경우 또는 이행기 후에 불완전한 이행을 한 경우에는 불완전이행이 성립함과 동시에 하자의 추완을 위하여 이행기를 경과하게 되므로 불완전이행과 이행지체가 경합하게 된다'고 해석하는 견해가 있다.[327] 그러나 이 경우에는 채무자의 이행지체책임(지연배상)만이 문제되므로, 이를 불완전이행과의 경합의 문제로 다룰 실익은 없다. 다만, 물건의 인도채무에서 인도된 목적물에 하자가 있는 경우에는 매도인의 하자담보책임에 관한 제580조 이하의 규정이 적용되거나 준용되어야 할 것인데(567조), 하자담보책임의 본질을 채무불이행책임으로 보는 「채무불이행책임설」의 입장에서는 하자담보책임에 관한 제580조 이하의 규정은 채무불이행책임의 특별규정에 해당하므로, 명문규정이 없더라도 이론상 불완전이행에 관한 일반규정인 제390조 또는 신의칙에 관한 제2조의 규정을 근거로 하여 채권자의 추완청구권이 인정될 수 있으므로, '하자의 추완(하자보수)이 가능한 경우에는 채권자의 추완청구권 또는 대금감액청구권이 인정되며, 추완을 위하여 이행기가 도과된 경우에는 추가적으로 지연배상도 청구할 수 있다'고 해석하여야 할 것이다. 또한 '추완이 불가능한 경우가 아닌 한 계약의 해제는 허용되지 않는다'고 해석하여야 할 것이다. 대법원판결 중에는 '기계의 제작·매매계약에서 매도인이 외형상 완전한 형태를 갖춘 기계의 제작을 완료하여 이를 매수인에게 인도하자 매수인이 그 성능을 확인하지 않고 별다른 이의 없이 이를 수령하였다면, 그 성능이 약정에 어긋나 불완전이행에 불과하게 되었다 하더라도 그 인도한 날 이후의 약정한 지체보상금을 청구할 수 없다'고 판시함으로써, '매수인이 별다른 이의 없이 하자 있는 물건을 수령한 경우에는 이행지체의 효과(지연배상)를 인정할 수 없다'는

---

326) 현승종, 133 참조.
327) 곽윤직, 94; 현승종, 133 참조.

취지의 법리를 제시한 사례가 있으나(대법원 1980.8.26.선고, 80다1171 판결), 그 타당성은 극히 의문스럽다.

▪ **기계의 제작·매매계약에서 매도인이 불완전이행을 한 경우, 매수인이 약정된 지체보상금을 청구할 수 있는지 여부**(소극) [1] 기계의 제작매매계약에 있어서 매도인 甲이 외형상 완전한 형태를 갖추어 위 기계를 매수인 乙에게 인도하고, 매수인도 그 성능을 확인하지는 않았다 하더라도 별다른 이의 없이 이를 수령하였다면, 그 성능이 약정에 어긋나 불완전이행에 불과하게 되었다 하더라도 그 인도한 날 이후에 있어서는 위 약정된 지체보상금을 청구할 수 없다. [2] 피고가 원고에게 성능미비의 기계를 공급하고도 원고의 공장에서 위 기계를 수거하지 아니함으로써 원고가 그 대신하는 기계를 설치하여 외국 수입상과의 계약에 따른 수출품제조를 위한 원자재를 가공할 수 없게 되어 부득이 다른 공장에서 가공함으로써 발생하였다고 주장하는 손해는 특별한 사정으로 인한 손해로서, 원고는 피고가 위와 같은 불완전이행 시 이러한 손해가 발생한다는 사정을 알았거나 알 수 있었을 때에 한하여 그 배상을 청구할 수 있다. (대법원 1980.8.26.선고, 80다1171 판결)

(2) 채무자의 귀책사유

불완전이행을 채무불이행의 독립한 유형으로 인정하는 경우에는 그 성립요건으로서 채무자의 귀책사유가 요구된다고 해석하여야 할 것이다(390조). 그리고 이 경우의 귀책사유의 의의 및 증명책임, 채무자의 책임능력, 법정대리인 또는 이행보조자의 고의·과실 등의 문제에 관해서는 이행지체의 성립요건과 관련하여 설명한 바 있으므로 생략하기로 한다. (☞ [72] 이행지체)

(3) 위법성

다른 채무불이행의 유형과 마찬가지로, 불완전이행의 경우에도 그 행위의 위법성은 추정되므로, 특별한 위법성조각사유가 존재하지 않는 이상 채무불이행책임을 면할 수 없다고 할 것이다. (☞ [72] 이행지체)

5. 불완전이행의 효과

(1) 추완이 가능한 경우

1) 하자보수 등 추완청구권

'불완전이행이 성립한 경우에도 하자보수 등 추완이 가능한 경우에는 본래의 채무는 소멸하지 않고 존속되므로, 채권자는 채무자에 대하여 추완(하자의 보수 등 완전한 급부의 이행)을 청구할 수 있을 뿐이며(이를 「완전이행청구권」 내지 「추완청구권」이라고 한다), 손해배상을 청구하거나 계약해제권을 행사할 수는 없다'고 해석하는 것이 통설적 견해이다.[328] 이 점이 다른 유형의 채무불이행과는 다른 점이다. 다만, 채무자가 추완을 위하여 이행기를 경과한 경우, 채

328) 민법주해(9)/양창수, 310; 곽윤직, 100; 김증한/김학동, 172; 현승종, 134 참조.

권자는 이에 더하여 지연배상까지 청구할 수 있음은 물론이다.

2) 확대손해의 배상

통설적 견해에 따르면, 불완전이행으로 인하여 채권자의 생명·신체·재산 등 이행이익을 초과하거나 이행이익과 관련이 없는 확대손해가 발생한 「적극적 채권침해」의 경우에는, 채권자는 채무자에 대하여 채무불이행책임으로서 불완전이행으로 인하여 발생한 확대손해의 배상을 청구할 수 있다(390조). 다만, 적극적 채권침해로 인한 확대손해는 제393조의 "특별한 사정으로 인한 손해"에 해당하므로, 채무자가 그 특별한 사정을 알았거나 알 수 있었어야 한다.[329)]

3) 시효기간의 제한

'불완전이행의 효과인 채권자의 완전이행청구권(추완청구권)이나 손해배상청구권은 소멸시효가 완성될 때까지 존속하는가?' 하는 것이 문제된다. 이 문제는 특히 물건의 인도채무에서 인도된 목적물에 하자가 있는 경우에 하자담보책임의 존속기간과 관련하여 논의되고 있다.

(가) 「법정책임설」의 입장

「법정책임설」은 '특정물매도인의 하자담보책임은 채무의 완전한 이행에도 불구하고 매매계약의 유상성을 고려하여 법률이 특별히 인정한 법정책임'이라고 파악하는데, 이에 따르면 불완전이행책임에 대하여 하자담보책임의 제척기간에 관한 규정을 적용할 수 없게 된다. 그러므로 '채무자의 불완전이행책임(채권자의 추완청구권·손해배상청구권)은 일반채권의 소멸시효인 10년간 존속한다'고 해석하는 수밖에 없다(162조). 그러나 이러한 결론은 6개월이라는 단기의 제척기간을 규정하고 있는 하자담보책임과 비교할 때 지나치게 균형을 상실하게 되므로 신의칙상 상당한 범위로 시효기간을 단축할 필요가 있다는 것이 일반적인 견해이다.[330)] 더 나아가 「법정책임설」을 취하는 견해 중에는 '채권자가 하자를 발견한 후 신의칙상 상당한 기간 내에 목적물에 하자가 있음을 채무자에게 통지하는 등 적당한 조치를 취하지 않는 경우에는, 채권자는 하자 없는 급부를 청구할 수 없으며, 목적물을 일단 사용한 이후에는 하자 없는 물건의 인도청구권을 행사할 수 없고 하자의 보수 또는 손해배상만을 청구할 수 있을 뿐'이라고 해석하는 견해도 있다.[331)]

(나) 「채무불이행책임설」의 입장

하자담보책임의 본질을 채무불이행(불완전이행)책임으로 파악하는 「채무불이행책임설」에

---

329) 곽윤직, 100; 김증한/김학동, 171; 현승종, 134 참조.

330) 곽윤직, 101; 김증한/김학동, 172; 김현태, 115; 현승종, 134 참조. 그러나 '10년의 소멸시효기간이 적용된다'는 견해도 없지는 않다(김상용, 136; 송덕수, 158 참조).

331) 김증한/김학동, 172; 현승종, 134 참조.

따르면, 하자담보책임이 성립하는 경우를 제외한 일반적 불완전이행의 효과인 손해배상청구권은 10년의 소멸시효에 걸린다. 다만, 특별규정이 없는 한 매도인의 하자담보책임(대금감액적 의미의 손해배상·하자보수·해제)은 6개월(582조), 수급인의 하자담보책임은 1년(670조)의 제척기간의 적용을 받는다는 점에 대해서는 이설이 없으나, 이행이익 또는 확대손해의 배상을 내용으로 하는 손해배상청구권의 시효기간에 대해서는 견해가 일치하지 않는다. 사견으로는 이행이익 또는 확대손해의 배상을 내용으로 하는 「손해배상」은 하자담보책임에 포섭될 수 있는 성질의 것이 아니므로, 10년의 소멸시효에 걸린다고 해석하는 것이 타당하다고 생각한다. (☞ 계약법 편, 제2장 제2절 「매매계약」)

(2) 추완이 불가능하거나 채권자에게 이익이 없는 경우

추완이 불가능하거나 추완이 채권자에게 아무런 이익이 없어 무의미한 유형의 불완전이행도 있을 수 있다. 예컨대, 불완전한 이행으로 인하여 채권자에게 손해를 발생시킴과 동시에 급부의 목적물 자체를 멸실시킨 경우(예컨대, 의사가 환자를 잘못 치료하여 불치의 질병에 걸리도록 하거나 사망하게 한 경우), 또는 추완을 하는 것이 불가능한 것은 아니지만 추완이 채무자에게 이익이 없는 경우(예컨대, 광산의 조사를 의뢰받은 채무자가 불완전한 조사서를 작성하였고 이에 기하여 채권자가 경제성 없는 광산을 매수한 경우)이다. 이러한 경우에는 채권자에게 추완청구권을 인정하는 것은 아무런 의미가 없으므로, 그 효과로서 계약의 해제 또는 손해배상만이 문제된다.

(3) 계약해제권의 인정 여부

'불완전이행의 효과로서 계약의 해제가 인정되는가?' 하는 문제에 대해서는 학설과 판례가 견해를 달리하고 있으며, 학설도 갈라져 있다.

1) 학 설

(가) 긍정설

이는 '불완전이행의 경우에도 특별한 제한 없이 이행지체 또는 이행불능으로 인한 계약해제권에 관한 제544조 내지 제546조의 규정을 유추적용하여 해제권을 인정하여야 한다'는 견해이다.[332] 이 견해는 '하자의 추완이 가능한 경우에는 이행지체로 인한 해제권의 발생에 관한 제544조의 규정을 유추적용하여, 채권자가 상당한 기간을 정하여 추완을 최고하였음에도 불구하고 채무자가 추완을 하지 않는 경우에 한하여 해제할 수 있으며, 하자의 추완이 불가능한 경우에는 최고 없이 바로 해제할 수 있다'고 해석한다. 다만, '이때의 해제권도 신의칙상 적당한 기간 내에 행사하여야 한다'고 해석한다.[333]

332) 곽윤직, 101; 김상용, 143 참조.

(나) 제한적 긍정설

이는 '계약의 해제권은 원칙적으로 불완전이행에 기하여 발생한다고 할 수 없으나, 예외적으로 불완전이행으로 인하여 계약의 목적을 달성할 수 없는 때에는 해제할 수 있다'고 하거나,[334] '불완전한 이행으로 당사자 간이 신뢰관계가 무너져 신의칙상 더 이상 채권자에게 계약관계의 유지를 요구하는 것이 부당하게 된 경우에 한하여 해제를 인정하여야 한다'는 견해이다.[335]

2) 판례의 입장

판례는 계약상의 의무를 「주된 채무」와 「부수적 채무」로 구분하고, '채권자가 채무자의 채무불이행을 이유로 계약을 해제하려면, 당해 채무가 계약의 목적 달성에 있어 필요불가결하고 이를 이행하지 아니하면 계약의 목적달성이 불가능하여 계약을 체결하지 아니하였을 것이라고 여겨질 정도의 주된 채무이어야 하고, 그렇지 아니한 부수적 채무를 불이행한 데에 지나지 아니한 경우에는 계약을 해제할 수 없다'는 입장을 확립하고 있다(대법원 1987.9.8.선고, 87다카655 판결 등).[336] 이러한 판례의 입장에 따르면, 계약상의 채무를 「주된 채무」와 「부수적 채무」로 구별하는 기준이 문제되는데, 이에 대하여 판례는 '계약상의 의무 가운데 「주된 채무」와 「부수적 채무」를 구별함에 있어서는 급부의 독립된 가치와는 관계없이 계약을 체결할 때 표명되었거나 그 당시 상황으로 보아 분명하게 객관적으로 나타난 당사자의 합리적 의사에 의하여 결정하되, 계약의 내용·목적·불이행의 결과 등의 여러 사정을 고려하여야 한다'는 입장을 취하고 있다(대법원 1997.4.7., 97마575 결정 등).[337] 이러한 취지에서, 대법원은 ① 여러 필지의 토지매매계약에서 그중 1필지 위에 있는 분묘 2기의 이장(移葬)을 담보하기 위하여 잔금의 일부를 따로 보관하였다가 이장을 확인한 후 이를 지급키로 약정한 경우에, 매도인의 분묘이장의무나 매수인의 잔금 일부지급의무(대법원 1976.4.27.선고, 74다2151 판결), ② 매매목적물에 관하여 매도인과 다른 사람과 사이에 소송이 계속 중이고, 그 소송에서 매도인이 패소하게 되면 매수인이 매매의 목적을 달성할 수 없게 되어 있어서, 매도인이 위 소송에서 패소하는 경우에 부담하는 계약금반환채무를 담보하기 위하여 매수인에게 일정한 담보를 제공하기로 약정한 경우에, 매도인의 위 특약상의 담보제공의무(대법원 1987.9.8.선고, 87다카655 판결),[338] ③

333) 곽윤직, 101 참조.
334) 김증한/김학동, 172; 김현태, 116; 송덕수, 158 참조.
335) 현승종, 136 참조.
336) 같은 취지: 대법원 1997.4.7., 97마575 결정; 대법원 2001.11.13.선고, 2001다20394·20400 판결; 대법원 2005.11.25.선고, 2005다53705·53712 판결.
337) 판례평석: 곽종훈, "채무불이행을 이유로 계약을 해제하기 위한 채무의 요건", 대법원판례해설 28호(법원도서관, 1997/12), 102 이하. 같은 취지: 대법원 2005.7.14.선고, 2004다67011 판결; 대법원 2005.11.25.선고, 2005다53705·53712 판결.; 대법원 2012.3.29.선고, 2011다102301 판결.
338) 판례평석: 박태호, "부수적 채무의 불이행과 해제" 대법원판례해설 제8호(법원행정처, 1988/12), 57

부동산매매계약에서 매수인이 당초 약정된 잔대금의 일부를 잔대금기일 전에 미리 앞당겨 지급하기로 약정한 경우에, 그 약정된 잔대금의 일부를 지급할 의무(대법원 1993.7.13.선고, 93다17966·17973 판결), ④ 전대차계약을 체결한 후 중도금 수수 시에 비로소 전차보증금의 반환을 담보하기 위하여 전대인이 그 소유부동산에 근저당권을 설정하여 주기로 약정한 경우에 전대인의 근저당권설정등기의무(대법원 2001.11.13.선고, 2001다20394·20400 판결),[339] ⑤ 배출시설설치계약에서 명시적으로 약정하지 아니한 대기환경보전법상의 배출시설설치신고에 필요한 사양서 등 서류의 교부의무(대법원 2005.11.25.선고, 2005다53705·53712 판결)[340] 등은 부수적 의무에 불과하므로, 당사자 일방은 상대방의 위와 같은 부수적인 사항에 대한 의무위반을 이유로 그 계약 전체를 해제할 수 없다'고 판시한 바 있다.

이와는 반대로, 판례는 '상가의 일부 층을 먼저 분양하면서 그 수분양자에게 장차 나머지 상가의 분양에 있어 상가 내 기존 업종과 중복되지 않는 업종을 지정하여 기존 수분양자의 영업권을 보호하겠다고 약정한 경우, 채무자에게 부여된 경업금지의무는 위 분양계약의 목적 달성에 있어 필요불가결하고, 이를 이행하지 아니하면 분양계약의 목적이 달성되지 아니하여 수분양자가 분양계약을 체결하지 아니하였을 것이라고 여겨질 정도의 주된 채무'라고 판시한 바 있다(대법원 1997.4.7., 97마575 결정).[341]

3) 학설·판례의 검토

계약해제의 효력에 대해서는 학설이 대립하고 있으나, 해제권은 계약의 효력을 소급적으로 소멸시킴으로써 원상회복청구권을 발생하게 하는 강력한 형성권이며(직접효과설), 해제에 의한 원상회복청구권은 계약의 이행으로 상대방에게 이전된 소유권을 법률상 당연히 복귀시키는 「물권적 효력」이 인정된다는 것이 통설·판례의 입장이다(물권적 효력설).

이러한 통설·판례의 입장에서는 계약소멸의 소급효와 물권적 효력이 인정되는 해제권을 부수적 의무의 위반에 기한 불완전이행의 효력으로서 유추해석에 의하여 인정할 수 있는가 하는 것에 대해서는 의문이 제기될 수 있는바, 판례가 '부수적 채무를 이행하지 아니한 불완전이행에 있어서는 해제권이 인정되지 않는다'는 입장을 취하는 것은 이러한 이유에 기한 것이라고 생각된다. 또한 적극적 채권침해로 인하여 확대손해가 발생한 경우에는 계약해제에 의한 원상회복(급부의 반환)으로써는 문제를 전혀 해결할 수 없으므로, 불완전이행의 효과로서 해제권을 인정한다는 것은 무의미하다.

한편 불완전이행의 가장 중요한 유형이라고 할 수 있는 매도인이 하자 있는 물건을 인도

이하 참조.

339) 판례평석: 최수정, "채무불이행으로 인한 해지권의 발생" 「로스쿨채권법」(청림출판, 2002/4), 38 이하.

340) 판례평석: 김동훈, "부수적 채무의 불이행과 계약해제", 「로스쿨계약법」(청림출판, 2006/3), 255 이하.

341) 전게 주 337 참조.

한 경우에 대하여는 일반적 채무불이행책임의 특칙으로서 하자담보책임의 효과(내용)로서의 해제권이 규정되어 있다. 즉, 특정물매매에서 매도인은 '인도된 목적물의 하자가 중대하여 계약의 목적을 달성할 수 없는 경우(하자보수가 불가능한 경우)'에 한하여 계약을 해제할 수 있는 바(580조), 이는 이행불능으로 인한 계약해제에 관한 제546조의 특칙이라고 할 수 있다(「채무불이행책임설」의 입장). 그러므로 '유상계약인 특정물인도채무에서 인도된 목적물에 하자가 있더라도 추완(하자보수)이 가능한 경우에는 해제권은 인정되지 않고 하자보수청구권만이 인정되며, 하자보수가 불가능하여 계약의 목적을 달성할 수 없는 경우에 한하여 해제권이 인정된다'고 해석하여야 할 것이다(567조). (☞ 계약법 편, 제2장 제2절 「매매계약」)

이러한 관점에서 본다면, '부수적 채무의 불이행을 이유로 계약을 해제할 수 없다'는 입장을 취하고 있는 판례의 태도는 타당하다고 생각된다.

[75] Ⅴ. 채권자지체

1. 서 설

(1) 채권자지체의 의의

「채권자지체」(Gläubigerverzug; retard dans l' acceptation)라 함은 '채무의 이행을 위하여 급부의 수령 등 채권자의 협력을 필요로 하는 경우에, 채무자가 채무의 내용에 좇은 변제의 제공을 하였음에도 불구하고 채권자가 이를 수령하지 않거나 필요한 협력을 하지 않는 경우 혹은 협력을 할 수 없기 때문에 이행이 지연되고 있는 상태'를 말한다. 이를 「수령지체」(Annahmeverzug)라고도 한다.

채권자의 협력행위가 필요 없는 부작위채무나 특수한 유형의 금전채무(예컨대, 채권자의 온라인예금구좌에 입금하는 방식으로 금전채무를 이행하는 경우)를 제외하고, 채무의 이행은 대부분 채권자의 협력 내지는 최소한의 수령행위를 필요로 한다. 따라서 채무자가 이행제공을 하였다 할지라도 채권자의 협력 내지 수령행위가 없는 한 채무는 「불이행」(이행지체) 상태에 머물러 있게 된다. 이것은 공평의 관념에 비추어 볼 때 타당하지 못하므로, 민법은 「변제의 제공」이라는 제도를 두어 그 효과로서 채무자로 하여금 채무불이행책임을 면하게 하거나(제461조), 공탁에 의하여 채무를 면할 수 있도록 하고 있음은 전술한 바와 같다(487조 이하). (☞ 제3장 제2절 「변제의 제공」, 제7절 「변제 이외의 채권의 소멸사유」) 그러나 변제제공의 효과로서 채무자가 채무불이행책임을 면하거나 변제자의 공탁권이 발생하는 것만으로는 채무자보호에 미흡하므로, 민법은 변제의 제공에도 불구하고 채권자가 이행을 받을 수 없거나 받지 아니한 때에는 채권자의 지체책임을 인정함으로써(400~403조), 채무이행에 최선을 다한 채무자의 이익을 보호하고 있다. 즉, 채권자지체가 성립하면, 채무자는 고의 또는 중대한 과실이 있는 경우에 한하여 채무불이행책임을 지며(401조), 이자의 지급의무가 면제되고(402조), 증가된 목적물의 보관 또는 변제의 비용은 채권자의 부담으로 할 뿐만 아니라(403조), 쌍무계약에서 수령지체 후 쌍방불귀책사유로 인하여 이행불능이 된 때에는 채무자위험부담주의의 예외를 인정하여 채권자가 위험을 부담하는 것으로 규정하고 있다(538조 1항 후단).

(2) 문제의 소재

1) 채권자지체책임의 법리구성 : 채권자의 수령의무 인정 여부

채권자지체에 관한 민법규정의 해석상 가장 큰 쟁점은 '채권자에게 수령의무를 인정함으로써 채권자지체책임의 본질을 채무불이행책임의 일종으로 볼 것인가, 아니면 수령의무를 부인하고 채권자지체책임을 채무불이행과는 관계없는 일종의 법정책임으로 볼 것인가?' 하는 법리구성의 문제이다. 이에 대하여 학설은 복잡하게 갈리고 있으며, 그 결론에 따라서 채권자지체의 요건과 효과에 대한 해석도 크게 달라질 수 있다.

2) 규정체계상의 모순

민법은 변제제공의 효과에 관한 제461조에서는 "변제의 제공은 그때로부터 채무불이행의 책임을 면하게 한다"고 규정함으로써, 변제제공에 의하여 채무불이행책임이 소멸하는 것으로 규정하고 있다. 그러나 같은 변제제공의 효과라고 할 수 있는 채권자지체에 관한 제401조에서는 "채권자지체 중에는 채무자는 고의 또는 중대한 과실이 없으면 불이행으로 인한 모든 책임이 없다"고 규정함으로써, 채권자지체에도 불구하고 채무자에게 고의 또는 중대한 과실이 있는 경우에는 채무불이행책임이 발생하는 것처럼 규정하고 있다. 그러므로 '이러한 상호 모순된 규정을 어떻게 조화롭게 해석할 것인가?' 하는 것이 문제된다.

3) 위험부담의 법리와 채권자지체책임과의 관계

우리 민법은 위험부담에 관하여 채무자주의의 원칙을 채택하여, 쌍무계약에서 당사자 일방의 채무가 쌍방불귀책사유로 인하여 이행불능이 된 경우에는 반대급부 소멸의 위험(이를 「대가위험」이라고 한다)을 채무자가 부담하도록 규정하고 있다(537조). 다만, 채권자의 귀책사유로 인하여 이행불능이 된 경우와 채권자의 수령지체 중에 쌍방불귀책사유로 인하여 이행불능이 된 때에는, 예외적으로 채권자가 위험을 부담하는 것으로 규정하고 있다(538조 1항).

한편 '채권자지체책임은 변제제공의 효과로서 채무의 이행이 가능한 경우에 한하여 문제된다'는 법리상(불능과 지체는 양립할 수 없다), 특히 근로자의 근로계약상의 채무의 채권자지체책임과 위험부담에 관한 제538조 제1항의 규정을 적용함에 있어서 어려운 문제가 발생한다. 또한 제401조의 '채권자지체가 성립하면 채무자는 과실이 있더라도 면책된다(채무불이행책임을 부담하지 않는다)'는 원칙과 관련하여, '채권자지체 중 채무자의 과실로 인하여 목적물이 멸실하는 등 급부가 불능이 된 경우에는 반대급부 소멸의 위험을 누가 부담할 것인가?' 하는 것도 문제된다.

2. 채권자지체책임의 본질

(1) 학 설

1) 채무불이행책임설

이는 채권자에게 채무자의 이행에 협력하여야 할 일반적 의무인 「협력의무」 내지 「수령의무」가 있음을 인정하고, '채권자지체는 채권자가 이러한 협력의무 내지 수령의무를 위반함으로써 성립하는 일종의 채무불이행책임'이라고 파악하는 견해로서, 종래의 통설적 견해이다.[342] 이 견해는 그 근거로서, '채권관계에서 당사자는 급부의 실현이라는 공동목적의 달성을 위하여 협력할 것이라는 신뢰를 기초로 하여 성립한 일종의 협동체를 구성하는 것'이라는 이른바 「유기체적 협동체이론」을 기초로 하여, '채권자에게도 신의칙이 요구하는 바에 따라서 급부의 실현에 협력하여야 할 법적 의무가 인정된다'고 하거나,[343] '민법이 채무불이행에 관한 규정에 바로 뒤이어 채권자지체에 관한 규정을 둔 것은 채권자지체의 본질을 채무불이행책임으로 본 것이라고 볼 수 있다'는 점 등을 들고 있다.[344]

이에 대해서는 다음과 같은 비판론이 제기되고 있다. 즉, ① '「채무불이행책임설」은 일본민법학의 「유기체적 협동체이론」에 근거를 두고 있으나, 이 이론은 제국주의적 민족공동체이론에 그 사상적 기초를 두고 있는 독일의 나치스법학에서 유래한 것이므로, 자유시장경제체제를 기초로 하는 현행민법의 해석론으로서는 부적합하다'는 비판이다.[345] 즉, 채권관계에서는 당사자 사이에 급부의 실현이라는 공동목적이 있음은 사실이나, 이는 각 당사자가 자기의 이익에 따라 행위한 결과에 불과한 것이며, 결코 당사자의 이익을 초월하는 공동이익이 채권관계에 내재하는 것은 아니라는 것이다.[346] ② '「채무불이행책임설」은 신의칙이라는 일반조항으로부터 직접 「수령의무」라는 법적 의무를 추출해 내고 있으나, 이는 신의칙의 남용에 해당한다'고 한다.[347] 즉, '신의칙은 당사자 사이에 자유롭게 성립한 주된 채무를 형평을 고려하여 보충하는 역할을 담당하는 데 그쳐야 하는 것이며, 신의칙의 남용은 자칫하면 개인의 자유의

342) 서광민, "채권자지체의 법리구성상의 문제점", 김형배교수화갑기념논문집 「채권법에 있어서 자유와 책임」(박영사, 1994/10), 328; 주석민법(1)/임정평, 688; 곽윤직, 97; 김현태, 148; 이태재, 164; 현승종, 138 참조.
343) 주석민법(1)/임정평, 688; 곽윤직, 97; 현승종, 138 참조.
344) 현승종, 138 참조.
345) 김형배, 302; 이은영, 405 참조.
346) 김증한/김학동, 173; 김형배, 302; 이은영, 406 참조.
347) 이은영, 406 참조.

사에 기하지 않은 의무를 신의칙이라는 명목 아래 국가적으로 강제하는 데 악용될 우려가 있으므로, 이를 근거로 당사자가 약정하지 않은 포괄적 의무를 인정하는 것은 삼가야 한다'는 것이다. ③ '「채무불이행책임설」에 따르면 채권자지체의 성립요건으로서 채권자의 귀책사유를 요하게 되어, 채권자의 귀책사유가 없는 경우에는 제401조 내지 제403조에서 규정한 채권자지체의 효과가 발생하지 않으므로, 채권자의 수령불능 등으로 인하여 생긴 보관비 등의 증가비용도 채무자가 부담하여야 한다는 불합리한 해석상의 결과를 초래하는데, 이러한 해석은 거래의 현실에 적합하지 않을 뿐만 아니라, 채무자보호를 위한 채권자지체제도의 본래의 취지에 반한다'는 것이다.[348] ④ '현행민법은 구 의용민법과 달리,[349] 이행지체·강제이행·이행불능·손해배상에 관한 규정 뒤에 채권자지체에 관한 규정을 두고 있는데, 이는 채권자지체책임의 본질을 채무불이행책임이 아니라 법정책임으로 구성하고자 하는 취지라고 보아야 한다'고 주장하는 견해도 있다.[350]

2) 법정책임설

이는 '채권자의 협력의무 내지 수령의무는 채권자가 채무의 이행에 협력 내지 수령을 하지 않는 경우에 일정한 불이익이 따르는 「책무(責務)」(Obligenheit)[351]에 불과한 것으로서 법적 의무가 아니므로, 채권자의 협력의무 내지 수령의무에 위반한다고 해서 채무불이행책임이 발생하지는 않으며, 채권자지체책임은 공평의 원리에 기하여 변제의 제공을 한 채무자의 채무불이행책임을 면제하고 이행지연 등으로 인한 불이익을 채권자에게 부담시키기 위하여 법률이 특별히 인정한 법정책임'이라는 견해이다.[352] 그러므로 이 견해에 따르면 채권자지체의 효력으로서 채무자의 손해배상청구권이나 계약해제권은 인정되지 않고, 단지 제401조 이하에서 법률이 정한 책임만이 인정되게 된다.

이 견해의 논거는 학자에 따라 다르지만, 대체로 다음과 같은 점을 근거로 들고 있다. ① '채권의 행사 여부는 원칙적으로 채권자의 자유에 속하는 문제이므로(권리행사 자유의 원칙),

348) 김형배, 303; 김증한/김학동, 174; 이은영, 406; 이호정, 132 참조.

349) 구 의용민법은 채권자지체에 관한 규정(동법 413조)을 이행지체(동법 412조)와 강제이행(동법 414조)의 사이에 규정하고 있었다.

350) 이은영, 407 참조.

351) 「책무(責務)」(Obligenheit)라 함은 '법적 의무'를 의미하는 「채무」(Schuld)와는 달리, '이에 대응하는 이행청구권이나 소구 및 집행가능성, 불이행시의 손해배상청구권이 인정되지 않고, 단지 그 불이행시 일정한 불이익을 받게 되는 법적 지위'를 의미하는 법률용어로서, 「간접의무」 또는 「불완전의무」라고도 한다(서광민, "채권자지체의 본질", 월간고시 19권 5호, 1992/4, 43 참조).

352) 연기영, "채권자지체의 본질론 -채무불이행설에 대한 비판적 시론-", 월간고시, 1985/7, 92; 김준호, "변제의 제공과 채권자지체와의 관계", 춘강손주찬교수정년기념 「경제법·상사법논집」, 1989, 785; 최문기, "채권자지체의 본질에 관한 소고", 현곡김두환교수화갑기념논문 「국제항공우주법 및 상사법의 제문제」(법문사, 1994/4), 1032; 하경효, "채권자지체와 그 효과로서의 위험이전", 고시연구 22권 11호, 1995/10, 191; 김증한/김학동, 175; 이은영, 404 참조.

법률의 규정이나 관습 또는 당사자의 특약에 의하여 수령의무가 부과되지 않는 한 법적 의무로서의 채권자의 수령의무는 인정될 수 없다'는 점,[353] ② '「법정책임설」에 의하면 채권자지체의 성립에 채권자의 귀책사유를 요하지 않게 되므로, 「채무불이행책임설」에 비하여 채무자의 이익을 더욱 잘 보호할 수 있게 되며, 쌍무계약에서 채권자지체에 빠진 채권자는 대체로 자기가 부담하고 있는 채무도 이행하지 않고 있는 것이 보통이므로, 채무자는 채권자의 채무불이행을 이유로 손해배상을 청구할 수 있고 계약을 해제할 수 있기 때문에, 채권자지체의 효과로서 손해배상이나 계약해제를 인정할 수 없다는 것이 채무자에게 큰 불이익이 되는 것은 아니'라는 점,[354] ③ '채권자지체로 발생한 손해는 대부분 제403조의 "증가비용"에 해당하는 것으로서 채무자에게 따로 손해배상을 허용할 실익이 적으며, 그 이상의 손해가 발생한 경우에는 채무자는 채권자의 반대채무의 불이행을 이유로 계약해제 및 손해배상을 청구할 수 있으므로 구태여 채권자지체를 이유로 손해배상을 인정할 실익이 적다'는 점,[355] ④ '우리 민법은 이행지체와 이행불능의 경우에 한하여 해제권의 발생을 규정하고 있으므로, 채권자지체의 효과로서 계약해제권이 발생한다고 해석하는 것은 무리'라는 점[356] 등이다. 다만, 이 견해는 '채권자의 협력이나 수령이 채권관계에서 매우 중요한 의미를 갖는 경우에 한하여 당사자의 특약이나 관습, 법률의 규정에 의하여 해제권의 발생 등의 효과를 인정하는 것이 타당하나, 이는 채권자지체와는 별개의 채무불이행책임'이라고 주장하고,[357] 예외적으로 채권자의 협력이나 수령이 채권관계에서 매우 중요한 의미를 갖는 경우로서, ① 고용·도급·위임·임치 등의 노무공급계약에서 채무자의 노무공급이 채권자의 협력에 의존하고 있는 경우, ② 매매·도급 등의 물건의 인도채무에 있어서 채권자의 인수 자체가 채무자의 이해관계에 매우 중요한 의미를 가지는 경우, ③ 채권자의 수령의무에 관하여 당사자 간에 약정이 있는 경우, ④ 거래관행이나 계약의 성질에 비추어 채권자의 수령의무를 인정하여야 하는 경우 등을 들고 있다.[358]

3) 절충설

(가) 수취의무설

이는 '채권자에게 법적 의무(Rechtspflicht)로서의 수령의무는 인정될 수 없으나, 예외적으로 매매·도급·임치 등의 계약에 있어서는 채권자인 매수인·도급인·임치인 등에게 신의칙에 기한 부수의무인 「수취의무(受取義務)」(Abnahmepflicht)[359]를 인정하여야 한다'는 견해이다.[360]

---

353) 최문기, 상게논문, 1033; 이은영, 403 참조.
354) 김증한/김학동, 174; 이은영, 403 참조.
355) 김증한/김학동, 174; 이은영, 404 참조.
356) 이은영, 405 참조.
357) 김증한/김학동, 174; 이은영, 405; 최문기, 전게논문(주 352), 1032 참조.
358) 이은영, "채권자지체", 후암곽윤직교수화갑기념 「민법학논총」(박영사, 1985), 386 참조.

이 견해는 채권자에게 일반적인 법적 의무로서의 수령의무를 인정하지 않는다는 점에서는 「법정책임설」과 입장을 같이 하지만, 예외적으로 매매·도급·임치계약에서는 신의칙을 기초로 한 수취의무를 인정하고, 채권자가 수취의무를 위반한 경우에는 채권자의 귀책사유를 요건으로 손해배상책임을 인정한다는 점에서 「채무불이행책임설」과 결론을 같이 한다.[361)]

이 견해에 대해서는 다음과 같은 비판이 제기되고 있다. 즉, ① '명문으로 매수인의 수취의무를 규정하고 있는 독일민법과 달리(BGB §433Ⅱ),[362)] 계약관계에 대하여 개별적으로 수취의무를 규정하고 있지 아니한 우리 민법하에서는 매매·도급·임치 등의 계약에 한하여 신의칙에 기한 수취의무를 부과할 법적 근거가 없다'는 비판[363)]과, ② '원칙적으로는 채권자의 수령의무를 인정하지 않으면서 일정한 경우에는 채권자의 수령의무를 인정하는 이유는, 민법에 규정된 채권자지체의 효과만으로는 채무자의 불이익을 충분히 구제할 수 없다는 점을 고려한 것이라고 볼 수밖에 없는데, 매매·도급·임치계약 이외의 경우에도 민법상의 규정만으로는 채무자의 구제가 충분하지 못한 경우가 있음을 부인할 수 없다'는 비판[364)]이 그것이다.

(나) 중첩적용설

이는 '채권자지체에 관한 민법의 규정은 채권자의 귀책사유를 요하지 않는 법정책임이라고 보아야 하지만, 이와는 별개로 채권자에게는 신의칙에 기한 수령의무를 인정하여야 하므로, 채권자의 귀책사유로 인하여 이 수령의무를 불이행한 경우에는 채무불이행책임이 성립한다'는 견해이다.[365)] 이 견해는 「수취의무설」과 유사하지만, 「수취의무설」이 매매·도급·임치 등 특정한 계약의 유형에 한하여 수령의무와 구별되는 「수취의무」를 인정하는 것과는 달리, 신의칙에 기한 수령의무를 모든 계약유형에 일반적으로 인정하고 있다는 점에서 「수취의무설」과 차이가 있다. 또한 이 견해는 「채무불이행책임설」과 「법정책임설」을 중첩적으로 적용하자는 것으로서, 제401조 이하에서 규정하고 있는 채권자지체의 효과는 채권자의 귀책사유 없이도 인정되는 것이지만, 채권자에게 귀책사유가 있는 경우에는 채무자는 계약해제 및 손해배상을 청구할 수 있다고 해석한다.[366)]

---

359) 여기서 「수취의무」(Abnahmepflicht)」라 함은 '유체물의 수거'를 의미하는 것으로서, '채권자의 협력행위 일체'를 의미하는 「수령의무」(Annahmepflicht)와는 개념상 구별된다고 한다(김형배, 304 참조). 학자에 따라서는 이를 「인취의무(引取義務)」라고 번역하기도 한다(이호정, 131 참조).
360) 정기웅, "채권자지체에 관한 법리연구", 무암이영준박사화갑기념 「한국민법이론의 발전」(박영사, 1999/11), 670; 김형배, 304 참조.
361) 김형배, 304 참조.
362) 독일민법 제433조(매매계약에서의 계약전형적 의무) (2) 매수인은 매도인에 대하여 합의된 매매대금을 지급할 의무와 매수한 물건을 수취할 의무를 부담한다.
363) 이은영, 407 참조.
364) 서광민, 전게논문(주 342), 326 참조.
365) 이호정, 132; 김상용, 212 참조.
366) 상게서, 132 참조.

(2) 판례의 입장

현행민법 시행 이후의 판결로서 채권자지체의 본질을 정면으로 다룬 사례는 찾을 수 없다. 다만, 구 의용민법하에서의 대법원판례 중에는 채권자의 수령의무를 인정함으로써 「채무불이행책임설」의 입장을 취한 것으로 평가되는 판례가 있다(대법원 1958.5.8.선고, 4290민상372 판결).

■ 채권자지체 후의 이행불능과 채권자의 책임 채권자는 채무자의 채무이행의 제공을 수령하여야 할 의무가 있고, 만약 채권자가 위 의무에 위배하여 그 수령을 지체한 경우에는 그 이후에 있어서의 불가항력에 의한 이행불능에 대하여도 채권자에게 책임이 있다고 해석함이 신의성실의 원칙상 타당하다. (대법원 1958.5.8.선고, 4290민상372 판결)[367]

(3) 학설·판례의 검토

채권자지체의 본질에 관한 학설 대립의 실익은 '채권자지체의 효과로서 채무자에게 계약해제권과 손해배상청구권을 인정할 수 있는가?' 하는 데 있고, 이는 '채권자의 수령의무를 법적 의무로서 인정할 수 있는가?'의 여부에 달려있다. 다만, 「법정책임설」 중에는 채권자지체의 본질을 법정책임이라고 파악하면서도 '법령·관습·당사자의 특약에 의하여 채권자의 수령의무가 인정될 수 있으며, 이 경우에는 법정책임과 별개의 책임으로서 채무불이행책임이 성립할 수 있다'고 해석함으로써, 부분적으로 「채무불이행책임설」과 동일한 결론에 도달하는 견해가 있으며,[368] 아예 채권자지체의 본질을 법정책임이지만 채권자의 귀책사유가 있는 경우에는 채무불이행책임이라고 보는 견해(중첩적용설)[369]도 있음은 전술한 바와 같다. 이러한 견해에 따르면, 채권자지체의 본질에 관한 학설대립은 단지 이론구성상의 문제에 불과한 것이 된다.

1) 「채무불이행책임설」에 대한 비판론의 당부

우선 통설적 견해인 「채무불이행책임설」에 대한 비판론 중에는 '채무불이행책임설은 이른바 「유기체적 협동체이론」을 기초로 하고 있다'고 전제하고, '이 이론은 원래 「전체주의적 민족공동체이론」에 그 사상적 기초를 두고 있는 나치스 법학에서 유래한 것이므로,[370] 자유시장경제체제를 기초로 하는 현행민법의 해석론으로서는 부적합하다'고 비판하는 견해가 있다. 이는 기본적으로 정당한 비판이라고 생각한다. 그러나 채무불이행책임설이 반드시 「유기체적 공동체이론」을 기초로 해서만 성립할 수 있는 것은 아니므로, 이러한 비판을 결정적이라고 할 수는 없다. 또한 통설에 대한 비판론은 '급부의무를 중심으로 하는 채권관계에서는

367) 판례평석: 김대정, "채권자지체", 민법판례해설Ⅲ(채권총론), 131 이하.
368) 최문기, 전게논문(주 352), 1032; 김증한/김학동, 174; 이은영, 405 참조.
369) 이호정, 132 참조.
370) 독일의 「채권자지체론」에 대하여는 김진우, "독일의 채권자지체론 : 채권자지체의 법적 성질을 중심으로", 한독법학 15호(한독법률학회, 2004/5), 163 이하 참조.

당사자 사이에 급부의 실현이라는 공동목적이 존재하고 있음을 부인할 수 없으나, 이는 각 당사자가 자기의 이익에 따라 행위한 결과에 불과한 것이며, 당사자의 이익을 초월하는 공동이익이 채권관계에 내재하는 것이라고 볼 수는 없다'고 주장한다. 이러한 비판은 물론 타당한 측면이 있다. 그러나 채권관계를 채권자와 채무자의 상호대립적인 관계로만 파악하는 것은 바람직하지 않다. 왜냐하면 '채권관계의 당사자 사이에는 급부의 실현이라는 공동목적의 달성을 위하여 상호 협력하여야 할 신의칙상의 의무가 존재하고 있다'고 보아야 할 것이기 때문이다.

둘째, 「채무불이행책임설」에 대한 비판론 중에는 '채무불이행책임설은 신의칙이라는 일반조항으로부터 직접 「수령의무」라는 법적 의무를 추출해 내고 있으나, 신의칙은 어디까지나 당사자 간에 자유롭게 성립한 주된 채무를 형평을 고려하여 보충하는 역할을 담당하는 데 그쳐야 하므로, 이를 근거로 당사자가 약정하지 않은 포괄적 의무인 「수령의무」를 인정하는 것은 신의칙의 남용'이라고 비판한다.[371] 물론 신의칙은 남용되어서는 안 될 것이다. 그러나 채무의 이행을 위하여 채권자의 협력행위 또는 수령행위가 필수불가결한 경우에, 신의칙에 기하여 채권자의 수령의무를 인정하는 것을 과연 「신의칙의 남용」이라고 할 수 있는가는 의문이다.

셋째, 「채무불이행책임설」에 대한 비판론 중에는 '채무불이행책임설에 따르면 채권자지체의 성립요건으로서 채권자의 귀책사유를 요하게 되므로, 채권자의 귀책사유가 없는 경우에는 제401조 내지 제403조 등의 효과를 인정할 수 없게 되어, 예컨대 채권자의 수령불능 등으로 인하여 생긴 보관비 등의 증가비용도 채무자가 부담하여야 하는 등 채무자에게 불리한 결과를 초래한다'고 비판하는 견해가 있다. 그러나 채무불이행책임에 있어서 「과실책임의 원칙」은 언제나 준수되어야 하는 절대적인 법칙은 아니며, 금전채무의 불이행으로 인한 손해배상책임(397조 2항), 매도인의 담보책임(570조 이하) 등 채무자의 과실을 요하지 않는 무과실책임인 채무불이행책임도 성립할 수 있는 것이므로, 채무불이행책임설에 대한 비판론의 전제가 항상 옳은 것은 아니다.

사견으로는, 채권자지체책임도 본질상 채권자의 수령의무의 불이행에 기한 채무불이행책임에 속한다고 보아야 할 것이나, 제400조 이하의 규정에 따른 채권자지체책임은 채권자의 귀책사유가 요구되지 않는 무과실책임이라고 보아야 할 것이라고 생각한다.[372] 이와 같이 제400조 이하의 규정에 따른 채권자지체책임을 '무과실의 채무불이행책임'이라고 파악한다면, '채무불이행책임설이 채무자보호에 미흡하다'는 비판은 성립할 수 없게 된다.

---

371) 이은영, 406 참조.
372) 同旨: 서광민, 전게논문(주 342), 329 참조.

넷째, 현행민법은 구 의용민법과는 달리 이행지체·강제이행·이행불능·손해배상에 관한 규정 뒤에 채권자지체에 관한 규정을 두고 있는데, 「채무불이행책임설」에 대한 비판론 중에는 '현행민법이 채권자지체에 관한 규정체제를 변경한 것은 채권자지체가 채무불이행의 일종으로 오해되는 것을 막기 위한 것'이라고 주장하는 견해도 있다.[373] 그러나 채권자지체책임에 관한 규정의 순서가 바뀐 것을 근거로 채권자지체책임의 본질이 달라진다고 주장할 수는 없다고 할 것이다.

2) 「법정책임설」에 대한 검토

「법정책임설」은 '법률이나 당사자의 특약에 의하지 않는 한 법적 의무로서의 「수령의무」는 결코 인정될 수 없다'고 전제한다. 그러나 법적 의무로서의 수령의무를 전제로 하지 않고서는 채권자지체책임의 근거를 이론적으로 설명하기 어려우므로, 이러한 주장은 설득력이 부족하다. 이러한 점을 고려하여, 「절충설」은 '매매·도급·임치 등 특정한 계약유형에 있어서는 법적 의무로서의 수령의무가 인정된다'고 주장하거나, '법정책임인 채권자지체와는 별개로 채권자에게는 신의칙에 기한 수령의무를 인정하여야 한다'고 주장하고 있으나, 이는 채권자지체의 본질을 법적 의무인 수령의무 위반에 기한 채무불이행책임으로 파악하는 「채무불이행책임설」과 결과적으로 별 차이가 없는 견해에 불과하다.

「법정책임설」 중에는 '채권자의 협력의무 내지 수령의무는 채권자가 채무의 이행에 협력 내지 수령을 하지 않는 경우에 일정한 불이익이 따르는 「책무」(Obligenheit)에 불과하다'고 주장하는 견해가 있다.[374] 이러한 견해에 따르면, '「책무」는 법적 의무가 아니므로 채권자의 협력의무 내지 수령의무에 위반한다고 해서 채무불이행책임이 발생하지는 않는다'는 결론이 된다. 그러나 '우리 민법의 해석상 「책무」와 「법적 의무」를 구별하는 것이 가능하며, 양자를 구별할 필요성이 있는가, 그리고 양자를 구별하여야 한다면 그 기준은 무엇인가?' 하는 의문이 생긴다.

「책무」와 「법적 의무」의 차이는 '그 위반 시에 강제이행청구권 등 소구권이 부여되는가, 그리고 그 위반에 기한 손해배상청구권 및 해제권이 부여되는가?' 하는 데 있다고 할 수 있다. 즉, 「책무」 위반의 경우에는 이러한 권리가 상대방에게 부여되지 않는 반면에, 「법적 의무」 위반의 경우에는 이러한 권리가 당연히 인정된다는 차이가 있는 것이다. 채권자의 협력의무 내지 수령의무를 법적 의무가 아닌 「책무」라고 해석하는 이유는 '채권자가 협력하지 않는다고 해도 그는 자기의 권리를 행사하지 않은 것에 불과하므로, 채무자에게는 이행청구권 등 소구권이 부여될 수 없고, 해제권 및 손해배상청구권도 인정할 수 없다'는 사고방식에 기

373) 이은영, 407 참조.
374) 연기영, 전게논문(주 352), 87 이하; 김상용, 212; 송덕수, 208 등 참조.

인하는 것이다. 그러나 「법적 의무」를 위반한다고 해서 항상 계약해제권이 부여되는 것은 아니므로(전술한 바와 같이, '부수적 의무 위반의 경우에는 해제권이 인정될 수 없다'는 것은 확립된 판례의 입장이다), 해제권의 인정 여부는 양자를 구별하는 결정적인 기준이 되지 못한다. 또한 매수인의 「등기수취의무」와 같이 채권자의 협력의무의 이행청구가 법률상 허용되는 경우도 있다. 따라서 이행청구권이나 소구권의 인정 여부 역시 양자를 구별하는 결정적인 기준이 될 수 없다. 결국 「책무」와 「법적 의무」를 구별하는 명확한 기준은 존재하지 않으며, 설사 양자를 구별한다고 해도 「책무 위반」은 '귀책사유와 관계없이 불이익을 감수하여야 하는 법적 지위'를 말하는 것인데, 이는 법적 의무로서의 수령의무 위반에 기한 무과실의 채무불이행책임을 인정하는 것과 결과적으로 동일하다. 따라서 우리 민법상의 채권자지체책임의 본질을 설명하기 위하여 「책무」와 「법적 의무」를 구별하는 독일민법학의 특유의 이론을 도입할 필요는 없다고 할 것이다.

'「법정책임설」에 따르면 당사자의 특약이나 관습 또는 법률의 규정이 없는 경우에는 채권자지체의 효과로서 손해배상청구권이나 계약해제권을 인정할 수 없게 되므로, 채무자보호에 미흡하지 않은가?' 하는 의문이 발생한다. 이에 대하여, 「법정책임설」을 취하는 학자들은 '쌍무계약에서 채권자지체에 빠진 채권자는 대체로 자기가 부담하고 있는 채무도 이행하지 않고 있는 것이 보통이어서, 채무자는 채권자의 채무불이행을 이유로 손해배상청구 및 계약해제가 가능하므로, 「법정책임설」이 「채무불이행책임설」에 비하여 반드시 채무자에게 불리하다고 할 수는 없다'고 주장한다. 그러나 쌍무계약에서 채권자지체에 빠진 채권자는 자기의 의무도 불이행하고 있을 가능성이 크기는 하지만, 언제나 채권자가 자기 의무를 불이행하고 있다고 단정할 수는 없으며, 채권자가 자기의 채무(대금지급채무)를 이미 이행하였음에도 불구하고 목적물을 수령하지 않아 채권자지체책임을 져야 하는 경우도 있을 수 있다.[375] 또한 채권자지체책임이 쌍무계약에서만 문제되는 것도 아니라는 점에서, 법정책임설의 이러한 주장은 설득력이 부족하다.

3) 「절충설」에 대한 검토

'법정책임설을 취하면 실제사건에서 채무자보호에 흠결이 생길 수 있다'는 문제점을 보완하기 위하여 제기된 이론이 「절충설」인데, 우선 ① 「수취의무설」에 대해서는, '일반적인 법적 의무로서의 「수령의무」는 부정하면서, 매매·도급·임치 등 특정한 유형의 계약에 한하여 신의칙에 기한 「수취의무」를 부과할 수 있다는 해석이 독일민법과 달리 개별적인 전형계약에서 「수취의무」에 관한 명문규정을 두고 있지 아니한 우리 민법의 해석론으로 과연 성립할 수

375) 전술한 「맥주사건」은 채권자가 자기의 대금지급의무를 이미 이행한 경우에도 채권자지체책임이 문제될 수 있음을 보여주는 전형적인 사례이다(대법원 1958.5.8.선고, 4290민상372 판결 참조).

있는가?' 하는 것은 매우 의문이다. 한편 매매·도급·임치 이외의 계약의 경우에도 채권자지체에 관한 제401조 내지 제403조의 규정만으로는 채무자의 구제가 충분하지 못한 경우가 있을 수 있으므로, 차라리 물건의 수령을 채무이행의 필수적 요소인 계약에서는 신의칙에 기한 채권자의 수령의무를 일반적으로 인정하는 것이 타당하다고 생각된다. ② 「중첩적용설」은 실제적 타당성의 측면에서는 설득력이 있다고 생각되나, 채권자지체가 법정책임과 채무불이행책임이라는 서로 다른 두 가지 성질을 동시에 갖는다는 것은 법이론상 성립할 수 없다는 점에서 찬성할 수 없다.

4) 결 론

이상으로 「채무불이행책임설」에 대한 「법정책임설」의 비판이 모두 옳은 것은 아니며, 「법정책임설」의 근거 또한 설득력이 부족하다는 결론에 도달하였다. 또한 '현행민법이 수령지체에 대하여 채권자의 책임을 인정하는 명문규정을 두고 있다는 것은 법적 의무로서의 채권자의 수령의무를 전제로 한다'고 해석하는 것이 타당하므로, 채권자의 「수령의무」는 당사자의 약정에 의하여 인정되는 경우는 물론 그 밖에 거래의 관행 내지 당해거래의 특성상 신의칙에 기하여 인정되는 의무로서 「법적 의무」(Rechtspflicht)라고 보아야 할 것이다.

요컨대, 채권자지체책임의 본실은 채권자의 법적 의무인 수령의무 위반에 기한 채무불이행책임의 일종이라고 할 것이다. 다만, 채권자지체책임은 채권자의 귀책사유를 요하지 아니하는 무과실책임으로서, 그 효과도 원칙적으로 제400조 이하에 규정된 책임에 한정되는 제한적인 것이라고 해석하는 것이 타당하다고 할 것이다. 그러나 수령지체에 대하여 채권자의 귀책사유가 있는 경우에는, 채무자는 이를 이유로 제400조 이하에 규정된 책임을 물을 수 있음은 물론 계약을 해제하거나 손해배상을 청구할 수도 있다고 해석하여야 할 것이다.

3. 채권자지체의 성립요건

(1) 채권자의 협력 또는 변제수령의 필요

채권자지체는 채무의 성질상 이행을 위하여 채권자의 협력 또는 수령이 필요한 경우에 한하여 성립할 수 있다. 따라서 채권자의 협력이 없이도 채무가 이행될 수 있는 부작위채무나 계좌이체나 무통장입금으로 금전채무를 이행하여야 하는 등의 경우에는 채권자지체는 성립할 여지가 없다.

(2) 채무의 내용에 좇은 이행의 제공

채권자지체가 성립하기 위해서는 채무자가 채무의 내용에 따른 이행(변제)의 제공이 있어야 한다(400조, 460조). 따라서 채무자의 이행(변제)의 제공은 일부의 급부가 아닌 완전한 급부이어야 하며, 이행의 시기·장소 등도 채무의 내용에 좇은 완전한 것이어야 한다. 즉, 채권자지체책임을 발생시키기 위한 이행의 제공은 제460조의 「변제제공의 방법」에 따른 것이어야 한다. 따라서 채무자는 '채무의 내용에 좇은 현실제공'으로 이를 하여야 함이 원칙이며, 예외적으로 채권자가 미리 변제의 수령을 거절하거나, 채무의 이행에 채권자의 행위(단순한 수령행위 이외의 채권자의 협력)를 요하는 경우에 한하여 「구두제공」이 허용된다(460조). (☞ 제3장 제2절 「변제의 제공」)

(3) 채권자의 수령거절 또는 수령불능

채권자지체는 채무의 이행은 가능하지만 채권자의 수령이 불가능하거나 채권자가 수령을 거절한 경우에 성립한다. 그러나 채무자의 이행불능이 원인이 되어서 수령불능의 상태를 초래하고 있는 경우는 「수령불능」이라고 할 수 없다. 즉, 채권자지체는 급부의 이행이 가능한 경우에 한하여 성립할 수 있다(이행불능과 수령불능은 양립할 수 없다).[376] 그러나 실제 사건에서는 채무의 이행불능인지, 채권자의 수령불능인지의 여부가 불분명한 경우가 많다(예컨대, 공장이 소실된 경우의 근로자의 근로채무, 환자가 사망한 경우의 의사의 진료채무 등). 이 문제는 특히 쌍무계약에서의 위험부담의 관계에 관한 제538조 제1항 제2문의 규정과 밀접한 관련이 있는데, 이에 대해서는 후술하기로 한다.

실제사건에서 채권자지체의 성립 여부가 문제된 사례를 살펴보면, 대법원은 ① '임치계약에서 수치인이 임치인에게 보관중인 건고추를 속히 처분하지 않으면 벌레가 먹어 못쓰게 되니 빨리 처분하든지 인도받아 가라고 요구하였으나 임치인이 시세가 싸다는 등 이유로 그 회수를 거절하였다면, 이때부터 채권자는 수령지체에 빠진 것'이라고 판시한 바 있으며(대법원 1983.11.8.선고, 83다카1476 판결), ② '항운노동조합이 신체장애로 인하여 하역작업을 감당할 능력이 없는 소속 조합원을 하역작업에 배치하지 아니한 것은 수령지체에 해당하지 않는다'고 판시한 바 있다(대법원 1998.1.20.선고, 96다56313 판결). 또한 ③ '자동차회사가 구매자에게 매도한 자동차를 주차장에 임치 중 주차장 측의 귀책사유로 도난당하여 동종의 다른 차량을 구매자에게 인도하였으나 그 후 도난차량을 되찾은 경우, 신차를 제조·판매하는 자동차회사가 되찾은 도난차량을 수령할 의무는 없다(수령지체는 성립하지 않는다)'고 판시한 바 있다(대법원 1990.12.11.선고, 90다카27129 판결).[377]

1) 변제제공 후의 채권자의 행태에 기인하여 급부가 불능이 된 경우

채권자지체는 급부가 가능함을 전제로 하므로, 채권자의 협력행위 내지 수령의 장애가 채권자의 용태에 기인한 것이라고 하더라도 그로 인하여 채무자의 급부가 종국적으로 불능하

376) 同旨: 김형배, 306 참조.

377) 판례평석: 최병조, "주차장이용계약과 주차차량도난으로 인한 손해배상책임", 민사판례연구(14)(민사판례연구회, 1992/5), 165 이하.

게 된 경우에는 채권자지체는 성립하지 않고 이행불능이 된다.[378] 예컨대, 피아노 교습계약에 있어서 채권자인 학생이 손을 다쳐 불구가 됨으로써 더 이상 피아노를 칠 수 없게 된 경우, 또는 의사가 환자의 남편으로부터 왕진을 의뢰받고 현장에 도착하였으나 환자가 이미 사망한 경우에는, 채권자의 행태에 의한 종국적 급부불능으로서 이행불능이 되므로 채권자지체는 성립할 수 없다. 따라서 이 경우에는 단지 위험부담의 법리에 따라 채권자의 귀책사유의 유무에 따라서 채권자인 학생 또는 환자 측에 귀책사유가 있는 때에는 제538조 제1항 제1문이 적용되어 수강료 또는 왕진료를 청구할 수 있으나, 반대로 학생 또는 환자 측에 귀책사유가 없는 때에는 제537조가 적용되어 수강료 또는 왕진료를 청구할 수 없게 된다. 그러나 학생이 독감에 걸려 며칠간 피아노를 칠 수 없게 된 경우처럼 채권자의 협력행위 내지 수령의 장애가 일시적인 것에 불과한 경우에는 채무자의 변제제공을 요건으로 채권자지체가 성립하므로 제400조 이하의 규정에 따라 채권자지체책임이 발생하고, 변제제공(수령지체) 후에 불능상태가 발생한 경우에는 채무자는 채권자의 반대채무의 이행을 청구할 수 있게 된다(538조 1항 2문).

이러한 취지에서, 판례는 '건물신축공사의 진행 중 공사도급계약이 수급인의 해제통고로 해제되었으나 해제 당시 골조공사를 비롯한 상당한 부분이 이미 완성된 상태였고, 건축공사의 원상회복이 중대한 사회적·경제적 손실을 초래하게 되고 완성된 부분이 도급인에게 이익이 된다면 도급인은 수급인에게 기성부분에 대한 보수를 지급할 의무가 있다'는 법리를 전제로 하여, '수급인이 도급인에게 공사금을 지급하고 기성부분을 인도받아 가라고 최고하였다면 수급인은 이로써 자기 의무의 이행제공을 하였다고 볼 수 있는데, 도급인이 아무런 이유 없이 수령을 거절하던 중 쌍방이 책임질 수 없는 제3자의 행위로 기성부분이 철거되었다면 도급인의 수급인에 대한 공사대금지급채무는 여전히 남아 있다'고 판시한 바 있다(대법원 1993.3.26.선고, 91다14116 판결).[379]

한편 채무의 이행에서 이행기가 중요한 의미를 가지는 「정기행위」는 이를 다시 「절대적 정기행위」와 「상대적 정기행위」로 분류할 수 있는데, 「절대적 정기행위」의 경우에는 채무자가 이행기에 이행하지 않는 경우를 이행불능으로 보아야 하므로 채권자지체책임의 성립 여부는 문제되지 않고, 채권자의 귀책사유의 유무에 따라 위험부담에 관한 제537조가 적용되거나(쌍방불귀책사유로 인하여 이행불능이 된 경우), 제538조 제1항 제1문의 규정이 적용되어야 할 것이다(채권자의 귀책사유로 인하여 이행불능이 된 경우). 그러나 「상대적 정기행위」의 경우에는 채무자가 이행기에 이행하지 않는 경우를 이행불능으로 볼 필요는 없으므로, 이행기 이후에 채

378) 김형배, 307 참조.
379) 판례평석: 최병조, "토지매수인에 의한 지상물철거행위의 법률효과", 민사판례연구(16)(민사판례연구회, 1994/5), 131 이하; 박종원, "건설도급계약에 의한 기성부분과 이에 대한 토지매수인의 철거", 법학연구 19집(한국법학회, 2005/10), 113 이하.

무자가 이행을 제공하였음에도 불구하고 채권자가 수령을 거절하거나 수령할 수 없는 경우에는 채권자지체가 성립할 수 있다.

2) 당사자의 행태에 기인하지 아니한 급부불능의 경우 : 「영역설」의 적용

'고용계약관계에서 원자재의 부족, 교통의 두절, 공장의 소실, 노동조합의 파업 등 당사자의 행태에 의하지 아니한 이른바 「경영상의 장애」(Betriebsstörungen)로 인하여 근로자의 근로제공의무의 이행 자체는 가능하지만 채권자가 이를 수령하는 것이 현실적으로 무의미한 경우, 이를 급부의 이행불능으로 보아 위험부담의 문제로 처리할 것인가, 아니면 급부의 이행가능을 전제로 하는 채권자지체라고 할 것인가?' 하는 것이 문제된다. 이러한 「경영상의 장애」, 즉 당사자의 행태에 기인하지 아니한 급부불능을 이행불능이라고 한다면, 위험부담의 본칙인 제537조가 적용되어 채무자인 근로자는 사용자의 반대급부(임금지급)를 청구할 수 없게 된다(이른바 '무노동 무임금' 원칙이 적용된다). 그러나 「경영상의 장애」를 채권자지체라고 할 수 있다면, '채권자지체 후의 불능'에 관한 제538조 제1항 제2문의 규정이 적용되어 근로자는 사용자에게 임금의 지급을 청구할 수 있게 된다.

이는 사회·경제적으로 매우 중요한 의미를 가지는 문제라고 할 수 있는데, 종래의 통설적 견해는 독일에서 발전한 이론인 「영역설」(Sphärentheorie)에 따라서,[380] '급부를 불능케 하거나 무의미하게 만든 이행장애 사유가 채권자 또는 채무자 중에서 어느 쪽의 영향범위 내에서 발생하였는가 하는 것을 표준으로 하여, 급부장애의 원인이 채권자의 지배하에 있는 위험영역(Risiko- und Gefahrenkreis) 내에서 발생한 경우에는 수령불능으로서 채권자지체가 되고, 채무자의 지배영역 또는 중립영역에서 발생한 경우에는 이행불능으로 위험부담의 문제가 된다'고 해석하고 있다.[381]

(가) 급부장애가 채권자의 지배영역 내에서 발생한 경우

「영역설」을 적용함에 있어서 특히 문제가 되는 경우는 급부를 불능케 하거나 무의미하게 만든 이행장애 사유가 채권자의 지배영역 내에서 발생하였으나 채권자의 귀책사유가 없는 경우인데, 채권자지체의 본질을 채권자의 귀책사유를 요하는 채무불이행책임으로 파악하는 종래의 통설적 견해(채무불이행책임설)에 따르면, 이 경우에는 채권자지체책임 자체가 성립하지 않으므로 위험부담의 본칙인 제537조가 적용되어 채무자와 채권자의 채무는 동시에 소멸한다. 예컨대, 의사가 왕진을 갔으나 환자가 이미 사망한 경우에는, 변제의 제공은 있으나 채권자의 귀책사유가 있다고 할 수 없으므로 의사의 치료채무와 유족들의 치료비채무는 동시에 소멸한다. 반대로 채권자지체의 본질을 무과실의 법정책임으로 파악하거나(「법정책임설」 또는

---

380) 독일에서의 「영역설」에 대해서는 김형배, 310 이하 참조.
381) 곽윤직, 98; 송덕수, 209; 현승종, 140 참조.

「절충설」) 무과실의 채무불이행책임으로 파악하는 견해에 따르면, 이 경우에도 채권자지체가 성립할 수 있으므로, 채권자의 수령지체 중에 쌍방불귀책사유로 이행할 수 없게 된 경우에는 제538조 제1항 제2문의 규정에 따라 채권자는 반대급부의무를 부담하게 된다.

(나) 이른바 「경영장애」의 경우

「영역설」을 취하는 학자들은 대부분 '원료의 공급중단·단전으로 인한 조업중단·정부에 의한 생산중단명령과 같은 이른바 「경영상의 장애」의 경우에도 근로채무의 급부불능의 발생사유는 원칙적으로 채권자의 지배영역에 있다'고 해석하고 있다. 그러나 엄밀하게 말하면 「경영상의 장애」를 '채권자의 지배영역 내에서 발생한 급부장애'라고 할 수는 없을 뿐만 아니라, 채권자지체의 성립요건으로 채권자의 귀책사유가 요구된다고 보는 종래의 통설적 견해에 따르면 「경영상의 장애」를 야기한 사유를 채권자의 지배영역에 속하는 것으로 보더라도 채권자지체가 성립하지 않으므로, 위험부담에 관한 채무자주의의 원칙에 따라 근로자의 임금지급청구권을 인정할 수 없게 된다(537조, 538조 1항 2문).[382] 물론 채권자지체책임을 무과실책임으로 파악하는 「법정책임설」 또는 「절충설」에 의하면 귀책사유와 관계없이 채권자지체의 성립을 인정할 수는 있으나, 과연 '「경영상의 장애」를 채권자의 지배영역 내에서 발생한 급부장애라고 할 수 있는가?' 하는 법이론상의 문제는 여전히 남게 된다.

'이러한 「영역설」의 법이론적 문제는 위험부담의 특칙을 규정한 제538조 제1항의 해석을 통하여 해결하여야 한다'는 견해가 일부 노동법학자들에 의하여 제기된 바 있다.[383] 즉, 채권자지체의 본질에 관한 「법정책임설」 내지 「절충설」의 입장을 전제로 하여, 채권자의 지배영역에 속하는 사유를 「채권자의 귀책사유」로 확대해석하거나(538조 1항 전단), '제538조 제1항 제2문의 해석상 경영장애가 발생한 경우에는 사용자의 불수령(不受領)으로 인하여 채권자지체가 먼저 발생하고 급부불능이 된다고 볼 수 있으므로 채권자의 반대급부의무(근로자의 임금청구권)는 존속된다'는 등의 해석론을 제시하고 있다.

그러나 이러한 해석론은 근로자의 임금청구권을 인정하기 위한 수단으로 나온 것으로서 그 구체적 타당성은 인정할 수 있음은 물론이나, 과연 이러한 주장이 현행민법 제538조 제1항의 해석론으로서 성립할 수 있는가 하는 것은 의문스럽다. (☞ 계약법 편, 제1장 제3절 「계약의 효력」)

〈참고〉 「경영장애」와 근로자의 임금청구권에 관한 독일의 최근이론

최근의 독일의 학설과 판례는 「경영장애」의 문제를 「영역설」이라는 이론에 의하여 해결하기보다는 민법

382) 김형배, 310 참조.

383) 하경효, "고용계약에 있어서의 반대급부위험의 부담", 민사법학 9 · 10호(한국민사법학회, 1993), 294 이하; 同, "민법 제538조의 해석·적용에 관련된 문제점", 고시연구 21권 3호(고시연구사, 1994/3), 45 이하; 김형배, 311 참조.

에 의한 해결을 시도하려는 경향이 강하다. 즉, 「경영장애」로 인한 취업불능의 경우에도 근로자의 노무급부 그 자체는 가능하므로 경영위험은 원칙적으로 경영자에게 귀속되어야 하며, 사용자의 귀책사유를 요건으로 하지 않고 근로자의 임금청구권을 인정하는 독일민법 제615조[384]가 적용된다고 해석하거나, 「채권자의 귀책사유」를 넓게 해석함으로써 채권자의 귀책사유를 요건으로 채권자가 위험을 부담하는 예외를 규정한 독일민법 제326조 제2항의 규정(우리민법 538조 1항 전단에 해당)을 적용함으로써 근로자의 임금청구권을 인정하고 있다.[385]

4. 채권자의 귀책사유

전술한 바와 같이, '채권자지체의 성립에 채권자의 귀책사유를 요하는가?' 하는 문제에 대해서는 견해가 갈리는데, 이는 채권자지체의 본질을 채권자의 수령의무 위반에 기한 채무불이행책임으로 볼 수 있는가의 여부에 달려있다. 즉, 채권자지체의 본질을 채권자의 수령의무 위반에 기한 채무불이행책임으로 보는 종래의 통설적 견해(채무불이행책임설)는 채권자지체의 성립에 채권자의 귀책사유를 요하며, 그 증명책임도 채권자에게 있다고 해석한다.[386] 반대로 채권자지체의 본질을 법정책임으로 파악하는 소수설(법정책임설)은 채권자지체의 성립에 채권자의 귀책사유가 필요 없다고 해석한다. 「절충설」을 취하는 학자들도 이 문제에 관한 한 대체로 「법정책임설」과 견해를 같이 한다.[387] 그러나 '채권자의 수령의무를 인정하여 채권자지체의 본질을 채무불이행책임으로 보더라도 채권자의 귀책사유는 요구되지 않는 무과실책임이라고 해석함이 타당하다'고 할 것임은 전술한 바와 같다(이 점에서는 「법정책임설」과 결론을 같이 한다).

5. 채권자지체의 효과

(1) 채무자의 주의의무 경감 : 채무불이행책임의 불성립

채권자지체가 성립한 이후에는 채무자는 고의 또는 중대한 과실이 없으면 불이행으로 인한 모든 책임이 없다(401조). 즉, 불이행에 관하여 채무자에게 과실이 있는 경우에도 채무불이행책임은 발생하지 않는다. 예컨대, 임치계약에서 임치인의 수령지체로 인하여 임치물이 멸실 또는 훼손된 경우에는 수치인에게 고의 또는 중대한 과실이 없는 한 채무불이행으로 인한 손해배상책임이 없다(대법원 1983.11.8.선고, 83다카1476 판결).[388] 그런데 민법은 제461조에서는 변

384) 독일민법 제615조(수령지체시의 보수) 노무청구권자가 노무의 수령을 지체한 때에는 의무자는 그 지체로 인하여 급부하지 못한 노무에 대하여 약정된 보수를 추후급부의 의무를 부담함이 없이 청구할 수 있다. 그러나 그는 노무급부를 하지 아니함으로 인하여 절약한 것 또는 자신의 노무를 달리 사용함으로써 취득하거나 악의적으로 취득하지 아니한 것의 가액을 공제되도록 하여야 한다.

385) 김형배, 312 참조.

386) 곽윤직, 98; 현승종, 141 참조.

387) 서광민, 전게논문(주 342), 329; 김상용, 226; 김증한/김학동, 175; 송덕수, 213~214 참조.

388) 현행민법 제401조의 규정은 구 의용민법에는 없었던 조문인데, 민법 제정 당시 「민법안의견서」의 내

제제공의 효과에 관하여 "변제의 제공은 그때로부터 채무불이행의 책임을 면하게 한다"고 규정하고 있으나, 같은 변제제공의 효과라고 할 수 있는 채권자지체에 관한 제401조에서는 "채무자는 고의 또는 중대한 과실이 없으면 불이행으로 인한 모든 책임이 없다"고 규정함으로써 외형상 상호 모순된 것처럼 보인다. 즉, 제461조에 따르면 '채무자에게 고의 또는 중대한 과실이 있더라도 면책된다'고 해석되는 반면에, 제401조에 따르면 '채무자에게 고의 또는 중대한 과실이 있는 경우에는 채무불이행책임이 발생한다'고 해석되기 때문이다. 따라서 제401조와 제461조의 모순된 규정을 어떻게 조화롭게 해석할 것인가 하는 것이 문제된다.[389] 이에 대해서는, '제401조의 "불이행"은 채권자지체가 발생한 후 급부목적물이 멸실·훼손된 경우(일부 또는 전부의 이행불능이 발생한 경우)만을 의미하는 것으로서, 일반적인 채무자의 불완전이행의 경우는 여기에 포함되지 않는 반면에, 제461조에서 규정하고 있는 "채무불이행"은 이행지체만을 의미한다'는 해석론이 제기되고 있다.[390] 그러나 제462조와의 모순을 해소하기 위한 부득이한 해석이라고 이해하더라도, 과연 어떠한 근거로 제401조의 "불이행"을 '채권자지체가 발생한 후 급부목적물이 멸실·훼손된 경우'로 제한하여 해석할 수 있는지는 의문이다.

(2) 채무자의 손해배상청구권 및 계약해제권의 인정 여부

'채권자지체의 효과로서 채무자의 손해배상청구권 및 계약해제권을 인정할 수 있는가?' 하는 문제에 대해서는 채권자지체의 본질에 대한 입장 차이에 따라 견해가 대립하고 있는데, 이 문제에 대한 판례의 입장을 밝힌 판결은 아직 나오지 않고 있다.

1) 학 설

(가) 채무불이행책임설의 입장

종래의 통설적 견해인 채무불이행책임설에 따르면, '채권자의 귀책사유를 요건으로 하여 채무자는 손해배상을 청구할 수 있으며, 계약해제권도 인정된다'고 한다.[391] 즉, '채권자의 수령이 가능한 경우에는 채무자는 상당한 기간을 정하여 수령을 최고하고 그 기간 내에 수령이 없으면 계약을 해제할 수 있으며(544조), 채권자의 수령이 불가능한 경우 또는 절대적 정기행위의 경우에는 최고 없이 계약을 해제할 수 있다'고 한다(545조, 546조).

(나) 법정책임설의 입장

법정책임설에 따르면, '채권자지체의 효과는 제400조 내지 제403조의 규정에 의한 효력이 인정될 뿐 손해배상청구권이나 계약해제권은 인정될 수 없다'고 한다.[392] 다만, 이 견해는

용을 전면적으로 반영한 「현석호수정안」이 국회본회의에서 채택된 것이다(명순구(실록), 71~75 참조).

389) 김진우, "민법 제461조의 존폐론", 재산법연구 22권 2호(한국재산법학회, 2005/10), 93 이하.

390) 양창수, "민법 제401조와 제461조의 경계획정", 민법연구 1권(박영사, 1991/8), 365; 김진우, "채권자지체론의 문제점과 입법론", 민사법학 20호(한국민사법학회, 2001/7), 267 참조.

391) 곽윤직, 98; 현승종, 142 참조.

392) 김증한/김학동, 177; 이은영, 411 참조.

채권자지체의 본질을 법정책임으로 보면서도, '채권자의 수령이 채권관계에서 매우 중요한 의미를 갖는 경우에는 특약, 약관, 거래관행, 법률의 규정에 의해 채권자의 불수령이나 협력 거절에 따른 추가의 손해배상, 위약벌, 계약해제권의 발생 등의 효과를 부가시킬 수는 있다'고 한다.[393]

(다) 절충설의 입장

(A) 「수취의무설」의 입장 '채무자의 법적 의무로서의 「수령의무」를 인정할 수는 없으나, 매매·도급·임치 등 계약유형의 특수성에 비추어 수취의무(受取義務)가 인정되는 경우도 있다'고 보는 「수취의무설」에 따르면, '채권자의 수취의무가 인정되는 경우에 한하여 채권자의 손해배상책임을 인정하며, 수취의무의 위반으로 인하여 채권관계의 유지가 신의칙상 기대될 수 없는 경우에 한하여 계약의 해제권도 인정된다'고 한다.[394]

(B) 「중첩적용설」의 입장 '채권자지체에 대해서는 제400조 이하의 법정책임과 일반적 채무불이행책임을 중첩적으로 인정하여야 한다'고 주장하는 「중첩적용설」에 따르면, '채권자에게 귀책사유가 인정되는 경우에는 채무자의 손해배상청구권과 계약해제권이 인정된다'고 한다.[395]

2) 학설의 검토

전술한 바와 같이, '채권자지체책임의 본질은 채무불이행책임이지만 채권자의 귀책사유가 요구되지 않는 무과실책임이라고 보아야 할 것이나, 채권자의 귀책사유를 요하지 않는 채권자지체책임은 제401조 내지 제403조에서 규정된 효과(채무자의 면책·이자의 발생정지·증가비용의 부담)에 한하는 것이고, 손해배상 및 계약해제를 위해서는 채권자의 귀책사유가 요구된다'고 해석하여야 할 것이다. 또한 채권자지체로 인한 계약해제에 대해서는 제544조 이하의 규정이 유추적용되어야 할 것이므로, 채무자는 상당한 기간을 두어 채권자에게 급부의 수령을 최고하여야 함은 물론이다.

(3) 이자의 발생정지와 증가비용의 부담

1) 이자의 발생정지

채권자지체 중에는 이자 있는 채권이라도 채무자는 이자를 지급할 의무가 없다(402조).

2) 증가비용의 부담

채권자지체로 인하여 그 목적물의 보관 또는 변제의 비용이 증가된 때에는 그 증가액은 채권자의 부담으로 한다(403조). 여기서 "목적물의 보관 또는 변제의 비용"이라 함은 임치료,

393) 이은영, 405 참조.
394) 김형배, 316 참조.
395) 이호정, 132 참조.

보험료 등의 비용을 말한다.

(4) 쌍무계약에서의 채권자지체와 위험부담

채권자지체는 채무자의 급부의무 자체를 소멸시키는 효과가 있는 것은 아니므로, 채권자의 지체상태가 해소되면 채무자는 다시 채무를 이행하여야 한다. 물론 채권자지체 중에 채무의 이행이 불능하게 된 경우에는 채무는 소멸한다. 그러나 민법은 쌍무계약에서 '채권자의 수령지체 중에 당사자쌍방의 책임 없는 사유로 이행할 수 없게 된 때에는 위험부담에 관하여 예외를 인정하여 채권자가 위험을 부담하도록 규정하고 있음은 전술한 바와 같다(538조 1항 2문). 따라서 채권자지체가 성립한 이후에 급부가 불능이 된 경우에는 채무자는 채권자에 대한 반대급부청구권을 잃지 않는다.

6. 채권자지체의 종료

(1) 채권의 소멸

채권자지체는 채권자의 채무면제, 채무자의 상계·공탁 등 어떠한 사유로 인하였던 채권이 소멸하면 종료된다.

(2) 채권자지체의 면제

채무자가 채권자지체에 따른 채권자의 책임을 면제한 때에는, 채권자지체는 종료되는 것으로 해석된다.

(3) 채권자지체 후의 이행불능

채권자지체가 성립한 이후에 채무자의 귀책사유로 인하여 이행불능이 된 경우에는 채무가 소멸하므로, 채권자지체는 종료됨은 전술한 바와 같다. 다만, 이 경우에는 주의의무가 감경되어 채무자는 고의 또는 중대한 과실이 있는 경우에 한하여 이행불능의 책임을 진다는 것도 전술한 바와 같다(401조).

(4) 채권자에 의한 수령의 통지 또는 이행의 최고

채권자가 수령에 필요한 모든 준비를 하고 또한 채권자지체 중의 모든 효과를 승인하여 수령의 통지를 하거나, 이행에 필요한 협력의 준비를 마친 다음 이행의 최고를 한 경우에도 채권자지체는 종료한다.

제2절 채무불이행의 효과

[76] Ⅰ. 총 설

우리 민법상 채무불이행의 효과는 강제이행, 손해배상, 계약의 해제·해지의 세 가지라고 할 수 있다. 다만, 채무불이행으로 인한 계약의 해제·해지는 계약 특히 쌍무계약의 특수한 효력이라고 할 수 있고, 민법전에서도 이를 채무불이행의 일반적 효과로서 규정하지 않고 계약법에서 따로 규정하고 있으므로, 이에 대해서는 계약법총론에서 다루기로 하고, 본서에서는 채무불이행책임의 효과 중 강제이행과 손해배상의 두 가지에 대해서만 기술하기로 한다. (☞ 계약법 편, 제1장 제4절 「계약의 해제와 해지」)

[77] Ⅱ. 강제이행

1. 의 의

채무의 「강제이행」(Zwangserfüllung; exécutions forcée)이라 함은 '채무자가 채무의 이행이 가능함에도 불구하고 임의로 이행하지 않는 경우에 채권자가 국가의 힘을 빌려 채권의 내용인 급부를 강제적으로 실현하는 것'을 말한다. 이를 채무의 「현실적 이행의 강제」라고도 한다. 민법은 제389조에서 채무불이행과 관련하여 채무의 강제이행에 관한 규정을 두고 있다. 그러나 채무의 강제이행은 실체법의 영역이 아니라 강제집행에 관한 것으로서 절차법의 영역에 속한다. 따라서 본서에서는 필요한 최소한의 설명에 그치기로 한다.

채무의 강제이행은 자칫 채무자의 인격에 부당한 압박을 가할 가능성이 있다. 따라서 강제이행에 관한 해석론과 입법론을 전개함에 있어서는 채무자의 인격존중과 채권의 완전한 실현이 조화될 수 있는 강제이행의 방법과 그 한계를 설정하여야 한다.

2. 강제이행의 방법과 절차

채권자가 강제이행에 의하여 급부의 내용을 실현하기 위해서는 채권의 존재를 확인하고 채무자에 대하여 채무의 이행을 명하는 이행판결 기타의 집행권원(민사집행법 24조,[1] 56조[2])에 기하여 관할 집행법원(민사집행법 3조 1항)[3]에 강제집행을 신청하여야 한다(389조 1항 본문).

민법과 민사집행법에 의한 강제집행은 직접강제, 대체집행, 간접강제의 세 가지 방법이 인정되고 있다.

(1) 직접강제

1) 의 의

「직접강제」(unmittelbarer Zwang)라 함은 '채무자의 의사 여하에 불구하고 국가기관이 유형적 실력을 행사하여 채권의 내용을 직접 실현하는 것'을 말한다. 예컨대, 물건의 인도채무의 직접강제는 집행관이 직접 채무자로부터 목적물의 점유를 빼앗아서 채권자에게 교부하는 방법으로 실시하고, 금전채무의 직접강제는 채무자의 재산을 압류하여 경매 등의 방법으로 현금화하여 그 매각대금을 채권자에게 교부하는 등의 방법으로 실시한다.

2) 직접강제가 허용되는 경우

민법은 제389조 제1항에서, "채무자가 임의로 채무를 이행하지 아니한 때에는 채권자는 그 강제이행을 청구할 수 있다. 그러나 채무의 성질이 강제이행을 하지 못할 것인 때에는 그러하지 아니하다"고 규정하고 있는데, 동조에서 규정하고 있는 "강제이행"이라 함은 「직접강제」를 의미한다.[4] 따라서 제389조 제1항의 해석상 채무의 성질상 직접강제가 허용되지 않는 경우를 제외하고는 직접강제는 일반적으로 허용된다. 여기서 '성질상 직접강제가 허용되지 않는 채무는 어떤 경우인가?' 하는 것이 문제된다. 이에 대해서는, '채무자의 인격을 존중하기 위하여 직접강제는 「주는 채무」에 한하여 인정되고, 「하는 채무」에 대해서는 직접강제가

---

1) 민사집행법 제24조(강제집행과 종국판결) 강제집행은 확정된 종국판결이나 가집행의 선고가 있는 종국판결에 기초하여 한다.

2) 민사집행법 제56조(그 밖의 집행권원) 강제집행은 다음 가운데 어느 하나에 기초하여서도 실시할 수 있다. 1. 항고로만 불복할 수 있는 재판 2. 가집행의 선고가 내려진 재판 3. 확정된 지급명령 4. 공증인이 일정한 금액의 지급이나 대체물 또는 유가증권의 일정한 수량의 급여를 목적으로 하는 청구에 관하여 작성한 공정증서로서 채무자가 강제집행을 승낙한 취지가 적혀 있는 것 5. 소송상 화해, 청구의 인낙 등 그 밖에 확정판결과 같은 효력을 가지는 것

3) 민사집행법 제3조(집행법원) ① 이 법에서 규정한 집행행위에 관한 법원의 처분이나 그 행위에 관한 법원의 협력사항을 관할하는 집행법원은 법률에 특별히 지정되어 있지 아니하면 집행절차를 실시할 곳이나 실시한 곳을 관할하는 지방법원이 된다.

4) 同旨: 민법주해(9)/호문혁, 174; 곽윤직, 102; 김증한/김학동, 119; 현승종, 150 참조.

허용되지 않으며, 채무자의 인격존중, 강제이행방법의 효과, 소송경제 등을 고려할 때 직접강제가 허용되는 채무에 관하여는 대체집행 또는 간접강제의 방법은 허용되지 않는다'고 해석하는 것이 통설적 견해이다.[5)]

3) 직접강제의 방법과 절차

직접강제는 「주는 채무」, 즉 금전이나 유체물의 인도를 목적으로 하는 채무의 강제이행에 한하여 인정되는 강제이행방법인데, 민사집행법은 같은 직접강제라도 금전채무의 강제이행방법과 그 밖의 물건의 인도채무의 강제이행방법의 절차와 방법을 달리 규정하고 있다.

(가) 금전채무의 강제이행

민사집행법은 금전채무의 강제이행 방법을, ① 부동산에 대한 강제집행(78~187조), ② 동산에 대한 강제집행(188~222조), ③ 채권과 그 밖의 재산권에 대한 강제집행(223~256조)의 세 종류의 강제집행절차로 구분하여 상세하게 규정하고 있다(61~256조). 이는 강제집행법의 연구영역에 속하므로 자세한 설명은 생략하기로 한다.

(나) 물건인도채무의 강제이행

민사집행법은 물건인도채무의 강제이행 방법에 관하여는 제257조 내지 제259조에서 「금전채권 외의 채권에 기초한 강제집행」의 일환으로 규정하고 있다. 예컨대, 채무자가 특정한 동산이나 대체물의 일정한 수량을 인도하여야 할 때에는 집행관은 이를 채무자로부터 빼앗아 채권자에게 인도하여야 하며(민사집행법 257조), 채무자가 부동산이나 선박을 인도하여야 할 때에는 집행관은 채무자로부터 점유를 빼앗아 채권자에게 인도하여야 한다(동법 258조 1항). 이 역시 강제집행법의 연구영역에 속하므로 자세한 설명은 생략하기로 한다.

(2) 대체집행

1) 의 의

「대체집행(代替執行)」이라 함은 채무자가 건물의 철거의무를 임의로 이행하지 않는 경우에 집행관이 채무자로부터 추심한 비용으로 인부를 고용하여 철거를 행하는 경우와 같이, '채권자 또는 제3자로 하여금 채무자에 갈음하여 채권의 내용을 실현케 하고, 그 비용을 채무자로부터 강제로 징수하는 강제이행방법'을 말한다.

2) 대체집행이 허용되는 경우

민법은 제389조 제2항 후단에서, "전항의 채무가 … (중략) … 채무자의 일신에 전속하지 아니한 작위를 목적으로 한 때에는 채무자의 비용으로 제3자에게 이를 하게 할 것을 법원에 청구할 수 있다"고 규정하고 있다. 여기서 "전항의 채무"라 함은 동조 제1항 단서의 '채무의

5) 민법주해(9)/호문혁, 165~174; 곽윤직, 101~103; 김증한/김학동, 117~120; 현승종, 151 참조.

성질이 강제이행을 하지 못할 것인 때'를 가리키는 것이고, 그 경우의 강제이행은 직접강제를 의미하는 것이므로, 결국 '대체집행은 직접강제가 허용되지 않는 경우에 예컨대 건물철거채무와 같이, 특히 「하는 채무」(작위채무) 중에서 제3자가 채무자에 갈음하여 채무의 내용을 실현하더라도 채권의 목적을 달성할 수 있는 경우, 즉 채무자의 일신에 전속하지 아니한 대체적 작위채무에 한하여 허용된다'고 해석하는 데 견해가 일치한다. 또한 '인격존중의 이념에 비추어 대체집행이 허용되는 경우에는 간접강제는 허용되지 않는다'고 해석하는 데에도 견해가 일치한다.[6)]

3) 대체집행의 방법과 절차

판례에 따르면, '대체집행도 강제집행의 한 방법이므로 비록 판결이 확정되었다 하더라도 집행문이 부여되기 이전에는 대체집행이 허용될 수 없으며, 또한 판결주문에 의하여 실시할 강제집행의 범위가 명백한 경우에 한하여 허용된다'고 한다(대법원 1956.12.13., 4298민재항34 결정, 요민Ⅲ · 1026 등).[7)] 또한 '대체집행을 명하는 집행법원의 결정에 대한 항고는 단순히 그 집행방법으로서의 하자가 있음을 이유로 하는 경우에 한하는 것이고, 실체상의 청구권 존부에 관한 주장이나 채무명의의 당부를 다투는 사유들로써는 적법한 항고이유나 재항고이유로 삼을 수 없다'고 한다(대법원 1992.6.24., 92마214 결정 등).[8)]

대체집행의 구체적 방법 및 절차에 대하여는 민사집행법 제260조[9)] 및 제262조[10)]가 규정하고 있는데, 이 부분 역시 강제집행법의 연구영역에 속하므로 상세한 설명은 생략하기로 한다.

(3) 간접강제

1) 의 의

「간접강제」(indirekter Zwang; contrainte indirecte)라 함은 '손해배상의 지급을 명하거나 벌금을 과하거나 또는 채무자를 구금하는 등의 간접적인 수단으로써 채무자를 심리적으로 압박하여 급부를 실현시키는 강제이행방법'을 말한다. 「간접강제」는 채무내용의 실현이라는 측면에

---

6) 민법주해(9)/호문혁, 175; 곽윤직, 104; 김증한/김학동, 120; 현승종, 151 참조.

7) 같은 취지: 대법원 1956.12.21., 4289민재항63 결정.

8) 같은 취지: 대법원 1958.12.1., 4291민재항54 결정; 대법원 1959.12.30., 4292민재항245 결정; 대법원 1960.6.11., 4293민재항122 결정; 대법원 1971.6.8., 71마399 결정; 대법원 1976.3.11., 73마687 결정; 대법원 1977.7.8., 77마211 결정; 대법원 1979.4.11., 79마95 결정; 대법원 1987.9.8., 86다카2771 결정; 대법원 1990.12.27., 90마858 결정.

9) 민사집행법 제260조(대체집행) ① 민법 제389조 제2항 후단과 제3항의 경우에는 제1심 법원은 채권자의 신청에 따라 민법의 규정에 의한 결정을 하여야 한다. ② 채권자는 제1항의 행위에 필요한 비용을 미리 지급할 것을 채무자에게 명하는 결정을 신청할 수 있다. 다만, 뒷날 그 초과비용을 청구할 권리는 영향을 받지 아니한다. ③ 제1항과 제2항의 신청에 관한 재판에 대하여는 즉시항고를 할 수 있다.

10) 민사집행법 제262조(채무자의 심문) 제260조 및 제261조의 결정은 변론 없이 할 수 있다. 다만, 결정하기 전에 채무자를 심문하여야 한다.

서는 간접적이고 우회적인 방법이지만, 채무자의 자유의사를 구속하는 강도에 있어서는 직접강제나 대체집행보다 훨씬 강력한 수단이라고 할 수 있다. 따라서 「간접강제」에 있어서는 '채무자의 인격존중'이라는 측면을 신중히 고려하여야 한다.

2) 간접강제에 관한 입법주의

강제이행제도의 중점은 채권의 완전한 실현과 채무자의 인격존중이라는 상반된 요청을 조화롭게 구현하는 데 있다고 할 것이다. 다만, 이러한 강제이행의 법이념을 구현함에 있어서 각국의 입법례는 그 경제사정이나 사회사상에 따라 큰 차이를 보이고 있다. 특히 문제되는 것은 간접강제의 경우이다.

(가) 프랑스민법

1804년의 프랑스민법은 채무불이행의 효과에 관하여, '모든 작위 또는 부작위채무는 채무불이행으로 인하여 손해배상채무로 전환된다'고 규정하고(C.c. Art. 1142), '채권자는 약정위반으로 인하여 발생한 결과의 제거를 청구하거나, 채무자의 비용으로 스스로 약정 위반의 결과를 제거할 수 있다'고 규정하였을 뿐(C.c. Art. 1143)[11] 그 강제집행방법에 대해서는 명문규정을 두고 있지 않았다. 그 후 1991.7.9. 법률 제91-650호로 민법전에 직접강제에 관한 명문규정이 신설되었으나(C.c. Art. 1144),[12] 인격존중의 사상에 기하여 간접강제는 허용되지 않았다.

2016.2.10. 오르도낭스 제2016-131호로 개정된 현행 프랑스민법은 '이행지체가 성립한 후 그 이행이 불가능하거나 채무자의 비용과 채권자의 이익 사이에 명백한 불균형이 존재하지 않는 한, 채권자는 채무의 강제이행(l'exécution en nature)을 청구할 수 있다'고 규정함으로써, 채권자에게 강제이행청구권이 있음을 선언하고(C.c. Art. 1221),[13] 특히 '이행지체의 경우, 채권자는 상당한 기간과 비용의 범위 내에서 법관의 사전 허가를 얻어 스스로 그 채무를 실현하거나 채권침해의 결과를 제거할 수 있다'고 규정함으로써 직접강제를 명시적으로 허용하는 등 종전과 유사한 규정을 두고 있다(C.c. Art. 1222).[14] 그러나 프랑스민법에서는 여전히 간접강제가 허용되고 있지 않다.

---

11) 1804년 프랑스민법 제1143조 : 그럼에도 불구하고 채권자는 약정 위반으로 인하여 발생한 결과의 제거를 청구할 권리가 있으며, 필요한 경우 채권자는 손해배상의 청구와는 상관없이 채무자의 비용으로 스스로 약정 위반의 결과를 제거할 수 있다.

12) 개정 전 프랑스민법(1991.7.9. 법률 제91-650호로 개정된 것) 제1144조 : 불이행의 경우, 채권자도 채무자의 비용으로 스스로 채무를 이행할 수 있다. 법원은 채무자에게 미리 이 이행에 필요한 비용을 지급할 것을 선고할 수 있다.

13) 프랑스민법 제1221조: 채권자는 이행지체가 성립한 후 그 이행이 불가능하거나 채무자의 비용과 채권자의 이익 사이에 명백한 불균형이 존재하지 않는 한 채무의 강제이행을 청구할 수 있다.

14) 프랑스민법 제1222조: (1) 이행지체 후 채권자는 상당한 기간과 비용의 범위 내에서 법관의 사전 허가를 얻어 스스로 그 채무를 실현하거나 채권침해의 결과를 제거할 수도 있다. 채권자는 이를 위하여 소요된 비용의 상환을 채무자에게 청구할 수 있다. (2) 채권자는 채무자를 상대로 전항의 이행 또는 제거에 필요한 비용을 미리 청구할 수도 있다.

(나) 독일 민사소송법

독일은 민사소송법에서 엄격한 요건하에 간접강제를 허용하고 있다. 즉, '전적으로 채무자의 의사에 달려있고, 타인에 의해서는 실현될 수 없는 부대체적 작위급부'에 한하여, 1회당 25,000 Euro[15] 이하의 강제이행금(Zwangsgeld)을 부과하거나 강제구금(Zwangshaft)을 선고하는 방법에 의하여 간접강제가 행해진다(ZPO §888 I).[16] 또한 독일 민사소송법은 채무자가 그의 부작위의무를 위반한 경우 또는 채권자의 행위를 수인하여야 할 의무에 위반한 경우에는 25만 Euro 이내의 강제이행금(Ordnungsgeld)을 부과하거나 합산하여 2년 이하의 강제구금(Ordnungshaft)을 선고하는 방법에 의한 간접강제를 허용하고 있다(ZPO §890 I).[17]

(다) 일본민법과 민사집행법

일본민법(구 의용민법)은 프랑스민법을 본받아 강제이행제도를 민법전에 규정하면서 간접강제는 허용하지 않았는데(동법 414조),[18] 민법과 달리 민사소송법은 독일 민사소송법을 본받아 간접강제를 허용하였다(구 일본민사소송법 734조).[19] 이러한 민법과 민사소송법 사이의 모순으로 인하여 해석론의 혼란이 야기되었다. 그러나 학설은 민법(구 의용민법) 제414조의 "강제이행"은 직접강제를 의미하고, 민사소송법(구 의용민사소송법) 제734조의 "강제집행"은 간접강제를 가리키는 것으로 해석하고 있었다.[20]

---

15) 현재의 환율(2019.10.4. 현재 KEB하나은행 제공 매매기준율)로 환산하면 우리 돈 약 3,287만원 정도에 해당한다.

16) 독일 민사소송법 제888조(대행될 수 없는 행위) (1) 전적으로 채무자의 의사에 달려있는 어떤 행위가 제3자에 의하여 대행될 수 없는 경우에는, 그에 상응하는 소가 제기된 제1심법원은 판결로써 강제이행금을 부과하고, 만약 채무자가 강제이행금을 지불하지 않는 경우에는 채무자를 강제구금할 것을 명하거나, 바로 징벌적 강제구금을 선고함으로써 채무자로 하여금 그 행위를 할 것을 채무자에게 강제할 수 있다. 개개의 강제이행금은 25,000유로를 초과하는 금액을 부과할 수 없다. 구금에 관한 제2절의 규정은 강제구금에 준용된다.

17) 독일 민사소송법 제890조(부작위와 수인(受忍)의 강제) (1) 채무자가 어떤 행위를 하지 말아야 하거나 수인하여야 할 의무를 위반한 경우에는, 채권자의 신청에 따라 제1심 수소법원은 채무자에게 매 위반행위마다 강제이행금을, 그리고 강제이행금을 징수할 수 없는 경우에는 강제구금을 선고할 수 있고, 또는 6개월 이내의 강제구금을 선고할 수 있다. 1회당 강제이행금은 25만 유로를 초과할 수 없으며, 강제구금은 합산하여 2년을 초과할 수 없다.

18) 일본민법(구 의용민법) 제414조: ① 채무자가 임의로 채무의 이행을 하지 아니하는 때에는 채권자는 그 강제이행을 재판소에 청구할 수 있다. 다만, 채무의 성질이 이를 허용하지 아니하는 때에는 그러하지 아니하다. ② 채무의 성질이 강제이행을 허용하지 아니하는 경우에, 그 채무가 작위를 목적으로 하는 때에는, 채무자의 비용으로써 제3자에게 이를 하도록 할 것을 재판소에 청구할 수 있다. 다만 법률행위를 목적으로 하는 채무에 대하여는 재판으로써 채무자의 의사표시에 갈음할 수 있다. ③ 부작위를 목적으로 하는 채무에 대하여는, 채무자의 비용으로써 그 행하여진 것을 제거하고 장래를 위하여 적당한 처분을 할 것을 청구할 수 있다. ④ 전3항의 규정은 손해배상의 청구를 방해하지 않는다.

19) 구 일본민사소송법(폐지) 제734조: 채무의 성질이 강제집행을 허용하는 경우에, 제1심 수소재판소는 신청에 의하여 결정으로써 상당한 기간을 정하여 채무자가 그 기간 내에 이행을 하지 않을 때에는 그 지연의 기간에 응하여 일정한 배상을 할 것 또는 즉시 손해의 배상을 명하여야 한다.

20) 我妻榮, 90 참조.

간접강제를 둘러싼 일본민법의 해석상의 혼란은 1979년 민사소송법에서 분리된 민사집행법에 간접강제에 관한 규정이 신설되고(동법 172조),[21] 2017년에 개정된 일본민법에 간접강제에 관한 명문규정이 신설됨으로써(동법 414조)[22] 완전히 해소되었다.

(라) 우리 민법과 민사집행법

우리 민법은 제정 당시 구 의용민법(일본민법) 제414조의 규정을 그대로 계승하여 채무의 강제이행에 관한 규정을 민법전에 규정하고(389조), 민사소송법에는 간접강제에 관한 규정을 두고 있었기 때문에(구 민사소송법 693조),[23] 구 의용민법하에서와 마찬가지로 해석상의 혼란이 발생할 여지가 있었다. 이러한 해석상의 혼란을 방지하기 위하여 현행 민사집행법은 제261조 제1항(개정 전 민사소송법 693조에 해당)에서 "채무의 성질이 간접강제를 할 수 있는 경우"라고 규정함으로써,[24] 이러한 혼란을 방지하고 있다. 따라서 우리나라에서는 직접강제·대체집행·간접강제의 순서에 따라서 강제집행의 세 가지 방법이 전부 인정된다.[25] 다만, 독일과는 달리, 우리 민사집행법은 간접강제의 수단으로서 강제구금은 인정하지 않고 손해배상만을 인정하고 있다(동법 261조).

3) 간접강제의 요건 : 간접강제가 허용되는 경우

'간접강제는 하는 채무 중에서 대체집행이 허용되지 않는 급부, 예컨대 채무의 이행에 채

---

21) 일본 민사집행법(2003년 법률 제134호로 개정된 것) 제172조(간접강제) ① 작위 또는 부작위를 목적으로 하는 채무로서 전조 제1항의 강제집행이 불가능한 것에 대한 강제집행은 집행법원이 채무자에 대하여 지연의 기간에 따라서, 또는 상당하다고 인정하는 일정한 기간 내에 이행하지 아니하는 때에는, 즉시 채무의 이행을 확보하기 위하여 상당하다고 인정하는 일정한 금액의 금전을 채권자에게 지급하도록 명하는 방법에 의하여 행한다. ② 사정의 변경이 있는 때에는 집행법원은 신청에 의하여 전항의 규정에 따른 결정을 변경할 수 있다. ③ 집행법원은 전 2항의 규정에 따른 결정을 하는 경우에는 신청의 상대방을 심문하여야 한다. ④ 제1항의 규정에 따라서 명령된 금전의 지급이 있었던 경우에, 채무불이행으로 인하여 생긴 손해액이 지급한 금액을 초과하는 때에는, 채권자는 그 초과한 금액에 대한 손해배상을 청구할 수 있다. ⑤ 제1항의 강제집행의 신청 또는 제2항의 신청에 대한 재판에 대하여는 집행항고를 할 수 있다. ⑥ 전조 제2항의 규정은 제1항의 집행법원에 준용한다.

22) 일본민법(2017년 법률 제44호로 개정된 것) 제414조(이행의 강제) ① 채무자가 임의로 채무의 이행을 하지 아니하는 때에는, 채권자는 민사소송법 기타 강제집행의 절차에 따라서 직접강제, 대체집행, 간접강제 기타의 방법에 의한 이행의 강제를 법원에 청구할 수 있다. 다만, 채무의 성질이 이를 허용하지 않는 때에는 그러하지 아니하다. ② 전항의 규정은 손해배상의 청구를 방해하지 아니한다.

23) 구 민사소송법(1960.4.4. 법률 제547호로 제정된 것) 제693조(간접강제) 채무의 성질이 강제이행을 할 수 있는 경우에 제1심 수소법원은 채권자의 신청에 의하여 결정으로 상당한 기간을 정하고 채무자가 그 기간 내에 이행을 하지 아니하는 때에는 그 지연기간에 응하여 일정한 배상을 할 것을 명하거나 또는 즉시 손해의 배상을 할 것을 명할 수 있다.

24) 민사집행법 제261조(간접강제) ① 채무의 성질이 간접강제를 할 수 있는 경우에 제1심 법원은 채권자의 신청에 따라 간접강제를 명하는 결정을 한다. 그 결정에는 채무의 이행의무 및 상당한 이행기간을 밝히고, 채무자가 그 기간 이내에 이행을 하지 아니하는 때에는 늦어진 기간에 따라 일정한 배상을 하도록 명하거나 즉시 손해배상을 하도록 명할 수 있다. ② 제1항의 신청에 관한 재판에 대하여는 즉시항고를 할 수 있다.

25) 곽윤직, 102 이하 참조.

무자 본인의 특별한 학식이나 경험·기능을 필요로 하는 경우(출연·감정·집필 등), 채무자 본인이 그의 책임 하에 급부를 이행하여야 하는 경우(계산보고·재산목록작성 등), 법률상 반드시 채무자 본인이 채무를 이행하도록 규정하고 있는 경우(증권에의 서명) 등과 같은 부대체적 작위채무를 위반한 경우와, 소음을 내지 않을 의무·명예훼손행위를 하지 아니할 의무 등을 계속적·반복적으로 위반하는 경우와 같이, 부작위채무의 불이행으로 인한 결과가 무형적 상태로 계속되는 경우에 한하여 허용된다'는 것이 통설적 견해이다.[26]

판례도 「부대체적 작위채무」를 위반한 채무자에 대하여 통상적 절차(판결절차에서 먼저 집행권원이 성립한 후에 채권자의 별도 신청에 의해 채무자에 대한 필요적 심문을 거쳐 민사집행법 제261조에 따라 채무불이행시에 일정한 배상을 하도록 명하는 절차)에 따라 간접강제를 명할 수 있음은 물론, 부대체적 작위채무를 명하는 판결의 실효성 있는 집행을 보장하기 위하여 일정한 요건(판결절차의 변론종결 당시에 보아 집행권원이 성립하더라도 채무자가 그 채무를 임의로 이행할 가능성이 없음이 명백하고, 그 판결절차에서 채무자에게 간접강제 결정의 당부에 관하여 충분히 변론할 기회가 부여되었으며, 민사집행법 제261조에 의하여 명할 적정한 배상액을 산정할 수 있는 경우)하에 '판결절차에서도 민사집행법 제261조에 따라 채무자가 장차 그 채무를 불이행할 경우에 일정한 배상을 명하는 간접강제결정을 할 수 있다'는 입장을 취하고 있다(대법원 2013.11.28.선고, 2013다50367 판결). 나아가 판례는 명예훼손이나 허위비방광고 등의 불법행위사건에서 '부작위채무(불법행위의 금지)를 명하는 동시에 그 판결의 실효성 있는 집행을 보장하기 위하여 일정한 요건(부작위채무에 관한 소송절차의 변론종결 당시에서 보아 채무자가 이를 단기간 내에 위반할 개연성이 있고, 또한 그 판결절차에서 민사집행법 제261조에 의하여 명할 적정한 배상액을 산정할 수 있는 경우)하에 그 부작위채무에 관한 판결절차에서 장차 채무자가 그 채무를 불이행할 경우에 일정한 배상을 할 것을 명할 수 있다'고 판시함으로써, 장래의 채무불이행(금지의무위반)을 이유로 하는 간접강제를 허용하고 있다(대법원 1996.4.12.선고, 93다40614·40621 판결 등).[27]

이와 같이 「간접강제」는 '부대체적 작위급부 또는 부작위급부 중에서 채무자의 의사에 의해서만 실현될 수 있는 경우에 채무자에게 심리적 압박을 가하여 스스로 급부를 하지 않을 수 없게 만드는 강제이행수단'으로서, 독일민사소송법과 마찬가지로 우리 민사집행법도 이를 허용하고 있으나(민사집행법 261조), 채무자의 인격존중을 위하여 직접강제와 대체집행이 모두 인정되지 않는 경우에 한하여 최후의 방법으로서만 허용되며(대법원 1957.8.8., 4290민재항33 결정),

26) 곽윤직, 110; 김상용, 143 참조. 이러한 통설적 견해에 대한 비판론에 대해서는 김형석, "강제이행 -특히 간접강제의 보충성을 중심으로-", 서울대법학 46권 4호(서울대법학연구소, 2005/12), 242 이하 참조.
27) 판례평석: 강용현, "비방광고를 한 자에 대하여 사전에 광고금지를 명하는 판결 및 그 판결절차에서 명하는 간접강제", 대법원판례해설 25호(법원도서관, 1996/11), 69 이하. 같은 취지: 서울동부지법 2004.7.22.선고, 2002가합371 판결; 대법원 2014.5.29.선고, 2011다31225 판결.

다음과 같은 경우에는 강제이행 자체가 금지되므로 간접강제도 허용되지 않는다고 해석된다.[28] 즉, ① 채무자 본인의 의사만으로는 급부가 실현될 수 없는 경우(예컨대, 이행에 제3자의 협력을 요하는 경우, 채무자에게 특수한 설비나 기능이 필요한 경우, 이행에 과도한 비용을 요하는 경우 등), ② 강제이행이 채무자의 인격존중에 반하는 경우(예컨대, 부부간의 동거의무), ③ 채무자의 자유의사에 반하여 강제하는 경우에는, 채무의 내용에 좇은 급부가 실현되기 어려운 경우(예컨대, 예술작품을 제작할 채무) 등의 경우에는 간접강제도 허용되지 않는다.

4) 간접강제의 절차와 수단

(가) 간접강제의 절차

채무의 성질이 간접강제를 할 수 있는 경우, 제1심법원은 채권자의 신청에 따라 간접강제를 명하는 결정을 한다(민사집행법 261조 1항). 간접강제의 신청에 관한 재판에 대하여는 즉시항고를 할 수 있다(동법 261조 2항). 간접강제를 명하는 결정은 제1심법원이 변론 없이 할 수 있으나, 결정하기 전에 채무자를 심문하여야 한다(동법 262조).

(나) 간접강제의 수단

민사집행법상 간접강제의 수단은 「지연기간에 따른 일정한 배상」과 「즉시손해배상」의 두 가지로 한정되며, 강제구금은 허용되지 않는다. 즉, 제1심법원이 간접강제를 명하는 결정을 하는 경우, 그 결정에는 채무의 이행의무 및 상당한 이행기간을 밝히고, 채무자가 그 기간 이내에 이행을 하지 아니하는 때에는 늦어진 기간에 따라 일정한 배상을 하도록 명하거나 즉시 손해배상을 하도록 명할 수 있다(동법 261조 1항 2문).

5) 간접강제의 효과

우리나라에서는 간접강제의 수단으로서 손해배상만을 인정하고 있음은 전술한 바와 같은데(민사집행법 261조), 간접강제로서 행해진 손해배상명령에 따라 추심된 배상금은 국고로 귀속되는 것이 아니라 채권자에게 지급하여 채무자의 작위의무 불이행으로 인한 손해의 전보에 충당된다(대법원 2014.7.24.선고, 2012다49933 판결).

■ **간접강제 명령에 따른 손해배상금이 추심된 경우, 그 손해배상금이 채권자의 손해의 전보에 충당되는지 여부**(적극) [1] <u>간접강제 배상금은 채무자로부터 추심된 후 국고로 귀속되는 것이 아니라 채권자에게 지급하여 채무자의 작위의무 불이행으로 인한 손해의 전보에 충당되는 것이다.</u> [2] <u>가처분신청 선정자들이 Y_1으로부터 지급받은 각 간접강제배상금 283,501원이 원심이 인정한 손해배상금 100,000원을 초과함이 계산상 명백한 이상, 가처분신청 선정자들의 Y_1에 대한 각 손해배상채권은 가처분신청 선정자들이 Y_1으로부터 지급받은 각 간접강제배상금으로 충당되어 모두 소멸하였다.</u> 「전교조명단공개 사건」(대법원 2014.7.24.선고, 2012다49933 판결)

28) 곽윤직, 110; 김상용, 143; 김증한/김학동, 121; 현승종, 152 참조.

3. 특수한 강제이행방법

(1) 판결대용

1) 의 의

일정한 법률행위를 하는 것이 채권의 목적인 경우에는, 채권자는 법원에 채무자의 의사표시에 갈음할 재판을 청구할 수 있다(389조 2항 전단). 이를 「판결에 의한 대용」이라고 한다(약칭하여 「판결대용(判決代用)」 또는 「판결대락(判決代諾)」이라고 한다).

법률행위를 목적으로 하는 채무는 일신전속적 작위채무의 일종이라고 할 수 있음에도 불구하고, 민법이 이에 대하여 간접강제가 아닌 의사표시를 명하는 판결의 확정으로 채무자의 의사에 갈음하는 특별한 강제이행방법을 허용한 이유는, '법률행위를 목적으로 하는 채무의 궁극적 목적은 채무자의 의사표시 그 자체 혹은 행위의 사실적인 결과를 얻고자 하는 데 있는 것이 아니라 관념적인 법률효과를 얻고자 하는 데 있는 것이므로, 간접강제에 의하는 것보다 법원의 판결에 의하여 직접 채권자가 기대하는 법률효과를 인정하는 것이 가장 효과적이며, 채무자의 인격을 침해하는 정도도 가장 덜한 강제이행방법이라는 데 있다'고 한다.[29] 또한 이러한 이유에서 '판결대용이 인정되는 채무는 간접강제 등 다른 강제방법을 사용할 수 없다'고 해석되고 있다.[30]

2) 판결대용의 요건 : 판결대용이 허용되는 경우

민사집행법은 판결대용에 관한 민법 제389조 제2항 전단의 규정에 따른 「의사표시의무의 집행」에 관하여, "채무자가 권리관계의 성립을 인낙한 때에는 그 조서로, 의사의 진술을 명한 판결이 확정된 때에는 그 판결로 권리관계의 성립을 인낙하거나 의사를 진술한 것으로 본다"고 규정하고 있다(동법 263조). 민사집행법 제263조의 "인낙(認諾)"은 법률행위가 효력을 발생하는 데 필요한 동의 또는 승낙의 의사표시뿐만 아니라 준법률행위인 의사의 통지 또는 관념의 통지까지 포괄하는 개념이라 할 것이므로, 「판결대용」은 법률행위뿐만 아니라 준법률행위에 대해서도 인정된다'고 해석하여야 할 것이다.[31] 또한 여기서 "의사의 진술"이라 함은 채무자가 채권자에 대하여 하여야 할 의사표시는 물론이고, 제3자 또는 관청에 대하여 하여야 할 의사표시도 포함하는 개념이라고 할 것이다. 따라서 관청에 대한 허가신청(대법원 1995.5.9.선고, 93다62478 판결 등)·허가명의변경절차의 출원(대법원 1997.4.25.선고, 95다19591 판결 등)[32]·등기의 신청 등의 판결대용도 가능하다. 다만, '어음행위와 같이 반드시 채무자 자신의 서명·

29) 곽윤직, 105; 김증한/김학동, 121 참조.
30) 곽윤직, 105; 김증한/김학동, 122; 현승종, 154 참조.
31) 同旨: 곽윤직, 105; 김상용, 143; 김증한/김학동, 122 참조.
32) 같은 취지: 대법원 1989.5.9.선고, 88다카6754 판결; 대법원 1992.4.14.선고, 91다39986 판결.

날인 등 일정한 사실행위가 요구되는 법률행위에 대해서는 판결대용이 허용될 수 없다'고 해석하는 견해가 지배적이다.[33)]

▪ 학교법인을 상대로 명의신탁부동산의 반환에 관하여 관할청에 대한 허가신청의 의사표시에 갈음하는 재판청구가 권리보호이익이 있는지 여부(적극) 학교법인에게 명의신탁한 부동산에 대해서 관할청의 허가가 있으면 명의신탁자는 이를 반환받을 수 있으므로, 명의신탁자가 명의신탁을 해지한 경우에는 명의수탁자인 학교법인으로서는 관할청에 대하여 명의신탁부동산 반환에 관하여 관할청의 허가를 신청할 의무를 부담하고, 명의수탁자가 이러한 의무를 이행하지 않는 경우에는 명의신탁자로서는 제389조 제2항에 의하여 허가신청의 의사표시에 갈음하는 재판을 청구할 수 있으며, 관할청이 반드시허가를 하여야 하는 것은 아니라는 이유만으로 그와 같은 재판의 청구가 권리보호의 이익이 없는 것이라고 할 수 없다. (대법원 1995.5.9.선고, 93다62478 판결)[34)]

3) 판결대용의 방법과 절차

채무자에게 의사의 진술을 명하는 판결이 확정되면 그것으로써 채무자가 의사표시를 한 것과 마찬가지의 효력이 발생하므로 강제집행은 이로써 완료되는 것이고, 집행기관에 의한 별도의 집행절차는 필요없으므로 이의절차도 허용되지 않는다. 이러한 취지에서, 판례는 ① '등기의무자의 조건부의사진술을 명하는 재판은 그 조건이 성취되어 집행문이 부여될 때 의사를 진술한 것과 동일한 효력이 발생하는 것이고, 집행기관이 관여하는 현실적인 강제집행절차가 존재하지 않으므로 강제집행의 정지도 있을 수 없는 것이므로, 설사 법원의 강제집행정지결정이 있다 하더라도 등기공무원은 그 강제집행정지결정에 구애됨이 없이 등기신청을 받아들여 등기기입을 할 수 있다'고 한다(대법원 1979.5.22.선고, 77마427 판결). 또한 ② '대지분양계약에서 수분양자가 분양자를 상대로 수분양자 명의변경절차의 이행을 소구하는 것은 채무자의 의사의 진술을 구하는 소송으로서, 만약 그 청구를 인용하는 판결이 선고되고 그 소송이 확정되면 채무자가 수분양자명의변경 절차의 이행의 의사를 진술한 것과 동일한 효력이 발생하는 것이어서, 위 확정판결의 강제집행절차는 이로써 완료되는 것이고, 집행기관에 의한 별도의 집행절차가 필요한 것이 아니므로, 특별한 사정이 없는 한 위 확정판결 이후에 집행절차가 계속됨을 전제로 하여 그 확정판결이 가지는 집행력의 배제를 구하는 청구이의의 소는 허용될 수 없다'고 한다(대법원 1995.11.10.선고, 95다37568 판결 등).[35)]

(2) 부작위채무의 강제이행

민법은 부작위채무의 강제이행에 관하여, "그 채무가 부작위를 목적으로 한 경우에 채무자가 이에 위반한 때에는 채무자의 비용으로써 그 위반한 것을 제각하고 장래에 대한 적당한

33) 김상용, 143; 김증한/김학동, 122; 현승종, 154 참조.
34) 같은 취지: 대법원 1997.12.26.선고, 97누14538 판결; 대법원 2012.8.30.선고, 2010다52072 판결.
35) 같은 취지: 대법원 1970.6.9., 70마851 결정.

처분을 법원에 청구할 수 있다"고 규정하고 있다(389조 3항). 여기서 「부작위를 목적으로 한 경우」라 함은 일정한 행위를 하지 아니할 의무를 부담하는 경우뿐만 아니라, 채권자의 일정한 행위를 수인할 의무를 부담하는 경우도 포함한다. 다만, 동 조항은 건물을 축조하지 아니할 의무에 위반하여 건물을 축조한 경우와 같이, 부작위의무위반의 결과로서의 유형적인 상태가 생긴 경우에 한하여 적용된다고 해석하여야 한다. 그러므로 이는 독립한 강제이행방법이라기보다는 전술한 대체집행의 일종에 지나지 않는다.

이러한 취지에서, 민사집행법도 부작위채무의 강제이행을 대체집행과 동일한 절차에 의하도록 규정하고 있다(동법 260조). 그러므로 예컨대 부작위의무를 위반하여 경업(競業)을 계속한다든지 소음을 내지 않을 의무에 위반하여 소음을 계속 내는 경우와 같이, 유형적 결과가 발생하지 아니한 단순한 부작위의무위반의 경우에는 제389조 제3항의 강제이행방법은 허용되지 않고 간접강제의 방법만이 가능하다고 할 것이다.[36]

4. 강제이행과 손해배상의 관계

강제이행은 손해배상의 청구에 영향을 미치지 아니한다(389조 4항). 즉, 강제이행이 있더라도 이행지체로 인한 손해의 배상(지연배상)은 별도로 청구할 수 있다.

[78] Ⅲ. 손해배상

1. 손해배상의 의의

「손해배상(損害賠償)」(Schadensersatz; dommages-intérêt)이라 함은 '불법한 원인으로 발생한 손해를 피해자 이외의 자가 전보해 주는 것'을 말한다. 이와 같이 손해배상은 불법한 원인에 의하여 발생한 손해(Schaden; dommage)를 전보해 주는 제도라는 점에서, '적법한 원인에 의하여 발생한 특별한 손실를 전보해 주는 제도'인 「손실보상(損失補償)」과 구별된다. 민법은 제390조 본문에서, "채무자가 채무의 내용에 좇은 이행을 하지 아니한 때에는 채권자는 손해배상을 청구할 수 있다"고 규정함으로써, 채무불이행의 효과로서 채권자의 손해배상청구권이 인정된다는 점을 명시하고 있는데, 이는 채무불이행이 위법행위임을 전제로 하고 있는 것이다.

「손해배상책임」이라 함은 '손해배상청구권의 공취력에 복종하여야 하는 손해배상의무자의 법적 지위'를 말하며, 민법상 손해배상책임은 크게 채무불이행(387조 이하)과 불법행위(750조 이하)의 두 가지 유형의 위법행위를 요건으로 하여 발생하는 것이므로, 「채무자의 손해배상책임」이라 함은 '채무불이행으로 인하여 발생한[37] 채권자의 손해배상청구권의 공취력에 복종

36) 同旨: 곽윤직, 106; 현승종, 155 참조.

하여야 하는 채무자의 법적 지위'를 말한다. 본 절에서 다루는 「손해배상」은 채무불이행으로 인한 채무자의 손해배상책임을 가리키는 것임은 물론이다.

전술한 바와 같이, 채무불이행으로 인한 손해배상청구권은 본래의 채권이 확장된 것이거나(지연배상의 경우), 채권의 내용이 변경된 것에 불과하므로(전보배상의 경우), 본래의 채권과 동일성이 인정된다. 그러므로 본래의 채권에 대한 담보권의 효력은 손해배상청구권에도 미친다.[38] 또한 손해배상청구권의 시효기간은 본래의 채권의 성질에 의하여 정해지고,[39] 본래의 채권을 행사할 수 있는 때로부터 시효기간의 진행이 개시된다. 그리고 본래의 채권이 양도되면 이미 발생하고 있는 지연배상채권도 원칙적으로 양수인에게 이전된다.

2. 손해배상의 방법 : 금전배상주의

손해배상의 방법에는 원상회복주의와 금전배상주의의 두 가지가 있다. 「원상회복주의(原狀回復主義)」는 '손해의 전보는 현실적으로 발생한 손해를 제거하여 손해를 입기 이전의 상태로 되돌리는 방법으로 하여야 한다는 주의'를 말하며, 「금전배상주의(金錢賠償主義)」는 '손해의 전보는 금전으로 할 수밖에 없다는 주의'를 말한다. 손해배상제도의 본래의 취지에 비추어 보면 원상회복주의가 이론상 타당하다고 할 수 있으나, 원상회복이 현실적으로 어렵거나 원상회복을 위한 강제집행이 곤란한 경우가 많은 등 제도의 운용상 어려운 점이 많다. 이러한 이유에서, 비교법상 손해배상의 방법으로 원상회복주의로 일관하고 있는 입법례는 찾아볼 수 없다.

(1) 독일민법

독일민법은 원상회복주의를 손해배상의 주된 원칙으로 하고 금전배상주의를 보충적 원칙으로 하고 있다.[40] 즉, 독일민법은 채무불이행으로 인한 손해배상은 '채무자가 채무불이행이 없었더라면 존재하였을 상태를 회복시킬 의무를 부담하는 것'이 원칙이나(원상회복주의), 원상회복이 불가능하거나 곤란한 경우라고 할 수 있는 신체침해 또는 물건훼손의 경우에는

---

37) 다만, 특정물매도인의 담보책임의 법적 성질에 관한 「법정책임설」에 따르면, 제580조에서 특정물매도인의 담보책임의 내용(효과)으로 규정되어 있는 "손해배상"은 채무불이행과 불법행위의 어느 경우에도 속하지 않는 독자적 유형의 손해배상책임이 된다. 또한 손해배상청구권은 원칙적으로 법률의 규정에 의하여 발생하는 것이지만, 보험계약이나 손해담보계약 등과 같은 당사자의 약정에 의하여서도 발생할 수 있다.

38) 민법은 이러한 법리를 질권에 관한 제334조, 저당권에 관한 제360조, 보증채무에 관한 제429조에서 명문으로 규정하고 있다.

39) 예컨대, 상사채무의 불이행으로 인한 손해배상채권의 시효기간은 5년이다(상법 64조).

40) 민법주해(9)/양삼승, 590 참조. 손해배상의 방법에 관한 비교법적 고찰로서는 양삼승, "손해배상의 범위 및 방법에 관한 독일·일본 및 우리나라 민법의 비교", 온산방순원선생고희기념 「민사법의 제문제」(박영사, 1984/4), 88 이하 참조.

예외적으로 원상회복에 갈음한 금전배상이 가능함을 규정하고 있다(BGB §249).[41] 그 밖에도 독일민법에 따르면, ① 채권자가 상당한 기간을 설정하여 원상회복을 청구하였으나 그 기간이 경과한 경우에는 원상회복을 거절하고 금전배상을 청구할 수 있으며(BGB §250),[42] ② 원상회복이 불가능하거나 불충분한 경우, 그리고 원상회복이 과도한 비용지출을 요하는 경우에는 채무자는 금전으로 배상하여야 하며(BGB §251),[43] ③ 신체, 건강, 자유 또는 성적 자기결정의 침해로 인한 손해배상과 같은 비재산적 손해(nicht Vermögensschaden)와 같이, 법률로 정해진 경우에는 금전으로 배상하여야 한다(BGB §253).[44] 구체적으로는 불법하게 물건을 침탈당한 경우에 손해배상으로서 물건의 반환을 청구하는 경우,[45] 불법행위로 명예·신용이 침해된 경우에 명예·신용을 해하는 언동을 철회하거나 사과할 것을 청구하는 경우, 사기·강박에 의한 의사표시의 취소권이 소멸한 경우에 손해배상으로 원상회복을 청구하는 경우 등에 있어서 원상회복이 인정된다고 한다.[46]

(2) 일본민법(구 의용민법)

독일민법과는 달리, 일본민법(구 의용민법)은 '손해배상은 특별한 의사표시가 없는 때에는 금전으로써 그 금액을 정한다'고 규정함으로써, 「금전배상주의」를 취하고 있다(동법 417조).[47] 이는 일본민법의 모법이라고 할 수 있는 프랑스민법과도 다른 입법주의라고 할 수 있는데, 일본민법이 금전배상주의를 취한 이유에 대하여 「민법수정안이유서」는 다음과 같이 기술하고 있다(밑줄은 저자 주).[48]

---

41) 독일민법 제249조(손해배상의 종류와 범위) (1) 손해배상의무를 부담하는 자는 배상의무를 발생시키는 사정이 없었더라면 존재하였을 상태를 회복시켜야 한다. (2) 사람의 침해 또는 물건의 훼손으로 인하여 손해배상이 행하여지는 경우에는 채권자는 원상회복에 갈음하여 그에 필요한 금액을 청구할 수 있다. 물건의 훼손의 경우에 부가가치세가 실제로 발생한 때, 그리고 그 한도에서 제1문에 따른 필요한 금액에 부가가치세를 포함시킬 수 있다.

42) 독일민법 제250조(설정기간 경과 후의 금전배상) 채권자는 배상의무자에 대하여 원상회복을 위한 상당한 기간을 지정하고 그 기간 경과 후에는 원상회복을 거절할 것임을 표시할 수 있다. 원상회복이 적시에 행하여지지 아니하면 채권자는 그 기간의 경과 후 금전배상을 청구할 수 있다.

43) 독일민법 제251조(설정기간 없이 하는 금전배상) (1) 원상회복이 불가능하거나 채권자의 손실을 전보하는 데 충분하지 아니한 경우, 배상의무자는 금전으로 배상하여야 한다. (2) 원상회복이 과도한 비용지출에 의해서만 가능한 경우에는 배상의무자는 채권자에게 금전으로 배상할 수 있다. 피해를 입은 동물을 치료하는 비용이 동물의 가액을 현저히 상회한다는 것만으로는 그 비용지출이 과도한 것이 되지 아니한다.

44) 독일민법 제253조(무형적 손해) (1) 비재산적 손해에 대해서는 법률로 정해진 경우에 한하여 금전으로 배상할 것을 청구할 수 있다. (2) 신체, 건강, 자유 또는 성적 자기결정의 침해로 인한 손해배상을 하는 경우에는 비재산적 손해에 대해서도 상당한 금전배상을 청구할 수 있다.

45) 우리 민법과는 달리, 독일의 학설·판례는 소유권에 기한 물권적 반환청구권과는 별개로 손해배상으로 물건의 반환을 청구할 수 있는 것으로 해석되고 있다(양삼승, 전게논문(주 40), 89 참조).

46) 민법주해(9)/양삼승, 591 참조.

47) 일본민법(구 의용민법) 제417조 : 손해배상은 특별한 의사표시가 없는 때에는 금전으로써 그 금액을 정한다.

(이유) 본조는 기성법전 재산편 제386조 제1항[49]의 규정에 해당한다. 몇 가지 입법례에 의하면, 손해배상의 의의를 확장하여 혹은 원상회복도 포함시키거나, 혹은 금전 이외의 물건으로써 배상하는 것을 허용하는 것도 있으나, 이러한 배상의 방법은 쓸데없이 사물의 혼잡을 초래하여 오히려 불편하게 되기 때문에, 본안은 기성법전과 마찬가지로 손해를 측정하는 데 가장 편리한 금전에 의하여 그 배상을 정하는 것으로 하였다. 다만, 기정법전 동조 제1항은 '손해배상이 주된 소의 목적인 때에 한한다'고 하였으나, 이는 단지 동조 제2항 및 제3항의 규정에 대하여 사용되는 자구(字句)로서, 이와 같은 자구가 있는 때에는 기타의 경우에는 금전 이외의 물건으로써 배상하는 경우가 있음을 인정하는 것이 아닌가 하는 의문을 낳기 때문에, 이 자구를 삭제하였다. 또한 기성법전 동조 제2항 및 제3항의 규정도 편리하기는 하지만 이는 오히려 민사소송법에 규정할 사항에 속하기 때문에, 이를 삭제하였다.

이를 통하여, 일본민법(구 의용민법) 제417조는 일본구민법 재산편 제386조 제1항의 규정을 계승한 것이라는 점과, 일본민법이 금전배상주의를 채택한 이유는 입법자가 '금전배상주의가 손해를 산정하는 데 가장 편리한 방법'이라고 생각하였기 때문이라는 점을 알 수 있다.

(3) 우리 민법

우리 민법은 제394조에서 구 의용민법의 입법주의를 그대로 계승하여 "다른 의사표시가 없으면 손해는 금전으로 배상한다"고 규정함으로써 손해배상의 방법에 관하여 금전배상주의를 원칙으로 채택하고 있다. 그 이유를 명확하게 알려져 있지 않으나,[50] 동조가 구 의용민법(일본민법) 제417조의 규정을 그대로 계승한 것이라는 점을 고려하면, 우리 민법이 금전배상주의를 채택한 이유는 '손해산정의 편의를 위한 것'이라고 말할 수 있을 것이다.

이와 같이 우리 민법은 금전배상주의를 원칙으로 하고 있으나, 당사자 사이에 다른 약정이 있는 경우에는 금전 이외의 방법으로 손해를 배상할 수 있도록 하고 있으며(394조), 명예훼손의 경우에는 법원으로 하여금 피해자의 청구에 의하여 "손해배상에 갈음하거나 손해배상과 함께 명예회복에 적당한 처분"을 명할 수 있도록 함으로써(764조), 부분적으로는 원상회복주의를 채택하고 있다는 점에 유의할 필요가 있다. 또한 우리 민법은 구 의용민법과 달리 금전배상주의에 관한 제394조를 불법행위로 인한 손해배상에도 준용함으로써(763조), 불법행위로 인한 손해배상책임에 있어서도 금전배상주의를 관철하고 있다는 점에 유의할 필요가 있다.

한편 금전배상주의를 규정한 제394조에 대해서는 2004년과 2013년의 두 차례에 걸쳐서

---

48) 「民法修正案理由書」, 407~408 참조.

49) 일본구민법 재산편 제386조 : ① 손해배상이 주된 소의 목적인 때에는, 재판소는 금전으로 그 액을 정한다. ② 손해배상의 청구가 직접이행의 소 또는 계약해제의 소에 따른 것인 때에는, 재판소는 주된 청구를 결정함과 동시에 미리 액수를 정하지 아니한 손해배상을 채무자에게 언도하고, 그 계산은 소명(疏明)을 기다려 나중에 이를 하도록 할 수 있다. ③ 또한 재판소는 채무자에게 직접이행을 명함과 동시에 그 최대한의 기간을 정하여 그 지연하는 날 또는 월마다 일정한 보상금을 지불할 수 있음을 언도할 수 있다. 이 경우에는 채무자는 직접이행을 하지 아니하고 손해배상의 즉시의 계산을 청구할 수 있다.

50) 민법 제394조의 입법경과에 대하여는 명순구(실록), 55~56 참조.

다음과 같은 개정안이 발표된 바 있다.[51)]

현행민법	2004년 민법개정안	2013년 민법개정시안
第394조(손해배상의 방법) **다른 의사표시가 없으면** 손해는 금전으로 배상한다.	제394조(손해배상의 방법) ① 손해는 금전으로 배상한다. **그러나 채권자는 상당한 이유가 있는 때에는 원상회복을 청구할 수 있다.** ② **법원은 신체 또는 건강의 침해로 인한 손해를 정기금으로 배상할 것을 명할 수 있고 그 이행을 확보하기 위하여 상당한 담보를 제공하게 할 수 있다.**	제394조(손해배상의 방법) 손해는 금전으로 배상한다. **그러나 법원은 상당한 이유가 있는 때에는 채권자의 청구에 의하여 금전배상에 갈음하거나 금전배상과 함께 다른 적절한 방법으로 배상할 것을 명할 수 있다.**

3. 손해배상책임의 성립요건

(1) 손해의 발생

1) 손해의 의의와 종류

인신의 구속 등 인격적 책임을 위주로 하는 형사책임과는 달리, 채무불이행 또는 불법행위로 인한 손해의 전보를 목적으로 하는 민사책임에서는 손해가 없으면 손해배상책임도 발생하지 않는다. 즉, 우리 민법에서는 '손해가 없어도 배상이 인정된다'고 해석할 수 있는 근거는 없으며, 비재산적 법익에 대한 침해의 경우에도 손해배상을 인정하고 있으므로(751조), '손해 없으면 배상도 없다'는 원칙이 지배한다. 그러나 「손해」와 「손해배상」의 개념과 종류는 입법례에 따라 상이하다. 즉, ① 위법성의 확인·선언에 중점을 두는 「명목적(名目的) 손해배상」과 위법행위에 대한 제재적 수단으로서의 색채가 농후한 「징벌적(懲罰的) 손해배상」제도가 큰 역할을 하고 있는 영미법과 같이, 경제적·금전적 평가가 곤란한 법익에 대한 침해의 경우에는 손해를 전제로 하지 않는 손해배상을 인정하는 입법례도 있으며,[52)] 또한 ② 손해(Schaden)라든지 손해배상(Schadensersatz)이라는 용어는 오로지 재산적 손해에 한정하여 사용하고, 비재산적 법익에 대한 침해가 발생한 경우에는 이를 '손해'라고 부르지 않을 뿐만 아니라, 그 전보를 위한 금전의 급부도 「배상」(Ersatz)이 아니라 「만족」(Genugtung)[53)]이라는 별개의 개념을 사용하여 표현하고 있는 스위스채무법과 같은 입법례도 있다.

---

51) 이에 관한 상세는 법무부, 「2004년 법무부 민법개정안 : 채권편·부록」, 74 이하; 윤진수, "손해배상의 방법으로서의 원상회복 -민법개정안을 계기로 하여-", 민법논고Ⅲ(박영사, 2008/12), 66 이하; 김재형, "채무불이행으로 인한 손해배상에 관한 민법개정안", 민사법학 65호(한국민사법학회, 2013/12), 600~602 참조.

52) 西原道雄, "「損害」とはなにか - 債務不履行, 不法行爲における -", ジュリスト增刊 「民法の爭點」(有斐閣, 1978), 180 이하 참조.

53) 실질적으로는 위자료에 해당한다(西原道雄, 상게논문, 180 참조).

(가) 손해의 개념

(A) 차액설(差額說)에 의한 손해의 개념 「손해」라 함은 '법익에 관하여 받은 침해'를 말하는데, 독일에서도 손해의 구체적 의미에 대해서는 「차액설」이 확립된 19세기 중엽에 이르기까지는 로마법의 전통에 따라, 침해의 객체인 이익을 「직접이익」과 「간접이익」, 「통상이익」·「특별이익」·「약정이익」 등으로 분류하여 이에 대응하여 손해의 개념을 파악하는 이른바 「분별적(分別的) 손해」의 개념이 지배적이었다고 한다.[54] 그리고 손해배상의 범위를 정하는 기준도 「통상이익」과 「직접이익」의 개념이 중심이 되었을 뿐만 아니라, 현재와 같은 인과관계론은 결여되어 있었다고 한다. 또한 프랑스에서도 뒤물랭(Dumoulin)은 손해배상의 범위에 대하여, '예견가능한 손해만이 배상될 수 있으며, 채무자의 유책 정도에 따라서 배상범위를 달리 하여야 한다'는 「제한배상의 원리」를 주장하였다고 한다.

독일에서 로마법 이래의 전통적인 견해인 「분별적 손해」의 개념과 제한배상의 원리를 극복하게 된 것은 전적으로 프리드리히 몸젠(Friedrich Mommsen)의 주장에 의한 것이라고 한다. 몸젠은 1855년에 발표한 「이익론」(Die Lehre von dem Interesse)이라는 논문에서, 전통적 이론과는 달리 손해의 개념을 통일적으로 파악하여, 「손해」란 '침해행위가 없었더라면 존재하였을 이익상태와 침해행위가 발생한 현재의 이익상태와의 차이'라고 정의하는 이른바 「차액설(差額說)」을 주장하였으며, '손해배상의 범위도 차액설에 의하여 파악되는 모든 손해를 배상하여야 한다'는 「완전배상설(完全賠償說)」을 주장하였다.[55] 이러한 몸젠의 손해배상이론은 베른하르트 빈트샤이트(Bernhard Windscheid)의 지지를 얻어 독일민법 제1초안 제219조에 명문화되었고(Entwurf I, §219),[56] 결국 독일민법에 규정됨으로써 실정법이 되었다(BGB §249 I).[57]

이와 같이 독일민법은 「차액설」에 의하여 손해의 개념을 통일적으로 파악하고, 채무불이행 또는 불법행위에 의하여 발생된 모든 손해를 배상할 것을 내용으로 하는 「완전배상주의」를 채택하였는데, 그 결과 인과관계의 존재 여부가 손해배상의 범위를 결정하는 데 중심적인 역할을 하게 되었으며, 특히 후술하는 「상당인과관계론」에 의하여 손해배상의 범위를 제한하는 독일민법학의 손해배상책임법의 체계가 완성되었다.

---

54) 北川善太郎(정종휴 역), "일본에서의 손해배상법의 전개", 성헌황적인박사화갑기념 「손해배상법의 제문제」(박영사, 1990/10), 621 참조.

55) Friedrich Mommsen, Die Lehre von dem Interesse, 1855(北川善太郎/정종휴 역, 상게논문, 622 참조).

56) 독일민법 제1초안 제219조 : 손해배상의 급부를 하여야 하는 채무자는 손해배상의무를 발생시킨 사정이 없었더라면 존재하였을 그 상태로 원상회복시켜야 할 의무가 있으며, 이러한 원상회복이 불가능하거나 채권자의 손해를 전보하는 데 충분하지 아니한 경우에 한하여 채권자에게 금전으로 배상할 의무가 있다.

57) 전게 주 41 참조. 이에 관한 상세는 北川善太郎(정종휴 역), 전게논문(주 54), 623; 김상용, "손해배상제한의 학설과 입법에 관한 비교고찰", 심당송상현교수화갑기념논문집 「21세기 한국민사법학의 과제와 전망」(박영사, 2002/1), 245를 참조 바람.

이러한 독일민법학의 손해배상법의 이론체계는 일본민법학에 결정적인 영향을 미쳐 일본의 통설·판례가 되었으며, 일본민법학을 통하여 간접적으로 독일민법학을 계수한 우리 민법학에 큰 영향을 미쳤다. 즉, 우리 민법학에 있어서도 손해의 개념을 「차액설」에 의하여 통일적으로 파악하는 견해가 통설이며, 판례도 불법행위로 인한 재산적 손해에 관한 사례이기는 하지만, '불법행위로 인한 재산상 손해는 위법한 가해행위로 인하여 발생한 재산상 불이익, 즉 그 위법행위가 없었더라면 존재하였을 재산상태와 그 위법행위가 가해진 현재의 재산상태의 차이를 말하는 것'이며(대법원 1992.6.23.선고, 91다33070 전원합의체판결 등),[58] '위법행위가 있었다 하더라도 그로 인한 재산상태와 그 위법행위가 없었더라면 존재하였을 재산상태 사이에 차이가 없다면 다른 특별한 사정이 없는 한 위법행위로 인한 손해가 발생하였다고 할 수 없다'고 판시함으로써(대법원 2009.9.10.선고, 2009다30762 판결), 「차액설」에 의하여 손해의 개념을 파악하여야 한다는 입장을 확립하고 있다.

▪ **위법행위가 가해진 현재의 재산상태와 위법행위가 없었더라면 존재하였을 재산상태 사이에 차이가 없는 경우, 위법행위로 인한 손해의 발생을 인정할 수 있는지 여부**(소극) [1] 불법행위로 인한 재산상 손해는 위법한 가해행위로 인하여 발생한 재산상 불이익, 즉 그 위법행위가 없었더라면 존재하였을 재산상태와 그 위법행위가 가해진 현재의 재산상태의 차이를 말하는 것이므로, 위법행위가 있었다 하더라도 그로 인한 재산상태와 그 위법행위가 없었더라면 존재하였을 재산상태 사이에 차이가 없다면 다른 특별한 사정이 없는 한 위법행위로 인한 손해가 발생하였다고 할 수 없다. [2] 보험계약자 등이 피보험자가 선박에서 발생한 총기오발 사고로 상해를 입었음에도 양망(揚網)작업 중 사고로 상해를 입은 것으로 허위신고하여 보험회사로 하여금 피보험자에게 보험금을 지급하게 한 사안에서, 보험사고의 경위를 사실대로 신고하였더라도 위 총기오발 사고로 인한 상해는 보험약관상 보험사고인 '업무상 재해'에 해당하여 보험회사는 피보험자에게 보험금을 지급할 수밖에 없었고, 보험사고 경위의 허위신고가 그 자체로 절차의 엄격한 준수가 요구되는 법령위반에 해당한다는 등의 특별한 사정도 보이지 않으므로, 보험회사가 지급한 보험금은 보험계약자 등의 허위신고로 인한 손해에 해당한다고 볼 수 없다고 할 것이다. (대법원 2009.9.10.선고, 2009다30762 판결)

(B) 차액 산정의 기준 통설·판례의 입장인 「차액설」에 따르면, 채무불이행으로 인한 손해는 결국 '채무의 내용에 좇은 이행이 있었더라면 채무자가 받았을 가정적 이익상태와 채무불이행으로 인하여 현재 채권자가 받고 있는 현실적 이익상태와의 차액'을 가리키게 된다. 문제는 '구체적인 사건에서 손해를 산정하는 구체적 기준, 다시 말하면 「차액설」에서 말하는 채무가 이행된 경우를 추론하여 인정되는 가정적 이익상태와 채무불이행으로 인하여 야기된 현실적 이익상태의 차액을 무엇을 기준으로 어떻게 산정하여야 하는가?' 하는 것이다.

---

58) 같은 취지: 대법원 1996.2.9.선고, 94다53372 판결; 대법원 1998.7.10.선고, 96다38971 판결; 대법원 1998.9.22.선고, 98다2631 판결; 대법원 2007.4.12.선고, 2004다6122 판결; 대법원 2007.4.12.선고, 2004다38907 판결; 대법원 2007.4.12.선고, 2004다45509 판결; 대법원 2007.11.15.선고, 2005다16775 판결; 대법원 2009.9.10.선고, 2008다37414 판결; 대법원 2009.9.10.선고, 2009다30762 판결; 대법원 2010.4.29.선고, 2009다91828 판결; 대법원 2010.7.8.선고, 2010다21276 판결.

이에 대하여, 판례는 '「차액설」에 의하여 손해액을 산정함에 있어서는 먼저 위법행위가 없었더라면 존재하였을 재산상태(가정적 이익상태)를 상정하여야 할 것인데, 위법행위가 없었을 경우의 재산상태를 상정함에 있어 고려할 사정들은 위법행위 전후의 여러 정황을 종합한 합리적인 추론에 의하여 인정될 수 있어야 하고, 당사자가 주장하는 사정이 그러한 추론에 의하여 인정되지 않는 경우라면 이를 위법행위가 없었을 경우의 재산상태를 상정하는 데에 참작할 수 없다'고 한다(대법원 2009.9.10.선고, 2008다37414 판결 등).[59]

(C) 차액 산정의 구체적 사례 「차액설」에 따른 손해 산정의 구체적인 사례를 살펴보면, 판례는 ① '경매입찰에서 낙찰자가 감정평가업자의 위법한 부실감정이라는 불법행위로 인하여 입은 손해는 감정평가업자의 위법한 감정이 없었더라면 존재하였을 재산상태와 위법한 감정으로 인한 재산상태와의 차이로서, 이는 결국 위법한 감정이 없었다면 낙찰자가 낙찰받을 수 있었던 낙찰대금과 실제 지급한 낙찰대금과의 차액이 된다'고 한다(대법원 1998.9.22.선고, 97다36293 판결).[60] 또한 ② '담보목적물에 대하여 감정평가업자가 부당한 감정을 함으로써 감정 의뢰인이 그 감정을 믿고 정당한 감정가격을 초과한 대출을 한 경우, 부당한 감정가격에 근거하여 산출된 담보가치와 정당한 감정가격에 근거하여 산출된 담보가치의 차액을 한도로 하여 대출금 중 정당한 감정가격에 근거하여 산출된 담보가치를 초과한 부분이 손해액이 된다'고 한다(대법원 1999.5.25.선고, 98다56416 판결 등).[61] ③ '불법처분된 토지들에 관하여 최종 등기명의자의 이전등기를 신뢰하여 근저당권설정등기를 경료하고 금원을 대출하였는데 원인무효를 이유로 이전등기의 말소등기청구소송이 확정된 경우, 위 불법행위로 인하여 근저당권자가 입은 통상의 손해는 최종 등기명의인의 이전등기가 유효하여 담보권을 취득할 수 있는 것으로 믿고 출연한 금액 즉, 근저당목적물인 토지들의 가액 범위 내에서 채권최고액을 한도로 하여 채무자들에게 대출한 금원 상당액'이라고 한다(대법원 1996.9.20.선고, 96다25807·25814 판결 등).[62] ④ '타인의 불법행위로 인하여 근저당권이 소멸되는 경우, 근저당권자로서는 근저당권이 소멸하지 아니하였더라면 그 실행으로 피담보채무의 변제를 받았을 것임에도 불구하고 근저당권의 소멸로 말미암아 이러한 변제를 받게 되는 권능을 상실하게 되는 것이므로, 그 근저당권의 소멸로 인한 근저당권자가 입게 되는 손해는 근저당 목적물인 부동산의 가액 범위 내에서 채

---

59) 같은 취지: 대법원 2010.7.8.선고, 2010다21276 판결.

60) 판례평석: 김문석, "부동산의 경매절차에서 감정평가업자가 부실감정을 하여 낙찰자가 손해를 입은 경우 그 손해배상책임", 대법원판례해설 31호(법원도서관, 1999/5), 61 이하.

61) 같은 취지: 대법원 2004.5.27.선고, 2003다24840 판결; 대법원 2007.4.12.선고, 2006다82625 판결; 대법원 2009.9.10.선고, 2006다64627 판결.

62) 판례평석: 이종오, "부동산 불법처분행위와 그 부동산의 전전양도에 따른 최종매수인의 등기를 믿고 금원을 대여한 근저당권자가 입게 된 손해와의 상당인과관계 유무 및 손해의 범위", 대법원판례해설 27호(법원도서관, 1997/7), 196 이하. 같은 취지: 대법원 1999.4.9.선고, 98다27623·27630 판결.

권최고액을 한도로 하는 피담보채권액'이라고 한다(대법원 1997.11.25.선고, 97다35771 판결). ⑤ '동산의 양도담보를 신뢰하여 금원을 대출하였다가 후에 양도담보를 설정한 동산을 타인에게 인도당하게 됨으로써 양도담보권자가 입은 통상의 손해는 위 동산양도담보가 유효하여 담보권을 취득할 수 있는 것으로 믿고 출연한 금액, 즉 양도담보물의 가액(동산양도담보가 유효하였더라면 그 실행이 예상되는 시기 또는 손해배상 청구소송의 사실심 변론종결시를 기준으로 한다) 범위 내에서 채무자에게 대출한 금원 상당'이라고 한다(대법원 2010.9.30.선고, 2010다41386 판결).[63)]

(D) 「차액설」에 대한 비판론 「차액설」에 대해서는 여러 측면에서 비판이 제기되고 있다. 우선 ① '「차액설」은 가정적인 이익상태와 현실적 이익상태의 차액이라는 추상적 계산액을 말하는 것이므로, 이를 구체적으로 산정할 수 있는 재산적 손해에 있어서는 타당한 개념이 될 수 있으나, 경제적 가치를 가지지 않거나 금전으로 평가하기 곤란한 비재산적 손해의 개념으로는 부적합하다'는 비판이 있다. 즉, '차액설에 의하면 생명·신체의 침해에 의한 가동능력 내지 노동능력의 상실 그 자체를 손해 개념에 포함시킬 수 없으므로, 특히 제조물책임이나 소비자보호소송에서 생명·신체의 침해로 인한 확대손해나 적극적 채권침해로 인한 손해의 경우에는 손해의 개념을 설명하기 어려우며, 비교되어야 할 재산적 상태를 확정하기 곤란한 비재산적 손해나 원상회복에 의한 배상의 경우에는 애매한 추정에 의할 수밖에 없고, 소액의 손해의 경우에는 실용적이지 않다는 난점이 있다'는 비판이 제기되고 있다.[64)] 또한 ② '차액설은 독일민법의 완전배상주의를 이념으로 하고 있는 것이어서, 통상손해와 특별손해를 구분하고 특별손해의 경우에는 예견가능성을 요건으로 하는 등 제한배상주의의 원리를 채택하고 있는 우리 민법의 입장과 모순된다'는 비판도 제기되고 있다.[65)] 그리고 ③ '손해배상에서 차액설과 상당인과관계만으로는 해결할 수 없는 여러 경우들, 예컨대 수입이 전혀 없는 사람이 죽거나 다친 경우에는 손해의 발생 사실을 인정할 수 없다는 문제가 있으며, 어떤 물건을 훼손하였으나 그 물건이 있던 곳에 화재가 발생하여 어차피 그 물건은 없어지게 되어 있었을 때 등의 이른바 「가정적 인과관계」[66)]의 경우의 손해를 인정하는 문제들을 설명하기 어렵다'는 비판도 있다. 마지막으로 ④ '차액설에 의하면 불법행위로 인한 손해배상의 경우에는 손해의 전보 이외에도 징벌적·제재적·억제적 기능이 요구된다는 입법론적 논의를 전개할 수

---

63) 판례평석: 박영호, "동산양도담보를 신뢰하여 금원을 대출하였다가 후에 동산을 타인에게 인도당한 경우에 양도담보권자가 입은 통상 손해액", 대법원판례해설 85호(법원도서관, 2011), 80 이하.

64) 민법주해(9)/지원림, 467 참조.

65) 상게서, 467 참조.

66) 「가정적 인과관계론」에 대해서는 최종길, "손해배상과 후발적 사정 -이른바 가정적 인과론을 중심으로-", 서울대법학 10권 2호(서울대법학연구소, 1968/12), 65 이하; 양삼승, "가정적 인과관계론(손해배상과 잠재적·후발적 사정)", 재판자료 3집(법원행정처, 1979/8), 283 이하 참조. 형법에 있어서의 「가정적 인과관계」에 관하여서는 김성돈, "가정적 인과관계 개념 등의 재고", 고시연구 24권 6호, 1997/6, 112 이하 참조.

없게 된다'는 비판도 제기된다.[67] 그러나 차액설의 이러한 문제점에도 불구하고 손해의 개념을 통일적으로 설명할 수 있다는 점에서, 차액설에 의한 손해 개념의 효용성을 근본적으로 부정할 수는 없으며, 손해의 다양한 모습을 고려하여 예외를 인정함으로써 차액설의 문제점을 보충해 나가는 것이 타당하지 않을까 생각한다.[68]

전술한 바와 같이, 「2004년 민법개정안」은 손해배상의 방법에 관하여 금전배상주의의 원칙을 취하고 있는 현행민법 제394조를 수정하여, '채권자는 상당한 이유가 있는 때에는 원상회복을 청구할 수 있다'는 내용의 단서를 신설할 것을 제안한 바 있다. 그러나 「2004년 민법개정안」이 채무불이행으로 인한 손해배상의 방법으로서 원상회복주의를 채용한 것에 대하여 의문을 제기하는 견해도 있었고,[69] '「원상회복」이라는 용어가 적절하지 않다'는 견해도 있어서, 「2013년 민법개정시안」은 "원상회복" 대신에 '「다른 적절한 방법」으로 배상할 것을 명할 수 있다'는 내용으로 수정할 것을 제안하고 있다.

생각건대, 채무불이행의 유형 중 이행지체로 인하여 발생한 손해는 시간을 되돌릴 수 없는 한 원상으로 회복하는 것 자체가 불가능하며, 이행불능으로 인하여 발생한 손해를 원상으로 회복한다는 것도 상상할 수 없으므로 이행불능으로 인한 손해를 전보하는 수단으로서 '원상회복'은 개념상 인정하기 어렵다 할 것이다. 다만, 통설·판례의 입장에 따라 적극적 채권(계약)침해를 채무불이행의 한 유형인 불완전이행의 일종으로 인정한다면, 이 경우의 손해배상의 방법에 관하여 원상회복주의를 채용하는 것도 입법론상 전혀 불가능한 것은 아니라고 생각한다. 「2004년 민법개정안」도 이러한 입장에서 제394조 제2항의 신설을 제안하였던 것이라고 할 수 있다. 그러나 '불완전이행은 원칙적으로 이행지체와 이행불능으로 분해될 수 있기 때문에 이를 별개·독립의 채무불이행의 유형으로 볼 실익이 없으며, 이행이익을 초과하거나 이를 초과하는 확대손해를 야기한 이른바 「적극적 채권(계약)침해」는 본질상 불법행위의 문제'라고 보는 사견에 의하면, '채무불이행으로 인한 손해배상의 방법으로서 원상회복주의를 채택할 필요는 없다'고 할 것이다.[70]

---

67) 민법주해(9)/지원림, 468 참조.

68) 同旨: 상게서, 468 참조.

69) 「2004년 민법개정안」을 도출해 낸 법무부 민법개정위원회에서는 손해배상의 방법으로 원상회복을 인정하는 문제를 둘러싸고 토론이 있었는데, "불법행위 분야에서는 원상회복이 이해가 되지만, 채무불이행에서는 강제이행제도가 있는데 원상회복을 인정하는 의의가 무엇인가?"라는 의문이 제기된 바 있었다(법무부, 「2004년 법무부민법개정안 : 채권·부록」, 79 참조).

70) 입법론상 손해배상의 방법으로 원상회복주의를 채택하는 경우에는 원상회복을 원칙으로 규정하고 금전배상을 예외적인 방법으로 규정하는 것이 이론상 타당하다고 할 것이다(독일민법 249조 1항 참조). 그렇다면 '「2004년 민법개정안」 제394조 제1항의 규정은 본문과 단서의 규정이 뒤바뀐 규정'이라고 할 수 있다.

(나) 손해의 종류

손해는 여러 가지 기준에 따라 분류할 수 있는데, 여기에서는 우선 재산적 손해와 비재산적 손해, 적극적 손해와 소극적 손해, 그리고 이행이익의 손해와 신뢰이익의 손해의 세 가지 기준에 따른 분류에 대하여 살펴보기로 한다. 다만, 우리 민법의 해석상 가장 중요하다고 할 수 있는 통상손해와 특별손해의 분류에 대해서는 손해배상의 범위에 관한 논의를 검토한 후 다루기로 한다.

(A) 재산적 손해와 비재산적 손해 재산적 손해와 비재산적 손해의 개념을 분류하는 기준에 대해서는 견해가 갈린다.

a) 재산적 손해와 비재산적 손해의 구별기준에 관한 학설

(ⅰ) **법익기준설** 이는 피침해법익을 기준으로 하여 양자를 구별하는 견해로서, 재산적 법익이 침해된 경우를 「재산적 손해」라고 하고, 사람의 생명·신체·자유·명예·성적 자기결정권 등 비재산적 법익이 침해된 경우를 「비재산적 손해」라고 하는 견해이다.[71] 이 견해는 생명·신체·자유·명예 등의 비재산적 법익에 대한 침해로 인하여 받은 정신적 고통을 「정신적 손해」라고 하고, 이에 대한 배상을 「위자료」(Schmerzensgeld)라고 정의한다.[72] 이는 비재산적 손해에 대한 전통적인 설명방법이라고 할 수 있으나, '이 견해에 따르면 생명·신체·자유·명예 등 비재산적 법익의 침해로 인하여 발생하는 정신적 손해뿐만 아니라 치료비·일실소득 등의 순수한 재산적 손해도 비재산적 손해로 분류하게 된다는 점에서 이론상 불합리하다'는 비판을 면하기 어렵다.

(ⅱ) **손해기준설** 이는 침해행위의 결과로 발생하는 손해를 기준으로 양자를 구별하는 견해로서, 침해행위의 결과로 발생하는 손해가 재산적 성질의 손해인가 비재산적 성질의 손해인가를 기준으로 하여, 전자를 「재산적 손해」(Vermögensschaden)라고 하고 후자를 「비재산적 손해」(nicht Vermögensschaden)라고 하는 견해이다.[73] 이 견해에 따르면, 생명·신체·자유·명예 등 비재산적 법익의 침해로 인하여 발생한 손해라고 하더라도 치료비와 일실소득 등 순수한 재산적 손해는 재산적 손해에 속하게 되고, 비재산적 법익의 침해로 인하여 발생한 손해 중 정신적 손해만이 비재산적 손해에 속하는 것이 되므로, 「비재산적 손해」와 「정신적 손해」(immaterialler Schaden)를 같은 의미로 사용하게 된다.[74]

사견으로는, 생명·신체 등 비재산적 법익의 침해라고 하더라도 이로 인하여 발생한 입원비·치료비와 일실소득 등 재산적 성질의 손해는 순수한 재산적 손해로 보아야 할 것이므로,

71) 민법주해(9)/지원림, 469; 곽윤직, 107; 현승종, 156 참조.
72) 곽윤직, 107; 현승종, 156 참조.
73) 김상용, 155; 김증한/김학동, 127; 송덕수, 160 참조.
74) 김상용, 156; 김증한/김학동, 127 참조.

이론상 침해행위의 결과로 발생하는 손해를 기준으로 양자를 구별하는 「손해기준설」이 타당하다고 생각한다. 따라서 본서에서는 침해행위로 인하여 발생한 손해의 성질에 따라서 재산적 손해와 비재산적 손해를 구별하는 「손해기준설」에 따르기로 한다.

b) 비재산적 손해에 대한 입법주의 : 비재산적 손해(정신적 손해)의 배상에 대한 입법주의는 다양하다. 즉, ① 비재산적 손해에 대하여는 배상을 전혀 인정하지 않는 입법주의(구 소련 등 사회주의 국가의 법), ② 손해가 없어도 배상을 인정하거나, 손해액을 상회하는 배상(징벌적 손해배상)을 인정하는 입법주의(영미법), ③ 비재산적 손해에 대하여는 손해라는 개념을 사용하지 않을 뿐만 아니라, 그 손해의 전보에 대해서도 배상(Ersatz)이 아니라 「만족(Genugtung)」이라는 뜻의 별개의 용어를 사용하는 등, 배상의 요건과 배상액의 결정에 대해서도 완전히 별개로 취급하는 입법주의(스위스채무법), ④ 비재산적 손해(정신적 손해)를 재산적 손해와 마찬가지로 통일적인 손해의 개념 중에 포함하여 다루는 입법주의(일본) 등 다양한 입법주의가 존재한다.[75]

c) 채무불이행으로 인한 비재산적 손해의 배상을 인정할 것인지 여부 : 우리 민법은 불법행위로 인한 비재산적 손해(정신적 손해)의 배상에 대해서는 명문규정을 두고 있으나(751조, 752조), 채무불이행으로 인한 비재산적 손해(정신적 손해)의 배상에 대하여는 아무런 규정을 두고 있지 않다. 따라서 '민법의 해석상 채무불이행으로 인한 비재산적 손해(정신적 손해)의 배상을 인정할 것인가?' 하는 것이 문제된다.

이에 대해서는, '채무불이행으로 인한 비재산적 손해(정신적 손해)의 배상을 인정할 실익이 없다'는 견해도 있으나,[76] '민법에 특별한 제한이 없는 이상 채무불이행으로 인한 비재산적 손해(정신적 손해)의 배상도 인정하여야 한다'고 해석하는 것이 통설적 견해라고 할 수 있다. 판례는 통설적 견해에 따라 '채무불이행으로 인한 비재산적 손해(정신적 손해)의 배상도 인정하여야 한다'는 취하고 있다. 다만, '계약상의 채무불이행으로 인하여 계약당사자가 받은 정신적인 고통은 재산적 손해에 대한 배상이 이루어짐으로써 회복되는 것이 일반적'이라는 전제 하에(대법원 2004.11.12.선고, 2002다53865 판결 등),[77] '채무불이행으로 인한 정신적 손해는 특별한 손해에 해당하므로 채무자가 이를 알았거나 알 수 있었을 경우에 한하여 그 배상을 청구할 수 있다'는 입장을 확립하고 있다(대법원 1993.11.9.선고, 93다19115 판결 등).[78]

---

75) 채무불이행으로 인한 정신적 손해배상에 관한 비교법적 고찰로서는 이재목, "채무불이행에 있어서 위자료배상의 허용범위와 기준", 인권과 정의 318호(대한변호사협회, 2003/2), 136 이하; 홍천룡, "채무불이행으로 인한 정신적 손해의 배상", 송천이시윤박사화갑기념논문집 「민사재판의 제문제(상)」, 1995/10, 262 이하 참조.

76) 조규창, "고의의 채무불이행책임", 고시연구 18권 4호, 1991/4, 149 이하.

77) 같은 취지: 대법원 1994.12.13.선고, 93다59779 판결; 대법원 1998.7.10.선고, 96다38971 판결; 대법원 2007.1.11.선고, 2005다67971 판결; 대법원 2007.12.13.선고, 2007다18959 판결.

한편 판례는 재산적 손해와 비재산적 손해(정신적 손해)에 대한 배상청구는 각각 소송물을 달리하는 별개의 청구로 보고 있다. 따라서 '소송당사자로서는 그 금액을 특정하여 청구하여야 하고, 법원은 그 내역을 밝혀 각 청구의 당부에 관하여 판단하여야 하며(대법원 1989.10.24.선고, 88다카29269 판결 등), 위자료의 지급을 명한 제1심판결에 대하여 항소하지 아니한 당사자에게 제1심판결보다 많은 위자료의 지급을 명할 수 없다'고 한다(대법원 1980.7.8.선고, 80다1192 판결 등).[79] 또한 '재산적 손해액의 주장·입증 및 분류·확정이 가능한 계약상 채무불이행으로 인한 손해를 심리·확정함에 있어서까지 함부로 위자료의 보완적 기능을 확장하여 편의한 방법으로 위자료의 명목 아래 다수의 계약 당사자들에 대하여 획일적으로 일정 금액의 지급을 명함으로써 사실상 재산적 손해의 전보를 꾀하는 것은 허용될 수 없다'고 한다(대법원 1984.11.13.선고, 84다카722 판결 등).[80]

(B) 적극적 손해와 소극적 손해

a) 의 의 : 「적극적 손해」(positive Schaden)라 함은 '기존이익의 멸실 또는 감소'를 말하고, 「소극적 손해」(negative Schaden)라 함은 '장래의 이익의 획득이 방해됨으로써 받는 손해, 즉 일실이익(逸失利益)의 손해'를 말한다.[81] 예컨대, 매수인이 매매대금을 지급하였으나 매도인이 목적물을 제3자에게 양도하거나 목적물이 수용됨으로써 이행이 불가능하게 된 경우에 이미 지급된 매매대금과 같이, '채무불이행으로 인하여 기존재산이 줄어든 경우의 손해'가 「적극적 손해」이고(대법원 1992.6.23.선고, 91다33070 전원합의체판결 등), 매수인이 제3자에게 전매하여 전매차익을 얻을 수 있었는데 매도인의 채무불이행(이행불능)으로 인하여 전매차익에 대한 기대가 상실된 경우와 같이, '채무불이행으로 인하여 얻을 수 있었던 이익을 얻지 못한 경우의 손해'가 「소극적 손해」에 해당한다(대법원 1996.2.9.선고, 94다53372 판결 등).

■ **타인 소유의 토지에 관하여 원인무효의 소유권이전등기가 경료되고 다른 사람에게 순차로 소유권이전등기가 경료된 후 진정한 소유자가 최종매수인을 상대로 말소등기청구소송을 제기하여 승소판결이 확정된 경우, 최종매수인이 입은 손해의 범위**(=매매대금 상당액) [1] 불법행위로 인한 재산상 손해는 위법한 가해행위로 인하여 발생한 재산상 불이익, 즉 그 위법행위가 없었더라면 존재하였을 재산상태와 그 위법행위가 가해진 현재의 재산상태의 차이를 말하는 것이고, 그것은 기존의 이익이 상실되는 적극적 손해의 형태와 장차 얻을 수 있을 이익을 얻지 못하는 소극적 손해의 형태로 구분된다. [2]

---

78) 판례평석: 민경도, "수급인이 신축한 건물에 하자가 있는 경우, 도급인의 위자료청구권", 대법원판례해설 20호(법원행정처, 1994/5), 62 이하. 같은 취지: 대법원 1996.6.11.선고, 95다12798 판결; 대법원 1997.2.25.선고, 96다45436 판결; 대법원 2004.11.12.선고, 2002다53865 판결.

79) 같은 취지: 대법원 1989.6.27.선고, 89다카5406 판결; 대법원 1990.2.27.선고, 89다카26809 판결; 대법원 1990.6.22.선고, 89다카27901 판결.

80) 판례평석: 박동진, "위자료의 본질과 기능", 「로스쿨채권법」(청림출판, 2007/1), 217 이하. 같은 취지: 대법원 2004.11.12.선고, 2002다53865 판결; 대법원 2007.6.1.선고, 2005다5812·5829·5836 판결; 대법원 2007.6.1.선고, 2005다5843 판결; 대법원 2007.12.13.선고, 2007다18959 판결.

81) 소극적 손해를 「기대수익」 또는 「상실수익」이라고도 한다(민법주해(9)/지원림, 470 참조).

타인 소유의 토지에 관하여 매도증서, 위임장 등 등기관계서류를 위조하여 원인무효의 소유권이전등기를 경료하고, 다시 이를 다른 사람에게 매도하여 순차로 소유권이전등기가 경료된 후에 토지의 진정한 소유자가 최종매수인을 상대로 말소등기청구소송을 제기하여 그 소유자 승소의 판결이 확정된 경우, 최종매수인은 처음부터 위 토지의 소유권을 취득하지 못한 것이어서 위 말소등기를 명하는 판결의 확정으로 비로소 위 토지의 소유권을 상실한 것이 아니므로, 위 토지의 소유권 상실이 그 손해가 될 수는 없고, 위 불법행위로 인하여 최종매수인이 입은 손해는 무효의 소유권이전등기를 유효한 등기로 믿고 위 토지를 매수하기 위하여 출연한 금액(매매대금)으로서, 이는 기존이익의 상실인 「적극적 손해」에 해당한다. (대법원 1992.6.23.선고, 91다33070 전원합의체판결)[82]

■ **철거에 따른 보상협의 불이행으로 인한 손해배상액을 산정함에 있어 기존이익 상실에 의한 적극적 손해 외에 합의된 이행이익 상실의 소극적 손해를 포함하여야 하는지 여부**(적극) 원고가 유선(遊船)사업을 하면서 사용하던 선착장의 철거와 관련한 보상협의 결과 피고(부산광역시) 소유의 토지를 분양하여 주기로 합의가 이루어진 경우, 피고로서는 지방재정법 등 관계법령 소정의 분양계약서를 작성하는 등 법령상의 요건과 절차를 거쳐 위 보상합의가 그 효력을 발생하도록 조처할 의무가 있다 할 것임에도 불구하고, 피고가 그러한 조처를 취하지 아니한 때문에 위 합의가 효력을 가지지 못하게 됨으로써 원고가 손해를 입게 되었다면, 원고가 피고의 이와 같은 불법행위를 이유로 손해배상을 구할 수 있는 범위는 건물 기타 선착장 시설의 철거로 발생한 기존이익 상실에 의한 적극적 손해는 물론 피해보상책으로 원고가 분양받기로 한 위 토지를 분양받지 못하게 됨으로써 상실한 소극적 손해도 포함된다 할 것이다. (대법원 1996.2.9.선고, 94다53372 판결)[83]

■ **위조된 수표를 할인에 의하여 취득한 사람이 그로 인하여 입게 되는 손해액**(=현실적으로 출연한 할인금 상당액) 위조된 수표를 할인에 의하여 취득한 사람이 그로 인하여 입게 되는 손해액은 특별한 사정이 없는 한 그 위조수표를 취득하기 위하여 현실적으로 출연한 할인금에 상당하는 금액이지, 그 수표가 진정한 것이었더라면 그 수표의 소지인이 지급받았을 것으로 인정되는 그 수표의 액면에 상당하는 금액이 아니라고 봄이 상당하다. 위조수표의 액면에 상당하는 금액은, 그 수표가 위조된 것이 계기가 되어 그 소지인이 그 금액을 얻을 수 있으리라는 기대를 갖게 되는 이익에 지나지 아니할 뿐, 수표의 위조라는 불법행위가 없었더라면 그 소지인이 원래 얻을 수 있었던 것으로서 그 수표의 위조행위로 말미암아 얻을 수 없게 된 이익은 아니라고 할 것이므로, 그 소지인이 그 액면에 상당하는 금액을 지급받지 못하게 된 것이 불법행위로 인한 소극적 손해에 해당한다고 볼 수 없기 때문이다. (대법원 1992.6.23.선고, 91다43848 전원합의체판결)[84]

---

82) 판례평석: 권용우, "무효등기를 믿고 거래한 최종매수인의 손해", 판례월보 265호(판례월보사, 1992/11), 17 이하; 김태우, "불법행위로 인하여 부동산의 소유권을 취득하지 못한 경우에 있어서 그 손해배상의 범위", 판례연구 3집(부산판례연구회, 1993/2), 332 이하; 정병문, "타인의 불법행위로 인하여 부동산을 취득하지 못하게 된 경우에 있어서 손해배상액의 산정", 판례연구 3집(대구판례연구회, 1992/12), 234 이하; 황영주, "배상금액의 산정방법", 판례연구 6집(서울지방변호사회, 1993/1), 231 이하; 이영애, "불법행위로 인한 원인무효의 등기를 믿고 부동산을 매수한 사람의 손해", 민사판례연구(15)(민사판례연구회, 1993/5), 181 이하. 같은 취지: 대법원 1993.4.27.선고, 92다44312 판결; 대법원 1996.9.20.선고, 96다25807·25814 판결; 대법원 1998.7.10.선고, 96다38971 판결.

83) 판례평석: 김용직, "불법행위로 인한 손해배상의 성립 여부 및 손해의 범위", 대법원판례해설 25호(법원도서관, 1996/11), 121 이하. 같은 취지: 대법원 1998.7.10.선고, 96다38971 판결.

84) 이 전원합의체판결에 의하여 이와 반대되는 견해를 취하고 있었던 종전의 대법원판결(대법원 1966.9.20.선고, 66다1166 판결; 대법원 1967.2.7.선고, 65다1702 판결; 대법원 1970.5.12.선고, 70다505 판결; 대법원 1972.10.10.선고, 72다1388 판결; 대법원 1985.8.13.선고, 84다카979 판결; 대법원 1985.12.10.선고, 85다카578 판결; 대법원 1987.4.14.선고, 86다카2438 판결 등)은 변경되었다. 판례평석: 손태우, "위조된 수표를 할인취득한 사람이 입게 되는 손해배상액", 상사판례연구 5집(상사판례연구회, 1992/11),

b) **구별의 실익** : '채무불이행으로 인한 손해는 적극적 손해뿐만 아니라 소극적 손해도 배상되어야 한다'는 데는 견해가 일치한다. 다만, 적극적 손해는 통상손해이나, 소극적 손해는 특별손해로 되는 경우가 많으며, 또한 손해발생의 증명에서 적극적 손해는 현실로 발생한 손해이므로 그 입증이 비교적 용이하나, 소극적 손해는 장래의 이익획득의 가능성을 상실한 것이므로 그 입증이 곤란할 뿐만 아니라, 구체적인 손해액을 산정함에 있어서 중간이자의 공제가 문제되는 등 손해액산정이 복잡하다는 점에서 차이가 있다.[85)]

한편 판례는 「적극적 손해」와 「소극적 손해」의 개념을 구분하고 있을 뿐만 아니라, '양자는 소송물을 달리한다'는 입장을 확립하고 있다(대법원 1994.10.7.선고, 94다16960 판결 등). 그러나 학설 중에는 「적극적 손해」와 「소극적 손해」, 「정신적 손해」 등 손해항목마다 소송물을 달리한다는 판례의 입장에 비판적인 견해가 많다.[86)] 판례에 대한 비판론은 주로 신소송물이론의 입장에서 '손해의 항목은 하나의 손해를 금전으로 산정하기 위한 자료에 지나지 않는 것이므로, 소송물은 하나라고 보아야 한다'고 주장한다.

생각건대, 소송물을 하나로 통합하여야 한다는 비판론의 주장은 이론적으로는 타당한 측면이 있으나, 변호사강제주의가 실행되고 있지 아니한 소송의 현실을 감안할 때 채권자 또는 피해자(불법행위의 경우)에게 큰 불이익이 될 수 있다는 현실적 문제가 있다. 이러한 관점에서 '적극적 손해와 소극적 손해는 소송물을 달리한다'는 판례의 입장에 찬성한다.

▪ 아파트 특별공급대상자 선정에서 제외되어 수분양권을 상실함으로써 입은 소극적 손해를 청구한 사건에서, 법원이 수분양권의 교환가치 상실이라는 적극적 손해를 판단할 수 있는지 여부(소극) 아파트의 특별공급대상에 해당하는 자가 그 대상자 선정에서 제외되어 수분양권을 상실함으로써 입은 손해를 수분양권 상실 당시의 수분양권 자체의 교환가치로 판단하는 것은 그 손해를 적극적 손해로 평가하는 것으로서, 수분양권 상실로 말미암아 그 수분양권에 기하여 취득할 수 있었을 아파트의 소유권을 취득하지 못한 소극적 손해로서 준공될 아파트의 가액에서 분양대금을 공제한 가액의 배상을 청구하는 사건에서는, (변론주의의 원칙상) 법원이 원고가 청구하지도 아니한 수분양권 자체의 교환가치 상실이라는 적극적 손해를 입었다고 판단할 수 없다. (대법원 1994.10.7.선고, 94다16960 판결).[87)]

(C) 이행이익의 손해와 신뢰이익의 손해

a) 의 의

(1) **학 실** 손해의 분류로서 「이행이익의 손해」와 「신뢰이익의 손해」를 드는 견해가 통설이라고 할 수 있다.[88)] 이에 따르면, 「이행이익의 손해」라 함은 '채무자가 채무를 이행하지

---

379 이하. 같은 취지: 대법원 1993.8.24.선고, 93다6164·6171 판결; 대법원 1994.11.8.선고, 93다21514 전원합의체판결; 대법원 1999.1.29.선고, 98다27470 판결.

85) 同旨: 민법주해(9)/지원림, 471; 김형배, 243; 양창수(입문), 261 참조.

86) 김형배, 245; 이은영, 318 참조.

87) 같은 취지: 대법원 1992.6.23.선고, 91다43657 판결.

88) 민법주해(9)/지원림, 472; 김상용, 157; 김증한/김학동, 128; 양창수(입문), 226; 이은영, 316; 이호정,

않음으로써 발생한 손해'를 말하며, 「신뢰이익의 손해」라 함은 '법률행위가 무효이거나 취소됨으로써 채무 자체가 발생하지 않은 경우에 그 법률행위를 유효라고 믿었기 때문에 발생한 손해'를 말한다. 따라서 손해의 개념에 관한 통설·판례의 입장인 「차액설」에 따를 경우, 전자(채무불이행)의 경우에는 채무가 이행되었다면 놓였을 채권자의 이익상태(이행이익)와 채무불이행이 발생한 현재의 이익상태의 차이가 배상되어야 할 손해의 내용이 되는 데 반하여, 후자의 경우(법률행위가 무효이거나 취소됨으로써 채무 자체가 발생하지 않은 경우)에는 만약 그 법률행위가 무효라는 사실을 알았더라면 들이지 않아도 되었을 매매대금 등 쓸데없이 들인 비용(신뢰이익)이 이익상태의 차이로서 손해의 내용이 된다.[89)]

이러한 통설적 견해에 대해서는, '「이행이익의 손해」와 「신뢰이익의 손해」는 침해의 객체인 법익에 대한 분류로서의 이행이익과 신뢰이익의 구별에 대응하는 것에 지나지 않는 것이므로, 손해 그 자체에 대한 분류라고 보기는 어렵다'는 비판론이 제기되고 있다.[90)] 또한 '신뢰이익의 손해 속에는 적극적 손해(목적물의 조사 및 감정비·교통비·포장비 등 계약체결을 위하여 지출한 비용)와 소극적 손해(계약의 유효를 신뢰함으로써 상실한 기대수익)가 함께 포함되어 있으므로, 손해배상의 기준으로서 명료성과 실용성을 결하고 있다'는 비판도 제기되고 있다.[91)] 그러나 이행이익과 신뢰이익을 손해의 일종으로 파악하든 침해의 객체인 법익의 분류에 지나지 않는 것으로 파악하든 모든 학설이 「신뢰이익」을 손해배상법상의 일반개념으로서 인정하고 있다는 점에는 차이는 없다.

(ii) **판례의 입장** 판례는 손해배상의 객체인 손해를 「이행이익」과 「신뢰이익」으로 분류하는 입장을 취하고 있다고 할 수 있다. 즉, 판례는 '채무불이행으로 인한 손해배상은 이익이익의 배상을 원칙으로 하나, 계약의 일방 당사자가 상대방의 이행을 믿고 비용을 지출한 경우에 상대방이 그러한 지출사실을 알았거나 알 수 있었고 또 그것이 통상적인 지출비용의 범위 내에 속한다면, 이행이익의 한도 내에서는 그 지출비용(신뢰이익)의 배상을 청구할 수도 있다'는 입장을 확립하고 있다(대법원 1992.4.28.선고, 91다29972 판결 등).[92)] 다만, 판례는 '계약이 무효인 경우에는 신뢰이익의 배상만이 가능하다'는 법리를 전제로 하여,[93)] '원시적 불능을 목

65 참조.

89) 이러한 통설적 설명과는 달리, '하자의 존재를 알지 못하였음으로 인하여 입은 손해(하자가 없다고 믿고 일정한 대금을 지급하기로 약정한 경우)와 같이, 계약체결 시에 당사자의 진술 기타 일정한 사태를 믿었기 때문에 발생한 손해도 역시 신뢰이익의 손해에 해당한다'고 보고, "신뢰이익이란 당사자가 계약체결시에 가진 일정한 사태에 대한 신뢰에 기하여 행한 재산적 결정이 그대로 적절한 것이 됨에 관한 이익"이라고 정의하는 견해도 있다(양창수(입문), 253 참조).

90) 곽윤직, 108; 현승종, 157 참조.

91) 김형배, 243; 현승종, 157 참조.

92) 같은 취지: 대법원 1999.7.27.선고, 99다13621 판결; 대법원 2002.10.25.선고, 2002다21769 판결; 대법원 2006.2.10.선고, 2003다15501 판결.

적으로 하여 계약이 무효인 경우에는 이행에 갈음하는 전보배상(이행이익의 배상)을 청구할 수 없으며, 제535조의 규정에 따른 계약체결상의 과실을 이유로 신뢰이익의 배상을 청구하는 것만이 가능하다'는 입장을 취하고 있다(대법원 1975.2.10.선고, 74다584 판결 등).[94] 또한 판례는 '채무불이행의 효과로서 계약해제와 아울러 손해배상을 청구하는 경우에는 이행이익의 배상을 청구하는 것이 원칙이지만, 그에 갈음하여 신뢰이익의 배상을 구할 수도 있다'는 입장을 확립하고 있다(대법원 2002.6.11.선고, 2002다2539 판결 등). (☞ 계약법 편, 제1장 제4절 「계약의 해제와 해지」)

▪ **채무불이행을 이유로 계약해제와 아울러 손해배상을 청구하는 경우, 신뢰이익의 배상을 구할 수 있는지 여부**(적극) **및 그 신뢰이익의 배상의 범위** 채무불이행을 이유로 계약해제와 아울러 손해배상을 청구하는 경우에 그 계약이행으로 인하여 채권자가 얻을 이익 즉 이행이익의 배상을 구하는 것이 원칙이지만, 그에 갈음하여 그 계약이 이행되리라고 믿고 채권자가 지출한 비용 즉 신뢰이익의 배상을 구할 수도 있다고 할 것이고, 그 신뢰이익 중 계약의 체결과 이행을 위하여 통상적으로 지출되는 비용은 통상의 손해로서 상대방이 알았거나 알 수 있었는지의 여부와는 관계없이 그 배상을 구할 수 있고, 이를 초과하여 지출되는 비용은 특별한 사정으로 인한 손해로서 상대방이 이를 알았거나 알 수 있었던 경우에 한하여 그 배상을 구할 수 있다고 할 것이고, 다만 그 신뢰이익은 과잉배상금지의 원칙에 비추어 이행이익의 범위를 초과할 수 없다. (대법원 2002.6.11.선고, 2002다2539 판결)[95]

(iii) **학설·판례의 검토** 이행이익과 신뢰이익의 개념은 손해의 분류라기보다는 손해의 객체인 피침해이익의 분류에 지나지 않는다. 또한 이행이익과 신뢰이익은 동일한 평면에서 같은 기준으로 비교할 수 없는 차원이 다른 개념이기 때문에, 손해를 「이행이익의 손해」와 「신뢰이익의 손해」로 분류하는 것은 '무의미한 동어반복(同語反覆)에 지나지 않는다'는 비판론의 지적은 기본적으로 타당하다. 그러나 이행이익과 신뢰이익의 개념을 구별하는 것이 전혀 무익하다고 할 수는 없으며, 신뢰이익은 이행이익과는 전혀 다른 관점에서 채무불이행으로 인한 손해배상의 대상인 피침해이익의 성질을 파악하기 위한 이론적 도구로서 효용가치가 큰 개념이라고 생각된다. 다만, 채무불이행의 효과로서의 손해배상채무는 계약의 유효한 성립을 전제로 하여 인정되는 본래의 채무와 동일성이 인정되는 것이라는 점에서, 독일민법과 같이 '이행이익의 배상에 갈음하여 지출된 비용의 배상을 청구할 수 있다'는 명문규정(BGB

93) 「신뢰이익의 배상」에 관한 판례의 분석은 김동훈, "이행이익과 신뢰이익에 관한 판례의 분석", 판례월보 358호(판례월보사, 2000/7), 55 이하; 김재형, "계약의 해제와 손해배상의 범위 -이행이익과 신뢰이익을 중심으로-", 인권과 정의 320호(대한변호사협회, 2003/4), 68 이하; 고종영, "계약해제와 손해배상 -손해배상의 성질과 범위에 관한 실무적 고찰-", 법조 52권 3호(법조협회, 2003/3), 5 이하 참조.

94) 같은 취지: 대법원 1971.6.22.선고, 71다792 판결.

95) 판례평석: 김동훈, "이행이익과 신뢰이익" 고시연구 29권 11호, 2002/11, 202 이하; 同, "손해배상의 범위를 정하는 데 신뢰이익의 개념은 유용한가", Jurist 386호(청림인터렉티브, 2002/11), 69 이하; 박동진, "신뢰이익의 배상", 「로스쿨계약법」(청림출판, 2006/3), 299 이하. 같은 취지: 대법원 2003.10.23.선고, 2001다75295 판결; 대법원 2006.2.10.선고, 2003다15501 판결; 대법원 2007.1.25.선고, 2004다51825 판결.

§284)[96]을 두고 있지 아니한 '우리 민법의 해석론으로서 계약의 무효(채무의 부존재)를 전제로 하는 신뢰이익의 배상을 채무불이행의 일반적 효과로 인정하고 있는 판례의 입장은 이론상 용인될 수 없다'는 비판[97]을 면하기 어렵다. 물론 '손해배상의 편의'라는 실무적 관점에서 판례의 입장을 이해할 수 없는 것은 아니지만, 우리 민법의 해석론으로서는 신뢰이익의 배상은 법률이 명확하게 규정한 경우에 한하여 인정되어야 할 것이다.

b) 신뢰이익의 배상이 문제되는 경우 : 현행민법상 신뢰이익의 배상 여부가 문제되는 경우는 네 가지이다. 우선 ① 민법은 제535조에서 원시적 불능을 목적으로 하는 계약에 있어서의 계약체결상의 과실책임으로서 "그 계약의 유효를 믿었음으로 인하여 받은 손해"의 배상을 명문으로 규정하고 있는바, 이 경우에 손해배상이 신뢰이익의 배상을 가리키고 있다는 것은 의문의 여지가 없다. 한편 ② 민법은 제580조에서 '특정물매도인의 하자담보책임의 내용으로 "손해배상"을 규정하고 있는데, '여기서의 "손해배상"을 신뢰이익의 배상이라고 해석할 것인가?' 하는 문제에 대해서는 복잡한 견해의 대립이 있다. (☞ 계약법 편, 제2장 제2절 「매매계약」) 또한 ③ 제135조 제1항 소정의 「무권대리인의 손해배상책임」은 이행이익의 배상이라고 보는 것이 통설적 견해이나, '이를 신뢰이익의 배상이라고 보아야 할 것이 아닌가?' 하는 의문이 제기되고 있으며, ④ '계약해제의 효력에 관한 통설·판례의 입장인 「직접효과설」에 따르면 해제로 인하여 계약은 소급적으로 소멸하는 것이므로, 계약해제 시의 채무자의 손해배상책임(551조)은 신뢰이익의 배상이라고 하는 것이 옳지 않은가?' 하는 의문도 제기되고 있다. (☞ 계약법 편, 제1장 제4절 「계약의 해제와 해지」)

여기서 이들 문제에 대해서 상술하는 것은 적당치 않으므로 설명을 생략하기로 한다. 다만, 채무자는 손해배상을 통하여 채무가 완전히 이행되었더라면 채권자가 누리고 있었을 이익상태를 실현시켜 주어야 할 법률상의 책임이 있기 때문에, 채무불이행으로 인한 손해배상은 원칙적으로 이행이익의 배상을 내용으로 하는 것이라는 점을 다시 한 번 강조하고자 한다. 이론상으로도 채무불이행책임은 본래의 채무의 연장으로서 본래의 채무와 동일성을 가진다는 점에서, 이러한 법리는 손해배상에 관한 민법의 해석상 당연한 것이다. 참고로 「유럽계약법원칙」은 「이행이익 배상의 원칙」을 명문으로 규정하고 있다(PECL Art. 9. 502).[98]

---

96) 독일민법 제284조(무익하게 지출된 비용의 배상) 채권자가 급부의 획득을 신뢰하여 비용을 지출하였고 또한 그 지출이 상당한 것이었던 경우에는, 채권자는 급부에 갈음하는 손해배상 대신에 지출한 비용의 배상을 청구할 수 있다. 다만, 채무자의 의무위반이 없었더라도 비용지출의 목적이 달성될 수 없었던 경우에는 그러하지 아니하다.

97) 김재형, 전게논문(주 93), 68 이하 참조.

98) PECL Art. 9: 502(손해배상의 일반적 표준) 손해배상의 일반적인 표준은 권리를 침해당한 당사자로 하여금 만약 계약이 적절하게 이행되었더라면 있었을 상태에 가능한 한 가까운 상태로 만들 수 있는 금액이다. 이 손해배상은 권리를 침해당한 당사자가 입은 손실과 그가 상실한 이익을 포함한다.

판례도 '채무불이행으로 인한 손해배상은 원칙적으로 이행이익의 배상'이라는 입장을 취하고 있다. 즉, 판례는 '타인의 권리를 매매한 경우에 매도인은 불능 당시의 시가를 표준으로 그 계약이 완전히 이행된 것과 동일한 경제적 이익을 배상할 의무가 있다'는 입장을 확립하고 있으며(대법원 1967.5.18.선고, 66다2618 전원합의체판결 등),[99] 매매목적토지의 진정한 소유자가 제기한 소유권이전등기말소청구 사건의 승소판결이 확정됨으로써 매도인이 매수인에게 손해배상책임을 부담하게 된 사례에서, 대법원은 '매도인의 매수인에 대한 손해배상액은 위 매매계약 당시 토지의 장래 예정되어진 형상이며, 이행불능 당시의 형상인 아파트 부지로 조성중인 상태를 기준으로 산정하여야 한다'고 판시한 바 있다(대법원 2004.12.9.선고, 2002다33557 판결).

■ **타인의 권리를 매매하였으나 이행불능이 된 경우에 매수인이 받을 손해배상의 범위** 매수인이 매매목적 토지를 비롯한 그 일대의 토지에 대단위 아파트단지를 건설할 계획을 확정하여 이를 추진하기 위하여 매도인과 매매계약을 체결하게 되었고, 실제로도 그러한 사업을 추진하였다는 점 등과 그 매매대금은 매도인이 원래 매수한 대금의 수십 배에 달하는 액수라는 사정 등을 고려하여 보면, 매도인은 매매계약 체결 당시에 위 토지를 비롯한 그 일대의 토지에 대단위 아파트단지가 건설될 것이라는 사정을 잘 알면서 이로 인한 지가상승을 반영하여 매매대금을 정하였다고 보아야 할 것이고, 따라서 매도인이 매수인에게 배상할 손해액은 위 매매계약 당시 그 토지의 장래 예정되어진 형상이며 이행불능 당시의 형상인 아파트 부지로 조성중인 상태를 기준으로 산정하여야 한다. (대법원 2004.12.9.선고, 2002다33557 판결)[100]

참고로 「2013년 민법개정시안」은 채무불이행의 경우에도 채권자가 지출비용의 배상을 청구할 수 있음을 내용으로 하는 명문규정을 민법전에 신설할 것을 제안한 바 있다(동 개정시안 392조의2).[101] 이는 독일민법 제284조를 모범으로 한 것인데,[102] 그 법이론적 근거는 희박하지만, 손해배상소송에 있어서의 손해산정의 실무상의 편의를 위한 것이라고 이해할 수 있다.

2) 현실적 손해의 발생

채무불이행이 성립한 경우에도 손해가 발생하지 않으면 손해배상을 청구할 수 없으며, 채무불이행으로 인한 손해배상책임은 채권자가 현실적으로 확실한 손해를 입은 경우에 한하여 인정된다. 따라서 채무불이행으로 인하여 채권자가 제3자에 대하여 채무를 부담하게 된 경우에, 제3자에 대한 채무부담액을 손해배상으로 청구하기 위해서는 제3자에 대한 채무부담이 현실적·확정적이어서 실제로 변제하여야 할 성질의 것이어야 한다(대법원 1992.11.27.선고, 92다29948 판결 등).[103] 다만, 현실적으로 손해가 발생하였는지의 여부는 사회통념에 비추어 객관

---

99) 같은 취지: 대법원 1980.3.11.선고, 80다78 판결; 대법원 2004.12.9.선고, 2002다33557 판결.
100) 판례평석: 김평우, "매도인의 권리담보책임", 판례연구 19집 1호(서울지방변호사회, 2005/9), 83 이하.
101) 「2013년 민법개정시안」 **제392조의2(지출비용의 배상) 채무불이행의 경우에 채권자는 채무가 이행될 것을 믿고 지출한 비용의 배상을 청구할 수 있다. 그러나 그 배상액은 채무가 이행되었다라면 받았을 이익액을 넘지 못한다.**
102) 김재형, 전게논문(주 51), 595~599 참조.

적이고 합리적으로 판단하여야 한다(대법원 2001.7.13.선고, 2001다22833 판결 등).[104]

문제는 '구체적으로 어떤 경우에 사회통념상 현실적으로 손해가 발생하였다고 인정할 것인가?' 하는 것인데, 대법원은 ① 부동산교환계약의 일방당사자의 채무불이행으로 인하여 상대방이 제3자로부터 소송을 제기당하여 패소판결을 선고받고 다른 부동산을 가압류당한 경우(대법원 2001.7.13.선고, 2001다22833 판결), ② 매도인이 매매부동산을 담보로 대출받고 매수인이 그 반환채무를 매매대금 중 일부의 지급에 갈음하여 인수하기로 하였으나, 매도인이 약정금액보다 많은 금액을 대출받고서 그 초과대출금을 변제하지도 않은 채 매수인에 대하여 잔금 전액에 대한 지급청구권을 행사하는 경우에 그 초과대출금채무 상당액(대법원 1998.4.24.선고, 97다28568 판결), ③ 등기관의 직무상 과실로 위법하게 이루어진 등기부상 기재를 믿고 법률상 또는 계약상 지급할 의무가 없는 금원을 지급한 사실이 인정된 경우(대법원 2009.3.12.선고, 2007다76580 판결)에는 사회통념상 현실적으로 손해가 발생하였다고 인정한 바 있다.

그러나 대법원은 '① 매매대금에 갈음하여 대물변제하기로 약정한 부동산에 채권자의 승낙 없이 채무자가 임의로 근저당권설정등기·담보가등기·전세권설정등기 등을 경료하였다는 사정만으로 채권자가 그 매매대금 상당액의 손해를 현실적으로 입었다고 단정할 수 없으며, 매매부동산에 제3자 명의의 소유권이전등기청구권 보전을 위한 가등기가 경료되었다는 사정만으로 곧바로 매수인이 매매대금 상당의 손해를 입었다고 볼 수는 없고, 매매목적물에 관하여 제3자에게 근저당권설정등기, 가등기 등이 경료된 경우라도 그 후 그 피담보채무가 존재하지 않는 것으로 밝혀지거나 등기 자체가 말소된 때에는, 매수인이 그 피담보채무 또는 매매대금 상당의 손해를 현실적으로 입었다고 볼 수 없다'고 판시한 바 있으며(대법원 1998.8.25.선고, 97다4760 판결), ② '집행법원의 과실로 채권가압류결정정본이 제3채무자에게 송달되지 아니하였다는 사유만으로는 가압류의 효력이 생기지 아니한 채권액 상당의 손해가 현실적으로 발생하였다고 할 수 없다'고 판시한 바 있다(대법원 2003.4.8.선고, 2000다53038 판결). ③ '제3채무자가 변제공탁을 하면서 공탁원인사실에 가압류채권자의 가압류에 관한 기재를 누락함으로 인하여 그 후 이루어진 공탁금에 대한 배당절차에서 가압류채권자가 배당을 받지 못하였다고 하더라도, 그러한 사유만으로 가압류채권자에게 그 배당을 받지 못한 금액 상당의 손해가 현실적으로 발생하였다고 할 수 없다'고 한다(대법원 2004.11.26.선고, 2003다58959 판결).[105]

---

103) 같은 취지: 대법원 1998.4.24.선고, 97다28568 판결; 대법원 1998.8.25.선고, 97다4760 판결; 대법원 2001.7.13.선고, 2001다22833 판결; 대법원 2003.4.8.선고, 2000다53038 판결.

104) 판례평석: 박동진, "채무불이행에 있어서 손해와 확정", 「로스쿨계약법」(청림출판, 2006/3), 294 이하.

105) 판례평석: 송평근, 대법원판례해설 51호(법원도서관, 2005/6), 333 이하.

3) 손해의 발생에 대한 증명책임

채권자가 손해배상을 청구하기 위해서는 손해의 발생 및 구체적인 손해액을 증명하여야 한다. 그러나 이러한 원칙에는 몇 가지 예외가 있다. 즉, ① 금전채무불이행으로 인한 손해배상에 관하여는 채권자는 손해의 증명을 요하지 아니하고 채무자는 과실 없음을 항변하지 못한다(397조 2항). (☞ 제1장 제5절 「금전채권」) ② 손해배상액의 예정(398조 1항)은 손해발생의 예정을 포함한다고 해석하여야 하므로, 당사자가 채무불이행에 관한 손해배상액을 예정한 경우에는 채권자는 손해의 발생을 증명할 필요가 없다(대법원 1975.3.25.선고, 74다296 판결 등).[106]

(2) 채무자의 귀책사유

1) 과실책임주의

민법은 '이행불능으로 인한 채무불이행책임의 성립요건으로서 채무자의 귀책사유, 즉 고의 또는 과실이 필요하다'는 점을 명문으로 규정하고 있다. 즉, 민법은 제390조 단서에서 이행불능으로 인한 손해배상책임의 발생요건으로 채무자의 "고의나 과실"이 필요하다는 점을 규정함과 아울러, 제546조에서는 채무자의 이행불능을 이유로 계약을 해제하기 위해서는 채무자의 "책임 있는 사유"가 필요하다는 점을 명문으로 규정하고 있다(546조). 그러나 민법은 이행지체로 인한 채무불이행책임에 관하여서는 채무자의 고의 또는 과실이 필요한지 여부에 대하여 명확한 규정을 두고 있지 않다(387조, 390조, 544조). 학설 중에는 이 점을 들어 '우리 민법의 해석상 이행지체로 인한 채무불이행책임은 채무자의 귀책사유가 없어도 성립한다'고 해석하는 견해도 있다. 그러나 이행불능의 경우와 마찬가지로 '이행지체로 인한 채무불이행책임(강제이행·손해배상·계약해제)도 채무자의 귀책사유를 요건으로 하는 과실책임'이라고 해석하는 것이 통설·판례의 입장이며, 타당하다는 점에 대해서는 전술한 바와 같다. (☞ 제1절 「채무불이행의 유형」)

2) 채무자의 귀책사유 : 고의·과실

채무자의 귀책사유라 함은 채무자의 고의·과실을 의미한다. 이에 대해서도 이미 상술한 바 있으므로 여기서는 설명을 생략하기로 한다. (☞ 제1절 채무불이행의 유형)

3) 책임능력

채무불이행책임은 채무자의 귀책사유를 요하므로, 채무자의 책임능력이 당연히 전제된다고 해석하는 것이 통설적 견해이다.[107] 그러나 불법행위의 경우와 달리 채무불이행책임에 있어서는 책임능력이 문제되기 이전에 이미 행위능력이나 귀책사유의 단계에서 대부분 해결되기 때

106) 판례평석: 김현태, "채무불이행에 관한 손해배상액의 예정", 서울대법학(판례회고 4호)(서울대법학연구소, 1976/9), 83 이하. 같은 취지: 대법원 2000.12.8.선고, 2000다50350 판결.
107) 민법주해(9)/양창수, 369; 곽윤직, 80; 김상용, 115; 김증한/김학동, 88; 현승종, 117 참조.

문에, 원칙적으로 법률행위가 성립한 이후에 책임무능력자가 된 극히 예외적인 경우에 한하여 책임능력이 문제될 수 있을 뿐이다.[108] 그러므로 '채무자가 법률행위 성립 이후에 책임무능력자가 된 예외적인 경우에는 채무불이행책임의 성립요건으로 책임능력이 필요하다'고 해석하여야 할 것이며,[109] 후술하는 바와 같이, 본질상 불법행위에 해당하는 불완전이행으로 인한 「적극적 채권침해」를 채무불이행의 독립적인 유형으로 인정하는 경우에는, 미성년자의 책임능력에 관한 제753조와 심신상실자의 책임능력에 관한 제754조의 규정이 이 경우에 유추적용되어야 할 것이다. 또한 책임무능력자의 법정대리인이 채무를 이행하여야 하는 경우에는 제391조에 의하여 본인인 책임무능력자에게 채무불이행책임이 발생한다.

(3) 위법성

'채무불이행의 경우 위법성은 추정되므로, 특별한 위법성조각사유가 존재하지 않는 이상 위법성의 요건은 문제되지 않는다'는 것이 통설·판례의 입장이라는 점, 이러한 통설·판례의 입장에 대해서는, '동시이행의 항변권이나 유치권은 위법성을 조각하는 것이 아니라 귀책사유 자체가 없는 경우에 해당한다'는 비판론이 제기되고 있다는 점에 대해서는 제1절에서 상술한 바 있으므로 여기서는 설명을 생략하기로 한다. (☞ 제1절 채무불이행의 유형)

(4) 인과관계의 존재

채무자의 손해배상책임이 발생하기 위하여서는 채무불이행 또는 가해행위(적극적 채권침해 또는 불법행위의 경우)와 손해의 발생 사이에 인과관계가 있어야 한다. 다만, 불법행위로 인한 손해배상책임의 경우에는 「개연성설」 등에 의하여 인과관계에 관한 증명책임이 현저히 완화되거나 전환되는 영역이 있다. (☞ 불법행위 편, 제2장 제4절 「손해의 발생」)

4. 손해배상의 범위

(1) 문제의 소재

손해배상은 불법한 원인으로 발생한 손해를 피해자 이외의 자가 전보하는 것이므로, 손해배상의 범위는 손해의 범위와 일치한다. 그런데 전보되어야 할 손해의 범위는 재산적 손해·비재산적 손해, 적극적 손해·소극적 손해를 불문하고 가해원인과 인과관계가 있는 손해로 한정되어야 할 것이므로, 손해배상의 범위는 결국 인과관계의 인정 여부의 문제로 귀착된다. 설례를 들어 손해배상의 범위와 인과관계의 관계를 살펴보기로 한다.[110]

---

108) 민법주해(9)/양창수, 370 참조.
109) 同旨: 상게서, 370 참조.
110) 이 설례는 內田貴, 147에서 인용한 것임.

〈설례〉 A는 B로부터 주택을 매수하였다. 그런데 주택의 인도가 약정된 이행기일보다 1년이나 늦어지는 바람에 A는 할 수 없이 다른 주택을 임차하여 살게 되었다. ① 그로 인하여 지급하지 않아도 될 차임을 매월 100만원씩 지급하였고, ② 임차주택이 자녀 C의 학교와 A의 직장과 멀리 떨어진 곳이 위치하여 통학 및 통근에 추가비용이 매월 10만원씩 발생하였다. 한편, ③ 임차주택의 인근에 조직폭력배가 이사 와서 혐오스러운 행동을 하는 바람에 A의 모친이 노이로제에 걸려 병원에 입원치료를 받게 되어 치료비 200만원이 소요되었으며, ④ 임차주택의 인근에서 발생한 원인모를 화재에 인화되어 임차주택의 일부가 소실되었으며, 이로 인하여 1,000만원 상당의 A의 가구 등이 소실되는 손해를 입었다. 또한, ⑤ 이로 인한 쇼크로 C가 대학입시에 실패하여 금전으로 환산할 수 없는 손해가 발생하였다. A는 B에게 이러한 손해의 배상을 청구할 수 있는가?

위 <설례>에서 보듯이, 채무불이행과 사실적 인과관계가 있는 채권자(A)의 손해는 무한히 확대될 수 있다. 그러나 채무불이행과 사실적 인과관계가 있다고 하여 확대된 손해를 전부 채무자에게 책임지우는 것은 적절하지 않다. 따라서 채무자에게 귀속시켜야 할 손해의 범위를 타당한 범위로 제한할 필요가 있다.

전술한 바와 같이, 독일민법은 「차액설」에 의하여 손해의 개념을 통일적으로 파악하고 채무불이행으로 인하여 발생하는 모든 손해를 배상할 것을 내용으로 하는 완전배상주의를 채택하고 있는데(BGB §249 I),[111] 그 결과로서 인과관계의 존재 여부가 손해배상의 범위를 결정하는 데 중심적인 역할을 하게 되었으며, 특히 「상당인과관계론」에 의하여 손해배상의 범위를 결정하는 법체계를 취하고 있다.

이러한 독일민법학의 손해배상책임에 관한 이론체계는 일본민법학에 큰 영향을 미쳐 일본의 통설·판례가 되었으며, 간접적으로 우리 민법학의 통설·판례의 형성에 큰 영향을 미쳤다. 그러나 우리 민법은 독일민법과 달리 손해의 개념을 「차액설」에 의하여 파악하여야 한다는 근거규정을 두고 있지 않을 뿐만 아니라, 제393조에서 채무불이행으로 인한 손해배상의 범위를 「통상의 손해」로 제한하고, 특별한 사정으로 인하여 발생한 손해(특별손해)는 채무자가 그 사정을 알았거나 알 수 있었을 경우에 한하여 그 배상을 인정하고 있다. 나아가 우리 민법은 제763조에서 불법행위로 인한 손해배상의 범위에 관하여서도 제393조를 준용함으로써 '손해배상의 범위에 관한 한 가해원인을 불문하고 가해원인과 인과관계가 있는 손해 중에서 통상의 손해에 한하여 배상한다'는 이른바 「제한배상주의」의 원칙을 채택하고 있다. 그럼에도 불구하고 국내의 학설 중에는 '손해배상의 범위를 통상손해로 제한하고 있는 제393조는 독일민법학의 「상당인과관계론」을 입법화한 것'이라고 해석하는 견해가 있다. 그러나 우리 민법 제393조는 구 의용민법(일본민법) 제416조의 규정[112]을 거의 그대로 계승한 것인데, 구

111) 전게 주 41참조.

112) 일본민법(구 의용민법) 제416조 : ① 손해배상의 청구는 채무의 불이행으로 인하여 통상 생기는 손해를 배상하도록 하는 것을 그 목적으로 한다. ② 특별한 사정으로 인하여 생긴 손해라고 하더라도 당사자가 그 사정을 예견하였거나 예견할 수 있었던 때에는 채권자는 그 배상을 청구할 수 있다.

의용민법 제416조는 독일의 「상당인과관계론」을 입법화한 것이 아니라, 영국의 Hadley v. Baxendale 사건(1854) 판결[113]에서 유래된 것으로서, 독일민법학의 상당인과관계론과는 전혀 관계없는 규정이라는 것이 최근의 연구결과로 밝혀진 바 있다. 그러므로 '우리 민법 제393조가 「상당인과관계론」을 입법화한 것'이라는 주장은 우리 민법의 입법연혁과 부합하지 않는 부당한 견해라고 할 것이다. 참고로 일본의 「민법수정안이유서」는 일본민법(구 의용민법) 제416조의 입법이유를 다음과 같이 기술하고 있다(밑줄은 저자 주).[114]

> (이유) 손해배상의 금액을 정하는 표준에 대하여는 여러 나라의 입법례가 구구하여 용이하게 그 가부를 판별하기 어렵다. 본조는 기성법전 재산편 제385조[115]에 수정을 가하여 이 표준을 적당히 지정하는 것으로서, 우선 채권자가 받은 손해와 채무불이행과는 원인 결과의 관계를 가지지 않으면 안 된다는 것은 명확하지만, 이 관계는 직접적인 것임을 요하는가, 그렇지 않으면 간접적인 관계도 포함하는가 하는 것을 법문에 기재하는 것은 오히려 착잡함을 증가시키는 데 불과하다면, 이와 같은 구별을 그만두고 단지 채권자로 하여금 손해와 불이행과 사이에 인과관계가 있음을 증명할 수 있다면 이에 배상청구권을 인정하여야 한다는 주의를 취한, 즉 채무자는 채무의 불이행으로 인하여 통상 발생하는 손해를 배상하여야 할 것으로 한 것이다.
>
> 다음으로 기성법전은 채권자의 손해가 채무자의 의사에 기한 경우와 그렇지 아니한 경우를 구별하여 배상액의 표준을 정하고, 약간의 입법례는 다시 악의, 중과실 및 경과실과 같이 계급을 구별하여 이에 따라서 채무자책임의 정도를 달리하지만, 채무관계에 기하여 채무자로 하여금 배상을 하도록 함에 있어서 채무자의 도의상 또는 심리상의 상황에 따라서 그 표준을 정하는 것은 결코 손해를 입은 채권자를 만족시키는 배상의 본지에 적합한 것이라고 말할 수 없을 것이다. 채무자의 도의상의 책임의 경중은 재판관이 그 국면에서 적절하게 이를 참작하여야 할 것이지, 특별히 이를 법문에 명시할 필요는 없다. 법률의 정면에 있어서는 손해배상의 표준은 첫째로, 채권자가 받은 손해에 의함으로써 정당하다 할 것이므로, 본안은 기성법전의 주의를 바꾸어 채무자의 악의 또는 해태에 기하여 배상액의 표준을 정하는 것을 그만두고 단지 채권자가 채무의 불이행으로 인하여 입은 손해에 비추어 배상액을 정하여야 할 것으로 하였다. 따라서 기성법전 재산편 제385조 제3항의 규정은 이를 삭제하였으나, 동항의 정신은 오히려 널리 이를 인정하여, 적어도 채권자로 하여금 원인·결과의 관계를 증명하는 한에는 채무자의 선의임과 악의임을 묻지 아니하고 채무자로 하여금 손해배상의 책임을 지도록 하는 것은 이미 설명한 바로서, 손해를 예견할 수 있는 것인가 아닌가는 굳이 묻지 않는 바이다.
>
> 기성법전은 배상의 범위에 대하여 예견하거나 예견할 수 있었던 손해를 구별하고, 이 예견이라는 것은 합의 당시에 있어서 이를 정하는 것이지만, 너무 지나치게 좁은 규정이라고 하지 않을 수 없다. 왜냐하면 예견의 사실은 오로지 손해 그 자체에 그치지 않으며, 또는 합의의 당시에 한정되지 않고 오히려 채무자가 손해를 발생시킬 사정을 예견하거나 예견할 수 있었던 때 및 합의 후에 있어서 이를 예견하거나 예견할 수 있었던 때라고 하더라도 손해배상의 책임을 지는 것은 당연하다. 그래서 이 사정이 손해의 통

113) 다만, 이 판결은 영국의 선례에 따른 것이 아니라 프랑스민법 제정에 큰 영향을 미친 민법학자 뽀띠에(Pothier)의 이론에 따른 것이라고 한다(平井宜雄, 「損害賠償法の理論」, 東京大學出版會, 1982, 156 참조).

114) 「民法修正案理由書」, 405~407 참조.

115) 일본구민법 재산편 제385조 : ① 손해배상은 채권자가 입은 손실의 상금(償金) 및 그 잃은 이득의 전보를 포함한다. ② 그렇지만 채무자의 악의 없는 해태로 인하여 발생한 불이행 또는 지연에 대하여서는 손해배상은 당사자가 합의 당시에 예견하거나 예견할 수 있었던 손실과 이득의 상실만을 포함한다. ③ 악의의 경우에 있어서는 예견할 수 없었던 손해라고 하더라도 불이행으로부터 발생하는 결과로서 피할 수 없었던 것인 때에는 채무자가 그 배상을 부담한다.

상의 원인인 경우에 있어서 채무자가 위 범위에서 배상의 책임을 져야할 것임은 이미 본조 제1항의 규정으로 인하여 의문이 없는 것이지만, 그 사정이 특별한 사정에 속하고 손해의 통상의 원인이라고 인정할 수 없는 때에는 채무자가 가령 채무자가 이 사정을 예견하거나 예견할 수 있었던 때라고 하더라도 배상책임이 없다고 말하지 않을 수 없다. 이것이 바로 본조 제2항의 명문을 둔 이유로서 특별한 사정이라고 하더라도 당사자가 이를 예견하거나 예견할 수 있었던 때에는 이 사정으로부터 발생한 손해의 배상을 청구할 수 있음을 인정하는 것이다.
그 밖에 기성법전 재산편 제385조 제1항은 다수의 입법례에 따라서 손해배상은 채무자가 입은 손실 및 그 잃은 이득의 전보에 미치는 것을 규정하였으나, 단지 손해라고 말할 수 있는 것은 적극적 손해, 즉 현재 입은 손실 및 소극적 손해, 즉 잃은 이득을 당연히 포함하여야 할 것이므로, 이를 삭제하였다.

즉, 입법자의사에 따르면, ① 일본민법(구 의용민법) 제416조는 일본구민법 재산편 제385조의 규정을 수정한 것으로서, 일본구민법이 채무자의 선의·악의, 과실의 유무에 따라 손해배상의 범위를 달리하는 것으로 규정하고 있었던 것을 선의·악의를 불문하고 채무불이행을 원인으로 하여 발생한 통상적 손해는 채무자가 배상책임을 져야 하는 것으로 수정한 것이다. ② '이러한 원칙에 따르면 손해발생의 통상적인 원인이라고 할 수 없는 특별한 사정으로 인하여 발생한 손해는 채무자가 그러한 사정을 예견하거나 예견할 수 있었던 때라고 하더라도 배상책임이 없다는 결론이 되므로, 제2항에서 명문규정을 두어 채무자가 특별한 사정을 예견하거나 예견할 수 있었던 때에는 채무자에게 손해배상책임이 있음을 인정하고자 한 것'이다.

이러한 일본민법(구 의용민법)의 입법자의사를 우리 민법의 입법자의사로 볼 수 있는지의 여부는 논란의 여지가 있을 수 있으나, 일본민법이 손해배상범위를 통상적 손해의 범위로 제한하고자 한 것임은 분명하며, 이를 거의 그대로 계승한 우리 민법의 손해배상법도 '차액설에 의하여 파악한 손해를 전부 배상하여야 한다는 「완전배상주의」을 취하되, 상당인과관계가 인정되는 범위 내로 손해배상의 범위를 축소·제한하여야 한다'는 독일민법의 손해배상법과는 그 이론체계를 전혀 달리한다고 보아야 할 것이다. 그럼에도 불구하고 독일민법학의 압도적인 영향하에 있었던 과거의 일본민법학에서는 완전배상주의하에서 법적 인과관계의 개념을 통하여 손해배상의 범위를 제한하기 위하여 창안된 이론인 「상당인과관계론」에 따라서 일본민법 제416조를 해석하여 왔으며, 심지어는 '일본민법 제416조는 독일민법학의 상당인과관계론을 입법화한 것'이라는 해석론까지 등장하였다.[116] '우리 민법 제393조는 상당인과관계설을 입법화한 것'이라고 주장하는 국내의 일부 학설의 주장도 이러한 일본의 일부학설의 영향을 받은 것임은 물론이다. 그러나 상당인과관계론에 따라서 제393조를 해석하는 종래의 통설적인 견해에 대해서는, '상당인과관계론은 완전배상주의를 취하고 있는 독일민법하에서 인

116) 일본민법학에 있어서의 손해배상범위에 관한 인과관계론의 상세는 양삼승, 전게논문(주 40), 79 이하 참조.

과관계를 통하여 손해배상의 범위를 제한하기 위하여 제기된 이론이므로, 손해배상의 범위를 통상손해로 한정하는 제한배상주의를 취하고 있는 우리 민법의 해석론으로서는 부적절하다' 는 비판론이 제기되고 있다.[117] 다만, 많은 노력에도 불구하고 아직까지는 종래의 통설적 견해인 「차액설」과 「상당인과관계론」을 대체할 만한 새로운 손해배상법의 이론체계가 확립되고 있지 못한 실정이다.

이하에서는 인과관계에 관한 종래의 이론과 이에 대한 비판론으로 제기된 이론들을 살펴본 후, 우리 민법 제393조의 해석론으로서 타당한 이론체계를 모색하여 보기로 한다.

(2) 인과관계론

채무불이행으로 인하여 발생한 손해 중 배상되어야 할 것은 채무불이행과 원인과 결과의 관계, 즉 인과관계(因果關係)가 있는 손해에 한정되어야 할 것임은 당연하다. 그런데 「법률상의 인과관계」(juristische Kausalität)는 가치판단의 문제가 개입되게 마련이라는 점에서 자연법칙상의 인과관계와는 차이가 있다. 즉, 법률상의 인과관계에 있어서는 'A사실과 B사실 사이에 B사실을 A사실의 결과라고 보는 것이 과연 타당한가?'라는 사회적 가치판단이 개재된 귀책유형이 존재하게 마련이라는 것이다. 우리 민법이 제393조에서 손해배상의 범위를 "통상의 손해"로 제한하고 있는 것도 결국은 '채무불이행과 통상적인 인과관련을 갖는 손해로 채무자에 대한 귀책의 범위를 제한하겠다'는 우리 사회의 가치판단의 표현이라고 할 수 있다. 문제는 '구체적으로 법률상의 인과관계를 어떻게 이론구성할 것인가?' 하는 것인데, 이에 관해서는 견해가 일치하지 않고 있다.

1) 학 설

(가) 조건설(Bedingungstheorie)

이는 '원인 A와 결과 B 사이에 만약 A가 없었다면 B라는 결과도 발생하지 않았을 것이라는 관계(conditio sine qua non)가 성립된다면, 원인 A는 결과 B에 대하여 조건이 되므로, A와 B 사이에는 인과관계가 인정된다'는 이론이다. 이를 「등가설(等價說)」(Äquivalenztheorie)이라고도 한다. 이 설은 자연과학적 인과관계론으로서 채무불이행과 자연법칙상의 인과관계(조건관계)가 인정되는 손해를 모두 배상케 하려는 입장이라고 할 수 있다. 그러나 이 설에 따르면 원인과 결과 사이에 우연한 사정이 개재하거나 경합하는 경우(위 <설례>에서 ③~⑤의 경우)에도 인과관계의 성립은 아무런 영향을 받지 않으므로, 채무불이행으로 인한 손해가 무한히 확대되는 것을 막을 수 없다는 문제가 발생한다. 이 점에서 '조건설은 손해의 공평한 분담이라는 견지에서 자연법칙으로서의 인과관계에 일정한 제한을 두어 배상의 범위를 적절하게

---

117) 이러한 비판론에 대해서는 양삼승, 상게논문, 84; 이혁주, "손해배상의 범위에 관한 연구", 법학논문집 14집(중앙대법학연구소, 1990/2), 129 이하 참조.

제한하고자 하는 손해배상제도의 목적에 부합하지 않는다'는 비판을 면하기 어렵다. 또한 다른 한편으로는 자연과학적 인과관계를 의미하는 조건설에 의한 인과관계를 채권자가 소송에서 증명하기가 극히 어려운 경우도 있을 수 있다는 점도 문제가 될 수 있다. 독일에서는 조건설의 이러한 문제점을 해결하기 위하여 그 수정이론으로서 「최후조건설」, 「최유력조건설」 등이 주장되었으나,[118] 조건설의 문제점을 근본적으로 해결하지는 못하였다.

국내 학설 중에는 조건설을 지지하는 견해는 찾아볼 수 없으며, 판례도 '민사분쟁에 있어서의 인과관계는 과학적 인과관계가 아니라 법적 견지에서 본 인과관계'라고 판시함으로써, '조건설에 의하여 인과관계를 판단할 수 없다'는 입장을 확립하고 있다(대법원 1977.8.23.선고, 77다686 판결 등).

▪ **민법상 불법행위책임에 있어서 인과관계** 손해부담을 공평의 원칙에서 결정하려는 민사분쟁에 있어서의 인과관계는 과학적 인과관계를 의미하는 것이 아니므로, 학설상 일반적으로 코레라 예방접종의 피접종자가 유혈환자등인 경우 약 0.004프로의 치명률이 있다는 의학상보고가 있고, 사체부검 결과 사망자가 비특이성 뇌의 울혈부종 및 출혈반점이 있어 그 출혈이 예방접종으로 인한 가능성이 있다고 인정되는 이상, 달리 피해자에게 사인인 뇌출혈상을 일으킬 만한 특별한 사정이 있음을 인정할 자료가 인정될 수 없다면, 법적 견지에서 예방접종과 피접종자의 사망 간에는 인과관계가 있다고 해석하는 것이 타당하다 (대법원 1977.8.23.선고, 77다686 판결)[119]

▪ **산업재해보상보험법 소정의 업무상 재해에 있어서 인과관계의 입증 정도** 산업재해보상보험법 제4조 제1호 소정의 업무상의 재해라고 함은 근로자의 업무수행 중 그 업무에 기인하여 발생한 질병을 의미하는 것이므로, 업무와 사망의 원인이 된 질병 사이에 인과관계가 있어야 하지만, 질병의 주된 발생원인이 업무수행과 직접적인 관계가 없더라도 적어도 업무상의 과로나 스트레스가 질병의 주된 발생원인에 겹쳐서 질병을 유발 또는 악화시켰다면 그 사이에 인과관계가 있다고 보아야 할 것이고, 그 인과관계는 반드시 의학적·자연과학적으로 명백히 입증하여야 하는 것은 아니고, 제반사정을 고려할 때 업무와 질병 사이에 상당인과관계가 있다고 추단되는 경우에도 그 입증이 있다고 보아야 하고, 또한 평소에 정상적인 근무가 가능한 기초질병이나 기존질병이 직무의 과중 등이 원인이 되어 자연적인 진행속도 이상으로 급격하게 악화된 때에도 그 입증이 있는 경우에 포함된다. (대법원 1998.12.8.선고, 98두12642 판결)[120]

▪ **보험약관상 "상해의 직접 결과로 사망하였을 때"의 의미** 민사분쟁에 있어서의 인과관계는 의학적·자연과학적 인과관계가 아니라 사회적·법적 인과관계이고, 그 인과관계는 반드시 의학적·자연과학적으로 명백히 입증되어야 하는 것은 아닌바, 보험약관상의 "상해의 직접 결과로 사망하였을 때"의 의미도

118) 자연적 인과관계론이라고 할 수 있는 「조건설」은 독일민법 제정 당시부터 인과관계의 가능한 해석론의 범주에서 배제되었다고 한다(양삼승, 전게논문(주 40), 76 참조).

119) 같은 취지: 대법원 1969.9.30.선고, 69다1130 판결; 대법원 1995.3.14.선고, 94누7935 판결; 대법원 1997.5.28.선고, 97누10 판결; 대법원 1998.12.8.선고, 98두12642 판결.

120) 사안은 입사 전에 B형간염에 감염된 근로자가 재직 중 간암으로 사망한 사건인데, 대법원은 '총무부장으로 근무하면서 과로와 업무상 잦은 음주가 기존질병인 간염을 자연적인 진행속도를 넘어 간암으로 급격하게 악화시켰다고 볼 여지가 있다'는 이유로, 업무상 재해에 해당하지 않는다고 본 원심을 파기·환송한 사건이다. 같은 취지: 대법원 2001.7.27.선고, 2000두4538 판결; 대법원 2003.11.14.선고, 2003두5501 판결; 대법원 2004.3.26.선고, 2003두12844 판결.

이와 같은 견지에서 이해되어야 한다. (대법원 2000.3.28.선고, 99다67147 판결)[121)]

(나) 상당인과관계설(Adäquanztheorie)

(A) 의 의 이는 '인과관계를 판단함에 있어서 모든 조건이 결과에 대하여 원인이 되는 것이 아니라, 오로지 결과와 상당한 관련이 있는 조건들만이 원인으로 인정된다'는 이론이다. 이는 자연과학적 인과관계론인 조건설과 달리, 일반적 경험이나 개연성에 비추어 행위가 결과를 발생시키기에 적합할 것을 요구한다. 즉, 개개의 경우에 구체적으로 원인과 결과의 관계를 고찰하는 것이 아니라, '동일한 조건이 존재하면 동일한 결과를 발생케 하는 것이 보통인 경우'에 한하여 인과관계를 인정하는 규범적 인과관계론이다. 그런데 손해의 결과는 항상 일정한 사정하에서 발생하는 것이고, 결과발생에 대한 행위의 적합성 내지 개연성에 대한 판단은 '객관적 관찰자'의 입장에서 사후적으로 하게 되므로, 우연한 사정 내지 당해 채무불이행 또는 불법행위에 특유한 사정은 배제하고 일반적 경험칙상 결과발생에 적합하다고 인정되는 사정만을 손해배상책임의 원인으로 인정하게 된다.

「상당인과관계설」은 완전배상주의의 논리구조를 유지하면서 손해배상의 범위를 일정한 범위로 제한하고자 하는 인과관계론으로서, 독일민법 제정 직후인 1904년 트레거(Träger)에 의하여 주장된 이론인데,[122)] 학설과 판례[123)]의 지지를 얻어 한동안 통설적 지위를 유지하였다.[124)] 트레거의 상당인관계설을 요약하면, ① 상당인과관계가 인정되기 위해서는 동종의 결과발생의 객관적 가능성이 있어야 하며, ② 결과발생의 객관적 가능성의 판단은 그 행위 시의 가장 통찰력 있는 인간을 기준으로 하여야 하며, ③ 행위자 자신이 알고 있는 사정이 있으면 이러한 사정도 판단의 전제로 한다는 것이다. 이러한 독일의 상당인과관계설은 일본민법학에 큰 영향을 미쳐서, 독일과 달리 손해배상의 범위를 예견가능성의 유무에 의하여 제한하

121) 사안은 좌측 대퇴부에 산탄총알을 맞아 심한 연부조직 결손과 출혈 등의 증상이 있었고, 사고 발생일로부터 20일 사이에 응급수술과 두 차례의 수술을 받았으며, 마지막 수술일로부터 5일 만에 심근경색으로 갑자기 사망한 사건인데, 대법원은 위 판시와 같은 이유를 들어 '사망자가 위 사고로 인한 상해의 직접 결과로 사망한 것으로 볼 수 있다'고 하였다. 판례평석: 김한용, "민사분쟁에 있어서의 인과관계의 의미와 그 입증의 정도", 대법원판례해설 34호(법원도서관, 2000/11), 191 이하. 같은 취지: 대법원 2002.10.11.선고, 2002다564 판결.

122) Ludwig Träger, Der Kausalbegriff im Straf und Zivilrecht -Zugleich ein Beitrag zur Auslegung des B.G.B., Marburg, 1904. 「상당인과관계설」은 1886년 독일의 생리학자 Johannes v. Kries에 의하여 최초로 주장되었다고 한다(v. Kries, "Die Principien der Wahrscheinlichkeits- rechnung. Eine logische Untersuchung", 1886; derselbe, "Über die Begriffe der Wahrscheinlichkeit und Möglichkeit und ihre Bedeutung im Strafrecht," ZStW 9(1889), S.528 ff.). 이에 대한 상세는 이용식, "상당인과관계설의 이론적 의미와 한계 -상당성의 본질-", 서울대법학 44권3호(서울대법학연구소, 2003), 199 이하 참조

123) BGHZ 3, 261.

124) 독일에서 「상당인과관계설」이 대두되게 된 학설사적 배경에 관하여는 양삼승, 전게논문(주 40), 75 이하 참조.

고 있는 일본민법 제416조[125]의 해석론으로서도 타당한 것으로 인정받았다. 그리고 이러한 독일과 일본의 해석론이 우리 민법학에 그대로 계수되어 통설적 견해가 되었다.

(B) 국내의 상당인과관계설 국내의 통설적 견해는 '채무불이행으로 인한 손해는 언제나 일정한 사정 아래 발생하는 것이므로, 인과관계를 판단함에 있어서 행위와 더불어 그 사정도 고찰의 대상으로 하여야 하며, 상당인과관계설에 따르더라도 상당인과관계 판단시에 어떠한 사정을 고려의 대상으로 할 것인가의 여부에 따라서 고찰대상에서 제외하여야 할 우연한 사정 내지는 특수한 사정의 범위가 달라진다'고 한다. 즉, 어떠한 사정을 상당인과관계를 판단하는 고찰의 대상으로 할 것인가에 관하여, ① '채무불이행 당시에 채무자가 인식한 사정만을 기초로 하여 상당인과관계의 여부를 판단하여야 한다'는 견해(주관설)가 있을 수 있으나, 이는 상당인과관계의 기초로서 고려하여야 할 사정의 범위가 너무 좁아 채무자의 고의책임만을 인정하는 결과가 되므로 부당하며, ② '채무자의 지·부지(不知)를 묻지 않고 제3자인 일반인이 알 수 있는 모든 사정을 기초로 하여 상당인과관계의 여부를 판단하여야 한다'는 견해(객관설)도 있을 수 있는데, 이는 다시 '행위 당시에는 알지 못하였으나 객관적으로 존재하고 있었던 사정도 상당성 판단의 기초로 삼아야 한다'는 견해(객관적 사후징표설)와, '제3자인 일반인이 행위 당시에 알았거나 알 수 있었던 사정만을 상당성 판단의 기초로 삼아야 한다'는 견해(일반적 타당조건설)로 나누어진다. 그러나 '어느 견해에 의하든 상당인과관계를 판단하는 기초로서 고찰하여야 할 사정의 범위가 너무 넓게 되어 채무자에게는 전혀 우연한 사정에 지나지 않는 것도 고려하게 되므로 상당인과관계설의 본래의 취지에서 멀어지는 결과가 되어 부당하다'고 한다. 그러므로 ③ '채무불이행 당시에 보통인(평균인)이 알 수 있었던 사정과, 채무자가 특히 알고 있었던 사정을 함께 고찰의 대상으로 하여야 할 것인데, 이는 채무자가 알고 있었던 사정과 과실로 인하여 알지 못한 사정을 함께 상당인과관계를 판단하는 기초적 사정으로 고려하는 것으로서, 손해배상의 범위에 대한 가장 합리적인 기준이 될 수 있다'고 한다(절충설).[126]

한편 국내의 학설 중에는 일본민법학의 영향으로 '손해배상의 범위에 관하여 규정하고 있는 제393조는 「상당인과관계설」을 입법화한 것'이며,[127] '손해배상의 범위를 통상손해의 한도로 제한하고 있는 제393조 제1항은 상당인과관계의 원칙을 규정한 것이고, 특별한 사정으로 인한 손해의 배상은 채무자의 예견가능성을 요한다고 규정하고 있는 제2항은 고려되어

125) 일본민법(구 의용민법) 제416조 : ① 손해배상의 청구는 채무불이행으로 인하여 통상 생기는 손해의 배상을 하도록 하는 것을 그 목적으로 한다. ② 특별한 사정으로 인하여 생긴 손해라고 하더라도 당사자가 그 사정을 예견하였거나 예견할 수 있었던 때에는 채권자는 그 배상을 청구할 수 있다.

126) 곽윤직, 113; 김현태, 128 참조.

127) 곽윤직, 112; 김기선, 109; 현승종, 160 참조.

야 할 사정에 관한 「절충설」의 입장을 규정한 것'이고 주장하는 견해가 있다.[128)]

(C) 「상당인과관계설」에 대한 비판론 독일에서는 1936년에 에른스트 라벨(Ernst Rabel)이 손해의 개념에 관한 「차액설」과 이에 기초한 「상당인과관계설」에 대한 비판론을 제기한 이래,[129)] 많은 학자들이 이에 가담하고 판례도 비판론을 수용함으로써,[130)] 「상당인과관계설」은 특히 불법행위법의 영역에서는 손해배상의 범위를 확정하는 준거로서는 이미 과거의 이론이 되고 말았다.[131)] 에른스트·라벨의 비판론은 기본적으로 '법률상의 의무 또는 계약상의 의무는 특정한 이익을 보호하기 위한 것이므로, 그 보호이익에 대한 침해로 인한 손해는 채무자에게 귀속되어야 한다'는 사고에 기초를 두고 있는데,[132)] 그는 '「상당인과관계설」에 의하는 경우, 손해배상액의 산정에 있어서 손익상계의 법리를 설명할 수 없고, 「가정적 인과관계」의 문제를 합리적으로 해결할 수 없으며, 기업활동이 복잡해지고 교통기관의 발달한 현대산업사회에 있어서의 손해배상의 범위를 합리적으로 규율하는 것이 불가능하게 되었다'고 비판하였다. 즉, '작은 부주의에 의해서도 예상치 못한 큰 손해를 야기할 수 있는 불법행위책임의 영역에서는 위험책임의 법리가 일반화되고, 위험의 분산을 위한 책임보험제도가 발전함에 따라 손해배상의 객관화·정형화가 요구되며, 계약책임의 영역에서도 약관에 의한 대량거래가 일반화됨으로써 계약의 객관화·정형화가 요구되고 분쟁처리의 예견가능성 및 신속한 처리가 요구되는데, 가해자의 주관적 사정을 기초로 하는 「상당인과관계설」은 이러한 법률적 수요에 응할 수 없다는 근본적인 문제가 있다'는 것이다.[133)] 또한 '침해행위가 손해와 상당인과관계를 가짐에도 불구하고 배상책임을 인정하는 것이 부당한 경우가 있으며, 반대로 상당인과관계가 없음에도 불구하고 배상책임을 인정할 필요가 있는 경우가 있는바, 이는 상당인과관계의 판단기초인 개연성이나 예견가능성과는 관계없는 다른 판단기초에 의하여 손해배상의 범위가 결정되어야 할 것임을 보여주는 것'이라고 한다.[134)]

한편 국내에서도 상당인과관계설에 대한 독일의 비판론과 일본민법 제416조의 입법연혁에 대한 연구성과에 영향을 받아, '손해배상의 범위를 규정하고 있는 우리 민법 제393조는 구의용민법 제416조를 계승하여 제한배상주의의 원칙을 채택하고 있다고 보아야 한다'는 전제

---

128) 곽윤직, 115; 김상용, 180; 이은영, 288; 현승종, 160 참조.
129) E. Rabel, Das Recht des Warenkaufs, Bd.1, 1936, S.495 ff. 양삼승, 전게논문(주 40), 78; 민법주해(9)/지원림, 506 참조.
130) BGHZ 8, 325; BGHZ 10, 107.
131) Lange/Schiemann, Schadensersatz, 3. Aufl., 2003, Mohr Siebeck, S.90 ff.
132) E. Rabel, a. a. O., S.497(vgl. Larenz, S.441).
133) 「상당인과관계설」에 대한 독일의 비판론에 대해서는 양삼승, 전게논문(주 40), 77; 이종복, "일반조항 불법행위법에 의한 손해배상책임의 제한", 사법행정 29권 10호(한국사법행정학회, 1988/10), 22 이하; 김형배, 254 이하 참조.
134) Kötz, Deliktrecht, 4 Aufl., 1988, S.54 f.

아래, '우리 민법은 완전배상주의를 취하고 있는 독일민법과는 손해배상법의 기초를 전혀 달리하고 있으므로, 우리 민법 제393조가 완전배상주의를 전제로 하고 있는 독일의 상당인과관계설을 입법화한 것이라는 통설적 견해는 잘못'이라는 비판론이 제기되고 있다.[135)]

(다) **규범목적설**(規範目的說)

(A) 의 의 「규범목적설」(Lehre vom Normzweck)[136)]은 상당인과관계설에 대한 에른스트 라벨의 비판론을 기초로 그 제자인 폰 캐머러(von Caemmerer)에 의하여 발전된 이론인데, 폰 캐머러는 '상당인과관계설은 계약목적에 대한 고려(채무불이행의 경우) 또는 책임규범의 목적 및 그 배후에 존재하는 의무에 대한 고려(불법행위의 경우)를 전혀 도외시하고 손해배상의 범위를 결정함으로써 실제에 있어서는 손해배상책임의 한계를 설정하는 기능을 거의 수행하지 못하고 있다'고 비판하고, '손해배상책임의 기초가 되는 규범의 보호목적과 보호범위를 고려하여 손해배상의 범위를 합리적으로 한계지울 필요가 있다'고 주장하였다.[137)] 즉, '모든 법익이 절대적으로 보호되는 것이 아니라 특정한 법익만이 보호되는 것이며, 특히 불법행위의 경우 어떤 이익이 보호되는 이익인가는 보호규범의 의의와 목적으로부터 밝혀져야 하는데, 규범의 보호목적에 의하여 손해배상의무를 정하기 위해서는 가해자의 행태규범위반의 결과로서 손해가 야기되는 것을 방지하려는 것이 보호규범의 목적이며 의의인 경우에 한한다'고 한다. 다시 말해서 '보호법규가 보호하는 이익의 범위 내에서 손해가 발생하였을 것이 손해배상책임의 전제가 된다'고 한다.[138)] 그러므로 「규범목적설」에 따르면, '손해배상의무가 도출된 규범이 어떤 종류의 위험방지를 목적으로 제정되었는가, 그리고 행위결과인 손해가 그 규범이 목적으로 하는 보호의 사정거리(Tragweite) 내에 속하는가 하는 것이 손해배상의 범위를 결정하는 요소가 된다'는 결론에 이르게 된다.

(B) **규범목적설에 대한 비판론** 폰 캐머러가 주창한 「규범목적설」은 학설과 판례의 지지를 얻어 독일의 통설적 견해가 되었으나,[139)] 이에 대해서는 다음과 같은 비판이 제기되고 있다. 즉, '이 견해에 따르면 채무불이행으로 인한 손해배상은 채무자가 계약체결시에 계산에 넣었으리라고 판단되는 손해만이 배상범위에 속하게 된다는 결론에 이르게 되나, 이러한 결론은 계약법의 체계를 파멸시키는 결과를 초래하게 된다'는 것이다.[140)] 특히 전(前)계약적 의무의

---

135) 양삼승, 전게논문(주 40), 84; 이혁주, 전게논문(주 117), 131 이하.

136) 규범목적설은 「규범의 보호목적설」(Die Lehre von Schutzzweck der Norm), 「보호목적설」(Die Schutzzwecklehre) 등 다양한 이름으로 불리우고 있다(vgl. Lange/Schiemann, a. a. O., S.101).

137) v. Caemmerer, Das Problem des Kausalzusammenhangs im Privatrecht, 1956.

138) Larenz, S.441 ff. 이종복, 전게논문(주 133), 23 이하 참조.

139) 규범목적설은 Willburg, Esser/Schmidt, Hans-Georg Wolf, Hans Stoll, Blomeyer, Fikentscher 등에 의하여 지지되고 있다.

140) 민법주해(9)/지원림, 520; 이은영, 295 참조.

위반을 계약책임의 발생근거로 인정하여 「계약체결상의 과실책임」을 광범위하게 인정하는 입장에서는, '계약관계에 있어서의 당사자의 의무는 계약체결시에 고려된 급부의무 이외에 보호의무·배려의무 등의 부수의무도 포함하는 광범위한 것이라고 보는데, 「규범목적설」은 이와 상충된다'는 것이다. 또한 '절대권 침해의 경우처럼 보호규범이 손해배상의무를 일정한 행위에 연결시키지 않고 일정한 결과에 연결시키는 경우에는 제한된 보호목적에 대한 구체적인 시사를 받는 것이 불가능하다'는 비판도 제기된다.[141] 이러한 비판에 따라, 독일에서는 '규범목적만을 가지고 배상범위의 결정기준으로 삼을 것이 아니라, 종래의 상당인과관계설과 규범목적설을 병행하여 적용할 것'을 주장하는 견해(편의상 이를 「병행설」이라고 부르기로 한다)가 제기되고 있다.[142]

국내의 학설 중에는 '상당인과관계설과 결별하고 순수하게 규범목적설을 도입할 것'을 주장하는 견해는 아직 보이지 않으나, 독일민법학의 「병행설」을 지지하여 '상당인과관계설과 병행하여 규범의 보호목적을 고려할 것'을 주장하는 견해가 늘고 있다.[143] 이들은 「병행설」을 취하여야 하는 이유로서, '열거주의를 취하고 있는 독일 불법행위법에서의 규범목적설의 기능과 일반조항주의를 취하고 있는 우리 민법에서 기대되는 규범목적설의 기능은 큰 차이가 있으며, 일반조항주의에서는 책임제한을 먼저 위법성 요건에서부터 시도하여야 하고, 규범목적설 뿐만 아니라 상당인과관계설도 함께 책임제한의 기능을 수행해야 하기 때문'이라고 설명하고 있다. 특히 '독일의 규범목적설은 오스트리아의 「위법성관련성론」에서 유래된 이론으로서,[144] 독일민법학에서는 오스트리아의 「위법성관련성론」을 인과관계론에 끌어들였으나, 오스트리아와 마찬가지로 손해배상법의 일반조항주의를 채택하고 있는 우리 민법에서는 이를 인과관계에서보다는 위법성과 관련시켜 책임제한을 구성하는 것이 옳다'고 주장하는 견해가 유력하다.[145]

(라) 보호범위설(保護範圍說)

(A) 의 의 이는 일본의 히라이 요시오(平井宜雄)에 의하여 주장된 것으로서, '일본민법

141) 민법주해(9)/지원림, 520 참조.

142) Karl Larenz, Hans Brox, Dieter Medicus, Hermann Lange, Thomas Raiser, Bydlinski, Mertens, H. Stoll, Weitnauer 등이 규범목적설과 상당인과관계설과의 병존이론을 지지하고 있다(Larenz, S.441; 이종복, 전게논문(주 133), 24 참조).

143) 이종복, 상게논문, 24; 민법주해(9)/지원림, 530 이하; 김상용, 179 참조.

144) 오스트리아의 「위법성관련성론」은 '오스트리아 손해배상법의 일반조항(AGBG §1294, §1311)들이 위법한 침해로 인한 손해를 유책한 가해자에게 배상하도록 포괄적으로 규성하고 있으므로, 그 책임제한을 위하여 「위법성관련성」(Rechtswidrigkeitszusammenhang)에 입각하여 명령·금지규범에 의하여 보호되지 않는 영역에서 불이익이 발생된다면 그 불이익은 손해배상책임으로부터 배제되어야 한다'는 이론이다(이종복, 상게논문, 24 참조).

145) 이종복, 상게논문, 25 참조.

은 「제한배상주의」를 취하여 채무불이행으로 인한 손해배상의 범위를 통상손해와 예견가능성을 요하는 특별손해로 구분하여 규정하고 있으므로(동법 416조), 「완전배상주의」를 기초로 하고 있는 독일민법의 해석론을 그대로 도입할 수는 없다'고 전제하고, '종래의 통설·판례가 상당인과관계에 의하여 처리하던 문제를 「사실적 인과관계」, 「보호범위」, 「손해의 금전적 평가」의 세 단계로 구분하여 각각의 단계별로 논하여야 한다'는 이론인데,[146] 이는 독일의 「규범목적설」에 영향을 받은 것이라고 할 수 있다.

히라이 요시오에 따르면, '① 손해배상문제의 해결을 위한 제1단계 과정은 「사실적 인과관계」인데, 이는 법적 가치판단이 개입할 여지가 없는 condictio sine qua non의 관계, 즉 철학적·자연적 인과관계개념으로서, 현대적 불법행위 특히 공해와 의료과오, 식품·자동차 등의 제조물책임 등에 있어서 중요한 역할을 한다. 그리고 ② 제2단계 과정은 「보호범위」인데, 이는 '사실적 인과관계가 인정되는 손해 중에서 어디까지 배상시키는 것이 타당한가?' 하는 정책적 가치판단을 의미하는 것으로서, 책임의 한계를 설정한다는 점에서는 「상당인과관계」와 마찬가지이지만, 상당인과관계라는 용어는 논점의 소재를 명확히 하지 못한 채 혼란만을 주게 되므로 「보호범위」라는 분석도구를 사용하는 것이 타당하다. 여기서 「보호범위」를 정하는 일관된 기준은 존재하지 않으나, 채무불이행으로 인한 손해배상에 관해서는 일본민법 제416조가 기준이 된다.[147] 즉, 일본민법 제416조는 「예견가능성」에 의하여 배상범위를 제한하는 기능을 가지며, 예견이 가능한가의 여부는 계약의 해석에 의하여 결정되어야 한다. 또한 예견의 주체는 계약당사자이어야 하므로, 예견가능성의 존부는 계약체결시를 기준으로 하여 판단되어야 한다. 그리고 완전배상의 원칙을 부정하는 논리구조를 기초로 하는 이상 「완전배상주의」를 기초로 하는 「차액설」에 의한 손해의 개념은 불필요하며, 「손해」란 가정적 이익상태와 현실적 이익상태의 차액이 아니라, '손해라는 법적 평가의 대상인 사실 그 자체'를 의미한다. ③ 제3단계인 「손해의 금전적 평가」는 '보호범위 내의 손해를 어떻게 금전으로 평가하는가?'의 문제로서, 이는 「금전배상주의」를 취한 결과로서 도출되는 것이므로, 논리적으로는 보호범위를 결정하는 절차와는 상이한 절차로 보아야 한다. 따라서 손해의 금전적 평가는 손해배상의 범위를 결정하는 제416조의 문제가 아니다'라고 주장하였다.

한편 히라이 요시오는 '「예견가능성」을 전제로 인정되는 「보호범위」 내의 손해는 그 전액을 손해로 평가하는 것을 원칙으로 하며, 손해배상액산정의 기준시기에 관한 문제는 실체법상의 문제가 아니라 소송법상의 문제'라고 주장하였다.

---

146) 平井宜雄, 전게서(주 113), 135 이하; 瀬川信久, "損害賠償の範圍と判斷枠組", Jurist增刊 「民法の爭點」(有斐閣, 2007), 193 참조.

147) 우리 민법과 달리, 일본민법에는 불법행위로 인한 손해배상의 범위에 관하여 제416조를 준용하는 명문규정이 없으므로, 불법행위의 경우에는 보호범위를 결정하는 기준이 존재하지 않는다.

(B) 「보호범위설」에 대한 비판론 국내의 학설 중에도 「보호범위설」을 추종하는 견해가 없지는 않으나,[148] 이에 대해서는 다음과 같이 비판이 제기되고 있다.[149] 즉, ① 민법 제393조의 취지는 제한배상의 원칙을 채용한 것이 아니라, 오히려 완전배상의 원칙에 가까운 내용의 규정이다. ② 「보호범위설」은 손해배상의 범위를 보호범위에 의하여 제한하면서, 손해의 금전적 평가에 있어서는 전액평가의 원칙을 취하여 완전배상을 인정하고 있으나, 이는 모순이다. ③ 「보호범위설」은 손해발생의 예견시를 계약체결시로 보고 있으나, 이는 잘못이다. ④ 「보호범위설」은 손해배상액의 산정기준시를 실체법상의 문제가 아니라고 봄으로써 이 문제를 비송사건화하고 있으나, 이는 잘못이다. ⑤ 「보호범위설」은 상당인과관계를 사실적 인과관계·보호범위·손해의 금전적 평가의 3단계로 구분하고 있으나, 근본적으로 보호범위와 상당인과관계는 용어상의 차이에 불과하며, 구체적 해결에 있어서는 별 차이가 없다. ⑥ 「보호범위설」은 불법행위에 대하여 제393조의 유추적용을 부인하고 있으나, 이는 잘못이라는 등의 비판이 그것이다.

(마) 위험성관련설(危險性關聯說)

(A) 의 의 이는 일본의 이시다 미노리(石田穰)에 의하여 주장된 견해인데,[150] 이시다 미노리는 '채무불이행으로부터 제1차 손해가 발생하면 그것을 기점으로 하여 제2차적 손해인 「후속손해」가 발생하는데, 이때 제1차 손해가 배상의 대상이 되는가 하는 문제는 일본민법 제415조(우리 민법 390조에 해당)의 손해배상책임의 성립요건의 문제이고, '후속손해가 배상의 대상이 되는가' 하는 문제는 손해배상범위에 관한 제416조(우리 민법 393조에 해당)의 문제라고 주장하였다. 또한 '후속손해가 배상의 대상이 되기 위해서는 채무불이행과 조건관계에 있을 것이 요구되며, 제1차 손해가 가지는 위험성과 관련이 있는 범위 내의 것이어야 한다'고 한다. 그리고 '여기서 말하는 「위험성관련」은 제1차 손해와 후속손해 사이의 관계가 우연적인 경우이거나, 제1차 손해와 후속손해 사이에 후속손해를 발생시킬 우려가 있는 채권자의 위험한 행위가 개재한 경우를 제외하고는 일반적으로 긍정되어도 무방하다'고 한다. 또한 여기서 「통상손해」란 '어떤 사정에 관한 채무자의 인식가능성을 문제 삼지 아니하고 위험성관련이 인정되는 경우의 손해'로서 압도적으로 많은 경우의 손해가 이에 포함된다고 한다. 이에 반하여 「특별손해」란 '그러한 인식가능성을 문제로 하여 비로소 위험성관련이 인정되는 경우의 손해'라고 한다.

---

148) 김기선, 114 참조. 또한 학설 중에는 「보호범위설」의 주장을 긍정적으로 평가하면서도 '손해배상액의 금전적 평가를 법관의 자유재량에 맡긴다'는 부분에 대해서는 동의하기 어렵다고 하여, 「보호범위설」을 부분적으로 수용하는 견해도 있다(김주수, 151 참조).

149) 민법주해(9)/지원림, 521 이하; 장경학, 220 참조.

150) 石田穰, 「損害賠償法の再構成」, 1977, 137 이하. 이에 대한 상세는 장경학, 222 이하 참조.

(B) 「위험성관련설」에 대한 비판론 국내에서도 「위험성관련설」을 추종하여 이를 우리 민법의 해석론으로 도입할 것을 주장하는 견해가 있으나,[151] 이에 대해서는 다음과 같은 비판이 제기되고 있다.[152] 즉, '「위험성관련설」은 「상당인과관계설」이 손해배상의 범위를 한정함에 있어서 일반적·추상적 성질을 가진다고 하여 그 적용을 배제하여야 한다고 주장하나, 「위험성관련설」에 의하더라도 제1차 손해와 후속손해를 구분하여 양자 사이의 관련성을 고찰하면서 우연성의 요인을 제거하는 작업을 필요로 하는바, 이는 상당인과관계를 한정하는 작업과 다르지 않다'고 비판한다. 또한 '「위험성관련설」에서 말하는 「위험성관련성」과 상당인과관계설에서의 「상당성」, 보호범위설에서의 「보호범위」, 규범목적설의 「규범목적」 내지 「보호목적」 등과의 차이점이 불명확하여 혼란을 가중시키고 있다'는 비판도 제기되고 있다.

2) 판례의 입장

(ㄱ) 기본입장 : 상당인과관계설

전술한 바와 같이, 판례는 '민사분쟁에 있어서의 인과관계는 과학적 인과관계가 아니라 법적 견지에서 본 인과관계이므로, 과학적 인과관계가 입증되지 아니한 경우에도 법적 견지에서 인과관계가 인정될 수 있다면 손해배상책임을 인정할 수 있다'는 입장을 확립하고 있다(대법원 1977.8.23.선고, 77다686 판결 등). 또한 판례 중에는 인과관계의 존부에 대하여 「상당인과관계」의 인정 여부를 판단하지 않고 단순히 '인과관계가 인정된다'고 판시한 사례가 많다. 그럼에도 불구하고 '판례는 기본적으로 「상당인과관계설」을 취하고 있다'고 할 수 있을 것이다. 왜냐하면 판례 중에는 불법행위로 인한 손해배상에 관한 것이기는 하나 「상당인과관계」의 존부를 정면으로 판단한 사례가 많기 때문이다. 예컨대, 대법원은 ① '부동산의 입찰절차에서 감정인의 감정평가의 잘못과 이를 신뢰한 낙찰자의 손해 사이에는 상당인과관계가 있으며(대법원 1998.9.22.선고, 97다36293 판결 등),[153] ② 불법쟁의행위로 인하여 노동조합이나 근로자가 배상책임을 지는 배상액의 범위는 불법쟁의행위와 상당인과관계에 있는 모든 손해'라고 판시한 바 있다(대법원 1994.3.25.선고, 93다32828·32835 판결).[154] 또한 ③ '경매신청채권자인 은행의 근저당권실행에 의하여 경락받은 부동산에 관하여 제3자가 근저당권설정등기의 원인무효를 이유로 말소등기소송을 제기한 경우에, 은행은 경락인에 대한 관계에서 응소할 법률상 의무가 있음에도 불구하고 이에 응소하지 아니하여 패소판결이 확정되고 이로 인하여 여러 건의 소송이 새로이 제기되어 경락인이 응소하느라 손해를 입었다면, 위 패소판결과 경락인의 손해 사이

151) 김형배, 256 이하 참조.

152) 민법주해(9)/지원림, 523; 장경학, 224 참조.

153) 판례평석: 김문석, 전게논문(주 60), 61 이하. 같은 취지: 대법원 1999.5.25.선고, 98다56416 판결; 대법원 2004.5.27.선고, 2003다24840 판결.

154) 판례평석: 김형배, "불법파업에 대한 손해배상", 노사정보 61호(산업노동연구원, 1994/5), 41 이하; 이승길, "불법파업 손해배상·가압류에 대한 소고", 노동법률 151호(중앙경제사, 2003/12), 101 이하.

에는 상당인과관계가 있다'고 판시한 바 있으며(대법원 1980.9.9.선고, 80다1357 판결 등),[155] ④ '금융기관이 주의의무를 다하지 않은 결과 피모용자가 수령하여야 할 금원이 모용계좌에 송금됨으로써 제3자나 피모용자가 손해를 입은 경우에는, 금융기관의 주의의무 위반과 제3자나 피모용자가 입게 된 손해 사이에는 상당인과관계가 있다'고 판시하기도 하였다(대법원 2007.7.13.선고, 2005다23599 판결 등). 즉, 우리 민법은 불법행위로 인한 손해배상의 범위에 관하여 채무불이행으로 인한 손해배상의 범위에 관하여 규정하고 있는 제393조를 준용하고 있으므로(763조), '판례가 불법행위로 인한 손해배상의 범위를 「상당인과관계설」에 의하여 판단한다는 것은, 채무불이행으로 인한 손해배상의 범위에 관하여도 「상당인과관계설」을 취하고 있음을 전제로 한다'고 해석할 수 있는 것이다.

■ **금융기관이 주의의무를 다하지 않은 결과 피모용자가 수령하여야 할 금원이 모용계좌에 송금됨으로써 제3자나 피모용자가 손해를 입은 경우** : 금융기관이 본인 또는 대리인을 자처하는 자에게 예금계좌를 개설하여 주는 과정에서 본인의 신분증을 확인하거나 위임장과 인감증명서를 제출받고 대리인의 신분증을 확인하는 등의 최소한의 확인절차마저 모두 생략한다면, 피모용자가 정당하게 성립한 원인계약상의 채무이행 등에 의하여 수령하여야 할 금원을 피모용자 명의로 임의로 개설한 은행계좌로 송금하게 하는 방법으로 금원을 편취하는 범죄행위 등이 용이하게 이루어질 수 있음은 누구나 쉽게 예견할 수 있다 할 것이고, 위와 같은 유형의 피해를 방지하기 위하여 모용계좌의 출현을 막을 수 있는 적절한 지위에 있는 자는 바로 예금계좌 업무를 담당하고 있는 금융기관 이외에는 존재하지 아니하므로, 예금계좌의 개설에 임하는 금융기관으로서는 금융실명법에서 정한 실명확인의무와 무관하게 위와 같은 최소한의 조치를 취함으로써 피모용자가 수령하여야 할 금원을 피모용자 명의로 임의로 개설한 은행계좌로 송금하게 하는 방법으로 금원을 편취하는 범죄행위 등에 도움을 주지 않아야 할 주의의무가 있고, 그러한 조치를 전혀 취하지 아니한 결과 개설된 모용계좌가 위와 같은 유형의 범죄행위에 이용되어 피모용자가 수령하여야 할 금원이 모용계좌에 송금됨으로써 제3자나 피모용자가 손해를 입게 되었다면, 모용자의 주된 기망수단은 바로 금융기관에 의하여 잘못 개설된 모용계좌의 존재 그 자체이고 피기망자인 제3자로서는 그 모용계좌를 정당한 계좌로 오신하여 잘못 송금함에 따라 손해가 발생한 것이어서, 금융기관의 위와 같은 주의의무 위반과 제3자나 피모용자가 입게 된 손해 사이에는 상당인과관계가 있다. (대법원 2007.7.13.선고, 2005다23599 판결)[156]

(나) 「병행설」의 수용

불법행위에 관한 대법원판결 중에는 '손해배상책임을 지기 위해서는 위법행위와 손해 사이에 상당인과관계가 있어야 할 것인바, 상당인과관계 유무를 판단함에 있어서는 결과발생의 개연성은 물론 입법목적과 보호법익, 법령위배행위의 태양 및 피침해이익의 성질 등을 종합적으로 고려하여 상당인과관계 유무를 판단하여야 한다'고 판시함으로써(대법원 1995.1.12.선고, 94다21320 판결 등),[157] 「상당인과관계설과 규범목적설의 병존이론」(병행설)을 수용하고 있다고

---

155) 같은 취지: 대법원 1999.6.11.선고, 98다22963 판결; 대법원 2000.2.11.선고, 98다35327 판결; 대법원 2002.10.25.선고, 2002다39371 판결.

156) 같은 취지: 대법원 2007.7.13.선고, 2005다21821 판결.

평가할 수 있는 사례가 적지 않다.[158)]

▪ 모용계좌의 개설에 관한 금융기관의 주의의무 위반과 피모용자나 제3자의 손해 발생 사이에 상당인과관계가 있는지 여부의 판단기준 : 금융기관이 본인확인절차 등을 제대로 거치지 아니하여 모용계좌가 개설되었다는 사정만으로 그 모용계좌를 통하여 입·출금된 금원 상당에 대하여 언제나 손해배상책임을 져야 한다고 볼 수는 없고, 그 손해배상책임을 인정하기 위해서는 금융기관의 주의의무 위반과 피모용자 또는 제3자의 손해 발생 사이에 상당인과관계가 있음이 인정되어야 하고, 상당인과관계의 유무를 판단함에 있어서는 일반적인 결과발생의 개연성은 물론 주의의무를 부과하는 법령 기타 행동규범의 목적과 보호법익, 가해행위의 태양 및 피침해이익의 성질 및 피해의 정도 등을 종합적으로 고려하여야 한다. (대법원 2007.7.13.선고, 2005다21821 판결)[159)]

▪ 공무원의 직무상의무위반행위와 손해 사이의 상당인과관계 유무의 판단기준
1. 공무원이 법령에서 부과된 직무상 의무를 위반한 것을 계기로 하여 제3자가 손해를 입은 경우에, 제3자에게 손해배상청구권이 발생하기 위하여서는 공무원의 직무상 의무위반행위와 제3자의 손해 사이에 상당인과관계가 있지 않으면 안 되는 것이고, 상당인과관계의 유무를 판단함에 있어서는 일반적인 결과발생의 개연성은 물론 직무상 의무를 부과한 법령 기타 행동규범의 목적이나 가해행위의 태양 및 피해의 정도 등을 종합적으로 고려하여야 할 것인바, 공무원에게 직무상 의무를 부과한 법령의 보호목적이 사회구성원 개인의 이익과 안전을 보호하기 위한 것이 아니고 단순히 공공일반의 이익이나 행정기관 내부의 질서를 규율하기 위한 것이라면, 가사 공무원이 그 직무상 의무를 위반한 것을 계기로 하여 제3자가 손해를 입었다 하더라도 공무원이 직무상 의무를 위반한 행위와 제3자가 입은 손해 사이에는 법리상 상당인과관계가 있다고 할 수 없다. (대법원 1994.6.10.선고, 93다30877 판결)[160)]
2. 공무원에게 부과된 직무상 의무의 내용이 단순히 공공 일반의 추상적 이익을 위한 것이거나 행정기관 내부의 질서를 규율하기 위한 것이 아니고, 전적으로 또는 부수적으로 사회구성원 개인의 구체적인 안전과 이익을 보호하기 위하여 설정된 것이라면, 공무원이 그와 같은 직무상 의무를 위반함으로 인하여 개인이 입게 된 손해에 대하여는 상당인과관계가 인정되는 범위 안에서 국가가 그 손해배상책임을 부담하여야 할 것이고, 이 경우 상당인과관계의 유무를 판단함에 있어서는 일반적인 결과 발생의 개연성은 물론 직무상의 의무를 부과하는 법령 기타 행동규범의 목적이나 가해행위의 태양 및 피해의 정도 등을 종합적으로 고려하여야 한다. (대법원 1998.9.22.선고, 98다2631 판결)[161)]

(다) 「조건설」에 의한 인과관계의 존재를 요구하는 경우 : 가정적 인과관계

판례는 이른바 「가정적 인과관계」(hypothetische Kausalität)가 문제되는 사례에서는 '손해배

157) 판례평석: 이학수, "불법행위체계에 있어서의 인과관계의 위상과 그 인정기준에 대한 새로운 검토", 판례연구 6집(부산판례연구회, 1996/1), 205 이하; 박동진, "손해배상의 범위 -인과관계-", 「로스쿨계약법」(청림출판, 2006/3), 308 이하. 같은 취지: 대법원 1996.10.11.선고, 95다43679 판결; 대법원 1997.5.7.선고, 97다5602 판결; 대법원 2007.7.13.선고, 2005다21821 판결.

158) 민법주해(9), 529(지원림) 참조.

159) 판례평석: 오영준, 대법원판례해설 71호(법원도서관, 2008/7), 319 이하; 이홍구, "계좌 개설시 금융기관의 주의의무와 손해배상책임", 판례연구 20집(부산판례연구회, 2009/2), 181 이하. 같은 취지: 대법원 2007.7.13.선고, 2005다23599 판결.

160) 같은 취지: 대법원 1994.12.27.선고, 94다36285 판결; 대법원 2002.3.12.선고, 2000다55225·55232 판결.

161) 판례평석: 황정근, "예고등기 촉탁의 간과와 국가배상책임 -사위판결에 의한 등기의 말소를 구하는 소와 예고등기-", 민사판례연구(22)(민사판례연구회, 2000/2), 274 이하. 같은 취지: 대법원 2003.4.25.선고, 2001다59842 판결.

상책임의 성립요건으로 조건적 관계의 존재가 필요하다'는 입장을 취하고 있다.162) 즉, '제1차사고의 피해자가 제2차사고로 인하여 사망한 경우에는, 설령 제2차사고와 사망 사이에 상당인과관계가 인정된다고 하더라도 제1차사고와 피해자의 사망 사이에 조건적 인과관계가 없는 한 피해자의 사망으로 인한 손해에 대한 가해자의 배상의무는 인정되지 않는다'고 한다(대법원 1979.4.24.선고, 79다156 판결 등).

■ 제1차사고의 피해자가 제2차사고로 인하여 사망한 경우, 제1차사고 가해자의 손해배상책임

1. 제1차로 광산낙반사고로 부상한 광부가 그 후 2차로 교통사고를 당하여 사망한 경우, 제1차사고와 제2차사고 간에 조건적 관계가 존재하는 때에는 후발적 사정을 참작할 것이 아니므로, 제1차사고의 가해자는 제1차사고로 인한 손해금액을 배상하여야 하나, 제1, 2차사고 간에 조건적 관계가 없는 때에는 제1차사고의 가해자는 제2차사고로 피해자가 사망할 때까지의 손해만을 배상하면 된다. (대법원 1979.4.24.선고, 79다156 판결)163)

2. [1] 사고로 상해를 입은 피해자가 다른 사고로 인하여 사망한 경우, 그 두 사고 사이에 제1차사고가 없었더라면 제2차사고도 발생하지 않았을 것이라고 인정되는 것과 같은 조건적 관계가 존재하는 경우에는, 제1차사고의 가해자는 제2차사고로 인한 피해자의 사망을 고려함이 없이 피해자가 가동연한에 이를 때까지의 일실수입을 배상하여야 한다. [2] 기존에 우측 고관절 장애를 가진 피해자가 교통사고로 다시 골절상을 입어 두 다리를 모두 못쓰게 된 것을 비관하여 매일 술을 마시는 등으로 체력이 떨어지고 거동이 불편한 상태에서 목욕탕에서 넘어져 사망한 경우, 교통사고와 사망사고 간에는 조건적 인과관계가 있다고 보아야 한다. (대법원 1998.9.18.선고, 97다47507 판결)

3) 학설·판례의 검토

(가) 「조건설」에 대한 검토

만약 침해행위와 손해 사이에 '침해행위가 없었더라면 손해도 발생하지 않았을 것이라는 관계', 즉 「조건관계」(condictio sine qua non)가 인정되지 않는다면, 법적 의미에서든 과학적 의미에서든 어떠한 의미에서도 '원인과 결과의 관계'인 「인과관계」는 인정될 수 없다. 따라서 손해배상책임의 요건으로서의 인과관계는 우선 조건관계를 충족시켜야 함은 당연하다 할 것이다. 그러나 침해행위와 손해 사이에 조건관계만 인정되면 인과관계가 인정되어야 한다는 의미라면(「조건설」은 흔히 이러한 의미로 받아들여지고 있다), 이는 책임의 무한한 확대를 야기할

---

162) 김증한/김학동, 139 참조. 「가정적 인과관계」에 관하여서는 최종길, 전게논문(주 66), 65 이하; 양삼승, 전게논문(주 66), 283 이하; 김상용, "손해배상제한의 학설과 입법에 관한 비교고찰", 심당송상현선생화갑기념논문집 「이십일세기 한국민사법학의 과제와 전망」(박영사, 2002/1), 260 이하 참조.

163) 판례평석: 장희목, "광산사고로 상해를 입은 자가 그 후 교통사고로 사망한 경우, 제1사고를 이유로 한 손해배상액 산정에 있어서 후발사정을 참작할 것인지 여부", 대법원판례해설 1권 1호(법원행정처, 1979/8), 319 이하; 양삼승, "손해배상과 후발적 사정", 민사판례연구(2)(민사판례연구회, 1980/5), 69 이하; 강창옥, "불법행위로 인한 상해로 말미암아 후유장애를 입은 피해자가 그 후 다른 사정으로 사망한 경우, 일실수입의 산정기간", 판례연구 10집(부산판례연구회, 1999/2), 113 이하. 같은 취지: 대법원 1990.10.30.선고, 90다카12790 판결; 대법원 1995.2.10.선고, 94다51895 판결; 대법원 1998.9.18.선고, 97다47507 판결.

우려가 있으므로, 법적 인과관계의 개념으로서 인정될 수 없는 것이다.

(나) 「상당인과관계설」에 대한 검토

'법적 인과관계를 인정하기 위해서는 원인(위법행위)과 결과(손해) 사이에 조건관계의 충족 이외에 상당성(결과발생의 개연성)이 인정되어야 한다'는 상당인과관계설은 독일민법이 취하고 있는 손해의 개념에 대한 차액설과 완전배상주의의 불합리한 결과를 시정하기 위한 의도에서 제창된 것임은 앞에서 살펴본 바와 같다. 그러므로 독일민법보다 먼저 제정된 일본민법 제416조의 규정을 그대로 승계한 우리 민법 제393조가 독일민법 제정 후에 비로소 제기된 이론인 「상당인과관계설」을 입법화한 것이라는 주장은 납득하기 어렵다. 또한 '우리 민법 제393조의 모법인 일본민법(구 의용민법) 제416조는 채무자의 예견가능성에 의하여 손해배상의 범위를 제한하는 「제한배상주의」를 취하고 있는 프랑스민법과 영국의 「Hardley v. Baxendale 사건」에 대한 판례이론에서 유래한 원칙이므로, 입법연혁상 독일의 「상당인과관계론」과는 전혀 관계가 없다'는 것이 최근의 연구결과 밝혀지고 있다. 그러므로 「상당인과관계설」이 '위법행위와 손해발생 사이에 상당인과관계가 인정되는 경우에는 채무자 또는 가해자의 손해발생에 대한 예견가능성 여부와 관계없이 손해의 전액에 대한 배상책임이 인정된다'는 의미라면, 우리 민법 제393조의 해석론으로 수용될 수 없다고 할 것이다. 왜냐하면 인과관계의 존부의 문제와 손해발생에 대한 예견가능성 여부의 문제는 차원이 다른 개념이기 때문이다. 다만, 제393조 제1항이 규정하고 있는 「통상손해」를 '침해행위와 상당인과관계가 있는 손해'로 해석할 수 있는 여지는 있다고 생각한다.

(다) 「규범목적설」에 대한 검토

「규범목적설」은 '인과관계의 존부 판단은 「조건설」에 의하되, 손해배상의 범위를 규범의 보호목적을 고려하여 제한하여야 한다'고 주장하고 있으나, '「규범목적설」에 따르면 채무불이행의 경우에는 계약체결(계약규범설정)시에 채무자가 계산에 넣었으리라고 판단되는 손해만이 배상범위에 속하게 되는바, 고의·과실 이외에 별도로 「규범의 보호목적」을 검토하는 의미가 없지 않은가?'라는 의문이 제기될 수 있다. 또한 이른바 「적극적 채권침해」에 관한 통설적 견해에 따르면, '계약당사자의 의무는 계약체결시에 고려된 급부의무 이외에도 보호의무·기본채무 이외의 용태의무 등 여러 부수의무도 포함하는 광범위한 것이어야 하는데, 규범목적설의 결론은 이와 상충된다'는 점에서 이론상 문제가 있으며, 채권관계에서 전(前)계약적 의무를 광범위하게 인정하는 「계약체결상의 과실책임」의 이론적 기초를 합리적으로 설명하는 것도 불가능하다'는 비판이 제기되고 있다. 이러한 비판을 고려하면, '「규범목적설」은 채무불이행으로 인한 손해배상의 범위를 제한하는 이론으로서는 적합하지 않다'고 생각된다.

「규범목적설」이 빛을 발할 수 있는 영역은 불법행위 분야라고 생각되는데, '「규범목적설」

은 불법행위에 있어서 규범의 목적과 보호범위(이른바 「보호의 사정거리」)를 객관적으로 명확하게 규정함으로써 장래의 예측가능성과 법적 안정성을 높일 수 있다는 장점이 있다'고 주장하고 있으나, 이는 결국 '불법행위로 인한 손해배상의 범위를 제한함으로써 대기업과 가진 자의 이익을 옹호하는 이론적 도구로 전락할 가능성이 크다'는 비판을 면하기 어렵다. 그러므로 '규범목적설과 상당인과관계설의 병행적용을 주장하는 일부 학설과 판례의 입장은 자칫 손해배상책임의 중복제한을 가능하게 하는 이론적 도구가 될 가능성이 크다'는 비판을 면하기 어렵다고 생각된다.

(라) 「보호범위설」에 대한 검토

「보호범위설」의 취지와 그 내용에 대해서는 공감되는 바가 적지 않으나, 다음과 같은 몇 가지 점에 대해서는 의문을 제기하지 않을 수 없다. 즉, 우선 ① 「보호범위설」은 독창적 이론이라고 보기 어렵고, 「규범목적설」에서 착안하여 그 발상을 빌려온 이론에 불과하여(규범목적설의 「규범목적」을 「보호범위」라고 명칭만 바꾼 것이라고 생각된다), 전술한 「규범목적설」의 문제점을 그대로 가지고 있다. ② 「보호범위설」은 '채무불이행에 있어서 손해배상의 범위를 확정하는 기준이 되는 보호범위는 제393조에 의하여 결정되어야 한다'고 주장하고 있으나, 이는 제393조를 「보호범위」라는 불필요한 개념에 의하여 중복하여 제한하는 해석이라는 비판을 면하기 어렵다. 왜냐하면 '「보호범위」를 제393조에 의하여 결정한다'는 것은 '통상손해는 예견가능성의 여부와 관계없이 보호범위 내에 속하는 손해이며, 특별손해는 예견가능성을 요건으로 하여 보호범위 내에 속하는 손해'라는 것인데, 이는 제393조의 적용요건을 「보호범위」라는 개념에 의하여 중복하여 제한하는 것이기 때문이다. ③ 「보호범위설」은 '손해배상의 범위를 확정하는 것은 제393조를 적용하여 보호범위를 결정하는 실체법상의 문제이나, 손해의 금전적 평가는 소송절차상의 문제로서 차원을 달리한다'고 주장하고 있으나, 「금전배상주의」하에서 손해배상의 범위를 확정하는 문제와 손해의 금전적 평가의 문제를 절차상 전혀 다른 차원의 문제라고 볼 수는 없다고 할 것이다.

(마) 「위험성관련설」에 대한 검토

우선 ① 「위험성관련설」은 제1차 손해와 제2차 손해(후속손해)를 구분하여 각각에 다른 법리를 적용하고 있으나, 양자를 구별하는 것은 쉽지 않다. ② 「위험성관련설」은 '제1차 손해가 배상의 대상이 되는가 하는 문제는 손해배상책임의 성립요건의 문제로서 제390조의 문제이고, 진정한 손해배상의 범위에 관한 문제는 후속손해가 배상의 대상이 되는가 하는 문제인데, 이는 제393조의 문제'라고 주장하고 있으나,[164] 이렇게 해석하여야 하는 이론적 근거에 대해서는 납득할 만한 설명을 하지 못하고 있다(다만, '인과관계의 문제는 손해배상책임의 성립요

164) 김형배, 256 참조.

건의 문제로서, 자연적 인과관계로서 충분하다'는 사고방식을 기초로 하는 이론이 아닌가 추측할 수 있을 뿐이다).[165] 또한 ③ 「위험성관련설」은 '배상되어야 할 손해는 채무불이행과 조건관계에 있는 후속손해로서 제1차 손해가 가지는 위험성과 관련이 있는 범위 내의 손해에 한정된다'고 하면서도, '여기서 말하는 「위험성관련」은 제1차 손해와 후속손해 사이의 관계가 우연적인 경우이거나, 제1차 손해와 후속손해 사이에 후속손해를 발생시킬 우려가 있는 채권자의 위험한 행위가 개재한 경우를 제외하고는 일반적으로 긍정되어도 무방하다'고 주장하고 있는데,[166] 그렇다면 과연 제1차 손해가 가지는 위험성과 관련이 있는 후속손해를 제1차 손해와 구별하여 논의할 실익이 있는지 의문일 뿐만 아니라, 「위험성관련」과 「상당인과관계」는 실질적으로 차이가 없지 않은가 하는 의문이 든다. 그리고 ④ 「위험성관련설」은 '후속손해는 제393조에 의하여 다시 통상손해와 특별손해로 구분되어, 「통상손해」는 채무자의 인식가능성을 문제 삼지 아니하고 위험성관련이 인정되는 손해이고, 「특별손해」는 채무자의 인식가능성을 전제로 비로소 위험성관련이 인정되는 경우의 손해'라고 정의하고 있는데, 그렇다면 과연 「위험성관련성」이라는 개념이 상당인과관계설의 「상당성」, 보호범위설의 「보호범위」, 규범목적설의 「규범목적」 내지 「보호목적」 등과 전혀 차별성이 없는 개념으로서, 불필요한 개념의 혼란만을 부추기는 것이 아닌가 하는 의문이 든다.

4) 결 론

우리 민법은 손해를 통상손해와 특별손해로 구분하고, 손해배상은 통상손해만을 배상하는 것을 원칙으로 하되, 통상손해는 채무자의 예견가능성 유무를 따지지 아니하고 이에 속하는 모든 손해를 배상하되(393조 1항), 특별손해(특별한 사정으로 인한 손해)는 채무자의 예견가능성을 요건으로 하여서만 손해배상책임을 인정한다는 원칙을 채택하고 있다.

손해배상의 범위에 관한 이러한 우리 민법의 입법주의는 「차액설」과 「완전배상주의」를 전제로 하여 「상당인과관계설」에 의하여 손해배상의 범위를 제한하고자 하는 독일민법의 손해배상책임체계와는 그 구조를 근본적으로 달리한다고 할 것이다. 그러므로 우리 민법의 해석론으로서는 손해배상의 범위를 확정하기 위하여 「상당인과관계」의 존부를 검토한다는 것은 불필요한 절차라고 할 것이다. 다만, 손해배상의 범위를 확정하는 데 인과관계 존부의 검토가 전혀 필요 없다는 것이 아니라, 인과관계의 존부 판단을 상당인과관계 개념에 의존할 필요가 없고 「조건설」에 의한 인과관계의 인정으로 충분하다는 것이다.

사견으로는, 인과관계는 손해배상책임의 당연한 성립요건으로 채무자의 손해배상책임을 인정하기 위해서는 최소한 「조건설」에 의한 사실적 인과관계를 충족시켜야 하며, 경우에 따

165) 이를 「책임설정적 인과관계」(haftungsbegründende Kausalität)라고 부르는 견해가 있다(김형배, 256 참조).
166) 상게서, 258 참조.

라서는 과학적·자연적 인과관계의 검증이 필요한 경우도 있을 수 있으나, 이 경우에도 인과관계의 존부에 대한 판단은 어디까지나 법적 판단이 되어야 할 것이라고 생각한다. 요컨대, 우리 민법 제393조의 해석상 손해배상의 범위를 결정하는 기준은 상당인과관계의 존부가 아니라, 「조건설」에 따른 사실적 인과관계의 존재를 전제로 하여 어떤 손해를 「통상손해」로 인정할 수 있으며, 어떤 손해를 예견가능성을 필요로 하는 「특별손해」에 해당한다고 해석할 것인가 하는 데 달려 있는 것이다.

(3) 제393조의 해석

전술한 바와 같이, 입법연혁상 우리 민법 제393조는 독일민법학의 「상당인과관계설」과는 전혀 관련이 없는 규정이다. 그러므로 우리 민법의 해석상 채무불이행으로 인한 손해배상의 범위를 결정함에 있어서는 ① 「조건설」에 따른 사실적 인과관계의 존재 여부, ② 손해가 「통상손해」인가, 아니면 「특별손해」인가의 구별, ③ 「특별손해」의 경우, 채무자의 예견가능성의 여부의 세 단계의 접근이 필요하다. 이하에서는 판례를 중심으로 채무불이행으로 인한 손해배상의 범위에 관한 이러한 관점에서의 새로운 해석론을 시도해 보기로 한다.

1) 통상손해

(가) 의 의

채무불이행으로 인한 손해배상은 통상의 손해를 그 한도로 한다(393조 1항). 여기서 "통상의 손해"(이하 「통상손해」로 약칭)라 함은, '그 종류의 채무불이행이 있으면 특별한 사정이 없는 한 통상 발생하는 것으로 인정될 수 있는 손해'를 말한다고 할 것인데, 통설·판례의 입장인 「상당인과관계설」에 따르면, 통상손해인지 여부는 채무불이행과 상당인과관계가 인정되는가의 여부에 의하여 판단하게 되며, 규범목적설과의 병행이론(병행설)은 상당인과관계설이 제시하는 일반적인 결과발생의 개연성 이외에도 규범의 목적, 가해행위의 모습, 가해의 정도 등도 함께 고려하여 통상손해의 여부를 판정하게 된다.167)

(나) 증명책임의 범위

통상손해는 그 종류의 채무불이행이 있으면 통상 발생하는 것으로 인정되는 손해이므로, 채무자가 실제로 예견하였거나 예견할 수 있었는지의 여부는 문제되지 않는다. 따라서 채권자는 채무불이행이 있었다는 사실과 그로 인한 손해의 발생사실 및 손해액을 증명하면 되고, 채무자의 예견가능성을 증명할 필요는 없다.

(다) 통상손해의 구체적 사례

(A) 매매의 이행불능에서 목적물의 시가상당액 판례에 따르면, '매매계약에서 매도인의 소유

---

167) 민법주해(9)/지원림, 538 참조.

권이전채무의 이행불능으로 인한 통상손해는 매매목적물의 이행불능 당시의 시가상당액이라고 보아야 할 것이므로(대법원 1967.11.28.선고, 67다2178 판결 등),[168] 매도인이 매매목적물을 타에 처분한 가격이 통상가격을 넘는다고 하더라도 그것을 배상액산정의 기준으로 삼을 수는 없으며(대법원 1990.12.7.선고, 90다5672 판결 등),[169] 이행불능 이후에 목적물의 가격이 등귀하였다고 하더라도 그로 인한 손해는 특별한 사정에 인한 것이어서 채무자가 이행불능 당시 그와 같은 특별한 사정을 알았거나 알 수 있었을 경우에 한하여 그 등귀한 가격에 의한 손해배상을 청구할 수 있다'고 한다(대법원 1995.10.13.선고, 95다22337 판결 등).[170]

(B) 소유권이전등기가 무효가 됨으로써 매수인이 입은 통상손해 통설·판례에 따르면, 물권변동의 요건으로 물권행위가 반드시 필요하며(대법원 1985.4.9.선고, 84다카130·131 판결 등), 등기의 공신력은 인정되지 않으므로 무효인 처분행위에 기하여 소유권이전등기가 행하여진 경우에는 그 소유권이전등기는 무효가 된다. 또한 '민법의 해석상 물권행위의 무인성은 인정되지 않으므로 원인행위인 매매계약이 무효이거나 취소·해제 등으로 인하여 실효된 경우에는 물권행위는 무효이며, 이에 기한 소유권이전등기는 무효가 된다'는 것이 판례의 입장이다(대법원 1977.5.24.선고, 75다1394 판결 등). 그러므로 무권리자인 매도인이 등기서류를 위조하는 등의 방법으로 매수인에게 소유권이전등기를 넘겨주었다고 하더라도, 이는 무효인 처분행위에 기한 원인무효의 등기로서 매수인이 소유권을 취득할 수 없다. (☞ 물권법 편, 제2장 제2절 「물권행위론」)

판례는 이러한 법리를 전제로 하여, '무효인 처분행위에 기한 원인무효의 등기가 순차로 경료된 후 진정한 소유자가 최종 등기명의자를 상대로 말소등기청구소송을 제기하여 승소판결이 확정된 경우에, 그 최종등기명의인(최종매수인)은 위 말소등기를 명하는 판결의 확정으로 비로소 위 토지의 소유권을 상실한 것이 아니라 처음부터 위 토지의 소유권을 취득하지 못한 것이므로, 최종매수인이 위 불법행위(무효인 처분행위)로 인하여 입은 손해는 위 토지의 시가 상당액이 아니라 무효인 소유권이전등기를 유효한 등기로 믿고 위 토지를 매수하기 위하여 출연한 금액(매매대금) 상당액에 불과하다'는 입장을 취하고 있음은 전술한 바와 같다(대법원 1992.6.23.선고, 91다33070 전원합의체판결 등).[171] 이는 '무효인 처분행위(물권행위)에 기하여 소유권이전등기가 순차로 경료된 경우에는 최종등기명의자는 소유권을 취득할 수 없고, 따라서

---

168) 같은 취지: 대법원 1987.6.23.선고, 86다카2549 판결; 대법원 1990.12.7.선고, 90다5672 판결; 대법원 2007.9.20.선고, 2005다63337 판결.

169) 같은 취지: 대법원 1993.5.27.선고, 92다20163 판결; 대법원 1995.10.13.선고, 95다22337 판결.

170) 같은 취지: 대법원 1996.6.14.선고, 94다61359·61366 판결.

171) 판례평석: 권용우, 전게논문(주 82), 17 이하; 정병문, 전게논문(주 82), 234 이하; 김태우, 전게논문(주 82), 332 이하; 이영애, 전게논문(주 82), 181 이하. 같은 취지: 대법원 1993.4.27.선고, 92다44312 판결; 대법원 1994.4.26.선고, 93다35797 판결; 대법원 1998.7.10.선고, 96다38971 판결; 대법원 2004.4.28.선고, 2003다66905 판결.

그는 소유권을 상실한 적도 없으므로 무효인 처분행위에 의하여 매매목적물의 시가상당액의 손해를 입었다고 할 수는 없다'는 논리에 기한 판결이라고 생각된다. 그러나 최종매수인이 매도인을 상대로 전매도인을 순차대위하여 채무불이행에 기한 손해배상을 청구하는 소를 제기한 경우에는 시가상당액의 손해배상을 인정하지 않을 수 없을 것이므로, 판례에 따르면 불법행위를 이유로 소를 제기한 경우(매매대금 상당액)와 채무불이행을 이유로 소를 제기한 경우(매매목적물의 시가 상당액)는 그 손해배상액이 달라지는 결과가 된다.

■ **불법인 부동산처분행위와 그 부동산의 전전양도에 따른 최종매수인의 등기를 믿고 금원을 대여한 근저당권자가 입게 된 손해의 범위** [1] 농지개량조합 직원들이 관계서류를 위조하여 조합소유의 토지를 불법처분함으로 인하여 그 토지들이 전전양도되고 그에 따른 원인무효의 이전등기가 경료될 경우에, 제3자가 최종등기명의자의 등기를 신뢰하여 그 토지들을 담보로 금원을 대출하게 됨으로써 재산상 손해를 입게 되리라는 것은 쉽사리 예견할 수 있었다 할 것이므로, 다른 특별한 사정이 없는 한 위 조합직원들의 위법행위와 근저당권자의 손해 사이에는 상당인과관계가 있다고 보아야 하고, 근저당권자가 조합의 직원들과 직접 담보설정 등 거래를 한 바가 없다는 사정만으로 인과관계가 단절된다고 할 수 없다. [2] 제3자가 최종등기명의자의 이전등기를 신뢰하여 불법처분된 토지들에 관하여 근저당권설정등기를 경료하고 금원을 대출하였는데, 농지개량조합이 근저당권자를 상대로 그 등기말소등기청구소송을 제기하여 조합 승소의 판결이 선고되고 확정될 처지에 있다면, 위 조합 직원들의 불법행위로 인하여 근저당권자가 입은 통상의 손해는 최종등기명의인의 이전등기가 유효하여 담보권을 취득할 수 있는 것으로 믿고 출연한 금액, 즉 근저당목적물인 토지들의 가액 범위 내에서 채권최고액을 한도로 하여 채무자들에게 대출한 금원 상당이다. [3] 근저당권자는 처음부터 토지들에 대한 담보권을 취득하지 못하였고, 위 말소등기를 명하는 판결의 확정으로 비로소 그 토지들에 대한 담보권을 상실하는 것이 아니므로, 대출금채무자들에게 변제자력이 있다는 사정은 위 손해발생에 아무런 장해가 되지 않는다. (대법원 1996.9.20. 선고, 96다25807·25814 판결)[172)]

(라) 담보권자의 담보권실행비용

'저당권 등 담보권자가 채권회수를 위하여 지출한 경매비용 등 담보권실행비용은 채무불이행으로 인하여 발생한 통상손해에 해당한다'고 할 것이다(대법원 1976.12.14.선고, 76다957 판결).

2) 특별손해

(가) 의 의

민법은 제393조 제2항에서, "특별한 사정으로 인한 손해는 채무자가 그 사정을 알았거나 알 수 있었을 때에 한하여 배상의 책임이 있다"고 규정하고 있다. 여기서 "특별한 사정으로 인한 손해"를 「특별손해」라고 하는데, 이는 채무불이행이 있으면 일반적으로 발생하는 것으로 인정되는 손해(통상손해)가 아니라, '당사자 사이의 개별적·구체적 사정에 의하여 발생한

---

172) 판례평석: 이종오, "부동산 불법처분행위와 그 부동산의 전전양도에 따른 최종매수인의 등기를 믿고 금원을 대여한 근저당권자가 입게 된 손해와의 상당인과관계 유무 및 손해의 범위", 대법원판례해설 27호(법원도서관, 1997/7), 196 이하. 같은 취지: 대법원 1997.11.25.선고, 97다35771 판결; 대법원 1999.4.9.선고, 98다27623·27630 판결; 대법원 2010.9.30.선고, 2010다41386 판결.

특수한 손해'를 말한다.

(나) 예견가능성(豫見可能性)의 대상과 그 여부를 판단하는 기준시기

(A) 예견의 대상 채권자가 특별손해에 대하여 채무자에게 배상책임을 묻기 위하여서는 채무자가 이러한 특별한 사정을 알았거나 알 수 있었을 경우, 즉 채무자의 예견가능성이 있었어야 한다. 여기서 채무자가 알았거나 알 수 있었어야 하는 예견의 대상은 그 결과인 손해가 아니라 '손해발생의 원인인 특별한 사정'이다. 그러므로 채무자가 특별한 사정에 의하여 발생한 손해의 액수까지 알았거나 알 수 있었어야 하는 것은 아니다(대법원 1994.11.11.선고, 94다22446 판결 등).[173]

(B) 예견가능성의 판단기준시기 제393조 제2항의「특별한 사정」에 대한 채무자의 예견가능성 여부를 판단하는 기준시기를 계약체결시로 볼 것인가(계약체결시설), 아니면 채무불이행시로 볼 것인가(채무불이행시설)에 대해서는 대립하고 있다.

a) 학 설 :「상당인과관계설」은 인과관계의 출발점을 채무불이행시라고 보는 견해이므로, 특별한 사정에 대한 채무자의 예견가능성 여부도 채무불이행시(이행지체의 경우에는 이행기, 이행불능의 경우에는 불능시, 불완전이행의 경우에는 불완전이행시)를 기준으로 판단하여야 한다고 해석한다(채무불이행시설). 그러나「규범목적설」이나「보호범위설」, 또는「위험성관련설」은 인과관계의 출발점을 계약체결시라고 보는 견해이므로, 특별한 사정에 대한 채무자의 예견가능성 여부도 계약체결시를 기준으로 하여 판단하여야 한다고 해석한다(계약체결시설).[174]

b) 판례의 입장 : 판례는 '특별한 사정에 대한 예견가능성 여부는 채무불이행시를 기준으로 하여 판단하여야 한다'는 입장을 취하고 있다(대법원 1985.9.10.선고, 84다카1532).[175]「상당인과관계설」을 취하는 판례의 입장에서는 당연한 결론이라고 할 수 있다.

c) 학설·판례의 검토 : 우리 민법의 해석상 '손해배상책임의 요건인 채무불이행과 손해발생 사이의 인과관계의 존부는「상당인과관계설」에 의할 것이 아니라「조건설」에 의거하여 판단하여야 할 것이며, 손해배상의 범위도 채무불이행과 상당인과관계가 인정되는 범위로 제한되는 것이 아니라, 제393조의 규정에 따라 통상손해는 채무자의 예견가능성 여부와 관계없이 인과관계만 인정되면 배상책임이 인정되며(동조 1항), 특별한 사정으로 인하여 발생한 특별손해는 채무자가 그 특별한 사정을 알았거나 알 수 있었을 경우(예견가능성이 있는 경우)에 한하여 배상책임이 인정된다고 해석하는 것이 타당하다고 할 것임은 전술한 바와 같다(동조 2항).

---

173) 같은 취지: 대법원 2002.10.25.선고, 2002다23598 판결; 대법원 2007.6.28.선고, 2007다12173 판결.

174) 김형배, 264 참조.

175) 판례평석: 양창수, "민법 제393조 제2항이 정하는「특별한 사정」의 예견시기", 민사판례연구(9)(민사판례연구회, 1987/2), 27 이하; 한웅길, "손해배상의 범위 -특별사정의 예견가능성 판단시기-", 민법판례해설Ⅲ(채권총론), 143 이하.

문제는 '채무자의 예견가능성 여부를 어느 시점을 기준으로 하여 판단하여야 할 것인가?' 하는 것인데, 「계약체결시설」에 따르면 '채무자가 계약체결시에는 특별손해를 야기할 수 있는 특별한 사정을 알 수 없었으나 이행기에 이르러서는 그러한 특별한 사정을 알 수 있었던 경우에도 예견가능성이 없다는 이유로 채무자가 면책된다'고 해석하게 되는데, 이는 채권자에게 지나치게 불리한 결과가 된다. 그러므로 '특별한 사정에 대한 예견가능성 여부는 원칙적으로 계약체결시를 기준으로 하되 채무불이행시(이행지체의 경우에는 이행기, 이행불능의 경우에는 불능시, 불완전이행의 경우에는 불완전이행시)까지 채무자가 그 특별한 사정을 알았거나 알 수 있었다면 예견가능성이 있다'고 판단하여야 할 것이다.

(다) 「특별손해」인지 여부가 문제되는 경우

(A) 변호사비용 '채무불이행 또는 불법행위로 인한 손해배상청구소송에서 채권자 또는 피해자가 지급한 변호사비용을 채무불이행 또는 불법행위로 인한 통상손해라고 할 수 있는가?' 하는 것이 문제된다. 이에 대하여, '우리나라는 「변호사강제주의」를 채택하지 않고 「본인소송주의」를 원칙으로 하고 있으므로(민사소송법 144조),[176] 채권자 또는 피해자가 소송을 위해 지출한 변호사비용을 채무불이행 또는 불법행위로 인한 통상손해라고 할 수는 없다'고 할 것이다(대법원 1978.8.22.선고, 78다672 판결 등).[177] 다만, 2002.1.26. 법률 제6626호로 전부개정된 민사소송법은 "소송을 대리한 변호사에게 당사자가 지급하였거나 지급할 보수는 대법원규칙이 정하는 금액의 범위 안에서 소송비용으로 인정한다"고 규정함으로써(동법 109조 1항),[178] 이 문제를 입법적으로 해결하였다. 그러나 이는 실체법상 변호사비용을 채무불이행 또는 불법행위로 인한 통상손해로 인정한다는 취지의 규정이 아니라, 민사소송에 있어서 일정범위의 변호사비용을 소송비용으로 인정한다는 취지의 규정에 불과하므로, 변호사강제주의를 취하고 있지 아니한 현행 민사소송법제하에서 변호사비용을 손해배상으로 청구하는 경우에는 그것이 대법원규칙으로 정한 금액을 초과하는지 여부에 관계없이 항상 「특별손해」에 해당한다고 보아야 할 것이다. 따라서 변호사비용은 제393조의 「특별손해」로서 채무자의 예견가능성을 요

176) 민사소송법 제144조(변론능력이 없는 사람에 대한 조치) ① 법원은 소송관계를 분명하게 하기 위하여 필요한 진술을 할 수 없는 당사자 또는 대리인의 진술을 금지하고, 변론을 계속할 새 기일을 정할 수 있다. ② 제1항의 규정에 따라 진술을 금지하는 경우에 필요하다고 인정하면 법원은 변호사를 선임하도록 명할 수 있다. ③ 제1항 또는 제2항의 규정에 따라 대리인에게 진술을 금지하거나 변호사를 선임하도록 명하였을 때에는 본인에게 그 취지를 통지하여야 한다. ④ 소 또는 상소를 제기한 사람이 제2항의 규정에 따른 명령을 받고도 제1항의 새 기일까지 변호사를 선임하지 아니한 때에는 법원은 결정으로 소 또는 상소를 각하할 수 있다. ⑤ 제4항의 결정에 대하여는 즉시항고를 할 수 있다.

177) 같은 취지: 대법원 1996.11.8.선고, 96다27889 판결; 대법원 2010.6.10.선고, 2010다15363·15370 판결.

178) 민사소송법 제109조(변호사의 보수와 소송비용) ① 소송을 대리한 변호사에게 당사자가 지급하였거나 지급할 보수는 대법원규칙이 정하는 금액의 범위 안에서 소송비용으로 인정한다. ② 제1항의 소송비용을 계산할 때에는 여러 변호사가 소송을 대리하였더라도 한 변호사가 대리한 것으로 본다.

건으로 하여 그 배상을 청구할 수 있을 뿐이다. 다만, 대법원규칙이 정하는 범위 내의 변호사비용의 경우에는 소송비용으로서 반환을 청구할 수 있으므로(민사소송법 109조), 이를 특별손해로서 배상을 청구할 실익은 없다고 할 것이다.

판례는 2002년에 민사소송법이 전부개정되기 전에도 '변호사비용은 원칙적으로 통상손해로 인정하지 않는다'는 입장을 취하고 있었으나(대법원 1978.8.22.선고, 78다672 판결 등), '위법성이 인정되는 불법한 소제기(대법원 1977.4.12.선고, 76다2491 판결), 또는 「상대방의 부당항쟁」의 경우에는 상당인과관계가 인정되는 범위에서 변호사비용에 해당하는 손해배상의 책임이 있다'는 입장을 취하고 있었는데(대법원 1972.9.26.선고, 72다1284 판결 등), 이러한 판례의 법리는 현행 민사소송법하에서도 타당하다고 할 것이다.

■ **변호사비용이 불법행위로 인한 손해배상채권에 포함되는지 여부**(소극) [1] 변호사강제주의를 택하지 않고 있는 우리나라 법제하에서는 불법행위 자체와 변호사비용 사이에 상당인과관계 있음을 인정할 수 없으므로, 변호사비용을 불법행위 자체로 인한 손해배상채권에 포함시킬 수 없다. [2] 차량사고에 있어서는 불법행위의 성립 여부 및 손해액 등을 쉽게 알 수 없으므로, 특히 부당히 항쟁한다고 인정되는 특별사정이 없는 이상, 상대방이 응소하고 항소하였다 하여 부당항쟁으로 인한 손해배상으로서 변호사비용을 인용할 수 없다. (대법원 1978.8.22.선고, 78다672 판결)[179]

(B) 전매차익(轉賣差益) '매수인이 매매목적물을 전매하여 차익을 얻을 생각이었으나 매도인의 채무불이행으로 인하여 전매차익을 실현할 수 없게 된 경우에, 그 전매차익 상당의 일실이익의 손해를 매도인의 채무불이행으로 인한 통상손해라고 볼 수 있는가?' 하는 것이 문제된다. 매매계약에서 매수인의 전매차익이 항상 발생한다는 보장은 없으므로, 매수인의 전매차익에 해당하는 일실이익의 손해를 매도인의 채무불이행으로 인한 「통상손해」로 볼 수는 없다고 할 것이다. 판례도 매수인의 전매차익을 특별손해로 보고 있다(대법원 1967.5.30.선고, 67다466 판결 등). 그러므로 매수인이 매도인에게 전매차익 상당액의 손해배상을 청구하기 위해서는 매도인이 적어도 이행기에는 매수인에게 전매차익이 발생한다는 사정을 알았거나 알 수 있었어야 한다(393조 2항). 그러나 매도인이 매수인에게 전매차익이 확실하게 발생할 것이라고 믿었거나 전매차익의 금액까지 구체적으로 알았어야 하는 것은 아니다(대법원 1992.4.28.선고, 91다29972 판결 등).[180] 또한 '전매차익에 대한 매도인의 손해배상책임의 범위는 매수인이 통상적인 방법으로 얻을 수 있는 이익(통상적 전매차익)에 한정된다'는 것이 판례의 입장이다(대법원 1997.11.11.선고, 97다26982·26999 판결 등).

---

179) 같은 취지: 대법원 1972.4.20.선고, 72다265 판결; 대법원 1996.11.8.선고, 96다27889 판결; 대법원 2010.6.10.선고, 2010다15363·15370 판결.

180) 판례평석: 윤진수, "채무불이행으로 인한 특별손해, 동시이행의 항변권과 권리남용", 민법논고Ⅲ(박영사, 2008/12), 52 이하. 같은 취지: 대법원 1997.11.11.선고, 97다26982·26999 판결.

■ **전매차익에 대한 매도인의 예견가능성을 인정한 사례** 원고가 배추장사이며, 1966.3월말 본건 배추를 서울이나 인천 등지로 실어간다는 사실을 아는 등 본건과 같은 사정하에서는, 피고(농부)는 원고(배추장사)가 본건 배추 850포기를 1966.3월말 서울이나 인천 등지에서 1965.12. 당진에서의 시세보다는 상당히 등귀한 가격으로 전매하여 상당한 이익을 취득할 것이라는 사정을 미리 알 수 있을 것이라고 인정함이 상당하다. 「배추장수 사건」(대법원 1967.5.30.선고, 67다466 판결)

■ **무역회사가 외국의 수입업자에게 물품을 수출하기 위해 제조회사로부터 물품을 구매한 경우, 제조회사가 물품을 공급하지 못함으로 인하여 발생한 무역회사에 대한 손해배상의 범위** 제조회사가 무역회사와 물품공급계약을 체결하면서 무역회사가 수출을 위해 그 물품공급계약을 체결한다는 사실 및 공급물량 중의 일부에 대해서는 이미 외국의 수입업자와 교섭을 마친 사실을 알고 있었다면, 제조회사로서는 무역회사에게 물품을 공급하지 아니하면 무역회사 역시 수입업자에게 물품을 제때 공급하지 못하게 되어 그로부터 손해배상 청구를 당할 수 있다는 사실을 예견할 수 있다고 할 것이므로, 이러한 경우 무역회사가 수입업자에게 통상 배상하게 될 손해배상액 상당의 금원, 예컨대 합리적인 범위 안에서의 약정위약금이나, 또는 수입업자가 시장에서 다른 회사로부터 같은 종류와 수량의 물품을 적정한 가액으로 구입하였다면 그 구입가격과 무역회사와의 매매대금과의 차액과 그 구입에 소요된 합리적인 범위 안에서의 부대비용을 합산한 금액에 관하여는 제조회사가 무역회사에게 배상할 책임이 있으나, 제조회사가 제조회사와 무역회사 사이의 계약 이후의 계약내용을 알고서 그 계약내용과 관련시켜 무역회사와 매매계약을 체결한 것이 아니라면, 수입업자가 자기가 수입할 물품에 관하여 다시 제3자와 매매계약을 체결하였다가 그 계약을 이행하지 못하게 됨으로써 그 제3자에게 손해배상책임을 지게 되고 그 손해배상채무를 무역회사가 다시 수입업자에게 상환하게 되어 같은 금액의 손해를 입게 될 것이라는 점에 대하여는 제조회사가 이를 알 수 있었다고 보기 어려우므로, 이는 제조회사가 알 수 없었던 특별손해로서 제조회사로서는 손해배상책임이 없다. (대법원 1997.11.11.선고, 97다26982·26999 판결)

(C) 그 밖에 「특별손해」로 인정된 사례 판례에 따르면, ① '이중매매로 인하여 소유권이전채무가 이행불능이 된 경우, 이중매매 당시의 매매부동산의 시가 상당액으로 추정되는 금액은 통상손해라고 할 수 있으나, 현재의 시가 상당액은 물가등귀라는 특별사정으로 인한 손해에 해당한다'고 한다(대법원 1967.11.21.선고, 67다2158 판결 등),[181] ② '토지매도인의 채무불이행으로 인하여 매수한 토지 위에 신축한 건물이 철거될 운명에 이른 경우에 매수인이 입게 된 손해는 특별사정으로 인한 손해에 해당한다'고 한다(대법원 1992.8.14.선고, 92다2028 판결 등). ③ '토지의 매수인이 매매대금을 완불하지 아니한 상태에서 매수 토지 위에 건물을 신축하기 위하여 설계비 또는 공사계약금을 지출하였다가 계약이 해제됨으로 말미암아 이를 회수하지 못함으로써 입은 손해는 특별사정으로 인한 손해에 해당한다'고 한다(대법원 1996.2. 13.선고, 95다47619 판결 등).[182] ④ '매도인이 성능이 미비한 기계를 공급한 후 그 기계를 수거해 가지 아니함으로써 매수인이 그 기계를 대신하는 기계를 설치하여 수출품제조를 위한 원자재를 가공할 수 없게 되어 부득이 다른 공장에서 가공함으로써 발생한 손해는 특별사정으로 인한 손해에 해당

181) 같은 취지: 대법원 1967.11.28.선고, 67다2178 판결; 대법원 1968.7.23.선고, 68다1104 판결.

182) 판례평석: 황형모, "해제와 손해배상의 범위", 판례연구 7집(부산판례연구회, 1997/1), 55 이하. 같은 취지: 대법원 1973.3.13.선고, 72다2207 판결.

한다'고 한다(대법원 1980.8.26.선고, 80다1171 판결 등).[183]

▪ **토지매도인의 채무불이행으로 인하여 매수인이 신축한 건물이 철거될 운명에 이른 경우, 매수인이 입게 된 손해가 특별한 사정으로 인한 것인지 여부**(적극) 토지매도인의 소유권이전등기의무가 이행불능상태에 이른 경우, 매도인이 매수인에게 배상하여야 할 통상의 손해배상액은 그 토지의 채무불이행 당시의 교환가격이나, 만약 그 매도인이 매매 당시 매수인이 이를 매수하여 그 위에 건물을 신축할 것이라는 사정을 이미 알고 있었고, 매도인의 채무불이행으로 인하여 매수인이 신축한 건물이 철거될 운명에 이르렀다면, 그 손해는 적어도 특별한 사정으로 인한 것이고, 나아가 매도인은 이러한 사정을 알고 있었으므로 위 손해를 배상할 의무가 있다. (대법원 1992.8.14.선고, 92다2028 판결)[184]

(라) 증명책임

어떤 손해가 통상손해인가 특별손해인가 하는 것은 법률문제이므로 당사자가 이를 증명할 필요는 없다. 그러나 어떤 손해가 「특별손해」에 해당하는 경우, 채권자는 그 특별손해를 야기한 특별한 사정을 채무자가 알았거나 알 수 있었음을 증명하지 아니하면 손해배상을 청구할 수 없다. 즉, 특별손해를 야기한 특별한 사정의 예견가능성에 대한 증명책임은 채권자에게 있다(대법원 1964.6.9.선고, 63다1023 판결). 다만, 판례는 '채무불이행으로 인한 손해배상책임이 인정된다면, 법원은 손해액에 관한 입증이 불충분하다 하더라도 그 이유만으로 손해배상청구를 배척할 것이 아니라 그 손해액에 관하여 적극적으로 석명권을 행사하고 입증을 촉구하여 이를 밝혀야 하며, 특별손해라고 보아야 하는 전매차익과 같은 장래의 일실이익에 관한 증명도는 과거사실에 대한 증명에서의 증명도보다 경감하여 채권자가 현실적으로 얻을 수 있을 구체적이고 확실한 이익의 증명이 아니라 합리성과 객관성을 잃지 않는 범위 내에서의 상당한 개연성이 있는 이익의 증명으로 충분하다'고 한다(대법원 1992.4.28.선고, 91다29972 판결 등).[185]

5. 손해배상액의 산정

「금전배상주의」의 원칙상 채무불이행 또는 불법행위로 인한 손해배상의 범위가 확정되면 판결의 집행을 위하여 이를 금전으로 환산할 필요가 있다(394조, 763조). 이와 같이 배상되어야 할 손해를 금전으로 환산하는 과정에서 손해배상액 산정의 기준시기·기준장소 등과 같은

183) 특별손해에 관한 그 밖의 사례에 대해서는 민법주해(9)/지원림, 544 이하 참조.
184) 판례평석: 김교창, "이행불능으로 인한 토지매도인의 손해배상책임", 판례월보 270호(판례월보사, 1993/3), 7 이하; 이성룡, 대법원판례해설 18호(법원행정처, 1993/6), 267 이하. 같은 취지: 대법원 1996.2.13.선고, 95다47619 판결.
185) 판례평석: 윤진수, 전게논문(주 180), 52 이하. 같은 취지: 대법원 1982.4.13.선고, 81다1045 판결; 대법원 1986.3.25.선고, 85다카538 판결; 대법원 1987.2.10.선고, 86다카1453 판결; 대법원 1997.12.26.선고, 97다42892·42908 판결; 대법원 2006.1.27.선고, 2005다52078·52085 판결; 대법원 2006. 3.10.선고, 2005다31361 판결; 대법원 2008.2.14.선고, 2006다37892 판결; 대법원 2013.5.24.선고, 2012다39769·39776 판결.

여러 가지 기술적인 문제들이 고려되어야 하며, 손익상계와 과실상계 등 배상액을 확정하는 단계에서 고려되어야 할 여러 가지 문제들이 있는바, 이러한 문제들을 총칭하여 「손해배상액의 산정」의 문제라고 한다. 이하에서는 손해배상액 산정의 문제를 채무불이행과 관련된 것에 한정하여 살펴보기로 한다.

(1) 손해배상액 산정의 기준시기

손해배상액 산정의 기준시기의 문제는 주로 채권자가 물건인도채무의 이행불능을 이유로 전보배상을 청구하거나(390조), 이행지체를 이유로 본래의 목적물에 갈음하는 전보배상을 청구하는 경우(395조)에 문제된다. 예컨대, 부동산매도인이 이중매매를 하거나 매매목적물이 매도인의 귀책사유에 의하여 멸실됨으로써 채무자의 물건인도채무가 이행불능이 된 경우, 특히 매수인이 매매목적물을 전매할 목적으로 위하여 매수하였는데 매도인의 이중매매 등 채무불이행 후에 목적물의 가격이 폭등하거나 폭락한 경우에 손해배상액 산정의 기준시기의 문제가 발생한다. 이는 물건인도채무의 이행불능으로 인한 채권자의 통상손해라고 할 수 있는 목적물의 시가상당액은 시간의 경과에 따라 달라지기 때문에 발생하는 문제이다.

이와 같이 「손해배상액 산정의 기준시기」의 문제는 '물건의 인도채무의 불이행으로 인한 손해배상액인 목적물의 시가상당액을 책임원인발생시(채무불이행시)·손해배상청구시(제소시)·판결시(사실심변론종결시)의 어느 시점을 기준으로 산정하는 것이 타당한가?' 하는 문제이다.

1) 학 설

(가) 책임원인 발생시설

이는 '책임원인이 발생한 때, 즉 채무불이행시를 기준으로 손해배상액(시가상당액)을 산정하고, 그 후의 가격의 등락으로 인한 손해는 특별한 사정으로 인한 손해로서 당사자의 예견가능성을 요건으로 하여 배상액에 산입되어야 한다'는 견해인데, 학설로서는 소수설이다.[186] 이 견해는 그 논거로서, ① '손해배상채권은 원칙적으로 금전채권이므로, 그 금액은 채권이 발생한 때, 즉 손해가 발생한 때를 기준으로 정해져야 한다'는 점, ② '손해배상채권은 채권의 성립과 동시에 이행기가 도래하여 이행지체가 생기므로, 채무불이행 이후에 발생한 손해에 관해서도 그것이 상당인과관계의 범위 내에 있는 한 그것을 배상액에 포함시켜야 하므로, 손해배상책임이 성립한 이후에 물가의 변동이 있는 경우에는 이를 특별한 사정에 의한 손해로 간주하여 채무자가 알았거나 알 수 있었던 경우에 한하여 배상액에 포함시켜야 한다'는 점, ③ '판결시설(사실심변론종결시설)은 책임원인발생 이후 사실심의 변론종결시까지 사이에 발생한 가격변동을 통상손해로 인정하여 채권자를 보다 두텁게 보호하는 장점은 있으나, 책

186) 곽윤직, 117; 송덕수, 185 참조.

임원인발생 이후 사실심의 변론종결시까지 사이에 발생한 가격변동을 채무자에게 전가하는 것은 손해분담의 공평이라는 손해배상제도의 이상에 비추어 볼 때 타당하지 않다'는 점 등을 들고 있다.[187)]

(나) 판결시설 : 사실심 변론종결시설

이는 '판결시를 기준으로 하여 손해배상액을 산정하여야 한다'는 견해로서, 통설적 견해라고 할 수 있다.[188)] 그런데 소송에서 손해배상액의 산정은 사실심(항소심)의 구두변론종결 당시의 목적물의 시가상당액을 기준으로 하게 되므로, 「판결시」라 함은 '사실심인 항소심의 구두변론종결시'를 기준으로 하게 된다. 이러한 의미에서 이 견해를 「사실심변론종결시설」이라고도 한다. 이 견해는, ① 채무불이행으로 인한 손해배상제도의 목적은 채권자로 하여금 이행이익을 실현케 해 주는 데 있는바, 물건의 인도채무에 있어서 이행불능으로 인한 전보배상의 경우, 전보되어야 할 이행이익은 목적물의 현재가치라고 할 것이므로, 가격의 등귀로 인한 이익은 당연히 채권자에게 귀속되는 것이 타당하다는 점,[189)] ② '배상되어야 할 손해인지 여부는 책임원인발생시를 기준으로 결정되지만, 그 손해의 금전적인 평가는 판결시를 기준으로 하여야 한다'는 점 등을 논거로 들고 있다.[190)]

2) 판례의 입장

판례는 '손해배상액의 산정은 손해발생의 원인인 채무불이행 또는 불법행위의 시기를 표준으로 하는 것을 원칙으로 하되(책임원인발생시설), 책임원인발생 후에 채권자가 목적물의 등귀한 가격을 이용할 확실성 있는 특별사정이 있는 경우에는 채무자가 이를 예견하거나 예견할 수 있었던 때에 한하여 그 등귀가격으로 인한 손해배상을 청구할 수 있다'는 입장을 취하고 있다(대법원 1960.10.27.선고, 4293민상197 판결 등).[191)] 다만, '이행불능으로 인한 전보배상의 경우에는 판례가 「책임원인발생시설」에 입각하여 이행불능시의 목적물의 시가상당액을 기준으로 손해배상액을 산정하여야 한다'는 입장을 확립하고 있음은 명확하나, 이행지체의 경우에는 그 입장이 반드시 명확하다고는 할 수 없다.

(가) 이행불능으로 인한 전보배상의 경우

판례는 '매도인의 소유권이전등기의무의 이행불능으로 인한 매수인의 손해액은 원칙적으로 그 이행불능이 될 당시의 목적물의 시가상당액이고, 그 이후 목적물의 가격이 등귀하였나

187) 곽윤직, 117~118; 송덕수, 185 참조.
188) 민법주해(9)/지원림, 579; 김상용, 182; 김주수, 162; 김증한/김학동, 149; 김현태, 132; 이태재, 139; 장경학, 233; 현승종, 165 참조.
189) 김증한/김학동, 149; 이태재, 140 참조.
190) 현승종, 165 참조.
191) 같은 취지: 대법원 1962.2.8.선고, 4294민상993 판결; 대법원 1967.7.4.선고, 67다836 판결; 대법원 1967.11.21.선고, 67다2158 판결.

하여도 그로 인한 손해는 특별한 사정으로 인한 것이어서, 매도인이 이행불능 당시 그와 같은 특수한 사정을 알았거나 알 수 있었을 때에 한하여 그 등귀한 가격에 의한 손해배상을 청구할 수 있다'는 입장을 확립하고 있다(대법원 1996.6.14.선고, 94다61359·61366 판결 등).[192] 즉, 판례는 '이행불능의 경우에 법원이 이행에 갈음하는 전보배상을 명하려면 이행불능이 된 시기를 확정하고 그 시점을 기준으로 하여 목적물의 시가를 산정하고, 이를 표준으로 하여 그 손해액을 결정하여야 할 뿐만 아니라(대법원 1975.2.10.선고, 74다584 판결), 매도인이 그것을 타에 처분한 가격이 통상가격을 넘는다고 할지라도 그것을 배상액산정의 기준으로 삼을 수는 없다'고 한다(대법원 1990.12.7.선고, 90다5672 판결 등).[193] 또한 '이행불능을 이유로 계약이 해제된 경우에도 그 전보배상액은 계약해제시의 시가상당액이 아니라 이행불능 당시의 목적물의 시가상당액'이라고 한다(대법원 1970.7.28.선고, 70다784 판결).[194]

(나) 이행지체로 인한 전보배상의 경우

이행지체로 인한 손해배상은 원칙적으로 지연배상에 그치는 것이 원칙이나, 채권자가 상당한 기간을 정하여 이행을 최고하여도 그 기간 내에 이행하지 않거나, 지체 후의 이행이 채권자에게 이익이 없는 때에는, 채권자는 수령을 거절하고 이행에 갈음한 손해배상(전보배상)을 청구할 수 있다(395조). 그러므로 이행지체의 경우에도 손해배상액 산정의 기준시기가 문제될 수 있다.

초기의 대법원판결 중에는 「판결시설」(사실심변론종결시설)의 입장을 취한 것도 있으므로(대법원 1969.5.13.선고, 68다1726 판결), 이 문제에 대하여 반드시 일관된 입장을 취하고 있다고 할 수는 없지만, 이 경우에도 판례는 이행불능의 경우와 마찬가지로 「책임원인발생시설」을 취하고 있다고 생각된다. 즉, 판례는 '이행지체의 경우 채권자는 상당한 기간을 정하여 채무자에게 본래의 의무이행을 최고하고 그 이행이 없는 경우에 비로소 전보배상을 청구할 수 있는 것이므로, 그 전보배상액의 산정기준시기는 원칙적으로 본래의 채무이행을 최고하였던 상당

192) 같은 취지: 대법원 1967.11.21.선고, 67다2158 판결; 대법원 1967.11.28.선고, 67다2178 판결; 대법원 1968.7.23.선고, 68다1104 판결; 대법원 1968.9.17.선고, 68다917 판결; 대법원 1975.5.27.선고, 74다1872 판결; 대법원 1987.6.23.선고, 86다카2549 판결; 대법원 1995.10.13.선고, 95다22337 판결; 대법원2005.9.15.선고, 2005다29474 판결; 대법원 2006.1.27.선고, 2005다39013 판결; 대법원 2006.3.10.선고, 2005다55411 판결.

193) 같은 취지: 대법원 1993.5.27.선고, 92다20163 판결. 다만, 대법원판결 중에는 '매도인의 이중매매에 의하여 제1매수인에 대한 소유권이전등기의무가 이행불능으로 된 토지가 그 매수인에 있어서 대체할 수 없는 도로확장공사용의 토지로서 현시가로 다시 매수할 수밖에 없었으며, 이러한 특수한 사정을 매도인도 이미 알고 있었던 경우에는 현시가에 의한 전보배상이 상당하다'고 판시한 사례도 있다(대법원 1970.4.14.선고, 70다276 판결).

194) 다만, 대법원판결 중에는 '계약해제로 인한 원상회복의무가 이행불능인 경우에 그로 인한 손해배상청구권은 계약해제시에 발생한다'는 것을 전제로 하여, '원상회복의무에 갈음한 손해배상액은 계약해제 당시의 시가에 의하여야 한다'고 판시한 사례도 있다(대법원 1975.1.28.선고, 74다458 판결).

한 기간이 경과한 때의 시가에 의하여야 할 것'이라고 한다(대법원 1997.12.26.선고, 97다24542 판결 등).[195] 또한 '채무자의 이행거절로 인한 채무불이행으로 인한 손해배상액은 이행거절시의 목적물의 시가를 표준으로 산정해야 한다'고 한다(대법원 2007.9.20.선고, 2005다63337 판결 등).

■ **채무자의 이행거절로 인한 채무불이행에서의 손해액 산정의 기준시점** 이행지체에 의한 전보배상에 있어서의 손해액 산정은 본래의 의무이행을 최고한 후 상당한 기간이 경과한 당시의 시가를 표준으로 하고, 이행불능으로 인한 전보배상액은 이행불능 당시의 시가 상당액을 표준으로 할 것인바, 채무자의 이행거절로 인한 채무불이행에서의 손해액 산정은, 채무자가 이행거절의 의사를 명백히 표시하여 최고 없이 계약의 해제나 손해배상을 청구할 수 있는 경우에는 이행거절 당시의 급부목적물의 시가를 표준으로 해야 한다. (대법원 2007.9.20.선고, 2005다63337 판결)[196]

3) 학설·판례의 검토

(가) 「판결시설」(사실심 변론종결시설)에 대한 검토

① 「판결시설」은 '채무불이행시에 확정되는 것은 손해뿐이고, 그 평가인 손해배상액의 산정은 나중에 이루어질 수 있는 것이므로, 채권자를 보호하기 위해서는 판결시를 기준으로 하여 손해배상액을 산정하여야 한다'고 주장한다. 그러나 손해의 금전적 평가는 손해가 확정된 시점을 기준으로 이루어져야 할 것이므로, 이러한 주장은 타당하지 않다. ② 「판결시설」은 '채권자보호를 위해서는 손해액의 산정은 판결시를 기준으로 하는 것이 타당하다'고 주장하고 있으나, 「판결시설」에 따르면 채권자가 의도적으로 소제기를 지연하거나 소송절차가 지연되어 목적물의 가격이 폭등한 경우에는 손해배상의 범위가 지나치게 확대됨으로써 채무자에게 가혹한 결과를 가져올 가능성이 크다는 점에서, 적절한 손해의 분담을 꾀하여야 하는 손해배상제도의 이상에 반한다. ③ 「판결시설」의 가장 중요한 논거는, '채무불이행으로 인한 손해배상제도의 목적은 채권자로 하여금 이행이익을 실현케 하는 데 있으며, 만약 채무가 제대로 이행되었다고 가정하면 판결시의 등귀된 가격으로 인한 이익은 채권자에게 귀속되었을 것'이라는 추론에 있다. 물론 채무불이행으로 인한 손해배상의 목적은 채권자로 하여금 이행이익을 실현시켜 주는 데 있다. 그러나 민법은 제393조에서 특별한 사정으로 인한 손해는 원칙적으로 손해배상의 범위에서 제외하는 입장을 취함으로써, 채권자와 채무자 사이의 이해관계를 조절하고 있으며, 「책임원인발생시설」에 따르더라도 채무자의 가격폭등에 대한 예견가능성을 요건으로 하여 손해배상액을 적당히 증액할 수 있으므로, 이를 통하여 채권자의 이행이익의 실현과 채무자의 보호라는 이해관계의 적절한 조화를 꾀할 수 있다.

---

195) 같은 취지: 대법원 1967.6.13.선고, 66다1842 판결; 대법원 2007.9.20.선고, 2005다63337 판결.
196) 같은 취지: 대법원 2008.5.15.선고, 2007다37721 판결.

(나) 「책임원인 발생시설」에 대한 검토

① 「판결시설」은 '「책임원인 발생시설」은 손해배상청구권의 발생시기를 채무불이행시라고 보고 있으나, 이는 논리적으로 부당하다'고 비판한다.[197] 그러나 불법행위로 인한 손해배상청구권은 불법행위시에 발생하고 즉시 지체책임이 발생하는 것처럼, 채무불이행으로 인한 손해배상청구권도 채무불이행시에 발생한다고 보아야 할 것이다. ② 「판결시설」 측에서는 '「책임원인 발생시설」에 의하면 채권자보호에 충분하지 않다'고 비판한다. 그러나 손해배상제도의 목적은 일방적으로 채권자의 이익을 보호하는 데 있는 것이 아니라, 채권자와 채무자 사이에 손해를 공평하게 부담시키는 데 있다 할 것이다. 그러므로 물건인도채무의 이행불능으로 인한 손해배상은 이행불능시의 목적물의 시가상당액을 배상하는 것을 원칙으로 하고(이행이익의 배상), 가격의 등귀에 따른 손해의 배상(이는 일실이익의 배상에 해당한다)은 특별한 사정으로 인한 손해의 배상으로서 채무자가 목적물의 가격이 등귀할 것이라는 사정 등을 알았거나 알 수 있었을 경우에 한하여 배상하도록 하는 것이 형평의 원칙에 부합한다. ③ 「판결시설」 중에서는 「책임원인 발생시설」에 대하여, '채권자가 과실 없이 책임원인발생을 인식하지 못한 경우에는 그 시점에서 손해액이 정해지는 것은 불공평하다'고 비판하는 견해도 있으나,[198] 채무불이행책임은 채무자의 고의·과실을 귀책요건으로 하는 것이지, 채권자의 인식가능성을 귀책요건으로 하는 것이 아니므로, 「책임원인 발생시설」이 손해배상액을 산정할 때 채권자 측의 책임원인발생의 인식가능성이라는 주관적 사정을 고려하지 않는다 하여 이를 불공평하다고 볼 수 없다.

4) 결 론

이상의 검토 결과, 「판결시설」은 이론상 부당할 뿐만 아니라 손해의 공평한 분담이라는 손해배상제도의 이상에도 부합하지 않는 이론이며, 반대로 「책임원인 발생시설」은 이론상 타당할 뿐만 아니라 손해의 공평한 분담이라는 손해배상제도의 이상에도 부합하는 타당한 이론이라는 결론에 도달하였다. 즉, 채무불이행으로 인한 전보배상에 있어서 손해배상액의 산정은 채무불이행시(책임원인 발생시)를 기준으로 하여야 할 것이다. 이러한 관점에서, 이행불능으로 인한 전보배상에 있어서 손해배상액의 산정기준시기에 관하여 「책임원인 발생시설」을 취하고 있는 판례의 입장은 타당하다고 할 것이다. 다만, 이행지체로 인한 전보배상에 있어서 손해배상액의 산정기준시에 관한 판례의 입장은 아직 명확하다고 보기 어려운데, 대법원은 전원합의체판결로써 이에 관한 명확한 입장을 밝힐 필요가 있다고 생각된다.

---

197) 김증한/김학동, 149 참조.
198) 민법주해(9)/지원림, 579; 현승종, 165 참조.

(2) 손해배상액 산정의 기준이 되는 장소

물건의 인도채무에 있어서 채무불이행으로 인한 전보배상은 목적물의 통상가격인 시가상당액을 배상하여야 하는데, 물건의 가격은 장소에 따라 다를 수 있으므로, '어느 곳(지방)의 가격을 기준으로 목적물의 시가를 결정하여야 하는가?' 하는 문제가 발생한다. 이에 관하여, 당사자 사이에 약정이 있거나 상법 제137조[199]와 같이 법률에 특별한 규정이 있는 경우에는 그에 따라서 손해배상액을 결정하여야 할 것이나, 그렇지 않은 경우에는 목적물을 인도하여야 하는 장소, 즉 채무이행지에서의 통상가격을 표준으로 하여 배상액을 산정하여야 할 것이다.[200] 그러나 만약 이행지에서 통상적인 가격을 훨씬 상회하는 가격(이를 「특별가격」이라고 한다)이 형성된 경우에는, 제393조를 유추적용하여 채무자의 예견가능성을 요건으로 특별가격의 배상을 인정하여야 할 것이다.

(3) 손해배상액 산정의 기준이 되는 가격

1) 재산적 손해의 경우

전술한 바와 같이, 물건의 인도채무에 있어서 채무불이행으로 인한 전보배상액은 이행불능시의 목적물의 시가상당액이라고 할 것인데, '시가(時價)에도 통상가격·특별가격·감정가격(感情價格)의 세 가지가 있을 수 있는데, 전보배상의 기준이 되는 목적물의 시가상당액은 그 중 어느 가격을 기준으로 할 것인가?' 하는 것이 문제된다. 학설 중에는 '감정가격은 배상할 필요가 없으며, 정신적 손해에 대한 배상(위자료)만이 문제된다'는 견해도 있다.[201] 그러나 감정가격에 대해서도 제393조 제2항을 유추적용하여 '물건인도채무에 있어서 채무불이행으로 인한 전보배상의 내용인 목적물의 시가상당액은 이행기에 이행지의 통상가격을 기준으로 하여 산정하되, 특별가격 및 감정가격도 그것이 생기게 된 특별한 사정에 관하여 채무자가 알았거나 알 수 있었을 경우에는 배상액 산정의 기준가격이 된다'고 해석하여야 할 것이다.[202]

2) 비재산적 손해 : 정신적 손해

'채무불이행으로 인하여 발생한 정신적 손해는 재산적 손해의 배상으로 전보된다'고 보아야 할 것이므로, 정신적 손해배상액의 산정은 원칙적으로 불법행위로 인한 손해배상책임에 한하여 논의할 실익이 있다. 또한 채무불이행으로 인한 비재산적 손해(정신적 손해)가 발생한

---

199) 상법 제137조(손해배상의 액) ① 운송물이 전부멸실 또는 연착된 경우의 손해배상액은 인도할 날의 도착지의 가격에 따른다. ② 운송물이 일부 멸실 또는 훼손된 경우의 손해배상액은 인도한 날의 도착지의 가격에 의한다. ③ 운송물의 멸실, 훼손 또는 연착이 운송인의 고의나 중대한 과실로 인한 때에는 운송인은 모든 손해를 배상하여야 한다. ④ 운송물의 멸실 또는 훼손으로 인하여 지급을 요하지 아니하는 운임 기타 비용은 전3항의 배상액에서 공제하여야 한다.

200) 同旨: 민법주해(9)/지원림, 580; 곽윤직, 118; 김상용, 182; 김증한/김학동, 150; 현승종, 165 참조.

201) 민법주해(9)/지원림, 551 참조.

202) 同旨: 곽윤직, 116; 현승종, 166 참조.

경우에 그 손해를 직접 평가한다는 것은 불가능하므로, 간접적으로 정신적 고통을 치유할 만한 방법 또는 재화를 금전으로 평가하여 이로써 손해를 전보하도록 하는 수밖에 없다.

참고로 판례는 '불법행위로 입은 정신적 손해의 배상인 위자료의 산정은 사실심 법원이 쌍방 당사자의 모든 사정을 참작하여 자유재량으로 그 액을 결정하여야 한다'는 입장을 취하고 있다(대법원 1999.4.23.선고, 98다41377 판결 등).[203]

(4) 손해배상액 산정의 특칙

1) 손익상계

(가) 의 의

「손익상계(損益相計)」(Vorteilsausgleichung)라 함은 '채무불이행 또는 불법행위로 인하여 손해를 받은 자가 동시에 같은 원인으로 인하여 이익을 얻은 경우에, 그 손해배상액을 산정함에 있어서 그 이익을 공제하는 것'을 말한다. 이를 「이익공제(利益控除)」라고도 한다.

손익상계는 로마법 이래 인정되어 온 제도로서(compensatio lucri cum damno),[204] 채무불이행으로부터 손해와 이익이 동시에 발생한 경우에 실제손해액은 손해에서 이익을 공제한 잔액이라 할 것이므로(대법원 1969.11.25.선고, 69다887 판결), 채무불이행으로 인한 손해배상액을 산정할 때 이익을 고려하여야 함은 이론상 당연하다 할 것이다. 그러므로 이에 관한 명문규정이 없는 우리 민법의 해석론으로서도 손익상계를 인정하여야 한다는 데 견해가 일치한다.[205]

(나) 손익상계의 법적 성질

손익상계는 손해배상액을 산정함에 있어서 손해와 동시에 같은 원인으로 인하여 발생한 이익을 공제하는 손해배상액 산정절차의 일부에 불과하므로, 서로 대립하는 두 개의 채권을 대등액에서 소멸케 하는 법률행위인 「상계」는 결코 아니다. 즉, 손익상계에서는 손해액에서 이익액을 공제한 잔액에 대하여 하나의 손해배상채권이 성립할 뿐이며,[206] 채무자에게 채권자에 대한 이익반환청구권을 부여하는 것이 아니라 손해배상액을 산정함에 있어서 반드시 거쳐야 하는 필수적인 계산과정에 불과하다. 그러므로 법원은 당사자의 주장을 기다리지 아니하고 직권으로 손익상계를 하여야 한다(대법원 2002.5.10.선고, 2000다37296·37302 판결 등). 이러한 의미에서 「손익상계」라고 하기보다는 「이익공제」 또는 「이득공제」라는 용어가 적절하다고 생각된다.[207]

---

203) 같은 취지: 대법원 1988.2.23.선고, 87다카57 판결; 대법원 2002.11.26.선고, 2002다43165 판결; 대법원 2005.6.23.선고, 2004다66001 판결; 대법원 2006.1.26.선고, 2005다47014· 47021·47038 판결; 대법원 2006.5.11.선고, 2003다8503 판결; 대법원 2012.1.27.선고, 2010다39277 판결.

204) 현승종, 166 참조.

205) 손익상계에 관하여는 오종근, "손익상계", 아세아여성법학 3호(아세아여성법학연구소, 2000/6), 297 이하; 임건면, "손익상계", 경남법학 18집(경남대법학연구소, 2003/2), 157 이하; 박동진, "손익상계", 「로스쿨채권법」(청림출판, 2007/1), 244 이하 참조.

206) 민법주해(9)/지원림, 581; 현승종, 167 참조.

207) 同旨: 임건면, 전게논문(주 205), 157; 곽윤직, 119 참조.

(다) 공제될 이익의 범위

손익상계에 의하여 손해액에서 공제되어야 할 이익은 원칙적으로 채무불이행과 인과관계(조건적 인과관계)가 있는 이익 중 「통상이익(通常利益)」에 한하며, '채무자의 특수한 사정으로 인하여 발생한 이익'인 「특별이익」은 채권자가 그 특수한 사정을 알았거나 알 수 있었을 경우에 한하여 공제될 수 있다고 할 것이다(393조의 유추적용). 다만, 판례는 손익상계에 있어서도 「상당인과관계설」을 적용하여, '손익상계가 허용되기 위해서는 손해배상책임의 원인이 되는 행위로 인하여 피해자가 새로운 이득을 얻었고, 그 이득과 손해배상책임의 원인인 행위 사이에 상당인과관계가 있어야 한다'는 입장을 취하고 있다(대법원 2009.12.10.선고, 2009다54706·54713 판결 등).[208] 여기서 '채무불이행과 상당인과관계가 인정되면 손익상계(이익공제)의 대상이 되는 「통상이익」이란 구체적으로 어떠한 경우를 가리키며, 채권자가 그 특수한 사정을 알았거나 알 수 있었을 경우에 한하여 공제될 수 있는 「특별이익」이란 어떠한 경우를 가리키는가?' 하는 것이 문제되는데, 구체적 사례를 중심으로 이 문제를 살펴보기로 한다.

(A) 「일실이익의 배상」에 있어서 이행이익을 얻는 데 필요하였을 비용 '채무불이행으로 인한 일실이익의 배상에 있어서는 채권자가 이행이익을 얻는 데 필요하였을 비용을 손해배상액에서 공제하여야 한다'는 것이 판례의 입장이다(대법원 1962.6.14.선고, 4294민상1359 판결 등).[209] 이러한 취지에서, 대법원은 '주차장을 임차하여 주차장영업을 하던 사람이 임대인 측의 영업방해로 인하여 주차장영업을 할 수 없게 됨으로써 입은 일실이익 상당액의 손해배상액을 산정함에 있어서는 관리비나 관리인의 노무비용 외에 임대차관계를 유지하기 위하여 들어가야 하는 차임 등의 비용도 주차료수입에서 공제되어야 한다'고 판시한 바 있다(대법원 1990.8.28.선고, 90다카10343 판결).

(B) 수급인이 일을 완성하기 전에 도급인이 손해를 배상하고 계약을 해제한 경우 '도급계약에서 수급인이 일을 완성하기 전에 도급인이 제673조에 따라 손해를 배상하고 계약을 해제하는 경우에, 수급인의 손해액을 산정함에 있어서는 도급인의 계약해제로 인하여 수급인이 그 일의 완성을 위하여 들이지 않게 된 자신의 노력을 타에 사용하여 소득을 얻었거나 또는 얻을 수 있었음에도 불구하고 태만이나 과실로 인하여 얻지 못한 소득 및 일의 완성을 위하여 준비하여 둔 재료를 사용하지 아니하게 되어 타에 사용 또는 처분하여 얻을 수 있는 대가 상당액을 손해액에서 공제하여야 한다'는 것이 판례의 입장이다(대법원 2002.5.10.선고, 2000다37296·37302 판결 등).[210]

---

208) 같은 취지: 대법원 1992.12.22.선고, 92다31361 판결; 대법원 2002.5.10.선고, 2000다37296·37302 판결; 대법원 2007.11.30.선고, 2006다19603 판결.

209) 같은 취지: 대법원 1990.12.11.선고, 88다카14311 판결.

210) 판례평석: 이주현, 대법원판례해설 40호(법원도서관, 2002/12), 182 이하; 김동훈, "일의 완성 전 도급인의 해제권", 고시연구 31권 9호, 2004/9, 195 이하. 같은 취지: 대법원 2009.12.10.선고, 2009다54706·54713 판결.

(C) 근로기준법상의 휴업급여 또는 산재보험법상의 장애급여 근로기준법 제46조에 따른 휴업급여,[211] 또는 산업재해보상보험법(2007.12.14. 법률 제8694호로 전부개정: 이하 「산재보험법」으로 약칭) 제57조의 규정에 의한 장해급여[212]가 지급된 경우에는, 그 수령액의 범위 내에서 손익상계를 하여야 한다. 다만, 판례는 '근로자(피해자)가 수령한 휴업급여금이나 장해급여금이 법원에서 인정된 소극적 손해액(일실이익의 손해)을 초과하더라도 그 초과부분을 성질을 달리하는 손해배상액에서 공제할 수 없다'고 한다(대법원 1995.4.25.선고, 93다61703 판결 등).

■ **소극적 손해액 산정 시 피해자가 수령한 휴업급여금의 공제범위** 근로자가 근로기준법이나 산재보험법에 따라 휴업급여나 장해급여 등을 지급받은 경우에 그 급여액을 일실수익의 배상액에서 공제하는 것은 그 손해의 성질이 동일하여 상호보완적 관계에 있는 것 사이에서만 이루어질 수 있는 것이므로, 근로자(피해자)가 수령한 휴업급여금이나 장해급여금이 법원에서 인정된 소극적 손해액을 초과하더라도 그 초과부분을 그 성질을 달리하는 손해의 배상액을 산정함에 있어서 공제할 것은 아니며, 같은 이치에서 휴업급여는 휴업기간 중의 일실수익에 대응하는 것이므로, 휴업급여금은 그것이 지급된 휴업기간 중의 일실수익 상당의 손해액에서만 공제되어야 한다. (대법원 1995.4.25.선고, 93다61703 판결).[213]

(D) 공무원연금법 등에 의한 유족연금수급권을 취득한 경우 공무원연금법상의 퇴직연금을 받던 사람이 타인의 불법행위로 인하여 사망한 경우에는 그 퇴직연금수급권자의 유족은 망인이 퇴직연금을 받지 못하게 됨으로써 받은 손해배상청구권을 상속에 의하여 취득함과 동시에 스스로 유족연금을 지급받을 수 있는 수급권을 취득하게 된 경우에는, 망인의 유족이 취득한 제3자(불법행위자)에 대한 손해배상청구권은 망인의 공무원연금법상의 퇴직연금수급권과 실질적으로 동일한 것이라고 할 수 있으므로, 그 유족은 실질적으로 퇴직연금수급권과 유족연

---

211) 근로기준법 제46조(휴업수당) ① 사용자의 귀책사유로 휴업하는 경우에 사용자는 휴업기간 동안 그 근로자에게 평균임금의 100분의 70 이상의 수당을 지급하여야 한다. 다만, 평균임금의 100분의 70에 해당하는 금액이 통상임금을 초과하는 경우에는 통상임금을 휴업수당으로 지급할 수 있다. ② 제1항에도 불구하고 부득이한 사유로 사업을 계속하는 것이 불가능하여 노동위원회의 승인을 받은 경우에는 제1항의 기준에 못 미치는 휴업수당을 지급할 수 있다.

212) 산재보험법 제57조(장해급여) ① 장해급여는 근로자가 업무상의 사유로 부상을 당하거나 질병에 걸려 치유된 후 신체 등에 장해가 있는 경우에 그 근로자에게 지급한다. ② 장해급여는 장해등급에 따라 별표 2에 따른 장해보상연금 또는 장해보상일시금으로 하되, 그 장해등급의 기준은 대통령령으로 정한다. ③ 제2항에 따른 장해보상연금 또는 장해보상일시금은 수급권자의 선택에 따라 지급한다. 다만, 대통령령으로 정하는 노동력을 완전히 상실한 장해등급의 근로자에게는 장해보상연금을 지급하고, 장해급여 청구사유 발생 당시 대한민국 국민이 아닌 자로서 외국에서 거주하고 있는 근로자에게는 장해보상일시금을 지급한다. ④ 장해보상연금은 수급권자가 신청하면 그 연금의 최초 1년분 또는 2년분(제3항 단서에 따른 근로자에게는 그 연금의 최초 1년분부터 4년분까지)의 2분의 1에 상당하는 금액을 미리 지급할 수 있다. 이 경우 미리 지급하는 금액에 대하여는 100분의 5의 비율 범위에서 대통령령으로 정하는 바에 따라 이자를 공제할 수 있다. ⑤ 장해보상연금 수급권자의 수급권이 제58조에 따라 소멸한 경우에 이미 지급한 연금액을 지급 당시의 각각의 평균임금으로 나눈 일수의 합계가 별표 2에 따른 장해보상일시금의 일수에 못 미치면 그 못 미치는 일수에 수급권 소멸 당시의 평균임금을 곱하여 산정한 금액을 유족 또는 그 근로자에게 일시금으로 지급한다.

213) 같은 취지: 대법원 1991.7.23.선고, 90다11776 판결; 대법원 2012.6.14.선고, 2010다77293 판결.

금수급권이라는 동일목적의 급부를 이중으로 취득하게 되는 결과가 된다. 이러한 이유로, 판례는 '망인의 유족인 상속인에게 지급할 손해배상액을 산정함에 있어서는 위 망인의 일실퇴직연금액에서 유족연금액을 공제하여야 하며, 이 경우에 공제하여야 할 유족연금액은 퇴직연금액의 100분의 70 상당액'이라고 한다(대법원 2000.5.12.선고, 98다58023 판결 등).[214] 그러나 제3자의 불법행위로 인하여 사망하는 등 공무원연금법상의 급여의 사유가 발생한 경우에는, 공무원연금공단이나 지방자치단체는 그 급여의 사유에 대하여 이미 지급한 급여액의 범위에서 수급권자가 제3자에 대하여 가지는 손해배상청구권을 취득하며, 수급권자가 제3자로부터 같은 사유로 이미 손해배상을 받았을 때에는 그 배상액의 범위에서 급여를 지급하지 아니한다(공무원연금법 42조).[215]

그런데 '공무원이 제3자의 불법행위로 인하여 사망한 경우에, 그 유족이 공무원연금관리공단으로부터 지급받은 유족연금액을 공제하여야 하는지'의 여부에 대해서는 명문규정이 없으므로 해석상 의문이 있을 수 있다. 이에 대하여, 판례는 '공무원연금법에 의한 유족연금은 공무원의 사망에 대하여 적절한 급여를 실시함으로써 공무원 및 그 유족의 생활안정과 복리향상에 기여함을 목적으로 하여 지급되는 것으로서, 공무원의 사망으로 인하여 그 공무원이나 유족이 입은 손해를 배상하는 것과는 그 제도의 취지와 목적을 달리하는 것이므로, 퇴직연금을 받을 권리가 있는 공무원이 제3자의 책임 있는 사유로 인하여 사망하여 그 유족이 공무원연금관리공단으로부터 유족연금을 지급 받았다고 하더라도 수급권자가 제3자에 대하여 가지는 손해배상청구권을 위 공단이 대위에 의하여 취득하게 된다고 할 수 없는 것이므로, 공무원연금법상의 유족연금이 지급되었다고 하여 그 유족연금액을 제3자가 배상하여야 할 손해액에서 공제할 수 없다'고 한다(대법원 1996.8.23.선고, 95다48483 판결 등).[216] 그러나 '공무원이

214) 판례평석: 이경춘, 대법원판례해설 34호(법원도서관, 2000/11), 119 이하; 오종근, "공무원연금법상의 유족보상금청구권과 손해배상청구권의 관계", 민사법학 21호(한국민사법학회, 2002/3), 245 이하. 같은 취지: 대법원 1989.7.25.선고, 88다카21425 판결; 대법원 1992.7.28.선고, 92다7269 판결; 대법원 1993.10.22.선고, 93다29372 판결; 대법원 1994.5.10.선고, 93다57346 판결; 대법원 2000.9.26.선고, 98다50340 판결; 대법원 2002.5.28.선고, 2002다5019 판결; 대법원 2007.12.13.선고, 2007다54481 판결.

215) 공무원연금법 제42조(제3자에 대한 손해배상청구권) ① 이 법에 따른 급여의 사유가 제3자의 행위로 인하여 발생한 경우에는 공단은 그 급여의 사유에 대하여 이미 지급한 급여액(비공무상장해연금을 받는 경우에는 5년분의 장해연금액에 상당하는 금액을 말한다)의 범위에서 수급권자가 제3자에 대하여 가지는 손해배상청구권을 취득한다. 다만, 제3자가 다음 각 호의 어느 하나에 해당하는 경우에는「공무원 재해보상법」제6조에 따른 공무원재해보상심의회의 심의를 거쳐 손해배상청구권의 전부 또는 일부를 행사하지 아니할 수 있다. 1. 해당 공무원 또는 공무원이었던 사람의 배우자 2. 해당 공무원 또는 공무원이었던 사람의 직계존비속 3. 공무수행 중인 공무원 ② 제1항의 경우에 수급권자가 그 제3자로부터 같은 사유로 이미 손해배상을 받았을 때에는 그 배상액의 범위에서 급여를 지급하지 아니한다.

216) 판례평석: 서명수, "불법행위로 인한 손해배상액에서 공무원연금법상의 유족급여를 공제할 것인지의 여부", 대법원판례해설 27호(법원도서관, 1997/7), 206 이하. 같은 취지: 대법원 1998.2.10.선고, 97다45914 판결; 대법원 1998.4.10.선고, 97다39537 판결; 대법원 2000.5.12.선고, 98다58023 판결.

공무집행 중 다른 공무원의 불법행위로 인하여 사망한 경우, 사망한 공무원의 유족들이 국가배상법에 의하여 국가 또는 지방자치단체로부터 사망한 공무원의 소극적 손해에 대한 손해배상금을 지급받았다면, 공무원연금관리공단 등은 그 유족들에게 같은 종류의 급여인 유족보상금에서 그 상당액을 공제한 잔액만을 지급하면 되고, 그 유족들이 공무원연금관리공단 등으로부터 공무원연금법 소정의 유족보상금을 지급받았다면, 국가 또는 지방자치단체는 그 유족들에게 사망한 공무원의 소극적 손해액에서 유족들이 지급받은 유족보상금 상당액을 공제한 잔액만을 지급하면 된다'고 한다(대법원 1998.11.19.선고, 97다36873 전원합의체판결 등).[217]

(E) 채권자가 다른 계약상의 원인에 기하여 얻은 이익 채권자가 채무불이행 이외의 다른 계약상의 원인에 기한 이익(예컨대, 보험계약상의 이익, 채무를 면하였기 때문에 다른 계약으로 받은 노임이나 보수)은 채무불이행과 인과관계를 가지는 통상이익에 속한다고 볼 수 없으므로, 공제되어야 할 이익에서 제외되어야 한다.[218]

2) 과실상계

(가) 의 의

「과실상계(過失相計)」(compensatio culpae)라 함은 '법원이 손해배상책임의 유무 및 배상액을 산정함에 있어서 채무불이행이나 불법행위의 성립 또는 손해의 발생에 관하여 채권자 또는 피해자에게도 과실이 있는 경우에는 이들의 과실을 참작하여 손해배상책임을 부정하거나 적당히 감액하는 것'을 말한다(대법원 1964.7.23.선고, 63다104 판결). 그러므로 「과실상계」라고 할 때의 "상계"는 일방적 의사표시에 의하여 채권을 소멸시키는 단독행위인 상계(492조)와는 그 의미가 전혀 다른 것이다. 즉, 과실상계는 채권의 소멸사유인 상계와는 달리 채무자의 의사표시에 의하여 이루어지는 것이 아니며, 배상권리자인 채권자 또는 피해자의 채권과 배상의무자인 채무자 또는 가해자의 채권이 대등액에서 소멸하는 것도 아니라는 점에서 상계와 다르다.

(나) 제도적 근거

과실상계의 제도적 근거로서 신의칙을 들거나,[219] 손해배상법을 지배하는 「공평의 원칙」을 드는 견해도 있으나,[220] 과실상계는 「과실책임의 원칙」의 당연한 귀결이라고 할 것이다. 즉, 「과실책임의 원칙」상 채무불이행 또는 불법행위에 있어서 채무자 또는 가해자는 자기의 귀책사유에 의하여 생긴 결과 이외의 사유에 기한 손해에 대하여 책임질 이유가 없으며, 배

217) 판례평석: 박강회, "불법행위로 인한 손해배상액에서 공무원연금법상의 유족보상금을 공제할 것인지의 여부", 재판실무연구1998(광주지방법원, 1999/1), 79 이하. 같은 취지: 대법원 1999.8.24.선고, 99다24997 판결; 대법원 2000.3.10.선고, 98다37491 판결.
218) 同旨: 민법주해(9)/지원림, 583 이하 참조.
219) 이호정, 101 참조.
220) 현승종, 168 참조.

상권리자 역시 자기의 귀책사유로 인하여 발생한 손해에 대하여 타인에게 책임을 물을 수 없다는 것은 당연한 이치이기 때문이다.[221)]

(다) 연혁 및 입법례

(A) 제도의 연혁 로마법에서는 '자신의 과실에 기하여 손해를 입은 자는 손해를 입은 것으로 이해되지 않는다'는 원칙[222)]에 의하여, '과실 있는 피해자는 가해자에 대하여 손해배상을 청구할 수 없었다'고 한다.[223)] 즉, 로마법에서는 피해자에게 과실이 있는 경우에는 가해자의 손해배상책임이 전면적으로 부인되는 제도만이 존재하였고, 당사자의 과실의 비율에 따라 손해배상액을 감경하는 「과실상계」의 관념은 존재하지 않았다고 한다.[224)]

(B) 입법례

a) 독일민법 : 독일보통법은 로마법의 원칙을 계수하여 피해자에게 과실이 있는 경우에는 손해배상책임을 전면적으로 부인하였다. 그러나 1794년의 프로이센 일반란트법(ALR)은 로마법의 원칙을 수정하여, '가해자의 중과실과 피해자의 경과실이 경합한 경우에는 전부의 배상을 인정하고, 양자의 경과실이 경합한 경우에는 직접손해에 대한 배상만을 인정하는 제도'인 「단계적 과실상계제도」를 도입하였다.[225)] 그 후 독일민법은 과실상계제도를 개혁하여, 법관에 의하여 손해배상의무의 존재 및 범위를 보다 더 탄력적으로 인정할 수 있는 것으로 규정하였다(BGB §254).[226)]

b) 스위스채무법 : 스위스채무법은 불법행위에서의 과실상계에 대하여, '피해자가 가해행위에 동의하였거나, 그에게 귀책되어야 마땅한 사정에 의하여 손해의 발생 또는 가중이 야기되었거나 또는 배상의무자의 지위가 더욱 악화된 경우에는, 법관은 배상의무를 감경하거나 전부 면제할 수 있다'고 규정하고(OR Art. 44(1)),[227)] 이를 채무불이행으로 인한 손해배상에 있

221) 同旨: 곽윤직, 119 참조.

222) Pomponius D.50.17.203.

223) 민법주해(9)/오종근, 604 참조.

224) 최병조 대표편역, 비교민법총서3 「한국민법의 로마법적 배경과 기초(민법 제373조~제407조)」(법무부, 2013/7), 229 참조. 다만, 학설 중에는 과실상계의 제도적 기원을 로마법에서 찾는 견해도 있다(현승종(로마법), 136 참조).

225) 민법주해(9)/오종근, 604 참조.

226) 독일민법 제254조(공동과책) (1) 손해의 발생에 피해자의 과책이 공동으로 작용한 경우에는 배상의무 및 배상범위는 제반사정에 따라서 특히 어느 당사자가 어떠한 범위에서 주로 손해를 야기하였는가에 따라서 정해진다. (2) 피해자의 과책이 채무자로 하여금 채무자가 알지 못하였고 또한 알았어야만 했던 것이 아닌 비상하게 높은 손해위험에 대하여 주의하도록 하지 아니한 것, 또는 피해자가 손해를 회피하거나 경감하지 아니한 것에 한정되는 경우에도 또한 제1항과 같다. 제278조의 규정은 이 경우에 준용된다.

227) 스위스채무법 제44조(감축사유) (1) 피해자가 가해행위에 동의하였거나, 그에게 귀책되어야 마땅한 사정에 의하여 손해의 발생 또는 가중이 야기되었거나 또는 배상의무자의 지위가 더욱 악화된 경우에는, 법관은 배상의무를 감경하거나 전부 면제할 수 있다. (2) 고의 또는 중대한 과실이 없이 손해를 발생시킨 배상의무자가 배상의 이행으로 말미암아 궁박하게 될 염려가 있는 경우에는, 법관은 이를 이유

어서의 과실상계에 준용하고 있다(OR Art. 99(3)).[228]

c) 영미법상의 과실상계의 법리 : 영미법에 있어서는 대륙법의 과실상계에 해당하는 법리로서, '당사자의 과실을 비교하여 손해배상책임을 감경하여야 한다'는 「비교과실(比較過失)의 원칙」(comparative negligence)이 존재한다.[229]

d) 일본민법 : 일본민법(구 의용민법)은 과실상계에 관하여 명문규정을 두어 '채권자에게 과실이 있는 때에는 법원이 손해배상책임의 유무 및 그 손해배상액을 결정하는 데 채권자의 과실을 반드시 참작하여야 한다'고 규정하고 있다(동법 418조).[230]

입법자의사에 따르면, '일본민법(구 의용민법) 제418조는 일본구민법 재산편 387조[231]를 모범으로 하여 이에 약간의 수정을 가한 것'으로서, 그 취지는 '채무자의 과실이 아무리 크더라도 손해배상액은 채권자가 받은 손해를 한도로 하여 징벌적으로 배상액을 증가시키는 것은 허용되지 않는다는 점을 명확히 하고, 법원은 채권자의 과실을 참작하여 손해배상액뿐만 아니라 손해배상책임의 유무를 결정할 수도 있다는 점을 명확하게 하기 위한 것'이라고 한다.[232]

e) 우리 민법 : 우리 민법은 과실상계에 관한 구 의용민법 제418조의 규정을 거의 그대로 계승하여, "채무불이행에 관하여 채권자에게 과실이 있는 때에는 법원은 손해배상의 책임 및 그 금액을 정함에 이를 참작하여야 한다"고 규정하고 있다(396조).

(라) 과실상계의 요건

(A) 손해배상청구권의 발생 과실상계를 위해서는 먼저 채무불이행으로 인한 손해배상청구권이 발생하여야 하므로, 채무자의 귀책사유·손해의 발생·인과관계 등 손해배상청구권이 발생하기 위하여 필요한 일반적 요건을 갖추어야 한다.

a) 고의에 의한 채무불이행의 경우 : '채무자의 고의에 의한 채무불이행의 경우에도 과실상계가 허용되는가?' 하는 것이 문제되는데, 이를 긍정하는 것이 학설의 지배적인 견해이며,[233] 판례의 입장도 같다(대법원 1991.1.25.선고, 90다6491 판결 등). 그러나 '불법행위로 인한 손해배상의

로 배상의무를 감경할 수 있다.

228) 스위스채무법 제99조(책임의 정도 및 손해배상의 범위 1. 원칙) (1) 채무자는 원칙적으로 모든 과책에 대하여 책임을 진다. (2) 책임의 정도는 거래의 특수한 성질에 따라서 결정되며, 특히 채무자에게 전혀 이익이 없는 것을 목적으로 하는 거래에 있어서는 완화된다. (3) 불법행위에 있어서의 책임의 정도에 관한 규정은 계약위반행위에 대하여 준용된다.

229) 민법주해(9)/오종근, 605 참조.

230) 일본민법(구 의용민법) 제418조 : 채무의 불이행에 관하여 채권자에게 과실이 있는 때에는 법원은 손해배상의 책임 및 그 금액을 정함에 있어서 이를 참작한다.

231) 일본구민법 재산편 제387조 : 불이행 또는 지연에 관하여 당사자 쌍방에 비리(非理)가 있는 때에는 재판소는 손해배상을 정함에 있어서 이를 참작한다.

232) 「民法修正案理由書」, 348 참조.

233) 민법주해(9)/오종근, 607 참조.

경우에는 피해자의 부주의를 이용하여 고의로 불법행위를 저지른 가해자가 과실상계를 주장하는 것은 허용되지 않는다'는 것이 판례의 입장이다(대법원 2000.1.21.선고, 99다50538 판결 등).[234] 다만, 판례는 ① 공동불법행위에 있어서 가해자인 공동불법행위자 중의 일부에게 피해자의 부주의를 이용하여 고의로 불법행위를 저지른 사유가 있다고 하여, 그러한 사유가 없는 다른 불법행위자까지 과실상계를 주장할 수 없는 것은 아니며(대법원 2007.6. 14.선고, 2005다32999 판결 등), ② '대표기관의 고의에 의한 불법행위로 인하여 법인이 불법행위책임을 지거나(대법원 1987.12.8.선고, 86다카1170 판결 등), 사용자가 피용자의 고의에 의한 불법행위로 인하여 손해배상책임을 지는 경우에는, 법인의 대표기관이나 피용자는 과실상계를 주장할 수 없으나 법인이나 사용자는 피해자의 과실상계를 주장할 수 있다'고 한다(대법원 2002.12.26.선고, 2000다56952 판결 등).

■ **채무자의 고의에 의한 채무불이행의 경우에도 과실상계를 인정할 수 있는지 여부**(적극) 은행과 사이에 운전용역계약을 체결한 회사 소속의 운전기사가 은행원들과 함께 현금을 수송하다가 현금을 절취하여 도주한 경우, 위 운전용역계약을 체결함에 있어 운전기사가 고의로 은행에 손해를 가하였을 때에는 회사가 이를 배상하기로 약정하였고, 위 운전용역계약에 따르면 운전기사에 대한 1차적인 지시감독권이 회사에 있었으며, 은행 측의 과실은 주의의무를 다소 소홀히 한 것에 불과함에 비하여 운전기사의 현금절취행위는 고의적인 범죄행위인 점, 회사가 사고 이후 손해액의 약 6할 상당액에 대하여 배상책임이 있음을 인정하고 변제공탁한 점 등을 참작하면, 은행과 회사의 과실 정도가 같다고 볼 수 없다. (대법원 1991.1.25.선고, 90다6491 판결)[235]

b) 채무자의 무과실책임이 인정되는 경우 : '과실상계는 금전채무의 불이행(397조 2항)이나 타인권리매도인의 담보책임(570조)과 같이 채무자가 무과실책임을 지는 경우에도 허용되어야 한다'는 데 대해서는 견해가 일치한다(대법원 1971.12.21.선고, 71다218 판결).[236] 왜냐하면 이 경우에 과실상계를 허용하지 않으면 채권자의 과실에 의하여 발생한 손해를 채무자에게 전가하는 결과가 되기 때문이다.

문제는 매매목적물의 하자로 인하여 매수인이 손해를 입었으나 매수인에게 과실이 있는 경우이다. 특정물매도인의 하자담보책임은 본질상 채무불이행책임이나 유상계약인 매매계약의 특성을 고려하여 법률이 무과실책임으로 규정한 것이라고 보는 「채무불이행책임설」에 따르면, 하자담보책임으로서의 손해배상에 대해서도 과실상계를 인정하는 것이 논리적이라고 할 수 있으나, 민법은 제580조 단서에서 채권자인 매수인에게 과실이 있는 경우에는 과실상계를 인정하지 않고 매도인이 면책되는 것으로 규정하고 있기 때문이다. (☞ 계약법 편, 제2장

234) 판례평석: 김경호, "고의에 의한 불법행위와 과실상계", 판례연구 15집(부산판례연구회, 2004/2), 535 이하. 같은 취지: 대법원 1976.5.11.선고, 75다11 판결; 대법원 1987.7.21.선고, 87다카637 판결; 대법원 1995.11.14.선고, 95다30352 판결; 대법원 2000.9.29.선고, 2000다13900 판결; 대법원 2005.10.7.선고, 2005다32197 판결; 대법원 2005.11.10.선고, 2003다66066 판결; 대법원 2010.7.8.선고, 2010다21276 판결.

235) 같은 취지: 대법원 2002.2.5.선고, 99다53674 판결.

236) 同旨: 민법주해(9)/오종근, 607; 주석민법(1)/김민중, 628 참조.

제2절 「매매계약」)

이에 대하여, 판례는 '제580조 단서의 규정에도 불구하고 매도인의 하자담보책임은 법이 특별히 인정한 무과실책임으로서 제396조의 과실상계 규정이 준용될 수는 없으나, 담보책임이 민법의 지도이념인 공평의 원칙에 입각한 것인 이상 하자 발생 및 그 확대에 가공한 매수인의 잘못을 참작하여 손해배상의 범위를 정함이 상당하다'고 함으로써(대법원 1995.6.30.선고, 94다23920 판결), 사실상 과실상계를 인정하고 있다. 또한 이러한 법리를 도급계약에 있어서 목적물의 하자로 인하여 수급인이 손해배상을 하여야 하는 경우(667조 2항)에 대해서도 적용하고 있다(대법원 1990.3.9.선고, 88다카31866 판결 등).

■ **타인물매매에서 매수인이 그 물건의 소유권이 매도인에게 속하지 아니함을 알지 못한 것이 그의 과실에 기인한 경우, 매도인의 배상액을 산정함에 있어서 이를 참작하여야 하는지 여부**(적극) 타인의 물건을 매도한 경우에, 매도인이 그 소유권을 취득하여 매수인에게 이전할 수 없는 때에는 매수인은 그 매매계약을 해제할 수 있으며, 매수인이 계약 당시 그 물건의 소유권이 매도인에게 속하지 아니함을 알지 못한 때에는 손해배상도 청구할 수 있다 함은 민법 제570조가 규정하고 있는 바이나, 이 경우 매수인이 그 물건의 소유권이 매도인에게 속하지 아니함을 알지 못한 것이 그의 과실로 인한 것이라면, 손해배상액의 산정에 있어서 그와 같은 과실을 참작하는 것이 형평의 원칙에 비추어 타당하다 할 것이다. (대법원 1971.12.21.선고, 71다218 판결)

■ **매도인의 하자담보책임에도 과실상계 규정이 유추적용되는지 여부**(적극) 민법 제581조, 제580조에 기한 매도인의 하자담보책임은 법이 특별히 인정한 무과실책임으로서 여기에 민법 제396조의 과실상계 규정이 준용될 수는 없다 하더라도, 담보책임이 민법의 지도이념인 공평의 원칙에 입각한 것인 이상 하자 발생 및 그 확대에 가공한 매수인의 잘못을 참작하여 손해배상의 범위를 정함이 상당하다. (대법원 1995.6.30.선고, 94다23920 판결)

■ **수급인의 하자담보책임으로서의 손해배상의 범위를 정함에 있어서 도급인의 과실을 참작할 수 있는지 여부**(적극) [1] 수급인의 하자담보책임에 관한 민법 제667조는 법이 특별히 인정한 무과실책임으로서, 여기에 민법 제396조의 과실상계 규정이 준용될 수는 없다 하더라도, 담보책임이 민법의 지도이념인 공평의 원칙에 입각한 것인 이상, 하자 발생 및 그 확대에 가공한 도급인의 잘못을 참작하여 손해배상의 범위를 정함이 상당하다. [2] 하자담보책임으로 인한 손해배상 사건에 있어서는 배상권리자에게 그 하자를 발견하지 못한 잘못으로 손해를 확대시킨 과실이 인정된다면, 법원은 손해배상의 범위를 정함에 있어서 이를 참작하여야 하며, 이 경우 손해배상책임을 다투는 배상의무자가 배상권리자의 과실에 따른 상계항변을 하지 아니하더라도 소송에 나타난 자료에 의하여 그 과실이 인정되면, 법원은 직권으로 이를 심리·판단하여야 한다. (대법원 1999.7.13.선고, 99다12888 판결)[237]

(B) 채권자의 과실 과실상계가 인정되기 위해서는 채무불이행에 관하여 채권자의 과실이 있어야 한다. 즉, 채무불이행의 성립에 채권자의 과실이 가담하거나, 채권자의 과실로 인하여 손해가 발생하였거나 확대되었어야 한다.

---

237) 판례평석: 권대우, "도급계약내용의 변경과 수급인의 손해배상책임", 민사판례연구(23)(민사판례연구회, 2001/2), 339 이하. 같은 취지: 대법원 1980.11.11.선고, 80다923·924 판결; 대법원 1990.3.9.선고, 88다카31866 판결; 대법원 2004.8.20.선고, 2001다70337 판결.

a) 과실상계에 있어서의 「과실」의 개념 : 일반적으로 「과실」이라 함은 '법률상의 주의의무 위반'을 의미하는데, '자기 자신에게 손해를 주어서는 안 된다'는 법률상의 주의의무가 있는 것은 아니므로, 과실상계에 있어서의 과실의 개념이 문제된다.

(i) **학 설** ① **동질설(同質說)** : 이는 '과실상계에 있어서의 과실과 보통의 과실은 성질상 동일하다'고 보는 견해로서, 종래의 통설적 견해이다.[238] 「통상과실설」이라고도 한다. 이 견해에 따르면, 주의의무위반이라 함은 '위법한 부주의'라는 의미에 지나지 않으며, 더구나 위법성은 법률상의 의무위반에 한할 것이 아니라, 사회생활을 함에 있어서 일반적으로 요구되는 협동정신 또는 채권관계에 있어서의 신의칙을 위반하는 경우까지 포함한다고 새겨야 할 것이므로, 과실상계에 있어서의 과실을 보통의 과실과 다르다고 해석할 필요가 없다'고 한다.[239]

② **이질설(異質說)** : 이는 최근의 지배적 견해로서, 과실상계에 있어서의 과실의 개념을 넓게 해석하여, '통상의 과실과는 달리 단순한 부주의로서 손해의 발생 또는 확대에 도움을 준 것을 의미한다'고 한다.[240] 이를 「약한 과실설」이라고도 한다.[241] 이 견해는 그 주장의 근거로서, '과실상계에 있어서의 과실은 선량한 관리자의 주의를 다하였더라면 자기의 손해를 피할 수 있었음에도 불구하고 이를 게을리 한 것을 의미하는 것으로서, 타인의 이익을 위하여 자기에게 부과된 의무를 위반한 것이 아니라, 단지 자기의 이익을 충분히 옹호해야 한다는 법칙에 위반하는 것에 불과하다'고 하거나,[242] 독일민법학의 「책무(責務)」(Obligenheit)의 개념을 도입하여, '채권자는 자기 자신의 이익을 위하여 손해를 방지할 책무를 부담할 뿐이므로, 채권자가 이와 같은 책무를 다하지 않았다는 이유로 그를 비난할 이유는 없으나, 거래상 요구되는 주의를 다하지 않음으로써 그에게 손해가 발생한 경우에는 그에 따른 불이익은 채권자 자신이 부담하여야 하는바, 과실상계에서의 채권자의 과실은 이와 같이 자기 자신의 이익을 등한히 한 잘못에 지나지 않는 자기 자신에 대한 과책으로서 손해배상의 책임요건이 되는 통상의 과실과는 그 법적 성질을 달리한다'고 설명한다.[243]

(ii) **판례의 입장** 판례는 통상적 과실과 과실상계에 있어서의 과실을 구별하는 「이질설」의 입장을 취하여, '과실상계에서의 과실이란 사회통념상 신의성실의 원칙상 공동생활에서

---

238) 곽윤직, 120; 이태재, 146; 장경학, 242; 현승종, 169 참조.
239) 현승종, 169 참조.
240) 김상용, 189; 김주수, 168; 김증한/김학동, 154; 김현태, 135; 김형배, 276; 이호정, 102 참조.
241) 다만, 「이질설」 중에는 '과실상계가 책임부정의 역할을 하는 경우에는 통상의 과실과 동일하여야 하며, 과실상계가 단순히 배상액삭감의 기능을 하는 경우에는 약한 정도의 과실로 충분하다'는 절충적 견해도 있다(이은영, 327 참조).
242) 김현태, 135 참조.
243) 김형배, 276; 이호정, 102 참조.

요구되는 약한 부주의를 가리키는 것'이라고 한다(대법원 1992.2.14.선고, 91다4249 판결 등).

▪ **과실상계의 의의 및 과실상계에서의 과실의 의미** 채무불이행 또는 불법행위에 있어서 과실상계는 공평 내지 신의칙의 견지에서 손해배상액을 정함에 있어 피해자의 과실을 참작하는 것으로서, 그 적용에 있어서는 가해자, 피해자의 고의·과실의 정도, 위법행위의 발생 및 손해의 확대에 관하여 어느 정도의 원인이 되어 있는가 등의 제반사정을 고려하여 배상액의 범위를 정하는 것이며, 불법행위에 있어서의 가해자의 과실이 의무위반이라는 강력한 과실임에 반하여, 과실상계에 있어서의 과실이란 사회통념상, 신의성실의 원칙상, 공동생활상 요구되는 약한 부주의를 가리키는 것이다. (대법원 1992.2.14.선고, 91다4249 판결)[244]

(iii) **학설·판례의 검토** '과실상계제도는 채무자가 자기의 귀책사유 이외의 사유로 인하여 발생한 손해에 대하여 책임질 이유가 없다는 「과실책임의 원칙」의 당연한 귀결'이라고 본다면, 과실상계에 있어서의 과실도 '배상권리자에게 책임을 귀속시키는 것이 타당하다고 판단되는 경우를 의미한다'고 할 것이다. 따라서 과실상계에 있어서 배상권리자에게 책임을 귀속시키기 위한 요건으로서의 과실의 의미를 '약한 과실' 또는 책무(責務) 라고 하여 통상의 과실과 개념상 구별하여야 하는가 하는 것은 이론상의 문제에 지나지 않는다. 그러므로 과실상계에 있어서의 과실을 어떠한 의미로 파악하든 그것은 결국 '손해를 채권자에게 귀속시키는 것이 정당한 사유'에 불과한 것이며, 그 판단기준도 법관이 여러 가지 사정을 종합하여 판단할 수밖에 없다고 할 것이다.

b) **채권자에게 과실이 인정된 사례** : 실제사례에서 채권자의 과실이 인정된 경우를 살펴보면, 판례는 ① '경매에서 채무자가 경락받도록 조치를 취할 것을 위임받은 변호사가 경매기일에 불출석하고 제3자에 대한 경락허가결정에 대하여 불복절차도 밟지 아니함으로써 위임계약상의 채무불이행이 성립하였으나, 위임계약상의 채권자인 채무자도 청구금액을 변제하여 부동산이 제3자에게 경락되지 않도록 하는 데 아무런 조치를 하지 아니한 과실이 있다'고 하였으며(대법원 1979.5.8.선고, 79다215 판결), ② '수임인이 매수한 토지상에 근저당권이 설정되어 있음을 안 위탁자가 그 근저당권을 말소하는 조치를 게을리 한 경우에는 위탁자에게도 과실이 있다'고 한다(대법원 1987.10.13.선고, 87다카1345 판결). 또한 ③ '토지의 임대차계약이 이행불능이 될 가능성이 높다는 사실을 토지의 임차인이 처음부터 충분히 예견하고 있었음에도 불구하고 손해가 발생되지 않거나 발생되더라도 최소한에 그치도록 필요한 대비책을 마련하지 않은 상태에서 스포츠타운 등 공사를 위한 비용을 지출한 경우에는, 임차인에게도 임대인의 채무불이행으로 인한 손해의 발생 내지 확대에 관하여 과실이 있다'고 한다(대법원 2002.2.5.선고,

244) 같은 취지: 대법원 1973.10.10.선고, 72다2138·2139 판결; 대법원 1983.12.27.선고, 83다카644 판결; 대법원 1991.12.10.선고, 91다14123 판결; 대법원 1992.5.12.선고, 92다6112 판결; 대법원 1995.9.15.선고, 94다61120 판결; 대법원 2001.3.23.선고, 99다33397 판결; 대법원 2004.7.22.선고, 2001다58269 판결; 대법원 2007.1.25.선고, 2004다51825 판결.

99다53674 판결).

c) **채권자의 법정대리인 또는 수령보조자에게 과실이 있는 경우** : '채권자의 법정대리인 또는 수령보조자에게 과실이 있는 경우에는 이를 채권자의 과실로 보아 과실상계를 인정할 수 있는가?' 하는 것이 문제된다. 이에 대해서는, '우리 민법에는 독일민법과 같은 명문규정은 없으나,[245] 제391조의 규정을 유추적용하여 과실상계를 인정하여야 한다'고 해석하는 데 견해가 일치한다.[246] 또한 '불법행위로 인한 손해배상에 있어서도 타인의 불법행위로 인하여 사용자가 피해를 입는 과정에서 손해의 발생 또는 확대에 피용자의 과실이 기여한 경우에는 사용자책임에 관한 제756조의 규정을 유추적용하여 과실상계를 인정할 수 있다'고 해석하여야 할 것이다. 다만, 학설 중에는 '손해의 발생 또는 확대에 피용자의 과실이 기여하였다 하더라도 사용자가 피용자의 선임·감독상의 주의의무를 다한 경우에는 사용자책임에 관한 제756조 단서의 반대해석상 과실상계를 면한다'고 해석하는 견해도 있다.[247]

(C) 채권자의 과실과 손해 사이의 인과관계 과실상계가 인정되기 위해서는 채권자의 과실과 손해와의 사이에 인과관계가 있어야 한다. 즉, 채무불이행으로 인한 손해의 발생에 관하여 채권자의 과실이 손해발생의 공동원인을 이루고 있어야 한다. 이 경우에 채권자의 과실과 손해 사이에 인과관계가 인정되어야 할 것인데, '상당인과관계까지는 필요 없고, 채권자의 과실이 손해의 발생 내지 확대와 관련성만 있으면 과실상계가 인정되어야 한다'고 해석하는 견해가 있을 뿐, 학설상 별다른 논의는 이루어지고 있지 않다.[248] 이에 관한 판례의 입장도 불명확한데, 과실상계의 인과관계는 대부분 불법행위와 관련하여 문제되고 있으므로, 이에 관한 상세한 설명은 불법행위 편에서 다루기로 한다.[249] (☞ 불법행위 편, 제3장 「불법행위의 일반적 효과」)

(마) 과실상계의 효과

(A) 필수적 참작·직권참작 채무불이행에 관하여 채권자 측에 과실이 있는 경우, 법원은 손해배상의 책임 및 그 금액을 정함에 있어서 반드시 이를 참작하여야 하며, 참작 여부에 대한 법원의 재량은 인정되지 않는다(396조). 또한 법원은 심리결과 채권자 측에 과실이 있다고 인정되는 경우에는 채무자 측으로부터 채권자의 과실의 존재 또는 과실상계에 관한 주장이

---

245) 독일민법은 명문규정을 두어 이행보조자책임에 관한 동법 제278조를 준용하고 있다(BGB §254 Ⅱ Satz 2)(전게 주 226 참조).
246) 민법주해(9)/오종근, 618 참조.
247) 상게서, 618 참조.
248) 상게서, 645 참조.
249) 이에 관한 판례의 입장에 대한 평가는, '판례는 채권자의 과실과 손해 사이의 상당인과관계를 요구하고 있다'고 해석하는 견해(민법주해(9)/오종근, 612)와 '상당인과관계까지는 요구하고 있지 않다'고 해석하는 견해(주석민법(1)/김민중, 646)가 대립하고 있다.

없더라도 직권으로 이를 참작하여야 한다(대법원 1995.6.30.선고, 94다23920 판결 등).[250]

(B) **과실참작의 정도와 방법** 법원은 채무불이행에 대한 채무자의 과실에 비하여 채권자의 과실이 극히 중한 경우에는 채무자의 손해배상책임 자체를 전면적으로 부인할 수도 있으며, 반대로 채권자의 과실이 극히 경미한 경우에는 감액을 인정하지 않을 수도 있다.[251]

과실상계에 의하여 손해배상액을 감액하는 방법은 전체 손해액 중의 일정 비율(예컨대, 손해액의 3할, 또는 30% 등으로 표시)을 감축하는 방식을 취하는 것이 일반적이나, 반드시 그 비율을 정할 필요는 없으며, 전체 손해액 중 일정금액을 감축하는 방식을 취하여도 상관이 없다.[252] 판례는 '법원이 채권자의 과실을 고려하여 과실상계의 비율을 정하면서 그 구체적 내용을 설시하지 않았다고 하여 이를 위법이라고 할 수는 없으며(대법원 1989.3.14.선고, 88다카127 판결 등),[253] 과실상계사유에 관한 사실인정이나 과실상계의 비율을 정하는 것은 사실심의 전권에 속하는 사항이므로, 그것이 형평의 원칙에 비추어 현저히 불합리하다고 인정되지 않는 한 상고의 대상이 되지 않는다'고 한다(대법원 1991.2.26.선고, 90다6460 판결 등).[254]

(C) **과실참작의 기준** 과실상계는 채권자의 과실을 참작하여 손해배상책임의 유무 및 배상액을 산정하는 것인데, 우리 민법은 「과실참작의 구체적 기준」에 대해서는 특별한 규정을 두지 않고 이를 학설·판례에 위임하고 있다. 이에 관하여, 독일민법은 '손해배상의무 및 그 범위는 제반사정에 따라서, 특히 어느 당사자가 어느 범위에서 주로 손해를 야기하였는가에 따라 정해진다'고 규정함으로써(BGB §254 I),[255] '손해야기에 당사자가 기여한 정도'를 과실상계의 기준으로 명시하고 있다. 이와 같은 독일민법의 규정은 우리 민법의 해석에도 참고가 될 수 있을 것이다.

판례는 '채무불이행으로 인한 손해배상의 범위를 정함에 있어 채권자 측의 과실을 어느 정도로 참작할 것인지는 구체적인 사안마다 신의칙과 공평의 관념에 따라 채권자 측과 채무자 측의 고의나 과실의 정도, 책임원인사실인 채무불이행의 내용, 손해의 발생 및 확대 등에

---

250) 같은 취지: 대법원 1996.10.25.선고, 96다30113 판결; 대법원 2007.6.14.선고, 2006다78329 판결; 대법원 2007.10.25.선고, 2005다10364 판결; 대법원 2010.8.26.선고, 2010다37479 판결.

251) 同旨: 민법주해(9)/오종근, 620 참조.

252) 同旨: 상게서, 620 참조.

253) 같은 취지: 대법원 1969.8.26.선고, 69다1110 판결.

254) 같은 취지: 대법원 1990.4.25.선고, 90다카3062 판결; 대법원 1991.3.27.선고, 90다13383 판결; 대법원 1991.5.14.선고, 91다8081 판결; 대법원 1991.7.23.선고, 89다카1275 판결; 대법원 1991.11.12.선고, 91다22148 판결; 대법원 1992.5.22.선고, 91다37690 판결; 대법원 1992.9.25.선고, 92다20477 판결; 대법원 1998.9.4.선고, 96다11440 판결; 대법원 1998.10.27.선고, 97다47989 판결; 대법원 2000.11.24.선고, 2000다1327 판결; 대법원 2002.12.10.선고, 2001다58443 판결; 대법원 2003.1.10.선고, 2000다34426 판결; 대법원 2005.7.8.선고, 2005다8125 판결; 대법원 2008.6.26.선고, 2007다34654 판결; 대법원 2006.3.24.선고, 2005다48253 판결; 대법원 2010.8.26.선고, 2010다37479 판결.

255) 전게 주 226 참조.

어느 정도의 원인을 제공하였는지 등 여러 가지 사정을 참작하여 손해가 공평하게 분담되도록 합리적으로 결정하여야 한다'는 입장을 취하고 있다(대법원 1991.1.25.선고, 90다6491 판결 등).[256] 이러한 관점에서, 판례는 '피해자의 단순한 부주의라도 그로 말미암아 손해가 발생하거나 확대된 원인을 이루었다면 피해자에게 과실이 있는 것으로 보아 과실상계를 할 수 있다'고 한다(대법원 1993.5.27.선고, 92다20163 판결).

참고로 「2013년 민법개정시안」도 과실상계에 관한 제396조를 개정하여 '손해의 발생 또는 확대에 채권자의 과실이 기여한 정도'를 과실참작의 기준으로 명시할 것을 제안한 바 있다.[257][258]

(D) 일부청구의 경우에 과실상계의 방법

〈설례〉 채권자 甲은 채무자 乙을 상대로 채무불이행으로 인한 손해배상으로 5,000만원을 지급할 것을 청구하였는데, 심리결과 채권자 甲의 손해액은 1억이고, 그 과실비율이 30%로 인정되었다.

위 <설례>와 같이, 손해배상청구소송에서 심리 결과 손해액이 청구금액보다 많아 결과적으로 손해배상의 일부청구가 된 경우에 있어서의 과실상계의 방법에 대해서는 「외측설(外側說)」과 「안분설(按分說)」의 두 가지 해석론이 대립하고 있다.

a) 「**외측설**」: 이는 '심리 결과 손해액이 청구금액을 초과하여 결과적으로 일부청구가 된 경우에는 인정된 손해 전액에 과실상계의 비율을 적용하여 감액한 금액 범위 내에서 일부청구금액 전액을 인용하여야 한다'는 이론이다.[259] 이 이론에 따르면, 위 <설례>에서 법원은 심리결과 인정된 손해 전액인 1억원에 대하여 甲의 과실비율 30%를 적용한 금액(3,000만원)을 감액한 손해액(7,000만원)이 甲의 청구금액(5,000만원)보다 크므로, 甲의 청구금액 전액(5,000만원)에 대하여 인용하는 판결을 하여야 한다.

b) 「**안분설**」: 이는 '심리 결과 손해액이 청구금액을 초과하여 결과적으로 일부청구가 된 경우에도 청구금액에 한정하여 과실상계 비율을 적용하여야 한다'는 이론이다. 이 이론에 따르면, 위 <설례>에서 법원은 채권자 甲이 청구한 5,000만원에 대하여 甲의 과실비율 30%를 적용한 금액 1,500만원을 감액한 3,500만원의 배상책임만을 인정하여야 할 것이다.

---

256) 같은 취지: 대법원 1983.12.27.선고, 83다카1389 판결; 대법원 1993.5.27.선고, 92다20163 판결; 대법원 2002.12.27.선고, 2000다47361 판결.

257) 「2013년 민법개정시안」 제396조(채권자 과실의 참작) 채무불이행으로 인한 손해의 발생 또는 확대에 채권자의 과실이 기여한 때에는 법원은 손해배상의 책임 및 범위를 정함에 있어 그 과실 및 기여 정도를 참작하여야 한다.

258) 이에 관한 상세는 김재형, "채무불이행으로 인한 손해배상에 관한 민법개정안", 민사법학 65호(한국민사법학회, 2013/12), 611~613을 참조바람. 한편 이에 대한 비판적 검토는 이진기, "민법개정안 채무불이행법에 관한 검토", 민사법학 68호(한국민사법학회, 2014/9), 189~191을 참조 바람.

259) 민법주해(9)/오종근, 622 참조.

판례는 「외측설」에 따라서, '인정된 손해 전액에서 과실비율에 의한 감액을 하고, 그 잔액이 청구액을 초과하지 않을 경우에는 그 잔액을 인용할 것이고, 잔액이 청구액을 초과할 경우에는 청구의 전액을 인용하여야 한다'는 입장을 취하고 있다(대법원 1976.6.22.선고, 75다819 판결 등).[260]

생각건대, 법원에 의하여 인정될 실손해액과 과실상계의 비율을 정확히 예측하기 어려운 현실을 고려하면 전(全)손해액에 대한 과실상계비율을 적용하여 산출된 금액을 청구한 것이라고 보는 것이 채권자의 의사에 부합하며, 채권자에게 보다 유리할 뿐만 아니라, 「안분설」에 비하여 분쟁의 일회적 해결가능성이 높은 「외측설」이 타당하다고 할 것이다.

(E) 손익상계와의 관계 : 과실상계와 손익상계의 적용 순서 '손익상계의 사유와 과실상계의 사유가 경합하는 경우, 어느 사유를 먼저 적용하여야 하는가?' 하는 문제에 대하여, 판례는 '먼저 과실상계를 한 후 손익상계를 하여야 한다'고 해석하고 있다(대법원 1990.5.8.선고, 89다카29129 판결 등).[261] 손해배상액을 산정하기 위하여서는 발생된 손해액에서 과실상계를 하여야 채무자의 책임범위가 확정되는 것이고, 손익상계는 채무자의 책임범위가 확정된 이후에 하여야 하는 것이므로, 판례의 입장은 타당하다고 생각된다.

3) 중간이자의 공제 : 손해의 현재가격의 산정방법

채무불이행으로 인하여 채권자가 장래 일정한 시기에 취득할 이익을 상실한 경우, 채권자는 채무자에게 그 일실이익 상당액의 손해배상을 청구할 수 있음은 전술한 바와 같다. 그런데 일실이익의 손해는 장래에 발생하고 배상은 현재시점에서 이루어지므로, 장래의 일실이익 상당액에서 중간이자를 공제할 필요가 있다. 그렇게 하지 않으면 채권자가 중간이자 상당액의 부당이득을 취하는 결과가 되기 때문이다.

중간이자를 공제하는 방법에는, 우선 단리(單利)계산법으로 「호프만(Hoffmann)식 계산법」과 「가르프초우(Garpzow)식 계산법」의 두 가지가 있는데, ① 「호프만식 계산법」은 '현재의 손해액(X)은 장래의 손해액(A)을 장래의 일정기간(n) 동안 얻어질 단리계산에 의한 이자(r)를 합한 금액으로 나눈 것이 된다'는 사고방식에 따른 것이다. 계산식은 $X=A/(1+nr)$이다. ② 「가르프초우(Garpzow)식 계산법」은 '장래의 일정기간(n) 후에 취득할 가액(A)으로부터 그 기간 중에 생길 이자액을 공제한 잔액을 현재의 손해액(X)으로 하는 계산방법이다. 계산식은 $X=A(1-nr)$이다. ③ 복리로 중간이자를 공제하는 「라이프니츠(Leibniz)식 계산법」도 있다. 이

260) 판례평석: 가재환, "일부청구에 있어서의 과실상계의 방법", 법조 25권 7호(법조협회, 1976/7), 111 이하. 같은 취지: 대법원 2008.12.11.선고, 2006다5550 판결; 대법원 2008.12.24.선고, 2008다51649 판결.

261) 같은 취지: 대법원 1981.6.9.선고, 80다3277 판결; 대법원 1989.4.25.선고, 88다카5041 판결; 대법원 1996.1.23.선고, 95다24340 판결; 대법원 2008.5.15.선고, 2007다37721 판결; 대법원 2010.2.25.선고, 2009다87621 판결.

는 현재의 손해액(X)에 더하여 이로부터 장래 일정한 기간(n) 동안 발생할 복리로 계산한 이자를 합산한 금액을 장래의 손해액(A)으로 하는 계산방법이다. 계산식은 X=A/(1+r)n이다. 각각의 계산방법은 장단점이 있으나, 손해배상의 실무에서는 공제율이 지나치게 큰 단점이 있는 「가르프초우식 계산법」은 사용되지 않고, 「호프만식 계산법」과 「라이프니츠식 계산법」이 병행하여 사용되고 있다.[262] (☞ 불법행위 편, 제4장 「불법행위의 효과」)

4) 손해배상액의 예정

(가) 의 의

「손해배상액의 예정」이라 함은 '채무불이행의 경우에 채무자가 지급할 손해배상액을 미리 정하여 두는 것을 내용으로 하는 채권자와 채무자 사이의 계약'을 말한다(398조). 채무불이행으로 인한 손해배상을 청구하기 위해서는 채권자가 손해의 발생과 손해액을 증명하여야 하는데, 그 증명이 곤란한 경우가 많을 뿐만 아니라, 당사자 사이에 다툼이 생길 염려가 있으므로, 채권자의 손해와 손해액의 증명의 곤란을 배제하고 당사자 사이의 다툼을 예방하여 손해배상의 법률관계를 간이화하고 채무의 이행을 확보하려는 데 손해배상액을 예정하는 목적이 있다. 즉, 「손해배상액의 예정」이 있는 경우에는 채권자는 채무불이행의 사실만 입증하면 되고, 손해의 발생사실 및 손해액을 입증할 필요가 없음은 물론(대법원 1975.3.25.선고, 74다296 판결 등),[263] 채무불이행과 손해의 발생 사이의 인과관계를 입증할 필요도 없다는 장점이 있다(대법원 2000.12.8.선고, 2000다50350 판결).

(나) 손해배상액 예정의 법적 성질

손해배상액의 예정은 기본적 채권관계(원래의 채권관계)와는 별개의 계약이나, 원래의 채권관계에서 발생한 채무의 불이행을 정지조건으로 하여 효력이 발생하는 조건부계약이며, 원래의 채권관계에 종된 계약이다.[264] 따라서 손해배상액의 예정은 기본적 채권관계와 법률적 운명을 같이 하며, 기본채권의 담보는 손해배상액예정계약상의 채무도 담보한다. 예컨대, 기본적 채권의 담보를 위하여 설정된 질권은 손해배상액예정계약상의 손해배상채무도 담보한다고 할 것이다(334조).

(다) 손해배상액 예정의 성립요건

(A) 법률상의 제한 계약자유의 원칙상 손해배상액예정계약은 자유롭게 체결할 수 있으나, 손해배상액의 예정을 금지하는 법률의 규정이 있거나, 손해배상액의 예정이 선량한 풍속

262) 민법주해(9)/지원림, 569 참조.
263) 판례평석: 김현태, "채무불이행에 관한 손해배상액의 예정", 서울대법학(판례회고 4호)(서울대법학연구소, 1976/9), 83 이하. 같은 취지: 대법원 1991.1.11.선고, 90다8053 판결; 대법원 2000.12.8.선고, 2000다50350 판결; 대법원 2007.8.23.선고, 2006다15755 판결.
264) 同旨: 곽윤직, 122; 김상용, 199; 김증한/김학동, 156; 김형배, 283; 현승종, 172 참조.

기타 사회질서에 반하는 것으로 인정되는 경우에는 효력이 없다(103조).[265] 예컨대, ① 근로기준법 제20조[266]에 위반하여 근로계약 불이행에 대한 위약금 또는 손해배상액을 예정하는 계약을 체결한 경우, ② 약관규제법 제8조[267]의 규정을 위반하여 고객에 대하여 부당하게 과중한 지연손해금 등의 손해배상의무를 부담시키는 조항을 약관으로 규정한 경우, 그 손해배상액예정계약은 무효이다.

(B) 시간적 제한 손해배상액의 예정은 채무불이행의 사실이 발생하기 전에 행하여져야 한다. 채무불이행이 발생한 이후에 배상액을 정하는 계약도 유효하게 성립할 수 있으나, 이는 손해배상액의 '예정'이라고 할 수 없으므로, 손해배상액 예정에 관한 제398조의 규정은 적용되지 않는다.

(라) 손해배상액 예정의 효과

(A) 손해 발생 및 손해액 증명의 불필요 손해배상액 예정의 제도적 목적은 채권자의 증명책임을 완화하는 데 있으므로, 손해배상액의 예정이 있으면 채권자는 채무불이행의 사실만 증명하면 되고, 손해의 발생 및 손해액을 증명할 필요가 없다.

학설 중에는 '손해배상액의 예정이 있더라도 채무자는 손해가 발생하지 않았다는 사실을 증명함으로써 예정배상액의 지급의무를 면할 수 있다'고 해석하는 견해도 있으나,[268] 당사자가 손해배상액의 예정을 하는 이유는 이로써 채무의 이행을 확보하는 동시에 채무불이행에서의 손해의 유무 및 범위에 관한 소송상의 다툼도 해결하려고 하는 데 있다고 보아야 할 것이므로, '손해가 발생하지 않았다는 사실 또는 실제로 발생한 손해액이 예정액보다 적다는 사실이 증명된 경우에도 채무자는 예정배상액의 지급의무를 면하거나 감액을 청구할 수 없다'고 해석하여야 할 것이다.[269] 즉, '손해배상액의 예정은 손해발생의 예정도 포함한다'고 할 것이다. 판례의 입장도 같다(대법원 1975.3.25.선고, 74다296 판결 등).[270]

이와는 반대로, 채권자가 실제로 발생한 손해액이 예정액보다 크다는 사실을 증명하더라도 예정배상액만을 청구할 수 있을 뿐이다(대법원 1965.6.22.선고, 65다737 판결 등).[271] 이는 「손해배

265) 위약금약정에 관한 법률상의 제한에 관한 상세는 최창렬, "손해배상액의 예정과 위약벌에 관한 연구", 박사학위논문(성균관대학교대학원, 1999), 172 이하; 민법주해(9)/양창수, 657 이하 참조.

266) 근로기준법 제20조(위약 예정의 금지) 사용자는 근로계약 불이행에 대한 위약금 또는 손해배상액을 예정하는 계약을 체결하지 못한다.

267) 약관규제법 제8조(손해배상액의 예정) 고객에게 부당하게 과중한 지연 손해금 등의 손해배상 의무를 부담시키는 약관 조항은 무효로 한다.

268) 서민, "손해배상액의 예정", 민사법학 7호(한국민사법학회, 1988/6), 182; 김형배, 286 참조.

269) 同旨: 민법주해(9)/양창수, 670; 곽윤직, 123; 김상용, 200; 송덕수, 194; 현승종, 172 참조.

270) 같은 취지: 대법원 1979.9.11.선고, 79다1270 판결; 대법원 1991.1.11.선고, 90다8053 판결; 대법원 2000.12.8.선고, 2000다50350 판결; 대법원 2007.8.23.선고, 2006다15755 판결; 대법원 2009.2.26.선고, 2007다19051 판결.

271) 같은 취지: 대법원 1970.10.23.선고, 70다1756 판결.

상액의 예정」이 있는 경우, 계약상의 예정배상액의 지급의무는 실제로 손해가 발생할 것을 요건으로 하지 않는다는 것을 의미하는데, 이러한 법리는 손해배상액의 예정으로 추정되는 위약금의 약정이 있는 경우에도 마찬가지로 적용된다(대법원 1988.5.10.선고, 87다카3101 판결 등). 다만, 손해배상액예정계약에서 불가항력이나 손해 없음의 항변권을 인정하거나, 특별손해의 배상 등에 관하여 특약이 있는 경우에는 그 효력을 인정하여야 할 것이다.[272)]

▪ **위약금 약정의 성질 및 예정액을 초과하여 손해가 발생한 경우, 그 초과액을 청구할 수 있는지 여부**(소극) 매매당사자가 계약금으로 수수한 금액에 관하여 매수인이 위약하면 이를 무효로 하고 매도인이 위약하면 그 배액을 상환하기로 하는 뜻의 약정을 한 경우에 있어서, 그 위약금의 약정은 제398조 제4항이 정한 손해배상의 예정으로 추정되는 것이고, 이와 같은 약정이 있는 경우에는 채무자에게 채무불이행이 있으면 채권자는 실제손해액을 증명할 필요 없이 그 예정액을 청구할 수 있는 반면에 실제손해액이 예정액을 초과하더라도 그 초과액을 청구할 수 없다. (대법원 1988.5.10.선고, 87다카3101 판결)[273)]

(B) 채무자의 귀책사유의 요부(要否) '손해배상액이 예정된 경우에도 채무자가 귀책사유가 없음을 입증하여 배상예정액의 지급을 면할 수 있는가, 즉 손해배상액이 예정된 경우에도 과실책임의 원칙은 관철되어야 하는가?' 하는 것이 문제된다.

학설 중에는 '손해배상액의 예정이 있는 경우에는 채권자는 채무불이행 사실만 입증하면 손해의 발생 및 손해액을 입증하지 않고 예정배상액의 지급을 청구할 수 있는 것은 물론이고 채무자의 무과실의 항변도 허용되지 않는다'고 해석하는 견해가 있다.[274)] 그러나 '손해배상액의 예정(계약)에 의하여 채무불이행책임이 무과실책임으로 전환된다'고 볼 수는 없으므로, 일반원칙에 따라서 '손해배상액의 예정이 있더라도 채무자가 자신의 과실 없음을 입증함으로써 면책될 수 있다'고 해석하여야 할 것이다.[275)]

대법원은 과거 '손해배상액의 예정이 있더라도 채무자의 귀책사유가 필요하다'는 입장을 전제로 하여, '지연배상금의 약정이 있는 건축도급계약에서 채무자에게 귀책사유가 없는 경우에는 예정배상액의 감액을 인정하여야 한다'고 판시한 바 있는데(대법원 1989.7.25.선고, 88다카6273·88다카6280 판결 등), 그 후 '채무불이행으로 인한 손해배상액이 예정되어 있는 경우에도, 채무자는 채무불이행에 있어 채무자의 귀책사유를 묻지 아니한다는 약정을 하지 아니한 이상

---

272) 同旨: 김증한/김학동, 157; 김형배, 286; 현승종, 172 참조.

273) 판례평석: 김병재, "「계약금몰수·배액상환」 약정의 해석", 민사판례연구(11)(민사판례연구회, 1989/4), 200 이하; 조창호, "부동산의 이중매매로 인한 이행불능에 있어서 「계약금몰수·배액상환」 조항과 손해배상액의 예정", 판례연구 3집(부산판례연구회, 1993/2), 204 이하; 이동신, "손해배상액의 예정과 위약벌에 관한 판례연구", 민사재판의 제문제 11권(한국사법행정학회, 2002/12), 261 이하. 같은 취지: 대법원 1990.2.13., 89다카26250 결정.

274) 곽윤직, 123; 김상용, 200; 현승종, 172 참조.

275) 同旨: 서민, 전게논문(주 268), 180; 민법주해(9)/양창수, 668; 김증한/김학동, 157; 김형배, 285; 송덕수, 193 참조.

자신의 귀책사유가 없음을 주장·입증함으로써 예정배상액의 지급책임을 면할 수 있다'고 판시함으로써(대법원 2007.12.27.선고, 2006다9408 판결 등),[276] '손해배상액의 예정에도 불구하고 채무불이행책임이 성립하기 위해서는 귀책사유가 필요하다'는 입장을 명확하게 천명한 바 있다.

▪ 공사도급계약에서 공사가 중단된 상태에서 약정기일을 넘긴 후 도급인이 계약을 해제한 경우, 지체상금 약정의 적용 여부(적극) [1] 건물신축도급계약에서 지체상금에 관한 약정이 있는 경우, 수급인이 약정된 기간 내에 그 일을 완성하여 도급인에게 인도하지 않는 한 특별한 사정이 있는 경우를 제외하고는 지체상금을 지급할 의무가 있고, 약정된 기일 이전에 그 공사의 일부만을 완료한 후 공사가 중단된 상태에서 약정 기일을 넘기고 그 후에 도급인이 계약을 해제함으로써 일을 완성하지 못한 것이라고 하여 지체상금에 관한 약정이 적용되지 않는다고 할 수 없다. [2] 위 [1]의 경우, 지체상금 발생의 시기는 특별한 사정이 없는 한 약정준공일이나, 그 종기는 수급인이나 도급인이 건물을 준공할 때까지 무한히 계속되는 것이라고 할 수 없고, 수급인이 공사를 중단하거나 기타 해제 사유가 있어 도급인이 이를 해제할 수 있었을 때(실제로 해제한 때가 아니고)부터 도급인이 다른 업자에게 의뢰하여 같은 건물을 완성할 수 있었던 시점까지로 제한되어야 하고, 또 수급인이 책임질 수 없는 사유로 인하여 공사가 지연된 경우에는 그 기간만큼 공제되어야 하며, 그렇게 하여 산정된 지체상금액이 부당히 과다하다고 인정되는 경우에는 법원이 제398조 제2항에 의하여 적당히 감액할 수 있다. (대법원 1989.7.25.선고, 88다카6273·88다카6280 판결)[277]

(C) 법원에 의한 예정배상액의 감액 구 의용민법(일본민법)은 프랑스민법의 입법주의(C.c. Art. 1152)[278]를 본받아,[279] 법원이 예정배상액을 증감할 수 없도록 규정하고 있었다(동법 420조).[280][281] 현행민법은 스위스채무법(OR Art. 163 Ⅲ)[282]을 본받아, '채무자의 청구가 없더라도 법원이 직권에 의하여 예정배상액을 감액할 수 있다'고 규정함으로써(398조 2항), 감액을 금지한 구 의용민법의 입법주의를 전환하였다. 이는 채무자보호를 위하여 계약자유의 원칙을 제한한 것이라고 할 수 있다.[283][284]

---

276) 같은 취지: 대법원 2010.2.25.선고, 2009다83797 판결.

277) 판례평석: 최병조, "건물신축도급계약의 약정해제와 지체상금약정의 효과", 민사판례연구(12)(민사판례연구회, 1990/4), 13 이하. 같은 취지: 대법원 1995.9.5.선고, 95다18376 판결.

278) 개정 전 프랑스민법 제1152조 : 합의가 채무를 이행하지 아니한 자가 손해배상 조로 일정금액을 지급하기로 하는 내용을 담고 있는 경우에는, 상대방은 그 금액을 증액하거나 감액할 수 없다.

279) 다만, 프랑스민법은 1985.10.11. 법률 제85-1087호로 제1152조에 제2항을 신설하여, '합의된 위약금이 명백하게 과도하거나 지나치게 적은 때에는, 법관은 직권으로 그 위약금을 감액하거나 증액할 수 있다'고 규정하였으며, 2016년에 개정된 현행 프랑스민법도 같다(동법 1231-5조 2항).

280) 일본민법(구 의용민법) 제420조: ① 당사자는 채무의 불이행에 대하여 손해배상액을 예정할 수 있다. 이 경우에 재판소는 그 액을 증감할 수 없다. ② 배상액의 예정은 이행 또는 해제의 청구를 방해하지 않는다. ③ 위약금은 이를 배상액의 예정으로 추정한다.

281) 참고로 일본민법은 2017년에 제420조를 개정하여 제1항에서 "이 경우에 재판소는 그 액을 증감할 수 없다"는 문구를 삭제하였다.

282) 스위스채무법 제163조 : (3) 지나치게 높은 위약금의 약정은 판사가 직권으로 감축할 수 있다.

283) 현승종, 173 참조. 손해배상액의 예정에 관한 연혁 및 비교법적 고찰은 서민, 전게논문(주 270), 162 이하; 최창렬, 전게논문(주 264), 10 이하; 민법주해(9), 641 이하(양창수)를 참조 바람.

284) 독일민법은 채무자의 청구가 있는 경우에 한하여 위약금의 감액을 인정하고 있는데(BGB §343), 이는

한편 손해배상액의 예정이 과다함에 그치지 아니하고 폭리행위가 되는 경우에는 제398조 제2항에 따른 예정액의 감액에 그치지 않고, 제104조를 적용하여 예정된 배상액의 전부 또는 일부의 무효를 선언할 수도 있다고 해석하여야 할 것이다.[285)]

문제는 '손해배상액의 예정이 부당히 과소한 경우에 법원이 이를 적당히 증액할 수도 있는가?' 하는 것이다. 학설 중에는 '제398조 제2항의 반대해석으로 예정액의 증액도 가능하다'고 해석하는 견해도 있으나,[286)] 동조의 입법취지에 비추어 '예정배상액의 증액을 인정하는 것은 허용될 수 없다'고 해석하여야 할 것이다.[287)] 다만, 입법론으로서는 '예정배상액이 지나치게 적은 경우에는 법원의 재량에 의한 증액을 허용하는 것으로 민법을 개정할 필요가 있다'고 생각된다.[288)]

(D) 일부이행과 예정배상액의 감액 채무의 일부이행이 있는 경우에도 채권자가 예정배상액의 전액을 청구할 수 있다고 한다면 형평에 어긋나는 결과가 되므로, '채무의 일부이행이 있는 경우에는 미이행 부분의 비율에 해당하는 예정배상액만을 청구할 수 있다'고 해석하여야 할 것이다.[289)]

(E) 과실상계에 의한 예정배상액의 감액 '손해배상액의 예정이 있는 경우에도 과실상계를 인정하여 예정배상액을 감액할 수 있는가?' 하는 것이 문제된다. 이에 대하여, 학설은 '손해배상액의 예정이 있는 경우에도 과실상계를 인정하여야 하며, 나아가 손익상계도 허용하여야 한다'고 해석하는 데 견해가 거의 일치하고 있다.[290)] 다만, 판례는 '법원에 의하여 예정배상액의 감액이 이루어진 경우에는 채무자가 계약을 위반한 경위 등 제반사정이 참작되므로 따로 과실상계를 할 필요는 없다'는 입장을 취하고 있다(대법원 2002.1.25.선고, 99다57126 판결 등).[291)]

(F) 손해배상액의 예정과 이행청구 또는 계약해제와의 관계 손해배상액의 예정은 이행의 청구나 계약의 해제에 영향을 미치지 아니한다(398조 3항). 손해배상액의 예정은 손해의 발생과 그 배상액에 대한 합의일 뿐 본래의 급부에 대한 이행청구권(이행지체의 경우)이나 계약해제권의 포기를 의미하는 것은 아니므로, 이행청구권이나 계약해제권에 영향을 미치지 아니함은 이론상 당연하다. 다만, 예정배상액의 청구와 본래의 이행청구 또는 계약해제와의 관계는 손해배

프랑스 민법과 스위스채무법의 규정을 절충한 형태라고 할 수 있다.

285) 同旨: 곽윤직, 123 참조.

286) 김상용, 202; 장경학, 246 참조.

287) 同旨: 민법주해(9)/양창수, 686; 곽윤직, 123; 김증한/김학동, 160; 송덕수, 196; 현승종, 173 참조.

288) 同旨: 서민, 전게논문(주 268), 184; 김형배, 287; 이태재, 144 참조.

289) 同旨: 김상용, 203; 김형배, 287 참조.

290) 서민, 전게논문(주 268), 186; 민법주해(9)/양창수, 673; 곽윤직, 123; 김상용, 203; 김증한/김학동, 160; 김형배, 287; 송덕수, 196; 현승종, 174 참조.

291) 판례평석: 이학수, "민법 제398조 제2항 소정의 '손해배상의 예정액이 부당히 과다한 경우'의 의미", 판례연구 14집(부산판례연구회, 2003/2), 203 이하. 같은 취지: 대법원 1972.3.31.선고, 72다108 판결.

상액의 예정이 지연배상액을 정한 것인가, 아니면 전보배상액을 정한 것인가에 따라서 달라진다. 즉,

(i) **지연배상액이 예정된 경우** 이 경우에는 이행지체로 인한 손해배상액이 예정된 것이므로 이행지체의 경우에는 본래의 급부와 함께 예정배상액을 청구할 수 있으나, 이행불능의 경우 또는 계약이 해제된 경우에는 예정배상액을 청구할 수 없다고 할 것이다.[292]

(ii) **전보배상액이 예정된 경우** 이 경우에는 이행불능이나 이행거절 또는 지체 후의 이행이 채권자에게 이익이 없는 때를 위하여 배상액이 예정된 경우이므로(395조), 이행청구는 무의미하며 지연배상에 대한 기준이 될 수도 없다. 그러나 채권자가 이행지체 또는 이행불능을 이유로 계약을 해제한 경우에는 해제와는 별개로 채권자가 손해배상을 청구할 수 있고(551조), 이 경우의 손해배상은 전보배상을 내용으로 하는 이행이익의 배상이 원칙이므로, 예정배상액을 청구할 수 있다.[293]

(iii) **계약관계의 청산을 목적으로 손해배상액이 예정된 경우** 예컨대, '매도인이 이행할 수 없는 경우에는 대금의 2분의 1을 손해배상액으로 하고 계약관계는 소멸한 것으로 본다'고 합의한 경우와 같이, 쌍무계약에서 일방당사자의 채무불이행으로 인한 손해배상액과 계약관계의 소멸이 함께 예정된 경우에는, 약정된 일방당사자의 채무불이행이 있으면 상대방이 예정된 손해배상액을 청구할 수 있음은 물론이고, '별도의 해제의 의사표시가 없더라도 예정배상액의 지급에 의하여 계약관계는 소멸하며, 이에 따라 쌍방의 채무도 동시에 소멸한다'고 해석하여야 할 것이다. 그러므로 채권자가 본래의 이행청구를 할 수 없음은 물론이고 계약해제도 무의미하다.

(G) 손해배상액의 예정과 특별사정으로 인한 손해 손해배상액의 예정은 채무불이행, 기타 당사자 쌍방이 예정한 사실로 인하여 통상 생길 손해에 관하여서만 체결되는 것이 보통인데, '당사자가 계약에서 예정하지 않았던 특별한 사정으로 인하여 발생한 손해에 대해서도 손해배상액의 예정이 기준이 되는가?' 하는 것이 문제된다. 이에 대하여, 판례는 '특별한 사정으로 인한 손해의 경우에도 예정배상액이 기준이 된다'는 전제하에, '특약이 없는 한 예정액을 초과한 배상액은 청구할 수 없다'는 입장을 취하고 있다(대법원 1988.9.27.선고, 86다카2375·2376 판결 등).[294] 그러나 '채무불이행시에 채무자가 손해의 발생을 야기할 특별한 사정이 있음을 알았거나 알 수 있었던 경우에도 손해배상이 예정액에 그치는 것은 불합리하므로, 채권자는 제393조 제2항의 규정에 따라 예정배상액을 초과하여 실제로 발생한 손해의 배상을 청구할 수 있다'고 해석하여야 할 것이다.[295]

---

292) 同旨: 김상용, 203; 김증한/김학동, 161; 송덕수, 204; 현승종, 174 참조.
293) 同旨: 곽윤직, 124; 김상용, 204; 김증한/김학동, 162; 송덕수, 204; 현승종, 175 참조.
294) 같은 취지: 대법원 1993.4.23.선고, 92다41719 판결; 대법원 2012.12.27.선고, 2012다60954 판결.

(마) 위약금

(A) 의 의 「위약금(違約金)」(Strafe)이라 함은 '채무불이행시에 채무자가 채권자에게 지급할 것을 약속한 금전'을 말한다. 당사자가 금전 이외의 것으로써 손해배상에 충당할 것을 약정한 경우에는 위약금의 약정에 관한 규정이 준용된다(398조 5항). 계약의 당사자가 위약금을 약정하는 목적에는 여러 가지가 있을 수 있으나, 결국은 「위약벌의 약정」 아니면 「손해배상액의 예정」 둘 중의 하나이다. 민법은 위약금의 약정을 손해배상액의 예정으로 추정하고 있으므로(398조 4항), 위약벌의 약정임을 주장하는 자가 반증을 들어 이러한 추정을 깨뜨려야 할 증명책임을 진다.

(B) 위약금의 효력

a) 위약금이 손해배상액의 예정인 경우 : 위약금이 손해배상액의 예정을 위하여 약정된 경우이거나, 손해배상액의 예정으로 추정된 경우에는 반증이 없는 이상 앞에서 살펴본 손해배상액의 예정에 관한 법리가 그대로 적용된다.

b) 위약금이 위약벌인 경우 : 위약금이 위약벌인 경우 채무자는 채무불이행으로 인한 손해의 발생 여부에 관계없이 위약금을 지급하여야 하며, 채무자의 귀책사유로 인한 손해가 있는 경우에는 위약금과는 별도로 그 손해도 따로 배상하여야 하여야 한다. 문제는 '위약벌인 위약금이 부당히 과다한 경우에 법원이 이를 직권으로 감액할 수 있는가?' 하는 것인데, 학설은 이를 긍정하는 견해(편의상 이를 「감액긍정설」이라 칭하기로 한다)[296]와 부정하는 견해(편의상 이를 「감액부정설」이라 칭하기로 한다)[297]가 대립하고 있다.

판례는 '위약벌의 감액은 인정되지 않으나, 위약벌 금액이 과도하게 무거워 공서양속에 반하는 경우에는 그 전부 또는 일부가 무효가 된다'는 입장을 확립하고 있는데(대법원 1993.3.23. 선고, 92다46905 판결 등),[298] 「감액부정설」을 취하는 학설 중에도 '위약벌의 약정이 반사회적 법률행위이거나 폭리행위에 해당하는 경우에는 무효가 될 수 있다'고 해석하는 견해가 있다.[299]

사견으로는, '사회질서위반 또는 불공정한 법률행위로 위약벌의 약정을 무효로 하는 방법 보다는, 이 경우에도 예정배상액의 감액을 규정한 제398조 제2항을 유추적용함으로써 위약벌인 위약금의 감액을 허용하는 것이 타당하다'고 생각한다.[300]

295) 同旨: 김증한/김학동, 159; 현승종, 175 참조.

296) 김재형, "「손해배상액의 예정」에서 「위약금 약정」으로", 비교사법 21권 2호(한국비교사법학회, 2014), 625 이하; 김상용, 205 참조.

297) 김형배, 289; 송덕수, 205; 이은영, 365 참조.

298) 같은 취지: 대법원 1968.6.4.선고, 68다491 판결; 대법원 2002.4.23.선고, 2000다56976 판결; 대법원 2005.10.13.선고, 2005다26277 판결; 대법원 2013.7.25.선고, 2013다27015 판결; 대법원 2013.12.26.선고, 2013다63257 판결; 대법원 2015.12.10.선고, 2014다14511 판결.

299) 이혁, "위약벌 금액이 과도하게 무거워 공서양속에 반한다고 보아 전부 또는 일부가 무효라고 판단한 사례", 대한변협신문 578호(대한변호사협회, 2016/2), 13; 김형배, 289; 이은영, 365 참조.

참고로 법무부 민법개정위원회의 「2013년 민법개정시안」은 손해배상액의 예정에 관한 제398조를 위약금약정에 관한 규정으로 개정할 것과 위약벌의 감액을 허용할 것을 제안한 바가 있다(동 개정시안 389조).[301]

(바) 계약금과 손해배상액의 예정

「계약금(契約金)」(Draufgabe; arrhes)이라 함은 '계약을 체결할 때 당사자의 일방이 상대방에게 교부하는 금전 기타의 유가물(有價物)'을 말한다. 민법은 계약금에 관한 일반규정을 두고 있지는 않으나, 매매계약에 있어서의 계약금은 해제권을 유보하기 위하여 수수된 해약금(解約金)의 성질을 가지는 것으로 규정하고 있다(565조). 이와 같이 해약금의 성질을 가지는 매매계약에 있어서의 계약금에 관한 제565조는 유상계약 일반에 준용되므로(567조), '유상계약에서 계약금이 수수된 경우, 그 계약금은 원칙적으로 해약금의 성질을 가진다'고 해석하여야 할 것이다. 그런데 거래의 실제에서는 계약금을 수수하면서 '채무불이행의 경우에는 계약금을 교부한 자는 그것을 몰수당하고, 계약금을 교부받은 자는 그 배액을 상환하기로 한다'는 약정을 하는 경우가 많은데, 학설 중에는 '계약금을 수수하면서 이러한 내용의 약정을 하는 경우, 그 계약금은 제565조의 해약금으로서의 성질을 가짐과 동시에 제398조의 제1항의 「손해배상액의 예정」으로서의 성질도 함께 가지고 있는 것으로 해석하여야 한다'는 견해가 있다.[302] 그러나 판례는 '매매계약에 있어서 이러한 약정이 있는 경우에는 특별한 사정이 없는 한 그 계약금은 제398조 제1항 소정의 손해배상액의 예정의 성질을 가질 뿐 아니라, 제565조 소정의 해약금의 성질을 가진 것으로 볼 것이나(대법원 1992.5.12.선고, 91다2151 판결 등),[303] 매매계약 이외의 계약에서는 이러한 약정이 있더라도 그 계약금은 제565조 제1항의 규정에 의한 해약금으로서의 성질은 가지지만, 손해배상액의 예정으로서의 성질을 당연히 가지는 것은 아니며, 그 계약금을 위약금으로 하기로 하는 특약이 있는 경우에 한하여 손해배상액의 예정으로서의 성질을 가진다'는 입장을 취하고 있다(대법원 1979.4.24.선고, 79다217 판결 등).[304]

---

300) 같은 취지: 김재형, 전게논문(주 296), 625 이하 참조.

301) 「2013년 민법개정시안」 제398조(위약금) ① 당사자는 채무불이행에 관하여 위약금을 약정할 수 있다. ② 위약금의 약정은 당사자들이 채무불이행으로 인한 손해배상액을 예정한 것으로 추정한다. ③ 위약금이 부당히 과다한 경우에는 법원은 적당히 감액할 수 있다. ④ 위약금의 약정은 이행의 청구나 계약의 해제에 영향을 미치지 아니한다. ⑤ 당사자가 금전이 아닌 것으로써 손해배상에 충당하기로 예정한 경우에도 제1항 내지 제4항의 규정을 준용한다.

302) 곽윤직, 125 참조.

303) 같은 취지: 대법원 1971.5.24.선고, 71다473 판결.

304) 같은 취지: 대법원 1981.7.28.선고, 80다2499 판결; 대법원 1987.2.24.선고, 86누438 판결; 대법원 1992.5.12.선고, 91다2151 판결; 대법원 1992.11.27.선고, 92다23209 판결; 대법원 1995.2.10.선고, 94다51109 판결; 대법원 1996.6.14.선고, 95다11429 판결; 대법원 1996.6.14.선고, 95다54693 판결; 대법원 2010.4.29.선고, 2007다24930 판결; 대법원 2006.1.27.선고, 2005다52078·52085 판결.

■ **전속계약을 체결하면서 수수된 전속료(專屬料)의 법적 성질** 전속계약을 체결함에 있어 전속료로 금 5,000만원을 수수하면서 사업자가 계약을 위반하였을 때에는 사업자가 작가에게 지급한 전속료의 반환을 청구할 수 없고 작가가 계약을 위반하였을 때에는 전속료의 배액을 사업자에게 지급하여야 한다고 약정하였다면, 이는 전속계약에 따른 채무불이행에 대한 위약금의 약정을 한 것으로서 특별한 사정이 없는 한 손해배상액 예정의 성질을 갖는 것이며, 이와 같은 약정이 계약서에 부동문자로 기재되어 있다 하더라도 단순한 예문에 불과한 것이라고는 할 수 없다. (대법원 1993.2.9.선고, 92다33176 판결)[305]

■ **한국토지개발공사가 시행하는 택지개발사업지구 내의 택지분양신청 시 납입하도록 한 분양신청예약금의 성질** 분양신청자가 한국토지개발공사와의 사이에 택지분양에 관한 예약을 체결함에 있어서 분양신청 당일 예약금을 수수하면서 후에 추첨에 의하여 당첨이 되고도 계약체결기간 내에 분양계약을 체결하지 아니하는 경우에는 당첨을 무효화하고 분양신청예약금은 한국토지개발공사에게 귀속하기로 약정한 바 있다면, 이는 예약에 따른 채무불이행에 대한 위약금의 약정을 한 것으로 보아야 하고, 이러한 약정은 특별한 사정이 없는 한 손해배상액 예정의 성질을 지닌다. (대법원 1994.10.25.선고, 94다18140 판결)[306]

5) 손해배상자의 대위(代位)

(가) 의 의

채권자가 그 채권의 목적인 물건 또는 가액 전부를 손해배상으로 받은 때에는 그 물건에 대한 소유권 기타의 권리는 법률상 당연히 채무자에게 이전되는데(399조), 이를 「손해배상자의 대위」라고 한다. 즉, 「손해배상자의 대위」는 '손해배상에 의한 대위, 즉 채무불이행으로 인한 손해를 배상한 채무자에게 그 채권의 목적인 권리가 법률상 당연히 이전되는 것'을 말한다. 예컨대, 임치계약에서 수치인이 임치물을 도난당하여 임치물반환의무(700조)의 이행불능을 이유로 수치인이 임치인에게 임치물의 시가상당액의 손해를 배상한 경우에는 그 도난당한 임치물의 소유권은 법률상 당연히 수치인에게 이전되는 것이다. 이와 같이 민법이 손해배상에 의한 채무자의 대위를 인정하는 이유는 채권자가 이행에 갈음하는 전보배상을 받은 경우에도 여전히 목적물에 대한 권리를 보유하는 경우에는 채권자가 손해배상액 상당의 부당이득을 하는 결과가 되어 '실제로 입은 손해를 배상케 한다'는 손해배상제도의 목적에 반하게 되기 때문이다.[307]

(나) 손해배상에 의한 대위의 법적 성질

「손해배상자의 대위」를 규정하고 있는 제399조는 '채권자가 그 채권의 목적인 물건 또는 권리의 가액 전부를 손해배상으로 받은 때에는 채무자는 그 물건 또는 권리에 관하여 당연히 채권자를 대위한다'고만 규정하고 있어서, 손해배상에 의한 대위의 법적 성질이 법문에 명확하게 드러나 있지 않으나, 이는 '법률상 당연한 권리의 이전'이라고 보아야 할 것이다. 판례

305) 판례평석: 김민중, "전속계약"「로스쿨계약법」(청림출판, 2006/3), 595 이하.
306) 판례평석: 오창수, "분양신청금 귀속약관의 효력", 판례월보 309호(판례월보사, 1996/6), 7 이하.
307) 곽윤직, 126 참조.

도 「손해배상에 의한 대위」의 법적 성질에 관하여, '채권자가 채권의 목적이 되는 물건 또는 권리의 가격 전부를 손해배상으로 받아 그 만족을 얻었을 때에는 그 물건 또는 권리에 관한 권리는 법률상 당연히 채무자에게 이전된다'고 한다(대법원 1977.7.12.선고, 76다408 판결).

(다) 손해배상에 의한 대위의 요건

「손해배상에 의한 대위」, 즉 손해배상에 의하여 채권의 목적인 권리가 법률상 당연히 채무자에게 이전되기 위해서는 채권자가 채권의 목적인 물건 또는 권리의 가액 전부를 배상받아야 한다(399조). 즉, 손해배상에 의한 대위는 채무의 이행에 갈음한 전보배상의 경우에 한하여 인정되는 것이 원칙이다.

문제는 '채권자가 채권의 목적인 물건 또는 권리의 가액의 일부만을 배상받은 경우에 일부대위가 인정되는가?' 하는 것인데, 명문규정에 의하여 일부대위를 인정하는 변제자대위의 경우(483조)와는 달리 손해배상자대위의 경우에는 일부대위를 인정하는 명문규정이 없으므로, '손해의 일부만이 배상되었다고 하여 일부대위의 효과가 발생한다고 볼 수는 없다'고 할 것이다.[308] 판례도 '채권의 목적인 물건 또는 권리가 가분적인 것이라는 등의 특별한 사정이 없는 한 채무자가 채권의 목적인 물건 또는 권리의 가액의 일부를 손해배상한 것만으로는 채권자를 대위할 수 없다'고 한다(대법원 2007.10.12.선고, 2006다42566 판결).

(라) 손해배상에 의한 대위의 효과

채권자가 채권의 목적인 물건 또는 권리의 가액 전부를 배상받은 경우에는 채권의 목적인 권리는 법률상 당연히 손해배상자에게 이전한다. 민법은 손해배상에 의하여 '채권의 목적인 물건 또는 권리가 손해배상자에게 이전한다'고 규정하고 있으나(399조), 물건이 채권의 객체인 경우에도 대위에 의하여 이전되는 것은 물건이 아니라 그 물건에 대한 권리가 이전되는 것이므로, 법문의 표현은 "권리"를 잘못 표기한 것이라고 보아야 할 것이다. 한편 손해배상에 의한 대위는 '법률의 규정에 의한 권리의 이전'을 의미하는 것이므로, 법률행위에 의한 권리이전에 필요한 등기(186조)나 인도(188~190조), 양도의 통지·승낙(450~452조), 증서의 배서·교부(508~526조) 등의 요건은 갖출 필요가 없다(대법원 1977.7.12.선고, 76다408 판결).

6. 청구권의 경합

일반적으로 「청구권의 경합」이라 함은 '하나의 법률사실이 청구권을 발생시키는 여러 개의 규범을 동시에 충족하고, 그 여러 개의 규범에 의하여 발생한 청구권들이 하나의 동일한 급부를 목적으로 하는 경우'를 말한다. 이러한 일반적인 의미에서의 「청구권의 경합」이 문제되는 경우는 다양하지만, 학설상 가장 많이 논의되는 것은 채무불이행으로 인한 손해배상청

308) 同旨: 곽윤직, 126; 송덕수, 309 참조.

구권과 불법행위로 인한 손해배상청구권의 경합의 문제이다. 예컨대, '임대차계약에서 임차인의 고의 또는 과실로 인하여 목적물이 멸실된 경우에 임대인은 임차인에 대하여 목적물반환의무의 이행불능으로 인한 손해배상청구권과 임차목적물의 소유권침해라는 불법행위로 인한 손해배상청구권을 경합적으로 행사할 수 있는가, 아니면 채무불이행책임만을 물을 수 있는가?' 하는 것이 문제된다.

이 문제는 민사소송법학의 소송물이론과 관계되어 복잡한 논의가 전개되고 있는데, 판례는 채권자보호를 위하여 채무불이행책임과 불법행위책임의 경합을 인정함과 동시에 구(舊)소송물이론에 의하여 양자의 손해배상청구권을 별개의 소송물로 보는 입장을 확립하고 있다.[309] 사견으로도 이러한 판례의 입장에 찬성한다. 다만, 이에 관한 상세한 논의는 불법행위 편으로 미루기로 한다. (☞ 불법행위 편, 제4장 「불법행위의 효과」)

■ **전세권자의 실화로 전세가옥이 소실된 경우의 책임의 성질** <u>전세권자는 전세물인 가옥을 선량한 관리자의 주의로써 보관할 의무가 있고, 계약이 해지되면 전세물을 반환하여야 하는 채무를 지는 것이므로, 전세권자의 실화로 인하여 가옥을 소실케 하여 그 반환의무를 이행할 수 없게 된 때에는, 한편으로는 과실로 인하여 전세물에 대한 소유권을 침해한 것으로서 불법행위가 되는 동시에 한편으로는 과실로 인하여 채무를 이행할 수 없게 됨으로써 채무불이행이 되는 것이다.</u> (대법원 1967.12.5.선고, 67다2251 판결)

309) 청구권경합에 관한 판례의 입장에 대한 상세는 호문혁, "법조경합과 청구권경합에 관한 판례의 동향" 민사판례연구(10)(민사판례연구회, 1988/3), 467 이하 참조.

제 5 장

다수당사자의 채권관계

제 1 절 분할채권관계

[79] Ⅰ. 의 의

「분할채권관계(分割債權關係)」(Teilschuldverhältnis; obligations disjointes)라 함은 '하나의 가분급부에 관하여 여러 명의 채권자 또는 채무자가 있는 경우에 그 급부가 채권자 또는 채무자 사이에 균등하게 분할되는 채권관계'를 말한다. 분할채권관계 중에서 채권자가 여러 명인 경우를 「분할채권」이라 하고, 채무자가 수인인 경우를 「분할채무」라고 한다. 민법은 "채권자나 채무자가 수인인 경우에 특별한 의사표시가 없으면 각 채권자 또는 각 채무자는 균등한 비율로 권리가 있고 의무를 부담한다"고 규정함으로써(408조), 분할채권관계를 다수당사자의 채권관계의 원칙적인 유형으로 삼고 있다.

[80] Ⅱ. 연혁과 입법례

1. 연 혁

「분할채권관계의 원칙」은 로마법에서 유래된 것이다. 즉, 로마법에서는 '채권은 당연히 분할된다'(nomma sunt ıpso ıure divisa)고 하여 채권은 당사자 사이에 균등하게 분할되는 분할채권관계를 원칙으로 하였으며, '당사자 사이에 가분급부를 목적으로 하는 연대채무가 성립하기 위해서는 「문답계약(問答契約)」(stipulatio)에 의한 연대의 특약이 요구되었다'고 한다.[1)]

1) 양창수, "분할채권·분할채무", 고시연구 25권 2호, 1998/2, 131; 민법주해(10)/허만, 20; 현승종, 224 참조.

2. 입법례

(1) 독일민법

독일민법은 로마법을 계수하여 분할채권관계를 원칙으로 하고 있다(BGB §420).[2] 다만, 독일민법은 '여러 명이 계약에 의하여 공동으로 가분급부를 하여야 하는 경우'에는 분할채무의 원칙을 배제하여 연대채무의 성립을 인정하고 있는데(BGB §427),[3] 이는 분할채권관계가 채권의 실효성을 약화시킴으로써 거래의 수요에 응하기 어렵다는 점을 고려한 것이다.

(2) 프랑스민법

1804년의 프랑스민법(2016.2.10. 오르도낭스 제2016-131호에 의하여 개정되기 전의 것 : 이하 「개정 전 프랑스민법」으로 약칭)은 분할채무의 원칙을 명문으로 규정하지 않았으며, 오히려 '상속의 경우를 제외하고는 가분적 채무라고 하더라도 채권자에 대한 관계에서는 마치 그것이 불가분채무인 것처럼 이행되어야 한다'고 규정하고 있었다(C.c. Art. 1220).[4] 또한 사용대차계약에서 '여러 명이 공동하여 동일한 물건을 빌린 때에는 차주는 연대하여 대주에게 책임을 부담한다'고 규정하는 등(C.c. Art. 1887),[5] 일정한 경우에는 당사자의 의사에 기하지 아니한 연대채무의 성립을 인정하고 있으며, 학설·판례도 '연대채무가 성립하기 위해서는 반드시 연대의 명시적 의사표시가 필요하다'고 규정하고 있었던 동법 제1202조 제1항[6]의 규정을 엄격하게 적용하지는 않았다. 즉, 종래의 판례는 '계약체결시에 연대(solidarité)라는 용어가 사용되지 않은 경우에도 연대채무를 발생시키려는 당사자의 의사가 명확한 경우에는 연대채무의 성립을 인정한다'는 입장을 취하고 있었다.[7] 그러나 2016년에 개정된 현행 프랑스민법은 독일민법과

---

2) 독일민법 제420조(가분급부) 여러 명이 가분급부를 부담하거나 여러 명이 가분급부를 청구할 수 있는 경우에, 의심스러운 때에는 각 채무자는 평등한 비율로만 의무를 부담하고, 각 채권자는 평등한 비율로만 권리를 가진다.

3) 독일민법 제427조(계약에 의한 공동체적 의무부담) 여러 명이 계약에 의하여 공동하여 가분적 급부를 하여야 할 의무를 부담하는 경우에는, 의심스러운 때에는 그 여러 명은 연대채무자로서 책임을 진다.

4) 개정 전 프랑스민법 제1220조 : 채무는 분할할 수 있는 것인 때에도 채권자와 채무자 사이에는 불가분채무와 마찬가지로 이를 이행하여야 한다. 채무의 가분성은 채권자 및 채무자의 상속인에 대하여만 이를 적용하며, 채권자의 상속인은 채권자의 승계인으로서 취득할 수 있는 부분에 대하여서만 채무를 청구할 수 있으며, 채무자의 상속인은 채무자의 승계인으로서 부담하여야 할 부분에 대하여서만 채무를 변제할 책임을 진다.

5) 프랑스민법 제1887조 : 여러 명이 공동하여 동일한 물건을 빌린 때에는, 차주는 연대하여 대주에게 책임을 부담한다.

6) 개정 전 프랑스민법 제1202조 : (1) 연대는 결코 추정될 수 없으며, 반드시 명시적으로 약정되어야 한다. (2) 전항의 규정은 법률의 규정에 의하여 당연히 연대채무가 생기는 경우에는 이를 적용하지 아니한다.

7) 예컨대, 프랑스의 판례는 ① 임대차계약이 묵시적으로 갱신된 경우, 구 계약에서 임차인의 차임지급의무가 연대였다면 반대의 의사표시가 없는 한 신 계약상의 임차인의 차임지급채무도 연대라고 하며, ②

마찬가지로 '여러 명의 채권자 또는 채무자를 묶은 채무는 법률상 당연히 그들 사이에 분할된다'고 규정함으로써 「분할채무의 원칙」을 명문화하였다(C.c. Art. 1309).[8)]

(3) 일본민법

일본민법은 분할채권관계의 원칙을 명문으로 규정하고 있는데(동법 427조),[9)] 「민법수정안이유서」는 그 입법이유를 다음과 같이 기술하고 있다(밑줄은 저자 주).[10)]

> (이유) 여러 명의 채권자 또는 채무자가 있는 경우에는 권리·의무는 그 여러 명 사이에 균등하게 분할될 수 있다는 것과, 기성법전에 있어서는 이 문제를 명확하게 결정하지는 아니하였으나 기성법전이 평분주의(平分主義)를 채택하였다는 것은 각종의 규정에 의하여 스스로 명확하다고 한다. 본안에 있어서는 불가분채무, 연대채무 및 보증채무의 총칙으로서 본조를 둠으로써 그 주의를 명확하게 하였다. 그리고 이 규정을 둔 이상 재산편 제444조[11)]와 같은 규정은 저절로 그 필요가 없게 될 것이다.

즉, 일본민법의 입법자는 일본구민법의 입법주의를 추종하여 분할채권관계가 다수당사자의 채권관계의 원칙이라는 점을 명확하게 할 목적으로 일본구민법에는 없던 조문을 신설한 것이다.

(4) 우리 민법

우리 민법은 구 의용민법(일본민법) 제427조의 규정을 거의 그대로 계승하여 분할채권관계를 다수당사자의 채권관계의 원칙으로 채택하고 있다(408조). 그러므로 우리 민법의 분할채권관계의 원칙은 로마법에서 유래된 것으로서, 로마법의 원칙을 충실하게 따른 독일민법과 프랑스민법

신·구어음의 교환이 이루어지고 구어음에 연대가 약정되어 있었던 경우에는 신어음에 있어서도 연대는 유지되는 것으로 본다. 그리고 ③ 영업양도에 의하여 노동자가 해고된 경우, 노동자에 대한 보상에 대하여 영업권의 양도인과 양수인 간의 연대를 인정한 사례도 있다. 또한 ④ 공동의 채무에 있어서 각 채무자의 부담부분을 결정하는 것이 불가능한 경우에는 연대채무라고 해석하고 있다. 예컨대, 수인이 공동으로 소비대차를 하였으나 각자가 어느 정도의 이익을 얻었는지 알 수 없는 경우의 수인의 상환채무는 연대채무라고 하며, 인지(隣地) 소유자에 의하여 축조된 담장이 위태롭게 된 경우에 작업을 위한 협력의 정도를 구분할 수 없다는 이유로 소유자와 수급인의 연대를 인정하기도 한다(淡路剛久, 「連帶債務の硏究」, 弘文堂, 1987, 169~170 참조).

8) 프랑스민법 제1309조 : (1) 여러 명의 채권자 또는 채무자를 묶은 채무는 법률상 당연히 그들 사이에 분할된다. 채무는 설령 그것이 연대채무인 경우에도 그들의 상속인 사이에서는 균등하게 분할된다. 채무가 법률이나 계약에 의하여 달리 규율되지 않는 이상 균등한 비율로 분할된다. (2) 각 채권자는 공동의 채권 중 그의 몫에 대해서만 권리를 가지며, 각 채무자는 공동의 채무 중 그의 부담부분에 한하여 구속된다. (3) 채무가 연대이거나 급부가 불가분적인 경우에 한하여 채권자들과 채무자들 사이의 관계 속에서 사정이 달라질 수 있다.

9) 일본민법(구 의용민법) 제427조 : 여러 명의 채권자 또는 채무자가 있는 경우에 특별한 의사표시가 없는 때에는 각 채권자 또는 각 채무자는 균등한 비율로 권리를 가지거나 의무를 부담한다.

10) 「民法修正案理由書」, 355 참조.

11) 일본구민법 재산편 제444조 : ① 채권자의 1인이 불가분채무의 이행을 받은 때에는 다른 채권자의 권리의 한도에 응하여 그에게 그 이익을 분여(分與)할 것을 요한다. ② 또한 채무자의 1인이 의무의 이행을 한 때에는 의무의 원인에 따라서, 혹은 종래의 상호관계에 따라서 다른 채무자가 분담할 수 있는 부분에 대하여 이에 대한 담보의 구상권을 가진다.

등 근대민법의 원칙을 일본민법을 통하여 간접적으로 계수한 것이라고 할 수 있다. 다만, 우리 민법은 분할채권관계의 원칙이 배제되는 경우를 광범위하게 규정하고 있다는 점에 유의하여야 한다. 즉, 우리 민법은 ① 사용대차에 있어서 공동차주의 채무(616조), ② 공동임차인의 채무(654조, 616조), ③ 공동불법행위자의 손해배상책임(760조 1항), ④ 일상가사대리행위에 대한 부부의 책임(832조) 등의 경우에는 연대채무가 성립한다는 점을 명문으로 규정하고 있을 뿐만 아니라, ⑤ 조합채무의 조합원에의 합유적 귀속(271조, 704조), ⑥ 법인격 없는 사단 또는 재단이 부담하는 채무의 사단 또는 재단에의 총유적 귀속(278조) 등을 인정함으로써, 분할채권관계의 원칙에 대한 예외를 광범위하게 규정하고 있다.

한편 상법은 '여러 명이 그 1인 또는 전원에게 상행위가 되는 행위로 인하여 채무를 부담하는 경우에는 연대채무가 성립하고, 보증이 상행위이거나 주채무가 상행위로 인한 것인 때에는 연대보증이 성립한다'고 규정함으로써(동법 57조),[12] 민법의 분할채무의 원칙을 전면적으로 배제하고 있다.

[81] Ⅲ. 분할채권관계의 성립과 그 제한

1. 분할채권관계의 성립

하나의 가분급부를 목적으로 하는 채권에 관하여 여러 명의 채권자 또는 채무자가 있는 경우에는, 특별한 의사표시가 없는 한 각 채권자 또는 각 채무자는 균등한 비율로 권리가 있고 의무를 부담한다(408조). 즉, 민법상 하나의 가분급부를 목적으로 하는 다수당사자의 채권관계는 원칙적으로 분할채권관계이고, 채권의 성질 또는 당사자의 약정에 기하여 특히 불가분으로 하는 경우에 한하여 불가분채권관계가 성립한다(대법원 1992.10.27.선고, 90다13628 판결).

(1) 단일한 가분급부를 목적으로 하는 한 개의 채권관계

1) 한 개의 채권관계

여러 명이 별개의 행위로 채권을 취득하거나 채무를 부담하여 여러 개의 채권관계가 성립되는 경우에는 분할채권관계의 성립은 문제되지 아니한다. 즉, 여러 명이 하나의 행위로 단일한 가분급부를 목적으로 하는 한 개의 채권관계가 성립한 경우에 한하여 분할채권관계가 성립한다.

---

12) 상법 제57조(다수채무자간 또는 채무자와 보증인의 연대) ① 수인이 그 1인 또는 전원에게 상행위가 되는 행위로 인하여 채무를 부담한 때에는 연대하여 변제할 책임이 있다. ② 보증인이 있는 경우에 그 보증이 상행위이거나 주채무가 상행위로 인한 것인 때에는 주채무자와 보증인은 연대하여 변제할 책임이 있다.

2) 가분급부를 목적으로 하는 채권관계

분할채권관계가 성립하려면 급부가 가분적이어야 한다. 여기서 「가분급부(可分給付)」라 함은 금전의 급부와 같이, '급부의 성질상 급부의 본질이나 가치를 훼손하지 않고 여러 개의 급부로 분할하여 이행할 수 있는 경우'를 말한다.[13] 다만, 후술하는 바와 같이, 급부의 객관적 성질상 가분인 경우에도 당사자의 의사나 거래의 관습 등에 의하여 불가분채권 또는 불가분채무나 연대채무의 성립을 인정하여야 하는 경우도 있다.

(2) 여러 명의 채권자 또는 채무자

1) 분할채권이 성립하는 경우

여러 명의 채권자가 가분급부를 목적으로 하는 하나의 채권을 보유한 경우, 채권의 목적인 급부는 채권자 사이에 균등하게 분할되는 것이 원칙이다(408조). 분할채권관계의 구체적 내용은 그 성립유형에 따라 다음과 같은 세 가지 경우로 분류할 수 있다.

(가) 계약에 의하여 여러 명이 단일한 채권을 취득한 경우

2인이 공동으로 토지를 매수한 경우와 같이, 계약에 의하여 여러 명이 채권을 취득하고 그 채권의 목적인 급부가 가분급부인 경우에는 그 채권은 그 채권자들에게 균등하게 분할되어 귀속된다(408조). 그러므로 '공동매수인 중의 1인이 잔금 전액을 지급하였다고 하더라도 매도인에게 다른 공동매수인의 지분 부분에 관해서까지 소유권이전등기소요서류의 교부를 청구할 수는 없다'고 할 것이다(대법원 1981.4.15.선고, 79다14 판결).

(나) 법률의 규정에 의하여 여러 명이 단일한 채권을 취득한 경우

법률의 규정에 의하여 여러 명이 가분급부를 목적으로 하는 단일한 채권을 취득한 경우에도 채권은 그 여러 명의 채권자들에게 균등하게 분할되어 귀속된다(408조). 예컨대, 여러 명의 공유자가 공유물에 대한 불법행위로 인한 손해배상채권을 취득하거나, 공유물의 수용으로 인한 보상금채권을 취득한 경우, 또는 여러 명의 매수인이 매매계약의 무효를 원인으로 한 계약금 상당액의 부당이득반환채권을 취득한 경우(대법원 1993.9.14.선고, 91다41316 판결) 등에 있어서는, 채권은 그 여러 명의 채권자들에게 균등하게 분할되어 귀속된다.

■ **매도인 및 매수인이 여러 명인 매매계약이 무효인 경우, 부당이득반환채권이 성질** 채권자나 채무자가 여러 사람인 경우에, 특별한 의사표시가 없으면 각 채권자 또는 각 채무자는 균등한 비율로 권리가 있고 의무를 부담한다고 할 것이므로, 피고를 포함한 4인의 매도인이 원고를 포함한 4인의 매수인에게 임야를 매도하기로 하는 계약을 체결한 경우, 매매계약의 무효를 원인으로 부당이득으로서 계약금의 반환을 구하는 채권은 특별한 사정이 없으면 불가분채권채무관계가 될 수 없으므로, 매도인 중의 1인에 불과한 피고가 매수인 중의 1인에 불과한 원고에게 위 계약금 전액을 반환할 의무가 있다고 할 수 없다. (대법원 1993.9.14.선고, 91다41316 판결)

---

13) 민법주해(10)/허만, 23 참조.

(다) 여러 명의 상속인이 채권을 공동으로 상속한 경우

여러 명이 채권을 공동으로 상속한 경우, 상속한 채권이 가분채권이면 그 채권은 공동상속인 사이에서 분할되어 공동상속인은 상속분의 비율로 분할채권을 취득하게 된다.[14] 다만, 학설 중에는 '이렇게 해석하면 공동상속인 사이의 담보책임(1016조)이 무의미하게 될 뿐만 아니라, 채권자인 상속인 중 1인에게 상속분을 초과하여 변제한 채무자는 변제받지 못한 다른 공동상속인에게 대항할 수 없게 되어 불리하다'는 점을 들어, '가분채권의 경우에도 불가분채권과 마찬가지로 공동상속인 전원에게 불가분적으로 귀속된다'는 견해도 있다.[15]

2) 분할채무가 성립하는 경우

가분급부를 목적으로 하는 단일한 채권의 채무자가 여러 명인 경우, 급부는 그 여러 명의 채무자 사이에 균등하게 분할되는 것이 원칙이다(408조). 그러나 급부가 분할되는 경우에는 채권의 효력이 현저히 약화되므로, 분할채무의 성립은 가급적 제한할 필요가 있다는 것이 통설·판례의 입장이다.

(가) 여러 명의 채무자가 계약에 의하여 단일한 채무를 부담하는 경우

독일민법은 '여러 명이 계약에 의하여 공동으로 가분급부를 하여야 할 의무를 부담하는 경우에 의심스러운 때에는 그 여러 명은 연대채무자로서 책임을 진다'고 규정하고 있다(BGB §427). 그러나 이러한 명문규정을 두고 있지 아니한 우리 민법하에서는 '여러 명이 공동으로 물건을 구입하거나 자금을 차입하는 경우와 같이, 여러 명의 채무자가 계약에 의하여 채무를 부담하는 때에는 원칙적으로 분할채무가 성립한다'고 해석하여야 할 것이다.

(나) 여러 명이 법률의 규정에 의하여 단일한 채무를 부담하는 경우

여러 명이 공동으로 타인의 재산 또는 노무로 인하여 부당이득을 얻음으로써 부당이득반환의무를 부담하는 경우(대법원 1987.5.26.선고, 85다카1146 판결), 또는 여러 명이 사무관리로 인한 비용상환의무를 부담하는 경우와 같이, 여러 명이 법률의 규정에 의하여 채무를 부담하는 경우에는 그 채무는 원칙적으로 분할채무로서 그 여러 명에게 분할하여 귀속된다(408조).[16] 다만, 공동불법행위자의 피해자에 대한 손해배상채무는 연대채무이므로(760조), 피해자는 공동불법행위자의 1인 또는 전원에 대하여 순차로 또는 동시에 손해배상액의 일부 또는 전부의 배상을 청구할 수 있다(414조).

(다) 여러 명의 상속인이 단일한 가분채무를 공동으로 상속한 경우

'금전채무와 같은 단일한 가분채무를 여러 명의 상속인이 공동으로 상속한 경우, 그 상속채무는 공동상속인에게 법정상속분에 따라 당연히 분할되어 귀속되므로, 상속재산분할의 대

14) 同旨: 양창수, 전게논문(주 1), 134; 주석민법(2)/문홍안, 150; 김상용, 261; 김증한/김학동, 217 참조.
15) 김주수, 230 참조.
16) 同旨: 김상용, 262 참조.

상이 될 여지가 없다'는 것이 통설[17]·판례의 입장이다(대법원 1997.6.24.선고, 97다8809 판결 등).[18] 다만, 학설 중에는 '이 경우에도 분할채권을 공동으로 상속한 경우와 마찬가지로, 공동상속인이 불가분채무를 부담한다고 해석하든가, 한 걸음 더 나아가서 연대채무를 부담한다고 해석하여야 한다'는 견해도 있다.[19]

■ 가분채무가 여러 사람에게 공동상속된 경우, 승계집행문 부여의 방법 및 그 효력범위 채무명의에 표시된 채무가 여러 사람에게 공동상속된 경우에 그 채무가 가분채무인 경우에는 그 채무는 공동상속인 사이에서 상속분에 따라 분할되는 것이고, 따라서 이 경우 부여되는 승계집행문에는 상속분의 비율 또는 그에 기한 구체적 수액을 기재하여야 하며, 비록 그와 같은 기재를 누락하였다고 하더라도 그 승계집행문은 각 공동상속인에 대하여 각 상속분에 따라 분할된 채무 금액에 한하여 효력이 있는 것으로 보아야 할 것이고, 또한 이 경우 승계집행문 부여의 적법 여부 및 그 효력의 유무를 심사함에 있어서도 각 공동상속인 별로 개별적으로 판단하여야 한다. (대법원 2003.2.14.선고, 2002다64810 판결)

2. 분할채권관계 성립 제한론

한 개의 가분급부에 대하여 여러 명의 채권자 또는 채무자가 있는 경우에는 당사자 사이에 특별한 의사표시가 없는 한 분할채권관계가 성립하는 것이 원칙이나(408조), 분할채권관계의 원칙은 채권의 실효성을 약화시킨다는 단점이 있다. 이러한 점을 고려하여, 민법은 '사용대차 또는 임대차계약에 있어서 여러 명이 공동하여 물건을 차용한 때에는 연대채무가 성립한다'고 규정하고 있으며(616조, 654조), 공동불법행위자의 손해배상책임이나 일상가사대리행위에 대한 부부의 책임 등의 경우에는 연대채무가 성립한다고 규정하고 있음은 전술한 바와 같다(760조, 832조). 그런데 학설은 '명문규정이 없는 경우에도 채권의 효력을 강화하기 위하여 계약에 의한 분할채무의 성립을 가급적 제한하는 것이 바람직하다'는 입장에서, '분할채권관계의 성립을 합리적으로 제한할 수 있는 해석론이 필요하다'는 견해가 지배적이다.[20]

(1) 학 설

(가) 통설적 견해

'분할채권관계의 원칙은 채권의 효력을 약화시키는 문제가 있으므로, 특히 계약에 의한 다수당사자의 채권관계에 있어서 분할채무의 성립을 가급적 제한하는 방향으로 해석론을 수립하는 것이 바람직하다'는 것이 학설의 지배적인 견해이다. 다만, 그 해석론의 방향에 대해서는 견해가 갈린다.

(A) 불가분채무 성립범위 확장론 이는 「불가분(不可分)」의 개념을 확장하여, '공유자의 공

17) 주석민법(2)/문흥안, 152; 김상용, 262; 김증한/김학동, 217 참조.
18) 같은 취지: 대법원 2003.2.14.선고, 2002다64810 판결; 대법원 2014.7.10.선고, 2012다26633 판결.
19) 김주수, 230 참조.
20) 곽윤직, 156; 김증한/김학동, 216; 현승종, 224 참조.

유건물에 대한 관리비나 수리비채무와 같이, 여러 명이 부담하는 채무가 그들이 불가분적으로 향수하는 이익에 대가로서의 의의를 가지거나, 불가분급부의 대가로서의 의의를 가지는 경우에는 반대의 사정이 인정되지 않는 한 불가분채무로 해석하여야 한다'는 견해이다.[21)]

(B) 연대채무 성립범위 확장론 이는 연대채무의 성립범위를 확장하여,[22)] '여러 명이 계약상 부담하는 채무가 그들이 공동불가분하게 받는 이익의 대가로서의 의미를 가지는 경우에는 원칙적으로 연대채무가 성립한다'고 해석하거나,[23)] '여러 명이 상행위로 인하여 채무를 부담한 때에는 연대채무가 성립한다'는 취지의 상법 제57조 제1항의 규정을 유추적용하여, '공동으로 물건을 구입하거나 금전을 공동으로 차용하는 경우 등 당사자 사이에 채무자 전원의 변제자력이 종합적으로 고려되어 있다고 볼 만한 특별한 사정이 있는 때에는 연대채무가 성립한다'고 해석하는 견해이다.[24)] 학설 중에는 '연대채무의 성립범위를 확장하는 데 그치지 않고 나아가 「연대의 추정」까지 인정하여야 한다'는 견해도 있다.[25)26)]

(C) 변제자력 있는 1인만이 계약당사자로서 전(全)채무를 부담한다는 견해 이는 '교수가 학생들을 데리고 식당에 들어가서 음식을 주문한 경우 또는 남녀가 식당에 들어와 주문하였으나 남자만이 변제자력이 있는 경우와 같이, 외관상 여러 명의 계약당사자가 있는 경우라고 하더라도 실제로는 그중 1인만이 변제자력이 있고 다른 사람은 변제자력이 없는 때에는 변제자력이 있는 1인만이 계약의 당사자로서 전채무를 부담하고 나머지는 계약의 당사자가 아니라 계약의 이익만을 향수하는 자에 불과하다'고 해석하는 견해이다.[27)]

(나) 통설적 견해에 대한 비판론

이와 같이 '연대채무나 불가분채무의 성립범위를 확장하여 당사자의 약정이나 법률의 규정이 없는 경우에도 연대채무나 불가분채무의 성립을 인정하여야 한다'고 해석하는 종래의

---

21) 김용한, "분할채권관계의 이론과 판례", 판례월보 123호(판례월보사, 1980/12), 156; 곽윤직, 156; 김증한/김학동, 216; 현승종, 225 참조.

22) 원래 연대채무는 법률에 규정이 있거나 여러 명의 채무자와 채권자 사이에 연대의 합의가 있는 경우에 한하여 성립하는 것이 원칙이다. (☞ 제3절 「연대채무」)

23) 양창수, 전게논문(주 1), 135 참조.

24) 김용한, 전게논문(주 21), 156; 양창수, 전게논문(주 1), 135; 곽윤직, 156; 김상용, 262; 김증한/김학동, 216; 현승종, 225 참조.

25) 민법주해(10)/허만, 23; 곽윤직, 156; 김증한/김학동, 216; 현승종, 225 참조.

26) 학설로서는 연대의 추정을 부인하는 견해가 다수설이라고 할 수 있다(윤태영, "다수당사자 채권관계에서의 분할주의원칙 제한을 위한 합리적 모색 -'연대의 추정'에 대하여 비판적으로 검토하여-", 재산법연구 26권 3호, 한국재산법학회, 2009, 22; 김기선, 193; 김상용, 262; 김형배, 455; 이은영, 509; 황적인 178 참조).

27) 김용한, 전게논문(주 21), 156; 곽윤직, 156; 김증한/김학동, 216; 현승종, 224 참조. 이 견해의 결론에는 찬성하면서도, '이는 분할주의의 당부 판단 이전의 문제로서 채권의 효력강화를 위하여 분할채권관계의 성립을 제한하고자 하는 논의에서 다소 벗어난다'고 비판하는 견해도 있다(윤태영, 상게논문, 6 참조).

통설적 견해에 대해서는, '채권자 위주의 법해석으로서 채무자의 이익을 해치게 된다'고 비판하거나,[28] '안이하게 불가분적 취급을 제창하는 것은 다른 채권자에게 위험을 초래할 가능성이 있으므로 적합하지 않다'는 비판론[29]이 제기되고 있다. 또한 「묵시의 연대」는 당사자의 의사해석문제로서 수긍할 수 있으나, '연대의 추정을 인정하는 것은 입법자의사에 반한다'는 이유로 반대하는 견해도 제기되고 있다.[30]

(2) 판례의 입장

판례는 분할채권관계의 원칙을 비교적 엄격하게 적용하여 「묵시적 약정에 의한 연대채무의 성립」은 인정하지 않고 있다(대법원 1987.5.26.선고, 85다카1146 판결 등). 다만, 대법원판결 중에는 '명시적인 약정은 없으나, 당사자의 약정(묵시적 약정)에 의하여 불가분채권관계가 성립하였다'고 인정하거나, 법률의 규정이 없더라도 법률관계의 성질상 불가분채권관계의 성립을 인정한 사례가 있다. 예컨대, ① 공동으로 물자를 납품하기로 한 물자납품채무(대법원 1962.3.15.선고, 4294민상1230 판결), 공동명의로 개설한 예금채권(대법원 1989.1.17.선고, 87다카8 판결 등) 등은 당사자의 의사표시(묵시적 약정)에 의한 불가분채권의 성립을 인정한 경우이며, ② 건물의 공유자가 공동으로 건물을 임대하고 보증금을 수령한 경우의 보증금반환채무(대법원 1998.12.8.선고, 98다43137 판결 등),[31] 공유자가 공유물에 대하여 부당이득을 한 경우에 공유자들이 부담하는 부당이득반환의무(대법원 1980.7.22.선고, 80다649 판결 등),[32] 법률상 원인 없이 타인의 물건을 공동으로 점유·사용함으로 인하여 부담하는 부당이득반환의무(대법원 1991.10.8.선고, 91다3901 판결 등),[33] 국세기본법 제39조 제2호에 의한 제2차 납세의무자가 여러 명인 경우에 그들이 부담하는 납세의무(대법원 1988.5.10.선고, 87누1070 판결) 등은 당사자의 약정이나 법률의 규정은 없으나 그 성질상 불가분채무가 성립한다고 인정한 경우이다.

▪ **별개로 금전을 대여한 수인의 채권자들이 공동으로 담보목적의 소유권이전등기를 경료받은 경우, 그 정산금반환의무가 연대채무인지 여부**(소극) 수인의 채권자가 채무자에게 별개로 금전을 차용하여 주고서 2필지의 토지에 대하여 공동으로 담보목적의 소유권이전등기를 경료받았다가 담보권을 실행함에 있어 합의에 의한 공유물분할 방법으로 각 채권자들의 대여금비율에 따라 각 단독소유로 소유권이전등기를 마친 다음 각각 따로 자기 몫의 담보부동산을 처분하였다면, <u>금전소비대차에 있어서 수인의 채권자가 각기 일정한 돈을 빌려주는 경우에 특별한 의사표시가 없으면 이 채권은 분할채권인 점에 비추어, 그 정산금을 채무자에게 반환함에 있어서는 위 각 채권자들이 공동으로 담보목적의 소유권이전등기를 경료 받은 사유를 가지고 연대에 관한 특별한 의사표시로 풀이할 수 없을 뿐만 아니라 그와 같은 사유가연대채</u>

28) 이은영, 495 참조.
29) 양창수, 전게논문(주 1), 132; 주석민법(2)/문홍안, 148 참조.
30) 윤태영, 전게논문(주 26), 22 참조.
31) 같은 취지: 대법원 1967.4.25.선고, 67다328 판결.
32) 같은 취지: 대법원 1992.9.22.선고, 92누2202 판결.
33) 같은 취지: 대법원 1981.8.20.선고, 80다2587 판결; 대법원 2001.12.11.선고, 2000다13948 판결.

무를 발생시키는 법률상 요인이 된다고도 볼 수 없다. (대법원 1987.5.26.선고, 85다카1146 판결)[34]

■ 당사자의 약정에 의한 불가분채무의 성립을 인정한 사례

1. 공동으로 자재를 납품하기로 한 경우 : 甲과 乙이 피고에게 잡돌 약 600트럭, 조약돌 약 1,000트럭, 모래 약 1,000트럭을 납품하기로 약정하고 납품인대표로 甲을 지정한 것을 보면 납품채무는 당사자의 의사표시에 의한 甲과 乙의 불가분채무임이 분명하다. (대법원 1962.3.15.선고, 4294민상1230 판결, 요민Ⅰ·723)

2. 공동명의로 예금계좌를 개설한 경우 : 은행에 공동명의로 예금을 하고 은행에 대하여 그 권리를 함께 행사하기 위하여 양인이 통장과 도장을 나누어 갖는 경우는 통상 그 예금주들 간에 어떤 거래관계가 있어서 후일 필요시에 공동으로 예금을 인출하여 그 거래관계를 청산하는 데 이용되고 있으며, 각자 분할하여 단독으로 예금채권을 행사할 수 있다고 한다면 하나의 예금구좌를 공동으로 개설하는 번거로운 방법을 취하지 않을 것이다. 따라서 이와 같은 공동명의의 예금채권자들은 공동으로 이행의 청구나 변제의 수령을 하고 채무자의 이행도 예금채권자 전원에 대하여 하여야 할 것이며, 채권의 양도 등 처분행위도 예금주들이 공동으로만 하여야 한다고 보아야 할 것이다. (대법원 1989.1.17.선고, 87다카8 판결)[35]

(3) 학설·판례의 검토

우선 '우리 민법이 제408조에서 분할채권관계의 원칙을 명문으로 규정하고 있음에도 불구하고, 채권의 효력을 강화할 필요가 있다는 이유로 분할채무의 성립을 제한하는 해석론을 전개하는 것은 실정법을 무시하는 것이므로 방법론상 타당하지 않다'는 지적을 하지 않을 수 없다. 또한 우리 민법의 분할채권관계의 원칙은 자유주의·개인주의를 중시하는 프랑스민법의 영향을 받은 것인데, 이러한 입법연혁과 입법자의사를 무시한 채 '채권의 효력을 강화할 필요가 있다'는 막연한 논거를 들어 분할채권관계의 원칙을 제한하는 해석론을 전개하는 것은 '가부장적·봉건적 유교사상의 소산이거나, 시대착오적·비합리적 정치철학인 집단주의·전체주의를 지향하는 식민지시대 일본민법학의 잔재'라는 비판을 면하기 어렵다. 한 걸음 양보하여 채권의 효력 강화를 위하여 분할채권관계의 원칙을 제한하는 해석론을 전개할 필요가 있음을 인정하더라도, 통설적 견해에는 다음과 같은 법이론상의 문제가 있다. 즉, ① 「불가분채무 성립범위 확장론」은 "불가분"의 의의를 확장하여, '여러 명이 부담하는 채무가 그들이 불가분적으로 향수하는 이익에 대가로서의 의의를 가지거나, 불가분급부의 대가로서의 의의를 가지는 경우에는 반대의 사정이 인정되지 않는 한 「성질상 불가분채무」에 해당한다'고 주장하고 있으나, 아무리 "불가분"의 의의를 확장하더라도 다수의 채무자가 불가분적으로 향유하는 이익의 대가인 금전채무가 「성질상의 불가분채무」가 될 수는 없다.[36] 그러므로 「불가분채무 성립범위 확장론」은 '불가분의 묵시적 약정을 「성질상의 불가분」으로 의제한 것에 불과

34) 판례평석: 김대정, "연대채무의 성립요건", 민법판례해설Ⅲ(채권총론), 191 이하.

35) 판례평석: 허만, "공동명의로 개설된 예금채권과 다수당사자의 채권관계", 민사판례연구(15)(민사판례연구회, 1993/5), 114 이하. 같은 취지: 대법원 1994.4.26.선고, 93다31825 판결.

36) 同旨: 윤태영, 전게논문(주 26), 21 참조.

하다'는 비판을 면할 수 없다. ② 「연대채무 성립범위 확장론」은 연대채무의 성립범위를 확장하여, '여러 명이 계약상 부담하는 채무가 그들이 공동·불가분적으로 받는 이익의 대가로서의 의미를 가지는 경우에는 원칙적으로 연대채무가 성립한다'고 해석하거나, 상행위로 인하여 발생한 채무는 연대채무가 원칙임을 규정한 상법 제57조 제1항의 규정을 유추적용하여, '채무자 전원의 변제자력이 종합적으로 고려되어 있다고 볼 만한 특별한 사정이 있는 때에는 연대채무로 하는 묵시의 특약이 있다'고 해석하고 있으나, 연대채무는 법률에 규정이 있거나 당사자 사이에 연대의 합의가 있는 경우에 한하여 성립하는 것이 원칙이라는 점에서, 그 해석의 합리적 근거를 인정하기 어렵다. 다만, 우리 민법은 프랑스민법과 달리 '연대채무의 성립에 반드시 명시적인 연대의 합의가 필요하다'고 규정하고 있지는 않으므로 묵시적 약정에 의한 연대의 합의도 가능하다고 해석된다. 즉, 우리 민법하에서는 '여러 명이 계약상 부담하는 채무가 그들이 공동·불가분적으로 받는 이익의 대가로서의 의미를 가지는 경우' 또는 '채무자 전원의 변제자력이 종합적으로 고려되어 있다고 볼 만한 특별한 사정이 있는 경우'에는 당사자 사이에 연대의 묵시적 약정이 있다고 해석할 수도 있다. 그러나 이는 어디까지나 당사자의 의사해석의 문제이지 '연대채무의 성립범위가 확장되어야 한다'는 논리(연대채무 성립범위 확장론)의 필연적인 결과는 아니다. 또한 명문규정이 없는 한 「연대의 추정」이 인정될 수 없음은 의문의 여지가 없다 할 것이다.[37] 결국 「연대채무 성립범위 확장론」은 무의미한 이론에 지나지 않는다. ③ '외형상 여러 명이 계약당사자로 보이는 경우에도 변제자력 있는 1인만이 계약당사자로서 전 채무를 부담한다'고 해석하는 견해는 '채권의 효력강화'를 지향하는 「분할채권관계의 원칙 제한론」과 사고방식에 있어서는 일맥상통한다고 할 수 있으나, 이는 분할채권관계의 원칙과는 이론상 아무런 관련이 없는 「계약의 당사자 확정」의 문제를 거론한 것에 지나지 않는다.[38] 또한 이를 「당사자 확정」의 문제로 보더라도 '전근대적·가부장적 사고방식의 소산'이라는 비판을 면하기 어렵다고 할 것이다. 요컨대, 「불가분채무 성립범위 확장론」이나 「연대채무 성립범위 확장론」을 취하여 제408조의 분할채권관계의 원칙을 형해화(形骸化)하고자 하는 시도는 부당한 해석론일 뿐만 아니라, 입법론으로서도 바람직하지 않다고 생각된다.

37) 상게논문, 22 참조.
38) 同旨: 상게논문, 6 참조.

[82] Ⅳ. 분할채권관계의 효력

1. 대외적 효력

(1) 채권·채무의 균등분할

분할채권관계에 있어서 각 채권자 또는 각 채무자는 균등한 비율로 분할된 채권을 가지거나 채무를 부담한다(408조). 예컨대, 甲과 乙이 공유재산을 100만원에 丙에게 매도한 경우에는 甲과 乙은 매수인 丙에 대하여 각각 50만원씩의 대금채권을 취득하며(분할채권관계), 반대로 甲과 乙이 공동으로 丙 소유의 부동산을 100만원에 매수한 경우에는 甲과 乙은 매도인 丙에 대하여 각각 50만원씩의 대금채무를 부담한다(분할채무관계). 물론 당사자 사이에 분할의 비율에 관하여 특별한 약정이 있는 경우에는 그 비율에 따라서 대금채권과 대금채무가 분할된다.

(2) 채권의 행사와 채무의 이행

분할채권에서는 각 채권자는 분할된 자기의 채권액에 한하여 채무 이행을 청구할 수 있으며, 분할채무에서는 각 채무자는 분할된 자기의 부담부분에 한하여 채무를 부담한다. 분할채권에서 채권자 중 1인이 자기의 채권액을 초과하여 이행을 청구하는 것은 타인의 채권을 행사하는 것이므로 채무자는 이에 응할 의무가 없다. 또한 분할채무에서 채무자 중 1인이 자기의 부담부분 이상으로 변제한 경우에는 타인의 채무를 변제한 것으로서 비채변제가 된다 할 것이므로, 이를 알고 변제한 경우에는 반환을 청구하지 못한다(742조).

분할채권관계의 법리는 소송관계에서도 적용된다. 즉, 채권자가 여러 명의 채무자를 공동피고로 하여 일정액의 금전지급을 청구하는 경우에도 그 금전채무가 분할채무인 때에는 각 피고에 대하여 분할된 금액을 청구하는 것이며, 공동피고에 대하여 일정액의 금전지급을 명하는 판결도 역시 각 피고에 대하여 분할된 금액의 지급을 명하는 판결이다. 이러한 취지에서, 판례는 '금전의 지급을 명하는 판결에 있어 피고가 여러 명인인 경우에, 특히 "각자"라든가 "연대하여"라는 표시가 없는 이상 분할채무임은 민법이론상 명백하다'고 한다(대법원 1965. 2.9. 선고, 64다1081 판결 등). 그러므로 '각 피고에 대하여 분할된 금액의 지급을 명하는 판결을 집행함에 있어서 공동피고의 1인에 대하여 전액을 집행하는 것은 위법이며, 전액의 집행을 받은 피고는 자기의 부담부분을 넘는 부분에 대한 강제집행에 대해서는 민사집행법 제48조 소정의 제3자 이의의 소를 제기할 수 있다'고 할 것이다.[39]

---

39) 同旨: 김상용, 263~264 참조.

한편 판례는 '공동명의로 개설한 예금채권은 예금채권자들이 공동으로 이행청구나 변제의 수령을 하고 채무자의 이행도 예금채권자 전원에 대하여 하여야 하며, 채권양도 등 처분행위도 예금주들이 공동으로 하여야만 한다'는 입장을 취하고 있음은 전술한 바와 같은데(대법원 1989.1.17.선고, 87다카8 판결), '그렇다고 하여 예금채권자들의 은행에 대한 예금반환청구소송이 항상 필수적 공동소송으로서 그 예금채권자 전원이 당사자가 되어야만 하는 것은 아니'라고 한다(대법원 1994.4.26.선고, 93다31825 판결).

■ **여러 명의 피고에게 금전지급을 명한 판결에서 "각자"라든가 "연대"의 표시가 없는 경우에는 분할채무를 인정한 것인지 여부**(적극) 판결주문이 '원고와 소외인 두 사람은 피고에게 정조 95가마를인도하라, 만약 정조로서 인도할 수 없을 때에는 환산금액을 지급하라'고 되어 있다면, 이는 두 사람이이를 연대하여 지급하라거나 또는 각자 그 전부를 지급하라는 것이 아니며, 위 판결로써 확정된 채무는가분채무로서 원고와 소외인 두 사람은 균등한 비율로 의무를 부담한다고 할 것이고, 설사 위 확정판결의 이유 설명에 있어서 원고의 부담채무가 주채무자인 소외인을 위한 보증채무임을 인정한 바 있다고 하더라도, 각자 채무의 전부를 급부할 의무가 있는 것이라고 해석할 수 없다. (대법원 1965.2.9.선고, 64다1081 판결)[40]

■ **공동명의로 개설한 예금채권자들이 은행을 상대로 제기한 예금반환청구소송이 필수적 공동소송인지 여부**(소극) [1] 은행에 공동명의로 예금을 하고 은행에 대하여 그 권리를 함께 행사하기로 한 경우에 그 공동명의 예금채권자들은 은행을 상대로 하여서는 공동으로 이행의 청구나 변제의 수령을 함이 원칙이라고 할 것이나, 그렇다고 하여 공동명의 예금채권자들의 은행에 대한 예금반환청구소송이 항상 필요적 공동소송으로서 그 예금채권자 전원이 당사자가 되어야만 한다고 할 수는 없을 것이다. 만일 동업자들이 동업자금을 공동명의로 예금한 경우라면 채권의 준합유관계에 있어 합유의 성질상 은행에 대한 예금반환청구가 필요적 공동소송에 해당한다고 볼 것이나, 공동명의 예금채권자들 중 1인이 전부를 출연하거나 또는 각자가 분담하여 출연한 돈을 동업 이외의 특정목적을 위하여 공동명의로 예치해 둠으로써 그 목적이 달성되기 전에는 공동명의 예금채권자가 자신의 예금에 대하여도 혼자서는 인출할 수 없도록 방지, 감시하고자 하는 목적으로 공동명의로 예금을 개설한 경우에는 그 예금에 관한 관리처분권까지 공동명의 예금채권자 전원에게 공동으로 귀속된다고 볼 수 없을 것이므로, 이러한 경우에는 은행에 대한 예금반환청구가 민사소송법상의 필요적 공동소송에 해당한다고 할 수 없다. [2] 위 [1]항의 뒤의 경우가 소송법상으로는 필요적 공동소송에 해당하지 아니한다고 하더라도 공동명의 예금채권자는 그 예금을 개설할 때에는 은행과의 사이에 예금채권자들이 공동하여 예금반환청구를 하기로 한 약정에는 당연히 구속되는 것이므로, 그 예금채권자 중 1인이 은행을 상대로 자신의 예금의 반환을 청구함에 있어서는 다른 공동명의 예금채권자와 공동으로 그 반환을 청구하는 절차를 밟아야만 은행으로부터 예금을 반환받을 수 있음은 물론인바, 이 경우 만일 다른 공동명의 예금채권자가 그 공동반환청구절차에 협력하지 않을 때에는, 예금주는 먼저 그 사람을 상대로 제소하여 예금주 단독으로 하는 반환청구에 관하여 승낙의 의사표시를 하라는 등 공동반환절차에 협력하라는 취지의 판결을 얻은 다음 이 판결을 은행에 제시함으로써 예금을 반환받을 수 있고, 이와 같은 방식에 의하여 약정에 의한 공동반환청구의 요건이 충족되었음에도 불구하고 은행이 정당한 이유 없이 예금의 반환을 거절하는 경우에는 그 예금주가 은행을 상대로 단독으로 예금의 반환을 소구할 수밖에 없을 것이고, 미리 청구할 필요가 있을 때에는 다른 공동명의 예금채권자와 은행을 공동피고로 하여 위와 같은 취지의 제소를 할 수도 있다. (대법원

40) 같은 취지: 대법원 1963.9.5.선고, 63다370 판결.

1994.4.26.선고, 93다31825 판결)[41]

2. 당사자의 1인에 관하여 발생한 사유의 효력

(1) 원 칙

분할채권관계에서 각 채권자의 채권 또는 각 채무자의 채무는 상호 독립적인 것이므로, 다른 채권자 또는 다른 채무자에게 발생한 사유(예컨대, 이행청구, 채무불이행, 변제·대물변제·공탁·상계·경개·면제·혼동·시효의 완성에 의한 채권의 소멸)에 의하여 영향을 받지 아니한다. 즉, 분할채권관계에서는 「절대적 효력」이 인정되지 않는다.

(2) 예 외

1) 계약해제·해지권의 행사

계약에 의하여 분할채권관계가 발생한 경우에는 채권·채무는 균등하게 분할되며, 각 채권자는 분할된 자기의 채권에 한하여 채무의 이행을 청구할 수 있으며(분할채권의 경우), 각 채무자는 분할된 자기의 부담부분에 한하여 채무를 부담한다(분할채무의 경우). 그러나 계약의 해제권이나 해지권의 행사는 모든 채권자로부터(분할채권의 경우) 또는 모든 채무자에 대하여(분할채무의 경우) 행하여져야 하며(547조 1항), 해제권이나 해지권이 당사자 1인에 대하여 소멸한 때에는 다른 당사자에 대하여도 소멸한다(547조 2항). (☞ 계약법 편, 제1장 제4절 「계약의 해제와 해지」)

2) 동시이행관계의 성립

단일한 쌍무계약에 의하여 분할채권관계가 발생한 경우, 분할채권의 전부 또는 분할채무의 전부와 상호의존적 견련관계(대가관계)에 있는 상대방의 채무 사이에는 동시이행관계가 성립한다(536조). (☞ 계약법 편, 제1장 제3절 「계약의 효력」)

3. 대내적 효력

분할채권관계의 원칙을 규정하고 있는 제408조는 분할채권관계의 대외적 효력, 즉 분할채권자와 상대방인 채무자 사이의 관계(분할채권의 경우) 또는 분할채무자와 상대방인 채권자 사이의 관계(분할채무의 경우)를 규정한 것에 불과하며, 분할채권자 상호간 또는 분할채무자 상호간의 내부관계까지 규정한 것은 아니다. 그러나 학설은 분할채권자 상호간 또는 분할채무자 상호간의 내부관계에 대해서도 제408조의 규정을 유추적용함으로써, 특별한 의사표시

---

41) 판례평석: 조용구, "공동명의 예금채권자들의 예금반환청구에 관한 법률관계", 법조 44권 3호(법조협회, 1995/3), 116 이하; 예지희, "공동명의 예금채권에 관한 연구", 재판과 판례 4집(대구판례연구회, 1995/8), 71 이하.

가 없는 한 분할채권자 상호간 또는 분할채무자 상호간의 내부관계에 있어서도 그 비율은 균등한 것으로 해석하고 있다. 이러한 해석에 따르면, 분할채권관계에서는 원칙적으로 분할채권자 상호간 또는 분할채무자 상호간에 분급(分給)이나 구상(求償)의 관계는 발생하지 않게 된다. 다만, 당사자의 약정에 의하여 내부관계에서 채권의 취득비율 또는 부담부분이 균등하지 않은 경우에는, ① 자기의 취득비율 이상으로 변제를 수령한 분할채권자는 그 초과분을 다른 채권자에게 분급하여야 하며, ② 자기의 부담부분 이상으로 변제를 한 분할채무자는 그 초과분에 대하여 다른 채무자로부터 구상을 받을 수 있다.

제 2 절 불가분채권관계

[83] Ⅰ. 불가분채권관계의 의의

「불가분채권관계」라 함은 '하나의 불가분급부를 목적으로 하는 여러 명의 채권자 또는 여러 명의 채무자 사이의 채권관계'를 말한다. 이 중에서 '채권자가 여러 명인 경우'를 「불가분채권」이라 하고, '채무자가 여러 명인 경우'를 「불가분채무」라고 한다.

1. 불가분채권의 의의

「불가분채권」이라 함은 '여러 명의 채권자가 그 성질상 또는 의사표시에 의하여 불가분인 급부를 목적으로 하는 단일한 채권을 가지는 경우'를 말한다(409조). 불가분채권에서 각 채권자는 모든 채권자를 위하여 이행을 청구할 수 있고, 채무자는 모든 채권자를 위하여 각 채권자에게 이행할 수 있다(409조). 이는 불가분채권에 있어서 채권자는 각자 이행청구를 할 수 있고, 채권자 중 1인의 이행청구는 다른 채권자에게도 그 효력이 미치며, 채무자는 채권자 중 1인에게 이행함으로써 채무를 면할 수 있다는 것을 의미한다.

한편 제409조의 규정에 의하여 모든 채권자에게 효력이 있는 채권자 중 1인의 이행청구와 그에 따른 효력(소멸시효의 중단, 이행지체책임의 발생 등) 또는 채권자 중 1인에 대한 변제 또는 변제의 제공과 그에 따른 효력(공탁, 채권자지체책임의 발생 등)을 제외하고는 다른 채권자에게 효력이 없다(410조 1항).

2. 불가분채무의 의의

「불가분채무」(l'obligation indivisible)라 함은 '여러 명의 채무자가 그 성질 또는 당사자의 의사표시에 의하여 불가분급부를 목적으로 하는 단일한 채무를 부담하는 경우'를 말한다(411조). 민법은 불가분채무의 법률관계에 대해서는 직접적인 규정을 두지 않고, 주로 연대채무에 관한 규정(채무의 연대성을 규정한 413~415조, 채권자지체의 절대적 효력에 관한 422조, 연대채무자의 부담부분 및 구상권에 관한 424~427조)을 준용하고 있다(411조). 그러므로 민법의 해석상 불가분채무의 각 채무자는 각자 전액급부의무를 부담한다는 점에서는 연대채무자와 동일하나, 불가분채무자 중 1인에게 발생한 사유가 다른 불가분채무자에게 미치는 효력, 즉 절대적 효력의 범위가 연대채무에 비하여 현저히 제한되고 있다. 이 점에서 불가분채무는 연대채무에 비하여 그 담보적 기능이 훨씬 뛰어난 제도라고 할 수 있다.

[84] Ⅱ. 불가분채권관계의 성립

1. 급부의 불가분

(1) 성질상의 불가분급부

「성질상의 불가분급부」라 함은 '성질상 급부의 본질 또는 가치를 훼손하지 않고는 여러 개의 급부로 분할하여 이행할 수 없는 급부'를 말한다. 다만, 어떤 급부가 성질상의 불가분급부에 해당하는지의 여부는 그 급부의 물리적·자연적 성질에 의하여 자동적으로 결정되는 것이 아니라 당사자의 의사·일반적인 거래관념 등을 종합적으로 검토하여 결정하여야 한다.[1)]

〈설례 1〉 甲·乙·丙 3인이 공유하고 있는 주택을 丁에게 매도하였다. 이 경우, 甲·乙·丙 3인이 매수인 丁에게 부담하는 채무의 목적인 '주택의 소유권이전과 인도'는 불가분급부인가?

〈설례 2〉 甲·乙·丙 3인이 공동으로 丁으로부터 주택을 매수하여 공유하기로 하는 내용의 매매계약을 체결하였다. 이 경우, 매도인 丁이 매수인인 甲·乙·丙 3인에게 부담하는 채무의 목적인 '주택의 소유권이전 및 인도'는 불가분급부인가?

위 <설례 1>에서 甲·乙·丙 3인이 매수인 丁에게 부담하는 채무(주택의 소유권이전채무와 인도채무)와 <설례 2>에서 매도인 丁이 매수인인 甲·乙·丙 3인에게 부담하는 채무(주택의 소유권이전채무와 인도채무)의 목적인 '주택의 소유권이전과 인도'라는 급부는 그 성질상 불가분급부에 해당한다는 점에 대해서는 의문이 없다. 다만, 위 <설례 1>의 경우에도 이론상 甲·乙·丙 3인의 공유자가 「분할채무의 법리」에 따라 공유지분을 분할하여 양도하는 것이 불가능한 것은 아니며, <설례 2>의 경우에도 丁이 甲·乙·丙 3인에게 「분할채무의 법리」에 따라 공유지분을 취득케 하는 것도 가능하다. 결국 구체적인 경우에 어떤 급부가 불가분급부에 해당하는지의 여부는 당사자의 의사나 거래의 관습 등에 의하여 규범적으로 결정될

1) 민법주해(10)/허만, 56; 곽윤직, 158; 김주수, 233; 장경학, 330; 현승종, 227 참조.

수밖에 없는 것이다.[2)]

1) 「하는 채무」의 목적인 「하는 급부」

건물을 신축 또는 철거(대법원 1980.6.24.선고, 80다756 판결 등),[3)] 연극의 공연이나 강연 등의 「하는 급부」를 목적으로 하는 채무(하는 채무)는 그 성질상 분할하여 이행될 수 없는 불가분급부에 속한다. 따라서 「하는 급부」를 목적으로 하는 채권관계에서 채권자 또는 채무자가 여러 명인 경우에는 불가분채권관계가 성립한다.

학설 중에는 「하는 급부」를 목적으로 하는 채권관계 중에서 '연극공연을 하는 급부와 같이 여러 명의 채무자 전원이 협력하여 급부의 전부를 이행하여야 채무의 내용에 따른 완전한 이행으로 볼 수 있는 경우'를 「협동채무」라고 하여 불가분채무와 개념상 구별하는 견해가 있다.[4)] 이는 건물의 신축이나 철거와 같이 채무자 중의 1인에 의해서도 이행될 수 있는 통상적인 「하는 급부」와 급부의 이행방법이 다른 경우도 있다는 점을 지적한 점에서는 의미가 있으나, 이 경우를 불가분채무와 구별되는 독자적인 채무의 유형으로 볼 필요가 있는지는 의문이다.

2) 특정물의 인도

특정물채무의 목적인 특정물의 인도는 그 급부의 성질상 불가분급부에 속한다. 물론 여러 명이 특정물의 인도채무를 부담한 경우에도 채무의 공유적 귀속을 통한 분할적 급부(예컨대, 공유지분의 인도)가 성립할 수 없는 것은 아니지만, 당사자의 특약이 없는 이상 특정물의 인도는 불가분급부로 보아야 할 것이다.[5)] 다만, 특정물인 부동산의 인도채무가 성질상 불가분급부인 것과는 달리, 소유권이전등기를 통한 소유권이전급부는 지분권의 이전등기를 통한 분할급부도 가능한 것이므로(대법원 1981.2.24.선고, 79다14 판결 등), 특별한 약정이 없는 한 부동산 소유권이전급부를 「성질상의 불가분급부」라고 볼 필요는 없다고 할 것이다.[6)]

■ **2인의 공동매수인 중 1인이 매수대금을 모두 지급한 경우와 소유권이전등기 소요서류의 교부**

토지의 매도인은 2인의 공동매수인에게 특별한 사정이 없는 한 각 1/2씩의 지분권에 관하여 각 소유권이전등기절차를 이행할 의무가 있는 것인 바, 잔대금 지급을 지체하고 있던 위 공동매수인 중의 1인이 잔대금 전액을 지급하였다고 하더라도, 그러한 사정만으로는 동인에게 다른 공동매수인의 지분부분에 관해서까지 소유권이전등기 소요서류를 교부할 수 있는 특별한 사정이 있다고 할 수 없다. (대법원 1981.2.24.선고, 79다14 판결)

■ **피상속인이 매도한 부동산의 공동상속인 중 1인이 다른 상속인들의 지분을 매수하여 이전등기를**

2) 同旨: 김주수, 234 참조.
3) 같은 취지: 대법원 1968.7.31.선고, 68다1102 판결; 대법원 1969.7.22.선고, 69다609 판결; 대법원 1993.2.23.선고, 92다49218 판결.
4) 장경학, 332 참조
5) 同旨: 민법주해(10)/허만, 16, 57 참조.
6) 同旨: 상게서, 57 참조. 그러나 부동산소유권이전급부를 「성질상의 불가분급부」로 보는 견해도 있다(김형배, 440; 장경학, 332 참조).

마친 경우, 그 1인은 당연히 다른 상속인들의 소유권이전등기의무를 승계하는지 여부(소극) 타에 매도된 부동산의 공동상속인 중 자기 이외의 상속인들의 상속지분을 매수하여 자기 앞으로 그 매수지분에 관한 이전등기를 마친 자는, 원래의 자기 고유상속지분이 아닌 매수지분에 관하여는 의무승계의 특약이 존재하는 등 특단의 사정이 없는 한, 당연히 다른 상속인들의 원래의 부동산 매수인에 대한 의무를 승계한다고 볼 수 없다. (대법원 1979.2.27.선고, 78다2281 판결)

3) 성질상의 불가분급부의 확대론

「성질상의 불가분급부」의 범위를 확대하여 '가분급부인 금전채무라고 하더라도 금전의 급부가 각 채무자가 불가분적으로 향수하는 이익의 대가로서의 의의를 가지거나, 또는 불가분급부의 대가로서의 의의를 가지는 경우에는 성질상 불가분급부로 다루어야 한다'고 해석하는 것이 통설과 판례의 입장임은 전술한 바와 같다. 즉, 판례는 ① 공유자가 공유물에 대하여 부당이득을 한 경우에 공동으로 부담하는 부당이득반환의무(대법원 1980.7.22.선고, 80다649 판결), ② 법률상 원인 없이 공동의 점유·사용으로 말미암아 부담하게 되는 부당이득반환의무(대법원 1991.10.8.선고, 91다3901 판결), ③ 여러 명의 제2차 납세의무자가 부담하는 납세의무(대법원 1988.5.10.선고, 87누1070 판결) 등의 경우에는 당사자의 약정이나 법률의 규정은 없으나 그 성질상 불가분채무가 성립하는 경우라고 한다. (☞ 제1절 「분할채권관계」)

(2) 의사표시에 의한 불가분급부

당사자의 의사표시에 의하여 성질상 가분급부를 불가분급부로 하기로 한 경우에도 불가분채권관계가 성립한다(409조). 당사자가 성질상 가분급부를 불가분급부로 약정하는 이유는, 불가분급부로 하는 것이 이행청구나 채무의 변제 등에 있어서 편리하다는 점과, 특히 불가분채무의 경우에는 모든 채무자의 총자력에 의하여 채무의 이행이 확보되는 담보적 기능을 수행하므로 채권의 효력을 강화할 수 있기 때문이다. 이러한 불가분채무의 담보적 기능에 착안하여 분할채권관계의 성립을 제한하고 불가분채무의 성립을 될 수 있는 한 확대하려는 것이 학설의 경향이라는 점은 전술한 바와 같다. (☞ 제1절 「분할채권관계」)

한편 불가분급부로 하는 의사표시에 대해서는 특별한 제한이 없으므로 묵시의 의사표시도 가능하다고 할 것이다. 판례는 ① 여러 명이 공동으로 건축자재를 납품하기로 약정한 경우(대법원 1962.3.15.선고, 4294민상1230 판결 등), ② 채무자가 채권자 이닌 제3자 명의로 근지당권설정등기를 경료해 준 경우(대법원 2000.12.12.선고, 2000다49879 판결 등), ③ 등기부상 소유명의자를 달리하는 수필지의 토지에 대한 매매계약이 형식상 계약서는 별도로 작성하였어도 토지매매가 매수목적상 불가분의 상호연관관계가 있어 계약의 이행 및 해제는 전체에 대해서만 가능하고 그중 일부토지에 대하여는 분리하여 해제할 수 없도록 매매당사자 사이에 특약이 있다고 볼 수 있는 경우(대법원 1974.6.25.선고, 74다262·263 판결 등)[7] 등을 당사자가 불가분채무를 부담하기로 약정한 것이라고 해석하고 있다. 다만, 대법원은 '공유부동산을 매도하면서 공유자 전원이 형식상 하나의 매매계약에 의하여 공유지분을 동시에 이전하기로 약정한 경우에는, 당사자들의 의사표시에 의하여 각 지분에 관한 소유권이전의무, 대금지급의무를 불가분으로 하는 특별한 사정이 없는 한 각 공유지분별로 별개의 매매계약이 성립한다'고 판시한 바 있다(대법원 1995.3.28.선고, 94다59745 판결).

▪ **채권자 아닌 제3자 명의로 경료된 저당권설정등기가 유효한 경우** 채권담보의 목적으로 채무자 소유의 부동산을 담보로 제공하여 저당권을 설정하는 경우에는 담보물권의 부종성의 법리에 비추어 원칙적으로 채권과 저당권이 그 주체를 달리할 수 없는 것이지만, 채권자 아닌 제3자의 명의로 저당권등기를 하는 데 대하여 채권자와 채무자 및 제3자 사이에 합의가 있었고, 나아가 제3자에게 그 채권이 실질적으로 귀속되었다고 볼 수 있는 특별한 사정이 있거나, 거래경위에 비추어 제3자의 저당권등기가 한낱 명목에 그치는 것이 아니라 그 제3자도 채무자로부터 유효하게 채권을 변제받을 수 있고 채무자도 채권자나 저당권 명의자인 제3자 중 누구에게든 채무를 유효하게 변제할 수 있는 관계, 즉 묵시적으로 채권자와 제3자가 불가분적 채권자의 관계에 있다고 볼 수 있는 경우에는, 그 제3자 명의의 저당권등기도 유효하다고 볼 것인바, 이러한 법리는 저당권의 경우뿐 아니라 채권담보를 목적으로 가등기를 하는 경우에도 마찬가지로 적용된다고 보아야 할 것이고, 이러한 법리가 부동산실명법에 규정된 명의신탁약정의 금지에 위반된다고 할 것은 아니다. (대법원 2000.12.12.선고, 2000다49879 판결)[8]

2. 분할채권관계로의 전환

불가분채권관계의 각 채권(불가분채권의 경우) 또는 각 채무(불가분채무의 경우)는 별개·독립의 권리 또는 의무이다. 다만, 채권의 목적인 급부가 불가분이기 때문에 서로 제약을 받는 데 지나지 않는다. 따라서 불가분급부가 가분급부로 변경되는 때에는 불가분채권관계는 분할채권관계로 변경된다. 즉, 불가분채권이 가분채권으로 변경되거나 불가분채무가 가분채무로 변경된 때에는, 각 채권자는 자기부분만의 이행을 청구할 권리가 있고 각 채무자는 자기부담부분만을 이행할 의무가 있는 관계로 전환된다(412조).

〈참고〉 채권·채무의 공동소유적 귀속 : 채권관계의 준공동소유

하나의 채권관계에서 채권자 또는 채무자가 여러 명인 경우에, 분할채권관계 또는 불가분채권관계와는 별개로 그 하나의 채권관계가 여러 명의 채권자 또는 채무자에게 공동소유적으로 귀속하게 되는 경우를 규율하기 위하여 민법은 준공동소유라는 관념을 인정하고 있다(278조). 민법이 인정하는 공동소유의 형태에는 공유·합유·총유의 세 가지가 있으므로, 채권관계의 준공동소유는 결국 채권관계의 준공유·준합유·준총유의 세 가지 형태로 분류할 수 있다.

---

7) 같은 취지: 대법원 1991.7.12.선고, 90다8343 판결; 대법원 1995.3.28.선고, 94다59745 판결.

8) 같은 취지: 대법원 2000.1.14.선고, 99다51265·51272 판결: 대법원 2001.3.15.선고, 99다48948 전원합의체판결; 대법원 2002.12.24.선고, 2002다50484 판결; 대법원 2007.1.11.선고, 2006다50055 판결; 대법원 2008.5.15.선고, 2007다23807 판결; 대법원 2009.11.26.선고, 2008다64478·64485·64492 판결; 대법원 2011.5.13.선고, 2010다54924 판결.

1. 채권·채무의 공유적 귀속 : 채권관계의 준공유(準共有)

한 개의 채권에 대하여 여러 명의 채권자가 있는 경우(위 <설례 2>의 경우)에는 불가분채권이 성립할 수도 있으나, 「채권의 준공유」도 성립할 수 있다(278조, 262조). 민법은 '상속인이 수인인 때에는 상속재산은 그 공유로 한다'고 규정하고 있으므로(1006조), 상속재산에 포함된 채권에 대해서는 공동상속인의 준공유가 성립한다. 다만, '금전채무와 같은 가분채무가 공동상속된 경우에는 상속개시와 동시에 당연히 법정상속분에 따라 공동상속인에게 분할되어 귀속된다'는 것이 판례의 입장인바(대법원 1997.6.24.선고, 97다8809 판결 등),[9] 이러한 판례의 입장에 따르면 가분급부를 내용으로 하는 상속채무의 준공유는 있을 수 없다.

채권관계의 준공유가 성립하는 경우에는 공유에 관한 규정을 준용하는 방법을 생각할 수 있으나, 다수당사자의 채권관계에 관한 제408조 내지 제410조의 규정은 채권·채무의 준공유에 관한 특별규정으로서 우선적으로 적용되어야 할 것이다.[10] 다만, 제408조 이하의 다수당사자의 채권관계에 관한 규정은 강행규정이 아니므로 당사자 사이의 특약으로 그 적용을 배제할 수 있다고 할 것인데, 이 경우에는 제278조의 규정에 따라 공유에 관한 규정이 준용되어 채권관계의 준공유가 발생하게 된다.

문제는 '채권관계의 준공유의 법률관계의 구체적 내용이 무엇인가?' 하는 것인데, 이에 대해서는 '채권관계의 준공유의 구체적 법률관계는 불가분채권관계와 크게 다르지 않다'는 견해[11]와 채권의 목적인 급부가 가분인 경우와 불가분인 경우로 나누어 '가분급부를 목적으로 하는 경우에는 분할채권관계가 되고, 불가분급부를 목적으로 하는 경우에는 불가분채권관계가 성립한다'고 해석하는 견해[12]가 대립하고 있다.

2. 채권·채무의 합유적 귀속 : 채권관계의 준합유(準合有)

여러 명이 법률의 규정 또는 계약에 의하여 조합체로서 채권·채무를 향유하는 경우에는, 채권관계의 준합유(채권·채무의 합유적 귀속)가 성립한다(278조, 271조).

(1) 채권의 준합유의 법률관계

채권이 여러 명의 채권자에게 합유적으로 귀속한 경우, ① 채권은 모든 채권자에게 공동으로 귀속하며 분할되지 않는다. 따라서 급부의 청구나 채권의 처분 등 채권의 행사는 모든 채권자 전원의 동의가 있어야 할 수 있으며, 각 채권자가 단독으로 채권의 전부 또는 일부를 행사하는 것은 금지된다(272조). 이 점에서 채권의 준합유는 각 채권자가 모든 채권자를 위하여 전액급부를 청구할 수 있는 불가분채권(409조)과 차이가 있다.[13] 또한 ② 각 채권자는 합유지분에 기하여 채권을 추심하거나 처분할 수 없을 뿐만 아니라, 합유지분에 따른 채권의 분할을 청구하지도 못한다(273조). 같은 이유에서 채권자의 합유지분에 대한 압류도 금지된다.[14] ③ 채권자가 공동으로 채권을 행사하여 수령한 급부는 채권자에게 지분에 따라 분배되는 것이 아니라, 조합체에 합유적으로 귀속된다.[15] ④ 채무를 소멸시키기 위해서는 채무자가 채권자 전부에 대하여 공동으로 급부의 전부를 이행하여야 하며, 채무자가 채권자 중 1인에게 채무의 전부 또는 일부를 이행하였다 할지라도 채무는 소멸하지 않는다.[16]

(2) 채무의 준합유의 법률관계

채무가 합유적으로 여러 명의 채무자에게 귀속한 경우, ① 채무의 이행이 모든 채무자에 의하여 합수적

---

9) 같은 취지: 대법원 2013.3.14.선고, 2010다42624·42631 판결; 대법원 2014.7.10.선고, 2012다26633 판결.
10) 同旨: 민법주해(10)/허만, 13; 곽윤직, 153; 김주수, 224; 장경학, 322; 현승종, 221 참조.
11) 곽윤직, 153; 김주수, 224; 장경학, 322; 현승종, 221 참조.
12) 민법주해(10)/허만, 13 참조. 다만, 이 견해는 채무의 공유적 귀속(준공유)을 인정할 실익이 있는지에 대해서 비판적이다.
13) 상게서, 14 참조.
14) 상게서, 16 참조.
15) 곽윤직, 154; 김주수, 224; 김증한/김학동, 213; 현승종, 222 참조.
16) 민법주해(10)/허만, 16; 곽윤직, 154; 김주수, 225; 김증한/김학동, 213; 장경학, 323; 현승종, 222 참조.

으로 이루어져야 하는 것은 아니지만, 각 채무자는 급부의 전부를 이행할 의무를 진다. 그러나 ② 채권자는 임의의 채무자에게 이행을 청구할 수는 없으며, 채무자 전원에 대하여 합수적으로만 이행청구를 할 수 있다.[17] ③ 각 채무자는 합유재산으로 책임을 짐과 동시에 자기의 고유재산에 대해서도 무한책임을 부담하는 것이 원칙이다. 이 경우에 합유재산이 지는 책임과 준합유자 각자의 고유재산으로 지는 책임과의 관계에 대해서는 견해가 일치하지 않으나, 이는 조합체의 성격에 따라 결정되어야 할 문제로서, 분할적인 경우도 있을 수 있고, 연대적인 경우도 있을 수 있으며, 준합유채무와 병존적인 경우도 있고, 보충적인 것에 그치는 경우도 있다.[18]

3. 채권 · 채무의 총유적 귀속 : 채권관계의 준총유(準總有)

법인 아닌 사단의 사원이 집합체로서 채권 · 채무를 향유하는 경우에는, 채권관계의 준총유(채권 · 채무의 총유적 귀속)가 성립한다(278조, 275조).

(1) 채권의 준총유의 법률관계

법인 아닌 사단의 사원이 집합체로서 채권을 향유하는 채권의 준총유가 성립한 경우에는, ① 채권의 추심 기타의 처분권은 사원 개인이 아닌 사단에 귀속하며 사원총회의 결의에 따라야 하며(276조 1항), ② 이행된 급부는 사단에 총유적으로 귀속된다(275조 1항). 따라서 ③ 사단의 구성원은 준총유하고 있는 채권에 대하여 개인적으로는 아무런 권리도 가지지 않는다.[19]

(2) 채무의 준총유의 법률관계

법인 아닌 사단의 사원이 집합체로서 채무를 부담하여 채무의 준총유가 성립한 경우에는, 채무는 사단에 귀속되어 사단이 그 총유재산으로써 채무를 변제할 책임을 지며, 사단의 각 구성원은 개인적으로 아무런 책임도 부담하지 않는 것이 원칙이다.[20]

[85] Ⅲ. 불가분채권관계의 효력

1. 불가분채권의 효력

(1) 대외적 효력

'불가분급부를 목적으로 하는 채권관계에서 채권자가 여러 명인 경우'인 「불가분채권」에 있어서 각 채권자는 모든 채권자를 위하여 단독으로 자기에게 급부할 것을 채무자에게 청구할 수 있다(409조). 따라서 각 채권자는 단독으로 소의 제기는 물론 강제집행도 할 수 있으며, 반대로 채무자는 모든 채권자를 위하여 채권자 중의 1인을 임의로 선택하여 채무를 이행할 수 있다. 이 점에서 불가분채권은 채권의 준총유 또는 준합유의 경우와 그 법률관계가 다르다는 것은 전술한 바와 같다.

17) 민법주해(10)/허만, 16; 곽윤직, 154; 김주수, 225; 김증한/김학동, 213; 장경학, 323; 현승종, 222 참조.
18) 민법주해(10)/허만, 16~17; 곽윤직, 154; 김주수, 225; 김증한/김학동, 213; 장경학, 323; 현승종, 222 참조.
19) 김증한/김학동, 214; 현승종, 223 참조.
20) 김증한/김학동, 214; 현승종, 223 참조.

1) 입법례

(가) 프랑스민법

프랑스민법은 불가분채권의 대외적 효력에 관하여, '불가분채권에 있어서 각 채권자는 원칙적으로 단독으로 급부의 전부이행을 청구할 수 있고, 급부 전부를 수령할 수 있다'고 규정하고 있다(C.c. Art. 1320(1)).[21]

(나) 독일민법

프랑스민법과 달리, 독일민법은 '각 채권자는 전원에 대한 급부만을 청구할 수 있고, 채무자는 채권자 전원에 대하여 공동으로만 급부할 수 있다'고 규정하고 있다(BGB §432).[22] 이는 '불가분채권에 있어서는 모든 채권자가 공동하여서만 이행을 청구할 수 있다'고 규정하고 있었던 프로이센 일반란트법과 프랑스민법의 절충적인 입장을 취한 것이라고 한다.[23]

독일법계에 속하는 스위스채무법(OR Art. 70 I)[24]과 오스트리아민법(ABGB §890)[25]도 독일민법과 같은 취지의 규정을 두고 있다. 다만, 오스트리아민법은 '채권자 전원의 공동행사를 원칙으로 하되, 담보를 제공하는 경우에는 각 채권자가 단독으로 이행청구를 할 수 있다'는 예외를 인정하고 있다.

(다) 일본민법

2017.6.2. 법률 제44호에 의하여 개정되기 전의 일본민법(구 의용민법)은 프랑스민법의 입법주의를 본받아 불가분채권에 관하여, '각 채권자가 모든 채권자를 위하여 이행을 청구할 수 있고, 채무자도 모든 채권자를 위하여 각 채권자에게 이행할 수 있다'고 규정하고 있었는

21) 프랑스민법 제1320조 : (1) 성질상 또는 계약에 의한 불가분급부를 목적으로 하는 채무의 각 채권자는 다른 채권자를 고려하여야 하는 경우를 제외하고 급부의 전부를 청구할 수 있으며 또한 급부의 전부를 수령할 수 있다. 다만, 각 채권자는 채권을 처분하거나 채권의 목적물 대신에 그 대금을 수령하지는 못한다.

22) 독일민법 제432조(불가분급부에 대한 다수의 채권자) (1) 여러 명이 하나의 불가분급부를 청구할 수 있는 경우에는, 그들이 연대채권자가 아닌 한, 채무자는 그들 전원에 대하여 공동으로만 급부할 수 있으며, 또 각 채권자는 전원에 대한 급부만을 청구할 수 있다. 각 채권자는 채무자가 채무의 목적물을 채권자 전원을 위하여 공탁할 것을, 또는 그 물건이 공탁에 적합하지 아니한 때에는 법원에 의하여 선임된 보관자에게 교부할 것을 청구할 수 있다. (2) 그 외에 채권자 중 1인에게 발생한 사항은 다른 채권자에 대하여 효력이 없다.

23) 민법주해(10)/허만, 49 참조.

24) 스위스채무법 제70조(불가분급부) (1) 여러 명의 채권자에게 불가분급부를 이행하여야 하는 채무자는 모든 채권자에게 공동으로 급부를 하여야 하며, 각 채권자는 모든 채권자에게 공동하여 급부할 것을 청구할 수 있다.

25) 오스트리아민법 제890조 : 그와 반대로 불가분물에 관하여는, 어느 한 채권자는 그가 유일한 채권자인 경우에는 모든 공동채무자에게 그러한 청구를 할 수 있다. 그러나 채권자가 여러 명이고 채무자는 1인만이 있는 때에는, 채무자는 담보의 제공이 없는 한 그 물건을 공동채권자의 1인에게 인도할 의무를 부담하지 않는다. 그는 모든 공동채권자에게 합의를 요구하거나 그 물건을 법원에 공탁할 것을 청구할 수 있다.

데(동법 428조),[26] 그 입법이유에 대하여 「민법수정안이유서」는 다음과 같이 기술하고 있다(밑줄은 저자 주).[27]

> (이유) 불가분채무에 관하여 채권자가 다수인 경우에 대한 제국의 입법례에 있어서 세 가지의 다른 주의가 있다. 제1은 총채권자가 공동으로 이행을 청구하고 또한 채무자는 총채권자에게 변제를 하여야 할 것으로 하는 주의이다. 제2는 프랑스, 이탈리아, 스위스 등 제국의 법전이 채택한 바의 것으로서, 각 채권자는 전부의 이행을 청구하고 채무자는 각 채권자에게 전부의 이행을 할 수 있는 것으로 하는 주의이다. 제3은 독일민법초안이 채택한 바로서, 1인의 채권자에 대하여 하는 이행이 총채권자에게 이익이 되는 경우를 제외하고는, 각 채권자는 전부의 이행을 청구할 수 있으나 총채권자에게 이행할 것을 청구하지 않으면 안 된다고 하는 주의가 이것이다. 제1의 주의는 이론에 치우쳐 실제로 불편함은 논할 필요가 없다. 이에 반하여 제2의 주의는 불가분채무의 성질로부터 논의할 때 심히 타당하지 않다. 왜냐하면 각 채권자는 원래 전부의 이행을 청구할 권리를 가지고 있지 않으나, 채무자가 일부의 이행을 하더라도 각 채권자는 실제로 이행의 이익을 향수할 수 없기 때문에 편의상 이와 같이 규정한 것에 불과하다. 또한 독일민법초안의 주의는 이론과 실제의 필요를 조화시켜 교묘하게 보이지만, 강제집행을 할 때에 그 불편이 적지 않을 것이기 때문에, 본안에 있어서는 각 채권자는 총채권자를 위하여 이행을 청구하고 채무자는 총채권자를 위하여 각 채권자에게 이행을 할 수 있는 것으로 규정함으로써, 불가분채무의 성질에 반하지 아니하는 범위 내에서 제2의 주의를 채용하여 실제로 불편이 없기를 희망하였다.

즉, 입법자는 개정 전 일본민법은 '불가분채권관계에 있어서 각 채권자는 전부의 이행을 청구하고 채무자는 각 채권자에게 전부의 이행을 할 수 있는 것'으로 규정한 프랑스민법의 입법주의는 이론상으로는 문제가 있으나, 다른 입법주의에 비하여 실제상의 불편이 덜하다고 생각하여 채택하였다는 것이다. 참고로 2017년에 개정된 일본민법은 입법주의를 완전히 전환하여 연대채권에 관한 규정을 불가분채권에 대하여 준용하는 것으로 개정하였다(동법 428조).[28]

(라) 우리 민법

우리 민법은 불가분채권에 관한 구 의용민법 제428조의 규정을 그대로 계승하여, '각 채권자는 모든 채권자를 위하여 이행을 청구할 수 있고, 채무자는 모든 채권자를 위하여 각 채권자에게 이행할 수 있다'고 규정하고 있다(409조). 이는 프랑스민법과 독일민법의 입법주의를 절충한 것이라고 할 수 있는데, 이에 대해서는 '이행을 청구하는 채권자 또는 이행을 하는 채무자에게는 대단히 편리한 제도라고 할 수 있으나, 그 반면에 다른 채권자에게는 매우 불리한 결과를 초래할 수 있다는 점에서(예컨대, 변제를 받은 채권자가 무자력상태에서 그것을 소비해 버리는 경우), 입법론상 문제가 있다'는 비판적 견해가 있다.[29]

26) 일본민법(구 의용민법) 제428조 : 채권의 목적이 그 성질상 또는 당사자의 의사표시에 의하여 불가분인 경우에, 여러 명의 채권자가 있는 때에는 각 채권자는 모든 채권자를 위하여 이행을 청구할 수 있고, 채무자는 모든 채권자를 위하여 각 채권자에게 이행할 수 있다.
27) 「民法修正案理由書」, 356~357 참조.
28) 일본민법(2017.6.2. 법률 제44호로 개정된 것) 제428조(불가분채권) 다음의 관(연대채권)의 규정(제433조 및 제435조의 규정을 제외한다)은 채권의 목적이 그 성질상 불가분인 경우에 있어서 수인의 채권자가 있는 때에 준용한다.

(2) 1인의 채권자에게 생긴 사유의 효력

1) 절대적 효력이 인정되는 경우

불가분채권에서 각 채권자는 모든 채권자를 위하여 채무자에게 이행을 청구할 수 있고, 채무자도 모든 채권자를 위하여 각 채권자에게 이행할 수 있는 것이므로(409조), 그 범위 내에서 채권자 중 1인의 행위나 채권자 중 1인에 관한 사항은 다른 채권자에게 효력이 미친다(410조 1항). 즉, 채권자 중 1인의 이행청구와 그에 따른 소멸시효의 중단(168조 1호) 및 이행지체책임의 발생(387조 2항) 등의 효과는 다른 채권자에게도 효력이 미친다. 그러므로 다른 채권자도 채권자 중의 1인의 이행청구에 의하여 발생한 위와 같은 효력을 자신을 위하여 주장할 수 있다. 그리고 채권자 중의 1인에 대한 채무자의 변제, 대물변제, 공탁, 상계와 그에 따른 채권의 소멸 및 변제의 제공과 그에 따른 채권자지체(400조)의 효과는 모든 채권자에 대하여 발생하므로(410조 1항), 채무자는 그로 인한 효력을 모든 채권자에 대하여 주장할 수 있다.

2) 상대적 효력만 인정되는 경우

제409조의 규정에 의하여 모든 채권자에게 효력이 있는 사항(채권자 중 1인의 이행청구와 이에 따른 소멸시효의 중단과 이행지체책임의 발생, 채권자 중의 1인에 대한 변제·대물변제·공탁·상계에 의한 채권의 소멸, 변제의 제공에 따른 채권자지체책임의 발생)을 제외하고는, 불가분채권자 중 1인의 행위나 1인에 관한 사항은 다른 채권자에게 효력이 없다(410조 1항). 따라서 채무자와 채권자 중의 1인 사이에서 경개·면제·혼동·소멸시효의 완성 등의 사유가 있더라도 이는 그들 사이에서의 상대적 효력이 있는 데 그치므로, 다른 채권자는 위 사유에도 불구하고 채무 전부의 이행을 청구할 수 있다. 다만, 이 경우에 채무 전부의 이행을 받은 다른 채권자는 채무자와의 경개나 면제 등으로 인하여 권리를 잃은 채권자가 권리를 잃지 않았으면 그에게 분급할 이익을 채무자에게 상환하여야 한다(410조 2항). 이는 채무 전부의 변제를 받은 다른 채권자가 경개나 면제 등 채권소멸의 원인이 되는 행위를 한 채권자에게 변제이익을 분급하고, 분급을 받은 채권자가 다시 이를 채무자에게 부당이득으로 상환하여야 하는 번잡한 절차를 간소화하기 위하여 둔 규정이다. 민법은 제410조 제2항에서 변제를 수령한 채권자가 다른 채권자에게 분급할 이익을 채무자에게 상환하여야 하는 사유에 대하여 '그 다른 채권자와 채무자 중의 1인 사이에 경개와 면제가 있는 경우'만 규정하고 있으나, 동조의 규정취지에 비추어 '채권자와 채무자 중의 1인 사이에 혼동이 있는 경우에도 적용된다'고 해석하여야 할 것이다.

(3) 대내적 효력

민법은 불가분채권의 대내적 효력, 즉 채권자 상호간의 내부관계에 관하여서는 특별한

---

29) 민법주해(10)/허만, 49; 현승종, 229 참조.

규정을 두고 있지 않으나, 당사자 사이의 특별한 의사표시가 없는 한 '변제를 수령한 채권자는 다른 채권자에게 균등한 비율로 받은 이익을 분급하여야 한다'고 해석된다.[30]

2. 불가분채무의 효력

(1) 대외적 효력

불가분채무의 대외적 효력에 관하여는 연대채무에 관한 규정이 준용된다(411조). 이는 일본민법(구 의용민법) 제430조의 규정을 그대로 계승한 것이라고 할 수 있으나,[31] 독일민법(BGB §431)[32]이나 프랑스민법(C.c. Art. 1320(2))[33]도 불가분채무의 대외적 효력에 관하여 연대채무에 관한 규정을 준용하고 있다는 점에서 입법례가 일치한다. 이와 같이 우리 민법을 포함한 대부분의 입법례가 불가분채무의 대외적 효력에 관하여 연대채무에 관한 규정을 준용하는 이유는, 불가분급부를 목적으로 하고 있다는 점을 제외하면 불가분채무와 연대채무는 다수의 채무자가 채권자에 대하여 동일한 급부의무를 부담한다는 점에서 유사하기 때문이다.

이러한 민법의 해석상 불가분채무에 있어서 채권자는 채무자 중의 임의의 1인에 대하여 또는 동시나 순차로 모든 채무자에 대하여 채무의 전부이행을 청구할 수 있고(411조, 414조), 여러 명의 채무자는 채무 전부를 각자 이행할 의무가 있고, 채무자 중 1인의 이행으로 다른 채무자도 그 의무를 면하게 된다(411, 413조). 불가분채무의 성질상 일부청구 내지 분할청구는 허용되지 않으나(대법원 1991.7.12.선고, 90다8343 판결 등),[34] 불가분채무자에 대한 공동소송은 불필요하다.[35]

(2) 1인의 채무자에게 생긴 사유의 효력

1) 절대적 효력이 인정되는 경우

불가분채무에 있어서는 채무자 중 1인의 이행으로 다른 채무자도 그 의무를 면하게 되므로(411조, 413조), 불가분채무자 중 1인의 이행(변제)·대물변제·공탁·상계에 의하여 채권이 소멸한 경우에는 다른 불가분채무자도 채무를 면한다. 또한 변제의 제공과 그 효과인 채권자지체도 절대적 효력이 인정되므로(411조, 422조), 다른 불가분채무자도 변제제공의 효력을

30) 민법주해(10)/허만, 50; 곽윤직, 160; 현승종, 230 참조.
31) 일본민법(구 의용민법) 제430조 : 여러 명이 불가분채무를 부담하는 경우에는, 전조의 규정 및 연대채무에 관한 규정을 준용한다. 다만, 제434조 내지 제440조의 규정은 그러하지 아니하다.
32) 독일민법 제431조(하나의 불가분급부에 대한 여러 명의 채무자) 하나의 불가분급부에 대하여 여러 명이 채무를 부담하는 경우, 그들은 연대채무자로서 책임을 진다.
33) 프랑스민법 제1320조 : (2) 불가분채무의 각 채무자는 채무의 전부를 이행할 의무가 있다. 다만, 그는 다른 채무자들에게 그들의 부담부분의 이행을 청구할 수 있다.
34) 같은 취지: 대법원 1974.6.25.선고 74다262·263 판결; 대법원 1995.3.28.선고, 94다59745 판결.
35) 민법주해(10)/허만, 62 참조.

주장할 수 있다. 그러나 연대채무와는 달리, 불가분채무자 중 1인에 대한 채권자의 이행청구는 절대적 효력이 인정되지 않는다(411조, 416조).

2) 상대적 효력만 인정되는 경우

불가분채무에 있어서는 절대적 효력이 인정되는 불가분채무자의 1인의 변제·대물변제·공탁·상계에 의한 채권소멸의 효력 및 변제의 제공과 그 효과인 채권자지체책임의 발생 이외에는 상대적 효력만이 인정된다. 특히 연대채무에 있어서 이행청구의 절대적 효력을 규정하고 있는 제416조가 불가분채무에 대해서는 준용되지 않으므로(411조), 불가분채무자 1인에 대한 채권자의 이행청구와 그 효과로서의 이행지체(387조 2항)·시효중단(168조 1호)의 절대적 효력은 인정되지 않는다. 또한 불가분채무자 중 1인에 대한 무효나 취소의 원인은 다른 채무자의 채무에 영향을 미치지 아니하며(411조, 415조), 불가분채무자 중 1인에 대한 경개(417조)·면제(418조)·혼동(419조)·소멸시효의 완성으로 인한 채무의 소멸(421조)의 효력은 다른 불가분채무자의 채무의 존속에 영향을 미치지 아니한다. 따라서 채권자와 불가분채무자 중의 1인과 사이에 이러한 사유가 있더라도 채권자는 다른 불가분채무자에 대하여 채무 전부의 이행을 청구할 수 있다. 그러나 채무 전부의 이행을 받은 채권자는 채무를 면제받거나 경개계약을 체결한 불가분채무자가 부담하기로 되어 있던 부분의 가액을 채무 전부의 이행을 한 불가분채무자에게 반환하여야 한다(411조, 410조 2항). 또한 불가분채무자 중의 1인과 혼동·소멸시효의 완성이 있는 경우에도 마찬가지로 해석하여야 할 것이다.[36)]

불가분채무는 연대채무에 비하여 절대적 효력이 인정되는 경우가 훨씬 적으므로 채권자에게 유리하며, 채권의 실효성을 확보하기 위한 담보적 기능의 측면에서 불가분채무가 연대채무보다 우수한 제도라고 할 수 있다.

(3) 대내적 효력

불가분채무의 대내적 효력, 즉 불가분채무자 상호간의 관계에 대해서도 연대채무에 관한 규정이 준용된다(411조). 그러므로 불가분채무자 중 1인이 변제 기타 자기의 출재로 공동면책이 된 때에는 다른 불가분채무자의 부담부분[37)]에 대하여 구상권을 행사할 수 있다(411조, 425조 1항). 이 경우에 구상권의 범위(411조, 425조 2항), 구상요건으로서의 통지(411조, 426조), 불가분채무자 중 상환무자력자가 있는 경우의 부담부분의 분담(411조, 427조)에 관하여서도 연대채무에 관한 규정이 준용된다. (☞ 제3절 「연대채무」)

36) 同旨: 민법주해(10)/허만, 62; 김형배, 443 참조.
37) 불가분채무자의 부담부분은 균등한 것으로 추정된다(411조, 424조).

제 3 절 연대채무

[86] Ⅰ. 연대채무의 의의와 기능

1. 연대채무의 의의

「연대채무」(Gesamtschuld; obligation solidaire)라 함은 '여러 명의 채무자가 동일한 내용의 가분급부에 관하여 각자 독립하여 전부의 이행을 하여야 할 채무를 부담하고, 채무자 중의 1인이 채무를 이행하는 경우에는 다른 채무자도 그 채무를 면하게 되는 법률관계'를 말한다(413조). 문제는 연대채무와 불가분채무의 개념구별인데, 「연대채무」는 '여러 명의 채무자가 합의에 의하여 가분적 급부를 내용으로 하는 채무를 부담하되 각 채무자가 채무 전부의 급부의무를 부담하는 것'임에 반하여, 「불가분채무」는 '여러 명의 채무자가 성질상 또는 당사자의 의사표시에 의하여 불가분인 급부를 목적으로 하는 채무를 부담하되 각 채무자가 채무 전부의 급부의무를 부담하는 경우'를 말한다(409조). 그러므로 양자는 일단 급부의 목적이 가분적 급부인가, 아니면 불가분급부인가에 의하여 개념상 구별된다. 즉, 채무의 목적인 급부가 성질상 분가분인 경우에는 연대채무는 성립할 수 없고 불가분채무만이 성립할 수 있을 뿐이다. 그러나 당사자의 의사표시에 의하여 가분적 급부를 목적으로 하는 불가분채무도 성립할 수 있으므로(411조, 409조), 단순히 급부가 성질상 가분인가, 불가분인가를 기준으로 하여 연대채무와 불가분채무를 구별할 수는 없다. 또한 불가분채무의 효력에 대해서는 원칙적으로 연대채무의 효력에 관한 규정이 준용되고 있으므로(411조, 413~415조, 422조, 424~427조), 효력 면에 있어서도 양자는 큰 차이가 없다. 다만, 채무자 중 1인에게 생긴 사유의 절대적 효력이 인정되는 범위가 불가분채무에 비하여 연대채무가 훨씬 넓다는 점에서 불가분채무의 담보적 기능이 뛰어나다고 할 수 있다.

2. 연대채무의 기능

연대채무는 '여러 명의 채무자가 각자 동일한 가분급부의 전부를 이행하여야 하는 채무'이므로, 채무자의 수만큼 책임재산이 증가하게 되어 채권을 실현하는 것이 보다 확실하게 된다. 그러므로 연대채무는 보증채무나 불가분채무와 마찬가지로, 채권의 효력을 확실하게 하는 담보제도로서의 기능을 수행한다.

[87] Ⅱ. 연혁과 입법례

1. 연 혁

(1) 로마법

연대채무는 로마법에서 유래한 제도이다.[1] 다만, 로마법에서는 「분할채권관계의 원칙」이 지배하고 있었으므로, 연대채무가 성립하기 위해서는 당사자 사이에 계약(연대의 합의)이 있거나,[2] 법률에 규정이 있을 것이 요구되었다.[3] 연대채무의 효력은 연대채무자 각자가 전부의무를 부담하며, 연대채무자 중의 1인이 한 변제에 의하여 다른 연대채무자도 채무를 면한다는 점에 있어서는 근대민법과 차이가 없으나, 절대적 효력이 인정되는 사유와 범위에 있어서는 근대민법과 차이가 있었다.[4]

(2) 독일보통법

로마법을 계수하여 성립한 독일보통법에서는 19세기에 들어오면서 연대채무에 있어서의 채무의 개수 및 채무 상호간의 결합관계에 대하여 학설상 많은 논의가 이루어졌다. 그 결과 채무의 결합 정도와 그 개수를 기준으로 연대채무를 「단순연대」(복수의 채무·느슨한 결합)와 「공동연대」(단일한 채무·강한 결합)의 두 가지로 구분하는 「연대채무2분론」이 지배적 견해가 되었다. 「연대채무2분론」에 따르면, '「단순연대」(불완전연대)는 공동불법행위를 비롯한 몇 가지 사유에 의하여 발생하며, 복수의 독립적 채무가 공동의 목적에 의하여 약한 결합상태에 있는 채무로서, 변제 및 이에 준하는 사항을 제외하고는 상대적 효력만이 인정된다. 그러나

---

1) 淡路剛久, 「連帶債務の研究」(弘文堂, 1987), 27 이하 참조.

2) '고전기 로마법에서는 문답계약(stipulatio)에 의해서만 연대의 합의가 인정되었으나, 나중에는 엄격한 형식주의가 완화되어 고전기 말기에 이르러서는 성의계약(contractus bonae fidei)에서도 연대의 합의가 인정되었다'고 한다(상게서, 62 참조).

3) 로마법에서 법률의 규정에 의하여 연대채무가 성립하는 경우는, ① 사용자와 피용자의 책임, ② 노예 또는 동물의 가해행위에 대한 공동소유자의 책임 등이었다고 한다(상게서, 62 참조).

4) 로마법상의 연대채무의 효력에 대해서는 船田享二, 「ローマ法」 제3권(岩波書店, 1970), 628 이하; 淡路剛久, 전게서(주 1), 64 이하.

「공동연대」(완전연대)는 주로 계약에 의하여 발생하며, 단일한 채무가 강한 결합상태에 있으므로 절대적 효력이 광범위하게 인정된다'고 하였다. 그러나 독일민법 제정 직전인 19세기 후반에 이르러서는 '공동연대도 복수의 채무'라고 보는 견해가 유력해지고, '로마법상 단순연대와 공동연대의 구별은 존재하지 않았다'는 견해가 우세하게 됨에 따라 「연대채무2분론」은 점차 쇠퇴하였다.

2. 입법례

(1) 독일민법

독일민법은 「연대채무2분론」의 영향으로 연대채무를 복수채무의 느슨한 결합인 단순연대적인 것으로 규정하고 있다(BGB §421).[5] 그러므로 독일민법은 연대채무를 연대의 합의가 반드시 필요한 공동연대적인 것으로 규정하고 있는 프랑스민법과는 달리, 절대적 효력이 인정되는 범위가 제한적이다. 즉, 채무자 중의 1인에 의한 변제와 변제에 준하는 사유라고 할 수 있는 대물변제·공탁·상계(BGB §422),[6] 채권자지체(BGB §424),[7] 채권자와 연대채무자 중 1인과의 사이에서의 면제의 합의(BGB §423)[8]를 제외하고는 채무자 중의 1인에게 발생한 사유는 절대적 효력이 인정되지 않는다(BGB §425).[9] 또한 학설은 연대의 합의를 요하지 않는 연대채무인 「부진정연대채무」의 관념도 인정하고 있다.

한편 독일민법은 연대채무자 상호간의 부담부분과 결손의 부담, 채권의 이전 등에 관하여도 명문규정을 두고 있다(BGB §426).[10]

---

5) 독일민법 제421조(연대채무자) 수인이 하나의 급부를 부담하며, 각자가 전부의 급부를 하여야 할 의무를 부담하지만 채권자는 단지 1회의 급부를 청구할 수 있을 뿐인 때에는(연대채무자), 채권자는 임의로 각 채무자에 대하여 급부의 전부 또는 일부를 청구할 수 있다. 전부의 급부가 있기까지 모든 채무자의 채무는 존속한다.

6) 독일민법 제422조(변제의 효력) (1) 연대채무자 중 1인에 의한 변제는 다른 채무자를 위하여서도 효력을 발생한다. 대물변제, 공탁 및 상계에 대하여서도 마찬가지이다. (2) 연대채무자 중의 1인에게 속하는 채권은 모든 채권자를 위하여 상계될 수 없다(그 연대채무자만이 상계할 수 있다).

7) 독일민법 제424조(채권자지체의 효력) 연대채무자의 1인에 대한 채권자의 지체는 다른 채무자를 위하여서도 효력이 생긴다.

8) 독일민법 제423조(면제의 효력) 채권자와 연대채무자의 1인과의 사이에서 합의된 면제는 계약당사자들이 모든 채권관계를 소멸시킬 의사가 있는 때에는 다른 채무자를 위하여서도 효력이 발생한다.

9) 독일민법 제425조(기타 사항의 효력) ① 제422조 내지 제424조까지 규정한 사항 이외의 사항은 채권관계로부터 달리 해석되지 않는 한, 그 사항이 발생한 연대채무자에 대하여서만 효력이 생긴다. ② 전항의 규정은 특히 해지통고, 지체, 과실, 연대채무자의 1인에 대하여 발생한 급부불능, 소멸시효, 그 중단 및 정지, 채권채무의 혼동 및 확정판결에 적용한다.

10) 독일민법 제426조(연대채무자의 구상의무, 채권의 이전) ① 연대채무는 특별한 약정이 없는 한 그 상호관계에 있어서는 균등한 비율로 의무를 부담한다. 연대채무자의 1인으로부터 그의 부담부분을 징수하는 것이 불가능한 때에는, 구상의무를 부담하는 다른 채무자가 그 결손을 부담한다. ② 연대채무자의 1인이 채권자에게 만족을 주고 또한 다른 채무자에 대하여 구상할 수 있는 때에는, 다른 채무자에 대한 채권자의 채권은 그 채무자에게 이전한다. 그 이전은 채권자의 불이익으로 주장할 수 없다.

(2) 프랑스민법

2016.2.10. 오르도낭스 제2016-131호로 개정되기 전의 프랑스민법(이하 「개정 전 프랑스민법」으로 약칭)은 연대채무가 성립하기 위해서는 '반드시 연대를 명시적으로 약정하여야 한다'고 규정함으로써, 당사자 사이에 명시적인 연대의 약정이 필요한 공동연대적인 것으로 규정하고(C.c. 1202),[11] 연대채무의 절대적 효력을 광범위하게 인정하고 있었다(C.c. 1200~1216).[12] 그러나 2016년에 개정된 현행 프랑스민법은 연대채무의 성립요건으로 '명시적인 연대의 약정'을 요구하고 있지 않을 뿐만 아니라(C.c. 1310),[13] 변제와 이행청구(C.c. 1313, 1314),[14] 상계의 경우(C.c. 1315)[15]에 한하여 절대적 효력이 발생하는 것으로 규정함으로써, 연대채무에서 절대적 효력이 발생하는 경우를 대폭 축소하였다.

한편 프랑스민법은 연대채무자 상호간의 관계에 관하여, '연대채무자 상호간에는 그 부담부분에 한하여 채무를 부담하며, 자기의 부담부분을 초과하여 변제한 자는 다른 연대채무자에 대하여 그 부담부분에 한하여 구상권을 행사할 수 있다'고 규정하고 있다(C.c. 1317, 1318).[16] 또한 연대채무자들은 채무불이행에 대해서도 연대책임을 지나, 그 부담은 결정적으로 불이행에

---

11) 개정 전 프랑스민법 제1202조: (1) 연대는 결코 추정될 수 없으며, 반드시 명시적으로(expressément) 약정되어야 한다. (2) 전항의 규정은 법률의 규정에 의하여 당연히 연대채무가 생기는 경우에는 이를 적용하지 아니한다.

12) 개정 전 프랑스민법상의 연대채무에 대한 상세는 김성수, "프랑스법상의 연대채무에 관한 연구 -그 효력을 중심으로-", 경찰대논문집 17집(경찰대학, 1997/10), 659 이하; 同, "연대채무에 관한 연구 -프랑스법의 계수과정을 중심으로-", 박사학위논문(서울대학교대학원, 2000), 1 이하; 淡路剛久, 전게서(주 1), 69 이하 참조.

13) 프랑스민법 제1310조: 연대는 법률에 의하거나 합의에 의한 것이다 ; 연대는 추정되지 않는다.

14) 프랑스민법 제1313조: (1) 채무자들 사이의 연대는 그들 각자에게 채무 전액에 대한 의무를 지운다. 채무자 중 1인에 의한 변제는 채권자에 대하여 그들 모두를 면책시킨다. (2) 채권자는 그가 선택한 연대채무자에게 이행을 청구할 수 있다. 연대채무자 중 1인에 대하여 실행된 추급은 다른 연대채무자에 대하여 같은 추급을 실행하는 것을 방해하지 않는다.

프랑스민법 제1314조: 연대채무자 중 1인에 대하여 형성된 이자의 청구는 모든 연대채무자에 대하여 이자청구로서의 효력이 있다.

15) 프랑스민법 제1315조: 채권자에 의하여 이행을 청구당한 채무자는 모든 공동채무자에게 공통된 항변, 이를테면 무효 또는 해제, 그리고 그에게 인적인 항변으로써 대항할 수 있다. 연대채무자는 '기한의 허여(l'octroi d'un terme)'와 같은 다른 공동채무자에게 고유한 인적 항변으로써 대항하지 못한다. 그러나 어느 인적 항변이 다른 공동채무자의 부담부분을 소멸시키는 경우, 특히 상계 또는 채무면제의 경우에는 채무 전액을 감액시키기 위하여 그 항변을 원용할 수 있다.

16) 프랑스민법 제1317조: (1) 연대채무자 상호간에 있어서는 그 부담부분에 한하여 채무를 분담한다. (2) 자기의 부담부분을 초과하여 변제한 자는 다른 연대채무자에 대하여 그 부담부분에 한하여 구상권을 행사할 수 있다. (3) 연대채무자 중 어느 하나가 변제자력이 없는 경우에는, 그의 부담부분은 이미 변제한 자와 연대변제를 받은 자를 포함하여 변제자력이 있는 연대채무자에게 분배된다.

프랑스민법 제1318조: 채무가 연대채무자 중 1인에게만 관계된 일로부터 발생한 경우에는, 그 1인만이 다른 채무자에 대하여 그 채무를 부담한다. 만약 그 채무가 변제된 때에는, 그는 다른 연대채무자에 대하여 구상권을 행사할 수 없다. 다른 연대채무자가 변제한 경우에는, 그는 위의 1인에게 구상권을 행사할 수 있다.

대하여 책임이 있는 자들에게 부과된다(C.c. 1319).[17]

(3) 일본민법

일본구민법 재산편의 연대채무에 관한 규정은 개정 전 프랑스민법의 제도를 거의 그대로 계수한 것이었으나, 명치 일본민법(구 의용민법)은 일본구민법 재산편의 연대채무에 관한 규정 중에서 연대채권에 관한 규정을 삭제하고 연대채무자 사이에 대리관계를 인정하지 않는 등 상당부분에 걸쳐 수정을 가하였다. 그럼에도 불구하고 '일본민법은 여전히 공동연대적인 개정 전 프랑스민법상의 연대채무제도를 계수하고 있다'고 평가되고 있다.[18] 일본민법의 입법이유에 대하여 「민법수정안이유서」는 다음과 같이 기술하고 있다(밑줄은 저자 주).[19]

> (이유) 기성법전은 로마법 이래의 입법례를 모방하여 채권자 사이의 연대와 채무자 사이의 연대를 인정하고 있으나, 채권자 사이의 연대는 실제에 있어서 거의 그 적용되는 경우를 볼 수 없으므로 이에 관한 규정을 특별히 두지 않는다. 그러므로 본 관(款)은 그 제목을 「연대채무」라고 함으로써 채무자 사이의 연대를 규정하였다. 또한 기성법전에 있어서는 '전부의무(全部義務)'라는 것을 인정하였으나, 이는 주로 연대채무자 사이에는 대리관계가 있다고 하는 주의를 채택하였기 때문에 별개로 이와 같은 일종의 채무를 인정할 필요를 느낀 것이다. 그러나 아래에 기술한 것처럼, 본안에 있어서는 연대에 대하여 이 주의를 채택하지 아니함으로써 다시 '전부의무'라고 칭하는 것과 같은 것을 인정할 필요가 없다. 그러므로 본안에 있어서는 이에 관한 규정을 삭제하였다.
> 기성법전은 연대채무자 사이에 대리의 관계가 있는 것으로 하여 널리 그 결과를 인정하였다. 즉, 예를 들어 1인의 연대채무자의 과실에 대해서도 다른 연대채무자가 책임을 질 수 있는 것으로 한 것과 같다. 그러나 이는 과실책임의 원리에 반할 뿐만 아니라 당사자의 의사에 반하는 것으로서 근래의 입법례는 대리관계를 인정하지 않는 주의에 기울고 있다. 그러므로 본안에 있어서도 역시 이 주의를 채용하여 대리관계의 존재를 인정하지 않았다. 그렇지만 연대채무자의 1인에 대하여 발생한 사항은 다른 연대채무자에 대하여 항상 그 효력이 없다고 하는 것은 타당하지 않으므로, 어떤 경우에는 연대채무자의 1인에 대하여 발생한 사항이라고 하더라도 다른 연대채무자에 대하여 그 효력이 발생하는 것으로 하였다. 요컨대, 본안에 있어서는 연대채무자 사이에 대리관계가 존재한다고 말하지 않고 오직 실제의 필요가 있는 경우에 한하여 연대채무자의 1인에 대하여 발생한 사항이 다른 연대채무자에게 효력을 미칠 수 있는 것으로 규정하였다. 그렇지만 당사자의 계약으로써 본안의 주의와 다른 결과를 발생시킬 수 있음은 물론이다. … (후략) …

즉, 구 의용민법의 입법자는 '채권자 사이의 연대는 실제에 있어서 거의 그 적용되는 경우를 볼 수 없기 때문에 연대채권에 관한 규정을 두지 않았다는 것이다. 그러나 2017.6.10. 법률 제44호로 개정된 일본민법은 다시 연대채권에 관한 규정을 신설하였다(동법 432조~435조의2).[20]

---

17) 프랑스민법 제1319조: 연대채무자들은 채무불이행에 대하여 연대하여 책임을 진다. 그 부담은 결정적으로 불이행에 대하여 책임이 있는 자들에게 부과된다.

18) 일본민법학에 있어서의 연대채무의 법적 성질에 관하여는 김성수, "연대채무의 법적 성질에 관한 연구 -일본민법의 학설사를 중심으로-", 경찰대논문집 19집(경찰대학, 1999/12), 729 이하; 淡路剛久, 전게서(주 1), 69 참조.

19) 「民法修正案理由書」, 358 참조.

20) 2017년 개정 일본민법 제432조(연대채권자에 의한 이행의 청구 등) 채권의 목적이 그 성질상 가분인 경우에 법령의 규정 또는 당사자의 의사표시에 의하여 수인이 연대하여 채권을 가지는 때에는, 각 채권

(4) 우리 민법

우리 민법은 제413조에서, '수인의 채무자가 채무 전부를 각자 이행할 의무가 있고 채무자 1인의 이행으로 다른 채무자도 그 의무를 면하게 되는 때'라고 연대채무의 개념을 정의한 후 제414조 이하에서 연대채무의 효력에 관한 상세한 규정을 두고 있다. 이러한 연대채무에 관한 우리 민법의 규정은 대체로 구 의용민법의 규정을 거의 그대로 계승한 것이다. 다만, 우리 민법은 구 의용민법에는 없었던 연대채무에 관한 정의규정을 신설하고(413조), 채권자지체의 절대적 효력(제422조)과 부담부분의 균등추정(424조)에 관한 규정을 신설하였다는 점에서는 일본민법과 다소 차이가 있다. 이는 만주민법의 영향이라고 할 수 있는데, 현행민법에서 신설된 제413조(연대채무의 내용)·제422조(채권자지체의 절대적 효력)·제424조(부담부분의 균등)는 각각 만주민법 제401조·제410조·제412조와 그 내용이 완전히 일치한다.

[88] Ⅲ. 연대채무의 법적 성질

위에서 살펴본 바와 같이, 연대채무에 관한 각국의 입법례는 동일하지 않으며, 그에 따라 연대채무의 법적 성질에 관한 이론적 설명도 나라마다 다를 수밖에 없다. 이하에서는 우리 민법상의 연대채무의 법적 성질을 살펴보는 데 그치기로 한다.

1. 각 연대채무자의 채무

(1) 복수의 동일한 채무

연대채무에 있어서는 하나의 채무가 연대채무자들에게 분할되어 귀속되는 것이 아니라, 동일한 내용의 여러 개의 채무가 중첩적으로 존재한다.[21)]

(2) 복수의 독립적 채무

각 연대채무자는 채권자에 대하여 동일한 내용의 독립적인 채무를 부담한다. 즉, 각 연대채무자가 채권자에 대하여 급부의 전부를 이행하여야 하는 동일한 내용의 의무를 독립적으로 부담한다. 그 결과, ① 연대채무자 중의 1인에게 연대채무를 발생시킨 계약의 무효·취소의 사유가 있더라도 다른 채무자의 채무에는 영향을 미치지 않는다(415조). ② 각 연대채무자의 채무는 채권자에게 만족을 준다는 공동목적을 갖는 이외에는 변제의 장소·이행기·조건·기

자는 모든 채권자를 위하여 전부 또는 일부의 이행을 청구할 수 있고, 채무자는 모든 채권자를 위하여 각 채권자에 대하여 이행을 할 수 있다.

21) 同旨: 곽윤직, 168; 김상용, 274; 김증한/김학동, 226; 현승종, 233 참조. 연대채무자 상호간의 내부관계에서는 주채무자와 보증인으로서의 보증관계인 경우도 있을 수 있는데, 이러한 경우에도 외부관계에 있어서는 주종(主從)의 관계가 아니라 동등한 채무자로서 다루어진다.

한·이자·담보(담보물권 또는 보증의 설정) 등에 있어서 각각 다른 내용을 가질 수 있다.[22] ③ 연대채무자 중의 1인에 대한 채권만을 따로 분리하여 양도할 수도 있다.

(3) 가분적 급부의 전부급부의무

연대채무의 목적은 금전채무와 같은 가분적 급부에 한하는데, 연대채무자는 각자 채무의 목적인 가분급부의 전부(전액)를 이행하여야 할 의무를 부담한다(413조).

2. 연대채무자 사이의 결합관계

연대채무자의 1인에 의하여 채무가 이행되거나 대물변제·공탁·경개·상계로 인하여 채무가 소멸한 경우에는 다른 연대채무자의 채무도 소멸하며(413조, 417조, 418조 1항), 연대채무자의 1인에 의한 변제의 제공으로 인한 채권자지체는 다른 연대채무자에게도 효력이 있다(422조). 즉, 변제의 제공을 하지 아니한 다른 연대채무자도 채권자지체의 효력을 주장할 수 있다. 또한 연대채무자의 1인에 대한 이행청구와 이에 따른 시효중단의 효력은 다른 연대채무자에게도 효력이 있으며(416조), 연대채무자의 1인에 대한 채무의 면제·혼동·소멸시효에 의하여 채무가 소멸한 경우에는 그 부담부분에 한하여 다른 연대채무자에게도 효력이 있다(419~421조). 이와 같이 우리 민법은 연대채무자의 1인에게 발생한 사유에 대하여 광범위한 절대적 효력을 인정하고 있는데, 그 이유는 연대채무자 상호간에 「연대(連帶)」(solidarité)라는 강한 인적 결합관계가 있기 때문인데, '연대채무자 상호간의 인적 결합관계를 법률적으로 어떻게 이론 구성할 것인가?' 하는 문제에 대해서는 견해가 대립하고 있다.

(1) 학 설

1) 주관적 공동관계설

이는 '연대채무자 상호간에는 채권의 목적인 급부를 이행하여야 한다는 공동의 목적이 존재하고 이에 의하여 결합된 주관적 공동관계가 존재하며, 이러한 연대채무자 상호간에 존재하는 주관적 공동관계가 연대채무자 중 1인에게 발생한 사유에 절대적 효력이 인정되는 근거가 된다'는 이론으로서, 종래의 통설적 견해이다.[23]

2) 상호보증관계설

이는 '연대채무자는 각자 자기의 부담부분에 대하여는 주채무자인 지위에 있고, 다른 채무자의 부담부분에 대하여는 보증인의 지위에 있다'는 이론이다.[24] 이는 일본의 아와지·다케

22) 예컨대, 제447조는 연대채무자의 1인에 대해서만 보증을 할 수 있음을 전제로 하여 보증인의 구상권을 인정하고 있다.
23) 곽윤직, 168; 김상용, 275; 김증한/김학동, 226; 송덕수, 296; 현승종, 234 참조.
24) 김형배, 454; 이은영, 507 참조. 김형배 교수는 연대채무자 사이의 결합관계를 「상호보증적 변제공동

히사(淡路剛久)가 주장한 이론인데, '연대채무자는 자기의 부담부분에 대하여는 고유의 의무를, 타인의 부담부분에 대하여는 보증채무와 유사한 담보의무를 부담하는데, 연대채무자가 타인의 채무를 담보하는 이유는 연대채무자 상호간에 공동의 이해관계가 존재하기 때문'이라고 한다.[25)]

(2) 판례의 입장

판례는 연대채무의 본질에 관하여 「주관적 공동관계설」을 취하여, '인수인이 채무자의 부탁으로 채무를 인수함으로써 중첩적(병존적) 채무인수가 성립한 경우에는, 채무자와 인수인 사이에는 주관적 공동관계가 있는 연대채무관계가 성립한다'는 입장을 확립하고 있다(대법원 2009.8.20.선고, 2009다32409 판결 등).

▪ **중첩적 채무인수에서 채무자와 인수인이 연대채무관계에 있는지 여부(적극)** 중첩적 채무인수에서 인수인이 채무자의 부탁 없이 채권자와의 계약으로 채무를 인수하는 것은 매우 드문 일이므로, 채무자와 인수인은 원칙적으로 주관적 공동관계가 있는 연대채무관계에 있고, 인수인이 채무자의 부탁을 받지 아니하여 주관적 공동관계가 없는 경우에는 부진정연대관계에 있는 것으로 보아야 한다. (대법원 2009.8.20.선고, 2009다32409 판결)[26)]

▪ **상법 제724조 제2항에 의하여 피해자에게 인정되는 직접청구권의 법적 성질(=손해배상채무의 중첩적 인수) 및 보험자의 손해배상채무와 피보험자의 손해배상채무의 관계(=연대채무)** 상법 제724조 제2항에 의하여 피해자에게 인정되는 직접청구권의 법적 성질은 보험자가 피보험자의 피해자에 대한 손해배상채무를 중첩적으로 인수한 결과 피해자가 보험자에 대하여 가지게 된 손해배상청구권이고, 중첩적 채무인수에서 인수인이 채무자의 부탁으로 인수한 경우, 채무자와 인수인은 주관적 공동관계가 있는 연대채무관계에 있는바, 보험자의 채무인수는 피보험자의 부탁(보험계약이나 공제계약)에 따라 이루어지는 것이므로 보험자의 손해배상채무와 피보험자의 손해배상채무는 연대채무관계에 있다. (대법원 2010.10.28.선고, 2010다53754 판결)[27)]

(3) 학설·판례의 검토

우리 민법상의 연대채무에 있어서는 채무자 중 1인에게 생긴 사유가 다른 채무자에 대하여도 효력을 발생하는 이른바 「절대적 사유」가 독일민법에 비하여 현저히 많다(416조 이하). 통설은 연대채무의 절대적 사유가 인정되는 이론적 근거를 연대채무자 사이의 주관적 공동관계에서 찾고 있으나, 채무자 사이의 「주관적 공동관계」라는 추상적인 개념에 의하여 연대채무의 광범위한 절대적 효력을 설명하는 것은 설득력이 부족한 것이 사실이다. 「주관적 공동관계설」에 대한 비판적 견해인 「상호보증관계설」이 나름대로 설득력을 가지는 이유는 이러한 점

체관계」라고 한다(同, 454 참조).

25) 淡路剛久, 전게서(주 1), 13 이하 참조.

26) 같은 취지: 대법원 2010.10.28.선고, 2010다53754 판결; 대법원 2014.8.20.선고, 2012다97420·97437 판결; 대법원 2014.8.26.선고, 2013다49404·49411 판결; 대법원 2014.8.26.선고, 2013다49428·49435 판결.

27) 같은 취지: 대법원 1999.2.12.선고, 98다44956 판결.

에 기인한다.

그러나 「상호보증관계설」에도 문제가 없지 않다. 즉, 보증채무는 주채무에 대한 부종성과 보충성을 가지는 것이므로(430조, 433조), 「상호보증관계설」은 연대채무에 있어서 각 채무가 독립성을 가지는 점을 이론적으로 설명하기 어렵다. 또한 「상호보증관계설」은 연대채무자의 1인에 관하여 발생 사유 중 그의 부담부분의 범위에서 절대적 효력을 발생하는 이른바 「제한적·절대적 효력」이 인정되는 면제·혼동·소멸시효 완성에 대해서는 타당한 설명이 될 수 있으나, 그 밖의 사유인 변제·이행청구·경개·상계·채권자지체·공탁 등 부담부분을 넘어서 절대적 효력을 발생하는 이른바 「무제한적·절대적 효력사유」에 대해서는 타당한 근거이론이 될 수 없다는 점에서 문제가 있다.[28)]

[89] Ⅳ. 연대채무의 성립

연대채무는 당사자의 합의에 의하여 성립하는 계약을 원인으로 하여 발생하는 것이 보통이지만, 채무자의 단독행위인 유언에 의하여 발생할 수도 있으며, 법률의 규정에 의하여 발생하는 경우도 있다.

1. 법률행위에 의한 연대채무의 성립

(1) 계약 또는 단독행위

연대채무가 성립하기 위해서는 당사자 사이에 연대채무의 합의 또는 유언에 의한 연대채무 부담의 의사표시가 있어야 한다. 즉, 연대채무는 채권자와 연대채무자들 사이의 계약에 의하여 성립하는 것이 보통이지만, 연대채무자의 단독행위인 유언에 의하여서도 발생할 수 있다.[29)] 그러나 합의에 의하여 연대채무가 성립하는 경우라도 반드시 채권자와 연대채무자들이 동시에 합의하여야 하는 것은 아니며, 순차로 체결된 별개의 계약에 의해서도 연대채무는 유효하게 성립할 수 있다. 다만, 연대채무자가 채권자와의 별개의 계약에 의하여 연대채무를 부담하는 경우에도 반드시 채무자 사이에 「연대의 합의」가 있어야 한다는 것은 후술하는 바와 같다.[30)]

(2) 채무자 사이의 연대의 합의

연대채무자 사이의 부담부분과 광범위하게 인정되는 절대적 효력을 고려할 때, 채무자

28) 同旨: 김상용, "연대채무자의 구상권", 고시연구 20권 11호, 1993/11, 124 참조.
29) 곽윤직, 169; 김상용, 276; 현승종, 235 참조.
30) 곽윤직, 169; 김상용, 276; 김증한/김학동, 227; 이은영, 509 참조.

사이에 「연대의 합의」는 반드시 필요하다고 해석하는 데 견해가 일치한다.[31)]

(3) 묵시적 의사표시에 의한 연대채무의 성립

전술한 바와 같이, 개정 전 프랑스민법은 '연대채무가 발생하기 위해서는 반드시 당사자 사이에 명시적 의사표시가 필요하다'고 규정하고 있었다(C.c. Art. 1202).[32)] 다만, '프랑스의 학설·판례는 연대채무의 성립요건으로서 「명시적 합의」가 필요하다는 원칙을 항상 엄격하게 관철하고 있지는 않았다'고 한다.[33)] 즉, 프랑스의 판례는 '계약시에 연대(solidarité)라는 용어가 사용되고 있지 않더라도 연대채무를 발생시키려고 하는 당사자의 의사가 명확한 때에는 연대채무의 성립을 인정하여야 한다'는 입장을 취하고 있었다. 예컨대, '임대차계약의 묵시적 갱신이 이루어진 경우에 구 계약에서 임차인의 차임지급채무가 연대라면 반대의 의사표시가 없는 한 신계약에 있어서의 임차인의 차임지급채무도 연대이며,[34)] 신구어음의 교환이 이루어지고 구어음에 연대가 약정되어 있는 경우에는 신어음에 있어서도 연대는 유지되어야 한다'는 입장을 취하고 있었다.[35)] 또한 판례는 '해고된 노동자에 대한 보상에 대하여 영업양도인과 양수인의 연대채무를 인정하고,[36)] 공동의 채무에서 각 채무자의 부담부분을 결정하는 것이 불가능한 경우에는 연대채무'라는 입장을 취하고 있었다.[37)]

2016년에 개정된 현행 프랑스민법도 '연대채무의 성립에는 반드시 당사자의 연대의 합의가 필요하다'는 규정을 두고 있다. 다만, 개정 프랑스민법은 학설과 판례의 입장을 반영하여, '연대의 합의는 반드시 필요하지만, 명시적 합의까지는 요하지 않는다'고 해석되는 내용으로 조문을 수정하였다(C.c. Art. 1310).[38)]

프랑스민법과 같은 명문규정이 없는 우리 민법의 해석상으로도 '연대채무가 성립하기 위해서는 당사자 사이에 연대의 합의가 반드시 필요하나, 연대채무의 성립을 위한 연대의 합의는 묵시적 의사표시에 의하여서도 가능하다'고 해석하는 데 견해가 일치한다. 다만, 학설 중에는 '당사자가 모든 채무자의 변제자력을 종합적으로 고려하였다고 볼만한 특별한 사정이 있는 경우에는 연대채무로 하는 당사자의 묵시적 특약이 있는 것으로 추정하여야 한다'고 해

---

31) 곽윤직, 169; 김상용, 276; 김증한/김학동, 227; 김형배, 455; 송덕수, 296; 이은영, 509; 현승종, 235 참조.
32) 전게 주 11 참조.
33) 淡路剛久, 전게서(주 1), 169 이하 참조.
34) Cass. civ. 26 oct. 1898, D. 1899.1.129.
35) Cass. civ. 23 août 1871, S.1871.1.133.
36) Cass. civ. 7 avril 1932, G.P.1932.2.142.
37) 예컨대, '여러 사람이 공동으로 소비대차를 하였지만 각자가 어느 정도의 이익을 얻었는지 알 수 없는 경우의 그 여러 명의 상환채무는 연대채무'라고 판시한 사례가 있으며(Trib. civ. Seine, 17 juin 1910), '인지(隣地) 소유자에 의하여 축조된 담장이 위태롭게 된 경우에 작업에의 협력의 정도를 구분할 수 없다면, 소유자와 수급인은 연대채무를 부담한다'고 한 사례도 있다(Lyon, 10 janv. 1906, S.1907.2.101).
38) 전게 주 13 참조.

석하는 견해가 적지 않음은 전술한 바와 같다.[39] 또한 판례는 분할채권관계의 원칙을 비교적 엄격하게 적용하여 묵시적 합의에 의한 연대채무의 성립을 인정하거나 연대의 추정을 인정하고 있지는 않으나(대법원 1987.5.26.선고, 85다카1146 판결 등),[40] '명시적인 약정이나 법률의 규정이 없는 경우에도 법률관계의 성질상 불가분채권관계가 성립할 수는 있다'는 입장을 취하고 있음은 전술한 바와 같다(대법원 1998.12.8.선고, 98다43137 판결 등).[41] (☞ 제1절 「분할채권관계」)

생각건대, 연대채무의 필수적 요건으로 「명시적 합의」를 명문으로 규정하고 있었던 프랑스민법하에서도 학설·판례가 이를 엄격하게 관철하지는 않았었다는 점과, 우리 민법이 「연대의 명시적 합의」를 요하고 있지는 않다는 점을 고려하면, '연대채무는 당사자 사이에 연대의 묵시적 합의가 있으면 성립한다'고 해석하는 것이 타당하다고 생각된다. 그러나 분할채무의 원칙을 채용하고 있는 우리 민법의 해석상 증명책임의 전환을 가져오는 연대에 대한 묵시적 합의의 추정을 인정하는 것은 타당하지 않다고 할 것이다. 다만, 연대의 합의에 대한 묵시적 추정을 긍정하는 견해에 따라 예외적으로 연대의 추정이 인정되는 경우에는, 당사자 사이에 연대의 묵시적 합의가 있다고 인정될 수 있는 경우가 대부분일 것이므로, 연대채무의 성립을 주장하는 당사자는 그러한 특별한 사정의 존재를 증명함으로써 묵시적 합의에 의한 연대채무의 성립을 인정받을 수 있을 것이다. 그러므로 연대의 묵시적 합의의 추정을 부인하더라도 실제적 불합리는 발생하지 않는다.

(4) 연대채무자의 1인에게 생긴 무효·취소사유

연대채무는 각 채무자가 별개·독립의 채무를 부담하는 것이므로, 하나의 계약에 의하여 여러 사람이 연대채무를 부담하는 경우라고 하더라도 그 성립 여부는 개별적으로 다루는 것이 타당하다. 이러한 취지에서, 민법은 "어느 연대채무자에 대한 법률행위의 무효나 취소의 원인은 다른 연대채무자의 채무에 영향을 미치지 아니한다"고 규정하고 있다(415조).

2. 법률의 규정에 의한 연대채무의 성립

법률의 규정에 의한 연대채무의 발생은 대체로 '공동의 사무 내지 사업이나 공동불법행위(760조)에 가담한 다수인에게 연대책임을 부담시킴으로써 그 행동에 신중을 기하게 하는 동시에 채권자를 보호하기 위하여 인정되는 경우'가 대부분이다.

(1) 민법의 규정에 의한 연대채무의 성립

민법은 법인의 불법행위책임에 관하여, '법인의 대표기관이 법인의 목적범위 외의 행위

39) 곽윤직, 169; 김증한/김학동, 227; 현승종, 236 참조.
40) 판례평석: 김대정, "연대채무의 성립요건", 민법판례해설Ⅲ(채권총론), 191 이하.
41) 같은 취지: 대법원 1967.4.25.선고, 67다328 판결.

로 인하여 타인에게 손해를 가한 때에는 그 사항의 의결에 찬성하거나 그 의결을 집행한 사원, 이사 및 기타 대표자가 연대하여 배상하여야 한다'고 규정하고 있는바(35조 2항), 이는 민법의 규정에 의하여 연대채무가 발생하는 전형적인 경우의 하나이다. 이 밖에도 민법은 ① 여러 명의 이사가 그 임무를 해태한 때, 그 이사들의 법인에 대한 손해배상책임(65조), ② 여러 사람이 공동의 불법행위로 타인에게 손해를 가한 때, 그 공동불법행위자의 손해배상책임(760조),[42] ③ 부부의 일상가사대리행위(827조)에 대한 배우자의 책임(832조) 등을 연대채무로 규정하고 있다.

(2) 상법의 규정에 의한 연대채무의 성립

상법은 '여러 사람이 그 1인 또는 전원에게 상행위가 되는 행위로 인하여 채무를 부담한 때에는 당사자 사이에 특별한 합의가 없더라도 연대채무가 성립하며, 보증인이 있는 경우에 그 보증이 상행위이거나 주채무가 상행위로 인한 것인 때에는 주채무자와 보증인은 연대채무를 부담한다'고 규정하고 있음은 전술한 바와 같다(동법 57조). 다만, 대법원판결 중에는 '재벌그룹의 조달본부에 의하여 이루어진 물품구매행위로 인한 채무는 상법 제57조에서 규정하고 있는 "수인이 그 1인 또는 전원에게 상행위가 되는 행위"로 인하여 발생한 채무로 볼 수 없다'고 판시함으로써, 재벌그룹 계열회사들의 연대채무관계를 인정하지 아니한 사례가 있다(대법원 1987.6.23.선고, 86다카633 판결).

■ **상법 제57조 제1항에 의한 연대채무의 성립을 부정한 사례** [1] 상법 제57조 제1항의 취의는 상사거래에 있어서의 인적 담보를 강화하여 채무이행을 확실히 하고 거래의 안전을 도모함으로써 상거래의 원활을 기하려는 것으로, 민법상 다수당사자간의 채무이행에 있어서의 분할채무원칙에 대한 특별규정이라 할 것이므로, 여기에서 연대채무를 지우게 되는 행위는 수인이 그 1인 또는 전원에게 상행위가 되는 행위로 인하여 채무를 부담하는 경우이어야 한다. [2] 계열회사들의 효율적인 물품구매 및 경비절감을 위하여 그룹 내에 조달본부를 설치하여 각 계열회사들은 각자 필요한 물품을 물품구매요구서를 첨부하여 위 조달본부에 구매요구하면, 조달본부는 그룹회장의 결제를 받아 납품업체와 계약을 체결하고 납품업체는 조달본부장의 요구에 따라 실수요회사인 각 계열회사에 물품을 인도하고 세금계산서를 발행하여 왔다면, 위 조달본부는 법인격 없는 그룹 내의 편의상 기구에 불과한 것으로서 조달본부의 물품구매행위는 동 그룹 내의 각 독립한 법인체인 계열회사들이 조달본부에 그 대행을 위임하거나 이에 관한 대리권수여에 따른 행위로 봄이 타당하고, 따라서 각 거래는 계열회사와 물품공급회사 사이에 이루어진 것으로서, 그 법률효과는 그 당사자에게만 직접 미치고 유관관계가 없는 다른 계열회사는 아무런 권리의무가 발생하지 아니하는 제3자의 지위에 있음에 불과하다 할 것인즉, 조달본부에서 물품을 발주·구입

---

42) 다만, 학설 중에는 '연대채무를 단순연대적인 것으로 규정하고 있는 독일민법이나 스위스 채무법과 달리, 연대채무를 공동연대적인 것으로 규정하고 있는 우리 민법이 공동불법행위를 연대채무로 규정한 것은 타당하지 않다'는 입법론적 비판을 제기하는 견해가 있는데, 이에 따르면 '법률이 수인에게 동일한 급부에 대하여 전부의 급부의무를 인정하는 경우라고 하더라도 그 수인 사이에 주관적 공동관계가 없는 경우에는 이를 「부진정연대채무」로 보는 것이 타당하다'고 한다(김상용, 279; 김증한/김학동, 228; 송덕수, 297; 이은영, 514; 현승종, 235 참조). (☞ [91] 부진정연대채무)

하였다는 사실을 들어 상법 제57조 제1항 소정의 수인이 그 1인 또는 전원에게 상행위가 되는 행위로 인하여 부담하는 공동구매라고 할 수 없으므로, 위 각 계열회사들 사이에 동 법조에 따른 연대채무관계는 발생할 수 없다 할 것이다. (대법원 1987.6.23.선고, 86다카633 판결)[43]

그 밖에 상법의 규정에 의하여 연대채무가 성립하는 경우로서는, ① 명의대여자와 상호(商號)사용자의 책임(동법 24조), ② 수인이 순차로 운송할 경우에 각 운송인의 책임(동법 138조), ③ 회사의 재산으로 회사의 채무를 변제할 수 없는 경우에 합명회사의 각 사원의 책임(동법 212조), ④ 유한책임회사를 대표하는 업무집행자가 그 업무집행으로 타인에게 손해를 입힌 경우에 회사와 업무집행자의 손해배상책임(동법 287조의20), ⑤ 주식회사 설립시에 발행되는 주식을 인수하고도 납입을 완료하지 아니한 주식이 있는 때 이를 납입할 발기인의 책임(동법 321조), ⑥ 공동으로 주식을 인수한 자의 인수대금납입의무(동법 333조), ⑦ 주식회사에 있어서 법령 또는 정관에 위반한 행위를 하거나 그 임무를 해태한 이사의 회사에 대한 손해배상책임(동법 399조), ⑧ 유한회사에 있어서 법령 또는 정관에 위반한 행위를 하거나 그 임무를 해태한 이사의 회사에 대한 손해배상책임(동법 567조, 399조) 등을 들 수 있다.

(3) 상법 이외의 특별법에 의한 연대채무의 성립

상법 이외의 특별법에 의하여 연대채무가 성립하는 경우도 많다. 예컨대, ① 수인의 광업권자 또는 조광권자의 광해배상책임(광업법 75조),[44] ② 농업협동조합 임원의 손해배상책임(농업협동조합법 53조),[45] ③ 중소기업협동조합 감사의 임무해태로 인한 손해배상책임(중소기업협동조합

---

43) 판례평석: 이해우, "대기업그룹 계열회사 상호간은 타사의 채무에 대하여 연대책임이 있는가", 판례연구 2집(서울지방변호사회, 1989/1), 79 이하.

44) 광업법 제75조(광해의 종류와 배상의무) ① 광물을 채굴하기 위한 토지의 굴착, 갱수(坑水)나 폐수의 방류, 폐석이나 광재의 퇴적 또는 광연(鑛煙)의 배출로 인하여 타인에게 현저한 손해를 입힌 경우에는 다음 각 호의 구분에 따라 정하는 자가 손해를 배상할 의무를 진다. 1. 손해가 발생할 당시에 해당 광업권이 소멸하지 아니한 경우: 해당 광구의 광업권자(그 광구에 조광권이 설정되어 있는 경우 그 조광구에서는 해당 조광권자) 2. 손해가 발생할 당시에 이미 광업권이 소멸한 경우: 소멸 당시 그 광구의 광업권자(광업권이 소멸할 때 해당 광업권에 조광권이 설정되어 있었던 경우 그 조광구에서는 해당 조광권자) ② 제1항의 경우에 손해가 둘 이상의 광구 또는 조광구의 광업권자 또는 조광권자의 귀책사유로 발생한 경우에는 각 광업권자 또는 조광권자는 연대하여 손해를 배상할 의무를 진다. 손해가 둘 이상의 광구 또는 조광구의 광업권자 또는 조광권자 중 어느 광업권자 또는 조광권자의 귀책사유에 따른 것인지 분명하지 아니한 때에도 또한 같다. ③ 제1항과 제2항의 경우에 손해가 발생한 후에 광업권이 양도된 경우에는 손해가 발생할 당시의 광업권자와 그 후의 광업권자가 연대하여 손해를 배상할 의무를 지고, 손해가 발생한 후에 조광권이 설정된 경우에는 손해가 발생할 당시의 광업권자와 그 후의 조광권자가 연대하여 손해를 배상할 의무를 진다. ④ 제1항부터 제3항까지의 규정에 따라 조광권자가 손해를 배상할 경우에는 손해가 발생할 당시의 그 조광권이 설정되어 있던 광구의 광업권자와 그 후의 광업권자가 조광권자와 연대하여 손해를 배상할 의무를 지고, 손해가 발생할 당시에 이미 광업권이 소멸한 때에는 소멸 당시의 그 광구의 광업권자가 조광권자와 연대하여 손해를 배상할 의무를 진다. ⑤ 제1항부터 제4항까지의 규정에 따른 배상에 관하여는 공동광업권자 또는 공동조광권자는 연대책임이 있다.

45) 농업협동조합법 제53조(임원의 의무와 책임) ① 지역농협의 임원은 이 법과 이 법에 따른 명령 및 정

법 61조)[46] 등을 들 수 있다.

[90] Ⅴ. 연대채무의 효력

1. 연대채무의 대외적 효력 : 채권자의 권리

(1) 채권자의 권리행사방법

1) 채무자 전부 또는 일부에게, 동시 또는 순차로, 전부 또는 일부의 청구

각 연대채무자의 채무는 별개·독립한 복수의 채무이므로, 채권자는 채무자 중의 1인에 대하여 채무의 전부 또는 일부의 이행을 청구할 수 있음은 물론 모든 채무자에 대하여 동시에 또는 순차로 전부 또는 일부의 청구를 할 수 있다(414조). 다만, 채권자가 연대채무자 전원으로부터 채무 전액을 중복하여 수령하는 것은 허용될 수 없다. 예컨대, 乙과 丙이 연대하여 甲에게 100만원의 금전채무를 부담하고 있다면, 채권자 甲은 연대채무자인 乙 또는 丙에 대하여 채무 전액인 100만원의 지급을 청구할 수 있음은 물론, 채무의 일부인 50만원의 지급만을 청구할 수 있다. 또한 채권자 甲은 연대채무자 乙과 丙에게 동시에 또는 순차로 채무 전액인 100만원의 지급을 청구하거나 채무의 일부의 지급만을 청구할 수 있다.

2) 소의 제기에 의한 연대채무의 이행청구

연대채무자에 대한 채권자의 이행청구는 재판상으로는 물론 재판 외에서도 할 수 있는데, 소의 제기에 의한 이행청구는 연대채무자 전원을 공동피고로 하여 이루어질 수도 있고, 연대채무자 중의 1인만을 피고로 하여 이루어질 수도 있다. 또한 채권자는 연대채무자 중의 1인에 대한 판결이 확정된 이후에도 현실로 변제를 받을 때까지는 다른 연대채무자를 피고로 하여 소를 제기하더라도 「중복제소금지의 원칙」(민사소송법 259조)에 저촉되지 않으므로, 소를 제기할 수 있다. 다만, 연대채무의 일부가 변제되면 그 범위에서 모든 연대채무자의 채무는 소멸하는 것이므로(413조), 잔존채무에 한하여 위와 같은 청구를 할 수 있을 뿐이다.[47]

판례는 '연대채무인 공동불법행위로 인한 손해배상청구소송에서 원고가 일부승소(각자지급)하였으나 피고들만이 항소한 경우, 항소심법원이 피고들의 분할채무를 인정(각 지급)한 것

관의 규정을 지켜 충실히 그 직무를 수행하여야 한다. ② 임원이 그 직무를 수행할 때 법령이나 정관을 위반한 행위를 하거나 그 임무를 게을리하여 지역농협에 끼친 손해에 대하여는 연대하여 손해배상의 책임을 진다. ③ 임원이 그 직무를 수행할 때 고의나 중대한 과실로 제3자에게 끼친 손해에 대하여는 연대하여 손해배상의 책임을 진다. ④ 제2항과 제3항의 행위가 이사회의 의결에 따른 것이면 그 의결에 찬성한 이사도 연대하여 손해배상의 책임을 진다. 이 경우 의결에 참가한 이사 중 이의를 제기한 사실이 의사록에 적혀 있지 아니한 이사는 그 의결에 찬성한 것으로 추정한다. ⑤ 임원이 거짓으로 결산보고·등기 또는 공고를 하여 지역농협이나 제3자에게 끼친 손해에 대하여도 제2항 및 제3항과 같다.

46) 중소기업협동조합법 제61조(감사의 책임) 감사가 그 임무를 게을리 한 때에는 민법 제65조를 준용한다.

47) 민법주해(10)/차한성, 90; 곽윤직, 170; 김상용, 279; 김증한/김학동, 229; 송덕수, 297; 현승종, 237 참조.

은 변론주의와 불이익변경금지의 원칙 및 공동불법행위책임에 관한 법리오해, 이유불비 또는 이유모순의 위법한 판결'이라고 한다(대법원 1977.11.28.선고, 77다1558 판결).

■ **공동불법행위로 인한 손해배상을 명하는 판결의 주문을 그르쳤다고 한 사례** 甲과 乙이 공동불법행위를 하고, 또 甲과 丙이 공동불법행위를 하여 원고가 甲과 乙에게, 甲과 丙에게 각 연대하여 그 손해배상을 구하고 있는 경우(甲과 乙은 연대하여 30,000원, 甲과 丙은 연대하여 20,000원) 제1심은 각자책임(各自責任)으로 판시하고(甲과 乙은 각자 28,000원, 甲과 丙은 각자 16,000원) 피고들만이 항소한 때, 항소심이 甲, 乙, 丙이 각 독립하여 그 손해배상의 책임이 있는 것으로 판시하였음(甲은 44,000원, 乙은 28,000원, 丙은 16,000원)은 변론주의와 불이익변경금지의 원칙 및 공동불법행위 연대채무에 관한 법리오해, 이유불비 또는 이유모순의 위법을 저질러 판결결과에 영향을 미쳤다고 할 것이다. (대법원 1977.11.28.선고, 77다1558 판결)[48]

■ **부진정연대채무자에 대한 판결주문이 잘못되었다고 한 사례** 원심판결이 그 이유에서는 자동차사고로 인하여 버스운전자인 甲과 그 버스소유자인 乙이 피해자에게 배상할 손해배상액은 금 8,714, 898원이라고 확정하고, 위 금원에 대하여 甲은 금 8,714,898원을, 乙은 상계항변이 인정된 금 3,540,000원을 공제한 금 5,174,898원을 각 지급하라고 명함으로써, 결국 합계 금 13,889,796원의 지급을 명한 결과가 되었다면, 이는 주문과 이유 사이에 모순이 있다고 할 것이다. (대법원 1984.6.26.선고, 84다카88·89 판결)[49]

(2) 연대채무의 담보적 기능

연대채무에 있어서 채권자는 채무자의 전부 또는 일부에 대하여 동시에 또는 순차로 전부 또는 일부의 청구를 할 수 있으므로 채무자의 수만큼 책임재산이 늘어나게 된다. 그러므로 연대채무는 인적 담보제도로서의 기능을 수행하게 된다. 이러한 연대채무의 담보적 기능은 채무자의 전원 또는 일부가 파산선고를 받은 경우에 가장 잘 발휘된다. 즉, 연대채무자의 전원 또는 일부가 파산선고를 받은 경우, 채권자는 파산선고시에 가진 채권 전액에 관하여 각 파산재단에 대하여 파산채권자로서 권리를 행사할 수 있다(채무자회생법 428조).[50] 즉, 다수의 연대채무자들이 파산선고를 받은 경우에는 채권자는 각 파산재단에 대하여 채권의 전액을 가지고 배당에 가입할 수 있을 뿐만 아니라, 그 후에 어느 파산재단으로부터 일부의 변제를 받더라도 다른 파산재단에 대한 배당가입액을 감액할 필요가 없다(연대채무자가 동시에 파산한 경우). 그러나 일부의 채무자에 대한 파산절차가 종료하여 채권자가 배당을 받은 후에 다른 채무자가 파산선고를 받은 경우에는, 채권자는 그 연대채무자가 파산선고를 받은 때의 잔액채

48) 판례평석: 박우동, "공동불법행위로 인한 손해배상의 판결주문과 이유불비 등 위법", 법학(판례회고) 6호(서울대법학연구소, 1979/2), 107 이하.

49) 판례평석: 이재성, "각지급과 각자지급은 다른 것인가", 법률신문 1560호(법률신문사, 1984/10), 12; 同, "부진정연대채무와 각자지급의 청구", 변호사 15집(서울지방변호사회, 1985/1), 27 이하 참조.

50) 채무자회생법 제428조(전부의 채무를 이행할 의무를 지는 자가 파산한 경우의 파산채권액) 여럿의 채무자가 각각 전부의 채무를 이행하여야 하는 경우 그 채무자의 전원 또는 일부가 파산선고를 받은 때에는 채권자는 파산선고시에 가진 채권의 전액에 관하여 각 파산재단에 대하여 파산채권자로서 권리를 행사할 수 있다.

권만을 가지고 파산재단에 가입하여야 한다(413조, 채무자회생법 428조). 그러나 파산절차에서의 배당금액은 채권액의 2~3할에 그치는 것이 보통이므로, 채무자회생법을 개정하여 '일부의 연대채무자에 대한 파산절차가 종료하여 채권자가 일부변제를 받았더라도 다시 채권 전액을 가지고 다른 파산절차에 가입할 수 있도록 하여야 한다'는 견해가 지배적이다.[51]

2. 연대채무자 중 1인에게 생긴 사유의 효력

(1) 상대적 효력의 원칙

연대채무에 있어서 각 채무자의 채무는 별개·독립의 것이므로, 연대채무자 중 1인에게 생긴 사유는 다른 연대채무자에게 영향을 미치지 않는 것이 원칙이다(423조). 이를 연대채무의 「상대적 효력의 원칙」이라고 한다. 그러나 연대채무는 채권자에게 1개의 만족을 준다는 단일한 목적을 달성하기 위한 수 개의 채무에 지나지 않는 것이므로, 이 목적을 만족시키는 변제 등의 일정한 사유는 어떤 채무자에 의하여 행하여졌든지 관계없이 당연히 모든 채무자를 위하여 효력이 생긴다고 할 것인바, 이를 연대채무의 「절대적 효력」이라고 한다. 다만, 구체적으로 어떠한 사유에 절대적 효력을 부여할 것인가 하는 것은 각국마다 입법주의를 달리하고 있음은 전술한 바와 같다.

'로마법에서는 채무이행·불가항력에 의한 목적물(특정물)의 멸실·요식면제(acceptilatio)·경개·상계·쟁점결정(litis contestatio)[52]에 한하여 절대적 효력이 인정되었다'고 한다.[53]

1804년의 프랑스민법은 연대채무에 관하여 공동연대적인 입법을 함으로써 매우 넓은 범위에서 절대적 효력을 인정하고 있었으며,[54] 2016년에 개정된 현행 프랑스민법도 연대채무의 절대적 효력을 광범위하게 인정하고 있다. 즉, 변제(C.c. Art. 1313(1)), 이자청구(C.c. Art. 1314), 상계(C.c. Art. 1315, 1347-6(2))[55], 경개(C.c. Art. 1335(1)),[56] 면제(C.c. Art. 1350-1(1)),[57] 혼동(1349-1),[58] 연대

---

51) 김상용, 280~281; 김증한/김학동, 229; 김형배, 455; 현승종, 238 참조.

52) 이는 고전기 로마법의 연대채무의 특징인데, 채권자와 연대채무자의 1인 사이에 쟁점결정(litis contestatio)은 다른 연대채무자에 대한 채권자의 소권을 소멸시켰다고 한다(淡路剛久, 전게서(주 1), 66 참조).

53) 현승종, 239; 淡路剛久, 상게서, 64~68 참조.

54) 1804년의 프랑스 민법은 변제(1200조), 1인의 채무자의 과실로 인한 물건의 멸실(1205조), 소구로 인한 시효중단(1206조), 소구된 지체책임(1207조), 항변권(1208조), 상속으로 인한 혼동(1209조), 경개(1281조), 면제(1285조), 혼동(1301조), 선서(1365조), 청구 또는 승인으로 인한 시효의 중단(2449조) 등의 사유에 대하여 절대적 효력을 인정하고 있었다.

55) 프랑스민법 제1347-6조: (2) 연대채무자는 채권자와 다른 연대채무자의 1인 사이에 발생한 상계를 채무총액에서 상계를 한 연대채무자의 부담부분만큼 감액하기 위하여 이용할 수 있다.

56) 프랑스민법 제1335조: (1) 채권자와 연대채무자 중 1인 사이에서 발생한 경개는 다른 연대채무자를 면책시킨다.

57) 프랑스민법 제1350-1조: (1) 연대채무자의 1인에 대한 채무면제의 동의는 그의 부담부분에 한하여 다른 연대채무자를 면책시킨다.

58) 프랑스민법 제1349-1조: (1) 수인의 채무자 사이 또는 수인의 채권자 사이에 연대가 있는 경우, 그리

면제(C.c. Art. 1316) 등의 경우에 절대적 효력을 인정하고 있다.

독일민법은 변제·대물변제·공탁·상계(BGB §422),[59] 채권자지체(BGB §424)[60]의 5가지 사유에 한하여 절대적 효력을 인정하고 있다.

우리 민법은 1804년의 프랑스민법이나 일본민법(구 의용민법)과 마찬가지로 공동연대적인 연대채무제도를 채택함으로써, 독일민법이나 현행 프랑스민법은 물론 구 의용민법보다도 넓은 범위에 걸쳐서 절대적 효력을 인정하고 있다.

(2) 절대적 효력이 인정되는 경우

민법은 연대채무자 중 1인의 변제(413조)·이행청구(416조)·경개(417조)·상계(418조)·면제(419조)·혼동(420조)·소멸시효(421조)·채권자지체(422조)의 8가지 사유에 대하여 절대적 효력을 인정하고 있다. 이는 다시 채무 전액에 대하여 절대적 효력이 인정되는 사유와 그 부담부분에 한하여 절대적 효력이 인정되는 경우로 구분할 수 있다.

1) 채권자에게 만족을 주는 사유

연대채무는 채권자에게 만족을 주는 하나의 단일한 급부를 목적으로 하는 것이므로, 변제 및 변제와 동일한 가치가 있다고 할 수 있는 대물변제·공탁·상계·변제의 제공 및 그 효과로서의 채권자지체는 그 전액에 대하여 절대적 효력이 인정된다.

(가) 변 제

연대채무자 중 1인이 채무를 이행(변제)함으로써 채권이 소멸하면 다른 채무자도 채무를 면함은 연대채무의 성질상 당연하다(413조). 즉, 채무의 이행(변제)은 절대적 효력이 있다. 일부변제의 경우에도 변제한 금액의 범위에서 절대적 효력이 있다.

(나) 대물변제·공탁

독일민법 제422조 제1항[61]과 같은 명문규정은 없으나, 우리 민법의 해석상으로도 대물변제(466조)와 공탁(487조)은 채권자에게 만족을 줌으로써 채무를 소멸하게 하여 연대채무의 궁극적 목적을 달성케 하는 것이므로, 대물변제와 공탁이 절대적 효력을 가진다고 해석하여야 할 것이다.

고 그들 중 어느 한 사람에게만 혼동이 발생한 경우에는, (채무 또는 권리의) 소멸은 그의 부담부분에 관하여 발생한다.

59) 전게 주 6 참조.

60) 전게 주 7 참조.

61) 전게 주 6 참조.

(다) 상 계

(A) 연대채무자 중 1인이 자신의 반대채권으로 상계하는 경우

〈설례 1〉 채권자 甲에 대하여 乙과 丙이 연대하여 100만원의 대여금채무를 부담하고 있는데, 甲에 대하여 100만원의 반대채권을 가지고 있는 乙이 그 반대채권을 가지고 자신의 채무와 상계하였다.

상계도 변제와 마찬가지로 채권자를 만족시켜 채권을 소멸하게 하는 것이므로(493조 2항), 상계에 절대적 효력이 인정되는 것은 이론상 당연하다. 이러한 취지에서 민법은 '어느 연대채무자가 채권자에 대하여 채권이 있는 경우에 그 채무자가 상계한 때에는 채권은 모든 연대채무자의 이익을 위하여 소멸한다'고 규정함으로써, 상계의 절대적 효력을 명문으로 인정하고 있다(418조 1항). 그러므로 위 <설례 1>에서 연대채무자의 1인인 乙의 상계에 의하여 다른 연대채무자 丙도 채무를 면한다. 나아가 판례는 상계의 절대적 효력의 법리를 확대적용하여, ① '중첩적 채무인수인이 채권자에 대한 반대채권으로써 상계한 경우에는 다른 채무자의 채무도 소멸한다'고 하며(대법원 1997.4.22.선고, 96다56443 판결 등),[62] ② '손해보험에서 보험자가 자신의 피해자에 대한 반대채권으로 피해자의 보험자에 대한 손해배상채권과 상계한 경우, 그 상계로 인한 손해배상채권 소멸의 효력은 피보험자에게도 미친다'고 한다(대법원 1999.11.26.선고, 99다34499 판결 등).

■ **보험자가 자신의 피해자에 대한 반대채권으로 피해자의 보험자에 대한 손해배상채권과 상계한 경우, 그 상계로 인한 손해배상채권 소멸의 효력이 피보험자에게도 미치는지 여부**(적극) 상법 제724조 제2항의 규정에 의하여 인정되는 피해자의 보험자에 대한 손해배상채권과 피해자의 피보험자에 대한 손해배상채권은 별개 독립의 것으로서 병존한다고 하더라도, 위 각 채권은 피해자에 대한 손해배상이라는 단일한 목적을 위하여 존재하는 것으로서 객관적으로 밀접한 관련공동성이 있으므로, 그중 하나의 채권이 만족되는 경우에는 특별한 사정이 없는 한 다른 채권도 그 목적을 달성하여 소멸한다고 보아야 할 것인바, 보험자가 자신의 피해자에 대한 반대채권을 스스로 행사하여 상계를 한 경우에는 상계한 금액의 범위 내에서 피해자에 대한 변제가 이루어진 것과 같은 경제적 효과가 달성되어 피해자를 만족시키게 되므로, 그 상계로 인한 손해배상채권 소멸의 효력은 피보험자에게도 미친다. (대법원 1999.11.26.선고, 99다34499 판결)[63]

(B) 연대채무자 중 1인이 타인의 반대채권으로 상계하는 경우 민법은 '상계할 채권이 있는 연대채무자가 상계하지 아니한 때에는 그 채무자의 부담부분에 한하여 다른 연대채무자가 상계할 수 있다'고 규정함으로써(418조 2항), 상계할 채권이 없는 다른 연대채무자의 상계권까지 인

---

62) 판례평석: 오수원, "중첩적 채무인수의 법적 성질과 인수인의 상계", 법조 56권 1호(법조협회, 2007/1), 246 이하. 같은 취지: 대법원 1999.11.26.선고, 99다34499 판결; 대법원 2009.2.26.선고, 2008다76006 판결.

63) 판례평석: 이연갑, "책임보험에 있어서 직접청구권과 상계의 효력", 민사판례연구(24)(민사판례연구회, 2002/ 1), 231 이하; 양승규, "피해자의 책임보험자와 피보험자에 대한 채권관계", 손해보험 379호(대한손해보험협회, 2000/6), 58 이하.

정하고 있다. 그러므로 앞의 <설례 1>에서 채권자 甲에 대한 반대채권을 가지고 있는 연대채무자 乙이 상계하지 아니한 때에는 다른 연대채무자 丙이 乙의 부담부분의 범위 내에서 乙의 반대채권을 가지고 상계할 수 있다(대법원 1983.10.11.선고, 83다카542 판결).[64] 나아가 연대채무자 중 1인이 파산한 경우, 그 채무자가 파산선고 당시에 파산채권자에 대한 반대채권을 가지고 있는 때에는 파산절차에 의하지 아니하고 상계할 수 있으므로(채무자회생법 416조), 연대채무자는 파산한 다른 연대채무자의 부담부분에 한하여 상계할 수 있다고 해석된다.[65] 다만, '부진정연대채무에 있어서는 채무자 사이에 고유의 의미에 있어서의 부담부분이 존재하지 아니하므로, 어느 채무자가 채권자에 대하여 상계할 채권을 가지고 있음에도 불구하고 상계를 하지 않고 있다 하더라도 다른 채무자가 그 채권을 가지고 상계할 수 없다'는 것이 판례의 입장이다(대법원 1994.5.27.선고, 93다21521 판결). 여기서 다른 연대채무자의 상계권을 행사하는 경우에도 그 상계의 수동채권은 여전히 원래의 상계권자인 연대채무자에 대한 채권이며, 실제로 상계권을 행사하는 다른 연대채무자에 대한 채권이 상계의 수동채권이 되는 것은 아니다(대법원 1994.5.27.선고, 93다21521 판결).

상계에 의하여 채권은 목적을 달성하여 소멸하는 것이므로(493조 2항), 반대채권을 가지고 있는 연대채무자 본인이 상계한 경우에 절대적 효력이 인정되는 것은 이론상 당연하나, '반대채권이 없는 다른 연대채무자에게까지 절대적 효력이 인정되는 상계의 권리를 인정하는 것은 과연 타당한가, 그리고 그 이론적 근거는 도대체 무엇인가? 하는 것이 문제된다.

민법이 다른 연대채무자의 상계권의 행사를 허용한 것에 대하여, 학설은 일반적으로 '반대채권을 가진 채무자를 보호하고 구상관계 등 복잡한 법률관계를 간략하게 처리하기 위한 것'이라고 설명하고 있으나,[66] 단독행위인 상계를 할 수 있는 타인의 권리를 행사할 수 있도록 한 것은 연대채무의 특성을 고려하더라도 지나친 것이라고 생각된다.

이 문제에 대한 입법례를 보더라도 다른 연대채무자의 상계권을 행사하는 것을 허용하는 경우는 찾기 어렵다. 예컨대, 독일민법은 명문규정을 두어 다른 연대채무자의 상계를 아예 불허하고 있으며(BGB §422 Ⅱ),[67] 프랑스민법은 채무 전액을 소멸시킬 수 있는 경우에 한하여 다른 연대채무자의 상계의 항변을 허용하고 있을 뿐이다(C.c. Art. 1315).[68]

(라) 변제의 제공 및 그 효과로서의 채권자지체

연대채무자 중의 1인이 한 변제의 제공을 채권자가 수령하면 채무소멸의 효과가 발생하

64) 판례평석: 김대정, "연대채무의 효력 I -상계의 절대적 효력-", 민법판례해설Ⅲ(채권총론), 198 이하.
65) 현승종, 240 참조.
66) 곽윤직, 172; 김형배, 462; 현승종, 240 참조.
67) 전게 주 6 참조.
68) 전게 주 15 참조.

고(변제), 이는 모든 연대채무자를 위하여 효력이 생긴다(413조). 따라서 변제의 제공과 그 효과인 채권자지체에 대해서도 절대적 효력이 인정되는 것이 논리적이다. 민법은 제422조에서, '어느 연대채무자에 대한 채권자의 지체는 다른 연대채무자에게도 효력이 있다'고 규정함으로써 채권자지체의 절대적 효력을 인정하고 있는바, 채권자지체는 채무자의 변제제공에 의하여 성립하는 것이므로, '민법은 변제의 제공에 대해서도 절대적 효력을 인정하고 있다'고 해석하여야 할 것이다.[69]

2) 채권의 효력을 강화하기 위하여 특별히 인정된 사유

(가) 이행청구

민법은 제416조에서 '어느 연대채무자에 대한 이행청구는 다른 연대채무자에게도 효력이 있다'고 규정함으로써 이행청구의 절대적 효력을 인정하고 있다. 이는 채권의 효력을 강화하기 위하여 특별히 인정한 규정으로서,[70] 연대채무자의 1인에 대한 이행청구의 소제기(C.c. Art. 1206)[71] 및 최고(C.c. Art. 2249 I)[72]의 효력으로 발생하는 시효의 중단 및 이행지체의 효과(C.c. Art. 1207)[73]에 대하여 절대적 효력을 인정하고 있었던 개정 전 프랑스민법의 입법주의를 계수한 일본민법(구 의용민법) 제434조[74]를 계승한 것이라고 할 수 있다. 참고로 독일민법은 연대채무자의 1인에 대한 채권자의 이행청구에 절대적 효력을 인정하지 않는다(BGB §425).[75]

(나) 이행청구에 의한 이행지체와 소멸시효의 중단

민법은 제416조에서 「이행청구」의 절대적 효력에 대해서만 규정하고 있으나, '채권자의 이행청구에 의한 채무자의 이행지체(387조 2항)와 소멸시효의 중단(168조 1호)도 절대적 효력을 가진다'고 해석하여야 할 것이다.[76] 예컨대, 채권자 甲에 대하여 乙과 丙이 연대하여 100만원의 금전채무를 지고 있는 경우에, 채권자 甲이 乙에 대해서 채무의 이행을 청구하면 직접 이행청구를 받지 아니한 丙에 대해서도 이행지체 및 시효중단의 효력이 발생한다. 다만, 채권자

69) 同旨: 곽윤직, 172; 현승종, 240 참조.

70) 同旨: 민법주해(10)/차한성, 99; 현승종, 240 참조.

71) 개정 전 프랑스민법 제1206조: 연대채무자 중 1인에 대한 제소는 모든 연대채무자를 위하여 시효중단의 효력이 있다.

72) 개정 전 프랑스민법 제2249조: (1) 연대채무자 중 1인에 대하여 앞의 규정에 따라 행해진 최고 또는 연대채무자 중 1인에 의한 승인은 다른 모든 연대채무자와 그 상속인에 대하여 시효를 중단시킨다.

73) 개정 전 프랑스민법 제1207조: 연대채무자 중 1인에 대한 지연이자의 청구는 모든 연대채무자를 위하여 효력이 있다.

74) 일본민법(구 의용민법) 제434조: 연대채무자의 1인에 대한 이행의 청구는 다른 채무자에 대하여도 그 효력이 생긴다.

75) 독일민법 제425조(기타 사항의 효력) (1) 제422조 내지 제424조까지 규정한 사항 이외의 사항은 채권관계로부터 달리 해석되지 않는 한, 그 사항이 발생한 연대채무자에 대하여서만 효력이 생긴다. (2) 전항의 규정은 특히 해지통고, 지체, 과실, 연대채무자의 1인에 대하여 발생한 급부불능, 소멸시효, 그 중단 및 정지, 채권채무의 혼동 및 확정판결에 적용한다.

76) 同旨: 곽윤직, 172; 김상용, 282~283; 이은영, 520; 현승종, 240 참조.

의 이행청구에 의한 이행지체 및 시효중단에 절대적 효력이 인정되기 위해서는 다른 연대채무자의 채무도 이행기가 도래하고 있어야 한다. 즉, 각 연대채무가 이행기를 달리하는 경우에는, 연대채무자 중 1인에 대하여 이행청구를 하더라도 아직 이행기가 도래하지 아니한 채무에 대해서는 이행청구의 절대적 효력(이행지체 및 시효중단)이 미치지 않는다.[77] 대법원도 '채권자가 연대채무자 중 1인이 소유하는 부동산에 대하여 최고로서의 효력을 가지는 경매신청을 한 경우에는 다른 연대채무자에게도 효력이 있으므로, 채권자가 최고 후 6개월 이내에 그 다른 연대채무자를 상대로 재판상 청구를 한 때에는 그 다른 연대채무자에 대한 채권의 소멸시효가 중단된다'고 판시함으로써, 이러한 법리를 승인한 바 있다(대법원 2001.8.21. 선고, 2001다22840 판결).

학설 중에는 '채권자의 이행청구와 이를 이유로 하는 소멸시효의 중단에 절대적 효력을 인정하는 채무자에게 불이익이 큰 것이므로 입법론상 검토의 여지가 있다'는 견해가 있다.[78] 그러나 민법이 연대채무자 1인에 대한 이행청구에 절대적 효력을 인정한 이유는, 연대채무자 1인에게 생긴 사유의 절대적 효력을 광범위하게 인정함으로써 연대채무의 담보력이 약화되는 우리 민법의 문제점을 보완하는 기능을 수행하도록 한 것이므로,[79] 이행청구에 절대적 효력을 부여한 제416조에 대하여 부정적으로 판단할 것은 아니라고 생각한다.

3) 법률관계의 간편한 결제를 위하여 특별히 인정한 사유

(가) 경 개

민법은 '어느 연대채무자와 채권자 간에 채무의 경개가 있는 때에는 채권은 모든 연대채무자의 이익을 위하여 소멸한다'고 규정함으로써(417조), 경개에 절대적 효력을 부여하고 있다. 그러므로 앞의 <설례 1>에서 연대채무자 乙이 甲과 사이에 경개계약을 체결하여 100만원의 연대채무에 갈음하여 자기의 자동차 소유권을 채권자 甲에게 넘겨주기로 약정한 경우에는, 위 경개계약의 효력으로 乙의 연대채무가 소멸함과 동시에 다른 연대채무자 丙의 채무도 소멸한다. 다만, '경개의 절대적 효력을 인정한 제417조는 법률관계를 간편하게 결제하기 위하여 당사자의 의사를 추측하여 둔 임의규정에 불과하므로, 당사자 사이에 다른 약정이 있는 경우에는 그 특약은 유효하다'고 해석되고 있다.[80]

우리 민법 제417조는 개정 전 프랑스민법 제1281조 제1항의 규정[81]을 계수한 일본민법(구 의용민법) 제435조[82]를 그대로 계승한 것인데, 이에 대해서는 '경개계약에 절대적 효력을

77) 同旨: 곽윤직, 172; 김상용, 283; 현승종, 240 참조.
78) 김증한/김학동, 231; 현승종, 240 참조.
79) 김상용, 283 참조.
80) 同旨: 민법주해(10)/차한성, 104; 곽윤직, 173; 김증한/김학동, 232; 김형배, 462; 현승종, 241 참조.
81) 개정 전 프랑스민법 제1281조: (1) 채권자와 연대채무자 중 1인 사이에 행하여진 경개에 의하여 다른 공동채무자들도 면책된다.

인정함으로써 연대채무의 효력을 약화시키는 우리 민법 제417조는 불합리하다'는 입법론적 비판도 제기되고 있다.[83]

(나) 면 제

민법은 제419조에서, '어느 연대채무자에 대한 채무면제는 그 채무자의 부담부분에 한하여 다른 연대채무자의 이익을 위하여 효력이 있다'고 규정하고 있다. 그러므로 앞의 <설례 1>에서 乙과 丙이 균등한 비율로 甲에 대하여 100만원의 연대채무를 부담하고 있었는데 甲이 乙의 채무를 면제한 경우에는, 다른 연대채무자 丙도 乙의 부담부분인 50만원의 범위에서 면책된다(즉, 甲은 여전히 丙에 대해서 50만원의 범위 내에서 채권을 행사할 수 있다).

이와 같이 채무를 면제받은 연대채무자의 부담부분의 한도에서 절대적 효력을 인정하고 있는 우리 민법 제419조는 개정 전 프랑스민법의 규정(C.c. Art. 1285(2))[84]을 계수한 일본민법(구 의용민법) 제437조[85]를 계승한 것으로서,[86] 연대채무자 사이에 복잡한 구상관계가 발생하는 것을 막으려는 취지의 규정이라고 할 수 있다. 그러나 동조는 연대채무자 사이에 「분별(分別)의 이익」[87]을 인정하는 결과를 초래하여 연대채무의 담보적 기능을 감소시킨다는 점에서 문제가 있다. 나아가 면제된 채무자만이 부담부분을 가지고 있는 경우에는 다른 연대채무자는 채무 전액을 면제받게 되는 결과가 된다. 학설 중에는 이러한 이유를 들어, '채권자가 연대채무자의 부담부분의 비율이 균등하지 않다는 것을 알 수 있었을 경우에 한하여 제419조가 적용된다'고 해석하는 견해도 있다.[88] 그러나 이는 제419조의 문리상 해석의 범위를 벗어나는 무리한 해석이라고 할 것이므로, '면제의 절대적 효력은 면제받은 채무자의 부담부분을 채권자가 알았는지 여부에 관계없이 적용된다'고 할 것이다.[89] 다만, 면제는 채권자에게 만족을 주는 사유라고 볼 수 없으므로, 당사자 사이에 다른 약정이 있는 경우에는 그 특약은 유효하다고 해석되고 있다(대법원 1992.9.25.선고, 91다37553 판결). 즉, 제419조는 임의규정이라고 보아야 한다.

---

82) 구 의용민법 제435조: 연대채무자의 1인과 채권자 사이에 경개가 있는 때에는 채권은 모든 채무자의 이익을 위하여 소멸한다.

83) 민법주해(10)/차한성, 103 이하 참조.

84) 개정 전 프랑스민법 제1285조: (1) 연대채무자 중 1인의 이익을 위한 약정에 의한 채무면제 또는 면책은, 채권자가 다른 연대채무자에 대한 권리를 명시적으로 유보하지 않은 이상, 다른 모든 채무자를 면책시킨다. (2) 이 후자의 경우에는, 채권자는 면제한 채무자의 부담부분을 공제한 잔액에 한하여 이행을 청구할 수 있다.

85) 일본민법(구 의용민법) 제437조: 연대채무자의 1인에 대하여 한 채무의 면제는 그 채무자의 부담부분에 대하여서만 다른 채무자의 이익을 위하여 그 효력이 생긴다.

86) 프랑스민법과 달리, 독일민법은 '채권자가 모든 채무관계를 소멸시킬 의사를 가지고 연대채무자 중 1인과 사이에 한 면제계약'에 한하여 절대적 효력을 인정하고 있다(BGB §423).

87) 「분별의 이익」이라 함은 '분할채무로 변경된 것과 마찬가지 상태가 되는 것'을 의미한다.

88) 곽윤직, 167; 김증한/김학동, 232 참조.

89) 同旨: 현승종, 241 참조.

(A) 일부면제의 경우, 절대적 효력의 범위 채무의 일부면제의 경우에도 면제의 절대적 효력은 인정된다. 문제는 '일부면제의 절대적 효력은 면제받은 연대채무자의 부담부분의 한도에서 발생하는가, 아니면 전부면제를 한 경우에 대한 비율로 그 부담부분에 관하여 발생하는가?' 하는 것인데, '우리 민법이 면제에 절대적 효력을 인정함으로써 연대채무의 담보적 효력을 약화시키는 문제가 있다'는 비판이 있음을 고려하여, '전부면제를 한 경우에 대한 비율로 그 부담부분에 관하여 절대적 효력을 가진다'고 해석하는 것이 타당하다고 할 것이다. 예컨대, 앞의 <설례 1>에서, 甲이 乙의 100만원의 연대채무 중 50만원만 면제한 경우에는, 전부면제를 한 경우에 대한 비율(50만/100만원)로 그 부담부분에 관하여 절대적 효력을 가진다고 할 것이므로, 25만원의 범위에서 절대적 효력이 발생한다. 다만, 채권자가 연대채무자 전원에 대한 채무면제의 의사를 가지고 채무자 중 1인에 대하여 채무면제의 의사표시를 한 경우에는, 그 채무자가 면제의 의사표시를 수령할 대리권이 없더라도 모든 채무자에 대하여 면제의 효력이 발생한다.

(B) 부진정연대채무의 경우 연대채무자 사이에 연대의 합의가 없는 '부진정연대채무에 있어서도 면제의 절대적 효력을 규정한 제419조가 적용될 수 있는가?' 하는 것이 문제된다. 이에 대하여, 판례는 '부진정연대채무자 상호간에 채권의 목적을 달성시키는 변제와 같은 사유는 채무자 전원에 대하여 절대적 효력을 발생하지만 그 밖의 사유는 상대적 효력을 발생하는 데에 그치는 것이므로, 충돌사고로 피해를 입은 승객이 가해자 중의 1인에 대하여 손해배상에 관한 권리를 포기하거나 채무를 면제하는 의사표시를 하였다고 하더라도 다른 채무자에 대하여 그 효력이 미치지 않는다'는 입장을 취하고 있다(대법원 1993.5.27.선고, 93다6560 판결 등).[90]

(다) 혼 동

우리 민법은 제420조에서, '어느 연대채무자와 채권자간에 혼동이 있는 때에는 그 채무자의 부담부분에 한하여 다른 연대채무자도 의무를 면한다'고 규정하고 있다. 그러므로 앞의 <설례 1>에서 연대채무자 중의 1인인 乙이 甲의 채권을 양수하거나 상속함으로써 혼동이 발생하여 甲으로부터 양수 또는 상속한 乙의 채권이 소멸하게 되면(507조), 乙의 부담부분인 50만원의 한도에서 다른 연대채무자 丙도 채무를 면한다(420조). 그러므로 丙은 채권자 甲의 채권을 승계하여 혼동을 일으킨 다른 연대채무자 乙에 대하여 나머지 50만원의 채무만을 부담하게 된다. 그러나 혼동은 변제와는 달리 채무자의 출연행위에 의하여 채권자를 만족시킨 것은 아니므로, '혼동에 의하여 채권자의 지위를 승계한 채무자가 그 부담부분에 한하여 채무가 소멸한 다른 연대채무자에 대하여 구상권을 행사할 수는 없다'고 해석된다.[91]

---

90) 판례평석: 김용균, "부진정연대채무자의 1인에 대한 면제의 효력", 대법원판례해설 19-1호(법원행정처, 1993/12), 94 이하. 같은 취지: 대법원 1997.10.10.선고, 97다28391 판결; 대법원 1997.12.12.선고, 96다50896 판결.

연대채무에 있어서 연대채무자 중 1인에게 발생한 혼동의 절대적 효력의 인정 여부에 대해서는 세 가지 입법주의가 대립하고 있다. 즉, ① 혼동의 절대적 효력을 전혀 인정하지 않는 독일민법의 입법주의(BGB §425 Ⅱ),[92] ② 부담부분의 한도에서 절대적 효력을 인정하는 프랑스민법의 입법주의(C.c. Art. 1301),[93] ③ 변제와 마찬가지로 혼동에 절대적 효력을 인정하는 일본민법(구의용민법)의 입법주의(구 의용민법 438조)[94]가 그것이다.[95] 우리 민법은 구 의용민법과는 달리 프랑스민법의 입법주의에 따라 부담부분의 한도에서 혼동의 절대적 효력을 인정하는 입법주의를 채택하였다.

(라) 소멸시효의 완성

민법은 제421조에서, "어느 연대채무자에 대하여 소멸시효가 완성한 때에는 그 부담부분에 한하여 다른 연대채무자도 의무를 면한다"고 규정함으로써, 소멸시효가 완성된 채무자의 부담부분에 한하여 절대적 효력을 인정하고 있다. 각 연대채무자의 채무는 별개·독립의 채무이므로 그 태양을 달리할 수 있고, 이행청구 이외의 소멸시효의 중단사유(압류·가압류·가처분, 채무의 승인)에 대해서는 절대적 효력이 인정되지 않으므로, 연대채무자 중 1인에 대하여서만 소멸시효가 완성하는 경우가 있을 수 있다. 그러므로 앞의 <설례 1>에서 연대채무자 중의 1인인 乙의 채무의 소멸시효가 丙의 채무의 소멸시효보다 먼저 완성된 경우, 다른 연대채무자 丙도 乙의 부담부분인 50만원의 한도에서 채무를 면하고, 채권자 甲에 대하여 나머지 50만원의 채무만을 부담하게 된다.

우리 민법 제421조는 구 의용민법 제439조[96]를 계승한 것인데, 구 의용민법이 소멸시효 완성에 절대적 효력을 부여한 것은, '소멸시효완성에 상대적 효력만을 인정하더라도 결국 채무를 변제한 다른 연대채무자로부터 부담부분의 구상을 당하게 되므로, 당사자 사이의 법률관계를 간편하게 결제하도록 하기 위한 것'이라고 한다.[97] 그러나 소멸시효 완성에 절대적 효력을 부여한 결과, '채권자가 변제자력이 있는 채무자로부터 변제를 받을 생각으로 변제자

91) 구 의용민법하에서는 혼동이 있는 경우에는 변제와 마찬가지로 다른 연대채무자는 채무를 완전히 면하는 것으로 규정하고 있었으므로(동법 438조), '혼동에 의하여 채권자를 승계한 연대채무자는 채무를 면한 다른 연대채무자에게 구상권을 행사할 수 있다'고 해석되었다(我妻榮, 423 참조).

92) 전게 주 9 참조.

93) 개정 전 프랑스민법 제1301조: 주채무자에게 발생한 인적 혼동은 보증인의 이익이 된다; -보증인에게 발생한 인적 혼동은 결코 주채무의 소멸을 야기하지 않는다; -채권자에게 발생한 인적 혼동은 채무자의 부담부분에 한하여 그의 연대채무자에게 이익이 된다.

94) 구 의용민법 제438조: 연대채무자의 1인과 채권자와의 사이에 혼동이 있는 때에는, 그 채무자가 변제한 것으로 간주한다.

95) 2017년에 개정된 일본민법도 구 의용민법과 마찬가지로, '연대채무자의 1인과 채권자 사이에 혼동이 있는 때에는, 그 연대채무자는 변제를 한 것으로 간주한다'고 규정하고 있다(개정 일본민법 440조).

96) 구 의용민법 제439조: 연대채무자의 1인을 위하여 시효가 완성한 때에는 그 채무자의 부담부분에 대하여는 다른 채무자도 역시 그 의무를 면한다.

97) 註釋民法理由, 146 참조.

력이 없는 채무자에 대한 시효의 중단을 게을리 하고 있었는데, 변제자력이 없는 채무자에 대하여 소멸시효가 완성함으로 인하여 그 부담부분에 관하여 변제자력이 있는 다른 채무자의 채무도 소멸한다는 것은 타당성이 없다'는 비판과 함께,[98] '만약 소멸시효가 완성한 연대채무자만이 부담부분을 가지고 있다면, 다른 채무자에 대하여 시효중단의 사유가 있더라도 채권은 완전히 소멸하게 되어 채권자에게 가혹한 결과가 되는데, 이는 타당성이 없다'는 입법론상의 비판이 있다.[99]

판례는 '공동불법행위자 사이의 부진정연대채무에 있어서는 소멸시효의 절대적 효력을 인정한 제421조의 규정은 적용되지 않으므로, 공동불법행위자 중 1인의 손해배상채무가 시효로 소멸한 후에 다른 공동불법행위자 1인이 피해자에게 자기의 부담부분을 넘는 손해를 배상하였을 경우에는 그는 소멸시효가 완성된 공동불법행위자에게 구상권을 행사할 수 있다'고 한다(대법원 1997.12.23. 선고, 97다42830 판결 등).[100]

(3) 상대적 효력만 인정되는 경우

절대적 효력이 인정되는 경우를 제외하고는 연대채무자 중 1인에게 생긴 사유는 다른 연대채무자에게 효력이 없다(423조). 이를 연대채무에 있어서 「효력의 상대성의 원칙」이라고 한다. 그러나 제423조는 임의규정이므로, 특정한 사유에 절대적 효력을 발생시키기로 하는 당사자의 특약은 유효하다. 문제가 되는 것은 다음과 같은 경우이다.

1) 이행청구 이외의 사유에 의하여 소멸시효가 중단·정지된 경우

전술한 바와 같이, 연대채무자 중 1인에 대한 이행청구는 절대적 효력이 있으므로(416조), 연대채무자 중 1인에 대한 이행청구에 의하여 다른 연대채무자의 소멸시효의 진행도 중단된다. 그러나 연대채무자 중 1인에 대한 압류·가압류·가처분, 채무의 승인 등 그 밖의 소멸시효의 중단·정지사유는 다른 연대채무자의 소멸시효의 진행을 방해하지 않는다. 대법원도 '압류에 의한 시효중단의 효력은 다른 연대채무자에게 미치지 아니하므로, 경매개시결정에 의한 시효중단의 효력을 다른 연대채무자에 대하여 주장할 수 없다'고 판시한 바 있다(대법원 2001.8.21. 선고, 2001다22840 판결).

---

98) 곽윤직, 168; 김증한/김학동, 233 참조.

99) 김증한/김학동, 233; 현승종, 242 참조. 우리 민법은 소멸시효의 중단사유인 이행청구에 절대적 효력을 인정하고 있으므로 이러한 불합리는 어느 정도 구제될 수 있다고 할 수 있으나, 이행청구 이외의 중단사유에는 절대적 효력이 인정되지 아니하므로, 채권자가 채무자의 부담부분을 알지 못하는 경우에는 채권자에게 예측하지 못한 불이익을 주게 된다(곽윤직, 168 참조).

100) 판례평석: 정태윤, "공동불법행위에서 1인에 대하여 발생한 시효완성의 효력", 비교사법 6권 1호(한국비교사법학회, 1999/6), 189 이하. 같은 취지의 판결: 대법원 1996.3.26. 선고, 96다3791 판결; 대법원 1997.12.23. 선고, 97다42830 판결.

2) 채무자의 과실 및 채무불이행

연대채무자 중 1인에게 과실이 있거나 그의 귀책사유로 인하여 채무불이행이 성립되더라도 다른 연대채무자에게 과실이 있는 것으로 다루어지거나 채무불이행책임을 발생시키지는 않는다. 다만, 연대채무자의 1인에 대한 채권자의 이행청구로 인한 이행지체에는 절대적 효력이 인정된다(416조).

3) 채권양도와 그 대항요건

'연대채무자 중 1인에 대한 채권이 양도된 때에는 연대채무자 전원에 대한 채권이 양도된 것으로 해석하는 것이 당사자의 의사에 부합한다'고 할 수 있으나, 연대채무자의 채무는 별개·독립의 것이므로, 연대채무자 중 1인에 대한 채권만을 독립하여 양도할 수도 있다. 이 경우에는 채권양도의 효력은 그 채무자에 대한 상대적인 것에 그친다. 즉, 채권의 양수인은 그 채무자에 대해서만 채무 전부의 급부를 청구할 수 있을 뿐이다. 또한 연대채무자 전원에 대한 채권이 양도된 경우에도 그 대항요건은 상대적 효력이 있을 뿐이므로, 각 연대채무자에 대하여 개별적으로 대항요건을 갖추어야 한다.

4) 확정판결

연대채무자 중 1인에 대한 확정판결은 승소판결이든 패소판결이든 관계없이 다른 연대채무자에 대하여 효력이 없다.

5) 기타 사유

제416조 내지 제422조에서 규정한 사항 이외의 사항은 모두 상대적 효력만을 가진다(423조). 다만, 제423조는 임의규정에 불과하므로 당사자의 특약에 의하여 절대적 효력을 발생시킬 수 있음은 전술한 바와 같다.

3. 연대채무자 사이의 구상관계

(1) 구상권의 인정근거

민법은 "어느 연대채무자가 변제 기타 자기의 출재로 공동면책이 된 때에는 다른 연대채무자의 부담부분에 대하여 구상권을 행사할 수 있다"고 규정하고 있다(425조 1항). 원래 연대채무는 여러 명의 채무자가 채무의 전부를 각자 이행할 의무이므로(413조), 연대채무자의 1인이 채무 전부를 이행하더라도 이는 자기의 채무를 변제한 것에 지나지 않는다. 그러나 '연대채무는 부담부분에 의하여 출연을 분담하여 채무를 변제한다는 주관적 공동목적을 가지는 것이고, 자기의 부담부분을 초과하여 채무를 변제하는 것은 연대채무의 내부관계에 있어서는 실질적으로 타인의 채무를 변제하는 것으로 볼 수 있으므로, 연대채무자에게 구상권이 인정되는 것은 이론상 당연하다'고 보는 것이 통설적 견해인 「주관적 공동관계설」의 설명이다.[101)]

이러한 통설적 견해와는 달리, 「상호보증관계설」의 입장에서는 '연대채무자 상호간에 있어서는 각자의 부담부분에 관하여는 실질적으로 주채무자의 지위에 있고, 다른 채무자의 부담부분에 관하여는 보증인의 지위에 있으므로, 구상권은 자기의 부담부분을 초과하여 변제한 연대채무자의 1인은 보증인과 유사한 지위에서 타인의 채무를 이행하였다는 데서 그 인정근거를 찾아야 한다'고 주장한다.[102]

후술하는 바와 같이, 부진정연대채무자의 구상권을 인정하는 판례의 입장을 고려할 때, 연대채무자의 구상권 인정의 근거에 관한 이론은 부진정연대채무까지 포섭할 수 있는 것이어야 할 것이다. 그러나 연대채무자의 상호간의 출재의 분담이라는 주관적 공동관계에서 구상권의 근거를 찾는 「주관적 공동관계설」이나, 연대채무자 상호간의 보증관계에서 구상권의 근거를 찾는 「상호보증관계설」은 둘 다 부진정연대채무자의 구상권이 인정되는 근거를 설명하기 어렵다는 점에서 문제가 있다. 사견으로는, '연대채무자 상호간에 주관적 공동관계가 없는 부진정연대채무에 있어서도 객관적 부담부분의 개념을 인정하여야 하며, 이러한 객관적 부담부분을 넘어서는 연대채무자 1인의 변제는 내부관계에 있어서는 실질적으로 타인채무의 변제로서 부당이득에 해당하며, 구상권은 본질상 부당이득반환청구권의 성질을 가지는 것'이라고 이해하는 것이 적절하다고 생각한다. 그러므로 연대채무자의 구상권에 관한 제425조 이하의 규정은 부당이득반환청구권에 관한 제741조 이하의 규정에 대한 특칙이라고 보아야 할 것이다.

(2) 부담부분

1) 의의 및 법적 성질

「부담부분」이라 함은 '연대채무자 상호간의 내부관계에서 출재(出財)를 분담하는 비율'을 말하는데, 이는 연대채무의 내부적 관계에서 연대채무자 상호간에 합의되거나 법률의 규정에 의하여 인정된 각 채무자의 고유한 채무 부분이라고 보아야 할 것이다.[103]

2) 부담부분의 비율

부담부분의 비율은 당사자의 약정으로 정하는 것이 원칙이며, 당사자의 특약이 없는 경우에는 각 연대채무자가 연대채무로부터 받는 이익의 비율에 의하여 정하여진다고 할 것이다. 이러한 기준에 의하여 부담부분을 정할 수 없는 경우에는 연대채무자의 부담부분은 균등한 것으로 추정한다(424조). 그러나 '부진정연대채무관계에 있는 공동불법행위자 상호간의 부담부분은 가해원인의 제공비율에 의하여 객관적으로 정하여진다'고 해석하여야 할 것임은 후

101) 곽윤직, 169; 김상용, 291; 송덕수, 316; 현승종, 244 참조.
102) 김형배, 470; 이은영, 532 참조.
103) 다만, 「상호보증관계설」의 입장에서는 부담부분은 연대채무자 자신의 고유의무이며, 부담부분을 초과한 나머지 부분에 대한 변제의무는 담보의무로 파악한다(이은영, 529 참조).

술하는 바와 같다. (☞ [91] 부진정연대채무)

3) 부담부분의 변경

위의 기준(약정, 이익의 비율)에 의하여 부담부분이 정해진 후에도 채무자 사이의 합의가 있으면 부담부분은 변경될 수 있는 것이나, 연대채무자 1인에 대한 면제·혼동·소멸시효의 완성과 같이, 부담부분의 범위 내에서 절대적 효력이 생기는 경우는 부담부분의 변경은 채권자의 이해관계에 중대한 영향을 미치게 되므로, 연대채무자 상호간의 합의에 의한 부담부분의 변경으로써 채권자에게 대항할 수 있기 위하여서는 채권자의 이익을 보호할 수 있는 일정한 요건을 필요로 한다고 보아야 할 것이다. 이에 관하여는, ① '채권자에 대한 통지만 있으면 된다'는 견해,[104] ② '채권양도에 관한 규정을 유추적용하여, 채무자가 부담부분의 변경을 채권자에게 통지하거나 채권자의 승낙을 얻어야 채권자에게 대항할 수 있다'는 견해,[105] ③ '채권양도에 관한 규정을 유추적용하여야 하나, 채권자에 대한 통지만으로는 부족하며, 반드시 채권자의 승낙이 있어야 대항할 수 있다'는 견해,[106] ④ '채무인수에 관한 제454조의 규정을 유추적용하여, 채권자의 승낙이 필요하다'고 해석하는 견해[107]가 대립하고 있다. 사견으로는, 채무인수에 관한 제454조를 유추적용하여, '연대채무자 사이의 합의에 의한 부담부분을 변경하기 위해서는 채권자의 승낙을 요한다'고 해석하는 견해가 타당하다고 생각한다.

(3) 구상권의 성립요건

1) 변제 기타 출재가 있었을 것

여기서 「출재」라 함은 변제·대물변제·공탁·상계와 같이 적극적으로 재산을 출연하는 경우는 물론, 경개와 같이 소극적으로 새로운 재산적 의무를 부담하는 경우도 포함한다. 그러나 채무의 면제나 소멸시효의 완성과 같은 경우에는 비록 그 채무자의 부담부분의 범위 내에서는 절대적 효력이 인정되어 다른 채무자도 채무를 면하지만, 출재가 없으므로 구상권은 발생하지 않는다. 면제나 소멸시효의 완성과는 달리, '혼동은 변제와 동일시할 수 있으므로 구상권이 발생한다'고 해석하는 견해가 지배적이다.[108] 그러나 혼동을 변제와 같은 출재행위로 볼 수 없을 뿐만 아니라, 현행민법은 '연대채무자의 1인과 채권자와의 사이에 혼동이 있는 때에는 그 채무자는 변제를 한 것으로 간주한다'고 규정하고 있었던 구 의용민법 제438조를 삭제하고, 그 대신에 혼동이 있는 채무자의 부담부분에 한하여 절대적 효력이 발생하는 것으로 바꾸어 규정하였다는 점을 고려하면(420조), '혼동에 의한 구상권은 인정될 수 없다'고 해석

104) 김상용, 292 참조.
105) 곽윤직, 170; 김증한/김학동, 235 참조.
106) 김기선, 218; 김형배, 455 참조.
107) 송덕수, 318; 현승종, 246 참조.
108) 곽윤직, 171; 김상용, 310; 김증한/김학동, 235; 이은영, 509 등 참조.

하여야 할 것이다.

2) 공동면책을 얻었을 것

구상권이 발생하기 위해서는 연대채무자 중 1인의 출재행위로 인하여 모든 채무자를 위하여 공동채무의 전부 또는 일부가 소멸되는 공동면책이 있어야 한다(425조). 즉, 연대채무에 있어서의 구상권은 공동면책이 있은 이후에만 발생하며, 보증채무에서와 같이 사전구상권(442조)은 인정되지 않는다.

3) 공동면책이 출재자의 부담부분을 초과하는 것이어야 하는지의 여부

〈설례 2〉 채권자 甲에 대하여 乙·丙·丁 3인이 균등한 비율로 600만원의 연대채무를 부담하고 있었는데 乙이 300만원을 변제하였다면, 乙은 다른 연대채무자 丙·丁에 대하여 구상권을 행사할 수 있는가?

스위스채무법과 같이, 출재자의 부담부분을 넘는 공동면책을 구상권의 발생요건으로 규정하고 있는 입법례도 있다(OR §148Ⅱ).[109] 이러한 규정을 두고 있지 아니한[110] 우리 민법의 해석론은 대립하고 있다. 즉, ① 스위스민법과 마찬가지로, 공동면책을 얻은 금액이 출재한 연대채무자의 부담부분 이상인 경우에 한하여 구상권이 성립한다'는 견해(편의상 이를 「초과출재요건설」이라고 칭하기로 함),[111] ② '출재액에 대한 부담부분의 비율로 항상 구상권이 발생한다'는 견해(이를 「초과출재불요설」이라고 칭하기로 함),[112] 그리고 ③ '채무액이 확정인 경우에는 「초과출재요건설」이 타당하지만, 공동불법행위로 인한 손해배상채무와 같이 채무액이 불확정인 부진정연대채무에 있어서는 「초과출재불요설」이 타당하다'는 견해[113]가 대립하고 있다.

대법원은 과거 '공동불법행위자 상호간의 관계에서 구상권을 행사하기 위해서는 부담부분을 초과하여 변제한 경우에 한하여 구상권을 행사할 수 있다'는 입장을 취하고 있었는데(대법원 2005.7.8.선고, 2005다8125 판결 등), 최근의 대법원판결 중에는 공동불법행위가 아닌 일반 연대채무에 있어서 구상권의 행사요건으로 「초과출재불요설」의 입장을 취한 사례가 있다(대법원 2013.11.14.선고, 2013다46023 판결).

■ 공동불법행위자 상호간의 구상권 행사의 요건 공동불법행위자는 채권자에 대한 관계에서는 연대책임(부진정연대채무)을 지되, 공동불법행위자들 내부관계에서는 일정한 부담부분이 있고, 이 부담부분은 공동불법행위자의 과실의 정도에 따라 정하여지는 것으로서, 공동불법행위자 중 1인이 자기의 부담부분 이상을 변제하여 공동의 면책을 얻게 하였을 때에는 다른 공동불법행위자에게 그 부담부분의 비율

109) 스위스채무법 제148조 : (2) 자기의 부담부분을 초과하여 급부한 연대채무자는 공동채무자에 대하여 초과하여 지급한 금액을 위한 구상권을 가진다.

110) 다만, 우리 민법은 공동보증인 사이의 구상권에 대해서는 부담부분을 넘는 변제를 구상권의 요건으로 규정하고 있다(448조).

111) 김상용, 293 참조.

112) 민법주해(10)/차한성, 140; 곽윤직, 171; 김형배, 473; 송덕수, 319 참조.

113) 이은영, 534 참조.

에 따라 구상권을 행사할 수 있고, 그 공동불법행위자의 1인이 동시에 피해자이기도 한 경우에도 다른 공동불법행위자가 당해 불법행위로 인해 손해를 입은 제3자에 대해 손해배상금을 지출한 때에는 그중 피해자인 공동불법행위자의 부담 부분에 상응하는 금원에 대해 구상금채권을 가질 수 있다. (대법원 2005.7.8.선고, 2005다8125 판결)[114]

■ **연대채무자가 다른 연대채무자에게 구상권을 행사하기 위해서는 공동면책액이 자기의 부담부분을 초과하여야 하는지 여부**(소극) 민법은 연대보증인 중의 한 사람이 공동면책을 이유로 다른 연대보증인에게 구상권을 행사하려면 '자기의 부담부분을 넘은' 변제를 하였을 것을 그 요건으로 규정하였으나(제448조 제2항), 연대채무자 중의 한 사람이 공동면책을 이유로 다른 연대채무자에게 구상권을 행사하는 데 있어서는 그러한 제한 없이 '부담부분'에 대하여 구상권을 행사할 수 있는 것으로 규정하고 있다(제425조 제1항). 따라서 연대채무자 사이의 구상권행사에 있어서 '부담부분'이란 연대채무자가 그 내부관계에서 출재를 분담하기로 한 비율을 말한다고 봄이 타당하다. 그 결과 변제 기타 자기의 출재로 일부 공동면책되게 한 연대채무자는 역시 변제 기타 자기의 출재로 일부 공동면책되게 한 다른 연대채무자를 상대로 하여서도 자신의 공동면책액 중 다른 연대채무자의 분담비율에 해당하는 금액이 다른 연대채무자의 공동면책액 중 자신의 분담비율에 해당하는 금액을 초과한다면 그 범위에서 여전히 구상권을 행사할 수 있다고 보아야 한다. (대법원 2013.11.14.선고, 2013다46023 판결)

위 <설례 2>에서, 「초과출재요건설」에 따르면 乙은 자기의 부담부분인 200만원을 초과한 100만원에 한하여 구상권을 행사할 수 있으나(따라서 乙은 丙·丁에 대하여 각각 50만원씩 구상할 수 있다), 「초과출재불요설」에 따르면 乙은 출재한 300만원을 부담부분의 비율로 나눈 100만원씩을 丙·丁에게 구상할 수 있게 된다. 만약 乙이 부담부분에 미치는 못하는 150만원만 변제한 경우에는, 「초과출재요건설」에 따르면 구상권이 발생하지 않으나, 「초과출재불요설」에 따르면 이 경우에도 乙은 丙·丁에 대하여 각각 50만원씩을 구상할 수 있게 된다.

「초과출재요건설」은 ① 부담부분은 내부적으로도 채무자가 당연히 부담하여야 하는 채무이므로, 부담부분을 넘지 아니한 공동면책을 이유로 구상권을 인정할 근거가 없다는 점, ② 민법은 공동보증의 경우에는 구상권의 요건으로 부담부분을 초과한 변제를 요구하고 있으므로(448조), 연대채무에 있어서도 공동보증과 마찬가지로 초과출재를 요건으로 한다고 해석하여야 할 것이라는 점, ③ 민법이 면제나 시효완성의 경우에 구상권을 인정하지 않는 것은 이러한 사유가 채권자를 실질적으로 만족시키는 것이 아니라는 이유도 있겠지만, 그와 아울러 자기의 부담부분을 초과하여 면책케 함이 없기 때문이기도 하다는 점, ④ 「초과출재불요설」에 의하면 부담부분에 미치지 못하는 일부변제의 경우에도 항상 구상권이 발생하게 되므로 구상관계가 복잡하게 된다는 점 등을 그 논거로 들고 있다.[115] 이에 반하여, 「초과출재불요설」은 '부담부분은 채무자가 부담하여야 할 금액을 의미하는 것이 아니라 채무액에 대한 일정한 비율에 불과한 것이라고 보아야 하므로, 공동면책을 위한 출재가 있으면 부담부분의

114) 같은 취지: 대법원 1999.2.26.선고, 98다52469 판결; 대법원 2002.9.24.선고, 2000다69712 판결; 대법원 2006.1.27.선고, 2005다19378 판결.
115) 김현태, 197; 김상용, 293 참조.

비율로 분담하는 것이 타당하다'는 점을 근거로 들고 있다.[116)]

생각건대, 「초과출재요건설」에 따라 구상권이 발생하기 위해서는 부담부분을 초과하는 출재가 필요하다고 해석하면 채무자의 내부관계에서 불공평한 결과를 초래할 수 있다. 예컨대, 위 <설례 2>에서 乙이 자기의 부담부분인 200만원의 채무를 변제한 경우에는 乙은 다른 연대채무자 丙·丁에 대하여 전혀 구상권을 행사할 수 없는 반면에, 채권자에 대해서는 여전히 나머지 채무 전액을 변제할 의무를 부담하게 되는데, 이는 자기의 부담부분을 완전히 이행한 연대채무자와 전혀 의무를 이행하지 아니한 연대채무자를 동등하게 대우하는 불공평한 결과가 된다. 그러므로 연대채무자 사이의 형평을 기할 수 있는 「초과출재불요설」이 타당하다고 할 것이다.

(4) 구상권의 범위

〈설례 3〉 채무자 乙·丙·丁이 균등한 부담부분으로 채권자 甲에 대하여 600만원의 연대채무를 부담하고 있었는데, 乙이 그 소유의 시가 900만원의 부동산으로 대물변제함으로써 甲의 채권이 소멸하였다. 이 경우, 乙은 丙·丁에 대하여 그들의 부담부분인 200만원을 초과하여 구상권을 행사할 수 있는가?

구상권의 범위는 변제 기타의 출재액은 물론이고 면책된 날 이후의 법정이자 및 피할 수 없는 비용 기타의 손해배상을 포함한다(425조 2항). 구상권의 성립요건에 대해서는 '공동면책을 얻은 금액이 출재한 연대채무자의 부담부분 이상이어야 한다'는 「초과출재요건설」과, '출재액이 부담부분을 넘지 않더라도 출재액에 대한 부담부분의 비율로 항상 구상권이 발생한다'는 「초과출재불요설」이 대립하고 있음은 위에서 살펴본 바와 같다. 그러므로 「초과출재불요설」에 따르면 언제나 출재액이 구상권의 범위를 결정하는 기준이 되나, 「초과출재요건설」에 따르면 출재액이 부담부분을 초과한 경우에 한하여 구상권을 행사할 수 있을 뿐이다. 다만, 대물변제에 따른 출재액이 공동면책액을 초과하더라도 공동면책액에 한하여 구상권을 행사할 수 있을 뿐이다(대법원 1978.11.14.선고, 78다1423 판결). 그러므로 위 <설례 3>에서, 乙이 시가 900만원 상당의 부동산으로 대물변제함으로써 甲의 채권이 전부 소멸하였다고 하더라도, 乙은 다른 연대채무자 丙·丁에 대하여 그들의 부담부분인 200만원에 한하여 각각 구상할 수 있을 뿐이다. 만약 乙의 출자액이 채무 전액에 미치지 못하는 300만원만 변제한 경우에는, 학설에 따라서는 자신의 부담부분을 초과하는 100만원에 한하여 丙·丁에게 각각 50만원씩 구상할 수 있다고 해석하거나(초과출재요건설), 출재액 전액에 대한 부담부분에 따라 丙·丁에게 각각 100만원씩 구상할 수 있다고 해석하게 된다(초과출재불요설). 물론 구상권을 행사할 수 있는 구체적인 범위는 위 기준에 의하여 산정한 금액에 공동면책이 있었던 날 이후의 법정이

116) 곽윤직, 171; 김기선, 219; 김증한/김학동, 236; 김형배, 473; 송덕수, 305; 이태재, 199; 현승종, 247 참조.

자, 포장비·운임 등과 같이 변제 기타 공동면책을 위하여 피할 수 없는 비용, 그리고 채권자로부터 소구를 당하여 패소한 경우의 소송비용 및 집행비용 등 변제를 위하여 부득이 입은 손해 등이 가산된 금액이다. 결국 구상권자는 위 구상범위에 속하는 총액을 자신을 포함한 연대채무자 각자의 부담부분의 비율에 의하여 분할한 금액을 다른 채무자에 대하여 청구할 수 있다(대법원 1992.6.23.선고, 91다33070 전원합의체판결 등). 또한 '구상권의 범위에 포함되는 「피할 수 없는 비용 기타의 손해배상」에는 소송을 제기당한 연대채무자가 피해자에게 지급한 소송비용상환액뿐만 아니라 위 소송을 수행하는 과정에서 지출한 소송비용도 포함되고, 그가 지출한 변호사보수 중에서 「변호사보수의 소송비용 산입에 관한 규칙」(1981.2.28. 대법원규칙 제758호로 제정)에 의한 보수기준, 소속 변호사회의 규약, 소송물가액, 사건의 난이도, 소송진행과정, 판결의 결과 등 여러 가지 사정을 참작하여 합리적으로 판단하여 상당하다고 인정되는 범위 내의 금원은 피할 수 없는 비용 기타의 손해로서 구상할 수 있다'는 것이 판례의 입장이다(대법원 1997.4.8.선고, 96다54232 판결 등).[117]

(5) 구상권의 제한

연대채무자의 1인이 공동면책을 얻기 위한 출재행위를 할 때에는 다른 연대채무자에게 사전 또는 사후에 이러한 사실을 통지할 의무가 있다(426조). 이와 같은 연대채무자의 통지의무는 구상권의 발생요건은 아니지만, 통지의무를 게을리 한 경우에는 구상권이 제한되는 불이익이 따르는 이른바 「간접의무」이다. 이는 연대채무자의 1인이 통지를 하지 않고 출재행위를 한 경우에는 다른 연대채무자가 이중으로 변제를 할 위험이 있고, 또 간편하게 변제할 수 있는 기회를 잃게 하는 경우도 생기므로, 다른 연대채무자를 보호하기 위하여 이러한 통지의무를 부과한 것이다.[118] 출재자의 통지의무 위반의 효과는 사전의 통지를 게을리 한 경우와 사후의 통지를 게을리 한 경우, 그리고 출재자가 사후의 통지를 게을리 하고 있는 동안에 다른 연대채무자가 사전의 통지 없이 면책행위를 한 경우에 각각 그 효과를 달리한다.

1) 사전의 통지를 게을리 한 경우

〈설례 4〉 채권자 甲에 대하여 乙·丙·丁 3인이 균등한 비율로 600만원의 연대채무를 부담하고 있었는데, 乙이 丙·丁에게 사전의 통지를 하지 아니하고 600만원 전액을 변제하였으나, 丙이 甲에 대하여 상계적상에 있는 300만원의 반대채권을 가지고 있었다면, 丙은 乙에 대하여 어떠한 권리를 주장할 수 있는가?

어느 연대채무자가 다른 연대채무자에게 통지하지 아니하고 변제 기타 자기의 출재로 공동면책된 경우에 다른 연대채무자가 채권자에게 대항할 수 있는 사유가 있었을 때에는, 그 부담부분에 한하여 이 사유로 면책행위를 한 연대채무자에게 대항할 수 있고, 그 대항사유가

117) 같은 취지: 대법원 1995.10.12.선고, 94다48257 판결; 대법원 1996.11.29.선고, 95다2951 판결.
118) 김상용, 294; 현승종, 248 참조.

상계인 때에는 상계로 소멸할 채권은 그 연대채무자에게 이전된다(426조 1항). 그러므로 위 <설례 4>에서 丙은 자기의 부담부분인 200만원까지는 甲에 대한 반대채권으로 乙이 구상권을 행사할 수 있는 금액(설례의 경우 200만원)과 상계할 수 있으며, 이와 같이 丙이 그 부담부분에 해당하는 반대채권으로 구상채무와 상계한 경우에는 甲에 대한 丙의 반대채권 중 200만원은 변제자 乙에게 이전한다. 즉, 통지의무를 이행하지 않고 출재한 乙은 채권자에 대하여 상계적상에 있는 반대채권을 가진 丙에게는 구상권을 행사할 수 없고, 다시 甲에 대하여 丙으로부터 이전된 반대채권을 행사하는 수밖에 없게 된다.

이러한 출재자의 사전통지의무는 채권자에 대하여 항변권을 가지는 채무자로 하여금 그의 권리를 행사할 수 있는 기회를 잃지 않도록 하기 위한 것이므로, 출재자에게 대항할 수 있는 사유는 상계적상에 있는 반대채권·동시이행의 항변권의 존재, 소멸시효의 완성, 기한의 미도래, 조건의 불성취, 제415조의 무효·취소의 사유 등 제한이 없으며, 반드시 모든 연대채무자에 속하는 것일 필요도 없다. 다만, 사전통지의무의 제도적 취지에 비추어, 채권자의 청구가 있었음을 알고 있는 채무자는 채권자에게 대항할 수 있는 사유가 있더라도 그 대항사유로써 출재자에게 대항할 수 없다고 해석하여야 할 것이다.[119)]

2) 사후의 통지를 게을리 한 경우

어느 연대채무자가 변제 기타 자기의 출재로 공동면책되었음을 다른 연대채무자에게 통지하지 아니한 경우에 다른 연대채무자가 선의로 채권자에게 변제 기타 유상의 면책행위를 한 때에는, 그 연대채무자는 자기의 면책행위의 유효를 주장할 수 있다(426조 2항). 즉, 공동면책의 사후통지의무를 게을리 한 연대채무자는 선의의 제2 면책행위자에게 구상권을 행사할 수 없을 뿐만 아니라 오히려 제2 면책행위자의 구상권 행사에 대항할 수 없다. 문제는 '선의의 제2 면책행위는 통지의무를 위반하여 면책행위를 한 연대채무자에 대한 관계에서만 상대적으로 유효한 것으로 다루어지는 것에 불과한가, 아니면 다른 채무자 및 채권자에 대한 관계에서도 절대적으로 유효한가?' 하는 것이다.

이에 대해서는, 구상관계가 복잡해진다는 이유로 제2 면책행위에 절대적 효력을 인정하는 견해도 있으나,[120)] '제426조 제2항은 사후통지를 게을리 한 제1 면책행위자의 구상권을 제한하여 선의로 제2 면책행위를 한 자를 보호하고자 하는 취지에서 인정된 제도이므로, 채권자나 다른 채무자에 대한 관계에서는 제1 면책행위가 여전히 유효하며, 제2 면책행위는 제1 면책행위자와의 관계에서만 상대적으로 유효하다'고 해석하는 견해가 다수설이다.[121)]

생각건대, 면책의 사후통지 유무는 대내관계에 있어서 구상권의 행사를 제한하는 근거에

---

119) 곽윤직, 173; 김증한/김학동, 238; 김형배, 475; 현승종, 248 참조.
120) 김상용, 295 참조.
121) 곽윤직, 173; 김증한/김학동, 238; 현승종, 249 참조.

불과한 것으로서, 다른 채권자에 대한 관계에서는 영향을 미치지 아니한다고 보는 것이 타당하다고 할 것이다. 왜냐하면 제1 면책행위가 유효하게 이루어짐으로써 공동면책의 효력이 발생한 이상, 비록 선의로 행한 것이라도 제2 면책행위가 절대적으로(대외적으로도) 유효한 면책행위가 될 수 없다고 해석하는 것이 타당하기 때문이다. 또한 선의의 제2 면책행위자가 그 면책행위의 유효를 과실 없는 다른 연대채무자에 대하여서도 주장할 수 있다고 한다면, 이미 제1 면책행위자의 구상에 응한 자가 이중으로 구상권의 행사에 응해야 하는 불합리한 결과를 초래한다는 현실적인 문제도 있다. 따라서 '제2 면책행위의 유효는 사후통지를 게을리 한 과실 있는 제1 면책행위자에 대해서만 주장할 수 있다'고 해석하여야 할 것이다. 그러므로 '대내관계에 있어서는 제1 면책행위자가 구상권을 행사하기 전에는 그 구상권은 제2 면책행위자에게 이전되어 제2 면책행위자가 직접 구상권을 행사할 수 있으나, 이미 제1 면책행위자가 구상권을 행사한 경우에는, 제2 면책행위자는 제1 면책행위자가 다른 채무자로부터 받은 구상액을 부당이득으로서 반환청구할 수 있을 뿐이다. 또한 제2 면책행위자는 채권자에 대하여 자기의 출재액을 부당이득으로서 반환할 것을 청구할 수 있음은 물론이지만, 제1 면책행위자로부터 구상 받은 한도에서는 그 부당이득반환청구권은 당연히 제1 면책행위자에게 이전된다'고 해석하여야 할 것이다.[122]

3) 사후의 통지가 없는 동안에 사전통지 없이 한 면책행위

위에서 설명한 출재자의 사후통지의무에 관한 제426조 제2항의 규정은 제2 면책행위가 사전통지를 거쳐 이루어진 경우를 규정한 것이므로, '사전통지 없이 제1 면책행위가 있은 후 사후통지가 없는 동안에 사전통지 없이 선의의 제2 면책행위가 이루어진 경우에는 어떻게 다루어야 하는가?' 하는 것이 문제된다. 이에 대해서는, '일반원칙에 따라 제426조는 적용되지 않고 제1 면책행위만이 유효하다'고 해석하는 것이 통설적 견해이다. 전술한 바와 같이, '면책의 사후통지 유무는 대내관계에 있어서 구상권의 행사를 제한하는 근거에 불과한 것으로서, 다른 채권자에 대한 관계에서는 영향을 미치지 아니한다'고 보아야 할 것이므로, 제1 면책행위에 대한 사후통지가 없는 동안에 사전통지 없이 제2 면책행위가 이루어진 경우에는, 일반원칙에 따라 제1 면책행위만이 유효하며, 제2 면책행위의 효력은 채권자와 제2 면책행위자 사이의 부당이득반환의 문제로 처리하여야 할 것이다.

(6) 구상권의 확장

1) 구상권의 양적 확장 : 상환무능력자의 부담부분의 분담

연대채무자 중에 상환할 자력이 없는 자가 있는 때에는 그 채무자의 부담부분은 구상권

---

122) 곽윤직, 173; 김증한/김학동, 238; 현승종, 250 참조.

자 및 다른 자력이 있는 채무자가 그 부담부분에 비례하여 분담한다. 그러나 구상권자에게 과실이 있는 때에는 다른 연대채무자에 대하여 분담을 청구하지 못한다(427조 1항). 예컨대, 위 <설례 4>에서 乙이 600만원의 채무 전액을 변제한 후 丙·丁에게 각각 200만원씩 구상권을 행사하려 하였으나 丙이 무자력인 경우에는 乙과 丁은 각각 丙의 부담부분 200만원의 1/2씩을 추가로 부담하여야 한다. 결국 乙은 丁에게 300만원(200만원+200만원×1/2)을 구상할 수 있다. 여기서 "상환할 자력이 없는 자"라 함은 '지급불능이나 지급정지 등의 파산원인이 있거나, 강제집행 기타 상환채무의 변제자력이 없음이 확정된 경우'를 말하는데, 제427조 제1항은 무자력에 의한 상환불능의 경우만을 규정하고 있으나, 무자력 이외의 사유로 인한 상환불능의 경우(예컨대, 구상의무자의 상속인이 한정승인을 한 경우라든지 구상의무자가 행방불명된 경우 등)에도 상환무자력자로 보아야 할 것이다.[123] 또한 상환무자력자의 부담부분을 다른 채무자가 각자의 부담부분에 비례하여 분담하게 되므로, 부담부분이 없는 채무자는 분담액도 없게 된다. 그러나 상환무자력자를 제외한 나머지 모든 채무자가 부담부분이 없는 경우에는, 나머지 채무자 사이에서 균등하게 분담하여야 할 것이다.

2) 구상권의 인적 확장 : 연대의 면제와 상환무자력자의 부담부분

「연대의 면제」라 함은 '연대채무자에 대하여 그 채무를 부담부분에 해당하는 금액으로 제한하겠다는 채권자의 의사표시'를 말한다. 연대의 면제는 일종의 채무면제에 해당하므로, 채권자의 일방적 의사표시에 의하여 효력이 발생한다(506조). 다만, 연대의 면제는 채무 자체를 소멸시키는 것이 아니라 전액급부의무인 연대채무관계를 소멸시키는 데 불과한 것이므로, 일방적 의사표시에 의하여 채무 자체를 소멸시키는 보통의 채무면제와 구별된다. 연대의 면제는 다시 모든 연대채무자에 대하여 연대를 면제하는 「절대적 연대면제」와 특정한 연대채무자에 대하여서만 연대를 면제하는 「상대적 연대면제」로 구별되는바, 각각 그 효과를 달리한다.

(가) 절대적 연대면제의 효력

채권자가 모든 연대채무자에 대하여 연대를 면제한 경우에는, 연대채무관계는 분할채무관계로 전환된다. 따라서 채무자 사이의 구상관계도 발생하지 않는다.

(나) 상대적 연대면제의 효력

채권자가 특정한 연대채무자에 대해서만 연대를 면제한 경우에는, 연대를 면제 받은 채무자만이 분할채무, 즉 자기의 부담부분에 한하여 채무를 부담한다. 따라서 다른 채무자들은 여전히 전액급부의무인 연대채무를 부담한다. 이와 같이 상대적 연대면제는 다른 공동채무자에게는 영향을 미치지 아니하는 상대적 효력만을 가지며, 또 채권자의 일방적 의사표시에 의하여 채무자 사이의 내부관계에 영향을 미칠 수 없으므로, 연대채무를 부담하는 다른 채무자

123) 同旨: 곽윤직, 174; 김상용, 314; 김증한/김학동, 239; 김형배, 478; 현승종, 250 참조.

가 출재한 때에는 그는 연대의 면제를 받은 채무자에게도 구상할 수 있음이 원칙이다. 예컨대, 위 <설례 4>에서 甲이 丁에 대하여서만 연대를 면제한 경우에는 연대의 면제를 받은 丁은 자기의 부담부분인 200만원에 한하여 채무를 부담하게 되나, 乙과 丙은 여전히 600만원의 연대채무를 부담한다. 그러나 만약 乙이 600만원의 채무 전액을 변제하였다면 연대를 면제받은 丁과 연대채무자 丙에 대하여 그 부담부분인 200만원씩을 구상할 수 있다. 그런데 민법은 제427조 제2항에서, "… 상환할 자력이 없는 채무자의 부담부분을 분담할 다른 채무자가 채권자로부터 연대의 면제를 받은 때에는 그 채무자의 분담할 부분은 채권자의 부담으로 한다"고 규정함으로써, 상대적 연대면제에 있어서의 구상관계를 채권자에게까지 확장하고 있다. 예컨대, 위 설례에서 乙이 600만원의 채무 전액을 변제하였는데 丙이 상환무자력자인 경우, 丁은 원래는 300만원의 구상의무를 부담하여야 할 것이나(자기 자신의 부담부분 200만원 + 상환무자력자 丙의 부담부분 200만원 중에서 구상권자 乙과 분담한 100만원 = 300만원), 연대의 면제를 받은 丁이 분담할 상환무자력자의 부담부분인 100만원은 채권자 甲이 부담하여야 하므로, 乙은 丁에게 200만원을, 甲에게 100만원을 각각 구상할 수 있다.

이는 당사자의 의사를 고려하여 연대를 면제받은 채무자가 대내관계에 있어서도 그 부담부분 이상의 부담을 지지 않도록 하려는 취지에서 인정된 제도라고 할 수 있으나, 입법론상 당사자의 의사를 고려한 제도로서는 지나치다는 비판을 면하기 어렵다. 즉, 채권자의 의사는 '대외관계에서 연대를 면제받은 채무자에 대하여 그 부담부분 이상의 청구를 하지 않겠다'는 것이지, 채무자들의 내부관계에 개입하여 연대를 면제받은 자의 구상의무까지 채권자가 책임을 지겠다는 의사는 아니라고 할 것이기 때문이다.[124] 이러한 점을 고려하여, 「2004년 민법 개정안」은 제427조 제2항을 삭제할 것을 제안한 바 있다.

(7) 구상권자의 대위권

연대채무자의 1인이 자기의 부담부분을 초과하여 변제한 경우, 이는 연대채무자 사이의 내부관계에 있어서는 실질적으로 타인의 채무를 변제한 것이며, 연대채무자는 변제할 정당한 이익이 있는 자이므로, 그는 구상권의 범위 내에서 법률상 당연히 채권자를 대위할 수 있음은 전술한 바와 같다(481조). 독일민법(BGB §426 Ⅱ)과 스위스 채무법(OR Art. 149(1))[125]은 이러한 법리를 명문으로 규정하고 있으나, 명문규정이 없더라도 제481조의 해석상 이는 당연한 법리이다. (☞ 제3장 제6절 「변제에 의한 대위」)

---

124) 同旨: 곽윤직, 175; 김증한/김학동, 240; 김형배, 479; 현승종, 252 참조.

125) 스위스채무법 제149조(채권자의 권리의 이전) (1) 채권자의 권리는 채권자가 만족을 얻은 범위에서 구상권 있는 연대채무자에게 이전된다.

[91] Ⅵ. 부진정연대채무

1. 의 의

「부진정연대채무」(unechte Gesamtschulden)라 함은 '수인의 채무자가 동일한 내용의 급부에 관하여 각각 독립하여 전부의 급부를 하여야 할 채무를 부담하며, 그 가운데 1인 또는 수인이 급부를 하면 모든 채무자의 채무가 소멸한다는 점에서는 연대채무와 같지만, 채무자 사이에 공동목적에 의한 주관적 관련성이 없다는 점에서, 민법이 규율하는 연대채무와는 다른 다수당사자의 채무관계'를 말한다. 부진정연대채무는 연대채무로서의 성질이나 효과를 완전하게 구비하지 못한 것이라는 의미에서 「불완전연대채무」라고도 한다.[126] 부진정연대채무에 있어서는 변제·대물변제·공탁·상계 등 채권의 목적을 달성하는 사유를 제외하고는 연대채무자 1인에 관하여 생긴 사유는 원칙적으로 다른 채무자에게 영향을 미치지 아니하므로, 연대채무에 비하여 담보적 기능이 우수하다는 제도적 장점이 있다. 또한 부진정연대채무에 있어서는 채무자 사이에 공동목적에 의한 주관적 관련성이 없으므로, 원칙적으로 채무자 상호간에 부담부분에 따른 구상관계가 발생하지 않는다는 점에서도 연대채무와 차이가 있다.

부진정연대채무는 단순연대적인 연대채무만을 규정한 독일민법에서 '민법상의 연대채무에 포섭될 수 없는 전액급부책임'을 통일적으로 파악하기 위하여 제창된 개념이나, '연대채무자 1인에 관하여 생긴 사유의 절대적 효력을 인정하는 범위가 좁은 단순연대적인 연대채무제도를 가진 독일민법에서 굳이 「부진정연대채무」라는 관념을 따로 인정할 필요가 없는 것이 아닌가?' 하는 의문을 제기하는 견해도 있다.[127]

독일민법과 달리, 우리 민법은 공동연대적인 연대채무제도를 규정한 프랑스민법을 계수한 일본민법(구 의용민법)의 연대채무제도를 거의 그대로 계승함으로써 연대채무자 1인에 관하여 생긴 사유의 절대적 효력이 인정되는 범위가 매우 넓다. 우리나라에서는 연대채무제도가 활성화되고 있지 못한 이유는 우리 민법상의 연대채무제도가 그 본래적 기능인 「담보적 기능」을 발휘할 수 없는 구조적인 문제를 가지고 있기 때문이다. 그러므로 프랑스민법에서 유래한 공동연대적 연대채무제도를 가지고 있는 우리 민법하에서는 담보적 기능이 우수한 부진정연대채무의 관념을 인정할 필요성과 실익이 크다고 할 수 있다.

---

126) 현승종, 253 참조.
127) 상게서, 253 참조.

2. 부진정연대채무의 법적 성질

부진정연대채무는 복수의 가분급부를 목적으로 하는 채무가 여러 명에게 경합적으로 귀속하는 것이라는 점에서는 연대채무와 같으나, 채무자 1인에게 발생한 사유의 절대적 효력의 범위가 연대채무에 비하여 좁으며, 원칙적으로 채무자 사이에 부담부분이 인정되지 않는 등 여러 가지 점에서 연대채무와 차이가 있다. 우리 민법은 「부진정연대채무」에 대한 명문규정을 두고 있지 않으나, 부진정연대채무의 관념을 인정하여야 한다는 데 견해가 일치하고 있다. 그러므로 연대채무와 부진정연대채무를 구별하는 것은 우리 민법의 해석상 매우 중요한 문제라고 할 수 있다. 문제는 '부진정연대채무의 법적 성질과 연대채무와 부진정연대채무를 구별하는 실질적 기준이 무엇인가?' 하는 것이다.

(1) 학 설

전술한 바와 같이, 연대채무의 본질에 관해서는 「주관적 관련성설」과 「상호보증관계설」이 대립하고 있는데, 어느 견해를 취하느냐에 따라 부진정연대채무의 법적 성질을 달리 파악한다.

1) 「주관적 관련성설」의 입장

통설적 견해인 「주관적 관련성설」의 입장에서는, '수인의 채무자 사이에 동일한 내용의 급부의 실현이라는 공동목적에 의한 주관적 관련성이 있는 경우는 연대채무에 해당하고, 채무자 사이에 공동목적에 의한 주관적 관련성이 존재하지 않으며 동일한 내용의 급부의 실현이라는 목적의 공동성은 단지 우발적이거나 객관적인 것에 지나지 않는 경우에는 부진정연대채무에 해당한다'고 한다. 즉, 채무자 사이에 공동목적에 의한 주관적 관련성(연대의 합의)이 존재하는지 여부에 따라서 연대채무와 부진정연대채무를 구별하고, '부진정연대채무에 있어서는 채무자 상호간에 주관적 관련성이 없으므로 부담부분이 존재하지 않고, 그에 따라 구상관계도 발생하지 않는다'는 입장을 취하고 있다.[128)]

2) 「상호보증관계설」의 입장

연대채무의 본질을 실질적인 보증관계로 파악하는 「상호보증관계설」을 취하는 학자들은 '부진정연대채무에 있어서는 채무자 사이에 우연한 사정에 의하여 손해배상채무를 부담하게 되는 경우가 대부분이기는 하지만 변제를 위한 공동목적은 존재한다'고 주장한다. 특히 '공동불법행위에 있어서 가해자 상호간에는 책임원인의 기여비율에 따른 손해배상채무의 부담부분이 존재하고 그에 따른 구상권도 인정되므로, 주관적 공동관계의 유무에 따라서 연대채무

128) 곽윤직, 176; 김증한/김학동, 241; 김현태, 203; 송덕수, 329; 이태재, 206; 현승종, 254 참조.

와 부진정연대채무를 구별할 것이 아니라 절대적 효력의 유무에 의하여 양자의 구별이 이루어져야 한다'고 주장한다.[129] 즉, '연대채무자 1인에 관하여 발생한 사유에 대하여 민법에 따른 절대적 효력이 인정되는 경우는 연대채무이고, 상대적 효력만 인정되는 경우는 부진정연대채무'라고 한다.

(2) 판례의 입장

판례는 '연대채무와는 구별되는 전액급부의무인 부진정연대채무의 개념을 인정하여야 한다'는 입장을 확립하고 있다. 예컨대, '임대인이 이행보조자를 통하여 임차인이 임차건물인 점포의 출입을 봉쇄하고 내부시설공사를 중단시켜 임차인으로 하여금 그 사용·수익을 하지 못하게 한 경우, 임대인은 임차인에 대하여 채무불이행으로 인한 손해배상의무가 있고, 임차인이 점포를 사용·수익하지 못하게 한 이행보조자도 불법행위로 인한 손해배상의무가 있다고 할 것인바, 임대인의 채무불이행책임과 이행보조자의 불법행위책임은 동일한 사실관계에 기한 것으로 부진정연대채무관계에 있다'고 한다(대법원 1994.11.11.선고, 94다22446 판결 등).[130] 특히 판례는 '공동불법행위자 사이의 관계는 부진정연대관계로서 손해배상의무를 이행한 공동불법행위자 중 1인은 다른 공동불법행위자에 대하여 과실비율에 따른 부담부분에 의하여 구상권을 행사할 수 있다'는 입장을 확립하고 있다(대법원 2002.9.24.선고, 2000다69712 판결 등).[131] 또한 '공동불법행위자 중 1인이 채무전액을 변제함으로써 다른 공동불법행위자의 구상의무가 발생한 경우에 그 구상의무는 각자의 과실비율에 의하여 정해지는 부담부분에 따른 분할채무임이 원칙이나, 구상권자 측에 과실이 없기 때문에 구상의무자 사이에 부담부분이 없는 경우에는 구상의무자 상호간의 관계는 부진정연대채무관계로 보아야 할 것'이라고 한다(대법원 2005.10.13.선고, 2003다24147 판결 등).[132] 다만, 이를 근거로 '판례가 부담부분의 유무에 따라서 연대채무와 부진정연대채무를 구별하고 있다'고 단정하기는 어려우며, 연대채무와 부진정연대채무의 구별기준에 대한 판례의 입장은 명확하지 않다고 생각된다.

(3) 학설·판례의 검토

부진정연대채무는 단순연대적 연대채무제도를 가지고 있는 독일에서는 인정할 실익이 별로 없으나, 절대적 효력이 인정되는 범위를 넓게 규정하고 있는 공동연대적 연대채무제도를 가지고 있는 우리 민법하에서는 이를 인정할 실익이 크다. 따라서 연대채무와의 구별기준

129) 김상용, 299~300; 김형배, 481 참조.
130) 같은 취지: 대법원 2006.9.8.선고, 2004다55230 판결.
131) 같은 취지: 대법원 2005.7.8.선고, 2005다8125 판결.
132) 판례평석: 홍성주, "부진정연대채무에서의 구상관계의 성질", 판례연구 19집(부산판례연구회, 2008/2), 1 이하. 같은 취지: 대법원 2012.3.15.선고, 2011다52727 판결.

이 모호하다는 이유로 부진정연대채무의 개념 그 자체를 부정할 필요는 없다고 할 것이다. 그러나 '연대채무와 부진정연대채무는 채무자 사이의 주관적 공동관계의 유무에 따라서 구별하여야 하며, 주관적 공동관계가 없는 부진정연대채무자 상호간에는 부담부분이 없고 구상관계도 발생하지 않는다'는 통설적 견해(주관적 공동관계설)는 분명히 문제가 있다. 또한 「상호보증관계설」에 입각하여 통설을 비판하는 견해가 의미 있는 해결책을 제시하였다고 볼 수도 없다. 특히 '연대채무자 1인에 관하여 발생한 사유가 절대적 효력이 인정되는 경우는 연대채무이고, 상대적 효력만 인정되는 경우는 부진정연대채무라고 보아야 한다'는 견해는 문제에 대하여 문제로 답하는 순환논법에 불과하다. 왜냐하면 이러한 견해에 따르더라도 '무엇을 기준으로 상대적 효력만 인정되는 경우를 가려낼 것인가' 하는 문제는 여전히 남기 때문이다.

사견으로는, 연대채무와 부진정연대채무의 구별은 연대채무의 본질에 관한 통설적 견해인 「주관적 공동관계설」에 따라서 구별하는 것이 타당하다고 생각한다. 즉, 연대채무는 당사자 사이의 「연대의 합의」에 의하여 발생하는 전액급부의무라는 공동목적의 실현을 위한 주관적 공동관계가 있는 경우이고, 부진정연대채무는 법률의 규정에 의하여 전액급부의무라는 공동목적의 실현을 위한 객관적 공동관계가 인정되지만 당사자 사이에 연대의 합의는 존재하지 않는 경우라는 점에서 연대채무와 구별된다고 할 것이다. 다만, 부진정연대채무는 당사자의 연대의 합의에 기하여 발생한 전액급부의무는 아니지만, 법률의 규정에 의하여 부여된 전액급부의무의 실현이라는 「객관적 공동관계」가 존재하므로 연대채무와 마찬가지로 채무자 사이에 객관적 기준에 의하여 결정되는 부담부분이 존재할 수 있으며, 부담부분이 존재하는 경우에는 당연히 구상권도 발생할 수 있다고 해석하여야 할 것이다.

이러한 관점에서, 판례가 '부진정연대의 관계에 있는 공동불법행위자들 내부관계에서는 일정한 부담부분이 있음을 인정하여야 하며, 그 부담부분은 공동불법행위자의 과실의 정도에 따라 객관적으로 정해진다'는 것을 기본적 입장으로 하고(대법원 2002.9.24.선고, 2000다69712 판결 등), '부진정연대채무자 사이의 부담부분의 비율을 판단함에 있어서는 불법행위 및 손해와 관련하여 그 발생 내지 확대에 대한 각 부진정연대채무자의 주의의무의 정도에 상응한 과실의 정도를 비롯한 기여도 등 사고 내지 손해와 직접적으로 관련된 대외적 요소를 고려하여야 함은 물론, 부진정연대채무자 사이에 특별한 내부적 법률관계가 있어 그 실질적 관계를 기초로 한 요소를 참작하지 않으면 현저하게 형평에 어긋난다고 인정되는 경우에는 그 대내적 요소도 참작하여야 하며, 일정한 경우에는 그와 같은 제반사정에 비추어 손해의 공평한 분담이라는 견지에서 신의칙상 상당하다고 인정되는 한도 내에서만 구상권을 행사하도록 제한할 수도 있다'고 한 것은 극히 타당한 이론구성이라고 생각된다(대법원 2001.1.19.선고, 2000다33607 판결 등).

3. 부진정연대채무의 발생

계약자유의 원칙상 당사자의 합의에 의하여 부진정연대채무가 발생할 수 있음은 당연하다. 그러나 부진정연대채무는 주로 동일한 손해에 대하여 각각 원인을 달리하는 손해배상책임을 여러 명이 병행적으로 부담하는 경우에 발생한다. 이를 유형별로 분류하면 다음과 같다.[133)]

(1) 채무불이행책임이 병행적으로 발생한 경우

공동임차인이 임대인에 대하여 임차물반환의무의 불이행으로 인한 손해배상의무를 지는 경우처럼(654조, 615~617조), 채무불이행으로 인한 손해배상의무가 여러 명에게 병행적으로 발생한 경우에는 손해배상의무자 사이에 부진정연대관계가 성립할 수 있다.

(2) 불법행위책임이 병행적으로 발생한 경우

법률의 규정에 의하여 여러 명에게 불법행위로 인한 손해배상책임이 병행적으로 발생한 경우에는 그 여러 명의 손해배상채무 사이에 부진정연대채무관계가 성립한다. 예컨대, 법인의 불법행위책임과 대표기관 개인의 손해배상의무(35조 1항), 피용자의 불법행위로 인한 사용자 또는 감독자의 손해배상의무(756조 1항, 2항)와 피용자 자신의 손해배상의무(750조), 책임무능력자의 가해행위에 대한 법정감독의무자의 배상의무와 대리감독자의 손해배상의무(755조), 동물의 가해행위에 대한 동물점유자와 보관자의 배상의무(759조)는 부진정연대채무관계에 있다.

(3) 채무불이행책임과 불법행위책임이 병행적으로 발생한 경우

계약상의 의무불이행으로 인한 손해배상책임과 불법행위로 인한 손해배상책임이 병행적으로 발생한 경우에는 양 손해배상채무 사이에 부진정연대채무관계가 성립할 수 있다. 예컨대, 임차인이 임차가옥을 위하여 화재보험에 가입하였는데 임차인의 과실로 인하여 임차가옥이 소실된 때에는 임대인에 대한 임차인의 불법행위로 인한 손해배상의무와 보험회사의 보험계약상의 보험금지급의무는 부진정연대채무의 관계에 있다. 또한 '임대인이 이행보조자로 하여금 임차인의 임차물의 사용·수익을 방해하도록 한 경우에 발생하는 임대인의 채무불이행으로 인한 손해배상의무와 이행보조자의 불법행위로 인한 손해배상의무는 부진정연대채무관계에 있다'는 것이 판례의 입장임은 전술한 바와 같다(대법원 1994.11.11.선고, 94다22446 판결 등).[134)]

(4) 여러 명이 공동불법행위로 인하여 손해배상책임을 지는 경우

민법은 제760조에서 '수인이 공동의 불법행위로 타인에게 손해를 가한 때에는 연대하여

133) 현승종, 254 참조.
134) 같은 취지: 대법원 2006.9.8.선고, 2004다55230 판결.

그 손해를 배상할 책임이 있다'고 규정하고 있는데, 이 경우에 "연대하여"라는 동조의 법문을 중시하여 공동불법행위자의 손해배상책임을 연대채무로 보는 견해도 있으나,[135] '이 경우에 공동불법행위자 사이에는 부진정연대채무가 성립한다'고 보는 것이 통설·판례의 입장이다(대법원 1977.8.23.선고, 77다704 판결 등).

■ 공동불법행위자의 1인에 대한 면제의 효력 공동불법행위자 간에는 부진정연대채무관계가 성립된다고 할 것이므로, 불법행위로 인한 피해자가 공동불법행위자의 1인으로부터 기대수익상실액 등으로 일부를 배상받고 나머지 손해에 대한 일체의 손해배상채무를 면제하는 취지의 재판상 화해를 하였다 하더라도, 다른 공동불법행위자에게는 위 면제의 효력이 미친다고 볼 수 없고, 피해자가 수령한 위 금원의 한도에서만 면책의 효력이 미친다고 할 것이다. (대법원 1977.8.23.선고, 77다704 판결)[136]

4. 부진정연대채무의 효력

(1) 대외적 효력

1) 채권자의 권리

연대채무와 마찬가지로, 부진정연대채무에 있어서도 채권자는 채무자 중의 1인 또는 수인에 대하여 동시에 또는 순차로 채무의 전부 또는 일부의 이행을 청구할 수 있다(대법원 1972.11.28.선고, 72다939 판결 등). 또한 '채무자의 전원 또는 일부가 파산선고를 받은 때에는 채권자는 파산선고시에 가진 채권의 전액에 관하여 각 파산재단에 대하여 파산채권자로서 권리를 행사할 수 있다'고 규정하고 있는 '채무자회생법 제428조[137]의 규정은 부진정연대채무의 경우에도 적용된다. 이는 부진정연대채무도 동조 소정의 '여럿의 채무자가 각각 전부의 채무를 이행하여야 하는 경우'에 해당한다고 보아야 할 것이기 때문이다.[138]

2) 채무자 1인에 관하여 생긴 사유의 효력

(가) 상대적 효력의 원칙

부진정연대채무에 있어서 여러 명의 채무자가 부담하는 채무는 객관적으로 하나의 단일한 급부를 목적으로 하는 것이므로, 채권자가 채무자 중 1인의 변제 등(대물변제·공탁·상계)에 의하여 만족을 얻은 경우에는 다른 채무자에 대한 채권도 그 목적을 달성하여 소멸한다. 따라서 채권의 만족을 주는 변제·대물변제·공탁·상계 이외의 사유에 대해서는 상대적 효력만이 인정될 뿐이다(다만, 상계에 절대적 효력을 인정할 것인지의 여부에 대해서는 후술하는 바와 같이

---

135) 정태윤, 전게논문(주 100), 235 참조.
136) 같은 취지: 대법원 1962.2.22.선고, 4294민상996 판결; 대법원 1969.8.26.선고, 69다962 판결; 대법원 1972.11.28.선고, 72다939 판결.
137) 전제 주 50 참조.
138) 주석민법(2)/강봉수, 185 참조. 다만, 학설 중에는 '동조는 부진정연대채무의 경우에는 적용이 없다'고 해석하는 견해도 있다(곽윤직, 176; 김형배, 484 참조).

학설상 다툼이 있다). 즉, 연대채무의 절대적 효력에 관한 제416조 내지 제422조의 규정은 원칙적으로 부진정연대채무에 대해서는 적용되지 않는다. 그러므로 부진정연대채무자 중 1인에 대한 채권자의 청구권 포기(대법원 1975.10.7.선고, 75다1513 판결 등)[139]·채무면제(대법원 1980.7.22.선고, 79다1107 판결 등),[140] 소멸시효 완성(대법원 1997.12.23.선고, 97다42830 판결 등) 등에 대해서는 절대적 효력이 인정되지 않는다고 할 것이다.

▪ **부진정연대채무자 중 1인에 대한 소멸시효 완성의 효력** 공동불법행위자의 다른 공동불법행위자에 대한 구상권은 피해자의 다른 공동불법행위자에 대한 손해배상채권과는 그 발생원인 및 성질을 달리하는 별개의 권리이고, 연대채무에 있어서 소멸시효의 절대적 효력에 관한 제421조의 규정은 공동불법행위자 상호간의 부진정연대채무에 대하여는 그 적용이 없으므로, 공동불법행위자 중 1인의 손해배상채무가 시효로 소멸한 후에 다른 공동불법행위자 1인이 피해자에게 자기의 부담부분을 넘는 손해를 배상하였을 경우에 그 공동불법행위자는 다른 공동불법행위자에게 구상권을 행사할 수 있다. (대법원 1997.12.23.선고, 97다42830 판결)[141]

(나) 절대적 효력이 인정되는 경우

부진정연대채무도 연대채무와 마찬가지로 하나의 단일한 급부를 목적으로 하는 것이므로, 채권자가 채무자 중 1인의 변제·대물변제·공탁·상계에 의하여 만족을 얻은 경우에는 다른 채무자에 대한 채권도 그 목적을 달성하여 소멸한다. 다만, '상계의 절대적 효력을 인정한 제418조의 규정이 부진정연대채무의 경우에도 적용되는가?' 하는 문제에 대해서는, 이를 긍정하는 견해[142]와 이를 부정하는 견해[143]가 대립하고 있다.

판례는 과거 '부진정연대채무에 있어서는 상계의 절대적 효력을 인정할 수 없다'는 입장을 취하고 있었으나(대법원 1989.3.28.선고, 88다카4994 판결 등),[144] 대법원 2010.9.16.선고, 2008다97218 전원합의체판결에 의하여 상계의 절대적 효력을 인정하는 것으로 변경되었다. 위 대법원 전원합의체판결은 '부진정연대채무자 중 1인이 자신의 채권자에 대한 반대채권으로 상계를 한 경우 채권은 현실적으로 만족을 얻어 그 목적을 달성하는 것이므로, 그 상계로 인한 채

139) 같은 취지: 대법원 1981.6.23.선고, 80다1796 판결.

140) 같은 취지: 대법원 1997.10.10.선고, 97다28391 판결; 대법원 1997.12.23.선고, 97다42830 판결; 대법원 2006.1.27.선고, 2005다19378 판결.

141) 판례평석: 정태윤, 전게논문(주 100), 189 이하. 같은 취지: 대법원 2010.12.23.선고, 2010다52225 판결.

142) 양창수, "부진정연대채무자 중 1인이 한 상계의 다른 채무자에 대한 효력", 민법연구 2권(박영사, 1991), 142; 곽윤직, 177; 김증한/김학동, 242; 송덕수, 316; 현승종, 255 참조.

143) 김현태, 206; 황적인, 192 참조.

144) 판례평석: 이홍훈, "부진정연대채무자 중 1인이 한 상계의 다른 채무자에 대한 효력", 대법원판례해설 11호(법원행정처, 1990/7) 221 이하; 양창수, 전게논문(주 142), 139 이하; 하양명, "부진정연대채무자 중 1인이 한 상계의 다른 채무자에 대한 효력", 판례연구 1집(부산판례연구회, 1991/2), 171 이하; 진성철, "부진정연대채무자 중 1인이 한 상계의 다른 채무자에 대한 효력", 재판과 판례 4집(대구판례연구회, 1995/8), 99 이하. 같은 취지: 대법원 1994.5.27.선고, 93다21521 판결; 대법원 1996.12.10.선고, 95다24364 판결.

무소멸의 효력은 소멸한 채무 전액에 관하여 다른 부진정연대채무자에 대하여도 미친다'고 한다.

생각건대, 상계는 채권을 만족시키는 출재행위이므로 부진정연대채무의 본질 여하에 관계없이 상계이 절대적 효력을 인정하는 것이 타당하다고 할 것이다. 다만, 합의에 의한 부담부분의 존재를 전제로 하는 제418조 제2항을 부진정연대채무에 적용하는 것은 타당치 않으므로, '상계할 채권이 있는 부진정연대채무자의 1인이 상계하지 않는다고 하여, 다른 부진정연대채무자가 그 채무자의 반대채권으로써 상계하는 것은 허용되지 않는다'고 해석하여야 할 것이다. 판례의 입장도 같다(대법원 1994.5.27.선고, 93다21521 판결).

■ **부진정연대채무자 중 1인이 한 상계 내지 상계계약이 다른 부진정연대채무자에 미치는 효력**(=절대적 효력) 부진정연대채무자 중 1인이 자신의 채권자에 대한 반대채권으로 상계를 한 경우에도 채권은 변제, 대물변제, 또는 공탁이 행하여진 경우와 동일하게 현실적으로 만족을 얻어 그 목적을 달성하는 것이므로, 그 상계로 인한 채무소멸의 효력은 소멸한 채무 전액에 관하여 다른 부진정연대채무자에 대하여도 미친다고 보아야 한다. 이는 부진정연대채무자 중 1인이 채권자와 상계계약을 체결한 경우에도 마찬가지이다. 나아가 이러한 법리는 채권자가 상계 내지 상계계약이 이루어질 당시 다른 부진정연대채무자의 존재를 알았는지 여부에 의하여 좌우되지 아니한다. (대법원 2010.9.16.선고, 2008다97218 전원합의체판결)[145]

■ **제418조 제2항이 부진정연대채무에도 적용되는지 여부**(소극) 부진정연대채무에 있어서 부진정연대채무자 1인이 한 상계가 다른 부진정연대채무자에 대한 관계에 있어서도 공동면책의 효력 내지 절대적 효력이 있는 것인지는 별론으로 하더라도, 부진정연대채무자 사이에는 고유의 의미에 있어서의 부담부분이 존재하지 아니하므로, 위와 같은 고유의 의미의 부담부분의 존재를 전제로 하는 제418조 제2항은 부진정연대채무에는 적용되지 아니하는 것으로 봄이 상당하고, 따라서 부진정연대채무에 있어서는 한 부진정연대채무자가 채권자에 대하여 상계할 채권을 가지고 있음에도 상계를 하지 않고 있다 하더라도 다른 부진정연대채무자가 그 채권을 가지고 상계를 할 수는 없는 것으로 보아야 한다. (대법원 1994.5.27.선고, 93다21521 판결)

(2) 대내적 효력

부진정연대채무는 채무자 상호간의 연대의 합의에 의한 채무의 부담이라는 주관적 공동관계가 없으므로, 당사자의 의사에 기한 고유한 의미의 「부담부분」은 존재하지 않으며, 따라서 부담부분을 전제로 하는 구상관계도 발생하지 않는 것이 원칙이다.

---

145) 이 전원합의체판결에 의하여 '부진정연대채무에 있어서는 상계의 절대적 효력이 인정되지 않는다'는 취지의 종래의 대법원판결(대법원 1989.3.28.선고, 88다카4994 판결; 대법원 1996.12.10.선고, 95다24364 판결; 대법원 2008.3.27.선고, 2005다75002 판결)은 이 판결과 저촉되는 한도에서 변경되었다. 판례평석: 이재찬, "부진정연대채무자 중 1인이 한 상계의 다른 채무자에 대한 효력", 민사판례연구(34)(민사판례연구회, 2012), 321 이하; 민정석: "부진정연대채무자 중 1인이 한 상계 내지 상계계약의 효력", 민사재판의 제문제 23권(한국사법행정학회, 2015), 506 이하; 오시영, "부진정연대채무자 중 1인의 상계의 효력에 대한 고찰", 민사법학 53호(한국민사법학회, 2011), 103 이하.

1) 부진정연대채무에 있어서 구상권이 인정되는 경우

비록 채무자 사이에 「연대의 합의」에 의한 주관적 공동관계는 없으나, 부진정연대채무도 하나의 단일한 급부의 실현을 목적으로 하는 객관적 공동관계가 있는 연대채무임에는 틀림이 없고, 채무자 사이에 제반사정을 고려하여 객관적으로 정해지는 부담부분이 있을 수 있으므로, 그 부담부분을 초과하여 면책행위를 한 채무자로 하여금 다른 채무자에 대한 구상권을 행사할 수 있도록 하는 것이 형평에 적합하다고 할 것이다. 그러므로 부진정연대채무자 사이에 부담부분을 인정하여야 할 특별한 법률관계가 존재하거나, 각자가 부담하는 채무의 특수성에 기인하여 부담부분이 객관적으로 정해지는 경우에는 부진정연대채무에서도 구상관계가 발생한다고 해석하는 것이 타당하다. 특히 법률의 규정에 의하여 여러 명의 불법행위책임이 병행적으로 발생하는 경우에는 그 손해배상채무 사이에 부진정연대채무관계가 성립하는데, 이 경우에는 명문으로 또는 개별적 규정의 해석상 변제 등 출재행위를 한 부진정연대채무자의 1인에게 구상권이 인정된다. 즉, 민법은 사용자책임에 있어서 피해자의 손해를 배상한 사용자 또는 감독자는 피용자에 대하여 구상권을 행사할 수 있을 명문으로 규정하고 있으며(756조 3항), 책임무능력자의 법정감독의무자와 감독의무자에 갈음하여 무능력자를 감독하는 대리감독자는 책임무능력자의 불법행위에 대하여 손해배상책임을 지도록 규정하고 있는데(755조), 이 경우에도 법정감독의무자와 대리감독자 사이에는 법률의 규정 또는 약정에 따른 구상관계가 발생한다고 해석하여야 할 것이다. 또한 동물이 타인에게 가한 손해배상책임(759조)에 있어서도 동물의 점유자와 점유자에 갈음하여 동물을 보관한 자 사이에 객관적 사정에 의하여 정해지는 부담부분을 기초로 한 구상관계가 발생한다고 보아야 할 것이다.

한편 판례는 '부진정연대채무관계에 있는 공동불법행위자 중 한 사람이 그 손해의 전부를 배상하였을 때에는 다른 공동불법행위자에게 그 부담할 책임의 과실비율에 따라 구상권을 행사할 수 있다'는 입장을 확립하고 있음은 전술한 바와 같다(대법원 1983.5.24.선고, 83다카208 판결 등).[146)]

2) 부진정연대채무의 구상관계를 둘러싼 그 밖의 문제

(가) 연대채무의 구상권에 관한 규정의 적용 여부

연대채무에 있어서의 부담부분의 균등추정에 관한 제424조의 규정과 이를 기초로 한 제425조 이하의 구상권에 관한 민법의 규정은 당사자의 연대의 합의라는 주관적 공동관계를 전제로 한 규정이므로, 당사자 사이에 주관적 공동관계가 존재하지 않는 부진정연대채무에는 원칙적으로 적용되지 않는다고 할 것이다. 판례도 이러한 취지에서, '부진정연대채무에서 발

146) 같은 취지: 대법원 1967.12.29.선고, 67다2034·2035 판결; 대법원 1969.1.28.선고, 68다2245 판결; 대법원 1971.2.9.선고, 70다2508 판결; 1982.1.19.선고, 80다3075 판결; 대법원 1983.5.24.선고, 83다카208 판결; 대법원 1992.3.31.선고, 91다39849 판결.

생하는 구상관계는 반드시 연대채무에 관한 민법의 규정을 적용하여야 하는 것이 아니며(대법원 1975.12.23.선고, 75다1193 판결), 구상요건으로서의 통지에 관한 제426조의 규정은 유추적용될 수 없다'고 한다(대법원 1976.7.13.선고, 74다746 판결).

(나) 사용자책임에서의 사용자의 구상권

'사용자책임을 이행한 사용자 또는 감독자는 피용자에 대하여 구상권을 행사할 수 있다'는 점에 대해서는 명문규정이 있다(756조 3항). 문제는 '피용자와 제3자가 공동불법행위로 피해자에게 손해를 가한 경우에, 사용자책임을 이행한 사용자는 공동불법행위자인 제3자에 대해서도 구상권을 행사할 수 있는가?' 하는 것이다. 이에 대하여, 판례는 '피용자와 제3자의 책임비율에 의하여 정해진 피용자의 부담부분을 초과하여 사용자가 피해자에게 손해를 배상한 경우에는, 사용자는 제3자에 대하여도 구상권을 행사할 수 있으며, 그 구상의 범위는 제3자의 부담부분에 국한된다'는 입장을 취하고 있다(대법원 1992.6.23.선고, 91다33070 전원합의체판결 등).[147)]

(다) 공동불법행위자 중 1인의 다른 공동불법행위자에 대한 구상권

판례는 '공동불법행위자 중의 한 사람이 그 손해의 전부를 배상한 경우에는 그 과실비율에 따라 정해지는 부담부분을 기준으로 다른 공동불법행위자에게 구상권을 행사할 수 있다'는 입장을 확립하고 있음은 전술한 바와 같다(대법원 1983.5.24.선고, 83다카208 판결 등). 나아가 판례는 이러한 법리를 전제로 하여, '보험회사가 공동불법행위자 중 1인과의 보험계약에 따라 그를 대위하여 피해자가 입은 손해액 전부를 지급함으로써 공동불법행위자들이 공동면책을 얻은 경우에는, 보험에 가입한 그 공동불법행위자의 변제, 기타 자기의 출재로 공동면책을 얻은 것으로 보아야 할 것이므로, 다른 공동불법행위자의 부담부분에 대하여 구상권을 행사할 수 있다'는 입장을 확립하고 있다(대법원 1989.11.28.선고, 89다카9194 판결 등).[148)]

147) 같은 취지: 대법원 2006.2.9.선고, 2005다28426 판결.

148) 같은 취지: 대법원 1988.4.27.선고, 87다카1012 판결; 대법원 1993.1.26.선고, 92다4871 판결; 대법원 1994.1.11.선고, 93다32958 판결; 대법원 1994.10.7.선고, 94다11071 판결: 대법원 1998.12.22.선고, 98다40466 판결; 대법원 1999.6.11.선고, 99다3143 판결; 대법원 2008.2.29.선고, 2007다89494 판결.

제4절 보증채무

[92] Ⅰ. 총 설

1. 보증채무의 의의

「보증채무」(Bürgschaftsschuld)라 함은 '보증계약의 효력으로 발생하는 채무로서, 채무자가 채무를 이행하지 않는 경우에 이를 이행하여야 할 보증인의 채무'를 말한다(428조 1항). 또한 「보증」(Bürgschaft; caution)이라 함은 '보증인에 의한 인적 담보제도'를 총칭하는 포괄적인 용어로서, '보증인으로 하여금 주채무의 이행을 담보케 하는 제도' 또는 '보증계약에 의하여 발생하는 법률관계'를 말한다.1)

(1) 다수당사자의 채권관계의 일종

대륙법계국가들은 일반적으로 보증제도를 보증채무의 발생원인인 보증계약에 중점을 두어 전형계약의 일종으로 규정하고 있으나(C.c. Art. 2288~2320, BGB §§765~778, OR Art. 492~512), 우리 민법은 보증제도를 보증계약의 효력으로 발생한 보증채무의 법률관계를 중심으로 파악하여, 이를 채권편 총칙에서 「다수당사자의 채권관계」의 일종으로서 연대채무 등과 나란히 규정하고 있다(제428조 이하). 이는 구 의용민법(일본민법)의 입법주의를 계승한 것이다.

(2) 인적 담보제도

보증은 보증인이 자신의 전재산으로 채무의 이행을 책임지는 인적 담보제도의 일종이다. 보증계약의 효력으로 발생하는 보증채무는 채무자의 책임재산이 보증인의 일반재산으로 확

1) 內田貴, 308 참조.

대된다는 점에서 연대채무와 유사한 측면이 있다. 또한 보증채무는 주채무와 동일한 급부를 내용으로 하고, 양 채무 중 어느 한 채무가 이행됨으로써 다른 채무도 소멸하는 다수당사자의 채권관계의 일종이라는 점에서는 연대채무와 같은 성질을 가지고 있다. 그러나 연대채무에서의 각 채무자의 채무는 독립적인 성질(自主性)을 가지는 데 반하여, 보증채무는 주채무의 이행을 담보하는 수단으로서 주채무에 대하여 종속적인 성질(附從性)을 가지고 있다는 점에서, 연대채무에 비하여 담보제도로서의 성격이 명확하다. 또한 연대채무는 그 성립에서 법률의 규정 또는 채무자 사이의 연대의 합의가 필요하지만, 보증채무는 채무자의 동의가 없더라도 채권자와 보증인 사이의 합의(보증계약)만으로 성립한다는 점에서도 양자는 차이가 있다.

한편 보증은 현재의 특정한 채무를 담보하기 위한 경우뿐만 아니라 장래의 채무를 담보하기 위해서도 할 수 있다(428조 2항). 즉, 장래의 특정채무 또는 조건부·기한부채무를 담보하기 위한 보증도 가능하며, 채권자와 주채무자 사이의 특정한 계속적 거래계약(예컨대, 은행과의 당좌대월계약·어음할인계약·상호계산계약·고용계약·임대차계약·대리점계약 등)이나 그 밖의 일정한 종류의 거래로부터 발생하는 채무 또는 특정한 원인에 기하여 계속적으로 발생하는 불특정다수의 채무를 담보하기 위해서도 할 수 있다(428조의3, 보증인보호법 6조 1항). 후자를 「근보증」이라고 하는데, 이는 장래의 불특정다수의 채무를 담보함으로써 신용을 매개하는 기능을 수행한다.

(3) 보증채무에 관한 법적 규율의 동향

1) 과도한 담보를 설정하는 금융관행의 개선

보증을 통하여 채권자가 담보로 취득하는 것은 보증인에 대한 채권에 불과하므로, 보증인의 변제자력이 충분하지 못한 경우에는 보증은 무의미한 것이 될 수 있다. 담보제도로서의 보증채무의 이러한 한계를 극복하기 위하여, 금융실무에서는 물적 담보인 저당권과 연대보증을 병행하여 설정하는 등 과도한 담보를 확보하기 위한 여러 가지 대책들이 강구되고 있는 것이 현실이다. 그러나 이는 경제적 약자인 채무자에게 가혹한 결과를 초래할 수 있으므로, 과도한 담보확보의 관행을 타파하여 금융기관의 압박으로부터 보증인을 보호하기 위한 제도적 개선방안을 마련할 필요가 있다.

2) 보증인의 보호를 기할 수 있는 해석론과 입법론의 수립

민법상의 보증계약은 2016.2.4. 법률 제13125호로 개정된 민법(이하 본 절에서 「개정민법」으로 약칭)이 시행되기 전까지는 채권자와 보증인 사이의 단순한 합의만으로써 성립하는 낙성계약이었다. 또한 보증계약은 보증인의 합리적인 판단에 의해서가 아니라 주채무자와 사이에 친·인척, 친구 등 끊기 어려운 개인적 친분관계에 의하여 어쩔 수 없이 이루어지는 무상계약인 경우가 대부분인데 반하여, 보증책임은 보증인의 전재산에 대한 무한책임이라는 가혹한 현실을 고려할 때, 보증인의 보호를 위한 해석론과 입법론이 절실하게 요구되었다.

「2004년 민법개정안」은 이러한 관점에서 보증채무의 법률관계를 명확하게 하고 보증인의 보호를 강화하기 위한 몇 가지 제도개선의 방안을 담고 있었는데, 그 내용을 전면적으로 반영한 「보증인 보호를 위한 특별법」(2008.3.21.제정, 법률 제8918호: 이하 「보증인보호법」으로 약칭)이 2008.9.22.부터 시행됨으로써, 민법의 불비를 크게 보충할 수 있게 되었다. 그 결과 보증인보호법이 적용되는 보증계약은 반드시 보증의 의사가 보증인의 기명날인 또는 서명이 있는 서면으로 표시되어야 효력이 발생하는 엄격한 요식계약으로 전환되었다(구 보증인보호법 3조).[2] 그리고 2016.2.4.부터는 동일한 내용의 개정민법(2015.2.3. 법률 제13125호)이 시행됨과 동시에 보증보호법 제3조의 규정이 삭제됨으로써 모든 보증계약은 엄격한 요식계약으로 전환되었다(428조의2).

2. 보증의 종류

(1) 보증의 주체를 기준으로 한 분류 : 개인보증과 법인보증

'보증인이 자연인인 경우'를 「개인보증」, '보증인이 법인인 경우'를 「법인보증」이라고 한다. 특히 '보증을 영업으로 하는 기관에 의한 법인보증'을 「기관보증」이라고 부른다.[3] 이는 보증의 주체를 기준으로 한 분류이다. 개인보증과 법인보증(기관보증)을 구별하는 실익은 개인보증의 경우와는 달리, 법인보증에서는 보증책임을 부담하는 거래주체인 보증인이 합리적인 판단이 가능한 법인이기 때문에 보증인을 보호할 필요성이 없다는 점에 있다. 특히 보증에 의하여 중소기업의 신용대출을 가능하게 함으로써 기업과 산업의 발전에 이바지할 것을 목적으로 하여 특별법에 의하여 설립된 국책금융기관인 각종 「신용보증기금」과 같이(신용보증기금법 1조),[4] 보증을 영업으로 하는 기관은 엄밀한 계산 아래서 보증계약을 체결하므로, 보증인을 보호할 필요성보다는 오히려 보증인의 부당한 구상권 행사로부터 주채무자를 보호할 필요성이 있게 된다.[5] 이러한 이유로 보증인보호법은 '기업 또는 개인의 신용을 보증하기 위하여 법률에 따라 설치된 기금 또는 그 관리기관이 보증채무를 부담하는 경우' 등 법인보증의 경우와 개인이 보증책임을 부담하는 경우라고 하더라도 보증인이 합리적인 판단이 가능하다고 인정되는 경우에는 동법이 적용되는 보증인의 개념에서 배제하고 있다(동법 2조 1호).[6]

---

2) 보증인보호법 제3조는 2016.2.4. 개정민법의 시행과 동시에 삭제되었다.

3) 内田貴, 304 참조. 「기관보증」에 대해서는 신용석, "기관보증과 주계약상 보증인에 대한 구상권의 존부", 민사재판의 제문제 14권(한국사법행정학회, 2005/12), 116 이하 참조.

4) 신용보증기금법 제1조(목적) 이 법은 신용보증기금을 설립하여 담보능력이 미약한 기업의 채무를 보증하게 하여 기업의 자금융통을 원활히 하고, 신용정보의 효율적인 관리·운용을 통하여 건전한 신용질서를 확립함으로써 균형 있는 국민경제의 발전에 이바지함을 목적으로 한다.

5) 内田貴, 304 참조.

6) 보증인보호법 제2조(정의) 이 법에서 사용하는 용어의 뜻은 다음과 같다. 1. "보증인"이란 민법 제429조 제1항에 따른 보증채무(이하 "보증채무"라 한다)를 부담하는 자로서 다음 각 목에서 정하는 경우를

(2) 보증채무의 내용을 기준으로 한 분류

보증채무의 내용을 기준으로 하면, 보증은 보통보증·연대보증·공동보증·부보증·구상보증·배상보증 등으로 분류된다.

1) 연대보증(連帶保證)

「연대보증」(selbstschuldnerische Bürgschaft; caution solidaire)이라 함은 '보증인이 주채무자와 연대하여 채무를 부담하는 보증채무'를 말한다. 연대보증도 보증인이 주채무의 이행을 담보한다는 점에 있어서는 보통의 보증과 마찬가지로 부종성이 인정되지만, 연대보증은 주채무에 대한 보충성이 없어서 보증인의 최고·검색의 항변권(437조)이 인정되지 않는 등 채권자의 권리가 한층 강화된다는 점에서 보통의 보증과 차이가 있다. 이러한 이유로 실제의 금융거래에서는 인적 담보수단으로서 대부분 연대보증이 사용되고 있으며, 보통의 보증이 이용되는 경우는 거의 없다. 이와 같이 보충성이 인정되지 않는다는 점 이외에는 연대보증도 보통의 보증과 성질상 차이가 없으며, 보통의 보증에 관한 이하의 설명은 연대보증의 법률관계에 대하여도 대부분 타당하다. 보통의 보증과 연대보증의 구체적 차이점에 대하여서는 후술하기로 한다.

2) 공동보증(共同保證)

「공동보증」(Mitbürgschaft; caution conjointe)이라 함은 '동일한 채무에 대하여 여러 명이 보증채무를 부담하는 것'을 말한다. 채무자가 단독으로 보증채무를 부담하는 보통의 보증과 대립적 개념이라고 할 수 있다. 공동보증도 주채무에 대하여 부종성과 보충성을 가지고 있다는 점에서는 보통의 보증과 마찬가지이다. 그러나 보통의 보증과 달리, 공동보증에 있어서는 보증인들 사이에 채권자에 대한 관계에서 분별의 이익이 인정되며(439조, 408조), 어느 보증인이 자신의 부담부분을 넘는 변제를 한 때에는 주채무자에 대한 보증인의 구상권에 관한 제444조의 규정이 준용되어 다른 보증인에 대한 구상권이 인정되고(448조 1항), 주채무가 불가분이거나 각 보증인이 상호연대로 또는 주채무자와 연대로 보증채무를 부담한 경우에는 연대채무자 사이의 구상권에 관한 제425조 내지 제427조의 규정이 준용된다(동조 2항). 공동보증과 보통의

제외한 자를 말한다. 가. 신용보증기금법 제2조 제1호에 따른 기업(이하 "기업"이라 한다)이 영위하는 사업과 관련된 타인의 채무에 대하여 보증채무를 부담하는 경우 나. 기업의 대표자, 이사, 무한책임사원, 국세기본법 제39조 제2항에 따른 과점주주 또는 기업의 경영을 사실상 지배하는 자가 그 기업의 채무에 대하여 보증채무를 부담하는 경우 다. 기업의 대표자, 이사, 무한책임사원, 국세기본법 제39조 제2항에 따른 과점주주 또는 기업의 경영을 사실상 지배하는 자의 배우자, 직계존속·비속 등 특수한 관계에 있는 자가 기업과 경제적 이익을 공유하거나 기업의 경영에 직접·간접적으로 영향을 미치면서 그 기업의 채무에 대하여 보증채무를 부담하는 경우 라. 채무자와 동업 관계에 있는 자가 동업과 관련한 동업자의 채무를 부담하는 경우 마. 나목부터 라목까지의 어느 하나에 해당하는 경우로서 기업의 채무에 대하여 그 기업의 채무를 인수한 다른 기업을 위하여 보증채무를 부담하는 경우 바. 기업 또는 개인의 신용을 보증하기 위하여 법률에 따라 설치된 기금 또는 그 관리기관이 보증채무를 부담하는 경우

보증의 차이점에 대한 상세한 설명은 후술하기로 한다.

3) 부보증(副保證)

「부보증」(Nachbürgschaft; sous-caution)이라 함은 '보증채무를 주채무로 하여 이를 다시 보증하는 것'을 말한다. 이를 「재보증(再保證)」이라고도 한다.[7] 부보증은 주채무가 보증채무라는 점을 제외하고는 보통의 보증과 같으므로, 그 효력 면에서도 보통의 보증과 차이가 없다.

4) 구상보증(求償保證)

「구상보증」(Rückbürgschaft; contre-caution)이라 함은 '주채무자가 보증인에 대하여 부담하는 구상채무를 주채무로 하는 보증'을 말한다. 즉, '보증인이 주채무자에 대하여 가지는 구상권을 보증하는 것'을 말하는데, 이를 「역보증」이라고도 한다. 구상보증은 주채무자의 보증인에 대한 구상채무를 주채무로 하는 보증채무라는 점과 보증인과 구상보증인과의 보증계약에 의하여 성립된다는 점을 제외하고는, 그 효력 면에서 보통의 보증과 차이가 없다.

5) 배상보증(賠償保證)

「배상보증」이라 함은 '채권자가 주채무자로부터 변제를 받지 못한 부분에 한하여 보증채무를 부담하는 것'을 말한다. 배상보증은 보증인이 채무자의 채무불이행을 정지조건으로 하여 보증채무를 부담하는 일종의 '정지조건부 보증채무'라고 할 수 있는데, 이를 「최종부족액지급보증」(Ausfallbürgschaft)이라고도 한다. 배상보증은 '채권자가 보증인에 대하여 보증채무의 이행(부족변제 부분의 이행)을 청구하기 위해서는 먼저 주채무자에 대하여 강제집행을 한 후 주채무자로부터 변제받지 못한 부분이 있음을 증명하여야 한다'는 점에 그 특색이 있다.

(3) 보증의 기능에 따른 분류 : 채무보증과 이행보증

이는 보증의 기능에 따른 분류인데, 보증인이 주채무자의 채무를 보증하는 「채무보증」과 채무의 내용인 급부의 이행을 보증하는 「이행보증」으로 나눌 수 있다.

1) 채무보증(債務保證)

(가) 기업보증

이는 '담보능력이 미약한 개인이나 중소기업에 신용을 부여하여 금융기관으로부터의 융자를 용이하게 받을 수 있도록 하기 위하여 이루어지는 보증'을 말한다.[8] 이러한 형태의 보증은 개인에 의하여서도 이루어질 수 있으나, 신용보증기금과 같이 보증을 영업으로 하는 기관에 의하여 이루어지는 경우가 많기 때문에, 이를 「기관보증」이라고도 한다.[9]

---

7) 신용보증기금법은 「재보증」을 '기금이 동법 제23조의2 제1항에 따른 원보증자가 보증(이하 "원보증"이라 한다)한 보증채무 이행금액의 범위에서 이를 보전하여 주는 것을 말한다'고 정의하고 있다(동법 2조 7호).

8) 內田貴, 305 참조.

9) 신용보증기금에 의한 기업채무의 보증(신용보증기금법 2조)은 기관보증의 대표적인 사례이다.

(나) 소비자신용보증

「소비자신용보증」이라 함은 예컨대, 금융기관 A가 상품의 매도인인 기업 B와 제휴를 맺어 상품의 매수인인 소비자 C에게 상품의 구입자금을 융자해주고, 기업 B는 소비자 C의 A에 대한 대여금반환채무를 보증하는 경우와 같이, 소비자가 상품(주로 가전제품·자동차·주택 등의 내구재)을 외상으로 구입할 때 이용되는 보증의 형태이다. 판례는 '이러한 경우에 매수인(C)의 대여금반환채무를 매도인(B)이 보증인으로서 변제한 경우에는, 매도인(B)의 매수인(C)에 대한 구상금채권은 그 내용상 잔대금채권과 실질적으로 다를 바 없으므로, 잔대금채무의 연대보증인은 위 구상금채무에 대하여도 연대보증책임이 있다'고 한다(대법원 1985.9.10.선고, 85다카806 판결).

2) 이행보증

제작물공급계약 또는 건축공사도급계약에서 제작물의 공급(납품)이나 공사의 완성을 동종사업자 또는 사업자단체가 보증하는 경우(납품보증, 공사완성보증, 주택법상의 분양보증)와 같이, '채무의 이행(급부) 그 자체를 보증하는 경우'를 「이행보증」 또는 「급부보증」이라고 한다. 이러한 유형의 보증에서는 주채무가 금전채무가 아니므로 여러 가지 특수한 문제가 발생하는데, 이에 대해서는 후술하기로 한다.

3. 보증채무의 법적 성질 : 주채무와의 관계

(1) 별개·독립성 : 주채무와 별개·독립의 채무

보증채무는 주채무와는 별개·독립의 채무이다.[10] 즉, 보증인은 채무 없이 책임만을 부담하는 것이 아니라 채권자와의 보증계약에 의하여 주채무와는 별개의 채무를 부담하는 것이며, 이 점에서 보증인은 채무 없이 책임만을 부담하는 물상보증인과 다르다. 그러므로 보증채무는 그 채무의 태양과 책임의 범위가 주채무와 서로 다를 수 있다(대법원 2003.6.13.선고, 2001다29803 판결 등). 예컨대, 주채무는 민사채무인데 보증채무는 신용보증기금의 보증채무와 같이 상행위로 인하여 발생한 상사채무인 경우, 주채무는 10년의 민사소멸시효에 걸리지만, 보증채무는 5년의 상사소멸시효에 걸리는 것과 같다(상법 64조). 또한 보증채무를 발생시키는 보증계약의 당사자는 채권자와 보증인이므로, 보증인은 채권자와 사이에 그 보증채무에 관한 위약금 기타 손해배상액을 예정할 수 있다(429조 2항). 다만, 보증채무는 주채무와 별개·독립의 채무이기는 하나, 주채무에 대하여 부종성·수반성·보충성을 가진 종된 채무이므로, 그 독립성은 연대채무에 비하여 완전하지 못하다. (☞ 제3절 「연대채무」)

---

10) 학설은 일반적으로 이를 보증채무의 「독립성」이라고 부르고 있으나(곽윤직, 179; 현승종, 258 참조), 이는 보증채무의 부종성과 관련하여 개념상의 혼란을 야기할 가능성이 있으므로, 본서에서는 이를 「별개·독립성」이라고 부르기로 한다.

■ 보증채무 자체의 이행지체로 인한 지연손해금은 보증한도액과는 별도로 부담하는 것인지 여부(적극) 및 그 연체이율의 결정 방법 보증채무는 주채무와는 별개의 채무이기 때문에, 보증채무 자체의 이행지체로 인한 지연손해금은 보증한도액과는 별도로 부담하고, 이 경우 보증채무의 연체이율에 관하여 특별한 약정이 있으면 그에 따르고, 특별한 약정이 없는 경우라면 그 거래행위의 성질에 따라 상법 또는 민법에서 정한 법정이율에 따라야 할 것이고, 주채무에 관하여 약정된 연체이율이 당연히 여기에 적용되는 것은 아니다. (대법원 2003.6.13.선고, 2001다29803 판결)[11]

(2) 동일성 : 주채무와 동일한 채무

보증채무는 주채무와 동일한 내용의 급부를 목적으로 한다. 민법은 "주채무자가 이행하지 아니하는 채무를 이행할 의무"를 보증채무의 내용으로 규정하고 있으나(428조 1항), 이는 보증채무가 주채무 그 자체를 이행하는 것을 내용으로 한다는 의미가 아니라, '보증채무의 내용은 주채무의 내용과 동일하며, 보증인은 주채무와 동일한 내용의 보증채무를 이행할 책임을 진다'는 것을 의미한다. 이와 같이 보증채무는 주채무와 동일한 내용의 급부를 목적으로 하여야 하므로, 보증채무의 내용이 주채무의 그것과 다른 경우에는 보증계약이 아니라 '제3자에 의한 대물변제의 예약' 또는 '새로운 채무의 부담'이라고 해석하고, 이를 「준보증」이라고 하여 보통의 보증과 구별하는 견해도 있다.[12] 또한 '주채무는 원칙적으로 대체적 급부를 목적으로 하는 것이어야 하며, 부대체적 급부를 목적으로 하는 채무에 관하여 보증이 이루어진 경우에는 주채무가 그 불이행으로 인하여 손해배상채무로 변하는 것을 정지조건으로 하는 보증채무(배상보증)[13]가 성립한다'고 해석하는 견해가 지배적이다.[14]

판례는 '주택법상의 등록업자가 주택건설사업자의 요청에 따라 당해 주택의 준공과 그 대지의 저당권말소의 이행에 대한 연대보증을 제공하기로 약정한 경우, 이는 특별한 사정이 없는 한 주택건설사업자가 당해 주택의 준공과 그 대지의 저당권말소를 이행하지 아니하는 경우, 보증인이 등록업자가 이를 대신 이행하여 주택건설사업자와 사이에 적법하게 분양계약을 체결한 입주자들에게 분양계약상의 주택공급의무를 이행할 것을 내용으로 하는 「조건부 제3자를 위한 계약」을 체결한 것'이라는 입장을 확립하고 있는데(대법원 1996.5.28.선고, 96다6592·6593 판결 등), 이는 주택건축공사를 대체적 급부라고 전제하고 분양보증계약의 효력(주택건축공사의 이행청구권)이 보증계약의 당사자가 아닌 수분양자에게 직접 발생하는 「제3자를 위한 보증계약」이 성립한 것이라고 이론구성한 것이다.

---

11) 같은 취지: 대법원 1995.6.30.선고, 94다40444 판결; 대법원 2000.4.11.선고, 99다12123 판결; 대법원 2005.6.23.선고, 2005다18955 판결.

12) 곽윤직, 179 참조.

13) 학설은 이를 「배상보증」이라고 하여 보통의 보증과 구별하고 있다(곽윤직, 179 참조).

14) 곽윤직, 179; 김형배, 501; 송덕수, 335 참조. 통설에 대한 비판적 견해로서는 명순구, "주계약의 해제로 인한 주채무자의 원상회복의무와 보증인의 법적 지위 -대법원판례에 대한 평가 및 종래학설에 대한 비판적 관점-", 동천김인섭변호사화갑기념논문집 「법실천의 제문제」(박영사, 1996/12), 328 이하 참조.

▪ 등록업자가 주택건설사업자의 요청에 따라 당해 주택의 준공과 그 대지의 저당권말소의 이행에 대한 연대보증을 제공하기로 약정한 경우, 그 연대보증계약의 법적 성질과 효력(조건부 제3자를 위한 계약) 주택건설업자와 등록업자 사이에 등록업자가 구 주택공급에관한규칙 제7조에 의한 연대보증의 제출에 앞서 주택건설사업자의 요청에 따라 당해 주택의 준공과 그 대지의 저당권말소의 이행에 대한 연대보증을 제공하기로 약정한 경우, 이는 달리 특별한 사정이 없는 한 주택건설사업자가 당해 주택의 준공과 그 대지의 저당권말소를 이행하지 아니하는 경우, 등록업자가 이를 대신 이행하여 주택건설사업자와 사이에 적법하게 분양계약을 체결한 입주자들에게 분양계약상의 주택공급의무를 이행할 것을 약정함으로써 이른바 조건부 제3자를 위한 계약을 체결한 것이고, 그러한 약정에 따라 등록업자가 제공한 연대보증을 소관청에 제출한 주택건설사업자가 그 후 당해 주택의 건축을 지연하거나 그 능력을 상실하게 됨으로써 조건이 성취된 경우, 적법하게 분양계약을 체결한 입주자들이 그 수익의 의사를 표시하고 주택건설사업자를 대신하여 당해 주택을 준공한 등록업자에 대하여 분양계약상의 권리를 행사할 수 있다. (대법원 1996.5.28.선고, 96다6592·6593 판결)[15)]

(3) 부종성(附從性) : 주채무에 종된 채무

보증채무는 주채무와는 별개의 채무이나, 주채무의 이행을 담보하기 위한 것이므로 반드시 주채무의 존재를 전제로 하고, 성립·내용·소멸의 각 단계에서 주채무에 종속한다. 이를 보증채무의 「부종성」이라고 한다.

1) 성립상의 부종성

주채무가 없으면 보증채무도 성립할 수 없다. 이를 「보증채무의 성립상의 부종성」이라고 한다. 따라서 주채무가 그 기초되는 법률관계의 불성립·무효 또는 취소로 인하여 처음부터 존재하지 않거나 소멸한 경우에는 보증계약은 무효이며, 따라서 보증채무도 발생하지 않는다. 다만, '주채무를 발생시킨 계약이 주채무자의 채무불이행을 이유로 해제된 경우에 보증채무가 주채무자의 원상회복의무의 이행을 담보하는 것으로서 계속 존속하는가?' 하는 문제에 대하여는 학설상 다툼이 있음은 후술하는 바와 같다.[16)]

2) 내용상의 부종성

보증채무는 주채무와 동일한 내용의 채무를 부담하는 것을 그 내용으로 하므로, 보증채무의 내용은 주채무의 내용에 따라서 결정된다. 이를 「보증채무의 내용상의 부종성」이라고

---

15) 같은 취지: 대법원 1996.5.28.선고, 96다6592·6608·6615·6622·6639 판결; 대법원 1996.12.20.선고, 96다34863 판결; 대법원 1997.6.27.선고, 96다36647 판결; 대법원 1997.9.26.선고, 97다10208 판결; 대법원 1997.10.10.선고, 97다7264·7271·7288·7295·7301 판결; 대법원 2006.5.25.선고, 2003다45267 판결.

16) 개정민법이 시행된 2016.2.4. 이전의 민법은 제436조에서, '취소의 원인 있는 채무를 보증한 자가 보증계약 당시에 그 원인 있음을 안 경우에 주채무의 불이행 또는 취소가 있는 때에는 주채무와 동일한 목적의 독립채무를 부담한 것으로 본다'고 규정하고 있었는데, '이는 보증채무의 성립상의 부종성을 전제로 보증인의 의사를 고려하고 채권자를 보호하기 위하여 두어진 규정이라고 할 수 있으나, 입법론상 그 타당성을 인정하기는 어렵다'는 비판을 받고 있었다. 이러한 비판을 고려하여 개정민법에서는 동조가 삭제되었다(민법개정총서(9), 23 참조).

한다. 따라서 ① 주채무의 내용이 변경되면 보증채무의 내용도 그에 따라서 변경된다. 또한 ② 보증채무가 담보하는 범위가 주채무의 그것과 반드시 동일하여야 하는 것은 아니지만,[17] 주채무의 범위를 초과하는 것은 허용되지 않는다. 다만, '보증인의 부담이 주채무의 목적이나 형태보다 중한 때'에도 보증계약 전체가 무효가 되는 것이 아니라, 보증채무의 범위가 주채무의 한도로 감축되는 데 그친다(430조). ③ 보증인은 주채무자의 항변으로 채권자에게 대항할 수 있다(433조 1항).

3) 소멸상의 부종성

주채무가 변제·경개·소멸시효의 완성 등으로 인하여 소멸하면, 보증채무도 그에 따라서 당연히 소멸한다. 이를 「보증채무의 소멸상의 부종성」이라고 한다. 그러나 판례는 '금융기관에서 관행적으로 행해지는 이른바 대환(代換)은 형식적으로는 별도의 대출에 해당하나, 실질적으로 기존채무가 여전히 동일성을 유지한 채 존속하는 준소비대차로 보아야 할 것이므로, 특별한 사정이 없는 한 종전의 채무에 대한 보증채무의 효력은 대환에 의한 신규대출채무에도 미친다'고 한다(대법원 1998.2.27.선고, 97다16077 판결 등).[18]

(4) 수반성(隋伴性) : 주채무와 분리양도의 금지

채권이 양도되면 보증채무는 당사자 사이에 별도의 합의가 없더라도 주채무에 수반하여 양수인(신채권자)에 대한 채무로서 이전된다. 이를 「보증채무의 수반성」이라고 한다. 채권의 양도로 인하여 채권자가 변경되었음에도 불구하고 보증채무만 채권양도인(구 채권자)에 대한 채무로서 남는다는 것은 무의미하기 때문이다. 따라서 채권양수인은 보증부(附)채권을 취득하게 된다. 이와 같이 보증채무는 주채무를 담보하기 위한 것으로서 주채무에 종된 성질을 가지는 것이므로, 주채무와 분리하여 보증채권만을 양도하기로 하는 약정은 그 효력이 없다(대법원 2002.9.10.선고, 2002다21509 판결 등).[19] 문제는 '주채무에 수반하여 보증채무가 양도되는 경우에 보증채무에 대한 채권양도의 대항요건이 별도로 필요한가?' 하는 것이다. 이에 대하여, 판례는 '주채무에 관한 대항요건을 구비하면 충분하며, 별도로 보증인에 대한 대항요건을 갖출 필요는 없다'고 한다(대법원 1989.10.24.선고, 88다카20774 판결 등).[20] 그러나 이러한 판례의 입장에는 찬성하기 어렵다. 그 이유는, ① 보증채무가 주채무에 대한 관계에서 부종성·수반성을 가진다는 것과, 보증채권이 양수인에게 이전되기 위하여 채권양도의 대항요건이 별도로 필요

---

17) '주채무의 일부에 대해서만 보증채무를 부담하는 보증'을 「유한보증(有限保證)」이라고 한다.
18) 같은 취지: 대법원 1986.2.11.선고, 85다카1670 판결; 대법원 1990.10.30.선고, 90다카23271 판결; 대법원 1991.12.10.선고, 91다24281 판결; 대법원 1994.6.10.선고, 94다3445 판결; 대법원 2002.9.24.선고, 2000다49374 판결; 대법원 2002.10.11.선고, 2001다7445 판결.
19) 같은 취지: 대법원 1976.4.13.선고, 75다1100 판결; 대법원 1989.10.24.선고, 88다카20774 판결.
20) 판례평석: 정재곤, "피보증인(발행인)이 어음변조를 한 경우에 그 보증인의 책임", 부산대법학논집 창간호(부산대학교, 1991/2), 89 이하. 같은 취지: 대법원 2002.9.10.선고, 2002다21509 판결.

한가 하는 문제는 이론상 별개의 문제이며, ② 보증채권의 양도에 보증인에 대한 대항요건이 필요 없다고 해석하면, 보증인이 양도인(구 채권자)에게 변제하는 등 불측의 피해를 입게 될 가능성이 크기 때문이다. 그러나 주채무자가 변경되는 채무인수의 경우에는 보증채무는 소멸하는 것이 원칙이며(459조 본문), 보증인이 채무인수에 동의한 경우에 한하여 예외적으로 채무인수에 수반하여 인수채무를 위한 것으로 존속한다.

(5) 보충성(補充性)

보증채무는 주채무자가 채무를 이행하지 아니하는 경우에 보충적으로 주채무와 동일한 내용의 급부를 하여야 하는 채무이다. 즉, 보증채무는 주채무에 대하여 보충성을 가진다. 그러나 보증채무가 「주채무에 대하여 보충성을 가진다」는 것은 보증채무의 이행을 청구하기 위해서는 주채무자의 채무불이행이 필요하다는 것을 의미하는 것이 아니라, '채권자는 주채무자에게 이행을 청구하지 않고 먼저 보증인에게 보증채무의 이행을 청구할 수도 있으나, 이 경우에 보증인은 최고·검색의 항변권을 행사하여 이행을 거절할 수 있다'는 것을 의미하는 것에 불과하다(437조 본문). 따라서 주채무에 대한 보충성이 인정되지 않는 연대보증의 경우에는 보증인의 최고·검색의 항변권이 인정되지 않는다(동조 단서).[21]

[93] Ⅱ. 보증채무의 발생

1. 보증계약

(1) 의 의

「보증계약」이라 함은 '보증채무의 발생을 목적으로 하는 채권자와 보증인 사이의 계약'을 말한다. 보증채무는 이러한 보증계약에 의해서만 발생하므로, 보증채무가 발생하기 위해서는 보증계약이 유효하게 성립하여야 한다. (☞ 계약법 편, 제1장 제2절 「계약의 성립」)

(2) 보증계약의 당사자

보증계약은 채권자와 보증인 사이의 계약이므로, 주채무자는 법률상 보증계약과 직접적인 관계가 없다. 따라서 채무자와 제3자와의 계약으로 제3자가 채무를 이행할 것을 약정하는 것은, 보증계약이 아니라 「이행인수계약」이거나 「변제위임계약」(간접보증계약) 또는 제3자를 위한 계약의 일종인 「채권자를 위한 변제계약」(539조) 중 하나에 지나지 않는다.[22]

법원의 명령에 의하여 보증인을 세울 의무가 부과되는 경우(26조, 918조 4항, 1053조 2항 등),

---

21) 상사보증은 원칙적으로 연대보증이므로(상법 57조 2항), 보증인에게 「최고·검색의 항변권」이 인정되지 않는다.
22) 민법주해(10)/박병대, 182; 현승종, 261 참조.

혹은 법률상 일정한 자의 청구가 있을 때에는 담보를 제공할 의무가 있는 경우(206조 1항, 214조, 688조 2항, 1048조 2항 등), 채무자에게 보증인을 세울 권리가 있는 경우(327조, 443조, 588조 단서 등)에도 보증계약의 당사자는 언제나 채권자와 보증인이다.

보증인에 대한 주채무자의 부탁의 유무나 보증인이 채권자와 보증계약을 체결하는 것을 위임사무의 내용으로 하는 위임계약의 유효·무효는 보증계약의 효력에 영향을 미치지 않는다. 즉, 보증인이 채권자와 보증계약을 체결하는 것은 주채무자의 부탁에 의하는 것이 보통이지만, 주채무자의 부탁이 없어도 보증인이 될 수 있을 뿐만 아니라 심지어 주채무자의 의사에 반하더라도 보증인이 될 수 있다(444조 2항). 다만, ① 보증인이 주채무자의 부탁에 의하여 보증계약을 체결한 경우에는 주채무자와 보증인 사이에 위임계약이 성립하므로, 위임에 관한 일반규정(680~692조) 및 위임사무처리비용의 상환청구권에 관한 규정(687~688조)의 특칙이라고 할 수 있는 수탁보증인의 구상권에 관한 규정(441~443조, 446조)에 의하여 주채무자와 보증인 사이의 법률관계가 처리되며, ② 보증인이 주채무자의 부탁 없이 보증계약을 체결한 경우에는 주채무자와 보증인 사이에 사무관리가 성립하므로, 사무관리에 관한 일반규정(734~740조) 및 사무관리자의 비용상환청구권에 관한 규정(739조, 740조)의 특칙이라고 할 수 있는 제444조에 의하여 주채무자와 보증인 사이의 법률관계가 처리된다.

문제는 '보증인이 주채무자의 기망에 의하여 보증계약을 체결한 경우, 또는 보증인이 주채무자의 변제자력이나 담보 등에 관한 착오에 의하여 채권자와 보증계약을 체결한 경우에, 보증인이 이를 이유로 보증계약을 취소할 수 있는가?' 하는 것이다.

이에 대하여는, '보증인이 주채무자의 기망에 의하여 보증계약을 체결한 경우에도 상대방인 채권자가 그 사실을 알았거나 알 수 있었을 경우에 한하여 보증계약을 취소할 수 있을 뿐이며(110조 2항), 보증인이 주채무자의 변제자력이나 담보 등에 관한 착오에 의하여 채권자와 보증계약을 체결한 경우라고 하더라도 이는 동기의 착오에 불과한 것이므로, 그러한 사정을 특히 보증계약의 내용으로 하지 않은 이상, 법률행위의 내용의 중요부분의 착오(109조 1항)를 이유로 보증계약을 취소할 수 없다'고 하는 것이 통설·판례의 입장이다(대법원 1979.3. 27.선고, 78다2493 판결 등). 이에 관한 상세한 논의는 민법총칙 편으로 미루기로 한다. (☞ 민법총칙 편, 제6장 제11절「착오에 의한 의사표시」)

■ 운수회사가 자기회사소속 운전수에 과실이 있는 것으로 오인하여 치료비지급채무에 대한 연대보증을 한 경우, 착오를 이유로 연대보증계약을 취소할 수 있는지 여부(소극) 운수회사가 소속차량 운전수의 과실로 타인에게 상해를 입힌 것으로 오인하고 손해배상책임이 있는 것으로 착오를 일으켜, 부상자의 병원에 대한 치료비지급채무를 연대보증한 경우에, 그 착오는 동기의 착오에 불과한 것으로서, 그 동기를 계약내용으로 하는 의사를 표시하지 아니한 이상 그 착오를 이유로 위 연대보증계약을 취소할 수 없다. (대법원 1979.3.27.선고, 78다2493 판결)[23]

(3) 보증계약의 성립 : 보증계약의 방식

원래 우리 민법상의 보증계약은 낙성·불요식계약이었으나, 2016.2.4. 개정민법이 시행된 이후에는 '보증의 의사가 보증인의 기명날인 또는 서명이 있는 서면으로 표시되어야' 성립하는 요식계약으로 전환되었음은 전술한 바와 같다(428조의2 1항).

1) 입법례

보증계약의 방식에 관한 외국의 입법례를 살펴보면, 보증계약을 당사자의 단순한 합의만으로 성립할 수 있도록 하는 경우는 드물고, 대부분 서면에 의한 요식계약으로 규정하고 있다.

(가) 독일민법

독일민법은 '서면에 의한 보증의 의사표시(Schriftform der Bürgschaftserklärung)에 의한 보증계약'만을 유효로 인정하고 있으며, 전자적 방식에 의한 보증의 의사표시도 무효로 규정하고 있다(BGB §766).[24)]

(나) 스위스채무법

스위스채무법은 보증계약의 성립에 더욱 엄격한 제한을 가하여, 모든 보증계약의 성립에 보증인의 책임을 숫자로 나타낸 확정최고금액을 표시한 서면에 자필로 서명한 서면을 요구하고 있으며, 특히 2,000스위스프랑[25)] 이상의 보증계약은 반드시 공정증서에 의하여 보증의 의사표시를 할 것을 요하고 있다(OR Art. 493).[26)]

(다) 프랑스민법

프랑스민법은 보증계약의 성립에 특별한 제한을 가하고 있지는 않지만, 보증의 추정을 부인하고 의사표시는 반드시 명시적일 것을 요구함으로써(C.c. Art. 2292),[27)] 사실상 서면에 의

23) 판례평석: 김형선, "동기의 착오와 의사표시의 취소", 대법원판례해설 1권 1호(법원행정처, 1979/8), 303 이하; 고상룡, "동기의 착오와 민법 제109조의 적용여부", 법률신문 1377호(법률신문사, 1980/12), 11. 같은 취지: 대법원 1981.9.8.선고, 81다98 판결; 대법원 1984.10.23.선고, 83다카1187 판결; 대법원 1990.5.22., 90다카7026 결정; 대법원 1995.5.23.선고, 94다60318 판결; 대법원 1999.4.23.선고, 98다45546 판결; 대법원 2016.4.15.선고, 2013다97694 판결.

24) 독일민법 제766조(서면에 의한 보증의 의사표시) 보증계약이 유효하기 위해서는 보증의 의사표시가 반드시 서면에 의하여 수여될 것이 요구된다. 전자적 방식으로 보증의 의사표시를 수여하는 것은 허용되지 않는다. 보증인이 주채무를 이행한 한도에서 방식의 하자는 치유된다.

25) 원화 2,367,840원에 해당하는 금액이다(2019.12.27. 13:17 KEB하나은행 고시 매매기준율 기준).

26) 스위스채무법 제493조(방식) (1) 보증은 그 유효를 위하여 보증인의 서면에 의한 의사표시와 보증문서 자체에 보증인의 책임을 숫자로 나타낸 확정최고금액의 표시를 요한다. (2) 보증인이 자연인인 경우, 보증의 의사표시는 그 밖에 그것이 행하여지는 장소에서 현재 유효한 규칙이 요구하는 바에 따라서 작성된 공정증서일 것이 요구된다. 그러나 그 책임금액이 2,000스위스프랑을 초과하지 않는 경우에는, 보증문서 자체에 숫자로 나타낸 확정책임금액과 경우에 따라서 연대보증의 책임이 있는 경우에는 그 사실을 자필서명으로 표시하는 것으로 충분하다.

27) 프랑스민법 제2292조 : 보증은 추정되지 않는다. 보증은 명시적이어야 하며, 보증계약이 체결된 때의 제한을 초과하여 확장할 수 없다.

한 보증계약을 요구하고 있다.

2) 우리 민법

개정민법 제428조의2가 시행된 2016.2.4. 이전에는 우리 민법상의 보증계약은 그 성립에 아무런 방식을 요구하지 않는 무방식의 낙성계약이었다. 즉, 보증계약은 보증인과 채권자 사이의 단순한 보증의 합의에 의하여 성립하며, 또한 묵시적 의사표시에 의한 보증계약의 성립도 가능하였다. 그러나 특히 개인보증의 경우, 주채무자인 친척·친지 등과의 정의관계(情誼關係)에 기하여 보증인이 합리적 판단을 결한 채 경솔하게 보증계약을 체결하기 쉽다는 점과, 보증계약상의 책임이 지나치게 무겁다는 점(보증인은 타인의 채무를 보증하기 위하여 자기의 전재산으로 책임을 지는 무한책임을 부담한다) 등을 고려할 때, '보증계약을 무방식의 낙성계약으로 규정하는 것은 입법론상 용납되기 어려운 태도'라는 비판을 받고 있었다.

이러한 관점에서, 「2004년 민법개정안」은 독일민법 제766조를 모범으로 하여 '보증계약의 성립과 그 내용의 변경에 있어서 보증인의 의사는 반드시 보증인의 기명날인 또는 서명이 있는 서면으로 표시되어야 그 효력이 발생하는 것으로 민법을 개정할 것'을 제안한 바 있었는데,[28] 2008.3.21. 「2004년 민법개정안」의 내용을 전면적으로 수용한 보증인보호법이 제정·공포됨으로써 동법이 적용되는 범위에서 보증계약은 요식계약으로 전환되었다. 그 후 「2013년 민법개정안」은 민법전에 보증의 방식에 관한 규정을 신설할 것을 다시 제안하였는데, 이 제안이 받아들여져 2015.2.3. 법률 제13125호로 보증인보호법 제3조[29]를 수정한 내용의 조문인 제428조의2가 민법전에 신설되어 2016.2.4.부터 시행됨으로써 우리 민법상의 보증계약도 요식계약으로 전환되었다.

보증의 방식에 관한 이러한 입법주의의 전환은 매우 타당하다고 할 것임은 물론이다. 다만, 사견으로는 스위스채무법과 같이 일정금액 이상의 책임이 발생하는 보증계약의 경우에는 공정증서의 작성을 요하는 것으로 개정할 필요가 있다고 생각한다.

---

28) 「2004년 민법개정안」 제428조의2(보증의 방식) ① 보증은 그 의사가 보증인의 기명날인 또는 서명이 있는 서면으로 표시되어야 효력이 발생한다. ② 보증인의 채무를 불리하게 변경하는 경우에도 제1항과 같다. ③ 보증인이 보증채무를 이행한 경우에는 그 한도에서 제1항 및 제2항이 정한 방식의 하자를 이유로 보증의 무효를 주장할 수 없다.

29) 보증인보호법(2016.2.4. 법률 제13125호로 삭제되기 전의 것) 제3조(보증의 방식) ① 보증은 그 의사가 보증인의 기명날인 또는 서명이 있는 서면으로 표시되어야 효력이 발생한다. ② 보증인의 채무를 불리하게 변경하는 경우에도 제1항과 같다. ③ 보증인이 보증채무를 이행한 경우에는 그 한도에서 제1항과 제2항에 따른 방식의 하자를 이유로 무효를 주장할 수 없다.

2. 주채무에 관한 요건

(1) 주채무의 존재

보증채무는 주채무의 이행을 담보하기 위한 종된 채무이므로, 보증계약이 유효하게 성립하기 위해서는 주채무가 존재하여야 한다. 따라서 주채무가 그 기초되는 법률관계의 불성립·무효·취소·해제 등으로 인하여 존재하지 않는 경우에는 보증계약 자체에는 문제가 없다고 하더라도 보증계약은 무효이며, 보증채무는 발생하지 않는다.

이러한 취지에서, 판례는 ① '당좌대월계약에 기하여 발생한 당좌대월금채무를 담보하기 위한 근보증계약은 경개계약에 의하여 그 당좌대월금채무가 소멸된 경우에는 특별한 사정이 없는 한 소멸되었다고 보아야 할 것'이라고 한다(대법원 1972.4.25.선고, 71다2105 판결). 또한 ② '주채무가 제3자의 변제에 의하여 소멸한 경우에는 주채무의 소멸로 인하여 보증채무도 소멸하므로, 제480조 내지 제481조 소정의 변제자대위가 성립하지 아니하는 한 제3자는 보증인에 대하여 부당이득반환청구 등의 어떠한 청구도 할 수 없다'고 한다(대법원 1996.9.20.선고, 96다22655 판결).

이와 같이 보증계약은 주채무의 존재를 전제로 하는 것이므로, 채무관계의 담보를 목적으로 하는 계약이라 할지라도 주채무의 존재를 전제로 하지 않는 경우에는, 민법상의 보증계약이 아니라 「손해담보계약」에 속한다. 다만, 후술하는 바와 같이 주채무는 반드시 현재 성립되어 있는 특정한 채무일 필요는 없으며, 장래의 특정채무, 조건부채무 및 장래의 불특정한 채무를 위한 보증계약의 성립도 가능하다.

〈참고〉 손해담보계약(損害擔保契約)

1. 의 의

「손해담보계약」(Garantievertrag; contrat de garantie)이라 함은 '당사자 일방이 상대방에 대하여 일정한 사항(반드시 법률관계에 한하지 않는다)으로부터 발생하는 손해를 담보할 것을 목적으로 하는 계약'을 말한다. 손해담보계약은 그에 의하여 담보되는 손해의 범위가 일정한 채권관계로부터 발생하는 모든 손해를 담보하는 것을 내용으로 하는 때에는 보증채무와 유사하지만, 이러한 경우에도 손해담보의무는 주채무에 대한 부종성과 보충성이 없다는 점에서 보증채무와는 그 본질을 달리한다. 즉, 손해담보계약은 주채무의 존재를 전제로 하지 않고 독립하여 존재하는 손해보증(손해전보채무의 보증)의 일종으로서, 주채무자에게 손해배상의무가 있는지 여부에 관계없이 채무자의 손해담보의무가 발생한다(대법원 1974.4.9.선고, 72다2008 판결). 따라서 신원보증계약도 주채무자가 손해배상의무를 부담하는 것을 전제로 하지 않는 경우에는 손해담보계약의 일종이 된다.

2. 손해담보계약의 법적 성질

손해담보계약은 편무·무상·낙성·불요식의 계약임이 원칙이지만,[30] 쌍무·유상인 손해담보계약도 가능하

---

30) 보증계약의 성립에 서면의 작성이 요구되는 입법례(독일민법, 스위스 채무법)에서는 서면에 의하지 않는 보증계약을 「손해담보계약」으로 해석하고 있는바, 제428조의2가 시행됨으로써 우리 민법의 해석상으로도 서면에 의하지 않는 보증계약을 「손해담보계약」으로 해석하여야 할 것이다.

며, 쌍무·유상계약인 손해담보계약을 특히 「손해보험계약」이라고 한다.

3. 손해담보계약의 성립

손해담보계약은 사회질서에 반하지 않는 한 손해가 발생할 수 있는 모든 사항에 대하여 체결할 수 있으나, '피담보자(손해담보계약상의 채권자) 자신의 귀책사유로 인하여 발생한 손해에 대하여도 담보채무자가 손해담보의무를 부담하기로 하는 내용의 약정이 유효한가?' 하는 것이 문제된다. 이에 대하여, 학설은 '피담보자의 고의 또는 중과실이 있는 경우에도 손해담보의무가 발생하도록 하는 당사자의 약정은 사회질서위반으로 무효이나, 경과실의 경우에는 명시적 합의가 있는 한 유효하다'고 해석하고 있다.[31]

한편 손해담보계약에 의하여 담보되는 손해액은 반드시 계약 당시에 확정될 필요는 없으며, 손해담보기간도 확정될 필요가 없다. 그러므로 일정한 계속적 거래관계 또는 법률관계로부터 발생하는 불확정한 손해를 담보하는 「근손해담보계약」도 가능하다고 해석된다.

4. 손해담보계약의 효력

다양한 유형의 손해담보계약의 효력을 일률적으로 말할 수는 없으나, 계약의 해석에 의하여 확정된 내용에 따라 그 효력이 발생됨은 당연하다. 다만, 손해담보의 범위와 기간이 불확정한 경우에는 계속적 보증계약에서와 마찬가지로 담보의무자의 보호를 위한 해석상의 고려가 필요하다고 할 것이다.

1) 장래의 특정채무 또는 조건부채무의 보증

민법은 구 의용민법하에서의 통설·판례의 입장을 입법화하여, '보증은 장래의 채무에 대하여도 할 수 있다'고 규정하고 있다(428조 2항).[32]

(가) 장래의 특정채무의 보증

장래의 특정채무를 주채무로 하는 보증계약이 유효하게 성립하기 위해서는 보증채무의 범위 또는 기간에 관한 약정이 있어야 할 것이다. 다만, 판례는 '장래에 발생할 채무에 대한 보증계약에서 보증채무의 범위 또는 기간에 관한 약정이 없는 경우라고 하더라도 당사자의 의사, 거래의 경험칙에 비추어 그 범위 또는 기간을 확정할 수 있는 때에는 당해 보증채무는 유효하다'고 한다(대법원 1957.10.21.선고, 4290민상349 판결).

(나) 조건부·기한부채무의 보증

독일민법(BGB §765 Ⅱ)[33]과 스위스채무법(OR Art. 492(2))[34]은 '조건부·기한부채무를 위한 보증계약이 성립할 수 있음'을 명문으로 규정하고 있다. 우리 민법에는 이에 관한 명문규정이 없으나, 장래의 특정채무를 위한 보증계약의 성립이 가능하다면 조건부·기한부채무를 위한 보증계약의 성립을 부정할 이유는 없다고 할 것이다. 다만, '장래의 특정채무 또는 조건부·기한부채무를 위한 보증에서 채권자의 보증계약상의 권리는 현재의 권리로서 발생하는 것인

---

31) 현승종, 297 참조.

32) 구 의용민법은 이에 관한 명문규정을 두고 있지 않았으나, 학설·판례는 일치하여 장래의 특정채무 또는 특정의 조건부채무를 주채무로 하는 보증계약의 성립을 인정하고 있었다(我妻榮, 461 참조).

33) 독일민법 제765조(보증의 의의) (2) 보증은 장래의 채무 또는 조건부채무를 위하여서도 인수될 수 있다.

34) 스위스채무법 제492조(A. 요건 I. 개념) (2) 모든 보증은 유효한 주채무를 전제로 한다. 주채무가 유효한 경우에 보증은 장래의 채무를 위해서 또는 조건부채무를 위하여서도 체결될 수 있다.

가, 아니면 장래의 권리로서 발생하는가?' 하는 것은 반드시 명확하지 않다.

이에 관하여, 구 의용민법하에서의 통설·판례는 '보증채무는 질권·저당권과 같은 담보물권의 경우와는 달리, 주된 채무의 태양에 따라서 장래의 채무 또는 정지조건부채무가 된다'고 해석하고 있었는데,[35] 현행민법의 해석론으로서도 이에 따라야 한다는 견해가 대부분이다.[36] 이렇게 해석해야 하는 이유에 대하여, 통설은 '질권·저당권과 같은 담보물권은 피담보채무가 장래의 채무이거나 정지조건부채무인 경우에도 채권자는 목적물의 담보가치와 순위를 담보물권을 설정하는 현재시점에서 현실로 확보하여야 하므로, 담보물권은 현재의 권리로서 성립한다고 해석하여야 하지만, 보증에서는 주채무가 현실로 발생하기 전에 보증채무만이 현실로 발생한다고 할 필요가 없을 뿐만 아니라, 보증채무는 그 태양에 있어서도 주채무의 그것에 따른다고 하는 것이 오히려 그 성질을 명확하게 만들기 때문'이라고 설명한다.[37] 타당한 견해라고 생각된다.

2) 근보증(根保證)

(가) 의 의

「근보증」이라 함은 '계속적 거래관계에서 발생하는 장래의 불특정다수의 채무를 일정한 도까지 보증하는 것'을 말한다. 이를 「신용보증」이라고도 한다(대법원 1982.12.28.선고, 82다카779 판결 등). 과거에는 근보증에 관한 명문규정이 없었으나, 거래계에서는 근저당과 함께 은행 기타 금융기관과 상인 사이의 당좌대월계약이나 어음할인계약 등 계속적 금융거래관계, 혹은 제조업자와 대리점 또는 도매상 사이 또는 도매상과 소매상 사이의 계속적 매매거래관계 등으로부터 발생하는 장래의 증감·변동하는 불특정다수의 채무를 일정한 최고한도액까지 담보하기 위하여 근보증이 널리 관용되어 왔다. 또한 학설도 장래의 채무를 주채무로 하는 보증계약이 성립할 수 있음을 규정하고 있는 제428조 제2항을 근거로 하여, '장래의 불특정다수의 채무를 담보하기 위한 보증인 근보증도 유효하다'고 해석하는 데 이설이 없었다.

2016년의 개정민법은 「근보증」에 관한 명문규정을 신설하여, '보증은 불확정한 다수의 채무에 대해서도 할 수 있다. 이 경우 보증하는 채무의 최고액을 서면으로 특정하여야 하며, 채무의 최고액을 제428조의2 제1항에 따른 서면으로 특정하지 아니한 보증계약은 효력이 없다'고 규정하고 있다(428조의3). 즉, 현행민법하에서는 장래의 불특정(불확정)채무를 담보하기 위한 보증계약도 성립할 수 있는 것이다. 그런데 금융거래의 실제에서는 특정한 계속적 거래관계에서 발생하는 장래의 불특정·다수의 채권을 담보할 뿐만 아니라, 현재 및 장래에 채권자와 채무자 사이에서 발생하는 모든 채권을 일정한도까지 포괄적으로 담보하는 이른바 「포괄근보증」

35) 我妻榮, 461 참조.
36) 곽윤직, 183; 현승종, 263 참조.
37) 곽윤직, 183; 현승종, 263 참조.

이 널리 관행적으로 행해지고 있는바, 이러한 형태의 근보증은 채권자에게는 매우 유리한 반면에 채무자에게는 극히 불리한 지위를 강요하는 것이어서, 그 유효성 여부가 문제된다.

(나) 포괄근보증의 유효성 여부

(A) 보증채무의 부종성과 관련한 이론상의 문제 우선 '포괄근보증은 보증채무의 부종성에 반하는 것이 아닌가?' 하는 의문이 제기될 수 있으나, 보증채무의 부종성은 보증채무가 주채무의 존재를 전제로 한다는 주채무와 보증채무의 논리적 관련성을 의미하는 법리에 지나지 않으므로, 보증채무의 부종성이라는 법리에서 바로 포괄근보증은 무효라는 결론이 도출될 수는 없다고 할 것이다. 즉, 포괄근보증의 유효성 문제는 근보증의 효력의 한계에 관한 문제이며, 이는 입법정책적 결단에 달려있는 문제인 것이다.

판례는 종래 근보증의 유효성을 인정하는 입장을 확립하고 있었으며, 이러한 입장을 전제로 하여 '근보증에 있어서 보증한도액을 정하지 아니하였다고 하여 그 보증계약을 당연무효라고 볼 수 없으며(대법원 1982.12.28.선고, 82다카779 판결 등),[38] 보증이 장래 발생하는 채무에 관하여 그 기간 및 범위를 정하지 아니하였다 하여 그것만으로 곧 그 연대보증계약을 무효라고 할 수 없다'는 입장을 취하고 있다(대법원 1987.4.28.선고, 86다카2023 판결 등). 다만, 2016.2.4.부터 시행된 개정민법은 '근보증은 보증하는 채무의 최고액을 서면으로 특정하여야 하며, 채무의 최고액을 서면으로 특정하지 아니한 보증계약은 효력이 없다'고 규정하고 있으므로(428조의3), 위 대법원판결들은 개정민법 제428조의3에 반하는 범위 내에서는 폐기되었다고 할 것이다.

2016년 개정민법이 시행되기 전에는 민법에 포괄근보증의 효력에 관한 규정은 물론 근보증에 관한 규정조차 없었으므로, 실제의 금융거래를 규율하는 데 중대한 흠결이 있다는 비판을 받고 있었다.[39] 이러한 입법론적 비판을 고려하여 「2004년 민법개정안」은 근보증의 유효성을 인정하고 나아가 포괄근보증의 성립가능성을 제한하는 내용의 규정을 신설할 것을 제안한 바 있다. 근보증에 관한 「2004년 민법개정안」의 내용을 전면적으로 수용하여 제정된 보증인보호법은 근보증의 유효성을 인정하고, 나아가 무제한적인 포괄근보증의 성립가능성을 차단하고 있다(동법 6조 1항).[40] 따라서 '보증인보호법이 적용되는 영역에서는 포괄근보증은 채권

38) 같은 취지: 대법원 1972.5.23.선고, 72다353 판결; 대법원 1987.4.28.선고, 86다카2023 판결.

39) 김용덕, "근보증에 있어서의 보증인의 책임제한", 민사판례연구(11)(민사판례연구회, 1989/4), 159 이하; 김창종, "신용보증에 관하여", 사법논집 21집(법원행정처, 1990/12), 127 이하; 김기수, "계속적 채무의 보증", 고시계 36권 4호, 1991/4, 53 이하; 오창수, "계속적 보증에 있어서 책임제한", 사법행정 377호(한국사법행정학회, 1992/5), 52 이하; 권오승, "계속적 보증", 「민법특강」(홍문사, 1994), 400 이하; 박병대, "계속적 보증에 있어 책임제한의 요건과 과제", 윤관대법원장퇴임기념 「국민과 사법」(박영사, 1999 /1), 55 이하; 박영복, "보증채무의 문제점", 민사법학 18호(한국민사법학회, 2000/5), 13 이하 참조.

40) 보증인보호법 제6조(근보증) ① 보증은 채권자와 주채무자 사이의 특정한 계속적 거래계약이나 그 밖의 일정한 종류의 거래로부터 발생하는 채무 또는 특정한 원인에 기하여 계속적으로 발생하는 채무에

자와 주채무자 사이의 특정한 계속적 거래계약이나 그 밖의 일정한 종류의 거래로부터 발생하는 채무 또는 특정한 원인에 기하여 계속적으로 발생하는 채무를 주채무로 하는 근보증에 한하여 제한적으로 유효하다'고 해석하여야 할 것이다. 이와 같이 포괄근보증의 유효한 성립을 일정범위로 제한한 보증인보호법 제6조의 규정은 입법정책상 매우 타당하다고 생각된다. 다만, 입법론으로서는 근보증에 관하여는 보증인보호법 제6조의 규정을 민법전에 통합하여 규정할 필요가 있으며, 최고액 확정의 기준 등 근보증의 세부적인 사항에 대해서도 명문규정을 둘 필요가 있다고 할 것이다.

한편 보증인보호법이 적용되지 않는 기업보증에 대해서는 민법의 규정이 적용되어야 할 것인데(같은 법 2조 1호), 2016.2.4.부터 시행된 현행민법은 근보증에 관하여, '불확정한 다수의 채무를 최고액의 범위에서 담보하는 보증'이라고 정의함으로써, 포괄근보증을 널리 유효한 것으로 인정하는 입장을 취하고 있다(428조의3). 이는 포괄근저당을 제한 없이 유효한 것으로 전제한 「2013년 민법개정안」과 기본적인 입장을 같이 하는 것으로서 그 입법론적 타당성은 대단히 의문스럽다. 이하에서는 종래의 판례의 입장을 중심으로 근보증에 있어서 보증인의 책임범위에 관하여 살펴보기로 한다.[41]

(다) 근보증에 있어서 부증인의 책임범위

(A) 보증계약 이후에 발생하는 채무도 담보하는지 여부 근보증은 장래의 증감·변동하는 불특정한 채무를 일정한도액까지 담보하는 것을 내용으로 하는 보증이므로, 보증인은 보증계약 체결 이후에 발생하는 채무에 대해서도 책임을 져야 한다(대법원 1972.10.31.선고, 72다1471 판결). 이러한 취지에서, 판례는 '보증인이 주채무자인 회사가 채권자에 대하여 어음대부·어음할인·증서대부·당좌대월 등의 방법에 의하여 현재 부담한 채무 및 기간과 보증한도액을 정함이 없는 일체의 채무에 대하여 연대보증채무를 부담하기로 약정한 이른바 포괄근보증계약을 체결한 경우, 보증인은 다른 특별한 사정이나 특약이 없는 이상 주채무자인 회사가 보증계약 이후에 채권자로부터 차용한 2차 대여금채무에 대하여도 연대보증책임을 부담하여야 함은 물론, 보증인이 회사의 이사직에 있었음으로 해서 채권자와 회사와의 거래원칙에 따라 회사채무에 대하여 연대보증을 한 후 대여금이 대출되기 전에 이사직을 사임하였다 하더라도, 그것이 위 보증계약의 소멸사유가 될 수 없음은 물론, 그 범위도 제한할 수 있는 사정이 되지 못한다'고 한다(대법원 1976.8.24.선고, 76다1178 판결).[42] 그러나 보증인보호법이 적용되는 근보증계

대하여도 할 수 있다. 이 경우 그 보증하는 채무의 최고액을 서면으로 특정하여야 한다. ② 제1항의 경우 채무의 최고액을 서면으로 특정하지 아니한 보증계약은 효력이 없다.

41) 판례는 '당사자 사이의 계속적 거래관계에서 발생하는 장래의 불확정적인 채무를 담보하기 위한 보증'을 대체로 「근보증」이라고 부르고 있으나, 경우에 따라서는 「신용보증」 또는 「계속적 보증」이라고 부르기도 하는 등 용어상 혼란을 야기하고 있는바, 앞으로는 보증인보호법상의 용어인 「근보증」으로 통일하여 사용하여야 할 것이다.

약과 2016.2.4. 이후에 체결된 근보증계약 또는 갱신되는 근보증계약의 경우에는(개정민법 부칙 3조),[43] ① 보증하는 채무의 최고액을 서면으로 특정하여야 하며(보증인보호법 6조 1항, 개정민법 428조의3 1항), 보증하는 채무의 최고액을 서면으로 특정하지 아니한 경우에는 그 보증계약 자체가 무효가 된다(보증인보호법 6조 2항, 개정민법 428조의3 2항). 또한 ② 보증기간은 특별한 약정이 없는 경우에는 3년으로 제한되므로(보증인보호법 7조 1항), 근보증의 보증기간도 3년으로 제한된다고 해석하여야 할 것이다. 따라서 위 판결의 법리는 보증인보호법에 반하는 범위 내에서 폐기되었다고 보아야 할 것이다.

(B) **보증계약 당시에 이미 발생한 기존채무도 담보하는지 여부** 근보증은 본래 장래의 불확정한 채무를 담보하기 위한 것이지만, 특별한 사정이 없는 한 현재 이미 발생된 기존채무도 담보한다고 해석되고 있다(대법원 1976.12.14.선고, 76다2316 판결 등).[44] 그러나 이는 당사자의 의사해석의 문제라고 할 것이므로, 보증계약의 내용이 장래의 채무만을 보증한다는 취지가 명확한 경우에는 기존의 채무에 대하여 보증계약의 효력이 미치지 않는다고 할 것이다(대법원 1994.7.29.선고, 94다12944 판결).

(C) **주채무를 발생시키는 계약기간이 연장된 경우, 보증기간도 자동으로 연장되는지 여부** 이 문제도 보증계약 당사자의 의사해석의 문제라고 할 수 있는데, 판례는 '주채무를 발생시키는 계약기간이 자동으로 갱신되는 것으로 약정되어 있는데도 보증인이 이에 대하여 이의나 유보 없이 보증계약을 체결하였다면, 특별한 사정이 없는 한 그 보증계약에는 연장 또는 갱신되는 전 거래기간 동안 발생한 채무에 대하여 보증인이 책임을 부담하기로 하는 의사표시가 포함되어 있거나 위 계약기간의 연장에 관한 동의나 묵시적 승낙이 있었다고 보아야 할 것이므로, 근보증의 책임기간도 자동으로 연장된다'고 한다(대법원 1991.12.24.선고, 91다9091 판결 등).[45] 그러나 '연대보증계약이 포함된 대리점계약이 자동연장되도록 규정되어 있으나 실제로는 매년 대리점계약을 갱신하고 그때마다 새로운 연대보증계약을 체결하여 온 경우에는, 새로 연대보증인이 된 사람은 그 후 대리점계약이 다시 갱신되고 다른 사람이 새로이 연대보증인이 된 때 까지 사이에 발생한 채무만을 연대보증한 것으로 보아야 한다'고 한다(대법원 1990.12.7.선고, 90다5405 판결 등).[46]

---

42) 판례평석: 김준호, "근보증에 있어서의 보증책임의 범위 -이사로서 보증인이 된 자가 그 이사직을 사임한 경우-", 고시계 27권 11호, 1982/10, 147 이하.

43) 개정민법 부칙 제3조(보증의 방식 등에 관한 적용례) 제428조의2, 제428조의3 및 제436조의2의 개정규정은 이 법 시행 후 체결하거나 기간을 갱신하는 보증계약부터 적용한다.

44) 판례평석: 이기용, "계속적 보증 I -근보증에 있어서 피담보채무의 범위-", 민법판례해설Ⅲ(채권총론), 218 이하. 같은 취지: 대법원 1995.9.15.선고, 94다41485 판결.

45) 같은 취지: 대법원 1989.9.12.선고, 88다카23186 판결; 대법원 1991.10.22.선고, 91다25932 판결; 대법원 1991.12.24.선고, 91다9091 판결; 대법원 1993.2.12.선고, 92다45520 판결.

46) 같은 취지: 대법원 1994.6.28.선고, 93다49208 판결.

한편 보증인보호법이 적용되는 보증(일반보증)의 경우, 보증기간이 자동으로 갱신된 경우에 갱신된 보증기간의 약정이 없는 때에는 "계약체결시의 보증기간"을 갱신된 보증기간으로 간주한다(동법 7조 2항). 그러나 보증계약 체결 시에 보증기간의 약정이 없는 때에는, 보증계약의 해석상 보증기간의 자동갱신이 인정될 여지가 없다고 보아야 할 것인데, 보증보호법은 이 경우에 보증기간을 3년으로 제한하고 있으므로(동법 7조 2항), '최초 보증계약 체결 시에 보증기간에 관한 약정이 없는 경우에는 근보증의 책임기간도 3년으로 제한된다'고 해석하여야 할 것이다.

(D) 주채무가 보증한도액을 초과한 경우, 보증인의 책임범위 근보증은 일정한 계속적 계약관계에서 발생하는 장래의 증감·변동하는 불특정다수의 채무를 일정한도액까지 담보하는 것을 내용으로 하는 보증이므로, 주채무가 한도액을 초과하더라도 보증인은 보증한도액의 범위 내에서만 보증책임을 부담한다(대법원 1980.3.25.선고, 79다2251 판결). 판례도 이러한 법리를 전제로, ① 보증한도 내의 채무가 잔존하고 있는 이상, 그 잔존채무가 한도액 범위 내의 거래로 인하여 발생한 채무이던 또는 그 한도액을 초과한 거래로 인하여 발생한 채무 중 다른 별도 담보권의 실행으로 일부 변제되고 잔존한 채무이던 불문하고 그 보증한도에서는 책임을 져야 하며(대법원 1985.3.12.선고, 84다카1261 판결 등),[47] ② '보증한도액은 특약이 없는 한 주채무의 원본총액 뿐만 아니라 이자, 지연손해금 등의 부수채무까지도 포함된다'고 한다(대법원 1995.6.30.선고, 94다40444 판결). 또한 ③ '보증채무는 주채무와는 별개의 채무이기 때문에, 보증채무 자체의 이행지체로 인한 지연손해금은 근보증의 한도액과는 별도로 부담한다'고 한다(대법원 1995.6.30.선고, 94다40444 판결 등).

■ 계속적 보증계약에 보증한도액이 정하여져 있는 경우, 주채무의 과다발생을 근거로 보증인의 책임이 제한되는지 여부 [1] 계속적 보증계약에서 미리 보증한도액이 정하여져 있는 경우에는, 특별한 사정이 없는 한 보증인은 채권자와 주채무자 사이의 거래액 중 보증한도액의 범위 내에서 보증책임을 질 것을 예상하였다 할 것이므로, 주채무가 과다하게 발생하였다고 하여 바로 보증책임이 그 예상액을 훨씬 넘어 가중되었다고 보기 어렵다. [2] 계속적 보증계약에 보증한도액의 정함이 있는 경우, 그 한도액을 주채무의 원본총액만을 기준으로 할 것인지 그 한도액에 이자, 지연손해금 등의 부수채무까지도 포함될 것으로 할 것인지는 먼저 계약당사자의 의사에 따라야 하나, 특약이 없는 한 한도액 내에는 이자 등 부수채무도 포함되는 것으로 해석하여야 한다. [3] 보증채무는 주채무와는 별개의 채무이기 때문에, 보증채무 자체의 이행지체로 인한 지연손해금은 근보증의 한도액과는 별도로 부담한다. (대법원 1995.6.30.선고, 94다40444 판결)[48]

---

47) 같은 취지: 대법원 1995.6.30.선고, 94다40444 판결.

48) 판례평석: 이순동, "보증한도액이 정하여진 계속적 보증계약에 있어서 보증인의 책임범위", 대법원판례해설 23호(법원도서관, 1995/12), 51 이하. 같은 취지: 대법원 1999.3.23.선고, 98다64639 판결; 대법원 2000.4.11.선고, 99다12123 판결; 대법원 2003.6.13.선고, 2001다29803 판결; 대법원 2005.6.23.선고, 2005다18955 판결; 대법원 2006.7.4.선고, 2004다30675 판결.

(E) 계약의 문언과는 달리, 당사자의 의사가 일정한 범위의 거래의 보증에 국한시키는 것이었다고 인정할 수 있는 경우, 보증인의 책임 대법원은 '보증인이 보증을 하게 된 동기와 목적, 피보증채무의 내용, 거래의 관행 등 제반사정에 비추어, 당사자의 의사가 계약문언과는 달리 일정한 범위의 거래의 보증에 국한시키는 것이었다고 인정할 수 있는 경우에는, 그 보증책임의 범위는 당사자의 의사에 따라 제한되는 것으로 해석하여야 할 것이므로, 회사의 이사가 그 이사라는 지위에 있었기 때문에 은행의 대출규정상 계속적 거래로 인하여 생기는 회사의 채무에 대하여 연대보증을 하게 된 것이고, 은행은 거래시마다 그 당시 회사의 이사 등의 연대보증을 새로이 받아왔다면, 은행과 이사 사이의 연대보증계약은 보증인이 회사의 이사로 재직 중에 생긴 채무만을 책임지우기 위한 것이라고 보아야 할 것'이라고 판시한 바 있다(대법원 1987.12.8.선고, 87다카639 판결 등).[49] 또한 대법원판결 중에는, '포괄근보증을 내용으로 하는 약정서가 금융기관 등에서 일률적으로 일반거래약관의 형태로 부동문자로 인쇄해 두고 사용하는 것인 경우에, 그 보증을 하게 된 동기와 목적, 피보증채무의 내용, 금융기관의 담보가치 판단관계, 그 밖에 거래의 관행 등 제반사정에 비추어 당사자의 의사가 계약 문언과는 달리 일정 범위의 거래의 보증에 국한시키는 것이었다고 해석함이 합리적인 것으로 인정되는 경우에는, 계약서의 피담보채무에 관한 포괄적 기재는 일반거래약관의 「예문」에 불과한 것으로 보아야 한다'고 판시함으로써, 약관의 구속력을 배제하고 보증책임의 범위를 제한하는 이른바 「예문해석(例文解釋)」을 한 사례도 있다(대법원 1991.7.23.선고, 91다12776 판결 등).[50]

한편 보증인보호법과 개정민법의 시행으로 근보증에 있어서의 보증인의 책임범위를 제한한 위 판례법리는 상당한 변화가 불가피할 것으로 예상된다. 즉, ① 보증계약을 체결하거나 이를 갱신할 때에는 보증채무의 최고액을 서면으로 특정하여야 하며(보증인보호법 4조), 서면에 의하여 피담보채무의 최고액이 특정되지 않으면 보증계약 자체가 무효가 되므로(428조의3 2항, 보증인보호법 11조), 보증인의 책임은 서면으로 특정된 최고액의 범위 내로 제한된다고 할 것이다. 또한 ② 보증인보호법은 '채권자는 주채무자가 원본, 이자 그 밖의 채무를 3개월 이상 이행하지 아니하는 경우 등의 경우에는 지체 없이 그 사실을 보증인에게 알려야 하며, 채권자가 이러한 의무를 위반한 경우에는 보증인은 그로 인하여 손해를 입은 한도에서 채무를 면한다'고 규정하고 있고(동법 5조),[51] 개정민법도 제436조의2에서 같은 취지의 규정을 두어 보증

49) 판례평석: 김광년, "회사와 이사간의 한도액의 정함이 없는 근보증의 책임한도", 판례연구 1집(서울지방변호사회, 1988/1), 41 이하. 같은 취지: 대법원 1987.7.21.선고, 87다카677 판결; 대법원 1987.4.28.선고, 82다카789 판결; 대법원 1993.9.28.선고, 92다8651 판결; 대법원 1994.6.24.선고, 94다10337 판결.

50) 판례평석: 권오승, "포괄근보증에 관한 일반거래약관의 효력", 판례월보 256호(판례월보사, 1992/1), 31 이하; 同, "이른바 예문해석의 문제점", 민사판례연구(15)(민사판례연구회, 1993/5), 1 이하. 같은 취지: 대법원 1993.9.28.선고, 92다8651 판결; 대법원 1994.6.24.선고, 94다10337 판결.

51) 보증인보호법 제5조(채권자의 통지의무 등) ① 채권자는 주채무자가 원본, 이자 그 밖의 채무를 3개월

인의 책임을 제한하고 있으며, ③ 보증기간의 약정이 없는 때에는 보증기간은 3년으로 제한되고 있으므로(보증인보호법 7조 2항), 기존의 판례법리는 보증인보호법과 개정민법의 해당규정에 저촉되는 범위에서 폐기된 것으로 보아야 할 것이다.

(F) 동일인이 근보증인과 물상보증인을 겸한 경우, 보증책임의 범위 판례는 동일인이 근보증인과 물상보증인을 겸한 경우의 보증책임의 범위에 관하여, ① '연대보증계약과 물상보증계약은 법률상 부종성이 있다거나 다른 특약이 있지 아니하는 한 일반적으로 별개의 계약이므로, 동일인이 계속된 거래관계로 발생하는 장래의 불특정채무를 보증하는 근보증을 하고 아울러 근저당권설정등기를 하여 물상보증도 한 경우라 할지라도, 근보증의 한도액과 근저당권의 피담보한도액에 차이가 있고 신용보증과 물상보증을 한 시일이 각기 다를 때에는 양 보증은 특별한 사정이 없는 한 별개의 채무'라고 본다(대법원 1972.5.23.선고, 72다353 판결 등).[52] 따라서 ② '동일채권의 담보를 위하여 연대보증계약과 물상보증계약이 체결되었다 하더라도 양 계약은 엄연히 별개의 계약으로서 법률상 부종성이 있다고 할 수 없으므로(대법원 1984.12.26.선고, 84다카1655 판결 등),[53] 물상보증계약이 해제되었다고 하여 연대보증계약도 당연히 해제된다고 할 수 없으며(대법원 1988.12.6.선고, 87다카2787 판결), 보증책임의 범위가 담보부동산의 가액범위 내로 제한된다고 할 수도 없다'고 한다(대법원 1990.1.25.선고, 88다카26406 판결 등). 또한 ③ '동일인이 타인의 계속적 신용거래관계로부터 장래 발생할 불특정채무를 근보증하고 아울러 물상보증인이 되어 그 소유부동산에 근저당권설정등기를 하였을 경우, 위 근보증의 범위가 위 근저당권의 채권최고액의 범위내로 한정되는 것인가의 여부는 각 구체적인 사안에 있어서의 당사자의 의사해석의 문제이므로, 일률적으로 보증인이 위 근저당권의 채권최고액의 범위 내에서만 보증책임을 질 의사였다고 단정할 수는 없다'고 한다(대법원 1985.5.28.선고, 84다카2425 판결 등).[54] ④ 이러한 취지에서, '판매특약점설치계약에 기한 계속적인 거래관계로 장래 발생하는 상품대금채무에 대하여 보증인이 근보증을 하고 아울러 그 불특정채무를 담보하기 위하여 보증인 소

이상 이행하지 아니하는 경우 또는 주채무자가 이행기에 이행할 수 없음을 미리 안 경우에는 지체 없이 보증인에게 그 사실을 알려야 한다. ② 채권자로서 보증계약을 체결한 금융기관은 주채무자가 원본, 이자 그 밖의 채무를 1개월 이상 이행하지 아니하는 경우에는 지체 없이 그 사실을 보증인에게 알려야 한다. ③ 채권자는 보증인의 청구가 있으면 주채무의 내용 및 그 이행 여부를 보증인에게 알려야 한다. ④ 채권자가 제1항부터 제3항까지의 규정에 따른 의무를 위반한 경우에는 보증인은 그로 인하여 손해를 입은 한도에서 채무를 면한다.

52) 같은 취지: 대법원 1984.12.26.선고 84다카1655 판결; 대법원 1988.5.24.선고, 87다카2896 판결; 대법원 1990.1.25.선고, 88다카26406 판결.

53) 같은 취지: 대법원 1988.5.24.선고, 87다카2896 판결; 대법원 1988.12.6.선고, 87다카2787 판결; 대법원 1990.1.25.선고, 88다카26406 판결; 대법원 1993.7.13.선고, 93다17980 판결.

54) 같은 취지: 대법원 1982.12.28.선고, 82다카779 판결; 대법원 1983.7.26.선고, 82다카1772 판결; 대법원 1985.5.28.선고, 84다카2425 판결; 대법원 1988.4.27.선고, 87다카2143 판결; 대법원 2005.4.29.선고, 2005다3137 판결.

유부동산에 대하여 근저당권설정등기를 하기로 하면서 채권최고액에 대해서는 후일 담보부동산에 대한 감정결과에 따라 정하기로 한 경우에는, 보증서 문언상 모든 채무를 연대보증한다고 되어있다 하더라도 위 보증을 함과 동시에 동일문서에 담보제공승락을 하고서 그 후 담보부동산에 대한 감정결과에 따라 담보최고액을 정하여 근저당권설정등기를 경료하였다면, 특단의 사정이 없는 한 근보증의 범위는 근저당권의 채권최고액에 한정된다'고 한다(대법원 1983.7.26.선고, 82다카1772 판결).[55]

(2) 대체적 급부의무

민법은 보증채무를 "주채무자가 이행하지 아니하는 채무를 이행할 의무"라고 규정하고 있으나(428조 1항), 이는 '보증채무는 주채무와 동일한 내용의 급부를 목적으로 하여야 한다'는 것을 의미하며, 따라서 '보증채무의 주채무는 대체적 급부의무를 내용으로 하여야 한다'고 해석되고 있다. 다만, 채무의 이행을 담보하는 데 있어서 급부의 객관적 동일성이 본질적인 것이라고 할 수는 없으므로, 주채무의 내용이 객관적으로는 대체성이 없더라도 채권자와 보증인이 그 대체성을 승인하면 「대체적 급부의무」의 이행을 내용으로 하는 보증채무의 성립을 인정하여야 할 것이다. 나아가 '주채무와 보증채무의 급부의 내용이 서로 다른 경우에도 채무의 이행을 담보하는 것이 목적인 때에는 이를 보증에 준하는 「준보증(準保證)」으로 다루어야 한다'는 견해도 있다.[56] 그러나 '유명한 음악가의 연주나 지휘, 또는 저명한 학자의 강연, 건축행위를 하지 않을 부작위채무와 같이, 제3자에 의한 급부가 허용될 수 없는 절대적 일신전속적 급부 내지 부대체적 급부를 목적으로 하는 채무에 관하여 보증계약이 체결된 경우에는, 주채무가 그 불이행으로 인하여 손해배상채무로 변하는 것을 정지조건으로 하여 보증한 것으로 해석하여 그 유효성을 인정하여야 한다'는 것이 통설적 견해임은 전술한 바와 같다.

3. 보증인에 관한 요건

보증인이 될 수 있는 자격에 대해서는 원칙적으로 아무런 제한이 없다. 그러나 보증채무는 언제나 보증계약에 의하여 발생하므로, 보증인에게 보증계약 체결능력, 즉 행위능력이 있어야 함은 당연하다. 그 밖에도 민법은 제431조에서, "채무자가 보증인을 세울 의무가 있는 경우에는 그 보증인은 행위능력 및 변제자력이 있는 자로 하여야 한다"고 규정하고(431조 1항), "보증인이 변제자력이 없게 된 때에는 채권자는 보증인의 변경을 청구할 수 있다"고 규정함

55) 판례평석: 강홍주, "물상보증과 신용보증과의 관계", 대법원판례해설 3호(법원행정처, 1988/8), 27 이하; 김교창, "근보증과 근저당권의 피담보채무", 상사판례평석집(대한상사중재원, 1992/12), 227 이하; 변환철, "동일한 주채무에 대한 물적·인적 담보책임의 관계" 「로스쿨물권법」(청림출판, 2006/2), 569 이하.

56) 곽윤직, 182 참조.

으로써(동조 2항), 일정한 경우에 보증인의 자격을 제한하고 있다.

(1) 보증인을 세울 의무가 있는 경우

채무자에게 보증인을 세울 의무가 있는 경우는 다음과 같은 세 가지 경우이다. ① 채권자와 채무자 사이의 계약에 의하여 채무자가 보증인을 세울 의무를 부담하는 경우 : 이 경우에도 채무자는 다른 상당한 담보를 제공함으로써 보증인을 세울 의무를 면할 수 있다(432조). ② 일정한 자의 청구가 있으면 채무자의 담보제공의무가 발생하는 것으로 법률이 규정하고 있는 경우 : 점유자의 방해예방 또는 손해배상의 담보청구(206조 1항), 수탁보증인의 사전구상권 행사에 대한 주채무자의 담보제공청구(443조), 수임인이 위임사무 처리를 위하여 부담한 채무에 관한 담보제공청구(688조 2항) 등이 이 경우에 속한다. 그러나 이 경우에도 법률상 당연히 보증계약이 성립하는 것은 아니며, 관계인이 보증계약을 체결할 의무를 부담하는 데 그친다. ③ 법원의 명령에 의하여 담보제공의무가 발생하는 경우 : 부재자의 재산관리인에 대한 담보제공명령(26조 1항), 미성년자의 수증재산관리인에 대한 담보제공명령(918조 4항), 상속재산관리인에 대한 담보제공명령(1053조 2항) 등이 그 예다.

(2) 보증인의 자격요건

1) 행위능력이 있을 것

채무자가 보증인을 세울 의무가 있는 경우에는 그 보증인은 행위능력이 있는 자로 하여야 한다(431조 1항). 이와 같이 보증인의 자격요건으로 행위능력이 있을 것을 요구하는 이유는, 보증인이 행위무능력자인 경우에는 나중에 보증계약이 취소되어 채권자가 담보를 상실하는 불이익을 입을 우려가 있으므로, 보증인이 행위능력자일 것을 요구함으로써 보증계약이 취소될 가능성을 배제하고자 하는 것이다. 따라서 보증인이 제한능력자라고 하더라도 법정대리인의 동의를 얻어 보증계약을 체결한 경우에는 그 행위의 취소가능성이 없으므로, 제431조의 보증인의 자격요건을 갖춘 것으로 다루어야 할 것이다.[57]

2) 변제자력이 있을 것

채무자가 보증인을 세울 의무가 있는 경우에는 그 보증인은 행위능력뿐만 아니라 변제자력도 있는 자이어야 한다(431조 1항). 여기서 「변제자력」이라 함은 '보증인이 담보하는 주채무를 변제할 만한 자력'을 말한다. 변제자력의 산정기준에 대해서는 명문규정이 없으나, '보증인의 적극재산의 총액에서 소극재산을 공제한 잔액이 당해 보증채무액을 상회하면 변제자력이 있다'고 보아야 할 것이다.[58] 또한 변제자력의 유무를 판정하는 기준시점은 '보증계약 체

57) 同旨: 민법주해(10)/박병대, 267 참조.
58) 同旨: 상게서, 267 참조.

결시'로 보아야 할 것이다.

(3) 보증인이 자격요건을 흠결한 경우

1) 기한이익의 상실, 채무불이행책임의 발생

채무자가 제431조의 자격요건을 갖추지 못한 보증인을 세운 경우에는, 채권자는 그 보증인과의 보증계약의 체결을 거부할 수 있다. 그 결과 채무자는 보증인을 세울 의무를 이행하지 않은 것이 되어 기한의 이익을 상실하며(388조 2호), 만약 보증인을 세울 의무와 주채무가 불가분의 관계에 있는 경우에는 채무불이행(보증인을 세울 의무위반)을 이유로 채권자가 주채무의 발생원인인 계약을 해제할 수도 있다고 할 것이다.[59] 그러나 보증인의 자격요건은 보증인을 세울 의무의 요건이지 보증계약의 성립요건은 아니므로, 자격요건을 구비하지 않은 보증인과 사이에 체결된 보증계약에 의하여 보증채무는 유효하게 발생한다.

2) 변제자력이 있는 보증인으로의 변경청구권

보증인이 변제자력이 없게 된 때에는 채권자는 보증인의 변경을 청구할 수 있다(431조 2항). 그러나 보증인의 자격요건은 주로 채권자의 이익을 보호하기 위한 것이므로, 채권자가 보증인을 지명한 경우에는 채권자는 보증인의 변경을 청구할 수 없다(동조 3항). 또한 '채권자가 보증인의 자격요건 흠결을 알면서 보증계약을 체결한 경우에도 보증인의 변경을 청구할 수 없다'고 할 것이다.[60]

[94] Ⅲ. 보증채무의 내용

1. 주채무와 동일

(1) 보증채무의 형태

보증인은 주채무자가 이행하지 아니하는 채무를 이행할 의무가 있다(428조 1항). 따라서 보증채무는 주채무와 동일한 내용의 채무이어야 한다. 따라서 당사자가 특히 보증채무의 형태를 정하지 아니한 때에는 주채무의 형태와 동일한 것으로 해석할 것이다. 다만, 보증채무는 채권자와 보증인 사이의 보증계약에 의하여 발생하는 것으로서 주채무와는 별개·독립의 채무이므로, 당사자의 의사표시에 의하여 그 형태를 주채무와 달리 할 수 있다. 그러므로 '주채무가 외화채무인 경우, 채권자와 보증인 사이에 미리 약정한 환율로 환산한 원화로 보증채무를 이행하기로 약정하는 것도 허용된다'고 할 것이다(대법원 2002.8.27.선고, 2000다9734 판결). 다만,

59) 同旨: 민법주해(10)/박병대, 268; 곽윤직, 185; 김형배, 501; 현승종, 263 참조.
60) 同旨: 민법주해(10)/박병대, 268; 김형배, 503 참조.

보증채무는 주채무에 대한 부종성 때문에 그 형태를 주채무의 형태보다 중하게 할 수는 없다.[61] 예컨대, 주채무가 조건부인데 보증채무가 무조건이거나, 주채무의 변제기보다 보증채무의 변제기가 먼저 도래하는 경우와 같이, 보증채무의 형태가 주채무의 형태보다 중한 때에는 주채무의 한도로 감축한다(430조). 이와 같이 보증계약에 의하여 보증채무의 내용을 주채무의 그것보다 무거운 것으로 할 수는 없으나(430조), 주채무보다 가벼운 것으로 하는 것은 무방한데, 이를 「유한보증(有限保證)」이라고 한다.

(2) 당사자의 합의로 주채무의 내용이 변경된 경우

보증채무의 내용은 보증계약과 보증채무의 성질에 의하여 정해진다. 즉, 보증채무의 내용은 보증계약 성립 당시의 주채무와 동일한 것이 원칙이나, 보증계약 성립 이후에 주채무자와 채권자와의 계약으로 주채무의 목적·범위·태양 등이 변경되면 보증채무의 부종성으로 인하여 보증채무도 이에 응하여 변경된다. 그러나 주채무자와 채권자와의 계약으로 주채무의 내용이 확장 내지 가중되더라도 보증채무의 내용이 이에 응하여 자동적으로 확장 내지 가중될 수는 없다(대법원 2000.1.21.선고, 97다1013 판결 등). 반대로 주채무자와 채권자 사이의 계약에 의하여 주채무의 내용이 종래보다 감축된 경우에는, 보증인은 감축된 주채무를 보증하게 된다(대법원 1960.4.21.선고, 4292민상619 판결). 왜냐하면 보증채무는 채권자와 보증인 사이의 계약에 의하여 발생하는 것이므로, 주채무자와 채권자 사이의 계약에 의하여 제3자인 보증인의 책임을 무겁게 할 수는 없기 때문이다. 이러한 관점에서, 판례는 '채권자와 주채무자의 합의에 의하여 주채무의 목적이나 형태가 변경되어 주채무의 부담내용이 확장·가중된 경우에는, 주채무의 실질적 동일성이 상실되지 아니하였더라도 보증인은 확장·가중된 주채무의 내용에 따른 보증책임을 지는 것이 아니라 변경되기 전의 주채무의 내용에 따른 보증책임만을 진다'고 한다(대법원 2000.1.21.선고, 97다1013 판결 등).[62] 주의할 것은 2016.2.4.부터 시행된 개정민법에 따르면, '주채무자와 채권자와의 계약으로 주채무의 내용이 확장 내지 가중된 경우라도 채권자와 보증인 사이의 합의가 있는 경우에는 보증계약의 내용이 보증인에게 불리하게 변경될 수 있으나(428조의2 2항), 이러한 변경이 유효하기 위해서는 보증인에게 불리하게 변경된 내용이 보증인의 기명날인 또는 서명이 있는 서면으로 표시되어야 한다'는 점이다(동조 1항). 다만, 판례는 '보증인의 동의 없이 주채무의 변제기가 연장되는 것은 보증인의 책임이 가중되는 경우라고 할 수 없으며(대법원 2002.6.14.선고, 2002다14853 판결 등),[63] 회사정리계획에 의하여 정리채권의

61) 보증인보호법은 보증계약을 체결할 때와 보증기간을 갱신할 때에는 반드시 보증채무의 최고액을 서면으로 특정하도록 규정하고(4조), 특히 근보증의 경우에는 보증하는 채무의 최고액을 서면으로 특정하지 아니한 보증계약을 무효로 규정하고 있는바(6조 2항), 이와 같이 서면에 의하여 특정되어야 하는 보증채무의 최고액이 주채무액을 초과할 수 없음은 물론이다.

62) 같은 취지: 대법원 2001.3.23.선고, 2001다628 판결.

수액이나 변제기가 변경되었다 하더라도 그것은 보증인의 보증책임에 대하여는 아무런 효력을 미치지 아니한다'고 한다(대법원 1988.2.23.선고, 87다카2055 판결 등).[64]

■ **보증계약 성립 후 채무자와 채권자 사이에 채무불이행시의 손해배상액을 예정한 경우, 보증인의 보증책임의 범위** 보증인은 특별한 사정이 없는 한 채무자가 채무불이행으로 인하여 부담하여야 할 손해배상채무에 관하여도 보증책임을 진다고 할 것이고, 따라서 보증인으로서는 채무자의 채무불이행으로 인한 채권자의 손해를 배상할 책임이 있다고 할 것이나, 원래 보증인의 의무는 보증계약 성립 후 채무자가 한 법률행위로 인하여 확장·가중되지 아니하는 것이 원칙이므로, 채무자의 채무불이행시의 손해배상의 범위에 관하여 채무자와 채권자 사이의 합의로 보증인의 관여 없이 그 손해배상예정액이 결정되었다고 하더라도, 보증인으로서는 위 합의로 결정된 손해배상예정액이 채무불이행으로 인하여 채무자가 부담할 손해배상책임의 범위를 초과하지 아니한 한도 내에서만 보증책임이 있다. (대법원 1996.2.9.선고, 94다38250 판결)[65]

(3) 주채무가 소멸하거나 손해배상채무로 변경된 경우

채무자의 귀책사유 없이 주채무가 이행불능이 된 경우에는 주채무가 소멸하므로, 보증채무도 그 부종성으로 인하여 당연히 소멸한다. 그러나 채무자의 귀책사유로 인한 채무불이행으로 주채무가 손해배상채무로 변경된 경우와 같이, 주채무의 목적인 급부가 동일성을 상실하지 않고서 변경되거나 확장된 때에는 보증채무의 목적인 급부도 그에 따라서 변경되거나 확장된다.[66] 왜냐하면 보증채무의 목적인 급부의 내용은 주채무의 그것과 동일하여야 하기 때문이다. 즉, ① 채무자의 귀책사유로 인한 이행불능으로 주채무가 손해배상채무로 변경된 경우에는 보증채무도 그 목적을 변경하여 손해배상채무를 보증하게 된다. ② 채무자의 귀책사유로 인한 이행지체로 주채무가 본래의 급부 이외에 지연배상의무가 추가된 것으로 변경된 경우에는 보증채무도 이에 따라 그 내용을 변경하여 지연배상을 포함한 것으로 확장된다.

2. 보증채무의 범위

(1) 주채무에 종된 채무

보증채무의 범위에 관하여 당사자 사이에 특약이 없는 경우에는, 보증채무는 주채무의 이자, 위약금, 손해배상 기타 주채무에 종속한 채무를 포함한다(429조). 이 가운데 손해배상채무는 주채무의 연장에 불과한 것으로서 보증채무의 범위에 속하는 것은 이론상 당연하나, 주

63) 같은 취지: 대법원 1995.10.13.선고, 94다4882 판결; 대법원 1996.3.8.선고, 95다51533 판결; 대법원 1997.4.25.선고, 97다2726 판결; 대법원 1999.9.7.선고, 98다19578 판결.

64) 같은 취지: 대법원 1990.6.26.선고, 88다카4499 판결; 대법원 1993.8.24.선고, 93다25363 판결; 대법원 1998.11.10.선고, 98다42141 판결.

65) 판례평석: 윤인태, "보증계약 성립후 채무자와 채권자 사이에 채무불이행시의 손해배상액을 합의한 경우, 보증인의 책임범위" 대법원판례해설 25호(법원도서관, 1996/11), 184 이하.

66) 곽윤직, 186; 현승종, 266 참조.

채무에 종속한 채무라고 하더라도 주채무의 이자·위약금 등은 '주채무의 연장'이라고 할 수 없는 것이므로, 당연히 보증채무의 범위에 속한다고 할 수는 없다. 민법은 채권자의 이익을 보호하려는 취지에서 보증채무의 범위에 이자·위약금 등 주채무에 종속한 채무를 포함시킨 것이다.

■ **부동산매매계약과 함께 부동산의 매수인이 매매목적물에 관한 채무를 인수하는 한편 그 채무액을 매매대금에서 공제하기로 하는 이행인수계약이 이루어진 경우, 그 매매대금채무나 매수인이 인수한 채무에 대하여 보증인이 부담하는 보증채무의 내용** 제429조 제1항에 의하면, "보증채무는 주채무의 이자, 위약금, 손해배상 기타 주채무에 종속한 채무를 포함한다"고 규정되어 있으므로, 부동산매매계약과 함께 부동산의 매수인이 매매목적물에 관한 근저당권의 피담보채무, 가압류채무, 임대차보증금 반환채무를 인수하는 한편, 그 채무액을 매매대금에서 공제하기로 하는 이행인수계약이 이루어진 경우, 그 매매대금채무나 매수인이 인수한 채무를 보증한 자는 매도인이 매수인의 인수채무 불이행으로 말미암아 또는 임의로 인수채무를 대신 변제하여 매수인이 매도인에게 부담하게 되는 손해배상채무 또는 구상채무에 대하여도 보증채무를 부담하게 되며, 나아가 매수인의 인수채무 불이행으로 인한 손해가 계속적으로 발생하거나 매도인이 매수인의 인수채무를 계속적으로 대신 변제하여 나가는 경우도 있을 수 있고, 이러한 경우의 보증은 계속적 보증의 성질도 갖게 된다. (대법원 2002.5.10.선고, 2000다18578 판결)[67]

(2) 계약해제로 인한 원상회복 및 손해배상채무

쌍무계약의 일방당사자가 채무를 불이행하면 타방 당사자는 일방적 의사표시에 의하여 계약을 해제할 수 있고, 계약을 해제하면 계약은 소급하여 소멸함으로써 처음부터 없었던 상태로 돌아간다. 따라서 미이행채무는 이행할 필요가 없게 되고, 기이행채무는 원상으로 회복된다(548조 1항). 그렇다면 해제된 계약에 의하여 발생한 주채무를 보증한 보증채무의 운명은 어떻게 되는가? 다시 말하면, '주채무를 발생시킨 계약의 해제로 인하여 발생한 원상회복의무 및 손해배상의무도 보증인이 변제하여야 할 채무의 범위에 속하는가?' 하는 것이 문제되는데, 이에 대해서는 견해가 대립되고 있다.

1) 구 의용민법(일본민법)하에서의 학설·판례

구 의용민법 초기의 판례는 해제와 해지의 경우를 구별하여, '소급효가 없는 임대차계약의 해지와 같은 경우에는 이로 인한 임차인의 목적물반환의무 및 손해배상의무에는 보증채무의 효력이 미치지만(일본대심원 1938.1.31.판결, 민집17권1호27),[68] 계약의 효력을 소급적으로 소멸시키는 매매계약의 해제와 같은 경우에는 이로 인한 원상회복의무와 손해배상의무는 해제로 인하여 주채무가 소멸함으로써 비로소 발생하는 별개·독립의 채무로서 주채무에 종된 것이 아니므로 보증채무의 효력이 미치지 아니한다'는 입장을 취하였다(조선고등법원 1922.10.6.판결, 민집9

67) 판례평석: 김연미/이중기, "부동산금융으로서의 이행인수" 홍익법학 10권 1호(홍익대학교, 2009), 25 이하.

68) 판례평석: 林千衛, "保證人の責任の範圍" 判例民事法 昭和十三年度(有斐閣, 1939), 10 이하.

권387). 그러나 학설은 이러한 판례의 입장에 대하여 비판적이었다. 즉, 학설은 계약당사자를 위하여 보증을 서는 경우에 보증인이 그 계약으로부터 발생하는 1차적 채무에 대해서만 보증채무를 진다는 것은 오히려 예외이며, 통상은 그 계약당사자로서 부담하는 모든 채무를 보증하고 그 계약의 불이행에 의하여 상대방에게 손실을 입히지 않는다는 취지라고 해석할 것이므로, 그 해제의 법적 성질과는 관계없이 보증인은 해제로 인한 원상회복의무와 손해배상의무를 보증하는 것이라고 해석하였다.[69] 결국 판례도 이러한 학설의 비판을 받아들여, 해제로 인한 원상회복의무 및 손해배상의무에 보증채무의 효력이 미친다는 입장으로 전환하였다(일본최고재 1965.6.30.판결, 민집19권4호1143).[70]

2) 현행민법하에서의 학설·판례

판례는 '계약의 일방당사자를 위한 보증인은 특별한 사정이 없는 한 채무불이행을 이유로 계약이 해제됨으로 인하여 발생하는 피보증인의 원상회복의무에 대하여도 책임을 진다'는 입장을 확립하고 있다(대법원 1967.9.16.선고, 67다1482 판결 등).[71]

학설은 '원상회복의무와 손해배상의무에 대해서는 보증의 효력이 미치지 않는다'는 견해도 있으나,[72] 판례의 입장을 지지하는 견해가 지배적이다.[73]

'보증채무의 범위가 해제로 인한 피보증인의 원상회복의무에도 미치는가?' 하는 문제는 계약해제의 효력에 관한 이론구성과 관련되는데, 이에 대해서는 해제의 소급효를 인정하는 견해인 「직접효과설」과 소급효를 부인하는 「청산관계설」의 두 학설이 대립하고 있다.[74] 통설·판례의 입장인 「직접효과설」은 해제의 소급효를 인정하고 원상회복의무의 본질을 일종의 부당이득반환의무로 파악하는데, 이 경우 원상회복의무는 본래의 채무와 본질을 달리한다고 볼 수 있으므로, 보증채무가 원상회복의무를 담보하는지의 여부가 이론상 문제된다. 이와 반대로 해제의 소급효를 부인하고 원상회복의무를 본래의 채무가 내용을 변경한 것에 불과하다고

---

69) 我妻榮, 468 참조.

70) 김현태, "판례 및 학설을 중심으로 본 계약해제로 인한 원상회복의무를 보증인은 부담할 것이냐?", 대한변호사협회지 5호(대한변호사협회, 1973/5), 21 이하 참조.

71) 판례평석: 명순구, "주계약의 해제로 인한 주채무자의 원상회복의무와 보증인의 법적 지위 -대법원판례에 대한 평가 및 종래학설에 대한 비판적 관점-", 동천김인섭변호사화갑기념논문집 「법실천의 제문제」(박영사, 1996/12), 321면 이하; 이병호, "보증계약의 해석", 법률신문 1132호(법률신문사, 1975/11), 7. 같은 취지: 대법원 1972.5.9.선고, 71다1474 판결; 대법원 1999.3.26.선고, 96다23306 판결.

72) 이태재, 218 참조.

73) 민법주해(10)/박병대, 246; 곽윤직, 186; 김기선, 244; 송덕수, 345; 현승종, 267 참조. 해제의 효력에 관한 「청산관계설」의 입장에서 판례의 입장에 찬성하는 견해도 있다(김형배, 508; 김상용, 324; 이은영, 558~559 참조). 판례의 결론에는 찬성하면서 그 이론구성에는 비판적인 견해로서는 명순구, 전게논문(주 71), 319 이하 참조.

74) 계약해제의 효과에 관한 국내학설의 상세는 김욱곤, "해제의 효과에 관한 법리 소고", 성헌황적인박사화갑기념 「손해배상법의 제문제」(박영사, 1990), 711면 이하; 졸고, "계약해제의 본질 및 효과", 법학논문집 31집 1호(중앙대법학연구소, 2007/8), 97 이하 참조.

파악하는 「청산관계설」에 따르면 이러한 이론상의 문제는 발생하지 않는다.[75)]

생각건대, 해제의 소급효를 인정하는 견해(직접효과설)와 해제의 소급효를 부인하고 해제는 단지 계약관계를 단지 청산관계로 전환시키는 효력을 발생하는 데 그치는 것이라고 파악하는 견해(청산관계설) 모두 이론상 성립 가능한 견해라고 할 수 있으나, 문제는 '민법이 해제의 효력으로 계약관계의 소급적 소멸을 의제하였다고 볼 만한 규정을 두고 있느냐'의 여부에 달려있다고 할 것인데, 우리 민법은 계약관계를 장래에 대하여서만 소멸시키는 「해지」와 해제를 구별하여 규정하고 있으며(550조), 제548조 제1항 단서에서 해제의 소급효를 인정하는 경우에만 문제되는 「물권적 효력」을 전제로 한 제3자 보호규정을 두고 있다는 점, 그리고 민법 제정 당시의 입법자의 의사는 해제의 소급효를 당연한 것으로 인식하고 있었다는 점 등을 고려하면, 우리 민법은 「직접효과설」을 채택하고 있다고 해석하지 않을 수 없다.[76)] 따라서 우리 민법의 해석상 계약은 해제에 의하여 소급적으로 소멸하며, 원상회복의무는 부당이득반환의무의 일종이라고 할 것이다.

한편 해제의 소급효에 의하여 소멸하는 것은 계약의 효력으로서 발생한 채무이며, 이미 발생한 채무불이행으로 인한 손해배상의무와 해제에 의하여 비로소 발생한 원상회복의무까지 소멸하는 것은 아니다. 즉, 계약의 해제에도 불구하고 채무자의 손해배상의무(551조)와 각 당사자의 원상회복의무는 소멸하지 않는다. 그러므로 보증채무의 목적에 비추어 볼 때 '계약의 해제로 인하여 발생한 원상회복의무와 해제의 원인이 된 채무불이행으로 인한 손해배상채무를 보증채무가 담보한다'는 것은 당연한 법리라고 할 것이다. 또한 해제의 소급효로 인하여 주채무를 발생시킨 주된 계약이 소멸하므로, 종된 계약이라고 할 수 있는 보증계약도 같이 소멸한다는 것은 형식논리에 지나지 않으며, 그러한 논리는 보증계약의 존재 의의 자체를 부인하는 것이다. 이는 채무불이행시를 대비한 관할의 합의나 중재계약도 해제에 의하여 주계약이 소급적으로 소멸하였음에도 불구하고 그 효력이 인정되어야 함은 의문의 여지가 없는 것과 같은 이치이다.[77)] (☞ 계약법 편, 제1장 제4절 「계약의 해제와 해지」)

요컨대, '해제의 소급효를 인정하는 「직접효과설」의 입장에서도 보증채무의 효력은 해제로 인한 원상회복의무와 손해배상의무에도 미친다'고 보는 통설·판례의 견해가 타당하다고 할 것이다. 다만, 보증채무가 피보증인의 원상회복의무까지 담보한다고 해석되어야 한다면, 보증계약은 그 부분에 관한 한 채무불이행을 정지조건으로 하는 「정지조건부보증계약」의 성

75) 김용담, "해제의 효과에 관한 일고찰", 민사법학 4·5합병호(한국민사법학회, 1985), 118 이하; 김형배, "해제의 효과에 관한 법리구성", 민법학연구(박영사, 1986), 211 이하 참조.

76) 「청산관계설」에 대한 비판적 견해로서는 김욱곤, 전게논문(주 74), 711 이하; 양창수, "계약의 해제에 관한 학설 등에 대한 소감", 민법연구 3권(박영사, 1995/2), 267 이하; 명순구, 전게논문(주 71), 336 이하 참조.

77) 同旨: 명순구, 상게논문, 342 참조.

질을 가진다고 해석하여야 할 것이다.

(3) 보증채무의 범위에 관하여 특약이 있는 경우

보증채무의 범위에 관하여 당사자 사이에 특약이 있더라도 보증채무는 주채무의 범위를 그 한도로 한다(430조). 민법은 보증인의 부담이 주채무의 목적이나 형태보다 중한 경우에도 보증계약을 전부 무효로 하지 않고, 당사자에게 주채무의 범위 내에서는 보증계약을 성립시키려는 의사가 있는 것으로 인정하여 보증채무의 범위를 주채무의 한도로 감축하여 그 효력을 유지하도록 하고 있다. 이와는 반대로, 당사자가 특약으로 보증채무의 범위를 주채무의 그것보다 적은 것으로 하는 것은 무방하며, 이를 「유한보증」이라고 함은 전술한 바와 같다.

한편 전술한 바와 같이, 보증채무가 성립한 후에 주채무의 범위에 변경이 생긴 경우에 보증채무는 어떠한 영향을 받는가에 대해서는, ① 주채무자와 채권자의 합의에 의하여 주채무의 범위가 감축된 경우에는 특약이 없는 한 보증채무도 이에 따라서 감축되지만, 주채무자와 채권자의 합의에 의하여 주채무의 범위가 확대되더라도 특약이 없는 한 보증채무는 확장되지 않는다. 그러나 ② 주채무자와 채권자와의 법률행위에 의하지 아니하고 주채무의 범위에 변경(확장·감축)이 생기면, 특약이 없는 한 보증채무의 범위도 변경(확장·감축)된다.

(4) 보증채무에 종된 권리관계

보증인은 그 보증채무에 관한 위약금 기타 손해배상액을 예정할 수 있다(429조 2항). 보증채무는 주채무와 별개·독립의 채무이므로, 보증채무에 관해서만 이와 같은 종된 권리관계를 수반시키는 것은 이론상으로 문제가 없다. 보증채무에 관하여 보증인을 세우거나(副保證), 보증채무를 피담보채무로 하는 저당권 등 담보물권을 설정하는 것도 마찬가지로 가능하다.

3. 계속적 보증에 있어서의 보증인의 책임제한

보증계약은 원칙적으로 편무·무상계약으로서, 보증인과 채무자 또는 보증인과 채권자와의 사이는 특별한 정의관계나 신뢰관계를 기초로 하는 것이 보통이다. 그러므로 법률은 보증인을 보호하기 위하여 여러 가지로 배려할 필요가 있다. 특히 임대차계약·고용계약·계속적 공급계약·어음할인계약·당좌대월계약 등과 같은 계속적 채권관계로부터 발생하는 장래의 불확정한 채무에 관하여 행하여지는 이른바 「계속적 보증」에 있어서는 일시적 보증에 비하여 보증인보호의 필요성이 더욱 크다고 할 수 있다.

전술한 바와 같이, 보증인보호법과 개정민법은 계속적 보증의 일종이라고 할 수 있는 근보증에 관한 규정을 두고 있으나, 「계속적 보증」에 관하여서는 아무런 규정도 두고 있지 않다. 그러나 학설과 판례는 일치하여 계속적 보증의 유효성을 인정하고 있다.[78] 다만, 학설은 거래의 관행과 신의칙에 의거하여 보증인의 책임을 합리적으로 제한하여야 한다고 해석하고 있으며,[79] 또한 판례도 일정한 범위에서 계속적 보증계약의 효력을 제한하는 법리를 확립하고 있다. 이하에서는 전술한 「근보증」의 성립에 관한 부분을 제외하고 「계속적 보증계약」에 있어서의 보증인의 책임제한의 법리를 살펴보기로 한다.

(1) 사정변경을 이유로 한 보증계약의 해지

'기간의 약정이 없는 계속적 보증계약에서 채무자나 보증인의 지위나 자산상태에 중대한 변화가 있는 경우처럼, 보증인의 책임을 지나치게 무겁게 하는 중대한 사정변경이 발생한 경우에는 보증인에게 보증계약의 해지권을 인정하여야 한다'는 것이 지배적 견해이다.[80] 이는 계속적 보증계약에서 「사정변경의 원칙」을 인정하여야 한다는 견해라고도 할 수 있다.[81]

판례도 계속적 보증계약에 있어서 사정변경을 이유로 보증인이 보증계약을 해지할 수 있다는 입장을 확립하고 있다. 즉, 대법원은 ① '계속적 거래관계로 인하여 발생하는 불확정한 채무를 보증하기 위한 이른바 계속적 보증에서 보증계약 성립 당시의 사정에 현저한 변경이 생긴 경우에는 보증인은 보증계약을 해지할 수 있다'고 판시한 바 있으며(대법원 1994.12.13.선고, 94다31839 판결 등), ② '계속적 보증계약에서 보증인의 주채무자에 대한 신뢰가 깨어지는 등 보증인으로서 보증계약을 해지할 만한 상당한 이유가 있는 경우에 보증인으로 하여금 그 보증계약을 그대로 유지존속케 하는 것은 사회통념상 바람직하지 못하므로, 그 계약해지로 인하여 상대방인 채권자에게 신의칙상 묵과할 수 없는 손해를 입게 하는 등 특단의 사정이 있는 경우가 아니라면 보증인은 일방적으로 보증계약을 해지할 수 있으며, 이 경우 계속적 보증계약을 해지할 만한 상당한 이유가 있는지 여부는 보증인이 보증을 하게 된 경위, 주채무자와 보증인 간의 관계, 보증계약의 내용, 채무증가의 구체적 경과와 채무의 규모, 주채무자의 신뢰상실 여부와 그 정도, 보증인의 지위변화, 주채무자의 자력에 관한 채권자나 보증인의 인식 등 제반사정을 종합적으로 고려하여 판단하여야 할 것이나(대법원 2003.1.24.선고, 2000다37937 판결 등),[82] 보증계약 당시에 있었던 당사자 사이의 법률관계가 아니고 보증행위 성립 후 채무자의 자산상태가 악화되고 그리하여 보증채무를 이행한 뒤 채무자에게 구상권을 행사하여도

---

78) 판례는 '계속적 보증계약을 이행함에 따른 주채무자의 불확정한 구상의무를 보증하는 것도 계속적 보증계약으로 취급함이 상당하다'고 한다(대법원 1992.11.24.선고, 92다10890 판결).

79) 곽윤직, 187; 현승종, 267 참조.

80) 곽윤직, 187; 현승종, 267 참조.

81) 사정변경의 원칙에 관하여서는 주석채권각칙(Ⅰ)/김욱곤, 255 이하; 김대정, "사정변경의 원칙을 명문화한 민법개정시안 제544조의4에 관한 검토", 법학연구 22집(전북대법학연구소, 2001/12), 245 이하 참조.

82) 같은 취지: 대법원 1986.9.9.선고, 86다카792 판결; 대법원 1992.7.14.선고, 92다8668 판결; 대법원 1996.12.10.선고, 96다27858 판결; 대법원 2002.2.26.선고, 2000다48265 판결.

실효를 거둘 수 없게 되었다거나, 보증인이 그러한 사정을 예측하지 못하였다는 등의 사유로서는 보증인에게 보증계약을 해지할 권리를 인정할 수 없다'는 일반원칙을 제시한 바 있다(대법원 1986.9.23.선고, 85다카1957 판결).[83)]

■ **보증계약 성립 당시의 사정에 현저한 변경이 생긴 경우, 보증계약을 해지할 수 있는지 여부**(적극)
[1] 계속적 거래관계로 인하여 발생하는 불확정한 채무를 보증하기 위한 이른바 계속적 보증에 있어서 보증계약 성립당시의 사정에 현저한 변경이 생긴 경우에는, 보증인은 보증계약을 해지할 수 있다. [2] A는 채권자인 Y회사와 대리점거래계약을 체결한 채무자 B를 위하여 위 대리점거래계약에서 발생하는 B의 Y회사에 대한 모든 채무에 관하여 연대보증계약을 체결하였는데, 그 이후 B와 Y와 사이의 거래형태가 일부 변경되고 이에 따라 외상채무가 급격히 증가하여 B가 경영하는 대리점의 재무구조가 악화되었는데도 Y회사는 보증인인 A에게 아무런 통지도 하지 아니하고 계속하여 거래규모를 확대함으로써 B의 외상채무를 누적시켜 왔으며, A가 위 연대보증계약체결 이후 2년이 경과하고 나서야 비로소 위와 같은 사정을 알고 Y회사에 대하여 항의하자 Y회사는 A에게 연대보증인을 교체하여 주겠다고 약속을 하기까지에 이르렀다면, A의 연대보증계약의 해지는 적법하다고 할 것이다. (대법원 1994.12.13.선고, 94다31839 판결)[84)]

한편 판례는 ① '회사의 임원이나 직원의 지위에 있기 때문에 회사의 요구로 부득이 회사와 제3자 사이의 계속적 거래로 인한 회사의 채무에 대하여 보증인이 된 자가 그 후 회사로부터 퇴사하여 임원이나 직원의 지위를 떠난 때에는, 보증계약 성립 당시의 사정에 현저한 변경이 생긴 경우에 해당하므로 사정변경을 이유로 보증계약을 해지할 수 있다'고 한다(대법원 1990.2.27.선고, 89다카1381 판결 등).[85)] 또한 ② '보증계약 당시 보증인이 회사의 이사라는 지위에 있었고 은행대출규정상 어쩔 수 없이 채무액이 불확정적이고 계속적인 거래로 인한 회사의 채무에 대하여 포괄근보증이나 한정근보증과 같은 연대보증을 한 경우에는 그 보증인의 책임을 보증인이 이사로 재직 중에 있을 때 생긴 채무만으로 제한할 수 있으나, 회사의 이사로 재직하면서 보증 당시 이미 그 채무가 특정되어 있는 확정채무에 대하여는 보증을 한 후 이사직을 사임한 경우에는 사정변경을 이유로 보증인이 이사로 재직 중에 있을 때 생긴 채무만으로 그 책임이 제한되지 않으며(대법원 1997.2.14.선고, 95다31645 판결 등),[86)] 단순한 고용직 이사가 아니라 회사의 대주주로서 이사로 취임한 이래 부사장 등의 직책을 맡아 회사의 경영에 관여

83) 판례평석: 이영애, "사정변경으로 인한 보증계약의 해제", 민사판례연구(9)(민사판례연구회, 1987/2), 46 이하.
84) 같은 취지: 대법원 1978.3.28.선고, 77다2298 판결.
85) 판례평석: 양창수, "사정변경으로 인한 계속적 보증의 해지", 고시연구 28권 4호(2001/4) 166 이하; 임정평, "계속적 보증과 보증인의 해지권", 사법행정 359호(한국사법행정학회, 1990/11), 59 이하; 이돈희, "계속적 보증계약과 사정변경에 의한 해지", 판례연구 5집(서울지방변호사회, 1992/1), 227 이하. 같은 취지: 대법원 1992.5.26.선고, 92다2332 판결; 대법원 1992.11.24.선고, 92다10890 판결.
86) 판례평석: 강영호, "사정변경(이사의 퇴직)과 보증채무의 제한", 대법원판례해설 28호(법원도서관, 1997/12), 72 이하. 같은 취지: 대법원 1994.12.27.선고, 94다46008 판결; 대법원 1996.2.9.선고, 95다27431 판결; 대법원 1999.12.28.선고, 99다25938 판결.

해 오던 자가 다른 회사 경영에 전념하기 위하여 이사직을 사임함과 동시에 다시 감사로 취임하여 재직하면서 주주의 지위는 계속 보유하고 있었다면, 그가 이사직을 사임하였다고 하여 그것만으로 회사와의 신뢰관계가 깨어져 사회통념상 그가 이사 재직시 회사를 위하여 체결한 포괄근보증계약을 유지케 함이 바람직하지 못하게 되었다고 보기 어렵고, 또한 그가 보증인이 된 것이 오로지 이사의 지위에 있었기 때문에 부득이 한 것이라고 볼 수도 없으므로, 이와 같은 상황에서 이사의 지위에서 사임하였다는 사유를 내세워 그 보증계약을 일방적으로 해지할 수 없다'고 한다(대법원 1995.4.25.선고, 94다37073 판결).

■ **회사의 이사가 회사의 제3자에 대한 계속적 거래로 인한 채무를 연대보증한 경우, 회사의 거래에 대하여 재직 중에 생긴 채무만을 책임지우기 위한 요건** 회사의 이사 등이 회사의 제3자에 대한 계속적 거래로 인한 채무를 연대보증한 경우, 이사 등에게 회사의 거래에 대하여 재직 중에 생긴 채무만을 책임지우기 위하여는 그가 이사의 지위 때문에 부득이 회사의 계속적 거래로 인하여 생기는 회사의 채무를 연대보증하게 된 것이고, 또 회사의 거래상대방이 거래할 때마다 거래 당시에 회사에 재직하고 있던 이사 등의 연대보증을 새로이 받아오는 등의 특별한 사정이 있을 것임을 요하고, 그러한 사정이 없는 경우의 연대보증에까지 그 책임한도가 위와 같이 제한되는 것으로 해석할 수는 없다. (대법원 1993.2.12.선고, 92다45520 판결)[87]

(2) 주채무가 부당하게 확대된 경우의 보증책임의 제한

계속적 보증계약에서는 보증인의 보증책임의 범위나 보증기간에 관하여 아무런 정함이 없는 경우에도 보증인은 변제기에 있는 주채무 전액에 관하여 보증책임을 부담함이 원칙이다. 그러나 주채무의 액수가 보증인이 보증계약 당시에 예상할 수 있었던 범위를 훨씬 상회하고 그 원인이 채권자가 주채무자의 자산상태가 현저히 악화된 사실을 알면서도(중대한 과실로 알지 못한 경우를 포함) 보증인에게 통보하거나 의사를 타진하지 아니하고 거래규모를 확대한 것에 기인하는 등 신의칙에 반하는 사정이 인정되는 경우에는, 보증인의 책임은 합리적인 범위로 제한되어야 한다는 것이 종래의 통설·판례의 입장이었다(대법원 1987.4.28.선고, 86다카2023 판결 등).[88] 예컨대, 대법원은 '교통사고의 피해자가 중상을 입고 즉시 응급수술을 받지 아니하면 생명이 위독할 정도로 위급한 상태였으나, 마침 추석명절로서 교통체증이 심하여 병원에 속히 내려올 수 없었던 가족들이 병원 의사에게 부탁하여 그 의사가 치료비를 연대보증하

87) 판례평석: 이기수, "대표이사의 퇴직 후의 계속적 연대보증의 효력", 판례월보 276호(판례월보사, 1993/9), 19 이하. 같은 취지: 대법원 1995.4.7.선고, 94다736 판결; 대법원 1996.10.29.선고, 95다17533 판결; 대법원 1998.12.22.선고, 98다34911 판결; 대법원 2000.3.10.선고, 99다61750 판결; 대법원 2002.5.31.선고, 2002다1673 판결; 대법원 2003.1.24.선고, 2000다37937 판결.

88) 같은 취지: 대법원 1984.10.10.선고, 84다카453 판결; 대법원 1987.4.28.선고, 86다카2630 판결; 대법원 1988.4.27.선고, 87다카2143 판결; 대법원 1991.10.8.선고, 91다14147 판결; 대법원 1991.12.24.선고, 91다9091 판결; 대법원 1992.4.28.선고, 91다26348 판결; 대법원 1992.7.28.선고, 91다35816 판결; 대법원 1995.6.30.선고, 94다40444 판결.

여 위 병원도 입원보증금도 받지 아니한 채 수술을 하게 되었다면, 환자의 치료비 전액에 대하여 연대보증한 의사에게 보증책임을 묻는 것은 신의칙상 심히 부당한 결과가 되므로, 위 의사는 치료비 중 가족들이 병원에 찾아왔을 때까지의 치료비에 한하여 보증책임이 있는 것으로 그 보증책임을 제한함이 상당하다'고 판시한 바 있으며(대법원 1992.9.22.선고, 92다17334 판결),[89] 카드회사가 신용카드 이용대금의 지급을 태만히 한 가입회원에 대하여 이용규약상의 사후관리를 태만히 한 경우에 연대보증인의 책임감액을 허용하거나(대법원 1986.2.25.선고, 84다카1587 판결),[90] '카드발행자와 가입회원 및 연대보증인 등의 제반사정에 비추어 적정한 금액을 넘는 카드발행자의 연대보증인에 대한 청구는 권리남용에 해당한다'고 판시한 사례도 있다(대법원 1989.5.9.선고, 88다카8330 판결).[91] 다만, 판례 중에는 '채권자가 주채무인 매월의 의료보험료 지급이 지체될 때마다 주채무자에게 독촉함과 아울러 의료보험법과 국세징수법이 정한 절차에 따라 주채무자의 채권 및 동산을 압류하는 등 보험료의 회수에 노력하였다면, 6개월 동안 보험료가 체납된 후에 채권자가 비로소 보증인에게 그 납부통지를 하였다는 사정만 가지고서 바로 보증인의 책임이 면제 또는 제한되어야 한다고 볼 수는 없다'고 한 사례도 있고(대법원 1989.10.24.선고, 88다2083 판결), '신용카드회원의 신용이 가입 당시 다소 불량한 상태이었다 하더라도 신용카드회사에게 회원모집시 가입자의 신용상태를 면밀히 조사하여야 할 의무가 있는 것도 아닐 뿐만 아니라, 이를 게을리한 과실이 있다 한들 그로 인하여 보증인의 책임범위를 일정액 이하로 제한하도록 한 연대보증계약의 효력이 소멸한다거나 책임이 감경된다고 볼 수 없다'고 한 사례도 있어서(대법원 1992.11.24.선고, 91다22261 판결), 보증인의 책임제한의 법리를 명확히 규정할 필요가 있다는 지적이 있어왔다.

이러한 취지에서, 「2004년 민법개정안」은 '채권자의 통지의무를 규정하고, 채권자가 통지의무를 위반한 경우에는 보증인은 그로 인하여 손해를 입은 한도에서 채무를 면하는 것을 내용으로 하는 규정을 신설할 것'을 제안한 바 있는데(동개정안 436조의2), 2008년에 제정된 보증인보호법은 이러한 입법제안을 수용하여, ① 주채무자의 신용상태를 의심할 만한 사정변경이 발생한 경우에는 보증인에 대하여 이를 통지할 의무를 채권자에게 부여하고(보증인보호법 5조 1항~3항),[92] 채권자가 이러한 통지의무를 위반한 경우에는 보증인은 그로 인하여 손해

89) 판례평석: 백영엽, "치료비 보증계약에 있어서의 보증인의 책임범위", 법조 42권 9호(법조협회, 1993/9), 98 이하.

90) 판례평석: 이근웅, "계속적 보증에 있어서의 보증책임의 한도", 법률실무연구 1호(강원법률실무연구회, 1999), 30 이하.

91) 판례평석: 김교창, "신용카드보증인의 책임범위", 인권과 정의 158호(대한변호사협회, 1989/10), 109 이하.

92) 보증인보호법 제5조(채권자의 통지의무 등) ① 채권자는 주채무자가 원본, 이자 그 밖의 채무를 3개월 이상 이행하지 아니하는 경우 또는 주채무자가 이행기에 이행할 수 없음을 미리 안 경우에는 지체 없이 보증인에게 그 사실을 알려야 한다. ② 채권자로서 보증계약을 체결한 금융기관은 주채무자가 원본,

를 입은 한도에서 채무를 면하는 것으로 규정하였다(동조 4항). ② 보증기간의 약정이 없는 경우 보증기간을 3년으로 제한하고, 보증계약을 체결하거나 보증기간을 갱신하는 경우 보증기간을 보증인에게 고지할 의무를 채권자에게 부과하고 있다(동법 7조 3항).[93] 또한 ③ 보증계약 체결 후 채권자가 보증인의 승낙 없이 채무자에 대하여 변제기를 연장하여 준 경우에도 보증인에게 그 사실을 고지할 의무를 채권자와 채무자에게 부과하였다(동법 7조 4항).

한편 2016.2.4.부터 시행된 개정민법은 이러한 보증인보호법 제5조의 규정을 보완하여 채권자의 정보제공의무와 통지의무를 인정하고(436조의2 1항, 2항), '채권자가 정보제공의무 또는 통지의무를 위반하여 보증인에게 손해를 입힌 경우에는 법원은 그 내용과 정도 등을 고려하여 보증채무를 감경하거나 면제할 수 있다'는 규정을 신설하였다(동조 4항).

(3) 계속적 보증채무의 비상속성(非相續性)

계속적 거래관계에서 발생하는 불확정한 채무를 담보하기로 하는 계속적 보증계약에 있어서 이미 현실로 발생한 보증채무가 상속인에게 상속됨은 당연하나, 아직 발생하지 아니한 장래의 채무에 대한 보증채무는 보증인과 채권자 사이의 신뢰를 바탕으로 한 보증인의 일신에 전속하는 것으로서, 보증인이 사망하더라도 상속인에게 이전되지 않는다고 해석하여야 할 것이다.[94]

신원보증법 제7조는 '신원보증계약은 신원보증인의 사망으로 종료된다'고 규정함으로써, 이러한 법리를 명문으로 규정하고 있다. 다만 '신원보증인이 사망하기 전에 이미 발생한 신원보증계약에 의한 보증채무는 상속인에게 상속된다'고 해석하여야 할 것이다. 판례의 입장도 같다(대법원 1972.2.29.선고, 71다2747 판결).

이자 그 밖의 채무를 1개월 이상 이행하지 아니하는 경우에는 지체 없이 그 사실을 보증인에게 알려야 한다. ③ 채권자는 보증인의 청구가 있으면 주채무의 내용 및 그 이행 여부를 보증인에게 알려야 한다. ④ 채권자가 제1항부터 제3항까지의 규정에 따른 의무를 위반한 경우에는 보증인은 그로 인하여 손해를 입은 한도에서 채무를 면한다.

93) 보증인보호법 제7조(보증기간 등) ① 보증기간의 약정이 없는 때에는 그 기간을 3년으로 본다. ② 보증기간은 갱신할 수 있다. 이 경우 보증기간의 약정이 없는 때에는 계약체결 시의 보증기간을 그 기간으로 본다. ③ 제1항 및 제2항에서 간주되는 보증기간은 계약을 체결하거나 갱신하는 때에 채권자가 보증인에게 고지하여야 한다. ④ 보증계약 체결 후 채권자가 보증인의 승낙 없이 채무자에 대하여 변제기를 연장하여 준 경우에는 채권자나 채무자는 보증인에게 그 사실을 알려야 한다. 이 경우 보증인은 즉시 보증채무를 이행할 수 있다.

94) 同旨: 현승종, 269 참조.

[95] Ⅳ. 보증채무의 효력

1. 보증채무의 대외적 효력

(1) 채권자의 권리와 의무

1) 보증채무의 이행청구권

보증채무의 이행기가 도래하면, 채권자는 보증인에 대하여 보증채무의 이행을 청구할 수 있다. 즉, 채권자는 보증채무의 이행기가 도래하면 채무자에 대한 이행청구 없이 곧바로 보증인에 대하여 그 이행을 청구할 수 있으며, 주채무자의 자산으로 충분한 담보가 되어 있다고 하더라도 보증인의 책임이 면책되는 것은 아니다(대법원 1986.5.27.선고, 86다154 판결). 다만, 보증채무는 주채무에 종된 채무로서 보충성이 있으므로, 채권자가 주채무자에 대한 이행청구를 먼저 하지 아니하고 곧바로 보증인에 대하여 이행청구를 한 경우에는 보증인은 최고·검색의 항변권(437조) 및 주채무자의 항변권(433조)을 행사할 수 있을 뿐이다.

2) 채권자의 정보제공 및 통지의무

2016.2.4.부터 시행된 현행민법은 종래 학설·판례에 의하여 인정되어 오던 보증인에 대한 채권자의 신의칙상의 주의의무를 구체화하여 이를 명문으로 규정하는 제436조의2를 신설하였는데, 이는 '보증에 관한 입법상의 커다란 진전'이라고 평가할 수 있다.

(가) 보증계약 체결 시의 정보제공 및 통지의무

채권자는 보증계약을 체결할 때 보증계약의 체결 여부 또는 그 내용에 영향을 미칠 수 있는 주채무자의 채무 관련 신용정보를 보유하고 있거나 알고 있는 경우에는 보증인에게 그 정보를 알려야 한다. 보증계약을 갱신할 때에도 또한 같다(436조의2 1항).

(나) 보증계약 체결 후의 정보제공 및 통지의무

채권자는 보증계약을 체결한 후에 ① 주채무자가 원본, 이자, 위약금, 손해배상 또는 그 밖에 주채무에 종속한 채무를 3개월 이상 이행하지 아니하는 경우, ② 주채무자가 이행기에 이행할 수 없음을 미리 안 경우, ③ 주채무자의 채무 관련 신용정보에 중대한 변화가 생겼음을 알게 된 경우에는 지체 없이 보증인에게 그 사실을 알려야 한다(436조의2 2항). 또한 채권자는 보증인의 청구가 있으면 주채무의 내용 및 그 이행 여부를 알려야 한다(동조 3항).

(다) 정보제공 및 통지의무 위반의 효과

채권자가 보증인에 대한 정보제공 및 통지의무를 위반하여 보증인에게 손해를 입힌 경우에는 법원은 그 내용과 정도 등을 고려하여 보증채무를 감경하거나 면제할 수 있다(436조의2 4항).

3) 채권자의 담보보존의무 기타 신의칙상의 주의의무

보증인에 대한 채권자의 이행청구는 재판상으로는 물론 재판 외에서도 할 수 있으며, 그 청구의 범위는 보증계약의 내용에 따라 정해진다. 종래의 통설·판례는 '채권자는 보증인의 책임범위가 부당하게 확대되지 않도록 하여야 할 신의칙상의 주의의무를 부담하며, 만약 채권자가 그 주의의무를 다하지 못함으로써 보증인의 책임범위가 부당하게 확대된 경우에는 그 범위에서 보증인은 면책된다'고 해석하고 있었는데, 2016.2.4.부터 시행된 개정민법은 제436조의2를 신설하여, 종래의 통설·판례에 의하여 인정되어 오던 보증인에 대한 채권자의 신의칙상의 주의의무의 일부를 구체화하여 채권자의 정보제공의무와 통지의무를 명문화하 였으므로, 종래의 판례법리 중의 일부는 신설된 제436조의2의 해석론에 포섭될 것으로 예상된다.

(가) 채권자의 담보보존의무

보증인은 과실 없이 변제 기타 출재로 주채무를 소멸하게 한 때에는 주채무자에 대하여 구상권이 있으며(441~448조), 구상권이 인정되는 범위 내에서는 변제에 의한 법정대위가 인정되므로(481조, 482조 1항), '채권자는 법정대위자인 보증인을 위하여 담보를 보존할 의무가 있다'고 할 것이다. 즉, 제481조의 규정에 의한 법정대위자가 있는 경우에 채권자의 고의나 과실로 담보가 상실되거나 감소된 때에는 대위할 자는 그 상실 또는 감소로 인하여 상환을 받을 수 없는 한도에서 그 책임을 면한다(대법원 1996.12.6.선고, 96다35774 판결 등).[95] 다만, 판례는 '채권자가 자신의 채권이나 담보권을 행사할지 여부는 채권자가 자유롭게 선택할 수 있는 영역에 속하는 것이므로, 채권자가 자신의 채권이나 담보권을 행사하지 않거나 포기하였다고 하여 이를 불법행위에 해당한다고 할 수는 없는 것이고, 법정대위자가 채권자의 담보상실 또는 감소행위를 들어 제485조 소정의 면책을 주장할 수 있음은 물론이지만, 법정대위자가 있다는 사정만으로 채권자가 자신의 채권이나 담보권을 성실히 행사하여야 할 의무를 부담한다고는 할 수 없다'고 한다(대법원 2001.12.24.선고, 2001다42677 판결 등).[96]

(나) 그 밖의 채권자의 신의칙상 주의의무

판례는 보증인의 이익을 보호하기 위하여 명문규정이 없던 과거에도 '채권자의 신의칙상의 주의의무가 있음을 인정하고, 이를 위반한 채권자는 보증채무의 이행을 청구하지 못한다'고 해석하여 왔다. 즉, 대법원은 ① '저당권자가 담보권실행을 위한 경매절차에서 법정순위에

---

95) 같은 취지: 대법원 1996.12.6.선고, 96다35774 판결; 대법원 1996.12.10.선고, 96다37619 판결; 대법원 1997.10.28.선고, 97다28858 판결; 대법원 1998.3.13.선고, 97다46030 판결; 대법원1998.8.21.선고, 97다37821 판결; 대법원 1999.9.17.선고, 98다49609 판결; 대법원 2000.1.21.선고, 97다1013 판결; 대법원 2001.5.15.선고, 2000다30035 판결; 대법원 2001.6.12.선고, 2001다16678 판결; 대법원 2002.10.25.선고, 2002다32318 판결; 대법원 2003.6.10.선고, 2003다18432 판결; 대법원 2009.10.29.선고, 2009다60527 판결.

96) 같은 취지: 대법원 2005.11.25.선고, 2004다66834·66841 판결.

의하였다면 자신의 채권 전액의 만족을 얻을 수 있었음에도 불구하고 임금우선특권을 주장하는 근로자들과 법정순위보다 불리한 합의를 한 경우에는, 경매절차에서 변제받지 못한 채권을 연대보증인에게 청구하는 것은 신의칙에 반하여 허용되지 않는다'고 판시한 바 있으며(대법원 1995.4.28.선고, 93다28843 판결), ② '채권자인 금융기관의 귀책사유로 보증인이 물적 담보를 취득하지 못한 경우에는, 보증인의 책임은 담보가치만큼 감소된다'고 판시한 바 있다(대법원 1995.7.28.선고, 95다18734 판결 등).[97] 또한 ③ '보증인이 채권자의 특약사항 위반을 이유로 면책을 주장할 수 있었는데도 보증채무에 관한 면책 주장을 하지 아니한 채 채무 전부를 이행한 경우, 보증인은 그 범위 내에서는 신의칙상 구상금채무의 연대보증인에 대하여 구상청구를 할 수 없다'고 판시한 바 있다(대법원 1995.6.29.선고, 94다20174 판결 등).[98]

4) 주채무자의 책임이 한정되거나 면책된 경우, 보증인에 대한 이행청구권

상속의 한정승인(1028조) 또는 법인의 해산(88조 2항, 92조)에 의하여 주채무자의 책임이 한정된 경우라고 하더라도, 채권자는 보증인에 대하여 보증채무 전액의 이행청구를 할 수 있다. 또한 파산절차에서 주채무자가 면책을 허가받아 파산채권자에 대한 채무의 전부에 대하여 책임이 면제된 경우에도 보증인에 대한 파산채권자의 이행청구권에는 영향이 없다(채무자회생법 566조,[99] 567조).[100] 또한 판례는 '주채무자와 보증인이 다 같이 파산선고를 받은 경우에도 채권자는 파산선고시에 가진 채권의 전액에 관하여 각 파산재단에 대하여 파산채권자로서 그 권리를 행사할 수 있으며(채무자회생법 428조),[101] 보증인이 파산선고를 받은 때에는 채권자는 파산선고시에 가진 채권의 전액에 관하여 파산채권자로서 그 권리를 행사할 수 있으므로(채무자회생법 429조), 파산선고 후에 파산채권자가 다른 채무자로부터 일부변제나 배당 등을 받더라도 채권자는 파산선고시의 채권 전액으로써 계속하여 보증인의 파산절차에 참가할 수 있다'

---

97) 같은 취지: 대법원 1993.4.27.선고, 92다49942 판결; 대법원 1994.6.14.선고, 94다8150 판결.

98) 같은 취지: 대법원 2006.3.10.선고, 2002다1321 판결.

99) 채무자회생법 제566조(면책의 효력) 면책을 받은 채무자는 파산절차에 의한 배당을 제외하고는 파산채권자에 대한 채무의 전부에 관하여 그 책임이 면제된다. 다만, 다음 각 호의 청구권에 대하여는 책임이 면제되지 아니한다. 1. 조세 2. 벌금·과료·형사소송비용·추징금 및 과태료 3. 채무자가 고의로 가한 불법행위로 인한 손해배상 4. 채무자가 중대한 과실로 타인의 생명 또는 신체를 침해한 불법행위로 인하여 발생한 손해배상 5. 채무자의 근로자의 임금·퇴직금 및 재해보상금 6. 채무자의 근로자의 임치금 및 신원보증금 7. 채무자가 악의로 채권자목록에 기재하지 아니한 청구권. 다만, 채권자가 파산선고가 있음을 안 때에는 그러하지 아니하다. 8. 채무자가 양육자 또는 부양의무자로서 부담하여야 하는 비용 9. 「취업 후 학자금 상환 특별법」에 따른 취업 후 상환 학자금대출 원리금

100) 채무자회생법 제567조(보증인 등에 대한 효과) 면책은 파산채권자가 채무자의 보증인 그 밖에 채무자와 더불어 채무를 부담하는 자에 대하여 가지는 권리와 파산채권자를 위하여 제공한 담보에 영향을 미치지 아니한다.

101) 채무자회생법 제428조(전부의 채무를 이행할 의무를 지는 자가 파산한 경우의 파산채권액) 여럿의 채무자가 각각 전부의 채무를 이행하여야 하는 경우 그 채무자의 전원 또는 일부가 파산선고를 받은 때에는 채권자는 파산선고시에 가진 채권의 전액에 관하여 각 파산재단에 대하여 파산채권자로서 권리를 행사할 수 있다.

고 한다(대법원 2003.2.26.선고, 2001다62114 판결 등).[102)]

(2) 보증인의 권리

보증인은 채권자의 이행청구에 대하여 보증계약의 당사자 내지 채무자로서의 자격에서 일반적으로 가지는 항변권을 행사할 수 있음은 물론이지만, 그 밖에 보증채무의 부종성에 기하여 인정되는 권리인 「주채무자의 항변권」을 행사할 수 있으며, 보증채무의 보충성에 기한 권리인 「최고·검색의 항변권」을 행사할 수 있다.

1) 채무자로서의 일반적 항변권

보증인은 예컨대, 보증계약이 불성립·무효·취소·해제로 인하여 보증채무가 발생하지 아니하였다는 항변(보증채무 불발생의 항변), 또는 변제·소멸시효의 완성 등의 사유로 보증채무가 소멸하였다는 항변(보증채무 소멸의 항변), 채권자에 대한 반대채권으로 상계하였다는 항변(상계의 항변) 등과 같이, 보증계약의 당사자 내지 보증채무자로서의 자격에서 일반적으로 가지는 항변권을 행사할 수 있다.

2) 주채무자의 항변권을 행사할 수 있는 권리

보증채무는 주채무보다 목적이나 형태에 있어서 무거울 수 없으므로(430조), 보증인도 주채무의 효력을 제한하는 항변권을 원용하여 보증채무의 효력을 제한할 수 있다고 하는 것이 논리적이다.[103)] 이러한 취지에서, '보증인은 주채무자의 항변권을 행사할 수 있다'는 명문규정을 두는 것이 일반적인 입법례이다. 예컨대, 프랑스민법은 '보증인은 주채무자의 일신전속적인 항변권을 제외하고는 주채무자에게 속한 모든 항변권으로써 채권자에게 대항할 수 있다'고 규정하고 있으며(C.c. Art. 2313),[104)] 독일민법은 한 걸음 더 나아가 '보증인은 주채무자가 항변권을 포기한 경우에도 주채무자의 항변권을 행사할 수 있다'고 규정하고 있다(BGB §768).[105)] 스위스채무법은 '주채무자의 항변권을 행사하는 것은 보증인의 권리이자 의무'라고까지 규정하고 있다(OR Art. 502).[106)] 이러한 일반적인 입법례와는 달리, 일본민법(구 의용민

---

102) 같은 취지: 대법원 2002.12.24.선고, 2002다24379 판결; 대법원 2005.1.27.선고, 2004다27143 판결.

103) 현승종, 270 참조.

104) 프랑스민법 제2313조: (1) 보증인은 주채무자에게 속하며 주채무에 고유한 모든 항변으로써 채권자에 게 대항할 수 있다. (2) 그러니 보증인은 그 항변이 순수하게 채무자의 일신전속적인 것일 경우에는 대항할 수 없다.

105) 독일민법 제768조(보증인의 항변권) (1) 보증인은 주채무자에게 속하는 항변으로써 채권자에게 대항할 수 있다. 주채무자가 사망한 경우에는, 보증인은 상속인이 채무에 대하여 제한적으로만 책임을 진다는 것을 원용할 수 없다. (2) 주채무자가 항변권을 포기하더라도 그에 의하여 보증인은 항변권을 상실하지 않는다.

106) 스위스채무법 제502조(항변권) (1) 보증인은 주채무자 또는 그 상속인에게 속하는 주채무자의 지급불능에 기하지 아니한 항변권으로써 채권자에게 대항할 권리와 의무가 있다. 착오 또는 계약무능력으로 말미암아 주채무자에 대하여 구속력이 없거나 소멸시효가 완성된 채무를 위한 보증은 유보된다. (2) 주채무자가 자기에게 속하는 항변권을 포기한 경우라고 하더라도 보증인은 그 항변권을 주장할 수 있다.

법)은 명문규정을 두고 있지 않았으나, 학설은 보증채무의 부종성을 근거로 '보증인은 주채무자의 항변권을 원용할 수 있다'고 해석하고 있었다.[107] 2017년의 개정일본민법은 이러한 학설의 견해를 반영하여, '보증인은 주채무자가 주장할 수 있는 항변으로써 채권자에게 대항할 수 있다'는 규정을 신설하였다(동법 457조).[108]

우리 민법은 구 의용민법과는 달리, '보증인은 주채무자의 항변으로 채권자에게 대항할 수 있으며, 주채무자의 항변포기는 보증인에게 효력이 없다'는 규정을 두고 있는데(433조), 이는 구 의용민법하에서의 통설적 견해에 따라서 독일민법의 규정을 모범으로 한 것이라고 할 수 있다.[109]

(가) 주채무의 부존재(불발생) 또는 소멸의 항변권

보증채무는 주채무에 종된 채무이므로(부종성), 어떠한 원인에서이든 주채무가 존재하지 않거나 소멸한 경우에는 보증인은 주채무의 부존재 또는 소멸(변제·대물변제·공탁·상계·경개·소멸시효의 완성 등으로 인하여 주채무가 소멸한 경우)의 항변권을 행사함으로써, 보증채무의 무효 또는 소멸을 주장할 수 있다(433조 1항). 즉, 주채무자가 채권자에 대하여 주채무의 불성립·무효·취소·변제 기타의 사유로 권리의 불발생 또는 소멸을 항변할 수 있는 때에는 보증인도 주채무의 불발생 또는 소멸을 증명하고 보증채무를 면할 수 있다.

(A) 소멸시효의 완성에 의하여 주채무가 소멸한 경우 주채무가 시효의 완성으로 소멸하면 보증채무도 따라서 소멸하는 것이므로(부종성), 보증인은 시효완성에 의한 주채무의 소멸을 주장함으로써 보증책임을 면할 수 있음은 이론상 당연하다. 또한 주채무자의 항변포기는 보증인에게 효력이 없으므로(433조 2항), 주채무가 시효의 완성으로 소멸하였음에도 불구하고 주채무자가 시효이익을 포기한 경우에도 보증인은 주채무의 시효소멸을 주장할 수 있다(대법원 1991.1.29.선고, 89다카1114 판결).[110] 다만, 주채무가 시효완성으로 소멸하였음에도 불구하고 보증인이 그 사실을 알면서 보증채무를 이행한 경우에는 악의의 비채변제(742조)로서 그 반환을 청구할 수 없다고 할 것이다.[111]

---

(3) 보증인이 주채무자의 항변권을 행사하지 아니한 경우에 자기의 과실 없이 알지 못하였음을 증명할 수 없는 때에는, 그 항변권에 의하여 면책될 수 있었을 범위 내에서 구상권을 상실한다. (4) 소구할 수 없는 도박채무를 보증한 보증인은 그 흠을 알았더라도 주채무자와 동일한 항변권을 가진다.

107) 我妻榮, 481 참조.

108) 2017년 개정 일본민법 제457조(주된 채무자에 대하여 생긴 사유의 효력) ① 주된 채무자에 대한 이행의 청구 기타의 사유에 의한 시효의 완성유예 및 갱신은 보증인에 대해서도 그 효력이 생긴다. ② 보증인은 주된 채무자가 주장할 수 있는 항변으로써 채권자에게 대항할 수 있다. ③ 주된 채무자가 채권자에 대하여 상계권, 취소권 해제권을 가지는 때에는, 이들 권리의 행사에 의하여 주된 채무자가 그 채무를 면하게 되는 한도에서 보증인은 채권자에 대하여 채무의 이행을 거절할 수 있다.

109) 현승종, 270 참조.

110) 판례평석: 양창수, "시효이익포기와 보증관계", 민법연구 3권(박영사, 1995/2) 359 이하.

111) 同旨: 김상용, 345 참조.

(B) 보증채무의 소멸시효는 중단되었으나, 주채무가 시효완성으로 소멸한 경우 '보증채무에 대한 소멸시효가 중단되었다고 하더라도 이로써 주채무에 대한 소멸시효가 중단되는 것은 아니므로, 주채무가 소멸시효 완성으로 소멸된 경우에는 보증채무도 그 채무 자체의 시효중단에 불구하고 부종성에 따라 당연히 소멸된다'는 것이 판례의 입장이다(대법원 2002.5.14.선고, 2000다62476 판결 등).[112]

(C) 보증인이 시효이익을 포기한 후 주채무가 시효완성으로 소멸한 경우 '보증인이 보증채무의 소멸시효 완성 후 시효이익을 포기한 경우, 보증인이 주채무의 시효소멸을 주장할 수 있는가?' 하는 것이 문제된다. 이에 대해서는, '이는 보증인의 의사해석의 문제로서, 여러 사정을 종합적으로 고려하여 경우에 따라 보증인의 시효이익의 포기를 주채무에 관한 시효이익의 포기를 의미하는 것으로 해석할 수도 있다'는 견해[113]와, '보증채무는 주채무와 별개·독립의 채무이므로 보증인이 주채무의 시효이익을 원용할 수 있는 권리와 보증채무의 시효이익을 원용할 수 있는 권리도 별개·독립의 것으로 보아야 하므로, 보증채무의 시효이익 포기는 주채무의 시효소멸을 원용할 수 있는 보증인의 권리에 영향을 미치지 않는다'고 해석하는 견해[114]가 대립하고 있다.

판례는 후자의 견해를 취하고 있는 것으로 보인다(대법원 2012.7.12.선고, 2010다51192 판결 등).

■ **주채무의 소멸시효 완성으로 보증채무가 소멸된 상태에서 보증인이 보증채무를 이행하거나 승인한 경우, 보증인이 주채무의 시효소멸을 이유로 보증채무의 소멸을 주장할 수 있는지 여부**(원칙적 적극) 보증채무에 대한 소멸시효가 중단되는 등의 사유로 완성되지 아니하였다고 하더라도 주채무에 대한 소멸시효가 완성된 경우에는 시효완성 사실로써 주채무가 당연히 소멸되므로 보증채무의 부종성에 따라 보증채무 역시 당연히 소멸된다. 그리고 주채무에 대한 소멸시효가 완성되어 보증채무가 소멸된 상태에서 보증인이 보증채무를 이행하거나 승인하였다고 하더라도, 주채무자가 아닌 보증인의 행위에 의하여 주채무에 대한 소멸시효 이익의 포기 효과가 발생된다고 할 수 없으며, 주채무의 시효소멸에도 불구하고 보증채무를 이행하겠다는 의사를 표시한 경우 등과 같이 부종성을 부정하여야 할 다른 특별한 사정이 없는 한 보증인은 여전히 주채무의 시효소멸을 이유로 보증채무의 소멸을 주장할 수 있다고 보아야 한다. (대법원 2012.7.12.선고, 2010다51192 판결)

이론상으로는 두 가지 해석론이 모두 성립할 수 있다고 할 것이나, 보증인이 자신의 시효이익을 포기한 것을 '보증인이 주채무가 시효로 소멸한 경우에도 채무를 독립적으로 부담하겠다는 취지의 의사표시'라고 해석하는 것은 지나치다고 할 것이므로, 원칙적으로 '보증인

---

112) 판례평석: 이동원, "주채무에 대한 소멸시효완성과 보증채무의 부종성" 대법원판례해설 40호(법원도서관, 2002/12), 32 이하; 전경운, "주채무에 대한 소멸시효완성과 보증채무의 부종성" 「로스쿨계약법」(청림출판, 2006/3), 412 이하. 같은 취지: 대법원 1977.9.13.선고, 77다418 판결; 대법원 1994.1.11.선고, 93다21477 판결; 대법원 2012.1.12.선고, 2011다78606 판결; 대법원 2012.7.12.선고, 2010다51192 판결.

113) 김상용, 346; 김형배, 511; 김현태, 227; 송덕수, 349 참조.

114) 김증한/김학동, 260; 현승종, 271 참조.

은 자신의 시효이익을 포기한 경우에도 별도로 주채무의 시효소멸을 주장할 수 있다'고 해석하는 것이 타당하다고 생각한다.

(나) 주채무자의 동시이행항변권, 기한 미도래(未到來)의 항변권

주채무를 발생시킨 계약이 쌍무계약인 경우, 주채무자는 채권자가 자기 채무는 이행하지 않고 주채무자의 채무이행만을 청구해 오는 경우에 이를 거절할 수 있는 동시이행항변권을 가지므로(536조), 보증인은 주채무자의 동시이행항변권을 원용할 수 있음은 물론이다(433조). 또한 제433조의 해석상 '보증채무의 이행기는 도래하였으나 주채무의 변제기가 도래하지 않은 경우, 채무자는 주채무의 변제기가 아직 도래하지 않았음을 이유로 보증채무의 이행을 거절할 수 있다'고 할 것이다.[115] 한편 주채무자가 자신의 항변권을 포기하더라도 이는 보증인에게 효력이 없으므로(433조 2항), 주채무자가 동시이행항변권을 포기한 경우에도 보증인은 여전히 주채무자의 동시이행항변권을 원용하여 보증채무의 이행을 거절할 수 있다.

(다) 주채무자의 반대채권에 의한 상계권(相計權)

보증인은 주채무자의 채권에 의한 상계로 채권자에게 대항할 수 있다(434조). 즉, 주채무자가 채권자에 대하여 상계적상에 있는 반대채권을 가지고 있는 경우, 보증인은 주채무자의 채권자에 대한 반대채권으로 주채무와 상계함으로써 채권을 소멸시킬 수 있는 것이다. 보증인이 주채무자의 상계권을 행사하는 것은 엄밀히 말하면 주채무에 부착한 항변권을 행사하는 것이 아니라 주채무자의 반대채권을 처분하는 것이므로, 보증채무의 부종성에 기인하는 보증인의 당연한 권리라고 할 수는 없다. 그러나 민법은 보증인을 보호하고 아울러 주채무자가 상계권을 상실하는 것을 방지하기 위하여 특별히 이러한 규정을 둔 것이다.[116]

이는 2016년 개정 전 프랑스민법을 모범으로 한 것인데(C.c. Art. 1294(1)),[117] 2016년에 개정된 현행 프랑스민법도 같은 취지의 규정을 두고 있다(C.c. Art. 1347-6(1)).[118] 그러나 독일민법은 프랑스민법과는 달리, 주채무자가 상계권을 가지는 동안 보증인에게 이행거절권을 부여하는데 그치고 있다(BGB §770Ⅱ).[119]

---

115) 同旨: 김증한/김학동, 260 참조.

116) 현승종, 271 참조.

117) 개정 전 프랑스민법 제1294조: (1) 보증인은 주채무자의 채권에 의한 상계로써 채권자에게 대항할 수 있다. (2) 그러나 주채무자는 보증인의 채권에 의한 상계로써 채권자에게 대항할 수 없다. (3) 연대채무자도 다른 공동채무자의 채권에 의한 상계로써 채권자에게 대항할 수 없다.

118) 프랑스민법 제1347-6조: (1) 보증인은 채권자와 주채무자 사이에 발생한 상계로써 채권자에게 항변할 수 있다. (2) 연대채무자는 채권자와 다른 연대채무자의 1인 사이에 발생한 상계를 채무총액에서 상계를 한 연대채무자의 부담부분만큼 감액하기 위하여 이용할 수 있다.

119) 독일민법 제770조(취소 및 상계의 항변권) (1) 보증인은 주채무자가 그 채무를 발생시킨 법률행위를 취소할 수 있는 권리를 가지는 동안에는 채권자에 대하여 채권자의 만족을 거절할 수 있다. (2) 채권자가 이행기가 도래한 주채무자의 채권으로 상계함으로써 채권의 만족을 얻을 수 있는 동안에는 보증인에게도 동일한 권리가 있다.

이와 관련하여, 판례는 ① '채권자가 주채무자에 대하여 상계적상에 있는 자동채권을 상계처리하지 않았다는 이유로 보증인이 보증채무의 이행을 거부할 수 없다'고 한다(대법원 1987.5.12.선고, 86다카1340 판결 등). 다만, ② '실질적으로 보증의 성격을 가지는 이행보증보험에 대해서도 제434조가 적용되므로, 보험자(보증인에 해당)는 보험계약자(주채무자에 해당)의 반대채권에 의한 상계로 피보험자(채권자에 해당)에게 대항할 수 있다'고 한다(대법원 2002.10.25.선고, 2000다16251 판결). 그러나 ③ '공사도급계약을 해지하면서 그동안의 기성고액을 수급인이 모두 수령한 것으로 하고, 그 대신 도급인이 수급인의 하수급인들에 대한 채무를 직접 지급하기로 정산합의를 함으로써 수급인의 도급인에 대한 기성금청구채권이 소멸하여 수급인의 보증인이 제434조에 따른 주채무자의 채권에 기한 상계권을 행사하지 못하게 된 경우에는, 비록 상계가 담보적 기능을 가지고 있다 할지라도 그것만으로 위와 같은 결과를 신의칙에 반하는 것으로 볼 수는 없다'고 한다(대법원 2001.10.26.선고, 2000다61435 판결).[120)]

▪ 채권자가 주채무자에 대하여 상계적상에 있는 자동채권을 상계처리하지 아니하였다 하여, 이를 이유로 보증인이 보증채무의 이행을 거부할 수 있는지 여부(소극) 상계는 단독행위로서 상계를 하는 여부는 채권자의 의사에 따르는 것이고, 상계적상에 있는 자동채권이 있다하여 반드시 상계를 하여야 할 것은 아니므로, 채권자가 주채무자에 대하여 상계적상에 있는 자동채권을 상계 처리하지 아니하였다 하여 이를 이유로 보증채무자가 신용보증한 채무의 이행을 거부할 수 없으며, 나아가 보증채무자의 책임이 면책되는 것도 아니다. (대법원 1987.5.12.선고, 86다카1340 판결)[121)]

▪ 이행보증보험의 법적 성질 및 이행보증보험에 있어 보험자가 제434조를 준용하여 보험계약자의 반대채권에 의한 상계로 피보험자에게 대항할 수 있는지 여부(적극) 이행보증보험은 보험계약자인 채무자의 주계약상 채무불이행으로 인하여 피보험자인 채권자가 입게 되는 손해의 전보를 보험자가 인수하는 것을 내용으로 하는 손해보험으로서, 실질적으로는 보증의 성격을 가지고 보증계약과 같은 효과를 목적으로 하는 점에서 보험자와 채무자 사이에는 민법상의 보증에 관한 규정이 준용되므로, 이행보증보험의 보험자는 제434조를 준용하여 보험계약자의 채권에 의한 상계로 피보험자에게 대항할 수 있고, 그 상계로 피보험자의 보험계약자에 대한 채권이 소멸되는 만큼 보험자의 피보험자에 대한 보험금 지급채무도 소멸된다. (대법원 2002.10.25.선고, 2000다16251 판결)[122)]

(라) 주채무자의 취소권 등과 보증인의 이행거절권

'주채무를 발생시킨 계약이 취소되거나 해제 또는 해지될 가능성이 있는 경우, 보증인은 그 채무의 이행을 거절할 수 있는지'의 여부가 문제되는데, 이에 대한 명문규정이 없었던 구의용민법하에서는 견해가 대립하고 있었다. 그러나 주채무를 발생시킨 법률행위가 취소되거나 해제 또는 해지된 경우에는 주채무는 물론 종된 채무인 보증채무도 소급적으로 또는 장래

120) 판례평석: 이주현, 대법원판례해설 38호(법원도서관, 2002/6), 502.
121) 같은 취지: 대법원 2018.9.13.선고, 2015다209347 판결.
122) 판례평석: 김영천, "이행보증보험에 있어 보험자가 민법 제434조를 준용하여 보험계약자의 채권에 의한 상계로 피보험자에게 대항할 수 있는지 여부" 대법원판례해설 42호(법원도서관, 2003/7), 907 이하.

에 향하여 소멸하게 되므로(141조, 548조, 550조), 주채무가 취소 또는 해제·해지될지도 모르는 상황에서 보증인에게 무조건 채무를 이행시키는 것은 형평에 어긋날 뿐만 아니라 보증인에게 가혹한 결과가 될 수 있다(만약 보증인이 변제한 후에 주채무자가 취소권 등을 행사하는 경우에는 보증인은 이행한 급부를 부당이득으로 반환받아야 하는데, 채권자가 무자력으로 되어 이를 반환받지 못할 우려가 있다). 이러한 이유로 현행민법은 독일민법 제770조 제1항[123]의 규정을 본받아, '주채무자가 계약의 취소권이나 해제·해지권을 가지고 있는 동안에는 보증인이 그 채무의 이행을 거절할 수 있다'는 내용의 제435조를 신설함으로써 이 문제를 해결하였다. 또한 상법에도 회사채무에 대하여 무한책임을 부담하는 합명회사 사원의 책임에 대하여 동일한 취지의 규정이 두어져 있다(동법 214조 2항).[124] 다만, 보증인은 주채무자가 법률행위의 취소권 또는 해제·해지권을 가지고 있어서 주채무의 존부가 불확정한 동안에는 보증채무의 이행을 거절할 수 있는 항변권을 행사할 수 있을 뿐이며, 이른바 「당사자권」인 주채무자의 취소·해제·해지권을 직접 행사할 수는 없다.[125] 이들 권리는 오로지 법률행위의 당사자만이 행사할 수 있는 권리일 뿐만 아니라, 보증인이 직접 취소권 또는 해제·해제권을 행사할 수 있도록 하는 것은 보증채무의 부종성에도 반하기 때문이다.

3) 최고(催告)·검색(檢索)의 항변권

채권자는 주채무자보다 먼저 보증인에게 채무 이행을 청구할 수 있으나, 이 경우 보증인은 주채무자의 변제자력이 있는 사실 및 그 집행이 용이할 것을 증명하여 먼저 주채무자에게 청구할 것과 그 재산에 대하여 집행할 것을 항변함으로써 이행을 거절할 수 있는데(437조 본문), 이를 보증인의 「최고·검색의 항변권」이라고 한다. 다만, 주채무자와 연대하여 채무를 부담하는 연대보증인에게는 최고·검색의 항변권이 부여되지 아니한다(동조 단서).

우리 민법처럼 보증인에게 「검색의 항변권」 이외에 「최고의 항변권」까지 인정하는 입법례는 매우 드물다. 예컨대, 독일민법(BGB §771)[126]과 프랑스민법(C.c. Art. 2298)[127]은 「검색의 항변권」만을 인정하고 있으며, 나아가 스위스채무법은 '채권자는 주채무자에 대한 강제집행이

---

123) 전게 주 119 참조.

124) 상법 제214조(사원의 항변) ① 사원이 회사채무에 관하여 변제의 청구를 받은 때에는 회사가 주장할 수 있는 항변으로 그 채권자에게 대항할 수 있다. ② 회사가 그 채권자에 대하여 상계, 취소 또는 해제할 권리가 있는 경우에는 사원은 전항의 청구에 대하여 변제를 거부할 수 있다.

125) 同旨: 곽윤직, 189; 김증한/김학동, 261; 현승종, 272 참조.

126) 독일민법 제771조(선소의 항변) 보증인은 채권자가 주채무자에 대하여 강제집행을 시도하였으나 실패로 끝날 때까지는 채권자의 만족을 거절할 수 있다(선소의 항변). 보증인이 선소의 항변을 한 경우, 채권자의 보증인에 대한 청구권의 소멸시효는 채권자가 주채무자에 대하여 강제집행을 시도하였으나 실패로 끝날 때까지 정지된다.

127) 프랑스민법 제2298조 : 보증인은 그가 주채무자의 재산에 대한 검색의 이익을 포기하였거나 또는 그 스스로 채무자와 연대하여 채무를 부담한 경우가 아닌 한(이 경우 보증인의 의무의 효과는 연대채무를 위하여 정해진 원칙에 따라서 규율된다), 먼저 그의 재산에 대한 검색이 선행되어야 하는 주채무자의 지급이 없는 경우에 한하여 채권자에 대하여 변제할 의무를 부담한다.

곤란하거나 불가능한 경우에 한하여 보증인에게 이행을 청구할 수 있다'고 규정하고 있다(OR Art. 495).[128] 다만, 오스트리아민법(ABGB §1355)[129]은 「검색의 항변권」을 인정하지 않는 대신 채권자가 주채무자에 대하여 이행의 최고를 할 것을 보증인에 대한 이행청구의 요건으로 규정하고 있다.[130]

(가) 최고(催告)의 항변권

「최고의 항변권」이라 함은 '채권자가 주채무자에게 이행을 청구하지 않은 상태에서 보증인에게 채무의 이행을 청구한 경우, 먼저 주채무자에게 청구할 것을 항변할 수 있는 보증인의 항변권'을 말한다(437조). 이는 채권자의 권리를 부인하는 것이 아니라, 채권자의 권리의 존재를 승인하면서 일시적으로 채권자의 권리행사를 연기시킬 수 있는 연기적 항변권에 지나지 않는다. 이와 같이 우리 민법이 「최고의 항변권」을 「검색의 항변권」과 나란히 독립적인 항변권으로 규정한 것에 대해서는 입법론상 비판이 제기되고 있다.[131] 그 이유는, ① 일본민법과 우리 민법 이외에는 검색의 항변권 이외에 별도로 최고의 항변권을 보증인에게 인정하는 입법례는 찾을 수 없으며, ② 일본민법의 경우, 주채무자의 변제자력과 집행용이성의 증명은 검색의 항변권의 행사요건으로서만 규정하고 있으나(동법 452조, 453조),[132] 우리 민법은 최고의 항변권의 경우에도 주채무자의 변제자력과 집행의 용이함을 증명할 것을 요구함으로써 일본민법처럼 간단히 최고의 항변권을 행사할 수 있는 장점조차 없고, ③ 「최고의 항변권」은 채권자가 주채무자에 대한 이행청구와 동시에 보증인에 대한 이행청구를 한 경우에는 행사할 수 없으며, 최고의 항변권이 행사되면 채권자는 주채무자에게 최고하여야 하는데, 채권자의 주채무자에 대한 최고는 재판외에서도 행사할 수 있고 또 그 효과 없음을 증명할 필요가 없으므로, 보증인보호의 실효성이 적은 반면에 소송을 복잡하게 만드는 폐단이 있기 때문이다.

---

128) 스위스채무법 제495조 : (1) 채권자는 보증의 성립 후 주채무자가 파산하거나 지급의 유예를 받았거나 채권자에 의하여 필요한 주의를 다하여 확정적 집행무위증명서의 발급청구를 받았거나 주소를 외국에 이전하고 스위스 내에서는 제소될 수 없는 경우, 또는 주채무자의 주소를 외국에 이전함으로 말미암아 소구가 곤란하게 된 경우에 한하여 단순보증인에게 지급을 청구할 수 있다. (2) 보증된 채권에 관하여 담보권이 존재하는 경우에는, 주채무자가 파산하거나 지급유예를 받지 아니한 한 단순보증인은 채권자에 대하여 먼저 담보에 의하여 지급받을 것을 청구할 수 있다.

129) 오스트리아민법 제1355조 : 보증인은 통상 주채무자가 그의 채무를 이행하지 않았다는 재판상 또는 재판외의 최고가 채권자에 의하여 행하여진 후에야 비로소 이행을 청구당할 수 있다.

130) 김상용, 347 참조.

131) 곽윤직, 191; 현승종, 273 참조.

132) 일본민법 제452조(최고의 항변) 채권자가 보증인에게 채무의 이행을 청구한 때에는, 보증인은 먼저 주된 채무자에게 최고할 것을 청구할 수 있다. 다만, 주된 채무자가 파산절차개시의 결정을 받은 때, 또는 그 행방을 알 수 없는 때에는 그러하지 아니하다.

일본민법 제453조(검색의 항변) 채권자가 전조의 규정에 따라 채무자에게 최고를 한 후에도 보증인이 주된 채무자에게 변제의 자력이 있고, 또한 집행이 용이하다는 것을 증명한 때에는, 채권자는 먼저 채무자의 재산에 대하여 집행을 하여야 한다.

(A) 최고의 항변권의 행사요건 최고의 항변권을 행사하기 위해서는 보증인은 주채무자가 변제자력이 있다는 사실 및 그 집행이 용이함을 증명하여야 한다(대법원 1968.9.24.선고, 68다1271 판결). 구 의용민법은 검색의 항변권에 대하여서만 이 요건을 요구하였으나, 현행민법은 최고의 항변권의 경우에도 보증인이 주채무자의 변제자력이 있음과 강제집행의 용이성을 입증하여야 하는 것으로 개정한 것인데, 이는 입법론상 매우 잘못된 것임은 전술한 바와 같다.

우선 보증인은 '주채무자에게 변제자력이 있다'는 사실을 증명하여야 하는데, 여기서 「변제자력이 있다」는 것은 '채무 전액을 변제할 자력을 의미하는 것이 아니라, 거래관념상 상당하다고 인정되는 정도의 액을 변제할 수 있음'을 의미한다. 또한 보증인은 '주채무자의 재산에 대한 강제집행이 용이하다'는 사실을 증명하여야 하는데, 여기서 「강제집행이 용이하다」는 것은 '주채무자의 재산에 대한 강제집행이 가능할 뿐만 아니라 강제집행을 위하여 많은 시간과 비용을 요하지 아니하고 용이하게 그 채권을 실행할 수 있다는 것'을 말한다.

이에 관하여, '채권자의 주소지에 있는 채무자의 동산이나 유가증권 등은 집행이 용이하며, 부동산이나 원격지에 있는 동산은 집행이 용이하지 않다'는 것이 일반적인 견해이나, 집행의 용이성은 구체적으로 각 경우에 따라 판단하는 수밖에 없을 것이다. 또한 보증인이 연대보증인이거나 또는 보증인이 최고의 항변권을 포기한 때에는 최고의 항변권을 행사할 수 없으며, 주채무자가 파산선고를 받거나 주채무자의 행방이 불명인 때에는 주채무자의 변제자력이 없거나 집행이 곤란한 경우에 해당하므로, 최고의 항변권은 인정되지 않는다고 할 것이다.[133]

판례는 '단순히 주채무자에게 얼마간의 재산이 있다는 사실을 증명하는 것만으로는 집행이 용이하다는 증명이 되었다고 할 수 없다'고 하며(대법원 1962.1.11.선고, 61다387 판결 등),[134] '원격지에 소재한 주채무자의 부동산과 광업권은 집행이 용이한 재산이라고 볼 수 없다'고 한다(대법원 1962.9.27.선고, 62다367 판결).

(B) 최고의 항변권 행사의 효과 보증인이 위와 같은 요건을 갖추어 최고의 항변권을 행사한 때에는 채권자는 주채무자에 대하여 이행의 청구를 하지 않는 한 다시 보증인에 대하여 이행을 청구하지 못한다(437조 본문). 또한 보증인이 최고의 항변권을 유효하게 행사하였음에도 불구하고 채권자가 주채무자에게 최고하는 것을 해태함으로써 주채무자로부터 채무 전부나 일부의 변제를 받지 못한 경우에는, 채권자가 태만하지 아니하였으면 주채무자로부터 변제받았을 한도에서 보증인은 그 의무를 면한다(438조). 보증인이 의무를 면하기 위해서는 채권자가 주채무자에 대하여 이행청구를 태만히 한 것과 변제받지 못한 결과 사이에 인과관계가 있어야 할

133) 同旨: 현승종, 275 참조.
134) 같은 취지: 대법원 1962.1.31.선고, 4294민상476 판결.

것이다. 다만, 주채무자에게 대한 채권자의 최고는 보증인에 대한 이행청구가 있기 전에 미리 하였거나 보증인에 대한 이행청구와 동시에 하더라도 유효하다고 할 것이므로, 채권자가 미리 또는 동시에 채권자에게 이행청구를 한 경우에는 보증인의 최고의 항변권은 소멸한다(대법원 1962.1.11.선고, 4294민상387 판결). 또한 채권자의 이행청구는 재판상으로는 물론 재판외의 방법으로도 할 수 있으므로, 최고의 항변권은 그 행사요건은 엄격한 반면에 그 효과는 미약하여 보증인보호의 실효성이 적은 제도에 불과하다는 점은 전술한 바와 같다.

(나) 검색(檢索)의 항변권

「검색의 항변권」(bénéfice de discussion)이라 함은 '주채무자에게 변제자력이 있다는 사실 및 그 집행이 용이하다는 사실을 증명하여 먼저 주채무자의 재산에 대하여 집행할 것을 청구할 수 있는 보증인의 항변권'을 말한다(437조). 이는 보증채무의 보충성에 기하여 인정되는 권리로서, 채권자의 권리를 부인하는 것이 아니라 일시적인 이행거설을 내용으로 하는 「연기적 항변권」이다. 독일민법에서는 이를 「선소(先訴)의 항변권」(Einrede der Vorausklage)이라고 부른다(BGB §771).[135)]

「검색의 항변권」은 로마법의 「검색의 이익」(beneficium excussionis)[136)]이라는 제도가 근대민법에 계수된 것이다. 그러나 우리 민법은 다른 대륙법계의 입법례와는 달리, 구 의용민법의 입법주의를 계승하여 검색의 항변권과 나란히 「최고의 항변권」도 인정하고 있는데, 이에 대해서는 '최고의 항변권은 별 실효성이 없으므로 이를 삭제하고, 검색의 항변권만을 인정하는 것이 타당하다'는 입법론상의 비판이 있음은 전술한 바와 같다.[137)]

(A) 검색의 항변권의 행사요건 채권자가 보증인의 최고의 항변에 응하여 주채무자에게 최고한 후 다시 보증인에게 이행을 청구한 경우, 보증인은 다시 검색의 항변권을 행사하여 이행을 거절할 수 있다. 그러나 검색의 항변권은 최고의 항변권과는 별개·독립한 권리이므로, 보증인이 최고의 항변권을 행사하지 않고 곧바로 검색의 항변권을 행사하여도 무방하다. 보증인이 검색의 항변권을 행사하기 위해서는 주채무자에게 변제의 자력이 있다는 사실 및 그 집행이 용이하다는 것을 증명하여야 한다. 여기서 '주채무자의 변제자력이 있다'는 사실과 '집행이 용이하다'는 사실의 의미는 「최고의 항변권」에서 설명한 내용과 같다.

(B) 검색의 항변권 행사의 효과 보증인이 검색의 항변권을 행사한 경우, 채권자는 먼저 주채무자의 재산에 대하여 집행하여야 하며, 주채무자의 재산에 대하여 먼저 강제집행하지 않고 보증인에 대하여 이행을 청구하는 것은 허용되지 않는다. 채권자가 주채무자의 재산에 대하여 먼저 집행하였으나 채무 전액의 변제를 받지 못한 경우에는 그 잔액에 대하여 다시 보

135) 전게 주 126 참조.
136) 현승종(로마법), 191 참조.
137) 현승종, 276 참조.

증인에게 청구할 수 있음은 물론이다. 이 경우에 보증인은 주채무자의 재산상태가 양호해졌다는 이유를 들어 다시 검색의 항변권을 행사할 수 없다고 할 것이다.[138] 또한 보증인이 검색의 항변권을 행사하였음에도 불구하고 채권자의 해태로 인하여 주채무자로부터 채무의 전부 또는 일부를 변제받지 못한 경우에는, 채권자가 해태하지 아니하였으면 변제받았을 한도에서 보증인은 그 의무를 면하며(438조), '보증인이 검색의 항변권을 포기하거나 주채무자와 연대하여 보증을 한 경우(연대보증인인 경우)에는 제438조가 적용되지 않는다'는 것은 최고의 항변권에서 설명한 바와 같다(대법원 1979.8.31.선고, 79다651 판결).

(3) 주채무자에 관하여 생긴 사항의 효력

보증채무는 주채무에 대한 종된 채무이므로(부종성), 주채무자에 관하여 발생한 사항은 보증인에 대해서도 그 영향을 미치는 것이 원칙이다. 즉, 주채무자에 관하여 생긴 사항은 절대적 효력이 있는 것이 원칙이다(이를 「절대적 효력의 원칙」이라고 한다).

1) 원칙 : 절대적 효력

(가) 주채무의 소멸

채권자에게 만족을 주었는지의 여부를 불문하고 주채무가 변제·대물변제·공탁·상계·경개·면제·소멸시효 기타 어떠한 사유에 의하였든지 소멸한 경우에는 보증채무도 그에 따라서 소멸한다. 보증채무는 주채무에 대하여 종된 채무이기 때문이다. 판례에 따르면, '물상보증인이 근저당권의 채권최고액을 한도로 하여 주채무자의 채무를 연대보증하였는데 그 후 주채무자가 채무를 변제하여 근저당권설정등기가 말소되었다면, 연대보증계약은 채무의 소멸로서 당연히 실효되므로 연대보증인은 그 후의 새롭게 발생한 채무에 대하여 보증책임이 없다'고 한다(대법원 1975.2.10.선고, 74다1691 판결). 그러나 '주채무가 소멸한 것이 아니라 단지 그 책임이 한정되었을 뿐인 경우에는 보증채무의 효력에 영향을 미치지 않는다'는 것은 전술한 바와 같다. 즉, ① 주채무자가 사망하여 상속인이 한정승인을 한 경우(1028조), ② 주채무자인 법인이 해산된 경우(88조 2항, 92조), ③ 주채무자가 파산절차에서 면책된 경우(채무자회생법 566조, 567조), ④ 회사정리계획에 의하여 정리채권의 액수나 변제기가 변경된 경우 등 주채무자의 책임이 한정된 경우에는 보증채무의 효력에는 영향이 없다(대법원 1988.2.23.선고, 87다카2055 판결).

(나) 주채무자에 대한 시효중단

민법은 제440조에서, "주채무자에 대한 시효중단은 보증인에 대하여서도 그 효력이 있다"고 규정하고 있다. 이는 개정 전 프랑스민법 제2250조(현행 프랑스민법 제2246조)[139]에서 유래

---

138) 同旨: 상게서, 277 참조.

139) 프랑스민법 제2246조: 주채무자에 대한 이행청구 또는 주채무자에 의한 채무승인은 보증인에 대한 시효를 중단시킨다.

된 제도로서, 보증채무의 부종성에 기인하는 것은 아니고, 주채무가 시효로 소멸하기 전에 보증채무가 먼저 시효로 소멸하는 일이 없도록 하여 채권의 담보를 확보시키기 위한 고려에서 두어진 규정이다(대법원 1986.11.25.선고, 86다카1569 판결).

이와 같이 보증인에 대해서도 효력이 있는 주채무자에 대한 시효중단의 사유는 이행청구에 의한 경우뿐만 아니라, 주채무자의 승인 등 기타 모든 사유를 포함한다. 이 점에서 이행청구에 의한 시효중단에 대해서만 절대적 효력이 인정되는 연대채무의 경우(416조)와 차이가 있다. 채권자가 주채무자에 대하여 재판상의 청구를 하면 그 채권에 대한 소멸시효의 진행은 중단되며(168조 1호), 중단된 소멸시효는 그 재판이 확정된 때부터 새로 진행되는데(178조 2항), 판결에 의하여 확정된 채권은 원래 상사시효 등 단기의 소멸시효에 해당한 것이라도 10년으로 연장된다(165조 1항). 다만, '제440조의 규정에도 불구하고 재판의 확정에 의한 시효기간 연장의 효력은 보증채무에는 미치지 아니한다'는 것이 판례의 입장인데(대법원 1986.11.25.선고, 86다카1569 판결 등), 이에 대해서는 비판적 견해가 많다.140)

■ **제440조의 규정취지 및 주채무에 관한 판결이 확정되어 소멸시효가 10년으로 된 경우, 보증채무의 소멸시효기간** [1] 보증채무가 주채무에 부종한다 할지라도 보증채무는 주채무와는 별개의 독립된 채무의 성질이 있고, 민법 제440조가 '주채무자에 대한 시효의 중단은 보증인에 대하여 그 효력이 있다'고 규정하고 있으나, 이는 보증채무의 부종성에 기한 것이라기보다는 채권자보호 내지 채권담보의 확보를 위한 특별규정으로서, 이 규정은 주채무자에 대한 시효중단의 사유가 발생하였을 때는 그 보증인에 대한 별도의 중단조치가 이루어지지 아니하여도 동시에 시효중단의 효력이 생기도록 한 것에 불과하고, 중단된 이후의 시효기간까지가 당연히 보증인에게도 그 효력을 미치는 것은 아니다. [2] 민법 제165조가 판결에 의하여 확정된 채권, 판결과 동일한 효력이 있는 것에 의하여 확정된 채권은 단기의 소멸시효에 해당한 것이라도 그 소멸시효는 10년으로 한다고 규정하는 것은 당해 판결 등의 당사자 사이에 한하여 발생하는 효력에 관한 것이고, 채권자와 주채무자 사이의 판결 등에 의해 채권이 확정되어 그 소멸시효가 10년으로 되었다 할지라도, 위 당사자 이외의 채권자와 연대보증인 사이에 있어서는 위 확정판결 등은 그 시효기간에 대하여는 아무런 영향도 없고, 채권자의 연대보증인의 연대보증채권의 소멸시효기간은 여전히 종전의 소멸시효기간에 따른다. (대법원 1986.11.25.선고, 86다카1569 판결)141)

채무자회생법은 '채권자가 회생절차에 참가하는 것은 시효중단의 효력이 있으며(동법 32조), 회생계획은 회생채권자 또는 회생담보권자가 회생절차가 개시된 채무자의 보증인에 대하여 가지는 권리에 영향을 미치지 아니한다'고 규정하고 있는데(동법 250조 2항), '이러한 채무자

140) 양창수, "주채무자에 대한 판결의 확정과 보증채무의 소멸시효기간", 민법연구 2권(박영사, 1991/9), 158 참조.

141) 판례평석: 양창수, 상게논문, 151 이하; 박인호, "주채무자에 대한 판결 등이 확정된 경우 보증채무의 소멸시효기간", 대법원판례해설 6호(법원행정처, 1987/7), 27 이하; 이공현, "확정판결에 의한 주채무의 소멸시효기간의 연장과 보증채무의 시효기간", 민사판례연구(10)(민사판례연구회, 1988/3), 36 이하; 전경운, "주채무에 대한 판결의 확정과 보증채무의 소멸시효기간", 「로스쿨계약법」(청림출판, 2006/3), 403 이하. 같은 취지: 대법원 2006. 8.24.선고, 2004다26287·26294 판결.

회생법의 규정이 민법 제440조를 배제하는지'의 여부가 문제된다.

이에 대하여, 판례는 '채무자회생법에 위와 같은 규정이 있다 하여 민법 제440조의 적용이 배제되는 것은 아니며, 회생채권자 또는 회생담보권자의 회생절차에의 참가로 인하여 주채무자에 대한 소멸시효는 중단되지만, 보증인에 대한 시효중단의 효력은 회생절차에의 참가로 인하여 발생하는 것이 아니라 민법 제440조의 규정에 의하여 발생한다'고 한다(대법원 1994.1.14.선고, 93다47431 판결). 그러므로 '주채무에 관하여 채무를 면제하는 내용의 회생계획인가의 결정이 있는 경우에는, 인가결정의 확정에 의하여 주채무가 확정적으로 소멸하고, 그 시점에서 채권자의 회생절차에서의 권리행사는 종료하는 것이므로, 이에 따라 중단된 보증채무의 소멸시효는 그 인가결정 확정시부터 다시 진행한다'고 한다(대법원 1995.5.26.선고, 94다13893 판결 등).[142] 다만, '회생계획에도 불구하고 주채무가 잔존하고 있는 경우에는, 회생절차 참가에 의한 시효중단의 효력이 그대로 유지되어 그 회생절차의 폐지결정 또는 종결결정이 확정되어 회생절차에 있어서의 권리행사가 종료되면 그 시점부터 중단되어 있던 보증채무의 소멸시효가 다시 진행하고(대법원 1988.2.23.선고, 87다카2055 판결),[143] 그 이후에도 보증채무가 소멸하기 전에 주채무에 대한 시효중단의 사유가 발생한 때에는 보증채무에 대하여도 그 시효중단의 효력이 미친다'고 한다(대법원 2007.5.31.선고, 2007다11231 판결 등).[144]

(다) 주채무자에 대한 채권의 양도

전술한 바와 같이, 판례는 '주채무자에 대한 채권이 양도되면 보증인에 대한 채권은 이에 따라 채권의 양수인에게 이전되며(보증채무의 수반성), 양수인이 채권양도를 보증인에게 대항하기 위해서는 주채무자에 대한 대항요건을 갖추면 충분하며, 보증인에 대하여 별도로 대항요건을 갖출 필요는 없다'는 입장을 취하고 있다(대법원 2002.9.10.선고, 2002다21509 판결 등). 그러나 보증채무가 주채무에 대한 관계에서 부종성·수반성을 가진다는 것과, '보증채권(보증인에 대한 권리)이 양수인에게 이전되기 위하여 채권양도의 대항요건이 별도로 필요한지'의 여부는 문제는 이론상 별개이며, '채권양도와 별도로 보증인에 대한 대항요건을 갖출 필요는 없다'고

---

142) 판례평석: 김재형, "회사정리절차가 보증채무의 소멸시효에 미치는 영향" 민법론 I (박영사, 2004/9), 62 이하; 이건호, "회사정리계획에서 감면된 채권의 소멸시효", 판례연구 9집(서울지방변호사회, 1996/1), 264 이하; 강영호, "회사정리절차에 있어서 주채무에 관하여 채무를 면제하는 내용의 정리계획인가의 결정이 있는 경우에 시효중단되어 있던 보증채무의 소멸시효 재진행시기", 대법원판례해설 23호(법원도서관, 1995/12), 325 이하. 같은 취지: 대법원 2007.5.31.선고, 2007다11231 판결.

143) 판례평석: 강위두, "정리회사의 보증인에 대하여 중단된 시효의 재진행시기", 상사판례연구 3집(상사판례연구회, 1989/11), 187 이하; 권남혁, "회사정리절차와 보증채무의 소멸시효", 법조 37권 12호(법조협회, 1988/12), 113 이하. 같은 취지: 대법원 1990.6.26.선고, 88다카4499 판결; 대법원 1994.3.8.선고, 93다49567 판결; 대법원 2007.5.31.선고, 2007다11231 판결.

144) 판례평석: 임치용, "정리절차와 보증채무에 대한 소멸시효 재진행" 법률신문 제3735호(법률신문사, 2009/4), 14. 같은 취지: 대법원 1988.2.23.선고, 87다카2055 판결.

해석하는 경우에는 양도인(구 채권자)에게 변제한 보증인이 이중으로 변제하여야 하는 등 불측의 피해를 입게 될 가능성이 크기 때문에, 이러한 판례의 입장에 찬성하기 어렵다는 점은 보증채무의 법적 성질(수반성)을 설명하면서 전술한 바와 같다. 또한 채무자가 누구인가 하는 것은 보증인에게 대단히 중요한 요소이기 때문에, '주채무에 대한 면책적 채무인수가 있는 경우에는 보증인의 승낙이 없는 한, 보증채무는 인수인을 위하여 존속하는 것이 아니라 소멸한다'고 해석하여야 할 것이라는 점도 전술한 바와 같다.

2) 예외 : 절대적 효력이 인정되지 않는 경우

'주채무에 관하여 상속인의 한정상속이 행해지거나, 주채무자인 회사 기타 법인이 해산하거나, 주채무가 파산절차·회생절차에서 면책된 경우와 같이, 주채무가 소멸하는 경우가 아니라 책임이 한정되었을 뿐인 경우에는 보증인의 채무에는 영향이 없다'는 점은 전술한 바와 같다. 또한 주채무자가 소멸시효의 이익을 포기한 경우에도 보증인에게는 그 효력이 미치지 않으며(433조 2항), 반대로 '보증계약 성립 후 주채무자와 채권자와의 계약으로 주채무의 내용이 확장 내지 가중된 경우에도 보증채무의 내용은 이에 응하여 확장 내지 가중되지 않는다'는 것이 판례의 입장이다(대법원 2000.1.21.선고, 97다1013 판결 등).

■ **보증계약 성립 후 보증인의 동의 없이 주채무의 목적이나 형태가 변경된 경우, 보증채무의 범위**

보증계약이 성립한 후에 보증인이 알지도 못하는 사이에 주채무의 목적이나 형태가 변경되었다면, 그 변경으로 인하여 주채무의 실질적 동일성이 상실된 경우에는 당초의 주채무는 경개로 인하여 소멸하였다고 보아야 할 것이므로 보증채무도 당연히 소멸하고, 그 변경으로 인하여 주채무의 실질적 동일성이 상실되지 아니하고 동시에 주채무의 부담 내용이 축소·감경된 경우에는 보증인은 그와 같이 축소·감경된 주채무의 내용에 따라 보증책임을 질 것이지만, 그 변경으로 인하여 주채무의 실질적 동일성이 상실되지는 아니하고 주채무의 부담 내용이 확장·가중된 경우에는 보증인은 그와 같이 확장·가중된 주채무의 내용에 따른 보증책임은 지지 아니하고, 다만 변경되기 전의 주채무의 내용에 따른 보증책임만을 진다. (대법원 2000.1.21.선고, 97다1013 판결)[145]

이와 관련하여, 판례는 '채권자가 보증인에 대하여 보증채무의 이행을 청구한 경우에는 과실상계의 법리는 적용될 여지가 없다'는 입장을 취하고 있다(대법원 1996.2.23.선고, 95다49141 판결 등).[146] 이는 '과실상계는 채무불이행 내지 불법행위로 인한 손해배상책임에 대해 인정되는 것이고, 본래의 급부의 이행을 구하는 경우에 적용될 것이 아니'라는 기존판례의 입장(대법원 1996.5.10.선고, 96다8468 판결 등)을 보증채무에 적용한 것으로서, '보증채무는 주채무와 동일한 내용의 채무이므로 채권자가 보증인을 상대로 보증채무의 이행을 청구하는 것은 채무자를 상대로 채무불이행으로 인한 손해배상을 청구하는 것과는 그 내용이 전혀 다르다'는 논리에 입각

145) 같은 취지: 대법원 2001.3.23.선고, 2001다628 판결.
146) 같은 취지: 대법원 1987.3.24.선고, 84다카1324 판결.

한 것으로 보이나, 이는 형식논리에 불과하다. 예컨대, 주채무가 이행불능이 되어 채무자에게 전보배상을 청구할 수밖에 없는 경우에는, 보증인에 대한 이행청구도 전보배상의 청구가 될 수밖에 없다고 할 것인데, 판례의 입장처럼 보증채무의 이행청구에 대해서는 과실상계의 법리가 적용될 수 없다면, 보증인의 책임이 주채무자의 책임보다 무겁게 되어 보증채무의 부종성에 반하는 결과가 될 것이기 때문이다.

(4) 보증인에 관하여 생긴 사항의 효력

보증인에 의한 변제·대물변제·공탁·상계와 같이, 채권자를 만족케 하는 사유는 주채무자에 대해서도 효력이 발생하여 주채무를 소멸케 함은 물론이다(절대적 효력). 그러나 그 밖에 채권자와 보증인 사이에서 발생한 사유는 주채무자에게는 영향을 미치지 않는 것이 원칙이다(상대적 효력의 원칙). 예컨대, 보증인에 대한 채권자의 이행청구 등의 사유로 인한 시효중단, 채권의 포기(대법원 1994.11.8.선고, 94다37202 판결), 채무면제(대법원 1992.9.25.선고, 91다37553 판결), 혼동 등의 사유는 주채무자에게 영향을 미치지 아니한다.

■ **채권자가 연대보증인에 대하여 채무를 면제한 경우, 그 면제의 효력이 주채무자에 대하여 미치는지 여부**(소극) [1] 연대보증인이라고 할지라도 주채무자에 대하여는 보증인에 불과하고, 연대채무자의 1인에 대한 면제의 절대적 효력을 규정한 제419조의 규정은 주채무자와 보증인 사이에는 적용되지 아니하는 것이니, 채권자가 연대보증인에 대하여 그 채무의 일부 또는 전부를 면제하였다 하더라도 그 면제의 효력은 주채무자에 대하여 미치지 아니한다. [2] 수인의 연대보증인이 있는 경우, 연대보증인들 사이에 연대관계의 특약이 있는 경우가 아니면, 채권자가 연대보증인의 1인에 대하여 채무의 전부 또는 일부를 면제하더라도 다른 연대보증인에 대하여는 그 효력이 미치지 아니한다 할 것이다. (대법원 1992.9.25. 선고, 91다37553 판결)

2. 보증채무의 대내적 효력 : 보증인의 구상권

(1) 구상권(求償權)의 근거 및 법적 성질

일반적으로 「구상권」(Rückgriffsrecht; recours)이라 함은 '원래 타인이 부담하여야 할 출재를 한 자가 그 타인에게 가지는 보상청구권'을 말한다.[147] 보증인이 보증채무를 이행하더라도 이는 보증계약에 기한 자신의 채무를 이행한 것에 불과하지만, 주채무자에 대한 내부적 관계에서는 실질적으로 타인의 채무를 변제한 것이라고 할 수 있다. 그러므로 민법은 보증인이 자기의 출재로 주채무자를 면책케 한 때에는 주채무자에 대하여 구상권을 취득하는 것으로 규정하고 있다(441~448조). 다만, 보증인과 주채무자 사이의 구체적 관계에 따라서 보증인의 구상권의 근거와 법적 성질 및 그 범위가 달라지므로, 이를 일률적으로 말할 수는 없다. 즉, 보증이 주채무자의 부탁으로 이루어진 경우에는 보증인과 주채무자 사이에 위임계약 유사의 계

147) 현승종, 279 참조.

약이 성립하므로, 수탁보증인의 구상권은 수임인의 「위임사무처리에 관한 비용상환청구권」의 일종으로서의 성질을 가지며, 수탁보증인의 구상권에 관한 규정(441~443조)은 수임인의 위임사무처리에 관한 비용상환청구권에 관한 규정(687조, 688조)의 특칙으로서의 성질을 가진다. 이에 반하여, 보증인이 주채무자의 부탁 없이 채권자와 보증계약을 체결하여 보증채무를 부담한 경우에는 보증인과 주채무자 사이에 사무관리(734조)가 성립하므로, 무수탁보증인의 구상권에 관한 규정(444조)은 「사무관리자의 비용상환청구권」에 관한 규정(739조)의 특칙으로서의 성질을 가진다.

(2) 연혁 및 입법례

1) 연 혁

로마법에서는 보증은 「문답계약(問答契約)」(adstipulatio)[148]에 의하여서만 성립할 수 있었는데, 그중 로마시민에게만 적용되었던 「서약(sponsio)에 의한 문답계약」[149]에 의한 보증에 한하여 채권자에게 만족을 준 보증인에게 6개월 이내에 구상권을 위한 변제비의 반환소권(actio depensi)의 행사가 허용되었으며, 그 밖의 경우에는 당연히 구상권이 발생하는 것이 아니라, 보증인과 주채무자의 구체적인 관계에 따라서 구상권의 유무가 결정되었다고 한다.[150] 즉, 보증이 주채무자의 위임에 의한 경우에는 「반대위임소권」에 의하여 구상권을 행사할 수 있었으며, 유스티니아누스제(帝) 이후에는 보증인에게 '채권을 양도하여 줄 것을 채권자에게 청구할 수 있는 권리'인 「소권양도의 이익」(beneficium cedendarum actionum)이 부여되었다고 한다.

2) 입법례

로마법을 계수한 대륙법계 국가 중, 독일민법과 스위스채무법은 보증인의 구상권에 관한 문제를 주채무자와 보증인의 내부적 법률관계에 맡겨 특별한 규정을 두지 않고 단지 채권의 법률상의 양도(변제자대위)에 관한 규정만을 두고 있으나(BGB §774 I,[151] OR Art. 507(1)[152]),

148) 최병조(로마법), 451 참조. 로마법상의 보증채무에 관한 상세는 船田享二, ローマ法 第三巻(岩波書店, 1970), 640 이하 참조.

149) 「서약(誓約)에 의한 문답계약」은 채권자가 보증인에게 "동일한 것을 줄 것을 그대는 서약하는가(idem dari spondesne)?"라고 묻고, 보증인이 "나는 서약한다(spondeo)"라고 답함으로써 성립하였다고 한다(현승종(로마법), 190 참조).

150) 현승종(로마법), 191 참조.

151) 독일민법 제774조(법률규정에 의한 채권의 이전) (1) 보증인이 채권을 만족시킨 한도에서 주채무자에 대한 채권은 보증인에게 이전한다. 그 이전은 채권자의 불이익으로 주장될 수 없다. 주채무자와 보증인 사이에서 발생하는 주채무자의 항변사유는 영향을 받지 아니한다.

152) 스위스채무법 제507조(b. 보증인의 구상권 aa. 원칙) (1) 보증인이 채권자에게 변제한 것과 동일한 범위에서 채권자의 권리는 보증인에게 이전한다. 보증인은 변제기가 도래한 후 즉시 그 권리를 행사할 수 있다.

프랑스민법은 보증인의 구상권에 관하여 상세한 규정을 두고 있다(C.c. Art. 2305~2310).153) 그러므로 보증인의 구상권에 관하여 상세한 규정을 둔 우리 민법의 구상권제도는 프랑스민법에서 유래된 것이라고 할 수 있다.

(3) 수탁보증인의 구상권

'주채무자의 부탁을 받아서 보증인이 된 자'를 「수탁보증인(受託保證人)」이라고 하는데, 주채무자와 수탁보증인 사이의 법률관계에는 특별한 규정이 없는 한 위임계약에 관한 규정이 적용된다. 다만, 보증인의 출재로 주채무자가 면책된 경우의 수탁보증인의 구상권에 관하여는 위임계약에 있어서 수임인의 비용상환청구권에 관한 규정(687조, 688조)의 특별규정이라고 할 수 있는 제441조 이하의 규정이 우선 적용된다.

1) 수탁보증인의 구상권의 성립요건

수탁보증인이 주채무자에 대하여 구상권을 행사하기 위해서는 다음의 요건을 갖추어야 한다(441조).

(가) 보증인이 주채무를 소멸시켰을 것

수탁보증인이 주채무자에 대하여 구상권을 행사하기 위해서는 수탁보증인이 주채무를 소멸시켰어야 한다. 그러나 반드시 주채무의 전부를 소멸시켜야 구상권이 발생하는 것은 아니며, 주채무의 일부만을 소멸시켰더라도 구상권은 발생한다.154) 또한 구상권은 실질적으로는 부당이득반환청구권의 성질을 가지는 것이므로, 그 행사는 이득의 실질적 귀속자인 주채무자에 대하여 행사하여야 한다. 이와 관련하여, 판례는 '영업양도인의 채무를 보증한 보증인이 영업양도인의 채무를 변제한 경우, 연대보증인은 영업양수인에 대하여 구상권을 행사할 수 없다'고 하며(대법원 1989.12.22.선고, 89다카11005 판결), '보증인의 출재에 의하여 실제 차주인 주채무자의 채무가 소멸하였다고 하더라도, 형식상의 주채무자에 불과한 지입회사는 보증인에 대하여 구상의무를 부담하지 않는다'고 한다(대법원 1994.6.10.선고, 94다2701 판결 등). 그러나 '주채무를 발생시킨 계약이 통정허위표시로서 무효임에도 불구하고 주채무자의 기망행위에 의하여 주채무가 있는 것으로 믿고 보증계약을 체결한 후 보증채무까지 이행한 경우, 보증인은 주채무자에 대한 구상권 취득과 관련한 법률상의 이해관계를 가지는 제3자에 해당한다'고 한다(대법원 2000.7.6.선고, 99다51258 판결).

---

153) 프랑스민법 제2305조: (1) 채무를 변제한 보증인은 채무자가 보증사실을 알고 있었는지의 여부와 관계없이 주채무자에 대하여 구상권(recours)을 가진다. (2) 이 구상권은 원본뿐만 아니라 이자와 비용에 대해서도 발생한다; 그럼에도 불구하고 보증인은 자기에게 이행청구의 소가 제기되었음을 주채무자에게 알린 이후에 그가 지출한 비용을 위한 구상권만을 가진다. (3) 보증인은 필요한 경우에는 손해배상을 위한 구상권도 가진다.

154) 현승종, 280 참조.

■ 주채무를 발생시킨 계약이 통정허위표시로서 무효임에도 불구하고 기망행위에 의하여 주채무가 있는 것으로 믿고 보증계약을 체결한 후 보증채무까지 이행한 보증인이 제108조 제2항 소정의 제3자에 해당하는지 여부(적극) 보증인이 주채무자의 기망행위에 의하여 주채무가 있는 것으로 믿고 보증계약을 체결한 다음 그에 따라 보증채무자로서 그 채무까지 이행한 경우, 그 보증인은 주채무자에 대한 구상권 취득에 관하여 법률상의 이해관계를 가지게 되었다고 할 것이고, 이와 같은 구상권 취득에는 보증의 부종성으로 인하여 주채무가 유효하게 존재할 것을 필요로 하므로, 결국 보증인은 주채무자의 채권자에 대한 채무부담행위라는 허위표시에 기초하여 구상권 취득에 관한 법률상 이해관계를 가지게 되었다고 할 것이어서, 보증인은 제108조 제2항의 제3자에 해당한다고 봄이 상당하다. (대법원 2000.7.6.선고, 99다51258 판결)[155]

(나) 보증인의 변제 기타의 출재로 인하여 주채무가 소멸하였을 것

보증인이 주채무자에 대한 구상권을 취득하기 위해서는 변제 기타의 출재로 인하여 주채무를 소멸시켜야 한다(441조). 여기서 「변제 이외의 기타의 출재」라 함은 '대물변제·공탁·상계·경개 등 유상으로 주채무를 소멸시키는 보증인의 모든 면책행위'를 말한다. 따라서 채권자의 채무면제와 같이 보증인의 출재 없이 주채무자의 채무가 소멸한 경우에는 보증인의 구상권은 발생하지 않는다.

(다) 수탁보증인에게 과실이 없을 것

주채무자에 대한 수탁보증인의 구상권이 발생하기 위해서는 변제 기타의 출재로 주채무를 소멸시키는 데 있어서 보증인의 과실이 없었어야 한다(441조). 이와 같이 구상권의 요건으로 수탁보증인의 무과실을 요구하는 이유는, 수탁보증인은 주채무자와의 관계에서 위임계약상의 수임인으로서 선관주의의무를 부담하기 때문이다(681조). 따라서 예컨대, '보증인이 채권자의 특약사항 위반을 이유로 면책을 주장할 수 있었는데도 면책의 주장을 하지 아니한 채 전부를 이행한 경우'라든지, 보증인이 소송수행을 잘못하여 패소하는 바람에 강제집행을 받는 등 선관주의의무를 위반한 경우 등 보증인의 과실이 인정되는 경우에는 구상권을 행사하지 못한다(대법원 1995.6.29.선고, 94다20174 판결 등).[156]

2) 구상권의 범위

수탁보증인의 구상권의 범위에 관하여는 연대채무자의 구상권에 관한 제425조 제2항의 규정이 준용된다(441조 2항). 따라서 보증인의 구상권은 보증인이 주채무자의 면책을 위하여 지출한 출재액, 주채무자가 면책된 날 이후의 법정이자 및 피할 수 없는 비용 기타의 손해배상액을

---

155) 판례평석: 김득환, "민법 제108조 제2항 소정의 '제3자'에 해당하는지 여부에 대한 판단 기준", 대법원 판례해설 35호(법원도서관, 2001/6), 35 이하; 제철웅, "불성립한 보증채무를 이행한 보증인의 보호와 민법 제108조 제2항", 민사법학 21호(한국민사법학회, 2002/3), 266 이하; 윤석찬, "통정허위표시에서 제3자성 인정의 사실적 기준", 「로스쿨민법총칙」(청림출판, 2006/1), 323 이하. 같은 취지: 대법원 2004.5.28.선고, 2003다70041 판결

156) 같은 취지: 대법원 2006.3.10.선고, 2002다1321 판결.

포함한다(425조 2항). 이는 위임계약에 있어서 수임인의 비용상환청구권의 범위(688조)와 대체로 일치한다.

3) 구상권 행사의 시기

(가) 원칙 : 사후구상(事後求償)

주채무자와 수탁보증인 사이에는 위임계약과 유사한 계약관계(이를 「부탁계약」이라고 한다)가 성립한다. 따라서 특별한 규정이 없는 경우에는 위임계약에 관한 규정이 적용되는데, 수탁보증인의 구상권에 관해서는 제441조 이하에 특별규정이 있으므로 위임계약에 있어서의 수임인의 비용선급청구권(687조) 등의 규정은 그 적용이 배제된다. 즉, 수탁보증인은 자기의 출재로 주채무의 전부 또는 일부를 소멸시킨 때에 비로소 구상권을 취득하는 것이 원칙이다(441조). 이를 「사후구상」 또는 「면책행위에 의한 구상」이라고 한다. 이와 같이 수임인과 달리 수탁보증인에게는 원칙적으로 사후구상만이 허용되는 이유는 수탁보증인이 언제나 주채무자를 위하여 면책행위를 한다는 보장이 없기 때문이다.[157] 따라서 보증인이 반드시 면책행위를 하지 않으면 안 되는 사유가 있는 예외적인 경우에는 사전구상이 허용된다.

보증인이 주채무의 변제기가 도래하기 전에 미리 변제한 경우에도 구상권은 발생하지만, 주채무의 변제기가 도래하기 전에는 구상권을 행사할 수 없다. 이를 허용하는 것은 주채무자의 기한의 이익을 침해하는 결과가 되기 때문이다. 다만, 보증인이 주채무자의 승낙을 얻어서 변제기 전에 변제한 경우에는 변제기 전이라도 구상권을 행사할 수 있다. 이와 같이 '사전구상권과 사후구상권은 그 발생원인을 서로 달리하는 별개의 독립된 권리이므로, 그 소멸시효는 각각 그 권리가 발생되어 이를 행사할 수 있는 때부터 각별로 진행되며(대법원 1981.10.6.선고, 80다2699 판결 등),[158] 특히 사후구상권의 소멸시효는 사전구상권이 발생되었는지 여부와는 관계없이 사후구상권이 발생되어 이를 행사할 수 있는 때로부터 진행된다'는 것이 판례의 입장이다(대법원 1992.9.25.선고, 91다37553 판결 등).[159]

(나) 예외 : 사전구상(事前求償)

수탁보증인은 면책행위 후에 비로소 구상권을 행사할 수 있음이 원칙이나, 다음과 같은 경우에는 예외적으로 면책행위 전에 미리 구상권을 행사할 수 있다(442조). 사전구상권에 관한 우리 민법 제442조의 규정은 프랑스민법에서 유래된 것임은 전술한 바와 같다(C.c. Art. 2309).[160]

---

157) 송덕수, 355; 현승종, 281 참조.

158) 판례평석: 김교창, "구상권의 소멸시효", 상사판례평석집(대한상사중재원, 1992/12), 203 이하. 같은 취지: 대법원 1992.9.25.선고, 91다37553 판결.

159) 같은 취지: 대법원 1981.10.6.선고, 80다2699 판결; 대법원 1981.10.6.선고, 80다2700 판결; 대법원 1982.1.12.선고, 80다2967 판결.

160) 프랑스민법 제2309조: 보증인은 다음과 같은 경우에는 비록 변제하기 전이라도 채무자에게 구상을 청구할 수 있다. 1° 보증인이 변제를 위하여 재판상의 청구를 받은 때 2° 채무자가 파산하거나(a fait

사전구상권의 범위는 원칙적으로 사후구상의 경우와 같다고 할 것이다. 그러나 판례는 '사전구상으로서 청구할 수 있는 범위는 주채무인 원금과 사전구상에 응할 때까지 이미 발생한 이자와 기한 후의 지연손해금, 피할 수 없는 비용 기타의 손해액이 포함될 뿐이고, 주채무인 원금에 대한 완제일까지의 지연손해금은 사전구상권의 범위에 포함될 수 없다'고 한다(대법원 2004.7.9.선고, 2003다46758 판결 등). 그러나 '수탁보증인이 채무자회생법 제430조 제1항에 의한 장래의 구상권으로서 파산채권신고를 하는 경우에는 채무의 원본에 대한 장래 도래할 이행기까지의 이자까지 포함시켜 신고할 수 있다'고 한다(대법원 2002.6.11.선고, 2001다25504 판결).[161]

(A) 보증인이 사전구상권을 행사할 수 있는 경우 보증인이 사전구상권을 행사할 수 있는 경우는 다음과 같은 네 가지 경우에 한한다(442조).

a) 보증인이 과실 없이 채권자에게 변제할 재판을 받은 때 : 이 경우에는 보증인이 변제하지 않을 수 없기 때문에 사전구상이 허용된다.

b) 주채무자가 파산선고를 받았으나, 채권자가 파산재단에 가입하지 아니한 때 : 파산재단에 가입할 것인지의 여부는 채권자의 자유이고, 파산절차에 의하여 주채무자가 면책된 경우에도 보증채무에는 영향이 없으므로, 채권자가 보증인을 믿고 파산재단에 가입하지 않는 경우에는 보증인으로 하여금 사전구상권에 기하여 파산재단에 가입하여 다소라도 배당을 받을 수 있도록 함으로써, 파산 이후에 이루어지게 될 보증채무의 이행에 도움이 될 수 있도록 하기 위한 것이다. 판례는 '파산한 구상권자가 사전구상권을 행사하는 경우에는, 신의칙과 공평의 원칙에 비추어 동시이행항변권에 관한 제536조 제2항을 유추적용하여 구상금채무의 보증인은 사전구상에 대한 보증채무의 이행을 거절할 수 있다'고 한다(대법원 2002.11.26.선고, 2001다833 판결).

c) 채무의 이행기가 확정되지 아니하고 그 최장기도 확정할 수 없는 경우에 보증계약 후 5년을 경과한 때 : 이러한 경우에는 보증인이 그 책임을 언제 면하게 될지 알 수 없을 뿐만 아니라 장래에 주채무자의 자산상태가 어떻게 변할 것인지도 알 수 없어 구상권의 행사가 불가능하게 될 우려가 있기 때문이다. 다만, 보증인보호법이 적용되는 보증계약의 경우에는 보증기간이 3년으로 제한되어 있으므로(동법 7조 1항), 제442조 제1항 제3호의 규정이 적용되는 경우는 보증인보호법이 적용되지 않는 경우(동법 3조 1호 각목에서 정하는 경우)로 한정된다.

d) 채무의 이행기가 도래한 때 : 이 경우에도 보증인에 대한 이행청구는 언제든지 가능하므로 사전구상을 허용할 필요가 있다. 또한 보증계약 후에 채권자가 주채무자에게 허락한 기

---

faillite) 또는 지급불능상태(en déconfiture)에 빠진 때 3° 채무자가 일정기간 내에 보증인의 책임을 감면시켜 줄 의무를 부담한 때 4° 약정된 기한의 도래에 의하여 채무의 이행을 청구할 수 있게 된 때 5° 주채무의 이행기가 확정되지 않는 경우로서 10년이 경과한 때, 다만 후견과 같이 주채무가 일정한 기간이 경과하기 전에는 소멸하지 않는 성질의 것인 때에는 그러하지 아니하다.

161) 같은 취지: 대법원 2005.11.25.선고, 2004다66834·66841 판결.

한으로 보증인에게 대항하지 못한다(442조 2항). 학설 중에는 여기서 "보증계약 후"라 함은 '보증인이 사전구상권을 행사한 이후만을 의미한다'고 해석하는 견해가 있으나,[162] 법문의 해석상 보증인이 사전구상권을 행사한 이후로 제한하여 해석할 이유가 없을 뿐만 아니라, 보증인은 보증계약 체결시에 정해진 이행기의 주채무자의 변제자력을 고려하여 보증채무를 부담하는 것이므로, '주채무자는 보증인의 사전구상권 행사 전후를 불문하고 채권자로부터 부여받은 유예기간을 이유로 보증인의 사전구상을 거절할 수 없다'고 해석하는 것이 타당하다 할 것이다.[163] 다만, 채권자가 허여한 기한유예의 효력은 채권자와 주채무자 사이에서는 물론이고 채권자와 보증인 사이에서도 발생한다고 할 것이므로, 채권자는 자신이 허여한 기한이 도래하기 전에는 보증인에 대하여서도 그 이행을 청구하지 못한다.

(B) 사전구상권의 행사에 있어서 주채무자의 보호 보증인이 사전구상을 받은 금액을 변제에 사용하지 않고 소비하여 무자력상태에 빠질 가능성도 없지 않으므로, 민법은 제443조에서 사전구상에 응하여야 하는 주채무자를 보호하기 위한 규정을 두고 있다. 즉, 주채무자는 수탁보증인의 사전구상에 응하여야 하는 경우에도, ① 보증인의 사전구상 청구에 응하면서 보증인에 대하여 변제·대물변제·공탁·상계·경개, 혹은 면책적 채무인수 등으로 자기를 면책하게 할 것을 청구하거나, 자기에게 담보를 제공할 것을 청구할 수 있으며, ② 보증인에게 상환할 금액을 공탁하거나, 상당한 담보를 제공하거나, 변제 등으로 보증인을 면책하게 함으로써 보증인에 대한 사전구상의무를 면할 수 있다.

이러한 취지에서, 판례는 '수탁보증인이 주채무자에 대하여 가지는 사전구상권을 자동채권으로 하는 상계는 허용될 수 없다'고 한다(대법원 2004.5.28.선고, 2001다81245 판결 등). 다만, 예외적으로 '주채무자가 사전에 담보제공청구권의 항변권을 포기한 경우, 또는 단독행위가 아닌 상계약정에 기한 상계는 허용된다'고 한다(대법원 1982.5.25.선고, 81다595 판결 등).[164]

■ **주채무자에 대한 사전구상권을 자동채권으로 하는 상계의 허용 여부**(소극) 항변권이 붙어 있는 채권을 자동채권으로 하여 다른 채무(수동채권)와의 상계를 허용한다면 상계자 일방의 의사표시에 의하여 상대방의 항변권 행사의 기회를 상실시키는 결과가 되므로 그러한 상계는 허용될 수 없고, 특히 수탁보증인이 주채무자에 대하여 가지는 제442조의 사전구상권에는 제443조의 담보제공청구권이 항변권으로 부착되어 있는 만큼 이를 자동채권으로 하는 상계는 허용될 수 없다. 다만, 제443조는 임의규정으로서 주채무자가 사전에 담보제공청구권의 항변권을 포기한 경우에는 보증인은 사전구상권을 자동채권으로 하여 주채무자에 대한 채무와 상계할 수 있다. (대법원 2004.5.28.선고, 2001다81245 판결)[165]

162) 김기선, 255; 김현태, 233 참조.
163) 이태재, 224; 현승종, 282 참조.
164) 같은 취지: 대법원 1989.1.31.선고, 87다카594 판결.
165) 판례평석: 문영화, "수탁보증인의 주채무자에 대한 사전구상권을 자동채권으로 하는 상계가 허용되는 경우", 대법원판례해설 49호(법원도서관, 2004/12), 77 이하. 같은 취지: 대법원 2001.11.13.선고, 2001다55222·55239 판결.

(C) 사전구상권을 행사하여 구상금을 수령한 수탁보증인의 의무　판례에 따르면, '수탁보증인이 사전구상금을 수령한 경우에는, 사전구상 당시 채권자에 대하여 보증인이 부담할 원본채무와 이미 발생한 이자, 피할 수 없는 비용 및 기타의 손해액을 선급받은 것이므로(441조 2항, 425조 2항), 주채무자로부터 구상금을 미리 상환 받은 것과 다름없고, 이 금원은 주채무자에 대하여 수임인의 지위에 있는 수탁보증인이 위탁사무의 처리를 위하여 선급 받은 비용의 성질을 가지는 것이므로(687조), 보증인은 이를 「선량한 관리자의 주의」로써(681조) 위탁사무인 주채무자의 면책에 사용하여야 할 의무가 있다'고 한다(대법원 1989.9.29.선고, 88다카10524 판결 등).[166)]

4) 구상권의 제한 : 면책통지와 구상권

보증인은 변제 기타 출재행위(유상의 면책행위)를 사전 또는 사후에 주채무자에게 통지하여야 하며, 통지 없이 면책행위를 한 경우에는 구상권이 박탈되는 불이익을 입는다(445조).

주채무자도 자신의 면책행위를 수탁보증인에게 통지하여야 하며, 통지 없이 면책행위를 한 경우에는 보증인으로부터 구상권을 행사 당하는 불이익을 입는다(446조).

(가) 보증인의 주채무자에 대한 면책통지

(A) 사전의 통지　보증인이 주채무자에게 미리 통지하지 아니하고 변제 기타 자기의 출재로 주채무를 소멸하게 한 경우에는, 주채무자가 채권자에게 대항할 수 있었을 때에는 이 사유로 보증인에게 대항할 수 있고(보증인은 주채무자에 대한 구상권을 행사할 수 없게 된다), 그 대항사유가 상계인 때에는 상계로 소멸할 채권은 보증인에게 이전된다(445조 1항).

(B) 사후의 통지　사전에 통지 없이 면책행위를 한 보증인은 사후에라도 이 사실을 주채무자에게 통지하여야 하며, 만약 보증인이 사후에도 면책행위를 주채무자에게 통지하지 아니하여 주채무자가 선의로 채권자에게 변제 기타 유상의 면책행위를 한 경우에는, 주채무자는 자기의 면책행위의 유효를 주장할 수 있다(445조 2항). 즉, 보증인은 주채무자에 대한 구상권을 행사할 수 없게 된다.

(나) 주채무자의 보증인에 대한 면책통지

주채무자가 자기의 행위로 면책하였음을 그 부탁으로 보증인이 된 자에게 통지하지 아니한 경우에, 보증인이 선의로 채권자에게 변제 기타 유상의 면책행위를 한 때에는 보증인은 자기의 면책행위의 유효를 주장할 수 있다(446조). 주채무자의 면책행위는 유상이든 무상이든 가리지 않고 보증인에게 통지하여야 하지만, 주채무자는 보증인에 대하여 구상권이 없으므로 사전의 통지를 할 의무는 없다.

판례는, ① '주채무자가 면책행위의 사후통지를 하지 않고 있는 동안에 보증인이 사전통

---

166) 판례평석: 장준철, "수탁보증인이 구상금채무의 연대보증인 겸 물상보증인으로부터 사전구상금을 수령한 경우의 법률관계", 대법원판례해설 12호(법원행정처, 1990/11) 347 이하. 같은 취지: 대법원 2002.11.26.선고, 2001다833 판결.

지 없이 이중의 면책행위를 한 경우에는, 이중변제의 기본원칙으로 돌아가 먼저 이루어진 주채무자의 면책행위가 유효하고 나중에 이루어진 보증인의 면책행위는 무효로 보아야 하므로, 보증인은 제466조에 기하여 주채무자에게 구상권을 행사할 수 없다'고 한다(대법원 1997.10.10.선고, 95다46265 판결).[167] 또한 ② '보증보험계약에서 보험계약자를 위하여 그 상환채무의 보증인이 된 자는 보험사고인 지급계약의 불이행사실이나 보험자의 보험금지급 사실을 바로 알 수 있는 위치에 있지 않으므로, 보험자가 피보험자에게 보험금을 지급함으로써 보험계약자에 대한 구상권을 취득한 때에는 보증인에게 이를 지체 없이 통지하여 상환의무의 발생을 알려 줌으로써 지연손해의 확대를 방지할 신의칙상 의무가 있다고 할 것이고, 이러한 통지를 게을리 함으로써 지연손해가 확대된 경우에는 그 손해의 확대에 대하여 보험자의 과실이 경합되었다고 볼 것이어서 과실상계사유가 된다'고 한다(대법원 1992.5.12.선고, 92다4345 판결).[168]

(4) 부탁 없이 보증인이 된 자의 구상권

1) 구상권의 성립요건

주채무자의 부탁 없이 보증인이 된 자(이하 「무수탁보증인(無受託保證人)으로 약칭)가 변제 기타 자기의 출재로 주채무의 전부 또는 일부를 소멸하게 한 때에는 주채무자에게 구상권을 행사할 수 있다(444조). 수탁보증인의 경우와는 달리 보증인의 과실의 유무는 구상권의 발생에 영향을 미치지 아니한다.

2) 구상권의 범위

무수탁보증인과 주채무자 사이에는 사무관리가 성립하므로(734조), 무수탁보증인이 변제 기타 자기의 출재로 주채무를 소멸하게 한 때에는, 사무관리자의 비용상환청구권에 관한 규정(739조)에 따라서 주채무자에 대하여 비용의 상환을 청구할 수 있다. 따라서 무수탁보증인의 구상권에 관한 제444조의 규정은 사무관리자의 비용상환청구권에 관한 제739조의 특칙이라고 할 수 있는데, 그 내용은 거의 차이가 없다.

(가) 무수탁보증인이 된 것이 주채무자의 의사에 반하지 아니한 경우

주채무자에 의사에 반하지 않고 무수탁보증인이 된 자의 출재행위로 주채무가 소멸한 경우, 주채무자는 '면책된 당시의 이익'의 한도에서 상환하여야 한다(444조 1항). 따라서 면책 당시의 이익의 한도를 초과하는 면책 이후의 이자나 손해배상은 청구할 수 없다.[169] 물론 무수

167) 판례평석: 김만오, "주채무자가 채무를 변제하고 사후통지를 하지 않고 있는 동안에 수탁보증인이 사전통지를 하지 아니하고 다시 채무를 변제한 경우의 구상관계", 대법원판례해설 29호(법원행정처, 1998/6), 85 이하; 송덕수, "수탁보증인이 사전통지 없이 이중의 면책행위를 한 경우의 구상관계", 민사판례연구(24)(민사판례연구회, 2002/1), 250 이하.

168) 판례평석: 고평석, "보증보험약관상 구상권 규정의 유효론에 관한 재검토", 창원지방변호사회지 2호(창원지방변호사회, 1996/12), 126 이하.

탁보증인의 적법한 구상권 행사에 대하여 주채무자가 구상의무를 이행하지 않은 경우에는, 보증인은 주채무자에 대하여 구상의무의 불이행으로 인하여 생긴 손해의 배상을 청구할 수 있다. 나아가 판례는 부탁 없이 물상보증인이 된 자의 구상권에 대해서도 이러한 무수탁보증인의 구상권에 관한 법리를 적용하고 있다(대법원 1990.11.13.선고, 90다카26065 판결).

(나) 주채무자의 의사에 반하여 무수탁보증인이 된 경우

이 경우에는 주채무자는 '현존이익'의 한도에서 상환하면 된다(444조 2항). 즉, 구상권의 범위를 정하는 기준시점은 채무자가 면책을 얻은 때가 아니라 '보증인이 구상권을 행사하는 때'이다. 따라서 '구상권이 행사되기 이전에 주채무자가 채권자에 대하여 상계할 수 있는 반대채권을 가지고 있었던 때에는 상계로써 보증인에게 대항할 수 있다'고 해석하여야 할 것이다. 그러므로 주채무자가 구상권이 행사되기 이전에 상계원인이 있었음을 주장하는 때에는 그 상계로 소멸할 채권은 보증인에게 이전한다(444조 3항).

3) 구상권의 취득시기

무수탁보증인에게는 사전구상권이 없으므로, 변제 기타 자기의 출재로 주채무를 소멸하게 한 때에 비로소 채무자에 대한 구상권을 취득한다(444조).

4) 구상권의 제한 : 면책통지와 구상권

(가) 무수탁보증인의 면책통지

무수탁보증인도 수탁보증인과 마찬가지로, 면책행위에 관하여 사전 또는 사후에 주채무자에 대하여 통지를 할 의무가 있다. 만약 무수탁보증인이 면책행위의 사전 또는 사후에 면책통지를 하지 아니하면 구상권에 제한을 받는다(445조).

(나) 주채무자의 면책통지

보증인에 대한 주채무자의 면책통지의무는 수탁보증의 경우에만 적용되므로(446조), 주채무자는 면책행위에 관하여 무수탁보증인에게 통지할 필요가 없다. 따라서 주채무자가 면책행위를 통지하지 않았기 때문에 무수탁보증인이 이중으로 면책행위를 하더라도, 무수탁보증인은 자기의 면책행위의 유효를 주채무자에게 주장하지 못한다.

(5) 주채무자가 여러 명인 경우의 구상권

주채무자가 여러 명인 경우의 보증인의 구상권은 보증이 주채무자 전원을 위한 것인 경우와 채무자 중의 1인만을 위한 것인 경우, 그리고 주채무가 분할채무인가 불가분채무인가, 아니면 연대채무인가에 따라 그 내용이 각각 다르다.

---

169) 이는 본인의 의사에 반하지 아니하는 사무관리자의 비용상환청구권의 범위(739조 1항)와 일치한다(현승종, 283 참조).

1) 주채무자 중 1인만을 위하여 보증한 경우

(가) 주채무가 분할채무인 경우

보증인이 여러 명의 분할채무자 중의 1인만을 위하여 보증한 경우에는, 보증된 채무자가 부담하는 채무액에 한하여 구상권을 행사할 수 있다. 즉, 보증인이 채무액 전부를 변제하는 등 보증된 채무자의 부담부분을 초과하여 면책행위를 한 경우에는, 초과부분의 면책행위는 제469조 소정의 「제3자의 변제」가 될 수 있을 뿐이다.

(나) 주채무가 불가분채무 또는 연대채무인 경우

불가분채무자 또는 연대채무자 중의 어느 1인을 위하여 보증인이 된 자는 다른 연대채무자나 다른 불가분채무자에 대하여서도 그 부담부분에 한하여 구상권이 있다(447조). 즉, 보증인이 여러 명의 불가분채무자 또는 연대채무자 중의 1인만을 위하여 보증한 경우에, 보증인이 그 채무를 변제한 경우에는 보증된 그 불가분채무자 또는 연대채무자에게 전액 구상권을 행사할 수 있음은 물론이나, 상환 받은 금액이 부족한 경우에는 다른 연대채무자나 다른 불가분채무자에 대하여 그들의 부담부분을 한도로 구상권을 행사할 수 있다는 것이다.

판례는 ① '어느 공동불법행위자를 위하여 보증인이 된 사람이 피보증인을 위하여 손해배상채무를 변제한 경우, 그 보증인은 피보증인이 아닌 다른 공동불법행위자에 대하여 그 부담 부분에 한하여 구상권을 행사할 수 있고, 이러한 법리는 어느 공동불법행위자를 위하여 그가 위 손해배상채무를 변제한 보증인에 대하여 부담하는 구상채무를 보증한 구상보증인이 피보증인을 위하여 그 구상채무를 변제한 경우에도 마찬가지여서, 그 구상보증인은 피보증인이 아닌 다른 공동불법행위자에 대하여 그 부담 부분에 한하여 구상권을 행사할 수 있다'고 한다(대법원 2008.7.24.선고, 2007다37530 판결 등).[170] 다만, ② '제447조는 여러 명의 불가분채무자 또는 연대채무자 중의 1인만을 위하여 보증한 보증인의 구상권 행사의 편의를 위하여 두어진 규정이므로, 연대채무자 모두를 위하여 물상보증인이 된 자가 그 연대채무자의 1인에 대하여 구상권을 행사하는 경우에는 적용될 여지가 없다'고 한다(대법원 1990.11.13.선고, 90다카26065 판결).

2) 주채무자 전원을 위하여 보증한 경우

이 경우에 대하여서는 민법에 규정이 없으나, 다음과 같이 해석하여야 할 것이다.[171]

(가) 주채무가 분할채무인 때

보증인이 여러 명의 분할채무자 전원을 위하여 보증한 경우에는, 보증인의 구상권도 주채무자 각자가 부담하는 채무액에 따라서 분할된다(408조).

---

170) 같은 취지: 대법원 2010.5.27.선고, 2009다85861 판결; 대법원 2010.12.23.선고, 2010다52225 판결.
171) 송덕수, 360; 현승종, 284 참조.

(나) 주채무가 불가분채무 또는 연대채무인 때

학설 중에는 '주채무가 가분급부를 목적으로 하는 불가분채무 또는 연대채무인 경우에는 특별한 약정이 없는 한 보증인의 변제에 의하여 불가분채무관계 또는 연대채무관계는 소멸한다고 보아야 하므로, 보증인의 구상권은 채무자의 부담부분에 따라서만 행사할 수 있는 분할채권이 된다'고 해석하는 견해도 있으나,[172] '불가분채무자 전원 또는 연대채무자 전원을 위하여 보증한 보증인이 변제 기타 자기의 출재에 의하여 주채무를 소멸시킨 경우에는 제447조의 규정은 적용될 여지가 없으므로, 주채무자의 구상채무도 불가분채무 또는 연대채무 상태로 존속된다'고 해석하는 것이 통설·판례의 입장이다(대법원 1992.5.12.선고, 91다3062 판결).

생각건대, 채무자 상호간의 내부관계에 의하여 보증인이 구상권을 행사함에 있어서 불이익을 감수하여야 한다는 것은 부당하므로, '보증인의 변제에도 불구하고 구상의무관계에 있어서는 주채무자 상호간의 불가분채무관계 또는 연대채무관계가 그대로 존속한다'고 해석하여야 할 것이다. 그러므로 '구상권을 행사하는 보증인은 채무자의 전부 또는 일부에 대하여 동시에 또는 순차로 구상채무의 전부 또는 일부의 급부를 청구할 수 있다'고 해석하여야 할 것이다(411조, 414조).

(6) 보증인의 변제에 의한 대위

우리 민법은 보증인의 법정대위권에 대하여 별도의 규정을 두지 아니하고 변제에 의한 대위의 일반규정에 맡기고 있는데,[173] 보증인은 주채무자의 부탁 유무에 관계없이 변제할 정당한 이익이 있는 자로서, 구상권이 인정되는 범위에서 변제에 의하여 법률상 당연히 채권자를 대위할 수 있음은 전술한 바와 같다(481조). 다만, 판례는 '일부변제에 의한 일부대위의 법리는 보증인의 구상권 행사의 경우에는 그대로 적용되지 않는다'고 한다(대법원 1995.3.3.선고, 94다33514 판결). 또한 '연대채무자 중 1인이 자신의 부담부분을 넘어 채무를 변제함으로써 채권자로부터 대위에 의하여 이전받은 채권을 다른 연대채무자에 대하여 행사하는 경우에는, 그 자신의 보증인도 겸한 다른 연대채무자의 보증인에 대하여는 대위할 수 없다'고 한다(대법원 1992.5.12.선고, 91다3062 판결).[174] (☞ 제3장 제6절 「변제에 의한 대위」)

---

172) 김현태, 237 참조.

173) 이는 프랑스민법의 입법주의를 본받은 것이라고 할 수 있다. 우리 민법과는 달리, 독일민법(BGB §774)과 스위스채무법(OR Art. 505)은 보증인의 변제에 의한 대위(채권의 법정양도)에 관한 규정을 두고 있는데, 이는 면책행위를 한 보증인이 주채무자에 대하여 소권의 양도(beneficium cedendarum actionum)를 청구할 수 있었던 로마법을 계수한 것이다(현승종, 286 참조).

174) 판례평석: 송진현, "연대채무자가 자기를 위한 연대보증인을 겸한, 다른 연대채무자의 연대보증인에게 대위할 수 있는지 여부", 대법원판례해설 18호(법원행정처, 1993/6), 29 이하.

■ 일부대위에 관한 법리가 보증인의 구상권 행사의 경우에도 적용되는지 여부(소극) 변제할 정당한 이익이 있는 자가 채무자를 위하여 채권의 일부를 대위변제할 경우, 대위자는 그 변제한 가액에 비례하여 채권자와 함께 그 권리를 행사하고, 변제한 가액의 범위 내에서 종래 채권자가 가지고 있던 채권 및 담보에 관한 권리를 취득하는 것이되, 이 경우에도 채권자는 일부 대위변제자에 대하여 우선변제권을 가지는 것이라 하겠으나, 보증인이 변제 기타의 출재로 주채무를 소멸하게 하는 등의 사유로 주채무자에 대하여 가지게 되는 구상권은 변제자가 갖는 고유의 권리로서 대위의 객체가 된 권리와는 별개라 할 것이어서, 당사자 사이에 다른 약정이 있다는 등의 특정한 사정이 없는 한 일부대위에 관한 위와 같은 법리가 보증인이 행사하는 구상권의 경우에 당연히 그대로 적용되는 것은 아니다. 그러므로 보증인과 채권자와 사이에 체결된 근저당권일부이전계약서의 우선변제의 문언을 '보증인이 그 고유의 권리로서 행사하는 구상권의 경우에도 채권자의 우선적 지위를 인정하는 취지'라고 확장해석할 수는 없다 할 것이다. (대법원 1995.3.3.선고, 94다33514 판결)

(7) 채권자의 담보상실·감소행위로 인한 보증인의 면책

전술한 바와 같이, 보증인은 변제할 정당한 이익이 있는 자로서 변제로 당연히 채권자를 대위할 수 있는 자이므로(481조), 채권자의 고의나 과실로 담보가 상실되거나 감소된 때에는, 보증인은 그 상실 또는 감소로 인하여 상환을 받을 수 없는 한도에서 그 책임을 면한다(485조). (☞ 제3장 제6절 「변제에 의한 대위」)

[96] Ⅴ. 특수한 보증채무

1. 연대보증

(1) 의의 및 법적 성질

「연대보증」(Solidarbürgschaft; cautionnment solidaire)이라 함은, 보증인이 주채무자와 연대하여 채무를 부담하는 보증채무의 일종이다. 연대보증은 주채무에 종속하는 '부종성'을 가지는 점에서는 일반의 보증채무와 다름이 없으나, '보충성'이 없어서 보증인이 최고 및 검색의 항변권을 가지지 않는다는 점에서 채권자의 권리가 강화되어 있다는 특징이 있는 보증채무이다. 이와 같이 연대보증은 보증채무의 일종으로서 부종성을 가지므로, ① 주채무가 그 발생원인인 계약의 불성립·무효·취소 등의 사유로 인하여 소멸하면 연대보증인의 책임도 소멸하게 된다. ② 주채무의 내용이 변경되면, 그에 따라 연대보증채무의 내용도 변경된다. ③ 연대보증채무는 목적이나 형태에 있어서 주채무보다 무거울 수 없다. ④ 연대보증인은 주채무자의 항변권을 원용할 수 있다.

한편 연대보증인은 주채무자와 연대하여 채무를 부담하여야 하므로 보충성이 없고, 이에 따라 최고 및 검색의 항변권이 인정되지 않는다. 또한 연대보증인이 수인인 경우에도 연대보증인 상호간에 「분별의 이익」이 인정되지 않으므로(448조 2항), 채권자는 어느 연대보증인에 대하여서도 주채무의 전액을 청구할 수 있다. 이 점에서 연대보증은 담보적 기능이 뛰어나기 때문에, 실제의 금융거래에서 이용되는 보증은 거의 대부분 연대보증이다.

(2) 연대보증채무의 발생

연대보증채무는 연대보증계약에 의하여 발생하는 것이 원칙인데, 연대보증계약은 보증인이 주채무자와 연대하여 보증할 것을 약정하는 특약의 형태로 이루어진다. 또한 보증계약에서 보증인이 「최고·검색의 항변권」을 포기하면 보증계약은 연대보증계약으로 전환된다.[175]

2016년 개정민법이 시행되기 전에는 민법상 보증계약의 성립에 특별한 방식이 요구되고 있지 않았으므로, 묵시적 의사표시에 의해서도 연대보증계약이 성립할 수 있었다. 그러나 2008.9.22.부터 시행된 보증인보호법 제3조에 의하여 연대보증을 포함한 모든 보증계약[176]은 보증의 의사가 보증인의 기명날인 또는 서명이 있는 서면으로 표시되어야 효력이 발생하는 요식계약으로 전환되었으며, 2016.2.4.부터 시행된 개정민법은 연대보증을 포함한 모든 민법상의 보증계약을 방식계약으로 전환하였음은 전술한 바와 같다.

한편 연대보증채무는 법률의 규정에 의해서도 발생할 수 있는데, '보증이 상행위이거나 주채무가 상행위로 인한 것인 때'에는 연대보증이 성립하는 것으로 규정하고 있는 상법 제57조 제2항의 규정이 그 대표적인 경우이다.

〈참고〉 연대보증과 보증연대와의 구별

연대보증은 주채무자와 보증인이 연대하는 것임에 반하여, 보증연대는 보증인 사이에서 연대하는 것을 말한다. 연대보증도 보증인 사이에 「분별의 이익」이 인정되지 않는다는 점에서는 보증연대와 마찬가지이나, 「보증연대」는 채권자에 대한 관계에 있어서는 보충성이 인정되는 보통의 보증으로서 최고·검색의 항변권이 인정된다는 점에서, 보충성이 인정되지 않는 연대보증과는 근본적으로 차이가 있다.

(3) 연대보증의 효력

1) 연대보증의 대외적 효력 : 연대보증인과 채권자 사이의 효력

연대보증인에 대한 채권자의 권리는 연대채무자에 대한 권리와 같다. 즉, 채권자는 주채무자에게 이행을 청구하지 않고 먼저 연대보증인에 대하여 채무의 전부 또는 일부의 이행을 청구할 수 있다. 주채무자에 대한 이행청구와 동시에 보증인에게 이행청구를 할 수도 있음은 물론이다(414조). 즉, 연대보증인은 채권자의 이행청구에 대하여 최고·검색의 항변권을 행사할 수 없다(437조 단서). 그러나 연대보증도 보증채무의 일종으로서 주채무에 대한 부종성을 가지므로, ① 주채무자가 채권자에 대하여 가지는 항변권을 행사할 수 있으며(433조), ② 연대보

---

175) 同旨: 곽윤직, 197; 송덕수, 346; 현승종, 287 참조.

176) 다만, 동법 제2조 제1호 각목에서 정하는 기업보증의 경우는 보증인보호법의 적용범위에서 제외되고 있다.

증인의 채무의 범위도 일반 보증채무와 마찬가지로 주채무의 범위(이자, 위약금, 손해배상 기타 주채무에 종속한 채무를 포함한 것)를 한도로 한다(429조 1항). 다만, 주채무를 발생시킨 계약의 해제·해지에 의한 원상회복의무 및 손해배상의무도 연대보증채무에 포함되어야 한다는 점은 전술한 바와 같다. ③ 연대보증채무의 목적이나 형태가 주채무의 그것보다 중할 수 없으며, 만약 연대보증채무의 목적이나 형태가 주채무보다 중한 경우에는 주채무의 한도로 감축된다는 점도 일반의 보증과 같다(430조). 다만, 연대보증인이 여러 명인 경우에는 일반의 공동보증의 경우(439조, 408조)와는 달리 「분별의 이익」이 인정되지 않는다(448조 2항).

2) 주채무자 또는 연대보증인에게 생긴 사유의 효력

(가) 주채무자에 관하여 생긴 사유의 효력

일반 보증채무와 마찬가지로, 연대보증채무도 주채무에 대하여 부종성을 가지므로, 주채무자에 관하여 생긴 사유는 원칙적으로 모두 연대보증인에게 그 효력이 미친다. 즉, 주채무가 변경되거나 소멸하면 연대보증채무도 변경되거나 소멸한다. 또한 부종성에 기한 법리라고 할 수는 없으나, 주채무자에게 생긴 시효의 중단사유는 연대보증인에게도 효력이 미친다(440조). 그러나 주채무의 소멸시효가 완성된 이후에 주채무자가 시효이익을 포기하고 채무를 승인하더라도 그 효과는 연대보증인에게 미치지 않으며(433조 2항), 연대보증계약 성립 후 채권자와 주채무자 사이의 합의에 의하여 계약기간이 연장·갱신되거나 채무액이 증액되더라도 연대보증인에게는 효력이 미치지 아니한다.

(나) 연대보증인에 관하여 생긴 사유의 효력

연대보증인에 관하여 생긴 사유는 주채무자를 면책시키는 것을 제외하고는 주채무에 영향을 미치지 아니한다. 따라서 연대보증인 1인에 대한 채권포기는 주채무자나 다른 연대보증인에게는 효력이 미치지 아니한다(대법원 1994.11.8.선고, 94다37202 판결). 또한 채권자가 연대보증인에 대하여 그 채무의 일부 또는 전부를 면제하였다 하더라도 그 면제의 효력은 주채무자에 대하여 미치지 아니하며, 채권자가 연대보증인의 1인에 대하여 채무의 전부 또는 일부를 면제하더라도 다른 연대보증인에 대하여는 그 효력이 미치지 아니하는 것이 원칙이다(대법원 1992.9.25.선고, 91다37553 판결).

3) 연대보증의 대내적 효력 : 연대보증인의 구상권

연대보증인과 주채무자 사이의 구상관계는 보통의 보증에 있어서와 마찬가지로 제441조 이하의 규정이 그대로 적용되나(대법원 1962.5.10.선고, 4294민상1413 판결), 성질상 무수탁보증인의 구상권에 관한 제444조의 규정은 적용되지 않는다.

2. 공동보증

(1) 의의 및 법적 성질

「공동보증」(Mitbürgschaft; cautionnement conjointe)이라 함은 '여러 명의 보증인이 동일한 주채무에 대하여 보증채무를 부담하는 것'을 말한다. 여러 명이 하나의 계약으로 동시에 보증인이 되는 경우도 있고, 순차로 별개의 계약으로 보증인이 되는 경우도 있을 수 있다. 또한 단독보증인의 채무를 여러 명이 공동으로 상속하는 경우에도 공동보증이 발생할 수 있다. 공동보증의 성질은 보통의 보증과 동일하나, 보증인이 수인인 관계로 보증인의 채권자에 대한 관계 및 보증인 상호간의 관계에 있어서 보통의 보증과 다른 효력이 생긴다.

(2) 채권자와 공동보증인 사이의 효력

공동보증인은 1개의 계약으로 동시에 보증채무를 부담하였든 각자 별개의 계약으로 보증채무를 부담하였든 제408조의 규정에 따라 주채무를 균등한 비율로 분할한 부분에 관하여서만 보증채무를 부담하는 것이 원칙이다(439조). 이것을 공동보증인의 「분별의 이익」(bénéfice de division)이라고 한다. 판례는 '2인 이상의 신원보증인이 있는 경우에도 각 신원보증인이 주채무자와 연대하여 채무를 부담하였거나 신원보증인 간에 연대관계가 존재하지 않으면 각 신원보증인은 분별의 이익이 있다'고 한다(대법원 1966.9.6.선고, 66다782 판결 등).[177]

이는 로마법의 「분별의 이익」(beneficium divisionis)에서 기원한 것으로서, 보증인의 보호와 법률관계를 간편한 결제를 위하여 인정된 제도라고 할 수 있다.[178] 그러나 '분별의 이익을 인정하면 공동보증의 담보력을 약화시키는 결과가 될 뿐만 아니라, 담보력을 강화하기 위하여 공동보증인을 세우는 채권자의 의사와는 달리 보증인이 많을수록 오히려 채권자에게 불리한 결과가 되므로 불합리하다'는 입법론상의 비판이 제기되고 있다.[179]

입법례를 살펴보면, 독일민법은 공동보증인의 분별의 이익을 전혀 인정하지 않고 연대채무자로서 책임을 지도록 하고 있으며(BGB §769),[180] 오스트리아민법도 독일민법과 마찬가지로 공동보증인에게 전액책임을 지도록 하고 있다(AGBG §1359 I).[181] 또한 로마법의 원칙을 비교적 충실하게 계승하고 있는 프랑스민법도 공동보증인은 전액의무를 부담하는 것을 원칙으로 하되(C.c. Art. 2302),[182] 각 공동보증인은 채권자에게 소권의 분할 및 부담부분에 따른 소권의 감

177) 같은 취지: 대법원 1964.10.13.선고, 63다607 판결.
178) 현승종, 289 참조.
179) 김상용, 362; 김증한/김학동, 272; 김현태, 244; 송덕수, 348; 현승종, 289 참조.
180) 독일민법 제769조(공동보증) 수인이 동일한 채무에 대하여 보증한 경우에는, 보증을 공동으로 인수하지 아니한 때에도 보증인들은 연대채무자로서 책임을 진다.
181) 오스트리아민법 제1359조: (1) 수인이 동일한 전액의 보증채무를 부담한 경우에는, 각자가 전액에 대하여 책임을 진다.

축을 청구할 수 있는 것으로 규정하고 있을 뿐이다(C.c. Art. 2303).[183] 또한 스위스채무법은 '각 공동보증인은 자기의 부담부분에 관하여는 단독보증인으로서의 책임을 지고, 다른 공동보증인의 부담부분에 관하여서는 부보증인으로서의 책임을 진다'고 규정하고 있다(OR Art. 497(1)).[184] 그러므로 원칙적으로 공동보증인의 분별의 이익을 허용하고 있는 우리 민법은 일본민법[185]을 제외하면 거의 유례가 없는 입법례라고 할 수 있는데, 이는 담보의 효력을 강화하기 위하여 설정되는 공동보증의 목적에 반하는 불합리한 제도이므로, 개정이 시급하다.

(3) 공동보증인 상호간의 효력 : 구상관계

공동보증인의 1인이 자기의 부담부분을 초과한 액을 변제한 때에는 주채무자에 대하여 구상권을 행사할 수 있음은 물론 다른 공동보증인에 대하여서도 구상권을 행사할 수 있다(448조 1항). 다만, 그 구상권의 범위는 공동보증인에게 분별의 이익이 있는 경우와 그렇지 아니한 경우가 서로 다르다.

1) 공동보증인에게 분별의 이익이 있는 경우

공동보증인은 원칙적으로 분별의 이익이 있다. 즉, 각 공동보증인은 채권자에 대하여서 뿐만 아니라 보증인 사이의 내부관계에 있어서도 각자의 부담부분에 따라 분할된 보증채무만을 부담하는 것이 원칙이다(439조, 408조). 민법은 공동보증인의 1인이 자기의 부담부분을 초과하여 변제한 경우에는 그 초과변제 부분에 대해서는 다른 보증인과 사이에 사무관리와 유사한 법률관계가 성립한다고 보아 무수탁보증인의 구상권에 관한 제444조의 규정을 준용하고 있다(448조 1항). 물론 자기의 부담부분을 초과하여 변제한 공동보증인의 구상권 행사에 응한 보증인은 다시 주채무자에게 구상권을 행사할 수 있다.

2) 공동보증인에게 분별의 이익이 없는 경우

공동보증의 경우에도 예외적으로 분별의 이익이 인정되지 않는 경우가 있다. 즉, ① 주채무가 불가분인 경우, ② 각 공동보증인이 상호 연대하여 보증채무를 부담한 때(보증연대의 경

---

182) 프랑스민법 제2302조: 수인이 동일한 채무에 대하여 동일한 채무자의 보증인이 된 때에는 각 보증인은 채무 전액에 대하여 책임을 진다.

183) 프랑스민법 제2303조: (1) 그러나 각 공동보증인은 그들이 분별의 이익을 포기한 것이 아닌 한 채권자가 먼저 소권을 분할하고, 각 보증인의 부담부분을 감축할 것을 청구할 수 있다. (2) 공동보증인 중의 1인이 분별을 선고받은 때에 보증인 중에 무자력자가 있는 경우에는, 분별을 선고받은 보증인은 부담부분에 응하여 이 무자력에 대하여 책임이 있다. 그러나 그는 분별 이후에 발생한 무자력을 이유로 재차 추급되지는 아니한다.

184) 스위스채무법 제497조(공동보증) (1) 분할가능한 동일한 채무를 공동으로 보증한 수인의 보증인은 자기의 부담부분에 관하여서는 단순보증인으로서 책임을 지고, 타인의 부담부분에 대하여서는 부보증인(副保證人)으로서 책임을 진다.

185) 일본민법 제456조(수인의 보증인이 있는 경우) 여러 명의 보증인이 있는 경우에는, 그들 보증인이 별개의 행위에 의하여 채무를 부담한 경우인 때에도 제427조의 규정을 적용한다.

우), ③ 각 공동보증인이 주채무자와 연대하여 채무를 부담한 때(연대보증의 경우), ④ 여러 명이 그 1인 또는 전원에게 상행위가 되는 행위로 인하여 보증채무를 부담하는 상법상의 공동보증(상법 57조 1항)의 경우에는 분별의 이익이 인정되지 않는다. 따라서 이러한 경우에는 각 공동보증인은 주채무의 전부를 이행할 책임이 있다(448조 2항). 다만, 이러한 경우에도 보증인 상호간의 내부관계에 있어서는 역시 각자의 부담부분만을 변제할 의무를 진다고 할 것이므로, 보증인 상호간에는 연대채무자 상호간의 관계와 비슷한 관계가 성립한다. 이러한 점을 고려하여, 민법은 공동보증인의 1인이 자기의 부담부분을 넘은 변제를 한 때에는, 연대채무자의 구상권에 관한 제425조 내지 제427조의 규정을 준용하도록 하고 있다(448조 2항).

판례에 따르면, ① '연대보증인 중 1인이 자기의 부담부분을 초과하여 변제한 경우라고 하더라도, 자기의 부담부분을 이미 변제한 다른 연대보증인에 대해서는 구상권을 행사할 수 없으며(대법원 1988.10.25.선고, 86다카1729 판결 등),[186] ② 일부보증(유한보증)을 한 경우라고 하더라도, 보증인 중 1인이 채무의 전액이나 자기의 부담부분 이상을 변제함으로써 다른 보증인의 책임한도가 줄어들게 되어 공동으로 면책이 되었다면 다른 보증인에게 구상을 할 수 있으며, 그 부담부분의 비율에 대하여는 그들 사이에 특약이 있으면 당연히 그에 따르되 그 특약이 없는 경우에는 각자 보증한도액의 비율로 부담하게 된다'고 한다(대법원 2005.3.11.선고, 2004다42104 판결 등).[187] 다만, '연대보증인 중 1인이 변제로써 주채무를 감소시켰다고 하더라도 주채무의 남은 금액이 다른 연대보증인의 책임한도를 초과하고 있다면, 그 다른 연대보증인으로서는 그 한도금액 전부에 대한 보증책임이 그대로 남아 있어 위의 채무변제로써 면책된 부분이 전혀 없다고 볼 수밖에 없으므로, 채무의 일부를 변제한 연대보증인이 보증책임이 남아있는 다른 연대보증인에게 구상권을 행사할 수는 없다'고 한다(대법원 2002.3.15.선고, 2001다59071 판결). 또한 ③ '자기의 부담부분을 초과한 변제를 함으로써 그 초과 변제액에 대하여 다른 연대보증인을 상대로 구상권을 행사할 수 있는 연대보증인인지 여부는 당해 변제시를 기준으로 판단하되, 구체적으로는 우선 그때까지 발생·증가하였던 주채무의 총액에 분담비율을 적용하여 당해 연대보증인의 부담부분 총액을 산출하고, 그 전에 일부변제 등으로 감소한 그의 부담부분이 있다면 이를 위 부담부분 총액에서 공제하는 방법으로 당해 연대보증인의 부담부분을 확정한 다음 당해 변제액이 위 확정된 부담부분을 초과하는지 여부에 따라 판단하여야 한다'고 한다(대법원 2009.6.25.선고, 2007다70155 판결).

186) 판례평석: 김용덕, "공동보증인간의 부담부분과 구상권", 민사판례연구(12)(민사판례연구회, 1990/5), 49 이하; 최형기, "연대보증인 상호간의 구상요건", 대법원판례해설 10호(법원행정처, 1989/12), 39 이하. 같은 취지: 대법원 1990.3.27.선고, 89다카19337 판결; 대법원 1993.5.27.선고, 93다4656 판결.

187) 같은 취지: 대법원 2002.3.15.선고, 2001다59071 판결.

■ 연대보증인 중 1인이 자기의 부담부분을 초과하여 변제한 경우, 다른 연대보증인에 대한 구상관계 및 이 경우에 구상권 행사 가능 여부를 판단하기 위하여 연대보증인들의 부담부분을 산정하는 방법 [1] 수인의 보증인이 있는 경우에는 그 사이에 분별의 이익이 있는 것이 원칙이지만, 그 수인이 연대보증인일 때에는 각자가 별개의 법률행위로 보증인이 되었고 또한 보증인 상호간에 연대의 특약(보증연대)이 없었더라도 채권자에 대하여는 분별의 이익을 갖지 못하고 각자의 채무의 전액을 변제하여야 하나, 연대보증인들 상호간의 내부관계에서는 주채무에 대하여 출재를 분담하는 일정한 금액을 의미하는 부담부분이 있고, 그 부담부분의 비율, 즉 분담비율에 관하여는 그들 사이에 특약이 있으면 당연히 그에 따르되 그 특약이 없는 한 각자 평등한 비율로 부담을 지게 된다. 그러므로 연대보증인 가운데 한 사람이 자기의 부담부분을 초과하여 변제하였을 때에는 다른 연대보증인에 대하여 구상을 할 수 있는데, 다만 다른 연대보증인 가운데 이미 자기의 부담부분을 변제한 사람에 대하여는 구상을 할 수 없으므로 그를 제외하고 아직 자기의 부담부분을 변제하지 아니한 사람에 대하여만 구상권을 행사하여야 한다. [2] 연대보증인 가운데 한 사람이 자기의 부담부분을 초과하여 변제하여 다른 연대보증인에 대하여 구상을 하는 경우의 부담부분은 수인의 연대보증이 성립할 당시 주채무액에 분담비율을 적용하여 산출된 금액으로 일단 정하여지지만, 그 후 주채무자의 변제 등으로 주채무가 소멸하면 부종성에 따라 각 연대보증인의 부담부분이 그 소멸액만큼 분담비율에 따라 감소하고 또한 연대보증인의 변제가 있으면 당해 연대보증인의 부담부분이 그 변제액만큼 감소하게 된다. 그러므로 자기의 부담부분을 초과한 변제를 함으로써 그 초과 변제액에 대하여 다른 연대보증인을 상대로 구상권을 행사할 수 있는 연대보증인인지 여부는 당해 변제시를 기준으로 판단하되, 구체적으로는 우선 그때까지 발생·증가하였던 주채무의 총액에 분담비율을 적용하여 당해 연대보증인의 부담부분 총액을 산출하고 그 전에 앞서 본 바와 같은 사유 등으로 감소한 그의 부담부분이 있다면 이를 위 부담부분 총액에서 공제하는 방법으로 당해 연대보증인의 부담부분을 확정한 다음 당해 변제액이 위 확정된 부담부분을 초과하는지 여부에 따라 판단하여야 한다. 한편, 이미 자기의 부담부분을 변제함으로써 위와 같은 구상권 행사의 대상에서 제외되는 다른 연대보증인인지 여부도 원칙적으로 구상의 기초가 되는 변제 당시에 위와 같은 방법에 의하여 확정되는 그 연대보증인의 부담부분을 기준으로 판단하여야 한다. (대법원 2009.6.25.선고, 2007다70155 판결)

(4) 주채무자에 대한 구상관계

공동보증인의 1인이 변제 등 자기의 출재로 주채무의 전부 또는 일부를 소멸시킨 경우에는, 그는 분별의 이익이 있는지의 여부 및 자기의 부담부분을 초과하여 변제하였는지의 여부와 관계없이 출재한 전액에 관하여 주채무자에게 구상권을 행사할 수 있다. 만약 자기의 부담부분을 초과하여 변제 등 출재로 주채무를 소멸시킨 경우에는, 주채무자는 물론 다른 공동보증인에 대해서도 구상권을 행사할 수 있음은 위에서 설명한 바와 같다.

3. 신원보증

(1) 신원보증(身元保證)의 의의 및 법적 성질

좁은 의미에서 「신원보증」이라 함은 '그 명칭 여하를 불문하고 고용관계가 있는 피용자의 행위로 인하여 사용자가 받은 손해를 배상하기로 하는 계약'을 말한다(대법원 1987.4.28.선고, 86다카2023 판결). 그러나 넓은 의미에서 「신원보증」은 다음과 같은 여러 가지 의미로 사용되고 있다. 즉, ① '피용자가 장래 고용계약상의 채무불이행으로 인하여 사용자에 대하여 손해배상의무를 부담하게 되는 경우에, 그 이행을 담보하는 장래의 채무에 대한 보증 내지 근보증'이라고 할 수 있는 경우,[188] ② '피용자의 사용자에 대한 채무의 유무를 불문하고 피용자를 사용함으로써 발생하는 손해를 모두 부담한다는 취지의 손해담보계약'인 경우, ③ '피용자로 인하여 발생한 일체의 재산상의 손해를 담보할 뿐만 아니라, 피용자로 하여금 충실하게 근무시키고 질병 기타 사유로 인하여 근무할 수 없는 경우에 사용자에게 일절 피해를 끼치지 않기로 하는 등, 피용자의 신상에 관하여 광범위한 책임을 지기로 약정하는 경우'이다.

위 세 가지의 신원보증 중에서 보증채무의 범주에 속하는 본래의 의미에 있어서의 신원보증은 ①의 경우에 한하며, ②와 ③은 신원보증인이 피용자와 별개로 독립한 채무를 부담하는 것으로서, 본래의 의미에 있어서 신원보증이라고 하기 어려우므로, ①과 구분하여 「신원인수(身元引受)」라고도 한다.[189] 문제되는 신원보증이 위 세 가지 중에서 구체적으로 어느 유형에 속하는가는 당사자의 의사해석의 문제라고 할 것이나, 당사자의 의사가 불분명한 경우에는 원칙적으로 '본래의 의미의 신원보증'이라고 할 수 있는 위 ①의 경우를 가리킨다고 해석하여야 할 것이다.[190]

(2) 신원보증법의 해석

1) 신원보증법의 입법취지

신원보증은 그 책임의 범위가 지나치게 넓고 장기간에 걸치는 계속적 보증계약으로서, 신원보증인의 책임을 제한할 필요성이 크다. 이에 따라 신원보증제도의 사회적 기능을 해하지 않는 범위에서 신원보증인의 부담을 경감하는 방향으로(대법원 1959.6.18.선고, 4291민상756 판결) "신원보증관계를 적절하게 규율하는 것을 목적으로" 제정된 법률이 「신원보증법」이다.[191]

2) 신원보증법의 적용범위 및 신원보증채무의 발생요건

신원보증법은 피용자의 손해배상채무의 보증을 내용으로 하는 신원보증계약에 한하여 적용되며(동법 2조), 신원보증법에 반하는 특약은 어떠한 명칭이나 내용으로든지 신원보증인에게 불리한 것은 효력이 없으므로(동법 8조), 신원보증법의 적용대상이 되는 신원보증계약의 개념이 문제된다.

(가) 신원보증계약

신원보증법은 신원보증계약을 '피용자가 업무를 수행하는 과정에서 그의 책임 있는 사유로 사용자에게 손해를 입힌 경우에 그 손해를 배상할 채무를 부담할 것을 약정하는 계약'이

---

188) 판례는 이를 「부종적(附從的) 신원보증계약」이라고 한다(대법원 1977.1.11.선고, 76다1166 판결 등).
189) 곽윤직, 199; 현승종, 291 참조.
190) 同旨: 곽윤직, 200; 송덕수, 355 참조.
191) 신원보증법은 1957.10.5. 법률 제449호로 제정되었으나, 2002.1.14. 법률 제6592호로 전문개정되어 현재에 이르고 있다.

라고 정의함으로써(동법 2조), 2009.1.30. 법률 제9363호로 개정되기 전의 구 신원보증법과는 달리,[192] 신원보증의 범위를 '업무를 수행하는 과정에서 발생한 손해'이면서 '피용자의 귀책사유로 인한 손해'로 한정하고 있으므로, 신원보증의 개념을 위 ①의 의미로 제한하여 '주채무의 존재를 전제로 하는 본래의 의미의 신원보증'으로 파악하고 있다. 그러므로 '신원보증법은 피용자가 장래 고용계약상의 채무불이행으로 인하여 사용자에 대하여 손해배상의무를 부담하게 되는 경우에, 그 이행을 담보하는 장래의 채무에 대한 보증 내지 근보증을 의미하는 본래의 의미의 신원보증에 한하여서만 제한적으로만 적용되며, 광의의 의미에 있어서의 신원보증인 「신원인수」는 현행법상 그 효력이 인정되지 않는다'고 할 것이다(동법 8조).

■ **신원보증계약의 법적 성질**(= 부종적 보증계약)

1. 시청 산하의 운전수가 그 재직중 고의 또는 과실로 시에게 손해를 가한 민사상 책임을 연대하여 부담하겠다는 보증계약은 신원(재정)보증계약으로서 부종성 있는 보증계약이고 손해담보계약이 아니므로, 시가 피보증인에게 구상권을 행사할 수 있는 경우에 한하여 신원보증인으로서 책임이 있다. (대법원 1980.1.15.선고, 79다1946 판결)

2. 피보증인이 "재직중 고의 또는 과실로 인하여 귀하에게 손해를 끼쳤을 때에는 보증인 등은 이에 대한 일체의 민사상 책임을 지겠아옵기 자에 재정을 연대보증하나이다"라는 내용의 신원보증계약은 독립적 보증계약인 손해담보계약이 아니라, 피보증인이 사용자에 대하여 배상책임을 부담하게 될 경우에 한하여 신원보증인으로서 그 채무를 이행하겠다는 이른바 부종적 보증계약이라고 봄이 상당하다. (대법원 1977.1.11.선고, 76다1166 판결)[193]

(나) 피용자의 손해배상채무의 보증

신원보증법이 적용되는 신원보증은 피용자의 손해배상채무를 보증하는 경우에 한한다(동법 2조). 여기서 "피용자"라 함은, '상당한 기간 계속하여 타인(사용자)에게 사용되는 자'를 말한다. 판례에 따르면, '여기서 「타인에게 사용된다」는 것은, 반드시 당사자 사이에 고용계약이나 근로계약관계가 체결되어 있을 필요는 없으나, 적어도 상당한 기간 동안 계속하여 사용자의 지시 내지 명령에 복종하여 그의 감독 아래 노무를 제공하는 실질적인 종속관계인 광의의 고용관계가 있어야 함을 의미한다'고 한다(대법원 1987.4.28.선고, 86다카2023 판결).[194] 그러므로 '사용자와 피용자 간의 내부적 합의에 따라 계속근무를 전제로 한 일시퇴직, 신규입사의 처리를 하면서 해당의 퇴직금을 지급한 경우에는, 신원보증계약은 피용자의 퇴직사실로 당연 해지되어 효력을 상실한다'고 한다(대법원 1986.2.11.선고, 85다카2195 판결 등).[195]

---

192) 2002.1.14. 법률 제6592호로 전문개정되기 전의 구 신원보증법은 신원보증계약을 "명칭의 여하를 불문하고 피용자의 행위로 인하여 사용자가 받은 손해를 배상하는 것을 약정하는 계약"이라고 포괄적으로 정의함으로써, 신원보증계약을 손해담보계약의 일종(위 ②)으로 파악하고 있었다(동법 1조 2항).

193) 같은 취지: 대법원 1965.6.22.선고, 65다669 판결; 대법원 1974.5.28.선고, 73다1885 판결; 대법원 1976.6.22.선고, 76다637 판결; 대법원 1977.2.22.선고, 76다2522 판결.

194) 판례평석: 김용덕, "근보증에 있어서의 보증인의 책임제한", 민사판례연구(11)(민사판례연구회, 1989/4), 159 이하.

(다) 피용자의 귀책사유 : 고의 또는 중과실

신원보증인의 책임은 피용자의 고의 또는 중과실에 의한 유책사유로 인하여 사용자에게 손해가 발생한 경우에 한하여 발생한다(신원보증법 2조, 6조 1항). 즉, 피용자의 경과실에 기한 사용자의 손해에 대해서는 신원보증인에게 책임이 없다. 다만, '피용자가 자기의 업무를 수행하는 과정에서 다른 사람을 사용하거나 보조를 받은 경우에는, 그 타인 또는 보조자의 고의 또는 중과실로 인한 행위에 피용자의 신원보증인이 책임을 진다'는 것이 판례의 입장이다(대법원 1971.3.9.선고, 71다11 판결).

3) 신원보증인의 책임의 존속기간

기간을 정하지 아니한 신원보증계약은 그 성립일부터 2년간 효력을 가진다(신원보증법 3조 1항). 즉, 신원보증계약의 기간은 2년을 초과하지 못하며, 이보다 장기간으로 정한 경우에는 그 기간을 2년으로 단축한다(동조 2항). 또한 신원보증계약은 이를 갱신할 수 있으나, 그 기간은 갱신한 날부터 2년을 초과하지 못한다(동조 3항).

4) 사용자의 통지의무

(가) 통지의무의 발생

사용자는 ① 피용자가 업무상 부적격자이거나 불성실한 행적이 있어 이로 말미암아 신원보증인의 책임을 야기할 염려가 있음을 안 경우와, ② 피용자의 업무 또는 업무수행의 장소를 변경함으로써 신원보증인의 책임을 가중하거나 그 감독이 곤란하게 될 경우에는 지체 없이 신원보증인에게 그 사실을 통지하여야 한다(신원보증법 4조 1항).

판례는 '법인대표자가 법인 직원에게 업무상 부적격자이거나 불성실한 행적이 있어 이로 말미암아 신원보증인의 책임을 야기할 염려가 있음을 알았다면, 법인이 그러한 사실을 알았다고 보아야 할 것'이라고 한다(대법원 1999.8.24.선고, 99다28340 판결 등).[196] 그러나 '통상 예견할 수 있는 피보증인의 지위의 변동은 통지사유가 되지 않는다'고 한다(대법원 1985.12.24.선고, 84다카1221 판결 등).[197]

(나) 통지의무 불이행의 효과

구 신원보증법에서는 통지의무 해태의 효과에 대한 명문규정이 없었으나(동법 4조 참조), 판례는 '사용자가 통지를 하지 아니하였다고 하여 막비로 신원보증인의 책임이 면제되는 것은 아니지만, 신원보증인과 피보증인의 관계가 그러한 통지를 받았더라면 신원보증계약을 해지하였을 것이라는 특수한 사정이 있었음에도 불구하고 이를 통지하지 아니하여 신원보증인

195) 판례평석: 김상기, "계속근무자에 대한 중간해고와 신원보증책임", 대법원판례해설 5호(법원행정처, 1986/11), 157 이하. 같은 취지: 대법원 2000.3.14.선고, 99다68676 판결.

196) 같은 취지: 대법원 1999.8.24.선고, 99다28340 판결; 대법원 2001.4.24.선고, 2000다41875 판결.

197) 같은 취지: 대법원 1987.1.20.선고, 86다카1100 판결.

으로부터 계약해지의 기회를 박탈하였다고 볼 수 있는 경우에는 신원보증인의 책임이 부정된다'는 입장을 취하고 있었다(대법원 2003.5.16.선고, 2003다5344 판결 등).[198]

현행 신원보증법은 구 신원보증법 하에서의 판례이론과는 달리, '사용자가 고의 또는 중과실로 통지의무를 게을리 하여 신원보증인이 신원보증법 제5조에 의한 해지권을 행사하지 못한 경우에, 그로 인하여 발생한 손해의 한도에서 신원보증인은 보증책임을 면한다'고 규정하고 있다(신원보증법 4조 2항).

5) 신원보증인의 해지권

신원보증인은 다음의 사유가 있는 때에는 신원보증계약을 일방적으로 해지할 수 있다(신원보증법 5조). 즉, ① 사용자로부터 제4조 제1항의 통지를 받거나, 신원보증인이 스스로 제4조 제1항 각호의 1에 해당하는 사유가 있음을 안 때 : 신원보증인이 사용자로부터 피용자가 업무상 부적격자이거나 불성실한 행적이 있어 이로 말미암아 신원보증인의 책임을 야기할 염려가 있다는 통지를 받거나, 신원보증인이 스스로 위의 사실 또는 피용자의 업무 또는 업무수행의 장소를 변경함으로써 신원보증인의 책임을 가중하거나 그 감독이 곤란하게 되었다는 사실을 알게 된 때에는, 신원보증계약을 해지할 수 있다. ② 피용자의 고의 또는 과실이 있는 행위로 발생한 손해를 신원보증인이 배상한 경우 : 신원보증법 제5조 제2호는 피용자의 고의 또는 과실이 있는 행위로 발생한 손해를 신원보증인이 배상한 경우에, 신원보증인은 해지권을 행사할 수 있는 것으로 규정하고 있다. 그러나 이는 피보증인의 고의 또는 중과실로 인한 행위로 인하여 발생한 손해에 한하여 신원보증인의 배상책임을 인정하는 것으로 개정한 동법 제6조 제1항의 규정과 모순된다. 이는 명백한 입법상의 오류이므로 수정이 필요하다. ③ 기타 계약의 기초되는 사정에 중대한 변경이 있는 경우 : 이는 신원보증계약에 있어서 일반원칙으로서 「사정변경의 법리」를 인정한 것이라고 할 수 있다.

6) 신원보증인의 책임제한

신원보증법은 신원보증인의 책임을 여러 가지로 제한하고 있다. 즉, 보증책임의 발생요건으로서 피보증인의 귀책사유를 고의 또는 중과실로 제한하고, 신원보증인이 2인 이상인 공동신원보증의 경우에는 신원보증인에게 분별의 이익을 부여하고 있으며, 법원이 손해배상액을 산정함에 있어서 여러 가지 사정을 참작하도록 의무지우고 있다(동법 6조). 이에 반하는 당사자 사이의 특약으로서 신원보증인에게 불리한 것은 효력이 없다(동법 8조).

(가) 보증책임의 발생요건으로서의 피용자의 고의 또는 중과실

전술한 바와 같이, 신원보증인은 피용자의 고의 또는 중과실로 인한 행위로 인하여 발생한 손해에 한하여 배상할 책임이 있다(신원보증법 6조 1항).

198) 같은 취지: 대법원 1994.4.26.선고, 93다5741 판결; 대법원 1997.2.14.선고, 96다43904 판결.

(나) 공동신원보증인의 분별의 이익

신원보증인이 2인 이상인 경우에는, 특별한 의사표시가 없으면 각 신원보증인은 균등한 비율로 의무를 부담한다(신원보증법 6조 2항).

(다) 법원의 사정판결

신원보증계약에서 보증인의 책임의 한도를 정하지 않았다고 하여 신원보증인에게 무제한의 책임을 지운 것으로 해석할 수는 없으며(대법원 1970.6.30.선고, 70다739 판결), 법원은 피용자의 감독에 관한 사용자의 과실의 유무, 신원보증인이 신원보증을 하게 된 사유 및 이를 함에 있어서 주의를 한 정도, 피용자의 업무 또는 신원의 변화 그 밖의 사정을 참작하여, 신원보증인의 손해배상액을 산정하여야 한다(신원보증법 6조 3항). 판례는 신원보증법 제6조 소정의 사유는 '법원이 직권으로 탐구하여 심판하여야 할 것이 아니고, 당사자의 주장 내지 입증에 의하여 변론에 나타난 범위 안에서 참작하면 충분한 것이며(대법원 1977.4.12.선고, 76다2353 판결), 피보증인의 배상책임액 일부가 이미 변제되어 신원보증인에 대하여 그 잔액의 지급이 청구된 경우라면, 그 잔액을 기준으로 그 변제의 사정까지 참작하여 보증책임의 유무 및 한도를 정해야 한다'고 한다(대법원 1982.12.28.선고, 80다3059 판결 등).[199]

7) 신원보증책임의 비상속성

신원보증계약은 신원보증인의 사망으로 종료되며, 계약상의 의무가 상속인에게 상속되지 않는다(신원보증법 7조).

199) 진성규, "신원본인이 손해액을 일부배상한 경우 신원보증인의 책임의 한도", 민사판례연구(7)(민사판례연구회, 1985), 81 이하. 같은 취지: 대법원 1992.9.14.선고, 92다23049 판결; 대법원 1995.5.26.선고, 94다1487 판결.

제6장

채권양도와 채무인수

제 1 절 채권양도

[97] Ⅰ. 서 설

1. 채권양도의 의의

「채권양도」(Abtretung der Forderung; la cession de créance)라 함은 '채권이 법률행위에 의하여 양도인으로부터 양수인에게 이전되는 것'을 말한다. 따라서 「채권양도」는 채권의 증여·매매·교환과 같은 계약이나 단독행위인 유증과 같은 '법률행위에 의한 채권의 이전'만을 가리키며, 법률의 규정에 의하여 채권이 이전되는 경우인 「손해배상자의 대위」(399조)나 「변제에 의한 대위」(480~481조), 또는 법원의 명령에 의하여 채권이 이전되는 「전부명령(轉付命令)」(민사집행법 229조 3항)과 같은 경우는 「채권양도」라고 할 수 없다.

학설 중에는 채권양도를 '채권을 그 동일성을 유지하면서 이전하는 계약'이라고 정의하고, 단독행위인 유언에 의하여 채권이 이전되는 경우는 채권양도가 아니라고 보는 견해도 있으나,[1] 「채권양도」는 권리이전의 원인으로서의 계약을 가리키는 것이 아니라 '당사자의 의사의 효력으로서 권리가 이전되는 현상 내지 결과를 가리키는 용어'이므로, 단독행위인 유증에 의한 채권이전도 「채권양도」에 속한다고 보아야 할 것이다.[2]

2. 채권양도의 종류

(1) 양도의 객체에 따른 분류

채권양도는 양도의 객체인 채권이 증권적 채권인가 아니면 일반채권인 지명채권인가에

---

1) 곽윤직, 211; 송덕수, 375; 현승종, 300 참조.
2) 同旨: 김상용, 361; 김형배, 556 참조.

따라서 「지명채권의 양도」와 「증권적 채권의 양도」로 분류할 수 있다. 여기서 「지명채권」이라 함은 '채권자가 특정되어 있는 일반채권'을 말하며, 「증권적 채권」이라 함은 '채권의 성립·존속·양도·행사 등을 그 채권이 화체되어 있는 증권에 의하여 해야만 하는 채권', 즉 '민법상의 유가증권(有價證券)'을 말한다. 양자를 구별하는 실익은 그 양도의 방식과 요건, 그리고 효과가 전혀 다르다는 데 있다.

「증권적 채권의 양도」는 다시 그 양도의 객체인 증권적 채권의 종류에 따라 '그 양도에 배서·교부가 필요한 증권적 채권'인 「지시채권」의 양도(508조)와, '증서의 교부에 의하여 양도되는 증권적 채권'인 「무기명채권」의 양도」(523조)로 분류된다.

(2) 양도의 목적에 따른 분류

채권양도는 양도의 목적에 따라 「권리의 이전을 위한 양도」와 「담보를 위한 양도」, 그리고 「추심을 위한 양도」의 세 가지로 분류할 수 있다. 「권리의 이전을 위한 양도」는 일반적인 채권양도를 말하며, 「담보를 위한 채권양도」는 담보를 목적으로 채권을 양도하는 경우를 총칭하는데, 미확정채권의 양도와 채권의 양도담보 내지 채권질권의 설정 등이 이에 속한다.

한편 「추심을 위한 채권양도」는 단순히 양수인에게 추심의 권능만이 수여되는 경우도 있으나, 통상적으로는 채권의 추심이라는 경제적 목적을 초과하여 양수인에게 채권을 양도하고, 양수인으로 하여금 추심의 목적범위 내에서 채권의 행사를 제한하는 「채권의 신탁적 양도」가 행해지는 경우가 대부분이다.

3. 채권양도의 기능

(1) 투하자본의 회수기능

채권양도는 채권자로 하여금 투하자본을 회수할 수 있는 길을 열어준다. 예컨대, 신용 있는 기업(乙)이 발행한 어음을 은행(甲)이 중간이자와 수수료를 공제하고 매입한 후 이를 투자자(丙)에게 양도하는 「기업어음의 할인」과 같이, 아직 변제기가 도래하지 아니한 채권을 제3자에게 양도함으로써 투하자본을 회수하는 것은 기본적이고도 가장 중요한 채권양도의 기능이라고 할 수 있다.

(2) 채권의 추심기능

채권양도는 채권을 추심할 목적으로 행하여지는 경우가 있다. 이러한 목적으로 행하여지는 채권양도는 양도인이 양수인에게 추심의 권능만을 수여하는 경우와 채권을 신탁적으로 양도하는 경우로 구분할 수 있는데, 전자의 경우는 진정한 의미에서 채권양도라고 볼 수 없다. 즉, 양수인에게 추심권능만이 수여된 채권양도의 경우, 양도인은 채권의 처분권을 상실하지 않으므로 자기 자신이 직접 채권을 추심하거나 채무를 면제할 수 있으며, 채무자는 채권양도의 통지가 있은 후에도 양도인에게 대항할 수 있는 사유로써 양수인에게 대항할 수 있다. 또한 양수인은 양도인의 허락이 없는 한 제3자에게 다시 그 채권의 추심권능을 수여하거나 양도하지 못한다.[3)]

「추심목적의 채권의 신탁적 양도」는 '채권의 추심이라는 경제적 목적을 넘어서 채권 그 자체를 양도하고 양수인으로 하여금 그 경제적 목적의 범위 내에서만 권한을 행사할 의무를 부담케 하는 일종의 신탁행위로서 유효하다'고 해석된다.[4)] 그러나 채무자에 대한 채권양도의 통지에도 불구하고 양도당사자 사이의 내부관계에서는 채권자는 여전히 양도인이므로, 양도인이 채무자로부터 변제를 받거나 양도인이 채무자에 대하여 채무면제를 한 경우에는 그 변제 또는 채무면제는 유효하다. 따라서 채무자는 양도인에 대해서는 물론이고 양수인에 대해서도 채무의 변제 또는 면제의 효력을 주장할 수 있으나, 제3자에 대한 외부관계에서는 채권은 양수인에게 이전된 것으로 다루어지므로 양수인은 대외적으로는 채무면제 등 채권자로서의 모든 권리를 행사할 수 있다. 즉, 양수인이 채무자에 대하여 한 채무면제의 의사표시는 유효하며, 채무자는 채권양도가 추심목적으로 행하여진 것이라는 사실을 알았더라도 채무를 면한다. 이 경우에 양수인이 양도인에 대하여 채무불이행으로 인한 손해배상의 책임을 져야함은 물론이다.[5)]

추심을 위한 채권양도가 있는 경우, 그것이 추심권능만이 수여된 것인지, 아니면 채권의 신탁적 양도에 해당하는지의 여부는 원칙적으로 당사자의 의사해석의 문제라는 점에는 견해가 일치한다. 그러나 '당사자의 의사가 불분명한 경우에 당사자의 의사를 어떻게 해석할 것인가?' 하는 것은 문제이다. 이에 대해서는, '당사자의 의사가 불분명한 경우에는 원칙적으로 단순한 추심권능의 수여로 보아야 한다'는 견해도 있을 수 있으나, 이렇게 해석하면 채권양도의 통지를 신뢰하여 양수인으로부터 다시 채권을 양수한 제3자가 예측하지 아니한 손해를 입을 가능성이 있을 뿐만 아니라, 채무자 보호에도 불충분하다. 그러므로 추심을 위한 채권양도에서 당사자의 의사가 불분명한 경우에는 이를 채권의 신탁적 양도가 이루어진 것으로 보아야 할 것이다.[6)]

(3) 담보적 기능

채무자가 제3자에 대한 자신의 채권을 채권자에게 양도하는 방법으로 담보를 제공하는

---

3) 同旨: 곽윤직, 215; 김증한/김학동, 293; 현승종, 307 참조.
4) 同旨: 곽윤직, 215; 김증한/김학동, 294; 김상용, 362; 김형배, 565; 송덕수, 378; 현승종, 307 참조.
5) 同旨: 곽윤직, 215; 김증한/김학동, 294; 송덕수, 378; 현승종, 307 참조.
6) 同旨: 곽윤직, 216; 김증한/김학동, 294; 송덕수, 379 참조.

경우가 있다. 채권양도는 금융기관이 기업에 대한 대여금채권을 담보하기 위하여 그 기업의 영업활동에 의하여 장래 취득하게 될 채권을 미리 양도받는 방법에 의하여 이루어지는 경우가 많은데,[7] '담보목적으로 채권이 양도된 경우에는 그 피담보채무가 변제로 소멸되었다고 하더라도 양도채권의 채무자는 채권양수인의 양수금 청구를 거절할 수 없다'는 점에서(대법원 1999.11.26. 선고, 99다23093 판결),[8] 담보제도로서의 기능을 수행한다.

[98] Ⅱ. 연혁과 입법례

1. 연 혁

(1) 로마법에서의 채권양도의 금지

로마법에서는 상속과 같은 포괄승계 이외에는 채권의 동일성을 유지하면서 채권자를 변경하는 채권양도는 인정되지 않았다고 한다.[9] 채권은 채권자와 채무자 사이의 인적 관계로서 채무자가 채권자에 대하여 변제할 필요에 구속되는 「법의 사슬」(iuris vinculum)이며, 당사자 일방의 변경은 새로운 관계의 발생이라고 보았기 때문이다. 따라서 로마법에서는 채권자를 변경할 경제적 필요에 응하기 위한 법률적 수단으로서 「채권자의 교체를 위한 경개(更改)계약」이 주로 이용되었다. 그러나 경개에 의하여 채권자를 교체하는 경우에는 기존의 담보권이 소멸할 뿐만 아니라 채무자의 승낙을 얻어야 한다는 불편을 감수하지 않을 수 없었다. 이러한 불편을 피하기 위하여, 일종의 소송위임이라고 할 수 있는 「자기의 계산으로 하는 소송대리」(cognitio procuratio in rem suam)의 방법이 사용되었다고 한다.[10] 그러나 이 방법에 의하면 위의 불편은 제거되지만, 「쟁점결정」[11]에 의하여 그 효력이 발생하기 전에 채무자가 종전의 채권자(양도인)에게 변제하거나, 채권자(양도인)가 위임을 철회하거나 수임인(양수인)이 다시 제3자에게 양도한 경우에는 소송위임은 무효가 되며, 수임인(양수인)이 사망한 경우에는 소송위임의 효력이 소멸할 수도 있어서, 이러한 방법은 수임인(양수인)에게 위험한 것이었다. 이러한 결함을 보완하기 위하여, '양수인이 채무자에게 양수의 통지를 한 후에는 채권자(양도인)는 채권에 대한 처분권을 상실하고 채무자는 양수인에게 변제하도록 구속된다'는 규정이 생

7) 서민, 「채권양도에 관한 연구」(경문사, 1985), 161; 김증한/김학동, 295 참조.
8) 판례평석: 유남근, "담보목적의 채권양도(채권양도담보)의 성질과 그 피담보채무가 변제된 경우의 법률관계", 판례연구 14집(부산판례연구회, 2003/2), 297 이하.
9) 정병호, "로마법상 채권양도에 관한 연구", 박사학위논문(서울대학교대학원, 1988), 1 이하; 서민, 전게서(주 1), 7 이하; 김상용, 362; 현승종, 300 참조.
10) 현승종, 301 참조.
11) 로마법상 「쟁점결정」은 계쟁물의 양도금지의 효과가 발생하는 등, 민사소송절차의 진행에 있어서 중요한 획을 긋는 기준시점이 되었다고 한다(최병조, 「로마법강의」, 542 이하 참조).

졌으며, '양수인은 위임의 유무에 상관없이 채무자를 상대로 자기의 이름으로 「준소송」(actio utilis)을 제기할 수 있도록 하여 위임의 해소로 인한 위험을 제거할 수 있게 되었다'고 한다.[12)]

(2) 게르만법에 있어서의 채권양도

게르만법에서 채권양도가 인정되었는지의 여부에 대해서는 견해가 대립되고 있으나, 로마법과 마찬가지로 '게르만법에서도 채권양도는 인정되지 않았다'는 것이 법제사학에서의 통설적인 견해이다.[13)] 즉, 게르만법에서도 채권을 인격적인 것으로 생각하였기 때문에 채권양도는 허용되지 않았으며, 법률상 채권양도가 인정된 것은 채권의 재산권성이 인정되어 처분가능한 재산의 구성부분으로 된 중세 말 이후부터라고 한다.

(3) 중세 말 교회법에 의한 채권양도의 인정

중세 교회법에서는 채권자가 교회에 채권을 양도하면 교회는 채무자를 상대로 교회재판을 통하여 이행을 청구할 수 있도록 함으로써 채권양도가 인정되었는데,[14)] 이러한 교회법의 원칙이 세속법에 영향을 미쳐 중세 말에 이르러서는 채권의 자유로운 양도가 법률적으로 확립되었다고 한다.

2. 입법례

(1) 근대민법에 있어서의 채권양도제도의 확립

프랑스혁명에 의하여 확립된 자유시장경제체제하에서는 독립된 재산권으로서의 채권의 원활한 유통을 허용할 필요성이 커졌으며, 이러한 경제적 수요에 부응하기 위한 법적 장치로서의 자유로운 채권양도제도가 요구되었다. 이러한 요구에 응하여 근대민법은 예외 없이 채권양도를 허용함은 물론, 채권양도의 자유를 확대하고 그 안전성을 확보함으로써 '채권양도의 원활화'를 목표로 제도를 개혁하였다. 특히 어음·수표·창고증권·화물상환증·선하증권과 같이 채권이 증권에 화체됨으로써 완전한 유통성을 취득한 「증권적 채권」이 등장함으로써 채권양도제도는 자본주의경제체제를 지탱하는 핵심적인 법제도가 되었다.

(2) 채권양도의 효력발생에 관한 입법주의의 대립

근대민법은 예외 없이 채권양도를 허용하고 있다. 다만, 채권은 양도인과 양수인의 양도의 합의의 효력으로 이전된다는 점에는 각국의 입법례가 일치하고 있으나, 양도의 합의 이외

12) 현승종(로마법), 185 참조.
13) 김상용, 362 참조.
14) 김상용, 363 참조.

에 대항요건을 요구하는 입법주의(대항요건주의)를 취하고 있는 프랑스법계에 속하는 국가들(프랑스, 이탈리아, 스페인 등)과 양도인과 양수인 간의 양도의 합의 이외에는 채권양도의 효력 발생을 위한 어떠한 요건도 요하지 않는 독일법계 국가들(독일, 스위스, 오스트리아 등)의 입법주의가 대립하고 있다.

1) 프랑스민법

2016.2.10. 오르도낭스 제2016-131호에 의하여 개정되기 전의 프랑스민법은 채권양도계약을 낙성계약으로 규정하고 있었으나, 개정 프랑스민법은 채권양도계약을 요식계약으로 규정하고 있다. 즉, 프랑스민법에서 채권양도는 양도인(채권자)과 양수인 사이의 서면에 의하여 확인되어야 하는 요식계약인 「채권양도계약」에 의하여 이루어진다(C.c. Art. 1322).[15] 또한 2016년에 개정된 현행 프랑스민법은 채무자에 대해서는 「대항요건주의」를 취하여, '채권양도는 채무자에 의하여 양도가 승인된 경우가 아니 한 채무자에게 통지되었거나 또는 증서로써 한 경우에 한하여 채무자에게 대항할 수 있다'고 규정하고 있으나(C.c. Art. 1324), 제3자에 대해서는 대항요건주의를 폐지하였다. 또한 개정 전 프랑스민법에서는 채무자의 승낙은 공정증서에 의할 것이 요구되었으나(동법 1690조),[16] 현행 프랑스민법은 공정증서에 의한 승낙까지는 요구하지 않고 문서(acte)에 의한 통지를 요구하는 데 그치고 있다.[17]

2) 독일민법

프랑스민법과 마찬가지로, 독일민법도 채권자와 양수인 사이의 양도계약에 의하여 채권양도(Abtretung)의 효력이 발생하는 것으로 규정하고 있다(BGB §398).[18] 그러나 프랑스민법과는 달리, 독일민법에 있어서 채무자에 대한 채권자의 양도사실의 통지는 채권양도의 대항요건이 아니라, 금반언(禁反言)의 효력을 발생시키는 요건으로서의 의미를 가지는 것에 불과하다(BGB §409).[19] 즉, 독일민법에서는 채무자는 채권양도 시에 양도인에 대하여 가지고 있었던 대항사

15) 프랑스민법 제1322조 : 채권양도는 서면으로 증명되어야 하며, 그렇지 않으면 무효이다.

16) 개정 전 프랑스민법 제1690조 : (1) 양수인은 채무자에 대한 양도의 통지가 이루어진 경우에 한하여 제3자에게 대항할 수 있다. (2) 그럼에도 불구하고 양수인은 채무자가 공정증서에 의하여 양도를 승낙한 경우에는 제3자에게 대항할 수 있다.

17) 개정 전 프랑스민법에 있어서의 채권양도에 관하여는 남효순, "대항요건을 갖추지 못한 동안 채권양도의 채무자에 대한 효력 -양수인의 재판상청구를 중심으로-", 민사판례연구(31)(민사판례연구회, 2009), 289 이하 참조.

18) 독일민법 제398조(양도) 채권은 다른 사람과의 계약에 의하여 채권자로부터 그 사람에게 이전될 수 있다(양도). 계약의 체결로써 새로운 채권자가 종전채권자를 대신한다.

19) 독일민법 제409조(양도의 통지) (1) 채권자가 채무자에 대하여 채권을 양도하였음을 통지한 경우, 채권자는 양도를 하지 아니하였거나 양도가 무효인 경우에도 채무자에 대하여 그 통지된 양도의 효력을 승인하여야 한다. 채권자가 양도에 관한 증서를 그 증서에 표시된 새로운 채권자에게 발행하였고, 새로운 채권자가 그 증서를 채무자에게 제시한 경우에는 통지와 동일시된다. (2) 통지는 새로운 채권자로 표시된 자의 동의가 있는 때에 한하여 철회될 수 있다.

유로써 양수인에게 대항할 수 있으며(BGB §404),[20] 양수인은 채권양도 후에 채무자가 양도인에게 한 급부와 채무자와 양도인 사이에 행하여진 채권에 관한 모든 법률행위의 효력을 인정하여야 하나, 채권자의 통지에 의하여 채무자가 그 급부시 또는 법률행위의 착수 당시에 양도사실을 알았던 때에는 그러하지 아니하다(BGB §407 I).[21] 또한 채무자는 양도인에 대한 자신의 채권으로써 새로운 채권자에 대하여 상계할 수 있으나, 양도인의 통지에 의하여 채무자가 자신의 채권을 취득할 당시에 양도사실을 알았거나, 양도사실을 안 이후에 그 채권의 이행기가 도래한 경우에는 상계할 수 없다는 제한이 있을 뿐이다(BGB §406).[22]

3) 일본민법

2017.6.2. 법률 제44호로 개정되기 전의 일본민법(구 의용민법: 이하「개정 전 일본민법」으로 약칭)은 채권양도에 관하여 이른바「대항요건주의」를 취하고 있었다(동법 467조).[23] 이는 개정 전 프랑스민법이 취하고 있었던 입법주의를 계수한 것으로서(C.c. Art. 1690),[24][25] '채권양도의 효력은 채권자인 양도인과 양수인 사이의 채권양도계약의 효력으로 발생하지만, 이를 채무자 또는 제3자에 대하여 주장(대항)하기 위해서는 대항요건(채무자에 대한 통지 또는 승낙)을 갖추어야 한다'는 것이었다. 2017년의 개정 일본민법도 이러한 대항요건주의를 그대로 유지하고 있는데(동법 467조),[26]「민법수정안이유서」는 일본민법이 채권양도에서 대항요건주의를 취한 이유를 다음과 같이 기술하고 있다.[27]

---

20) 독일민법 제404조(채무자의 항변) 채무자는 채권양도 시에 종전 채권자에 대하여 가지고 있었던 대항사유로써 새로운 채권자에게 대항할 수 있다.

21) 독일민법 제407조(종전 채권자에 대한 법적 행위) (1) 새로운 채권자는 채권양도 후에 채무자가 종전 채권자에게 한 급부, 그리고 양도 후에 채무자와 종전채권자 사이에 행하여진 채권에 관한 모든 법률행위를 그 자신에게 유효한 것으로 인정하여야 한다. 그러나 채무자가 그 급부시 또는 법률행위의 착수 당시에 양도사실을 알았던 때에는 그러하지 아니하다. (2) 양도 후에 채무자와 종전 채권자 사이에 계류 중인 채권에 관한 소송에서 판결이 확정된 때에는, 새로운 채권자는 그 판결의 효력을 승인하여야 한다. 그러나 채무자가 소의 제기시에 양도사실을 알았던 때에는 그러하지 아니하다.

22) 독일민법 제406조(새로운 채권자에 대한 상계) 채무자는 그에게 속하는 종전 채권자에 대한 채권으로써 새로운 채권자에 대하여 상계할 수 있다. 그러나 채무자가 자신의 채권을 취득할 당시에 양도사실을 알았거나, 양도사실을 안 후에 비로소 그리고 양도채권보다 나중에 그 채권의 이행기가 도래한 경우에는 그러하지 아니하다.

23) 개정 전 일본민법(구 의용민법) 제467조 : ① 지명채권의 양도는 양도인이 이를 채무자에게 통지하거나 채무자가 이를 승낙하지 아니하면 이로써 채무자 기타 제3자에게 대항할 수 없다. ② 전항의 통지 또는 승낙은 확정일자 있는 증서로써 하지 아니하면 이로써 채무자 이외의 제3자에게 대항할 수 없다.

24) 전게 주 15 참조.

25) 일본민법의 제정 과정에 관하여는 남효순, 전게논문(주 16), 292~293 참조.

26) 2017년 개정 일본민법 제467조(채권양도의 대항요건) ① 채권의 양도(현실로 발생하지 아니한 채권의 양도를 포함한다)는 양도인이 채무자에게 통지를 하거나 채무자가 승낙을 하지 아니하면 채무자 기타 제3자에게 대항할 수 없다. ② 전항의 통지 또는 승낙은 확정일자가 있는 증서에 의하지 아니하면 채무자 이외의 제3자에게 대항할 수 없다.

27)「民法修正案理由書」, 388~389 참조.

(이유) 본조는 기성법전 재산편 제347조 제1항[28]과 대체로 그 입법주의를 같이하며, 오로지 다음 세 가지 점에서 수정을 하였을 뿐이다.

1. 기성법전에 있어서는 양수인이 그 양수한 채권을 채무자에게 대항하는 데에도 방식을 갖춘 통지 또는 증서로써 하는 승낙을 필요로 한 것이나, 본안에 있어서 증서를 요함은 단지 이 양수를 채무자 이외의 제3자에 대항하는 경우에 한한다. 생각건대, 채권자와 채무자 사이에 있어서는 단순한 통지 또는 승낙으로써 충분한 것으로 하고, 증서를 필요로 하는 것은 필경 제3자에 대하여 사기가 발생하는 것을 방지하기 위한 것이다. 과연 이러한 목적 때문에 증서를 요하는 것이라고 한다면, 그 증서에는 반드시 확정일자가 붙여지지 않으면 안 될 것이다. 그러므로 이를 붙이는 방법과 같은 것은 특별한 세칙으로써 규정하여야 할 것으로 하였다.

2. 기성법전은 전술한 통지를 양수인에 의하여 하여야 할 것으로 하였으나, 이로써 충분한 통지가 될 수 있다고 하더라도 양수인 스스로 그 양수를 통지하여 채무의 변제를 청구할 수 있는 것으로 하는 때에는 정당한 양수를 얻지 않은 자도 왕왕 마음대로 양수를 통지하여 채무자를 기망함으로써 변제를 받는 등의 염려가 없다고 할 수 없으므로, 본안은 이를 바꾸어 통지는 양도인에 의하여 이를 하여야 하는 것으로 하였다. 이와 같이 개정한 것은 등기법에 있어서 등기는 재산의 양수인의 임의로 이를 할 수 없는 것으로 한 것과 동일한 정신이라고 할 것이다.

3. 기성법전은 전술한 통지 또는 승낙을 절대적으로 필요한 것으로 하여 제3자가 만약 어떤 조건으로써 양도의 사실을 안 때에는 통지 또는 승낙이 없더라도 그 제3자에 대하여 채권의 양수를 대항할 수 있는 것으로 하였으나, 본안은 앞에서 물권의 양도를 제3자에게 대항하는 데는 동산이 인도 도는 부동산의 등기를 절대적인 요건으로 한 것과 마찬가지로, 채권의 양도에 있어서도 역시 통지 또는 승낙을 절대적인 요건으로 한 것이다.

즉, 일본민법은 프랑스민법을 모범으로 하여 제정된 일본구민법 재산편 제347조 제1항이 취한 대항요건주의를 계승하였으나, ① 채무자에 대한 대항요건으로서의 통지나 승낙에는 확정일자를 요하지 않는 것으로 수정하였고, ② 대항요건으로서의 통지는 등기의 경우 양수인이 임의로 할 수 없도록 한 것과 같은 취지에서, 반드시 채권자에 의하여서만 할 수 있는 것으로 수정하였으며, ③ 일본구민법은 제3자가 양도의 사실을 안 때에는 통지 또는 승낙이 없더라도 그 제3자에 대해서는 채권양도로써 대항할 수 있는 것으로 하였으나, 통지 또는 승낙을 절대적 요건으로 수정하였다는 것이다.

일본민법학에서는 제467조의「대항요건」의 법적 성질에 대하여, ①「상대적 무효설」('대항요건이 없더라도 당사자 사이에서는 채권양도의 효력이 발생하지만 채무자에 대하여 효력이 없다'는 견해), ②「부인권설」('대항요건이 없는 한 채무자는 채권양도의 효력을 부인할 수 있다'는 견해), ③「항변권설」('대항요건은 양수인이 채권을 행사하기 위한 적극적 요건은 아니고, 채무자가 그 흠결을 주장하여 양수인의 권리행사를 저지할 수 있는 데에 지나지 않는 항변권'이라는 견해) 등으로 학설이 대립하고 있으나,「부인권설」이 종래의 통설적 견해이다.「부인권설」에 따르면, '채무자는 양

28) 일본구민법 재산편 제347조 : ① 기명채권의 양수인은 채무자에게 그 양수를 정식으로 고지하거나 또는 채무자가 공정증서 또는 사서증서로 이를 수락한 후가 아니면 자기의 권리를 가지고 양도인의 승계인 내지 채무자에게 대항할 수 없다.

도인의 이행청구를 거절할 수 있을 뿐만 아니라 양수인의 이행청구도 거절할 수 있다'고 한다. 다만, '채무자가 채권양도의 사실을 주장하는 것은 가능하므로, 양수인에게 이행하는 것은 가능하다'고 한다.

일본의 판례는 처음에는 「상대적 무효설」을 취하여, '채권양도에 붙은 대항조건인 통지가 행하여지지 않은 경우에는 채권양수인은 채무자에 대하여 그 채권을 대항할 수 없고, 이로써 채무자에 대한 관계에서는 채권자가 된다고 말할 수 없다'고 하였으나(일본대심원 1919.10.15.판결), 나중에는 「부인권설」로 입장을 바꾸어, '양도인이 이를 채무자에게 통지하거나 또는 채무자가 이를 승낙한 사실이 없더라도 채무자가 그 항변권을 행사하지 않는 한은 채권양도의 사실이 존재한 이상 채권양수인의 권리주장을 인용하지 않을 수 없다'고 하였다(일본대심원 1927.1.28.판결). 최고재판소도 '제467조 제1항 소정의 통지 또는 승낙은 양수인이 채무자에게 대항하여 채권을 행사하기 위한 적극적인 요건은 아니고, 채무자가 통지 또는 승낙이 없음을 주장하여 양수인의 권리행사를 저지하는 것이 가능한 항변권에 지나지 않는다'는 입장을 취하고 있다(일본최고재판소 1981.10.13. 판결).

4) 우리 민법

우리 민법은 채권양도에 관하여 지명채권의 양도에 대한 4개 조문(449~452조), 지시채권에 대한 15개 조문(508~522조), 무기명채권에 대한 4개 조문(523~526조), 합하여 총 23개 조문에 달하는 방대한 규정을 두고 있다. 다만, 증권적 채권에 관한 19개 조문은 실제거래에서는 사용되고 있지 아니하여 사실상 사문화된 규정이므로, 중요한 것은 지명채권의 양도에 관한 제449조 내지 제452조의 4개 조문이다.

우선 지명채권의 양도성을 규정한 제449조는 구 의용민법 제466조[29]를 계승한 것이고, 지명채권양도의 대항요건을 규정한 제450조는 구 의용민법 제467조[30]를 계승한 것인데, 구 의용민법 제467조는 개정 전 프랑스민법 제1690조[31]를 모범으로 한 것이므로, 우리 민법 제450조는 개정 전 프랑스민법 제1690조에서 유래된 조문이라고 할 수 있다. 또한 채권양도의 대항요건인 통지 또는 승낙의 효력에 관하여 규정하고 있는 제451조는 구 의용민법 제468조[32]를 계승한 것이다. 다만, 「양도통지와 금반언의 효력」에 관하여 규정하고 있는 제452조

29) 구 의용민법 제466조 : ① 채권은 이를 양도할 수 있다. 다만, 그 성질이 이를 허용하지 아니하는 때에는 그러하지 아니하다. ② 전항의 규정은 당사자가 반대의 의사를 표시한 경우에는 이를 적용하지 아니한다. 다만, 그 의사표시는 이로써 선의의 제3자에게 대항할 수 없다.

30) 전게 주 23 참조.

31) 전게 주 16 참조.

32) 구 의용민법 제468조 : ① 채무자가 이의를 유보하지 아니하고 전조의 승낙을 한 때에는 양도인에게 대항할 수 있는 사유가 있더라도 이로써 양수인에게 대항할 수 없다. 다만, 채무자가 그 채무를 소멸시키기 위하여 양도인에게 넘겨준 것이 있는 때에는 이를 반환하고 또 양도인에 대하여 부담한 채무가 있는 때에는 이를 성립하지 아니한 것으로 간주하는 것을 방해하지 않는다. ② 양도인이 양도의 통지를

는 구 의용민법에는 없었던 조문인데, 독일민법 제409조[33]의 규정을 모범으로 한 것이라고 생각된다.

[99] Ⅲ. 채권양도의 법적 성질 : 법리구성

1. 문제의 소재

학설 중에는 채권양도 그 자체를 계약으로 파악하는 견해도 있으나,[34] 「채권양도」는 그 자체가 계약이 아니라 '채권을 이전하기로 하는 양도인과 양수인 사이에 합의인 채권양도계약의 효과로서 채권이 이전되는 현상 내지 결과를 지칭하는 법률용어'일 뿐이다.[35] 즉, 「채권양도」라 함은 '법률행위에 의하여 채권이 이전되는 것'을 말하며, '법률의 규정에 의하여 당연히 채권이 이전되는 현상 내지 결과'를 의미하는 「대위(代位)」와 대립되는 용어이다. 이와 같이 채권양도의 효력을 발생시키는 법률행위는 채권을 이전시키기로 하는 당사자 사이의 합의인 「채권양도계약」(채권의 매매·증여·교환) 또는 단독행위인 유증이다. 그런데 채권양도계약의 법적 성질에 대해서는 물권변동에 있어서와 마찬가지로 학설상 다툼이 있다.

우선 물권변동에서와 마찬가지로, '우리 민법의 해석상 채권양도를 위하여 준물권행위의 성질을 가지는 채권양도의 합의가 반드시 필요한 요건인가?' 하는 것이 문제된다(「준물권행위의 필요성」의 문제). 이에 대해서는 민법에 아무런 규정이 없으므로 학설상 다툼이 있을 수 있으나, 현재로서는 채권양도의 합의의 법적 성질을 준물권행위(準物權行爲)라고 보는 데는 학설이 거의 일치하고 있다. 즉, 처분행위인 준물권행위의 성질을 가지는 당사자의 채권양도합의의 효력으로 채권이 이전된다는 것이다. 다만, 준물권행위인 채권양도합의의 독자성과 무인성의 문제에 대해서는 견해가 대립되고 있다. 또한 민법은 지명채권양도에 있어서는 채권양도의 통지 또는 승낙을 채권양도의 대항요건으로 규정하고 있으나(450조), 지시채권에서는 증서의 배서·교부를 채권양도의 효력발생요건으로 규정하고 있으며(508조), 무기명채권과 지명소지인출급채권의 경우에는 단순한 교부를 채권양도의 효력발생요건으로 규정하고 있다(523조, 525조). 따라서 '준물권행위의 성질을 가지는 채권양도의 합의와 지명채권양도의 대항요건 또는 증권적 채권의 효력발생요건과의 관계를 어떻게 설정할 것인가?' 하는 것이 문제된다.

하였을 뿐인 때에는, 채무자는 그 통지를 받을 때까지 양도인에 대하여 생긴 사유로써 양수인에 대항할 수 있다.

33) 전게 주 19 참조.

34) 곽윤직, 212; 김증한/김학동, 295; 현승종, 302 참조.

35) 同旨: 서민, 전게서(주 7), 80 참조.

2. 채권양도의 법리구성

(1) 준물권행위의 필요성 여부

물권변동에서와 마찬가지로, '채권양도에서도 채권양도의 효력이 발생하기 위해서는 당사자 사이에 채권계약만 있으면 충분한가, 아니면 채권계약 이외에 그 이행행위 내지 처분행위의 성질을 갖는 준물권행위인 양도계약이 별도로 필요한가?' 하는 것이 문제되는데, 이에 대해서는 '채권양도의 효력발생을 위해서는 그 원인행위인 채권계약(매매·교환·증여) 이외에 그 이행행위 내지 처분행위의 성질을 갖는 준물권행위가 필요하다'는 견해가 지배적이다.[36] 즉, '채권양도는 채권계약의 효력으로 발생하는 것이 아니라 그 이행행위인 준물권행위의 효력으로 발생한다'는 것이다. 이러한 통설적 견해에 따르면, '양도인과 양수인 사이의 채권양도의 합의는 처분행위인 「준물권행위」로서의 성질을 가진다'고 할 수 있다.[37]

(2) 채권양도계약의 법적 성질 : 처분행위

1) 채권양도계약의 독자성과 무인성의 인정 여부

'채권양도의 효력이 발생하기 위해서는 채권의 매매·교환·증여 등의 채권계약과는 별도로 준물권행위인 채권양도의 합의가 필요하다'고 보는 견해를 취하면, 다시 '처분행위의 성질을 가지는 준물권행위인 채권양도합의는 그 원인행위인 채권의 매매·교환·증여 등의 채권계약과 원칙적으로 별개로 이루어지는가?' 하는 「채권양도합의의 독자성」이 문제되며, '채권계약의 이행행위로서의 성질을 가지는 채권양도합의는 원인행위인 채권계약이 불성립·무효·취소 등으로 인하여 실효된 경우에도 그 영향을 받지 않는가?' 하는 「채권양도합의의 무인성」이 문제된다.

이에 대해서는, ① '준물권행위인 채권양도합의의 독자성과 무인성을 인정하여야 한다'는 견해,[38] ② '채권양도합의의 독자성은 인정되나, 무인성은 인정될 수 없다'는 견해,[39] ③ 채권양도계약의 독자성은 인정되지 않으나 무인성은 인정되어야 한다는 견해[40] 등이 제기되고 있으나, '채권양도합의의 독자성과 무인성은 인정되지 않는다'는 견해가 지배적이다.[41]

---

36) 곽윤직, 213; 김상용, 364; 김증한/김학동, 296; 김형배, 559; 현승종, 303 참조.
37) 저자는 '채권양도의 효력발생을 위하여 채권의 양도를 목적으로 하는 채권계약(매매·교환·증여계약) 이외에 별도로 처분행위의 성질을 가지는 법률행위인 준물권행위가 필요한가?' 하는 문제에 대하여 회의적인 생각을 가지고 있다. 다만, 본서에는 「준물권행위의 필요성」을 인정하는 통설적 견해에 따라서 채권양도를 해설하기로 한다.
38) 김기선, 272 참조.
39) 김상용, 365 참조.
40) 김증한/김학동, 297 참조.
41) 서민, 전게서(주 7), 83; 곽윤직, 213; 김상용, 385; 김형배, 562; 이은영, 601; 현승종, 304 참조.

생각건대, 지명채권의 양도에 있어서는 채권양도의 원인행위인 채권계약(매매·교환·증여)과 별도로 준물권행위인 채권양도의 합의가 별도로 행하여지는 일은 실제상 거의 일어나지 않는다. 따라서 물권변동의 이론을 채권양도에 도식적으로 적용하여 '채권양도합의의 독자성을 인정하여야 한다'고 주장하는 것은 거래의 현실과 동떨어진 견해라고 할 것이다. 그런데 「채권양도합의의 독자성」을 인정할 수 없다면 「채권양도합의의 무인성」의 인정 여부는 따로 논할 실익이 전혀 없다. 「채권양도합의의 무인성」은 「채권양도합의의 독자성」이 인정된다는 것을 이론적 전제로 하기 때문이다. 즉, 지명채권의 양도에서 준물권행위인 채권양도합의(양도계약)가 필요하다고 하더라도 이는 채권계약 속에 포함되어 일체로서 행하여지는 것이 거래의 현실이므로 「채권양도합의의 독자성」은 인정될 수 없으며, 이에 따라 「채권양도합의의 무인성」도 인정될 수 없다고 할 것이다.[42] 다만, '지시채권이나 무기명채권과 같은 증권적 채권의 양도에 있어서는 채권양도계약의 독자성과 무인성이 인정되어야 한다'는 데 학설의 견해가 일치한다. 즉, '증권적 채권에서는 증서의 배서·교부(지시채권의 경우), 또는 단순한 증서의 교부(무기명채권 또는 소지인출급채권의 경우)가 있는 때에 채권양도의 합의가 있는 것으로 해석되며(독자성의 인정), 유효한 채권양도계약과 배서·교부 또는 단순한 교부가 있으면 그 원인행위가 실효되더라도 그 양도의 효력에는 영향이 없다'고 해석되고 있다(무인성의 인정).[43]

2) 채권양도의 합의가 요식행위인지 여부

지명채권의 양도에서는 그 대항요건으로서 채권자의 통지 또는 승낙을 요할 뿐 채권양도의 합의(양도계약) 자체의 성립을 위한 특별한 방식을 요하지 않으므로, 지명채권의 양도는 낙성·불요식계약이라는 데 견해가 일치한다.[44] 그러나 '증권적 채권의 양도는 당사자의 양도의 합의만으로써는 효력이 발생하지 않고, 양도의 합의 이외에 지시채권의 경우에는 증권의 배서·교부(제508조), 무기명채권과 지명소지인출급채권의 경우에는 교부(523조, 525조)라는 별도의 요건을 갖추어야 효력이 발생하므로, 이를 요식행위로 볼 것인가?' 하는 것이 문제된다.

이에 대해서는, 증권적 채권의 양도합의은 요식행위라는 견해[45]와 지명채권의 경우와 마찬가지로 증권적 채권의 양도 역시 불요식행위라는 견해[46]가 대립하고 있는데, 증권적 채권의 양도합의를 요식행위로 보는 견해는 채권양도합의 자체가 배서·교부에 의하여 이루어진다고 해석하는 것이고, 이를 불요식계약으로 보는 견해는 배서·교부 또는 교부를 마치 부동산물권변동에 있어서의 등기와 같이 법률에 의하여 특별히 요구되는 또 하나의 양도의 요건이라고

---

42) 同旨: 김형배, 562 참조.
43) 곽윤직, 214; 김상용, 365; 김형배, 562 참조.
44) 서민, 전게서(주 7), 80; 곽윤직, 206; 김상용, 384; 김증한/김학동, 296; 김형배, 561; 현승종, 303 참조.
45) 현승종, 303 참조.
46) 곽윤직(신정판), 402 참조.

해석하는 것이다. 어느 견해에 의하더라도 양도계약의 독자성과 무인성을 인정하고 있으므로 해석상의 결과에 차이가 없고, 또한 두 견해 모두 이론상 성립할 수 있다고 생각된다. 그러나 유통성을 중시하는 증권적 채권의 특성상, 증권적 채권에 대한 양도합의를 요식행위로 보는 것이 거래의 현실에 부합하는 해석이라고 생각한다.

[100] Ⅳ. 지명채권의 양도

1. 지명채권의 양도성과 그 제한

「지명채권」이라 함은 '채권자가 특정되어 있는 일반채권'을 증권적 채권에 대비하여 부르는 명칭인데, 채권은 재산권의 일종으로서 자유롭게 양도할 수 있는 것이 원칙이므로(449조 1항), 증권적 채권은 물론이고 채권자가 특정되어 있는 지명채권도 자유롭게 양도할 수 있음이 원칙이다(채권양도 자유의 원칙). 다만, 증권적 채권과는 달리, 지명채권은 채권의 발생원인인 법률관계의 개별성·특수성이 채권에 반영되는 결과, 그 양도성에 다음과 같은 제한이 가해진다.

(1) 채권의 성질에 의한 제한

1) 일반원칙

채권의 성질이 양도를 허용하지 아니하는 때에는 양도가 제한된다(449조 1항 단서). 여기서 "채권의 성질이 양도를 허용하지 아니하는 때"라 함은 '채권자가 변경되면 채권의 동일성이 상실되거나 채권의 목적을 달성할 수 없는 경우'를 말하는데, 다음과 같은 경우가 이에 해당한다. ① 채권자가 변경되면 급부의 내용이 전혀 달라지는 채권, 예컨대 특정한 사람을 교육시키는 채권이나 특정한 사람의 초상을 그리게 하는 채권은 양도성이 없다. 부작위채권도 이에 속한다.[47] ② 특정한 당사자 사이에서만 결제되어야 할 특수한 사정이 있는 채권, 예컨대 당좌대월계약상의 채권, 상호계산에 계입된 채권(상법 72조 이하) 등도 양도성이 없다. ③ 종된 채권은 주된 채권과 분리하여 양도할 수 없는 것이 원칙이다. 예컨대, 기본적 이자채권은 원본채권과 분리하여 양도할 수 없다. ④ 특정한 채권자에게 급부하는 데 중요한 의의가 있는 채권, 예컨대 사용대차에서의 차주의 권리(610조 2항)·임대차에서의 임차권(629조 1항)·고용계약에서의 사용자의 채권(657조 1항)·위임계약에서의 위임인의 채권(610조 2항) 등과 같이, 채권자의 변경에 의하여 권리행사에 뚜렷한 차이가 생기는 채권은 양도성이 제한된다.

2) 채권의 양도성 여부가 문제되는 경우

채권의 성질에 의한 양도성의 제한은 시대의 변천에 따라서 그 제한의 범위가 달라질 수

47) 곽윤직, 217; 김형배, 573; 송덕수, 365; 현승종, 310 참조.

있는 역사적·상대적인 개념이라고 할 수 있다. 이러한 관점에서 양도성의 인정 여부가 문제되는 경우가 있다.

(가) 장래채권의 양도

채권양도는 양도의 목적인 채권이 존재하여야 하고 특정되어 있어야 한다. 그러나 '현재는 존재하고 있지 아니한 장래의 채권도 양도 당시 기본적 채권관계가 어느 정도 확정되어 있어 그 권리의 특정이 가능하고 가까운 장래에 발생할 것임이 상당 정도 기대되는 경우에는, 이를 양도할 수 있다'는 데 견해가 일치한다(대법원 1991.6.25.선고, 88다카6358 판결 등).[48] 또한 판례는 '장래채권의 특정 여부는 사회통념을 기준으로 판단하여야 하며, 채권양도 당시 채권액이 확정되어 있지 않더라도 이행기까지 채권액을 확정할 수 있는 기준이 설정되어 있는 경우에는 그 채권의 양도는 유효하다'고 한다(대법원 1997.7.25.선고, 95다21624 판결 등).[49]

참고로 법무부의 「2013년 민법개정시안」은 장래채권의 양도성을 인정하는 명문규정을 신설할 것을 제안한 바 있다(동 개정시안 449조 2항).[50]

(나) 전세금반환채권의 분리양도

'전세권자가 소유자인 전세권설정자에 대한 전세금반환청구권을 전세권과 분리하여 양도할 수 있는가?' 하는 것이 문제된다. 이에 대해서는 견해가 갈리고 있으나, '전세권은 단순한 용익물권이 아니라 담보물권의 성질도 함께 가지고 있는 특수한 물권으로서 담보물권의 일반적 성질인 부종성과 수반성이 인정되어 피담보채권인 전세금반환청구권에 부종하고 수반하므로, 전세금반환청구권을 전세권과 분리하여 양도하는 것은 허용될 수 없다'고 해석하는 것이 타당하다.[51] 판례도 '전세권을 존속시키기로 하면서 전세금반환채권만을 전세권과 분리하여 확정적으로 양도하는 것은 허용되지 않으며, 단지 장래 전세권이 소멸하여 전세금반환채권이 발생하는 것을 조건으로 하는 장래의 조건부채권을 양도할 수 있을 뿐'이라고 한다(대법원 2002.8.23.선고, 2001다69122 판결 등).[52] 다만, '전세권이 존속기간의 만료로 소멸한 경우이거나 전세계약의 합의해지 또는 당사자 간의 특약에 의하여 전세금반환채권의 처분에도 불구하고 전세권의 처분이 따르지 않는 경우 등 특별한 사정이 있는 때에는 전세금반환채권의 양도가 가능하며, 이 경우에는 담보물권(전세권)이 없는 무담보의 채권이 양도된 것으로 보아야 할 것'

---

48) 같은 취지: 대법원 1996.7.30.선고, 95다7932 판결; 대법원 1996.7.30.선고, 95다7932 판결; 대법원 1997.7.25.선고, 95다21624 판결; 대법원 2010.4.8.선고, 2009다96069 판결.

49) 판례평석: 허근영, "장래 발생할 채권의 특정과 그 양도가능성", 대법원판례해설 29호(법원도서관, 1998/6), 99 이하. 같은 취지: 대법원 2010.4.8.선고, 2009다96069 판결.

50) 「2013년 민법개정시안」 제449조(채권의 양도성) ① 채권은 양도할 수 있다. 그러나 채권의 성질이 양도를 허용하지 아니하는 때에는 그러하지 아니하다. **② 장래에 발생할 채권도 양도할 수 있다.**

51) 同旨: 곽윤직, 218; 김상용, 385; 김형배, 574; 송덕수, 366 참조.

52) 같은 취지: 대법원 1969.12.23.선고, 69다1745 판결.

이라고 한다(대법원 1997.11.25.선고, 97다29790 판결 등).[53)]

(다) 임금채권의 양도성

근로자의 사용자에 대한 임금채권의 양도를 직접적으로 제한하는 규정은 없으나, 민사집행법은 임금채권의 1/2에 해당하는 금액의 압류를 금지하고 있으며(동법 246조 1항 4호), 근로기준법은 사용자가 근로자에게 직접 임금을 지급할 것을 명하고 있기 때문에(동법 42조 1항), '근로자의 임금채권의 자유로운 양도가 허용되는지 여부가 문제된다.

이에 대해서는 견해가 갈리는데, 판례는 임금채권의 양도를 금지하는 법률의 규정이 없다는 이유로 임금채권의 양도성을 긍정하면서도, 근로기준법의 임금직접지급의 원칙을 중시하여 '사용자는 임금을 양수인에게 직접 지급할 수 없다'는 입장을 취하고 있다(대법원 1988.12.13.선고, 87다카2803 전원합의체판결 등).[54)] 그러나 이는 모순이므로, 임금채권의 양도가 허용된다면, 임금의 지급도 양수인에게 직접 지급하여야 할 것임은 전술한 바와 같다. (☞ 제1장 제1절 「채권의 의의와 성질」)

(2) 양도금지의 의사표시에 의한 양도제한

1) 당사자의 의사표시에 의한 양도금지

'당사자의 의사표시에 의하여 채권의 양도를 금지할 수 있는가?' 하는 문제에 대해서는 입법례가 대립한다. 우선 독일민법(BGB §399)[55)]과 스위스채무법(OR Art. 164)[56)]은 양도금지의 특약의 효력을 인정하고 있다. 프랑스민법은 원래 당사자의 의사에 의한 양도금지를 허용하지 않고 있었으나, 2016년의 개정 프랑스민법에서는 양도금지의 약정이 허용되고 있다(C.c. Art. 1321(4)).[57)] 일본민법(구 의용민법)도 당사자가 채권양도를 금지하는 특약을 한 경우에는 양도

---

53) 판례평석: 최우식, "전세권과 분리된 전세금반환채권의 양도", 재판과 판례 7집(대구판례연구회, 1998/12), 177 이하; 하종대, "전세권(전세금반환채권)에 대한 보전처분과 집행방법", 재판과 판례 8집(대구판례연구회, 1999/12), 139 이하; 소재선, "전세권과 분리된 전세금반환채권만의 양도", 「로스쿨 물권법」(청림출판, 2006/ 2), 388 이하. 같은 취지: 대법원 2004.4.28.선고, 2003다61542 판결.

54) 판례평석: 김교창, "임금채권의 양도성", 대한변호사협회지 151호(대한변호사협회, 1989/3), 115; 한일환, "근로자의 임금채권의 양도가능성, 판례연구 3집(서울지방변호사회, 1990/1), 67; 서민, "퇴직금채권의 양도성", 민사판례연구(12)(민사판례연구회, 1990/4), 67 이하; 박성철, "임금채권의 직접불의 원칙", 판례연구 1집(부산판례연구회, 1991/2), 356 이하. 같은 취지: 대법원 1990.5.8.선고, 88다카26413 판결; 대법원 1996.3.22.선고, 95다2630 판결.

55) 독일민법 제399조(내용변경 또는 합의에 의한 양도배제) 원래의 채권자에 대한 급부의 내용을 변경하지 않고서는 다른 사람에게 급부할 수 없거나, 채무자와의 약정에 의하여 양도가 금지된 경우에는, 채권은 양도될 수 없다.

56) 스위스채무법 제164조(A. 채권의 양도 I. 요건 1. 임의양도 a. 허용성) (1) 채권자는 법률, 합의 또는 법률관계의 성질에 반하지 아니하는 경우에는 자기의 채권을 채무자의 동의 없이 타인에게 양도할 수 있다. (2) 채무자는 양도금지를 포함하지 아니한 서면에 의한 채무부담의 표시를 신뢰하여 채권을 취득한 제3자에 대하여, 약정에 의하여 양도가 금지되었다는 항변으로 대항하지 못한다.

57) 프랑스민법 제1321조 : (4) 양도될 수 없는 채권이라는 약정이 없는 한, 채무자의 동의는 요구되지 않

를 허용하지 않는 것으로 규정하고 있었는데(동법 466조),[58] 우리 민법은 이러한 구 의용민법의 입법주의를 계승하여 당사자의 약정에 의하여 채권양도를 금지한 것이다.[59] 즉, 채권은 자유롭게 양도할 수 있는 것이 원칙이나, 당사자가 반대의 의사표시를 한 경우에는 양도하지 못한다(449조 2항 본문). 이러한 양도금지의 의사표시는 채권이 계약에 의하여 발생한 경우에는 당사자의 합의로써 하여야 하지만, 채권이 유증 등 단독행위에 의하여 발생한 경우에는 그 단독행위로써 할 수 있다. 양도금지의 의사표시는 채권발생의 원인행위의 성립 당시에 하는 것이 보통이겠으나, 그 성립 이후에 하여도 상관이 없다.[60] 양도금지의 의사표시의 존재에 대한 증명책임은 채무자에게 있다고 할 것이다.[61]

전술한 바와 같이, 채권양도금지특약의 효력을 인정하고 있는 우리 민법 제449조 제2항은 구 의용민법 제466조 제2항의 규정을 계승한 것인데, 구 의용민법의 기초과정에서 다음과 같은 논란이 있었다고 한다.[62]

「일본구민법에서는 채권양도는 자유라고 하여, 이를 제한하는 특약에 대해서는 다루지 않고 있었다(동법 재산편 333조 5항, 337조 1항). 아마도 구민법에서는 채권양도의 자유를 제한하는 특약 등은 인정하지 않는 취지였던 것이 아닐까 추측된다. 그런데 '법전논쟁'에서 구민법에 대한 비판으로 "민법이 나오면 충효는 없어진다"고 하는 가족법영역에서의 논쟁과 함께, 재산법에서는 채권양도가 비난의 대상으로 거론되었다. 즉, 연기파는 채권양도의 자유는 경제사회를 교란하고 약육강식을 진행시킬 것이라고 비판하였던 것이다. 이러한 비판에는 그 당시의 사정도 어느 정도 영향을 미쳤다고 하는데, 실제로 채권양도를 이용하여 악랄한 청구를 하는 「三百代言」(악덕변호사)가 있어서, 이에 대한 세간의 반감이 매우 컸었던 것 같다. 그 결과 현행민법전에서는 양도금지의 특약을 인정하는 규정이 두어지게 되었다. 그러나 특약이 실제로 널리 사용될 것이라고 기초자가 예상하였는가 하면 반드시 그렇지는 않다. 왜냐하면 약소채무자가 특약을 붙일 것을 요구하더라도 채권자가 응하지 않을 것이고, 강한 채무자(자력이 있는 채무자)는 채권자가 누구인가는 문제가 아니기 때문에, 특약 등을 문제로 삼지는 않을 것이라고 예상되었기 때문이다. 그런데 (예상과는 달리) 은행과 국가라고 하는 강한 채무자가 특약을 널리 사용하게 된 것이다.」

2) 양도금지특약의 효력

양도금지의 특약이 있는 채권은 양도할 수 없다(449조 2항 본문). 즉, 양도금지의 특약이 있는 경우에는 양도인과 양수인 사이의 채권양도계약은 무효이다. 그러나 '채무자가 채권양도를 승낙한 경우에는 양도금지의 특약에도 불구하고 채권양도는 유효하다'고 해석하여야 할

는다.

58) 일본민법(구 의용민법) 제466조 : ① 채권은 이를 양도할 수 있다. 다만, 그 성질이 이를 허용하지 않는 때에는 그러하지 아니하다. ② 전항의 규정은 당사자가 반대의 의사를 표시한 경우에는 이를 적용하지 아니한다. 다만, 그 의사표시는 이로써 선의의 제3자에게 대항할 수 없다.

59) 「민법안심의록」, 265 참조.

60) 同旨: 서민, 전게서(주 7), 56; 곽윤직, 219; 김형배, 576; 송덕수, 367 참조.

61) 同旨: 김상용, 373; 김형배, 578; 현승종, 311 참조.

62) 內田貴, 196 참조.

것이다.[63] 또한 당사자 사이에 양도금지의 특약은 없으나, '양도를 하기 위하여는 채무자의 사전동의가 있어야 한다'는 등의 제한을 가하는 특약이 있는 경우에도 양도금지특약이 있는 경우에 준하여 처리하여야 할 것이다.[64]

선의의 제3자에게는 양도금지의 특약으로써 대항할 수 없다(449조 2항 본문). 즉, 양도금지의 특약이 있는 채권의 양도는 당사자 사이에서는 무효이나, 양수인 등 선의의 제3자에게는 그 무효를 주장할 수 없다(449조 2항).

문제는 양수인이 양도금지특약의 존재에 대하여 선의임에 과실이 있는 경우이다. 즉, '채무자는 양수인이 선의·무과실인 경우에 한하여 양도금지특약의 효력을 주장할 수 있는가?' 하는 것이다. 이에 대하여, 학설은 '양수인의 무과실이 요구된다'는 견해,[65] '양수인에게 선의임에 중과실이 있는 경우에 한하여 양도의 무효를 주장할 수 있다'는 견해,[66] '선의이기만 하면 되고 무과실은 요구되지 않는다'는 견해[67]가 대립하고 있다.

판례는, ① '중대한 과실은 악의와 마찬가지이므로, 양수인이 선의임에 중대한 과실이 있는 경우에는 채무자는 양도금지특약으로 양수인에게 대항할 수 있다'는 입장을 취하고 있다(대법원 1996.6.28.선고, 96다18281 판결 등).[68] 다만, '양도금지특약이 기재된 채권증서의 존재만으로 곧바로 그 특약의 존재에 관한 채권양수인의 악의나 중과실을 추단할 수는 없다'고 한다(대법원 2000.4.25.선고, 99다67482 판결). 또한 ② '악의의 양수인으로부터 다시 선의로 양수한 전득자도 제449조 제2항 단서 소정의 "선의의 제3자"에 해당하며, 선의의 양수인으로부터 다시 채권을 양수한 전득자는 양수인과는 달리 선의·악의를 불문하고 채권을 유효하게 취득한다'고 한다(대법원 2015.4.9.선고, 2012다118020 판결 등). 한편 판례는 ③ '이 경우 제3자의 악의 내지 중과실은 채권양도금지의 특약으로 양수인에게 대항하려는 자가 이를 주장·입증하여야 한다'는 입장을 취하고 있다(대법원 1999.12.28.선고, 99다8834 판결 등).[69]

채권의 양도성에 대한 제한은 엄격하게 해석하여야 하고, 양도금지특약의 존재를 모르고

---

63) 同旨: 김형배, 578; 현승종, 311 참조. 또한 대법원 1959.11.5.선고, 4292민상42 판결 참조.
64) 同旨: 곽윤직, 219; 김상용, 371.
65) 이 견해는 '양수인이 양도금지의 특약이 있음을 알지 못한 경우에도, 채권증서에 양도금지의 기재가 있는 경우와 같이, 이를 알 수 있었던 경우에는 양수인의 악의가 추정되며, 채권양도는 무효가 된다'고 한다(곽윤직, 219 참조).
66) 김기선, 278; 김상용, 393; 김형배, 577 참조.
67) 송덕수, 383; 이은영, 615 참조.
68) 판례평석: 이상욱, "채권양도금지특약의 제3자에 대한 효력", 영남법학 4권 1·2호(영남대법학연구소, 1998/2), 249 이하; 박효관, "채권양도금지특약과 선의의 양수인", 판례연구 8집(부산판례연구회, 1998/1), 219 이하. 같은 취지: 대법원 1999.2.12.선고, 98다49937 판결; 대법원 2000.4.25.선고, 99다67482 판결; 대법원 2003.1.24.선고, 2000다5336·5343 판결; 대법원 2010.5.13.선고, 2010다8310 판결.
69) 같은 취지: 대법원 2003.1.24.선고, 2000다5336·5343 판결; 대법원 2010.5.13.선고, 2010다8310 판결; 대법원 2015.4.9.선고, 2012다118020 판결.

채권을 양수한 선의의 양수인에게 무과실까지 요구하는 것은 거래의 안전에 문제가 있을 수 있다. 다만, 양수인이 선의임에 중대한 과실이 있는 경우까지 보호할 필요는 없다고 할 것이므로, '선의임에 중대한 과실이 있는 자에 대해서는 양도금지 특약의 효력을 주장할 수 있다'고 보아야 할 것이다. 그러므로 판례의 입장은 타당하다고 생각된다.

참고로 법무부의 「2013년 민법개정시안」은 채권양도금지특약의 효력을 제한할 것을 내용으로 하는 제449조의2를 신설할 것을 제안한 바 있다(동 개정시안 제449조의2).[70)]

▪ **악의의 양수인으로부터 다시 선의로 양수한 전득자가 제449조 제2항 단서의 '선의의 제3자'에 해당하는지 여부**(적극) **및 선의의 양수인으로부터 다시 채권을 양수한 전득자는 선의·악의를 불문하고 채권을 유효하게 취득하는지 여부**(적극) 제449조 제2항 단서는 채권양도금지 특약으로써 대항할 수 없는 자를 '선의의 제3자'라고만 규정하고 있어 채권자로부터 직접 양수한 자만을 가리키는 것으로 해석할 이유는 없으므로, 악의의 양수인으로부터 다시 선의로 양수한 전득자도 위 조항에서의 선의의 제3자에 해당한다. 또한 선의의 양수인을 보호하고자 하는 위 조항의 입법 취지에 비추어 볼 때, 이러한 선의의 양수인으로부터 다시 채권을 양수한 전득자는 선의·악의를 불문하고 채권을 유효하게 취득한다. (대법원 2015.4.9.선고, 2012다118020 판결)[71)]

3) 양도금지채권의 압류

'양도금지의 특약이 있는 채권을 압류할 수 있는가?' 하는 것이 문제되는데, '법률의 규정으로 채무자의 일반재산 중 압류할 수 없는 것을 정하고 있음에도 불구하고(민사집행법 195조, 246조), 사인의 의사표시에 의하여 압류할 수 없는 재산을 만드는 것은 채권자를 해하는 것이 되어 허용될 수 없다'는 것이 통설적 견해이다.[72)] 양도금지의 특약은 임의의 양도를 제한하는 것이지 국가공권력에 의하여 이루어지는 채권의 압류까지 제한할 수 있는 것은 아니라고 할 것이므로, '당사자 사이에 양도금지특약이 있더라도 전부명령은 유효하며, 전부명령에 의하여 채권이 압류채권자에게 이전하는 경우에는 압류채권자의 선의·악의는 문제되지 않는다'고 할 것이다(대법원 2002.8.27.선고, 2001다71699 판결 등).[73)]

(3) 법률규정에 의한 양도금지

법률이 양도를 금지하여 본래의 채권자에게만 변제할 수 있도록 규정하는 경우가 있다. 민법상의 부양청구권(979조)·근로기준법상의 재해보상청구권(동법 89조)·공무원연금법상의 급여청구권(동법 32조) 등이 그 좋은 예이다. 이와 같이 법률의 규정에 의하여 양도가 금지된 채권

---

70) 「2013년 민법개정시안」 제449조의2(채권양도 금지의 약정의 효력) 채권양도를 금지하거나 제한하는 약정은 그에 반하여 행해진 채권양도의 효력에 영향을 미치지 아니한다. 다만, 양수인이 약정이 있음을 안 경우에는 양수인에게 대항할 수 있다.
71) 같은 취지: 대법원 2003.12.11.선고, 2001다3771 판결.
72) 곽윤직, 220; 김상용, 372; 김형배, 579; 송덕수, 385; 현승종, 311 참조.
73) 같은 취지: 대법원 1976.10.29.선고, 76다1623 판결.

은 압류할 수 없다. 따라서 그러한 채권에 대하여 전부명령이 있더라도 그 전부명령은 무효이다. 주의할 것은 법률의 규정에 의하여 압류가 금지된 채권(민사집행법 246조)이라도 특별한 사정이 없는 한 당연히 그 양도까지 금지되는 것은 아니라는 점이다(대법원 1990.2.13.선고, 88다카8132 판결 등).[74] 법률의 규정에 의한 압류의 금지는 채권자의 의사에 기인하지 않는 처분을 금지할 뿐이며, 채권자의 의사에 의한 양도까지 금지한 것은 아니기 때문이다.

2. 지명채권양도의 대항요건

지명채권에서의 채권양도의 합의는 낙성·불요식의 계약이므로, 채권증서의 교부와 같은 특별한 방식을 필요로 하지 않는다. 물론 채권증서가 있는 때에는 양도인은 그 증서를 양수인에게 인도하여야 할 의무를 부담한다고 할 것이나,[75] 이는 채권양도의 효력발생과는 관계가 없다. 이 점에서 채권질권의 실정에 있어서 채권증서가 있는 때에는 그것을 교부함으로써 효력이 생기는 것(347조)과 차이가 있다. 이와 같이 지명채권의 양도는 양도인인 채권자와 양수인인 제3자 사이의 낙성·불요식계약인 채권양도합의의 효력으로 발생하는 것이므로, 채권양도합의에 관여할 기회를 갖지 못하는 채무자 또는 제3자는 채권이 양도되었다는 사실을 알 수가 없고, 이로 인하여 구 채권자인 양도인에게 변제한 채무자는 이중변제를 하지 않을 수 없는 등의 뜻하지 않은 손해를 입을 가능성이 크다. 민법은 이와 같이 채권양도에 관여할 기회를 갖지 못하는 채무자 또는 제3자로 하여금 이러한 손해를 입지 않도록 하기 위하여, 일정한 대항요건(양도인에 의한 채권양도의 통지 또는 채무자에 의한 승낙)을 갖춘 경우에 한하여 채권양도의 효력을 채무자 또는 제3자에게 주장할 수 있도록 하고 있다. 즉, 지명채권의 양도는 양도인이 이를 채무자에게 통지하거나 채무자가 이를 승낙하지 아니하면 채무자 기타 제3자에게 대항하지 못한다(450조 1항).

문제는 민법이 채무자에 대한 대항요건과 제3자에 대한 대항요건을 제450조 제1항에서 함께 규정하고 있으나, 채무자에 대한 대항요건과 제3자에 대한 대항요건은 그 의미가 전혀 다르다는 점이다. 즉, 「채무자에 대한 대항요건」은 '양수인이 양도받은 채권의 효력을 채무자에게 주장할 수 있다는 것'을 의미하는 데 반하여, 「제3자에 대한 대항요건」은 '양수인과 이중양수인 또는 압류채권자 사이에서 우열을 결정하는 표준'을 의미하는 것이다.[76] 따라서 채권양도의 채무자에 대한 대항요건과 제3자에 대한 대항요건을 구별하여 살펴볼 필요가 있다.

---

74) 판례평석: 김상용, "도급금액 중 노임상당액에 대한 압류금지의 법리와 판례비판", 민사판례평석(1)(법원사, 1995/3), 469 이하. 같은 취지: 대법원 1988.2.9.선고, 87다카1338 판결.

75) 현승종, 313 참조.

76) 同旨: 곽윤직, 215; 김상용, 375~376; 김증한/김학동, 301; 김형배, 583~584; 송덕수, 386; 현승종, 313 참조.

(1) 채무자에 대한 대항요건

채무자에 대한 대항요건은 채무자에 대한 채권양도 사실의 통지 또는 채무자의 승낙이다(450조 1항). 다만, 채무자에 대한 대항요건은 채무자의 이익만을 보호하기 위한 것이므로, 채무자가 그 이익을 포기하여 채권자와의 특약으로 '양수인은 대항요건 없이도 채무자에게 채권을 양수받았음을 주장할 수 있다'고 약정하는 것은 무방하다.77)

1) 채무자에의 통지

(가) 「통지」의 의의 및 법적 성질

채무자에 대한 채권양도의 대항요건인 「통지」는 '양도인이 양수인에 대하여 채권을 양도하였다는 사실을 알리는 행위'를 말하며, 특별한 방식이 요구되지 않는다. 다만, 채권양도의 통지는 준법률행위의 일종인 「관념의 통지」이므로, 의사표시에 관한 규정(111조)과 법률행위의 대리에 관한 규정이 유추적용된다. 따라서 채권양도의 통지는 상대방인 채무자에게 도달함으로써 효력이 발생하며(대법원 1960.12.15.선고, 4293민상455 판결 등),78) 양도인이 직접 통지하지 않고 사자(使者)를 시켜 통지하거나 대리인으로 하여금 통지하게 하여도 무방하다(대법원 1994.12.27.선고, 94다19242 판결 등).79) 그러므로 채권의 양수인이 양도인의 사자 또는 대리인으로서 한 양도통지도 유효하다(대법원 1997.6.27.선고, 95다40977·40984 판결 등).80) 또한 법정대리인의 동의 없이 한 무능력자의 통지와 착오·사기·강박에 의한 통지는 취소할 수 있고(109조, 110조), 비진의표시에 의한 통지는 원칙적으로 유효하며(107조), 허위표시는 원칙적으로 무효이다(108조).

(나) 통지의 주체 및 상대방

(A) 통지의 주체 채권양도의 통지는 반드시 양도인이 채무자에게 하여야 한다(450조 1항). 그러므로 양수인이 한 채권양도의 통지는 무효이며, 양수인이 양도인을 대위하여 통지할 수도 없다고 해석된다.81) 다만, 양수인이 양도인에 대하여 채무자에게 통지하도록 소구할 수는 있으며(389조 2항 전단), '양수인이 양도인의 대리인으로서 통지하는 것은 유효하다'는 것이 판례의 입장임은 전술한 바와 같다(대법원 1994.12.27.선고, 94다19242 판결 등).82) 다만, 대법원은 '대리통지에 관하여 그 대리권이 적법하게 수여되었는지, 그리고 그 대리행위에서 현명(顯名)의 요구가 준수되었는지 등을 판단함에 있어서는 양도인이 한 채권양도의 통지만이 대항요건으로

---

77) 同旨: 김상용, 376; 김형배, 584; 송덕수, 387 참조.
78) 같은 취지: 대법원 1983.8.23.선고, 82다카439 판결; 대법원 1997.11.25.선고, 97다31281 판결; 대법원 2010.4.15.선고, 2010다57 판결; 대법원 2011.1.13.선고, 2010다77477 판결.
79) 같은 취지: 대법원 1960.12.15.선고, 4293민상455 판결; 대법원 1997.6.27.선고, 95다40977·40984 판결; 대법원 2004.2.13.선고, 2003다43490 판결; 대법원 2008.2.14.선고, 2007다77569 판결.
80) 같은 취지: 대법원 2004.2.13.선고, 2003다43490 판결.
81) 同旨: 곽윤직, 216; 김증한/김학동, 302; 김형배, 585; 이은영, 620; 현승종, 314 참조.
82) 같은 취지: 대법원 1997.6.27.선고, 95다40977·40984 판결; 대법원 2004.2.13.선고, 2003다43490 판결.

서의 효력을 가지게 한 뜻이 훼손되지 아니하도록 채무자의 입장에서 양도인의 적법한 수권에 기하여 그러한 대리통지가 행하여졌음을 제반사정에 비추어 커다란 노력 없이 확인할 수 있는지를 무겁게 고려하여야 한다'고 판시한 바 있다(대법원 2011.2.24.선고, 2010다96911 판결).

■ **양수인이 양도인을 대리하여 채권양도의 통지를 한 경우, 그 대리통지에 관하여 대리권이 적법하게 수여되었는지 그리고 대리행위에 현명의 요구가 준수되었는지 등을 판단하는 방법** 채권양도의 통지를 양수인이 양도인을 대리하여 행할 수 있음은 일찍부터 인정되어 온 바이지만, 대리통지에 관하여 그 대리권이 적법하게 수여되었는지, 그리고 그 대리행위에서 현명(顯名)의 요구가 준수되었는지 등을 판단함에 있어서는 양도인이 한 채권양도의 통지만이 대항요건으로서의 효력을 가지게 한 뜻이 훼손되지 아니하도록 채무자의 입장에서 양도인의 적법한 수권에 기하여 그러한 대리통지가 행하여졌음을 제반 사정에 비추어 커다란 노력 없이 확인할 수 있는지를 무겁게 고려하여야 한다. 특히 양수인에 의하여 행하여진 채권양도의 통지를 대리권의 '묵시적' 수여의 인정 및 현명원칙의 예외를 정하는 제115조 단서의 적용이라는 이중의 우회로를 통하여 유효한 양도통지로 가공하여 탈바꿈시키는 것은 법의 왜곡으로서 경계하여야 한다. 채권양도의 통지가 양도인 또는 양수인 중 누구에 의하여서든 행하여지기만 하면 대항요건으로서 유효하게 되는 것은 채권양도의 통지를 양도인이 하도록 한 법의 취지를 무의미하게 할 우려가 있다. (대법원 2011.2.24.선고, 2010다96911 판결)

그러나 양도의 통지는 단순한 「관념의 통지」에 지나지 않는 것으로서 양도통지서의 위조 등으로부터 채무자를 보호하기 위한 것이므로, 채무자보호에 문제가 없다면 양도인이 통지하든 양수인이 통지하든 그 효력에 차이를 둘 필요는 없다고 할 것이다. 외국의 입법례 중에는 스위스채무법(OR Art. 167)[83]처럼 양수인도 채권양도의 통지를 할 수 있도록 규정하고 있는 입법례도 적지 않다. 그러므로 '양도인만이 채권양도의 통지를 할 수 있는 것으로 제한하고 있는 우리 민법 제450조 제1항은 재검토할 필요가 있다'는 입법론상의 비판이 있다.[84] 이러한 점을 고려하여 법무부의 「2013년 민법개정시안」은 '양수인도 정당한 양수인임을 증명하여 통지할 수 있는 것'으로 제450조 제1항의 규정을 개정할 것을 제안한 바 있다(동 개정시안 450조).[85]

(B) 통지의 상대방 채권양도의 통지는 양도인이 채무자에게 하여야 한다. 채권이 연대채무자의 전원에 대한 것인 경우에는 연대채무자 전원에 대하여 통지하여야 한다. 연대채무자 중 1인에 대하여서만 채권양도의 통지를 한 경우에는 다른 연대채무자에게는 채권양도의 효력이 발생하지 않기 때문이다(423조). 문제는 '보증인에 대해서도 별도의 양도통지를 하여야

83) 스위스채무법 제167조 : 채무자는 양도인이나 양수인이 양도를 통지하기 전에 완전한 신뢰하에 종전의 채권자에게 변제하거나, 다중양도의 경우에 정당하게 나중에 양수한 자에게 변제한 때에는 유효하게 면책된다.

84) 김상용, 377 참조.

85) 「2013년 민법개정시안」 제450조(지명채권양도의 대항요건) ① 지명채권의 양도는 양도인이나 양수인이 채무자에게 통지하거나 채무자가 승낙하지 아니하면 채무자 기타 제3자에게 대항하지 못한다. 다만, 양수인은 정당한 양수인임을 증명하여 통지하여야 한다.
② 제1항의 통지나 승낙은 확정일자 있는 증서에 의하지 아니하면 채무자 이외의 제삼자에게 대항하지 못한다.

하는가?' 하는 것인데, '보증채무는 주채무에 대한 부종성으로 인하여 보증인에 대한 채권을 주채무자에 대한 채권과 분리하여 양도할 수 없으므로(보증채무의 수반성), 채권자는 채권양도 시에 주채무자에 대하여 양도사실을 통지하면 충분하며 보증인에 대하여 별도로 대항요건을 갖출 필요는 없다'는 것이 판례의 입장이다(대법원 2002.9.10.선고, 2002다21509 판결 등).[86]

(다) 통지의 내용

채권양도에 관하여 채무자에게 통지할 사항은 '특정한 채권이 특정인(양수인)에게 양도되었다는 사실'이다. 즉, 통지는 양도의 객체인 채권의 동일성을 구별할 수 있을 정도로 특정하고, 양수인은 반드시 성명 등에 의하여 특정되어야 한다.[87]

(라) 통지의 시기 : 사전통지의 가능 여부

채권양도의 통지는 반드시 양도와 동시에 할 필요는 없으며 양도 후에 통지해도 무방하다. 다만, 양도 후의 통지는 통지가 채무자에게 도착한 때부터 대항력이 발생한다. 그러나 '사전의 통지는 채무자의 입장에서는 양도시기를 확정할 수 없는 불안한 상태에 있게 하는 결과가 되므로 원칙적으로 통지로서의 효력(대항력)이 인정되지 않는다'는 것이 판례의 입장이다(대법원 2000.4.11.선고, 2000다2627 판결 등).[88] 다만, '사전의 통지도 나중에 양도의 사실이 갖추어진 때에는 그때부터 대항력이 발생한다'고 해석하여야 할 것이다.[89] 판례도 이러한 취지에서, '채무자에게 법적으로 아무런 불안정한 상황이 발생하지 않는 경우에까지 사전통지의 효력을 부인할 것은 아니'라고 한다(대법원 2010.2.11.선고, 2009다90740 판결). 또한 '장래채권의 경우에는 채권발생 전이라도 유효한 채권양도의 합의와 양도의 통지를 할 수 있고, 이 경우 양수인은 나중에 채권발생과 동시에 채권자가 되고 그때부터 채무자에 대한 대항력을 취득한다'고 할 것이다.[90]

(마) 채권양도합의의 해제와 그 통지

채권양도합의도 계약의 일종이므로, 당사자 일방의 의사표시 또는 양 당사자의 합의에 의하여 해제될 수 있다(544~549조). 다만, 채권양도합의는 처분행위인 준물권행위이므로, 채권양도계약상의 채무불이행을 이유로 한 해제는 이론상 있을 수 없다.

문제는 '채무자에게 양도 사실이 통지된 후에 양도계약이 해제된 경우에는 누가 해제의 통지를 하여야 하는가?' 하는 것인데, 판례는 '지명채권의 양도통지를 한 후 그 양도계약이 해제된 경우에, 양도인이 그 해제를 이유로 다시 원래의 채무자에 대하여 양도채권으로 대항

86) 같은 취지: 대법원 1976.4.13.선고, 75다1100 판결; 대법원 1989.10.24.선고, 88다카20774 판결; 대법원 2002.9.10.선고, 2002다21509 판결.
87) 곽윤직, 222; 김상용, 377 참조.
88) 같은 취지: 대법원 2010.2.11.선고, 2009다90740 판결.
89) 同旨: 김증한/김학동, 302; 김형배, 585; 현승종, 314 참조.
90) 同旨: 김형배, 586; 현승종, 314 참조.

하려면 양도인이 양수인의 동의를 받거나 양수인이 채무자에게 위와 같은 해제사실을 통지하여야 한다'는 입장을 취하고 있다(대법원 2012.11.29.선고, 2011다17953 판결 등).

■ **채권양도가 해제된 경우에도 제452조 제1항을 유추적용할 수 있는지 여부**(적극) 제452조는 '양도통지와 금반언'이라는 제목 아래 제1항에서 '양도인이 채무자에게 채권양도를 통지한 때에는 아직 양도하지 아니하였거나 그 양도가 무효인 경우에도 선의인 채무자는 양수인에게 대항할 수 있는 사유로 양도인에게 대항할 수 있다'고 하고, 제2항에서 '전항의 통지는 양수인의 동의가 없으면 철회하지 못한다'고 하여 채권양도가 불성립 또는 무효인 경우에 선의인 채무자를 보호하는 규정을 두고 있다. 이는 채권양도가 해제 또는 합의해제되어 소급적으로 무효가 되는 경우에도 유추적용할 수 있다고 할 것이므로, 지명채권의 양도통지를 한 후 양도계약이 해제 또는 합의해제된 경우에 채권양도인이 해제 등을 이유로 다시 원래의 채무자에 대하여 양도채권으로 대항하려면 채권양도인이 채권양수인의 동의를 받거나 채권양수인이 채무자에게 위와 같은 해제 등 사실을 통지하여야 한다. 이 경우 위와 같은 대항요건이 갖추어질 때까지 양도계약의 해제 등을 알지 못한 선의인 채무자는 해제 등의 통지가 있은 다음에도 채권양수인에 대한 반대채권에 의한 상계로써 채권양도인에게 대항할 수 있다고 봄이 타당하다. (대법원 2012.11.29.선고, 2011다17953 판결)[91]

해제의 효력에 관하여는 학설이 대립되고 있으나, 통설·판례의 입장인 「직접효과설」에 따르면 해제에 의하여 계약은 소급적으로 소멸하는 것이므로, '채권양도합의가 해제되면 양수인은 소급하여 채권자의 지위를 상실하고 양도인이 채권자의 지위로 복귀한다'고 해석된다(548조 1항). 그러므로 이론상 채권자의 지위를 회복한 양도인이 해제의 사실을 통지하는 것이 타당하다고 할 것이나, 판례는 양수인의 이익을 보호하기 위하여 양도사실의 통지를 양도인으로 한정한 것과 마찬가지 이유에서 해제사실의 통지권자를 양수인으로 제한한 것이라고 생각된다.

(바) 통지의 철회

'채권양도의 통지를 철회할 수 있는가?' 하는 문제에 대해서도 견해가 대립하고 있다. 이 문제는 경우를 두 가지로 나누어 살펴보아야 한다.

(A) 양도의 통지를 하였으나 아직 양도하지 않은 경우와 양도가 무효인 경우 이 경우에는 양수인의 동의가 없으면 양도인은 통지를 철회하지 못한다(452조 2항). 즉, 양도인은 양수인의 동의를 얻어서만 통지를 철회할 수 있다. 이 경우는 양도 자체가 행해지지 않았거나 양도계약이 무효인 경우이므로, 여기에서 말하는 "양수인"은 '표현양수인(表見讓受人)'에 지나지 않는다. 그러므로 엄밀하게 말하자면 "양수인의 동의"라는 말 자체가 성립할 수 없다고 할 수 있다. 그러나 민법은 일단 양도인에 의하여 양도의 통지가 행해진 이상 이를 신뢰하기 마련인 채무

91) 판례평석: 송덕수, "채권양도가 해제 또는 합의해제된 경우의 민법 제452조의 유추적용", 법학논집 17권 3호(이화여대법학연구소, 2013), 421 이하. 같은 취지: 대법원 1961.10.26.선고, 60다125 판결; 대법원 1962.9.27.선고, 62다379 판결: 대법원 1979.9.25.선고, 77다1909 판결; 대법원 1993.8.27.선고 93다17379 판결; 대법원 2011.3.24.선고, 2010다100711 판결.

자를 보호하기 위하여 양수인의 동의를 요건으로 한 것이며, 이 경우에는 아직 양도인이 채권자이므로 채권자인 양도인으로 하여금 통지의 철회를 하도록 한 것이다.[92] 판례는 양도계약이 해제된 경우에도 제452조 제2항을 적용하여 양수인의 동의가 없는 경우에는 양도철회의 효력을 부인하고 있다(대법원 1978.6.13.선고, 78다468 판결 등).

▪ **양수인의 위약으로 채권양도계약이 해제되어 양도인이 채무자에게 철회의 통지를 한 경우, 채무자는 이를 이유로 양수금청구를 거절할 수 있는지의 여부**(소극) 제452조 제2항에 채권양도의 통지는 양수인의 동의가 없으면 철회하지 못한다고 규정되어 있으므로, 채권양도인과 양수인과의 채권양도계약이 해제되었고 채권양도인이 채무자에게 양도철회통지를 하였다고 하더라도, 채무자는 이것을 채권양수인에게 대항할 수는 없다. (대법원 1978.6.13.선고, 78다468 판결)[93]

(B) 양도가 유효하게 이루어진 경우 이 경우에는 제452조 제2항의 규정이 적용될 수 없으므로, 양도가 유효한 경우에도 양도통지의 철회가 가능한지 여부가 문제된다. 대법원판결 중에는 '양수인의 동의가 있으면 양도통지의 철회가 가능하다'는 전제하에, '채권양도인이 양수인에게 전대차계약상의 차임채권 중 일부를 양도하고 전차인인 채무자에게 위 양도사실을 통지한 후에 채무자에게 위 채권양도통지를 취소한다는 통지를 하였더라도 양수인이 양도인의 위 채권양도통지철회에 동의하였다고 볼 증거가 없다면, 위 채권양도통지철회는 효력이 없다'고 판시한 사례가 있다(대법원 1993.7.13.선고, 92다4178 판결). 또한 '채무자가 채권자의 양도철회의 통지를 신뢰하여 전부명령을 받은 양도인의 채권자에게 변제한 경우에는, 채권의 준점유자에 대한 변제로서 유효하다'고 판시한 사례도 있다(대법원 1997.3.11.선고, 96다44747 판결). 그러나 제452조 제2항은 '"아직 양도하지 아니하였거나 그 양도가 무효인 경우"에 한하여 적용될 수 있는 규정이므로, 채권양도가 유효하게 이루어진 경우에는 동조항이 적용될 수 없고, 따라서 양도인은 채권양도의 통지를 철회할 수 없다'고 해석하는 것이 타당하다고 생각된다.[94] 그러므로 '채권양도가 유효하게 이루어진 경우에는, 양도인과 양수인 사이에 채권양도계약이 합의해제되고 양수인에 의하여 해제사실이 통지된 경우에 한하여 채권이 양도인에게 복귀된다'고 해석하여야 할 것이다.[95]

2) 채무자의 승낙

(가) 승낙의 의의 및 법적 성질

채무자가 채권양도를 승낙한 경우에는 채무자 기타 제3자에게 채권양도의 효력을 대항할 수 있다(450조 1항). 여기서 채무자의 「승낙」이라 함은 '채권양도를 승인하는 뜻을 표시하는 채

92) 김증한/김학동, 303; 현승종, 315 참조.
93) 같은 취지: 대법원 1993.7.13.선고, 92다4178 판결.
94) 同旨: 김상용, 398; 김형배, 586; 송덕수, 372; 현승종, 315 참조.
95) 同旨: 김상용, 377; 김형배, 586; 현승종, 315 참조.

무자의 행위'를 말한다. 이는 채권양도에 대한 채권자의 「통지」와 마찬가지로, 의사표시가 아닌 「관념의 통지」에 해당한다. 다만, 이에 대해서도 의사표시에 관한 규정을 유추적용하여야 한다는 데 학설의 견해가 일치한다.[96] 따라서 '채권양도에 대한 채무자의 승낙은 상대방인 채권자에게 도달함으로써 그 효력이 발생하며(111조), 대리인에 의한 승낙이나 사자를 통한 승낙도 가능하다'고 할 것이다.

(나) 승낙의 상대방

승낙의 상대방에 대해서는 이를 제한하는 규정이 없으므로, 채무자의 채권양도에 대한 승낙은 양도인 또는 양수인의 어느 쪽에 대해서 이루어져도 무방하다(대법원 1986.2.25.선고, 85다카1529 판결). 이는 양도인에 대하여 승낙하든 양수인에 대하여 승낙하든 채무자가 채권양도의 사실을 인식하고 있다는 사실을 양도계약의 당사자에게 알리는 것으로써 채무자에 대한 대항요건으로서 승낙을 요하는 제도의 목적을 달성하는 데 지장이 없기 때문이다.[97]

(다) 승낙의 시기

(A) 채권양도 후에 한 승낙의 효력 '채권양도 후에 한 채무자의 승낙(사후승낙)은 유효하며, 그 효력은 상대방에게 도달한 때에 발생한다'고 할 것이다.

(B) 채권양도 전에 한 승낙의 효력 '양도의 객체인 채권과 양수인이 특정되어 있는 경우에는 사전승낙의 효력을 인정하여야 한다'는 데는 학설의 견해가 일치하나,[98] 양수인이 특정되지 않은 경우의 사전승낙에 대해서는 그 효력을 부정하는 견해도 있다.[99] 그러나 채무자의 사전승낙의 효력을 부정할 이유는 없다고 생각된다.[100]

3) 통지 또는 승낙의 효력

(가) 통지 또는 승낙이 없는 동안의 효력

양도인과 양수인 사이에서 채권양도의 합의는 있으나 채무자에 대한 통지 또는 채무자에 의한 승낙이 있기 전까지는 양수인은 채무자에 대하여 채권양도의 효력을 주장하지 못한다(450조 1항). 따라서 채무자는 양수인에 대한 채무의 이행을 거절할 수 있고, 양수인은 채권의 행사를 위한 소의 제기·압류·파산신청·저당권실행·시효중단 등의 행위를 할 수 없다. 다만, 채권양도는 양도인과 양수인 사이에서는 양도의 합의만으로 그 효력이 완전히 발생하는 것이고 대항요건은 채무자를 보호하기 위한 것이므로, 채무자가 채권양도의 효력을 인정하는 것은 무방하다. 따라서 채무자에 대한 통지 또는 채무자에 의한 승낙이 없더라도 채무자는 양

---

96) 同旨: 곽윤직, 222; 김상용, 378; 김증한/김학동, 303; 김형배, 586; 현승종, 315 참조.
97) 同旨: 곽윤직, 216; 김증한/김학동, 304; 김형배, 587; 현승종, 315 참조.
98) 곽윤직, 217; 김증한/김학동, 304; 현승종, 316 참조.
99) 김증한/김학동, 304; 현승종, 316 참조.
100) 同旨: 곽윤직, 223; 김상용, 399; 김형배, 587 참조.

수인에게 유효하게 변제할 수 있음은 전술한 바와 같다.

'채무자의 악의, 즉 채무자가 채권양도의 사실을 알고 있는 경우에도 채권자의 통지 또는 채무자의 승낙이라는 대항요건이 갖추어지지 않은 한 양수인은 양도의 효력을 주장할 수 없다'는 것이 일반적 견해이다.[101] 이렇게 해석하는 이유는 '채무자에게 양도의 유무에 관한 위험을 부담시키지 않고 획일적으로 다루는 것이 거래의 안전을 위해서 필요하기 때문'이라고 한다.[102] 그러나 이러한 해석은 악의의 채무자를 보호하는 결과가 되므로, 선의의 채무자를 보호하기 위한 제도인 대항요건의 취지에 부합되지 않는다. 그러므로 '양수인은 악의의 채무자에 대해서는 통지나 승낙이 없더라도 채권양도의 효력을 주장할 수 있다'고 해석하여야 할 것이다. 물론 통지 또는 승낙이 없는 동안에는 채무자의 선의가 추정되어야 하므로, 채무자의 악의에 대한 증명책임은 양수인이 부담하여야 할 것이다.

(나) 통지의 효력

채권양도는 양도인과 양수인 사이의 준물권행위인 채권양도계약이 성립하면 즉시 그 효력이 발생하는 것이므로, 대항요건의 유무는 양도계약의 효력에는 영향을 미치지 않는다. 다만, 대항요건의 구비 여부에 따라 양수인이 채무자에게 채권을 행사할 수 있는지의 여부가 결정되는데, 이것이 통지의 효력이다.

(A) 채권이 실제로 양도된 경우 : 대항력의 발생 채권양도가 실제로 이루어진 경우, 즉 양도인과 양수인 사이에 채권양도의 합의가 있는 경우에는 채권자의 양도통지에 의하여 채무자에 대한 대항력이 발생한다. 즉, 양수인은 채무자에 대하여 양수받은 채권의 효력을 주장할 수 있다. 따라서 채권은 당사자 사이에서뿐만 아니라 채무자에 대한 관계에서도 양수인에게 이전한 것이 된다. 다만, 채무자는 '그 통지를 받은 때까지 양도인에게 생긴 사유' 예컨대, 채권불성립·무효[103]·취소·해제로 인한 채권불발생의 항변, 변제로 인한 채권소멸의 항변, 동시이행항변권 등으로써 양수인에게 대항할 수 있을 뿐이다(451조 2항).

문제는 상계항변의 경우인데, 통설은 다음과 같이 해석하고 있다.[104] 즉, '① 채권양도의 통지 이전에 채무자가 양도인에 대한 상계적상에 있는 채권을 가지고 있던 경우에는 채무자는 채권양도의 통지 이후에도 그 채권을 자동채권으로 하여 양수인을 상대로 상계할 수 있으나, 통지 후에 채무자가 양도인에 대한 채권을 취득한 경우에는 채무자는 그것을 가지고 상계할 수 없다(대법원 1984.9.11. 선고, 83다카2288 판결). ② 양도인에 대한 반대채권이 채권양도의 통

101) 곽윤직, 223; 김형배, 587; 송덕수, 394; 현승종, 316 참조.
102) 김형배, 587; 현승종, 316 참조.
103) 다만, 통정허위표시는 당사자 간에는 무효이나, 제3자에 대한 관계에서는 그 무효를 주장할 수 없으므로(108조 2항), 제452조 제2항의 "양도인에 대하여 생긴 사유"에는 포함되지 않는다(현승종, 316 참조).
104) 곽윤직, 218; 김상용, 379; 김증한/김학동, 306; 김형배, 590; 현승종, 317 참조.

지 이전에 발생하였으나 통지 후에 변제기가 도래하여 현재 상계적상에 있는 경우에는 그 채권을 자동채권으로 하여 양수인에 대하여 상계할 수 있다'는 것이다. 판례도 이러한 취지에서, '채무자의 양도인에 대한 자동채권의 기초가 되는 원인이 양도 전에 이미 성립하여 존재하고, 자동채권이 수동채권(양도채권)과 동시이행관계에 있는 경우에는, 양도통지가 채무자에게 도달하여 채권양도의 대항요건이 갖추어진 후에 자동채권이 발생하였다고 하더라도 채무자는 동시이행항변권을 주장할 수 있고, 그 채권에 의한 상계로 양수인에게 대항할 수 있다'는 입장을 취하고 있다(대법원 2015.4.9.선고, 2014다80945 판결 등).

참고로 법무부의 「2013년 민법개정시안」도 이러한 취지의 규정인 제451조의2를 신설할 것을 제안하고 있다(동 개정시안 451조의2).[105]

■ **채무자의 채권양도인에 대한 자동채권이 발생하는 기초가 되는 원인이 양도 전에 이미 성립하여 존재하고 자동채권이 수동채권인 양도채권과 동시이행관계에 있는 경우, 채권양도의 대항요건이 갖추어진 후에 자동채권이 발생하였다고 하더라도 채무자가 동시이행항변권을 주장할 수 있는지 여부 및 그 채권에 의한 상계로 양수인에게 대항할 수 있는지 여부**(적극) 채권양도에 의하여 채권은 그 동일성을 유지하면서 양수인에게 이전되고, 채무자는 양도통지를 받은 때까지 양도인에 대하여 생긴 사유로써 양수인에게 대항할 수 있다. 따라서 채무자의 채권양도인에 대한 자동채권이 발생하는 기초가 되는 원인이 양도 전에 이미 성립하여 존재하고 자동채권이 수동채권인 양도채권과 동시이행의 관계에 있는 경우에는, 양도통지가 채무자에게 도달하여 채권양도의 대항요건이 갖추어진 후에 자동채권이 발생하였다고 하더라도 채무자는 동시이행의 항변권을 주장할 수 있고, 따라서 그 채권에 의한 상계로 양수인에게 대항할 수 있다. (대법원 2015.4.9.선고, 2014다80945 판결)

(B) 채권이 양도되지 않은 경우 : 「금반언(禁反言)의 원칙」의 적용 채권자가 채권양도의 통지를 하였으나 사실은 아직 양도를 하지 않고 있는 경우 또는 양도계약이 무효인 경우에는, 채권은 여전히 종전의 채권자에게 속한다. 따라서 이 경우 채무자는 종전의 채권자에게 변제하여야 하며, 표현양수인(表見讓受人)에 대한 변제는 효력이 없는 것이 원칙이다. 그러나 채무자는 채권자의 양도통지를 믿고 양수인에게 변제하는 등의 행위를 할 가능성이 크며, 이러한 채무자의 신뢰는 보호되어야 할 것이다.

이러한 취지에서, 민법은 '양도인이 채무자에게 채권양도를 통지한 때에는 아직 양도하지 아니하였거나 그 양도가 무효인 경우에도, 선의인 채무자는 양수인에게 대항할 수 있는 사유로 양도인에게 대항할 수 있다'고 규정하고 있다(452조 1항). 제452조는 구 의용민법에는

---

105) 「2013년 민법개정시안」 제451조의2(채무자의 상계권) ① 채무자는 양도통지를 받은 때에 양도인에 대한 채권이 아직 이행기에 이르지 아니하였더라도 그 이행기가 양도된 채권의 이행기 이전에 도래한 경우에는 양도인에게 행사할 수 있었던 상계권을 양수인에게도 행사할 수 있다. ② 채무자는 양도인에 대한 채권이 양도된 채권과의 사이에 동시이행의 항변권 등 밀접한 관련이 있는 경우에는 양도인에 대한 채권이 양도통지 후에 발생한 때에도 양도인에게 행사할 수 있었던 상계권을 양수인에게도 행사할 수 있다.

없던 규정으로서 독일민법 제409조[106]를 모범으로 하여 신설된 조항인데,[107] 이는 영미법에서 발전한 원칙인 「금반언의 원칙」(estoppel)이 우리 민법에 도입된 대표적인 경우라고 할 수 있다.[108] 그러므로 채무자는 채권자에 대하여 그가 표현양수인에게 한 변제 기타의 면책행위가 유효함을 주장할 수 있다. 다만, 채무자가 악의인 경우(양도가 없거나 무효임을 안 경우)에는 채무자를 보호할 필요가 없으므로 「금반언의 원칙」을 규정한 제452조 제1항은 적용되지 않는다. 또한 양도의 통지가 양수인의 동의를 얻어 적법하게 철회된 경우에도 금반언의 원칙은 적용되지 않는다(동조 2항).

(다) 승낙의 효력

채권양도에 대한 채무자의 승낙은 「이의를 유보한 승낙」과 「이의를 유보하지 않은 승낙」(「무보류승낙」이라고 한다)으로 분류할 수 있는데, 양자는 그 효력에 큰 차이가 있다.

(A) 이의를 보류한 승낙의 효력　「이의를 유보한 승낙」이라 함은 '채무자가 채권양도를 승낙하면서 양도인에 대하여 주장할 수 있는 항변사유가 있음을 밝히고, 그 항변사유를 양수인에게 주장할 권리를 유보한 채 하는 승낙'을 말한다. 민법은 이 경우에 관한 규정을 두고 있지 않은데, 이는 이의를 보류한 승낙의 효력은 양도인의 통지의 효력과 같다는 것을 전제로 한 것이라고 할 수 있다.[109] 그러므로 양도가 유효한 경우에는 이의를 보류한 채무자의 승낙에 의하여 채권양도의 대항력이 발생하여 채권은 채무자에 대한 관계에서도 양수인에게 이전하며, 양수인은 채무자에 대하여 양수받은 채권의 효력을 주장할 수 있다. 다만, 채무자는 승낙한 때까지 양도인에게 생긴 사유로 양수인에게 대항할 수 있다(451조 2항). 또한 통지의 경우와 마찬가지로, '채무자가 승낙한 이후에 양도인에 대한 채권을 취득한 경우에는 그것을 가지고 상계할 수 없으나, 승낙 이전에 반대채권이 발생한 경우에는 그 채권이 아직 상계적상에 있지 않았더라도 나중에 상계적상이 생기면 채무자는 양수인에 대하여 상계로 대항할 수 있다'고 할 것이다(대법원 1999.8.20.선고, 99다18039 판결 등).[110]

한편 아직 채권양도가 이루어지지 아니하였거나 그 양도가 무효인 경우에는 제452조 1항의 「금반언의 원칙」이 적용되어, 이의를 보류한 승낙을 한 선의의 채무자는 양수인에게 대항할 수 있는 사유로 양도인에게 대항할 수 있으므로, 채무자는 채권자에 대하여 그가 표현양수인에게 한 변제 기타의 면책행위가 유효함을 주장할 수 있다.

---

106) 전게 주 19 참조.
107) 직접적으로는 중화민국(대만) 민법 제298조를 모범으로 한 것이다(「민법안심의록」, 267 참조).
108) 同旨: 「민법안심의록」, 267; 김상용, 380; 김형배, 591; 현승종, 317 참조.
109) 同旨: 곽윤직, 218; 김상용, 380; 김증한/김학동, 306; 김형배, 591; 송덕수, 393; 현승종, 318 참조.
110) 판례평석: 홍준호, "지명채권양도에 대한 이의보류 없는 승낙의 효과와 상계항변의 단절 여부", 민사판례연구(23)(민사판례연구회, 2001/2), 268 이하. 같은 취지: 대법원 2002.3.29.선고, 2000다13887 판결; 대법원 2018.7.24.선고, 2016다205687 판결.

(B) 이의를 보류하지 아니한 승낙의 효력 「이의를 보류하지 아니한 승낙」이라 함은 '채무자가 양도인에 대하여 주장할 수 있는 항변(채권의 불발생사유인 계약의 불성립·무효·취소, 채권의 소멸사유인 변제·대물변제·공탁·상계·면제 등)을 보류하지 않고 한 단순한 채권양도의 승인'을 말한다.

a) 원칙 : 채무자의 항변권 소멸 : 채무자가 이의를 보류하지 아니한 승낙을 한 경우에는, 채무자는 양도인에게 대항할 수 있는 사유로써 양수인에게 대항하지 못한다(451조 1항 본문). 즉, 채무자는 채권의 불발생(계약의 불성립·무효·취소·해제 등) 또는 채권의 소멸(변제·공탁·상계·소멸시효의 완성 등) 등의 항변사유를 주장할 수 없다.

판례는 '민법이 제451조 제1항에서 이의를 보류하지 않은 승낙에 대하여 항변사유를 제한한 취지는 이의를 보류하지 않은 승낙이 이루어진 경우 양수인은 양수한 채권에 아무런 항변권도 부착되지 아니한 것으로 신뢰하는 것이 보통이므로, 채무자의 승낙이라는 사실에 공신력을 주어 양수인의 신뢰를 보호하고 거래의 안전을 꾀하기 위한 것이므로, 채권양도에 대하여 이의를 보류하지 아니하고 승낙을 하였더라도 양수인이 악의 또는 중대한 과실이 있는 경우에는 채무자는 승낙 당시까지 양도인에 대하여 생긴 사유로써 양수인에게 대항할 수 있다'고 한다(대법원 2002.3.29.선고, 2000다13887 판결 등).[111] 이와 같이 '민법이 이의를 보류하지 아니한 채무자의 승낙에 항변권 소멸의 효과를 부여한 것은 일종의 「공신(公信)의 원칙」을 채택한 것'이라고 설명하는 것이 통설·판례의 입장이다(대법원 1997.5.30.선고, 96다22648 판결).[112] 그러나 이러한 통설·판례의 입장에 대해서는 '「공신력」이란 권리관계와 일치하지 않은 공시방법에 공시된 대로의 효력을 인정하는 것을 의미하는데, 양수인이 승낙의 공신력에 의하여 어떤 권리를 취득하는 것은 아니므로, 제451조 제1항의 규정을 민법이 공신의 원칙을 채택한 것으로 보는 것은 적당하지 않으며, 소극적인 항변절단의 효과를 인정한 데 불과하다'고 보는 비판적 견해도 있다.[113]

한편 판례는 '여기서 "양도인에게 대항할 수 있는 사유"라 함은 채권의 성립·존속·행사를 저지하거나 배척할 수 있는 사유를 가리킬 뿐이고, 채권의 귀속(채권이 이미 타인에게 양도되었다는 사실)은 이에 포함되지 아니한다'고 한다(대법원 1994.4.29.선고, 93다35551 판결). 이러한 판례의 입장에 따르면, '채권이 이미 제3자에게 양도되어 확정일자 있는 증서로써 통지가 된 경우에는, 채무자가 이의를 보류하지 아니한 승낙을 한 경우에도 채무자는 채권이 이중으로 양도되었다는 주장을 함으로써 양수인에 대한 변제를 거절할 수 있다'는 것이 된다.[114]

---

111) 판례평석: 김동훈, "이의의 보류없는 채권양도 승낙의 효력", 고시연구 31권 1호, 2004/1, 270 이하. 같은 취지: 대법원 1999.8.20.선고, 99다18039 판결

112) 곽윤직, 219; 김증한/김학동, 306; 현승종, 319 참조.

113) 김상용, 381; 김형배, 592 참조.

■ 채권이 이미 타인에게 양도되었다는 사실이 제451조 제1항 전단의 "양도인에게 대항할 수 있는 사유" 에 해당하는지 여부(소극) 민법은 채권의 귀속에 관한 우열을 오로지 확정일자 있는 증서에 의한 통지 또는 승낙의 유무와 그 선후로써만 결정하도록 규정하고 있는데다가, 채무자의 "이의를 보류하지 아니한 승낙"은 민법 제451조 제1항 전단의 규정 자체로 보더라도 그의 양도인에 대한 항변을 상실시키는 효과밖에 없고, 채권에 관하여 권리를 주장하는 자가 여럿인 경우 그들 사이의 우열은 채무자에게도 효력이 미치므로, 위 규정의 "양도인에게 대항할 수 있는 사유"란 채권의 성립, 존속, 행사를 저지·배척하는 사유를 가리킬 뿐이고, 채권의 귀속(채권이 이미 타인에게 양도되었다는 사실)은 이에 포함되지 아니한다. (대법원 1994.4.29.선고, 93다35551 판결)[115]

b) 예외 : 항변권을 주장할 수 있는 경우 : 전술한 바와 같이, 판례는 '비록 채무자가 이의를 보류하지 아니한 승낙을 한 경우라고 하더라도 양수인에게 악의 또는 중과실이 있어 양수인의 신뢰를 보호할 필요가 없는 경우에는, 채무자의 승낙 당시까지 양도인에 대하여 생긴 사유로써 양수인에게 대항할 수 있다'는 입장을 취하고 있다(대법원 2002.3.29.선고, 2000다13887 판결 등). 이러한 취지에서, 판례는 '보험계약에서는 보험자가 보험사고 발생 전의 보험금청구권 양도를 승낙하면서 면책사유에 대한 이의를 유보하지 않았다 하더라도, 보험금청구권의 양도에 대한 채무자의 승낙은 별도로 면책사유가 있으면 보험금을 지급하지 않겠다는 취지를 명시하지 않아도 당연히 그것을 전제로 하고 있다고 보아야 하므로, 보험자는 보험계약상의 면책사유를 주장할 수 있다'고 한다(대법원 2001.6.15.선고, 99다72453 판결 등).[116]

c) 제3자의 권리 : 이의를 보류하지 않은 승낙으로 인한 채무자의 항변권 상실의 효력은 채무자와 양수인 사이에서만 발생하는 것이며, 제3자의 권리에는 아무런 영향을 미치지 않는다. 따라서 그 채권에 붙어있는 물상보증인·담보물의 제3취득자·보증인 등의 항변권은 그대로 존속한다. 물론 채무자가 이의를 보류하지 아니한 승낙을 한 경우에는 채무자의 항변권이 상실되므로, 그 반사적 효력으로 제3자도 채무자의 항변사유를 가지고 양수인에게 대항하지는 못한다. 이와 관련하여, '변제에 의하여 이미 소멸한 저당권부채권의 양도에 대하여 채무자가 이의를 보류하지 않고 승낙을 한 경우 채무자는 양수인에 대하여 채권 및 저당권이 소멸하였다는 항변을 할 수 없음은 당연한데, 그렇다고 하여 이미 소멸한 저당권이 제3자에 대한 관계에서 부활한다고 해석할 수 있는가?' 하는 것이 문제된다. 이는 저당권이 소멸하였다고 믿은 제3자의 신뢰보호를 우선할 것인가, 아니면 채무자의 승낙을 신뢰한 양수인의 보호를 우선할 것인가 하는 문제라고 볼 수 있는데, '양수인은 채무자에 대한 관계에서는 채권 및 저당권의 존속을 주장할 수 있으나, 저당권이 소멸한 것으로 믿고 저당부동산의 소유권을 취득한 제3자에 대해서는 저당권의 존속을 주장할 수 없다'고 해석하여야 할 것이다.[117]

---

114) 同旨: 김증한/김학동, 307; 현승종, 319.

115) 판례평석: 이성룡, "채권의 귀속이 민법 제451조 제1항 전단의 양도인에게 대항할 수 있는 사유에 해당하는지 여부", 대법원판례해설 21호(법원행정처, 1994/11), 124 이하.

116) 같은 취지: 대법원 2002.3.29.선고, 2000다13887 판결.

d) 채무자가 받은 불이익의 조정 : 이의를 보류하지 아니한 승낙의 효력으로서 채무자가 양도인에 대한 항변사유를 양수인에게 주장할 수 없게 됨으로 인하여 받게 되는 불이익은 양도인과의 사이에서 조정된다. 즉, 채무자가 채무를 소멸시키기 위하여 양도인에게 급여한 것이 있으면 이를 회수할 수 있고, 양도인에 대하여 부담한 채무가 있으면 그 성립되지 아니함을 주장할 수 있다(451조 1항 단서).

(2) 채무자 이외의 제3자에 대한 대항요건

1) 「확정일자 있는 증서」에 의한 통지 또는 승낙

제3자에 대한 채권양도의 대항요건인 통지 또는 승낙은 채권의 귀속에 관한 공시방법으로서 물권변동의 성립요건인 등기에 해당하는 것이다.[118] 그런데 지명채권은 증권적 채권과 달리 권리의 존재를 외부에 알리는 표상을 가지고 있지 않으므로, 제3자에 대한 대항요건도 채무자에 대한 통지 또는 채무자에 의한 승낙의 방법에 의하는 수밖에 없다.[119] 그러나 채권양도의 대항요건인 양도인의 통지 또는 채무자의 승낙에 의하여 채권의 귀속을 결정하게 되면 양수인의 지위는 매우 불안한 것이 될 수밖에 없다. 이러한 이유로 민법은 양수인이 채무자 이외의 제3자에게 대항하기 위해서는 채권양도의 대항요건인 통지 또는 승낙을 「확정일자 있는 증서」에 의할 것을 요구하고 있다(450조 2항). 이는 채권양도의 일자를 명확히 함으로써 양도인과 양수인 또는 양도인과 채무자가 통모하여 채권양도의 일자를 사실보다 빠르게 꾸며 제3자의 권리를 해하는 것을 예방하려는 취지에서 마련된 제도이다.

제450조 제2항에서 「확정일자」라 함은 '증서의 작성일자에 관한 완전한 증거가 될 수 있는 것으로 법률상 인정되는 일자로서, 당사자가 나중에 변경하는 것이 불가능한 확정된 일자로서, 민법부칙 제3조에 규정되어 있는 것'을 말한다(대법원 1998.10.2.선고, 98다28879 판결 등).[120] 즉, ① 공정증서에 기입한 일자, ② 사문서에 공증인 또는 법원서기가 일정한 절차에 따라 확정일자인을 찍은 경우의 일자(부칙 3조 1항, 2항), ③ 우체국에서 하는 내용증명우편의 일자와 같이, 관공서에서 사문서에 어느 사항을 증명하고 기입한 일자(부칙 3조 4항) 등이 「확정일자」에 해당한다.

■ 확정일자 있는 증서에 해당한다고 한 사례

1. 공법인인 농지개량조합이 채권양도통지서를 접수하면서 그 우측 상단에 기입한 접수일자는 민법 부

---

117) 同旨: 곽윤직, 219; 김증한/김학동, 308; 현승종, 319 참조.

118) 곽윤직, 220 참조.

119) 일본에서는 법인의 채권양도에 있어서의 제3자에 대한 대항요건은 등기에 의하여 확정일자 있는 증서에 의한 통지 또는 승낙에 갈음할 수 있도록 하고 있다(김상용, 382 참조). 일본의 채권양도등기제도에 관한 상세는 김효석, "일본의 동산 및 채권양도특례법의 개요 -신설된 동산양도등기제도를 중심으로-", 법무사저널 160호(서울지방법무사회, 2007/1), 13 이하 참조.

120) 같은 취지: 대법원 1988.4.12.선고, 87다카2429 판결; 대법원 2000.4.11.선고, 2000다2627 판결.

칙 제3조 제4항 소정의 확정일자에 해당한다. (대법원 1999.12.28.선고, 99다8834 판결)
2. 법무법인이 사서증서인 임대차계약서에 대하여 공증인법의 규정에 따라 사서증서의 인증절차를 마쳤다면, 그 인증일자가 곧 확정일자이므로, 인증 받은 임대차계약서는 민법 부칙 제3조 제1항에서 말하는 공증인의 확정일자인 있는 사문서에 해당한다. (대법원 1998.10.2.선고, 98다28879 판결)
3. 확정일자 없는 증서에 의한 지명채권의 양도승낙 후에 채권양수인이 그 증서를 첨부하여 법원에 양수금채권을 피보전권리로 하여 채무자의 재산에 대한 가압류를 신청하고, 법원공무원이 가압류신청서를 접수하면서 이에 접수일자를 표시하는 접수인을 찍은 경우, 가압류신청서에 찍힌 접수일자는 그 첨부서류인 승낙서에 대하여 확정일자에 해당한다. (대법원 2004.7.8.선고, 2004다17481 판결)

판례에 따르면, '확정일자가 없는 증서라도 나중에 그 증서에 확정일자를 받으면 그 일자 이후에 비로소 대항력을 취득하게 되며(대법원 1988.4.12.선고, 87다카2429 판결 등),[121] 공무소에서 사문서에 어느 사항을 증명하고 기입한 일자가 사실상의 일자와 다른 경우에는 그 문서에 기입되어 있는 일자가 확정일자가 된다'고 한다(대법원 1962.10.4.선고, 62다568 판결).

2) 채무자 이외의 제3자의 범위

제450조 제2항 소정의 "채무자 이외의 제3자"라 함은 '양도된 채권에 관하여 양수인의 지위와 양립할 수 없는 법률상의 지위를 취득한 제3자 또는 그 채권에 관하여 법률상의 이익을 가지는 자만을 말하며, 채권양도에 의하여 간접적으로 영향을 받는 자는 포함되지 않는다'고 해석하는 데 견해가 일치한다.[122] 구체적으로 살펴보면, '양도채권의 이중양수인, 그 채권 위의 질권자, 그 채권을 압류한 양도인의 채권자, 양도인이 파산한 경우의 파산채권자 등은 여기의 "제3자"에 속한다고 할 수 있으며, 채권양도에 의하여 간접적으로 영향을 받는 자에 불과한 채무자의 채권자 등은 제3자에 속하지 않는다'고 한다.[123] 따라서 위와 같은 제3자의 범위에 속하지 않는 자(예컨대, 선순위근저당권자에 대한 후순위근저당권자 등)에 대해서는 대항요건을 갖추지 않았더라도 양도의 효력을 주장할 수 있다(대법원 2005.6.23.선고, 2004다29279 판결 등).

▪ **피담보채권과 함께 저당권을 양수하였으나 채권양도의 대항요건을 갖추지 못한 양수인의 저당권 실행의 가부 및 배당 여부 및 선순위의 근저당권부 채권을 양수한 채권자가 채권양도의 대항요건을 갖추지 아니한 경우, 후순위의 근저당권자에게 채권양도로 대항할 수 없는지 여부**(소극) [1] 피담보채권을 저당권과 함께 양수한 자는 저당권이전의 부기등기를 마치고 저당권실행의 요건을 갖추고 있는 한 채권양도의 대항요건을 갖추고 있지 아니하더라도 경매신청을 할 수 있으며, 채무자는 경매절차의 이해관계인으로서 채권양도의 대항요건을 갖추지 못하였다는 사유를 들어 경매개시결정에 대한 이의나 즉시항고절차에서 다툴 수 있고, 이 경우는 신청채권자가 대항요건을 갖추었다는 사실을 증명하여야 할 것이나, 이러한 절차를 통하여 채권 및 근저당권의 양수인의 신청에 의하여 개시된 경매절차가 실효되지 아니한 이상 그 경매절차는 적법한 것이고, 또한 그 경매신청인은 양수채권의 변제를 받을 수도 있다. [2] 채권양도의 대항요건의 흠결의 경우 채권을 주장할 수 없는 채무자 이외의 제3자는 양도된 채권 자체에 관하여 양수인의 지위와 양립할 수 없는 법률상 지위를 취득한 자에 한하므로, 선순위의 근

121) 같은 취지: 대법원 2004.7.8.선고, 2004다17481 판결.
122) 곽윤직, 226; 김상용, 382; 김증한/김학동, 310; 김현태, 269; 송덕수, 396; 이태재, 329; 현승종, 322.
123) 곽윤직, 226; 김상용, 382; 김증한/김학동, 310; 송덕수, 397; 현승종, 322 참조.

저당권부채권을 양수한 채권자보다 후순위의 근저당권자는 채권양도의 대항요건을 갖추지 아니한 경우 대항할 수 없는 제3자에 포함되지 않는다.[124]

3) 제3자에 대한 대항력

위에서 살펴본 바와 같이, 그 범위가 제한되는 「제3자에게 대항한다」는 것은, 채권이 이중으로 양도된 경우에 양수인과 제2양수인 사이에서와 같이, '동일한 채권에 관하여 서로 양립할 수 없는 법률상의 지위를 취득한 자 상호간에 그 우열을 결정한다는 것'을 의미하는데,[125] 양수인 중 1인만이 확정일자를 취득한 경우와 둘 다 확정일자를 취득한 경우로 나누어 살펴볼 필요가 있다.

(가) 양수인 중 1인만이 확정일자를 취득한 경우

예컨대, 채권의 이중양도의 경우에 양도인이 제1양수인에게는 단순한 통지를 한 후에 제2양수인에게는 확정일자에 의한 통지를 한 경우에는, 제2양수인만이 대항력을 취득하여 제2의 채권양도가 우선하게 된다(450조 2항). 따라서 이러한 경우에는 제2양수인만이 채무자에 대하여 자기의 채권을 주장할 수 있게 되며, 그 결과 제1양수인은 채권을 주장할 수 없게 된다(대법원 2013.6.28.선고, 2011다83110 판결 등). 이는 마치 제1양수인은 취득한 채권을 상실하게 되는 것과 같다. 채무자로서는 제1양수인에 대한 변제를 거절하고, 제2양수인에 대해서만 변제를 하여야 함은 물론이다. 채무자가 제1양도에 대하여 이의를 보류하지 아니한 승낙을 한 후에 제2양도에 대하여 확정일자 있는 통지가 행해진 경우에도 결과는 마찬가지이다.[126]

▪ **채권이 이중으로 양도된 경우, 양수인 상호 간의 우열을 결정하는 기준** 채권이 이중으로 양도된 경우, 양수인 상호 간의 우열은 확정일자 있는 양도통지가 채무자에게 도달한 일시 또는 확정일자 있는 승낙의 일시의 선후에 의하여 결정하여야 하고, 확정일자 있는 증서에 의하지 아니한 통지나 승낙이 있는 채권양도의 양수인은 확정일자 있는 증서에 의한 통지나 승낙이 있는 채권양도의 양수인에게 대항할 수 없다. (대법원 2013.6.28.선고, 2011다83110 판결)[127]

그러나 제1양도 후에 그 채권이 변제 기타의 사유로 소멸하였음에도 불구하고 그 채권에 관하여 제2양도가 행해진 경우에는 그 양도행위는 무효이므로, 비록 확정일자 있는 증서로 양도의 통지를 하더라도 제2양수인은 채권을 취득할 수 없으므로, 제2양수인이 제1양수인에게 대항할 수 있는가 하는 문제는 발생할 여지가 없다.[128] 다만, 양도인·채무자·제1양수인이

---

124) 판례평석: 이우재, 대법원판례해설 54호(법원도서관, 2006/1), 158 이하; 문준섭, "채무자에 대한 대항요건을 갖추지 못한 경우, 채권양수인의 법적 지위", 법조 58권 1호(법조협회, 2009/1), 206 이하. 같은 취지: 대법원 2012.4.12.선고, 2011다109357 판결.
125) 同旨: 곽윤직, 226; 김증한/김학동, 310; 송덕수, 397; 현승종, 323 참조.
126) 同旨: 곽윤직, 226; 김상용, 383; 김증한/김학동, 311; 김형배, 597; 송덕수, 381; 현승종, 323 참조.
127) 같은 취지: 대법원 1972.1.31.선고, 71다2697 판결; 대법원 1994.4.26.선고, 93다24223 전원합의체판결.
128) 同旨: 곽윤직, 226; 김상용, 383; 김증한/김학동, 311; 송덕수, 384; 현승종, 323 참조.

통모하여 변제 등에 의하여 채권이 소멸한 것으로 조작하는 경우에는 확정일자에 의한 제2양수인이 부당하게 채권을 상실하게 될 가능성이 있으나, 이는 채권양도의 공시방법인 통지 또는 승낙의 불완전성으로 인한 부득이한 결과이다.129)

(나) 이중양도에서 모든 양수인이 확정일자를 취득한 경우

판례는 '채권의 이중양도에서 양수인 모두가 확정일자를 취득한 경우에, ① 양수인 상호간의 우열은 통지 또는 승낙에 붙여진 확정일자의 선후에 의하여 결정할 것이 아니라, 채권양도에 대한 채무자의 인식의 선후, 즉 확정일자 있는 양도통지가 채무자에게 도달한 일시 또는 확정일자 있는 승낙의 일시의 선후에 의하여 결정하여야 할 것이며(대법원 2013.6.28.선고, 2011다83110 판결 등), ② 채권양도의 통지, 가압류 또는 압류명령 등이 제3채무자에 동시에 송달되어 그들 상호간에 우열을 가릴 수 없는 경우에는 채권양수인, 가압류 또는 압류채권자는 모두 제3채무자에 대하여 완전한 대항력을 갖추었다고 할 것이므로, 그 채권 전액에 대하여 채권양수금, 압류전부금 또는 추심금의 이행청구를 하고 적법하게 이를 변제받을 수 있고, 제3채무자로서는 이들 중 누구에게라도 그 채무 전액을 변제하면 다른 채권자에 대한 관계에서도 유효하게 면책되며, 만약 양수채권액과 가압류 또는 압류된 채권액의 합계액이 제3채무자에 대한 채권액을 초과할 때에는 그들 상호간에는 법률상의 지위가 대등하므로 공평의 원칙상 각 채권액에 안분하여 이를 내부적으로 다시 정산할 의무가 있다'고 한다. 또한 ③ '채권양도의 통지, 가압류 또는 압류명령 등이 제3채무자에 동시에 송달된 경우에, 제3채무자는 송달의 선후가 불명한 경우에 준하여 채권자를 알 수 없다는 이유로 변제공탁을 함으로써 법률관계의 불안으로부터 벗어날 수 있으며, ④ 채권양도 통지와 채권가압류결정 정본이 같은 날 도달되었는데 그 선후관계에 대하여 달리 입증이 없으면, 동시에 도달된 것으로 추정한다'는 입장을 취하고 있다(대법원 1994.4.26.선고, 93다24223 전원합의체판결 등).

학설은 '제3자에 대한 채권양도의 대항력은 '확정일자 도달의 선후(동시도달의 경우는 안분)에 의하여 결정하여야 한다'는 판례의 입장에 비판적인 견해도 있으나,130) 판례의 입장에 찬성하는 견해가 지배적이다.131)

■ **채권양수인과 동일채권에 대하여 가압류명령을 집행한 자 사이의 우열결정기준 등** [1] 채권이 이중으로 양도된 경우의 양수인 상호간의 우열은 통지 또는 승낙에 붙여진 확정일자의 선후에 의하여 결정할 것이 아니라, 채권양도에 대한 채무자의 인식, 즉 확정일자 있는 양도통지가 채무자에게 도달한 일시 또는 확정일자 있는 승낙의 일시의 선후에 의하여 결정하여야 할 것이고, 이러한 법리는 채권양수인

129) 同旨: 곽윤직, 226; 김증한/김학동, 312; 현승종, 323 참조.
130) 김형배, 600 참조.
131) 배병일, "채권양도의 대항요건의 동시도달", 사법행정 35권 8호(한국사법행정학회, 1994/8), 46 이하; 홍성재, "채권양도Ⅱ -지명채권양도의 대항요건-", 민법판례해설Ⅲ(채권총론), 238 이하; 김상용, 383; 송덕수, 398; 이은영, 630 참조.

과 동일 채권에 대하여 가압류명령을 집행한 자 사이의 우열을 결정하는 경우에 있어서도 마찬가지이므로, 확정일자 있는 채권양도 통지와 가압류결정 정본의 제3채무자(채권양도의 경우는 채무자)에 대한 도달의 선후에 의하여 그 우열을 결정하여야 한다. [2] 채권양도 통지, 가압류 또는 압류명령 등이 제3채무자에 동시에 송달되어 그들 상호간에 우열이 없는 경우에도, 그 채권양수인, 가압류 또는 압류채권자는 모두 제3채무자에 대하여 완전한 대항력을 갖추었다고 할 것이므로, 그 전액에 대하여 채권양수금, 압류전부금 또는 추심금의 이행청구를 하고 적법하게 이를 변제받을 수 있고, 제3채무자로서는 이들 중 누구에게라도 그 채무 전액을 변제하면 다른 채권자에 대한 관계에서도 유효하게 면책되는 것이며, 만약 양수채권액과 가압류 또는 압류된 채권액의 합계액이 제3채무자에 대한 채권액을 초과할 때에는 그들 상호간에는 법률상의 지위가 대등하므로 공평의 원칙상 각 채권액에 안분하여 이를 내부적으로 다시 정산할 의무가 있다. [3] 채권양도의 통지와 가압류 또는 압류명령이 제3채무자에게 동시에 송달되었다고 인정되어 채무자가 채권양수인 및 추심명령이나 전부명령을 얻은 가압류 또는 압류채권자 중 한 사람이 제기한 급부소송에서 전액 패소한 이후에도 다른 채권자가 그 송달의 선후에 관하여 다시 문제를 제기하는 경우, 기판력의 이론상 제3채무자는 이중지급의 위험이 있을 수 있으므로, 동시에 송달된 경우에도 제3채무자는 송달의 선후가 불명한 경우에 준하여 채권자를 알 수 없다는 이유로 변제공탁을 함으로써 법률관계의 불안으로부터 벗어날 수 있다. [4] 채권양도 통지와 채권가압류결정 정본이 같은 날 도달되었는데 그 선후관계에 대하여 달리 입증이 없으면 동시에 도달된 것으로 추정한다. (대법원 1994.4.26. 선고, 93다24223 전원합의체판결)132)

생각건대, 민법이 채무자에 대한 관계에서 채권 귀속의 우열을 결정하는 기준으로서 확정일자를 요하는 취지를 고려하면, 중요한 것은 확정일자 그 자체가 아니라 확정일자의 도달에 의한 채무자의 인식가능성이라고 할 것이다. 그러므로 '확정일자에 의한 대항요건의 도달시를 기준으로 채권귀속의 우열을 판단하여야 한다'는 판례의 입장은 타당하다고 할 것이다.

4) 강행규정

제3자에 대한 채권양도의 대항요건을 규정한 제450조 제2항의 규정은 거래의 안전을 꾀하기 위한 것으로서 강행규정이라고 보아야 할 것이다. 그러므로 이에 반하는 당사자 사이의 특약은 효력이 없다고 해석된다.133)

5) 「자산유동화법」 등 특별법상의 대항요건

자산유동화법은 자산보유자 또는 유동화전문회사등은 자산유동화계획에 따른 유동화자산의 양도가 있은 때에는 지체 없이 그 사실을 금융위원회에 등록하도록 규정하고 있는데(동법 6조 1항),134) 이 규정에 따라 금융위원회에 양도채권을 등록한 경우에는 당해 유동화자산인

132) 판례평석: 오욱환, "동시에 송달된 채권양도와 가압류의 효력", 경영법무 4호(한국경영법무연구소, 1994/7), 106 이하; 강용현, "채권양도통지와 가압류결정이 동시에 도달된 경우에 양수인이 채무자에 대하여 양수금을 청구할 수 있는가?", 대법원판례해설 21호(법원행정처, 1994/11), 85 이하; 배병일, 전게논문(주 131), 46 이하; 홍성재, 전게논문(주 131), 238 이하; 손윤하, "채권양도통지와 가압류결정이 동시에 도달한 경우의 법률관계", 재판실무연구 1권(수원지방법원, 1996/12), 119 이하. 같은 취지: 대법원 2004.9.3.선고, 2003다22561 판결; 대법원 2013.4.26.선고, 2009다89436 판결.

133) 김증한/김학동, 313; 현승종, 323 참조.

134) 자산유동화법 제6조(자산양도 등의 등록) ① 자산보유자 또는 유동화전문회사등은 자산유동화계획에 따른 유동화자산(유동화자산을 제3자가 점유하고 있는 경우 그 제3자에 대한 반환청구권을 포함한다.

채권의 채무자 이외의 제3자에 대하여는 민법 제450조 제2항의 규정에 의한 대항요건을 갖춘 것으로 간주하고 있다(동법 7조 2항).[135]

[101] Ⅴ. 증권적 채권의 양도

1. 증권적 채권의 의의와 종류

(1) 증권적 채권의 의의

「증권적 채권」이라 함은 '채권이 증권에 화체되어 그 채권의 성립·존속·양도·행사의 전부 또는 일부가 증권을 통하여 이루어지는 것'을 말한다. 증권적 채권은 채권의 양도성을 증진시키고 채권거래의 안전을 꾀하기 위하여 고안된 것으로서 양도성을 그 본질적 속성으로 한다.

(2) 증권적 채권의 종류

증권적 채권은 채권자를 결정하는 방법에 따라 지시채권·무기명채권·지명소지인출급채권의 세 가지로 분류된다. 구 의용민법은 증권에 화체되어 있는 채권의 측면에 중점을 두고 있었던 관계로 유가증권법의 이론적 통일을 이루지 못하고 있었다는 비판을 받고 있었는데,[136] '현행민법은 증권에 화체되어 있는 추상적인 채권의 측면에서가 아니라, 채권을 화체시키고 있는 증권 자체의 측면에서 그 유통성을 주안점으로 두는 것으로 입법의 방향을 전환함으로써, 상법·어음법·수표법 등 민법 이외의 유가증권법과의 이론적 통일을 기하고 있다'는 긍정적인 평가를 받고 있다.[137] 그리하여 상법은 상법상의 유가증권에 관하여 민법의 증

이하 이 조에서 같다)의 양도·신탁 또는 반환이나 유동화자산에 대한 질권 또는 저당권의 설정이 있은 때에는 다음 각 호의 구분에 따라 지체 없이 그 사실을 금융위원회에 등록하여야 한다. 1. 다음 각목의 1에 해당하는 경우에는 자산보유자 가. 자산유동화계획에 따라 유동화전문회사등에 유동화자산을 양도한 경우 나. 자산유동화계획에 따라 신탁업자에 유동화자산을 신탁한 경우 2. 다음 각목의 1에 해당하는 경우에는 유동화전문회사등(나목의 경우에는 유동화자산을 양도하거나 반환받은 유동화전문회사를 말한다) 가. 유동화전문회사등이 자산유동화계획에 따라 유동화자산을 자산보유자에게 양도하거나 양도의 취소등을 이유로 반환한 경우 나. 유동화전문회사가 자산유동화계획에 따라 유동화자산을 다른 유동화전문회사에 양도하거나 그 유동화전문회사로부터 당해 유동화자산을 반환받은 경우 다. 유동화전문회사등이 자산유동화계획에 따라 유동화증권의 투자자를 위하여 제3자에 유동화자산에 대한 질권 또는 저당권을 설정하거나 해지한 경우

135) 자산유동화법 제7조(채권양도의 대항요건에 관한 특례) ② 자산유동화계획에 따라 행하는 채권의 양도·신탁 또는 반환에 관하여 제6조 제1항의 규정에 의한 등록을 한 때에는 당해 유동화자산인 채권의 채무자(유동화자산에 대한 반환청구권의 양도인 경우 그 유동화자산을 점유하고 있는 제3자를 포함한다. 이하 같다)외의 제3자에 대하여는 당해 채권의 양도에 관하여 제6조 제1항의 규정에 의한 등록이 있은 때에 민법 제450조 제2항의 규정에 의한 대항요건을 갖춘 것으로 본다.

136) 이런 이유로 일본민법은 2017년의 개정에 의하여 민법에서 증권적 채권에 관한 규정을 전부 삭제하였다.

권적 채권에 관한 규정을 준용하고 있다(동법 65조 1항).

2. 지시채권의 양도

(1) 지시채권의 양도방법

1) 지시채권의 의의

「지시채권」이라 함은 '특정인 또는 그가 지시한 자에게 변제하여야 하는 증권적 채권'을 말한다. 즉, 지시채권은 증권에 채권자로 기재된 특정인 甲 또는 甲이 지시한 乙, 또는 乙이 지시한 丙에게 채무자가 변제할 의무를 부담하는 채권이다.

2) 지시채권의 종류

지시채권의 대표적인 경우는 어음(어음법 11조)·수표(수표법 14조)·화물상환증(상법 130조)·창고증권(상법 157조, 130조)·선하증권(상법 820조, 130조) 등을 들 수 있는데, 이들은 「법률상 당연한 지시채권」(지시증권)으로서 지시문구가 없더라도 지시금지 또는 배서금지의 기재가 없는 한 배서에 의하여 양도할 수 있다. 그러나 이것들은 모두 상업증권으로서 1차적으로 상법·어음법·수표법에 의하여 규율되며, 민법의 규정은 거의 적용되지 않는다. 이론상으로는 민법의 규율만을 받는 지시채권의 발생도 가능하지만, 실제사례는 보고된 적이 없다.

3) 지시채권의 양도방법 : 배서·교부

지시채권의 양도는 그 증서에 배서하여 양수인에게 교부하는 방식으로 할 수 있다(508조). 즉, 배서·교부가 지시채권의 양도방식이다. 이는 증권적 채권의 본질에 부합하는 것으로서 상법상의 지시채권의 양도방식과 동일하다.[138]

(2) 지시채권의 양도방법인 배서

1) 배서의 의의 및 방법

「배서」는 '증권에 채권양도의 의사표시를 기재하는 것'으로서, 증서 또는 보충지에 배서의 뜻을 기재하고 배서인이 서명하든가 또는 기명날인함으로써 이를 한다(510조 1항). 배서는 그 명칭이 유래된 것처럼 증서의 뒷면에 하는 것이 상례이지만, 반드시 증서의 뒷면에 하여야 그 효력이 발생하는 것은 아니다. 예컨대, 필요하면 증서의 여백에 하거나, 증서의 표면에 할 수도 있으며, 보충지에 할 수도 있다.

2) 배서의 종류

배서에는 정식배서와 약식배서, 그리고 소지인출급배서의 세 가지 종류가 있다.

---

137) 현승종, 324 참조.
138) 同旨: 현승종, 325 참조.

(가) 정식배서 : 기명식배서

「정식배서」란 '피배서인의 명칭을 기재하는 배서'를 말하는데, 「기명식배서」 또는 「완전배서」라고도 한다.

(나) 약식배서 : 무기명식배서(백지식배서)

「약식배서」는 '피배서인의 기재가 없는 배서'를 말하며, 「백지식배서」 또는 「무기명식배서」라고도 한다. 이 배서에는 지시문구·배서의 일자 등의 배서문구는 있으나, 피배서인의 지정만이 없는 것과, 배서문구도 없고 배서인의 서명이나 기명날인만이 있는 것의 두 가지 종류가 있다(510조 2항). 약식배서가 되어 있는 증서의 소지인은, ① 자기나 타인의 명칭을 피배서인으로 기재하거나, ② 약식으로 또는 타인을 피배서인으로 표시하여 다시 증서에 배서할 수 있으며, ③ 피배서인을 기재하지 아니하고 배서 없이 증서를 제3자에게 교부하여 양도할 수도 있다(511조).

(다) 소지인출급배서

「소지인출급배서」라 함은 '증서의 소지인에게 지급하여야 할 뜻을 기재한 배서'를 말하는데, 소지인출급배서는 약식배서와 같은 효력이 있다(512조). 따라서 소지인출급배서가 되어 있는 지시채권증서의 소지인은 약식배서의 경우와 마찬가지로 세 가지 방법으로 그 증서를 처리할 수 있다.

(라) 환배서

지시채권은 그 채무자에 대하여도 배서하여 양도할 수 있는데(509조 1항), 이와 같이 '채무자를 피배서인으로 하는 배서'를 「환배서」라고 한다. 채권자와 채무자가 동일인인 경우에는 채권은 혼동에 의하여 소멸하는 것이 원칙이지만(507조), 민법은 증권적 채권의 유통성을 증진시키기 위하여 '환배서에 의하여 지시채권을 양수한 채무자는 다시 그 지시채권을 배서함으로써 양도할 수 있다'고 규정하고 있다(509조 2항).

3) 배서의 효력

일반적으로 지시증권의 양도배서에는 권리이전적 효력·자격수여적 효력·담보적 효력의 세 가지 효력이 인정되나, 민법은 지시채권의 배서의 효력으로 권리이전적 효력과 자격수여적 효력만을 인정하고 담보적 효력(배서인이 그 후자 전원에 대하여 증서의 인수 및 지급을 담보하는 의무, 즉 상환의무를 부담하는 효력)은 인정하지 않고 있다.

(가) 권리이전적 효력

지시채권은 그 증서에 배서하여 양수인에게 교부하는 방식으로 양도할 수 있으므로(508조), 증서에 화체된 채권은 배서에 의하여 피배서인에게 이전한다. 이를 배서의 「권리이전적 효력」이라고 한다. 배서에 의하여 권리를 양수한 피배서인은 스스로 증서상의 채권을 행사하거나 다시 배서하여 증서상의 채권을 제3자에게 양도할 수 있음은 물론이다.

(나) 자격수여적 효력

증서의 점유자가 배서의 연속으로 그 권리를 증명하는 때에는 적법한 소지인으로 본다(513조 1항). 즉, 형식적으로 배서가 연속된 경우에는 그것에 대응한 실질적인 권리의 이전이 있는 것으로 추정하고 증서의 점유자를 적법한 소지인으로 보는 것인데, 이를 배서의 「자격수여적 효력」 또는 「자격증명적 효력」이라고 한다. 이 효력에 의하여 증서의 소지인에게 증서에 화체된 권리를 행사할 자격이 인정된다. 이는 본래 실질적 권리자에게만 인정하는 효과를 증서상의 피배서인이 증서를 소지한다는 외형적 사실에 기하여 인정한 것이다. 다만, 증서의 소지인이 적법한 소지인으로서 진정한 권리자로 간주되기 위해서는 증서상의 배서가 연속되어 있어야 한다. 민법은 '배서의 연속에 의하여 권리를 증명하는 때에는 적법한 소지인으로 본다'고 규정하고 있으나, 소지인이 무권리자인 경우에는 채무자가 그것을 증명하여 소지인의 권리행사를 거절할 수 있어야 할 것이므로, '여기서 "본다"는 문언에도 불구하고 추정의 의미로 해석하여야 한다'는 견해가 지배적이다.139)

(A) 배서의 연속 「배서의 연속」이라 함은 '최초의 권리자가 제1배서의 배서인이 되고, 이어서 제1배서의 피배서인이 제2배서의 배서인이 되는 식으로, 각 배서가 끊임이 없이 차례로 연속되어 최후의 피배서인인 현재의 소지인에 이르고 있음'을 의미한다. 최후의 배서가 약식배서인 경우에는 증서의 점유자를 적법한 소지인으로 본다(513조 1항 후단). 약식배서 다음에 다른 배서가 있으면, 그 배서인은 약식배서로 증서를 취득한 것으로 본다(513조 2항). 또한 도말·삭제 등의 방법으로 기재가 말소된 배서는 배서의 연속에 관하여는 그 기재가 없는 것으로 본다(513조 3항). 배서의 연속만 있으면 증서의 점유자는 그가 진실한 권리자임이 증명되므로, 적법한 소지인으로 되어 그 권리를 행사할 수 있고, 또 채무자는 증서의 점유자에게 변제함으로써 그 책임을 면할 수 있다(518조). 배서가 연속되었다고 하여 반드시 증서상의 기재와 진실이 일치한다고 할 수는 없으나, 지시채권증서의 원활한 유통을 위하여 자격수여적 효력을 부여한 것이다. 후술하는 증서의 선의취득의 효력은 자격수여적 효력을 기초로 하여 인정되는 것이다.140)

(B) 배서의 연속이 단절된 경우 배서의 연속이 단절된 경우에는, 연속이 단절되기 전 최후의 피배서인이 증서의 권리자로 추정된다.141) 따라서 지시채권증서의 소지인은 권리행사의 자격이 없다. 즉, 배서의 연속이 결여된 부분에 대해서는 물론이고, 각 배서가 가지는 자격수여적 효력의 집적(集積)으로서의 증명적 효력도 인정되지 않으므로, 배서의 연속이라는 외형

139) 김상용, 387; 김형배, 605; 현승종, 327 참조.

140) 현승종, 328 참조.

141) 김상용, 387; 현승종, 328 참조.

적 사실에 기한 자격수여적 효력은 인정되지 않는다. 그러나 배서의 연속이 단절된 경우에도, 그 단절 전후의 각 배서의 자격수여적 효력마저 인정되지 않는 것은 아니므로, 소지인이 그와 같은 단절부분에 대하여 실질적으로 유효한 권리이전이 있었다는 사실을 입증하거나, 직전배서의 피배서인과 그 다음의 배서의 배서인이 동일인이라는 사실을 입증하는 등 권리이전의 실질적 관계를 입증하면, 그로써 단절된 전후의 배서가 연결되어 소지인은 증서상의 권리를 행사할 수 있다고 해석하는 견해(이를 「가교설(架橋說)」이라고 한다)가 통설·판례의 입장이다(대법원 1995.9.15.선고, 95다7024 판결 등).[142]

(3) 지시채권의 양수인을 보호하기 위한 제도

1) 채권증서의 선의취득

증서의 소지인이 배서의 연속에 의하여 증서의 적법한 소지인으로 추정되는 때에는, 소지인이 무권리자로부터 그 권리를 취득한 경우에도 양도인이 권리 없음을 알았거나 중대한 과실로 알지 못한 것이 증명되지 아니하는 한 소지인은 그 증서를 선의취득한다(514조 단서). 따라서 누구든지 증서의 적법한 소지인에 대하여 그 반환을 청구하지 못한다(514조 본문). 이는 거래의 안전과 증권에 의한 채권의 유통성이 한층 더 고려하여, 취득자에게 경과실이 있어도 선의취득이 인정되며, 도품·유실물의 특례(250조, 251조)가 인정되지 않는다는 점에서, 동산의 선의취득(249조)과 차이가 있다.

2) 인적 항변의 제한

지명채권양도에 있어서는 채무자는 양도의 통지를 받은 때까지 양도인에 대하여 생긴 사유로써 양수인에게 대항할 수 있으나(451조 2항), 지시채권에 있어서는 소지인이 그 채무자를 해함을 알고 지시채권을 취득한 경우가 아닌 한, 채무자는 소지인의 전자에 대한 인적 관계의 항변으로 소지인에게 대항하지 못한다(515조). 여기서 「인적 항변」이라 함은 '특정인에 대해서만 주장할 수 있는 항변'을 말하는데, 채무자와 특정한 청구자 사이의 특수한 관계, 예컨대 원인관계의 부존재·무효 또는 소멸·대가의 불지급·지급유예약정의 존재 등이 이에 속한다. 그러나 구체적인 경우에 어떤 사유가 인적 항변인가 하는 것은 채무자의 보호와 거래안전의 보호라는 두 개의 요구를 비교하여 결정하는 수밖에 없다.[143]

(4) 지시채권의 양도에 있어서의 채무자의 보호

지시채권의 진정한 권리자가 되기 위해서는 채권증서상의 모든 서명 또는 날인이 진정한 것이어야 하며, 배서의 연속이 있어야 하는바, 채무자는 진정한 권리자에게 변제함으로써만

---

142) 같은 취지: 대법원 1969.12.9.선고, 69다995 판결; 대법원 1995.9.29.선고, 94다58377 판결; 대법원 1996.4.26.선고, 94다9764 판결.

143) 김증한/김학동, 317; 현승종, 330 참조.

채무를 면할 수 있으므로 증서의 소지인이 진정한 권리자인지를 조사할 필요가 있다. 민법이 채무자로 하여금 배서의 연속 여부를 조사할 의무를 부과하고 있는 것은 이러한 이유에서이다. 그러나 증서상의 배서인의 서명 또는 날인이 진정한 것이냐의 여부를 조사하는 것은 쉬운 일이 아니기 때문에 자칫 잘못하면 채무자가 이로 인하여 큰 손해를 볼 가능성이 있게 된다. 그러므로 민법은 제518조에서 채무자를 보호하기 위하여, 채무자는 '배서인의 서명 또는 날인의 진위나 소지인의 진위를 조사할 권리는 있으나 의무는 없다'고 규정하고 있다. 여기서 "권리가 있다"는 것은 '조사를 위하여 변제가 지연되더라도 조사에 필요한 상당한 기간은 이행지체책임이 성립하지 않는다'는 것을 의미한다.[144] 또한 채무자가 배서인의 서명·날인의 진위 여부를 반드시 조사할 의무는 없으므로(518조 본문), 조사를 하지 않았기 때문에 진정한 권리자가 아닌 자에게 변제하더라도 그 변제는 유효한 것이 된다. 다만, 채무자가 변제하는 때에 소지인이 권리자 아님을 알았거나 중대한 과실로 알지 못한 때에는 그 변제는 무효가 된다(518조 단서). 판례는 '통상적인 판별로서 액면 부분이 위조 또는 변조된 수표임을 알 수 있었음에도 불구하고 은행의 고의 또는 과실로 이를 알지 못하고 액면금을 지급한 때에는 은행의 변제는 무효가 되므로, 예금주의 예금채권은 존속한다'고 한다(대법원 1969.10.14.선고, 69다1237 판결).

〈참고〉 지시채권의 변제

1. 변제의 장소

증권적 채권에서는 추심채무가 원칙이다. 그러므로 지시채권증서에 변제의 장소를 정하지 않은 때에는, 채무자의 현영업소를 변제장소로 하고, 영업소가 없는 때에는 채무자의 현주소를 변제장소로 한다(516조).

2. 증서의 제시와 이행지체

증서에 변제기한이 있는 경우에도, 그 기한이 도래한 후에 소지인이 증서를 제시하여 이행을 청구한 때로부터 채무자에게 이행지체책임이 발생한다(517조).

3. 변제와 증서

채무자는 증서와 교환하여서만 변제할 의무가 있다(519조). 또한 채무자는 변제하는 때에 소지인에 대하여 증서에 영수를 증명하는 기재를 할 것을 청구할 수 있으며, 일부변제의 경우에도 채무자의 청구가 있으면 채권자는 증서에 그 뜻을 기재하여야 한다(520조).

4. 공시최고절차에 의한 채권증서의 무효 및 공탁·변제

멸실한 증서나 소지인의 점유를 이탈한 증서는 공시최고절차에 의하여 무효로 할 수 있다(521조). 또한 공시최고의 신청이 있는 때에는, 법원은 채무자로 하여금 채무의 목적물을 공탁하게 할 수 있고, 소지인이 상당한 담보를 제공하면 변제하게 할 수 있다(522조). 이는 지시채권에서는 증서가 없이는 권리를 행사할 수 없으므로, 증서를 멸실·상실한 채권자를 보호하기 위한 것이고, 한편에서는 진정한 권리자가 아니면서 증서를 소지하는 자에게 채무자가 변제하지 않도록 하기 위한 제도라고 할 수 있다.[145]

---

144) 김상용, 389; 김증한/김학동, 318; 김형배, 609; 송덕수, 404; 현승종, 331 참조.
145) 현승종, 332 참조.

3. 무기명채권 및 지명소지인출급채권의 양도

(1) 무기명채권의 양도

1) 무기명채권의 의의

「무기명채권」이라 함은 '증권의 소지인에게 변제하여야 하는 증권적 채권'을 말한다. 예컨대, 상품권·승차권·무기명공채와 같이 채권이 증서에 화체한 유가증권으로서, 그 성립·존속·행사·양도 등에 원칙적으로 증서의 점유를 필요로 하는 것은 무기명채권에 해당한다. 무기명채권은 증서의 소유권을 취득하는 자가 채권자가 된다.[146)]

2) 무기명채권의 양도방법 : 교부(交付)

무기명채권은 증권면에 채권자가 특정되어 있지 않으므로, 처음부터 양도를 위한 배서가 불가능하다. 따라서 무기명채권의 양도는 권리자가 양수인에게 그 증서를 교부함으로써 양도의 효력이 발생한다(523조). 무기명채권은 양도방법에서 배서에 의하지 않는다는 점을 제외하면 지시채권과 동일한 성질을 가지는 것이므로, 배서에 관한 규정을 제외한 지시채권에 관한 규정이 준용된다(524조). 따라서 지시채권에서의 양수인의 선의취득(514조), 채무자의 인적 항변의 제한(515조), 채권의 변제(516~522조)에 관하여 전술한 설명이 그대로 타당하다.

(2) 지명소지인출급채권의 양도

「지명소지인출급채권」이라 함은 '특정인 또는 증서의 정당한 소지인에게 변제하여야 하는 증권적 채권'을 말한다. 「지명소지인출급채권」은 무기명채권의 변형으로서 그 효력은 무기명채권의 효력과 같다(525조). 따라서 지명소지인출급채권의 양도는 증서의 교부에 의하여 한다는 점과, 배서에 관한 규정을 제외한 지시채권에 관한 규정이 준용된다는 점도 무기명채권의 경우와 동일하다(524조).

〈참고〉 면책증서

1. 의의 및 법적 성질

「면책증서(免責證書)」라 함은, '채무자가 증서의 소지인에게 변제하여 그 책임을 면할 목적으로 발행한 증서'를 말한다(526조). 면책증서를 「자격증서」라고도 한다. 박물관이나 공연장의 휴대물예치증, 항공기나 철도의 수화물상환증 등이 그 예이다. 면책증서는 동일한 내용의 계약이 집단적으로 체결됨으로써 소지인이 누가 진정한 권리자인지의 여부를 조사하기 어려운 경우에, 채무자가 조사의무를 면하기 위하여 발행하는 증서로서, 채권이 증서에 화체된 증권적 채권이 아니라, 지명채권의 변형에 지나지 않는다.[147)]

2. 면책증서의 효력

면책증서가 발행된 경우에는, 당사자의 합의에 따라 채무자가 증서의 소지인에게 변제를 하면 소지인이

---

146) 김증한/김학동, 319; 김형배, 610; 현승종, 332 참조.
147) 김상용, 412; 김증한/김학동, 320; 현승종, 333 참조.

정당한 권리자가 아닌 경우에도 채무자에게 악의 또는 중과실이 없는 한 채무를 면하는 효력이 인정된다. 그 밖에도 민법은 무기명채권의 변제에 관한 규정을 면책증서에 준용하여(526조), 변제의 장소에 관하여 지참채무의 예외를 인정하고(516조), 채권의 행사에 면책증서의 제시를 요구하며(517조), 변제 또는 일부변제시에 채무자가 영수의 기입을 청구할 수 있도록 하고 있다(526조).

제 2 절 채무인수

[102] Ⅰ. 채무인수의 의의

1. 채무인수의 개념

「채무인수(債務引受)」(Schuldübernahme; cession de dette)라 함은 '계약에 의하여 채무가 동일성을 유지하면서 제3자(인수인)에게 이전되는 것'을 말한다. '채무자로부터 채무를 인수하여 새로운 채무자가 되는 자'를 「인수인」이라고 한다(민법은 인수인을 "제3자"라고 칭하고 있다).

(1) 계약에 의한 채무의 인수

채무인수는 '계약에 의한 채무의 이전'을 의미하므로, '법률의 규정에 의한 채무의 이전'과는 개념상 구별된다.[1)]

(2) 채무자의 면책

채무인수는 채무가 동일성을 유지하면서 채무자로부터 제3자인 인수인에게 이전되는 것이므로, 채무자는 채무인수에 의하여 채무를 면하게 된다(453조 1항, 454조). 이와 같이 기존의 채무자가 채무를 면하게 되는 「채무인수」를 '기존의 채무자에 더하여 제3자(인수인)가 채무자와 병존적으로 채무를 부담하는 형태의 채무인수'인 「병존적 채무인수」와 구별하기 위하여 「면책적 채무인수」라고도 부른다.

---

1) 법률의 규정에 의한 채무이전은 예컨대, 승역지 소유자의 공작물설치수선의무의 특별승계인에의 승계(298조), 부동산임대인의 목적물 사용·수익의무의 양수인에게로의 승계(621조 2항), 피상속인의 재산상의무의 상속인으로의 포괄적 승계(1005조), 포괄유증자의 재산상의무의 수증자로의 포괄적 승계(1078조), 합병으로 소멸한 회사의 의무의 합병 후 존속한 회사 또는 합병으로 인하여 신설된 회사로의 승계(상법 235조, 530조) 등을 들 수 있다.

2. 유사개념과의 구별

(1) 병존적 채무인수

「병존적(竝存的) 채무인수」는 '기존의 채무자와 인수인이 병존적으로 채무를 부담하게 되는 채무인수'를 말하는데, 이를 「중첩적(重疊的) 채무인수」라고도 한다. 「병존적 채무인수」는 '인수인이 종전채무자의 채무와 동일한 내용의 채무를 직접 채권자에 대하여 부담한다는 점'에서 채무인수(면책적 채무인수)와 유사하나, '본래의 채무자가 채무를 면하지 못하고 인수인이 본래의 채무와 동일한 내용의 채무를 병존적 내지 추가적으로 부담하는 데 그친다는 점'에서 채무인수와 구별되는데, 판례는 채무자와 병존적 채무인수인 사이의 관계에 대하여, '병존적(중첩적) 채무인수에서 인수인이 채무자의 부탁 없이 채권자와의 계약으로 채무를 인수하는 것은 매우 드문 일이므로, 채무자와 인수인은 원칙적으로 주관적 공동관계가 있는 연대채무관계에 있고, 인수인이 채무자의 부탁을 받지 아니하여 주관적 공동관계가 없는 경우에는 부진정연대관계에 있는 것으로 보아야 한다'는 입장을 취하고 있다(대법원 2009.8.20.선고, 2009다32409 판결 등).2)

한편 「병존적 채무인수」는 채권자의 입장에서는 인수인을 채무자로 하는 새로운 채권을 취득하는 것이므로, 병존적 채무인수계약은 「제3자를 위한 계약」(539~542조)이 된다. (☞ 계약법 편, 제1장 제3절 「계약의 일반적 효력」)

(2) 이행인수

「이행인수(履行引受)」라 함은 '인수인이 채무자에 대하여 채무를 이행할 의무를 부담하는 관계'를 말한다. 「이행인수」는 인수인이 새롭게 채무이행의 의무를 부담하게 되므로, 「채무인수」와 유사한 점이 있으나, '이행인수에 있어서의 인수인의 이행의무는 채권자에 대한 것이 아니라 채무자에 대한 의무에 지나지 않는다'는 점에서 「채무인수」와 구별되며, '이행인수가 있더라도 채무자는 채무를 면하지 못한다'는 점에서도 「채무인수」와 구별된다.

1) 채무인수와의 구별

문제는 '채무인수와 이행인수를 구별하는 기준이 무엇인가?' 하는 것인데, 판례는 '채무인수와 이행인수를 구별하는 기준은 계약 당사자에게 채권자가 인수인에 대하여 직접 채권을 취득하게 할 의사가 있는지 여부에 달려 있다'고 전제하고, 구체적으로는 '계약체결의 동기,

---

2) 판례평석: 김천수, "2009년 민사(채권법) 중요 판례", 인권과 정의 403호(대한변호사협회, 2010/3), 32 이하. 같은 취지: 대법원 2010.10.28.선고, 2010다53754 판결; 대법원 2014.8.20.선고, 2012다97420·97437 판결; 대법원 2014.8.26.선고, 2013다49404·49411 판결; 대법원 2014.8.26.선고, 2013다49428,49435 판결.

경위 및 목적, 계약에 있어서의 당사자의 지위, 당사자 사이 및 당사자와 제3자 사이의 이해관계, 거래관행 등을 종합적으로 고려하여 그 의사를 해석하여야 한다'는 입장을 취하고 있다(대법원 2008.3.13.선고, 2007다54627 판결 등). 이러한 관점에서, 판례는 '부동산의 매수인이 매매목적물에 관한 근저당권의 피담보채무, 가압류채무, 임대차보증금반환채무를 인수하는 한편 그 채무액을 매매대금에서 공제하기로 약정한 경우, 다른 특별한 사정이 없는 한 매도인을 면책시키는 면책적 채무인수가 아니라 이행인수로 보아야 한다'는 입장을 확립하고 있다(대법원 1993.2.12.선고, 92다23193 판결 등). 또한 '부동산매수인이 임대차보증금반환채무를 인수하면서 그 채무액을 매매대금에서 공제하기로 약정한 경우를 면책적 채무인수로 보기 위해서는 이에 대한 채권자 즉 임차인의 승낙이 있어야 하며, 면책적 채무인수에 대한 임차인의 승낙은 반드시 명시적 의사표시에 의하여야 하는 것은 아니고 묵시적 의사표시에 의해서도 가능하다'고 한다(대법원 2015.5.29.선고, 2012다84370 판결 등).3)

▪ **부동산 매수인이 근저당채무 등 그 부동산에 결부된 부담을 인수하고 그 채무액을 매매대금에서 공제하기로 약정한 경우, 이행인수인지 병존적 채무인수인지를 판별하는 기준** 사업이나 부동산을 매수하는 사람이 근저당채무 등 그 부동산에 결부된 부담을 인수하고 그 채무액만큼 매매대금을 공제하기로 약정하는 경우에, 매수인의 그러한 채무부담의 약정이 이행인수에 불과한지 아니면 병존적 채무인수 즉 제3자를 위한 계약인지를 구별하는 판별 기준은, 계약 당사자에게 제3자 또는 채권자가 계약 당사자 일방 또는 채무인수인에 대하여 직접 채권을 취득케 할 의사가 있는지 여부에 달려 있다. 구체적으로는 계약 체결의 동기, 경위 및 목적, 계약에 있어서의 당사자의 지위, 당사자 사이 및 당사자와 제3자 사이의 이해관계, 거래 관행 등을 종합적으로 고려하여 그 의사를 해석하여야 하는 것인데, 인수의 대상으로 된 채무의 책임을 구성하는 권리관계도 함께 양도한 경우이거나 채무인수인이 그 채무부담에 상응하는 대가를 얻을 때에는 특별한 사정이 없는 한 원칙적으로 이행인수가 아닌 병존적 채무인수로 보아야 한다. (대법원 2008.3.13.선고, 2007다54627 판결)4)

▪ **부동산매수인이 매매목적물에 관한 채무를 인수하는 한편 그 채무액을 매매대금에서 공제하기로 약정한 경우, 그 채무인수의 성질(=이행인수)** [1] 부동산의 매수인이 매매목적물에 관한 근저당권의 피담보채무, 가압류채무, 임대차보증금반환채무를 인수하는 한편 그 채무액을 매매대금에서 공제하기로 약정한 경우, 다른 특별한 약정이 없는 이상 이는 매도인을 면책시키는 채무인수가 아니라 이행인수로 보아야 하고, 매수인이 위 채무를 현실적으로 변제할 의무를 부담한다고도 해석할 수 없으며 특별한 사정이 없는 한 매수인이 매매대금에서 그 채무액을 공제한 나머지를 지급함으로써 잔금지급의무를 다하였다 할 것이고, 또한 위 약정의 내용은 매도인과 매수인의 계약으로 매수인이 매도인의 채무를 변제하기로 하는 것으로서 매수인은 제3자의 지위에서 매도인에 대하여만 그의 채무를 변제할 의무를 부담함

---

3) 판례평석: 김시주, "부동산매수인이 매매목적물에 관한 임차보증금반환채무를 인수하면서 채무액을 매매대금에서 공제한 경우, 채무인수의 법적 성질", 대한변협신문 576호(대한변호사협회, 2016/1), 13; 전원렬, "면책적 채무인수, 병존적 채무인수, 이행인수의 구별기준", 민사판례연구(39)(민사판례연구회, 2017), 639 이하. 같은 취지: 대법원 1995.8.11.선고, 94다58599 판결; 대법원 2001.4.27.선고, 2000다69026 판결.

4) 같은 취지: 대법원 1997.10.24.선고, 97다28698 판결; 대법원 2010.2.11.선고, 2009다73905 판결; 대법원 2010.5.13.선고, 2009다105222 판결; 대법원 2013.2.15.선고, 2012다96526 판결.

에 그치므로 채권자의 승낙이 없으면 그에게 대항하지 못할 뿐 당사자 사이에서는 유효하게 성립한다.
[2] 채무인수인이 인수채무의 일부인 근저당권의 피담보채무의 변제를 게을리 함으로써 매매목적물에 관하여 근저당권의 실행으로 임의경매절차가 개시되고 매도인이 경매절차의 진행을 막기 위하여 피담보채무를 변제하였다면 매도인은 채무인수인에 대하여 손해배상채권을 취득하는 이외에 이 사유를 들어 매매계약을 해제할 수 있다. (대법원 1993.2.12.선고, 92다23193 판결)[5]

2) 이행인수계약의 해제

이행인수는 채무인수와 달리, 채무가 동일성을 유지하면서 인수인에게 이전되는 것이 아니라 이행의무를 채무자에 대하여 부담하기로 하는 단순한 계약관계에 지나지 않으므로, 인수인이 이행의무를 불이행한 경우에는, 제543조 이하의 일반규정에 따라 이행인수계약을 해제할 수 있다(대법원 2007.9.21.선고, 2006다69479·69486 판결 등).

■ **부동산매수인이 매매목적물에 관한 채무를 인수하고 그 채무액을 매매대금에서 공제하기로 약정한 경우, 매수인이 인수채무를 이행하지 아니하였을 때 계약해제권이 발생하기 위한 요건과 그 판단기준** 부동산의 매수인이 매매목적물에 관한 채무를 인수하는 한편 그 채무액을 매매대금에서 공제하기로 약정한 경우, 그 인수는 특별한 사정이 없는 한 매도인을 면책시키는 채무인수가 아니라 이행인수로 보아야 하고, 매수인은 매매계약시 인수한 채무를 현실적으로 변제할 의무를 부담하는 것은 아니며, 특별한 사정이 없는 한 매수인이 매매대금에서 그 채무액을 공제한 나머지를 지급함으로써 잔금지급의 의무를 다하였다 할 것이므로, 설사 매수인이 위 채무를 현실적으로 변제하지 아니하였다 하더라도 그와 같은 사정만으로는 매도인은 매매계약을 해제할 수 없는 것이지만, 매수인이 인수채무를 이행하지아니함으로써 매매대금의 일부를 지급하지 아니한 것과 동일하다고 평가할 수 있는 특별한 사유가 있을 때에는 계약해제권이 발생한다. 그리고 위와 같은 '특별한 사정'이 있는지의 여부는, 매매계약의 당사자들이 그러한 내용의 매매계약에 이르게 된 경위, 매수인의 인수채무 불이행으로 인하여 매도인이 입게 되는 구체적인 불이익의 내용과 그 정도 등 제반 사정을 종합적으로 고려하여 '매매대금의 일부를 지급하지 아니한 것과 동일하다고 평가할 수 있는 경우'에 해당하는지 여부를 판단하여야 한다. (대법원 2007.9.21.선고, 2006다69479·69486 판결)[6]

(3) 채무자변경에 의한 경개(更改)

채무자변경을 내용으로 하는 「경개계약」(501조)은 채무인수와 유사한 측면이 있다. 그러나 경개계약에 의하여 구 채무는 원칙적으로 소멸하고(504조), 경개계약에 의하여 새롭게 발생한 신 채무는 종래의 채무와 동일성이 없다는 점에서(505조), 채무가 동일성을 유지하면서 채무자

---

5) 같은 취지: 대법원 1990.1.25.선고, 88다카29467 판결; 대법원 1993.6.29.선고, 93다19108 판결; 대법원 1994.5.13.선고, 94다2190 판결; 대법원 1994.6.14.선고, 92다23377 판결; 대법원 1997.6.24.선고, 97다1273 판결; 대법원 1995.8.11.선고, 94다58599 판결; 대법원 2001.4.27.선고, 2000다69026 판결; 대법원 2004.7.9.선고, 2004다13083 판결; 대법원 2008.9.11.선고, 2008다39663 판결; 대법원 2013.9.12.선고, 2012다20703 판결; 대법원 2014.4.30.선고, 2010다11323 판결; 대법원 2015.5.29.선고, 2012다84370 판결.

6) 판례평석: 정태학, "인수채무 불이행을 이유로 계약해제권이 발생하기 위한 요건과 그 판단기준", 대법원판례해설 71호(법원도서관, 2008/7), 224 이하. 같은 취지: 대법원 1993.2.12.선고, 92다23193 판결; 대법원 1995.8.11.선고, 94다58599 판결; 대법원 2013.9.12.선고, 2012다20703 판결.

로부터 인수인에게 이전되는 「채무인수」와 구별된다.

(4) 계약인수

「계약인수(契約引受)」[7]라 함은 '계약 또는 법률의 규정에 의하여 계약당사자로서의 지위를 포괄적으로 제3자에게 이전하는 것'을 말한다. 「계약인수」는 개별적인 채무만이 인수인에게 이전되는 것이 아니라, 계약관계의 당사자로서의 지위가 전체적으로 인수인에게 이전됨으로써 계약관계에 기한 당사자 일방의 권리·의무가 동일성을 유지한 채 인수인에게 그대로 승계되고, 계약관계를 이전시킨 당사자의 일방은 계약관계에서 탈퇴한다.

이와 같이 「계약인수」는 종래의 채무자가 채무를 면함으로써 채무자의 지위에서 벗어나게 된다는 점에서는 「채무인수」와 유사하나, 계약당사자로서의 지위 그 자체가 이전된다는 점에서 계약에서 발생한 개별적인 채무만이 이전되는 데 그치는 「채무인수」와 구별된다.[8]

계약인수는 그 발생원인에 따라 「당사자의 합의에 의한 계약인수」와 「법률의 규정에 의한 계약인수」의 두 가지로 분류할 수 있다.

1) 당사자의 합의에 의한 계약인수

「당사자의 합의에 의한 계약인수」에 있어서 합의의 방식은 계약의 당사자 일방이 상대방 및 제3자와 사이에 3면계약의 형태로 인수계약을 체결하거나, 상대방의 승낙을 얻어 계약당사자로서의 지위를 포괄적으로 제3자에게 이전하는 두 가지 형태가 있다. 그리고 이러한 형태의 계약인수는 「계약양도」 또는 「계약양수」라고 불러도 무방하므로, 이하에서는 이를 「계약양도」라고 칭하기로 한다.

계약양도에 관하여 당사자 사이에 합의가 이루어지면, 계약양수인(당사자 일방의 계약상의 지위를 양수한 제3자)는 양도인의 계약상 지위를 승계함으로써 종래 계약에서 이미 발생한 채권·채무를 포괄적으로 모두 승계하게 된다(대법원 2011.6.23. 선고, 2007다63089·63096 전원합의체판결). 또한 양도인이 계약관계에서 탈퇴하므로 양도인과 상대방 사이의 계약관계는 소멸하지만, 계약관계에 기한 양도인의 권리·의무는 동일성을 유지한 채 양수인에게 그대로 승계되므로, '양도인의 제3채무자에 대한 채권이 압류된 후 그 채권의 발생원인인 계약의 양도가 행해진 경우에는 양수인은 압류에 의하여 권리가 제한된 상태의 채권을 이전받은 것이므로, 제3채무자는 그와 양도인 사이의 계약관계가 계약양도에 의하여 소멸하였음을 내세워 압류채권자에 대항할 수 없다'고 한다(대법원 2015.5.14. 선고, 2012다41359 판결). 다만, 대법원판결 중에는 '계약양

---

7) 「계약인수」는 「계약양도(契約讓渡)」라고 부르기도 한다. 그러나 「양도」는 '의사에 의한 권리의 이전'을 가리키는 용어인데, 계약인수는 법률의 규정에 의하여 발생하기도 하므로(주택임대차법 3조 4항 등), 「계약양도」보다는 「계약인수」가 적당한 용어라고 생각된다.

8) 전원렬, 전게논문(주 2), 639 이하 참조.

도에 의하여 계약당사자로서의 지위가 제3자에게 이전되는 경우에도, 계약상 지위를 전제로 한 권리관계만이 이전될 뿐 불법행위에 기한 손해배상청구권은 별도의 채권양도절차 없이 제3자에게 당연히 이전되는 것이 아니므로, 표시광고법상 허위·과장광고로 인한 손해배상청구권을 가지고 있던 아파트 수분양자가 수분양자의 지위를 제3자에게 양도하였다는 사정만으로 양수인이 당연히 위 손해배상청구권을 행사할 수 있다고 볼 수는 없다'고 판시한 사례가 있다(대법원 2015.7.23.선고, 2012다15336·15343·15350·15367·15374·15381·15398·15404 판결).

▪ **양도인의 제3채무자에 대한 채권이 압류된 후 채권의 발생원인인 계약의 당사자 지위를 이전하는 계약인수가 이루어진 경우, 제3채무자가 계약인수에 의하여 그와 양도인 사이의 계약관계가 소멸하였음을 내세워 압류채권자에 대항할 수 있는지 여부**(소극) 채권의 압류는 제3채무자에 대하여 채무자에게 지급금지를 명하는 것이므로, 채무자는 채권을 소멸 또는 감소시키는 등의 행위를 할 수 없고 그와 같은 행위로 채권자에게 대항할 수 없는 것이지만, 채권의 발생원인인 법률관계에 대한 채무자의 처분까지도 구속하는 효력은 없다. 그런데 계약당사자로서의 지위승계를 목적으로 하는 계약인수의 경우에는 양도인이 계약관계에서 탈퇴하는 까닭에 양도인과 상대방 당사자 사이의 계약관계가 소멸하지만, 양도인이 계약관계에 기하여 가지던 권리의무가 동일성을 유지한 채 양수인에게 그대로 승계된다. 따라서 양도인의 제3채무자에 대한 채권이 압류된 후 채권의 발생원인인 계약의 당사자 지위를 이전하는 계약인수가 이루어진 경우, 양수인은 압류에 의하여 권리가 제한된 상태의 채권을 이전받게 되므로, 제3채무자는 계약인수에 의하여 그와 양도인 사이의 계약관계가 소멸하였음을 내세워 압류채권자에 대항할 수 없다. (대법원 2015.5.14.선고, 2012다41359 판결)[9]

▪ **구 표시광고법상 허위·과장광고로 인한 손해배상청구권을 가지고 있던 아파트 수분양자가 수분양자의 지위를 제3자에게 양도한 경우, 양수인이 당연히 손해배상청구권을 행사할 수 있는지 여부**(소극) 구 표시광고법(2011.9.15. 법률 제11050호로 개정되기 전의 것)상 허위·과장광고로 인한 손해배상청구권은 불법행위에 기한 손해배상청구권의 성격을 가지는데, 계약상 지위의 양도에 의하여 계약당사자로서의 지위가 제3자에게 이전되는 경우 계약상 지위를 전제로 한 권리관계만이 이전될 뿐 불법행위에 기한 손해배상청구권은 별도의 채권양도절차 없이 제3자에게 당연히 이전되는 것이 아니므로, 표시광고법상 허위·과장광고로 인한손해배상청구권을 가지고 있던 아파트 수분양자가 수분양자의 지위를 제3자에게 양도하였다는 사정만으로 양수인이 당연히 위 손해배상청구권을 행사할 수 있다고 볼 수는 없고, 다만 허위·과장광고를 그대로믿고 허위·과장광고로 높아진 가격에 수분양자 지위를 양수하는 등으로 양수인이 수분양자 지위를 양도받으면서 허위·과장광고로 인한 손해를 입었다는 등의 특별한 사정이 있는경우에만 양수인이 손해배상청구권을 행사할 수 있다. (대법원 2015.7.23.선고, 2012다15336·15343·15350·15367·15374·15381·15398·15404 판결)[10]

2) 법률의 규정에 의한 계약인수

계약인수는 법률의 규정에 의해서도 발생한다. 대표적인 경우가 "임대주택의 양수인은 임대인의 지위를 승계한 것으로 본다"고 규정하고 있는 주택임대차법 제3조 제4항[11]의 규정

9) 판례평석: 이지웅, "압류된 채권의 기본적 계약관계에 대한 처분의 효력 -합의해제와 계약인수를 중심으로-", 민사판례연구(40)(민사판례연구회, 2018), 511 이하.
10) 판례평석: 이무섭, "아파트 허위·과장분양광고 사안에서 최초 수분양자로부터 수분양자 지위를 이전받은 양수인의 손해배상청구권 인정 여부", 대한변협신문 594호(대한변호사협회, 2016/6), 8.

에 의한 계약인수를 들 수 있는데, 상가임대차법에도 같은 내용의 계약인수의 효력을 인정한 규정이 있다(동법 3조 2항).[12)]

판례는 ① '주택임대차법 제3조 제4항의 "승계"는 법률상의 당연승계로 보아야 하므로, 임대주택이 양도된 경우에 양수인은 주택의 소유권과 결합하여 임대인의 임대차 계약상의 권리·의무 일체를 그대로 승계하며, 그 결과 양수인이 임대차보증금반환채무를 면책적으로 인수하고, 양도인은 임대차관계에서 탈퇴하여 임차인에 대한 임대차보증금반환채무를 면하게 된다'고 한다(대법원 2013.1.17.선고, 2011다49523 전원합의체판결 등).[13)] 또한 ② '임대주택의 양도로 임대인의 지위가 일체로 양수인에게 이전된다면 채권가압류의 제3채무자의 지위도 임대인의 지위와 함께 이전되며, 임차인의 임대차보증금반환채권이 가압류된 상태에서 임대주택이 양도되면 양수인은 채권가압류의 제3채무자의 지위도 승계하는 것이므로, 가압류권자는 임대주택의 양수인에 대하여만 위 가압류의 효력을 주장할 수 있다'고 한다(대법원 2013.1.17.선고, 2011다49523 전원합의체판결 등).[14)]

■ **주택임대차보호법상 대항력을 갖춘 임차인의 임대차보증금반환채권이 가압류된 상태에서 임대주택이 양도된 경우, 양수인이 채권가압류의 제3채무자 지위를 승계하는지 여부(적극) 및 이 경우 가압류채권자는 양수인에 대하여만 가압류의 효력을 주장할 수 있는지 여부(적극)** 주택임대차보호법 제3조 제3항은 같은 조 제1항이 정한 대항요건을 갖춘 임대차의 목적이 된 임대주택(이하 '임대주택'은 주택임대차보호법의 적용대상인 임대주택을 가리킨다)의 양수인은 임대인의 지위를 승계한 것으로 본다고 규정하고 있는바, 이는 법률상의 당연승계 규정으로 보아야 하므로, 임대주택이 양도된 경우에 양수인은 주택의 소유권과 결합하여 임대인의 임대차 계약상의 권리·의무 일체를 그대로 승계하며, 그 결과 양수인이 임대차보증금반환채무를 면책적으로 인수하고, 양도인은 임대차관계에서 탈퇴하여 임차인에 대한 임대차보증금반환채무를 면하게 된다. 나아가 임차인에 대하여 임대차보증금반환채무를 부담하는 임대인임을 당연한 전제로 하여 임대차보증금반환채무의 지급금지를 명령받은 제3채무자의 지위는 임대인의 지위와 분리될 수 있는 것이 아니므로, 임대주택의 양도로 임대인의 지위가 일체로 양수인에게 이전된다면 채권가압류의 제3채무자의 지위도 임대인의 지위와 함께 이전된다고 볼 수밖에 없다. 한편 주택임대차보호법상 임대주택의 양도에 양수인의 임대차보증금반환채무의 면책적 인수를 인정하는 이유는 임대주택에 관한 임대인의 의무 대부분이 그 주택의 소유자이기만 하면 이행가능하고 임차인이 같은 법에서 규정하는 대항요건을 구비하면 임대주택의 매각대금에서 임대차보증금을 우선변제받을 수 있기 때문인데, 임대주택이 양도되었음에도 양수인이 채권가압류의 제3채무자의 지위를 승계하지 않는다면 가압

11) 주택임대차법 제3조(대항력 등) ④ 임차주택의 양수인(그 밖에 임대할 권리를 승계한 자를 포함한다)은 임대인의 지위를 승계한 것으로 본다.

12) 상가임대차법 제3조(대항력 등) ② 임차건물의 양수인(그 밖에 임대할 권리를 승계한 자를 포함한다)은 임대인의 지위를 승계한 것으로 본다.

13) 같은 취지: 대법원 1987.3.10.선고, 86다카1114 판결; 대법원 1993.7.16.선고, 93다17324 판결; 대법원 1994.3.11.선고, 93다29648 판결; 대법원 1995.5.23.선고, 93다47318 판결; 대법원 1996.2.27.선고, 95다35616 판결; 대법원 1996.11.22.선고, 96다38216 판결; 대법원 2009.5.28.선고, 2009다15794 판결.

14) 판례평석: 윤권원, "주택임대차보호법상 대항력을 갖춘 임차인의 임대차보증금반환채권이 가압류된 이후 임차주택의 소유권을 이전받은 자가 채권가압류의 제3채무자 지위도 승계하는지 여부", 재판과 판례 22집(대구판례연구회, 2013), 406 이하.

류권자는 장차 본집행절차에서 주택의 매각대금으로부터 우선변제를 받을 수 있는 권리를 상실하는 중대한 불이익을 입게 된다. 이러한 사정들을 고려하면, 임차인의 임대차보증금반환채권이 가압류된 상태에서 임대주택이 양도되면 양수인이 채권가압류의 제3채무자의 지위도 승계하고, 가압류권자 또한 임대주택의 양도인이 아니라 양수인에 대하여만 위 가압류의 효력을 주장할 수 있다고 보아야 한다. (대법인 2013.1.17.선고, 2011다49523 전원합의체판결)[15)]

[103] Ⅱ. 연혁과 입법례

1. 채무인수의 연혁

(1) 로마법

로마법에서는 채권을 채권자와 채무자 사이의 「법쇄(法鎖)」(ius vinculum)라고 보았기 때문에 채권양도뿐만 아니라 채무인수도 허용되지 않았나. 득히 채무자의 인적 책임을 개념요소로 하던 로마법에서 채무인수가 법적으로 인정되기는 채권양도보다 더욱 어려웠기 때문에, 로마법에서는 끝까지 채무인수제도가 인정되지 않았다고 한다.[16)] 다만, 채무자를 변경할 필요가 있는 경우에는 「채무자변경에 의한 경개」와 「소송인수」라는 두 가지 방법이 사용되었다고 한다. 우선 「재무사번경에 의힌 경개」는 '채권자와의 계약으로 구 채무를 소멸시키고 신 채무자가 구 채무와 동일한 내용의 신 채무를 부담하는 것'으로서, 이에 의하여 채무인수의 목적을 실질적으로 달성할 수 있었으나, 구 채무의 소멸과 함께 담보권과 보증도 소멸된다는 문제가 있었다. 그리고 「소송인수(訴訟引受)」는 '채무자가 인수인에게 자기계산으로 소송을 수행할 수 있는 소송대리인의 지위를 부여하고, 채무자를 상대로 제기된 소송에서 인수인 자신의 이름으로 피고가 되고, 판결과 집행도 인수인 자신에 대하여 행해지도록 하는 것'이었다. 그러나 로마법의 「소송인수」는 구 채무자가 채무를 면하지 못할 뿐만 아니라, 채권자는 구 채무자에 대하여도 소구할 수 있었기 때문에 경개보다도 그 효용성이 떨어진다는 문제가 있는 제도였다.[17)]

(2) 게르만법

게르만법에서는 제3자(인수인)가 채권자와의 계약으로 채무자와 병존적으로 채무를 이행할 것을 약속하는 방법으로 하는 「병존적 채무인수」는 가능하였으나, 채무는 채무자의 인격과 결부되어 있을 뿐만 아니라 본질적으로 불법행위에서 발생하는 것이라고 생각하였기 때문에 채무인수제도는 인정되지 않았다고 한다.[18)] 그러나 중세 말에 이르러 화폐경제의 발

15) 같은 취지: 대법원 1987.3.10.선고, 86다카1114 판결.
16) 서민, "채무인수", 사법연구 1권(국가고시학회, 1992/10), 176 참조.
17) 상게논문, 177 참조.
18) 상게논문, 177~178 참조.

달에 따라 게르만법에서도 채권이 재산권으로 다루어지기 시작하면서 채무인수도 인정되었는데, 근세초기에 로마법이 계수된 이후에도 이러한 게르만법의 채무인수제도는 존속되었다.[19)]

2. 입법례

(1) 독일민법

독일, 오스트리아, 스위스 등 독일법계에 속하는 국가들은 중세 게르만법의 전통을 이어받아 민법전에 채무인수에 관한 상세한 규정을 두고 있는데, 특히 독일민법은 채권 편에 별도의 장(章)을 두어 채무인수를 상세하게 규정하고 있다(BGB §§414~418).

(2) 스위스채무법

스위스채무법은 채무인수에 관하여 독일민법보다 더욱 상세한 규정을 두고 있다(OR Art. 175~183).

(3) 프랑스민법

프랑스민법은 로마법의 원칙을 충실히 계수하여 채무인수에 관한 규정을 두지 않고 있었으나, 2016.2.10. 민법을 개정하여 「채무인수」(La cession de dette)[20)]에 관한 명문규정을 신설하였고, 2018.4.20. 법률 제2018-287호로 일부 개정되어 현재에 이르고 있다.

(3) 일본민법

일본민법(구 의용민법)은 채무인수에 관한 규정을 두고 있지 않았으나, 학설과 판례는 채무인수가 허용된다고 해석하는 데 이론이 없었다.[21)] 2017년에 개정된 일본민법은 이러한 학설·판례에 따라 병존적 채무인수와 면책적 채무인수의 양자를 포괄하는 채무인수에 관한 절(節)을 신설하였다.

(4) 우리 민법

우리 민법은 구 의용민법에는 없었던 채무인수에 관한 절(채권편 제1장 제5절)을 신설하여 7개 조문에 달하는 규정을 두고 있는데(453~459조), 이는 만주민법의 규정(동법 440~446조)을 모범으로 한 것이다.

---

19) 상게논문, 178 참조.
20) 프랑스민법은 채무인수를 「채무양도」(La cession de dette)라고 부르고 있다.
21) 內田貴, 219 참조.

[104] Ⅲ. 채무인수의 법리구성

1. 문제의 소재

채무인수는 계약에 의하여 채무가 채무자로부터 제3자(인수인)에게 이전되는 것으로서, 계약에 의하여 채무자가 변경되는 것이라고 할 수 있다. 그런데 채무자가 변경되면 그 책임재산이 달라지므로, 채무인수는 채권자의 이해관계에 중대한 영향을 미치게 된다. 따라서 채권양도의 경우와는 달리,[22] 채무인수의 경우에는 채권자의 의사를 반영시킬 필요가 있게 된다.

채무인수계약의 형태는 당사자를 기준으로 ① 채권자·채무자·인수인 사이의 3면계약(三面契約), ② 채권자·인수인 사이의 계약(453조), ③ 채권자의 승낙을 요건으로 하는 채무자·인수인 사이의 계약(454조)의 세 가지 유형으로 분류할 수 있는데,[23] 채권자는 위 ①·②의 경우에는 계약의 당사자로서, 위 ③의 경우에는 이해관계인으로서 채무인수계약에 반드시 관여하도록 되어 있다. 이와 같이 채권자는 어떠한 형태로든 채무인수계약에 관여하게 되는데, 채무인수는 채무인수계약의 효력으로 발생하는 것이라는 점에는 이설이 없으나, 채무인수계약의 법적 성질과 법리구성에 대해서는 학설이 대립하고 있다.

우선 채무인수는 채무자의 변경에 의한 책임재산의 변경을 의미하므로, 채무인수의 효력을 발생시키는 채무인수계약은 채권자의 처분행위의 일종으로 파악하여야 한다는 점에 대해서는 견해가 일치한다. 다만, 채무자·인수인 사이의 채무인수계약은 채권자의 승낙이 있어야 비로소 채무인수의 효력이 발생하는 것이므로(454조 1항), '이 경우의 채권자의 승낙을 처분행위라고 볼 수 있는가?' 하는 문제를 둘러싸고 학설이 대립하고 있다. 또한 '채무인수계약을 처분행위의 성질을 가진 준물권행위라고 한다면, 채무인수계약은 그 원인행위라고 할 수 있는 채무자·인수인 사이의 법률관계와는 별개·독립의 법률행위인가(채무인수계약의 독자성), 그리고 원인행위가 불성립·무효·취소·해제로 인하여 실효되면 그에 따라 채무인수계약도 당연히 무효가 되는가(채무인수계약의 무인성) 여부가 문제된다.

---

22) 채무인수와는 정반대로 채권양도는 채권자가 변경되는 것인데, 채권자가 누구인가 하는 문제는 채무자에게 반드시 중요한 문제는 아니므로, 채무자의 의사에 상관없이 채권자와 양수인 간의 합의만으로 채권은 양도될 수 있도록 한 것이다(450조).

23) 「채권자·채무자 사이의 계약에 의한 채무인수」는 제3자의 의사에 의하지 아니하고 제3자에게 부담을 지우는 계약이 되므로, 사적 자치의 원칙상 허용될 수 없다.

2. 채무인수계약의 처분행위성 여부

(1) 학 설

채무인수는 기본적으로 채무인수계약의 효력으로 발생하는 것이나, 채무자와 인수인 사이의 합의만으로는 채무인수의 효력이 발생하지 않고 채권자의 승낙이 있어야 비로소 효력이 발생한다(454조 1항). 이런 이유로 '채무자와 인수인 사이의 채무인수계약을 과연 처분행위라고 볼 수 있는가?' 하는 의문이 발생한다. 이에 대하여, 학설은 이를 부정하는 견해와 긍정하는 견해가 대립하고 있으며, 이 문제에 대한 입장 차이에 따라 채무인수에 대한 법리구성도 달라진다.

1) 이원설(二元說)

(가) 결합설(結合說)

이는 종래의 통설적 견해로서, '일반적인 형태(3면계약에 의하거나 채권자와 인수인 사이의 계약에 의한 경우)의 채무인수계약은 즉시 채무인수의 효력이 발생하므로 의무부담행위인 채권행위와 처분행위인 준물권행위가 결합된 것으로 볼 수 있으나,[24] 채무자와 인수인 사이에 체결되는 채무인수계약은 채권자의 승낙이 있어야 비로소 채무인수의 효력이 발생하므로 의무부담행위인 채권행위에 불과하다'고 한다.[25] 이 견해는 다시, ① '채무자와 인수인 사이의 채무인수계약은 채권행위에 지나지 않으나, 채권자의 승낙이 있으면 처분행위(준물권행위)로 변경된다'는 견해[26]와, ② '채권자의 승낙에 의하여 채무인수계약이 준물권행위로 변경되는 것이 아니라, 채권자의 승낙 자체가 처분행위(준물권행위)에 해당한다'는 견해[27]로 갈린다.

(나) 「처분설」과 「결합설」의 이원적 구성

이는 '채무자·인수인 사이의 채무인수계약은 처분권 없는 자의 처분행위에 해당한다'고 보고, '채권자의 승낙은 처분권 없는 자의 처분행위에 대하여 처분권을 수여하는 행위로 파악하여야 한다'는 독일학설[28]의 영향을 받아, 채무자·인수인 사이의 채무인수계약을 처분행위로 보는 견해'이다.[29] 다만, 이 견해는 독일학설과는 달리, 채무인수계약의 법적 성질을 계약체결의 모습에 따라 이원적(二元的)으로 파악하고 있다. 즉, 이 견해는 '채권자·채무자·인

---

24) 이 유형의 채무인수에 있어서는 채무인수계약에 의하여 채무는 직접 인수인에게 이전하며 더 이상 이행의 문제를 남기지 않기 때문에, 채무인수계약은 처분행위(준물권행위)로서의 성질을 가진다고 한다(현승종, 337 참조).

25) 주석민법(2)/김황식, 611; 곽윤직, 228; 김용한, 468; 김주수, 349; 김증한/김학동, 321; 김형배, 618; 송덕수, 408; 현승종, 337 참조.

26) 김용한, 468; 김주수, 349; 김증한/김학동, 321; 송덕수, 408; 현승종, 337 참조.

27) 곽윤직, 228; 임정평, 398 참조.

28) 이를 「처분설」(Verfügungstheorie)이라고 한다. Münchener Kommentar, §415, Rn.1; 김상용, 397 참조.

29) 김상용, 397 참조.

수인이 하나의 3면계약으로 채무인수계약을 체결한 경우[30]에는 채권행위와 준물권행위가 결합된 것으로 볼 수 있으나(결합설), 선행하는 채무자·인수인 사이의 채무인수계약과 채권자·인수인 사이의 채무인수계약이 독립적으로 행해진 경우에는 3면계약에 의한 채무인수계약이라고 볼 수 없고, 처분행위의 성질을 가진 채권자·인수인 사이의 채무인수계약으로 보아야 한다'고 주장한다.[31]

2) 일원설(一元說)

이는 '채무인수계약은 그 형태에 관계없이 일률적으로 처분행위(준물권행위)로 파악하는 견해'이다.[32] 이 견해는 '채무자·인수인 사이의 채무인수계약도 단순히 채무를 부담하는 것을 내용으로 하는 채권행위에 지나지 않는 것이 아니라, 채무를 직접 채무자로부터 인수인에게 이전시킬 것을 목적으로 하는 계약이라고 보아야 한다'고 주장한다. 그리고 '이 경우에 채무인수의 효력은 채권자의 승낙이 있어야 발생하는 것이지만, 이는 물권행위도 등기를 하여야 비로소 효력이 발생하는 것이지만 그 처분행위성에 전혀 의문이 없는 것과 마찬가지로, 그 행위의 처분행위성에는 영향이 없다'고 한다.[33]

(2) 학설의 검토

후술하는 바와 같이, '채무인수계약의 원인행위라고 할 수 있는 채무자·인수인 사이의 법률관계를 발생시키는 채권행위와 채무인수계약을 별개·독립의 법률행위로 보아야 할 것인가?' 하는 것이 문제되는데, 통설적 견해에 따라서 이를 인정하는 경우에는 채무인수계약은 그 계약체결의 형태에 관계없이 처분행위의 성질을 가지는 준물권행위라고 보아야 할 것이다. 왜냐하면 채무자와 인수인 사이의 채무인수계약도 단순히 채무를 부담하는 것을 내용으로 하는 채권행위에 지나지 않는 것이 아니라, 채무를 직접 채무자로부터 인수인에게 이전시킬 것을 목적으로 하는 계약이라고 보아야 할 것이기 때문이다.

종래의 통설적 견해인 「결합설」은 '일반적 형태의 채무인수계약은 인수인에 대하여는 의무부담행위인 채권행위이며, 채권자에 대하여는 처분행위인 준물권행위이므로, 채권행위와 준물권행위가 결합된 복합적인 성질의 계약'이라고 이론구성하고 있다. 그러나 이 경우에 인수인이 부담하는 채무는 채무인수계약에 의하여 창설된 채무가 아니라 종전의 채무자의 채무가 동일성을 유지하면서 그대로 인수인에게 이전된 것이다. 따라서 '일반적 형태의 채무인수

---

30) 이 견해는 '채무자·인수인 사이에 채무인수계약이 있은 후에 다시 채권자·인수인 사이에 선행하는 채무자·인수인 사이의 계약을 원용하여 체결한 경우에는, 채권자·인수인 사이에 체결된 채무인수계약은 3면계약의 구성부분에 불과하므로, 이 경우의 채무인수계약은 채권행위와 준물권행위가 결합된 것으로 볼 수 있다'고 한다(김상용, 397; 김형배, 619 참조).

31) 김상용, 398; 김형배, 619 참조.

32) 서민, 전게논문(주 16), 181; 김기선, 291 참조.

33) 서민, 상게논문, 181 참조.

계약도 채무의 귀속주체를 변경시키는 처분행위인 준물권행위이며, 인수인이 채권자에게 채무를 부담하게 되는 것은 인수인의 채무부담의사의 효과가 아니라 채무의 귀속주체를 변경하는 처분행위의 당연한 효과'라고 보아야 할 것이다.

「결합설」은 '채무자와 인수인 사이의 채무인수계약은 채권자의 승낙이 있어야 비로소 채무인수계약의 효력이 발생하는 것이므로 채권행위의 성질을 가지는 것에 불과하다'고 한다. 그러나 채무자와 인수인 사이의 채무인수계약도 인수인이 채무를 부담하는 것을 내용으로 하는 계약이 아니라 채무자로부터 채무를 동일성을 유지하면서 직접 인수인에게 이전시킬 것을 목적으로 하는 처분행위라고 보아야 할 것이다.[34] 물론 채무자와 인수인 사이의 채무인수계약은 채권자의 승낙에 의하여 비로소 채무인수의 효력이 발생하는 것이지만, 그렇다고 해서 채무인수계약의 처분행위성이 달라지는 것은 아니라고 할 것이다. 이는 처분행위임에 의문이 없는 물권행위의 효력이 발생하기 위해서 등기 또는 인도라는 별개의 요건이 요구되는 것과 마찬가지 구조라고 보아야 할 것이다. (☞ 물권법 편, 제2장 제2절 「물권행위론」)

요컨대, 채무인수계약은 어떠한 형태로 이루어지든 관계없이 종전의 채무를 그 동일성을 유지하면서 채무자로부터 직접 인수인에게 이전시키는 것을 내용으로 하는 처분행위(준물권행위)라고 보아야 할 것이다. 그리고 '채무자와 인수인 사이의 채무인수계약에 있어서 채무인수의 효력발생요건으로 규정되어 있는 채권자의 승낙은 처분행위인 채무인수계약의 효력발생 여부를 결정짓는 일종의 「법정정지조건」에 해당한다'고 할 수 있다.[35]

3. 채무인수계약과 원인행위의 관계

채무인수계약은 채무의 이전을 직접 목적으로 하는 처분행위의 성질을 가진 준물권행위로서, 채무자와 인수인 사이에서 인수인으로 하여금 채무를 인수할 의무를 발생시키는 행위인 원인행위(증여·교환·대물변제·위임 등)와 이론상 구별된다. 그러므로 물권변동론에서 물권행위와 그 원인행위인 채권행위(증여·매매·교환)의 관계가 문제되는 것과 마찬가지로, 채무인수에 있어서도 준물권행위인 채무인수계약과 그 원인행위와의 관계가 문제된다.

〈참고〉 채무인수계약의 원인행위

채무인수계약의 법적 성질을 처분행위의 성질을 가진 준물권행위로 보는 경우, 그 원인행위(법률관계)는 채무인수계약의 당사자 사이의 증여·교환·기존채무의 대물변제 등 다양하다. 즉, ① 채권자(甲)·채무자(乙)·인수인(丙) 사이의 3면계약의 형태로 이루어지는 채무인수의 경우에는, 예를 들어 채무자 乙이 채권자 甲은행에 대하여 1억원의 대여금반환채무를 부담하고 있었는데, 乙이 자기 소유의 부동산을 丙에게 1억원에 매도하고 매수인 丙에 대한 1억원의 매매대금채권을 간편하게 결제하는 수단으로 甲에 대한 乙

---

34) 同旨: 상게논문, 181 참조.
35) 법정조건에 관하여는 김대정, "조건의 본질", 민법판례해설 I (민법총칙), 195 이하 참조.

의 대출금채무를 丙이 인수하기로 丙과 약정하는 경우와 같이, 기존의 채권자와 채무자 사이의 법률관계(甲은행에 대한 乙의 대여금반환채무)와 채무자와 인수인 사이의 법률관계(乙에 대한 丙의 매매대금지급채무)를 한 번에 해결할 수 있는 결제의 수단(기존채무의 대물변제)이 되는 경우가 대부분일 것이다. 그러나 3면계약으로 이루어지는 채무인수의 경우에도 채무인수가 채무자와 인수인 사이에 존재하는 증여 또는 교환계약의 이행으로서 이루어질 수도 있음은 물론이다. ② 채권자와 인수인 사이, 혹은 채무자와 인수인 사이에서 체결되는 채무인수계약은 채무자와 인수인 사이에 기존채무의 대물변제를 위한 결제수단으로 행해지는 경우 이외에, 증여·교환 등의 법률관계가 성립할 수 있음은 3면계약의 경우와 다름이 없다.

(1) 학 설

1) 유인성설(有因性說)

이는 '원인행위에 대한 채무인수계약의 독자성과 유인성을 부인하는 견해'이다.[36] 이 견해는 전술한 종래의 통설적 견해에 따라, '채권자·채무자·인수인 사이의 3면계약에 의하거나 채권자·인수인 사이의 계약에 의한 채무인수계약은 성질상 처분행위의 성질을 가진다'고 보고, '이 경우 채무인수계약의 효력은 원인행위의 효력에 영향을 받는 유인관계에 있다'고 한다. 다만, 이 견해는 '채무자와 인수인 사이의 계약에 의한 채무인수의 경우에는 채권자와 관계없는 채무자·인수인 사이의 원인행위로 채권자의 이익에 영향을 미치는 것은 허용될 수 없기 때문에, 채무인수계약을 준물권행위로 만드는 채권자의 승낙은 무인성을 지닌다'고 해석한다.[37]

2) 무인성설(無因性說)

이는 '원인행위에 대한 채무인수계약의 독자성과 무인성을 긍정하는 견해'로서, 다시 '채무인수계약의 형태와 관계없이 독자성과 무인성을 인정하는 견해'와, '채무인수계약의 형태에 따라서 독자성과 무인성을 달리 해석하는 견해'로 구분된다.

(가) 채무인수계약의 형태와 관계없이 독자성과 무인성을 인정하는 견해

이 견해는 '채무인수계약은 그 형태와 관계없이 원인행위와 구별되는 것이므로 독자성을 가지며, 원칙적으로 원인행위의 효력에 영향을 받지 않으므로 무인성을 가진다'고 한다.[38] 또한 이 견해는 '기초적 법률행위와 채무인수는 일체적 3면계약의 경우를 제외하고는 당사자가 다른 별개의 법률행위이므로, 채무자와 인수인 사이의 기초적 법률행위에서 생긴 항변사유를 가지고 채무인수로 이미 이해관계를 가지게 된 채권자에게 대항할 수는 없다고 할 것이기 때문에, 채무인수계약의 무인성은 채무인수계약의 형태가 채권자와 인수인 사이에 체결된 계약이든 채무자와 인수인 사이에 계약이 체결된 후 채권자의 승낙을 얻은 경우이든 관계없

36) 김주수, 349; 현승종, 337 참조.
37) 김주수, 350; 현승종, 337 참조.
38) 김형배, 620 참조.

이 인정되어야 한다'고 주장한다.[39] 다만, '채무인수계약이 채권자·채무자·인수인의 3면계약에 의하여 이루어지거나 채무자와 인수인 사이의 계약에 의하여 이루어진 경우에 채권자의 승낙이 기초적 법률관계와 일체적 관계를 형성하면서 그 구성부분이 된 때에는, 예외적으로 기초적 법률행위가 무효로 되면 준물권행위인 인수계약도 일부무효에 관한 민법 제137조에 의하여 무효가 된다'고 한다.

(나) 채무인수계약의 형태에 따라서 독자성과 무인성을 달리 해석하는 견해

이는 채무인수계약의 형태에 따라서 독자성과 무인성을 달리 해석하여, '채권자·인수인 사이의 계약에 의한 채무인수에 있어서는 원인행위의 당사자와 처분행위의 당사자가 서로 다르므로, 독자성의 인정 여부 및 무인성·유인성의 문제 자체가 발생하지 않는다'는 견해이다.[40] 이 견해에 따르면, '원인행위와 처분행위의 관계에서 독자성과 무인성의 인정 여부의 문제는 동일한 당사자 사이에서 행하여진 원인행위와 그 이행으로서의 처분행위 사이에서 제기되는 것이며, 원인행위의 당사자와 처분행위의 당사자가 다른 경우에는 이러한 문제가 발생하지 않는다'고 한다. 그러므로 '채권자와 인수인 사이의 처분행위인 채무인수계약은 당연히 독자성을 가지며, 인수인과 채무자 사이의 원인관계는 특별히 원인행위의 유효를 처분행위의 조건으로 약정하지 않은 이상 인수행위의 효력에 직접적인 영향을 미치지 않는다'고 한다. 그러나 '채무자와 인수인 사이의 채무인수계약에 있어서는 원인행위의 당사자와 처분행위인 채무인수계약의 당사자가 동일하므로, 채무인수계약의 독자성과 무인성이 문제될 수 있지만, 지명채권의 양도에 있어서 처분행위인 양도계약이 유인성을 띠는 것으로 해석하는 것과 마찬가지로, 채무인수에 있어서도 객체인 채무의 공시방법이 없는 점을 고려하여 채무인수계약은 채무의 처분행위로서 그 원인행위와는 구별되지만, 원인행위와 유인관계에 있다'고 한다(유인성 인정). 다만, '이 경우에 채권자가 승낙함으로써 채무이전의 효과가 발생한 경우에는 채권자의 이익을 보호할 필요가 있으므로, 인수인과 채무자 사이의 내부관계에 불과한 원인관계에 기인한 항변사유로써 채권자에게 대항할 수 없다'고 한다.[41]

(2) 학설의 검토

'채무인수계약은 그 계약체결의 형태에 관계없이 단순한 채무부담행위(채권행위)가 아니라, 채무를 그 동일성을 유지하면서 채무자로부터 직접 인수인에게 이전시킬 것을 목적으로 하는 처분행위(준물권행위)라고 보아야 한다'는 통설적 견해에 따를 경우, 채무자와 인수인 사이의 계약에 의한 채무인수계약도 비록 그 효력이 채권자의 승낙 여부에 달려있기는 하나 다

---

39) 상게서, 620 참조.
40) 서민, 전게논문(주 16), 183 참조.
41) 상게논문, 184 참조.

른 일반적 형태의 채무인수계약과 마찬가지로 그 법적 성질은 처분행위(준물권행위)라고 보아야 할 것임은 전술한 바와 같다. 그렇다면 채무인수계약은 그 형태와 관계없이 원인행위인 채무자와 인수인 사이의 기초적 법률관계와는 이론상 별개의 행위라고 보아야 할 것이다. 다만, 채무인수계약의 효력도 그 원인행위와 반드시 별개로 결정되어야 하는가 하는 것은 반드시 명확하다고 할 수 없다. 다만, 민법의 해석상 특별한 규정이 없는 한 원인행위의 흠결은 이행행위의 효력에 영향을 미치는 유인성을 가지는 것이 원칙이므로, 채무인수계약의 무인성 여부의 문제는 채무인수계약의 무인성을 인정하고 있다고 해석할 만한 법적 근거가 있는가의 여부에 달려있다고 할 것이다.

이러한 관점에서, 우선 ① 채권자와 인수인 사이의 계약에 의한 채무인수의 경우에는, 채무자와 인수인 사이에서 행해진 원인행위의 당사자와 처분행위인 인수계약의 당사자가 서로 다르다는 점에서, 원인행위와 별개로 행해진 채무인수계약이 독자성을 가지는 것은 이론상 당연하다. 그리고 '이 경우에 채권자와 인수인 사이에서 행해지는 채무인수계약의 효력은 당사자가 원인행위의 유효를 조건으로 약정하지 않은 이상 원인행위의 효력에 의하여 영향을 받지 않는다'고 해석하여야 할 것임은 물론이다. 다만, '이를 「채무인수계약의 무인성」이라고 부를 수 있는가?' 하는 문제에 대해서는 이론상 의문이 있을 수 있음은 전술한 바와 같다.[42] ② 채무자와 인수인 사이의 계약에 의한 채무인수의 경우에는, 원인행위의 당사자와 처분행위인 채무인수계약의 당사자가 동일하므로, 채무인수계약은 원칙적으로 원인행위와 합체되어 행해지는 것이 원칙이라고 할 것이다(독자성의 부인). 또한 채무인수계약의 무인성을 인정할 만한 근거규정을 두고 있지 아니한 우리 민법의 해석상 채무인수계약은 원인행위의 효력에 영향을 받게 된다고 할 것이다(무인성의 부인). 다만, '채권자의 승낙으로 채무인수의 효과가 발생한 경우에는 채권자의 이익을 보호할 필요가 있으므로, 원인행위의 무효를 이유로 채권자에게 대항할 수 없다'고 해석하여야 할 것이다.[43] ③ 채권자·채무자·인수인의 3면계약에 의한 채무인수는 채무자와 인수인 사이의 계약에 의한 채무인수와 그 계약의 형태는 다르지만 원인행위의 당사자(채무자와 인수인)와 처분행위인 인수계약의 당사자(채권자·채무자·인수인)가 중복되므로 채무인수계약의 독자성과 무인성이 문제될 수 있다. 생각건대, 이 경우에도 채권자와 인수인 사이의 계약에 의한 채무인수의 경우와 마찬가지로, 채무인수계약은 채무자와 인수인 사이에서 행해지는 원인행위와는 별개·독립한 행위이며(독자성의 인정), 그 효력도 특별한 의사표시가 없는 한 채무자와 인수인 간의 원인행위의 효력에 의하여 영향을 받지 아니한다고 해석하는 것이 타당하다고 생각한다(무인성의 인정). 다만, '이를 「채무인수계약의 무인성」이라고 부를 수 있는가' 하는 문제에 대하여는 이론상 논란이 있을 수 있음은

42) 상게논문, 183 참조.
43) 同旨: 상게논문, 184 참조.

채권자와 인수인 사이의 계약에 의한 채무인수의 경우와 마찬가지이다.

참고로 정부의「2004년 민법개정안」은 제458조를 개정하여 채무인수계약에 무인성을 인정한 것과 마찬가지의 효과를 부여하는 내용의 제2항을 신설할 것을 제안한 바 있다(동 개정시안 458조).[44]

[105] Ⅳ. 채무인수의 요건

「채무인수」는 '계약에 의하여 채무자로부터 인수인에게 채무가 이전되는 것'을 가리키므로, 채무인수가 유효하게 이루어지려면 먼저 인수의 객체인 채무가 존재하여야 한다. 또한 채무인수의 객체인 채무는 제3자에 의해서도 이행될 수 있는 성질의 것이어야 하고, 채무인수계약이 유효하게 성립하여야 함은 물론이다.

1. 채무인수의 객체인 채무에 관한 요건

(1) 채무의 존재

채무인수는 유효한 채무의 존재를 전제로 한다. 그러므로 인수의 객체인 채무가 존재하지 않는 경우에는, 비록 당사자 사이에서 채무인수의 합의가 있더라도 채무인수계약은 무효이다.

(2) 일부인수

채무가 가분급부를 내용으로 하는 경우에는 일부인수도 가능하다. 채무인수에는 반드시 채권자가 관여하게 되므로 일부인수가 채권자에게 특별히 불리하다고 할 수 없기 때문에 일부인수를 금지할 이유가 없기 때문이다.[45]

(3) 불완전채무와 장래의 채무

자연채무 또는 책임 없는 채무와 같은 이른바「불완전채무」는 물론이고 채무발생의 요건이 모두 갖추어지지 아니한「장래의 채무」도 채무인수의 객체가 될 수 있다. 다만, 장래의 채무는 그 채무발생의 기초인 법률관계가 이미 존재하고 또한 그 내용이 명확한 때에 한하여 채무인수의 객체가 될 수 있다.[46]

---

44) 「2013년 민법개정시안」 제458조(전채무자의 항변사유) ① 인수인은 전채무자의 항변할 수 있는 사유로 채권자에게 대항할 수 있다. <u>② 인수인은 채무인수의 원인이 된 법률관계에 기하여 전채무자에게 대항할 수 있는 사유로 채권자에게 대항할 수 없다.</u> <제2항 신설>

45) 서민, 전게논문(주 16), 184 참조.

46) 상게논문, 185 참조.

2. 채무의 이전성

(1) 원 칙

채무인수가 가능하기 위해서는 그 '채무가 제3자에 의하여서도 이행될 수 있는 성질'이 있어야 한다. 이를 「채무의 이전성(移轉性)」이라고 한다.[47] 전술한 바와 마찬가지로, 근대민법은 대부분 채무의 이전성을 인정하고 있으며, 우리 민법도 제453조 이하에서 채무인수에 관한 규정을 둠으로써 이를 인정하고 있다. 그러나 일정한 경우에는 채무의 이전성이 제한되는 경우가 있다.

(2) 채무의 이전성이 제한되는 경우

1) 성질상의 제한

채무의 성질이 인수를 허용하지 아니하는 때에는, 채무인수는 불가능하다(453조 1항 단서). 채무의 성질상 그 인수가 허용될 수 없는지의 여부는 거래의 관념과 당사자의 의사를 기준으로 각 채무에 관하여 개별적으로 판단하여야 한다. 일반적으로 채무의 성질상 인수가 제한되는 것으로서는 다음과 같은 것을 들 수 있다.[48]

(가) 채무자가 변경되면 급부의 내용이 전혀 달라지는 채무

음악가가 연주를 할 채무나 화가가 초상화를 제작할 채무와 같이, 특히 채무자의 개성·기능·숙련도 등이 중요한 비중을 차지하는 일신전속적 급부를 목적으로 하는 작위채무는 채무자가 변경되면 급부의 내용이 전혀 달라지는 채무로서 이전성이 없다고 할 것이다.

(나) 채무자가 변경되면 채무의 이행에 뚜렷한 차이가 생기는 채무

고용계약에서 노무자의 노무급부의무(657조 2항), 위임계약에서 수임인의 위임사무처리의무(682조 1항), 임치계약에서 수치인의 임치물보관의무(701조) 등과 같이, 채무자가 변경되면 채무의 이행에 뚜렷한 차이가 생기는 채무는 이전성이 없으므로 원칙적으로 채무인수가 허용되지 않는다. 다만, 이러한 계약상의 채무는 당사자 사이의 인적 신뢰관계 또는 채무자의 능력이 중요한 의미를 가지기 때문에 원칙적으로 채무의 이전성이 인정되지 않지만, 채권자의 동의(657조 2항) 또는 승낙(682조 1항, 701조)이 있으면 제3자의 이행도 허용되는 것이므로, 채권자의 의사가 계약당사자로서 또는 승낙에 의하여 관여되기 마련인 채무인수에 있어서는 이들 채무의 성질상의 인수제한은 사실상 문제되지 않는다.

---

47) 학설 중에는 '채권양도에서는 이를 「양도성」이라고 부르는 것에 대응하여 「인수성(引受性)」이라고 부르는 것이 적절하다'는 견해도 있다(상게논문, 185 참조). 타당한 견해라고 생각되지만, 채무인수의 본질은 채무가 이전되는 것이므로 '이전성'이라는 용어도 잘못된 용어는 아니라고 생각된다.

48) 상게논문, 186; 현승종, 338 참조.

(다) 특정한 채무자와의 사이에서 결제되어야 할 특별한 사유가 있는 채무

상호계산에 산입된 채무와 같이(상법 72조), 반드시 특정한 채무자와의 사이에서 결제되어야 할 특별한 사유가 있는 채무는 인수될 수 없다.

2) 이해관계 없는 제3자의 인수

채무인수는 채권자와 인수인 사이의 계약에 의하여 이루어질 수 있으나(453조 1항), 이해관계 없는 제3자는 채무자의 의사에 반하여 채무를 인수하지 못한다(453조 2항). 민법이 이해관계 없는 제3자의 채무인수에 대하여 이러한 제한을 둔 이유는, 채무자의 의사에 반하여 제3자에 의한 변제(469조 2항) 또는 채무자변경으로 인한 경개(501조)를 금지한 것과 마찬가지로 채무자의 의사를 존중하고자 하는 취지라고 이해할 수 있다. 다만, '이러한 제한은 민법이 채무자의 의사에 반하는 보증계약의 성립을 인정하고(444조), 채무자의 의사와 관계없이 채권자의 단독행위로 채무를 면제할 수 있도록 하고 있는 것(506조)과 균형이 맞지 않을 뿐만 아니라, 가급적 채무의 이전성을 널리 인정하려고 하는 현대민법의 경향에 비추어 볼 때 입법론상 문제가 있다'는 비판이 제기되고 있다.[49]

(가) 이해관계 없는 제3자

제453조 제2항에서 "이해관계 없는 제3자"라고 함은 '채무자와의 사이에 채무인수의 원인이 될 법률상의 이해관계가 없는 자'를 말한다. 그러므로 채무자와의 사이에 사실상의 이해관계를 가질 뿐인 제3자는 채무자의 의사에 반하여 채무인수를 할 수 없다. 이는 「제3자의 변제」에 관한 제469조 제2항과 같은 취지에서 두어진 제한이라고 할 수 있으므로, 「채무자의 의사에 반하여 채무인수를 할 수 있는 법률상의 이해관계가 있는 제3자」라 함은 '채무인수를 하지 않으면 채권자에게 강제집행을 당하거나 자기의 권리를 상실할 지위에 있는 자'를 가리키며, 구체적으로는 보증인·물상보증인·담보물의 제3취득자 등이 이에 해당된다고 할 것이다.

(나) 채무자의 반대의사

(A) 의 의　이해관계 없는 제3자는 채무자의 의사에 반하여 채무를 인수하지 못한다(453조 2항). 여기서 "채무자의 의사에 반한다"는 것은 '채무인수에 대한 채무자의 반대의사가 있음'을 가리킨다. 다만, 채무자의 반대의사는 적극적으로 표시되어야 하는 것은 아니고, 여러 사정에 비추어서 이를 인정할 수 있으면 된다.

(B) 반대의사의 표시　채무자는 채권자와 인수인 사이의 채무인수의 합의 전후를 막론하고 채무인수에 대한 반대의사를 표시할 수 있으며, 그 의사표시의 상대방은 채권자 또는 인수인이다. 다만, 채무자의 반대의사는 반드시 표시되어야만 효력이 있는 것이 아니므로, '채무자가 채무인수의 사실을 알고 있으면서 아무런 의사표시가 없으면 반대의사가 없는 것으로

49) 서민, 상게논문, 186 참조.

추정되고, 채무인수 후 상당한 기간 내에 반대의사를 표시하지 않으면 반대의사를 표시할 권리를 상실한다'고 할 것이다.[50]

(C) **반대의사의 효력** 채무자의 반대의사가 있으면 이해관계 없는 제3자와 채권자 사이의 채무인수계약은 무효이다. 의사표시는 상대방에게 도달한 때 그 효력을 발생하는 것이 원칙이지만(111조 1항), '채무인수계약에 있어서는 채무자의 반대의사의 표시가 인수계약 성립 이후에 도달한 경우에도 채무인수는 소급하여 효력을 상실한다'고 해석되고 있다.[51] 채무자의 반대의사는 반드시 표시되어야 효력이 있는 것이 아니기 때문이다.

(D) **증명책임** 채무인수가 채무자의 의사에 반하는지의 여부는 법원이 직권으로 조사하여야 사항은 아니므로(대법원 1966.2.22.선고, 65다2512 판결) 당사자가 증명하여야 하는데, '이에 관한 증명책임을 누가 부담하는가?' 하는 문제에 대해서는 견해가 대립되고 있다. 학설 중에는 '채무자가 증명책임을 부담한다'고 해석하는 견해가 많으나,[52] '법률행위의 효력을 부정하는 소극요건은 그 요건의 존재를 주장하는 자가 이를 증명하여야 한다'는 증명책임 분배의 일반원칙에 따라 '채무인수의 무효를 주장하는 자가 채무자의 반대의사의 존재에 대하여 증명책임을 부담한다'고 해석하여야 할 것이다.[53]

3) 당사자의 의사표시에 의한 제한

'당사자 사이에 인수금지의 특약이 있는 경우에는 채무는 이전성이 없으며, 채권자와 채무자가 미리 채무인수금지의 특약을 한 경우에는 채무인수계약은 무효'라고 해석하는 데 견해가 일치한다.[54] 또한 '당사자 사이의 채무인수 금지특약의 효력은 채권양도의 경우와 마찬가지로 선의의 제3자에게 대항할 수 없다'고 해석하는 데 있어서도 견해가 일치한다(449조 2항 단서의 유추해석). 그러므로 채권자가 채무인수금지의 특약에 위반하여 제3자인 선의의 인수인과 채무인수계약을 체결한 경우, 채무자는 채무인수금지의 특약으로써 선의의 인수인에게 대항할 수 없으며, 그 채무인수계약은 선의의 채무인수인에 대한 관계에서도 유효하다.

한편 '당사자 사이에 채무인수금지의 특약이 있더라도 채무자와 인수인 사이에 체결된 채무인수계약이 채권자의 승낙을 얻은 경우에는, 채무인수금지의 특약을 위반한 흠은 채권자의 승낙에 의하여 치유된다'고 할 것이다.[55]

---

50) 상게논문, 187 참조.
51) 상게논문, 188; 이은영, 648 참조.
52) 김주수, 351; 김증한/김학동, 323; 김형배, 624; 현승종, 340 참조.
53) 서민, 전게논문(주 16), 188; 곽윤직, 230 참조.
54) 서민, 상게논문, 188; 곽윤직, 229; 김상용, 399; 송덕수, 392; 현승종, 339 참조.
55) 同旨: 서민, 상게논문, 188 참조.

3. 채무인수계약의 유효한 성립

(1) 낙성·불요식계약

전술한 바와 같이, 채무인수는 채무인수계약에 의하여 이루어지며, 그 법적 성질은 처분행위(준물권행위)라는 것이 통설인데, 채무인수계약은 당사자의 합의만 있으면 성립하며 특별한 방식을 요하지 않는 낙성·불요식계약이다. 그러므로 인수되는 채무가 요식행위에 의하여 발생된 것이더라도, 채무인수계약은 무방식의 불요식계약으로 행하여질 수 있다.

(2) 채무인수계약의 내용

채무인수는 채무인수계약의 효력으로 채무가 동일성을 유지하면서 채무자로부터 인수인에게 이전되는 것이므로, 채무자는 채무인수로 인하여 채무를 면하게 된다(면책적 채무인수). 그러므로 채무인수계약이 성립하기 위해서는 채무자를 면책시킨다는 채권자의 의사가 계약의 내용에 명확하게 나타나 있어야 한다. 그러므로 인수계약에 채무자를 면책시킨다는 채권자의 의사가 명확하게 드러나 있지 아니한 경우에는, 「병존적 채무인수」 또는 「이행인수」가 될 수 있을지언정 「면책적 채무인수」를 의미하는 민법상의 채무인수는 될 수는 없다.[56] 판례도 '면책적 채무인수인지의 여부가 분명하지 아니한 때에는 중첩적 채무인수로 해석하여야 할 것'이라고 한다(대법원 2002.9.24.선고, 2002다36228 판결 등).[57]

(3) 채무인수계약의 당사자

채무인수는 채무자를 변경하는 것이다. 즉, 채무인수는 채권자에게는 책임재산의 변경을 의미하고, 인수인에게는 새로운 채무의 부담을 의미하게 된다. 따라서 채무인수계약에 있어서 채권자와 인수인은 계약의 성립 여부에 중대한 이해관계를 가지므로, 어떠한 방법으로든 반드시 관여하여야 한다. 그러나 채무자는 채무인수에 의하여 이익을 얻을 뿐이므로, 채무자의 관여가 채무인수계약에 절대로 필요한 요소라고 할 수는 없다. 그러므로 채무인수계약은 ① 채권자·채무자·인수인 사이의 3면계약에 의한 경우와, ② 채권자·인수인 사이의 계약에 의한 경우, 그리고 ③ 채권자의 승낙을 전제로 한 채무자·인수인 사이의 계약에 의한 경우가 있을 수 있을 뿐이며, 인수인의 의사가 배제되는 채권자와 채무자 사이의 계약에 의한 채무인수계약은 허용되지 않는다.

---

56) 同旨: 상게논문, 192; 김형배, 623 참조.

57) 같은 취지: 대법원 1962.4.4.선고, 4294민상1087 판결; 대법원 1965.5.18.선고, 65다454 판결; 대법원 1988.5.24.선고, 87다카3104 판결; 대법원 2010.1.14., 2009그196 결정; 대법원 2012.1.12.선고, 2011다76099 판결.

1) 채권자 · 채무자 · 인수인 사이의 3면계약

민법은 채권자 · 채무자 · 인수인 사이의 3면계약에 의한 채무인수에 관하여는 규정을 두고 있지 않으나, 이러한 형태의 채무인수계약은 계약자유의 원칙상 당연히 인정된다고 할 것이다. 3면계약의 체결방법은 세 당사자가 동시에 합의를 이루는 「동시적 3면계약」이 가장 전형적인 방법임은 물론이나, 세 당사자 중 2인이 먼저 합의한 후 나머지 1인의 동의를 얻는 「이시적(異時的) 내지 순차적 3면계약」도 가능하다. '3면계약에 의한 채무인수는 당사자 사이의 법률관계가 한 번에 확정되므로 가장 완전한 형태의 채무인수계약이라고 할 수 있으나, 세 당사자가 합의에 도달하기 위한 협의절차가 번거롭고 합의에 도달하는 것도 쉽지 않기 때문에, 거래의 실제에 있어서는 별로 이용되지 않는다'고 한다.[58]

2) 채권자 · 인수인 사이의 채무인수계약

채권자와 인수인 사이의 계약에 의한 채무인수도 가능하다. 민법은 제453조 제1항에서 이를 명문으로 규정하고 있는데, 민법의 규정체계상 이 유형의 계약이 채무인수계약의 기본적인 형태라고 할 수 있다. 다만, 이해관계 없는 제3자는 채무자의 의사에 반하여 채권자와 채무인수계약을 체결할 수 없음은 전술한 바와 같다.

3) 채무자 · 인수인 사이의 계약에 의한 채무인수

채무자와 인수인 사이의 계약에 의해서도 채무인수가 성립할 수 있다(454조). 다만, 채무자와 인수인 사이의 채무인수계약은 책임재산의 변경에 의하여 채권자의 이익이 침해될 가능성이 크므로, 채무인수계약의 효력은 채권자의 승낙을 요건으로 하여서만 발생하는 것으로 제한할 필요가 있다. 민법은 제454조 제1항에서, '제3자가 채무자와의 계약으로 채무를 인수한 경우에는 채권자의 승낙에 의하여 그 효력이 생긴다'고 규정함으로써, 이러한 법리를 명시하고 있다. 채무인수의 실제에 있어서는 채무자와 인수인이 먼저 채무인수에 관하여 합의한 후 채권자의 승낙을 얻는 경우가 일반적이므로, 민법도 이러한 유형의 채무인수계약을 인정한 것이다.[59]

(가) 채무인수계약의 법적 성질

전술한 바와 같이, 종래의 통설적 견해는 '채무자와 인수인 사이의 채무인수계약은 의무부담행위인 채권행위에 불과하다'고 보고 있으나, 이 경우의 채무인수계약도 채무를 채무자로부터 인수인에게 직접 이전시킬 것을 목적으로 하는 처분행위로서 준물권행위라고 보아야 할 것이다. 즉, 이 경우의 채무인수계약은 채권자에 대한 관계에서 책임재산의 변경을 가져오는 채권에 대한 처분행위로서의 성질을 가지는 것이다. 그러나 처분권이 없는 자가 타인의

58) 서민, 전게논문(주 16), 190 참조.
59) 학설 중에는 '이 유형의 채무인수가 채무인수의 기본형태'라는 견해도 있다(김형배, 616 참조).

재산을 처분하는 것은 허용되지 않기 때문에, 이 경우에는 채권자의 승낙을 얻어야 인수계약의 효력이 발생하도록 규정한 것이다. 그러므로 '채무자와 인수인 사이의 채무인수계약은 채권자의 승낙을 법정조건으로 하는 무권리자의 처분행위로서 준물권행위의 성질을 가지고 있으며, 채권자의 승낙은 「처분권의 수여」(Ermächtigung)에 해당한다'고 보아야 할 것이다.[60)]

(나) 채권자의 승낙 또는 거절

(A) 채권자의 승낙과 거절 채무자와 인수인 사이의 채무인수계약은 채권자의 승낙에 의하며 비로소 효력을 발생한다(454조 1항). 그러나 '채권자가 미리 채무인수에 동의한 사전승낙(事前承諾)의 경우에는 사후에 별도의 승낙이 필요 없다'고 할 것이다.[61)] 즉, 승낙은 채무자 또는 인수인의 채무인수의 통지가 있은 후 행하여지는 것이 보통이지만, 독일민법과 달리(BGB §415 I)[62)] 우리 민법은 인수인 또는 채무자의 채무인수의 통지를 승낙의 요건으로 규정하고 있지 않으므로, 채권자는 채무자 또는 인수인의 인수의 통지가 있기 전에도 승낙할 수 있다고 해석할 수 있는 것이다. 전술한 바와 같이, 채권자의 승낙에는 채무자에 대한 면책의사가 명확하게 드러나 있어야 하지만, 승낙의 의사표시에는 특별한 방식이 요구되지 않으므로 묵시적 승낙(예컨대, 채권자가 인수인에 대하여 이행을 청구하거나 지급유예 또는 상계의 의사표시를 하는 경우 등)도 가능하다고 해석된다.[63)] 또한 채권자가 아무런 의사표시를 하지 않더라도 채무인수의 효력은 발생하지 않지만, 채권자는 불확정한 법률상태를 조속히 확정시키기 위하여 적극적으로 채무인수의 효력을 부인하는 의사표시인 「거절(拒絕)」을 할 수 있다(454조 2항). 채권자는 채무자와 인수인 사이의 인수계약을 승낙하든 거절하든 자유이며, 채권자의 승낙 또는 거절의 의사표시는 채무자 또는 인수인 중 아무에게나 할 수 있다(454조 2항). 판례는 '채권자가 거절하면 채무인수계약의 효력은 확정적으로 소멸하며, 채권자가 다시 승낙하더라도 채무인수가 유효한 것으로 전환될 수 없다'고 한다(대법원 1998.11.24. 선고, 98다33765 판결).

(B) 승낙의 법적 성질 '채무자와 인수인 사이의 채무인수계약에 대하여 채권자의 승낙이 어떠한 법적 성질을 가지는가?' 하는 문제에 대해서는 견해가 대립하고 있는데, 종래의 통설은 채무자와 인수인 사이의 채무인수계약을 채권행위로 파악하고, '채권자의 승낙이 처분행위(준물권행위)에 해당한다'고 보거나,[64)] '채권행위인 채무인수계약을 준물권행위로 만드는

60) 서민, 전게논문(주 16), 191; 김상용, 397 참조.
61) 同旨: 서민, 상게논문, 194; 김형배, 624 참조.
62) 독일민법 제415조(채무자와 인수인 사이의 계약) (1) 제3자가 채무자와 채무인수에 합의한 경우에는, 그 효력 유무는 채권자의 승인에 달려있다. 승인은 채무자 또는 제3자가 채권자에게 채무인수를 통지한 때에 비로소 할 수 있다. 승인이 있기까지 당사자들은 계약을 변경하거나 실효시킬 수 있다.
63) 서민, 전게논문(주 16), 194 참조.
64) 곽윤직, 228 참조.

효력이 있다'고 한다.[65] 그러나 채무자와 인수인 사이의 채무인수계약은 채권자의 승낙을 법정정지조건으로 하는 처분행위인 준물권행위이며, 승낙은 처분권 없는 자에 대하여 처분권을 수여하는 행위라고 볼 것임은 전술한 바와 같다.

(C) 승낙 여부의 최고 채권자가 승낙을 할 때까지는 채무자와 인수인 사이의 채무인수계약은 효력이 발생하지 않는 부동적 상태에 있게 되는데, 민법은 법률관계를 조속히 안정시키고 거래의 안전을 꾀하기 위하여 채무자와 인수인에게 채권자에 대한 승인 여부의 확답을 최고할 수 있는 권리를 부여하고 있다. 즉, 채무자나 인수인은 채권자에 대하여 상당한 기간을 정하여 승낙 여부의 확답을 최고할 수 있고, 채권자가 그 기간 내에 확답을 발송하지 아니한 때에는 채무인수를 거절한 것으로 본다(455조). '채권자가 최고기간 내에 승낙의 의사표시를 발송하였다면 최고기간을 지나서 도달한 경우에도 승낙의 효력이 있다'고 해석하여야 한다는 점에 주의할 필요가 있다. 여기서 "상당한 기간"의 범위는 채권자가 인수인의 자산상태나 신용도를 확인할 수 있는 기간 등 승낙 여부를 결정할 수 있는 시간적 여유를 고려하여 정해진다. 만약 상당한 기간보다 짧은 기간을 정하여 최고한 경우에는, 상당한 기간이 경과함으로써 최고의 효력이 발생한다고 해석하여야 한다. 또한 '채무자와 인수인이 각각 상당한 기간을 정하여 최고하였으나 채무자가 정한 기간과 인수인이 정한 기간이 일치하지 않을 때에는, 먼저 도달한 최고에서 정한 기간을 표준으로 하여 상당한 기간을 결정하여야 한다'고 할 것이다.[66]

(D) 승낙의 소급효와 제3자의 보호 민법은 제457조에서 승낙의 소급효를 인정하고, 이에 따라 침해될 수 있는 제3자의 이익을 보호하기 위한 규정을 두고 있다. 여기서 "인수한 때"라 함은 '채무인수계약을 체결한 때'를 가리키는 것이므로, 채무인수의 효력은 채무인수계약시로 소급하여 발생한다. 이와 같이 '민법이 승낙의 소급효를 인정한 취지는 채무인수계약을 체결한 때에 채무인수의 효력이 발생하기를 원하였을 것이라고 추정되는 계약당사자의 의사를 존중하기 위한 것이라고 할 수 있으므로, 채권자는 승낙의 소급효를 제한할 수 있고, 소급효의 제한은 승낙의 의사표시와 함께 표시되어야 한다'고 해석하여야 할 것이다.[67] 또한 '채권자에 의한 소급효의 제한은 소급효의 발생 유무는 물론 채무인수계약 시부터 승낙 시까지 사이의 임의의 시점까지 소급하도록 하는 것도 가능하다'고 할 것이다.

승낙의 소급효는 제3자의 권리를 해할 수 없으므로, 제3자의 권리가 침해되는 범위에서는 채무인수의 소급효가 발생하지 아니한다. 여기의 "제3자"는 '채무인수계약 시부터 채권자의 승낙 시까지 사이에 채권을 양수한 자와 같이, 종전채무자의 채무에 관하여 법률상의 이

65) 현승종, 337 참조.
66) 同旨: 서민, 전게논문(주 16), 196 참조.
67) 상게논문, 196 참조.

해관계를 가지게 된 자'를 가리킨다.

(E) **채권자의 승낙이 없는 경우의 효력** 독일민법은 '채무자와 인수인 사이의 채무인수계약은 채권자의 승낙이 없거나 채권자가 승낙을 거절한 경우에도 이행인수로서의 효력이 있다'는 취지의 규정을 두고 있다(BGB §415Ⅲ).[68] 우리 민법은 이러한 명문규정이 없으나, 무효행위의 전환에 관한 제138조를 근거로 채무자와 인수인 사이의 채무인수계약에 이행인수계약의 효력을 인정하여야 할 것이다.[69] 이러한 취지에서, 판례는 '부동산의 매수인이 매매목적물에 관한 채무를 인수하는 한편 그 채무액을 매매대금에서 공제하기로 약정한 경우, 그 인수는 특별한 사정이 없는 한 매도인을 면책시키는 채무인수가 아니라 이행인수로 보아야 하고, 면책적 채무인수로 보기 위하여는 이에 대한 채권자의 승낙이 있어야 한다'는 입장을 확립하고 있음은 전술한 바와 같다(대법원 1995.8.11.선고, 94다58599 판결 등).[70]

참고로 정부의 「2004년 민법개정안」은 제454조에 '채권자의 승낙이 없거나 거절된 경우에 채무자와 인수인 사이의 채무인수계약은 이행인수계약으로서의 효력을 가지는 것으로 추정한다'는 내용의 제3항을 신설할 것을 제안한 바 있다(동 개정시안 454조).[71]

(다) 채무인수계약의 철회와 변경

(A) **철회·변경의 의의** 채무자와 인수인 사이의 채무인수계약은 채권자의 승낙이 있을 때까지는 효력이 불확정한 부동상태에 있으며, 채권자도 이 인수계약에 대하여 확정적인 이해관계를 가지는 것은 아니다. 그러므로 민법은 채무인수계약의 당사자인 채무자와 인수인의 이익과 채권자의 이익을 조화시키기 위하여, 채권자의 승낙이 있을 때까지 채무인수계약의

---

68) 독일민법 제415조(채무자와 인수인 사이의 계약) (1) 채무인수가 제3자와 채무자 사이에 합의된 경우에는, 그 효력 유무는 채권자의 추인에 달려있다. 추인은 채무자 또는 제3자가 채권자에게 채무인수를 통지한 때부터 할 수 있다. 추인이 있을 때 까지는 당사자들은 계약을 변경하거나 실효시킬 수 있다. (2) 추인이 거절되면 채무인수는 행하여지지 아니한 것으로 본다. 채무자 또는 제3자가 채권자에게 기간을 정하여 추인 여부의 의사표시를 최고한 경우에는, 추인은 그 기간 내에 표시되어야 한다; 추인의 의사표시가 없으면 이를 거절한 것으로 본다. (3) 채권자가 승인하지 아니하는 한, 의심스러운 때에는 인수인은 채무자에 대하여 채권자를 적시에 만족시킬 의무를 부담한다. 채권자가 승인을 거절한 경우에도 같다.

69) 同旨: 서민, 전게논문(주 16), 198; 이은영, 651 참조.

70) 같은 취지: 대법원 1990.1.25.선고, 88다카29467 판결; 대법원 1993.2.12.선고, 92다23193 판결; 대법원 1994.5.13.선고, 94다2190 판결; 대법원 1997.6.24.선고, 97다1273 판결; 대법원 2001.4.27.선고, 2000다69026 판결; 대법원 2002.5.10.선고, 2000다18578 판결; 대법원 2004.7.9.선고, 2004다13083 판결; 대법원 2007.9.21.선고, 2006다69479·69486 판결; 대법원 2006.9.22.선고, 2006다135 판결; 대법원 2008.9.11.선고, 2008다39663 판결.

71) 「2013년 민법개정시안」 제454조(채권자와의 계약에 의한 채무인수) ① 제3자가 채무자와의 계약으로 채무를 인수한 경우에는 채권자의 승낙에 의하여 그 효력이 생긴다. ② 채권자의 승낙 또는 거절의 상대방은 채무자나 제3자이다. ③ 채권자가 제1항의 승낙을 하지 아니하는 동안에는 제3자는 채무자에 대하여 채권자에게 변제할 의무를 부담하는 것으로 추정한다. 채권자가 승낙을 거절한 경우에도 같다. <제3항 신설>

당사자(채무자와 인수인)에게 계약을 철회하거나 계약의 내용을 변경할 수 있는 권리를 부여하고 있다(456조). 그러나 이론상 채무인수계약의 일방적인 철회와 변경은 불가능하므로, '여기에서 말하는 "철회"라 함은 계약의 당사자인 채무자와 인수인 사이의 또 다른 계약인 채무인수계약의 합의해제를 의미하며, "변경"도 당사자의 합의에 의한 계약내용의 변경을 의미한다'고 새겨야 할 것이다.

(B) 합의에 의한 철회(합의해제) 또는 변경의 요건 채권자의 승낙이 있으면 채무인수의 효력이 확정적으로 발생하기 때문에, 당사자(채무자와 인수인)의 합의에 의한 채무인수계약의 철회(합의해제)나 변경(합의에 의한 계약내용의 변경)은 채권자의 승낙이 있을 때까지 하여야 한다. 승낙의 의사표시는 상대방인 채무자 또는 인수인에게 도달한 때에 효력이 발생한다고 보아야 하므로(111조 1항), "승낙이 있을 때까지"라 함은 '승낙의 의사표시가 채무자 또는 인수인에게 도달한 때까지'를 의미한다. 학설 중에는 '독일민법과 달리(BGB §415 I),[72] 우리 민법은 채무자 또는 인수인의 채무인수의 통지를 채권자의 승낙의 요건으로 규정하고 있지 아니하므로, 채무인수계약 후 채권자의 승낙이 있을 때까지는 채권자에 대한 인수의 통지가 있었는지의 여부와 관계없이 당사자가 채무인수계약을 철회(합의해제)하거나 변경할 수 있으며,[73] 채무자나 인수인이 승낙 여부를 최고한 경우에도 최고기간 내에는 인수계약의 철회(합의해제) 또는 변경이 가능하다'고 해석하는 견해가 있다.[74] 그러나 '당사자가 채권자에게 채무인수의 통지를 하였거나 승낙 여부의 확답을 최고한 경우에는, 채권자에게 채무인수계약이 철회(합의해제) 또는 변경되었음을 통지한 경우에 한하여 채권자에게 철회 또는 변경의 효력을 주장할 수 있다'고 해석하여야 할 것이다.

(라) 채무인수계약의 취소

채무인수계약에 의사표시의 착오·사기 또는 강박에 의한 의사표시와 같이 취소의 원인이 있는 경우에는, 당사자는 일반규정(109조, 110조)에 따라 인수계약을 취소할 수 있다.

대법원판결 중에는 '채권자의 승낙이 있은 후에 당사자가 채무인수계약을 취소하려면 채권자의 (취소에 대한) 승낙이 있거나 채권자가 인수계약을 승낙한 때에 당사자의 취소권유보를 함께 승낙하였다든가 하는 특수한 사정이 있어야 한다'고 판시한 사례가 있다(대법원 1962. 5.17. 선고, 62다161 판결). 그러나 의사표시의 하자를 이유로 하는 채무인수계약의 취소는 채권자의 승낙 여부와 관계없이 할 수 있는 것이므로, 이는 잘못된 판결이라고 생각된다.[75]

72) 전게 주 67 참조.
73) 서민, 전게논문(주 16), 191; 김형배, 625 참조.
74) 서민, 상게논문, 191 참조.
75) 同旨: 상게논문, 192 참조.

[106] Ⅴ. 채무인수의 효과

1. 채무의 이전

(1) 종전 채무와 동일한 내용의 채무이전

채무인수에 의하여 채무는 그 동일성을 유지하면서 종래의 채무자(이하 「종전채무자」라 칭함)로부터 인수인에게 이전된다. 따라서 종전채무자는 채무를 면하고 인수인만이 종전채무자가 지고 있던 것과 동일한 내용의 채무를 부담한다. 즉, 채무인수에 의하여 채무자가 종전채무자에서 인수인으로 변경된다. 인수인은 종전채무자와 동일한 채무를 부담하므로, 이전되는 채무가 다른 채무자의 채무와 연대채무 또는 불가분채무의 관계에 있는 경우에는, 그 연대성 또는 불가분성은 그대로 유지되며, 인수인이 종전채무자와 합의하여 자기의 인수할 채무의 범위를 한정하거나 축소하는 것은 허용되지 않는다.

(2) 소멸시효의 중단

채무인수가 있으면 인수인의 입장에서는 채무를 승인한 것과 같으므로(168조 3항), 종전채무자에 관하여 진행된 소멸시효는 채무인수 시에 중단된다고 보아야 할 것이다.[76)]

(3) 일부인수의 경우

일부인수의 경우에는 채무의 일부만이 이전되므로, 하나의 채무가 양적으로 분할되어 각각 다른 채무자에게 귀속되는 결과, 채무는 종전채무자와 인수인 사이에서 분할채무로 된다(408조).

2. 채무이전의 시기

(1) 원 칙

채무인수에 의한 채무의 이전은 채무인수계약이 효력을 발생하는 때에 그 효력이 생긴다. 채무인수계약은 특별한 사유가 없으면 원칙적으로 계약성립시, 즉 채무인수의 합의가 이루어진 때에 효력이 발생하므로, 채무이전의 효력은 채무인수계약이 성립한 즉시로 발생하는 것이 원칙이다.

(2) 채무자와 인수인 사이의 채무인수계약의 경우

채무자와 인수인 사이의 계약에 의한 채무인수는 채권자의 승낙이 있어야 그 효력이 발

---

76) 同旨: 상게논문, 198; 현승종, 341 참조.

생하므로(454조 1항), 채권자의 승낙이 있을 때 까지는 효력이 생기지 않는다. 그러나 채권자의 승낙은 채무자와 인수인 사이의 채무인수계약이 성립한 때에 소급하여 효력이 생기므로(457조 본문), 채무이전의 효력도 채무자와 인수인 사이의 채무인수계약이 성립한 때(채무인수의 합의가 이루어진 때)에 소급하여 발생한다. 그러나 채권자의 승낙의 소급효는 제3자의 권리를 해하지 못하므로(457조 단서), 채무자와 인수인 사이에 채무인수의 합의가 있은 후 채권자의 승낙이 있을 때까지 사이에 제3자가 채권자로부터 채권을 이전받은 경우에는 제3자는 유효하게 채권을 취득하고, 채무자와 인수인 사이에 채권이전의 효력은 발생하지 않는다.

3. 종된 채무의 이전

이자채무나 위약금채무와 같이, 채무인수에 의하여 인수인에게 이전된 채무의 종된 채무는 원칙적으로 주된 채무에 수반하여 이전된다. 그러나 이미 이행기가 도래한 지분적 이자채무와 같이, 주된 채무와 분리되어 독립성을 가지는 채무는 다른 의사표시가 없는 한 인수인에게 이전되지 않는 것이 원칙이다.

4. 항변권의 이전

채무인수는 채무인수계약의 효력으로 발생하는 것이므로, 인수인은 채무인수계약의 무효·취소 또는 해제 기타 자기 고유의 항변사유로써 채권자에게 대항할 수 있음은 당연하다. 이와는 별도로, 인수인은 종전채무자의 항변할 수 있는 사유로 채권자에게 대항할 수 있다(458조). 즉, 종전채무자의 항변권은 채무인수계약에 의하여 인수인에게 이전된다.

(1) 채권자와 종전채무자 사이에서 생긴 항변사유

인수인은 종전채무자가 가졌던 모든 항변권을 가지고 채권자에게 대항할 수 있다(458조). 채무인수에 의하여 채무는 동일성을 유지하면서 종전채무자로부터 인수인에게 이전되므로, 이전된 채무에 항변권이 붙어있는 경우에는 그 항변권도 채무와 같이 인수인에게 이전되어야 함은 이론상 당연하다.

1) 채무 자체에 붙어 있는 항변권

인수인은 인수계약 당시에 종전채무자가 채권자에 대하여 가지고 있던 항변사유 중에서 채무 자체에 붙어 있는 항변사유, 예컨대 계약의 불성립, 계약이 무효이거나 취소·해제되어 실효되었다는 사실, 채무의 변제·소멸시효의 완성, 동시이행항변권 등 채무의 발생·존속·이행을 저지하거나 배척하는 모든 사유를 채권자에게 주장할 수 있다.

2) 계약당사자만이 행사할 수 있는 권리 : 계약당사자권

계약의 당사자만이 행사할 수 있는 권리인 계약의 취소권·해제권·대금감액청구권 등의 이른바 「계약당사자권」은 계약당사자의 지위를 승계한 것이 아니라[77] 계약에서 발생한 개별적인 채무를 승계한 자에 불과한 인수인은 행사할 수 없다. 물론 계약당사자인 종전채무자가 이미 이러한 권리를 행사한 경우에는, 인수인도 그 행사의 효과인 채무의 불발생·소멸 또는 감액 등을 채권자에게 주장할 수 있다.

한편 '인수인은 종전채무자가 채권자에 대하여 가지고 있던 반대채권으로 상계할 수 없다'고 할 것이다.[78] 만약 인수인이 종전채무자의 반대채권으로 상계할 수 있다고 한다면 그것은 종전채무자의 채권을 처분하는 결과가 되는데, 인수인에게 이러한 처분권을 인정할 수는 없기 때문이다. 참고로 독일민법은 명문으로 인수인의 상계를 금지한다는 내용의 명문규정을 두고 있다(BGB §417 Ⅰ).[79]

(2) 채권자와 인수인 사이에서 생긴 항변사유

인수인은 채권자와의 사이에서 생긴 항변사유로써 채권자에게 대항할 수 있음은 당연하다. 즉, 채권자와 인수인 사이의 채무인수계약에 무효·취소·해제 등의 사유가 있는 경우에는, 인수인은 이로써 채권자에게 대항할 수 있으며, 채권자에 대하여 반대채권을 가지는 경우에 이로써 상계할 수 있다.

(3) 인수인과 채무자 사이에서 생긴 항변사유

독일민법은 '인수인이 종전채무자와의 사이에서 생긴 항변사유를 가지고 채권자에게 대항할 수 없다'는 취지의 명문규정을 두고 있다(BGB §417 Ⅱ). 우리 민법은 이에 관한 명문규정을 두고 있지 않으나, 인수인이 채무자와의 사이에서 생긴 항변권을 가지고 채권자에게 대항할 수 없음은 당연하다 할 것이다. 판례도 같은 입장을 취하고 있다(대법원 1966.11.29.선고, 66다1861 판결). 학설 중에는 이 문제를 인수계약과 원인행위와의 관계에 관한 무인성 여부의 문제로 파악하는 견해도 있으나, 이 문제는 채무인수계약의 무인성 여부의 문제가 아니라 「항변절단」의 문제로서, 명문규정이 없더라도 '인수인과 채무자 사이의 원인관계에 기한 항변사유는 일단 채권자의 승낙에 의하여 인수계약이 효력을 발생한 후에는 채권자에게 대항하지 못한다'고 해석하여야 할 것이다.[80] 참고로 정부의 「2004년 민법개정안」은 이러한 취지의 명문규

---

77) 계약상의 지위 자체를 인수하는 「계약인수」의 경우에는, 계약의 당사자로서의 권리인 취소권·해제권도 인수인에게 이전한다.

78) 同旨: 서민, 전게논문(주 16), 201; 곽윤직, 231; 김상용, 401; 송덕수, 411; 현승종, 342 참조.

79) 독일민법 제417조(인수인의 항변권) (1) 인수인은 채권자와 종전채무자 사이의 법률관계에서 발생하는 항변권을 채권자에 대하여 행사할 수 있다. 인수인은 종전채무자에게 귀속될 채권으로써 상계하지 못한다. (2) 인수인은 채무인수의 기초를 이루는 인수인과 종전채무자 사이의 법률관계로부터 채권자에 대한 항변권을 도출할 수 없다.

80) 同旨: 서민, 전게논문(주 16), 202 참조.

정인 제458조 제2항을 신설할 것을 제안한 바 있다.

5. 담보권의 운명

채무인수에 의하여 채무는 동일성을 유지하면서 채무자로부터 인수인에게 이전되므로, 채무에 종된 권리인 담보권도 채무에 수반하여 인수인에게 이전되는 것이 논리적이라고 할 수 있다. 채권양도에 있어서는 이러한 논리에 기하여 채권에 수반하여 담보권도 이전되는 것이 원칙이며 큰 문제가 없다. 그러나 채권양도와 달리 채무인수는 채무자가 변경되고 그에 따라 책임재산도 변경되게 되므로, 새로운 채무자가 누구인가는 채권자는 물론 담보제공자의 이해관계에 있어서도 매우 중요한 문제이므로, 채무인수에 수반하여 종전의 담보권이 인수인의 채무를 담보한다고 단정하기 어렵다.

일반적으로 담보제공자는 채무자의 지급능력을 고려하여 채무자가 변제할 것을 믿거나, 적어도 구상권의 행사에 확실히 응할 수 있을 것이라고 믿고 담보를 제공하는 것이므로, 이러한 담보제공자의 신뢰는 보호되어야 할 것이다. 이러한 취지에서 민법은 '보증이나 제3자가 제공한 담보는 보증인이나 담보를 제공한 제3자의 동의가 없는 한 채무인수로 인하여 소멸한다'고 규정하고 있다(459조). 나만, 민법은 채권지기 채무인수로 인하여 보증인이나 물상보증인이 제공한 담보가 소멸하는 불이익을 입지 않도록 채무인수에 반드시 채권자가 관여할 수 있는 기회를 보장하고 있다.

(1) 약정담보의 경우

1) 제3자가 제공한 담보

제3자가 제공한 담보는 인적 담보(보증)이든 물적 담보(물상보증)이든 모두 채무인수로 말미암아 소멸하는 것이 원칙이다. 여기서 소멸하는 물적 담보에는 질권·저당권과 같은 전형담보뿐만 아니라, 양도담보나 가등기담보 등과 같은 비전형적인 담보방법도 포함된다.

이와 같이 채무가 동일성을 유지하면서 인수인에게 이전하는 것임에도 불구하고 제3자가 제공한 담보가 소멸하는 것으로 규정한 이유는 담보를 제공한 제3자의 이익을 보호하기 위한 것이므로, 담보를 제공한 보증인이나 제3자가 채무인수에 동의한 경우에는 담보제공자보다 채권자의 이익을 보호할 필요성이 더 크다고 할 수 있다. 그러므로 담보제공자가 채무인수에 동의한 경우에는 담보권이 소멸하지 않는다(459조 단서).

여기서 담보제공자가 「채무인수에 동의한다」는 것은 '채무인수에 찬성한다는 의사의 통지'를 의미하는 것이므로, 채무존속의 효과의사를 표시할 필요는 없다. 즉, 채무인수에 대한 담보제공자의 동의는 당사자의 효과의사와는 관계없이 채무존속의 효과를 발생시키는 준법률행위에 해당한다고 할 것이다.[81] 또한 동의의 방식에는 아무런 제한이 없으므로, 담보제공자의 동의는 묵시적으로도 행하여질 수 있다. 그러므로 타인의 채무를 위하여 담보를 제공한 자가 그 채무를 인수한 후에 스스로 채무인수에 대한 동의가 없었다고 주장하는 것은 허용되지 않는다고 할 것이다. 다만, 담보제공자의 동의는 채무인수가 효력을 발생하기 전에 행하여져야 할 것이다. 또한 '담보를 제공한 보증인이나 제3자가 채무인수에 동의함으로써 소멸하지 아니한 담보는 기존의 담보와 동일한 효력을 갖는다'고 할 것이다(대법원 1996.10.11.선고, 96다27476 판결 등).

▪ **채무인수의 경우, 종래의 채무가 소멸되는지 여부(소극) 및 물상보증인이 채무인수에 동의함으로써 소멸하지 않는 담보는 기존 담보와 동일한 내용을 갖는 것인지 여부(적극)** [1] 면책적 채무인수라 함은 채무의 동일성을 유지하면서 이를 종래의 채무자로부터 제3자인 인수인에게 이전하는 것을 목적으로 하는 계약을 말하는바, 채무인수로 인하여 인수인은 종래의 채무자와 지위를 교체하여 새로이 당사자로서 채무관계에 들어서서 종래의 채무자와 동일한 채무를 부담하고 동시에 종래의 채무자는 채무관계에서 탈퇴하여 면책되는 것일 뿐 종래의 채무가 소멸하는 것이 아니므로, 채무인수로 종래의 채무가 소멸하였으니 저당권의 부종성으로 인하여 당연히 소멸한 채무를 담보하는 저당권도 소멸한다는 법리는 성립하지 않는다. [2] 민법 제459조 단서는 보증인이나 제3자가 채무인수에 동의한 경우에는 전 채무자의 채무에 대한 보증이나 제3자가 제공한 담보는 채무인수로 인하여 소멸하지 아니하는 것으로 규정하고 있는바, 위 조항에 규정된 채무인수에 대한 동의는 인수인을 위하여 새로운 담보를 설정하도록 하는 의사표시를 의미하는 것이 아니라 기존의 담보를 인수인을 위하여 계속시키는데 대한 의사표시를 의미하는 것이므로, 물상보증인이 채무인수에 동의함으로써 소멸하지 아니하는 담보는 당연히 기존의 담보와 동일한 내용을 갖는 것이다. (대법원 1996.10.11.선고, 96다27476 판결)[82]

2) 채무자가 제공한 담보

'채무자가 설정한 담보권도 채무인수로 인하여 법률상 당연히 소멸하는가?' 하는 것이 문제된다. 이에 대해서는 민법에 특별한 규정이 없으며, 학설의 견해도 대립하고 있다.

이에 대하여, 종래의 통설적인 견해는 '채무인수가 채권자와 인수인 사이의 계약으로 이루어진 경우에는 채무자가 제공한 담보권은 소멸하고, 채무자와 인수인 사이의 계약으로 이루어진 경우에는 채무자가 제공한 담보권은 존속한다'고 해석하고 있다.[83] 즉, 채무인수계약에 채무자의 의사가 관여하였다고 볼 수 있는 경우에는 제459조 단서를 유추적용하여 채무자가 제공한 담보가 존속하고, 그렇지 아니한 경우에는 담보는 소멸한다고 해석하는 것이다. 이 견해에 따르면, 3면계약에 의한 경우에도 담보권은 존속한다고 할 것이다.

학설 중에는 이러한 통설적 견해와는 달리, '민법에 특별한 규정을 두지 않은 이상, 채무인수에 의하여 담보관계가 소멸하는 것은 제3자가 제공한 것에 한하며, 채무자가 제공한 담

81) 학설 중에는 「담보제공자의 동의」를 '종전채무자를 위하여 제공된 담보가 새로운 채무자를 위하여 그대로 존속되는 것을 승인하는 의사표시로서의 의미가 있다'고 해석하는 견해도 있다(서민, 상게논문, 203 참조).

82) 같은 취지: 대법원 1999.9.3.선고, 98다40657 판결; 대법원 2000.12.26.선고, 2000다56204 판결.

83) 곽윤직, 231; 김상용, 402; 김주수, 392; 김증한/김학동, 325; 송덕수, 412; 현승종, 343 참조.

보는 다른 약정이 없는 한 그대로 존속한다'고 해석하는 견해가 있다.[84] 즉, '채권자·인수인 사이에 채무인수계약이 있더라도 채무자가 제공한 담보는 그대로 존속한다'는 것이다.

생각건대, 민법이 채무인수의 경우에 담보를 소멸시키는 것은 책임재산이 변경되는 데 이해관계가 있는 보증인이나 물상보증인과 같은 제3자를 보호하기 위하여 담보권의 수반성에 대한 예외를 인정한 것이라고 할 수 있다. 따라서 본래 채무의 이행의무를 부담하고 있는 채무자를 보증인이나 물상보증인과 마찬가지로 다룰 필요는 없다고 할 것이며, 채무인수로 인한 책임재산의 변경에 대한 신뢰보호를 운위할 이유도 없다고 할 것이다. 따라서 '채무자가 제공한 담보는 특별한 약정이 없는 이상 채무인수에도 불구하고 존속한다'고 할 것이다.

(2) 법정담보의 경우

유치권·법정질권·법정저당권 등과 같은 법정담보권은 채권자를 보호하기 위하여 법률의 규정에 의하여 특별히 인정되는 담보권이므로, 자기 의사에 의하여 담보를 제공한 자의 신뢰를 보호할 필요가 없다. 따라서 '이들 법정담보권은 채무인수계약의 당사자가 누구냐에 관계없이 존속된다'고 해석하는 데 견해가 일치한다.[85]

84) 이은영, 656 참조.
85) 곽윤직, 231; 김상용, 402; 이은영, 656; 현승종, 343 참조.

찾아보기

저자약력

김대정(金大貞)

- 성균관대학교 법정대학 법률학과, 동 대학원 졸업(민사법전공)
- 법학박사(성균관대)
- 전북대학교 법과대학 교수, 법과대학장
- 독일 프라이부르크대학 객원교수
- 사법시험·변호사시험·행정고시·외무고시·입법고시 등 출제위원
- 한국민사법학회 회장
- 현재 : 중앙대학교 법학전문대학원 교수

〈주요저서 및 논문〉
- 민법총칙(2012)
- 채권총론(2006)
- 계약법(상)(2007)
- 계약법(2019)
- 매도인의 담보책임에 관한 연구(박사학위논문)
- 계약교섭의 부당파기로 인한 손해배상책임
- 채무불이행법과 하자담보책임법의 통합 모색
- 특정물채무자의 현상인도의무에 관한 연구
- 채무불이행법체계의 재점검
- 변제의 법적 성질 및 구성요건에 관한 입법론적 고찰
- 총유에 관한 민법규정의 개정방안민법개정시안에서의 법인설립에 관한 입법주의의 전환
- 현행법상 이자제한에 관한 연구
- 계약해제의 본질 및 효과
- 매도인의 담보책임에 관한 민법규정의 개정을 위한 일제언

최창렬(崔彰烈)

- 성균관대학교 법과대학, 동 대학원 졸업(민사법전공)
- 법학박사(성균관대)
- 성신여자대학교 법학과 조교수
- 동국대학교 법과대학 교수
- 사법시험, 입법고시, 공인감정사시험, 세무사시험 위원
- 현재 : 동국대학교 법과대학 교수

〈저서 및 논문〉
- 위약금론, 동국대학교 출판부(2007)
- 계약금포기와 배액상환의 법리
- 구분소유적 공유법리
- 계약준수의 확보방안
- 유엔 물품매매법(CISG)에서의 계약의 해석
- 조망이익 침해시 사법적 구제법리
- 도로소음으로 인한 환경침해의 방지청구권
- 해약금계약의 법적 성질
- 양해각서상의 이행보증금의 법적 성격
- 공동주택 층간소음침해와 방지청구권의 법리
- 공동주택 층간소음에 관한 하자담보책임
- 담보목적의 지상권과 부동산에의 부합

채권총론

초판발행 2020년 3월 15일

지은이 김대정 · 최창렬
펴낸이 안종만 · 안상준

편 집 심성보
기획/마케팅 이영조
표지디자인 조아라
제 작 우인도 · 고철민

펴낸곳 (주) 박영시
서울특별시 종로구 새문안로3길 36, 1601
등록 1959. 3. 11. 제300-1959-1호(倫)
전 화 02)733-6771
f a x 02)736-4818
e-mail pys@pybook.co.kr
homepage www.pybook.co.kr
ISBN 979-11-303-3586-5 93360

정 가 45,000원